中国改革开放新时期年鉴

1991年

中国民主法制出版社
2014 · 北京

图书在版编目（CIP）数据

中国改革开放新时期年鉴.1991年/王振川主编.—北京:中国民主法制出版社,2014.4

ISBN 978-7-5162-0513-6

Ⅰ.①中… Ⅱ.①王… Ⅲ.①改革开放—中国—1991—年鉴 Ⅳ.①D61-54

中国版本图书馆CIP数据核字（2014）第066697号

图书出品人: 肖启明
图 书 策 划: 刘海涛
责 任 编 辑: 石 松 董 理

书 名/中国改革开放新时期年鉴（1991年）
作 者/王振川 主编

出 版·发 行/中国民主法制出版社
地 址/北京市丰台区玉林里7号（100069）
电 话/63055259（总编室） 63057714（发行部）
传 真/63055259
http: //www.npcpub.com
E-mail: mzfz@ npcpub.com
经 销/新华书店
开 本/16开 787毫米×1092毫米
印 张/66.125 **字数**/2100千字
版 本/2014年4月第1版 2014年4月第1次印刷
印 刷/涿州市星河印刷有限公司印刷

书 号/ISBN 978-7-5162-0513-6
定 价/800.00元

《中国改革开放新时期年鉴》编委会

日期索引

【一月】

【二月】

【三月】

【四月】

【七月】

【八月】

【九月】

【十月】

【十一月】

【十二月】

1月1日

全国政协在北京举行新年茶话会

全国政协礼堂充满节日气氛，政协全国委员会举行新年茶话会。党和国家领导人江泽民、李鹏、万里、乔石等和各民主党派、无党派民主人士、全国工商联负责人以及各界人士300多人欢聚一堂，畅谈国内外形势，互祝新年快乐。

田纪云、丁关根、宋任穷、杨白冰、温家宝、彭冲、阿沛·阿旺晋美、赛福鼎·艾则孜、严济慈、荣毅仁、廖汉生、倪志福、陈慕华、费孝通、雷洁琼、洪学智、谷牧、杨静仁、王光英、屈武、马文瑞、王恩茂、钱伟长、胡绳、孙晓村、程思远、卢嘉锡、钱正英、司马义·艾买提、侯镜如等出席了茶话会。

受全国政协主席李先念的委托，全国政协副主席王任重主持茶话会。

中共中央总书记江泽民在茶话会上致词。

民建中央主席孙起孟在茶话会上代表各民主党派、无党派民主人士和全国工商联讲话。

中共中央总书记江泽民在全国政协新年茶话会上发表讲话

同志们、朋友们：

新的一年开始了。我代表中共中央、国务院、中央军委，向在座各位，向全国各族工人、农民、知识分子和人民解放军、武警部队指战员，向各民主党派和无党派爱国人士，向港澳同胞、台湾同胞和海外侨胞，致以亲切的问候！向一切关心、支持我国现代化建设事业的国际友人致以节日的祝贺！

过去的一年，是我国人民团结奋斗，克服困难，开拓前进的一年。在这一年中，我国安定团结的政治局面进一步巩固，治理整顿、深化改革取得明显成效，国民经济正在向好的方向发展。我们坚持独立自主的和平外交政策，扩大了与世界各国的友好往来。我们的国家度过了一个比较艰难的时期，继续朝着既定的目标前进。

刚刚闭幕的中共十三届七中全会，通过了《中共中央关于制定国民经济和社会发展十年规划和“八五”计划的建议》，确定了我国实现第二步战略目标的行动纲领，标志着我国社会主义现代化建设将进入一个新的发展阶段。到本世纪末，我们实现国民生产总值再翻一番，人民生活达到小康水平，综合国力大大增强，这具有极为深远的意义。实现这个战略目标，关系到国家的长治久安，关系到人民的富裕幸福，关系到社会主义制度的巩固和发展。我们坚信，全国各族人民一定会以高度的历史责任感和时代紧迫感，积极地投身到建设和改革的伟大实践中去，创造更加美好的未来。

中共十一届三中全会以来，我国人民在中国共产党的领导下，以经济建设为中心，坚持四项基本原则，坚持改革开放，开创了建设有中国特色的社会主义道路，社会主义现代化建设取得了巨大的成就。今后十年，我们面临光荣而艰巨的任务。我们要坚持党的基本路线，振奋精神，团结一致，努力奋斗，沿着有中国特色的社会主义道路继续前进。我们的目标一定能够实现。

在社会主义现代化建设和改革开放中，我们党同各民主党派、无党派爱国人士，亲密合作，风雨同舟。大家在各自的岗位上，做出了重要的贡献。坚持中国共产党领导的多党合作和政治协商制度，巩固和发展共产党和各民主党派长期共存、互相监督、肝胆相照、荣辱与共的关系，是实现中共中央《建议》所确定的各项任务，把建设有中国特色社会主义的伟大事业不断推向前进的必不可少的重要条件。希望大家一如既往，齐心协力，为建设和改革做出更大的贡献。

新年伊始，我们尤为关心祖国的统一大业。我们将坚定不移地坚持“一国两制”的原则，努力推进祖国的和平统一。我们寄希望于台湾当局，更寄希望于台湾人民。我们热切希望一切热爱祖国的人们，包括香港、澳门、台湾同胞和海外侨胞，共同为统一祖国，振兴中华而努力奋斗。

当今世界正处于新旧格局交替之际，旧的格局正在打破，新的格局尚未形成，各国人民都在关注人类社会本世纪最后十年和二十一世纪的和平和发展。中国人民是爱好和平的人民。我们要继续奉行独立自主的和平外交政策，反对霸权主义和强权政治，在和平共处五项原则的基础上，发展同世界各国的友好关系，同各国人民一道，为建立国际政治和经济新秩序，维护世界和平，促进人类进步事业，做出应有的贡献。

祝大家在新的一年里身体健康，合家欢乐，工作顺利！

《人民日报》发表社论《为进一步稳定发展而奋斗——元旦献词》

塔里木盆地油气勘探取得重大突破原油正式外运

中央军委批准颁发《中国人民解放军政治工作条例》

《中国人民解放军政治工作条例》经中国共产党中央军事委员会批准，正式颁发全军执行。

新的政治工作条例共有11章125条。第一章，总则；第二章，中国人民解放军政治工作的主要任务和内容;第三章,中国人民解放军总政治部;第四章,中国人民解放军中的各级党组织;第五章,中国人民解放军中的政治委员;第六章,中国人民解放军部队各级政治机关;第七章,中国人民解放军院校、科研单位和医院政治机关;第八章,中国人民解放军中的政治教导员、政治指导员和政治协理员;第九章,中国人民解放军中的共产主义青年团组织;第十章,中国人民解放军中的军人代表会议和军人委员会;第十一章,附则。新的政工条例明确规定了政治工作的方针、原则、任务和方法,规定了各级党委、政治机关和政治干部的职责,规定了共青团组织和军人代表会议及连队军人委员会的组织构成、主要任务和工作制度。

这个条例是在原有条例的基础上,根据新的情况,经过近两年的调查研究、广泛征求各方面的意见、反复讨论修改形成的。它以马列主义、毛泽东思想为指针,以党的基本路线为指导,充分体现了自党的十一届三中全会以来党中央、中央军委有关政治工作的指示精神,全面概括和总结了我军几十年来政治工作的基本经验,适应了新的历史时期对我军政治工作提出的要求。

国防部长秦基伟会见巴基斯坦陆军参谋长阿斯拉姆·贝格上将一行

国家自然科学基金委员会对申请科学基金执行新规定

国家自然科学基金委员会最近向全国发出通告,就1991年度申请科学基金作出新的规定。主要内容是:

一、受理申请的项目规定为:自由申请项目、青年科学基金项目、地区科学基金项目和高技术新概念、新构思探索项目。

二、各单位要加强指导和协调工作,严格把关,要注意保护交叉学科项目和学术思想独特的新颖项目。

三、青年科学基金的申请者必须是具有博士学位或有中级以上专业技术职称,年龄在35周岁以下的科学工作者。

四、地区科学基金的资助省区除原有的九省区外,今年新增加云南省。

五、高技术新概念、新构思探索项目须按单独编印的项目指南定向申请。

六、今年一律使用新版申请书。申请表可向国家自然科学基金委员会或当地省、区、市科学基金地区联络网点索取。1月1日开始受理申报,到3月31日截止。国家自然科学基金重大项目、重点项目的申请办法与受理时间将另作专门规定。

1月2日

抗日将领彭雪枫烈士纪念馆在江苏省泗洪县半城镇雪枫陵园落成

国产运十一B飞机首飞成功

国产新型运十一B飞机日前在哈尔滨首飞成功。

这种飞机是哈尔滨飞机制造公司设计研制的,是我国民用轻小型、多用途飞机的新机型。它身轻、马力大,具有良好的单飞性能,安全可靠,达到了80年代试航安全标准。其最大载重量为1200公斤,最大平飞时速为261公里,最大航程为1080公里,可以在200多米长的土跑道上起降,还可以在离地面二三米的高度超低空作业。

1月3日

最高人民法院《关于严格执行全国人民代表大会常务委员会〈关于禁毒的决定〉严惩毒品犯罪分子的通知》

各省、自治区、直辖市高级人民法院,解放军军事法院:

第七届全国人民代表大会常务委员会第十七次会议通过的《关于禁毒的决定》(以下简称《决定》),是我们同毒品犯罪作斗争的重要法律武器。它的颁布和施行,表明了我国坚决禁毒的一贯政策,必将对更加有力地打击毒品犯罪,发挥重要的作用。

近年来,毒品犯罪日趋严重。不仅案件上升幅度大,而且毒品数量越来越多,涉及地域越来越广。毒品犯罪,极大地危害了人民群众的身心健康,导致吸毒丑恶现象沉渣泛起,并由此诱发多种犯罪,严重危害社会治安和我国现代化建设事业的顺利进行。因此,开展禁毒斗争,关系到国家的强盛、民族的兴旺、子孙后代的健康幸福,关系到我国社会主义改革开放事业的成败。严厉打击一切毒品犯罪活动,是全社会普遍关注的一件大事,也是各级人民法院的一项重要任务。为此,特作如下通知:

一、各级人民法院要清醒地看到当前毒品犯罪的严峻形势,充分认识同毒品犯罪作斗争的重要意义。当前,要组织审判人员认真学习《决定》,深刻领会和理解《决定》的立法精神和具体条款的涵义,以正确适用《决定》审理毒品案件。

二、各级人民法院要认真贯彻执行《决定》,严格依照刑法和《决定》的有关条款,及时审判毒品案件。对走私、贩卖、运输、制造毒品和非法种植毒品原植物等犯罪分子,必须坚决贯彻依法从严惩处的方针。毒品案件多发地区的人民法院，要把审判这类案件作为当前刑事审判工作的重点，与有关部门密切配合，积极开展专项斗争。对于犯罪情节特别严重的罪犯，必须依照《决定》，予以严惩。对于具有自首和检举、揭发其他毒品犯罪立功表现情节的，依法可以从轻、减轻或者免除处罚。

三、审理毒品案件，必须做到基本事实清楚，基本证据确实、充分，并注意认真审查各种毒品的定性、定量的鉴定结论，切实保证办案质量。要正确处理《决定》规定的构成毒品犯罪的数量标准与犯罪情节的关系，把毒品种类、数量同犯罪情节、危害程度结合起来，全面衡量，准确定罪量刑。同时，要正确适用罚金、没收财产等附加刑，使犯罪分子在经济上也受到应有的惩处。

四、各级人民法院要结合办案，以案讲法，大力宣传《决定》。特别是毒品案件的多发地区，更应根据当地具体情况，选择一些典型案例，通过公开审判和新闻媒介等多种形式，广泛宣传《决定》的重要性及其打击毒品犯罪活动的严厉性，教育广大群众自觉同违法犯罪活动作斗争，震慑违法犯罪分子，警告他们悬崖勒马，不要以身试法。

五、对在《决定》公布施行后发生的毒品案件，依照《决定》的规定办理；对在《决定》公布施行前发生、公布施行后尚未处理或者正在处理的毒品案件，如何适用法律的问题，依照刑法第九条规定的原则办理；在《决定》公布施行前发生的、已由人民法院依照当时的法律规定作出了发生法律效力的判决或者裁定的毒品案件，不再变动。

以上通知，望认真贯彻执行。执行中有什么问题，请及时报告我院。

有30个民族100个节目参加的首次全国少数民族舞蹈比赛在昆明降下帷幕

在青岛胶州湾打捞万吨沉船首获成功

在"六·一八海难"中沉入海底的"津航浚一〇二"挖泥船被打捞上岸，这是我国首次成功打捞万吨级沉船。

1月4日

国务院总理李鹏签署第73号令发布《中华人民共和国土地管理法实施条例》

现发布《中华人民共和国土地管理法实施条例》，自1991年2月1日起施行。

总理 李　鹏

1991年1月4日

中华人民共和国土地管理法实施条例

第一章　总　则

第一条　根据《中华人民共和国土地管理法》(以下简称《土地管理法》)第五十六条的规定，制定本条例。

第二条　国家土地管理局主管全国土地的统一管理工作。

第二章　土地的所有权和使用权

第三条　下列土地属于全民所有即国家所有：

(一)城市市区的土地；

(二)农村和城市郊区中依法没收、征用、征收、征购、收归国有的土地(依法划定或者确定为集体所有的除外)；

(三)国家未确定为集体所有的林地、草地、山岭、荒地、滩涂、河滩地以及其他土地。

第四条　集体土地所有者、国有土地使用者，必须向县级以上地方人民政府土地管理部门提出土地登记申请。

集体所有的土地，由县级人民政府登记造册，核发《集体土地所有证》，确认所有权。

单位和个人依法使用的国有土地，由县级以上地方人民政府登记造册，核发《国有土地使用证》，确认使用权。

土地证书式样由国家土地管理局统一制定。

确认林地、草原的所有权或者使用权，确认水面、滩涂的养殖使用权，分别依照《森林法》、《草原法》和《渔业法》的有关规定办理。

第五条　未开发、使用的国有土地，由县级以上地方人民政府登记造册，负责保护管理。

第六条　依法改变土地的所有权、使用权，或者因依法买卖、转让地上建筑物、附着物等而使土地使用权转移的，必须向县级以上地方人民政府土地管理部门申请土地所有权、使用权变更登记，由县级以上人民政府更换土地证书。

依法买卖、转让地上建筑物和附着物的，依照国家有关规定办理过户登记手续。

第七条　依照《土地管理法》第十九条规定收回用地单位的土地使用权，应当由土地管理部门报县级以上人民政府批准注销国有土地使用证，并由土地管理部门办理注销土地登记手续。

第八条　全民所有制单位之间、集体所有制单位之间、全民所有制单位和集体所有制单位之间的土地所有权和使用权争议，由土地所在的县级以上人民政府处理。

个人之间、个人与全民所有制单位和集体所有制单位之间的土地使用权争议，由土地所在的乡级人民政府或者县级人民政府处理。

土地所有权和使用权发生争议需要重新确认所有权和使用权的，由县级以上人民政府确认所有权和使用权，核发土地证书。

第三章　土地的利用和保护

第九条　国家建立土地调查制度。土地调查内容包括土地权属调查、土地利用现状调查和土地条件调查。

全国土地调查计划由国家土地管理局会同有关部门制定，报国务院批准后实施。

地方土地调查计划，由县级以上地方人民政府土地管理部门会同有关部门制定，报同级人民政府批准，并报上一级人民政府土地管理部门备案后实施。

土地调查由县级以上人民政府土地管理部门组织有关部门进行。土地所有者和使用者应当配合调查，提供必要的资料。

第十条　县级以上人民政府土地管理部门应当会同有关部门根据土地调查成果评定土地等级。

第十一条　国家建立土地统计制度。县级以上人民政府土地管理部门会同统计部门依法进行土地统计。统计人员依法行使土地统计职权。土地所有者和使用者应当提供统计资料，不得虚报、瞒报、拒报、迟报，不得伪造、篡改。

第十二条　全国土地利用总体规划由国家土地管理局会同有关部门拟订，经国家计划委员会综合平衡后，报国务院批准执行。

县级以上地方人民政府的土地利用总体规划，由县级以上地方人民政府土地管理部门会同有关部门拟订，经同级计划主管部门综合平衡后，由同级人民政府审查同意，报上一级人民政府批准执行。

乡级人民政府的土地利用总体规划，由乡级人民政府编制，报县级人民政府批准执行。

经批准的土地利用总体规划的修改，须经原批准机关批准。

第十三条　开发国有荒山、荒地、滩涂，必须向当地土地管理部门提出申请，由县级以上地方人民政府按照省、自治区、直辖市规定的批准权限批准，法律、法规另有规定的，依照有关法律、法规办理。一次性开发一万亩以上二万亩以下土地的，须经国家土地管理局批准；一次性开发二万亩以上土地的，须经国务院批准。

第十四条　单位和个人将耕地改为非耕地的，须经县级以上人民政府批准。

第十五条　单位和个人承包经营的土地和依法确定给个人使用的自留地、自留山，应当按照规定用途使用，不得擅自建房、建窑、建坟、采矿、采石、挖砂、取土。

在前款所指的土地上从事采矿、采石、挖砂、取土等经营活动的单位和个人，必须向县级以上地方人民政府土地管理部门提出用地申请，经县级以上人民政府批准，法律、法规另有规定的，依照有关法律、法规办理。

第十六条　采矿、挖砂、取土后能够复垦的土地，用地单位和个人必须依照国务院发布的《土地复垦规定》负责复垦，由县级以上人民政府土地管理部门会同有关部门对复垦的土地进行检查验收。

第四章　国家建设用地

第十七条　国家进行经济、文化、国防建设以及兴办社会公共事业，应当节约用地、合理用地。建设项目设计任务书报批时，必须附具土地管理部门的意见。

第十八条　国家建设用地的审批程序：

(一)建设单位持经批准的设计任务书或者初步设计、年度基本建设计划等有关文件，向被征用土地所在的县级以上地方人民政府土地管理部门申请建设用地。

(二)县级以上地方人民政府土地管理部门对建设用地申请进行审核，划定用地范围，并组织建设单位与被征地单位以及有关单位依法商定征用土地的补偿、安置方案，报县级以上人民政府批准。

(三)建设用地的申请，依照法定批准权限经县级以上人民政府批准后，由被征用土地所在的县级以上人民政府发给建设用地批准书，土地管理部门根据建设进度一次或者分期划拨建设用地。

(四)建设项目竣工后，建设项目主管部门组织有关部门验收时，由县级以上人民政府土地管理部门核查实际用地(城市规划区内的建设项目竣工后，由城市规划行政主管部门会同土地管理部门核查实际用地)，经认可后依照本条例第二章的有关规定，办理土地登记手续，核发国有土地使用证。

在城市规划区内申请建设用地，建设单位或者个人在取得建设用地规划许可证后，依照前款规定的程序办理。

第十九条　铁路、公路和输油、输水管线等建设项目用地，应当根据建设项目总体设计，一次申请批准，可以分段办理征用、划拨土地手续；分期建设的建设项目，可以根据其设计任务书确定的工期，分段申请批准和办理征用、划拨土地手续。

第二十条　抢险救灾急需用地的，可以先行使用，但事后必须按照规定补办临时用地或者征用、划拨土地手续。

第二十一条《土地管理法》第二十五条第一款所称征用其他土地二千亩以上，包括一个建设项目同时征用耕地一千亩以下和其他土地一千亩以上合计为二千亩以上。

《土地管理法》第二十五条第二款所称征用其他土地十亩以下，包括一个建设项目同时征用耕地三亩以下和其他土地十亩以下合计为三亩以上十亩以下。

第二十二条 依照《土地管理法》第十九条规定收回使用权的国有土地，县级以上人民政府可以确定给农业集体经济组织耕种。农业集体经济组织在耕种期间，不得在该土地上兴建永久性建筑物或者种植多年生作物，并在国家建设需要使用时按时交还。交还时土地上有青苗的，建设单位应当付给青苗补偿费。

第二十三条 建设单位因施工需要，在征用的土地范围外需要增加临时用地的，应当向当地县级人民政府土地管理部门提出临时用地申请，报同级人民政府批准。在城市规划区内需要增加临时用地的，应当先向城市规划行政主管部门提出定点申请，经审查同意后，向土地管理部门提出临时用地申请。

临时使用集体所有的土地的，依照《土地管理法》第三十三条第一款的规定给予补偿。

第五章 乡(镇)村建设用地

第二十四条 乡(镇)村各项建设应当严格控制占用农业生产用地，不得突破县级以上地方人民政府下达的乡(镇)村建设用地控制指标。

第二十五条 农村村民建住宅需要使用土地的，应当先向村农业集体经济组织或者村民委员会提出用地申请，经村民代表会或者村民大会讨论通过后，报人民政府批准。其中需要使用耕地的，由乡级人民政府审核，经县级人民政府土地管理部门审查同意后，报县级人民政府批准；需要使用原有宅基地、村内空闲地和其他土地的，报乡级人民政府批准。

第二十六条 城镇非农业户口居民建住宅需要使用集体所有的土地的，应当经其所在单位或者居民委员会同意后，向土地所在的村农业集体经济组织或者村民委员会或者乡(镇)农民集体经济组织提出用地申请。使用的土地属于村农民集体所有的，由村民代表会或者村民大会讨论通过，经乡(镇)人民政府审查同意后，报县级人民政府批准；使用的土地属于乡(镇)农民集体所有的，由乡(镇)农民集体经济组织讨论通过，经乡(镇)人民政府审查同意后，报县级人民政府批准。

第二十七条 回原籍乡村落户的职工、退伍军人和离、退休干部，以及回家乡定居的华侨、港澳台同胞，需要使用集体所有的土地建住宅的，依照《土地管理法》第三十八条和本条例第二十五条的规定办理。

第二十八条 依照乡(镇)村建设规划兴建农村集贸市场，需要使用土地的，依照《土地管理法》第四十条的规定办理。

第二十九条 农村承包经营户、个体工商户从事非农业生产经营活动，应当利用原有宅基地；确需另外使用集体所有的土地的，必须持有关部门批准文件，向土地所在的村农民集体经济组织或者村民委员会或者乡(镇)农民集体经济组织提出用地申请，由村民代表会或者乡(镇)农民集体经济组织讨论通过，经乡(镇)人民政府审查同意后，由县级以上地方人民政府按照省、自治区、直辖市规定的批准权限批准。

第六章 法律责任

第三十条 依照《土地管理法》第四十三条、第四十四条的规定，除责令违法者退还非法占用的土地，限期拆除或者没收在非法占用的土地上新建的建筑物和其他设施外，处以罚款的，按非法占用土地每平方米十五元以下的标准执行。

第三十一条 依照《土地管理法》第四十七条的规定，对违法者除没收其非法所得，限期拆除或者没收在买卖或者以其他形式非法转让的土地上新建的建筑物和其他设施外，处以罚款的，按非法所得百分之五十以下的标准执行。

第三十二条 依照《土地管理法》第四十九条的规定，除责令违法者退赔外，处以罚款的，按非法占用款数额百分之三十以下的标准执行。

第三十三条 依照《土地管理法》第五十条的规定，除责令违法者交还土地外，处以罚款的，按非法使用土地每平方米五元以下的标准执行。

第三十四条 依照《土地管理法》第五十一条的规定，对严重毁坏种植条件的，除责令违法者限期治理外，处以罚款的，依照耕地保护法规规定的标准执行；对因开发土地造成土地沙化、盐渍化的，除责令违法者限期治理外，处以罚款的，依照各省、自治区、直辖市人民政府制定的标准执行；对因开发土地造成水土流失的，除责令违法者限期治理外，处以罚款的，依照水土保持法规规定的标准执行。

第三十五条 罚款必须在规定的期限内缴纳；逾期不缴纳的，每日加收相当于罚款数额千分之三的滞纳金。

罚款和滞纳金按照国家有关规定上缴国库。

第三十六条 未经批准或者采取荒废耕地等手段骗取批准，非法占用土地建住宅或者从事其他建设的，限期拆除或者没收在非法占用的土地上新建的建筑物和其他设施，责令退还非法占用的土地。

依法受到限期拆除新建的建筑物和其他设施的处罚的单位和个人，继续施工的，作出处罚决定的机关有权对继续施工的设备、建筑材料予以查封。

第三十七条 虚报、瞒报、拒报、屡次迟报或者伪造、篡改土地统计资料的，依照《中华人民共和国统计法》第二十五条和《中华人民共和国统计法实施细则》第三十一条的规定处罚。

第三十八条 侵犯土地所有权或者使用权的，县级以上地方人民政府土地管理部门依照《土地管理法》第五十三条规定作出处理决定后，侵权人在法定期限内不起诉又不履行的，被侵权人可以申请人民法院强制执行。

第七章 附 则

第三十九条 本条例由国家土地管理局负责解释。

第四十条 本条例自一九九一年二月一日起施行。

驻英大使冀朝铸接受香港《文汇报》采访并指出中英关系正走向完全正常化

中国驻英国大使冀朝铸去年底在接受香港《文汇报》采访谈及中英关系时指出："中英关系正在走向完全正常化"。

冀大使指出："自从 1984 年中英签署联合声明后，中英关系迅速发展，香港成了促进中英合作的一个重要因素。"他还说："长远看，各国间难免会因某种原因发生不愉快事件，但只要大家的基本利益有共同点，大家都愿遵守互不干涉内政这些公认的国际关系准则，两个国家总会走到一起来，中国和英国也是如此，两国都认识到保持香港繁荣稳定，是符合两国利益的，于是，中英走过一段不愉快的时光后，又将重新走到一起来。"

冀大使说，香港并非维系中英关系的唯一共同点，两国在联合国安理会的常任理事国身份造就了双方经常接触的机会，增进了了解和合作。他指出："中英两国都希望保持世界和平稳定，双方在很多国际问题上有共同语言。"

冀大使还称赞英国前首相撒切尔夫人在发展中英关系上"很有远见"，为改善两国关系采取了"连串步骤"。从她的特使柯利达到扬勋爵、夏普勋爵、外交国务大臣莫德访华，到邀请我人大委员长万里、外交部副部长田曾佩访英，"都反映出中英关系正在恢复中"。他说，虽然万里因健康原因暂时推迟了访问，"但中英双方均同意，在适当时候再安排他来英国"。

在谈到中英两国经济关系时，冀大使还希望两国共同努力，推动双边贸易发展。

《人民日报》发表评论员文章《继续重视培养和使用军地两用人才》

国家教委组织编写高校文科主要课程教学指导纲要

为了在高校文科教学和研究领域中坚持马克思主义基本观点，批判资产阶级自由化观点，国家教委从 1990 年 5 月份开始组织力量编写文学概论、史学概论、伦理学概论、新闻学概论、社会学概论、政治学原理、法学基础理论、宪法学、政治经济学、管理学、教育学原理等文科主要课程的教学指导纲要。目前，90％课程的教学指导纲要提纲已经形成，进入编写初稿阶段。

由于前几年思想理论战线放松思想政治工作，资产阶级自由化思潮泛滥，高校各个学科都程度不同的受到冲击。有极少数教师程度不同的受到资产阶级自由化思潮的影响，自觉或不自觉地散布一些错误观点。编写教学指导纲要的目的是教给学生最基本的马克思主义观点，使他们打下比较扎实的马克思主义根基，同时告诉学生哪些是资产阶级自由化观点，哪些是错误观点，使他们分清理论是非。因此，这就要求各门课程教学指导纲要，必须体现"坚持、补充、批判、澄清"的精神，也就是要坚持马克思主义基本观点，增补以马克思主义为指导研究出的新成果，批判资产阶级自由化观点，使得在教学上有所遵循。这既是课程建设，又是学科建设和理论建设，意义是重大的。

国家教委要求在编写教学指导纲要时，必须坚持百家争鸣的方针和实事求是的精神，划清马克思主义与非马克思主义的界限，划清资产阶级自由化观点、其他错误观点与学术研究中不同观点的界限；要认真做好资料工作和研究工作，理直气壮地坚持马克思主义观点，旗帜鲜明地批判资产阶级自由化观点和其他错误观点；对学术研究中的问题，鼓励教师和研究工作者积极探索，但要区分哪些可以向学生介绍，写进教学指导纲要内，哪些不宜向学生介绍，不要写进教学指导纲要内。在已经写出的教学指导纲要的提纲中，比较好的体现了上述精神。

中国跳水运动员伏明霞在澳大利亚珀斯举行的第六届世界游泳锦标赛上夺得首枚金牌

1月5日

全国乡镇企业思想政治工作会议召开

工作会议在人民大会堂召开，全国 102 个乡镇企业思想政治工作先进单位受到中宣部、农业部联合表彰。

中共中央政治局常委李瑞环、国务委员陈俊生以及中宣部部长王忍之、农业部部长刘中一等出席会议并向先进单位代表颁奖。

中共中央宣传部常务副部长徐惟诚主持会议。农业部副部长陈耀邦发表讲话。

宋庆龄基金会在京理事在人民大会堂举行新年座谈会

皖南事变殉难烈士陵园在安徽泾县建成

烈士陵园中纪念碑正面镌刻着邓小平同志亲笔题写的"皖南事变死难烈士永垂不朽"12 个大字。陵园西面两块石碑上分别刻有周恩来同志手书"千古奇冤,江南一叶。同室操戈,相煎何急"和中共安徽省委、省政府的"皖南事变殉难烈士纪念碑碑记";东面两块石碑上分别刻有《新四军军歌》和《新四军军部成立前后史记》。

最高人民检察院发出《关于严格执行全国人大常委会〈关于禁毒的决定〉、〈关于惩治走私、制作、贩卖、传播淫秽物品的犯罪分子的决定〉的通知》

国家计委批准黄土高原水土保持专项规划

黄河流域黄土高原水土保持专项规划,经国务院同意,国家计委于最近批准。

黄土高原地区水土流失的防治,不仅关系到当今社会经济发展、人民脱贫致富和生态环境的改善,还关系到国家能源、原材料工业基地的建设和减少入黄泥沙、保证黄河下游地区人民生命财产的安全。

规划展现了我国中西部地区一幅宏伟壮观建设工程的蓝图,提出了指导思想、治理方略、防治目标与总体目标。规划今后每年治理水土流失保存面积 4000 平方公里,以逐步调整土地利用结构、农村产业结构,搞好造林种草、农田基本建设和兴修治沟骨干工程为基本对策。

会议至 9 日结束。

全国人大常委会委员长万里在北京人民大会堂会见由主席塞永·哥蓬上将率领的泰国国会上院外交委员会代表团

解放军总政治部委托南京军区在南京召开纪念皖南事变 50 周年座谈会

《科技日报》评出 1990 年十大科技新闻

一、我国成功发射"亚洲一号"卫星

二、北京正负电子对撞机工程通过验收

三、清华大学 5 兆瓦低温核供热堆通过鉴定

四、刘承基主刀的世界首例人体导体脑垂体移植手术成功

五、白春礼领导的实验室首次利用 STM 观察到 DNA 三辫链状结构

六、我国设立国家级企业技术进步奖

七、874 项科技贷款项目获奖

八、我国率先使抗赤霉病品系应用于生产

九、我国棉花杀虫基因工程取得重大进展

十、"星火计划"已成燎原之势

民政部商业部联合发出《关于做好今冬明春灾区群众生活安排的通知》

民政部、商业部最近联合发出《关于做好今冬明春灾区群众生活安排的通知》。

《通知》指出,去年的灾害形势出现了新的特点,即从全局看,农业生产获得大丰收,但局部地区受灾仍较严重。灾害造成的损失给灾区群众冬春的生产生活带来了很大的困难。为此,《通知》提醒各地,对灾区形势要有清醒的认识,要切实把冬春救灾工作抓紧抓好。

《通知》要求各地,必须把救灾粮、款切切实实地集中用到重灾区、贫困灾区,并重点用于重灾民、因灾集体无力供养的五保户以及生活困难的烈军属。在发放救灾粮、款时,要坚持走群众路线,办事结果要公开。《通知》还要求各级粮食部门抓好粮食调运工作,保证灾区粮食供应。

1月6日

"七五"期间国家重点企业技术开发成绩显著

从"七五"开始,国家计委制定并实施了重点企业技术开发计划,先后投入 15 亿元,对一些行业急需的技术进行了开发。船舶工业方面,"七五"期间重点抓了万吨以上出口船和远洋船的国产化项目,通过对柴油机、通信导航等关键设备和基本元件的消化吸收,使我国船用配套设备达到了国际同类产品水平,在国际市场竞争中赢得了一席之地。"七五"期间,我国已承造了145 艘 116 万吨出口船舶,吨位比"六五"增加一倍。

"七五"期间优先安排彩电配套元器件、原材料的国产化技术开发项目,攻克一些关键技术,国产化率达到 95%以上,形成年产 600 万台的能力。

国务委员陈俊生致信祝贺中国农业技术推广协会成立

以农业部副部长陈耀邦为会长、原农业部部长何康为总顾问的中国农业技术推广协会成立。陈俊生致信说,我国农业技术推广工作面广量大,是一项社会性、综合性很强的事业,需要各有关部门和学科的密切配合、通力协作,希望中国农业技术推广协会充分发挥桥梁和纽带的作用,组织各方面的力量,为搞好农业社会化服务,发展农村商品经济,建设社会主义新农村作出更大贡献。

中国运用核技术找水源定井位在河南郏县试验运用成功

中国选手在澳大利亚珀斯举行的国际泳联短距离冲刺赛上夺得3项冠军

陈剑虹夺得50米蛙泳冠军，成为中国男子游泳选手中登上世界大赛冠军领奖台的第一人。另两位中国女子游泳选手钱红和杨文意，分别获得这一赛事的女子50米蝶泳和50米仰泳的冠军。

1月7日

全国政协第七届常委会举行第十二次会议

受全国政协主席李先念委托，全国政协副主席王任重主持会议并讲话。

会议通过这次常委会的议程和日程。这次常委会议主要议程是：传达讨论中共十三届七中全会精神；听取关于国际形势和外交工作的报告；审议关于召开政协第七届全国委员会第四次全体会议的决定；审议关于隆重纪念辛亥革命80周年的决定；审议政协全国委员会提案工作条例；审议关于恢复中国科协为全国政协组成单位、归国华侨界改为全国侨联的决定等。

全国政协副主席钱正英在会上传达了中共十三届七中全会精神。

中共中央总书记江泽民和中共中央政治局常委李鹏为纪念皖南事变五十周年题词

全国省自治区直辖市党委组织部长会议在北京召开

会议于1月7日至11日在北京举行。会议指出，1991年是我国"八五"计划和十年规划的第一年。为顺利实施"八五"计划，需要从组织上提供坚实可靠的保证。各级党组织要继续按照中央关于加强党的建设的各项部署，进一步搞好党的政治建设、思想建设、组织建设、作风建设，发展党建工作的好形势，全面提高党的战斗力，动员和团结全国各族人民，为实现社会主义现代化建设第二步战略目标而努力奋斗。

会议由中组部部长吕枫主持。吉林省委组织部长高严、湖南省委组织部长赵培义、铁道部政治部副主任王守几、北京市委组织部长陈广文、陕西省委组织部长支益民，先后就领导班子建设、后备干部培养、干部宏观管理、基层党组织建设等问题发了言。

会议期间，中共中央政治局常委宋平同部分与会成员进行了座谈。

这次组织部长会议开幕时，吕枫作了题为《关于一九九一年组织工作的主要任务》的报告。

吕枫在报告中指出，根据当前领导班子的实际状况，今年要突出抓好领导班子的思想作风建设。要把提高领导干部的政治素质，坚定共产主义信念，清正廉洁，艰苦奋斗，全心全意为人民服务，作为加强领导班子思想作风建设的重点，坚持不懈地抓下去。报告要求，要切实抓好后备干部的建设。全党必须增强培养革命事业接班人和做好后备干部工作的紧迫感、责任感，党委的主要领导要重视，要摆上重要的议事日程，定期研究，督促检查，绝不可有丝毫的放松。

谈到继续推进干部制度改革时，吕枫强调，要逐步建立起使优秀人才脱颖而出的机制。干部制度改革要遵循这样一些原则：有利于坚持和贯彻党管干部的原则，有利于加强和改善党对干部人事工作的领导；必须与政治、经济体制等方面的改革相适应；处理好继承优良传统和改革创新的关系，借鉴国外经验要切合我国干部工作的实际；注意在试点的基础上，有计划、分步骤地稳妥推进。报告还就继续加强基层党组织建设，提高党组织的凝聚力和战斗力，加强教育管理，提高素质，充分发挥党员的先锋模范作用等问题，提出要求。

会议期间，中组部副部长赵宗鼐就坚持工人阶级先锋战士标准，认真做好发展党员工作讲了话。

皖南事变50周年纪念大会在安徽泾县举行皖南事变烈士陵园和叶挺将军铜像同时在此地揭幕

中共中央总书记江泽民在吉林省考察

1月7日至13日，江泽民在吉林省委书记何竹康、省长王忠禹和沈阳军区政委宋克达的陪同下，深入吉林省的延边、吉林、通化、长春等地，就进一步搞活大中型企业和加强基层党组织建设等问题进行调查研究。

江泽民指出，今后的十年，是非常关键的十年，全党必须牢固地树立以经济建设为中心的思想，持续、稳定、协调地发展经济。这是党的基本路线的基本要求，也是社会主义优越性的必然体现和实现稳定的客观需要。要稳定发展经济，就要继续坚持改革开放，正确处理好经济建设的全局和各个方面、各条战线、各个部门之间的关系，正确处理好经济建设和整顿的关系，在治理整顿中提高经济素质增强经济发展的后劲。在抓经济工作中，必须突出重点。当前经济建设在继续加强农业基础地位的同时，要集中力量抓好工业这个主要矛盾。工业部门要抓好结构调整、科技进步和新产品的开发，努力提高经济效益。

在吉林期间，江泽民重点考察丰满水电厂、吉林化学工业公司、钢铁公司、长春第一汽车制造厂等大中型骨干企业，多次邀请部分企业负责人就进一步搞活大中型企业进行座谈。

江泽民指出，进一步搞活大中型企业不能仅仅看作是经济问题，因为大中型企业是我国现代化建设的重要支柱，是国家财政收入的主要来源。进一步增强大中型企业的活力，充分发挥它们在经济建设中的主导作用和骨干作用，直接关系到整个国民经济的发展，关系到公有制经济的主体地位和整个社会主义制度的巩固。各级领导必须以高度重视，上下一心，共同来做好这项工作。

江泽民说，搞活大中型企业的关键在于进一步深化改革。他充分肯定了一些大企业克服当前生产经营方面的困难、眼睛向内、加强管理、充分挖掘企业内部潜力、加强企业技术改造、努力发展生产的经验。江泽民指出，大中型企业要在治理整顿中，积极建立推进结构调整和技术进步的机制，把追求质量、品种和效益作为企业发展的主要目标。根据我国企业的现状，当前迫切的任务是要在强化经营管理和加快技术改造上下功夫。同时，国家、地方、部门也要积极为企业深化改革，完善经营承包制等创造良好的外部条件，以利于进一步调动企业的积极性和创造性。在和一些企业负责人的座谈中，江泽民反复强调绝不能只看重经济指标而忽视了职工队伍建设。江泽民指出，企业党委要加强政治领导，保证厂长负责制的贯彻实施。同时要协调好党、政、工、团各方面，共同做好职工的思想政治工作。要利用多种教育形式，激发企业职工的主人翁责任感，用爱国主义、集体主义、社会主义的思想和现代科学技术、管理知识武装职工队伍。

江泽民十分关心教育、科研、文化战线的工作。考察期间，江泽民先后到延边大学、中科院长春应用化学研究所、中科院长春光学精密机械研究所、解放军兽医大学和长春电影制片厂，并召开部分高等院校、科研单位的座谈会，共同探讨深化科技、教育体制改革，改进和加强高等院校思想政治工作等问题。

考察过程中，江泽民对各级干部反复强调要实现我国经济和社会发展的第二步战略目标，必须加强党的建设和思想政治工作的极端重要性。江泽民说，加强党的建设，做好广大干部群众的思想政治工作，是实现我们战略目标的根本保证。必须明确，我们的改革开放，要坚持社会主义的方向，党的“一个中心，两个基本点”的基本路线，一定要全面贯彻。因此，我们在注重抓好物质文明的同时，切不可放松精神文明建设。各级领导在抓好经济建设的同时，要切实加强党风和廉政建设。一句话，我们愈是改革开放，愈要加强思想政治工作；愈是加强思想政治工作，愈能促进改革开放。

1月13日，江泽民听取吉林省委、省政府的工作汇报。充分肯定吉林省委、省政府认真贯彻党的路线、方针、政策，带领全省各族人民在各项工作中取得的成绩。

考察期间，江泽民还看望驻吉林的解放军、武警部队指战员，了解干部战士训练、执勤和生活情况，在连队食堂与战士们一起进餐。江泽民勉励广大指战员进一步加强军政建设，搞好军政、军民团结，为保卫祖国，建设祖国做出新的贡献。

随同江泽民考察的有：解放军总后勤部政委周克玉、中共中央办公厅第一副主任杨德中、国家计委副主任盛树仁、国家体改委副主任贺光辉、国家民委副主任李德洙、中央政策研究室副主任滕文生等。

国务院总理李鹏同部分企业厂长(经理)就进一步搞活国营大中型企业举行座谈

李鹏邀请部分企业厂长（经理）到中南海，就如何进一步搞活国营大中型企业进行了座谈。李鹏强调指出，今年开展“质量、品种、效益年”活动，要特别注意搞活大中型企业。大中型企业是我国现代化建设的重要支柱，是国家财政收入的主要来源。搞活大中型企业，充分发挥它的骨干作用，对我国经济的发展和社会主义制度的巩固，都具有重要的意义。因此，各级政府和大中型企业都要努力做好这项工作。

在座谈会上，厂长（经理）们汇报了情况，交流了经验，并提出了一些建议。

李鹏在听过汇报后说，1990年是大中型企业很困难的一年，但绝大多数企业的精神状态是好的，为国民经济的发展作出了贡献。现在，工业生产逐步回升，国营大中型企业的生产也有增长。“八五”计划期间企业要继续执行各种形式的经营承包责任制，但要加以完善，以保持政策的连续性。同时，要继续进行“利税分流、税后还贷、税后承包”的试点。

李鹏说，结构调整，技术进步，新产品开发，是搞好企业特别是提高大中型企业效益的重要措施。关于技术进步，一方面国家要在资金方面采取多种渠道，有重点、分项目地扶持企业技术改造，另一方面企业要千方百计挖掘内部潜力。要处理好企业内部分配与技术改造的关系，在一定时期内，多集中一点资金搞好技术改造。

李鹏说，我们执行计划经济与市场调节相结合。随着经济体制改革的深化，经济结构的改善和市场的不断发育，将逐步缩小指令性计划的范围，扩大指导性计划的范围，更多地发挥市场的作用。企业要改变经营思想，产品要适应市场的需要，如果不能满足用户需要、市场需求，就销售不出去，“皇帝的女儿不愁嫁”的时代过去了。企业要十分重视自己的销售环节，这不仅是为开拓市场，而且也是为了更好地取得社会需求的信息，促进企业的自身发展。

关于扩大生产企业的外贸权问题，李鹏说，外贸体制的改革，要实行自负盈亏，要提倡工贸结合，可以考虑选择一些有条件的大中型企业特别是生产机电产品的企业，给予他们外贸权，让他们直接进入国际市场。

李鹏说，清理“三角债”的工作，要继续抓紧进行。随着经济的发展，市场的活跃，“三角债”问题会逐步缓解。根本解决这个问题，要靠企业调整产品结构，提高质量，开拓市场。国家还要进一步组织“三角债”的清理工作。

在谈到职工福利问题时，李鹏说，今后十年，要在发展生产的基础上，继续改善城乡人民生活，特别是城市人民的居住条件。这件事，要结合住房制度的改革来进行，国家、企业和职工个人都要负担一些。

国务委员、国家计委主任邹家华听了汇报后说，一些大中型企业的好经验要在全国交流、推广。大中型企业要搞好，很重要的一条是要振奋精神，采取积极的态度，千方百计地去克服困难。另外，国家还要采取措施，改善企业的外部条件，特别是要扶持一批在各方面都比较好的企业。

全国人大常委会副委员长荣毅仁，国务委员李铁映、秦基伟、王丙乾、邹家华、李贵鲜、陈希同，国务院秘书长罗干和国务院有关部门负责同志出席了座谈会。

国务院总理李鹏要求纺织行业抓品种质量要和市场结合要注意开发农村市场

最近国务院总理李鹏对纺织部“品种质量年”工作表示满意，并希望纺织行业抓品种质量要和市场结合起来，引导消费和适应消费，开发多种纤维资源，适应不同层次需要，注意开发农村市场。

纺织工业部部长吴文英今天在全国纺织工作会议上强调，今年全行业要继续把质量品种放到突出的位置来抓，一是加强原棉管理；二是对当前产品质量中突出的问题如纱疵、纬斜、色差等联合攻关；三要以市场为导向，大力开发新产品、新花色、新款式。

国家计委公布《新产品鉴定验收办法》

为促进产品结构调整，国家计委近日公布《新产品鉴定验收办法》。

新产品是指民用工业产品中采用新技术原理、新设计构思研制生产的产品，或在结构、材料、工艺等某一方面比老产品有明显改进的产品。国家计委发布的《办法》中规定，新产品鉴定验收应由上级部门主持，并由上级部门确定鉴定验收方式。对于一般新产品，由上级主管部门委托省级专业检测机构，按照有关标准、指标对新产品进行检测，作出评价即可；属于重大成套新设备、替代进口或有出口潜力的新产品，突破性新材料、新器件以及技术水平达到国内领先水平以上的新产品，应由开发计划下达部门或开发单位的上级主管部门作为鉴定主持单位，聘请有关方面的专家及主要用户组成鉴定委员会，以鉴定会的形式对新产品进行审查、评价，并作出结论；对工程性、专业性较强或为主机厂配套的生产资料类新产品，可由上级部门主持验收。

《新产品鉴定验收办法》还规定，对于新产品的鉴定验收，不仅要聘请具有该行业高、中级专业技术职务的人员参加，还要聘请具有较丰富的经营管理知识和实践经验的人员参加。

林业部农业部经贸部海关总署国家商检局国家濒管办联合发出加强珍稀野禽野味和观赏野生动物出口管理工作的通知

最近发出的《通知》说，从 2 月 1 日起，凡申请出口珍稀野禽、野味和观赏野生动物（包括标本、整体或分割部分）的单位必须具有进出口权。在申请办理出口手续时，要经所在省级林业行政主管部门审核同意，报林业部批准后，由国务院濒危物种管理办公室核发允许出口证明书。

口岸检疫机关和海关凭濒管办签发的允许出口证明方可受理检疫、查验放行。对违章和非法出口珍稀野禽、野味及观赏野生动物的，濒管办不予补办“证明书”，由海关依照国家有关规定处理。

最高人民法院发出《关于正确执行〈全国人民代表大会常务委员会关于惩治走私、制作、贩卖、传播淫秽物品的犯罪分子的决定〉的通知》

埃塞俄比亚总统门格斯图在达累斯萨拉姆会见外交部长钱其琛

中国高温超导技术取得突出成就

自 1986 年国际上发现高临界温度超导体以来，我国高温超导技术攻关成就突出。

高临界温度超导体的发现是近几年来国际科技界最重大的事件。

中国是世界上独立发现液氮温区超导体的国家之一。中国科学院物理所研究员赵忠贤领导的研究组最先公布了这种超导材料是钇—钡—铜—氧化合物。随后，我国又独立研制了铋锶钙铜氧和铊钡铜氧等高温超导材料。同时，我国还开展了一系列高温超导的材料研究，有的材料临界温度达到 132K，至今还保持着世界最高纪录。

全国第二届器官移植学术会议在武汉召开

近两年来我国肾脏累计移植 4000 多例，成活逾五年的428人，十年以上的54人。

河南三门峡虢国墓出土珍贵文物

林莉在澳大利亚珀斯举行的第六届世界游泳锦标赛上获游泳冠军高敏获女子跳板跳水金牌

利用职权贪污受贿巨款原铁道部运输局长徐俊被判死缓

1月8日

全国政协第七届常委会第十二次会议举行全体会议

会议审议了关于隆重举行辛亥革命80周年纪念活动及政协提案工作条例草案。

公安部在北京召开全国公安系统加强廉政建设、纠正行业不正之风、整治"三乱"电话会议

会议要求公安机关各级领导要一手抓业务工作，一手抓队伍建设，在新的一年里使公安队伍的素质有明显提高，为做好公安工作做出更大的贡献。

公安部副部长胡之光在电话会上说，近几年在党和政府领导下，各地公安机关坚持从严治警，胜利完成了党和人民交给的任务，得到各方面的赞誉。1989年以来，狠抓了队伍建设，加强与人民群众的联系。广大干警的群众观念、公仆意识有所增强，涌现了一大批清正廉洁、热心为人民做好事的集体、个人。各地公安机关普遍开展了以自查自纠为主要内容的群众性自我教育活动。据四川、湖北、河南、广西、浙江、河北、天津等7个省市区公安机关统计，共清查了收费项目1478项，查出不合法的自立收费项目440项。去年1至9月，已查结各类违法违纪案件3869起，其中查处万元以上大案67起。

胡之光在谈到今后如何将廉政建设工作引向深入时说，今后要进一步对干警进行理想、宗旨教育，群众观点、群众路线教育，法纪、职业道德教育，提高干警的责任感、荣誉感。各地公安机关要把廉政建设与元旦春节爱民月活动密切结合起来，切切实实改进作风，密切警民关系。

首次全国海洋工作会议在北京召开

这次会议是建国以来的第一次海洋综合性会议。

会议讨论并通过了《90年代我国海洋政策和工作纲要》，提出90年代海洋工作要以开发利用海洋、发展海洋经济为中心，围绕权益、资源、环境和防灾减灾来展开，在2000年使海洋产值占到国民生产总值3%的目标。

国家科委主任宋健在工作会议上指出，90年我们将面临"海洋开发时代"的挑战。我们要以海岸带、海岛和近岸海域开发为重点，推动整个海洋事业的发展。

我国是拥有18000公里海岸线、5000多个岛屿和广阔管辖海域的濒海大国，近10年来，我国海洋事业发展迅速，1989年，我国海洋产业总产值达到245亿，在整个国民经济总产值中的比重由0.7%上升到1.7%。

宋健指出，90年代，我们将面临"海洋开发时代"的挑战。我们要以海岸带、海岛和近岸海域开发为重点，推动整个海洋事业的发展。

宋健说，我们要因地制宜发展海岸带海岛综合经济，力争经过90年代的努力，使我们的海岸带海岛地区提前富裕起来。与此同时，我们要适当进行大陆架专属经济区的开发利用。并以科学技术进步为支撑，推动海洋产业的发展。

宋健强调指出，海洋开发是一个庞大的系统工程，要发挥中央和地方两方面的积极性，切实把海洋管好、用好。坚决制止任意向海洋倾倒废弃物和排污、酷渔滥捕、违规作业和建设等一切损害自然资源，使我们的海洋环境和资源得以永续利用。

纺织部部长吴文英在全国纺织厅局长会议上发表关于纺织工业十年规划和"八五"计划基本思路的讲话

吴文英提出实现今后十年和"八五"发展目标的基本思路，这就是把改革同发展紧密地结合起来，通过调整、改组、改造，逐步达到经济结构优化、布局大体合理、总量基本平衡、效益稳定增长的目标，使纺织工业稳定、协调地发展。

"七五"期间，是我国纺织工业发展最快的时期，也是创汇最多的时期。"七五"期间纺织品出口额占全国出口总额的1/4，净创汇率高达60%以上。

吴文英在报告中提出了十年规划和"八五"计划的发展目标。

吴文英说，要实现今后十年和"八五"发展目标，就要重点发展化纤和纺机、纺器行业，调整纺织经济结构；进一步发展外向型经济，努力提高纺织品的出口创汇水平；对纺织工业布局进行战略性调整，实现资源优化配置；调整企业组织结构，努力实现规模效益和组织效益，大力增强竞争能力；稳步深化经济体制改革，为纺织工业的发展创造新的外部环境和条件。

吴文英强调今年要继续抓好质量品种，努力开拓国内市场，扩大纺织品出口。她说，要积极参与国际竞争，一是要继续在小批量、多品种、快交货上下功夫；二是发展中高档产品，扩大精深加工产品出口；三是加强工贸合作，逐步走通“两头在外”；四是积极推进外贸体制改革。

财政部部长王丙乾在钓鱼台国宾馆设宴欢迎日本大藏大臣桥本龙太郎

应国务委员兼财政部部长王丙乾的邀请，日本大藏大臣桥本龙太郎傍晚抵达北京，对中国进行为期3天的正式友好访问。

晚上，王丙乾在钓鱼台国宾馆设宴欢迎日本贵宾。他在祝酒时说，将近20年来中日两国的政治、经济、文化和贸易合作关系不断发展，日本现在已是中国最大的贸易伙伴。两国已经签署了十几个实务协定，其中避免双重征税协定的签署标志着两国财政部门的成功合作。王丙乾特别提到了日本政府对中国的经济发展和改革开放给予的高度重视和积极支持。“我们高兴地看到海部首相在为加强中日关系方面所作的努力，也非常赞赏桥本大臣在推动尽快恢复世界银行和亚洲开发银行对中国的贷款和第三批日元贷款等方面所持的积极态度。这种态度是具有远见卓识的。”

王丙乾指出，在当前国际形势更加动荡不安的情况下，加强中日合作关系，必将对亚洲乃至世界的和平及稳定产生积极的作用。王丙乾表示真诚希望进一步加强与日本的合作，使两国的经济能互补互益、共同发展，使两国人民世世代代友好下去。

国家科委主任宋健在超导攻关评估和战略目标讨论会闭幕会上发表讲话

宋健在会上说：超导技术是一项综合性很强的高技术，对能源、工业、交通、国防等方面都具有重要的应用价值和巨大的发展前景。“八五”期间，国家对超导技术和理论研究将给予更大支持，并将作为科技攻关的重点项目组织研究和开发。

他说，当前超导研究的核心是材料工艺问题，要尽快组织包括工业部门在内的各有关部门协同攻关，尽快研制出能够满足使用要求的超导材料。

他建议在进行材料研究的同时注意开展可能的应用研究。因为这样不仅能为超导材料的开发应用做好准备，还可以推动应用基础研究。

宋健认为，目前低温超导材料已基本成熟，重点要放在应用开发研究上。要重视有实际应用前景的成果，要使超导研究真正服务于经济建设。

国务院批准国家教委《关于1991年高等学校毕业生和毕业研究生分配问题的报告》

报告说，1991年全国高校共有本专科毕业生54.9万多人，毕业研究生近3.5万人，国家计划内的自费、电大、函授等普通专科班毕业生6万多人。今年高校毕业生的分配仍按国家现行规定，对已纳入国家统一招生计划的普通高等学校本、专科学生和研究生，凡是取得毕业资格、服从国家需要，国家都给予安排工作。属国家分配的毕业生，实行按计划为主的办法分配工作；计划内招收的自费、电大、函授等普通专科班毕业生的就业，按照去年国家有关规定办理。不允许公费毕业生到社会上自找工作单位。

国家教委国务院台办公安部联合发出《关于接受在大陆投资的台湾人士的随行子女到大陆的中小学、幼儿园就读有关事项的通知》

中共中央政治局常委李瑞环在中南海怀仁堂同《渴望》剧组人员座谈

在座谈中李瑞环就有关文艺问题发表了意见。李瑞环说，《渴望》这部电视剧能引起这么大的轰动，引起这么多人的共鸣，带来如此积极的社会效果，这在我国电视创作史上是罕见的。《渴望》不仅丰富了人民群众的精神文化生活，而且为我国电视剧、电影的创作闯出了一条新路。李瑞环说：一部描写平凡生活的电视剧，产生如此强烈的社会反响，很值得深思，我们要认真研究和总结，从中悟出一些道理来。文艺作品首先要让人喜欢看，其次才谈得上教育人，这就是常说的寓教于乐。我们要善于用群众喜闻乐见的形式，使我们所倡导的社会主义伦理道德不知不觉、潜移默化地为广大群众所接受。在社会主义条件下，人民群众的根本利益是一致的，这就决定了人与人之间应该是诚恳宽厚、平等互助、团结友爱、和谐融洽的新型关系。这种新型的人际关系是我们中华民族传统的美德在新的历史条件下的继承和发扬。我们的文艺作品应当着力表现这种新型的人际关系。《渴望》很好地表现了这个关系。他说，艺术源于生活，高于生活。高于生活不是脱离生活，而是更典型、更普遍地反映生活。艺术的生命在于真实、真诚。创作者应善于运用自己的生活积累，善于从自己周围的人那里获取信息，确定应该写什么、怎么写。他希望广大文艺工作者都进一步贴近群众，贴近生活，贴近实际。

李瑞环强调要继续贯彻“一手抓整顿、一手抓繁荣”的方针。“扫黄”等工作要继续抓紧抓好，同时要集中更多的精力抓好繁荣。坏的要堵，但光堵还不行，更重要的是要拿出好的作品来。他希望各地区、各部门要扎扎实实地工作，一部作品一部作品地抓，多提供像《渴望》这样的精神食粮。

国务院关于加强野生动物保护严厉打击违法犯罪活动的紧急通知

一九八八年七届全国人大常委会第四次会议通过颁布《野生动物保护法》以来，各地加强对野生动物保护工作的领导，普遍开展了宣传教育活动，在加强管理、拯救濒危物种、打击违法犯罪活动方面，取得了一定成绩。但是，当前野生动物资源的破坏仍然相当严重。一些地方的领导对野生动物保护工作不够重视，乱捕滥猎珍稀野生动物的案件屡屡发生，非法经营和倒卖走私野生动物及其产品的违法犯罪活动增多。有的地方犯罪分子结伙作案，黑市交易猖獗，大量违法生产、销售的猎枪流入社会，给野生动物资源和社会治安带来极大危害。为加强野生动物保护工作，严厉打击各种违法犯罪活动，特紧急通知如下：

一、切实加强领导，大力宣传贯彻《野生动物保护法》。各级政府要把做好野生动物保护管理工作，当作一项重要职责，采取有力措施，解决实际问题，切实加强领导。要把宣传贯彻《野生动物保护法》当作一件大事，列入对公民进行法制教育和精神文明建设的重要内容。各新闻教育单位，都要把保护野生动物的宣传教育，当作一项应尽的社会责任，做好宣传服务工作。各地要在继续深入开展"爱鸟周"活动的同时，在每年秋冬季开展"野生动物宣传月"活动，大张旗鼓地进行宣传教育，逐渐形成爱护野生动物的社会风尚。

二、严厉打击破坏野生动物的犯罪活动。各级林业、公安、工商行政管理机关要对《野生动物保护法》颁布以来发生的乱捕滥猎和倒卖走私国家重点保护野生动物的案件，进行一次清理，抓紧查处。凡构成犯罪的，不论涉及什么人或单位，必须坚决按照全国人大常委会《关于惩治捕杀国家重点保护的珍贵、濒危野生动物犯罪的补充规定》，予以惩处。任何人不得对犯罪分子姑息迁就和包庇。对典型案件要公开宣传报道，震慑犯罪分子，教育群众。公安、工商行政管理、司法机关要把查处野生动物案件，作为一项重要任务。问题严重的地方，要把非法猎杀经营倒卖和走私国家重点保护野生动物的犯罪活动，列入"严打"斗争的内容，进行专项治理。

三、加强野生动物及其产品经营活动的管理。凡从事出售、加工、运输和驯养繁殖国家重点保护野生动物及其产品，要严格履行审批手续。对养殖、加工、经营非国家重点保护野生动物及其产品的，也必须加强管理，依法经工商行政管理机关核准登记后，方可从事经营活动。凡国家重点保护的野生动物及其产品，不得在集贸市场上出售，不得跨省、自治区、直辖市收购、买卖。宾馆、饭店、餐馆、招待所等不得违法经营国家重点保护野生动物及其产品。运输野生动物及其产品，须凭省、自治区、直辖市林业行政主管部门或其授权单位的批准证明办理。

四、严格猎枪、弹具管理。猎枪、弹具管理关系到野生动物资源保护和社会治安。凡未经林业部批准生产猎枪的工厂，一律不得生产猎枪、弹具，已经生产的，由其主管上级责令停产。经销猎枪、弹具的单位，必须经所在省、自治区、直辖市林业、公安部门批准，在林业行政主管部门分配的指标内销售，不得经销非定点厂的猎枪、弹具产品。购买猎枪须经所在县级林业行政主管部门批准，县级公安机关凭林业行政主管部门的批件，审核同意后发给猎枪、弹具购买证。对违反规定而持有猎枪的，公安部门不得发给《持枪证》，林业行政主管部门不得发给《狩猎证》。禁止使用军用枪支狩猎。要定期组织清查，发现非法持有猎枪或使用禁用狩猎工具的，一律收缴，并予追查。

五、加强野生动物及其产品的进出口管理。国家重点保护和我国参加国际公约限制进出口的野生动物及其产品、制成品、衍生物不得随意出口。如需出口时，须经所在省、自治区、直辖市野生动物行政主管部门同意，报国务院野生动物行政主管部门或授权单位批准，由中华人民共和国濒危物种进出口管理办公室或其授权办事处核发《允许出口证明书》，口岸检疫、商品检验机关和海关凭《允许出口证明书》，分别受理检疫、检验和查验放行。凡从事贸易性质的出口单位，必须是具有上述商品出口权的外贸公司。否则，野生动物行政主管部门，濒危物种进出口管理机构、口岸检疫、商品检验机关和海关不得受理。

以上通知，请遵照执行。

林业部发言人刘广运就野生动物保护问题发表谈话

林业部1991年第一次部务会议，把进一步加强野生动物保护管理作为主要议题之一。

全国人大常委会法工委负责人就残疾人保障法答新华社记者问

记者日前就残疾人保障法的有关问题，走访了全国人大常委会法制工作委员会负责人。

问：制定残疾人保障法的意义何在？

答：据1987年全国残疾人抽样调查推算，我国共有残疾人5164万，占全国人口总数的4.9%；有残疾人的家庭占全国家庭总数的18.1%，也就是说，大约每五个家庭中就有一个家庭有残疾人。因此，残疾人的状况如何，不仅涉及5000多万残疾人，而且关系到他们的亿万亲属，关系到社会的稳定和国家的发展，是一个不容忽视的社会问题。新中国成立后，特别是党的十一届三中全会以来，在党和政府的领导、关怀和全社会的支持、帮助下，我国的残疾人事业得到了较快的发展。但是，也还存在问题。由于残疾的影响，加上传统的偏见，残疾人在教育、劳动、生活等方面遇到的困难，比健全人要大得多。一些地方歧视残疾人，侵害残疾人合法权益的现象，仍然时有发生。现在，国家制定专门法律，保障残疾人的合法权益，发展残疾人事业，贯彻宪法关于国家和社会帮助安排有残疾的公民的劳动、生活和教育的规定，发挥残疾人在社会主义建设中的积极作用，十分必要，意义重大。

问：残疾人保障法的基本精神是什么？

答：残疾人，作为公民，在政治、经济、文化、社会和家庭生活等方面享有同其他公民平等的权利，受法律的保护；作为有特殊困难的人，国家有必要给予特殊扶助，并积极发展残疾人事业，减轻或者消除残疾影响和外界障碍，以保障残疾人权利的实现。这就是残疾人保障法的基本精神。根据这个精神，这个法律在残疾人的康复、教育、就业、文化生活、福利、环境等方面作了规定。

问：残疾人保障法对残疾人的教育问题是怎样规定的？

答：由于残疾的影响和历史的原因，我国残疾人受教育的困难比较多，至今还有很多人是文盲。为了加强对残疾人的教育，残疾人保障法从我国实际出发，规定残疾人教育实行普及与提高相结合、以普及为重点的方针，着重发展义务教育和职业技术教育。在教育方式上，实行普通教育与特殊教育相结合。这就是说，对具有接受普通教育能力的残疾人，由普通学校给予教育，使他们与健全人生活、学习在一起，这对残疾人的成长是有益的；对不具有接受普通教育能力的残疾人，由特殊教育机构给予教育。

这里需要指出的是，在对待残疾人入学的问题上，一些地方仍然存在歧视残疾人的现象，对符合条件的考生，因其残疾而拒绝招收，这种现象必须纠正。为此，残疾人保障法明确规定，普通小学、初中必须招收能适应其学习生活的残疾儿童、少年入学；普通高中、中专、技校和高等院校，必须招收符合国家规定的录取标准的残疾考生入学，不得因其残疾而拒绝招收；拒绝招收的，当事人或者其亲属、监护人可以要求有关部门处理，有关部门应当责令该学校招收。

问：残疾人保障法对残疾人的劳动就业问题是怎样规定的？

答：残疾人，除了完全丧失劳动能力的以外，同样是社会物质财富和精神财富的创造者。解决残疾人的劳动就业问题，不仅关系到广大残疾人生活的来源和保障，而且是有劳动能力的残疾人的劳动权利得以实现的保障。残疾人保障法规定，国家对残疾人劳动就业实行集中与分散相结合的方针，通过各种途径、多种形式，为残疾人创造劳动就业条件，并对残疾人劳动就业实行优惠政策，给予扶持保护。

集中安排残疾人就业的，主要是残疾人福利企业、工疗机构、按摩医疗机构等。国家对残疾人福利性企业实行税收减免政策，并在生产、经营、技术、资金、物资、场地等方面给予扶持。地方各级人民政府和有关部门应当确定适合残疾人生产的产品，优先安排残疾人福利企业生产，并逐步确定某些产品由残疾人福利企业专产。

安排残疾人就业，更多的需要分散安排。残疾人保障法规定，机关、团体、企业事业组织、城乡集体经济组织，应当按一定比例安排残疾人就业，并为他们选择适当的工种和岗位。政府有关部门下达职工招用、聘用指标时，应当确定一定数额用于残疾人。对于国家分配的高等学校、中专、技校的残疾毕业生，有关单位不得因其残疾而拒绝接收；拒绝接收的，当事人可以要求有关部门处理，有关部门应当责令该单位接收。此外，政府有关部门应当鼓励、帮助残疾人自愿组织起来从业或者个体开业。对申请从事个体工商业的残疾人，有关部门应当优先核发营业执照，并在场地、信贷等方面给予照顾。

我国残疾人大部分生活在农村。对农村残疾人的生产劳动给予照顾和扶持，具有重要意义。残疾人保障法规定，地方各级人民政府和农村基层组织，应当组织和扶持农村残疾人从事种植业、养殖业、手工业和其他形式的生产劳动，有关部门应当在生产服务、技术指导、农用物资供应、农副产品收购和信贷等方面给予帮助。

问：残疾人保障法涉及5000多万残疾人的切身利益，怎样才能使这个重要法律得到贯彻执行？

答：首先，政府和有关部门、残疾人联合会以及社会各个方面，应当采取各种形式，认真、广泛地宣传残疾人保障法，促进残疾人和其他公民之间的相互理解和交流，使全社会都理解、尊重、关心、帮助残疾人，支持残疾人事业，使残疾人发扬乐观进取精神，自尊、自信、自强、自立，为社会主义建设贡献力量。

维护残疾人的合法权益，发展残疾人事业，涉及的方面广、部门多。各级人民政府，特别是民政、卫生、教育、劳动、文化等有关部门，都应当密切联系残疾人，听取残疾人的意见，履行各自的职责，做好残疾人工作。

我们相信，在党和政府的领导下，政府有关部门、社会各个方面和残疾人共同努力，我国的残疾人事业必将得到不断发展，残疾人将会成为社会主义建设事业中的一支积极力量。

1月9日

中共中央政治局常委乔石在山东考察工作

乔石在山东考察时强调，要进一步加强和改善党的领导，像保护眼睛一样保护安定团结的政治局面，集中精力搞好经济建设。

1月9日至21日，乔石在中共山东省委书记姜春云，省委常委、省纪委书记张全景，省委常委、副省长高昌礼等陪同下，考察山东省的济宁、枣庄、临沂、潍坊、青岛、烟台、威海等市、地。

乔石强调，要认真贯彻落实党的十三届七中全会精神，树立雄心壮志，依靠全党和全国人民的艰苦奋斗，实实在在地工作，集中精力把经济建设搞上去。他说，实践充分证明，党的十一届三中全会以来的路线、方针和政策是正确的。10多年改革开放和社会主义建设取得了举世瞩目的成就。今后我们必须继续坚持党的“一个中心、两个基本点”的基本路线，加快我国经济建设的步伐，使我们的国家尽快富强起来，广大人民群众尽快富裕起来。

乔石在考察中反复强调，90年代，对于我们的社会主义经济建设至关重要。全党要牢固树立以经济建设为中心的思想，充分调动广大人民群众的积极性，为在本世纪末实现第二步战略目标，采取得力措施，齐心协力，努力工作。只要我们按照党的十三届七中全会的精神去办，我们的目标就一定能够实现。

在沂蒙山区的费县水连峪乡宁家沟村，乔石了解到这里的干部群众发扬艰苦创业精神，几年来坚持治山治水，植树造林，使贫困的山村走上了脱贫致富之路后，高兴地对村党支部书记孙士元说：你们干得很好，成绩很大。搞社会主义建设，就是要有自力更生、艰苦奋斗的精神。乔石指出，对贫困地区的脱贫工作，我们大家要关心，要想办法扶持。经济发达地区一定要在不影响本地区经济发展的前提下，帮助贫困地区发展经济，为今后逐步走上共同富裕的道路打下一个良好的基础。

乔石说，实现我国现代化建设的第二步战略目标，必须进一步加强和改善党的领导。尤其要把党的基层组织一个一个建设好，使每个基层组织真正成为带领群众发展社会主义经济、文化、教育、科技等各项事业的战斗堡垒。党的各项方针、政策都要靠基层组织去贯彻落实，基层组织搞好了，各项工作就有了依托和坚实的基础，我们的经济建设就能顺利发展。

乔石指出，要把经济建设搞上去，没有一个安定团结的政治局面，没有一个稳定的社会环境是不行的。当前，国内形势是稳定的，我们要像保护眼睛一样，维护稳定，维护安定团结的政治局面。应该看到，现在影响稳定的因素仍然存在。随着经济工作的发展，也还会有新的问题出现。因此，要下大气力抓好党的建设，密切党同人民群众的联系，做好群众的思想政治工作，搞好社会治安的综合治理。他肯定了枣庄市在开展社会治安综合治理中，领导重视、群防群治的经验。他指出，党的基层组织不断加强，社会治安综合治理工作不断深入，社会主义民主与法制不断健全，社会的长治久安就有保障。只要我们国内政治、经济形势是稳定的，就能集中精力把经济建设搞上去。

1月19日，乔石听取了中共山东省委领导同志的工作汇报。乔石表示，他对山东的工作总的印象是好的。他认为，10年来，山东省在党中央、国务院的领导下，各级党委和政府认真贯彻党的路线、方针、政策，紧密结合山东的实际，在党的建设、经济文化建设、社会治安综合治理等方面，进行了卓有成效的工作，各项事业都有了较大发展。今后只要认真贯彻落实党的十三届七中全会精神，相信山东的经济会发展得更快更好，山东是很有希望的。

全国人大常委会法工委负责人就《关于禁毒的决定》答新华社记者问

七届全国人大常委会第十七次会议通过的《关于禁毒的决定》以后，全国人大常委会法制工作委员会负责人日前就这个决定回答了记者的提问。

问：为什么要制定《关于禁毒的决定》？

答：我国人民在历史上深受帝国主义散布烟毒之害。新中国成立后，我们依靠共产党的领导，发动人民群众，在短期内禁绝了烟毒。但是近几年来，国际上贩毒活动猖獗，不断向我国渗透，使我国原来已经消灭的贩毒、吸毒现象又开始出现。这些毒品违法犯罪活动，严重危害人体健康，毒化社会风气，诱发一些犯罪活动，严重危害社会治安。必须采取坚决措施，严厉打击毒品犯罪活动，防止毒品的蔓延、泛滥。

我国一贯重视禁毒工作，刑法和有关法律对走私、贩卖、运输、制造毒品的犯罪，规定了严厉的刑罚。我国于1989年9月，经全国人大常委会批准，参加了《联合国禁止非法贩运麻醉药品和精神药物公约》。为了适应新情况下禁毒工作的需要，严厉惩治走私、贩卖、运输、制造毒品和非法种植毒品原植物等犯罪活动，严禁吸食、注射毒品，全国人大常委会总结我国禁毒的经验，从我国实际情况出发，并参照国际公约，制定了这个法律。禁毒决定对刑法和有关法律作了必要的补充修改，是一项重要法律。

问：什么是毒品？

答：鸦片、海洛因、吗啡、大麻、可卡因是毒品。国务院规定由国家管制的其他能够使人形成瘾癖的麻醉药品和精神药品也是毒品，这里也就包括了其他未列举名称的其他毒品。

问：对走私、贩卖、运输、制造毒品危害严重的犯罪应当如何惩治？

答：凡是走私、贩卖、运输、制造毒品的，不管数量大小，都是犯罪，应当依法追究刑事责任。决定对毒品犯罪规定的刑罚是比较严厉的，走私、贩卖、运输、制造鸦片 1000 克以上、海洛因 50 克以上或者其他毒品数量大的，要判处 15 年有期徒刑、无期徒刑或者死刑，比过去司法机关掌握的实际处刑标准严厉得多。

问：这样规定会不会使某些犯罪分子钻空子，每次走私、贩卖海洛因都不到 50 克，以逃避被判处重刑？

答：决定考虑到这种情况，规定对多次走私、贩卖、运输、制造毒品，未经处理的，毒品数量累计计算。同时，决定规定应当判处 15 年有期徒刑、无期徒刑或者死刑的，除走私、贩卖、运输、制造鸦片 1000 克以上、海洛因 50 克以上的以外，还有：走私、贩卖、运输、制造毒品集团的首要分子；武装掩护走私、贩卖、运输、制造毒品的；以暴力抗拒检查、拘留、逮捕，情节严重的；参与有组织的国际贩毒活动的。有这四种情形之一的，即使海洛因不足 50 克、鸦片不足 1000 克，也应当判处重刑，直至死刑。决定规定，走私、贩卖、运输、制造鸦片 200 克以上不满 1000 克、海洛因 10 克以上不满 50 克的，处 7 年以上有期徒刑，可以判到 15 年有期徒刑，也是很重的刑罚。

问：一些犯罪分子为牟取暴利，对被关几年并不怕，认为虽然“坐牢一阵子”但可以“享受一辈子”，因而铤而走险，对这个问题，决定采取了什么措施？

答：毒品犯罪可以获取暴利，为了严厉打击毒品犯罪，在经济上决不能让他们得到好处。因此，决定除规定要对犯罪分子判处有期徒刑、无期徒刑甚至死刑等刑罚外，还规定要并处罚金或者没收财产。同时，对查获的毒品、进行毒品犯罪所取得的违法所得，一律没收，就是用违法所得获得的收益，例如拿贩毒所得的赃款作为资金经营工商业等所取得的利润，也要一律没收。

问：据说有的地方出现了非法种植罂粟的情况，如何处理？

答：罂粟的果实是生产鸦片、海洛因的原料，严禁非法种植罂粟。对非法种植罂粟的，必须一律强制铲除，并根据不同情况分别处理。对非法种植罂粟 500 株以上或者经公安机关处理后又种植的，以及抗拒铲除的，应当追究刑事责任，最高刑为 15 年有期徒刑。对非法种植数量小，不满 500 株的，应给予治安管理处罚。如果在收获前自动铲除了，可以免除处罚。

当然，如果种植收获后，用以制造鸦片或者出售的，应当以制造、贩卖毒品罪论处。

问：为什么要对醋酸酐、乙醚、三氯甲烷等化学物品做规定？

答：醋酸酐、乙醚、三氯甲烷等化学物品，既是生产、科研、教学和医疗上经常使用的物品，又是制造海洛因等毒品的配料。国家对这些化学物品实行严格管制，违反国家规定非法运输、携带这些物品进出境的，是违法犯罪行为，应当受到处罚。

问：对吸食、注射毒品的怎么办？

答：吸食、注射毒品危害人体健康，给社会、家庭带来一系列问题，并且诱发其他违法犯罪行为，必须予以禁绝。对吸食、注射毒品的，给予治安管理处罚，并强制戒毒；经过戒除后又吸食、注射毒品的，实行劳动教养，并在劳动教养中再次强制戒毒。关键是要强制他们戒除，进行治疗和教育，使他们戒除恶习。

问：为了有力打击毒品犯罪，应当动员、依靠群众检举、揭发这种犯罪活动，决定对此是否有规定？

答：严禁毒品犯罪，有关部门必须加强缉毒工作，同时要依靠群众。检举、揭发毒品犯罪是公民应尽的义务，应当予以鼓励。决定规定，对公民中检举、揭发走私、贩卖、运输、制造毒品的犯罪活动的人员，以及在禁毒工作中有功的人员，应当给予奖励。同时，也鼓励犯罪分子自首立功，决定规定，有毒品犯罪行为的人，有检举、揭发其他毒品犯罪立功表现的，可以从轻、减轻处罚或者免除处罚。

中宣部副部长徐惟诚在全国乡镇企业思想政治工作会上发表讲话

徐惟诚在讲话中对乡镇企业的发展给予了高度评价。他认为，乡镇企业是我国国民经济发展中一个非常重要的事实，它对于促进我国社会主义现代化建设和改革、开放发挥了重大的、多方面的积极作用。乡镇企业的兴起不仅加快了国民经济的发展速度，更有意义的是使农村出现了一场伟大的产业革命，打破了旧的社会分工和城乡二元经济格局。乡镇企业不仅使农村经济得到发展，增加了农民收入，改变了农村面貌，是农民致富的必由之路，还有力地促进了农村社会主义精神文明建设，为改善农民文化生活提供了比较坚实的物质条件，在农民思想观念和农村思想文化等方面引起了广泛而深刻的变化。农民这种历史性的进步，是生产实践活动带来的变化，也是各级党委和政府统一领导，乡镇企业和党委宣传部门相互配合、通力协作以及广大基层干部做了大量思想政治工作的结果。

徐惟诚在谈到乡镇企业思想政治工作存在的问题时说，乡镇企业的思想政治工作发展很不平衡，这主要是我们的工作跟不上形势发展的需要,在指导思想和教育内容、手段以及方式方法上都存在着不相适应的问题。应该从巩固社会主义政权的战略高度来认识党在乡镇企业思想政治工作的地位和作用,真正把这项工作做好,并不断开拓前进。为此,徐惟诚要求各级有关部门要切实加强对乡镇企业思想政治工作的领导,把工作做细做实,真正让社会主义思想占领乡镇企业以及整个农村阵地。

全国企(事)业法律顾问工作会议在北京开幕

会议表彰了74个全国企(事)业法律顾问工作先进集体、1000名全国企(事)业法律顾问工作先进个人。

司法部部长蔡诚要求企业法律顾问在今后一段时间内把法律服务工作重点放在改善企业宏观管理,调整产业结构、产品结构,深化企业内部改革,提高管理水平,依法维护企业合法权益以及引进外资,进行技术改造上,为这些方面的工作提供法律咨询和法律保障。同时要继续为治理整顿服务,为两个文明建设服务。

最高人民检察院就严厉打击贪污受贿渎职犯罪在北京召开新闻发布会

最高人民检察院副检察长肖扬在新闻发布会上透露:我国各级检察机关认真履行法律监督职责,深入开展举报工作,把查处贪污、贿赂、玩忽职守大要案作为工作重点,去年立案侦查百万元以上贪污、受贿案件21件40人,涉及犯罪总金额3500多万元;立案查处损失百万元以上特大玩忽职守案101件,涉及直接经济损失金额达5.3亿元。

21件百万元贪污、受贿案中,现已侦查终结起诉的6件,收缴赃款物价值人民币800多万元。

其中,犯罪数额最大的是广东省深圳市上埗区轻工业品业务部经理杨锦棠等人贪污公款人民币504万元、美金19万元一案。现此案正在侦查中。

21件大案中有17起是有关单位和群众举报的。

肖扬介绍说,去年立案查处的特大玩忽职守案有这样几个特点:案件呈上升趋势,与上年同期比较上升23%;造成的损失数额越来越大;大多发生在经济领域的购销活动中;玩忽职守犯罪与贪污、贿赂等经济犯罪交织在一起,改变了以往玩忽职守案多在重大责任事故中发生的特点。

全国青联第七届委员会举行第一次主席(扩大)会议

国务院总理李鹏致信祝贺临汾铁路分局实现安全生产十周年

国务院总理李鹏在中南海紫光阁会见日本大藏大臣桥本龙太郎

李鹏在会见时说,不久前闭幕的中国共产党第十三届七中全会开得很好,全党一致,人民高兴。全会通过的《中共中央关于制定国民经济和社会发展十年规划和“八五”计划的建议》具有重要和深远的意义。

以江泽民为核心的党中央领导集体是团结一致的,是长期稳定的,七中全会的胜利召开充分证明了这一点。

李鹏还向客人介绍了中国国内的经济形势,李鹏说,在过去一年里,中国在非常困难的情况下,保持经济的发展,工业生产增长6%,农业获得了大丰收,物价上涨指数控制在3%以下,外汇结存增加。李鹏表示,我们有充分的信心,使国民经济在新的一年里继续朝着好的方向发展。

李鹏对桥本龙太郎说,桥本大臣是1991年他会见的第一位重要外宾。李鹏称赞说,桥本的此次来访标志着中日两国的正常交往有了进一步的恢复,中国方面对日本政府采取的这一步骤给予积极的评价。李鹏说,从改善中日关系这一角度来说,桥本也是“敢于迎着困难前进的开拓者”。

李鹏指出,中日两国是近邻,中国政府一贯主张长期稳定地发展同日本的友好合作关系,在当前复杂的国际形势下,两国更有必要加强这种关系。关于今后的中日经济合作,李鹏表示希望中日双方在恢复第三批对华日元贷款的基础上,进一步探讨在能源开发方面的合作。

外交部长钱其琛在坎帕拉与乌干达外长塞莫格雷雷就双边关系非洲形势和海湾危机等国际问题举行会谈。

乌干达总统穆塞韦尼在坎帕拉会见外交部部长钱其琛

中国人民解放军第一支舰载机部队已正式编入海军航空兵序列

这标志着海军航空兵开始由岸基向舰基发展。

1988年12月,我军舰载直升机首次着舰试验成功。近两年来,海军舰载机部队先后开展陆上平台起降、舰艇锚泊状态着落和舰艇航行状态起落等课目的训练,并圆满完成了30多次执勤任务。海军有关部门负责同志介绍说,我国舰载机部队虽然还是个雏形,但它掀开了海军航空兵史上新的一页,显示了海军水面舰艇战术技术性能有了新的提高。

上海计生研究所合成计生新药米非司酮

北京公演重排的现代京剧《红灯记》

1月10日

国务院举行第75次常务会议

国务院总理李鹏主持会议，讨论《中华人民共和国水土保持法(草案)》。会议原则通过这部法律草案，待修改后，提请全国人大常委会审议。

会议在讨论中认为，我国是个多山的国家，山区和丘陵区占国土面积的2/3以上，受复杂的自然环境和人为活动的影响，水土流失情况十分严重。新中国成立以来，在党和人民政府的领导下，经过亿万人民的努力，我国的水土流失防治工作取得了显著成效。但是，直至现在不少地方仍然存在着边治理、边破坏，一方治理、多方破坏的情况。严重的水土流失，造成淤毁水利工程，抬高河床，不仅加重了洪水灾害，恶化了生态环境，导致了水土严重流失地区的人民生活贫困，也使流域地区的经济发展受到一定的影响。因此，采取积极措施防治水土流失问题，必须引起全社会的高度重视。现在制定这样一部法律，运用法律手段加强水土流失的防治工作，不仅是十分必要的，也是十分迫切的。

全国拥军优属拥政爱民工作会议在福州开幕

党中央、国务院、中央军委对这次会议非常重视。邓小平同志为"双拥模范城"、"双拥模范县"题了字。江泽民、杨尚昆、李鹏等中央领导，对开好这次会议很关注。中共中央书记处书记、中央军委秘书长、总政治部主任杨白冰，国务委员陈俊生出席会议。

这次"双拥"工作会议由民政部、解放军总政治部联合召开。会议的任务是：以党的"一个中心，两个基本点"的基本路线为指针，认真贯彻党的十三届七中全会精神，紧紧围绕"进一步加强军政军民团结，促进国家的稳定与发展、促进军队建设"这个主题，分析研究全国双拥工作的形势，总结交流经验，提出今后一个时期"双拥"工作的基本任务，推动创造更多的"双拥模范城"、"双拥模范县"，把"双拥"工作提高到一个新水平。

在上午举行的开幕式上，民政部长崔乃夫讲了话。他说，拥军优属、拥政爱民，军民团结、军民一致，是我党、我军和我国人民在长期革命斗争中形成的光荣传统和政治优势。这一传统和政治优势，经受了革命战争、经济建设和改革开放的考验，对我国的社会稳定、经济发展、国防巩固、民族进步产生了重大的影响。"双拥"工作在长期实践中形成的一整套方针、政策、制度、原则、方法和经验，是我们宝贵的精神财富。近几年来，在党中央、国务院、中央军委的正确领导和亲切关怀下，全国的"双拥"工作以党的基本路线为指导，沿着为党的中心任务服务的正确方向，有了新的发展，军政军民团结不断增强，人民解放军更加受到全国人民的衷心爱戴；创建"双拥模范城"、"双拥模范县"的活动正在全国各地展开，"双拥"活动出现了蓬勃发展的局面。

他说，党的十三届七中全会指出，本世纪最后十年，是我国社会主义现代化建设进程中非常关键的时期。实现我国现代化建设的第二步战略目标，关系到国家的长治久安，关系到人民的富裕幸福，关系到社会主义制度的巩固发展。实现这一宏伟目标，需要有一个稳定的国内环境和一个良好的国际环境，需要全国人民万众一心，团结奋斗，我们必须清醒地意识到自己的历史使命，从战略高度认清做好"双拥"工作的特殊重要意义，努力把这项工作做得更好，为国家的稳定与发展作出新的贡献。

国务院总理李鹏会见香港中华总商会访问团

李鹏下午在中南海紫光阁会见了由会长霍英东率领的香港中华总商会京、沪访问团。

李鹏总理简明概括地介绍了10年规划的基本设想。他说，10年规划的目标是实现邓小平同志提出的，到2000年国民生产总值翻两番的设想。前10年，我们已实现了第一个翻番，第二个翻番基数大，任务艰巨。但我们相信，通过全国人民的共同努力，我们的目标是可以实现的。10年规划还将为中国在下一世纪的发展打好基础。

李鹏总理指出，今后10年，中国的改革开放不会停止，而且还要迈出更大的步伐，注入新的活力，并保持政策的连续性和稳定性。他在谈到今后经济发展重点时说，我们已把今年定为"质量、品种、效益年"。除加强农业、基础工业的发展外，现有加工工业要加强技术改造。通过技术改造，加强企业管理，来提高质量，提高效益。

在谈到价格改革时，李鹏表示，价格改革将稳步进行，指导思想是理顺比价关系，使之更趋合理。在进行价改时，将充分考虑企业和人民群众的承受能力。李鹏还应客人的要求，介绍了住房改革的设想。他表示，将结合住房改革发展城乡住宅建设，逐步提高居民住房条件。住房改革将作为今后10年提高人民生活的重要工作之一。

参加会见的还有荣毅仁、刘靖基、鲁平、万绍芬等。

全国人大常委会副委员长、全国工商联主席荣毅仁晚上在北京会见以香港中华总商会会长霍英东为团长的香港中华总商会访问团。

国家禁毒委员会第一次全体会议在北京召开

会议着重研究了加强禁毒工作的方案和措施。会议认为，近几年，我国的毒品犯罪死灰复燃，贩毒犯罪和吸毒人数增多，已经到了不容忽视的程度。会议决定，要在毒品犯罪严重的重点地区开展有声威有实效的禁毒斗争，在党委和政府的统一领导下，各有关部门齐心协力，依靠基层组织，广泛发动群众，“禁贩、禁种、禁吸”三禁并举，打击、宣传、防治多管齐下，力争在尽可能短的时间内把贩毒犯罪的气焰和吸毒蔓延的势头压下去。

会议指出，当前要加强禁毒宣传工作，充分运用电视、广播、报刊等各种宣传媒介，采取直观、形象、生动的形式，大力宣传国家的禁毒法律和政府的禁毒决心，教育广大群众、尤其是青少年充分认识毒品的危害，动员社会各行各业和广大人民群众积极参加禁毒斗争。

会议强调，七届全国人大常委会第十七次会议通过的“关于禁毒的决定”是严厉打击毒品犯罪、制止毒品泛滥的重要法律武器，既要大张旗鼓地做好宣传“决定”的工作，又要严格执法，严格依法办案，逐项落实“决定”的各项规定，使毒品犯罪分子受到震慑、人民群众受到教育。

会议认为，我国的毒品主要来自境外，我国的反毒斗争必须重视国际合作，尤其要加强与毗邻国家和地区的合作。

会议还研究确定国家禁毒委员会的工作章程和组建国家禁毒委员会办事机构。

中纪委在武汉召开全国纪检案件审理工作会议

会议的主要议题是：总结、交流几年来各级纪检机关做好案件审理工作、提高办案质量的经验；交流各地学习贯彻中纪委颁布的有关党纪处分条例、规定的做法和体会等。

1989年下半年以来，纪检工作以惩治腐败、加强党风建设为重点，查处了一批党员违反政治纪律、贪污受贿、官僚主义失职等案件。1989年共处分党员158826人，约占全国党员总数的0.32％。

中纪委常委傅杰在会上作了《增强法规观念，正确执行纪律，进一步提高审理工作水平》的报告。傅杰指出，为了适应党风党纪建设的需要，中纪委根据党章和《准则》已制定下发了8个党纪处分方面的具体规定。在认真贯彻党章和《准则》的同时，认真学习执行中央纪委颁布的党纪处分条例、规定，对在办案工作中正确执行纪律，防止和纠正执纪不严现象以及提高办案效率有着重要作用。傅杰要求各级纪检机关继续坚持和完善案件审理制度，认真贯彻执行党纪处分条规，进一步地提高案件办理水平。

《人民日报》发表评论员文章《从实际出发做好干部交流工作》

中国蒙古两国政府在乌兰巴托签订《中华人民共和国政府和蒙古人民共和国政府贸易协定》

世界银行宣布向中国提供贷款

世界银行宣布，它已同意向中国提供一笔总额为7940万美元的贷款，帮助中国的常州、辽阳和沙市改善城市的公共设施。

另外，世界银行下属的国际开发协会为支持这一项目也将向中国提供8900万美元的贷款。

肯尼亚总统莫伊在蒙巴萨会见外交部部长钱其琛

浙江象山半岛发掘出史前墓葬群

象山半岛上最近发掘出距今约6000年的墓葬群。

今年全国高校本科毕业生54.9万人毕业研究生3.5万人合格毕业生由国家安排工作

卫生部发布《非医用加速器放射卫生管理办法》

1月11日

全国政协七届常委会第十二次会议闭幕

会议决定：政治协商会议第七届全国委员会第四次会议于1991年3月中下旬在北京召开。

闭幕会由全国政协副主席洪学智主持。会议一致通过了《中国人民政治协商会议第七届全国委员会常务委员会第十二次会议公报》。

这次会议还审议通过了《关于召开中国人民政治协商会议第七届全国委员会第四次会议的决定》、《中国人民政治协商会议全国委员会关于隆重纪念辛亥革命八十周年的决定》、《中国人民政治协商会议全国委员会提案工作条例》。

会议决定恢复中国科学技术协会为全国政协的组成单位；“归国华侨界”改由“中华全国归国华侨联合会”作为全国政协的组成单位。

会议还通过人事任命名单。会议决定任命全国政协常委、民盟中央秘书长吴修平为全国政协副秘书长。

全国政协代秘书长宋德敏在会上就常委会审议的

期贫穷落后、人口众多的国家，搞了这么多建设，达到了初步繁荣昌盛，就是因为我们党的组织和广大党员发挥了英勇顽强的战斗精神。

最近，我又重新看了列宁的《伟大的创举》这篇文章。第一次世界大战和十月革命之后，俄国很困难，面临着严重的饥荒。劳动生产率低，原因是饥饿，为了消灭饥饿，必须提高劳动生产率。结果形成一个循环：要提高劳动生产率，就得消除饥饿；而要消除饥饿，又得提高劳动生产率。列宁说："这类矛盾在实践上是靠打破这种循环，靠群众情绪的转变，靠一些集团的英勇首创精神来解决的，而首创精神在群众情绪转变的背景下往往起着决定的作用。"他还说："俄国工人不顾饥饿、疲乏和衰弱，实行'共产主义星期六义务劳动'，不领任何报酬地加班工作，并且大大提高了劳动生产率。难道这不是极伟大的英雄主义吗？难道这不是具有世界历史意义的转变的开端吗？"列宁讲得实在好。我们赶上、超过发达国家靠什么？我看，首先是靠提高党的战斗力，调动工人阶级和广大人民群众的积极性，发扬英勇的奋斗精神。共产党人、工人阶级，应该能做到别人做不到的事情，成为特别能战斗的队伍。在革命战争年代，靠的就是这种精神。现在搞社会主义建设，仍然需要发扬这种精神。

东欧一些执政党，就是因为他们面对国际、国内敌对势力的压力，一味妥协退让，最终失去了政权。我们党领导人民平息了1989年的政治风波，证明党是有战斗力的。但有些地方、单位的党组织，在动乱发生时，很不得力，甚至瘫痪，好多人还上街去闹事。这其中的原因很多，最大的失误是教育。思想政治工作削弱了，风浪一来，一些人不知所措，人家打起旗帜公开反对共产党了，还辨别不清，跟着起哄。傅显忠同志没有什么高深的学问，不过是农村的一个普通党员。那时候舆论导向不对，但他能辨别，告诉大家不要听那些小道消息，起到了一个共产党员的作用。在这种重要的关头，共产党人不能在那里等待观望，就是要挺身而出，进行斗争。有一个参与策划动乱的人最近在台湾讲，他当初研究改革，就是要分共产党的权，与虎谋皮。他讲得露骨得很。过去只是觉得他们那一套改革的设想不合中国的实际，实际上人家要剥共产党的皮。不警惕不行啊！

加强党的建设，提高党的战斗力，还要反腐防变。腐败与"和平演变"是有联系的，腐败也是"和平演变"的一种表现。对待腐败现象，唯一的办法，就是坚决抵制，坚决斗争。不能说起来慷慨激昂，行动上无所作为，甚至随波逐流。各级党的组织，各级党的干部，所有共产党员，都要同腐败现象作斗争。一个人能战斗，就会发生很大的作用。何况我们有各级党组织、有广大党员和群众。把这个力量调动起来，是了不得的。我们党的战斗力，蕴藏在千千万万普普通通的党员之中，蕴藏在各级党的组织之中，蕴藏在广大人民群众之中。只要我们党坚强，做好引导、教育工作，群众就会起来跟着干。一个地委书记跟我说，他到一个村子去发动支部治山治水。我说那个党支部不是瘫痪了吗？他说，你去抓，它就起作用，关键就在你抓不抓。他说的话很有启发。没有落后的群众，只有落后的领导。只要党组织交任务、教办法，群众是会响应的，是能创造奇迹的。我看，潜力、信心就在这里。

1990年山东莱西会议进一步明确了农村要以党支部为领导核心，要很好落实。对落后支部，要下决心整顿好。中央部署在农村进行社会主义思想教育，这项工作要抓紧落实。农村要很好地组织起来，党员要有联系户，组织村民参加社会工作，如议政小组、调解小组、计划生育小组、婚丧嫁娶红白喜事小组等等，把农民都吸收到这些组织中。这也体现社会主义的民主，人人当家做主，大家的事情大家办，这是任何资本主义国家都做不到的。企业也应该这样，党的组织要起政治核心作用，全心全意依靠工人阶级，把工人组织起来，使广大工人能够树立起主人翁责任感，觉得自己确实是企业的主人，处处尽主人应尽的责任，企业就能搞好。事情总得大家来办，党组织充分发挥作用，调动大家的积极性，事情就好办了。

国务院总理李鹏在天津考察

李鹏在天津企业负责人座谈时强调，各级领导，包括中央、地方和企业的领导，要真正地把提高企业效益作为我们今年的工作乃至今后一个时期工作的重点。经济要有一定的发展速度，产值要增长，但这个速度必须建立在提高效益的基础上。如果我人只求速度而滑效益，那么企业就不可能进步。

李鹏1月11日至14日在天津考察工作。11日至13日，李鹏在天津市委书记谭绍文、市长聂璧初等陪同下，冒着严寒，考察天津经济技术开发区、塘沽新港、天津机场改造工程、天津新火车站、天津大港电厂等基础设施，同时还考察天津石化公司、中外合资津英纺织厂、天津无缝钢管工程、天津市微型汽车厂、天津自行车厂、天津市第五棉纺织厂。

13日上午，李鹏听取了天津市委和市政府的工作汇报。关于天津市的工作，李鹏说，天津市10年来，贯彻执行党的基本路线，实行改革开放政策，成绩是显著的，市政建设也搞得很好，城市交通和居民住房都有所改善，长期困扰天津的缺电缺水得到缓解，这些都为人民生活的提高和经济的发展创造一个良好的条件。去年，在比较困难的情况下，天津市工业增长仍然达到百分之六的速度，农业获得丰收，这是不容易的。天津现在的困难主要在于经济发展后劲不足。在今后的十年中，天津市应该发挥老工业基地和港口城市的作用，发挥具有光荣传统的工人阶级队伍的作用，发挥实力雄厚的科技队伍的作用，把天津建设成为有自己特色的轻纺工业、机械、电子工业和原材料工业基地，并使金融、贸易和其他第三产业有更大的发展。

14 日上午，李鹏同部分大中型企业负责人进行座谈。

随同考察的有国务委员李贵鲜、国务院有关方面的负责人叶青、戚元靖、刘仲藜、何椿霖、李祥林、盛华仁、迟海滨、刘鸿儒、戴杰等同志。

《人民日报》发表评论员文章《把乡镇企业思想政治工作提高到新水平》

外交部部长钱其琛在内罗毕举行记者招待会

钱其琛在记者招待会上说，美伊外长会谈没有产生任何结果，联合国 678 号决议最后期限迫在眉睫，中国仍然支持国际社会包括阿拉伯国家、欧共体和联合国秘书长，继续为和平解决海湾危机进行最后努力，并希望这些努力能够带来一些希望。

钱外长说，只有通过接触和谈判，海湾危机才能取得和平解决，光靠增加军队或者宣布进行战争，要取得和平的可能性是很小的。

他说，中国投票支持安理会有关解决海湾危机的 11 个决议。这些决议包括一些严厉的措施，有政治的、经济的、外交的，但是没有涉及军事。第 678 号决议包含授权一些国家可以采取军事行动，中国投了弃权票。

他还说，在同所有访问国家的领导人会谈中，都涉及海湾危机问题。大家都反对伊拉克入侵科威特，要求伊拉克撤军，希望和平解决海湾危机。和平解决可以减少损失，对各方面都有利。

在谈到南南合作时，他说，中国一贯支持南南合作，支持尼雷尔先生主持制定的南方委员会的报告。中国将向其他发展中国家提供一些长期无息贷款和技术合作，在国际事务中同他们进行磋商，为南南合作作出贡献。

当记者问到中国对非洲的政策时，他说，中国对非洲国家的政治改革和经济改革持支持态度，但并不认为只有一种模式可以适用于所有国家，非洲国家应当寻找适合他们自己具体情况的发展道路。所有国家的人民有权选择他们本国可行的发展道路。

在谈到中国同东欧国家的关系时，他说，中国尊重每一个国家人民自己所作出的选择。东欧国家政府的更迭、制度的改革都是这些国家人民自己决定的。中国并不认为这些变化会对中国同这些国家的关系产生特别的影响。

党和国家领导人江泽民等为纪念徽班进京 200 周年振兴京剧观摩研讨大会题词

中国女选手钱红和王晓红在澳大利亚珀斯举行的第六届世界游泳锦标赛上获百米蝶泳金银牌高敏获女子三米跳板跳水金牌

1月12日

国办关于加强经济体制改革协调工作的通知

随着我国经济体制改革的不断深化，对全国城乡经济体制改革的各项方案、措施的衔接、配套、综合、协调的要求越来越高。为了使改革符合实际情况，避免相互脱节，减少摩擦，有必要进一步加强国家经济体制改革委员会对经济体制改革的协调工作。根据国务院领导同志的指示，现将有关问题通知如下。

一、国家体改委是国务院统筹协调经济体制改革的综合职能机构。按照国家体改委“三定”方案的规定，其主要职责是负责拟订全国经济体制改革总体规划和方案，统筹、协调和指导全国城乡经济体制改革工作，推进企业改革，组织重要改革措施的试点和推广。

二、鉴于国家体改委承担的任务和职责综合性很强，许多重大改革问题需要各综合部门共同协商，国家体改委实行委员会制。委员会的组成，除国家体改委正副主任和少数专职委员外，国家计委、财政部、人民银行、国务院生产委员会、劳动部、国家物价局各指定一位分管改革工作的副职任委员会兼职委员。委员会负责审议经济体制改革中的重大问题，搞好协调衔接，为国务院决策提出建议。

三、全国性经济体制改革中长期总体规划和年度方案，先由国家体改委研究提出指导原则和轮廓设想，国务院有关部门据此研究提出本部门改革的初始规划、方案，由国家体改委综合平衡，从总体上进行研究论证，形成改革总体规划、方案，经征求地方意见，并经国家体改委委员会会议讨论通过后，上报国务院批准实施。

四、国务院各部门拟订的本部门或行业的全国性改革规划、方案，除中央和国务院领导同志直接审理的以外，在报国务院审批前，先送国家体改委征求意见，其中涉及其他部门的重大改革措施，由国家体改委进行协调。然后，由有关主管部门将改革规划、方案连同国家体改委的意见，一并报经国务院批准后，自行组织实施。在实施中遇有重大问题，国家体改委予以协调。

五、属于全局性的重大改革试点，由国家体改委、国务院有关部门或有关省、自治区、直辖市以及计划单列市人民政府提出，共同协商拟订方案，报国务院审批后，由地方人民政府或主管部门组织实施，国务院有关部门积极配合，国家体改委负责指导、协调。

国家主席杨尚昆在人民大会堂会见以霍英东为团长的香港中华总商会访问团

《人民日报》发表中共中央书记处候补书记温家宝的文章《搞活流通 促进农业发展》

《中国劳动报》发表国务委员全国安全生产委员会主任邹家华的文章《积极创造安全生产环境 确保“八五”计划顺利进行》

全国又有 87 家企业晋升为国家一级企业

国务院企业管理指导委员会和国务院生产委员会正式公布，全国又有 87 个企业经过 1989、1990 两年连续考核，应考核主要产品质量全部达到国际先进水平，晋升为国家一级企业。

解放军全军军事科学研究工作会议在北京结束

出席会议的解放军各总部、军兵种、国防科工委、军事科学院、国防大学、各大军区、武警总部的代表。会议回顾和检查全军“七五”期间的军事科研工作，讨论并通过全军 1991 年至 1995 年军事科学研究工作计划(草案)，提出了军事科研工作 10 大任务和 300 项重点科研课题。

会议指出，“八五”期间军事科研工作的指导思想是，坚定不移地以马列主义、毛泽东思想为指导，实事求是，理论联系实际，以新时期军事战略为依据，面向现代化、面向世界、面向未来，发扬学术民主，开展学术争鸣，认真总结我军的历史经验，重视和吸收我军有益经验，研究现代条件下的人民战争，发展和完善无产阶级军事科学，为国防建设和未来反侵略战争服务。

中央军委副主席刘华清到会讲话，充分肯定了“七五”期间全军军事科研工作取得的成绩。他说，我军广大专业和业余军事科研工作者遵照党中央、中央军委的指示，为发展和完善具有中国特色的无产阶级军事科学理论体系做了大量工作，出了很多成果，为军委、总部的科学决策，为推动我国国防建设和军队建设，为完善和发展具有中国特色的无产阶级军事科学体系作出了贡献。同时，培养和锻炼了一批军事科研人才。

刘华清说，全军各级领导干部，应当进一步重视军事科研工作，充分发挥理论对决策的指导作用，提高领导素质，确保我军建设和改革的顺利进行。

刘华清说，当前，结合“八五”期间军队建设纲要，进一步加强对军队建设重大现实问题的研究，是军事理论研究工作的一项紧迫任务。根据新形势和军队现代化建设的实际需要，要深化对新时期军事战略的研究，加强对军队政治建设、军事法规建设等问题的研究。新时期军队建设和改革中的许多问题，需要从理论上给予科学的回答，并且根据不断发展变化的情况，逐步深化。要通过深入细致的研究工作，使基础理论研究、应用理论研究与对策性研究相配套，用正确理论解决部队实际问题，指导我军建设。

“七五”期间军事科研取得重大成绩

“七五”期间军事科研工作的主要成绩有：

——完成了国防建设规划纲要研究、军队建设重大问题系统调查论证、中国的国防系统研究、国防科学技术发展战略、国防战略形势发展变化及其对我国军事战略的影响、军队体制编制论证等重大课题的研究任务，为军委总部以及各级领导机关提供了一批有价值的研究成果和咨询报告。

——为部队正规化、法制化建设提供法规依据，完成了一批条令条例的编写修订工作。

——研究和探讨新时期重大现实问题，为国防和军队建设提供理论指导。

——进一步完善了我国现代军事科学理论体系，特别是在马列主义军事理论、毛泽东军事思想和邓小平新时期建军思想研究方面，取得了可喜的成果。

——全军学术活动和对外交流发展迅速。

——军事科研队伍初具规模，初步形成了一支以部队为基础、以专业科研单位和院校为主体的军事科研队伍。

纪念徽班进京 200 周年振兴京剧观摩研讨大会在北京闭幕

中共中央政治局常委李瑞环出席了闭幕式，研讨大会历时 24 天，期间香港及美国等地的 4000 多名艺术家，演出 166 场戏，北京 17 万人次以上观众观看了演出。

中国女选手叶乔波在瑞士达沃斯市举行的世界杯女子速滑赛 5000 米赛中夺得亚军

中国女选手林莉在澳大利亚珀斯第六届世界游泳锦标赛上夺得女子 200 米个人混合泳金牌

1月13日

全国人大常委会委员长万里视察广东大亚湾核电站

万里在中共广东省委书记、广东省人大常委会主任林若等陪同下,上午视察广东大亚湾核电站建设工地。

万里详细听取汇报,20米高的一号核岛平台,观看了核岛内的设备安装情况,还兴趣浓郁地参观视察常规岛厂房、海水泵厂、设备码头和外国专家村。

万里特别关心核电站的建设质量问题,他一再强调,一定要保证质量,工程要按期、按质、按量的完成。绝对不能出问题。他题词勉励大亚湾核电站建设者“加强协作,保证质量,如期完工。”他还说,核能资源在我国还没有很好开发,广东大亚湾核电站的建设具有重要意义,所以这里要成为一座大学校。万里希望每个人都拿到毕业证书。要建立起设计、施工的完整档案,为今后建设更多的核电站储备人才和技术。

解放军总政治部副主任任文元在全国“双拥”工作会议上作工作报告

任文元说,1987年全国“双拥”经验交流会以来,在党中央、国务院、中央军委的领导下,全军广大指战员大力开展拥政爱民活动,为国家的稳定与发展做出了新的贡献。主要表现在:

——旗帜鲜明地维护社会稳定,坚定不移地维护了国家和人民的根本利益。全军各部队认真贯彻稳定压倒一切的指导思想,在外有压力、内有困难的情况下,始终遵循党的指示,在维护国家稳定中,充分发挥了人民民主专政柱石的作用。各省军区在地方党委、政府的领导下,组织广大民兵协助公安部门整顿社会治安,有力地保障了社会正常的生产和生活秩序。

——积极支持国家经济建设,在治理整顿、深化改革中,为国分忧,为民造福。全军近3年共投入2928万个劳动日,动用机械车辆222万台次,参加国家和地方工程建设1000余项。驻老、少、边、穷地区的部队和人武部共挂钩扶助贫困户近700万户,已有半数以上脱了贫。许多部队、院校、科研和专业技术单位,积极开展科技助民活动,为地方培训各类技术人员107万名。

——奋勇参加抢险救灾,保护了国家财产和人民生命安全。3年来,全军共参加各种抢险救灾3.5万次,派出官兵314万多人次,出动车辆机械17万多台次,飞机5200架次,舰艇1600余艘次,共抢救和转移遇险群众54万多人,抢救各种物资273万吨,有54名官兵为保护国家财产和人民生命安全献出了宝贵的生命,谱写了一曲曲爱国爱民之歌。

——大力传授社会主义精神文明,军民共学雷锋、共创“双拥城”有了新的发展。近年来,军民共建活动持续深入发展,全国的近4万个共建点,吸引了亿万军民广泛参与,在建设社会主义精神文明中起到了示范作用。声势浩大的学雷锋活动从各个军营到全国各地城乡广泛热烈地开展。许多地方把“双拥”和共建结合起来,创建了一批“双拥模范城”、“双拥模范县”。这是拥政爱民、拥军优属活动的一个发展。

——自觉遵守国家的政策、法令和群众纪律,以文明之师的形象赢得了人民群众的赞誉。各部队大力发扬勤俭建军、艰苦奋斗的优良传统,自觉服从经济建设的大局,在军事演习、执行战备任务、参加抢险救灾中,严守纪律,秋毫无犯,受到人民群众的好评。

民政部副部长范宝俊在全国“双拥”工作会议上作工作报告

国家物价局局长罗植龄在全国物价工作会议上谈物价改革

罗植龄在近日召开的全国物价工作会议上说,1990年全国零售物价总水平比上年上升2%左右,比1989年的上升幅度回落了15个多百分点。今年物价工作要贯彻“既要稳定物价,又要振兴经济”的指导思想,继续严格控制物价总水平的上涨幅度,积极稳妥推进价格改革。

1990年国家为了促进经济的发展,在保持市场物价基本稳定的前提下,不失时机地调整了一批价格,包括提高棉花、油料、糖料、烤烟的收购价格,提高铁路、水路的货物运价以及邮政资费、煤炭、北方木材的价格等。各地在规定的价格权限内,也调整了一批商品价格和服务收费。这些调价措施,对于支持农业生产,缓解能源、交通运输等基础工业的困难,推动产业结构调整,增加市场商品有效供给,促进对外贸易发展起到了积极作用。

罗植龄说,去年零售物价上升幅度比较低,根本原因是宏观经济环境明显改善,农业连续两年丰收,市场商品比较丰裕,出现了多年来没有过的集市贸易价格下跌,主要副食品价格稳中有降,部分放开的工业消费品和计划外生产资料价格自发回落。加之各级政府加强了对物价的综合调控,物价监督检查工作也得到进一步加强。

罗植龄强调,今年要继续努力稳定“菜篮子”价格。价格结构的调整要充分考虑企业和居民的承受能力,着眼于促进经济结构的调整和企业效益的提高。要进一步加强和改进价格管理办法,切实放开小商品价格,抓好价格监督检查工作。

中国军事科学学会在北京成立

经中央军委批准，中国军事科学学会在京成立。

国家主席、中央军委副主席杨尚昆题词：“发挥军事理论的先导作用，为国防现代化建设和未来反侵略战争服务。”刘华清、秦基伟、迟浩田、赵南起也题了词。

刘华清写信代表中央军委表示祝贺。贺信指出，中国军事科学学会成立是军事科研战线上的一件大事，是群众性军事科研工作蓬勃发展的标志。中国军事科学学会一定要面向现代化、面向世界、面向未来，紧密结合我国我军的实际，广泛发动和组织群众，开展马列主义军事理论、毛泽东军事思想和邓小平军事论述的研究，开展军事科学及其分支学科的基础理论研究，开展国防建设、军队建设等重大实际问题的研究。

中国军事科学学会是在中央军委领导下从事军事科学的最高层次的学术团体。总的任务是，组织群众性的军事学术研究活动，交流和推广军事科研成果；开展国际军事学术交流，发展同国外有关学术团体和学者的学术联系；组织学术研究成果的评审和奖励工作等。

成立大会选举刘华清为中国军事科学学会名誉会长，军事科学院院长蒋顺学为会长，聘请王平、伍修权、李德生、杨得志、萧克、余秋里、洪学智等14人担任学会高级顾问。

会议讨论通过了《中国军事科学学会章程》草案，蒋顺学发表了《开展群众性学术研究，繁荣中国军事科学》的讲话。会议选举10名副会长、29名常务理事和120名理事。

第二届全国农民体育协会会议在北京结束

中国女选手庄泳在澳大利亚珀斯第六届世界游泳锦标赛上夺得女子五十米自由泳金牌

中国选手孙淑伟在第六届世界游泳锦标赛上获得男子十米跳台跳水冠军

1月14日

国家主席杨尚昆在北京会见罗马尼亚总统伊利埃斯库

全国纪检案件审理工作会议在武汉结束

中共中央纪律检查委员会副书记陈作霖要求各级纪检组织，进一步增强责任感和使命感，维护和执行党的纪律，保证党的基本路线顺利贯彻执行。

各省、自治区、直辖市纪委，中央军委纪委，中央和国家机关纪工委及一些部委纪检组织有关负责同志出席了会议。

陈作霖在会上说，党的纪律检查机关在党的建设中肩负着重大责任，这集中体现在党章规定的纪委要维护党章和其他重要规章制度，协助党委整顿好党风，检查党的路线、方针、政策和决议的贯彻执行情况等方面。这就要求我们纪检机关切实加强党风党纪建设，保证党的工人阶级先锋队性质，为党的基本路线服务。当前，要保证党的基本路线得以顺利贯彻落实，就首先要认真学习和坚决贯彻执行党的十三届六、七中全会精神。

陈作霖指出，严肃查处党内违纪案件，维护和执行党的纪律，是纪检工作的主要任务之一，也是加强党的建设和重要内容。他希望纪检机关按照从严治党、严肃执纪的方针，抓紧违纪案件的查处工作，保证党的纪律的严肃性。

谈到案件审理问题时，陈作霖说，案件审理是对违犯党纪案件的审核处理工作，是党的组织和纪检机关正确处理违纪案件的重要程序保证，是提高案件办理质量的有效措施。几年来，案件审理部门不仅严肃细致地审理了一批违纪案件，而且非常重视法规和制度建设，重视调查研究执纪状况，在确保办案质量，正确执行党的纪律方面做了大量工作。

陈作霖指出，严肃执行党纪要与加强经常性的纪律教育结合起来。他说，近年来，中纪委陆续颁发了许多实体性法规和一些办案程序性法规，使纪检办案工作逐步向制度化、规范化。这些法规是处理党员违纪案件的基本依据，也是进行党纪教育，提高党员遵纪守法自觉性的教材。他强调，纪检机关严肃执纪，处理违纪党员，是为了把党建设好，保持党的先进性和纯洁性，使党的各级组织和广大党员尽可能少犯错误或不犯错误，健康地发展。因此，抓党风党纪要立足于经常性的教育，提高广大党员的素质，增强党员的党性和遵纪守法的自觉性。

陈作霖还就案件审理与案件检查工作的关系等问题发表了意见。

湖北省省委书记关广富等也参加了今天的会议。

全国侨联四届二次全委会在北京开幕

全国人大常委会法工委负责人就《关于惩治走私、制作、贩卖、传播淫秽物品的犯罪分子的决定》答新华社记者问

新华社讯，七届全国人大常委会第十七次会议通过《关于惩治走私、制作、贩卖、传播淫秽物品的犯罪分子的决定》以后，全国人大常委会法制工作委员会负责人日前就这个决定回答了记者的提问。

问：为什么要制定《关于惩治走私、制作、贩卖、传播淫秽物品的犯罪分子的决定》？

答：近年来，在一些地方走私、制作、贩卖、传播淫秽的书刊、录像带、录音带等淫秽物品的违法犯罪活动比较严重，这些违法犯罪活动毒化社会风气，腐蚀人们的灵魂，严重影响青少年的身心健康，诱发其他犯罪，危害社会治安，妨害社会主义精神文明建设。

党中央、国务院对此十分重视，去年以来，在全国范围内统一部署，采取坚决措施，严禁淫秽物品。各地在严禁工作中提出了一些法律问题。全国人大常委会认为有必要对现有法律进行修改补充，为此制定了《关于惩治走私制作、贩卖、传播淫秽物品的犯罪分子的决定》，为严禁淫秽物品提供了有力的法律武器，这对于抵制资产阶级麻醉思想的侵蚀、建设社会主义精神文明，具有重要意义。

问：对走私、制作、贩卖淫秽物品的，如何处罚？

答：为了严禁淫秽物品，决定规定打击的重点是：

第一，走私淫秽物品的。社会上流传的淫秽物品，许多是从境外流入的。决定规定，以牟利或者传播为目的，走私淫秽物品的，应当追究刑事责任，最高可以判处无期徒刑并处罚金或者没收财产。

第二，制作、贩卖淫秽物品的。境内的一些不法分子，为牟取暴利制作、贩卖淫秽物品。决定规定，以牟利为目的，制作、贩卖淫秽物品的，追究刑事责任。最高可以判处无期徒刑并处罚金或者没收财产。现在，有一些出版机构违反国家规定出卖书号，致使一些淫秽书刊得以出版，并大量在在社会上发行，危害很大。因此，决定规定，为他人提供书号、出版淫秽书刊的处三年以下有期徒刑或者拘役，并处或者单处罚金；如果明知他人用于出版淫秽书刊，而向其提供书号的，依照出版淫秽书刊罪的规定处罚。同时规定，行政主管部门并可以责令停业整顿或者吊销执照。

问：对传播淫秽物品的怎么处理？

答：传播淫秽物品毒害公民，由于传播的情况后果不完全一样，决定区分不同情况，分别做了规定。

第一，以牟利为目的传播淫秽物品的，一般传播面广和数量较大，要追究刑事责任；情况特别严重的，处十年以上有期徒刑或者无期徒刑。

第二，在社会上传授淫秽的书刊、影片、录像带、录音带、图片或者其他淫秽物品，情节严重的，处二年以下有期徒刑或者拘役。

第三，组织播放淫秽电影、录像等音像制品的，也较个别传播淫秽书刊危害更大，因此，处三年以下有期徒刑或者拘役，可以并处罚金；情节严重的，处三年以上十年以下有期徒刑并处罚金。

第四，对利用淫秽物品进行流氓犯罪或者传授犯罪方法的，应当分别按照流氓罪和传授犯罪方法罪定罪量刑。对流氓集团的首要分子或者情节严重的，传授犯罪方法情节严重的，处无期徒刑或者死刑。

至于有一些情节较轻的，如偶尔传授或者数量很少后果不严重的，由公安机关依照治安管理处罚条例给予治安管理处罚。有些应当给予批评教育，或者行政纪律处分。

问：淫秽物品对青少年的毒害严重，决定是如何规定的？

答：淫秽物品对青少年危害非常大，因此对青少年要特别予以保护。决定专门规定，对向不满十八岁的未成年人传播淫秽物品的，教唆不满十八岁的未成年人走私、制作、复制、贩卖、传播淫秽物品的，从重处罚。

同时，决定对未成年人强调教育，明确规定，不满十六岁的未成年人传抄、传看淫秽的图片、书刊或者其他淫秽物品的，家长、学校应当加强管教。必要时，学校可以给予一定的纪律处分。

问：什么是淫秽物品？

答：这是一个非常重要也是很复杂的问题，如果界限划不清楚，搞不好可能会妨碍一些有艺术价值的文学、艺术作品的创作和出版。因此，对淫秽物品的定义必须有明确的界定。

决定所称的淫秽物品，是指具体描绘性行为或者露骨宣扬色情的诲淫性的书刊、影片、录像带、录音带、图片及其他淫秽物品。

同时规定，有关人体生理、医学知识的科学著作不是淫秽物品；包含有色情内容的有艺术价值的文学、艺术作品不视为淫秽物品。

具体鉴定淫秽物品是一项政策性比较强的工作，决定规定，淫秽物品的种类和目录，由国务院有关主管部门具体规定。

国务院总理李鹏在天津部分大中型企业负责人座谈会上谈提高企业效益八点意见

上午，李鹏在天津实地考察的基础上，就如何提高企业的效益问题，同部分大中型企业负责人进行座谈。在座谈会上，李鹏比较详细地询问一些企业的产品品种，产值、质量、效益、销售、当前存在的主要问题和解决的方法、今后发展规划以及职工的收入、住房、医疗等情况。座谈会有问有答，有情况介绍、经验交流，也有问题探讨、意见建议。

李鹏在座谈会上就如何提高企业的效益，讲了八点意见：

一、要把提高企业效益作为今年企业工作的重点

李鹏说，今年是执行“八五”计划的第一年，同时又是继续进行治理整顿和深化改革的一年。在这一年，企业的中心任务是要抓质量、品种、效益。过去的两年，我们企业面临的形势比较严峻，可以说是内有困难，外有压力。现在，情况在向好的方向发展。

但是，企业的经济效益下降的趋势还没有从根本上扭转。企业效益不高是长期积累下来的问题。其中企业的商品意识观念不强，“皇帝的女儿不愁嫁”，不重视开发新产品是一个重要的原因；当然，多年来用于企业技术改造的投入比较少，企业发展后劲不足，也是一个原因。

国家、地方和企业的领导人从今年始要真正把企业的技术改造放在重要位置上来抓。一个企业没有技术进步是不会有生命力的。

二、运用计划经济和市场调节相结合的原则来推动企业的进步

李鹏指出，要充分发挥计划经济和市场调节二者的优点和长处，更好地发展社会生产力和推动企业的进步。我们是一个人口众多的发展中国家，资源和资金有限，要想在比较短的时间实现现代化，就需要通过计划经济，保持国民经济按比例协调发展和合理配置资源，避免重复建设；集中财力物力办好关系国计民生的重大项目。同时也要通过市场调节，发挥优胜劣汰竞争机制，激发企业和劳动者的积极性，按照市场需要从事生产经营，促进技术进步和经营管理水平的提高。现在的问题是企业过去长期在过分集中的经济体制下运行，市场意识比较差。一个企业，不管计划经济比重大小，都要逐步建立市场意识，要把企业置身于市场的海洋中去考验。从今后的方向和趋势看，指令性计划的范围和比重要逐步减少，指导性计划和市场调节的部分将会逐步扩大。价格要由双轨制向单轨制逐步过渡，不合理的价格要逐步调整。企业要非常重视销售问题。一个企业要搞好，不仅要生产出有竞争力的产品，而且要把产品销到市场上去，同时通过市场信息的反馈，使产品适应市场不断变化的需求。

三、搞好经济结构调整

李鹏说，经济结构调整的内容很广泛。一种是产业结构的调整，要解决工农业之间的比例、加工工业与基础产业之间的比例、轻重工业之间的比例等，这种结构调整需要较长时间，而且是动态的，要不断进行。一种是企业组织结构调整，如组织企业集团和建立各种不同形式企业的联合，使生产要素合理配制，集中财力、物力、人力进行技术改造。另外还有技术结构和地区经济结构的调整。

四、充分利用对外开放的条件搞好企业技术改造

李鹏指出，企业技术改造要充分利用对外开放的政策和机遇。特别是天津，是港口城市，已经有了一个初具规模的经济技术开发区，要充分加以利用。通过各种不同形式的对外技术经济合作，提高企业的技术水平和经营管理水平。我们的目的不仅是要把自己的产品推向国际市场，更重要的是通过国际市场信息的反馈，不断促进企业的技术进步。

五、在增强企业的活力中处理好内因和外因的关系

李鹏说，目前大中型企业活力不足，有内部的原因，也有外部的原因，必须正确处理好内因和外因的关系，从两个方面做好工作。国家要采取一系列的措施进一步为企业发展创造一个良好的外部条件，包括要在资金方面采取多种渠道有重点、分项目地扶持企业技术改造。但更重要的是靠企业自己挖掘潜力，靠企业奋发向上的精神状态，市场疲软，精神不能疲软，把现在的困难当成机遇，当成动力，促进企业的结构调整、经营管理和技术的进步。

六、建立企业技术后方，搞好新产品开发

李鹏说，一个企业要进步，必须要有新产品的开发，要有一支精干的队伍。但是要搞新产品开发，就要有投入，企业要多集中一点资金搞好技术改造，建立技术储备。不能只看到眼前，还要预测到以后的销售情况。市场疲软，最终是落后产品的销售疲软，好货照样畅销。因此，新产品的开发和试制，是企业发展的后劲。

七、加强企业管理，向管理要效益

李鹏强调，我们要向管理要效益，要充分调动广大职工的积极性和创造性。要引进现代化的管理机制，比如全面质量管理，把质量关把在每一道工序上。

在职工分配政策上，李鹏说，总的有两条，一是按劳分配，奖勤罚懒，分配应该有差别，搞平均主义，社会是难以进步的，但差别又不能太大。他指出，企业要进行劳动保险制度、医疗保健制度、住房制度的改革，可以在一部分有条件的企业试行。住房制度改革应采取国家、企业、个人各负担一部分的办法，加速改善职工居住条件。争取在今后十年职工的居住条件有较大的改善。

八、充分发挥企业的政治优势

李鹏强调指出，企业要理顺党政之间的关系，充分依靠和发挥工人阶级主人翁的作用。在我们社会主义社会，国家、企业和个人的根本利益是一致的，要充分发挥这种政治优势。过去一些行之有效的好传统、好方法要继续采用，但要不断地创新和发展。我们要靠深化改革扩大开放来促进企业技术进步，同时要靠自力更生、艰苦奋斗的精神来克服企业遇到的各种困难。

党的十三届四中全会以来，以江泽民同志为核心的党中央加强了党的建设，加强了思想政治工作，使企业的政治优势可以进一步得到发挥。

国务院总理李鹏考察京津塘高速公路

中国人民银行行长李贵鲜在全国银行分行行长保险分公司总经理会议上发表讲话

李贵鲜在会议上说，"今年金融工作要继续严格控制货币信贷总量，积极组织存款，用好用活现有信贷资金，努力优化新增贷款结构，不断深化金融改革，以保持货币稳定，支持经济适度发展。"

李贵鲜指出，1990 年我国金融形势较好。全年银行和农村信用社各项存款增加较多，其中储蓄存款增加 1887 亿元，创历史最高水平。保险业务总收入比上年增长 24.6%，在补偿经济损失。促进生产发展，安定人民生活的同时，为国家筹集了大量生产建设资金。银行各项贷款增加 2731 亿元，实现了国家信贷计划，货币发行 300 亿元，控制在国家确定的计划之内。用于支持生产、流通与收购的流动资金贷款增加额占贷款增加总额的 76.7%，贷款投向基本符合国家政策要求，新增贷款结构比较合理。国际收支状况明显改善。此外，外汇存、贷款增长较多，外债规模也得到控制。

李贵鲜说，在肯定金融工作成绩的同时，应当看到当前存在的问题，主要是贷款规模和货币供应量增加较多；资金占用多，周转慢，效益差。他提出，今年各家银行仍要严格控制货币信贷总量。要在人民银行确定的贷款限额内，根据国家产业政策、各地经济发展的实际需要和资金能力，确定新增贷款的重点投向。要积极组织存款，特别是要抓好储蓄存款。要坚持贯彻区别对待，扶优限劣的信贷原则。

李贵鲜还要求各家银行进一步开展全面清理贷款工作，督促企业增补自有流动资金。要整顿结算秩序，严肃结算纪律。

谈到金融体制改革问题时，李贵鲜说，今后要增强金融宏观控制能力，充分发挥中央银行和专业银行两个积极性，建立健全专业银行经营管理责任制，继续实行企业化管理；调整和完善金融机构体系；逐步发展金融市场。保险事业要坚持在以中国人民保险公司为主渠道的基础上，适当发展一些专业性的保险公司。国家机关一律不得经营保险业务和开办保险公司。

外交部发言人答记者问否认中国向沙特运送核弹头

英国《外事报道》本月 10 日援引美国中央情报局的消息称，中国曾运给沙特阿拉伯 12 枚核弹头。有记者问是否属实？

外交部发言人说，"这一消息是毫无根据的。"

人事部关于加强专业技术队伍建设促进中青年专业技术人才迅速成长的意见

党的十一届三中全会以来，我国培养了大批中青年专业技术人才，充实到科研、教学、生产等各条战线。但是，由于多方面因素的影响，我国专业技术队伍仍然存在着比较严重的结构分布不合理的状况，特别是在一些高等学校及较高层次的研究机构中，学科带头人和专业技术骨干队伍平均年龄偏大，长此下去将会对我国科技、教育等事业的发展和经济建设产生不利的影响。因而需要进一步重视中青年专业技术人才的培养，积极采取切实可行的措施，促进中青年业务骨干和学科带头人脱颖而出。为此，提出以下意见：

一、各地区、各部门和单位必须加强对中青年专业技术人员的爱国主义和社会主义教育，做好深入细致的思想政治工作；应引导他们走与工农结合、与实践结合的道路，帮助他们树立正确的世界观和人生观，增强事业心和责任感，培养他们具有严谨、求实的科学作风和艰苦奋斗、无私奉献的精神；应根据国家有关规定提出具体措施和办法，鼓励青年专业技术人员到工农业生产第一线，到艰苦行业，到边远和贫困地区，到祖国最需要的地方去工作。在提高待遇、聘任专业技术职务、选拔任用干部等方面，同等条件下应优先考虑长期在第一线工作、经过较多实践锻炼并作出积极贡献的专业技术人员；应加强对中青年专业技术人员的政治思想、工作态度、职业道德和工作能力、工作成果的综合考核，从而更好地发现人才、培养人才和使用人才。

二、应为中青年专业技术人员经受锻炼、施展才能创造更多的条件和机会，培养他们具有独立开展工作的能力；放手让中青年专业技术骨干挑起重担，使他们在工作实践中增长才干，早日成熟；对思想作风好、工作积极努力的优秀中青年专业技术人才，有计划地重点培养并委以重任。各地区、各部门应有计划地开展学科、技术带头人的梯队建设工作，在发挥原有带头人作用的同时，及时做好后备带头人的选拔、培养工作，为他们的迅速成长和得到社会公认创造各种必要条件。

三、应为青年专业技术骨干独立开展科研工作提供必要的经费，有条件的地区、部门和单位可采取设立专项青年基金等措施，给青年专业技术骨干以必要的扶持。各种科学技术基金，在设立项目、课题时，一般应吸收不少于三分之一的青年专业技术人员参加。

四、应结合实际情况，采取有效措施，有计划地做好中青年专业技术人员的业务培训、进修等继续教育的工作，积极为他们参加各种形式的学术、技术交流与合作，发表学术论文、科技成果等，提供尽可能多的机会和条件。在选派人员出国进行科技方面的考察、进修、交流与合作时，应优先选派政治素质好、业务水平高、工作积极努力，特别是在教学、科研、卫生及生产第一线踏实工作，作出成绩的优秀中青年专业技术人员。

对刚走上工作岗位的青年专业技术人员，应加强实践方面的培训，明确其必须达到的业务能力和考核要求，使他们早日掌握本专业所必需的基本技能。有条件的单位可实行导师制或研修生制度，使他们在高级专业技术人员指导下进行实践锻炼。

五、应以积极负责的态度，努力解决中青年专业技术人员工作、生活中的实际困难，为他们创造必要的工作和生活条件。对有突出贡献的中青年专业技术人员，应优先给予照顾。

六、要破除专业技术职务聘任工作中的论资排辈观念，对有才华、有突出贡献的优秀中青年专业技术人员，应当根据他们的实际工作水平，不受学历、资历等限制，按照国家规定的任职条件晋升职务。对具备相应职务任职资格的三十五岁以下的专业技术人员晋升为副教授、副研究员、副主任医师、高级工程师、高级农艺师，四十岁以下的专业技术人员晋升为教授、研究员、主任医师，经省、部级人事(职改)部门核准；其中晋升为教授、研究员、主任医师的经人事部审批，均可不占用基层单位的专业技术职务限额指标，由省、部级人事(职改)部门在国家下达给本地区、本部门的总指标范围内给有关基层单位增拨专项指标解决。此项职务晋升的增资额相应专项下达使用。

七、应积极推选、吸收优秀中青年专业技术人员进入各级学术团体、学术委员会；在各级评审、评奖机构的专家委员会，以及各级咨询委员会中，优秀中青年专业技术人员应占一定的比例。

八、对有突出贡献的中青年专业技术人员应给予表彰和奖励，积极宣传他们为社会主义建设和改革开放作出的贡献和在学术、技术上取得的成就，在中青年专业技术人员中树立积极上进的榜样。

九、为促进中青年专业技术人才迅速成长，应充分发挥老年专业技术人员的传帮带作用。具有高级专业技术职务的人员，特别是老专家和学科、技术带头人，负有培养中青年专业技术人才的职责。应把培养、发现人才作为高级专业技术人员考核、奖励、晋升的一项重要内容。有条件的地区、部门和单位，可建立人才培养奖励制度，给予培养人才取得突出成绩的人员一定的精神与物质鼓励。对明确有培养中青年业务骨干任务的高级专家，在按照国家规定批准延缓离退休期间，可不占用本单位的专业技术职务限额指标。应积极为国内外知名的老专家配备得力助手，使他们的学识和专长得到更好的发挥和传授。

十、应合理使用现有编制，积极吸收大中专毕业生和毕业研究生。同时积极做好吸引优秀人才的工作。各单位对获得国内外博士学位的研究生和期满出站的博士后研究人员，只要专业对口、工作需要，可不受地区、行业的限制予以接收；需要追加编制、劳动工资计划、专业技术职务指标的，可由单位提出申请，报请有关部门审批。各单位聘任具备专业技术职务任职资格的期满出站的博士后研究人员，可不受该单位专业技术职务指标的限制。有条件的单位应注意从外籍华人、海外华侨和港澳台同胞中，联系和吸引思想作风好、有真才实学、从事国家急需专业的中青年专家回国定居工作或进行短期的科技合作。

十一、各有关单位应加强与本单位在国外留学、进修人员的联系，积极创造必要的工作和生活条件，争取他们早日学成回国服务。对按期回国的留学人员，在科研资助经费上应予以照顾。未经所在单位同意，擅自逾期不归的公派出国人员回国后，原单位如安排其工作有困难，本地区、本部门的人事、科技干部管理部门可协助联系安排他们的工作。应积极做好在国外已取得永久居留权的我国留学人员定期回国服务的工作，支持他们通过回国讲学、合作研究，以及在海外、国内创办实业等方式，为祖国的社会主义建设事业服务。

十二、各地区、各部门应根据中央有关精神，参照以上意见，结合各自的实际情况，制订搞好专业技术队伍建设、培养中青年专业技术人才的发展规划和具体措施，认真加以落实。各级领导要充分认识到，为贯彻落实党的十三届七中全会的精神，大力加强专业技术队伍建设的重要性，增强搞好这项工作的责任心和紧迫感，并作为一项重要的任期目标，切实加强领导，努力培养和造就一支又红又专的中青年专业技术队伍，逐步建立起结构合理的专业技术人才梯队，以保证我国社会主义经济建设和社会发展的需要。

以上意见如无不妥，请批转各地区、各部门按照执行。

国家环境信息系统开始运行

在国家环保局主持下，中国环境科学研究院、清华大学等十几个单位5年共同攻关，建成“环境监测”、“水气环境评价”、“模拟与预测”、“环境管理辅助决策支持”四库一体化的国家级环境信息系统；建成了3个实用的独立系统，其中有毒化学品管理信息系统的规模在国际上是最大的，环境噪声污染防治管理系统可以反映工厂、交通、施工噪声的环境影响。

1月15日

中共中央总书记江泽民在中南海会见罗马尼亚总统扬·伊利埃斯库

国务院总理李鹏在钓鱼台国宾馆同罗马尼亚总统扬·伊利埃斯库进行会谈

李鹏同伊利埃斯库总统讨论国际问题和双边关系，相互介绍了各自的国内情况。双方一致认为，两国传统的友好合作关系应进一步发展。

伊利埃斯库高度评价中国的改革政策，并对中国近十年的变化和中国在农业方面的成功很感兴趣。伊利埃斯库表示，罗马尼亚十分重视在政治、经济、文化和科技方面加强同中国的合作。

李鹏感谢伊利埃斯库总统对中国的评价。他说，中国是困难和希望并存。希望就是十年改革开放取得成绩，经济持续发展，政治稳定。我们将继续根据自己的国情，走自己的道路。困难是人口众多形成了很大的压力，中国仍是个发展中国家。另一个困难是外部条件给我们带来的。他说，尽管有困难，但经过一年多的努力，中国取得了新的成绩。

在谈到中罗关系时李鹏说，两国关系很好，没有受形势变化的影响。政权的更迭不应该影响两国关系。他表示，今后应该进一步发展两国之间的经贸关系，除发展两国政府间的贸易以外，中国也赞成开展双边地方贸易。

在谈到海湾局势时，李鹏表示，如果海湾爆发战争，后果将是很严重、很残酷的。一旦油田遭到破坏，对世界许多国家都会造成损失。李鹏再次重申中国政府对海湾危机的一贯立场：只要和平还有一线希望，就要为此进行不懈的努力。

伊利埃斯库重申，罗马尼亚坚持只承认一个中国的立场没有变。他说罗马尼亚已拒绝台湾方面提出的进行官方往来的要求。

中华全国新闻工作者协会中国记协第四届理事会在北京开幕

中共中央政治局常委李瑞环在中华全国新闻工作者协会第四届理事会开幕会上发表讲话

同志们：

中华全国新闻工作者协会第四届理事会今天在北京召开，会议同时表彰全国优秀新闻工作者和先进新闻集体。这是我国新闻界一次具有重要意义的盛会。我代表中共中央向大会表示热烈祝贺！向那些在各自岗位上积极进取、努力奉献、取得突出成绩的优秀新闻工作者和先进新闻集体表示衷心的感谢！同时，我也向在报社、通讯社、广播电台、电视台等各个部门辛勤工作的全体新闻工作者致以问候和敬意！

中国共产党领导的新闻事业，如果从1921年中国劳动组合书记部的机关报《劳动周刊》算起，已经走过了70年的历程。作为先进的和革命的新闻工作者的组织，从1937年在周恩来同志的关怀和支持下，由范长江、恽逸群等著名新闻工作者发起成立的中国青年记者协会算起，也有了50多年的历史。半个多世纪以来，追求真理的中国新闻工作者始终在党的领导下，与人民革命事业和社会主义建设事业同呼吸、共命运，现在已发展成为一支有40多万从业人员的重要队伍。新闻工作发挥了团结人民、教育人民、鼓舞人民的巨大作用，已经成为我们党和人民的革命和建设事业的重要组成部分。具有历史意义的党的十一届三中全会以来，新闻界做了大量富有成效的工作。党的十三届四中全会以来，新闻战线的同志们在以江泽民同志为核心的党中央领导下，认真总结经验教训，提高了思想认识，取得了新的进步，为推进社会主义的物质文明建设和社会主义的精神文明建设，为维护各族人民的团结和社会的稳定发挥了积极的作用。特别是在举世瞩目的第十一届亚运会期间，新闻工作者在弘扬爱国主义，讴歌奉献精神，宣传社会主义制度的优越性，增进中国人民和亚洲及世界各国人民的相互了解和友谊等方面，取得了创造性的成果，受到广大群众的称赞和好评。实践证明，我国的新闻队伍是一支努力用马克思主义武装自己，有较高的政治觉悟和较强的组织纪律观念，蕴含着很大的积极性和创造性的队伍，受到党和人民的信赖。

不久前，我们党召开了具有重要意义的十三届七中全会，审议并通过了《中共中央关于制定国民经济和社会发展十年规划和"八五"计划的建议》。九十年代，在我国社会主义现代化建设的历史进程中是非常关键的时期。我们全党和全国人民，各条战线和各个部门的同志们，都应当在七中全会精神的指引下，解放思想，实事求是，团结一致，艰苦奋斗，迎接历史的挑战，为实现现代化建设的第二步战略目标作出自己的贡献。

毛泽东同志在《对晋绥日报编辑人员的谈话》中说过："报纸的作用和力量，就在它能使党的纲领路线、方针政策、工作任务和工作方法，最迅速最广泛地同群众见面。"作为党和人民喉舌的新闻战线，在全党和全国人民完成今后十年战略任务的历程中，肩负着重要的职责。党中央殷切期望新闻战线的全体同志，坚定地贯彻新闻工作的无产阶级党性原则，更好地为社会主义服务，为人民服务，坚持正面宣传为主的方针，始终把握正确的舆论导向。要进一步做好经济建设和改革开放的宣传，进一步做好精神文明建设的宣传，加强社会主义、爱国主义、集体主义的教育。同时，要进一步推进新闻改革，努力使新闻报道更加面向人民群众，为读者喜闻乐见，增强宣传效果。

为了胜利完成党和人民赋予的任务，新闻战线的同志应该像邓小平同志要求的那样，成为名副其实的"人类灵魂的工程师"。新闻单位要十分重视新闻队伍的思想建设、组织建设和作风建设，不断提高新闻队伍的素质。要坚持不懈地进行坚持四项基本原则、反对资产阶级自由化的教育；要大力提高业务水平；要加强职业道德修养，克服行业不正之风；要花大力气动员和组织新闻工作者深入群众，深入基层，深入生活。同时，也要看到新闻工作者的艰辛，增强对他们的理解和关心。

中华全国新闻工作者协会是党领导下的全国性人民团体。全国记协和各个地方记协多年来努力为新闻工作者服务，做了大量工作，已经成为各级党和政府同新闻界密切联系的桥梁和纽带。党中央希望全国和各地记协在九十年代更好地在新闻界发挥服务联络、协调、监督的作用。要维护新闻工作者的正当权益，引导新闻工作者增强自我约束的能力，监督职业道德准则的执行；要组织新闻界的业务交流，配合党委和政府搞好培训工作，提高新闻队伍素质；要开展对外交流，增进我国新闻界与世界同行的友好往来等等。全国记协和各地记协要在这些方面做出新的努力和贡献。各级党委和政府应该更加关心和支持记协的工作，指导他们开展工作，为他们提供开展正常活动所必需的条件，从而使记协能够更好地发挥作用。

希望这次会议开成团结的、鼓劲的会议，动员和鼓舞全国新闻工作者，求实进取，团结奋斗，为实现九十年代的宏伟目标做出新的更大的贡献。预祝中华全国新闻工作者协会第四届理事会圆满成功。

全国社会治安综合治理工作会议在烟台开幕

这次会议是经党中央批准召开的一次重要会议。会议的主要任务是：贯彻党的十三届七中全会精神，研究部署今后一个时期的全国社会治安综合治理工作和今年的政法工作，为进一步搞好社会治安，维护稳定，保障经济建设和改革开放的顺利进行作出新的贡献。

会议提出，社会治安综合治理的基本任务是：在各级党委和政府的统一领导下，各部门齐抓共管，依靠广大人民群众，运用政治的、经济的、行政的、法律的、文化的、教育的等多种手段，整治社会治安，减少违法犯罪，保障社会稳定，为改革开放和四化建设创造良好的社会环境。

中共中央政治局常委、中央政法委员会书记乔石主持会议并讲了话。中央政法委员会副书记任建新在会上作了题为《全党动员，狠抓综合治理，为创造良好的治安秩序而奋斗》的报告。

乔石在讲话中强调，这次会议的召开，充分表明党中央和国务院对社会治安综合治理工作的高度重视，标志着这项工作将要迈上一个新的台阶。开好这次会议，对于在新形势下继续坚持人民民主专政，加强社会主义民主和法制建设，促进社会治安进一步好转，维护和发展政治稳定、经济稳定、社会稳定的形势必将产生积极的影响。

乔石说，当前，我国政治稳定，经济形势正在向好的方向发展，全国上下人心思定。党的十三届七中全会的召开，进一步鼓舞了全党同志和广大人民，各界群众参加社会主义现代化建设的积极性普遍高涨。同其他方面一样，社会治安情况总体上也是好的，但是，治安问题仍然是一个突出的社会问题，是社会各界和人民群众普遍关注的热点问题之一，政法工作的任务十分艰巨。我们召开这次会议，就是为在"严打"的基础上及时把综合治理工作跟上去，争取社会治安进一步好转。通过这次会议使现有的综合治理工作的经验进一步系统化并逐步推广开来。

任建新在报告中说，综合治理是党中央总结历史经验提出的正确方针，是实施十年规划和"八五"计划的重要保证，是社会主义精神文明建设的重要组成部分，是坚持人民民主专政、巩固社会主义制度的客观需要，是密切党同人民群众联系的迫切要求，是加强社会主义法制建设的重要措施，是新形势下坚持专门工作和群众路线相结合的新发展。因此，各级党委政府、各部门各单位、社会各界和广大人民群众，都要以维护社会治安为己任，共同行动起来，积极投入到综合治理的各项工作中去。

任建新提出，社会主义制度有条件把治安问题和犯罪现象控制和减少到可能的最低限度。调动全党全社会的力量，共同维护社会治安，贯彻综合治理的方针，就能充分发挥社会主义制度的优越性，把我国建设成为世界上社会治安最好的国家之一。

谈到社会治安综合治理的工作要求时，任建新说，各级党委、政府要把综合治理摆上重要议程，健全领导体制和办事机构，定期研究部署工作；各部门各单位齐抓共管，形成"谁主管谁负责"的局面；各项措施落实到城乡基层单位，群防群治形成网络，广大群众法制观念普遍增强，敢于同违法犯罪行为作斗争。

任建新提出，综合治理的主要目标是：社会稳定，重大恶性案件和多发性案件得到控制并逐步有所下降，社会丑恶现象大大减少，治安混乱的地区和单位彻底改观，治安秩序良好，群众有安全感。

任建新说，综合治理的工作范围主要包括“打击、防范、教育、管理、建设、改造”六个方面。他强调，打击是综合治理的重要一环，是落实综合治理其他措施的前提条件。对严重犯罪活动不严厉打击，对“六害”等社会丑恶现象不坚决取缔，便不能有效地遏制犯罪分子的嚣张气焰和“六害”蔓延之势，正常的生产秩序、工作秩序和社会秩序就无法维护，国家建设和人民生命财产的安全就没有保障，社会风气就不可能好转。在这种情况下，综合治理的其他措施就难以发挥应有的作用。从这个意义上说，没有打击就没有综合治理，就没有社会的安宁。

任建新在报告中还就加强领导，努力把综合治理的措施落实到基层；狠抓落实“谁主管谁负责”的原则，使之制度化、法律化；充分发挥政法部门特别是公安机关在综合治理中的职能作用等问题，提出具体意见。

会议期间，与会代表将对综合治理工作的基本指导思想、工作任务、领导体制、有关方针政策和重大措施等问题，进行广泛讨论和研究。

中央政法委委员，各省、自治区、直辖市党委主管政法工作的负责人，中央直属机关、国家机关有关部门的负责人，人民解放军各大单位主管负责人等出席了会议。

会议于 21 日结束。

全国人大常委会办公厅民政部中国残疾人联合会在人民大会堂召开贯彻实施宣传《中华人民共和国残疾人保障法》座谈会

座谈会反映，中国共有残疾人 5164 万，占全国总人口的 4.9%，家庭成员中有残疾人的家庭占全国家庭总人数的 18.3%。

座谈会上，劳动部门的一些负责人认为，保障残疾人劳动的权利，是整个残疾人保障法中最基本最重要的内容之一。帮助有劳动能力的残疾人就业是全社会特别是劳动部门义不容辞的责任，应当给予更多的帮助和扶持。

卫生部门的负责人提出，近几年来，各级卫生部门积极参与各种残疾人的康复工作，加强农村卫生工作并落实预防保健措施，目前，已在四个省和自治区的 12 个县(区)开展社区康复试点工作，30 余所高等医学院校开设康复选修课或必修课，并陆续培训出一批康复人才。

中国残疾人联合会主席邓朴方在座谈会上说，这部法律的制定通过，得到社会各方面的关心、帮助和支持，充分体现党和政府对残疾人的关怀和爱护，体现了社会主义制度的优越性。

陈俊生说，这几年，在国务院关怀下，民政部、教育、卫生、劳动等部门广泛参与组建各级残疾人联合会，为残疾人提供活动的场所，他相信，中国残疾人事业一定会沿着法制的轨道得到持续、稳定的发展。

参加座谈会的同志普遍希望通过社会舆论力量，采取各种形式、各种渠道，广泛宣传残疾人保障法，使之家喻户晓，并希望民政、卫生、教育、劳动、计划、交通、建设、文化、体育、人事、税务、工商等部门加强对残疾人工作的领导，做好综合协调工作。

全国工商联第六届执委会第三次会议在北京结束

中央军委秘书长杨白冰在全国“双拥”工作会议上发表讲话

杨白冰说，要紧紧围绕“同呼吸、共命运、心连心”的总要求，进一步开创军政军民团结的新局面。

杨白冰说，在中国共产党领导下的坚强的军政军民团结，是我们国家长治久安、社会主义事业兴旺发达的一条重要的政治保证。这是我们从长期革命和建设实践中得出的一个基本结论。党的十三届七中全会确定了今后 10 年和“八五”期间我国经济和社会发展的奋斗目标，我们要在本世纪最后 10 年实现这一历史性任务，同样离不开军政军民团结这个重要的政治保证。开展拥军优属、拥政爱民活动，加强军政军民团结，是我党我军的一个优良传统，也是我们的一个重要的政治优势。我们一定要充分看到做好“双拥”工作的重要政治意义，把密切军地关系摆到战略位置来认识，像爱护眼睛一样来维护军政军民的紧密团结，以坚强的军政军民团结为社会主义现代化建设提供重要的政治保证。

杨白冰说，一年多来，江泽民同志在各地视察期间曾多次强调，全国各族人民要“同呼吸、共命运、心连心”。这 9 个字，既深刻地反映了全国各族人民大团结的本质特征，也生动地反映军队和人民谁也离不开谁的生死与共的关系，为我们加强军政军民团结提出了更高的标准。我们要把这 9 个字作为新的形势下做好“双拥”工作的总要求，始终坚持军政一致、军民一致的原则，进一步发展军政军民团结的大好形势。军地之间要“同呼吸、共命运、心连心”，这是新的历史条件对加强军政军民团结提出的客观要求。应该看到，实施 10 年规划和“八五”计划的新任务，进一步深化改革、扩大开放，发展社会主义有计划商品经济的新环境，必然会给密切军政军民关系增添新的生机和活力，在这个过程中，也会出现一些新的情况和需要研究解决的问题。军地之间“同呼吸、共命运、心连心”，对密切军地关系不仅具有很强的现实针对性，而且具有长远的指导意义。

杨白冰指出，实现“同呼吸、共命运、心连心”的总要求，在密切军地关系上，要努力做到“5个必须”：(一)必须用共同的政治基础增强军政军民之间的凝聚力；(二)必须遵循“团结——协商——团结”的方针；(三)必须注意通过密切军政关系来带动和促进军民团结；(四)必须坚持相对稳定、富有号召力的活动形式；(五)必须充分发挥各级民政部门的组织协调和省军区系统的桥梁纽带作用。

他说，“双拥”工作是亿万军民的共同实践，是军地双方共同出力、共同受益的一项社会工程，是一篇很大的文章。我们要在以往工作的基础上继续研究和探索，总结新经验，开创新局面，把“双拥”工作做得好上加好。

杨白冰对军队提出了明确的要求。他说，对我们军队来说，要不辜负党和人民的关怀和期望，最根本的就是要始终不渝地坚持全心全意为人民服务的宗旨，树立军队“爱人民、学人民、为人民”的良好形象。

他说，我军是新型的人民军队，来自人民，扎根于人民之中。无论是战争年代，还是社会主义建设时期，人民都是我们军队立于不败之地的靠山。我们赢得的每一个胜利，取得的每一点成就，无不凝聚着人民的巨大奉献。对人民的支持和厚爱，全军干部战士将永远铭记在心。

杨白冰要求军队在任何时候、任何情况下都要自觉做到“爱人民、学人民、为人民”。具体地说，主要应做到以下4点：一是党和人民越是信赖军队，军队越要让党和人民放心，做人民利益的忠实捍卫者；二是地方政府和人民群众越是爱戴军队，军队越要谦虚谨慎，尊重政府和人民；三是地方政府和人民群众越是关心支持军队建设，军队越要体谅国家和人民的难处，尽量通过自身努力克服困难；四是地方政府和人民群众越是拥护军队，军队越是要遵纪守法，树立文明之师的形象。

杨白冰最后说，“军民团结如一人，试看天下谁能敌”。我们靠军民之间的坚强团结，曾经战胜了无数艰难险阻，赢得了一个又一个的胜利。我们要实现现代化建设的第二步战略目标，仍然要靠军民之间坚不可摧的团结。我们相信，通过这次会议，一定能够把我党我军我国人民在长期斗争实践中形成的，由毛泽东、邓小平等老一辈革命家培育起来的军政一致、军民一致的优良传统发扬光大，把广大军民进一步动员起来，万众一心，紧密地团结在以江泽民同志为核心的党中央周围，同呼吸，共命运，心连心，一条心，为实现十三届七中全会提出的宏伟任务而共同奋斗，把建设有中国特色的社会主义的伟大事业推向前进。

国务委员陈俊生在全国“双拥”工作会议上发表讲话

国务院批转农业部等部门《关于加强农机生产和使用管理工作的报告》

国务院在批转农业部等部门关于加强农机生产和使用管理工作报告而发出的通知中强调加强农机生产和使用管理工作，是改变我国农业技术落后面貌，提高农业抗御自然灾害能力和农业生产技术水平，促进农业发展的有效途径。各级人民政府和国务院有关部门都要重视和关心农业机械工作的发展，切实加强对这项工作的领导，结合制定“八五”计划，抓紧制定和完善政策措施，认真研究解决农机工作中存在的问题。要把农业机械在农业生产中的作用更好地发挥出来，促进农业登上新的台阶。

农业部等部门在向国务院提出的关于加强农机生产和使用管理工作的报告中说，党的十一届三中全会以来，随着农村改革的推进，中国的农业机械生产和使用管理工作进入一个新的发展阶段，取得了显著的成就。农业机械化的发展，在很大程度上加快农民致富的步伐。十年来农民以极大的热情购买和使用农业机械，反映社会进步和农民致富的内在要求。随着农副产品加工机械、畜禽饲养机械、饲料加工机械、渔业机械和农村运输机械的大量增加，农民从事多种经营的门路拓宽，为农村产业结构调整和农林牧副渔各业发展创造条件，并且从整体上改善农机经营效益。在农业机械发展过程中，中国形成比较完整的农机工业和农机管理服务体系。巩固和发展农机工业和农机管理服务系统的力量，对于支持农业生产具有积极的意义。

报告说，在充分肯定农业机械事业的成绩和正确估计农业机械在农业生产中作用的同时，也应看到，农业机械化的发展过程中还存在着许多问题和困难，主要有：一、农机在农业生产中的作用还没有得到充分发挥。农村改革以来，中国的农业机械数量增加很多，但从总体上看，农田作业机具不配套的问题很严重。再加上家庭承包后农村耕地田块变小，社会化服务跟不上，使农机田间作业能力难以正常发挥。二、农机工业由于农机产品价格不合理而缺乏活力。另外，农机企业由于资金缺乏，新产品开发和技术改造的能力很弱。三、农业机械和机电排灌设备老化严重。四、农用柴油供需关系紧张。五、农机服务组织薄弱。

报告指出，中国农业基础薄弱，发展后劲不足，主要原因之一是农业生产手段比较落后，农业机械水平低。为提高农业生产力水平，保持农业持续稳定发展，加速传统农业向现代农业转变，必须积极推进农业机械化进程。

报告就今后加强农机生产和使用管理工作提出如下措施：

一、进一步加强对农业机械工作的领导。要把农机工作列入重要议事日程，切实抓紧抓好。同时，要加强农业机械使用管理、技术监督、安全监理等工作，制定和运用各项政策、法规，促进农机事业稳步发展。

二、因地制宜，有选择地发展农业机械。必须从我国的国情出发，考虑不同地区的具体条件，贯彻实事求是、分类指导、重点突破、积极稳妥、量力而行的原则，确定农业机械的发展战略、步骤、重点和实施措施。当前和今后一个时期，农业机械工作的重点要放在提高种植业机械水平上。要围绕农业综合开发、农田水利基本建设、商品基地建设等，组织好农业机械的各项工作。

三、加强农机工业，为农业生产提供优质适用的装备。要采取有效措施，加强对农机工业的扶持。生产农业机械所需能源、原材料，要优先保证供应。对计划分配的原材料，要按国家规定的价格供应，并根据资源情况逐年有所增加。物资、冶金企业要按照合同规定的品种、数量，按期供货。中央和地方都要增加对农机企业的资金投入。随着农产品价格的调整，逐步理顺农机产品的价格。现行对农机产品及其零配件减征增值税的优惠政策继续执行。要加强农机工业的统筹规划和宏观管理。对适宜实行专业化、大批量生产的产品，要通过企业改造和联合，发挥规模效益，防止重复建设和生产。要根据国家计划和市场需求，加强企业的技术改造，调整产品结构，增加适销对路的产品，提高产品质量，淘汰耗能、耗材高的落后产品。动力机械与配套农机具、主机与配件要协调发展，提高成套水平和“三化”(标准化、通用化、系列化)程度。

四、加强农业机械的科学研究和农机新产品、新技术的开发、推广工作。为促进农机开发和推广工作，要根据财力可能，逐步建立农机化科研、新产品开发和推广基金。

五、有计划地进行农业机械、机电排灌设备的更新改造。农业机械和机电排灌设备的更新改造要列入各级计划，建立报废更新制度。要建立和完善农业机械和机电排灌设施折旧、大修基金提存制度。要继续鼓励和扶持主要用于粮食生产、农业综合开发和农田水利基本建设的农业机具和机电排灌设备更新。

六、实行农业机械多种所有制、多种经营形式并存的体制，要积极贯彻国营、集体、合作经济组织和农户多种经济成分、多种经营形式并存，共同发展的原则。农户拥有和运用农业机械从事生产和经营活动，在今后较长时期内，符合农村家庭经营的实际需要。要保护农户拥有和运用农业机械的合法权益，鼓励和引导他们增加农机投入的积极性，并加强管理。集体拥有和运用农业机械，有利于组织农业的机械生产，便于协调小地块与大机器的矛盾，便于管理和更新，应积极扶持。国营农林牧渔场拥有和运用农业机械，是我国农业机械发展的一种重要形式，要继续发挥其优势。

七、加强农业机械服务体系建设，开展广泛的社会化服务。各级农机供应、培训、维修、技术推广服务组织和国营、集体农机服务站(队)、机电排灌(水利)站，都要贯彻“以农为主，综合经营，有偿服务，增强活力”的原则，以及时、优质、高效的社会化服务，促进农业生产的发展。同时，要改善经营，提高经济效益，增强自身发展的活力。各地要采取措施，逐步解决乡(镇)农机人员的待遇问题，充实和加强基层农机队伍。要加强农机修理工作，搞好网点建设，提高修理质量。各级农业机械销售公司要发挥农业机械物资供应的主渠道作用，减少中间环节，主动做好售后服务。现行对经营农机产品、农用油料和运用农机机械为农业生产服务减征或免征营业税的优惠政策继续执行，具体办法由国家税务局下达。农业机械管理服务组织的场地、房屋、设备、资金、物资，不得平调、挤占和挪作他用。

八、增加对农业机械的资金和物资投入。要建立多层次、多渠道的农业机械投资体制。

九、努力办好农业机械行业的培训教育，提高队伍素质。

铁道部表彰临汾铁路分局

因安全生产10周年而创造铁路分局安全生产最高纪录的临汾铁路分局，受到铁道部、山西省的隆重表彰。国务院总理李鹏致信表示祝贺。

中科院院长周光召在中国科学院工作会议上发表讲话

周光召院长提出了90年代中国科学院的奋斗目标：

——为我国科学技术事业和社会经济的发展，在基础研究方面，要获得若干项国际科技界承认、具有开拓性、突破性的重大成果，培养和造就一批世界第一流的科学家，开辟若干重要的新的学科领域和方向，为下个世纪的发展打好基础；在应用研究方面，认真组织和完成一批在国民经济发展中有战略性、综合性的重大项目，获得一批高效益的重大科技成果；在开发工作方面，形成几个能不断开发新技术、新产品，有一定规模和竞争能力的高技术企业集团。

——顺利实现科研第一线的重担向年轻一代的战略转移，逐步形成一支充满创造活力的新一代科技队伍。

——完成向新体制的转变，创造出一个符合当代科技和社会经济发展规律、适应 21 世纪发展要求的科学院，使之成为开放型的自然科学综合研究中心和促进高新技术产业形成、发展的基地。

他说，初步设想未来中国科学院的基本框架主要包括两部分。一部分是由学部委员组成的学部委员会。它将团结全国科学家对基本国情、科技发展趋势及现代化建设有关的重大问题进行宏观战略研究，为国家决策提出咨询和建议；另一部分是由若干具有高水平的研究和开发机构组成的实体。它主要从事科学前沿的探索和促进科技成果的转化工作。

国务院环委会副主任国家科委副主任李绪鄂在北京召开的气候变化与环境问题全国学术讨论会上讲话

李绪鄂在会上说，中国十分重视生态环境保护，已将保护环境作为一项基本国策，为保护人类环境做出卓著的贡献。对联合国决定 1992 年召开全球环境与发展大会，中国十分赞成，并将把这次国际保护全球环境的浪潮作为一次机遇，促进生态环境改善和资源合理使用。同时通过广泛的国际合作，寻求解决全球环境问题的途径。他认为解决全球环境问题应遵循以下原则：

一、正确处理环境保护与发展的关系。经济与社会发展必须以可永续利用的自然资源和良好的生态环境为基础，而全球环境问题也只有在社会经济的发展中才能得到解决。

二、明确国际环境问题的主要责任。目前存在的全球性环境问题，主要是发达国家在过去一两个世纪中盲目追求工业化造成的后果，直到现在，发达国家依然是世界资源的主要消耗者和污染的主要排放者。因此，他们对全球环境问题负有不容推卸的责任，应承担更多的实际义务。

三、维护各国资源主权，不干涉他国内政。发展中国家对其自然资源及其开发利用的主权不容侵犯，反对以保护环境为由干涉别国内政。

四、有必要采取措施，确保发展中国家能够充分参与国际环境领域中的活动与合作。

五、解决发展中国家的环境问题与解决全球性的环境问题具有同等重要的意义，应予同样关注，并应充分考虑发展中国家的特殊情况和需要，在国际社会的统一协调行动中，对发展中国家解决环境问题给予有力支持。

六、不应把保护环境作为提供发展援助的新的附加条件，也不应以保护环境为借口设立新的贸易壁垒。

七、发达国家有义务在现有的发展援助之外，提供充分的额外资金，帮助发展中国家参加保护全球环境的努力，或补偿由于保护环境而带来的额外经济损失，并以优惠、非商业性条件向发展中国家提供环境无害技术。

八、有关环境的国际立法应建立在充分科学论证的基础上，应有发展中国家广泛有效的参与。

中国数学奥林匹克在武汉华中师范大学结束

1 月 16 日

中共中央总书记江泽民会见朝鲜劳动党中央书记金容淳

江泽民在中南海会见时说，去年，应金日成总书记邀请对朝鲜民主主义人民共和国进行的访问给我留下深刻的印象。两国领导人的互访，进一步加强两党、两国人民之间的友好关系。我们非常珍惜中朝两党、两国人民用鲜血凝成的友谊。

金容淳说，在以江泽民为核心的中共中央领导下，中国正在加强安定团结。中国人民在建设有中国特色的社会主义事业中，取得巨大成就。金容淳说，中国共产党十三届七中全会具有重要意义。金容淳祝愿中国人民在贯彻七中全会精神中取得更大的成就。

江泽民说，我们希望有一个安定团结的政治局面，把国内经济搞上去。同时，希望建立国际政治经济新秩序，促进国际间互利的经济交往。

国务院总理李鹏致电祝贺瓦·帕夫洛夫任苏联总理

中国罗马尼亚在北京签署四项文件

中罗双方签署中罗两国关于民事和刑事司法协助的条约、两国领事条约、两国政府关于避免对所得双重征税和防止偷漏税的协定、两国政府一九九一年至一九九三年科学、教育和文化合作计划。杨尚昆主席和伊利埃斯库总统出席签字仪式。

中国和古巴在北京签订《中华人民共和国政府和古巴共和国政府贸易协定》

全国拥军优属拥政爱民工作会议在福州闭幕

会议号召全国军民要紧密地团结在以江泽民同志

为核心的党中央周围，更加广泛地开展“双拥”活动，进一步加强军政军民团结，为实现党的十三届七中全会提出的奋斗目标，为国家和军队的稳定发展做出更大贡献。

会议讨论并形成《全国拥军优属拥政爱民工作会议纪要》。

在闭幕式上，民政部部长崔乃夫代表民政部、总政治部宣读关于授予10个单位“双拥模范城”、“双拥模范县”的荣誉称号的决定。杨白冰、陈俊生等向荣获“双拥模范城”、“双拥模范县”称号的河北省保定市、辽宁省本溪市、吉林省通化市、黑龙江省佳木斯市、江苏省徐州市、福建省厦门市、山东省烟台市、广东省珠海市、陕西省宝鸡市、四川省江津县等10个市、县的代表颁发荣誉证书。

国家统计局发布第一号统计报告

1990年，各地区、各部门进一步贯彻执行治理整顿和深化改革的方针，积极落实国务院坚持总量控制、调整紧缩力度的一系列政策措施，取得明显成效，总的形势继续朝好的方向发展。但结构失衡、效益低下、财政困难依然突出，潜在通货膨胀压力加大。新的一年里，要在坚持和改进总量控制，保持经济适度增长的基础上，进一步深化改革，着力加速结构调整，提高经济效益，为国民经济走向良性循环创造条件。

一、浅层矛盾缓解，经济回升加快

1990年治理整顿进入第二阶段。第一阶段在紧缩社会需求、降低通货膨胀率方面取得明显成就，在紧缩过程中同时伴生了市场销售下降、工业速度回落过猛、停工半停工企业增加等新问题。针对这种情况国务院及时调整宏观紧缩力度，缓解了经济生活中一些矛盾，国民经济逐步回升，治理整顿又取得可喜效果。

1. 社会总供求基本平衡

初步预计，1990年社会总供需，差率为4.2%，如扣除国外需求增长较快因素，国内供需差率为3.1%，处于基本平衡的状态。需求的适当增加，反映了国务院调整紧缩力度的措施已逐渐产生效应。

2. 国民经济继续增长，社会供给明显改善

初步预计，1990年国民生产总值为17400亿元，按可比价格计算，比上年增长4.4%；国民收入14300亿元，按可比价格计算，增长3.8%。

农业全面增产。初步预计，1990年农业总产值可达6900多亿元，按可比价格计算，比上年增长5%以上，超过计划增长4%的幅度。粮食生产突破前几年徘徊局面，夺得了大丰收。全年粮食总产量将超过42500万吨，比上年增产1740多万吨，总产和单产均创历史最高纪录。主要经济作物也有不同程度增产：棉花总产量431万吨，比上年增产约52万吨，是1985年以来最高水平；油料总产量1554万吨，增产259万吨；糖料总产量6855万吨，增产1051万吨；蚕茧、水果也获丰收。同时，畜牧、水产养殖业也持续稳定发展。全年猪牛羊肉产量达到2383万吨，增产57万吨；水产品产量1200多万吨，增产50万吨左右。农业全面增产为发展工业、繁荣市场、稳定物价和提高城乡人民生活水平提供了重要的物质条件。

工业生产回升，产品结构调整开始起步。1990年工业生产和上年同期相比，呈现逐季加快态势，第一季度基本持平，第二季度增长4.1%，第三季度增长5%，第四季度进一步增速到14.2%。全年乡及乡以上工业总产值达19486亿元，按可比价格计算，比上年增长6%；如包括村及村以下工业增长7%左右，超过计划增长6%的目标。适应市场变化需要，轻纺企业开发新产品、新花色取得一定进展，适销产品持续增长，增强了消费者的选择性。主要原材料和能源产品中钢、钢材、纯碱、乙烯、化纤、发电量、原煤稳定增长。

3. 社会需求逐渐回升，给经济发展注入一定活力

投资需求回升，重点建设加快。1990年为适应启动市场、促进生产回升的需要，国务院决定适当增加投资需求。预计全年全社会固定资产投资可完成4500亿元左右，扣除商品房统计不可比因素，比上年增长4.2%。其中，全民所有制单位完成投资2920亿元，增长7.6%。在国家重点倾斜政策的支持下，能源、运输、邮电等部门得到加强。全民所有制单位投资中，能源工业完成投资762亿元，比上年增长21.6%，所占比重由24.4%上升到28%；运输邮电业完成投资430亿元，增长9.2%，所占比重由15.3%上升到15.8%；一般加工工业投资比重由18.1%下降到15%。国家按合理工期组织建设的200个重点项目完成投资420亿元，超额完成全年投资计划。

城乡居民收入增加。全年职工工资总额将达2960亿元，比上年增长13%，扣除物价因素，实际增长11.7%；城镇居民人均生活费收入将达1360元，增长7.9%，扣除物价因素，实际增长6.6%；农民人均纯收入预计630元左右，约增长5%，扣除物价因素，实际增长1%左右，但有的地区受农村产业结构单一、农产品价格下跌等因素影响，农民收入有所减少。城乡居民年末储蓄存款余额7034亿元，比年初增加1887亿元。

国内市场逐渐由总量疲软为主转为结构性疲软为主。

由于即期消费需求不足，从1989年8月至1990年5月，国内市场商品零售总额一直呈下降趋势。随着启动市场的各项措施陆续出台，这种局面逐渐改变。表现在：一是从去年6月开始社会商品零售总额扭转了下降的趋势。二是进入第四季度以来，城市市场趋

于正常,农村市场也开始启动,当季城乡商品零售总额比上年同期增长9.4%。三是销售下降的商品品种逐渐减少,特别是家用电器销售回升幅度较大。四是从10月份起,全国绝大多数地区商品销售额均呈上升趋势。全年社会商品零售总额8255亿元,比上年增长1.9%。五是生产资料市场从9月份开始也扭转了下降势头,物资系统生产资料销售额和上年同月相比,9月增长6.3%,10月增长14.4%,11月增长19.3%,预计全年与上年基本持平。

4. 对外开放取得新进展,国际收支明显改善

外贸实现顺差。根据海关统计,全年进出口总额1154亿美元,比上年增长3.4%。其中出口620.7亿美元,增长18.1%;进口533.6亿美元,下降9.8%。如扣除不收付外汇的进出口货物,进出口差额由上年的逆差28亿美元转为顺差131亿美元,改变了前几年连续逆差的状况。进出口商品结构有所改善,进口中高档耐用消费品大幅度下降,出口中工业制成品比重明显高于前几年的水平。

利用外资增长。1至11月全国新签利用外资项目6318个,比上年同期增长18.6%;协议外资额105.7亿美元,增长5.5%;实际利用外资88.1亿美元,增长6.8%。

国际旅游业逐步恢复。随着我国政治和社会的稳定,特别是第十一届亚运会的成功召开,国际旅游业逐渐走出低谷。全年来华旅游人数将达2900万人次,比上年增长18.4%;旅游收汇21亿美元,增长13%。

由于进出口实现顺差,加上非贸易外汇收入大于支出,国家外汇储备继续增加。

5. 社会稳定,经济环境继续改善

物价涨幅在连续两年大幅度上升的基础上明显缩小。由于农业的丰收,市场相对平稳,供求关系改善,前三季度市场零售物价涨幅和上年同季相比,呈逐季缩小趋势,第一季度上涨3.3%,第二季度上涨2.2%,第三季度上涨0.6%。全年平均比上年上涨仅2%左右,明显低于前两年的涨幅。但进入第四季度以来,由于各地集中调整了一些关系居民基本生活的商品和服务项目的价格,基本生活费用价格指数呈扩大趋势,尤其是一些大中城市近一两个月的涨幅已接近或突破了10%。

由于各级政府的重视,加上经济的回升,一度出现的停工待业矛盾有较大缓解。

以上情况表明,国务院采取的在坚持总量控制的前提下,适当调整紧缩力度的一系列措施,促进了经济形势的好转,促进了政治、社会的稳定。

二、深层矛盾上升,面临困难仍大

在充分估价1990年治理整顿新成效的同时,还必须清醒地看到,各地区、各部门、各经济类型企业发展是不平衡的,经济好转的基础还比较脆弱,特别是多年积累下来的结构失衡、体制不顺等深层次矛盾远未解决,经济形势还有严峻的一面,集中表现在产成品积压严重、经济效益下降、财政困难加剧、潜在通货膨胀压力加大。

1. 产成品积压严重。11月末,县以上工业企业产成品库存比年初增加451亿元。农产品流通不畅的矛盾也日趋突出,农副产品购销"诸难"现象较为普遍。产销失衡的主要原因,一是启动需求某些措施出台较晚,到位有个过程,使市场启动滞后于生产的回升;二是市场分割、地区封锁等导致流通渠道不畅;三是工业结构调整进展还相当缓慢;四是居民消费预期心理相对平稳。

2. 经济效益下降。1990年,生产逐步回升,但企业经济效益仍然不好。1至11月,预算内国营工业企业实现利税比上年同期下降18.8%;亏损企业亏损额增长一倍;可比产品成本上升6.5%;定额流动资金周转天数由上年同期的108天延缓到130天,约多占用资金500多亿元。工业经济效益下降的原因是多方面的。除了运费提高、原材料提价、职工调资等因素的影响外,去年特殊因素是产品销售不畅带来的影响较大。一是产品积压,销售收益难以实现。二是前几年在过热经济状态下可以靠涨价得效益的不正常现象基本"消失"了。三是有些企业任务不足,生产能力不能充分发挥,尤其是全民所有制工业速度偏低,影响了"速度效益"。但从根本上说,效益低是由于现行经济体制的缺陷,企业缺乏提高经济效益的激励机制,技术进步不快,结构转换慢,该淘汰的企业没有淘汰,使生产要素难以优化组合,影响了资源配置效益的提高。此外,也与重速度、轻效益倾向有关。在工业企业效益滑坡的同时,商业企业由于销售不畅和利息负担重,经济效益也直线下滑。

3. 财政困难加剧。由于经常性收入增长慢于预算要求,财政支出增长则高于预算要求,使全年财政形势十分严峻。

4. 潜在的通货膨胀压力加大。前阶段为启动经济,银行贷款规模急剧扩大。11月末银行各项贷款比年初增加2125亿元,增长17.1%。贷款结构中中间需求增加偏多,最终需求增加偏少,资金沉淀,使用效益不好。从6月份以来,前期贷款大量增加对货币投放的滞后作用已开始显现,银行货币投放呈加速态势。这种超经济发行趋势,对稳定经济是不利的,势必加剧通货膨胀的反弹。

上述矛盾和困难是相互关联、相互制约的。这些矛盾,从表层看,是社会需求结构不合理、最终需求回

升较慢、再生产循环不畅矛盾尚未根本缓解的伴生现象；从本质上看，则是经济关系不顺、经济结构和体制不尽合理等深层次矛盾的反映。这表明在治理整顿第二阶段，既要继续控制总量，适当调整需求结构，保持国民经济适度增长；更要通过加大改革分量，理顺经济关系，着力促进经济结构优化和经济效益提高，在治理整顿中求健康发展。

三、1991 年经济发展趋势

1990 年第四季度以来，随着社会需求的回升，生产、建设、流通、消费诸环节均显示出较强的发展势头。从目前经济发展势头看，1991 年国民经济形势可望进一步好转，但也有值得注意的方面，主要是通货膨胀反弹的潜在危险依然存在。经济运行的趋势是：

——市场销售将平中有旺。随着投资需求的逐步到位，居民收入的增加，特别是农村市场的好转和社会集团消费的扩大，整个零售市场将保持进一步回升的格局。预计 1991 年第一季度社会商品零售总额将增长 10%左右。

——农业生产中经济作物将继续增产，但要尽力防止粮食减产。棉、油生产由于农民从调价和丰收中得到了好处，可能会刺激农民发展棉、油生产的积极性。另据预测，今年气候条件不如上年，对农作物正常生产可能带来不利影响。

——工业生产将进一步加速。一是农业丰收和能源、原材料供应相对宽松，为发展工业提供了有利条件；二是 1990 年社会需求扩大滞后效应的拉动；三是各地增加财政收入的需求；此外上年年初基数低。预计 1991 年第一季度工业总产值增长速度将超过 10%。

——投资需求将继续回升。从国家计划安排上看，1991 年投资规模将比上年扩大 10%以上，国家预算内投资有所增加，原油、煤炭、铁路等扩大专项建设基金，银行增加固定资产贷款，国家增加发行建设债券，以及利用外资有所松动等，为扩大投资提供了资金条件。

四、对今后经济工作的几点建议

1991 年是“八五”计划的第一年，也是治理整顿第二阶段的关键年，面临的改革、调整、发展的任务十分艰巨。我们既要看到浅层次矛盾缓解，形势趋好的一面，也要看到一些矛盾缓解的基础还很脆弱，经济体制和运行机制不尽合理等深层次矛盾尚未解决，形势还有依然严峻的一面。因此，宏观调控不能仅仅停留在总量的松紧上，还必须增强加快改革、调整的紧迫感，充分利用当前社会进一步稳定、经济生活中一些浅层次矛盾缓解的有利时机，围绕调整结构、提高效益的需要，加大改革分量，切实在缓解深层次矛盾上取得进展，取得治理整顿的新成效，为实现国民经济的持续、稳定、协调发展创造条件。

1. 审时度势，坚定不移地控制总量，及时调整操作力度

当前在总量控制上要注意防止一种倾向：即看不到前期银行贷款规模急剧扩大、货币供应大大超过经济发展的正常需要，以及其使用效果不好等带来的滞后影响，继续松动银根，以致造成社会需求再度膨胀，影响经济与社会稳定。为此，要特别加强对财政、金融需求动态的监测，谨慎把握，防止出现金融、财政诱发的经济过大的起伏。

——财政政策上，采取有力的改革措施，一方面促进增产增收，另一方面以控制亏损补贴、价格补贴为突破口，寻求摆脱财政困境的出路。

——金融政策上要切实控制信贷总规模，调整贷款结构，在提高资金使用效益的前提下。建议适当压缩银行流动资金贷款占新增贷款的比重，调减下的贷款主要用于固定资产投资。调整固定资产贷款结构要重点支持企业的更新改造，促进有效投资的稳定增长，使更新改造投资占全部投资的比重有所提高。各种贷款要坚决实行择优发放的原则，促进企业的优胜劣汰，同时，要继续做好吸收居民储蓄工作，充分利用好国内资金。

2. 统筹规划，积极稳妥地推进结构调整的步伐

——以市场需求为目标，兼顾城乡市场、国际国内市场、不同消费层次上的需要，适应生活向多样化和生产向新技术方向发展的新形势，继续加快工业产品结构调整步伐。为此，要加强市场信息工作，尤其是要对农村市场需求进行调查，做好产品结构调整的规划，及时反馈给生产企业，又要协调地区调整运作进程，避免调整的盲目性。要加强清仓利库工作，采取灵活的价格政策，及时缓解库存过大的矛盾。

——产业结构的调整要同发挥地区经济优势结合起来。按照全国产业政策和经济规模效益的原则，制定全国各地区的产业结构调整规划，发挥各地区在资源、资金、技术、人才和地理位置等优势，沿海经济比较发达地区要加强对内地特别是对经济后进地区的协作和支援。

——积极筹集企业调整基金，为推进企业组织结构的优化组合创造空间。调整企业组织结构，是提高经济效益的重要一环，在建立社会保障制度的基础上，要运用市场优胜劣汰的竞争机制，积极组建企业集团，下决心对那些生产能力供过于求、产品长期积压滞销、消耗高、亏损严重的企业实行“关停并转”，促进生产要素的合理流动。

——坚持一手抓企业管理，一手抓技术改造，扎扎

实实地落实“质量、品种、效益年”活动的各项措施，提高企业素质和效益，特别是要从物资、资金、价格等政策上促进企业的技术改造，逐步形成以科技求效益的新环境。

3. 谨慎决策，不失时机地推进宏观管好和微观搞活等各项配套改革措施，促进经济体制和运行机制有所改善

——进一步建立健全宏观调控体系。一是计划、银行、财政相互配套，为经济运行的有序和企业提高经济效益创造良好的外部环境，提高调控效应。二是调控手段上要逐步加快两个转变，即由直接调控为主向间接调控为主转变，由行政手段为主向经济手段为主转变，尽量减少调控的随机性，增强有效性和灵活性。三是调控程序上要做到四个衔接，即咨询、决策、执行、监测四个环节要衔接，加强检查监督，以增强科学性、严肃性和灵敏性。

——深化和完善微观改革。重点要搞活国营大中型骨干企业。因此，搞活国营企业要着重从政策上给企业创造一个宽松的环境入手，积极推行政企分开，理顺产权关系，深化劳动制度和分配制度改革，切实保障企业生产经营活动的自主权，使国营企业在平等的市场环境下提高竞争能力。同时，鼓励企业眼睛向内，强化管理意识，提高企业素质。

——加快价格改革。价格改革要在控制物价总水平基础上，有重点地解决“双轨”问题；同时，利用农业丰收的时机，推进粮食购销体制的改革。

4. 采取切实措施，进一步稳定农业生产

要正确引导人们对农业形势的认识。1990年农业取得了大丰收，但工农产品价格剪刀差继续扩大，农业后劲不足依然存在，加上当前农产品流通不畅问题严重，制约农业稳定发展的矛盾远没有解决。为此，必须把继续加强农业作为一项长期的战略任务常抓不懈，认真贯彻党中央、国务院有关加强农业的文件精神，逐步建立起有利于促进农业长期稳定发展的经济运行机制。

中国质量管理协会四届二次理事会在上海召开

中国质量管理协会理事长宋季文在会上作题为《全民参与，为提高质量效益而奋斗》的工作报告。宋季文指出，这些年来我们在狠抓产品质量方面还是取得了很大成绩的，目前中国已有一大批产品达到国际先进水平，创出好声誉。但从总体上来说，产品质量差、经济效益低是长期以来困扰我国经济发展的一个严重障碍。国家近两年每季质量抽查，总有25%左右的产品不合格。

中共上海市委书记、市长朱镕基，航空航天部部长林宗棠和国务院生产委员会副主任赵维臣分别在会上讲话。

我国水产养殖居世界首位大中城市“吃鱼难”初步解决

全国医药管理局长会议在北京开幕

全国人大常委会副委员长陈慕华、中顾委常委李德生、全国政协副主席洪学智，以及中顾委委员、中国企业管理协会会长袁宝华，中顾委委员、原卫生部长钱信忠，国务院生产委员会主任、国家计委副主任叶青，农工民主党中央副主席方荣欣等领导，以及有关部委负责人出席了大会。

国家医药管理局副局长王远主持开幕式。全国政协副主席洪学智首先发表讲话。中共国家医药管理局党组书记、局长齐谋甲在会上作题为《贯彻十三届七中全会精神，进一步推进医药事业发展》的工作报告。

1月17日

国务委员宋健在供销社系统表彰会上发表讲话

宋健指出，供销合作社系统这支队伍，无论从其性质、任务还是从其实力、布局看，都是深化农村改革、发展农村经济的一支生力军。80年代在实现国民经济翻一番的历史成就中，供销社系统做出重要贡献。90年代，随着农村经济的进一步发展，供销社的作用将更重大，供销社这一社会主义集体经济形态，能集中分散的财力，推广科学技术成就，改变传统落后的自然经济生产方式，发展规模经济，大幅度地提高劳动生产率，从而将具有越来越强大的生命力。

他强调说，供销社在为农村提供社会化服务时，应着重树立大科技兴大农业的观念，利用整个现代科学技术的各个学科促进农村经济的综合开发和社会发展，这就要求供销社工作人员努力提高科技水平，同时大量吸收科技人员参加供销社系统工作，以提高全系统开拓新产业的能力和服务水平。

《人民日报》发表评论员文章《论“质量、品种、效益年”》

全国95个县市财政收入超过亿元

全国财政收入最多的前百名县市平均财政收入为1.7亿元，其中，嘉定县、无锡县、川沙县、上海县、江阴市、南海县、南汇县等十大县，财政收入都在3亿元以上，是全国平均水平的12倍。它们的工农业总产值累计为450多亿元，相当于一个中等经济水平省份的生

产规模。去年在困难的经济环境中，这些财政大县经济活力不衰，财政收入保持稳定增长势头，上交国家财税也有不同程度的增加。

财政大县分布格局呈现由沿海向内地不断扩大之势。亿元县由开始时主要集中在上海、江苏和浙江三省市，到现在已扩展到闽、鲁、皖、赣、粤、川、京、辽、鄂、桂、陕等19个省、区、市。特别引人注目的是，遵义、安宁、曲靖、奎屯等边远及少数民族地区县市亦榜上有名。

国务院转发卫生部农业部国家计委等《关于改革和加强农村医疗卫生工作的请示》

报告中指出，近几年来，放松了对农村卫生事业的领导、管理和支持，农村卫生事业非但没有得到发展，反而在有所削弱，进一步拉大了城乡差距。如不认真解决，不仅会阻碍农村生产力的发展，还会引起农民的不满，以致影响党群关系。因此，应把加强农村医疗卫生工作作为战略重点，提到各级政府的议事日程上来。具体措施是：(一)巩固发展县、乡、村三级医疗预防保持网，完善农村卫生服务体系。(二)采取切实有效的办法，解决农村卫生技术人才缺乏的问题，稳定、充实和提高农村卫生技术队伍。(三)稳步推行合作医疗保健制度，为实现"人人享有卫生保健"提供社会保障。(四)加强领导，促进农村卫生事业与经济、社会同步发展。

1月18日

国务院举行第76次常务会议

国务院总理李鹏主持召开会议。会议审议并原则通过了《城市房屋拆迁管理条例(草案)》和《禁止使用童工的规定(草案)》，这两个草案将在修改后发布施行。

会议在讨论中认为，随着我国城市建设的发展，涉及城市房屋拆迁的问题越来越多。为保障城市按照统一规划进行建设和改造，并保护拆迁各方当事人的利益，近几年我国已有不少城市制定了关于城市房屋拆迁的地方性法规或地方政府规章，对加强城市建设、改造和房屋拆迁工作的管理起到了一定作用。但是，目前对全国城市房屋拆迁工作中的一些主要问题仍然缺少统一政策，因此，有必要由国务院制定一个城市房屋拆迁管理条例，以保障城市建设的顺利进行。

会议在讨论《禁止使用童工的规定(草案)》时指出，近几年一些地区的企业、事业单位和个体工商户，为牟取高额利润，采取各种手段使用年龄未满十六周岁的少年儿童做工。国务院的领导同志曾多次要求各地严厉查处这一类事件，一些全国人大代表、全国政协委员和民主党派人士也纷纷要求对使用童工现象加以禁止。劳动部、国家教育委员会、农业部、国家工商行政管理局和全国总工会为此曾于1988年11月联合下达了《关于严禁使用童工的通知》，对制止使用童工起到了积极作用。为了贯彻执行《中华人民共和国宪法》第46条、49条的规定，保护少年儿童的身心健康，促进义务教育，国务院有必要制定专门的法规，并以国务院令的形式发布，以严格禁止使用童工。

中央政法委员会书记乔石在烟台举行的全国社会治安综合治理工作会议上作报告

乔石在会议上说，政法战线从今年起要把社会治安综合治理作为工作的一个重点，以维护政治和社会稳定，为社会主义现代化建设和改革开放创造良好的社会环境。

乔石在题为《认真贯彻党的十三届七中全会精神，紧紧围绕党的基本路线，加强政法工作维护社会稳定》的报告中说，今年政法工作的主要任务是：以党的基本路线为指导，紧紧围绕经济建设这个中心，以抓好社会治安综合治理为重点，继续依法从重从快严厉打击严重刑事犯罪分子，依法从严惩处严重经济犯罪分子，坚决扫除"六害"，进一步整治治安，维护稳定，保持良好的社会秩序；与此同时，继续加强政法队伍的建设，纠正行业不正之风和违法违纪行为，进一步密切政法干警与人民群众的关系。

乔石说，根据多年的经验，解决社会治安问题的根本途径，必须从我国的国情出发，坚持专门工作与群众路线相结合的方针，在各级党委和政府的领导下，动员社会各方面的力量齐抓共管，运用政治的、经济的、行政的、法律的、文化的、教育的等多种手段进行综合治理。

乔石强调，依法严厉打击严重刑事犯罪活动，是综合治理的首要环节，也是全面落实综合治理各项措施的重要条件。即使综合治理的其他各项措施落实得比较好了以后，仍然需要坚持必要的、适当的"严打"。因此，必须坚持"严打"和综合治理的其他各项措施"两手抓"的方针，尽一切可能预防和减少犯罪。他说，这是我们维护社会稳定的一个长期的基本方针，是在改革开放的新形势下，具有中国特色的、广泛依靠群众解决社会治安问题的新路子。

乔石说，对社会治安实行综合治理，是全党的任务，首先要求各级党委引起高度重视，把它列入党委和政府工作的重要日程，必须在各部门、各单位的积极参与和密切配合下，由党委和政府认真地抓好抓出成效。

乔石强调，综合治理最重要的是要抓好基层的工作。基层工作的关键是要加强基层党组织的建设，特别是领导班子的建设。只有在基层党组织的坚强领导下，加强思想政治工作，加强社会主义精神文明建设，密切联系群众，随时解决群众中发生的问题，才能真正做到把问题解决在萌芽状态，解决在基层。多年来我们一直强调，基层党的工作，是党的一切工作的基础，基层政权工作，是人民民主专政的基础，搞好社会治安综合治理也必须牢记这一点。

乔石指出，综合治理，必须长期坚持。我们必须踏踏实实地，一个地市一个地市的、一个县一个县的、一个基层一个基层的、一批一批的，从本地区本单位的实际出发，运用已有的先进经验，抓好综合治理。为了搞好这项工作，各省、自治区、直辖市应结合国民经济和社会发展的十年规划和"八五"计划，对社会治安综合治理作出具体规划，并坚持不懈地付诸实施，一步一步地取得实际成效。

乔石在报告中还对今年的政法工作进行了部署。他说，搞好90年代的政法工作，特别是搞好综合治理，也可以从一个重要方面充分体现社会主义制度的优越性。他要求大家充分认识政法工作在整个社会主义建设中的极其重要的作用，对自己的事业和工作要有足够的信心，这样，政法战线才能建成一支特别坚强、特别能战斗的队伍。

国务院总理李鹏在全国银行分行行长保险分公司总经理座谈会上发表讲话

李鹏在座谈会上指出，随着我国有计划商品经济的发展，要进一步加强和搞好金融工作，更好地发挥金融在国民经济宏观调控中的作用，促进国民经济持续、稳定、协调地发展。

李鹏说，十年改革开放以来，以及在这两年的治理整顿中，金融业发生了很大的变化，对改革开放做出了很大的贡献，对治理整顿也做出了很大贡献，主要是从资金上支持了国家建设，支持了一些改革措施的出台，而且金融界本身也进行了改革。我们改革的方向是实行计划经济与市场调节相结合，既区别于资本主义的市场经济模式，又区别以前单纯的统收统支的经济模式。特别是，去年在经济工作较困难的情况下，工业生产逐步回升，物价得到控制，金融比较稳定，外汇结存增加等，所有这一切，金融界的同志都做出了很大的贡献。今天，我代表党中央、国务院向金融战线上的全体职工表示感谢！

李鹏指出，当然，要执行紧缩政策，就必然要影响一些地方、部门的经济利益。但从总体看、从长远看，对国家、对人民是有好处的，某些损失是暂时的、局部的。对此，不应埋怨银行的同志。但是，另一方面也要看到，我们有的银行在工作方法、工作作风上也有缺点和不足之处，应该总结经验，加以改进，把工作做得更好。现在各方面都关注银行工作。这从一个方面反映了银行工作的重要性，今后银行在发展有计划的商品经济中的作用会越来越大，金融会成为宏观调控的重要手段。我们发展生产需要资金，收购农副产品需要资金，发展对外贸易需要资金，许多方面都需要资金。实行计划经济和市场调节相结合，我们国家经济宏观调控会越来越多地依靠利率杠杆、存款量、贷款规模、货币发行量等来进行调节。所以，有些问题就必然要集中反映到银行工作上来。因此，对金融工作来说，第一要肯定成绩，第二要看到我们银行工作还不适应国民经济进一步发展的需要，这就要求银行不断提高工作和业务水平。

在谈到今年金融工作任务时，李鹏指出，今年金融工作的任务是很重的，是非常光荣的，也是非常重要的。银行要坚持执行"控制总量，调整结构"的方针，贯彻落实七中全会精神，进一步发挥在宏观调控中的作用。一是坚定不移支持国民经济持续、稳定、协调地发展；一是坚定不移地支持改革开放。我们经济发展要保持一个适当的速度，经济工作、企业工作的重点要放在"质量、品种、效益"上。为此，金融界首先要支持工业生产、农业生产，使工业、农业都按照"八五"计划和十年规划有一个适当的发展速度。其次，为了启动市场，解决市场部分疲软的问题，要适当地增加固定资产投资规模。中国人民银行和建设银行、交通银行及与基本建设有关的其他银行，应该使固定资产贷款按时到位，财政的固定资产投资也要按时到位，这样才能发挥资金的最大效益。当然，总量还要控制，不能超过，特别是对那些计划外项目、楼堂馆所等，要严格控制。国营大中型企业这些年来对国家的贡献很大，是国家重要财政来源。但许多企业技术设备落后、厂房破旧，生产条件差，这样下去，我们大中型企业的竞争能力就会逐渐下降。所以，对国营大中型企业，一方面是挖掘它们的潜力，另一个方面国家要给它们一些投入，支持它们的技术改造。希望人民银行、各专业银行主动、积极地给需要扶持的大中型企业注入技术改造资金。当然，要控制在总的供应量之内。

另外，还要多渠道筹集一部分技改资金，投入一些专项。还要发放一些短期小额贷款，帮助企业进行产品改造。还要积极支持农副产品收购。去年银行贷款增加比较多，其中有相当一部分是物资贮备的增加。因为我们去年农业丰收，为了防止谷贱伤农，国家采取措施，实行国家粮食专项储备，收购了相当数量的粮食，占用了资金。除了这方面以外，还有有色金属、钢材及战略物资储备增加等因素。但我们也要看到，增加贷款中有相当一部分是"三角债"，是产成品积压，这是不合理因素。货币发行量去年没有超过原来计划，因为我们储蓄的情况好，有较大幅度的增加，这是件好事情。

在谈到银行管理体制时，李鹏说，银行是国家经济的重要调控手段。人民银行是中央银行，是政策性银行，是领导和管理各专业银行的。专业银行也是政策性银行，但是实行企业化管理。实行企业化管理，就有一个社会效益与自身利益矛盾的问题。如果二者发生矛盾，应该把社会效益放在第一位，把银行利益放在第二位。银行总的要实行垂直领导体制。各专业银行是垂直领导，人民银行也是垂直领导。但是，省人民银行在省里对其他专业银行要起协调作用，这是很必要的。专业银行之间也应该调剂资金余缺，调剂资金使用的时间差。我们中国幅员辽阔，有诸多省份，但市场是一个统一的市场。因此，我们的金融、货币也是统一的，不能分割。在目前的管理实践中，金融有分割的现象，产品的销售也有分割的现象。要采取一些措施打破地区的分割，但是也要适当照顾到地方的利益。

李鹏要求下大力进一步清理"三角债"，他说，"三角债"是困扰我们经济的一个大问题。我们去年注入了不少资金，维持了一些企业的生产，这是应该加以充分肯定的，但是又造成一部分新的产品积压。随着市场发展、市场疲软的逐步消失，我相信产成品积压情况会有所好转。去年国务院组织进行了各种形式的清欠，总的来讲，清欠是有成绩的，但也确实出现了前清后欠的情况；总的趋势"三角债"在减少，但没有完全解决。我们应该在今年把这个问题进一步解决。当然，拖欠的根本原因是市场疲软造成的。凡是产品在市场上是紧俏的，就没积压；凡是不紧俏的产品就拖欠货款。清欠的根本出路就是要进行结构调整，开拓市场，调整结构。今年，要进一步强化清理"三角债"的工作，国务院准备组织挖潜清欠小组。今年要建立一个制度，坚决消除"拖欠有理"这个不合理现象，要进一步完善托收承付制度。另一方面要挖掘潜力，企业尽管有困难，但潜力也是有的，要把清欠工作与挖掘潜力结合起来。

在谈到银行业务的现代化水平时，李鹏指出，国务院是支持银行实现现代化、电子计算机化的，这项工作的进度可以加快一点。开展这项工作时要从取得最佳实际效果出发，先搞经济发达地区、重点城市。由经济发达地区逐步扩大到内地，先搞大中城市然后逐步发展到乡镇。完成一批，启动一批，使用一批，不断积累经验。

李鹏要求银行加强对金融专业人才的培养。李鹏说，银行在国民经济的发展中作用会越来越大，任务会越来越重，不能停留在单纯的会计、出纳的业务水平上，需要各方面知识的人才，懂财经的、懂金融的、懂工业的、懂电子计算机的，还要懂法律的。同时，要加强银行的领导力量。怎么办？一是培养；二是吸收新的；三是从有关部门和有关的政府部门转一部分优秀人才到银行来；四是可以聘请一些人来做咨询。总之，要多渠道来加强队伍建设。人民银行和各专业银行要把人才的培养放在自己工作的重要位置。

在谈到廉政建设时，李鹏指出，银行取得的成绩是主要的，但是银行是管钱的，在改革开放的形势下，在前一段时期思想政治工作薄弱、"一手硬、一手软"的情况下，银行队伍中也确有一些人犯了错误。各银行应该吸取教训，加强廉政建设，加强内部的组织性、纪律性。把银行里面的腐败分子清除出去，是不会影响银行的信誉的；能秉公办事，大公无私，敢于处理，信誉还会提高。要表彰那些全心全意为人民服务，维护国家利益的优秀分子，打击贪污盗窃犯罪分子，在我们金融界树起一种符合社会主义精神文明的正气。随着银行今后不断地发展，办公设施、楼房不足还是可以盖的，但是要遵照朴素、大方、实用的原则。

在谈到信托公司问题时，李鹏指出，信托公司在整顿经济秩序时撤并了不少，但这并不是说信托公司就不需要了，信托公司还是需要的，作为融通资金的一种形式还要存在的。要把现有的信托公司办好，租赁业务还要进一步开展起来。

李鹏指出，保险是很重要的。李鹏说，有三项改革要在今后的十年内放在重要位置：一个是住房制度改革，一个是保险制度的改革，一个是医疗制度的改革。这三项改革都直接关系到人民的切身利益。李鹏说，保险这项业务还大有可为。现在的各种各样的保险已经初步开展起来，人民尝到了甜头，企业尝到了甜头。要加强和发展待业和养老保险的业务。我国保险潜力还很大，保险不仅可以吸收一部分社会资金，更重要的是促进经济结构调整、效益提高和社会的安定。

李鹏最后要求，在新的一年里，金融界的同志要进一步努力工作，为促进国民经济持续、稳定、协调发展作出新的贡献。

全国农业工作会议在北京开幕

党和国家领导人宋平、王震会见了参加全国农业工作会议的全体代表。宋平在会见时讲话强调，农业是国民经济的基础，无论什么时候都要把农业放到十分重要的位置。

宋平说，去年我国农业获得丰收，但发展农业的任务还很艰巨。不久前结束的十三届七中全会提出了今后5年和10年农业发展的目标。要实现这个目标，首先要有好的政策，充分调动农民的积极性，还要大力推广科技兴农，要逐渐增加农业投入。党中央相信，通过农业战线全体同志和全国人民的共同努力，七中全会提出的关于发展我国农业的目标一定能够实现。

农业部部长刘中一到会并讲了话。刘中一说，这次全国农业工作会议的主要议题是：分析去年农业生产和农村经济形势，总结农业部门工作。根据党的十三届七中全会审议通过的《中共中央关于制定国民经济和社会发展十年规划和“八五”计划的建议》的指导方针，进一步明确关于发展农业、搞活农村经济的大政方针。根据中共中央、国务院关于一九九一年农业和农村工作的通知精神，研究落实今年农业生产和农村经济的各项工作。按照全国计划会议的总体部署，安排农业部门的生产建设计划。他向与会代表提出以下几点意见和要求：

第一，以家庭联产承包为主的责任制是党在农村的基本政策，应在稳定的前提下，逐步加以完善。完善的主要途径应是发展多形式、多层次的服务，并逐步形成社会化服务体系。在具体的做法上，各地一定要从实际出发，要符合生产力发展的需要。

第二，要在去年“科技、教育兴农”取得明显成效的基础上，努力把科技、教育兴农这件大事继续向前推进一步。农业部打算同各地方政府、农业主管部门以及有关部门相配合，共同做好以下几项工作：一是把农业的综合开发、商品粮基地建设和利用外资同“科技、教育兴农”结合起来；二是把农业社会化服务体系建设同科技推广运用结合起来；三是把科技推广运用同对农民进行科技培训结合起来；四是把科技推广与提高农村经营管理水平结合起来。

第三，充分发挥中央、地方、集体、农民四个积极性，组织和吸引各方面的财力，努力增加农业投入。要正确认识和处理中央、地方财政投入与农民投入的关系，不能因为强调农民投资的作用，而忽视中央和地方对农业投资的重大作用。加强农业在国民经济中的基础地位，要通过调整投资结构、提高农业投资比重来体现。

在开幕会上，河北省邯郸市等 86 个地(市)、北京市顺义县等 424 个县(市)，被国务院授予粮食生产先进单位称号。同时，农业部授予北京市通县农业局等 111 个单位为全国农业科技推广年活动先进集体，授予河北省农业厅潭文藻等 1049 人为全国农业科技推广年活动先进个人光荣称号。宋平等为获奖单位颁奖。

会议于 23 日闭幕。

最高人民检察院发出《关于必须严肃查处暴力抗税案件的通知》

法国总理罗卡尔在巴黎总理府会见中国国务委员兼国家计委主任邹家华

国家作物种质资源数据库系统研制成功

由中国农科院品种资源所主持，全国十一个单位协作，研制成功《国家作物种质资源数据库系统》。

该系统是目前世界最大植物遗传资源数据库系统之一。整个系统规模庞大，共管理 141 种作物 1259 万个数据项，组成 644 个数据库文件，存储量达 440 兆字节；并研究制定了我国第一部《农作物品种资源信息处理规范》。

中宣部国家教委共青团中央联合表彰 1990 年最佳社会实践主题活动单位

被受表彰的最佳社会实践主题活动是：山东省“科技兴鲁建设营、重点工程劳动营、国情省情考察营”，辽宁省“投身实践了解国情、尽职社会服务人民”，广东省“学习社会，智力为民”，河南省“求知于工农，奉献于社会”，湖北省“奉献者之路”，江苏省“看十年巨变、明历史使命”，浙江省“90 我们在坚实的土地上成长”，四川省“深入社会、学习工农，经受锻炼、实践成才”，陕西省“学习延安精神，继承革命传统”，北京市“抓住亚运历史契机，开发亚运综合功能”，上海市“创业者之路”，山西省“让理想在实践中升华，青春在奉献中闪光”，内蒙古自治区“认清国情，深入工农，服务社会，锻炼成长”，黑龙江省“深入社会，了解国情，学习工农，做四有新人”，吉林省“松辽平原科技开发实践工程”，安徽省“了解社会，学习工农，明确责任”，贵州省“人民送我上大学，我献知识为人民”，新疆维吾尔自治区“学工农为民服务，播星火扶贫兴边”，甘肃省“走向社会，学习工农”，湖南省“到实践中去，向人民学习”，天津市“明国情，向人民服务学习，紧跟党，走正确成长道路”等。

中宣部、国家教委、共青团中央还要求各省、市、自治区和地(市)县(市)党委宣传(教育)部门、教育行政部门、共青团组织和大中专院校，进一步加强领导，拓展社会实践活动的内容，开辟社会实践活动的渠道，健全社会实践活动的运转机制，逐步使社会实践活动纳入青年学生健康成才的教育体系之中，促使社会实践活动广泛、深入、持久地开展下去，成为具有中国特色的社会主义教育的有机组成部分。

全国职业技术教育工作会议在北京召开

会议反映，10 年间我国职业技术教育有很大发展。目前，全国有 1.6 万多所职业技术学校，在校生总数达 600 万人，年招生 225 万人。与 1980 年相比，在校生增长 3 倍，招生能力提高两倍半。从 1980 年到现在，全国各类职业技术学校共向社会输送毕业生 1100 多万人，各类短期职业技术培训约 1 亿人次。

国家教委主任李铁映在会上指出，今后 10 年我国职业技术教育的目标是，争取到本世纪末使企业新增职工都能受到必需的职业技术教育，使农村新增劳动者都能获得必需的实用技术培训。

李铁映说，必须坚定不移地把发展教育摆在社会主义建设的战略首位。要实现到本世纪末“翻两番”和下个世纪经济振兴的目标，又必须高度重视和大力发展职业技术教育。从总体上说我国职业技术教育仍然是很薄弱的，不能适应经济和社会发展的需要。今后10年，我们要把产品质量和经济效益搞上去，在很大程度上取决于我国劳动者素质的提高。要提高劳动者素质，就必须在努力提高教育普及程度的同时，大力发展职业技术教育。各地各部门都要把发展职业技术教育的任务纳入整个地方或部门建设事业中去，制订好发展职业技术教育的“八五”计划和10年规划。

他说，发展职业技术教育在“八五”期间首先要办好现在的各类职业技术学校，挖掘潜力，扩大招生规模，特别是扩大中等职业技术学校的规模，并要集中力量办好一批水平较高、具有示范性的学校。与此同时要开展多种形式的短期职业技术培训。要办好包括劳动部门举办的就业培训中心在内的各种培训机构。此外，还要在普通教育的适当阶段，因地制宜地引进职业技术教育因素。

全国人大常委会副委员长孙起孟等出席了大会。

国务院召开全国保护野生动物电话会议

会议要求各级政府加强野生动物保护，采取有力措施，坚决制止乱捕滥猎、违法经营、食用和倒卖走私国家重点保护野生动物及其产品的犯罪行为。

国务委员宋健在会上讲了话。他说，野生动物保护事业是国民经济建设和社会发展中的一个重要组成部分。搞好野生动物保护工作，既是我国经济发展的需要，也是中华民族文明进步的标志之一。党中央和国务院对野生动物保护工作一直很重视，特别是在1983年因箭竹大面积开花枯死，国宝大熊猫缺食受灾之后，我国采取了一系列抢救措施，大大减少了大熊猫损失。但我们又必须清醒地看到，当前乱捕滥猎、非法经营、倒卖走私野生动物及其产品的情况相当严重。

宋健强调，各地政府领导要提高认识，把保护野生动物当作一项重要职责，列入议事日程，切实加强领导，并帮助解决存在的实际问题。许多餐馆、饭店、宾馆、招待所和集贸市场违法经营、食用和出售国家重点保护野生动物的现象必须杜绝，坚决纠正。各级政府要对《野生动物保护法》颁布以来发生的破坏野生动物案件，进行一次全面清理，特别是对大案要案，要抓住不放。凡构成犯罪的，不论涉及什么单位和个人，都必须依法惩处，绝不能手软；对迁就姑息、包庇犯罪的，追究领导责任。

宋健说，各地要按照国务院规定，每年春季开展“爱鸟周”活动，秋冬季开展“保护野生动物宣传月”活动，普及科技知识，提高保护意识。在春节期间，中央有关部门和各省市自治区要组织检查组深入基层，检查《紧急通知》落实情况。

气候变化与环境问题全国学术讨论会在北京闭幕

国务委员兼国家科委主任宋健在会上说，要使全体人民充分认识保护环境和气候的重要性，提高全民族保护气候和环境的自觉性，十分珍惜地球这个“生命的摇篮”。

宋健指出，在“八五”期间，要加强全球环境和气候变化的科学研究。我国有一大批优秀科学家，我国应当在科学事业上为保护全球环境和气候作出我们的贡献。国家在“八五”期间应给这方面的研究提供必要的经费。工业界、企业界也应对科研工作提供必要的支持。

在谈到提高全民环境意识时，宋健说，为了国家、民族的长远利益，必须高度重视环境问题和气候变化。今后，要向人民广泛地进行宣传，增强人们的环境意识，使保持环境成为全民族的自觉行动。

1月19日

全国宣传部长会议在北京闭幕

为期四天的全国宣传部长会议在北京结束。会议下午在中南海举行座谈会。中共中央政治局常委李瑞环，中共中央政治局候补委员、书记处书记丁关根出席座谈会，李瑞环发表讲话。

中共中央政治局常委李瑞环在全国宣传部长会议座谈会上发表讲话

李瑞环下午在中南海怀仁堂同与会人员座谈时指出，党的十三届七中全会，是我们党在历史的关键时刻召开的非常重要的会议，是一次总结过去、开创未来的会议。贯彻落实好七中全会的精神，是今后全党的中心任务，也是党的宣传部门的首要任务和工作主题。我们的工作，就是要通过生动活泼、形式多样、卓有成效的舆论宣传，把全党的认识统一到七中全会精神上来，把干部和群众的精力引导到实现第二步战略目标的伟大实践中来。

李瑞环指出，党的十三届四中全会之后，由于以江泽民同志为核心的党中央的正确领导，由于宣传、思想战线广大同志的团结奋斗，我们在宣传党的路线、方针、政策方面，在宣传形势和宣传建设、改革、开放的成就方面，在宣传坚持四项基本原则、反对资产阶级自由化的斗争和教育方面，在宣传先进人物和先进经验方面，在完成重大宣传战役等方面，都取得了显著的成绩，为全国社会稳定、政治稳定、经济稳定做出了贡献。一年多来的实践证明，党中央确定的一系列宣传方针、政策和策略是正确的。例如：在宣传工作中坚持"为人民服务、为社会主义服务"的方向，在国内报道中坚持"一要稳定，二要鼓劲"、"以正面宣传为主"的方针；在文化工作中坚持"一手抓'扫黄'、一手抓繁荣"，"一手抓整顿、一手抓繁荣"，"弘扬民族优秀文化"的方针等，都收到了很好的效果。这些方针、政策在这次对七中全会精神的宣传和今后的宣传工作中应该更好地坚持，并在实践中不断创造新的经验。

在谈到改进作风、扎实工作时李瑞环说，把具有普遍指导意义的中央精神同本地具体情况结合起来，变为自己的工作部署，变为千百万群众的实践活动，需要做大量的扎实工作。这里既要吃透中央精神，又要研究本地特点；既要周密规划，又要精心实施；既要干部身先士卒，又要组织群众参与。这个过程的工作是大量的、艰苦的、细致的，来不得半点虚假、漂浮、马虎。我们常说的领导水平的高低、工作作风的好坏以及工作成绩的大小，在很大程度上都表现在这个过程之中。因此，强调扎实工作，既是落实七中全会精神的保证，也是改进工作作风、提高领导水平的需要。

宣传、贯彻、落实七中全会精神，要注意宣传那些认真学习、扎实工作、取得成绩、开创局面的典型，要大力提倡深入实际、联系群众、少讲空话、多办实事的精神，要反复阐述清谈误国、实干兴邦、空谈可耻、务实光荣的道理，要使知实情、想实招、说实话、求实效形成规矩，形成风气。同经济建设相比较而言，宣传战线是虚的多；但就宣传部门本身来讲，也都是实实在在的事情，也有一个扎实工作的问题。写一篇好文章，就需要很好地研究实际，研究理论，研究人们的思想。"文章是客观事物的反映，而事物是曲折复杂的"，不下真功夫，不对客观事物做深刻了解，就无法写好。现在宣传战线面临的问题很多，只有通过扎实工作才能得到解决。比如理论工作，必须深入调查，详细占有材料；必须老老实实地学习，掌握马克思主义原理；必须有满腔热情的、专心致志的、客观冷静的态度；必须下长期的、艰苦的、扎实的"改造制作工夫"。再比如思想政治工作，需要做思想政治工作的同志深入实际，研究工作对象的特点，认真分析工作对象的心理，因人不同、因时而异地采取有效办法，做到"一把钥匙开一把锁"。在这里，任何简单化的做法都是不能奏效的。再从文化出版工作来说，如何千方百计地使舞台姹紫嫣红，屏幕绚丽多彩，书刊百花争艳，这是一切以"为人民服务、为社会主义服务"为宗旨的文化出版部门、文化出版工作者急需办的实事。李瑞环说，要做到扎实工作，除提高认识外，还必须采取各种有效措施。一要统筹规划。我在沙市曾经讲过整个精神文明建设都要全盘规划。就宣传工作来说，内容很多，涉及面广，也必须有一个通盘考虑，既要有长远打算，又要有近期安排，既要有完成主要任务的措施，又要有兼顾其他工作的办法。二要量化指标。精神文明建设和宣传工作，有的不能量化，有很多可以而且应当量化。要根据总体规划的要求和精神生产的特点，像抓"菜篮子工程"那样，给出版社、报社、电台、电视台、制片厂、剧院(团)等单位下达出好书、出好戏、出好报道、出好文章、出好节目的指标，使"虚功"实做。三要分工负责。要分解工作项目，做到专事专人，使每个宣传单位、每个宣传工作者责任分明。四要奖优罚劣。要表扬、提升、重用、奖励那些办实事、有成效的人，批评那些夸夸其谈、不务实事的人，处罚那些弄虚作假、严重误事的人。五要领导带头。做领导不能仅限于发号召，提要求，而要到基层去，和群众打成一片，为他们排忧解难。要亲自动手，干活抓事。只有这样，才能带出一个扎实工作的风气来。

李瑞环同志在谈到团结起来，共同奋斗的问题时指出，实现"八五"计划和十年规划，不仅是一个重大的经济问题，也是一个重大的政治问题，它关系到我们党和国家的前途与命运，只能搞好，不能搞坏，只能成功，不能失败。而在这个过程中，我们碰到的困难一定是很多的。离开党的团结，人民的团结，领导和群众的团结，特别是各级领导核心的团结，力量就会内耗，人心就会涣散，许多困难就不能克服，许多问题就不能解决，许多任务就不能完成，我们的第二步战略目标就不能实现。他说，团结是扎实工作的条件。加强团结和扎实工作是相辅相成的。只有团结、相互谅解和支持，人们才能扎实工作；只有扎实工作，为实现共同目标而奋斗，才能真正实现团结。我们要大唱团结歌，把注意力集中到满足人民的文化和精神需要上来，集中到加强思想道德建设和教育科学文化建设上来，归根到底，集中到促进社会生产力的发展上来。

李瑞环说，坚持原则和团结多数是一致的。我们讲团结，当然不是不要原则。没有原则的团结不是真正的团结。这里说的原则，指的是重大问题、重大是非、重大原则。团结大多数就是一条重大原则。全心全意为人民服务是我们党的根本宗旨，除了人民的利益，党没有任何私利。正因为如此，我们总是把绝大多数人的状况，包括他们的愿望、要求、情绪、觉悟作为确定任务、制定政策的依据，把团结、依靠绝大多数人作为我们完成任务、执行政策的目的和保证。

李瑞环还指出,“双百”方针是我们党发展科学和艺术的一项长期的基本的方针,也是为实践所证明的正确的方针。“双百”方针与统一认识是一致的。在重大政治原则问题上,在路线、方针、政策上我们必须强调统一认识。对于学术的是非,艺术的优劣,则应当允许不同意见存在,允许从容讨论,不急于下结论,不强求都一致。除了违反宪法和法律之外,学术上的问题,只能通过民主的、平等的、充分说理的方法,在长期实践中逐步求得解决。用简单化的办法来解决学术问题,既不利于科学和艺术的发展,也会给团结带来不利影响。我们必须在坚持四项基本原则的前提下,提倡和鼓励大家畅所欲言,各抒己见,提倡和鼓励学术和艺术上各种不同意见、观点、风格、流派自由发展和竞赛,提倡和鼓励批评和反批评。只有这样,思想文化战线才会出现生动活泼的局面,才能达到真正的团结。

李瑞环指出,本世纪的最后十年,无论从国际局势还是从国内局势来看,都是关键的十年。抓住这个历史时机,做好我们的工作,这对中华民族的振兴,对中国社会主义的命运,具有决定性的意义。我们要发扬愚公移山的精神,完成党的十三届七中全会提出的各项任务。

中共中央政治局候补委员、书记处书记丁关根出席座谈会。

座谈会由王忍之主持。座谈会开始时,中宣部常务副部长徐惟诚首先汇报了这次会议的有关情况。来自山东、广东、辽宁、新疆等省、自治区的党委宣传部长:苗枫林、黄浩、王充闾、冯大真,先后就进一步加强宣传思想工作发了言。

有关部门负责人高狄、朱穆之、艾知生、穆青、贺敬之等,也出席了座谈会。

中华全国新闻工作者协会第四届理事会第一次全体会议在北京闭幕

会议推举41人为常务理事,第一次常务理事会推选吴冷西连任中国新闻协会主席,邵华泽、李彦、郭超人、马庆雄、王立行、许川、丁锡满、张琮、杨子才任副主席。

这次会议原则通过了《中国新闻工作者职业道德准则》。这是我国新闻史上第一个有关职业道德规范的文件。会议希望全体新闻工作者自觉执行这项准则,加强自身的职业道德修养。

本届理事会第一次常务理事会会议还聘请穆青、刘尊棋、赵超构为顾问,任命王哲人、唐非为书记处书记。

在闭幕式上,理事们通过吴冷西的会务工作报告。

会议期间还对《中华全国新闻工作者协会章程》作了修改。

国务院总理李鹏会见日本自民党青年国会议员代表团

李鹏下午在中南海紫光阁会见由自民党青年对策特别委员会委员长、青年局局长、众议员中川昭一率领的日本自民党青年国会议员代表团。

李鹏在会见时说,包括中国在内的国际社会曾为和平解决海湾危机和制止战争的爆发作出很大的努力。令人遗憾的是,这些努力均未奏效,战争终于爆发,“对此我们深感焦虑和不安”。

李鹏说,事物的发展往往不以人们的主观意志为转移。战争是残酷的,如果战争持续下去,后果将是极为严重的。海湾各国几代人创造的财富将会受到破坏,大批无辜百姓的生命和财产将会蒙受严重损失。世界和平也将面临严重的威胁。如果海湾油田遭到破坏,将会严重影响世界经济。李鹏说,中国政府和中国人民强烈呼吁有关各方采取最大限度的克制态度,防止战争升级和战火蔓延,以使中东各国人民免遭更大的灾难,并为国际社会继续寻求冲突的和平解决创造有利的条件和提供机会。

李鹏强调,从海湾危机爆发的第一天起,中国政府就明确反对伊拉克以武力侵占科威特,要求伊拉克无条件地从科威特撤军,恢复科威特的独立、主权、领土完整和合法政府。同时,“我们主张力争通过政治和外交途径和平解决海湾危机。”他指出,中国政府的上述立场是一贯的、明确的。

李鹏还说,“我们将一如既往,继续同国际社会一道,为寻求海湾危机的和平解决作出不懈的努力。”

李鹏在会见中说,中日关系发展到今天来之不易,这是两国前辈长期努力的结果。他说,“巩固和发展中日友好关系不仅是我们这一代政治家的责任,也是两国青年一代政治家的责任。”

李鹏说,为了保持中日长期的友好关系,“我们把希望寄托在年青一代的身上”。他希望日本年青的议员能多来中国访问,多同中国的年青一代交往,对中国进行长期的了解,“这样中日友谊就会一代一代地传下去”。

李鹏说,日本是经济高度发达、技术先进的国家,应该为亚洲地区的和平与稳定作出贡献。

李鹏对日本同中国的经济合作表示欢迎,并说这种合作是互利的。

全国第一个高科技专业化市场北京科技贸易中心在北京新技术产业开发试验区内建成

“七五”期间全国医药商品有800余新品种投放市场

1月20日

全国能源工作会议在北京召开

来自全国各地的煤、电、油、核工业部门领导和几十位著名能源专家教授聚首北京。中心议题是:寻找我国能源与世界先进水平的差距,提高我国能源工业的劳动生产率和经济效益。这也是能源工业开展“质量、品种、效益年”的动员会。

这次会议决定,从1991年起,能源工业要在精简机构、加强定额管理和加强基层工作三个方面,切实提高工作效益和经济效益。与会者认为,当前提高效益的重要途径,是精简机构。这也是普遍存在的老大难问题。能源部部长黄毅诚说:“目前我们能源企业的管理机关机构臃肿,科室林立,是个通病。据调查,统配矿矿务局机关平均有40个处室,领导职数大大超过规定。我们哪个电力局、矿务局要试试,只设一个局长,不设副职,管几个科室照样做好工作,能源部对此坚决支持。”

国办发出号召学习武钢走“质量效益型”企业发展道路经验的通知

通知号召各地学习武汉钢铁公司的经验,努力提高管理水平,把我国产品质量的总体水平,提高到一个新的高度。通知指出,武钢依靠广大职工,10年来紧紧围绕发展品种,提高质量,加强各项基础工作,坚持科学进步,强化以质量为中心的经营管理,走出了一条投入少、产出多、经济效益高的质量效益型的发展路子,为国家作出突出的贡献。推广武钢的经验,对于提高各级领导的质量意识,引导广大工业企业端正经营方向,正确处理质量、数量、效益的关系,保证国民经济长期持续、稳定、协调发展具有深远的意义。

全国供销合作社主任会议结束

会议强调,在新的一年里,各级供销社要把启动、开拓农村市场作为一项大事来抓,努力扩大城乡物资交流。

会议反映,去年全国出现结构性市场疲软现象,农村市场反映尤为突出。原因之一是去年以来不少农副产品销售不畅,卖难再现,价格下跌,部分地区出现了农民增产不增收的情况。

来自各地的供销社主任认为,农民是生产者,也是消费者,只有把生产的农产品卖出去,才有可能购买工业品;反之,也只有通过丰富的工业品供应,才有利于提高农民的生产积极性,提供更多更好的农副产品。

会议强调,各地供销社一定要下气力搞活农副土特产品经营,增加农民收入。同时,要进一步加强农村日用工业品经营,扩大工业品下乡。为增加日用工业品的有效供给,会议还要求各地供销社加强农村市场调查和预测工作,按照农民的需要及时向工业部门提供市场信息,以帮助工业部门调整产品结构。

中国人民建设银行副行长王岐山就住房改革问题答记者问

《人民日报》讯,记者就住房改革问题访问王岐山。

王岐山说,建设银行首先要在资金供应方面支持房改工作,今年拟新增20亿元贷款,用于房改和房地产开发,以及支持各种形式的集资建房、合作建房和个人购房。据悉,早在80年代初建设银行就积极参与了住房制度改革的工作。1984年以来,该行累计向房地产开发公司发放贷款200多亿元,支持建成2.1亿平方米商品房,其中包括商品住宅1.5亿平方米。近两年该行又大力开办了住房储蓄、个人住房贷款业务,通过各种渠道筹集房改资金,至1990年底,吸收的房改资金存款余额达20多亿元,房改贷款余额达9.5亿元。

王岐山说,长期以来,建设银行担负着建筑业、房地产业的财务管理、造价审查、流动资金供应等任务,积累了一定的经验。目前全国已有215个城市、712个县正式委托建行承办房改金融业务。为此,建设银行设立了1147个房地产信贷部,配备工作人员3000余人。我国住房最困难、矛盾最突出的上海,拟于今年4月推出各项房改措施,也把配套的金融业务委托建行办理。总行决定在资金、人员等各方面全力支持上海市分行搞好这项工作。

建行承担如此大量的房改金融业务是否有一定风险?王岐山解释说,房改金融业务要全心全意为房改提供结算、筹资、融资服务,为个人购房、建房提供优惠贷款。一些国家对开展这项业务都给予补贴或优惠政策。根据我国目前的情况,要求财政给予贴息是不可能的,而其他的优惠政策尚未落实,这就给银行的工作带来了困难,甚至会牺牲一些银行的利益。但考虑到住房改革关系到人民生活改善这个大局,我们承办这项业务的指导思想十分明确:全心全意提供服务,不以盈利为目的。这就要求银行努力提高资金使用效益,尽可能地降低经营成本,从而降低个人购房的贷款利率。同时要保证筹集来的房改资金专款专用,严格财务管理、保证房改金融业务的净收益不得用于职工的福利奖金开支。

全国信托投资公司经理会议召开

我国经济领域的治理整顿工作又取得重大进展,

经过两年多时间的清理整顿，全国已有 2/3 的金融性公司被撤销合并。

中共中央政治局常委李瑞环在北京会见苏联真理报访华团

《中国文化报》推出 1990 年国内文化十大新闻

1 月 21 日

中央政法委书记乔石在全国社会治安综合治理工作会议座谈会闭幕会上讲话

中共中央政治局常委、中央政法委书记乔石在座谈会上提出，全党同志都要深刻认识到，建国以来，我们的一切成就都是建立在社会稳定的基础上的。维护社会稳定，关系到我国的社会主义现代化建设的兴衰成败，在当前国际国内形势下尤为重要。

座谈会在山东烟台市芝罘宾馆举行。北京市委副书记李其炎、河北省委副书记吕传赞、上海市委副书记倪鸿福、天津市委常委鲁学政、福建省委副书记袁启彤等，先后在座谈会上发言。他们分别就加强政法工作、维护社会稳定、全面落实社会治安综合治理的方针、严厉打击严重刑事、经济犯罪活动，加强政法队伍建设等问题，发表了意见。

乔石在讲话中说，党的十三届七中全会制定了“八五”计划及今后十年国民经济和社会发展的基本任务与指导方针，标志着我国社会主义现代化建设进入一个新的发展阶段。90 年代是非常关键的十年，做好九十年代的工作，实现社会主义现代化建设的第二步战略目标，一个重要条件就是要继续保持安定团结的政治局面，继续保持社会的稳定。没有稳定，什么事情也干不成。这是我国社会主义建设的一条极端重要的基本经验。

乔石强调，政法部门在维护稳定方面居于特别重要的地位，担负着非常繁重的任务。各级党委和政府要充分认识政法工作的极端重要性，加强对它的领导和支持。政法战线各部门要努力适应新形势的要求，充分发挥人民民主专政机关的职能作用，严格区分和正确处理两类不同性质的矛盾，更好地为加强社会主义民主和法制建设，为建设有中国特色的社会主义事业服务。

在谈到全面落实社会治安综合治理的工作后，乔石提出要大力加强政法队伍的建设。他说，政法队伍总体上是好的，是经得起考验的，是完全可以信赖的。这支队伍中的绝大多数同志廉洁奉公，艰苦奋斗，富于奉献精神，竭尽全力为人民、为社会主义事业服务，为维护治安秩序和社会稳定作出了积极的贡献。在充分肯定政法队伍主流的同时，对存在的问题也应该有清醒的认识和足够的估计。他指出，目前，在一些单位和少数干警中，违法乱纪和不正之风严重，引起了群众的不满。

乔石强调，查处违法乱纪，纠正行业不正之风，是当前政法队伍建设中一个十分紧迫的问题。各级政法部门都要自觉揭露存在的问题，主动加以解决。要把查处违法乱纪、纠正行业不正之风，同贯彻党的十三届六中全会决定、同加强廉政建设紧密结合起来。问题严重的部门和单位，要集中一段时间进行整顿。要加强各级政法部门领导班子的建设，各级领导干部要以身作则，严肃执法执纪。对姑息迁就、包庇者，也要绳之以法纪。要通过各方面的工作，进一步提高政法队伍的政治素质和业务素质，密切警民关系，使政法队伍真正成为敌人惧怕、人民喜爱的队伍，成为加强人民民主专政的得力工具。

乔石希望各级党委、政府把加强对政法工作的领导作为一件大事来抓，在政治思想、方针政策和组织建设上进一步加强领导，更好地监督和支持政法部门严格执行宪法、法律以及各项法规；从政治上、工作上和生活上满腔热情地关心这支队伍，帮助解决实际困难，解决他们的后顾之忧，以提高政法部门的战斗力，更好地运用法律手段为经济建设和改革开放服务。

《人民日报》发表社论《狠抓综合治理 维护社会治安》

中共中央政治局常委李瑞环在云南考察

李瑞环在云南省考察工作时指出，当前贯彻党的十三届七中全会精神，必须强调改进作风，狠抓落实，力戒空谈，扎实工作。这既是以江泽民志为核心的党中央的殷切要求，也是广大干部群众的强烈愿望。

李瑞环于 1 月 21 日至 27 日在云南省委书记普朝柱、省长和志强的分别陪同下，深入西双版纳、大理、昆明等州市的农村、工厂、科研和文化单位，走访了傣族、基诺族、白族、彝族等一些少数民族家庭，了解情况，征求意见，宣传政策。他听取了云南省委的工作汇报，对云南省改革开放 11 年来在发展经济文化、改善人民生活、维护民族团结、支援解放军捍卫祖国西南边陲等方面所取得的成绩给予了很高的评价，对他们贯彻执行中央路线、方针、政策中积累的经验给予了充分的肯定。

李瑞环说，党的七中全会总结了建设有中国特色的社会主义的基本经验，明确了今后十年的奋斗目标，是一次具有历史意义的重要会议。现在的关键是狠抓全会精神的落实。各级领导要下决心精简会议、精简文件,尽量减少不必要的活动,克服各种形式主义的现象,改变领导同志的时间被严重肢解的状况,集中精力深入实际,调查研究,使具有普遍指导意义的中央精神同实际情况更好地结合起来。要深入到群众之中,密切党同群众的联系,倾听群众的意见,革除群众反映强烈的毛病,兴办群众高兴满意的事情,千方百计地调动广大干部和工人、农民、知识分子的积极性,依靠群众的智慧和力量,完成七中全会提出的各项任务。要扎实工作,具体抓,抓具体,逐个逐个地研究解决面临的突出矛盾和问题,使少讲空话、多办实事形成风气,形成习惯,形成规矩。

李瑞环详细了解云南省“扫黄”工作情况,对工作的进展表示满意。他指出,前一段全国“扫黄”斗争取得了很大成绩,社会各界和广大群众的反映是好的。但要看到,“扫黄”的任务仍然很艰巨,必须结合“除六害”坚持常抓不懈。与此同时,要下大力量,花大工夫,抓好繁荣文艺的工作。只有繁荣文艺,才能巩固“扫黄”成果,才能满足人民群众日益增长的精神文化需求。最近,有些地方出现的《渴望》轰动现象,从某种意义上说明人民群众渴望欣赏到更多更好的文艺作品。所有文化部门、文化工作者都要千方百计地创作出健康向上、群众喜闻乐见的精神产品,丰富人民群众的文化生活。

李瑞环说,我国人民最大的传统节日春节即将来临。去年春节由于各级党委、政府的重视与关心,广大群众春节过得是好的。最近文化部发出通知,要求精心组织节日的文化娱乐活动,要很好地贯彻落实。云南省几年来在元旦、春节开展系列文化艺术活动效果很好,今年又作出了周密的安排,他们的做法值得借鉴。希望各地区、各部门认真总结已有的经验,切实安排好群众的节日生活,让人民群众过一个欢乐、祥和、文明的春节。

国务院副总理田纪云在全国海关关长会议上发表讲话

田纪云强调指出,根据十三届七中全会精神,要不断扩大对外开放,海关工作要适应开放,促进开放,保障开放,服务于开放。

田纪云说,海关是国家对进出口进行监管的重要部门之一。改革开放以来,海关事业发展很快,有力地促进了对外开放政策的实施,为我国对外经济贸易的发展作出了贡献,我代表国务院向辛勤工作在第一线的全体海关工作人员表示亲切的慰问。

田纪云指出,海关改革要与扩大对外开放的要求相适应。要继续贯彻执行国家对经济特区、经济技术开发区、开放城市和开放地带的各项行之有效的政策和措施,严格执行国家统一颁布的鼓励外商投资的政策措施。一些地方违反国家统一规定擅自公布优惠措施的做法是不对的,不能作为执行的依据。

田纪云说,海关改革要与外贸体制改革相衔接。目前,新的外贸体制改革方案已经实施,总的方针是“自负盈亏、自主经营、工贸结合”。为防止不顾大局、违反国家统一政策的情况发生,海关要与外贸、外汇管理部门密切合作,有针对性地采取有力措施,加强对进出口的监管。

田纪云要求海关改革还要与宏观经济调控的目标相一致。他说,当前深化经济体制改革的重要任务之一,是建立直接调控与间接调控相结合、中央与地方分层次的经济调控体系,提高中央宏观经济调控的有效性和权威性,海关要充分发挥垂直领导、统一指挥的优势和为国把关的职能,为建立健全宏观经济调控体系服务。

为此,要充分运用海关的经济、行政、法律和统计信息手段,对进出口贸易进行有效的调节和控制。特别要运用关税税率,合理调整进口结构,引导各方面把有限的外汇集中用于引进先进技术和关键设备,进口国家生产建设必需的物资。

田纪云说,目前走私活动仍然很猖獗,反走私斗争的形势相当严峻。他要求全国海关采取坚决措施整治进出口环节的各种混乱现象,重点打击重大走私活动,联合各执法部门,实施综合治理,筑起反走私斗争的钢铁长城,努力维护经济稳定和社会稳定。

《人民日报》发表评论员文章《有质量才有效益——再论“质量、品种、效益年”》

中共中央总书记江泽民在中南海会见美国福茂集团董事长赵锡成夫妇

全国职业技术教育工作会在北京结束

一批在发展职教事业中成绩显著、贡献突出的先进集体和个人在会上受到5个部委的表彰和奖励。

这次大规模的表彰活动由国家教委、国家计委、劳动部、人事部、财政部联合进行。受到表彰的230个“全国职业技术教育先进单位”中,既有在第十一届亚运会上承担开、闭幕式花束队和各国运动员引导员任务的北京市外事服务职业高中,也有以智力和科技优势促进当地经济发展的河北省南宫市第二职业中学,还有农科教结合兴办农村职业技术教育,加快山区开发,振兴农村经济的湖南省怀化地区行署等。这次受到表彰的323名“全国职业技术教育先进工作者”则是在职业技术教育的决策、组织、管理、教学和研究工作中成绩突出者，他们中有教师和职业技术学校以及一些地方和部门的行政、后勤工作人员。

会上，国家教委还认定了首批 206 所省级重点职业高级中学。

国家教委印发《关于加强全国中小学校长培训工作的意见》

全国首次评选出体操十佳运动员及教练员

全国卫生厅局长会议在北京召开

与会者的一个共识是，发展农村卫生事业是当务之急，各级政府应当为农村卫生事业的发展创造必要条件，要按照统一规划合理布局的原则，建立以县级医疗卫生机构为技术指导中心、以乡镇卫生院为枢纽、以村卫生所室为基础的三级医疗预防保健网；稳定和发展农村卫生技术队伍；发挥城市医疗人才和机构优势，促进农村卫生工作水平提高；积极推行包括合作医疗、集资医疗等在内的多种形式的农村医疗保险制度；通过科技兴农，为农村提供适宜的医学科学技术。

1 月 22 日

中央和国家机关保密工作会议在唐山召开

国务院副秘书长安成信说："要依法加强对国家秘密的管理，特别是在对外交往和对外宣传中，要严格执行保密制度，保证改革开放的顺利进行，维护国家安全和国家利益。"

他指出，对于违反保密法纪，泄露国家秘密的事件，要及时报告，并采取补救措施，同时应认真查处。无论涉及什么人，无论属于故意还是过失，都要依据保密法纪调查处理。对发生的重大泄密事件，不仅要追究当事人的责任，还要追究有关领导的责任。

会议反映，中央和国家机关是党和国家秘密高度集中的地方，尽管近年来加强了保密工作，但漏洞仍然很多，发生过一些严重的泄密事件。

国家保密局局长沈鸿英提出，今年保密工作的重点是加强要害部门的管理，提高领导干部的保密观念、保密意识。沈鸿英要求抓紧制订与保密法配套的保密法规，依法加强保密管理。中央和国家机关的保密工作要适应改革开放的形势，更好地为国家政治、经济和社会的稳定发展服务。

中组部中央统战部联合发出《关于推荐民主党派成员和无党派人士担任审判、检察机关领导职务的通知》

国务院总理李鹏在全国农业工作会议代表座谈会上发表重要讲话

农业部部长刘中一首先汇报了正在召开的全国农业工作会议情况。

李鹏听取汇报后作重要讲话。他说，大家提出不少好的意见和建议，国务院将认真研究、逐步加以解决。

李鹏强调，对当前农业形势的估价还是应该坚持"两点论"。一方面，近两年我国农业生产连续丰收，农业形势很好。农业丰收给我们这样一个启示：农业的发展潜力很大，只要我们坚持不懈地抓下去，实现今后五年和十年的农业发展目标是完全可能的。这也进一步给全党和全国人民树立了把农业搞上去的信心。另一方面也要看到，去年的丰收除各方面的配合与广大农民的努力，很重要的一条就是气候条件好，遭受自然灾害的作物面积比较小。还有，我国主要农产品的人均占有量还比较低，而且由于人口的不断增加，粮食人均占有量还不到 1984 年的水平。中国的一个最大问题是人口多，人民生活改善与经济建设的速度都受到人口增长的制约。人口增长对农业的需求也越来越大。农业是国民经济的基础，民以食为天。因此，从长远和整体来看，我们丰收后绝不可盲目乐观，要继续采取切实有力的措施发展农业。

李鹏说，把农业搞上去，首先要靠稳定农村基本政策。家庭联产承包责任制在现阶段是符合我国生产力发展水平的，也是符合中国国情和广大农民意愿的，应该坚持长期稳定，继续发挥家庭经营的积极性。对于家庭联产承包制出现的新情况、新问题，应该因地制宜通过深化改革的办法加以解决。比如，一些地方加强社会化服务，解决那些一家一户在农业生产中遇到的困难，就是一种很好的形式。

在谈到粮食政策时，李鹏说，粮食是关系国计民生的重要农产品，对于如何保护农民的种粮积极性，党中央、国务院一直是十分重视的。李鹏强调，在粮食比较多时，就应该实行保护价，实行国家专项储备，把粮食收购上来，保护农民的利益和生产积极性，到粮食歉收时，再把储备的粮食投放到市场上起平抑市价的作用。我们还将采取措施，进一步合理调整粮食的购销政策。

李鹏指出，没有投入，农业就很难有大的发展。中央、地方政府、集体、农民都要增加对农业的投入。中国是一个有 11 亿多人口的发展中国家，什么事情都要靠国家来办是不行的。应该调动多方面积极性，共同增加农业投入。这几年来，国家对农业的投入一直是增加的，国家对农业的投入主要放在大一点的事上，如大江大河和大流域的治理、商品粮棉基地建设、农用工业发展等方面，其余方面主要靠调动地方政府和农民的投入积极性。

李鹏说，科技兴农战略现在又加上了“教育”二字，要提高劳动者的素质，成为科技、教育兴农，这个提法很好。农业科研成果最终要靠农民运用到生产实践中去。这几年，“星火计划”、“丰收计划”把科技成果大面积推广，“燎原计划”培训了大批农民，效果都很好。在我国农村文化水平还比较低的情况下，要把对农民的培训工作继续抓紧抓好。在谈到农业技术推广工作时，李鹏说，农村基层农技推广组织的性质、编制、经费问题，要采取妥善办法解决，以利于进一步开展科技兴农。

李鹏说，要抓好农业综合开发工作，要重点抓好改造中低产田，同时可适当开垦一部分荒地。去年粮食增产主要是靠提高单产，要通过农田水利建设、推广良种、科学施肥、防治病虫害等多种措施，进一步提高单位面积产量。这些方面是很有潜力的。如用肥问题，一方面要科学施肥，提高肥效，另一方面要大力积造有机肥，多种绿肥，这对于提高单产和保护地力都有好处。防治病虫害，要积极研究植保技术和开发农药新品种，同时还要强调化学防治和生物防治相结合。

在谈到农产品流通体制时，李鹏强调，国营商业应充分发挥主渠道作用，避免出现农产品多时价格暴跌和“卖难”，而农产品少时又“大战”等现象。李鹏说，现在国家对粮食实行专项储备政策，可以调剂余缺，平抑价格，还可以开办粮食期货市场。生猪等主要农牧产品也可考虑办期货市场，让产销直接见面。农产品的流通体制要进一步改革，但要结合实际情况，逐步实施。

李鹏充分肯定乡镇企业在国民经济中的重要地位。他说，乡镇企业已成为农村经济乃至整个国民经济的重要组成部分，它对增加农业投入、改善农民生活、给国家提供积累等发挥重要作用，应继续积极引导、扶持发展。乡镇企业的发展重点还是应放在农副产品加工和开发当地资源上，经济发达地区可以搞一些为城市工业配套项目。在有条件的地方，要因地制宜适当发展集体经济，对那些遵纪守法、经营得好的个体经济，要继续保护促其健康发展。

李鹏还希望各地大力发展农村保险事业。他说，农村财产、生产保险和社会保险事业对稳定农村经济、推动计划生育等工作具有重要作用，应该对此加以研究，推动这一事业向前发展。

中国 10 种主要有色金属产量达 230 万吨居世界第四位

全国人大常委会委员长万里在深圳会见由议会主席诺哈·冯沙万率领的老挝最高人民议会代表团

中国第一枚 120 公里高空低纬度探空运载火箭“织女三号”在海南探空发射场试发成功

国家自然科学基金建立五年成绩显著

据统计，5 年来，约 10 万名优秀科技人才获得国家自然科学基金大体稳定的支持；该基金委员会共批准资助的项目 1.6 万个，资金约 6.4 亿多元。项目涉及数理、化学、生命科学、信息科学和管理科学等广泛的基础性学科领域，覆盖了近 50 个 1 级学科，近 400 个 2 级学科和 1000 多个 3 级学科。为了促进具有学校前沿水平和对经济社会发展具有重大意义，跨部门、跨学科的研究工作，该基金委员会分期分批地资助了 84 个重大项目，平均每项资助强度达 150 万元。其中有一批是与国家重点实验室相结合的项目，增强了国家基础研究的综合实力。一批基础性研究工作，在自然科学基金的“催化”下，加速了成果的形成。

从 1982 年中国科学院设立面向全国的科学基金算起，到 1990 年上半年，据不完全统计，该科学基金资助的项目已发表学术论文 6.8 万多篇，出版学术专著 1000 多部。自然科学基金项目所取得的成果相当一部分达到了国际水平，少数处于世界领先地位。例如，早在高温超导研究取得世界性突破之前，全国即有 19 个超导研究项目在国家自然科学基金的资助下取得进展。在高温超导出现苗头后，中科院物理所、北京大学、中国科技大学、南京大学等 4 个单位又得到了该基金的重点资助和紧急追加经费资助，从而使我国近几年来在这一领域激烈的国际角逐中一直处在世界先进行列。

首届节日文化研讨会在北京召开

1 月 23 日

公安部召开大会表彰百个廉政爱民基层单位

公安部授予北京市公安局朝阳门派出所、天津市南开公安分局政保科等 100 个科、所、队为全国廉政爱民优秀公安基层单位光荣称号。

公安部长陶驷驹在表彰大会上说，党的十三届四中全会以来，各级公安机关大力加强和改进思想政治工作，狠抓廉政建设，恢复和发扬公安机关艰苦奋斗、廉洁奉公、密切联系人民群众的优良传统，受到了党和人民群众的赞誉。

陶驷驹称赞广大公安干警，尤其是战斗在第一线的广大基层公安干警，在任务重、困难多、条件差的情况下，顽强拼搏，无私奉献，长时期超负荷工作，为维护国家政治、经济、社会的稳定，保卫改革开放和社会主义现代化建设的顺利进行做出重大贡献，并涌现出一大批忠于职守、秉公执法、清正廉洁、勤政为民的先进集体和个人。

陶驷驹指出，维护社会稳定是实现十年规划和“八五”计划的基本前提和必要保障，作为人民民主专政重要工具的公安机关，为了完成党和人民交给的光荣而艰巨的任务，必须继续加强队伍建设，努力提高队伍的政治、业务素质。

全国农业工作会议在北京闭幕

农业部部长刘中一主持会议。

国务院副总理田纪云到会并讲了话，他说，去年农业全面丰收，对稳定经济、稳定社会、稳定形势起了支柱性的作用；今年对农业只能加强，不能削弱，只能“升温”，不能“降温”。

田纪云说，当前农业形势很好，主要有 3 个标志：一是去年粮棉油肉糖和农牧副渔业全面丰收；二是政策稳定顺应民心；三是领导重视农业，各行各业全力支持，初步形成了一个有利于农业发展的大气候。田纪云强调，当前农业生产存在的主要问题是：各种各样的农产品“卖难”，出现了一些地区农业增产农民不增收的现象，不利于进一步调动农民的生产积极性；农民的各种负担过重，不合理的摊派很多；一些地方对增加农业投入还没有真正落到实处。

为保证今年农业生产持续、稳定增长，田纪云提出以下要求：

各地要充分吸取 1985 年因大量压缩种植面积造成减产的教训，千方百计稳定粮食种植面积和提高单产，力争今年粮食总产在稳定中有所增长。

狠抓农村社会化服务体系建设，逐步完善以家庭联产承包为主的责任制，积极壮大集体经济实力，这是今年农村深化改革的一个重点。

要疏通、开拓农村流通渠道，支持农业生产，方便群众生活。要坚决贯彻中央关于建立粮食储备制度的政策。农产品除国家定购、专营的以外，必须放开经营。要允许多渠道经营，撤除一切不必要的关卡。在充分发挥供销社主渠道作用的同时，要允许农民集体和个人依法从事商品流通。

科技兴农是农业的希望所在，一定要重视科技在农业生产中的作用。要有重点地推广那些对增产有显著效果的科技成果；尽快解决农技推广人员工作、生活上的后顾之忧，进一步调动他们参与科技兴农的积极性。

要继续引导、扶持乡镇企业健康发展。对乡镇企业不能歧视、排斥。乡镇企业要按照国家产业政策继续调整产业和产品结构，不断提高自身素质，以经受市场“优胜劣汰”的考验。

经贸部新闻发言人刘向东谈外贸体制改革新方案

刘向东指出，新出台的改革方案，主要是在已经调整人民币汇率的基础上，建立外贸企业自负盈亏机制，使外贸逐步走上统一政策，平等竞争，自主经营，自负盈亏，工贸结合，推行代理制的轨道。为此，将采取几项主要措施：

改变外汇留成办法，将以往按地区实行不同比例留成改为按商品大类实行统一比例留成，目的在于消除地区间的不平等竞争，推动市场秩序向良性化发展；按照国际通行做法，从 1991 年起，取消国家对外贸企业的亏损补贴，使外贸企业真正自负盈亏；总结并且完善外贸承包经营责任制，保持政策的连续性和稳定性；继续清理整顿公司；搞活外汇调剂，在保证完成上缴国家外汇额度和收购任务后，允许外汇额度进入调剂市场，并跨省调剂，各地不得用行政手段干预外汇资金的横向流通；进口商品的经营管理办法基本不变，要保证适度进口规模，合理调整进口商品结构；继续鼓励和扶持外商投资企业发展出口；继续保持国家对经济特区和沿海开放地区的各项优惠政策；西藏自治区实行的外贸体制、政策不变。

刘向东指出，这次改革体现计划经济与市场调节相结合的原则，重视宏观手段的调控作用，扩大市场调节的范围，使我国的贸易体制更加适应国际贸易的规范，更便于参与国际交换和分工。

国务院总理李鹏在中南海紫光阁会见阿尔巴尼亚外交部部长马利列

国务院总理李鹏在中南海紫光阁会见香港总督卫奕信

宾主就如何保持香港繁荣与稳定等共同关心的问题进行交谈。

在谈到香港大型工程建设问题时，李鹏指出，我们所关心的是，是否能找到一个投入少、效益高、能为香港人民造福而不使他们背包袱、不给未来香港特别行政区政府带来财政负担的最佳方案。中国方面在这个问题上没有私利。我们的中心出发点是如何更好地贯彻中英联合声明，维持香港的长期繁荣和稳定。

卫奕信表示，英国政府将遵照联合声明的精神，为香港的长期繁荣和稳定，为 1997 年的顺利交接和平稳过渡，同中国政府进行充分的合作。

国务院总理李鹏在中南海紫光阁会见法国斯卑·巴第诺尔集团总裁乔治·德比费旺

李鹏说，"'八五'期间，我国初步确定将要扩建新建14个以年总生产能力200万吨乙烯为代表的石油化工项目。我们欢迎世界各国企业界的朋友，前来参与竞争，以多种多样的方式进行合作。"

李鹏说，我们正在制订十年规划和"八五"计划，国民经济增长速度要达到6%，发展的重点是农业、能源、交通运输、通讯、原材料工业，其中包括钢铁、石油化工等。中国以乙烯为代表的石化工业已经有了一定的基础，现有乙烯生产能力200万吨，主要是在"七五"期间建设起来的。中国对石化产品的需求很大，现在还远远不能满足国民经济发展的需要。中国发展石化工业，首先是要发展化纤。中国有11亿人口，穿衣是个大问题，靠种植棉花还不能完全解决，因此，需要尽快地发展化纤。第二位是塑料，包括民用、农用塑料和工程塑料，还要发展合成橡胶、合成洗涤剂和各种化工原料，要为农业和各种精细化工提供原料，还要发展化肥。因此，在"八五"计划期间，我们初步确定新建和扩建以乙烯为代表的14个石化项目，再增加乙烯生产能力200万吨左右。这些项目将建在广东、吉林、天津、北京、河北、河南、浙江、新疆等11个省、市、自治区。

李鹏强调，我们建设这些项目的基本方针是，第一，要依托现有老企业进行扩建，这样可以节省投资、加快速度、尽快投产；第二，要尽量建在接近油田的地区，以就近利用石油资源，减少和方便运输；第三，要同下游加工工业很好地结合起来。这些石化企业将为已经形成生产能力的下游加工工业提供原料，并带动他们得到进一步发展。这批项目有的规模比较大，也有的较小一些，看起来不太符合经济规模，但从我们的国情出发，较小的规模也是需要的，因为是依托老厂扩建，又能与下游加工结合，效益是好的。我们欢迎世界各国经济界的朋友，包括有乙烯生产能力的厂商、工程公司等，以多种多样的方式与我们合作，可以是提供技术、设备，也可以是提供卖方信贷或合资建设。李鹏说，进一步发展石油化工，是我国贯彻改革开放，发展国民经济，提高人民生活水平的一个重大步骤。

乔治·德比费旺总裁对李鹏总理的热情会见并详细介绍中国"八五"期间石化工业的发展规划表示感谢，并表示斯卑·巴第诺尔集团将一如既往，积极发展与中国的广泛合作。

对外经济贸易部部长李岚清，国务院副秘书长何椿霖，中国石化总公司总经理盛华仁，法国驻中国大使克洛德·马腾也参加了会见。

外交部部长钱其琛同阿尔巴尼亚外长马利列在北京举行会谈

会谈双方一致表示，愿意进一步发展中阿关系。

中阿两国有传统的友好合作关系，但中间有过一段曲折。据中国官员介绍，两位外长在会谈时对两国各方面的关系近年来不断改善和发展表示满意。他们表示相信，通过马利列外长这次访问，中阿关系会在此基础上进一步发展。

中国政府抗议法国工业部长率团访问台湾

外交部部长助理姜恩柱最近召见法国驻华大使马腾，就法国工业部长福鲁先生率团访问台湾一事，奉命向法国政府提出抗议。中方还在其他场合向法方表明了自己的严正立场。中方强调指出，法方的这一错误做法违反了中法建交原则和法方只承认一个中国的承诺，中方绝不能接受。中方要求法方严格遵守国际关系准则和中法建交原则，恪守只承认一个中国的承诺，并保证今后不再发生类似的事情。

外经贸部发言人刘向东就美国单方面扣减中国纺织品配额一事发言

刘向东说，去年年中，美方首次提出我国生产的纺织品通过第三国(或地区)向美国转口的问题。之后，双方就纺织品问题进行了多次磋商。我方对此非常重视，一方面就美国提供的案例进行了认真的调查，并将调查结果向美方作了通报；另一方面，经贸部采取措施加强了内部的管理。

刘向东指出，在双方未经充分讨论核实达成一致意见的情况下，美方采取单方面行动，是不公正的，也不符合《多种纤维协定》和中美双边纺织品协议的有关规定。

解放军总参谋部向全军部署新年度军训任务

解放军总参谋部日前向全军部署新年度军事训练任务时提出，1991年的军事训练要深入贯彻中央军委关于军队建设的方针原则和有关会议精神，坚持战斗力标准，坚定不移地把军事训练作为部队工作的中心，严格依法治训、按纲施训，建立正规的训练秩序，确保训练落实，提高训练质量，开创军事训练工作的新局面，不断增强部队现代条件下的作战能力，努力实现军事上过硬。

总参在部署新年度军事训练任务时强调，各级党委、领导和机关要以提高战斗力为己任，以军事训练为中心，统筹安排各项工作，形成党委议军、主官上阵、机关合力抓训练的局面，保证部队年度训练任务的完成。要坚持从严训练，把组织领导军事训练的重心放在抓质量上，逐步建立和完善正规的训练秩序，进一步端正训练作风，坚持练为战，反对练为看，坚持练硬功夫，反对摆花架子。

总参还强调，要坚持连续打几年基础的思想，扎扎实实练好基本功。

公安部新闻发言人宣布国务院批准我国又有44个市县列入对外国人开放地区

此次对外国人开放的市县是山东省的乐陵市、陵县、平原县、夏津县、武城县、齐河县、禹城县、宁津县、庆云县、临邑县、郯城县、苍山县、莒南县、莒县、沂水县、蒙阴县、平邑县、费县、沂南县、临沭县、滨州市、惠民县、阳信县、无棣县、沾化县、博兴县、邹平县、聊城市、临清市、阳谷县、莘县、东阿县、冠县、高唐县、茌平县、菏泽市、曹县、定陶县、成武县、单县、巨野县、郓城县、鄄城县、东明县。

1990年全国十佳营业员评选揭晓

中国商报与中国财贸工会全国委员会联合在人民大会堂举行评选揭晓、颁奖仪式。

这十名最佳营业员是:武汉商场的刘莉、天津华联商厦中原公司服装商场的年景林、贵州省清镇县城关粮店的曹明芬、北京市昌平县西峰山供销社的王国明、上海市第一百货商店的马桂宁、哈尔滨市第一百货商店的全玉顺、福州市先锋粮店的马春英、安徽省石台县横渡供销社资门市部的朱建根、浙江景宁畲族自治县鹤溪供销社建设路百货商店的潘佩仙、广东阳春县春城粮所第二粮店的叶瑚森。

1月24日

共青团中央常委扩大会议在北京闭幕

团中央第一书记宋德福在会议上作了《力求工作落实，力戒空泛议论》的讲话。

国务院总理李鹏在中南海与全国化工厅局长会议代表座谈

李鹏指出，化学工业是国家的一个重要基础产业，它包括石油化工、煤化工、盐化工等方面，同国民经济、人民生活和国防事业关系极为密切，前途很大，希望化工行业依靠科技进步，进一步提高经济效益，在质量、品种、效益上都能取得明显进步，在今后10年中得到更大的发展。

李鹏说，去年，化工行业在遇到很多困难的情况下，认真贯彻治理整顿、深化改革方针，努力工作，比较好地完成了国家计划，化工总产值比上年增长6.4%，高于全国工业的平均水平，还完成了国务院提出的再增产300万吨化肥的任务，使化肥产量登上9000万吨的台阶。今年希望化工行业全体职工共同努力，完成国家16种主要化工产品的任务，特别是实现年产9200万吨化肥的奋斗目标。

李鹏对1991年的化工工作提出了具体要求：

一、目前，化工行业正在编制“八五”计划，希望编制时根据党的十三届七中全会通过的《中共中央关于制定国民经济和社会发展10年规划和“八五”计划的建议》的精神，以国家的“八五”计划为指导，从实际出发，坚持实事求是，留有余地。化学工业是国民经济中十分重要的行业，同经济发展、人民生活与国防事业有着极为密切的关系，衣食住行用都离不开化学工业。

吃的粮食，要靠化肥、农药、农膜去增产；发展纺织工业，需要化学工业提供更多的无机和有机原料；发展高科技也需要化学工业提供更多的工程塑料、精细化工等产品；交通工具也离不开化学工业；化学工业还是出口创汇的一个重要行业。在未来的十年中，我国化学工业将有一个较大的发展。但是规划一定要实事求是，尽可能少铺新摊子，要在现有企业的基础上进行扩建、改造、挖潜，这样可以收到事半功倍的效果。另外，还要考虑发展化工的原料来源，要把发展煤化工放到适当的位置上，虽然建设投资高一些，但我国煤资源丰富，原料来源有保证。

二、今年是开展“质量、品种、效益”的一年。希望化工行业积极投入这一活动，把调整结构、提高质量、开发新产品、增加品种、狠抓节能降耗、进一步提高经济效益作为主要目标。去年有的化工企业经济效益不理想，有客观原因，也有主观原因。中央和各级政府部门要努力为企业创造好的外部环境。但是，企业一定要眼睛向内，依靠自己的力量，千方百计采取措施去克服困难，通过结构调整、科技进步、加强企业管理、提高企业素质、挖掘内部潜力，实现企业的发展。吉林化学工业公司是这方面的典型。吉化的经验既包括加强管理和技术进步的经验，又包括做好思想政治工作，加强精神文明建设的经验，化工行业一定要继续抓好“学吉化”，更加广泛深入地宣传、学习、发扬吉化经验，把化工企业办得更好。

三、现在化工行业已经成立一些企业集团，还有一些企业集团正在筹建中。从总体上看，组建企业集团有许多优越性，它有利于合理调整产品结构、企业组织结构，同时还可提高资金的利用效益，更好地进行企业的技术改造，减少重复建设。组建一批有相当实力的企业集团还可增强产品进入国内外市场的能力。但是，组建企业集团切不可一哄而起。产供销、人财物统一的紧密型的企业集团，才能真正发挥企业集团的优越性。至于松散型的不同形式的企业联合也应通过合同等形式明确企业之间的关系，有条件的应逐步向紧密型的企业集团过渡。现在企业普遍是既管生产又管后勤等生活服务工作，负担很重。采取什么管理方式，大家可以研究。方向是要使企业能集中主要精力来抓好生产、产品开发、提高质量和效益。

在谈到化工产品销售问题时，李鹏说，目前化工市场疲软是结构性的，是暂时现象。化工产品很有前途。化肥、农药继续实行专营，但是需适当完善，要把专营的价格实惠真正落到农民身上，提高农民购买使用化肥、农药的积极性。

李鹏特别希望化工行业抓好科技进步。他说，近年来，世界上化学工业的进步迅速，精细化工已成为一个国家技术水平的一个标志，石油化工代表了国家的一个实力。如果我们的企业不重视科技进步就有可能掉队。化工行业要十分重视依靠科技进步开发新产品，另外，化工企业还要搞多种产品经营，生产上游产品的企业要更多为下游企业服务，多为下游企业开发新产品提供条件。这样我国的化工产品才能多样化，增强在国际市场上的竞争能力。

全国统计工作会议在北京召开

“七五”期间个体私营经济稳定增长

据国家工商局的统计，到去年10月，全国已登记注册的个体工商户达1298万户，从业人员2024万人，注册资金381亿元，分别比上年同期增长4%、4.3%和12%；私营企业88636户，从业人员155.2万人。

“七五”期间，我国个体、私营经济由高速增长转入稳定增长，从1986年到1988年，个体工商业的户数、人数每年平均增长9.5%和11.7%；个体工商业由流通型向生产经营型转变加快；个体、私营经济加快向外向型发展。据不完全统计，仅汕头市即有55家私营企业的产品销往国际市场。

《人民日报》发表评论员文章《打好扶贫“攻坚战”和“持久战”》

国家主席杨尚昆在人民大会堂接受布基纳法索新任驻华大使韦德拉奥果·温德帕业德·雷蒙·爱德华递交国书

中国和阿尔巴尼亚在北京签订《中华人民共和国和阿尔巴尼亚社会主义人民共和国政府文化教育和科学合作协定》

国家教委主任李铁映在全国教育工作会议上发表讲话

李铁映指出，教育要认真贯彻党的十三届七中全会精神，到本世纪末，教育工作总目标是：建立起适应社会主义现代化建设需要、面向21世纪、具有中国特色的社会主义教育体系的基本框架。

李铁映在讲话中特别指出，本世纪最后十年，是我国社会主义现代化建设进程中非常关键的十年。教育作为社会主义现代化建设的基础工程，在国家经济和社会发展中具有重要的战略地位。今后十年，我国教育工作面临着严峻的形势和艰巨任务。从国际环境看，我们面临着“两个挑战”，一是国际新技术革命的挑战，二是国际反动势力推行“和平演变”战略的挑战。从国内看，教育事业既要为90年代和下个世纪初的现代化建设提供必要的人才和智力支持，又要从反“和平演变”的战略高度出发，为国家政治和社会的稳定，坚持和发展社会主义制度，培养可靠的接班人。

我们必须从这个大背景出发，以面向现代化、面向世界、面向未来的战略眼光，规划和部署今后十年教育事业的发展和改革。

李铁映在谈到十一届三中全会以来，我国教育事业取得的巨大成就时说，这主要表现在：党中央、国务院关于加强教育工作的战略决策日益深入人心，重视教育正在成为全社会和广大人民群众的积极行动；教育事业开始转入持续、稳定、协调发展的轨道；教育改革在许多方面都进行了积极的试点和探索，有的取得了明显成效，教育为社会主义建设服务的意识不断增强；国家在财力紧张的情况下，增加了对教育经费的拨款，财政预算外的教育资金有了较大增长，多渠道筹措教育经费的体制正在逐步确立，办学条件进一步改善。

李铁映指出，今后十年教育工作主要任务是，逐步形成符合我国国情，适应经济、社会发展实际需要的教育结构和教育体制；逐步完善培养社会主义事业建设者和接班人所要求的教育思想、教育内容和教学方法；不断提高教育质量和办学效益，使整个教育事业基本适应“两个文明”建设的需要。

李铁映说，在今后十年内，教育工作应当遵循以下基本原则：

1. 坚定不移地把教育放在优先发展的战略地位。把科学技术和教育事业放在优先发展的战略地位，使经济建设转到依靠科学进步和提高劳动者素质的轨道上来，是我们党在社会主义建设指导思想上的一个重要发展。坚持这个方针，对我国的现代化建设至关重要。各级政府在考虑今后十年经济和社会总体规划时，必须认真落实中央关于把教育放在优先发展的战略地位的指导思想，努力增加对教育的投入，使教育与经济协调发展并适当超前。

2. 坚持教育的社会主义方向，把培养社会主义事业的建设者和接班人作为学校的根本任务。能否坚持教育的社会主义方向，关系到整个国家的前途和命运。我们必须进一步加强思想政治教育，努力培养有理想、有道德、有文化、有纪律的社会主义新人。今后一个时期，要集中力量改变学校思想政治工作薄弱的局面。

3. 坚持改革、开放的方针，促进教育事业持续、稳定、协调发展，提高教育质量和办学效益。

4. 坚持多渠道筹措教育经费的方针。必须从我国国情出发，确立以国家财政拨款为主、多渠道筹措教育经费的观念和体制。

5. 加强教师队伍建设，重视教育科学研究。今后，要把加强师范院校建设和师资培养、培训摆到突出的位置。各级政府都要按照中央的要求采取切实有效的措施，不断改善教师的工作和生活条件。

李铁映说，"八五"期间，尤其是"八五"前期，整个教育要把重点放在进一步调整教育结构，深入教育改革，充实改善办学条件和大力提高教育质量上来，同时在数量上要有选择地发展。

李铁映在谈到今年的工作时说，制定教育事业"八五"计划和十年规划，这是今年工作的一件大事。希望各级党委和政府要加强对教育规划工作的领导，在1991年内，把各地区、各部门教育事业的"八五"计划和十年规划基本定下来。他希望各级教育领导部门和学校的领导干部以及广大的教育工作者，坚定信心，振奋精神，勤奋工作，为建设有中国特色的社会主义教育体系而努力奋斗！

国家教委人事部联合作出《关于表彰在工作中作出突出贡献的回国留学人员的决定》

国家计生委主任彭珮云向在京全国人大代表报告工作时指出我国人口形势仍然严峻

彭珮云向在京全国人大代表汇报我国人口形势与计划生育工作时说，从70年代开始的计划生育工作在控制人口增长方面取得显著成就，同时，我国人口形势仍然严峻，计划生育任务十分艰巨。

彭珮云说，当前正处于第三次人口出生高峰的峰顶，育龄妇女人数、处于生育旺盛期的妇女人数和进入生育峰值年龄的妇女人数在"八五"期间将分别比"七五"期间增长5.5%、16.2%、8.2%。

彭珮云分析认为，造成80年代下降缓慢的原因，一是农村的总和生育率一直在2.8左右徘徊，广大农村妇女普遍生了两个孩子，有些地方生三个孩子的也不少。我国农村人口占绝大多数，因此全国的生育水平及其变化趋势主要取决于农村。二是人口自然增长率高的地区往往是城市化程度低、文盲半文盲率高的地区，反映出社会经济发展水平对人口控制程度有相当大的制约作用。

彭珮云提出，当前严格控制人口增长的关键是努力使现行计划生育政策在基层真正贯彻落实，采取切实有效的措施制止多孩生育，坚决制止早婚早育，按照地方计划生育条例的规定从严控制生育第二个孩子，加强对流动人口的计划生育管理。目前，有13个省、区特别是几个总人口在5000万以上的省，妇女总和生育率超出当地政策要求50%以上。

彭珮云说，农村的计划生育工作，坚持一切为了群众、一切依靠群众的群众路线，切实做好基层的计划生育工作，真正做到以宣传教育为主、避孕为主、经常工作为主，努力实现经常化、科学化、规范化。

1月25日

国务院总理李鹏在人民大会堂会见由主席诺哈·冯沙万率领的老挝最高人民议会代表团

国务院召开第77次常务会议

国务院总理李鹏主持召开会议，讨论并原则通过了《大中型水利水电工程建设征地补偿和移民安置条例(草案)》，决定作必要的修改后由国务院发布施行。

会上讨论的《大中型水利水电工程建设征地补偿和移民安置条例(草案)》，是根据《中华人民共和国土地管理法》和《中华人民共和国水法》的有关规定，并吸收了各方面的意见拟定的。

会议认为，《条例(草案)》中提出的国家兴建大中型水利水电工程征地补偿、移民安置的指导原则和征地补偿、移民安置的具体规定，较好地体现了正确处理国家、集体、个人之间的关系，保障移民的合法利益，以及移民区和移民安置区应当服从国家整体利益安排的精神，有助于我国新建水利水电工程征地和移民安置工作的顺利进行。

国办发出关于成立国务院新闻办公室的通知

第三次全国监察工作会议在北京召开

监察部部长尉健行在会上说："一年来，行政监察机关在各级党委和政府的领导下，深入开展反腐败斗争，取得明显成效。"

会议反映，去年，全国监察系统共受理监察对象违法违纪问题和案件线索221539件，立案查处51261件，已结案42490件，给予行政处分的有46811人，其中省部级干部4人，厅局级干部129人，县处级干部

1782 人，移送司法机关处理的有 3385 人，为国家挽回经济损失 3.5 亿元。二是执法监察工作普遍得到加强。重点抓了对治理整顿、深化改革、发展经济的方针、政策和措施执行情况的监督检查，以及对群众反映强烈的干部违法违纪建私房、用公款吃请受礼、奢侈浪费等热点问题的监督检查。与此同时，廉政法规制度建设和反腐倡廉的宣传教育工作取得了新的进展，监察机关的自身建设也得到了进一步加强。为推进廉政建设，促进经济发展起到了积极作用。

在这次监察工作会议上，尉健行要求，进一步加强监督检察，促进治理整顿、深化改革和经济发展各项措施的贯彻落实；以纠正行业不正之风为重点，进一步推进廉政建设。纠正行业不正之风要与治理“三乱”、清理违法违纪建私房以及解决群众关心的热点问题统一起来，抓住几个重点问题进行治理，使监察工作在今年取得明显成效。

全国聘请近四千名特邀监察员

国务委员邹家华在民航工作会议代表座谈会上讲话

邹家华提出，安全正点、优质服务，力争达到世界第一流水平是我国民航工作总体的、长期的目标。

邹家华说，“七五”期间我国民航事业取得了很大的成就。民航根据本行业的特点，把今年作为“安全、质量、效益年”是很有必要的。要通过深化改革、强化管理，来确保安全，提高服务质量。航班的正点，虽然受气候变化等因素的影响，但不少误点的原因是管理和飞机故障上的问题造成的。飞机的保养维修工作要进一步加强。影响安全的方面很多，管理、地面指挥、安全检查、维修保养都要为安全正点服务。

邹家华说，优质服务要从售票开始，到行李运输、空中服务，直至旅客下了飞机，到达旅行目的地为止，要一个环节一个环节地抓好。民航和海关、安全检查等联检部门，应当共同努力把我们的航空港和空中运输工作搞好。要加强民航人员的培训、加强思想政治工作，把民航的管理和服务提高到一个新水平。

《人民日报》发表评论员文章《坚持经济效益和社会效益的统一——三论“质量、品种、效益年”》

1990 年度全国企业管理优秀奖评选揭晓

全国企业管理优秀奖(金马奖)评选揭晓：

天津铁路分局

潞安矿务局

上海远洋运输公司

上海第一建筑工程公司

南京化学工业公司

山东博山水泥厂

平顶山锦纶帘子布厂

茂名石油工业公司

广西贵港甘蔗化工厂

国营长虹机器厂

金马奖由中国企业管理协会、中国企业家协会设立，是对我国管理优秀的企业的最高奖励。

荣获本年度奖励的十家企业，是各省、自治区、直辖市及全国性行业企业管理协会从本地区和行业推荐的 38 家优秀企业中经评委会认真考察、审核、评定的。

中国代表秦华孙在加德满都联合国裁军委员会亚太地区建立信任措施研讨会上发言

首都科技界举行新春茶话会

国家教委国务院学位委员会作出《关于表彰在工作中作出突出贡献的中国博士、硕士学位获得者的决定》

全国有突出贡献的博士硕士留学回国人员大学毕业生表彰大会在北京召开

中共中央总书记江泽民、国务院总理李鹏、中共中央政治局委员李铁映、中共中央书记处书记杨白冰、全国人大常委会副委员长雷洁琼、全国政协副主席钱伟长在人民大会堂出席全国有突出贡献的博士硕士学位获得者、回国留学人员和优秀大学毕业生表彰大会，并向受奖者代表颁奖。

李铁映在表彰大会上发表讲话。他代表党中央、国务院向受表彰的同志表示衷心的祝贺。

李铁映说，新中国成立以来，特别是党的十一届三中全会以来，党和政府十分重视教育工作。高等教育有了长足的发展，质量也在逐步提高。40 年来已为祖国社会主义现代化建设事业输送了 1073 万名合格人才。学位制度的建立，使我国高等教育体系更趋完善。目前，我们已建立了比较完整的学位授予体系和人才培养基地。我国绝大多数学科硕士生的培养已经做到立足于国内，大多数学科的博士生培养也具备了立足国内的条件。到 1989 年底，已培养了近 5000 名博士和近 15 万名硕士。与此同时，为博采各国之长，吸收国外先进的科学技术和管理方法，我们向世界 70 多个国家和地区派遣了大批留学人员，目前已有 4 万多名留学人员学成归来。这批回国留学人员通过艰苦创业，既弥补了国内对某些人才的培养不足，同时也提高了我国对高级人才的整体培养能力。

他指出，这些年我们培养的大学毕业生、硕士生、博士生和回国留学人员汇合在一起，形成了我国社会主义现代化建设事业的一支骨干力量，正在生产、科研、教学、管理等方面发挥着重要作用。

李铁映说，从这次受表彰的同志的模范事迹中，我们可以看到，社会主义制度能够培养和造就高质量的人才，知识分子在社会主义制度下完全可以一展宏图、大显身手；我国的广大知识分子是拥护党的基本路线、拥护四项基本原则、拥护改革开放的，是一支热爱社会主义祖国、能够创造丰功伟业的优秀队伍。同时，他们的事迹也再次证明，努力学习马克思主义、坚持与实践相结合、与工农相结合，自觉地把个人的前途与祖国的前途和命运紧密联系起来，仍然是知识分子在今天的建设和改革中，实现自己的理想和抱负、承担起历史使命的正确道路。他说，知识分子是建设社会主义的一支重要力量，在现代化建设和改革开放事业中，具有不可替代的作用。知识分子作为工人阶级队伍中主要从事脑力劳动的一部分，是整个工人阶级完成历史使命不可缺少的重要力量。党的知识分子政策的核心是尊重知识、尊重人才。从中央到地方都要充分发挥广大知识分子在现代化建设和改革开放中的重要作用，都要以积极负责的态度，努力改善知识分子的工作和生活条件。

李铁映说，今天，我们国家正进入一个新的发展时期。今后 10 年，在我国的社会主义现代化建设历史进程中是非常关键的时期，直接关系到我国社会主义制度的巩固和发展，关系到中华民族的振兴和富强。我们希望广大的硕士、博士学位获得者，回国留学人员和高校毕业生能同工人、农民一道，担负起历史所赋予的重任。刚刚闭幕的党的十三届七中全会制定了我们实现第二步战略目标的行动纲领，为高等教育的发展、学位工作和留学工作指明了方向，也为知识分子创造了充分施展才干的广阔天地。我们希望，受表彰的同志再接再厉，为中华民族的振兴和祖国的富强再立新功。

李铁映最后说，我们相信，全国的知识分子一定会在党的领导下，团结奋斗，奋发有为，为社会主义现代化的实现作出应有的贡献。

国家教委副主任何东昌也在表彰大会上讲了话。

国家教委副主任邹时炎、人事部副部长张汉夫、中宣部副部长李彦在会上分别宣布了表彰有突出贡献的博士硕士学位获得者、回国留学人员、优秀大学毕业生的决定。

清华大学教授倪以信代表受到表彰的 695 位博士硕士学位获得者，北京大学教授陈章良代表受到表彰的 310 位回国后做出成绩的归国留学人员，西藏自治区气象台台长权循刚代表受到表彰的 215 位近年来毕业的优秀大学毕业生，分别在会上讲话。他们表示，要更坚定地沿着党指出的与实践相结合、与工农相结合的正确道路走下去，在自己的工作岗位上创造出更优异的成绩，为建设有中国特色的社会主义现代化强国而努力奋斗。

表彰大会由中宣部、人事部、国家教委、国务院学位委员会联合召开。国家教委副主任腾藤主持表彰大会。

全国优秀大学毕业生表彰会全体代表发出《给全国高校应届毕业生的一封信》

中国日本两国 17 名登山队员在梅里雪山不幸遇难

1 月 26 日

国家主席杨尚昆会见老挝最高人民议会主席诺哈·冯沙万率领的老挝最高人民议会代表团

全国妇联主席陈慕华在人民大会堂会见并宴请由香港中华总商会妇女委员会主任黄丽群为团长的香港妇女代表团

致公党第九届中央委员会第三次全体会议召开

最高人民法院印发《关于办理少年刑事案件的若干规定(试行)》的通知

国务院总理李鹏与全国统计工作会议代表座谈

李鹏强调，要建立适合中国国情的统计体系，统计部门要充分有效地发挥统计的信息、咨询和监督作用。

李鹏说，统计部门在各级党和政府的领导下，努力克服各种困难，开拓进取，使统计工作取得显著成绩。特别是高质量地完成第四次人口普查工作，进一步增进了对国情的了解，锻炼了统计队伍。统计部门为党和政府提供了大量的统计信息与咨询建议，对中央和地方各级政府加强宏观决策与管理，发挥了重要的作用。

李鹏说，统计是国家实行科学决策和科学管理的一项重要基础工作，是党、政府和人民认识国情国力、决定国策、制订计划的重要依据。在国家宏观调控和监督体系中，具有非常重要的地位和作用。

李鹏说，统计工作要做到准确、及时、全面、方便，其中准确是第一位的。计划可留有余地，但统计不能留余地，虚报与少报对经济决策和管理都是有害的。统计咨询，要定性分析和定量分析相结合，要更多地提出定量分析的咨询意见和建议对策。

李鹏说，我们实行的是计划经济和市场调节相结合，统计部门肩负着重要的任务，要逐步建立适合中国国情的国民经济核算体系和统计指标体系，逐步建立适应这些任务的统计队伍。

在谈到统计信息技术现代化时，李鹏说，统计工作的计算机化是必然趋势。要有重点有步骤地进行，计算机的硬件维护要跟上，使它能够正常运行。更重要的是要加强统计软件的开发工作，加快信息传递速度，加强预测。

李鹏说，各级领导干部都应充分认识统计工作的重要作用，在工作中学会善于运用统计进行科学决策和管理。

国务院副总理田纪云在全国烟草公司经理会议上发表讲话

田纪云指出，经过几年的大发展，烟草行业继续走"速度效益型"的老路已无前途，也不符合治理整顿的精神。卷烟是一种用途单一、不易长期保存的商品，产大于销、库存积压的问题，必须引起烟草全行业的高度重视。

田纪云说，烟草行业在开展"质量、品种、效益年"的活动中，首先要转变思想观念，不能盲目地上规模、上产量，而要把真功夫用到提高质量、调整结构、增加品种上，从而提高综合经济效益。烟草行业提出的"控制总量、提高质量、调整结构、增加效益"的方针，符合国务院的要求，切合烟草行业的实际，希望有效地贯彻执行。

田纪云说，提高管理水平，推进技术进步，是搞好"质量、品种、效益年"活动的重要措施，烟草行业提高经济效益的主要潜力同样是在管理和技术上。几年来，烟草行业虽然取得了很大进步，但与国外的先进水平比较仍然存在着差距。产生差距的原因，还是管理粗放，技术落后。烟草行业应扎扎实实地抓管理，上水平，真正走出投入少、产出多、质量高、效益好的新路子。

田纪云指出，烟草及其制品是一种高税的特殊商品，是国家的一个重要财源。国务院决定建立烟草专卖制度，对烟草行业实行集中统一管理，就是针对烟草行业的特点所采取的特殊改革措施。烟草行业在国民经济和社会生活中的作用，概括讲主要有两条：一条是适应和引导消费，一条是为国家建设增加资金积累。吸烟对人体健康有一定影响，但烟草又拥有众多的消费者。我们既要宣传和劝阻人们少吸烟或不吸烟，又不能靠行政命令完全禁止这种社会性的嗜好性商品。要采取适当满足、适当限制的方针，适应和引导消费。烟草行业要开发和生产更多的高质量、低焦油的卷烟新产品，相对提高吸烟的安全性。1989 年，在全国 500 家税利大户企业中，卷烟企业就有 59 家，这说明烟草行业在国民经济中有着重要的地位和作用。因此，烟草行业应从维护国家和广大消费者的利益出发，更好地完成满足消费和增加积累的双重任务。

国务委员邹家华在全国邮电工作会议上发表讲话

邹家华指出，"七五"期间我国邮电事业发展很快，取得了很大成就，这是 100 万邮电干部职工共同奋斗的结果。

"七五"期间邮电事业发展快的一个显著标志是我国的电话普及率由 0.55%增加到 1.1%，五年翻一番。邹家华说，这不是一个简单的增长数字，而是在人口增长基础上的复数增长，很不简单。这一增长至少说明两点：一是我国经济发展对邮电的需求在增加，人们在经济发展过程中认识到了邮电通信的重要性；二是邮电部门的干部职工作出很大贡献，为"八五"和今后我国经济发展打下了良好的基础。

邹家华说，今后的邮电事业还要大发展。今年将增加 160 万门市话交换机容量，争取实际完成更多一些。邮电通信要继续实行"统筹规划、条块结合、分层负责、联合建设"的方针，发挥中央和地方两个积极性。各项行之有效的政策要坚持下去。自力更生发展，也要充分研究国外的先进技术，引进合理的技术和设备为我所用。

国家主席杨尚昆在人民大会堂会见美国记者哈里森·索尔兹伯里

《人民日报》发表评论员文章《培养和造就高质量的人才》

国家副主席王震在首都慰问教师春节茶话会上发表讲话

尊敬的教师同志们：

在中华民族的传统节日新春佳节即将到来的时候，我们同全国人民爱戴和尊敬的教师同志们一道共庆佳节，感到非常高兴。我谨代表中国中小学幼儿教师奖励基金会向全国教师和广大教育工作者以及关心、支持教育工作的同志们致以热烈的节日祝贺，祝大家羊年幸福，合家欢乐，身体康健！

中国中小学幼儿教师奖励基金会，是于 1986 年教师节期间，李鹏同志代表党中央和国家教育委员会提议建立的。基金会理事会中，有许多全国知名的学者、教育家和模范教师。基金会成立四年多来，党中央、国务院的领导同志给予了热情的关怀，全国人大、全国政协的许多委员提出了搞好基金会工作，进一步加快我国教育事业发展的有关议案和建议，理事会理事和工作人员辛勤努力，社会各界、港澳同胞、海外侨胞和国内外友好人士热情赞助。借此机会，我谨表示诚挚的谢意。几年来，全国绝大部分省市和相当数量的县也都成立了各自的教师奖励基金会。各级基金会，在各级党委和政府及教育部门的领导下，除了积极募集资金外，还运用报刊、广播、电视、会议等多种形式宣传尊师重教的优良传统，讴歌模范教师的光荣事迹，广泛开展表彰奖励教师的活动；各地区积极筹集资金，改造危旧教室和兴建新的校舍，取得了可喜的成绩。这对促进我国基础教育事业的发展和全体国民素质的提高有着重要的意义。在新的一年里，中国中小学幼儿教师奖励基金会全体人员，决心为发展我国的社会主义教育事业更加努力地工作。

当今世界，仍然存在着无产阶级与资产阶级，社会主义与资本主义、马克思主义与反马克思主义的尖锐复杂的斗争。国内外敌对势力从来没有甘心他们在中国大地上的失败。他们现在的主要策略，就是运用"和平演变"的手段，在中国党的第三代或者第四代中培养资产阶级接班人，妄图改变我们党和国家的颜色。为了使毛泽东同志等老一辈无产阶级革命家所开创的无产阶级革命事业后继有人，为了使我们党和国家的领导权永远掌握在无产阶级革命家手里，为了使我们的子孙后代永远沿着马克思列宁主义、毛泽东思想的正确道路继续前进，为了在中国胜利地防止资本主义复辟，我们就必须培养和造就千百万无产阶级革命事业的接班人。早在1964年，毛泽东同志就高瞻远瞩地指出：培养无产阶级革命事业接班人，"这是关系我们党和国家命运的生死存亡的极其重大的问题。这是无产阶级革命事业的百年大计，千年大计，万年大计。"针对前些年资产阶级自由化的几度严重泛滥和思想政治工作被削弱的状况，邓小平同志也提出了培养"四有"新人的重任。人民教师肩负着培养德、智、体全面发展的社会主义建设者和无产阶级革命事业接班人的无比崇高的光荣任务。我衷心期望广大教师同志们，一定要从社会主义现代化建设，从我们的党和国家改不改变颜色的战略高度出发，认清自己的特殊神圣使命，把坚定正确的政治方向放在首位，对广大青少年坚持不懈地进行爱国主义、集体主义和社会主义教育，进行辩证唯物主义和历史唯物主义人生观的教育，为社会主义和共产主义事业培养更多的可靠接班人。

广大教师同志们兢兢业业、呕心沥血、恪尽职守、勤奋无私地工作在教育战线，党、政府和全国11亿人民十分感谢你们所作出的平凡而又伟大的贡献，也十分关心着你们的工作和生活条件的改善。在我国经济逐步发展的同时，要不断提高人民教师的社会地位和物质待遇。要认真研究解决教师的工资、住房、医疗、退休保险制度等。教师的工资要逐步达到当地十二个行业的中上等水平。

同志们，不久前，我们党胜利召开了十三届七中全会。尽管我们前进的道路上还有各种艰难险阻，但是我们党，我们的国家和我们的民族，有着无比灿烂的明天。让我们紧密地团结在以江泽民同志为核心的党中央周围，坚决贯彻执行党的十三届七中全会精神，坚定不移地坚持立国之本的四项基本原则，即坚持中国共产党的领导，坚持社会主义道路，坚持无产阶级专政即人民民主专政，坚持马列主义、毛泽东思想，坚定不移地坚持强国之路的改革开放的总方针，为胜利实现邓小平同志提出的建设有中国特色的社会主义的宏伟目标而努力奋斗。

首都举行慰问教师迎春茶话会

国家教委工作会议闭幕

会议指出，在新的一年中，各级教育行政部门和各级各类学校，要以党的十三届三中全会精神为指导，进一步端正办学思想，全面提高教育者和被教育者的思想政治水平和业务素质，巩固和发展教育战线的稳定局面。会议强调，要把提高教育质量和办学效益的工作放在突出位置。

会议期间，与会同志讨论了中共中央政治局委员、国务委员兼国家教委主任李铁映作的《努力建设有中国特色的社会主义教育体系》报告，研究部署了全国教育事业十年规划和"八五"计划的制订问题和1991年的重点工作。国家教委副主任何东昌、滕藤、朱开轩、柳斌、邹时炎、王明达等和与会同志讨论了教育工作面临的形势和问题，确定了新的一年工作要点。会议提出，为确保教育事业的优先发展，要促进各级政府继续增加对教育的投人，进一步完善多渠道筹措教育经费的办法。同时抓紧抓好治理整顿工作，深化教育改革，优化教育结构，改善办学条件，加强师资队伍建设。

关于基础教育，国家教委认为，要继续加强中小学德育工作；积极推动九年制义务教育的实施；加强学校管理，整顿校园秩序；深化改革，努力提高教育质量；加强师范学校建设等方面的工作。

在普通高等教育方面，国家教委提出要继续加强高等学校党的建设和思想政治工作；制订高等教育"八五"计划和十年规划的具体方案；重点抓好普通高校布局的调整工作；深化改革，提高质量；抓好高校科技工作;加强各学科教材建设和做好应届毕业生分配等方面的工作。

关于职业技术教育。国家教委要求各级教育部门要总结十年来职业技术教育工作经验,拟定教育改革和发展规划,提出有关政策措施;加强德育工作;研究职业技术教育管理体制的改革;加强职业技术教育内部的改革和建设,调整专业(工种)结构,逐步推进中专学校和技工学校的招生与毕业分配制度改革;推动职业技术学校的规范化建设;研究试办技艺型高等职业学校的方案并开展试点工作。

在成人教育方面。国家教委决定进一步检查全国范围内扫盲工作开展情况,拟定乡镇农民文化技术学校的发展规划;整顿成人高教工作,调整教育结构和布局,充实办学条件,健全完善基本教学与管理制度,提高教育质量;加强岗位培训工作,制订加强广播、电视、函授中专教育的有关方针政策;开展对社会力量办学的调查,起草有关法规,引导社会力量办学健康发展,并研究改进自学考试办法。

关于教育国际合作和留学生工作,国家教委提出,要继续完善出国留学政策,切实贯彻"按需派遣、德才兼备、保证质量、学用一致"的方针,按照不同国别的情况,研究留学生派遣的具体政策并改进对公派留学人员的选拔办法。

国家教委还对新的一年中有关教育、立法、加强廉政建设、发展民族教育事业、纠正教育系统的各种不正之风等方面的工作做具体部署。

中国社科院考古所主持的湖北枣阳雕龙碑原始氏族公社聚落遗址发掘有重大收获

国务院批准湖南设立县级韶山市

1月27日

中央军委作出《关于改进和加强军队财务管理的决定》

中共军委近日作出《关于改进和加强军队财务管理的决定》,颁发全军遵照执行。《决定》强调军队的财务工作要深化改革,强化管理,提高军费使用效益。

这是中央军委为适应国家经济体制改革和军队建设发展的需要而作出的重要决策,旨在正确处理条条与块块、集权与分权的关系,充分调动各方面理财的积极性,加强集中统一管理,发挥军费的整体效益,提高部队战斗力。

《决定》要求遵循"统一领导,按级负责,分工管理,财务归口"的原则,调整经费管理分工,完善双轨制,在党委统一领导下,各项事业经费由事业部门和后勤财务部门共同管理;逐步实行经费供应标准化;按照"集中、调节、制约、监督、服务"的原则,建立和办好财务结算中心,加强资金的统一调度和管理;适当加大各级的机动财力,增强宏观调控能力;加强综合财务计划,完善经费包干管理责任制,各项预算外经费和生产经营收益由后勤财务部门统一归口管理;明确经费审批权限,从严控制经费支出;统一财务立法,健全财务法规;严肃财经纪律,加强财务监督。

"十佳卫生城市"等在北京受奖

全国爱卫会在人民大会堂举行颁奖仪式,向首次全国城市卫生检查评比中评出的"十佳卫生城市"、"卫生城市"、获单项奖的城市的代表以及"十佳卫生城市市长"颁发了奖旗、奖牌和奖杯。中共中央政治局委员、国务委员李铁映出席大会并向获奖者颁奖。

去年在全国455个城市范围内进行的全国城市卫生检查评比出直辖市、省会市、计划单列市"卫生城市"16个,地级市"卫生城市"19个,县级市"卫生城市"16个。三个档次分别排出前十名,为"十佳卫生城市"。直辖市、省会市、计划单列市中获得"十佳卫生城市"称号的是:深圳、大连、北京、上海、广州、天津、哈尔滨、济南、南京和成都。大会还授予30名对创建"十佳卫生城市"有突出成绩的市长或副市长及创建"国家卫生城市"的威海市市长"十佳卫生城市市长奖",同时,评出42个单项奖。

郑洞国逝世

第七届全国政协常委、民革中央副主席、黄埔军校同学会副会长、中国和平统一促进会常务理事郑洞国因病在北京逝世,终年88岁。

郑洞国参加过"五四"运动。1924年考入黄埔军校第一期,曾参加东征和北伐。1933年任国民党中央军第十七军二师四旅旅长;1938年3月,任国民党第九十五军军长。1938年底,郑洞国任国民党第一支机械化部队新编十一军(后改为第五军)副军长兼荣誉第一师师长。1939年任新编第十一军军长、第八军军长;1943年春,派赴印度担任新一军军长,后升任中国远征军驻印军副总指挥。1946年,郑洞国被派往东北担任军职。1948年,在辽沈决战的重要时刻,脱离国民党阵营。

新中国成立后,郑洞国历任水利部参事、国防委员会委员、政协全国委员会文史资料研究委员会专员,第三、四届全国政协委员,第五、六、七届全国政协常务委员。同时,在民革第五、六、七次全国代表大会上,均当选为中央委员会副主席。

1月28日

中顾委主任邓小平在视察上海期间同上海市负责人谈话

在1月28日至2月8日视察期间，邓小平说，我们说上海开发晚了，要努力干啊！

那一年确定四个经济特区，主要是从地理条件考虑的。深圳毗邻香港，珠海靠近澳门，汕头是因为东南亚国家潮州人多，厦门是因为闽南人在外国经商的很多，但是没有考虑到上海在人才方面的优势。上海人聪明，素质好，如果当时就确定在上海也设经济特区，现在就不是这个样子。十四个沿海开放城市有上海，但那是一般化的。浦东如果像深圳经济特区那样，早几年开发就好了。开发浦东，这个影响就大了，不只是浦东的问题，是关系上海发展的问题，是利用上海这个基地发展长江三角洲和长江流域的问题。抓紧浦东开发，不要动摇，一直到建成。只要守信用，按照国际惯例办事，人家首先会把资金投到上海。竞争就要靠这个竞争。

金融很重要，是现代经济的核心。金融搞好了，一着棋活，全盘皆活。上海过去是金融中心，是货币自由兑换的地方，今后也要这样搞。中国在金融方面取得国际地位，首先要靠上海。那要好多年以后，但现在就要做起。

改革开放还要讲，我们的党还要讲几十年。会有不同意见，但那也是出于好意，一是不习惯；二是怕，怕出问题。光我一个人说话还不够，我们党要说话，要说几十年。当然，太着急也不行，要用事实来证明。当时提出农村实行家庭联产承包，有许多人不同意，家庭承包还算社会主义吗？嘴里不说，心里想不通，行动上就拖，有的顶了两年，我们等待。

不要以为，一说计划经济就是社会主义，一说市场经济就是资本主义，不是那么回事，两者都是手段，市场也可以为社会主义服务。

闭关自守不行。"文化大革命"时有个"风庆轮事件"，我跟"四人帮"吵过架，才一万吨的船，吹什么牛！1920年我到法国去留学时，坐的就是五万吨的外国邮船。现在我们开放了，十万、二十万吨的船也可以造出来了。如果不是开放，我们生产汽车还会像过去一样用锤子敲敲打打，现在大不相同了，这是质的变化。质的变化反映在各个领域，不止是汽车这个行业。开放不坚决不行，现在还有好多障碍阻挡着我们。说"三资"企业不是民族经济，害怕它的发展，这不好嘛。发展经济，不开放是很难搞起来的。世界各国的经济发展都要搞开放，西方国家在资金和技术上就是互相融合、交流的。

我们抓国防工业的军民结合，抓得比较早，这一条抓对了。有的国家就不行，所以搞得很困难。

要克服一个怕字，要有勇气。什么事情总要有人试第一个，才能开拓新路。试第一个就要准备失败，失败也不要紧。希望上海人民思想更解放一点，胆子更大一点，步子更快一点。

中共中央总书记江泽民在人民大会堂会见蒙古人民革命党中央委员会主席贡·奥其尔巴特

江泽民在会见中说，我们非常高兴地看到，自1989年7月两党恢复关系以来，两党关系不断改善和发展，两党、两国有了很多有益的交往。

贡·奥其尔巴特说，蒙中两党关系的恢复和发展，对两国关系的改善和发展已经并将继续起重要的作用。

江泽民向客人介绍了中国国内情况。他说，十多年来，我们坚持改革开放，使我们国家有了很大的发展。当然，也有一些经验教训。11亿多人吃饭，要把农业摆到相当重要的位置。想把经济尽快搞上去的愿望是好的，但必须保持经济持续、稳定、协调发展。经验证明，没有安定团结的政治局面，经济是很难搞上去的。

江泽民还向客人介绍了坚持和发展中国共产党领导下的多党合作和政治协商制度，不断完善人民代表大会制度，加强社会主义民主和法制等方面的情况。

中央组织部发出《关于妥善解决共产党员信仰宗教问题的通知》

当前，少数党员信仰宗教，参加宗教活动，特别是在一些少数民族聚居地区和宗教势力影响较大的地方，情况更为严重。共产党员是工人阶级的有共产主义觉悟的先锋战士，是无神论者，只能信仰马列主义、毛泽东思想，不得信仰宗教，不得参加宗教活动。共产党员信仰宗教，参加宗教活动，违背党的性质，削弱党组织的战斗力，降低党在群众中的威信，也不利于正确贯彻执行党的宗教政策。为了妥善解决党员信教问题，特作如下通知：

一、解决党员信教问题，要把加强教育放在首位。各级党组织，尤其是宗教势力影响较大的地方，要经常对党员进行马克思主义无神论的教育，进行党的基本知识和科学文化知识教育。帮助党员树立辩证唯物主义和历史唯物主义的世界观，摆脱唯心主义宗教观念的束缚，正确理解党的宗教政策，懂得不信仰宗教是做一个合格共产党员的起码条件。

二、在信教比较普遍的少数民族聚居地区，要把党员信教同参加某些纯属民族风俗活动区别开来。对于为了不脱离群众，尊重和随顺本民族的风俗习惯，参加一些传统的婚丧仪式和群众性节日活动，不应视为信仰宗教或参加宗教活动。

三、对信教党员的处理，要区别不同情况，慎重对待，妥善处理。

1. 对于极少数参与煽动宗教狂热，利用宗教反对四项基本原则，反对党的路线、方针、政策，破坏国家统一和民族团结的，必须开除其党籍。

2. 对于丧失共产主义信念，笃信宗教，或成为宗教职业者，经教育不改的，应劝其退党，劝而不退的予以除名。

3. 对于共产主义信念动摇，热衷于组织或参加宗教活动，经过批评教育，有转变决心和实际表现，本人要求留在党内的，可作限期改正处理；经过批评教育不改的，应劝其退党。

4. 对于受宗教观念影响或迫于社会、家庭的压力，参加一般性宗教活动，但本人能够执行党的路线、方针、政策，积极为党工作，服从党的纪律的党员，要对他们进行耐心细致的教育，帮助他们在思想和行动上摆脱宗教的束缚。

四、解决党员信教问题，除了加强对党员的思想教育外，还要加强对党员的管理和监督。党员信教较多的地方，要把解决党员信教问题作为民主评议党员的一项重要内容。要进一步健全党的组织生活，丰富组织生活的内容，有针对性地开展党内教育活动。要采取有效措施，尽快改变一些地方党员活动无场地的状况。要经常关心党员的思想、工作和生活。特别是年老体弱的党员，当他们遇到困难的时候，党组织要主动进行帮助，为他们排忧解难，使他们切身感受到党的温暖，自觉抵制宗教观念的影响。信仰宗教或有浓厚宗教感情的人，不能发展入党。

五、各级党委要加强对这项工作的领导，在调查研究的基础上，摸清底数，制定具体措施。对情况复杂、问题较多的地方，上级党委要加强具体指导和帮助。对少数软弱涣散、工作不得力的基层党支部领导班子，要进行调整，已经被宗教势力控制的党支部要彻底整顿。

各级党组织要主动与有关部门配合，正确宣传和执行党的宗教政策，加强对宗教活动的管理，坚决制止少数宗教职业者利用社会、家庭等方面的压力，迫使党员信教。既要尊重公民信仰宗教的自由，也要保护公民不信仰宗教的自由。

各省、自治区、直辖市可根据本通知精神，从本地实际情况出发，对党员不能信仰宗教和参加宗教活动，作出具体规定。

《人民日报》发表评论员文章《干部交流势在必行》

国务委员邹家华在全国有色金属工作会议闭幕会上发表讲话

邹家华在工作会议上说，工业企业一定要把“质量、品种、效益年”活动作为今年的工作重点抓好，而且还要成为一项常抓不懈的重要任务。

邹家华在讲话中首先对有色金属工业取得的成就表示祝贺。他说，“七五”期间，我国有色金属增加的产量主要是依靠老企业挖潜改造取得的，这一点应该成为指导“八五”工作的宝贵经验。邹家华说，现在我国正处在向第二步战略目标迈进的关键时期，我们应当抓住时机，把以经济效益为中心的方针落到实处。要充分利用现有的生产条件，注重内部挖潜，使现有的生产条件发挥综合的效益。

第四次全国山区综合开发研讨会在石家庄召开

来自全国各地的专家和代表认真总结了10年来的山区开发工作，一致认为，1983年国家科委召开的全国第一次山区会议，推广了河北省组织科技进山开发太行山区的经验（这些经验后来被国家科委概括为“太行山道路”），使我国山区发展进入了一个新的阶段。自此，我国山区开发走过了由优势资源的单项技术开发到配套技术开发，再到区域综合技术开发，取得了显著的经济、生态和社会效益。与1978年相比，河北省山区工农业总产值已由56.7亿元增加到298.6亿元，提高了4倍多；农民人均收入已由89.4元，增至515.4元。闻名全国的穷困县湖南省凤凰县，走科技进山之路，实现经济腾飞，1990年财政收入过亿元，人均居湖南全省之首。

与会专家和代表指出，从总体上说，山区开发的水平还比较低，基础设施不完善，生态保障比较脆弱，各地的发展也不平衡，与全国农村的平均水平相比，其差距有的地方甚至有逐渐拉大的趋势。今后，山区开发的任务仍是十分艰巨的。为此，他们就“八五”期间以至今后10年的山区开发战略，提出了一些具体意见：

进一步扩大山区开发的规模，提高山区开发的层次。要在“七五”撒播科技星火的基础上，布设不同类型的山区试验示范区，组织多学科的力量，进行区域综合开发。试验区要在各级政府的统一指挥下，实行多部门协同作战，并通过示范、培训等方式，使点上的经验不失时机地扩散到整个山区，形成规模效益。

加大山区资源开发的科技含量。要根据市场的需求，组织攻关，提高产品的竞争力，建立一批稳固、高效益的支柱产业。

建立完善的社会化服务体系。要在继续做好产前、产中服务的同时，重点强化产后服务。为了搞好市场预测，提供信息服务，国家科委农村中心准备建立跨省的专业协会，各地也应重视、加强这一工作。在产品的销售方面，除了发挥商业、供销、外贸等原有渠道的作用外，还要加强农民运销组织的探索。

推动大跨度的联合。在自愿互利的基础上，组织一些跨省的产业集团、产业协会，依靠山里山外的合作，带动山区经济更快地发展。

国务院副总理田纪云在全国商业厅局长会议上发表讲话

田纪云指出，现在的流通环境已经发生了很大的变化：一是多渠道流通不断发展，多元化竞争已成定局；二是少环节进程明显加快，无论是工业自销，还是联购分销，都在千方百计减少环节，降低费用；三是工业、商业企业的整体性优势都在不断增强，并向集团化发展，联合已成必然趋势；四是市场、消费的选择性更强了。这四个方面的变化，实际上是商品流通体制改革的必然结果，是社会主义有计划商品经济发展的表现，是好事而不是坏事。这种新的市场形势，客观上为推动商业的振兴和发展提供了重要的历史机遇。

他说，商业部门要牢牢把握这一历史机遇，增强自立意识、效益意识、整体意识和进取意识，果断调整经营战略，在市场竞争中打进攻战。

田纪云针对前一时期出现国营商业市场占有率下降的情况指出，造成这种现象的原因很多，其中经营思想、经营作风不适应市场竞争也是一个不容回避的问题。田纪云强调说，为了确立国营商业的主渠道作用，国家政策的适当倾斜是必要的，但主要还要靠国营商业自己发奋图强、自力更生，才能夺取市场竞争中的主动权。

在谈到国营商业体制改革时，田纪云说，总的原则还是要坚持改革，放开搞活。要在保证城乡市场稳定的前提下，坚持批发管严、零售放宽的方针，把关系国计民生的重要商品和生活必需品掌握在国营商业和供销社手里，同时有限度地放开一些商品的批发。

国家教委副主任何东昌就高层人才的培养成长问题答记者问

在中宣部、国家教委、国务院学位委员会和人事部表彰一批青年知识分子之际，记者访问了国家教委副主任、国务院学位委员会主任何东昌，请他谈谈高层次人才的培养、成长问题。

高层次人才的培养立足于国内的方针是正确可行的

“我国在高等教育、在科学技术方面虽然总的说来还落后于发达国家，但在发展中国家中是有优势的，”何东昌说，“这十年来进步较大，在越来越多的领域里出现了水平较高的成果。学位制度建立10年，我们已培养了15万名硕士，4800名博士。现在看来，不仅硕士绝大部分可以在国内培养，博士大部分也可以在国内培养。这次表彰的700多名硕士、博士，他们在学校学习时坚持又红又专的方向，理论联系实际，毕业后努力工作，作出了很好的成绩，出了一批意义重大或达到国际水平的成果。”何东昌列举了夏斌、白春礼、陈来、高歌等一批世界一流水平的博士、硕士，理、工、农、医和文科的都有。他说：“这说明一个问题：高层次人才的培养立足于国内的方针是正确的、也是可以办到的，培养的人才也容易做到切合中国的实际需要。”

派人出国留学、交流的政策是稳定的

“这次表彰的硕士、博士中，有一些是国外留学归来的。”何东昌接着谈起了出国留学人员。他说：“到去年为止，出国留学人员已回来了4万多人，其中进修、考察的和访问学者37000多人，博士、硕士各1000多人。还将有不少人不断地回国工作。这次受表彰的同志由于出去以前政治、业务的基础就打得好，出去后心怀祖国，专心攻读，回来后艰苦奋斗，努力工作，成绩显著，也出了一批意义重大或具有国际先进水平的成果，对我们缩小同发达国家的差距、开阔眼界、增强我们自力更生培养高水平人才的能力，起了很大作用。作为开放政策的一部分，派遣出国留学人员的工作要坚持下去，政策是稳定的，即继续按需派遣，保证派遣人员的质量德才兼备。”

今后十年我们要培养上千万大专以上人才，这将是世界上最年轻的知识分子队伍

何东昌说，十多年来，我们已培养了大学专科以上的人才670多万人，基本上解决了十年动乱造成的人才短缺的问题。现在有一大批专科、本科毕业生，在第一线与群众在一起努力工作，作出了显著成绩。这次表彰的200多名毕业生只是其中很小的部分。这次受表彰的3部分人有着共同的特点：在马克思主义毛泽东思想指导下，与工农群众相结合，与实践相结合，走正确的成长道路，他们代表着新一代知识分子成长的方向。

“目前我们面临着实现第二步战略目标的任务，科技和教育都是战略重点之一，机不可失”，何东昌说，“知识分子队伍还面临着这样的形势：‘文革’前培养的老一代骨干，在今后十年因年龄关系要逐渐退出第一线，今后十年我们还要培养上千万大专以上各种层次的人才，加上已培养出的670万，这将是一支世界上最年轻的知识分子队伍。这是我们的优势，不是劣势。问题是要很好地培养和关怀这支年轻的队伍。这是意义重大，比较紧迫的问题。”

如何培养好新一代知识分子？何东昌着重讲了几

点意见。“一是要加强思想政治教育；二是人才培养要加强同社会主义建设与改革的实际的联系，要更多地培养适合建设第一线实际工作的人才。要更多地培养出像这次表彰的那样又红又专的人才。这是形势提出来的任务。要根据形势的需要继续改革人才培养的制度和工作，包括学位工作的补充与完善。要发挥老一代知识分子的作用，靠他们来培养好新一代。”

“我们还要向社会提点希望”，何东昌说，“希望各地方、各部门、各单位重视、关心新一代知识分子的培养和成长，特别是如何解决好研究生的培养和使用，使他们成为生产、科研和教学的骨干，还有一些新的问题要研究。要关心他们政治上的进步和业务上的成长，为他们深入实际、深入群众创造条件，帮助他们解决工作上、生活上的困难，充分发挥他们的作用。”

全国中医工作会议在北京结束

会议强调，提高中医工作质量是今后我国中医事业、特别是农村中医事业发展的核心内容。

会议反映，“七五”期间，全国中医医院以平均年递增 7.4%的速度发展。去年年底，全国中医医院已有 2141 所，西医医院中 95%以上设有中医科。由于我国人口 80%在农村，中医药是我国农村防病治病的主要方式，农村中医事业发展尤其迅速。目前，全国已有 20 个省区市达到“县县有中医医院”的“七五”规划目标。“七五”的前四年，中央和地方为中医事业发展投资了 21.4 亿元，是建国以来对中医经费投入最多的时期。

会议提出，“八五”期间将在中医系统推行“杏林计划”来全面提高中医机构的质量。选择不同类型的 40 个县作为全国农村中医工作试点县；在全国重点建设 60 所县级示范中医院、30 所地级示范中医院、10 所省级示范中医院。

1 月 29 日

国务院总理李鹏会见第二次全国黄金工作会议代表并发表讲话

李鹏在会见中指出，黄金是贵重金属、硬通货，是重要的战略物资，黄金工业在国民经济中占有重要地位，有关方面要共同努力，把我国的黄金生产搞上去。

李鹏说，这次黄金工作会议以国务院的名义召开，说明国务院对黄金工业的重视。“七五”时期由于地勘、生产、建设、银行、公安、科研和经营管理等各方面的共同努力，我国的黄金战线取得了丰硕的成果。“七五”提交的储量是“六五”的 2.7 倍，超过前三十六年探明的金矿储量。黄金产量持续增长，“七五”期间年递增率达到 11%以上，1990 年比上年增长 17%。为了适应社会主义四个现代化，我们需要有更多的黄金。黄金工作第一位的是地质勘探。能不能把黄金搞上去，在于能不能找到更多的地质储量；同时还要靠技术进步，加强管理。特别要注意抓好低品位金矿资源的开发利用。

李鹏说，前一段时期采金秩序有一些混乱现象，通过治理整顿，这种现象已有所好转。黄金、矿管、公安、武警、工商、税务、银行等部门还需继续努力，打击非法开采、投机倒把、走私贩私、破坏金矿资源的不法行为，为黄金工业发展创造良好的环境。努力实现我国黄金工业“八五”计划和十年规划的奋斗目标。

国务院总理李鹏会见在北京参加世界气象组织第二十四次主席团会议成员

李鹏在会见时表示，中国将进一步加强在气象领域的国际合作。李鹏说，中国是一个有八亿农民的国家，而农业是与气象分不开的；同时，中国又是一个旱涝等自然灾害较多的国家。所以，中国政府历来十分重视气象事业的发展。

李鹏说，现在中国已建立起完整的、多层次的气象系统，有了自己的气象卫星，并且也实行了计算机管理。

李鹏说，大气的活动没有国界的限制，中国气象部门同国际气象界进行了十分必要并且也是卓有成效的合作。李鹏表示，中国将进一步加强同世界气象组织和各国气象部门的合作与交流。

李鹏说，现在全球气候变暖和臭氧层损耗的问题日益引起全世界的关注，中国愿意在这些领域同国际气象界开展合作。

李鹏对中国国家气象局局长邹竞蒙作为世界气象组织主席所发挥的作用表示高兴，并感谢大家对他的工作的支持。邹竞蒙是 1987 年 5 月在第十次世界气象大会上当选为世界气象组织主席的。

世界气象组织第一副主席、澳大利亚气象局局长齐而曼博士等在会见中表示赞赏中国对世界气象事业的发展所作出的贡献及对世界气象组织的支持。

国务委员邹家华在全国交通工作会议上讲话

邹家华在今天闭幕的全国交通工作会议上强调，“八五”期间，交通运输作为我国国民经济发展的重要领域仍将得到重大发展。

邹家华说，我们要发展有计划的商品经济就必须优先发展交通。“八五”期间和今后我国的交通建设仍要坚持统筹规划、条块结合、分层负责、联合建设的原则。交通部要担负起统筹规划的责任，重点规划好全国公路主骨架、水运主通道、港站主枢纽；地方要根据交通部的规划搞好地方的建设项目，以形成全国的公路、水运交通运输网。

在谈到今年的工作安排时，邹家华强调，要在保证干线公路建设的前提下加强农村公路和高等级公路的建设，并加强管理，使一流的公路有一流的管理。沿海港口要加强煤炭、集装箱和滚装运输设施的建设；内河航运要重点建设长江、西江、京杭运河等水运主航道的基础设施。他还强调，在今年的品种、质量、效益年活动中，交通行业还要特别注重安全工作。

中共中央政治局常委宋平在钓鱼台国宾馆同蒙古人民革命党中央委员会主席贡布扎布·奥其尔巴特举行会谈

中国驻英大使冀朝铸被联合国秘书长任命为联合国负责技术合作事务的副秘书长

1月30日

中共中央总书记江泽民邀请各宗教团体领导人在中南海座谈

中共中央总书记江泽民在宗教团体领导人座谈会上发表《保持党的宗教政策的稳定性和连续性》的讲话

我国各民族人民的传统节日春节快到了。这是90年代的第一个春节。传统习惯把春节看作是一个辞旧迎新的节日，还有一句老话说一年之计在于春。在春节前夕请各位来，一是提前祝贺节日；一是谈谈心，辞旧迎新，大家在一起回顾一下过去的宗教工作，谈谈对今后宗教工作的思路和设想。

一、1990年年底召开的中共中央十三届七中全会，通过了《中共中央关于制定国民经济和社会发展十年规划和“八五”计划的建议》，关根同志已给大家通报过，前不久召开的全国政协常委会议又专门讨论了如何贯彻问题。各位都参加了讨论。现在全国各地各部门都在学习讨论《建议》，并结合自己的具体情况，制定贯彻方案。总的来说，大家都认为，《建议》确定了我国实现第二步战略目标的行动纲领，标志着我国社会主义现代化建设将进入一个新的发展阶段，起到了统一思想、坚定信心、振奋精神的作用。实现这个战略目标，关系到国家的长治久安，关系到人民的富裕幸福，关系到社会主义制度的巩固和发展。这就需要全国各民族人民以高度的历史责任感和时代紧迫感，积极地投身到建设和改革的伟大实践中去，创造更加美好的未来。

我国宗教界爱国人士和广大信教群众一贯积极参加我国社会主义现代化建设，作出了应有的贡献。我们希望也坚信，在今后十年实现第二步战略目标的伟大实践中，一定会一如既往，同全国各民族人民一道做出新的更大的贡献。保持社会稳定，是实现第二步战略目标的重要保证，也是党中央今年要着力抓好的大事之一。宗教工作要为做好这件大事出力，宗教界的朋友也应该为这件大事出力。

二、1990年12月初，国务院召开了全国宗教工作会议，讨论修改了《中共中央、国务院关于进一步做好宗教工作若干问题的通知》，李鹏同志在会上有个重要讲话。《通知》经中央政治局常委会讨论后即将下发。在这次会议期间，我邀请出席会议的各省、自治区、直辖市的领导同志和部分统战部长、宗教局长开了座谈会，听了大家的意见，我也讲了些意见。这次会议的基本精神就是统一思想，继续贯彻党和政府的宗教信仰自由政策，保持宗教政策的稳定性和连续性，动员各级党委、政府和社会各方面更加关心、重视和做好宗教工作。今天我着重谈以下几个意思。

1. 各位都是我国各宗教团体的主要领导人，是在同我们党长期合作共事中经受了考验，可以完全信赖的朋友。在我国宗教界还有一大批同我们党真诚合作的朋友。我们合作的政治基础是爱国主义和建设有中国特色的社会主义。正确对待和处理宗教问题，是建设有中国特色的社会主义的一个重要内容。一方面，从我们党和政府来说，要坚定不移地贯彻执行尊重和保护公民宗教信仰自由的权利、保护正常的宗教活动、保护宗教界的合法权益这样一些长期不变的基本政策；另一方面，从宗教界来说，要坚定不移地拥护中国共产党的领导，拥护社会主义，坚持独立自主自办教会的原则，坚持在宪法、法律、法规和政策规定的范围内开展宗教活动。有了这样的政治基础，有了这两个方面的结合，作为我们党领导的爱国统一战线组成部分的各民族宗教界的爱国统一战线，一定会不断地得到巩固和发展。这是我们党把马克思主义的宗教理论同我国宗教问题的实际相结合而得到的一条重要经验。概括来说，我们处理同宗教界朋友之间的关系的原则是政治上团结合作，思想信仰上互相尊重。这一点是永远不会变的。

2. 我们党的宗教信仰自由的政策一定会保持稳定性和连续性，是绝对不能改变的。这是因为，四十年实践中正反两方面的经验证明：这个政策是正确的，只要正确贯彻这一政策，就有利于民族团结、国家和社会稳定，有利于社会主义建设，否则，就会产生多方面负效应。“文革”十年在这方面的教训是深刻的，在某种意义上是沉痛的。我们再也不能重犯那种历史性错误。这一点，我们党和政府要经常对全体党员和政府工作人员进行教育，各宗教团体也应经常向自己所联系的信教群众进行这方面的宣传解释，让大家放心。

3. 关于落实宗教房产政策的问题。应该说，前几年我们在落实政策方面做了大量工作，可不可以说，宗教界基本上是满意的。但是也不可否认，确实还遗留一定的问题。中央、国务院过去规定的处理宗教房产问题的政策仍然有效。但具体问题具体解决，各地党委、政府要根据具体情况很好地协调解决。这个协调，首先要有政治观念，不要总是向钱看；但也要考虑到各方面的利益。总之，该解决的一定要下决心解决，不要久拖不决。

4. 在《中共中央、国务院关于进一步做好宗教工作若干问题的通知》中明确写上了"依法对宗教事务进行管理"，并且对这种管理作了明确的界定，这就是"政府对有关宗教的法律、法规和政策的贯彻实施进行行政管理和监督"。从四十年的经验看，规定这样一条，根本目的是为了更好地保护正常的宗教活动和宗教界的合法权益，也有利于防止和制止不法分子利用宗教和宗教活动制造混乱、违法犯罪，有利于抵制境外敌对势力利用宗教进行渗透。这是为了更好地全面地贯彻执行宗教信仰自由政策，决不意味着干预宗教团体自身的活动，更不是宗教政策收紧了。我们一贯主张在宗教工作中一定要充分发挥宗教团体和宗教界人士的作用，支持你们按照我国的国情和各教的特点，独立自主地办好教务。

5. 国内外敌对势力一直把利用宗教进行政治渗透作为他们对我国推行和平演变战略的一个重要手段。这实质上是政治问题。我国各爱国宗教团体应当教育自己的教职人员和信教群众，经常保持警惕，自觉地抵制这种渗透。要看到，这种渗透的结果，首先和直接受害的是爱国宗教团体本身。

6. 培养一支政治上热爱祖国，拥护共产党领导，走社会主义道路，而且具有一定的宗教学识，能联系信教群众的年轻的宗教教职人员队伍，关系到我国宗教组织的将来面貌，也关系到我们党同宗教界长期合作的大问题，具有战略意义。希望各爱国宗教团体把这件事认真抓起来，制定出计划，积极实施，在几年之内抓出实效。各级党委统战部门和政府宗教部门当然也应当帮助和支持你们把这件大事办好。

《人民日报》发表社论《一心一意搞建设》

党的十三届七中全会审议并通过的《中共中央关于制定国民经济和社会发展十年规划和"八五"计划的建议》，规划了未来十年中国发展的宏伟蓝图，体现了以江泽民同志为核心的党中央全面贯彻党的基本路线，一心一意搞建设的坚定决心，表达了全党和全国各族人民要求经济振兴、国家富强、人民生活达到小康水平的强烈愿望。

《建议》指出："在我国社会主义现代化建设的历史进程中，本世纪最后十年是非常关键的时期。""我们能不能在九十年代巩固和发展八十年代取得的成就，进一步促进经济振兴和社会进步，使我国以更加昂扬的姿态跨入21世纪，直接关系到我国社会主义的兴衰成败，关系到中华民族的前途命运。"这个论断充分说明了一心一意搞建设、把国民经济搞上去的极端重要性和紧迫性。众所周知，社会主义在世界范围内正面临着严峻的考验。在未来岁月里，我国的社会主义事业能不能胜利前进，取决于能不能把国民经济搞上去。经济搞不好，社会主义制度的优越性发挥不出来，我们就将处于被动的地位。在当今动荡不安的世界里，我国为什么社会稳定、欣欣向荣呢？就是由于我国社会主义建设取得了巨大的胜利，特别是近十年国民生产总值翻了一番，市场繁荣，人民群众生活有了很大改善。如果我们振奋精神、团结一致、努力奋斗，再用十年时间使国民生产总值再翻一番，到那时社会主义就会有更大的吸引力和凝聚力。

马克思主义认为，人类社会的发展是由物质力量即生产力的发展所决定的。共产党人领导人民闹革命，归根到底是为了发展生产力。只有坚持以经济建设为中心，促进社会生产力的大发展，大大提高人民的物质文化生活水平，才能卓有成效地推进社会主义代替资本主义的历史进程。社会主义和资本主义的较量，最终是要在经济发展中体现出来。经济问题始终是关乎国家政治前途和社会稳定的大问题。列宁曾经指出："无产阶级取得国家政权以后，它的最主要最根本的需要就是增加产品数量，大大提高社会生产力。"他还指出："资本主义可以被最终战胜，而且一定会被最终战胜，因为社会主义能创造新的高得多的劳动生产率。"这是极其重要的论断。国际共产主义运动正反两方面的经验都证明，搞社会主义，不抓住经济建设不行。我国还处于经济文化比较落后的社会主义初级阶段，发展经济尤其重要。在不发生大规模外敌入侵的情况下，一心一意搞建设，大力发展社会生产力，实现社会主义现代化，这个决心绝不能动摇。

以党的十一届三中全会为标志，我们实现了全党工作重点的转移，确立了集中精力搞社会主义现代化建设的方针。这是一个历史性转变、历史性功勋。十多年来，我国社会主义现代化建设阔步前进的事实证明，这个方针是完全正确的。针对前些年资产阶级自由化思潮泛滥、思想政治工作被削弱的情况，我们强调加强思想政治工作，坚决纠正"一手硬、一手软"的倾向，也是完全正确的，今后仍然要坚持这样做。这决不意味着以经济建设为中心、一心一意搞建设的方针有所改变。相反,我们反对资产阶级自由化思潮,加强思想政治工作,正是为了排除干扰,更好地集中精力搞建设,使改革开放沿着正确的方向健康发展。把反对资产阶级自由化思潮同经济建设、同改革开放割裂开来、对立起来是不对的。江泽民同志说:“要把经济搞上去,首先要有安定团结的政治局面。没有一个稳定的政治形势,经济搞不上去;反过来,经济搞不上去,也难以保持政治上的安定团结。”我们必须正确地理解和贯彻执行党的“一个中心、两个基本点”的基本路线,理解政治与经济的辩证关系,防止各种片面性。

在未来十年里,我们的奋斗目标是宏伟的,任务是艰巨的。既面临着严峻的挑战,也有难得的机遇,困难和希望并存。重要的是,我们要抓住有利时机,调动一切积极因素,专心致志地做好工作,首先把经济搞上去。一切工作,都要服从于、服务于经济这个中心。只要我们紧紧抓住经济建设这个中心,做好各方面工作,十三届七中全会提出的光荣任务一定能够胜利完成。

国务院总理李鹏会见全国监察工作会议代表

李鹏在人民大会堂会见全国监察系统先进集体、先进个人和第三次全国监察工作会议的代表时说,越是要扩大开放,越是要深入改革,越是要发展经济,就越是要开展廉政建设和反腐败斗争,使党和政府同人民群众保持密切的联系。

他说,监察系统成立三年,在各级党委和政府的领导下,在开展廉政建设、反腐败斗争中做出了贡献,促进了经济的稳定、政治的稳定和社会的稳定,同时,对国家干部中那些干了坏事和企图干坏事的人有着巨大的威慑力量。

李鹏说,不久前,中共中央召开了十三届七中全会,审议通过了中共中央关于制定十年规划和“八五”计划的建议。摆在监察系统面前的任务是非常重要的,也是十分艰巨的。

李鹏说,监察工作是难度相当大的工作,因此各级党委、各级政府要支持他们的工作,除了要为监察队伍创造必要的工作条件和生活条件外,特别在他们工作遇到困难时,要给予支持。监察队伍本身要发扬党的优良传统,坚持实事求是,注重调查研究,提倡奉献精神,不断提高自己的政治素质和业务素质。

最高人民法院最高人民检察院公安部联合发出《关于严厉打击非法出版犯罪活动的通知》

外经贸部发言人刘向东表示中国决不会搞贸易保护主义

刘向东近日表示,中国决不会搞贸易保护主义,随着现代化建设的发展,我们将会保持适度的进口规模。

他说,为支持国内现代化生产和增强外贸企业综合运筹能力,我国将本着进出基本平衡的原则,在出口增长的同时,相应增加进口。所以,外国产品进入中国市场的机会是很多的。

据悉,由于西方一些国家对我实行经济制裁和我国内对基建和生产进行调整,1989年下半年进口受到影响。1990年下半年,随着我国启动市场、扩大进口的措施生效以及西方经济制裁出现松动,进口贸易开始逐月回升。基于制裁影响尚未完全消除,我引进技术成交合同降幅超过60%,致使整个进口难以恢复到应有水平。

刘向东表示,1990年我国出口贸易发展较快,出口金额为516.96亿美元,比上年增长19%,国家外汇结存较多,国际支付能力增强,为今后积极发展进口贸易提供基础。

外经贸部部长李岚清和法国外贸部长罗什在北京举行会谈

会谈中,两位部长都认为进一步发展和扩大两国的经贸关系是有潜力的。双方就农业,包括核电站、石油、天然气开发在内的能源、通信、原材料生产、环境保护等领域的合作可能性进行了探讨。

李岚清说,总的来讲,中法双边贸易发展是好的,中国一直把发展中法贸易放在中国对外贸易的重要位置。据中方统计,法国现在是中国第六大贸易伙伴。去年双边贸易额达23亿美元,比1989年增长18%,其中从法国进口增长17%。

李岚清说,中国进出口贸易基本方针是在保证有适当外汇储备情况下,保持进出口基本平衡。所谓适当外汇储备是指有进口支付能力,能按期偿还债务和保持信用。中国出口多一点是为更多进口一点。

李岚清还强调,中国的外贸体制正在深化改革。

罗什说,法中贸易存在着互补性,法国政府希望同中国发展很好的经贸关系。

两位部长还同意由两国专家研究双方对贸易数字的统计问题。

下午,李岚清还会见了随同罗什访华的十多位法国企业家,同他们进行了友好的谈话。

中国代表团副国长王学贤在联合国人权委员会第47届会议上发言

中央军委主席江泽民签发命令给成都军区某师记集体二等功

中央军委秘书长解放军总政治部主任杨白冰同全国“双拥”先进代表座谈

参加由民政部和解放军总政治部召开的座谈会的有新近被民政部、解放军总政治部命名为“双拥模范城”、“双拥模范县”的10位代表，爱国拥军模范的代表，育兵教子模范的代表，优秀光荣院院长的代表，优秀军人妻子的代表，以及军队的代表等。他们在发言中表示要进一步发扬军爱民、民拥军的光荣传统，努力把新形势下的“双拥”工作做得更好。

杨白冰在座谈时说，“双拥”工作是造福国家、造福人民的伟大事业，是国家安定的重要前提，是实现社会主义现代化建设第二步战略目标、把国民经济整体素质提高到一个新水平的重要保证。

杨白冰要求10个“双拥模范城”、“双拥模范县”要在全国带头，树立起榜样，带出更多的“双拥”模范单位，以坚不可摧的军民团结促进国家的安定团结，促进国家经济建设和改革开放事业的发展。

全国老龄工作研讨会在上海结束

中顾委常委、中国老龄问题全国委员会名誉主任陈丕显在会上强调，亿万老年人是国家稳定和社会发展的重要力量，积极地把这支力量挖掘和发挥出来，是发展老有所为的根本意义所在。

会议期间，各地老龄工作者及部分专家学者170余人，分别从经济学、社会学、生理学、心理学等不同角度，对老年价值观、当代老年人的特点、老年群体的作用、老有所为的概念、内容、途径、范围等进行了探讨。

新闻出版署发出《关于认定、查禁非法出版物的若干问题》的通知

1月31日

《人民日报》发表社论《为实现第二步战略目标而奋斗》

不久前召开的党的十三届七中全会，集中了全党智慧，审议通过了《中共中央关于制定国民经济和社会发展十年规划和“八五”计划的建议》。《建议》在充分肯定10年成就，科学总结多年来的经验，正确分析国际国内形势的基础上，根据建设有中国特色社会主义的要求，确定了今后10年和“八五”期间的奋斗目标、基本指导方针，确定了国民经济和社会发展的重点，确定了深化改革和扩大开放的部署、措施。它是我们实现第二步战略目标的行动纲领，标志着我国社会主义现代化建设进入了一个新的发展阶段。每一个热爱祖国、希望祖国振兴的人，都会从中受到极大的鼓舞。

大家知道，十一届三中全会以后，我党总结了社会主义建设中正反两方面的经验，提出了从新中国成立时算起大约用100年左右的时间实现我国的社会主义现代化的设想，并且具体化为“三步走”：第一步，用10年时间，使国民生产总值比1980年翻一番，解决人民的温饱问题；第二步，再用10年时间，到本世纪末，实现国民生产总值再翻一番，人民生活达到小康水平；第三步，到下世纪中叶，使人均国民生产总值达到中等发达国家的水平，基本上实现我国的现代化。

实践证明三步走的设想是正确的。第一步的10年过去了。我国国民生产总值在这期间实际增长了1.23倍。我们开创了社会主义现代化建设的新局面，改革开放取得了举世瞩目的进展；科学、教育、文化事业迅速发展，综合国力显著增强，人民生活水平显著提高。党的十三届四中全会以来，在以江泽民同志为核心的党中央的领导下，认真总结经验教训，正确的加以坚持，不足的加以完善，失误的加以纠正，各项工作都取得了新的进展。

回顾过去10年，我们充满欣喜之情，展望未来10年，更是满怀信心。第二步战略目标是宏伟的，也是艰巨的。即以经济增长速度而论，由于前10年已经增长了一倍多，所以今后10年以平均每年增长6%的速度，到本世纪末就可以实现20年“翻两番”的任务了。这个速度虽然比前10年低了些，但因为它是在更大基数上的“高基数”增长，又是在经济结构、质量、效益上都有更高要求的“高层次”增长，所以难度是比过去更大了，正像体育运动的水平越高越难以突破一样。

还要看到，实现再翻一番的目标，并不仅仅是“生产任务”，它实际上是一个囊括发展和改革、经济发展和社会发展、物质文明建设和精神文明建设，并且协调它们之间关系的系统工程。未来的10年，我们要深入推进改革开放，初步建立社会主义有计划商品经济的新体制，这也是一项很复杂而艰巨的任务。到2000年，人民生活将达到小康水平，生活质量要进一步提高，城乡居民在衣、食、用、住、行等方面都将更加充实，达到丰衣足食。人民生活的改善不仅包括物质生活，也包括精神生活；物质生活，不仅包括个人消费，还包括社会环境。因此，实现这一目标绝不是轻而易举的事情。

实现第二步战略目标，最根本的保证是坚持走建设有中国特色的社会主义道路，也就是要坚决贯彻执行《建议》提出的12条原则。这些原则是在邓小平同志倡导下，从党的十一届三中全会开始，经过十二大、十三大，根据马克思主义普遍真理同中国具体实践相结合的原则，在深刻总结历史经验和当前实践的基础上形成的，是全党对建设有中国特色社会主义的基本理论和基本实践的共同认识。12条来之不易。这是极其丰富的精神财富,又是极其锐利的理论武器。各地区、各部门的同志都要认真组织好对《建议》的学习,用《建议》统一大家的思想,把全国各族人民的聪明才智集中到实现第二步战略目标上来。

贯彻七中全会精神,还要特别强调改进作风,扎实工作。历史经验证明,一个好的文件、好的政策,只有通过艰苦细致的工作,真正落实,才能取得好的效果。现在我们必须把《建议》明确的基本指导方针进一步具体化、制度化,把涉及全局的重大问题,一个一个地摸透,并抓住不放,一直抓到问题的解决。全党同志,特别是各级领导干部,一定要把心思用到扎实工作上。

本世纪末的最后10年,是我国社会主义现代化进程中非常关键的10年。从国际形势看,从国内发展看,都是如此。这10年的工作做得如何,将关系我国社会主义事业的兴衰成败,关系到中华民族的前途命运。对于这一点我们必须有足够的认识。

现在,我们的目标是明确的、科学的;我们的基本指导思想是正确的、全面的;我们有40多年来特别是改革开放10多年来所取得的巨大成绩和丰富经验;我们的党和人民已在社会主义的伟大事业中实践、学习而更加成熟起来;当前我国政治稳定、经济稳定、社会稳定,充满了改革开放的勃勃生机。这一切都预示着,我国未来的10年将是波澜壮阔的10年,光辉灿烂的10年,充满生机活力和巨大希望的10年!

全党同志,全国人民,让我们响应党的十三届七中全会的号召,坚持党的基本路线,发扬自力更生、艰苦奋斗、勤俭建国的优良传统,振奋精神,同心同德,兢兢业业,埋头苦干,为完成"八五"计划,为实现我国社会主义现代化建设第二步战略目标而努力奋斗!

国家主席杨尚昆在广东惠州大亚湾视察

杨尚昆在广东省省长叶选平的陪同下,来到了位于惠州市的美国熊猫汽车(中国)公司建设现场。他走进这家外商独资企业正在建设中的16万平方米的汽车总装车间,向外籍管理人员详细了解了建设情况、工程规模、投产时间等。

当杨尚昆听说"熊猫"一期工程1992年可建成投产,并可达到年产10万辆汽车的能力时,十分高兴。杨主席说,过去有一段时间,外国有人认为中国的对外开放政策要变了。"熊猫"工程的建设发展,证明我们改革开放的政策没有改变,我国的对外开放工作是在不断前进的。

杨尚昆主席还视察了位于大亚湾的惠州港建设现场。

解放军总参谋部总政治部总后勤部通报表彰先进农(牧、养殖)场和农副业劳动模范

解放军三总部近日的《通报》说,党的十一届三中全会以来,全军各部队根据党中央、中央军委的指示,继承和发扬南泥湾精神,努力发展农副业生产,取得可喜成绩。1990年粮豆、肉鱼禽蛋生产和农场收益有了较大增长,为改善部队生活,保持部队稳定,提高部队战斗力作出积极贡献,涌现出一大批农副业生产先进单位和个人。

国务院秘书长罗干率领中国政府代表团在仰光参加中国向缅甸赠送的缅甸国家剧场移交仪式

新西兰政府总理博尔格和副总理麦金农在惠灵顿分别会见中国国际信托投资公司(集团)董事长荣毅仁及其一行

2月1日

农村社会主义思想教育蓬勃展开

全国规模的农村社会主义思想教育活动，正在有领导、有计划、分期分批地逐步开展起来。

湖南、浙江、江西、福建和北京等5个省、市在上个冬春有领导、较系统普遍地开展这项工作并取得一些经验后，这个冬春又作了部署，要求深化教育，增强实效。宋平同志在农村工作座谈会和全国村级组织建设工作座谈会上介绍湖南的经验后，产生了很大影响。山东、内蒙古、山西、吉林、黑龙江、安徽、陕西、新疆、云南、宁夏和上海、天津等12个省、区、市去年秋末冬初作了系统部署，在相当多的乡村已开展起来。山东的经验受到江泽民同志的肯定。还有省、区，如湖北、河北、广西、河南、辽宁、甘肃、青海、贵州、江苏、四川等先试点、再铺开。

农村社会主义思想教育，已经显露出五个方面的特点：

第一，主要领导决心大、亲自抓，措施得力。湖南、江西、山东、宁夏、浙江等省，从省委到地、县委，层层建立了领导小组(下设办公室)。大部分省结合本地情况编写了教材，并注意总结、推广好的经验，加强工作指导。山东省委常委和副省长每人分别联系一个地、市，进行具体指导。

第二，把社会主义思想教育同推动农村各项工作，促进两个文明建设结合起来。湖南提出在教育中要完成三项任务：用社会主义思想占领农村阵地；完善统分结合的双层经营体制、壮大集体经济；加强基层组织建设，充分发挥党支部的战斗堡垒作用和党员的先锋模范作用。江西要求，通过教育建立一个过硬的村党支部班子，寻找一个治穷致富的路子，发展一个集体经济实体，为农村经济发展创造一个好环境。

第三，坚持正面教育和自我教育。各地一开始就强调，这次教育的方法是正面教育和自我教育，目的是提高思想认识，坚定对社会主义的信念，推动各项工作。

第四，从当地实际出发，灵活确定和掌握教育内容、教育时间，注意防止形式主义，不搞一刀切，对基层干部和群众的要求也有所区别。新疆、内蒙古和云南把加强党的民族政策、民族团结教育作为一个重点。多数省把家庭联产承包责任制的社会主义性质、农业是国民经济的基础、处理好粮食生产和多种经营的关系、巩固和发展工农联盟，作为教育内容的重点。

第五，抽调大批干部组成工作团(队、组)深入农村。据20个省、区、市统计，去冬以来共抽调干部62.9万人。工作队进村后向群众说明来意，讲清任务和政策，并为农民解决了一两个迫切的实际问题，很快就受到群众的信任和欢迎。各地工作队一般都是自带被褥、自己开伙，个别省的工作队吃派饭。工作队离村时，群众依依不舍。

《人民日报》转载《党建》杂志1991年第1期发表的中共中央政治局常委宋平的文章《建设社会主义必须坚持党的领导》

全国高级法院院长会议在北京召开

全国各省、自治区、直辖市的高级人民法院院长、解放军军事法院院长以及一部分中级人民法院院长160余人参加了会议。

会上，最高人民法院院长任建新传达了江泽民、乔石对这次会议所作的重要批示。

江泽民在批示中希望法院全体干警认真贯彻党的七中全会精神，继续紧密团结，埋头苦干，为加强我国社会主义民主与法制建设，保障十年规划及“八五”计划的顺利实施，作出更大贡献。他表示，春节将至，请代为转达对全国法院干警及其家属的节日问候。

乔石希望各级人民法院干警认真学习和贯彻十三届七中全会的精神，严肃执法，全力为维护社会稳定，促进经济建设服务。

任建新在会上提出，今年人民法院的任务是，认真贯彻党的十三届七中全会精神，以党的基本路线为指导，紧紧围绕经济建设这个中心，进一步全面开展各项审判工作，努力提高执法水平，加强队伍建设，为维护国家和社会的稳定服务，为国民经济和社会发展十年规划和“八五”计划的顺利实施服务。

任建新提醒人们注意，刑事案件特别是重大案件还在上升，治安形势仍然是严峻的。我们同犯罪作斗争将是长期的、复杂的、艰巨的，不能有丝毫的麻痹和松懈情绪。他重申，对严重危害社会治安的犯罪分子，必须继续贯彻依法从重从快惩处的方针。

在谈到社会治安综合治理时，任建新说，这是党和国家维护社会稳定的一个长期的基本方针，是在改革开放的新形势下，具有中国特色的解决社会治安问题的新路子。他要求各级人民法院明确自身在综合治理工作中担负着运用法律手段惩治犯罪、解决纠纷、维护社会安定的重要任务。要发挥各项审判职能作用，预防纠纷，减少诉讼，制止违法，遏制犯罪。

任建新要求各级法院提高办案质量，提高办案效率，注重办案效果。他特别强调要克服地方保护主义。他指出，各级法院今年要把克服地方保护主义作为纠正不正之风的一项重要内容，对因受地方保护主义影响而判决不公的案件，要坚决依法予以纠正。他重申从严治院，坚决清除贪赃枉法等严重违法乱纪分子；要坚决纠正办“关系案”、“人情案”、吃请受礼等不正之风，创造一个为政清廉的好风气。

会议反映，在去年全国法院审结的292万一审案件中，刑事案件占45.6万件，比1989年上升17.4%，判决发生法律效力的共58.1万人，其中属于杀人、抢劫、强奸、重大盗窃等严重危害社会治安的犯罪分子27.1万人。

会议至5日闭幕。

国务院关于开展“质量品种效益年”活动的通知

党的十三届七中全会指出，实现我国现代化建设第二步战略目标的基本要求之一，就是“在大力提高经济效益和优化经济结构的基础上，使国民生产总值按不变价格计算到本世纪末比1980年翻两番”。全会根据目前经济发展的状况提出，1991年“要把全部经济工作切实转到提高经济效益的轨道上来，力争工业生产的质量、品种、效益有一个明显进步。”国务院决定1991年为“质量、品种、效益年”，目的就是通过在全国广泛深入地开展这一活动，大力提高我国企业的经济素质和经济效益，使企业逐步走上投入少、产出多、质量好、消耗低、效益高的发展道路。

开展“质量、品种、效益年”活动，涉及各地区、各部门、各企业以及各行政事业单位、社会团体等各个方面。各方面都要在各级人民政府的统一领导下，互相配合，共同努力，结合实际情况，认真做好自己的工作。现将有关问题通知如下：

一、提高认识，统一思想，深刻领会开展“质量、品种、效益年”活动的重要意义

党的十一届三中全会以来，我国全面开创了建设有中国特色的社会主义的新局面，经过十年的努力，第一步战略目标已经基本实现，取得了举世瞩目的伟大成就。在此期间，全国广大企业和亿万职工付出了艰苦的努力，作出了巨大的贡献，企业整体素质也有了很大的提高。但是，由于指导思想和实际工作等方面的原因，我们的全部经济工作还没有切实转到以提高经济效益为中心的轨道上来。近年来，由于生产、建设、流通领域中普遍存在着质量差、品种少、效益下降的现象，致使许多企业成本上升，亏损增加。从产品质量上看，质量差的现象十分严重，已成为工业发展的致命弱点。据有关部门对部分城市的调查，我国工业产品的抽样合格率约为75%，优质品产值率约为27%，市场抽查商品合格率为55%，与工业发达国家98%的工业产品合格率相差甚远；据另一项调查，我国企业生产中不良产品损失率约占产值的10%至15%，由此推算，仅这一项我国每年经济损失就超过1000亿元。从能耗上看，目前我国单位产品能耗水平比发达国家70年代末、80年代初的水平高出30%至90%；单位国民生产总值的能耗比日本高3倍，比印度也高出一倍。从产品结构和新产品开发来看，据对大中型企业的调查估算，在国内市场上畅销的产品只占58.8%，在国际市场上畅销的产品只占出口产品的51%，真正具有竞争能力的产品只有25%左右；在我国每年开发的近6万项各类新产品中，可达到国际水平的只占3.5%。这几个侧面的比较说明，我国工业产品在质量、品种上存在的问题确实严重，不能不引起我们的认真思索和高度重视。

存在上述问题的原因是多方面的，有企业外部环境方面的，也有内部管理方面的；有客观的，也有主观的。解决这些问题也需要从多方面着手，但至关重要的是先从企业内部管理和主观上找原因，挖潜力。许多企业在市场疲软时思想不疲软，他们不畏困境，努力拼搏，以提高质量求生存，以增加品种求发展；许多企业不仅在国内创名牌开拓市场，还在竞争激烈的国际市场上站稳脚跟，以至经久不衰。而在相同的外部环境下，有些企业却存在“等、靠、要”的消极思想，他们害怕困难，故步自封，无所作为。以能耗为例，国内同行业、同类型企业之间、先进与落后之间相比，差距很大，如果全国电炉钢、电解铝等八大产品的电耗从平均水平提高到先进水平，仅这一项每年就可节电近百亿千瓦小时。我们应从这些差距中首先找到思想差距，看到自己的潜力，把解决问题的立足点放到本部门、本地区和本企业的现有基础上。有效地开展“质量、品种、效益年”活动，关键是各级领导干部和经济战线上的广大职工要统一思想，提高认识。要充分认识目前存在的质量低劣、品种短缺（特别是产品不适销对路）、效益下降的状况亟待扭转的迫切性和重要性。否则，这不仅影响当前治理整顿、深化改革的顺利进行，而且是我国经济持续、稳定、协调发展的巨大障碍；不仅给国家财政带来沉重的负担，而且严重影响增强企业的活力；不仅不能满足全社会日益增长的物质和文化生活需要，而且会影响我国第二步、乃至第三步战略目标的实现。因此，一定要认真学习贯彻党的十三届七中全会精神，深刻领会在“八五”计划非常关键的第一年开展“质量、品种、效益年”活动的重要意义，发挥我们的优势和有利条件，增强信心，扎实工作，力争今年工业生产在质量、品种、效益上有一个明显的进步。

二、制订明确的奋斗目标

在开展“质量、品种、效益年”活动中，每个地方，每个行业，每个企业，都要抓住自己的薄弱环节，找准主

攻方向。对本单位在今年和今后一段时间内，开发研制多少新技术、新工艺、新材料，上哪些技术改造项目；产品质量有多少要达到国际先进水平，创多少优质名牌，产品合格率提高多少；开发多少高附加值的新产品，增加多少花色品种；从哪些环节上节能降耗，成本降低多少，资金周转加快多少，设备完好率提高多少，扭亏增盈多少等等，都要有具体明确的、分步实施的目标。制订目标的要求是：

（一）眼睛向内，认真找差距、挖潜力。每个企业都要认真找出自己与国际先进水平，与国家级、省级先进企业标准，与本企业历史最好水平之间的差距，看清本企业产品在国际、国内同行业中所处的位置，立足现有基础，深挖自己的潜力，瞄准赶超目标，努力攀登新的台阶。

（二）抓住社会需求，注重实际效果。要按照国家产业政策的指导和市场的实际需求制订目标。一定要实事求是，从实际情况出发。从总体上要求所有产品，特别是主导产品，要上档次、上水平，但每个地区、每个企业在制订具体目标时，要注意到国际、国内市场的需求和变化，注意到不同层次的需求。在品种上既求新，又要考虑现阶段我国市场的消费特点；在质量上既要求高，又不使成本上升太多，超过现阶段人民群众的消费水平。

（三）紧紧抓住提高效益这个中心，迅速扭转企业利润下降的局面。提高产品质量、开发新产品、增加花色品种、使工业产品上档次、上水平，不仅力求提高企业近期效益，而且要着眼于取得社会效益和长远效益。特别是对亏损企业，要分析原因，区别情况，限期减亏和消灭亏损；对长期经营性亏损企业，要实行关、停、并、转，不能放任自流。

（四）搞好生产、经营、科研单位之间的配合协调工作。社会化大生产的规律决定着每一项产品的生产、销售和更新都不是孤立的。各单位制订产品品种、质量发展目标时，要与相关单位通力协作。企业集团中的核心企业，配套生产厂家中的龙头厂，尤其要在这方面发挥主导作用。各相关单位要共同努力，为制订一个好的发展目标出谋划策，以求协调发展。

（五）计划、财税、金融、物资、商贸、物价等部门要积极为企业创造良好的外部环境。要充分发挥税收、信贷、物价等经济杠杆的调节作用和物资、商贸部门的保证作用，要按照产业政策和调整结构的要求，制订具体措施，对企业技术改造、产品开发、提高质量、节能降耗等工作给予扶持。

三、把开展“质量、品种、效益年”活动与继续治理整顿、深化改革等项工作紧密结合起来，确保活动年目标的实现

（一）把开展“质量、品种、效益年”活动同深化企业改革紧密结合起来。要把党中央、国务院关于搞活企业、特别是搞活全民所有制大中型企业的一系列法律、法规和政策认真落实到企业；对那些深受企业欢迎的、有利于搞活企业的政策、规定和办法要予以稳定；还要继续从多方面采取有力措施，进一步完善企业经营机制，增强企业活力。要完善和发展企业承包经营责任制，抓紧落实好企业两期承包的衔接工作；进一步搞好企业内部经济责任制和内部配套改革，特别是要坚持按劳分配，克服“平均主义”倾向，调动企业和职工的积极性。同时，要继续进行利税分流、税后还贷、税后承包的试点。要积极组建、扶持有利于经济结构优化的企业集团；搞好企业资金分账制试点，推动企业兼并。

（二）把开展“质量、品种、效益年”活动同强化企业管理结合起来。要继续抓好企业升级工作，提高标准，完善办法，充分发挥企业升级激励机制的作用，促进企业加强管理，全面提高企业素质；要加强企业管理基础工作，搞好现场管理、各项专业管理和班组建设，健全规章制度，加强劳动纪律和工艺纪律，保障质量，安全生产；要组织和加强全面经济核算，在生产、经营的各个环节建立严格的计量验收盘点制度，健全账表，完善核算办法，严格财务开支的审批手续和领报制度；更加强专用资金的管理，提高资金的使用效果，严禁把生产性资金挪用于奖励、福利等非生产性支出，特别是要注意用好国家贷款，力求少投入，多产出；要采取有力措施，加速资金周转，增产节约，增收节支；各级财政、金融和主管部门要加强对企业经济核算的督促检查，分类指导；企业要运用全面质量管理、市场调查预测、价值工程、营销技术以及计算机管理信息系统等各种行之有效的现代化管理方法和手段，及时调整经营策略，提高优质、适销产品的比例，减少废品损失，处理积压产品，降低生产成本，提高资金使用效率。基本建设也要从加强管理着手，认真解决浪费严重、概算超支、工期拖长、效益低下的问题。

（三）把开展“质量、品种、效益年”活动与调整产品结构，推进企业技术进步和技术改造结合起来。各主管部门和企业都要制订调整产品结构、推进技术进步和技术改造的规划，搞好技术培训工作。调整产品结构，要注意发挥自己的优势，促进专业化协作，努力达到合理的经济规模。所有企业都要千方百计压缩非生产性开支，把有限的资金用在企业技术进步上。要合理提取折旧、大修理、更新改造和技术开发基金，特别是折旧基金一定要用于技术改造，管好用好，发挥效益，决不能挪用在搞基本建设等其他开支上。要坚持科研与生产相结合，大力推广新材料、新工艺、新技术。对于那些事关全社会、全行业技术进步的新产品要集中力量，集中资金进行开发和推广应用。财政、金融部

门要予以大力支持。

(四)把开展"质量、品种、效益年"活动与开拓国际国内市场结合起来。要树立竞争观念,加强营销工作,搞好售后服务。技术、质量监督部门在抓好生产企业产品质量监督的同时,要继续加强对流通领域商品质量的监督。有条件的企业要千方百计打入国际市场,要了解国际市场信息,按照国际标准和国际市场的需要组织生产,并积极引进国外先进技术和管理经验,增强对国际市场的适应能力,增加出口创汇。在国内市场方面,不仅要重视城市市场,而且要注重开发广阔的农村市场,以满足亿万农民的需要。

(五)把开展"质量、品种、效益年"活动与减轻企业负担、增强企业发展后劲工作结合起来。要认真组织力量,采取有力措施,切实解决乱摊派、乱收费、乱罚款和乱集资、乱检查等问题,减轻企业负担,增加企业盈利水平。要积极研究完善企业补充流动资金的办法和企业折旧、留利制度。要加强国有资产的管理,有步骤地对固定资产价值进行重估。要严格结算制度,继续努力解除"三角债"给企业生产造成的困难。

(六)把开展"质量、品种、效益年"活动与一些地区和部门正在开展的有关活动结合起来。如一些地区开展的"管理年"活动,石油行业学大庆、化工行业学吉化、冶金行业学武钢、煤炭行业学石圪节等活动,都取得了很好的效果,与开展"质量、品种、效益年"活动的目的和要求是一致的,应当坚持下去,继续深化。

(七)把开展"质量、品种、效益年"活动与精神文明建设结合起来。要把企业思想政治工作的着眼点放到激发职工树立主人翁责任感和社会主义建设事业心上来,提高质量意识,增加效益观念,培养奉献精神,充分发挥全体职工的主动性、积极性和创造性。特别是各级领导干部要带头执行党和国家的法规、政策,廉洁奉公,勤俭节约,艰苦奋斗,与广大职工一起深入持久地开展"双增双节"运动和合理化建议活动,人人献计献策,把"质量、品种、效益年"活动开展得既轰轰烈烈又扎扎实实。

四、加强对"质量、品种、效益年"活动的组织领导

国务院为了加强对开展"质量、品种、效益年"活动的领导,决定成立以邹家华同志为组长,王丙乾、宋健、李贵鲜、刘仲藜、叶青同志为成员的领导小组;具体工作由国务院生产委员会牵头,有关部门参加,共同组织和推动这项活动的开展。各地区、各部门也要尽快明确主要负责同志和主管部门。

各地区、各部门和各级新闻单位要组织力量,做好宣传发动工作,大力宣传开展"质量、品种、效益年"活动的重要意义和好经验、好做法及所取得的效果,并针对存在问题进行指导。各级领导要把这项活动作为今年经济工作的重要任务,作为落实"八五"计划的组成部分,精心安排,狠抓落实。国务院生产委员会每月要召开一次例会,每季度要召开一次全国电话会议,及时总结交流各地区、各部门的经验,研究解决有关问题。国务院生产委员会要会同有关部门深入基层,抓好典型,通过定期例会交流情况,检查工作,促进这项活动的健康发展。

开展"质量、品种、效益年"活动要着眼于见实效,出成果,明年初要进行总结评比,对效果显著的地区、部门和企业进行表彰,进一步巩固和发展取得的成果,把质量、品种、效益工作坚持不懈地抓下去。

《人民日报》发表评论员文章《依靠群众提高素质加强管理——四论"质量、品种、效益年"》

国务院关于将钨锡锑离子型稀土矿产列为保护性开采的特定矿种的通知

国务院近日发出通知,决定将钨、锡、锑、离子型稀土矿产列为国家实行保护性开采的特定矿种。

通知说,钨、锡、锑、离子型稀土是我国的优势矿产,在世界上具有举足轻重的地位。但是,近年来大量的集体、个体(含联户)采矿者,对正在开采的全民所有制矿山、国家规划矿区和勘探区内的有色金属和离子型稀土矿产资源乱采滥挖,甚至盗窃、哄抢全民所有制矿山企业的矿产品及其设备器材,破坏生产设施,使国家的矿产资源受到严重破坏,矿山的安全生产受到严重威胁。为了合理开发利用和保护国家的宝贵资源,推动矿业秩序的治理整顿,国务院决定将钨、锡、锑、离子型稀土矿产列为国家实行保护性开采的特定矿种,从开采、选冶、加工到市场销售、出口等各个环节,实行有计划的统一管理。

国家税务局等六部门联合发出《关于加强出口产品退税管理》的通知

国家税务局、经贸部、海关总署、财政部、中国人民银行、国家外汇管理局近日联合发出的《关于加强出口产品退税管理的联合通知》的硬性规定。

为鼓励企业产品出口创汇,我国实行出口退税与出口企业创汇任务、上缴中央外汇任务挂钩的办法。企业年度出口退税计划按国家预算确定的指标执行。在贯彻出口退税政策中,一些地方审批把关不严,工作出现一些失误。因此,这次国家6部门联合发通知特别强调,要严厉查处出口退税违章行为,对骗取退税情节严重的出口企业,可由国家税务局批准停止其半年

以上的出口退税权；出口企业骗取退税数额较大或情节特别严重的，由经贸部撤销其出口营业权。

国家计委发出通知要求全国基本建设战线采取措施提高基建质量效益

国家计委最近专门发出通知，要求各地区、各部门基本建设领域扎扎实实开展“质量、品种、效益年”活动，制定切实可行的措施，使基建项目质量、效益有一个新的提高。

据介绍，严格执行产业政策，控制投资规模，是基本建设领域“质量、品种、效益年”活动的重点之一。今年新开工项目重点安排在能源、交通、通信、原材料、矿山、农林水利和重要涉外项目以及文教、住宅建设。凡是符合国家产业政策的项目，已经开工的要认真清理，未开工的不得开工。对在建项目的投资要打足，不留缺口。同时，继续对重点建设项目进行审计、检查。从现在开始，各部门、各地方一律不得对建设项目再出台新的收费科目。

切实加强项目、设计和施工管理，也是基本建设领域开展“质量、品种、效益年”活动的重要内容。国家计委明确提出，项目管理单位不得压低投资搞“钓鱼项目”，对投资方要实行投资包干，并强化资金、物资使用的管理。设计单位对工程建设履行监督职责，对偷工减料、降低工程质量、多估冒算、浪费资金等现象进行举报。建立健全工程质量监督体系和工程保修制度，实行质量保证金办法。从今年起，新开工的建设项目和单项工程必须通过招标、投标选择施工队伍。

据悉，今年起，计委将逐步委派监督检查小组，重点对国家重点项目资金、物资使用、工程质量和工程进度等情况进行监督检查，确保重点建设质量、效益的提高。

中国小麦总产居世界第一

在哈尔滨召开的农业部第八次专家顾问组年会上获悉，目前我国小麦单产与世界小麦平均单产相比已高出 40％，摘掉了中国小麦低产的帽子。

去年全国小麦总产已突破 1000 亿公斤大关，居世界第一位，单产达 218 公斤，单产和总产分别比历史上最高的 1984 年增长 14.1％和 9.8％。

中国南方航空公司在广州成立

外交部部长钱其琛在钓鱼台国宾馆与印度外交部长维迪亚·查兰·舒克拉举行会谈

两位外长指出，1988 年 12 月拉·甘地总理访华后，两国关系取得了迅速的发展，两国人员往来增加。他们表示愿意在和平共处五项原则基础上进一步加强两国在经贸、科技、文化等领域的合作，使中印关系得到进一步发展。

中方重申了对解决中印边界问题的一贯立场。印方表示将遵守两国总理 1988 年 12 月就边界问题达成的谅解，并希望中印边界问题联合工作小组尽早就此召开会议。中方同意今年不晚于六月份在北京举行中印边界联合工作小组第三次会议。

两国外长原则上同意中国在孟买、印度在上海恢复设立总领事馆。

两位外长就国际形势特别是海湾战争交换了看法。舒克拉外长介绍了印度对海湾战争的立场，阐述了和平解决海湾危机的建议。并通报不久前访问南斯拉夫等不结盟国家商讨如何尽早结束海湾战争的对策的情况。

钱其琛对包括印度在内的一些不结盟国家为争取和平解决海湾冲突的努力表示赞赏，并重申了中国在海湾危机问题上的原则立场。双方一致认为，伊拉克应无条件撤出科威特，恢复科威特的主权、独立、领土完整及合法政府。同时，他们都希望和平解决海湾冲突，并表示愿意为此继续作出努力。

印方重申不允许在印西藏人在印度领土上进行分裂中国的政治活动。

全国无线电管理委员会召开会议强调坚持国家统一管理

会议反映，“七五”期间，我国无线电台站、无线电业务的发展极为迅速。1985 年，我国无线电台站只有 58.3 万部，到 1990 年，全国台站总数已达 156.5 万部，平均年增长率为 25％，经济发达地区则为 40％。由于无线电业务范围的迅速扩大，通信、广播、电视、气象、导航、雷达、卫星等 20 多种业务的发展，尤其是超短波陆地移动通信电台的猛增，造成有的频段相当拥挤，影响了使用效果。

为了使有限的自然资源得到充分有效的利用，维护空中电波秩序，国家无委会强调，无线电管理必须坚持国家统一管理，做好频率规划、无线电台站的管理和无线电台站技术设施的建设工作，同时要加快立法，抓紧国家无线电监测中心和频谱管理中心的建设，扭转管理工作的落后局面，以适应我国无线电事业更大发展的需要。

南沙群岛赤瓜礁等岛礁上建成符合国际航海标准的航标灯塔

我国政府在 1988 年 8 月建成南沙永暑礁海洋观测站后，又分别在南沙群岛的赤瓜礁等岛礁上建航标灯塔。据有关专家验证,灯塔质量达到设计要求,符合国际航海标准。

2月2日

全国统战工作座谈会在北京召开

全国统一战线工作座谈会于2月2日至6日在北京举行。中共中央对这次会议十分重视,中共中央总书记江泽民、政治局常委乔石,会议期间同与会代表座谈并作了重要讲话。江泽民、乔石要求从事统一战线工作的同志认真贯彻中央制定的有关方针政策,团结一切可以团结的人,调动一切积极因素,进一步巩固和扩大爱国统一战线,使爱国统一战线在实现第二步战略目标、建设有中国特色的社会主义的宏伟事业中,发挥更大作用。

参加这次全国统一战线工作座谈会的有各省、自治区、直辖市及计划单列市党委统战部长,中央有关部门的负责同志等,共100多人。

中央统战部部长丁关根在统一战线工作座谈会上作报告

丁关根在会上就统一战线工作的方针、任务和今后一个时期主要工作作了报告。他强调,统一战线是马列主义普遍真理同我国国情相结合的产物,是中国革命和建设的一大法宝、一大特色,做好统一战线工作是关系到调动一切积极因素,搞好四化建设,实现第二步战略目标的大事。他指出,在90年代我国社会主义现代化建设的关键时期,爱国统一战线负有重任,大有作为,不是可以缩小,而是应该更加扩大。

丁关根说,一年多来,全国统一战线的形势很好。这次座谈会,是以党的十三届七中全会精神为指导,共商今后如何进一步做好统一战线工作的会议。他说,十三届七中全会精神、《中共中央关于坚持和完善中国共产党领导的多党合作和政治协商制度的意见》、《中共中央关于加强统一战线工作的通知》和江泽民总书记关于统一战线工作的重要讲话,是今后一个时期我们工作的总方针、总政策,一定要扎扎实实地予以贯彻落实。

他说,爱国统一战线要以建设四化、统一祖国、振兴中华为总目标。在90年代,要为实现第二步战略目标而奋斗。要高举爱国主义、社会主义两面旗帜,进一步巩固和扩大包括两个范围的联盟在内的最广泛的统一战线:一个是大陆范围内以爱国主义和社会主义为政治基础的团结全体劳动者和爱国者的联盟,一个是大陆范围外以爱国和拥护祖国统一为政治基础的团结台湾同胞、港澳同胞和国外侨胞的联盟。第一个范围的联盟是主体,主体安定团结、坚强有力,第二个范围的联盟才能巩固、扩大,整个统一战线才能蓬勃兴旺。他说,联盟的核心是中国共产党。

丁关根说,为了不断巩固和扩大爱国统一战线,必须团结一切可以团结的力量,调动一切积极因素,化消极因素为积极因素。只要有利于建设四化、统一祖国、振兴中华,只要有利于民族团结、社会进步、人民幸福,只要有利于挫败国内外敌对势力的渗透、颠覆与和平演变,不论哪一个阶级、阶层,哪一个党派、集团,哪一个人,我们都要团结。今后一个时期,统一战线的根本任务,就是要为维护安定团结的政治局面服务,为推进社会主义现代化建设和改革开放服务,为健全社会主义民主和法制服务,为促进"一国两制"、和平统一祖国服务。

他说,为了实现统一战线的总目标和根本任务,要坚定不移地贯彻中央的路线、方针、政策和各项规定,加强和改善党对统一战线的领导;坚定不移地在爱国主义、社会主义旗帜下,实现最广泛的团结,为稳定、改革、发展服务;坚定不移地发扬社会主义民主,认真贯彻执行"长期共存、互相监督、肝胆相照、荣辱与共"的方针,在坚持四项基本原则的前提下,广开言路,鼓励和支持党外人士对党和国家的方针政策、各项工作提出意见和建议,做到知无不言,言无不尽,努力在统一战线中创造民主、团结、和谐的气氛;坚定不移地严格区分和正确处理两类不同性质的矛盾;坚定不移地发扬统一战线自我教育的优良传统。他说,这是我们工作的五条基本指导方针,贯彻这五条基本指导方针,要掌握两条主线,一是加强和改善党的领导,二是充分发扬社会主义民主。

丁关根指出,我国各民主党派在民主革命时期同我们党共同奋斗,在社会主义时期同我们党一道前进,一道经受考验。在今后的建设中,我们党还要同所有的民主党派和爱国民主人士长期合作。《中共中央关于坚持和完善中国共产党领导的多党合作和政治协商制度的意见》。阐明了符合我国国情的社会主义政党制度,今后要进一步坚持和完善这一制度,更好地发挥民主党派和无党派人士参政议政和对中国共产党和政府实施民主监督的作用。要积极举荐党外优秀人士到政府和司法部门担任领导职务。要任人唯贤,知人善任。对已经任职的党外领导干部,要和他们一道很好地总结合作共事的经验。

丁关根强调指出,把经济搞上去,实现第二个翻番,是党在90年代的中心任务。为推进社会主义现代化建设和改革开放服务,是90年代爱国统一战线的基本任务之一。党的十一届三中全会以来,统一战线各民主党派、各人民团体和各界人士,在党和政府的领导下，开展以经济建设为中心、以服务为宗旨的活动，做了大量工作，取得了显著成绩。爱国统一战线汇聚着各方面的代表人士和大批中高级知识分子、专家学者，其中不少人和国外及台、港、澳的经济界人士有广泛的社会联系，民主党派、工商联还有组织网络，在提供咨询服务、兴办学校、开发智力，协助引进资金、技术和人才及智力支边等方面有一定优势。对这些工作，我们要积极鼓励和支持。

丁关根说，要担负起 90 年代统一战线的光荣使命，统一战线工作干部在政治上、思想上、行动上要与党中央自觉地保持一致，要有坚定的立场、谦逊诚恳的态度、高度的自觉性，要有良好的工作作风、科学的工作方法和强烈的责任感。要提倡“严、细、深、实”的工作作风，以高标准从严要求自己，工作细致、深入，办实事，讲效率。统战工作干部要加强调查研究，认真总结经验，正确掌握政策，深交知心朋友。

丁关根最后说，党中央对统一战线工作十分重视。我们一定要勤奋努力地工作。我们共产党人具有崇高的理想和最美好、最宽广的心灵，这就是甘愿为祖国富强、为人民幸福、为党的伟大事业贡献出自己的一切。希望我们党的统一战线工作干部，都要有这样一颗宽广而美好的心灵。

国家安全厅局长会议在北京召开

中共中央政治局常委乔石在北京会见出席国家公安厅局长会议的代表，公安部部长贾春旺在会上作了报告。会议以党的十三届七中全会精神为指导，在总结去年国家安全工作、分析国际国内形势的基础上，对今年的国家安全工作进行了部署。

为期 5 天的会议认为，党的十三届七中全会向全党、全国人民指出了今后五到十年的奋斗目标，国家的安全、社会的稳定是实现这一宏伟目标的基本保证。国家安全机关要认真贯彻十三届七中全会精神，进一步加强国家安全工作，为维护国家的安全和稳定，保障经济建设的顺利发展作出更大的贡献。

国务院调整粮食购销政策有关问题的通知

国务院最近就调整粮食购销政策有关问题发出通知。

通知指出，1988 至 1990 年度粮食包干期即将结束，从 1991 年起，国家经济建设将进入“八五”计划时期。为保持粮食稳定增产和粮食市场的稳定，促使主产区不断提高商品率，缺粮区不断提高自给水平，以缓解粮食总需求与总供给的矛盾，近两年，主要是通过稳购、压销、调价、包干，缩小国家粮食收支缺口，逐步解决粮食购销价格倒挂，使粮食流通走上健康发展的轨道。

通知说，为了保持政策的稳定性和连续性，1991 至 1992 年度，国务院对各省、自治区、直辖市的粮食包干指标，按 1990 年度计划略加调整，继续执行两年。在此期间全国粮食定购数量每年保持 500 亿公斤不变。省内地区之间、农户之间、品种之间定购任务不合理的，由各省、自治区、直辖市在定购包干总量内自行调剂解决。国家粮食定购继续实行奖售平价化肥、柴油和发放预购定金“三挂钩”政策。中央现行的挂钩标准不变。各省、自治区、直辖市要尽可能多安排一些化肥、柴油，用于粮食定购。

通知指出，必须改变现在平价粮食销售范围过宽、数量过大的情况，通过压销，逐步做到国家定购与平价销售数量大体平衡。近两年内，各地要把城镇食品、副食酿造和饲料等项用粮逐步改为议价供应。属于口粮转化的早点和大众化食品用粮，根据实际情况，可继续安排平价供应。城镇居民口粮定量标准和工种粮，有条件的地区，可借鉴一些地区的改革经验进行适当调整。农村平价粮食销售，除救灾粮、水库移民和边、山、老、少、穷地区的定销粮外，其他各项用粮要积极压缩。对扶持副食品生产和供应的各项政策，要注意保持稳定。各省、自治区、直辖市人民政府要制定分年度的压销方案，报国务院批准后，有领导、有计划地组织实施。

通知说，从 1991 年度开始，平价食油销售只保城镇居民定量油和军供用油，其他各项用油改为议价供应或市场调节。京、津、沪三大市购销缺口，中央开支的军供用油以及国家储备，从余油地区安排调拨解决。

通知还要求各地加强对议价粮油经营的领导和管理，搞好市场调节，进一步强化国营粮食主渠道和“蓄水池”的作用。进一步培育粮食市场，逐步建立和健全粮食市场体系，实现按照经济区域和合理流向组织粮食流通。各地现有的批发市场，要不断总结经验，逐步加以完善，并有计划、有步骤地发展不同品种和区域性的规范化粮食批发市场。要在粮食主要产区和主要销区发展一些松散型的经济联系和横向联合，逐步向组建企业集团过渡，发挥群体优势，在保证完成国家粮油定购任务的前提下，要坚持多渠道经营，坚持多年形成的供货渠道，把粮食流通搞活，严禁地区封锁。粮食集市贸易，要坚持常年开放，进一步搞活，方便群众，调剂余缺。要积极支持产粮区发展粮食生产，促进缺粮区提高自给水平。各级计委、财政、商业、农业等部门在安排农业投资时，要重点扶持调出粮食多的地区，在仓库建设和物资分配等方面也要优先照顾主产区的需要。改进粮食财务管理办法，改善企业经营机制，增强企业活力。

通知强调说，粮食是关系国计民生的重要商品，要继续贯彻粮权集中在中央的精神，增强国家对粮食的宏观调控能力。平价粮食的收购、销售、调拨计划，是指令性计划，必须严格执行。粮食进出口，包括计划内和计划外，都要由国家计委会同商业部、经贸部负责综合平衡和安排，报国务院批准。要建立中央和省两级市场调节粮制度，根据市场情况进行吞吐，平抑粮价，调节供求。要运用信贷、税收、物价等经济杠杆，搞活粮食流通，稳定市场，并从组织上和粮食管理体制上采取措施，加强中央对粮食市场的调控能力。

《人民日报》发表评论员文章《为稳定发展农业创造更好的环境》

国务院总理李鹏在钓鱼台国宾馆会见美国麦道公司总裁约翰·麦克唐纳

国务院总理李鹏在钓鱼台国宾馆会见印度外长维迪亚·查兰·舒克拉

中国印度两国外交部长在钓鱼台国宾馆继续会谈

钱其琛外长和印度外长舒克拉在钓鱼台国宾馆继续就国际形势和双边关系交换了意见。

双方都主张建立国际政治经济新秩序，一致认为中印两国领导人共同倡导的和平共处五项原则可以作为建立这一新秩序的指导原则。

双方就尽早恢复两国边境贸易原则上达成了协议。

新加坡总理吴作栋在新加坡会见国务院秘书长中国政府代表团团长罗干

全国新闻出版局长会议在北京召开

中宣部副部长李彦出席会议。会议由新闻出版署副署长刘杲主持。

会议强调，要调动一切积极力量和各种宣传工具，同心谱写社会主义主旋律，要为坚持社会主义方向、繁荣新闻出版事业做扎扎实实的工作。

新闻出版署署长宋木文在会上说，做好新闻出版的各项工作，最终是要向人民提供更多的健康有益的精神食粮，这就必须始终坚持社会主义方向。而坚持社会主义方向，必须搞好坚持四项基本原则、反对资产阶级自由化的教育；必须始终以提高质量为中心，向人民提供优质的出版物；必须在深化出版改革中正确处理“两个效益”的关系，抓好新闻出版队伍的建设。

在谈到1991年的工作时，宋木文说，一手抓整顿，一手抓繁荣，是必须坚持的正确方针。繁荣与整顿事关工作的全局，必须认真抓好，其他工作也要围绕这两项任务来进行。要集中力量，坚决完成对音像出版单位的压缩整顿工作，积极为音像出版事业的繁荣创造条件。要坚决压缩掉一批错误严重的、不合格的音像出版单位；在压缩整顿的过程中建立正常的音像出版秩序；切实把住海外音像带的引进关；组织和支持音像出版单位抓好繁荣；要继续深入开展“扫黄”斗争。

国家教委等联合推荐大型电视系列艺术片《唐风宋韵》

《唐风宋韵》精选唐诗40首，宋词18首，配上歌、舞、吟、诵、乐，以祖国名胜古迹的实景为衬托，形象地展示出“中国是一个诗的国度，一个充满艺术色彩的民族”。

珠江电影制片厂导演王进执导的影片《寡妇村》在法国第六届蒙彼利埃国际电影节上获金熊猫奖

第七届全国冬运会在哈尔滨开幕

来自35个地市、解放军和行业体协代表团的701名运动员参加此次运动会。至9日闭幕。

2月3日

中共中央总书记江泽民和国务院总理李鹏对石油工业局厂领导干部会议召开分别作出批示

江泽民在给中国石油天然气总公司总经理王涛的批示中说，石油工业大家都非常关心，希望能把这次会议开好，促进我国石油工业的进一步发展，为国家多作贡献。

李鹏在批示中说，欣悉石油工业局厂领导干部会议召开，我谨向石油战线同志们致以亲切的慰问。希望你们认真贯彻党的十三届七中全会精神，继续艰苦奋斗，埋头苦干，努力发展石油工业，稳住东部，开发西部，生产更多的石油，为我国社会主义现代化建设作出更大贡献。全国人民热情期待着你们。

“七五”期间全国工商税收达8080亿元平均每年递增10.4%

中国运动员叶乔波在挪威哈马尔举行的世界女子速滑锦标赛上获500米速滑冠军

2月4日

中共中央总书记江泽民同参加全国统一战线工作座谈会的代表进行座谈

中共中央总书记江泽民，中央政治局常委、书记处书记乔石，上午在中南海怀仁堂同参加全国统一战线工作座谈会的代表，就如何进一步做好统一战线工作进行了座谈。

座谈会由中共中央政治局候补委员、书记处书记兼中央统战部长丁关根主持。辽宁省委统战部长刘庆奎、四川省委统战部长王于、新疆自治区党委统战部长刘方、河南省委统战部长武守全、上海市委统战部长毛经权、广东省委统战部长萧耀堂等，先后在座谈会上发言，分别就坚持和完善中国共产党领导的多党合作和政治协商制度，加强民族、宗教工作，进一步调动知识分子积极性，切实做好海外联谊工作等问题，发表意见。

听取大家发言后，江泽民说，这次全国统战工作座谈会，以党的十三届七中全会为指针，研究讨论今后统战工作的方针、政策和主要工作，议大事、抓大事，总结经验，统一思想，明确任务，会议开得很好。江泽民指出，党的十三届四中全会以来，各级党委进一步提高了对统一战线战略地位和重要性的认识，加强了对统一战线工作的领导，认真贯彻中央的各项方针政策，爱国统一战线正在健康发展。他说，实现党的十三届七中全会确定的宏伟目标，需要举国上下共同奋斗。这就要巩固和扩大爱国统一战线，团结一切可以团结的人，调动一切积极因素，把大家的意志和力量集中到经济建设这个中心上来。

江泽民提出，建设有中国特色的社会主义，实现第二步战略目标，必须维护国家和社会的稳定，坚持和完善中国共产党领导的多党合作和政治协商制度，继续发展平等团结、互助互爱的社会主义新型民族关系，充分发挥广大知识分子在建设和改革中的积极作用。继续高举爱国主义旗帜，坚持“一国两制”，促进祖国和平统一。他说，在实现第二步战略目标中，统一战线负有重任，大有可为。

江泽民说，中央关于统一战线的大政方针十分明确，当前的关键是要扎扎实实地贯彻落实，多做实事。各级党委要进一步加强和改善对统一战线的领导，党委主要负责同志要亲自做统一战线工作，密切同党外人士的联系。要切实贯彻落实关于民主党派、无党派人士和全国工商联参政、监督等措施，发扬民主，加强协商，多听取他们的意见和建议，同时支持他们加强自身建设。要继续认真做好举荐党外干部的工作，并逐步建立健全这方面的制度。

在谈到对统一战线工作干部的要求时，江泽民说，党中央对统战部门和从事统战工作的同志寄予重望，统战工作干部要努力做到，在政治上、思想上、行动上与党中央自觉保持一致，坚决执行党的“一个中心、两个基本点”的基本路线，执行中央的各项方针、政策；当前要认真学习党的十三届七中全会精神，以七中全会精神来统一思想，做好工作；要努力学习马列主义、毛泽东思想，学习邓小平同志的著作，增强党性观念，坚定社会主义信念，发扬党的传统，清正廉洁、艰苦奋斗、勤奋自强、无私奉献；要正确掌握政策，既要坚持原则，又要讲究工作方法；学会运用唯物辩证法，坚持“两点论”，防止片面性；要加强调查研究，善于总结经验；要密切联系党外人士，广交、深交朋友。江泽民希望大家以高度的政治热情和历史责任感，为党的统一战线事业做出更大的成绩。

乔石在讲话中说，统一战线工作是我们党的一大法宝，在社会主义现代化建设中更为重要，范围更为广泛。统战工作不仅关系到社会的安定团结，而且关系到我们在国际上的影响。我们要调动一切积极因素，团结一切可以团结的力量，为实现第二个翻番，使人民生活从温饱达到小康而共同努力。

新华社香港分社社长周南在香港发表谈话说香港稳定繁荣有赖中英密切合作

周南在香港湾仔区各界社团和机构举行的晚宴上发表讲话。周南指出，最近，中英双方在某些问题上的看法有所接近，双方同意为了圆满解决出现的分歧而进一步进行磋商。

周南强调，保护香港的稳定繁荣，保证1997年政权顺利交接，有赖于中英两国保持和发展友好合作关系。他重申，“我们无意干预纯属1997年之前香港行政管理的事务，又有责任过问跨越1997年、需要未来特别行政区政府承担责任或义务的重大问题。”

周南说，我们始终认为，只在双方抱有诚意，互相尊重，共同协商，困难总是可以克服的。应该看到，中英两国之间的密切合作是对香港的繁荣与稳定有直接影响的重要因素。

周南指出，目前，香港正处在伟大的历史性转变的过程中。再过几年，香港将要回归祖国，这是实现祖国统一的重要一步，是全国人民渴望已久的大事。他说，在过渡时期的前几年，香港各界朋友在支持祖国收回香港、关注基本法起草工作等方面，作了不少贡献。在今后几年，希望大家能在爱祖国、爱香港的旗帜下，更紧密地团结起来，同心同德，群策群力，为保持香港的稳定繁荣，为1997年政权的顺利交接，继续作出努力。

人事部印发关于干部调配工作的规定

国务院副总理吴学谦会见也门议会国务部长拉希德·穆罕默德·萨比特

国务院副总理吴学谦在中南海紫光阁会见世界卫生组织总干事中岛宏博士

卫生部长陈敏章被世界卫生组织授予“人人享有卫生保健”金质奖章

世界卫生组织（WHO）总干事中岛宏博士在人民大会堂将一枚“人人享有卫生保健”金质奖章授给了陈敏章。陈敏章是各国最高卫生行政长官中获此殊荣的第一人。

中央军委批转解放军总参谋部工作会议纪要

中央军委最近批转了解放军总参谋部工作会议纪要《坚持战斗力标准，开创军事训练和管理工作的新局面，努力实现军事上过硬》，并发出通知，要求全军认真贯彻执行，齐心协力抓好军事工作。

中央军委的通知指出，总参谋部工作会议纪要依据党中央、中央军委关于军队建设和军事工作的一系列方针、原则，分析了当前国际国内形势，明确了新时期军事工作的任务，把坚持战斗力标准、实现军事上过硬作为军事工作的基本要求，强调着重抓好军事训练和管理工作，提出了开创军事训练和管理工作新局面的措施和办法。这是当前和今后一个时期指导军事工作的重要文件。

中央军委的通知要求全军各级党委、机关要根据这次工作会议的精神，切实把军事训练和管理工作摆到重要位置，立足现有条件，勤俭建军，改革创新，从严治军，狠抓落实，齐心协力地抓好军事工作。全军指战员要紧密团结在以江泽民同志为核心的党中央、中央军委周围，努力实现政治上合格，军事上过硬，推进我军革命化、现代化、正规化建设，为完成党和人民赋予的任务作出新的贡献。

2月5日

中共中央国务院发出《关于进一步做好宗教工作若干问题的通知》

党的十一届三中全会以来，在各级党委、政府和爱国宗教团体的共同努力下，党的宗教政策逐步得到贯彻落实，宗教工作取得了显著成绩。开放和安排了宗教活动场所，恢复和建立了爱国宗教团体，公民宗教信仰自由的权利、正常的宗教活动和宗教团体的合法权益受到法律和政策的保护，依法处理了利用宗教进行的违法犯罪活动，宗教活动在大多数地区是正常的。宗教界人士的爱国主义、社会主义觉悟有了提高，他们拥护中国共产党的领导和社会主义制度，积极协助党和政府贯彻宗教政策，在维护社会稳定和民族团结、促进祖国统一、开展国际友好往来等方面，做了大量有益的工作。党领导的各民族宗教界爱国统一战线进一步巩固和壮大，各民族信教群众积极参加社会主义物质文明和精神文明建设。实践证明，党和政府的宗教政策是正确的，宗教工作总的形势是好的。但是必须看到，境外敌对势力一直利用宗教不断对我进行渗透和破坏活动。民族分裂主义分子也利用宗教煽动骚乱闹事，攻击党的领导和社会主义制度，破坏祖国统一和民族团结。有的地方少数敌对分子活动猖獗，建立非法组织，同我们争夺寺观教堂领导权；有的非法开办经文学校、修院、神学院，同我们争夺青少年。有的寺庙恢复了被废除的宗教封建特权和压迫剥削，一些基层出现利用宗教干预国家行政、干预司法、干预学校教育的情况。同时也必须看到，在贯彻执行宗教信仰自由政策方面还存在不少问题，有的地方侵犯公民宗教信仰自由的权利，侵犯寺观教堂合法权益，干涉宗教团体正常的教务活动，应该退还的宗教房产和寺观教堂长期得不到解决。因宗教问题或对宗教问题处理失当引发的社会矛盾时有发生。各级党委和政府必须清醒地认识到这些问题的复杂性和严重性，高度重视宗教工作。

正确对待和处理宗教问题，是我国社会主义建设事业中的一个重要课题，是建设有中国特色的社会主义的一个重要内容。做好宗教工作，对于维护社会稳定、增进民族团结、促进祖国统一和四化建设都有着不容忽视的重要意义。《中共中央关于我国社会主义时期宗教问题的基本观点和基本政策》是指导宗教工作的重要文件，要继续认真贯彻执行。要保持宗教政策的连续性和稳定性。今后一个时期，党和政府对宗教的工作的基本任务是：认真贯彻党的宗教政策，维护公民宗教信仰自由的权利，加强对信教群众和宗教界人士的爱国主义和社会主义教育，调动他们的积极因素，支持他们开展有益的工作，巩固和发展同宗教界的爱国统一战线，依法对宗教事务进行管理，制止和打击利用宗教进行违法犯罪活动，坚决抵制境外宗教敌对势力的渗透活动，为维护稳定、增进团结、统一祖国、振兴中华服务。现就进一步做好宗教工作的若干问题通知如下：

一、全面正确地贯彻执行宗教信仰自由政策

尊重和保护宗教信仰自由，是党和国家对待宗教问题的一项长期的基本政策。宗教信仰自由是宪法赋予公民的一项权利。公民有信仰宗教的自由，也有不信仰宗教的自由，任何国家机关、社会团体和个人不得强制公民信仰宗教或不信仰宗教，不得歧视信仰宗教的公民和不信仰宗教的公民。宗教活动必须在法律和政策范围内进行，国家保护正常的宗教活动。公民在行使宗教信仰自由权利的同时，必须履行自己的义务。任何人不得利用宗教反对党的领导和社会主义制度，危害国家统一、社会稳定和民族团结，不得损害社会、集体的利益，妨碍其他公民的合法权利。任何人不得利用宗教干预国家行政、司法、学校教育和社会公共教育，不得利用宗教进行妨碍义务教育实施的活动，不得恢复已被废除的宗教封建特权和压迫剥削制度。信教和不信教的群众之间、信仰不同宗教和不同教派的群众之间，都要彼此尊重，相互团结。在多数群众不信教的地方要注意尊重和保护少数信教群众的权利，在多数群众信教的地方要注意尊重和保护少数不信教群众的权利，使信教群众和不信教群众团结起来，共同致力于社会主义现代化建设事业。

贯彻执行宗教信仰自由政策，要坚决纠正侵犯公民宗教信仰自由的权利和宗教界合法权益的现象。在宗教活动场所过少的地方，要解决好正常宗教活动所必需的场所，要妥善处理历史遗留的宗教房产问题，以有利于团结广大信教群众，有利于国家和社会的稳定。

二、依法对宗教事务进行管理

依法对宗教事务进行管理，是指政府对有关宗教的法律、法规和政策的贯彻实施进行行政管理和监督。政府依法保护宗教团体和寺观教堂的合法权益，保护宗教教职人员履行正常的教务活动，保护信教群众正常的宗教活动，防止和制止不法分子利用宗教和宗教活动制造混乱、违法犯罪，抵制境外敌对势力利用宗教进行渗透。对宗教事务进行管理，是为了使宗教活动纳入法律、法规和政策的范围，不是去干预正常的宗教活动和宗教团体的内部事务。

一切宗教活动场所都应依法登记（具体办法另行规定）。经过登记的宗教活动场所受法律保护，在政府宗教事务部门的行政领导下，由爱国宗教团体和宗教教职人员按照民主管理的原则负责管理。开放新的宗教活动场所，须经县以上人民政府批准。坚决制止自封传道人的传教布道活动以及其他各种非法传教活动。依法取缔非法开办的经文学校和修院、神学院。

我国宗教团体和宗教事务要坚持独立自主自办教会的原则，不受境外势力的支配。应在平等友好的基础上积极地正确地开展宗教方面的对外交往，坚决抵制境外宗教敌对势力控制我国宗教的企图。不允许任何境外宗教团体和个人干预我国宗教事务，在我国设立办事机构，建立寺观教堂，进行传教活动。对来自境外的宗教书刊、音像制品和其他宣传品，由政府有关部门制定管理办法，加强管理；凡有煽动反对四项基本原则、反对政府等反动内容的，要依法收缴。任何人不得接受来自境外的、以渗透为目的的宗教津贴和传教经费。我宗教团体和寺观教堂接受境外宗教组织和宗教徒的大宗捐赠，要经省一级人民政府或国务院宗教事务局批准。宗教团体邀请境外宗教组织和宗教人士来访或应邀出访，需经省一级人民政府或国务院宗教事务局批准，重大涉外活动，需报国务院审批。非宗教团体邀请或接待有宗教背景的各种团体和有重要影响的宗教人士来访、旅游，要向宗教事务部门通报。经贸、科技、文化、教育、卫生、体育、旅游等部门对外开展交流与合作，涉及境外宗教组织及其附属机构或个人，签订有关合作项目，不得带有传教、设立宗教机构、建立寺观教堂等宗教内容的条件。

要加快宗教立法工作。国务院宗教事务局应抓紧起草有关宗教事务的行政法规。各省、自治区、直辖市也可根据国家的有关法律和法规，结合当地实际情况，制定地方性的有关宗教事务的行政法规。

基层人民政权要加强对宗教工作的领导，认真贯彻党和国家的宗教政策，帮助宗教教职人员和信教群众管好宗教活动场所，依法进行宗教活动。

三、充分发挥爱国宗教团体的作用

爱国宗教团体是党和政府团结、教育宗教界人士的桥梁。充分发挥爱国宗教团体的作用，是贯彻执行好党的宗教政策，使宗教活动正常化的重要组织保证。要切实改变一些地方发挥爱国宗教团体作用不够的现象，支持和帮助他们加强自身建设，按照自身的特点和规章自主地开展活动，充分调动他们的积极性。要鼓励和支持他们办好以自养为目的的生产、服务和社会公益事业。要帮助他们解决办公用房、经费以及一些地方教职人员生活方面存在的困难，为他们开展工作创造必要的条件。一切爱国宗教团体都应当接受党和政府的领导，遵守国家法律，发扬自我教育的传统，经常对教职人员进行爱国主义、社会主义、时事政策、国家法律、法规等教育，不断提高维护国家和民族利益，坚持独立自主自办原则的自觉性。

我国宗教界人士的绝大多数是爱国守法的，他们同党和政府长期合作，是维护国家和社会稳定，联系信教群众，办好教务的重要力量。各级党政领导机关要经常听取爱国宗教团体和宗教界人士的意见和建议，涉及宗教方面的重大问题，要同他们充分协商。要支持和帮助爱国宗教团体办好宗教院校，有计划、有组织地培养一支热爱祖国、接受党的领导、坚持走社会主义道路、维护祖国统一和民族团结、有宗教学识、并能联系信教群众的宗教教职人员队伍。当前，要加强对寺观教堂和其他宗教活动点主持人的培训。

四、坚决打击利用宗教进行的犯罪活动

在依法保护公民宗教信仰自由权利和正常宗教活动的同时，必须依法坚决打击利用宗教进行破坏活动的反革命分子和其他刑事犯罪分子。要采取有力措施坚决制止借宗教问题煽动群众闹事,扰乱社会治安,破坏国家统一和民族团结。对触犯刑律的要依法处理。对勾结境外敌对势力、危害国家安全的首恶分子,要从严惩办。对非法宗教组织要坚决取缔。对从事违法活动的宗教场所,情节轻微的要批评教育,限期改正;屡教不改或情节严重的要依法处理。

在工作中要严格区分和正确处理两类不同性质的矛盾,正确掌握政策,团结和依靠宗教界爱国力量,分化、瓦解敌对势力,把受他们影响、控制的群众争取团结过来,把少数首要分子孤立起来。

五、健全宗教工作机构,加强宗教工作干部队伍建设

为进一步做好宗教工作,要健全政府宗教工作机构。省(自治区、直辖市)、市(地、州)和宗教工作任务繁重的县(区),政府应设立宗教工作机构,列入政府序列。一般县(区)已设立宗教工作机构的,应予保留,没有设立宗教工作机构的,可与有关部门合署办公,配备专职干部。有宗教工作任务的乡镇要有人分管宗教工作,任务重的要配备专职干部。

要十分重视宗教工作干部的培训,不断提高他们的素质。宗教工作干部要充分认识所从事的工作的意义和责任,认真学习马克思主义哲学和宗教理论、党的方针政策,熟悉有关法律,掌握宗教工作的知识,善于团结宗教界人士和信教群众,使自己逐渐成为具备良好的政治素质、优良的工作作风和较高专业知识的宗教工作干部。各级党委和政府要在政治上、工作上、生活上关心宗教工作干部。

六、加强党对宗教工作的领导

党对宗教工作的领导,主要是政治领导,掌握政治方向和重大方针政策。各级党委和政府要把宗教工作列入议事日程,定期研究分析宗教工作形势,认真检查宗教政策贯彻落实情况,及时解决存在的问题,动员全党、各级政府和社会各方面进一步重视、关心和做好宗教工作,使宗教同社会主义社会相适应。

各级党政负责同志和党委统战部门要做好宗教界代表人士的工作,加强同他们的联系,介绍党的方针政策,通报有关情况,虚心听取他们的意见,帮助他们解决工作中的问题。

各级党委和政府要加强思想政治工作,指导宣传部门向广大群众进行爱国主义、社会主义和民族团结的教育。积极向人民群众特别是广大青少年进行辩证唯物主义和历史唯物主义(包括无神论)的教育,培养广大青少年成为有理想、有道德、有文化、有纪律的一代新人。要指导和帮助工会、共青团、妇联积极开展各种健康有益的活动,关心和帮助职工、青年、妇女解决工作和生活中遇到的困难,教育他们正确对待生老病死、吉凶祸福等问题,树立科学的世界观和人生观。出版涉及宗教的作品,既不允许违背党和国家的宗教政策,伤害信教群众的宗教感情,也不允许利用宗教歪曲历史,损害国家统一和民族团结。

共产党员不得信仰宗教,不得参加宗教活动。对参加宗教活动的党员要耐心进行教育,帮助他们树立正确的世界观,划清无神论和有神论的界限,坚定共产主义信念;对坚持不改的要劝其退党。对那些参与煽动宗教狂热、支持滥建寺观教堂的,要严肃地进行批评教育,经教育仍不悔改的要开除党籍。在那些基本上是全民信教的少数民族地区,生活在基层的共产党员参加某些带有宗教色彩,属于民族传统的群众性活动问题,按中央有关规定执行。

各地党委和政府接到本通知后,要在全面检查执行宗教政策的基础上,认真总结近年来处理宗教问题的经验教训,结合本地区的实际情况,制定具体措施,认真贯彻执行。各省、自治区、直辖市党委和政府应将检查总结情况,向中央、国务院写出书面报告。

日本发现南京大屠杀新证据

日本《朝日新闻》晚刊刊登本多胜一题为《南京大屠杀新资料》的文章,记述日本福岛县小野贤二先生对南京大屠杀史实调查中发现的"宝贵的一级资料"。

文章说,小野先生在调查中发现了曾经参加攻占南京的一名日本军官所写的约20册战地日记。根据这些日记记载,当年在"幕府山麓长江岸边""处分"(即屠杀)的"俘虏"数为17025人,枪杀这些人用了两天时间,而且处理尸体又用了两天时间。第一天的屠杀是在12月16日进行的。"傍晚按照军部的命令,将俘虏的1/3押到江边,由第一大队枪杀"。"剩余的1万多人于17日被'处决'"。

文章说,这名侵华军官后来战死在菲律宾,他的这些日记,由他的家属保存至今。

中共中央总书记江泽民在河南考察

2月5日至11日,江泽民在中共中央河南省委书记侯宗宾、代省长李长春和济南军区司令员张万年的陪同下,从豫北的濮阳、安阳、新乡到豫西洛阳,从豫东兰考、开封到省会郑州,深入工矿企业、油田、农村、部队、高等学校和科研单位,就如何实现本世纪最后十年的奋斗目标,建设有中国特色的社会主义调查研究。

江泽民指出,本世纪最后十年是非常关键的十年。我们要在实现第一步战略目标的基础上,胜利实现第二步战略目标,这是全党全军和全国各族人民的大事,对此要有强烈的历史责任感和紧迫感。当前世界政治

风云多变，经济竞争更加剧烈。我们的经济建设能不能搞上去，综合国力能不能大大增强，关系着社会主义事业的兴衰，关系着中华民族的前途命运。

江泽民强调，实现第二步战略目标最核心的是要牢牢把握以经济建设为中心，大力发展社会生产力。对此，他结合河南的实际着重强调了要加强农业、搞活大中型企业和抓好计划生育三件大事。

江泽民说，我国是一个11亿人口的大国，解决农业问题始终是件头等的大事，这是我们经济发展、社会安定、国家自立的基础。河南的农业地位尤为重要，粮食和一些主要经济作物的总产量在全国名列前茅，对国家作出了重大贡献。无论是全国还是河南，农业和农村工作都是只能加强，不能削弱。我们决不能获得一两年农业丰收就盲目乐观。今后农业的发展仍然是一靠政策，二靠科学，三靠投入。要继续稳定完善党在农村的基本政策，进一步调动农民的积极性，要继续多层次、多途径、多渠道地增加对农业的投入；要把依靠科技、提高单位面积产量作为农业稳定增长的主攻方向。江泽民沿途视察了黄河大堤和柳园口、赵口、花园口防汛工程，强调水利是农业的命脉，一定要兴利除害，把黄河治理好。要提高警惕，抓紧做好今年防汛工作。

江泽民在河南先后考察了中原油田、中原化肥厂、安阳玻壳厂、安阳钢铁厂、新飞电冰箱厂、洛阳炼油厂、洛阳玻璃厂、第一拖拉机厂、开封高压阀门厂、郑州国棉六厂、郑州纺织机械厂等一批大中型企业。2月8日又在洛阳召开了河南部分大中型企业厂长、书记座谈会。江泽民高度评价国营大中型企业作为社会主义的脊梁，是国家财政收入的主要来源，是我国公有制经济的主体；充分发挥他们的骨干和主导作用，意义十分重大。现在国营大中型企业遇到的问题比较多，情况也比较复杂。有内部管理问题，也有外部环境问题；有表层的问题，也有深层次的问题。各级党委和政府必须高度重视这项工作，尽快拿出解决问题的对策和措施。当前，经济主管部门和大中型企业，要振奋精神，眼睛向内，挖掘潜力，充分发挥企业的主观能动作用；要在深化改革上下功夫，坚持和完善企业承包责任制和企业内部的各项配套改革；要抓好企业技术改造，努力提高经济效益；要面向国内外市场，努力搞好产品和产业结构的调整；要创造良好的企业外部环境；要卓有成效地组织好"质量、品种、效益年"活动。在搞活大中型企业的同时，要认真抓好中小企业，继续抓好乡镇企业，以推动整个国民经济的发展。

江泽民十分关心计划生育工作。他说，河南省委、省政府根据本省经济发展与人口增长速度不相适应的严峻现实，明确提出人口自然增长率要低于全国平均水平的任务，是符合河南实际的。河南人多地少，农业人口比重过大，人均产值和收入水平低，必须采取有效措施加以解决。一方面要抓好思想教育、政策落实和党团员的带头作用，另一方面也要抓好基础工作，提高农民的文化素质，抓好社会保险和儿童教育，确保计划生育这项基本国策真正落到实处。

在会见河南各级党政干部时，江泽民强调，加强党的领导，抓好党的建设，是实现我国经济和社会发展战略目标、建设有中国特色的社会主义的根本保证。当前最重要的是用中央精神统一全党的思想，坚定不移地贯彻执行党的基本路线、贯彻执行党的十一届三中全会以来的包括十二大、十三大确定的方针政策，把领导班子建设好，增强领导班子的团结。党的团结，特别是各级领导核心的团结，是压倒一切的重要任务，是社会稳定、事业发展的决定性环节。在领导班子内部，一定要提倡互相尊重、互相体谅、互相支持、互相学习、互相补台，取长补短，协调配合，共同提高。要坚决反对个人主义、自由主义，坚持民主集中制原则。提倡识大局，顾整体。

江泽民说，坚持搞"五湖四海"，是我们党的光荣传统，是处理党内关系的重大原则，是党性观念强弱的重要表现。在使用和看待干部上，一定要坚持德才兼备的原则，搞"五湖四海"，绝对不允许搞小圈子，不能纠缠小是小非和历史旧账。他希望河南省各级领导班子，在省委提出的"团结奋进，振兴河南"的旗帜下，团结一致地率领群众为实现第二步战略目标而勤奋努力。

2月9日，江泽民在兰考参观焦裕禄纪念馆时说，在新的历史时期，我们全党特别是各级领导干部要继续学习焦裕禄精神，坚持党性原则，严于律己，勇于奋斗，始终和人民群众保持血肉联系，全心全意地为人民服务。

考察期间，江泽民反复强调要加强党的基层组织建设，抓好党风和廉政建设，下决心惩治腐败。他说，反腐倡廉抓不好，有中国特色的社会主义就不会顺利实现。我们既要廉政，又要勤政，既然居官在位，就要兢兢业业为人民办实事。他要求各级干部廉洁自律、率先垂范，为官一任，造福一方；各级党组织要从廉政和勤政两个方面考察党员和干部。

江泽民指出，当前我们各项工作都要强调落实。现在有些事情不是没有好的思路和意见，而是往往失之于工作抓得不紧不实。我们要树立严格的时间观念，讲求实际效果。对给各级党委和政府提出的任务，要一级一级地抓，一步一步地抓，一环扣一环地抓。工作有布置，有检查，要言之有物，落地有声，坚决反对形式主义，不允许推诿责任，拖拉扯皮，贻误工作。领导干部的“做功”比“唱功”更重要。要强调务实，强调有效劳动，避免把精力花费在文山会海和不必要的应酬上。

江泽民说，各地情况和条件千差万别，彼此在实际工作中，要坚持实事求是的思想路线，一切从实际出发，不搞一刀切，不搞强迫命令，不搞花架子。坚持说实话、办实事、讲实效。要结合本地的情况，创造性地开展工作。

2月11日下午，江泽民在郑州听取河南省委、省政府的工作汇报。江泽民指出，河南是中华民族古代文明的发祥地之一。在现代，它作为农业、能源和原材料大省，在我国经济建设和社会发展中，有举足轻重的地位。河南之行，给我留下很深刻、很难忘的印象。河南历史文化光辉灿烂，这证明我们中华民族的伟大，是中华民族的光荣和骄傲。党的十一届三中全会以来，河南的现代化建设取得很大成绩，在此基础上，省委又响亮地提出“团结奋进，振兴河南”的指导思想，进一步明确了经济和社会发展思路，开展了富有成效的工作。他希望河南通过深入贯彻党的十三届七中全会精神，有一个更大的进步。

随同江泽民考察的有，农业部部长刘中一、水利部部长杨振怀、解放军副总参谋长韩怀智、国家计委副主任刘江、中共中央办公厅副主任徐瑞新、中共中央政策研究室副主任回良玉等。

国务院总理李鹏在贵州考察

2月5日至10日，李鹏在中共贵州省委书记刘正威、省长王朝文的陪同下，先后对贵阳、安顺、遵义等地进行考察。

在安顺、遵义等地，李鹏先后考察了国营环宇机械厂、黎阳机械公司、双阳机械厂、风华电冰箱厂等军工企业，调查了解军转民的生产情况，并走访科研人员和职工的家庭。李鹏高度赞扬军工战线上的广大科技人员和职工在艰苦的环境中为国防科技工业所做出的贡献，勉励他们继续发扬自力更生、艰苦奋斗的精神，为国防现代化建设服务。同时，要充分发挥人才和技术、设备的优势，发展民用品生产，带动地方经济的振兴。

烟草、酿酒、蜡染等传统工业，在贵州有着悠久的历史。在贵阳、安顺期间，李鹏先后考察了贵阳卷烟厂、贵州安顺市安酒总厂和安顺蜡染厂。在安酒厂，李鹏了解到，这个厂1984年还是个年亏损40万元的小企业，自1988年同5县1市的8家酒厂联合后，现已发展成为集原料、生产、销售、科研、服务为一体，跨地区、跨行业的企业集团，去年产量已达3万吨，产值达1.5亿元，成为全国大的优质酒生产基地，他赞赏地说，这一事实说明，抓住有利时机，发展横向联合，组建企业集团，是提高经济效益的有效途径。

贵州贫困县较多，在当地党和政府的扶持下，脱贫致富工作取得了明显成效，但发展仍不平衡。考察期间，李鹏特意来到安顺镇宁布依族苗族自治县了解扶贫工作，看望慰问贫困户。李鹏充分肯定贵州扶贫工作所取得的成绩和以推广农业实用技术为主要内容的“温饱工程”以及“以工代赈”的做法，指出，扶贫工作的关键是从单纯救济向经济开发转变，要充分利用当地资源优势，因地制宜地确定和发展支柱产业。同时，注意搞好农村的计划生育工作，并通过各种教育，提高人的素质，使贫困地区尽快走上致富的道路。李鹏还介绍了大别山脱贫的经验，即：山区要致富，少生孩子多栽树，系列开发抓支柱。

2月8日，李鹏听取贵州省委、省政府的工作汇报。对于贵州各项事业的发展，李鹏给予了充分肯定。同时指出，应当看到贵州的农业基础还较薄弱，粮食仍不能自给。因此，继续加强农业的基础地位，努力把农业生产搞上去，仍是贵州全省经济工作的一个重点。他说，中国农业的发展，要利用劳动力的优势。贵州要根据其地理、气候特点，通过增加劳务投入，搞好以治水改土为中心的农田水利基本建设。同时，依靠科技兴农，推广良种栽培，科学施肥，提高复种指数，搞好农业的综合开发，逐步做到不吃或少吃调进粮。要大力发展林业等多种经营，希望经过10年的艰苦努力，贵州造林有一个较大发展。在谈到乡镇企业问题时，李鹏指出，贵州要因地制宜进一步发展乡镇企业，集体经济是社会主义经济的组成部分，可放手发展，同时支持个体经济的发展，以促进农村的商品经济。

在谈到内地与沿海地区现在存在的经济差距时，李鹏指出，各地区经济发展不平衡是个客观规律，不仅我国如此，国外不同的地区也存在着差距。这与自然条件、历史发展等多种因素有关。对这个问题，我们要采取实事求是的态度，不要因此背包袱。既要进行地区间的横向比较，更重要的是进行本地区现在与过去的纵向比较，关键是树立信心，鼓舞志气，根据本地区的实际，制定积极的、切实可行的发展目标，并为之努力奋斗。我国是社会主义的国家，社会主义制度一个最大的优越性就在于最终实现共同富裕。因此，对经济较落后的地区，国家要给予支持，经济发达地区也应积极帮助。但经济较落后地区的发展，主要是靠本地区的各级党组织、政府和广大群众坚持不懈的努力，靠自力更生、艰苦奋斗和坚持改革开放。他同时指出，即使在经济不够发达的地区，也有比较发达的地方，因此，要根据不同情况，加以分类指导，提出不同要求。

李鹏在讲话中还谈到了当前经济形势和任务。他说，去年我国农业获得全面丰收，物价平稳，工业生产在遇到多种困难的情况下逐步回升，并完成了全年增长的计划；今年以来，工业生产比去年同期有较大的增长，经济正在向好的方面发展。但同时我们也要看到经济中存在的问题，特别是企业经济效益下降。因此，要依靠技术进步，加强管理、调整结构、内部挖潜等，提高质量、降低成本、生产适销对路的产品，在产品的质量、品种、效益上狠下功夫。他指出，由于我国工业生产成本中人工费用占的比例较小，材料、能源费用的比例较大，而且与世界工业先进国家相比，我国工业生产的物耗、能耗较高，因此工业企业效益不高的一个根本原因是材料、能源消耗过大，提高经济效益的一个主攻方向是采取各种措施降低消耗。

李鹏说，今年要继续进行治理整顿、深化改革、扩大开放，在稳定中求发展。随着改革的深入，要逐步理顺价格关系，但价格改革要考虑到群众、企业、国家的承受能力。

在谈到加强社会治安问题时，李鹏要求各地党委、政府认真贯彻全国社会治安综合治理会议的精神，一方面依靠公检法等政法部门，另一方面要发动群众、依靠群众，同时还要发挥基层党组织和基层政权的作用，使治安形势有进一步好转。

随同李鹏考察的有：国务院有关方面负责人林宗棠、刘仲藜、马忠臣、陈光键、杨雍哲等。

国务院总理李鹏写信祝贺全国地矿工作会议召开

全国地矿工作会议的代表同志们：

值此全国地矿工作会议的召开，谨向大会表示热烈的祝贺，向出席会议的全体同志并通过你们向全国地矿职工和家属表示亲切的慰问！

地质矿产工作是我国现代化建设的一项重要的工作。在党中央、国务院领导下，地质矿产工作在各个方面都取得了显著的成绩，为我国社会主义现代化建设事业作出了贡献。

今后十年是我国社会主义现代化进程中非常关键的十年，为实现国民经济发展第二步战略目标和下个世纪初经济的持续、稳定、协调发展，地质矿产工作面临的任务是十分艰巨的，希望全国地矿职工认真贯彻党的十三届七中全会精神，继续发扬艰苦奋斗的光荣传统，克服困难，开拓进取，在地质矿产工作中取得更大的成绩，为我国社会主义现代化建设事业作出新的贡献。

李　鹏

1991年2月5日

全国地矿工作会议在北京开幕

国务院总理李鹏致信大会表示祝贺，国务委员邹家华出席会议并讲话，地质矿产部部长朱训作工作报告。

邹家华充分肯定地质矿产近年来取得的重大成果。他指出，通过地质勘察工作，目前已累计发现矿产162种，找到矿产地20多万处、矿区2万多个，近十年新发现矿产地3000多处，已建成国营矿山8370多个，集体、乡镇、个体矿山20多万个，我国矿石年采掘量达21亿吨，已成为世界第三矿业大国。

邹家华强调，地质工作是整个经济工作的基础、先导、先行的行业。当前我国经济和社会发展中存在着与地矿有关的问题，一是矿产资源紧缺，45种主要矿产中，当前有十多种矿产探明储量明显不足；若不能实现地质找矿新的重大突破，到2000年时将有一半不能满足建设需要；2020年以后，绝大多数矿产探明储量不能满足要求。二是地质环境令人担忧，据不完全统计，目前每年地质灾害造成的直接经济损失约90亿～130亿元，全国近2/3的城市缺水，一部分地区人畜饮用水不足，或饮用劣质水，受旱农田面积较大。

邹家华强调，国家综合部门、地勘主管部门和各级政府要按十三届七中全会精神，落实加强地质勘查工作的政策、措施和办法，并纳入"八五"计划和10年规划的纲要中去，列入年度计划中具体组织实施。

会议至8日闭幕。

《人民日报》发表评论员文章《消费者——质量的卫士——五论"质量、品种、效益年"》

中共中央政治局常委乔石在人民大会堂会见以意大利社会党中央领导机构成员欧洲议会议员马丽亚·马尼亚尼·诺亚为团长的意大利社会党欧洲议员代表团

法国总理罗卡尔在巴黎会见由中国国际商会中国国际贸促会会长郑鸿业率领的中国经贸代表团部分成员

中国非晶态金属与合金研究项目整体研究达到国际先进水平

由冶金部主持的国家"七五"科技攻关项目非晶金属与合金研究，经过钢铁研究总院、上海钢铁研究所、首钢研究所及中国科学院沈阳金属研究所等单位科技人员联合攻关，全部按计划完成攻关任务并通过国家验收。专家认为，该课题的整体研究达到国际先进水平。

国家教委颁布《中学生日常行为规范》

联合国教科文组织“和平”号考察船上的考古学家在文莱海滩上搜集到大批中国古代陶器

2月6日

在京老同志迎春茶话会在人民大会堂举行

中顾委、中组部、解放军总政治部和中共北京市委受中共中央委托，下午联合举行在京老同志迎春茶话会。老同志们在这里欢聚一堂，清茶一杯，喜迎新春佳节。

在京的中顾委委员，离退休的副部长、副兵团以上的老干部，已故老同志的亲属，中央党政军各部门和北京市的负责同志，以及各民主党派的负责人和无党派民主人士，共2000多人出席茶话会。

党和国家领导人和有关部门负责人乔石、宋平、田纪云、秦基伟、宋任穷、刘华清、杨白冰、温家宝、王平、江华、李德生、余秋里、陆定一、姬鹏飞、程子华、严济慈、费孝通、孙起孟、雷洁琼、陈希同、任建新、王光英、赵朴初、钱伟长、孙晓村、程思远、侯镜如等同志出席茶话会。

宋平在茶话会上讲了话。

茶话会由宋任穷主持。他代表陈云、薄一波同志向与会的老同志和全国各条战线上已经离休、退休的所有老同志拜早年，并祝大家春节愉快，身体健康。

中共中央政治局常委宋平在老同志迎春茶话会上发表讲话

同志们：

在我国人民的传统节日春节快要到来之际，中央顾问委员会、中央组织部、解放军总政治部、北京市委邀集部分老同志欢聚一堂，举行迎春茶话会。借此机会，我代表党中央，向在座的各位同志，向全国各条战线离休退休的老同志，向全国各族老工人、老农民、老战士、老知识分子祝贺春节，向大家致以亲切的慰问和崇高的敬意！

在过去的一年里，以江泽民同志为核心的党中央领导全党、全军、全国各族人民，认真贯彻党的基本路线，坚定地走有中国特色的社会主义道路，取得了新的成绩。我们顶住了外部压力，克服了很多困难，渡过了一个比较艰难的时期，发展了安定团结的政治局面。农业生产获得大丰收，工业生产逐步回升，治理整顿、深化改革取得明显成效，整个形势正在朝着好的方向发展。我们所取得的成就和进步，是全党、全军和全国人民共同努力的结果，也凝结着老同志的智慧和心血。各条战线的老同志，热忱地拥护与支持党中央和国务院所确定的各项方针政策，积极地向党和政府献计献策，在不同的岗位，通过不同的方式，为经济建设、改革开放、治理整顿和党的建设，发挥了重要作用，作出了积极贡献。对此，党和人民是永远不会忘记的。

新年前夕闭幕的党的十三届七中全会，通过了中共中央关于制定国民经济和社会发展十年规划和“八五”计划的建议。它是我国实现第二步战略目标的行动纲领，标志着我国社会主义现代化建设将进入一个新的发展阶段。今后十年，是非常关键的十年。在这十年里，要实现国民生产总值再翻一番，人民生活达到小康水平，综合国力大大增强，使社会主义的中国更加繁荣昌盛，意义极其深远，任务十分艰巨。我们必须团结一切可以团结的力量，调动一切积极因素，振奋精神，同心同德，兢兢业业，埋头苦干，为实现党所确定的宏伟目标而努力奋斗！

为了实现我们的宏伟目标，必须始终坚持“一个中心、两个基本点”，坚持不懈地把经济搞上去。只有经济得到发展，各项事业才能发展，人民生活才能改善，社会才能稳定，国力才能增强，才能显示社会主义制度的优越性和生命力。因此，不论国际风云如何变幻，也不论遇到什么困难，都不能放松经济工作。

搞好经济建设，必须继续坚持改革开放的方针。从总体上说，我国的政治制度、社会制度、经济制度，是科学的、先进的、优越的。我们党在长期的革命和建设的过程中，形成了许多好传统、好作风、好经验。在新的历史时期，我们要坚持和发扬这些好传统、好作风，总结和完善这些好经验。同时，我们应当随着经济、科技、教育的发展和社会的进步，改革那些不适应社会发展需要的具体制度、体制和办法。通过改革，使社会主义制度得到不断完善。我们还要进一步扩大对外经济技术交流与合作，积极利用国外资金和先进技术，促进我国经济的发展。

为了保证我国的现代化建设始终沿着社会主义的轨道前进，我们必须始终不渝地坚持四项基本原则，坚持不懈地进行反对资产阶级自由化和反对“和平演变”的斗争。当前，我国社会中仍然存在着某些不稳定的因素，一些社会丑恶现象也有所滋长，国外、境外的敌对势力不断对我国进行渗透、颠覆和破坏活动。全党同志必须保持高度的警惕，切不可麻痹大意。

同志们：我们面临的形势是严峻的，肩负的任务是繁重的。要实现我们的目标，关键是要把我们党建设好。党的十三届四中全会以来，党中央非常重视党的建设，采取了许多措施。经过全党上下的努力，初步形成了全党抓党建的好局面。但是，我们应当清醒地看到，党内还存在消极现象，必须坚决克服，不能有丝毫的松懈。加强党的建设，需要抓教育、抓管理、抓整顿、抓领导班子的思想作风建设，不断提高党员的素质，提高党的战斗力，使我们党经得起新的考验，完成新的历史任务。我们要发扬特别能战斗的精神，把我们党建设成为理论上更成熟、思想上更统一、政治上更坚定、与群众的联系更密切的工人阶级先锋队，成为社会主义现代化建设事业的坚强领导核心。我们的老同志，对共产主义的崇高理想有着坚定的信念，是坚持四项基本原则，坚持改革开放，维护社会稳定的一支坚强力量。希望老同志继续保持和发扬我们党的优良传统，生命不息，战斗不止，以自己的丰富经验和模范行动搞好传帮带，在培养革命事业接班人上多做工作，为振兴中华、巩固和发展社会主义制度，作出新的贡献！“一息尚存须努力，留作青年好范畴”。各级党委和政府，各有关部门要十分珍视老同志的作用，进一步重视和做好老干部工作，既要妥善安排好老同志的生活，又要积极创造条件，使老同志的潜力和优势得到充分的发挥。

同志们：我们的任务光荣而艰巨。我们坚信，有以江泽民同志为核心的党中央的坚强领导，有老同志的鼎力支持，有全党的团结努力，我们一定能够战胜前进中的任何困难，取得社会主义现代化建设事业的伟大胜利。祝愿大家节日愉快，健康长寿！

《人民日报》发表社论《坚持走建设有中国特色的社会主义道路》

从党的十一届三中全会到十三届七中全会，这十二年间，中国共产党领导全中国人民建设有中国特色的社会主义，在实践中取得了显著的成绩，随着认识的深化，在理论上也取得了重大成果。党的十三届七中全会通过的《中共中央关于制定国民经济和社会发展十年规划和“八五”计划的建议》重大贡献在于，不仅规划了今后五年到十年中国发展的宏伟蓝图，而且科学地总结了建设有中国特色社会主义的基本理论和基本实践，提出了十二条有深远指导意义的原则。

这十二条原则是马克思主义的普遍真理同中国建设和改革的具体实践紧密结合的产物。毛泽东同志说过：“一个正确的认识，往往需要经过由物质到精神，由精神到物质，即由实践到认识，由认识到实践这样多次的反复，才能够完成。”寻找一条在中国建设社会主义的正确道路，不可避免地要经历这样一个过程。这十二条原则，就是我们在中国建设社会主义曲折经历的实践的结晶，是马克思列宁主义、毛泽东思想的新的发展，是邓小平同志为代表的中国共产党人对马克思主义的贡献。科学社会主义的理论，为中国共产党人的实践指明了方向；中国共产党人的实践，为科学社会主义的理论增添了光彩。

十二条原则是全面的。不但讲了政治，也讲了经济、文化；不但讲了物质文明建设，也讲了精神文明建设；不但讲了内政，也讲了外交。

十二条原则又是重点突出的。最突出的就是鲜明地体现了在坚持和完善社会主义制度的前提下，以经济建设为中心的思想。从社会主义的根本任务，到经济建设的基本保证，从内部改革，到对外开放，从所有制结构，到分配制度，从经济体制的基本特征，到发展经济的长远方针，经济建设中所有重大问题都做了明确的规定。

总而言之，十二条原则把党在社会主义初级阶段“一个中心、两个基本点”的基本路线进一步具体化、系统化了。它更加清楚、完整地回答了什么是建设有中国特色的社会主义，怎样建设有中国特色的社会主义。这十二条原则互相联系、互相制约、互相贯通，是一个严密的科学的整体。它的提出不但有重大的理论意义，也有重大的实践意义。它既是过去实践的科学总结，也是未来行动的正确指针。有了“一个中心、两个基本点”，又有了十二条原则，建设有中国特色的社会主义就以更加丰富、更加完整、更加明晰的形态展现在世人面前，全党和全国人民统一思想、统一行动有了更切实的依据。

十二条原则作为一个整体虽然是现在才提出来的，但是它的每一条的基本内容并不是新发现的，我们党早已提出并已实施了多年。应当说，建设有中国特色的社会主义，若干大的原则、基本的路数，全党同志已有比较明确的共识。现在，我们可以比以往任何时候更坚定、更自豪地说，什么是社会主义道路，什么是建设有中国特色的社会主义道路，我们讲得清，并且充满了必胜的信心。

政治的稳定、经济的稳定、社会的稳定，离不开党的路线的稳定、方针的稳定、政策的稳定。党的十三届四中全会以来我国之所以能够稳定发展，从根本上来说，得益于党的路线、方针、政策的连续性、稳定性。十二条原则的提出，再次表明我们党的路线、方针、政策是稳定的。继续坚定不移地贯彻“一个中心、两个基本点”和十二条原则，是使我国政治、经济、社会稳定发展的根本保证，是实现第二步战略目标的根本保证。

十二条原则对我国社会主义建设和改革中一系列重大问题都做了正确的回答，今后大的思路、大的框架已经确定下来，只需经过扎扎实实的工作，认认真真地落实就是了。当然，在落实中还要有所创新，这些原则还需要具体化。人们的认识是永远没有穷尽的，人们的认识要随着时代的前进而前进，随着实践的发展而发展。现在，在社会主义建设和改革的伟大实践中，我们仍面临着一系列艰巨的任务、复杂的问题，还有大量未被认识的必然王国。例如，在发展社会主义有计划的商品经济中，如何把计划经济同市场调节很好地结合起来，在公有制为主体的条件下，如何运用和发挥价值规律的作用，如何把宏观控制与微观搞活恰当地结合，这些，都是相当复杂的理论问题和实践问题，都需要在实践的基础上，继续进行理论的探索，才能解决。我们有了十二条原则作为指导，是一定能够很好地解决的。理论是根本，真正从理论上弄明白了前进的方向，在实际工作中的盲目性就能减少，我们就可以更加稳健地前进了。

在当今世界上，政治风云变幻，社会主义遇到前所未有的严峻考验。过去十多年，我们按照“一个中心、两个基本点”和十二条原则办事，胜利实现了第一步战略目标，初步显示了有中国特色的社会主义的强大生命力。今后十年，我们更加自觉、更加坚定地按“一个中心、两个基本点”和十二条原则办，也一定能胜利实现第二步战略目标。当时钟转到二十世纪与二十一世纪交接的时刻，我们将更加自豪地向全世界宣告：

社会主义的中国稳如泰山；

中国正在沿着建设有中国特色的社会主义道路阔步前进！

全国司法厅(局)长会议在上海召开

司法部在上海召开的全国司法厅(局)长会议提出，司法行政工作要努力为社会稳定和经济发展作出新贡献。

司法部部长蔡诚在会上提出，今年各级司法行政机关的首要任务是，组织全体干警认真学习领会党的十三届七中全会精神，统一思想，进一步增强为社会稳定和经济发展服务的责任感，牢固树立坚持人民民主专政的思想，牢固树立发扬社会主义民主和健全社会主义法制的思想，牢固树立为改革开放、发展经济提供优质法律服务的思想。要认真贯彻全国社会治安综合治理工作会议精神，充分履行在“打击、防范、教育、管理、建设、改造”等综合治理工作中的重要职责，与公、检、法等有关部门通力协作，打好总体战，努力把社会治安搞好。要通过加强监管和对犯人、劳教人员的教育，进一步提高改造质量，降低重新违法犯罪率。要认真做好第二个五年普法规划的启动工作，为今后几年的法制宣传教育工作做好准备。要适应国家“八五”计划期间经济发展与改革开放的需要，紧紧围绕经济领域中改革与建设的重大课题提供优质、对路的法律服务。司法部决定把今年确定为法律服务“质量、效益年”，在全系统开展质量评比活动，切实把法律服务质量提高到一个新水平。

会议至2月4日结束。

全国冶金工作会议闭幕

国务委员邹家华在会议上指出：钢铁工业今后要大力推进技术进步和科学管理，走内涵扩大再生产的道路。同时要积极调整内部结构，尤其要加强矿山的建设。

“七五”期间，我国钢产量净增1925万吨，其中80％的增产量是通过老企业的挖潜、改造取得的。钢铁工业还有计划地改造和建成462条增加品种、提高质量的生产线，使钢铁行业的技术装备水平有很大提高。邹家华在肯定了钢铁工业成绩后强调，钢铁工业抓技术进步，一方面要组织力量，针对钢铁工业生产建设特别是质量、品种、节能等关键问题，开展科研攻关，并且尽快把科技成果转化为生产力。另一方面，要积极消化吸收引进技术，特别是宝钢和武钢一米七轧机为代表的先进技术装备，要积极组织消化、吸收和推广应用，使钢铁工业的工艺和技术装备水平提高一步。

邹家华说，今后不能单纯靠增加产品产量来增加效益，应该主要靠提高质量、增加品种、降低成本来求效益。提高效益，也不单纯指利润增长，而且要提高投入产出比。近两年来，由于煤、电、运涨价，钢铁工业又是能耗大户，一些企业出现了亏损，要改变这种状况，还是要靠企业加强管理、推进技术进步，适应市场变化，及时调整品种结构，提高产品质量、降低消耗，来提高企业的经济效益。

石油工业领导干部会议闭幕

会上宣布，党和国家对石油工业非常关心和重视，正在采取实际步骤，支持石油工业发展。

邹家华说，党中央、国务院对石油工业寄予殷切希望。近几年来，江泽民、李鹏等中央领导同志，多次到油田视察，充分肯定石油战线的工作，以“翘首企盼”的心情，希望石油工业加快发展。去年10月以来，李鹏同志亲自主持会议，听取石油工业的汇报，确定要给予政策上的支持。在这次会议上，江泽民总书记和李鹏总理又专门给会议作了批示，表达了对石油工业的厚望。

邹家华代表国务院，向长期艰苦奋斗、为国家做出重要贡献的石油战线的同志们表示亲切慰问，他对石油工业全面完成“七五”计划所取得的显著成绩给予高度的评价。

邹家华表示赞成石油工业依据中央《建议》提出的“八五”期间战略部署。同时强调要下决心稳定以东部为重点的老油区生产，大力加强油气勘探，努力增加油气储量，安排好油气资源的战略接替。

邹家华要求石油战线在“八五”期间，一方面要继续深化东部老区勘探，增强稳产与增产的资源基础。

另一方面要加强西部新油区主要是塔里木、吐鲁番、哈密地区的勘探和开发,以及陕甘宁地区的天然气勘探和开发,拿到相当规模的油气储量,争取今后五年生产有较大的增长,并为"九五"期间更大发展准备好资源基础。

全国高校社会主义经济理论与实践研讨会在天津召开

最近,国家教委在天津召开全国高校"社会主义经济理论与实践研讨会"第五次会议。与会代表们就计划经济与市场调节相结合这一有计划商品经济的运行机制展开讨论,提出了一些有意义的见解和看法。

一、关于计划经济与市场调节相结合的内涵

大多数与会代表认为,计划经济是社会主义的基本经济制度,市场调节是商品经济运行的基本调节形式。实行计划经济与市场调节相结合,就是指在计划经济制度中引入市场调节机制,充分发挥市场机制的调节作用,目的是更有效地实现计划经济。它具体包括两方面的涵义:1. 体现社会主义经济制度的特征。既然计划经济是社会主义的基本经济制度,计划经济与市场调节相结合的经济运行机制,也就自然成为社会主义经济的运行机制,从而与其他经济制度的运行机制区别开来。如果单讲"计划与市场相结合"、"计划调节与市场调节相结合"或"计划机制与市场机制相结合",都不可能体现社会主义经济制度的特征,因为计划、计划机制、计划调节只是管理经济的一种手段和方式,在资本主义经济制度下,同样也可以运用这些手段。2. 体现社会主义新经济运行机制的特点。这具体表现在以下三个方面:一是由于引入市场机制,计划经济已不再是过去那种主要依靠指令性计划实现的计划经济,而是主要运用经济手段来实现。二是为了实现计划经济,经济运行机制中的计划调节机制和市场调节机制不是平分秋色的,计划调节应该居于主导地位,即为市场调节导向。三是在计划经济基础上的计划调节和市场调节机制的结合,能够充分有效地发挥资源合理配置的作用,不会受到利益矛盾尖锐对立的阻碍。

也有的同志对用计划经济与市场调节相结合来表述我国的经济运行机制提出了不同看法。如认为计划经济和市场调节相结合的提法难以准确反映经济计划作用的程度和经济计划实行所需的微观运行条件。也有人认为计划经济与市场调节不是同一层次的范畴等。

二、关于计划经济与市场调节的结合方式

多数代表认为,计划经济与市场调节相结合不是某一种单一的结合方式,而是采取多种结合方式的综合。这具体表现在以下三个方面:1. 指令性计划中计划调节与市场调节的结合。这主要是指将一部分指令性计划改为国家和企业之间、企业相互之间按等价交换原则签订定货合同的办法而实现的有机结合。2. 指导性计划中计划调节与市场调节的结合,这是计划调节与市场调节有机结合的主要形式。在这里,国家不直接调节企业,而是通过市场调节企业活动来实现计划目标。但这里的市场调节已不是自发的市场调节,而是由计划调节导向的市场调节,这可以说是二层次调节的纵向结合方式。3. 计划外经济中计划调节与市场调节的结合。在这里,经济活动主要由市场自发调节,但也有一定程度的计划调节,如国家提供市场预测和信息,运用各种经济杠杆进行管理等。

此外,有的代表也提出了一些其他的结合方式,例如,"一般与特殊结合论",即国家运用宏观经济政策和运用公有制经济力量调节市场的结合方式;"功能结合",即市场失灵的地方由计划取代,计划失灵的地方由市场完成;"四维空间型结合",即通过由产品维、产权维、地区维和时间维组成的结合态;"多维统一论",即根据国民经济的不同层次和领域、不同所有制和不同企业、不同产业和产品等实行多层、多级、多种结合,等等。

人事部宣布 1991 年为继续教育宣传年

2 月 7 日

中共中央政治局常委乔石在云南考察

中共中央政治局常委乔石 2 月 7 日至 16 日在中共云南省委书记普朝柱、省委副书记尹俊陪同下考察了云南省红河哈尼族彝族自治州、西双版纳傣族自治州、德宏傣族景颇族自治州、大理白族自治州和昆明市。2 月 13 日,乔石在昆明听取云南省委和省政府领导同志的工作汇报。乔石认为,十多年来云南在党中央、国务院的领导下,各级党委和政府认真贯彻党的十一届三中全会以来的路线、方针和政策,经济发展比较好、比较快,人民生活有了明显改善。党的十三届七中全会精神传达后,干部、群众的精神状态很好,对执行"八五"计划和十年规划充满信心,形势喜人。

乔石指出,云南自然条件好,资源丰富,发展经济的潜力相当大。80 年代提前两年实现第一步战略目标,90 年代有可能争取发展得快一些。有的州委汇报工作时提出争取 5 年实现第二步战略目标,他表示赞成这种积极进取的精神。他说,既然有条件就可以争取快一些,但一定要从实际情况出发,实实在在地、一步一个脚印地发展。他一再强调只有坚定不移地坚持邓小平同志等老一辈开创的建设有中国特色的社会主义道路和各项已为实践证明是正确的方针、政策,才能把规划变成现实,实现我们的第二步战略目标。云南对外贸易的潜力也很大,要坚持对外开放,在继续通过沿海发展对外贸易的同时,还要通过边境贸易和经济合作,积极同周边国家和东南亚发展贸易。对外贸易要加强管理,加强管理的目的是更好地实现经济交流。

乔石所到之处,都希望干部、群众要像保护自己的眼睛一样维护社会稳定和安定团结的政治局面,这样才能集中精力把经济建设搞上去。一些州、县的领导与他交谈时反映群众怕政策变,干部怕折腾。他说,一定要保持党的各项政策的稳定性和连续性。在农村,最根本的是家庭联产承包责任制不能变,只能进一步完善和巩固。在这个前提下也要尽可能发展集体经济,以增强乡镇财政的实力,更好地扶持农民发展生产。只要上下一条心,干群一股劲,抓住有利于我国建设的国际环境,集中精力把经济搞上去,到本世纪末,中国社会主义的优越性将更具有说服力和吸引力。

乔石说云南各民族是团结和睦的。实践证明,建国以后确立的民族区域自治的政策和1984年制定的民族区域自治法,有利于巩固民族团结和维护祖国的统一,要认真贯彻落实。有些少数民族地区的经济、文化还待大力开发和发展,国家当然会在各方面给予必要的和可能的扶持,但更重要的是依靠各族人民自力更生、艰苦奋斗。还要与国内其他地区发展横向经济联系,搞好经济合作,逐渐地变资源优势为经济优势。

为了保持一个有利于发展经济的社会环境,必须搞好社会治安的综合治理,并长期坚持下去。一方面要坚持依法从重从快严厉打击严重刑事犯罪分子和依法从严惩处严重经济犯罪分子;另一方面要运用政治的、经济的、行政的、法律的、文化的、教育的等多种手段把综合治理的其他措施逐步落实到基层。红河、西双版纳、德宏、大理4个州在汇报工作时,都汇报了禁毒问题。乔石说,禁毒问题中央很重视,已成立专门机构抓这项工作,全国人大常委会作出了关于禁毒的决定,这个决定得到了全国各族人民的一致拥护。云南已采取许多措施禁毒,党中央、国务院是支持和肯定的,但还要进一步努力,千方百计争取在一二年内取得显著成绩。禁毒不仅要依靠公安、武警和政法战线各个部门,还要依靠全社会的力量。要宣传人大常委会的决定,做到家喻户晓。缉毒也要依靠群众,对贩毒分子要依法严惩。总之,决心要大,措施要得力,要坚持到底。

乔石指出,各级党组织和政府要在坚决抓好计划生育的同时,把现有的劳动力作为一个很重要的资源去开发,千方百计安排就业。可以组织他们兴修农田水利、种植经济林木和果树,兴办第三产业和乡镇集体企业,以及从事个体经营,并加强引导和管理。

乔石强调,贯彻十三届七中全会精神,实现第二步战略目标关键在于加强和改善党的领导,加强各级领导班子的团结。各级党政尤其是地州县的领导同志要面向基层,抓好基层组织的建设,一要选好主要领导人和组织好领导班子,二要加强思想政治工作,积极培养在生产和科教第一线的青年骨干,在条件成熟时吸收入党。务必使党的基层组织真正成为带领群众发展社会主义经济、文化、教育、科技等各项事业的战斗堡垒。同时要从严治党:严肃处理违纪党员。各级领导干部都要深入到群众中去,密切联系群众,倾听群众的意见,为群众多办实事。他说,我们共产党人的宗旨是全心全意为人民服务,除了人民的利益外,再没有别的利益。只要认真贯彻落实党的十三届七中全会精神,云南的经济建设一定会发展得更快更好。

随同乔石考察的有中共中央政法委员会副秘书长束怀德等。

国务院在北京召开全国企业工作会议

国务委员王丙乾、李贵鲜以及各地区、各部门主管经济和企业工作的领导人和部分大中型企业的负责人参加了会议。国务院生产委主任叶青主持了今天的会议。

会议要求动员经济战线广大职工,振奋精神,以提高经济效益为中心,开创企业工作新局面,促使全部经济工作切实转到以提高经济效益为中心的轨道上来,力争今年工业生产的质量、品种、效益有一个明显的进步。

国务委员邹家华在会上讲了话。

国务委员邹家华在全国企业工作会议上发表讲话

邹家华说,党的十三届七中全会通过的《中共中央关于制定国民经济和社会发展十年规划和"八五"计划的建议》,确定了我国今后十年和"八五"期间的奋斗目标、基本指导方针和总体部署。全会指出:"从1991年到2000年,在我国社会主义现代化建设的历史进程中是非常关键的时期"。在这非常关键的十年的第一个春天,国务院决定召开这次全国企业工作会议,具有特殊重要的意义。

邹家华说,大家知道,在党中央、国务院的领导下,过去的十年我们在改革开放和现代化建设中,取得了举世瞩目的巨大成就。我们能不能在90年代巩固和发展已取得的成就,使我国以更加昂扬的姿态跨入21世纪,直接关系到我国社会主义的兴衰成败,关系到中华民族的前途命运。企业是国民经济的细胞,是社会经济活动的基础，在国民经济发展中具有极其重要的地位和作用。

邹家华说，全国广大企业在过去的 10 年中，特别是“七五”期间，付出了艰苦的劳动，作出了巨大的贡献。1990 年同 1985 年相比，工业总产值增长 82.6%，农业总产值增长 23%，国家财政收入增长 87%，进出口总额增长 70%。在国民经济的发展中，企业工作也得到了加强，主要表现在坚持改革，探索建立具有活力的企业经营机制；加强企业管理，提高企业素质；调整产品结构，推进企业技术进步，改善企业技术素质；坚持“两个文明”一起抓，提高职工队伍的素质；加强工交生产的领导，努力完成国家计划等方面取得了明显进展。邹家华说，在未来的十年中，要实现“八五”计划和十年规划，需要全国广大企业作出更大的努力。对此，党中央和国务院提出了明确的要求，并寄予厚望。

邹家华说，为了力争今年工业生产的质量、品种、效益有一个明显进步，尽快改变目前企业效益下降的局面，把全部经济工作切实转到提高经济效益的轨道上来，国务院作出了今年在全国范围内开展“质量、品种、效益年”活动的决定。最近，国务院发出了《关于开展“质量、品种、效益年”活动的通知》，对开展这项活动进一步作出具体部署。为把这一活动开展好，邹家华强调了三点：一要深刻认识开展“质量、品种、效益年”活动的重要意义，二要振奋精神，迅速把“质量、品种、效益年”活动开展起来，三要加强领导，统筹安排，把“质量、品种、效益年”活动落到实处。

邹家华说，1990 年，全民所有制企业，特别是大中型企业度过了困难的一年。有的同志担心，能否把企业和职工动员起来，迅速投身到“质量、品种、效益年”活动中去。还有的同志认为，目前企业的外部环境不好、市场疲软、资金紧缺、能源和原材料供应困难等问题并未得到根本解决，开展“质量、品种、效益年”活动困难太大。但是，我们共产党人有一句老话：“在困难的时候，要看到成绩，要看到光明，要提高我们的勇气”。只要有这个精神，办法总是比困难多的。从事企业工作的同志，要看到当前的有利条件，主要有：全国政治和社会稳定，政治思想工作得到加强，广大人民群众的社会主义觉悟进一步提高；党的十三届七中全会进一步强调了搞活企业的方针，把搞好企业改革放到了突出地位，为落实企业经营自主权，完善经营机制指明了方向；国务院采取的经济总量控制、适当调整紧缩力度的政策措施继续发挥积极作用，工业生产与经济效益正在逐月回升，企业的效益也在逐步好转；七中全会已经确定下来的“八五”期间继续完善和发展企业承包经营责任制，两期承包衔接工作进展顺利，大多数企业承包方案已经落实。各个企业还有自己的有利条件。能否充分利用好这些有利条件，把“质量、品种、效益年”活动开展好，关键就看我们各级领导干部的精神状态，看能否转变经营思想，能否振奋精神，做好宣传动员工作，把广大职工群众动员起来。各地区、各部门和企业都要以积极进取的精神，克服消极等待和故步自封的思想。

在谈到积极改善企业外部环境，提高企业内在素质，增强企业活力问题时，邹家华说，党中央明确指出，增强企业特别是国营大中型企业的活力，是经济体制改革的中心环节。全国一万多个国营大中型企业，拥有国内最先进的装备和技术，集结着我国素质最好的产业大军，代表我国先进的生产力。它们是我国现代化建设的重要支柱，也是国家财政收入的主要来源。能否搞活大中型企业，不仅关系到今后国民经济的持续、稳定、协调发展，而且关系到社会的安定和社会主义制度的巩固。目前，国营大中型企业面临着许多困难，党中央和国务院对此十分关心。存在的问题是改革不配套，国家赋予企业的自主权不够落实；企业的各种负担很重，尤其是一批老企业，无力进行技术改造，缺乏发展后劲；内部自身的问题是有些企业管理水平低，素质不高，不同程度地存在“以包代管”的现象；还没有完全摆脱产品经济模式的束缚，缺乏市场观念和竞争意识，在日益发展的有计划的商品经济中处于被动状态。因此，增强企业活力必须从深化改革、加强技术改造和强化企业管理三方面入手。即要继续搞好治理整顿，深化企业改革，进一步落实企业自主权；研究制订有关政策措施，为企业创造良好的外部环境，增强企业自我积累、自我改造的能力；企业要眼睛向内，在提高内在素质上下功夫。

邹家华强调，搞活企业特别是国营大中型企业，一方面要改善外部环境，另一方面，更重要的是加强内部管理，全面提高企业素质。现在的情况是，在同一个地区、同一个城市里，甚至是同样规模、同样产品的企业，在相同的外部条件下，有的企业产品就畅销不衰，经济效益持续增长，有的产品则积压，经济效益低下。差距在哪里？主要在经营管理上。企业内部管理搞得好，内在素质高，就能千方百计挖掘潜力，增产节约，开拓前进。

邹家华强调指出，企业要振奋精神，充分用好国家给予的搞活企业的政策，眼睛向内，深挖潜力，加强内部管理，加强技术改造，在上质量、上品种、提高经济效益上下功夫，这是国务院决定今年在全国范围内广泛开展“质量、品种、效益年”活动的基本出发点。

邹家华指出，开展“质量、品种、效益年”活动正是抓住了我国经济发展中的突出矛盾和问题，对提高我国经济素质、企业素质既有重要的现实意义，又有深远的历史意义。他指出,当前存在的矛盾和问题,有外部环境方面的,也有企业内部管理的;有客观的,也有主观的,但内因是根据,是决定的因素。不能总把希望寄托在减税让利上,要把解决矛盾和问题的着眼点放在自己单位的内部,放在提高企业素质上。

邹家华对企业如何练"内功"提出了六点要求:

首先要端正经营思想,制订以推进技术进步、技术改造为主要内容的发展计划。在建立计划经济与市场调节相结合的经济运行机制中,国营企业尤其是大中型企业要注意转变思想,树立强烈的质量意识、市场竞争意识和效益观念;确定企业的经营发展战略,采取各种措施,努力实现从速度效益型向质量效益型、从粗放经营向集约经营的转变。

第二要加强营销工作,积极开拓国际国内市场。一个企业要搞好,不仅要生产出有竞争力的产品,而且要善于把产品推销到市场上去。同时,通过市场信息的反馈,使产品适应市场不断变化的需求。特别是在市场疲软、许多产品滞销积压的情况下,更要注意加强和改进企业的营销工作。

第三要千方百计积累资金,管好用好资金,把有限的资金用于开发新产品和技术改造上。

第四要强化基础工作,加强各项专业管理。继续开展"抓管理、上等级、全面提高素质"的企业升级工作。要大力整顿和加强现场管理,特别要把质量管理放在企业管理工作的首位,继续抓好职工的培训工作。

第五要坚持和完善内部经济责任制,搞好内部配套改革。主要是要完善承包责任制的指标体系,坚决实行产品质量否决权。工资分配坚持向关键岗位和一线生产工人,特别是苦、脏、累、险工种倾斜。在工资分配上,要完善工资总额同经济效益挂钩办法,坚决打破平均主义,在分配上要拉开档次,防止"大锅饭"回潮。

第六要全心全意依靠工人阶级,深入开展"双增双节"运动,努力完成和超额完成今年的国家计划。要坚持和完善厂长负责制,厂长、书记要团结合作,"两个文明"一齐抓,把全体职工的积极性、主动性和创造性调动起来。

国务院批转全国农业区划委员会《关于进一步加强农业区划工作的报告》

国务院同意全国农业区划委员会《关于进一步加强农业区划工作的报告》,现转发给你们,请结合实际情况贯彻执行。

农业区划工作,是科学地指导农业发展的基础工作。近十年来,经过农业区划工作者的艰苦努力,农业资源调查与农业区划工作取得了很大成绩。充分利用好农业区划成果,对于提高农业综合开发和扶贫开发工作的科学性,促进农业区域化、专业化、现代化发展,具有十分重要的作用。各地区、各有关部门要提高对农业区划工作长期性和综合性的认识,进一步加强领导和支持,为更好地发挥农业区划工作的作用创造良好的条件。广大农业区划工作者要继续发扬艰苦奋斗、无私奉献的优良传统,按照新形势下农业区划工作的基本任务和要求,勤勤恳恳地努力工作,为加快我国农业现代化步伐作出更大贡献。

全国农业区划委员会关于进一步加强农业区划工作的报告

自1979年国务院批转《全国农业自然资源调查和农业区划会议纪要》以来,我国县级以上各级人民政府都成立了农业区划委员会及其办事机构。大部分省、自治区、直辖市还成立了农业资源区划研究所,建立起资源经济信息综合监测体系和数据库。目前全国共有农业区划专业人员12000余人,已形成比较完整的农业区划系统。

1985年以前,农业区划工作主要是组织推动各部门协同完成以水资源、土地资源、生物资源和气候资源为主的农业自然资源普查,以及从中央到省、市、县的综合农业区划与各种专业区划。同时,还普遍开展了农业发展战略研究。从1986年起,农业区划工作的重点逐步转到为农业区域开发服务,开展了几项大范围、大规模的区域规划研究,提出了全国和省一级的农业区域开发总体规划的初步意见。并结合农业区域开发需要,组织了对农业"四低"(低产耕地、园地、林地、水面)和"四荒"(荒山、荒地、荒滩、荒水)以及"名、特、优、稀"产品等资源的调查和土地利用现状详查工作。

这样有计划、有组织地开展农业自然资源调查和农业区划工作,调查范围之广、参加人数之多和取得成果之丰富,都是我国有史以来所没有过的。它对于正确认识国情、省情、县情,了解与掌握自然规律与经济规律,提高农业综合开发和扶贫开发工作的科学性,优化生产力要素配置,合理调整农村产业结构和生产布局,以及对于建立区划——规划——样板相结合的科学领导方法,促进农业区域化、专业化、现代化的发展等方面,都起到了重大的作用。

但是,近年来,有些地方认为农业区划工作已经完成了历史使命,因而放松了领导,削减了机构和队伍,影响了农业资源调查和农业区划工作的深入开展。为了进一步发挥农业区划工作的作用,经与有关部门和地方农业区划负责同志充分研究,提出以下建议:

一、提高对农业区划工作长期性和综合性的认识

人多地少,是我国的基本国情,人增地减,是难以逆转的趋势。随着经济的发展,人口、资源、环境之间的矛盾,将日趋尖锐。正确处理这些矛盾,加强资源的

调查评价、动态监测、立法和管理，搞好生产力要素的优化配置，将日益迫切。因此，各地区、各部门必须充分认识农业区划的重要性和长期性。农业区划工作主要是从宏观和综合的角度进行研究，以资源调查评价为基础，以区域发展为对象，以综合分析为手段，以求取资源利用总体最大效益为目的，重视经济、生态和社会效益的统一，为宏观决策提供比较方案。从这个意义上说，农业区划工作是源于部门、超脱于部门，而又服务于部门的。因此，也有赖于各个专业部门的配合和支持。各级人民政府和有关部门要予以充分重视。

二、进一步明确农业区划工作的基本任务和工作重点

农业资源调查和区划工作，是科学地指导农业发展的基础，具有综合性、区域性、超前性和基础性等特点。根据十多年来的实践和今后农业发展的要求，各级农业区划委员会的基本任务是：继续深入开展农业资源调查、动态监测和综合评价；组织农业资源开发重大技术经济政策研究；组织并推动各地和有关部门搞好农业区域开发规划，寻求人口、资源、环境之间以及经济、生态、社会效益之间的最佳协调形式；优化和选择与生产条件、社会需要相适应的结构和布局，拟订农业区域开发总体布局的科学方案；协调区域开发中部门之间、地区之间以及资源开发利用与保护治理的关系；组织进行跨地区、跨部门重大农业投资项目和重要商品基地的前期论证和综合评估；指导区域开发实验区工作；组织专家参加有关部门研究拟订农业自然资源保护的政策、法规；管理农业区划研究所和资料数据库等事业机构。“八五”期间的工作重点是，以编制农业区域综合开发总体规划和搞好农业综合开发前期工作为中心，推动农业区划工作的全面发展。规划既要立足于资源的合理开发利用与整治保护，生产要素的优化配置，地域的合理分工，又要符合国民经济建设的总体战略目标。农业综合开发的前期工作，主要是继续做好以土地资源为主的水、土、生物、气候四大自然资源的深入调查与综合评价；拟订农业区域综合开发规划方案；努力办好农业综合开发实验区；加强资源动态监测，搞好农业资源经济数据库建设；加强开发项目的综合评估审议等。

今后，各级人民政府在研究和评审农业开发项目时，应充分发挥农业区划机构的作用，充分利用农业资源调查和农业区划的研究成果。凡上报国家的农业投资开发项目，应吸收同级农业区划委(办)参与论证，充分听取他们的意见。有关农业开发后备资源调查及农业区域开发综合实验区设置的具体方案，由全国农业区划委员会办公室负责拟订，报全国农业区划委员会发文部署。为把农业综合开发前期工作做好，有条件的地方，可从农业发展资金和农业综合开发基金中划出一定比例，用作农业区划委(办)进行区域开发前期工作的活动经费。

三、加强领导，强化自身建设，把农业区划工作提高到一个新水平

各级人民政府和有关部门要进一步加强对农业区划工作的领导，健全机构，稳定队伍，改善工作条件。已有的编制名额应抓紧配齐，组成不合理的要调整。请各级财政部门根据农业区划工作的需要，适当增加农业资源调查和区划工作事业费，以保证农业区划工作顺利进行。

各级农业区划委员会，要根据任务和要求，结合本地实际情况，制定具体工作计划，并及时向同级人民政府和有关部门通报情况，争取政府的领导和部门的支持。各级农业区划委员会的成员单位，凡有农业资源调查和农业区域规划任务的，要把部门区划办事机构恢复和健全起来，以保持工作的连续性。

各级农业区划办事机构，要自上而下有计划地加强建设，根据人力和财力的可能，逐步把密切相关的几项工作抓起来。一是合理开发农业资源和农业生产力布局的科学决策咨询工作；二是采用航天航空遥感技术与地面样点、区划与部门相结合的资源动态监测工作；三是区划—规划—实施(实验区、样板)相结合的工作；四是跨学科、跨部门、跨省区的农业资源、区域开发的协作研究；五是农业区划干部培训工作。此外，要继续协同有关部门办好全国农业资源区划展览，进行国情教育，增强全民资源意识，宣传农业综合开发成果。

1990 年 12 月 30 日

中国农村信贷与农民行为国际学术研讨会在北京举行

参加研讨会的有国内外专家、学者和有关人士 60 多人。

研讨是围绕国务院发展研究中心和世界银行研究开发署合作的“农户与信贷”课题展开的。这个课题于 1987 年设立，就农村信贷与农民行为关系问题，有关研究人员分别在吉林省公主岭市，江西省峡江县和江苏省句容县、泰县进行了问卷调查。

外交部发言人李肇星就美国人权报告等问题答记者问

李肇星应记者的要求就美国国务院发表的本年度人权报告发表评论说，美国国务院历年都要向国会提交所谓“人权报告”，实际上是以人权问题为名，对

许多国家的内政妄加评论，横加干涉。他说，美国国务院二月一日发表的“人权报告”中，罗列不真实的传闻，对中国的国内情况进行歪曲和攻击，这是完全不能接受的。尤其可笑的是，这个报告竟然把中国的人口政策、购买国库券、公众为亚运会工程作贡献和兴修农田水利等事情都说成是侵犯人权，这只能说明报告起草人的偏见和对中国情况的无知。李肇星指出，自新中国成立以来，中国人民自己当家作主，享受着广泛的民主和自由权利，这是任何歪曲和攻击都不能改变的事实。

李肇星就海湾战争中有可能使用化学武器发表评论说，禁止使用化学武器是公认的国际法准则。中国一贯反对任何违反国际法准则和《一九二五年议定书》使用化学武器行为。

有记者问：你对南非总统德克勒克建议废除《集团居住法》等种族隔离制度的基本立法有何评论？李肇星回答说，南非总统德克勒克的建议是积极的，将有助于推动南非问题政治解决的进程，值得欢迎。我们希望上述建议能尽早付诸实施，南非政府有关消除制宪谈判障碍的承诺能全部兑现，以使有关各方能够通过谈判最终建立起一个统一、民主和种族平等的新南非。

澳大利亚总督威廉·海登总理罗伯特·霍克在堪培拉会见中国国际信托投资公司董事长荣毅仁

我国农作物品种资源研究成果巨大已跃世界前列

由农业部主持、中国农科院品资所等承担国家“七五”科技攻关第一项的农作物品种资源收集和研究课题，共组织全国30个省、自治区、直辖市500多家单位的2500余位科技人员参加，几年来，科技人员已对20余万份种质资源分别进行了农艺性状鉴定，并严格按统一标准重新繁种更新，将其中具有生命力的种子入库长期保存。对于果树、茶桑、橡胶、野生稻等无法人库保存的多年生和特殊作物的种质资源，则分别按它们所要求的生态条件，在全国建起10个作物种质资源保存圃和15个果树资源保存圃，将2.7万份这些作物的种质资源保存入圃。从而使我国2/3的作物种质资源得到妥善保存，改变了过去种质资源逐渐流失的状况。

在此基础上，科技人员还对15万份主要粮、棉、油等作物和2万份多年生作物进行抗病虫、抗旱、抗寒和品质特征等的评价研究，初步掌握了这批资源的特点和利用价值，并从中筛选出6600余份抗逆性好、品质优良的资源，有许多品种资源已在生产中大面积推广应用，产生了显著的经济效益。

在作物种质资源低温保存技术、无性种质保存技术、资源繁种规范技术程序等的研究方面，共取得数10项重大科技成果，为整个种质资源库提供了全面的技术保障手段。

梅里雪山遇难队员追悼会在北京举行

2月8日

首都举行盛大军民迎春联欢晚会

国家民政部、解放军总政治部、中央电视台联合在北京中国剧院举行盛大的军民联欢晚会，江泽民、杨尚昆、李鹏、宋平、李瑞环、刘华清、杨白冰等中共中央和中央军委领导人与来自全国各地的拥军优属、拥政爱民工作先进单位和先进个人的代表、军人家属的代表，以及首都军民出席。

出席联欢晚会的还有秦基伟、宋任穷、王平、李德生、萧克、余秋里、耿飚、陈希同、杨成武、赵南起和中央、国家机关有关部门、人民团体、北京市、解放军三总部及驻京各大单位、武警部队的领导人。

联欢晚会的主题是：军民同呼吸、共命运、心连心，团结向前进。

联欢晚会上，来自全军的优秀文艺工作者纷纷登台献艺。

中央统战部举行少数民族和宗教界代表座谈会

70多位少数民族和宗教界代表出席座谈会。

中顾委常委江华、全国政协副主席赵朴初和在北京的全国人大常委会委员、全国政协常委、担任中共中央直属单位和国务院部委领导职务的少数民族同志，少数民族知识分子代表，全国宗教团体负责人等，出席座谈会。

中央统战部常务副部长蒋民宽在座谈会上致词。

座谈会由中央统战部副部长张声作主持。在座谈会上发言的有：中国天主教爱国会主席宗怀德、全国政协民族委员会副主任洛布桑（蒙古族）、全国人大民族委员会委员关山复（满族）、中国伊斯兰教协会副会长安士伟（回族）、东方歌舞团演员莫德格玛（蒙古族）等。

中国申请举办下次世界妇女大会

中国外交部长钱其琛致信联合国秘书长德奎利亚尔，表示中国政府愿意担任1995年妇女问题世界大会的东道国。

钱外长在信中说，“亚洲是妇女人数最多的大陆，中国又是世界上妇女最多的国家，因此，在中国举办这次会议是合适的。”

钱外长还表示，中国政府也愿意担任非政府组织论坛的东道国，因为根据前几次妇女问题世界会议的传统，这是妇女问题会议的辅助会议。

根据联合国大会有关决议，1995 年的妇女问题世界大会将主要讨论进一步执行联合国制定的到 2000 年提高妇女地位的前瞻性战略。

钱外长的信已由中国常驻联合国代表李道豫大使于 2 月 2 日递交给联合国秘书长，并于 8 日作为联合国正式文件散发。

新华社报道德国档案材料纪录南京大屠杀实况

中国首批铁路货车出口非洲

中国首批出口到博茨瓦纳的 110 辆特种铁路货车日前在天津新港装船启程。

“七五”农作物品种资源研究跃居世界前列

被列为国家“七五”科技攻关第一项的农作物品种资源收集和研究工作，取得巨大成果：建成了我国第一座库容量为 40 万份的国家种质资源库，使我国在这一领域的研究摆脱落后局面，跨入世界先进行列，也为我国农业的长远发展奠定了坚实的基础。目前输入种质资源数据库的 164 种作物、20 多万份种质共计 100 多个项目、1200 余万个数据。这个数据库能随时提供查询等各种服务。

2 月 9 日

中央统战部国务院办公厅在北京中国大饭店举行国务院参事中央文史研究馆馆员迎春招待会

中央统战部举行在北京的台胞新春茶话会

中央统战部在统战部礼堂举行新春茶话会，向在北京的台湾同胞恭贺新年。

中顾委副主任薄一波在深圳特区视察指出改革开放政策不会变

薄一波最近在深圳视察后指出，深圳经济特区创建十年来，取得了很大的成绩，证明党中央和邓小平同志提出的改革开放政策和创办经济特区是正确的。改革开放的政策不会变，只能向前走，不能向后退。我们要在总结经验的基础上，再找出一些好办法来，使经济特区取得更大的成功。

中共中央顾问委员会副主任薄一波在深圳期间，兴致勃勃地听取了市委书记李灏、市长郑良玉的工作汇报，视察了康佳电子有限公司、科技工业国和现代电子实业公司，同企业的领导、职工、工程技术人员进行了亲切的座谈。

薄一波强调，深圳的改革是成功的，这主要是指在经济发展上突破了物价改革、工资改革关，抑制了通货膨胀。这几个关口的突破非常重要，因为这是所有实行改革的社会主义国家都曾遇到又都还没有解决的问题。

薄一波在称赞深圳这几年的工作做得好的同时，希望大家还要看到工作中的不足，要在建设社会主义精神文明上再加把劲。他语重心长地说，问题往往发生在形势好、取得成绩的时候，如果骄傲了，就难免要出问题。因此，我们必须保持冷静的头脑，把问题想得深一些，宁肯把困难看得重一点，切不可盲目乐观和掉以轻心。

薄一波说，高科技、高质量、高效益、好的管理和信息指导，并不是资本主义所专有，凡是对社会主义有益的东西，我们都可以吸收和“拿过来”。但引进必须消化和创新。我们应该在质量、效益和现代化管理中出速度，念好国产化和技术进步这本“经”。要十分重视小平同志提出的“尊重知识、尊重人才”的问题，注意人才的培养，不仅要把现有的知识分子稳住，而且要发挥特区的优势，尽可能多地把急需的、有真才实学的高科技人才（特别是留学生）吸引过来。

薄一波说，我们的目标是共同富裕的道路。只要坚持四项基本原则，坚持社会主义公有制为主体，适当搞点多种经济成分，作为社会主义经济的补充，有利于发展生产力，有利于实现党的十三届七中全会提出的各项奋斗目标。

薄一波认为，企业的物质文明和精神文明建设如何有机地结合在一起，不是两张皮，而是拧成一股绳，这个问题还没有完全解决好。他希望特区的企业，在引进国外先进的科学技术和管理经验的同时，要保持和发扬党的优良传统和作风，把社会主义的精神文明建设好，把小平同志提出的培养有理想、有道德、有文化、有纪律的人这件事抓好。经济发展了，一代“四有”新人成长起来了，我们的改革开放事业、我们的国家就大有希望。

1990 年建筑工程鲁班奖产生

全国建筑行业工程质量的最高荣誉奖——建筑工程鲁班奖 1990 年得主日前在北京产生，在各地推荐的 34 项工程中，有 23 项经中国建筑业联合会严格审查金榜题名，它们是：

北京长富宫中心、北京发展大厦、中国工艺美术馆、中国康复研究中心业务区、北京天文台兴隆站 2.16 米天文望远镜观测室、山西省委办公楼、上海国际机场宾馆、南京水利科学研究院综合楼、济南军区八一礼堂、烟台工商银行营业楼、广州大酒店、中科院沈阳机器人试验楼、丹东中医院病房楼、法门寺重建工程、辽宁广播电视塔、上海石油化工总厂芳烃厂、胜利油田孤东1号联合站、广东沙角电厂(A厂)3×200MW机组主厂房、上海宝钢2050毫米热轧厂轧制车间、总后汽车试验场高速环道和综合性能试验路、重庆江北机场场道、重庆嘉陵江石门大桥(正桥)、京广铁路连源段线路工程。

首都文艺界举行迎春团拜会

首都文艺界1000多位人士在中国大饭店参加团拜会。

中共中央政治局常委李瑞环出席团拜会，并作重要讲话。

李德生、彭冲、谷牧、王光英、程思远、邓力群、冯纪新、刘建章、罗青长、荣高棠、王忍之、贺敬之、艾知生、徐志坚、高狄、朱良等领导人和文艺界人士握手交谈，互道安好！

团拜会由中国文联副主席尹瘦石主持。他向大家转告了邓颖超的问候。

贺敬之代表文化部致迎春贺词。因病住院的中国文联主席曹禺委托李瑛宣读了他的贺词。团中央书记处书记刘奇葆代表全国总工会、全国妇联和共青团中央向文艺界祝贺新春佳节。文艺战线各界代表夏菊花、白淑湘、古月、张凯丽、尤小刚先后发言。出席今天团拜会的文艺界知名人士有：高占祥、林默涵、艾青、刘白羽、姚雪垠、吴祖强、冯牧、吴晓邦、吴印咸、吕骥、臧克家、钟敬文、吴作人、刘开渠、侯宝林、周而复、周巍峙、孟伟哉、梁光弟等。

中共中央政治局常委李瑞环在首都文艺界迎春团拜会上发表讲话

同志们、朋友们：

在春节到来之际，首都文艺界举行迎春团拜会，大家欢聚一堂，共叙友情。借此机会，我谨代表中共中央向各位拜年，向全国的文艺工作者拜年，向台湾、港澳地区和侨居海外的作家艺术家致以节日的问候，并向关心和支持我国文艺事业的国内外各界人士表示衷心的感谢！

过去的一年，是很不平凡的一年。大家回想一下，在一年前和这一年中，我们曾经面临何等复杂和艰难的局面，碰到多少重大而难处的问题。我们确实是在外有很大压力、内有很多困难的情况下渡过了一九九〇年。令人欣慰的是，由于以江泽民同志为核心的党中央的正确领导，由于全国各族人民包括文艺界同志在内的共同努力，我们取得了许多的进步和成绩。应该说，我们能有今天这样一个团结稳定的局面，是来之不易的。在这辞旧迎新的时刻，每个同志、每个单位对过去的一年都应当很好地回味一番，认真地总结一下。我认为，这对我们在新的一年里有个新的变化，新的提高，取得新的成绩，很有意义。

未来的一年是我们实现第二步战略目标的第一年。不久前召开的党的十三届七中全会，是我们党在历史的关键时刻召开的一次重要会议。会议充分肯定了党的十一届三中全会以来的路线、方针、政策，充分肯定了十三届四中全会以来各项工作取得的显著成绩，提出了90年代的宏伟战略目标并为实现这个目标制定了一系列具体政策措施。现在，摆在我们面前的中心任务是，认真贯彻落实七中全会精神，团结起来，扎实工作，一心一意搞建设，集中精力把经济搞上去。这就是整个国家的大局。各行各业都要服从和服务于这个大局。文艺工作服从和服务于这个大局，就是要坚持"为人民服务、为社会主义服务"的方向和"百花齐放、百家争鸣"的方针，下大气力繁荣文艺。繁荣文艺，既是文艺界服务于经济建设的实际行动，也是文艺界的中心任务。尽管一年来我们的文艺工作成绩很大，出现了一批优秀之作，但受群众欢迎的好作品毕竟还不很多。党中央殷切希望文艺界的同志，更加贴近群众、贴近生活、贴近实际，大胆探索，勇于创新，向人民群众提供更多健康有益的、喜闻乐见的精神产品。总之，集中精力，发展经济；团结起来，繁荣文艺，这是党中央的要求，也是人民的要求。我相信，文艺界的同志们一定会努力实现这个要求。

同志们：在过去的一年中，我们文艺界内部增进了了解，增强了团结和友谊。当然，也难免有一些磕磕碰碰。在座的许多是文艺界的前辈，专家名流，行家里手。对文艺我是外行，在你们面前谈文艺，我是班门弄斧。政治局常委中我分管这方面的工作，说话办事难免有不周之处，欢迎大家批评指正。

我们大家都应该从大局出发，相互理解，相互体谅，相互支持，相互配合，大唱团结歌。我们大家都应该记住，团结就是力量，团结就是胜利，团结就是生命。大团结万岁！祝各位新春快乐，吉祥如意！

最高人民法院研究室称已满14岁不满16岁的未成年人过失杀人可不追究刑事责任

2月10日

经国务院批准青岛市原辖郊区的5个县全部实现撤县建市成为中国第一个城市群

位于美丽富饶的胶东半岛腹地的莱西县，经国务院批准，正式撤县建市。至此，青岛市原辖郊区的5个县全部实现了撤县建市，成为我国第一个城市群。

拱星托月般围绕在青岛周围的胶州、即墨、莱西、胶南、平度这5个新建的城市，近几年来各方面建设都取得了令人瞩目的成绩。

新华社披露十年来培训农业科技及管理人员人数及接受技术培训农民数

共培训农业科技及管理人员近160万人次，接受各类技术培训农民达三亿多人次。

人事部为留学归国人员举办迎春晚会

2月11日

全国企业工作会议闭幕

下午，国务院总理李鹏出席了全国企业工作会议闭幕会，并作了重要讲话。

田纪云、王丙乾、宋健、邹家华、李贵鲜等出席会议。参加会议的有各省、自治区、直辖市、计划单列市和国务院有关部门主管经济工作的负责人、各地经委(计经委)主任及部分大中型企业、第二批国家一级企业的代表。

在昨天的会上，国务院生产委主任、国家计委副主任叶青汇报了全国企业工作会议的情况，鞍山钢铁公司总经理李华忠、吉林化学工业公司副经理张真、上海纺工局副局长刘勤发了言。

国务院总理李鹏在全国企业工作会议闭幕会上发表讲话

李鹏在讲话中说，全国企业工作会议研究了增强企业特别是国营大中型企业活力的政策、措施，交流了提高经济效益的经验，并对开展“质量、品种、效益年”活动和继续做好“双保”企业工作做了具体部署，会议开得很好、很及时，对作好今年企业工作会起重要推动作用。李鹏着重讲了五个问题。

一、关于贯彻党的十三届七中全会精神问题

李鹏说，七中全会是一次重要会议，认真贯彻落实全会精神，不仅是部门、地区的工作中心，也是企业工作中心。他强调要着重从以下几方面理解七中全会精神：第一，全会总结了什么是具有中国特色的社会主义。不仅总结了十年来改革开放的实践经验，而且总结了四十年来社会主义建设正反两方面的经验，是全党智慧的结晶。第二，全会明确了今后十年的奋斗目标，这个目标既是鼓舞人心的，也是经过努力可以实现的，既有物质文明建设方面的要求，也有精神文明建设方面的要求。全会重申到本世纪末按1980年不变价格计算，国民生产总值翻两番，人民生活要达到小康水平。全会提出要建立社会主义有计划的商品经济，实行计划经济和市场调节相结合这一经济运行机制的基本方向。要通过努力，真正做到把二者的优势结合起来。第三，关于经济方针，概括起来，就是坚定不移地推进改革开放，改革要深入，开放要扩大，改革开放要与经济建设结合起来；要坚定不移地贯彻执行国民经济持续、稳定、协调发展的方针，坚定不移地贯彻执行自力更生、艰苦奋斗、勤俭建国的方针，坚定不移地贯彻物质文明建设和精神文明建设一齐抓的方针。这几条也是今后十年经济建设的基本方针。李鹏说，贯彻七中全会精神有两点要十分注意，一是必须从自己的实际出发。全会提出十年规划和“八五”计划的建议，根据建议国务院正在制定“八五”纲要，各省区市、各部门在制订自己计划时要和全国计划密切配合，也要结合自己的实际情况。比如，从全国来讲，今后十年国民生产总值年增长速度6%，但有的省可以高一些，有的省也可以低一些。二是在制订具体规划时，要防止急于求成的倾向。地区间横向比较是需要的，但更重要的是本地区现在与过去的纵向比较，自己和自己比要有进步。

二、关于经济形势问题

李鹏说，目前经济形势总的来说是好的，并且正在进一步向好的方向发展。春节快到了，大家可以看到现在物价稳定，市场繁荣，商店货架子上商品琳琅满目，人们的情绪都喜气洋洋。

今年1月份工业生产继续回升，外贸出口和外汇结存也继续增加；农业在去年获得大丰收后，加强了粮食的储备；全国234户“双保”企业去年任务完成较好，为工业走出困境和稳步发展做出了贡献。

李鹏指出，在好的形势面前，我们头脑必须清醒，要看到经济方面还有许多深层次的问题。有些是多年来积累下来的，比如管理体制问题，设备老化陈旧问题等。还有目前市场结构性销售不畅问题，企业亏损面和亏损额扩大，资金周转减慢，企业利税降低，企业留利减少等。这些问题总的反映在企业经济效益下降，而企业效益的下降又直接影响国家的财政收入。必须引起高度的重视。

三、今年经济工作的重点

李鹏说，经济工作千头万绪，今年主要要抓好三项工作：

一是要在总量基本平衡的条件下，保持一定的增长速度，其中包括基本建设和生产发展。

二是努力争取今年农业的丰收，狠抓农业不松劲。

特别要注意防御今年可能发生的自然灾害。工业要大力做好支援农业工作,生产更多更好的农用产品,为农业丰收作出贡献。

三是企业工作的重点要放在提高经济效益上。关于提高经济效益的标准问题,从全国讲有五条。第一,要减少产品积压。产品卖不出去,就不会有效益;第二,利税要增加,除了交足国家的税以外,还要创造利润,有的企业要逐步恢复到历史达到的最好水平或超过历史上的最好水平;第三,企业亏损面和亏损金额要大幅度减少;第四,能源消耗和物质消耗要大幅度降低。我国的物耗、能耗成本占工业企业产品成本的比重很大,降低成本,提高效益的重点是降低这些消耗;第五,今年实行的外贸体制改革是提高经济效益的重要措施。我们调整了汇率,取消了对出口的补贴,使企业自负盈亏。企业要在努力降低外贸出口成本的前提下,继续努力多创汇。

四、如何提高企业经济效益问题

李鹏说,提高企业经济效益,最重要的是要处理好内因和外因的关系。外因是条件,内因是决定因素。国家要为企业创造一系列条件,促使企业发展。但重要的是,企业特别是国营大中型企业,要眼睛向内,靠自己挖掘企业内部的潜力。许多企业在这方面有很好的经验。

关于企业挖掘潜力问题,李鹏讲了几点意见:

要深化改革。现在已确定,企业承包经营责任制在“八五”期间不变,但需要完善。在承包中,要正确处理国家、企业和个人的关系,要逐步改变企业留利过分向个人倾斜的倾向,增加生产发展资金、技术改造资金。《企业法》是全国人民代表大会通过的,要继续执行;厂长负责制要继续贯彻,在企业中,党委书记要充分支持厂长在企业生产经营上的指挥权,同时,厂长也要支持党委书记抓好精神文明建设方面的工作。厂长和书记还是要互相支持,互相理解。要提倡厂长、书记商量办事,特别在人事任免上要充分协商后才作出决定。

加强管理问题。现在企业在加强全面质量管理、实行目标管理、工资和效益挂钩以及发挥职工主人翁作用方面都有很多好的办法,积累了有益的经验,要认真加以推广。从企业整体情况看,目前还是管理不够严格。现代化大生产,如果不严格管理,没有高度的责任心和责任制,企业就会出问题,经济效益也不会提高。

要抓技术改造。重大的技术改造项目,国家要投入一些,企业自己也要投入。小改小革也不可忽视,工人、技术人员中蕴藏着极大的积极性,往往一个合理化建议,就会收到很大的经济效益。

要搞新产品开发。不搞新产品开发,企业就没有前途。有些企业现在产品畅销,但如果不注意开发新产品,就可能走下坡路。要开发新产品,就要坚持开放改革,一个是对外开放,要通过引进技术、合资经营、购买专利、交流经验等多种形式搞开放;另一个是对国内开放,对国内好的技术、管理经验要好好学习,推广应用。

李鹏在谈到国家为企业创造良好的外部条件时说,这方面要做的工作很多,根据会议提出的意见,可归纳八项准备采取的措施,即:适当扩大企业产品自销权;适当提高企业折旧率。提高折旧目前不能普遍提,也不能按行业、按地区搞,而是有重点地选择一些有改造任务的企业提高折旧率;补充企业自有流动资金;适当增加新产品开发基金;适当降低贷款利率问题;增加一部分技术改造贷款;给予一部分大中型企业外贸自主权,实行工贸结合,减轻企业负担问题。治理“三乱”工作要锲而不舍地抓下去。现在企业还反映各类检查太多,会后国务院要研究一下,采取措施,合并和减少对企业的检查。企业也要严格遵守国家财经纪律,严格合法经营,成为信得过的企业,这样才能从根本上减少各类检查。

李鹏说,为企业创造良好的外部环境,一个十分重要的条件,就是开拓市场。去年,企业经济效益下降原因之一是很多企业都“吃不饱”,生产能力不能充分发挥、形不成合理的批量生产。为此,国家需要启动最终需求。计划中基本建设规模增加了10%。除增加一些基础设施建设外,还要适当增加住房建设规模,逐步改善人民群众的居住条件,住房建设要结合住房制度改革进行,国家、企业、个人共同筹集资金,加快解决住房困难的步伐。

李鹏说,稳妥地、有计划、有步骤地进行价格改革是经济体制改革的关键问题。目前要逐步从“双轨制”逐步转到“单轨制”,改变价格扭曲状况,使企业基本上在平等的条件下进行竞争。清理“三角债”工作要继续进行,不能愈清愈多。要针对“拖欠有理”、“拖欠有利”问题,制订措施严格加以纠正。国家为企业创造的外部条件,要分期分批,力争尽快到位。

李鹏强调指出,提高企业经济效益是一项艰苦和长期的任务,绝不是一年两年可以完全达到的。相信通过这次会议,通过在全国范围内广泛深入地开展“质量、品种、效益年”活动,企业经济效益在今年将有较大的提高,则是完全可能的。

五、关于调整企业组织结构问题

李鹏说,组建企业集团有利于提高专业化生产水平,形成规模经济,也有利于国家加强对企业宏观指导。对那些关系国计民生、产品面向全国的大型企业集团可以实行计划单列。这项工作要有计划、有步骤地进行，也不能搞得很多。应以实力雄厚的骨干企业为龙头，组建产供销、人财物统一的紧密型的企业集团，在它们周围还可以有松散型的横向联合的企业。但不应把几个骨干大企业人为地集中起来，在上面搞个集团公司之类的组织，这不仅不能提高效益，而且增加了管理层次，不利于真正发挥集团的优势。

最后李鹏还分析了当前国际形势并阐述了我国的外交政策。

国办就加强国家体改委对经济体制改革协调工作发出通知

外交部部长钱其琛在钓鱼台国宾馆同巴勒斯坦国外长巴勒斯坦解放组织政治部主任法鲁克·卡杜米举行会谈

联合国社会发展委员会第32届会议在维也纳举行 并通过中国提出的设立和加强残疾人问题国家协调委员会或类似机构决议草案

联合国亚太经社委员会第27届贸易委员会会议在曼谷举行

中国代表团团长张宝和在11日会上表示中国愿同亚太国家加强经贸关系。

会议15日结束。

国家科委转发国家软科学研究工作指导委员会《关于加强软科学研究工作的几点意见》

1990年11月1日至3日，国家科委在北京召开了国家软科学研究工作指导委员会成立大会。指导委员会由三十四名委员组成，委员们均是国务院有关部委、地方科委和国内著名软科学研究机构中长期从事软科学研究的专家学者。

会议期间，委员们针对我国软科学研究工作目前发展形势、存在的问题及未来的发展趋势等进行了讨论，并据此提出了以下意见：

一、加强软科学研究是实现党和国家的决策符合人民利益的根本保证。

从一九八六年万里同志代表党中央、国务院发表“决策民主化和科学化是政治体制改革的一个重要课题”这篇重要讲话以来，我国软科学研究机构工作进入了蓬勃发展的阶段。现在，我国软科学研究机构已达千余家，专职软科学工作者已有三万余人，已完成各类软科学研究课题六千余项。决策民主化和科学化已得到党和国家各级领导的共识，软科学研究已开始在国家、部门和地方的重大决策中发挥作用，并已成为我国政治、经济、科技和社会等各项事业的重要组成部分。国家科委成立国家软科学研究工作指导委员会，标志着我国软科学研究又迈上了一个新的台阶，形成了大气候，将对我国社会主义现代化建设发挥更加重要的作用。

党中央、国务院曾多次强调，要大力加强软科学研究工作，要把定性研究和定量研究结合起来，为正确决策提供可靠的、有说服力的依据。党中央、国务院的一系列重要指示，确立了软科学研究工作在我国政治、经济、科技和社会工作中的重要地位，明确了发展软科学的现实意义和历史意义，指明了软科学研究发展的正确方向。对软科学研究工作来说，既提出了更新的要求和更高的期望，同时，也为软科学研究工作的深入发展提供了良机。

各部门、各地区应更加认真贯彻落实党中央、国务院的指示，把与国计民生密切相关的软科学事业放在科技工作的重要地位上，给予各种必要的物质条件支持和政策支持，选准研究课题，强化软科学研究的组织管理，大力宣传和推广应用软科学研究成果，为软科学研究工作的发展创造良好的环境，使党和国家的决策切实符合广大人民群众的根本利益，推动我国社会主义民主和科学决策体制的建设和完善。

决策失误是最大的失误，也是最可怕的失误。决策上的一念之差，可能会给国家和人民带来无穷后患。因此，切实加强软科学研究，并将其引入决策中，建立“先研究、后决策，没研究、不决策”的决策程序和制度，是防止决策失误，密切党和政府与广大人民群众联系的最根本、最有效的保证。

二、想决策者所想，急决策者所急，干决策者所需，为决策者提供全方位、多层次、全过程咨询服务。

软科学研究的根本目的是为领导决策服务。随着社会主义现代化建设的发展，各级领导面临的决策问题越来越多，也越来越紧迫，只凭决策者个人的经验和智慧，很难作出准确判断和科学决策。专家的集体经验和智慧是需要的，但更需要依靠软科学研究，把专家的经验和智慧与现代科学技术方法和手段结合起来，实现定性研究与定量研究的有机结合，才能保证决策的科学和正确。因此，各部门各地方应和各级领导保持密切联系，了解他们的决策需求，提高选题的命中率，围绕目前和近期需要解决和考虑的决策问题，组织开展软科学研究，为决策者提供决策依据和实施方案。软科学研究要“软起步，硬着陆”，重在为决策者解决实际问题，产生硬效果。

广大软科学工作者应在国家、部门和地方对重大问题进行决策的关键时刻，喊出软科学的声音，拿出强有力的科学决策依据，为党中央国务院和各级领导提供优质咨询服务。各部门、各地区每年除应安排一些紧急咨询的课题外，还应对一些长远问题开展超前研究，为各级领导以后的决策做准备。

软科学研究是沟通决策者和研究者的桥梁，是连接“知识”和“权力”的纽带。在软科学研究工作中，应坚持研究者和决策者相结合的原则，积极倡导和吸收决策者和管理者参加软科学研究工作，这对保证课题质量、满足决策需求，提高决策者和管理者的素质都具有积极作用。

软科学研究要一改以前提交完政策报告就算结束的做法，应大力提倡政策研究与实证研究的有机结合，不仅研究政策，而且进行政策模拟，并根据条件和情况，选择点和面进行政策试验，对政策的执行结果进行检验，把政策研究向政策实践推进。

各部门、各地区应做到，想决策者所想，急决策者所急，干决策者所需，为决策者提供全方位、多层次、全过程咨询服务。

三、逐步增加投入，是保证软科学事业发展的根本。

国家、行业和地区的发展，要一靠政策，二靠科技，三靠投入。但发展的实践告诉我们，首先应靠软科学研究。因为，没有软科学研究的支持，我们难以制定出切实可行、成龙配套的政策；很难了解到经济和社会发展对科学技术的真正需求和科技自身的发展规律；更难以保证我国有限的资金进行有计划、有目标、有重点、有步骤地投入，得到应有的最大产出。可以说，软科学研究是搞好一切工作的重要基础，是为科技在经济和社会发展中，充分发挥作用的引道车，是促进科技经济一体化的催化剂。因此，应把软科学研究放在各项工作的前列，给予充分的重视和优先支持。

随着各级领导决策科学化意识的日益增强，将会提出越来越多、越来越难的决策问题，要广大软科学工作者去探索、去研究，去寻找解决问题的对策、措施和方案，这对软科学研究工作的发展既是严峻挑战，也是发展良机。软科学研究是投入小、产出大的综合性科研活动。但目前，国家、部门和地方对软科学研究工作的投入太少，省市一级相对好些，一般占省市掌握的科技三项费用的2%～3%，每年多者上百万元，高达6%左右；部委差些，多者每年投50万～60万元，少的只有10万～20万元。总的来看，目前的投入很不适应形势发展的需要，这已成为制约我国软科学研究工作发展的关键因素。

各部门、各地区都应对软科学研究的投入逐年按比例增加，并将此作为考核软科学研究管理工作的重要指标之一。各部门和各地区对软科学研究经费和软科学研究计划应给予单列，并确定专门的归口管理部门，制定出具体的管理办法。

除依靠国家对软科学事业的投入外，还应开辟其他经费渠道，如争取国际组织、海外华人团体和个人，国内企业、社会团体和个人的资助等，并着手成立国家、部门和地方软科学研究基金会，促进软科学研究的普及化、社会化。

四、造就过硬队伍，提高整体研究水平和质量，是软科学事业健康发展的关键。

软科学研究是知识和智力高度集约的多学科、多层次、综合性科研活动，因此，软科学工作者应具有很高的业务素质和研究水平。目前，各部门和各地区都已经有了自己的软科学研究队伍，但力量比较分散，人员素质不高。机构的研究经费没有保障，到处找饭吃，导致软科学研究机构的研究方向和人员不稳定，发展目标不明确，影响了软科学研究队伍整体研究水平和质量的提高。

因此，国家科委和各部门、各地区应对我国软科学研究机构的建设和布局进行认真研究，加强软科学研究机构的审批和管理。软科学研究机构是专门从事政策咨询，生产各种新思想、新观念、新对策、新方案等知识和智力密集型产品的科研机构。软科学研究成果属知识型产品，是社会主义商品经济的重要组成部分。应考虑到软科学研究的这些特点和当前的实际情况，提供各种优惠政策，尤其在事业费政策方面，应优于社会工艺类科研机构。

国家科委应充分利用现有的人力物力条件，把国内著名的软科学研究机构网络起来，围绕国家的重大决策问题开展研究，为党中央、国务院的重大决策提供咨询。对这些软科学研究机构，国家科委要进行业务指导，稳定它们的研究方向，并为它们创造国际学术交流和合作的机会，提高研究水平，使它们形成自己的特点和优势。要尽快建设一支既有分工，又有合作，结构合理，具有实力的国家队，对党和国家的重大决策切实发挥作用。部门和地方也应对自己软科学研究队伍的建设和布局进行合理的规划和系统设计，以使它们能形成优势，并发挥作用。

软科学研究成果的质量同所采用的理论与方法有着直接的关系，理论和方法是否先进、科学、适用，将直接影响整个研究成果的正确性与可行性。因此，国家、部门和地方都应对软科学理论和方法的研究给予充分的重视，可组织国内力量研究开发，也可引进，并进行消化、吸收、创新。

应积极组织，有计划、有重点地开展人员培训和各种学术交流活动，为提高软科学研究人员和管理人员的素质和水平创造条件。

五、重视软科学研究成果的应用推广，是软科学事业发展的重要环节。

软科学研究成果的价值和作用能否得到体现和发挥，最根本的是要看能否被决策者采纳应用。国家、部门和地方，对优秀的软科学研究成果应及时报送有关决策和管理部门，建立畅通的、可靠的报送渠道和报送制度，使成果能及时被决策和管理部门了解、认识和采纳应用，使成果的价值和作用得到充分体现和发挥。

对具有普遍指导意义的重大软科学研究成果，国家、部门和地方应编制和实施软科学研究成果推广应用计划，通过举办讲座、报告会、发布会、展示会等多种灵活方式，利用报刊、广播、电视等新闻媒介进行宣传、普及和推广应用。

六、加强宏观指导，密切与部门和地方的联系，共同推进软科学事业的发展。

为推动部门和地方软科学研究管理工作走上科学化、规范化、制度化的轨道，各部门和各地区应制定本部门和本地区的软科学研究管理办法。国家科委今后应通过下述途径继续加强对部门和地方的宏观指导，携手推进我国软科学事业的发展。

(一)政策指导。制定促进软科学研究发展的方针、政策、法规，编制软科学研究的中长期发展规划，发布国家“八五”软科学研究指南、年度项目指南和态势分析，并为部门和地方制定软科学研究规划和计划提供指导。

(二)资金引导。对部门和地方的重大软课题，国家科委可按有关原则进行选择，列入国家软科学研究计划，并给少量资金支持，资金的大头由部门和地方承担。这样做一可提高课题的层次，引起部门和地方领导的重视，增强部门和地方软科学工作者的责任感和事业心；二可提高课题的研究水平，保证成果的质量，为课题成果的推广应用奠定基础；三为开辟其他资金来源，寻求资助提供帮助和支持。

(三)智力支持。为把部门和地方软科学研究工作的研究水平推上一个新台阶，国家科委应选派专家担任部门和地方重大软课题的顾问，为部门和地方提供各种咨询和指导。

七、建立和健全奖励制度，调动软科学工作者的积极性和创造性。

目前，国家科技进步奖评审委员会已把软科学研究成果列入了评奖的范畴，并成立了软科学行业评审组，从 1987 年以来，先后共有 64 项成果获国家级科技进步奖，其中一等奖 3 项；二等奖 16 项；三等奖 45 项。对调动软科学工作者的积极性和创造性，促进软科学事业的发展确实产生了积极作用。但目前奖励的范围仍然太窄，加之又实行了限额申报，评价指标和评价方法也不尽合理，不健全，有必要进一步加强和改进。委员们建议，可考虑设立专门的软科学研究成果奖，此奖应不同于科技进步奖，可作为工作奖，只搞精神奖励，进一步充分调动软科学工作者的主动性、积极性和创造性，提高软科学工作者的社会地位，倡导和弘扬软科学工作者的奉献精神。

八、召开全国第二次软科学研究工作会议，把软科学研究工作推上一个新台阶。

自从 1986 年召开全国第一次软科学研究工作座谈会至今已有五年，我国的软科学事业取得了长足发展。近年来，党中央、国务院领导多次对软科学研究工作作出明确指示，需要认真贯彻执行。因此，应在 1991 年适当时候召开全国第二次软科学研究工作会议，请党中央、国务院主要领导同志到会作重要讲话。与此同时，举办全国首届软科学研究成果展示会。通过此次会议，使各级领导和全社会对软科学研究有一个更深刻的认识和了解，增强全社会的决策科学化和民主化意识，创造有利于软科学事业更加健康发展的大气候和大环境，推动产业化进程，把我国软科学事业推上一个新台阶，为我国的社会主义现代化建设作出更大贡献。

为迎接全国第二次软科学研究工作会议和全国首届软科学研究成果展示会的召开，各部门、各地方应积极做好相应的准备工作。

中国计量科学研究院研制的铯原子基准钟十万年差一秒

“七五”期间，我国在时间频率计量研究方面取得进展。中国计量科学研究院研制的铯原子基准钟，其准确度达到 3×10 负十三次幂，相当于在十万年内误差一秒。这一成果的取得标志我国的时间频率计量已达到国际水平。

全国民办教师工作经验交流会在郑州结束

由国家教委、人事部召开的全国民办教师工作交流会最近在郑州结束。会议充分肯定了民办教师的地位、作用和历史功绩，总结了 10 年来民办教师工作取得的成绩，并提出进一步改善和加强民办教师工作的意见。

会议反映，目前我国尚有 300 万民办教师工作在农村教育战线，占全国中小学教职工总数的 1/3，部分地区民办教师占教师总数的比例达 70%以上。

1980 年，中共中央、国务院《关于普及小学教育若干问题的决定》发布以来，全国各地认真开展了调整整顿民办教师工作，辞退了一批不能胜任教学工作的民办教师，同时采取措施对不同层次的民办教师进行不同要求的培训。到1990年,小学民办教师中具有国家规定合格学历的人数已达165万人,占小学民办教师总数的70.1%。与此同时,民办教师的政治、生活待遇也得到很大提高。各地有相当一部分优秀民办教师担任了中小学校长和教导主任。全国评聘教师职务的民办教师有206万人,其中中学一级教师1.8万人,小学一级教师73万人;民办教师工资也相应有所提高,工资来源更加可靠。

国家教委副主任邹时炎在会议上指出,现在民办教师工作还存在一些亟待解决的问题。邹时炎说:当前和今后一个时期内,民办教师工作总的指导思想是减少数量,提高质量,改善待遇,加强管理,统筹解决民办教师问题,进一步调动广大民办教师教书育人的积极性。

2月12日

国务院总理李鹏在钓鱼台国宾馆会见柬埔寨主席西哈努克亲王和夫人莫尼克公主

李鹏重申,中国政府和人民坚决支持柬埔寨人民的正义斗争,主张在联合国安理会五个常任理事国的框架文件和全面政治解决柬埔寨问题协定草案的基础上尽早公正、合理地政治解决柬埔寨问题。

国务院批转加强旅游行业管理请示的通知

《人民日报》发表评论员文章《抓质量要重视基础工作——六论"质量、品种、效益年"》

国务院总理李鹏在钓鱼台国宾馆会见巴勒斯坦国外长巴勒斯坦解放组织政治部主任法鲁克·卡杜米

日本政府向中国政府提供文化无偿援助的换文在北京签署

日本驻华大使桥本恕和国家教委副主任朱开轩分别代表本国政府签署了换文。

根据换文,日本政府将向中国政府提供近1亿日元的无偿援助,用来促进中央广播电视大学和内蒙古外语教师培训中心的外语教育事业的发展。

中国代表在联合国人权会议上指出人权领域不正常现象应清除

中国代表范国祥在联合国人权委员会第47届会议上指出,目前的国际关系已发生了重大变化,在新的形势下,应该清除和纠正由于对抗和"冷战"在联合国人权领域所造成的一些不正常现象,特别是应该坚决避免那些利用人权兜售意识形态和自己的价值观,或者以人权为借口干涉别国内政的做法。

范国祥说,长期以来,联合国系统审议人权问题的机构一直为对立的政治集团和意识形态激烈对抗的冷战气氛所笼罩。采取双重标准,选择性或实用主义的做法十分盛行。部分国家利用人权,力图将其作为它们推行强权政治、干涉别国内政和向弱小国家施加政治压力的一种手段。这种做法严重破坏了人权领域的国际合作,毒化了国际关系,阻碍了促进保护人权目标的实现。这些不正常现象应该尽快加以清除和纠正。

联合国大会于去年通过决议,决定于1993年举行世界人权大会。对此,范国祥说,中国代表团欢迎召开这次大会,因为它体现了联合国为有效地促进人权和基本自由的享受而进行的努力。

但范国祥也同时指出,世界人权大会首先应该在纠正人权领域不正常现象方面开创一个新面貌。他认为,大会的主旨应是促进国际人权领域的正常合作和各成员国之间的和谐、理解和尊重,应该反映各种政治、经济、社会制度和不同历史、宗教、文化背景的国家对人权的观点,本着求同存异、互相尊重、增进了解、加强合作、互相激励的精神来进行。

中国驻美使馆新闻参赞陈德福在《基督教科学箴言报》撰文驳斥捏造的关于中国试图向伊拉克出售武器的报道

中共中央总书记江泽民同外国老专家共庆春节

江泽民晚上在人民大会堂同在京工作的30位外国老专家、老朋友及他们的家属举行"家庭式聚会",共同欢庆即将来临的中国羊年春节。

这些专家当中,许多人早在30、40年代就投身于中国人民的革命事业,其他人则是在新中国成立之前或建国初期来华工作的。他们来自8个国家,在北京的文化、教育、新闻、出版、广播等单位工作。

江泽民代表党中央和国务院向专家们致节日的问候,并感谢他们为中国的革命和建设事业做出了贡献。

江泽民向专家们介绍了中国的情况。他说,在过去一年里,全党和全国人民继续沿着建设有中国特色的社会主义的道路胜利前进,在治理整顿、深化改革方面取得了明显成效。

江泽民早晨刚从河南省考察工作归来。他对专家们说,目前全国各地正在贯彻和学习十三届七中全会上审议并通过的中共中央关于制定国民经济和社会发展十年规划和"八五"计划的建议,建议总结了前10年改革开放的经验,提出了今后5至10年的奋斗目标。广大人民对这个建议是拥护的。

国务院副总理吴学谦、中共中央书记处候补书记温家宝、国务院秘书长罗干和有关部门负责人参加会见。

国务院致电南极考察队向全体队员船员祝贺春节

2月13日

中共中央领导人江泽民李鹏在中南海与党外朋友座谈共迎新春

江泽民、李鹏等晚上和各民主党派中央、全国工商联主要负责人以及无党派人士围坐在客厅畅谈形势，喜迎新春。

江泽民、李鹏、丁关根、杨白冰、温家宝和应邀前来做客的屈武、侯镜如、费孝通、钱伟长、孙起孟、孙晓村、雷洁琼、赵朴初、周谷城、杨纪珂、严济慈、周培源、蔡子民、王光英、程思远互致祝贺。中共中央统战部副部长蒋民宽、万绍芬、武连元、宋堃等，出席了座谈会。

江泽民、李鹏向朋友们介绍了国内外形势和我国当前经济情况。他们赞扬党外朋友几十年来与中国共产党风雨同舟、患难与共，为中国革命和建设事业作出的贡献，并希望他们在90年代为祖国的繁荣昌盛、和平统一，作出新的贡献。

座谈结束后，江泽民总书记等与各位朋友共进晚餐，并出席了京剧晚会。

全国人大常委会委员长万里和国家副主席王震在广州参加军民春节联欢晚会

彭真在杭州参加春节团拜会

《人民日报》发表评论员文章《发展两岸交往 推进和平统一》

岁序更新，羊年届临。值此新春佳节到来之际，大陆各族人民更加思念台湾骨肉同胞。我们衷心祝愿两千万台湾同胞新春欢乐，事业成功，家庭幸福！

过去的一年，是海峡两岸关系气氛日趋祥和的一年。海峡两岸封闭隔绝40多年的局面已被打破，两岸关系的发展出现了前所未有的变化。赴大陆探亲、旅游、考察、经商的台湾同胞已近百万人次；两岸间接贸易额已从1979年的8000万美元增至40多亿美元；文化、学术、体育、科技等各个领域的交流不断扩大。这些变化无疑有助于向着国家统一的目标迈进。

继续推进祖国统一大业，促进祖国和平统一，这是历史赋予我们的神圣使命。在新的一年中，我们期望台湾当局能够顺应潮流，尊重全中国各族人民的意愿，努力营造有利于和平统一的环境。国共两党宜尽早接触谈判，同时吸收两岸其他党派团体有代表性的人士参加。谈判可以在高层进行，也可以从较低层次开始。可以谈统一问题，也可以谈如何扩大双向交流，实现直接“三通”。我们对和谈统一是真心诚意的。只要在一个中国的前提下，一切都可以谈，越早谈越好。

我们已经运用“一国两制”的构想，成功地进行了香港、澳门的谈判，形成了香港基本法，使这一构想变成了现实，受到国际上的普遍赞扬。所以，用“一国两制”的方针解决台湾问题，也应是实现祖国统一的最佳选择。因为它充分考虑了我们国家的历史和当前海峡两岸的现实，是切实可行的。台湾国民党当局也承认“中国的统一是全体中国人共同的愿望，也是结合全体中国人共谋民族发展与国家富强的最佳途径”。惟愿这是由衷之言，并能早日见诸行动。希望台湾当局不要再推行“一国两府”、“务实外交”，停止一切旨在制造“两个中国”、“一中一台”的活动，并采取有效措施遏阻岛内“台独”势力的蔓延。否则，所谓“最佳途径”，岂不是纸上谈兵？

实现祖国的和平统一，寄希望于台湾当局，更寄希望于台湾人民。人民群众是推动两岸关系发展与和平统一事业的根本动力。目前台湾岛内要求统一、要求交流的呼声日益高涨。两岸人民盼“三通”和双向交流的企望甚为殷切。台湾当局必须改变“民间、单向、间接、渐进”的政策，取消种种不合时宜的限制，使两岸间的各项交流得以直接、双向、顺利进行。惟有全面开放两岸人民自由往来，增加接触，增进了解，才能建立互信和共识。有了共识和互信，就有了实现统一的基础。

海峡两岸经贸合作前景广阔。台湾经济正处在转型时期，面临着许多困难，大量游资困于岛内，急于寻找出路。大陆对台商具有现实的和潜在的吸引力。大陆政治经济局势稳定，改革开放稳步发展，投资环境不断改善；大陆有着巨大的市场、丰富的资源和充足的劳动力；大陆还有着强大的整体经济力量和雄厚的技术基础，因而有远见的台湾工商界人士已经看到，台湾经济的发展系于大陆。加强两岸经贸联系，固然有利于大陆经济的发展，也是台湾经济发展的需要，更是国家统一的需要。

在新的一年里，我们将迎来辛亥革命80周年纪念。伟大的民主主义革命先行者孙中山先生曾经语重心长地教诲：“‘统一’是中国全体国民的希望。能够统一，全国人民便幸福，不能统一便要受害。”海峡两岸都承认“中国只有一个”、“反对台湾独立”、“中国必须统一”，这是实现祖国统一的思想基础。展望当今海峡两岸关系的发展，总的趋势仍是和缓、沟通、交流以至于对话。尽管在通往统一的道路上还存在着种种障碍和困难，但国家的统一，是大势所趋、人心所向，任何人无法逆转。我们对此充满信心。希望台湾当局认清时势，把握契机，共谋国家的统一、民族的振兴。三阳开泰，如意吉祥。我们深信，经过海内外中华儿女的不懈努力，吉羊之年，两岸关系会有新的发展，祖国的和平统一伟业会有新的进步！

国务院总理李鹏在中南海紫光阁会见即将离任的阿根廷大使奥索里奥·阿拉纳和法国、加蓬、布基纳法索三国的新任大使马腾、本杰明和韦德拉奥果

中国政府特使外交部副部长杨福昌为早日结束海湾战争在大马士革访问

2月14日

党和国家领导人邓小平杨尚昆李先念与上海各界人士共迎春节

邓小平、杨尚昆、李先念同志与上海市党政军负责人、部分老同志和各界人士欢聚一堂，共迎我国人民的传统节日春节，互致新春问候和良好祝愿。

邓小平、杨尚昆、李先念同志由中共上海市委书记、市长朱镕基等陪同，与各方面同志们见面。

邓小平高兴地说："同志们新春好！借此机会向英雄的上海人民表示热烈的问候和节日的祝贺。"

朱镕基说："上海人民祝小平同志健康长寿。你们在上海过春节，是对上海人民的鼓舞。我们上海人民非常高兴。"

杨尚昆说："我向上海同志拜年。同时，我受江泽民总书记委托，代表他向上海人民拜年！"

李先念也高兴地说："谢谢各位来看望我们。应该是我们向你们拜年呦！在以江泽民同志为核心的党中央领导下，我们国家总的形势很好，无论是内政，还是外交。我送你们上海四句话：开发浦东，振兴浦西，实事求是，稳步前进。实事求是总是不错的。不能光稳步，还要前进。稳得多了，不动也不行。"

杨尚昆接着说："去年全国形势确实非常好，当然还有困难。但比前年要好得多。"

欢聚结束前，邓小平、杨尚昆、李先念同志与大家合影留念。

参加欢聚的还有全国政协副主席刘靖基、苏步青，上海市党政军负责人和部分老同志。

中共中央总书记江泽民国务院总理李鹏分别看望坚守岗位的工人和欢度除夕的北京市居民

中共中央总书记江泽民、国务院总理李鹏，分别到首都钢铁公司、东城区菊儿胡同，向坚守岗位的工人和欢度除夕的北京市居民拜年，向全国各族人民祝贺新春。

晚上9时，江泽民总书记和中共中央政治局委员、北京市委书记李锡铭，中央书记处候补书记温家宝，来到位于北京西郊的首钢第二炼钢厂，慰问生产第一线的钢铁工人。

首钢党委书记周冠五告诉总书记，第二炼钢厂是首钢改革的产物，建设这个厂的全部投资为8.25亿元人民币，相当于从国外引进同等规模的炼钢厂新设备投资的2/5左右。从1985年9月9日开始拆迁炼钢设备到1987年8月6日炼出第一炉优质钢水，全部时间不到两年。这套设备的拆迁，外国人估计至少15个月，我们仅用了7个月零20天。江泽民一面听，一面欣慰地点头。

在连铸机前，头戴黄色安全帽的江泽民和工人们亲切交谈。他紧紧握住一位工人的手问："你今年多大了？""35岁。""还年轻啊，正是大干的时候！"望着热气腾腾的生产场景，江泽民连声称好。他说："钢铁工人身上集中了中华民族优秀品质：勤劳、勇敢、智慧。"

沿着长长的通道，江泽民观看了钢厂生产的全过程。车间里，火红的钢坯在辊道上运行，热浪腾腾。江泽民关切地问："夏天这里更热吧？你们采取了哪些降温措施？""这里有空调，还有其他降温措施。""比以前的条件好吧？"工人们答道："好多了！"

在炼钢厂总控制室，江泽民接受了记者的现场采访。他说："今晚是农历的除夕，我们即将辞去马年的旧岁，迎来羊年的新春，我代表党中央、国务院、中央军委向全国各族人民，向台湾同胞、港澳同胞、海外侨胞拜年，祝大家春节愉快、合家欢乐！"

江泽民说："在这欢乐的除夕之夜，各行各业许多劳动者仍坚守在自己的工作岗位上，为我国的社会主义现代化建设辛勤劳动；广大解放军指战员、武警官兵、公安干警，特别是戍守在边疆、高原、海岛和严寒地区的同志们，仍在为祖国的安宁和人民的幸福巡逻、站岗、值勤，我向你们致以崇高的敬意和节日的问候！让我们共同祝愿我们祖国繁荣昌盛，人民幸福！"

李鹏总理和国务委员、北京市市长陈希同，国务院秘书长罗干，穿过狭窄小巷，来到危旧房区东城区菊儿胡同63号居民王淑英家拜年。

李鹏总理说："今后十年，政府在改善人民生活方面，将主要在改善居民住房条件上下功夫。把过去用于建楼堂馆所的钱，用在兴建居民住房上来。只要国家、单位、个人共同努力，住房状况会逐渐好起来。"

陈希同插话说："全北京市现有危旧房屋800到1000万平方米，市政府准备在10年之内全部进行改造。现在，菊儿胡同危旧房改建的一期工程已经完成，二期工程正在进行。”

李鹏说：“条件虽然还困难一些，但是有奔头。只要咱们国家社会安定，经济发展，人民生活一定会得到更大改善。”

告别危旧房区，李鹏总理等又来到已经搬进改建的楼房式四合院的退休教师马玉琴家拜年。

在马玉琴家，李鹏总理接受了记者现场采访。他说，在举国上下千家万户都在欢度除夕的时候，我向全国各族父老兄弟和广大职工拜年，祝大家春节愉快，工作顺利，合家欢乐，万事如意！

李鹏最后说，羊年是吉祥、美好的象征。在新的一年里，希望全国人民能像过去一年一样，在以江泽民同志为核心的党中央领导下，团结一致，努力奋斗，把我们伟大祖国建设得更加美好，为实现第二战略目标而努力！

河南三门峡虢国基地发现阵容庞大的车马坑群

继三门峡虢国基地的新近发掘之后，河南省考古工作又在这里发现了一片阵容庞大的车马坑群。初探结果表明，这一占地面积为 20 余亩的车马坑群，分布着 11 座车马坑，埋葬有 50 辆左右的战车及与此相配的百匹战马。有关专家认为，这是我国迄今发现的车辆最多、规模最大、年代最早的车马坑群。

2 月 15 日

中共中央国务院举行春节团拜会

上午，党和国家领导人同首都各界 4000 多人来到人民大会堂宴会厅，共庆新春佳节。

中共中央总书记江泽民主持团拜会。

江泽民说，参加今天团拜会的有党和国家领导同志，中央党政军群各部门的部分负责人，有各民主党派负责人和无党派爱国人士及少数民族代表，还有帮助我国进行社会主义建设的外国专家以及首都各界代表。大家欢聚一堂，同迎新春，共度佳节！他请中共中央政治局常委、国务院总理李鹏讲话。

出席团拜会的领导人还有田纪云、李铁映、李锡铭、吴学谦、秦基伟、丁关根、宋任穷、刘华清、杨白冰、温家宝、王平、伍修权、李德生、余秋里、陆定一、陈锡联、胡乔木、姬鹏飞、黄华、程子华、彭冲、周谷城、严济慈、廖汉生、倪志福、陈慕华、费孝通、孙起孟、雷洁琼、王丙乾、宋健、李贵鲜、陈希同、陈俊生、任建新、刘复之、洪学智、谷牧、杨静仁、周培源、王光英、赵朴初、屈武、马文瑞、钱伟长、胡绳、孙晓村、程思远、钱正英、侯镜如。

国务院总理李鹏在中共中央国务院举行的春节团拜会上发表讲话

同志们，朋友们！

今天是 1991 年春节。首先，我代表党中央和国务院，向出席今天团拜会的各位同志，向全国各族人民，向广大工人、农民、知识分子、人民解放军和武警部队全体指战员，向台湾同胞、港澳同胞和海外侨胞致以节日的祝贺！向帮助我国建设的外国朋友们致以亲切的问候！向节日期间坚守岗位的同志们表示衷心的感谢！

在我们欢聚一堂共度新春佳节的时刻，大家都感到分外高兴。过去的一年，是很不平凡的一年。在这一年里，以江泽民同志为核心的党中央，在内有困难、外有压力的情况下，毫不动摇地贯彻执行党的基本路线，坚持以经济建设为中心，坚持四项基本原则，坚持改革开放，加强党的建设，锐意进取，奋勇开拓，进行了卓有成效的工作，妥善处理了国际国内许多重大问题，使我们国家曾经面临的最困难时期已经基本渡过。

现在，我们国家经济稳定、政治稳定、社会稳定，各项事业得到进一步发展。在经济方面，治理整顿、深化改革取得显著成效，通货膨胀得到控制，物价指数大幅度回落，农业获得丰收，工业逐步回升，进出口贸易持续发展，城乡居民收入增加，整个经济形势继续朝着好的方向发展。在思想和政治方面，广泛深入地进行社会主义思想教育，坚持反对资产阶级自由化，加强社会主义精神文明建设，大力开展“扫黄”、“除六害”斗争，社会主义文化逐步繁荣起来。在纠正行业不正之风、积极推进廉政建设方面也取得了一定进展。由于认真贯彻中央关于加强党同人民群众联系的决定，从而进一步密切了党和政府与人民群众的血肉联系。坚持和完善中国共产党领导的多党合作和政治协商制度，团结各民主党派和爱国人士参政议政，进一步扩大了爱国统一战线，巩固和发展了安定团结的政治局面。我国的科技、教育、卫生、体育等事业也有了新的进步和发展。去年我国将五颗人造卫星送上了太空，创造了我国航天史上的新业绩。我们成功地举办了第 11 届亚运会，朋友云集，千里相迎，为中华民族赢得了声誉。目前我国社会主义现代化建设和改革开放事业欣欣向荣，蓬勃发展，人民安居乐业，对未来充满了希望。

前不久，中国共产党胜利召开了十三届七中全会，审议通过了《中共中央关于制定国民经济和社会发展十年规划和“八五”计划的建议》。这一纲领性文件，勾画了未来中国十年发展的宏伟蓝图，指引着全国各族人民向新的阶段阔步前进。实践证明，我们的党和政府有信心、有能力带领全国各族人民把中国的事情办好。在国际风云变幻中经受住了严峻考验的中国共产党和中国人民，将坚定不移地沿着建设有中国特色的社会主义道路继续走下去，走向更加繁荣富强的明天。

同志们，朋友们！

今年是实现十年规划和“八五”计划的头一年，也是继续治理整顿和深化改革的一年，做好今年的工作，对我国今后的发展具有十分重要的意义。目前治理整顿、深化改革虽已取得重大成果，但一些深层次问题还有待解决。国家财政还比较困难，经济效益特别是大中型企业的经济效益还比较差。农业在连续两年丰收的基础上，今年要夺取进一步丰收，任务也很艰巨。廉政建设取得了进展，但不正之风和腐败现象依然存在。我们一定要兢兢业业、扎扎实实地工作，切实改进领导作风和工作作风，努力克服各种困难，为胜利实现十年规划和“八五”计划创造良好的条件。

今年我们要着重抓好下面几项工作：

各级政府和各个部门要认真组织学习和贯彻七中全会文件和精神，从实际出发，制定并具体落实全国和本地区、本部门今后十年发展的规划和“八五”计划，真正把计划变成广大人民的实际行动。

去年农业全面增产，但农业基础仍然比较薄弱，制约农业稳定发展的因素还很多，万万不可盲目乐观。全国上下要继续下大力气，进一步稳定和完善农村联产承包责任制，发展多种形式的服务体系，深化农村改革，增加对农业的投入，实行科技和教育兴农，争取今年再获得一个好收成。

我们要在保持社会总需求与总供给基本平衡的条件下，争取今年有一个适当的发展速度。切实组织好“质量、品种、效益年”活动，不断改善企业的外部环境，大力加强内部管理，使企业逐步走到以效益为中心的轨道上来。

国营大中型企业是我国现代化建设的重要支柱和国家财政收入的主要来源。今年我们要采取坚决有力的措施，通过深化改革，使大中型企业在提高效益方面取得明显成效。

科技教育事业是我国社会主义现代化建设的一个重要组成部分，也是比较薄弱的环节。要继续深化科技体制改革和教育体制改革，随着经济的发展，进一步改善广大知识分子的工作和生活条件，发挥他们的聪明才智，加快科技教育的发展。

我们要进一步扩大对外开放，继续改革外贸体制，大力促进多种形式的对外经济、技术合作与交流。

今年，将迎来中国共产党建党70周年。这既是党的庆典，也是全国人民共同的节日。历史证明，我们党所以历尽艰难而百折不挠，从根本上来说，就是因为能够保持党的团结，党以全心全意为人民服务的宗旨和实践，赢得了人民的拥护和支持。我们一定要把党建设好，在马列主义、毛泽东思想的原则基础上，开展党的根本宗旨和优良传统的教育，搞好思想建设、组织建设、作风建设。重点加强经济管理部门、监督执法机关、公用事业部门中的党风建设和廉政建设。越是发展经济，越是改革开放，越要坚持反腐败斗争，使党和政府同人民群众始终保持密切的联系。

要顺利进行经济建设和改革开放，除在国际上要有一个和平环境外，最重要的是保持社会的稳定和国家的稳定。要坚持物质文明和精神文明一起抓，增强人民建设社会主义的信心，提高人民的思想道德水平和科学文化素质。要认真做好社会治安的综合治理，坚决打击严重刑事犯罪分子和严重经济犯罪分子，保持良好的社会秩序和风尚，为人民提供一个安全的工作和生活环境。

中国人民解放军是保卫我们社会主义祖国的钢铁长城。我们要坚持不懈地开展拥政爱民、拥军优属的活动，加强军民团结，促进国防现代化建设。这对于保证我们国家的安全，使之永远立于不败之地，具有十分重要的意义。

同志们，朋友们！

在这欢度新春佳节之际，我们更加思念海峡彼岸的台湾同胞。我们愿意根据“和平统一、一国两制”的方针，积极促进两岸间经济和文化的交流。我们寄希望于台湾当局，更寄希望于台湾人民。我们热忱期待国民党当局拿出足够的决心和勇气，与我们共商国是，一起来推动两岸关系的发展和祖国统一的进程。保持香港和澳门的长期繁荣稳定，是中国政府的既定方针。我们相信，通过中英、中葡政府的有效合作，通过港澳同胞的共同努力，一定能够实现香港和澳门的平稳过渡和政权的顺利交接。

同志们，朋友们！

当前国际形势正在发生着深刻的变化。东西方关系缓和，但天下并未因此更加太平。相反，世界局势更加动荡不安。民族矛盾正在加深；原有的地区热点还未完全解决，而新的地区冲突又有加剧的趋势；南北贫富差距进一步扩大；粗暴践踏国际关系准则、肆意干涉他国内政的强权政治和霸权主义行径不断发生。这一切都严重地危及世界的和平与稳定。现在，海湾战争存在着进一步扩大和升级的可能，战争已经给这里的大批无辜的平民百姓带来了极大的灾难，并将给平民百姓带来更大的灾难和痛苦。对此，我们感到十分悲痛和遗憾。中国政府多次明确重申自己的原则立场，要求伊拉克无条件地从科威特撤军，同时主张通过政治和外交途径和平解决海湾冲突。中国赞赏和支持国际社会为此所作的一切努力，并愿同他们一道，为尽快恢复海湾乃至中东地区的和平作出自己的努力。

第二十二条 在征地补偿和移民安置过程中违反本条例规定，扰乱公共秩序，致使工作、生产不能正常进行，应当给予治安管理处罚的，由公安机关依照《中华人民共和国治安管理处罚条例》的规定处罚；构成犯罪的，依法追究刑事责任。

第二十三条 国家行政机关工作人员滥用职权的，由其所在单位或者上级主管机关给予行政处分。

第五章 附 则

第二十四条 省、自治区、直辖市人民政府可以根据本条例制定实施细则。

第二十五条 特大型水利水电工程建设征地补偿和移民安置办法，由国务院有关主管部门另行制定，报国务院审批。

第二十六条 本条例由水利部、能源部负责解释。

第二十七条 本条例自一九九一年五月一日起施行。

中国政府特使外交部副部长杨福昌为早日结束海湾战争在伊斯坦布尔访问

2月16日

国办转发建设部国家计委关于进一步做好城市节约用水工作的报告

国务院办公厅最近转发了建设部、国家计委关于进一步做好城市节约用水工作的报告，要求各地区、各部门结合实际情况，认真贯彻执行。

报告指出，目前，全国近300个城市缺水，平均日缺水量达1000多万立方米；许多城市不得不限时限量供水，用水高峰期一些企业因供水不足而停产、半停产。城市缺水问题已经成为影响经济发展和人民生活的一个重要因素。为了进一步做好城市节水工作，解决城市用水问题，各地区各部门要深入进行节水教育，进一步提高全民节水意识；要把供水保证程度作为调整产业结构和产品结构的重要依据，加强治理整顿和计划审批管理。凡用水量大、合理用水水平低和水污染严重的企业，都要制定节水目标；要有计划地进行整顿和改造，达不到要求的要限期调整。用水量大的工业项目，要根据需要和可能，有计划、有控制地发展。新建和扩建项目，必须严格审查，落实供水条件，水资源严重短缺的地区，不准再新建耗水量大的工业企业。报告指明，对供水条件或节水设施不落实的项目，计划部门不予审批。

报告提出，各地区、各部门在安排"八五"计划和年度计划时，一定要下决心把城市供水设施建设需要的资金安排好，宁可少上一些工业项目，也要把城市供水问题解决好。还要进一步强化计划用水、节约用水管理，要把计划用水、节约用水作为重要内容纳入国民经济和社会发展"八五"计划和十年规划。

报告要求充分运用经济手段，促进节约用水；加强基础工作，提高节约用水管理水平。对行之有效的节水新技术、新设备和器具的应用要逐步纳入有关规范，予以推广。大力推广不用水或少用水工艺。进一步加强城市规划区地下水开发利用和保护的管理。

报告最后要求各有关部门积极配合，进一步搞清城市地下水资源情况，在城乡水资源统筹规划下，制定城市规划区内的地下水开发利用规划、计划，强化计划用水管理。继续加强控制城市地面下沉工作，搞好地下水的天然补给和人工回灌，采取多种措施，有计划地扭转地下水超采、地下水位急骤下降的局面。加强对城市地下水的污染防护工作，特别是对水源地卫生防护区的保护。加强城市排水管网和污水处理设施建设。

塔克拉玛干沙漠公路开工

沙漠公路北起新疆轮南，南达塔中，全长346公里，其中280公里在沙漠中。建成后将使塔里木原油运路缩短三分之二。

2月17日

国家主席杨尚昆与上海县马桥乡的农民欢度羊年春节

国家自然科学基金委主任张存浩发表谈话欢迎准备回国的留学人员提前申请国家自然科学基金

国家自然科学基金委员会去年底发出关于申请1991年国家自然科学基金的通告以后，近期先后有在美、英、日、德、法、加、意等国家留学、工作的人员来信来电询问有关事项和索要申请书。国家自然科学基金委员会主任为此发表谈话。

张存浩说，凡在申请年度内能够回国并且落实工作单位的上述人员，都可以在回国前申请国家科学基金中的"自由申请项目"和"青年科学基金项目"，基金委员会将努力做好这方面的服务工作。

中国民族艺术访问团在美国纽约市中心的都市大厅举行首场演出

2月18日

新华社报道中国管道运输发展迅速长输管道达万余公里

自1973年铺设管道37条，总长1万多公里，承担了60%以上原油和100%天然气运输任务。目前管道年运输周转量近660亿吨公里。

中国政府特使外交部副部长杨福昌为早日结束海湾战争在贝尔格莱德访问

国家教委发出《关于加强普通高等专科教育工作的意见》

国家教委最近发出了《关于加强普通高等专科教育工作的意见》,提出了专科教育的办学指导思想、今后一段时期内的工作方针和加强专科教育要采取的政策措施。

《意见》指出,普通高等专科教育(不含师专)主要培养能够适应基层部门和企事业单位第一线需要的、德智体诸方面都得到发展的高等应用性专门人才,以满足我国经济建设和社会发展(尤其是广大农村)对专科人才的大量需求。当前普通高等专科教育要基本稳定规模,把工作的重点放在改善办学条件,深化改革,提高教育质量上。近五年的后期,某些科类的普通高等专科教育可根据需要适当发展。

《意见》提出,普通高等专科教育的修业年限为二至三年。其中,工程、医药、政法类专科教育的基本修业年限定为三年。教学要突出理论知识的应用和动手能力的培养。基础理论的教学要以应用为目的,以必需、够用为度,以掌握概念、强化应用为教学重点。专业课的教学内容要加强针对性和实用性。在教学计划中实践教学(尤其是专业实践教学)要占有较大的比重。各普通高等专科学校要在主管部门的支持下,努力争取社会用人部门参与、承担专科人才的培养工作。

《意见》认为,普通高等专科学校要根据本校的实际与可能,在以教学为主的前提下,有领导、有组织地开展好科技工作。这项工作应以科技成果推广和科技服务为主。

《意见》明确指出,各类普通高等专科学校都要根据国家的需要,安于其位,努力办好。成人教育要根据建设需要和保证质量的原则逐步调整,有些方面要适当压缩高等专科学历教育的规模。电视大学、函授大学等各种远距离教育形式,要发挥自己的特点,调整所设专业,对实验、实践教学要求较多又无法保证质量、社会不急需的应用性科类专业要适当压缩。现有大多数短期职业大学应根据本地区经济建设和社会发展的实际需要,一部分办成以培养高级技艺性人才为目标的高等职业教育,一部分经过上级主管部门审定并报国家教委批准,明确为普通高等专科学校。

本科院校举办普通专科专业要经过上级主管部门批准。那种把不合格的本科生转为专科生处理的办法是不当的,必须中止。

《意见》要求,有关教育主管部门,要切实加强对其所属高等专科教育的领导和管理,在此基础上,还应重点办好一、二所带头的、示范性的高等专科学校。

《意见》认为,近些年来,我国普通高等专科教育事业有了很大发展,但也面临着一些困难和问题,仍然是高等教育体系中比较薄弱的部分。为此,《意见》具体提出加强普通高等专科教育工作要采取的政策措施,其中包括要求各办学部门增加专科教育的投资、逐步提高专科生年度事业费标准、调整和制订专科教师职务评聘工作措施、进行招生制度改革试点工作、整顿学校名称、开展教育评估工作等等。

“中国与海上丝绸之路”国际讨论会在泉州举行

各国考古学者提供的最新考古报告表明,中国是海洋文化发祥地之一。

2月19日

中共中央国务院作出《关于加强社会治安综合治理的决定》

中央早在十年前就提出了社会治安综合治理的方针。这个方针以后在中央文件和国务院文件中又多次重申。十年来,各地在社会治安综合治理方面做了大量卓有成效的工作,创造了不少经验,取得了很大成绩,对维护治安秩序和社会稳定起了重要作用。但是,从目前情况看,各地社会治安综合治理工作发展很不平衡,不少地区尚未落实到各部门和基层单位,这一状况远不适应形势发展的要求。当前,我国社会治安形势仍很严峻,刑事犯罪和其他治安问题有增无减,不少地方人民群众缺乏安全感。为了贯彻落实党的十三届七中全会精神,维护国家长治久安,保障社会主义现代化建设和改革开放顺利进行,必须进一步在全国范围大力加强社会治安综合治理工作。为此,特作以下决定:

一、充分认识在新形势下加强社会治安综合治理的特殊重要性。

社会治安综合治理是中央总结历史经验提出的正确方针。十年来的实践证明,加强社会治安综合治理具有多方面的重要意义:(一)它是解决我国社会治安问题的根本出路。社会治安问题是诸多社会矛盾和消极因素的综合反映。必须长期坚持依法从重从快严厉打击严重危害社会治安的刑事犯罪活动,但是仅靠打击不可能有效地减少产生犯罪和社会治安问题的复杂因素,必须全面加强综合治理才能奏效。(二)它是为实施国民经济和社会发展十年规划和“八五”计划创造稳定的、良好的社会秩序的重要保证。(三)它是社会主义精神文明建设的重要组成部分。社会治安综合治理的许多工作就是精神文明建设的重要内容,综合治理搞好了又能推动精神文明建设。(四)它是坚持人民民主专政的一种重要形式和途径,是社会主义制度优越性的重要体现。(五)它是密切党同人民群众联系的迫切需要,是顺应民愿、深得人心的一件大好事。(六)它是加强社会主义法制建设的重要措施。通过依法治理、依法行政,可以把各项管理工作纳入法制轨道。(七)它是新形势下坚持专门机关工作和群众路线相结合原则的新发展,是具有中国特色的解决社会治安问题的新路子。

二、社会治安综合治理的任务、要求和目标。

社会治安综合治理的基本任务是:在各级党委和政府的统一领导下,各部门协调一致,齐抓共管,依靠广大人民群众,运用政治的、经济的、行政的、法律的、文化的、教育的等多种手段,整治社会治安,打击犯罪和预防犯罪,保障社会稳定,为社会主义现代化建设和改革开放创造良好的社会环境。

社会治安综合治理工作的要求是:(一)各级党委和政府都要把综合治理摆上重要议程,健全社会治安综合治理的领导机构和办事机构,定期研究部署工作。(二)各部门、各单位齐抓共管,形成“谁主管谁负责”的局面。(三)各项措施落实到城乡基层单位,群防群治形成网络,广大群众法制观念普遍增强,敢于同违法犯罪行为作斗争。

社会治安综合治理的主要目标是:社会稳定,重大恶性案件和多发性案件得到控制并逐步有所下降,社会丑恶现象大大减少,治安混乱的地区和单位的面貌彻底改观,治安秩序良好,群众有安全感。

三、社会治安综合治理的工作范围。

社会治安综合治理的工作范围,主要包括“打击、防范、教育、管理、建设、改造”六个方面。

打击是综合治理的首要环节,是落实综合治理其他措施的前提条件。必须长期坚持依法从重从快严厉打击严重危害社会治安的刑事犯罪活动;坚持常年除“六害”,随时发现随时取缔,任何时候都不能有丝毫放松。既要进一步加强政法部门的专门工作,大力提高侦察破案等对付刑事犯罪的能力,又要在各部门、各单位的积极配合下,充分发动和依靠广大人民群众,形成人人勇斗歹徒、抵制“六害”的态势。

大力加强防范工作,是减少各种违法犯罪活动和维护社会治安秩序的积极措施。要加强思想政治工作,广泛发动和组织群众,采取各种防范措施,消除不安定因素和安全隐患。特别是要大力疏导调解各种社会矛盾和民间纠纷,正确处理人民内部矛盾,避免矛盾激化。要加强机关、学校、企事业单位内部的安全保卫工作和技术防范措施;加强城镇居民楼院的安全防范设施,并纳入城市建设规划。要广泛组织职工、群众,积极协助人民警察,加强城乡治安联防,健全群防群治机制,并充分发挥民兵维护社会治安的作用。大中城市和沿海、沿边地区要组织军、警、民联防。在加强管理的前提下发挥保安服务公司的作用。群防群治队伍可以是义务的,也可以是有偿服务的。对有偿服务的,除地方财政适当拨款外,经当地人民政府按规定审批后,可以由企事业单位和居民适当集一点资,出一点人,用于维护本单位或本地区的社会治安。但要坚持自愿、受益、适度、资金定向使用的原则,尽可能减轻企业和群众的负担。对敢于同违法犯罪分子作斗争的人,应给予表彰和奖励。有些地方建立“见义勇为奖励基金会”的办法值得推广。对人民群众同违法犯罪分子斗争中依法采取的正当防卫,司法机关应坚决给予支持和保护。

根本的问题在于加强教育,特别是要加强对青少年的教育。这是维护社会治安的战略性措施。各部门、各单位都要认真进行坚持四项基本原则和反对资产阶级自由化教育,持续开展“五爱”教育和“四有”教育,反对极端个人主义和无政府主义。要在全体公民中继续广泛深入、扎扎实实地开展普法教育和各种形式的法制宣传教育,进一步提高全民的法律意识,增强护法、守法观念。学校教育重在育人,要狠抓学生的品德教育,认真上好法制课,特别是要做好“双差生”、工读生的思想转化工作。宣传、文化、艺术、影视、出版等部门和单位要把社会效益放在第一位,多出健康有益的精神产品,剔除文化垃圾。共青团、工会、妇联要与单位、街道(乡村)、学校、家庭密切结合,加强对青少年的政治思想教育,尤其是要做好后进青少年、轻微违法犯罪青少年的教育挽救工作。基层党政组织和公安派出所要落实对刑满释放、解除劳教人员的帮教安置工作。

加强各方面的行政管理工作,是堵塞犯罪空隙,减少社会治安问题,建立良好社会秩序的重要手段。当前要突出抓好各项社会治安管理工作,特别是要加强对流动人口的管理,旅店、废旧物品回收点、舞厅、录像放映点等特种行业的管理,文化市场和出版物的管理,集贸市场的管理和金库、重要物资仓库等要害部位的管理。

加强基层组织建设和制度建设,是落实综合治理的关键。各级党委和政府必须认真贯彻中央有关指示精神,抓紧整顿建设好城乡基层组织,特别是要加强以党支部为核心的村级组织建设,使综合治理的各项措施落实到基层,落实到群众中去。要建立健全各种治安防范制度，特别要普遍推行各种形式的综合治理责任制。加快制定和完善综合治理的法律、法规。

改造工作是教育人、挽救人、防止重新犯罪的特殊预防工作。劳改劳教机关要努力克服困难，坚持“改造第一，生产第二”和“教育、感化、挽救”的方针，进一步提高改造质量。要继续实行改造工作的“向前、向外、向后延伸”，动员全社会都来参与、支持改造工作。劳动部门要按照国家介绍就业、自愿组织起来就业和自谋职业相结合的就业方针，积极妥善地安排刑满释放、解除劳教人员就业。企事业单位在招工时，对刑满释放、解除劳教人员应与城镇待业人员一视同仁，不得歧视。

上述六个方面的工作环环紧扣，相辅相成，缺一不可，不能有所偏废。总之，要坚持打防并举，标本兼治，重在治本的原则，切实落实综合治理的各项措施。这样坚持数年，必有大的成效。

四、狠抓落实“谁主管谁负责”的原则。

落实“谁主管谁负责”的原则，是实现社会治安综合治理的核心。这项原则适用于所有党政军各部门和各人民团体。各部门都要根据社会治安综合治理的任务、要求和工作范围，主动找准自己的位置，明确本部门、本系统的职责，切实承担起共同维护治安的社会责任。

各部门的共同责任主要包括三个方面：一是从中央到地方，党政军各部门和各人民团体，都要发挥自己的职能作用，结合本身业务，认真抓好本系统参与社会治安综合治理的工作，防止因本部门工作偏差而对社会治安造成消极影响，主动承担起减少违法犯罪、维护社会治安和社会稳定的整体责任。二是党政军各部门和各人民团体，都要抓好本系统的综合治理工作，防止发生重大犯罪和重大治安问题。三是各机关、厂矿、学校、企事业单位和人民团体，都要“管好自己的人，看好自己的门，办好自己的事”，切实加强内部人员的思想教育和各项安全防范工作。一旦发生问题，要酌情追究有关部门、单位直接领导者的责任。

落实“谁主管谁负责”的原则必须逐步制度化、法律化。对各主管部门应负什么责任，怎么负责，不负责怎么办，都要制定法律、法规或者规章，作出明确规定，做到有法可依、有章可循。社会治安综合治理需要把“抓系统、系统抓”同“条块结合，以块为主”有机地结合起来，实行属地管理原则。有关部门下属的企事业单位，应当服从所在地党委和政府的统一领导，主管部门要积极配合地方党政组织，督促所属单位做好综合治理工作，消除条块分割、各自为政、无人负责的现象。

五、加强领导，努力把社会治安综合治理的措施落实到基层。

搞好社会治安综合治理，领导是关键。各级党政领导要从思想上、组织上、工作上加强对综合治理的领导，认真组织、协调各部门的工作，解决落实中的问题，保证各项措施落实到基层。

（一）各级领导要真抓实管。要将社会治安综合治理列入各级党委和政府的重要议事日程，认真研究解决落实工作中存在的各种问题。各级党政领导要亲自动手，一级抓一级，一级包一级，一抓到底，层层落实。要及时动员部署，一项一项抓落实，一个部门一个部门抓落实，抓住不放，持之以恒，并认真检查督促，奖惩兑现。

（二）健全领导体制，充实和加强办事机构。社会治安综合治理工作涉及全党全社会各个方面，必须由党委统一领导。同时，政府也要担负起重要的领导责任，大量的工作要由政府去组织实施。社会治安综合治理的领导体制是，在党委统一领导下，党政共抓，办事机构具体指导协调，各部门、各单位各负其责。最重要的是各级党政主要领导要亲自过问，把一般号召和具体指导结合起来，真正担负起抓社会治安的责任。

为了加强对社会治安综合治理工作的领导和具体指导，中央决定成立社会治安综合治理委员会，下设办公室。各地从省、自治区、直辖市到地市、县区，都要建立健全社会治安综合治理领导机构，以党委一名领导同志为首，政府一名副职协助，各有关部门负责同志参加。县以上各级社会治安综合治理的办事机构要进一步充实加强，并同政法委员会合署办公。乡镇、街道也要设立相应的社会治安综合治理领导机构，健全办事机构或配备专人负责。可以由上级选派一名有经验的公安、司法干部，到街道办事处、乡（镇）政府任副职，专抓社会治安综合治理工作。

各级社会治安综合治理领导机构是党委和政府领导综合治理工作的参谋和助手，其主要职责是：(1)研究贯彻党和国家关于社会治安综合治理的方针政策。(2)对本地区、本部门一个时期的社会治安综合治理工作作出总体部署，并监督实施。(3)组织指导各部门、各单位落实综合治理措施。(4)总结推广典型经验，表彰先进，推动后进。(5)办理党委和政府交办的有关事项。社会治安综合治理领导机构以同级党委领导为主，同时接受上级社会治安综合治理领导机构的指导。

（三）层层建立社会治安综合治理目标管理责任制。地方各级党政领导之间，党政领导和各部门、各单位之间，厂长、经理和车间、班组负责人之间，都要层层签订责任书。要把社会治安综合治理的任务、要求分解为若干具体目标，制定出易于执行检查的措施，建立严格的检查监督制度、定量考核制度和评比奖惩制度。要把社会治安责任制同经济责任制、领导任期责任制结合起来，将社会治安综合治理目标管理同责任人的政治荣誉、政绩考核、职级提升和经济利益挂钩，同评选文明单位、企业晋级挂钩，实行社会治安综合治理一票否决权制。落实责任制要定期检查考核，每年进行认真的总结评比，表彰先进，形成比学赶帮的热潮。但要防止形式主义和不切实际的高指标，避免出现立案不实、弄虚作假等错误做法。

（四）加强分类指导，把推广典型经验和重点治理结合起来。各级党委和政府要结合实际情况，尽快作出规划，分期分批地把各种类型的社会治安综合治理经验逐步推广，扩大覆盖面，使全国的社会治安综合治理工作向前大大推进一步。要重视理论研究，及时把实践经验上升为理性认识，加强对综合治理工作的理论指导。

重点治理是迅速改变局部地区治安面貌的有效方法。从全国来看，大中城市、沿海开放地区和交通干线是综合治理的重点，要先行整治。就各地来说，要集中力量整顿治理好秩序混乱、治安问题较多的少数地区、街道、乡镇、村落、交通线段和单位。

（五）下功夫把社会治安综合治理的各项措施落实到基层。社会治安综合治理的各项措施能否落实到基层，县市、乡镇、街道的党政领导负有特殊重要的责任。社会治安综合治理措施落实到基层的主要标志是：基层党政领导重视，建立了社会治安综合治理工作的议事制度；社会治安综合治理的领导机构和办事机构健全，有专人办事；建立了一定形式的目标管理责任制；有群防群治队伍和严密的防范措施；群众充分发动起来，敢于同违法犯罪作斗争；犯罪和社会治安问题较少，对发生的问题能及时处置。

六、充分发挥政法部门特别是公安机关在社会治安综合治理中的职能作用。

政法部门是人民民主专政的重要工具，是惩治违法犯罪，维护社会治安的专门机关。加强社会治安综合治理，对政法部门的要求不是降低了，而是更高了。

政法部门在社会治安综合治理中的主要任务是：（一）当好党委和政府领导社会治安综合治理工作的参谋和助手，带头贯彻执行党委和政府的总体部署，积极参加党委和政府统一组织的社会治安综合治理活动，并经常向党政领导和社会治安综合治理领导机构反映情况，报告工作，提出建议。（二）依法严厉打击严重危害社会治安的刑事犯罪分子，及时查处、取缔“六害”活动，坚决防止境外黑社会势力和丑恶现象侵入。（三）严格各项治安管理措施，检查指导各单位内部的安全保卫工作和基层治保组织、群防群治队伍的工作。（四）采取各种措施改变就案办案现象，尽力扩大办案的社会效果，并积极提出司法建议和检察建议，协助有关单位总结经验教训，健全管理制度，完善防范机制。（五）结合各自业务工作，开展法制宣传教育和维护国家安全的教育。（六）公安机关、检察院、法院都要积极配合司法行政部门，大力加强劳改、劳教工作，提高改造质量，并做好对轻微违法犯罪人员和刑满释放、解除劳教人员的帮教工作。（七）加强对人民调解工作的组织领导，依法积极疏导、调处各种民间纠纷，化解社会矛盾。（八）研究刑事犯罪和社会治安问题增多的原因及其规律，提出有效的对策。

公安机关是社会治安工作的主管部门，在社会治安综合治理中居于特别重要的地位。公安机关应当根据加强社会治安综合治理的需要，适当调整工作重点、警力部署和勤务制度，改进工作方法，用更多的人力和精力加强基层治安基础工作，以更好地发挥职能作用。

政法各部门都要重心下移，精简上层，充实基层，转变作风，为基层多办实事，大力加强公安派出所、人民法庭、法律服务所等政法基层组织建设。各级人民政府要尽量拿出一些经费，改进政法基层单位的装备，改善他们的工作条件和生活条件。

七、今年的工作重点。

今年要在全面加强社会治安综合治理各项工作，大力开展舆论宣传的同时，扎扎实实地着重抓好以下几项工作：（一）加强领导。调整和健全各级社会治安综合治理领导机构和办事机构，做到层层有人领导，层层有人办事，层层真抓实干。（二）制订规划。从省、自治区、直辖市到地、市、区、县，各级党委和政府都要制订出与“八五”计划相适应的落实社会治安综合治理的五年计划和每年的实施方案。从今年起，一个市一个市、一个县一个县地抓落实，每年落实一部分市、县，力争到一九九五年底使大多数市、县社会治安综合治理的各项措施得到基本落实。（三）重点治理。各地都要在调查研究的基础上，排查出治安问题多的地区和单位，集中力量进行重点治理整顿，务使这些地方尽快改变面貌。（四）建设基层。对城乡少数瘫痪半瘫痪的基层党政组织，下决心进行彻底整顿，并落实各项综合治理措施。（五）群防群治。在尽可能多的地区和单位组织好群防群治队伍，制订和落实各种形式的目标管理责任制。首先要把机关、企事业单位内部的责任制落实好，使单位内部的治安问题明显减少。（六）制定法规。建议全国人大常委会就加强社会治安综合治理作出决定。各省、自治区、直辖市尚未制定社会治安综合治理法规的要在今年内制定出来，付诸实施。（七）评选先进。各省、自治区、直辖市都要在扎扎实实工作的基础上，于今年底开展一次评比社会治安综合治理先进单位和先进个人的活动，并召开表彰大会。明年在全国范围开展评比活动，并在适当时候召开全国社会治安综合治理先进单位先进个人表彰大会。

社会治安综合治理是一项艰巨复杂的系统工程，也是全国人民十分关注的一件大事。它直接关系着国家的长治久安，关系着我国社会主义现代化建设第二步战略目标的顺利实现。各级党委和政府要带领广大党员、干部和群众，上下一心，共同努力，扎实工作，为创造我国良好的社会治安秩序，作出更大的努力。

国家副主席王震在深圳特区考察

王震于2月19日至3月13日在深圳考察期间，听取了市委书记李灏、市长郑良玉的工作汇报，对深圳特区十年来所取得的成就感到高兴。他说，深圳特区建设发展的成绩是很明显的，希望你们今后能够坚决贯彻落实党的十三届七中全会精神，坚持四项基本原则和改革开放，进一步办好深圳经济特区。

王震副主席在会见电视政论片《世纪行》摄制组在深圳人员时，高度评价了这部电视片。他说，《世纪行》是一部政治和艺术水平都较好的片子，是宣传四项基本原则，反对资产阶级自由化，歌颂社会主义改革开放的形象生动、有说服力的好教材，在全国起了很好的宣传教育作用，尤其对于那些不了解历史、不了解我们党的历史的年轻人，更有教育意义，所以受到了很多同志的赞赏，我衷心希望有更多这样的佳作问世。

王震副主席十分关心特区的教育事业，他不仅听取深圳市政府关于教育工作的汇报，而且并亲临深圳市实验学校考察，亲自召开中小学幼儿优秀教师座谈会。他对深圳教育事业与经济建设同步发展，并取得显著成绩，十分赞赏。他说，党和国家十分重视发展教育事业，中央召开的每次重要会议都强调要抓好教育工作。我们要建设社会主义和共产主义，教育是至关重要的。教育要面向现代化，面向世界，面向未来。建设特区更要着眼于未来，也要舍得花大力气办教育。他勉励参加座谈的教师代表说，教师有着重大的光荣的崇高职责，你们要有马克思主义的世界观、方法论，全力以赴地搞好教育工作。

在深圳考察期间，王震副主席还分别会见深圳华能经济开发公司、中航企业集团、桑达电子总公司、深圳船舶工业贸易公司、中国北方工业公司深圳分公司和中外合资的深飞激光光学系统有限公司的负责人与工程技术人员，并听取了他们的汇报。王震副主席对他们说，特区的各类企业都要加强党的建设，搞好精神文明建设，做好思想政治工作，以调动蕴藏在人民群众中极大的社会主义积极性。特区是改革开放的窗口，特区企业一定要引进先进技术和先进管理经验，为祖国社会主义四化建设作出贡献。

中共中央政治局常委李瑞环听取海南省委工作汇报后发表讲话

海南工作的重点是开放

十三届七中全会通过的《建议》明确指出："充分发挥沿海地区在对外开放中的优势和有利条件，对于加快这些地区的经济发展，促进和带动全国经济的振兴与繁荣，具有重大的战略意义。"无论从全局考虑，还是从海南的实际出发，海南工作的重点都应当放在对外开放上。

改革开放是中央确定的大政方针。要全面落实建设有中国特色社会主义的基本路线和各项方针政策，关键在于继续坚定不移地实行改革开放的方针。改革开放确实使经济发展了，人民生活提高了，综合国力增强了，人民是高兴的、满意的。没有改革开放就没有中国今天的局面，没有改革开放中国在国际上就没有今天这样的影响，没有改革开放人们对社会主义今后的发展方向就会失去信心。改革开放是我们已经定下来的大政方针，不能变也变不了。进一步深化改革和扩大开放是全国人民的愿望，也是中央的要求。海南作为中国最大的经济特区，当然应该走在前面。

海南的优势就在开放。海南的许多优势都和开放相联系，离开了开放，许多优势就未必是优势了。比如讲资源丰富，海南土地资源加在一起，也只有3万多平方公里，而新疆则有160万平方公里，随便举一个省区，土地都比你们多。但海南有若干特点和条件，由于开放，就会变成别的地方不能比的特殊优势。从开放的要求讲，首先是海上运输条件。外来投资合作，必须考虑这一点，因为这是降低成本，按期交货的重要保证。海南有很好的海上运输条件。其次是气候条件。一般来说，太冷的地方投资成本高，当然太热也不好。从开放的角度来讲，海南是很理想的。气候与环境相联系，常常是气候条件好带来自然环境好。三是天然资源。海南经济目前还比较落后，说明尚未开发的资源还很多。四是劳动力资源。劳动力价格贵，成本就高，就没有竞争能力，就不能赚钱。因此，投资商要找劳动力便宜一点的地方。中国的劳动力短期内贵不上去，因为人多，10年、20年也贵不到哪里去。海南有几百万人口还有十多亿人口的大陆做后盾。这也是一大优势。五是便于隔离。在中国目前的情况下，搞经济特区，没有隔离"特"不起来。不隔离，就不便于给特殊优惠的政策。海南是一个岛，便于隔离。尽管现在有些政策还不落实，但毕竟还是经济特区，毕竟还有那么多的优惠政策。海南的地理条件完全有可能实行好这些特殊的政策。

把开放搞好是中央给海南省委、省政府的主要任务。海南省的最大特点，就是特在开放上。看海南的工作，主要看开放，开放工作搞不上去，海南就失去了建省建特区的意义。海南省委贯彻党的“一个中心、两个基本点”的基本路线，落实十三届七中全会精神，最重要的就是研究搞好海南的经济特区建设，进一步搞好对外开放。海南优势在于开放，海南工作的重点也在开放。

围绕开放深化改革

把改革引向深入，通过改革形成和完善有中国特色的社会主义道路，这既是第二步战略目标的任务，也是实现第二步战略目标的措施和保障。当前深化改革的步子如何迈开，七中全会已经有了明确的方针，海南要认真贯彻落实。与此同时，我们必须看到，如何把步子迈得更大一点，更好一点，仍然是一个重大的课题。全国如此，各个地区、各个行业也是如此。同其他不是特区的省市相比，海南的改革开放有共性，也有特性。最主要的特性就在海南省是经济特区，中心任务和工作主题就是开放。所以，海南许多方面、许多项目的改革，都要从开放的需要出发，围绕着开放来进行。

首先，中央已经确定的在全国范围内推行的改革内容和措施，海南要根据具体情况更好地贯彻执行。如农村的联产承包责任制、企业的承包等。这就是我们党讲的政策不变，海南也不例外。

其次，海南要根据特区的情况，根据开放的需要进行改革。要把有利于开放事业作为海南改革的出发点和落脚点。必须看到，我们原有的某些经济体制，在不开放的情况下还可以适用，但在开放的情况下就很不适用甚至成了开放的阻力。对这一类情况，海南就要从实际出发进行必要的改革。

第三，在机构体制上，应该允许海南有一些“特”。从行政区划来讲，海南是一个省；从经济地位来讲，海南是中央直接管的一个经济特区，海南许多行政机构要和中央的机构相呼应，这样便于工作，但也要允许海南根据实际情况，特别是根据开放的需要适当加以变通，不必同上面完全对口，也不必与其他省的机构设置完全一样。这就是上下不强求统一，左右不强求一致。当然，上级交办的事要有部门管、有人干，不能误事。

第四，要用好中央给予海南改革开放的特殊政策。中央对海南改革开放的特殊政策要逐条地加以落实。与此同时，在贯彻落实过程中还要大胆试验，勇于探索，总结经验，使政策进一步完善起来。在建设具有中国特色的社会主义经济特区方面，海南应该多出成果，多出经验。

要正确处理对外开放和其他各项工作的关系

强调海南工作的重点是开放，并不是说可以忽视开放以外的其他工作。当前，海南面临着许多同其他省市同样的任务。比如，企业改革、农业生产、扶贫工作以及文化教育和科研工作等。特别是贫困地区群众的温饱问题，必须下大力量尽快解决。放松或丢掉这些工作，广大群众面临的实际问题得不到解决，生活得不到改善，我们就得不到广大群众的支持和拥护，而没有广大群众的支持的拥护，开放工作就一定不能搞好。

要善于把各项工作与开放事业有机地结合起来。海南岛只有 3 万多平方公里，纵横不过 200 公里，应该说都是有利于投资、开放的，很难说哪个地区、哪项工作与开放没有关系。比如农村经济、城乡卫生、人的素质，等等，都影响着外来人的投资合作、旅游参观。因此，海南省各级领导要善于把各项工作赋予开放的意义，纳入开放的轨道，要从特区建设的角度来观察、研究和处理一切问题。

要树立开放意识。全省人民都要从中国最大经济特区的角度看待自己，并自觉地用开放的标准要求自己的工作。比如人们的衣着谈吐、待人接物和环境卫生、公路建筑等等，都应有这么一种意识。要使全省人民懂得，搞经济特区为繁荣我们的经济、改善我们的生活提供了非常重要的机遇。与此同时，搞经济特区也向全省每个人提出了更高更严格的要求。因为许多事情在不开放的条件下是可行的，无可非议的，但开放后就非改不行。比如过去不会讲普通话没关系，可是开放后，外地人来了听不懂你的话怎么行？

总而言之，必须使全省人民都牢牢记住，海南是全国最大的经济特区，每个人都要树立开放意识，把各项工作和开放紧密联系起来，并根据开放的要求努力学习，提高自己的水平。开放意识的形成，要从领导抓起，从党内抓起，从小学生抓起。只有这样，才能适应今后的形势，整个经济特区的工作才能上去。

全国人大常委会副委员长王任重在关于三峡工程问题专家座谈会上发表讲话

王震同志提议召开这次会议，很有必要。在会上大家发表了很好的意见。会议开得很好，准备根据这次会议上大家的意见，给中央写一封信，向中央反映，促进一下，争取三峡工程尽可能早上。上，中央是已经定了，是早一点上晚一点上的问题。是“八五”上还是“九五”上？是“八五”前期开始还是“八五”后期开始？还没有最后定。十四个问题、十四个专家组，经过充分认真的调查研究和充分的讨论，得出的结论应当说是正确的，符合党所要求的决策民主化、科学化的精神。既然“论证”结论是早上比晚上好，我看现在条件都已成熟，应该早上，迟上不利，没有迟上的理由。一九九二年全国人大应该可以通过三峡工程建议了。像这样的大项目总是要通过全国人大的审批的。这是我讲的第一点。

全国人民代表大会通过以后，我们要搞一个开工典礼。这个典礼要搞得非常隆重，请总书记、总理出席，还要邀请各行业的专家、有关方面的领导，长江流域各省市都可以派人参加。舆论界要大搞宣传，大张旗鼓，充分地向人民讲清楚建设三峡工程的伟大意义。

长江三峡工程对我们整个国家、整个民族的前途命运，有很大的关系。建设这样一个伟大的工程，可以调动起广大人民的积极性。全国人民是很关心这个工程的。有了这个条件，发公债也好，发债券也好，我看没有问题。一次发一百亿，两次就发二百亿，加上其他的经费，如把葛洲坝发电的钱全部或大部分用来修三峡工程，再用点外汇，就差不多了。说财力不足、不能上三峡的理由是不对的。

我曾经和李鹏总理谈过，他大致赞成我的意见：搞一个长江水利水电建设开发公司。这个公司可以直接归国务院管。至于规划设计方面，还是归长江流域规划委员会办公室。在国务院领导下面设个委员会，负责协调工作，实际工作在公司。葛洲坝发电的钱用来修三峡工程，三峡开始发电以后赚的钱继续用在三峡工程上。三峡工程全部建成以后，"三峡"发电的钱继续用在长江治理和开发上。为什么不可以这样包干呢？现在铁路包干了，用铁路收费每年赚的钱来继续修铁路。既然铁路采用这个办法，开发长江流域的资源也可以用这个办法。包括南水北调，也可以用长江三峡发电的钱。八百四十亿度电，电价每一度一角钱，就是八十四亿元。除去其他的开支，就算拿出六十亿元，不管是修堤坝也好，还是修移民区也好，还是修上游的水电站也好，改善通航条件也好，都从这个钱出，我看是足够的。包括华中、华东，每度电再加一分钱，拿出来修三峡，我看华中、华东都会赞成。要是这么办，投资不会成问题。国家每年基本建设投资一千几百亿到二千亿，长江三峡每年只要十几二十个亿，只占百分之一甚至百分之一还不到。为什么不列入计划？既然承认它是我们最重要的一个建设项目，计划当中首先应该排上它。别的项目可以推迟，这个项目要提前。说长江三峡投资大、周期长，建设一百万吨的煤矿要多少钱？也要七八年的时间，并不是一年就可以建起来的。建设十个一百万吨矿井，产煤一千万吨，投资也不少啊！而且运输更是一个大问题，从山西、陕西、内蒙把煤运出来，铁路、海运问题都很大，修铁路建煤港都需要很大的投资。

对三峡工程的重要性怎么看待？采取什么措施尽可能早上，尽可能加快建设的进度？当然首先是必须保证质量，在确保质量的前提下，加快它的建设速度。提前一年就有一年的好处，提前两年就有两年的好处，提前三年好处更大。专家们对三峡工程的建议，也是早上比晚上好，有早上的必要，也有早上的可能，这是第二点。

第三点，南方的湖北、湖南、江西、福建、贵州、四川、广东、广西，都应当以水电为主，火电配套；遇到枯水季节，水电站电少了，利用火电来补充。火力发电在建设时就要注意解决对环境的污染问题。在北京举行过一次国际环保会议，我国承担了义务。火力发电的污染问题当然可以采取措施，但投资很大。而且煤炭可以用来搞煤气，搞煤"化工"，单纯的将它烧掉也可惜呀。我们不能因为中国煤炭藏量多就可以随便浪费它，我们要留给子孙后代。

中国还有大量的水利资源没有开发利用。世界上所有发达国家，只要具备条件的，没有不把水力发电放在重要位置的。挪威也好，瑞士也好，我听说他们凡是能用来发电的水利资源都利用起来了。挪威就是靠水电起家的，有了水电，然后国家才逐渐强盛。何况水利工程还有防洪、灌溉、航运效益。单从发电来讲，用水发电，不用煤，不用油，不污染，重复利用，永不间断，我们为什么不重视它呢？开发水电的综合效益最大，投资最省。投资是多是少、效益是大是小，要按它的投入和综合效益的比较来讲。所以，对水电的重视不光是指长江三峡，南方各省要将所有能用来发电的水利资源都利用起来。在今后几十年时间里，要下大力，舍得投资抓水电。搞一亿到二亿千瓦的水电，电气化的问题就可以解决了。

我再讲一点关于长江中游特别是两湖的防洪问题。一方面修建长江三峡工程，另一方面还要注意防洪问题。防洪不仅要针对一九五四年那样的大洪水，历史记载还有过一八六〇年、一八七〇年两次比一九五四年更大的洪水，我们要立足于战胜比这些年份更大的洪水。即使洪水再大，也不能造成大批的人口死亡。所以分洪区还是要建设，高楼、高台都得继续搞。总之，修了三峡工程，两湖人民也不能高枕无忧睡大觉，我同意这一点。

南水北调问题将来从长江三峡引水到丹江水库再向北调，可以解决河南和河北西部的工农业用水和人畜用水问题。现在三峡工程没有修起来，把丹江水库的大坝升高十三米，就可以多蓄一百多亿立方水，可以在不减少湖北、河南用水的情况下，将这一百多亿立方水调往华北。这一百亿立方水等于四分之一的黄河水。黄河的水将来在小浪底也可以调一些。

总而言之，我们考虑问题要从全局出发，从长远利益考虑，不能只顾眼前；我们搞建设要考虑百年大计、千年大计、万年大计。就是一万年以后实现共产主义了，我们还是要在自己这块土地上来发展生产、安排生活。我们一定要把自己的这块土地建设好。

新华社报道称中国年产30亿件服装列世界第一

现在一半以上产值，七成以上产量，三分之二的出口创汇，服装行业一半的税收，均来自乡村企业。

北京农林科学院副院长女科学家陈杭获英国皇家园艺学会授予的金质维奇纪念奖章

中国首家细胞库和基因库在中国科学院建成

2 月 20 日

国务院发出要求各地加强夏季粮油作物生产管理的通知

国务院通知要求各地人民政府和有关部门加强夏季粮油作物生产管理，坚持不懈地把粮食生产抓紧抓好。

通知说，去年农作物秋冬播计划完成较好。但是，入冬以来气温偏高，北方旱情严重，南方雨多受渍，病虫害有发生蔓延的危险。以上问题如不引起重视，抓紧解决，将对夺取今年农业丰收产生不良影响。

国务院通知对各级人民政府提出了以下要求：

一、要进一步加强对农业的领导。去年我国粮食生产虽然获得了丰收，但今后随着人口的不断增加和耕地面积的减少，粮食的供需矛盾将长期存在。各地对此必须有清醒的、足够的认识，继续重视农业，支持农业，坚持不懈地把粮食生产抓紧抓好，决不能有丝毫放松。

二、切实搞好夏季粮油作物的生产和管理。各级人民政府要把加强夏季粮油作物生产管理作为一项重要任务和夺取全年农业丰收的首要战役来抓。组织广大科技人员深入农业生产第一线，搞好苗情普查，制定管理方案，搞好春季水肥管理，促进苗情转化升级。北方麦区要集中人力物力，抗旱保苗，并防止可能发生的冻害。

三、做好防灾抗灾的思想准备和物资准备。各级人民政府都要重视防灾抗灾工作，不能麻痹大意，防灾抗灾措施要具体有力。气象部门要及时、准确地预报各种农业灾害。各种农用物资要及早落实，调拨到位。各有关部门要密切配合，衔接好农业生产资料的生产、进口和供应计划，搞好农业生产资料的生产、分配和供应。

国务院总理李鹏会见伊拉克副总理哈马迪

哈马迪向李鹏转达了伊拉克领导人关于海湾问题致中国领导人的口信，介绍了当前海湾战争形势和伊拉克的立场，包括伊拉克革命指挥委员会 2 月 15 日声明的内容。

李鹏总理说，自海湾危机爆发以来，中国政府的立场是一贯的、明确的和有原则性的。我们反对伊拉克侵吞科威特，要求伊拉克无条件从科威特撤军；同时我们主张，通过政治和外交途径解决海湾危机，不赞成采取军事手段。

他指出，中国政府一直密切关注海湾战争形势。现在，已有众多无辜平民伤亡，战争面临升级的严重危险。一旦战火扩大，造成的破坏和损失将更加惨重，我们对此感到十分痛心和不安。我们支持国际社会一切防止战争升级、争取和平解决的努力。

在谈到伊拉克 2 月 15 日声明时，李鹏说，“我们注意到伊拉克首次作出从科威特撤军的表示，这是一个积极的变化。”外交部长钱其琛、副部长齐怀远和伊拉克驻华大使加夫参加了会见。

中国电化教育形成电视大学学校电化教学卫星教育播出与接受三大系统

谢飞导演的中国故事片《本命年》在第四十届西柏林国际电影节上获银熊奖

监察部查处百孚公司违规炒黄金外汇买卖失职渎职大案

中国出口商品基地建设总公司所属百孚公司违反规定从事炒黄金和外汇买卖，造成1800多万美元损失的重大案件，最近被监察部查处。6名责任人分别移送司法机关依法追究刑事责任和给予行政处分。

2 月 21 日

最高人民检察院检察委员会第七届第五十九次会议通过《最高人民检察院关于贪污受贿案件免予起诉工作的暂行规定》

一、免予起诉的根据和原则

第一条 为依法行使人民检察院免予起诉，根据刑法、刑事诉讼法和全国人大常委会《关于惩治贪污罪贿赂罪的补充规定》，结合检察工作实践，制定本规定。

第二条 人民检察院对已构成犯罪，但依照法律规定不需要判处刑罚或者免予刑罚的被告人，可以免予起诉。

免予起诉是人民检察院终止刑事诉讼的刑事决定，一经公开宣布，即发生法律效力。

第三条 对贪污、受贿案件的被告人免予起诉是刑事诉讼中的重大问题，必须实行专人审查、集体讨论、检察委员会决定，分级审批，备案审查的制度。

第四条 免予起诉的贪污、受贿案件，必须犯罪事实清楚，证据充分，适用法律准确。

二、免予起诉的条件

第五条 个人贪污、受贿数额不满二千元，情节较重，构成犯罪，但依法不需要判处刑罚的，可以免予起诉；情节较轻，不构成犯罪的，移交所在单位或者上级主管机关酌情给予行政处分。

第六条 个人贪污、受贿数额在二千元以上不满五千元，犯罪后具有下列情节之一的，可以免予起诉：

(一)自首；

(二)立功；

(三)有悔改表现、积极退赃的。

第七条 个人贪污、受贿数额在五千元以上的，原则上不能免予起诉。个别需要免予起诉的，必须同时具备自首、立功、积极退赃、未给国家利益或者集体利益造成重大损失。

第八条 有下列情形之一的，不适用免予起诉：

(一)案件事实不清或者证据不足的；

(二)有附带民事诉讼的；

(三)需要判处附加刑的；

(四)犯有数罪的；

(五)共同犯罪案件的同案被告人，由人民法院一并审理更为适宜的；

(六)其他依法不应免予起诉的。

三、免予起诉的审查

第九条 惩治贪污贿赂侦查部门侦查终结的贪污、受贿案件，需要起诉或者免予起诉的，在侦查终结报告中提出意见，连同案卷材料、证据移送刑事检察部门审查，赃款、赃物可以列清单附卷移送。

第十条 刑事检察部门审查免予起诉案件，应当讯问被告人，并告知其享有自行辩护的权利，可以申请回避，提供证人证言、物证、书证和申请重新鉴定。

第十一条 刑事检察部门应根据刑事诉讼法第九十六条的规定，严格审查免予起诉案件，必要时可以对主要犯罪证据进行复核。

对主要犯罪事实不清、证据不足的，可以退回惩治贪污贿赂侦查部门补充侦查或者自行补充侦查，必要时可以配合惩治贪污贿赂侦查部门共同补充侦查。对于补充侦查的案件，被告人被羁押的，应在一个月内补充侦查完毕。

第十二条 刑事检察部门对贪污、受贿案件审查终结后，对符合免予起诉条件的，应当提交检察委员会决定，由惩治贪污贿赂侦查部门办理撤案手续。

第十三条 对决定免予起诉的案件，应制作《免予起诉决定书》；对需要上报给检察院审批的免予起诉案件，待批准后制作《免予起诉决定书》。

第十四条 审查免予起诉案件，被告人被羁押的，应当在受理后一个月内作出决定，重大、复杂的案件，经检察长批准，可以延长半个月，对需要层报上级检察院审批的案件，可以根据情况变更强制措施。

对被告人未被羁押的案件，也应抓紧办理。

四、免予起诉的审批

第十五条 对贪污、受贿案件被告人免予起诉，应严格执行分级审批制度：

(一)个人贪污、受贿不满三千元需要免予起诉的，由基层检察院决定；

(二)个人贪污、受贿三千元以上不满五千元需要免予起诉的，报地、州、市级检察院审批；

(三)个人贪污、受贿五千元以上不满一万元需要免予起诉的，层报省级检察院审批；

(四)个人贪污、受贿一万元以上不满五万元需要免予起诉的，层报最高人民检察院审批。

第十六条 负责层报的检察院和负责审批的检察院在收到报批案件后，均应抓紧审查，并经检察委员会研究提出层报意见或作出批复决定。对上级检察院的批复决定，下级检察院必须执行。

五、免予起诉的宣布

第十七条 免予起诉的决定一律公开宣布。

第十八条 宣布免予起诉决定，一般应在被告人所在单位或者居住地进行。

宣布免予起诉决定时，被告人必须到场，并应通知被告人所在单位或居住地基层组织派人参加。

检察长或检察员(代理检察员)宣读《免予起诉决定书》后，可以发表免诉词。

宣布免予起诉决定，应制作宣布笔录。

第十九条 上级检察院作出的免予起诉决定，如有必要，可以委托被告人居住地的基层检察院代为宣布。被告人居住在外地的，可以委托当地检察院代为宣布。

委托宣布免予起诉决定，应具函说明委托理由，并附《免予起诉决定书》；受委托单位在收到委托函后，应即进行宣布，并在宣布后三日内将宣布笔录送达委托的检察院。

第二十条 宣布免予起诉决定后，应将《免予起诉决定书》交给被告人，并将副本分别送达本院惩治贪污贿赂侦查部门和被告人所在单位或居住地基层组织。

被告人在押的，应立即释放。

第二十一条 对免予起诉的被告人，可以责令其具结悔过。

第二十二条 对于共犯罪中的同案犯，决定免予起诉的，应将“决定书”副本随起诉的案件移送法院。

六、免予起诉的申诉和复查

第二十三条 被告人不服免予起诉决定，可以依法提出申诉。人民检察院应依法保护被告人的申诉权。

被告人在收到《免予起诉决定书》的检察院应在收到申诉后的三日内将申诉状连同案卷材料、证据移上一级检察院；被告人直接向上一级检察院提出申诉的，上级检察院应在收到申诉状后的三日内将申诉状副本转下级检察院，调卷审查。

第二十四条 对不服免予起诉决定案件的复查，一律由出具免予起诉决定书的检察院的上一级检察院控告申诉检察部门进行。

控告申诉检察部门应认真复查，并经检察委员会讨论，分别不同情况，作出维持原决定、撤销原决定或者指令下级检察院纠正的决定，并将复查结果通知下级检察院和申诉人，下级检察院必须执行。

由上级检察院审批的免予起诉案件，复查后需改变原决定的，应征得原审批的检察院同意。

第二十五条 控告申诉检察部门复查免予起诉申诉案件的期限为一个月，最多不得超过一个半月。

第二十六条 被告人不服免予起诉决定，在收到《免予起诉决定书》后，逾七日提出审诉或者申诉被驳回后继续申诉的，上级检察院控告申诉部门认为确有必要进行复查时，应及时调卷复查，如需变更原决定，应提交检察委员会决定。

第二十七条 免予起诉申诉案件的其他复查程序，参照高检院有关刑事申诉案件复查程序的规定执行。

七、免予起诉的备案审查

第二十八条 对贪污、受贿案件被告人免予起诉，应严格执行备案审查制度。下级检察院决定免予起诉的案件，应在公开宣布后三日内报上一级检察院备案。备案的材料包括《免予起诉决定》、《案件审查报告》。

第二十九条 上级检察院应指派专人审查免予起诉备案材料，必要时可调取全案材料。对确有错误的，经检察委员会决定可以撤销原决定或指令下级检察院纠正。

刑事检察部门审查备案材料，发现错误，被告人又提出申诉的，由控告申诉检察部门复查。

八、附　则

第三十条 人民检察院监所检察部门、铁路运输检察部门侦查的贪污、受贿案件，需要免予起诉的，按照本规定执行。

人民检察院直接侦查的其他案件的免予起诉工作参照本规定办理。

第三十一条 本规定自公布之日起实施。最高人民检察院以往规定中与本规定相抵触的，以本规定为准。

江南造船厂设计建造的第一艘大型海上液化石油气船建成

我国国土开发整治工作全面展开

我国国土开发工作全面展开，已有 11 个省、233 个地（市、州）、640 个县编制了国土规划，并已在地域开发建设、环境以及区域产业政策等方面起到指导作用。

为探索国土开发与国土整治相结合的优化模式，近些年有关省份在 12 个小区域进行了国土开发整治试点，内容涉及山区综合开发整治、小流域治理、草原开发治理、沙荒地治理和滩涂资源综合开发利用，为促进地区经济发展起到示范作用。

我国的国土资源管理专家们指出，国土工作应在九十年代的经济建设中发挥更大的作用。国家应加强区域性计划这一多年来的薄弱环节，使之与部门为主的计划起到相辅相成作用，更有力地促进地区经济的发展。

外交部部长钱其琛离开北京出访葡萄牙波兰等欧洲七国前在首都机场答中外记者问

钱其琛上午乘机离开北京应邀对葡萄牙、西班牙、波兰、保加利亚、匈牙利、希腊和马耳他七国访问。这是自 1989 年下半年以来中国外长首次对上述七国进行正式访问。

钱外长临行前在首都机场对中外记者说："中国和欧洲国家一直有着良好的关系。中国和欧洲发展关系对双方都是有利的。"钱外长说，他很高兴通过这次访问，有机会直接了解欧洲形势发生重大变化以后出现的新情况、新问题。他将利用这个机会和所有这些国家的领导人探讨进一步加强中国和欧洲关系新的途径和前景。

在回答葡萄牙记者关于中葡双边关系的问题时，钱外长说，中国和葡萄牙有非常良好的关系。我这次出访欧洲，葡萄牙是访问的第一个国家。3 年前，中国和葡萄牙签署了有关澳门问题的联合声明。在这之后，两国关系的发展是很顺利的。去年 11 月，葡萄牙总统苏亚雷斯到澳门去访问，对于稳定澳门和加强中葡关系都起了很重要的作用，中国对此很赞赏。他表示希望在葡萄牙的访问富有成果。

在回答中国同东欧国家关系的问题时，钱其琛指出，中国和东欧有着传统的友好合作关系。东欧前两年所发生的一些重大变化，中国认为是东欧各国人民自己选择范围之内的事情。中国尊重东欧各国人民自己的选择。他说他不认为在中国与东欧各国发展关系过程中有任何障碍。双方可以找到共同的利益，可以在互相尊重、互不干涉内政的基础上发展这种关系。

在回答不少记者关于海湾危机的问题时，钱外长说，中国希望伊拉克能够很快地作出无条件从科威特撤走的决定，中国也希望美国不要放弃和平的机会。有记者提出，美国和其他一些国家担心任何使萨达姆继续掌权的和平方案都将使仍拥有强大军事力量的伊拉克对其邻国再度构成威胁。钱外长说，在联合国决议里没有涉及这些担心的问题，主要是要求伊拉克尽快地无条件从科威特撤走。这一点，李鹏总理昨天在会见伊拉克副总理哈马迪时已向他非常清楚地、明确地作了说明。只有这样，才能解决海湾危机问题。

当记者询问中国对苏联不久前提出的和平建议持何态度时，钱其琛说：中国政府对国际社会一切有利于和平解决海湾危机的努力持欢迎和赞赏的态度。对苏联最近提出的建议，我们同样持这样的态度。他告诉记者，伊拉克副总理哈马迪20日在同中方会谈时表示伊拉克方面正在研究、讨论苏联所提出的和平建议。关于海湾危机问题，钱其琛外长最后说："我们不能够盲目乐观，形势还是很严峻的。但是我们仍然应该抱有希望。"

中国英国关于香港大型基建的第三轮专家会谈在北京举行

中方人士表示，我们一贯认为应该增加香港大型基建问题的透明度，曾一再向中外新闻界公开阐明了中国政府的立场和观点，今后还将继续这样做。但由于这一轮会谈属于内部工作会谈性质，经双方共同商定，会谈期间将不举行记者招待会或发布新闻，以利于会谈的进行。

中英关于香港大型基建的第一、二轮专家会谈，是去年10月和今年1月先后在香港、北京举行的。

中国政府特使外交部副部长杨福昌为早日结束海湾战争在莫斯科会晤苏联副外长别洛诺戈夫

中国政府特使外交部副部长杨福昌为早日结束海湾战争访问德黑兰

中国红十字会通过红十字国际委员会向海湾地区受害平民提供价值100万元人民币的药品和儿童食品

《人民日报》就百孚公司案件给国家造成1800多万美元巨额损失大案发表评论员文章《对失职渎职行为必须严肃查处》

2月22日

国务院中央军委发出关于批转全国拥军优属拥政爱民工作会议纪要的通知

国务院、中央军委同意《全国拥军优属拥政爱民工作会议纪要》，现转发给你们，请结合实际情况，认真贯彻执行。

拥军优属拥政爱民，是我党、政府、人民解放军和我国各族人民的优良传统，是我们特有的政治优势。在新形势下，深入开展双拥活动，进一步密切军政、军民关系，加强军政、军民团结，对于保证国家的长治久安和社会主义制度的巩固，对于实现我国经济和社会发展的第二步战略目标，对于推进人民解放军的革命化、现代化、正规化建设，都具有十分重要的政治意义。各级人民政府和全军各部队，要把双拥工作作为一件大事来抓，使之更加深入、更加扎实地开展。《全国拥军优属拥政爱民工作会议纪要》总结了近几年双拥工作的新经验，提出了在新形势下加强双拥工作的基本方针、原则和任务，是当前和今后一个时期开展双拥工作的指导性文件。国务院、中央军委相信，通过深入贯彻落实全国双拥工作会议精神，军政军民之间"同呼吸、共命运、心连心"的大好局面必将不断发展。

全国拥军优属拥政爱民工作会议纪要

经国务院、中央军委批准，民政部和总政治部于1991年1月，在福州市召开了全国拥军优属、拥政爱民工作会议。各省、自治区、直辖市的领导同志，解放军三总部的领导同志、各大单位、省军区、集团军政治部的负责同志，武警部队的领导同志以及地方和军队有关业务部门的同志共260人参加了会议。中央和国家机关有关部委的领导同志应邀出席了会议。这次会议，紧紧围绕加强军政军民团结，促进国家和军队的稳定与发展这个主题，着重分析了全国双拥工作的形势，总结交流了经验，参观了福州市的双拥先进单位，提出了今后一个时期的基本任务。民政部和总政治部领导同志分别作了拥军优属、拥政爱民的工作报告；命名表彰了10个双拥模范城、县。党中央、国务院、中央军委对这次会议非常重视，邓小平同志为"双拥模范城"、"双拥模范县"题了词，使到会同志深受鼓舞。

会议认为，近几年来，全国的拥军优属、拥政爱民工作有了新的进步，取得了很大成绩。特别是制止动乱和平息北京发生的反革命暴乱以后，双拥活动出现了蓬勃发展的好势头。主要表现在：全民国防观念明显增强，广大军民对密切军政军民关系，加强军政军民团结重要性的认识不断提高；创建双拥模范城、双拥模范县的活动蓬勃开展，军民共建社会主义精神文明取得了丰硕成果；各项政策、法规逐步完善，一些影响军民团结的历史遗留问题得到了较好的解决；双拥工作的组织领导进一步加强，出现了以军政团结带动军民团结的生动局面。

会议指出，江泽民总书记多次强调全国各族人民要“同呼吸、共命运、心连心”，这深刻地反映了全国各族人民大团结的本质特征，生动地体现了军队与人民血肉相连、生死与共的关系，为我们加强军政军民团结提出了更高的标准。双拥工作要认真贯彻这个要求，进一步抓好各项制度、规定的落实，不断巩固和发展已有的成果，努力把拥军优属和拥政爱民工作提高到一个新水平。

一、做好新形势下的双拥工作，是促进国家和军队稳定与发展的战略任务

本世纪最后10年，是建设有中国特色的社会主义的关键10年。党的十三届七中全会提出了我国经济和社会发展的“八五”计划和十年规划，进一步明确了到2000年实现国民生产总值翻两番的一系列重大方针和措施。能否顺利地实现这个宏伟目标，关系到中华民族的前途与命运，关系到我国社会主义事业的兴衰成败。完成这项前所未有的伟大事业，战胜前进道路上的各种困难，离不开军地双方的互相支持，离不开军政军民之间的坚强团结。做好双拥工作，进一步发挥军政、军民团结的政治优势，就能形成推进国家和军队现代化建设的巨大力量。

保持国家的稳定，是实现社会主义现代化的首要条件，是压倒一切的大局。当前，我国的政治、经济、社会稳定，但也面临着严峻的考验。国际形势在总的趋向缓和的同时，变得更加复杂和动荡。国际敌对势力加紧推行“和平演变”战略，通过各种渠道对我国进行渗透和颠覆活动。在国内，阶级斗争还在一定范围内存在，四项基本原则与资产阶级自由化的对立和斗争将是长期的，极少数反社会主义分子和民族分裂主义分子不甘心失败，还会进行各种破坏活动。这些都说明，维护国家稳定，巩固社会主义制度的任务是十分艰巨的。军政军民团结是社会稳定的重要因素，是国家长治久安的可靠保证。几十年的斗争实践证明，“军民团结如一人，试看天下谁能敌”，是一条颠扑不破的真理。过去，在党的领导下，我们依靠军政军民坚如磐石的团结，战胜了国内外强大敌人；今天，同样要靠军政军民同心同德，团结一致，才能顶住各种国际压力和应付可能发生的突发事件，为顺利进行社会主义现代化建设创造一个安定团结的政治环境。

做好双拥工作，也是推进社会主义精神文明建设的重要措施。改革开放和发展社会主义有计划的商品经济，为社会主义精神文明建设注入了强大活力，为加强军政军民团结创造了有利条件。但同时资本主义、封建主义腐朽思想文化的影响和侵蚀也增多了，对军政军民关系也会产生某些消极影响。广泛开展双拥活动，巩固和发展新型的军政军民关系，对于弘扬社会主义正气，抵制腐朽思想文化的影响和侵蚀，推进全民族的思想道德建设，都将起到重要的作用。

以上说明，在新的形势下，做好双拥工作，加强军政军民团结，是国家和军队稳定的政治保证、建设的政治保证、胜利的政治保证，是事关全局的重大问题。各级党政军领导必须充分认识拥军优属、拥政爱民的战略意义，切实把这项工作摆到重要位置，真正做到：始终坚持以党的基本路线为指导，使双拥工作更好地为党的中心任务服务；始终坚持军民一致的原则，不断巩固和发展军队与人民群众血肉相连的亲密关系；始终坚持服从大局的原则，在以经济建设为中心的同时兼顾国防建设的需要与发展；始终坚持“团结——协商——团结”的方针，妥善解决军民关系上出现的问题，形成军民之间相互理解、相互尊重、相互支持的良好风尚。

二、深入进行全民国防教育，建立牢固的军政军民团结的思想基础

建设具有中国特色的社会主义，必须有强大的国防。深入进行国防教育，增强全民国防观念，是维护国家根本利益的需要，也是不断巩固军政军民团结的需要。

国防教育要以马列主义、毛泽东思想为指导，以爱国主义为核心，根据国际国内形势的变化，结合党和国家的中心任务，常抓不懈。地方主要是搞好爱国拥军教育，宣传军队是国家政权的主要成分，强大的国防是国家和民族尊严、安全和利益的保障；宣传人民军队在党的领导下英勇奋斗的历史和光荣传统，在维护国家稳定与发展中的重要地位和作用。部队主要是结合拥政爱民的实践，宣传保卫祖国、保卫人民和平劳动的职责，宣传全心全意为人民服务的宗旨，宣传国富才能兵强、人民群众是国防现代化建设的力量源泉。通过宣传教育，使全国军民真正懂得“没有一个人民的军队，便没有人民的一切”，“军队打胜仗，人民是靠山”；牢固树立军队与人民相互依存、不可分离，经济建设与国防建设相互促进、不可偏废的思想，形成人人关心国家安全、勇于献身国防事业的社会风尚。

国防教育是国家整个宣传教育的重要组成部分，要纳入全民教育体系。各级党政军领导干部在实施国防教育中，负有重要的责任，不仅要认真组织好群众性国防教育，而且要身体力行，带头学习国防建设和军队建设的理论，增强国防观念。青少年是我国未来的建设者和保卫者，他们国防观念的强弱，直接关系到国家

的长期稳定和发展。国防教育应从青少年抓起，采取在院校开设国防教育课、组织学生军训等多种生动活泼的形式，进行国防知识的灌输和国防实践的熏陶。各地要健全国防教育机构，加强对这项工作的领导，每年有部署，经常有检查。按照中央的要求，宣传、教育、文化、新闻、出版等部门，应根据自己的职责和工作特点，在全民国防教育中发挥重要作用。

三、服从大局，在经济建设和军队建设中互相支持

经济建设是国防建设的基础，国防建设是经济建设的保障。实现农业、工业、国防和科学技术现代化，是全党、全国的大局。双拥工作必须在这个大局下行动，既要坚持把经济建设摆在中心位置，又要统筹兼顾，加强国防建设。

人民解放军要在搞好自身建设的同时，努力为发展国民经济、实现十年规划和"八五"计划多做贡献：组织部队积极参加国家和地方的重点工程建设，在经济开发和经济振兴中发挥重要的作用；奋勇参加抢险救灾，全力保护国家、集体财产和人民群众的生命安全；认真落实军委关于每年人均不得少于10个义务劳动日的规定，为社会、为人民多办实事。驻农村的部队，主要参加农业基础建设，做好扶贫帮困工作，扶持优抚对象发展生产；驻城镇的部队，主要参加社会公益事业建设；军事院校、国防科研和技术单位要发挥自己的优势，搞好科技助民。省军区、军分区、人武部要教育和组织民兵预备役人员，在国家和地方的经济建设中发挥突击作用。军队要坚持勤俭建军的方针，发扬艰苦奋斗的优良传统，体谅国家和地方的困难，努力减轻人民的负担。

地方各级政府要把关心、支持军队建设和改革作为义不容辞的责任。国家对军队建设历来十分关心，先后制定和颁发了《中华人民共和国兵役法》、《中华人民共和国军事设施保护法》和有关正确处理军民关系问题的法规和文件。各地要结合实际，进一步抓好落实，努力为军队建设多办好事，多办实事。要积极帮助部队解决训练需要的场地、水面和国防施工用地等实际问题，支持和配合部队完成训练、战备、演习、试验等各项任务；在军队兴办企业、进行副食品基地建设等项工作中，地方政府要在财力、物资、技术等方面给予大力支援，并且制定一些必要的优惠政策；要做好军队的粮食、副食品、燃料等生活必需品和国家指令下达给军队计划物资的供应工作，保证军事行动和军运物资的运输和安全。各级领导要组织和发动群众，协助部队做好干部战士及其亲属的思想工作，帮助解决各种实际困难，努力形成人人关心和支持军队建设的良好风气。

在发展社会主义有计划商品经济的条件下，军地双方要根据在经济领域交往增多的特点，既要彼此兼顾，互惠互利，更要相互支援，多尽义务。无论何种形式的协作与互助，都要坚决防止和克服不良风气的影响，始终保持军民关系的纯洁性。

四、持久开展军民共建活动，巩固发展社会主义思想文化阵地

亿万军民参与的军民共建活动，是新时期双拥工作的一个新发展，已经成为社会主义精神文明建设不可缺少的重要组成部分。军民共建活动要结合经济建设和改革、开放的实践，以马列主义、毛泽东思想为指导，重点抓好思想道德建设，用爱国主义、集体主义和社会主义思想把全国军民凝聚起来、振奋起来，使精神力量转化为社会主义现代化建设的巨大物质力量。

坚持四项基本原则、反对资产阶级自由化，是社会主义精神文明建设的重要内容。实现四个现代化和改革开放的全过程，都贯穿着四项基本原则与资产阶级自由化的对立和斗争。在军民共建活动中，要针对资产阶级自由化否定党的领导、否定社会主义制度这个实质，深入进行党的基本路线教育，使广大军民更加坚信党的领导，坚定社会主义信念，提高贯彻执行党的基本路线的自觉性，把军政军民团结建立在牢固的政治基础之上。

巩固和扩大社会主义思想文化阵地，树立和发扬社会主义道德风尚，是军民共建精神文明活动经常性的任务。各地要继续开展军民共学雷锋、同树新风的活动，帮助广大军民树立正确的人生观、价值观；开展读好书、唱好歌、演好戏等健康有益的军民联谊活动，丰富精神生活，陶冶思想情操；加强法制宣传教育，搞好军警民治安联防，优化社会环境；坚持把共建与共育军地两用人才结合起来，普及科学文化知识；搞好移风易俗，贯彻落实计划生育的基本国策。通过开展军民共建，互相学习，互相促进，使爱祖国、爱人民、爱劳动、爱科学、爱社会主义成为亿万军民共同的行为准则，培养出一代有理想、有道德、有文化、有纪律的社会主义新人。

军民共建要继续坚持以地方领导为主，以做思想政治工作为主，以发动群众自建为主，并纳入当地精神文明建设的总体规划。军地双方要集中力量抓好共建示范点，以推动面上的精神文明建设。近年来兴起的以部队驻地为中心联片共建等形式，是军民共建活动的深入和发展，要继续坚持和完善，使之更有成效，真正做到抓一点、带一片，抓一片、带一方。

五、军地通力合作，切实做好优抚和安置工作

优抚安置工作是双拥工作的重要内容。做好优抚安置工作，对于稳定部队、鼓舞士气、"固我长城"，对于培养人民群众的爱国拥军观念、维护社会安定团结，都

具有重要意义。军地要密切配合,把这项工作做得更好。

要坚持国家、社会、群众相结合的优抚体制,调动各方面的积极性。目前,国家还不富裕,财力有限,不可能把优抚对象需要解决的问题全包下来,重要的是依靠社会和群众的力量。城乡基层组织和机关、团体以及企事业单位,应当依法履行各自应尽的优抚职责和义务,多层次、多渠道、多种形式地为优抚对象办实事,推进优抚工作社会化。

优抚安置对象有功于国家和人民,理应得到国家和社会的关怀与照顾。除中央财政每年安排的优抚事业费外,地方财政也应有计划地增拨一定经费,解决优抚对象的实际问题。各地要按照国家的有关规定,在经营、税收、信贷、供应等方面给予优惠,帮助优抚对象发展生产。要重点帮助烈属、革命伤残军人和实行义务兵役制以前入伍的复员军人解决生活、治病、住房等困难,保证他们的生活水平随着国民经济的发展不断有所提高。要按照政策规定,搞好转业干部的培训和安排使用,尽力解决他们的实际问题;妥善安置退伍义务兵,重视发挥军地两用人才的作用;按期安置军队离退休干部,加强管理,搞好服务。军队要积极宣传国家的优抚安置政策,配合地方做好优抚安置对象的工作,教育他们珍惜荣誉,发扬光荣传统,为当地的经济和社会发展多做贡献。

做好优抚安置工作,要重视抓好法规、制度建设。一方面对《军人抚恤优待条例》、《退伍义务兵安置条例》、《革命烈士褒扬条例》和其他有关法规、制度,要认真抓好落实;一方面要根据新的情况,不断加以完善,争取在三五年内建立起中央和地方完整配套的优抚安置法规。

六、坚持互相尊重、主动协商,不断改善和密切军政军民关系

军政、军民之间根本利益是一致的,但有时也会产生一些矛盾。遵循"团结——协商——团结"的方针,妥善解决这些矛盾,是新形势下改善和密切军政军民关系的重要课题。

国务院、中央军委关于加强军民团结正确处理军民关系问题的通知(国发〔1990〕52号)和一系列关于正确处理军政军民关系的政策规定,体现了国家的整体利益,也照顾到了军地双方的具体利益。要维护这些政策规定的严肃性,并以此为准绳,正确处理军地之间出现的矛盾和纠纷。在处理过程中,双方都要以大局为重,以团结为重,严于律己,多为对方着想,力求在互谅互让的气氛中使问题得到解决。遇有重大军民纠纷,军地双方主要领导应亲自出面,采取果断措施,迅速加以处理,并及时做好善后工作,警惕坏人乘机挑拨,激化矛盾。对于违法违纪、严重损害军民团结的行为,要严肃处理。

军地双方要经常互通情况,遇事主动协商,以增进了解,密切感情,融洽关系。军队要树立"爱人民、学人民、为人民"的良好形象,尊重地方各级党委和政府,遇有重大活动和执行重要任务,要及时向当地政府通报,取得支持和配合;领导机关要经常派人到地方征求意见,检查部队执行群众纪律的情况,及时发现和解决问题。地方工作涉及驻军的事项,应事先征求军队意见;对驻军的意见和批评,应通过组织提出,求得内部解决。近年来,一些地方建立党政军联席会议制度,重要情况互相通报,重要问题协商处理,是密切军政军民关系的一种好形式,应继续坚持,逐步完善。

七、把工作重点放在基层,扎扎实实地开展群众性双拥活动

拥军优属、拥政爱民是一项群众性的社会活动,不仅有赖于各级领导的重视和支持,更重要的是动员和组织亿万军民积极参与。这样,双拥工作才有坚实的群众基础,才能真正落实到基层。

基层单位的双拥工作,要以"组织健全、政策落实、活动经常、关系融洽"为基本要求。组织健全,就是地方基层单位要建立健全拥军优属协调组织和群众性服务网络,部队团以下单位要建立健全群众工作领导小组和连队群众工作组。政策落实,就是把上级的政策规定同本单位实际结合起来,经常督促检查,使之真正落到实处。活动经常,就是集中做好重大任务中和重要节日时的双拥工作,又重视开展经常性的活动,做到每年有计划安排,节日有联谊走访,平时有互帮互学。关系融洽,就是团结友爱,亲如一家,部队"视人民如父母",地方"把军人当亲人"。今后,基层单位开展双拥活动,评选双拥先进单位,都要以此为主要依据。

基层单位的双拥工作要着眼于建设,不断丰富内容,积极探索富有号召力的活动形式。近年来,各地开展的军民共学雷锋、共同育兵教子、智力双拥、国防知识竞赛、军事夏令营、建立军人家庭服务中心等活动,实践证明效果很好。要在坚持这些做法的同时,不断创造适合本地特点和人民群众喜闻乐见的形式,拓宽双拥工作的领域。

基层单位的双拥工作要因地制宜,注重实效。领导机关要从实际出发,加强分类指导和检查督促,帮助基层解决双拥工作中的实际问题,基层单位要扎扎实实做工作,使双拥工作的政策规定一项一项地得到落实。少数民族地区、经济贫困地区、边海防地区和经济特区,要从各自的特点出发,在双拥工作中发挥好自己的优势。特别是少数民族地区,做好双拥工作,对于促进边疆的稳定和发展意义重大,一定要重视抓好党的

民族政策和宗教政策的教育，使广大军民牢固树立“军队离不开各族人民，各族人民离不开军队”的思想，把祖国边疆建设成为军民团结、民族团结的铜墙铁壁。

八、在继承的基础上创新发展，把双拥工作提高到新的水平

实行军民一致、军政一致的原则，开展拥军优属、拥政爱民工作，是我党我军在长期革命和建设实践中形成的优良传统，反映了在党的领导下新型军政军民关系的本质，是我们战胜敌人、克服困难的传家宝，任何时候都不能丢。各单位要加强这方面的宣传，使这些优良传统在广大军民特别是青少年中深深扎根，代代相传。

在继承优良传统的基础上，不断创新，是双拥活动几十年经久不衰的生命力所在。各级领导应根据形势和任务的变化，着眼于双拥工作的发展，不断总结和推广新的经验。当前，要重点做好两个方面的工作：一是探索总结创建双拥模范城、双拥模范县活动的经验。这一活动的开展，为双拥工作注入了新的活力，起到了示范和辐射作用，是双拥工作社会化、经常化的有效形式和重要途径。要认真总结经验，逐步推广开来。双拥模范城、双拥模范县应做到：国防教育坚持经常，双拥观念深入人心，组织机构健全，形成齐抓共管的局面；规章制度完善，双拥活动经常化、社会化，军民共建富有成效，具有良好的社会风尚，优抚政策落实，安置工作成绩明显，军政军民互相尊重，关系融洽。二是探索总结以军政团结带动和促进军民团结的经验。做好双拥工作，关键在领导。军政领导以身作则，就能在促进军民团结中发挥榜样作用；军政领导经常协调，就能使广大军民在社会生活的各个方面步调一致；军政领导重视研究解决带全局性的政策问题，就能正确规范和调节军民关系，使双拥工作逐步走上制度化的轨道。各级军政领导要充分认识自己肩负的责任，以更大的热情继续抓好这方面的工作，推动双拥工作向深度和广度发展。各级都要重视树立典型，表彰先进。军政部将设立“爱国拥军”荣誉奖，表彰在拥军优属工作中做出突出成绩的单位和个人。

双拥工作涉及方方面面，是党政军民的一项共同任务，必须切实加强领导。各级政府、军事机关要明确领导责任，做出部署，搞好协调，形成合力。近年来，许多地方和驻军相继成立了双拥工作领导小组，并建立了常设机构，统一协调拥军优属、拥政爱民的各项工作，效果很好。地方民政部门和军队群众工作部门，在双拥工作中担负着组织、协调的重要责任，要当好党政军领导的参谋和助手。各级领导要关心支持这些部门的工作，努力为他们创造良好的工作条件。省军区系统要充分利用与地方联系较多的条件，积极协助地方搞好国防教育，协调驻军开展拥政爱民活动，参与调解军民之间的矛盾，在沟通军队与地方的联系，增强军政军民团结中充分发挥桥梁和纽带作用。

会议强调指出，以经济建设为中心、坚持四项基本原则、坚持改革开放，是建设有中国特色的社会主义的基本路线，也是拥军优属、拥政爱民工作的行动指南。会议号召：全国军民要在以江泽民同志为核心的党中央领导下，坚决贯彻执行党的基本路线和党的十三届七中全会精神，更加广泛深入地开展拥军优属、拥政爱民活动，不断加强军政军民团结，为国家的稳定和发展，为军队的建设和改革而努力奋斗！

共青团中央作出决定授予南昌铁路分局鹰潭车站客运服务员熊云清“模范共青团员”的荣誉称号

国务院总理李鹏签发第75号令发布《企业职工伤亡事故报告和处理规定》

现发布《企业职工伤亡事故报告和处理规定》，自一九九一年五月一日起施行。

总理 李 鹏

一九九一年三月一日

企业职工伤亡事故报告和处理规定

第一章 总 则

第一条 为了及时报告、统计、调查和处理职工伤亡事故，积极采取预防措施，防止伤亡事故，制定本规定。

第二条 本规定适用于中华人民共和国境内的一切企业。

第三条 本规定所称伤亡事故，是指职工在劳动过程中发生的人身伤害、急性中毒事故。

第四条 伤亡事故的报告、统计、调查和处理工作必须坚持实事求是、尊重科学的原则。

第二章 事故报告

第五条 伤亡事故发生后，负伤者或者事故现场有关人员应当立即直接或者逐级报告企业负责人。

第六条 企业负责人接到重伤、死亡、重大死亡事故报告后，应当立即报告企业主管部门和企业所在地劳动部门、公安部门、人民检察院、工会。

第七条 企业主管部门和劳动部门接到死亡、重大死亡事故报告后，应当立即按系统逐级上报；死亡事故报至省、自治区、直辖市企业主管部门和劳动部门；重大死亡事故报至国务院有关主管部门、劳动部门。

第八条 发生死亡、重大死亡事故的企业应当保护事故现场，并迅速采取必要措施抢救人员和财产，防止事故扩大。

第三章 事故调查

第九条 轻伤、重伤事故，由企业负责人或其指定

人员组织生产、技术、安全等有关人员以及工会成员参加的事故调查组，进行调查。

第十条　死亡事故，由企业主管部门会同企业所在地设区的市（或者相当于设区的市一级）劳动部门、公安部门、工会组成事故调查组，进行调查。

重大死亡事故，按照企业的隶属关系由省、自治区、直辖市企业主管部门或者国务院有关主管部门会同同级劳动部门、公安部门、监察部门、工会组成事故调查组，进行调查。

前两款的事故调查组应当邀请人民检察院派员参加，还可邀请其他部门的人员和有关专家参加。

第十一条　事故调查组成员应当符合下列条件：

（一）具有事故调查所需要的某一方面的专长；

（二）与所发生事故没有直接利害关系。

第十二条　事故调查组的职责：

（一）查明事故发生原因、过程和人员伤亡、经济损失情况；

（二）确定事故责任者；

（三）提出事故处理意见和防范措施的建议；

（四）写出事故调查报告。

第十三条　事故调查组有权向发生事故的企业和有关单位、有关人员了解有关情况和索取有关资料，任何单位和个人不得拒绝。

第十四条　事故调查组在查明事故情况以后，如果对事故的分析和事故责任者的处理不能取得一致意见，劳动部门有权提出结论性意见；如果仍有不同意见，应当报上级劳动部门商有关部门处理；仍不能达成一致意见的，报同级人民政府裁决。但不得超过事故处理工作的时限。

第十五条　任何单位和个人不得阻碍、干涉事故调查组的正常工作。

第四章　事故处理

第十六条　事故调查组提出的事故处理意见和防范措施建议，由发生事故的企业及其主管部门负责处理。

第十七条　因忽视安全生产、违章指挥、违章作业、玩忽职守或者发现事故隐患、危害情况而不采取有效措施以致造成伤亡事故的，由企业主管部门或者企业按照国家有关规定，对企业负责人和直接责任人员给予行政处分；构成犯罪的，由司法机关依法追究刑事责任。

第十八条　违反本规定，在伤亡事故发生后隐瞒不报、谎报、故意迟延不报、故意破坏事故现场，或者无正当理由，拒绝接受调查以及拒绝提供有关情况和资料的，由有关部门按照国家有关规定，对有关单位负责人和直接责任人员给予行政处分；构成犯罪的，由司法机关依法追究刑事责任。

第十九条　在调查、处理伤亡事故中玩忽职守、徇私舞弊或者打击报复的，由其所在单位按照国家有关规定给予行政处分；构成犯罪的，由司法机关依法追究刑事责任。

第二十条　伤亡事故处理工作应当在九十日内结案，特殊情况不得超过一百八十日。伤亡事故处理结案后，应当公开宣布处理结果。

第五章　附　则

第二十一条　伤亡事故统计办法和报表格式由国务院劳动部门会同国务院统计部门按照国家有关规定制定。

伤亡事故经济损失的确定办法和事故的分类办法由国务院劳动部门会同国务院有关部门制定。

伤亡事故的调查、处理，法律、行政法规另有专门规定的，从其规定。

第二十二条　劳动部门对企业执行本规定的情况进行监督检查。

第二十三条　发生特别重大事故应当按照国家有关规定办理。

第二十四条　国家机关、事业单位、人民团体发生的伤亡事故参照本规定执行。

第二十五条　本规定由国务院劳动部门负责解释。

第二十六条　本规定自一九九一年五月一日起施行，一九五六年国务院发布的《工人职员伤亡事故报告规程》同时废止。

新华社报道称 1990 年全国产值过亿元的乡镇企业和村庄约 50 家

总产值达 80 亿元以上，江苏吴江盛泽镇印染总厂和天津静海大邱庄名列榜首。

外交部部长钱其琛在里斯本与葡萄牙外长皮涅伊罗举行会谈

两位外长首先讨论了海湾战争问题。

双方还就南部非洲、亚洲、欧洲形势和柬埔寨等问题交换了看法。

皮涅伊罗外长向钱外长通报了欧共体的发展情况和葡萄牙的有关立场。

双方对中葡友好关系的不断发展和两国在澳门问题上的合作表示满意，并表示将进一步加强两国之间在各个领域里的友好合作。

中国方面参加会谈的有外交部长助理李肇星和中国驻葡萄牙大使等。

葡萄牙总统马里奥·苏亚雷斯在里斯本会见外交部部长钱其琛

会见中，马里奥·苏亚雷斯总统表示，葡萄牙将严格遵守葡、中两国关于澳门问题联合声明规定的原则，保持澳门的稳定与繁荣，以保证1999年交接工作的顺利进行。

中国葡萄牙两国外长在里斯本联合举行记者招待会

中国外长钱其琛和葡萄牙外长若昂·德乌斯·皮涅伊罗中午在联合举行的记者招待会上说，他们在上午举行的会谈是在诚挚友好的气氛中进行的，是富有成果的。

皮涅伊罗外长说，在会谈中，他与中国外长钱其琛就双边关系、海湾冲突、南部非洲和亚洲的形势以及澳门机场建设等问题交换了意见，并宣布中葡双方就中、葡文在澳门的地位达成了一个非常重要的协议，即葡萄牙政府同意中文在1999年之前成为澳门的官方语文，中方同意葡文在1999年后仍为澳门的正式语文。

葡方认为，中葡联合联络小组的工作是富有成效的。

钱其琛外长在记者招待会上说，两国还就中华人民共和国外交部在设立签证办事处达成了协议，希望这个办事处能够尽早地开始工作，以有利澳门的稳定发展和中葡两国关系的继续发展。钱外长也对中葡联合联络小组的工作表示满意。

在记者招待会上，钱外长还重申了中国政府对海湾冲突的一贯立场。

《人民日报》发表评论员文章《切实保护军事设施》

中国地质科学家初步摸清南极大陆地质构造

国家"七五"重点科技攻关项目"灾害性天气监测和超短期预报系统"在北京通过国家鉴定

国办批转文化部《关于加强演出市场管理的报告》

文化部《关于加强演出市场管理的报告》已经国务院同意，现转发给你们，请认真贯彻执行。

加强演出市场管理，是认真贯彻党中央关于文艺要一手抓整顿，一手抓繁荣的方针，促使社会主义文艺表演事业繁荣和健康发展的重要措施。各级文化行政管理部门和各有关单位，在贯彻本通知时，要加强调查研究和指导，促进文艺表演团体的体制改革，繁荣群众性的文化活动，教育和引导文艺工作者努力为人民服务，为社会主义服务。

关于加强演出市场管理的报告

近年来，我国的演出市场发生了较大变化，演出种类和形式逐渐丰富，演出组织单位日益增多。演出市场的拓宽与活跃，对满足广大群众的文化生活需要，促进社会主义精神文明建设和物质文明建设，起到了积极作用。但是必须看到，当前演出市场也存在着严重问题。一些非演出经纪单位和个人以赢利为目的，巧立名目，采取无证、伪证、租证、骗证等多种非法手段，私邀国家剧团(院)、部队及政府其它部门和产业部门的文艺团体的演职员，组织各类营业性组台(团)演出活动；一些国家剧团(院)、部队文艺团体及政府其它部门和产业部门和文艺团体的演职员不经本单位领导批准，置本职业务工作于不顾，热衷于私自应邀参加社会上的各种组台(团)演出。这类演出大多粗制滥造，演出台风格调不高，人员组成复杂，宣传广告虚假，哄抬票价，坑蒙观众，私分演出收入，偷税漏税，社会影响很坏。这类非法演出经营活动(通常称之为"走穴")，严重地冲击了国家剧团(院)、部队文艺团体及政府其他部门和产业部门的文艺团体正常的艺术生产秩序，妨碍了严肃艺术的发展，腐蚀了一些演职员，广大群众对此非常不满，强烈要求制止。为了迅速扭转演出市场的混乱局面，切实加强营业性组台(团)演出的管理，建立正常化、规范化的演出市场秩序，特作如下规定：

一、进一步加强政府文化行政管理部门对演出经营活动的管理，实行演出经营许可证制度。在京的中央部门、部队系统、群众团体、中央部门所属的企事业单位和在国家工商行政管理局登记注册的中外合资、中外合作、外商独资企业，申请成立演出经纪机构必须报文化部审批；其他单位申请成立演出经纪机构由所在省、自治区、直辖市文化厅(局)审批。除经政府文化行政管理部门审批、领取《演出经营许可证》的演出经纪单位外，其他单位和个人不得从事营业性(即售票，有广告、赞助等收入，下同)组台(团)演出活动(包括文艺表演，时装、健美表演，非政府文化交流项目的外国及港澳台地区艺术表演等演出活动，下同)，广播电台、电视台制作广播、电视节目的非营业性表演除外。任何演出经纪单位不得以承办演出的名义向非演出经纪单位和个人转借、出租、出卖《演出经营许可证》。

二、演出经纪机构必须具备如下条件：

(一)有固定的办公地点和与经营范围相适应的必备设施；

(二)是独立核算、自负盈亏、自主经营、具有法人资格的经济实体；

(三)主要业务人员具有一定的艺术专业知识和从事艺术工作或组织演出活动3年以上的经历；

(四)有健全的财务制度和相应的财务人员；

(五)有规定数额以上、来源合法的注册资金。

各地要根据本地区演出市场实际情况和主管部门

的管理能力，严格控制演出经纪机构的审批数量，限定经营范围与地区，防止过多过滥；要采取有效措施，扶植、表彰对繁荣艺术事业，促进艺术交流，提高艺术质量作出显著贡献的演出经纪单位。政府文化行政管理部门要支持国营演出经纪机构在演出市场中发挥主导作用。国营演出经纪机构不再拥有行政管理权。

三、演职员参加本单位以外的任何演出，都必须经本单位批准；如参加营业性组台(团)演出、娱乐场所演出及拍摄影视、灌制磁带等，必须由演职员持邀约单位与该演职员所在单位签发的合同到政府文化行政管理部门办理演职员《临时营业演出许可证》。凡未持《临时营业演出许可证》的演职员，任何单位都不得接纳其演出。

四、加强现金管理，严禁私分演出收入、偷税漏税。演职员的演出报酬必须通过银行结算。受聘演出的演职员报酬，由主办单位通过银行支付给演职员所在单位，由所在单位扣除管理费和代扣、代缴个人收入调节税后，付给演职员；个体演职员的演出报酬，由主办单位通过银行支付给发放其演出许可证的政府文化行政管理部门，扣除管理费和代扣、代缴个人收入调节税后，付给个人。

五、加强对募捐性演出、赞助性广告形式演出活动的管理。进行募捐性演出，必须由主办单位报经政府文化行政管理部门审批，演出收入除必需的成本开支外，全部用于募捐性项目。采用赞助性广告形式进行营业演出，应由主办单位编制计划和费用预算，报经政府文化行政管理部门审定同意后，向工商行政管理部门办理《临时性广告经营许可证》，方可举办赞助广告活动，并接受文化、工商、税务、审计等部门的监督、检查。广告赞助费如有盈余，应纳入主办单位收入，按国家现行财务制度的规定统一管理，不得私分。

六、对非法演出经营认真进行查处。由文化部文化市场管理部门负责受理群众检举、揭发的严重违法演出经营事件和有关演出管理部门以权谋私，处罚不力或不当事件，适时向全国通报有关非法演出经营事件的查处情况。

七、各级政府文化行政管理部门要加强对演出市场的管理，逐步理顺演出管理体制，并积极会同工商、税务、审计、监察、公安等部门，对各类营业性组台(团)演出活动实行有效的监督、检查、管理。对违反上述有关规定，从事非法演出经营活动的单位和个人，政府文化行政管理部门可分别给予没收非法所得、罚款、吊销《演出经营许可证》等处罚；对参与非法演出活动的单位和个人，由政府文化行政管理部门给予没收非法所得、罚款、停止演出半年至 1 年、吊销演出许可证的处分；对私分演出收入、偷税漏税、违反现金管理规定的，由政府文化行政管理部门会同税务、审计、监察等部门，依照有关法规予以查处。对违反上述有关规定的人员，其所在单位可给予行政处分，情节严重构成犯罪的，移交司法机关依法处理。

八、演出经营活动管理所用的各种申请表、许可证、合同书的式样由文化部统一规定。以前发布的有关营业演出管理的文件中与此《报告》相抵触的，均按此《报告》执行。

国家文物局发布《中华人民共和国考古涉外工作管理办法》

国家文物局宣布：《中华人民共和国考古涉外工作管理办法》已经国务院 1990 年 12 月 31 日批准，即日起发布实施。

考古工作管理办法共 22 条，对外国政府和团体、国际组织、外国公民和在华留学人员参加我国的考古调查、勘探、发掘以及参观古代遗址、考古现场等有关事项作了具体的规定：“任何外国组织、国际组织在中国境内进行考古调查、勘探、发掘，都应当采取与中国合作的形式”。在合作的基本条件、双方的利益和权益等方面充分考虑到中方的主权，对于文物标本、自然标本、考古记录资料，所获成果的研究和整理，研究报告的发表等均作出规定。

在合作调查发掘工作审批程序上，管理办法作了这样的规定：由拟进行合作项目的外国组织和国际组织向国家文物局提出申请，经会商审查同意后上报国务院审核批准立项。此后的年度发掘计划，纳入《文物保护法》规定的报批手续。

我国将优先在有关人类起源、中国古代国家的形成等重大考古发掘研究方面同外国合作。

2 月 23 日

中共中央总书记江泽民国务院总理李鹏在中南海怀仁堂同中国社会科学院部分专家学者座谈

江泽民主持这次座谈会。中共中央政治局常委宋平、李瑞环，中共中央政治局委员李铁映、候补委员丁关根，中共中央书记处候补书记温家宝，全国政协副主席、中国社会科学院院长胡绳，出席座谈会。江泽民在座谈会讲话时首先向全国广大的社会科学工作者致以问候。

江泽民说，党的十一届三中全会以来，我国社会主义现代化建设事业取得了举世瞩目的成就。在这些成就中也有广大社会科学工作者的劳绩。社会科学研究的方向正确与否，社会科学发展状况如何，对人们的思想意识和社会的道德风尚，对经济建设，对社会的稳定和发展，都会产生巨大而深刻的影响，甚至关系到中华民族的兴衰和社会主义的命运。

江泽民指出，现在，我们面临的艰巨任务和复杂形势，向社会科学提出了更高、更紧迫的要求。他希望社会科学工作者认真总结建党70年来，建国40多年来，特别是十一届三中全会后10多年来，革命和建设的丰富经验；根据社会主义现代化建设和改革开放提出的任务，结合实际进行研究，为社会主义现代化建设服务，为社会主义精神文明建设服务，为建设有中国特色的社会主义伟大事业服务。

江泽民说，社会科学要坚持马克思主义的指导，坚持理论联系实际。社会科学工作者要走与实践相结合、与群众相结合的道路。要继续贯彻“双百”方针，创造有利于学术发展的良好环境。

他强调，要总结经验，振奋精神，加强思想建设和组织建设，把中国社会科学院建设成为马克思主义坚强阵地。

江泽民最后说，各级党委要加强领导，切实改进工作，促进社会科学事业的繁荣和发展。

李鹏在座谈会上讲话说，社会科学同自然科学一样，在四化建设中起着重要作用，党和政府应加强对这项工作的领导。他说，社会科学研究工作，要为社会主义现代化建设服务，有些可以直接为当前制定国内外政策服务，有些是长远的研究。要正确处理两者之间的关系。在学术研究中，应坚持“双百”方针。把马克思主义的普遍真理同中国实际相结合，努力建立有中国特色的社会科学理论体系。

李鹏说，我们要重视社会科学人才的培养，重视选拔经过实践锻炼的、有一定学术水平和研究能力的人员，充实社会科学研究队伍。我们要在经济发展的基础上，进一步改善知识分子的待遇，逐步增加研究费用，完善研究手段。

在座谈会上，政治经济学研究员何建章、数学与技术经济研究所所长李京文、世界经济与政治研究所所长李琮、社会科学院秘书长刘启林、郭沫若著作编辑委员会副主任林甘泉、伦理学研究员李奇、法学研究所所长王家福、近代史研究所所长王庆成、哲学研究所副所长陈筠泉、美国研究所所长资中筠、外国文学研究所所长张羽、少数民族文学研究所所长刘魁立、蒙古语言文学研究员道布、考古研究所所长徐苹芳、文学理论研究员侯敏泽先后发了言。他们就社会科学研究如何为社会主义建设服务、繁荣文化和学术研究，社科队伍加强马克思主义理论学习、专业知识研究等问题，畅所欲言，提出了积极的意见和建议。

出席座谈会的还有有关部门负责人吕枫、王忍之等。

社会科学方面的研究员、副研究员、编审、副编审、研究所所长、副所长等70人参加了座谈会。

国家统计局发布关于1990年国民经济和社会发展的统计公报

1990年，全国各族人民在党中央和国务院的正确领导下，进一步贯彻执行治理整顿和深化改革的方针，取得了明显成效。社会供需矛盾有所缓解，农业喜获丰收，主要比例关系有所调整，物价得到有效控制，国际收支状况改善，整个国民经济继续朝着好的方向发展，促进了政治和社会的稳定。科技、教育、文化、卫生、体育等各项事业取得新成果。初步统计，全年国民生产总值17400亿元，比上年增长5%；国民收入14300亿元，比上年增长4.8%。经济运行中的主要问题是：产成品积压增多、经济效益下降，财政困难加剧，潜在的通货膨胀压力加大。

一、农业

1990年，各地重视农业，大力开展农田水利建设，落实“科技兴农”措施，加之自然气候条件适宜，农林牧副渔全面发展。全年农业总产值7382亿元，比上年增长6.9%。其中种植业产值增长8.3%，林业产值增长2.2%，牧业产值增长5.9%，副业产值增长3.4%，渔业产值增长6.7%。

主要农产品产量全面增产。粮食总产量43500万吨，比上年增长6.7%，再创历史新水平，棉花、油料和糖料生产大幅度增长，蔬菜、水果生产又获丰收。但1990年农业丰收并不表明农业综合生产能力已经稳定在一个新的水平。

主要经济作物产量如下：

	1990年	比上年增长%
棉花	447万吨	18.1
油料	1615万吨	24.7
其中：油菜籽	693万吨	27.5
甘蔗	5727万吨	17.4
甜菜	1453万吨	57.2
黄红麻	72万吨	9.5
烤烟	226万吨	−6.2
蚕茧	53万吨	9.4
茶叶	53万吨	−0.3
水果	1876万吨	2.4

林业生产建设取得新的成绩，造林质量不断提高。速生丰产用材林基地建设步伐加快，“三北”防护林体系二期工程进展顺利，长江中上游防护林工程建设全面展开，平原绿化又有新的发展。森林防火工作成就显著，森林资源总消耗量开始下降，森林覆盖率呈上升趋势。但森林病虫害仍较严重。

畜牧业稳步发展，肉、禽、蛋、奶等继续增产。

主要畜产品产量和牲畜存栏数如下：

	1990 年	比上年增长％
猪牛羊肉	2504 万吨	7.7
牛奶	413 万吨	8.2
绵羊毛	24 万吨	1.8
肉猪出栏数	3.1 亿头	6.2
猪年末数	3.6 亿头	3.0
羊年末数	2.1 亿只	0.8
大牲畜年末数	1.3 亿头	2.7

渔业生产持续发展。全年水产品产量 1218 万吨，比上年增长 5.7％，其中淡水产品产量增长 6％，海水产品产量增长 5.5％。

农业生产条件改善。1990 年末全国拥有农业机械总动力 2854 亿瓦特，比上年末增长 1.7％；大中型拖拉机 82 万台，下降 3.6％；小型和手扶拖拉机 698 万台，增长 6.6％；载重汽车 62 万辆，下降 1.3％；排灌动力机械 706 亿瓦特，增长 3％；全年化肥施用量（折纯）2607 万吨，增长 10.6％。农村用电量 835 亿千瓦小时，增长 5.7％。农田水利建设进一步加强，农田有效灌溉面积有所扩大。

农村经济持续发展。1990 年农村社会总产值 16253 亿元，比上年增长 8.8％。其中，农村工业、建筑业、运输业和商业、饮食业产值增长 9.9％，占农村社会总产值的比重为 54.6％。

二、工业

工业生产保持增长势头。1990 年工业总产值 23851 亿元，比上年增长 7.6％。不包括村及村以下工业为 19629 亿元，增长 6％。在工业总产值中，全民所有制工业增长 2.9％，集体所有制工业增长 9.1％（其中乡办工业增长 12.5％），个体工业增长 21.6％，中外合资、中外合作和外商独资经营的工业增长 56％。全民和集体所有制工业总产值占全部工业的比重为 91.4％。

1990 年轻工业产值 11799 亿元，比上年增长 9.1％；重工业产值 12052 亿元，增长 6％。一大批新产品投放市场，使消费者购买商品可选择性增强。主要原材料和能源生产情况较好，供应紧张的状况缓解。但受市场变化影响，多数高档耐用消费品、投资类的机电产品生产下降，工业结构调整进展不快，矛盾仍然突出。

主要产品产量如下：

	1990 年	比上年增长％
纱	450 万吨	－5.6
布	180 亿米	－4.9
呢绒	2.8 亿米	持平
机制纸及纸板	1330 万吨	－0.2
糖	571 万吨	14.0
原盐	1984 万吨	－29.9
卷烟	3290 万箱	3.0
合成洗涤剂	148.4 万吨	1.2
日用精铝制品	7.27 万吨	－11.6
自行车	3141 万辆	－14.6
电视机	2662 万部	－3.8
其中：彩色电视机	1023 万部	8.8
录音机	2970 万部	26.4
照相机	189.9 万架	－22.6
家用洗衣机	652.6 万台	－20.9
家用电冰箱	475.4 万台	－29.2
能源生产总量（折标准燃料）	10.4 亿吨	2.4
原煤	10.8 亿吨	2.5
原油	1.38 亿吨	持平
发电量	6180 亿千瓦小时	5.7
其中：水电	1260 亿千瓦小时	6.5
钢	6604 万吨	7.2
钢材	5121 万吨	5.4
水泥	2.03 亿吨	－3.3
木材	5400 万立方米	－6.9
硫酸	1169 万吨	1.4
纯碱	374.6 万吨	23.3
化肥	1912 万吨	6.1
化学农药	22.93 万吨	10.3
发电设备	1143 万千瓦	－2.7
金属切削机床	11.78 万台	－34.1
汽车	50.91 万辆	－12.8
拖拉机	3.9 万台	－1.5
机车	655 台	－3.7
民用钢质船舶	123 万吨	－13.4

企业经济效益继续下降。1990 年预算内国营工业企业实现利税 1271 亿元，比上年下降 18.5％，其中实现利润下降 58％。产成品积压增多，定额流动资金周转天数由上年的 109 天延长到 127 天；平均每百元资金实现的利税，由上年的 19.39 元下降到 13.76 元；全员劳动生产率仅比上年提高 0.8％；部分产品质量不够稳定，成本继续超支，亏损企业增加，亏损额上升。

企业承包进一步完善。1990 年末全民所有制工业企业已续签了承包合同的有 44604 户，占第一轮承包到期企业总数的 88.6％。新一轮承包的工业企业，从承包基数的确定，到承包的内容都比上一轮有所改进。

同时有关部门在部分地区进行了“税利分流，税后还贷，税后承包”的试点。

三、固定资产投资和建筑业

固定资产投资回升。1990年，为适应启动市场、促进生产增长的需要，国务院决定适当增加投资需求，全年全社会固定资产投资完成4451亿元，比上年增加185亿元，增长4.5%。其中，全民所有制单位投资2927亿元，增长10.5%；集体所有制单位投资550亿元，下降2.8%；个人投资974亿元，下降5.6%。在建项目得到控制，全年全民所有制单位基本建设和更新改造施工项目12.3万个，比上年减少3536个；在建项目总规模11554亿元，增长16%。但投资效益低的状况仍无明显改善。

投资结构进一步调整。在国家重点倾斜政策支持下，农业、能源、运输、邮电部门建设得到加强。全民所有制单位投资中，农业投资81亿元，比上年增长31.2%，所占比重由上年的2.5%上升到3%；能源工业投资814亿元，比上年增长15.6%，所占比重由27.8%上升到29.9%；运输邮电通信业投资393亿元，增长46.1%，所占比重由10.7%上升到14.4%。

1990年，全民所有制单位基本建设投资1703亿元（含车船购置费），比上年增长12.3%。其中生产性建设投资1230亿元，投资比重由68.6%上升到72.2%；非生产性建设投资473亿元，比重由31.4%下降为27.8%，楼堂馆所及其他非生产性建设得到有效控制。更新改造投资828亿元，比上年增长5.8%，其中用于节约能源、增加花色品种、提高产品质量的投资增长14.1%，投资比重由上年的23.3%提高到25.3%。

重点建设加快，一批项目建成投产。国家按合理工期组织建设的200个重点项目，全年完成投资426亿元，超额完成了年度计划。全国建成投产大中型基本建设项目95个，大中型项目内的单项工程71个；限额以上更新改造项目92个。建成投产的重大工程主要有：年采煤能力400万吨的山西古交矿区马兰矿井，装机容量120万千瓦的上海石洞口电厂，南京扬子30万吨乙烯工程，目前我国最大的化纤生产基地——江苏仪征化纤工业联合公司，全长410公里、具有现代化水平的双线电气化重载单元列车——大同至秦皇岛运煤专用铁路（一期），375公里的沈阳至大连高速公路，规模宏大的北京亚运会建筑群工程和第一台具有国际水平的高能粒子加速器——北京正负电子对撞机等。

1990年，全国基本建设新增加的主要生产能力有：煤炭开采2016万吨，发电机组容量912万千瓦，石油开采1332万吨、天然气开采10.3亿立方米（均含更新改造和其他投资增加的能力）；纯碱60万吨，化肥25万吨，木材开采26万立方米，水泥169万吨，平板玻璃250万重量箱；新建铁路交付运营里程127公里，铁路复线里程349公里，铁路电气化里程551公里，新建公路2141公里，沿海港口吞吐能力2256万吨。

建筑业经济效益持续下降。1990年，全民所有制建筑施工企业完成建筑业总产值903亿元，比上年下降3.9%；施工面积1.97亿平方米，下降7.9%。全员劳动生产率为14547元，比上年下降1.5%；亏损企业增多，亏损额扩大。

地质普查勘探工作取得新进展。新发现或证实为工业矿床的矿产地267处，取得进展的勘查矿区102处，完成机械岩心（石油）钻探工作量905万米。有57种矿产资源新增了探明储量。塔里木、东海油气地质勘察取得重要进展，松辽盆地南部的天然气勘查实现重大突破。

四、运输邮电

交通运输稳步发展，运输紧张状况和运输秩序有所好转。各种运输方式完成的货物周转量比上年有一定增长，远洋运输在世界航运激烈竞争的情况下，保持了良好的发展势头。

各种运输量完成如下：

	1990年	比上年增长%
货物周转量	26322亿吨公里	2.9
铁路	10593亿吨公里	2.1
公路	3441亿吨公里	2.0
水运	11650亿吨公里	4.1
其中：远洋运输	8190亿吨公里	6.5
空运	8亿吨公里	17.4
管道	642亿吨公里	2.1
旅客周转量	5612亿人公里	－7.6
铁路	2616亿人公里	－13.9
公路	2600亿人公里	－2.3
水运	178亿人公里	－5.3
空运	218亿人公里	17.1
沿海主要港口		
货物吞吐量	4.6亿吨	负1.7

运输收入增加。铁路由于调整运价，运输收入比上年增长29.7%，但效率提高不快，铁路货运机车平均日产量85.9万吨公里，比上年仅提高0.7%。地方公路和水运企业经济效益不好的局面仍然存在。

邮电通信事业有较快发展。全年完成邮电业务总量80亿元，比上年增长24%。邮政快件、特快专递、传真、国际港澳电话等业务的增长幅度都超过20%。年末城市市内电话达到520万户，比上年末增长22%，程控电话已占市话总容量的43.5%。

五、国内商业和物资供销

国内市场销售逐渐向稳定增长的方向发展。1990年社会商品零售总额8255亿元,比上年增长1.9%。消费品零售额7220亿元,增长1.9%,其中售予社会集团的消费品零售额723亿元,增长4.3%;农业生产资料零售额1035亿元,增长1.7%。

从城乡消费品市场看,城市全年零售额比上年增长6%,其中第4季度增长13.4%,已基本趋于正常;县及县以下市场从10月份开始回升,但全年零售额仍下降2.4%。

从主要商品销售数量看,吃的商品销售平稳,食用植物油、食糖、猪肉、水产品销量比上年增长;穿、用商品中,彩电增长39.9%、电风扇增长1.9%,棉布、呢绒、缝纫机、自行车、手表、录音机、黑白电视机、洗衣机等多数商品销售量较上年有不同程度下降。

在各种经济类型的商品零售额中,全民所有制单位增长3.2%;集体所有制单位下降3.5%,其中供销合作社下降0.7%;各种合营增长24.8%;个体增长5.8%。农民对非农业居民的零售额增长7.9%。

商业部门经济效益大幅度下降。1990年国营商业和供销合作社实现利润比上年下降85%;亏损企业亏损额增长45.5%,资金周转进一步减慢。

生产资料市场从9月份开始由降转升。1990年全国物资系统销售生产资料2382亿元,比上年增长1.7%,其中第4季度增长21.8%。钢材销售3497万吨,比上年增长3.8%;煤炭2.6亿吨,增长3.5%;木材1978万立方米,下降10.2%;水泥2756万吨,下降10.7%;汽车55.6万辆,增长0.4%;机电设备504亿元,增长4.6%。

1990年市场物价总水平继续上涨,但涨幅明显缩小,全年零售物价总水平比上年上涨2.1%,大大低于上年上涨17.8%的幅度。市场零售物价变化的主要特点是:大部分食品零售价格趋稳;集市贸易的农副产品价格下跌,第4季度各地集中调整了一些商品和服务项目的价格,部分大中城市物价上涨幅度较大。

城乡居民生活费用价格总水平比上年上涨3.1%。

各类商品和服务项目价格变动情况如下:

	1990年比上年上涨百分比	其中城镇12月比上年同月上涨%
食品类	0.3	1.8
粮食	－4.8	－6.3
肉禽蛋	－2.1	－3.1
其中:猪肉	－4.0	－4.3
鲜菜	－0.4	13.9
水产品	－0.7	5.7
烟酒茶	0.9	1.6
糕点	7.8	9.8
衣着类	7.1	6.3
日用品类	1.9	1.4
药及医疗用品类	2.4	1.7
燃料类	8.2	32.0
农业生产资料	5.5	—
服务项目	20.9	11.6

六、对外经济贸易和旅游业

进出口实现顺差。据海关统计,1990年进出口货物总额达1154.1亿美元,比上年增长3.3%。其中出口总额620.6亿美元,增长18.1%;进口总额533.5亿美元,下降9.8%。扣除不收付外汇的进出口货物,出大于进131亿美元,改变了自1984年以来连年逆差的状况。国家外汇储备增加,对外支付能力增强。

利用外资稳步增长。1990年新签利用外资协议金额123亿美元,比上年增长7.4%;全年实际使用外资101亿美元,其中外商直接投资34亿美元,均比上年略有增长。

对外经济技术合作又获新成绩。1990年对外承包工程和劳务合作新签合同25亿美元,比上年增长13%;完成营业额17亿美元,增长0.8%。

国际旅游业逐步回升。1990年到我国游览、访问以及从事各项活动的国际旅游者达2746万人次,比上年增长12.1%,旅游外汇收入22.2亿美元,增长19.2%。

七、科学技术

科技工作取得新成果。1990年共取得国家级科学技术成果2914项。经国家批准的国家自然科学奖59项,国家发明奖224项,国家科技进步奖505项。

1990年,国家各项科技发展计划进展良好,成效显著。“七五”国家重点科技攻关合同有10%以上已完成计划任务,取得高分辨率地震勘探技术、30万千瓦机组批量生产和四次群光纤通讯具备工程总承包能力等一批重大成果。1990年又有11个国家重点实验室建成并通过验收,向国内外开放。

1990年国家自然科学基金委员会批准资助科研项目3531个,资助金额1.35亿元,分别比上年增长11.4%和8.9%。

1990年大中型工业企业设有专门的技术开发机构9156个,比上年增加1941个;组织技术开发项目4.65万项,比上年增加1.15万项。

1990年末全国共有产品监督检测中心3000个,其中国家级检测中心104个;全年制定、修改各类国家标准853个。1990年末,全国共有1000个气象台站建立了天气警报系统;各类有人值守的地震台站876个,地震测报网点4187个，区域和地方遥测地震台网20个；国家批准设立5个国家级海洋自然环境保护区，新建151个海洋监测站点。1990年测绘部门测绘了各种比例尺地图24953幅，出版公开版地图430种。

专利事业发展较快。1990年受理国内外专利申请41469件，比上年增长26%，其中工矿企业专利申请增长59.9%；批准专利22588件，比上年增长31.9%。

科技队伍进一步壮大。1990年末全国共有各类专业技术人员2432万人，其中自然科学技术人员1097万人，比上年增长6.0%。全国县以上全民所有制独立的科学研究与技术开发机构5410个，科学技术情报和文献机构410个，科学家和工程师42万人。全国高等学校从事科技活动人员78万人，其中科学家和工程师67.5万人，占86.5%。群众性科技活动又有所发展，厂矿科协已达7600个。

八、教育、文化

适应提高教育质量的需要，普通高等教育办学规模有所控制。1990年全国招收研究生3万人，比上年增长3.9%；在学研究生9.3万人，下降8.2%。普通高等学校招收本、专科学生60.9万人，比上年增长2%；在校学生206.3万人，下降0.9%。

中等职业技术教育稳步发展。1990年各类中等职业技术学校在校学生604.8万人（含技工学校学生133.2万人），占高中阶段在校学生总数1322万人的45.7%。

义务教育普及程度进一步提高。1990年全国初中在校学生3869万人，小学在校学生12242万人。小学学龄儿童入学率达97.9%，比上年提高0.5个百分点；小学毕业生升学率达74.6%，比上年提高3.1个百分点。通过普及初等教育检查验收的县达到1459个，比上年新增加70个。

成人教育整顿取得进展。1990年成人高等学校招收本、专科学生49.2万人，在校学生174万人，比上年下降0.1%。成人中等专业学校在校学生158.8万人，比上年下降6.9%；成人技术培训学校在校学生1282万人，增长1.1%；成人中、小学在校学生2369万人，增长15.7%。扫除文盲工作成效显著，共扫除文盲397.2万人。

1990年末全国共有艺术表演团体2819个，文化馆3000个，公共图书馆2527个，博物馆1012个，档案馆3630个，广播电台640座，广播发射台和转播台673座，电视台510座，1千瓦以上电视发射台和转播台938座，各类电影放映单位14.5万个。1990年生产电影故事片100部，发行各种新片（长片）199.5部，有18部（次）影片在国际电影节上获奖。全国性和省级报纸全年出版158.7亿份，各类杂志出版19.1亿册，图书出版55.8亿册（张）。

九、卫生、体育

卫生事业继续发展，医疗条件进一步改善。1990年末全国医院共有病床262.4万张，比上年末增长2.2%；专业卫生技术人员389.8万人，比上年增长2.3%，其中医生176.3万人（含中、西医师130.3万人），增长2.6%；护师、护士97.5万人，增长5.7%。

体育事业取得显著成就。1990年共有61名运动员在世界锦标赛、杯赛中获得54个世界冠军，有8人3队16次创造14项世界纪录，34人2队49次创造40项亚洲纪录，131人30队221次创造132项全国纪录。1990年我国成功地举办了举世瞩目的第十一届亚运会，我国运动健儿奋力拼搏，夺得金牌183块。亚运会推动了群众体育事业的发展。到1990年末共评出体育先进县259个，全年有7478万青少年达到《国家体育锻炼标准》。全年共举办县以上运动会70381次，参加运动会的运动员达2188万人次。

十、人民生活

居民消费需求有所回升。据抽样调查，1990年城镇居民平均每人可用于生活费的货币收入为1387元，比上年增长10%，扣除物价上涨因素，实际增长8.6%。农民人均纯收入为630元，比上年增长4.7%，扣除商品性支出价格上涨因素，实际增长1.8%。但各地区发展不平衡，有些居民家庭实际收入有所下降。

城镇就业继续增加。1990年全国城镇安置待业人员400万人。年末全国职工人数为13989万人，比上年末增加247万人。其中，全民所有制单位实行劳动合同制的职工达1352万人，增加162万人。年末城镇个体劳动者700万人，增加50万人。

1990年全国职工工资总额2960亿元，比上年增长13%；职工平均货币工资2150元，扣除物价上涨因素，实际增长9.7%。

城乡储蓄大幅度增加。1990年末居民储蓄存款余额达7034亿元，比上年末增加1887亿元，增长36.7%。

城乡居住条件又有改善。1990年城镇新建住宅1.8亿平方米，农村新建住宅6.6亿平方米。

社会福利事业继续发展。1990年全国各类社会福利院床位达76.1万张，收养58万人。城乡各种社会救济对象得到国家救济达4481万人次。全国已有25.1%的乡镇建立了农村社会保障网络，城市社会服务网络也有较快发展，已建立起各种社区服务设施8.8万个。

保险事业进一步发展。1990年各类财产险承保总额25749亿元，比上年增长12%。全国有54万户企业参加了企业财产保险，9089万户居民参加了家庭财产保险，有21736万人参加了人身保险。保险公司共处理国内财产险赔案 278 万件，支付已决赔款 81.1 亿元，为 925 万人支付人身保险赔款 26 亿元。

十一、人口

1990 年全国人口出生率为 21.6‰，死亡率为 6.67‰，自然增长率为 14.39‰。年末全国总人口为 114333 万人，比上年末增加 1629 万人。

注：

(1)本公报所列数据均为初步统计数，未包括台湾省。

(2)各项总产值绝对数按当年价格计算，增长速度均按可比价格计算。

(3)各项指标对比的基期数，除 1989 年末人口数按第四次人口普查数作了调整、固定资产投资按新的商品房统计口径作了调整外，其余均为《中国统计年鉴》发表的正式统计数。

(4)1990 年农民人均纯收入 630 元，其自产自用产品价格是按原定的国家牌价计算的，与历年资料可比；如改用合同定购综合平均价计算，则农民人均纯收入为 683 元。

国务院副总理田纪云在全国机电产品出口工作会议和中国机电进出口商会第二次代表大会上发表讲话

田纪云说，去年机电产品出口突破 110 亿美元，为今后发展奠定了良好的基础。从今年开始，外贸出口实行自负盈亏，这是我国外贸体制的一次重大变革，对促进我国对外贸易发展具有十分重要的意义。实行新的外贸体制以后，国家仍然要对机电产品出口采取倾斜政策。要保持政策的连续性，国务院和有关部门已经确定的扶植措施，不会轻易更改。当前，机电产品出口既面临着许多困难，同时又充满希望。

田纪云说，“八五”期间仍是我国机电产品出口的重要发展阶段。要把握机遇、做好工作，实现机电产品出口的“八五”目标。要把质量、品种、效益放在重要地位，这是机电产品出口进一步发展的基础。要不断增强出口实力，强化出口生产体系，特别是要把一批大中型骨干企业推向国际市场。要开拓国际市场，加强国际机电产品市场的调研工作，特别是提高远洋市场的能力，做好售前售后服务工作。要坚决制止打乱仗，逐步建立良好的出口秩序。

最后，田纪云对机电商会成立两年多来的工作作充分肯定。并要求机电商会在协调、服务和开拓国际市场方面，在治理外贸环境，整顿外贸秩序，推动我国对外贸易的发展中，继续发挥积极的作用。

全国旅游工作会议在北京召开

会议反映，1990 年，来华旅游入境总人数为 2746 万，有组织接待的外国旅游者为 425 万，旅游外汇收入 22.2 亿美元，分别比低谷时期的 1989 年增长了 1 成、3 成和 2 成，后两项主要指标分别比计划超额 21.5%和 11%，已基本达到 1988 年的历史最高水平。国内旅游也呈回升态势，全成旅游人数 2.8 亿人次，回笼货币 170 亿元。

与此同时，旅游企业扭转了效益滑坡的局面，据上千家国营旅游企业统计，平均利润率达到 16%，比上年增加了 6 个百分点，收汇率增加了 5 个百分点，固定资产收入率增加了 8 个百分点，流动资金利润率增加了 5 个百分点，这说明旅游业在国民经济各业中，仍然是效益水平高的产业。

国务院副总理吴学谦出席了会议并对旅游业超预计的恢复给予了高度评价。他指出，改革开放以来，党中央国务院对旅游业的发展是重视和支持的，“八五”规划明确了仍要大力发展国际旅游业。这一点不会改变。吴学谦希望地方各级政府今后继续支持旅游业的发展，还没有将旅游业纳入本地国民经济和社会发展计划的地方，今后要纳入。

刘毅认为，尽管当前国际局势动荡不安，但是中国政局稳定，安全有保障，已成为海外客户和公众的共识。旅游业的持续稳定发展是很有希望的。1991 年的总要求是：大力发展，继续整顿，实现管理上轨道、招徕上措施、服务上质量、创汇上台阶的目标。

会议于本月 28 日结束。

国务院企业管理指导委员会宣布对国家部分二级企业作出撤销或提出警告

该委员会最近宣布，撤销 23 家国家二级企业称号，并对 178 个国家二级企业提出警告限期整改。

新华社报道称全国农田水利建设至上月底累计完成 56 亿立方米比以往同期增 19%

国家旅游局和国家民航局决定明年为中国友好观光年

中国和英国关于香港大型基建第三轮的专家会谈在北京结束

国办转发人事部关于加强专业技术队伍建设促进中青年专业技术人才迅速成长意见的通知

中国国际书画艺术研究会在北京成立

会长由著名教授袁晓园担任，副会长有董寿平、周怀民、何海霞、宫达非、孙轶青、张旭、欧阳中石等。

2月24日

国务院在山东济南市召开全国农村经济工作经验交流会

全国各省、自治区、直辖市及计划单列市政府主管农村工作的负责同志，中央、国务院各有关部门的负责同志出席了这次会议。这次会议改变了以往大型会议的“常规”：不是一开始就坐下来听报告、搞讨论，没有开幕式，先在山东省实地参观、考察两天，而后进行经验交流和大会发言。

国务院副总理田纪云主持会议说，这次会议的主要任务有三项：一是认真学习和深刻领会党的十三届七中全会精神，明确今后十年和“八五”期间农业发展的大致方针和任务；二是总结交流各地农业生产和农村经济发展的经验，进一步加强和提高各级领导正确执行党的农村基本政策水平；三是研究和部署今年的农村经济工作。他说，党的十三届七中全会，确定了今后十年和“八五”期间的奋斗目标、方针和任务，特别是提出要把大力加强和发展农业作为今后十年和“八五”时期国民经济建设的重点，粮食生产要先后登上4500亿公斤、5000亿公斤两个台阶，以及其它若干重大措施。因此，在这样一个关键时期召开这样的会议，可以说，既是一次农村经济工作的经验交流会，也是一次为实现十三届七中全会提出的农业发展目标的动员会，同时也是一次在去年农业大丰收的基础上，再夺今年农业好收成的工作部署会议。

国务委员陈俊生在讲话中说，党的十一届三中全会以来，我国农村改革和经济工作都创造和积累了许多宝贵的经验，这些经验不仅对我国过去几年农业的发展、近两年农业的全面丰收起到了极其重要的作用，而且对今后我国农业长期、持续、稳定发展，同样具有重要意义和影响。这次会议就是要通过总结、交流经验，使今后的农村工作更加面向基层、面向群众、面向实际，始终如一地坚持从群众中来、到群众中去的工作路线。他说，我们要充分尊重群众和基层的创造，凡是有利于社会主义建设的，有利于农村经济繁荣的一切好的经验和做法，都要充分肯定下来，为夺取今年农村好收成和争取90年代农业的持续稳定发展，做好思想上、组织上、领导上的充分准备。

中央军委批准总后勤部关于持续稳定发展军队农副业生产的意见

总后勤部的《意见》指出，从事农副业生产是我军的优良传统，在新的历史时期继承和发扬这一光荣传统具有重要意义。部队利用现有条件，积极搞好农副业生产，有利于减轻国家和人民的负担，也是补助部队供应，提高战斗力的一项重要措施；部队从事农副业生产，还可以锻炼艰苦奋斗、勤俭节约、吃苦耐劳的精神，密切同人民群众的联系，有利于保持人民军队的本色。

《意见》要求各部队通过增加对农副业生产的投入、推广应用先进的科学技术、实施综合开发和分类指导、继续推行和完善责任制、加强农副业生产队伍建设等措施，使全军的农副业生产再上一个新台阶。力争到1995年，全军粮食和肉禽蛋菜产量比丰收的1989年增长26%，农林牧副渔总收益增长34%。

《意见》要求全军各级领导要把搞好农副业生产作为加强部队建设的一项重要内容，列入议事日程，注意防止和克服“重工轻农”的倾向。要把生产生活的好坏，作为衡量部队基层建设、评选先进单位的一条标准。

“八五”实施六大科技计划

国家科委最近确定，国家科技成果重点推广计划正式进入“八五”国家科技计划序列。这样，“八五”期间国家安排的科技计划达到了六个。

这六个大科技计划是科技攻关计划、科技成果重点推广计划、“星火”计划、“火炬”计划、高技术研究发展计划和关于基础研究的计划。六大计划上下衔接、左右关联，体现我国科技工作面向经济建设主战场、发展高新技术、加强基础研究三个层次的总体战略部署，形成了完整的科技计划体系。

国家科技攻关计划始于1982年，内容是选择一批对国民经济具有重大经济效益的科技问题，由国家组织集中各方面力量进行重点突破。国家科技成果重点推广计划和“星火”计划、“火炬”计划都是科技成果推广计划。其中“星火”计划提出最早，是1985年9月，内容是向乡镇企业和中小企业推广一批立足地方资源和经济条件的实用技术，带动地方经济的振兴。“火炬”计划从1988年8月开始执行，致力于高技术研究成果的产业化开发，引导我国高新技术产业的起步。国家科技成果重点推广计划主要面向农业和传统产业中的大中型骨干企业，推广应用面广、效益显著的重大科技成果。高技术研究发展计划于1986年3月提出，是一套着眼本世纪末下世纪初我国经济实力的科技计划。基础研究是探索科学规律，为我国长远科技和经济发展提供后劲的工作，近年得到进一步的重视。

**中国与外国地质学家研究结果表明中国地壳有轻

究治理整顿期间以及治理整顿任务完成后如何进一步推进改革开放，要未雨绸缪。李鹏总理先后四次专门听取国家体改委关于经济体制改革规划设想的汇报。此后，江泽民、李鹏还同中央政治局其他常委专门召开座谈会，听取国家体改委汇报，讨论“八五”和整个 90 年代我国经济体制改革的基本思路和指导方针。

陈锦华指出，这次提交会议讨论的《经济体制改革“八五”纲要和十年规划》，就是经过一系列重要会议的座谈讨论，在总结 12 年改革经验的基础上，反复征求意见逐步形成的，是集思广益的成果。

陈锦华在说明中谈到关于 90 年代经济体制改革的基本目标与指导思想时说，90 年代深化经济体制改革的目标，总的是要初步建立起社会主义有计划商品经济的新体制和计划经济与市场调节相结合的经济运行机制。围绕这个总目标，提出了相互联系的五个方面的主要任务：一是建立以社会主义公有制为主体，多种经济成分共同发展的所有制结构。二是建立适应社会化大生产发展的企业制度。除少数非竞争性企业外，竞争性企业要做到自主经营、自负盈亏、自我发展、自我约束，成为有生机活力、行为规范的商品生产者和经营者。三是建立统一开放、平等竞争、规则健全的社会主义市场体系。对少数关系国计民生的重要商品和服务性收费，实行国家定价；其他商品的生产和流通放开，实行计划指导下的市场调节。四是建立间接调控与直接调控相结合，以间接调控为主；中央和省、自治区、直辖市两级调控，以中央调控为主的宏观调控体系。五是建立以按劳分配为主体，其他分配方式为补充的个人收入分配制度和社会保障体系。

陈锦华指出，根据上述要求，90 年代的经济体制改革所要坚持的基本原则的核心是，整个改革必须始终坚持建立有中国特色的社会主义的基本路线，坚持改革的社会主义方向，坚持从中国的国情出发，正确处理好改革同发展、改革同稳定之间的关系。

陈锦华在谈到坚持改革的社会主义方向时说，要坚持公有制为主体，发展多种经济成分；要坚持以按劳分配为主体的多种分配形式；要坚持走共同富裕的道路等。

陈锦华说，正确处理改革与稳定的关系，关键要把握好三点：一是制订经济体制改革的规划和方案，既要考虑有利于解决经济发展中的深层次问题和实现中长期的发展目标，又要考虑经济发展提供的现实环境和基础。二是推进重大改革措施和步骤，要充分考虑国家、企业和个人的承受能力，并做好相应的配套工作，以保障经济稳定和社会安定。要加强思想政治工作，让广大人民了解改革、理解改革、支持改革。三是根据实际情况，及时调整与完善已出台的各项改革措施，并使之规范化、制度化。

陈锦华还就计划经济与市场调节相结合、搞活企业特别是全民所有制大中型企业、搞好宏观经济的各项改革、关于住房和社会保险制度的改革、加强党和政府对改革的领导、搞好统筹协调等问题作了说明。

陈锦华说我国将加快住房改革进程。他说，国家体改委在今年将加大这方面的改革力度，各地将按照城镇住房制度改革的总体部署，选择一两个市进行住房制度全面改革的试点。各地将统一当地的公房租金标准，并适当提高租金。新建住房，实行新的租金标准。同时还继续推行鼓励职工买房和发展多种形式筹资建房的措施。

陈锦华指出，住房改革涉及千家万户，涉及群众的切身利益。有关改革方案、政策、措施，要交给群众广泛讨论，充分听取意见，汲取一切好的建议。

陈锦华认为住房改革势在必行，因为国家每年用于住宅建设的资金高达 300 多亿元，维修补贴 60 多亿元，资金日益短绌，难以为继。另一方面，群众要求解决住房问题极为迫切，并对住房分配中的不正之风反映强烈，而国家和地方又有建设力量和建筑材料。

陈锦华说，推行住房改革，有利于及早实现小康生活水平的战略目标，有利于产业结构调整，有利于启动市场，有利于调节和引导消费。

国务院副总理田纪云在济南考察

田纪云在中共山东省委书记姜春云、省委常委、秘书长马仲才、济南市市长翟永溥的陪同下，于 2 月 25 日、26 日先后考察了济南钟表厂、济南机床一厂、济南轻骑摩托车总厂等大中型骨干出口创汇企业和济南市清河村部分村办出口创汇企业。

田纪云说，我们全国 1985 年机电产品出口只有十几亿美元，到 1990 年已发展到 110 亿美元，再经过五年努力，到“八五”末，再上一个新台阶是完全可能的。我们现在机电产品生产已经有了相当基础，又积累了出口的丰富经验，可以实现五年翻一番的目标。

田纪云指出，我国人口多，靠增加农副产品出口换汇很不现实。其他一些商品出口受原料和国际市场制约，也不会发展很快，有的可能还要减少出口。现在看，机电产品出口潜力最大。机电产品属劳动密集、技术密集、资金密集型产品。我们的劳动成本比一些发达国家低得多，只要提高产品质量，切实搞好售后服务，在国际市场还是有竞争力的。

田纪云强调，要突出抓好一批机电产品出口创汇“大户”。对这些“大户”要一个一个进行研究，帮助解决困难。抓好“大户”，“小户”也带动起来。一方面，继续在外汇留成、退税上执行优惠政策；一方面探讨新的企业机制，把大中型骨干企业搞活，使企业真正成为独立的商品生产者。他说，如果“八五”期间，抓上几十个机电产品出口创汇上千万美元或上亿美元的“大户”，我们就主动了。

田纪云要求有条件的机电产品生产企业要积极去开拓国际市场。他说，现在的主要障碍是某些产品出口效益不如内销高。解决这个问题的根本出路在于提高质量、降低成本、提高效益。再就是同行业同一种出口产品，外销价格的协调，要研究一个办法，防止压价竞销，另外还要采取一些过渡措施，给那些产品刚刚进入国际市场、经济效益不太好的企业以适当的照顾。田纪云指出，我们不仅要让产品出口企业有荣誉感、责任感，还要让其有经济动力，增强出口积极性、自觉性。这样，我们实现“八五”期间机电产品出口奋斗目标就充满了希望。

中共中央委员王群出席蒙古人民革命党第二十次全国代表大会并宣读中共中央贺词

国务院总理李鹏会见美国通用电气公司高级副总裁保罗·福莱斯科

李鹏在中南海紫光阁会见时表示，希望美国企业界同中方一道排除中美经贸和技术合作方面的困难和障碍，为改善和发展两国关系作出努力。

李鹏说，中美关系搞不好，不仅对中国人民不利，而且对美国人民也不利。

李鹏对美国通用电气公司积极发展对华经济合作的态度表示赞赏。

他说，在中国的十年发展规划和“八五”计划中，能源、交通等领域是发展重点。这些领域也是通用电气公司的主要任务，双方有广泛的合作前景。

福莱斯科表示，通用电气公司愿意在中国未来的经济发展中加强同中国的合作。

他说，通用电气公司除了继续扩大在电力方面同中国的合作外，对参与中国的干线飞机工业、医疗器械制造等领域有浓厚兴趣。在合作中除继续进行技术转让外，还将进行投资，使双方合作长期稳定发展下去。

李鹏在介绍中国国内情况时说，为了控制人口的增长，中国政府采取了计划生育政策并取得了很大成绩。尽管如此，每年的人口增长数仍然很大。如果人口的增长不加以控制，国民经济的增长就会在一定程度上被人口的增长抵消，人民的生活水平也难以提高。

他表示相信，随着经济和文化水平的提高，计划生育会成为公民的自觉行为。

李鹏指出，美国某些国会议员竟然借人口问题攻击中国，这说明他们对中国的国情缺乏起码的了解。他说，企业效益不高，物资和能源消耗较大，是中国经济生活中的一个问题。因此，加强技术改造，更新设备是一项重要的任务。他表示，希望外国企业界能在这一领域加强同中国的合作。

国务院中央军委批准《关于军队离休退休干部安置建房工作的请示》

国务院、中央军委最近批准民政部、国家计委、财政部和解放军总政治部、总后勤部等10个单位《关于军队离休退休干部安置建房工作的请示》，要求各地认真贯彻执行，保证这项工作的顺利进行。

10个单位的请示报告对军队移交政府安置的离退休干部安置住房建设工作提出了改进意见，主要内容是1991年起，在成批安置期间，军队离退休干部的安置住房实行地方政府和军队共同承建，军队多承担些建房任务，以便加快和妥善安置军队离退休干部。

10个单位的请示报告对军队离退休干部住房建设的经费安排、建设规划布局、建房用地审批、“三材”供应等都做了明确规定。并提出，妥善安置军队离退休干部是一项政治任务，各地人民政府和军队各单位对这项工作要切实加强组织领导。军地有关部门要密切配合，高度负责。

“黄淮海平原中低产地区综合治理”课题通过国家验收

由204个单位、1141名科技人员承担的“七五”科技攻关“黄淮海平原中低产地区综合治理”课题通过国家验收。全课题所规定的各项研究任务全部达到技术经济指标。

5年来全课题共取得科技成果116项，经专家鉴定：其中2项达国际领先水平，19项达国际先进水平，45项达国内领先水平。

卢嘉锡等主持的生物固氮研究取得重要成果

著名科学家卢嘉锡与洪国藩主持的“生物固氮的分子基础及其化学模拟”研究，最近取得重要成果。他们发现了控制结瘤基因活动的核酸蛋白复合物，并发现这个复合物内有多个结合位点，从而揭开了国际科技界进行多年探索尚未发现的控制植物结瘤基因的秘密。

这一新发现，帮人们认清了植物结瘤基因的精细结构、活动受控情况，意味着可人工仿制结瘤基因，为科学家利用生物技术将某些植物的固氮基因转移到水稻、小麦、玉米等作物上，迈出了重要一步。

这一课题的开展，使我国在国际上首先推出了固氮酶活性中心的“钼铁硫原子簇结构模型”，推动了我国化学模拟生物固氮的研究工作。

新疆柯坪发生6.5级地震

2月26日

国务院总理李鹏在全国经济体制改革工作会议上发表讲话

这次全国经济体制改革工作会议，我认为开得是好的、及时的、必要的。这是一次贯彻党的十三届七中全会精神，在经济体制改革方面加以具体化的会议。在七届全国人大四次会议上，国务院提出的国民经济和社会发展十年规划和"八五"计划纲要，里面有很大的篇幅讲到了经济体制改革和对外开放问题。国家体改委的两个文件经过修改，可以作为十年规划和"八五"计划纲要的配套文件下达。

陈锦华同志关于会议情况的汇报和四位同志的发言，从不同的角度探讨了一些重要的改革问题，我认为都很好。对各省、自治区、直辖市的同志在会议中提出的许多好意见，国家体改委应认真研究，加以采纳。

现在，我根据会议过程中提出的问题，就当前的经济体制改革工作讲几点意见：

进一步加强对经济体制改革工作的领导

从中央、国务院到各省、自治区、直辖市，都要加强对改革的领导并根据需要与可能适当加快改革的步伐。在建设有中国特色的社会主义中，在整个四个现代化建设中，以及在实现第二步战略目标的过程中，经济体制改革都占有很重要的地位。

在党的十三届七中全会通过的《中共中央关于制定国民经济和社会发展十年规划和"八五"计划的建议》中，总结了建设有中国特色的社会主义的十二条基本经验，其中明确指出要坚持改革开放，而且讲得比较具体。在今后十年经济发展的战略目标中有三个要求：经济上要实现国民生产总值翻两番；人民生活要达到小康水平；经济体制改革方面，要初步建立社会主义有计划商品经济的新体制和计划经济与市场调节相结合的经济运行机制。也就是说，我们不仅在经济发展上、人民生活的改善上提出了要求和目标，而且在经济体制改革方面，也有明确的目标。看起来实现这个目标的时间好像太长了，但是在社会主义国家，要真正做到把计划经济的优越性和市场调节的优越性结合起来，是非常不容易的事，是前无古人的开拓性的尝试。我们的改革要坚韧不拔地按照十三届七中全会定下的目标前进。

正确认识治理整顿和深化改革的关系

现在国际上有些不了解情况的人，认为中国改革开放倒退了，停滞了。国内有一些同志也有些模糊看法。我们搞治理整顿，是迫于经济形势而采取的措施。因为当时经济过热，出现严重通货膨胀，不得不采取措施进行治理整顿。否则，我们的改革也难以开展下去。我们一贯强调治理整顿要为改革开放创造比较宽松的环境和比较好的条件。现在我们的改革可以进行得更加深入一些，更加完善一些，改革的步伐可以适当加快一些，就是因为经过这两年多来的治理整顿，经济环境相对来讲比较宽松了。如果仍然是通货膨胀比较严重，经济过热，在这样的情况下，不可能设想价格改革和其他改革的步子可以走得更大。现在，我们确实为进一步改革开放创造了比较宽松的环境，应该抓紧时机多做一点深化改革的工作。但是，环境也是会变化的，还存在着潜在的危机。所以，我们做起工作来还要瞻前顾后。

在治理整顿期间，我们坚持改革的基本方针没有改变，保持了改革措施的稳定性与连续性。比如农村体制的改革，城市企业体制的改革，以及其他方面的一些改革，都是如此。当然也有小的调整，没有一点调整是不可能的。有的调整是有时间性的，例如整顿公司，整顿经济秩序，控制物价，在一段时间内采取了比较集中的措施。

在治理整顿期间，我们出台了相当多的价格改革措施。价格改革是经济体制改革的核心问题。最近两年，棉花、纺织品、粮食、交通运输调整价格的幅度比较大，石油、煤炭价格也做了一些调整。更重要的是汇率，经过两次调整，我国的汇率基本上和调剂市场价格已没有多大差距。汇率调整后，经济秩序比较好了，也给企业创造了一个比较公平的竞争条件。以前，有的地区得到的外汇留成多，有的地方留成少，现在都差不多了。我们的目标是逐渐使国家牌价与市场调节价二者接近，但是不挂钩。如果挂起钩来，国际市场上的金融波动对我国金融的影响会是很大的。在治理整顿期间，克服了经济上的一些混乱现象，砍掉了大部分是流通领域的那些不必要存在的过多过滥的公司。我们大家都赞成按劳分配，如果干好干坏一个样，就调动不起积极性。但分配不公我们不赞成，因为它挫伤大多数人的积极性。这两年，经过治理整顿，分配不公的现象在一定程度上有所缓解，但还远没有完全解决。

所有这些，都说明要正确理解治理整顿和深化改革的关系。当然，我们应该看到，治理整顿也有值得总结经验教训的地方。像任何事物一样，有优点的方面，也有不足的方面。但是，不要把治理整顿和深化改革对立起来，而要把两者有机地结合起来。

下一步改革要处理好几个关系

有的同志提出，改革到了"三江口"，意思是说各种改革都进入了深化的阶段,而且互相影响,互相联系在一起,这是有道理的。

在这样的情况下,我们始终要自觉地处理好改革与发展、稳定的关系。三者互为因果,互相影响。改革的目的是为了发展经济,提高生产力。检验改革得失成败的标准是要看改革措施出台以后,对生产是不是起到促进作用。有的时候,改革的步伐又不能不受到保持稳定这个条件的限制。特别是1989年下半年到1990年上半年,是我们经济上的最困难时期。当时大家都讲外有压力、内有困难,经济滑坡、市场疲软,经过大家的努力,现在我们的国家政治稳定、社会稳定,最困难时期已经渡过,经济正继续朝着好的方向发展。这一段艰难的历程,给我们提供一些什么经验呢?我认为,最重要的经验之一,就是必须处理好发展、改革与稳定这三者的关系。我们在一定的时候,把稳定放在第一位,现在,随着政治、经济、社会的稳定,思想的一致,我们改革的力度可以加大一点。但是,必须始终自觉地正确处理好三者关系。

其次是必须正确处理好国家、集体和个人的关系。前十年通过改革,国家对企业放权让利比较多,虽然让了放了以后,国家和地方政府又通过各种渠道拿回来一些。但总的讲,还是放的多,拿回来的少。而且放了水以后“鱼”也长大了,生产发展了,生产力提高了。因此,要充分肯定放和让的成果。现在国家和地方财政都很困难,如果再让利,将进一步减少国家和地方的财政收入。有人说,减了以后企业还可以为国家多增多得。这毫无问题是正确的。欲先取之,必先予之,合乎辩证法。但是,这中间有个时间差,当家的人既要考虑长远,也必须考虑眼前吃饭。今年财政赤字比较大,而且地方财政也出现赤字。所以,更多地让利,把中央已经正式纳入预算的再放回去,就涉及财政平衡。企业要把改革深入下去,不能单纯地向国家伸手,要求减税让利,因为国家已无力负担。如果能够处理好各方的关系,大家齐心协力,取得群众的理解,如价格、住房、医疗和保险制度的改革力度就可以加大一些。进行这些改革,有一条基本方针,即国家、企业、个人都要负担一些。如果没有这一条,只由国家来承担难,只由企业来承担也难,这些改革就难以顺利进行,所以职工个人也要负担一些。我们今后要逐步做到在职工的最佳年龄段多拿出一些钱,积蓄起来,为自己年龄大后作劳动保险。国家出一些钱,企业出一些,个人出一些,使职工取得居住权,或房子的产权。

同志们认为,改革力度要再大一些,但是从另一方面来说,一些拟定的改革措施是否能如期出台,还要审时度势,看形势变化再作决定。如金融情况,春节前发行的大量货币,如不能及时回笼,很多问题就要重新考虑。去年一般企业职工提了一级半到两级工资。一般企业的做法是“两头保”,这头保了税,还了银行贷款,那头保了工资,企业的技术改造资金就成了问题,企业就越来越没有生命力。再过几年以后,就会更加看出企业之间的差别。越是有远见的企业,就越是重视技术改造,重视管理,重视节约挖潜,重视产品结构的调整,这样的企业就有生命力。而靠老产品吃饭的,就没有前途。

正确处理好国家、企业与个人三者关系,下一步的深化改革,就能比较顺利地推进。我们是社会主义国家,政府是为人民服务的,党的宗旨也是为了人民的根本利益。所以我们的改革,都要在取得人民支持的情况下进行。

第三个关系是改革还要考虑到国家、企业和个人的承受能力。因势利导,抓住时机,推进改革,这都是对的,条件好的时候要采取果断的措施。但是,必须考虑到国家、企业和个人三者的承受能力。现在企业的困难,一是市场结构性疲软,一批基本建设项目下马,机械行业订货少了,开工不足,这是重要的原因。二是上游产品涨价,铁路、煤、电的价格涨了,但加工行业因为市场疲软无法相应提价,无法把上游产品涨价的因素转移出去。三是去年企业职工长了工资。还有其他一些因素。在各项改革中,要重点抓好物价改革,理顺比价关系,像工农业产品之间,基础工业产品与加工工业产品之间,以及轻工业产品与重工业产品之间的比价关系等等。煤炭价格偏低,全行业亏损。但一下子把煤价提起来,电价也会上涨,又会推动各行各业涨价。所以,不能不考虑各方面的承受能力。另外,现在理顺了价格,过一段还会变化。国家还要掌握一些价格杠杆来调节生产。去年粮食增产,有许多因素,一是天气好,二是粮食提了价,市场议价粮的价格也比较高,农民感到种粮有利,就向种粮倾斜。今年就不一样了,农民的积极性要开始转向棉花了,估计棉花的种植面积要有所增加,粮食的种植面积要有所减少,粮食产量能否保持去年的水平,能不能继续增产,现在还看不清楚。今年的气候因素,现在也看不清楚。中国的规律,一般是两丰两平一歉。已连续两年丰收,有可能今年气候条件不如去年。如果粮食产量下来了,而我们又把粮价都放开,国家就将失去保持粮价稳定的调控能力。因此,国家还要把一些主要产品的价格掌握在手里。当然,物价改革的目的不仅是理顺价格,还要建立合理的价格形成机制,今后市场调节的比重会越来越大。但也不能忘记我们是发展中国家,有些产品长期有缺口,需求大于供给。不能因为丰收了,就认为粮价放开没有危险了。假如今年粮食歉收,现有的国家储备还顶得过去。如果两年连续歉收,粮价非涨不可。

此外，还要考虑人口增长的因素。所以，粮价一定要掌握在国家手里，棉花也一样。一些产品越来越丰富，品种可以满足需要，供给大于需求，或者基本平衡，价格就可以逐渐放开。有些资本主义国家粮食价格现在还在管制。我们这两年的经验是，在总量大体平衡的条件下，出台一些改革措施，风险不大。去年原来估计物价指数为14%，结果只有2%。物价局的意见，今年物价指数控制在6%左右。今年1、2月的情况还好，但有些大城市上涨过多。大中城市物价上升，农村平稳，全国没有超过2%。总量平衡是最敏锐的寒暑表，一个反映在货币发行量上，一个反映在物价上。总之，我们在有条件的时候，要抓住机遇，该出台的要出台，要把工作做好。改革要瞻前顾后，不能不考虑到国家、企业和个人三者的承受能力。总的来讲，我们倾向于价格改革小步走，一年达不到两年，两年达不到三年，这样做要稳妥一些，以免引起社会较大的震动。

关于搞活大中型企业问题

对于搞活大中型企业的重要性、迫切性，大家认识都一致。国务院已经采取了一些措施，大家反映是好的，现在需要抓紧落实，迅速到位。搞活大中型企业，必须处理好外因和内因的关系。从国家来讲，要尽可能为企业创造外部条件，从企业自身来看，也要经过自己的努力，把企业的生产经营搞上去。我今天讲的，主要是怎样才能处理好国家扶持和企业自身努力的关系。现在国家为改善企业的外部条件，已经或正在采取的措施有十一项：

第一，适当增加企业技术改造的投入，包括对一些合乎产业政策的项目实行差别利率。

第二，适当提高部分企业的折旧率，逐步完善折旧制度。

第三，适当降低银行存、贷款利率。

第四，赋予一些大企业外贸经营权。

第五，适当减少部分企业的指令性计划任务，主要是实行价格“双轨制”产品的平价部分产品，扩大其产品自销权。

第六，补充一些企业的流动资金。

第七，适当提高新产品开发基金的比例。

第八，切实减轻企业负担。

第九，继续清理“三角债”。现在确实存在“三角债”前清后欠问题。有些企业似乎欠债有理，遵守经济纪律和法制的观念很差。各省、自治区、直辖市和各部委，都要严肃认真地对待这个问题，下决心把这个“链条”解开。当然，只有把生产和流通搞活，才能真正解开。

第十，关于组建企业集团问题。组建企业集团的目的不是上收企业，是为了促进产业结构的调整和生产要素的合理组合，发挥更大的效益，特别是有利于企业技术改造。企业集团应该实行产供销、人财物一体化，实行统一经营，至少核心集团要实行六统一，否则，只是个生产联合体，发挥不了集团的优势。股份制目前还处于试点阶段。在上海和深圳，进行了少数企业股票上市的试点。实行股份制的一个好处是可以集资，可以筹集部分技术改造甚至部分基本建设所需的资金。但集资也有个限度，如果搞得太多，结果必然造成银行存款“搬家”，扩大基建规模，物资又会紧起来，可能再次发生通货膨胀。另外，股票上市也会引起一些社会与经济问题，有的人一夜之间成为富翁，有的要跳楼，这同社会主义制度也是相背离的。我们搞的股份制，应是社会主义的股份制，要有利于生产力的发展。企业集团搞股份制有它的好处，特别是其核心层，不搞股份制，没有产权界定，利益不能合理分配，就不会做到一条心。股份制是企业集团的组织形式，通过股份制使企业集团核心层实现一体化。总的来讲，搞股份制不要一哄而起，要在总结已有经验的基础上，逐步健康地加以发展，这样开始时似乎慢些，但最后可能会快。我们的干部要努力增加股份制的知识，加强学习，掌握管理它的本领。

第十一，对234个企业实行了“双保”，看来是有效果的，可以继续实行。

上述这些政策措施不向地方倾斜，也不向行业倾斜，而是向具体项目和具体企业倾斜。哪个企业需要搞技术改造，我们就针对不同情况实行不同政策，把技术改造费用给它；有的企业自己负担不起，可以增加折旧，折旧要进成本。因此还要看企业有无承受能力，产品是否卖得出去，才能实行。新产品的开发也是这样，产品卖得出去，它才能承受开发基金的增加。

关于银行利息问题，大家都很关心。党的十三届三中全会后，采取了措施，提高了利率，这对治理整顿产生的效果，大家都能看得到。如果金融不稳定，也不会有今天经济稳定的局面。以后，银行两次降低了利率。现在，大家埋怨高利息增加了企业负担，“钱被银行赚去了”。从某种程度上来说，这是一种误解。这里有必要对银行获得的利润的去向作点分析。我们现在有城乡居民储蓄存款7000亿元，存款利息是属于存款者的，国民收入中的相当一部分通过银行付给了存款者。银行从贷款人手中把贷款利息拿过来，其中有很大一部分又付给了存款者。现在人民消费心理比较稳定，存钱有两个因素：一是买房子、孩子上学、结婚、保险、养老等，要存些钱干这些事；二是物价稳定，也不愿意乱花钱。从1988年的抢购中，国家和人民群众都接受了教训，乱抢购也会损害消费者的利益。国家要保持金融稳定，有一个基本点，就是物价指数和利率应该保持适当差距，存款利率应略高于物价指数。只有这样，人民群众才愿意把钱存入银行。银行还实行了保值储蓄制度，这对保护存款者利益也起到重要作用，应继续实行下去。

贷款利率、物价指数、财政收入都是连环套。为了加强宏观调控，中央政府对金融、财政、物价、大型建设项目这四件事不能放任自流，不能不闻不管。这些事情，对于社会主义国家来讲，不管不行。前不久全国出现了“乙烯热”，不少省市都想搞乙烯，但究竟有多少资金，国内有多大的市场，没有考虑，盲目性很大。乙烯工程规模之大决非彩电项目可比，一旦热起来，后果不堪设想。为此，国务院作了决定，乙烯项目要通盘考虑。经过酝酿定了14个项目，这些项目是今后十年的，也不是“八五”期间都能开工，有的只能做前期准备。当然也要有个范围，不能什么都由国家来管。比如物价，一般商品可以放开。现在大家对“菜篮子工程”比较满意，基本经验就是计划调节与市场调节结合得比较好。农民向城市供应了大量的蔬菜和肉食品，国家又掌握了一定的调控能力，所以市场商品丰富，货源充足，品种齐全，价格又比较稳定。怎样进一步搞好“菜篮子工程”并有所提高，今年准备再开一次会。

以上所讲，总的题目都是处理好内因和外因的关系。我们已经采取了一些措施，要尽快到位，但最根本的还是企业本身。大家提到的待业保险，我是赞成的。前一段，我们对这个问题比较慎重，虽然有《破产法》，也同意搞劳动优化组合，但毕竟有个安定问题。现在国家政治、经济、社会都稳定，企业不能养着人不干活，否则企业不能发展，客观上要求有个待业机制。在这方面，地方上是大有可为的。大部分养老保险费都已经统筹了，下一步就要考虑待业机制的建立问题。关于房改，中央搞一个统一具体的方案，不好操作。各地经济水平和住房习惯不同，具体问题还是分散决策好。中央把大方针定下来，各省市自己搞，但可以交流经验。还有医疗改革，现在浪费太大，大量的福利费都用在医疗上。住房、医疗、保险这三项改革，还有股份制试点等，地方上有很多事情可做。

关于政府机构改革问题

政府机构改革要继续进行。国务院已经进行了一些改革，撤销了一些机构，建立了一些新机构，对所属机构普遍进行了“三定”。现在总的方针是，在本届政府任期内，国务院各机构先基本稳定不动。但从今年下半年或明年开始，要着手研究国务院新的机构设置方案。无论设置什么样的机构，总是既有优点又有缺点的。当组建新的机构时，总是讲优点多；要改的时候，总是讲缺点多，都难免有一定的片面性。机构一改就引起人心浮动，影响工作，所以国务院机构先基本稳定不动。省、县级政府的机构改革试点，可以继续搞下去。总的看，政府机构改革是按政企职责适当分开的原则进行的，方向是对的。政府应该管宏观调控，企业应该自主经营，现在这两方面都不够。政府管了不该管的事情，企业也有只负盈不负亏的问题，到了亏的时候就找政府。这两个方面的健全机制都还没有形成。

现在各级政府机构偏大，庙太多，还要精简。中央和省、自治区、直辖市都要层层精简机构，不然财政赤字就很难解决。财政的钱，一是人头费，二是补贴，保了这两项之后，仅剩下少得可怜的一点钱搞建设。现在能搞点建设，主要是靠几项专项基金。机构不精简，财政没有出路；补贴包袱不甩掉，财政也没有出路。

中国的经济体制改革是大有可为的。我们已经确定今后十年要初步建立起社会主义有计划商品经济的体制，有许多工作需要我们去做。从事体改工作的同志是大有可为的，我希望这次会议对今明两年的经济体制改革能有所推动。

电影《焦裕禄》首映式在人民大会堂举行

中共中央政治局常委李瑞环、中共中央政治局候补委员丁关根出席为电影《焦裕禄》摄制成功而举行的首映式。李瑞环说，几十年来，焦裕禄艰苦奋斗的革命精神和全心全意为人民服务的光辉形象，鼓励着广大干部、群众坚定信心、艰苦拼搏、克服困难、夺取胜利。他说，在全党、全国人民贯彻落实党的十三届六中全会精神取得显著成绩、党中央今年进一步提出要改进作风、狠抓落实、切忌空谈、扎实工作的时候，为人们熟悉并盼望已久的艺术形象焦裕禄的出现，必定会像穆青当年的报告文学《县委书记的榜样——焦裕禄》所引起的震动一样，在广大群众特别是领导干部中产生巨大的影响，从而推动各项工作的向前发展。

台湾“行政院大陆委员会”宣布放宽台湾地区公务人员赴大陆探病奔丧范围

轻工业部在新闻发布会上宣布将把提高产品附加值作为开展质量品种效益年的重要内容

西班牙国王卡洛斯在马德里王宫接见钱其琛

西班牙首相冈萨雷斯在马德里的首相官邸会见钱其琛

外交部部长钱其琛在马德里西班牙外交部同奥多涅斯外交大臣举行正式会谈

钱其琛在会谈中说，中西关系近年来又有新的发展，双边经济合作、科技交流、两国外交部之间相互进行情况通报和共同磋商都在顺利进行。两国间的高级领导人的相互访问也将继续进行。

会谈后，两位外长签署了《中华人民共和国和西班牙王国政府关于互免持外交护照者签证的协定》。根据协定，缔约双方持有有效外交护照的公民，在其外交代表机构、领事机构及设在对方境内的国际组织任职期间，两年内出入另一方国境免办签证。在西欧国家中，西班牙是第一个与中国签订此类协定的国家。

钱其琛在马德里西班牙外交政策研究中心就当前国际形势和中国同西欧关系等问题作讲演。

中科院物理所建成的国家超导实验室通过国家验收

复旦大学遗传学研究所对血友病实施基因治疗取得重大进展

国家教委印发关于成人高等学校治理整顿工作的意见

全国少儿校外教育工作会议在北京召开

工作会议的中心议题是："如何切实加强少年儿童的校外教育工作，创造良好的社会育人环境，保护他们的健康成长？"

会议由国家教委、共青团中央、全国妇联、文化部、广播电影电视部、中国科协、全国总工会联合召开。

国家教委副主任柳斌在讲话中强调，校外教育必须坚持社会主义方向，积极配合学校切实加强中小学生的品德、思想、政治教育。这是今后5年、10年及一个相当长的时期内德育工作的任务。他要求各级教育、文化、新闻出版、科协、影视及工青妇等部门要不断提高认识，把优化社会环境，当作自己的职责和义务，密切配合，齐抓共管，制定具体措施并落到实处。对校外教育工作者既要进行政治思想培训又要抓业务培训，使这支队伍适应形势要求。同时要充分发挥兼职校外辅导员队伍的作用。他希望各地从实际情况出发，因地制宜，讲求实效，办出自己特色。

全国体育竞赛工作会议在北京举行

国家体委副主任徐寅生在会上提出，"八五"期间竞赛工作继续贯彻治理整顿、深化改革的方针，大力提高竞赛效益。

徐寅生说，"八五"期间的全国竞赛将主要围绕参加奥运会、亚运会作出安排，为锻炼队伍和出人才、出成绩服务。

针对目前国内竞赛存在的质量不高、效益不好等突出问题，徐寅生提出要最大限度地发挥现有人力、财力的作用，突出重点，提高质量，保证效益。今后将强调按水平、按年龄组分级比赛，分级管理，重点组织高水平运动员(队)的比赛、青年比赛和有成绩纪录项目的达标赛，其它项目按名次参加全国最高水平的比赛。

徐寅生说，对全国竞赛实行计划安排与招标相结合的办法，是搞活体育竞赛的一项措施。通过招标利用社会力量办比赛，增加竞赛次数。

徐寅生还对"八五"期间裁判队伍的发展提出要求，到2000年，我国应有一支具有承担大型国际运动会，以及大部分项目的世界锦标赛、世界杯赛和国内各级比赛的高水平裁判队伍。各地应有计划有组织地培养思想品德好、懂外语、有事业心、水平高的年轻裁判员。

国家体委副主任袁伟民在讲话中批评了体育竞赛中存在的不正之风，要求各级体委加强对运动队伍的领导，不仅要成绩，还要抓好运动队伍的精神文明建设，切实把训练工作搞上去。

广东省人民政府和海关总署在深圳会堂召开大会表彰"一·一〇"海上反走私斗争有功人员

中华全国总工会追授牺牲的廖玉添、古伟红同志为"全国优秀缉私关员"称号，颁发"五一劳动奖章"；授予负伤的汤如荣、刘伟明同志为"全国优秀缉私关员"称号，颁发"五一劳动奖章"。同时授予七〇七艇为"全国先进集体"称号，颁发"五一劳动奖状"。

2月27日

国家主席江泽民在中南海会见巴基斯坦总理谢里夫

江泽民在会见中说："我对中国同巴基斯坦以及其它周边国家的关系发展感到高兴。我衷心祝愿中巴两国关系进一步发展和加强，祝愿巴基斯坦繁荣昌盛，人民幸福。"

江泽民在谈到国际形势时说，从国际范围来看，一个时期以来似乎冷战结束了，但实际上世界很不太平，海湾战争就是一个证明。我们对于侵略战争历来是反对的。所以，我们对伊拉克侵占科威特始终持反对立场，并希望和平解决海湾危机。

国务院总理李鹏在人民大会堂同巴基斯坦总理谢里夫举行正式会谈

双方就海湾形势等广泛的国际问题以及双边关系

交换意见。

关于双边关系，谢里夫总理说，巴中友好关系是巴外交政策的支柱。今年是两国建交40周年，我们将进行热烈、隆重的庆祝。过去40年，巴中关系的特点是诚恳相待，相互声援。巴基斯坦怀着钦佩和敬仰的心情注视着中国在发展和改善人民生活方面所取得的成就。

会谈后，李鹏接受了随同谢里夫总理访华的巴基斯坦记者的采访。

国家主席杨尚昆在钓鱼台国宾馆会见巴基斯坦总理谢里夫

中共中央总书记江泽民在中南海会见苏共中央副总书记弗拉基米尔·安东诺维奇·伊瓦什科

伊瓦什科转达了米·戈尔巴乔夫对江泽民的问候，并转交了戈尔巴乔夫给江泽民的一封信，信中再次邀请和表示欢迎江泽民访问苏联。江泽民对此表示感谢，他对有机会同戈尔巴乔夫再次见面感到高兴。江泽民总书记对中苏两国、两党关系实现正常化以来双方关系的进一步发展表示满意。他说，进一步发展双方之间的友好关系是符合两国人民利益的，相信经过双方努力，会使两国、两党关系发展到一个新水平。

在谈到中国国内情况时，江泽民说，中国革命和建设的经验集中起来，就是把马克思列宁主义的普遍原理同中国具体实践相结合，几十年来取得的成就充分证明了这条真理。中国正在深入进行改革。改革是社会主义制度的自我完善和发展，通过改革进一步发挥社会主义的优越性。中国以发展社会生产力为中心，既坚持改革、开放，又坚持四项基本原则，这就是我们常说的一个中心、两个基本点。

江泽民强调，没有政治上的稳定，没有安定团结的政治局面，经济很难发展，而经济的发展又进一步促进政治上的安定团结。

江泽民说，中国共产党很重视发展同苏共的关系以及中苏间的国家关系，中国人民十分关注苏联的情况，出于对苏联人民真诚的友好情谊，我们愿意向苏联提供一定数额的商品贷款。苏联资源丰富，科技发达，工业基础雄厚，我们相信，苏联人民一定能克服暂时的困难。

伊瓦什科介绍了苏联及苏共的情况。他说，苏联在1985年开始的改革是客观的要求。因为，苏联社会主义建设虽然取得巨大成就，但并未把所有的事情办好。苏联几十年的社会主义建设历史使得苏联人民忠诚地坚持社会主义的阵地。他感谢中国向苏联提供商品贷款。在谈到两国、两党关系时，伊瓦什科说，两年以前，在两国、两党关系中发生了重要的事件。自那时以来，两国、两党关系在各个领域有了稳步的发展。他认为，两国、两党关系的发展还有很大潜力。

中共中央政治局常委乔石在钓鱼台国宾馆同苏共中央副总书记伊瓦什科举行会谈

外交部部长钱其琛在西班牙马德里举行记者招待会

钱其琛在他下榻的旅馆举行记者招待会，谈他访问西班牙所获成果和中国与东欧国家关系等问题。

西班牙国家电视台、马德里电视台、国家电台、国家报、欧洲电视新闻和西班牙独立报等新闻机构的许多记者参加了记者招待会。

在谈到这次访问所获得的成果时，钱外长说，他同奥多涅斯外交大臣就中、西双边关系和共同关心的国际问题进行了友好、诚挚、广泛和深入的会谈。他有幸会见了卡洛斯国王、冈萨雷斯首相和庞斯众议长。他向这3位领导人分别转达了杨尚昆主席、李鹏总理和万里委员长向他们分别发出的访华邀请。这3位领导人愉快地接受了邀请。

在谈到中、西两国经济合作的发展情况时，他表示，5年前他曾访问过西班牙。此次访问有不少新的感受。西班牙在发展经济方面取得了令人瞩目的成就。中国方面对今年1月西班牙政府同意向中国提供4.5亿美元混合贷款的决定感到满意。中西双方商定，今年内在北京和马德里分别举行科技混委会和经济和贸易混委会。双方认为中西开展经济、贸易和科技合作的潜力很大，目前还在就一些具体的科技和经济合作项目进行商谈。

在记者问如何评价目前中国同东欧国家的关系的问题时，钱外长说，中国主张国家间的关系应该是相互尊重和互不干涉内政。东欧国家最近一年中发生的变化，东欧国家做出何种选择、改变自己的政治制度，这是东欧国家自己内部的事务。中国对此不加干涉，也不会对这些国家说三道四。在此基础上，国家与国家的关系就会获得很好的发展。这是一种现实主义和建立在现实基础上的国家关系。

中国残疾人联合会第一届第三次主席团会议在北京召开

国务院秘书长罗干代表国务院到会祝贺并讲话。他说，党和政府历来十分关心残疾人，十分重视残疾人事业。

中国残联主席团主席、执行理事会理事长邓朴方在会上做了题为《沿着法制轨道，拓展有中国特色的残疾人事业》的工作报告。他说，我国残疾人事业在康复、教育、劳动就业、文体、宣传和残疾人组织建设等方面，都取得了显著的成绩。特别是在 3 年时间内，使 42 万名白内障患者复明，进行了 13 万例小儿麻痹后遗症矫治手术，对近万名聋儿进行了听力语言训练。经手术与训练的残疾人，功能普遍改善，绝大部分效果明显。邓朴方说，今后两年，我们要在党的十三届七中全会精神指引下，认真学习、宣传、贯彻残疾人保障法，全面完成《五年工作纲要》规定的任务，完善残联组织体系，进一步改善残疾人参与社会生活的条件和环境，做好第二个《五年工作纲要》的准备工作。

300 余名来自全国各地的优秀残疾人代表、残疾人工作者以及有关方面负责人出席了会议。

全国农村经济工作经验交流会继续在济南进行

国务委员兼国家农业综合开发领导小组组长陈俊生在会上作了题为《把农业综合开发再提高一步》的讲话。他首先分析了近 3 年全国农业综合开发的形势、基本做法和经验，着重阐述了农业开发的潜力，并代表国家农业综合开发领导小组部署了“八五”农业综合开发工作。

全国农村经济工作经验交流会，在组织与会同志分赴山东省淄博、潍坊两市进行了两天的实地参观考察后，今天开始大会发言。国务院副总理田纪云主持会议，国务委员宋健、陈俊生出席会议。会上山东省委书记姜春云向大会致辞，山东、河南、广东、河北、湖南、吉林、甘肃和林业部、水利部的负责同志分别发了言。

陈俊生说，我国人口多、耕地少，是一个农业资源相对短缺的国家。但并不是说，我们就没有什么资源可供开发利用了。应该说，一方面我国农业资源确实不足，另一方面对这些资源的开发利用又很不够。从深度上看，我国现有 15 亿亩耕地中，中低产田约占 2/3，如果全部改造一遍，改造后，亩增产按 100 公斤算，则为 1000 亿公斤，如果把目前亩产百斤左右的提高到几百斤、上千斤，增产数就更可观了。

从广度上看，我国尚有大量未开发的资源。如能很好地改造利用，则是很大的生产力。他说，按 2000 年我国将有的人口，以达到 1984 年人均占有粮食 394 公斤预测，粮食则需要达 5 亿吨以上，这个任务是十分艰巨的。因此，除了必须全面抓好农业其他各项措施外，农业综合开发这个战略措施则要抓得更紧。

陈俊生指出，为了实现上述目标，“八五”期间必须认真贯彻中央和国务院制定的农业综合开发的指导思想和方针政策。他介绍说，“八五”期间全国农业综合开发的布局是，全国农业综合开发区分为国家立项开发区和各省、自治区、直辖市及计划单列市自行开发区两类。国家立项开发区中，又分为重点开发区和一般开发区。拟将东北平原、黄淮海平原、长江中下游地区等 3 大片 13 小片列为重点开发区；将西北、西南等粮食调入省、区及部分计划单列市等 20 多片列为一般开发区。中央级“开发”资金拟先安排 60 亿元，计划改造中低产田 8000 万亩，开荒 650 万亩。

根据党的十三届七中全会提出的“加强农业区域综合开发，建设一批国家的重要农产品基地。分批改造中低产田，有步骤地开垦宜农荒地，改造和建设草原”的决策，陈俊生要求各地在农业综合开发中做好九个方面的工作。

第一，要树立长期坚持搞开发的思想。各地要有打农业综合开发持久战的思想准备，进一步加强领导，配备必要的、精干的管理机构和人员。

第二，农业综合开发是一项复杂的系统工程，从根本上讲又是一种政府行为，是国家调节农业生产力布局和发展生产的一个非常重要的措施。各有关部门要一如既往，紧密配合，协同作战。

第三，编制好农业区域综合开发的总体规划，最大限度地发挥资源优势和提高总体效益。有关部门和各级人民政府把编制农业区域综合开发规划工作提到议事日程，纳入“八五”和十年国民经济和社会发展规划，并帮助解决工作中的实际问题。

第四，要进一步发动群众、依靠群众搞开发，同时多渠道、多层次筹集农业开发资金和物资。

第五，在农业综合开发中，要十分注意以效益为中心，优化资源配置和产业结构布局，搞好区域作物品种平衡。

第六，要在“配套”“服务”、“流通”方面做文章。解决这方面问题的根本出路在于深化改革，搞活流通。今后凡是农业综合开发的地方，都应落实配套的仓库建设投资，请计委、财政、银行予以支持。希望各省、市、自治区针对开发区普遍关心的问题，认真研究制定出几条过硬的搞活流通方面的措施。

第七，在农业综合开发中，要充分注意发挥科教和技术人员的作用。

第八，搞好农业综合开发资金审计和到期项目验收工作。

第九，保持政策的连续性和稳定性。凡是“七五”期间实行的政策，“八五”期间都稳定不变，包括第一期立项开发省份的资金规模。同时，力争出台一些新的措施。

国家体改委主任陈锦华在全国体改工作会上讲话强调搞活企业是经济体制改革中心环节

陈锦华在全国体制改革工作会议上阐述搞活企业特别是全民所有制大中型企业的问题时强调，增强全民所有制企业特别是大中型企业的活力，始终是整个经济体制改革的中心环节。这些企业活力的强弱、效益的好坏，直接关系到克服当前财政困难和经济的持续、稳定、协调发展，直接关系到社会安定和社会主义制度的完善。

陈锦华指出，90年代企业改革的目标和主要任务是，继续坚持政企分开，所有权与经营权分离的原则，使企业在国家计划和产业政策的引导下，面向市场，自主经营，逐步建立符合有计划商品经济和富有活力的现代企业的经营机制，使全民所有制企业真正成为自主经营、自负盈亏的社会主义商品生产者和经营者。

陈锦华在概括解决全民所有制企业特别是大中型企业活力问题的基本点时说，一是深化企业改革，从体制和机制上总结成功的经验，寻求和完善有效的途径，完善和发展新一轮的企业承包经营责任制，理顺企业内部领导体制和分配关系；二是各地政府要为企业的发展创造良好的条件，把《企业法》和国家赋予企业的政策和权力交给企业，坚决禁止乱摊派和名目繁多的各种检查，减轻企业负担，使企业负责人的主要精力能够用于生产、经营和技术开发；三是搞好总量平衡，改善宏观经济环境，使企业在产品销售和价格方面拥有应享的自主权。

陈锦华在谈到深化企业改革所涉及的外部因素时说，除了计划、价格和流通体制改革外，国家在宏观上还要改革投资、金融、财政、税收和劳动工资、社会保障制度：

——深化投资体制改革。对投资项目继续推行和完善招标、投标制度。对一般建设和技术改造项目，在国家规定的投资总规模范围内，由投资主体自行决策。当前，应配合全民所有制企业特别是大中型企业的技术改造，适当调整投资限额和项目审批制度。

——深化金融体制改革。进一步强化中央银行的宏观调控功能。逐步建立专业银行自主经营与风险机制相结合的企业化经营制度，积极探索将金融政策性业务和经营性业务分开管理的制度。

——深化财政、税收体制改革。“八五”期间主要是稳定和完善现有的财政包干体制，抓紧建立中央与省、市、自治区两级复式预算，把经常性收支与建设性收支分开，坚持经常性预算不打赤字并略有结余，建设性预算可以打赤字，但不再向银行透支，而应通过发行债券等办法解决，并充分考虑偿债能力；配合价格、粮食购销体制等方面的改革，逐步减少补贴；税收制度改革主要是逐步统一税政，集中税权，公平税负，简化税制。在工业生产环节和商业批发环节，普遍推行增值税，归并增值税税率档次；逐步统一各种所有制企业的所得税制度；扩大资源税的征收范围，为企业之间开展平等竞争创造条件。

陈锦华说，深化企业改革，各地都有许多好的经验。如武钢抓质量、效益的经验；首钢通过承包，自主经营、技术改造，把“蛋糕做大”的经验；上海二纺机和大连冷冻机厂通过改革转换机制，开发新产品，扩大对外出口的经验等。企业改革的着眼点，一定要放在落实生产经营自主权，转换机制，面向市场、面向用户上；要从物质、精神管理诸方面，建立激励技术进步、开发新技术、降低物耗能耗、提高经济效益的有效机制。

国家科委主任宋健在全国农村经济工作经验交流会上发表题为《坚持科技兴农方针推动农村经济现代化进程》的讲话

宋健在讲话中指出，科技兴农应该是一项长期坚持的根本方针，绝不是为达到短期目标的权宜之计。他要求中央各部门、各级政府要根据党的十三届七中全会精神和国务院《关于依靠科技进步振兴农业，加强农业科技成果推广工作的决定》，对科技兴农工作做战略筹划，谋纵深计议。

宋健在讲话中，首先论述了科技兴农是发展农村经济和实现农业现代化的长期战略方针的问题。他希望全党、全国各级领导同志能够深刻理解，对中国这样具有庞大农村人口的国家，不激励农村人民觉醒，依靠科学技术去发展农村商品经济，而完全求助于大工业为农村人民提供就业机会，是根本做不到的。为了完成我国经济发展战略的第二步、第三步目标，宋健要求各级政府周密筹划，发展社会支撑性建设，为农村商品经济的发展提供环境条件；同时，进一步努力奋斗，引导农村人民摆脱古老的自然经济习惯的束缚，学会社会主义商品经济的劳动生产方式，改变小农经济的生活习俗，充分发挥本地资源优势，生产更多、更好的商品，与社会交换，从而大幅度提高劳动生产率，提高农村人民的人均收入，达到小康和更高水平。

宋健着重部署了“八五”期间科技兴农工作的重点任务。

第一，通过深化改革，推进农村经济结构和社会生活方式向现代化转变，是科技兴农得以取得成效的一项社会性基础工程。我们的任务是引导农村人民摆脱几千年来形成的自然经济的习俗，转变现代科学技术的支撑，提高资源综合利用水平，大力发展面向国内外的现代化商品生产，从而大幅度提高农村劳动生产率。为了达到这个目标，必须全面地建立具有自我发展能力的农村社会化服务体系，这是当前科学技术能在发展农村商品经济中发挥支柱性作用的最重要的社会基础结构。这项90年代科技兴农工作的基础性任务，是从小农经济向社会化、规模性商品经济发展过程中必须完成的一项历史性任务。

第二,要动员各行各业的科技力量为发展农业和农村经济做出贡献。大力推动农业科学技术的发展和进步,是 90 年代科技兴农工作的重点任务。他说,现代的农村经济已是一个大系统,需要各行各业的支持。自然科学和社会科学都能够和应该为科技兴农做出自己的贡献,这就是主要发动大科技支持大农业。各工业部门都应该把科技兴农列入自己的议事日程,投入相当的科技力量专门农村开发新产品,为农村经济向工业化现代化过渡提供物资、装备,创造工业支撑条件,这是增强国家经济实力的最重要的工作之一。十三届七中全会决定,90 年代要继续支持和促进乡镇企业的规划计划,发展商品生产,开拓新的产业,提高产品的科技水平,加强科学管理,开拓国内外市场,不断引导乡镇企业健康发展,做出自己的贡献。90 年代,各级科技部门都要在三个层次上充分注意为发展农业和农村经济,做出切实的安排。

第三,提高农业资源的综合利用水平,是 90 年代科技兴农的重要任务。粮、棉、油、肉、禽、蛋、奶、鱼、茶、果、蔬的增产当然是重点。综合利用农业资源也具有重要的意义。他说,基础、应用和技术学科的科学家们,能够也应该为实现我国科技兴农以至经济发展战略做出贡献。

第四,科技兴农的关键在于人才。广大农村要实行更为开放的人才政策,全心全意地吸引人才、爱护人才、尊重人才、培养人才。要为科技人才在农村提供更多、更有吸引力的施展才能的就业机会。现在,众多大城市里还有很多科技人员和有实践经验的老师傅,包括一大批退休和退出第一线的专业人才,尚未充分发挥作用。事实证明,只要有优惠政策吸引,真心诚意地尊重、爱护和保护他们,他们就会愉快地到农村来干一番事业。特别在农村要对做出成绩的科技人员,给以荣誉,给予重奖,形成欢迎和爱护人才的社会风尚。在引进人才的同时,还要充分重视从农村青年中发现和造就一批开发新生产力的闯将。只有青年一代站起来,成为发展社会主义商品经济的带头人,科技兴农的事业才能最后成功。对农村中涌现出来的能人、专业带头人,要给予重点扶持和鼓励,引导和培养。要鼓励他们创办各种实体性专业技术协会,领办集体企业或合作组织。造就一代新型农民,发展社会主义现代化农村经济才有可能。

宋健要求,要大力推进农业科学基础研究,增强科技兴农后劲。他说,各省、市、自治区政府和科技部门都要十分重视对基础研究的支持,大力吸引和培养人才,努力增加这方面的投入,同时为应用研究和开发研究以及推广工作创造更好的条件。他指出,今后农业科学基础研究的目标应该是,在本世纪末或下世纪初,争取大大缩短同国际先进水平的差距,一些有优势的学科应进入世界先进行列,要填补一些重要基础学科研究的空白。还应该以农业现代化为目标,开展有关农业区域性产业结构调整与布局、农业技术改造,以及农业科学与经济、社会发展关系等方面的研究工作,为从整体上提高农业现代化水平,为宏观决策提供理论依据和指导。

中共中央书记处候补书记温家宝在中国科协召开的座谈会上发表讲话

温家宝说,马克思主义哲学作为科学的世界观和方法论,适用于一切科学实践,包括基础科学研究、应用科学研究和科学技术的推广应用等活动。科技人员学习马克思主义哲学,有助于进一步树立科学的世界观,认清自己对国家、对民族、对社会的重大责任,从而自觉地献身科学,献身祖国和人民,献身社会主义现代化建设事业。科技人员学习马克思主义哲学,有助于进一步树立实践第一的观点和追求真理的科学精神。科技人员在科学实践中,不仅要破除迷信,解放思想,勇于探索,而且要专心致志,锲而不舍,百折不回地追求真知、追求真理,攀登科学高峰。科技人员通过学习马克思主义哲学,有助于进一步运用科学思维方式和工作方法指导自己的科学实践活动。科技人员在科学实践中,不仅需要马克思主义哲学的指导,而且能够把唯物辩证法运用于自己的研究对象,不断提高探索和解决科学实践问题的本领。

温家宝说,列宁曾经说过,自然科学家应当做一个辩证唯物主义者,确实,不管自然科学家采取什么样的态度,当他进入科学实践的过程时,他总是要自觉或不自觉地受到唯物辩证法的支配。因为正确的理论思维离不开唯物辩证法。在我们这样的社会主义国家,党和政府为广大科技人员学习和掌握马克思列宁主义哲学提供了良好的条件;而广大科技人员掌握马克思主义哲学这个武器,他们的聪明才智就能得到更好的发挥,他们的科研工作就能取得更加丰硕的成果,从而促进生产力的蓬勃发展。温家宝指出,科研机构的基本任务是出成果、出人才。科技人员应当把最大的精力放到科学技术工作上。我们倡导科技人员学习马克思主义哲学,主要是希望他们掌握马克思主义的立场、观点和方法并用以指导思想和实践。在学习和运用马克思主义哲学的过程中,要坚持实事求是、理论联系实际的科学态度。在学术问题上,要坚持"双百"方针。

来自全国各地的 26 位科技工作者在座谈会上交流了马克思主义世界观和方法论指导科学实践的经验体会。

国家教委提出《关于高等学校重点学科建设与管

理的意见》

《中国文物报》评出我国“七五”期间十大考古新发现

(一)“郧县人”头骨化石。1989年在湖北郧县学堂粱子最先发现一具,1990年在其附近又发掘出一具,二者主要特征相同,均为古人类化石。这两次发现为进一步深入探讨人类起源和发展,以及直立人和早期智人的关系提供了重要资料。

(二)良渚文化反山大墓和瑶山祭坛遗址。1986年和1987年分别发掘于浙江省余杭县长命乡雉山村的反山和安溪乡下溪湾村的瑶山。这两次发掘对探索中国文明起源等问题产生了深远的影响。

(三)城子崖龙山、岳石文化城址。1990年对山东省章丘县城子崖遗址勘察和试掘后发现,龙山文化城址面积达20多万平方米,为这一时期古城址之最;岳石文化城址是迄今发现的唯一一座夏代城址。这一发现对研究中国古代城市发展和中国文明起源等问题具有十分重要的意义。

(四)殷墟宫殿基址和160号墓。宫殿基址为1989年在殷墟乙组宫殿基址东南87米处发现。160号墓1990年10月下旬在河南省安阳市殷墟郭家庄村西发掘。

(五)三星堆遗址。四川省广汉市三星堆遗址经多次发掘,出土了数千件陶、石、金、铜、玉器和几万件标本,展现了古蜀人高度发达的青铜文化和三四千年前蜀文化发展的概貌。

(六)新干商代大墓。1989年在江西省新干县大洋洲发现的商代吴城文化大墓,墓主人可能是南方一方国的最高统治者(王侯)或王室家族成员。墓中出土的青铜器说明3000年前赣江一鄱阳湖流域存在殷商时期又一高度发达的青铜文明。

(七)北戴河秦汉大型建筑遗址。1986年以来在河北省秦皇岛市北戴河金山嘴出土,应是秦始皇东巡渤海湾的遗存。

(八)法门寺唐代地宫文物。1987年在维修陕西省扶风县法门寺塔过程中发现。地宫封闭于唐懿宗咸通十五年(874年),内珍藏四枚释迦牟尼真身舍利和大批唐代稀世珍宝。

(九)清凉寺宋汝官窑址和蛮子营汝窑瓷器窖藏。分别于1987年和1989年在河南省宝丰县发掘和发现。窖藏中发现47件瓷器,为解决中国陶瓷史上的一大悬案,鉴定宋代五大名窑之一的汝官窑传世品提供了可靠的依据。

(十)辽陈国公主墓。1986年在内蒙古奈曼旗青龙山镇斯布格图村发掘。墓主人为辽景宗的孙女、辽圣宗的侄女陈国公主和她的丈夫萧绍矩。出土的两套完整的金银殡葬服饰等,第一次展示了契丹大贵族独特葬俗的全貌和真相。

2月28日

七届全国人大常委会第十八次会议举行全体会议

会议上午在人民大会堂举行。

万里委员长出席会议,叶飞副委员长主持会议。

李鹏总理向本次常委会提交了国务院关于提请审议《关于深入开展法制宣传教育的决议(草案)》的议案。受国务院委托,司法部部长蔡诚在今天的会上就这个决议草案作了说明,并向委员们作了关于第一个五年普法规划实施情况和1991年普法工作意见的汇报。

会上,全国人大民族委员会副主任委员李学智、内务司法委员会副主任委员邹瑜分别就七届全国人大三次会议主席团交付这两个委员会审议的代表提出的议案审议结果作了报告。

会议还听取了七届全国人大常委会代表资格审查委员会副主任委员孟连崑作的关于补选代表的代表资格的审查报告,全国人大财经委员会副主任委员杨波作的全国人大常委会委员视察组关于视察山东等六省《土地管理法》实施情况的汇报。

副委员长彭冲、阿沛·阿旺晋美、赛福鼎·艾则孜、周谷城、严济慈、廖汉生、倪志福、孙起孟、雷洁琼、王汉斌出席会议。

国务委员李铁映、最高人民法院院长任建新、最高人民检察院检察长刘复之列席会议。

国家计委主任邹家华在全国农村经济工作经验交流会发表题为《继续支持和加强农业 促进农业持续稳定发展》书面讲话

全国农村经济工作经验交流会继续进行大会发言,国务院副总理田纪云出席了会议,国务委员陈俊生主持会议。会上宣读了邹家华的书面讲话。

邹家华指出,1990年我国农业生产获得了历史上少见的全面丰收、全国丰收和全年丰收,但是绝不能因此有丝毫松劲和盲目乐观情绪,必须吸取以往的教训,保持清醒的头脑,对形势要有一个正确的判断和估计。农业越是丰收,越要清醒地看到不足。在充分肯定成绩的同时,还要冷静地看到农业存在的问题和困难,避免“农业丰收了就忽视农业,吃饱了肚子就忘了农业”的情况再度发生。

邹家华强调说,今年我国农业生产的主要任务,就是要千方百计力争稳住去年的生产水平。中央和各级政府都要从多方面增加农业投入,各行各业都要大力支持农业。

邹家华首先介绍了当前我国的经济形势，充分肯定了去年农业所取得的成就，并分析了农业大好形势的成因。他强调，尽管 1990 年农业获得了特大的全面丰收，但绝对不能盲目地得出我国农业已经过关的结论，更不能因此就放松对农业的领导，减少对农业的投放，甚至增加农民的负担。原因是，第一，1990 年农业丰收的重要因素之一是风调雨顺，并不表明我国农业的综合生产能力已经稳定地达到了这个新水平。农业生产的基础设施和基本条件并没有得到根本改善，农业抗御灾害的能力仍然很低，发展后劲仍然不足。第二，我国农业的单产水平仍然不高。第三，1990 年的粮食总产量虽然超过了历史最高水平，但人均粮食仍低于 1984 年的水平，棉花、油料、糖料的人均产量也都低于 1984 年水平。第四，农产品不仅数量满足不了社会需要，许多农产品质量也满足不了人民生活水平日益提高和轻纺工业日益发展的需求，需要进一步改善和提高。第五，适用的农业科技成果推广较慢，许多科技成果不能变成现实的生产力。第六，农业生产的外部经济环境没有得到较好的改善，主要是农业的产、供、销关系尚未理顺，一些农产品的卖难、储难、调难问题未得到很好解决，农民负担加重，等等，这些都影响着农民发展农业生产的积极性。因此，实现农业在本世纪末登上新台阶，以适应人口和经济增长需求的目标，还要付出相当艰苦的努力，切不可掉以轻心。邹家华提出，1991 年必须从政策、投入、科技等方面继续加强农业，保持农业稳步发展，争取今年再获得一个好收成。为此，他提出了具体措施。

邹家华从多方面详细论述了农业在国民经济中的基础战略地位问题，指出历史给了我们一个重要的启示，要使国民经济持续、稳定、协调地发展，就必须坚定以农业为基础的思想，充分认识农业在国民经济中的基础地位及作用；在经济工作的实践中，必须始终一贯地落实以农业为基础的指导方针，坚持不懈地把农业生产不断推向前进。

在谈到农业发展十年规划和“八五”计划问题时，邹家华说，90 年代农业发展的目标是，继续稳定和完善以家庭联产承包为主的责任制，努力发展社会化服务体系，逐步完善双层经营体制，壮大集体经济实力，增加农业投入，增强农业后劲，改善农业生产条件，大力推广效益显著的农业科技成果，促进农业登上两个台阶，农村经济全面发展。他介绍了十年规划和“八五”农业(包括林、牧、渔业)、乡镇企业和水利、气象事业发展的主要计划任务和具体奋斗目标。

邹家华强调指出，各行各业都要大力支持农业。他要求：

第一，中央和地方，集体和农民都要努力增加农业投资，加强农业基础设施建设，增强农业发展后劲。“八五”期间，国家用于农业的基本建设投资将逐年增加，其中 1991 年中央掌握的农业投资比去年增加了 23.3%；农业发展基金要按规定提足用好；农业信贷规模保持合理的增长；用于农业的各种外资要尽可能逐步增加。各级地方政府用于农业的资金要更多地增加。与此同时，要采取各种政策和措施调动集体和农民农业投资投劳的积极性。

第二，各工交部门，特别是化工、机电等支农工业部门要努力增加农业生产资料的生产，并提高农用工业品的质量，尽可能地满足生产的需要。

第三，流通部门要进一步改善农产品收购和农业生产资料的供应工作，在深化改革中逐步理顺以解决工农业产品比价和农产品比价不合理等问题；完善流通政策，理顺流通渠道，调动地方和生产者的积极性。总之，要为农业发展创造良好的环境。

国务院总理李鹏在北京会见联合国工业发展组织总干事小多明哥·夏松

李鹏在会见中表示，中国将一如既往地继续发展和加强同联合国工业发展组织的联系，并通过它加强中国同其它发展中国家的经济技术合作。

夏松说，联合国工业发展组织将继续致力于同中国的工业技术合作，除继续提供设备、人员培训和服务外，还将推动外国对华投资和中国的对外投资。

李鹏说，一年一度的全国人民代表大会全体会议即将召开。会议将审议 10 年规划和“八五”计划的纲要。他表示相信，在实施 10 年规划和“八五”计划的过程中，中国同包括联合国工业发展组织在内的国际组织和其它国家和地区的经济合作将会不断扩大。

李鹏说，中国本身也是发展中国家，经济力量有限，对其它发展中国家提供的援助数量不可能太多。但是，随着经济的发展，在力所能及的情况下，中国的对外援助将逐年有所增长。中国的对外援助从来不附加任何政治条件。

中国驻澳大利亚使馆发表声明欢迎澳大利亚政府改善对中国的关系

中国驻澳大利亚大使馆日前就澳大利亚政府本月 26 日决定取消 1989 年对中国采取的限制措施发表声明，认为这是“澳大利亚政府为恢复和改善中澳关系所采取的一个积极步骤”。中国大使馆对此表示欢迎和赞赏。

声明说，中国政府重视同澳大利亚发展友好合作关系。中澳同处亚太地区，在维护本地区的稳定和促进发展方面有着共同的利益，同时两国的经济又有很大互补性，因此，恢复和发展中澳关系符合两国人民的共同愿望，也有利于世界的和平与繁荣。

国家主席杨尚昆致电科威特埃米尔贾比尔·艾哈迈德·萨巴赫殿下祝贺科威特的独立、主权、领土完整得以恢复

中国宣布加入《禁止在海床洋底及其底土安置核武器和其他大规模毁灭性武器条约》

中国驻美国、英国和苏联大使馆分别向三国政府递交了中国加入该条约的加入书，宣布加入该条约。

该条约于1971年签订，1972年生效，其核心内容是各缔约国承诺不在公海的海床洋底及其底土设置"任何核武器或其他种类的大规模毁灭性武器以及专为储存、试验和使用这类武器而设计的建筑物、发射装置或任何其他设备"。美、英、苏三国是该条约的保存国。

中国政府在加入书中声明：条约的任何规定都不得解释为以任何方式损害中华人民共和国对其领海及邻接其领海的海域、海床及其底土的主权和其他权利；台湾当局非法用中国名义分别于1971年和1972年对该条约的签署和批准是无效的。

波兰议会议长米·科扎凯维奇和参议院主席安·斯泰尔马霍夫斯基先后在华沙会见外交部部长钱其琛

外交部部长钱其琛和波兰外交部长克·斯库比舍夫斯基在华沙波兰外交部举行小范围会谈

中国驻马绍尔群岛大使馆开馆

中国代表团团长王淑贤在维也纳举行的联合国妇女地位委员会第35届会议上发言 中国政府一向重视妇女工作

农业部提出科技兴农重大技术措施

农业部最近提出了今年准备重点实施的几项重大技术措施，希望各地有关部门要紧紧围绕这些技术措施，开展各种形式的技术承包，把增产技术更广泛地应用到生产中去。

农业部得出的今年推进科技兴农战略的重大技术措施，主要有以下几项：

一是有计划地推广紧凑型玉米良种及其他作物良种。今年将推广紧凑型玉米2000万亩，扩大杂交稻面积1500万亩，杂交玉米500万亩。

二是稳步推广麦棉套种技术。今年要进一步研究选择适宜两熟种植的早熟、丰产、抗病配套品种，探索新的两熟栽培技术。

三是继续实施以普及地膜覆盖玉米栽培技术为主的"温饱工程"。

四是重视和加强吨粮田建设的试点工作。今年将扩大吨粮田面积1000万亩。

五是继续实施好"丰收计划"。今年"丰收计划"仍按3000万元安排，共20个项目，其中种植业安排1600万元，实施9个项目。

高校招生会议在常州举行

1991年地方学校369138人，中央部委学校招250520人，其中自费生10672人。

会议于3月3日结束。

西安市郊出土21座西汉官窑 是专为帝陵烧造陶俑的窑址

兴奋剂检测方法通过鉴定

由中国医学科学院药物研究所和国家体委运动医学研究所共同承担的国家体委和国家计委联合下达的"兴奋剂检测方法的研究与实施"课题，通过鉴定。

专家认为，这一成果填补了国内空白，并在短期内达到了国际先进水平。

该课题组完成了包括第十一届亚运会在内的多次国际、国内比赛和运动员出国预检工作，使我国成为亚运会历史上第一个由主办国担任兴奋剂检测任务的国家。

3月1日

中共中央邀请文艺界知名人士到中南海座谈

中共中央邀请文艺界一些知名人士到中南海座谈，共商繁荣文艺事业，建设社会主义精神文明的大计。

中共中央领导人江泽民、乔石、宋平、李瑞环、李铁映、丁关根、杨白冰、温家宝等中央领导参加了座谈。

夏衍、刘白羽、姚雪垠、王蒙、李德伦、张光年、管桦、魏巍、谌容、刘长瑜、董学文等文艺界知名人士先后发言。他们从如何正确贯彻落实党对文艺工作的各项方针政策，到发展文艺队伍的大团结；从加强党对文艺工作的领导，到如何引导文艺工作者投身火热的实际生活；从深化文艺体制的改革，到注重培养中青年文艺工作者等问题，各抒己见。

江泽民在座谈会上讲话。

江泽民指出，巩固和发展我国安定团结的政治局面，集中力量把经济建设搞上去，这是当前我们国家的大局。不久前召开的党的十三届七中全会，提出了制定十年规划和“八五”计划的建议，这标志着我国社会主义现代化建设进入了一个新的发展阶段，今后十年，我们的经济建设能不能搞上去，综合国力能不能大大增强，关系到中国社会主义事业的兴衰，关系到中华民族的前途命运。尽管目前存在不少困难，但只要我们扎扎实实地把经济建设搞上去，实现社会主义现代化建设的第二步战略目标，达到小康水平，我们所面临的许多复杂问题就比较容易解决了。各条战线、各个部门，包括文艺战线上的同志都要自觉地服从、服务于这个大局。

江泽民强调，繁荣社会主义文艺，是文艺工作者的光荣职责，也是国家大局对文艺工作者的要求。希望广大文艺工作者增强使命感、责任感，深入群众，深入生活，解放思想，大胆创新，继承、吸收祖国和全人类的优秀文化遗产，努力创造出无愧于我们伟大时代、伟大民族的优秀作品，以满足人民群众日益增长的文化生活需要。他希望广大文艺工作者讴歌党的光辉历程和人民的丰功伟绩，激励和鼓舞人民群众更加紧密地团结在党的周围，共同奋斗，克服暂时困难，投身第二步战略目标的宏伟事业，争取社会主义现代化建设和改革开放取得更大的成绩。

在谈到认真贯彻执行党的文艺政策时，江泽民对文艺界的同志一年多来在中央提出的“一手抓整顿，一手抓繁荣”方针指引下所做的大量工作给予了充分肯定。他希望，文艺工作要坚持四项基本原则、反对资产阶级自由化，要坚持“二为”和“双百”方针，要尊重和保证个人的创造性；文艺工作者要时刻意识到自己是人类灵魂的工程师，人民是文艺工作者的母亲，力求把最好的精神食粮奉献给人民。他说，在思想文化领域，要提倡平等的讨论和争论，提倡同志式的、与人为善的批评和反批评，以理服人，取长补短，互相尊重，互相学习，相互切磋，共同提高。

江泽民最后希望广大文艺工作者在为人民服务、为社会主义服务的大方向下团结起来，着眼于现在，着眼于未来，着眼于人民的利益，为促进社会主义文艺事业的繁荣发展共同奋斗。这不仅是广大文艺工作者的共同心愿，也是党和人民对文艺工作者的殷切期望。

有关方面负责人王忍之、王维澄、艾知生、贺敬之等也出席了座谈会。

中国国际友人研究会在北京成立

全国女市长座谈会在杭州举行

全国市长研究班和全国妇联组织部发起召开全国女市长座谈会。与此同时，全国女市长联谊会也宣告成立。全国人大常委会副委员长陈慕华、政协副主席康克清，以及曾志等题词、致信向大会表示祝贺。

全国妇联书记处书记康玲在座谈会上说：目前全国各级各类女干部已达 965.2 万人，占干部总数的30%，比 1951 年增加了 64 倍。党的十一届三中全会以来，女市长的不断涌现，成为新中国妇女解放的重要标志。

国务院总理李鹏在经济体制改革工作会议代表座谈会上发表讲话

李鹏说，全国体改工作会议开得是及时的、成功的。与会同志提出了很好的意见和建议，探索了深化改革的一些重大问题，对今后改革的决策有重要价值。党的十三届七中全会提出了实现我国社会主义现代化建设第二步战略目标的基本要求，这不但把发展与改革有机地结合了起来，还为我国今后十年的经济体制改革确定了明确的目标。

李鹏说，经过两年多的治理整顿，不但通货膨胀得到控制，生产得到恢复和发展，而且更重要的是为改革开放创造了一个比较宽松的外部环境。在治理整顿期间，国家既保持了改革开放政策的稳定性与连续性，又在理顺价格、调整汇率和银行利率等方面陆续出台了一些比较大的改革措施，扩大了市场调节的范围和比重，向为企业创造平等竞争条件的目标迈进了一步，这在经济过热的情况下是难以做到的。同时，经济秩序也有了好转，分配不公有所缓解。治理整顿取得的明显成效，进一步增强了人们继续推进改革的信心。

李鹏说，要自觉地处理好改革、发展与稳定的关系。改革是为了发展，发展要依靠改革。但有时候改革又受到稳定条件的限制，一定时期要把稳定放在第一位。现在，我国经济、政治和社会稳定，为改革做得更加完善一些，改革的力度加大一些，创造了条件。改革要正确处理国家、集体、个人的利益关系，充分考虑三者的承受能力，以避免经济、社会出现大的震动。在保持总量平衡的情况下，各地可以根据全国的改革部署，结合自己的承受能力，适时推出一些重要改革措施。

李鹏在谈到价格改革时说，我们不仅要理顺各种比价关系，同时还要学会掌握和运用价格杠杆，建立合理的价格机制。从今后的趋势看，市场调节部分会越来越大，但是我国是一个发展中的国家，少数关系国计民生的重要产品仍然短缺，它们的价格仍需由国家实行管理。李鹏说，党中央、国务院十分重视搞活大中型全民所有制企业，对此，各方面认识是一致的。搞活大中型企业要正确处理好内因和外因的关系，国家要从外部创造条件，企业要通过自己的努力，加强管理，挖掘内部潜力，提高经济效益，把生产搞上去。国务院已经提出了增加技术改造资金，适当地有重点地提高折旧资金和新产品开发资金等改善企业外部条件的八项措施，要尽快到位。此外，还要继续清理“三角债”，进行企业结构调整，组织企业集团，对若干重要的大中型企业继续实行“双保”。大型企业集团的核心企业应做到产供销、人财物的统一，目的不是上收企业的权利，而是为了生产要素的优化组合，增强企业的技术改造能力和竞争能力。企业集团产权界定不清楚，集团核心层很难实现一体化，因此，有的企业集团可以实行股份制的试点。我们搞的股份制要有利于社会主义所有制的巩固，要有利于生产力发展。试点工作要稳妥地进行，不要一哄而起。

关于宏观调控，李鹏说，作为社会主义国家，金融、财政、物价政策和大型建设项目要由国家进行管理。但地方在改革上并不是无所作为，只要发挥主动性、积极性和创造性，在国家总的方针政策指导下，是大有可为的。例如，住房制度、社会保险制度和医疗制度改革是今后改革的三项重要任务，各地都可以积极进行试点。这些改革的基本方针是资金和费用由国家全包改为国家、集体和个人共同负担，这样就能大大加快改革的步伐。由于各地情况不同，很难制定全国统一的住房制度改革方案，还是由各地因地制宜，分散决策。李鹏说，与经济体制改革相适应，政治体制改革也要继续向前推进。中央和地方政府的机构改革，取得了一定成效，要稳定、巩固和进一步完善，有的正在试点要继续进行下去，总的说来，机构改革的方向还是要坚持政企职能适当分开，政府重点管宏观调控，企业实行自负盈亏和自主经营。现在，各级政府机构偏大，人员偏多，造成财政负担过重。精简机构，减少人员势在必行。

中共中央政治局常委宋平在全国农村经济工作经验交流会上发表讲话

同志们：

国务院召开的这次全国农村经济工作经验交流会，已经开了四天。大家参观了山东的一些典型，学习了山东的经验。一些省、自治区、直辖市和中央有关部门的负责同志发了言，交流了情况，肯定了一年多来我国农业和农村工作取得的成绩，提出了今后的努力方向。纪云同志还要作总结，对下一步的工作做全面安排。这次会议对于贯彻落实党的十三届七中全会精神和《中共中央、国务院关于一九九一年农业和农村工作的通知》，必将产生积极的推动作用。

去年我国农业全面丰收，粮食总产和单产均创历史最高水平，对全国政治稳定、经济稳定、社会稳定起了重大作用。这是各级党委和政府重视农业，加强对农村工作的领导，贯彻执行党在农村的各项方针政策的结果，是广大农民群众和农村基层干部发挥积极性、创造性做出的巨大贡献，也是农业战线及有关部门的同志们辛勤努力所取得的显著成绩。我代表党中央向大家表示衷心的感谢！

下面，我就贯彻落实党的十三届七中全会精神，深化农村改革和加强党对农村工作的领导等问题，讲一些意见。

一、认真贯彻党的十三届七中全会精神，巩固和发展农村的好形势

党的十三届七中全会，是开创未来十年的重要会议。全会通过的《中共中央关于制定国民经济和社会发展十年规划和“八五”计划的建议》，是我们九十年代建设和改革的行动纲领。《建议》特别强调了加强农业的重要意义，明确指出，“解决十一亿人口的吃饭问题是头等大事，是经济发展、社会安定、国家自立的基础”。按照《建议》提出的国民经济和社会发展任务，在今后十年中，我国农业和农村工作的主要目标是：农业综合生产能力要提高到一个新的水平，确保粮食生产连续登上两个台阶；农村改革要有一个新的进展，使农村经济体制进一步完善；农村社会面貌要有一个新的变化，形成经济繁荣兴旺、思想健康向上、社会安定团结的局面。实现上述目标，任务艰巨，但是必须完成，因为这是实现第二步战略目标农村工作必须达到的要求。就粮食来说，到本世纪末没有一万亿斤，就难以满足人民生活日益增长和社会生产发展的需要。占我国人口绝大多数的农民不能从温饱达到小康水平，我们

整个社会也就难以达到小康的战略目标。

去年农业全面丰收，粮食产量达到八千七百亿斤，使我们看到了农业增产的潜力，增强了登上新台阶的信心。但是，还要看到，目前我国粮食人均占有量和棉花总产量还未超过历史最高水平；农业的综合生产能力并没有显著的提高，抗御自然灾害能力不强；农民的文化和科技素质不高；双层经营体制和社会化服务体系尚不健全；农村经济生活中许多关系尚未理顺，特别是农产品流通渠道不够畅通；农民负担较重，等等。在这样的基础上，要使农业持续、稳定增长，难度是很大的。回顾我国农业生产发展的历史，十一届三中全会以前，粮食在四千亿斤的基础上增产二千亿斤，用了二十年的时间；三中全会以后，我们用了十一年的时间，才使粮食从六千亿斤增长并稳定在八千亿斤的水平上。今后十年要在这个较高的基数上再上两个台阶，没有新的得力措施，不进一步付出艰苦的努力，是不可能办到的。在这个问题上，我们要保持清醒的头脑，下定搞好农业的决心，并采取科学的、得力的措施。

实现第二步战略目标，就是要在基本解决温饱的基础上实现小康，这是一项更为复杂、艰巨的任务。使一部分地区和一部分人先富裕起来是比较容易办到的，要使广大农村和八亿农民共同富裕，达到小康水平，则很不容易。我们党提出让一部分人和一部分地区先富起来，是因为事物的发展是不平衡的，一部分人和一部分地区先富起来，可以给人以希望和信心，并可以提供经验，增强国家的经济实力，带动越来越多的人和地区富裕起来，达到共同富裕的目的。我们是社会主义国家，共同富裕是社会主义的本质要求。目前，从一个地区来看，真正富裕起来的县、乡、村、户还是少数；从全国来看，多数地区仍处在温饱阶段，还有少数地区尚未摆脱贫困。要实现共同富裕，不充分发挥社会主义制度的优越性，不使社会主义集体经济有个较大的发展，是办不到的。我们要继续允许和鼓励一部分地区和一部分人通过诚实劳动、合法经营先富起来，又要努力引导“先富带未富”。先富裕起来的，要积极做出力所能及的贡献，采取提供经验、传授技术、经济协作等办法，互助互利，共同发展。各地在安排建设投资、信贷发放、物资分配以及税收等方面，要注意照顾尚未富裕地区的需要，切实帮助他们改善生产和生活条件，发展经济。

不久前发出的《中共中央、国务院关于一九九一年农业和农村工作的通知》，虽然是部署今年的工作，但这是一九八七年以来，党中央、国务院发出的一个指导农业和农村工作的重要文件。它进一步明确了农村的基本经济政策和发展方向，对于当前和今后一个时期农村的改革和发展，具有重要的指导意义。这个《通知》和十三届七中全会的有关精神，是今后一个时期农业和农村工作必须遵循的指导方针。我们要按照文件的精神，把长远的事情规划好，把眼前的事情安排好，结合各地实际情况狠抓落实，努力开创我国农业和农村工作的新局面。

二、稳定、完善党在农村的基本经济政策，继续深化农村改革

我们党自十一届三中全会以来，坚持实事求是的思想路线，在总结历史经验的基础上，对农村经济体制进行了重大的改革，形成了一系列基本经济政策，主要是：实行以家庭联产承包为主的责任制，建立统分结合的双层经营体制的政策；坚持以公有制经济为主体的多种经济成分并存的政策；以共同富裕为目标，允许和鼓励一部分地区和一部分人通过诚实劳动、合法经营先富起来的政策；在狠抓粮食生产的同时，积极发展多种经营，稳步调整农村产业结构的政策；鼓励和引导乡镇企业健康发展的政策；对农业实行计划经济与市场调节相结合的政策，等等。这些基本政策的实施取得了好的经济效果，受到了亿万农民的欢迎，必须长期保持稳定，并根据客观情况的发展变化加以完善，把改革引向深入。

当前和今后一个时期，深化农村改革的重点，是按照七中全会精神和党中央、国务院《通知》的要求，继续稳定、完善以家庭联产承包为主的责任制，健全统分结合的双层经营体制，积极发展社会化服务体系，逐步壮大集体经济实力。同时，还要继续改革农产品价格和流通体制，疏通流通渠道，创造良好的市场环境。

以家庭联产承包为主的责任制，是我国农民在党领导下的伟大创造。它把家庭承包这种经营方式引入集体经济，形成了统一经营与分散经营相结合的双层经营体制。这种经营体制，在统分结合的形式、内容和程度上，有着很大的灵活性，适应农业生产的特点，能容纳不同程度的生产力水平，对农业生产起了和正在起着巨大的推动作用。这绝不是解决温饱问题的权宜之计，一定要作为农村集体所有制的合作经济的一项基本制度长期稳定下来，并不断加以完善。对这一点，不应有任何的犹豫和动摇。

农村家庭承包经营已经十年了，农民的积极性得到了比较充分的发挥。随着生产的发展，承包农户在采用新技术方面，在生产和流通的某些环节上，越来越感到有些事情由一家一户去办办不了、办不好或者办起来也不合算。据一些地方的调查，家庭经营普遍存在着机耕难、浇水难、防治病虫害难、购买生产资料难、打井办电难、销售农副产品难等“几大难”。例如植保，需要的农药、器械种类很多，有的是治虫的，有的是除草的，有的用喷雾器，有的用喷粉器，家家都置办一套，

很不合算；尤其是治虫，需要协调联动，单家独户很难做好。这些事情，如果统起来办，既可少花钱，又能迅速有效。所以，农民一方面要求稳定家庭承包，一方面又要求发挥集体统一经营的作用，搞好各项服务。单家独户经济实力单薄，全靠纯商业性的服务，农民负担不起，因而完善双层经营，首先解决好社区内的服务，乃是农民群众的迫切要求，是生产发展的客观需要。

统分结合、双层经营并不是什么新提法，这种体制，是在总结实践经验的基础上逐步确立起来的。早在一九八二年中共中央批转的《全国农村工作会议纪要》就指出："联产承包制的运用，可以恰当地协调集体利益与个人利益，并使集体统一经营和劳动者自主经营两个积极性同时得到发挥。"《中共中央、国务院关于一九八六年农村工作的部署》针对当时一些地方忽视统一经营职能的情况，明确指出："家庭承包是党的长期政策，决不可背离群众要求，随意改变。可是，有些地方没有把一家一户办不好或不好办的事认真抓起来，群众是不满意的。应当坚持统分结合，切实做好技术服务、经营服务和必要的管理工作。"各地的实践早已证明，在家庭承包经营的基础上，注意发挥统一经营的作用，集体财产有人管，生产服务有人搞，集体资源开发有人抓，农业基本建设有人组织，各种利益关系有人协调，不仅不会影响家庭经营，而且给家庭经营注入了新的活力，并促使全体农户共同发展。否则，不仅集体经济难发展，家庭经营也会遇到很多困难，活力难以进一步发挥。总之，分散经营和统一经营应当成为一个有机的整体，忽视哪个层次的作用，都不利于农村经济的健康发展。我们要根据生产力发展的不同要求，因地制宜地妥善处理好统分关系，逐步充实双层经营的内容，使双层经营体制不断健全起来。

在完善双层经营的过程中，要向农民进一步讲清楚：家庭承包经营与集体统一经营，都是乡、村合作经济组织内部的经营层次，二者是相互依存、相互补充、相互促进的关系；家庭承包经营不是"分田单干"，统一经营也不是改变土地的家庭承包关系，再"归大堆"、吃"大锅饭"。完善双层经营体制，本身就包括完善家庭承包经营和集体统一经营两个方面，既要稳定和完善土地等承包关系，又要充分发挥乡、村合作经济组织的职能作用，为家庭经营提供必要的服务。

深化农村改革，要积极发展社会化服务体系。这是经济发展的客观要求，已成为当前发展农村经济的一项迫切任务。社会化服务体系有一个逐步发展完善的过程，但是我们必须采取积极的态度。现在农户一般是小而全式的生产，对服务的要求多样而零碎，村合作经济组织首先要努力搞好内部服务，先在耕播、供种、排灌、植保、防疫等方面，尽可能及时地为农民排忧解难；自己办不到的，要积极与乡的或其他服务组织联系，把它们的服务引入到农户中来。目前，许多乡、村合作经济组织服务工作薄弱，固然有集体经济实力不强的原因，但更主要的是重视不够，组织涣散，无人筹划。比如管理排灌设施，安排浇地顺序，协调有机（畜）户为无机（畜）户耕种，组织植保、防疫、代购代销等，这些都不一定要花多少钱，只要有责任心和服务意识就能办到。这些工作做好了，可以促进农村经济的发展，集体经济实力也会逐步增强起来。随着商品经济的发展，农民就会要求发展更大范围、更高层次、更加广泛的服务，发展各种形式的跨村、跨乡、跨县的服务组织，要求政府的经济技术部门为他们提供更多更好的服务。这样，也可形成更大的规模效益。这些方面的服务，都是农业社会化服务体系的组成部分，都要在为农业的服务中，发挥各自的作用。江苏提出发展社会化服务，要先建好村一级，强化乡一级，再加强县一级的指导，其他地区也有不少好的经验。总之，社会化服务体系的发展，有一个从低级到高级、从单项服务到系列化服务的发展过程，一定要从实际需要出发，考虑到农户的负担能力，扎实地逐步地推进。这次大家在山东参观的一些典型和会上介绍的经验，农业社会化服务体系的建设，大都是这样走过来的。根据他们的实践，这一工作做好了，可以有力地促进各种生产要素在更广阔的范围内优化组合，形成新的生产力；可以大大提高农民的组织程度，增强对自然灾害和市场波动两个风险的抵御能力；政府也可以通过社会化服务体系，对农业生产加强宏观指导。各级党委和政府要帮助和引导各种服务组织，使他们紧密配合，互相支持，协调发展，显示出社会主义的优越性。各类服务组织都应坚持服务宗旨，服务工作要有利于农业生产的发展和农民收入的增加，绝不能借服务之名坑农、卡农。

完善双层经营体制，增强服务功能，促进共同富裕，需要逐步增强集体经济实力。目前农村还有不少地方集体没有什么实力，公共事业无钱办，生产服务搞不好，难以满足农民进一步发展生产、共同致富的要求。基层组织在群众中也缺乏凝聚力和号召力，既影响农村经济发展和社会进步，也不利于减轻农民负担和基层政权的巩固。发展集体经济，可以从发展社会化服务中积累资金，逐步发展服务项目；可以利用当地的资源，搞开发性生产；也可以发展多种经营，兴办集体企业，依靠生产的发展和自身的积累逐步壮大。总之，应从各地实际出发，不可急于求成，更不能平调农户的财产。当前，要重点帮助贫困村解决起步问题。各级政府应在资金、物资、技术等方面给以必要的扶持，使之形成自我发展的能力。在集体经济内部一定要建立严格的财务管理制度，实行财务公开，让群众监督，防止集体资产流失和某些干部乱支滥用。发展集体经济，任重道远，既要方向明确，又要注意政策，既要态度积极，又要步子稳妥。

我国幅员辽阔，各地农村自然条件和生产力状况差异很大，联产承包的形式和统分结合的程度不会完全相同，发展社会化服务体系和壮大集体经济实力的途径也应是多种多样的。我们办事，只能“唯实”，不能搞主观主义。要根据当地的社会经济条件，引导农民因地制宜地采用恰当做法，允许多种形式并存，不能强求划一。

三、加强党的领导，充分相信和依靠群众，推动农村全面进步

七中全会通过的《建议》，对农业和农村工作提出了明确的目标。各地要在深入、系统、全面调查研究的基础上，结合本地实际，制定农业生产登上新台阶、农村工作开创新局面的发展规划，分阶段组织实施。规划既要包括物质文明建设的内容，又要包括社会主义精神文明建设的内容。各级党委、政府要切实改进领导作风，狠抓落实，扎实工作，力戒空谈。对于重大问题，党政主要领导同志要亲自调查研究，安排部署，督促检查。我们有些工作，往往停留在一般号召上，年年讲，层层讲，却未能认真地付诸实施，是有教训的。

加强党对农村工作的领导，特别要抓好两件事：一是继续认真执行党的基本路线和党在农村的各项政策；二是从思想上、组织上、作风上，把基层组织建设好。

从前年开始，一些地方就开展了社会主义思想教育，有的叫党的基本路线教育，他们把思想教育、落实经济政策、加强基层组织建设紧密结合起来，全面推动了农村工作，收到了好的效果。中央根据这些地方的经验，结合国际国内政治形势和农村改革与发展的要求，决定用两三年时间，在全国农村普遍开展这项工作。从各地反映的情况看，这项工作的进展是健康的、有成效的。用社会主义思想武装广大农村干部和群众，引导八亿农民坚定不移地走社会主义道路，是做好农村各项工作，促进农村生产力发展，逐步实现共同富裕的根本保证。走资本主义道路，势必引起两极分化，人心涣散，天下大乱，在中国是绝对走不通的。近代中国一百多年半封建半殖民地的历史，充分证明了这一点。前些年，农村的思想政治工作削弱了，在一些同志的思想上，社会主义的目标模糊了，有些党员、干部为人民服务的思想淡漠了，有的地方干群关系比较紧张，一些丑恶的社会现象重新泛起。这些问题，也只有通过加强社会主义思想教育，才能从根本上得到解决。

在社会主义思想教育中，要解决好全心全意依靠人民群众的问题。我们搞社会主义，必须坚持共产党的领导。党的领导，必须有群众基础，我们党只有和人民群众紧密团结在一起，并使他们自觉接受和实行党的正确路线，才能实现其领导。党的力量最深厚的源泉，在于人民群众之中，这是由党的无产阶级先锋队性质所决定的。我们党执政四十多年了。在执政条件下，党最容易犯的错误，也是最危险的错误，就是脱离群众。人民群众是我们社会主义国家的主人，领导者是人民的公仆，这个关系任何时候都颠倒不得。我国农业要登上新的台阶，不把八亿农民的积极性充分调动起来，是办不到的。领导者的任务就是宣传群众，组织群众，调动群众的积极性，提高群众的主人翁责任感。把我们党提出的奋斗目标，交给群众去讨论，使他们认识实现这些目标是符合自己利益的，是需要自己为之奋斗才能实现的。这样，大家心往一处想，劲往一处使，就能激发人民群众的热情和创造精神，办好各项事业。

社会主义事业是人民群众自己的事业。自己的事情要自己办。要通过各种形式把群众组织起来，由群众自己管理自己，自己教育自己。国家在可能条件下给以扶持是必要的。但真正把经济工作和农村各项工作搞上去，还得靠农民群众自己，谁也包办代替不了，干部也不能有恩赐观点。有的地方在村民委员会下设若干小组，如科学种田小组、财务监督小组、村容村风小组、治保调解小组、计划生育小组、红白喜事移风易俗小组等等，群众积极参与，好人好事有人夸，歪风邪气有人管，有些看起来很难办的事情都能办好。人民群众真正当家作主了，就会把国家的事情、集体的事情当作自己的事情去办。话有地方说，劲有地方使，困难有人帮助，这是社会主义民主的生动体现，是任何资本主义民主无法比拟的真正的民主。

农村基层组织，特别是乡镇和村级组织，直接同群众打交道，是党和政府联系农民群众的桥梁。一定要在开展社会主义思想教育过程中，把农村基层组织建设好，把干部的思想作风建设好。在农村，党支部是村级各种组织和各项工作的领导核心，党支部、村委会、合作经济组织的干部可以交叉兼职。干部要勤勤恳恳，廉洁奉公，反对铺张浪费和一切腐败现象。群众对少数干部以权谋私意见很大，很痛恨。因为这种腐败行为，如挥霍公款，大吃大喝，违纪建私房，索贿受贿等等，都直接侵犯了国家和群众的利益。在执政和改革开放的条件下，干部的廉洁奉公极为重要。每个党员干部都应牢记党的立党为公、执政为民的根本原则，牢记权力是人民赋予的，只有全心全意为人民服务的责任和义务，绝不能利用手中的权力去谋取私利。如果在这个问题上处理不当，就会影响党和政府的形象。在农村，集体经济越是发展壮大，越是要求干部廉洁奉

公，不谋私利，作风民主，办事公道。如果我们的农村干部不严格要求自己，必然引起农民群众的不满，挫伤他们的积极性，集体经济也就难以巩固和发展。各级党委和政府要高度重视这个问题，加强对干部的廉政教育，严肃党纪政纪，建立健全必要的制度，进一步发扬民主，加强群众监督。对于群众举报和反映的问题，一定要认真查处，决不能姑息迁就。只要各级领导和广大干部群众都积极行动起来，同腐败现象作坚决斗争，就一定能收到成效。

广大农村基层干部，常年工作在第一线，非常辛苦。上级党委要从政治上、工作上、生活上关心爱护他们，调动和保护他们的积极性，为努力工作、廉洁奉公、坚持原则的干部撑腰，同时加强对基层干部的教育和培训，使他们牢固树立公仆意识，群众观点，全心全意为人民服务的观点，切实改进作风，提高工作水平。现在，有的基层班子成员年龄偏大，还有的村党员很少或者没有党员，抓好基层党的后备力量和干部队伍后备力量的建设应引起各地重视。在农村建设和改革实践中，会涌现出许多政治坚定，工作突出，联系群众的优秀乡镇和村干部，应当把他们作为上级党政机关选拔干部的重要来源。

同志们，一九九一年是"八五"计划的第一年，也是继续治理整顿、深化改革的重要一年。努力争取农业丰收，确保农村经济稳定增长，对于整个国民经济和社会的发展，实现第二步战略目标，具有十分重要的意义。我们要遵照党的十三届七中全会确立的方针、任务，贯彻中共中央、国务院的《通知》和这次会议精神，继续深化农村改革，增加农业投入，搞好科技、教育兴农，搞活商品流通，进一步强化农业这个基础。让我们同心同德，努力奋斗，把农村建设和改革推向一个新的发展阶段！

国家技术监督局发布《工业产品质量分等导则》国家标准

国务院批准建设上海至南京的高速公路

国家主席杨尚昆在人民大会堂接受委内瑞拉新任驻华大使爱德华多·卡萨诺瓦·苏克雷递交国书

外交部部长钱其琛在华沙举行记者招待会

钱其琛在招待会上指出，中波两国人民有着传统的友谊，两国的友好交往和互利关系经受了历史的考验。在以往的国际风云变化中，中国始终同情和支持波兰人民维护国家独立的愿望和行动。中波之间不存在利害矛盾，双方都表示愿意在和平共处五项原则基础上继续发展各方面合作。

中宣部文化部广电部发布关于当前繁荣文艺创作的意见

繁荣文艺创作，不断提供质量优良、数量充足、多姿多彩的文艺作品，以适应社会主义现代化建设的发展，满足人民群众日益增长的精神文化生活多方面的需要，是文艺部门的中心工作，是全体文艺工作者的光荣使命和神圣职责。

繁荣文艺创作，必须坚持以马克思列宁主义、毛泽东思想为指导，坚持"为人民服务、为社会主义服务"的方向和"百花齐放、百家争鸣"的方针，坚持文艺的多种功能的统一，坚持发展多样化和突出主旋律的统一。我们的文艺作品，应当努力反映现实生活，表现时代精神，为提高人民素质，培养和造就有理想、有道德、有文化、有纪律的一代新人，建设社会主义精神文明，作出应有的贡献；要团结、教育和鼓舞人民群众，在党的领导下，为促进社会主义现代化建设，实现十年规划和"八五"计划而努力奋斗。

为了调动广大作家艺术家的积极性和创造性，进一步繁荣社会主义的文艺创作，根据我国革命文艺发展的经验和文艺生产规律，提出如下意见：

一、组织和引导作家艺术家学习马克思列宁主义、毛泽东思想，学习党的路线、方针、政策，学习科学文化知识

马克思列宁主义、毛泽东思想，其中包括马列主义文艺理论和毛泽东文艺思想，是文化工作的指导思想；党的十一届三中全会以来的路线、方针和政策，是马列主义与当代中国实际高度结合的产物，是毛泽东思想的新发展。组织和引导作家艺术家进行学习，使他们掌握历史唯物主义和辩证唯物主义的基本观点和方法，树立科学的世界观，正确地认识时代，分析社会，评价生活，指导文艺实践，增强自觉抵制资产阶级自由化思潮和各种错误思想理论的能力，是繁荣社会主义文艺的根本保证。各级党的宣传部门和政府文化部门、广播影视部门、文艺团体，作家艺术家，都要充分认识学习马列主义、加强思想建设对于繁荣文艺创作的重要性和迫切性。当前，首先要组织引导作家艺术家联系实际深入学习科学社会主义的基本理论和中央关于建设有中国特色的社会主义的文献，以坚定社会主义的信念，提高正确表现社会主义时代精神的自觉性。同时，为了帮助作家艺术家完善知识结构，跟上时代与文艺发展的步伐，还须引导他们学习必要的科学文化知识，努力提高文化修养。

各单位要根据不同情况，制定切实可行的学习规划和具体措施。除日常学习外，还可以采取离职培训

和在职学习等方式。要有计划地分期分批组织专业创作人员参加集中培训,挑选一批方向对、路子正、成就较大的专业人员参加中央或地方党校开办的文艺干部培训班,参加艺术院校或大专院校开办的马列主义文艺理论进修班学习深造。各级政府文化部门、广播影视部门和文艺团体举办的文艺干部院校,以及各类进修班、培训班、研究班,都要把帮助创作人员学习马列主义、毛泽东思想放在头等重要的位置。在职学习要根据不同单位、不同专业的具体情况,采取灵活多样的形式,既可自学,定期考核,也可举办短期读书班。

要发扬理论联系实际的学风,研究新情况,解决新问题,提高思想认识和专业能力,防止流于形式。要把学习的实绩作为考察、使用干部和评定业务职称的重要标准之一。

二、采取多种形式,组织作家艺术家深入生活

文艺作品是社会生活在人的头脑中反映的产物。丰富多彩的现实生活,是文艺创作取之不尽、用之不竭的源泉。文学家、艺术家可以从生活中获得一切题材、主题、内容和形式的原料,充实自己的心智,汲取激情和灵感。近年来,在一些错误思潮的影响下,部分创作人员中出现了某种脱离人民、脱离生活的倾向;背对现实,闭门造车,使创作与人民群众疏远了。因此,各级党的宣传部门、政府文化部门、广播影视部门、文艺团体和文艺生产单位都必须充分重视这项工作,把它作为繁荣文艺创作不可缺少的重要措施。要号召和推动广大创作人员积极投身于现代化建设的生活激流,与新时期的群众相结合,深入下去,坚持不懈,蔚为风气。

各单位要适应新的生活条件和社会环境,根据创作人员年龄、生活经历、健康状况和专业特点、艺术个性、题材领域等差别,提出不同的要求,采取不同的方式,制定规划,提供条件,有计划、有组织地安排落实,防止"一刀切"和整齐划一的简单做法。要创造各种条件有计划地为创作人员建立生活基地,组织他们定点定时深入生活。有的可安排他们到基层兼职、代职,有的可定点联系或参观访问,并尽力解决他们在深入基层时遇到的实际困难,给予必要的经济补助,保证这项工作能顺利进行。

深入生活力求结合创作的需要,讲求实效。要尽可能使作家艺术家到最有利于发挥他们潜力的地方去,深入实际,扎根群众;同时也要尽力提供条件,使创作人员能够到较大的范围参观访问,以便开阔眼界,了解全局。

三、加强创作规划和对重点创作的领导

制订并推动创作规划的实现,是组织文艺创作、促进创作繁荣的有效手段之一,要十分重视和认真抓好这个环节。

文艺创作是一种创造性的精神劳动,应充分尊重作家艺术家在"二为"方向下依据自身条件和意愿进行创作的自主权。在题材、主题、形式、方法、风格与流派等方面,创作者享有广泛的自由。但是,作家艺术家是人类灵魂的工程师,担负着提高人民群众文化素质和思想道德水平的神圣任务,有责任向社会提供健康有益的精神产品。因此,在规划创作时,要大力提倡和鼓励作家艺术家创作具有鲜明的社会主义时代精神、深刻反映现实生活、讴歌社会主义新人、富有民族特色的作品。在创作内容的多样化中,要突出时代和生活的主旋律;在艺术表现的多样化中,要强调民族性和群众性。对于这类作品的创作,要给予更多的支持和扶植,包括从物质条件上提供保证。重大的现实题材和革命历史题材的创作,以及重要名著的改编、摄制、排演、政府文化部门、广播影视部门和艺术管理部门要作出适当的规划,有组织有步骤地施行。各地区、各部门、各艺术生产单位也要依据自身的条件,针对不同的艺术形式、艺术门类的特点,规划本地区、本部门、本单位的创作。各地文化部门、广播影视部门主管的艺术生产机构、艺术表演团体,都有责任组织其所属的创作人员努力创作反映现实生活,富于时代精神的作品,对此要有明确的要求,并列入创作规划。文化部门、广播影视部门要督促规划的执行,并依据执行情况和实绩,安排经济补助和奖励。有特殊需要的重点作品,可以组织集体创作;一般应以个人创作为主,由有经验的作家艺术家去完成。

各省、自治区、直辖市的常委宣传部门和政府文化部门、广播影视部门,要像抓重点建设工程那样,集中力量有计划有重点地组织文化艺术产品的生产。1991年内,要拿出质量上乘的一本好书、一台好戏、一部优秀影片或电视剧、一篇或几篇有创见有说服力的文艺理论文章。并在此基础上,制定出三至五年包括各种文艺门类在内的重点创作的规划。对于列为重点的项目,要采取硬性措施加以逐项落实和考核。

四、搞好二度创作,调动导演、表演、指挥、演奏、音乐、美工、摄像、录制等各类创作人员的积极性,合力推出高水平高质量的艺术品

音乐、舞蹈、曲艺、杂技、戏剧、电影、电视等综合性艺术,其创作的完成,艺术的实现,以及整体质量的提高,都离不开二度创作。二度创作同样是创造性的精神劳动,艺术家不但要深刻理解一度创作,而且要充分发挥自己的专业特长和艺术个性,给予独特地表现。二度创作者除了熟练地掌握专业基本功之外,还必须提高思想水平和文化修养,了解生活,熟悉表现的内容和对象,使创作达到较高的境界。各级文化部门、广播影视部门、文艺团体和有关文艺单位,要逐步建立健全

二度创作人员的队伍，重视对他们的学习培训，为他们进行创作提供必要的条件。

要处理好二度创作与一度创作的关系。二度创作人员应当尽量忠实原作，充分尊重原作者的艺术创造和他们的合法权益。作重大改动，应当征得原作者的同意。一度创作人员也要尽量尊重二度创作人员的合理创造，并尽可能给予积极合作。

对于有较高的思想、艺术、政治或文化价值的二度创作，有关部门和单位要给予积极支持，为它们的排练、制作、上演、上映创造条件，努力解决资金、人力、场地等方面存在的困难。

五、建立一支宏大的专业与业余相结合的创作队伍

建立一支有高度文化修养和高度社会主义使命感的宏大的创作队伍，是繁荣文艺创作的关键。专业作家、艺术家作为文艺创作队伍的骨干，要充分调动他们的积极性和创造性，发挥其核心作用。在为他们提供必需的创作条件的同时，要就创作方向、社会效益等提出必要的要求，加强其责任感和使命感。他们当中的共产党员，应牢固树立首先是共产党员，然后是文艺工作者的观念，要按照共产党员党性的要求，在创作中自觉地体现马克思主义文艺观和毛泽东文艺思想的指导，模范地贯彻执行党的文艺方针，用创作实绩推动社会主义文艺的发展和繁荣。对于担负政府文化部门、广播影视部门或文艺团体的行政或组织工作的作家艺术家，要给予一定的时间，便于他们深入生活和从事创作。现行的专业作家、艺术家管理体制，要在调查研究的基础上，积极稳妥地进行改革。一些地方试行的作家专业创作合同制、创作假制，有利于克服专业作家制的某些弊端，要认真总结经验，完善管理，改进提高。遍布全国的各级群众艺术馆和文化馆，拥有大量的创作人员。他们既是创作者，又是开展群众性创作活动的核心和纽带。他们所在单位和上级有关部门要在思想、业务、生活与职称待遇方面给予必要的关心照顾，充分调动他们的积极性，使他们发挥更大的作用。

广大业余创作者是文艺创作队伍中一支不可忽视的力量。他们生活在群众之中，置身于火热的斗争，有着特殊的优势。近年来文艺新人不断涌现，表现了蕴藏在群众中的强大的创作潜力。对于崭露头角的业余创作人才，要给予特别关注和扶植。一是有计划地吸收他们参加各级专业培训班，提高他们的思想理论水平、文化素养和写作能力；二是在有可靠的创作设想和创作准备的情况下，给予创作假，提供时间保证。对他们的创作思想、艺术作风和作品质量，也要予以关心，并有所要求。

要十分重视文艺界的团结，在大方向一致的前提下，要团结一切可能团结的作家艺术家，共同为繁荣社会主义的文艺作出努力。

六、加强文艺作品传播手段的管理

文艺书刊、音像制品的出版，文艺作品的演出、播放和展览等，是文艺作品的传播手段，是文艺创作与人民群众发生关系的媒介。文艺作品只有通过这些手段进行传播，才能发挥社会作用，实现文艺的繁荣。为了传播手段的完善和传播渠道的畅通，要重视和加强编辑队伍、演出管理队伍、电影和录像发行放映队伍及艺术展览管理队伍的建设，提高从业人员的政治文化素质、文艺理论修养和贯彻党的文艺方针政策的自觉性，加强社会责任感，以做好文艺作品的出版发行、上演上映和展出销售等工作。文化部门、广播影视部门、出版部门和文艺团体对其所属的出版单位、影视和音像制作机构、文艺报刊、演出公司、剧场影院、书店、展厅等，一方面要帮助他们端正业务方向，明确方针任务，正确处理社会效益和经济效益的关系；一方面要帮助他们加强管理，建立和健全奖惩分明的工作规章，完善检查监督制度。要切实把表现时代精神，具有民族特色，有益于人们身心健康，又有较高艺术价值的优秀作品推向社会。

为保证代表国家文明水准和突出主旋律的优秀作品的生产和传播，经济上要采取适当的保护措施，政策上要有所倾斜。对于某些亟待保护和发展的艺术品种，在创作上应多加扶植。

七、加强和改进对文艺创作的评论

开展对文艺创作的评论，是加强和改善党对文艺的领导，坚持社会主义方向，提高文艺创作的思想和艺术质量的重要手段。各级党的宣传部门和政府文化部门、广播影视部门、文艺团体，都要把文艺评论作为繁荣文艺的一项重要工作来抓。要注重文艺评论队伍的建设；要组织和帮助文艺评论家学习马列主义、毛泽东思想，学习马列文论、毛泽东文艺论著和作为毛泽东文艺思想在新的历史条件下的继承和发展的《邓小平论文艺》，学习有关理论、方针、政策、深入实际，及时了解文艺情况，提高思想、理论和业务水平。除专业文艺评论之外，还要重视开展群众性的文艺评论。特别是对于具体的文艺现象和作家作品，要广泛听取人民群众的意见，实现传播和反馈的良性循环。

文艺评论要切合实际，要大力开展对于我国现在的文艺作品、创作思想、创作倾向的评论和研究，及时发扬成绩，纠正错误，推动创作。应重视优秀作家艺术家和先进文艺单位的创作经验和生产经验，加以总结和宣传。

文艺评论要提高战斗力。要充分肯定和大力评介反映现实生活、富于时代精神、弘扬民族文化传统的优秀作品，发挥他们应有的社会作用。表扬要实事求是，

尊重科学，克服无原则吹捧的不良风气。对于创作和理论中反映出来的资产阶级自由化思潮和各种错误倾向，要展开有说服力的批评，正本清源，以保证文艺创作沿着健康的轨道发展。同时，通过文艺批评，提高群众的审美情趣和鉴赏能力，引导群众的文化消费。

开展文艺评论，必须实行“双百”方针，提倡不同意见的讨论与争论。要活跃学术空气，造成既坚持原则又团结和谐的局面，为文艺创作的繁荣和文艺评论的发展提供良好的文化环境。

八、加强文艺创作的对外宣传推荐

随着中外文化交流的拓展，向世界各国宣传推荐我国优秀民族文化和文艺创作成果，日益迫切。这是文艺工作者的光荣职责，也是繁荣文艺创作的一个重要方面。近年来，在音乐、舞蹈、戏剧、电影、电视、杂技、美术、摄影和文学等众多的国际性竞赛、评比、展映和演出活动中，我国的参赛选手都有好的表现，我国的文艺创作取得了可喜的成绩，受到国际舆论的赞誉，标示着我国文艺走向世界的实绩。

对外宣传推荐文艺作品，包括参展、参赛等项目，无论是政府间的文化交流，还是各种民间文艺组织举办的各项国际文化活动，都要选拔推荐真正优秀的作品，并积极地有针对性地加强宣传介绍，方便境外人士认识和了解。

九、设立创作基金，改进奖励制度

各级文化部门、广播影视部门要努力创造条件，促成文艺创作基金尽早设立。基金的主要来源，一是向各级财政申请专款，二是从各级文化、影视经费中安排，三是广泛地争取社会各界资助。设立基金的目的，是鼓励和支持优秀作品的生产和传播，包括资助作家艺术家和评论家参加学习、访问和深入生活，资助具有良好社会效益的重点作品的写作、出版、排演、制作、展播，奖励优秀作品、优秀的理论研究成果，奖励成绩突出的创作和评论人员，促进创作繁荣。各级文化部门、广播影视部门对基金的管理，要建立专门机构，制定切实的章程，照章施行。

办好各级各类文艺评奖，是鼓励创作、促进繁荣的行之有效的办法。当前的任务是，总结经验，克服混乱，制订法规，加强管理。

各种文艺评比、竞赛活动，必须明确以繁荣创作、推出人才为目的，由具备举办条件的相关部门、单位主办（或合办），并取得相应的文化主管部门、广播影视主管部门的批准。文艺评奖要十分注意导向性和权威性。评奖要符合提倡奖励的方向；要有明确的评奖标准和实施办法；评奖机构的组成要注意能反映出专家、领导、群众的各方面具有代表性的意见。力求导向正确，评判公正，奖励得当，努力把党的文艺方针政策具体地体现在各类文艺评奖之中。为文艺评比、竞赛筹集的资金，要严格遵守财务制度，用于奖励创作和繁荣创作，不得挪作他用。政府文化部门、广播影视部门要在总结经验的基础上，尽快制定出各类文艺创作的汇演、竞赛、评奖办法，促使这些活动有组织、有计划、有秩序地开展。

十、加强文艺法制建设，促进文艺创作繁荣，保证文艺事业健康发展

文艺法制建设，是我国社会主义民主与法制建设的组成部分，是社会主义文艺管理的重要手段之一，是繁荣和发展社会主义文艺创作的一个必不可少的条件。它有利于保证党对文艺事业的领导，有利于保证社会主义文艺创作的正确方向。要在坚持四项基本原则的前提下，保障作家艺术家和其他从事文艺活动者进行文艺创作的自由，保障宪法赋予每个公民的这项基本的文化权利。要依法保护作家艺术家和广大文艺工作者的正当权益，合理调整作者、传播者和社会大众的利益关系，保护精神劳动成果权。各单位要组织广大文艺工作者认真学习《著作权法》，帮助他们学会运用法律的武器维护自身的合法权益。政府文化部门、广播影视部门要抓紧制定与《著作权法》配套的法规和规章，保证《著作权法》的贯彻执行。

运用法律手段管理文艺事业是一个新的课题。各级文化部门、广播影视部门都要提高对文化法制建设的认识，建立和健全文化法制机构和法制工作队伍，积极协助国家和地方立法部门做好文化法制建设工作，努力为文艺事业的繁荣与发展创造一个良好的法律环境。

当前，文化战线要继续贯彻执行“一手抓整顿，一手抓繁荣”的方针。在进行必要的组织整顿的同时，要着重抓好文化队伍思想、作风的整顿和建设；在抓整顿的同时，要用更多的精力抓文化艺术的繁荣。要围绕增强团结、凝聚人心、振奋精神的目标，充分发动各级文化部门、广播影视部门、文艺团体和广大文艺工作者，迅速掀起繁荣文艺创作的热潮，努力推出丰富多彩、健康向上、群众喜闻乐见的高质量文艺产品。

3 月 2 日

国务院举行第 10 次全体会议

国务院总理李鹏主持会议并讲话。他说，制定国民经济和社会发展十年规划和“八五”计划，进一步促进经济振兴和社会进步，直接关系到我国社会主义制度的巩固与发展，关系到中华民族的前途和命运。现在这个《纲要（草案）》是根据党的十三届七中全会通过的《建议》，由国务院起草的。它产生的过程，是充分发

扬民主和走群众路线的过程,注意吸收了各方面的意见和建议。

李鹏说,这两个文件贯彻了党的十三届七中全会精神。会后,要在更大范围内对这两个文件讨论,提出修改意见。国务院各部委要从国民经济和社会发展的全局出发,认真组织讨论,进一步提出修改意见。同时,还要在有关方面及各省、自治区、直辖市和各民主党派中广泛征求意见,努力修改好这两个文件。

李鹏指出,国务院各部门领导同志都要按照安排参加即将召开的七届人大四次会议,同时,要以认真负责的态度听取代表的意见,接受代表的监督和咨询,以便改进政府的工作。

在会上,国家计委副主任房维中作关于国民经济和社会发展十年规划和第八个五年计划纲要(草案)的说明,国务院研究室主任袁木作国民经济和社会发展十年规划和"八五"计划纲要的报告的说明,外交部副部长齐怀远通报了当前国际形势。

中共中央总书记江泽民电贺布·达希云登当选为蒙古人民革命党中央主席

第七届全国人大常委会就代表情况发布公告

第七届全国人民代表大会代表应为2978人,到第七届全国人民代表大会第三次会议时实有代表2953人,应补选代表25名。

自第七届全国人民代表大会第三次会议以来,有10名全国人大代表逝世:天津章文晋,辽宁张铁军,浙江匡衍,山东戴胜兰(女,满族),河南赵文甫,湖北钱岱,云南李美光(女,傣族),陕西刘荫武、康健生,新疆米孜·阿合买提(维吾尔族)。有关选举单位罢免代表5人:上海赵复三,河南何志钜,湖南瞿宝元,广东许家屯,宁夏廖朝达。

现已补选出代表16人:内蒙古林维申,辽宁左琨、黄恒宪,浙江葛洪升,福建黄善华、陈联合,山东李新芝(女)、姜健(女),河南杨析综,湖北郭树言,湖南廖济广,广东周南,云南刀永寿(傣族),陕西潘季、陆幗一(女),新疆马木提·哈得尔阿吉(维吾尔族)。全国人民代表大会常务委员会同意代表资格审查委员会关于补选代表的代表资格的审查报告,确认补选的上述16名第七届全国人民代表大会代表的代表资格有效。特此公布。

现在,第七届全国人民代表大会共有代表2954人。还缺24名代表尚待有关选举单位补选。

第七届全国人民代表大会常务委员会

1991年3月2日

七届全国人大常委会第十八次会议闭幕

全体会议由全国人大常委会委员长万里主持。副委员长彭冲、阿沛·阿旺晋美、赛福鼎·艾则孜、周谷城、严济慈、叶飞、廖汉生、倪志福、陈慕华、孙起孟、雷洁琼、王汉斌出席全体会议。国务委员秦基伟、最高人民法院院长任建新、最高人民检察院检察长刘复之列席会议。会议的应到人数146人,因病因事请假29人,实到117人,符合法定人数。与会常委会委员经过表决,通过《中华人民共和国国徽法》,国徽法共15条,将于1991年10月1日起施行。会议决定,《中华人民共和国民事诉讼法(试行)(修改草案)》提请第七届全国人民代表大会第四次会议审议;《中华人民共和国外商投资企业和外国企业所得税法(草案)》提请第七届全国人民代表大会第四次会议审议。

会议还先后通过关于批准加入《关于向国外送达民事或商事司法文书和司法外文书公约》的决定;关于加强社会治安综合治理的决定;通过全国人大常委会关于深入开展法制宣传教育的决议;通过全国人大民族委员会关于第七届全国人大第三次会议主席团交付审议的代表提出的议案审议结果的报告;通过全国人大内务司法委员会关于第七届全国人大第三次会议主席团交付审议的代表提出的议案审议结果的报告;通过全国人大常委会代表资格审查委员会关于补选的第七届全国人民代表大会代表资格的审查报告。

根据国务院的提议,鉴于林汉雄和钱永昌分别犯有违反纪律和以权谋私的错误,已不再适宜担任部长职务,会议决定,免去林汉雄的建设部部长职务,免去钱永昌的交通部部长职务。会议还通过其他任命事项。

会议鉴于广东省人大常委会已罢免许家屯的七届全国人大代表职务,根据《全国人民代表大会议事规则》的有关规定,相应撤销许家屯的七届全国人大常委会委员的职务。

国家主席杨尚昆签署第41号令公布《中华人民共和国国徽法》

《中华人民共和国国徽法》已由中华人民共和国第七届全国人民代表大会常务委员会第十八次会议于1991年3月2日通过,现予公布,自1991年10月1日起施行。

中华人民共和国主席 杨尚昆

1991年3月2日

中华人民共和国国徽法

第一条 为了维护国徽的尊严,正确使用国徽,根据宪法,制定本法。

第二条 中华人民共和国国徽,中间是五星照耀下的天安门，周围是谷穗和齿轮。

中华人民共和国国徽按照 1950 年中央人民政府委员会通过的《中华人民共和国国徽图案》和中央人民政府委员会办公厅公布的《中华人民共和国国徽图案制作说明》制作。

第三条 中华人民共和国国徽是中华人民共和国的象征和标志。

一切组织和公民，都应当尊重和爱护国徽。

第四条 下列机构应当悬挂国徽：

(一)县级以上各级人民代表大会常务委员会；

(二)县级以上各级人民政府；

(三)中央军事委员会；

(四)各级人民法院和专门人民法院；

(五)各级人民检察院和专门人民检察院；

(六)外交部；

(七)国家驻外使馆、领馆和其他外交代表机构。

乡、民族乡、镇的人民政府可以悬挂国徽，具体办法由省、自治区、直辖市的人民政府根据实际情况规定。

国徽应当悬挂在机关正门上方正中处。

第五条 下列场所应当悬挂国徽：

(一)北京天安门城楼，人民大会堂；

(二)县级以上各级人民代表大会及其常务委员会会议厅；

(三)各级人民法院和专门人民法院的审判庭；

(四)出境入境口岸的适当场所。

第六条 下列机构的印章应当刻有国徽图案：

(一)全国人民代表大会常务委员会，国务院，中央军事委员会，最高人民法院，最高人民检察院；

(二)全国人民代表大会各专门委员会和全国人民代表大会常务委员会办公厅、工作委员会，国务院各部、各委员会、各直属机构、国务院办公厅以及国务院规定应当使用刻有国徽图案印章的办事机构，中央军事委员会办公厅以及中央军事委员会规定应当使用刻有国徽图案印章的其他机构；

(三)县级以上地方各级人民代表大会常务委员会、人民政府、人民法院、人民检察院，专门人民法院，专门人民检察院；

(四)国家驻外使馆、领馆和其他外交代表机构。

第七条 下列文书、出版物等应当印有国徽图案：

(一)全国人民代表大会常务委员会、中华人民共和国主席和国务院颁发的荣誉证书、任命书、外交文书；

(二)中华人民共和国主席、全国人民代表大会常务委员会委员长、国务院总理、中央军事委员会主席、最高人民法院院长和最高人民检察院检察长以职务名义对外使用的信封、信笺、请柬等；

(三)全国人民代表大会常务委员会公报、国务院公报、最高人民法院公报和最高人民检察院公报的封面；

(四)国家出版的法律、法规正式版本的封面。

第八条 外事活动和国家驻外使馆、领馆以及其他外交代表机构对外使用国徽图案的办法，由外交部规定，报国务院批准后施行。

第九条 在本法规定的范围以外需要悬挂国徽或者使用国徽图案的，由全国人民代表大会常务委员会办公厅或者国务院办公厅会同有关主管部门规定。

第十条 国徽及其图案不得用于：

(一)商标、广告；

(二)日常生活的陈设布置；

(三)私人庆吊活动；

(四)国务院办公厅规定不得使用国徽及其图案的其他场合。

第十一条 不得悬挂破损、污损或者不合规格的国徽。

第十二条 悬挂的国徽由国家指定的企业统一制作，其直径的通用尺度为下列三种：

(一)一百厘米；

(二)八十厘米；

(三)六十厘米。

在特定场所需要悬挂非通用尺度国徽的，报国务院办公厅批准。

第十三条 在公众场合故意以焚烧、毁损、涂划、玷污、践踏等方式侮辱中华人民共和国国徽的，依法追究刑事责任；情节较轻的，参照治安管理处罚条例的处罚规定，由公安机关处以十五日以下拘留。

第十四条 县级以上各级人民政府对国徽的使用，实施监督管理。

第十五条 本法自 1991 年 10 月 1 日起施行。

第七届全国人大常委会第十八会议通过《关于批准加入〈关于向国外送达民事或商事司法文书和司法外文书公约〉的决定》

第七届全国人大常委会第十八次会议通过《全国人大常委会关于加强社会治安综合治理的决定》

为了维护社会治安秩序，维护国家和社会的稳定，保障改革开放和社会主义现代化建设的顺利进行，为全面实现国民经济和社会发展的十年规划及“八五”计划创造良好的社会治安环境，必须加强社会治安综合治理。为此，特作如下决定：

一、加强社会治安综合治理，是坚持人民民主专政的一项重要工作，也是解决我国社会治安问题的根本途径。社会治安问题是社会各种矛盾的综合反映，必须动员和组织全社会的力量，运用政治的、法律的、行政的、经济的、文化的、教育的等多种手段进行综合治理，从根本上预防和减少违法犯罪，维护社会秩序，保障社会稳定，并作为全社会的共同任务，长期坚持下去。

二、社会治安综合治理必须坚持打击和防范并举，治标和治本兼顾，重在治本的方针。其主要任务是：打击各种危害社会的违法犯罪活动，依法严惩严重危害社会治安的刑事犯罪分子；采取各种措施，严密管理制度，加强治安防范工作，堵塞违法犯罪活动的漏洞；加强对全体公民特别是青少年的思想政治教育和法制教育，提高文化、道德素质，增强法制观念；鼓励群众自觉维护社会秩序，同违法犯罪行为作斗争；积极调解、疏导民间纠纷，缓解社会矛盾，消除不安定因素；加强对违法犯罪人员的教育、挽救、改造工作，妥善安置刑满释放和解除劳教的人员，减少重新违法犯罪。

三、要善于运用法律武器，搞好社会治安综合治理。全国人民代表大会及其常委会通过的刑事的、民事的、行政的、经济的等方面的法律，为社会治安综合治理提供了有力的法律武器和依据。各级国家机关、社会团体、企业、事业单位必须严格依法办事。全体公民要学法、知法、守法，学会运用法律武器同各种违法犯罪行为作斗争。要进一步完善促进社会治安综合治理的法律、法规，把社会治安综合治理包含的打击、防范、教育、管理、建设、改造等各方面的工作纳入法制轨道。

四、各部门、各单位必须建立综合治理目标管理责任制，做到各尽其职、各负其责、密切配合、互相协调。各级人民政府要把社会治安综合治理纳入两个文明建设的总体规划，切实加强对社会治安综合治理工作的领导。要从人力、物力、财力上给予支持和保障。人民法院、人民检察院和政府的公安、安全、司法行政等职能部门，特别是公安部门，应当在社会治安综合治理中充分发挥骨干作用。要采取有效措施，充实维护社会治安的力量，改进预防和惩治犯罪活动的技术装备，切实提高国家执法队伍的素质。各机关、团体、企业、事业单位应当落实内部各项治安防范措施，严防发生违法犯罪和其他治安问题。各部门应当督促下属单位，结合本身业务，积极参与社会治安的综合治理，充分发挥各自的作用。

五、加强社会治安综合治理，必须发动和依靠广大人民群众。各级人民政府应当动员和组织城镇居民和农村村民以及机关、团体、企业、事业单位的职工、学生，建立群众性自防自治的治安保卫组织，开展各种形式的治安防范活动和警民联防活动。市、县人民武装部门要积极组织民兵参与维护社会治安。要加强基层组织建设和制度建设，把各项措施落实到基层单位，形成群防群治网络。要充分发挥村民委员会、城市居民委员会维护社会治安的积极作用。地方各级人民政府要切实加强对群众性治安保卫组织的指导和监督。治安保卫组织应严格依法办事，保护公民的合法权益。

六、要把社会治安综合治理的责任与单位和个人的政治荣誉、经济利益紧密结合起来，建立奖惩制度。对参与社会治安综合治理工作成绩显著的单位和个人以及与违法犯罪分子斗争的有功人员给予表彰奖励；对与违法犯罪分子斗争中负伤、致残人员要妥善治疗和安置；对与违法犯罪分子斗争中牺牲人员的家属给予抚恤。对因社会治安综合治理措施不落实而发生重大刑事案件和重大治安事件，致使国家利益和人民生命财产遭受重大损失的单位，应当依法追究其直接负责的主管人员的责任。

七、社会治安综合治理工作由各级人民政府统一组织实施，各部门、各方面齐抓共管，积极参与。各级人民政府应当采取组织措施，协调、指导有关部门、方面做好社会治安综合治理工作。

各级人大常委会对社会治安综合治理工作应当经常进行监督检查。要听取政府、法院、检察院关于综合治理工作的汇报，要组织代表、委员督促检查综合治理工作的开展和落实的情况，积极关心社会治安综合治理，提出意见、建议，以保证社会治安综合治理工作健康深入地开展。

第七届全国人大常委会发布《关于撤销许家屯全国人大常委会委员职务的公告》

广东省人民代表大会常务委员会已通过决定罢免许家屯的第七届全国人民代表大会代表的职务，根据《全国人民代表大会议事规则》第四十条“全国人民代表大会常务委员会组成人员专门委员会成员的全国人民代表大会代表职务被原选举单位罢免的，其全国人民代表大会常务委员会组成人员，专门委员会成员的职务相应撤销，由主席团或者全国人民代表大会常务委员会予以公告”的规定，相应撤销许家屯的第七届全国人民代表大会常务委员的职务。特此公告。

第七届全国人民代表大会常务委员会

1991 年 3 月 2 日

第七届全国人大常委会第十八次会议通过《全国人大常委会关于深入开展法制宣传教育的决议》

从 1986 年开始实施的第一个普及法律常识五年规划，已经取得了明显效果。但是，距离我国法制建设的需要还有相当大的差距。为了加强社会主义民主法制建设，全国人大常委会认为有必要在认真总结第一个五年普法经验的基础上，从 1991 年起，实施普及法律常识，加强法制宣传教育的第二个五年规划，进一步提高广大干部群众的法制观念，保障宪法和法律的实施，坚持依法办事，促进依法治国和依法管理各项事业，为国民经济和社会发展十年规划和“八五”计划的顺利实施，为改革、开放创造良好的法制环境，促进国家的政治稳定、经济振兴和社会发展，特作决定如下：

一、实施法制宣传教育的第二个五年规划，要以宣传、学习《中华人民共和国宪法》为核心，普及《中华人民共和国行政诉讼法》、《中华人民共和国义务教育法》、《中华人民共和国集会游行示威法》、《中华人民共和国国旗法》、《中华人民共和国婚姻法》、《关于禁毒的决定》、《关于惩治走私、制作、贩卖、传播淫秽物品的犯罪分子的决定》等法律的基本知识；同时要有针对性地选学民事的、刑事的和国家机构的基本法律的有关内容。各部门、各单位要有计划、有步骤、分层次地学习和熟悉同本部门、本单位的工作密切相关的经济等方面的专业法律知识。各地区要结合本地的实际情况，选学有关的法律、法规。

二、第二个五年法制宣传教育的重点对象是各级领导干部、执法干部、宣传教育工作者和青少年。高级干部更要带头学法、守法，依法办事，为全国人民作出表率。

三、要从培养新一代社会主义事业接班人的高度，在大、中、小学以及其他各级各类学校，设置法制教育必修课程，编好大、中、小学不同水平要求的课本，充实法制教育内容并列入教学计划，切实加强对在校学生的法制教育。要在第一个五年普法的基础上，进一步改进和完善学校的法制教育，努力实现法制教育的制度化，切实提高青少年学生的法律素质，增强他们的法制观念。

四、在学习中要坚持理论联系实际、学法用法相结合的原则。在实施法制宣传教育第二个五年规划中，要把依法行政和依法管理各项事业，切实列入各级领导的议事日程；要订好规划，抓好落实，有针对性地、严肃认真地开展执法情况的调查，坚决纠正有法不依、执法不严、违法不究等现象。学法的成果要切实落实在依法办事上，并将这一点作为考核学法成绩的一项主要标准。

五、深入持久地开展法制宣传教育，促进各项事业的依法管理，必须在中国共产党的领导下，动员和依靠全社会的力量。一切国家机关和武装力量、各政党和各社会团体，各企业、事业组织都应当认真向本系统、本部门、本单位的公民进行法制教育，积极开展依法管理工作。各级人民代表大会常务委员会和人民政府要加强对本决议实施的领导和检查，制定切实可行的规划，采取强有力的措施，认真贯彻执行。

国家主席杨尚昆签署第 42 号任免令任免侯捷林汉雄等人

根据中华人民共和国第七届全国人民代表大会常务委员会第十八次会议一九九一年三月二日的决定：

一、免去林汉雄的建设部部长职务。任命侯捷为建设部部长。

二、免去钱永昌的交通部部长职务。任命黄镇东为交通部部长。

中华人民共和国主席　杨尚昆

一九九一年三月二日

中共中央政治局常委中央党校校长乔石在中央党校 1991 年春季开学典礼上发表讲话

乔石在开学典礼讲话，要求全党干部，特别是党的高中级干部，认真学习和运用马克思主义的基本理论，分析、研究现实中出现的新情况和新问题，特别是深入研究经济建设和改革开放中遇到的重大现实问题，探索解决新问题的途径，努力做好建设有中国特色的社会主义这篇大文章。

乔石说，我们要在本世纪末实现第二步战略目标，最根本的一条就是要坚定不移地贯彻执行党的基本路线，坚持十一届三中全会以来已被实践证明是正确的和行之有效的方针、政策，全党上下团结一致，团结一切可以团结的力量，调动一切积极因素，把经济建设搞上去。

乔石指出，将生产力的发展看作社会进步的基本决定因素，是马克思主义历史观的一个根本特点。大力发展生产力是社会主义的根本任务。只有坚持“一个中心，两个基本点”的基本路线，保持社会稳定，专心致志地发展社会生产力，全力以赴地完成十年规划提出的各项任务，社会主义的优越性才能更好地体现出来，社会主义制度才能巩固和发展，才能为下个世纪全面实现第三步战略目标打好基础。认真贯彻十三届七中全会精神的重要意义也在这里。

乔石说，我们要抓住机遇，克服困难，开拓局面，实现第二步战略目标，一个非常重要的条件，就是必须有一大批忠诚于马克思主义、自觉贯彻党的基本路线、勇于开拓有中国特色社会主义新局面的党的干部。他希望党校的全体教师、学员为实现这个光荣而重大的历史使命而努力。

在谈到如何正确地自觉地贯彻执行党的基本路线的问题时，乔石认为必须在实践中不断总结正反两方面的经验，这就要求党的干部，特别是党的高中级干部必须十分重视马克思主义基本理论的学习和运用。他说，党的基本路线是马克思主义的基本原理同中国现代化建设的具体实际相结合的产物。不掌握马克思主义的科学的世界观和方法论，就不能全面正确地理解党的路线的精神实质，也很难正确地加以贯彻执行。他强调学习马克思主义理论的根本方法是联系实际。他说，当前，理论联系实际的重点是认真领会十三届七中全会通过的《建议》的精神，全面掌握其中提出的原则和政策，努力加深对社会主义现代化建设客观规律的认识。

乔石最后希望全党同志认真学习和研究党的历史，继承和发扬党的优良传统和作风，坚定不移地贯彻执行党的基本路线，转变作风，力戒空谈，扎实工作，以新的成绩庆贺党的70岁生日。

中华全国总工会十一届九次主席团会议结束

全总主席倪志福主持会议。会议通过决议，号召全国职工弘扬主人翁精神，发挥主力军作用，为实现我国建设的第二步战略目标建功立业。

《决议》号召全国职工进一步广泛开展"学先进，做主人，比贡献，创一流"活动。更加有效地开展以提高经济效益为中心的社会主义劳动竞赛，开展合理化建议和发明创造活动，在本单位、本地区、本产业，争创一流产品、一流质量、一流效率、一流服务、一流工作。为搞活企业，特别是国营大中型企业献计出力。

《决议》还要求广大知识分子要积极为发展我国的文化科技教育事业继续作出贡献。科技人员要走上经济建设的主战场，推动科技成果尽快转化为现实生产力。

全国农村经济工作经验交流会闭幕

国务院副总理田纪云作了总结讲话。

国务院召开的这次会议，为期6天，来自各省、直辖市、自治区及计划单列市政府主管农村工作的负责同志，中央和国务院各有关部门的负责同志，总结交流了稳定政策、深化改革、进一步发展农村商品经济、农业社会化服务、农田水利基本建设、农业综合开发、科技教育兴农等方面的经验，研究部署了夺取今年农业丰收和今后10年及"八五"的农村工作。

国务院副总理田纪云在全国农村经济工作经验交流会闭幕会上发表题为《总结经验 加强领导 保持农业长期稳定发展》的讲话

同志们：

这次会议主要是深入领会党的十三届七中全会精神，总结交流农村经济工作经验，研究如何认真抓好今年的工作。今天，我想着重就如何领会贯彻七中全会精神，总结经验，加强领导，保持农业和农村经济长期稳定发展的问题，谈一些看法和意见。

一、深入领会七中全会精神，明确今后十年和"八五"时期农业指导方针

不久前举行的党的十三届七中全会，是开创我国未来十年，实现社会主义现代化建设第二步战略目标的重要会议。这次会议，在科学总结十一届三中全会以来的成就和经验，正确分析国内外形势的基础上，根据建设有中国特色的社会主义的总要求，确定了今后十年和"八五"期间的奋斗目标、方针、任务和政策，以及深化改革和扩大开放的部署、措施。全会动员全党同志和全国人民在已经实现第一步战略目标的基础上继续奋斗，力争到本世纪末国民生产总值再翻一番，人民生活达到小康水平，为我国在下个世纪中叶实现第三步战略目标奠定基础。在世界风云变幻多端，经济竞争更加剧烈的形势下，我们能否实现第二步战略目标，把国民经济和社会发展的整体素质提高到一个新的水平，直接关系到我国社会主义的兴衰成败，关系到中华民族的前途命运。因此，今后十年是我国社会主义现代化建设进程中非常关键的时期。我们一定要以高度的历史责任感和时代紧迫感，充分利用80年代改革开放和现代化建设所创造的成功经验，进一步巩固和发展安定团结的政治局面，集中力量搞好经济建设，继续坚定不移地推进改革开放，沿着建设有中国特色的社会主义道路前进，为到本世纪末顺利地实现第二步战略目标作出最大的努力。

农业是七中全会讨论的一个重要议题。为了实现第二步战略目标，全会提出，要把大力加强和发展农业作为今后十年和"八五"时期国民经济建设的重点。明确指出："解决11亿人口的吃饭问题是头等大事，是经济发展、社会安定、国家自立的基础。"对于农业地位的这种阐述，表明对农业重要性的认识又深化了一步。不仅从国民经济发展的全局来考察农业，而且从经济、社会、政治和国家安全的综合角度来考察农业，从而在更大范围内和在更高层次上明确了农业的重要地位。

必须看到，农业既属于经济范畴，又与社会问题和政治问题联结在一起。从经济角度来看，农业是人类生活的衣食之源，农产品是工业发展的重要原料，农村是商品经济的广阔市场。尤其在中国这样一个人口超过世界1/5、耕地仅占世界7%的大国，农业所承受的沉重压力是其他任何国家都无法比拟的。80年代我国农业基本满足了11亿人口温饱的消费需求，九十年代我国农业将要满足12亿以上人口小康水平的消费需求。人口数量的增加，消费需求的提高，决定了我国农业只能不断加强，不能有丝毫削弱。从社会角度来看，农业能否稳定发展，能否提供与人们生活水准逐步提高这个基本趋势相适宜的农产品，是关系到能否进一步巩固工农联盟，维护社会安定的至关重要的因素。

正如人们常说的：有粮则稳，无粮则乱；五谷丰登，国泰民安。从这个意义上说，农业是安定天下的产业。从政治角度来看，我们国家的自立能力在相当大程度上取决于农业的发展。我国是一个人口众多的社会主义国家，如果农产品不能保持基本自给，过多地依赖进口，必将受制于人。一旦国际政局变化，势必陷入被动，甚至危及国家的安全。十多年来，我国的经济改革和经济发展之所以能够取得举世瞩目的成就，其中一个关键因素就是我国的经济改革是从农村开始的，农村改革有力地促进了农业生产的发展，为整个经济改革和经济发展创造了极为有利的条件。这是我国改革成功的一项重要经验。无论是国际的还是国内的情况都一再证明，任何时候都不能放松农业。即使到本世纪末，实现了第二步战略目标，甚至将来我们富起来了，人均国民生产总值达到几千美元了，也不能放松农业。农业永远是经济和社会发展的不可动摇的基础产业。

正是由于农业所处的重要地位，七中全会提出，今后十年和“八五”时期农业发展的主要任务是：粮食生产要先后登上4.5亿吨和5亿吨两个台阶，并以保证粮棉稳定增长为重点，促进农业生产全面发展；大力加强林业建设；进一步发展畜牧业、水产业和乡镇企业，振兴农村经济。实现这个任务是十分重要的，也是十分艰巨的。之所以重要，是因为完成这个任务，是实现第二步战略目标的一项重要保证。我国是个农业大国，农业在国民生产总值中的比重，虽然随着工业化程度的提高会逐步下降，但是它占有的重要地位是不会变的。没有农业的相应发展，国民生产总值再翻一番，人民生活达到小康水平，都难以实现。七中全会指出，小康水平，是在温饱的基础上，生活质量进一步提高，达到丰衣足食。而没有农业的发展，是谈不上丰衣足食的。因此，七中全会提出的发展农业的任务是必须完成的。但是，也要清醒地看到完成这个任务的艰巨性。现在我国每年增加人口1700万左右，到本世纪末人口总数很可能突破12.5亿，对农业的需求将越来越大。这就要求我们，一方面要抓好计划生育，严格控制全国人口，特别是农村人口的过快增长，一方面要抓好农业生产，保持农产品的稳定增长。目前我国粮食、棉花稳定的生产能力为4亿多吨和400多万吨，要登上粮食5亿吨、棉花500万吨的台阶，还有相当的差距，需要付出巨大的努力。

为了保证农业奋斗目标的如期实现，七中全会提出，必须采取若干重大措施。概括起来，有这么几个主要方面：（一）把实行以家庭联产承包为主的责任制，建立统分结合的双层经营体制，作为农村集体经济的一项基本制度长期稳定下来，并不断加以完善。（二）要把积极发展社会化服务体系，健全和完善统分结合的双层经营体制，逐步壮大集体经济实力，作为深化农村改革的重点。同时，积极改革农产品流通体制，疏通、开拓农产品流通渠道。（三）从中央到地方各级政府都要提高农业投资的比重，建立和健全集体经济的积累制度，加强农业、水利、林业等基本建设和农业综合开发，改善生产条件，提高综合生产能力。同时，大力保护和合理利用耕地、草场和森林资源。（四）继续抓好“科技、教育兴农”，提高广大农民科学文化素质，加强先进农业科技成果的推广应用。（五）把扶持贫困地区人民脱贫致富，作为党在农村一项长期的经济任务和政治任务。提倡经济比较发达的沿海省、市，对口帮助内地经济比较落后的省、区，加快经济发展。

七中全会对农业所作出的这些重大决策和措施，进一步体现了农业靠政策、靠科技、靠投入的基本精神，是今后十年和“八五”时期农业的基本指导方针。特别是全会明确指出的实行以家庭联产承包为主的责任制，建立统分结合的双层经营体制，适合现阶段我国农村生产力水平，要把它作为基本制度，长期稳定，不断完善，是对农村这项重大改革成果的科学总结、高度评价和充分肯定。它反映了亿万农民的意愿，体现了我们党同农民心连心，有利于消除一切怕变的心理和疑虑，从而进一步激发农村广大干部群众的生产积极性。各级政府和有关部门，都应当认真学习和广泛宣传七中全会关于农业发展的方针、任务和政策，使农民家喻户晓。要以七中全会精神，来统一思想、统一行动。这是农村经济稳定、持续发展的保证。

二、认真总结经验，提高农村经济工作的领导水平

尊重群众的首创精神，及时总结推广来自实践的经验，是我们党长期坚持的“从群众中来、到群众中去”这个优良传统的体现，是我国社会主义现代化建设事业得以持续发展的真谛所在，也是在新的历史时期不断提高各级干部领导水平的重要途径。80年代我国农村从家庭联产承包责任制开始的一系列重要改革，都是在总结实践经验的基础上提出来的。今后十年，我们在实现第二步战略目标的过程中，仍然要坚持从实际出发，认真总结和运用为实践所证明了的有益经验，及时解决出现的各种问题，推动农村的改革和发展。这次会议，通过现场参观和相互交流，展示了农村经济发展的新水平、新经验，值得我们很好地研究和汲取。

（一）要把大力发展农产品流通放在农村经济工作的重要位置上来

80年代农业发展给我们提出了一个新问题是，如何组织领导好农村中有计划的商品经济。今后，我们抓农业必须生产、流通一起抓，不能只是就生产抓生产。目前我国农产品的商品率已经达到60%以上，这

标志着农业逐渐摆脱自给半自给状态,开始进入商品经济的新阶段。在商品经济条件下,生产决定流通,流通反作用于生产,而且在一定条件下决定生产。如果农民生产的商品卖不出去,价值不能实现,不仅农民投入的劳动得不到报偿,而且投入的生产资料也不能收回,这个损失比没有生产还大,必将使再生产难以为继,更谈不上扩大再生产。所以,生产和流通互为条件,互相制约相辅相成。近两年农业连续丰收,很多地方出现卖粮难、卖其他农产品难的问题,并因此导致市场价格下跌幅度过大,有的地方农民增产不增收,甚至减收。据国家统计局统计,去年全国农民纯收入扣除物价上涨因素,实际只增长1.8%。大丰收之年,农民增收不多,是值得我们高度重视的问题。在我们这个11亿人口的大国里,从总体看,从长远看,农产品还是相对不足的。为什么又出现卖难呢?根本问题在于流通滞后,在于流通设施、流通体制、宏观调控手段等各个环节,不适应日趋商品化、现代化的农业的发展需要。解决流通问题,就是保护和激励农民的生产积极性,就是保护农业生产力,就是为农业扩大再生产、攀登新台阶创造条件。解决卖难问题,就是关心群众利益,就是全心全意为人民服务,就是加强党和政府同群众的密切联系。我们必须从思想上把流通摆在与生产同等重要的地位,在工作上要像抓生产那样抓好农产品流通。

从各地的实践来看,搞活农产品流通,有这样几个方面的经验和问题是值得重视的:

第一,该管的要管好,该放的要放开,把计划经济与市场调节有机地结合起来。社会主义需要市场,资本主义也并非没有计划。不要把市场看作资本主义独有的,专为资本主义服务的东西。有商品生产就必须有市场,没有市场的商品生产是难以存在的。在这方面也有一个破除迷信、解放思想的问题。按照党和国家的现行政策,在农产品流通领域,除了棉花、蚕丝、烟草实行专营以外,粮食、油料在完成国家定购任务以外的部分,以及其他已经放开的农副产品,必须真正放开经营,实行市场调节,严禁地区封锁,打破人为的行政壁垒。在加强流通领域必要管理的前提下,要下决心撤除一切不利于商品流通的关卡,取消乱收费和乱罚款的不正当行为。城市要为农产品进城创造条件,为居民生活提供方便。工商、税务、公安、交通等有关部门,共同做好工作,该管的管好,该放的真正放开搞活。做到货畅其流,发展全国统一市场。

第二,在积极发挥国营商业、外贸和供销合作社主渠道作用的同时,进一步鼓励和引导农民进入流通领域,坚定不移地实行多渠道流通。兴旺繁荣的商品生产必须要有发达的商品流通来支撑,而发达的流通显然不可能是单一渠道,独家经营和封闭运行。“没有主渠道不稳,没有多渠道不活”,这句话是有道理的。我国有4亿多农村劳动力,除了从事农业生产和进入乡镇企业,必须有相当部分要进入流通领域。这既是商品经济发展的必然结果,也是农村就业形势的客观要求。因此,应当积极支持和组织农民参与流通,保护集体和个人的合法经营权益。同时,用政策、法规积极加以引导和管理,兴利除弊,提高流通领域的规范化和组织化程度。

第三,有计划地发展农产品批发市场,实行产销直接见面。多年来,我们碰到的一个难题,是产销不协调、不稳定,东西少时“大战”四起,多时谁也不要,造成生产大起大落,对生产者和消费者都不利。根据国内外的经验,建立批发市场,使产销直接见面,逐步发展期货贸易,有利于稳定供求关系,防止各种大战和农产品市场波动,降低中间流通的成本。同时,也应允许生产者和原料基地直接与加工企业建立一批农产品批发市场,取得了初步经验。去年经国务院批准,在郑州建立了小麦批发市场,后来江西、安徽、吉林又相继建立了九江、芜湖、梅河口大米批发市场,下一步还要考虑建立玉米、大豆等其他农副产品批发市场,把除了专营和定购以外的粮、油、猪、羊毛等大宗主要农副产品逐步推向规范化的市场交易的轨道。我们看到的寿光县蔬菜批发市场办得是很好的,不仅解决蔬菜的流通问题,而且带动了一大批服务业的兴起。建立批发市场和逐步发展期货贸易,是为创建正常的农产品流通秩序提供组成部分。尤其是期货交易,更多地依靠法律和契约的制约,签订了合同就得执行。近几年撕毁合同、不契约协议的现象较多,应该在市场的法制化和规范化过程中逐步消除。这也是农产品流通领域治理整顿和深化改革的一个重要任务。农产品价格改革问题,要在群众、企业和国家承受能力的范围内,有计划地进行,逐步理顺。

第四,加强流通基础设施建设。我国的农产品流通设施,特别是储藏设施,是在过去商品率比较低的情况下形成的,多年来发展缓慢,有的老化失修,不适应农村商品经济发展的需要,矛盾十分突出。目前的卖粮难,主要是缺乏仓储条件而收购不进来。为了改变这种状况,要动员参与流通的各方面力量,发展建设仓储、冷库、运销和加工的基础设施。今后要把增加流通基础设施的建设,列入各级政府基本建设计划。大型农业开发项目和商品基地建设,要把生产与流通一并考虑,树立完整的发展商品经济的观念。

(二)要把发展农业社会化服务体系、完善双层经营体制作为深化农村改革的重点

我国农村改革中建立起来的集体经济的双层经营

体制，是保证 80 年代农业大发展和 90 年代再登新台阶的一项基本制度。但目前这项制度还不够完善，主要是多数地方统一经营这个层次比较薄弱，应当向家庭承包经营这个基础层次提供的服务跟不上，不利于进一步发挥家庭承包经营的活力和集体统一经营的优越性，不能适应生产力发展和科技推广运用的需要。因此，下一步要把发展农业社会化服务体系、完善双层经营体制，使集体统一经营的优越性和家庭承包经营的积极性结合起来，扬长避短，相互促进，作为农村深化改革的重点。在有条件的地区，根据农民自愿，可以因地制宜，采取不同形式实行适度规模经营。特别是新开发的资源，包括荒地、荒滩、荒坡、荒水等，从一开始就要实行适度规模经营。而在实行规模经营的地方，更需要发展社会化服务。

加强农业社会化服务体系建设，是农业再上新水平的一条基本途径。家庭承包经营，具有高度的责任心和旺盛的积极性。但也有它的局限性，就是大家都看到的，产前、产中、产后都有一些事是一家一户干不了和干不好的；还应当看到，即使那些干得了的事情，由于一家一户劳动者素质和生产条件不同，其经营效益差别也很大。通过分工分业，向农户提供高质量的统一服务，可以解决这些难题，节省人力财力，消除家庭承包经营的不平衡性，普遍提高生产水平。去过桓台县的人，都看到庄稼的长势一个样，这就是他们“五统一”服务的结果，是实现亩产吨粮的基本经验。

加强集体经济组织本身的服务功能，为农户提供服务，这是主要的，同时还要动员社会各方面的力量，相互配合，大力协同，建立健全农业社会化服务体系。从这次会议参观和交流的经验看，有乡村集体经济组织建立的社区服务，有农林水利部门的基层各种站（农技战、农机站、水管站、林业站、畜牧兽医站、经营管理站）的服务，有供销、商业、外贸等部门的服务，有各级科技科研部门、大中专院校的服务，有农民联合体、专业户的服务。还有农业综合开发，对建设农业机械化，发展生产服务，也起了很大作用。从诸城的经验看，以某种产品为龙头，办服务实体，如外贸部门牵头办的食品加工厂，下连千家万户，上连国内外市场，发展产供销一条龙、贸工农一体化的系列服务，有生气，有活力，有前途，很受农民欢迎，值得重视和提倡。总的来看，一个多渠道、多形式、多层次的服务体系，已经开始在大部分地区不同程度地建立和展开，正在发挥着越来越大的作用。就全国各类地区来看，情况千差万别，服务体系的形式、内容，要因地制宜，从经济发展的需要出发，需要什么就干什么，有条件干什么就干什么，适合什么形式就发展什么形式。总之，要因地制宜，积极创造条件，逐步发展。不能设置障碍，不能操之过急，不能强求一律。只要能够解决实际问题，农民们欢迎，都要给予支持。同时，社会化服务要遵循价值规律，提倡低利有偿服务。实行自愿原则，尊重农户经营的自主权。不可过多的增加管理人员，加大服务费用。

（三）要把农业开发作为攀登农业新台阶的战略措施来抓

近几年我国农业发展出现了一个新特点，就是从人口多、耕地少、农产品供求矛盾将长期存在的实际情况出发，实行常规农业和开发农业两手抓，为提高农业的综合生产能力和开发利用新资源打开了新局面。各级政府要把开发农业摆在重要议事日程，坚定不移地抓下去。

农业综合开发要注重向深度和广度进军，不断增加市场需求的农产品总量。在深度上，要始终坚持以改造中低产田、提高单产为重点，充分挖掘现有农业资源的增产潜力，这样投资少、见效快、效益高。在广度上，要有计划有重点地开发新的农业资源。资金投向相对集中，要一片一片地干，干一片成一片，受益一片，决不撒胡椒面，不要一哄而起。同时，农业综合开发要和扶贫开发、农田水利基本建设、山区小流域治理、植树造林、以工代赈等，在同一地区密切结合，相互配套，从宏观上构成大规模的整体开发工程。

无论是开发农业还是常规农业，都要发挥“科技、教育兴农”的作用，把保证开发质量和效益放在第一位。决不能干劳民伤财的事，防止一切形式主义的花架子。农业、科技、教育部门要搞好“农、科、教”结合，共同致力于农业和农村经济的发展。

除此以外，还要重申：坚持山水田林路综合治理，提高农业综合开发的经济效益、社会效益和生态效益；坚持资金有偿投放，回收周转，滚动使用，建立有活力的农业开发机制；坚持把农业开发与农民的切身利益结合起来，落实各项优惠政策，对多数群众参加的工程一定要实行协作互利、等价交换的原则，使农业开发保持长久的生命力；坚持在各级政府领导下，有关部门密切协作，相互支持，共同努力搞好农业综合开发这项宏伟事业。

（四）要把引导乡镇企业继续健康发展作为农村经济工作的一项重要任务

党的十一届三中全会以来，乡镇企业异军突起，已经成为农村经济不可缺少的重要支柱，成为国民经济中不可替代的重要组成部分。不仅在发挥农村人力资源作用、增加农民收入、促进农业发展、繁荣农村经济和文化生活、更新农民观念方面起到了重大作用，而且在提供财政收入、发展出口创汇、推进我国工业化进程、缩小城乡差别和工农差别方面也作出了重要贡献。今后十年和“八五”时期，对于乡镇企业要继续积极扶持,正确引导,通过进一步治理整顿、深化改革,认真调整产业结构,保持适度增长,提高产品质量,提高经济效益,提高企业整体素质,保持稳定健康发展。根据各地的经验,必须抓好以下几点:

第一,加强产业政策指导,明确产业发展方向。

第二,重视工业小区建设,适当集中布局。

第三,既要发挥灵活机制的优势,又要加强计划指导,使乡镇企业纳入社会主义有计划的商品经济发展轨道。

第四,有条件的乡镇企业应进一步发展出口创汇产品,促进企业整体素质的提高。

(五)要把加强宏观调控作为保持农村商品经济长期稳定发展的重要措施

加强宏观调控,就是贯彻计划经济与市场调节相结合的原则,及时解决经济运行过程中出现的各种矛盾和困难,保证农村商品经济能够比较顺利地向前发展。这些年,卖难买难交替出现,生产发生大起大落现象,与宏观调控跟不上有密切关系。根据已有的经验教训,应当从多方面做好组织协调工作。

第一,搞好丰歉协调,保持市场和生产的相对稳定。

第二,搞好产销协调,建立合理的区域分工和统一市场。

第三,搞好国内生产与进出口协调,做到以生产定进口,以出口定生产。

第四,搞好部门协调,为农村商品经济发展创造有利的环境。

(六)要把加强县级工作作为推进农村深化改革的重要环节

在农村经济发展和深化改革中,会不断地遇到一些新问题,需要摸索实验,开拓前进。在解决这些新问题方面,看来县(市)级党委和政府在国家宏观政策的指导下,能够发挥更多的积极性和创造性,起到勇于探索、开拓创新的作用。县级经济是整个国民经济大系统中的一个子系统,各产业和行业一般门类比较齐全,又有国家宏观管理部门的下设机构,在县委、县政府的统一领导下,相对比较容易组织协调,具备解决一些综合性问题的条件。同时,县级经济是以农业和农村为主体,最接近基层,接近农村经济建设第一线,有利于从当地实际出发,因地制宜作出切合实际的决策和采取行之有效的措施。希望各县(市)级党政领导在省、地的领导和帮助下,发挥更大的主动性和创造性。

那么县级经济如何在今后的农村发展和改革中发挥更大的作用呢?根据这次会议参观和交流的经验,要着重提倡两点:(一)县一级的领导班子要团结一致,振奋精神,积极主动地开展工作。(二)积极稳妥地进行县级经济发展方面的深化改革。

三、扎扎实实做好今年工作,争取农业持续丰收

去年我国农业获得了空前的全面丰收,对市场繁荣,经济发展,社会稳定起了重大作用。这是从中央到地方,加强领导,稳定政策,增加投入,科技兴农,各行各业支援农业的结果。对此,要充分肯定。

今年的农业和农村工作,党中央、国务院已经在去年12月专门发了《通知》,提前作了安排。我们要联系实际,针对今年的各种不利因素,采取有力的具体对策,扎扎实实地搞好各项工作,把中央、国务院的《通知》落到实处。今年要着重抓好以下几项工作:

第一,稳定粮食面积提高单产,争取总产稳定增长。

第二,把增加农业投入尽快落实在计划中,落实在行动上,为了支持农业的发展,今年国家将安排多项资金用于农业的开发和建设。各级地方政府都要相应增加农业的投资规模。同时建立健全集体经济的积累制度,继续实行"以工补农"、"以工建农",鼓励和引导农民增加投入。

第三,加强支农工业,保证农用物资的供应。

第四,继续抓紧农产品收购,组织工业品下乡。

第五,加强农业第一线科技队伍的建设。

第六,及早动手做好抗灾准备工作。

第七,切实抓好林业生产建设。

我相信,只要我们继续坚持执行党的基本路线,继续坚定不移地沿着建设有中国特色的社会主义道路前进,认真坚决地贯彻落实十三届七中全会的精神,脚踏实地努力工作,夺取今年丰收和登上农业发展的新台阶是大有希望的。

财政部副部长项怀诚在全国农村经济工作交流会上就财政与农业的关系向《人民日报》记者发表谈话

项怀诚说:"认真贯彻党的十三届七中全会精神,继续增加农业投入,加强资金管理,确保使用效益,是财政支农工作的中心任务。"

在阐述财政与农业的关系时,项怀诚说,农业是国民经济的基础,也是财政发展的基础。建国40多年的实践证明,什么时候农业稳步发展了,财政就能稳步增长;什么时候农业出现波折,财政日子就不好过。因此,不断加强财政支农始终是财政部门的基本政策。他说,"七五"时期,国家财政在十分困难的情况下,不仅保证了原有支农资金的渠道和规模,而且努力增加投入,开辟了农业综合开发、粮食生产、优质农产品、瘦肉型猪生产等专项资金。5年来,累计预算内投入2260亿元,其中支援农村生产和各项农业事业费831亿元,比"六五"时期增加394亿元,年均递增16.7%,远远高于同期财政支出年递增9.8%的比例。同时,国

家财政还利用预算外资金和世界银行贷款等向农业投入 450 多亿元。这对“七五”期间农业生产发展、突破徘徊局面起到了至关重要的作用。

项怀诚强调说，“八五”期间，财政部要进一步做好以下几项工作：一是要千方百计筹集支农资金，努力增加农业投入，争取逐年有所增长；二是要突出支农重点，发挥财政资金的引导、示范、推动作用，使支农资金向农业生产性支出，特别是向粮、棉、油倾斜，增加支持农村社会化服务体系建设和农业科技成果推广应用的资金投入。同时，要注意照顾尚未富裕地区的资金需求，切实帮助他们改善生产和生活条件，发展经济。三是要加强监督管理，不断完善支农资金的运行机制，确保资金的使用效益，为农业生产再上新台阶做出应有的贡献。

全国商检局长会议在北京召开

经贸部部长李岚清在全国商检局长开幕会上发表讲话。李岚清说，提高出口商品质量我国抓了两年，有一定成效，但还没有根本解决，是制约我国外贸发展的重要障碍。现在我们不少出口商品的质量问题，主要不是由设备和技术水平不高所造成，而是由于质量观念不强、管理不善造成的。

李岚清提出，在“质量、品种、效益年”里，出口生产企业和外贸企业要向质量要效益，向管理要效益，杜绝害人害己害国家的低价竞销行为，对这样的企业，将制定法规予以制裁。

李岚清希望商检部门依照《商检法》，加强对进出口商品质量的把关，帮助出口生产企业和外贸公司提高出口商品质量。

中共中央总书记江泽民、国务院总理李鹏在全国商检局长会议期间对商检工作提出要求。

江泽民讲话指出：商检工作关系到国家利益和对外信誉。广大商检职工要依法施检。既把关、又服务，为扩大对外开放多作贡献。

李鹏 3 月 4 日指出：商检部门在把好进出口商品质量关方面担负着重要的任务，为促进我国对外经济贸易的顺利发展作出了贡献。希望商检部门在对外贸易中更好地发挥质量监督管理作用，严格把关，提高我国出口商品在国际市场上的信誉与竞争能力，维护我国在进口商品中的合法权益，也希望工、贸、检及有关部门密切配合，共同搞好商检工作。

田纪云指出商检部门在质量、品种、效益年中，要把促进出口商品质量的提高作为工作重点，充分利用这个时机，促进出口生产企业提高质量、提高素质。

国家进出口商品检验局局长王久安在 3 月 5 日的会议上说，“八五”期间，要逐步完善既符合国情又适合国际惯例，产销检协作、国内外配合，具有中国特色的进出口商品检验把关体系。在今年的质量、品种、效益年中，各级商检部门不仅要严格检验把关，更重要的是帮助生产部门加强质量管理，以质取胜。其次，要加强与国际检验机构的联系，加强调研，提供信息，帮助大中型企业和企业集团开拓国际市场。王久安还提出商检部门要进一步简化手续，加快工作进度，提高工作质量和效率。

蒙古人民共和国总统彭·奥其尔巴 总理达·宾巴苏伦在乌兰巴托分别会见应邀出席蒙古人民革命党第二十次代表大会和建党七十周年庆祝活动的中共中央委员王群

解放军总政治部发出《关于表彰全军十七个学雷锋先进集体和八十三名学雷锋先进个人的通报》

外交部部长钱其琛和保加利亚部长会议副主席外长沃尔科夫在索非亚举行正式会谈

保加利亚大国民议会主席托多罗夫在索非亚议会大厦会见外交部部长钱其琛

第 15 届世界大学生冬运会在日本札幌举行

中国选手 2 枚金牌，10 枚银牌，3 枚铜牌。冬运会于 10 日闭幕。

中国选手叶乔波在荷兰海牙举行的世界杯速滑赛女子 500 米比赛中夺得第一名

国办转发国家环保局关于国家级自然保护区申报审批意见报告的通知

各省、自治区、直辖市人民政府，国务院各部委、各直属机构：

国家环保局《关于国家级自然保护区申报审批意见的报告》已经国务院同意，现转发给你们，请遵照执行。

国务院办公厅

一九九一年三月二日

关于国家级自然保护区申报审批意见的报告

国务院：

《中华人民共和国环境保护法》第七条规定：“国务院环境保护行政主管部门，对全国环境保护工作实施统一监督管理。”国务院批准的《国家环境保护局“三定”方案》和《国务院关于进一步加强环境保护工作的决定》(国发〔1990〕65 号)等有关文件明确由国家环保局负责向国务院提出国家级自然保护区的审批建议。

为了切实保障新建国家级自然保护区的质量，建设和管理好国家级自然保护区，促进我国自然保护区的发展，现就新建国家级自然保护区申报、审批的有关问题，提出如下意见：

一、关于国家级自然保护区的申报程序

各省、自治区、直辖市人民政府和国务院有关部门申报建立国家级自然保护区，应组织专家对拟建的国家级自然保护区进行认真论证，并与有关部门协商后，向国务院报送《建立国家级自然保护区申报书》（以下简称《申报书》）及有关论证材料，同时抄送国家环保局。国务院将《申报书》批转国家环保局提出审批建议。如拟建的国家级自然保护区跨省、自治区、直辖市，需经有关省、自治区、直辖市人民政府协商一致后，方可报送《申报书》。《申报书》的内容及填报要求，由国家环保局另文规定。

二、关于国家级自然保护区的审批程序

由国家环保局聘请各方面专家和有关部门代表，并经国务院环境保护委员会同意后，组成国家级自然保护区评审委员会（以下简称"评审委员会。"），负责国家级自然保护区的评审工作。评审委员会办公室设在国家环保局，负责初审各地区和各部门的申报材料（含《申报书》和有关论证材料）。申报材料符合要求的，提交评审委员会进行评审；申报材料不完备或填报内容不符合要求的，退回申报单位并说明理由。评审委员会对初审合格的申报材料进行评审，并以无记名方式进行表决。经评审委员会全体委员半数以上（含委员委托的代表或书面评审意见）同意后，由国家环保局提出审批建议，报国务院审批。评审委员会每年召开一次评审会议。

三、关于国家级自然保护区的复评

评审委员会认为不宜作为国家级自然保护区的，应说明理由，并由国家环保局负责通知申报单位。申报单位自接到通知起半年内，可向国家环保局提出复评申请。国家环保局自接到复评申请后，应在一年内组织复评。复评程序与国家级自然保护区审批程序相同。

经复评未获通过的，除非发现确有特殊价值的保护对象，一般不得再次申报或申请复评。

以上意见如无不妥，请批转各省、自治区、直辖市人民政府和国务院有关部门执行。

国家环境保护局

一九九〇年八月三十日

3月3日

国务院在济南召开全国扶贫开发工作会议

国务委员陈俊生在全国扶贫开发工作会议上发表讲话。陈俊生说，1986年国务院提出的"七五"期间解决大多数贫困地区群众温饱问题的目标虽已基本实现，但标准低，不稳定，不平衡，差别比较大。

为实现"八五"扶贫开发工作的目标，陈俊生对今后五年工作提出了这样的要求和原则：扶贫开发工作重点向最困难的地区转移，向最贫困、最落后、最偏僻的地区延伸；要从贫困地区的长期发展着眼，把改变基本生产条件作为工作的主要内容；实行综合开发，全面治理；区别情况，分类指导；明确责任，下放权力，下放资金。

在谈到"八五"扶贫的主要政策和措施时，陈俊生强调了如下诸点：第一，扶持贫困地区的各项优惠政策不变。党中央、国务院扶持贫困地区的各项优惠政策不变，各省区"七五"期间已经出台的各项优惠政策也不能变。第二，国家重点扶持的贫困县不变。第三，"八五"期间，国家每年新增5亿元专项扶贫贷款。第四，"八五"期间，国家将每年拿出10亿公斤粮食或给一部分价值相等的工业品，实行以工代赈，帮助没有解决温饱的贫困地区建设基本农田、改变基本生产条件。第五，要组织经济发达地区帮助贫困地区，走共同富裕的道路。第六，切实搞好服务体系的建设。第七，加强科教扶贫和培训工作。第八，继续动员国家机关和社会各界帮助支持贫困地区的开发建设。第九，坚持计划生育与扶贫工作相结合，控制人口过快增长。第十，建设坚强有力的基层组织，保证扶贫工作落在实处。

陈俊生就确保库存粮食安全向参加会议的各省、自治区政府负责人，提出如下要求：

一、各级政府都要充分认识做好粮食收购和储存工作的重大影响和深远意义，绝不能把这项工作当作包袱看待。我国11亿多人口，没有粮食储备是很危险的，丰收了更应注意以丰补歉。

二、对农民仍要求出售的余粮，要执行国务院的决定，按保护价收购，这样才能保护农民种粮积极性，避免谷贱伤农。各地要按中央下达的指标认真收购，也可以突破下达的指标。同时，注意防止购"过头粮"。

三、要清醒地认识今年粮食保管工作的难度，明确责任，加强对此项工作的领导。要十分明确，确保库存粮食安全，不仅是粮食部门的责任，也是各级政府的责任。各级政府主要领导要亲自过问、检查、指导、督促这项工作，对所有库存粮食、油料及棉花进行一次彻底的安全大普查，并作好经常性监测，发现隐患和漏洞要及时采取有力措施，严加防范，切实解决。

四、当务之急是搞好粮食安全度夏。要围绕这一重点迅速建立健全各种防范措施。粮食产区要克服单纯依赖调出的思想，立足本地区，作各方面的长期储存准备。要采取措施使露天存粮囤垛适应安全度夏的要求。粮食调入地区,一定要顾全大局,克服困难,按量按时调入,并努力多接收、多储存一些粮食,以减轻产粮区的压力,绝不可粮少时到处抢购、求援,粮多时拒绝调入。

五、要动员和组织社会力量协助粮食部门抓紧对不安全粮食的处理,尤其是对高水分粮的烘干晾晒工作。各地和有关部门应保证烘干晾晒所需的能源供应,解决必需的设备、器材和物资供应。财政部门应从资金上给予积极支持。粮食部门的干部和职工要进一步振奋精神,不等不靠,积极献计献策,克服困难,全心全意保管好收上来的每一斤粮食。

六、抓紧仓库建设和维修,对国家下达的粮库建设项目,要在资金、建材、施工队伍等方面优先安排,以保质保量及早投入使用,要赶在今年夏粮入库前多建成一些。对需要维修的仓库,要安排好资金、物资,抓紧修缮,尽快恢复储粮能力。

《人民日报》就全国农村经济工作经验交流会在济南胜利闭幕发表社论《全党都来重视农村经济工作》

国务院批准上海住房制度改革实施方案

国务院日前批准上海市住房制度改革方案。

上海市住房制度改革旨在逐步实现住房商品化和自住其力,改革低租金、无偿分配住房的制度;建立国家、集体、个人三结合筹资建设住宅的机制,改变由国家、集体包下来的建房办法。方案的具体内容是:推行公积金,提租发补贴,配房买债券,买房给优惠,建立房委会。

国家烟草专卖局局长金明就烟草行业形成计划经济与市场调节相结合模式接受新华社记者采访

全国企业集团工作会议在北京召开

国家体改委、国家计委、国务院生产委员会联合召开会议。

会议传达贯彻中共中央、国务院关于发展企业集团的有关经验,着重讨论如何促进企业集体发展的问题,并研究相应的扶持政策。

会议于 5 日结束。

外交部部长钱其琛在保加利亚访问

钱其琛在索非亚分别会见保加利亚民主力量联盟协调委员会主席迪米特洛夫、社会党最高委员会主席利洛夫。

保加利亚总理波波夫在索非亚国宾馆会见钱其琛。

共青团中央发出《关于共青团员学雷锋精神做四有新人的通知》

共青团中央最近发出通知,要求各级团组织继续以"学雷锋精神,做四有新人"为主题,把"学雷锋活动"更加普遍、深入、扎实地开展下去。

团中央要求各级团组织在今年的活动中,重点突出"爱党爱人民"的内容,在解决青年人生观问题上下功夫。

1.5 微米成套工艺开发及 1 兆位汉字只读存储器研究项目通过国家验收

联合国海上丝绸之路考察队考察证明中国古代航海能力超强

中顾委中纪委关于撤销许家屯委员职务开除党籍的决定

《决定》指出,中共中央顾问委员会委员、原新华社香港分社社长许家屯,无视党的纪律,于 1990 年 4 月 30 日晚私自出走国外。党组织曾多次对他进行耐心教育和挽救工作。

3 月 4 日

国务院总理李鹏会见航天部民航局在中南海召开的运七"飞机"双十万表彰经验交流会人员

进一步深化学雷锋活动座谈会在北京召开

中共中央宣传部、国务院办公厅、全国总工会、团中央联合召开座谈会。

座谈会明确提出"岗位学雷锋、行业树新风",要求今后一个时期的学雷锋活动,把立足点放在做好本职工作上,并把端正行业作风,促进整个社会风气的好转作为一项重要内容;要坚持常年、注重实效。

《人民日报》发表社论《扎扎实实学雷锋》

国务院副总理吴学谦在钓鱼台国宾馆会见埃塞俄比亚副总理沃利·契科勒

全国人大常委会副委员长姬鹏飞和国务院港澳办公室主任鲁平到港督府会见港督卫奕信爵士

保加利亚总统热列夫在总统府会见外交部部长钱其琛

中国苏联两国联合测图工作组会议在莫斯科举行

根据协议，中苏两国政府边界谈判代表团联合测图工作组第二次会议于3月4日至18日在莫斯科举行。会议期间，双方继续讨论联合测制中苏边界东段地形图的有关问题，并签署相应的文件。

全国科委主任科技司长会议在北京开幕

国家科委常务副主任李绪鄂在全国科委主任、科技司长会议上提出"八五"科技设想。

李绪鄂提出：

——对"863"高技术研究计划总的要求，凡是计划在2000年之前要拿出目标产品的项目，一定要在"八五"期间突破关键技术；在完成任务的同时要培训出一批高水平的科技人才。

——在此期间将逐年增加对基础性研究的投入，以增强科技发展的后劲。从学科上考虑将从15个方面选出79个优先领域给以重点支持。

——农村科技工作要迈上一个新的台阶。力争在全国范围内形成300个支柱产业和100个区域综合开发及其相应的服务体系。继续开发100套先进适用的技术装备，培训200万名各类科技人才，安排100项商品化前期开发项目。

——"火炬计划"要重点办好一批高新技术产业开发区。在促进高新技术成果商品化、产业化的同时加快向传统产业的扩散和渗透，力争到1995年实现全国高技术产业年产值达到500亿元，到本世纪末达到1200亿元。

——在科技成果推广方面，要在加强"推广"立法，完善配套政策的同时，进一步抓好科技推广工作及队伍建设。

——在科技促进社会发展方面，将重点开展人口控制技术、医药卫生和医疗器械、生态环境、自然灾害防御等6方面的社会发展重大课题研究工作。

——大力推动企业的科技进步，抓紧制定《企业总工程师条例》、《企业科技进步考核指标》等有关条例。组织广大科技人员积极参与技术引进、消化吸收和重大技术改造的活动。同时要建立、完善一套乡镇企业科技进步的指标体系和服务体系，引导一大批乡镇企业走集团化的道路。

——在科技经费投入方面，到"八五"末期，力争国家财政中科技经费投入的比重由目前的大约0.7%提高到1%以上。

国务院总理李鹏签署国务院第76号令发布《专利代理条例》

国务院总理李鹏在中南海会见参加东方文化与现代化国际学术讨论会的外国和台港学者

"东方文化与现代化"国际学术讨论会在北京开幕

讨论会由中国中日关系研究会、人民日报社、中国亚非发展交流协会共同举办。来自日本、美国、南朝鲜、新加坡等国家和地区以及中国大陆、台湾、香港的130多位专家学者参加会议。

3月5日

中华全国总工会女职工委员会作出树立全国先进女职工标兵的决定

中华全国总工会女职工委员会召开的纪念三八国际劳动妇女节、学先进树标兵大会作出树立全国先进女职工标兵的决定。

《决定》说，王之任等20名同志，把对党、对社会主义祖国的无比热爱，对共产主义的坚定信念，对理想和事业的执著追求，融汇到自己的日常工作中，勤勤恳恳，兢兢业业，为社会主义建设事业作出了突出贡献。

中共山西省委第六次代表大会第一次全体委员会议选举王茂林为山西省委书记

全国公安厅局长会议在北京召开

公安部部长陶驷驹在会上讲话。

陶驷驹指出，去年，在公安部党委和各地党委、政府的领导下，各级公安机关和全体公安干警、武警指战员及保卫干部，克服重重困难，艰苦奋斗，连续作战，紧紧围绕维护国家和社会稳定这个中心，在稳定全国大局、保证亚运会圆满举行等方面，取得了显著成绩。5月上旬以后，全国公安机关根据中央政法委员会的部署，在全国开展"严打"斗争，同时继续深入开展除"六害"和"扫黄"斗争，有力地打击和震慑了犯罪分子。

陶驷驹说，这几年公安机关对严重刑事犯罪活动坚持"严打"方针，不断组织各种形式的专项斗争、专项治理，保持了治安局势的基本稳定，保障了人民群众正常的生产、生活秩序，人民群众的安全感在增强。但是，公安机关打击刑事犯罪、加强治安管理的任务仍很艰巨。

谈到1991年的公安工作时，陶驷驹要求公安机关一定要注意把打击和防范两方面的工作都搞好，使打击带动防范，防范促进打击。要继续根据本地的实际情况，因地制宜，妥善安排，在坚持对严重刑事犯罪活

杨白冰指出，要坚持不懈地用条例来规范我军政治工作，把条例真正落到实处。全军各级党委和政治机关都要以务实的精神，以学习贯彻条例为新的起点，学会按照条例来组织开展各项工作，把部队政治工作纳入按照新条例运行的轨道，逐步建立良好的、正规的工作秩序。

全国中小学德育工作座谈会在潮州市举行

全国专业演出管理工作座谈会在北京召开

座谈会由文化部主办。会议中心议题是如何加强专业文艺演出的管理，并以此推动全国文艺演出市场乃至文化市场的管理。

中宣部副部长、文化部代部长贺敬之在开幕式上，要求各地演出管理部门和有关人员进一步明确指导思想，坚持社会效益第一的原则，坚决彻底地取缔非法演出，努力解决走穴和变相走穴问题。贺敬之说，更重要的是促进多出优秀作品和优秀人才，以高质量的节目占领社会主义文艺阵地。

会议至 8 日结束

3 月 6 日

中共中央总书记江泽民在中南海会见法国保卫共和联盟总书记阿兰·朱佩

在谈到国际问题时江泽民说，争取和平与发展是中国人民和世界人民的共同愿望。中国在国际事务中一贯为维护和平与发展做出积极努力。他说，中国主持正义，不畏强暴，反对强权政治，主张国家不分大小强弱一律平等。中国愿意在和平共处五项原则基础上同各国发展经济、文化、科技交流。

江泽民说，我们本着党与党关系四项原则发展同法国保卫共和联盟的友好关系，并同世界上一切愿同我友好接触的政党发展关系。我们相信，我党与法国保卫共和国联盟的友好关系，有利于中法两国和两国人民之间的友好与合作，也有利于维护世界和平事业。

应客人的要求，江总书记介绍了中国十年发展规划和“八五”计划的指导思想和主要方针，介绍了中国改革开放政策和所取得的成就，以及中国经济发展情况。他说，中国在进一步搞好改革开放。

国务院下发关于批准国家高新技术产业开发区和有关政策规定的通知

根据《中共中央关于科学技术体制改革的决定》，近几年，许多地方在一些知识、技术密集的大中城市和沿海地区相继建立起一些高新技术产业开发区，促进了我国高新技术产业的发展。为了贯彻《中共中央关于制定国民经济和社会发展十年规划和“八五”计划的建议》中关于“继续推进‘火炬’计划的实施，办好高新技术开发区”的精神，加快高新技术产业的发展，国务院决定，继一九八八年批准北京市新技术产业开发试验区之后，在各地已建立的高新技术产业开发区中，再选定一批开发区作为国家高新技术产业开发区，并给予相应的优惠政策。现通知如下：

一、国务院批准经国家科委审定的下列二十一个高新技术产业开发区为国家高新技术产业开发区：

武汉东湖新技术开发区、南京浦口高新技术外向型开发区、沈阳市南湖科技开发区、天津新技术产业园区、西安市新技术产业开发区、成都高新技术产业开发区、威海火炬高技术产业开发区、中山火炬高技术产业开发区、长春南湖——南岭新技术工业园区、哈尔滨高技术开发区、长沙科技开发试验区、福州市科技园区、广州天河高新技术产业开发区、合肥科技工业园、重庆高新技术产业开发区、杭州高新技术产业开发区、桂林新技术产业开发区、郑州高技术开发区、兰州宁卧庄新技术产业开发试验区、石家庄高新技术产业开发区、济南市高技术产业开发区。

二、上海漕河泾新兴技术开发区、大连市高新技术产业园区、深圳科技工业园、厦门火炬高技术产业开发区、海南国际科技工业园分别设在经济技术开发区、经济特区内，也确定为国家高新技术产业开发区。

三、国务院授权国家科委负责审定各国家高新技术产业开发区的区域范围、面积，并进行归口管理和具体指导。

四、国务院批准国家科委制定的《国家高新技术产业开发区高新技术企业认定条件和办法》(附件一)、《国家高新技术产业开发区若干政策的暂行规定》(附件二)和国家税务局制定的《国家高新技术产业开发区税收政策的规定》(附件三)，请遵照执行。

五、北京市新技术产业开发实验区，除固定资产投资规模管理、出口创汇留成按现行规定执行外，其余仍按《北京市新技术产业开发试验区暂行条例》执行。

依靠我国自己的科技力量，促进高技术成果的商品化、产业化，对于调整产业结构，推动传统产业的改造，提高劳动生产率，增强国际竞争能力，具有重要意义。各地区、各有关部门对高新技术产业开发区要加强领导，大力扶持，按照国家的有关政策规定，促进我国高新技术产业健康发展。

国家高新技术产业开发区高新技术企业认定条件和办法

第一条 为实施国务院批准的国家高新技术产业

开发区有关政策规定，推动我国高新技术产业的发展，制定本办法。

第二条 国家高新技术产业开发区（以下简称开发区）内的高新技术企业，按照本办法认定。

第三条 省、自治区、直辖市、计划单列市科学技术委员会（以下简称省、市科委）是省、自治区、直辖市计划单列市人民政府管理开发区内高新技术企业认定工作的主管机关，负责监督本办法的实施。开发区办公室在人民政府领导和省、市科委指导监督下，具体办理高新技术企业的审批认定事宜。

第四条 根据世界科学技术发展现状，划定高新技术范围如下：

（一）微电子科学和电子信息技术

（二）空间科学和航空航天技术

（三）光电子科学和光机电一体化技术

（四）生命科学和生物工程技术

（五）材料科学和新材料技术

（六）能源科学和新能源、高效节能技术

（七）生态科学和环境保护技术

（八）地球科学和海洋工程技术

（九）基本物质科学和辐射技术

（十）医药科学和生物医学工程

（十一）其他在传统产业基础上应用的新工艺、新技术。

本高新技术范围将根据国内外高新技术的不断发展而进行补充和修订，由国家科委发布。

第五条 高新技术企业是知识密集、技术密集的经济实体。开发区内的高新技术企业，必须具备下列各项条件：

（一）从事本办法第四条规定范围内一种或多种高技术及其产品的研究、开发、生产和经营业务。单纯的商业经营除外。

（二）实行独立核算、自主经营、自负盈亏。

（三）企业的负责人是熟悉本企业产品研究、开发、生产和经营的科技人员，并且是本企业的专职人员。

（四）具有大专以上学历的科技人员占企业职工总数的百分之三十以上；从事高新技术产品研究、开发的科技人员应占企业职工总数的百分之十以上。

从事高新技术产品生产或服务的劳动密集型高新技术企业，具有大专以上学历的科技人员占企业职工总数的百分之二十以上。

（五）有十万元以上资金，并有与其业务规模相适应的经营场所和设施。

（六）用于高新技术及其产品研究、开发的经费应占本企业每年总收入的百分之三以上。

（七）高新技术企业的总收入，一般由技术性收入、高新技术产品产值、一般技术产品产值和技术性相关贸易组成。高新技术企业的技术性收入与高新技术产品产值的总和应占本企业当年总收入的百分之五十以上。

技术性收入是指由高新技术企业进行的技术咨询、技术转让、技术入股、技术服务、技术培训、技术工程设计和承包、技术出口、引进技术消化吸收以及中试产品的收入。

（八）有明确的企业章程和严格的技术、财务管理制度。

（九）企业的经营期在十年以上。

第六条 兴办高新技术企业，须向开发区办公室提出申请，经开发区办公室核定后，由省、市科委批准并发给高新技术企业证书。

第七条 开发区办公室应定期按本办法第五条规定的条件，对高新技术企业进行考核。不符合上述条件的高新技术企业，不得享受国家高新技术产业开发区的各项政策规定。

第八条 列为高新技术产品的期限一般为五年以内，技术周期较长的高新技术产品经批准可延长至七年。

第九条 高新技术企业变更经营范围、合并、分立、转业、迁移或歇业的，须经开发区办公室审批，并向工商、税务等部门办理相应的登记。

第十条 开发区内，按国家规定全部核减行政事业费实行经济自立的全民所有制科研单位，符合本办法第五条规定条件的，经开发区办公室核定，可转成高新技术企业。

第十一条 本办法替代原由国家科委颁布的《关于高技术、新技术企业认定条件和标准的暂行规定》。

第十二条 各省、市科委应就本办法制定实施细则。原有实施细则凡与本办法不符的，应依据本办法修正。

第十三条 本办法由国家科学技术委员会负责解释和修改。

第十四条 本办法自国务院批准之日起实施。

国家高新技术产业开发区若干政策的暂行规定

第一条 为进一步扶植我国高新技术产业开发区的建设，推动高新技术产业的发展，制定本规定。

第二条 本规定适用于国家高新技术产业开发区中按照国家科委制定的《国家高新技术产业开发区高新技术企业认定条件和办法》认定的高新技术企业。

第三条 本规定包括除税收政策之外的各项优惠性政策。

第四条 有关进出口货物的关税优惠问题按以下规定办理：

（一）在高新技术产业开发区内开办的高新技术企

业为生产出口产品而进口的原材料和零部件，免领进口许可证，海关凭出口合同以及高新技术产业开发区的批准文件验收。

（二）经海关批准，高新技术企业可以在高新技术产业开发区内设立保税仓库、保税工厂。海关按照进料加工的有关规定，以实际加工出口数量，免征进口关税和进口环节产品税、增值税。

（三）高新技术企业生产的出口产品，除国家限制出口或者另有规定的产品以外，都免征出口关税。

（四）保税货物转为内销，必须经原审批部门批准和海关许可，并照章纳税。其中属于国家实行配额和进口许可证管理的产品，需按国家有关规定报批补办进口手续和申领进口许可证。

（五）高新技术企业用于高新技术开发而国内不能生产的仪器和设备，凭审批部门的批准文件，经海关审核后，免征进口关税。

海关认为必要时可在高新技术产业开发区内设置机构或派驻监管小组，对进出口货物进行管理。

第五条　有关进出口业务的规定。

（一）经经贸部批准可在高新技术产业开发区内设立技术进出口公司，以推动高新技术产品进入国际市场。

（二）按国家有关规定，对出口业务开展较好的高新技术企业可授予外贸经营权。根据业务需要，经有关部门批准，高新技术企业可以在国外设立分支机构。

第六条　有关资金信贷的规定。

（一）银行对高新技术企业，给予积极支持，尽力安排其开发和生产建设所需资金。

（二）银行可给高新技术产业开发区安排发行一定额度的长期债券，向社会筹集资金，支持高新技术产业的开发。

（三）有关部门可在高新技术产业开发区建立风险投资基金，用于风险较大的高新技术产品开发。条件比较成熟的高新技术产业开发区，可创办风险投资公司。

第七条　高新技术企业的生产、经营性基本建设项目，按照统一规划安排建设，优先纳入当地固定资产投资规模。

第八条　经当地人民政府批准，高新技术企业可以免购国家重点建设债券。

第九条　高新技术企业所开发的高新技术产品，凡是各项指标达到同种进口产品的水平，并具备一定的生产规模，经国家科委会同有关部门审定后，列入国家限制进口商品目录，并按现行进口管理办法控制进口。

第十条　高新技术企业开发的属于国家控制价格（包括国家定价和国家指导）的新产品，除特定品种须报物价部门定价外，在规定的试销期内，企业可自行制定试销价格，并报物价部门和业务主管部门备案。经营不属于国家控制价格的高新技术产品，企业可以自行定价。

第十一条　高新技术企业用于高新技术开发和高新技术产品生产的仪器、设备，可实行快速折旧。

第十二条　在不影响上交中央财政部分，经当地人民政府批准，高新技术产业开发区中高新技术企业所缴各项税款，以一九九〇年为基数，新增部分五年内全部返还高新技术产业开发区，用于开发区的建设。

第十三条　高新技术企业的商务、技术人员一年内多次出国的，按《国务院办公厅转发国家科委关于简化高技术、新技术企业部分人员多次出国审批手续请示的通知》执行。

第十四条　各地区、各部门在安排劳动就业和招收职工时，要优先考虑高新技术企业对大学生、研究生、留学生和归国专家的需求。

第十五条　经国家批准的高新技术产业开发区所在地的省、自治区、直辖市或计划单列市人民政府可根据本规定制定具体实施办法。

第十六条　国家科委会同有关部门将定期对高新技术产业开发区进行检查。对于其中管理不善或进展缓慢的国家高新技术产业开发区，将中止其优惠政策的实行，直至取消其国家高新技术产业开发区的资格。

第十七条　本规定由国家科委和有关部门负责解释。

第十八条　本规定自国务院批准之日起执行。

国家高新技术产业开发区税收政策的规定

第一条　为促进我国高新技术产业的健康发展，进一步推动高新技术产业开发区建设，制定本规定。

第二条　本规定的适用范围，限于经国务院批准设立的高新技术产业开发区（以下简称开发区）内被认定的高新技术企业（以下简称开发区企业）。

第三条　开发区和开发区企业的认定条件和标准，高新技术及其产品的范围，按国家科委制定的统一规定执行。

第四条　开发区企业从被认定之日起，减按百分之十五的税率征收所得税。

第五条　开发区企业出口产品的产值达到当年总产值百分之七十以上的，经税务机关核定，减按百分之十的税率征收所得税。

第六条　新办的开发区企业，经企业申请，税务机关批准，从投产年度起，二年内免征所得税。

对新办的中外合资经营的开发区企业，合营期在十年以上的，经企业申请税务机关批准，可从开始获利年度起，头二年免征所得税。

在经济特区和经济技术开发区地域范围内的开发区企业，是外商投资企业的，仍执行特区或经济技术开发区的各项税收政策，不受前两项规定的限制。

免税期满后，纳税确有困难的，经批准在一定期限内给予适当减免税照顾。

第七条 对内资办的开发区企业，其进行技术转让以及在技术转让过程中发生的与技术转让有关的技术咨询、技术服务、技术培训的所得，年净收入在三十万元以下的，可暂免征收所得税；超过三十万元的部分，按适用税率征收所得税。对其属于"火炬"计划开发范围的高新技术产品，凡符合新产品减免税条件并按规定减免产品税、增值税的税款，可专项用于技术开发，不计征所得税。

第八条 对内资办的开发区企业减征或免征的税款统一作为国家扶持基金，单独核算，由有关部门监督专项用于高新技术及产品的开发。

第九条 开发区企业属联营企业的，其分给投资方的利润，应按投资方企业的财务体制，扣除开发区缴纳的税款后，补缴所得税或上交利润。

第十条 内资办的开发区企业，一律按照国家现行规定缴纳奖金税。但属下列单项奖励金，可不征收奖金税：

(一)从其留用的技术转让、技术咨询、技术服务、技术培训净收入中提取的奖金，不超过百分之十五的部分；

(二)高新技术产品出口企业，按国家规定从出口奖励金中发放给职工的奖金，不超过一点五个月标准工资的部分；

(三)符合国家规定的其他免税单项奖。

上述(一)、(二)两项合并计算的全年人均免税奖金额，不足二点五个月标准工资的，按二点五个月标准工资扣除计税；超出二点五个月标准工资的，按实际免税奖金扣除计税。

第十一条 内资办的开发区企业，以自筹资金新建技术开发和生产经营用房，按国家产业政策确定征免建筑税(或投资方向调节税)。

第十二条 开发区企业的贷款，一律在征收所得税后归还。

第十三条 开发区内的非开发区企业，按国家现行税收政策规定执行，不执行本规定。原认定的开发区企业情况发生变化，已不符合开发区企业条件和标准的，也不再执行本规定。

第十四条 过去凡与本规定有抵触的税收政策，一律废止，改按本规定执行。

第十五条 本规定由国家税务局负责解释。

第十六条 本规定自国务院批准之日起执行。

完善股份制和股票市场试点研讨会在北京举行

研讨会由综合开发研究院和改革杂志社举办。国务院经济社会发展研究中心主任马洪、国家体制委员会副主任刘鸿儒、国家计划委员会副主任桂世镛、国家国有资产管理局局长汤丙午等同志出席了会议。

会议反映，社会主义制度下如何实行股份制，是改革中的一个比较复杂的问题，还缺乏经验，需要通过试点，总结经验，加以探索。

为期3天的研讨会介绍上海、深圳股份制企业试点情况。70多位专家、学者、试点企业的代表共同探讨如何进一步推进试点工作，完善股份制，培育股票市场，并提出有关政策建议。

国务院总理李鹏在中南海紫光阁会见埃塞俄比亚副总理沃利·契科勒

国务院总理李鹏会见瑞典爱立信集团董事长斯维德伯格

李鹏在中南海紫光阁会见了斯维德伯格一行。

李鹏说，瑞典是欧洲最早同中国建立外交关系的国家之一，41年来两国关系在各个领域都有了良好的发展。

他说，我相信随着中国经济的发展和改革开放政策的贯彻，中瑞两国在水力发电、电力传输、通信等各个领域的经济技术合作的前景是广阔的。

李鹏表示希望中瑞两国的友好合作关系尽快得到全面恢复。

斯维德伯格说，爱立信公司将同过去一样，在今后10年继续努力扩大同中国在通信等方面的友好合作，在人才培训、技术转让等方面向中国提供帮助。

外交部部长钱其琛在布达佩斯会见新华社和匈牙利记者时答记者问

钱其琛指出，一个国家选择什么社会制度，走什么发展道路是这个国家的内部事务。中国尊重各国人民自己的选择。钱其琛说，我们珍视同匈牙利人民的传统友谊。中匈在谋求和平与发展、维护自己国家独立自主等许多方面有不少共同点，在和平共处五项原则基础上发展中匈两国关系是有基础的。

在谈到这次访问匈牙利的成果时，钱其琛说，我会见了根茨总统、安托尔总理和绍鲍德国民议会主席，同耶森斯基外长进行了会谈。双方一致认为，两国友好合作关系应当在和平共处五项原则基础上进一步发展，并且都表示要努力促进各个领域的友好合作关系。

钱其琛说，我确信，这次访问达到了促进两国之间的相互了解、加强相互信任和理解、推动两国关系的目的。我还转达了中国领导人对匈牙利总统、总理和国民议会主席的访华邀请，他们都愉快地接受了邀请。钱其琛说，我对中匈两国关系的发展前景是乐观的。

在回答记者提出的有关中国对苏联的政策问题时，钱其琛说，苏联是中国的邻国，我们希望苏联能够稳定，这对世界和苏联的邻国有好处。

有记者问及台湾问题，钱其琛说，我这次访问了波兰、保加利亚和匈牙利，这些国家的领导人都明确表示只承认一个中国，即中华人民共和国。这些国家同台湾不进行官方往来，只有一些非官方的民间贸易关系。

3月7日

首都各界妇女举行纪念"三八"国际劳动妇女节大会

2500多名首都各族各界妇女在人民大会堂，纪念"三八"国际劳动妇女节81周年。

乔石、李铁映、雷洁琼、钱正英等到会向各界妇女祝贺节日。

全国人大常委会副委员长、全国妇联主席陈慕华受委托代表中共中央、国务院向全国各族各界妇女致以节日的祝贺；向台湾、香港、澳门女同胞和海外女侨胞，向世界各国妇女致以良好的祝愿！陈慕华接着在会上发表讲话《中国妇女是推动改革和建设的伟大力量》。

"巾帼建功"演讲团的三位先进代表：空军运输航空兵某部特级飞行员岳喜翠、清华大学电机系教授倪以信、哈尔滨车站客运员朱莲香先后在会上发言。

大会向100名农村"双学双比"竞赛活动的先进个人、130个先进协调组织和单位、100名造林有功的"三八绿色奖章"获得者授奖。同时，向"双学双比"竞赛活动的100名先进个人授予"三八红旗手"称号。

国务院总理李鹏在中南海紫光阁会见参加全国科委主任科技司长会议的全体代表

中顾委常委姬鹏飞在新华社香港分社举行的酒会上就"一国两制"发表讲话

新华社香港分社为欢迎中顾委常委姬鹏飞和国务院港澳办公室主任鲁平访港举行的酒会，姬鹏飞发表讲话指出，说中国政府贯彻实施"一国两制"的立场是始终如一的。

姬鹏飞说，按照"一国两制"的方针，不断促进内地与港澳地区的和睦相处，密切合作，相互尊重，而不是去改变对方的社会制度和生活方式，就一定能实现"一国"前提下的"两制"，求得共同繁荣和发展。

姬鹏飞说，我们这次来香港，与港督卫奕信爵士及港府官员进行了友好的会谈。双方都愿意为全面贯彻执行中英联合声明，维护香港的繁荣稳定，进行良好的合作。姬鹏飞还指出，只要我们珍视这种合作关系，牢记双方的共同利益存在于这一良好的合作之中，双方就能推诚相见，真诚合作，通过沟通和磋商去解决困难和问题。

联合国宣布中国为开采海底矿藏国家

联合国发表的一份新闻公报宣布，联合国海洋法总务委员会已批准中国为先驱投资开采海底矿藏的国家之一。

该委员会授权中国政府在夏威夷东南部国际水域的某些部分勘探铜、锰等海底矿产。

国务委员王丙乾在全国中央企业财政驻厂员工作会上发表讲话

王丙乾说，各地中央企业财政驻厂员机构成立5年来，基本改变了中央财政对中央企业财务监督与管理上鞭长莫及的状况，使财政监督得到加强，财务管理得到改善，经济信息得到沟通，已成为财政战线上一支不可缺少的、具有较强战斗力的重要队伍。

王丙乾指出，经济效益不高的问题一直是我国经济发展中的"老大难"问题，经过这几年的治理整顿和深化改革，虽然通货膨胀、经济过热有所抑制，但企业经济效益不高、国家财政困难的状况并没有得到明显改变。王丙乾要求中央企业财政驻厂员要充分利用信息灵、联系面广、熟悉财务管理等有利条件，采取扎实措施，帮助国营企业特别是中央企业在质量、品种、效益上有一个明显进步。深化企业改革，强化企业管理，调整产品结构，推进企业技术改造和技术进步并开拓国际国内市场。为提高企业管理水平和经济效益，平衡国家财政做出贡献。

王丙乾希望各地财政部门进一步关心和支持中央企业驻厂员机构的工作，中央企业及其主管部门也要给予进一步的支持和配合。

台湾"经济部"次长王志刚表示以直接方式赴大陆投资者台湾当局将接受其合法登记

《人民日报》报道称1990年国库券实际发行额93亿元超额69%

中共中央总书记江泽民在中南海会见由中央政治局委员迪诺·马特洛斯率领的安哥拉人民解放运动—

劳动党代表团

国家主席杨尚昆根据全国人大常委会的决定任免驻外大使

一、免去韦东的中华人民共和国驻马达加斯加民主共和国特命全权大使兼驻科摩罗伊斯兰联邦共和国特命全权大使职务。

任命祝成才为中华人民共和国驻马达加斯加民主共和国特命全权大使兼驻科摩罗伊斯兰联邦共和国特命全权大使。

二、免去徐明远的中华人民共和国驻斐济特命全权大使和兼任的中华人民共和国驻瓦努阿图共和国特命全权大使和驻基里巴斯共和国特命全权大使职务。

任命华君铎为中华人民共和国驻斐济特命全权大使。

印度总理钱德拉·谢卡尔会见以李锡铭为首的中国共产党代表团

谢卡尔在会见中说，印度和中国都是文明古国，对人类文明作出过巨大贡献。不幸的是曾在短时间内两国间有过误解，但这样的时间已经过去。近几年来，双方都采取主动，关系有了很大发展。两国边境上的情况有了改善，希望能在短时间内找到解决边界问题的办法。

李锡铭赞赏印度主张的解决边界问题应该向前看，以取得合情合理的解决办法的态度。

中国共产党代表团团长政治局委员李锡铭就中印两国友好往来问题在新德里答记者问

李锡铭说，中印两国政党之间的友好往来，不仅有利于中印两国和两国人民，而且有利于亚洲和世界的和平与稳定。

李锡铭说，他对有机会应国大党（英）的邀请率领中国共产党代表团访问友好邻邦印度，感到十分高兴。中印两国都是文明古国，又都是发展中国家，有许多共同点。他同国大党（英）主席拉吉夫·甘地和其他政党领导人就当前国际形势以及其他共同感兴趣的问题交换了意见，进一步增进了中国共产党同国大党（英）和其他友好政党的了解和友谊，同时也加深了两国和两国人民之间的了解和友谊。代表团的这次访问取得了圆满成功。

李锡铭回答中印边界问题时说，建立中印睦邻友好关系是中国政府和人民的愿望，双方本着互谅互让的精神，总是可以找到双方都能接受的解决边界问题的办法的。

李锡铭谈到中印双边贸易时说，中印两国贸易近两年来有了发展，但同两国具有的潜力相比，仍有扩展的余地。两国发展贸易的前景是广阔的。希望通过共同努力，发展两国经贸关系。李锡铭还就中美关系问题、苏联和东欧问题以及海湾问题，阐述了中国党和政府的一贯立场。

希腊总统卡拉曼利斯等在雅典总统府会见外交部部长钱其琛

希腊总理米佐塔基斯在雅典会见外交部部长钱其琛

希腊议长察尔达利斯在雅典议会大厦会见外交部部长钱其琛

外交部部长钱其琛在雅典与希腊外交部长萨马拉斯进行正式会谈

解放军总政治部发出《关于在全军女同志中开展“巾帼建功”活动的通知》

解放军总政治部最近发出通知，要求在全军女同志中开展“巾帼建功”活动。

《通知》说，开展“巾帼建功”活动，主要是围绕促进国家的稳定发展和军队的革命化、现代化、正规化建设，不断激励全军广大妇女提高政治思想觉悟和各项业务技能，发扬献身国防的积极性和创造性，在我军各行各业中作出应有的贡献。

全国青年业余文艺创作者会议在人民大会堂开幕

会议由孟伟哉主持。

参加会议的500余人，大都是来自工矿、农村、部队等生活第一线。林默涵代表中国文联在会上讲话，中宣部部长王忍之出席会议并讲话。冰心老人特别委托孟伟哉向与会成员问好。

中宣部部长王忍之在全国青年业余文艺创作者会议开幕式上作题为《做跨世纪的一代新人》的讲话

同志们、青年朋友们：

我代表中共中央宣传部热烈祝贺全国青年业余文艺创作者会议的召开！向来自工、农、兵及各行各业的青年业余文艺创作者致以诚挚的问候！

中国文联召开这次会议，请大家来交流、总结业余创作的经验，研讨在新形势下如何进一步繁荣社会主义文艺，这是件很有意义的事情。

当前，我们国家政治稳定、社会稳定、人心稳定，国民经济正在持续稳定协调发展。不久前召开的党的十三届七中全会，是开创未来十年的重要会议。全会通过的《中共中央关于制定国民经济和社会发展十年规划和“八五”计划的建议》,是我国实现社会主义现代化建设第二步战略目标的行动纲领。全国各族人民,正迈开大步朝这个战略目标奋勇前进。我们的各项事业,充满勃勃生机和巨大的希望。

同全国形势一样,思想文化战线的形势也是好的。党的十三届四中全会以来,在以江泽民同志为核心的党中央的领导下,文艺战线贯彻一手抓整顿、一手抓繁荣的正确方针,一面整顿文艺阵地,反对资产阶级自由化和其他错误思潮,进行“扫黄”斗争,净化文化园地;同时大力鼓励、倡导体现社会主义时代精神,弘扬民族优秀文化的健康有益的文艺创作和演出。文学、戏剧、电影电视和艺术的各门类,都出现了一批深受群众欢迎的好作品,城乡群众文化活动空前活跃,丰富了广大群众的精神生活,整个文化事业出现了蓬勃发展的新势头。这些成绩的取得,是文艺战线上的同志们包括广大青年业余创作者的辛勤劳动和共同努力的结果。在新的一年里,我们在继续进行整顿的同时,要用更多的精力来抓文艺的繁荣。文艺工作要更好地坚持为人民服务、为社会主义服务的方向,进一步贯彻“百花齐放,百家争鸣”的方针,努力推出一批优秀的小说、诗歌、报告文学、戏剧、电影、电视剧等,掀起一个繁荣文艺创作的热潮。要努力用优秀的文艺作品和演出,来满足人民群众的文化生活需要,来激发人们的爱国主义、集体主义、社会主义的热情,鼓舞人们振奋精神,为实现第二步战略目标而奋斗。广大的文艺工作者要把这个光荣使命担当起来。作为跨世纪的一代新人,我们的青年文艺工作者,包括专业的和业余的,更是责无旁贷。

青年文艺创作者,从来就是文艺队伍中最活跃、最有朝气、最富于创造精神的一支力量。“五四”以来,在我国革命文艺发展的各个历史阶段,都有一批青年作家、艺术家站在时代前列,发挥了推动文艺创作前进的突击作用,有些人还成为代表那个时代文艺水平的第一流的作家艺术家。党的十一届三中全会以来,在老一辈作家艺术家重新焕发艺术青春、中年作家艺术家走向成熟的同时,一批又一批的专业和业余的青年文艺创作者,带着勃勃朝气不断地加入到我们的文艺队伍中来。他们起点高、视野宽,感受力强,思想敏锐,富于想象,勇于创新,给我国文艺队伍增添了新鲜的血液和活力。特别是各条战线的青年业余创作者,人数众多,和群众有着密切的联系,有着来自生活本身的新鲜感和创造力,是专业文艺队伍雄厚的源源不断的后续力量。许多青年创作者的作品和演出生活气息浓厚,时代色彩鲜明,感情朴实真挚,受到了人民群众的喜爱和称赞,显示出大有前途的深厚的创作潜力和艺术才华。今天来参加这个会议的同志就是从全国青年业余创作队伍中推荐和选拔出来的,从你们身上,我们看到了我国社会主义文艺事业的明天和希望。

当然,青年作者由于涉世浅,经验少,在前进道路上难免遇到某些困难和曲折,发展也是不平衡的。正如许多同志所指出的,有的青年业余作者最初发表了颇有影响的好作品,可是却缺乏后劲,后来甚至走了弯路,出现了人们说的“各领风骚三五天”的情况,令人惋惜,也让人深思。如何组织和培养青年业余创作者队伍,使他们能充分发挥自己的长处和优势,有效地抵制资产阶级腐朽思想的侵蚀,永葆艺术创作的青春,沿着又红又专的方向在社会实践和艺术实践中不断健康成长,关系到我国文艺事业的前途和未来,是一个必须认真对待的重要课题。这里我向在座的青年朋友们谈点想法,供大家参考。

去年江泽民同志在首都青年纪念“五四”报告会上的讲话,阐述了中国知识分子成长的正确道路,对青年知识分子提出了殷切的希望。我希望你们反复学习,认真领会这篇重要讲话的精神。在这篇讲话中,江泽民同志指出:“先进知识分子的精神风貌,展示出我国知识分子健康成长的正确道路。这就是,在马列主义、毛泽东思想指导下,与实践相结合,与工农相结合。当代知识分子要履行自己的历史职责,就必须沿着这条道路继续前进,在社会主义现代化建设和改革开放的实践中,丰富和发展先进知识分子的优良传统,把它一代又一代地传下去。”江泽民同志指出的这条正确道路就是青年知识分子成长成才的必由之路,我希望青年业余创作者和青年专业作者,都能沿着这条道路健康成长。

要坚定不移地走这条道路,对有志于从事文艺创作的青年来说,就要努力学习、掌握马克思主义世界观和文艺观,学好毛泽东文艺思想,学好邓小平论文艺的有关著作。这对于你们的工作、生活和创作,都具有极其重要的指导意义。我国正处在现代化建设和改革开放的新的历史时期,社会生活的各个方面都在发生广泛而深刻的变革,新情况、新问题、新矛盾不断涌现。要正确地观察生活、认识生活,从纷纭复杂的现象中把握事物的本质,揭示生活的发展趋势,就更加需要以马克思主义理论作为思想武器。随着对外开放和中外文化交流的发展,外国的特别是西方国家的形形色色的文艺思潮和社会思潮大量涌入我国。在这种情况下,只有努力掌握辩证唯物主义、历史唯物主义、科学社会主义的基本理论和马克思主义文艺观,才能保持清醒的头脑,区分良莠,取其精华,弃其糟粕,在积极地从世界各国文化中吸取一切有价值的东西的同时,有效地抵制资本主义腐朽思想的渗透,防止资产阶级世界观、人生观、价值观、文艺观的侵蚀,沿着有中国特色的社会主义文艺的道路前进。

社会主义文艺是为人民服务、为社会主义服务的文艺。“人民是文艺工作者的母亲”。青年专业和业余文艺创作者都时刻不能忘记这一点。离开了人民群众,就像安泰离开了大地母亲。虽然你们都是从群众中涌现出来的,但仍然有一个自觉地向人民群众学习的问题。要真正深入了解和正确表现人民群众的思想、感情、愿望和要求,不经过长期自觉地学习和努力,是很难做到的。要沿着“二为”方向不断前进,不但要自觉地把人民群众作为主要表现对象,而且要自觉地接受群众实践的检验和人民的选择。每个有出息的青年作者都应当经常地倾听来自人民群众的呼声和要求,倾听他们的意见和批评,不断地提高创作的思想艺术水平。在取得了一定的成绩之后,更要警惕脱离人民的“贵族化”思想的影响。

社会生活是文学艺术的唯一源泉,深入生活是文艺工作者创作出优秀作品的必由之路。你们都来自基层的各条战线,有一定的生活积累。但强调提出必须坚持深入生活,仍然是必要的。这是因为:第一,社会生活是不断变化发展的,深入生活也是一个无止境的过程,务必要保持经常,而不能有始无终。第二,青年作者原来的生活实践,程度不同地有着一定的局限,务必要不断扩大生活实践的范围和生活体验的天地,而不能浅尝辄止。你们要积极深入到社会主义改革和现代化建设的第一线去,和在那里生活、工作的四化建设的创业者真正打成一片,从火热的生活中汲取题材、主题和创作激情,把握时代的脉搏,从而为创作出无愧于我们时代的优秀作品打下坚实的基础。你们年轻,精力旺盛,来日方长,在生活的第一线经受锻炼和考验,不仅对创作的提高至关重要,而且可以增长各种实际才干,终生受益。

最后,希望大家继承和发扬革命文艺的优良传统,虚心地向老一辈优秀的文艺家学习。要学习他们热爱祖国、热爱社会主义、忠于人民的优秀品质,学习他们深入实际、深入工农群众、理论联系实际的良好作风,学习他们追求真理、乐于奉献的高尚情操,学习他们活到老、学到老、艺无止境、执著进取的奋斗精神。中外文艺发展史的大量事实告诉我们,要成为一个文艺大家,需要多方面的条件和长期磨炼。希望同志们谦虚谨慎、戒骄戒躁,正确地对待名利、荣誉问题,并努力提高文化修养和艺术素养,发愤图强、勇于开拓,保持和发挥自己的优势,努力攀登社会主义文艺的高峰。我们期待着从你们当中涌现出许多人民的作家、人民的艺术家!

同志们、青年朋友们:

本世纪的最后十年,是我国社会主义现代化进程中非常关键的十年。在这十年中,我国的物质文明建设要有一个大发展,精神文明建设也要有一个大发展。最近,江泽民同志在同文艺界人士座谈时强调指出,广大文艺工作者要在为人民服务、为社会主义服务的大方向下团结起来,着眼于现在,着眼于未来,着眼于人民的利益,为促进社会主义文艺事业的繁荣发展共同奋斗。这是党中央向广大文艺工作者发出的号召。让我们积极响应党中央的号召,为繁荣社会主义文艺、建设社会主义精神文明作出新贡献!

祝我们的文艺园地百花盛开,万紫千红!

祝专业的、业余的青年作者们茁壮成长!

1990 年全国十佳运动员评选揭晓

全国十佳运动员是:周玲美(自行车)、邓亚萍(乒乓球)、高敏(跳水)、沈坚强(游泳)、林莉(游泳)、李敬(体操)、邢芬(举重)、谢军(国际象棋)、庄泳(游泳)、刘华金(田径)。

中国国际针灸考试院在北京成立

3 月 8 日

纪念“三八”国际劳动妇女节八十一周年中外妇女招待会在北京举行

部分省区市纠正行业不正之风座谈会在南昌召开

座谈会于 8 日至 10 日召开。国务院总理李鹏对会议作出指示:“这次会议很重要,各级党委、政府和国家机关要把纠正行业不正之风作为一件大事来抓。今年是贯彻党的十三届七中全会精神,实现十年规划和‘八五’计划的第一年,要坚持不懈地把这项工作继续引向深入,切实抓出成效。这对于政治和社会的稳定,改革开放和经济建设的健康发展,促进社会主义精神文明建设都有着十分重要的意义。”

参加会议的北京、天津、上海、江西、河北、辽宁、湖北、湖南、广东、四川、贵州、陕西、新疆以及公安部、铁道部、国家工商行政管理局、国家税务局的负责人在会上介绍前一段,主要是 1990 年 8 月 23 日国务院电话会议以来,纠正行业不正之风工作的情况;交流经验,谈下一步工作的打算和思路。国务院秘书长罗干、中央纪律检查委员会副书记陈作霖、监察部长尉健行等参加会议,国务院副秘书长李世忠、国务院纠正行业不正之风办公室主任徐青主持这次会议。

罗干讲话说,从全国看,可以说有了一个良好的开端。但是也必须清醒地看到,这项工作无论在广度和深度上开展得还很不够，一些群众反映强烈的问题还没有得到切实有效的纠正。当前存在的突出问题是发展不平衡。还有一些地区和部门由于措施不硬，工作一般化，没有动“真格的”，成效不明显，群众仍很不满意。

罗干说，纠正行业不正之风必须做到：一要坚决，领导重视，真抓实干；二要持久，常抓不懈，持之以恒；三要有紧迫感，狠抓落实，取得阶段性成效。要紧紧抓住思想教育是基础，制度建设是保证，领导干部是关键这三个重要环节。

罗干要求各地区和部门要对今年纠正行业不正之风工作作出认真的安排部署，制定要达到的阶段性目标和措施。阶段性目标的要求是：第一，广大干部职工受到了深刻的教育，廉政勤政意识和职业道德、遵纪守法观念进一步增强，涌现了一批好的典型；第二，本行业、本单位存在的行业不正之风的重要问题查摆出来了，并集中解决了群众反映强烈的几个突出问题；第三，严重违法违纪的行业不正之风案件被立案调查或得到严肃处理；第四，初步完成了本行业、本单位整章建制的工作，制约监督机制得到强化；第五，广大群众看到了纠正行业不正之风的效果，增强了对纠正行业不正之风的信心。这项工作搞得好不好，关键要看群众的反映，要由群众来检验。罗干还对今年纠正行业不正之风提出了六点具体要求：一是自始至终抓好思想教育，继续解决各级领导的思想认识问题；二是以教育为主，扎扎实实地搞好自查自纠，边查边改；三是严肃查处严重违法违纪案件；四是针对存在的问题建立和完善规章体制，强化内部制约和外部监督机制；五是重视研究政策，严格掌握政策界限；六是精心组织，精心指导，狠抓落实。

罗干强调，目前要集中解决部分领导干部思想中存在的畏难情绪，信心不足和纠正得差不多了等认识问题。目前全国廉政建设的大气候已经开始形成，各地区和部门的领导同志要从维护安定团结的政治局面，巩固党的领导和社会主义制度，促进改革开放顺利发展的高度来认识纠正行业不正之风的重要意义，真正负起责任，不等不靠把这项工作引向深入，在今年抓出明显成效。

陈作霖说，纠正行业不正之风是加强党风和廉政建设，密切党群、干群关系，保证治理整顿和深化改革健康发展的需要，必须动员全党全社会的力量，采取多种手段，综合治理。他特别要求各级纪检机关积极主动地支持、协助、督促有关行业、部门去做好这项工作。当前，重点要抓好调查研究，协助各行业领导及时准确地了解和掌握情况，向党委和政府提出建议，为制定有关制度提供依据，确保纠正行业不正之风“对症下药”；对纠正行业不正之风中揭露出来的重点案件，特别是大案要案，要及时地严肃查处；对已经制定的纠正行业不正之风的各项措施，要督促有关部门贯彻落实。

国务院批转建设部等部门《关于进一步加强村镇建设工作的请示》的通知

国务院同意建设部、农业部、国家土地管理局《关于进一步加强村镇建设工作的请示》，现转发给你们，请结合本地实际情况，认真贯彻执行。

村镇建设是我国社会主义现代化建设的重要组成部分，对于加强农业这个基础，促进农村经济与社会发展，实现亿万农民安居乐业，都具有重要意义。必须在努力发展农业生产，增加农村收入的基础上，本着勤俭节约的原则搞好村镇建设。各级地方政府要切实加强对村镇建设工作的领导，认真贯彻“全面规划、正确引导、依靠群众、自力更生、因地制宜、逐步建设”的方针，注意节约建设用地，充分依靠集体和农民的力量，推动村镇建设事业的健康发展。

建设部农业部国家土地管理局关于进一步加强村镇建设工作的请示

党的十一届三中全会以来，各级地方政府及其建设主管部门，认真贯彻执行党中央、国务院关于加强村镇建设的方针政策和有关指示，积极组织培训专业人才，编制村镇建设规划，推广农房通用设计图，开展村镇建设试点，做了大量的工作，农村面貌发生了明显变化。到一九八九年底，全国农村共新建住房六十七亿平方米，相当于前三十年建房总量的两倍多，八千六百万户农民迁入了新居，占全国总农户的百分之四十三；新建生产性建筑七亿二千万平方米，公共建筑六亿八千万平方米，供水、道路、电力等基础设施建设也逐步有所加强。村镇建设的发展，不仅改善了广大农民的生产、生活条件，也为乡镇企业的发展和农村集贸市场的繁荣创造了良好的环境。实践表明，依靠党的政策，充分发挥集体经济和农民个人的积极性，是可以把村镇建设搞得更快更好的。但是，在村镇建设中也出现了一些值得注意的问题。主要是：一些地方对村镇建设的重大意义认识不足，抓得不力；农村专业技术人才奇缺，规划设计深度不够，跟不上农村发展的需要，农房式样单调，建房方式落后，房屋质量普遍不高，公用设施简陋；部分经济发展较快地区的农民盲目攀比，建了一些大而不当、华而不实的住房，有的农房建设前期工作准备不够，仓促动工，过不了几年又翻修新建，造成了人力、物力的很大浪费；村镇建设基层管理薄弱，法规不健全，一些乡镇没有设置专门管理人员，日常管理处于失控状态，不按规划建设，乱占耕地建房的现象时有发生。这些问题的存在，直接影响到村镇建设的健康发展和整体水平的提高，急需加强组织引导和严格管理。为此，提出以下意见：

一、坚持正确的指导方针，进一步加强领导

在努力发展农业生产，增加农村收入的基础上搞好村镇建设，对于深化农村经济体制改革，加强农业这个基础，促进乡镇企业和农村商品经济的发展，就地就近安置从农业分离出来的富余劳动力，避免人口大量涌入城市，走出一条适合我国国情的乡村城市化道路，具有十分重要的意义。各级地方政府要本着勤俭节约的原则，继续贯彻执行“全面规划、正确引导、依靠群众、自力更生、因地制宜、逐步建设”的方针，把村镇建设作为一项重要内容列入本地区“八五”计划和十年规划，认真组织实施，并作为一项经常性工作，纳入议事日程。乡、镇长处于农村工作第一线，更应抓好这一工作。当前村镇建设的重点应从量的扩大转移到质的提高上，加强管理，注重实效，在上质量、上水平和提高效益方面下功夫。各级村镇建设主管部门、乡镇企业主管部门、土地管理部门要切实负起相应的责任，紧密配合；各有关部门要积极支持，共同建设好具有中国特色的社会主义新村镇。

二、切实抓好村镇规划工作

集镇和村庄建设，必须遵循先规划后建设的原则，首先要搞好集镇和村庄的规划。编制村镇规划，要以当地的国民经济和社会发展计划为依据，正确处理好经济效益、社会效益、环境效益的关系；注意与土地利用总体规划、环境保护规划协调一致；要逐步建立以集镇为中心，包括周围村庄在内的多层次、不同类型的村镇体系，根据集镇、中心村、基层村的经济特点、服务范围，确定村庄和集镇的性质、规模；要本着合理布局、节约用地、严格控制占用耕地、有利生产、方便生活的原则，切实安排好生产性建筑和住宅、道路、供水、排水、供电、通信、文教、卫生、商业、服务业等各项设施的建设用地；有条件的地方应多盖楼房。村镇规划一经政府批准，每个建设项目必须严格按规划实施，未经村镇建设主管部门许可，不得擅自进行建设。

各级政府要根据财力的可能，安排一定资金，继续支持村镇规划的调整完善工作。同时，要组织城市规划设计部门、大专院校和社会技术力量支持村镇规划工作。

三、以集镇建设为重点，逐步完善、强化集镇的多功能和中心作用

集镇是农村一定区域的经济、文化、科技、信息、服务中心，要按村镇规划的要求，结合乡镇企业的发展规划，尽可能统一组织建设住宅、公共设施和基础设施，有条件的地方，适当加快房地产综合开发和住宅商品化进程，并要不断总结集中统一建设的经验，以利提高投资效益和村镇建设整体水平。争取到本世纪末，将百分之二十左右的集镇建设成为以乡镇企业为依托，布局合理，设施配套，交通方便，整洁卫生，具有地方特色的新型集镇。

村镇建设的重点要放在包括县城以下建制镇在内的集镇上，要充分调动各方面的积极性，多方开辟资金渠道，认真做好前期准备和资金筹措工作，严格按规范施工，确保工程质量。农村地区性经济组织需要的店房和服务设施，由所在建制镇和乡政府按规划要求，统一开发建设；一些公益事业可以走民办的路子；较大的基础设施，如道路、供排水、通信等，可由集体、个人多方集资兴建；有些地区可采取以工代赈的方式，组织回乡建筑队伍修建一些生产、生活急需的公用基础设施；对老区、少数民族地区和经济不发达地区，各级地方政府可视财力情况，给予适当补助。

四、努力提高农房设计质量和使用功能

设计农村住房要注意与改善农民生活、生产条件和改变农村面貌相结合，坚持紧凑、合理、适用、卫生、安全的原则，在现有经济技术条件下，通过精心设计，努力做到标准不高水平高，造价不高质量高，面积不大功能全，占地不多环境美。农民攒钱盖房很不容易，要引导农民把钱用在房屋结构的安全、布局合理上，提高抗灾能力，避免不断翻修改建造成浪费；房屋装修水平要与农民经济条件和生活习惯相适应，不可盲目追求高标准，尽可能使农民把更多的资金投入到加强农业和发展经济当中去。

要继续做好组织农民住宅通用设计的编制和推广工作，重视吸收传统的民居建筑艺术，创造出更多的具有乡土气息、地方特色和民族风格的农民住宅建筑，把住宅设计提高到一个新的水平。

五、抓好试点，分类指导，提高村镇建设总体水平

村镇建设量大面广，各地经济发展水平、地理条件、自然资源、风俗习惯等差异很大，在建设规模、标准、方式、速度上不能搞“一刀切”，必须通过试点，实行典型引路，分类指导。要在总结以往试点经验的基础上，按以下要求继续抓好新的试点工作。一是要有明确的目标，即千方百计节约用地，不占好地，不占农田，不占菜地，并做到合理用地；控制各类建筑（包括农民住房面积）和公共设施的建设标准；优化环境，注意配套建设；推广应用新结构、新材料、新技术；精心规划、精心设计、精心施工，走集中统一建设的路子，使试点建设总体水平跨上新的台阶。二是要有代表性，既要有经济发达地区的试点，又要有一般地区和发展较慢地区的试点；既要有集镇的试点，又要有村庄的试点，以逐步形成不同地区、不同经济发展水平、不同自然地理条件的试点网络。三是要抓规划、建设、管理全过

程。四是省、地(市)、县都要抓试点,树立自己的典型。五是要及时总结经验,大力宣传推广,指导面上工作的开展。

六、建立健全法规,强化村镇建设管理

建立健全法规是强化村镇建设管理的重要手段,各地要根据立法权限和实际需要,因地制宜地制定一批急需的地方性法规和规章。同时要加强执法检查,努力做到有法可依,有法必依,执法必严,违法必究,切实把村镇建设纳入社会主义法制轨道。

搞好村镇建设,关键在于加强领导和管理。要加强村镇建设主管部门的力量,从适应农村经济发展和不断提高农民物质文化生活水平的需要出发,健全机构,充实管理人员,严格管理。村镇建设基层管理机构要将管理、经营、服务逐步融为一体,寓管理于服务之中,更好地为农民服务。要通过多层次、多渠道搞好技术和管理人员的培训,提高他们的政治素质和业务水平。乡镇助理员要通过岗位培训,取得岗位证书,才能上岗工作。

全国女企业家"三八"座谈会在北京举行

座谈会由中国企业管理协会女企业家协会举行。

全国人大常委会副委员长、全国妇联主席陈慕华,全国人大常委会副委员长雷洁琼,有关方面负责人袁宝华、阎颖、黄启璪、章瑞英、杨衍银等,以及来自全国各地的女企业家们出席座谈会。

座谈会向全国女企业家倡议:从自身开始,做有理想、有文化、有纪律和自尊、自信、自立、自强的女性,做深化企业改革的带头人,争当"优秀女企业家",为实现社会主义现代化建设的第二步战略目标建功立业。

国务院总理李鹏在中南海紫光阁会见日本自民党众议员渡边美智雄

国务院总理李鹏在中南海紫光阁会见以副司令柳木金·维克多·米哈依洛维奇中将为团长的苏联国防部航天部队代表团

中共中央政治局常委李瑞环在人民大会堂会见中国旅游协会名誉顾问陈香梅

邓颖超会见女科技工作者

3月8日,北京城春雪飘洒。中南海西花厅内春意盎然,笑语欢声,87岁高龄的邓颖超同志邀请10名女科技工作者来到家里做客,共同欢度妇女自己的节日。

邓大姐早早就来到了会客厅,当10名女科技工作者进来的时候,她高兴地站了起来,说:"今天是国际劳动妇女节,是一个很有意义的日子,同志们给我一个机会跟大家见面,我感到非常高兴,我首先向女科学家代表们表示最崇高的敬意,祝你们节日快乐!同时,向全国各行各业的妇女姐妹们致以节日的问候!"

邓大姐回顾了"三八"国际劳动妇女节的历史,她说:"妇女们有了这个节日,有利于加强妇女团结,检验和改善妇女工作,妇女的成才要付出比男同志更多的努力,单靠自己的力量是不可能的,需要得到全社会的支持,所以,在此我请你们转达对你们的父亲、丈夫、兄弟、家庭和单位的感谢!"

从台湾到美国读博士学位,1979年从美国归来的清华大学化学系教授赵玉芬上前握住邓大姐的手说:"我是从台湾回来的,我代表台湾妇女向您致以最崇高的敬意!"

邓大姐说:"借此机会,我也向台湾的妇女同胞致以节日的祝贺!希望台湾妇女和大陆妇女一起为祖国的统一做贡献!"

当邓大姐得知最年轻的女科技工作者王江燕只有27岁时,她说:"你27岁,我87岁,建设社会主义祖国的重任就落在你们肩上了,你们一定要克服困难,为妇女姐妹们争光!"

全国妇联主席陈慕华告诉邓大姐,今天,全国妇联大楼正式动工,邓大姐高兴地说:"这是建国以来妇联第一次盖大楼啊,说明党和国家对妇女的重视,广大妇女一定要不负众望啊!"

参加座谈的是:北方交大讲师王江燕,北京第一棉纺厂工程师赵瑾瑜、总参大气环境研究所工程师钱越英、北京医科大学护师郭桂芳、清华大学电机系副教授白净、中国医学科学院助理研究员刘惠卿、中国计量科学院工程师王莉茹、清华大学教授赵玉芬、北京农科院副院长陈杭、国家基建委工程设计研究院高级工程师潘复兰。全国政协副主席钱正英等也参加了会见。

国务委员兼国家科委主任宋健在全国科委主任科技司长闭幕会上发表讲话

宋健说:"只有对基础性研究给予强有力的支持,科技、经济的持续发展和繁荣才有坚实的基础。"宋健还说:"八五"期间,基础研究在科技拨款中的比重将比"七五"期间增加1个百分点。

宋健说,目前全国投入基础性研究的科技人员有上10万人,比10年前有了成倍增长。基础性研究的经费在稳定增加,安排的课题达2万多项,比1985年增加了近1倍。从1984年以来,国家已投入4亿多元人民币和7600多万美元,建设了63个重点实验室,各部门还建设了近100个开放实验室。国家还投入7亿多元建设了10多项重大科学工程和装置。国家自然科学基金会成立5年多来已累计投入经费6.3亿元，资助了1万多项基础性研究项目。部分地方和部门还筹集了1亿多元科学基金，支持了3000多项基础性研究项目。所有这些都对加强基础性研究发挥了重要作用。

宋健说，经过几十年的努力，现在我们已有丰富的人才资源，具有相当的科技攻坚能力，在世界上被认为是科技大国。

宋健说，"八五"期间将更大幅度地增加对基础性研究的资金投入，使其在科技拨款中的比重由目前的7%上升到8%以上；"九五"期间将达到10%以上。"八五"期间还将建成70多个重大工程科学项目和重点实验室，逐步建立一支高水平的国家基础性研究队伍和具有现代装备水平的试验基地，鼓励优秀科学家在世界科学前沿拼搏，力争有重大突破。

全国专业演出管理工作座谈会在北京闭幕

中国政府表示支持中国奥林匹克委员会举行全体会议通过北京市为中国争办第二十七届奥运会候选城市

3月9日

中共中央总书记江泽民就进行中国近代史现代史及国情教育致信李铁映何东昌

铁映、东昌同志：

去年中国革命博物馆重新开放，我去参观时，曾建议他们把已搜集到的仁人志士和革命烈士的遗书集中一下，编写一本书，以教育我们的干部和群众，特别是青少年，使他们熟悉我国的近代史、现代史和我们党的斗争史，认识今天的人民政权来之不易。听说书稿已准备付印，书名为《浩然正气》；还听说革命博物馆的同志将以连环画形式反映党的斗争历史，也准备出书，提供给儿童学习。

听到这个消息，我想起近两年来我在教育界座谈会上两次讲过，要对小学生（甚至幼儿园的孩子）、中学生一直到大学生，由浅入深、坚持不懈地进行中国近代史、现代史及国情的教育。进行这个教育，至少要明确以下几点内容：

一、由于封建统治者的腐败，1840年鸦片战争以后的一百多年中，中国人民曾备受列强欺凌。可列举若干主要史实加以说明。

二、这期间，许多仁人志士和广大群众抛头颅，洒鲜血，前仆后继，抵御外侮，立志捍卫中华。

三、"五四"运动后，中国共产党诞生，领导中国各族人民经历了土地革命战争、抗日战争、解放战争，终于建立了新中国。从此中国人民站起来了。解放后，又经历了几次反侵略战争，证明伟大的中国人民是不可侮的。

四、中国人民从来就反对侵略，主持正义，不畏强暴，维护和平。中国实行社会主义制度是中国人民自己的历史性选择。我们一贯主张处理国家关系必须遵循和坚持和平共处五项原则，特别是互不干涉内政，反对任何形式的霸权主义和强权政治。

以上是教育的大致内容，目的是要提高中国人民特别是青少年的民族自尊心、民族自信心，防止崇洋媚外思想的抬头。当然，也不能重新制造"左"的气氛。

关于国情教育，建议还是要多做正面宣传。中国有五千年的灿烂文化，有比较丰富的资源，中国人民勤劳勇敢。中国人口众多是一个突出的国情。我们有的产品产量已列入世界第一位（如煤），但用人口总数一平均，指标却非常低。中国人口形势现在已经很严重，如再不严加控制，问题会更加严重。城市人口总的说控制得比较好一些，农村人口增长过快的问题大得很。要分地区分门别类地进行指导。关键在落实。国情教育中一定要说清楚，没有社会的安定团结，没有稳定的政治环境，经济是不可能搞上去的；而人口如果控制不住，即使经济上去了，也会产生各种困难和问题。许多不了解历史的人，往往以为实行资本主义制度，照搬西方议会民主，就可以使人们一下子过上发达资本主义国家的生活。他们不知道资本原始积累时期剥削了多少劳动人民的血汗，至今发达国家与不发达国家的不等价交换仍然存在。

我的这些意见，仅供参考。也可能你们的教材已经印出来了，或者有些地方已经印出来了。教材不必千篇一律，可以结合各地情况，针对性更强一点。但是一些主要内容，应该包括。

言不尽意，专此即致

敬礼

江泽民

1991年3月9日夜

全国公安厅局长会议在北京结束

国务委员王芳出席会议并讲话。公安部部长陶驷驹在会上讲话。

陶驷驹说：在最近几年中，从全国整体上讲，刑事案件很可能继续上升；"六害"问题也决不是通过几次查禁就能绝迹的，其反复性相当大，在某些地区可能还会蔓延。今年，各级公安机关必须继续坚持严厉打击严重刑事犯罪的方针，同时加强治安管理，加强防范工作。具体工作安排，各地要因地制宜，通过认真的调查研究，弄清本地治安重点，问题和主攻方向，做出精心部署。要坚持什么问题突出，就集中力量解决什么问题，哪里问题突出就治理哪里的原则。

会议期间，乔石、杨白冰、王芳、任建新、刘复之等接见会议全体代表。

会议于5日召开。

中共中央政治局常委宋平在广东考察

宋平9日至19日在中共广东省委书记谢非的陪同下，先后到惠州、深圳、珠海、东莞、中山、佛山等地的一些企业、工地、村镇，走访群众家庭，与基层干部群众进行交谈，了解当地经济发展、党的建设、社会生活、市场供应等方面的情况。

考察期间，宋平先后到惠州电子通讯设备有限公司、升信制衣公司、深圳中华自行车有限公司、沙头角保税工业区、珠海江海电子公司、玻璃纤维公司等单位，除听介绍外，还深入现场察看。

宋平在深圳、珠海特区期间，对特区建设各方面的情况作较全面的考察。

宋平认为，特区有一个任务，就是应该提供改革开放的经验。有些东西可以先在这里试验，总结出经验，再加以推广。所以，要求在特区工作的干部有更高的政治水平、思想水平和业务水平。这里是培养干部、锻炼干部、考验干部的地方，也是出人才、出干部的地方。

国家计委主任邹家华在中国统配煤矿总公司工作会议上发表讲话

邹家华提出，到1995年和2000年，我国的原煤产量要由1990年的10.8亿吨分别增加到12.3亿吨和14亿吨左右，以保证整个国民经济持续、稳定、协调地发展。为此，要努力提高煤炭工业发展的整体素质。

邹家华说，按照国民经济发展第二步战略目标和煤炭工业现代化标准来衡量，我国煤炭工业当前存在的主要问题是后劲不足。这两年新井建设少，矿井老化和报废增多。要解决这个问题，必须对现有矿井进行分类指导，选择一批条件好的矿井进行改造扩建，增加生产能力；对一部分环节能力不足的矿井，要进行技术改造；对接续紧张或失调矿井，必须在近两三年内调整完毕，同时加快新井建设。

针对煤炭工作中存在的管理水平不高、效率低、成本高、用人多、浪费严重、效益差等问题，邹家华说，要努力提高煤炭工业的整体素质。要采用现代化的生产手段和管理方法，进一步提高装备水平，坚持合理集中生产，要提高职工队伍的技术素质，尤其是一线人员的素质，发挥综采设备的能力，要提高质量和效率。

邹家华强调指出，持续、稳定、协调发展的方针是我国40年来经济建设正反两方面经验的深刻总结，煤炭工业发展要遵循这一方针，防止大起大落、重采轻掘、吃肥丢瘦，要严格保护国家的煤炭资源，不准乱采乱挖。

新华社报道1990年底全国个体工商户状况

个体工商户达1329户，从业人员2092万人，注册资金397亿元，只相当于国营集体企业的2.3%。

国务院总理李鹏在钓鱼台国宾馆会见英国通用电气公司董事长普赖尔勋爵

李鹏介绍说，能源、交通、通信以及石化、钢铁等基础工业是中国“十年规划”和“八五计划”中的发展重点，在这些领域中国同外国进行资金和技术合作的前景十分广阔。这为欧洲工业国家的企业界提供了很好的机遇。英国通用电气公司同中国有着长期的合作关系，现有合作项目的进展总的来说是好的。李鹏希望双方在现有的基础上把合作搞得更好。

普赖尔勋爵说，英国通用电气公司将继续运用其在业务上的优势，加强同中国在各方面的合作，特别是要把现有的合作项目搞好。

普赖尔还表示，他本人愿意努力推动中英经济、贸易合作的发展，将积极参与上海浦东开发的咨询工作，并同中国有关部门探讨新的合作领域。

全国人大常委会副委员长、中信公司董事长荣毅仁和国务委员邹家华等参加会见。

中央军委第一副主席杨尚昆会见以朝鲜人民军总政局宣传部部长韩东根为团长的人民军协奏团

杨尚昆在会见时说，不论任何时候、不管世界上发生任何情况，我们坚持社会主义道路是不会变的。杨尚昆说，中朝两国领导人多次表示加强双边交往的愿望。总之，中朝两国的往来和友谊要继续加强、深化，而不是相反。

外交部部长钱其琛在瓦莱塔同马耳他副总理兼外长德马尔科举行会谈

国家科委批准国家有色金属及电子材料测试等10家单位为首批国家分析测试中心

第三届茅盾文学奖评选在北京揭晓

6位作家5部作品获奖：路遥的《平凡的世界》、凌力的《少年天子》、孙力、余小惠的《都市风流》、刘白羽的《第二个太阳》、霍达的《穆斯林的葬礼》。另有老将军萧克的《浴血罗霄》和已去世的徐兴业教授的《金瓯缺》获荣誉奖。

3月10日

中共中央总书记江泽民为中国共产党建党七十年题词中国共产党七十年的光辉历程激励着我们朝着更加宏伟的社会主义现代化建设目标奋勇前进

国家技术监督局发出改进国优产品评选办法

国家技术监督局改进国优产品评选办法，生活资料产品"国优"有效期从10年缩短为5年，5年过后须重新申请参加评选，与其他产品平等竞争。

国务院副总理田纪云在人民大会堂会见由副部长阿里维勃沃率领的印度尼西亚工业部代表团

《人民日报》报道称中国非晶硅材料研究达国际先进水平

北京有色金属研究总院建成我国第一座非晶硅太阳电池试验电站，并利用试生产的电池开发出近10种应用产品。中国在非晶硅的研究方面跨入世界先进行列，其总体水平排在世界前4位。

中国选手隋新梅黄志红在第3届室内田径锦标赛上获女子铅球金银牌

《人民日报》报道称全国平原绿化林木覆盖率从2%上升到12% 4.6亿亩耕地实现林网化占平原耕地60.7%

3月11日

中共中央总书记江泽民在湖南考察

3月11日至18日，江泽民由湖南省委书记熊清泉、省长陈邦柱和广州军区司令员朱敦法陪同，深入湖南农村、工厂、部队、学校考察工作。

11日下午，江泽民一行抵达长沙以后前往韶山，瞻仰毛泽东同志故居和毛泽东同志纪念馆，接着又去宁乡县花明楼瞻仰刘少奇同志故居，15日瞻仰了任弼时同志故居。江泽民说，毛泽东同志是我们党和人民的伟大领袖，他和少奇、弼时同志都是新中国的伟大缔造者，他们的名字、思想和功绩，永远是激励我们奋发图强、建设祖国的强大动力。近代以来，湖南出现了许多爱国志士，中国共产党成立后又涌现了一大批无产阶级革命家。湖南人民为中国革命的胜利做出了巨大的贡献。在这块土地上，诞生了许多英雄人物，留下了许多可歌可泣的革命事迹。我们要经常运用这些教材，对今人和后人特别是青少年进行爱国主义、社会主义和共产主义人生观、价值观的教育。

考察期间，江泽民对各级干部突出强调加强理论、政治学习和研究的重要性。江泽民指出，早在1985年，邓小平同志就在党的全国代表会议上向全党同志及时地、明确地提出了这个问题。这是国际国内形势发展的需要，是推进改革开放和建设有中国特色社会主义事业的伟大实践的需要。江泽民说，从历史看，各级干部越是忙于经济建设和其他工作的时候，党就越是强调和告诫广大干部务必加强马克思主义理论学习，务必关心政治，加强政治研究。否则，有些同志就可能变得头脑不清醒，甚至迷失方向，那样就会给经济建设和其他事业造成严重损失。

江泽民在韶山召开有部分市、县、区、乡、村干部参加的农村基层组织建设和农村社会主义思想教育工作座谈会。江泽民指出，以农业为基础的思想和指导方针，任何时候都不能动摇；以家庭联产承包为主的责任制，作为我国现阶段农村经济的一项基本制度，一定要长期稳定不变，在稳定这种责任制的基础上，不断完善统分结合的双层经营体制，发展农村社会化服务体系，逐步壮大集体经济实力，并努力搞活农村商品流通和坚持科技兴农；在发展农村经济的同时，努力发展农村的教育科学文化事业，搞好计划生育，注重移风易俗，推进农村的全面建设和全面进步。

江泽民在湘潭、株洲、岳阳等地重点考察了一些国营大中型企业，并召开部分大中型企业负责人座谈会。江泽民说，关于改善国营大中型企业的外部经营环境，国务院已经提出了一些原则措施，现在的关键是各部门和各地方要加以具体化，认真落实到位。上级主管部门和其他有关部门的干部要深入企业，进行具体指导和帮助，积极支持配合，防止互相扯皮，不负责任，不急企业之所急的现象。从企业内部来说，党委和行政领导要同心协力，依靠广大职工群众，从改善经营管理上要效益，增活力。关键要抓住两条，一条是深化企业的改革，另一条是狠抓企业的技术改造。

中共中央总书记江泽民在韶山植树时发表讲话

江泽民在韶山毛泽东同志旧居右侧的山坡上，种下光叶白兰和龙柏。

在植树过程中，湖南省委书记熊清泉向江泽民介绍了湖南省森林覆盖面积已达到39%，去年造林面积达563万亩，今年将超过600万亩。江泽民说，全国的森林绿化覆盖面积，这几年虽然有所增长，但还不够理想。湖南省省长陈邦柱表示："我们决心5年消灭宜林荒山，10年绿化全省。"江泽民说，湖南的绿化工作搞得不错,但还要再接再厉。植树造林,绿化祖国,一可以防止水土流失,二可以保护生态环境,三可以改善人们的生活和工作环境。总之,这是一件造福子孙后代的大事。江泽民指出,今年是邓小平同志倡导开展全民义务植树活动10周年。10年来,全国造林绿化工作取得了很大成绩。江泽民希望全党动员,全民动手,锲而不舍,坚持下去,扎扎实实地搞好植树造林活动,把我们社会主义祖国建设得更加富强、美好。

全国人事厅局长会议在北京召开

会议就如何搞好机构改革、工资制度改革、人事制度改革、职称改革,进一步加强人事工作的宏观管理问题进行了讨论。会议期间,国务院总理李鹏与部分代表进行了座谈。

会议指出,国务院机构改革"三定"(定机构、定职能、定编制)验收工作已基本完成,63个部门通过了验收,中央国家行政机关所属事业单位机构总数比原来减少120多个,总编制减少6.2万多人。各级机构编制也保持相对稳定。国家人事部要求各级人事和机构编制部门按照先控制、再治理的原则,严格控制增设机构、机构升格和编制膨胀。各地各部门要认真执行中央有关规定,严格审批制度,杜绝增加机构编制或提高机构规格。要完善机构编制的约束机制,切实解决目前机关人员的超编问题。要用法律形式把机构改革的成果巩固下来,要着手制定一些机构编制方面的法规。

人事部部长赵东宛在全国人事厅局长会上讲话。

会议至15日结束。

澳门基本法专题小组会议在珠海召开

澳门特别行政区基本法起草委员会五个专题小组会议在珠海召开。钱伟长、李后、郭东坡、何厚铧、薛寿生等35位委员出席会议。

会议根据去年12月第五次草委会全体委员们的意见和建议以及澳门各界的意见,分别讨论政治体制、居民的基本权利和义务、中央与澳门特别行政区的关系、经济、文化与社会事务五个专题小组草拟的条文,并进一步修改和补充。这些条文提交1991年4月在北京召开的草委会第六次全体会议讨论。

澳门基本法具体条文的起草工作,根据1990年6月第四次草委会全体会议的决定开始。

河南省七届人大四次会议选举李长春为省长

国务委员邹家华在全国土地管理局长会上发表讲话

邹家华说,自1986年起建立的各级土地管理机构,是党中央、国务院对土地管理体制的重要改革。5年来,各级土地管理部门做了许多工作,对促进国民经济建设持续、稳定、协调发展起到重要作用。

我国土地问题仍面临严峻形势。随着经济建设的发展,我国人多地少、耕地面积缩减的矛盾会更加尖锐,这已构成潜在的危机。因此,各级领导要增强对土地问题的紧迫感和历史责任感,把贯彻落实土地管理法和"十分珍惜和合理利用每寸土地,切实保护耕地"的基本国策,列入政府工作的重要议事日程,各级负责同志要在实行任期目标责任制中,把加强土地管理,保护土地资源,逐步稳定耕地面积作为各级领导干部的工作成绩之一来考虑。各级领导应积极为土地管理工作办实事,当前主要解决基层土地管理工作无人管等问题。

邹家华指出,要继续深化土地管理体制改革和土地使用制度改革。不断巩固和完善全国土地、城乡地政的统一管理体制,逐步建立健全统一、高效、具有权威的土地管理机构。深化土地使用制度改革,主要在坚持社会主义土地公有制的原则下,变土地无偿、无限期使用为有偿、有限期使用,真正形成珍惜和合理用地的自我约束机制。邹家华要求加强土地资源的宏观调控和微观管理,要坚持"节流"、"开源"并举,逐步稳定耕地面积;要严肃查处乱占滥用耕地、越权批地等违法案件。

全国沙产业研讨会在北京召开

会议在全国政协副主席、中国科协主席钱学森倡议下,由中国科协委托中国林学会召开。

钱学森在会上指出,我国沙漠和戈壁面积大约与农田面积差不多,有16亿亩。沙漠和戈壁并不是什么都不生长,除极干旱区外,大部分地区还是生长了不少沙生植物,其中有许多珍贵药材。现在我们只采不种。作为沙产业,应该既采又种。另外,这里有充足的阳光,有丰富的风力资源,可用以发电。在交通方便的地方,也可开发沙子制品、建材制品和珍贵生物资源。他希望这次沙产业研讨会,成为这个新型产业的开端。

出席会议的专家认为,有计划地开发利用不同类型的沙漠、沙地、沙漠化土地,建设沙地粮食、畜产品、林产品加工产业,不仅对缓解我国人口增长、资源不足的矛盾具有重要作用,而且对提高沙区人民生活,繁荣西北边疆,具有重大政治意义。

国家主席杨尚昆根据全国人大常委会的决定任免驻外大使

一、免去谢振骝兼任的中华人民共和国驻冈比亚共和国特命全权大使职务。任命林廷海为中华人民共和国驻冈比亚共和国特命全权大使。二、免去谢振骝的中华人民共和国驻塞内加尔共和国特命全权大使。任命仓友衡为中华人民共和国驻塞内加尔共和国特命全权大使。三、免去谢振骝兼任的中华人民共和国驻佛得角共和国特命全权大使职务。

杨尚昆在人民大会堂分别接受巴布亚新几内亚独立国新任驻华大使拉里·胡洛和毛里塔尼亚伊斯兰共和国新任驻华大使哈默德·乌尔德·艾里递交的国书

国务院副总理田纪云和苏联政府副总理马斯柳科夫在人民大会堂举行会谈

国家统计局发布去年人口变动抽样调查结果

国家统计局日前公布了1990年全国人口变动情况抽样调查结果，这次在大陆30个省、自治区、直辖市，抽取了881个县(市、区)、3002个乡(镇、街道)、7836个调查小区，调查了48.3万户中的192.6万人。

全国1990年人口出生率为21.06‰，自然增长率为14.39‰。

按此推算，全国出生人口达到2391万人，净增人口为1629万人。

调查结果表明，全国有21个省、自治区的人口出生率超过20‰，最高达到26.44‰；有17个省、自治区的自然增长率超过14‰，最高者达到18.82‰。

“八五”期间，我国仍处于生育高峰期，控制人口增长的任务十分艰巨，因此，我们各级政府必须进一步加强计划生育工作的领导，逐步完善人口生育政策，增强人口意识和人均意识，做到严格控制人口的过快增长。

1990年省、自治区、直辖市人口出生率、死亡率、自然生长率(单位：‰)(略)

《人民日报》发表国家体改委主任陈锦华文章《逐步建立社会主义有计划商品经济的新体制》

中央军委发布《关于给兰州军区华山基地记集体一等功命令》

国务委员宋健在全国电子信息应用工作会上讲话

宋健在会议上作了《为实现工业、农业和第三产业的电子信息化而奋斗》的讲话。他说，“七五”期间，应用电子信息技术改造传统产业、节能降耗、提高产品质量、增加质量、为社会发展服务等方面取得了很大成绩，获得了明显的经济效益和社会效益，有力地推动了社会的进步。

谈到“八五”和90年代的发展，宋健强调说，电子信息推广应用这个任务非常重要，在90年代依然是全国科技界、经济界和社会管理方面的中心任务。在“七五”的基础上，在更深层次上和更广泛的领域里推广应用电子信息技术，向成套化、综合化和系统化迈进。宋健说：“江泽民同志最近指出，应该在‘八五’和90年代把电子信息产业与能源、交通、原材料等支柱性产业列为同等重要地位加以推动，拿出当年抓‘两弹’的魄力来抓电子信息产业。我认为这个问题非常重要，‘八五’和90年代是进一步推动我国电子信息产业的关键时期，我们应该在生产过程自动化、工厂企业管理自动化、支持各级政府决策采用电子信息技术等方面的广度和深度上大大提高一步，达到更高的水平和更大的规模。”

宋健强调，在90年代要拿出当年抓“两弹”(原子弹、氢弹)的魄力来抓电子信息产业的发展。

宋健说：在“七五”期间，各地认真贯彻“抓应用、促发展”的方针，在应用电子信息技术改造传统产业，节约能源，降低物耗，提高产品质量，为社会发展服务等许多方面取得了明显的经济效益和社会效益。

宋健指出，“八五”期间更是推动电子信息技术发展的关键时期。电子技术发展的关键是推广应用，在“八五”期间，应该进一步在生产过程控制自动化，工厂企业管理自动化，支持政府决策采用电子信息技术，城市和国家的电子信息系统建设等方面达到更高的水平和更大的规模。

中共中央领导人江泽民和邓小平为全民义务植树十周年题词

中共中央总书记江泽民3月7日题词：全党动员，全民动手，植树造林，绿化祖国。

原中顾委主任邓小平3月11日题词：绿化祖国，造福万代。

全国绿化委员会主任田纪云在植树节前夕发表电视广播讲话《把植树造林、绿化祖国的活动提高到一个新水平》

中纪委批转河南省纪委关于原洛阳市委书记武振国受贿案通报

3月12日

国家主席杨尚昆在人民大会堂会见吉布提共和国总统古莱德·阿普蒂敦及其随行人员

国务院总理李鹏在北京同吉布提共和国总统哈桑·古莱德·阿普蒂敦举行会谈

全国植树造林表彰动员大会在人民大会堂举行

党和国家领导人李鹏、万里、田纪云出席表彰动员大会。

全国绿化委员会成员，各省、自治区、直辖市、计划单列市受到表彰的造林绿化先进单位和劳动模范代表和绿化委员会、林业厅局的负责人，中央和国家机关有关部门的负责人等，出席表彰动员大会。

表彰动员大会由国务院副总理田纪云主持。田纪云宣布：为表彰广东省委、省人民政府领导全省人民在造林绿化工作中取得的突出成绩，在全国第一个实现消灭宜林荒山的目标，中共中央、国务院决定，授予广东省"全国荒山造林绿化第一省"光荣称号。

李鹏向广东省副省长凌伯棠颁发"全国荒山造林绿化第一省"的奖牌。林业部部长高德占在会上宣读国家森林防火总指挥部、全国绿化委员会、林业部、人事部作出的表彰决定。

为表彰吉林省在护林防火工作中取得的突出成绩，实现连续十年无重大森林火灾，国家森林防火总指挥部、林业部决定授予吉林省"森林防火先进省"光荣称号。

全国绿化委员会、林业部决定：授予在植树造林、绿化祖国的伟大事业和林业建设中取得优异成绩的福建省"林业建设先进省"光荣称号；授予湖南省、安徽省"造林绿化先进省"光荣称号；授予山西省、河南省"平原绿化先进省"光荣称号；授予北京市"平原绿化、城市造林绿化先进市"光荣称号；授予辽宁省"三北防护林建设、城市造林绿化先进省"光荣称号；授予内蒙古自治区"三北防护林建设先进自治区"光荣称号；授予山东省"城市造林绿化先进省"光荣称号；授予北京军区"造林绿化先进军区"光荣称号。

为表彰先进，推动全民义务植树运动和造林绿化事业更加广泛深入地向前发展，全国绿化委员会、林业部、人事部决定：授予北京市东城区等 524 个单位为全国造林绿化先进单位；授予赵桂琴等 271 人为全国造林绿化劳动模范。

国务院总理李鹏在全国植树造林表彰动员大会上讲话

同志们：

今年是全国开展全民义务植树运动的十周年，今天又是我国一年一度的植树节。在这个有意义的日子里，我们在这里召开全国植树造林表彰动员大会，充分表达了党和国家对植树造林、绿化祖国的高度重视和加快发展这一事业的决心。

在今天的大会上，受到表彰的有获得"全国荒山造林绿化第一省"光荣称号的广东省；在森林防火工作中取得突出成绩的吉林省；在林业建设中取得显著成果的福建、湖南、安徽、山西、河南、北京、辽宁、内蒙古、山东等省、市、区和中国人民解放军北京军区，以及 524 个绿化先进单位、271 名造林绿化劳动模范。我代表党中央、国务院向所有受到大会表彰的先进地区、先进单位和劳动模范表示热烈的祝贺，向全国林业战线广大职工，以及所有为植树造林、绿化祖国作出过贡献的广大干部、群众和人民解放军官兵表示亲切的慰问。希望大家再接再厉，继续发扬艰苦奋斗的精神，为植树造林作出新贡献。

林业是国民经济的重要组成部分，既是一项产业，又是一项社会公益事业；既属于农业范畴，又是基础原材料工业。森林还是生态系统的主体，是保障农业稳产、高产的屏障，兼有经济效益、生态效益和社会效益。植树造林，绿化祖国，是国家的一项重大决策。

党和政府历来十分重视林业建设，特别是党的十一届三中全会以来，国家制定了一系列保护、发展林业的政策、法律和法规，邓小平同志倡导开展全民义务植树运动大大激发了各地区、各部门和林业战线广大干部群众的积极性，植树运动成效显著，绿化事业取得了巨大成就。造林面积稳步增加，质量不断提高，森林覆盖率开始上升，城乡绿化面貌大为改观。以"三北"防护林、长江中上游防护林、沿海防护林、平原绿化、太行山绿化等为标志的许多重点造林绿化工程取得了很大进展。全民义务植树运动成效显著，10 年植树 100 多亿株。林业在促进国民经济发展、改善生态环境、推动社会主义两个文明建设等方面发挥了重要作用。我国人工造林保存面积已达 4.6 亿亩，位居世界前列，大力造林绿化，对于人类也是一个很大的贡献。

在看到成绩的同时，也要清醒地认识到：我国森林覆盖率还比较低，全国还有大量宜林荒山荒地尚未绿化；生态环境恶化的趋势还没有根本扭转；城市绿化与人民生活的需要还不相适应；有些林区可采森林资源持续下降，森工企业面临不少困难。因此，植树造林、绿化祖国的任务还十分艰巨。

今后十年，是我国实现现代化建设第二步战略目标的关键十年，也是林业建设的关键十年。党的十三届七中全会关于十年规划和"八五"计划的建议中明确指出：要大力加强林业建设，积极植树造林，提高绿化水平，加强速生丰产用材林、防护林、经济林和薪炭林建设，改善生态环境。全国人民都要在七中全会精神的指引下，总结前十年造林绿化的经验，向受表彰的先进地区、先进单位和模范人物学习，进一步动员起来，以高度的爱国热情，人人动手，年年植树，愚公移山，坚持不懈，把造林绿化这一功在当代、造福子孙的事业更加深入扎实地开展下去。

要广泛深入地宣传植树造林的意义，使植树造林、绿化祖国成为全社会的共同认识，使广大干部和群众增强植树造林的责任感和紧迫感，自觉地积极投身到这一伟大事业中来。各地区、各部门、各单位，人民解放军，各级群众组织，都要从实际出发，积极主动地完成自己承担的造林绿化任务，为绿化祖国做出贡献。

植树造林要从我国的国情出发，大力发扬自力更生、艰苦奋斗精神，实行以群众投劳为主、国家补助为辅，多渠道筹集造林绿化资金。国家和地方都要增加对林业的投入，为植树造林创造更多更为有利的条件。

要使今后十年我国的植树造林事业有较快的发展，必须依靠科技进步。当前最重要的是积极推广经过实践检验有显著效益的林业科技成果，特别是重视林业适用技术的推广，新技术、新成果的运用。还要建立健全林业技术推广服务体系，充分发挥广大科技人员的作用，努力提高造林绿化的总体水平。

林业生产周期长，造林仅仅是发展林业的第一步，从造林到成林，进而发挥林业的效益，是一个比较长的过程，需要付出艰苦的努力。关键是要做好林木的科学管理和保护，提高林木生长量。通常所说的“三分造、七分管”就是这个道理。要坚持以法治林。认真贯彻执行《森林法》等一系列林业法律、法规。近年来，各级政府和林业部门大力加强了森林防火、森林病虫害防治、制止乱砍滥伐森林等工作，取得了很大成绩。要坚持不懈地加强“三防”体系建设，把保护林业的工作抓紧抓好，使森林火灾进一步下降，森林病虫害面积进一步缩小，与一切毁林犯罪、乱砍滥伐的违法行为进行坚决的斗争。

领导重视，真抓实干，是发展造林绿化事业的关键。广东省荒山造林绿化成绩显著，根本经验就是从主要负责同志做起，各级领导亲自动手，真抓实干。各级党委和人民政府都应把造林绿化工作纳入重要议事日程。

同志们，植树造林，绿化祖国，需要全国人民同心协力，像邓小平同志指出的那样，世世代代坚持干下去，自力更生，艰苦奋斗，把造林绿化工作推向一个新的水平，使林业生产建设再上一个新台阶，以适应国民经济发展和改善生态环境的需要，为实现现代化建设的第二步战略目标做出新的贡献。

《人民日报》发表社论《坚持不懈 绿化祖国》

彭真在浙江考察

88岁高龄的彭真同志3月12日由中共浙江省委书记李泽民、省委常委夏仲烈等同志陪同，在杭州参加了植树活动。

在春意盎然的西子湖畔，彭真同志和他6岁的小孙子一起挥锹铲土，栽种了杭州市的市树、市花——樟树和桂花树。

种树时，彭真同志对在旁一道植树的李泽民同志及群众说：“预祝你们早日实现5年消灭荒山，10年绿化浙江的目标。绿化祖国、改造自然，是我们的一项重要历史任务。我们世世代代，男女老少凡是能劳动的，都要多种树。”

3月15日彭真同志冒着绵绵春雨，来到杭州湾畔秦山核电一期工程工地进行考察。他手持一张核电站工程平面布置图，参观了核电站展览厅、主控制室和核反应堆厂房。在展厅，他一边看模型，一边向秦山核电公司的负责同志询问核电站的建设情况。在主控制室，彭真同志详细了解了工程建设和调试情况。当他得知秦山核电站热态调试已接近尾声，整个调试工作进展顺利时，十分高兴。他勉励大家继续协同攻关，争取早日投产发电，并再三叮嘱要切实保证安全运行。他还冒雨登上四十五米高的山坡平台，鸟瞰了秦山核电一期工程的全貌。

彭真同志欣然为核电站题词：“秦山核电站，我国核能和平利用的开路先锋，要多方保证它安全运行，这是一件大事。”

3月18日，彭真同志来到浙江嘉兴，前往南湖，瞻仰了中国共产党第一次代表大会会址。

春到南湖，一片桃红柳绿。彭真同志参观了“访踪亭”，又登上当年我党“一大”举行最后一天会议的那艘画舫。在画舫舱里，南湖纪念馆工作人员介绍，这艘画舫是按照当时开会时乘坐的那艘仿制的，彭真同志深情地说：“这船不大，但前途远大，有了这艘船，才诞生了社会主义中华人民共和国。”

在南湖革命纪念馆，彭真同志听取了嘉兴市开展“我为南湖增光辉”活动的情况介绍。彭真同志听着，高兴得连连点头。彭真同志还为南湖革命纪念馆题了词：“世世代代高举马列主义、毛泽东思想旗帜，为共产主义事业英勇奋斗！”

全国人大常委会副委员长阿沛·阿旺晋美就西藏和平解放四十周年答记者问

阿沛·阿旺晋美在人民大会堂西藏厅会见部分中外记者，介绍西藏和平解放40年来取得的巨大成就，并回答中外记者提出的问题。

阿沛·阿旺晋美说，今年是西藏和平解放40周年。40年来，在中国共产党的民族政策和《关于和平解放西藏办法的协议》即“十七条协议”的原则基础上，经过西藏各族人民的努力奋斗，西藏发生了翻天覆地的深刻变化，各方面都取得了举世瞩目的伟大成就。

阿沛·阿旺晋美介绍说，40年来，西藏实行了民主改革，推翻了封建农奴制度，解放了农奴和奴隶，解放了社会生产力。实行民族区域自治，建立了自治机关和人民代表大会制度，过去在政治上毫无权利的百万农奴成了国家和社会的主人。农牧民、工人和知识分子在各级人大代表中占了绝大多数。

阿沛·阿旺晋美说，西藏的经济建设有很大发展。西藏过去只有一些传统手工业，没有现代工业。现在已经建立了260多家中小型现代工业企业。农牧业持续发展，粮食产量从民主改革前的1.5亿公斤增长到去年的5.5亿多公斤。牲畜存栏数比民主改革前增加1倍多，达到2280万头。过去，西藏农牧民收入少得可怜，去年西藏自治区的农牧民人均收入已达430多元。

阿沛·阿旺晋美说，西藏的文化教育、医疗卫生、科学技术等也有很大发展。传统文化和医学得到很好的继承和发扬。自治区各地区都建立了藏医院，许多县医院建立了藏医科。过去每个县只有三四个个体藏医医生，现在全区已有藏医医务人员1500多人。总之，经过40年的努力，昔日西藏贫穷落后的面貌有了很大的改变，这在西藏是看得见、摸得着的。

在回答关于寻找班禅转世灵童的问题时，阿沛·阿旺晋美说，自五世达赖喇嘛和四世班禅喇嘛以后，西藏形成了一整套寻找灵童的宗教仪规和惯例。首先，要去山南地区的加查县看神湖中的倒影，再根据倒影判断灵童出生的时间地点等去国内各地寻访。如果只找到一个灵童，就不会有争议，如果找到二三个灵童，就要按照清朝规定的“金瓶掣签”的办法将几个灵童的名字写在签上放入金瓶，进行掣签，中签者即是灵童，经中央政府批准继任佛位。目前，第十世班禅转世灵童的寻访事宜，正由班禅大师的主寺扎什伦布寺在积极进行之中。

在回答关于签订西藏和平解放协议问题时，阿沛·阿旺晋美说，昌都解放时，我是以昌都总管身份，滞留昌都，了解到中央关于和平解放西藏的方针，亲眼目睹了解放军执行三大纪律、八项注意的模范行动。我和当时在昌都的僧俗官员联名两次写信给达赖喇嘛，建议并敦促他派代表与中央人民政府谈判。当时在拉萨也有一些爱国上层人士建议谈判。后来，达赖喇嘛亲自指派我为西藏地方政府首席全权代表，并指派土登列门、桑颇·登增顿珠两个全权代表来昌都同我一起去北京，同时从亚东派出凯墨·索安旺堆、土丹旦达两位全权代表经印度去北京。我们5位代表齐聚北京后，即同中央人民政府派出的4位全权代表李维汉、张经武、张国华、孙志远进行谈判，经过友好协商，就有关和平解放西藏的各项事宜，达成了一致意见。

我们回到拉萨后，西藏地方政府立即召开全体官员会议，我们把协议签订的过程和内容原原本本地传达了，官员们经过认真讨论，大家一致拥护协议。1951年10月24日，达赖喇嘛打电报给中央人民政府和毛泽东主席：“双方代表在友好基础上，已于1951年5月23日签订了关于和平解放西藏办法的协议。西藏地方政府及藏族僧俗人民一致拥护，并在毛主席及中央人民政府领导下，积极协助人民解放军进藏部队，巩固国防，驱逐帝国主义势力出西藏，保护祖国领土主权的统一”。

阿沛·阿旺晋美说，党的十一届三中全会以后，我们实行了改革开放政策，取得了显著成就。西藏95%以上的农牧民对社会主义是拥护的，对他们的生活是满意的，思想是稳定的。1980年以后，实行了土地归户使用，牲畜归户所有，并免除一切税收的政策。11年来，西藏的农牧民没有任何税收负担。这在西藏的旧社会是想也不敢想的。

在回答有关宗教信仰问题时，阿沛·阿旺晋美说：“中国共产党坚持执行宗教信仰自由政策。人民有信教的自由，也有不信教的自由。西藏过去实行政教合一制度，来自宗教方面的对群众的压迫剥削也是很严重的。这种制度当然应该废除。西藏和平解放后，人民的宗教信仰自由一直受到保护。个人信教或不信教，不会有人干涉。但如果利用宗教剥削压迫人民，进行分裂祖国的活动，当然不允许，并且要依法制裁。因为这不是宗教信仰的问题。”

中英联合联络小组第十八次会议在北京举行

中英联合联络小组中方首席代表郭丰民和英方首席代表高德年出席会议。

印度总理钱德拉·谢卡尔在新德里会见来访的中国文化部代部长贺敬之

文化部代部长贺敬之在新德里同印度人类资源与发展部长拉杰曼加尔·潘德举行会谈

中国代表团团长王天策在联合国贸易与发展大会第37届理事会会议上指出发达国家的贸易保护主义使发展中国家经济贸易受到损害

3月13日

国务院总理李鹏在中南海与人事厅局长会议代表举行座谈

座谈会上，李鹏和李铁映、王丙乾、宋健国务院秘书长罗干，同代表们就如何搞好机构改革、工资制度改革、人事制度改革、职称改革，进一步加强人事工作的宏观管理问题，进行座谈讨论。

李鹏说，目前地方机构改革的主要任务是进行不同规模的试点。国务院的机构则要保持相对稳定，重点抓提高工作效率。

李鹏说，工资制度的改革要结合机构改革来进行。必须克服吃大锅饭的现象，要采取切实措施对那些有突出贡献的专家、学者和科技人员予以必要的鼓励。

李鹏指出，公务员制度的建立，必须适应中国国情。国家干部的选择和提拔主要看在实际工作中的表现，要把那些德才兼备，既能坚持四项基本原则，又有业务能力，政绩突出的干部提拔到重要岗位上来，并逐步形成一整套科学的干部选拔制度。

李鹏要求人事部门进一步做好离退休干部的管理服务工作。

李鹏说，人事工作政策性很强，希望广大人事干部不断增强党性，坚持原则，坚持改革开放，清正廉洁，克服困难，进一步把工作做好。

部分省、自治区、直辖市科技干部局、机构编制部门的负责人，中央国家机关有关部门的负责人等出席座谈会。

中共中央政治局常委李瑞环在重庆考察

李瑞环于3月13日至17日在中共四川省委书记杨汝岱、副书记聂荣贵和重庆市委书记肖秧、市长孙同川陪同下，深入重庆的工厂、农村和文化教育单位，了解情况，宣传政策。

李瑞环说，弄清人民群众真实的思想、情绪、愿望、要求，是做好群众思想政治工作和其他各项工作的前提条件。他说，弄不清群众在想什么，就谈不上根据对象的特点，做好深入细致的思想政治工作，充分调动群众的积极性；就谈不上想群众之所想，急群众之所急，兴办群众满意而高兴的实事；就谈不上集中群众的智慧，更好地坚持从群众中来，到群众中去，使我们的方针政策更加切合实际。总之，弄不清群众在想什么，一切将无从谈起。这不是一件简单的小事，而是一件事关全局的大事。

李瑞环指出，真实、全面、及时地弄清群众在想什么，并不容易。如果没有民主、和谐的气氛，就不容易听到真话；如果缺乏闻过则喜的胸怀，就不容易听进真话；如果对听到的情况不作科学的综合分析，就不容易抓住事物的本质和主流。还必须看到，客观现实总是发展的，群众的思想是不断变化的，即使一时了解了真实情况，也不能一劳永逸。这就要求各级干部眼睛向下、放下架子，甘当小学生，到群众中去，到基层去，做艰苦的调查研究工作。

李瑞环强调，我们党的宗旨是全心全意为人民服务，党的根本路线是群众路线，党的方针政策代表了群众的根本利益，这是我们弄清群众在想什么的重要政治基础。同时，我们党有密切联系群众，了解民心民意的宝贵传统和经验。只要我们充分认识这个问题的重要性，并把它作为一件大事自觉抓好，就能够准确地把握群众的思想脉搏，了解群众的真实意愿。

李瑞环参观红岩革命纪念馆和重庆歌乐山烈士陵园。

国务院港澳办公室主任鲁平在访问香港时举行的记者招待会上就香港建新机场问题阐述中国政府原则立场

鲁平说，中国政府对香港兴建新机场的立场是一贯的。第一，我们赞成香港要有一个新机场，因为从香港长远的经济发展来看，启德机场是早晚要饱和的，要保持香港作为国际航空中心的地位，就需要建新机场。第二，这个机场应该是投资少、效益高的机场，因为这个问题牵涉到1997年特别行政区政府会有多少财政储备。到了1997年，香港特别行政区政府刚成立，有很多的事情要做，有很多的开支需要应付，我们希望到那时候特别行政区政府手头上比较宽裕些。那时如果财政出现赤字，特区政府就得增加税收，就会增加每一个纳税人的负担，我们不愿看到这种情况发生。第三，在新机场和大型基建问题上，希望增加对广大香港市民的透明度。机场开支很庞大，跟每个香港市民的切身利益有关，应该把能够公开的材料尽量地向广大香港市民公开，大家知道后才能发表看法和意见。为此我们建议设立新机场咨询委员会，咨委会由来自香港的各方面的专家和代表人士组成。

浙江省七届人大四次会议选举葛洪升为省长

全国妇联等单位发出《关于在全国城镇妇女中开展“做‘四有’、‘四自’女性，为‘八五’计划建功”的联合通知》

全国妇联、共青团中央、国家教委、科委、人事部、化工部、轻工部、纺织工业部、商业部、广播电影电视部、卫生部、解放军总政治部12个单位发出关于在全国城镇妇女中开展“做‘四有’、‘四自’女性，为‘八五’计划建功”（简称“巾帼建功”）的联合通知。

《通知》要求各级妇联组织和妇联的全体会员要做好组织发动工作。各地要从实际出发，结合行业特点，制定具体活动计划，拟定评比条件。要积极争取各地区各行业党政领导的支持，有关部门要密切配合。《通知》还通过了先进个人的评选条件,并提出1992 年至 1996 年每年表彰 100 名"巾帼建功"奖获得者,全国妇联同时授予获奖者"全国三八红旗手"荣誉称号。

国务院关于加强外资企业重大项目审批工作的通知

近年来,外资企业发展很快,一批规模较大、对国民经济有一定影响的重大项目正在建设或洽谈。这类重大项目国内配套条件复杂,在产品方向、地区布局、国内配套资金、能源和原材料供应、交通运输、市场安排、机械设备国内订货等方面,都需要统筹规划和综合平衡。为贯彻国家产业政策,引导外资投向,综合平衡外资企业的建设和生产经营条件,现就加强外资企业审批工作作如下通知:

一、凡投资总额在国务院授权省、自治区、直辖市和计划单列市、经济特区人民政府审批权限以上的外资企业项目,以及授权审批权限以内而建设和生产经营条件需要国家综合平衡的或国家产业政策中规定限制建设的外资企业项目,在设立前,由省、自治区、直辖市和计划单列市、经济特区人民政府提出项目报告,将拟设立的外资企业项目情况和需要国家综合平衡的问题,并附预可行性研究报告,报送对外经济贸易部、国家计划委员会和国务院产业主管部门。由国家计划委员会会同国务院有关主管部门进行综合平衡和审批。投资总额超过 1 亿美元的重大项目,由国家计划委员会提出审查意见,报国务院审批。

二、项目报告批准后,外商设立外资企业的申请按《中华人民共和国外资企业法》第六条和《中华人民共和国外资企业法实施细则》第二章规定的外资企业设立程序办理,由对外经济贸易部审查批准,发给批准证书。

三、在省、自治区、直辖市和计划单列市、经济特区人民政府审批权限内的外资企业项目,各地也要按照国家产业政策和指导外商投资方向的有关规定,加强审批和综合平衡工作,并按规定程序上报备案。

国家统计局发布《关于"七五"时期国民经济和社会发展的统计公报》

"七五"计划时期(1986～1990 年),全国各族人民在党中央和国务院的领导下,认真遵循对内搞活经济、对外实行开放的总方针,在建设有中国特色的社会主义进程中,克服各种困难,取得了新的成就。经济实力增强,国内市场供应充足,对外经济活跃,财政增收,居民生活进一步改善,科技、教育、文化、卫生、体育事业有了新发展。"七五"时期,国民生产总值平均每年增长 7.8%,国民收入平均每年增长 7.5%,工农业总产值平均每年增长 11%,均超过"七五"计划的要求,提前实现了第一步战略目标。这一时期的主要问题是:一度忽视思想政治教育;在经济发展中求成过急,一度造成经济过热、通货膨胀;国民经济的某些方面过于分散,国家宏观调控能力减弱。

一、农业

农、林、牧、副、渔业全面增长,基本完成了计划规定的目标。1990 年,农业总产值 7382 亿元,比 1985 年增长 25.3%,平均每年增长 4.6%,超过 4%的计划指标。其中,种植业产值年均增长 3.2%,林业产值年均增长 0.2%,牧业产值年均增长 6.5%,副业产值年均增长 11.3%,渔业产值年均增长 12.7%。

在主要农产品生产中,粮食生产前三年徘徊不前,后两年连续刷新纪录;1990 年,棉花、糖料生产扭转连年的徘徊局面,超过"七五"计划指标;油料大幅度增产,但仍低于计划要求。肉、禽、蛋、奶、蔬菜、水果、水产品等连年增产。"七五"时期主要农副产品平均年产量,除棉花、黄红麻外,均比"六五"时期有较大幅度的增长。

主要农产品平均年产量如下(万吨):

	"七五"时期	"六五"时期	"七五"比"六五"增长百分比
粮食	40622	37064	9.6
棉花	404	432	－6.5
油料	1446	1205	20.0
甘蔗	5054	3775	33.9
甜菜	1061	789	34.4
黄红麻	64.0	89.5	－28.5
烤烟	200	158	26.6
蚕茧	44.7	33.9	31.9
茶叶	51.6	39.7	30.0
水果	1678	930	80.4
猪牛羊肉	2185	1463	49.4
水产品	1042	569	83.1

林业和绿化工作取得新的进展。"七五"时期,人工造林总面积超过 4 亿亩,造林质量不断提高。其中,用材料建设增长较快;经济林的主要产品产量大幅度增长,核桃、板栗、松脂等各种优产品创历史最高纪录。全国 900 多个平原、半平原县,已有 500 多个接近或达到平原绿化标准。

科技兴农有了良好的开端。优良品种、模式化栽培、配方施肥、地膜覆盖等农业科技成果的推广应用已显示出巨大的生产潜力。在畜牧业生产方面，由于推广良种繁殖，进行科学饲养，疫病防治，使用配合饲料，畜禽生产技术水平明显提高。

农业物质装备水平有所提高。1990年末农村生产性固定资产原值达到3886亿元，比1985年末增长82.4%；农业机械总动力达2854亿瓦特，比1985年增长36.5%；化肥施用量增长46.8%，农药、塑料薄膜等使用量也均有所增加。但农业综合生产能力仍然较低。突出表现在：一是耕地大量减少，1990年末全国耕地面积比1985年末减少1854万亩；二是有效灌溉面积、机耕地面积近两年虽然有所恢复，但还没有达到历史最高水平；三是水土流失、沙化碱化的情况仍在发展；四是农业抗御自然灾害能力依然薄弱。

农村经济全面发展。1990年农村社会总产值达到16253亿元，比1985年增长87.8%，其中，农村工业、建筑业、运输业、商业、饮食业等非农业产值增长1.6倍，所占比重由1985年的42.9%上升到1990年的54.6%。"七五"时期，乡镇企业共吸收农村劳动力2200万人。

二、工业

工业生产增长较快但波动较大。1990年全国工业总产值23851亿元，比1985年增长85.1%，平均每年增长13.1%，超过计划增长7.5%的目标，是继"一五"、"六五"之后，第三个高速增长时期。但是发展不平稳。出现了明显的起伏，前三年经济过热，工业生产年均增长16.7%，后两年进行治理整顿，宏观紧缩出现了市场疲软，速度明显趋缓，年均增长8.1%。"七五"时期，重工业年均增长12.2%，轻工业年均增长14.1%。分所有制看，全民所有制工业年均增长7.3%，集体所有制工业年均增长17.6%，中外合资、中外合作和外资独资经营的工业年均增长74%。全民和集体所有制工业总产值占全部工业的比重由1985年97.7%下降到1990年的91.4%。

列入"七五"计划的28种工业产品产量，有23种产品完成或超额完成了计划；汽车、家用洗衣机、家用电冰箱等因受市场需求制约，1990年控制了生产；原油、木材受资源限制，没有完成计划。"七五"时期主要工业品平均年产量，均比"六五"时期有较大幅度的增长。

主要工业品平均年产量如下：

	单位	"七五"时期	"六五"时期	"七五"比"六五"增长百分比
化学纤维	万吨	132	65.4	101.8
纱	万吨	445	331	34.4
布	亿米	179	146	22.6
机制纸及纸板	万吨	1215	691	75.8
电视机	万台	2265	897	152.5
家用洗衣机	万台	882	443	99.1
家用电冰箱	万台	506	46.8	981.2
原煤	亿吨	9.87	7.33	34.7
原油	亿吨	1.36	1.10	23.6
发电量	亿千瓦小时	5390	3552	51.7
钢材	万吨	4623	3142	47.1
木材	万立方米	6066	5585	8.6
水泥	亿吨	1.95	1.11	75.7
化肥	万吨	1705	1336	27.6
汽车	万辆	51.6	27.3	89.0

工业生产能力扩大，技术水平提高。到1990年底，全国独立核算工业企业拥有固定资产原值达14000亿元，比1985年增长1倍。建成了一大批重要工业基础设施，平均每年有上百个大中型工业建设项目竣工投产，一些重要产品的生产能力逐年扩大。通过技术引进和加快对老企业的技术改造，我国工业生产的技术水平显著提高。为国民经济生产技术装备的机械工业，平均每年开发新产品达到上千种，基本上依靠国内的力量，为能源、交通、原材料、尖端科学等十几个部门提供了上百种高水平的成套设备。

但是，工业结构失衡、地区结构趋同的状况没有明显好转，经济效益低下问题日益突出。1989年和1985年相比，在全国重点企业考核的指标中，有48%的质量指标下降，52%的消耗指标上升。每百元资金实现利税由23.8元降至16.8元，每百元销售收入实现利润由11.8元降至6.3元。

三、固定资产投资和建筑业

固定资产投资增加。"七五"时期全社会固定资产投资完成额达到19746亿元，超过计划指标，比"六五"时期增加11749亿元。其中全民所有制单位投资12502亿元，比"六五"时期增加7172亿元；集体所有制单位投资2771亿元，增加1759亿元；个人投资4473亿元，增加2818亿元。

投资结构调整有一定进展，基础产业、基础设施建设和更新改造投资增加，比重上升。"七五"时期，全民所有制单位用于能源、原材料工业和运输邮电设施方面的投资6514亿元，比"六五"时期增加4030亿元，占全部投资的比重由"六五"时期的46.6%上升到52.1%。"七五"时期全民所有制单位基本建设投资7348亿元，比"六五"时期增长1.2倍；更新改造投资完成3976亿元，增长1.7倍，更新改造投资占的比重由"六五"时期的28%上升到31.8%。

重点建设步伐加快，取得一批新成果。“七五”时期，国家安排重点建设项目 306 个，总投资规模达 2955 亿元。已建成投产项目 121 个，主要有：山西大同、古交，河北开滦和山东兖州矿区的 4 个年产原煤 400 万吨的矿井，总装机容量 271.5 万千瓦的湖北葛洲坝水电站，建成投产 4 台 32 万千瓦机组的青海龙羊峡水电站，装机总容量 120 万千瓦的山西大同第二电厂一期工程和上海石洞口一电厂，6 条 50 万伏超高压输变电工程，年产纯碱 60 万吨的唐山碱厂，扬子、齐鲁、大庆、上海四大乙烯工程，宝山钢铁总厂一期工程，中英合资上海耀华玻璃公司的浮法玻璃生产线，大同至秦皇岛双线电气化铁路一期工程，年吞吐量 3000 万吨的秦皇岛煤码头三期工程。此外，北京亚运会工程、北京图书馆、中央电视台彩电中心、中国科技情报中心、气象卫星资料接受处理系统等一批科学文化设施项目也相继建成投产。

新增一大批生产能力，增添了经济发展后劲。“七五”时期，全社会新增固定资产为 16400 亿元，建成投产基本建设大中型项目 532 个，限额以上更新改造项目 354 个，全民所有制单位建成小型基本建设项目和更新改造项目各 20 多万个。“七五”时期，全国基本建设新增加的主要生产能力有：煤炭开采 12374 万吨，发电装机容量 4628 万千瓦，石油开采 7752 万吨（含更新改造和其他投资增加的能力），炼铁 665 万吨，炼钢 512 万吨，铁矿开采 2342 万吨，化肥 124 万吨，塑料 87 万吨，水泥 1862 万吨，机制纸 28 万吨，机制糖 58 万吨，新建铁路交付运营里程 2307 公里，新建公路 18092 公里，沿海港口吞吐能力 13740 万吨。

建筑业施工力量增强，技术水平提高。1990 年全社会建筑施工队伍达到 2400 多万人，比 1985 年增长 16%；建筑业技术装备进一步加强，设计施工技术有新的突破。如岩土工程技术、工程结构抗震技术、桥梁与隧道的设计和施工技术、大型结构与设备安装技术、高层建筑结构设计与施工技术等已接近或达到国际先进水平。但建筑企业经济效益持续下降的局面仍未扭转。

地质普查勘探工作取得新进展。“七五”时期完成钻探工作量共 4689 万米，新发现或新证实为工业矿床的矿产地 1369 处，取得重大新进展的勘察矿区 1015 处。新探明储量：煤炭 1113 亿吨，铁矿石 21.8 亿吨，天然气 2738 亿立方米，石油勘探也取得新的突破。

四、运输邮电

“七五”时期，运输基础设施有所改善，运输能力增强，运输量全面增长。1990 年末，铁路复线里程占营业总里程的比重，由 1985 年的 19.2%提高到 24.4%，其中主要干线复线率已达 90%以上。新增电气化铁路里程 2790 公里，铁路电气化里程占营业里程的比重达 13%。公路质量不断提高，高速公路建设开始起步。沿海港口新增吞吐能力 1.38 亿吨。

1990 年，各种运输工具完成的货物周转量 26322 亿吨公里，比 1985 年增长 45.3%；旅客周转量 5612 亿人公里，比 1985 年增长 26.6%。为减轻铁路负担，组织水陆运输合理分流，运输结构有所调整。在货物周转量中，铁路所占比重由 1985 年的 44.8%下降到 1990 年的 40.3%；公路所占比重由 9.3%上升到 13.1%，水运所占比重由 42.5%上升到 44.3%。

“七五”时期地方办交通积极性增强。1985 年我国只有 10 个省、区、市拥有 49 条地方铁路，正线长 2934 公里。1990 年末，已有 16 个省、区、市拥有 64 条地方铁路，正线长 4454 公里。地方航空公司从无到有，已形成一定的运输能力。个体运输得到较快发展。

邮电通信事业发展迅速。1990 年完成邮电业务总量 80 亿元，比 1985 年增长 1.7 倍，平均每年增长 22%。其中国际通信业务量年均增长 50%，已有 296 个市县电话可直拨世界 180 多个国家和地区。传真、用户电报、特快专递等新兴邮电业务成倍增长。市内电话建设由于多渠道筹措资金，发展迅速，“七五”时期增加 301 万户，增长 1.37 倍。但运输邮电发展同经济和社会的需要相比，仍不适应。

五、国内商业和物资供销

“七五”时期，国内市场变化较大。前三年市场波动较大，后两年国民经济进行治理整顿，销售已基本趋于正常，商品供应比较丰富。1990 年社会商品零售总额达 8255 亿元，比 1985 年增长 92%，平均每年增长 14%，扣除物价上涨因素，实际增长 3.4%。

从各种经济类型的商品零售额看。1990 年与 1985 年相比，全民所有制增长 86.4%，占社会商品零售总额的比重由 40.4%下降为 39.3%；集体所有制增长 64.4%，所占比重由 37.2%下降为 31.9%；合营经济增长 2 倍，所占比重由 0.3%上升为 0.4%；个体经济增长 1.4 倍，所占比重由 15.3%上升为 19%；农民对非农业居民的零售额增长 1.7 倍，所占比重由 6.8%上升为 9.4%。

市场物价前四年涨势较猛，由于采取有效措施，1990 年市场物价相对平稳。“七五”时期各年物价变动情况如下（以上年价格为 100）：

居民生活费用	1986 年	1987 年	1988 年	1989 年	1990 年
价格总指数	106.5	107.3	118.8	118.0	103.1
零售物价总指数	106.0	107.3	118.5	117.8	102.1

随着物资体制的改革，主要物资国家统一分配的比重明显下降。钢材国家合同供货量占当年生产量的

比重，由1985年的49.7%下降到1990年的30.8%；煤炭由45.2%下降到42.1%；木材由29.7%下降到26.4%；水泥由16.4%下降到10.3%。

六、对外经济和旅游业

进出口贸易取得突破性进展。据海关统计，“七五”时期进出口总额4864亿美元，比“六五”时期增长92.7%。其中，出口总额2325亿美元，增长93.7%；进口总额2539亿美元，增长91.8%。进出口商品结构有所改善，进口的高档耐用消费品大幅度下降，出口总额中工业制成品比重由1985年的49.4%上升到1990年的74.5%。

利用外资增长较快。“七五”时期我国实际利用外资460.9亿美元，其中对外借款300亿美元，外商直接投资141.7亿美元。到1990年末，外商直接投资项目累计达2.9万项，投产开业的企业已超过1万家。

对外经济技术合作有很大发展。我国已同129个国家和地区开展了承包劳务合作业务。“七五”时期，共签订对外承包工程和劳务合作合同11219份，合同金额101亿美元，实际完成营业额70亿美元。

国际旅游业稳步前进。“七五”时期，前来我国的国际游客达1.33亿人次，比“六五”时期增长1.4倍；旅游外汇收入97.2亿美元，增长96.3%。

七、科学技术

科技事业有了新发展。“七五”时期我国共取得国家级科学技术成果14139项，是“六五”时期的1.5倍。经国家批准的发明奖846项，自然科学奖237项，科学技术进步奖2330项，星火奖261项。有44个国家重点实验室建成并通过验收。“七五”国家重点科技攻关合同已完成90%以上。在生物技术、农业科学、高能物理、计算机技术、运载火箭技术、卫星通讯技术、超导材料的理论研究等领域的某些科技成果已接近或达到国际先进水平。

“星火”计划项目取得明显成效。“七五”时期，“星火”计划累计完成项目1.4万项，为农村培训技术管理人才650万人。

“七五”时期，国家自然科学基金委员会批准资助科研项目16504项，资助金额6.44亿元。

“七五”时期，高等院校共有35400项科技成果通过鉴定和评审。

“七五”时期制订、修订各类国家标准10346个。气象、地震、海洋、测绘等科技服务工作有了新的发展。

专利工作体系已初步形成。“七五”时期受理专利申请152971件，批准专利61499件。有一批专利项目付诸实施并取得较好的经济和社会效益。

科技队伍进一步扩大。1990年末全国共有各类专业技术人员2432万人，其中自然科学技术人员1097万人，比1985年增长40%。全国县以上全民所有制独立的科技机构5820个，比1985年增加1130个。

八、教育、文化、卫生、体育

“七五”时期大学本科、专科毕业生266.8万人，比“六五”时期增长73.8%。国内培养毕业研究生15.8万人，其中获得博士学位的6927人，获得硕士学位的14.1万人。中等专业学校毕业生292.2万人，增长31%。培养农业、职业中学毕业生389.5万人，增长2.4倍。

人口文化素质提高。人口普查资料表明：我国平均每万人拥有大专以上文化程度的人口由1982年的62人增加到1990年的142人，高中文化程度的人口由678人增加到804人，初中文化程度的人口由1789人增加到2334人。全国文盲半文盲率由20.37%下降到15.88%。

基础教育得到进一步普及。全国小学学龄儿童入学率由1985年的95.95%提高到1990年的97.9%。普及初等教育验收合格的县由1985年的731个，增加到1990年的1459个。全国在园幼儿比1985年增长33.3%。

成人教育稳步发展。1990年全国成人高等学校在校学生174万人，与1985年大致持平；成人中等学校在校学生1529万人，增长1.8倍；成人初等学校在校学生2282万人，增长1.7倍。

文化事业在整顿中保持繁荣。“七五”时期生产故事片674部，比“六五”时期增长10%；文化馆增加35个，公共图书馆增加183个，博物馆增加301个，广播电台增加342座，电视台增加287座，电视发射台和转播台增加10565座。1990年广播覆盖率(包括中央、省、地、县四级)为73%，电视为78%，分别比1985年提高5个百分点和10个百分点。1990年出版图书、杂志、报纸种类比1985年增加较多，但总印数下降7.2%。

卫生事业继续发展，医疗条件进一步改善。“七五”时期卫生机构增加7000个，医院病床增加39.5万张，专业卫生技术人员增加48.7万人，均达到计划目标。疾病防疫工作取得新的成效，但城市住院难等问题依然突出，农村医疗条件还比较落后。

体育事业发展较快，运动技术水平不断提高。“七五”时期我国体育健儿在世界锦标赛、杯赛中共夺得285个世界冠军，创造172次世界纪录。特别是1990年在我国成功地举办了第十一届亚运会，我国运动健儿取得了优异成绩，振奋了民族精神。群众体育运动不断普及，全国经常参加体育锻炼的人数占总人口数的35%。

九、人民生活

城镇就业继续扩大。“七五”时期安置待业人员

2070 万人。全国职工人数增加 1631 万人,其中全民所有制单位实行劳动合同制职工增加 1020 万人,城镇个体劳动者增加 250 万人。

人民生活水平进一步提高。1990 年全国职工平均货币工资 2150 元,比 1985 年增加 1002 元,扣除价格上涨因素,年均实际增长 2.5%;如包括工资外收入和就业面扩大因素,城镇居民人均生活费收入年均实际增长 4.1%。同期农民人均纯收入年均实际增长 4.2%。居民消费水平年均实际增长 3.1%。人民的健康状况、营养水平、平均寿命等生活质量指标,已接近或达到中等收入国家水平。但发展不平衡,还存在一些贫困户。

城乡储蓄大幅度增加。1990 年末居民储蓄存款余额 7034 亿元,比 1985 年末增长 3.3 倍。

城乡居住条件继续改善。1990 年城镇居民人均居住面积 7.1 平方米,农村居民人均居住面积 17.8 平方米,比 1985 年分别增长 36.5%和 21.1%。

十、人口

1990 年末,全国总人口为 114333 万人,比 1985 年增加 8482 万人,年均增长 1.55%。

注:

(1)本公报所列 1990 年数据为初步统计数,未包括台湾省。

(2)各项总产值绝对数按当年价格计算,增长速度按可比价格计算。

(3)各项指标对比的基期数除人口数根据 1990 年人口普查作了调整以外,其余均为《中国统计年鉴》发表的正式数。

科学兴农座谈会在北京召开

座谈会由中国农经学会、中青年农村经济研究会、中国技术经济研究会与中国农业科学院联合召开,四十多位农业专家、学者参加会议。国务委员陈俊生在座谈会上强调,必须采取措施尽快改善农业科技人员的工作、生活条件,进一步调动他们参与科技兴农的积极性,只有全心全意依靠科技人员,才能把科技兴农战略落到实处。

专家们一致认为,我国农业的发展在今后及相当长时间内,都要受到资源稀缺和国家财政状况的双重约束,靠耗费传统资源或增加粗放要素投入来发展农业的潜力已经很小,让国家拿出大量资金增加农业投入也不可能,根本出路只能是由传统的粗放型农业转变为以现代农业科学技术为基础的集约型农业。专家们说,利用科技推动农业发展的潜力非常大,只要我们把已有的科技成果真正能够大面积、大范围地应用到农业生产中,实现"八五"及今后十年的农业发展目标是完全可能的。

新华社报道称棉花育种技术已跻身国际先进行列 "七五"期间育成棉花新品种 27 个 新品系 11 个 新杂交组合 3 个

中国选手庄泳在米兰举行的世界杯短池游泳赛中获 50 米自由泳冠军

3 月 14 日

国家主席杨尚昆在人民大会堂会见马绍尔群岛共和国总统阿马塔·卡布阿

国务院总理李鹏在人民大会堂同马绍尔群岛共和国总统阿马塔·卡布阿举行会谈

卡布阿说,马绍尔政府考虑近期之内能在北京设立使馆,以便更好地发展两国的友好合作关系。

李鹏对马绍尔群岛共和国在北京设立外交机构表示欢迎。

国务院总理李鹏会见柬埔寨三方领导人

李鹏晚上在人民大会堂会见并宴请柬埔寨主席、柬埔寨民族抵抗运动主席诺罗敦·西哈努克亲王和夫人以及柬埔寨民族政府总理宋双、副主席乔森潘和那拉烈王子。

国家副主席王震在福建考察

王震于 3 月 14 日到 22 日在中共福建省委书记陈光毅、代省长贾庆林的陪同下,先后到厦门和福州,视察厦门经济特区,会见铁道兵老战士;到福州郊区农村了解情况,走访群众家庭,与菜农交谈;还召开中小学幼儿教师座谈会,听取他们对教育工作的意见。

在厦门考察期间,王震听取工作汇报。王震说,积极有效地利用外资、引进先进技术等,对我们建设社会主义大有益处。过去我们想开放,但是帝国主义对我们搞政治、经济、军事封锁。他强调,我们的改革开放是坚持社会主义正确方向的改革开放,是社会主义制度的自我完善与发展。我们不怕与资本主义打交道,你搞你的资本主义,我搞我的社会主义。我们改革开放的总方针是正确的,是不会改变的,今后只会更加开放。

王震在考察期间多次强调说,当今世界,依然存在着复辟与反复辟,颠覆与反颠覆,和平演变与反和平演变的激烈斗争。小平同志强调,教育必须从娃娃抓起,这完全正确。我们要坚持不懈地进行爱国主义、集体主义、社会主义和共产主义人生观的教育,坚持不懈地进行坚持四项基本原则、反对资产阶级自由化的教育。福建在近代现代史上涌现出许多优秀的代表人物,像民族英雄林则徐、二七烈士林祥谦等，还有已故的张鼎丞、邓子恢等一批老同志，他们的事迹都是进行爱国主义和革命传统教育的好教材。王震还强调，当前，在全国农村开展的社会主义思想教育活动，是中央认真研究决定的，这是个很重要的问题，一定要认真抓好。

在同中小学幼儿教师座谈时，王震说，基金会的建立，体现了党、政府和人民对我们的关怀，使我们的光荣感、责任感倍增。教师担负着培养下一代的重任；特别是幼儿教师，又当“妈妈”，又当教师，很是辛苦。要在全社会提倡重视教育、尊重教师的风气。全社会要积极捐资，为加强中小学幼儿教师队伍建设作贡献。当听到福建省中小学幼儿教师奖励基金会已募集到896万元时，王震说，福建有3000万人口，每人捐1元，就是3000万，每人捐10元，就是3个亿。我建议福建省开展为奖励基金会捐款的活动。省委书记陈光毅当即表示，从省委、省政府做起，为搞好基础教育事业作贡献。

考察期间，王震副主席还听取陈光毅代表省委、省政府所作的工作汇报。王震说，福建是东南沿海的重要省份，面对台湾，华侨很多，对外开放工作有许多有利条件。这几年福建的工作是做得好的，变化也很大，希望你们继续坚持两个文明一起抓，把各项工作搞得更好。

首都学者举行纪念巴黎公社120周年座谈会

新华社讯，座谈会由中国社会科学院举办。到会学者们驳斥国内外存在的贬低巴黎公社的历史意义、否认无产阶级专政性质的论调。学者们强调指出：在当前充分肯定巴黎公社革命意义，认真总结巴黎公社经验教训，发扬巴黎公社革命精神，具有重要的现实意义。

辽宁省七届人大四次会议选举岳岐峰为省长

国务院副总理田纪云在上海参观首届华东出口商品交易

国务院总理李鹏在人民大会堂会见苏联政府副总理马斯柳科夫

李鹏在人民大会堂在会见苏联政府副总理马斯柳科夫时表示，衷心希望苏联政治稳定，经济早日恢复并得到发展。

李鹏对马斯柳科夫说，中苏关系正常化以来，两国关系有了很大发展。两国高层领导人保持往来，经常就国际形势、双边关系以及各自国家的改革情况交换意见是十分有益的，几年来产生了很好的效果。

他希望这种交往能继续下去，并希望双方有关部门及早落实有关中国向苏联提供商品贷款协议的具体措施，并付诸实施。

马斯柳科夫说，李鹏总理去年初访苏期间双方达成了一系列协议，为两国在各个领域的合作奠定了良好的基础。

他说，苏联资源丰富，工业发达，目前遇到的困难是暂时的。

李鹏说，中国是发展中国家，人口压力很大，经济上还不富裕。10年改革开放取得了很大成绩，两年多的治理整顿也收到了明显成效，特别是去年农业获得了丰收，这就为中国向苏联提供商品贷款创造了条件。中国对苏联的帮助是有限的，但它体现了中国人民对苏联人民的友好情谊。

解放军总参谋长迟浩田在接受记者采访时就国防教育问题发表讲话

迟浩田在接受记者采访时，就国防教育的地位、作用、内容、目的和方法作阐述。迟浩田说，开展国防教育，增强国防观念，弘扬爱国主义和革命英雄主义精神，是公民不可缺少的基本教育，是精神文明建设的重要组成部分，也是社会思想政治工作的一项长期任务。

迟浩田说，中共中央总书记、中央军委主席江泽民指出：“越是在和平建设时期，越要宣传国防建设的意义，克服和平麻痹思想，增强人民的国防观念。”党的十三届七中全会强调，在发展经济的同时，要加强国防现代化建设，大力开展国防教育，增强全民的国防意识。我们的中心任务，是集中力量搞好经济建设。但是，建设祖国和保卫祖国是辩证的统一。历史的经验表明，一个国家，一个民族，倘若没有强烈的国防意识，就会处于十分危险的境地。当前，世界格局在向多极化发展的过程中，国际形势更加动荡不安，海湾战争又一次说明，世界并不太平。国防观念只能加强，不能削弱。

迟浩田说，国防教育所唤起的国防意识，从而产生的国家利益高于一切的凝聚力和爱国主义精神，正是我国两个文明建设、深入改革开放、搞活经济的精神支柱。它包括这样一些主要观念，即国家利益高于一切的观念；居安思危的观念；爱军习武观念；富国强兵观念。激发爱国主义，是进行国防教育的第一要旨。在当前形势下，应抓好“三个结合”，即同以坚定社会主义信念为重点的四项基本原则教育相结合，同反腐蚀、反渗透斗争相结合，同精神文明建设、学雷锋活动相结合。他说，通过国防教育，激励人们的爱国之志、报国之情，自觉地把党的事业、国家和民族利益放在首位。

迟浩田说，开展国防教育大致包括四个方面的内容，即加强国防观念，树立国防精神，学习国防知识，训练国防本领。目前需要采取多种渠道开展国防教育，第一个渠道是学校的正规教育，第二个渠道是开展军训，第三个渠道是“少年军校”，第四个渠道是利用报刊、电台、电视台等，对全民进行经常的国防教育。

中国英国联合联络小组十八次会议发表新闻公报

中英联合联络小组第十八次会议发表新闻公报。公报说，双方就香港防务与维持社会治安的实际安排问题继续进行讨论。

在专家工作的基础上，联合联络小组进一步讨论有关香港设立终审法院方面的问题。

双方就香港与有关国家之间保护和促进投资问题进一步交换意见。

在专家工作的基础上，双方就同国际权利和义务有关的问题继续进行讨论。

联合联络小组同意，下次会议将于今年6月10日开始的一周在香港举行。

《人民日报》发表社论《密切联系群众 实现宏伟目标》

国家教委发出《关于不得擅自颁发高等教育毕业证书的通知》

3月15日

国务院第四次全国人口普查领导小组召开电话会议

中宣部副部长刘忠德主持电话会。国家计生委主任彭珮云宣读表彰决定。表彰在普查工作中的贡献突出的30个优秀单位和18587名先进个人。辽宁、新疆、江苏、云南、广东、西藏和大庆市人口普查领导小组负责人代表获奖单位和个人发言。

国务委员李铁映在电话会上发表讲话。

国家统计局局长、国务院第四次全国人口普查领导小组副组长张塞在电话会议上讲话，把这次人口普查取得的成功经验归结为：强有力的组织领导、广泛动员社会力量、认真搞好户口整顿工作、科学的管理。

张塞在谈到人口普查的后期工作时强调，一定要切实加强领导；要高质量地完成人口普查数据处理工作；要认真搞好人口普查资料的开发利用，它是普查工作的重要组成部分，是今后各级人口普查机构的一项中心工作，也是一项长期的任务；要继续搞好人口普查的宣传工作；要巩固人口普查工作成果，改进我们的工作；各级人口普查机构和各级普查工作人员要继续发扬艰苦奋斗、无私奉献的精神，争取第四次全国人口普查工作的全面胜利。

国务委员李铁映在全国人口普查总结电话会上讲话

举世瞩目的第四次全国人口普查已经圆满完成了准备工作、户口整顿工作、现场登记和手工汇总阶段的工作，成功地发表了主要数据公报，并完成了10%数据提前抽样汇总工作。这标志着第四次全国人口普查已经取得了决定性的胜利。在前一时期的普查工作中，各级普查机构的广大干部和全国各地的普查员、普查指导员、户口整顿人员、编码人员、录入人员、计算机技术人员和管理人员，高标准、严要求，克服了重重困难，出色地完成了各项任务，在中国和世界人口普查史上谱写了新的篇章。现在，我代表党中央、国务院，向获得全国人口普查工作优秀称号的省、自治区、直辖市及获得先进个人荣誉称号的同志们表示热烈的祝贺，向所有参加和支持普查工作并为普查成功作出贡献的全体同志表示崇高的敬意和亲切的慰问。

人口普查涉及面广、工作程序多，是一项复杂的社会系统工程，是和平时期最大的社会动员。与我国历次人口普查以及其他国家人口普查相比，这次人口普查又有突出的特点和难点：一、普查规模大、项目多。二、准备工作时间较短。三、工作难度大。可以说第四次全国人口普查规模空前，困难也是空前的。在这样困难的条件下，人口普查工作在各级党委和政府的领导下，充分发挥社会主义制度的优越性，进行广泛的社会动员，运用科学的工作方法，使人口普查这一庞杂的社会系统工程步步推进，取得了巨大的成功。

广泛的社会动员是这次人口普查取得成功的关键因素。参加普查工作的各级政府、各部门负责同志，对人口普查高度重视，具体领导，切实解决了普查工作中遇到的各种实际问题。从机关、企事业单位、街道、农村基层抽调出的普查工作人员，对所承担的普查工作兢兢业业，表现出强烈的责任感和高度的工作热情，他们不计报酬，不辞辛劳，无私奉献，有些同志甚至献出了宝贵的生命。全国各族人民对这次人口普查表现出了极大的热情，积极主动配合和支持普查工作人员的工作。所有这些都保证了前一时期普查工作的成功。

通过这次人口普查，不仅使我们获得了准确的现场登记资料，快速汇总出了一些反映我国人口基本状况的重要数据，满足了各级党政部门和社会各界的急需，而且从更广泛、更深远的战略角度看，普查成功的意义远远超出了人口普查工作本身。这次普查的成功再一次证明了我们党和政府有着强大的凝聚力，可以实施强有力的领导和卓有成效的工作；同时也证明了人民群众对党和政府有极大的向心力，党和政府与人民群众休戚与共，只要党和政府发出号召，任何艰难困苦的工作都是可以胜利完成的。它再一次证明在我们这样一个发展中的社会主义大国，只要发挥社会主义制度的优越性，实现广泛的社会动员，办任何事情都应该并且可以做到多快好省。同时，人口普查的成功再一次证明了科学，特别是软科学的巨大力量。人口普查是一项多工序、多环节的社会系统工程，如果没有现代化的科学工作方法和管理方法是不可能成功的。第四次全国人口普查广泛地运用了系统论、控制论、信息论，采用责任制、目标管理、全面质量控制等现代管理方法，取得了显著的社会效益。

我们在肯定和总结前一时期工作的同时，还应看到这次人口普查的全部任务还没有完成，我们面临的任务仍然是十分艰巨的。我们要继续搞好普查宣传工作，利用普查成果进一步进行人口国情教育，同时也要大力宣传人口普查工作中涌现出的先进人物和先进事迹。我们要高质量地完成普查数据处理和资料编印工作，保证调查得到的原始资料变成可应用的高质量的人口数据。我们要花大力气搞好普查数据的开发利用。普查的目的在于应用，调查得到的数据只是为普查发挥其社会作用提供了可能性，要把这种可能性变为现实性，必须通过充分的开发利用才能实现，对此，各级普查机构的全体同志，尤其是领导同志必须予以高度重视。在下一步的普查工作中，各级人口普查领导小组，仍要加强领导，切不可有任何放松，要像前一时期抓普查准备、抓普查登记工作一样，抓好下阶段的每一项工作。同时，要把动员社会力量、实行科学管理等前一时期好的经验和做法，进一步应用到今后的工作中去，并使之发扬光大。

中国有关方面负责人就台湾当局通过“国家统一纲领”发表谈话

记者近日就台湾当局通过的“国家统一纲领”采访有关方面负责人。负责人发表如下谈话：

统一祖国，振兴中华，是全中国人民的崇高愿望和神圣使命。近十多年来，中国共产党坚持以“和平统一、一国两制”的方针，实现祖国完全统一。1979年全国人大常委会发表《告台湾同胞书》以后，中国共产党和国家领导人发表了一系列重要谈话，明确阐述了实现祖国统一的政策主张。实践证明，我党提出的这些方针政策是切合实际、富有远见的，推动了两岸关系朝着有利于国家和平统一的方向发展。现在，台湾当局也制定了这份称为“统一纲领”的文件，这是台湾当局对统一问题作出的一个有意义的表示。这份文件主张只有一个中国，中国应当统一，表示同意要“开放两岸直接通邮、通航、通商”，“推动两岸高层人士互访”，我们对此表示赞赏。

这位负责人说，但是，这个文件仍然提出了一些不合情理的条件，人为地拖延实现直接“三通”及两岸高层人士互访等许多现在就可以做的事情，仍然坚持台湾当局在统一问题上的固有主张，这只能延误统一进程；甚至有的人还总是幻想以台湾的模式“转变大陆”，这显然太缺乏自知之明了。我们希望台湾当局少说空话，多做实事，拆除障碍，切切实实地做一些符合两岸人民利益、有利于两岸关系发展和国家统一的事情。

负责人还说，我们一贯主张，实现和平统一后，在一个国家内，海峡两岸实行不同的政治、社会和经济制度，谁也不吃掉谁。从维护一个中国的原则出发，我们坚决反对台湾独立，反对任何导致“两个中国”、“一国两府”的言行。国家统一了，台湾将同我们一起共享中国在国际上的崇高地位和尊严。

这位负责人最后说，中国共产党和中国国民党对祖国统一大业负有不可推卸的历史责任，应当以全中国人民的利益为宗旨，及早进行直接的对等的协商。在协商过程中，可以邀请其他党派有代表性的人士参加，充分听取各团体和各界人士的意见。总之，只有通过商谈，双方本着一个中国的原则，才能消除分歧，达成共识，实现祖国的和平统一。

第二次国家重大技术装备表彰大会在北京召开

会议对244个项目和843个单位进行表彰，其中特等奖11项，授奖单位157个；一等奖66项，授奖单位281个；二等奖83项，授奖单位229个；三等奖84项，授奖单位176个。另外，对12项成套设备进行表扬。

国务委员邹家华在会上讲话说，要肯定成绩，坚定信心，继续搞好重大技术装备研制工作；要坚持自力更生、独立自主、勤俭建国的方针，实现重大技术装备国产化；要不断总结经验，加快重大技术装备的国产化步伐。

中国和苏联在北京签署商品贷款协定

中苏两国政府关于中国向苏联提供商品的政府贷款协定下午在人民大会堂签署。中国副总理田纪云和苏联副总理马斯柳科夫分别代表本国政府在协定上签字。

根据协定，中国向苏联提供价值10亿瑞士法郎的优惠商品贷款。签字仪式前，田纪云和马斯柳科夫进行短暂的会晤。

日本向中国提供贷款换文在北京签字

日本政府向中国政府提供第三批日元贷款1990年度第三期贷款政府换文下午签字。

国务院总理李鹏在中南海紫光阁会见参加国家重大技术装备第二次表彰暨经验交流大会的人员

李鹏会见时说，对引进的国外先进技术装备进行消化、吸收、创新，实行国产化的方针，要继续进行下去。

李鹏说，80 年代中期，国务院作出决定，对引进的国外先进技术装备进行国产化。现在已经取得了初步成果，这是改革开放的产物，同时也是自力更生的产物。今后还应再选择一些重大先进设备采取大协作的方式进行攻关。

李鹏说，经过这些年攻关，有的重大装备我们已经掌握了技术，有的已生产出样机，当然，从样机到商品，使广大用户接受，还要做大量的工作。他指出，我们的重大装备的质量必须是好的，价格要有竞争力，供货应是及时的，售后服务工作也要跟上，这样用户才会欢迎。国产化产品最大的优点之一，就是能为设备提供必要的零备件。设备国产化是大有前途的。

国务委员邹家华、国务院秘书长罗干等参加会见。

国家科委召开全国科学技术奖励工作研讨会

会议于 3 月 15 日至 18 日在南昌市举行。国务委员、国家科委主任宋健在会上讲话指出，科技奖励的根本目的是为国家经济建设和科技发展战略服务。

宋健说，党的十一届三中全会以来，国务院先后修订了国家发明奖励条例和自然科学奖励条例，80 年代中后期又创立了科技进步奖和星火奖。这四种国家科技奖涉及各条战线上从事科技工作的人员，形成了具有中国特色的科技奖励体制。

宋健强调，要进一步改进科技奖励评审工作，有关部门要继续完善评审程序和规则，加强科技奖励的研究、管理和法制建设，创造有利于科技人才成长、科技成果不断涌现的环境，使科技工作者能为国尽其才，使人民能享科技之利。

来自全国各地的科技奖励管理工作者和国家、省部级科技奖励评审委员共 400 多人参加会议。

3 月 16 日

全国政协七届十三次常委会议召开

会议上午在全国政协礼堂举行。会议为即将召开的全国政协七届四次会议做准备。

会议通过全国政协七届十三次常委会议议程和日程。会议内容包括：审议通过全国政协七届四次会议议程（草案）和日程（草案）；讨论《关于国民经济和社会发展十年规划和第八个五年计划纲要的报告》（征求意见稿）；审议通过全国政协七届常委会工作报告并推举报告人；协商决定全国政协七届委员会增补委员名单；审议通过全国政协七届提案委员会关于政协七届三次会议以来提案工作情况的报告；审议通过全国政协七届四次会议分组办法和小组召集人名单及人事任免名单等。

受全国政协主席李先念的委托，副主席王任重主持常委会议。全国政协代秘书长宋德敏对这次会议的议程（草案）、日程（草案）和增补七届全国政协委员名单草案作说明。宋德敏说，这份增补全国政协委员名单草案，是经中共中央组织部和统战部与全国政协、各民主党派和全国工商联以及有关团体和有关部门本着有利于政治形势的长期稳定，有利于发展广泛的爱国统一战线和有利于政协工作的基本原则，经过广泛听取意见，反复协商，综合平衡确定的。

中国关心下一代工作座谈会在北京召开

中国关心下一代工作委员会主任、中顾委主任康世恩在会上讲话。中共中央、中央国家机关有关部委领导，关心下一代协会（工作委员会）的负责人等二百多人参加会议。中国关心下一代工作委员会常务副主任王照华主持会议。

国务院批准海南国际科技工业园为国家高新技术产业开发区

国家税务局调整私营企业税收政策

国家税务局最近调整对私营企业的税收政策。

根据新的税收政策，凡从事出口创汇的私营企业，其获得的外汇留成额度调剂收入，通过国家外汇调剂中心按国家规定办理的，不征收私营企业所得税，但必须全额转入生产发展基金。对接受外商来料加工、来件装配业务的私营企业，凡来料、来件部分价值占产品原材料、辅助材料和零部件总值 20％以上的，从取得第一笔收入的月份起，在 1～2 年内经省、自治区、直辖市税务局审批，可减征或免征所得税。对从事技术转让的私营企业，每年收入在 10 万元以下的，在 3 年内可免征所得税；超过 10 万元的部分，仍照章征税。

此外，对新办的生产性私营企业，如果纳税确有困难的，在 1 年内可酌情减免所得税；归国华侨利用侨资新办生产性的私营企业，如果侨资占投资总额 50％以上，可从投产经营的月份起，免征所得税两年。上述规定从 1991 年 1 月 1 日开始施行。

海峡两岸经贸和商务协调会在上海召开

海峡两岸经贸商务协调会一九九一年度工作协商会议 3 月 16 日至 17 日在上海召开。海峡两岸经贸协调会与海峡两岸商务协调会共同起草的《调解规则》，在本次会议上正式通过，用于共同协助解决海峡两岸当事人之间所发生的经济、贸易、运输和其他商务方面的争议问题。

国家专项粮食储备领导小组及三部委召开电话会议部署加强粮食安全确保粮油安全度夏

《人民日报》报道称今年将实施94个"八五"国家重点科技攻关项目是为解决国民经济发展中急需的重大技术问题

中国人民外交学会会长韩念龙在北京会见贝劳共和国总统埃特皮森

第八届中国戏剧梅花奖评选揭晓

第八届中国戏剧"梅花奖"评选(1990年度)在北京揭晓,23名演员榜上有名,其中香港邓宛霞、台湾王海波的入围,是港台艺术家在大陆全国性戏剧评选中首次中奖。

获奖演员中,戏曲占22名:白淑贤(黑龙江龙江剧院)、胡小凤(邯郸东风豫剧二团)、杨乃彭(天津市京剧团)、栗桂莲(山西省晋剧院)、薛亚萍(山东省京剧团)、宋转转(呼和浩特市晋剧团)、胡和颜(武汉市汉剧院)、李金枝(十堰市豫剧团)、杨赤(大连市京剧团)、林继凡(江苏省昆剧院)、李喜华(襄阳县豫剧团)、谷秀荣(河南省豫剧一团)、丁凡(广东省粤剧院)、胡锦芳(江苏省昆剧院)、苏国璋(广西桂剧团)、陈俐(江西省赣剧团)、王永光(湖南省湘剧院)、邓宛霞(香港邓宛霞京昆剧团)、马文锦(重庆市川剧院)、王继珠(吉林省戏曲学校)、马忠琴(农安县黄龙剧团)、王海波(台湾新生代剧坊演剧团体);话剧一名,刘晓明(中国儿童艺术剧团),歌剧空缺。

3月17日

中共中央总书记江泽民在视察湖南期间听取省委省政府工作汇报后谈干部问题

我们要做好农村工作、城市工作以及其他各项工作。在正确的路线方针政策确定以后,干部的作用问题就显得更突出更重要了。因为政策要通过干部去宣传贯彻,通过干部深入下去,组织和依靠群众去实施。我们一定要高度重视和经常抓好干部的培养,不断加强领导班子的建设,使各级领导权真正掌握在忠于马克思主义的人手里。我看我们国家是人才济济的。但我们现在确实面临一个很大的问题,就是怎么把年轻的干部尽快培养起来。今天在座的有铁瑛同志、李丰平同志、陈安羽同志,你们年龄要比我大一点,我也已经65岁了。我们怎么样才能使年轻一代的干部能把老一代的革命思想、优良传统和丰富经验真正继承下来,把我们几千万烈士流血牺牲换来的人民政权永远巩固下去,应该说这个问题还没有解决好。我们有11亿5千万人口,我国的社会主义阵地巩固住了,就是对世界社会主义事业的一个很大贡献。要做到这一点,关键的一着就是要努力培养和选拔一大批社会主义事业的接班人。选拔干部的视野要广阔,要搞五湖四海。同时,要放手让青年干部到基层到群众的实践中去锻炼成长。老是待在机关里,养成一种高高在上的作风,不了解群众,不了解社会实践,是很难出干部的,特别是一遇风浪,就容易惶惶然、茫茫然,不知所措,经不住考验。所以干部到基层去锻炼,应该成为必修课。还要定期让他们到党校去培训学习。

首都藏学界举行纪念和平解放西藏"十七条协议"签订四十周年座谈会

国家科委首次公布科技投入1990年投入300.5亿元

全国高校毕业生毕业研究生分配计划协调会在郑州举行

会议由国家教委主办,有各省、市、自治区的500名正式代表,1800多名用人单位等"会外代表"与会。

国家教委副主任朱开轩在会上阐述本年高校毕业生分配的方针政策。朱开轩说,今年我国将有60余万高校毕业生走向社会,分配工作将继续沿着改革的方向前进。归纳起来有四点:一是合格毕业生就业有保证。凡是取得毕业资格,服从国家需要,国家都给予安排工作。计划内接收的自费、电大、函授等普通专科毕业生,通过用人单位招聘录用的办法就业。二是采取计划为主的分配办法。国家培养人是有计划的。国家培养了学生,学生就有义务服从国家分配。三是通过自上而下或上下结合的办法制定分配计划,既有指令性计划,又有指导性计划,给学校较多的参与权。四是通过"供需见面"等办法落实分配计划,有条件的也可以在一定范围内以学校为中介进行"双向选择"。朱开轩强调,有抱负、有志气的毕业生应该首先考虑国家的需要,到基层去,到生产第一线去,走与实践相结合的成才之路。

北京举办1991年长城国际马拉松赛

3月18日

国家主席杨尚昆在人民大会堂会见贝劳共和国总

统恩基拉特凯尔·埃特皮森

国务院总理李鹏代表中国政府在北京签署《儿童生存、保护和发展世界宣言》和《执行九十年代儿童生存、保护和发展世界宣言行动计划》

联合国儿童基金会执行主任詹姆斯·格兰特参加仪式。

格兰特说:“非常高兴地看到,您代表中国政府签署了文件,这对中国儿童和世界儿童都是非常重要的。我期待中国政府在这方面能起重要作用,造福中国儿童和世界儿童。”

李鹏说:“我代表中国政府和中国人民签署了这个文件,我们将保证履行我们的义务。我们相信在联合国的帮助下,中国儿童一定能够达到文件中所提出的一些要求,我们还要争取提前达到。”

李鹏接着说:“儿童是祖国的花朵,我坚信,中国的儿童能在中国的土地上茁壮成长,他们将成为社会主义现代化建设的接班人。他们的生活将丰富多彩,会比我们强。”

签字前,李鹏总理会见了格兰特一行及发起世界儿童首脑会议的巴基斯坦、马里、瑞典、埃及、墨西哥和加拿大6国驻华使节。

李鹏赞赏联合国儿童基金会为推动世界儿童事业所作的积极努力和贡献,高度评价去年召开的世界儿童问题首脑会议及其通过的宣言和行动计划。他表示,我国政府十分重视这次会议,我国政府有关部门正在对会议提出的各项目标作出积极的响应。

李鹏介绍了我国政府对儿童事业的重视和采取的政策措施。他对我国政府与联合国儿童基金会卓有成效的合作表示满意,对格兰特先后热心致力于促进我国儿童教育和福利事业,促进联合国儿童基金会与我国的友好合作关系所作的积极贡献表示赞赏。李鹏重申,中国将一如既往,继续巩固和发展与儿童基金会的友好合作。

格兰特对他访华、参加李鹏总理的签字仪式感到高兴,并高度评价中国的儿童工作。他说:“中国儿童在世界上最多,中国在儿童工作方面取得的进展也最大,特别是在儿童免疫方面,中国在世界上是最好的。”

中国对外经济贸易部部长李岚清出席了签字仪式。

参加签字仪式的还有最初发起世界儿童首脑会议的6个国家的驻华使节。

《人民日报》发表评论员文章《评台湾“国家统一纲领”》

最近台湾当局几经修订通过了“国家统一纲领”。我们乐见台湾当局认同促成祖国统一,也寄望台湾当局能够摒除幻想,以务实的态度,积极发展两岸关系,扩大两岸交往,以利于祖国的统一。

为了解决台湾问题,中国共产党早就提出“和平统一、一国两制”的方针,并积极地采取措施,缓和海峡局势,促进两岸交流,推动直接“三通”。这些为祖国和平统一所作的种种努力符合两岸人民的利益,得到了广泛的认同与响应。现在,台湾当局推出了这个“统一纲领”,对两岸人民盼望已久的“三通”、交流、高层互访以及协商统一等作了有意义的表示,这不失为一种顺潮应势之举。

作为台湾当局“未来大陆政策的最高指导方针”,此“纲领”颇有可议之处。

“纲领”要求两岸“在互惠中不否定对方为政治实体”,“在国际间相互尊重,互不排斥”等等,其目的就是要让台湾以一个独立的政治实体进入国际社会,谋求外交上的所谓“双重承认”。显然,这种要求是极不现实的。近年来,台湾当局通过种种手段,竭力在与同我建交国设立具有官方性质的代表机构,签订官方性质协定,搞所谓“务实外交”、“双重承认”。现在台湾当局又将某些不应有的条款写进“国家统一纲领”中,并以此作为发展两岸关系的筹码,要求大陆承认台湾为所谓独立的、对等的“政治实体”,在“国际间相互尊重,互不排斥”。这是违背两岸人民以及中华民族利益的。按照国际法,一个国家不可能存在两个代表这个国家的对等政府。所谓“双重承认”只会导致“两个中国”或“一中一台”。这只能使两岸走向分离,而不是迈向统一。如此,岂不与“纲领”所揭示的“促成国家的统一”等原则相悖离?中华人民共和国政府是代表全中国人民的唯一合法政府,这早已为国际社会所公认,台湾当局应正视此一现实。

两岸经过数十年的对立、隔阂,已各自建立起一套不同的社会制度。我们不回避这一客观现实,提出“一国两制”实现两岸统一的方针,也就是两岸可以在一个国家的前提下实行不同的社会制度。你实行你的资本主义,我实行我的社会主义,“井水不犯河水”。我们的主张旨在“求同存异”,联合两岸共图民族振兴,国家富强,人民幸福。这是实现祖国和平统一的最现实的途径。但是,台湾当局在“国家统一纲领”中要求大陆“秉持政治民主、经济自由、社会公平及军队国家化的原则,共商统一大业”。“纲领”通过后,台湾当局有的人宣称:其大陆政策的目标,是“和平转变大陆”;“大陆政策的基本原则”,是“逐步进行文化、经济层面的交流和交往,使中共政权转变,最后才是政治层面的接触,以民主、自由、均富的方式完成中国统一”。这就明确显示,台湾当局仍然未能放弃所谓“三民主义统一中国”的“目标”。这不是务实明智的选择,只是一种不切实际的幻想。

为了推进祖国的和平统一,当务之急是台湾当局应尽速开放两岸直接“三通”。这是两岸人民的迫切愿望,也是共同的利益所在。“纲领”提出“开放两岸直接通邮、通航、通商”,这无疑值得欢迎,可却把它放在不知何时才能实现的“中程”阶段,这又不禁使人怀疑台湾当局对实行“三通”的诚意。两岸加强交流、沟通,可以增进共识,建立互信。“纲领”也提出,“以交流促进了解,以互惠化解敌意”,我们希望台湾当局拿出实际行动,做到言行一致。

祖国统一是一项千秋伟业,关乎海峡两岸乃至海内外全体中国人的利益。我们希望国共两党以及其他党派共同来进行讨论,提出一个切实可行的祖国和平统一方案;希望两岸能尽早坐到一起来,进行对话、谈判。祖国统一,纲领、口号固然重要,而更重要的在于行动。我们期盼台湾当局能在祖国统一大业中走出实际的步子,真正有所作为。

国务院发出再建一批国家高新技术产业开发区的通知

为了继续推进“火炬”计划的实施,加快高新技术产业的发展,国务院决定,继 1988 年批准北京市新技术产业开发试验区之后,在各地已建立的高新技术产业开发区中,再选定一批开发区作为国家高新技术产业开发区。

国务院为此发出通知,批准经国家科委审定的下列 21 个高新技术产业开发区为国家高新技术产业开发区:武汉东湖新技术开发区、南京浦口高新技术外向型开发区、沈阳市南湖科技开发区、天津新技术产业园区、西安市新技术产业开发区、成都高新技术产业开发区、威海火炬高技术产业开发区、中山火炬高技术产业开发区、长春南湖—南岭新技术工业园区、哈尔滨高技术开发区、长沙科技开发试验区、福州市科技园区、广州天河高新技术产业开发区、合肥科技工业园、重庆高新技术产业开发区、杭州高新技术产业开发区、桂林新技术产业开发区、郑州高技术开发区、兰州宁卧庄新技术产业开发试验区、石家庄高新技术产业开发区、济南市高技术产业开发区。

《通知》还认定上海漕河泾新兴技术开发区、大连市高新技术产业园区、深圳科技工业园、厦门火炬高技术产业开发区、海南国际科技工业园五个高新技术产业开发区,分别设在经济技术开发区、经济特区内,也确定为国家高新技术产业开发区。加上原已批准的北京新技术产业开发实验区,国务院批准建立的国家高新技术产业开发区已达 27 个。

新华社报道称中国基本解决温饱问题

温饱线以下的贫困人口已降到占全国人口总数的 3%以下,东部沿海各省和大中城市郊区约占农村总人口 1/3 以上的农民已开始向小康目标前进。1990 年上海农民人均收入达 1664 元,居全国之首,北京农民为 1261 元,位居第二,天津农民人均收入达 1069 元,名列全国第三。

国家新闻出版署发布《报纸管理暂行规定》

3 月 19 日

七届全国人大常委会举行第十九次会议

会议在人民大会堂举行。会议为即将召开的七届人大四次会议作准备。

全国人大常委会委员长万里主持会议,对本次常委会议的议程作说明。

会议的第一项议程是审议第七届全国人民代表大会第四次会议议程草案。

根据会议议程,全国人大常委会副委员长彭冲对第七届全国人民代表大会第四次会议主席团和秘书长名单草案作说明。

全国政协七届十三次常委会议闭幕

会议下午在全国政协礼堂闭幕。全国政协主席李先念出席闭幕会议。全国政协副主席王任重主持会议。会议通过政协七届常委会工作报告,并推举全国政协副主席钱伟长为报告人。

会议通过的工作报告指出,在过去的一年里,政协七届常委会按照政协七届三次会议的要求,围绕党和国家的中心任务,贯彻《中共中央关于坚持和完善中国共产党领导的多党合作和政治协商制度的意见》和全国统战工作会议精神,加强同民主党派、人民团体、无党派爱国人士和各族各界代表人士的联系,认真履行政治协商、民主监督的职能,先后共举行常委会议四次,主席会议十次,十四个专门委员会积极开展各种活动,做了大量工作。通过这些活动,为国家的稳定和社会主义现代化建设事业的发展作出了应有的贡献。

全国政协代秘书长宋德敏在会上向与会者汇报分组讨论情况和三十六次主席会议就有关问题研究解决的意见。

会上通过政协七届四次会议议程:政协七届全国委员会增补委员名单;政协七届全国委员会提案委员会关于政协七届三次会议以来提案工作情况的报告;政协七届四次会议分组办法和小组召集人名单。

鉴于千家驹、范曾严重违反《中国人民政治协商会议章程》，根据《中国人民政治协商会议章程》第二十八条的规定，会议决定，撤销千家驹中国人民政治协商会议全国委员会委员、常务委员资格及由政协全国委员会常务委员会任命的职务；撤销范曾中国人民政治协商会议全国委员会委员的资格。

会议还决定增补七届全国政协委员、原国务院副秘书长阎颖为政协经济委员会副主任；七届全国政协委员、中国残联评议委员会主任、中国国际友谊促进会副理事长吴庆彤为政协法制委员会副主任；七届全国政协委员王庆淑为政协妇女青年委员会副主任。

全国政协副主席洪学智、谷牧、杨静仁、周培源、王光英、邓兆祥、屈武、马文瑞、钱学森、钱伟长、胡绳、孙晓村、卢嘉锡、钱正英、苏步青、司马义·艾买提、侯镜如、丁光训出席会议。

全国政协七届第十三次常委会会议通过《中国人民政治协商会议第七届全国委员会第四次会议增补委员名单》

王之泰、王同亿、王恒丰、毛昭晰、方定菲、叶选平、田健、朱善卿、李默庵、吴豪德、何新、张侃、张铁男(女)、张清德、阿嘉·罗桑图旦·久美嘉措、陈日新、陈可冀、邵华(女)、帕提曼·贾库林(女)、周光春、胡芝风(女)、胡逸洲、施嘉明、徐英含、凌毓勋、高潮、高苕华(女)、郭东坡、梅葆玖、龚振栋、蒋民宽、蔡振兴、蔡铭熹、嘉拉·降泽

第四届全国优秀企业家和1990年度全国企业管理优秀奖获奖企业向全国大中型企业厂长发出倡议书

全国大、中型国营企业暨厂长(经理)们：

最近，国务院决定在全国范围内广泛开展“质量、品种、效益年”活动，这是一项既具有强烈的现实针对性又有深远战略意义的重要决策。在过去两年多的治理整顿中，我国经济工作取得了显著的成绩，通货膨胀得到了有效控制，社会供求矛盾日趋缓解，经济秩序中的混乱现象正在逐步地纠正，经济发展速度已由过热转向合理，这些都离不开企业在质量、品种和效益上的改进。因此，广泛开展“质量、品种、效益年”活动，是克服当前我国经济生活中的困难、进一步走出低谷的必由之路。要想解决市场销售不畅、产品积压、资金匮乏、效益低下等诸多问题，最重要的做法就是改善产品质量、调整产品结构、大打效益翻身仗。从企业角度看，质量、品种和效益，乃是企业生命力之所在，在竞争激烈的商品经济中，只有靠抓质量、抓品种、抓效益，才能保证企业长期的生存和发展。为此，我们谨向全国大、中型国营企业和厂长(经理)们发出下列倡议。

一、发挥骨干作用，为国分忧解难。

大中型国营企业，是我国国民经济的中坚力量。为国民经济持续、协调、稳定地发展，大中型国营企业要责无旁贷地做出实际贡献。让我们以高昂的斗志、奋勇当先的战斗姿态投身到“质量、品种、效益年”活动中去，发扬当年大庆人“有条件要上，没有条件创造条件也要上”的拼搏精神，争取本企业在质量、品种、效益上的重大突破。

二、树立动态的市场观念，增强企业的适应能力。

“质量、品种、效益年”活动，要求我们首先要实现指导思想上的转变，不等、不靠、不要，变以往过分依赖政府部门的思想为在国家计划和产业政策指导下强烈的市场观念，把企业和动态的市场紧密联系起来。因此，要注重收集和分析市场信息，研究市场需求及其变化规律，积极调整产品结构，改善产品质量，生产出适销对路的产品。还要坚持顾客至上原则，不仅要重视用户对产品的需求，还要坚持做好各种售后服务工作，保证国营企业的信誉。

三、深化企业内部改革，增强企业活力。

我们要在认真总结上轮承包经验的基础上，继续坚持和完善经营承包责任制，避免短期行为，做好两期承包的衔接工作。我们要在发挥党组织政治核心作用的同时，认真执行厂长负责制，既要从严治厂，又要加强职工民主管理，建立起管理决策的科学方法和程序，协调好党、政、工、团各方面的工作。在当前社会劳动保障制度尚未建立健全的情况下，应大胆在企业内部进行劳动制度、分配制度和干部制度的改革，抓好劳动优化组合，真正贯彻按劳分配原则，提高企业劳动生产效率。

四、加强企业管理，加速企业技术进步。

管理和技术是企业发展的两个轮子，在“质量、品种、效益年”活动中，必须双管齐下，互相促进。强化企业管理，要在质量、成本、资金、定额、工艺流程等诸方面；在企业领导层、职能部门、车间、班组各层次；在产品开发、生产、营销各环节全面加强管理，降低生产成本和管理成本；要把人员培训和提高职工素质放在企业发展的战略地位上来考虑；还要继续扎扎实实抓好企业的基础工作，促进企业管理的整体优化。与此同时，要狠抓企业技术进步，鼓励技术创新和各种合理化建议，依靠技术进步来增加产品的附加价值，进而提高企业的生产和经营效益。

五、搞好精神文明建设，培育团结向上的企业精神。

开展“质量、品种、效益年”活动，不仅要有物质形态的改善，更需要思想观念的更新。我们要通过强有力的企业政治思想工作，引导全体职工正确认识开展

“质量、品种、效益年”活动的重大意义，把本企业的局部利益与国民经济全局结合起来，为适应社会主义有计划商品经济的要求，在企业培育起强烈的质量意识、创新精神和效益观念，以团结奋斗的精神风貌，投身到“质量、品种、效益年”活动中去。

全国大、中型国营企业暨厂长(经理)们，让我们携起手来，互勉互励，在深入开展“质量、品种、效益年”的活动中作出更大的贡献。

倡议者：第四届全国优秀企业家
1990年度全国企业管理优秀奖获奖企业

国办发出关于调整国务院住房制度改革领导小组组成人员的通知

各省、自治区、直辖市人民政府，国务院各部委、各直属机构：

住房制度改革是经济体制改革的重要组成部分，为了进一步加强对这项工作的领导，国务院对住房制度改革领导小组的组成人员作了调整。现将调整后的人员名单及有关事项通知如下：

组　长：陈锦华(国家体改委主任)
副组长：侯　捷(建设部部长)
刘鸿儒(国家体改委副主任)
刘明璞(总后勤部副部长、全军房改领导小组组长)
顾　问：储传亨(建设部总规划)
成　员(略)

国务院住房制度改革领导小组的办事机构设在国家体改委，负责办理住房制度改革的具体业务，建设部不再承担住房制度改革领导小组办公室的日常工作。地方住房制度改革工作的机构设置，由各地人民政府根据当地的实际情况自行确定。

国务院办公厅
一九九一年三月十九日

国办发出关于调整全国爱国卫生运动委员会组成人员的通知

各省、自治区、直辖市人民政府，国务院各部委、各直属机构：

根据人员变动和工作需要，国务院对全国爱国卫生运动委员会的组成人员作了调整，现将调整后的组成人员名单通知如下：

主　任：李铁映(国务委员)
副主任：陈敏章(卫生部部长)
赵南起：(总后勤部部长)
徐志坚(国务院副秘书长)
郝建秀(国家计委副主任)
洪绂曾(农业部副部长)
叶如棠(建设部副部长)
曲格平(环保局局长)
委　员(略)

国务院办公厅
一九九一年三月十九日

中国代表团团长宋直元在19日至22日于曼谷举行的亚太地区电信会议上介绍了中国发展电讯事业的经验

巴基斯坦总统伊沙克·汗在伊斯兰堡会见由解放军副总参谋长徐信率领的中国军事友好代表团并授予徐信杰出军事勋章

巴基斯坦总理纳瓦兹谢里夫在伊斯兰堡会见中国军事友好代表团

加拿大政府宣布向中国的十一个建设项目提供优惠贷款

加拿大政府宣布，将向中国的11个建设项目提供近9000万美元的优惠贷款。加上1月份已批准的向中国7个项目提供3150万美元的优惠贷款，今年内向中国提供的援助总额将达1.2亿美元。

在这两笔援助中，40%为无息长期贷款，其余为年息9%左右的出口贷款。主要用于从加拿大进口设备和技术。

3月20日

七届全国人大常委会第十九次会议闭幕

会议下午在人民大会堂闭会。

会议由全国人大常委会委员长万里主持。

出席会议的副委员长有：彭冲、阿沛·阿旺晋美、赛福鼎·艾则孜、严济慈、荣毅仁、叶飞、廖汉生、倪志福、陈慕华、费孝通、孙起孟、雷洁琼、王汉斌。

国务委员王芳、最高人民法院院长任建新、最高人民检察院检察长刘复之等，列席会议。

会议经过表决，决定将七届全国人大四次会议议程草案提请七届全国人大四次会议预备会议审议，决定将七届全国人大四次会议主席团和秘书长名单草案提请七届全国人大四次会议预备会议进行选举。

会议原则通过全国人大常委会工作报告，并授权由秘书长主持，根据委员们提出的意见在会后进行修改，由委员长会议审定后，提请七届全国人大四次会议审议。

会议还通过代表资格审查委员会主任委员倪志福作的关于补选代表的代表资格的审查报告。

会议根据全国人大议事规则的规定，决定七届全国人大四次会议列席人员名单。包括：国务院组成人员，七届全国政协委员，全国人大常委会副秘书长、全国人大常委会法制工作委员会副主任，最高人民法院副院长、最高人民检察院副检察长，中共中央直属机关主要负责人，国务院副秘书长，有关部门负责人，全国政协副秘书长，解放军有关部门、武警部队主要负责人等。

会议还通过一些人事任免事项：批准免去秦杰的江苏省人民检察院检察长职务，批准任命王骏为广东省人民检察院检察长。会议还任命陈国强为全国人大财经委员会委员。

第七届全国人大常委会发布公告

第七届全国人民代表大会代表应为 2978 人，到第七届全国人民代表大会常务委员会第十八次会议时，实有代表 2954 人，应补选代表 24 名。自第七届全国人民代表大会常务委员会第十八次会议以来，据有关选举单位报告，罢免代表 1 名：河南刘思谦（女）；逝世代表 1 名：黑龙江陶成林（满族）。

现已补选出代表 4 人：黑龙江沈萃华，上海吴邦国，广东曾宪梓，广西黄保尧（壮族）。全国人民代表大会常务委员会同意代表资格审查委员会关于补选代表的代表资格的审查报告，确认补选的上述 4 名第七届全国人民代表大会代表的代表资格有效。特此公布。

现在，第七届全国人民代表大会共有代表 2956 人。还缺 22 名代表尚待有关选举单位补选。

第七届全国人民代表大会常务委员会

1991 年 3 月 20 日

全国职称改革座谈会在长春召开

人事部职称职位司司长王雷保在长春召开的全国职称改革座谈会上指出，从长远看，我们的职称改革思路概括起来，就是四个“分”，即系列分流、评聘分开、职称分级、单位分类。系列分流，就是要对系列做一些调整，实行分类指导，而且要照顾到各自特点和历史情况。评聘分开，就是在某些系列的某些层次，甚至某个时期实施技术职务聘任制和职称评定这两种制度，实行职务聘任与评定分开。对工资、职称分等分级，将来教授可能分 1、2、3 级，副教授可能分为 4、5、6 级；高工有 1 至 6 级，工程师有 7、8、9 级，助工有 10、11、12 级，技术员有 13、14 级等；中小学教师将来也可分为若干级。单位分类，就是类似划分企业类型一样，医院搞了分三类十级的方案。将来大学也要分一、二、三类，各类大学的教授的起点工资可能不一样，一类大学教授的起点工资比二、三类高一些。

民盟第十二次中央常委会在北京举行

会议由民盟中央副主席钱伟长主持，民盟中央主席费孝通在会上讲话。

鉴于千家驹、范曾严重违反《中国民主同盟章程》，会议根据《中国民主同盟章程》第 30 条规定，决定撤销千家驹中国民主同盟中央委员会副主席、常务委员及民盟中央常务委员及民盟中央常务委员会任命的职务；决定撤销范曾中国民主同盟中央委员会委员及民盟中央事务委员会任命的职务，并开除其盟籍。

民盟中央副主席高天、谈家桢、陶大镛、罗涵先、马大猷、冯之浚、丁石孙、孙令仁、谢颂凯出席会议，民盟中央参议委员会主任苏步青，副主任冯素陶、李文宜、林亨元、闻家驷列席会议。

中共新疆维吾尔自治区四届一次会议选举宋双良为自治区党委书记

国务院总理李鹏致信祝贺第四届全国优秀企业家“金球奖”1990 年度全国企业管理优秀奖“金马奖”颁奖会在北京举行

新华社报道称全国已有半数以上的耕地实现机械耕种

1990 年来全国农机总动力由 1980 年 2 亿马力增至 2.85 亿马力，农用拖拉机 850 万台。

《人民日报》就国务院批准再建 26 个国家高新技术产业开发区发表评论员文章《发展高新技术产业的重大战略决策》

国务院总理李鹏在北京会见西班牙企业家代表团

李鹏在会见中指出，随着改革开放政策的进一步实行，中国将进一步扩大同外国的技术合作和资金合作。中国市场广阔，欢迎西班牙企业家积极参加竞争。李鹏强调说，竞争力是综合的，它包括优惠的贷款条件、合理的商品价格、及时的供货和良好的售后服务。

李鹏向客人简要介绍了中国未来 10 年经济发展的基本设想。指出，中国经济发展在未来的 10 年中以每年 6% 的速度增长这一目标是可以达到的。

李鹏说，农业仍将放在中国经济发展的突出位置。农业的发展从根本上说，要靠农业现代化，这就离不开化肥、农药和优良品种。今后 10 年中国至少要建立 10 多个相当规模的化肥厂。同时，还要积极发展乙烯工业。能源、交通、通讯和原材料工业也是发展的重点。

在谈到中西关系时，李鹏说，两国有良好的政治关系，两国外长已进行了互访。希望进一步发展两国之间高层次的互访。

他说，相信在双方共同努力下，两国在各方面的友好合作，包括在平等互利基础上的经贸和技术合作，也会得到发展。

奎瓦斯说，西班牙企业界对中国的经济发展特别关注，他的代表团成员在西班牙企业界有广泛的代表性。西班牙各领域的企业家都愿望参与中国经济建设中的某些项目。

中国和英国土地委员会发表新闻公报

中英土地委员会于一九九一年三月二十日举行第二十二次会议。

双方商定一九九一——一九九二财政年度的批地计划为八十一公顷，其中商业、住宅、工业用途二十二公顷；居者有其屋计划、私人机构参建居屋计划、香港房屋协会发展用地、乡村屋宇十九公顷；公用事业、教育、福利、宗教、康乐和其他用途十七公顷；特殊需求用途二十三公顷。

双方还商定，另拨出五公顷土地作为补充批地计划，在年内视需求情况决定从中推出土地的数量。

中国代表卢泰来在联合国贸易与发展第37届理事会会议上呼吁各国共同努力创造公平合理的国际贸易环境

解放军空军司令员王海在人民大会堂设晚宴欢迎苏联赴菲律宾航空展览参展团来华飞行表演

四川14岁小画家于水的作品《神圣的星》在国际红十字会等主办的国际儿童绘画比赛中获一等奖

3月21日

农业部就农村剩余劳动力和流动民工发出紧急通知

农业部近日发出紧急通知，要求各省、自治区、直辖市及计划单列市乡镇企业局做好农村剩余劳动力安置和流动民工疏导工作。

农业部为此要求各地乡镇企业局做好如下几个方面的工作：

要把安置好农村剩余劳动力当作一件大事来抓；认真贯彻"少关停、多并转"原则，妥善安置少数关停乡镇企业的人员；在发展乡镇企业的同时，大力扶持和引导作为集体经济补充的联户和户办企业的发展；"积极扶持，合理规划，正确引导，加强管理"，促进乡镇企业持续健康发展；协助当地党委和政府做好工作，减少农村剩余劳动力的大流动。

全国合理化建议表彰会在北京召开

会议由全国总工会、国家计委联合召开。中共中央政治局常委李瑞环、国务院副总理田纪云、国家计委副主任丁关根、全国总工会主席倪志福参加会议。

会议表彰十一届三中全会以来全国各条战线上的积极分子991人，先进集体250个。李瑞环在会上就开展合理化建议活动的重要性发表讲话。

国务委员邹家华在全国合理化建议工作会上讲话强调要发动职工群众开展合理化建议和技术改进活动。

首届全国工业企业技术进步成就展在北京开幕

国务院总理李鹏在北京会见科威特内阁事务国务大臣阿卜杜拉·拉赫曼·阿瓦迪

国家主席杨尚昆在人民大会堂会见科威特内阁事务国务大臣阿卜杜拉·拉赫曼·阿瓦迪

外交部部长钱其琛与科威特内阁事务国务大臣阿卜杜拉·拉赫曼·阿瓦迪会谈

国务院总理李鹏会见日本通商产业大臣中尾荣一

李鹏在中南海紫光阁会见时说，我们很高兴地看到，中日关系正在全面恢复之中，自从海部首相和日本政府决定率先恢复对华日元贷款以来，1990年度的日元贷款进展顺利。

李鹏说，中国未来10年的经济发展将把重点放在农业、基础工业和原材料工业上，中日在这些领域有着广阔的合作前景。

李鹏接着说，去年两国签订了为期五年的长期贸易协议，中国方面将认真执行这一协议。我赞成中尾大臣关于在发展中谋求贸易平衡的观点。

李鹏说，在未来10年间，随着改革开放政策的进一步贯彻，我相信，中国对外经济合作的领域将会不断扩大，投资环境将会得到进一步改善。我希望，去年中日双方成立的促进对华投资机构将发挥更大作用。

在谈到能源合作问题时，李鹏说，我们赞赏日本石油公团对开发我国塔里木油田所持的积极态度。

国务院总理李鹏致电联合国反种族隔离特委会主席声援南非人民反种族歧视斗争

3月22日

彭真在上海考察

3月22日上午,彭真同志冒着绵绵春雨,在中共上海市委书记、市长朱镕基等陪同下,兴致勃勃地考察了浦东新区和正在建设中的南浦大桥,并听取了关于浦东新区的情况汇报。

南浦大桥是上海市区第一座跨越浦江的大桥,是开发开放浦东的一项重大基础建设项目,全长8346米。彭真同志站在黄浦江畔看着150多米高的雄伟桥塔,十分高兴,称赞工程了不起。当朱镕基同志介绍说,大桥要在今年"七一"前合龙时,彭真同志高兴地说:那是一个很有意义的日子啊!

接着,彭真同志考察了延安东路越江隧道和浦东陆家嘴金融贸易区。

十时半左右,彭真同志来到新锦江大酒店旋转餐厅,仔细听取关于浦东新区建设情况汇报。他一边审视铺展在面前的浦东规划图,一边认真地作着记录。他殷切希望上海的同志努力工作,把浦东建设好,吸收总结国内外有关先进经验,促进我国社会主义四化建设。

中央社会治安综合治理委员会在北京成立

委员会是协助党中央、国务院领导全国社会治安综合治理工作的常设机构。

委员会的主要任务是:贯彻执行党的基本路线、方针、政策和国家法律,根据国民经济和社会发展的总体规划及社会治安形势,指导和协调全国社会治安综合治理工作。

该委员会的主要职责是:

根据全国社会治安状况,研究提出社会治安综合治理的方针、政策和重大措施,供党中央、国务院决策;对一个时期全国社会治安综合治理工作作出部署,并督促实施;指导、协调、推动各地区、各部门落实社会治安综合治理的各项重大措施;总结推广实践经验,表彰先进,组织有关部门加强社会治安综合治理的理论研究,探索和逐步完善具有中国特色的维护社会治安的新路子;办理党中央、国务院交办的有关事项。

乔石任委员会主任,任建新、王芳任副主任。

中央社会治安综合治理委员会第一次全体会议在北京召开

会议的议题有:宣读中共中央关于成立中央社会治安综合治理委员会的通知。听取社会治安综合治理办公室主任束怀德汇报全国社会治安综合治理工作会议精神的贯彻情况;听取公安部副部长俞雷汇报当前社会治安中的突出问题和拟采取的主要措施;审议今年的工作要点和宣传要点。

会议通过该委员会今年的工作要点,确定今年的工作重点:紧紧围绕党的十三届七中全会精神,狠抓党中央、国务院和全国人大常委会"两个决定"的贯彻落实,特别是要督促各地区、各部门充分发挥主观能动性,认真贯彻落实中共中央、国务院《关于加强社会治安综合治理的决定》中提出的今年必须着重抓好的七项任务,一项一项地抓落实,扎扎实实地把社会治安综合治理工作推向前进,促进社会治安进一步好转。

委员会确定1991年的宣传重点:宣传各级党委、政府和各部门抓综合治理措施落实的情况和经验。大力做好社会治安综合治理的宣传报道工作,使社会各界和广大人民群众了解这项工作的重要性和基本要求,增强积极参与的意识。

全国维护青少年合法权益先进集体先进个人表彰会在北京召开

会议由共青团中央召开。

受到表彰的15个先进集体是:共青团深圳市委、杭州市委、济南市委、延边自治州委、阜新市委、沈阳市委、共青团北京市宣武区委权益部、共青团成都市委权益部、共青团太原市委维权部、共青团哈尔滨市道里区委、共青团河北省临西县委、共青团江苏省涟水县委、湖南桃源纺织印染厂团委、西安电力机械制造公司团委、乌鲁木齐铁路局哈密机务段团委。

受表彰的10个先进个人是:栾伟东(辽宁)、钱爱民(河北)、李俄柱(山东)、单德玲(北京)、刘兴海(青海)、佟少军(冶金战线)、陈金华(甘肃)、唐庆军(贵州)、李永红(山西)、吴承江(福建)。

国务院总理李鹏为红领巾传递活动题词

江泽民等党和国家领导人参观首届全国工业企业技术进步成就展览会

中共中央总书记江泽民和中共中央政治局常委乔石、宋平、李瑞环,晚上到北京展览馆参观首届全国工业企业技术进步成就展览会。

在轻工业馆,江泽民同志对陪同的轻工业部曾宪林部长说,轻工产品与人民生活密切相关,看到这么多新产品真令人高兴。江泽民对低档皮革加工制成高档皮料的技术表示了极大的兴趣,认为提高产品附加值是我国轻工业发展的重要途径。他勉励加工工业部门和企业为人民的消费生活生产出更多的好产品。在化工馆,江泽民同志对展馆工作人员说,农药工业想办法降低农药毒性是非常重要的。当展馆工作人员介绍,我国农药产量目前已占世界第三位，高效低毒农药品种已占总产量的96%时，江泽民同志连连点头说："太好了，太好了。"

在交通馆，江泽民拿起现场的电话，利用海事通讯卫星同正在印度洋上航行的我国远洋轮"泰康海号"船船长通了话，祝全体船员一帆风顺。在铁道馆中，他用列车无线调度电话向正在运行的410次列车司乘人员表示亲切的问候。

国务院总理李鹏签署第77号令颁布《水库大坝安全管理条例》

国务院总理李鹏签署第78号令颁布《城市房屋拆迁管理条例》

《城市房屋拆迁管理条例》已经1991年1月18日国务院第七十六次常务会议通过，现予发布，自1991年6月1日施行。

城市房屋拆迁管理条例

第一章 总 则

第一条 为加强城市房屋拆迁管理，保障城市建设顺利进行，保护拆迁当事人的合法权益，制定本条例。

第二条 凡在城市规划区内国有土地上，因城市建设需要拆迁房屋及其附属物的，适用本条例。

第三条 本条例所称拆迁人是指取得房屋拆迁许可证的建设单位或者个人。

本条例所称被拆迁人是指被拆除房屋及其附属物的所有人（包括代管人、国家授权的国有房屋及其附属物的管理人）和被拆除房屋及其附属物的使用人。

第四条 城市房屋拆迁必须符合城市规划和有利于城市旧区改建。

第五条 拆迁人必须依照本条例规定，对被拆迁人给予补偿和安置；被拆迁人必须服从城市建设需要，在规定的搬迁期限内完成搬迁。

第六条 国务院房地产行政主管部门主管全国的城市房屋拆迁工作。

县级以上地方人民政府房地产行政主管部门或者人民政府授权的部门（以下简称房屋拆迁主管部门），主管本行政区域内的城市房屋拆迁工作。

第七条 县级以上地方人民政府应当加强对城市房屋拆迁工作的领导。对在城市房屋拆迁工作中有突出贡献的单位或者个人给予奖励。

第二章 拆迁管理一般规定

第八条 任何单位或者个人需要拆迁房屋，必须持国家规定的批准文件、拆迁计划和拆迁方案，向县级以上人民政府房屋拆迁主管部门提出拆迁申请，经批准并发给房屋拆迁许可证后，方可拆迁。房屋拆迁需要变更土地使用权的，必须依法取得土地使用权。

实施房屋拆迁不得超越经批准的拆迁范围和规定的拆迁期限。

第九条 当地人民政府可以组织统一拆迁，也可以由拆迁人自行拆迁或者委托拆迁。有条件的城市和城市中实行综合开发的地区，应当实施统一拆迁。

拆迁人委托拆迁的，被委托人应当是取得房屋拆迁资格证书的单位。

房屋拆迁主管部门不得接受拆迁委托。

第十条 房屋拆迁许可证一经发放，房屋拆迁主管部门应当将拆迁人、拆迁范围、搬迁期限等以房屋拆迁公告或者其他形式予以公布。房屋拆迁主管部门和拆迁人应当及时向被拆迁人做好宣传、解释工作。

第十一条 拆迁范围确定后，由当地县级以上地方人民政府房屋拆迁主管部门通知房屋拆迁所在地公安部门暂停办理向拆迁范围内迁入居民户口和居民分户。因出生、军人复转退、婚嫁等确需入户或者分户的，经县级以上地方人民政府批准后，方可办理。

第十二条 在房屋拆迁主管部门公布的规定拆迁期限内，拆迁人应当与被拆迁人依照本条例的规定就补偿、安置等问题签订书面协议。

补偿、安置协议应当规定补偿形式和补偿金额、安置用房面积和安置地点、搬迁过渡方式和过渡期限、违约责任和当事人认为需要订立的其他条款。

第十三条 补偿、安置协议订立后，可以向公证机关办理公证，并送房屋拆迁主管部门备案。

拆除依法代管的房屋，代管人是房屋拆迁主管部门的，补偿、安置协议必须经公证机关公证，并办理证据保全。

第十四条 拆迁人与被拆迁人对补偿形式和补偿金额、安置用房面积和安置地点、搬迁过渡方式和过渡期限，经协商达不成协议的，由批准拆迁的房屋拆迁主管部门裁决。被拆迁人是批准拆迁的房屋拆迁主管部门的，由同级人民政府裁决。

当事人对裁决不服的，可以在接到裁决书之日起十五日内向人民法院起诉。在诉讼期间如拆迁人已给被拆迁人作了安置或者提供了周转用房的，不停止拆迁的执行。

第十五条 在房屋拆迁公告规定的或者本条例第十四条第一款规定的裁决作出的拆迁期限内，被拆迁人无正当理由拒绝拆迁的，县级以上人民政府可以作出责令限期拆迁的决定；逾期不拆迁的，由县级以上人民政府责成有关部门强制拆迁，或者由房屋拆迁主管部门申请人民法院强制拆迁。

第十六条 法律、法规对拆迁使（领）馆房屋、军事设施、教堂、寺庙、文物古迹等另有规定的，依照有关的法律、法规执行。

第十七条 房屋拆迁主管部门应当对房屋拆迁活动进行检查。被检查者应当如实提供情况和资料。检查者有责任为被检查者保守技术和业务秘密。

第十八条 房屋拆迁主管部门应当建立、健全拆迁档案制度，加强对拆迁档案资料的管理。

第三章 拆迁补偿

第十九条 拆迁人应当对被拆除房屋及其附属物的所有人(包括代管人、国家授权的国有房屋及其附属物的管理人)，依照本条例规定给予补偿。

拆除违章建筑、超过批准期限的临时建筑不予补偿；拆除未超过批准期限的临时建筑给予适当补偿。

第二十条 拆迁补偿实行产权调换、作价补偿，或者产权调换和作价补偿相结合的形式。

产权调换的面积按照所拆房屋的建筑面积计算。

作价补偿的金额按照所拆房屋建筑面积的重置价格结合成新结算。

第二十一条 拆除用于公益事业的房屋及其附属物，拆迁人应当按照其原性质、原规模予以重建，或者按照重置价格给予补偿，或者由城市人民政府按照城市规划统筹安排。

拆除非公益事业房屋的附属物不作产权调换，由拆迁人给予适当作价补偿。

第二十二条 以产权调换形式偿还的非住宅房屋，偿还建筑面积与原建筑面积相等的部分，按照重置价格结算结构差价；偿还建筑面积超过原建筑面积的部分，按照商品房价格结算；偿还建筑面积不足原建筑面积的部分，按照重置价格结合成新结算。

第二十三条 以产权调换形式偿还的住宅房屋，偿还住宅房屋与被拆除住宅房屋之间的差价结算及超过或者不足所拆住宅房屋的原建筑面积部分的价格结算办法，由省、自治区、直辖市人民政府规定。

第二十四条 拆除出租住宅房屋，应当实行产权调换，原租赁关系继续保持，因拆迁而引起变动原租赁合同条款的，应当作相应修改。

第二十五条 拆除有产权纠纷房屋，在房屋拆迁主管部门公布的规定期限内纠纷未解决的，由拆迁人提出补偿安置方案，报县级以上人民政府房屋拆迁主管部门批准后实施拆迁。拆迁前房屋拆迁主管部门应当组织拆迁人对被拆除房屋作勘察记录，并向公证机关办理证据保全。

第二十六条 对拆除设有抵押权的房屋实行产权调换的，由抵押权人和抵押人重新签订抵押协议。抵押权人和抵押人在房屋拆迁主管部门公布的规定期限内达不成抵押协议的，由拆迁人参照本条例第二十五条的规定实施拆迁。

拆除设有抵押权的房屋实行作价补偿的，由抵押权人和抵押人重新设立抵押权或者由抵押人清偿债务后，方可给予补偿。

第四章 拆迁安置

第二十七条 拆迁人对应当安置的被拆除房屋使用人，依照本条例规定给予安置。安置用房不能一次解决的，应当在协议中明确过渡期限。

被拆除房屋使用人是指在拆迁范围内具有正式户口的公民和在拆迁范围内具有营业执照或者作为正式办公地的机关、团体、企业、事业单位。

第二十八条 对被拆除房屋使用人的安置地点，应当根据城市规划对建设地区的要求和建设工程的性质，按照有利于实施城市规划和城市旧区改建的原则确定。

对从区位好的地段迁入区位差的地段的被拆除房屋使用人，可以适当增加安置面积。

第二十九条 拆除非住宅房屋，按照原建筑面积安置。

第三十条 拆除住宅房屋，由省、自治区、直辖市人民政府根据当地实际情况，按照原建筑面积，也可以按照原使用面积或者原居住面积(以下简称原面积)安置。

对按照原面积安置住房有困难的被拆除房屋使用人，可以适当增加安置面积。增加安置面积的具体办法，由省、自治区、直辖市人民政府规定。

第三十一条 被拆除房屋使用人因拆迁而迁出的，由拆迁人付给搬家补助费。

在规定的过渡期限内，被拆除房屋使用人自行安排住处的，拆迁人应当付给临时安置补助费。

在规定的过渡期限内，由拆迁人提供周转房的，不付给临时安置补助费。

搬家补助费和临时安置补助费的标准，由省、自治区、直辖市人民政府规定。

第三十二条 拆迁人、被拆除房屋使用人双方应当遵守过渡期限的协议。拆迁人不得擅自延长过渡期限；由拆迁人提供周转房的被拆除房屋使用人到期不得拒绝迁往安置用房、腾退周转房。

第三十三条 由于拆迁人的责任使被拆除房屋使用人延长过渡期限的，对自行安排住处的被拆除房屋使用人，从逾期之月起应当适当增加临时安置补助费。

由于拆迁人的责任使被拆除房屋使用人延长过渡期限的，对由拆迁人提供周转房的被拆除房屋使用人，从逾期之月起应当适当付给临时安置补助费。

第三十四条 拆除非住宅房屋造成停产、停业引起经济损失的，可以由拆迁人付给适当补助费。

第五章　罚　则

第三十五条　对有下列行为之一的，由房屋拆迁主管部门予以警告、责令停止拆迁，并可处以罚款：

(一)未取得房屋拆迁许可证或者未按房屋拆迁许可证的规定擅自拆迁的；

(二)委托未取得房屋拆迁资格证书的单位拆迁的；

(三)擅自提高或者降低补偿、安置标准，扩大或者缩小补偿、安置范围的。

第三十六条　拆迁人无正当理由超过规定拆迁期限或者擅自延长过渡期限的，由房屋拆迁主管部门对拆迁人予以警告，并可处以罚款。

第三十七条　被拆迁人违反协议，拒绝腾退周转房的，由房屋拆迁主管部门对被拆迁人予以警告、责令限期退还周转房，并可处以罚款。

第三十八条　本条例中所规定的罚款，具体办法由省、自治区、直辖市人民政府制定。

罚款全部上缴国库，任何单位和个人不得截留、分成。

第三十九条　被处罚的当事人对行政处罚决定不服的，可以在接到处罚通知书之日起十五日内，向作出处罚决定机关的上一级机关申请复议。当事人对复议决定不服的，可以在接到复议决定书之日起十五日内，向人民法院起诉。当事人也可以直接向人民法院起诉。当事人逾期不申请复议、也不向人民法院起诉、又不履行处罚决定的，由作出处罚决定的机关申请人民法院强制执行。

第四十条　辱骂、殴打房屋拆迁主管部门工作人员，阻碍房屋拆迁主管部门工作人员执行公务的，由公安机关依照治安管理处罚法规的规定处罚；构成犯罪的，由司法机关依法追究刑事责任。

第四十一条　房屋拆迁主管部门工作人员玩忽职守、滥用职权、徇私舞弊的，由其所在单位或者上级主管机关给予行政处分；构成犯罪的，由司法机关依法追究刑事责任。

第六章　附　则

第四十二条　省、自治区、直辖市人民政府可以根据本条例制定实施细则。

第四十三条　本条例由国务院房地产行政主管部门负责解释。

第四十四条　本条例自一九九一年六月一日起施行。

中共中央政治局常委宋平在人民大会堂会见德国共产党中央理事会首席发言人罗尔夫·帕里默

新加坡前总理现任内阁资政李光耀会见来访的中国航空航天工业部部长林宗棠

新加坡副总理兼贸易与工业部部长李显龙准将举行午宴欢迎林宗棠

联合国向中国提供人才项目援助协议在北京签署

联合国开发计划署驻华代表莫瑞和中国国际经济技术交流中心主任徐鹏飞签署联合国开发计划署向中国提供442.8万美元人才项目的援助协议。

此协议为期3年，目的是在中国急需发展的领域向中国提供国外人才转让技术，以便提高效率、生产率和管理水平。为此，联合国开发计划署将利用上述援款，采用两种灵活和及时方式向中国提供外国专家。一种为“通过海外侨民回国传授技术”，即选派华裔专家学者无偿为祖国提供服务；另一种为“高级专家招聘”，即聘请外国高级科技人员来华提供无偿服务。1980年至今，联合国开发计划署已向中国提供了2024名上述人员，所用经费超过了600万美元。实践证明，我国是执行类似项目30个联合国成员国中聘请专家人数最多、效果最好、执行率最高的国家。

经贸部副部长佟志广及有关方面负责人参加签字仪式。

国务院批准的《大学生体育合格标准》从1991年春季新学期开始试行

《大学生体育合格标准》从1991年春季新学期开始，在国家教委直属高等学校中试行，并从1991年秋季开始逐步在全国各高等学校正式实施。

标准是经国务院批准颁发的《学校体育工作条例》的配套文件之一，主要内容是从身体形态、身体机能、身体素质、视力状况及体育课、课外体育锻炼等几个主要方面综合评定学生的体育成绩。体育成绩是否合格将直接影响学生能否被评为“三好”学生、获得奖学金及毕业证书。因此，《标准》既是衡量大学生接受学校体育实效的个体评价标准，又是大学生能否毕业的一个重要条件。为了做好实施《标准》的准备工作，国家教委已下发了《关于印发〈大学生体育合格标准〉及〈大学生体育合格标准实施办法〉的通知》。

《人民日报》报道著名史学家罗尔纲经考证《水浒转》作者为罗贯中原本70回后被人续加盗改为百回本

3月23日

全国政协第七届第四次会议开幕

会议下午在人民大会堂召开。

全国政协主席李先念，副主席王任重、洪学智、谷牧、杨静仁、帕巴拉·格列朗杰、周培源、王光英、邓兆祥、屈武、马文瑞、王恩茂、钱学森、钱伟长、胡绳、孙晓村、程思远、卢嘉锡、钱正英、苏步青、司马义·艾买提、侯镜如,代秘书长宋德敏,在主席台前排就座。

党和国家领导人江泽民、杨尚昆、李鹏、万里、乔石、宋平、李瑞环、王震、田纪云、李铁映、吴学谦、秦基伟、丁关根、刘华清、杨白冰、温家宝等出席大会。

大会通过政协七届四次会议议程和日程。

王任重说,全国政协七届三次会议以来,有44位委员相继去世。对他们的去世,我们表示深切的悼念。经过与各方面协商,并经过全国政协常委会第十三次会议协商决定,增补委员34人。对新增补的委员,我们表示热烈欢迎。现在全国政协委员的总数为2055人,已经向会议报到的委员有1842人,出席开幕会议的委员共1704人,符合法定人数。

受全国政协常务委员会委托,全国政协副主席钱伟长向大会作工作报告。

全国政协副主席钱伟长在全国政协七届四次会议上作常委会工作报告《为夺取十年规划"八五"计划首战胜利作贡献》

钱伟长在报告中说,过去的一年,是我国人民在以江泽民同志为核心的中共中央领导下,团结奋斗,克服困难,励精图治,开拓前进的一年,是政治稳定、经济稳定、社会稳定,社会主义各项事业进一步发展的一年。在这一年里,全国政协常务委员会围绕中国共产党和国家的中心任务,贯彻《中共中央关于坚持和完善中国共产党领导的多党合作和政治协商制度的意见》和全国统一战线工作会议精神,加强同民主党派、人民团体、无党派爱国人士和各族各界代表人士的联系,认真履行政治协商、民主监督的职能,共举行常委会议和常委专题座谈会5次,主席会议10次,14个专门委员会积极开展各种活动,做了大量工作。一年来,共收到委员提案1915件,已办复1905件;专题调查27项,形成调查报告36份;组织在京和港澳地区的401位委员分13批到各地进行了视察,并组织京外委员就地进行了视察;举行各种报告会70场,座谈会300多次;组织3个团、组访问了4个国家,接待外国来访团、组9个;接待来自台湾岛内的访问团、组39个。通过这些活动,为国家的稳定和社会主义现代化建设事业的发展作出了应有的贡献。

钱伟长在报告中谈到全国政协在积极促进治理整顿、深化改革和经济建设方面的工作时说,去年,全国政协围绕治理整顿、深化改革和经济建设的任务,协助党和政府做了许多卓有成效的工作。在全国委员会第三次会议上,委员们就改革开放,搞好工农业生产,发展科技、教育,严格物价管理,控制人口过快增长,加强廉政建设等问题,提出很多积极的建议和意见,受到中共中央和国务院的重视。政协常委会议、主席会议和常委专题座谈会,对治理整顿、深化改革和发展国民经济中的一些重要问题,也提出不少有价值的意见和建议。在常委会第十二次会议上,常委们认真学习讨论了《中共中央关于制定国民经济和社会发展十年规划和"八五"计划的建议》,就如何贯彻落实《建议》精神,正确制定与实施十年规划和"八五"计划,提出不少建设性意见。围绕经济建设和经济体制改革方面的一些重大问题,政协也有计划有重点地开展了专题调研。

钱伟长说,围绕科技在社会经济发展中的战略地位等问题,全国政协进行了为期两年的调查研究。在此基础上,经过常委专题座谈会讨论,提出了《依靠科技发展国民经济应作为一项基本国策》、《进一步完善和深化科技体制改革》两个专题报告。报告总结了国内外的经验教训,论证了科学技术对社会经济发展的巨大推动作用,提出了进一步完善科技政策,深化科技体制改革的重要意见和建议,为制定十年规划和"八五"计划提供了参考。

钱伟长说,去年的委员视察活动,重点是了解治理整顿、深化改革的情况。对视察的组织工作,也根据全国政协七届三次会议上委员们的意见作了改进。视察中委员们提出的许多意见和建议,受到有关部门和地方的重视。

钱伟长接着指出,一年来,全国政协为维护和发展爱国统一战线,推动社会主义精神文明建设和民主法制建设,促进国家的安定团结,作出了积极努力。在常委会第十一次会议上,委员们认真学习讨论了江泽民同志在全国统一战线工作会议上的讲话,对爱国统一战线在我国社会主义现代化建设中的战略地位和人民政协的重要作用的认识进一步提高,坚持中国共产党领导的多党合作和政治协商制度的自觉性进一步增强。去年,全国政协注意加强与各民主党派、无党派爱国人士的联系,努力为他们参政议政创造条件。在政协的各种会议上,鼓励各民主党派、无党派爱国人士充分发表意见;就共同关心的一些重要问题与有关民主党派中央联合进行调研;积极采取措施,帮助各民主党派解决工作和生活方面的实际问题。

钱伟长说,组织和推动委员在自愿的基础上学习马克思列宁主义、毛泽东思想,学习中共中央和国家的方针政策,是人民政协的优良传统。全国政协有针对性地选择一些重要题目,如持续、稳定、协调地发展国民经济,90年代的经济发展与改革,坚持与完善中国共产党领导的多党合作和政治协商制度等问题,多次举行报告会、专题座谈会,对于委员们提高认识,统一思想，增强在共同政治基础上的团结合作，更好地知情出力和参政议政，起到促进作用。

钱伟长说，对于全国政协七届三次会议期间委员们反映较多的有关贯彻落实知识分子政策的问题，主席会议十分重视。会后，专门组织了知识分子问题研讨组，深入了解北京、上海等地重点院校和科研单位科教人员的情况，提出《关于改进科技人员工作和生活条件的建议》。

去年，全国政协先后对《残疾人保障法》、《归侨、侨眷权益保护法》、《关于禁毒的决定》等法律、法规草案征求意见稿进行了讨论，提出修改意见，一些委员还就制定某些重要法律、法规的问题提出了建议。对于《民族区域自治法》的贯彻情况，在前年调查的基础上，去年又分赴少数民族聚居和散居的云南、宁夏、浙江三省、自治区进行深入调研，提出 7 份调查报告，其中 4 份报告已由有关部门领导同志批办。这对促进民族团结，发展民族经济有着积极作用。为了更好地宣传和协助贯彻执行国家的宗教政策，团结宗教界人士为社会主义现代化建设贡献力量，全国政协请有关部门介绍宗教工作情况，组织委员根据全国宗教工作会议精神，赴广东省对宗教工作在两个文明建设中的作用，在改革开放中的主要成绩和问题，以及宗教政策的落实情况进行调查，提出建议。

钱伟长说，为了弘扬反抗帝国主义侵略与干涉，维护祖国统一，致力于国家富强的爱国主义传统和自强、自尊、自立的民族精神，全国政协举行了鸦片战争 150 周年纪念活动，这一活动在海内外产生了广泛影响。去年的文史资料工作坚持为统一战线服务，为社会主义精神文明建设服务的方向，编辑、出版各类丛书、丛刊和专辑 61 种 1566 万字。经济和教科文方面的史料征编工作有所加强。少数民族和港澳台文史资料的征集已初获成果。《人民政协报》在宣传统一战线方针政策，交流人民政协工作情况和经验，推动委员学习等方面有所加强，取得了较好的效果。

钱伟长说，一年来，海峡两岸关系有了较大变化。面对新的形势，全国政协根据中共中央关于"和平统一、一国两制"的总方针，结合政协的特点和有利条件，同有关部门加强协作与配合，积极开展以促进两岸直接、双向交流为重点的各种形式的联谊活动，努力推动两岸关系朝着有利于和平统一的方向发展。在过去的一年中，全国政协先后邀请、接待了来自台湾岛内的访问团、组 21 个，近 300 人；协助接待团、组 18 个，约 500 人。来访人员中，有政界和党派的高层人物，有经济界人士和著名教授、学者。交往中，我们同来访人员诚恳坦率地交换意见，努力融通感情，增进共识，扩大团结面。全国政协还举行或派人参加两岸关系研讨会、座谈会，同各方面人士就实现祖国和平统一问题进行了有益的探讨；通过各种纪念活动和学术交流活动，拓宽联系渠道，扩大两岸交往，促进越来越多的有识之士对我"一国两制"构想的理解和认同。

钱伟长说，1991 年是我国实施国民经济和社会发展十年规划和"八五"计划的头一年，也是继续治理整顿、深化改革的一年。全国政协要深入学习、认真贯彻《中共中央关于制定国民经济和社会发展十年规划和"八五"计划的建议》精神，更加自觉地坚持"一个中心、两个基本点"的基本路线，坚持走建设有中国特色的社会主义道路的十二条原则，围绕即将由全国人大审议通过的国民经济和社会发展十年规划和"八五"计划纲要的实施，认真履行政治协商、民主监督的职能，为我国今年各项任务的完成而努力。钱伟长接着就此提出五点意见：

——积极为十年规划和"八五"计划的实施和国民经济的持续、稳定、协调发展作出新的贡献。常委会议、主席会议、常委专题座谈会要坚持抓大事、议大事，根据十年规划和"八五"计划的要求与部署，继续就治理整顿中的重大问题和改革开放中深层次的问题开展协商讨论，为中共中央、国务院的经济决策和实施提供更多有价值的意见和建议。专题调查、提案工作、委员视察及其他各项工作都要突出重点，统筹安排，注意效果，扎实进行。

——努力巩固和发展爱国统一战线，促进社会主义精神文明建设和民主法制建设。深入学习中共十三届七中全会精神，提高认识，统一思想，进一步增强人民政协各参加单位和个人在共同政治基础上的团结合作。继续加强与各民主党派、无党派爱国人士、人民团体和各族各界代表人士的联系，更好地发挥人民政协这一广泛爱国统一战线组织的作用。认真组织好辛亥革命 80 周年纪念活动，弘扬爱国主义精神，增强中华民族的凝聚力。进一步为加强社会主义精神文明建设作出努力，对社会主义精神文明建设中的应兴应革之事积极提出意见和建议。认真搞好有关方面交议的法律、法规草案的协商讨论，开展对宪法、法律实施的民主监督，协助党和政府搞好法制宣传。积极推动廉政建设，反对各种不正之风。

——抓住有利时机，发挥政协优势，进一步深入开展祖国统一联谊工作。要认真贯彻全国对台工作会议精神。充分发挥政协同台湾岛内和海外联系面广的优势，坚持"和平统一、一国两制"的总方针和"寄希望于台湾当局，更寄希望于台湾人民"的原则，积极扩大交往，多层次多渠道地开展联谊活动。为尽早实现"三通"，扩大双向交流，增进互信，确立共识，促进国共两党对等商谈而坚持不懈地努力。

——继续坚持积极主动、多做工作的方针，进一步发展与各国人民的友好关系。根据我国的对外政策和国际形势的发展，审时度势，把握时机，广开渠道，扩大对外交往。

——加强对地方政协工作的指导。要继续加强与地方政协的联系，进行深入调查，研究解决共同性的问题。要为开好政协工作会议认真做好准备，会后做好传达贯彻工作。

巴基斯坦总统伊沙克·汗授予邓颖超“巴基斯坦伟大领袖勋章”

中国选手张艳梅在悉尼世界短跑道500米速滑锦标赛上获世界冠军

中国选手乐静宜在德国罗斯托克世界杯短池50米游泳系列赛中获世界冠军

3月24日

第七届全国人大四次会议预备会议召开

会议上午在人民大会堂举行。

全国人大常委会委员长万里主持会议。

出席今天预备会议的2561名代表，采用按表决器方式，选举万里等147人组成大会主席团，彭冲为大会秘书长。会上，还通过七届全国人大四次会议议程。

全国人大常委会委员长万里在第七届全国人大四次会议预备会议上发表讲话

万里说，这次大会是在党的十三届七中全会闭会不久召开的。全会审议并通过的中共中央关于制定十年规划和“八五”计划的建议，是十一届三中全会以来我国十年改革开放与社会主义现代化建设的经验总结，也是我们实现第二步战略目标的行动纲领。七届全国人大四次会议审查批准十年规划和“八五”计划纲要，必将在国内外产生深远影响。各位代表和全国各族人民对这次大会的召开都非常关心。开好这次大会，对巩固和发展安定团结的政治局面，维护国家的持续稳定，加强社会主义民主与法制建设，促进经济振兴、改革开放和社会进步，推动十年规划和“八五”计划的顺利实施，沿着有中国特色的社会主义道路奋发前进，具有重要的意义。

万里说，为开好这次会议，我们要发扬民主，畅所欲言，希望各位代表认真地审议大会的各项议案，把会议开成一个生动活泼、团结胜利的大会，开成一个为实现第二步战略目标而奋斗的大会。

万里说，大会主席团和秘书长名单草案，是七届全国人大常委会第十九次会议通过提出的。这次大会的主席团和秘书长名单草案，原则上按七届全国人大第三次会议的名单，基本没有变动，只作个别调整。

万里说，经过调整，七届全国人大第四次会议主席团成员共147人，包括8个方面：(一)中共中央领导同志、国家主席、副主席、全国人大常委会委员长、副委员长27人；(二)各民主党派中央负责人、全国工商联负责人、无党派爱国人士和人民团体负责人17人；(三)全国人大专门委员会委员12人；(四)中央党政军有关部门负责人8人；(五)工农业等方面劳动模范、先进人物代表10人；(六)教育、科技、文化等方面的代表和知名人士24人；(七)人口在100万以上的少数民族代表15人；(八)各省、自治区、直辖市、解放军代表团负责人34人。

万里说，大会议程草案是七届全国人大常委会第十九次会议通过提出的，有九项议程：听取和审议关于国民经济和社会发展十年规划和第八个五年计划纲要的报告、1990年国民经济和社会发展计划执行情况与1991年计划草案的报告、1990年国家预算执行情况和1991年国家预算草案的报告；审议《中华人民共和国民事诉讼法(试行)(修改草案)》；审议《中华人民共和国外商投资企业和外国企业所得税法(草案)》；听取和审议全国人大常委会工作报告，最高人民法院工作报告，最高人民检察院工作报告；关于人事任命事项，补选七届全国人大常委会委员。

万里说，参照以往做法，这次大会拟邀请不是七届全国人大代表的中共中央领导同志，中顾委主任，全国政协主席、副主席，各民主党派中央负责人参加开幕式、闭幕式；邀请全国政协七届四次会议全体委员列席会议；邀请各国驻华使节旁听几次大会。台港澳地区的记者和外国记者可以采访大会新闻。

第七届全国人大四次会议主席团举行首次会议

主席团上午在人民大会堂举行第一次会议。

全国人大常委会委员长万里主持会议。

全国人大组织法规定：“主席团推选常务主席若干人，召集并主持主席团会议。”常务主席的人选。按惯例由全国人大常委会委员长、副委员长、秘书长组成。会议经过表决，推选出17人为本次会议主席团常务主席。

按照全国人大组织法的规定，主席团互推若干人轮流担任代表大会全体会议的执行主席。会议经过表决，通过执行主席分组名单。

会议决定大会副秘书长人选，决定七届全国人大四次会议通过议案的办法。

七届全国人大三次会议期间一些代表团和代表提出，最高人民法院、最高人民检察院向大会作的工作报告，除由各代表团审议外，建议由全国人大内务司法委员会进行审议，并根据代表审议的意见，提出审议结果报告。万里说，经研究，拟同意这个意见。主席团对此表示同意。

会议通过七届全国人大四次会议日程。

会议决定，七届全国人大四次会议代表提议案截止的日期为3月31日下午6时。

七届全国人大常委会第四次会议预备会议通过七届全国人大四次会议议程

一、听取和审议国务院总理李鹏关于国民经济和社会发展十年规划和第八个五年计划纲要的报告

审查和批准国民经济和社会发展十年规划和第八个五年计划纲要

二、听取和审议国务委员兼国家计划委员会主任邹家华关于1990年国民经济和社会发展计划执行情况与1991年计划草案的报告

审查和批准1990年国民经济和社会发展计划执行情况与1991年计划草案的报告

三、听取和审议国务委员兼财政部部长王丙乾关于1990年国家预算执行情况和1991年国家预算草案的报告

审查和批准1990年国家预算执行情况和1991年国家预算

四、审议《中华人民共和国民事诉讼法(试行)(修改草案)》

五、审议《中华人民共和国外商投资企业和外国企业所得税法(草案)》

六、听取和审议全国人大常委会副委员长彭冲关于全国人民代表大会常务委员会的工作报告

七、听取和审议最高人民法院院长任建新关于最高人民法院的工作报告

八、听取和审议最高人民检察院检察长刘复之关于最高人民检察院的工作报告

九、关于人事任命事项

十、其他

全国森林防火现场会在黑龙江省加格达奇开幕

会议由国家森林防火总指挥部秘书长、林业部副部长刘广运主持。

国务院副总理、国家森林防火总指挥部总指挥田纪云致信会议，要求各地和有关部门警钟长鸣，增强森林防火工作的责任感和紧迫感，特别要抓好目前的春季防火工作。

国家森林防火总指挥部副总指挥，林业部副部长高德占发表书面讲话。

3月25日

第七届全国人民代表大会第四次会议在北京开幕

会议上午在人民大会堂举行。会议的主要议程是审议我国国民经济和社会发展十年规划和第八个五年计划纲要。国务院总理李鹏在会上就这一纲要作报告。

会议由大会执行主席、主席团常务主席、全国人大常委会委员长万里主持。

在主席台前排就座的大会执行主席还有：彭冲、阿沛·阿旺晋美、赛福鼎·艾则孜、严济慈、荣毅仁、叶飞、廖汉生、倪志福、陈慕华、费孝通、孙起孟、雷洁琼、王汉斌。他们也都是本次会议主席团的常务主席。

党和国家领导人江泽民、杨尚昆、李先念、乔石、宋平、李瑞环、王震等和主席团成员在主席台就座。

国务院总理李鹏在第七届全国人民代表大会第四次会议上作《关于国民经济和社会发展十年规划和第八个五年计划纲要的报告》

各位代表：

现在，我代表国务院，向大会作关于国民经济和社会发展十年规划和第八个五年计划纲要的报告，请各位代表连同纲要草案一并审议，并请全国政协各位委员和其他列席人员提出意见。

一、制定十年规划和“八五”计划纲要的立足点

中国共产党十一届三中全会以后的八十年代，是我国各族人民在党的领导下，沿着建设有中国特色的社会主义道路阔步前进的十年。这十年，我们坚持以经济建设为中心，坚持四项基本原则和改革开放，全面开创了现代化建设的新局面，先后胜利完成了第六个五年计划和第七个五年计划，提前实现了第一步战略目标，为九十年代的国民经济和社会发展奠定了比较坚实的基础。

——农村经济全面发展。一九九〇年同一九八〇年相比，农业总产值增长百分之八十四点六，平均每年增长百分之六点三。粮食总产量先后登上三千五百亿公斤和四千亿公斤两个台阶，一九九〇年达到四千三百五十亿公斤，棉花、油料、肉类、水产、水果等农副产品产量大幅度增加，为解决人民温饱问题提供了物质保障。农、林、牧、副、渔各业都有很大发展，农村经济结构发生明显变化，非农产业占农村社会总产值的比重由一九八〇年的百分之三十一点一提高到一九九〇

年的百分之五十四点六。乡镇企业异军突起，现在吸纳农村劳动力已达到九千多万人，促进了商品经济的发展，为逐步实现农业现代化开创了一条适合我国国情的道路。

——工业生产迅速增长。一九九〇年同一九八〇年相比，工业总产值增长二点三倍，平均每年增长百分之十二点六。主要工业产品产量大幅度增加。一九八〇年到一九九〇年，原煤由六点二亿吨增加到十点八亿吨，原油由十点零六亿吨增加到一点三八亿吨，发电量由三千零六亿千瓦小时增加到六千一百八十亿千瓦小时，钢由三千七百一十二万吨增加到六千六百零四万吨，水泥由零点八亿吨增加到二点零三亿吨。消费品工业的产品更新换代加快，花色品种丰富多彩，市场供应充裕，改变了过去那种品种单调和供应紧张的状况。工业技术水平和科研开发能力明显提高，一些产品和产业步入世界先进行列。

——基本建设和更新改造步伐加快。十年间全社会固定资产投资完成二点七七万亿元，超过前三十年的总和。其中，全民所有制基本建设投资一点零八万亿元，建成投产包括能源、原材料、交通运输、邮电通信等方面的大中型项目一千多个。投入更新改造资金五千四百七十亿元，完成技术改造项目四十点九万项。一大批基础工业和基础设施重点项目建成投产，经济的薄弱环节有所加强，产业结构和产品结构有所调整，城乡建设取得明显成就，为国民经济的持续发展增添了后续力量。

——对外经济技术交流取得突破性进展。一九九〇年同一九八〇年相比，进出口总额由三百八十一亿美元增加到一千一百五十四亿美元，增长两倍以上。其中出口总额由一百八十一亿美元增加到六百二十一亿美元，增长二点四倍。出口商品结构有很大变化，工业制成品占出口总额的比重由一九八〇年的百分之四十九点七上升到一九九〇年的百分之七十四点五。改革开放以来，实际吸收外商直接投资一百八十九点八亿美元，兴办外商投资企业二万多家。借用外国贷款四百五十八点二亿美元，建设民用机场、铁路、公路、港口码头、油田、电力、化工等项目五百五十个，补充了我国建设资金的不足。引进一大批国外先进技术，促进了国内生产技术水平的提高。对外承包工程、劳务合作以及国际旅游业，也得到很大发展。

——科技、教育、文化等各项社会事业都有较大发展。十年间，共取得重大科技成果十一万多项，其中获国家奖励的近万项，一些领域已经达到或者接近世界先进水平。共实施专利五万多项，推广了一大批重大科技成果，提高了传统产业的技术水平和经济效益。正负电子对撞机、重离子加速器、同步辐射实验室等大型科研项目的相继投入使用，“银河”巨型计算机的研制成功，水下导弹、“长征二号”大推力捆绑式火箭、“亚洲一号”通讯卫星的成功发射等，表明我国在高能物理、计算机技术、运载火箭技术、卫星通讯技术等方面有了新的突破。社会科学研究的许多领域也有不少进展。到一九九〇年，已经有百分之七十六以上的县普及小学教育，多数城市普及了初中教育；中等职业技术教育、成人教育、技术培训迅速发展；高等教育初步形成多层次、多形式、学科门类比较齐全的体系。十年来普通高等学校共培养本专科毕业生四百三十五万人，研究生近二十万人，成人高等教育共培养三百七十四万人，为现代化建设输送了大批人才。文化艺术、新闻出版、广播影视、体育卫生、计划生育、环境保护等各项事业都取得了新的成绩，促进了社会主义物质文明和精神文明建设。

——人民生活明显改善。全国绝大多数地区解决了温饱问题，开始向小康过渡；少数地区已经实现小康；温饱问题尚未完全解决的少数地区，人民生活也有不同程度的改善。这是一个伟大的历史性成就。一九九〇年城镇居民人均生活费收入达到一千三百八十七元，农民人均纯收入达到六百三十元，剔除价格因素，分别比一九八〇年增长百分之六十八点一和百分之一百二十三点九。一九八〇年到一九九〇年，城镇人均住房面积由三点九平方米增加到七点一平方米，农村人均住房面积由九点四平方米增加到十七点八平方米。城乡居民家庭拥有的电视机、电冰箱、洗衣机等耐用消费品显著增加。全国城乡居民人均储蓄存款余额一九八〇年只有四十元，一九九〇年达到六百一十五元。这十年是人民生活改善最多的十年。

——国家经济实力大为增强。一九九〇年同一九八〇年相比，国民生产总值由四千四百七十亿元增加到一万七千四百亿元，按不变价格计算，增长一点三六倍，平均每年增长百分之九。国民收入由三千六百八十八亿元增加到一万四千三百亿元，按不变价格计算，增长一点三一倍，平均每年增长百分之八点七。生产门类更加齐全，资源开发能力明显提高。一些重要工农业产品产量跃居世界前列。钢、化学纤维由世界的第五位升至第四位，有色金属由第七位升至第四位，发电量由第六位升至第四位，煤炭、水泥由第三位升至第一位，乙烯由第十五位升至第八位，粮食、棉花、肉类、布匹已居世界首位。由于我国人口众多，产品的人均占有量还比较低，但国家整体经济实力的增强是极为明显的。

八十年代，我国社会经济生活中最引人注目的是经济体制改革和对外开放。这是过去十年所发生的最深刻的变化，也是取得上述巨大成就的最基本的推动力。以实行家庭联产承包责任制为主要内容的农村改革的成功，推动了农业和整个国民经济的发展，也推动了其他领域的改革。在城市，以搞活企业为中心，相应进行了计划、财政、税收、金融、物资、商业、外贸、价格、劳动工资等方面的改革。在改革经济体制的同时，科技、教育体制和政治体制也进行了改革。通过改革，经济体制格局发生了重大变化：从单一的公有制结构，逐步变化为以公有制为主体、多种经济成分并存的所有制结构；从单一的分配制度，逐步变化为以按劳分配为主体、其他分配方式为补充的分配制度；过分集中的计划经济体制，逐步变化为计划经济与市场调节相结合的体制。经济体制改革调动了各方面的积极性，促进了社会生产力的发展。对外开放政策的实施，使我国经济大踏步走上世界舞台。我们先后创办了深圳、珠海、汕头、厦门和海南五个经济特区，开放了大连、天津、上海、广州等十四个沿海城市，开辟了十三个经济技术开发区和长江三角洲、珠江三角洲、闽南三角地区，以及山东半岛、辽东半岛经济开放区。一九九〇年中央又决定开发和开放上海浦东新区。对内陆周边国家的开放正在逐步展开。对外开放为我国经济注入了新的活力。

我们在八十年代所取得的成就是伟大的。但是，我们没有任何理由自满。在改革开放的历史性深刻转变中，对客观规律的认识和实践经验的积累有一个过程，我们在实际工作中也出现过一些缺点和失误。主要是：一度忽视思想政治教育，存在物质文明建设和精神文明建设"一手硬，一手软"的现象；在经济发展和改革中都出现过求成过急，一度造成经济过热、通货膨胀；国民经济的某些方面过于分散，国家宏观调控能力减弱。十三届四中全会以来，在以江泽民同志为核心的党中央领导下，认真总结经验，正确的加以坚持，不足的加以完善，失误的加以纠正，思想政治领域出现新的转机，治理整顿取得明显成效。通货膨胀得到有效控制，物价指数大幅度回落，农业连续两年获得丰收，工业增长速度基本恢复到正常水平，出口贸易持续增长，经济秩序有所改善。在治理整顿中，改革开放不仅没有停滞，而且在继续深化和发展，并为进一步改革开放创造了有利条件。国民经济在比较困难的条件下保持了适度增长。一九九〇年国民生产总值增长百分之五，农业总产值增长百分之六点九，工业总产值增长百分之七点六。这些成绩的取得，是全国人民齐心协力，克服重重困难，共同奋斗的结果，是来之不易的。我们也清醒地看到，当前社会经济生活中还存在许多矛盾和问题：产成品积压较多、经济循环不畅的问题还没有完全解决；经济效益差、产业结构不合理的状况还没有根本扭转；国家财政困难，收支矛盾突出；经济体制在许多方面还没有理顺；在安定团结的政治局面下，还存在着某些不安定的因素。我们必须正视这些问题，并且认真加以解决，决不可掉以轻心。

我国八十年代改革开放和现代化建设的实践，提供的经验是非常丰富的。集中到一点，就是把马克思主义普遍真理同我国的具体实际结合起来，走自己的道路，建设有中国特色的社会主义。我们在八十年代所以能够取得巨大成就，近两年来所以能够在外有压力、内有困难的情况下不断前进，使社会主义中国巍然屹立在世界东方，最根本的原因，就是走了建设有中国特色的社会主义道路。实践再一次雄辩地证明了马克思主义的创造力和社会主义制度的生命力。尽管在前进中还会遇到这样那样的困难，但只要我们坚定不移地沿着这条正确道路走下去，中国社会主义现代化建设事业的成功是大有希望的。

二、主要奋斗目标和基本指导方针

我国社会主义现代化建设大体分三步走的战略部署，正确反映了在我们这样一个经济文化不发达国家实现现代化的客观进程。温饱问题的基本解决，标志着我国社会主义现代化建设已经走过了一个重要的发展阶段。今后十年，我们要实现第二步战略目标，把国民经济和社会发展提高到一个新的水平。这是我国现代化建设更重要的一个发展阶段。

根据《中共中央关于制定国民经济和社会发展十年规划和"八五"计划的建议》精神，《纲要（草案）》规定了实现第二步战略目标的基本要求。主要是：在大力提高经济效益和优化经济结构的基础上，国民生产总值按不变价格计算，到本世纪末比一九八〇年翻两番；全国人民生活从温饱达到小康水平；发展教育事业，推动科技进步，改善经济管理，调整经济结构，加强重点建设，为下世纪初叶我国经济和社会的持续发展奠定物质技术基础；初步建立适应以公有制为基础的社会主义有计划商品经济发展的、计划经济与市场调节相结合的经济体制和运行机制；社会主义精神文明建设达到新的水平，社会主义民主和法制进一步健全。

第二步战略目标的上述基本要求，反映了我国国民经济和社会发展的历史进程，表达了全国各族人民振兴中华、强国富民的迫切愿望和雄心壮志。其主要精神有两点：第一，强调以经济建设为中心，把经济发展作为改善人民生活和促进社会进步的基础。不仅对经济增长的速度和数量有明确的要求，而且更加注重经济增长的质量和国民经济整体素质的提高。第二，强调继续深化经济体制改革和扩大对外开放，加强社会主义精神文明和民主法制建设。这将为实现第二步战略目标和下世纪初叶的持续发展提供经济体制、政治、思想和其他方面的保证。

《纲要(草案)》提出,今后十年国民生产总值平均每年增长百分之六左右。这个要求是积极的,也是留有余地的。这个增长速度虽然比前十年低了一些,但由于现在的经济规模比十年前大得多,今后每增长一个百分点所包含的绝对量要大得多。达到了这个平均增长速度,就可以实现到本世纪末国民生产总值比一九八〇年翻两番的既定目标。在八十年代经济迅速增长的基础上,再连续十年保持百分之六左右的速度,到二〇〇〇年,我国国民经济和社会发展就一定能够达到一个新的更高的阶段。虽然那时我国人均国民生产总值还比较低,但由于分配制度比较合理,避免两极分化,坚持共同富裕,可以在总体上使全国人民过上殷实的小康生活。新中国建立后我们大体用了四十年时间基本解决温饱问题,现在要在今后十年从温饱达到小康,这无疑是一项极其宏伟而艰巨的历史性任务。

我国经济还不发达,人口增长的压力很大。要解决各种经济社会矛盾,改善人民生活,逐步实现现代化,没有一定的经济增长速度是不行的。在条件许可的前提下,应该努力争取经济发展有较快的速度。但是,建设不能急于求成。对速度要求过高,往往容易造成经济不稳定。根据历史的经验和现实的经济态势,我国经济发展的关键在于优化产业结构和提高经济效益。今后十年要求保持百分之六左右的中速增长,就是为了防止片面追求数量和攀比速度的偏差,以便创造条件,保持重大比例关系协调,推动科技进步,从而提高经济增长的质量和国民经济的整体素质。建立在这种基础上的速度,才是实实在在的、没有水分的、有后劲的速度。同时,只有长期保持适当的增长速度,避免大起大落,才能为进一步理顺经济关系创造比较宽松的环境,这也是深化经济体制改革所必需的。

关于十年规划和“八五”计划的基本指导方针,中共中央的《建议》提得非常明确,在今后十年的国民经济和社会发展中要坚定不移地加以贯彻。这些基本指导方针主要是:

第一,坚定不移地走建设有中国特色的社会主义道路。中国共产党十一届三中全会以来,经过十二大和十三大,在深刻总结历史的和当前的实践经验的基础上,形成了党在社会主义初级阶段以经济建设为中心、坚持四项基本原则、坚持改革开放的基本路线,以及一系列行之有效的方针政策。中共中央的《建议》,对建设有中国特色社会主义的基本理论和基本实践,精辟地概括了十二条主要原则,这就是:

——坚持工人阶级领导的以工农联盟为基础的人民民主专政,不断完善人民代表大会制度,不断完善共产党领导的多党合作和政治协商制度,不断巩固和发展最广泛的爱国统一战线,努力加强社会主义民主和社会主义法制建设;

——坚持把发展社会生产力作为社会主义的根本任务,专心致志地搞好现代化建设,不断提高人民的物质文化生活水平;

——通过改革不断完善社会主义的经济、政治体制和其他领域的管理体制,充分调动中央、地方、企业和广大劳动人民的主动性、积极性和创造性;

——采取发展对外经济贸易关系、利用外资和引进先进技术等多种形式,通过举办经济特区、经济开放区和实行必要的特殊政策与灵活措施,不断扩大对外开放;

——坚持以社会主义公有制为主体的多种经济成分并存的所有制结构,发挥个体经济、私营经济和其他经济成分对公有制经济的有益的补充作用,并对它们加强正确的管理和引导;

——积极发展社会主义有计划商品经济,实行计划经济与市场调节相结合,努力促进国民经济持续、稳定、协调发展;

——实行以按劳分配为主体、其他分配方式为补充的分配制度,允许和支持一部分人、一部分地区通过诚实劳动和合法经营先富起来,鼓励先富起来的帮助未富起来的,以利于全体人民和各个地区逐步实现共同富裕;

——坚持以马克思列宁主义、毛泽东思想为指导,继承和发扬祖国优秀文化遗产,借鉴和吸收世界上一切优秀文化成果,不断提高全民族的思想道德和科学文化素质,建设社会主义精神文明;

——建立和发展平等互助、团结合作、共同繁荣的社会主义民族关系,坚持和完善民族区域自治制度,反对民族歧视和民族分裂;

——按照“一个国家、两种制度”的构想和实践,促进祖国统一大业的逐步实现;

——坚持独立自主的和平外交政策,在和平共处五项原则的基础上发展同一切国家的友好关系,反对霸权主义和强权政治,支持被压迫民族和被压迫人民的正义斗争,维护世界和平和促进人类进步;

——坚持共产党的领导,不断改善党的领导制度、领导作风和领导方法,加强党的政治、思想、理论和组织建设,使党始终成为社会主义事业的坚强领导核心。

这十二条,有些是我们几十年来所一贯坚持的基本原则,在新的历史条件下又有新的发展,充实了新的内容;有些则是十多年来改革开放和现代化建设新鲜经验的总结。这是全党和全国各族人民智慧的结晶,其中凝结了邓小平同志在新的历史条件下继承和发展毛泽东思想的卓越贡献。党的十一届三中全会以来,我们就是沿着以这十二条为基本轮廓的建设有中国特色社会主义的道路走过来的，因而在实践中取得了举世瞩目的成就。实现九十年代的奋斗目标，最根本的保证，就是坚持走建设有中国特色的社会主义道路。

第二，坚定不移地推进改革开放。全面落实建设有中国特色社会主义的各项方针政策，关键在于坚定不移地实行改革开放。经过八十年代的努力，经济体制改革取得重大进展，对外开放格局已经形成。但是，原有体制的弊端还没有完全消除，在发展过程中又出现了一些新的矛盾和问题。要妥善解决当前经济生活中的诸多矛盾，顺利实现第二步战略目标，在激烈的国际竞争中立于不败之地，都要求我们继续深化改革，进一步扩大对外开放。我们的改革是社会主义制度的自我完善和发展，目的是为了促进生产力的发展和社会的全面进步，不断增强社会主义的生机与活力。把改革开放和不断巩固、完善社会主义制度有机地结合起来，这是我们最重要的一条经验。国内外的经验都证明，不改革开放不行，改革开放不坚持正确方向也不行。今后要继续坚持社会主义方向，并进一步努力探索，使改革不断深化，开放更有成效。

第三，坚定不移地贯彻执行国民经济持续、稳定、协调发展的方针。这条方针是长期正反两个方面历史经验的总结，是实现到本世纪末奋斗目标的重要保证。持续，就是保持经济每年都有适当的发展速度；稳定，就是稳步前进，避免大起大落；协调，就是按比例发展。持续、稳定、协调三者之间有着紧密的联系。比例协调，是持续稳定发展的基础，按比例的速度才是合理的、效益好的、能够持续稳定发展的速度。实现国民经济持续、稳定、协调发展，最重要的是努力保持社会总需求与总供给的基本平衡，防止急于求成的倾向。我们既要充分发挥各种资源的潜力，促进经济增长，又要防止国民收入超额分配，造成通货膨胀。要坚持速度与效益的统一，始终把提高经济效益作为全部经济工作的中心。

第四，坚定不移地执行独立自主、自力更生、艰苦奋斗、勤俭建国的方针。坚持自力更生与实行对外开放不是对立的，而是统一的。实行对外开放，利用国外的技术、经验和资金，有利于增强我国自力更生的能力。另一方面，只有坚持自力更生，把立足点放在自己力量的基础上，才有条件更好地扩大对外开放。九十年代我们要进一步扩大对外开放，争取在对外贸易、利用外资、引进技术和智力等方面取得更大的进展，但也要准备更多地依靠国内资金和自己的力量进行建设。要克服经济建设中资源相对不足和资金短缺的困难，最重要的，是千方百计地节约一切可能节约的财力、物力和人力，努力克服生产、建设、流通、消费等领域中存在的严重浪费现象。今后十年乃至整个现代化建设时期，都必须牢固树立艰苦奋斗、勤俭建国的思想。

第五，坚定不移地贯彻物质文明建设和精神文明建设一起抓的方针。任何时候也不能忘记，我们要实现的现代化，是社会主义的现代化。在推进物质文明建设的同时，必须加强精神文明建设，克服物质文明建设和精神文明建设"一手硬、一手软"的现象。建设社会主义精神文明，既是我们的重要目标，又是促进物质文明建设的重要保证。只有抓好精神文明建设，才能使人们有正确的前进方向，坚定社会主义的信念，增强民族的凝聚力。这是我们的真正优势所在。加强社会主义精神文明建设，需要各个部门、各个方面密切配合，共同努力，尽心尽责，广泛吸引群众自觉参与，把任务真正落实到基层。

上述基本指导方针，指明了继续前进的方向，规定了实现第二步战略目标的正确途径。在今后十年的各项工作中，要始终保持基本的路线和方针政策的连续性和稳定性，并全面加以贯彻。在基本方针不变的前提下，具体的政策措施要不断完善和发展。当前的主要任务，是要通过大量的工作，把已经确定的方针政策和措施落到实处。

提交大会审议的《纲要（草案）》，是把制定"八五"计划和十年规划结合起来考虑的。这是因为，经济和社会发展的许多问题是有连续性的，一些重大建设项目、科技攻关课题以及人才培养等，也往往不是在一个五年计划期间就能够完成的。从今后十年经济发展的总趋势和奋斗目标来确定五年计划，可以把眼光放得更远一些。由于社会经济发展中不确定因素较多，《纲要（草案）》对十年规划不可能定得过细，只能规定主要目标、基本任务、重大方针政策和若干重要指标。"八五"计划因为现在就要执行，规定的指标多一些，项目具体一些，但重点也放在经济和社会发展的方向、任务、政策以及改革开放的总体部署上，比较详细和具体的计划将在年度计划中制定。在"八五"计划执行过程中，根据实际情况，还需要对现在规定的指标加以必要的调整和充实。在"八五"后期，还要制定"九五"计划。现在，治理整顿的任务尚未完成，"八五"计划的头一年或更长一点时间，要继续进行治理整顿，在治理整顿中求发展。在转入正常发展以后，还要继续完成治理整顿遗留下来的某些任务。

1991年是执行十年规划和"八五"计划的第一年，又是继续治理整顿和深化改革的一年，做好今年的工作意义重大。我们要集中精力抓好经济工作，在继续保持总量平衡，调整经济结构，提高经济效益的前提下，保持经济适度增长。要汲取过去丰收以后就放松农业的教训，继续加强和发展农业。要采取坚决有力的措施，力争在搞活国营大中型企业方面尽快取得实质性进展。要认真组织好“质量、品种、效益年”活动，并且年复一年地长期抓下去，切实抓出成效。要加强财政税收工作，控制集团消费，努力增产节约，增收节支，缩小财政收支差额。按照经济与市场调节相结合的要求，继续深化改革。在抓好经济工作的同时，加强思想政治工作，促进城乡社会主义精神文明建设。加强社会治安的综合治理，努力保持社会安定和正常秩序，努力为人民提供良好的工作和生活环境。我们要认真做好今年的各项工作，争取“八五”计划有一个良好的开端。

三、关于经济建设

关于今后十年的经济建设，总的出发点是，按照实现第二步战略目标的要求，以提高经济效益为中心，努力保持国民经济持续、稳定、协调发展。《纲要（草案）》着重考虑了以下几个重要问题。

（一）继续努力保持经济总量的平衡。

今后十年和“八五”期间，既要保证各方面建设资金的需要，又要使人民生活逐步有所提高，经济总量平衡面临许多矛盾。保持社会总需求与总供给的基本平衡，防止国民收入超额分配和通货膨胀，是一个极其重要的问题。从历史经验看，经济发展出现大起大落，主要是指导思想上片面追求高速度，建设规模过大，消费基金膨胀，导致国民经济总量不平衡和重大比例失调，最后不得不进行调整。从这两年来的现实情况看，治理整顿所以能够取得明显成效，首先是经济总量控制得比较好。今后十年，要保持国民经济的持续、稳定、协调发展，避免出现大的波折，最重要的仍然是要保持经济总量的平衡，特别是保持财政、信贷、外汇收支和物资的各自平衡以及它们之间的综合平衡。经济建设和人民生活的安排，都要量力而行。固定资产投资规模要与国力相适应，生活消费的增长要与生产的发展相适应。由于经济效益的明显提高有一个过程，财政体制“八五”期间仍将基本维持现行财政包干格局，制约着国家财政收入和中央财政收入的增长；另一方面，重点建设投资、国防经费、科学教育事业费必须适当增加，而每年大量的企业亏损和物价补贴，以及其他一些开支，只能逐步压缩下来。因此，财政收支平衡难度很大，每年都还有一定数量的财政赤字。我们必须千方百计开源节流，尽可能减少一些赤字。现在各方面要求财政给照顾、给优惠的呼声比较高，要下决心不再开新的口子，防止出现新一轮的减税让利。银行信贷要继续坚持稳定货币的方针，控制总量，调整结构，把货币发行量和贷款总规模保持在经济发展合理需要的范围内，避免通货膨胀。要及时结汇，努力增加对外贸易收汇和非贸易收汇，保持适度进口和合理的外债规模。

现在各地区、各部门提出要在今后十年和“八五”期间上的项目，加起来的总规模，已经大大超出资金和物资供应的可能。虽然有些项目从地区或部门的局部来看，是需要上的，其中有的项目也已经过论证，但从全局来看，财力物力就那么大，不能不分别轻重缓急，量力而行，有所取舍。《纲要（草案）》所列的建设项目，是要在五年至十年的时间内陆续开工兴建的，各个年度的投资规模要根据资金的可能，具体加以安排。年度间要保持大体均衡，循序而进，不能一哄而上，打乱仗。

（二）大力调整产业结构，促进产业结构的合理化并逐步走向现代化。

经过八十年代的经济建设和改革开放，我国产业结构发生了积极的变化。农业和消费品工业得到加强，第三产业发展加快，新兴产业有所发展。但是，长期存在的产业结构不合理状况还没有根本扭转，在发展中又出现了一些新的矛盾和问题。当前产业结构中存在的主要问题是：农业基础仍然比较脆弱；基础工业和基础设施发展滞后；加工工业总规模偏大，技术水平和专业化程度低；第三产业不能适应经济发展和人民生活的需要。今后十年，随着人民收入水平和生活质量的提高，消费领域拓宽，选择性增强，随着工业化的推进和农业人口向非农产业的转移，以及对外经济贸易关系的发展，都要求我们更加注重产业结构的调整。还应该看到，随着科学技术革命的发展，在世界范围内已经发生并且正在发生产业结构的重组和升级。我们能不能抓住机会，加快产业结构调整的步伐，使之上升到新的等级，不仅直接关系到第二步战略目标的实现，而且将对整个现代化建设进程产生长远的影响。

根据这种情况，《纲要（草案）》把产业结构调整放在今后十年经济建设的突出位置。主要要求是：

——大力加强和发展农业，促进农村经济全面发展。九十年代我们面临着这样的矛盾：一方面，随着人口增加和向小康水平过渡，对农产品的需求不断增长；另一方面，农业综合生产能力不可能很快提高，人均耕地面积还在不断减少，加上受气候等自然因素的制约，发展农业的任务是相当艰巨的。《纲要（草案）》规定九十年代粮食产量要先后登上四千五百亿公斤和五千亿公斤两个台阶，并且对增加棉花、油料、糖料等主要农产品产量和发展林、牧、渔业也提出了明确要求。为了完成农业发展的任务，《纲要（草案）》提出了一系列重要措施，包括：继续深化农村改革，稳定和完善以家庭联产承包为主的责任制，发展多种形式的社会化服务体系，健全统分结合的双层经营体制，逐步壮大集体经济实力；增加对农业的投入，加强大江大河治理，开展农田水利基本建设，坚持植树造林，搞好防汛抗旱；进一步抓好科技、教育兴农；努力改革和完善农产品流通体制；促进乡镇企业健康发展，等等。切实加强管理、十分珍惜和合理利用土地和水资源，对于农业生产和整个社会经济的发展都具有重要意义，必须高度重视。各级政府要根据这些要求，认真组织实施。

——加强基础工业和基础设施建设，是今后十年的一项重要任务。近两年通过治理整顿，调整结构，基础工业、基础设施的紧张状况有所缓和，某些产品在某些地方甚至一度出现过剩的情况，这是经济紧缩条件下的暂时现象。从长远来看，基础工业和基础设施仍然是我国经济发展中的薄弱环节。由于基础工业和基础设施建设周期长，投资大，价格和收费偏低，这就要求我们及早安排，实行投资倾斜政策，采取多种途径，筹集必要的资金。《纲要（草案）》对能源、交通、邮电通信、重要原材料等方面的建设做出了具体安排。我们要像"一五"时期成功地抓一百五十六项重点工程建设那样，集中力量，齐心协力，高质量高效益地搞好一批重点工程和建设项目，使它们如期形成综合生产能力。要适当增加银行贷款，并建立煤炭、电力、石油和铁路建设基金，保证重点建设的需要。要逐步调整和理顺基础产品的价格和收费，增强基础工业的发展能力。要加强地质勘查工作，使它同重点建设协调发展。在保证国家重点建设的前提下，在国家政策允许的范围内，地方各级政府也要因地制宜，多方筹集资金，进行基础工业和基础设施的建设。

——大力改组改造和提高加工工业。我国加工工业规模已经不小，今后十年的发展重点，是通过深化改革，调整结构，加强管理和技术改造，把现有企业的潜力充分发挥出来，并提高到一个新水平。要压缩一部分超过合理要求的加工工业生产能力，淘汰一批消耗高、性能差、污染已严重的落后产品。按照规模经济的要求，对生产批量小，成本高，效益差的企业进行调整，推进专业化分工和联合。积极推广新技术、新工艺，开发新产品，提高产品质量，以更好地适应国内外市场的需要。

——积极发展建筑业。从温饱走向小康，人民生活的提高，将较多地体现在居住条件的改善方面。为了适应经济发展和人民生活的需要，《纲要（草案）》规定今后十年建筑业要有一个比较大的发展。根据国内外的经验，建筑业可以成为经济发展的重要支柱之一。建筑业要坚持质量第一的方针，提高技术水平和管理水平。各项建筑都要切实保证质量，力求降低成本。要积极推广立足于国内的新型建筑材料。

——加快第三产业的发展。考虑到第三产业在经济发展和人民生活中的重要作用，而目前又比较落后的状况，《纲要（草案）》对第三产业给予了充分的重视。第三产业发展的重点是商业、物资、金融、保险、旅游等为生产和生活服务的行业。第三产业的发展，对缓解就业压力，增加资金积累，活跃城乡经济，促进经济结构的调整，提高国民经济的整体效益和人民生活的质量，都具有很重要的作用。在八十年代的发展中，由于经验不足，管理工作没有及时跟上，也产生过一些混乱现象。经过治理整顿，这些混乱现象已经有所克服或者正在克服。我们要积极支持和引导，加强管理，使第三产业得到较快而又健康的发展。

（三）促进地区经济的合理分工和协调发展。

生产力的合理布局和地区经济的协调发展，是我国经济建设和社会发展中一个极为重要的问题。我国地域辽阔，各地区经济发展和资源分布很不平衡。正确处理全国经济发展与地区经济发展之间以及地区经济之间的关系，不仅关系到各种优势的发挥和经济的合理发展，而且关系到国家的统一和全国各民族的团结。八十年代全国经济和地区经济都有很大发展，生产力的地区布局也有新的变化，但也存在一些不合理现象和值得注意的问题。主要的问题是，各地重复建设项目过多，产业结构趋同，资源配置不合理，地区封锁和市场分割严重，妨碍了合理的生产协作和商品流通。今后十年，要按照统筹规划、合理分工、优势互补、协调发展、利益兼顾、共同富裕的原则，逐步实现生产力的合理布局。为此，必须处理好以下三个方面的关系：

第一，正确处理发挥地区优势与全国统筹规划的关系。国家要鼓励和支持各个地区发挥优势，加强指导和协调，使各个地区都能够在自己的优势产业上得到发展。同时也必须从提高国民经济的整体效益出发，加强地区经济的合理分工。全国统一的经济体系和统一市场，是发展商品经济和社会化大生产的客观要求，也是发挥地区优势的前提。地区封锁和市场分割，不利于生产力合理布局和资源优化配置，妨碍地区优势的发挥。地区经济发展，要符合国家产业政策的要求，但在制定国家产业政策的时候，也必须注意发挥地区优势，才能促进全国经济和地区经济同时得到发展。

第二，正确处理资源富集地区与加工工业集中地区的关系。加工工业集中地区特别是沿海经济发达地区，要积极发展技术水平较高的产业和出口创汇产品，减少资源消耗。要使那些能源和原材料消耗较高、运输量较大的工业，在能源充足、资源富集的地区得到较快的发展。资源富集地区在加快资源开发的同时，要适当发展一些加工工业。要注意东西走向交通干线的建设，促进沿海与内地在商品、资金、技术和人才等方面的交流。

第三，正确处理经济发达地区与经济较不发达地区的关系。地区之间经济发展不平衡，生活水平有差异，这是由于历史、地理等原因形成的。随着经济的发展，国家和经济发达地区都要努力帮助较不发达地区改变面貌，使各个地区都能得到发展，走共同富裕的道路。要继续贯彻执行扶持民族地区、贫困地区、老根据地和边疆地区发展的各项现行政策，争取在今后十年从根本上解决这些地区贫困群众的温饱问题，使经济面貌和人民生活都有显著改善。国家要继续对这些地区给予财力、物力和技术力量的支持，并将安排一批矿山、水利、交通和工业项目，以带动这些地区的经济发展。今后十年，国家对贫困地区还要继续实行以工代赈政策，增加农民的劳动投入，改造坡地和中低产田，为解决群众温饱问题创造条件。经济发达的沿海省、市应当分别同经济较不发达的省、区签订协议或合同，采取经验介绍、技术转让、人才交流、资金和物资支持等多种方式，在互利的基础上帮助它们加快经济发展。经济较不发达地区要大力发展农、林、牧业，建设公路、电力、水利等基础设施和一些加工工业项目，增强自力更生的能力，使生产和生活条件逐步得到改善。

（四）始终把提高经济效益作为全部经济工作的中心。

提高经济效益是今后十年经济建设面临的重大课题。以提高经济效益为中心已经讲了多年，在不少方面也有进步，但总的来说经济效益差的状况还没有根本扭转。生产消耗高，产品质量低，建设浪费大，资金周转慢，劳动生产率低，企业亏损严重，仍然普遍存在。不少技术经济指标不仅明显落后于经济发达国家，有的甚至低于我们历史上曾经达到过的最好水平。同行业中落后企业和先进企业的差距也很大。效益差是我国经济生活中诸多困难的症结所在。今后十年以及整个现代化建设时期，我们面临着人口众多，建设任务繁重，资金短缺，基础工业和基础设施落后，人均资源相对不足的矛盾，浪费资源的粗放经营是没有出路的，必须在提高经济效益上下大功夫，走集约化经营的道路。《纲要（草案）》要求，“八五”期间每万元国民生产总值消耗的标准煤由九点三吨下降到八点五吨，全社会劳动生产率平均每年提高百分之三点五，预算内国营工业企业流动资金周转天数由一百二十七天缩短到九十五天，还规定了其他一些提高经济效益的指标。我们要采取切实措施，扎扎实实地工作，力争实现这些指标，逐步从根本上扭转经济效益差的状况。

技术改造是提高经济效益的主要手段。我国工业基础不小，企业数量很大，今后十年的生产建设任务主要由现有企业来承担。现在许多企业设备陈旧，技术落后，迫切需要进行技术改进。“八五”时期和今后十年，要用先进的技术装备和生产工艺改造现有企业，围绕生产技术和装备现代化问题，组织好科研和生产攻关。机械制造工业要努力提高水平，更好地满足国民经济各部门对技术装备的需要。《纲要（草案）》规定，“八五”时期国家要选择一批大中型骨干企业和一批重要产品，作为技术改造的主体和突破口，努力使这些企业和产品接近或达到国际先进水平。各地区、各部门也要抓好一批重点企业和重点产品的技术改造，带动中小企业和乡镇企业的技术进步。技术改造的重点，要放在节约能源，减少原材料消耗，降低生产成本，提高产品质量，扩大名、优、新产品和出口产品的生产能力，以及防治污染上来，并加强资源的综合利用。积极推广投入少、效益高、见效快的科技成果，继续实施“星火计划”和“丰收计划”，加快技术成果向生产的转移。在加快传统产业技术进步的同时，继续实施“火炬计划”，办好高新技术开发区，促进高新技术成果的商品化和产业化，及其向传统产业的扩散和渗透。电子工业在整个经济和社会发展中的作用越来越突出，必须把加快它的发展放在重要的战略位置上，并且把它同发展精密机床等机械设备紧密结合起来，推动电子技术在国民经济和社会生活中的广泛应用。要继续积极引进国外先进技术，并下大力量消化、吸收、应用和创新。

加强管理是提高经济效益的重要途径。现在，在生产建设和流通领域，普遍存在着财力、物力和人力的严重浪费，潜力远远没有发挥出来。因此，必须把强化管理作为提高经济效益的重要环节。要加强和改善宏观管理，努力提高国家计划的科学性和有效性，从总体上促进资源的合理配置。要加强企业管理，特别要加强生产第一线的领导和指挥，严格实行责任制度，强化基础工作，全面提高劳动者素质。许多先进企业的经验证明，只要这样做，同样的设备、同样的人，就可以生产出更多更好的产品。要在全社会各个领域深入持久地开展增产节约、增收节支运动，精打细算，反对浪费，少花钱多办事。

（五）推动科技进步，发展教育事业，提高国民经济的整体素质和促进社会的全面进步。

科学技术是第一生产力。当今世界各国生产力的发展，综合国力的提高，在很大程度上都取决于科学技术的发展。国际经济竞争也越来越表现为科学技术和人才的竞争。我们要显著地提高经济效益，增强综合国力，逐步缩小同发达国家的差距，就要真正把发展科技和教育放在十分重要的战略地位，使经济建设转到依靠科技进步和提高劳动者素质的轨道上来。

科学技术的发展要继续贯彻“经济建设必须依靠科学技术，科学技术工作必须面向经济建设”的方针。这不仅是为了促进经济的发展，而且也是科学技术本身繁荣与发展的必由之路。要继续深化科技体制改革，逐步建立引进和创新、应用和推广相互结合、相互促进的科研机制。要把发展国民经济作为科学技术工作的主战场，加快科技成果向现实生产力的转化。在应用技术研究、高技术研究、基础研究三个层次上的科技工作，要统筹规划，合理配置力量，推动我国经济和科学技术的全面发展。要注意跟踪世界新技术发展进程，努力在生物工程、电子信息技术、自动化技术、新型材料、新能源、航空航天、海洋工程、激光、超导、通信等高技术领域取得新的成果。加快科技进步，关键在于稳定和完善促进科技进步的政策，采取切实有效的措施，增加科技投入。逐步建立健全保护知识产权的制度，进一步发挥专利制度在发展科技事业中的作用。

发展教育事业，提高全民族的素质，是社会主义现代化建设的根本大计。我国社会主义现代化事业，需要大批专门人才，也需要亿万受过良好教育的劳动大军。要继续深化教育体制改革，加强教育科学的研究，努力贯彻党和国家的教育方针，培养德、智、体全面发展的社会主义建设者和接班人，为现代化建设事业服务。要根据现代化建设的实际需要，把教育工作的重点放到提高教育质量和办学效益上来。到二〇〇〇年，要在全国普及初等义务教育，在城镇以及经济比较发达的农村基本普及初中阶段义务教育，在全国范围内基本扫除青壮年文盲；通过大力发展职业技术教育和培训，使绝大多数城乡劳动者掌握必要的知识和技能，在业人员的劳动技能和专业技术水平得到进一步提高；高等教育要在基本稳定规模、合理调整结构的基础上，下大力量重点抓好一批大学，使教育质量和办学效益有明显提高，努力使一批重点学科达到国际先进水平。继续执行和完善出国留学生政策，鼓励留学生学成归国工作。进一步促进国际间的教育交流与合作。要大力加强师资培训，提高教师的业务水平和思想政治水平。各级各类学校都要切实加强德育和思想政治工作，提高教育者和受教育者的社会主义觉悟和道德水平。《纲要（草案）》要求，各级政府要随着经济的发展，逐步增加对教育的投入，同时积极多渠道地筹措教育资金，提倡和支持社会办学，鼓励自学成才，努力促使教育与经济协调发展。

（六）在发展生产的基础上改善人民生活。

经济建设的目的是为了满足人民日益增长的物质文化需要。今后十年总的目标，是努力使全国人民的生活达到小康水平。《纲要（草案）》规定，“八五”期间，扣除价格上涨因素，我国职工和农民的收入都要有一定的增长。提高人民消费水平和生活质量的主要措施是：发展轻纺工业和农副产品生产，继续抓好和完善城市“菜篮子”工程，组织好市场供应；积极发展为城乡居民生活服务的第三产业；加快城乡住宅和公用设施的建设；防治环境污染，改善环境质量；发挥城乡集体经济和其他经济成分的作用，积极解决劳动力就业问题，逐步完善社会保障体系；实行计划生育，严格控制人口增长；繁荣文化事业，丰富精神生活；发展卫生体育事业，提高人民健康水平。经过十年时间的稳步提高，到本世纪末我国人民生活将会得到明显的改善。

我们所说的小康生活，是适应我国生产力发展水平，体现社会主义基本原则的。人民生活的提高，既包括物质生活的改善，也包括精神生活的充实；既包括居民个人消费水平的提高，也包括社会福利和劳动环境的改善。在物质生活方面，消费结构和消费方式要符合我国的特点和民族传统。要及时调整产业结构和产品结构，使之适应人民生活从温饱到小康过程中生活质量的提高和消费结构的变化；同时要积极引导消费，建立适合中国国情的合理的消费结构和健康有益的消费方式。

我国是一个经济文化发展很不平衡的大国，全国小康水平的实现，不论从时间上还是地区上，都将是逐渐推进的，不应该也不可能规定一个全国统一的时间表。但二〇〇〇年实现小康，走共同富裕的道路是确定无疑的。允许和支持一部分人、一部分地区通过诚实劳动和合法经营先富起来，这个方针应当继续贯彻执行。但是，我们什么时候都不能忘记，实行这个方针的目的，是为了促进全国人民和各个地区更好地走上共同富裕的道路。因此，既要反对平均主义，又要防止收入差距过分悬殊。社会主义制度的一项最重要的优越性，就表现在共同富裕上。

实现小康要靠全国人民的艰苦努力。目前我国正处在创业阶段，百业待举。今后十年乃至整个现代化建设进程中，都必须妥善处理积累与消费、国家建设与人民生活的关系，实际工资总额的增长不能高于国民收入的增长，实际平均收入的提高不能超过劳动生产率的提高。我们要长期坚持独立自主、自力更生、艰苦奋斗、勤俭建国，用自己的聪明才智和勤劳的双手，干出一个社会主义的现代化。

各位代表！中国人民解放军、武装警察部队、公安干警是人民民主专政的坚强柱石。八十年代，人民武装力量在自身建设方面取得巨大成就，为保卫祖国、保卫现代化建设作出了重大贡献。今后十年，在复杂多变的国际形势下，为了应付各种可能发生的不测事件，保卫国家安全，使经济建设有一个稳定的环境，必须进一步加强国防现代化建设。要根据国家财力的可能，适当增加国防费用，努力发展国防科学技术，有重点地加强新武器装备的研制，提高军队武器装备的现代化水平。继续调整国防科技和国防工业结构，贯彻军品生产能力适当转向民品生产的方针，但要加强统一规划和协调,使军品和民品都得到提高或发展。继续加强国防重点工程建设。大力开展国防教育,增强全民国防观念。要广泛开展拥军优属、拥政爱民活动,进一步增强军政团结和军民团结。人民武装力量要进一步加强革命化、现代化、正规化建设,努力提高政治素质和军事素质,增强战斗力,保卫社会主义现代化建设的顺利进行。

四、关于社会发展

十年规划和“八五”计划《纲要(草案)》,体现了以经济建设为中心,强调国民经济和社会事业协调发展,对精神文明建设和各项社会事业提出了全面要求。这里,我着重说明以下几个问题。

(一)加强社会主义精神文明建设。

建设社会主义的精神文明,是建设有中国特色社会主义的重要目标,也是促进物质文明建设的重要保证。过去十年,精神文明建设取得很大成绩,但也发生过一些大的失误,主要是削弱思想政治工作,导致资产阶级自由化思潮泛滥,造成严重的社会后果国的希望和未来。要充分认识到培养社会主义事业建设者和接班人的极端重要性和紧迫性,把学校教育、家庭教育和社会教育紧密地结合起来,共同努力,培育一代又一代社会主义新人。

教育科学文化建设与思想道德建设相互促进,共同推动着物质文明建设的发展。没有全民族科学文化素质的提高,就没有社会主义的现代化。要坚持“百花齐放,百家争鸣”的方针,在发展科技、教育的同时,加强社会科学研究,进一步繁荣新闻出版、广播影视、文学艺术等各项文化事业。《纲要(草案)》立足于八十年代的基本经验和各项行之有效的方针政策,对教育科学文化事业的发展已经作了具体安排,各级政府都要把发展教育科学文化事业放在突出位置,认真抓紧抓好。

要进一步重视和发挥广大知识分子在社会主义精神文明建设和整个现代化建设中的作用。新中国成立以来,特别是党的十一届三中全会以来,我国知识分子在国民经济和社会发展的各个方面,作出了重大贡献。今后十年,实现第二步战略目标的艰巨任务,迫切要求广大知识分子充分发挥积极性和创造性,承担起历史赋予的重任。要在全社会继续发扬尊重知识、尊重人才的良好风尚。逐步完善有利于人才辈出的政策与制度,努力做到人尽其才,才尽其用。随着经济的发展,努力在改善知识分子工作条件和生活条件方面多办一些实事。提倡和鼓励广大知识分子深入实际,了解国情,在社会主义现代化建设和改革开放的伟大事业中创造出新的成绩。

(二)健全社会主义民主与法制。

社会主义现代化事业是全体人民的事业。只有加强社会主义民主,才能够最广泛地动员和依靠人民。在深化经济体制改革的同时,要积极稳妥地推进配套的政治体制改革,建立健全民主监督的程序和制度,建立有利于提高办事效率的领导体制,努力建设有中国特色的社会主义民主政治。各级政府要重视和支持决策的研究和咨询工作,进一步促进决策的民主化和科学化。要自觉接受同级人民代表大会及其常委会的监督,重视和发挥人民政协、各民主党派、人民团体在政治协商、民主监督中的作用,虚心听取各方面的意见,使广大人民群众的意志和利益在国家政治和社会生活中得到充分体现。要进一步加强政权建设,改革行政管理体制,理顺各级政府职能部门之间的关系。要继续改革干部人事制度,精简机构,减少层次,减少行政人员,改进作风,提高办事效率。进一步活跃基层民主生活,健全企业民主管理制度和居民、村民自治制度,提高公民参政议政意识和能力,发挥人民群众建设社会主义的积极性。

要加强法制建设,使社会主义民主制度化、法律化,保障人民当家作主的权利,保证国家的安定团结和长治久安。同时,要用法律规范经济关系和社会活动,维护正常的社会秩序,巩固改革开放成果。现在我国以宪法为基础的社会主义法律体系初步形成,国家政治经济活动和政府工作逐步走上法制轨道。但是,在经济和行政管理立法方面,还有一些重要的法律、法规尚未制定出来。要在积极推进改革开放的同时,抓紧起草计划法、预算法、银行法、投资法、公司法、价格法、劳动法、审计法等一批重要法律草案,并根据改革开放和行政管理的需要,加强行政法规和规章的制定工作,使国家行政管理工作进一步规范化、法制化。当前一个突出的问题,是执法不严的现象还比较普遍。必须强调,法律一经颁布实施,任何组织和个人都必须遵守。要维护宪法和法律的权威,坚持在法律面前人人平等的原则,切实做到有法必依,执法必严,违法必究。要继续加强法制宣传教育,在全体公民中普及法律知识,提高全民法律意识。一切政府工作人员都要学法懂法,增强法制观念,做守法执法的模范。

(三)加强政法工作,维护社会稳定。

目前,我国社会在安定团结的局面下,还存在着一些不安定因素,国外敌对势力对我国的颠覆、分裂破坏活动仍在继续。我们必须始终保持警惕,坚定不移地维护安定团结的政治局面,维护社会的稳定。我们坚持四项基本原则,其中一项就是坚持人民民主专政,这一项和其他三项一样重要。要严厉打击严重刑事犯罪活动和严重经济犯罪活动,深入开展禁止卖淫嫖娼、制作贩卖传播淫秽物品、拐卖妇女儿童、私种吸食贩运毒品、聚众赌博和利用封建迷信骗财害人等除“六害”和“扫黄”斗争，制止和取缔一切危害社会安全、扰乱社会秩序的组织与活动。要坚持专门机关与群众工作相结合的方针，动员社会各方面的力量，运用政治、经济、行政、法律、文化教育等多种手段，全面加强社会治安的综合治理，维护社会的正常秩序。要教育广大人民群众遵纪守法，自觉维护社会治安，敢于同一切危害社会秩序的现象作斗争。公安、国家安全、司法等部门，广大人民警察和武警指战员，要努力适应新形势的要求，不断提高政治素质和业务素质，廉洁奉公，严格执法，充分发挥人民民主专政的职能作用，为加强社会治安，维护社会稳定作出新的贡献。

（四）深入开展反腐败斗争，进一步搞好廉政建设。

改革开放越是深入，经济越是发展，就越是要加强廉政建设，开展反腐败斗争，使政府和人民永远保持密切的联系。政府工作人员和一切公职人员必须清正廉洁，艰苦朴素，全心全意为人民服务，自觉抵制各种不正之风。廉政建设首先要从各级政府机关特别是国务院各部门做起，从各级领导干部特别是高级干部做起，严格要求，以身作则。对那些参与经济犯罪和其他犯罪，以权谋私、徇私枉法的，不管职位高低，一经查实，坚决依法惩办，决不姑息养奸。对官僚主义严重，玩忽职守，构成渎职罪的，必须依法追究责任。对那些有令不行、有禁不止、违反法律政纪者，必须严肃处理。当前，要抓紧大案要案的查处。要大力整顿和坚决纠正部门和行业的不正之风，包括整顿执法部门和监督机关的违法违纪行为。充分发挥工商行政、财政、税务、物价、公安、海关、审计、监察等执法、监督部门的作用，鼓励和支持民主党派、舆论机关和人民群众进行社会监督，坚决地同各种违法乱纪现象作斗争。我们要经过不懈的努力，在“八五”期间，使廉政建设和纠正行业不正之风取得明显的成效。

（五）坚定不移地实行计划生育和环境保护的基本国策。

我国劳动力资源丰富是个优势，但人口基数大，近几年来每年新增人口一千六百万以上，相当于一个中等国家的人口，给经济建设、社会发展和人民生活的改善带来了极大的压力和困难。“八五”时期正值人口出生高峰期，人口形势十分严峻。《纲要（草案）》规定，今后十年平均人口自然增长率控制在千分之十二点五以内。即使经过努力达到这个要求，人口增长的数量仍然十分庞大，新增国民收入中还将有四分之一左右用于新增人口的消费。如果人口增长突破计划指标，负担将更重。各级政府务必把计划生育工作摆在突出地位，切实抓紧抓好，万万不可疏忽大意。过去十年，各级政府狠抓计划生育工作，取得了一定的成绩，京、津、沪以及浙江、辽宁、四川、黑龙江、吉林、山东等省市做得更好一些。今后十年，人口问题更加关系到经济和社会发展的全局。要继续广泛深入地进行计划生育基本国策的教育，增强全民人口意识。要把计划生育工作作为考核各级政府政绩的一项重要指标。要继续执行计划生育的现行政策，提倡晚婚晚育，优生优育，提倡一对夫妇只生一个孩子，制止早婚早育和超计划生育，严厉打击破坏计划生育的犯罪分子。要把计划生育的重点放在农村，加快建设县、乡、村计划生育服务网络，做好技术服务工作，保证必要的资金投入，使有关政策措施落实到基层。

环境保护也是我国的一项基本国策。今后十年和“八五”期间，要努力防治环境污染，力争有更多的城市和地区环境质量得到改善。要加强环境保护的宣传、教育和环境科学技术的普及提高工作，增强全民族的环境意识。各级政府、各有关部门和企事业单位，都要严格执行环境保护的法律、法规和各项政策，并适当增加环境保护的投入，加强环境管理，使环境质量状况与向小康过渡的要求相适应。

（六）巩固和发展全国各民族的大团结。

我国是统一的多民族国家。国家的长期稳定和繁荣昌盛，要靠各民族的平等互助、团结合作、共同发展。由于种种原因，目前大部分民族地区的经济文化还比较落后。为了促进各民族的共同繁荣，要积极扶持民族地区的经济文化发展。现在我国各民族之间相互团结，关系是好的。某些地区存在的一些具体问题，基本上属于根本利益一致基础上的人民内部矛盾，应当通过民主协商、贯彻民族政策和进行民族政策的教育，妥善解决。要坚定不移地执行民族区域自治法，充分保障自治地方的自治权利和少数民族的平等权利，尊重少数民族的风俗习惯。认真贯彻宗教信仰自由政策。要继续加强民族团结的教育，注意防止和克服大民族主义和地方民族主义倾向，反对民族分裂，维护祖国统一。今年是西藏和平解放四十周年。四十年来，西藏实行了民主改革，推翻了黑暗、落后的封建农奴制度，广大农奴和奴隶获得了解放，社会经济面貌发生了翻天覆地的深刻变化。今后十年，在各族人民共同努力和全国的大力支持下，西藏的经济文化建设必将取得更大的成就。国外某些势力用所谓西藏“人权”问题干涉我国内政，妄图制造分裂，这是包括西藏人民在内的全体中国人民绝对不能答应的。

五、关于经济体制改革和对外开放

实现第二步战略目标，必须坚定不移地继续深化改革，进一步扩大对外开放。《纲要（草案）》规定，今后十年，要坚持计划经济与市场调节相结合的原则，围绕解决社会经济生活中的主要问题，有领导有步骤地全面推进改革，初步建立社会主义有计划商品经济的新体制。基本要求是：

——坚持以社会主义公有制为主体，适当发展个体经济、私营经济和其他经济成分，按照生产力发展水平的要求，完善所有制结构。

——实行政企职责分开、所有权与经营权适当分离，逐步使绝大多数国营企业真正成为自主经营、自负盈亏、自我约束、自我发展的社会主义商品生产者和经营者，探索公有制经济多种有效的实现形式，建立富有活力的国营企业管理体制和运行机制。

——进一步完善消费资料市场，扩大生产资料市场，发展资金市场、技术市场、信息市场、房产市场和劳务市场，建立健全在国家指导和管理下的全国统一的市场体系。

——理顺国家、集体和个人以及中央和地方之间的分配关系，形成合理的国民收入分配格局。坚持以按劳分配为主体，其他分配方式为补充，逐步完善个人收入分配制度。

——综合运用经济、行政、法律手段，特别是运用价格、税收、利率、汇率等经济手段调节经济运行，建立和健全直接调控与间接调控相结合的中央与省、自治区、直辖市两级经济调控体系。

要按照这些基本要求，协调配套地搞好企业、流通、价格、财政、税收、金融、外贸、计划、投资、劳动工资、住房、医疗和社会保障等方面的体制改革。

《纲要(草案)》提出再用十年时间的努力，初步建立起新的经济体制，比原来设想的时间要长一些。这决不意味着可以丝毫放松对于改革的努力，而是在总结十多年来改革经验的基础上，对改革的复杂性、艰巨性有了更加清醒和深刻的认识。改革不能照搬照抄别国的模式和经验，而必须从我国的国情出发，在实践中探索完善和发展社会主义制度的现实道路。在改革过程中，必然要经过不断的试验、补充、完善，才能取得成功；也有可能发生失误，那就需要及时纠正，继续前进。因此，改革需要不断总结经验。既要发扬积极进取、勇于探索的精神，抓紧进行改革，又不能轻率从事，急于求成；既要坚持实践证明是好的经验和传统，又要有新的创造和突破。今后要更好地把改革与发展结合起来，一方面，改革的措施与步骤要有利于解决当前与长远经济发展中的突出问题和矛盾，为实现国民经济持续、稳定、协调发展创造条件；另一方面，经济发展的安排，也要考虑为深化改革创造有利的环境。各项改革要统筹规划，一个时期可以有所侧重，但也要兼顾其他方面，不能单项突进。改革措施的出台，要考虑国家、企业和人民群众的承受能力，避免引起过大的社会震动。检验改革措施的标准，不是抽象的原则和模式，而是看它是否有利于促进生产力发展，有利于社会的稳定和进步。在八十年代，我们已经积累了丰富的经验，改革总的目标和基本的方针政策，已经明确了。只要积极稳妥地向前迈进，再积十年的努力，初步建立起适应社会主义有计划商品经济发展的、计划经济和市场调节相结合的经济体制和运行机制，是完全可能的。这是一项伟大的历史性事业，关系到我国社会主义的前途命运和成败兴衰，我们有决心有能力把它做好。

下面，我想讲讲经济体制改革中需要着重解决好的几个问题：

第一，继续探索计划经济与市场调节相结合的具体途径和形式。按照发展有计划商品经济的要求，建立计划经济与市场调节相结合的经济运行机制，是深化经济体制改革的基本方向。根据多年来的理论探索和实践经验，对计划经济与市场调节相结合，大体形成了以下一些共同认识：(一)实行计划经济，可以从总体上保持国民经济按比例发展和资源合理配置，避免无政府状态；可以在全社会范围内动员和集中必要的财力物力进行重大建设，防止大的重复建设造成的浪费；可以较好地调节收入分配，走共同富裕的道路，保持社会公正。实行市场调节，有利于开展竞争，发挥优胜劣汰机制的作用，按照市场需要从事生产经营，做到产需结合，促进技术进步和经营管理水平的提高。实行计划经济与市场调节相结合，就是要充分发挥两者的优点和长处，更好地发展社会生产力。改革开放以来，我国在这个方面进行了积极的探索和实践，证明这个原则是符合中国国情的，是正确的。计划经济与市场调节必须结合，而且能够结合，这一点在制定和执行政策时，不应当再有怀疑和动摇。现在的问题，不是要不要结合，能不能结合，而是要进一步研究和探索怎样把两者结合得更好的问题。(二)不能把计划经济理解为只是指令性计划，指令性计划和指导性计划都是计划经济的具体形式。随着经济体制改革的深化、经济结构的改善和市场的不断发育，应该适当缩小指令性计划的范围，适当扩大指导性计划的范围，更多地发挥市场机制的作用。计划管理也必须自觉遵循经济按比例发展规律和价值规律，考虑市场供求关系，市场调节要在国家总体计划和法规约束下发挥作用。(三)大体来说，国民经济发展目标、总量控制、重大经济结构和布局调整，以及关系全局的重大经济活动等，主要发挥计划的作用；企业大量的生产经营活动，一般性技术改革和小型建设，主要由市场调节。(四)国家计划管理和指导的主要任务，是合理确定国民经济发展的方向、规划和宏观调控目标，制定正确的产业政策、地区政策和其他经济政策，做好国民经济的综合平衡，协调重大比例关系，并综合配套地运用经济、法律和行政手段来引导和调控经济的运行。

以上认识是就总体上说的，至于不同领域、不同方面的经济活动，计划经济与市场调节相结合的方式和范围，是有所不同的。比如说，在生产和流通领域，对大量一般的工农业产品的生产和流通，实行指导性计划或者市场调节；对关系国计民生的少数重要产品中需要由国家调拨分配的部分，其生产、流通实行指令性计划，其余部分也实行指导性计划或者市场调节。再比如说，在建设领域，对固定资产投资规模、结构、重要项目建设及其布点，实行中央、地方政府决策和计划管理，同时，对投资使用、项目设计和施工管理运用市场竞争机制；对其他一般性技术改造和小型建设项目，在国家计划和产业政策指导下，由市场调节。又比如说，在价格方面，少数重要商品和劳务的价格由国家管理，价格调整要符合价值规律的要求，考虑市场供求变化；其他大量商品和劳务价格由市场调节。总之，各个领域、各个方面计划经济与市场调节相结合的方式和范围，不是固定不变的，必须根据实际情况的变化，经常进行适当调整和改进，以便把改革不断推向前进。

第二，进一步增强全民所有制大中型企业的活力。这是深化经济体制改革的中心环节。国营大中型企业是国家财政收入的主要来源，是我国现代化建设的重要支柱和骨干力量。目前国营大中型企业负担较重，困难较多，许多方面的关系还没有理顺。增强国营大中型企业的活力，充分发挥它们的骨干作用，调动广大职工的积极性，直接关系到我国经济的发展和社会主义制度的巩固。经济体制改革能否取得预期的进展，也在相当程度上取决于国营大中型企业改革的成效。从今年起，我们就要十分重视并集中主要精力来抓这个问题，从改善外部环境和加强内部管理两个方面采取有力措施，一项一项地狠抓落实，解决国营大中型企业的实际困难，力争在较短的时间内使这些企业的活力明显增强。为此，应当主要抓好以下几个环节：(一)完善和发展企业承包经营责任制。要处理好国家、企业、个人三者的利益关系，处理好积累与消费的关系，使企业把更多的自有资金用于技术改造。逐步完善企业折旧制度和留利制度。“八五”期间继续实行并完善现行的承包制，同时积极进行“利税分流、税后还贷、税后承包”制度的试点。(二)坚持实行政企职责分开、所有权与经营权适当分离。进一步贯彻落实已经颁布的搞活国营大中型企业的法律、法规和政策，充分尊重和保障企业的自主权。实行所有权与经营权适当分离的具体形式，可视产业性质、企业规模、技术特点而有所不同。改革中出现的租赁制、股份制等，特别是国家控股和部门、地区、企业间参股的企业形式，要继续稳妥地进行试点，不断总结经验。切实加强国有资产管理，逐步建立与社会主义有计划商品经济相适应的管理体制和管理方法。(三)积极发展企业集团。要抓紧制定具体政策和措施，推动企业的改组和联合，促进企业结构的合理化。在平等、互利、自愿的基础上，组建一批跨地区、跨部门的竞争性企业集团，提倡和鼓励组建紧密型企业集团。(四)深化企业领导体制和经营机制改革，加强企业管理。要坚持和完善厂长责任制，正确处理厂长(经理)和企业党委、职代会之间的关系。充分保证厂长对企业行使经营管理职权，充分发挥企业党组织的政治核心作用，全心全意依靠工人阶级，加强职工代表大会的监督作用。健全企业的民主管理，改进人事制度、劳动工资制度、留利分配制度、财务会计制度和审计制度，切实改变企业分配吃大锅饭和留利向个人倾斜的现象，以及纪律松弛的现象。(五)切实减轻企业负担，禁止随意向企业收取费用。

第三，积极推进住房制度和社会保障制度的改革。“八五”期间，要按照国家、集体和个人共同负担的原则，加快住房制度和保险制度的改革。要逐步改变低租金、无偿分配住房的办法，调动各方面的积极性，加快住宅建设，改善人民的住房条件。在城镇各类职工和个体劳动者中，逐步建立养老保险制度，扩大待业保险的范围。在农村，根据各地不同的条件与可能，采取积极引导的方针，逐步建立不同形式的老年保障制度。公费医疗和劳保医疗制度也要改革和完善，以提高医疗质量和减少浪费与损失。在农村继续推行集资办医与合作医疗保险制度。建立和完善工伤保险制度和社会福利制度，保护残疾人的合法权益。搞好住房制度和社会保障制度的改革，是合理引导消费、深化企业改革、保障人民生活的重大措施，对缓解社会分配不公，维护社会安定，顺利推进其他方面的改革，都具有重要的作用。这两项改革，涉及千家万户，直接关系到广大群众的切身利益，要在已有试点的基础上，认真总结经验，因地制宜，分类指导，有步骤地稳妥进行。

第四，增强国家宏观调控能力，正确处理中央与地方的关系。改革以来，改变过去中央过分集中的格局，实行放权让利，调动了地方、企业和劳动者个人的积极性，方向是正确的。但由于一些权力下放不当，宏观管理又没有及时跟上，一些改革措施也不配套，造成经济生活中某些过于分散的现象，国家财政收入占国民收入的比重和中央财政收入占整个财政收入的比重下降过多，以至宏观调控能力减弱。目前这种趋势还在发展，财政收支平衡的矛盾还有所加剧。无论是从经济发展还是从深化改革的要求来看，都需要我们采取必要的政策和措施，适当集中财力物力，来办好一些必须由中央办的关系国家全局利益的大事。这决不是回到过分集中的老路，而是把必要的集中和适当的分散恰当地结合起来。中央要兼顾和协调地方的利益，地方要考虑全局的利益，目的都是为了更好地发挥社会主义制度的优越性，推进现代化建设。

继续实行和完善对外开放政策。经过十多年来的努力，对外开放已经全面铺开，基本格局已经形成。今后在国际环境更加复杂，国际经济竞争日趋激烈的情况下，进一步扩大对外经济技术交流，最重要的是在保持数量稳步增长的同时，更加注重质量和效益的提高，立足于现有基础，把对外贸易、利用外资、引进技术和智力等方面的工作提高到一个新的水平。

出口贸易，要把工作重点放在改善出口商品结构和提高出口商品质量上。现在我国已经初步实现了以出口原料型初级产品为主向出口制成品为主的转变，工业制成品出口额已占出口总额的七成以上。今后的任务，是逐步实现由粗加工制成品出口为主向精加工制成品出口为主的转变，努力增加附加价值高的机电产品、轻纺产品和高技术商品的出口，鼓励那些在国际市场有发展前景、竞争力强的拳头产品出口，做到主要依靠提高出口商品的质量、档次和信誉来增加外汇收入。积极发展国际旅游、劳务输出、对外承包工程和海外投资，增加非贸易外汇收入。要努力巩固已有的市场，积极开拓新的市场，积极发展同周边国家的经济技术合作与交流。为了我国建设的需要和保持国际间的正常贸易往来，我们要保持适度的进口规模，调整进口商品结构，把有限的外汇集中用于引进先进技术和关键设备。

为了提高利用外资的效益，要进一步完善法律法规，改善投资环境。按照国家产业政策，正确引导外资投向，支持办出口创汇型、技术先进型企业，以及一些大中型基础工业和基础设施项目。注意把吸收外商投资与加快企业技术改造结合起来，推动我国传统产业的技术进步和产品的升级换代。

充分发挥沿海地区在对外开放中的优势，进一步发展外向型经济，促进和带动全国经济的发展。“八五”期间，除办好已有的经济特区、对外开放 城市和开放地区外，要集中力量，搞好上海浦东新区的开发和开放。要保持对外开放政策的连续性和稳定性，已出台的政策要保持基本不变，并不断加以完善。经济 特区、开放城市和地区，要从国民经济全局出发，结合本地优势，合理确定经济发展的方向、重点和布局，发展各具特色的产业，逐步形成合理的地域分工。

为了适应对外开放和外贸发展的需要，对外贸体制进行了重大的改革。要在继续发挥中央、地方和企业三方面积极性的前提下，促使外贸逐步走上统一政策，平等竞争，自主经营，自负盈亏，工贸结合，推行代理制，联合统一对外的轨道。这项改革的意义重大，是保证我国对外贸易稳步发展的根本措施，要精心组织，认真落实。

六、关于国际形势和外交工作

在我国改革开放和现代化建设取得巨大成就的同时，对外关系也取得了重大进展。我们坚持独立自主的和平外交政策，为我国社会主义现代化建设创造了有利的外部条件，也为世界的和平与稳定作出了应有的贡献。

九十年代的第一年，国际风云骤变，持续了四十多年的旧的世界格局已经打破，新的格局尚未形成。整个世界进入了一个新旧格局交替的时期。

一年来，美苏关系缓和，军事对抗减弱，世界出现了多极化的趋势，一些地区冲突缓解或出现了政治解决的前景。这些变化值得欢迎。但是严酷的事实表明，我们这个世界并不安宁，世界人民所希望的和平与发展仍然面临严峻的挑战。霸权主义和强权政治在继续得到发展；一些原来被掩盖着的政治、经济和民族矛盾突出起来，力量对比的失衡又引发了新的矛盾；南北贫富差距进一步扩大。世界上各种新旧矛盾互相交织，国际形势变得更加动荡不定。

海湾局势牵动着世界全局。去年八月，伊拉克侵吞科威特，以美国为主的多国部队迅速陈兵海湾。国际社会曾为和平解决海湾危机、制止战争的爆发作出巨大努力。令人遗憾的是，这些努力均未奏效，战争未能避免。

中国政府对海湾危机的立场是一贯的、明确的、负责任的。我们坚决反对伊拉克侵吞科威特，要求伊拉克无条件地从科威特撤军，恢复科威特的独立、主权、领土完整和合法政府。同时，我们主张和平解决危机，因为战争只会给海湾和中东地区带来深重灾难，使生灵涂炭，财富遭到巨大破坏。海湾战争爆发后，我们强烈呼吁有关各方采取最大限度的克制态度，支持国际社会为和平解决海湾危机所作的各种努力，以防止战争升级和战火蔓延。伊拉克无条件从科威特撤军，科威特的独立、主权、领土完整和合法政府得以恢复。我们对此感到欣慰。我们对友好的科威特人民表示祝贺，并祝愿他们早日治愈战争创伤，重建家园。目前，海湾地区战火虽已熄灭，但最终实现和平还要做大量工作。我们主张：海湾地区的事务主要应由本地区国家协商解决；海湾地区各国的独立、主权和领土完整应当得到尊重，各国的内部事务应由本国人民自己解决；外国军事力量应撤出海湾地区；联合国安理会可对海湾地区的战后安排发挥应有的作用。中国愿同国际社会一道，为实现海湾地区的和平继续作出努力，并同海湾各国发展友好合作关系。

巴勒斯坦被占领土的紧张局势，也受到国际社会的深切关注。海湾局势的发展使中东问题的政治解决受到更大的冲击。中国政府和人民一贯支持巴勒斯坦和阿拉伯人民的正义事业。我们认为，海湾战争结束后，为了实现中东地区的持久和平，中东问题应该提上日程，尽早予以公正、合理的解决。以色列应该撤出占领的阿拉伯领土，恢复巴勒斯坦人民合法的民族权利，巴勒斯坦国和以色列国相互承认，包括巴、以在内的中东各国和睦相处。我们支持召开联合国主持下的有安理会五个常任理事国和有关各方参加的中东问题国际会议，支持有关各方进行多种形式的对话，通过政治途径解决中东问题。

各位代表！

过去的一年里，我们在外交领域取得新的进展，打开了新的局面，进一步提高了我国的国际地位。

我国同印度尼西亚共和国恢复了外交关系，先后同纳米比亚共和国、沙特阿拉伯王国、新加坡共和国、马绍尔群岛共和国建立了外交关系。

我国政府大力发展同周边国家的睦邻友好关系，以此作为外交工作的重点，现在是建国以来我国同周围邻国关系的最好时期之一。

我国同朝鲜民主主义人民共和国的传统友谊得到进一步巩固和发展。我们支持朝鲜民主主义人民共和国为促进朝鲜自主和平统一而提出的建议。朝鲜北南总理举行会晤，有利于双方关系的改善。我们希望有关各方继续为朝鲜半岛局势的缓和与稳定作出积极的努力。我们同朝鲜南方互设民间贸易办事处，有利于双方民间经贸关系的发展。我国同蒙古人民共和国和老挝实现关系正常化后，双边的交流与合作领域进一步扩大。我国同缅甸继续保持睦邻友好关系。我们继续坚持积极发展同东盟国家友好关系的方针，同它们在维护本地区和平事业中的合作进一步加强。我国同泰国、马来西亚和菲律宾的友好关系有较大发展。我国同印尼复交、新加坡建交，不仅为我国发展同这两个国家的友好关系开辟了广阔的前景，而且使我国同东盟国家关系进入了全面发展的新时期。我们愿意在和平共处五项原则基础上同文莱建立和发展友好关系。我国同巴基斯坦、孟加拉、尼泊尔、斯里兰卡等南亚国家的传统友好关系又有了新的发展，合作领域日益扩大。我国同印度的关系也有明显的改善，中印建立持续稳定的睦邻友好关系，符合两国人民的根本利益，也有利于本地区的和平与稳定。

在国际社会的共同努力下，柬埔寨问题的政治解决取得了重大进展，正在向最终解决的方向发展，但还会有一些困难和曲折。我们希望，越南和金边方面从本地区和平与稳定以及柬埔寨人民根本利益的大局出发，顺应历史潮流，采取现实态度，使柬埔寨问题早日解决。中国愿意在联合国通过的有关文件的框架内，同国际社会一道，为尽早全面、公正和合理地政治解决柬埔寨问题而努力。随着柬埔寨问题政治解决的进展，业已松动的中越关系也将逐步得到恢复。

中苏关系正常化以来，两国关系得到了发展。中苏边界谈判取得一定进展。中苏边境地区相互裁减军事力量和加强军事领域信任的谈判取得积极成果。中苏两国是有着七千公里边界的邻邦，保持两国关系正常，进而发展睦邻友好，对两国都是至关重要的。在如何建设自己国家的问题上，两国应互不干涉，尊重各自人民的选择。只要恪守《中苏联合公报》精神，两国友好合作关系将进一步得到发展。

中国政府一贯重视发展同日本的友好合作关系。中国政府对日本率先恢复对我国的经济合作予以积极的评价。现在中日关系基本上恢复正常。两国进一步加强相互往来与了解，扩大各个领域的合作与交流，符合两国人民的根本利益，也有利于亚太地区的稳定与发展。我们相信，只要严格信守中日联合声明和友好条约的各项原则，两国友好合作关系将会得到顺利发展。中日两国人民都应对极少数人复活日本军国主义的倾向共同保持警惕。世世代代和平友好相处，符合两国人民的根本利益。

去年在北京举行的第十一届亚运会取得了圆满成功。这不仅增强了中华民族的凝聚力、发扬了广大人民的爱国主义精神和体现了我国社会主义制度的优越性，而且加强了我国同亚洲国家运动员和人民之间的友谊和团结，提高了我国的国际声誉。

不断加强同第三世界的友谊、团结与合作，是我国对外政策的一个基本点。一年来，我国同第三世界国家领导人互访频繁。我国同阿拉伯国家、非洲和拉丁美洲国家的传统友谊、团结合作关系取得了新的更大的发展。我们支持非洲国家维护国家主权，排除外来干涉，根据本国国情选择自己的政治制度和发展道路。我们支持它们联合自强、推进非洲经济一体化的事业。我们支持南非人民的正义斗争，欢迎南非发生的积极变化。我们希望南非种族隔离制度早日废除，政治解决早日完成，建立起一个统一、民主和种族平等的新南非。我们希望安哥拉、莫桑比克能够取得民族和解与团结统一。拉丁美洲国家根据变化了的国际形势，为探索符合各自国情的道路、共同促进本地区团结作出了新的努力，并在国际事务中发挥着重要作用。我们支持拉美国家的合理主张和正当要求。去年五月，我国家主席首次对拉美五国进行了国事访问，标志着我国同拉美国家的关系进入一个新的发展阶段。

我国同欧洲共同体和西欧国家的关系正在逐步走向正常化，政治往来以及经贸、科技、教育和文化等方面的合作逐步恢复。中国与西欧之间没有根本的利害冲突，存在着发展长期稳定的友好关系的广阔前景。特别是在未来十年，中国要进行大规模经济建设，中国和西欧在经济技术上的合作是大有可为的。中国政府愿意在求同存异、互相尊重主权、互不干涉内政和平等互利的基础上，为进一步恢复和发展同欧洲共同体以及所有西欧国家的友好合作关系而作出自己的努力。

中国政府一向重视中美关系。两国间保持正常、良好的关系，不仅对中美两国有益，而且有利于亚太地区和世界的稳定。中美贸易关系的发展，使两国都得到利益。如果美国单方面取消对中国的最惠国待遇，不仅会损害中美贸易关系，而且会使其他一些地区和国家的利益受到损害。我们不希望看到这种情况的发生。两国外长去年就重大国际问题和双边关系问题保持了接触，对增进互相了解和恢复中美关系起到了良好的作用。我们希望，两国能在遵守中美三个公报原则的基础上，使两国关系尽早走上正常发展的轨道。

我国与加拿大、澳大利亚和新西兰的关系已经改善，双边政治往来有所增加，经贸等领域的合作正在发展。我们相信，在双方共同努力下，友好合作关系将会逐步发展。

中国人民同东欧各国人民有着传统的友谊和长期的合作关系，中国和东欧各国在政治、经济、科技、文化等领域保持着正常的交往。我们愿意在和平共处五项原则基础上，继续保持和发展同东欧各国的关系。

一年来，中国作为联合国安理会常任理事国和国际社会的重要成员，为推动政治解决地区冲突，促进国际合作发挥了独特的作用。中国积极参加了有关裁军的国际会议和活动，为反对军备竞赛、推动裁军作出了努力。中国在联合国大会上提出的“核裁军”和“常规裁军”两个提案，连续第五年获得一致通过。在保护生态环境、保护残疾人利益、禁毒等领域，我国进一步参与了国际合作，并做出了自己的贡献。在人权问题上，我们坚持正确原则，捍卫了我国的主权和尊严。我们认为，极少数国家利用所谓人权问题，干涉别国内政和向弱小国家施加压力，严重破坏了人权领域的国际合作，恶化了国际关系，阻碍了保护人权目标的实现。这些不正常现象应该加以纠正。

由于国际经济秩序的不合理和世界形势的急剧变化，南北矛盾日益突出，广大第三世界国家面临空前严重的巨额债务、贸易条件恶化、资金倒流等尖锐问题。我们一贯支持发展中国家为加强南南合作、推动南北对话所作的努力。我们认为，发达国家也应当为改善国际经济环境，特别是解决发展中国家的外债问题，承担自己的责任，作出应有的贡献。

在世界新旧格局交替之际，人们越来越关注未来世界的和平与发展，特别是世界新秩序问题。战后四十多年的历史已经证明，未来的历史还将继续证明，霸权主义和强权政治最终都是行不通的。邓小平同志早在一九八八年就指出，现在需要建立国际经济新秩序，也需要建立国际政治新秩序。中国政府认为，互相尊重主权和领土完整、互不侵犯、互不干涉内政、平等互利、和平共处五项原则，概括了最根本的国际关系准则，也符合联合国宪章的宗旨和原则，反映了新型国际关系的本质特征。我们主张在和平共处五项原则基础上建立国际新秩序。这种新秩序包括政治新秩序和经济新秩序，两者是密切关联、相辅相成的一个整体。国际新秩序的核心应当是所有国家不分大小、强弱、贫富，都是独立自主的，都是国际社会的平等成员。这种新秩序完全不同于以极少数大国的霸权主义和强权政治为基础的旧秩序。我们认为，国际新秩序的基本内容应当是：各国有权根据本国国情，独立自主地选择本国的社会、政治、经济制度和发展道路，任何国家尤其是大国不得干涉别国内政，不应把自己的价值观念、意识形态和发展模式强加于别国；互相尊重主权和领土完整，任何国家不得以任何借口侵犯或吞并他国领土，国际争端应当通过和平谈判合理解决，反对诉诸武力或以武力相威胁，反对以战争手段解决国际争端；国际关系中不得以大压小，以强凌弱，以富欺贫，国际事务应由世界各国平等参与协商解决，不能由一个或几个大国垄断，任何国家都不应谋求霸权或推行强权政治；改革旧的国际经济关系，代之以公正合理、平等互利、等价交换的国际经济新秩序。毫无疑问，这样的国际秩序，符合各国人民的愿望和根本利益，必将有利于争取世界持久和平，有利于各国谋求共同发展。

建立国际政治和经济新秩序的任务是伟大而艰巨的，将是一个历史进程。中国政府和人民愿意同世界各国政府和人民一道，为争取逐步实现这一历史任务而作出坚持不懈的努力。

未来十年是国际形势动荡变化的十年，是人类走向二十一世纪的一个关键的历史时期。中国政府将一如既往，坚定不移地从中国人民和世界人民的根本利益出发，致力于创造有利于我国现代化事业的国际和平环境，发展同各国的友好合作关系。我们坚信，世界要和平，人类要发展，时代必将继续朝着有利于人民的方向前进。

各位代表！

我们将坚定不移地按照“和平统一、一国两制”的原则，积极促进海峡两岸经济和文化的交流，推进祖国和平统一大业。

最近一个时期，台湾当局多次发表了有关主张国家统一的言论，并准备采取某些客观上有助于发展两岸关系的措施。对此，我们表示欢迎。但是，我们也不能不看到，台湾当局迄今并未放弃“一国两府”的立场，在国际上继续推行“弹性外交”，在两岸关系上仍然限制直接“三通”和双向往来。两岸同胞都迫切要求近年来已经出现的两岸交往良好势头进一步发展，“三通”方面的人为障碍早日消除。我们希望，台湾当局继续真正多做一些有利于两岸直接“三通”和双向交流，有利于国家统一的实事。中国共产党早已表示，愿意同中国国民党在平等的基础上尽早一起进行商谈，可以先谈国家统一问题，也可以先谈两岸关系的重要问题，包括台湾当局关心的问题；也愿意同台湾各党派、各团体和各界人士接触沟通，增进了解，共商国是。我们欢迎台湾同胞积极参与祖国大陆现代化建设，我们将为此继续提供方便，凡是符合国家产业政策的项目都可以享受规定的优惠。

香港和澳门将分别于一九九七年和一九九九年回归祖国。《中华人民共和国香港特别行政区基本法》，已将中国政府对香港的方针政策以法律形式规定下来，从根本上保证国家对香港恢复行使主权后，这一地区的稳定和繁荣。澳门特别行政区基本法现在已进入条文起草阶段，预计在一九九三年完成，届时将提交全国人民代表大会审议通过。中国政府一贯为香港和澳门的稳定繁荣、平稳过渡和政权顺利交接而积极努力，并愿意在中英联合声明和中葡联合声明的基础上，加强同英、葡两国政府的合作。

我们相信，台湾同胞、港澳同胞和海外侨胞是爱国的，是愿意为祖国的和平统一和现代化建设事业贡献自己的力量的。让我们携起手来，为此而共同努力。

各位代表！

今后十年国民经济和社会发展的任务是艰巨的，也是经过努力可以完成的。胜利完成十年规划和“八五”计划，是时代赋予我们的光荣历史使命。

我们一定要维护全国各族人民的团结，维护来之不易的安定团结的政治局面。这是经济发展和社会进步的基本保证。团结就是力量。我们要像爱护眼睛一样维护团结和稳定。

我们一定要继续发扬艰苦奋斗的优良传统，埋头苦干，以坚韧不拔、百折不挠的精神去克服前进道路上的困难，不断开拓进取。

我们一定要顾全大局，勇于承担责任，努力多作奉献。想问题，办事情，都要从我国十多亿人民的整体利益和长远利益出发，把眼前利益和长远利益、局部利益和整体利益很好地结合起来。

我们一定要加强纪律性，做到令行禁止，把我们已经制定的各项行之有效的法律、法规、方针、政策、计划、措施，真正落到实处，使我们的各项工作有秩序地健康地向前推进。

为了完成十年规划和“八五”计划，实现第二步战略目标，从国务院和各部委开始，各级政府机关，全体政府工作人员，特别是各级领导干部，都必须恪尽职守，兢兢业业，忠实积极，廉洁奉公，切实改进工作作风，全心全意为人民服务，紧紧依靠人民群众，把各项工作做得更好。

回顾过去，展望未来，我国各族人民充满了信心和希望。我们要更加紧密地团结在以江泽民同志为核心的党中央周围，举国上下，万众一心，同心同德，奋发图强，为胜利完成十年规划和“八五”计划所规定的宏伟任务而努力奋斗。

我们的目标一定要达到！

我们的目标一定能够达到！

《人民日报》发表社论《再展宏图——祝贺七届全国人大四次会议开幕》

国务院总理李鹏在钓鱼台国宾馆会见泰王国诗琳通公主

国务院副总理吴学谦在中南海紫光阁会见波兰卫生社会福利部长西多罗维奇

3月26日

第七届全国人大四次会议举行第二次大会

七届全国人大四次会议上午在人民大会堂举行第二次大会，听取1990年国民经济和社会发展计划执行情况与1991年计划草案的报告、1990年国家预算执行情况和1991年国家预算草案的报告。

受国务院委托，国务委员兼国家计划委员会主任邹家华、国务委员兼财政部部长王丙乾，先后在会上作报告。

大会由执行主席陈慕华主持。

国务委员兼国家计划委员会主任邹家华在七届全国人大四次会议第二次大会上作《关于一九九〇年国民经济和社会发展计划执行情况与一九九一年计划草案的报告》

各位代表：

国务院根据中共中央《建议》精神，在制定国民经济和社会发展十年规划和“八五”计划纲要草案的同时，进一步研究和拟订了一九九一年计划草案。现在，我受国务院委托，向大会报告一九九〇年国民经济和社会发展计划的执行情况与一九九一年计划的安排意见，请予审议。

一、1990 年计划的执行情况

一九九〇年是进一步治理整顿和深化改革的一年。在党中央的领导下，国务院采取了坚持总量控制、适时调整紧缩力度和积极调整结构等一系列政策措施，经过全国人民的共同努力，治理整顿取得了显著成效，整个经济形势继续朝着好的方向发展。通货膨胀得到有效控制，物价上涨幅度明显回落，农业获得全面丰收，工业生产逐步回升，科技、教育和各项社会事业有新的发展，人民生活继续改善。在治理整顿中，经济体制改革不断深化，对外开放进一步扩大。全年国民生产总值一万七千四百亿元，比上年增长 5%；国民收入一万四千三百亿元，增长 4.8%。总的看，一九九〇年计划的执行情况是好的，基本上实现了计划规定的各项任务。主要表现在以下几个方面：

(一)农业生产全面丰收，主要农产品大幅度增产。

由于各级党委和政府加强对农业的领导，增加对农业的投入，提高部分农产品的收购价格，积极推广农业先进科技成果，大力开展农田水利基本建设，改善农业生产条件，加上大部分地区风调雨顺，使农业获得多年来少有的好收成。全国粮食总产量达到四千三百五十亿公斤，比上年增加二百七十五亿公斤，创历史最高水平。棉花总产量达到四百四十七万吨，比上年增长 18.1%。油料总产量一千六百一十五万吨。增长 24.7%。糖料总产量七千一百八十万吨，增长 33.7%。肉类、水产品产量也持续增长。主要农产品产量都超额完成了计划。整个农村经济全面发展。农业总产值达到七千三百八十二亿元，按可比价格计算，比上年增长 6.9%，超过计划增长 4%的要求。

(二)工业生产速度逐步回升，基础工业产品稳定增长。

一九九〇年工业生产逐步摆脱了上年三季度以后增长速度回落过猛的局面，逐月回升。包括村及村以下工业，全国工业总产值完成二万三千八百五十一亿元，按可比价格计算，比上年增长 7.6%，超过计划增长 6%的要求。能源和主要原材料生产稳定增长，一般加工工业的生产得到控制，基础工业与加工工业之间的比例关系有所改善。原煤产量达到十亿八千万吨，比上年增长 2.5%；发电量六千一百八十亿千瓦小时，增长 5.7%；原油一亿三千八百万吨，与上年持平；钢六千六百零四万吨，增长 7.2%。化肥、农药等支农产品持续增长。这些产品产量都完成或超额完成了计划指标。由于有计划地控制和社会需求的变化，一般加工工业的长线产品产量有较大回落，特别是家用电冰箱、家用洗衣机和金属切削机床等比上年下降 20%—34%。交通运输和邮电通信稳步发展，运输紧张状况趋于缓和，运输秩序有所好转。能源节约取得较好成绩，全国节约能源总量完成一千万吨标准煤。

(三)固定资产投资有所增加，投资结构进一步调整。

全年全社会固定资产投资完成四千四百五十一亿元，比上年增长 4.5%。其中，全民所有制单位基本建设投资完成一千六百四十二亿元，比上年增长 9.8%；技术改造投资完成八百二十八亿元，增长 5.8%。在基本建设投资中，农林水利投资比重由上年的 3.3%上升到 4.1%，能源工业投资比重由 28.8%上升到 32%，运输邮电业投资比重由 10.7%上升到 15.9%；生产性投资比重由上年的 68.6%上升到 72.2%，非生产性投资比重相应由 31.4%下降为 27.8%。楼堂馆所及其他非生产性建设得到有效控制。重点建设加快，一批项目建成投产。全国建成投产大中型基本建设项目九十五个，大中型项目内的单项工程七十一个；限额以上更新改造项目九十二个。能源、交通的新增能力都有增加。煤炭开采能力新增二千零十六万吨，石油开采能力新增一千三百三十二万吨，发电装机容量新增九百一十二万千瓦；铁路交付运营里程一百二十七公里、复线里程新增三百四十九公里、电气化里程新增五百五十一公里，公路新增通车里程一万四千公里、沿海港口吞吐能力新增二千二百五十六万吨，城市市内电话新增一百五十七万门。

(四)零售物价基本稳定，人民生活继续有所改善。

为了逐步改变价格体系扭曲的状况，一九八九年四季度以来，中央和地方陆续出台了多项调价措施，但由于社会供需总量平衡状况明显改善，农业丰收后集市贸易价格下降，全国零售物价上涨幅度回落较大。全年零售物价总水平比上年上涨 2.1%，大大低于上年的上涨幅度。但随着国家提高邮政电信收费标准，特别是不少地区相继调整城市交通、煤气、自来水等的价格，服务项目价格水平上涨较多，全国居民生活费用价格比上年上涨 3.1%，其中大中城市涨幅还要大些。

城乡居民收入继续增加。全年全国职工工资总额达到二千九百六十亿元，比上年增长 13%；职工平均货币工资二千一百五十元，扣除生活费用价格上涨因素，实际增长 9.7%。农民人均纯收入达到六百三十元，比上年增长 4.7%，扣除商品性支出价格上涨因素，实际增长 1.8%。当然，全国各地情况有所不同，增长水平有高有低。城乡居民在收入增加、生活改善的情况下，储蓄继续大幅度增加。一九九〇年末居民储蓄存款余额达七千零三十四亿元，比上年末增加一千八百八十七亿元。

(五)对外贸易和经济技术交流进一步扩展，国际收支状况有所改善。

据海关统计，全年进出口货物总额达一千一百五十四亿美元，比上年增长3.3%。其中出口总额六百二十一亿美元，增长18.1%；进口总额五百三十四亿美元，下降9.8%。进出口商品结构进一步改善。工业制成品，特别是机电产品出口比重显著上升，高档消费品进口继续得到控制。全年利用国外资金继续保持适当规模，国际旅游业逐步回升。由于贸易和非贸易外汇收支都呈现顺差，外汇收支平衡状况明显改善，国家现汇结存增加到一百一十亿美元，对外支付能力有所增强。

（六）科技、教育和各项社会事业进一步发展。

国家科技计划的完成情况较好。农业新品种和增产新技术的普及推广，工业新产品、新技术、新工艺的开发和应用，特别是节能新技术的推广又有新的进展。重点科技攻关取得许多重要成果，亚洲一号通讯卫星和长征二号捆绑火箭发射成功、五兆瓦低温核供热试验堆建成并投入正常运行、大秦线万吨级组合列车运行试验成功，这些标志着我国又有一批科学技术达到了国际先进水平。高技术的研究也取得重要成果。一批国家重点实验室建成，并通过了国家验收。

各级各类教育继续发展。普通高等院校在稳定规模的基础上，一些院校办学条件有所改善，学科专业进一步调整。中等职业技术教育有了新的发展，九年制义务教育和扫盲工作进一步推进。文化、新闻、出版、广播、电影、电视和卫生、体育等事业也取得新的成绩。社会福利事业得到巩固和发展。特别是第十一届亚运会在我国成功举行，获得了丰硕成果，振奋了民族精神，推动了社会主义精神文明建设。

一九九〇年我们国家在内有困难、外有压力的情况下，整个经济取得这样好的成绩，是来之不易的。这是全国广大干部和群众在以江泽民同志为核心的党中央领导下，团结一致、克服困难、积极进取、辛勤劳动的结果。我们一定要努力巩固和发展治理整顿已经取得的成果。

在充分估计治理整顿和深化改革取得明显成效的同时，还必须清醒地看到，我国经济中一些深层次矛盾尚有待进一步解决，整个经济形势也还存在严峻的一面。一是工业生产回升不平衡。在工业生产逐步回升过程中，全民所有制工业特别是大中型企业，由于困难多、负担重，生产回升慢。这在很大程度上制约了整个经济的发展和财政收入的增长。二是经济循环不畅的问题还没有完全解决。去年在工业生产逐步回升过程中，部分产品销售不畅，产品积压有所增加，影响了整个经济的正常循环。三是结构调整进展缓慢，经济效益普遍较差。全年预算内国营工业企业实现利税比上年下降18.5%。工业企业流动资金周转天数由上年的一百零九天延长到一百二十七天；可比产品成本上升7%，企业亏损额增加一倍多。四是国家财政困难加剧。由于财政收入增长缓慢，支出增长较多，全年财政收支差额比计划有所扩大。以上这些矛盾和困难，大多是治理通货膨胀过程中难以完全避免的暂时现象，是多年形成的结构偏畸、体制存在缺陷的反映。从我们的工作来说，在治理整顿过程中，对调整结构、开拓市场、提高效益，虽然采取了很多措施，但具体组织、检查、落实还不够有力。我们要在充分肯定成绩的同时，正视困难和问题，不断总结经验，进一步搞好治理整顿和深化改革，在治理整顿中求发展。

二、1991年计划的主要目标和任务

一九九一年是第八个五年计划的头一年。努力做好这一年的工作，使新的五年计划有一个良好的开端，促进政治、经济和社会进一步稳定发展，具有十分重要的意义。

根据党的第十三届七中全会精神，结合当前的实际情况，一九九一年计划安排总的指导思想是：贯彻执行以经济建设为中心、坚持四项基本原则和坚持改革开放的基本路线，继续推进治理整顿和深化改革，进一步改善经济秩序，调动各方面的积极因素，在保持政治、经济和社会稳定的前提下，坚持和改进总量平衡，着力调整结构，提高效益，积极开拓市场，促进经济正常循环和适度增长，使国民经济逐步走上持续、稳定、协调发展的轨道。

基于上述指导思想，一九九一年国民经济和社会发展的主要目标是：

——在改善经济结构、增进经济效益的基础上，农业总产值比上年增长3.5%，工业总产值增长6%；国民生产总值增长4.5%。在保持国民经济主要比例关系大体协调的前提下，执行中争取超过这一指标。

——发展经济，广辟财源，增收节支，改善财政困难状况，合理安排信贷规模，控制货币发行和物价总水平。

——按照国力的可能，保持投资规模和消费需求适度增长。全社会固定资产投资总规模五千亿元；城乡居民消费水平继续有所提高。

——与经济发展相适应，努力推进各项社会事业，切实加强社会主义精神文明的建设。

——继续支持"老、少、边、穷"地区经济的发展，积极开展经济发达地区与经济不发达地区间的横向经济联合和协作。

——努力推进以增强企业活力为中心的各项改革，进一步扩展对外经济技术交流与合作。

一九九一年计划的任务，主要有以下几个方面：

（一）继续加强农业，保持农业生产稳步发展。

农业特别是粮食生产已经连续两年丰收，今年按平年考虑。计划安排粮食总产量四千二百五十亿公斤,略高于前两年的平均水平;棉花产量四百五十万吨,油料产量一千六百三十万吨,糖料产量七千二百万吨,肉类总产量二千八百四十万吨,水产品总产量一千二百四十万吨,都略高于上年水平。

在去年农业全面丰收的基础上,今年要实现上述指标,任务是相当艰巨的。根据历史的经验教训,在农业形势较好的情况下,对农业生产决不能有丝毫放松,否则就容易发生经济波动。因此,必须从政策、投入、科技等方面继续加强农业,争取今年再获得一个好收成。首先,要稳定和完善以家庭联产承包为主的责任制,大力发展农业社会化服务体系,把农民家庭经营的积极性和集体经营的优越性结合起来,逐步健全统分结合的双层经营体制。其次,要落实主要农产品的种植面积。粮食面积力求稳定在十七亿亩左右,棉花面积力争扩大到八千五百万亩。第三,要继续大搞农田水利建设,进一步增加灌溉面积,改善灌溉条件。努力改造中低产田,增加稳产高产的粮田、棉田面积,不断改善农业生产基本条件。第四,要继续增加对农业的投入。中央的农业投资比去年增加十亿元,各地方也要拿出一定的财力、物力用于加强农业,并积极引导和鼓励农民增加投入。中央和地方都要加强农产品流通基础设施的建设,进一步搞活流通,认真解决一些地方的农产品"卖难"问题。第五,要安排好农业生产资料的供应。国内化肥生产安排九千万至九千二百万吨,加上进口和利用库存,使化肥供应量达到一亿一千五百万吨,并注意改善化肥中氮、磷、钾肥的比例。同时,要扩大绿肥面积,提倡增施农家肥,推广秸秆还田。农药和农膜的生产供应,要在品种和数量上及时予以保证。去冬今春气温偏高,要重视做好水、旱和病虫灾害的预防工作。第六,进一步抓好"科技、教育兴农"。要因地制宜地推广优良品种和其他有效的农业先进技术,努力提高单位面积产量。今年要扩大杂交水稻面积一千五百万亩,杂交玉米面积五百万亩。继续推广地膜覆盖、配方施肥、节水灌溉和模式化栽培等增产技术。第七,继续帮助贫困地区脱贫致富,进一步搞好以工代赈并增加其金额,努力改善这些地区的生产和生活条件。在抓好农林牧副渔各业的同时,继续促进乡镇企业健康发展。

(二)在调整结构、提高效益的前提下,保持工业生产和交通运输适度增长。

计划安排,工业总产值比上年增长6%。其中,全民所有制工业增长3%—4%,乡镇工业增长10%—12%。由于煤炭、钢材等的库存增加,今年能源、原材料的供应情况相对比较充裕,再加上投资规模和消费需求都将比去年有一定增长,只要切实抓好调整产品结构、改进产品质量、提高经济效益的工作,完成或超额完成上述指标是有可能的。

——保持能源工业持续增长。计划安排,原煤产量十一亿一千万吨,比上年增加三千万吨;原油一亿三千八百八十万至一亿三千九百三十万吨,增加八十万至一百三十万吨;发电量六千四百五十亿千瓦小时,增加二百七十亿千瓦小时。煤炭,各矿区都要注意保持掘进、开拓、准备、回采的合理比例,抓紧解决部分矿井采掘比例失调问题。黑龙江、辽宁、河北、山东、安徽等东部地区煤矿要尽量多生产一些,用户要多使用本地或就近生产的煤炭,以缓解运输紧张的矛盾。石油,要努力提高采收率,稳定现有油田特别是东部油田的产量;西部油田要根据运输条件,尽量多增产一些。电力,要抓好当年投产机组的配套和并网发电;加强电网的统一调度,充分利用水力资源,尽量减少火电厂超负荷、水电站弃水的现象。坚持发电设备正常检修,确保安全运行,提高发送电质量。同时,要大力抓好全面降低能源消耗的工作,努力克服浪费能源的现象,计划要求全国节约能源总量达到一千万吨以上标准煤。

——认真抓好主要原材料的品种、质量。计划安排,钢产量六千五百万吨,略低于上年水平。工作重点要放在大力增产短线品种的钢材,尤其是石油管、冷轧硅钢片、镀锡薄板、镀锌薄板等重要品种;压缩一般型钢、焊管等长线品种的生产。十种有色金属,总产量大体保持上年水平。要在抓好铜精矿、氧化铝等原料生产的基础上,使铜、铝的产量有所增加。化学工业和建材工业,要积极推广先进工艺,降低物质消耗,提高产品质量,努力开发和生产国内外市场需要的新品种。

——加快机电工业的全行业联合改组和技术改造,不断提高技术水平,充分发挥现有生产能力。机械工业,要着重围绕加强基础产业的要求,搞好重大技术装备的开发和制造,发展节能、节材和节约外汇产品的生产;努力消化吸收引进技术,不断提高产品质量和性能;抓好基础零部件、基础工艺、基础机械及各种配套件的研制和生产。电子工业,要在产业结构调整中发挥带头产业的作用,积极开发新产品,为国民经济各个领域扩大应用微电子技术和计算机技术服务;要抓紧高技术电子元器件的研制,提高投资类电子产品的比重。所有机电企业都要十分重视和改进售后服务工作。加强国防工业企业组织结构和产品结构的调整,提高国民经济军民兼容程度,增强平战转换能力,促进国防现代化。

——大力增产适销对路的轻纺产品。计划安排,纱产量四百一十三万三千吨至四百三十一万三千吨;糖六百万吨。轻工业和纺织工业,今年都必须在开发新品种、新花色、新款式和提高产品质量方面有一个显著的进步。进一步抓好日用工业消费品的生产,既要抓好高档消费品的开发和生产，也要重视中低档消费品的生产，更好地满足城乡居民不同层次的消费需求。

——努力做好运输组织工作，进一步挖掘现有各种运输方式的潜力。计划安排，铁路货运量十四亿七千万至十四亿九千万吨，其中晋煤外运量一亿九千二百万吨；沿海主要港口货物吞吐量四亿六千八百万至四亿七千五百万吨。铁路，近两年新线投入运营的里程不多，原有干线主要限制口通过能力仍然比较紧张，今年运量的增加必须主要依靠加强运输的组织工作，在确保安全运行的前提下，充分发挥现有设施的运输能力。港口，要大力搞好外贸物资的装卸和疏运工作，以适应扩大对外开放的需要。

（三）继续控制固定资产投资总额，进一步改善投资结构。

计划安排，全社会固定资产投资总规模五千亿元。其中，全民所有制单位固定资产投资三千二百四十五亿元，集体所有制单位和城乡个体投资一千七百五十五亿元。在全民所有制单位投资中，基本建设投资一千六百五十亿元，技术改造投资九百五十亿元，车船飞机购置费六十亿元，商品住房投资二百九十亿元，其他投资二百九十五亿元。今年一方面要继续控制投资总规模，另一方面要进一步合理调整投资结构，适当集中和有效地使用建设资金。

全民所有制单位的基本建设投资，要根据国家产业政策的要求，对农业、水利、能源、交通、通信等方面的建设实行适度倾斜。优先安排对国民经济有重大影响、经济效益好的在建项目及其配套工程；少搞新建，多搞挖潜，严格控制新开工项目和楼堂馆所建设；继续清理在建项目，凡不符合产业政策、资金来源不落实、建设和建成投产条件没有保证的项目，有的要推迟进度，有的要分期建设或压缩规模，有的要停建或缓建。农林水利，主要安排长江、黄河、淮河等重点堤防加固工程和洞庭湖、鄱阳湖等重点蓄洪区建设，国家级的商品粮食、棉花生产基地建设，重点防护林和速生丰产林建设。煤炭，重点安排山西、陕西、内蒙古西部地区及华东、东北等煤炭紧张地区的矿井建设。电力，首先安排具备建成投产条件的重点电站，并加快水电站建设。原油，主要是新增陆上油田生产能力，扩大后备储量。铁路，重点安排山西、陕西、内蒙古西部地区和黑龙江的煤炭外运通路建设，以及运输繁忙干线的续建项目和收尾工程。港口，重点保证秦皇岛、营口、宁波、湛江等港的深水泊位建成投产。原材料，重点安排续建项目和矿山建设。机械电子，重点安排重型汽车的投产项目，输变电设备制造，第一、第二汽车制造厂和无锡微电子项目，必要的国防科技工业项目。轻工纺织，重点安排化纤、洗涤剂等建设项目。科学、教育、卫生方面，主要安排重点高等院校教学用房、重点实验室、教师职工住宅，以及重点医院的建设。其他非经济部门的投资，大体维持去年的水平。各行业所有建设项目的投资，都要把物价、利息等因素考虑进去，不留缺口，不得随意超概算。同时，要积极研究解决新投产项目铺底流动资金来源问题。

要通过多种渠道筹集和落实技术改造资金。资金的分配，要根据国家产业政策和调整产品结构的要求，重点用于节能降耗、改进产品质量和性能、增加新品种、提高劳动生产率，扩大出口创汇和进口替代能力，以及加强安全生产保障措施等方面。技术改造要切实立足于技术进步，不断采用新技术、新工艺、新设备、新材料、新设计来改造现有企业，特别是要努力安排应用电子技术改造传统产业的技术措施。

（四）精心组织市场商品供应，严格物价管理，安排好人民生活。

根据保持供需总量基本平衡的原则，并考虑生活费用价格上涨的因素，合理安排全国职工工资总额和平均工资的增长。当年新增加的工资总额，要按照国家统一确定的使用方向进行安排，首先用于职工的正常转正、定级、增人和企业效益工资，以及“苦、脏、累、险”的岗位津贴，适当提高有突出贡献的专业技术人员的工资待遇等。随着农村经济的发展，农民平均每人的纯收入将继续有所增长。

进一步安排好劳动就业，充分利用社会劳动资源。要继续实行劳动部门介绍就业、自愿组织起来就业和自谋职业相结合的就业方针，进一步拓宽就业门路。大中专、技校毕业生和复员转业军人的安排，要面向厂矿、面向基层、面向多种所有制经济。为了更多地安置城镇劳动就业，一要十分重视发展第三产业，特别是劳动密集型的商业、饮食、修理、服务业等；二要继续发展集体经济，支持个体经济；三要继续控制计划外使用农民工，严格控制“农转非”人员。

适应城乡人民生活继续改善的需要，进一步安排好市场商品供应。全年社会商品零售总额九千零五十亿元，比上年增长9.6%。要引导生产企业加强市场调查，研究需求变化趋势，尽力改变消费品供给结构不适应市场需求变化的状况。继续实施大中城市“菜篮子工程”，大力增加蔬菜、猪肉、禽蛋、牛奶、水产品和其他副食品的生产供应，更好地为城市人民生活服务。要努力改善流通渠道，积极组织农村需要的工业品下乡。

为了逐步解决某些突出不合理的价格问题，要在保持社会总需求与总供给基本平衡、控制物价总水平的前提下，有步骤地对一些明显偏低的基础产品价格进行适当调整。同时，继续加强市场物价管理，逐步建立和健全基本生活费用价格指数的管理制度，努力稳定人民基本生活费用的价格。

（五）进一步扩大对外开放，积极推进对外贸易和经济技术的交流与合作。

大力发展对外贸易，是进一步扩大对外开放的基础。今年对外贸易面临的国际环境比较复杂，而国内需求又有所扩大。在这种情况下，要保持外贸进出口的稳定增长，必须进一步调整进出口商品结构。在出口方面，除了继续安排传统的大宗商品出口以外，要大力增加机电产品和高技术产品的出口，积极增加创汇农产品的出口。不仅要按照国际市场的需要增加出口商品的品种和数量，还要提高出口商品的质量，并改善经营管理和推销服务，信守交货合同，以提高出口商品的竞争能力。在进口方面，根据国内生产建设的需要，适当增加先进技术、关键设备的进口，重点安排一些重要原料、材料的进口；争取少进口或不进口那些国内能生产供应的机器设备和原材料。继续严格限制高档消费品和烟、酒等的进口。

进一步做好利用外资的工作。借用国外资金要统筹安排，合理使用。对国外商业贷款的使用，要继续加以控制。进一步改善国内投资环境，积极帮助办好现有“三资”企业，按照国家产业政策的要求，争取多吸收一些外商投资，并鼓励外商积极参与我国现有企业的技术改造。同时，要继续做好引进国外智力工作。

继续贯彻发展沿海地区经济的方针，积极发展外向型经济。进一步办好现有经济特区和沿海经济技术开发区，更好地发挥沿海开放城市和开放地区在对外贸易、引进技术等方面的重要作用。同时，集中力量支持上海浦东新区的开发和开放。

努力增加各种非贸易外汇收入，节约非贸易外汇支出。积极发展国际旅游业。

（六）促进科技进步和智力开发，进一步发展文化、卫生、体育等各项社会事业。

科学技术要围绕加强农业、基础工业、基础设施和国防的需要，积极开发新技术、新产品，努力消化吸收引进技术。要积极推广应用效益好、见效快的科技成果，特别是大力推广电子技术。进一步推行振兴农村经济的“星火计划”。继续安排好重点科技攻关项目，推进高科技计划的实施，促进高新技术产业的发展。

稳步发展各级各类教育，把基础教育和职业技术教育放在突出的位置。要继续推进九年制义务教育，抓好扫盲工作。进一步调整高等院校的专业设置，努力做到按社会需要招生。坚持社会主义办学方向，加强政治思想工作，提高教育质量。计划安排，研究生招生三万人，普通高等院校招生六十二万人，中等专业学校招生七十八万人，都大体维持上年水平。

新闻、出版、广播、电影、电视、文学、艺术等各项文化工作，要坚持为人民服务、为社会主义服务的方针，坚定地把社会效益放在首位。大力弘扬民族优秀文化，继续深入开展“扫黄”工作。广大文化工作者要深入生活，努力探索，勇于创新，为人民群众提供更多健康有益、喜闻乐见的精神产品，在促进社会主义精神文明建设中发挥积极作用。

加强卫生保健工作，重点是搞好预防和农村医疗保健，以及妇幼保健。对严重危害人民健康的地方病、传染病，要采取有效措施加以控制。继续推进体育事业，增强广大人民的身体素质，提高我国的竞技运动水平。

继续做好社会福利、社会救济和优抚等工作，贯彻落实残疾人保障法。

当前我国正处于第三次人口生育高峰的峰顶期，控制人口增长的任务十分艰巨。各地区要继续认真落实现行的计划生育政策，重点做好农村计划生育工作。进一步实行由各级主要领导负责的计划生育目标责任制，积极提供必要的资金和物质条件，严格控制二胎和多胎生育，努力降低妇女总和生育率，力争今年的全国人口自然增长率低于去年。特别是一些人口自然增长率较高的地区，要努力把人口出生率降下来。

三、以提高经济效益为中心，全面完成1991年计划

一九九一年国民经济和社会发展计划的任务是繁重的，既要促进治理整顿和深化改革目标的逐步实现，又要搞好与整个“八五”期间发展的衔接。为了全面完成一九九一年计划，要着重抓好以下几个方面：

第一，切实把主要精力放在结构调整上，争取在这方面迈出重要的一步。当前，产业结构、产品结构和企业组织结构不合理，已经成为国民经济进入良性循环和提高经济效益的严重障碍。为了巩固和发展治理整顿所取得的成果，逐步解决经济生活中面临的困难和问题，今年必须以更大的决心和气力抓好调整结构的工作。一是在资金的使用上实行重点倾斜。从中央到地方都必须按照国家产业政策的要求，在计划安排的固定资产投资总规模内，尽可能地拿出更多的资金，用于加强目前薄弱的基础产业的建设，加强市场急需的短线产品的开发。通过投资结构的调整，促进产业结构和产品结构的调整。二是加快现存资产结构的调整。对那些市场无需求、产品长期积压滞销、亏损严重的企业，要下决心实行“关停并转”。采取有力的措施，促进生产要素的合理流动和资源的优化配置。三是抓紧制定重点产品的经济规模标准和促进专业化协作的政策措施，引导企业组织结构的调整。各地区、各部门都要在全国一盘棋的思想指导下，根据自己的优势和长处，扬长避短，研究制定本地区、本行业的结构调整方案，积极开展地区间、行业间的横向联合协作，加快

产业结构、产品结构和企业组织结构的调整。

第二，大力开展“质量、品种、效益年”活动，在提高经济素质和效益上下功夫。产品质量差、物质消耗高、经济效益低下，是我国经济生活中许多困难的症结所在。这种状况不改变，不仅当前经济发展中面临的诸多矛盾难以解决，而且也不能真正实现国民经济持续、稳定、协调发展。因此，把全部经济工作切实转到提高经济效益的轨道上来，是一项极为重要而又紧迫的任务。国务院已经作出决定，今年要在全国范围内开展“质量、品种、效益年”的活动，各地区、各部门要按照国务院的要求，用很大的精力切实抓好这项工作。首先，要提高认识，统一思想，深刻理解开展“质量、品种、效益年”活动的重要意义，下决心走投入少、产出多、质量好、消耗低、效益高的发展路子。其次，各方面、各单位都要抓住自己的薄弱环节，找出差距，选准主攻方向，制订具体明确的、分步实施的目标。各行各业，特别是工业企业要依靠科技进步，强化企业管理，大力提高产品质量和性能，开发新产品，增加品种规格，降低单位产品的能源、原材料和其它物质消耗，认真清仓利库，减少积压，加速资金周转，迅速扭转企业利润下降的局面，使各项主要经济技术指标有比较明显的改善。基本建设单位也要从加强管理着手，认真解决概算超支、工期拖长、浪费严重、效益较差的问题。再次，各地区、各部门必须注意把“质量、品种、效益年”的活动与有关各项工作紧密结合起来，互相促进。要狠抓落实，多办实事，不能搞形式主义，务必使这一活动开展得既轰轰烈烈又扎扎实实，力争今年取得明显效果。

第三，进一步开拓市场，促进经济的正常循环。这方面，除了大力调整产业结构，提高产品质量，增加花色品种以外，还要努力抓好以下工作：一要适应城乡需求增加的情况，采取多种灵活的购销方式，扩大生产资料销售，开拓消费品市场，特别是农村市场。同时，努力开拓国际市场。二要坚决纠正以各种形式保护落后、封锁市场的做法，使产品能够在市场竞争中优胜劣汰。三要继续发挥国营商业、物资企业和供销社的主渠道和“蓄水池”作用，同时要注意发挥集体商业和个体商业在活跃市场中的重要作用，减少流通环节和层次，做到货畅其流。四要进一步发挥市场调节的作用。对过去已经放开价格而这两年又管起来的商品，区别不同情况，有的加强和改进管理，有的继续放开价格。五要认真整顿社会信用秩序，严肃财务结算纪律，进一步清理“三角债”，促进商品正常流通和加速资金周转。

第四，积极完善和深化改革，正确处理深化改革与治理整顿和发展经济的关系。要解决好当前经济生活中多种复杂的矛盾，实现治理整顿和发展经济的任务，促进生产力的发展和社会的全面进步，必须继续深化改革。要按照逐步建立适应社会主义有计划商品经济发展的、计划经济与市场调节相结合的经济体制和运行机制的要求，继续把改革推向前进。这里，着重强调以下几点：

——企业改革。要从改善外部环境和加强内部管理两个方面，采取坚决有力的措施，增强企业特别是国营大中型企业的活力。一是继续完善和发展企业承包经营责任制。在进入新一轮承包时，合理调整承包基数和上交比例，实行比较规范的综合指标承包制，确保国有资产的完整和增值。同时，继续进行“利税分流、税后还贷、税后承包”制度的试点，并完善试点办法。二是坚持实行政企职责分开、所有权与经营权适当分离，认真贯彻落实《企业法》和其他已经颁布的搞活国营大中型企业、健全企业约束机制的法律、法规和政策，切实减轻企业负担，尊重和保障企业的自主权。要从资金、物资和经济政策等方面支持国营大中型企业，充分发挥它们的骨干作用。另一方面，大中型企业也要积极发动群众，通过深入开展“质量、品种、效益年”活动，努力挖掘企业内部潜力。三是积极推动企业的改组和联合，在平等、互利、自愿的基础上，有计划地组建跨地区、跨部门的竞争性企业集团。继续进行租赁制、股份制等改革的试点。四是深化企业领导体制和经营机制的改革，坚持和完善厂长负责制，进一步发挥企业党组织的政治核心作用，全心全意依靠工人阶级。改革企业内部的人事、劳动工资、留利分配和财务会计制度。五是强化基础工作，重点抓好质量、定额、成本、设备、工艺和安全等各项专业管理，逐步形成这些专业管理的责任保证体系。同时，加强职工培训工作，全面提高职工的素质。

——市场流通体制和财政金融体制改革。要积极稳妥地推进价格改革，更多地发挥市场调节作用。继续完善消费品市场，进一步发展生产资料市场，努力促进生产要素市场的发育；加强市场组织和制度的建设，逐步健全正常的市场秩序。要继续稳定和完善财政包干体制，同时进行分税制试点；进一步强化中央银行的宏观调控职能，加强专业银行之间贷款资金的横向融通；合理利用利率、税率、汇率等经济杠杆，调节经济的运行。

——计划体制和投资体制改革。要合理调整各个领域指令性计划、指导性计划和市场调节的范围与比重，并抓紧制定它们各自的有效管理办法和规范；同时，研究改进国民经济的综合平衡制度和综合运用各种经济调节手段的形式与办法。要改变现行按生产能力和投资限额划分项目审批权限的办法，实行按产业政策分行业分产品确定项目审批权限，控制投资规模，避免重复建设。同时，进一步完善设计、施工的招标和投标办法,发挥市场竞争机制的作用,并认真实行基本建设项目全过程的审计监督制度。

——住房制度和社会保障制度改革。积极稳妥地加快住房制度的改革,逐步推进住房商品化。改革养老保险制度,逐步改变全民所有制单位职工全部由国家、企业包下来的做法,实行国家、企业、个人共同承担的办法;同时,研究解决其他经济成分职工的养老保险问题,建立健全待业保险、医疗保险、工伤保险等社会保障制度。这两项改革,涉及广大群众的切身利益,要在试点的基础上,认真总结经验,统筹规划,因地制宜,分类指导,有步骤地稳妥进行。

各位代表!当前我国政治稳定、经济稳定、社会稳定,广大人民群众的社会主义觉悟进一步提高,国际形势对我们也有不少有利条件和机遇。尽管目前经济生活中还存在一些矛盾和困难,只要我们认真贯彻落实党的十三届七中全会精神,统一思想,振奋精神,团结一切可以团结的力量,调动一切积极因素,发扬自力更生、艰苦奋斗的优良传统,充分利用各种有利条件,克服不利因素,兢兢业业、扎扎实实地做好各方面的工作,就一定能够全面实现一九九一年计划规定的各项任务,促进国民经济持续、稳定、协调地向前发展。

国务委员兼财政部部长王丙乾在七届全国人大四次会议第二次大会上作《关于一九九〇年国家预算执行情况和一九九一年国家预算草案的报告》

各位代表:

我受国务院的委托,现在向大会提出 1990 年国家预算执行情况和 1991 年国家预算草案的报告,请予审查。

一、1990 年国家预算执行情况

1990 年,国务院根据中共中央关于进一步治理整顿和深化改革的方针和七届人大三次会议有关决议,继续进行治理整顿,并采取了一些深化改革和适时调整宏观紧缩力度的政策措施,经过全国各族人民的共同努力,国民经济的治理整顿工作取得了明显成效。农业生产突破前几年的徘徊局面,获得了全面丰收;工业生产逐季回升,超额完成了全年计划;固定资产投资结构有所改进,市场物价基本稳定,对外贸易持续增长,国际收支状况显著改善。在这个基础上,国内财政收入超额完成了国家预算,并继续保持了适度增长。但是,由于有些支出超过了预算,财政赤字比原定数额有所扩大。

根据现在的预计数字,1990 年国家财政总收入为 3244.78 亿元,完成预算的 100.3%;国家财政总支出为 3395.21 亿元,完成预算的 102.1%;收入和支出相抵,财政赤字为 150.43 亿元。这些预计数字,在将来国家决算编成以后,还会有一些变化。

在上述国家财政总收入中,国内财政收入为 3082.04 亿元,完成预算的 100.3%;国外借款收入为 162.74 亿元,完成预算的 99%。国内财政各项主要收入的完成情况是:各项税收 2814.66 亿元,完成预算的 93.9%;企业收入 76.65 亿元,完成预算的 156.1%;征集能源交通重点建设资金收入 180.38 亿元,完成预算的 83.9%;国家预算调节基金收入 123.55 亿元,完成预算的 98.8%;国内债务收入 195.87 亿元,完成预算的 115.2%;其他各项收入 269.43 亿元,完成预算的 157%。这一年,国家还拨付了企业亏损补贴 578.5 亿元,这项补贴是按冲减收入处理的,已在总收入中扣除。

在国家财政总支出中,用国内资金安排的支出为 3232.47 亿元,完成预算的 102.3%,用国外借款安排的支出为 162.74 亿元,完成预算的 99%。各项主要支出的完成情况是:基本建设支出 675.87 亿元,完成预算的 102.5%;挖潜改造资金和新产品试制费 157.9 亿元,完成预算的 105.9%;支援农村生产支出和各项农业事业费 218.84 亿元,完成预算的 101.9%;城市维护建设支出 122.61 亿元,完成预算的 103.4%;文教、科学、卫生事业费 616.06 亿元,完成预算的 103.1%;国防费 290.33 亿元,完成预算的 100.2%;行政管理费 307.99 亿元,完成预算的 113.1%;价格补贴支出 378.63 亿元,完成预算的 93.4%。此外,国内债务还本付息支出 121.24 亿元,国外借款还本付息支出 68.21 亿元。

分开中央预算和地方预算来看,1990 年中央财政收入 1818.35 亿元,完成预算的 99.3%,其中中央本级收入 1336.05 亿元,完成预算的 100%,地方上解中央的收入 482.3 亿元,完成预算的 97.4%;中央财政支出 1928.88 亿元,完成预算的 99.3%,其中中央本级支出 1332.77 亿元,完成预算的 97.9%,对地方的补助支出 596.11 亿元,完成预算的 102.5%;收支相抵,支出大于收入 110.53 亿元。1990 年地方财政收入 2504.84 亿元,完成预算的 101%,其中地方组织的收入 1908.73 亿元,完成预算的 100.5%,中央对地方的补助收入 596.11 亿元,完成预算的 102.5%;地方财政支出 2544.74 亿元,完成预算的 103.5%,其中地方本级支出 2062.44 亿元,完成预算的 105%,地方上解中央的支出 482.3 亿元,完成预算的 97.4%;收支相抵,支出大于收入 39.9 亿元。

在过去的一年里,国家财政既要维护政治、经济和社会稳定的大局,又要努力完成预算确定的任务,其困难程度是多年来所未有的。各级政府、各部门以及财税战线的广大职工,振奋精神,知难而进,顾全大局,艰苦努力，在促进经济、开辟财源、增加收入、节约支出方面，做了大量的工作，成效是明显的。

这一年财政收入的组织工作，是在比较困难的条件下进行的。由于工业生产一度下降，市场销售存在结构性疲软，企业经济效益下降，拖欠税利较多，加之一些原定出台的增收措施由于种种原因未能出台，给预算执行带来了很大的压力。面对这种情况，各级政府和部门的主要负责同志，都把财政工作摆到了重要的议事日程上来，关心财政，支持财政，并根据各自的实际情况，制定了一些行之有效的应急措施。各级财税部门在抓重点财源，积极促产增收，加强个体零散税收的征管，大力清理欠税，开展税收、财务、物价大检查等方面，工作比以往抓得更加扎实、细致、深入。在各方面的共同努力下，去年的国内财政收入，终于完成了预算任务，比上年增加 278.23 亿元，增长 9.9%（按可比口径计算，增长 5.7%）。这个成绩的取得是来之不易的。

这一年的财政支出预算安排得比较紧，回旋余地很小，在执行中又出现了一些新的问题，使资金调度十分紧张。在这种形势下，从中央财政到地方财政，想方设法调度资金，努力保证重点建设、农业、教育、科技事业和国防建设等方面的需要，使这些项目的支出比上年有较多的增长。其中预算内基本建设支出增长 8%，支援农业支出增长 11%，国防支出增长 15.5%，教育支出增长 11.2%，科学支出增长 16.1%。所有这些，对于经济形势的好转起了很大的促进作用。去年的行政经费，在制定年初预算时安排得比较紧，执行中由于机构膨胀、人员膨胀的状况仍没有改变，加之邮电资费标准提高和铁路、民航提高客运价等因素，给行政单位增加了负担，因此，这些项目超过了预算。总之，去年的财政支出，许多该保的项目，国家财政都尽力做了保证，但有些项目却没有控制住，使财政资金的供需矛盾十分紧张，有的地区特别是有些县级行政事业单位连工作人员的基本工资也不能按时发放。这种情况需要引起我们的高度重视，并在今后工作中努力加以改进。

在过去的一年里，国家财政不仅在推进治理整顿，支持改革开放，狠抓当年预算任务完成方面做了大量的工作，而且放眼长远，在加强财政基础建设方面也做了一些有益的工作。各地去年进一步加强了县、乡财政工作，一方面扶持财政补贴县，不断提高自给能力，减少补贴；另一方面积极抓好亿元县的建设，促进地方财力增长，都取得了可喜的成果。我们总结交流了这方面好的典型和经验，积极推动了这项工作的开展。在财务会计工作方面，我们经过调查研究，拟定了《会计改革纲要》，为使会计工作适应改革开放的新形势，调动广大财务会计人员积极参与经济管理和监督进行了有益的探索。在国有资产管理方面，各级国有资产管理机构成立以后，围绕加强产权管理，制止和防止国有资产权益流失，推动资产合理流动，做了许多工作，取得了一定成效。在财税法制建设方面，为了更好地促进对外开放，从总体上本着不增加税收负担、不减少税收优惠的原则，我们将提请这次代表大会审议通过《外商投资企业和外国企业所得税法》。

1990 年国家财政赤字比预算扩大 61.51 亿元。赤字扩大的原因主要是财政支出超过预算，共超支 69.76 亿元。其中：基本建设支出超支 16.42 亿元，挖潜改造和新产品试制费超支 8.78 亿元，支援农业支出超支 4.03 亿元，文教科学卫生事业费超支 18.61 亿元，行政管理费超支 35.65 亿元，其他各项支出净少支 13.73 亿元。分中央和地方来看，中央财政支出没有超过预算，超支主要在地方。现行财政体制是实行省、市、县分级包干的办法，地方各级财政多收了可以多安排支出。去年，有一些有超收的地区，用多收的钱追加了一部分支出；而短收的地区，按规定应当压缩支出，自求平衡，但由于有一些必保的支出压缩不下来，发生了超支的情况。由于这两方面的原因，去年地方财政也发生了赤字。

目前，大家都十分关心财政问题。人们问为什么经济形势逐步好转而财政困难加剧呢？在前一阶段，国务院采取的一系列坚持控制总量，把握紧缩力度，调整经济结构等措施，既有效地控制了通货膨胀，又保持了生产的适度增长，经济生活中的一些浅层次矛盾在一定程度上得到了缓解，经济形势确实在向好的方向发展。但是，也要看到，国家财政在稳定经济、支持改革开放等方面确实付出了一定的代价。比如，随着农业生产的不断发展，粮食多了，农副产品多了，需要由国家收购和储备，财政上要增拨储备用的建仓、储运费用；为支持对外贸易的发展，多出口多创汇，国家财政要相应增加外贸出口退税；为控制通货膨胀，平抑物价，财政要承担一些企业的亏损补贴。又如，在治理整顿期间，企业遇到的困难较多，许多企业不能完成承包合同，拖欠了一部分应上缴财政的税收和利润。同时，国家财政为了帮助那些停产半停产的企业摆脱困境，还要拿出一些资金维持职工的基本生活。应当说，在特定条件下和短时期内财政付出这些代价是必要的，既有所失也有所得。但是其中有些做法如果持续下去，财政困难会越来越大，赤字也难以缩小，以致成为制约今后国民经济持续稳定协调发展的重要因素。我们必须采取措施，逐步地妥善地加以解决。

二、1991 年国家预算草案

去年 12 月份召开的中国共产党十三届七中全会，通过了《中共中央关于制定国民经济和社会发展十年规划和“八五”计划的建议》，确定了我国实现第二步战略目标的行动纲领，标志着我国现代化建设将进入一个新的发展阶段。1991 年是“八五”计划的第一年，也是继续治理整顿、深化改革的重要一年。根据 1991 年经济工作的指导思想和面临的形势，1991 年国家预算安排的原则是：继续推进治理整顿和深化改革，通过提高效益、开辟财源，确保财政收入的稳定增长；同时继续坚持紧缩方针，调整支出结构，并结合价格改革，减轻财政负担；在确保收入稳定增长和支出合理安排的基础上，切实控制财政赤字。

现在提请审议的 1991 年国家预算草案，财政总收入为 3443.10 亿元，比上年预计执行数增长 6.1%；财政总支出为 3566.56 亿元，比上年预计执行数增长 5%；收支相抵，支出大于收入 123.46 亿元〔注〕。

在上述国家预算总收入中，国内财政收入为 3280.73 亿元，国外借款收入为 162.37 亿元。国内财政收入主要项目的安排情况是：各项税收 3033.27 亿元，企业收入 75.5 亿元，征集能源交通重点建设资金收入 205 亿元，国家预算调节基金收入 135 亿元，国内债务收入 190 亿元，其他各项收入 198.68 亿元。今年计划弥补企业亏损补贴 556.72 亿元，仍按冲减收入处理，已在国内财政收入中扣除。

在 1991 年国家预算总支出中，用国内资金安排的支出为 3404.19 亿元，用国外借款收入安排的支出为 162.37 亿元。各项主要支出的安排情况是：基本建设支出 682.89 亿元，企业挖潜改造资金和新产品试制费 168.91 亿元，支援农村生产支出和各项农业事业费 234.56 亿元，城市维护建设支出 129 亿元，文教科学卫生事业费 676.04 亿元，国防费 325.10 亿元，行政管理费 317.28 亿元，价格补贴支出 333.19 亿元，国内债务还本付息支出 164.44 亿元，国外借款还本付息支出 80 亿元。此外，总预备费编列 27 亿元，其中，中央预备费为 12 亿元，地方预备费为 15 亿元。

1991 年国家预算草案，对中央预算和地方预算仍分别编制。情况如下：

1991 年中央预算收入为 1835.49 亿元，支出为 1965.53 亿元，收支相抵，支出大于收入 130.04 亿元。在中央预算收入中，中央本级收入 1305.64 亿元，地方上解中央的收入 529.85 亿元。在中央预算支出中，中央本级支出 1499.87 亿元，对地方的补助支出 465.66 亿元。

由国务院确定的 1991 年地方预算收支指标，收入为 2603.12 亿元，支出为 2596.54 亿元，收入大于支出 6.58 亿元。在地方预算收入中，地方组织的收入 2137.46 亿元，中央对地方的补助收入 465.66 亿元。在地方预算支出中，地方本级支出 2066.69 亿元，地方上解中央的支出 529.85 亿元。上述地方预算指标，是就全国算总账来说的，具体到各个地区，有些地方有结余，有些地方困难较多。按照宪法的规定，省、自治区、直辖市和县（市）的预算，由同级人民代表大会审查批准。国务院要求各级地方人民政府按照国家确定的财政收支指标和收支平衡的原则，结合地方的实际情况，认真核算和编制地方预算，提请地方各级人民代表大会审议批准。

在编制 1991 年国家预算草案过程中，遇到的突出问题是资金供需矛盾十分尖锐。由于国民经济尚处于治理整顿时期，财政经常性收入增长不多，而一些必保的开支项目资金需求量又很大，仅国内外债务还本付息支出和国家粮食储备支出，就比上年增加 100 多亿元，给今年的财政平衡带来了许多困难，财政赤字一时还不可能作较多压缩。为了进一步深化经济体制改革，确保各项建设事业的发展，并把财政赤字控制在国家可以承受的范围之内，国务院确定了若干增收节支、减轻财政负担的政策性措施，已在国家预算中作了安排。这里，我着重说明以下几点：

（一）提高营业税税率，增加财政收入。去年国务院决定，将商业零售环节的营业税税率由 3% 提高到 5%，七届人大三次会议在审议 1990 年国家预算时已经通过了这项增收措施。但在预算执行中，为了稳定物价，这项措施未能出台。目前，国内经济形势正继续朝着好转的方向发展，社会稳定，人心稳定，物价指数稳中有降，这个时候提高营业税税率，可以将不利影响降到最低限度。因此，国务院将在适当时候出台这项措施，可增加收入近 70 亿元。

（二）结合价格改革，逐步理顺比价关系，减少财政补贴。近几年，由于一些农副产品购销价格倒挂不断扩大，一些原材料工业产品的价格低于成本，使财政负担的价格补贴和企业亏损补贴越来越多，已到了财政难以承受的地步。结合价格改革，调整比价关系，减少财政补贴，逐年分步实施，势在必行。同时，逐步理顺这些产品的比价关系，也有利于调动这些部门的生产积极性，有利于产业结构的调整，有利于全社会树立节约资源的观念，有效地节约使用这些产品。因此，国务院决定，在今年适当的时候，对某些产品的价格，进行有升有降的调整。初步测算，财政可净减少价格补贴支出 50 亿元左右。

（三）改革和完善外贸体制，取消出口商品补贴。为使我国对外贸易逐步进入统一政策、平等竞争、自主经营、自负盈亏的良性发展轨道，人民币汇率调整以后，从今年起取消国家财政对出口商品的补贴。但是，由于汇率调整，需要相应增加中央进口的部分商品亏损补贴和偿还外债等支出，收支相抵后，财政上可净减少补贴 50 多亿元。

(四)扩大发行债券,推迟偿债高峰。今年预算安排国内债务收入 190 亿元,其中国库券 100 亿元,专业银行购买财政专项债券 70 亿元,特种债券 20 亿元(包括养老待业保险基金结余购买财政债券 10 亿元)。发行债券的总额是与去年基本持平的。今年预算安排国库券还本付息支出 154.44 亿元,主要用于前几年城乡个人购买国库券今年到期的还本付息支出。我们多次重申,凡城乡个人购买政府发行的各种债券,到期一律还本付息,决不会因国家财政困难而推迟偿还。对于今年到期应偿还企业、事业、行政单位和银行及非银行金融机构购买的债券的本息,拟仍通过发行等额的转换债的办法推迟偿还。

(五)坚持紧缩方针,调整支出结构,保证重点需要。今年国家财力十分紧张,支出预算的安排必须体现过紧日子的精神,并做到紧中有活,有保有压。根据保持社会政治稳定,促进经济发展的需要和国家产业政策,除适当增加对重点建设、农业、国防和教育科学事业的投入,并保证国家债务的还本付息外,其他各项支出大体维持去年的水平,有些项目的开支还要有所压缩。

今年国家基本建设支出安排 682.89 亿元,比上年预计执行数增加 7.02 亿元(其中,国家预算直接安排的基本建设投资 372 亿元,比上年预计执行数增加 17 亿元),如果加上企业用税前利润归还的基本建设投资贷款 200 多亿元,以及各单位用预算外资金安排的基本建设投资 260 多亿元,合计达到 1142 亿元。只要合理安排,节约使用,是可以办很多事情的。

今年支援农村生产支出和各项农业事业费安排 234.56 亿元,比上年预计执行数增加 15.72 亿元;如果加上预算内其他支出科目中重点用于改善农业生产条件和农业技术成果推广,发展粮棉油生产的投资和支出 66.36 亿元,预算外资金用于农业的支出 179 亿元,合计达到 480 亿元。

今年文教科学卫生事业费安排 676.04 亿元,比上年预计数增加 59.98 亿元。其中:教育事业费 396.57 亿元,比上年预计数增加 45 亿元,科学事业费 48.15 亿元,比上年预计数增加 3.5 亿元。如果加上国家预算其他支出科目和预算外资金中用于教育和科学的支出,以及企业办学校、科技的支出,则今年国家用于教育事业的总投入将达 530.27 亿元,用于科学技术方面的总投入将达 150.65 亿元。

为了适应复杂多变的国际形势,应付可能发生的不测事件,保卫国家安全和经济建设,今年国防费安排 325.1 亿元,比上年预计执行数增加 34.77 亿元,主要用于提高军队武器装备的现代化水平。

(六)适当集中资金,缓解中央财政的困难。现行的财政包干体制,去年底已经到期,应在总结过去经验和教训的基础上,继续深化改革,改革的方向,是在划清中央和地方事权范围的条件下实行分税制。这样做可以逐步建立稳定的和规范化的财政税收制度,有利于全国统一市场的形成和发展。但是,考虑到目前的税收结构尚待理顺,在全国范围内实行分税制的条件还不够成熟,因此,国务院决定,“八五”期间将继续实行财政包干体制,但要加以改进,克服某些弊端。同时,要抓好分税制的试点工作,积累经验,不断改进和完善试点方案,以便将来在条件成熟的时候,全面推开。目前中央财政困难很大,掌握的财力过少,宏观调整控能力减弱,采取适当措施集中必要的财力办好一些关系全局利益的大事,不仅是克服当前经济困难的需要,也是长远经济发展的需要。为此,国务院确定,在财政体制未改变之前,原来全部由中央负担的某些价格补贴和出口产品退税,改由地方负担或者由地方负担一小部分;同时对一些经济比较发达,财力相对宽裕的地区,由中央确定一定数额,请地方向中央作一些贡献。

1991 年国家财政面临的形势非常严峻,收支任务艰巨。如果国家预算不能顺利实现,将会给政治、经济的进一步稳定带来十分不利的影响。因此,各级政府、各部门和社会各方面都要树立全局观念,重视财政,理解财政,支持财政,为财税部门完成预算任务提供帮助、创造条件。这几年国民收入的分配格局和资金渠道发生了很大变化,财政高度集中的情况有了很大改变。但是,财政仍然是政府行使其职能的基本手段,是宏观经济调控的重要杠杆,是国民经济资金供应的主渠道,这一地位和作用是不可替代的,任何忽视财政职能作用的认识和做法,都将给政府的工作带来损害。我国财政是社会主义财政,是“取之于民、用之于民”的财政,既要保证国家政权正常运转所必需的开支,又要为社会主义现代化建设提供大量的资金。通过发展生产、提高效益,增加社会财富,把“蛋糕”做大,这是解决财政问题的根本出路,我们必须坚持。同时,任何时候都要正确处理收入分配关系。现在国民收入分配结构不合理和收入分配不公的问题,不能不引起我们的重视。我们社会主义的一个重要优越性,就是能够集中力量在较短时期内办成几件大事,过去四十多年我国的建设成就就证明了这个道理。目前,国家财政承担的建设资金比重比过去小了,但是仍然承担了能源、交通等基础产业和基础设施建设,大江大河的治理,大型农田基本建设,以及重大科学研究项目所需要的资金。总之,吃饭要保证,建设也要搞好,既要正确处理积累与消费的关系,也要正确处理取与予的关系，两者都不能偏废。在我们这样一个有十一亿人口的大国，只讲建设，忽视消费不行，而过多强调消费，忽视建设也不行。在连续几年收入分配结构不合理的情况下，应当适当控制消费基金的增长，逐步增加积累基金所占的比重，集中较多的资金，这样才能保证国民经济持续、稳定、协调地发展，并在发展生产的基础上逐步改善人民生活。只搞吃饭，不搞积累，只讲予之，不讲取之，分光吃光，是不符合我国国情的，也是十分有害的。

三、提高效益，加强管理，努力完成1991年的国家预算

正确地认识和把握总的经济发展趋势，是做好今年财政工作的前提。目前，国家财政仍然面临着许多困难，资金需求和可能之间的矛盾十分尖锐。在这种情况下，我们一定要保持清醒的头脑，既要看到整个经济形势的好转将为财政提供一个比较好的外部环境，防止和克服悲观的、无所作为的思想情绪；又要充分估计到财政工作的艰巨性，振奋精神，鼓足干劲，革新进取，克服困难，化解消极因素，踏踏实实地做艰苦细致的工作，努力开源节流，认真贯彻各项增收节支措施，确保今年的预算任务的完成。

（一）广泛开展“质量、品种、效益年”活动，狠抓企业管理，提高经济效益。企业经济效益差是我国经济发展中的主要制约因素，也是造成财政困难的重要原因。近几年，企业经济效益比较差，实现利润和上交财政的利润不断下降，亏损不断增加，这种情况不仅加剧了财政近期的困难，也使财政赖以生存的财源后劲不足。中共中央、国务院曾多次指出这个问题的严重性，并一再要求要狠抓企业的经济效益。但是，各方面的注意力还没有转到这方面来，还没有从战略高度来看待这个问题。目前，社会总供需的矛盾有所缓解，治理整顿也取得了明显成效，下一段经济工作的中心，就是要治理经济效益差这个顽症。国务院提出，把今年定为“质量、品种、效益年”，这个重大部署将有力地推动这项工作的开展。各地区、各部门都要把调整经济结构、提高经济效益作为经济工作的主攻方向，密切分工协作，打群体战。要按照国务院有关部署，大力抓好企业内部的整顿工作，重点抓质量管理、定额管理、成本管理、财务管理和物资管理等各项基础工作，并同搞活国营企业特别是大中型企业结合起来。要继续完善企业承包经营责任制，并抓紧进行“税利分流，税后还贷，税后承包”的试点工作。要向技术进步、挖潜改造、经营管理要质量、要资金、要效益。今年预算内国营企业要做到：工业企业的物质消耗要比上年降低2%～3%，工业、交通、商业企业的车间经费、企业管理费和商品流通费，扣除工资、利息、折旧开支外，要比上年节约5%；工商企业的经营性亏损要降低50%，政策性亏损也要严格控制，不准突破核定的指标。实行工资与经济效益挂钩的企业，要严格执行国家有关规定，效益没有提高的，不能增提效益工资；效益下降的，要相应地下浮效益工资。各地区、各部门要结合实际情况，将这些指标和要求层层分解落实到企业，并制定考核和奖罚办法，发挥职工的主人翁精神，调动职工的积极性、主动性和创造性，使这些措施年终能够兑现，并将成果反映到财政上来。

（二）把挖掘企业内部潜力与改善企业外部环境结合起来，继续增强国营大中型企业的活力。国营大中型企业是公有制经济的主体，是国家财政收入的主要来源，充分发挥他们的骨干和主导作用，对于促进国民经济持续稳定协调的发展，具有十分重要的意义。改革开放以来，国家财政为了支持搞活国营企业，采取了许多政策措施，扩大了企业财权，增加了企业财力。据统计，从1981年至1990年的十年间，国家财政通过减税让利等措施留给国营工业企业的财力，扣除财政通过征收能源交通重点建设基金和预算调节基金等方式拿回来的部分，累计净得财力约3100亿元。在目前的治理整顿期间，国营大中型企业的发展遇到了一些暂时的困难，其中有内部管理问题，也有外部环境问题；有表层问题，也有深层次问题，这些都需要在今后的治理整顿和深化改革中逐步加以解决。搞活大中型企业，要处理好内因和外因的关系，外因是变化的条件，内因是变化的根据，外因通过内因而起作用。从国家方面说，要为企业的生产发展提供条件，形成良好的外部环境，比如，有重点地选择一批改造任务重的企业，适当提高其折旧率，适当补充企业自有流动资金，通过治理“三乱”，减轻企业的不合理负担，等等；但是，搞活大中型企业关键的和决定性的因素还是靠企业自身的努力。企业要充分发挥主观能动作用，眼睛向内，挖掘潜力，要继续完善企业承包经营责任制和企业内部的各项配套改革，要加强企业管理，增强效益观念，促进技术改造和技术进步。总之，只有在企业努力做好自身工作的基础上，再辅之以国家的适当帮助，国营大中型企业才能真正活起来。

（三）坚持依法治税，加强税收管理，努力完成收入任务。各项税收在整个预算收入中所占的比重很大，抓好税收的征收管理工作对于完成今年的预算任务具有十分重要的意义。今年将提高商业零售环节的营业税税率，各地区、各部门要做好准备工作，保证这项措施能够及早出台。同时，各级税务部门仍要加强现有税源的征收管理，狠抓影响收入的几个关键性环节。要继续抓紧清理企业拖欠税利的工作，与有关部门密切配合，争取在新的一年里，不再发生新的拖欠，并采

取有力措施将旧欠清理回来。要严格控制税收减免，特别是流转税的减免，把税收减免批准权集中到中央和省两级，现在越权减免税的现象又有所抬头，各级政府要严格执行国务院的规定，坚决制止这类现象再度发生。要加强产品出口退税的管理工作，严格执行政策，集中审批权限，完善管理机构，做到既有利于外贸出口，又有利于稳定财政收入。要进一步抓好个体经济和私营经济的征税工作，根据他们的特点，采取各种有效的方式，把该收的税收都收上来。要加强各项收入的征收管理，凡是按国家规定应上交的收入，都要及时、足额地催交入库。对能交基金和预算调节基金收入的征收管理，要抓得更紧一些。这两项收入数额很大，调节预算外资金的作用也较明显，又是国家建设资金的重要来源，不能把它看作是比税收“软”的任务，对于现在普遍存在的减免多、欠交多、漏征多的问题，要采取有效措施加以纠正。这两项基金的征收要严格按国务院和财政部的有关规定办事，各地区、各部门自行作出的减免规定，应停止执行。要切实加强国有资产的管理工作，坚决保卫国有资产，维护国有资产的权益，并逐步进行国有资产管理体制的改革，提高国有资产的经营效益。要认真做好清产核资的试点工作，待取得经验后，再有领导有计划地逐步展开。

(四)继续坚持紧缩方针，严格控制预算支出，注重资金的使用效益。从国民经济发展的各种因素和财政的现实状况分析，在今后一段时间里，经常性的财政收入不可能有很大幅度的增长，或者在某一年份猛上一个台阶。所以，不能把实现财政平衡的希望完全寄托于收入的增长上，必须继续发扬艰苦奋斗、勤俭节约的优良传统，反对铺张浪费，把严格控制支出，提倡过紧日子，作为财政工作的一项长期方针坚持下去。在生产性支出方面，我们要特别注重在资金的使用效益上下功夫，通过厉行节约和提高效益来缓解紧缩支出所遇到的矛盾。今年，全社会用于企业技术改造的资金将有明显增加，资金的分配要适当集中，按照产业政策保证重点，不撒“胡椒面”，使资金真正用于提高产品质量，增加产品品种，节约物质消耗，促进产品结构的调整方面，做到投入少、见效快、效益高，绝不能再以各种名目用于在低水平上扩大生产能力，搞重复建设。对基本建设的立项要注意科学决策，工程概算要精打细算，注意节约，并尽可能做到数额准确，不留缺口，宁可项目少上一些，也要把批准的项目搞得快一些、好一些，争取建设一个，成功一个，使千方百计挤出来的财政建设资金，能够最大限度地发挥效益。对非生产性支出要严格进行控制，并把重点要放在控制机构、人员编制和各类工资、补贴的增长上。现在的地方财政，尤其是县级财政，主要的困难是吃饭困难，吃饭的机构多，吃饭的人多，而收入来源不多，食之者众，生之者寡。今后地方特别是县级机构改革，都要从本地的经济和社会发展的实际情况出发，不能照搬照套上级机构的设置，非经国务院批准，中央各部门不能下达要求下级对口、增加机构和人员编制的指令。今年，各地区、各部门原则上要冻结机构、编制、车辆和人员津贴、补贴、奖金的标准，并全面清理整顿行政事业费开支的范围、项目和开支标准，在清理的基础上，根据不同情况，分别制定合理的标准和定额。要继续严格控制社会集团购买力，进一步加强专控商品审批制度，强化指标管理，今年的社会集团购买力支出不得超过国家下达的指标。要严格会议审批制度，大力压缩会议，精减文件，这样做，既有利于节减资金，也有利于多下基层搞调查研究，多办实事。

(五)加强财政管理和监督，堵塞各种漏洞，推进廉政建设。经过前一阶段的治理整顿，财政管理和监督有所加强，但财税秩序比较混乱的状况尚未有大的改观，一些地区、部门和单位，偷税漏税，截留利润，虚报亏损，滥发奖金、补贴、实物，化大公为小公，化集体为个人等现象，仍然相当突出。挥霍公款，请吃请喝的现象又有抬头。各地区、各部门一定要高度重视这些问题，坚决贯彻执行国务院的有关规定，坚持有法必依，执法必严，违法必究。要继续加强对广大干部的思想教育和法纪教育，使他们自觉地坚持社会主义的根本原则，遵纪守法，廉洁奉公。要进一步强化预算观念，严格按预算程序办事。预算一经各级人民代表大会审议批准，都必须严格执行，不能随意调减收入，追加支出，不能乱开减收增支的口子。企业、事业单位要严格按国家规定的财政税收法令和财务、会计制度办事。一切应交财政的资金必须及时足额交入国库，任何部门不得占压、挪用，不得转到预算外，或私设小金库。目前，经各级政府和部门批准设立的各种“基金”，名目繁多，数额越来越大，既分散了财力，削弱了国家宏观调控作用，又影响了资金的使用效益。要认真进行清理，有的要取消，有的要纳入预算管理，接受财政监督。今后还要继续深入进行全国税收、财务、物价大检查。这几年的实践证明，大检查对于严肃财经法纪，治理经济环境，整顿经济秩序，防止财政收入流失，有着十分重要的作用，今后将继续搞下去，并将集中检查和经常性的检查结合起来，把财经检查监督工作搞得更好。治理“三乱”的工作今年将全面深入展开，各地区、各有关部门要密切合作，认真地深入细致地搞好这项工作，将中央已确定的政策措施迅速贯彻下去，经过一段时间的治理，真正将企事业单位和群众的不合理负担减下来。

各位代表：今年以来，在国民经济持续发展的基础上，由于各方面的共同努力，财政收入比去年同期增加，支出有所控制，国家财政情况的初步发展趋势是好的。我们要振奋精神，努力工作，为圆满实现 1991 年的国家预算而奋斗。

〔注〕如果把国内外债务收入 352.37 亿元作为赤字处理，则 1991 年全国财政赤字为 475.83 亿元。

国务院委托林业部向六十个国营林业局颁发林权证

受国务院委托，林业部向东北、内蒙古国有林区国营林业局颁发林权证大会在呼和浩特市举行。60 个国营林业单位的代表领到《国有林权证》。

中顾委副主任薄一波在工业经济协会年会上发表讲话

薄一波日前指出，搞活国营大中型企业是深化经济体制改革的中心环节。解决这个问题，一是国家要为企业创造良好的外部环境，二是要靠企业自身的努力，要使企业真正成为自主经营、自负盈亏、自我发展、自我约束的社会主义商品生产者和经营者。

全国人大常委会委员长万里在人民大会堂会见奥地利联邦议会议长伊丽莎白·哈塞尔巴赫夫人率领的奥地利州官员团

中国人民银行公安部新闻出版署国家工商局广播电影电视部联合发出《关于禁止在宣传品出版物及有关商品上使用人民币、外币和国家债券图样的通知》

山西大同发生 5.8 级地震

台湾省台东东南海中发生 6.7 级地震

3 月 27 日

外交部部长钱其琛在七届全国人大四次会议的新闻发布会上答中外记者问

香港《南华早报》记者：最近中国同意向苏联提供 7 亿美元的商品贷款，作为回报，苏联是否向中国出售武器？

钱其琛：中国向苏联提供一笔 10 亿瑞士法郎的商品贷款，此前还提供过另一笔 5 亿瑞士法郎的贷款。按照双方协议，苏联将以实物归还。在归还清单中，没有任何武器。

香港《星岛日报》记者：英国外交大臣赫德即将访华。中英双方主要讨论的议题是什么，香港的机场问题是否在英国外交大臣这次访问中得到解决？英国外交大臣的这次访问对中英关系和香港的平稳过渡会产生什么影响？

钱其琛：英国外交大臣赫德阁下访华期间，我将和他讨论国际形势、中英双边关系，当然也要谈香港问题。香港确实需要一个新机场。我们赞成。建设这样的新机场应当投资少，效益高，造福于香港人民，而不应因此使香港人民背上一个大包袱。这项工程是香港历史上规模最大、投资最多，而且是跨越 1997 年的一个大工程。中英两国政府对这一工程正在磋商，并取得了一些进展。我们希望在英国外交大臣访华期间，这个问题能够得到圆满解决。中英双方的磋商，两国外长的会谈，对香港保持繁荣稳定有重要的意义。

日本共同社记者：过去中国支持日本北方领土的主张，现在中国是否撤回这一立场？

钱其琛：中国在日本北方领土问题上的立场没有变。现在，日本和苏联已把北方领土问题提上谈判日程，我们希望双方能通过谈判解决这一问题。

“美国之音”记者：3 月 25 日李鹏总理在报告中说，中国要进一步加强国防现代化建设，原因是复杂多变的国际形势。中国出于什么样的外交政策方面的考虑才将国防经费提高 12%？

钱其琛：中国需要自己的防卫能力，这一点是很清楚的。中国国防经费在总预算中的比例和绝对数字都是非常少的。国防经费 1991 年的预算是 320 亿元，按人口每个人平均只有 5 至 6 美元。我认为这是很低的水平。

新加坡《联合早报》记者：李鹏总理访问新加坡时提到，中国愿意跟南沙群岛和南海有关联的国家共同开发南海海洋资源。请问新加坡会不会受到邀请参加这样的计划？另外，台湾现在占据南沙最大的太平岛，台湾会不会受到某种方式的邀请或者参与这个计划？

钱其琛：南沙群岛的主权属于中国，这一点是非常明确的。在第二次世界大战以后，当时的中国政府已经接收了南沙群岛。我们的主张是在中国拥有对南沙群岛主权的情况下，我们愿意和有关的国家商量来共同开发南沙。但现在还没有这样的具体计划，也还没有到召开这样的会议的时候。至于台湾方面掌握着太平岛，这正说明南沙是中国的一部分。

香港亚洲电视台记者：英国外交大臣来华访问的时候会不会为英国首相梅杰来华访问作准备，中国的国家高级领导人会不会准备去英国访问？关于香港机场问题，我们明白，中方是希望为香港特别行政区政府预留一部分足够的钱，可是香港有舆论批评这样做会影响港府在过渡时期灵活运用资金。请问部长先生对这种批评有什么意见？

钱其琛：赫德外交大臣到中国访问，对推动中英两国关系的发展必然会起到积极的作用。应该说，他的访问标志着中英关系逐步恢复正常。在1984年我们两国圆满解决香港问题时，中英两国关系曾达到历史上最佳的水平。1989年6月以后，尽管经历了一些困难，但是双方还是保持了接触。1989年12月，撒切尔首相派特使柯立达到中国来访问，英国的外交国务大臣莫德和我们的田曾佩副外长实现了互访，我本人也和当时任外交大臣的梅杰先生和现任的外交大臣赫德先生在国际会议上进行了多次会见。我认为，中英关系会不断得到发展。至于中英双方就香港新建机场进行磋商问题，我想不会因此对香港现在的行政当局的行政能力造成影响，因为根据中英联合声明，香港过渡时期的一些重大问题，特别是涉及跨越1997年的重大事情，中英双方应该进行密切的合作。我认为，这种合作是有利于香港的稳定和繁荣的。

法国《欧洲时报》记者：法国是西欧国家中最早同中国建立外交关系的国家，但是"六·四"以后，两国关系出现最低潮。现在两国都在做出积极的努力恢复和发展外交关系。最近有消息说，法国外长迪马和法国总理罗卡尔都将在今年内访问中国，对此，你有何评论？另外，中国方面有没有对等的姿态来进一步恢复和发展中法关系？

钱其琛：你知道，我们的国务委员兼国家计委主任邹家华不久前到法国进行访问，当时转达了我国总理对罗卡尔总理的访华邀请。罗卡尔总理已经接受邀请。同时我们也知道迪马外长表示不久将要到中国来访问，并将主持法国在广州的总领事馆的开馆仪式。我们期待着实现这样一些高级访问。

苏联广播电台记者：苏联外长过几天就要到北京访问，请问会谈的重要问题是哪些？这次访问是否会促进苏中关系的发展？

钱其琛：苏联新外长别斯梅尔特内赫我还没有机会见到过，这次将有机会同他结识，也是一次工作访问。中苏两国都是联合国的常任理事国，对世界和平负有重要责任，两国外长对重大的国际问题进行磋商是自然的。我们还将讨论江泽民总书记访问苏联的准备工作问题。

台湾中华电视公司记者：在两岸统一的问题上，台湾方面的前提是希望在国际上有活动的空间，但中共一直在"封杀"台湾在国际上的活动。请问这会不会对两岸的统一造成影响？另外，中共是否阻止台湾加入关贸总协定？

钱其琛：台湾当局主张国家统一，我们对此表示欢迎。台湾在经济上有广泛的国际联系，但作为政治实体要求在国际上有"生存空间"，这样做只能导致国家分裂，不利于促进祖国的统一。所以我们希望台湾当局三思而行，多做一些有利于两岸发展关系、有利于国家统一的、实际的事情。台湾不是一个独立的国家，当然没有资格参加关贸总协定，只有在中国同意之下，台湾才可以作为中国的一个地区参加。

路透社记者：昨天在耶路撒冷，以色列的一位高级官员说，今后几个月以中关系将出现一些积极的发展，他说正在讨论中以关系的正常化。您能不能谈一下中以关系正常化的进程，它会对中国和巴勒斯坦的关系产生什么样的影响？

钱其琛：中国和以色列之间现在各设有一个办事处，也就是以色列科学院在北京的办事处，中国国际旅行社在以色列的办事处。除此以外没有政治上的联系。最近有一位以色列官员到中国进行了私人访问，现在还谈不上中以建立外交关系的问题。

中央电视台记者：钱外长，你如何评价目前中美关系的现状，你认为发展中美关系应排除哪些障碍？

钱其琛：李鹏总理已在政府工作报告中重申，中国政府重视中美关系，而且愿意看到中美关系的恢复和发展。美国总统布什也曾多次表示美国重视同中国的关系。但中美关系的恢复和顺利发展要有一个基础，这个基础就是中美两国之间的三个联合公报所确定的各项原则。只要双方都遵守这三个公报确定的原则，中美双方的关系就能顺利发展。

香港《新报》记者：中日两国对钓鱼岛问题搁置不谈，但去年10月份日本右派又对钓鱼岛问题摆出了非常强硬的姿态。这显示出这个问题只要一天不解决，就很容易发生冲突。请问，中国认为在什么样的情况下可以和日本谈钓鱼岛问题？什么样的时机是最好的时机？

钱其琛：中国认为钓鱼岛是中国的领土。我们知道日本对此有不同看法。中日之间曾经达成这样的谅解：把这个问题暂时搁置起来，双方不要采取使局势尖锐紧张的措施。希望日本方面能够遵守双方达成的这一谅解。

美国《纽约时报》记者：去年12月美国负责人权问题的助理国务卿谢夫特访问了中国，现在是不是可以说中国认为可以同别的国家就中国的人权形势进行讨论，也就是说在双边或多边讨论中人权已经成为一个可以探讨的题目？

钱其琛：准确地说，我们愿意和其它国家和在国际多边场合讨论人权问题，而不是专门讨论中国的人权问题。有人说"人权无国界"，这并不符合事实。从国际法的角度讲，人权的实施和保障要通过各国国内的法律来实现，这当然也就不能排除国家主权的原则。比如说美国是主张人权的，但它并没有批准两个人权公约，也没有加入关于消除种族隔离、消除种族歧视和禁止酷刑、禁止歧视妇女等方面的国际公约。所持的理由是，人权本质上是属于美国国内管辖的，认为这些国际公约中有的条款和美国的法律有冲突。如果说人权有国际标准的话，那是应该由各项国际公约来体现，各个主权国家可以参加，可以有保留地参加，也可以不参加。但绝对不能把一个国家或者几个国家的、国家集团自己的标准看作是国际标准来强加于其它国家。

美国《时代》周刊记者：中国的思想家说，如果要战胜敌人就要了解敌人，同时要分清敌友。那么，在目前这个不断变化的国际形势中，到底谁是中国的敌人，谁是中国的盟友呢？另外，你们以前的旧的三个世界的理论，现在是否还有效呢？现在是什么理论指导着中国的外交政策呢？

钱其琛：我们认为一个国家朋友越多越好，敌人越少越好。我想任何国家都是这样考虑问题的。第三世界国家现在还是一个现实的存在，而且在全世界一百几十个国家中占了绝大多数。我们仍然愿意和发展中国家、第三世界国家加强团结和合作。我们愿意与周围的邻国都建立睦邻友好关系。我们不希望人为地使任何一个国家成为我们的敌人。但是，如果有的国家反对我们，与我们为敌，那我们没有办法。

关于超级大国是不是有，我想现在有的国家自称是超级大国，所以我认为还是有的。至于我们说反对霸权主义，不是指哪个国家，我想澄清这样一点：霸权主义不是一个国家，而是指在国际关系中破坏公认准则的一种行为。请你们看看1972年中美上海公报、1989年中苏联合公报，都是说双方不谋求霸权并且反对其它国家谋求霸权的努力。

合众国际社记者：海湾战争结束之后，中国是不是在反思？当初是否由于过分紧张，使中国成为没有支持联盟所采取的将伊拉克赶出科威特的行动的惟一的一个主要国家？你们是不是认为，这破坏了中国在整个中东甚至整个世界采取行动的能力呢？

钱其琛：我们不用作这样的反思。因为和平解决国际争端和地区冲突，避免使用武力，是公认的国际关系准则。海湾战争并不能改变国际关系的这条准则。相反，海湾战争以后，仍然要回到政治解决中东问题的轨道上来，这说明使用武力并不能解决一切问题，更不能把海湾战争作为可以使用武力解决争端的一个先例。

香港《经济日报》记者：我想问一下钱外长，就你的工作能力来说，你是否可以成为一个副总理或国务委员？

钱其琛：我想所有的国家，只有竞选议员、代表的，没有竞选部长的。部长也好，副总理也好，都是任命的。

日本《北海道新闻》记者：关于北方领土问题，日本一位部长访问中国时您告诉他，你们理解、同情日本方面的立场。我们不清楚中国怎样理解、同情日本的立场？

钱其琛：关于日本的北方领土问题，中国的态度没有改变。但现在日苏开始谈判的时候，有时候传出这一个方案，有时候传出那一个方案，还传出说可以用多少钱来换。我们很难作更具体的表示。

台湾《中国时报》记者：刚才钱外长提到台湾并不是独立国家，当然没有资格参加关贸总协定。我想你忽略一个事实状况，在两岸关系没有调整以前，在台湾的中华民国和在大陆的中华人民共和国都是国际社会分别承认的国家或者政治实体。请问台湾自己所拓展的务实外交政策究竟对中国的外交政策造成多少困扰，或者多少压力？

钱其琛：台湾方面也主张一个中国。国际社会普遍承认的是中华人民共和国，联合国和其它国际组织都承认这一点。所以，我想在此纠正一下，你在提问中所说的有两个中国是不对的。

法国《费加罗报》记者：中国以前的外交政策认为有两个超级大国。现在，中国是认为苏联软弱一点好，还是希望苏联强大一点？

钱其琛：我想，世界上一个超级大国也好，两个超级大国也好，都不能包揽国际事务。我希望苏联作为我国的一个邻国，局势能够稳定，改革能够成功。

美国《新闻周刊》记者：海湾战争后，许多国家提出武器控制问题，特别是向第三世界出口武器的问题。中国是不是有计划限制未来的武器出口，是不是遵守关于导弹技术控制的机制呢？

钱其琛：关于导弹控制问题，最近在东京开过一个15国会议，中国并不是参加国。部分国家达成的协议，并不能要求没有参加的国家承担义务。中国对于武器出口一直采取非常谨慎负责的态度，而且中国武器出口的数量是很少的。核武器在国际上是禁止扩散的，生物武器也有了禁止的公约，禁止化学武器的谈判正在进行。至于对常规武器的出口并没有什么规定，我们希望世界上一些最大的武器出口国对此能采取克制的态度和切实有效的自我限制措施。

日本《产业经济新闻》记者：李鹏总理25日的讲话中谈到在日本极少数人有恢复军国主义的迹象，请问李总理说的日本军国主义的具体含义是什么？

钱其琛：第二次世界大战结束以来，军国主义在日本受到广大人民的唾弃。但是确实总还有极少数人念念不忘利用各种机会、各种方式，企图否定日本军国主义的历史罪行，企图超越自卫的限度来发展军备。中日两国对这种倾向应该保持警惕，这是理所当然的。

国务委员兼国家计委主任邹家华就搞活大中型企业发表谈话

邹家华日前强调指出，搞活国营大中型企业不仅关系到国民经济的持续、稳定、协调发展，而且关系到社会主义制度的巩固，关系到社会主义制度优越性的充分发挥，我们必须做好这篇“大文章”。

邹家华说，搞活大中型企业，涉及一个重要问题，就是如何加强企业的技术改造。邹家华强调，技术改造是保证产品质量、增加品种和提高经济效益的重要手段，所有的企业都应该有计划有步骤地进行技术改造。虽然新建企业要求不那么十分迫切，但整个经济和技术是不断发展前进的，新建企业也会变老。所以技术改造应该年年搞，永远不要停顿。

邹家华指出，我们要改变过去产品经济情况下的状况，真正形成一种不断进行技术改造的内在机制。没有这种机制，没有技术进步的意识，企业就会越来越落后，越来越没有生机和活力，最后只能萎缩、瘫痪，直至被淘汰。中央已经确定，“八五”期间要继续稳定、完善和发展企业承包经营责任制，同时还要进行“利税分流”的试点。不论采取哪种形式，都要把技术改造这个内容纳入进去，都必须保证企业有技术改造资金的来源。

在谈到价格改革时，邹家华说，现在指令性计划越多的企业，处境越困难，甚至亏损也越大，极大地影响了企业积极性的发挥。这是与价格问题连在一起的，我们要仔细研究这个问题。要在保持总量平衡的前提下，根据国家、企业和人民群众的承受能力，积极而稳妥地推进价格改革。

全国人大常委会委员长万里在人民大会堂会见由秘鲁第一副总统兼参议长马克西莫·圣罗曼率领的秘鲁议会代表团

国务院副总理田纪云在中南海紫光阁会见由隆利时国际集团有限公司董事长程万琦率领的美国华人经济考察团

中国人民银行行长李贵鲜在北京会见国际货币基金组织亚洲部主任纳维卡

智利总统艾尔文在圣地亚哥总统府接见以空军司令员王海为首的中国空军代表团

日本首相海部俊树在东京国会会见中国文化部代部长贺敬之

中国代表团团长贺其治在联合国外空法律委员会第30届会议发言各国应加强空间法律秩序

全国首届企业报展览评比在北京揭晓

《北京铁道报》获特等奖，《武钢工人》、《鞍钢日报》等20家企业报获一等奖。

3月28日

中共中央邀请各民主党派中央全国工商联负责人和无党派人士在中南海怀仁堂举行民主协商会

民主协商会就七届全国人大四次会议和全国政协七届四次会议有关人事方面的问题，进行协商、讨论。

受中共中央委托，中共中央政治局常委宋平主持会议。中共中央政治局候补委员、书记处书记、中央统战部部长丁关根在会上就有关人选作介绍。

彭冲、王任重、洪学智出席协商会。

出席会的民主党派、全国工商联负责人和无党派人士有屈武、侯镜如、费孝通、钱伟长、孙起孟、孙晓村、雷洁琼、卢嘉锡、王宋大、严济慈、徐采栋、蔡子民、荣毅仁、王光英、程思远、阿沛·阿旺晋美、帕巴拉·格列朗杰、丁光训等。

全国政协七届四次会议举行民主党派负责人记者招待会

会议新闻发言人卢之超邀请民主党派负责人同中外记者见面。

民革中央副主席彭清源、民建中央副主席万国权、农工党中央副主席方荣欣、致公党中央副主席杨纪珂、全国工商联副主席经叔平在记者招待会上答中外记者问。

在回答荷兰记者提出的中国共产党与各民主党派的关系问题时，万国权说，中国共产党领导的多党合作制度有个基本方针：“长期共存，互相监督”；“肝胆相照，荣辱与共”。监督是双方的，共产党对民主党派要监督，民主党派对中共也要监督。但我们的监督不是目的，监督是为了更好地合作。

杨纪珂补充说，民主党派作为参政党的地位可以从这四个方面来说明：共产党加强了与民主党派的互相监督，重大问题互相协商；民主党派成员在人大和政协的比例上升；举荐成员到政府机关任职；进一步发挥民主党派在政协的作用。

经叔平指出，民主党派是共产党的战友。这次会议的中心议题是讨论十年规划和“八五”计划的报告。十年规划、“八五”计划从思路到由中共中央提出建议到形成纲要，都是中共中央与各民主党派和工商联负责人反复协商过的。

在回答法国记者提出的中国民主党派的前景问题时，彭清源说，民主党派与中共是亲密的友党。中共是执政党，我们是参政党。这是几十年经验的总结。我们与中共将长期合作共存下去。我们的国家这么大，需要动员各方面的力量，为把我国建设成现代化的社会主义强国而奋斗。

台湾记者问到，在多党合作制度下民主党派有哪些意见被中共采纳。万国权说，他在十年规划和“八五”计划形成过程中提出的意见，中共中央基本上都采纳了；民建中央就中共中央关于十年规划和“八五”计划的建议提出的意见大部分被采纳。李鹏总理在本次会议上作的政府工作报告，在起草过程中民建中央提了七个方面的四十多条意见，也都得到了充分肯定。

彭清源在回答香港记者提出的祖国统一的问题时说，对于祖国统一，我们民革党章上有两条：一是赞成“一国两制”，二是赞成“和平统一”。我们愿意就祖国统一问题与台湾任何党派进行接触。我们完全同意中国共产党和台湾国民党进行两党的对等谈判，也可以邀请其他党派参加。我们将积极地推进祖国的和平统一事业。

方荣欣、经叔平分别就中国申请举办奥运会、工商联怎样开展对台湾的贸易等问题回答记者提问。

中办国办发布《关于严格控制领导干部出国访问的补充规定》

党的十三届七中全会以后，国内各项任务十分繁重。我们应该集中精力，扎扎实实地为实现十年规划和“八五”计划做好各项工作。《中共中央办公厅、国务院办公厅关于严格控制领导干部出国访问的规定》发布后，总的来说，执行情况是好的。但最近一个时期出现了领导干部出国热度加大、出访国家过多、出访时间过长的问题，这不利于集中精力抓好国内工作。鉴此，党中央、国务院重申，必须继续严格执行《中共中央办公厅、国务院办公厅关于严格控制领导干部出国访问的规定》的规定，并作以下补充规定。

一、省、部级（含副省、部级）以上领导干部出国和赴港澳地区访问，要做到快去快回，可去可不去的不去。出访时间应尽可能压缩，访问一个国家（地区）一般仍限于三至五天；一次访问一般不多于两个国家（地区），在外停留时间最多不得超过十二天。如工作上有特殊需要者，必须经国务院或中央外事工作领导小组特别批准。

二、领导干部出访的目的要明确，要讲究实效，组团要少而精，主要进行对口会谈或工作会晤。凡地、司级干部能够解决的问题，省、部级以上领导干部就不必出访，一般性考察要坚决停止。

三、领导干部出访，一般不安排顺访，更不得以任何理由绕道旅行或擅自延长在境外停留时间。

四、各地区、各部门对机关地、司级以下（含地、司级）干部及工作人员临时因公出国，也要参照上述精神严格审批，从严控制，切实纠正出国过多、过滥的现象。任何单位和个人违反规定，滥用审批权，必须严加追究。

五、各级领导干部在遵守上述规定方面应严格要求自己，作出表率。各外事主管部门要按中央和国务院有关规定严格把关，各纪检、监察、财政部门要加强检查和监督。

云南省怒江大桥竣工通车

中国主跨度最长的连续箱梁桥怒江大桥，在云南省怒江傈僳族自治州首府六库竣工通车。大桥全长 337.52 米，江面主跨 154 米，桥面宽 11 米，主跨长度居全国同类型桥梁之冠。

全国农垦产品交易会在广州举行

参展产品来自全国农垦系统粮油食品、轻工纺织、家用电器、化工医药等 20 多个大类，上万种产品。

国务院总理李鹏会见美国国会议员代表团等

李鹏在中南海会见由美国民主党众议员罗伊·罗兰率领的美国国会议员代表团，和美国共和党联邦众议员克里斯托·史密斯和弗兰克·沃尔夫。

会见中，宾主双方就广泛的问题进行了交谈。李鹏就客人提出的问题，详细阐明了对中美关系、人权、宗教信仰、知识分子和计划生育等问题的观点和立场。

李鹏说，中国重视中美关系，愿意在经济贸易、科技、文化和教育等方面保持和发展同美国的合作。李鹏指出，只要双方相互尊重，平等相待，和睦相处，两国关系就能得到改善和发展。

李鹏说，中美两国社会制度、意识形态不同，在某些问题上存在不同看法，也是自然的，但这完全可以通过加强接触，交换意见，增进了解的办法加以解决。李鹏指出，接触比不接触好，意见不同也可以成为朋友。

国务院总理李鹏在中南海紫光阁会见由执行董事波特率领的世界银行执行董事代表团

李鹏在会见中说,中国和世界银行有着很好的合作关系。世界银行在过去的几年中,不仅为我国的一些建设项目提供资金,而且为我们带来了不少好的经验(如把竞争机制引进设计和施工)和一些有益的管理方法,从而提高了建设项目的质量和效益。

李鹏强调,今后十年,中国发展的重点是农业、能源、交通、通讯和原材料工业等。中国和世界银行在这方面的合作前景是很好的。李鹏说,我国希望双方现有的良好合作关系能进一步得到加强。

在谈到《关于国民经济和社会发展十年规划和第八个五年计划纲要的报告》时,李鹏说,十年规划不仅对发展我国经济和提高人民生活水平提出了要求,而且对建立新的经济运行机制也提出了要求。

"为了建立新的运行机制,中国已经进行了十多年的经济体制改革,"李鹏说,"今后还将继续努力,使之不断发展和更加完善。"

李鹏还介绍了理顺价格关系、改革住房制度和发展农业等方面的一些政策。

波特说,中国是世界银行的重要成员国之一。世界银行将本着为成员国服务的宗旨继续搞好同中国现有的合作,同时探讨新的合作领域。

3月29日

中共中央总书记江泽民答日本《中日新闻》社会长加藤巳一郎的提问

江泽民在中南海就国际形势、中苏关系、中美关系、中日关系以及中国的十年规划和"八五"计划等问题,回答日本《中日新闻》社会长加藤巳一郎的提问。

一、国际形势

问:您就任中国共产党总书记以来,世界因东欧、苏联的混乱,特别是海湾战争,发生了剧烈的动荡,中国是如何展望、分析和把握当前动荡的国际形势的?我想倾听总书记的个人见解。

答:当前的国际形势确实复杂、多变。一年多前,美苏关系缓和、欧洲发生剧变后,有人曾经断言,世界从此天下太平。实践证明,这种估计是不确切的,海湾战争就是一个例证。今天世界面临的问题很多。一些地区冲突仍在继续,还有发生意想不到事件的可能。但是世界要和平,人类要发展,这是大势所趋。当然,世界的和平与发展要靠全世界人民共同努力来争取。我相信,只要我们有这样的信念,是能够使整个世界沿着和平、发展的道路前进的。

二、中苏关系

问:听说总书记将于今年5月访问苏联。具体讲是5月份什么时候?今后中国将如何开展对苏外交?如何解决中苏之间一些悬而未决的问题?

答:是的,今年5月中旬我将去苏联访问,作为对戈尔巴乔夫总统1989年5月访华的回访。具体的日期还待双方商定后正式公布。

过去40多年,中苏关系所走的道路,一言以蔽之,是一个曲折的过程。这些现在都已经成为过去。自1989年5月戈尔巴乔夫总统访华以后,两国建立了新型的关系。新型的关系,就是在和平共处五项原则的基础上发展两国的关系。两年来,两国关系在各个方面都得到了健康的发展。当然,这并不是说相互之间就不存在问题了。比如说,中苏边界问题还没有完全解决。苏联是中国最大的邻国,两国边界长达7300多公里。只要两国遵守和平共处五项原则,互不干涉内政,就一定能够把重新建立起来的关系搞得更好。我们对这一点是深信不疑的。搞好中苏睦邻关系不仅符合两国人民的根本利益,也有利于亚洲和世界的和平与稳定。

三、中美关系

问:中国如何评价目前的中美关系?准备如何推动两国关系的发展?

答:中美关系也经历了曲折的过程。1972年尼克松总统访华,打开了中美关系。1979年中美两国建立了外交关系。从1979年到1989年的十年中,两国关系总的说是比较好的,发展是正常的。但是,这不等于说双方没有任何分歧。我认为,国与国之间,特别是在社会制度不同的国家之间,对一些问题的看法有这样那样的分歧是正常的。

"六·四"以后,中美关系就不如前10年了。我们为恢复和改善中美关系作了很大的努力。但是,这不能只靠单方面的努力,而是要双方共同努力。我们认为,中美之间不存在根本的利害冲突。中美关系的发展不仅有利于中国,而是对双方都有利。美国的有识之士也会有此看法。我相信,只要中美双方按照和平共处五项原则和三个公报办事,中美关系的前景将是光明的。

四、东北亚形势

问:最近,东亚地区形势有一些变化。如苏韩建交,中国与韩国关系的发展,日本与朝鲜开始复交谈判及日苏关系出现变化。您对东亚区域合作关系有何展望?对东亚地区的新秩序有何考虑?

答:我们对东北亚的形势十分关注,非常高兴地看到近来这一地区形势发生了一些积极变化。中国与日本的关系基本恢复正常,与朝鲜民主主义人民共和国的友好合作关系继续发展，与朝鲜南方互设了民间贸易代表处；目前，日朝关系改善，双方正在谈判建交；朝鲜北南双方总理已举行过三次会晤。这些变化有利于东北亚局势的缓和与稳定，希望东北亚局势继续朝着这一方向发展。我们将采取积极态度，继续发展同朝鲜民主主义人民共和国的友好合作关系，希望日朝谈判取得进展。特别是中日两国应该积极发展关系，为促进这一地区的和平与发展而共同努力。

五、中日关系

问：日中邦交正常化明年就是 20 年了，您如何回顾和评价过去的 20 年？最近您有没有可能访问日本？对天皇陛下访华您有什么看法？

答：明年是中日邦交正常化 20 周年。近 20 年来，中日关系在联合声明和和平友好条约的基础上，不论是官方还是民间，都有很大发展。特别是中国实行改革开放以来，两国在经济合作方面取得了非常积极的成果。

"六·四"以后，双方的关系一度受到影响，但是目前已经基本上得到恢复。

我曾经两次访问过贵国。今后如有适当的机会，我愿意再去日本看看。

我们欢迎日本天皇陛下来中国进行访问。

六、日苏关系

问：苏联总统戈尔巴乔夫定于 4 月访问日本。此次访问要解决的问题是北方领土问题。中国对北方领土问题和日苏关系持何立场希望能听听您的意见？

答：钱其琛外长在 3 月 27 日的记者招待会上已经回答了这个问题。我没有什么补充的，希望日苏双方通过谈判，妥善解决这个问题。

七、中国的十年规划和"八五"计划

问：中国解放已经 41 年，根据我们的观察，中国由于实行改革开放，现在一直保持稳定。目前全国人民代表大会正在审议今后十年发展规划。贵国希望这次人代会在政治和经济两方面取得什么成果？对进一步充实中央的领导体制，有哪些基本设想？

答：七届全国人大第四次会议目前正在进行。去年年底，党的十三届七中全会对十年规划和"八五"计划提出了原则性的建议。经过几个月的工作，国务院拟定了十年规划和"八五"计划草案。这两个草案目前已提交全国人民代表大会审议。几天来，人大代表讨论十分热烈。我衷心期望，通过全国人民代表大会这个最高权力机关的审议和批准，十年规划和"八五"计划将成为国家和人民的意志，在未来的 10 年里把我们的国家建设得更好。

我们要继续贯彻改革开放的方针。经济要保持持续、稳定、协调地发展，为此，就要提高效益，产业结构也要作调整。毫无疑问，这个任务是艰巨的。为了更好地完成任务，我们需要充实国务院的领导力量，这个问题已经列入此次人大的议事日程。

八、对中国伟人的评价

问：贵国历史上出现过许多伟大的政治家。当代的有毛泽东、周恩来，包括现在还健在的邓小平先生。您觉得哪一位最值得您效仿？

答：我们中国共产党成立到今年正好 70 年。70 年的战斗历程产生了许多杰出的领导人。毛泽东、周恩来、刘少奇、朱德，也包括邓小平同志，都是第一代领导人。十一届三中全会后，邓小平同志成为第二代领导集体的核心。每个领导人都有各自的特点。对所有前辈领导人，我都要虚心学习他们的长处。

前辈领导人也有共同的特点。他们都有坚定的马列主义政治信仰。他们都有长期的、丰富的实践经验。他们都有团结全党和全国人民共同战斗的本领。

采访结束后，江泽民握住加藤巳一郎的手，语重心长地说："您比我年长 9 岁，身体很好。我对您有一句临别赠言：中日两国是近邻。我们老一代人要教育年轻人，中日要世世代代友好下去。"

国务院发布《中华人民共和国一九九一年国库券条例》

中国乡镇企业协会会长何康在全国人大新闻中心举行的记者招待会上就乡镇企业问题答中外记者问

何康在回答"是否应当把乡镇企业的优点引进国营企业"的问题时说，乡镇企业和国营企业要互相学习。乡镇企业是中小型企业，根据市场调节，比较灵活，又是自主经营，自负盈亏。国营企业通过深化改革，也要自主经营、自负盈亏。同时，乡镇企业要依靠大企业的基础设施。

有记者问及乡镇企业安排农村劳动力方面的情况，何康说，乡镇企业吸收劳动力的速度正在逐渐放缓。过去 10 年中，前 5 年乡镇企业增加劳力 4000 万人，后 5 年只增加 2200 万人。今后 10 年计划大约吸收 3000 万劳动力，这样到本世纪末，乡镇企业大约可吸收劳力 1.2 亿人。这是相当困难的。因为乡镇企业还要提高本身的素质。所以，我们要加强农业综合开发，同时加快发展第三产业。

关于在治理整顿的去年，关闭了多少乡镇企业的问题，何康回答说，我们对一些经济效益不好、污染严重的乡镇企业加以调整，这是为了更好的发展，这些乡镇企业只占总数的10%左右,大部分转产生产其他的东西,而真正关门的企业有10万个左右。

何康说,乡镇企业的“废水、废气、废渣”的排放量,大约占全国总量的10%。这几年,乡镇企业加强了对污染的处理,使每年污水减少7亿吨,废气减少1200亿立方米。此外,还关闭了900家污染严重的乡镇企业。

在回答记者提出的如何通过立法保证乡镇企业有一个良好的外部环境的问题时,何康说,有人形象地说,乡镇企业好像是一种“气候经济”,很容易受各种气氛影响。去年,国务院专门对乡村的集体企业颁布了条例。现在,人民代表大会正在准备《乡镇企业法》,从法律上保证乡镇企业的权益。

有记者问:乡镇企业之所以效益好,是不是因为有税收方面的优惠?何康说,在乡镇企业兴办初期,国家给了1年到3年免税的优惠,但是,最近几年,除了对贫困地区和乡镇企业不发达地区继续实行一些优惠政策外,从全国来看,乡镇企业的税收政策同国营企业的差不多。

最后,本报记者请何康谈谈近两年私营企业的变化。何康说,私营企业确实会受一些影响,但是我们对私营企业的政策是明确的,私营企业的产值目前只占乡镇工业总产值的5%左右,他们在各方面同公有制企业相联系,是公有制的补充,并且在总的调控下从事生产经营。

国办发出关于成立国务院清产核资领导小组的通知

组　长:王丙乾(国务委员兼财政部部长)

副组长:叶　青(国家计委副主任)

张佑才(财政部副部长)

周正庆(人民银行副行长)

汤丙午(国有资产局局长)

成　员:(略)

中共中央总书记江泽民致电祝贺凯山丰威汉当选为老挝人民革命党主席

国家主席杨尚昆在人民大会堂会见由秘鲁第一副总统兼参议长马克西莫·圣罗曼率领的秘鲁议会代表团

中国地质古生物学家在湖北秭归县发现六亿年前生物化石群

中国地质古生物学家新近在湖北省秭归县庙河村附近发现一批距今6亿年前的珍稀生物化石群。专家认为,这批国内外罕见的最古老的大型生物化石,是我国近期古生物研究的一项重要发现,对深入开展生物演化和地质历史的早期研究有重要科学价值。

国务院学位委员会发布《关于授予具有研究生毕业同等学力的在职人员硕士、博士学位暂行规定》

为多渠道促进我国高级专门人才的成长,进一步提高教育和科技队伍的素质,适应社会主义现代化建设的需要,国务院学位委员会最近发布《关于授予具有研究生毕业同等学力的在职人员硕士、博士学位暂行规定》(以下简称《规定》)。

《规定》指出,凡是坚持四项基本原则,热爱祖国,遵纪守法,品行端正,较好地完成本职工作,在教学、科研或专门技术上做出成绩,业务和学术水平已达到硕士或博士研究生毕业同等学力水平的在职人员,经所在单位同意,均可按照《规定》,向有关学位授予单位申请硕士或博士学位。

为期28天的中国计划免疫评审工作结束

全国已实现1990年儿童免疫接种以县为单位达到85%的目标。

广东各界纪念黄花岗七十二烈士殉难八十周年

3月30日

七届全国人大四次会议主席团举行第二次会议

会议由主席团常务主席全国人大常委会委员长万里主持。

国务院总理李鹏向七届全国人大四次会议提交关于提请任命国务院部分组成人员的议案。受中共中央委托,中共中央政治局常委宋平在会上就中共中央推荐的国务院部分组成人员人选的有关情况作说明。

主席团会议经过表决,决定将李鹏提交的议案和七届全国人大四次会议决定任命的国务院部分组成人员的名单草案,印发各代表团进行酝酿。会议经过表决,决定将补选七届全国人大常委会委员候选人名单草案,印发各代表团进行酝酿。

主席团会议还通过七届全国人大四次会议选举和决定任命办法草案。草案将提请大会审议。

江泽民等党和国家领导人参加七届全国人大四次会议解放军代表团讨论会

中共中央总书记、中央军委主席江泽民,国家主席、中央军委第一副主席杨尚昆,参加解放军代表团审议国务院总理李鹏的政府工作报告。

在听取代表们的意见后，江泽民说，尊重科学，重视武器，但不能唯武器论。我们要坚持发扬社会主义制度的优势。中国人民能从黑暗中站立起来，能从胜利走向胜利，靠的是党的领导，靠的是走社会主义道路。从古到今的历史说明，中华民族是伟大的民族，中国人民是有志气的，是了不起的。我们要有民族自尊心、自豪感，要有爱国主义精神，要有强大的精神支柱，要有克服一切困难、压倒一切敌人的气概，要培养一往无前的精神。

杨尚昆说，过去打仗靠小米加步枪，现在我们的国防建设得到了加强，现代化水平大大提高。我们有我们的优势，我们有我们的长处。我们这支军队有着光荣传统，我们的指挥员、战斗员是马列主义、毛泽东思想武装起来的，这是我们特有的优势。这些，永远都要坚持。

江泽民说，电子技术在国民经济建设和国防建设中的作用是举足轻重的。一定要抓好电子技术的发展，要出成果，要出有世界先进水平的成果。

江泽民还说："搞好精神文明建设，抓好思想政治工作，是我们办好一切事情的保障，绝不能'一手硬、一手软'。物质文明建设和精神文明建设必须一起抓。思想政治工作只能抓好，不能放松。"

国家体改委主任陈锦华对外经济贸易部部长李岚清在人民大会堂就中国经济体制改革和外贸体制改革问题答中外记者问

陈锦华首先介绍全国人大七届四次会议审议有关改革方面的内容。陈锦华指出 90 年代中国经济体制改革的目标是：初步建立起以公有制为基础的社会主义有计划商品经济的新体制，和计划经济与市场调节相结合的经济运行机制。围绕这个总目标，将重点推进 5 个方面的改革：一是坚持以社会主义公有制为主体，适当发展个体经济、私营经济和其他经济成分，完善所有制结构；二是实行政企职责分开、所有权和经营权适当分离，逐步使绝大多数国营企业真正成为自主经营、自负盈亏、自我约束、自我发展的社会主义商品生产者和经营者；三是进一步完善消费资料市场，扩大生产资料市场，发展各种商品和生产要素市场；四是理顺国家、集体和个人以及中央和地方之间的分配关系，形成合理的国民收入分配格局，充分体现按劳分配的原则；五是综合运用经济、行政、法律手段，特别是运用价格、税收、利率、汇率等经济手段调节经济运行，建立中央和省、自治区、直辖市经济调控体系。从今年开始，将本着统筹规划、一个时期有一个时期侧重点的精神，着重加强住房制度、社会保障制度的改革，减轻企业的社会负担，为深化企业改革创造必要的外部环境。同时，逐步减少国家财政补贴，使国家和地方都能增加积累、发展经济，为进入下一个世纪奠定新的物质技术基础。在推行上述改革中，将继续注意处理好改革与发展的关系，使改革与经济发展、与扩大对外开放更好地结合起来，推动整个经济持续、稳定、协调地发展。

李岚清向中外记者介绍中国外贸体制改革情况。李岚清说：今年，我国进一步改革外贸体制，主要是从实行外贸企业自负盈亏入手，在已调整人民币汇率的基础上，使外贸逐步走上统一政策、自负盈亏、平等竞争、自主经营、工贸结合、推行代理制的发展轨道。这次改革有这样几个明显特点：一是打破了吃"大锅饭"的体制，外贸企业按照国际通行做法，实行自负盈亏，即使外贸企业有改善经营管理的压力，又增强自我发展的动力和能力；二是改变了地区差别外汇留成比例，创造了企业平等竞争的条件，有利于改善外贸经营秩序，促进企业改善经营管理；三是进一步完善外贸的宏观管理；四是由于我们的贸易对象主要是资本主义市场，因此在计划经济与市场调节相结合的原则下，重视发挥市场调节的作用；五是扩大企业支配使用的外汇，为外国产品进入中国市场提供更多的机会；六是鼓励出口的政策和外贸管理措施，保持相对的稳定性和连续性。总的来说，这次改革体现了我国进一步扩大对外开放的精神，使我国外贸体制更适应关贸总协定所要求的国际贸易规范，有利于更广泛地参与国际经济合作和交流。从新体制实施两个多月的情况看，尽管遇到不少困难，进出口仍保持了较好的发展势头，说明改革的方向是正确的。

有记者问，美国最近又有人提出中国最惠国待遇问题，如果明年美国取消对中国的最惠国待遇，将对中国整个外贸有何影响？李岚清说：相互给予最惠国待遇，是中美贸易协定最重要的条款，可以说是两国经贸关系的基石。一旦美方中止给中国的最惠国待遇或者有条件地保留最惠国待遇，将严重损害双边关系特别是经贸关系，当然会对我向美出口产生严重影响，但这也会损害美国广大消费者利益，也会影响到在华投资的美国商人的利益。因为美商投资是外商对华投资中最多的，总协议金额已达 43.6 亿美元。同时，取消中国的最惠国待遇，也将严重影响香港的繁荣与稳定。这些都是我们不愿看到的。中美经贸关系发展到今天的水平是不容易的，是中美双方政府、企业界克服困难共同努力的结果，双方应当珍惜。我们赞赏美国政府在这个问题上的立场，也希望美国国会议员从中美关系大局考虑，不要受非贸易因素的影响。中国有句成语："百闻不如一见。"我借此机会希望更多的美国国会议员来中国看看，更多地了解中国的情况，这样有助于正确作出有关中美关系的决定。

在回答记者关于中国是全部还是部分取消外贸企业补贴问题时，李岚清说：取消外贸企业补贴是按国际惯例进行贸易的一个重大措施，但这并不意味着在国际上承担取消所有补贴的义务，因为即使发达国家外贸也有补贴，补贴数量也比我们多。我们这样做是使外贸体制更符合关贸总协定的要求。关于全面取消补贴，要在多边贸易协定中讨论，大家都要承担义务。

全国政协副主席程思远在政协七届四次会议上作《政协七届三次会议以来的提案工作情况报告》

程思远说，政协七届三次会议以来，提案委员会共收到提案1915件，经与有关部门联系协商，分别送请中共中央、国务院的有关部委、直属机构，各省、自治区、直辖市人民政府，中央军委办公厅，最高人民法院，最高人民检察院和有关人民团体等151个单位研究办理，截至1991年3月12日，已办复提案1905件，占全部提案的99.5％。

程思远说，在已办复的提案中，所提建议和意见被有关部门采纳、已经解决或基本解决的有563件，占已办复提案的29.6％；有关单位正在研究处理或纳入计划准备处理的共1129件，占已办复提案的59.2％；所提建议尚不具备条件不能解决或留作参考的，共213件，占已办复提案的11.2％。

程思远说，政协七届三次会议以来，在《中共中央关于坚持和完善中国共产党领导的多党合作和政治协商制度的意见》精神鼓舞下，委员们发挥高度政治责任感，就稳定政治局势，搞好治理整顿和深化改革，发展经济、文化、教育事业，惩治腐败，加强廉政建设和社会主义精神文明建设等方面积极提出提案。许多提案是委员通过调查研究提出来的，有些提案还经过小组集体讨论，建议中肯，意见有针对性，受到中国共产党和政府各有关部门的重视。不少提案所提意见和建议被采纳实施，发挥了积极作用和影响。程思远指出，绝大多数承办单位重视对委员提案的办理工作，但是也有个别单位办理提案不够认真，存在应付敷衍和推拖现象。我们相信，随着中国共产党的统一战线政策的深入贯彻，有关单位一定能够提高认识，严肃对待和认真办理政协提案，使提案切实发挥作用。

程思远说，一年来提案委员会主要做了以下工作：制订了《中国人民政治协商会议全国委员会提案工作条例》，使提案工作走上了制度化和规范化的轨道；有重点地推动提案的办理；加强与委员、承办单位和地方政协的联系。他说，一年来，在七届全国政协常委会和主席会议的领导下，在各位委员和各承办单位的支持下，提案工作取得了一定的成绩。当前提案工作存在的主要问题是，对提案的办理缺乏督促、检查的有力措施；沟通委员与承办单位之间的联系不够广泛；对少数提案的承办单位确定不够准确。这些都有待于今后努力改进。

程思远说，为进一步改进和加强提案工作，更好地发挥政协提案在政协行使“政治协商、民主监督”职能中的作用，使政协提案在维护和发展安定团结的政治局面，推动社会主义现代化建设和促进祖国的和平统一等方面作出更大贡献，我们今后拟做好以下工作：

——认真学习中共中央十三届七中全会文件，围绕国民经济和社会发展十年规划和“八五”计划的实施积极开展工作。鼓励和支持委员加强调查研究，在充分掌握国情的基础上，提出更多更好的提案，为促进国家的经济振兴和社会进步发挥更大作用。

——宣传、贯彻《中国人民政治协商会议全国委员会提案工作条例》，根据《条例》的要求，做好提案的提出、审查立案、交办、催办等各个环节的工作；促进提案工作的制度化、规范化，并做好党派、团体提案的联系服务工作。

——认真办理政协七届四次会议的提案。选择内容重要、委员普遍关心的问题作为重点提案，组织专题调查，协助充实和完善提案内容，提高质量。加强对提案办理的检查、督促，更好地组织承办单位与提案人的协商座谈，促进提案的办理和落实。

——密切与中共中央办公厅、国务院办公厅、全国人大常委会办公厅、中央军委办公厅以及各承办单位的联系，交流信息，促进办好提案；采取多种形式向委员、各民主党派、有关人民团体通报提案工作进展情况，听取意见，改进工作。

——加强与地方政协的联系，组织调查组下去考察或派员参加部分省、自治区、直辖市的提案工作座谈会，了解和研究各地政协贯彻提案工作条例的情况，及时总结经验，不断推动和改进提案工作。

全国政协七届四次会议举行第二次大会

七位委员就科技教育兴国、贯彻产业政策，放开粮食市场、金融市场和实行人口控制等重大问题发表意见。

北京大学和台湾展望基金会学者大陆访问团在北京举行学术座谈会

北京大学副校长王义遒和访问团团长李庆华在讲话中表示两岸学者通过交流增进了解，达成共识，有助于推动海峡两岸其他方面的交流良性发展。34名来自大学、研究院的台湾学者、教授，围绕海峡两岸、世界各地的发展情况以及如何促进中国现代化等专题，从政治、经济不同角度与大陆同行展开讨论。两岸学者指出，台湾经济发展近年来遇到不少困难，大量资金寻找新的出路，而大陆的广阔市场是台湾商人投资的比较理想去处。

中国儿童少年电影学会举办的第4届童牛奖评选揭晓

人民文学出版社在北京庆祝建社四十周年

首届纪录影片"金桥奖"颁奖

获奖纪录影片是《我们走过的日子》、《改革开放的中国》、《北京的早晨》、《东方"梅纽因"小学》、《中国航天城》、《国旗 国徽 国歌》、《特殊教育》和《跨越世纪的红星》。

程子华逝世

程子华在北京逝世，终年86岁。

程子华生于山西省运城市解州镇。1925年参加革命，1926年6月加入中国共产党。1927年12月参加广州起义。1931年4月，到中央苏区工作，历任红35军独立三师师长、红五军四十师师长、四十一师师长兼政委、十四师师长、二十二师师长、粤赣军区代参谋长等职，参加了第二到第五次反围剿斗争。1934年6月，程子华到鄂豫皖革命根据地工作，任红25军军长，后担任鄂豫陕省委代理书记、红25军政委。红25军到达陕北合编为红十五军团，程子华任军团政委。1943年任晋察冀中央分局代理分局书记、代理军区司令员和政委。1945年10月，任中共中央东北局委员、冀察热辽中央分局书记、军区司令员兼政委。北平解放后，任北平警备司令员兼政委。1949年4月，任第四野战军十三兵团司令员。1949年末，任山西省委书记、省政府主席、省军区司令员兼政委。1950年10月以后，调任全国合作社联合总社副主任、主任、党组书记。1956年任国务院财贸办公室副主任。1958年任商业部长、党组书记。1960年任国家建委副主任、党组副书记。1961年任国家计委常务副主任、党组副书记。1978年3月，任民政部部长、党组书记。中共七届中央候补委员，八届和十一届中央委员，第一届全国人大常委，第三、四、五届全国人大代表，第三届国防委员会委员，第五、六届全国政协副主席，在党的第十二届、十三届全国代表大会上当选为中央顾问委员会委员、常委。

3月31日

中央军委秘书长杨白冰在人大全国七届四次会议解放军代表团审议国务院总理李鹏的政府工作报告时发表讲话

国家科委负责人就建立国家高新技术产业开发区问题答记者问

国务院新批准建立26个国家高新技术产业开发区的决定，引起出席七届全国人大四次会议的代表和全国政协七届四次会议的委员的关注。记者就这个问题访问国家科委有关负责人。

问：国务院最近批准建立的国家高新技术产业开发区与我国现有的经济特区、经济技术开发区有何不同？

答：国务院最近批准建立的国家高新技术产业开发区在性质、政策、管理机制和业务范围上不同于我国现有的经济特区和经济技术开发区。

首先，经济特区和经济技术开发区的设立，主要是为了吸引外资开发沿海地区，从而带动我国整体经济的发展。而高新技术产业开发区，主要是依靠我国自己的科技力量，促进高新技术成果的商品化、产业化和国际化，并加快向传统产业的渗透和扩散，促进地方经济的发展，从而完善和优化我国的产业结构和产品结构，推动国民经济骨干产业的科技进步，提高我国劳动生产率和经济效益，提高我国商品在国际市场上的竞争力。当然，高新技术产业开发区也同样是对外开放的开发区，欢迎外商投资并享有与经济特区、经济技术开发区相类似的优惠政策。但是，在政策的适用范围上与经济特区、经济技术开发区有较大差别。高新技术产业开发区的优惠政策仅适用于高新技术企业。在高新技术产业开发区内，不论是"三资"企业还是"中资"企业，只要是搞高新技术产业开发，就可以同样享受优惠政策。而对一般的和传统的技术、产品则没有优惠。高新技术产业开发区有其划定范围。在开发区范围之外，不论是高新技术企业还是传统企业，都不享受开发区的优惠政策。这样，就有可能使高新技术企业逐步聚集在高新技术产业开发区内，在高新技术开发的人力、物力、财力上形成相对集中的优势，形成规模经济效益。这对于一个新的产业体系的建立和发展来说，无论是从其时效性、经济性、地域性上以及科学技术与国民经济骨干产业相结合方面都是非常有利的。

问：国务院的决定中规定，国家高新技术产业开发区由国家科委归口管理，并具体指导，那么，高新技术产业开发区与各级科委的关系如何?

答:国务院明确规定,国家高新技术产业开发区由国家科委归口管理和具体指导,这不是偶然的。高新技术产业开发区与各级科技系统有着密不可分的联系。世界各国的经验表明,要想用较短时间建立和发展起比较完整的高新技术产业体系,必须要以强大的科技力量做后盾,要以较完整的工业体系为基础,要有配套的优惠政策的支持,以及合理的管理体系和机制做保障。而这些工作都要科技部门积极组织协调。只有科技部门的积极组织协调才有可能使高新科技成果不断地进入开发区,使开发区与国民经济的骨干企业的技术进步有效地结合起来。当然,国家科委归口管理,并不意味着高新技术产业开发区仅仅是科技系统的事。事实已经证明,兴办高新技术产业开发区,符合我国经济发展的现实,得到了各个部门、各地方政府和各界人士的大力支持。特别是地方政府和各界表现出极大的热忱和强烈的愿望,纷纷制定出相应的地方性优惠政策,使一批高新技术产业开发区初具规模,并产生了良好的经济效益。因此,高新技术产业开发区的管理与建设将继续紧紧依靠各级政府和各个部门的有力支持与配合,使高新技术产业开发区的建设成为各级政府、各有关部门以及各界人士的共同事业。

问:高新技术产业开发区与国家火炬计划是什么关系?

答:火炬计划是一项推动我国高新科技成果商品化,在我国建立和发展高新技术产业并使其实现国际化的国家指导性计划。建立和发展各种类型的高新技术产业开发区是组织实施火炬计划的一项重要任务。除此之外,火炬计划每年还要筛选几百项国家级火炬项目,支持1000多项地方火炬项目;有计划地组织培训高新技术企业的经营管理人员;建立用于"孵化"高新技术企业的高新技术创业服务中心,逐步完善有利于高新技术产业发展的支撑服务体系;为了实现高新技术产业的国际化,火炬计划将在重点国家和地区建立不同类型的公司或代表机构,积极开展对外出口和技术、经济合作,推动我国高新技术产业进入国际市场。因此,高新技术产业开发区是火炬计划的一个重要组成部分,是实施火炬计划的重要基地。

中国儿童少年基金会第九届理事会在北京召开

4月1日

全国政协第七届常委会第十四次会议继续举行

会议审议通过将提请大会闭幕式上选举的人事名单和提请大会通过的决议草案。

会议通过增选政协第七届全国委员会副主席、常务委员和补选秘书长候选人名单；通过了全国政协七届四次会议政治决议草案，全国政协七届四次会议关于常委会工作报告的决议草案，政协提案委员会关于政协七届四次会议提案审查情况的报告草稿。

宋德敏代秘书长向常委们汇报了会议分组讨论和协商的情况。

党和国家领导人江泽民、杨尚昆、李鹏、万里等出席中央统战部全国人大民族委员会国家民委全国政协民族委员会在人民大会堂举行的茶话会招待出席七届全国人大四次会议和全国政协七届四次会议的少数民族代表委员

能源部部长黄毅诚就能源建设问题在北京举行中外记者招待会

黄毅诚说，我国基本上依靠自己的力量建立了一个30万千瓦的秦山核电站。今后10年，中国想通过设计、制造几台60万千瓦的核电站，来掌握核电设备制造技术。到本世纪末，争取使核电设备基本国产化。

黄毅诚在回答中国能源发展对外合作的有关问题时指出，中国已宣布11个省可以对外合作开发陆地石油。近年我国投入大量人力物力对塔里木盆地油气资源进行了勘探，基本摸清了塔里木盆地的地质构造。由于中国的石油设备基本上能够自给，而且劳动力便宜，因此中国还没有打算采取像我国海上石油开发的那种合作方式和外国合作开发塔里木油田。黄毅诚说，中国目前每年出口原油2000多万吨，今后扩大石油出口的可能性不大。

黄毅诚在记者招待会上还介绍了我国能源工业今后发展的主要措施。他说，今后国家对统配煤矿建设在投资上将优先保证，同时加快东北地区煤炭的开发，尽量减少从关内调煤。此外，“八五”期间，每年要增产200万吨原油，新增大中型水电装机1000万千瓦；今后10年还要建设3000万千瓦左右的坑口电厂。

国家建材局国家物价局联合发出《关于统配水泥企业实行计划内外统一出厂价格的通知》

决定自1991年4月1日起，取消统配水泥企业生产的水泥价格双轨制，实行计划内外统一出厂价格。

通知指出，对统配水泥企业水泥价格并轨后，基本做到不增加用户负担。

通知规定，经国家批准抢救性水泥企业，继续执行地区价。地区价格高于统一出厂价格的幅度，统一规定为20%。统配水泥企业水泥价格并轨后，地方管理的水泥价格如何安排，由各地根据本地的具体情况决定。

国务院批准中国北方航空公司正式对外营运

景德镇稀土“彩虹釉”荣获三十九届尤里卡国际发明金奖

国务院总理李鹏在中南海紫光阁会见苏联外交部部长别斯梅尔特内赫

苏联外长感谢李鹏总理的会见并转达了苏联总统戈尔巴乔夫带给中国领导人的关于进一步发展双边关系的口信。他说，苏联领导人对中苏双边关系的发展感到满意，两国关系进入了正常发展的轨道。去年李鹏总理访苏推动了苏中关系的发展。苏方感谢中国最近向苏联提供的商品贷款，苏联方面也高度重视江泽民总书记即将对苏联进行的访问。

李鹏说，代表们对中苏关系的发展表示满意。李鹏说，各国如何建设自己的国家、选择什么样的道路是各国人民自己的事。然而，中国方面对苏联的局势是关心的，希望苏联继续稳定，经济发展，民族团结。

李鹏在谈及中方向苏联提供商品贷款时说，贷款的数额不大，是中国人民对苏联人民传统友谊的表示。新中国成立初期，苏联也曾向中国提供过援助。苏联目前面临的困难是暂时的，苏联资源丰富，综合国力仍然是相当强的，只要能克服目前的困难，苏联的作用仍然是不容忽视的。中方认为，中苏关系的发展仍有潜力，中苏经济关系有相当大的互补性，这是两国的资源结构和经济结构所决定的。两国是近邻，有7000多公里的边界线，交通往来方便。这种互补性如果能够得到很好的利用，中苏经济合作的前景将会是很好的。

李鹏说，海湾战争后，世界仍然面临许多问题和矛盾，这些问题和矛盾并没有因为海湾战争的结束而消失。现在人们都在谈论建立世界新秩序，我们认为新秩序应建立在平等互利的基础上，其核心是互不干涉内政，各国的命运应当由各国人民自己来决定。

外交部长钱其琛以及随同别斯梅尔特内赫来访的苏联高级官员会见时在座。

国务院总理李鹏在中南海紫光阁会见国际原子能机构总干事汉斯·布利克斯

李鹏在会见中说，自一九八四年中国加入国际原子能机构以来，双方开展了有益的合作。在发展核能工业和科学研究方面，中国得到了热情的帮助和支持，我们表示感谢。

在谈到中国的能源工业时，李鹏说，中国有丰富的水利资源和煤炭资源，因此在今后一段时间内，我们仍然以发展水力和火力发电为主。我们把发展核电作为能源的一个补充。正在建设中的秦山核电站和大亚湾核电站工程进展是顺利的。今后十年我们发展核电工业主要着眼于积累运行经验、培养技术人才，并努力提高核电设备的国产化水平。

李鹏说，我们在核电建设中十分重视安全问题，今后在和平利用核能领域里，中国将一如既往地同国际原子能机构保持和发展友好合作关系。

在谈到不扩散核武器问题时，李鹏说，中国的立场很明确，中国不搞核扩散，同时我们也反对其他国家扩散核武器。在对外核合作方面，中国政府历来采取慎重负责的方针，并制定了相应的政策。

布利克斯说，国际原子能机构同中国的合作非常好。中国和平利用核能的经验对其他发展中国家有借鉴作用。现在世界上越来越多的国家逐步认识到核能是一种重要的能源，并对核电发展的前景持乐观态度。

中共中央政治局常委李瑞环在人民大会堂会见蒙古人民革命党中央主席团委员党中央机关报《真理报》总编辑洛敦·图德布

国家副主席王震在人民大会堂会见意大利参议员奥兰多

外交部部长钱其琛在北京会见蒙古政府对外关系部部长策·贡布苏伦

秘鲁总统藤森在利马总统府接见以空军司令员王海为团长的中国空军代表团

外交部部长钱其琛和苏联外交部部长别斯梅举行会谈

别斯梅尔特内赫强调，实践证明，苏中关系正常化以后建立起来的新型关系是有生命力的，苏联方面愿意继续发展并加强这种关系。

钱其琛指出，两国关系正常化后，双边关系走上了健康平稳发展的轨道。两国领导人一致同意，应就双边关系和重大国际问题加强对话和磋商。海湾危机爆发后，两国领导人多次交换意见和信息，这是很必要的。

两位外长十分重视江泽民总书记将于今年5月对苏联的访问。别斯梅尔特内赫表示，苏联方面热切期待着江泽民总书记的访问，并把准备接待江泽民作为苏联今年外交上的一件大事来抓。钱其琛说，江泽民下月对苏联的正式访问必将进一步推动两国睦邻友好关系和互利合作向前发展。

两位外长还回顾了双方关于边界问题、裁减边境军队等领域正在进行的谈判，肯定了已经取得的进展，并表示要保持谈判势头，使谈判尽早取得成果。

两位外长还就广泛的国际问题，包括朝鲜半岛形势、柬埔寨问题，交换了意见。

中国外交部副部长田曾佩，苏联俄罗斯外交部长阿·柯兹列夫、苏联副外长罗高寿等参加会谈。

4月2日

七届全国人大四次会议举行第三次全体会议

会议由大会执行主席、主席团常务主席荣毅仁主持。

全国人大常委会副委员长兼秘书长彭冲受全国人大常委会委托向大会报告常委会的工作。

全国人大常委会副委员长、全国人大法律委员会主任委员王汉斌在大会上就1982年通过的民事诉讼法(试行)的修改草案作说明。

国务院总理李鹏向这次大会提交国务院关于提请审议外商投资企业和外国企业所得税法草案的议案。

受国务院委托，国务委员兼财政部部长王丙乾在大会上作关于这部法律草案的说明。

今天的大会执行主席还有叶飞、孙起孟、马万祺、王光中、王光宇、王庭栋、许勤、孙维本、杨析综、吴振、韩培信、霍英东。

全国人大常委会副委员长彭冲在第七届全国人大四次会议上作《全国人民代表大会常务委员会工作报告》

各位代表：

我受全国人民代表大会常务委员会的委托，向大会报告第七届全国人民代表大会第三次会议以来常委会的工作，请审议。

七届全国人大三次会议以来，常委会按照大会通过的决议的精神，在总结经验的基础上，继续以中国共产党的基本路线为指导，认真履行宪法赋予的职责，努力发展社会主义民主和健全社会主义法制，推动治理整顿、深化改革，促进我国政治、经济和社会的进一步稳定发展，各方面工作取得了新的进展。

一、加强立法工作和对法律实施的监督

一年来，常委会共审议了 13 个法律草案，其中已通过 8 个，决定将两个法律草案提交这次大会审议；还通过了 4 个有关法律问题的决定，批准了 6 个我国参加的国际公约和缔结的外交条约。这是我国立法工作取得成果较多的一年。

常委会经过反复审议和认真修改，由第十五次会议通过了著作权法。这部法律根据宪法精神，建立了我国著作权制度，保护作者因创作文学、艺术和科学作品而产生的正当权益，鼓励公民积极从事教育、科学、技术、文学、艺术和其他文化事业的创造性工作，促进优秀作品的传播和国际文化交流。它是保护知识产权的一部重要法律，在国内外引起了积极的反响。

铁路是国民经济的大动脉，对国民经济的发展起着极其重要的作用。经过认真审议、修改，常委会第十五次会议通过的铁路法，对加强铁路法制建设，促进铁路交通运输事业的发展，运用法律手段保障铁路运输安全，体现人民铁路为人民的宗旨，提高铁路运输服务水平，有着重要作用。

常委会第十七次会议通过的残疾人保障法，是我国第一部保障残疾人权益的法律。它对维护残疾人的合法权益，发展残疾人事业，保障残疾人平等地参与社会生活，将产生重要影响。

常委会还通过了由全国人大华侨委员会起草的归侨侨眷权益保护法。这部法律的制定和实施，必将进一步保护归侨、侨眷的合法权益，密切海外侨胞与祖国的感情和联系，更好地发挥归侨、侨眷以及海外侨胞在振兴中华、和平统一祖国大业中的积极作用。

国旗和国徽是国家的标志，代表国家的主权和尊严。常委会审议通过的国旗法和国徽法及有关规定，有利于保证国旗和国徽的正确使用，维护国旗和国徽的尊严，增强公民的国家观念和爱国意识。

常委会审议通过的缔结条约程序法和领事特权与豁免条例，对于健全我国缔约和发展中外领事关系的法律制度，保证国家缔约权的正确行使，进一步发展国际合作，有重要意义。

为了加强社会主义精神文明建设，清除目前社会上出现的丑恶现象，促进社会稳定，常委会第十七次会议作出了关于禁毒的决定和关于惩治走私、制作、贩卖、传播淫秽物品的犯罪分子的决定。这两个决定根据实践中提出的法律问题，对刑法、治安管理处罚条例的有关规定作了补充和修改，有利于严厉打击毒品犯罪活动和惩治走私、制作、贩卖、传播淫秽物品的犯罪分子，净化社会风气，整顿社会治安。

1982 年通过的民事诉讼法已试行 9 年，在我国经济和社会生活中发挥了重要作用。根据新情况和新经验，需要对这个法律进行修改、补充。通过总结实践经验，广泛征求各方面意见，常委会法制工作委员会起草了民事诉讼法（试行）修改草案，经过常委会审议，决定提交本次大会审议。常委会决定提交本次大会审议的外商投资企业和外国企业所得税法草案，是根据对外开放不断深入发展和实践中出现的问题，在对中外合资经营企业所得税法和外国企业所得税法进行必要修改和完善的基础上提出的。这部法律的制定，有利于更好地贯彻对外开放方针，进一步改善外商投资环境，促进中外经济技术合作和交流。

为了使立法工作更有计划、有重点地进行，根据委员长会议决定，召开了立法工作会议。这次会议总结了近些年来立法工作的基本经验，研究了今后立法工作的具体规划和安排，提出了今明两年的立法工作重点。

一年来，常委会和专门委员会继续采取多种形式做好对法律实施的监督工作。针对一些法律实施中存在的问题，有重点地进行调查研究，并督促有关部门纠正调查中发现的违法行为。民族委员会调查了民族区域自治法的贯彻实施情况，还组织了三个调查组先后到内蒙古、新疆、广西等自治区调查自治区自治条例起草工作的进展情况和存在的问题，并提出了解决问题的建议。法律委员会到山东、浙江、江苏等省，对地方组织法、选举法和村民委员会组织法（试行）的实施情况进行了调查，还结合民事诉讼法（试行）修改草案、外商投资企业和外国企业所得税法草案等法律草案的起草和修改工作，进行了大量的调查研究。财经委员会组织调查组分赴 14 个省、自治区，对企业法、森林法和土地管理法的实施情况进行检查，并且针对林业发展中存在的问题，以及珍惜和合理使用土地、切实保护耕地等问题，向常委会作了汇报。内务司法委员会对婚姻法实施情况及存在问题进行了调查，还会同地方人大的有关机构对刑法、刑事诉讼法、治安管理处罚条例等法律的执行情况进行检查。教科文卫委员会对部分省市实施国境卫生检疫法、食品卫生法（试行）和药品管理法的情况进行了调查研究。外事委员会组织了三个调查组，分赴黑龙江省、新疆维吾尔自治区和内蒙古自治区检查外国人入境出境管理法和公民出境入境管理法的贯彻实施情况。这些工作对于促进法律的实施，纠正违法现象，起到了很好的作用。

常委会工作机构还研究答复了 213 件有关法律实施问题的询问，其中国家法行政法方面的 109 件，刑法方面的 53 件，民法和经济法方面的 51 件。这些答复保障了有关法律的正确实施。

二、加强对行政、审判和检察机关的工作监督

在每两个月一次的常委会会议上听取和审议国务

院及有关部门就人民关心的问题所作的汇报，以及每年第三季度听取和审议国务院关于国家计划和预算执行情况的报告，已经形成制度。一年来，常委会围绕促进政治、经济和社会的稳定发展这个主题，听取和审议了8个工作汇报，提出了改进工作的意见和建议，督促有关部门积极推进治理整顿、深化改革，加强社会治安管理等工作，收到了较好的效果。

常委会第十五次会议听取了国务院总理李鹏关于国际形势和出访东南亚三国的汇报。委员们充分肯定了我国外交战线取得的胜利，强调指出，要坚定不移地执行独立自主的外交政策，高举和平共处五项原则的旗帜，进一步发展同周边国家、第三世界国家以及其他国家的友好关系。委员们还强调指出，关键是把国内的事情办好，要一心一意地把我国的社会主义现代化建设搞上去。

常委会还听取和审议了国务院关于农业、科技、林业等专题汇报。在审议国务院副总理田纪云关于当前农业形势和任务的汇报时，委员们指出，农业取得大丰收后，各级领导对农业形势要有清醒的认识，农业要上一个新台阶还是很不容易的，要继续完善农业管理体制，发展农业服务体系；要继续增加农业投入，抓好农田水利建设，推进科技、教育与农业的结合；要切实解决好农副产品收购中存在的问题及农民负担过重问题，争取农业持续稳定发展。在审议国务委员兼国家科委主任宋健关于科学技术工作的汇报时，委员们指出，我国科技工作取得很大成绩，但在科学技术的总体水平和应用上，与世界先进国家还存在很大差距，应当创造条件充分发挥科技人员的才干，要加强基础研究，发展高新技术，加速科技成果转化为生产力。在审议林业部关于林业工作的汇报中，委员们认为，必须高度重视森林资源危机、森工企业经济危困的严重问题，认真研究林业的体制改革和经营管理方针，尽快改变我国林业落后的状况。

常委会第十五次会议听取和审议了国务委员兼国家计委主任邹家华所作的关于1990年国民经济和社会发展计划执行情况的汇报。委员们认为，经过两年多的艰苦努力，治理整顿已经取得明显成效，通货膨胀得到控制，农业连年丰收，工业生产逐步回升，经济秩序得到初步整顿。但是，经济效益差、财政困难等问题还没有根本解决。要继续进行治理整顿和深化改革，认真解决目前存在的问题。常委会第十四次会议还根据七届全国人大三次会议的授权，审查批准了1989年国家决算的报告。

常委会还听取了公安部关于当前公安工作和社会治安情况的汇报。委员们在肯定社会治安情况有了一定改善的同时，指出社会治安形势仍然严峻，要动员各方面力量，发动群众进一步搞好综合治理，严厉打击各种刑事犯罪活动，并抓好公安队伍的自身建设。常委会第十八次会议作出了关于加强社会治安综合治理的决定。

常委会第十八次会议听取了司法部关于第一个五年普法规划实施情况和1991年普法工作意见的汇报，委员们肯定了过去五年普法工作取得的成绩，指出对成绩不要估计过高，要组织好第二个五年的普法工作，在深入扎实上下功夫，进一步提高广大干部群众的法制观念，促进依法治国和依法管理各项事业。这次会议通过了关于深入开展法制宣传教育的决议。

常委会还就举国上下关心的亚运会的准备情况，听取了国务委员陈希同的汇报。

各专门委员会听取国务院有关部门、最高人民法院、最高人民检察院的工作汇报，开展调查和检查，是协助常委会进行工作监督的重要形式。民族委员会经过调查研究向委员长会议提交了关于民族工作中亟待解决的几个问题的报告，根据委员长会议决定，已转交国务院研究办理。财经委员会先后听取了国家计委、财政部、人民银行、国家统计局等12个部委局的汇报，并提出了对当前经济工作的看法和建议的报告。内务司法委员会听取了司法、人事部门关于深入开展惩治贪污、贿赂犯罪斗争，以及关于公务员制度试点、职称改革等情况的汇报，提出了加强廉政建设等方面工作的建议。教科文卫委员会听取了国家教委关于“七五”期间加强师范教育情况的汇报，提出了“八五”期间加强师范教育的建议；并先后组成教育专题研究小组、科技专题研究小组分赴10多个省市调查教育和科技工作情况，还组织委员对北京、甘肃、福建等地的精神文明建设、文化市场、计划生育和基层文化工作等进行了检查。外事委员会组织调查组，对新疆维吾尔自治区、内蒙古自治区和黑龙江省开展边境贸易的情况进行了调查。华侨委员会组织调查组分赴广东、广西、海南、福建等地，重点了解侨情和华侨农(林)场存在的问题，检查落实侨务政策的情况，对改善华侨农(林)场与当地群众的关系，制止侵犯华侨农(林)场权益的行为，起了督促作用。

三、加强对县乡人民代表大会换届选举工作的指导，搞好县乡政权建设

从1989年9月开始的全国县乡人民代表大会换届选举工作，坚持发扬民主、严格依法办事的方针，历时一年多，已经圆满完成。各级人大常委会对这次县乡换届选举工作高度重视，切实加强指导。全国人大常委会及时同地方人大常委会联系，了解情况，交流经验，解答工作上和法律实施中遇到的问题；地方各级人大常委会认真负责，妥善解决选举工作中出现的新问

题，使这次换届选举工作得以顺利进行。

选民、代表联名提出候选人和差额选举的法律规定，是我国民主选举制度的重要内容，它对于发扬社会主义民主，搞好基层政权建设，起着重要的作用。在这次换届选举中，各地总结以往的经验，注意严格依照法律规定和程序办事，尊重选民、代表的意愿，选出了人民群众比较满意的人选。实践表明，这两项制度受到广大人民群众的欢迎，必须继续坚持下去。

新选出的县乡两级人民代表大会代表的构成，保持了各方面代表的适当比例。从县乡两级政权机关组成人员的情况看，一大批为人民群众所信赖的人选进入了县乡政权机关，进一步加强了县乡两级政权建设。

作为我国社会主义民主政治建设重要组成部分的县乡换届选举，既是社会主义民主生动、具体的实践，又是提高人民群众民主意识和法律观念的重要途径。搞好县乡人民代表大会换届选举工作，是民主政治建设的一件大事，有利于调动人民群众参加国家管理的积极性，保证人民当家作主，对实现国家和社会的稳定与发展，具有长远的和重要的作用。

四、加强同代表和人民群众的联系，积极反映人民的意见和要求

认真办理代表的议案和建议、批评、意见，是对代表民主权利的尊重，也是加强同代表和人民群众的联系，倾听代表和人民群众的意见和要求、改进工作的重要渠道。七届全国人大三次会议上，代表们提出的 384 件议案，经大会主席团决定，有 80 件交由六个专门委员会办理，各专门委员会的处理结果报告，已经常委会批准；另有 304 件议案作为建议办理，连同代表们提出的 3491 件建议、批评、意见，移交有关部门办理，已经全部办理完毕，答复了代表。为了做好这项工作，常委会办公厅召开了办理代表建议工作汇报座谈会，在京的全国人大代表听取了国务院有关部门、最高人民法院、最高人民检察院的汇报，86 个中央国家机关和军队的有关负责人听取了代表的意见。通过这次会议，代表进一步了解了承办单位办理代表建议的工作情况，承办单位也直接听到了代表的意见，对这一工作的制度化、程序化，提高办理质量，起了促进作用。

一年来，常委会坚持和地方人大常委会共同联系全国人大代表的制度，改进了代表和委员的视察工作，有针对性地选择重点，开展专题视察。全国人大常委会委员先后在 24 个省、自治区、直辖市进行了单独视察或集体视察。在这次大会前，各地人大常委会组织在当地的全国人大代表进行视察。160 位在京全国人大代表在北京进行了视察，听取了国务院有关部门和北京市政府的工作汇报。香港地区的部分全国人大代表还到广西进行了视察。

处理人民群众来信来访，是国家权力机关联系人民群众的重要工作。常委会的信访部门，既尽力帮助群众解决实际问题，又注意耐心地向群众宣传解释有关法律、法规和政策，引导他们正确行使自己申诉、控告、检举的民主权利。一年来，共受理人民来信 7 万多件，接待来访一万三千多人次，通过复查处理，督促纠正了 144 件冤假错案。去年 12 月，常委会办公厅召开了有全国各省、自治区、直辖市人大常委会信访工作负责人参加的信访工作会议，交流人大信访工作的经验，研究当前工作中的问题和改进办法。这对于全国人大及地方人大今后更好地开展信访工作，加强同人民群众的联系，起了推动作用。

五、积极开展议会外交活动

一年来，常委会接待 21 个国家的 24 个代表团来访，组织 7 个代表团出访了 14 个国家；各专门委员会也积极开展与外国议会对口机构的外交活动。这对巩固和发展我国同周边国家的睦邻友好关系、同第三世界国家的友好合作关系以及同其他国家的关系，发挥了积极的作用。常委会还组派代表团出席了各国议会联盟第 83、84 次大会和裁军会议、亚洲议员人口与发展论坛第三次大会、全球议员和精神领袖人类生存论坛第二次会议及该论坛执委会会议。在这些国际会议上，我人大代表团与友好国家代表团合作，高举和平共处五项原则的旗帜，宣传建立国际新秩序的主张，抵制和挫败了少数国家的某些代表提出的干涉我国内政的议案，捍卫了我国的主权和尊严。

全国人大常委会的议会外交活动，是我国整个外交工作的重要组成部分。常委会将继续贯彻国家的外交方针政策，进一步增进同各国议会的相互了解与合作，为发展我国同世界各国在和平共处五项原则基础上的友好合作关系，作出应有的努力。

一年来，常委会的工作取得了一定成绩，也还存在不少缺点和问题。制定的法律在数量上虽然比以往有所增多，但一些急需的法律特别是有关宏观经济调控方面的法律还没有制定出来，需要抓紧法律草案的拟订工作，使立法工作更加适应改革开放和社会主义现代化建设的要求。在监督方面虽然做了许多工作，但还不够有力，特别是对法律的执行实施有效的监督还不够，需要进一步改进和加强，使监督工作经常化、制度化。在加强人大自身建设，深入调查研究、密切联系人民群众方面，也有许多问题应抓紧解决。

各位代表！

1991 年是实施十年规划、“八五”计划的头一年，是继续治理整顿、深化改革的一年，也是实现现代化建设第二步战略目标的第一年。全国人大常委会要继续坚持“一个中心、两个基本点”的基本路线，认真履行宪法

赋予的职责，进一步加强社会主义民主和法制建设，发挥国家权力机关在国家政治生活中的作用，积极促进十年规划和“八五”计划的实现。全国人大常委会今后工作的重点是：

一、坚持和完善人民代表大会制度，努力建设有中国特色的社会主义民主政治

最近举行的中国共产党十三届七中全会，总结了建设有中国特色的社会主义的基本经验，明确了今后十年的奋斗目标，是一次具有历史意义的重要会议。这次会议指出，在深化经济体制改革的同时，要积极稳妥地推进政治体制改革，努力建设有中国特色的社会主义民主政治。这是实施十年规划和“八五”计划必须遵循的重要指导方针。推进政治体制改革，建设社会主义民主政治，最重要的就是坚持和完善人民代表大会制度，努力加强社会主义民主和社会主义法制建设。新中国成立以来，特别是近十年来的实践证明，人民代表大会制度作为国家的根本政治制度，体现了我们国家的性质，符合我国国情，既能保障全体人民行使国家权力，充分调动人民群众当家作主的积极性和主动性，又有利于国家政权机关分工合作，相互配合，有效地组织社会主义建设事业。真正按照这种具有中国特色的根本政治制度办事，全国各族人民就能通过自己的代表行使管理国家的权力，这是我们国家能够经受各种风险，克服各种困难，实现稳定发展的可靠保证。

坚持和完善人民代表大会制度，必须坚决反对从根本上否定人民代表大会制度的资产阶级自由化思潮。最近几年，极少数坚持资产阶级自由化的人竭力诋毁我国的人民代表大会制度，宣扬资产阶级“民主”、“自由”、“人权”和“三权鼎立”制度，鼓吹走西方议会道路，目的是否定人民民主，否定人民代表大会制度，把广大人民群众排斥在民主之外，妄图将社会主义制度改变为资本主义制度。对此，我们必须旗帜鲜明地予以驳斥，挫败国内外敌对势力对我国搞和平演变的图谋。

坚持和完善人民代表大会制度，还必须纠正忽视和“淡化”人民代表大会地位和作用的错误观点和做法。目前，有的部门和单位不尊重人民代表大会制度，把人大依照宪法行使职权看成是“碍手碍脚”；有的单位的负责人在选举中勉强选民或代表选举或不选举某个人，甚至把依法酝酿、联合提名说成是“非组织活动”。这些行为都是违背宪法和法律规定的，必须加以纠正。所有国家机关和国家工作人员都必须严格依法办事，尊重和保障公民享有的宪法赋予的自由、民主和其他权利，维护宪法所确立的根本政治制度。要根据民主集中制原则加强各级国家权力机关的建设，使各级人民代表大会及其常设机构成为有权威的权力机关。这是发展社会主义民主、健全社会主义法制，实现社会主义四个现代化的需要。

二、进一步加快立法步伐，保障改革开放和现代化建设事业的稳定发展

为保障十年规划和“八五”计划的顺利实现，必须有一个稳定的政治、经济、社会环境，没有稳定什么事情也办不成。加强社会主义法制建设是维护稳定，实现第二步战略目标的重要保证。今后要抓紧制定以下六个方面的法律：一是有关宏观经济调控方面的法律，如计划法、预算法、银行法、投资法、公司法、价格法、劳动法、海商法等；二是有关发展科技、教育方面的法律，如科技进步法、教育法、教师法等；三是有关保障公民基本权利的法律，如出版法、新闻法、结社法、工会法、申诉法、国家赔偿法以及保障妇女、未成年人权益和散居少数民族平等权利方面的法律等；四是有关完善人民代表大会制度方面的法律，如监督法、代表法等；五是有关反贪污贿赂和促进廉政建设的法律；六是有关加强国防和军队建设的法律。全国人大常委会要抓好立法规划的制定和落实，各专门委员会要加强同有关部门的联系，促进立法规划的实现。

为了更好地完成立法任务，健全法制，要认真总结立法工作的经验，进一步提高立法工作的水平。目前，立法工作应继续强调和坚持做到以下几点：

第一，立法必须以宪法为依据，保障和促进社会主义现代化建设和改革开放有秩序地进行。要把经过实践证明是正确的并长期适用的政策，通过法定程序转变为国家法律，要认真研究改革开放中出现的各种新情况、新问题，及时地把改革开放的成功经验用法律形式肯定下来。

第二，立法必须有全局观点，充分走群众路线。在制定法律的过程中，要从大多数人的根本利益考虑问题，统筹兼顾，调整好各方面的关系；法律之间要协调，不能相互冲突，特别是不能同宪法相抵触。在起草法律的过程中，要注意吸收法学专家和从事实际工作、有实践经验的人参加，并广泛听取各方面的意见，特别要注意听取各种不同的意见，集思广益，依靠和发挥各地方、各部门、各方面的集体智慧。

第三，立法要从我国国情出发，借鉴、吸收外国立法的有益经验。借鉴外国的经验一定要根据我国的社会制度和具体国情，不能盲目地、不加研究分析地照抄、照搬。

第四，法律要规定得明确、具体，以便于掌握和执行，避免过于原则，缺乏可操作性。对一些在目前只能作出原则规定的，在法律制定后，要尽快制定实施细则。制定的实施细则必须符合法律规定，不能同法律相抵触。

三、加强和改进法律监督和工作监督

监督宪法的实施，是全国人大常委会的一项重要职权。维护宪法的尊严，确保宪法的有效实施，关系到全国人民的长远利益，是实现国家政治、经济和社会稳定的根本保证。常委会要加强对宪法实施的监督。一切国家机关和武装力量、各政党和各社会团体、各企业事业组织和公民，都必须遵守宪法。一切违反宪法的行为，都要予以追究。常委会要加强对国务院制定的行政法规和向全国人大常委会备案的地方性法规的审查工作，对于同宪法和法律相抵触的，要按照法律和七届全国人大常委会工作要点规定的程序，予以撤销或者责其自行纠正。这项工作还没有认真抓起来，今后要根据宪法和法律的规定，采取措施，建立制度，切实做好。常委会要继续加强对执法情况，特别是对重要法律的实施情况的检查和调查研究，发现有法不依、执法不严、违法不究的现象，要督促有关部门和地方及时加以纠正。常委会还要认真受理公民和有关单位对违宪违法行为的申诉和控告，对国家工作人员的违宪违法行为进行监督。行政诉讼法于去年10月1日开始实施，这是我国民主和法制建设中的一件大事。常委会和有关部门要通过各种途径和形式，推动这一重要法律的贯彻实施。要进一步加强法制教育，搞好普法工作。在我国，从国家领导人到普通工作人员以及广大群众，都要树立起牢固的法制观念。凡是违反宪法和法律的，不管是什么组织或个人，都要责其纠正，直至给予必要的法律制裁。

常委会要围绕社会主义现代化建设和人民群众普遍关心的重大问题开展工作监督。要抓好对"八五"计划执行情况的监督，继续加强对贯彻治理整顿、深化改革方针情况的监督，如对控制固定资产投资规模，减少财政赤字，以及物价、税收等工作进行检查，推动国民经济持续、稳定、协调地发展。还要对人民群众关心的廉政建设、社会治安等问题，实施有效的工作监督。

七届全国人大二次会议通过的常委会工作报告，提出了关于监督工作制度化、规范化的四项规定，实践证明是行之有效的，今后要进一步坚持和落实。全国人大常委会和地方各级人大常委会都要认真总结人大监督工作的经验，并以宪法为依据将成功的经验上升为法律或法规，对监督的内容和范围，监督的方式和程序，以及监督的机构和职权，作出明确的规定，使监督工作进一步纳入规范化轨道。

各位代表！

提请本次大会审议的国民经济和社会发展十年规划和"八五"计划纲要，向全国各族人民提出了宏伟的目标和艰巨的任务。随着四个现代化建设和民主法制建设的发展，人大及其常委会担负的任务日益繁重。在新的形势下，常委会要按照全国人大常委会议事规则和七届全国人大常委会工作要点的要求，继续加强自身的建设，特别要注意加强会议制度、视察制度、调查研究制度等各项工作制度的建设，以便更好地按照法定的民主的程序行使职权。要进一步加强和改进专门委员会的工作，充分发挥专门委员会在协助全国人大及其常委会行使立法、监督等职权方面的作用。还要继续抓好办事机构的思想和组织制度建设。地方人大常委会的工作是卓有成效的，协助全国人大常委会做了大量的工作。今后要继续加强同地方人大常委会的联系，认真总结经验，把人大工作不断推向前进。

让我们团结一致，埋头苦干，为推进社会主义民主和法制建设，为胜利实现十年规划和"八五"计划的宏伟目标而努力奋斗！

国务委员兼财政部部长王丙乾在第七届全国人大第四次会议上作《关于〈中华人民共和国外商投资企业和外国企业所得税法(草案)〉的说明》

各位代表：

国务院提请审议的《中华人民共和国外商投资企业和外国企业所得税法(草案)》(以下简称《税法(草案)》)，已经第七届全国人大常委会第十七次、第十八次会议进行了审议、修改，并决定提请第七届全国人民代表大会第四次会议审议。现在，我受国务院的委托，向大会作如下说明：

一、关于立法的必要性

《中外合资经营企业所得税法》和《外国企业所得税法》公布实施十年来，对贯彻我国的对外开放政策，维护国家权益，鼓励外商投资，促进对外经济合作，起了很大的作用。但是，随着对外开放政策的进一步贯彻和利用外资工作的发展，这两个税法中的有些规定已与实际情况不相适应，存在的问题主要是：

(一)《外国企业所得税法》的适用范围已不规范。合作企业和外资企业目前适用的税法是《外国企业所得税法》。近年来，随着《外资企业法》和《中外合作经营企业法》的相继公布，外资企业和多数合作企业已经构成具有中国独立法人资格的实体。按照税收管辖权的原则，这些企业的总机构设在我国境内，负有全面的纳税义务，即其来源于我国境内境外的所得，都应在我国汇总纳税。而按《外国企业所得税法》的规定，只能对其来源于我国境内的所得征税。如果对这些具有法人资格的合作企业和外资企业继续按《外国企业所得税法》征税，在税收法律适用上就很不规范，既不利于对他们行使全面的税收管辖权，也难以作出合乎法律原则的解释。

(二)合作企业和外资企业的税率偏高。依照现行两个税法的规定，合资企业适用30％的比例税率，另征地方所得税3％，合计负担率为33％。合作企业和外资企业适用五级超额累进税率，最低一级税率为20％，最高一级税率为40％，另征地方所得税10％，合计负担最高的接近50％。当时《外国企业所得税法》采用超额累进税率，并把最后一级税率定得高一些，主要是考虑到其他国家的税率都较高。现在，不少国家通过近年来的税制改革，纷纷降低了税率。如美国的公司所得税税率已由46％降为34％，英国由52％降为35％，新加坡由40％降为31％，马来西亚由40％降为35％。在这种情况下，如果仍保持现行两个税法所规定的税率征税，不仅合作企业、外资企业与合资企业税率相差较大，而且与其他国家相比，也显得税负偏高，不利于吸引外资。

（三）减税、免税的优惠待遇不够合理。按照现行两个税法的规定，一方面，对合资企业不分生产性企业和非生产性企业，也不分国家是否需要鼓励投资的行业和项目，都给予两年免税，三年减半征税；而另一方面，对合作企业和外资企业，仅限于从事农业、林业、牧业等利润率低的行业，给予一年免税，两年减半征税。这既不利于税法更好地体现国家的产业政策，又存在着不同投资方式间的外商减免税优惠差别过大的矛盾，政策上有些摆不平。

根据第六届全国人民代表大会第三次会议《关于授权国务院在经济体制改革和对外开放方面可以制定暂行的规定或者条例的决定》，近几年来，国务院先后对经济特区、经济技术开发区、沿海经济开放区、上海浦东新区的外商投资企业，以及技术先进、产品出口的外商投资企业等，给予了进一步减低税率和减免税的优惠，在吸引外资方面已收到显著的成效。同时，在这些地区和企业中，对企业所得税现行两套税法已形成基本统一的事实。

为了更好地适应对外开放的需要，把有关外商投资企业所得税的法律、法规合并，制定统一的税法，不仅是必要的，而且也具备了条件。现在提请审议的《税法（草案）》，是经过广泛调查，反复论证，多次修改形成的。从总体上来看，《税法（草案）》是以不增加税收负担、不减少税收优惠为原则，并根据近十年的实践经验拟定的，对原税法中的一些行之有效、已被普遍接受的条文，都予保留，同时，参考国际上的通行做法，合理地充实了一些条文的内容。我们认为，将两个税法合并，制定统一的税法，是继去年四月《中外合资经营企业法》修改发布后又一次改善外商投资环境的实际、有效的步骤，进一步表明我国坚持改革开放的方针和政策。

二、关于税法的名称

税法的名称，一般按征税对象确定，不涉及纳税人。我国由于目前尚需对国内企业和外商企业分别立法征收所得税，因此，在税法名称上标明税种性质的同时，还要概括标明适用于纳税人的范围。目前，外商企业所得税的纳税人包括五个方面：（一）中外合资经营企业；（二）中外合作经营企业；（三）外资企业；（四）在我国境内设立机构、场所，从事生产、经营的外国公司、企业和其他经济组织；（五）在我国境内没有设立机构、场所而有来源于我国的股息、利息、租金、特许权使用费等项所得的外国公司、企业和其他经济组织。前述第（一）至（三）项都是外商在我国境内开办企业，目前在行政法规中已统称为外商投资企业；第（四）、（五）项均属外商有来源于我国境内的所得，纳税人为外国企业。鉴于以上情况，我们用“外商投资企业和外国企业”来概括两法归并后的纳税人，因此，把税法名称定为《中华人民共和国外商投资企业和外国企业所得税法》比较合适。

三、关于税率的确定

确定税率是税法中的核心问题。拟定《税法（草案）》时，主要有以下两点考虑：

（一）税率形式采用比例税率还是采用超额累进税率。经过多方面听取意见和反复研究，一般认为比例税率的优点在于简单明了，透明度高，便于投资者进行可行性分析和测算投资的经营效益，还可以避免因价格和外汇比价的变动引起适用税率档次的提高或降低。我们还参考目前国际上对公司征税一般都采用比例税率的情况，因此，确定《税法（草案）》采用比例税率。

（二）税率定多少合适。经过征求各地及中央各有关部门的意见，大家认为，保持现行的合资企业所得税税率30％和地方所得税3％较为合适。这主要考虑到，国家目前对私营企业的所得税税率已定为35％，对国营企业和集体企业，也将通过税制改革，较大幅度地降低税率。为了吸引外资，我们对外商来华投资适用的所得税税率，也应定得稍低点为宜。国外对公司所得税税率，目前一般定在30％～40％之间。如巴西、泰国、南朝鲜为30％，新加坡为31％，美国为34％，英国、印度尼西亚为35％，加拿大为38％，法国、澳大利亚为39％，荷兰为40％。我国把企业所得税税率，连同地方所得税在内，定为33％，保持了现行合资企业的税负，是可取的，也是可行的。

四、关于税收优惠

（一）《税法（草案）》第七条规定：“设在经济特区的外商投资企业、在经济特区设立机构、场所从事生产、经营的外国企业和设在经济技术开发区的生产性外商投资企业，减按15％的税率征收企业所得税。”“设在国务院规定的其他地区的外商投资企业，属于能源、交通、港口、码头或者国家鼓励的其他项目的，可以减按15%的税率征收企业所得税，具体办法由国务院规定。”“设在沿海经济开放区和设在经济特区、经济技术开发区所在城市的老市区的生产性外商投资企业，减按24%的税率征收企业所得税。”对上述这些地区实行更多的优惠税率，是近几年来国务院为实行进一步对外开放所采取的重要步骤，有必要在《税法(草案)》中加以肯定和确认。具体的实施范围，将在税法的施行细则中作出具体规定。

(二)《税法(草案)》第八条第一款规定：“对生产性外商投资企业，经营期在十年以上的，……从开始获利的年度起，第一年和第二年免征企业所得税，第三年至第五年减半征收企业所得税。”这样规定，与现行税法比较，主要有两点不同：一是将从事旅游业、商业、服务业的企业，排除在法定给予定期减免税的范围之外；二是对合作企业和外资企业从目前仅限于从事农业、林业、牧业等少数利润低的行业给予定期减免税，扩大到从事生产性项目，并延长了减免税的期限。经过这样调整，在减免企业所得税方面，有利于鼓励外商向生产性行业和项目投资，体现了国家产业政策的要求。对“生产性企业”具体范围的解释，将在税法的施行细则中加以明确。

(三)《税法(草案)》第八条第二款规定：“本法施行前国务院公布的规定，对能源、交通、港口、码头以及其他重要生产性项目给予比前款规定更长期限的免征、减征企业所得税的优惠待遇，或者对非生产性的重要项目给予免征、减征企业所得税的优惠待遇，在本法施行后继续执行。”这样规定，体现了我国对外税收政策的连续性和稳定性，有利于消除外商投资者的疑虑。

五、关于防止关联企业之间转移利润避税

关联企业之间用转让定价的方法转移利润进行避税，在国际上是司空见惯的，在我国也有越来越严重的趋势。有些外商投资者采取抬高进料价格、压低产品外销价格或者调整收费标准等办法避税赚钱，使企业长期处于亏损状态，甚至因此而倒闭。由于现行税法对此没有明确的限制规定，税务机关很难依法调整和处理。这次我们借鉴国外的经验，在《税法(草案)》第十三条中作了原则规定，即：“外商投资企业或者外国企业在中国境内设立的从事生产、经营的机构、场所与其关联企业之间的业务往来，应当按照独立企业之间的业务往来收取或者支付价款、费用。不按照独立企业之间的业务往来收取或者支付价款、费用，而减少其应纳税的所得额的，税务机关有权进行合理调整。”至于具体实施办法，将在税法的施行细则中加以规定。

六、关于新老税法的衔接问题

为了保持法律的稳定性和连续性，避免引起外商不必要的疑虑，我们根据“从新从优”的原则，在《税法(草案)》第二十七条中作了这样的规定，即：“本法公布前已设立的外商投资企业，依照本法规定，其所得税税率比本法施行前有所提高或者所享受的所得税减征、免征优惠待遇比本法施行前有所减少的，在批准的经营期限内，依照本法施行前法律和国务院有关规定执行；没有经营期限的，在国务院规定的期间内，依照本法施行前法律和国务院有关规定执行。具体办法由国务院规定。”我们认为，这样处理新老税法的衔接，符合我国有关法律的精神，也符合国际上的通行做法。

我的说明完了，请予审议。

全国人大常委会副委员长王汉斌在第七届全国人大第四次会议上作关于《中华人民共和国民事诉讼法(试行)》(修改草案)的说明

各位代表：

民事诉讼法是国家重要的基本法律之一，是国家的一个大法，它规定民事诉讼的基本原则、人民法院审理民事案件的具体程序和诉讼参与人在诉讼中的权利义务，便于当事人依法行使诉讼权利，便于人民法院依法正确、及时地审理民事案件，保证民事法律以及与民事有关的法律的正确实施。它对于保障公民、法人和其他组织的合法的民事权益，维护社会稳定，促进社会主义商品经济秩序的健全发展，保障改革开放和社会主义现代化建设的顺利进行，都具有重要的意义。

1981五届全国人大四次会议决议：“原则批准《中华人民共和国民事诉讼法草案》，并授权常务委员会根据代表和其他方面所提出的意见，在修改后公布试行。在试行中总结经验，再作必要的修订，提交全国人民代表大会审议通过公布施行。”1982年3月，五届全国人大常委会第二十二次会议审议通过了《中华人民共和国民事诉讼法(试行)》。

民事诉讼法试行已经九年了，实践经验证明，民事诉讼法(试行)规定的基本原则和诉讼制度是正确的，有关程序的具体规定总的也是切实可行的，在人民法院依法正确审理民事案件中发挥了很大的作用。同时，这些年来，在改革开放和社会主义商品经济发展的过程中，经济纠纷大量增加，出现了一些新的情况、新的问题；全国人大和人大常委会陆续制定了民法通则等一批重要的民事法律和与民事有关的法律；民事诉讼法(试行)有些条款不够完善；人民法院在实践中也积累了不少经验，需要对民事诉讼法(试行)作相应的修改补充。

民事诉讼法试行以来，法制工作委员会和最高人民法院不断调查研究民事诉讼法试行的情况和问题；总结人民法院民事、经济、海事审判工作的经验，并征求有关部门、法律专家的意见，对民事诉讼法（试行）进行修改补充，修订民事诉讼法（试行）修改草案。修改草案总的保持了民事诉讼法（试行）的基本内容，修改补充的主要内容是：为适应改革开放、发展社会主义商品经济的需要，补充了审理经济案件的一些规定；按照民法通则等实体法，相应地增加了程序方面的规定；针对审判工作中存在的告状难、争管辖、执行难等问题，作了相应的规定。修改草案经委员长会议决定，提请七届全国人大常委会第十七次、十八次会议审议，法律委员会和法制工作委员会又召开有各级法院民事审判庭、经济审判庭和法院有关负责同志、有关法律专家、一些地方人大常委会有关负责同志和有关部门同志共九十多人参加的修改民事诉讼法（试行）座谈会，对草案逐条讨论研究修改。法制工作委员会还将修改草案发给中央有关部门、各省、自治区、直辖市和法律专家、法学科研教学单位征求意见，并在最高法院召开的全国民事审判工作会议上，安排两天时间专门讨论征求意见，根据常委会委员们的审议意见和各方面的意见，对草案进行了修改，草案条文从民事诉讼法（试行）的205条增至271条，经第十八次常委会会议审议决定将《中华人民共和国民事诉讼法（试行）》（修改草案）提请七届全国人大四次会议审议。现在我对草案的主要内容和问题说明如下：

一、民事诉讼的基本原则

根据宪法和人民法院组织法，从我国实际情况出发，总结几十年来人民法院审理民事案件和民事诉讼法试行的实践经验，草案规定了民事诉讼的基本原则是：第一，人民法院依照法律规定对民事案件独立进行审判，不受行政机关、社会团体和个人的干涉。第二，以事实为根据，以法律为准绳。第三，当事人有平等的诉讼权利，这是保证当事人民事权利平等的一项很重要的规定，可以保证案件的公正审理，切实保护当事人的合法权益。第四，根据自愿和合法的原则进行调解。用调解的办法解决民间纠纷和民事案件，是我国司法工作的优良传统。但是调解不能强迫，不能违反法律规定，当事人不愿调解或者调解不成的，应当及时判决。第五，依照法律规定，实行合议、回避、公开审判和两审终审制度。依法公开审判是一项很重要的司法制度，除涉及国家秘密、个人隐私或者法律另有规定的以外，都必须实行公开审判。第六，各民族公民都有使用本民族语言、文字进行民事诉讼的权利。这是宪法规定维护各民族平等、保障少数民族合法权利在民事诉讼中的体现。第七，当事人有权进行辩论。当事人在诉讼中，对案件进行充分的辩论，是当事人的一项重要权利；也是法院弄清事实，分清是非，正确审理案件的重要程序。第八，当事人有权在法律规定的范围内，处分自己的民事权利和诉讼权利。这是民事诉讼同刑事诉讼、行政诉讼的一个重要区别。但是，这种处分不得损害国家和社会公共利益，应当限于法律允许的范围内。第九，人民检察院有权对人民法院的民事审判活动实行法律监督。

二、管辖

草案关于人民法院对民事案件的管辖，是根据以下原则规定的：第一，有利于公正审理，保护当事人合法的民事权益；第二，便利当事人依法行使诉讼权利；第三，便利人民法院依法进行审理和执行。

级别管辖，是根据案件的性质和影响来划分的。草案规定：原则上，第一审民事案件由基层人民法院管辖；对重大涉外案件和在本辖区有重大影响的案件，由中级人民法院管辖。

地域管辖，是根据各种不同民事案件的特点来确定的。草案规定，一般原则是原告就被告，由被告住所地人民法院管辖，并对某些案件的地域管辖分别作了特别规定。例如关于因合同纠纷提起的诉讼，草案规定，由被告住所地或者合同履行地人民法院管辖。

目前，有些地方法院受地方保护主义影响，对合同纠纷案件，不属于自己管辖的，也抢着受理争管辖。为了解决这个问题，草案规定，合同的双方当事人可以在书面合同中协议选择被告住所地、合同履行地、合同签订地、原告住所地、标的物所在地人民法院管辖。同时规定，人民法院之间因管辖权发生争议，由争议双方的人民法院协商解决；协商解决不了的，报请它们的共同上级人民法院指定管辖。也就是说，争议双方在同一地区（市）内涉及两个县（区）的，由中级人民法院指定管辖；在同一省内跨地区（市）的，由高级人民法院指定管辖；如果跨省、自治区、直辖市的，由最高人民法院指定管辖。

有些有管辖权的人民法院对一些应当受理的民事案件，以各种借口推出不管，不予受理。草案明确规定，对符合本法规定起诉条件的民事案件，人民法院必须受理；对不符合起诉条件的，人民法院应当作出裁定不予受理；原告不服的可以上诉，以维护当事人的诉讼权利。

三、诉讼当事人

公民、法人和其他组织，可以作为民事诉讼的当事人。法人由其法定代表人进行诉讼，其他组织由其主要负责人进行诉讼。

草案规定当事人的诉讼权利主要有：第一，请求司法保护。公民、法人和其他组织的民事权益受到侵犯，有权向法院起诉。被告有权提起反诉。第二，委托代理人。律师、当事人的近亲属、有关的社会团体或者当事人所在单位推荐的人，以及经人民法院许可的其他公民，都可以被委托为诉讼代理人。第三，提出回避申请。审判人员、书记员、翻译人员、鉴定人、勘验人如果与本案有利害关系，当事人有权提出回避申请。第四，收集、提供证据。当事人对自己提出的主张有责任提供证据。这是当事人的责任，也是当事人的权利。第五，进行辩论。当事人有权对争议的事实和法律依据，提出自己的主张和意见，反驳对方的诉讼请求，通过辩论认定事实作为审理民事案件的重要依据。第六，请求调解。第七，双方自行和解的，可以撤诉。第八，提起上诉，对人民法院一审判决或者裁定不服，有权依法上诉。第九，申请强制执行。如果对方不履行发生法律效力的判决、裁定，另一方有权申请法院强制执行，以保障自己的民事权益。

当事人在诉讼中享有充分的诉讼权利，同时也要承担相应的诉讼义务。草案规定，当事人的诉讼义务是：第一，必须依法行使诉讼权利。第二，遵守法庭秩序和诉讼程序。第三，履行发生法律效力的判决书、裁定书和调解书。

近些年来，发生了一些侵害众多人民事权益的案件，如几十人的食物中毒请求赔偿的案件，出售劣质种子、化肥、农药坑害广大农民的案件，以及污染环境使众多人受到损害的案件等。为了便利众多当事人进行诉讼，便利人民法院审理这类案件，草案规定：第一，当事人一方人数众多的共同诉讼，可以由当事人推选代表人进行诉讼，代表人的诉讼行为对其所代表的当事人发生效力。但是，代表人变更、放弃诉讼请求或者承认对方当事人的诉讼请求，进行和解，必须经被代表的当事人同意。第二，诉讼标的是同一种类的、当事人一方人数众多在起诉时人数尚未确定的，人民法院可以发出公告，说明案件情况及诉讼请求，通知权利人在一定期间向人民法院登记。人民法院作出的判决、裁定，对未登记的权利人也适用。

四、关于证据

人民法院审理民事案件，必须以事实为根据，以法律为准绳。草案对证据制度作了全面的规定。根据民事诉讼的特点，总结多年来的审判实践经验，在证据的提供、判断等方面，草案作了如下规定：第一，当事人对自己提出的主张，有责任提供证据。谁主张谁提供证据的原则，是民事诉讼与刑事诉讼由公诉人负责举证、行政诉讼由行政机关负责举证不同的一个特点。民事诉讼当事人对自己主张的民事权利，应当提出证据。第二，人民法院应当核实证据。草案规定，人民法院应当按照法定程序，全面地、客观地审查核实证据。证据应当在法庭上出示，并由当事人互相质证。考虑到有一些证据由当事人提供客观上有困难，例如有些需要科学鉴定或者现场勘验的证据等，因此，草案规定，对于当事人及其诉讼代理人因客观原因不能自行收集的证据，或者人民法院认为审理案件需要的证据，人民法院应当调查收集。这样规定，既加重了当事人举证的义务，又明确了人民法院的职责，有利于查清事实。

为了防止证据灭失，保障当事人的合法权益，草案规定，在证据可能灭失或者以后难以取得的情况下，诉讼参加人可以向人民法院申请保全证据，人民法院也可以主动采取保全措施。

五、关于调解

用调解的办法解决民间纠纷，是我国处理民事纠纷的行之有效的具有中国特色的重要经验。几十年来，我们一向重视调解工作。大量的民间纠纷，是由人民调解委员会调解解决的，这对于解决纠纷，减少诉讼，防止人民内部矛盾激化，发挥了重要作用。因此，草案保持了民事诉讼法（试行）规定的人民调解委员会的法律地位，明确了人民法院对人民调解委员会实行业务指导和监督。

人民法院采取调解的办法处理民事案件，是我国民事审判工作的成功经验。人民法院的主要职责是进行审判，但在审理民事案件过程中，还要重视调解、总结这方面工作的经验，同时针对实践中存在的问题，草案对人民法院的调解，作了以下规定：第一，调解应当遵循自愿原则，不得强迫达成调解协议。第二，应当在事实清楚的基础上，分清是非，进行调解。第三，调解未达成协议的或者调解书送达前一方反悔的，人民法院应当及时判决。防止那种违背当事人意愿，强行调解；不搞清事实、分清是非，违法调解；以及久调不决等不适当的做法。

六、关于督促程序、公示催告程序和企业法人破产还债程序

为适应改革开放和发展社会主义商品经济的需要，草案增加规定：（一）督促程序，债权人要求债务人给付金钱、有价证券，债权债务关系明确、合法的，可以依法申请人民法院向债务人发出支付令。（二）公示催告程序，因票据（汇票、本票、支票）被盗、遗失或者灭失，票据持有人可以依法申请公示催告，主张票据权利。（三）企业法人破产还债程序。一九八六年我国制定的企业破产法，规定适用于全民所有制企业。这些年来，有一些集体企业、私营企业、外商投资企业资不抵债不能清偿到期债务，需要破产还债，法院在受理这些企业的破产案件时，缺乏法律依据。考虑到国务院制定的中华人民共和国乡村集体所有制企业条例已有关于破产的规定，根据最高人民法院的意见，规定了企业法人破产还债程序一章，实际上只适用于集体企业、私营企业、外商投资企业等的破产还债程序。全民所有制企业破产还债程序仍适用企业破产法的规定。

七、对妨害民事诉讼的强制措施

在人民法院审理民事案件过程中，有的当事人拒不到庭，有的伪造、毁灭证据，有的将已被查封、扣押的财产予以转移，有的甚至冲击、大闹法庭，阻碍司法工作人员执行职务等等，使人民法院审判工作不能顺利进行甚至不能进行，为了维护人民法院的尊严和诉讼秩序，制止妨害诉讼的行为，保障审判工作的顺利进行，对妨害民事诉讼的，应当采取强制措施。针对存在的问题，草案规定了以下对妨害民事诉讼的强制措施：

第一，人民法院对必须到庭的被告，经两次传票传唤，无正当理由拒不到庭的，可以拘传。还规定，被告拒不到庭的，可以缺席判决；原告拒不到庭的，可以按撤诉处理。

第二，人民法院对哄闹、冲击法庭、扰乱法庭秩序的人，可以分别情形予以训诫、责令退出法庭、罚款、拘留或者依法追究刑事责任。

第三，诉讼参与人或者其他人有下列行为之一的，人民法院可以根据情节轻重，依法予以罚款、拘留或者追究刑事责任：(一)伪造、毁灭重要证据，妨碍人民法院审理案件的；(二)以暴力、威胁、贿买方法阻止证人作证或者指使、贿买、胁迫他人作伪证的；(三)隐藏、转移、变卖、毁损已被查封、扣押的财产，或者已被清点并责令其保管的财产，转移已被冻结的财产的；(四)对司法工作人员、诉讼参加人、证人、翻译人员、鉴定人、勘验人、协助执行的人，进行侮辱、诽谤、诬陷、殴打或者打击报复的；(五)以暴力、威胁或者其他方法阻碍司法工作人员执行职务的；(六)拒不履行人民法院已经发生法律效力的判决、裁定的。草案同时规定，如果单位有上述妨害民事诉讼行为的，人民法院可以对其主要负责人和直接责任人员予以罚款、拘留，并可以向监察机关或者有关机关提出予以纪律处分的司法建议。

此外，对采取非法拘禁他人或者非法私自扣押他人财产追索债务的，草案规定，应当依法追究刑事责任或者拘留、罚款。

八、执行

执行是审判工作的一个十分重要的环节，它关系到法律和人民法院的尊严，有效地保障公民、法人和其他组织的合法权益，维护正常的社会经济秩序。目前，有些地方人民法院在审判工作中执行难的问题比较突出。草案针对执行中存在的问题，总结实践经验，参考外国的一些做法，增加了一些强制执行的规定。草案规定，发生法律效力的民事判决、裁定和其他应当履行的法律文书，当事人必须履行。一方拒绝履行的，对方当事人可以向人民法院申请强制执行。强制执行措施主要有：第一，人民法院有权向银行、信用合作社和其他有储蓄业务的单位查询被执行人的存款情况，冻结、划拨被执行人应当履行义务部分的存款；有权扣留、提取被执行人应当履行义务部分的收入。第二，人民法院有权查封、扣押、冻结并依照规定拍卖、变卖被执行人应当履行义务部分的财产。第三，人民法院有权对隐匿财产的被执行人及其住所或者财产隐匿地进行搜查。第四，申请人发现被执行人有其他财产和收入的，可以随时申请人民法院执行。第五，被执行人应当加倍支付迟延还债期间的债务利息。

九、对民事诉讼的监督

为了保障审判人员能够正确依法进行审判，草案对民事诉讼的监督作了规定。草案规定：(一)各级人民法院院长对本院已经发生法律效力的判决、裁定，发现确有错误的，提交审判委员会讨论决定予以再审；最高人民法院对地方各级人民法院已经发生法律效力的判决、裁定，上级人民法院对下级人民法院已经发生法律效力的判决、裁定，发现确有错误的，有权提审或者指令下级人民法院再审。(二)人民检察院对人民法院已经发生法律效力的判决、裁定，发现判决、裁定认定事实的主要证据不足；适用法律确有错误；审判人员在审理该案件时有贪污受贿，徇私舞弊，枉法裁判行为等，有权按照审判监督程序提出抗诉。人民法院对人民检察院提出抗诉的案件，应当再审。(三)当事人对已经发生法律效力的判决、裁定，认为符合本法规定的再审条件的，如有新的证据，足以推翻原判决、裁定的；原判决、裁定认定事实的主要证据不足；适用法律确有错误等，可以申请再审。人民法院对符合再审条件的案件，应当再审。

十、涉外民事诉讼程序

草案对涉外民事诉讼程序作了下列规定：第一，外国人、无国籍人、外国企业和组织在我国领域内进行民事诉讼，适用我国民事诉讼法。第二，中华人民共和国缔结或者参加的国际条约同我国民事诉讼法有不同规定的，适用国际条约的规定，但是，我国声明保留的条款除外。第三，外国人、无国籍人、外国企业和组织在人民法院起诉、应诉，同中华人民共和国公民、法人和其他组织有同等的诉讼权利义务。第四，外国法院对中华人民共和国公民、法人和其他组织的民事诉讼权利加以限制的，中华人民共和国人民法院对该国公民、企业和组织的民事诉讼权利，实行对等原则。

《中华人民共和国民事诉讼法(试行)》(修改草案)和以上说明是否妥当，请审议。

全国政协七届四次会议举行第四次大会

大会执行主席是：谷牧、马文瑞、王恩茂、胡绳、苏步青。国务院委员宋健和国务院一些部委的负责人列席会议听取意见。

陈明绍等 9 名委员先后就科技进步、加强电子工业、发展职业技术教育等问题发表意见。

两会新闻中心邀请四位非中共副部级干部就其参政议政工作答中外记者问

两会新闻中心举行第五次中外记者招待会，邀请四位在国家司法机构和国务院行政部门担任领导职务的非中共人士与会，就他们参政议政工作回答中外记者的提问。他们是：监察部副部长、民建中央副主席冯梯云，农业部副部长、九三学社中央委员洪绂曾，水利部副部长、无党派民主人士严克强，最高人民法院副院长、民盟中央常委端木正。

有记者问监察部副部长冯梯云：您作为非中共人士担任要职，是否能够有权有职地开展工作？在查处大案要案时，是否碰到过令您烦恼的障碍？冯梯云说，我在监察部工作，其职责、任务和权力，和中共的其他部长没有什么差别。我更多考虑的，是如何更好地尽职尽责。我在监察部负责的工作范围，是 3 个业务室、一个信访室，涉及国家 40 多个部委和全国 10 个省区。对 4 个室的工作，我要起指导作用，要“拍板”，还要承担责任。同时，我还要直接参加一些重大案件从调查、取证到定性处理的全过程的工作。如前铁道部副部长罗云光受贿案件的查处，我是和有关部门一道自始至终参加了的。我要特别指出，我们的工作很重要，也要慎重。我们要按国家的法律、法规办案，按监察部规定的程序办事，重大案件都经过审理，有时还召开审理委员会，所有部长都参加一起来研究。有了准确、充分的事实和证据，有党中央、国务院领导的支持，在我们国家，是就是是，非就是非，是非颠倒是办不到的。我在监察部任职三年来，还没碰到一件办不下去的事。

农业部副部长洪绂曾在回答记者有关提问时说，我在农业部主管科技和教育工作。摆在我面前的工作，是如何贯彻好“科教兴农”的方针，为中国农业在本世纪末有一个更大发展做出贡献。我的工作不是虚的，问题是要尽职尽责。在我所分管的工作范围内和部里其他重大问题上，我都是参与决策的。在发展农民技术教育、提高农民文化技术素质等问题上，我所作的决断，都得到农业部其他领导同志的大力支持。

严克强在回答记者提问时说：水利部党组的会议，都请我列席，我有什么意见，都毫无保留地提出，几位中共部长都很尊重我的意见；水利部制定的行业政策、方针和有关法规，我都参与讨论，共同作出决定，有些法规还是由我主持制定的；部里各个司局、直属机构领导干部的任免，我都参与意见；我职责范围内的事，其他部长都不干预；我作出的决定，下属司局都能执行，执行不力，我要提出批评。当然，我决不向同志摆架子。我到水利部工作半年多，工作顺心，也有成效，和大家合作得很融洽。

最高人民法院副院长端木正还回答了记者提出的有关审讯犯罪案件的一些问题。他说，中国司法机构审判所有犯罪案件，都是严格以事实为根据，以法律为准绳，并按照司法程序进行的。对涉及同一案件的人，由于各有其不同的情况和背景，在量刑时是要给予考虑的，但这决不意味着法院在审判中有不同的法律标准。在审理案件中，被告有充分权利聘请律师为其辩护。中国的律师制度规定，凡取得律师资格的人，可以在国家行政范围内任何一个地方为当事人进行辩护，律师按照法律为当事人进行辩护不受任何干涉。

最高人民检察院就贩卖假毒品案件如何定性问题作出批复

财政部成立注册会计师全国考试委员会

国家主席杨尚昆在人民大会堂会见日本船舶振兴会会长笹川良一

外交部部长钱其琛在北京会见摩洛哥王国政府特使哈利亨·乌尔德·拉希德

4 月 3 日

七届全国人大第四次会议举行第四次全体会议

会议听取最高人民法院、最高人民检察院的工作报告，并就有关议案作出决定。

会上通过七届全国人大四次会议选举和决定任命的办法。本次会议将采用无记名投票的方式，补选七届全国人大常委会委员。根据李鹏总理的提名，本次会议将决定任命部分国务院副总理和国务委员。本次会议将采用按表决器方式，决定任命国务院部分副总理和国务委员。

大会由执行主席廖汉生主持。

最高人民法院院长任建新在第七届全国人大第四次会议上作《最高人民法院工作报告》

各位代表：

现在，我将人民法院一九九〇年的主要工作情况和今年的工作安排向大会报告如下，请予审议。

一、严厉打击严重危害社会治安和破坏经济的犯罪活动，维护社会稳定

一九九〇年，全国法院坚决贯彻政法工作“竭尽全力维护社会稳定”的方针，进一步加强刑事审判工作，

依法严厉打击严重刑事犯罪活动。全年共受理一审刑事案件四十五万九千六百五十六件，比上年上升百分之十七点零九；审结四十五万七千五百五十二件，比上年上升百分之十七点四四。判决发生法律效力的人犯五十八万二千一百八十四名，比上年上升百分之二十点六二。其中判处五年以上有期徒刑、无期徒刑和死刑(包括死缓)的，占判处人犯总人数的百分之三十六点九九，比上年增加二点七五个百分点；判处五年以下有期徒刑、拘役和管制的占百分之六十一点四四；免予刑事处分的七千二百五十人；宣告无罪的一千九百一十二人。这是一九八四年以来刑事审判任务最繁重的一年。

针对严重危害社会治安的犯罪活动猖獗的情况，政法机关从去年五月开始，集中开展了一场“严打”斗争。各级人民法院继续贯彻依法从重从快的方针，对于那些情节严重的杀人、抢劫、重大盗窃、强奸、拐卖妇女儿童、流氓等犯罪分子，特别是惯犯、累犯、流窜犯和犯罪集团的首要分子，依法该重判的重判，该判处死刑的判处了死刑。同时，注意做到宽严相济，对具有从轻、减轻或者免除处罚情节的，依法从轻、减轻或者免予处罚，以分化瓦解犯罪分子。人民法院的严正判决，打击了严重刑事犯罪分子的嚣张气焰，对维护社会稳定起了积极作用。

一个时期以来，有关毒品和淫秽物品的犯罪活动日趋严重，危害人民群众的身心健康，毒化社会风气，并诱发其他犯罪，严重破坏社会秩序。开展禁毒和“扫黄”斗争，关系到国家的强盛、民族的兴旺。一九九〇年，各级人民法院把打击这类犯罪活动作为刑事审判工作的一项重要任务，全年共审结这类案件三千八百六十四件，比上年上升百分之四十二点五八，从严惩处了犯罪分子。去年十二月，全国人大常委会作出《关于禁毒的决定》和《关于惩治走私、制作、贩卖、传播淫秽物品的犯罪分子的决定》，为人民法院审理这类案件提供了有力的法律武器。最高人民法院随即发出通知，要求各地法院坚决执行，以进一步推动禁毒和“扫黄”斗争的深入开展。

一九八九年春夏之交，北京发生政治动乱进而发展成为反革命暴乱。公安机关依法拘留审查了一部分违法犯罪分子，绝大多数经审查教育后已陆续宽大释放。一些实施打、砸、抢、烧、杀的和大肆宣传煽动、阴谋颠覆人民政府、推翻社会主义制度的严重犯罪分子，他们的行为触犯了我国刑法，应依法惩办。据统计，北京市法院共审结实施严重打、砸、抢、烧、杀的刑事案件四百九十件，七百一十五人；大肆宣传煽动、阴谋颠覆政府、妄图推翻社会主义制度的刑事案件六十二件，七十二人。人民法院对这类案犯的审判，现在已基本结束。审判以事实为根据，以法律为准绳，认真执行惩办与宽大相结合的政策，该严则严，当宽则宽，特别是对青年学生犯罪的，着眼于教育挽救，尽可能宽大处理。凡是具有从轻、减轻或免除处罚情节的，均依法予以从轻、减轻或免除处罚。人民法院的审判是严格依照法律程序进行的，依法应公开审判的案件一律公开审理，开庭审理时，包括被告人亲属在内的各界群众参加了旁听；依法保障了被告人申请回避权、辩护权、上诉权等各项诉讼权利。对判了徒刑的，如果在服刑期间确有悔改或立功表现，还可依法予以减刑、假释。人民法院对暴乱中犯罪案件的正确处理，维护了国家的稳定，得到了广大人民群众和社会各界的拥护。

严厉打击严重经济犯罪活动的斗争，对于坚决惩治腐败，加强廉政建设具有重要意义，是实现社会主义现代化的一个重要保证。一九九〇年，人民法院受理的经济犯罪案件上升，其中贪污、贿赂案件上升幅度较大，万元以上的大案增多。各级人民法院继续贯彻从严惩处的方针和“一要坚决、二要慎重、务必搞准”的原则，对起诉到法院的严重经济犯罪案件依法进行了审判。全年共受理经济犯罪案件八万八千一百八十四件，审结八万七千八百四十六件，分别比上年上升百分之十四点八九和百分之十五点七三。其中受理贪污、贿赂案件二万四千七百四十九件，审结二万四千三百三十件，分别比上年上升百分之四十四点三和百分之四十七点四四。判决发生法律效力的人犯十二万一千零五十三人，其中判处五年以上有期徒刑、无期徒刑和死刑(包括死缓)的，占给予刑事处分人数的百分之三十三点九一，比上年增加三点三二个百分点。在判刑的犯罪分子中，有处级干部一百四十七人，司局级干部八人。去年法院受理的经济犯罪案件虽然增多，但仍有一些依法应由法院定罪判刑的案件却没有移送到法院来，致使犯罪分子没有得到应有的惩处。这主要是因为“以罚代刑”的问题依然存在，与此相关的赃款赃物随案移送的问题，在不少地方也没有解决。我们建议全国人大常委会通过立法彻底解决这一问题。

未成年人犯罪是目前一个值得重视的社会问题。各级人民法院注意通过审判活动，教育、感化、挽救犯罪少年。近年来，最高人民法院总结推广了少年法庭“寓教于审”、“惩教结合”的经验。去年，少年法庭已由前年的四百多个增加到八百六十二个。许多法院不断探索适合于审理未成年人刑事案件的审判方式；聘请妇联、共青团、学校、工会的干部作为少年法庭的特邀陪审员，共同做好对少年犯的矫治和转化工作，在降低重新犯罪率，预防和减少未成年人犯罪方面取得了比较明显的效果。最近，最高人民法院制定了《关于办理少年刑事案件若干问题的规定》，并要求各级法院尽快做到所有的未成年人犯罪案件都由少年法庭审理。

根据多年来的经验，解决社会治安问题的根本途径是进行综合治理。去年，各级人民法院在严厉打击严重刑事犯罪的同时，采取了一些其他措施，积极参加社会治安综合治理。一是努力在刑事、民事、经济、行政等各项审判工作中落实参加综合治理的具体措施，以预防纠纷、制止违法、遏制犯罪。二是通过公开审判，积极开展法制宣传教育工作，选择典型案例，以案讲法，震慑罪犯，教育群众，扩大办案的社会效果。三是在办案中注意发现有关单位存在的管理和制度上的漏洞，及时提出司法建议，预防和减少违法犯罪的发生。四是对于罪行较轻，具备从轻、减轻情节，有条件放到社会上监督改造的一些犯罪分子，适用了缓刑、管制，并注意对判处缓刑、管制的犯罪分子进行考察，协助有关部门落实监管措施。五是对于在劳改中确有悔改或立功表现的犯罪分子，依法裁定减刑、假释，促进了犯人的改造。六是充分发挥人民法庭作为人民法院参与综合治理的前沿阵地的作用，就地审理大量案件，并加强对人民调解组织的业务指导，把民间纠纷解决在基层。今年一月召开的全国社会治安综合治理工作会议明确提出，综合治理是今年政法工作的重点。我们要求各级法院认真贯彻会议精神，把人民法院参加综合治理的工作再向前推进一步。

维护国家和社会的稳定，是顺利实施十年规划和“八五”计划的必要前提和基本保证。人民法院对此负有重要职责。由于国内的因素和国际的影响，阶级斗争在一定范围内还将长期存在，在某种条件下还有可能激化。目前我国社会中仍然存在着某些不安定因素，一些社会丑恶现象有所滋长，刑事案件特别是重大刑事案件还在上升。社会治安形势还是严峻的。国外敌对势力从未放弃对我国进行和平演变，仍在继续进行渗透、颠覆和破坏活动。党中央一再强调，必须加强人民民主专政的国家机器，用以打击反社会主义的分子和各种破坏安定团结的势力。人民法院是人民民主专政的重要工具，我们要求各级人民法院牢固树立人民民主专政观念，充分发挥人民法院的专政职能作用，进一步加强刑事审判，把严厉打击危害国家安全、严重危害社会治安和严重破坏经济的犯罪分子的斗争继续深入下去，不能有丝毫的松劲和麻痹，努力为实现我国社会主义现代化建设的第二步战略目标创造良好的社会环境。

二、加强经济和海事审判，为治理整顿、改革开放服务

经济审判是人民法院运用法律手段调节经济关系、直接为经济建设服务的。一九九〇年，全国各级人民法院共受理一审经济纠纷案件五十八万八千一百四十三件，比上年下降百分之十四点八六；审结五十九万八千三百一十七件（含上年未结案），比上年下降百分之十点六二。诉讼标的总金额一百八十八亿零八十三万元。其中借款合同纠纷案件二十一万四千三百四十三件，比上年下降百分之十七点一三；购销合同纠纷案件十六万七千三百九十三件，比上年下降百分之十五点七三；建设工程承包合同纠纷案件一万三千六百二十二件，比上年下降百分之十五点八九。在经济纠纷案件总数下降的同时，有些经济纠纷案件仍然上升。其中农村承包合同纠纷案件三万一千二百一十七件，比上年上升百分之三点三六；财产租赁案件七千八百零二件，比上年上升百分之五点三六；涉外和涉港、澳、台案件共五百三十五件，比上年上升百分之三十九点三八。经济纠纷案件的这些变化，从一个侧面反映了通过治理整顿，经济过热的现象受到抑制，经济领域特别是流通领域的一些混乱状况初步得到克服，经济秩序明显改善。在去年的经济审判工作中，各级人民法院坚持为治理整顿、改革开放服务的指导思想，通过审理大量借贷、购销、技术合同纠纷，公司债务清偿，产品质量责任等案件，以整顿经济秩序，促进社会主义商品、资金、技术市场的建立和发育，发挥了积极作用；通过审理大量农村承包合同纠纷和企业承包经营、租赁经营、联营纠纷等案件，促进了城乡经济体制改革的深化；通过审理涉外和涉港、澳、台经济纠纷案件，促进了对外和对港、澳、台地区经济贸易的发展。

一九九〇年，海事审判工作也有新的发展。全国八个海事法院共受理一审海事、海商案件七百五十三件，比上年上升百分之三点八六，收案类型已达三十三种，诉讼当事人来自四十多个国家和地区；审结海事、海商案件七百三十七件，比上年上升百分之十六点四三，结案诉讼标的金额二亿三千五百多万元。海事审判具有专业技术性强、涉外案件多、诉讼标的金额大、适用法律复杂的特点。人民法院通过审理涉外海事、海商案件，有效地行使了我国的司法管辖权，保护了中外当事人的合法权益。一些外国当事人反映，中国法院的审判是公正的，同中国发展航运事业和经济贸易往来是有法律保障的。为了适应海事审判工作发展的需要，我们正在筹备设立海事高级法院，并已就此向全国人大常委会提出了报告。

改革开放以来的实践说明，经济越发展，改革越深入，开放越扩大，有计划商品经济越成熟，就越需要健全法制，保证各项经济活动按照法律、法规进行。这次大会审议的十年规划和“八五”计划纲要中提出要逐步建立比较完备的经济法规体系，使各方面的经济关系和经济活动有法可依，并切实加强经济监督和经济司法工作。今后，人民法院的经济、海事审判工作服务的

领域将更加宽广，任务将更加繁重。今年我们将着重抓好以下几项工作：第一，加强调查研究，了解经济发展的情况，改革开放的趋向，新出现的经济关系，经济纠纷的变化，以在审判工作中取得更大的主动权。第二，精心审理好与治理整顿、深化改革、扩大开放关系最密切的案件，主要是同发展和健全社会主义市场有关的案件；同企业承包租赁经营，家庭联产承包为主的责任制，完善双层经营体制有关的案件；同发展外向型经济和对外经济贸易有关的案件，特别是“三资”企业和“三来一补”中的案件。第三，处理具体案件要把严肃执法和注重社会效果统一起来。对于一切有利于改革开放，有利于发展社会生产力的行为，只要是合法的经营活动，都依法予以保护；对于一切不利于改革开放，不利于发展社会生产力的行为，都依法予以约束和限制；对于一切危害改革开放，破坏经济建设的行为，都依法予以制裁。为了使经济审判工作适应新形势的需要，最高人民法院决定，在这次人大会议后召开第二次全国经济审判工作会议，总结经验，确定今后经济审判的任务，以更好地为改革开放和发展社会主义有计划商品经济服务。

三、做好民事、行政审判和告诉申诉工作，保护公民、法人的合法权益，维护国家行政机关依法行政

民事审判工作关系到广大群众的切身利益，正确、合法、及时地审理民事案件，对于维护安定团结，防止矛盾激化，促进社会主义精神文明建设，有着重要的作用。多年来，民事案件一直占法院受理的各类案件总数的百分之六十以上。一九九〇年，全国各级人民法院共受理一审民事案件一百八十五万一千八百九十七件，比上年上升百分之二点零一；审结一百八十四万九千七百二十八件，比上年上升百分之二点二八。其中离婚案件八十万九千八百二十五件，债务案件五十六万八千零一十六件，赔偿案件十六万九千九百一十九件，房屋案件五万八千零九十五件，土地案件三万一千五百五十五件，继承案件二万零五百二十九件。去年，各级人民法院以贯彻民法通则为中心，全面执行民事法律政策，改进民事审判方式，着重抓了以下四项工作：一是审理了大量离婚、抚养、赡养、扶养、继承等案件，保障了婚姻自由，保护了妇女、儿童和老人的合法权益。二是审理了大量损害赔偿、债务、房屋、林木、水利、土地等案件，保护了合法的债权债务关系，依法维护了公民、法人和其他组织的财产权利。三是依法审结了一些名誉权、肖像权、姓名权、著作权等新类型案件，使受到侵害的公民、法人的人身权利得以保护。四是审理了一批涉外和涉港、澳、台民事案件，依法保护了中外当事人的财产权利和人身权利，增进了海峡两岸交流。

《中华人民共和国行政诉讼法》于一九九〇年十月一日施行后，我国的行政审判工作进入了一个新的阶段。全国各级人民法院为实施行政诉讼法做了大量的准备工作，并积极、慎重地处理了一批行政案件。截至一九九〇年底，三十个高级人民法院全部建立了行政审判庭，百分之九十以上的中级人民法院和基层人民法院也建立了行政审判庭。一九九〇年，全国法院共受理行政案件一万三千零六件，比上年上升百分之三十点九二；审结一万二千零四十件，比上年上升百分之二十三点五九。特别是行政诉讼法实施后，行政案件上升幅度更大。去年十月至十二月，共受理一审行政案件五千二百五十八件，比上年同期上升百分之九十六点五六。人民法院受理的行政案件，除治安行政和土地行政案件仍占总数的百分之六十五外，还有工商、林业、环保、海关、税务、城建、医药、卫生等行政案件。人民法院通过行政审判，保护公民、法人和其他组织的合法权益，维护和监督行政机关依法行使行政职权，密切了人民群众与政府之间的关系。在行政审判实践中，我们感到，全面执行行政诉讼法，更好地开展行政审判工作，还需要解决以下问题：一是应当更加广泛、深入地学习、宣传行政诉讼法，使广大群众懂得和善于通过行政诉讼保护自己的合法权益；同时，也使国家行政机关工作人员进一步理解行政审判有利于维护行政机关依法行使职权。二是目前人民法院的行政审判力量严重不足，亟待加强，以适应工作的需要。三是一些法律、法规还需要进一步协调配套，以使人民法院和有关行政部门执法有据。

告诉申诉工作是人民法院联系群众、倾听群众意见、接受群众监督的重要渠道。一九九〇年，全国各级人民法院继续加强告诉申诉工作。全年处理人民来信二百二十万零三百八十三件次，接待人民来访三百零六万四千八百五十八人次，共五百二十九万五千二百四十一人（件）次，比上年下降百分之五点六八。为解决一些地方存在的“告状难”问题，人民法院采取措施，改进工作，领导亲自接待群众来访，处理群众来信，解决疑难问题，保障公民、法人和其他组织的诉讼权利。

十年规划和“八五”计划纲要提出，在九十年代，社会主义精神文明建设要达到一个新水平，社会主义民主与法制建设要进一步健全。为了实现这一奋斗目标，各级人民法院将更加努力地开展民事、行政审判和告诉申诉工作，切实保护公民的民主权利和其他合法权益，发扬社会主义道德风尚，增进人民群众的和睦团结，维护社会的安定。今年，在民事审判工作中，继续重点抓好婚姻家庭、债务、赔偿案件的审理，同时妥善处理土地、林木、水利和宅基等案件，特别要及时审理那些严重影响群众生产、生活，矛盾容易激化的案件。

我国著作权法将于今年六月一日施行，我们正在组织民事审判人员认真学习，把依法处理著作权纠纷案件作为民事审判的一项重要任务来抓。在行政审判工作中，要进一步明确指导思想，全面贯彻执行行政诉讼法，通过审判活动，既依法保护公民、法人和其他组织的合法权益不受侵犯，又支持和维护行政机关依法行使职权。在告诉申诉工作中，将继续认真解决群众反映的"告状难"的问题，依法该立案的一定立案，切实保障当事人行使诉讼权利。

四、严肃执法，不断提高执法水平

一年来，各级人民法院在严肃执法，提高执法水平方面，做出了很大努力，取得了较为明显的成效。

（一）坚持以公开审判为重心，全面贯彻诉讼法，不断提高办案的质量和效率。我国刑事诉讼法、民事诉讼法（试行）、行政诉讼法已先后实施，本次大会还将对民事诉讼法（试行）进行修改，这是我国社会主义法制日臻完备的重要体现，为人民法院严肃执法，提高执法水平，提供了基本的法律依据。去年，各级人民法院在审判工作中，认真执行各项审判程序和制度，切实依法保障当事人的起诉权、辩护权、上诉权等诉讼权利，审理民事、经济纠纷案件强调当事人的举证责任，不断提高公开审判的水平，从程序上保证了办案质量。坚持以事实为根据，以法律为准绳的原则，严格把好案件的事实关、证据关、法律关，在"质量第一"的前提下，依照法定程序快办案、多办案，并注意把办案质量、效率和效果有机地统一起来。总的看，各级法院的办案质量是好的。但是，也确有少数案件的审理存在一些问题，如有的刑事判决偏轻偏重，有的民事、经济纠纷案件处理不公正，有的不严格执行程序法，有的审理不及时，等等。对这些缺点和问题，我们在今年二月召开的全国高级法院院长会议上明确提出，要采取有效措施，认真克服和解决。

（二）加强审判监督和业务指导。一年来，各级人民法院坚持对本院或者下级人民法院已经发生法律效力的判决进行检查，发现问题，及时指导和纠正。对需要再审的案件，依照审判监督程序进行重新审判，做到"实事求是，有错必纠"。各级人民法院还受理检察机关按照第二审程序和再审程序提起抗诉的刑事案件二千五百一十七件，审结二千四百一十九件。其中原判确有错误依法改判的八百七十一件，占百分之三十六点零一；发回重审的二百二十件，占百分之九点零九；原判正确予以维持的一千零二十六件，占百分之四十二点四一；检察机关撤回抗诉的二百五十三件，占百分之十点四六；作其他处理的四十九件，占百分之二点零三。通过审判监督，使那些在认定事实或适用法律上确有错误的判决得到了纠正，使正确的判决得到了维持，维护了法律的严肃性。

一九九〇年，最高人民法院根据审判实践的需要，加强了司法解释。去年，经过审判委员会讨论决定，作出有关刑事、民事、经济等方面的司法解释二十二件。还通过《最高人民法院公报》公布了一批典型案例，发挥案例的指导作用。今后，随着形势的发展，人民法院在审判工作中还会遇到许多新情况、新问题，其中属于具体适用法律的一些问题，需要最高人民法院及时作出司法解释，我们将努力把这项工作做得更好一些。

（三）加强对经济纠纷和民事案件判决的执行工作。一部分经济纠纷和民事案件的判决"执行难"，是多年来困扰法院工作的一个突出问题。一九九〇年，我们加强了执行工作，一些法院建立了执行机构，配备了专职执行人员，改进了执行措施。最高人民法院、各高级人民法院加强了对下级人民法院执行工作的指导、协调和监督。一些法院依靠党委领导、人大监督和政府有关部门的大力支持，集中时间，集中力量，依法执行了一批难度较大的经济纠纷和民事案件的判决，取得了一定成效。但是，"执行难"的问题仍然存在。造成"执行难"有多方面的原因：有些当事人资不抵债，无法执行；有些当事人隐匿、转移被执行财物，难以执行；有些企事业单位负责人更替，"新官不理旧事"，拒绝执行；有的法院由于执行力量弱、条件差、措施不力，影响执行。"执行难"不仅损害了当事人的合法权益，也严重损害了法律的尊严。今年，我们要求各级人民法院继续大力加强和改善执行工作，严格依法办事，在各方面的支持下，使"执行难"的状况尽快地有一个较大的改观。

（四）在经济审判工作中抵制和克服地方保护主义的影响。一年来，我们强调人民法院在经济审判工作中要维护国家法制的统一，反对地方保护主义的干扰。许多法院做到了严格依法办案，公正审判，不袒护本地当事人；对一些受地方保护主义影响判决不正确的案件，依法进行了改判。但是，近年来，地方保护主义对法院审判工作的影响仍很严重，一些法院为了本地区利益，违背以事实为根据、以法律为准绳的原则，偏袒本地当事人，争管辖权，滥用诉讼保全，等等。为了进一步解决这个问题，我们要求各级人民法院要充分认识到，地区封锁和市场分割是与社会主义有计划商品经济和国内的统一市场不相容的，审判工作中的地方保护主义同国家法制的统一也是不相容的。我们要继续把克服地方保护主义作为纠正不正之风的一项重要内容，经常进行检查、整顿，抓住典型案件，采取有力措施，坚决予以纠正，借以推动全局。同时，希望各方面对人民法院严肃执法给予大力支持。

（五）正确适用法律，妥善处理涉外和涉港、澳、台案件。一九九〇年，全国法院共受理涉外和涉港、澳、台刑事、民事、经济、海事、行政案件二千八百件，对促进改革开放和祖国和平统一，起了积极的作用。今年，我国人民法院审理涉外案件，将继续坚持主权原则、对等原则、司法豁免原则，信守我国缔结或者参加的国际条约，参照国际惯例，坚持实事求是，公正裁判。审理涉港、澳案件，要严格按照我国的法律规定进行，根据民法通则规定可以适用香港、澳门地区法律的，可予适用，但以不违背我国的社会公共利益为限。审理涉台案件，要认真贯彻执行国家的法律、政策以及最高人民法院的有关司法解释。台湾居民在台湾地区的民事行为和依据台湾地区法规所取得的民事权利，如果不违反中华人民共和国法律的基本原则，不损害社会公共利益，可以承认其效力。对台湾地区法院的民事判决，也将根据这一原则，分别不同情况，具体解决承认其效力问题。根据法律的有关规定，高级人民法院经最高人民法院同意，可与台湾省有关方面通过适当途径，妥善解决相互委托代为一定的诉讼行为、送达诉讼文书和执行等问题。对台湾居民在回大陆探亲、旅游时提起的诉讼，要尽量提供方便，及时审理，及时执行。

随着我国社会主义现代化建设和改革开放的深入发展，社会主义民主和法制逐步健全，以宪法为基础的社会主义法律体系已初步形成。当前，社会主义法制建设中的一个突出问题，就是要进一步强调严格依法办事，切实做到有法必依，执法必严，违法必究。这就对法院的审判工作提出了更高的要求。为此，我们把严肃执法，不断提高执法水平，作为今后法院工作的重要任务，下功夫抓好，坚决纠正审判工作中存在的有法不依、执法不严的现象。

五、大力加强法院建设，提高法官队伍素质，改善执法条件

一九九〇年，各级人民法院坚持一手抓审判，一手抓建设，在完成审判工作任务的同时，法院的队伍建设、基层建设和物质建设也取得了一定进展。

（一）加强队伍建设。一年来，各级人民法院组织广大干警认真学习马克思主义基本理论；用马克思主义的立场、观点、方法，分析、理解当代社会主义面临的重大问题，坚定社会主义信念，深刻认识加强人民民主专政的重要性，进一步提高了坚持四项基本原则、反对资产阶级自由化的自觉性。各级人民法院按照党中央关于加强廉政建设的指示精神，坚持“从严治院”的方针，健全制度，强化监督机制，自觉接受党委、人大、政协和广大人民群众的监督，坚决制止和纠正不正之风。去年第四季度，全国法院系统开展了执法执纪大检查，取得了好的效果。事实说明，法院队伍中绝大多数干警是好的。去年全国法院又涌现出很多清正廉洁、秉公执法、全心全意为人民服务的先进集体和先进个人。受表彰奖励的先进集体有四千二百五十四个，先进个人有一万七千一百八十四名。但是，法院队伍中也有少数人违法违纪，甚至利用职权，枉法裁判。去年，全国法院干警中受党纪、政纪处分的共八百八十七人（内有审判人员三百二十六人），受刑事处分的二十五人（内有审判人员七人）。这些人虽然是少数，但影响很坏，严重损害了人民法院的声誉。今年，我们要求各级法院进一步把廉政建设作为一件大事来抓，领导要以身作则，做廉政和勤政的表率，以自己的模范行动，带领广大干警创造一个为政清廉的好风气。我们衷心欢迎各级人大代表、政协委员、各民主党派人士和广大人民群众对法院干警加强监督，对来自各方面的批评、建议和检举，我们一定认真对待；对干警的违纪违法问题，一定严肃查处，决不姑息迁就，坚决清除贪赃枉法等严重违法乱纪分子。

我们坚持把法院队伍的业务建设作为提高执法水平的一项根本措施。一九九〇年，各级法院共举办各种培训班三千多期，参加的人员五万多人次。截至去年九月，全国法院干部业余法律大学已有三万五千人毕业，在校学习的还有近四万人。中国高级法官培训中心培养了一批高级法官和高层次法律专门人才。全国已有八个高级人民法院建立起进行岗位培训的法官培训中心。通过各种形式、多渠道的业务培训，使广大法院干警的政治、业务素质有了明显提高。今年我们要继续加强干部特别是青年干部的培训，使他们尽快成为审判工作的骨干；加快各省、自治区、直辖市法官培训中心建设的步伐；积极筹办中国法官学院，使之成为培训高级法官及其后备人才的重要基地。

民主党派成员和无党派人士担任人民法院领导职务和人民陪审员，对于坚持和完善中国共产党领导的多党合作和政治协商制度，加强社会主义民主和法制，具有重要意义。最高人民法院已有民主党派成员担任领导职务。今后，各级人民法院将主动与有关部门密切配合，有计划、有步骤地推举民主党派成员和无党派人士担任法院的各级领导职务；同时，聘请一些民主党派成员和无党派人士担任人民法院的陪审员，参加一些重大、疑难案件的审判，参与有关法律、政策的研究和咨询。

为了完善我国的社会主义法官制度，最高人民法院正抓紧起草《审判员条例》，将于今年内报请全国人大常委会审议。

（二）加强基层建设。基层人民法院及其派出机构人民法庭处在法院工作的第一线，不仅承担着全国百分之八十左右一审案件的审判任务，还在处理简易纠纷、指导人民调解组织、宣传法制、参与社会治安综合

治理等方面，担负着繁重任务。因此，加强基层人民法院特别是人民法庭的工作，是搞好法院工作的基础。一年来，各级人民法院按照党的十三届六中全会决定，改进审判作风，面向基层，深入基层，服务基层，切实解决基层人民法院和人民法庭在工作中急需解决的问题。同时，加强对人民法庭工作的管理和指导，根据需要和可能，对人民法庭的设置、人员配备进行调整、充实，建立规章制度，完善管理方法，培训审判人员。截至去年年底，全国已建立人民法庭一万八千五百个，配备法庭干部七万余人。从目前情况看，还有一些应当建立的人民法庭没有建立起来；有些已建立的人民法庭，人员配备尚不足法定人数。今年，我们把加强基层建设作为法院工作的一个重点，努力创造条件，使人民法庭的建设有所发展。为了使人民法庭的工作和建设进一步制度化、规范化，最高人民法院正在起草《人民法庭组织条例》，将提请全国人大常委会审议。

(三)加强法院物质建设，改善审判工作条件。一年来，各级人民法院在党委、人大和政府各部门的支持下，经过努力，审判工作所必需的物质条件有了一定改善。但是，许多地区由于种种原因，审判法庭和人民法庭的建设进展缓慢；业务经费特别是办案经费短缺，通讯设备和交通工具严重不足，影响了审判工作的开展。今年，我们将根据审判工作的需要，制订计划，提请有关部门逐步予以解决。

各位代表：

党的十三届七中全会为我们绘制了未来十年建设和发展的宏伟蓝图，提出了我国实现现代化建设第二步战略目标的行动纲领，这标志着我国社会主义现代化建设将进入一个新的发展阶段。在本世纪的最后十年，随着改革开放和经济建设的发展，我国社会主义民主和法制建设将得到进一步的发展，人民法院的任务会更加繁重。我们将以党的基本路线为指导，紧紧围绕经济建设这个中心，进一步全面开展各项审判工作，努力提高执法水平，加强队伍建设和基层基础建设，为维护国家和社会的稳定服务，为十年规划和"八五"计划的顺利实施服务。今年，是执行十年规划和"八五"计划的第一年，也是继续治理整顿、深化改革至关重要的一年。各级人民法院将在党的领导、人大的监督和政府的支持下，振奋精神，埋头苦干，把各项工作做得更好，为社会稳定和经济发展作出新的贡献！

最高人民检察院检察长刘复之在第七届全国人大第四次会议上作《最高人民检察院工作报告》

各位代表：

第七届全国人民代表大会第三次会议以来，在以江泽民同志为核心的党中央正确领导下，全国各族人民同心同德，团结奋斗，社会主义现代化建设的各项事业都取得了显著成绩。治理整顿、深化改革收到了明显成效，对外开放成绩很大，国民经济继续向好的方向发展。1990 年，最高人民检察院领导各级人民检察院、专门检察院和广大检察人员，大力开展惩治贪污、贿赂犯罪和严厉打击严重刑事犯罪等工作，为维护国家稳定和社会稳定做出了自己的贡献。现在，我就工作中的主要情况和问题向大会作报告，请予审议。

一、惩治贪污、贿赂犯罪的斗争深入了一步

惩治贪污、贿赂犯罪是检察机关依法打击经济犯罪的第一位工作。去年，我们突出抓了查办大案、要案的工作，全国共受理贪污、贿赂罪案九万四千六百八十六件，立案侦查五万一千三百七十三件。在立案侦查的案件中，犯罪金额在万元以上的大案一万一千二百九十五件，同上年度基本持平。其中，五万元以上的重大案件一千一百一十三件；县处级以上干部的案犯一千一百八十八人，这两项比 1989 年都略有增加。到去年底，已向人民法院提起公诉二万三千三百四十四人。追缴赃款赃物折合人民币八亿一千万元。

我们集中力量查办大案、要案，成效比较明显，工作深入了一步。这主要表现在以下五个方面：

第一，侦破了一批重大贪污案。全年立案侦查万元以上贪污大案七千四百三十五件。其中，五万元以上的重大罪案八百六十九件，上年为六百三十七件；五十万元以上不满一百万元的二十一件，上年为十一件；一百万元以上至五百万元的十七件，上年为三件；贪污案犯中，县处级以上国家工作人员二百七十三名，上年为二百三十一名。这些大贪污犯，都受到了或即将受到法律的制裁。贪污分子绝大多数是直接掌握财物的人。他们利用手中的权力，疯狂侵吞国家和集体财产。例如，原深圳市上埗区轻工业品业务部经理杨锦棠和该区经济发展公司副经理杨锦镇等人，互相勾结，采取以单位名义向银行贷款不入账、不申报贷款去向等手段，从 1988 年初起，不到一年就贪污、诈骗人民币五百多万元、美金七十多万元。原昆明市西山区副食品公司黑林铺门市部主任李兰珍等六人，内外勾结，在调拨购销猪肉过程中，采取多发货少入账的手段，从 1986 年到 1990 年共贪污二百多万元。以上两案的主犯已经逮捕，正在侦查中。从大量案件的发生和发展看，贪污分子都是受资产阶级腐朽思想和生活方式的侵蚀，享乐欲望猛烈膨胀、个人主义恶性发展而堕入犯罪深渊的。在查办案件中发现，贪污犯罪多发的单位和部门，那里的某些领导人往往有严重的官僚主义，行政管理松散，会计、审计制度不严密，缺乏检查监督；有的领导人自身作风不正，变成了贪污分子的保护伞，从而增加了侦破这些大案的难度。查办大案，对犯罪分子的震慑作用很大，对增强国家工作人员的法制观念和鼓舞群众的斗志作用也很大。

第二，侦破了一批贿赂要案。全年立案侦查万元以上贿赂大案三千八百六十件；贿赂案犯中，县处级以上国家工作人员九百一十五名，上一年度为六百四十四名。受贿分子几乎都是掌权的。行贿和受贿这种钱权交易，是资本主义商品经济的痼疾。这几年，查获的贿赂罪案不少，说明这种"病毒"已在某些领域中蔓延，少数领导干部已被腐蚀变质。他们的这种肮脏勾当，严重地危害经济活动的正常秩序，败坏党和政府的威信。原青海省人大常委会副主任韩福才，在先后担任副省长和省人大副主任期间，从1987年到1989年，利用职权帮助工程队、包工头承揽基建工程等，索取、收受贿赂共计人民币三万八千多元。最高人民检察院检察委员会已决定逮捕韩福才，并由青海省检察机关起诉。原洛阳市委书记武振国，在先后任市长、市委书记期间，从1985年到1988年，收受洛阳市几家企业的贿赂人民币二万多元，已被逮捕并即将起诉。原首都钢铁公司总经理助理兼北京钢铁公司党委书记管志诚，利用职权，在批售钢材中，索贿受贿共计人民币一百五十多万元、港币二万元，已被逮捕也即将起诉。发生贿赂犯罪活动，有犯罪分子的主观原因，同时，反映了我们的行政管理和思想政治工作有不少薄弱环节，规章制度和法律措施存在一些空隙和漏洞。

第三，在不正之风比较严重的某些行业和部门侦破了一批贪污、贿赂罪案。在那里，少数国家工作人员利用本行业、本部门的特权，贪污盗窃国家财产，索贿受贿，破坏行政管理秩序和经济秩序。在问题多的单位，往往破一案带出"一串"。例如：福建省在办七个案件中带出一百五十七个贪污、贿赂案件。北京市在办四十六个贪污、贿赂案件中，挖出犯罪分子二百四十二人。

第四，侦查破案工作与发动群众相结合，发动小高潮，扩大社会效果。有的地方检察院抓住有典型意义的大案、要案，与有关部门配合，召开体现宽严政策的大会，大张旗鼓地宣传国家法律，宣传坦白从宽、抗拒从严的政策，推动斗争深入发展，效果很好。全年有三千五百多名贪污、贿赂犯罪分子到检察机关投案自首。去年7月，广东省清远市在市委领导下，市检察院抓住英德县公安局局长张文列贪污、受贿要案，冲破阻力，公布案情，发动群众揭发、举报，与有关部门配合，召开宽严处理大会，敦促有贪污、受贿问题的人自首坦白。在一个半月内，全县有一百一十九人自首坦白。西藏自治区检察院举办了西藏民航局拉萨售票处售票员扎西措姆(女)贪污七十八万元大案的罪证展览，全市轰动，观众达七万人次，家喻户晓。去年5月25日至7月20日，最高人民检察院在北京举办了《全国检察机关惩治贪污贿赂展览》，党中央、全国人大常委会、国务院对这次展览都很重视。展览形象地显现了党和国家惩治腐败的坚定方针和决心，剖析了贪污、贿赂犯罪的严重危害性，鼓舞了人民群众的斗争积极性。这个展览在北京展出之后已巡回到五个省、区展出，观众达一百多万人次。

第五，群众举报继续保持了旺盛的热情。1988年各级检察院受理举报贪污、贿赂线索六万七千件，1989年十五万八千件。1990年十五万九千件，到年底已初查了六万五千件。一年来，对三千零三十四名举报有功人员给了各种方式的奖励；依法惩处了打击举报人的违法犯罪分子一千三百一十二名，处理了少数诬告陷害他人的分子。在去年立案查办的贪污、贿赂罪案中，有百分之六十左右的线索是群众举报的。群众举报活动，越来越显示出它的威力，使检察工作得到广大群众的支持和监督，是专门工作与群众路线相结合的好形式。

在工作中，我们着重抓了五个问题：

第一，反复宣传贪污、贿赂犯罪的危害性和斗争的长期性，树立长期作战思想。反贪污、贿赂犯罪是反腐败中很尖锐的一个方面，是在新的历史条件下腐蚀与反腐蚀的斗争，也是反"和平演变"的斗争，这是一定范围的阶级斗争在经济领域里的表现。这几年查出的贪污、受贿犯罪分子，虽然只是干部队伍中的极少数，但是，国家工作人员贪污、受贿犯罪危害很大，影响极坏。它不仅表现为个人的腐化堕落，而且腐蚀性很大，严重败坏社会风气，损害党和人民政府的形象。值得严重注意的是，不少重大案件的犯罪分子，内外勾结，出卖国家经济情报，策划携款潜逃。近两年，广东省已有二百多名严重的贪污、受贿罪犯作案后外逃，在有关方面的协助下，已追捕回八十多人。这类案件在沿海省份发生比较频繁，在内地也有。如原中国进出口公司武汉分公司保成路商场经理陈新国，贪污二百多万元后携款潜逃国外。

由于种种原因，在我们的社会里，滋生了一批贪婪的蛀虫，他们的投机心理和冒险性很大，"你打你的，我贪我的"，肆意破坏社会主义经济，不惜以身试法。在去年查获的案件中，前年秋"两高"《通告》以后作案的占百分之五十左右。这使我们进一步认识到，必须坚决贯彻党中央反腐败、反贪污的方针，必须严格执法，必须长期地抓下去。在去年11月高检院召开全国检察长工作会议期间，江泽民同志针对会议中反映出来的认识问题，指出：检察机关是人民民主专政的工具；要认清反腐败、反贪污斗争的长期性，有长期作战的思想准备；态度要坚决，政策要对头，工作要实事求是。

近几个月来，高检院和各级检察院正在贯彻和落实这一指示。我们坚信，只要坚定地贯彻党中央“两手抓”的方针，经过不懈的努力，贪污、贿赂犯罪是可以抑制的。我们是中国共产党领导的社会主义国家，有党的政策的感召力和国家法律的威慑力，有加强廉政建设和反腐败的大气候，有党、国家和群众的监督机制，随着改革的不断深入，法制建设和规章制度的不断健全，漏洞会不断减少。当然，要足够估计贪污、贿赂犯罪分子的顽固性，他们是不会自动洗手不干的。我们必须坚持工作的一贯性，避免紧一阵松一阵，防止更多的国家工作人员陷入贪污、贿赂犯罪的泥坑。因此，保持冷静头脑，不满足于已经取得的成绩，不被某些假象所迷惑，这对于检察机关来说是至关重要的。

第二，树立为经济建设服务的思想。严格依法惩治贪污、贿赂以及挪用公款、偷税抗税、假冒商标等犯罪活动，对维护国家经济秩序，促进经济发展，是必不可少的保证。去年检察机关在反贪污、贿赂犯罪的同时，查获挪用公款罪案一万零五百五十六件，偷税抗税罪案七千五百六十四件，假冒商标罪案三百五十八件。今后还要切实加强这些工作。

各级检察院在查办案件中，不断提高全局观念，增强为经济发展服务的自觉性。为了使办案工作取得更好的社会效果，我们总结了几条经验：一、要严格区分经济交往中正常的应酬与贪污、贿赂犯罪的界限，分清哪些是合法的，哪些是不合法的，哪些是犯罪的；二、要慎重处理罪与非罪界限不清和有争议的案件，不轻易采取法律措施；三、在涉及生产、经营、管理部门主要领导成员和重要的技术、管理人员时，要及时向党委、政府反映情况，提出建议，采取适当措施，避免生产、经营、管理和流通等活动脱节；四、要注意保护企业产品产、供、销正常渠道的畅通，不轻易冻结银行账户；五、要积极做好防范工作，加强综合治理。对由于严重官僚主义、管理疏漏、制度不健全而发生贪污、贿赂犯罪案件的，要追究有关领导人的责任，同时采取积极态度提出检察建议，推动有关部门严密会计制度、审计制度，健全和完善行政管理；六、要加强法制宣传，通过剖析典型案例进行教育，纠正“反贪污、贿赂会影响生产发展”、“搞活经济要对经济犯罪‘松绑’”等糊涂观念。

第三，坚持“一要坚决，二要慎重，务必搞准”的原则。在查办案件中，我们强调有法必依，执法必严，违法必究。侦查工作必须扎扎实实，所有事实、证据都要经得起历史的检验；不搞简单的数量攀比，在认定犯罪事实时，不拔高，不凑数，在核实、确认罪证上下功夫；坚持具体情况具体分析，每一个大案、要案都逐案进行具体部署和指导；依法正确运用各种法定的侦查手段和法律强制措施，目的是为了全面搜集证据。在审查起诉中，全面分析案情，严肃地准确地惩处犯罪分子，同时防止误伤仅属犯有错误的人；充分考虑从轻、减轻或免除刑罚的情节；如果发现有定性、定罪不准，或者搞错了的案件，如实复查，加以纠正。

第四，依法正确行使免诉权。对罪行较轻，能够主动坦白或投案自首的被告人，依法免予起诉。检察机关运用法律赋予的这项权力，体现惩办与宽大相结合的政策，对于教育、挽救犯罪分子，鼓励犯罪分子悔过自新，具有重要的意义。过去一年，免诉案件的质量是好的，绝大多数是那些犯罪数额较小、自首坦白、积极退赃或犯罪数额较大但有重大立功表现、主动坦白、积极退赃的。但有些地方在适用免诉中，特别是在处理“两高”《通告》期间的案件中，掌握不够严格，有少数案件不该免诉而作了免诉处理。为了保障正确行使免诉权，去年11月高检院决定：免诉决定须由各级检察院的检察委员会作出；下级检察院作出的免诉决定要报上一级检察院备案，上级检察院对下级检察院免诉不当的，有权予以撤销；对不服免诉的申诉，由上级检察院复查；发现免诉不当的案件要坚决纠正。

第五，加强反贪污、贿赂专门机构的建设。到去年底，已有二十三个省级检察院、一百五十五个市级检察院成立了反贪污贿赂工作局。这个专门机构对于提高侦查贪污、贿赂罪案的水平，增强侦破大案、要案的能力，起了重要的作用。我们反复强调必须正确、适时地运用各种法定的侦查手段，坚决反对以捕代侦的简单化做法，严禁使用收审和滥用监视居住，认定或否定每一个案件都要有充分的、扎实的证据。

这几年的工作实践证明，检察机关依法把惩治贪污、贿赂犯罪作为工作重点，是正确的，有成效的，得到广大干部和群众的拥护，推动了廉政建设和反腐败斗争。但是，对于已经取得的成绩，不可估计过高。我们在工作中还存在不少缺点和问题，主要是在情况、条件大体相似的地方，工作发展不平衡，办案成果悬殊比较大，冲破阻力、克服困难的能力还不强；少数检察院存在执法不严的现象；侦查工作比较薄弱，举报线索积压较多，人力不足，办案经费短缺，侦查设施落后。

目前，在党的领导下，在人大的监督、关心和政府的支持下，正致力解决工作中存在的问题。我们考虑，在现行法律基础上，根据近年的司法实践，需要完善贪污、贿赂、巨额财产来源不明、挪用公款等犯罪的法律规定；需要以法律的形式规范国家工作人员为政清廉的行为；需要加强法律监督和群众监督机制，提高公民的责任感，保护和奖励举报人；需要完善检察机关的反贪污、贿赂工作体制，加强侦查工作，等等，以保证同贪污、贿赂犯罪作长期的有效的斗争。为此，我们已经报告党中央和全国人大常委会，建议制定《反贪污贿赂法》,并会同有关部门着手研究和起草。

二、坚持严厉打击严重刑事犯罪,加强社会治安综合治理

坚持依法从重从快严厉打击严重危害社会治安的刑事犯罪活动,坚定不移地开展“严打”斗争,这是我们常抓不懈的一个重点。保障社会稳定是关系全局的大事。1990年,我们与公安、法院、司法行政等部门密切配合,继续开展了有明确打击对象的专项斗争,对重点城镇、铁路、公路沿线实行专项综合治理,取得了很大成绩,保证了社会稳定和“亚运会”的安全。全国共受理公安机关提请逮捕的各种刑事犯罪分子六十九万二千名,比上一年增加百分之九点六。审查批准逮捕六十万五千多名,比上一年增加百分之十点三。受理公安机关移送起诉的案犯六十九万四千多名,经审查已提起公诉五十九万九千多名,起诉数比上一年增加百分之十五点三。批准逮捕和决定起诉工作,一般做到了及时、准确、不贻误战机。

1989年春夏之交,北京地区发生政治动乱,继而发展成为反革命暴乱,公安机关依法拘留了一批违法犯罪分子,经过审查、教育,有认罪悔悟表现的,已陆续宽大释放;检察机关受理的是那些犯有破坏社会治安和参与组织、指挥、宣传煽动,阴谋颠覆政府、妄图推翻社会主义制度的犯罪分子。我们经过调查复核,对罪行严重的,已依法提起公诉;对罪行较轻、认罪态度好的,已依法免予起诉。这项审理工作是严格按照以事实为根据、以法律为准绳的原则进行的,现在已基本结束。我们对有违法犯罪行为的青年学生,贯彻执行党和国家的宽大政策,做了大量的耐心教育和挽救工作,收到很好的社会效果。

当前,总的说来,社会治安是稳定的,但对于某些地方和方面的严峻情况仍然不能低估。少数城乡治安不好,群众意见比较大。对群众安全感威胁大的是杀人、抢劫等暴力犯罪。1990年,检察机关批准逮捕杀人犯一万五千七百一十九人,比上一年增加百分之十二,其中不少是谋财害命的,也有许多是人民内部矛盾没有得到及时缓解而激化酿成的;批准逮捕抢劫犯八万二千四百六十六人,比上一年增加百分之十五,入室抢劫、袭击基层银行、储蓄所的犯罪案件时有发生;盗窃犯罪居高不下,全年共批准逮捕盗窃犯三十万四千五百二十七人,比上年增加百分之六点六,其中重大特大盗窃犯七万九千二百三十一人,比上年增加百分之十四。一年来,对走私犯罪和聚众赌博,卖淫嫖娼,拐卖妇女儿童,制作、贩卖、传播淫秽物品,贩毒,利用封建迷信骗财害人等“六害”,进行了不断的打击,取得了良好的效果,但情况仍然相当严重。当前,团伙犯罪比较猖獗,犯罪分子绝大多数又是青少年。他们纠合一起,进行盗窃、抢劫、流氓行凶等犯罪活动,有的横行霸道,有的正在向黑社会组织演化,甚至与境外黑社会组织挂钩。极少数仇视人民民主专政政权和社会主义制度的分子以及特务间谍分子,妄图或正在与境外反动势力相勾结,进行捣乱、破坏活动。

一年来,检察机关在打击刑事犯罪工作中,主要做了以下几项工作:

(1) 加强了侦查监督和审判监督。对公安机关提请逮捕和移送起诉的案件,做到了依法及时批准逮捕和提起公诉。同时,经过审查,不批准逮捕的有五万一千零二人;退回公安机关补充侦查的有五万八千六百五十人次;不起诉的有三千五百零七人;免予起诉的有四万六千零三十八人;追捕了八千三百八十一人,追诉了五千零三十人。对公安机关侦查活动中的违法情况提出纠正意见一万二千七百件次。对人民法院审判活动中的违法情况提出纠正意见三千二百件次;开展了对二审监督和再审监督,对人民法院确有错误的判决、裁定提出抗诉二千三百九十六件,到年底已收到人民法院判决、裁定九百四十六件,其中改判五百一十二件。

(2) 开展监所检察,促进文明改造。全国检察机关去年共起诉劳改犯、劳教人员犯罪案犯七千六百九十七人,查办了少数监管改造场所干警私放罪犯、索贿受贿等犯罪案件。各级检察院加强了对监管改造场所执行法律情况的监督活动,保障了在监管改造工作中贯彻革命人道主义精神和教育、挽救的方针。

(3) 各级铁路运输检察院与铁路公安、法院密切配合,大力整顿治安秩序,重点打击“车匪路霸”、犯罪团伙和重大盗窃犯罪活动,结合纠正“以车谋私”的不正之风,查办了一批贪污、贿赂犯罪案件,在整顿铁路治安、促进廉政建设中发挥了积极的作用。

(4) 坚持实行对重大、特大犯罪案件提前介入制度。在审查批捕环节上提前介入五万一千二百零六件次;在审查起诉环节上提前介入一万六千零七件次。在党委、政府和公安机关的支持下,克服交通、通讯条件的困难,使提前介入工作有了发展。实行提前介入,缩短了办案时间,提高了办案质量,锻炼了干部,及时、有力地打击了严重的犯罪分子。

(5) 发挥检察职能,开展社会治安综合治理工作。“严打”是社会治安综合治理的首要一环,但要维护良好的稳定的治安秩序,必须同时发动社会各方面力量,从加强教育、改造、防范、行政管理、制度建设等方面多管齐下,预防和减少犯罪。在综合治理中,检察机关的主要措施是:结合办案进行法制宣传;发动群众揭发、检举犯罪;对发案单位管理工作中存在的隐患提出检察建议,堵塞漏洞;对免诉人员加强帮教工作;配合劳

改、劳教单位进行教育改造工作；及时处理来信来访，耐心疏导教育，避免矛盾激化。

三、查办侵犯公民民主权利、人身权利和渎职犯罪工作有了加强

我国是人民当家做主的社会主义国家。依法保障公民的民主权利、人身权利是我国宪法的一项重要内容，也是法律赋予检察机关的一项神圣职责。

我国保障公民民主权利、人身权利的状况是好的。随着社会主义民主与法制建设的不断发展，保障公民权利的工作不断得到加强。我国公民拥有充分行使宪法和法律赋予的各项权利的自由。对于侵犯公民民主权利、人身权利和其他合法权益的犯罪案件，一经发现，检察机关都及时地予以查办，依法追究犯罪分子的刑事责任。去年，共立案侦查非法拘禁案三千五百零九件；刑讯逼供案四百七十二件；诬告陷害案四百六十一件；报复陷害案六十九件。同时，对官僚主义严重，玩忽职守及徇私枉法构成渎职犯罪的，也坚决依法追究了刑事责任，共立案查办玩忽职守案三千零三十件；重大责任事故案三千八百九十四件；妨害邮电通讯案一百九十九件；徇私舞弊案二百一十七件。

侵犯公民民主权利和渎职犯罪反映出相当数量的公民法律意识不强，当发生民事、婚姻、经济纠纷后，不是借助法律武器，而是采取非法拘禁、非法搜查、非法侵入他人住宅和诬告陷害等违法手段解决。少数公安、司法干警受封建特权思想影响，法律政策水平不高，在办案中搞逼、供、信。少数国家工作人员官僚主义严重，不负责任，玩忽职守，在生产、经营和管理活动中不尊重科学，盲目蛮干，违章冒险作业，造成重大的人身伤亡和经济损失。

查办侵犯公民民主权利和渎职犯罪案件的工作，离实际要求还有较大的差距，困难和阻力不小，侦查工作比较薄弱。我们结合办案开展法制宣传，教育干部群众提高守法执法观念，从多方面预防和减少侵犯公民民主权利和渎职犯罪的发生，以保障公民的合法权益，捍卫社会主义法制。我们要求检察人员加强业务学习，拓宽知识面，恪尽职守，秉公执法。

四、控告申诉、民事、行政诉讼法律监督等工作都有新的进展

——积极受理、认真查处控告、申诉，保障公民行使控告、申诉权利。去年，各级检察院共受理公民控告、申诉七十三万件。其中属于检察机关管辖的二十八万件，不属检察机关管辖已转有关部门处理的四十万五千件。在工作中，对大量的控告、申诉都及时作了处理，并尽可能地向控告、申诉人作了信息反馈。对于容易引起矛盾激化和集体上访的案件，及时采取果断措施，做好教育疏导工作，防止矛盾激化和事态的发展。一年来，共纠正免诉不当的案件六百一十四件。对不服法院判决、裁定的申诉一百四十一件，经过调查认为原判决、裁定确有问题，向人民法院提出了纠正意见。各级检察院坚持了检察长批阅来信、接待来访群众的做法，密切了与人民群众的关系。

——民事、行政诉讼法律监督工作开始起步。为了依法履行对行政诉讼实行法律监督的职责，各级检察院认真学习行政诉讼法，对检察机关承担的工作任务作出了部署和安排。同时继续积极、稳妥地进行对民事审判活动实行法律监督的调查研究和试点工作，认真抓了干部上岗培训。

——检察技术部门边建设、边工作，共做检验鉴定二万七千多件，为侦查工作和认定犯罪事实提供了科学依据。目前，省、地（市）、县三级检察侦查技术网点已初步形成，已拥有法医、痕迹检验、文书鉴定、司法会计等专门科技人员四千六百多人。检察机关努力使用现代科学技术手段为办案服务，提高了搜集、鉴别、认定证据的能力。

——司法解释工作有了加强。一年来，针对司法实践中的突出问题，最高人民检察院单独或与最高人民法院联合发布了十六个司法解释文件。对盗伐滥伐森林问题、巨额财产来源不明问题、单位贿赂犯罪问题和国家工作人员索取、收受“回扣”、“手续费”问题进行了调查和研究。

五、加强思想政治工作和干部培训，从严治检

去年，经党中央批准，最高人民检察院成立了政治部，加强了机关的思想政治工作，协助地方党委加强检察系统党的建设和具有行业特点的思想政治工作。在地方党委的领导下，各级检察院的政治工作机构已陆续建立。

检察机关是监督执法的，拥有广泛的司法权力，经常接触社会阴暗面。思想政治工作的任务是，激励广大检察人员的社会主义积极性、创造性和献身精神，建立一支立场坚定，依法办案，秉公执法，掌握政策，实事求是，联系群众，精通业务的队伍，保证各项检察任务的完成。为此，我们把马克思列宁主义、毛泽东思想基本原理的教育、社会主义基本理论的教育摆在政治工作的首位。在检察系统中广泛深入地进行职业道德和职业纪律教育，使广大检察人员保持坚定正确的政治方向，树立全心全意为人民服务的思想，自觉坚持四项基本原则，反对资产阶级自由化。

干部培训工作对于检察队伍的建设具有战略意义。经过实施“七五”培训规划，检察队伍的文化和专业结构有了改善，有百分之四十的检察长受过短期培训，有五万多名检察人员接受了短期专业培训。中国高级检察官培训中心已经培训了三批学员共四百二十

三名。中央检察官管理学院边筹建边训练干部,已培训干部一千二百名。《检察官条例》以及与此相配套的有关文件正在起草中。

在各级检察院和广大检察人员中广泛深入开展争先创优活动,大力表彰在工作中涌现的先进模范人物,为广大检察人员树立秉公执法、清正廉明、无私奉献的榜样。1990年,各级检察院表彰了一大批劳动模范、先进工作者、优秀共产党员;最高人民检察院通令嘉奖了一百一十四个先进集体和一百九十九个先进个人。第四季度开展了执法执纪大检查,宣传贯彻《检察人员纪律》,从严治检,纠正不正之风,加强廉政建设。全国检察人员中因违纪违法受到开除党籍处分的五十五人;开除公职的三十二人;被判处刑罚的三十三人,其中有检察员二人,助理检察员十一人,法警二人。在执法执纪大检查中,纠正了少数检察院在办案中执法不严,应该逮捕而没有逮捕,应该起诉而没有起诉以及轻易拘捕人的不良现象;严肃处理了少数检察人员徇私舞弊,索取收受贿赂,搞逼、供、信的行为。各级检察院结合纠正行业不正之风,整顿纪律、整顿作风。对于检察人员中发生的违法违纪案件,一经发现都坚决查处,不姑息迁就,维护了检察机关的纯洁性和战斗力。

最高人民检察院在中央组织部、中央统战部的协助下,正在落实中共中央《关于坚持和完善中国共产党领导的多党合作和政治协商制度的意见》,积极准备和欢迎推举民主党派成员和无党派人士到高检院和省、自治区、直辖市以及经济特区、沿海开放城市的检察院担任领导职务,去年冬,高检院已聘请了十八位民主党派成员和无党派人士为特约检察员。一些省、市检察院也开始了这项工作。特约检察员是检察机关联系群众的一条纽带,是民主党派和无党派人士参政议政的形式之一。他们的主要职责是参与有关法律、政策和检察工作中重大问题的研究咨询,反映、传递对国家工作人员违法犯罪的检举、控告和不服刑事处罚的申诉材料;参加一些重大疑难案件的调查、复查和审查;宣传社会主义法制和检察制度。

六、一九九一年检察机关的任务

1991年,是我国实施国民经济和社会发展十年规划和"八五"计划的第一年。中国共产党十三届七中全会为我国人民描绘了二十世纪九十年代经济建设和社会发展的宏伟蓝图。今后十年是我国社会主义现代化建设发展的非常关键时期。检察机关是国家的法律监督机关,是人民民主专政的工具,为了维护国家稳定和社会稳定,保证第二步战略目标的顺利实现,要充分发挥自己的职能作用。

党的十一届三中全会以来,邓小平同志多次强调坚持人民民主专政的重要性。在党的十三届七中全会上,江泽民同志指出:历史的经验表明,无产阶级革命取得胜利以后,只有实行和坚持无产阶级专政,才能维护本阶级和全体劳动人民的政治统治,维护自己的主人翁地位和各项权益。在我国,实行无产阶级专政,就是实行人民民主专政。我们要在新的历史条件下继续坚持人民民主专政,加强社会主义民主和法制建设。在四项基本原则中,人民民主专政和其他三项一样重要。李鹏同志在这次全会上提出,要坚决打击严重的经济犯罪分子和刑事犯罪分子,建立良好的社会秩序。高检院和全体检察人员正在认真学习党的十三届七中全会精神,联系实际加以贯彻。根据党和国家的要求,我们分析了面临的形势和反"和平演变"斗争的复杂情况,确定1991年检察机关的主要任务是:以党的十三届七中全会精神为指针,发挥法律监督职能,加强严格执法的检察,深入开展反贪污、反贿赂犯罪斗争;坚持依法从重从快严厉打击严重刑事犯罪和危害国家安全的犯罪活动,大力贯彻执行第七届全国人大常委会第十八次会议关于加强社会治安综合治理的决定;加强对侵犯公民民主权利、人身权利和渎职犯罪案件的查处工作;围绕这些任务开展各项业务工作,加强思想政治工作,从严治检,搞好自身的廉政建设。

各位代表!在新的一年里,在党中央的领导下,在全国人大及其常委会的监督和国务院、各级人民政府的支持下,高检院将加强对各级检察院的领导,率领全体检察人员,努力学习,增强团结,积极工作,坚决贯彻执行党的以经济建设为中心、坚持四项基本原则、坚持改革开放的基本路线,深入进行反对资产阶级自由化的教育和斗争,强化法律监督职能,为建设具有中国特色的社会主义作出新的贡献!

第七届全国人大第四次会议通过《第七届全国人民代表大会第四次会议选举和决定任命办法》

一、第七届全国人民代表大会第四次会议根据《中华人民共和国宪法》的有关规定,补选第七届全国人民代表大会常务委员会委员,决定任命国务院副总理、国务委员。

二、根据《中华人民共和国全国人民代表大会组织法》的规定,补选全国人民代表大会常务委员会委员的人选,由主席团提名,经各代表团酝酿协商后,再由主席团根据多数代表的意见确定正式候选人名单。本次会议补选全国人民代表大会常务委员会委员,实行等额选举。

根据《中华人民共和国宪法》的规定,国务院副总理、国务委员的人选,由国务院总理提名。

三、根据《中华人民共和国全国人民代表大会议事规则》的有关规定,本次会议补选全国人民代表大会常务委员会委员，采用无记名投票方式；决定任命国务院副总理、国务委员，采用按表决器方式。

四、进行选举、表决时，参加选举、表决的代表人数，必须超过全体代表的半数。收回的选票数或者按表决器的代表人数，等于或者少于发出的选票数或者参加表决的代表人数，选举或者表决有效；多于发出的选票数或者参加表决的代表人数，选举或者表决无效，应重新进行选举或者表决。

选票上所选的人数，等于或者少于应选人数的，为有效票；多于应选人数的，为无效票。

选举或者决定的人选得票数，超过全体代表的半数，始得当选或者通过。

五、对选票上的候选人，代表可以投赞成票，可以投反对票，可以另选他人，也可以弃权。

决定国务院副总理、国务委员的人选，代表可以表示赞成、反对或者弃权，但不能另提人选。

六、本次会议的选举采用人工计票。

代表对选票上的候选人，表示赞成的，在候选人姓名前空格内划"○"；表示反对的，在候选人姓名前空格内划"×"；如另选他人，应先在候选人姓名前空格内划"×"，然后在另选人栏内写上另选人的姓名；表示弃权的，在候选人姓名前空格内不划任何符号。

写票不符合以上规定，或者所划的符号不清楚，无法辨认的，按废票处理。

选举时设秘密写票处，以便代表写票。

七、选票用汉文、蒙古文、藏文、维吾尔文、哈萨克文、朝鲜文、彝文、壮文印制。

八、大会进行选举时，设监票人 32 名（每个代表团推选 1 名），其中总监票人 2 名；总监票人由主席团在监票人中指定。总监票人和监票人在主席团领导下，对发票、投票、计票工作进行监督。

计票工作人员由大会秘书处指定。

九、会场共设票箱 22 个，代表按座区分别到指定的票箱投票。不设流动票箱，不能委托投票。

十、投票时，监票人首先在自己的座区投票，随后主席团成员和其他代表按座区分别投票。

十一、投票结束后，计票工作人员在监票人的监督下，当场打开票箱取出选票，并由总监票人将计票工作人员统计的实际投票张数报告大会执行主席，由大会执行主席宣布选举是否有效。

十二、计票完毕，总监票人向大会执行主席报告选举结果，由大会执行主席向大会宣布。

十三、如表决器在使用中临时发生故障，改为举手表决方式。

十四、本办法经第七届全国人民代表大会第四次会议全体会议通过施行。

全国政协七届四次会议举行第五次大会听取意见

中国国际经济咨询公司董事长经叔平委员代表中华全国工商业联合会，就推进政企职责分开、搞活国营大中型企业提出四点意见，即：要充分认识搞活国营大中型企业的重要性和紧迫性；深化改革是搞活国营大中型企业的基本途径；政企职责分开是搞活国营大中型企业的关键；加强法制是搞活大中型企业的根本保证。

随后，国家体委郑敏之代表 16 位委员作了题为《满怀信心，积极争办 2000 年奥运会》的发言。河北省总工会主席刘智生委员、中国科学技术协会副主席王大珩委员、致公党中央副主席郑守仪委员、台盟中央主席团委员吴克泰委员、中国基督教三自爱国运动委员会副主席罗冠宗委员、全国政协法制委员会副主任陈宇委员，先后就企业用工制度、发挥科技工作者参政议政的积极作用、全面贯彻《归侨侨眷权益保护法》、发展两岸关系促进祖国早日统一、宗教工作和廉政建设等问题发表了意见和建议。

原国家名誉主席宋庆龄雕像在其故乡文昌县落成

国务院总理李鹏在中南海会见香港大正国际（集团）有限公司董事长黄克立和南洋商业银行名誉董事长庄世平

全国国债工作会议在西安召开

会议决定 1991 年国家将发行国库券 100 亿元、特种国债 20 亿元，合计共 120 亿元。

国家副主席王震在人民大会堂接受日本广播协会电视记者组的采访

采访中，王震就中日关系、中国共产党的领导地位等问题回答了记者的提问。

日本广播协会电视记者组是 2 月 18 日来中国进行采访的。他们将制作一部题为《九十年代，中国的展望》的专题纪录片，计划于 5 月 18 日在日本播出。

广播电影电视部副部长王枫采访时在座。

4 月 4 日

七届全国人大第四次会议主席团举行第三次会议

会议在人民大会堂举行，就提请大会审议通过的各项议案进行表决。

主席团常务主席万里主持会议。

会议经过讨论，通过了关于国民经济和社会发展十年规划和第八个五年计划纲要及关于纲要报告的决议草案，决定将这个决议草案印发各代表团审议，提请大会表决。

全国人大常委会副委员长、全国人大财经委员会主任委员陈慕华在会上作了财经委员会关于一九九〇年国民经济和社会发展计划执行情况、一九九一年国民经济和社会发展计划草案的审查报告。会议通过了这个报告，决定将这个报告印发全体代表。

会议通过了关于一九九〇年国民经济和社会发展计划执行情况、一九九一年国民经济和社会发展计划的决议草案，决定将这个决议草案印发各代表团审议，提请大会表决。

会议还听取了陈慕华作的全国人大财经委员会关于一九九〇年国家预算执行情况和一九九一年国家预算草案的审查报告。会议通过了这个审查报告，决定将这个报告印发全体代表。

会议通过了关于一九九〇年国家预算执行情况和一九九一年国家预算的决议草案，决定将这个草案印发各代表团审议，提请大会表决。

经各代表团酝酿，同意国务院总理李鹏提出的决定任命部分国务院组成人员的人选。今天的主席团会议经过表决，决定将决定任命的国务院副总理、国务委员名单草案，提请大会决定。

会议还通过了补选七届人大常委会委员候选人名单，决定提请大会选举。

全国人大常委会副委员长全国人大财经委员会主任委员陈慕华在七届全国人大四次会议主席团会议上作财经委员会《关于一九九〇年国民经济和社会发展计划执行情况和一九九一年计划草案的审查报告》

陈慕华上午在会议上说，财经委员会认为，1990 年国民经济和社会发展计划执行情况基本上是好的，国务院提出的 1991 年国民经济和社会发展计划草案是可行的，建议大会批准这个计划。

陈慕华说，七届全国人大四次会议的各代表团对国务委员兼国家计划委员会主任邹家华所作的《关于 1990 年国民经济和社会发展计划执行情况与 1991 年计划草案的报告》进行了审议。全国人民代表大会财政经济委员会根据代表们审议的意见，进行了讨论。

她说，1990 年治理整顿取得了明显成效，国民经济继续朝着好的方向发展。在充分肯定成绩的同时，应当看到经济中还存在着许多不容忽视的问题。经济形势依然存在严峻的一面。今后，应当通过进一步治理整顿和深化改革，改进工作，逐步地加以解决。

陈慕华说，财经委员会认为，国务院提出的 1991 年国民经济和社会发展计划草案是可行的。建议全国人民代表大会批准 1991 年国民经济和社会发展计划，批准国务委员兼国家计划委员会主任邹家华所作的《关于 1990 年国民经济和社会发计划执行情况与 1991 年计划草案的报告》。各级政府要认真落实这个计划，及时解决执行中的问题，并定期向同级人民代表大会常务委员会汇报计划的执行情况。如果计划必须作部分调整，事先应报同级人民代表大会常务委员会审查、批准。

她说，1991 年是实施第八个五年计划的第一年，各级政府要根据中国共产党十三届七中全会的要求，继续贯彻执行治理整顿、深化改革的方针，处理好治理整顿、深化改革与经济发展的关系，牢固树立国民经济持续、稳定、协调发展的指导思想，着重防止再次出现片面追求产值和增长速度、片面用刺激需求促进经济发展的倾向。在深化改革中，要正确处理国家、企业和个人的关系。要充分调动各方面的积极性，着力调整结构，提高效益，全面完全国家计划。

陈慕华说，财经委员会建议：要始终坚持把发展农业放在经济工作的首位；严格控制固定资产投资规模，努力提高投资效果；大力调整产业结构、产品结构和企业组织结构；增强企业特别是国营大中型企业的活力，提高企业素质和经济效益；切实保证金融稳定，防止出现新的通货膨胀；搞活商品流通，加强市场管理；进一步扩大对外开放，积极发展对外贸易和经济技术合作；继续改善人民生活，积极解决就业问题；切实贯彻“两个文明”一起抓的方针；发扬优良传统、坚持勤俭建国。

全国政协七届四次会议闭幕

中国人民政治协商会议第七届全国委员会第四次会议，圆满完成各项议程，会议下午在人民大会堂闭幕。

全国政协副主席王任重主持会议。

会议通过的政治决议向各级政协组织和委员发出号召：高举爱国主义和社会主义旗帜，认真履行政治协商、民主监督的职能，积极参政议政，为胜利实现国民经济和社会发展十年规划和“八五”计划的宏伟任务，为统一祖国、振兴中华而努力奋斗。

全国政协主席李先念，副主席王任重、洪学智、谷牧、杨静仁、康克清、帕巴拉·格列朗杰、周培源、王光英、邓兆祥、赵朴初、屈武、马文瑞、王恩茂、钱学森、钱伟长、胡绳、孙晓村、程思远、钱正英、苏步青、司马义·艾买提、侯镜如、丁光训，秘书长宋德敏和全国政协常委，在主席台就座。

江泽民、杨尚昆、李鹏、万里、乔石、宋平、李瑞环、王震、田纪云、李铁映、吴学谦、秦基伟、丁关根、刘华清、杨白冰、温家宝等同志出席大会，热烈祝贺会议闭幕。

全国政协七届四次会议共有委员 2055 人，会议期间病故 2 人，现有委员 2053 人。向会议报到的委员 1859 人，出席今天会议的委员 1621 人。

在王任重副主席主持下，大会首先增选全国政协副主席、常务委员，补选秘书长。选举采用电子表决器逐个表决方式进行。

经过委员们的表决，增选叶选平为全国政协副主席；补选宋德敏为全国政协秘书长；增选王文元、叶选平、多杰才旦、贡唐仓·丹贝旺旭、李默庵、陈仲颐、陈灏珠、帕提曼·贾库林、周光春、蒋民宽为全国政协常委。

选举结束后，委员们以热烈的掌声，欢迎新当选的副主席、常委到主席台就座。

会议通过全国政协七届四次会议政治决议；通过了全国政协七届四次会议关于常务委员会工作报告的决议。会议认为，一年来，全国政协常委会履行政治协商、民主监督职能，在巩固和发展安定团结的政治局面，促进治理整顿、深化改革，推动社会主义物质文明和精神文明建设，推动社会主义民主和法制建设，加强爱国统一战线，促进祖国统一，开展人民外交等方面作出了积极贡献。会议对常务委员会的工作表示满意。会议指出，常务委员会工作报告提出的今年的各项任务是切实可行的，要积极采取措施，认真落实。

会议通过了全国政协提案委员会关于政协七届四次会议提案审查情况的报告。自会议开幕至 3 月 30 日，提案委员会共收到委员提案 1689 件。其中，九三学社、中国致公党的提案，是以两个民主党派中央的名义提出的。提案委员会对立案的 1659 件提案，确定分别送请中共中央、国务院办公厅以及有关部委，各省、自治区、直辖市和有关人民团体等 149 个单位研究办理。提案委员会表示，将认真研究委员们的意见，进一步改进提案工作。

全国政协主席李先念在大会通过各项决议、报告后讲了话。

下午 4 时 25 分，大会在《中华人民共和国国歌》声中闭幕。

出席会议并在主席台就座的还有王平、刘澜涛、李德生、杨得志、余秋里、宋时轮、陆定一、陈丕显、陈锡联、胡乔木、段君毅、姬鹏飞、黄华、彭冲、阿沛·阿旺晋美、赛福鼎·艾则孜、严济慈、荣毅仁、叶飞、廖汉生、倪志福、陈慕华、费孝通、孙起孟、雷洁琼、王汉斌、宋健、王芳、邹家华、李贵鲜、陈俊生、任建新、刘复之等。

全国政协主席李先念在全国政协七届四次会议闭幕会上发表讲话

各位委员，各位同志：

全国政协七届四次会议，在全体委员的共同努力下，圆满地完成了各项议程。大家欢聚一堂，共商国家大计，为社会主义现代化各项事业的发展献计献策，充分反映了我们民族团结奋斗的精神，表达了全国人民夺取新的胜利的决心。

我们听取并协商讨论了李鹏总理所作的关于国民经济和社会发展十年规划和“八五”计划纲要的报告，以及其他报告，委员们畅所欲言，发表了许多中肯的意见和建议。十年规划和“八五”计划纲要的制订和实施，关系到我国在本世纪最后十年的发展和下一个世纪的前途。这是一个在总结过去的基础上规划未来的纲领性文件。

80 年代，我们国家取得了社会主义现代化建设和改革开放的伟大成就，有目共睹，举世公认。如果说这十年有什么不足的话，就是在执行以经济建设为中心、坚持四项基本原则、坚持改革开放的基本路线的过程中，有时不够全面、不够一贯，有急于求成的毛病，也有“一手硬一手软”的现象，因而造成了一些不大不小的波折。这些不足，已经和正在纠正，并且从中总结了经验。一年多来，我们顶住外部压力，克服内部困难，稳住了局面，扭转了形势，取得了经济建设和内政外交的新胜利。事实说明，我们全面执行并且丰富了建设有中国特色社会主义的路线和政策，以江泽民同志为核心的中共中央的领导是正确的，国务院的工作是卓有成效的，中国各族人民的团结，中国共产党、各民主党派、无党派民主人士和各族各界人士的团结，是牢固和坚强的。

今后十年是我国社会主义现代化建设的关键时期。我们面临的国际形势是严峻的，还会发生一些难以预料的情况。国内也还有一些困难。我们要继续总结前十年的经验，把各方面的工作做得更好，不管风吹浪打，都要坚决维护安定团结的政治局面，防止出现大的波折，以保证顺利实现我们的战略目标。最重要的，一是要抓好经济建设这个中心任务，真正做到持续、稳定、协调发展；二是要坚持改革开放的方针，坚持改革开放的社会主义方向，把握四项基本原则和改革开放的有机统一；社会主义物质文明建设和精神文明建设的有机统一；三是加强共产党的领导和建设，加强以共产党领导为核心的统一战线。无论世界如何风云变幻，无论别人如何众说纷纭，十一亿人民发扬独立自主、自力更生、艰苦奋斗、勤俭建国的精神，一心一意搞经济建设，坚定不移地走自己的路，我们民族的振兴、国家的富强就一定能够实现。

我国是人民民主专政的社会主义国家。由绝大多数人当家作主的人民政权，是我们事业顺利发展的根本保证。坚持人民民主专政，反对资产阶级自由化，抵制西方反动势力的和平演变战略，是一个既现实又长期的任务。只要帝国主义还存在,阶级斗争还存在,就不能放松人民民主专政。否则就会天下大乱,国家的独立和人民的权利就会丧失。

我们的国家代表了工人、农民、知识分子和一切爱国人士的利益和意志。工人阶级领导,工农联盟,爱国统一战线,筑成了我们国家政权的广泛而雄厚的社会基础。不断发展和巩固这个基础,加强社会主义民主和法制建设,加强统一战线的团结,我们就可以团结和调动一切积极力量,并对极少数破坏、颠覆社会主义制度的敌对分子实行有效的专政,任何内外敌人就掀不起什么大浪。

共产党领导的多党合作和政治协商制度,是适合中国国情的基本政治制度。我们决不能搞西方那种多党制、议会制。但是我们也不是共产党包揽一切的一党制。我国特有的这种政党制度和民主制度是好的,是受到广大人民拥护、经过历史考验的。一年多来,在中共中央的领导下,我们的多党合作和政治协商有了新的发展。我们一定要毫不动摇地坚持和完善这个基本制度。

人民政协是共产党领导的实行多党合作和政治协商的一个重要形式。关于人民政协今后的工作,常委会的工作报告提出了任务。在会议讨论中,各位委员围绕贯彻执行《国民经济和社会发展十年规划和"八五"计划纲要》,就如何提高经济效益、克服财政困难,以及加强精神文明建设、改进领导作风、消除腐败现象等,发表了很多重要意见,表示会后要继续进行政治协商、民主监督,推动我们的事业更好地前进。这些都是很好的。为了进一步发挥政协的作用,现在我想侧重讲以下几点。

第一,要进一步做好团结工作。参加政协的各党派、团体、各族各界代表人士,要发扬和衷共济、肝胆相照的精神,通过各种形式的协商合作,一方面讨论国家大事,参政议政,一方面增进相互之间的理解、友谊和团结;并且由此去影响、带动全国各民族、各阶层、各方面人民群众之间的理解、友谊和团结。

第二,要为我国社会主义现代化的各项建设事业献计出力。我们各级政协里,人才济济。在实现今后十年规划和"八五"计划中,我们要把自己的积极性和聪明才智充分发挥出来。不仅自己这样做,还要带动我们所联系的各界人士和各方面群众一起这样做。

第三,要认真学习。作为领导党的共产党当然首先要认真学习,同共产党合作的各界朋友也要认真学习。多党合作也好,协商监督也好,批评建议也好,都要求我们有比较多的共同语言,对世界大事和国家的方向道路有较多的共识。这就要求我们都来认真学习。只有认真学习马列主义、毛泽东思想,并且学会用它来观察问题,才能对国际国内形势和我们国家建设的道路有正确的认识,才能抵御各种错误思潮的侵袭,在复杂的问题面前不致迷失方向。我们政协是有学习传统的,我希望结合新的形势和任务,把这个传统更好地发扬起来。

各位委员,我们主义积极性带回去,贯彻到各方面的工作中去,为实现我国国民经济和社会发展十年规划和"八五"计划,为祖国统一大业,而共同奋斗!

现在我宣布,全国政协七届四次会议胜利闭幕。

全国政协七届四次会议通过政治决议

中国人民政治协商会议第七届全国委员会第四次会议,一致赞同和拥护我国国民经济和社会发展十年规划和第八个五年计划纲要与李鹏总理代表国务院所作的报告。

会议指出,中共十一届三中全会以来,全国各族人民在中国共产党领导下,坚持以经济建设为中心和坚持四项基本原则、改革开放的基本路线,胜利完成了第六个五年计划和第七个五年计划,全面开创了社会主义现代化建设的新局面,取得了举世瞩目的巨大成就,使我国的综合国力显著增强,各项事业有较大发展,人民生活明显改善。这一切为实现90年代的发展目标打下了比较坚实的基础,也为我们坚定不移地走社会主义道路,克服困难、继续前进增添了更大的信心和力量。

会议认为,根据中共中央建制议定的国民经济和社会发展十年规划和第八个五年计划纲要,是民主化、科学化决策的产物,是集体智慧的结晶,充分体现了全国各族人民的根本利益。它是实现我国社会主义现代化建设第二步战略目标的行动纲领,必须坚决全面贯彻落实。90年代对于我国社会主义的兴衰成败、对于中华民族的前途命运是非常关键的时期,圆满完成十年规划和"八五"计划,把社会主义现代化建设提高到一个新的水平,将使我国以更加昂扬的姿态屹立于世界民族之林。

会议认为,李鹏总理在《关于国民经济和社会发展十年规划和第八个五年计划纲要的报告》中所强调的基本指导方针,即坚定不移地走建设有中国特色的社会主义道路;坚定不移地推进改革开放;坚定不移地贯彻执行国民经济持续、稳定、协调发展的方针;坚定不移地执行独立自主、自力更生、艰苦奋斗、勤俭建国的方针;坚定不移地贯彻物质文明建设和精神文明建设一起抓的方针,是对我国社会主义现代化建设实践经验的深刻总结,是实现第二步战略目标的根本保证。我们必须毫不动摇地贯彻执行这些基本指导方针。

会议认为,当前整个世界正处在新旧格局交替的时期,国际形势变得更加动荡不定。我们一定要更加努力把自己的事情办好。要坚持把经济建设放在中心地位,大力发展教育科技和国防建设事业,提高国民经济的整体素质,促进社会全面进步。要坚持加强思想政治工作,振奋民族精神,搞好廉政建设,反对各种不正之风,保证我们沿着正确的方向前进。今年是实施第二步战略目标的第一年,我们一定要把工作做好,全面完成1991年的国民经济和社会发展计划。

会议号召,各级政协委员要继续积极参政议政,为实现第二步战略目标作出更大的贡献。会议要求,各级政协组织要在同级中共党委领导下,高举爱国主义和社会主义旗帜,认真执行《中共中央关于坚持和完善中国共产党领导的多党合作和政治协商制度的意见》和《政协全国委员会关于政治协商、民主监督的暂行规定》,充分发扬社会主义民主,认真履行政治协商、民主监督的职能,积极工作,开拓前进;要切实贯彻“长期共存、互相监督、肝胆相照、荣辱与共”的方针,进一步密切同民主党派、人民团体、无党派爱国人士和各族各界人士的联系,加强同台湾同胞、港澳同胞和海外侨胞的联系,团结一切可以团结的力量,同心同德,群策群力,为胜利实现国民经济和社会发展十年规划和“八五”计划的宏伟任务,为统一祖国、振兴中华而努力奋斗!

全国政协增选十名新常委

在下午闭幕的全国政协七届四次会议上,委员们按动电子表决器选出了全国七届常委会的十名新常委。选举结束时,委员们用热烈的掌声,欢迎新增选的常委到主席台就座。

在十名新常委中,广东省省长叶选平、中共中央统战部常务副部长蒋民宽,同是中共中央委员。另一位中共人士周光春,曾任广西壮族自治区顾问委员会主任,现任国家审计署特邀顾问。有三位是民主党派的负责人,他们是九三学社中央副主席、辽宁省副省长王文元,台盟中央主席团委员、清华大学教授陈仲颐,农工民主党中央副主席、上海心血管病研究所所长陈灏珠。他们在各自的岗位上,为社会主义现代化建设作出了突出的贡献。87岁的黄埔同学会副会长李默庵是无党派人士。

在十位新常委中,少数民族人士有三位,其中两位是藏族同志,他们是中共中央统战部顾问、中国藏学研究中心总干事多杰才旦,甘肃省政协副主席、中国佛教协会副会长贡唐仓·丹贝旺旭。另一位是哈萨克族的帕提曼·贾库林,她现在担任新疆维吾尔自治区政协常委,是十位新常委中唯一的女同志。

《人民日报》发表评论员文章《香港长期稳定繁荣的保证》

《中华人民共和国和香港特别行政区基本法》正式颁布,至今整整一年了。

香港基本法的颁布是一件具有国际和历史意义的大事。基本法全面体现了中国政府关于“一国两制”的伟大方针。基本法规定,1997年香港回归祖国之后,保持原有的资本主义制度和生活方式50年不变,保持香港作为国际金融中心和自由港的地位不变。这些规定完全符合香港同胞和全国人民的根本利益,理所当然地受到绝大多数香港同胞的拥护。基本法的颁布,对香港的经济、社会的发展以及人心的稳定,已经并将继续起着良好的作用。

不容置疑,一年来内地政治经济形势的健康发展,对香港的稳定繁荣带来了积极的影响。香港同胞对祖国的认同感正在不断增强,因而也增强了对香港前途的信心。

未来的10年,对于内地和香港,都是关键的10年。从现在到1997年,这6年是香港过渡期的后半段。在此期间,如何维护香港的稳定繁荣,保证1997年政权的顺利交接,还需要做许多工作。内地和香港要做到政治上互相尊重,和睦相处,并且在此基础上,密切两地之间的经贸往来,加强合作,互相补充,共同繁荣。可以预见,我国十年规划和第八个五年计划的实施过程,也必将是内地和香港在经济等方面的联系不断加强、密切合作的过程,两地的互惠合作将会发展到一个新的阶段。

基本法体现“一国两制”的伟大构想,以法律形式规定了我国政府解决香港问题的一系列方针政策,是未来香港各方面社会生活所要遵循的基本法典。当前,要继续采取多种有效的方式和途径,向香港同胞广泛宣传基本法,做到家喻户晓,深入人心,使更多的香港同胞了解基本法的内容,鼓励香港同胞按照基本法的要求,积极关心和参与香港各方面的社会事务。与此同时,也要向内地的广大干部和人民群众宣传香港基本法,使全国各地区、各部门都能按照香港基本法的有关规定,统一思想和行动,正确处理好内地同香港的有关事务。这不仅对香港的稳定繁荣大有好处,对内地的稳定繁荣,也有重要的意义。

最近,李鹏总理在七届全国人大四次会议上关于我国十年规划和第八个五年计划纲要的报告中说,港澳同胞是爱国的,是愿意为祖国的和平统一和现代化建设事业贡献自己的力量的。我们相信,经过包括香港同胞在内的全国人民的共同努力,香港一定会按照基本法的有关规定实现平稳过渡。当香港回归祖国怀抱之时,展现在我们眼前的将是一个更稳定、更繁荣的香港!

国务院总理李鹏会见日本松下电器产业株式会社社长谷井昭雄

李鹏在人民大会堂会见时说,中国在未来的10年中,投资环境必将进一步改善,产品质量和企业效益将不断提高,产品品种将不断增加。他说,希望北京松下彩色显像管有限公司为此创造更多经验。

李鹏说:"北京松下彩色显像管有限公司在中日双方共同努力下,合作顺利,取得了很好的成果。这使我们很高兴。"

李鹏说,"看到今天的合作成果,使我们不由得想起松下幸之助先生。"

谷井昭雄说,李鹏总理曾经要求北京松下彩色显像管有限公司成为具有国际竞争能力的、生产第一流产品的合资企业,成为中日经济技术合作的典范。北京松下彩色显像管有限公司正在为此作最大努力,并已经取得可喜的成果,产品已经销往日本和其它国家。

国务院发布关于调整粮油统销价格的决定

六十年代中期以来,定量供应城镇居民的粮油统销价格一直未作调整,这对稳定市场物价,安定人民生活起了重要作用。一九七九年以后,为促进粮油生产发展,国家多次提高收购价格,粮油购销价格出现倒挂,国家用于粮油的补贴逐年增加,财政负担沉重,影响了流通和粮食企业正常经营,助长了不合理消费。

根据党的十三届七中全会精神,为了进一步深化改革,逐步理顺粮油价格,搞活粮油流通,促进节约用粮,减轻财政负担,决定从一九九一年五月一日起,调整粮油统销价格。

一、适当提高粮油统销价格。三种粮食(面粉、大米、玉米)中等质量标准品全国平均统销价每五百克提高一角;六种食用油(花生油、大槽芝麻油、菜籽油、精炼棉籽油、茶籽油、豆油)实行购销同价,全国平均每五百克提高一元三角五分。其他粮油品种的统销价格也相应调整。

粮油统销价格调整后,销售价格尚未完全理顺,粮食购销价格倒挂部分和粮油经营费用仍由财政给予补贴;城镇居民口粮、口油继续实行凭证、凭票定量供应;居民结存的票证粮油,执行调整后的统销价格。

二、对职工给予适当提价补偿。为了使城镇大多数居民的实际生活水平不因粮油提价受到大的影响,决定按照国家、企业、个人共同负担的原则,给城镇居民适当补偿。这次对职工及其家属的提价补偿纳入职工基本工资。国家机关、事业单位每个职工每月基本工资提高六元,企业单位职工各等级标准工资均提高六元。对离退休人员、解放军和武警干部战士、大中专在校学生、民政优抚救济对象以及其他需要补偿的人员,也给予适当补偿。具体办法由财政部会同有关部门下达。各地区、各部门均不得擅自提高补偿标准。

三、严格控制粮油提价连锁反应。为了尽可能缩小粮油提价的影响,各地区、各部门在粮油价格调整期间要严格控制出台其他提价项目,不得"搭车"涨价。各级人民政府要采取有效措施,稳定生活必需品价格,抓好副食品、日用工业品的生产和供应,确保"菜篮子"价格的基本稳定。各级物价、工商行政管理部门要加强物价监督检查和市场管理,对违反国家价格政策、哄抬物价的要严肃处理。

四、认真做好粮油供应工作,加强粮油票证管理。各级粮食部门要充分发挥主渠道作用,切实做好粮油加工、调运和销售工作,保证市场粮油供应,防止出现脱销,必要时可采取限购措施。要加强粮油票证管理,堵塞漏洞,防止趁调价之机,弄虚作假,套取国家粮油和财政补贴。

五、切实加强领导,周密部署。调整粮油统销价格是深化价格改革的重要步骤,涉及千家万户,关系广大人民群众的切身利益。各省、自治区、直辖市人民政府要切实加强领导,严格按照调价方案,周密计划,精心组织,认真落实。在调价出台以前,要根据国务院办公厅、中共中央宣传部印发的《提高城镇居民定量粮油销售价格宣传提纲》,结合当地情况,广泛深入进行宣传解释,采取内部逐层传达的方式,做到家喻户晓。在调价过程中,要密切注意市场动态,及时解决出现的问题,保证粮油调价工作顺利进行。

国务院总理李鹏在人民大会堂会见芬兰赫尔辛基大市长拉伊莫·伊拉斯基维

外交部部长钱其琛就香港过渡问题在钓鱼台国宾馆向中外记者发表谈话

钱其琛上午同英国外交大臣道格拉斯·赫德举行第一轮会谈前向中外记者发表了谈话。

钱外长首先表示,他对有机会同赫德外交大臣进行"认真地会谈"表示高兴。他说,他们将讨论国际形势和双边关系,"毫无疑问,加强在香港问题上的合作是一个重要的议题。"

钱外长说,保证香港平稳过渡,保持香港稳定、繁荣,是中英双方共同的利益所在。"我完全相信,我们能够做到这一点,因为我们有中英联合声明作为合作的基础。"

钱其琛说,联合声明规定,在香港进入过渡时期的后半期,双方要对1997年顺利过渡所采取的措施进行审议。这就是说,双方在涉及1997年政权交接或是跨越1997年需要中方承担责任和义务的重大问题上,应该事先进行充分地磋商，并取得共识。

钱其琛外长表示，我们无意干涉在过渡时期内香港的日常行政管理事务，因而不存在所谓的"共管"、"控制"和"否决权"的问题。

关于修建香港新机场问题，他说，"我已对此阐明了中方的立场，我们希望既把香港机场建起来，又对香港 600 万居民和香港未来的稳定和繁荣负责"。他表示相信，赫德外交大臣的此次来访将有助于这个问题取得进展。

外交部部长钱其琛在北京同英国外交大臣道格拉斯·赫德举行第一轮正式会谈

海湾和中东地区的形势是双方关注的重点。

赫德认为伊拉克的领土完整应该保持。海湾地区的安全主要应由该地区各国通过讨论达成协议，外来势力不应该将自己的主张强加于该地区。

钱其琛说，这个地区的安全主要应由该地区的国家合作来解决。外国军队驻扎在那里不会起积极作用，而且还会引起问题。因此，中国主张外国军队尽快撤出该地区，伊拉克的内政不得干涉，其领土完整应得到尊重。

钱其琛说，武器扩散确实是一个复杂的问题，中国在这方面一向采取谨慎负责的态度。现在，一些大国向中东地区大量出口武器的倾向令人忧虑。如果对这种状况不予以注意，中东地区有可能出现新的一轮军备竞赛，这是人们所不愿看到的。因此，首先在中东地区的武器出口问题上，应遵循全面均衡的原则，以保持该地区的和平与稳定。

钱其琛在谈到柬埔寨问题时说，这个问题的政治解决是有希望的。安理会五个常任理事国已正式达成了框架文件，这个文件照顾到了各方利益，安理会也就此通过了有关决议。这些应该成为解决柬问题的基础。解决柬问题巴黎会议两主席也在为政治解决柬问题积极努力。我们希望柬问题尽早获得政治解决。

外交部长钱其琛在北京与英国外交大臣道格拉斯·赫德举行第二轮正式会谈

会谈下午举行，双方重点就双边关系包括香港问题交换意见。

赫德首先说，英方的目标是将英中两国关系全面恢复到一九八九年以前的水平。

钱其琛指出，中国一向重视中英关系，中英两国作为安理会常任理事国，对维护国际和平与安全负有重要责任。加强两国关系不仅有利于两国人民，而且也有利于世界和平与稳定。中方赞赏梅杰首相致函李鹏总理表示进一步加强两国关系的愿望。李总理在复信中也表示了同样的愿望。

苏共中央副总书记伊瓦什科在莫斯科会见中共中央政治局委员李锡铭

冈比亚总统贾瓦拉在班珠尔接见由副总参谋长徐信率领的中国军事代表团

全国第三届计算机软件交流交易会在北京中国国际贸易中心开幕

国家教委发出向全国中小学推荐《儿童文库》《少年文库》《青年文库》三套文库的通知

通知指出，向中小学生推荐的三套文库，是作为他们在校期间应读的课外书籍。各地中小学图书馆(室)应分别购藏这三套文库，中心校以上的学校要逐步做到每个班都有文库。

通知要求各省、市、自治区组成临时工作班子或指定有关部门负责，做好三套文库的发行工作。

全国首届风筝比赛在山东潍坊闭幕

4 月 5 日

中共中央总书记江泽民在中南海会见原香港基本法起草委员会的香港委员

江泽民在中南海会见原香港基本法起草委员会的 11 位香港委员，赞扬他们和其他起草委员为起草基本法付出了辛勤的劳动，作出了杰出的贡献。

江泽民在会见时强调，一年前颁布的香港特别行政区基本法最集中地体现了"一国两制"的原则，这是中国的一项基本国策，我们将始终不渝地加以贯彻。

江泽民会见中说，基本法对香港的长期稳定繁荣提供了可靠的法律保证。香港是国际金融、贸易、航运中心，其地位是不可替代的。由于有强大的社会主义内地作后盾，香港的稳定与繁荣有着可靠的保障。

江泽民说，广大香港同胞是爱祖国、爱香港的，希望大家进一步坚定民族自信心，努力维护香港的长期稳定和繁荣。

原香港基本法起草委员会副主任委员安子介和其他委员在发言中表示，他们很高兴在基本法颁布一周年之际有机会再来北京。他们同时希望内地的起草委员也经常赴香港访问，以增进内地和香港之间的相互了解，增强香港居民的信心。他们还建议在香港和内地加强对基本法的宣传，使大家都了解基本法的重要意义。

中共中央顾问委员会常委、原香港基本法起草委员会主任委员姬鹏飞，新华社香港分社社长周南会见时在座。

海内外万余同胞在陕西省黄陵县祭扫黄帝陵

刘志丹雕像在陕西志丹县落成

中共中央总书记江泽民会见英国外交大臣道格拉斯·赫德

国务院总理李鹏会见英国外交大臣道格拉斯·赫德

李鹏在中南海紫光阁会见时说，两国总理通过信件交往交流看法是有益的，有助于增进相互了解。赫德也对两国总理交换信件的做法表示赞赏，并希望能够继续。

李鹏说，海湾危机虽然结束了，但世界并不安宁。在当前这个复杂多变的形势下，中国同英国、同西欧发展关系，经常磋商是重要的。中国同英国、同西欧之间没有利害冲突。双方关系的发展，不仅有利于双方，而且有利于世界的和平与发展。

李鹏说，我们正在努力建立一个社会主义有计划的商品经济的运行机制，发挥计划和市场的长处。今后随着改革的深化，市场调节的比重还会增加。他对赫德说，在今后十年，中国现代化建设的重点是交通、能源、通讯和农业等方面，中英经济合作是大有可为的。

李鹏指出，中国政府在香港问题上的目标是保持香港的繁荣和稳定，到1997年实现顺利过渡，中英双方在这方面有着共同的利益，两国需要加强合作。赫德也强调了英中两国在香港问题上合作的重要性。

李鹏在香港修建新机场问题上说："中国政府持合作态度。"

国务院总理李鹏在中南海会见新任委内瑞拉大使苏克雷、巴布亚新几内亚大使胡洛和毛里塔尼亚大使艾里

意大利总理安德烈奥蒂在总理府基吉宫会见上海市市长朱镕基

中苏两国关于在中苏边境地区裁减军事力量的第二阶段第三轮谈判在莫斯科开始

中华职教社召开六届五次常务理事会

中华职业教育社第六届常务理事会第五次会议提出，今后5年是我国经济发展重要时期，职业教育工作要密切结合国家经济建设这个中心，广泛开展职业教育工作，努力为经济建设服务。

会议通过的今后5年工作纲要提出，今后5年中华职业教育社将重点加强与职业教育界的联系，在我国职业教育的改革和发展中，重点开展为农村经济发展服务的职业教育工作，为提高劳动者素质服务。

会议还作出了撤销千家驹社常务理事的决定。决定说，鉴于千家驹严重违反中华职业教育社章程，决定撤销他的常务理事职务。

会议听取了社总干事陈一如的工作报告，并通过了有关追认事项。中华职业教育社理事长孙起孟，副理事长黄大能、冯梯云、饶博生等出席了会议。

4月6日

七届全国人大四次会议主席团举行第四次会议

会议由主席团常务主席万里委员长主持。主席团成员113人出席了会议。

会议听取并通过了全国人大常委会副委员长、全国人大法律委员会主任委员王汉斌作的法律委员会关于民事诉讼法(试行)修改草案和外商投资企业和外国企业所得税法草案审议结果的报告，决定将报告印发全体代表。会议经过表决，决定将民事诉讼法草案、外商投资企业和外国企业所得税法草案，印发各代表团审议，提请大会表决。

会议表决通过了关于全国人大常委会工作报告的决议草案，决定将草案印发各代表团审议，提请大会表决。

会上，全国人大内务司法委员会副主任委员邹瑜作了内务司法委员会关于最高人民法院工作报告审议结果的报告、关于最高人民检察院工作报告审议结果的报告。会议通过了这两个审议报告，决定将关于最高人民法院工作报告的决议草案、关于最高人民检察院工作报告的决议草案印发各代表团审议，提请大会表决。

会上，大会副秘书长曹志向主席团报告了这次大会代表提出的议案和建议的处理意见。会议通过了这个报告，决定将报告印发全体代表。

西藏"一江两河"综合性开发建设工程全面展开

西藏历史上规模最大的综合性开发工程——"一江两河"开发建设工程，已在日喀则地区、山南地区和拉萨市全面展开。今天，西藏自治区常务副主席毛如柏在拉萨向承担实施这一工程的地、市干部进行了动员。

毛如柏说，这一工程首批二十九个项目已经或将在今年动工，其中十八个项目要在年内完成。据介绍，这项工程计划在十年内完成。它的目标是在雅鲁藏布江及其两大支流拉萨河、年楚河流经的地区，建立起粮食和畜产品生产、副食蔬菜生产、轻纺加工和科技示范四个基地。

国务院总理李鹏会见日本外务大臣中山太郎

国务院总理李鹏接受日本电视记者采访

外交部部长钱其琛同日本外务大臣中山太郎会谈

钱其琛在钓鱼台国宾馆同中山太郎就双边关系、国际形势和其它共同关心的国际问题进行广泛的交谈。

钱外长说，中山外相的来访标志着两国关系进一步恢复正常，两国关系的春天已经来临。

中日两国外长回顾了两国关系的发展。钱其琛说，中日两国邦交正常化以来，两国关系有了很大发展，中方对此是满意的。中国政府愿意长期稳定地维护和发展同日本的友好合作关系。钱其琛说，两国关系中近年来尽管出现了一些困难和曲折，但经过双方努力，已经得到了恢复和改善。中山外相的来访标志着两国关系重新回到了正常发展轨道。希望两国关系能够保持目前的发展势头。

中山说，日本政府一贯重视加强同中国的友好合作关系。在当前国际形势发生重大变化的情况下，日中两国更应该进一步加强对话，建立稳定的关系。日本政府认为中日两国外长互访应频繁进行。他希望钱外长年内访日，并说海部俊树首相将在年内合适的时候来华访问。

钱其琛表示，中国政府欢迎海部首相年内在他方便的时候访问中国。钱其琛愉快地接受了中山外相向他发出的邀请。中山对钱其琛接受访日邀请表示感谢。

关于日中经济合作问题，中山说，日本政府对中国的现代化建设给予了尽可能的合作，今后日本将继续对中国的现代化事业给予支持。

钱其琛表示，日本政府向中国提供的经济合作在中国的经济建设中发挥了很好的效益，也带动了中日经济关系的发展。希望日本政府今后继续提供积极合作，并希望日本在上海浦东开发区发挥积极作用。

关于台湾问题，中山说，日中邦交正常化以来，日本政府一贯坚持日中联合声明的原则精神，只同台湾保持非官方的、地区性的交流，这一原则是不会改变的。中山说，日本政府欢迎海峡两岸交流取得显著进展，希望两岸能尽快实现对话，找到解决台湾问题的具体办法。

钱其琛对日本愿意在台湾问题上继续信守中日联合声明的精神和原则表示赞赏。据悉，在谈到当前的国际形势时，双方在很多方面取得了一致的看法。钱其琛说，中国认为建立国际政治、经济新秩序的基础是国家不分大小、强弱、贫富，都应相互尊重、互不侵犯、互不干涉内政、平等互利、和平共处。国际事务应由各国共同参与、共同商量，而不应由一两个超级大国包办。

关于亚太地区合作问题，双方一致表示应将解决亚太地区热点问题放在第一位，同时要考虑到本地区的特点，加强合作。这种合作应是开放的，而不是排他的，应该在平等互利原则上进行。

中山说，明年是日中邦交正常化 20 周年，希望明年能成为通向 21 世纪友好的桥梁。中山表示日方愿意在日中邦交正常化 20 周年之际通过人员交流举行一些纪念活动。

钱其琛说，中日邦交正常化 20 周年是中日关系史上重要的日子，建议双方举行一些文化活动。中山说，日中两国文化交流历史悠久，举办一些文化活动很有意义。

英国外交大臣道格拉斯·赫德在北京举行记者招待会

道格拉斯·赫德离开北京前对记者说，他同中国方面就国际问题进行了“十分成功”的讨论并取得了“广泛的一致”，在香港问题上也“取得了进展”。

赫德上午在他举行的记者招待会上谈到他这次访华的主要目的时说，英国认为有必要就国际形势同中国进行密切的磋商，并就香港问题加强双方的合作，加快合作的步伐。

他对数十名中外记者说，3 天来他进行了一系列十分紧凑的活动：同中国官员进行了“坦率”、“有益而重要”的交谈，并会见了在京工作的英国企业界人士和曾在英国学习的中国留学生。

他在回答新华社记者提问时说，双方就国际问题及地区问题的讨论“显然取得了成功”。他说，双方在很多国际问题上的看法是“相似的”，取得了“广泛的一致”；而且，双方的立场还在“日益接近”。他对此表示“非常满意”。

他表示，在联合国安理会发挥日益重要作用的背景下，英中两国作为安理会常任理事国保持密切磋商是十分必要的。

谈到香港问题时，他说，双方都表示要遵守英中两国政府在 1984 年签署的联合声明。他说，虽然在这方面没有取得“完全的一致”和“突破”，但“消除了一些相当严重的误解”，“缩小了分歧”，因此，也“取得了进展”。他希望这种进展能继续下去。

赫德表示，虽然在1997年之前英方要保持对香港事务的“全面而有效的控制”，但将就有关跨越1997年的重大问题向中国提供充分的信息，欢迎并会考虑中国在这方面的看法。

他表示相信，中国无意利用香港修建新机场的问题或其他任何项目，谋求对香港当局在过渡时期的决策施加“控制”或“否决权”。

中共中央总书记江泽民题词中共中央政治局常委李瑞环写信祝贺在上海举行京昆艺术大师俞振飞舞台生涯70年

中共中央政治局常委李瑞环听取文物局负责人汇报时要求采取切实措施保护抢救好濒危珍贵文物

全国蹼泳赛破四项世界纪录

在上海举行的比赛中，女子4×100米蹼泳接力辽宁队以2分53秒89的成绩超过由中国队保持的2分54秒30的世界纪录。上海选手潘蓓蓉先以6分57秒06的成绩，超过了6分57秒85的世界纪录。山东女将武玉华和湖北的程超分别以6分50秒70和6分45秒67的成绩超过世界纪录。

共青团中央全国绿化委员会林业部在北京召开全国青少年绿化祖国表彰动员大会

4月7日

中共中央国务院在中南海怀仁堂召开计划生育工作座谈会

中共中央总书记江泽民在中共中央、国务院召开的计划生育工作座谈会上强调，要全党动手，全民动员，各级党政第一把手必须亲自抓，下最大决心把我国的人口增长控制住。

座谈会在中南海怀仁堂召开。中共中央总书记江泽民、国务院总理李鹏在会上讲了话。乔石、宋平、李瑞环、田纪云、李铁映、邹家华、宋健等领导同志，各省、自治区、直辖市的党政负责同志以及计划生育部门负责人，中央党政军群有关部门负责人出席座谈会。

宋平和李铁映同志在座谈会上讲话时都强调，各级党委和政府要高度重视计划生育，并要狠抓落实工作，一直落实到基层。

国家计划生育委员会主任彭珮云、国家计委副主任郝建秀在座谈会上发言，介绍了我国的人口形势和在今后十年控制人口过快增长的措施。

山东省省长赵志浩、河南省省长李长春、广西壮族自治区政府主席成克杰、湖南省省长陈邦柱也先后在座谈会上发言，交流了计划生育工作的情况和经验，介绍了今后进一步做好计划生育工作的打算和措施。

中共中央总书记江泽民在计划生育工作座谈会上发表讲话

江泽民在座谈会上说，要充分认识严格控制我国人口增长的重要性和紧迫性。人口问题在我国是一件非常大的事情。我国是世界上人口最多的发展中国家。人口多，耕地少，底子薄，人均占有资源相对不足是我国的基本国情。我国人力资源丰富，这固然是我们建设社会主义的一个重要条件，但人口多，增长快，也始终是我们一个沉重的负担，它严重地制约着我国经济和社会发展的进程，影响着人民生活水平和全民族素质的提高。我们把计划生育作为我国的一项基本国策，对人口增长实行严格控制，完全是从我国的实际情况和人民的切身利益出发，为了使国家更快地发达起来，使人民更快地走上共同富裕的道路而作出的重大战略决策。因而是完全正确的，必须坚定不移地贯彻执行。国际上一切有识之士都公认我国是世界上控制人口增长最成功的国家之一。

江泽民指出，今后十年，我们要实现现代化建设第二步战略目标。能不能实现这个宏伟目标，关系到我国社会主义的兴衰成败，关系到中华民族的前途命运。而严格控制人口增长，是实现第二步战略目标的一个必不可少的重要条件。但是，当前我国的人口形势十分严峻。即使按照“八五”人口计划和十年规划的要求抓紧工作，到1995年总人口就要突破12亿，到本世纪末将接近13亿。如果工作稍有放松，就很可能突破13亿。而这种危险性是确实存在的。全党同志对我国严峻的人口形势，必须要有清醒的认识。对严格控制人口增长，要具有强烈的历史责任感和紧迫感。在整个社会主义现代化建设的过程中，一方面必须抓好经济建设，坚持“一个中心，两个基本点”的基本路线，专心致志地发展社会生产力；一方面必须抓好计划生育工作，严格控制人口增长，而且要努力提高人口素质。

江泽民强调，贯彻落实基本国策，严格控制人口增长，是全党和全国各族人民的一件大事，也是一项难度相当大的工作。需要全党全社会的充分理解、支持和积极参与才能做好。因此，必须全党动手，全民动员，进一步增强广大干部、群众的人口意识和人均观念，使全国上下形成一个人人重视计划生育，人人为控制人口增长作贡献的新局面。要做到这一点,关键在于各级党委和政府的高度重视,特别是党政第一把手必须亲自抓,并且要负总责。在一个省来说,省委书记要亲自过问,省长要具体抓。各级党委和政府必须从战略高度充分认识控制人口问题的重要性,要以对社会主义事业负责,对子孙后代负责的态度,切实加强对计划生育工作的领导。要把计划生育工作列入党委的重要议事日程,一年至少讨论两次。要像抓经济工作那样,抓计划生育工作,下决心把本地区的人口增长坚决控制住。要把计划生育工作好坏作为考核各级党委、政府的一项重要依据。

江泽民要求,共产党员、共青团员和各级干部,特别是领导干部一定要起模范带头作用。各级党委和党委宣传部门要对各级干部和党团员加强基本国情和基本国策的教育。各级党校、干校、团校要把人口与计划生育的教育作为必修课,使大家增强人口意识和人均观念,提高带头实行计划生育的自觉性。各级妇联、共青团、工会组织都要积极主动地担负起自己的责任,把计划生育作为一项义不容辞的经常工作认真做好。

江泽民还强调,要做好计划生育工作,必须坚持党的群众路线,充分相信和依靠群众,提高群众的自觉性。他说,人民群众是我们党的力量源泉和胜利之本。群众路线是党的根本工作路线。计划生育是造福人民的伟大事业,也是人民群众自己的事业。人民群众是计划生育的主人。必须坚持走群众路线,充分相信群众、依靠群众做好计划生育工作。我们要坚持不懈地向群众做好宣传工作,启发他们的觉悟,调动他们的积极性。同时,还必须把思想教育同解决群众的实际问题结合起来。要满腔热情地关心群众,真心实意地帮助群众解决在实行计划生育当中遇到的困难,多为群众办实事,办好事,使群众切身感到我们是为他们的利益而工作的,从而取得他们的理解和支持,使计划生育成为群众自觉参与的事业。

国务院总理李鹏在计划生育工作座谈会上发表讲话

李鹏在座谈会上指出,实现社会主义现代化建设第二步战略目标,必须把控制人口增长放在特别重要的地位,计划生育工作必须抓紧抓好。建国四十年来,特别是党的十一届三中全会以来,我国的经济发展是比较快的,许多主要产品的产量,如粮食、棉花、煤炭、钢铁、发电量等,都名列世界前列,但是由于人口基数大,按人口平均就排到了世界的后面。

李鹏说:到本世纪末,经过艰苦的努力,我国粮食总产量达到5000亿公斤,但是由于人口将要增长到13亿,人均占有量也只保持现有的水平。每年新增加的财富,相当大的一部分就要被新增加的人口所抵消,人均水平上不去,这就不能不影响第二步战略目标的实现,人民生活也很难有较多的改善。而且还会给下世纪我国的经济和社会发展带来更加沉重的人口压力,使我国的资源、环境状况进一步恶化,给子孙后代留下难以弥补的后患。因此,各级党委和政府一定要进一步增强人口意识和人均观念,把计划生育工作真正放在基本国策的位置上,放在经济和社会发展全局的战略地位,要以抓发展国民经济那样的热情和坚韧不拔的精神去抓控制人口增长,而且要抓得更紧。

李鹏说,要充分认识"八五"期间及今后十年的人口形势,坚定完成"八五"人口计划的信心。这次人代会即将通过的《关于国民经济和社会发展十年规划和第八个五年计划纲要》中提出,今后十年争取年均人口自然增长率控制在12.5‰以内。这就要求今后十年人口自然增长率逐年下降。由于随着生活提高、医疗条件的改善,人均寿命将进一步延长,控制人口自然增长率的重点必须放在控制出生率上。实现这个计划指标难度是很大的,尤其是"八五"期间,正值生育高峰的峰顶,计划生育工作中还存在不少问题和薄弱环节。但是为中华民族的生存大计着想,我们必须振奋精神,克服困难,努力完成十年人口规划。完成十年人口规划,头五年是关键。我们必须全力保证"八五"人口计划的完成,为实现本世纪末人口目标打下坚实的基础。

李鹏指出,要实行人口目标管理责任制。中共中央、国务院决定,各省、自治区、直辖市党委和政府应当承担完成本地区人口计划的责任。各级党委、政府要把人口计划纳入本地区的国民经济和社会发展总体规划,把计划生育工作列入重要议事日程。各级人民政府都要实行和完善人口目标管理责任制。各级党政主要领导同志应当是完成人口计划的主要负责人。

李鹏说,实践证明,现行的计划生育政策是正确的。要坚决稳定并严格执行计划生育政策。现在计划生育工作的最大困难是,由于受传统观念的影响和农村尚未建立起一套完整的社会保险制度,在相当一部分群众中,计划生育政策还没有成为群众自己的需要。计划生育工作重点在农村,关键是领导,方法是走群众路线。必须十分重视各级基层组织、计划生育协会和各群众团体的作用,大力宣传计划生育政策,对群众进行耐心细致的思想教育工作。同时,在这方面也要建立和健全法制。

以政务司曹广荣为首的香港政府官员访问团到达北京开始对北京和上海进行为期十天的访问

中国中小学幼儿教师奖励基金会在人民大会堂举

行第五次理事会

李鹏、李瑞环、王震、李铁映、费孝通、雷洁琼、周培源、苏步青等领导同志会见了参加理事会的全体理事。

国家副主席、基金会理事长王震在会上讲了话。他说,中国中小学幼儿教师奖励基金会是李鹏总理提议成立的,至今已有5年。这是党和政府对中小学幼儿教育事业的重视,对中小学幼儿教师的关心。

王震强调,中小学幼儿教师奖励基金会负责奖励优秀、合格的教师。只要合格,一心一意从事基础教育事业的教师都应该得到奖励。今后,要逐年扩大奖励面,以鼓励广大教师终身从事这一职业。王震要求进一步加强对中小学幼儿教师奖励基金会的宣传,希望社会各界和海外友好人士关心支持基金会的工作。

国家教委副主任何东昌代表国务委员、国家教委主任李铁映在会上讲了话。

基金会副理事长兼秘书长柳斌向理事会作了5年来的工作总结,并对今后工作提出了建议。

中国中小学幼儿教师奖励基金会自1986年成立以来,目前全国已有28个省、自治区、直辖市,12个计划单列市,554个县(市)成立了教师奖励(教育)基金会或筹委会,部分地区已基本形成了中央、省(直辖市、自治区)、县(市)三级定期奖励教师的体制。基金会已拥有资金7000多万元。全国县以上各级教师奖励(教育)资金总计达7.6亿元。5年来,基金会会同国家教委等有关部门表彰奖励全国教育系统劳动模范、优秀教师2.1万名。各地区教师奖励(教育)基金会配合教育行政部门表彰奖励省、市、县级优秀教师35万名。此外,还组织了近5000名优秀教师参加园丁之家、夏令营、出国考察、学术交流等多种形式的奖励活动。

会议决定今年教师节将表彰奖励在教书育人,特别是在德育方面成绩突出的国家级优秀教师5000名,颁发全国优秀教师奖章、奖状和奖金。各省、市、县基金会也将同有关部门联合表彰省级、市级、县级优秀教师,总规模比往年有所扩大。

党和国家领导人江泽民等和首都200万名群众植树

4月8日

中共中央总书记江泽民在钓鱼台国宾馆会见柬埔寨主席西哈努克亲王和夫人莫尼克公主

七届全国人大第四次会议举行第五次全会

全会在人民大会堂举行。

会议决定任命邹家华、朱镕基为国务院副总理,决定任命钱其琛为国务委员;补选周南为七届全国人大常委会委员。

大会由执行主席彭冲主持。有2673名代表出席会议。

出席会议的代表采用按表决器方式,对李鹏总理提名的国务院副总理、国务委员人选分别进行了表决,决定任命邹家华为国务院副总理,免去他的国务委员职务;决定任命朱镕基为国务院副总理;决定任命钱其琛为国务委员。

根据李鹏总理提请任命的议案和给全国人大的来文,邹家华任国务院副总理后仍兼任国家计划委员会主任;钱其琛任国务委员后兼任外交部部长。

大会补选七届全国人大常委会委员。根据本次会议的选举办法,会议首先通过了两名总监票人、30名监票人的名单。在总监票人和监票人的监督下,全体代表就补选的全国人大常委会委员候选人名单进行了投票选举。

周南当选为第七届全国人大常委会委员。

国家主席杨尚昆签署第43号令任命邹家华朱镕基为国务院副总理钱其琛为国务委员

根据中华人民共和国第七届全国人民代表大会第四次会议的决定:

一、任命邹家华为国务院副总理,免去其国务委员职务。

二、任命朱镕基为国务院副总理。

三、任命钱其琛为国务委员。

中华人民共和国主席 杨尚昆

1991年4月8日

海峡两岸黄埔同学欢聚北京

“度尽劫波兄弟在,相逢一笑泯恩仇。”全国政协副主席、黄埔军校同学会会长侯镜如晚上以这句话欢迎来京的台湾“中华黄埔四海同心会”谒陵访问团一行。

侯镜如在欢迎宴会上说,两岸黄埔的前期同学曾并肩战斗,流血牺牲,取得了东征、北伐和抗日战争的伟大胜利,为国家、民族做出了重大贡献。他希望两岸黄埔同学联合起来,发扬革命的黄埔精神,同两岸各族人民一道,为早日实现祖国的和平统一共同奋斗。

黄埔同学会理事、聂荣臻元帅的夫人张瑞华到会转达了聂帅对访问团全体成员的问候,并希望大家继续为实现祖国统一大业共同努力。

台湾“中华黄埔四海同心会”谒陵访问团一行31人是4月4日到达西安的。4月5日访问参加公祭华夏始祖轩辕黄帝,今天抵达北京。

台湾“中华黄埔四海同心会”荣誉会长邓文仪、会长刘璠在宴会上致词时表示，盼望由黄埔同学做起，架起两岸感情的桥梁，迈向中国统一的大道。

黄埔同学会副会长李默庵等也在会上讲了话。黄埔同学会副会长覃异之、赵子立、杨荫东和在京理事等，出席了欢迎宴会。

第二届北京国际博览会在国际展览中心开幕

国务院副总理田纪云出席并为博览会剪彩。

这是继1989年首届北京国际博览会之后，我国又一次单独举办的大型国际博览会，也是迄今为止我国举办的国际展览中规模最大的一次。本届博览会的宗旨是“合作与发展”。来自亚、非、欧、美的27个国家和地区的4000多家厂商参展，展览面积达4万余平方米，展品涉及机电、通讯、纺织、航空、冶金、建筑、医疗、食品等各个领域。中国国际贸促会、中国国际商会会长郑鸿业在开幕式上说，本届博览会是展示世界先进工业产品和科技成就的橱窗，是各国、各地区人士洽谈贸易和探讨合作的场所，也是一次促进南北交流、增进南南合作的盛会。

郑鸿业还宣布，第三届北京国际博览会将于1993年上半年举行。

本届博览会受到我国政府的高度重视，田纪云副总理任组委会主任，国务院近20个部委对为期8天的博览会给予了赞助。

上海市市长朱镕基应邀在阿姆斯特丹召开的第四届世界论坛会上发表讲话《中国的改革开放和发展》

朱镕基在讲话中回顾了80年代中国改革开放所取得的巨大成就。他说，10年的改革开放使中国经济体制全面展开，经济活力明显增强，对外开放迈出重大步伐，经济发展速度加快，综合国力大为增强，城乡居民生活条件有了较大的改善。

他在展望90年代中国发展前景时指出，到本世纪末，国民生产总值再翻一番，预计粮食产量达到5亿吨左右，钢8000万吨以上，煤14亿吨左右。他说，实现这些目标和中国繁荣的根本出路在于深化改革、扩大开放，使改革开放“在更大范围和更高层次上展开”。他指出，“90年代中国经济的增长，是要求建立在大力改善经济结构，推动科技进步，提高经济效益的基础之上。”

朱镕基说，中国幅员辽阔、人口众多，蕴藏着巨大市场潜力，中国90年代的发展，势必对世界经济格局的演变及其过程产生深远的影响，从而为全球和平、人类文明作出贡献。

他强调说，“中国作为有11亿人口的发展中大国，她的经济发展不可能脱离国际经济合作，而其经济增长、社会进步则又反过来为这种合作开辟了广阔的前景。”他在会上还介绍了上海浦东的开发、开放情况和发展前景。

朱镕基说，中国和欧洲合作的潜力依然很大，中、欧过去的合作“仅仅是篇开场白”，现在正是处在开场戏的终点。面临戏剧高潮的开始。中国希望与各国“加深了解，加强合作，共图进步”。

孟加拉国总理卡·齐亚在达卡接见对外经济贸易部副部长王文东率领的中国经济委员会代表团

斐济总理卡米塞塞·马拉在总理府接见中国新任驻斐济大使华君铎

中国政府经贸代表团访问美国

以对外经济贸易部副部长佟志广为团长的中国政府经济贸易代表团抵达华盛顿，开始对美国进行正式访问。中国政府经济贸易代表团包括经贸部、国家科委、机电部、国务院法制局、国家版权局、国家专利局的高级官员。

访美期间，中美双方就中美知识产权保护问题进行磋商，并就中美经贸关系中的其它有关问题交换意见。

解放军总参谋长迟浩田在总参召开的工作会议上要求全军开创训练管理新局面

迟浩田上将要求全军切实把军事训练摆在部队工作的中心位置，抓紧抓好部队管理工作，改进领导作风和工作方法，使我军真正做到“政治合格、军事过硬、作风优良、纪律严明、保障有力”。

迟浩田说，去年底召开的总参工作会议为我们做好军事工作提供了基本依据，对整个军队建设具有重要的意义。部队今年开训势头好，广大干部战士练兵热情较高。以贯彻条令条例为基本内容的正规化建设有新的进步。

迟浩田说，全军同志要增强贯彻落实总参工作会议精神的自觉性，要不失时机地做好工作。要切实把军事训练摆在部队工作的中心位置，抓好质量为核心的训练落实。提高训练质量首先要提高干部、骨干的素质，加强部队各级干部的在职训练，提高干部的组训能力。在全军掀起培养和争当郭兴福式的“四会”教练员的热潮。要加强教导队的建设，使经过培训的班长、骨干能指挥打仗、能组织训练、能管理士兵，会讲、会做、会教、会做思想工作。提高训练质量还要重视研究新情况、新问题。要坚持以毛泽东军事思想为指针，研究现代条件下的人民战争,研究以现有装备克敌制胜的战法,用以指导我军的训练实践。

迟浩田指出,要切实把部队管理工作抓紧抓好,把部队的正规化建设向前推进一步。抓管理核心是抓条令条例的贯彻落实,抓依法办事,照章办事。他要求各级领导干部切实改进领导作风和工作方法。领导和机关要形成求实、务实、抓落实的作风。要下大力培养一批叫得响、立得住、过得硬的典型。他说,基层是战斗力的基础,军事过硬要体现在基层过硬上。全军上下要共同努力,艰苦奋斗,积极进取,扎扎实实贯彻中央军委的大政方针,努力开创军事训练和管理工作的新局面。

出席会议的有解放军三总部和各军兵种、各大军区、国防科工委、国防大学、武警总部以及有关部门负责同志。

最高人民检察院下发《人民检察院侦查贪污贿赂犯罪案件工作细则(试行)》

第一章 通 则

第一条 为了明确人民检察院在侦查贪污、贿赂犯罪案件中的职责权限,规范人民检察院侦查贪污、贿赂犯罪案件的程序,保证准确、及时地查明犯罪事实,打击犯罪活动,促进廉政建设,根据《中华人民共和国刑事诉讼法》和《中华人民共和国人民检察院组织法》的规定,制定本细则。

第二条 人民检察院直接受理、立案、侦查贪污、贿赂犯罪案件。

人民检察院的反贪污贿赂部门是侦查贪污、贿赂犯罪案件的专门机构,负责对贪污、贿赂犯罪案件的立案、侦察工作。

第三条 最高人民检察院领导地方各级人民检察院和专门人民检察院的立案、侦查工作;上级人民检察院领导下级人民检察院的立案、侦查工作。

最高人民检察院贪污贿赂检察厅指导地方各级人民检察院和专门人民检察院反贪污贿赂部门的立案、侦查工作;上级人民检察院反贪污贿赂部门指导下级人民检察院反贪污贿赂部门的立案、侦查工作。

第四条 人民检察院侦查贪污、贿赂犯罪案件,应当遵循下列原则:

(一)依照法律规定独立行使检察权,不受行政机关、社会团体和个人的干涉。

(二)重证据,重调查研究,不轻信口供。严禁刑讯逼供。

(三)严格依照法律规定的诉讼程序办案。对一切公民,在适用法律上一律平等,在法律面前不允许有任何特权。

(四)实行专门机关和群众相结合。保障公民控告和检举贪污、贿赂犯罪行为的权利。

(五)迅速、及时,严格保守案件中的秘密事项。

(六)清正廉明,秉公执法。

第五条 人民检察院侦查贪污、贿赂犯罪案件,应当坚持党的领导,自觉接受国家权力机关和人民群众的监督,并且密切与公安、法院等司法部门,监察、审计、工商、税务、海关等行政执法部门及银行等金融部门联系与配合。

第六条 人民检察院在立案、侦查中对有关人员的回避,依照《中华人民共和国刑事诉讼法》第二十三条至第二十五条的规定进行。

第二章 管 辖

第七条 最高人民检察院管辖全国性的重大贪污、贿赂犯罪案件和发生在中央国家机关的重大贪污、贿赂犯罪案件。

省、自治区、直辖市人民检察院管辖全省(自治区、直辖市)性的重大贪污、贿赂犯罪案件。

省、自治区、直辖市人民检察院分院,自治州和省辖市人民检察院管辖全地区(州、市)的重大贪污、贿赂犯罪案件,发生在地区、州、市国家机关的重大贪污、贿赂犯罪案件和涉外贪污、贿赂犯罪案件。

县、市、自治区和市辖区人民检察院管辖除上述规定之外的贪污、贿赂犯罪案件。

第八条 上级人民检察院在必要的时候,可以直接侦查或者组织,参与侦查下级人民检察院管辖的贪污、贿赂犯罪案件,也可以把自己管辖的贪污、贿赂犯罪案件交由下级人民检察院侦查;下级人民检察院认为案情巨大、复杂需要由上级人民检察院侦查的贪污、贿赂犯罪案件,可以请求移送上级人民检察院侦查。

第九条 贪污、贿赂犯罪案件,由被告人工作单位所在地人民检察院管辖。行贿、受贿并案处理的案件,由受贿被告人工作单位所在地人民检察院管辖。如果由被告人犯罪地或者居住地人民检察院管辖更为适宜的,可以由被告人犯罪地或者居住地人民检察院管辖。

第十条 几个同级人民检察院都有权管辖的贪污、贿赂犯罪案件,由最初受理的人民检察院侦查,必要时,可以移送被告人长期工作单位所在地或者主要犯罪地人民检察院侦查。

第十一条 上级人民检察院可以指定下级人民检察院侦查管辖不明的贪污、贿赂犯罪案件。对管辖权有争议的贪污、贿赂犯罪案件,由有关检察机关协商解决;协商不成的,由共同的上级人民检察院决定。

第十二条 涉及几个省、自治区、直辖市的贪污、贿赂犯罪案件,必要时由最高人民检察院组织、协调侦查工作；涉及几个地区、自治州、省辖市的贪污、贿赂犯罪案件，必要时由省、自治区、直辖市人民检察院组织、协调侦查工作；涉及几个县、市、自治县或直辖区的贪污、贿赂犯罪案件，必要时由省、自治区、直辖市人民检察院分院、自治州、省辖市人民检察院组织、协调侦查工作。

第十三条 现役军人（含军队文职干部、在编职工，由军队管理的离休、退休干部，下同）犯贪污、贿赂罪的案件，由军事检察院管辖；军、地互涉的贪污、贿赂犯罪案件，由军事检察院和被告人工作单位所在地的地方检察院协调侦查。

军人在部队营区犯贪污、贿赂罪的，由军事检察院侦查；在部队营区以外犯贪污、贿赂罪的，由军事检察院侦查，地方检察院协助侦查。

非军人在部队营区犯贪污、贿赂罪的，由地方检察院侦查，军事检察院协助侦查。但涉及军事机密的，由军事检察院侦查，地方检察院协助侦查。

军人和非军人共同在部队营区犯贪污、贿赂罪的，由军事检察院侦查，地方检察院协助侦查；在部队营区以外犯贪污、贿赂罪，主犯是军人的，由军事检察院侦查，地方检察院协助侦查；主犯是非军人的，由地方检察院侦查，军事检察院协助侦查。

军人入伍前犯贪污、贿赂罪的，由地方检察院侦查，军事检察院协助侦查。

第十四条 人民武装警察犯贪污、贿赂罪的，由地方检察院侦查。

第三章 强制措施

第一节 拘　传

第十五条 人民检察院根据侦查贪污、贿赂犯罪案件的需要，对被告人可以拘传。

第十六条 拘传应当经检察长批准。执行拘传的司法警察不得少于 2 人。

第十七条 拘传时，应当查明被告人的身份事项，在确认无误后，向被拘传人出示《拘传证》。对抗拒拘传的，可以使用戒具，强制到案。

第十八条 被拘传人到案后，应当立即讯问；讯问结束后，应当立即放回，不得拘禁。需要变更强制措施的，应经检察长批准，及时办理变更手续。

第十九条 到本辖区以外拘传被告人，由决定拘传的人民检察院派员前往被拘传人所在地执行，并且应当取得当地人民检察院的支持，当地人民检察院应当予以协助。到本辖区以外拘传被告人，一般应当就地讯问。

第二节 取保候审、监视居住

第二十条 人民检察院对于贪污、贿赂犯罪案件的被告人，具有下列情形之一的，可以取保候审或者监视居住：

（一）可能判处有期徒刑以下刑罚的；

（二）可能免予起诉或者免除刑罚的；

（三）可能判处有期徒刑以上刑罚，采取取保候审、监视居住方法，不致发生社会危险性的；

（四）应当逮捕但患有严重疾病的；

（五）应当逮捕但正在怀孕或者哺乳自己婴儿的；

（六）拘留、逮捕以后需要改变强制措施的；

（七）持有有效护照和有效出入境证件，可能出境逃避侦查，但不需要逮捕的。

第二十一条 对被告人采取取保候审，应当填写《取保候审决定书》，经检察长批准、签发。

第二十二条 应当向取保候审的被告人宣读《取保候审决议书》，由被告人签名，并应当责令其必须遵守下列规定：

（一）不逃跑、随传随到；

（二）不泄露案情，不隐匿、毁弃证据，不串通口供；

（三）及时向人民检察院汇报与案件有关的问题；

（四）需要外出的，必须报经决定取保候审的人民检察院批准。

第二十三条 取保候审的保人应当具备下列条件，并且经人民检察院审查、同意：

（一）年满 18 周岁具有完全行为能力的中华人民共和国公民；

（二）在当地有正式户籍；

（三）有固定住所；

（四）与本案无牵连；

（五）能够约束被告人的行为。

但是，正在服刑、接受劳动教养或者被追诉的人不得充当保人。

第二十四条 应当告知取保候审的保人必须承担下列责任：

（一）保证被告人在取保候审期间不逃跑，随传随到；

（二）发现被告人有逃避侦查或者违法犯罪行为，立即向人民检察院报告。

在保人保证承担上述责任以后，由保人在《保证书》上签名。

第二十五条 被告人所在单位或者住地居（村）民委员会也可以担保。

第二十六条 单位或者居（村）民委员会担保，应当出具证明，确定专人承担保人的责任，并由单位或者居（村）民委员会负责人和承担责任人在《保证书》上签名。

第二十七条 人民检察院可以根据案件情况，要求保人或者被告人交付一定数额的保证金。取保候审终止以后，保证金予以退还。如果被告人违反本细则第二十二条的规定或者保人违反本细则第二十四条的规定，保证金予以没收，上缴国库。

第二十八条 对被告人采取监视居住，应当分别填写《监视居住决定书》、《执行监视居住委托书》，由检察长批准、签发。

第二十九条 应当向监视居住的被告人宣读《监视居住决定书》，由被告人签名，并责令其必须遵守下列规定：

(一)不得擅自离开指定区域，有正当理由需要离开指定区域的，必须报经决定监视居住的人民检察院批准；

(二)随传随到；

(三)不泄露案情，不隐匿、毁弃证据，不串通口供；

(四)及时向人民检察院汇报与案件有关的问题。

第三十条 监视居住由当地公安派出所或者由公安委托的乡(镇)人民政府、街道办事处、被监视居住人的所在单位执行。

第三十一条 应当向执行监视居住的单位送达《执行监视居住委托书》，并告知应当承担下列责任：

(一)限制被告人在人民检察院指定的区域内活动，但不得拘禁；

(二)监视被告人的行动，防止其逃跑、自杀、隐匿、毁弃罪证或者串供等情况发生；

(三)发现被告人有逃避侦查或者违法犯罪的行为时，应及时采取措施并立即向人民检察院报告。

执行监视居住的单位应当确定专人负责执行，并由单位负责人和执行人在《执行监视居住委托书》上签名，加盖公章。

第三十二条 人民检察院应当与执行监视居住的单位密切配合，及时检查监督监视居住的执行情况。

第三十三条 在具有下列情形之一时，人民检察院应当撤销或者变更取保候审或者监视居住的决定：

(一)决定拘留或者逮捕的；

(二)决定撤销案件的；

(三)取保候审的保人撤回保证的；

(四)其他因情况发生变化，需要撤销或者变更取保候审或者监视居住的。

第三十四条 撤销取保候审或者监视居住，应当分别填写《撤销取保候审通知书》、《撤销监视居住通知书》，经检察长批准、签发后，向被告人宣布，并通知保人或者执行监视居住的单位；变更取保候审或者监视居住的，应当经检察长批准后，及时办理变更手续，并通知保人或者执行监视居住的单位。

第三十五条 取保候审、监视居住，不得变相羁押被告人，取保候审、监视居住的期间，不计入羁押期限。

第三节 拘 留

第三十六条 对于罪该逮捕的贪污、贿赂犯罪分子或者重大嫌疑分子，如果有下列情形之一的，可以先行拘留：

(一)其犯罪被即时发觉的；

(二)企图自杀、逃跑或者在逃的；

(三)有毁灭、伪造证据或者串供可能的。

第三十七条 拘留人犯，应当填写《提请刑事拘留书》，经检察长同意后，送交公安机关签发《拘留证》，依法执行。

第三十八条 被拘留人到案后，人民检察院应当把拘留的原因和羁押的处所，在24小时以内通知被拘留人所在单位或者家属。

因有碍侦查或者无法通知，不能在24小时以内通知的，应当经检察长批准，并将原因写明附卷。

第三十九条 对被拘留人，应当在拘留后的24小时内进行讯问。

发现不应当拘留的，经检察长同意后，填写《决定释放通知书》，立即送交公安机关，依法释放。

对于需要采取取保候审、监视居住的，经检察长同意后，及时办理变更手续。

第四十条 对被拘留人，认为需要逮捕的，反贪污贿赂部门应当在拘留后的3日内填写《逮捕人犯意见书》，连同案卷证据材料，一并送交刑事检察部门审查。刑事检察部门审查后报经检察长批准，重大案件报经检察委员会讨论决定。在特殊情况下，移送审查的时间可以延长1日至4日。审查批准的时间不得超过3日。对于不批准逮捕的，应当签发《决定释放通知书》，立即送交公安机关，依法释放，或者依法变更强制措施。

第四节 逮 捕

第四十一条 人民检察院对于有贪污、贿赂犯罪事实，可能判处有期徒刑以上刑罚的人犯，采取取保候审、监视居住等方法，尚不足以防止发生社会危险性，而有逮捕必要的，应当立即逮捕。

第四十二条 逮捕人犯，应当由反贪污贿赂部门填写《逮捕人犯意见书》，连同案卷证据材料，一并送交刑事检察部门审查，报经检察长批准，重大案件应经检察委员会讨论决定。

第四十三条 对于决定逮捕的，由反贪污贿赂部门制作《决定逮捕通知书》，通知公安机关填写《逮捕证》，并执行逮捕。

第四十四条 对于决定不予逮捕但人犯在押的，应当签发《决定释放通知书》，立即送交公安机关，依法释放。

第四十五条 对于决定不予逮捕但需要采取其他强制措施的，应当依法及时采取相应的强制措施。

第四十六条 逮捕人犯以后，人民检察院应当把逮捕的原因和羁押的处所在24小时以内通知被逮捕人所在单位或者家属。

因有碍侦查或者无法通知,不能在24小时以内通知的,应当经检察长批准,并将原因写明附卷。

第四十七条　对被逮捕人,应当在逮捕后的24小时内进行讯问

发现不应当逮捕的,经检察长批准,签发《决定释放通知书》,立即送交公安机关,依法释放。

第四十八条　逮捕犯贪污、贿赂罪的全国人民代表大会代表,决定逮捕的人民检察院应当逐级上报,由最高人民检察院报经全国人民代表大会主席团许可,在全国人民代表大会闭会期间报经全国人民代表大会常务委员会许可。逮捕犯贪污、贿赂罪的县级以上地方各级人民代表大会代表,决定逮捕的人民检察院应当逐级上报,由相应的县级以上人民检察院报经本级人民代表大会主席团许可,在本级人民代表大会闭会期间,报经本级人民代表大会常务委员会许可。

第四十九条　变更或者撤销由上级人民检察院批准的逮捕措施时,应当报经原批准逮捕的人民检察院同意。

第四章　立　案

第五十条　机关、团体、企业、事业单位和公民发现贪污、贿赂犯罪事实或者犯罪嫌疑人,有权利也有义务向人民检察院提出控告和检举。

第五十一条　人民检察院对于下列关于贪污、贿赂犯罪案件的线索或者材料,都应当接受:

(一)公民控告和检举的;

(二)机关、团体、企业、事业单位控告和检举的;

(三)党委、国家权力机关交办的;

(四)纪检、监察、工商、审计、税务、海关等部门移送的;

(五)公安机关、人民法院移送的;

(六)上级人民检察院交办,同级人民检察院移送或者下级人民检察院请求移送的;

(七)犯罪人自首的;

(八)其他方面检举、控告的。

第五十二条　人民检察院应当设立接受举报的专门场所,设置专用的举报电话并公布电话号码,建立专门的举报信箱并公布邮政编码,以及采取其他可行的措施,为机关、团体、企业、事业单位和公民以及香港、澳门和台湾同胞、海外侨胞、外籍人士控告和检举贪污、贿赂犯罪提供便利条件。

第五十三条　控告、检举和犯罪人自首可以采用书面或者口头形式。

第五十四条　接受书面控告、检举、自首的检察人员,应当将书面材料妥善保管。

第五十五条　接受口头控告、检举、自首的检察人员,应当当场问明情况,写成笔录,经控告、检举人或者自首人确认无误后,在笔录末面写明:“以上笔录我看过(向我宣读过),和我说的相符”,并由控告、检举人或者自首人签名,记录人也应当在笔录上签名。

第五十六条　接受关于贪污、贿赂犯罪的线索和材料,应当填写《接受案件登记表》。

第五十七条　接受控告和检举的检察人员,应当向控告人或者检举人说明诬告应负的法律责任,并且说明只要不是捏造事实,伪造证据,即使控告、检举的事实有出入,甚至是错误的,也与诬告有严格区别。

第五十八条　人民检察院对于不愿公开自己姓名的控告、检举人,在侦查期间,应当为其保守秘密。

第五十九条　人民检察院对于接受的材料,凡不属于自己管辖的,应当填写《移送案件通知书》,连同原始材料一并移送有关主管机关处理,并通知控告、检举人或者单位;对于有属于自己管辖而又必须采取紧急措施的,应当先采取紧急措施,然后送有关主管机关。

第六十条　人民检察院对于接受的贪污、贿赂犯罪案件的材料,应当迅速进行立案前的书面审查和调查。

第六十一条　经过审查和调查,认为犯罪嫌疑人贪污、贿赂的犯罪事实已达到人民检察院规定的立案标准,需要追究刑事责任的,应当立案。

立案应当经检察长批准或者检察委员会决定,并制作《立案决定书》。

第六十二条　经过审查和调查,认为没有犯罪事实,或者情节显著轻微,不需要追究刑事责任的,不予立案。

不予立案,经检察长批准后、填写《不立案通知书》,将不立案的原因通知控告、检举人、单位或者自首人。但是,匿名控告、检举的除外。

控告、检举人如果不服,可以向接受控告、检举的人民检察院申请复议。人民检察院应当及时复议,并填写《复议决定书》,将复议结果及时通知控告、检举人。

第六十三条　对于不予立案,但需要移送有关部门处理的,应当填写《移送案件通知书》,连同材料一并移送有关部门处理。

第六十四条　对全国人民代表大会代表立案的,决定立案的人民检察院应当逐级上报,由最高人民检察院向全国人民代表大会主席团通报,在最高人民代表大会闭会期间,向全国人民代表大会常务委员会通报;对县级以上地方各级人民代表大会代表立案的,决定立案的人民检察院应当逐级上报,由相应的县级以上人民检察院向本级人民代表大会主席团通报,在本级人民代表大会闭会期间,向本级人民代表大会常务委

员会通报。

第五章 侦 查

第一节 讯问被告人

第六十五条 讯问被告人,由检察员负责进行。讯问的时候,检察人员不得少于2人。

第六十六条 对于没逮捕、拘留的被告人,可以传唤到人民检察院指定的地点,或者到他的住所、所在单位进行讯问。

传唤被告人,应当出示人民检察院的《传唤证》。经过传唤不到的,可以拘传。

第六十七条 提讯在押的被告人,应当填写《提押证》,在看守所或者人民检察院进行讯问。提讯在押的被告人到人民检察院讯问的,由司法警察押解。

第六十八条 讯问被告人,应当问明被告人的身份事项,讯问其是否有犯罪行为,让其陈述有罪的情节或者作无罪的解释。对被告人提出的反证要认真查核。不得采用刑讯、威胁、引诱、欺骗等方法获取口供。

第六十九条 在少数民族聚居或者多民族杂居的地区,应当用当地通用的语言进行讯问。讯问不通晓当地通用的语言文字的被告人,应当有翻译人员为其翻译。

讯问聋哑的被告人,应当有通晓聋哑手势的人为其翻译。

第七十条 讯问被告人,应当当场制作讯问笔录。讯问笔录应当字迹工整。详细具体,不失原意,并交被告人核对。对于没有阅读能力的人,应当向他宣读。如果有遗漏或者差错,应当允许被告人补充或者改正。讯问笔录经被告人确认无误后,由被告人在笔录上逐页签名。如果被告人拒绝签名的,应当在笔录上记明。

讯问人,记录人以及翻译人员也应当在笔录上签名。

第七十一条 被告人可以自行书写供述。检察人员认为必要的时候,也可以要被告人亲笔书写供词。

第七十二条 讯问被告人,可以同时采用录音、录像的记录方式。

第七十三条 人民检察院在侦查贪污、贿赂犯罪案件过程中,应当及时发现证人,并且教育证人履行作证的义务。

人民检察院必须保证一切与案件有关或者了解案情的公民,有客观地充分地提供证据的条件,并为他们保守秘密。

第二节 询问证人

第七十四条 询问证人应当由检察员负责进行。询问的时候,检察人员不得少于2人。

第七十五条 询问证人,可以到证人的所在单位、住所或者其他适当地点进行,但是必须出示人民检察院的证明文件。必要时,也可以通知证人到人民检察院提供证言。

询问证人,应当个别进行。

第七十六条 询问证人,应当问明证人的身份事项以及证人与被告人的关系,并告知证人应当如实地提供证据、证言以及有意作伪证或者隐匿罪证要负的法律责任。但是,不得向证人泄露案情,不得采用羁押、刑讯、威胁、引诱、欺骗等方法获取证言。

第七十七条 对于具有下列情形之一的国家工作人员,应当依法立案,追究刑事责任:

(一)利用职务包庇、窝藏贪污、贿赂犯罪分子,隐瞒、掩饰他们的犯罪事实的;

(二)为贪污、贿赂犯罪分子销毁罪证、制造伪证的。

对于犯上述罪行的国家工作人员的亲属或者已离职的国家工作人员,也应当依法立案,追究刑事责任。

第七十八条 对于下列不依法报案或者不如实作证的人员,应当依法立案,追究刑事责任:

(一)对贪污、贿赂犯罪人员和犯罪事实知情的直接主管人员;

(二)对贪污、贿赂犯罪人员和犯罪事实仅有的知情的工作人员。

第七十九条 本细则第六十九条至第七十二条的规定,也适用于询问证人。

第三节 搜 查

第八十条 为了收集贪污、贿赂犯罪证据,查获犯罪人,检察人员可以对被告人以及可能隐藏罪犯或者犯罪证据的人的身体、物品、住处、办公地点和其他有关地点进行搜查。

第八十一条 人民检察院可以要求任何单位和个人,交出能够证明被告人有罪或者无罪的物证、书证。

第八十二条 搜查应当在检察员的主持下进行,并有司法警察参加。必要时,可以指派检察技术人员参加或者请当地公安机关、有关单位协助。

第八十三条 搜查前,应当了解被搜查对象的基本情况和搜查现场的周围环境,确定搜查的范围和重点,明确搜查人员的分工和责任。

第八十四条 搜查时,应当有被搜查人或者他的家属、邻居或者其他见证人在场,搜查妇女的身体,应当由女工作人员进行。

第八十五条 进行搜查,必须向被搜查人或者他的家属出示《搜查证》,并对被搜查人或者其家属说明阻碍搜查、妨碍公务要负的法律责任,对见证人讲明应当承担的义务。

《搜查证》由检察长签发。

在执行逮捕、拘留的时候、遇有紧急情况,不另用《搜查证》也可以同时进行搜查。

第八十六条 搜查如果遇到阻碍，可以强制进行，对以暴力、威胁方法阻碍搜查的，应当予以制止，或者由司法警察将其带离现场；对于构成犯罪的，应当依法立案，追究刑事责任。

第八十七条 搜查应当全面、细致，并指派专人严密注视搜查现场的动向。必要时，可以在现场周围设置武装警戒。

第八十八条 进行搜查的人员，应当遵纪守法，不得无故损坏搜查现场的物品。

第八十九条 对于查获的重要书证、物证及放置地点应予拍照，并用文字说明有关情况。必要时，可以录像。

第九十条 搜查情况应当写成笔录，由检察人员和被搜查人或者他的家属、邻居或者其他见证人签名。如果被搜查人或者他的家属在逃，或者拒绝签名的，应当在笔录上记明。

第四节 勘验、检查、调取、扣押物证和书证

第九十一条 检察人员对于与贪污、贿赂犯罪有关的场所、物品、人身、尸体，可以进行勘验或者检查。进行勘验、检查的检察人员，应当持有人民检察院的《勘验、检查证》。

第九十二条 检察人员可以凭人民检察院的证明文件，向有关单位和个人调取能够证实被告人有罪或者无罪的物证、书证以及其他各种证据，并可以根据需要拍照、录像、复印和复制。对于涉及国家秘密的证据，应当严格保守秘密。

第九十三条 向本辖区以外的有关单位和个人调取简单的物证、书证可以由人民检察院发函。委托当地人民检察院代办，受委托的人民检察院应当及时办理。

第九十四条 在勘验、搜查中发现的可以证明被告人有罪或者无罪的各种文件、资料和其他物品，应当扣押；与案件无关的，不得扣押。

不能立即证明是否与案件有关，但检察人员认为可疑的文件、资料和其他物品，也可以扣押。但是，经查与案无关的，应当立即退回。

物品持有人拒绝交出应扣押物品的，可以强制扣押。

第九十五条 对于扣押的物品和文件，检察人员应当会同在场见证人和被扣押物品持有人查点清楚，并当场开列《扣押物品清单》一式二份，由检察人员，见证人和持有人签名后，一份交给持有人，另一份附卷备查。

第九十六条 对于应当扣押但不便提取的物品，经拍照或者录像后，可以交被扣押物品持有人保管，并单独开具《扣押物品清单》一式二份，由检察人员、见证人和持有人签名，一份交给物品持有人，另一份连同照片附卷备查，并在《扣押物品清单》上注明物品持有人应当妥善保管，不得转移、变卖、毁损。如果物品持有人拒绝签名的，应当在《扣押物品清单》上记明。

第九十七条 扣押被告人的邮件、电报，应当经检察长批准，填写《决定扣押邮件、电报通知书》，通知邮电机关将有关邮件、电报检交扣押。

不需要继续扣押的，经检察长批准后，应当立即填写《停止扣押邮件、电报通知书》，通知邮电机关。

第九十八条 对于扣押在人民检察院的物品、文件、邮件、电报，应指派专人妥善保管，不得使用、调换、损毁或自行处理。经查明确实与案件无关的，应当迅速退还原主或者原邮电机关。

第九十九条 向银行查询或者要求银行暂停支付与案件有关的个人储蓄存款，应当填写《查询个人储蓄存款通知书》或者《停止支付个人储蓄存款通知书》，经检察长批准后，通知银行协助执行。

不需要继续冻结的，应当填写《解除停止支付个人储蓄存款通知书》，经检察长批准后，通知银行解冻。

查询、冻结、扣划与案件有关的单位储蓄存款的办法另定。

第五节 鉴定、辨认

第一百条 人民检察院为了查明案情，解决案件中某些专门性的问题，可以进行鉴定。

第一百零一条 进行鉴定，应当由反贪污贿赂部门的负责人批准，由人民检察院技术部门具有鉴定资格的人员进行，在必要的时候，可以聘请其他具有鉴定资格的人进行。聘请鉴定人，应当征得鉴定人所在单位的同意。聘请的鉴定人应当与本案无利害关系。

第一百零二条 检察人员应当为鉴定人进行鉴定提供必要条件。及时向鉴定人送达有关检材和比对样本等原始材料，介绍与鉴定有关的情况，并明确提出要求鉴定解决的问题，但不得暗示或者强迫鉴定人作出某种鉴定结论。

第一百零三条 鉴定人进行鉴定后，应当出具科学和客观的鉴定结论、检验报告，或者分析意见书，并在末页上签名。

第一百零四条 对于鉴定结论，检察员应当进行审查。必要时，经检察长批准，可以补充鉴定或者重新鉴定。

第一百零五条 用作证据的鉴定结论，应当告知被告人，如果被告人提出申请，经检察长同意，可以补充鉴定或者重新鉴定。

第一百零六条 为了查明案情，在必要的时候，检察人员可以让被害人、被告人和证人对与贪污、贿赂犯罪有关的物品、文件、尸体或者犯罪嫌疑人进行辨认。对犯罪嫌疑人进行辨认，需经检察长批准。

第一百零七条 辨认应当在检察员的主持下进行。在辨认前，应当向辨认人详细询问被辨认人或者物品的具体特征。

第一百零八条 辨认时，应当将辨认的对象混杂在其他人员或者物品之中，不得给予辨认人任何暗示。

第一百零九条 辨认的情况，应当写成笔录，由参加辨认的有关人员签字。

第一百一十条 人民检察院进行辨认，可以商请公安机关参加或者协助。

第六节 检验会计资料

第一百一十一条 检察人员对于与贪污、贿赂犯罪有关的会计凭证、会计账簿、会计报表和其他会计资料，应当及时查封或者扣押，并责令有关人员交出账外账、小金库等违反财会制度的账目和财物。

第一百一十二条 查封会计资料的检察人员，必须持有人民检察院的证明文件。

第一百一十三条 检验会计资料，应当在检察员的主持下进行，在必要的时候，可以聘请会计师参加。聘请会计师，应当征得会计师所在单位的同意。聘请的会计师应当与本案无利害关系。

第一百一十四条 检验会计资料，应当注意发现和收集一切与案件有关的线索、证据。

第一百一十五条 检验会计资料的情况，应当写成笔录，详细写明检验经过、对象、内容以及能够证明贪污、贿赂犯罪的事实，并由参加检验的人员签字。

第一百一十六条 检验结束后，对于能够证明犯罪事实的会计资料，应当予以提取；不能提取的，应当予以拍照或者录像、复印、复制。

第一百一十七条 对于用作证据的会计资料，应当由提供会计资料单位的负责人和主管人员签字，加盖公章，并由承办案件的检察员认定。必要时，也可以由司法会计鉴定。

第一百一十八条 在检验完毕后，对于查封或者扣押的会计资料，应当及时解封或者退还原单位。

第七节 通 缉

第一百一十九条 对于有严重贪污、贿赂犯罪行为，应当逮捕的被告人，如果在逃，经检察长批准后，可以填写《提请发布通缉令书》，并附通缉犯的照片、身份、案情简介和《决定逮捕通知书》，提请公安机关发布通缉令追捕归案。必要时，也可以请有关人民检察院协助逮捕。

人民检察院应当与公安机关积极配合，及时检查监督通缉的执行情况。

被通缉的被告人捕获归案后，应及时通知有关公安机关撤销通缉令。

第一百二十条 对于应当逮捕的被告人，如果潜逃出境，应当及时采取有效措施，通过各种渠道，追捕归案；如果逃往国际刑警组织成员国或者地区，可以逐级上报，由最高人民检察院商请国际刑事警察组织中国国家中心局，向逃犯所在国家或者地区发布通缉令，请求有关方面协助，追捕归案。

第八节 追缴赃款赃物

第一百二十一条 被告人犯罪所得的一切财物，应当予以追缴，并制作《收缴赃款赃物通知书》，分别交被收缴人和附卷备查。

第一百二十二条 对违禁品、淫秽物品、供犯罪所用的本人财产和其他非法所得的财物，应当予以没收，并制作《没收款物决定书》，填写《没收款物清单》一式二份，一份交给被没收人，另一份附卷备查。

第一百二十三条 不得借用、挪用、调换、私分赃款赃物，内部购买赃物。对违反者，应给予行政处分；情节严重触犯刑律的，依法立案，追究刑事责任。

第九节 侦查终结

第一百二十四条 对被告人，在侦查中的羁押期限不得超过2个月，案情复杂、期限届满不能终结的案件，应当在羁押期限届满7日以前制作《呈请延长羁押期限书》，报经上一级人民检察院批准延长1个月。

重大的集团犯罪案件和流窜作案的、交通十分不便的边远地区的重大复杂案件，在前款规定的羁押期限内不能侦查终结的，应当在羁押期限届满15日前，制作《呈请延长羁押期限书》，报经省、自治区、直辖市人民检察院批准或者决定延长2个月。

特别重大、复杂的案件，依照第一款规定延长羁押期限后仍不能侦查终结的，应当制作《呈请延长羁押期限书》，逐级上报最高人民检察院依法办理。

第一百二十五条 在侦查期间，发现被告人另有重要罪行，经检察长批准或者检察委员会决定补充侦查的，重新计算羁押期限。

对改变管辖的案件，从改变后的办案机关收到案件之日起计算羁押期限。

第一百二十六条 对于经过侦查，有证据足以证实被告人有罪，并且没有发现遗漏罪行和其他应当追究刑事责任的同案人的案件，应当及时终结侦查，由承办案件的检察员写出《侦查终结报告》，报经反贪污贿赂部门负责人同意。

发现不应对被告人追究刑事责任时，也应终止侦查。

第一百二十七条 对侦查终结的案件，反贪污贿赂部门应当提出提起公诉、免予起诉或者撤销案件的意见。国家或者集体财产遭受损失的，在提出提起公诉意见的同时，可以提出提起附带民事诉讼的意见。

第一百二十八条 提出提起公诉或者免予起诉意

见的，应当分别填写《案件移送登记表》，连同《侦查终结报告》以及其他案卷材料，一并移送刑事检察部门审查。

第一百二十九条 提出撤销案件意见时，应当经检察长或者检察委员会决定。对决定撤销的案件，应当填写《撤销案件决定书》，分别送交被告人所在单位和被告人，但被告人死亡的除外。如被告人在押，应当制作《决定释放通知书》，立即送交公安机关，依法释放。

对于共同犯罪案件，发现有不应当追究刑事责任的被告人，应当立即撤销对该被告人的立案。

第一百三十条 人民检察院在侦查贪污、贿赂犯罪案件的过程中，可以提出检察建议。对有贪污、贿赂行为，但尚未构成犯罪的国家工作人员和其他人员，可以建议有关部门给予必要的教育或者处理。对于采取威胁、引诱、欺骗以及说情等方式干扰侦查工作的人，应当把有关材料转送他们的所在单位或者上级主管部门，并建议给予必要的教育或者处理；情节严重，构成犯罪的，应当依法立案，追究刑事责任。

第六章 附 则

第一百三十一条 人民检察院立案、侦查下列犯罪案件，均适用本细则的规定：

(一)挪用公款；

(二)偷税、抗税；

(三)挪用国家救灾、抢险、防汛、优抚、救济款物；

(四)假冒商标；

(五)巨额财产来源不明；

(六)隐瞒不报境外存款；

(七)人民检察院认为需要自己直接受理的其他有关的犯罪案件。

第一百三十二条 人民检察院立案、侦查涉外贪污、贿赂犯罪案件，依照本细则以及《中华人民共和国外交特权与豁免条例》、《中华人民共和国领事特权与豁免条例》等法律的有关规定办理。

第一百三十三条 本细则所说的贿赂包括行贿和受贿。

第一百三十四条 本细则由最高人民检察院解释。

第一百三十五条 本细则自下发之日起施行。

4 月 9 日

七届全国人大第四次会议闭幕

会议在对审议的各项议案进行表决后，下午在人民大会堂落下帷幕。

会议批准了国务院提出的《国民经济和社会发展十年规划和第八个五年计划纲要》以及李鹏总理就这一纲要所作的报告。会议就此通过决议。

大会由执行主席万里主持。2610 位代表出席大会。

代表们采用按表决器方式，首先对关于纲要和纲要报告的决议进行表决，接着通过了关于 1990 年国民经济和社会发展计划执行情况与 1991 年国民经济和社会发展计划的决议、关于 1990 年国家预算执行情况和 1991 年国家预算的决议。

大会经过表决，通过《中华人民共和国民事诉讼法》。

经过表决，大会还通过《中华人民共和国外商投资企业和外国企业所得税法》。

大会还通过关于全国人大常委会工作报告的决议、关于最高人民法院工作报告的决议、关于最高人民检察院工作报告的决议。

中央党政军领导机关负责人，各民主党派和群众团体负责人，列席大会。各国驻华使节旁听大会。

第七届全国人大第四次会议通过《中华人民共和国国民经济和社会发展十年规划和第八个五年计划纲要》

序 言

本世纪最后十年，在我国社会主义现代化建设的历史进程中，是非常关键的时期。今后十年在已经取得巨大成就的基础上，进一步促进经济振兴和社会进步，直接关系到我国社会主义制度的巩固与发展，关系到中华民族的前途和命运。因此，根据《中共中央关于制定国民经济和社会发展十年规划和“八五”计划的建议》，正确制定并实施国民经济和社会发展十年(1991—2000 年)规划和第八个五年(1991—1995 年)计划，具有十分重要的意义。

党的十一届三中全会以后的八十年代，全国各族人民在中国共产党的领导下，贯彻执行党的建设有中国特色社会主义的基本路线和各项方针、政策，全面开创了社会主义现代化事业的新局面，取得了举世瞩目的巨大成就。经济体制改革全面展开，对外开放迈出重大步伐，生产建设取得很大进展，科技、教育和文化等事业迅速发展，国家经济实力显著增强，人民生活明显改善，现代化建设的第一步战略目标已经实现。社会主义制度在改革开放中逐步完善，安定团结的政治局面不断巩固和发展。

过去的十年，我国圆满地实现了第六个五年计划，接着又胜利完成了第七个五年计划。“七五”期间，改革的重点从农村转到城市，围绕增强企业活力这个中心，推进了各方面改革，改变了束缚生产力发展的体制格局，促进了有计划商品经济的发展。对外开放的规模和领域不断扩大，进出口贸易总额大幅度增长，利用外资和引进新技术取得较大进展，在全国形成了逐步推进的对外开放格局。在改革开放的推动下，国民经济和社会发展取得了新的成就。1990年，国民生产总值、工农业总产值都超过原定五年计划的要求，绝大多数工农业产品产量都有较多增加。五年内，建成投产基本建设大中型项目532个，限额以上更新改造项目354个。能源、重要原材料的生产能力和运输、通信能力都有不同程度增长，现有企业生产技术水平多数有所提高。科技攻关、科技成果推广和基础性科学研究取得显著成果。各级各类教育事业，各项文化、卫生、体育和其他各项社会事业，也都取得了较大发展。在生产发展的基础上，城乡人民的收入水平和消费水平明显提高，消费内容日趋多样化。所有这些，为九十年代我国国民经济和社会的发展奠定了比较坚实基础。

在国民经济和社会发展取得巨大成就的同时，也出现了一些新的矛盾和问题。主要是：一度忽视思想政治教育，存在物质文明建设与精神文明建设"一手硬、一手软"的现象；在经济发展和改革中都出现过急于求成，一度造成经济过热、通货膨胀；国民经济的某些方面过于分散，国家宏观调控能力减弱。

党的十三届四中全会以来，建设有中国特色的社会主义路线、方针、政策得到更加全面的贯彻，各项工作取得新的进展。思想政治领域出现新的转机，治理整顿和深化改革的成效显著。通货膨胀得到有效控制，农业连续两年丰收，工业生产增长速度基本恢复到正常水平，出口贸易持续增长，经济秩序明显改善，整个国民经济正向好的方向发展。但是，经济循环不畅、结构不合理、经济效益差、体制关系不顺等问题，还没有得到根本解决。

十年规划和"八五"计划纲要的制定，全面估量了国际形势和我国经济的现状与发展趋势，既考虑已经拥有的良好基础和各种有利条件，又估计到面临的问题和困难，力求使规划和计划实事求是，瞻前顾后，既积极进取，又留有余地。

本纲要把十年规划远景和五年中期安排结合起来，从实现本世纪末战略目标的要求出发来制定"八五"计划。十年规划部分设想的概略一些，除了提出少数重要指标外，着重是规定国民经济和社会发展的主要目标、基本任务和重大方针政策；"八五"计划部分具体一些，规定的指标多一些，但重点也放在国民经济和社会发展的方向、任务、政策和改革开放的总体部署上。根据本纲要的要求，各地方、各行业要结合自己的实际进一步具体化。更为详细和具体的安排将在年度计划中制定。在"八五"计划执行过程中，根据实际情况，还需要对现在规定的指标加以必要的调整和充实。在"八五"后期，还要制定"九五"计划。

一、1991—2000年的主要目标和指导方针

(一)奋斗目标和总体蓝图

总的要求是，实现我国社会主义现代化建设的第二步战略目标，把国民经济的整体素质提高到一个新的水平。

——在大力提高经济效益和优化经济结构的基础上，使国民生产总值按不变价格计算，到本世纪末比1980年翻两番。按照这个目标要求，到2000年，以1990年价格计算的国民生产总值达到31100亿元，10年平均每年增长6%。工农业总产值平均每年增长6.1%。其中：农业总产值平均每年增长3.5%；工业总产值平均每年增长6.8%。

——人民生活从温饱达到小康，生活资料更加丰裕，消费结构趋于合理，居住条件明显改善，文化生活进一步丰富，健康水平继续提高，社会服务设施不断完善。

——发展教育事业，推动科技进步，改善经济管理，调整经济结构，加强重点建设，为二十一世纪初叶我国经济和社会的持续发展奠定物质技术基础。

——初步建立适应以公有制为基础的社会主义有计划商品经济发展的、计划经济和市场调节相结合的经济体制和运行机制。

——社会主义精神文明建设达到新的水平，社会主义民主和法制进一步健全。

以上几个方面，是有机联系、相互促进的，体现了我国经济和社会发展各个基本方面的客观要求。它既要求经济总量的增长，更注重经济素质和效益的提高；既重视经济建设，又重视经济体制的改革和对外开放；既考虑经济的发展，又考虑社会全面进步。在实际工作中，要把这些要求很好地结合起来，全面加以实现。

按照以上奋斗目标的要求，到2000年，我国国民经济和社会发展将出现多方面的重大变化：整个国家的经济实力显著增强，国民生产总值在世界的位次进一步提前，主要工农业产品产量将有较大增长；产业结构明显改善，生产门类更加齐全，地区经济布局趋于合理；科学技术和管理水平将有较大提高，一批行业的主要生产技术达到或接近世界较先进的水平，若干高新技术领域取得重大突破，并形成一批高新技术产业；全民族的科学文化素质和思想道德素质明显提高；国防现代化建设将达到新的水平；人民生活将发生由温饱上升到小康的阶段性变化，人民的健康水平、营养状况、平均寿命和识字率等生活质量指标，达到或超过中等收入国家水平；社会主义新的经济体制初步确立，社会主义制度进一步完善；社会秩序安定，社会风气更加健康向上。总之，我国政治、经济、社会取得全面发展和进步，社会主义中国将以新的姿态进入又一个新的

发展阶段。

（二）基本指导方针

——坚定不移地走建设有中国特色的社会主义道路。最根本的，是要全面贯彻执行党在社会主义初级阶段的基本路线，以及一系列行之有效的方针政策，并在实践中加以具体化、制度化。

——坚定不移地推进改革开放。要按照生产力发展的要求，使改革不断深化、开放进一步扩大；同时，坚持改革开放的社会主义方向，使改革开放成为我国经济和社会发展强大的推动力。

——坚定不移地保持国民经济持续、稳定、协调发展，始终把提高经济效益作为全部经济工作的中心。要坚持经济总量的基本平衡，努力优化经济结构，加速科技进步，改善经济管理，千方百计提高经济整体素质和效益。

——坚定不移地执行独立自主、自力更生、艰苦奋斗、勤俭建国的方针。把利用国外资金、技术和智力更好地同发展我国经济和增强自力更生能力结合起来。发扬艰苦创业、勤俭节约的精神，节约一切可以节约的财力、物力和人力，大力克服各个领域中严重存在的铺张浪费现象。

——坚定不移地贯彻物质文明建设和精神文明建设一起抓的方针。坚持不懈地进行坚持四项基本原则，反对资产阶级自由化的教育和斗争。切实加强思想政治工作，繁荣社会主义文化事业，不断提高全民族的思想道德素质和科学文化素质。

全面贯彻执行这些方针，是使我国现代化事业沿着正确方向前进，实现到本世纪末奋斗目标的根本保证。

（三）主要任务和重要指标

今后十年，国民经济和社会发展的主要任务有以下几个方面：

1. 按照国民经济逐步现代化的要求和居民消费结构的变化，积极调整产业结构，重点是加强农业、基础工业和基础设施，改组改造和提高加工工业，把发展电子工业放在突出位置，积极发展建筑业和第三产业，促进产业结构合理化并逐步走向现代化。

——坚决贯彻以农业为基础的方针，大力加强和发展农业，改变农业基础脆弱、后劲不足的局面。农业的发展，要综合安排粮、棉、油、菜、糖、果、肉、禽、蛋、奶、鱼，但重点是粮食和棉花。到 2000 年，全国粮食产量要求达到 5 亿吨；棉花产量达到 525 万吨。同时，进一步发展林业、畜牧业、水产业。继续引导和促进农村乡镇企业健康发展，全面振兴农村经济。为此，必须长期稳定党在农村的基本政策，充分调动广大农民的生产积极性。要较大幅度地增加对农业的投入，在农业基础建设方面办几件大事：建设一批治理大江大河大湖的水利设施和引水工程；增加农田浇灌面积，同时把现有浇灌面积中的相当一部分建成能够抵御旱涝灾害的稳产高产农田，并积极推广节水浇灌技术；建设一批国家级的重要农产品商品基地；加强农业区域综合开发，改造一批中低产田，有步骤地开垦宜农荒地；加强速生丰产用材林、防护林、经济林和薪炭林的建设，改造和建设草原，改善农业生态环境。大力抓好科技、教育兴农，逐步把农业生产体系转移到先进技术基础上来。充分利用农村丰富的劳动力资源，向农业的广度和深度进军。

——加强能源、交通、通信、重要原材料和水利等基础工业和基础设施的建设，同时积极改组改造和提高加工工业，使基础工业和基础设施与加工工业长期失调的状况基本得到扭转。要对基础工业和基础设施实行适度的投资倾斜政策，坚持开发与节约并重的方针，在搞好现有企业填平补齐、挖潜改造的同时，有计划地新建、扩建和改建一批大中型电站（包括水电、火电和核电）、煤矿、油田、铁路和公路干线、港口、机场、通信干线、水利等骨干工程，以及冶金、化工项目。到 2000 年，原煤产量达到 14 亿吨左右，原油产量有较大增长，发电量达到 11000 亿千瓦小时左右，钢产量达到 8000 万吨以上，乙烯产量达到 300 万吨左右，化肥产量达到 1.2 亿吨左右（标准肥），铁路货运量达到 19 亿吨左右。切实加强地质勘查工作，使之与基础工业和基础设施的发展相适应。

——加工工业的发展，重点在于立足现有基础，进行联合改组和技术改造，调整产品结构、企业组织结构和行业结构，积极采用新技术、新工艺，更新老旧设备，提高产品质量，开发新产品，降低物质消耗，增强某些短线，把整个加工工业的素质提高到新水平。到本世纪末，要求机械工业和轻工业的主要产品中 40%左右达到或接近国际较先进的水平，各部门需要的大型成套设备和关键产品基本立足国内；纺织工业的总体装备技术达到国际较先进的水平，新产品、新门类大量增加，能够较好地适应国际和国内市场的需要。到 2000 年，纱产量达到 557 万吨左右；化学纤维产量 260 万吨左右。

——把发展电子工业放在突出位置，使之成为促进产业结构和整个国民经济现代化的带头产业。要积极运用电子技术改造传统产业，促进新兴产业的成长。从投资分配、技术开发、设备更新、产业政策和组织管理等方面，为电子工业的迅速发展和电子技术的推广应用创造条件。集中力量开发的大规模集成电路为中心、计算机为主体的投资类产品，加强微电子技术、计算机技术、传感技术的开发和推广应用。努力发展光纤、卫星、微波、程控交换等通信产品和消费类电子产品，以满足生产建设和人民生活提高的需要。

——积极发展建筑业和第三产业。建筑业的发展，要同房产业的发展结合起来，积极开拓建筑市场，使之逐步成为重要支柱产业，以适应经济建设和明显改善城乡居民住房条件的需要。同时，相应发展建材工业。进一步重视第三产业，使之继续快于第一、二产业的发展。到2000年，第三产业在国民生产总值中的比重，由现在的四分之一左右提高到三分之一左右。

——随着经济发展和国力的增强，适应增加国防经费，提高国防意识，加强国防现代化建设。努力发展国防科学技术，有重点地进行新武器装备的研制，使武器装备的发展适应现代军事斗争的需要。进一步加强国防重点工程建设。继续调整国防科技和国防工业结构，力争到本世纪末实现"军民结合、平战结合、军品优先、以民养军"的目标，提高国民经济军民兼容程度，增强平战转换能力。

2. 根据统筹规划、合理分工、优势互补、协调发展、利益兼顾、共同富裕的原则，努力改善地区经济结构和生产力布局。

——采取有力措施，逐步改变目前地区分割、市场封锁，追求自成体系的不合理现象。经过十年努力，在坚持全国一盘棋和统一市场的前提下，形成以省、自治区、直辖市为基础，以跨省、区、市横向联合为补充，有利于发挥地区特色和广泛开展地区协作的经济体系，以便把全国经济的统一性和地区经济的特殊性很好结合起来，进一步实现全国范围内的资源优化配置和合理利用。

——正确处理并协调沿海和内地的关系。继续发挥沿海地区资金、技术、人才优势，积极发展技术水平较高的产业以及出口创汇产品，将耗能高、运量大工业的建设重点逐步转移到能源充足、资源富集的地区。同时，积极发挥内地的资源优势，在加快资源开发的前提下，适当发展加工业，并逐步提高加工深度。

——经济比较发达的地区，要采取多种形式帮助经济较不发达的地区，加快它们经济的发展，逐步实现共同繁荣和富裕。国家要采取有效的政策和措施，积极扶持少数民族地区，使他们的经济和文化有较大发展，促进全国各民族之间的平等互助、团结合作、共同进步。继续贯彻扶贫政策，经过十年努力，要从根本上解决贫困地区群众的温饱问题。

3. 继续把发展科学技术和教育事业放在重要战略地位，使我国经济成长逐步转到主要依靠科技进步和提高劳动者素质的轨道。

——坚持贯彻"经济建设必须依靠科学技术、科学技术工作必须面向经济建设"的基本方针。要把发展国民经济作为科学技术工作的主战场，加快科技成果向现实生产力转化。统筹规划各个层次的科技工作，合理配置力量，并从体制改革、加强管理和增加投入等方面采取措施，推动科学技术事业的全面发展。今后十年，要根据我国的实际需要，力争在一些科技领域接近或者达到国际先进水平。

——紧紧围绕解决国民经济各部门生产技术和装备现代化问题，特别是为解决农业、水利、能源、交通、通信、原材料、资源综合利用，以及人口控制、医药卫生、生态环境保护和国防建设等方面的重大课题，组织实施科技攻关计划，提供科技保证。

——围绕提高产品质量、开发新品种、降低物质消耗、提高劳动生产率、改善劳动条件等方面，抓好一大批投入少、效益好、见效快的科技成果的推广应用，推动企业技术改造和设备更新，促进产品结构的调整和技术水平的提高。

——积极跟踪世界新技术革命的进程，努力在生物工程、电子信息技术、自动化技术、新材料、新能源、航空航天、海洋工程、激光、超导、通信等高技术领域取得新的科技成果。继续推进"火炬计划"的实施，办好高新技术开发区，推进高新技术成果商品化和产业化，并加快向传统产业的扩散和渗透。特别要重视发展和推广应用电子计算机技术。继续加强基础性研究，增强科技发展后劲。重视发展软科学，提高决策的科学化水平。努力加强哲学、社会科学研究，促进社会科学各个领域的繁荣和发展。

——继续贯彻教育必须为社会主义现代化服务，必须同生产劳动相结合，培养德、智、体全面发展的建设者和接班人的方针，进一步深化教育改革，优化教育结构，注重提高教育质量和办学效益，逐步增加对教育的投入，努力建立具有中国特色的、面向二十一世纪的社会主义教育体系。

——全面提高各级各类教育水平。进一步加强基础教育，到本世纪末在全国普及小学阶段义务教育，在城镇以及经济比较发达的农村地区基本普及初中阶段义务教育。大力发展多种形式的职业教育，使农村绝大多数新增劳动力接受程度不同的技术教育和培训，企业新增职工都接受必要的职前教育和岗位培训。在业人员的劳动技能和专业技术水平得到进一步提高。根据社会实际需要，合理调整普通高等教育结构，大力提高质量。有重点地办好一批大学。加强一批重点学科的建设，使其在科学技术水平上达到或接近发达国家同类学科的水平。积极发展成人教育。要十分重视扫盲工作，争取到2000年基本扫除青壮年文盲。

——在全社会发扬尊重知识、尊重人才的良好风尚，在改善知识分子工作条件和生活待遇方面多办一些实事，进一步发挥知识分子在社会主义现代化建设中的重要作用。

4. 在搞好经济建设的同时，相应提高人民生活水平和发展各项社会事业，促进经济与社会协调发展。

——继续坚定不移地执行计划生育基本国策，控制人口数量，提高人口素质。要把工作的重点放在农村和加强对流动人口计划生育的管理上，逐步降低人口自然增长率，争取今后十年平均年人口自然增长率控制在12.5‰以内。

——在生产发展的基础上，使人民生活逐步达到小康水平。努力增加消费品的生产和供应，逐步调整消费结构，特别是加快城镇住房建设和改革，明显改善城乡居民居住条件。积极发展文化、体育等事业，丰富人们精神生活。加强医疗保健工作。同时，逐步改善生活环境和劳动环境。到2000年，目前已经实现小康的少数地区，将进一步提高生活水平；温饱问题基本解决的多数地区，将普遍实现小康；现在尚未摆脱贫困的少数地区，将在温饱的基础上向小康前进。在城乡居民收入普遍提高的基础上，逐步缩小城乡居民收入水平的差距。

——加强社会主义精神文明建设，坚持不懈地加强思想政治工作，逐步增加必要的投入，努力发展和繁荣各项社会主义文化事业。

——加强自然资源管理和环境保护，珍惜和合理开发利用土地、水、森林、草地和各种矿产资源，加强对地质灾害、大气、水域、土壤污染、固体废物和噪声等公害及地震等自然灾害的监测和防治，抑制自然生态环境恶化的趋势，并使一些重点城市和地区的环境质量有所改善。

5. 继续推进经济体制改革，不断完善和发展社会主义制度。

争取经过十年的努力，初步建立起适应社会主义有计划商品经济发展的、计划经济与市场调节相结合新的经济体制和运行机制。基本要求是：

——继续坚持以公有制为主体，适当发展其他经济成分，形成适合我国现阶段生产力水平的所有制结构。

——实行政企职责分开、所有权与经营权适当分离，逐步使绝大多数国营企业成为自主经营、自负盈亏、自我约束、自我发展的社会主义商品生产者和经营者。探索公有制经济多种有效的实现形式，建立富有活力和效率的国营企业管理体制、经营机制和自我约束机制。

——加强市场体系和市场组织的建设，逐步健全在国家指导和管理下的全国统一的市场体系，并建立起对少数重要商品和劳务价格由国家管理，其他一般商品和劳务价格由市场调节的价格形成机制和价格管理制度。

——逐步理顺国家、集体和个人之间的分配关系，理顺中央和地方之间的关系，形成合理的利益分配格局；坚持以按劳分配为主体、其他分配方式为补充的原则，完善个人收入分配制度。

——建立和健全直接调控与间接调控相结合的，中央与省、自治区、直辖市两级经济调控体系。

要围绕以上要求，积极稳妥和协调配套地推进各个方面经济体制的改革。与此同时，积极稳妥地推进政治体制改革，努力建设有中国特色的社会主义民主政治。进一步改革行政管理体制，继续加强廉政建设。

6. 坚持对外开放的基本国策，进一步扩大对外经济技术交流与合作。

——积极发展对外贸易，努力增加出口，并逐步实现由初加工制成品出口为主向深加工制成品出口为主的转变。同时，按照有利于技术进步、有利于增加出口创汇能力和有利于节约使用外汇的原则，合理安排进口。积极引进先进技术，并加强消化、吸收和创新，努力发展替代进口产品的生产，促进民族工业的振兴和发展。

——大力发展国际旅游业，积极发展劳务输出、对外承包工程和国际运输业，增加非贸易外汇收入。

——进一步积极有效地利用外资，保持合理的外债规模和结构。不断改善投资环境，采取多种形式吸收和引导外商投资，更好地把吸收外商投资与加快企业技术改造结合起来。

——继续推进沿海地区经济的发展，办好经济特区，巩固和发展已开辟的经济技术开发区、沿海开放城市和开放地区，认真搞好上海浦东新区的开发和开放。同时，选择一些内陆边境城市和地区，作为对外开放的窗口，促进这些地区对外贸易和经济技术交流的发展。

7. 坚持"一国两制"的原则，继续推进祖国统一大业。

九十年代，我国将按照"一国两制"的构想，实现香港和澳门回归祖国。从现在起，要进一步做好有关各项工作。七届人大三次会议通过的《中华人民共和国香港特别行政区基本法》和正在起草的澳门特别行政区基本法，将从根本上保证国家对香港、澳门恢复行使主权后这两个地区的稳定和繁荣。要继续积极推动海峡两岸实现"三通"，加强交流，增进了解，欢迎台商来大陆投资，进一步促进祖国和平统一。

以上提出的奋斗目标、指导方针和主要任务，是今后十年国民经济和社会发展的总体部署。在具体实施中，大体分为前五年("八五"计划时期)和后五年("九五"计划时期)两个阶段。这两个阶段的工作，有不同的侧重点和要求。第八个五年计划时期，要着眼于控制总量，调整结构，提高效益，完善和深化改革，努力促进经济良性循环，为“九五”时期的发展打好基础。第九个五年计划期间，要在优化经济结构、改善生产力布局、提高经济素质和理顺基本经济关系方面取得显著进展，全面实现到本世纪末的各项目标和任务。

二、“八五”计划的基本任务和综合经济指标

第八个五年计划时期，必须正确处理治理整顿、深化改革和经济发展的关系。“八五”头一年或者更长一点时间，要继续进行治理整顿，在治理整顿中求发展；在转入正常发展以后，还要继续完成治理整顿遗留下来的某些任务。在整个“八五”期间，都要根据经济发展的需要和现实条件的可能，在确保经济与社会稳定的前提下，积极深化改革，使改革更好地促进治理整顿和经济发展。

(一)基本任务

1. 努力保持社会总需求与社会总供给基本平衡，在控制通货膨胀的前提下，以提高经济效益为中心，促进经济的适度增长。

2. 突出抓好经济结构调整，使产品的品种、质量、数量同国内外市场需求的变化相适应；使农业与工业、基础工业和基础设施与加工工业比例失调的状况有所扭转；使企业组织结构不合理的现象逐步得到改善；使地区经济结构趋同化的倾向得到抑制。

3. 立足现有基础，充分挖掘潜力，积极地、有重点地推进现有企业技术改造。要选择一批大中型骨干企业和一批重点产品，作为技术改造的主体和突破口，努力使这些企业和产品接近或达到国际先进水平。与此同时，要集中必要的财力、物力，加强重点建设，增强国民经济发展的后续力量。

4. 在努力发展生产，全面厉行节约，大力提高经济效益的基础上，采取适当的办法和步骤，合理调整收入分配格局，增加国家财政收入特别是中央财政收入，并严格控制财政支出，减少财政补贴，逐步改善财政收支不平衡状况。同时，保持合理的信贷规模和结构，严格控制货币发行。

5. 进一步推动科技、教育事业发展，并使之更好地为调整结构、提高经济素质和效益服务。

6. 更有效地开展对外贸易，积极引进国外资金、技术和智力，巩固和发展对外开放的格局，把扩大对外开放同提高生产技术和经营管理水平更好地结合起来。

7. 以增强国营大中型企业活力、健全企业合理的经营机制为中心，协调配套地进行计划、投资、财政、税收、金融、价格、物资、商业、外贸和劳动工资等方面的体制改革，加快社会保障制度和住房制度的改革，促进社会主义有计划商品经济新体制的形成。同时，进一步完善政府行政管理体制。

8. 努力加强社会主义精神文明建设，促进社会的全面发展和进步。严格控制人口增长。妥善安排劳动就业。在生产发展的基础上，使人民生活进一步得到改善。继续发展文化、卫生、体育等事业。加强环境保护工作，防止环境污染和生态环境的恶化。加强国防建设，提高防御能力。

(二)经济增长的规模和速度

按1990年价格计算，1995年国民生产总值达到23250亿元，比1990年增长33.6%，平均每年增长6%。农业总产值达到8780亿元，比1990年增长18.9%，平均每年增长3.5%。工业总产值达到32700亿元，比1990年增长37.1%，平均每年增长6.5%。第三产业增加值，1995年比1990年增长53.9%，平均每年增长9%。

(三)综合经济效益

所有行业都要大力改进产品质量，增加产品品种，降低能源、原材料消耗，降低产品成本，提高经济效益。到1995年，主要行业中按国际标准或国外先进标准组织生产的产品，要由现在的30%左右提高到50%左右。每万元国民生产总值消耗的能源，要由1990年的9.3吨标准煤下降到1995年的8.5吨，平均每年的节能率为2.2%。大中型企业主导产品的能源、原材料单耗，要达到国际同行业八十年代初的平均先进水平。全社会劳动生产率，平均每年提高3.5%。“八五”期间，全民所有制单位基本建设固定资产交付使用率，要比“七五”有所提高。预算内国营工业企业流动资金周转天数，要由1990年的127天缩短到1995年的95天。

(四)国民收入的生产和分配

1995年国民收入生产额达到18250亿元，比1990年的14300亿元增长27.6%，平均每年增长5%，五年合计，国民收入使用额为81050亿元。五年内，不包括物价上涨因素，全社会固定资产投资合计为26000亿元，平均每年增长5.7%。其中，全民所有制单位投资为17000亿元，平均每年增长5.5%。在全民所有制单位投资中，基本建设投资为8400亿元，平均每年增长2.1%；技术改造投资5500亿元，平均每年增长9.8%。在基本建设投资的分配中，按照调整产业结构的要求，优先安排农业、水利、能源、交通、通信和重要原材料的建设。技术改造的投资，重点用于节约能源、原材料、提高产品质量，增加新品种，扩大出口创汇和替代进口产品，以及保证企业安全生产等方面；重点抓好一批骨干企业的改造和上海、天津、沈阳、武汉、重庆、哈尔滨等老工业城市的改造。

五年内，全国居民消费水平平均每年增长3%。

(五)财政和信贷

努力增加财政收入，合理压缩财政支出。在提高经济效益、适当增加税收、减少财政补贴的基础上，力

争国内财政收入五年平均每年递增 6.1%；国内财政支出，五年平均每年递增 5.7%，重点增加农业、教育、科学、国防和国家重点建设等方面的开支。五年累计，收支相抵还存在一定差额。实现财政收支平衡，这是我们的努力目标。由于近两年国家财政赤字比较大，“八五”又面临偿还债务的高峰，而有些开支又必须适当增加，因此，在编制和执行年度计划中，一定要努力增产增收、节约开支，把财政收支差额缩小到最低限度。

继续控制信贷总规模，积极调整信贷结构。五年内，贷款总规模平均每年增长 12%。其中，流动资金贷款平均每年增长 11.7%；固定资产投资贷款平均每年增长 15.3%。

三、“八五”期间主要经济部门发展的任务和政策

(一)农业和农村经济

进一步加强农业，全面发展农村经济，是“八五”期间经济和社会发展的首要任务。要继续深化农村改革，稳定和完善以家庭联产承包为主的责任制，积极发展多种形式的社会化服务体系，逐步壮大集体经济实力，健全统分结合的双层经营体制。有条件的地区可以因地制宜，实行不同形式的规模经营。继续抓好科技、教育兴农，大力推广效益显著的农业科技成果。逐步增加对农业的投入，努力改善农业基本生产条件。积极改革农产品流通体制，实行鼓励发展粮食生产的购销体制和价格政策，以调动商品粮主产区和粮农种粮的积极性。

种植业。保证粮食、棉花稳定增长，同时努力增产其他各种农产品。“八五”期间，主要农作物的产量指标如下：粮食，按五年两丰两欠一平考虑，年均产量达到 4.47 亿吨(其中 1995 年为 4.55 亿吨)，同“七五”期间年均产量相比，平均每年增加 820 万吨，棉花，年均产量 464 万吨(其中 1995 年为 475 万吨)，比“七五”期间平均每年增加 12 万吨；油料，年均产量 1726 万吨(其中 1995 年为 1800 万吨)，比“七五”期间平均每年增加 56 万吨；糖料，年均产量 7372 万吨(其中 1995 年为 7500 万吨)，比“七五”期间平均每年增加 250 万吨。五年内，除继续巩固和完善已有的商品生产基地外，重点在一些增产潜力较大的地区建设一批国家级的商品粮、棉生产基地。继续加强农垦系统国营农场建设。努力增加化肥、农膜、农药、农用机械等的供应量，并合理控制它们的价格水平。大面积推广增产效果显著的适用技术。1995 年，杂交水稻和杂交玉米的种植面积分别达到 2.5 亿亩以上和 2.8 亿亩左右，小麦、玉米、水稻的先进栽培技术推广面积各 1 亿亩左右，地膜和塑料大棚的覆盖面积达到 6000 万亩。

林业。积极开展植树造林绿化活动，努力提高造林成活率。切实保护和有效利用现有森林资源，严格执行森林采伐限额，大力开展营林建设。五年内，造林 3.75 亿亩，封山育林 1.8 亿亩，新增森林面积 2.7 亿亩。1995 年，森林覆盖率要由目前的 12.9% 提高到 14%左右；抚育中幼林 2.49 亿亩，迹地更新面积达到 7950 万亩；重点建设三北防护林二期工程、长江中上游防护林工程等，以及建设速生丰产用材林基地。

畜牧业。稳定增加猪肉产量，积极发展食草型、节粮型畜禽。猪的存栏数稳定在 3.5 亿头左右，努力提高出栏率；牛羊禽兔肉占肉类总产量的比重，由目前的近 20%提高到 25%左右。1995 年，肉类总产量达到 3000 万吨，比 1990 年增加 200 万吨。要进一步发展国营农场和城市郊区的奶牛饲养，以及蛋和肉鸡工厂化生产，加速开发南方草山草坡，抓紧北方牧区草原建设，切实保护和合理利用草地资源，积极发展草原畜牧业。综合开发饲料资源，扩大饲料工业生产能力。

水产业。大力发展海水、淡水养殖，积极开发外海和远洋捕捞，加强水产品的加工和综合利用。1995 年水产品产量达到 1450 万吨，比 1990 年增加 232 万吨。着重抓好增产潜力大的中低产鱼塘的改造和配套工程建设，继续建设和完善淡水养殖和海水养殖基地。加强渔政管理，严格控制近海捕捞强度。扩大东海、黄海外海的中上层鱼类和南海鱼类资源的开发。

乡镇企业。认真贯彻积极扶持、合理规划、正确引导、加强管理的方针。乡镇企业要进一步调整结构，改进产品质量，在提高经济效益的前提下，保持适当的增长速度。1995 年，乡镇企业总产值达到 14000 亿元，比 1990 年增长 66%。对不同地区乡镇企业的发展方向和速度，要区别对待，分类指导，特别要扶持民族地区和经济不发达地区乡镇企业的发展。要加强对乡镇企业的引导和管理，逐步优化企业组织结构，提高生产技术水平。从事采掘业的乡镇企业，要注意保护和合理利用资源。

(二)水利建设

要把水利作为国民经济的基础产业，放在重要战略地位。努力提高抗御洪水灾害的能力，防治水土流失。巩固和改善现有水利设施，增加农田浇灌面积。五年内，新增浇灌面积 3000 万亩。要着手建设一些跨流域的调水工程，逐步缓解华北和其他重点缺水地区、缺水城市的供水困难，努力解决部分地区人、畜饮水困难的问题。大力提倡节约用水。五年内，继续建设长江、黄河、淮河、海河等堤防加高加固和防洪排涝工程，建设重点水库的除险加固工程；进一步治理洞庭湖、鄱阳湖、太湖以及黄河中游、长江上游等重点水土流失区，开工建设南水北调工程、小浪底水利枢纽工程、万家寨水利枢纽和引黄入晋工程。继续抓紧长江三峡工程项目的审查。加强重点农业开发区和荒地滩涂开垦

中的水利工作。

(三)能源工业

坚持开发与节约并重的方针，把节约放在突出位置。1995年，全国一次能源生产总量达到11.72亿吨标准煤，比1990年增加1.32亿吨，平均每年增长2.4%。五年内，全国共节约和少用能源1亿吨标准煤。

煤炭。加快统配煤矿的建设，同时促进地方矿、乡镇矿的改造和提高。1995年煤炭产量达到12.3亿吨，比1990年增加1.5亿吨。建设的重点是，继续建设内蒙古霍林河、伊敏、元宝山、准格尔等大型露天矿，建设大同矿区、神府东胜矿区以及东北地区的铁法、双鸭山矿区和华东、中南地区的兖州、淮南、永城矿区等一批在建项目；新开工建设陕西黄陵矿区、宁夏灵武矿区和山西平朔安家岭露天矿等项目。同时，加强现有煤矿的技术改造，提高煤炭生产机械化程度。

电力。实行因地制宜、水火电并举和适当发展核电的方针。要重视水电建设，认真贯彻大中小相结合、梯级开发和综合利用的方针。要在水力资源丰富的黄河上游、长江干支流和红水河流域加快水电的开发。火电建设，积极建设矿区电厂、沿海沿江港口电厂、铁路沿线和负荷中心电厂，并积极发展热电联产。五年内，重点建设四川二滩、广西岩滩、云南漫湾、湖北隔河岩、湖南五强溪、西藏羊卓雍湖、青海李家峡等水电站，以及伊敏、元宝山、绥中、上海外高桥、常熟等火电厂和秦山核电二期工程。在安排好电源建设的同时，搞好电网工程的建设。努力加强农村电力建设。1995年，发电量达到8100亿千瓦小时，比1990年增加1920亿千瓦小时。

石油和天然气。石油，贯彻稳住东部地区、发展西部地区的方针。重点抓好大庆、胜利、辽河等主力油田的勘探和开发，保证东部地区原油的稳定增产。集中力量加强以塔里木为重点的西部地区的油气资源勘探和开发，并积极创造运输条件，努力增加产量。同时，积极进行海上和极浅海、滩涂地区油气田的勘探和开发。天然气的生产建设，要以四川地区为重点，并进一步加强陕甘宁盆地、河南中原地区、东北松辽盆地和南海海域等地区的勘探与开发。1995年，全国原油产量达到1.45亿吨(其中海上500万吨)，比1990年增加700万吨。天然气产量达到200亿立方米，比1990年增加48亿立方米。

(四)交通运输和邮电通信业

交通运输的建设要着眼于2000年或者更远一点时间国民经济发展对运力的需要，搞好综合运输体系的建设，以增加铁路运力为重点，同时积极发挥公路、水运、空运、管道等多种运输方式的优势，并使各种运输方式衔接配套。运输、邮电的建设，都要贯彻统筹规划、条块结合、分层负责、联合建设的方针。

铁路。要采用先进适用技术对旧线进行改造，在一些重要线路逐步实现内燃化、电气化，以及有选择的重载化，逐年减少“限制口”；同时加快煤炭运输干线、新的南北干线，以及西北、西南地区干线的建设。重点建设大秦线二期、神府煤田外运通道、宝中线、集通线、侯月线、南昆线、京九线、浙赣复线、焦柳复线、兰新复线以及京广、京沪、哈大、成昆线电气化等。在保证重点铁路建设的同时，在国家统一规划下，提倡中央、地方合资建设铁路，鼓励发展地方铁路。1995年，铁路货运量达到16.5亿吨左右。

公路。重点建设国道主干线，特别是京广、京沪、沈哈、陇海干线，以及沿海运输繁忙地带的高速公路和汽车专用公路。相应建设省级干线公路和县乡公路，积极扶持贫困地区公路建设。有重点地建设其他公路。

水运。加强沿海港口建设，装与卸要并举安排，建港和疏港以及港后腹地的运输能力要系统加以考虑。建设的重点是南北海上运输主通道的枢纽港，特别是煤炭、集装箱、陆岛滚装和客运等专业运输系统的码头。大力发展内河航运，建设长江干线及主要支流，续建西江整治等工程。进一步扩大远洋、沿海和内河的水运能力。同时，加强工业密集区域和重点开发区的航运建设。1995年，沿海港口吞吐量达到6.5亿吨。

民用航空。重点加强基础设施建设，续建上海虹桥、昆明巫家坝、海南三亚、武汉天河等机场，新开工首都机场航站区。加强航行系统和空中管制系统的建设。进一步增加干线和支线的空运能力，合理规划航线网络，根据需要开辟新的航线。国际航线主要巩固现有航线，提高竞争能力。增强通用航空的作业能力。

邮电通信业。要加快发展长途电话自动化，提高电话普及率，逐步形成方便迅速的通信网络。重点建设沪闽、榕穗、京沈哈等光缆干线工程，北京、天津、上海和省会城市的市话网扩建工程。五年内，新增电话交换机1500万门，其中市话1000万门；新增长途电话电路15万条，长途自动交换设备40万路端；新增光缆干线8000公里。1995年，邮电业务总量达到300亿元，力争1995年电话普及率达到2%以上。

(五)原材料工业

钢铁。要通过对现有企业的改造和扩建，提高技术水平，降低能源和原材料消耗，增产短缺品种和提高产品质量；并加强矿山和辅助材料生产能力的建设。重点续建宝钢、武钢、攀钢、马钢、天津无缝钢管厂和太钢尖山铁矿等，新建宣钢近北庄、重钢平川、鞍钢齐大山等铁矿，以及武钢三炼钢、梅山热轧、本钢冷轧等项目。同时,加快一些重点钢铁企业的技术改造。1995年,钢产量达到7200万吨,钢材产量5950万吨。按国际标准和国际先进标准生产的钢材,由1990年的40%上升到50%,板管比由37%上升到40%,连铸比由22.4%上升到35%,吨钢综合能耗由1.63吨标准煤下降到1.55吨标准煤。

有色金属。把发展铝特别是氧化铝放在优先地位,积极发展铅锌,创造条件发展铜,适当发展其他有色金属。加强矿山建设,使采矿、选矿、冶炼和加工能力之间趋向平衡。重点建设山西铝厂、中州铝厂、白银铝厂二期、平果铝厂、德兴铜矿、金川镍矿等。

化学工业。主要发展化肥、农药、农膜等农用产品,努力改善氮、磷、钾肥的比例关系。积极发展化工原料和精细化工产品。重点建设贵州瓮福、湖北黄麦岭和大峪口矿肥结合工程,云南高浓度复磷复肥工程,以及吉林、内蒙古、陕西渭河和江西九江等化肥项目。1995年,化肥产量(标准肥)达到1亿吨以上,农药23万吨,烧碱400万吨 ,纯碱520万吨。

石油化工。主要发展重质原油和渣油的深度加工,努力增产轻质油品。根据原油和资金的可能,重点建设吉林、广东茂名、北京、天津、新疆、广州等乙烯项目和辽阳石油化纤二期等化纤工程。1995年,乙烯产量达到230万吨。

建筑材料。努力调整结构,发展优质水泥和优质平板玻璃,发展非金属矿产品和无机非金属材料,实施建材节能综合工程,加快墙体材料的革新,增加建材产品出口。1995年,水泥产量达到2.3亿吨,平板玻璃1亿重量箱。重点建设铜陵、江南等水泥项目。

森林工业。要坚持以营林为基础,合理采伐,加强老林区基地恢复建设,加快新林区开发,积极发展林产工业和林区造纸,加强木材综合利用,生产各种林产品。1995年,木材产量达到5700万立方米。

(六)地质勘查和气象

地质勘查,要贯彻保证基础地质、加强普查、择优详查、对口勘探的方针。积极开展磷、硫、钾等矿产资源的勘查,为化肥生产上新的台阶提供资源保证。进一步做好为农业服务的区域农业地质工作和水文地质工作。加快石油、天然气资源的勘查,增加可供开发的油气储量。以增加煤炭精查储量为重点,加快大中型矿井和前期准备矿区的勘探工作。从钢铁、有色、化工、建材等原材料工业对矿产资源的需求出发,优先安排紧缺矿种的地质勘查工作,兼顾一般矿种。围绕大江大河、交通干线、重要城市、骨干工程和重要经济区的开发和建设,开展水文、工程、环境地质勘查与评价,加强地质灾害的勘查、监测和预报。努力提高地震灾害的监测、预报能力和水平。

加强气象重点基础设施建设,进一步提高对重大气象灾害的监测、预报和防御能力。继续进行中期数值预报系统和气象卫星地面接收处理系统两大工程的建设。努力提高国家级天气预报的水平,使可用预报从现在的2—3天延伸到5—7天。开始建设气象卫星综合应用业务系统和大气、水文监测自动化系统,进一步完善气象、水文信息网络。紧紧围绕农业综合开发和重点骨干工程的建设,为国民经济发展提供优质气象、水文服务。

(七)电子工业

大力推广电子技术在各行各业的应用,用电子技术不断改造原有的传统工业,从而促进电子工业的发展。不仅要努力发展硬件,同时要努力发展软件,特别是加强集成电路和计算机的发展,积极发展微电子、计算机、通信技术和设备,继续发展消费类电子产品。重点建设微电子科研生产联合体、计算机集团公司、软件和应用开发生产基地、通信系统设备科研生产基地等项目。加强电子元器件、专用高精密设备和仪器、专用材料的研制和生产,提高产品性能和质量,大力发展程控交换、光纤、卫星、微波等通信产品。提高消费类电子产品配套生产能力和零部件国产化程度,开发新的消费类电子产品。1995年生产数字程控交换机360万线,微型电子计算机30万部,彩电1200万部,录像机机芯150万—200万套。

(八)机械制造工业

重点是加强联合改组和技术改造,优化行业结构,扩大专业化协作,提高产品的性能和质量,努力开发新品种、新产品。首先要围绕上述国民经济发展的重点领域,成套的和系统地发展所需的各类先进、高效、节能的新型机电设备,努力提高质量,保证交货日期,积极降低成本,合理定价,全力做好售后服务工作;其次要着力抓好基础机械、基础零部件、基础工艺的技术改造;增强重大技术装备的成套制造能力,包括30万千瓦和60万千瓦发电机组的国产化和配套能力,50万伏输变电设备制造能力,大型连轧连铸及大型矿山设备能力,以及发展500万吨炼油设备、30万吨乙烯设备;为农业和林业提供先进、适用的机械化设备。围绕节能、节材、节水的设备更新,扩大已开发的节能产品,进一步开发新的节能产品。积极扩大机电产品的出口,逐步提高出口机电产品的档次和质量。

汽车制造工业,加快发展轿车工业和轿车零部件工业,提高配套能力和国产化程度。重点建设一汽、二汽和上海的合资轿车项目。同时,继续完成国家重点建设的重型车、轻型车项目。1995年,生产各种汽车90万辆。

船舶工业,努力提高大中型船舶的制造和修理能力，在满足国内需求的同时，增加船舶出口。要提高船舶的国产化配套水平，并使能源运输等主要民用船舶和海洋石油平台的性能达到国际水平。

航天航空工业，要大力发展民用飞机和民用卫星，特别是国内航线所需的干线和支线飞机。同时，进一步扩大民用飞机国外转包生产和承揽民用卫星对外发射服务。

(九)国防工业和国防科研

积极推进国防军工技术发展和国防现代化建设。继续跟踪世界先进科学技术，努力提高国防科技自行研制的能力和水平，有重点地加强新武器装备的研制，提高军队武器装备的现代化水平。调整国防科学技术力量，有重点地加强科研、试验、试制手段的更新改造，促进科研手段与技术发展同步更新。努力完成国家确定的重点国防科研项目。进一步调整国防工业结构，加强军工企业转产民品的统一规划和协调工作。继续加强国防重点工程的建设。

(十)轻纺工业

主要是加快技术进步，促进改组改造，大力调整结构，提高产品质量，开发新品种、新产品、新门类，以适应国内外市场需求的变化。积极发展轻工纺织原料的生产，特别是增加合成纤维、合成洗涤剂、造纸等原料的产量，有计划地建设一批原料生产基地。重点建设福建青州造纸厂、江苏仪征化纤公司工程等项目。积极推广新技术，抓住一批基础产品和出口拳头产品，进行开发和改造。要使一批骨干企业和重点出口企业的生产手段尽快得到更新，努力使轻纺产品的质量、档次和加工深度达到新水平。五年内，开发新产品、新品种8000种。1995年，机制纸和纸板达到1550万吨、原盐2800万吨、糖670万吨、合成洗涤剂210万吨、卷烟3400万箱、化学纤维200万吨、纱485万吨。

(十一)建筑业

坚持质量第一的方针，大力提高建筑业的技术水平和管理水平。要按合理工期组织建设，确保工程质量，提高投资效益和社会效益。要建立健全严格的质量监督体系。从工程勘查、设计、施工到建筑产品和建筑机械制造，都要积极采用先进适用技术，着重开发和推广节能、节地、节材的住宅体系，高效预应力钢筋混凝土结构技术，地基基础和地下工程技术，粉煤灰综合利用技术，建筑防水技术，城市综合抗灾技术等。积极推进建筑机具更新与国产化。充分挖掘现有潜力，整顿建筑市场，改善建筑队伍的素质，努力提高劳动生产率和经济效益。1995年，房屋建筑竣工面积达到12亿平方米。

(十二)商品流通

消费品流通，1995年社会商品零售总额达到13300亿元，比1990年增长61.1%。要根据国家计划和市场的需求，大力组织好基本生活消费品的收购和供应，同时充分发挥市场调节的作用。商业部门要根据市场需求组织销售，在质量性能、品种规格、花色款式等方面满足消费者多层次多方面的需要，活跃和繁荣市场。进一步发挥国营商业企业、供销社的主渠道和蓄水池作用，掌握重要消费品的批发权，继续发挥其他集体商业和个体商业的作用。支持农民举办合作商业，搞活农副产品流通。国家要建立重要商品的储备制度。加强仓储设施和商业网点的建设，重点解决粮食等仓储设施严重不足的问题。积极推广包装、保鲜、加工、储运新技术。要继续搞好再生资源的回收、代用和综合利用。

生产资料流通，要按照产品的重要程度和保证重点生产建设需要的原则，采取指令性计划分配、合同定购、产需衔接、定点定量不定价和自由购销等多种形式，组织和引导主要生产资料的流向。要继续发挥国营物资企业的主渠道和蓄水池作用，在加强对全社会物资流向宏观调控的前提下，进一步扩大市场调节的作用。改造和新建一批大中型仓储设施和供销网点。加速物资流通速度和减少中转次数，提高物资流通社会化、专业化程度。大力开展物资节约、代用和综合利用。

四、"八五"期间地区经济发展的布局和政策

"八五"期间，要按照今后十年地区经济发展和生产力布局的基本原则，正确处理发挥地区优势与全国统筹规划、沿海与内地、经济发达地区与较不发达地区之间的关系，促进地区经济朝着合理分工、各展其长、优势互补、协调发展的方向前进。尽可能地利用本地区的优势(包括资源、技术、人才等各方面的优势)，发展面向国内市场和国外市场的优势商品。不搞低水平的重复建设，防止追求大而全的地区经济体系，更不能搞地区市场封锁。积极扶持少数民族地区和贫困地区经济的发展，以利于逐步实现共同富裕。

(一)沿海地区的经济发展

这些地区要根据经济技术水平较高而资源相对缺乏的状况，在加强对传统工业改造的同时，大力开拓新兴产业，发展知识技术密集型产业，加快产业结构合理化和现代化的步伐。主要任务是：

——改造传统产业，提高现有企业的技术水平，促进产品升级换代，大力发展高、精、尖、新等层次较高的产业和产品，特别是要充分发挥这些地区机械电子工业、轻纺工业的优势，积极生产在国内外市场上有竞争力的优质名牌产品。

——有计划地将消耗能源和原材料高、运量大的产品的发展项目，转移到能源充裕和资源富集的内地，

以逐步缓解能源、交通紧张的状况。

——加强基础设施建设，使沿海地区的铁道、公路、港口、航运、通信、供水、供电、供气的紧张状况有比较明显的改善。

——积极稳步地调整农村产业结构，在保证粮棉产量稳步增长的前提下，提高高附加价值农产品生产的比重，稳步发展创汇农业。继续搞好农产品商品基地的建设。要根据国家产业政策的要求，进一步发展乡镇企业。

——继续积极发展外向型经济，扩展对外贸易和经济技术交流，更好地发挥外引内联双向辐射的重要作用。

——大力发展第三产业，包括金融、保险、信息、旅游、咨询、房产以及生活服务业。

(二)内陆地区的经济发展

发挥内地资源丰富的优势，加快能源、原材料工业建设和农牧业的开发，特别要注意发展本地有特殊资源优势、面向国内外市场的行业和产品。在经济发展水平比较高的城市和地区，积极发展知识技术密集产业和新兴产业。

——加强以山西为中心，包括内蒙古西部、宁夏、陕西和河南西部在内的煤炭基地建设，加快黑龙江、内蒙古东部、安徽、贵州等煤炭资源的开发；在煤炭基地附近建设一批大型矿区电厂，综合开发黄河中上游、长江上游地区的水资源；加速冶金、化工、建材原料等矿产资源的开发，并配套建设加工工业基地。

——大力发展农林牧业生产。加强三江平原、松嫩平原、豫皖平原、江汉平原、四川盆地和宁夏、内蒙古灌区等农业商品生产基地的建设，提高粮、棉、油和糖料等农产品的生产能力和加工能力；加强草原、牧区建设、积极发展畜牧业和畜牧产品加工业。加快平原绿化工程建设。

——加强交通运输邮电业的建设。积极推进现有铁路干线的电气化改造，同时加快煤炭运输干线和西部重要干线的建设。发展公路建设，重点建设国道主干线，相应建设省、区干线和县乡公路。加强对长江干流的港口、航道建设。

——依托大城市，建立一批新兴产业的知识技术密集区。加强对传统工业的技术改造，提高一般工业品的生产能力和水平。重视发展第三产业，特别是着重发展为生产、生活服务的劳动密集型产业。积极发展国际市场需要的产品，努力发展边境对外贸易。

——加强对原三线地区军工企业的调整和改造。充分发挥这些地区国防军工和科研力量的优势，有效地推进军民结合和军用技术向民用工业的转移，促进军工企业与地方经济的协调发展。

(三)少数民族地区的经济发展

充分发挥少数民族地区的优势，把少数民族地区的资源开发和社会经济发展妥善结合起来，逐步改变民族地区经济相对落后的状况，使之同全国经济发展相适应。促进各民族的共同繁荣。要认真贯彻执行民族区域自治法，继续实行对少数民族地区的各项优惠政策，促进他们经济和文化的较快的发展。

——大力发展农林牧业生产。增加稳产高产农田，努力提高粮食自给率。加强草原、牧区建设，保护现有草场资源，积极解决牧区人畜饮水困难的问题，逐步改善农牧业生态环境。继续建设内蒙古、宁夏河套地区商品粮基地，逐步开发西藏“一江两河”流域，建设内蒙古、新疆、宁夏甜菜基地，以及广西、云南蔗糖基地和新疆棉花基地。积极发展海南、广西、云南的热带经济作物。

——积极发展交通运输和邮电业。重点改造兰新、南疆以及西宁至格尔木等铁路，新建南昆、集通等铁路。与此同时，加快公路和民航运输的发展，逐步完善区域运输网络。

——加强能源和矿产资源开发。重点加强内蒙古、宁夏、新疆、贵州的煤田开发和新疆石油的勘探开发，逐步建设黄河上游、乌江流域、红水河流域、澜沧江流域水电和有色金属基地，开发云南、贵州磷资源和青海钾盐资源。

——有重点地发展具有本地优势和特色的加工工业，大力发展民族特需产品生产。落实民族贸易优惠政策，改善民族贸易。同时，加快陆地边境口岸的建设，积极发展对外贸易和边境贸易。

——进一步发展少数民族地区科学、教育、文化、卫生、体育事业。努力普及初等义务教育，发展成人教育和职业教育，大力进行科学普及和适用科技的示范推广，提高广播、电视覆盖率，注意培养少数民族干部和知识分子。发展民族医药，改善群众的医疗条件。

(四)贫困地区的经济发展

要坚持以经济开发为主的扶贫方针，继续贯彻帮助贫困地区尽快改变面貌的政策措施，增强这些地区经济自立致富的能力和经济内在活力。经过五年努力，基本上解决现在尚属贫困地区群众的温饱问题。

——加强农业建设，改善农、林、牧业的生产条件。积极推广增产效果显著的适用技术，在有条件的地区逐步达到粮食基本自给。利用山地优势，发展林果业。

——从当地实际情况出发，因地制宜地选好扶贫开发项目，组织好产前、产中、产后服务，特别是科技和销售服务，带动资源开发和经济发展。

——加强贫困地区水、电、路、通信等基础设施建设，使生产和生活环境得到改善，增强经济发展后劲。

——国家对贫困地区继续发放“支援不发达地区发展资金”和低息贴息贷款；继续做好以工代赈工作，贫困地区要合理利用扶贫资金和物资，以发挥较好效益。

——经济比较发达的地区，要加强对贫困地区的对口支援，采取签订合同、联合开发项目、合办企业等形式带动贫困地区经济的发展，并从财力、物力和人才等方面给予必要的援助。

(五)地区经济协作和联合

在全国统一规划和政策指导下，提倡各地区之间按照互惠互利、风险共担、发挥优势的原则，开展多领域、多层次、多形式的横向联合与协作，推动生产要素的优化组合，加快地区产业结构的合理化。在开发横向联合和协作中，要重合同、守信用。要相互开放市场，使货畅其流，促进全国统一市场的形成与发展。

——继续完善和发展区域合作，以省、区、市为基础，以跨省、区、市的横向联合为补充，发展各具特色、分工合理的经济协作区；提倡经济上较发达的沿海省、市与内地较不发达的省、区开展经济联合。巩固、完善和发展区域合作组织和各种经济网络。

——横向经济联合与协作的重点，要放在发展农业、能源、交通、通信、原材料、农用工业，以及改造加工工业和发展出口创汇产品上。提倡建立跨地区的农副产品、能源、重要原材料的生产基地。

——进一步发展各种形式的物资协作。对大宗的、短缺的重要物资要纳入各级计划加以平衡，并在运输条件方面给予保证。

——大力发展科技协作。调动科研单位、大中型企业、大专院校以及各方面力量，形成科技综合优势，发展科研生产联合体，联合开发新产品、新技术。

要继续贯彻执行国家关于开展横向经济联合与协作的政策，并进一步在计划管理、统计办法、投资指标、税利和产品分配，以及收费标准等方面，制定有利于促进地区协作和联合的规定与办法。同时，加强经济预测和信息发布，并运用经济政策和法律手段，对地区协作和联合进行宏观指导与调控。

(六)城乡规划和建设

——加强城乡建设的统筹规划。城市发展要坚持实行严格控制大城市规模、合理发展中等城市和小城市的方针，有计划地推进我国城市化进程，并使之同国民经济协调发展。

——城市新区的开发或旧区改造，要实行统一规划，合理布局，因地制宜，综合开发，配套建设的原则，继续加强城市供排水、公共交通、污染治理等公用设施的建设，进一步提高城市功能和环境质量。

——乡村建设，继续贯彻“全面规划，正确引导，依靠群众，自力更生，因地制宜，逐步建设”的方针，以集镇为重点，以乡镇企业为依托，建设一批布局合理，节约土地，设施配套，交通方便，文明卫生，具有地方特点的新型乡镇。有步骤地加强农村能源、交通等基础设施的建设。

(七)国土开发整治和环境保护

——编制国土开发整治规划。合理确定重点经济开发区、各经济区的主体功能和生产力布局。

——有重点地对大江大河大湖进行综合治理，继续修订和完成黄河、淮河、珠江、辽河、松花江、海滦河流域的整治规划。

——加快土地综合利用总体规划的制定，严格控制非农业建设占用耕地，有步骤地开发宜农荒地、荒滩和围垦海涂，复垦工矿废弃地。进一步搞好水土保持，努力提高土壤肥力，防止土地沙化，保护森林和草原植被。积极稳妥地推进土地使用制度改革。在坚持社会主义土地公有制的原则下，进一步理顺土地经济关系，初步建立土地资源有偿使用、合理分配的机制。

——加强对海岸带、海岛、海域的海洋资源调查、勘探和规划，大力开展对渤海和主要海湾、河口的综合开发整治，加强海岸防护和海洋综合管理，加强海洋产业发展，提高海域的综合开发效益。

——加强测绘事业。逐步形成数字化测图、空间测量和快速定位等技术体系。加快重要战略地区的测绘工作，为经济建设和社会发展及时提供准确的测绘保障。

——加强环境监测系统的建设和管理，建设一批国家环境监测网和环境信息网，及时准确地掌握全国环境质量状况，努力控制环境污染发展的趋势。加快自然保护区的规划和建设，建成一批国家级重点自然保护区，初步形成布局合理、类型齐全的自然保护区网络。重点抓好大气、水、固体废物污染控制。进一步加强城市环境综合治理和自然保护。加强水资源保护。继续搞好环保示范工程和生态农业试点。重视对乡镇企业污染的防治和管理。1995年，烟尘排放量控制在1400万吨，工业粉尘排放量控制在700万吨，工业废气处理率达到74%，工业固体废物综合利用率达到33%。

五、“八五”期间科学技术、教育发展的任务和政策

(一)科学技术的发展

科技攻关。五年内，重点围绕以下几个方面的重点课题展开。

(1)农业技术，主要是农作物的良种培育和相应的栽培技术，中低产田的综合治理技术，农作物病虫害防治技术，畜牧水产技术，农产品储藏和加工技术，以及林业工程技术，等等。

(2)资源勘探，主要是塔里木盆地油气资源的系统研究，东海气田的勘探研究，西南金沙江、怒江和澜沧江上游以及新疆地区有色金属后续资源基地的研究等。

(3)大型成套设备研制，主要是2000万吨级大型露天矿成套设备，60万千瓦核电机组，50万伏直流输变电成套设备，重载列车成套设备，30万吨乙烯成套设备等。

(4)能源技术，主要是东部油气田的稳产高产技术体系，煤炭综合开采和安全生产技术体系，煤炭清洁燃烧技术，水电使用的新坝型和筑坝技术，200兆瓦核供热堆工程技术，以及节约能源新技术等。

(5)交通技术，主要是铁路运营管理和控制技术，铁路高速客运技术，新型机车技术，高等级公路和路用材料技术，民航导航通讯、空中交通管制和运行管理技术，干线飞机设计制造技术，以及内河航道疏浚装备和内河新型船舶技术，港口装卸技术等。

(6)原材料技术，主要是大品种化工催化剂的国产化，煤化工技术，氧煤强化冶炼技术，有色金属节能和综合利用技术，建材工业的节能技术和耐火材料制造技术等。

(7)微电子和新兴技术，主要是微电子技术中的3微米生产工艺、1微米和亚微米工艺技术，专用集成电路和关键专用设备的研制，五次群光通讯系统技术、遥感技术以及大型计算机系统、软件工程技术等。

(8)其他技术，主要是人口控制和优生优育技术，疾病防治新技术，污染防治综合技术，水土保持技术，重大和频发性自然灾害的监测预报技术等。

科技成果的应用和推广。五年内，国家安排重点工业性试验项目100项，企业技术开发项目88项，新技术推广项目120项。与此同时，继续实施“星火计划”、“火炬计划”，加快重要军工技术向民用转移。重点推广应用的科技成果是：农业增产、增收和农产品贮藏与加工技术，消费品工业中的新产品开发技术，装备制造业中的基础机械、基础零部件、基础材料和工艺技术，专用设备的现代制造技术，能源、交通、原材料中的规模生产和节能、节水、节材技术，传统产业广泛应用微电子技术等。

高技术的研究和发展。在生物技术、信息技术、自动化技术、新能源技术、新材料技术、航天航空技术等领域，安排一批专题研究项目。其中，一部分项目要求拿出实验样机、目标产品或重要阶段性成果：一部分项目要求突破关键技术，完成实验室研究，拿出性能样机或进入中间试验；有些项目，要跟踪高技术前沿，缩小与世界先进水平的差距。

自然科学的基础性研究。五年内，重点研究对开拓新兴技术领域和其他技术领域有重大应用前景的课题，有利于发挥我国资源优势的课题，对加强科学技术自身发展有重大意义的、当代最活跃的前沿课题。主要包括：高临界温度超导电性的基础研究，光电功能材料的结构、性能、分子设计及设备制造的研究，气候动力学和气候预测理论的研究，大规模科学与工程计算的理论与方法，以量子物理为基础的现代计量科学技术研究，粮棉油雄性不育杂种优势利用的基础研究，我国未来生存环境变化趋势的预测及对策的研究等。

发展科学技术需要采取的主要措施是：通过深化改革，逐步建立有活力、有效率的科研、引进、创新、推广和应用相互促进的新机制；充分发挥专利制度的作用，保护知识产权；稳定和完善促进科技进步的政策；进一步加强和改进专业科学研究机构、高等院校和大型企业的科研工作，密切它们之间的联系、交流与合作；增加对科技的投入，充实科研基础设施，有计划地建设一批重点实验室和专业实验室。

哲学、社会科学研究。五年内，重点加强对建设有中国特色的社会主义重大理论问题和实际问题的研究，特别要加强对九十年代我国经济和社会发展以及改革开放中重大问题的研究，为社会主义物质文明和精神文明建设服务。同时，加强新兴和边缘学科建设，完善社会科学和军事科学体系。发展社会科学与自然科学的合作攻关。研究的主要课题包括：马克思主义基本原理和中国实际相结合的研究；经济社会发展理论、政策的研究，经济体制和政治体制改革理论的研究；民族、宗教、文艺、教育、新闻、法律等各学科的基本理论问题研究；中外历史和中国文化研究；语言文学研究；国外各学科理论和思潮的研究、评论和借鉴；国际问题及其主要国家的研究等。哲学和社会科学的研究，必须以马克思主义为指导，贯彻执行理论联系实际和“百花齐放、百家争鸣”的方针，形成健康的理论研究气氛。加强社会科学图书、情报和档案工作，改善社会科学研究条件和设施。

(二)教育事业的发展

各级各类教育要进一步端正办学指导思想，把坚定正确的政治方向放在首位。工作的重点，要放在优化教育结构、改革教育内容和教学方法、提高教育质量上。

——基础教育。根据因地制宜、保证质量的原则，进一步推行小学阶段或初中阶段义务教育。五年内，力争在占全国人口80％以上的地区普及小学阶段义务教育，占全国人口30％以上的地区普及初中阶段义务教育。努力帮助少数民族地区发展教育事业，扎扎实实抓好边远山区和牧区初小义务教育。发展学前教育和盲、聋、残疾、弱智儿童少年的特殊教育。

——中等职业教育。要统筹规划普通高中、中等专业学校、职业高中、技工学校等，使各种形式的职业教育得到较快发展，并努力提高中等职业技术学校的办学水平。1995年，各类中等职业技术学校在校生人数占高中阶段在校生的比重，要由现在的45%提高到50以上。五年内，力争培养各类全日制中等职业技术学校毕业生1100万人，比“七五”时期增长30%。同时，要广泛开展灵活多样的短期职业技术培训。

——普通高等教育。要合理调整结构，大力提高教育质量和办学效益。“八五”期间，研究生教育和本科教育要在基本稳定现有规模的基础上，进行适当充实、配套和加强。努力办好一批重点大学。对少数不合格的高等学校限期进行整顿，对不符合办学标准的，要予以撤并。积极进行专业结构调整，适当发展专科教育，着力建设高等学校的一些重点学科。继续执行和完善出国留学生政策，认真做好学成归来留学人员的工作和安排，促进国际教育交流与合作。1995年，研究生招生3.5万人，在校生达到9万多人；普通本专科招生65万人，在校生达到210万人。

——成人教育。继续采取多种途径、多种力量、多种形式办学，大力开展岗位培训。加强专业技术人员的继续教育工作。努力办好农民文化技术学校。进一步整顿和调整现有成人高等学历教育，切实提高教育水平和质量，鼓励自学成才。积极抓好扫除青壮年文盲工作。

促进教育事业发展的主要措施是：中央和地方各级政府要逐步增加对教育的投入，继续多方面、多渠道地筹措教育资金，提倡和支持社会办学，逐步充实和改善办学条件，并努力提高教育资金的使用效益；继续深入开展教育体制改革，逐步完善各类教育的管理体制和办法；加强师资队伍建设，努力提高教师的思想政治素质和业务素质。

六、“八五”期间对外贸易和经济技术交流

(一)进出口贸易

“八五”期间，要进一步发展出口贸易，在坚持外汇收支平衡的前提下，适当增加进口。

努力增加出口创汇。要把工作的重点放在改善出口商品结构和提高出口商品质量上，促进由初加工制成品出口为主向深加工制成品出口为主的转变。除继续发展传统产品出口外，大力增加机电产品、轻纺产品和高技术商品的出口。同时，积极发展创汇农业产品的出口，稳步发展建材和非金属矿产品的出口。要加强出口商品生产体系的建设，重点扶持一批在国际市场有发展前景、竞争力强的拳头产品和支柱产品出口，鼓励和扩大外商投资企业产品的出口和收汇。继续实行并完善各种支持出口的政策，努力提高出口商品的质量和信誉，进一步降低出口成本。加强推销和服务工作，努力巩固和发展已有的市场，并广泛开拓新的市场。在扩大商品出口的同时，进一步发展劳务输出、对外承包工程、国际空运和海上运输业，积极发展国际旅游业，增加非贸易外汇收入。

合理调整进口结构。要把有限的外汇集中用于先进技术和关键设备的进口，用于国家重点生产建设所需物资以及农用物资的进口。国内能够生产供应的原材料和机电设备，要积极组织生产，并保证质量，争取少进口或不进口，严格控制奢侈品、高档消费品和烟、酒、水果等商品的进口。改进进口的审批管理工作，防止盲目引进和不必要的重复引进。

改革外贸和外汇管理体制。通过改革，使对外贸易逐步走上统一政策，平等竞争，自主经营，自负盈亏，工贸结合，推行代理制，联合统一对外的轨道。继续实行和改进外贸承包经营责任制，合理调整进出口商品计划管理范围。加强和改进进出口配额和许可证管理，完善外贸收购制、具备条件的生产企业自营出口制和代理制，适当扩大大型骨干企业特别是紧密型生产企业集团的外贸经营自主权。进一步完善结汇办法和用汇制度。改革汇率形成机制，建立健全在国家管理下的灵活合理的汇率调节制度，健全外汇调节剂市场。

(二)利用外资、引进技术和智力

继续积极有效地利用外资。尽量争取国际金融机构和双边政府贷款，特别是条件比较优惠的贷款，重点用于加强农业、林业、水利、能源、交通、通信、重要原材料、环境保护等项目建设。同时，继续采取多种形式吸收外商直接投资，积极欢迎海外侨胞来祖国投资建设，并按照国家产业政策正确引导他们的投资方向，注意项目的技术水平和经济效益，多举办一些出口创汇型、技术先进型项目和加快现有企业技术改造的项目。进一步改善投资环境，严格执行国家统一颁布的、鼓励外商投资的法律法规和政策措施，禁止违反国家规定竞相提高优惠条件的做法。要加强和改进对利用外资的规划和指导，努力提高利用外资的经济和社会效益。中央和地方都要建立外债偿还基金，确保外债按期偿还。

进一步扩大技术引进和智力引进。要逐步增加技术引进的投入，并提高进口软件在技术引进中的比重。技术引进的重点，要放在现有企业的技术改造上，优先引进有助于扩大出口能力与发展替代进口产品的技术和设备，要在产品开发、技术进步、改善经营管理、重点工程施工和培育人才等方面，继续与外国专家开展多种形式的合作。要有计划、有组织地选派有关人员到国外培训，并提高培训的效果。

(三)经济特区、对外开放城市和开放地区

“八五”期间，进一步办好深圳、珠海、汕头、厦门和海南省五个经济特区，巩固和发展已开辟的经济技术开发区、沿海开放城市和开放地区，使它们更好地发挥在对外开放中的窗口、桥梁、基地作用。有计划、有步骤地重点搞好上海浦东新区的开发和开放。选择一些内陆边境城市和地区，作为对外开放的窗口，促进这些地区对外贸易和经济技术交流与合作的发展。要保持经济特区、对外开放城市和开放地区基本政策的稳定性和连续性，并在实践中加以完善和发展。经济特区、开放城市和开放地区，要从国民经济全局出发。按照国家产业政策，并结合本地的优势，合理确定发展的方向、重点和布局。要更有效地利用外资、引进先进技术和科学管理经验，努力发展外向型经济，同时不断扩大与内地的横向经济联合与协作，积极支援边远地区和内地经济的发展。所有经济特区、开放城市和开放地区，都要继续深化改革；同时，要大力抓好社会主义精神文明建设，加强社会主义民主与法制的建设。加强海关的监督管理工作，打击走私贩私活动。

七、"八五"期间经济体制改革的主要任务和措施

按照在今后十年初步建立社会主义有计划商品经济新体制和计划经济与市场调节相结合运行机制的总要求，围绕解决经济生活中主要问题，有领导、有步骤地全面推进经济体制改革。主要任务是：

(一)完善以公有制为主体的所有制结构

进一步巩固和发展国营经济、集体经济。在坚持以公有制经济为主体的前提下，继续在一定范围内适当发展个体经济、私营经济和其他经济成分。发挥非公有制经济对社会主义经济的有益的补充作用，同时加强对他们的正确管理与引导。

(二)改革企业体制

增强企业特别是国营大中型企业的活力，仍然是深化经济体制改革的中心环节。

进一步贯彻落实已经颁布的增强企业活力、健全企业约束机制的法律、法规和政策，认真贯彻落实《企业法》，合理调整和改进指令性计划的范围与实施办法，从资金、物资和经济政策等方面支持国营大中型企业，逐步创造使大中型企业与其他企业平等竞争的条件。

继续坚持和完善企业承包经营责任制。在进入新一轮承包时，要在稳定现行承包办法的基础上，合理调整承包基数和上交比例，实行比较规范的综合指标承包制，确保国有资产的完整和增值，并逐步发挥竞争机制、风险机制的作用。要采取得力措施，防止和纠正企业利益分配过分向个人倾斜。同时，在有条件的城市、地区和企业，要继续积极进行利税分流、税后还贷、税后承包制度的试点，并进一步完善试点办法。

完善企业折旧制度和留利制度，有计划地进行固定资产价值重估，有步骤地适当提高重点行业和重点企业的折旧率，以加快企业技术改造和新产品开发。同时，要建立企业补充自有流动资金制度。

制定具体政策和措施，推动企业改组、联合、兼并。有计划地组建一批跨地区、跨部门的竞争性的企业集团。继续办好行业性大型工业公司，并逐步向经济实体过渡。完善租赁制，继续进行股份制试点，并抓紧制定有关法规。

切实减轻企业负担，禁止在法定的税费以外，随意向企业收取费用。

深化企业领导体制和经营机制改革，进一步发挥党组织的政治核心作用，坚持和完善厂长负责制，全心全意依靠工人阶级办好企业，改革企业内部的劳动人事制度、工资制度、留利分配制度、财务会计制度和审计制度，强化企业管理，改变吃大锅饭和纪律松弛的现象。

加强国有资产的管理，在全国范围内抓紧开展清产核资工作，逐步建立与社会主义有计划商品经济相适应的国有资产管理体制和管理办法。

(三)发展社会主义市场体系

进一步完善消费资料市场，扩大生产资料市场。继续深化商业、物资体制改革，逐步建立在国家指导和管理下的、高效畅通的商品流通体系。积极发展各种类型的批发市场和多种交易形式，特别是跨地区的、综合性或专业性市场组织和流通企业集团。与此同时，努力发展资金市场、技术市场、信息市场、房产市场和劳务市场等，逐步使它们与商品市场的发展相协调。努力消除各种形式的关卡壁垒，改变地区封锁、条块分割的状况，促进统一市场的形成。

加强市场的组织管理和制度建设，建立市场交易规则，反对不正当竞争，健全市场秩序。

(四)改革价格体制

"八五"期间，要进一步完善国家定价、国家指导价的价格形成机制，规范市场调节价的价格行为，健全价格管理体制。在控制物价总水平的前提下，积极稳妥地推进价格改革，逐步理顺价格关系。改革的重点是：调整某些重要生产资料的价格，以解决这些产品国家定价偏低的问题；适当提高粮食定购价格，逐步改变粮食购销价格倒挂的现象，减少财政的价格补贴；对供求大体平衡的一般加工产品、供求弹性比较大的商品和耐用消费品以及非生活必需品，逐步放开价格，由市场调节。同时，区别不同产品的具体情况，通过并轨、缩小价差等措施，逐步取消一些生产资料价格的双轨制。

(五)改革财政税收体制

"八五"期间，继续稳定和完善财政包干体制。要努力发展经济，提高经济效益，增加财政收入。同时，

要适当提高国家财政收入占国民收入的比重和中央财政收入占整个财政收入的比重。同时，在有条件的城市和地区，积极进行分税制的改革试点。

国家预算实行复式预算制，分开经常性预算和建设性预算。经常性预算，要做到平衡有余，不打赤字；建设性预算，要保持合理规模，收支差额通过举借内债外债来弥补。

按照统一税政，集中税权，公平税负的原则，逐步理顺税制结构，强化税收管理，严格以法治税，充分发挥税收在增加财政收入和宏观经济调控中的重要作用。

(六)改革金融体制

进一步强化中央银行的宏观调控职能，严格控制货币发行和信贷总规模；按照国家的产业政策，合理确定信贷资金的投向；并有效地运用利率、准备金、再贷款、汇率等金融手段，促进国民经济的总量平衡和结构调整，防止通货膨胀。

健全中央银行的垂直领导体制，加强中央银行对专业银行的领导与管理。专业银行主要是执行国家产业政策，承担经济调控职能；同时进行企业化管理，实行自担风险、自负盈亏。

继续鼓励居民储蓄，有计划有步骤地扩大各类债券和股票发行，并严格加强管理，逐步实行社会金融资产多元化。

稳步发展金融市场。拓宽融资渠道，健全证券流通市场。在有条件的大城市稳妥地进行证券交易所的试点，并逐步形成规范化的交易制度。

(七)改革工资制度

逐步建立健全工资总量调控机制和工资正常增长机制。认真贯彻按劳分配的原则，继续克服平均主义。在企业，进一步完善工资总额与经济效益挂钩办法，逐步实行以岗位技能工资制为主要形式的内部分配制度。党政机关、事业单位，逐步建立符合各自特点的工资制度。

调整工资收入结构，限制和减少实物分配。结合价格、住房和医疗保险制度的改革，把一部分福利补贴纳入工资，并同工资调整和工资制度改革结合起来，改变补贴中的平均主义现象。

改变奖金、津贴和工资外收入的混乱状况，加强工资管理，逐步实行国家宏观调控、分级分类管理、企业自主分配的体制。

抓紧建立和推行个人收入申报制度，严格征收个人收入调节税，缓解某些收入悬殊的社会分配不公现象。

(八)改革住房制度和社会保障制度

“八五”期间，要积极推行住房制度改革。逐步改变低租金、无偿分配住房的办法，促进住房商品化进程。要调动各方面的积极性，加快住房建设，形成国家、集体、个人三结合筹资建房的机制。住房制度的改革，要统筹规划、因地制宜、分类指导、稳步地向前推进。

努力推进社会保障制度的改革。要以改革和建立社会养老保险和待业保险制度为重点，带动其他社会保险事业和社会福利、社会救济与优抚等事业的发展。按照国家、集体和个人共同合理负担的原则，在城镇各类职工中逐步建立社会养老保险制度，扩大待业保险的范围，完善待业保险办法，实行多层次的社会保险。在农村，采取积极引导的方针，逐步建立不同形式的老年保障制度。同时，努力改革医疗保险和工伤保险制度，继续推行合作医疗保险。保护残疾人的合法权益。

(九)改革计划体制和投资体制

计划工作的重点，要逐步放在对全社会经济活动的预测、规划、指导和调控上，正确引导经济运行的方向，努力保持经济总量平衡，以及主要比例关系和结构的协调。

改进计划管理的形式和方法。要根据经济生活的新情况，加强和改善国民经济综合平衡制度，特别是要搞好财政、信贷、外汇、重要物资的各自平衡和它们相互之间的平衡。坚持把研究制定和组织实施国家产业政策、地区布局政策和其他经济政策，作为计划管理的重要组成部分，逐步做到主要运用经济政策和经济杠杆对经济活动进行管理和调节，增强计划决策和管理的科学性、有效性。

根据经济发展的需要和可能，合理调整指令性计划、指导性计划和市场调节的范围，并制定指令性计划和指导性计划的具体实施办法。随着经济体制改革的深化，经济结构的改善和市场的不断发育，进一步适当缩小指令性计划的范围，适当扩大指导性计划的范围，更多地发挥市场机制的作用。

改革按生产能力和投资额划分项目审批权的办法，按照国家产业政策，该严格控制发展的，实行相对集中管理；该支持和鼓励发展的，适当扩大地方和企业的项目审批权限。制定不同行业的经济规模标准，并严格执行。建立煤炭、电力、石油、铁路专项开发基金，在预算中列收列支，专款专用，加强使用监督。采取发行债券、股票等经济办法，吸引和筹集建设资金，用于国家急需的项目建设。继续采取有效政策和措施，调动地方、部门和企业办基础工业和基础设施的积极性。严格征收投资方向调节税，限制一般性生产建设，控制楼堂馆所的建设。进一步完善投资包干责任制和项目建设的招标投标制度，发挥市场竞争机制的作用。

对石油、石化、煤炭、钢铁、有色金属、铁道等部门继续实行包干体制，并对现行包干办法加以完善和改进，兴利除弊。实行行业包干部门的基建投资和任务，按项目单独安排，不与其他包干资金和任务一起安排。适当扩大对关系全局的大型企业集团实行国家计划单列范围，并改进计划单列办法。

(十)加强经济调控体系建设

逐步建立经济、行政、法律手段综合配套的宏观调控体系和制度，特别要加强间接调控体系的建设，更好地运用价格、税率、利率、汇率等手段调节经济的运行，以促进国家计划和宏观调控目标的实现。要进一步理顺计划、财政、银行以及其他经济部门的相互关系，发挥计划部门进行综合平衡、执行国家产业政策和综合协调经济杠杆的作用，使计划、财政、银行之间合理分工、紧密配合、协调动作。同时，加强和改进审计、统计、监察、物价、税务、海关、信息、技术监督、工商行政管理等部门的工作，建立和健全国民经济的核算体系与监督管理体系，以及科学的统计、监测方法，更好地为调控经济运行服务。

按照保持全国经济的统一性和灵活性、发挥中央和地方两个积极性的原则，对各层次事权、财权和经济调控权进行必要的调整和明确划分。努力增强中央宏观调控的能力，提高宏观调控的有效性和权威性，并适当扩大地方政府运用经济杠杆的权限。

积极建立科学的经济决策体系和制度，重视政策、咨询、研究机构的作用。对重大的政策措施和建设项目，都要广泛征求社会各界，包括有关方面专家、学者和企业的意见，认真进行可行性研究和科学、咨询论证，有的需要提出不同的方案，择优选用。国民经济和社会发展中的重要指标、基本建设和技术改造项目，都必须按照国家规定的审批权限和审批程序确定。加强经济决策和经济管理的责任制，禁止领导者个人批条子、决定项目和变更国家计划指标的现象。

逐步建立比较完备的经济法规体系，使各方面的经济关系和经济活动有法可依。抓紧制定《计划法》、《预算法》、《银行法》、《投资法》、《公司法》、《价格法》、《制止不正当竞争法》、《劳动法》、《工资法》和《审计法》等基本经济法律法规，并切实加强经济监督和经济司法工作，改变有法不依的现象。

在进行经济体制改革的同时，要积极稳妥地推进政治体制改革，并进一步改革行政管理体制，理顺各级政府职能部门之间的关系，继续改革干部人事制度。采取坚持有力的措施，继续加强廉政建设，纠正不正之风，精简机构，减少层次，裁减冗员，转变作风，提高办事效率。

各个方面的改革要相互配套地推进，并充分考虑国家、企业和居民的承受能力，避免引起过大的社会震动。既要坚持实践证明是好的经验和传统，又要积极进取，努力探索，敢于有新的创造和突破。检验改革得失成败的标准，要看它是否有利于促进社会生产力的持续稳定发展，是否有利于社会的安定和进步。

八、"八五"期间人民生活和消费政策

(一)居民收入和消费结构

五年内，扣除物价因素，职工实际平均工资每年递增2%；农民人均纯收入扣除价格上涨因素，平均每年递增3.5%，在居民收入增长的基础上，城乡人民的消费在数量和质量上都将进一步提高。消费结构进一步改善。肉、蛋、奶、水产品、蔬菜、水果的消费量有所增加；成衣率和衣着质量明显提高；电视机、电冰箱、洗衣机等主要耐用消费品的拥有量进一步增加。1995年，城镇居民人均居住面积达到7.5平方米；农村居民住房条件也将继续有所改善。城乡交通通信便利程度有所提高，每百人电话拥有量比现在提高一倍。

提高人民消费水平的主要政策和措施是：大力组织好消费品的生产，继续搞好"菜篮子"工程，丰富市场供应。努力发展草食动物、家禽和水产品，逐步改善居民食物消费结构。积极鼓励发展为城乡居民生活服务的第三产业，重点发展商业、饮食、修理、服务业，扩大服务项目，增加服务网点。加快住宅建设，发展室内装饰业和新型建筑材料。加强供水、排水、供电、供热、供气、道路、交通和邮电等公用设施的建设。要大力进行艰苦朴素优良传统的宣传教育，引导居民正确处理短期消费和长远利益的关系，积极参加各种社会保险，增加储蓄存款。

进一步做好优抚安置工作和社会救济工作，积极兴办各项社会福利事业。建立和完善社区服务体系。

(二)控制人口增长

"八五"期间，要继续严格控制人口增长。主要措施是：坚决稳定和贯彻落实现行计划生育政策，提倡晚婚晚育，少生优生、把工作的重点放在农村。继续加强领导，全面推行计划生育目标管理责任制。要通过加强思想教育，建立社会保障制度，把计划生育变成群众的自觉行动。切实保证计划生育经费的正常需要，继续增加避孕药具的生产和供应。大力研制和推广应用安全长效的新型节育绝育技术和药具。加强计划生育人员的培训，抓好各有关部门对计划生育的协作共管。

(三)劳动就业和劳动保护

充分开发和合理利用劳动力资源，拓宽就业渠道，积极解决劳动就业问题。五年内，要通过多种形式安置城镇劳动力就业3200万人，争取在"八五"期间把城镇待业率控制在3.5%以内。在农村，要大力推进农村经济向广度、深度进军，充分发挥农村富余劳动力的作用。主要政策和措施是：

——继续实行在国家统筹规划和指导下，劳动部门介绍就业、自愿组织起来就业和自谋职业相结合的方针。积极扩大城乡生产门路，增加劳动就业岗位。要继续发展劳动密集型产业和第三产业，以及容纳劳动力多的农副产品加工和资源综合利用产业。发展集体经济和劳动服务企业，继续发展个体经济、私营经济和其他各种经济成分，发挥它们在扩大劳动就业方面的重要作用。实行更加开放和灵活的措施，继续推动各种形式的劳务输出。

——严格控制城镇劳动力的机械增加，继续控制“农转非”人口的过快增长，防止未进入劳动年龄的人口进入劳动队伍。

——继续实行农村剩余劳动力“离土不离乡、就地转移为主”的方针。引导农民搞好农田精耕细作。大力开荒造林、兴修农田水利和农村道路等基础设施建设，增加劳动积累，促进劳动积累对资金的替代。同时，加快农村非农产业的发展，接纳劳动力就业。

——深化劳动就业制度改革。逐步建立在“国家宏观调控、企业自主用工、多种形式并存、全员劳动合同”的劳动制度。加强职业培训，实行先培训、后就业，提高劳动者素质。在部分行业和工种实行灵活的劳动工时制度和就业制度。

加强劳动保护。认真贯彻“安全第一，预防为主”的方针，强化劳动安全卫生监察，努力改善劳动条件，大力降低企业职工伤亡事故率和职业病发病率。加强安全技术政策、劳动保护科学技术的研究和科技成果推广，努力完善检验、监测手段。

(四)卫生保健事业

贯彻预防为主、依靠科技进步、动员全社会参与、中西医并重、为人民健康服务的方针，同时把医疗卫生工作的重点放在农村。到1995年，使全国50%的县达到《在我国农村实现“2000年人人享有初级卫生保健”规划目标》的低限标准。五年内，婴儿死亡率下降10%—15%；主要传染病报告发病率下降20%，有效控制血吸虫病；乡、镇计划免疫接种率达到85%；农村饮用水改水受益人口达到85%。

健全预防保健机构，加强妇幼保健、卫生检疫、卫生监督和严重危害人民健康的重大疾病的监测与防治。五年内，全国增加医院病床45万张，其中农村(包括县医院)25万张。恢复和发展农村三级合作医疗卫生网。努力扶持“老少边穷”地区卫生设施建设。重视并发挥中医、中药在医疗预防保健工作中的作用。加强卫生队伍建设。五年内，增加专业技术卫生人员50万人，其中中西医医生30万人。进一步整顿医疗卫生系统秩序，提高医疗服务质量。

努力发展医药行业，不断改进化学原料药制剂和医疗器械的生产工艺和技术设备，逐步实施“药品生产质量管理规范”，提高药品质量和医疗器械性能。继续重点发展青霉素头孢菌素系列新抗菌素，发展疗效好的抗肿瘤和抗病毒新药、生物技术产品。要改进中药材栽培技术，提高单位面积产量，巩固优质药材的商品生产基地。中成药的生产要确保质量，坚决取缔伪劣药品的生产和销售。完善和加强药品进入市场的审批制度。

九、“八五”期间社会主义精神文明建设和社会主义民主法制建设

社会主义精神文明建设的根本任务，是培养有理想、有道德、有文化、有纪律的社会主义公民，提高整个中华民族的思想道德素质和科学文化素质。

(一)文化建设

新闻出版、广播电影电视、文学艺术等各项文化事业，要坚持为人民服务、为社会主义服务的方针。大力弘扬民族优秀文化，提高精神产品质量，不断满足人民群众日益增长的文化需要，为社会的稳定、繁荣、文明、进步提供更多的优秀作品。要正确处理经济效益与社会效益的关系，坚持把社会效益放在第一位。

进一步发展文学、广播、电视、电影、音乐、舞蹈、美术、戏剧、曲艺等文学艺术领域的创作、演展活动。积极开展健康的、丰富多彩的群众文化活动。新闻单位要认真宣传党中央的路线、方针和政策、正确发挥新闻的舆论监督作用；出版等部门要努力出版优秀读物，特别是要出版、制作适合青少年健康成长需要的出版物和影视作品。加强广播、电视台站建设，努力提高覆盖率，丰富节目内容，提高节目质量。“八五”期间，重点建设中国国际广播中心和对外发射台。加强各类艺术人才的培养，努力做好文化艺术科研工作和民族文化艺术遗产的科学保护和利用工作。加强档案馆和纪念馆的利用与管理，进一步加强文物特别是重点文物的保护和管理工作。要继续积极稳妥地进行各类文化管理体制的改革，认真研究制定促进文化事业发展的经济政策，对繁荣社会主义文化给予必要物质支持。

加强文化设施的建设。进一步办好图书馆、文化馆、艺术馆、博物馆、科技馆、文化站、俱乐部、广播电视站和图书、报刊发行网点等各类文化活动场所。要充分发挥集体和个人的力量，积极建设城市、集镇、农村的群众性文化设施，增加活动网点。“八五”期间，要努力做到县县有图书馆、文化站、乡乡有文化站。同时，加强文化市场的建设和管理。积极发展少数民族地区和边境口岸地区的文化事业。加强民族文字的图片、杂志和报纸的出版发行工作。积极开展对外学术文化交流，继续组织力量，加强对国外优秀图书的翻译出版。进一步做好语言文字的规范化、标准化工作。大力推广普通话。

继续发展体育事业。进一步开展群众性体育活动，增强全民体育运动意识。努力提高人民的身体素质和我国的竞技运动水平。体育设施的建设，以中小型为主，重点放在优秀运动队和后备力量训练设施的完善配套上。充分调动社会办体育的积极性，努力增加群众体育运动的场所和设施。

（二）思想建设

加强马克思列宁主义、毛泽东思想基本理论的学习和宣传，切实做好思想政治工作，坚持进行四项基本原则、反对资产阶级自由化的教育。以马克思主义为指导，抓紧编写大学文科的主要教材。广泛开展爱国主义、集体主义、社会主义教育、开展国情教育和自力更生、艰苦奋斗的优良传统教育，振奋民族精神。坚持马克思主义民族教育，增强民族团结。各行各业都要加强公共道德教育和职业道德教育，纠正行业不正之风。深入持久地开展学习英雄模范和先进人物的活动。

努力加强思想理论队伍和思想政治工作队伍的建设，不断提高他们的素质。广大干部特别是各级领导干部要以身作则，带头学习马克思主义基本理论，坚持辩证唯物论和历史唯物论，避免唯心论和形而上学；同时，要进一步加强廉政建设，全心全意为人民服务。要关心群众生活，密切联系群众。增强思想政治工作的说服力。

（三）社会主义民主和法制建设

要坚持工人阶级领导的、以工农联盟为基础的人民民主专政，不断完善人民代表大会制度，以及共产党领导的多党合作和政治协商制度，巩固和发展爱国统一战线。建立健全民主决策、民主监督的程序和制度，建立有利于提高办事效率和调动各方面积极性的领导体制。加强基层政权建设，健全村民、居民自治制度，活跃基层民主生活，提高公民参政、议政意识和能力。

进一步强化宪法和法律在政治生活、经济生活、文化生活和社会生活的各个领域中的权威和作用。根据实际需要，继续适时制定有关法律、法规，确实保证已经制定的法律和法规得到认真的遵守和执行，使各种违法犯罪行为得到有效的预防和制裁。加强政府法制建设，使政府管理活动逐步做到规范化、法制化、在公民中继续开展法制宣传教育，提高公民的社会主义法律意识，促进各项事业的依法管理。

继续加强政法工作，动员和依靠社会各方面的力量对社会治安进行综合治理。继续打击严重刑事犯罪和经济犯罪活动，保护广大人民群众的生命、财产安全和合法权益。保护经济建设和改革开放的顺利进行。深入持久地进行“扫黄”斗争，坚决制止和取缔一切败坏社会风气的丑恶现象。要努力加强政法机构和相应的设施建设，改善技术装备，提高政法队伍的整体素质和执法能力。

今后十年和“八五”期间我国国民经济和社会发展的任务是艰巨的，也是经过努力可以完成的。全国各族人民要在中国共产党的领导下，团结一致，同心同德，奋发图强，埋头苦干，为胜利完成十年规划和“八五”计划所规定的宏伟任务而努力奋斗。

第七届全国人大第四次会议通过《关于全国人大常委会工作报告的决议》

第七届全国人民代表大会第四次会议审议了彭冲副委员长兼秘书长代表全国人民代表大会常务委员会作的工作报告。会议认为，一年来，常务委员会努力履行宪法赋予的职责，各方面的工作取得了进展，尤其是立法工作加快了步伐，促进了我国政治、经济和社会的进一步稳定发展。会议决定批准这个报告。

会议要求，常务委员会要继续坚持以经济建设为中心，坚持四项基本原则和改革开放，坚定不移地贯彻发展社会主义民主、健全社会主义法制的方针，坚持和完善人民代表大会制度，努力建设有中国特色的社会主义民主政治。要进一步加强立法工作，落实立法规划，特别要抓紧制定保障改革开放、加强经济宏观调控的法律，要努力改进和加强监督工作，使监督工作进一步制度化、法律化，要健全常务委员会的工作制度，深入调查研究，密切联系人民群众，加强同代表的联系，并接受代表的监督，更好地发挥最高国家权力机关常设机关的作用，为促进十年规划和“八五”计划的顺利实施而努力。

第七届全国人大第四次会议通过《关于 1990 年国民经济和社会发展计划的执行情况、1991 年国民经济和社会发展计划的决议》

第七届全国人大第四次会议通过《关于 1990 年国家预算执行情况和 1991 年国家预算的决议》

国家主席杨尚昆签署第 44 号令公布《中华人民共和国民事诉讼法》

《中华人民共和国民事诉讼法》已由中华人民共和国第七届全国人民代表大会第四次会议于 1991 年 4 月 9 日通过，现予公布，自公布之日起施行。

中华人民共和国主席　杨尚昆

1991 年 4 月 9 日

中华人民共和国民事诉讼法

第一编　总　则

第一章　任务、适用范围和基本原则

第一条　中华人民共和国民事诉讼法以宪法为根

据，结合我国民事审判工作的经验和实际情况制定。

第二条 中华人民共和国民事诉讼法的任务，是保护当事人行使诉讼权利，保证人民法院查明事实，分清是非，正确适用法律，及时审理民事案件，确认民事权利义务关系，制裁民事违法行为，保护当事人的合法权益，教育公民自觉遵守法律，维护社会秩序、经济秩序，保障社会主义建设事业顺利进行。

第三条 人民法院受理公民之间、法人之间、其他组织之间以及他们相互之间因财产关系和人身关系提起的民事诉讼，适用本法的规定。

第四条 凡在中华人民共和国领域内进行民事诉讼，必须遵守本法。

第五条 外国人、无国籍人、外国企业和组织在人民法院起诉、应诉，同中华人民共和国公民、法人和其他组织有同等的诉讼权利义务。

外国法院对中华人民共和国公民、法人和其他组织的民事诉讼权利加以限制的，中华人民共和国人民法院对该国公民、企业和组织的民事诉讼权利，实行对等原则。

第六条 民事案件的审判权由人民法院行使。

人民法院依照法律规定对民事案件独立进行审判，不受行政机关、社会团体和个人的干涉。

第七条 人民法院审理民事案件，必须以事实为根据，以法律为准绳。

第八条 民事诉讼当事人有平等的诉讼权利。人民法院审理民事案件，应当保障和便利当事人行使诉讼权利，对当事人在适用法律上一律平等。

第九条 人民法院审理民事案件，应当根据自愿和合法的原则进行调解；调解不成的，应当及时判决。

第十条 人民法院审理民事案件，依照法律规定实行合议、回避、公开审判和两审终审制度。

第十一条 各民族公民都有用本民族语言、文字进行民事诉讼的权利。

在少数民族聚居或者多民族共同居住的地区，人民法院应当用当地民族通用的语言、文字进行审理和发布法律文书。

人民法院应当对不通晓当地民族通用的语言、文字的诉讼参与人提供翻译。

第十二条 人民法院审理民事案件时，当事人有权进行辩论。

第十三条 当事人有权在法律规定的范围内处分自己的民事权利和诉讼权利。

第十四条 人民检察院有权对民事审判活动实行法律监督。

第十五条 机关、社会团体、企业事业单位对损害国家、集体或者个人民事权益的行为，可以支持受损害的单位或者个人向人民法院起诉。

第十六条 人民调解委员会是在基层人民政府和基层人民法院指导下，调解民间纠纷的群众性组织。

人民调解委员会依照法律规定，根据自愿原则进行调解。当事人对调解达成的协议应当履行；不愿调解、调解不成或者反悔的，可以向人民法院起诉。

人民调解委员会调解民间纠纷，如有违背法律的，人民法院应当予以纠正。

第十七条 民族自治地方的人民代表大会根据宪法和本法的原则，结合当地民族的具体情况，可以制定变通或者补充的规定。自治区的规定，报全国人民代表大会常务委员会批准。自治州、自治县的规定，报省或者自治区的人民代表大会常务委员会批准，并报全国人民代表大会常务委员会备案。

第二章 管 辖

第一节 级别管辖

第十八条 基层人民法院管辖第一审民事案件，但本法另有规定的除外。

第十九条 中级人民法院管辖下列第一审民事案件：

（一）重大涉外案件；

（二）在本辖区有重大影响的案件；

（三）最高人民法院确定由中级人民法院管辖的案件。

第二十条 高级人民法院管辖在本辖区有重大影响的第一审民事案件。

第二十一条 最高人民法院管辖下列第一审民事案件：

（一）在全国有重大影响的案件；

（二）认为应当由本院审理的案件。

第二节 地域管辖

第二十二条 对公民提起的民事诉讼，由被告住所地人民法院管辖；被告住所地与经常居住地不一致的，由经常居住地人民法院管辖。

对法人或者其他组织提起的民事诉讼，由被告住所地人民法院管辖。

同一诉讼的几个被告住所地、经常居住地在两个以上人民法院辖区的，各该人民法院都有管辖权。

第二十三条 下列民事诉讼，由原告住所地人民法院管辖；原告住所地与经常居住地不一致的，由原告经常居住地人民法院管辖：

（一）对不在中华人民共和国领域内居住的人提起的有关身份关系的诉讼；

（二）对下落不明或者宣告失踪的人提起的有关身份关系的诉讼；

（三）对被劳动教养的人提起的诉讼；

（四）对被监禁的人提起的诉讼。

第二十四条 因合同纠纷提起的诉讼，由被告住所地或者合同履行地人民法院管辖。

第二十五条 合同的双方当事人可以在书面合同中协议选择被告住所地、合同履行地、合同签订地、原告住所地、标的物所在地人民法院管辖，但不得违反本法对级别管辖和专属管辖的规定。

第二十六条 因保险合同纠纷提起的诉讼，由被告住所地或者保险标的物所在地人民法院管辖。

第二十七条 因票据纠纷提起的诉讼，由票据支付地或者被告住所地人民法院管辖。

第二十八条 因铁路、公路、水上、航空运输和联合运输合同纠纷提起的诉讼，由运输始发地、目的地或者被告住所地人民法院管辖。

第二十九条 因侵权行为提起的诉讼，由侵权行为地或者被告住所地人民法院管辖。

第三十条 因铁路、公路、水上和航空事故请求损害赔偿提起的诉讼，由事故发生地或者车辆、船舶最先到达地、航空器最先降落地或者被告住所地人民法院管辖。

第三十一条 因船舶碰撞或者其他海事损害事故请求损害赔偿提起的诉讼，由碰撞发生地、碰撞船舶最先到达地、加害船舶被扣留地或者被告住所地人民法院管辖。

第三十二条 因海难救助费用提起的诉讼，由救助地或者被救助船舶最先到达地人民法院管辖。

第三十三条 因共同海损提起的诉讼，由船舶最先到达地、共同海损理算地或者航程终止地的人民法院管辖。

第三十四条 下列案件，由本条规定的人民法院专属管辖：

（一）因不动产纠纷提起的诉讼，由不动产所在地人民法院管辖；

（二）因港口作业中发生纠纷提起的诉讼，由港口所在地人民法院管辖；

（三）因继承遗产纠纷提起的诉讼，由被继承人死亡时住所地或者主要遗产所在地人民法院管辖。

第三十五条 两个以上人民法院都有管辖权的诉讼，原告可以向其中一个人民法院起诉；原告向两个以上有管辖权的人民法院起诉的，由最先立案的人民法院管辖。

第三节 移送管辖和指定管辖

第三十六条 人民法院发现受理的案件不属于本院管辖的，应当移送有管辖权的人民法院，受移送的人民法院应当受理。受移送的人民法院认为受移送的案件依照规定不属于本院管辖的，应当报请上级人民法院指定管辖，不得再自行移送。

第三十七条 有管辖权的人民法院由于特殊原因，不能行使管辖权的，由上级人民法院指定管辖。

人民法院之间因管辖权发生争议，由争议双方协商解决；协商解决不了的，报请它们的共同上级人民法院指定管辖。

第三十八条 人民法院受理案件后，当事人对管辖权有异议的，应当在提交答辩状期间提出。人民法院对当事人提出的异议，应当审查。异议成立的，裁定将案件移送有管辖权的人民法院；异议不成立的，裁定驳回。

第三十九条 上级人民法院有权审理下级人民法院管辖的第一审民事案件，也可以把本院管辖的第一审民事案件交下级人民法院审理。

下级人民法院对它所管辖的第一审民事案件，认为需要由上级人民法院审理的，可以报请上级人民法院审理。

第三章 审判组织

第四十条 人民法院审理第一审民事案件，由审判员、陪审员共同组成合议庭或者由审判员组成合议庭。合议庭的成员人数，必须是单数。

适用简易程序审理的民事案件，由审判员一人独任审理。

陪审员在执行陪审职务时，与审判员有同等的权利义务。

第四十一条 人民法院审理第二审民事案件，由审判员组成合议庭。合议庭的成员人数，必须是单数。

发回重审的案件，原审人民法院应当按照第一审程序另行组成合议庭。

审理再审案件，原来是第一审的，按照第一审程序另行组成合议庭；原来是第二审的或者是上级人民法院提审的，按照第二审程序另行组成合议庭。

第四十二条 合议庭的审判长由院长或者庭长指定审判员一人担任；院长或者庭长参加审判的，由院长或者庭长担任。

第四十三条 合议庭评议案件，实行少数服从多数的原则。评议应当制作笔录，由合议庭成员签名。评议中的不同意见，必须如实记入笔录。

第四十四条 审判人员应当依法秉公办案。

审判人员不得接受当事人及其诉讼代理人请客送礼。

审判人员有贪污受贿、徇私舞弊、枉法裁判行为的，应当追究法律责任；构成犯罪的，依法追究刑事责任。

第四章 回 避

第四十五条 审判人员有下列情形之一的，必须回避，当事人有权用口头或者书面方式申请他们回避：

（一）是本案当事人或者当事人、诉讼代理人的近

亲属;

(二)与本案有利害关系;

(三)与本案当事人有其他关系,可能影响对案件公正审理的。

前款规定,适用于书记员、翻译人员、鉴定人、勘验人。

第四十六条 当事人提出回避申请,应当说明理由,在案件开始审理时提出;回避事由在案件开始审理后知道的,也可以在法庭辩论终结前提出。

被申请回避的人员在人民法院作出是否回避的决定前,应当暂停参与本案的工作,但案件需要采取紧急措施的除外。

第四十七条 院长担任审判长时的回避,由审判委员会决定;审判人员的回避,由院长决定;其他人员的回避,由审判长决定。

第四十八条 人民法院对当事人提出的回避申请,应当在申请提出的三日内,以口头或者书面形式作出决定。申请人对决定不服的,可以在接到决定时申请复议一次。复议期间,被申请回避的人员,不停止参与本案工作。人民法院对复议申请,应当在三日内作出复议决定,并通知复议申请人。

第五章 诉讼参加人

第一节 当事人

第四十九条 公民、法人和其他组织可以作为民事诉讼的当事人。

法人由其法定代表人进行诉讼。其他组织由其主要负责人进行诉讼。

第五十条 当事人有权委托代理人,提出回避申请,收集、提供证据,进行辩论,请求调解,提起上诉,申请执行。

当事人可以查阅本案有关材料,并可以复制本案有关材料和法律文书。查阅、复制本案有关材料的范围和办法由最高人民法院规定。

当事人必须依法行使诉讼权利,遵守诉讼秩序,履行发生法律效力的判决书、裁定书和调解书。

第五十一条 双方当事人可以自行和解。

第五十二条 原告可以放弃或者变更诉讼请求。被告可以承认或者反驳诉讼请求,有权提起反诉。

第五十三条 当事人一方或者双方为二人以上,其诉讼标的是共同的,或者诉讼标的是同一种类、人民法院认为可以合并审理并经当事人同意的,为共同诉讼。

共同诉讼的一方当事人对诉讼标的有共同权利义务的,其中一人的诉讼行为经其他共同诉讼人承认,对其他共同诉讼人发生效力;对诉讼标的没有共同权利义务的,其中一人的诉讼行为对其他共同诉讼人不发生效力。

第五十四条 当事人一方人数众多的共同诉讼,可以由当事人推选代表人进行诉讼。代表人的诉讼行为对其所代表的当事人发生效力,但代表人变更、放弃诉讼请求或者承认对方当事人的诉讼请求,进行和解,必须经被代表的当事人同意。

第五十五条 诉讼标的是同一种类、当事人一方人数众多在起诉时人数尚未确定的,人民法院可以发出公告,说明案件情况和诉讼请求,通知权利人在一定期间向人民法院登记。

向人民法院登记的权利人可以推选代表人进行诉讼;推选不出代表人的,人民法院可以与参加登记的权利人商定代表人。

代表人的诉讼行为对其所代表的当事人发生效力,但代表人变更、放弃诉讼请求或者承认对方当事人的诉讼请求,进行和解,必须经被代表的当事人同意。

人民法院作出的判决、裁定,对参加登记的全体权利人发生效力。未参加登记的权利人在诉讼时效期间提起诉讼的,适用该判决、裁定。

第五十六条 对当事人双方的诉讼标的,第三人认为有独立请求权的,有权提起诉讼。

对当事人双方的诉讼标的,第三人虽然没有独立请求权,但案件处理结果同他有法律上的利害关系的,可以申请参加诉讼,或者由人民法院通知他参加诉讼。人民法院判决承担民事责任的第三人,有当事人的诉讼权利义务。

第二节 诉讼代理人

第五十七条 无诉讼行为能力人由他的监护人作为法定代理人代为诉讼。法定代理人之间互相推诿代理责任的,由人民法院指定其中一人代为诉讼。

第五十八条 当事人、法定代理人可以委托一至二人作为诉讼代理人。

律师、当事人的近亲属、有关的社会团体或者所在单位推荐的人、经人民法院许可的其他公民,都可以被委托为诉讼代理人。

第五十九条 委托他人代为诉讼,必须向人民法院提交由委托人签名或者盖章的授权委托书。

授权委托书必须记明委托事项和权限。诉讼代理人代为承认、放弃、变更诉讼请求,进行和解,提起反诉或者上诉,必须有委托人的特别授权。

侨居在国外的中华人民共和国公民从国外寄交或者托交的授权委托书,必须经中华人民共和国驻该国的使领馆证明;没有使领馆的,由与中华人民共和国有外交关系的第三国驻该国的使领馆证明,再转由中华人民共和国驻该第三国使领馆证明,或者由当地的爱国华侨团体证明。

第六十条 诉讼代理人的权限如果变更或者解除,当事人应当书面告知人民法院,并由人民法院通知对方当事人。

第六十一条 代理诉讼的律师和其他诉讼代理人有权调查搜集证据，可以查阅本案有关材料。查阅本案有关材料的范围和办法由最高人民法院规定。

第六十二条 离婚案件有诉讼代理人的，本人除不能表达意志的以外，仍应出庭；确因特殊情况无法出庭的，必须向人民法院提交书面意见。

第六章 证　据

第六十三条 证据有下列几种：

(一)书证；

(二)物证；

(三)视听资料；

(四)证人证言；

(五)当事人的陈述；

(六)鉴定结论；

(七)勘验笔录。

以上证据必须查证属实，才能作为认定事实的根据。

第六十四条 当事人对自己提出的主张，有责任提供证据。

当事人及其诉讼代理人因客观原因不能自行收集的证据，或者人民法院认为审理案件需要的证据，人民法院应当调查收集。

人民法院应当按照法定程序，全面地、客观地审查核实证据。

第六十五条 人民法院有权向有关单位和个人调查取证，有关单位和个人不得拒绝。

人民法院对有关单位和个人提出的证明文书，应当辨别真伪，审查确定其效力。

第六十六条 证据应当在法庭上出示，并由当事人互相质证。以涉及国家秘密、商业秘密和个人隐私的证据应当保密，需要在法庭出示的，不得在公开开庭时出示。

第六十七条 经过法定程序公证证明的法律行为、法律事实和文书，人民法院应当作为认定事实的根据。但有相反证据足以推翻公证证明的除外。

第六十八条 书证应当提交原件。物证应当提交原物。提交原件或者原物确有困难的，可以提交复制品、照片、副本、节录本。

提交外文书证，必须附有中文译本。

第六十九条 人民法院对视听资料，应当辨别真伪，并结合本案的其他证据，审查确定能否作为认定事实的根据。

第七十条 凡是知道案件情况的单位和个人，都有义务出庭作证。有关单位的负责人应当支持证人作证。证人确有困难不能出庭的，经人民法院许可，可以提交书面证言。

不能正确表达意志的人，不能作证。

第七十一条 人民法院对当事人的陈述，应当结合本案的其他证据，审查确定能否作为认定事实的根据。

当事人拒绝陈述的，不影响人民法院根据证据认定案件事实。

第七十二条 人民法院对专门性问题认为需要鉴定的，应当交由法定鉴定部门鉴定；没有法定鉴定部门的，由人民法院指定的鉴定部门鉴定。

鉴定部门及其指定的鉴定人有权了解进行鉴定所需要的案件材料，必要时可以询问当事人、证人。

鉴定部门和鉴定人应当提出书面鉴定结论，在鉴定书上签名或者盖章。鉴定人鉴定的，应当由鉴定人所在单位加盖印章，证明鉴定人身份。

第七十三条 勘验物证或者现场，勘验人必须出示人民法院的证件，并邀请当地基层组织或者当事人所在单位派人参加。当事人或者当事人的成年家属应当到场，拒不到场的，不影响勘验的进行。

有关单位和个人根据人民法院的通知，有义务保护现场，协助勘验工作。

勘验人应当将勘验情况和结果制作笔录，由勘验人、当事人和被邀参加人签名或者盖章。

第七十四条 在证据可能灭失或者以后难以取得的情况下，诉讼参加人可以向人民法院申请保全证据，人民法院也可以主动采取保全措施。

第七章 期间、送达

第一节 期　间

第七十五条 期间包括法定期间和人民法院指定的期间。

期间以时、日、月、年计算。期间开始的时和日，不计算在期间内。

期间届满的最后一日是节假日的，以节假日后的第一日为期间届满的日期。

期间不包括在途时间，诉讼文书在期满前交邮的，不算过期。

第七十六条 当事人因不可抗拒的事由或者其他正当理由耽误期限的，在障碍消除后的十日内，可以申请顺延期限，是否准许，由人民法院决定。

第二节 送　达

第七十七条 送达诉讼文书必须有送达回证，由受送达人在送达回证上记明收到日期，签名或者盖章。

受送达人在送达回证上的签收日期为送达日期。

第七十八条 送达诉讼文书，应当直接送交受送达人。受送达人是公民的，本人不在交他的同住成年家属签收；受送达人是法人或者其他组织的，应当由法人的法定代表人、其他组织的主要负责人或者该法人、组织负责收件的人签收；受送达人有诉讼代理人的，可以送交其代理人签收;受送达人已向人民法院指定代收人的,送交代收人签收。

受送达人的同住成年家属,法人或者其他组织的负责收件的人,诉讼代理人或者代收人在送达回证上签收的日期为送达日期。

第七十九条 受送达人或者他的同住成年家属拒绝接收诉讼文书的,送达人应当邀请有关基层组织或者所在单位的代表到场,说明情况,在送达回证上记明拒收事由和日期,由送达人、见证人签名或者盖章,把诉讼文书留在受送达人的住所,即视为送达。

第八十条 直接送达诉讼文书有困难的,可以委托其他人民法院代为送达,或者邮寄送达。邮寄送达的,以回执上注明的收件日期为送达日期。

第八十一条 受送达人是军人的,通过其所在部队团以上单位的政治机关转交。

第八十二条 受送达人是被监禁的,通过其所在监所或者劳动改造单位转交。

受送达人是被劳动教养的,通过其所在劳动教养单位转交。

第八十三条 代为转交的机关、单位收到诉讼文书后,必须立即交受送达人签收,以在送达回证上的签收日期,为送达日期。

第八十四条 受送达人下落不明,或者用本节规定的其他方式无法送达的,公告送达。自发出公告之日起,经过六十日,即视为送达。

公告送达,应当在案卷中记明原因和经过。

第八章 调 解

第八十五条 人民法院审理民事案件,根据当事人自愿的原则,在事实清楚的基础上,分清是非,进行调解。

第八十六条 人民法院进行调解,可以由审判员一人主持,也可以由合议庭主持,并尽可能就地进行。

人民法院进行调解,可以用简便方式通知当事人、证人到庭。

第八十七条 人民法院进行调解,可以邀请有关单位和个人协助。被邀请的单位和个人,应当协助人民法院进行调解。

第八十八条 调解达成协议,必须双方自愿,不得强迫。调解协议的内容不得违反法律规定。

第八十九条 调解达成协议,人民法院应当制作调解书。调解书应当写明诉讼请求、案件的事实和调解结果。

调解书由审判人员、书记员署名,加盖人民法院印章,送达双方当事人。

调解书经双方当事人签收后,即具有法律效力。

第九十条 下列案件调解达成协议,人民法院可以不制作调解书:

(一)调解和好的离婚案件;

(二)调解维持收养关系的案件;

(三)能够即时履行的案件;

(四)其他不需要制作调解书的案件。

对不需要制作调解书的协议,应当记入笔录,由双方当事人、审判人员、书记员签名或者盖章后,即具有法律效力。

第九十一条 调解未达成协议或者调解书送达前一方反悔的,人民法院应当及时判决。

第九章 财产保全和先予执行

第九十二条 人民法院对于可能因当事人一方的行为或者其他原因,使判决不能执行或者难以执行的案件,可以根据对方当事人的申请,作出财产保全的裁定;当事人没有提出申请的,人民法院在必要时也可以裁定采取财产保全措施。

人民法院采取财产保全措施,可以责令申请人提供担保;申请人不提供担保的,驳回申请。

人民法院接受申请后,对情况紧急的,必须在四十八小时内作出裁定;裁定采取财产保全措施的,应当立即开始执行。

第九十三条 利害关系人因情况紧急,不立即申请财产保全将会使其合法权益受到难以弥补的损害的,可以在起诉前向人民法院申请采取财产保全措施。申请人应当提供担保,不提供担保的,驳回申请。

人民法院接受申请后,必须在四十八小时内作出裁定;裁定采取财产保全措施的,应当立即开始执行。

申请人在人民法院采取保全措施后十五日内不起诉的,人民法院应当解除财产保全。

第九十四条 财产保全限于请求的范围,或者与本案有关的财物。

财产保全采取查封、扣押、冻结或者法律规定的其他方法。

人民法院冻结财产后,应当立即通知被冻结财产的人。

财产已被查封、冻结的,不得重复查封、冻结。

第九十五条 被申请人提供担保的,人民法院应当解除财产保全。

第九十六条 申请有错误的,申请人应当赔偿被申请人因财产保全所遭受的损失。

第九十七条 人民法院对下列案件,根据当事人的申请,可以裁定先予执行:

(一)追索赡养费、扶养费、抚育费、抚恤金、医疗费用的;

(二)追索劳动报酬的;

(三)因情况紧急需要先予执行的。

第九十八条 人民法院裁定先予执行的，应当符合下列条件：

(一)当事人之间权利义务关系明确，不先予执行将严重影响申请人的生活或者生产经营的；

(二)被申请人有履行能力。

人民法院可以责令申请人提供担保，申请人不提供担保的，驳回申请。申请人败诉的，应当赔偿被申请人因先予执行遭受的财产损失。

第九十九条 当事人对财产保全或者先予执行的裁定不服的，可以申请复议一次。复议期间不停止裁定的执行。

第十章 对妨害民事诉讼的强制措施

第一百条 人民法院对必须到庭的被告，经两次传票传唤，无正当理由拒不到庭的，可以拘传。

第一百零一条 诉讼参与人和其他人应当遵守法庭规则。

人民法院对违反法庭规则的人，可以予以训诫，责令退出法庭或者予以罚款、拘留。

人民法院对哄闹、冲击法庭，侮辱、诽谤、威胁、殴打审判人员，严重扰乱法庭秩序的人，依法追究刑事责任；情节较轻的，予以罚款、拘留。

第一百零二条 诉讼参与人或者其他人有下列行为之一的，人民法院可以根据情节轻重予以罚款、拘留；构成犯罪的，依法追究刑事责任：

(一)伪造、毁灭重要证据，妨碍人民法院审理案件的；

(二)以暴力、威胁、贿买方法阻止证人作证或者指使、贿买、胁迫他人作伪证的；

(三)隐藏、转移、变卖、毁损已被查封、扣押的财产，或者已被清点并责令其保管的财产，转移已被冻结的财产的；

(四)对司法工作人员、诉讼参加人、证人、翻译人员、鉴定人、勘验人、协助执行的人，进行侮辱、诽谤、诬陷、殴打或者打击报复的；

(五)以暴力、威胁或者其他方法阻碍司法工作人员执行职务的；

(六)拒不履行人民法院已经发生法律效力的判决、裁定的。

人民法院对有前款规定的行为之一的单位，可以对其主要负责人或者直接责任人员予以罚款、拘留；构成犯罪的，依法追究刑事责任。

第一百零三条 有义务协助调查、执行的单位有下列行为之一的，人民法院除责令其履行协助义务外，并可以予以罚款：

(一)有关单位拒绝或者妨碍人民法院调查取证的；

(二)银行、信用合作社和其他有储蓄业务的单位接到人民法院协助执行通知书后，拒不协助查询、冻结或者划拨存款的；

(三)有关单位接到人民法院协助执行通知书后，拒不协助扣留被执行人的收入、办理有关财产权证照转移手续、转交有关票证、证照或者其他财产的；

(四)其他拒绝协助执行的。

人民法院对有前款规定的行为之一的单位，可以对其主要负责人或者直接责任人员予以罚款；还可以向监察机关或者有关机关提出予以纪律处分的司法建议。

第一百零四条 对个人的罚款金额，为人民币一千元以下。对单位的罚款金额，为人民币一千元以上三万元以下。

拘留的期限，为十五日以下。

被拘留的人，由人民法院交公安机关看管。在拘留期间，被拘留人承认并改正错误的，人民法院可以决定提前解除拘留。

第一百零五条 拘传、罚款、拘留必须经院长批准。

拘传应当发拘传票。

罚款、拘留应当用决定书。对决定不服的，可以向上一级人民法院申请复议一次。复议期间不停止执行。

第一百零六条 采取对妨害民事诉讼的强制措施必须由人民法院决定。任何单位和个人采取非法拘禁他人或者非法私自扣押他人财产追索债务的，应当依法追究刑事责任，或者予以拘留、罚款。

第十一章 诉讼费用

第一百零七条 当事人进行民事诉讼，应当按照规定交纳案件受理费。财产案件除交纳案件受理费外，并按照规定交纳其他诉讼费用。

当事人交纳诉讼费用确有困难的，可以按照规定向人民法院申请缓交、减交或者免交。

收取诉讼费用的办法另行制定。

第二编 审判程序

第十二章 第一审普通程序

第一节 起诉和受理

第一百零八条 起诉必须符合下列条件：

(一)原告是与本案有直接利害关系的公民、法人和其他组织；

(二)有明确的被告；

(三)有具体的诉讼请求和事实、理由；

(四)属于人民法院受理民事诉讼的范围和受诉人民法院管辖。

第一百零九条 起诉应当向人民法院递交起诉状，并按照被告人数提出副本。

书写起诉状确有困难的，可以口头起诉，由人民法院记入笔录，并告知对方当事人。

第一百一十条 起诉状应当记明下列事项：

(一)当事人的姓名、性别、年龄、民族、职业、工作单位和住所，法人或者其他组织的名称、住所和法定代表人或者主要负责人的姓名、职务；

(二)诉讼请求和所根据的事实与理由；

(三)证据和证据来源，证人姓名和住所。

第一百一十一条 人民法院对符合本法第一百零八条的起诉，必须受理；对下列起诉，分别情形，予以处理：

(一)依照行政诉讼法的规定，属于行政诉讼受案范围的，告知原告提起行政诉讼；

(二)依照法律规定，双方当事人对合同纠纷自愿达成书面仲裁协议向仲裁机构申请仲裁、不得向人民法院起诉的，告知原告向仲裁机构申请仲裁；

(三)依照法律规定，应当由其他机关处理的争议，告知原告向有关机关申请解决；

(四)对不属于本院管辖的案件，告知原告向有管辖权的人民法院起诉；

(五)对判决、裁定已经发生法律效力的案件，当事人又起诉的，告知原告按照申诉处理，但人民法院准许撤诉的裁定除外；

(六)依照法律规定，在一定期限内不得起诉的案件，在不得起诉的期限内起诉的，不予受理；

(七)判决不准离婚和调解和好的离婚案件，判决、调解维持收养关系的案件，没有新的情况、新理由，原告在六个月内又起诉的，不予受理。

第一百一十二条 人民法院收到起诉状或者口头起诉，经审查，认为符合起诉条件的，应当在七日内立案，并通知当事人；认为不符合起诉条件的，应当在七日内裁定不予受理；原告对裁定不服的，可以提起上诉。

第二节 审理前的准备

第一百一十三条 人民法院应当在立案之日起五日内将起诉状副本发送被告，被告在收到之日起十五日内提出答辩状。

被告提出答辩状的，人民法院应当在收到之日起五日内将答辩状副本发送原告。被告不提出答辩状的，不影响人民法院审理。

第一百一十四条 人民法院对决定受理的案件，应当在受理案件通知书和应诉通知书中向当事人告知有关的诉讼权利义务，或者口头告知。

第一百一十五条 合议庭组成人员确定后，应当在三日内告知当事人。

第一百一十六条 审判人员必须认真审核诉讼材料，调查收集必要的证据。

第一百一十七条 人民法院派出人员进行调查时，应当向被调查人出示证件。

调查笔录经被调查人校阅后，由被调查人、调查人签名或者盖章。

第一百一十八条 人民法院在必要时可以委托外地人民法院调查。

委托调查，必须提出明确的项目和要求。受委托人民法院可以主动补充调查。

受委托人民法院收到委托书后，应当在三十日内完成调查。因故不能完成的，应当在上述期限内函告委托人民法院。

第一百一十九条 必须共同进行诉讼的当事人没有参加诉讼的，人民法院应当通知其参加诉讼。

第三节 开庭审理

第一百二十条 人民法院审理民事案件，除涉及国家秘密、个人隐私或者法律另有规定的以外，应当公开进行。

离婚案件，涉及商业秘密的案件，当事人申请不公开审理的，可以不公开审理。

第一百二十一条 人民法院审理民事案件，根据需要进行巡回审理，就地办案。

第一百二十二条 人民法院审理民事案件，应当在开庭三日前通知当事人和其他诉讼参与人。公开审理的，应当公告当事人姓名、案由和开庭的时间、地点。

第一百二十三条 开庭审理前，书记员应当查明当事人和其他诉讼参与人是否到庭，宣布法庭纪律。

开庭审理时，由审判长核对当事人，宣布案由，宣布审判人员、书记员名单，告知当事人有关的诉讼权利义务，询问当事人是否提出回避申请。

第一百二十四条 法庭调查按照下列顺序进行：

(一)当事人陈述；

(二)告知证人的权利义务，证人作证，宣读未到庭的证人证言；

(三)出示书证、物证和视听资料；

(四)宣读鉴定结论；

(五)宣读勘验笔录。

第一百二十五条 当事人在法庭上可以提出新的证据。

当事人经法庭许可，可以向证人、鉴定人、勘验人发问。

当事人要求重新进行调查、鉴定或者勘验的，是否准许，由人民法院决定。

第一百二十六条 原告增加诉讼请求，被告提出反诉，第三人提出与本案有关的诉讼请求，可以合并审理。

第一百二十七条 法庭辩论按照下列顺序进行：

(一)原告及其诉讼代理人发言；

(二)被告及其诉讼代理人答辩；

（三）第三人及其诉讼代理人发言或者答辩；

（四）互相辩论。

法庭辩论终结，由审判长按照原告、被告、第三人的先后顺序征询各方最后意见。

第一百二十八条 法庭辩论终结，应当依法作出判决。判决前能够调解的，还可以进行调解，调解不成的，应当及时判决。

第一百二十九条 原告经传票传唤，无正当理由拒不到庭的，或者未经法庭许可中途退庭的，可以按撤诉处理；被告反诉的，可以缺席判决。

第一百三十条 被告经传票传唤，无正当理由拒不到庭的，或者未经法庭许可中途退庭的，可以缺席判决。

第一百三十一条 宣判前，原告申请撤诉的，是否准许，由人民法院裁定。

人民法院裁定不准许撤诉的，原告经传票传唤，无正当理由拒不到庭的，可以缺席判决。

第一百三十二条 有下列情形之一的，可以延期开庭审理：

（一）必须到庭的当事人和其他诉讼参与人有正当理由没有到庭的；

（二）当事人临时提出回避申请的；

（三）需要通知新的证人到庭，调取新的证据，重新鉴定、勘验，或者需要补充调查的；

（四）其他应当延期的情形。

第一百三十三条 书记员应当将法庭审理的全部活动记入笔录，由审判人员和书记员签名。

法庭笔录应当当庭宣读，也可以告知当事人和其他诉讼参与人当庭或者在五日内阅读。当事人和其他诉讼参与人认为对自己的陈述记录有遗漏或者差错的，有权申请补正。如果不予补正，应当将申请记录在案。

法庭笔录由当事人和其他诉讼参与人签名或者盖章。拒绝签名盖章的，记明情况附卷。

第一百三十四条 人民法院对公开审理或者不公开审理的案件，一律公开宣告判决。

当庭宣判的，应当在十日内发送判决书；定期宣判的，宣判后立即发给判决书。

宣告判决时，必须告知当事人上诉权利、上诉期限和上诉的法院。

宣告离婚判决，必须告知当事人在判决发生法律效力前不得另行结婚。

第一百三十五条 人民法院适用普通程序审理的案件，应当在立案之日起六个月内审结。有特殊情况需要延长的，由本院院长批准，可以延长六个月；还需要延长的，报请上级人民法院批准。

第四节 诉讼中止和终结

第一百三十六条 有下列情形之一的，中止诉讼：

（一）一方当事人死亡，需要等待继承人表明是否参加诉讼的；

（二）一方当事人丧失诉讼行为能力，尚未确定法定代理人的；

（三）作为一方当事人的法人或者其他组织终止，尚未确定权利义务承受人的；

（四）一方当事人因不可抗拒的事由，不能参加诉讼的；

（五）本案必须以另一案的审理结果为依据，而另一案尚未审结的；

（六）其他应当中止诉讼的情形。

中止诉讼的原因消除后，恢复诉讼。

第一百三十七条 有下列情形之一的，终结诉讼：

（一）原告死亡，没有继承人，或者继承人放弃诉讼权利的；

（二）被告死亡，没有遗产，也没有应当承担义务的人的；

（三）离婚案件一方当事人死亡的；

（四）追索赡养费、扶养费、抚育费以及解除收养关系案件的一方当事人死亡的。

第五节 判决和裁定

第一百三十八条 判决书应当写明：

（一）案由、诉讼请求、争议的事实和理由；

（二）判决认定的事实、理由和适用的法律依据；

（三）判决结果和诉讼费用的负担；

（四）上诉期间和上诉的法院。

判决书由审判人员、书记员署名，加盖人民法院印章。

第一百三十九条 人民法院审理案件，其中一部分事实已经清楚，可以就该部分先行判决。

第一百四十条 裁定适用于下列范围：

（一）不予受理；

（二）对管辖权有异议的；

（三）驳回起诉；

（四）财产保全和先予执行；

（五）准许或者不准许撤诉；

（六）中止或者终结诉讼；

（七）补正判决书中的笔误；

（八）中止或者终结执行；

（九）不予执行仲裁裁决；

（十）不予执行公证机关赋予强制执行效力的债权文书；

（十一）其他需要裁定解决的事项。

对前款第（一）、（二）、（三）项裁定，可以上诉。

裁定书由审判人员、书记员署名，加盖人民法院印章。口头裁定的，记入笔录。

第一百四十一条 最高人民法院的判决、裁定，以及依法不准上诉或者超过上诉期没有上诉的判决、裁定，是发生法律效力的判决、裁定。

第十三章 简易程序

第一百四十二条 基层人民法院和它派出的法庭审理事实清楚、权利义务关系明确、争议不大的简单的民事案件，适用本章规定。

第一百四十三条 对简单的民事案件，原告可以口头起诉。

当事人双方可以同时到基层人民法院或者它派出的法庭，请求解决纠纷。基层人民法院或者它派出的法庭可以当即审理，也可以另定日期审理。

第一百四十四条 基层人民法院和它派出的法庭审理简单的民事案件，可以用简便方式随时传唤当事人、证人。

第一百四十五条 简单的民事案件由审判员一人独任审理，并不受本法第一百二十二条、第一百二十四条、第一百二十七条规定的限制。

第一百四十六条 人民法院适用简易程序审理案件，应当在立案之日起三个月内审结。

第十四章 第二审程序

第一百四十七条 当事人不服地方人民法院第一审判决的，有权在判决书送达之日起十五日内向上一级人民法院提起上诉。

当事人不服地方人民法院第一审裁定的，有权在裁定书送达之日起十日内向上一级人民法院提起上诉。

第一百四十八条 上诉应当递交上诉状。上诉状的内容，应当包括当事人的姓名，法人的名称及其法定代表人的姓名或者其他组织的名称及其主要负责人的姓名；原审人民法院名称、案件的编号和案由；上诉的请求和理由。

第一百四十九条 上诉状应当通过原审人民法院提出，并按照对方当事人或者代表人的人数提出副本。

当事人直接向第二审人民法院上诉的，第二审人民法院应当在五日内将上诉状移交原审人民法院。

第一百五十条 原审人民法院收到上诉状，应当在五日内将上诉状副本送达对方当事人，对方当事人在收到之日起十五日内提出答辩状。人民法院应当在收到答辩状之日起五日内将副本送达上诉人。对方当事人不提出答辩状的，不影响人民法院审理。

原审人民法院收到上诉状、答辩状，应当在五日内连同全部案卷和证据，报送第二审人民法院。

第一百五十一条 第二审人民法院应当对上诉请求的有关事实和适用法律进行审查。

第一百五十二条 第二审人民法院对上诉案件，应当组成合议庭，开庭审理。经过阅卷和调查，询问当事人，在事实核对清楚后，合议庭认为不需要开庭审理的，也可以径行判决、裁定。

第二审人民法院审理上诉案件，可以在本院进行，也可以到案件发生地或者原审人民法院所在地进行。

第一百五十三条 第二审人民法院对上诉案件，经过审理，按照下列情形，分别处理：

（一）原判决认定事实清楚，适用法律正确的，判决驳回上诉，维持原判决；

（二）原判决适用法律错误的，依法改判；

（三）原判决认定事实错误，或者原判决认定事实不清，证据不足，裁定撤销原判决，发回原审人民法院重审，或者查清事实后改判；

（四）原判决违反法定程序，可能影响案件正确判决的，裁定撤销原判决，发回原审人民法院重审。

当事人对重审案件的判决、裁定，可以上诉。

第一百五十四条 第二审人民法院对不服第一审人民法院裁定的上诉案件的处理，一律使用裁定。

第一百五十五条 第二审人民法院审理上诉案件，可以进行调解。调解达成协议，应当制作调解书，由审判人员、书记员署名，加盖人民法院印章。调解书送达后，原审人民法院的判决即视为撤销。

第一百五十六条 第二审人民法院判决宣告前，上诉人申请撤回上诉的，是否准许，由第二审人民法院裁定。

第一百五十七条 第二审人民法院审理上诉案件，除依照本章规定外，适用第一审普通程序。

第一百五十八条 第二审人民法院的判决、裁定，是终审的判决、裁定。

第一百五十九条 人民法院审理对判决的上诉案件，应当在第二审立案之日起三个月内审结。有特殊情况需要延长的，由本院院长批准。

人民法院审理对裁定的上诉案件，应当在第二审立案之日起三十日内作出终审裁定。

第十五章 特别程序

第一节 一般规定

第一百六十条 人民法院审理选民资格案件、宣告失踪或者宣告死亡案件、认定公民无民事行为能力或者限制民事行为能力案件和认定财产无主案件，适用本章规定。本章没有规定的，适用本法和其他法律的有关规定。

第一百六十一条 依照本章程序审理的案件，实行一审终审。选民资格案件或者重大、疑难的案件，由审判员组成合议庭审理；其他案件由审判员一人独任审理。

第一百六十二条 人民法院在依照本章程序审理案件的过程中，发现本案属于民事权益争议的，应当裁定终结特别程序，并告知利害关系人可以另行起诉。

第一百六十三条 人民法院适用特别程序审理的案件,应当在立案之日起三十日内或者公告期满后三十日内审结。有特殊情况需要延长的,由本院院长批准。但审理选民资格的案件除外。

第二节 选民资格案件

第一百六十四条 公民不服选举委员会对选民资格的申诉所作的处理决定,可以在选举日的五日以前向选区所在地基层人民法院起诉。

第一百六十五条 人民法院受理选民资格案件后,必须在选举日前审结。

审理时,起诉人、选举委员会的代表和有关公民必须参加。

人民法院的判决书,应当在选举日前送达选举委员会和起诉人,并通知有关公民。

第三节 宣告失踪、宣告死亡案件

第一百六十六条 公民下落不明满二年,利害关系人申请宣告其失踪的,向下落不明人住所地基层人民法院提出。

申请书应当写明失踪的事实、时间和请求,并附有公安机关或者其他有关机关关于该公民下落不明的书面证明。

第一百六十七条 公民下落不明满四年,或者因意外事故下落不明满二年,或者因意外事故下落不明,经有关机关证明该公民不可能生存,利害关系人申请宣告其死亡的,向下落不明人住所地基层人民法院提出。

申请书应当写明下落不明的事实、时间和请求,并附有公安机关或者其他有关机关关于该公民下落不明的书面证明。

第一百六十八条 人民法院受理宣告失踪、宣告死亡案件后,应当发出寻找下落不明人的公告。宣告失踪的公告期间为三个月,宣告死亡的公告期间为一年。因意外事故下落不明,经有关机关证明该公民不可能生存的,宣告死亡的公告期间为三个月。

公告期间届满,人民法院应当根据被宣告失踪、宣告死亡的事实是否得到确认,作出宣告失踪、宣告死亡的判决或者驳回申请的判决。

第一百六十九条 被宣告失踪、宣告死亡的公民重新出现,经本人或者利害关系人申请,人民法院应当作出新判决,撤销原判决。

第四节 认定公民无民事行为能力、限制民事行为能力案件

第一百七十条 申请认定公民无民事行为能力或者限制民事行为能力,由其近亲属或者其他利害关系人向该公民住所地基层人民法院提出。

申请书应当写明该公民无民事行为能力或者限制民事行为能力的事实和根据。

第一百七十一条 人民法院受理申请后,必要时应当对被请求认定为无民事行为能力或者限制民事行为能力的公民进行鉴定。申请人已提供鉴定结论的,应当对鉴定结论进行审查。

第一百七十二条 人民法院审理认定公民无民事行为能力或者限制民事行为能力的案件,应当由该公民的近亲属为代理人,但申请人除外。近亲属互相推诿的,由人民法院指定其中一人为代理人。该公民健康情况许可的,还应当询问本人的意见。

人民法院经审理认定申请有事实根据的,判决该公民为无民事行为能力或者限制民事行为能力人;认定申请没有事实根据的,应当判决予以驳回。

第一百七十三条 人民法院根据被认定为无民事行为能力人、限制民事行为能力人或者他的监护人的申请,证实该公民无民事行为能力或者限制民事行为能力的原因已经消除的,应当作出新判决,撤销原判决。

第五节 认定财产无主案件

第一百七十四条 申请认定财产无主,由公民、法人或者其他组织向财产所在地基层人民法院提出。

申请书应当写明财产的种类、数量以及要求认定财产无主的根据。

第一百七十五条 人民法院受理申请后,经审查核实,应当发出财产认领公告。公告满一年无人认领的,判决认定财产无主,收归国家或者集体所有。

第一百七十六条 判决认定财产无主后,原财产所有人或者继承人出现,在民法通则规定的诉讼时效期间可以对财产提出请求,人民法院审查属实后,应当作出新判决,撤销原判决。

第十六章 审判监督程序

第一百七十七条 各级人民法院院长对本院已经发生法律效力的判决、裁定,发现确有错误,认为需要再审的,应当提交审判委员会讨论决定。

最高人民法院对地方各级人民法院已经发生法律效力的判决、裁定,上级人民法院对下级人民法院已经发生法律效力的判决、裁定,发现确有错误的,有权提审或者指令下级人民法院再审。

第一百七十八条 当事人对已经发生法律效力的判决、裁定,认为有错误的,可以向原审人民法院或者上一级人民法院申请再审,但不停止判决、裁定的执行。

第一百七十九条 当事人的申请符合下列情形之一的,人民法院应当再审:

(一)有新的证据,足以推翻原判决、裁定的;

(二)原判决、裁定认定事实的主要证据不足的;

(三)原判决、裁定适用法律确有错误的;

(四)人民法院违反法定程序,可能影响案件正确

判决、裁定的；

（五）审判人员在审理该案件时有贪污受贿，徇私舞弊，枉法裁判行为的。

人民法院对不符合前款规定的申请，予以驳回。

第一百八十条 当事人对已经发生法律效力的调解书，提出证据证明调解违反自愿原则或者调解协议的内容违反法律的，可以申请再审。经人民法院审查属实的，应当再审。

第一百八十一条 当事人对已经发生法律效力的解除婚姻关系的判决，不得申请再审。

第一百八十二条 当事人申请再审，应当在判决、裁定发生法律效力后二年内提出。

第一百八十三条 按照审判监督程序决定再审的案件，裁定中止原判决的执行。裁定由院长署名，加盖人民法院印章。

第一百八十四条 人民法院按照审判监督程序再审的案件，发生法律效力的判决、裁定是由第一审法院作出的，按照第一审程序审理，所作的判决、裁定，当事人可以上诉；发生法律效力的判决、裁定是由第二审法院作出的，按照第二审程序审理，所作的判决、裁定，是发生法律效力的判决、裁定；上级人民法院按照审判监督程序提审的，按照第二审程序审理，所作的判决、裁定是发生法律效力的判决、裁定。

人民法院审理再审案件，应当另行组成合议庭。

第一百八十五条 最高人民检察院对各级人民法院已经发生法律效力的判决、裁定，上级人民检察院对下级人民法院已经发生法律效力的判决、裁定，发现有下列情形之一的，应当按照审判监督程序提出抗诉：

（一）原判决、裁定认定事实的主要证据不足的；

（二）原判决、裁定适用法律确有错误的；

（三）人民法院违反法定程序，可能影响案件正确判决、裁定的；

（四）审判人员在审理该案件时有贪污受贿，徇私舞弊，枉法裁判行为的。

地方各级人民检察院对同级人民法院已经发生法律效力的判决、裁定，发现有前款规定情形之一的，应当提请上级人民检察院按照审判监督程序提出抗诉。

第一百八十六条 人民检察院提出抗诉的案件，人民法院应当再审。

第一百八十七条 人民检察院决定对人民法院的判决、裁定提出抗诉的，应当制作抗诉书。

第一百八十八条 人民检察院提出抗诉的案件，人民法院再审时，应当通知人民检察院派员出席法庭。

第十七章 督促程序

第一百八十九条 债权人请求债务人给付金钱、有价证券，符合下列条件的，可以向有管辖权的基层人民法院申请支付令：

（一）债权人与债务人没有其他债务纠纷的；

（二）支付令能够送达债务人的。

申请书应当写明请示给付金钱或者有价证券的数量和所根据的事实、证据。

第一百九十条 债权人提出申请后，人民法院应当在五日内通知债权人是否受理。

第一百九十一条 人民法院受理申请后，经审查债权人提供的事实、证据，对债权债务关系明确、合法的，应当在受理之日起十五日内向债务人发出支付令；申请不成立的，裁定予以驳回。

债务人应当自收到支付令之日起十五日内清偿债务，或者向人民法院提出书面异议。

债务人在前款规定的期间不提出异议又不履行支付令的，债权人可以向人民法院申请执行。

第一百九十二条 人民法院收到债务人提出的书面异议后，应当裁定终结督促程序，支付令自行失效，债权人可以起诉。

第十八章 公示催告程序

第一百九十三条 按照规定可以背书转让的票据持有人，因票据被盗、遗失或者灭失，可以向票据支付地的基层人民法院申请公示催告。依照法律规定可以申请公示催告的其他事项，适用本章规定。

申请人应当向人民法院递交申请书，写明票面金额、发票人、持票人、背书人等票据主要内容和申请的理由、事实。

第一百九十四条 人民法院决定受理申请，应当同时通知支付人停止支付，并在三日内发出公告，催促利害关系人申报权利。公示催告的期间，由人民法院根据情况决定，但不得少于六十日。

第一百九十五条 支付人收到人民法院停止支付的通知，应当停止支付，至公示催告程序终结。

公示催告期间，转让票据权利的行为无效。

第一百九十六条 利害关系人应当在公示催告期间向人民法院申报。

人民法院收到利害关系人的申报后，应当裁定终结公示催告程序，并通知申请人和支付人。

申请人或者申报人可以向人民法院起诉。

第一百九十七条 没有人申报的，人民法院应当根据申请人的申请，作出判决，宣告票据无效。判决应当公告，并通知支付人。自判决公告之日起，申请人有权向支付人请求支付。

第一百九十八条 利害关系人因正当理由不能在判决前向人民法院申报的，自知道或者应当知道判决公告之日起一年内，可以向作出判决的人民法院起诉。

第十九章 企业法人破产还债程序

第一百九十九条 企业法人因严重亏损，无力清偿到期债务，债权人可以向人民法院申请宣告债务人破产还债，债务人也可以向人民法院申请宣告破产还债。

第二百条 人民法院裁定宣告进入破产还债程序后，应当在十日内通知债务人和已知的债权人，并发出公告。

债权人应当在收到通知后三十日内，未收到通知的债权人应当自公告之日起三个月内，向人民法院申报债权。逾期未申报债权的，视为放弃债权。

债权人可以组成债权人会议，讨论通过破产财产的处理和分配方案或者和解协议。

第二百零一条 人民法院可以组织有关机关和有关人员成立清算组织。清算组织负责破产财产的保管、清理、估价、处理和分配。清算组织可以依法进行必要的民事活动。

清算组织对人民法院负责并报告工作。

第二百零二条 企业法人与债权人会议达成和解协议的，经人民法院认可后，由人民法院发布公告，中止破产还债程序。和解协议自公告之日起具有法律效力。

第二百零三条 已作为银行贷款等债权的抵押物或者其他担保物的财产，银行和其他债权人享有就该抵押物或者其他担保物优先受偿的权利。抵押物或者其他担保物的价款超过其所担保的债务数额的，超过部分属于破产还债的财产。

第二百零四条 破产财产优先拨付破产费用后，按照下列顺序清偿：

(一)破产企业所欠职工工资和劳动保险费用；

(二)破产企业所欠税款；

(三)破产债权。

破产财产不足清偿同一顺序的清偿要求的，按照比例分配。

第二百零五条 企业法人破产还债，由该企业法人住所地的人民法院管辖。

第二百零六条 全民所有制企业的破产还债程序适用中华人民共和国企业破产法的规定。

不是法人的企业、个体工商户、农村承包经营户、个人合伙，不适用本章规定。

第三编 执行程序

第二十章 一般规定

第二百零七条 发生法律效力的民事判决、裁定，以及刑事判决、裁定中的财产部分，由第一审人民法院执行。

法律规定由人民法院执行的其他法律文书，由被执行人住所地或者被执行的财产所在地人民法院执行。

第二百零八条 执行过程中，案外人对执行标的提出异议的，执行员应当按照法定程序进行审查。理由不成立的，予以驳回；理由成立的，由院长批准中止执行。如果发现判决、裁定确有错误，按照审判监督程序处理。

第二百零九条 执行工作由执行员进行。

采取强制执行措施时，执行员应当出示证件。执行完毕后，应当将执行情况制作笔录，由在场的有关人员签名或者盖章。

基层人民法院、中级人民法院根据需要，可以设立执行机构。执行机构的职责由最高人民法院规定。

第二百一十条 被执行人或者被执行的财产在外地的，可以委托当地人民法院代为执行。受委托人民法院收到委托函件后，必须在十五日内开始执行，不得拒绝。执行完毕后，应当将执行结果及时函复委托人民法院；在三十日内如果还未执行完毕，也应当将执行情况函告委托人民法院。

受委托人民法院自收到委托函件之日起十五日内不执行的，委托人民法院可以请求受委托人民法院的上级人民法院指令受委托人民法院执行。

第二百一十一条 在执行中，双方当事人自行和解达成协议的，执行员应当将协议内容记入笔录，由双方当事人签名或者盖章。

一方当事人不履行和解协议的，人民法院可以根据对方当事人的申请，恢复对原生效法律文书的执行。

第二百一十二条 在执行中，被执行人向人民法院提供担保，并经申请执行人同意的，人民法院可以决定暂缓执行及暂缓执行的期限。被执行人逾期仍不履行的，人民法院有权执行被执行人的担保财产或者担保人的财产。

第二百一十三条 作为被执行人的公民死亡的，以其遗产偿还债务。作为被执行人的法人或者其他组织终止的，由其权利义务承受人履行义务。

第二百一十四条 执行完毕后，据以执行的判决、裁定和其他法律文书确有错误，被人民法院撤销的，对已被执行的财产，人民法院应当作出裁定，责令取得财产的人返还；拒不返还的，强制执行。

第二百一十五条 人民法院制作的调解书的执行，适用本编的规定。

第二十一章 执行的申请和移送

第二百一十六条 发生法律效力的民事判决、裁定，当事人必须履行。一方拒绝履行的，对方当事人可以向人民法院申请执行，也可以由审判员移送执行员执行。

调解书和其他应当由人民法院执行的法律文书，当事人必须履行。一方拒绝履行的，对方当事人可以向人民法院申请执行。

第二百一十七条 对依法设立的仲裁机构的裁决，一方当事人不履行的，对方当事人可以向有管辖权的人民法院申请执行。受申请的人民法院应当执行。

被申请人提出证据证明仲裁裁决有下列情形之一的，经人民法院组成合议庭审查核实，裁定不予执行：

(一)当事人在合同中没有订有仲裁条款或者事后没有达成书面仲裁协议的；

(二)裁决的事项不属于仲裁协议的范围或者仲裁机构无权仲裁的；

(三)仲裁庭的组成或者仲裁的程序违反法定程序的；

(四)认定事实的主要证据不足的；

(五)适用法律确有错误的；

(六)仲裁员在仲裁该案时有贪污受贿，徇私舞弊，枉法裁决行为的。

人民法院认定执行该裁决违背社会公共利益的，裁定不予执行。

裁定书应当送达双方当事人和仲裁机构。

仲裁裁决被人民法院裁定不予执行的，当事人可以根据双方达成的书面仲裁协议重新申请仲裁，也可以向人民法院起诉。

第二百一十八条 对公证机关依法赋予强制执行效力的债权文书，一方当事人不履行的，对方当事人可以向有管辖权的人民法院申请执行，受申请的人民法院应当执行。

公证债权文书确有错误的，人民法院裁定不予执行，并将裁定书送达双方当事人和公证机关。

第二百一十九条 申请执行的期限，双方或者一方当事人是公民的为一年，双方是法人或者其他组织的为六个月。

前款规定的期限，从法律文书规定履行期间的最后一日起计算；法律文书规定分期履行的，从规定的每次履行期间的最后一日起计算。

第二百二十条 执行员接到申请执行书或者移交执行书，应当向被执行人发出执行通知，责令其在指定的期间履行，逾期不履行的，强制执行。

第二十二章 执行措施

第二百二十一条 被执行人未按执行通知履行法律文书确定的义务，人民法院有权向银行、信用合作社和其他有储蓄业务的单位查询被执行人的存款情况，有权冻结、划拨被执行人的存款，但查询、冻结、划拨存款不得超出被执行人应当履行义务的范围。

人民法院决定冻结、划拨存款，应当作出裁定，并发出协助执行通知书，银行、信用合作社和其他有储蓄业务的单位必须办理。

第二百二十二条 被执行人未按执行通知履行法律文书确定的义务，人民法院有权扣留、提取被执行人应当履行义务部分的收入。但应当保留被执行人及其所扶养家属的生活必需费用。

人民法院扣留、提取收入时，应当作出裁定，并发出协助执行通知书，被执行人所在单位、银行、信用合作社和其他有储蓄业务的单位必须办理。

第二百二十三条 被执行人未按执行通知履行法律文书确定的义务，人民法院有权查封、扣押、冻结、拍卖、变卖被执行人应当履行义务部分的财产。但应当保留被执行人及其所扶养家属的生活必需品。

采取前款措施，人民法院应当作出裁定。

第二百二十四条 人民法院查封、扣押财产时，被执行人是公民的，应当通知被执行人或者他的成年家属到场；被执行人是法人或者其他组织的，应当通知其法定代表人或者主要负责人到场。拒不到场的，不影响执行。被执行人是公民的，其工作单位或者财产所在地的基层组织应当派人参加。

对被查封、扣押的财产，执行员必须造具清单，由在场人签名或者盖章后，交被执行人一份。被执行人是公民的，也可以交他的成年家属一份。

第二百二十五条 被查封的财产，执行员可以指定被执行人负责保管。因被执行人的过错造成的损失，由被执行人承担。

第二百二十六条 财产被查封、扣押后，执行员应当责令被执行人在指定期间履行法律文书确定的义务。被执行人逾期不履行的，人民法院可以按照规定交有关单位拍卖或者变卖被查封、扣押的财产。国家禁止自由买卖的物品，交有关单位按照国家规定的价格收购。

第二百二十七条 被执行人不履行法律文书确定的义务，并隐匿财产的，人民法院有权发出搜查令，对被执行人及其住所或者财产隐匿地进行搜查。

采取前款措施，由院长签发搜查令。

第二百二十八条 法律文书指定交付的财物或者票证，由执行员传唤双方当事人当面交付，或者由执行员转交，并由被交付人签收。

有关单位持有该项财物或者票证的，应当根据人民法院的协助执行通知书转交，并由被交付人签收。

有关公民持有该项财物或者票证的，人民法院通知其交出。拒不交出的，强制执行。

第二百二十九条 强制迁出房屋或者强制退出土地，由院长签发公告，责令被执行人在指定期间履行。被执行人逾期不履行的，由执行员强制执行。

强制执行时，被执行人是公民的，应当通知被执行人或者他的成年家属到场；被执行人是法人或者其他组织的，应当通知其法定代表人或者主要负责人到场。

拒不到场的，不影响执行。被执行人是公民的，其工作单位或者房屋、土地所在地的基层组织应当派人参加。执行员应当将强制执行情况记入笔录，由在场人签名或者盖章。

强制迁出房屋被搬出的财物，由人民法院派人运至指定处所，交给被执行人。被执行人是公民的，也可以交给他的成年家属。因拒绝接收而造成的损失，由被执行人承担。

第二百三十条　在执行中，需要办理有关财产权证照转移手续的，人民法院可以向有关单位发出协助执行通知书，有关单位必须办理。

第二百三十一条　对判决、裁定和其他法律文书指定的行为，被执行人未按执行通知履行的，人民法院可以强制执行或者委托有关单位或者其他人完成，费用由被执行人承担。

第二百三十二条　被执行人未按判决、裁定和其他法律文书指定的期间履行给付金钱义务的，应当加倍支付迟延履行期间的债务利息。被执行人未按判决、裁定和其他法律文书指定的期间履行其他义务的，应当支付迟延履行金。

第二百三十三条　人民法院采取本法第二百二十一条、第二百二十二条、第二百二十三条规定的执行措施后，被执行人仍不能偿还债务的，应当继续履行义务。债权人发现被执行人有其他财产的，可以随时请求人民法院执行。

第二十三章　执行中止和终结

第二百三十四条　有下列情形之一的，人民法院应当裁定中止执行：

（一）申请人表示可以延期执行的；

（二）案外人对执行标的提出确有理由的异议的；

（三）作为一方当事人的公民死亡，需要等待继承人继承权利或者承担义务的；

（四）作为一方当事人的法人或者其他组织终止，尚未确定权利义务承受人的；

（五）人民法院认为应当中止执行的其他情形。

中止的情形消失后，恢复执行。

第二百三十五条　有下列情形之一的，人民法院裁定终结执行：

（一）申请人撤销申请的；

（二）据以执行的法律文书被撤销的；

（三）作为被执行人的公民死亡，无遗产可供执行，又无义务承担人的；

（四）追索赡养费、扶养费、抚育费案件的权利人死亡的；

（五）作为被执行人的公民因生活困难无力偿还借款，无收入来源，又丧失劳动能力的；

（六）人民法院认为应当终结执行的其他情形。

第二百三十六条　中止和终结执行的裁定，送达当事人后立即生效。

第四编　涉外民事诉讼程序的特别规定

第二十四章　一般原则

第二百三十七条　在中华人民共和国领域内进行涉外民事诉讼，适用本编规定。本编没有规定的，适用本法其他有关规定。

第二百三十八条　中华人民共和国缔结或者参加的国际条约同本法有不同规定的，适用该国际条约的规定，但中华人民共和国声明保留的条款除外。

第二百三十九条　对享有外交特权与豁免的外国人、外国组织或者国际组织提起的民事诉讼，应当依照中华人民共和国有关法律和中华人民共和国缔结或者参加的国际条约的规定办理。

第二百四十条　人民法院审理涉外民事案件，应当使用中华人民共和国通用的语言、文字。当事人要求提供翻译的，可以提供，费用由当事人承担。

第二百四十一条　外国人、无国籍人、外国企业和组织在人民法院起诉、应诉，需要委托律师代理诉讼的，必须委托中华人民共和国的律师。

第二百四十二条　在中华人民共和国领域内没有住所的外国人、无国籍人、外国企业和组织委托中华人民共和国律师或者其他人代理诉讼，从中华人民共和国领域外寄交或者托交的授权委托书，应当经所在国公证机关证明，并经中华人民共和国驻该国使领馆认证，或者履行中华人民共和国与该所在国订立的有关条约中规定的证明手续后，才具有效力。

第二十五章　管　辖

第二百四十三条　因合同纠纷或者其他财产权益纠纷，对在中华人民共和国领域内没有住所的被告提起的诉讼，如果合同在中华人民共和国领域内签订或者履行，或者诉讼标的物在中华人民共和国领域内，或者被告在中华人民共和国领域内有可供扣押的财产，或者被告在中华人民共和国领域内设有代表机构，可以由合同签订地、合同履行地、诉讼标的物所在地、可供扣押财产所在地、侵权行为地或者代表机构住所地人民法院管辖。

第二百四十四条　涉外合同或者涉外财产权益纠纷的当事人，可以用书面协议选择与争议有实际联系的地点的法院管辖。选择中华人民共和国人民法院管辖的，不得违反本法关于级别管辖和专属管辖的规定。

第二百四十五条　涉外民事诉讼的被告对人民法院管辖不提出异议，并应诉答辩的，视为承认该人民法院为有管辖权的法院。

第二百四十六条　因在中华人民共和国履行中外

合资经营企业合同、中外合作经营企业合同、中外合作勘探开发自然资源合同发生纠纷提起的诉讼，由中华人民共和国人民法院管辖。

第二十六章 送达、期间

第二百四十七条 人民法院对在中华人民共和国领域内没有住所的当事人送达诉讼文书，可以采用下列方式：

（一）依照受送达人所在国与中华人民共和国缔结或者共同参加的国际条约中规定的方式送达；

（二）通过外交途径送达；

（三）对具有中华人民共和国国籍的受送达人，可以委托中华人民共和国驻受送达人所在国的使领馆代为送达；

（四）向受送达人委托的有权代其接受送达的诉讼代理人送达；

（五）向受送达人在中华人民共和国领域内设立的代表机构或者有权接受送达的分支机构、业务代办人送达；

（六）受送达人所在国的法律允许邮寄送达的，可以邮寄送达，自邮寄之日起满六个月，送达回证没有退回，但根据各种情况足以认定已经送达的，期间届满之日视为送达；

（七）不能用上述方式送达的，公告送达，自公告之日起满六个月，即视为送达。

第二百四十八条 被告在中华人民共和国领域内没有住所的，人民法院应当将起诉状副本送达被告，并通知被告在收到起诉状副本后三十日内提出答辩状。被告申请延期的，是否准许，由人民法院决定。

第二百四十九条 在中华人民共和国领域内没有住所的当事人，不服第一审人民法院判决、裁定的，有权在判决书、裁定书送达之日起三十日内提起上诉。被上诉人在收到上诉状副本后，应当在三十日内提出答辩状。当事人不能在法定期间提起上诉或者提出答辩状，申请延期的，是否准许，由人民法院决定。

第二百五十条 人民法院审理涉外民事案件的期间，不受本法第一百三十五条、第一百五十九条规定的限制。

第二十七章 财产保全

第二百五十一条 当事人依照本法第九十二条的规定可以向人民法院申请财产保全。

利害关系人依照本法第九十三条的规定可以在起诉前向人民法院申请财产保全。

第二百五十二条 人民法院裁定准许诉前财产保全后，申请人应当在三十日内提起诉讼。逾期不起诉的，人民法院应当解除财产保全。

第二百五十三条 人民法院裁定准许财产保全后，被申请人提供担保的，人民法院应当解除财产保全。

第二百五十四条 申请有错误的，申请人应当赔偿被申请人因财产保全所遭受的损失。

第二百五十五条 人民法院决定保全的财产需要监督的，应当通知有关单位负责监督，费用由被申请人承担。

第二百五十六条 人民法院解除保全的命令由执行员执行。

第二十八章 仲　裁

第二百五十七条 涉外经济贸易、运输和海事中发生的纠纷，当事人在合同中订有仲裁条款或者事后达成书面仲裁协议，提交中华人民共和国涉外仲裁机构或者其他仲裁机构仲裁的，当事人不得向人民法院起诉。

当事人在合同中没有订有仲裁条款或者事后没有达成书面仲裁协议的，可以向人民法院起诉。

第二百五十八条 当事人申请采取财产保全的，中华人民共和国的涉外仲裁机构应当将当事人的申请，提交被申请人住所地或者财产所在地的中级人民法院裁定。

第二百五十九条 经中华人民共和国涉外仲裁机构裁决的，当事人不得向人民法院起诉。一方当事人不履行仲裁裁决的，对方当事人可以向被申请人住所地或者财产所在地的中级人民法院申请执行。

第二百六十条 对中华人民共和国涉外仲裁机构作出的裁决，被申请人提出证据证明仲裁裁决有下列情形之一的，经人民法院组成合议庭审查核实，裁定不予执行：

（一）当事人在合同中没有订有仲裁条款或者事后没有达成书面仲裁协议的；

（二）被申请人没有得到指定仲裁员或者进行仲裁程序的通知，或者由于其他不属于被申请人负责的原因未能陈述意见的；

（三）仲裁庭的组成或者仲裁的程序与仲裁规则不符的；

（四）裁决的事项不属于仲裁协议的范围或者仲裁机构无权仲裁的。

人民法院认定执行该裁决违背社会公共利益的，裁定不予执行。

第二百六十一条 仲裁裁决被人民法院裁定不予执行的，当事人可以根据双方达成的书面仲裁协议重新申请仲裁，也可以向人民法院起诉。

第二十九章 司法协助

第二百六十二条 根据中华人民共和国缔结或者参加的国际条约，或者按照互惠原则，人民法院和外国法院可以相互请求，代为送达文书、调查取证以及进行其他诉讼行为。

外国法院请求协助的事项有损于中华人民共和国的主权、安全或者社会公共利益的，人民法院不予执行。

第二百六十三条　请求和提供司法协助，应当依照中华人民共和国缔结或者参加的国际条约所规定的途径进行；没有条约关系的，通过外交途径进行。

外国驻中华人民共和国的使领馆可以向该国公民送达文书和调查取证，但不得违反中华人民共和国的法律，并不得采取强制措施。

除前款规定的情况外，未经中华人民共和国主管机关准许，任何外国机关或者个人不得在中华人民共和国领域内送达文书、调查取证。

第二百六十四条　外国法院请求人民法院提供司法协助的请求书及其所附文件，应当附有中文译本或者国际条约规定的其他文字文本。

人民法院请求外国法院提供司法协助的请求书及其所附文件，应当附有该国文字译本或者国际条约规定的其他文字文本。

第二百六十五条　人民法院提供司法协助，依照中华人民共和国法律规定的程序进行。外国法院请求采用特殊方式的，也可以按照其请求的特殊方式进行，但请求采用的特殊方式不得违反中华人民共和国法律。

第二百六十六条　人民法院作出的发生法律效力的判决、裁定，如果被执行人或者其财产不在中华人民共和国领域内，当事人请求执行的，可以由当事人直接向有管辖权的外国法院申请承认和执行，也可以由人民法院依照中华人民共和国缔结或者参加的国际条约的规定，或者按照互惠原则，请求外国法院承认和执行。

中华人民共和国涉外仲裁机构作出的发生法律效力的仲裁裁决，当事人请求执行的，如果被执行人或者其财产不在中华人民共和国领域内，应当由当事人直接向有管辖权的外国法院申请承认和执行。

第二百六十七条　外国法院作出的发生法律效力的判决、裁定，需要中华人民共和国人民法院承认和执行的，可以由当事人直接向中华人民共和国有管辖权的中级人民法院申请承认和执行，也可以由外国法院依照该国与中华人民共和国缔结或者参加的国际条约的规定，或者按照互惠原则，请求人民法院承认和执行。

第二百六十八条　人民法院对申请或者请求承认和执行的外国法院作出的发生法律效力的判决、裁定，依照中华人民共和国缔结或者参加的国际条约，或者按照互惠原则进行审查后，认为不违反中华人民共和国法律的基本原则或者国家主权、安全、社会公共利益的，裁定承认其效力，需要执行的，发出执行令，依照本法的有关规定执行。违反中华人民共和国法律的基本原则或者国家主权、安全、社会公共利益的，不予承认和执行。

第二百六十九条　国外仲裁机构的裁决，需要中华人民共和国人民法院承认和执行的，应当由当事人直接向被执行人住所地或者其财产所在地的中级人民法院申请，人民法院应当依照中华人民共和国缔结或者参加的国际条约，或者按照互惠原则办理。

第二百七十条　本法自公布之日起施行，《中华人民共和国民事诉讼法（试行）》同时废止。

国家主席杨尚昆签发第 45 号令公布《中华人民共和国外商投资企业和外国企业所得税法》

《中华人民共和国外商投资企业和外国企业所得税法》已由中华人民共和国第七届全国人民代表大会第四次会议于 1991 年 4 月 9 日通过，现予公布，自 1991 年 7 月 1 日起施行。

中华人民共和国主席　杨尚昆

1991 年 4 月 9 日

中华人民共和国外商投资企业和外国企业所得税法

第一条　中华人民共和国境内的外商投资企业生产、经营所得和其他所得，依照本法的规定缴纳所得税。

在中华人民共和国境内，外国企业生产、经营所得和其他所得，依照本法的规定缴纳所得税。

第二条　本法所称外商投资企业，是指在中国境内设立的中外合资经营企业、中外合作经营企业和外资企业。

本法所称外国企业，是指在中国境内设立机构、场所，从事生产、经营和虽未设立机构、场所，而有来源于中国境内所得的外国公司、企业和其他经济组织。

第三条　外商投资企业的总机构设在中国境内，就来源于中国境内、境外的所得缴纳所得税。外国企业就来源于中国境内的所得缴纳所得税。

第四条　外商投资企业和外国企业在中国境内设立的从事生产、经营的机构、场所每一纳税年度的收入总额，减除成本、费用以及损失后的余额，为应纳税的所得额。

第五条　外商投资企业的企业所得税和外国企业就其在中国境内设立的从事生产、经营的机构、场所的所得应纳的企业所得税，按应纳税的所得额计算，税率为百分之三十；地方所得税，按应纳税的所得额计算，税率为百分之三。

第六条　国家按照产业政策，引导外商投资方向，鼓励举办采用先进技术、设备，产品全部或者大部分出口的外商投资企业。

第七条 设在经济特区的外商投资企业、在经济特区设立机构、场所从事生产、经营的外国企业和设在经济技术开发区的生产性外商投资企业，减按百分之十五的税率征收企业所得税。

设在沿海经济开放区和经济特区、经济技术开发区所在城市的老市区的生产性外商投资企业，减按百分之二十四的税率征收企业所得税。

设在沿海经济开放区和经济特区、经济技术开发区所在城市的老市区或者设在国务院规定的其他地区的外商投资企业，属于能源、交通、港口、码头或者国家鼓励的其他项目的，可以减按百分之十五的税率征收企业所得税，具体办法由国务院规定。

第八条 对生产性外商投资企业，经营期在十年以上的，从开始获利的年度起，第一年和第二年免征企业所得税，第三年至第五年减半征收企业所得税，但是属于石油、天然气、稀有金属、贵重金属等资源开采项目的，由国务院另行规定。外商投资企业实际经营期不满十年的，应当补缴已免征、减征的企业所得税税款。

本法施行前国务院公布的规定，对能源、交通、港口、码头以及其他重要生产性项目给予比前款规定更长期限的免征、减征企业所得税的优惠待遇，或者对非生产性的重要项目给予免征、减征企业所得税的优惠待遇，在本法施行后继续执行。

从事农业、林业、牧业的外商投资企业和设在经济不发达的边远地区的外商投资企业，依照前两款规定享受免税、减税待遇期满后，经企业申请，国务院税务主管部门批准，在以后的十年内可以继续按应纳税额减征百分之十五至百分之三十的企业所得税。

本法施行后，需要变更前三款的免征、减征企业所得税的规定的，由国务院报全国人民代表大会常务委员会决定。

第九条 对鼓励外商投资的行业、项目，省、自治区、直辖市人民政府可以根据实际情况决定免征、减征地方所得税。

第十条 外商投资企业的外国投资者，将从企业取得的利润直接再投资于该企业，增加注册资本，或者作为资本投资开办其他外商投资企业，经营期不少于五年的，经投资者申请，税务机关批准，退还其再投资部分已缴纳所得税的百分之四十税款，国务院另有优惠规定的，依照国务院的规定办理；再投资不满五年撤出的，应当缴回已退的税款。

第十一条 外商投资企业和外国企业在中国境内设立的从事生产、经营的机构、场所发生年度亏损，可以用下一纳税年度的所得弥补；下一纳税年度的所得不足弥补的，可以逐年延续弥补，但最长不得超过五年。

第十二条 外商投资企业来源于中国境外的所得已在境外缴纳的所得税税款，准予在汇总纳税时，从其应纳税额中扣除，但扣除额不得超过其境外所得依照本法规定计算的应纳税额。

第十三条 外商投资企业或者外国企业在中国境内设立的从事生产、经营的机构、场所与其关联企业之间的业务往来，应当按照独立企业之间的业务往来收取或者支付价款、费用。不按照独立企业之间的业务往来收取或者支付价款、费用，而减少其应纳税的所得额的，税务机关有权进行合理调整。

第十四条 外商投资企业和外国企业在中国境内设立的从事生产、经营的机构、场所设立、迁移、合并、分立、终止以及变更登记主要事项，应当向工商行政管理机关办理登记或者变更、注销登记，并持有关证件向当地税务机关办理税务登记或者变更、注销登记。

第十五条 缴纳企业所得税和地方所得税，按年计算，分季预缴。季度终了后十五日内预缴；年度终了后五个月内汇算清缴，多退少补。

第十六条 外商投资企业和外国企业在中国境内设立的从事生产、经营的机构、场所应当在每次预缴所得税的期限内，向当地税务机关报送预缴所得税申报表；年度终了后四个月内，报送年度所得税申报表和会计决算报表。

第十七条 外商投资企业和外国企业在中国境内设立的从事生产、经营的机构、场所的财务、会计制度，应当报送当地税务机关备查。各项会计记录必须完整准确，有合法凭证作为记账依据。

外商投资企业和外国企业在中国境内设立的从事生产、经营的机构、场所的财务、会计处理办法同国务院有关税收的规定有抵触的，应当依照国务院有关税收的规定计算纳税。

第十八条 外商投资企业进行清算时，其资产净额或者剩余财产减除企业未分配利润、各项基金和清算费用后的余额，超过实缴资本的部分为清算所得，应当依照本法规定缴纳所得税。

第十九条 外国企业在中国境内未设立机构、场所，而有取得的来源于中国境内的利润、利息、租金、特许权使用费和其他所得，或者虽设立机构、场所，但上述所得与其机构、场所没有实际联系的，都应当缴纳百分之二十的所得税。

依照前款规定缴纳的所得税，以实际受益人为纳税义务人，以支付人为扣缴义务人。税款由支付人在每次支付的款额中扣缴。扣缴义务人每次所扣的税款，应当于五日内缴入国库，并向当地税务机关报送扣缴所得税报告表。

对下列所得，免征、减征所得税：

(一)外国投资者从外商投资企业取得的利润，免征所得税；

(二)国际金融组织贷款给中国政府和中国国家银行的利息所得，免征所得税；

(三)外国银行按照优惠利率贷款给中国国家银行的利息所得，免征所得税；

(四)为科学研究、开发能源、发展交通事业、农林牧业生产以及开发重要技术提供专有技术所取得的特许权使用费，经国务院税务主管部门批准，可以减按百分之十的税率征收所得税，其中技术先进或者条件优惠的，可以免征所得税。

除本条规定以外，对于利润、利息、租金、特许权使用费和其他所得，需要给予所得税减征、免征的优惠待遇的，由国务院规定。

第二十条 税务机关有权对外商投资企业和外国企业在中国境内设立的从事生产、经营的机构、场所的财务、会计和纳税情况进行检查；有权对扣缴义务人代扣代缴税款情况进行检查。被检查的单位和扣缴义务人必须据实报告，并提供有关资料，不得拒绝或者隐瞒。

税务机关派出人员进行检查时，应当出示证件，并负责保密。

第二十一条 依照本法缴纳的所得税以人民币为计算单位。所得为外国货币的，应当按照国家外汇管理机关公布的外汇牌价折合成人民币缴纳税款。

第二十二条 纳税义务人未按规定期限缴纳税款的，或者扣缴义务人未按规定期限解缴税款的，税务机关除限期缴纳外，从滞纳税款之日起，按日加收滞纳税款千分之二的滞纳金。

第二十三条 未按规定期限向税务机关办理税务登记或者变更、注销登记的，未按规定期限向税务机关报送所得税申报表、会计决算报表或者扣缴所得税报告表的，或者未将本单位的财务、会计制度报送税务机关备查的，由税务机关责令限期登记或者报送，可以处以五千元以下的罚款。

经税务机关责令限期登记或者报送，逾期仍不向税务机关办理税务登记或者变更登记，或者仍不向税务机关报送所得税申报表、会计决算报表或者扣缴所得税报告表的，由税务机关处以一万元以下的罚款；情节严重的，比照刑法第一百二十一条的规定追究其法定代表人和直接责任人员的刑事责任。

第二十四条 扣缴义务人不履行本法规定的扣缴义务，不扣或者少扣应扣税款的，由税务机关限期追缴应扣未扣税款，可以处以应扣未扣税款一倍以下的罚款。

扣缴义务人未按规定的期限将已扣税款缴入国库的，由税务机关责令限期缴纳，可以处以五千元以下的罚款；逾期仍不缴纳的，由税务机关依法追缴，并处以一万元以下的罚款；情节严重的，比照刑法第一百二十一条的规定追究其法定代表人和直接责任人员的刑事责任。

第二十五条 采取隐瞒、欺骗手段偷税的，或者未按本法规定的期限缴纳税款，经税务机关催缴，在规定的期限内仍不缴纳的，由税务机关追缴其应缴纳税款，并处以应补税款五倍以下的罚款；情节严重的，依照刑法第一百二十一条的规定追究其法定代表人和直接责任人员的刑事责任。

第二十六条 外商投资企业、外国企业或者扣缴义务人同税务机关在纳税上发生争议时，必须先依照规定纳税，然后可在收到税务机关填发的纳税凭证之日起六十日内向上一级税务机关申请复议。上一级税务机关应当自收到复议申请之日起六十日内作出复议决定。对复议决定不服的，可在接到复议决定之日起十五日内向人民法院起诉。

当事人对税务机关的处罚决定不服的，可以在接到处罚通知之日起十五日内，向作出处罚决定的机关的上一级机关申请复议；对复议决定不服的，可以在接到复议决定之日起十五日内，向人民法院起诉。当事人也可以在接到处罚通知之日起十五日内，直接向人民法院起诉。当事人逾期不申请复议或者不向人民法院起诉、又不履行处罚决定的，作出处罚决定的机关可以申请人民法院强制执行。

第二十七条 本法公布前已设立的外商投资企业，依照本法规定，其所得税税率比本法施行前有所提高或者所享受的所得税减征、免征优惠待遇比本法施行前有所减少的，在批准的经营期限内，依照本法施行前法律和国务院有关规定执行；没有经营期限的，在国务院规定的期间内，依照本法施行前法律和国务院有关规定执行。具体办法由国务院规定。

第二十八条 中华人民共和国政府与外国政府所订立的有关税收的协定同本法有不同规定的，依照协定的规定办理。

第二十九条 国务院根据本法制定实施细则。

第三十条 本法自一九九一年七月一日起施行。《中华人民共和国中外合资经营企业所得税法》和《中华人民共和国外国企业所得税法》同时废止。

刑法有关条款

第一百二十一条 违反税收法规、偷税、抗税，情节严重的，除按照税收法规补税并且可以罚款外，对直接责任人员，处三年以下有期徒刑或者拘役。

国务院总理李鹏答采访“两会”中外记者提问

国务院总理李鹏和副总理田纪云、吴学谦、邹家华，应七届全国人大四次会议新闻发言人姚广的邀请，会见采访“两会”的中外记者，回答了他们的提问。

记者招待会于下午四时半在人民大会堂三楼大厅举行。数百名中外记者坐满了会场。

新华社记者：当前世界经济形势急剧变化，贸易和投资市场竞争激烈。请问李鹏总理，您认为90年代的国际经济环境将会给中国实现第二步战略目标带来什么样的影响？

李鹏：我们现在继续实行改革开放的政策，因此，国际经济形势和政治形势，对中国未来十年的建设肯定会有影响。我们认为，现在世界旧的格局已经打破，新的格局尚未形成，世界处于动荡不安之中，国际的经济政治形势对我国既有严峻的一面，也有有利的一面。中国愿意在和平共处五项原则的基础上，和世界上一切国家发展友好关系，包括经贸关系。我们将进一步改善投资环境，进一步加强对外经济合作，并在参与国际经济活动中起积极作用。我们对未来十年的前景是乐观的。我们也在参与国际经济活动。考虑到国际经济、政治形势有严峻的一面，我们要进一步强调自力更生，艰苦奋斗，勤俭建国，在执行对外开放政策的同时，把经济工作的立足点更多地放在依靠自己力量的基础之上。

香港《文汇报》记者：中国和英国双方在香港建设新机场的问题上认识是一致的。为什么双方谈了那么长时间，却没有具体结果？请问双方的分歧到底是在哪里，是经济的因素，还是政治的原因，或是像香港人所说的中国有“提前参与”的问题？

李鹏：香港的启德机场已经饱和，中国支持在香港建立一个新机场。但是由于这项工程规模巨大，耗资甚多，而且跨越1997年，所以中国政府对此有提出问题的必要，也有这个义务。我们希望这个机场能够投资少、效益高，而且不会在1997年后给香港的财政带来负担。最近英国外交大臣赫德先生对中国进行了访问，中英双方就共同关心的问题坦诚友好地交换了意见，当然也谈到了机场的问题。会谈的气氛是好的，虽然还没有达成协议，但是增进了彼此的了解，而且分歧正在缩小。我想告诉大家，在机场的问题上中国政府没有任何私利，我们只是想为1997年政权的顺利交接、香港未来的稳定繁荣和将来特区政权的正常运转创造一个比较好的条件。只要中英双方按照联合声明的精神协商办事，我看一切问题都是可以得到解决的。

苏联广播电台记者：李鹏总理，您去年访问苏联，已经过了一年时间，这段时间内中苏各方面的关系又有发展。下个月江泽民总书记将对苏联进行正式访问，请问您对当前的苏中关系有何看法？

李鹏：江泽民总书记即将对苏联进行正式友好访问，这是对戈尔巴乔夫总统1989年访问中国的回访。在江泽民总书记访问苏联期间，两位领导人将就国际问题和双边关系问题广泛深入地交换意见。中国和苏联是有着7000多公里边界的邻国，在和平共处五项原则的基础上进一步发展两国各个方面的关系，对两国乃至亚洲和世界的和平与发展都是至关重要的。中国和苏联的关系向着睦邻友好的方向发展，不会回到50年代的结盟状态。我相信，江泽民总书记的这次访问将取得圆满成功。

美国《时代》周刊记者：李鹏总理，3月20日《人民日报》海外版登的一首诗除了表面意思外，还有隐含要您下台的意思，请问您怎么看待这个政治事件？

李鹏：这是小事一件，不值一提。中国这么大，人口这么多，有这么几个人反对党和政府的现行政策，这不足为怪。这样一类的事，古今中外，恐怕概莫能外。我想，写这首诗的人不能够代表民意。今天闭幕的七届全国人大第四次会议以绝对多数通过了国务院所提出的国民经济和社会发展的十年规划和“八五”计划纲要以及我代表国务院就纲要所作的报告。这才代表了中国的民意。

台北《联合报》记者：李总理的政府工作报告在草稿中曾提出，台湾近来的种种言论和准备采取的一些措施有助于结束两岸敌对状态，但是后来您在作口头报告的时候把“有助于结束两岸敌对状态”这句话删去了。不知这是您个人临时决定，还是党内事先有过协调。如果是的话，原因是什么呢？

李鹏：我请吴学谦副总理来回答这个问题。

吴学谦：李鹏总理在这次人大会上的报告有一段是讲台湾问题的，它阐述了中央对台湾的一贯政策。李鹏总理在报告中欢迎台湾当局主张国家统一的言论，希望台湾当局多做一些有利于发展两岸关系，实现“三通”的事情，早日实现国共两党谈判，也愿意同台湾各党派、团体和各界人士共商国是。关于刚才记者先生提到的所谓结束敌对状态的问题，我想提醒台湾报纸的各位记者，最近一个时期以来，台湾当局有人不止一次地宣称“动员戡乱时期”终止以后，台湾同大陆的关系还将处于敌对状态，台湾当局坚持反共，等等。这些言论显然不利于促进海峡两岸实现和平统一，也是同不久前发表的台湾所谓“国家统一纲领”中所说两岸应该摒弃敌对状态这句话相矛盾的。

中央人民广播电台记者：众所周知，我国的治理整顿工作已经取得一定的成绩。但是也有人认为治理整顿并没有达到预期效果，甚至有外电报道说治理整顿使我国的经济停滞不前。请问李鹏总理怎么看待这个问题？

李鹏：治理整顿已经取得了预期的效果，过高的通货膨胀率已经得到控制，曾经一度出现的经济滑坡已经基本恢复正常，今年第一季度工业生产的增长速度达到了 13.8%，农业连续两年丰收，整个经济秩序有了初步的好转，过去一直困扰我们的总供给与总需求之间的不平衡的矛盾也处理得比较好。所以，我们说治理整顿取得了明显效果，并为我们进一步改革开放创造了比较宽松的环境与条件。但是治理整顿的一些任务特别是一些深层次的经济问题没有完全得到解决。解决这些问题还需要较长的时间，即使治理整顿结束以后，也还要继续解决。比如说，关于提高企业经济效益的问题，改善财政收支状况的问题，这些都需要经过较长时间的努力才能解决。

英国《每日电讯报》记者：海湾战争期间，中国政府曾多次表示应该用和平的方式而不是用军事的方式来解决争端和冲突。请问，您能不能保证，如果在中国国内出现一些争端，中国政府会用和平的方式而不用军事的方式来处理？

李鹏：我想这是两个性质完全不同的问题。国与国之间的争端，我们一贯主张通过和平协商的办法来解决。至于中国国内问题，大量的属于人民内部矛盾，当然要用处理人民内部矛盾的方式来解决；只有当矛盾激化或者性质已经转变，触犯了中国刑律危及国家和社会的安定的时候，我们才会采取断然的措施。

墨西哥《一加一日报》主编：今后几年中国经济改革取得成功的保障是什么？

李鹏：这次全国人民代表大会通过的国民经济和社会发展十年规划和“八五”计划纲要，都有改革方面的内容。纲要通过后就获得了法律效力，这就是保障。当然，无论是改革还是经济建设，都离不开国内安定团结的政治局面以及良好的国际环境。

美国《商业日报》记者：请问李总理，一个中国人是否会既是一个爱国者，同时又反对政府、反对社会主义制度？

李鹏：中国《宪法》明确规定中国是以工人阶级为领导的、工农联盟为基础的社会主义国家。所以，一个中国公民既然是爱国者，他同时也应该是一个拥护社会主义制度的人。

《北京日报》记者：中国奥委会已经同意，北京市申请举办 2000 年的奥运会，北京和全国人民对此十分关心。请问李鹏总理，对北京市的这一申请有何看法。

李鹏：去年 9 月在北京成功地举行了亚运会，这证明北京有条件申请举办 2000 年的奥运会。当然，申请 2000 年奥运会的城市很多，有许多竞争者。我们希望，北京市的申请能够得到世界体育界和各个方面更多的支持。如果这个申请获得准许，那么北京市乃至中国政府将不遗余力地把这届奥运会办好。

一名外国记者：中国关于“六四”的案件最近已经审理完毕，赵紫阳的案件是不是也审理完毕？

李鹏：赵紫阳同志的问题是党内的问题。中共十三届四中全会指出他的错误是分裂党、支持动乱。对他的审查是党内的审查，这个审查还在进行中。

日本广播协会记者：最近，中国和苏联的经济交流日益频繁，日本和苏联的经济交流以苏联总统访日为起点也将变得频繁起来。也就是说，由中国、苏联、日本和朝鲜半岛组织起来的远东经济交流圈可能即将形成。请问，中国将在这个交流圈中发挥什么作用，做出什么样的贡献？

李鹏：中国、日本、朝鲜都处在东亚地区，加强相互的经济合作与交流是一件好事，中国政府表示支持，但中国不仅重视和东亚地区国家发展经济贸易关系，也希望与东南亚、欧洲、北美和世界上一切国家发展经济贸易合作关系。

《中国日报》记者：前天国家统计局提供的情况表明，我国企业在今年第一季度效益低、资金周转慢的矛盾仍然没有得到解决。现在国内外有人认为目前的企业承包难以解决这些问题，改革的根本出路在于实现股份制和私有化，请问李鹏总理对此有何评论？今后政府将采取哪些得力措施来提高大中型企业的经济效益？

李鹏：新担任国务院副总理的邹家华同志，他仍兼任国家计委主任，我想请他来回答这个问题。

邹家华：这位记者所关心的企业经济效益问题是中国当前经济工作中很重要的问题，特别是大中型企业的效益问题。搞活大中型企业以及提高这些企业效益的问题，在李鹏总理的报告中有非常明确的阐述。实际上，中国的大中型企业经过十几年的改革已经有了很大的发展。我们的任务是帮助这些大中型企业进一步搞活。搞活这些大中型企业的根本出路就是深化改革，使这些企业更加适应社会主义有计划的商品经济以及计划经济和市场调节相结合的运行机制的需要。形成大中型企业当前所存在的问题有外部原因，也有企业内部原因。深化改革需要从企业外部和内部来进行，比如价格体制改革、资金利率、汇率等方面的改革，对企业承包责任制以及内部人事、资金、管理等方面的改革都是重要的。我们相信通过改革以及企业和国家的共同努力，效益问题是可以逐步解决的。

伊朗通讯社记者：目前伊拉克南部情况很严重。请问中国政府有没有打算向伊拉克南部提供经济援助？

李鹏：我们从新闻媒介了解到伊拉克有些情况很严重。中国政府愿意考虑对他们提供一些人道主义援助。

香港《新报》记者：刚才李鹏总理提到，中英关于香港新机场问题的分歧正在缩小。但为什么到目前为止双方还没有达成一个最后协议，究竟中英双方现在具体的分歧是什么？中方是否担心，英国会在九七年之前把香港的储备花光？中国认为储备问题应该如何解决？现在中英双方的会谈是不是处于僵局？根据你的估计，中国还要多长时间才会最后公开表态支持这个新机场的计划？

李鹏：你刚才讲的是有一些道理的。中英双方在香港兴建机场的问题上，关于财政，也就是香港政府有多少财政储备留给未来的特区政府，确实是有分歧的问题之一。这次赫德外交大臣对中国的访问，双方就此举行了有益的会谈，分歧正在缩小。我想，也许在不久的将来我们可以找到一个解决问题的办法。我已经说过，中国方面在这个问题上没有任何私利，我们是为将来香港特区政府的正常运转着想，同时我们也不希望这个新机场给香港的居民带来更多的负担，譬如增加税赋等等。

德新社记者：在中国和其他国家有许多人认为如果邓小平一旦逝世的话，中国的形势会出现混乱，变得非常不稳定。是否可以说继承邓小平的问题是中国面临的一个非常大的问题？你认为谁会成为未来防止中国出现不稳定的支柱？

李鹏：邓小平同志是中国改革开放政策的总设计师，我们对他非常尊敬。这次我代表政府作的报告中关于建设有中国特色的社会主义问题归纳的12条经验，就凝结了邓小平同志的思想和贡献。1989年中国共产党十三届四中全会建立了以江泽民同志为核心的新的中央领导集体。两年来的工作表明，江泽民同志为核心的党中央受到全党、全军和全国人民的拥护。我相信这个领导核心是完全有能力办好中国的事情的。

邓小平同志总是鼓励新的中央领导集体独立地决策和处理问题，希望我们在实际工作中成熟起来。邓小平同志身体很健康，所以我们不用去谈论你所设想的那种情况。但是，不论出现什么情况，现在的领导集体是有能力保持中国的政治稳定的。刚才有几位记者很关心我还能否担任总理。我不想回避这个问题。我是这个领导集体的一个成员，协助江泽民同志工作。我想中国的稳定也包括中国政府的稳定，因此在本届政府任期内，我这个总理的职位不会有什么变动。顺便再说一下，有的记者此前曾问及我和日本议员渡边美智雄先生在3月初那次谈话。他问在这次人大会议上有没有重大的人事变动。当时我的回答是，不会有什么惊人的变动，我这个总理还会继续担任下去。后来记者报道时没有强调我讲的“惊人”这两个字。这次人大增补了两位副总理、一位国务委员。当时因人大还没有召开，没有作出决定，我当然也不便于透露，这一点大家是会谅解的。

《人民日报》记者：现在世界各国都在谈论建立国际新秩序，请问总理，您认为应该建立什么样的国际新秩序？我国政府应该为此做出哪些努力？

李鹏：现在许多国家政府和舆论界都在谈论建立国际新秩序问题。中国政府认为，和平共处五项原则应该成为国际政治经济新秩序的普遍原则，因为它经受了时间的考验，并且为世界大多数国家所接受。那种由一个大国或者由某些大国组成的集团来主宰世界的新秩序，恐怕不能够对世界的和平与发展提供可靠的保证。中国政府认为国际政治经济新秩序的一条最重要原则，就是互不干涉内政。国家不分大小、强弱、贫富，都是世界大家庭中间平等的一员，它们的权利应该得到尊重。

美国《华盛顿邮报》记者：中国曾经说将公开宣布“六四”中受伤或被打死的人的数字。现在法院说已经基本审理完案件。请问，政府什么时候公开向人民宣布“六四”期间死伤的人数？

李鹏：“六四”事件已经过了两年，现在更多地谈论这个问题已经没有什么必要。但我还是可以回答你所提出的这个问题。

公布“六四”的死亡名单对于中国政府没有什么困难。问题是有些死者的家属本人并不愿意公布死者名单，因为这个事件在中国人民看来是一场暴乱。

我想可能还会有别的记者提出有关这方面的问题，不妨借此机会多讲几句。对于1989年春夏之交在北京发生的那场暴乱，由于价值观念不同、意识形态不同，有不同的评价是完全可以理解的。但只要是没有偏见，尊重客观事实，我想我们都可以在这个问题上找到共同点，那就是如果中国党和政府在那样一种危急的情况下不采取或者说不被迫采取果断措施，就不会有今天中国政局的稳定、经济的发展，也谈不上今后十年推进改革开放、国民经济翻番、人民建立小康的生活，也许连中华人民共和国的存在都成了问题。如果不被迫采取那样果断的措施，那么今天中国必然是一片混乱局面，经济衰退，政治不稳定，其严重程度恐怕不会亚于世界上有些曾经实行社会主义制度的国家。我看中国人民是不愿意看到这种情况在中国出现的。因此，历史将越来越证明中国党和政府在当时采取的措施是必要的。

中国的司法是独立的，政府没有权力也没有必要干预司法部门对案件的具体审理。因此，如果哪位记者要问一些具体的案件，我想应该去问有关的法院、检察院。法院和检察院的领导人在这次人大会议上作的报告，对这方面的问题都讲得很清楚。

《科技日报》记者：李鹏总理讲到我国农业连续两年取得丰收。我想，包括“星火计划”在内的有六大项“科技兴农”的计划，对丰收也起到了积极的作用。今后十年农业要连续上两个台阶，任务还相当艰巨。我想问国务院在今后十年里在依靠科学技术发展农业生产方面有什么新的指导思想和战略部署？

李鹏：田纪云副总理在国务院是主管农业工作的，我想请他回答这个问题。

田纪云：在我们国家，科学技术兴农，可以说是方兴未艾，已经成为推动我国农业生产发展的强大动力。现在有许多农业上适用的科学技术，实际生产中得到推广的面积很小，如果我们把这样一些适用的科学技术加以普遍推广，我们农业的生产力还会大大提高，这可能是保证我们实现到 2000 年农业发展目标的一个根本性的措施。

法国《费加罗报》记者：刚才您说，中国的司法机构是独立的，但是在法院作出判决后，是不是行政机构也可以对判决施加一些影响，比如说对某些人实行大赦等等？

李鹏：中国的法律没有规定有大赦，只有特赦，但实行特赦不是政府的权力，而是全国人大常委会的权力。

苏联《消息报》记者：李鹏先生，我们知道你们认为家庭个人承包责任制将长期继续下去，但是同时你们又多次表示将鼓励采取一些集体经济的做法。那么，你们这种集体经济是什么意思呢？另外，中国目前的经济结构中国家、集体、个人之间的关系是否顺畅，是否有利于经济的发展？

李鹏：在中国的农村实行家庭联产承包责任制已经多年了。实践证明，这个政策是成功的，得到了农民拥护，促进了农业发展，所以这个政策我们将继续执行下去。但是随着农业生产的发展，单是靠这样一种单一的家庭联产承包责任制，不能适应生产力发展的需要，所以现在在中国的农村出现了各种形式的服务体系，有产前产后的服务体系，来解决一家一户所不能解决的问题。可以预料，在未来的十年中，这种服务体系将进一步得到发展，而且会更加完善。这些服务体系大部分是集体办的，也有个体办的。你刚才所说的集体经济，我想也应该包括乡镇办的企业，许多企业是属于集体经济的性质。

《解放军报》记者：您在本次大会的报告中提出要广泛开展拥军优属、拥政爱民活动，进一步增强军民团结和军政团结。请问您对这两年的“双拥”工作有何评价，政府对进一步做好“双拥”工作有什么措施和打算？

李鹏：中国人民解放军是保卫社会主义建设的钢铁长城，还有人民武装警察，他们都是人民的子弟兵，是为人民服务的。拥军优属、拥政爱民活动是我们党、我们国家长期的优良传统，这一传统在新的形势下将进一步得到发扬光大。今年初在福州召开了拥军优属、拥政爱民工作会议。这个会的召开，总结了在新形势下开展“双拥”活动的新经验，这对加强军民团结将起到很大的推动作用。

美国之音记者：中国的一部影片《菊豆》曾经被推荐参加美国奥斯卡奖的评选，您对此是不是感到骄傲？另外，为什么中国的一些电影不能在中国的内地来上映，是不是因为中国政府认为中国人民现在还不够成熟，还不能够来决定哪些影片是好的，哪些是坏的？

李鹏：《菊豆》这部影片我没有看过，所以不能加以评论。至于说到中国党和政府的文艺政策，就是“双百”和“两为”，即百花齐放、百家争鸣，为人民服务、为社会主义服务。我们希望文艺作品能够鼓舞人民奋发向上，为建设社会主义贡献力量。这就是我们说的精神文明建设。

中国新闻社记者：请问邓小平同志是否参与了“八五”计划和十年规划的制订，他是否满意这个文件？

李鹏：“八五”计划和十年规划是在中共中央和国务院领导下制定的。十三届七中全会通过了关于制定这个规划和计划的建议。在文件形成过程中，我们广泛地征求过各个方面人士的意见，当然也征求过一些老同志的意见。我们征求过邓小平同志的意见，也征求过其他一些老同志的意见。邓小平同志对党的十三届七中全会的建议是满意的，其他的老同志也是表示赞成的。邓小平同志现在虽然已经没有任何职务，但他所提出的党的十一届三中全会以来的路线，我们将继续贯彻。邓小平同志继承、发展了毛泽东思想。他的一系列重要著作对我们有着重要的指导意义。

新加坡《联合早报》记者：李总理刚才说到，要加强同东南亚的经济贸易关系。请问，台湾在东南亚大举投资对中国发展同东南亚的关系有什么影响？对柬埔寨问题，中国会不会促使红色高棉接受联合国的方案？面对南沙群岛的问题，中国和越南之间如何改善双边关系？

李鹏：去年中国进一步改善和发展了同东南亚国家的关系，同印度尼西亚恢复了外交关系，和新加坡建立了外交关系。我们准备进一步在政治、经济、科学、教育等各个领域和东南亚国家保持和发展良好关系。我们不反对台湾作为一个地区和东南亚国家发展经贸关系，只要这种关系是民间的。这种关系不会对大陆和这些国家发展经贸关系有什么妨碍。早在去年八九月份，包括红色高棉在内的柬埔寨三方抵抗力量都接受了联合国安理会通过的关于解决柬埔寨问题的文

华厂商联合会、香港贸易发展局、香港美国商会和香港日本商工会等部门的负责人。

香港经济代表团应中国国际贸易促进会邀请前来北京访问。贸促会会长郑鸿业参加了会见。

中共中央总书记江泽民在中南海会见美国施乐公司首席行政总裁保罗·艾磊

国务院总理李鹏在中南海会见联合国副秘书长安斯蒂

李鹏总理对这位联合国高级官员说，在社会发展方面，中国和联合国一直有着良好的、卓有成效的合作关系。他称赞安斯蒂女士对积极开展联合国和中国之间的合作所作出的贡献。

安斯蒂女士也感谢中国对联合国在开展这方面工作方面所给予的支持。

应客人的要求，李鹏介绍了中国社会发展的情况。

李鹏向客人介绍了中国政府关于进一步加强社会发展工作的政策和措施。

他说，为了切实治理社会的丑恶现象和维护社会稳定，中央成立了治安综合治理委员会，其目的是把负责治安的专门机构和广大人民群众的力量都调动起来，使社会上一些不健康的、丑恶的现象能及时得到治理。

国务院副总理田纪云在中南海紫光阁会见亚洲开发银行副行长威廉·汤姆森

中国第7次南极科考船历时130天航行16707海里回到青岛

比利时外交部新闻发言人在布鲁塞尔宣布比利时已“决定恢复同中国的正常关系”

4月11日

国务院总理李鹏同巴布亚新几内亚总理拉比·纳马柳举行会谈

纳马柳说，巴新在台湾问题上的立场是明确的，即承认中华人民共和国是代表中国的唯一合法的政府，台湾是中国领土不可分割的一部分。基于这个立场，并鉴于南太平洋论坛已经和中华人民共和国建立了对话伙伴关系，巴新认为，不宜再接纳作为中华人民共和国一个省的台湾为南太平洋论坛会后的对话伙伴。

李鹏说，中国和巴新同处亚太地区，同属第三世界，在许多领域有着共同利益，在许多重大的国际问题上有着相同和类似的看法。两国发展友好合作关系有着很好的基础，也具备很好的条件，又有广阔的前景。

李鹏说，今后十年，中国面临着繁重的经济建设和社会发展的任务。中国完全有信心实现十年规划提出的目标。

全国人大常委会副委员长孙起孟在人民大会堂会见由参议院预算和财政委员会主席胡安·卡洛斯·罗梅罗率领的阿根廷议会代表团

中国和乌干达在北京签订《中华人民共和国政府和乌干达共和国政府关于派遣中国医疗队赴乌干达工作的协议》

国务院批准北京申办2000年奥运会并组成申办委员会由国务委员北京市市长陈希同任主席国家体委主任伍绍祖任执行主席

4月12日

中共中央总书记江泽民会见巴布亚新几内亚总理拉比·纳马柳

中国和秘鲁两国政府就秘鲁总统阿尔韦托·藤森访华发表新闻公报

一、应中华人民共和国主席杨尚昆的邀请，秘鲁共和国总统阿尔韦托·藤森和夫人于4月9日至12日对中华人民共和国进行了国事访问。

访问期间，中华人民共和国主席杨尚昆和国务院总理李鹏分别同藤森总统进行了会见和会谈。中共中央总书记江泽民会见了藤森总统。国务委员兼外交部长钱其琛到国宾馆看望了藤森总统。

随藤森总统访华的秘鲁工业、商业、旅游和一体化部长维克托·许会拜会了中国政府经贸部长李岚清。

二、中秘两国领导人就当前的国际和地区形势及重大国际问题深入地交换了意见，取得了广泛的一致。

中国方面主张应在和平共处五项原则的基础上建立国际政治和经济新秩序，秘鲁方面对此表示赞同。秘鲁方面重申完全支持国际社会所公认的原则，尤其是联合国宪章所包括的原则。

双方高兴地看到，由包括秘鲁在内的拉美国家组成的里约集团，在努力增进拉美国家的团结与合作、推进一体化事业的发展、促进地区的和平与稳定、协调拉美国家在国际问题上的立场等方面，正日益发挥积极的作用。

三、双方回顾了中秘两国建交20年来双边关系的发展状况，对两国在政治、经济、贸易、科技、文化等领域的合作感到满意。

秘鲁方面重申恪守两国建交公报的原则，坚持一个中国的立场，即中华人民共和国政府是代表全中国的惟一合法政府。中国方面对此表示赞赏。

藤森总统访问期间，中华人民共和国政府经贸部长李岚清和秘鲁共和国政府工业、商业、旅游及一体化部长维克托·许会分别代表本国政府签署了《关于中华人民共和国政府向秘鲁共和国政府提供贷款的协议》，并就中华人民共和国政府向秘鲁共和国政府捐赠物资事宜进行了换文。秘方感谢中方的友好表示。

双方还表示了签订两国领事条约的愿望，并将尽快开始谈判。

四、中秘两国领导人还相互通报了各自国内形势。中方对秘鲁政府在实现社会稳定，克服经济困难方面所取得的进展表示高兴。秘方对中国实行改革开放以来在经济建设中所取得的成就表示赞赏。

五、中秘双方一致认为，藤森总统对中国的访问取得了圆满成功，两国领导人就双边关系和共同关心的重大问题交换意见是重要的和有益的。访问必将推动中秘两国友好合作关系的进一步发展。

藤森总统对中国领导人和人民给予他及随行人员的热情款待表示感谢。藤森总统邀请杨尚昆主席在方便的时候访问秘鲁。杨尚昆主席愉快地接受了邀请。访问具体日期由双方通过外交途径商定。

中宣部在上海召开的全国企业“基本国情基本路线”教育研讨会结束

国家民委在北京召开中央国家机关民族团结进步表彰大会

中共中央政治局常委书记处书记李瑞环在江苏考察

李瑞环在江苏考察工作时强调，在实现第二步战略目标的过程中，必须重视总结实践经验。

李瑞环于 4 月 12 日至 20 日在中共江苏省委书记沈达人、副书记孙家正陪同下，先后考察了苏州、无锡、常州、镇江、扬州、南京等市。李瑞环在听取省委工作汇报后，对江苏改革开放以来的各项工作给予高度评价，并就贯彻落实党的十三届七中全会和七届人大四次会议精神发表重要意见。

李瑞环指出，第二步战略目标是宏伟的，令人鼓舞的，碰到的困难一定会是很多的。为了减少曲折，我们必须重视实践的作用，不断和正确地总结实践经验。他说，重视总结实践经验是马克思主义认识论的一个基本要求，也是我们党的优良传统。我们党就是通过总经实践经验而不断提高，不断成熟，不断走向胜利的。党的七大认真总结了历史经验，制定了正确的路线，指引人民推翻了三座大山，建立了新中国。党的十一届三中全会认真总结了建国后特别是十年“文革”的经验，确立了党的基本路线，实行了改革开放等一系列方针政策，创造了举世公认的成就。他说，总结实践经验也是干部提高水平，增长才干，减少失误，搞好工作的重要环节。只有通过总结经验，才能找到成功和失误的原因，做到坚持正确的，克服错误的，吃一堑长一智，打一仗进一步，不吃糊涂亏，不占糊涂便宜；才能把感性认识上升到理性认识，使个别经验具有普遍意义。

李瑞环指出，党的十一届三中全会以来，全党全国各族人民团结奋斗，做了大量的工作，开拓了崭新的局面。积累了丰富的经验。这些经验是来之不易的，是付出了巨大代价的，是极为珍贵的。前事不忘，后事之师，正确地总结、对待这些经验，对于我们统一思想认识，搞好今后工作，具有十分重要的作用。

中共中央总书记江泽民在中南海会见由民族领导副总书记阿卜杜拉·艾哈迈尔率领的叙利亚阿拉伯复兴社会党代表团

江泽民说，中叙两国人民之间的友谊可以追溯到 1000 多年前的“丝绸之路”；1956 年中叙建交后，两国关系又得到了进一步发展。

江泽民说，和平与发展是当今世界的两大主题，中国和其它发展中国家都希望有一个和平的国际环境，把自己的经济搞上去。在谈到中东问题时，江泽民说，我们一贯支持叙利亚人民收复被占领土的斗争，支持巴勒斯坦人民恢复合法民族权利的斗争；另一方面，我们也希望以色列采取灵活的态度。我们支持召开联合国主持下的、由安理会五个常任理事国和有关各方参加的中东问题国际会议，公正合理地全面解决中东问题。

国家主席杨尚昆接受冰岛新任驻中国大使英维·西古尔杜尔·英瓦松递交的国书

中共中央政治局常委乔石在人民大会堂同叙利亚阿拉伯复兴社会党民族领导副总书记阿卜杜拉·艾哈迈尔会谈

乔石在介绍国内形势时说，中国从本国国情出发制定方针、政策，建设有中国特色的社会主义。当前，中国总的政治、经济形势是好的，但还存在一些困难和问题。全国人民的愿望是社会稳定、安定团结，集中力量进行国内建设。

乔石说，中国将继续实行对外开放政策，同时继续进行政治体制和经济体制改革，加强社会主义民主与法制建设。

艾哈迈尔高度评价中国党和人民所进行的实践和取得的巨大成就。他说，这充分反映了中国建设社会主义方针的正确性。

乔石在阐述中国对国际事务的基本立场时表示，中国一贯反对霸权主义和强权政治，一贯支持包括阿拉伯和巴勒斯坦人民在内的世界各国人民的正义事业。

中共中央委员、中联部部长朱良和叙利亚驻华大使卢特夫拉·海达尔等参加了会谈。

全国人大常委会委员长万里在人民大会堂会见由参议院预算和财政委员会主席胡安·卡洛斯·罗梅罗率领的阿根廷议会代表团

欧共体委员会副主席克里斯托夫森在比利时布鲁塞尔会见国务院副总理上海市市长朱镕基

比利时政府副首相威利·克拉斯在布鲁塞尔会见由国务院副总理上海市市长朱镕基率领的上海代表团

中国葡萄牙联合联络小组第十次会议在澳门结束

以中方首席代表康冀民大使为首的中方代表团和以葡方首席代表卡塔里诺大使为首的葡方代表团出席了本次会议。

今天发表的新闻公报说，会议期间，双方继续就澳门参加有关国际组织问题进行了磋商，并就保持澳门1999年后在国际刑警组织中的地位问题达成了协议。双方对澳门加入亚太经社委员会表示满意，这是双方就此进行磋商和卓有成效合作的成果。双方决定将召开专家会议，继续研究澳门参加有关国际组织问题。

公报说，这次会议双方审议了关于公务员本地化、中文官方地位和法律中译问题工作小组的工作成果。按照两国外长于2月22日在里斯本达成的协议，双方签署了关于中、葡文在澳门地位的会谈纪要。

双方还就澳门政府换发有效期跨越1999年的澳门居民身份证问题达成协议，并签署了会谈纪要。

中国和美国科技合作协定知识产权附件草签仪式在华盛顿举行

中美双方经过4轮谈判，就两国政府间科技合作协定的知识产权附件取得一致意见，并于在华盛顿举行了附件的草签仪式。

中国代表团团长，国家科委政策法律司副司长段瑞春和美国代表团团长，国务院助理国务卿帮办伯莱特分别代表各自政府在文件上签了字。

知识产权附件是中美政府间科技合作协定的一部分，它具体规定了双方执行协定和实施有关协议时应完成或提供知识产权保护的原则，其中包括版权作品，计算机软件，发明专利以及商业秘密信息等知识产品的归属和分享等条款。该附件的草签为中美两国续签于1979年达成的政府间科技合作协定奠定了基础。

中美双方于1988年开始就知识产权问题举行谈判。

中华人民共和国和巴布亚新几内亚独立国政府经济技术合作协定和两国政府关于促进和保护投资协定在北京签署

全国人大教科文卫委员会和国家教育委员会联合在人民大会堂召开纪念《中华人民共和国义务教育法》颁布五周年座谈会

座谈会上，中共中央政治局委员、国务委员兼国家教委主任李铁映作讲话，全国人大常委会副委员长彭冲宣读了全国人大常委会委员长会议关于在年内检查《中华人民共和国义务教育法》贯彻实施情况的决定。

4月13日

中共中央决定吴邦国任中共上海市委书记

省级勘界试点工作联席会议在北京召开

国务院副总理田纪云会见乌拉圭财政和经济部部长恩里克·布拉加表示中国支持南美四国建立南部共同市场

外交部部长钱其琛会见美国前总统卡特

钱其琛在钓鱼台国宾馆会见并宴请了美国前总统吉米·卡特和夫人一行。

钱其琛在会见中说，“你不仅是美国的一位政治家，而且中美关系正常化是在你任总统时完成的。”他说，“打开中美关系的是尼克松总统，他是共和党，你是民主党。建交是在你任职之时完成的。两党当时在对华政策上是一致的，我们希望这种一致能够继续下去。”

钱其琛指出，中美建交已经11年了，中国实行改革开放后发生了巨大的变化。中美的社会制度、文化传统和意识形态不同，但这并没有妨碍两国在1972年打开关系和在1979年建交。他说，这说明中美两国关系可以超越社会制度和意识形态的分歧取得发展。现在比 1972 年尼克松总统访华时两国和两国人民之间的相互了解已经深得多了。

4 月 14 日

北京市政协七届四次会议增补三名港澳人士

北京市政协七届四次会议增补了 7 名政协委员。

新增补的何厚铧委员是北京市政协的第一位澳门人士。他是澳门京阳有限公司董事长，是已故全国人大常委、澳门中华总商会会长何贤先生之子。新增补的两位香港委员，一是香港著名城市规划师曾正麟，一是香港亚细安资源有限公司董事局主席朱飞龙。

这 3 名港澳人士均为无党派人士。

已故爱国将领卫立煌之子卫道然，新近也增补为北京市政协委员。

周恩来泼水铜像在西双版纳自治州景洪县曼听公园落成

全国菜篮子工程成果观摩会在北京农业展览馆开幕

中共中央总书记江泽民在中南海会见美国前总统吉米·卡特一行

卡特首先问候邓小平，问他身体好吗。江泽民说，小平同志身体很好。

在谈到中美关系时，江泽民总书记指出，从 1972 年以来，两国关系的发展就是因为我们之间有着共同的利益。现在我们没有理由不把中美关系逐步恢复和发展起来。中美尽管社会制度和价值观念不同，但两国要增加接触、增进了解。

卡特介绍了卡特中心所从事的各项社会活动，其中包括社会福利、人权、调解地区冲突等。

关于人权，江泽民总书记指出，中国党和政府是十分关心人权的。对于中国来说，最重要的人权就是生存权。在旧中国，人民生活在水深火热之中，根本就没有生存的权利。正如我们当年所唱的毕业歌的歌词所讲的："听吧，满耳是大众的嗟伤！看吧，一年年国土的沦丧！……"这几句话就是对旧中国当时状况的绝好写照。现在我们可以自豪地说，我们解决了 11 亿多人的温饱问题，这在世界上是独一无二的。新中国取得的进步与旧中国相比是天壤之别。对于中国来讲，第二个最重要的问题就是发展，要把中国建设起来，实现现代化是每一个中国人的愿望。

江泽民总书记还说，中国在海外的留学生是爱国的。去年学成归国工作的留学生就有 2000 多人，回国探亲、休假然后又返回国外的有 3000 多人。我相信在美国的留学生和访问学者中，99%以上是怀念祖国的，他们回来是会受到欢迎的。

国务委员、外交部长钱其琛和美国驻中国大使李洁明会见时在座。

国务院总理李鹏在钓鱼台国宾馆会见美国前总统卡特

北京于 4 月 14 日开始实行夏时制

4 月 15 日

中共中央总书记江泽民在四川考察

4 月 15 日至 22 日，江泽民在重庆、攀枝花、成都、德阳、乐山和凉山彝族自治州进行了考察。

江泽民在考察过程中指出：全党同志，特别是各级领导干部，要深刻理解邓小平同志提出的科学技术是第一生产力这个马克思主义观点。他说，当代科学技术突飞猛进，越来越深刻地影响着各国经济和社会发展的进程。未来十年中，我国科学技术能否有较快的发展，将直接影响到"八五"计划和十年规划确定的宏伟目标的实现。因此，各级党委和政府要高度重视科技工作，要结合"八五"计划和十年规划的目标和任务，把发展科技放在经济和社会发展的关键地位切实予以加强。

江泽民考察了四川农业大学小麦研究所的科研工作和乐山市安谷镇的改田改土工作，还深入农民家庭，了解他们依靠科技致富的情况。他指出，要实现规划确定的农业发展目标，必须把发展农业科技同深化农村改革结合起来。要大力发展农村教育，农民有了文化才会在农业生产中更好地运用科学技术。

在考察建设机床厂、重庆机床厂、攀枝花钢铁公司、第二重型机器厂、东方电机厂等大中型企业时，江泽民指出，国营大中型企业是社会主义公有制经济的骨干，目前不少企业设备和技术落后，效益不高，要改变这种状况，必须走加强科学管理、依靠科技进步、加速企业技术改造、提高经济效益的路子。

江泽民在西昌卫星发射中心、成都高科技开发区和西南物理研究所，看到具有世界先进水平的科研成果时，非常高兴。他说，要继续贯彻"经济建设必须依靠科学技术，科学技术工作必须面向经济建设"的方针，搞好科技体制改革，加快我国科学技术发展的步伐，国民经济是科技工作的主战场，要加快科技成果向现实生产力的转化；要跟踪世界新技术发展进程，有重点地发展高技术和高技术产业；要重视和加强基础科学研究，增强科技发展后劲。他还指出，加快科技进步，关键在于稳定和完善促进科技进步的政策，从规划、制度和投入等方面加以保证。要关心爱护科技队伍，最大限度地调动广大科技人员的积极性，并在全党和全社会进一步造成一个尊重知识、尊重人才的良好风尚。

全国纪律检查工作会议在济南召开

会议提出，实现社会主义现代化建设第二步战略目标，是摆在全党面前的极为重要的任务。各级纪检机关要在总结、发展以往为改革和经济建设服务经验的基础上，坚定不移地贯彻党的基本路线，进一步加强党风和廉政建设。

国务院发布禁止使用童工规定

第一条 为保护少年、儿童的身心健康，促进义务教育，根据《中华人民共和国宪法》，制定本规定。

第二条 童工是指未满十六周岁，与单位或者个人发生劳动关系从事有经济收入的劳动或者从事个体劳动的少年、儿童。

未满十六周岁的少年、儿童，参加家庭劳动、学校组织的勤工俭学和省、自治区、直辖市人民政府允许从事的无损于身心健康的、力所能及的辅助性劳动，不属于童工范畴。

第三条 劳动行政部门会同工商行政管理部门、教育行政部门、农业主管部门和企业主管部门以及工会、妇联，负责检查本规定的执行情况。

第四条 禁止国家机关、社会团体、企业事业单位（以下统称为单位）和个体工商户、农户、城镇居民（以下统称为个人）使用童工。

第五条 禁止各种职业介绍机构以及其他单位和个人为未满十六周岁的少年、儿童介绍职业。

第六条 各级工商行政管理部门不得为未满十六周岁的少年、儿童核发个体营业执照。

第七条 父母或者其他监护人不得允许未满十六周岁的子女或者被监护人做童工。

第八条 文艺、体育和特种工艺单位，确需招用未满十六周岁的文艺工作者、运动员和艺徒时，须报经县级以上（含县级，下同）劳动行政部门批准。

文艺工作者、运动员、艺徒概念的界定，由国务院劳动行政部门会同国务院文化、体育主管部门作出具体规定。

按前款规定批准招用的少年、儿童，用人单位应当切实保护他们的身心健康，促使他们在德、智、体诸方面健康成长，并负责创造条件，保证少年、儿童依法接受当地规定年限的义务教育。

第九条 劳动行政部门应当对招工工作加强管理，在办理录用和备案手续时，必须严格核查应招人员的年龄，不符合规定的，一律不予办理。

第十条 对违反本规定使用童工的单位或者个人，劳动行政部门应当责令其立即将童工送回原居住地。童工被送回原居住地所需费用，全部由使用童工的单位或者个人承担。

第十一条 违反本规定使用童工的单位或者个人，对被送回原居住地之前患病或者伤残的童工应当负责治疗，并承担治疗期间的全部医疗和生活费用。医疗终结，由县级劳动鉴定委员会确定其伤残程度，由使用童工的单位或者个人根据其伤残程度发给童工本人致残抚恤费。童工死亡的，使用童工的单位或者个人应当发给童工父母或者其他监护人丧葬补助费，并给予经济赔偿。

前款规定发给各项费用的具体标准和办法，由各省、自治区、直辖市人民政府确定。

对童工伤、残、死亡负有责任的单位和个人，由县级以上劳动行政部门给予行政处罚；构成犯罪的，由司法机关依法追究刑事责任。

第十二条 对下列违反本规定的人员，由县级以上劳动行政部门提请有关主管部门给予行政处分：

（一）使用童工单位的法定代表人（或者主要负责人）和直接责任者；

（二）为未满十六周岁的少年、儿童核发个体营业执照的工商行政管理部门的行政负责人和直接责任者；

（三）为未满十六周岁的少年、儿童介绍职业的职业介绍机构以及有关单位的负责人和直接责任者；

（四）为未满十六周岁的少年、儿童做童工出具假证明的有关单位的直接责任者。

第十三条 有下列行为之一的，由县级以上劳动行政部门处以罚款：

（一）单位或者个人使用童工的；

（二）父母或者其他监护人允许未满十六周岁的少年、儿童做童工，经批评教育仍不改正的；

（三）职业介绍机构以及其他单位或者个人为未满十六周岁的少年、儿童介绍职业的；

（四）单位或者个人为未满十六周岁的少年、儿童做童工出具假证明的。

对使用童工的单位，给予从重处罚，具体罚款标准由各省、自治区、直辖市人民政府规定。本条其余各项罚款标准由国务院劳动行政部门规定。

罚款一律上交国库。

第十四条 有下列行为之一的单位或者个体工商户，由县级以上劳动行政部门提请工商行政管理部门吊销其营业执照：

（一）企业和从事经营活动的事业单位以及个体工

商户使用童工屡教不改、情节严重的；

(二)未满十六周岁的少年、儿童领取个体营业执照的。

第十五条 有下列行为之一，违反治安管理处罚条例的，由公安机关给予治安处罚；构成犯罪的，由司法机关依法追究刑事责任：

(一)拐骗童工的；

(二)虐待童工的；

(三)强令童工冒险作业造成伤亡事故的；

(四)对童工人身健康造成其他伤害的。

第十六条 按照本地区推行义务教育的实施步骤，尚不具备实施初级中等义务教育条件的农村贫困地区，未升入初中的十三至十五周岁的少年，确需从事有经济收入的、力所能及的辅助性劳动，其范围和行业应当严加限制，具体办法由各省、自治区、直辖市人民政府根据实际情况规定。

第十七条 各省、自治区、直辖市人民政府可根据本规定制定实施细则。

第十八条 本规定由劳动部负责解释。

第十九条 本规定自发布之日起施行。

国务院发布中华人民共和国 1991 年特种国债条例

全国个体劳动者第二次代表大会暨第二次全国先进个体劳动者表彰大会在北京召开

会议反映，据统计，到 1990 年底，我国个体劳动者已有 2092.8 万人。去年个体经济工业产值达 642.4 亿元，占全国工业总产值的 2.69%；营业额达 1492 亿元，其中商品零售额 1270 亿元，占社会商品零售总额的 15.3%。全国个体劳动者去年向国家缴纳税金 145 亿元，“七五”期间共缴税 482 亿元，占全国工商税的 5.36%。自从 1986 年 12 月全国个体劳动者召开第一次代表大会以来，广大个体劳动者为国分忧，为民解难，认购国库券达 10.49 亿元，为社会捐献 4.18 亿元；有 5416 万人次参加各种社会义务服务活动，1990 年向第 11 届亚运会捐款 2050 万元，建起了“光彩体育馆”。到 1990 年底，个体劳动者中有中共党员 19.93 万人，建立党支部 3189 个。会议于 18 日闭幕

全国政协副主席杨静仁、民政部部长崔乃夫等出席会议。国家工商行政管理局局长刘敏学在会上讲话。中顾委副主任、中国个体劳动者协会名誉长薄一波在会上讲话。

中顾委副主任中国个体劳动者协会名誉会长薄一波在全国个体劳动者第二次代表大会上发表讲话

各位代表、各位先进个体劳动者：

全国个体劳动者第二次代表大会和第二次全国先进个体劳动者表彰大会今天开幕了，我谨向参加大会的全体代表和全国先进个体劳动者表示热烈的祝贺，并通过你们向全国的个体劳动者表示亲切的问候！

党的十一届三中全会以来，随着改革开放方针的贯彻执行，我国个体经济得到了迅速恢复和发展。个体经济作为公有制经济的补充，在发展生产，繁荣经济，搞活流通，方便群众，安置劳动就业，增加国家财政收入等方面发挥了积极作用。

几年来，个体劳动者中涌现出一批先进模范，今天在这里进行表彰，这是全体个体劳动者的光荣。希望你们同样要做到全心全意为人民服务，做到守法经营，按章纳税，优质服务，自觉地为国家、为人民做出贡献。同时，要主动帮助和带动更多的个体劳动者争当模范，争当先进，带动和帮助更多的群众走上富裕的道路。钱多了，不要用光吃光，那就没有意义了，就违背了国家和人民对你们的希望，要把钱用在扩大再生产和帮助群众致富上。正因为我们国家还不富裕，我们才提出改革开放，允许一部分地区一部分人先富起来，但是，最终目的还是要走共同富裕的道路。走共同富裕的道路，不是“均贫富”，不是“不患寡而不均”，更不是吃“大锅饭”，不是把你们的生活水平拉下来去就低水平，而是把贫穷户的水平提高起来就你们的水平。你们要致富，但是不能忘了国家，忘了人民大众。只有这样做，才能说得上发展个体经济是对公有经济的补充。

现在有些个体劳动者或者叫个体户，总觉得自己是“三等公民”，心里不踏实，总有点疑虑。我可以告诉大家，你们不是“三等公民”。党中央制定的以公有制为主体，多种经济成分并存的政策，在相当长的时期内是不会变的。不要把加强管理、限制消极因素看做是政策变了。这是因为：第一，发展个体经济的政策符合我国现时期的国情，符合人民的意愿；第二，中国有 11.3 亿人口，个体劳动者只有 2092 万人，还不到总人口的零头，在解决就业方面，个体劳动还有广阔天地。个体经济发展的不是多了，而是还很不够。党的十三届七中全会通过的关于制定十年规划和“八五”计划的建议，再次重申了允许和鼓励其他经济成分包括个体经济适当发展的方针。只要你们遵纪守法，按章纳税，按章经营，善于经营，发展生产，搞活流通，就是好样的！何“三等公民”之有？在从事经济活动中，发展了社会生产力，就是为国增光。深刻体会党的方针政策，铭记在心，就等于吃了定心丸！在这里我希望你们要热爱自己的事业，自尊、自爱、自信、自强，维护个体劳动者的整体荣誉。

个体经济在获得发展的同时，也存在着一些不能

忽视的、甚至是很严重的问题。例如有极少数个体劳动者偷税漏税，制造和贩卖伪劣商品，投机倒把，欺行霸市，里勾外联，蒙上欺下，损害国家利益，服务质量很差，等等。这些行为大大损害了国家和人民大众的利益，也损害了你们广大个体劳动者的声誉。这是跟党和国家的政策对着干、顶着干，这是不行的！当然这样做的只是极少数人，但也要警惕，这是害群之马，是几个苍蝇搅浑了一锅粥。话又说回来，我们对极少数违法乱纪的人，也不是一棍子打死，除对他们的违法违纪行为依法处理外，还是要采取教育帮助的方针，依法处理也是教育嘛！

全国各级个体劳动者协会，在当地党和政府的领导下，对个体劳动者进行广泛的思想教育、法制教育和职业道德教育，帮助他们解决生产经营中的问题，维护他们的合法权益，这是好的。但还必须对他们实行监督，监督他们的违法违纪行为，只有这样，才能算起到了党和国家联系个体劳动者的桥梁和纽带作用，协会也才能成为"个体劳动者之家"，为促进个体经济的健康发展起它应有的作用。

当前，我国已经胜利地完成了"七五"计划，开始向社会主义现代化建设的第二步战略目标进军。从1991年到2000年，是我国社会主义现代化建设的历史进程中非常关键的时期，全国上下要在大力提高经济效益和优化经济结构的基础上，使国民生产总值按不变价格计算，到本世纪末比1980年翻两番，人民生活从温饱达到小康。为了实现这个宏伟目标，我们全国人民都要同心同德，努力奋斗。我相信，全国个体劳动者一定会做出自己应有的贡献！

最后，祝大会圆满成功！

祝你们的事业兴旺发达！

国办转发国务院批准的国务院贫困地区经济开发领导小组关于"八五"期间扶贫开发工作部署报告的通知

各省、自治区、直辖市人民政府，国务院各部委、各直属机构：

国务院贫困地区经济开发领导小组《关于"八五"期间扶贫开发工作部署的报告》已经国务院批准，现转发给你们，请贯彻执行。

国务院办公厅

一九九一年四月十五日

关于"八五"期间扶贫开发工作部署的报告

国务院：

在各级党委、政府的领导下，在各部门和社会各界的大力支持下，经过贫困地区干部群众连续五年的艰苦努力，"七五"期间解决大多数贫困地区群众温饱问题的目标已初步实现，全国扶贫开发工作开始进入一个新的阶段。目前扶贫开发总的形势是：东部地区贫困状况明显改善，中部地区有所缓解，西部一些地区依然严重；平原区、丘陵区、浅山区扶贫开发工作进展快、效果好，深山区、石山区、高寒山区、少数民族地区以及库区、地方病高发区任务重、难度大。即使是已经解决温饱的地区，基本生产条件也并没有发生根本性的改变，抵御自然灾害能力低，返贫率高。标准低、差别大、不稳定，是现阶段扶贫开发工作面临的主要问题。

针对这种情况，"八五"期间扶贫开发工作的基本目标是在"七五"期间工作的基础上实现两个稳定：一是加强基本农田建设，提高粮食产量，使贫困地区的多数农户有稳定解决温饱问题的基础；二是发展多种经营，进行资源开发，建立区域性支柱产业，使贫困户有稳定的经济收入来源，为争取到本世纪末贫困地区多数农户过上比较宽裕的生活创造条件。

为了实现上述目标，对"八五"期间扶贫开发工作做如下部署：

一、必须进一步贯彻分级负责的原则。分级负责，关键在省。实践证明，哪个省、区重视扶贫开发工作，领导得力，哪个省、区的扶贫开发工作效果就好，成绩就大。因此，要进一步明确责任，下放权力，下放资金，更充分地发挥省、区在扶贫开发工作中的作用。今后各项扶贫开发资金、物资都要全部分配到省、区，由省、区根据国家确定的原则和办法，统筹安排使用。国务院贫困地区经济开发领导小组主要负责制定发展规划，研究方针政策，指导全面工作，督促检查落实，协调部门关系，沟通各方情况，总结交流经验。"八五"期间，各地特别是贫困面较大的省、区政府，要把扶贫开发工作作为重点纳入工作议程，列入国民经济和社会发展计划。同时，要适当加强各级扶贫开发机构的建设，根据国发〔1990〕15号文件精神，有关地方可在编制总规模不变的前提下，把扶贫开发机构纳入政府行政序列，以解决扶贫任务的长期性同扶贫机构临时性的矛盾，提高综合协调能力。

二、要保证扶贫开发工作的连续性和稳定性。国家在"七五"期间制定和实施的各项优惠政策，"八五"期间要继续执行，认真落实。这些政策主要是放开贫困地区农产品销售价格、对温饱尚未解决的贫困户继续给予减免农业税的照顾、核减国家粮食定购任务、对国家确定的三百零一个重点贫困县继续减免国家能源交通重点建设基金、免征贫困地区新办的开发性企业所得税、减免少数民族贫困地区贫困户购买国库券、从一九八九年起到本期财政管理体制结束止，贫困县上交税收超基数部分全留等。各地人民政府扶持贫困地区的优惠政策也要保持不变。"八五"期间，国家对"七五”期间确定的重点贫困县继续扶持，原有扶贫资金投入规模不减，“三西”农业建设专项资金，在规定期限内保持不变。今后，国家重点扶持的贫困县不再增加。对“七五”期间省、区扶持的贫困县是否调整，由各地根据实际情况自行确定。一九八九年农村人均纯收入低于三百元的非省、区扶持的贫困县应列入省、区扶持的贫困县范围。“八五”期间省、区扶持的贫困县确定后报国务院贫困地区经济开发领导小组备案。

三、继续增加对贫困地区的投入。第一，“八五”期间，国家每年增加五亿元专项扶贫贴息贷款。根据贫困人口和贫困程度全部切块到省、区，集中用于一九八九年农村人均纯收入低于三百元的非国家重点扶持的贫困县。这项贷款由中国人民银行专项安排，中国农业银行组织发放，利率与十亿元专项贴息贷款一致，贫困户和贷款单位使用贷款所付利息为月息二点四厘，与利率之间的差额由省、区补贴。贷款期限一般为五年，特殊项目可适当延长，最长不超过十年。第二，“八五”期间，国家每年拿出一百万吨粮食或给一部分等值的工业品，实行以工代赈。重点用于西南、西北深山区、石山区、少数民族地区以及长期吃返销粮的地区，帮助这些地区建设基本农田、小型农田水利设施，提高粮食产量，减少粮食调入。这项工作由国家计委牵头，会同国务院贫困开发办等有关部门组织落实。各省、区人民政府也要根据这一精神，相应增加对贫困地区的投入。

四、贯彻全面开发、综合治理的方针。要坚持解决贫困户的温饱问题与区域经济开发相结合，坚持增加经济收入与改善基本生产条件相结合，坚持单项的生产性扶持与包括改善生态环境的国土整治相结合，坚持经济开发与解决社会问题相结合，争取在更大范围、更深层次缓解贫困状况。为此，今后五年的扶贫开发工作，要以稳定解决温饱问题为重点，向最贫困、最偏僻、最落后的地区延伸。要在搞好“短、平、快”项目的同时，从贫困地区的长期发展着眼，下硬功夫、苦功夫，集中力量，集中资金，建设基本农田，改善生产条件，加强水、电、路等基础设施建设。要以资源为基础、市场为导向，逐步建立各具特色的区域性支柱产业。特别要注意抓好流通、服务和技术三个环节，解决技术难点，提高产品质量，完善服务体系，打开市场销路，争取实现贫困地区区域性支柱产业开发的高点起步。要在逐步提高生产力水平的基础上，促进贫困地区社会发展，努力解决人畜饮水、基础教育、缺医少药、计划生育等社会问题。

五、“七五”期间，扶贫开发工作进行了一系列重大改革和调整，“八五”期间要继续坚持，并在此基础上不断深化改革，完善办法，提高效益。深化扶贫开发工作的改革，当前最重要的是加强对项目的规划、组织和管理。要通过项目组织扶贫开发工作，通过项目覆盖贫困人口，通过项目匹配扶贫资金，通过项目推广科学技术，通过项目检验扶贫效果。总之，扶贫开发工作要通过项目来进行，体现在项目效益上。针对目前资金、项目组织管理中存在的问题，“八五”期间，对项目的管理要有更明确的要求：(一)在有条件的地方，安排项目要相对集中、联片，项目区要有明确的区域范围。要根据贫困人口的分布确立项目。对项目区的贫困户与非贫困户，要有不同的扶持措施和方式，非贫困户一般不应使用扶贫资金。(二)项目区内需要解决的经济、社会等一系列问题，要一并纳入项目规划，一定几年，分期实施，统筹安排，全面开发，综合治理，根据轻重缓急，逐个解决。投入项目的扶贫资金要根据项目的进度和效益分期拨付。(三)为了解决资金分散、项目分散的问题，来自不同部门、不同渠道、不同性质、不同用途的各项扶贫资金，要集中使用在项目区内，统筹安排，有机组合，相互匹配，形成合力。(四)项目管理要有明确要求和具体指标。项目的内容、效益、进度、资金规模、受益对象、负责人、检查验收等都要写入项目报告。扶贫开发办要切实负起实施项目的组织协调、监督管理、检查验收的责任。

为了提高扶贫开发资金的使用效益，保证项目的顺利进行，从一九九一年开始，对十亿元专项贴息贷款实行差额分配，80%由省、区直接分配到县，20%由省、区掌握调剂，按项目的效益、进度分配，也可以用于针对特殊问题而设立的跨地区、跨县的专门项目。

六、继续组织经济发达地区对口帮助贫困落后地区。利用经济发达地区技术、人才、管理、市场信息以及资金、物资等方面的优势，帮助贫困落后地区进行开发性生产建设。重点是解决支柱产业系列开发各环节上的难点，提高产业开发水平；帮助企业提高管理水平、技术水平、产品质量和经济效益；采取县乡干部挂职交流、劳务输出、以劳助学等多种形式，帮助贫困地区培训人才。

组织对口帮助要以省、区为基本单位分层次进行。经济比较发达的沿海省、市帮助经济比较落后的内地省、区，富县帮穷县，富乡帮穷乡，富村帮穷村，富户帮穷户，先进企业帮落后企业。省际之间的对口帮助由国家计委负责组织，其他各层次的对口帮助由各地政府负责组织。这是充分发挥贫困地区的资源优势和发达地区的经济、技术优势，把贫困地区开发和发达地区发展结合起来的重要形式。要真正建立在互利互惠、共同发展的基础之上，要制订计划、正确指导、精心组织、落在实处。

七、继续动员国家机关和社会各界帮助、支持贫困地区的开发建设。国务院各部门和省直各厅局要进一步发扬全心全意为人民服务、密切联系群众的优良传统，凡是有条件的部门，都要派出扶贫开发工作队，深入基层，定点挂钩，直接参加扶贫开发工作。在此基础上，各部门、各系统都要充分发挥各自的业务优势，加强在贫困地区的行业建设和工作指导。要把扶贫开发作为一项重要内容，纳入本部门、本系统的“八五”计划，充分考虑贫困地区的特殊困难，制定有利于贫困地区发展的优惠政策，帮助其解决社会经济发展过程中与本部门、本系统业务相关的问题，并在资金、物资、技术等方面予以帮助和支持。“七五”期间，社会各界发扬扶贫济困精神，为贫困地区的发展做出了重要贡献，“八五”期间要进一步扩大规模，根据各自的特点和贫困地区的需要，扎扎实实地为贫困地区办好事、办实事。

八、“八五”期间科技扶贫工作的重点是围绕贫困地区区域性支柱产业的系列开发，引进和推广实用技术。各省、区要分别制定各自的科技引进、示范、推广计划。对推广哪些技术，谁来组织推广，在什么范围推广，推广的进度、效益，计划中要有明确要求，分级分期实施。为了更有效地组织这项工作，可以从专项贴息贷款中拿出一部分用于有直接经济效益的项目。各省、区要拿出一些无偿资金投入这项计划，作为试验、补贴以及一些技术引进费用。这项工作要由省（区）科技部门、扶贫开发部门、物资部门和资金管理部门共同组织。国家科委、中国科学院、中国科协、中国农科院及各有关部门要予以指导和支持。

九、加强干部培训和农民实用技术培训。干部培训的重点是提高领导与管理水平，要下功夫花五年左右的时间形成一个培训网络、探索一种更科学有效的教学方式、编写一套更符合实际的培训教材。农民实用技术培训要扩大规模。这项工作要围绕项目进行，并与各省、区制定的科技引进、示范、推广计划结合，与“燎原计划”结合，采取短训班、函授班、职业学校、劳务培训等多种形式进行，不断提高农民的科学文化水平和生产技能。

以上报告如无不妥，请批转各地区、各部门执行。

国务院贫困地区经济开发领导小组

一九九一年三月二十日

国家计委和水利部在北京联合召开全国农村水电暨第二批农村水电初级电气化工作会议

国家计委副主任甘子玉、水利部部长杨振环参加会议。会上109个农村电气化试点达标县和461位农村电气化建设先进工作者受到表彰。

会上国家计委副主任宣读了国务院批转水利部《关于建设第二批农村水电初级电气化县的请示》的通知。

这200个县有7000万人，分布在24个省、区，其中四川省25个、福建省22个、湖南省20个、广西壮族自治区20个；属少数民族、全国和省重点扶贫县以及革命老区的有153个县，占76.5%。据测算，这些农村水电初级电气化县达到标准，需增加220万千瓦装机、总投资90多亿元，计划5年完成。

第六十九届中国出口商品交易会在广州开幕

国务院副总理上海市市长朱镕基率领的上海市代表团在巴黎举行上海经济报告会

报告会由法中委员会主席维乐彬主持。这是今年在这里举行的第四次有关中国经济问题的报告会，也是出席人数最多的一次报告会。维乐彬先生在致词中说，他是怀着格外高兴的心情来听取新任副总理朱镕基的报告的。

朱镕基在讲话中指出，上海市代表团欧洲之行的主要目的是推动中国与各国的合作，促进上海与其姐妹城市间的联系。他说，代表团在法国受到了热情的接待。他深信，中法合作将得到继续发展，中法人民间的传统友谊会进一步加强。

谈到国内形势时，朱镕基强调，中国社会、政治的稳定是举世公认和有目共睹的。这首先是因为中国执行改革开放十年来给中国人民带来了极大的利益。到过中国的外国朋友都认为，目前中国是稳定的。

朱镕基在回答一名记者提问时说，要了解中国的局势，不要只听一两个人的讲话，而要了解98%的人的看法。他还说，中国是稳定的，上海是稳定的，欢迎大家不仅到上海、也到中国其他地方去投资。到中国投资在政治上是完全有保证的。

上海外国投资委员会副主任在会上介绍上海近年来改革开放和利用外资的情况说，上海目前正在加快基础设施建设，以改善投资环境；并采取一系列优惠条件鼓励外商投资。

上海市代表团的报告引起与会经济界人士的极大兴趣，一些企业家还就浦东开发等具体事项向朱镕基提问题。

国家主席杨尚昆在钓鱼台国宾馆会见尼日利亚外交部部长艾克·恩瓦楚库一行

中央军委副主席刘华清上将在钓鱼台国宾馆会见由蒙古国防部长沙嘎勒·扎丹巴中将率领的蒙古军事代表团

外交部部长钱其琛在钓鱼台国宾馆同尼日利亚外交部部长艾克·恩瓦楚库进行会谈

中共中央总书记江泽民就加强科技工作问题致信李瑞环等

瑞环、关根并忍之同志：

鉴于当前世界发展的形势与我国经济建设的展望，深感科技工作亟须进一步抓起来。粉碎“四人帮”以后，邓小平同志在全国科学大会上重申了科学技术是生产力的马克思主义观点，一九八八年又提出科技是第一生产力，这些论述具有伟大的现实意义。望较系统地研究一下，如何加强这方面的宣传教育。

海湾战争使我们进一步认识到科学技术在现代战争中的作用。我们必须尊重科学，重视武器，当然决定性因素是人的素质。我最近看到在美国六十年代、八十年代的“野战法令”中也有这样的论述。海湾战争中，美军每天散发几百万份宣传品，也很重视提高士气。当然，我们和美国有着本质不同的价值观，但由此也使我们更加认识到进一步发挥党的思想政治工作优势的重要性。

正如七中全会的《建议》中所强调的，今后工业发展必须加强科学管理，搞好技术改造，集中精力抓质量品种效益，所有这些都需要发展科学技术。中国劳动力资源丰富，当然不能什么都追求自动化，如兴修水利，就可以充分利用我国丰富的劳动力。但决非所有问题都能靠人力解决。有的产品质量控制，并非人多即能解决；有的效益提高，更非一般劳动力所能及。过去一个体积很大的弱电控制柜，现在只要一个手指大的专用集成电路块（ASIC）即能代替，可靠性还比过去大大提高。过去设计一个芯片，要花两年，现在用CAD（计算机辅助设计）只要一至两周。据说计算机能力已经可以相当于四千亿人所能完成的同等工作量。中国的工业生产还没有越过专业化大生产的阶段。总的来说，由于经济发展水平和历史文化传统等影响，至今大而全、小而全的问题尚未解决。记得“大跃进”时期，不少省市采取各种方式搞载重汽车，包括大梁都用焊接，结果在竞争中自然淘汰，最终还是一汽、二汽等能比较大批量生产的汽车厂立住阵脚。有的产品还要通过国际竞争才能更具有生命力。例如名牌自行车“永久”、“凤凰”、“飞鸽”，固一世之雄也，国内市场尚供不应求，似无需去国际上争夺，但到如今，当年不见经传者打入了国际自行车市场，反过头又在国内市场争雄。这颇值得我们注意。经济是复杂的，除了需要大批量生产的企业，也还要一些品种多、批量少的产业，包括软件产业，它们可使大批量生产的企业产品附加值升高。我国工业的一些基础元件，如密封件、液压件、晶体管、电阻、电容、电感、集成电路等，如果真的都过关了，则可使整机效益大大提高。有的工艺技术改进或产品设计创新，将大大节约能源与原材料，等于建设了若干油田、煤矿、电站及原材料工厂。

至于农业、畜牧业的发展，亦无不与科技有关。如土壤改良、良种培育、杀虫新药、环境模拟、人工授精、催化技术等等，都离不开科技进步。当然，科技发展要与经济建设的发展结合起来，但也不是所有科学研究都能直接结合。总之，基础研究、应用研究、开发研究要合理配置，以利更好地促进生产力的发展。望在宣传报道上始终注意这一点。这三个方面的研究都不可能一蹴而就，更不能一哄而上，而是要适应经济和社会的发展要求，锲而不舍地贯彻互相促进、协调发展的方针。请酌。专此，即致

敬礼

江泽民

一九九一年四月十五日夜于重庆

首都文艺界聚会纪念毛泽东“百花齐放、推陈出新”题词四十周年

4月16日

国务院任命朱穆之为国务院新闻办公室主任

澳门特别行政区区旗区徽评选委员会在北京举行第一次会议

会议研究关于征集澳门特别行政区区旗、区徽图案事宜。会议决定，澳门特别行政区区旗、区徽在内地工艺美术团体和澳门地区范围内征集。评委会将于今年9月30日以前从应征图案中选出15套区旗、区徽图案，在澳门和内地征求意见。

最高人民法院国家教委共青团中央全国总工会全国妇联发出《关于审理少年刑事案件聘请特邀陪审员的联合通知》

国务院总理李鹏在人民大会堂会见出席全国个体劳动者第二次代表大会暨第二次全国先进个体劳动者表彰大会的代表并发表讲话

李鹏说，刚刚结束的七届全国人大四次会议通过的《国民经济和社会发展十年规划和第八个五年计划纲要》，为我们国家展现出一幅宏伟的蓝图。今后十年是我们国家一个重要的发展时期，国营经济、集体经济、私营经济、个体经济，都应发挥各自的作用。

李鹏说，党的十一届三中全会以来，由于我们贯彻

改革开放的方针，坚持以社会主义公有制为主体的多种经济成分并存的所有制结构，我国的个体经济、私营经济得到了较快的发展。现在，全国个体劳动者已有2000多万人。个体私营经济的发展，促进了生产，活跃了流通，扩大了就业门路，增加了国家财政收入，较好地满足了人民群众多方面的生活需求。实践证明，我们发展多种经济成分的政策是正确的，个体经济、私营经济的确是社会主义公有制经济的必要的和有益的补充。对个体劳动者在我国经济建设中所起的积极作用，党和政府是给予充分肯定的。

李鹏指出，前一段时间，社会上对发展个体私营经济有些议论，一些个体劳动者因此心存疑虑，担心政策要变。我看这种担心是不必要的。在国家法律规定的范围内发展个体经济、私营经济，不仅已经写入了我国的根本大法——《宪法》中，而且在最近结束的七届人大四次会议通过的《纲要》的报告里，也系统地概括了建设有中国特色的社会主义必须坚持的十二条主要原则，其中之一就是：坚持以社会主义公有制为主体的多种经济成分并存的所有制结构，发挥个体经济、私营经济和其他经济成分对公有制经济的有益的补充作用，并对他们加强正确的管理和引导。这说明，发展多种经济成分并存的所有制结构，是建设有中国特色的社会主义的主要内容之一，是一项长期的方针，不是权宜之计。广大个体劳动者大可消除疑虑，安心守法经营。

李鹏说，当然也必须看到，在个体工商户和私营企业中，还存在一些违法违章行为和消极因素，群众有反应，也引起了社会的关注。这些问题的存在，影响了个体劳动者的整体形象，也不利于个体经济、私营经济的健康发展。我希望广大个体劳动者，增强法制观念，爱祖国，爱社会主义，讲究职业道德，守法经营，照章纳税，自觉接受监督管理。他说，我特别希望这次荣获先进称号的个体劳动者保持荣誉，用自己的模范行动，去影响、带动更多的个体劳动者共同勤劳致富。各级个体劳动者协会，要更好地发挥党和政府联系广大个体劳动者的桥梁和纽带作用。这样多方共同努力，促进个体经济、私营经济的健康发展，使个体劳动者在社会上树立起一个好的形象，以得到全国人民的支持和理解。

李鹏祝愿广大个体劳动者把经营搞得更健康，更有发展，为实现第二步战略目标做出新的贡献。

国务院副总理田纪云，国务委员王丙乾、李贵鲜，国务院秘书长罗干等，参加了会见。

国务院发布《中华人民共和国固定资产投资方向调节税暂行条例》

第一条 为了贯彻国家产业政策，控制投资规模，引导投资方向，调整投资结构，加强重点建设，促进国民经济持续、稳定、协调发展，制定本条例。

第二条 在中华人民共和国境内进行固定资产投资的单位和个人，为固定资产投资方向调节税（以下简称“投资方向调节税”）的纳税义务人（以下简称“纳税人”），应当依照本条例的规定缴纳投资方向调节税。

第三条 投资方向调节税根据国家产业政策和项目经济规模实行差别税率。固定资产投资项目按其单位工程分别确定适用的税率。税目、税率依照本条例所附的《固定资产投资方向调节税税目税率表》执行。

税目税率表未列出的固定资产投资（不包括更新改造投资），税率为百分之十五。

除适用税目税率表中百分之零税率以外的更新改造投资，税率为百分之十。

《固定资产投资方向调节税税目税率表》由国务院定期调整。

第四条 投资方向调节税的计税依据为固定资产投资项目实际完成的投资额，其中更新改造投资项目为建筑工程实际完成的投资额。

第五条 投资方向调节税按固定资产投资项目的单位工程年度计划投资额预缴。年度终了后，按年度实际完成投资额结算，多退少补；项目竣工后，按全部实际完成投资额进行清算，多退少补。

纳税人按年度计划投资额一次缴纳全年税款确有困难的，经税务机关核准，可于当年九月底以前分次缴清应纳税款。

第六条 纳税人在报批固定资产投资项目时，应当将该项目的投资方向调节税税款落实，并列入项目总投资，进行项目的经济和财务评价。但税款不作为设计、施工和其他取费的基数。

第七条 投资方向调节税，除国务院另有规定者外，不得减免。

第八条 投资方向调节税由税务机关负责征收管理。纳税人应当向项目所在地税务机关办理税务登记、纳税鉴定、纳税申报等手续。

第九条 投资方向调节税的征收，实行计划统一管理和投资许可证相结合的源泉控管办法：

（一）各省、自治区、直辖市和计划单列市计委（计经委）汇总本地区的固定资产投资项目计划，经同级税务机关审定各固定资产投资项目适用的税目、税率和应纳税额后，由计划部门下达。

（二）纳税人在使用项目年度投资前，应当到项目所在地税务机关办理税务登记、申报等手续。银行和其他金融机构凭税务机关填发的专用缴款书划拨应纳税款。

（三）计划部门凭纳税凭证发放投资许可证。银行和其他金融机构根据投资许可证，办理固定资产投资项目的拨款、贷款手续。

第十条 投资方向调节税由中国人民建设银行、中国工商银行、中国农业银行、中国银行和交通银行、其他金融机构及有关单位负责代扣代缴。

第十一条 对计划外固定资产投资项目，税务机关除按其适用税率征税外，并可对纳税人处以应纳税额五倍以内的罚款。但适用百分之零税率的计划外固定资产投资项目，由计划部门依照有关规定另行处置。

以更新改造为名进行的基本建设投资，按照基本建设投资的税目税率加倍征税。但适用百分之零税率的投资项目，由计划部门依照有关规定另行处置。

第十二条 纳税人未按本条例规定缴纳税款的，计委(计经委)对预备项目应当取消其立项，对新开工项目不得安排其开工，对续建项目应当取消其年度投资计划规模，并吊销投资许可证；银行和其他金融机构不得为其办理贷款、拨款。

计划、银行等部门违反本条例规定，导致纳税人偷税漏税的，其上级主管部门应当追究有关人员的责任。

第十三条 投资方向调节税征收管理的其他事项，依照《中华人民共和国税收征收管理暂行条例》的规定执行。

第十四条 中外合资经营企业、中外合作经营企业和外资企业的固定资产投资，不适用本条例。

国家禁止发展项目的投资，不适用本条例。计划部门应当依照国家有关法律、法规和方针、政策的规定另行处置。《国家禁止发展项目表》由国务院定期调整。

第十五条 少数民族地区投资方向调节税的优惠办法另行规定。

按照国家规定不纳入计划管理、投资额不满五万元的固定资产投资，投资方向调节税的征收和减免，由省、自治区、直辖市人民政府决定。

第十六条 固定资产投资项目投资许可证由计划部门统一发放和管理。投资许可证的具体管理办法由国家计划委员会规定。

第十七条 本条例由国家税务局负责解释，实施细则由国家税务局制定。

第十八条 本条例自一九九一年度起施行。一九八七年六月二十五日国务院发布的《中华人民共和国建筑税暂行条例》同时废止。

全国“质量 品种 效益年”活动在北京召开第一次电话会议

国务院副总理邹家华在全国“质量、品种、效益年”活动第一次电话会议上指出，“质量、品种、效益年”活动下一步工作重点是狠抓落实，务求实效。要努力在各行各业形成一种人人重视抓质量、品种和效益的社会风气，真正使我国经济素质提高一步。

邹家华说，自国务院决定开展“质量、品种、效益年”活动后，工交战线和商业、建设等行业广大干部职工热烈响应，各地政府和部门都列入了工作的重要议事日程，并把这项工作作为今年整个经济工作的中心环节来抓。各地区、各部门都结合自己实际情况，找准主攻方向，制定了本地区、本部门的具体奋斗目标，并层层分解落实到企业。不少地区还出台了减轻企业负担、增强企业活力、改善企业外部环境的政策措施。随着“质量、品种、效益年”活动的展开，一季度工业生产继续稳定增长，全民所有制工业增长有所加快，大中型企业在生产增长的主导和骨干作用得到了初步发挥。但是，产成品积压严重、经济效益下降等困难并没有得到根本缓解。

他指出，要制止经济效益下降，促进工业生产持续、稳定、协调发展，必须更加深入地开展“质量、品种、效益年”活动，并扎扎实实地抓出成效来。当前特别要注意把全国企业工作会议已经明确的各项政策措施尽快落实到企业。国务院各部门要抓紧做好协调工作。各地区、各部门不要等，要千方百计创造条件，加快落实这些政策，切实增强企业特别是大中型骨干企业活力，提高企业开展“质量、品种、效益年”活动的积极性和主动性。

在谈到当前企业应狠抓哪几方面工作去确保效益年取得实效时，邹家华提出，一要搞好企业内部配套改革，特别要健全和完善和企业内部经济责任制和厂长负责制；二要加强企业管理，特别要加强企业管理基础工作，坚决克服部分企业存在的规章制度不健全，劳动纪律松弛的现象；三要转变经营思想，强化市场观念；四要大力推进技术进步，以市场需求为目标调整产品结构，大力开发新产品新品种；五要牢固树立质量第一的观念，积极推行和完善全面质量管理，建立质量保证体系；六要降低消耗，狠抓扭亏增盈工作；七要充分发动职工群众，群策群力，人人为“质量、品种、效益年”活动做贡献。

邹家华强调说，“质量、品种、效益年”活动必须避免热热闹闹走过场的形式主义，力求务实，立足于成效。今年开展这项活动，不等于说只抓这一年。质量、品种、效益是经济工作的一项长期的、战略性的任务，要坚持不懈地抓下去，要成为经济工作的传统。广大干部职工要树立长期作战的思想。今年作为一个起点要有个突破性进展，特别是企业产成品不要再产生新的积压，亏损企业户数与亏损额不要再增加，企业实现利润不能再滑坡。

在今天的电话会议上，上海市副市长顾传训、广东省副省长张高丽、冶金部副部长殷瑞钰、机电部部长何光远也发了言。国务委员王丙乾、李贵鲜参加了会议。

国家教委关心下一代工作委员会在北京成立

工作委员会是由教育部门和首都教育界离退休的领导干部、老教师、知名老教育家组成的。前教育部副部长张文松任会长，国家教委副主任、党组书记何东昌任名誉会长。

这个组织的任务是指导、组织教育战线离退休的专家、教师、干部和职工，配合学校对青少年学生进行思想政治和道德品质教育。

国家教委关心下一代工作委员会成立大会向全国教育战线离退休的老教师、老专家、老干部发出倡议书，呼吁教育战线有志于青少年学和思想政治教育工作的离退休老同志，在健康状况允许的情况下，到大学生中去，到中学生中去，到小学生中去，到幼儿园的孩子中去，配合学校，开展思想政治和道德品质教育活动。提倡一位老同志联系一所学校、一个学生党支部(一个团支部、一个少先队中队或一个班级)，在青少年中交几位知心朋友。会议建议老同志们根据自身的条件，发挥特长，因地因时，以灵活多样的形式，开展国情教育、革命传统教育、思想理论教育、道德品质教育、法制教育等活动。

国务院总理李鹏在人民大会堂分别会见即将离任的英国驻中国大使唐纳德和新任冰岛驻中国大使英瓦松

国务院总理李鹏在人民大会堂会见由蒙古国防部长沙嘎勒·扎丹巴中将率领的蒙古军事代表团

国防部部长秦基伟上将在钓鱼台国宾馆同蒙古国防部部长沙嘎勒·扎丹巴举行会谈

国务院副总理吴学谦在钓鱼台国宾馆会见南太平洋论坛秘书长亨利·纳萨利

国家计委主任邹家华会见比利时外贸大臣于尔班

国务院副总理上海市市长朱镕基与法国装备部部长贝松在巴黎签订会谈纪要

《纪要》对法国和上海市在建筑、交通、环境、公共工程以及城市基础设施等方面进行的合作进行了总结。《纪要》指出，今后双方将在上海浦东陆家嘴金融中心开发规划、上海钱家塘旧房改造、上海南北交通可行性研究等方面继续进行合作。

法国政府总理米歇尔·罗卡尔在巴黎总理府会见国务院副总理上海市市长朱镕基

中国足协工作会议在北京举行

4月17日

中华人民共和国澳门特别行政区基本法起草委员会第六次全体会议在北京港澳中心举行

会议的主要议程是：重点讨论政治体制、居民的基本权利和义务两个专题小组草拟的基本法条文和附件，同时对其他3个专题小组草拟的条文和附件作进一步讨论。

澳门基本法起草委员会主任委员姬鹏飞在会上发表了讲话。他说，在去年12月举行的第五次全体会议上，委员们讨论了基本法部分章节的条文，提出了一些修改意见和建议。今年2、3月间，各专题小组分别召开了会议，讨论了委员们的意见和建议，对各自负责草拟的条文进行了修改和补充。至此，澳门基本法各章节的条文及附件已基本上都草拟出来。这是基本法起草工作的重大进展，是全体委员们两年来辛勤工作、集思广益、群策群力的结果。委员们认真负责、一丝不苟的态度和专心致志的精神是很值得称赞的。

姬鹏飞希望委员们在这一次会议中畅所欲言，各抒己见，为澳门基本法条文的进一步修改和完善，为今年7月第七次全体会议审议通过澳门基本法(草案)征求意见稿打好基础。

姬鹏飞还说，澳门各界人士就基本法的条文讨论稿提出了一些意见和建议，反映了澳门各界对基本法起草工作的关心和支持。借此机会，我要向澳门基本法咨询委员会的朋友们，向关心和支持澳门基本法起草工作的澳门各界人士表示衷心的感谢。希望咨委会和澳门居民一如既往，发扬积极参与基本法起草工作的精神，与起草委员会共同努力来完成历史赋予我们的光荣任务。

专题小组和区旗区徽评委会分别在会上作了工作报告，然后分组讨论。

首都隆重集会庆祝中国航空工业40年

党和国家领导人江泽民、李鹏、聂荣臻、王震、刘华清、邹家华等题词或写信表示祝贺，勉励航空工业战线继续发扬自力更生、艰苦奋斗、大力协同、无私奉献的精神，为祖国的四化建设作出新的贡献。

1200多名为航空工业作出重大贡献的功臣元勋代表出席集会。

中顾委副主任薄一波到会祝贺。

10名为发展中国航空工业作出突出贡献的科技专家，荣获新中国成立以来首次颁发的航空工业最高荣誉和最高奖励——航空金奖。

会上，64个为航空工业作出重大贡献的先进集体受到表彰，93名先进工作者获航空航天工业部劳动模范称号。62名为创建和发展中国航空工业呕心沥血的老同志获特别荣誉奖。

中国证券市场已初具规模专业证券公司46家营业部200多个

国务院关于表彰国家测绘局第一大地测量队的决定

中国和比利时卢森堡联盟经济贸易科技合作混合委员会第八届会议在北京闭幕

对外经贸部部长李岚清和比利时外贸大臣于尔班在比利时政府向中国政府提供无息贷款的会谈纪要和中比卢第八届混合委会会谈纪要上签字。

中国侨联代表团访问英国

4月18日

社会治安综合治理工作座谈会在北京召开

与会者提出，社会治安综合治理是一项庞大的系统工程，当前必须落实好打击、防范、教育、管理、建设、改造六个方面的工作。同时，全面加强基层政权建设和普法宣传教育，使人人知法、学法、懂法、守法，运用法律武器同一切违法犯罪分子作斗争。

与会者还对落实“谁主管谁负责”的原则作了充分的肯定，认为这是实现综合治理的核心，有利于推动全面工作。它适用于所有党政军部门和各人民团体。

国务院总理李鹏会见第四十二届国际灌溉排水执行理事会会议代表

外交部部长钱其琛在北京会见美国著名政治评论家格根

钱其琛在同美国知名人士谈到中美关系时说，中美两国在经济领域的合作有着很广阔的前景。

钱其琛下午在会见美国著名政治评论家、《美国新闻与世界报道》高级编辑戴维·格根时说，中国的“八五”计划和十年规划中有很多在世界上也属于规模巨大的新项目。他说，美国和其他国家一样，有很多在中国进行包括投资在内的经济合作的机会。

钱其琛在谈及“最惠国待遇”问题时说，如果美国取消中国的“最惠国待遇”，这对中美两国都不利，对香港打击更大。

当格根提到两年来影响美中关系发展的“阴云”时，钱其琛希望中美双方加强接触，增进了解，尽早消除这种“阴云”。

谈到世界新秩序的问题时，钱外长说，如果认为现在世界上只有一个超级大国，并且由这个超级大国来主宰世界，“那是很危险的”。钱其琛说，还有人建议由西欧、日本、美国等少数最发达的国家来主持世界事务，这也行不通，至少不能代表全世界的利益。他说，国家不论大小一律平等，互相尊重主权与领土完整，互不干涉内政，这应该是一个基本原则。

中国苏联边境裁军第三轮谈判在莫斯科结束

中国十九项发明在第十九届日内瓦国际发明与新技术展览会上获奖

福建省微生物研究所刘华珍等研制的“福菇肽”产生菌发酵提取工艺和测定方法获由世界知识产权组织颁发的“世界知识产权组织奖”。刘华珍、北京市育新机械厂的温如意同时还获得本届展览会的金牌。福建省农科院陈敏等研制的水田尿素点深机也获得金奖。获镀金奖的是福建省晋江华强防火涂料厂吴泉发明的高阻燃防火系列涂料和厦门大学杨晓文研制的便携式低强度成像仪。此外，中国发明与新技术还获得了6项铜牌和2项特别奖。

4月19日

全国纪律检查工作会议在济南结束

山东、湖南、广东等12个单位的纪委负责同志在会上交流了加强党风和廉政建设，搞好纪检工作的经验。

今天的会议由中央纪委副书记陈作霖主持，副书记李正亭、王德瑛等出席了会议。

中共中央政治局常委、中纪委书记乔石在会上讲话说，我们在80年代所取得的成就能不能巩固，已被实践证明是正确的路线、方针、政策能不能坚持和发展，我国下个世纪的发展能不能有一个好的基础和起点，都取决于90年代的工作做得怎样。我们做纪检工作的同志，只有深刻认识我们面临任务的艰巨性和紧迫性，才能紧紧围绕党的基本路线，围绕90年代的基本任务，加强党风党纪建设，全面履行党章规定的三项主要任务，充分发挥"保护、惩处、监督、教育"的职能作用。

乔石强调指出，从严治党，严肃执纪，搞好党风建设，是全党和全国人民普遍的强烈要求。我们一定要结合经济建设和改革开放的实际，结合社会主义精神文明建设的实际，来加强党风和廉政建设，从严治党。

在谈到加强对党员的教育时，乔石说，我们必须从我们正在进行的有中国特色社会主义的具体实践出发，运用今天的党员群众、包括新一代的年轻党员能够理解的语言，去进行马克思主义的教育、党的基本知识和党的优良传统的教育，以提高党员的整体素质。

乔石指出，执纪执法不能怕得罪人，要有这样的精神。搞纪检工作难免会得罪人，但我们得罪的是违反纪律的少数人，公正地查处了案件，得到的是广大人民群众和党内绝大多数同志的拥护。对从严治党和党风党纪问题，我们必须坚持不懈地狠抓下去，不严没有出路。只要全党都有坚持从严治党的态度，全党都来抓党风和廉政建设，就能进一步抓出成效来。

乔石说，当前，人民群众对我们党风方面存在的问题，意见是很多的，甚至还相当强烈。这对我们加强党风、党纪建设，既是压力，也是动力。人民群众对我们党风、党纪的状况很关心，寄予殷切的期望，这是一个有利条件。近几年，我们查处的违纪违法案件，有很大一部分是群众举报的。只要我们踏踏实实，雷厉风行，特别是抓住人民群众反映强烈的重大案件，一个一个地查证落实，一个一个地严肃处理，就能得到人民群众的信任和支持，就能使人民群众和全党增强搞好党风建设的信心。

乔石同志在讲话中指出，监督是纪检机关四项职能中的一项，很有必要加强。我们党的干部总要经常不断地接受来自人民群众和党员同志的监督。对监督都要欢迎、支持，正确对待，以利于改善和加强党的领导。

乔石指出，党中央对纪检工作非常重视，对广大纪检干部寄予殷切的期望，新的形势对纪检工作提出了更高的要求。他要求各级党委要切实认真抓好党风建设，要高度重视纪检工作，党委对纪检机关要严格要求，对纪检工作要加强指导。主要领导同志要抽时间过问纪检工作，了解主要情况，对重大违纪案件和党风方面带倾向性的问题，党委要认真讨论研究，对纪检机关给予必要的领导和支持，解决他们在工作中遇到的困难。

国务院总理李鹏会见电气化县工作会议同志并进行座谈

李鹏在会见中指出，"八五"期间规划第二批200个农村水电初级电气化县，对进一步开发小水电资源，对山区人民脱贫致富和加强精神文明建设，都具有十分重要的意义。希望大家共同努力，把这件事情办好。

李鹏在中南海会见了全国电气化县工作会议的同志，并同部分与会同志就如何进一步发展农村小水电问题进行了座谈。

会议反映，"七五"期间，第一批100个农村电气化试点县取得很大成绩。这100个县属国家和省重点扶贫县、老区县，共3000多万人。试点后，这些县以开发当地小水电为龙头，带动经济全面发展，五年发电量增长125%；工农业总产值增长168%；县财政收入翻了两番，人均纯收入增长2倍。

李鹏在座谈会上说，第一批100个农村电气化试点县的工作，已圆满完成。现在看来，国家实行这样一个措施是成功的，促进了这些地区的农村经济发展，改善了当地人民的生活，加强了精神文明建设，节约了木材资源，保护了生态环境。刚才同志们总结的"山区要想变，先办小水电，有了电，富一片"，很形象生动地概括了山区办电的经验。

李鹏谈到第一批100个试点县实现初级电气化时说，国家虽然给予了一定的扶持，但更主要的是靠当地人民群众发扬自力更生、艰苦奋斗的精神，特别是增加了劳务投入，还有地方政府和有关部门给予的支持。靠发动群众，走群众路线，是我们党的优良传统。在新的历史时期，进一步发展小水电，改变山区面貌，要继续发扬这个传统。第一批试点时提出的"自建、自管、自用"、"以电养电"等政策，是符合实际情况的，并且取得了成效。

李鹏讲到今后如何进一步发展小水电说，要因地制宜地开发利用当地的水力资源，先易后难，讲究效益。

李鹏谈到小电网与大电网的关系说，要团结办电，大电网要对小电网扶持，小电网要能够使大电网按照经济的科学的规律运行，逐步规范化。

李鹏强调，农村小水电的发展，对农村精神文明的建设有不可低估的作用。有了电，才能够把广播电视引进广大农村和山区，使广大农民群众了解国内外大事，增加文化知识，活跃文化生活。通过广播电视教育，还可以培养农业技术人才。

李鹏向第一批100个农村电气化试点县取得的成绩表示祝贺。他希望在总结经验的基础上，把第二批200个农村水电初级电气化县的工作，做得更好。

参加会见和座谈的还有国务院副总理田纪云、邹家华和国务院秘书长罗干、水利部部长杨振怀等。

座谈会上，水利部副部长张春园介绍这次工作会议的情况，湖南省慈利县县长尚武、四川省甘洛县县长曲木车和，就本地实现初级电气化县的情况、经验和今后如何进一步发展小水电发言。

国办批转经贸部等部门《关于积极发展边境贸易和经济合作促进边疆繁荣稳定的意见》

外交部发布中华人民共和国外交部关于涉外升挂和使用国旗的规定

国务院副总理邹家华全国人大常委会副委员长彭冲在人民大会堂分别会见苏联最高苏维埃联盟院预算计划财政委员会代表团

西班牙副首相纳尔西斯·塞拉在马德里蒙克罗亚宫会见国务院副总理上海市市长朱镕基

中德两国政府签署1989年两国政府财政合作协定

根据协定，德国政府应在1989年度内向中国政府提供2.2亿马克的财政援助。此协定是从1989年推延下来的。

解放军总政治部和国家人事部发出在全军开展选拔有突出贡献的中青年科学、技术、管理专家的通知

“八六三”计划五周年成果展在北京开幕

新华社报道，民用高科技最新成果荟萃的“863计划”五周年成果展在北京开幕。

这次展览通过大量文字和实物，全面地展示了我国“863计划”中生物技术、信息技术、自动化技术、能源技术和新材料五个领域在“七五”期间的执行情况和所取得的主要成果。其中，还包括国家自然科学基金委员会组织的“863计划的新概念、新构思探索研究”方面的进展和成就，以及我国高温超导材料研究的成就。

“863计划”是根据邓小平同志1986年3月对王大珩等四位科学家建议的批示而制订的高科技发展计划。目前，已取得科研成果400多项。

中国长城电子展览公司主办的1991年计算机产品北京展览会在北京展览馆开幕

4月20日

中华人民共和国澳门特别行政区基本法起草委员会第六次全体会议在北京港澳中心闭幕

几天来，参加会议的全体起草委员认真审议了五个专题小组提交大会的工作报告和基本法各章节的条文及附件，对各专题小组提出的一些问题也进行了研究。经过讨论，委员们对基本法的大部分条文表示同意，同时对一些条文提出了修改意见和建议。

澳门基本法起草委员会主任委员姬鹏飞在闭幕式上讲了话，他说，今年7月，我们将召开第七次全体会议，审议并通过澳门特别行政区基本法(草案)征求意见稿。为此，主任会议决定，本次大会后，各专题小组召开一次会议，提出各章节条文和附件修改稿，于6月召开一次由主任、副主任、正副秘书长、各专题小组召集人参加的主任扩大会议，研究和拟出澳门特别行政区基本法(草案)征求意见稿的讨论稿，提请第七次全体会议审议。他还说，为了起草好澳门特别行政区基本法(草案)征求意见稿，希望澳门基本法咨询委员会进一步收集澳门各界人士对基本法条文讨论稿的意见。起草委员会也将在5月邀请澳门基本法咨询委员会的委员来京与内地草委交流，直接听取大家对基本法条文的意见。现在，基本法的起草工作已进入关键阶段，希望咨询委员会的委员们和我们一起继续为起草出一部好的基本法共同努力。

在下午的会议上，还通过了《中华人民共和国澳门特别行政区基本法起草委员会第六次全体会议公报》。会议决定，起草委员会第七次全体会议将于今年7月9日至13日在北京举行。

晚上，姬鹏飞在北京贵宾楼饭店宴请了出席这次全体会议的起草委员。

《人民日报》发表全国人大常委会副委员长阿沛·阿旺晋美文章《西藏历史发展的伟大转折——纪念〈关于和平解放西藏办法的协议〉签订四十周年》

中共中央政治局常委李瑞环在听取江苏省委工作汇报后就乡镇企业发展问题发表讲话

中国有八亿多农民，农村的状况如何，极大地影响着城市，也制约着整个国民经济的发展。把农村建设好，使农民逐步走上富裕的道路，逐步缩小城乡差别和工农差别，这是建设有中国特色的社会主义必须下大力气研究解决的问题。我这次看了苏南几个地方，感触颇深，乡镇企业确实像邓小平同志说的那样，是“异军突起”。从苏南乡镇企业的发展中，我们可以看出建设有中国特色的社会主义农村的一种方向、一个趋势、一条路子。对于乡镇企业的地位和作用，我总结了几条，提出来供大家参考。

应该和可以促进农业的发展

民以食为天。无农不稳，无粮则乱。我国是一个有十一亿人口的大国，吃饭是头等大事。过去、现在以及将来农业都是国民经济的基础，这是始终不能有丝毫动摇的。实践证明，发展农业，一靠政策，二靠科学，三靠投入。增加投入，国家要拿出一些钱来，但目前国家财政很困难，不可能拿出很多，主要还是靠农民自己。从苏南和其他一些乡镇企业发达地方的情况来看，乡镇企业已成为农业投入的重要来源。据统计，仅“七五”期间，全国乡镇企业直接用于以工补农的资金就达二百七十多亿元，相当于国家同期对农业总投资的百分之三十五，如果加上间接投入，那就更多了。当然在发展乡镇企业的过程中，也有个别地方出现了为多挣钱把田撂荒了的问题，但这并不是不可解决的。只要我们在思想上引起高度重视，并采取切实措施，是可以做到在发展乡镇企业的同时，农业也得到更快的发展的。

应该和可以帮助农民脱贫致富

我国人口多、耕地少，人均才一亩三四分地，单靠在这点耕地上做文章，收入是很有限的。我到过云南的大理，那里日照时间长、雨水多，精耕细作，粮食亩产两千多斤的很普遍，有的甚至达到三千多斤，应当说相当高了，但农民生活与经济发达的地方相比，还是相差较多。要使农民富起来，单靠提高粮食价格是办不到的。发展乡镇企业，合理开发和利用耕地以外的资源，是一条很好的路子。十年来，我国农民来自乡镇企业的收入共四千八百多亿元，占农民净收入的四分之一以上，有些地区高达百分之七八十。今后十年我国农民生活要从温饱达到小康。实现这一目标，比较可行的路子，是在大力发展农业的基础上，发展乡镇企业。

应该和可以为农村的剩余劳动力找到出路

随着农村人口的自然增多和农业现代化水平的提高，越来越多的农村劳动力从土地上分离出来，这是一种必然趋势。现在一些发达国家农业劳动力只占全国劳动力的百分之几，而我国占到百分之七八十。我国再往前发展，农业劳动力不要说减到百分之几，就是减到百分之五十，仍然是一个很大的数字。这些剩余劳力如何安排，是关系到中国政治稳定和经济发展的一件大事。据有关部门的资料，到目前为止，全国已有九千多万农民进入乡镇企业，占农村劳动力的百分之二十。苏南的比例更高，有的县乡已达到百分之五六十、七八十。这些农民“离土不离乡，进厂不进城”，没有花国家多少钱。当然，国家在税收上给了优待，在贷款上也给了一些支持。而城市安排一个劳动力就业，国家得花一二万，甚至两三万元。正如邓小平同志所说，中国农村人口就业同其他国家“大批进城”的路子有一些不同之处，“就是发展乡镇经济”。

应该和可以有利于国营企业的发展

国营企业特别是大中型企业是国民经济的主要支柱，有人才、技术、管理等许多方面的优势。但是，国营企业不可能也不必要包揽一切。许多地方的乡镇企业发挥自己的优势，利用自己的资金、设备和廉价劳动力，加工本地的农副产品，为国营企业生产零件、配件或部分产品，向社会和外贸提供需要的产品，这不但对农村有好处，对国家和国营企业也有好处。比如，国营企业把零部件加工向农村扩散，一不要自己增加工人，二不要自己新建厂房，三不要增添生活设施，既提高了专业化水平，又达到了降低成本、提高效益的目的。还要看到，乡镇企业的发展，为搞活国营企业提供了一些有益的经验和启示。我们不能不加分析地说，全民不如集体，也不能简单地把乡镇企业的机制硬搬到国营企业中去。但是应该看到，乡镇企业在以自主经营、自负盈亏、自我发展、自我约束为内容的“四自”经营机制方面，确有值得国营企业借鉴的地方。比如这两年搞治理整顿，调整结构，调整快、效益大的还是乡镇企业。它看准了哪个行，哪个不行，马上就转。乡镇企业的运行机制究竟有哪些地方可供国营企业借鉴，这是一个需要进一步实践和认真研究的问题。

应该和可以为逐步缩小城乡差别创造条件

逐步缩小城乡差别，是我们取得政权以后进行社会主义建设的一项战略性任务。过去党和政府为此进行了不少探索，采取了不少措施。现在看来，乡镇企业的发展，既对改变农村面貌不断提出新的要求，也为农村面貌的改变提供了物质条件。乡镇企业要经销产品，吸引客商，需要把路修好，把房子盖好，把电话装好，为做生意创造一个良好的条件。这次我看了几个乡镇企业发达的村，楼房、柏油路、绿化都很不错，和城市没多少差别。乡镇企业的发展，势必带动商业、服务业的发展和文化娱乐设施的建设，这样就逐步形成一个个小城镇。最近几年，我国农村成千上万个小城镇的出现，特别像苏南这样的地区，小城镇星罗棋布，是和乡镇企业的发展分不开的。乡镇企业的发展，还使城乡之间的联系增添了许多新的内容。传统的城乡经济联系主要是产品交换，乡镇企业一发展，就扩大到技术转让、人才交流、资金流动等若干方面，这就促进了城乡的共同繁荣。

应该和可以提高农民素质

一般说来，哪个地方农民素质高，哪个地方的农村经济发展就快；同理，哪个地方农村经济发展快，哪个地方的农民素质提高也快。在我国，要提高农民素质，发展各种教育当然是一条重要途径，但总的说来必须同发展农业、发展工业、发展商品经济的实践活动结合起来。我这次到苏南看了几个地方，深感乡镇企业对提高农民素质有着巨大作用。农民在工厂做工或者当干部，同代表社会化大生产的机器相联系，经常参与超越县界、省界甚至国界的经济活动，活动范围广了，眼界开阔了，见识增多了，组织性纪律性加强了。一个村只要有这么几个企业，农民就有追求科学文化的积极性。他没有文化进不了工厂，或者进了工厂当不了技术工人、技术员、工程师、经营管理人员，这就迫使他们去学习。乡镇企业发展了，有钱办学校，培训人员，建设图书馆、电影院、闭路电视等文化设施，这也为农民素质的提高创造了条件。不久前召开的乡镇企业思想政治工作座谈会指出，乡镇企业不仅是物质生产单位，而且是造就一代新型农民的大学校。这个看法是有道理的。

应该和可以促进我国商品经济更快地发展

发展商品经济需要很多条件，市场是不可缺少的一条。没有市场，商品堆在仓库里卖不出去，价值和使用价值不能实现，再生产的过程就要中断。拥有八亿农民的我国农村是商品消费最广大的市场。不管什么商品，只要农民需要，是不愁卖不出去的。这里关键的问题在于，农民口袋里要有钱。光有需要，没有钞票也不行。乡镇企业的重要作用之一就是能提高农民的购买力。去年我国乡镇企业直接以工资形式支付给农民的就有一千二百多亿元，平均每人一百五十元，差不多占到农民纯收入的四分之一。所以，解决我国市场疲软问题，农村是一篇大文章，而发展乡镇企业，提高农民购买力，是这篇文章的一个重要部分。

应该和可以加强农村基层组织的建设

农村基层组织处在农村改革、建设的第一线，直接同群众打交道，是党和政府联系群众的桥梁，是执行党的农村政策和完成各项任务的重要保证。怎样加强农村基层组织的建设？从组织上说，就是建设一个好的党支部和好的村民委员会；从经济上说，就是尽快帮助农民富裕起来。一个村子如果有一两个、两三个像样的企业，如果集体收入和积累有几万、几十万元，这个村的基层组织就可以增强正常运转和为群众办实事的能力，可以免费提供多种服务，可以进行各方面的公益建设，也可以开展思想道德和科技文化教育活动。这样，这个村子的基层组织就有了吸引力、凝聚力。可见，发展乡镇企业不仅是一个经济问题，而且是一个政治问题。

乡镇企业的地位和作用，不一定就是这么八条，我这里只是提供一个大概的思路。你们还可以仔细琢磨，往深里研究。比如，乡镇企业的发展趋势究竟如何，它在未来整个国民经济中会占多大比例，与农村现代化过程是什么关系，等等。当然，和任何新生事物一样，乡镇企业在发展中也有一个逐步健全和完善的过程。有个别乡镇企业在工作中甚至还出现了一些毛病。但是，不能因此否定整个乡镇企业在社会主义建设中的积极作用。我们应当把乡镇企业的地位和作用同它在发展中的问题区别开来，认真贯彻中央“积极扶持、合理规划、正确引导、加强管理”的方针，既坚定不移地扶持，又实事求是地帮助，引导它健康地向前发展。

李瑞环于12日开始在江苏考察。

化工部在北京召开全国学吉化活动总结表彰会

化工部在会议上表彰奖励了石家庄化肥厂、青岛橡胶九厂、化工部第三化建公司等75个学吉化先进典型及吉化人先进事迹报告团。

全国人大常委会委员长万里在人民大会堂会见由众议院议长弗尔南多·基弗·古斯曼率领的玻利维亚众议院代表团

国务院批准广电部发布《有线电视管理暂行办法》

由国务院批准，由广播电影电视部负责实施的《有线电视管理暂行办法》规定：申请开办有线电视台和有线电视站的单位，必须具备相应的人员、设备、管理机构和播映场所等条件，必须经审查批准并获得广播电影电视部和省级广播电视行政管理部门颁发的建台、建站许可证；有线电视台、站播映的电视节目必须符合有关法律、法规和国家有关部门关于电视节目和录像制品的规定；严禁播映反动、淫秽以及妨碍国家安全和社会安定的自制节目或录像片；必须完整地直接接收、传送中央电视台和地方电视台的新闻和其他重要节目。

中国电影表演艺术学会第三届学会奖在上海揭晓

24位中青年演员获奖，12位年过75岁的老演员特别荣誉奖。

“七朝古都”河南省开封市的宋都御街正式对外开放

4月21日

台湾学者呼吁开放大陆记者到台采访

新华社香港电：台湾多名传播学者与新闻从业人员日前在一次座谈会上抨击台湾当局在两岸关系上的错误政策，要求当局尽快开放大陆记者到台采访。

针对台湾“动员戡乱时期”即将宣告终止，台湾“两岸发展研究基金会"21日以"打开两岸新闻交流大门"为题举办座谈会。与会人士谈到了开放大陆记者来台对发展两岸交流的意义。台湾《远见杂志》执行顾问戎抚天认为,开放两岸新闻交流将有助两岸关系的和谐发展。台湾中广公司新闻部主任盛建南谈到,大陆早已允许台湾记者到访,台湾当局不仅不应该自我设限,而应全面开放大陆记者来台采访,建立快速、广阔的双向交流管道。台湾政治大学新闻系教授潘家庆也认为,大陆记者来台对于加强两岸的沟通和了解是有利的。

中日友好21世纪委员会第7次会议闭幕

会议下午在日本福岛县闭幕。中日双方首席委员张香山和石川忠雄在闭幕式上作总结发言。

双方指出,目前世界正处在旧的格局已经打破、新的格局尚未形成的新旧交替的过渡时期,形势动荡不定。进一步发展长期稳定的中日友好关系是十分重要的。中日两国共同努力,为亚太地区和世界和平、发展、稳定以及建立国际新秩序作出应有的贡献。未来的国际新秩序应建立在和平共处五项原则的基础上。

双方认为,中日关系已经重新走上了正常发展的轨道。中曾根、竹下两位前首相即将访华,钱其琛外长将于今年夏季应邀访日,海部首相也将于年内访华,两国在各领域的交流和人员往来日益频繁。

双方委员商定,为纪念中日邦交正常化20周年,明年举办一次文化交流活动。展望21世纪,日方委员会支持2000年在北京举办奥运会,中日双方表示将努力推动这一盛事的实现。双方还着重就能源、环境等方面合作的可能性进行了有益的探讨。

双方委员围绕共同关心的问题进行了认真坦率、广泛深入的讨论。中方委员们衷心期待双方委员明年中日邦交正常化20周年之际在北京相见。

重庆清华中学建立董必武奖学金

4月22日

经国务院批准国家工商行政管理局颁布《工商行政管理所条例》

全国人大常委会委员长万里在人民大会堂会见各国议会联盟理事会主席达乌达·苏和秘书长皮埃尔·科尼永

国务院副总理上海市市长朱镕基在波恩同德国经济部部长默勒曼举行会谈

中国人民银行行长李贵鲜在温哥华举行的亚洲开发银行第24届年会上发言

中国代表团团长王天策在日内瓦举行的贸易与发展技术转让委员会第8届会上发言

解放军南京军区召开"郭兴福教学法"创立三十周年纪念大会

中央军委副主席刘华清在纪念大会讲:"加强军事训练是质量建军的重要内涵之一。"

刘华清对30年前全军学习、宣传、普及、推广"郭兴福教学法"给予充分肯定。他说,当年郭兴福同志刻苦钻研、勇于创新,同战士们一起摸爬滚打创造了整套新式练兵方法,形成了闻名全军的"郭兴福教学法"。"郭兴福教学法"是毛泽东建军思想和训练方针、原则同群众性练兵活动相结合的产物,是我军传统练兵方法的继承和发扬,是广大指战员集体智慧的结晶,是我军建设的宝贵财富。它把政治思想工作渗透到训练全过程的各个环节,把练技术、练战术、练思想、练作风融为一体,把严格要求与耐心教育结合起来,充分调动了战士的练兵积极性。他强调指出,今天,我们重新开展学习"郭兴福教学法",大力培养郭兴福式的教练员、指挥员、政治工作人员,这对于加强我军的质量建设,全面提高战斗力具有重要的现实意义。

刘华清说,随着科学技术的飞速发展,武器装备日益现代化,尤其是新的科学技术在武器装备领域的广泛应用,要求所有参战人员不仅具有坚定的信念、顽强的作风,还必须具备较高的科学文化水平、精湛的军事技术和先进的军事思想及作战手段。为此,我们要特别注重依据新的高科技装备及未来作战的需要,学习"郭兴福教学法",使"郭兴福教学法"在群众性练兵活动中有所创新,有所发展,提高训练质量。

刘华清阐述了邓小平同志关于"在没有战争的条件下,要把军队的教育训练提高到战略地位"的思想,重申中央军委关于部队工作要以军事训练为中心的指导方针。他要求各级领导要按照江泽民同志提出的"政治合格、军事过硬、作风优良、纪律严明、保障有力"的总目标,扎扎实实把各项工作做好。他强调,考核干部、培养干部应当从训练入手,提高基层干部的各项能力。基层干部平时要训练部队,管理部队,战时要能指挥打仗。有了这样一大批优秀基层干部,部队的训练、管理、政治思想工作就会更上一层楼。

解放军空军颁发“功勋飞行员”金奖

空军领导机关为在空军现代化建设中做出突出贡献的28名飞行员颁发“功勋飞行员”金质荣誉奖章。

颁发“功勋飞行员”荣誉奖章，在空军历史上是第一次。这28名获得金质荣誉奖章的功勋飞行员，有6人曾被中央军委和空军授予荣誉称号，其他22人都荣立过一等功。他们中有与“死神”打交道的科研试飞尖兵，有多次摘取训练桂冠的“轰炸大王”，还有特级女飞行员和我国第一代藏族飞行员。他们把青春年华献给了人民空军现代化建设事业。

空军司令员王海、政委朱光分别向“功勋飞行员”颁发金质荣誉奖章和奖品，向“优秀飞行员”、“优秀空勤家属”颁发了荣誉奖章和奖品。

中共中央总书记江泽民在四川省考察期间发表题为《高度重视和大力发展科学技术》的讲话

党的十三届七中全会提出了关于制定国民经济和社会发展十年规划和“八五”计划的建议，最近召开的七届全国人大四次会议又通过了十年规划和“八五”计划的纲要。我国社会主义现代化建设的第二步目标已经确立，各项任务和方针、政策已经制定，全党和全国人民要下定决心，克服困难，努力奋斗，实现我们的宏观目标。在各项工作中一个十分重要的问题，就是必须高度重视和大力发展科学技术。这是完成“八五”计划和十年规划的关键和保证。

下面我讲四个方面的问题。

（一）要深刻理解科学技术是第一生产力这个马克思主义观点

科学技术是生产力，这是马克思主义的一个基本观点。马克思指出：“生产力里面也包括科学在内”，“社会的劳动生产力，首先是科学力量”。恩格斯说：“在马克思看来，科学是一种在历史上起推动作用的、革命的力量”，“是历史的有力的杠杆”，“是最高意义上的革命力量”。马克思、恩格斯还认为，“现代自然科学和现代工业一起变革了整个自然界”，“大工业把巨大的自然力和自然科学并入生产过程，必然大大提高劳动生产率”。马克思并且指出：科学已成为生产过程的“独立因素”，是“财富的生产者，就是实际财富”。马克思、恩格斯生活在十九世纪，逝世在十九世纪末期。当时，原子能、微电子、相对论都还没有应用，他们就对科学技术的作用作出这样深刻的论断，这正是他们的伟大之处。

粉碎“四人帮”以后，邓小平同志在全党工作重心转向社会主义现代化建设的关键时刻，重新强调了科学技术是生产力，提出要尊重知识、尊重人才。后来他又进一步指出：科学技术是第一生产力。这是小平同志对我们国家，对马列主义理论的一个很大的贡献。

我们进行的是社会主义现代化建设，社会主义的根本任务是发展生产力，而社会生产力的发展必须依靠科学技术。我国社会主义制度的建立，为生产力的发展，为科学技术的进步，创造了历史上从未有过的良好条件。只有利用这些条件迅速发展科学技术，提高生产力，才能充分显示社会主义制度的优越性，巩固和发展社会主义，使我们在国际竞争中立于不败之地。

当代科学技术突飞猛进，已广泛渗透到社会生活各个领域，越来越深刻地影响着世界经济和社会发展的进程。今后十年到下个世纪中叶，一系列新兴科学技术领域将出现重大突破，新的生产技术和对自然现象的新认识，将会改变目前一些产业的面貌，成为推动历史发展的巨大力量。我们必须看到这个趋势。我在西南物理研究院看了我国自行设计研制的“环流器一号”装置，听了老科学家的介绍，回来思绪万千。受控核聚变是开发人类新能源的尖端项目。一旦实现，地球上的全部海水就会成为巨大的能源库，至少可供人类使用上百亿年。尽管目前工程技术上还有一些困难，但我相信总有一天会突破。

从世界范围看，各国之间的竞争，说到底是综合国力的较量。当今世界各国综合国力的提高，在很大程度上取决于科学技术的进步。国际经济竞争已越来越表现为科学技术和人才的竞争。我们要想在竞争中取胜，就要下决心发展科学技术，促进经济和社会的发展。因此，全党同志，特别是各级领导干部要牢固树立科学技术是第一生产力的思想。要深刻理解科学技术是第一生产力这个马克思主义观点。

（二）要充分认识科学技术对推进社会主义现代化建设的巨大作用

实现四化，科学技术是关键。我们的农业现代化、工业现代化、国防现代化，没有一项能离开科学技术现代化。从这个意义上讲，只要依靠科学技术进步，才能促进和保证四化的实现。

首先，推进现代化农业必须依靠科学技术。

农业是国民经济的基础，也是我国现代化建设的基础。我们要用占世界7%的耕地，解决占世界22%人口的吃饭问题。要实现社会主义现代化，农业必须有一个大的发展。比如粮食生产，按照“八五”计划和十年规划的目标，1995年要达到9000亿斤（4.5亿吨），2000年要达到1万亿斤（5亿吨）。就是说，今后十年我们要爬两个台阶。要实现这个目标，农业生产，特别粮食生产必须依靠科学技术。这个目标能不能达到呢？这次在四川看了一圈，又同农业专家进行了座谈，使我越来越有信心。只要努力是完全可以实现的，“宝”就主要押在科学技术上。现在有的地方亩产已经过吨，比全国平均亩产高出一倍多。这说明土地潜力很大，问题在于挖潜。近年来，许多地方改造中低产田，亩产很快增加一二百斤。四川乐山市郊改造中低产田5.5万亩的例子，也充分说明了这一点。我们说，农业发展靠政策，目的是调动农民的积极性。积极性往哪里使，就得讲科学、靠科学。投入只有通过科技，才能减少盲目性，收到更好的效果。四川推广杂交水稻和小麦新品种，产量获得大幅度增产，可以说是一本万利。都江堰幸福村的农民陈宗林，文化程度比较高，全家坚持科学种田，在承包的5.6亩土地上，实现了常年1万元以上的收入。这说明农民要富起来，还得走科技兴农的路子。

目前，我国可开垦的土地少，今后农业的发展，主要靠挖潜力，提高单产。在这方面是可以大有作为的。

——土地潜力。增加复种指数是重要途径。全国如提高复种指数1%，就等于增加1500万亩耕地。四川现有再生稻7000万亩，亩产100多公斤，如能进一步提高单产，效果就会更大。还有改造中低产田，全国有近10亿亩，如果10年中改造3亿亩，其中2亿亩种粮食，就可以增产200—300亿公斤粮食。

——良种潜力。用优良品种，一般可增产10%以上。四川农业大学小麦研究所颜济教授领导的小麦育种，就很有成绩。他们1970年选育的良种及其衍生品种，使小麦单产由300公斤提高到400公斤，并且在四川麦区创造了亩产千斤的纪录。目前他们又在选育高抗、高产、早熟的优良小麦品系。还有杂交水稻，去年全国已经种植2.3亿亩，占全国水稻面积1/3，平均亩产增加50公斤以上。如果再推广1亿亩，就可增加50亿公斤粮食。

特别值得注意的是，目前生物技术领域已经或正在取得突破性进展。转移基因在技术上已经突破，有可能规模生产具有某种特殊功能的动植物，包括瘦肉型猪、快速生产的鱼、试管牲畜等。

——栽培技术潜力。塑料薄膜覆盖栽培，在全国相当普遍，越来越被农民所认识，大幅度地提高了农业作物的产量。还有合理施肥，运用生长调节剂等。

——抗御自然灾害。据统计，现在粮食从生产到贮藏，因病虫鼠害损失10—15%；棉花生产因病虫损失20%以上；生猪发病死亡率8—10%，家禽死亡率15%。依靠科技解决这方面的问题，可以增加很大一笔财富。

当然，农业的发展，任务相当艰巨，需要把发展科学技术同深化农村改革结合起来。我们要继续坚持以家庭联产承包为主的责任制，不断完善双层经营体制，建立和完善服务体系。在服务体系中特别要搞好科技服务。家庭联产承包责任制千万不能动摇，农民对这个问题很敏感，要给农民吃“定心丸”。

第二，发展现代化工业必须依靠科学技术。

经济建设要量力而行，尽力而为，使国民经济持续、稳定、协调发展。发展工业要有一定的速度和规模，但更要靠科技进步，尤其要着力提高经济效益。目前企业存在的困难是什么呢？相当一部分设备陈旧、技术落后；产品质量差，消耗高；专业化水平低，技术进步慢，新产品开发能力低，产品老化严重；企业综合经济效益差，多数企业处于“投入大、产出低”的状况。以上情况，突出反映了我国工业技术是比较落后的。这是制约我国工业发展的主要因素。因此，今后10年要振兴工业，实现奋斗目标，就要下决心大力加强科学管理，走依靠科技进步的路子，使整个工业逐步走上以提高经济效益为中心的轨道。

在工业生产的指导思想上，要彻底扭转片面追求产值、数量的倾向，真正把实现企业技术进步，促进提高产品质量、增加产品品种、改善经济效益放到首位。

按照有计划地组织和自愿组合的原则，大力推动企业的改组、联合、兼并，组建跨地区、跨部门的企业集团。在企业集团内部，合理调整生产结构，实行专业化生产。当然，对跨行业兼并，一定要慎重。从现在经济发育阶段来看，总的讲要提倡专业化、大批量生产。不搞专业化，去搞大而全，小而全，效率不能提高。当然，有的产品特别是软件，适宜搞小批量、多品种。

促进现有企业的技术改造。各个行业、各个企业，都要制定技术改造计划，尤其要加快老工业基地、老骨干企业的技术改造。各级党委、政府和技术主管部门，要从产业政策指导和资金、技术、物资上为企业改造创造条件。我们总的改革方向还是要政企分开，精兵简政，政府部门主要管方针、政策，进行宏观调控。

电子信息技术对各个部门都有十分强烈的渗透作用。据了解，电子计算机对发达国家国民生产总值增长的贡献，作用非常突出。计算机辅助设计，推动了几乎一切领域的设计革命，可降低土木工程设计成本15%—30%；产品从设计到投产的时间，可缩短30%—60%；废品率可降低80%—90%；设备利用率可提高2—3倍。中央已决定，把发展电子工业放在重要位置，大力推广电子技术在各行各业的应用，以改造传统工业。中国劳动力资源丰富，应当充分开发利用。本来应当使用劳动力的地方，不要盲目追求自动化。但关键设备的自动化控制，关系到产品质量的提高，不是节省人的问题。

切实抓好“质量、品种、效益年”活动。不仅抓一年，而且要长期抓下去。

注意发挥军工企业的技术优势，充分发掘他们的科研、生产潜力，为经济建设服务。

第三，建设现代化国防必须依靠科学技术。

国防现代化，更离不开科学技术的发展。海湾战争，使我们进一步看到了科学技术在现代战争中的作用。我们不是唯武器论者，相信最终决定战争胜负的是人，而不是物。但是，先进的武器毕竟是重要的，科学技术是不能忽视的。在国防科技领域，我们要重点研究开发一些关键技术。掌握这些技术，是实现我国新时期军事战略的需要，也是整个现代化建设事业发展的需要。

（三）发展科学技术要有正确的指导思想和方针

要继续贯彻“经济建设必须依靠科学技术，科学技术必须面向经济建设”的方针，搞好科技体制改革。

对应用技术研究、高技术研究、基础研究三个层次的科技工作，要统筹规划，合理配置力量，推动我国经济和科学技术的全面发展。经济建设是我们科技工作的主战场，要加快科技成果向现实生产力的转化。要跟踪世界新技术发展进程，有重点地发展高技术和高技术产业。要重视和切实加强基础研究。削弱基础研究就没有发展后劲。不管基础研究还是应用研究，最后还要落实到开发，就是说，科研工作必须与生产紧密结合。

要在自力更生的基础上，重视引进先进技术。真正的高精技术，花高价也难买到。中国人要争口气，要把基点放在自力更生的基础上。只有这样，才能有条件更好地引进先进技术。另一方面，要实行对外开放，不断扩大国际间的科技交流与合作。同时，要注意消化、吸收和创新，以增强自力更生的能力。

坚持科技、教育、生产之间的密切结合。这是发挥各方面科技力量的一条重要途径。

集中力量打歼灭战。这是两弹一星的成功经验。今后，许多科研工作，例如微电子技术、生物工程等的研究，要加强统一领导，集中优势兵力，协同作战，把有限的人力、物力、财力用在最需要的地方，提高效率。我们一定要重视技术专家、科学家个人的作用，要给个人适当的荣誉；在思想政治工作上，一定要提倡毛主席当年提出的“大力协同”，强调集体的智慧，要正确引导和妥善解决有的知识分子比较集中的单位所存在的文人相轻的问题。

（四）加强党对科技工作的领导，正确执行政策

各级党委和政府要真正重视和切实加强科技工作，把科技工作摆上议事日程。要结合“八五”计划和十年规划的目标和任务，真正把发展科技放在经济和社会发展的关键地位。

加快科技进步，关键在于稳定和完善促进科技进步的政策，从规划、机制、资金及奖励政策等方面加以保证。

要关心爱护科技队伍。我们这支科技队伍，总的讲是好的，绝大多数人是爱祖国、爱人民、爱党、爱社会主义的。他们把自身的命运同建设有中国特色的社会主义事业紧紧联系在一起，许多人做出了突出的贡献。他们应当受到尊敬和爱护。特别是老一代科技人员，在发扬为民族和国家利益而献身的牺牲精神方面，是做出了榜样的。我们要用老科学家们的亲身经历对青年科学家进行教育，激励他们的民族自豪感和爱国主义精神，鼓励他们走同工农结合、同实际结合的道路。与此同时，要尽可能逐步改善科学家的工作和生活条件，解决他们的后顾之忧，使他们能集中精力进行科学研究工作。

要在全社会进一步造成尊重知识、尊重人才的良好风尚，批评和纠正鄙薄知识、浪费人才的思想和行为。

全国“八六三”计划工作会议在北京召开

会议总结“七五”期间“863”计划从批准、起步到全面实施所取得的重要进展和成功经验，审议“八五”期间“863”计划的战略设想和具体措施，表彰和奖励为我国高技术研究发展作出突出贡献的先进集体和个人。

国务院高技术计划协调指导小组副组长、国防科工委主任丁衡高致开幕词。国务委员、国务院高技术计划协调指导小组组长、国家科委主任宋健在开幕式上宣读了聂荣臻同志的贺信。国务院高技术计划协调指导小组成员朱丽兰、朱光亚同志分别作了工作报告。

百名专家聚集苏州研讨叶圣陶教育思想

中国射击运动员王玉锦在日本福冈进行的亚洲飞碟射击锦标赛中获得女子多项飞碟冠军

4月23日

党和国家领导人邓小平江泽民杨尚昆李鹏等为“南京路上好八连”命名28周年题词

国家主席杨尚昆在北京会见玻利维亚众议院议长费尔南多·基弗·古斯曼

国务院总理李鹏在北京会见斐济总统佩纳亚·卡纳坦巴图·加尼劳

李鹏说，去年斐济总理马拉访华，加强了中斐两国之间的友好关系。这次总统的来访将会进一步加强两国友好关系，密切两国之间的友谊。

中共中央纪律检查委员会作出《关于中央纪委派

驻纪检组和各部门党组纪检组(纪 委)若干问题的规定(试行)》

为了加强中央一级党和国家机关各部门党的纪律检查工作,根据党章和有关规定,对中央纪委派驻中央一级党和国家机关各部门纪检组和各部门党组纪检组(纪委)的若干问题,作出如下规定:

一、领导体制和工作关系

1. 中央纪委派驻纪检组、各部门党组纪检组(纪委)受中央纪委和所在部门党组(党委)的双重领导。

2. 派驻纪检组和党组纪检组指导所在部门及所属系统党的纪律检查机关的工作。对所属系统实行高度集中统一领导的国家工作部门的派驻纪检组、党组纪检组和部门纪委,领导所在部门及所属系统党的纪律检查机关的工作。中央纪委派驻金融系统纪检组受中央纪委委托,会同各专业银行党组、中国人民保险公司党组,对各专业银行和中国人民保险公司的党组纪检组实行双重领导。

3. 派驻纪检组组长和党组纪检组(纪委)组长(书记)应参加所在部门的党组(党委),尚不是党组(党委)成员的,列席所在部门的党组(党委)会议。

二、任务和职责范围

1. 检查所在部门及所属系统的党组织和党员领导干部执行党的路线、方针、政策和决议的情况。对所在部门党组(党委)及其成员和其他党员领导干部实行党章规定范围内的监督。

2. 检查所在部门党员领导干部违犯党纪的案件以及所属系统重要的违纪案件。派驻纪检组和党组纪检组根据有关规定,对所检查的案件提出处理意见;部门纪委按照党的隶属关系和干部管理权限,对所检查的案件中的党员作出处分或撤销处分的决定。

3. 协助所在部门党组(党委)管好党风,加强廉政建设,纠正行业不正之风。配合有关部门对党员特别是党员领导干部进行党风党纪教育。

4. 指导(领导)所在部门及所属系统党的纪律检查工作。

5. 受理所在部门及所属系统党员的控告和申诉。

6. 完成中央纪委和所在部门党组(党委)交办的其他事项。

三、机构、职务设置和干部管理

1. 派驻纪检组和党组纪检组设组长(中央国家机关各部委为副部长级,国务院直属局为正司局长级)1人,副组长(中央国家机关各部委为正司局长级,国务院直属局为副司局长级)1至2人。

部门党的纪律检查委员会,一般由5至7人组成,设书记(部纪委为副部长级,国务院直属局纪委为正司局长级)1人,副书记(部纪委为正司局长级,国务院直属局纪委为副司局长级)1至2人。

派驻纪检组和党组纪检组(纪委)根据工作需要,可设正副局级、正副处级检查员。

2. 派驻纪检组和党组纪检组(纪委)可根据工作需要和本部门的具体情况,设立必要的办事机构,办事机构统称室。室主任配备条件参照中央纪委、中央组织部1988年颁发的《关于党的各级纪委内部机构和干部职务设置的若干规定》精神执行。

3. 派驻纪检组组长、副组长、局级检查员和副司局级室主任,由中央纪委商所在部门党组提出人选,组长由中央纪委报中央任免;副组长、局级检查员和副司局级室主任由中央纪委任免。其他工作人员委托所在部门任免。

党组纪检组(纪委)组长(书记)由所在部门党组(党委)或由中央纪委商所在部门党组(党委)提出人选,经中央纪委考察同意后,由所在部门党组(党委)报中央任免;副组长(副书记)由所在部门党组(党委)征得中央纪委同意后任免;局级检查员、部门纪委委员和副司局级室主任由各部门党组(党委)任免后报中央纪委备案。

各专业银行和中国人民保险公司党组纪检组副组长,由所在部门党组征得中央纪委驻金融系统纪检组同意后任免。

四、工作制度

1. 认真贯彻执行中央纪委和所在部门党组(党委)的指示、决议和规定。根据中央纪委和所在部门党组(党委)的部署,结合本部门党风党纪的实际情况,制定年度工作计划。年度工作计划和工作总结向中央纪委和党组(党委)报告。

2. 及时完成中央纪委和所在部门党组(党委)交办的各项工作任务。工作进度情况及主要问题,每半年向中央纪委和党组(党委)书面报告一次。

3. 所在部门及所属系统党风党纪方面的倾向性或重大问题,要随时向党组(党委)请示、报告,同时抄报中央纪委。特殊情况和问题可随时向中央纪委请示、报告。

4. 派驻纪检组、党组纪检组(纪委)同中央纪委的日常工作联系,一般通过中央纪委有关纪律检查室。重要问题可直接向中央纪委常委请示、报告。

本规定自下发之日起实行。

全国党建理论讨论会在北京举行

中共中央组织部、中央政策研究室和中共中央宣传部共同召开全国党建理论讨论会。中共中央政治局常委宋平,中央有关部门的领导王维澄、陈作霖、薛驹、尉健行、周文元及中顾委委员陈野苹、李力安、高扬等参加了今天的大会。中央组织部部长吕枫主持会议。

中央组织部副部长赵宗鼐在开幕词中指出，一年多来，以江泽民同志为核心的党中央，遵照邓小平同志提出的“聚精会神地抓党的建设”的要求，全党上下做了大量工作，党的建设正在逐步加强，全党抓党建的大气候开始形成，党建理论研究工作也出现了好的势头。但从总体上讲，无论是在党建基本理论方面，还是在实际工作方面，都有许多重大而紧迫的课题，还缺少系统、深入的研究，更缺乏规律性的认识。因此，在新的历史时期，党建理论必须以党的基本路线为指导，为党的基本路线服务。要正确理解和贯彻党的路线、方针、政策，坚持马克思主义的唯物辩证法，力求客观、全面地看问题，防止片面性。要采取科学的态度，老老实实地进行系统深入的调查研究，探求真理，摒弃谬误。要坚持从实际出发提出问题和研究问题，努力实现理论与实际的有机结合，正确回答现实生活中的各种问题。要使我们的研究不仅有利于理论的发展，而且能够为领导决策提供可靠的、切实可行的意见和方案。

中宣部部长王忍之在讨论会上作了题为加强党的思想建设的讲话。他说，我们党之所以能够从小到大、从弱到强，不断发展壮大，战胜艰难险阻、重重困难，胜利完成新民主主义革命任务，并成为领导社会主义建设的执政党，其决定性的原因之一，就在于我们党是一个用马克思主义武装起来的思想统一的党。

王忍之提出，从思想上建设党，从来是马克思主义的重要建党原则。当前党的思想建设的主要任务是：用马克思列宁主义、毛泽东思想武装全党，使广大党员掌握科学的世界观和方法论，提高自身的理论素质、政治素质和思想素质，增强党性，充分发挥党组织的战斗堡垒作用和党员的先锋模范作用，为实现党的纲领、路线和各项任务而努力奋斗。

王忍之强调，加强党的思想建设，必须坚持党的工人阶级先锋队性质；坚定社会主义信念和共产主义理想；牢记全心全意为人民服务的宗旨；坚持实事求是，解放思想；坚持民主集中制，维护党的团结和统一。他说，越是开放、改革、搞活，越要增强组织观念，严格执行纪律，保持党的思想统一、行动统一。只有这样，党才能成为全国人民的坚强核心，才能领导社会主义现代化事业胜利前进。

王忍之说，党的思想建设要紧紧地围绕着党的政治路线来进行。在当前，就是要密切联系社会主义现代化建设和改革开放的实践，保证党的“一个中心、两个基本点”的基本路线的全面贯彻。要加强马克思主义理论教育。领导干部工作再忙、事务再多，也应当尽量挤出时间学习马克思主义。要弘扬积极因素，表彰先进共产党员。拿起批评和自我批评的武器，正确开展思想斗争。批评与自我批评，是我们党的优良传统，也是我们今天进行党的思想建设所绝不可缺少的。

参加这次讨论会的，有各省、自治区、直辖市党委组织部和政研室以及计划单列市党委组织部的负责同志，中直机关工委、中央国家机关工委及部分部委负责同志和从事党委工作、理论研究的同志，解放军总政治部等单位的负责同志。

国务院总理李鹏在中南海听取税收财务物价大检查汇报并发表讲话

李鹏在听取 1990 年税收财务物价大检查工作汇报后指出，大检查工作的成绩应当充分肯定。它不仅为增加国家财政收入，平衡财政收支，稳定经济作出了贡献，而且对制止腐败，缓解分配不公，端正党风和社会风气起了很大的促进作用。近几年，每年还要组织税收财务物价大检查，并且要和经常性检查更好地结合起来。

汇报反映，从 1985 年开始，已经在全国范围内连续开展了六次税收财务物价大检查，共查出违纪金额 801 亿元，其中上交财政 508 亿元。1990 年大检查是几年来规模最大的一次大检查。截至今年 3 月底统计，全国有 241.8 万户企业、行政、事业单位和 583.1 万个个体工商户进行了自查；并对 99.8 万户企业、行政、事业单位和 207.2 万个个体工商户进行了重点检查，参加重点检查的人数共计 69.9 万人。通过自查和重点检查，共查出违纪金额 134.3 亿元，其中应交财政 90.6 亿元，已上交入库 79.2 亿元。与 1989 年相比，违纪金额减少 41.2 亿元，下降 23.5%；重点检查中有违纪问题的户数也由 60.3%降为 57%。

这次税收财务物价大检查出现的一个新情况是，查出的违纪金额由逐年上升到开始回落。违纪金额下降的原因主要是这几年国家采取的一些治理整顿措施开始见效；持续多年的税收财务物价大检查起了作用，违纪行为有所收敛；各级财政、税务、审计、物价等部门加强了日常监督检查工作，有些违纪问题在日常检查中已作了处理等。

1990 年税收财务物价大检查注意抓了以下几项工作：紧紧依靠当地政府的领导；邀请人大、政协和民主党派成员参加大检查工作；加强同纪检、监察、检察、公安、法院等部门的协调配合，严肃查处重大违纪违法案件；采取措施，避免重复检查；努力提高检查质量，建立大检查的工作秩序；在查处违纪问题的同时，大力表彰遵纪守法的先进单位和大检查先进个人等。

李鹏说，税收财务物价大检查是在各级党委、政府领导下进行的，声势比较大，具有较高的权威性。根据当前的情况，每年开展一次税收财务物价大检查是必要的，这一点应当肯定下来，但要改进工作方法。今后要把经常性检查和大检查更好地结合起来，经过几年努力，逐步把大检查转为经常性检查。

李鹏强调说，从贯彻执行党的基本路线的高度看，在社会主义商品经济逐步完善的相当长的时期里，都要加强财务检查。前几年我们在执行党的基本路线时，存在一手硬一手软的问题，表现在经济工作上，就是重视经济发展，但打击经济犯罪不力。现在，我国的社会主义商品经济运行机制不完善，违法、违纪、违犯道德规范的现象屡有发生。商品生产、分配、交换中的违法乱纪的行为，有着很强的腐蚀作用。我们要利用商品经济的杠杆发展经济，但不允许违犯财经纪律、假公济私，甚至贪污受贿，同时也要注意防止和解决分配严重不公的问题。所以，要坚持社会主义的改革开放、发展社会主义商品经济，就要与不法行为和违纪行为作斗争。

他指出，每年的税收财务物价大检查也要走群众路线，依靠群众，实行专业队伍与群众相结合。大检查要依法办事，依法监督。

李鹏最后说，大检查工作要总结经验，制定一套政策和办法，加强组织工作，健全法制，逐步做到规范化也是建立健全宏观调控机制的一项重要内容。现在各项检查较多，要统筹安排，尽量减少重复检查，减轻企事业单位的负担。

王丙乾、罗干等领导同志和有关部门负责人出席会议。

项怀诚、张文驹、张长蔚等同志在会上汇报了大检查工作情况。

"七五"国家级企业技术进步奖评定

《人民日报》讯，五一节前，由国务院有关部委组成的评审委员会从各省、自治区、直辖市、计划单列市和国务院有关部、总公司推荐的291个企业中，经反复审议遴选出108家企业授予国家级企业技术进步奖（名单如下）。

北京市9家，天津市3家，河北省6家，山西省5家，辽宁省2家，沈阳市1家，大连市3家，吉林省2家，长春市2家，黑龙江省4家，哈尔滨市1家，上海市11家，江苏省7家，南京市1家，浙江省3家，安徽省1家，福建省1家，江西省1家，山东省7家，青岛市1家，河南省4家，湖北省1家，武汉市2家，湖南省2家，广东省1家，广州市4家，广西壮族自治区1家，四川省2家，重庆市3家，成都市2家，贵州省1家，云南省1家，陕西省2家，西安市3家，甘肃省3家，青海省1家。

第二次全国国有资产管理工作会议在北京举行

会议指出，我国国有资产产权管理工作正逐步加强。国有资产状况不清、管理混乱、资产闲置浪费等问题正逐步解决。目前，全国预算内国营企业和事业行政单位国有资产总额为17343亿元。

国家国有资产管理局局长汤丙午在会上提出，"八五"期间要建立健全国有资产管理体系，培育和建立能连接政府国有资产管理部门和企业单位之间产权管理的中介性资产经营机构，把所有权机制引进企业，试行以公有制企业法人持股为主体的股份制，并积极参与"利税分流"的试点。

第十二届亚太地区劳工部长会议在人民大会堂开幕

国务院总理李鹏会见第十二届亚太地区劳工部长会议的代表。

李鹏会见时说，就业的基础是生产的发展和效益的提高。在这方面劳动部门面临的任务是很艰巨的。中国将在深化劳动就业制度改革的过程中把劳动保护、劳动管理、职业培训等方面的工作搞好，逐步建立比较完善的劳动保险制度。

中国代表团团长侯志通在联合国1991年裁军审议委员会会上发言

外交部部长钱其琛在北京同澳大利亚外交外贸部长加里斯·埃文斯会谈

钱其琛说，中澳两国自建交以来，两国关系的发展还是很顺利的。尽管中间也有曲折，但即使是在最困难的时候，两国也一直保持着联系。他说，总的看，两国的关系有了全面的发展，两国在经济领域卓有成效的合作就是一个证明。

埃文斯说，中国是在国际上有重要影响的国家，澳大利亚重视同中国的关系，并希望同中国在各方面的友好关系得到全面恢复和发展。

双方认为，两国的经贸合作关系发展的前景是好的。钱其琛说，中国坚持继续改革开放政策，在今后10年里将有大规模的现代化的建设，澳大利亚的企业在中国的市场具有很多机会。同时，澳大利亚也在调整自己的经济政策，特别是在降低关税方面，因此，中国向澳大利亚的商品出口会有更加有利的条件。

埃文斯重申了澳大利亚政府坚持奉行"一个中国"的立场，钱其琛对此表示赞赏。

钱其琛在回答记者提问时还谈到中国在澳大利亚的留学生问题。他说，他们愿意回来完全可以；愿意回来再出去，来去自由。如果愿意在澳大利亚再停留一段时间，则取决于澳大利亚方面。

中国政府和联合国开发计划署在北京签署一项总金额达1200多万美元的技术援助项目机床工业技术改造方案项目

日本首相海部俊树在东京首相官邸会见并出席中日友好二十一世纪委员会第七次会议的中日双方委员

德国副总理兼外交部部长根舍在柏林会见国务院副总理上海市市长朱镕基

国家主席杨尚昆中共中央政治局常委宋平参观高技术研究发展计划(863 计划)5 周年成果展

中宣部国家新闻出版署联合召开的全国压缩整顿音像单位工作会议在北京结束

4 月 24 日

国家计委在北京召开第七次全国企业技术进步工作会议

会议反映，“六五”以来的 10 年中，我国企业技术改造的规模不断扩大，成为固定资产投资的一个重要方面。1981 年到 1990 年，全民所有制企业更新改造项目 45 万多个，完成投资达 5469 亿元，技术改造投资在固定资产投资中的比重由 1980 年的 18.4%，提高到 1990 年的 28.3%，在不断扩大对外开放的环境中，技术引进迅速打开了局面，其规模和深度都是历史上空前的。“六五”以来，引进技术共用外汇 298.5 亿元，成交重点项目 7063 项；科技攻关在广泛的领域里取得了重要进展，为国家解决了一批较大的科技问题，80%的攻关成果已应用到生产建设中去，直接效益已达 300 亿元以上；企业的新产品开发有很大发展，在市场需求的推动下，新产品的数量已达到每年 55000 种左右，技术成果转化为商品的速度在加快，新产品的投产率已达到 70%左右。

国家计委副主任盛树仁在报告中说，“八五”期间，要立足现有基础，进一步强化技术改造，要以调整产品结构、提高经济效益为中心，着重解决节约能源和降低原材料消耗；提高产品质量和技术水平，发展名、优、新产品和短线产品的生产，增加有效供给等几个方面的问题。今后国家组织的技术改造，要把主要精力和资源放在对国民经济有重要影响的重点任务上：一是按照“八五”计划纲要提出的任务，针对主要行业发展中急需解决的问题，安排和组织实施一批国家重点技术改造专项；二是搞好大中型骨干企业的技术改造；三是抓紧对老工业基地的技术改造。主要对上海、天津、沈阳、哈尔滨、武汉、重庆六个老工业基地进行重点技术改造。

会议至 27 日结束。

国务院副总理邹家华在广西考察

4 月 24 日到 26 日，邹家华在广西壮族自治区主席成克杰陪同下，考察位于桂西北少数民族山区的两个国家重点工程——平果铝业公司一期工程和岩滩水电站，参观南宁市一些骨干企业，并认真听取自治区领导发展广西经济的有关设想。

邹家华在考察中进一步了解到，广西拥有蕴藏量非常丰富的有色金属、发展前景广阔的亚热带林果和甘蔗以及条件独特的旅游资源等，只要根据国家的宏观规划和市场需求，充分发挥自身的优势，就能加快发展的步伐。邹家华举例说，广西的产糖量占全国 1/4，已发展成为广西的支柱产业，但大有可为的甘蔗综合利用刚刚起步，用蔗渣可以造纸，用蔗糖下脚料可以提炼酒精、赖氨酸等，由此稳步发展，就可以形成一个以制糖业为中心的比较完整的优势产业。

邹家华指出，发展经济，发展优势产业，都离不开能源和交通，我们必须高度重视并下大力气解决这个重要而又紧迫的问题。广西在这个问题上，是大有作为的。广西境内的红水河，水电资源丰富，在国家的统一规划、大力支持和兄弟省的协作下，搞好红水河的开发，就能为广西及其毗邻省经济发展提供能源保证。

邹家华谈道，国家要对少数民族地区给予扶持和帮助，同时少数民族地区也要根据当地的实际情况，更多地发挥自身的积极性，更好地推进民族地区的发展。

《人民日报》报道称全国民办科技实业机构总数已近 1.5 万家从业人员达 40 万人年营业额 10 亿元

国务院总理李鹏致信祝贺在北京举行的中国大洋矿产资源研究开发协会成立大会

中共中央总书记江泽民在中南海会见澳大利亚外交外贸部长加里斯·埃文斯

国务院总理李鹏会见老挝部长会议副主席兼外交部长奔·西巴色

国务院总理李鹏会见澳大利亚外交外贸部长加里斯·埃文斯

李鹏说：埃文斯的来访，“标志着两国友好合作关系实现了正常化。”

李鹏说，中澳两国同处在一个地区，尽管社会制度、文化传统、经济发展水平、人口数量有很大的差异,但是这些差异不应妨碍我们求同存异,发展两国之间的合作。随着中国经济的发展,中澳合作的前景是广阔的。他强调,"中澳两国没有理由不友好相处。"

李鹏向客人介绍了中国国内的形势。他说,中国的改革不仅没有停滞、倒退,而且还迈出了一些大的步子。中国改革开放的政策是不可逆转的。在对外开放方面,独资、合资、合作企业的数量正在增加,外国投资的总量正在增长,企业的素质也在提高。他说,中国注意妥善处理改革开放与稳定的关系。通过改革,使人民受益而不是受到损失,推进改革又不引起社会动荡,在稳定中搞好改革,发展经济。

李鹏说,国外有一个误解,认为中国只搞经济改革,不搞政治改革。实际情况是,随着经济改革的推进,中国的政治改革也在深入。具体来说,就是要发扬适合中国国情的社会主义民主,完善社会主义法制,进一步发挥各级人民代表大会的作用,加强人民群众和舆论对政府各级工作人员的监督。与此同时,还要加强中国共产党领导的多党合作的政治协商制度。

国务委员兼外交部长钱其琛等会见时在座。

国务院副总理温家宝会见苏共中央马列研究院副院长兼苏共中央党务档案馆馆长吉达耶夫为团长的苏共中央档案工作代表团

苏共中央马列研究院中央党务档案馆向中国中央档案馆赠送共产国际与中国革命有关档案的交接文本在北京签署

中央档案馆馆长王明哲和苏共中央党务档案馆馆长吉达耶夫签署关于苏共中央马列研究院中央党务档案馆向中国中央档案馆赠送共产国际与中国革命有关档案的交接文本在北京签署。

联合国维持和平行动北京研讨会开幕

研讨会由联合国国际和平学院举办。

开幕式由国际和平学院院长奥·奥图努主持。研讨题目包括"联合国在柬埔寨行动的展望","联合国集体安全系统:海湾危机的教训"等。

外交部长钱其琛致开幕词并代表中国政府向来自21个国家的与会者表示欢迎。

钱其琛说,联合国维持和平行动作为国际社会缓和和促进国际争端解决的有效手段,多年来,为避免战乱、恢复地区和平与稳定发挥了建设性的作用,积累了重要的经验。联合国在这个领域的作用和价值也日益为世人所公认。

钱其琛说,中国作为安理会常任理事国,重视并支持联合国在国际事务中发挥其应有的重要作用。近年来,中国本着为履行联合国的和平使命作出新贡献的精神,逐渐参与了联合国维持和平行动方面的活动,向纳米比亚过渡时期协助团派遣了选举监督人员,还向中东停战监督组织派了军事观察员,并将派人参加联合国驻伊拉克—科威特观察组。

钱其琛还对建立一个公正合理的国际新秩序作论述,新秩序应当包括:保证所有国家都是国际社会独立自主的平等成员;各国有权选择社会制度、意识形态、经济模式和发展道路;各国相互尊重主权和领土完整,互不侵犯,互不干涉内政;坚持通过协商和对话和平地解决国际争端,反对诉诸武力或以武力相威胁;促进各国之间开展公正合理、平等互利、等价交换的经济技术合作和经贸往来,谋求共同发展。

日本首相海部俊树在东京会见国家体委主任伍绍祖

国家经贸部首次部优产品评选揭晓

经贸部上午在春季"广交会"召开颁奖大会,对荣获1990年经贸部优质产品称号的110个产品予以奖励。

经贸部从去年3月开始,本着优中选优、宁缺毋滥的原则,对外贸自属生产企业和外贸公司投资、参股的合(联)营生产企业出口产品,进行质量评优。江苏省获优产品有17个,居首位。第二是广东省,山东省居第三。

获奖产品已达到以下6个方面的条件:一是企业按照国内(国际)先进水平或国际标准组织生产,产品质量连续稳定二年以上,经测试达到国内(国际)先进水平或国际标准。二是产品已定型批量生产,具有较高的创汇能力,在国际市场上声誉好,出口量占年产量50%以上。三是产品在能源、原材料消耗和经济效益方面达到国内同行业先进水平。四是大中型企业计量定级标准,必须达到二级计量合格;小型企业计量定级标准,必须达到三级计量合格。五是企业已实行全面质量管理,具有完整的质量保证体系。六是产品已获得省(区)、直辖市优质产品称号,或在国际上获奖。

国务院中央军委命令陶驷驹兼任中国人民武装警察部队第一政治委员王芳不再兼任

国务院总理李鹏致信祝贺"八六三"计划工作会议召开

宋健、丁衡高同志并"863"计划工作会议全体代表:

以跟踪世界高科技领域最新成果为目标的863计划实施以来,取得了重要进展和成功经验。值此863

计划工作会议之际，我代表国务院向大会和参加会议的科学家、全体同志，表示衷心地祝贺，并通过你们，向拼搏在863各领域高技术前沿以及全国各部门、各地区的科学家、专家和科技工作者致以崇高的敬意和问候。

五年前，王大珩、王淦昌、杨嘉墀和陈芳允四位科学家提出发展我国高技术的建议，代表了我国老一辈科学家强烈的历史责任感和使命感。现在，许许多多承担课题的科学家、专家和科技工作者，夜以继日地忘我工作。在他们身上，体现了中国科学家和广大科技工作者那种无私奉献、艰苦创业的优良传统。祖国和人民将永远铭记和感谢他们的拳拳报国之心和业已建立的丰功伟绩。

科学技术是第一生产力，必须把经济建设的发展转到依靠科学技术进步的轨道上来。我深信，我国科学家和广大科技工作者，一定会继续以高度的历史责任感、紧迫感，发扬863计划倡导的公正、献身、创新、求实、协作的精神，为社会主义现代化建设事业奉献全部智慧和力量，走出一条有中国特色的发展高新科学技术之路。

李　鹏

1991年4月24日

4月25日

《人民日报》发表社论《要有务实的作风》

中组部部长吕枫在全国党建理论讨论会上发表讲话《全党动手，培养造就千百万社会主义事业的接班人》

中共中央总书记江泽民在中南海会见列宁格勒州委代表团

江泽民在中南海会见由苏共中央书记、列宁格勒州委第一书记鲍里斯·韦尼阿米诺维奇·吉达斯波夫为团长的列宁格勒州委代表团。

江泽民在会见时说，在和平共处五项原则基础上发展中苏友好关系，不仅符合两国人民的共同愿望和根本利益，而且也有利于维护世界和平。

吉达斯波夫说，苏联人民和领导人正期待着江泽民总书记即将对苏联进行的访问。

江泽民说，中苏是山水相依的近邻，中苏两国人民有着传统的友谊。这次访问无疑将进一步发展两国友好睦邻关系。

江泽民还向客人介绍了中国目前国内的政治经济形势。

吉达斯波夫也向江总书记介绍了苏联当前的情况和苏共的方针政策。

吉达斯波夫一行是应中共上海市委的邀请于四月十九日来华访问的。

国务院总理李鹏会见英籍作家韩素音

李鹏对韩素音女士多年来向世界人民热情介绍中国情况表示赞赏。他应客人的要求，就如何建设有中国特色的社会主义的问题详细作了介绍。李鹏欢迎韩素音夫妇以后多来中国看看。

韩素音是应对外友协的邀请于四月十九日来华的。访问期间，她同中国有关方面商谈出版她的著述《周恩来传》，并前往天津、武汉和成都参观访问和进行讲学活动。

外交部部长钱其琛在钓鱼台国宾馆同老挝部长会议副主席兼外交部部长奔·西巴色举行会谈

国家主席杨尚昆根据全国人大常委会的决定任免驻外大使

一、免去冀朝铸的中华人民共和国驻大不列颠及北爱尔兰联合王国特命全权大使职务。

任命马毓真为中华人民共和国驻大不列颠及北爱尔兰联合王国特命全权大使。

二、免去马叙生的中华人民共和国驻南斯拉夫社会主义联邦共和国特命全权大使职务。

任命张大可为中华人民共和国驻南斯拉夫社会主义联邦共和国特命全权大使。

三、免去田丁的中华人民共和国驻巴基斯坦伊斯兰共和国特命全权大使职务。

任命周刚为中华人民共和国驻巴基斯坦伊斯兰共和国特命全权大使。

瑞典政府决定恢复对中国的援助

瑞典政府要求瑞典国际技术经济合作委员会做好恢复援助的准备。

外交部发言人吴建民谈中国政府奉行支持和保护知识产权的政策

吴建民是在外交部记者招待会上，就美方对中国的知识产权政策提出指责回答记者提问。

吴建民说，保护知识产权是改革开放的需要，对中国本身也是有利的。

他说，10年来，中国在保护知识产权方面已经做了许多工作，专利法已实施多年，著作权法将于今年6月1日起施行。计算机软件保护问题在著作权法中已经规定，计算机软件保护办法正在制定过程中。这些法律、法规的制定，对于推动科学技术进步和文化艺术的繁荣起了很好的作用。

这位发言人说，对于保护知识产权问题，我们的态度是积极的。如果美方仍然把中国列入所谓“重点国家”名单，那是“没有道理的，也不利于中美经贸关系的发展”。

世界旅游组织第二十届亚太地区会议暨研讨会在北京举行

世界旅游组织秘书长萨维尼亚克在今天开幕的会上指出，旅游业已成为当今世界上的第一大产业，亚太地区旅游业的发展速度超过世界其他地区。

他说，近年来世界旅游业持续发展，1990 年国际旅游者已达世界总人口的 8%，旅游业的经济收益超过汽车业而跃居各产业之首。亚太地区是世界上旅游业发展最快的地区，其旅游接待人数和外汇收入的增长率高于其他地区和世界平均水平。国际旅游组织今后将进一步推动亚太地区旅游业的发展。

国家旅游局局长刘毅在开幕词中指出，积极发展旅游业，加强同世界各国人民的友好往来，是我国对外开放基本国策的一个组成部分。1992 年，国家旅游局和民航局将共同举办“92 中国友好观光年”，以吸引更多的海外旅游者前来观光。

出席会议的有世界旅游组织亚太地区成员国和特邀代表 50 人。

国防部在上海举行南京路上好八连命名 28 周年纪念大会

“八六三”计划工作会议在北京闭幕

闭幕式上宣读邓小平为发展我国高科技所作的题词“发展高科技，实现产业化”，同时宣读了李鹏总理的贺信。

会议于 22 日开幕。

在闭幕式上，8 位代表跨世纪一代的青年科学家向发起制订“863”计划的老一辈科学家王大珩、王淦昌、杨嘉墀、陈芳允敬赠了荣誉证书鲜花。

经国家科委、国防科工委批准，大会表彰在“863”计划工作第一线的 60 个先进集体和 330 名先进工作者，并向他们授奖。

国务委员、国家科委主任宋健在会上作总结发言。他说，纵观世界经济和科学的发展历程以及我国的近代发展史，应使我们得出一条结论：科技兴则国兴。以“863”计划为代表的高技术研究计划对新时期依靠科技振兴中国的目标将发挥重要的引导作用。在 90 年代，我们能否把国民经济和科学技术，特别是高技术搞上去，关系到中华民族的兴衰，关系到社会主义事业的成败。科技界的同志一定要牢记自己肩负的崇高历史使命。90 年代要更加艰苦奋斗，充分利用改革开放的历史性机遇，全力推进科技事业和经济建设。要力争在高技术方面取得实质性进步，大大缩短我国与世界科技前沿的距离，为祖国在世界上取得受人尊敬的地位而贡献力量、智慧和心血。

全国技术市场工作会议在北京开幕

会议反映，10 年来，我国的技术市场从无到有、从小到大，成为我国社会主义统一市场的重要组成部分。截至去年年底，全国已有 43 个省、市、自治区和计划单列市以及 150 个地、市建立了技术市场管理机构。据统计，1990 年，全国各地举办不同规模的技术交易会 656 个，成交额达 26 亿元，有力地促进了科技与经济的结合。

在各地科委和技术市场管理机构的努力下，去年下半年有 17 个省、自治区和直辖市的技术合同成交额比 1989 年有所增长，成交额超亿元的省、自治区由 1989 年的 15 个增加到去年的 17 个，今年一季度的技术交易保持了继续增长的好势头。我国市场的法制建设进展迅速，据不完全统计，现有 18 个省、市、自治区颁布了技术市场管理条例。1989 年以来，技术市场工作坚决贯彻中央治理整顿的方针和清理整顿公司的决定，严格了技术经营机构的审批手续和管理制度。到去年年底，全国共有技术经营机构 2 万多个，从业人员超过 50 万人。在许多地区，技术市场成为科技长入农村经济的重要渠道，受到当地政府的高度重视。

国家科委副主任李绪鄂强调，推进大中型企业的技术进步，是当前我国经济工作中亟待解决的问题。大中型企业集中了各产业部门先进的技术装备和 70%—80% 的工程技术人员，应该是我国技术交易中买进与卖出技术的双向主体。要大胆运用市场机制，采取切实有效措施，活跃大型企业的技术交易活动。另外，要大力研究开发高新技术，改造传统产业，有计划、有组织地发展高新技术企业。这对增加产品品种、提高产品质量、增强在国际市场上的竞争能力，具有重大意义。他说力争在今后 3 年内要使我国技术合同年成交额达百亿元。

中共中央总书记江泽民等领导人在北京出席慰问科技工作者文艺专场晚会

国家教委办公厅提出《关于在中小学加强禁毒预

防性教育的意见》

国家教委办公厅提出《关于在中小学进一步开展爱国主义教育活动的意见》

中国残疾人福利基金会第七次理事会在北京举行

国家副主席、中国残疾人福利基金会名誉理事长王震作书面讲话，理事长邓朴方作工作报告。

王震在讲话指出，我国第二步战略目标的核心内容是向小康水平过渡，共同富裕。发展残疾人事业，给残疾人以扶助，使他们跟上社会发展步伐，与全国人民一道前进，是国家进步和社会文明的标志，是实现第二步战略目标的任务之一。

邓朴方在工作报告中回顾总结上次理事会以来的工作，提出今后的任务。

理事会上审议通过《中国残疾人福利基金会 1990 年捐款收支决算和 1991 年支出预算报告》。

4 月 26 日

国务院总理李鹏在钓鱼台国宾馆同突尼斯总统宰因·阿比丁·本·阿里举行会谈

国务院总理李鹏在听取第二次全国国有资产管理工作会议代表的汇报后发表讲话

李鹏说，社会主义制度在经济方面的主要标志包括以社会主义公有制为主体，以按劳分配为主体。当然，以社会主义公有制为主体，还要适当发展个体经济、私营经济和其他经济成分，使它们成为公有制经济的有益补充。实行以按劳分配为主，也有其他分配方式为补充。我们实行计划经济与市场调节相结合的经济运行机制。我国还是一个发展中的国家，生产力发展水平还较低，经济还不够发达，加上资源相对短缺，因此更需要通过计划经济，从总体上保持国民经济按比例发展和资源合理配置，集中必要的财力、物力进行重大建设，更好地调节收入分配，保持社会公正。实际上资本主义制度也有各种国家形式的干预和控制。社会主义制度也要运用市场机制，开展竞争，发挥优胜劣汰的作用，按照市场需要从事生产经营，促进技术进步和经营管理水平的提高。

李鹏说，加强国有资产管理的目的：一是保护国有资产，使国有资产的权益不受侵害，保证全民所有制经济在国民经济中占主导地位；二是促使国有资产经营效益的提高，形成自我发展与自我约束的机制，促进经济不断发展。

李鹏说，由于我国各地区的产业结构、经济发展水平、投资来源、管理权限等不同，因此，国有资产管理的形式也应从实际出发，采用多种管理形式和方法，建立适应社会主义有计划商品经济的国有资产管理体制和方法，需要经过较长时间的实践探索过程，才能逐步形成。

李鹏在谈到今明两年国有资产管理工作应抓什么时指出，要以保护国有资产权益不受侵犯，整治国有资产管理和经营中混乱现象为主要目标。特别是要摸清“家底”，着重解决国有资产状况不清、资产闲置浪费、化大公为小公、化公为私、收益流失等问题。要认真做好清产核资的前期准备工作，抓好试点，有重点地、分期分批地开展清产核资工作。切实抓好所有权的界定和产权登记工作。要加强产权管理，包括抓好承包企业国有资产保值增值指标的制定和考核、股份制试点中国家股权的管理、中外合资企业中的中方国有资产产权管理、闲置资产的调剂利用等工作。这些工作很具体，难度大，一定要发扬务实精神，一件件地落实，一件件地切实办好。

李鹏最后说，建立适应社会主义有计划商品经济的国有资产管理体制的任务，是改革的需要。而这项改革涉及的面广，既制约着也受制于各方面的改革，需要与其他方面的改革配套进行。

中共中央政治局常委乔石在浙江考察

乔石由中共浙江省委书记李泽民陪同，在浙江考察宁波、台州、舟山和温州等地、市的工厂、农村、港口和商品市场，走访贫困老区、山区。

乔石说，目前全党、全国都在贯彻党的十三届七中全会精神，执行国民经济发展十年规划和“八五”计划纲要。要在 90 年代实现国民经济发展第二步战略目标，任务很艰巨，要做的工作相当多，我们要抓住目前这一难得的机遇，狠抓各方面工作的落实，完成《纲要》所规定的各项任务，迎接 21 世纪的到来，进一步建设好有中国特色的社会主义。

海关总署署长戴杰签署第 19 号令公布关于进口货物实行海关估价规定

国务院总理李鹏在中南海紫光阁会见国家测绘局第一大地测量队的 30 名英雄代表

全国高新技术产业开发区工作会议开幕

会议由国家科委主持。

会议的中心课题是，认真贯彻和落实党中央、国务院的有关指示精神，总结交流高新技术产业开发区的工作经验，提出推动高新技术产业开发区健康发展的措施。

国家科委常务副主任李绪鄂在开幕式上作开发区工作报告。

全国人大常委会委员长万里在人民大会堂会见德国议会外委会主席和各国议会联盟名誉主席汉斯·斯特肯

国务委员兼外交部部长钱其琛在钓鱼台国宾馆会见突尼斯外交部长本·叶海亚

中国国际公共关系协会在北京举行首届理事会和成立大会

国家教委颁布《教育督导暂行规定》

庆祝《列宁全集》中文第二版十六卷出版发行座谈会在人民大会堂举行

中共中央宣传部和新闻出版署联合举办的庆祝《列宁全集》中文第二版十六卷出版发行座谈会上午在人民大会堂举行。

座谈会由中共中央宣传部部长王忍之主持。丁关根、王任重等出席座谈会。中央编译局副局长林基洲、新闻出版署署长宋木文在会上分别介绍新版《列宁全集》的编译、出版情况。

新版《列宁全集》堪称一项马克思主义理论基本建设的宏大工程。中共中央马恩列斯著作编译局1975年开始筹划，历时15个春秋，到1990年底，由人民出版社全部出齐。

新版《列宁全集》是目前世界上收载列宁文献最多的版本。全书分为著作、书信和笔记三大部分，共60卷、三千万字，收载文献9289篇，比一版多21卷、5009篇。新增的文献大部分是列宁在十月革命以后写的，内容涉及社会主义时期党的建设、政权建设、经济建设、法制建设、科学文化、对外关系、国际共运等方面。较之一版，文献更丰富，译文更准确，资料更充实，印制更精美。

中共中央政治局常委李瑞环在会上讲话。

中顾委常委薄一波、胡乔木认为，这是我国人民政治生活中的一件大事，具有重大意义，中国共产党人由此获得了一项武装我们头脑的更为完善的武器。中宣部副部长聂大江说，党的十三届四中全会以来，各地出现了重视马克思主义理论的空气，新版《列宁全集》的发行，将有力地推动这一良好势头。

中国社会科学院副院长汝信、北京大学校长吴树青在会上发言。

中共中央政治局常委李瑞环在《列宁全集》中文第二版六十卷出版座谈会上发表讲话

同志们：

编译出版《列宁全集》中文第二版，是1982年5月中共中央书记处第一百七十八次会议正式决定的。经过中央编译局、人民出版社等十多个单位的团结协作，数百名专家、学者长时间的不懈努力，这项艰巨的任务现在已圆满完成。六十卷新版《列宁全集》比中文第一版多收列宁文献五千余件，译文更为准确，编排更为合理，资料更为详尽，印制更为精美。这是马列经典著作编译出版的一大成果，也是中国共产党人对传播马列主义的一大贡献。它的出版，对于我们更好地坚持和发展马克思主义，推动国内各项工作，实现第二步战略目标，具有非常重要的意义。在此，我代表中共中央向为这项工作付出辛勤劳动的同志们，表示崇高的敬意和衷心的感谢。

列宁主义是帝国主义时代的马克思主义，是指导无产阶级革命和建设社会主义的行动指南。列宁作为马克思、恩格斯之后最伟大的无产阶级革命领袖，他在实践上最伟大的功绩在于，成功地领导了俄国十月社会主义革命，缔造了世界上第一个无产阶级专政的社会主义国家，把科学社会主义从理论变为现实，开辟了人类历史的新纪元。他在理论上最伟大的贡献在于，以极大的革命胆略和求实精神，批判了各种机会主义思潮，捍卫了马克思主义基本原理，并且根据时代的新变化，结合国际共产主义运动和俄国革命、建设的实践，全面丰富和发展了马克思主义哲学、政治经济学和科学社会主义，从而把马克思主义推进到一个新的阶段。列宁是坚持和发展马克思主义的光辉典范。

十月革命一声炮响，为中国送来了马克思列宁主义，自此中国革命面貌为之一新。中国革命的胜利，是马克思列宁主义的胜利。马克思列宁主义在一个半殖民地、半封建的东方大国生根、开花、结果，指导革命取得成功，经历了曲折的过程。以毛泽东同志为代表的中国共产党人，在长期的革命实践中，克服了“左”的和右的错误倾向，坚持马克思列宁主义的基本原理同中国革命具体实际相结合，形成了适合中国国情的科学的指导思想——毛泽东思想，从而创造性地解决了中国革命走向胜利的一系列重大问题，领导全国人民缔造了新中国。建国后，我们党又领导全国人民完成了社会主义改造，全面开展了社会主义建设。毛泽东思想是马克思列宁主义在中国的运用和发展。毛泽东同志是坚持和发展马克思列宁主义的光辉典范。

党的十一届三中全会的召开，标志着我国进入了社会主义现代化建设的新时期。以邓小平同志为代表的中国共产党人，根据国内国际正反两方面的历史经验，根据我国社会主义现代化建设的新情况，以马克思列宁主义、毛泽东思想为指导，创造性地提出了一整套建设有中国特色的社会主义的理论、路线、方针、政策，使我国经济和社会的发展在短短时间内取得了举世瞩目的成就。建设有中国特色的社会主义的思想和理论，是在我国新的历史条件下对马克思列宁主义、毛泽东思想的继承和发展。邓小平同志是我国社会主义建设和改革开放新时期坚持和发展马克思列宁主义、毛泽东思想的杰出代表。

90 年代是我国社会主义现代化建设的关键时期，党的十三届七中全会和七届全国人大四次会议及时规划了我国经济和社会发展的第二步战略目标。实现这个目标是一项极其宏伟而艰巨的历史性任务。在这个过程中，我们必须始终很好地坚持马克思主义，把马克思主义基本原理同当代世界的新情况、同我国现代化建设和改革开放的实际紧密结合起来。在这个问题上，不能有任何怀疑和动摇。只有这样，我们才能有力地挫败国际敌对势力对我国推行和平演变的图谋，有效地坚持四项基本原则、反对资产阶级自由化，保证社会主义现代化建设和改革开放的顺利进行。只有这样，我们才能冷静地观察国际国内发生的重大事件，及时总结实践中的新鲜经验，正确处理前进中出现的各种问题。只有这样，才能使九十年代的社会主义现代化建设和改革开放打开新局面，使社会主义制度的优越性得到充分的发挥，使马克思主义理论充满生机和活力。这是历史赋予我们当代中国共产党人的神圣使命。

早在 1985 年，邓小平同志在党的全国代表会议上就指出："使全党的各级干部，首先是领导干部，在繁忙的工作中，仍然有一定的时间学习，熟悉马克思主义的基本理论，从而加强我们工作中的原则性、系统性、预见性和创造性。"新版《列宁全集》的出版，为我们广大干部特别是党的各级领导干部的理论学习提供了有利条件。要提倡老老实实地读书学习，真正掌握马克思主义的基本原理，善于用马克思主义的立场、观点、方法研究和解决实际问题。以江泽民同志为核心的党中央希望，在我们党内形成一个认真读书学习、努力研究现实问题的良好风气，把全党的马克思主义理论修养提高到一个新的水平，把建设有中国特色的社会主义伟大事业推向前进。

中顾委常委胡乔木在《列宁全集》中文第二版六十卷出版座谈会上发表题为《祝贺列宁全集第二版出版发行，努力学习列宁著作》的讲话

列宁全集第二版六十卷已经全部出版发行。这对于我们全体有阅读能力的共产党员和一切有志于学习、研究、宣传马克思主义理论的同志们，都是一件值得热烈庆祝的大事。与此同时，全国读者盼望已久的毛泽东选集一至四卷第二版，也将于今年七一出版发行。这两件大事表明，马克思列宁主义毛泽东思想的学习和宣传，在目前的中国即将进入一个高潮。这对于我们坚持建设有中国特色的社会主义，提高发展社会主义建设的自觉性和信心，努力实现发展国民经济的第二步战略目标，都将是一个强有力的促进和保证。

列宁全集中文第二版是一九八二年五月中共中央书记处决定出版的，这是我国自行编辑的当今世界上内容最丰富完备的列宁全集，全书收载列宁文献近万件，同中文第一版三十九卷本相比，卷数增加二十一卷，多收文献六千余件，总字数增加一倍以上。第一版原有的译文，在第二版中都作了认真的修订和校补。全集各卷都增加了新编的各项参考资料。全集第二版的编译出版工作连准备工作在内，前后历时十五年。中央编译局近百人参加了编译工作，十二个高等院校和科研机构的近五十名教授专家参加了译校工作。出版和印刷工作者为全集第二版的按时出齐做了大量的紧张的努力。从一九八四年开始出版，每年平均出版八至九卷，到一九九〇年全部出齐，每卷印数两万册，六十卷共一百二十万册，已经或正在陆续送到征订者和读者的手中。大家看到，新版全集纸张的质量、印刷的质量和装帧的质量，都是第一流的。可以毫不夸大地说，这是完成了一项足以与国家重点基建工程相媲美的宏大工程。很明显，所有参加这项工程的同志们都抱着庄严的责任感和巨大的热情始终如一地工作的。在这里，我们不能不向参与这项伟大工程的全体编辑工作者、译校工作者、出版印刷发行工作者表示由衷的谢意和崇高的敬意。

我们热烈祝贺列宁全集第二版的出版，这是因为我们由此获得了一项武装我们头脑的更为完善的武器。列宁著作的单行本曾经武装了我国老一辈革命家；五十至六十年代出版的列宁全集第一版和以它为基础编选的列宁选集，曾经武装了当时的一代到两代的共产党员和马克思主义理论工作者；现在出版的全集第二版，以及不久以后将会出版的新编的列宁选集，将武装新的几代共产党员和马克思主义理论工作者。

我们要从新版的列宁全集主要学习些什么呢？

首先，我们要从列宁的著作中学习他怎样坚持、捍卫和发展马克思主义。列宁是马克思、恩格斯逝世以后最伟大的马克思主义者，他顶住第二国际修正和背叛马克思主义的世界性的狂流，坚持在哲学、政治经济学、科学社会主义等各个领域捍卫和发展了马克思主义的基本原理，建立了人类历史上第一个社会主义国家，并且在世界范围内复兴了共产主义运动。列宁的名字已经不可分离地同马克思结合在一起，他把马克思主义发展成为马克思列宁主义。当马克思主义面临新的严重挑战的今天，我们学习列宁的著作，一定会使我们从中获得无限的信心和勇气。

其次，我们要从列宁的著作中学习他关于帝国主义的理论。列宁主义是帝国主义时代的马克思主义。列宁是对帝国主义作出马克思主义科学分析的第一人。列宁在他的《帝国主义是资本主义的最高阶段》一书中对帝国主义五个特征和帝国主义的寄生性腐朽性的基本论断，至今仍然适用。列宁一生对帝国主义势力及其辩护士们始终进行了坚决而又灵活的斗争，对我们也充满教益和启示。尽管帝国主义组织了对俄国革命的大规模武装干涉，但是当战争结束以后，列宁及时地推行了和平外交政策。我们今天特别需要向列宁学习关于帝国主义的理论和对付帝国主义斗争的策略，因为帝国主义今天还十分猖狂，它不容许我们有一天忘记或忽略它和它对社会主义国家的和平演变政策的存在。

第三，我们要从列宁的著作中学习中国革命的指导思想。中国共产党的产生和中国革命的发展，是同列宁和十月革命的影响分不开的。列宁早在欧洲大战以前就把目光注视到东方，指出在亚洲，“数万万人民正在觉醒起来，追求生活，追求光明和自由”，而在欧洲的工人运动当时正处在低落状态，因而提出了“落后的欧洲和先进的亚洲”的著名警句。在十月革命和共产国际成立以后，列宁更以无限的热情为东方被压迫的殖民地半殖民地人民反帝国主义运动和早期工人运动指示斗争的方向。直到列宁的最后一篇著作中，他仍然认为，“俄国、印度、中国等等构成了世界人的绝大多数，正是这个人口的大多数最近几年来非常迅速地卷入了争取自身解放的斗争，所以在这个意义上说，世界斗争的最终解决将会如何，是不可能有丝毫怀疑的。”大家知道，列宁的《两个策略》和《共产主义运动中的左派幼稚病》两部著作，对于中国共产党人开展党内反右倾和反“左”倾的斗争起过多么重大的作用。毫无疑问，学习列宁的这一系列著作，不但会帮助我们深入理解中国新民主主义革命时期的历史，而且会大大提高我们在争取社会主义事业斗争中的觉悟性。

第四，我们要从列宁的著作中学习建立和巩固社会主义国家的理论。列宁对马克思主义的最重要贡献之一是他捍卫和发展了马克思主义的无产阶级专政学说。列宁透彻地阐述了马克思、恩格斯关于国家是阶级矛盾不可调和的产物、国家是阶级统治的工具以及无产阶级在革命中必须摧毁旧的国家机器而建立起自己的专政的原理，明确地宣布：只有承认阶级斗争、同时也承认无产阶级专政的人，才是马克思主义者。列宁创建和保卫了世界上第一个无产阶级专政的国家，建立了民主集中制的政权，并为使新的国家机器能够确实代表最广大人民群众的利益和意志而奋斗到最后一息。我们在一九四九年已经根据马克思列宁主义的基本原理和中国革命的具体实践，建立了人民民主专政的国家，我们现在的任务就是要坚持不懈地保卫它、巩固它和完善它，完善我们的人民代表大会制度，完善社会主义民主和社会主义法制。在这一过程中，学习列宁的有关国家问题的著作，将使我们得到很多教益。

第五，我们要从列宁的著作中学习建设社会主义经济的理论。列宁在俄国转入经济建设和实行新经济政策以后工作的时间不长，但是留下的文献却不少，而列宁全集第二版所增收的文献大部分正是属于这个时期的。当然，当时俄国的情况跟我国现时的情况有很多不同，但是在一个原本是小农经济的国家中建设社会主义，这一点却是相同的，因此俄国的许多经验就很值得我们研究、参考、回顾和反思。列宁在粮食税、商品流通和商业工作、劳动竞赛和工会工作、电气化计划和计划工作、新经济政策、国家资本主义、租让制、对外贸易垄断、合作制以及革命和改良、文化建设、掌握人类积累起来的全部知识等方面提出的见解，对我们执行改革开放的方针仍然有重要的理论意义，需要我们进行深入的研究。

第六，我们要从列宁的著作中学习党的建设的理论。建立和建设无产阶级先进分子的党的论题，始终在列宁的著作中居于重要地位。列宁对于党的领导机构和领导工作的关心，在他重病期间仍然没有停止，这在全集第二版所增收的文献中表现得很清楚。列宁关于建立一个民主集中制的、有严密组织和纪律、密切联系群众、有自我批评精神的党的学说，无疑是列宁对于马克思主义理论的重大贡献，因为没有这样一个党，就不可能有革命的胜利，不可能有革命的政权和武装力量，不可能有社会主义经济文化的建设。那么，马克思主义至今就还不过是一种学说而已。也正因为这样，马克思列宁主义的一切敌人，首先集中力量来反对列宁关于党的理论。我们从中国革命和建设的实践中深知，党的领导是我们一切胜利的源泉和保障。我们要不断努力加强我们的党，也就要努力学习列宁关于党的建设的理。

最后，我们要从列宁的著作中学习辩证唯物主义和历史唯物主义的方法。列宁不仅写了许多关于历史唯物主义、唯物主义和辩证法的专著和笔记，而且在他的全部著作中都贯串着辩证唯物主义和历史唯物主义的精神。列宁讨论问题总是从客观实际出发，特别注意从经济事实的分析和阶级力量对比的分析出发，列宁认为真理都是具体的，所以提出的问题都考虑到一定的历史条件，着重分析具体事物的内部矛盾和相互联系。列宁的论辩性著作中不但充满辩证法，还多次正式提出辩证法的论点来反驳形而上学观点。我们学习哲学的目的是要运用哲学，在这方面列宁的著作向我们提供了一个极好的榜样。

列宁的思想非常丰富，在这里很难作出完整的概括，以上只是说一些我想是最需要注意的几点罢了。

我们学习列宁的著作，当然必须掌握列宁思想的精神实质，而不是拘守他的这样那样的个别论断；当然必须同学习马克思、恩格斯的著作，学习毛泽东、邓小平的著作相结合；当然必须同研究当代的世界和中国的实际情况相结合，为解决现实问题服务。

马克思主义发展的历史命运，同人类社会发展本身的历史命运一样，从来不是平坦的。列宁在说到欧洲可能后退几十年的时候这样说过："这是难以令人相信的，但这并不是不可能的，因为把世界历史设想成一帆风顺的向前发展，不会有时间向后作巨大的跳跃，那是不辩证的、不科学的，在理论上也是不正确的。"马克思主义在十月革命以前曾经经历过巨大的困难时期，现在又面临新的巨大困难时期。资产阶级政客正在大声叫嚷：马克思主义已经死亡了，社会主义已经死亡了。让他们叫嚷去吧！让他们在梦想中去吹嘘胜利和寻求安慰吧！在我们这个十一亿人口的大国，正在努力坚持马克思主义，正在更加高举列宁主义的旗帜，正在胜利地发展社会主义事业，并且为此目的，我们正在努力普及马克思主义理论的宣传和学习，出版列宁全集第二版就是这一努力中的最新成就之一。我们将使马克思主义理论和社会主义事业一天比一天繁荣昌盛。我们的行动就是我们对于资产阶级政客们的响亮回答。

《中国青年报》创刊40周年茶话会在北京举行

4月27日

中共中央总书记江泽民在中南海怀仁堂与出席全国党建理论研讨会代表座谈时发表题为《加强党的理论建设》的讲话

这次会议，大多数省、自治区、直辖市党委的组织部长都来了，搞理论研究和理论宣传工作的同志也来了，还来了几位省委书记。这是一次很重要的会议。中央政治局常委对党的建设很重视。今天，除李鹏同志另有会议外，在京的常委都来了。

理论问题，不管是自然科学理论，还是社会科学理论，都很重要。从自然科学来讲，比如爱因斯坦的相对论是一个很大的突破，使二十世纪的原子能科学以及微电子科学，发生了一场革命，从而极大地推动了生产的发展。从社会科学来讲，马克思主义在十九世纪中叶产生以来，在工人运动中得到广泛传播。十九世纪末二十世纪初，马克思主义发展到列宁主义阶段。列宁根据资本主义发展不平衡的规律，得出社会主义革命有可能首先在几个或单独一个国家胜利的结论。他领导的俄国十月革命的胜利，使社会主义变成活生生的现实，开辟了人类历史新纪元。所以，无论是自然科学的发展，还是社会科学的发展，一旦形成新的理论，就会直接或间接地对实践产生巨大的作用。

这次讨论会，专门研究党的建设理论。加强党的理论建设，是当前国际形势、国内形势的迫切需要。为了加深对理论重要性的认识，这里，我想重温一下革命导师对于党的理论建设的一些重要教导。

马克思在《黑格尔法哲学批判·导言》中指出："批判的武器当然不能代替武器的批判，物质力量只能用物质力量来摧毁；但是理论一经掌握群众，也会变成物质力量。"恩格斯在《卡尔·马克思〈政治经济学批判〉》一文中讲过："我们党有个很大的优点，就是有一个新的科学的世界观作为理论的基础。"列宁说，没有理论，党就会失去生存的权利，而且不可避免地迟早注定要在政治上遭到破产。列宁在《怎么办》这部著作中还说过："没有革命的理论，就不会有革命的运动。在醉心于最狭隘的实际活动的偏向同时髦的机会主义说教结合在一起的情况下，必须始终坚持这种思想。"毛泽东同志讲："领导我们事业的核心力量是中国共产党。指导我们思想的理论基础是马克思列宁主义。"他在《论联合政府》中指出："我们的党从它一开始，就是一个以马克思列宁主义的理论为基础的党，这是因为这个主义是全世界无产阶级的最正确最革命的科学思想的结晶。马克思列宁主义的普遍真理一经和中国革命的具体实践相结合，就使中国革命的面目为之一新。"在《中国共产党在民族战争中的地位》一文中他还指出："指导一个伟大的革命运动的政党，如果没有革命理论，没有历史知识，没有对于实际运动的深刻的了解，要取得胜利是不可能的。""在担负主要领导责任的观点上说，如果我们党有一百个至二百个系统地而不是零碎地、实际地而不是空洞地学会了马克思列宁主义的同志，就会大大地提高我们党的战斗力量。"

不认真学习和研究马克思主义理论，我们就会在错综复杂的形势中迷失方向，失去判断是非的能力，解除思想武装，就要犯极大的错误。马克思主义理论不是教条，而是行动的指南。我引用革命导师的这些论述，是想说明理论的重要性，说明学习、研究马克思主义理论的目的是为了应用，用于认识中国的具体实际，用于把握中国社会发展的规律,用于指导我国的社会主义现代化建设。

让我们再简要地回顾一下历史。

在马克思主义产生以前,工人运动处于自发状态,还没有形成争取自己根本利益并同资产阶级相对抗的独立的政治力量。马克思、恩格斯为创立马克思主义进行了毕生的努力。自从马克思主义产生以后,工人阶级从自在的阶级变成了自为的阶级,工人运动蓬勃发展起来。工人运动不能自发地产生马克思主义,没有投身于工人运动并和工人群众紧密结合的知识分子把工人运动的经验概括起来,总结起来,形成科学理论,工人阶级不可能由自在阶级变为自为的阶级。

十九世纪末,国际工人运动内部机会主义思潮泛滥,主要资本主义国家的工人政党纷纷蜕变为资产阶级的附庸,国际工人运动处于低潮。列宁在新的历史条件下,坚持和发展马克思主义,同第二国际机会主义进行了不屈不挠的斗争,把马克思主义推向一个新的阶段——列宁主义阶段,革命从低潮转入高潮,取得了十月社会主义革命的胜利。

十月革命一声炮响,给我们送来了马克思列宁主义。从一八四〇年到一九四九年中国一百多年的历史,是一部受西方列强欺辱、奴役、压迫的历史。在这期间,先进的中国人历经千辛万苦,寻找救国救民的真理而屡遭失败。自从马克思列宁主义传入中国以后,共产党成立了,中国的面貌才起了变化。当然,中国共产党成立以后,有过陈独秀的右倾投降主义,也有过王明的“左”倾冒险主义。以毛泽东同志为代表的中国共产党人,把马列主义普遍真理同中国具体实际结合起来,解决了中国革命的道路和其他一系列问题。到延安整风,全党学习马列主义,总结实践经验,毛泽东思想达到成熟并全面展开,成为全党的指导思想。从此,中国革命就势如破竹,不断走向胜利。正是在马列主义、毛泽东思想的指导下,我们党领导中国人民推翻了三座大山,建立了新中国,完成了社会主义改造,开展了大规模的经济建设。

十一届三中全会前后,邓小平同志倡导和支持批判“两个凡是”的错误,强调实践是检验真理的标准,重申和确立党的实事求是的思想路线,提出了建设有中国特色社会主义的理论,开创了我国社会主义现代化建设的新时期,保证了建设和改革开放的顺利进行。现在回过头来看,再联系国际共产主义运动发生的变化,更加证明邓小平同志为党做出了历史性的贡献。在纠正毛泽东同志晚年所犯错误的同时,邓小平同志充分肯定了毛泽东同志的伟大功绩和毛泽东思想的历史地位。十一届六中全会前,在关于起草建国以来党的若干历史问题决议的谈话中,邓小平同志反复强调要实事求是地评价毛泽东同志和毛泽东思想。如果当时动摇一下,不知道现在会是什么情况。邓小平同志把毛泽东思想充分肯定下来,对于我们的改革开放和经济建设,对于我们国家的稳定和发展,具有重大而深远的意义。邓小平同志提出以经济建设为中心,坚持四项基本原则,坚持改革开放,这是了不起的贡献。由于有了正确的路线,才保证了我们建设和改革的顺利进行。如果没有十一届三中全会以来所确定的正确的路线、方针和政策,我们就不能取得今天这样的巨大成就。

从历史的简要回顾中,可以看出,马克思主义理论具有巨大的威力,是指引我们胜利前进的强大思想武器。

当前,我们面临着错综复杂的国际形势和繁重艰巨的国内任务。在这种情况下,我们必须更加重视学习马克思主义,宣传马克思主义,应用马克思主义。

国内外敌对势力正在政治、思想、文化、经济等广泛的领域加紧对我国进行和平演变,进行渗透和颠覆活动。思想文化领域的斗争更为突出。敌对势力企图首先使我们在精神上解除武装,进而颠覆社会主义制度。前几年,“一手硬,一手软”,削弱了马克思主义理论研究和宣传,资产阶级自由化思潮泛滥,一些人攻击马列主义、毛泽东思想,丑化党的历史,导致极大的思想混乱。他们大造反革命舆论,成为一九八九年春夏之交的动乱和北京发生的反革命暴乱的一个重要原因。陈云同志说,经济搞不好,会翻船;宣传出问题,也会翻船。为了识别和挫败国内外敌对势力和平演变的图谋,在人民思想上筑起抵御和平演变的“钢铁长城”,最重要的,是要用马列主义、毛泽东思想武装全党、全军和全国人民。

反和平演变,必须坚持不懈地开展反腐败斗争。我们党从总体上来说是好的,腐败现象只是在少数党员身上存在,但也决不可轻视。因为它损害党的威信,破坏党群关系。它同敌对势力的和平演变和资产阶级自由化泛滥有密切关系,反过来又成为国内外敌对势力进攻我们的口实。所以,反对腐败是非常重要的。十三届四中全会以后,中央采取了一系列措施,已经和正在收到良好的效果。今后还要进一步采取措施,狠抓下去。延安整风时,毛泽东同志要大家读郭沫若写的《甲申三百年祭》。现在有些人贪污腐化,行贿受贿,完全违背了党的全心全意为人民服务的宗旨,完全离开了共产党员的标准。贪污腐化,行贿受贿,必然为敌对势力推行和平演变战略打开缺口。他们正是想用这个办法搞垮我们的。“物必自腐而后虫生”。“上梁不正下梁歪,中梁不正倒下来”。我们是执政党,己不正焉能正人?你一天到晚教育别人,你自己怎么样?我们必须记取中国的古训“身教重于言教”。在改革开放的条件下，发生腐败现象的可能性增加了，但只要我们坚决抵制，就完全可以把它缩小到最低程度。反腐败问题不解决，我们党就很难立于不败之地。做组织工作、人事工作的同志，要注意一个问题，现在对组织部门、人事部门的腐蚀，主要是在用人问题上下手。我听到有这方面的议论。组织、人事部门的同志，要十分警惕呀！毛泽东同志在《为人民服务》中就讲，“我们都是来自五湖四海，为了一个共同的革命目标，走到一起来了。”在用人问题上，我们一定要按党的原则办事。

我们国内的建设和改革的任务是很繁重的。我们面临大量开创性的、前人没有提出或前人没有涉足的课题，面临大量错综复杂的矛盾。广大的人民群众每天都在创造新事物、新经验。这就要求我们用马列主义、毛泽东思想作指导，深入实际进行理论的探索、概括和创造。

理论来源于实践。在社会主义现代化建设的实践中，我们必须坚定不移地以经济建设为中心，大力发展社会生产力，把我们的综合国力搞上去。我认为，在经济落后于资本主义发达国家的情况下，资本主义复辟的危险，和平演变的威胁，始终是存在的。社会主义最终要战胜资本主义，归根到底要创造出比资本主义更高的劳动生产率。这是摆在我们面前的一个重大课题。怎么才能把经济搞上去？我看最重要的是，充分发挥我们的政治优势。邓小平同志说得非常正确：“光靠物质条件，我们的革命和建设都不可能胜利。过去我们党无论怎样弱小，无论遇到什么困难，一直有强大的战斗力，因为我们有马克思主义和共产主义的信念。有了共同的理想，也就有了铁的纪律。无论过去、现在和将来，这都是我们的真正优势。这个真理，有些同志已经不那么清楚了。”

刚才汇报中说，有的同志不太愿意做思想政治工作。这个问题很值得我们注意。我们是历史唯物主义者，承认生产力在社会发展中的最终决定作用。但是，我们又是辩证唯物主义者，充分肯定精神对物质、社会意识对社会存在、生产关系对生产力、上层建筑对经济基础、政治对经济的强大的反作用。这两个方面我们都要认识到。把生产力最终起决定作用的原理庸俗化，轻视、贬低甚至否认精神、社会意识、生产关系、上层建筑、政治的反作用，不是马克思主义的观点，在实践上是极为有害的。越是经济建设和日常事务繁忙的时候，越要学习马列主义、毛泽东思想，越要关心政治，关心人的思想和精神状态，绝不能见物不见人，甚至在日益复杂的斗争中迷失方向。我们一定要牢记邓小平同志的告诫：“在工作重心转移到经济建设以后，全党要研究如何适应新的形势，加强党的思想工作，防止埋头经济工作、忽视思想工作的倾向。”一年多来，我们曾经多次强调过，越是改革开放，越要加强思想政治工作，只有思想政治工作加强了，才能够促进改革的健康发展。

还有两个和这有关的问题需要从理论上说清楚。

第一个问题，关于生产力中人的因素和物的因素的关系问题。历史唯物主义认为劳动者是生产力中最活跃最革命的因素。工具在生产力中是重要的，但无论工具怎样复杂，都要由人来制造和运用。有人提出，现在发达资本主义国家由于科技进步，生产发展较快，似乎人的作用不大了。其实，这种发展还是靠掌握了先进科学技术、操纵先进设备的人来实现的。海湾战争以后有这样一种看法，好像武器的作用大得不得了。对此，我们要进行实事求是的分析。我在军队讲过，通过海湾战争，我们要更加看到科学技术和现代武器装备的重要，我们一定要重视科学技术，特别是重视电子技术的发展。现在，科学技术在生产力发展中的作用越来越重要了，正如邓小平同志所指出的，科学技术是第一生产力。我们要充分发挥科技人员的作用，尽可能地为他们发挥作用创造较好的工作和生活条件，同时重视对于新的人才的培养。我们既要看到武器的作用，更要看到战争胜负的决定因素仍然是人，而不是武器。我们要在干部和群众中加强马克思主义战争观、马克思主义科技观的教育。还有人提出，是不是先退回到资本主义，把生产力发展一下，然后再来搞社会主义。其实，这样的思想在中国近现代史上早就出现过。但是我们必须看到资本主义发达国家所以发达，都有一个资本原始积累的阶段，这里面不知榨取了多少劳动人民的血汗。就是现在，资本主义发达国家与许多不发达国家商品交换也是不等价的，据有关资料报道，每年差价在一千亿美元以上。中国如果从社会主义倒退，只能成为国际垄断资本的附庸，国家的主权和民族的独立都要丧失掉。在中国搞资本主义行不通，不可能使生产力大发展。这是历史证明了的结论。而且必须看到，过去搞资本主义行不通，现在更行不通。在我们党和人民政权领导下，走社会主义道路，能够更快地发展生产力，这也是历史证明了的。对于这些问题，我们的理论界应该把它说得比较透一点。

第二个问题，改革开放，必然有资本主义腐朽思想乘隙而入。认为要抵制资本主义腐朽思想涌进，就不要改革开放，是不对的。要改革开放，就可能受到资本主义腐朽思想的影响。我们如果能真正按照邓小平同志讲的解决好“一手硬，一手软”的问题，就会把这种影响限制在最低限度。不能把二者对立起来。坚持社会主义的改革开放，同时坚决抵制资本主义腐朽思想的侵蚀,这是统一的。只有这样,才能把经济搞上去,大大提高生产力,充分显示社会主义的优越性。

目前,我们的经济工作和其他工作,都还有不少困难,国际共产主义运动又处于低潮。这对我们来说,既是压力,也是动力。关键是我们的精神状态要振奋,要坚定社会主义、共产主义信念,切切实实地提高全党特别是高级干部的马克思主义理论水平,首先把我们自己的事情办好。历史经验反复证明,低潮孕育着高潮,从国际共产主义运动的发展历史来看,低潮,将预示着马克思主义的新发展,预示着社会主义事业的新胜利。在十一亿人口的中国,我们坚守住了社会主义阵地,把有中国特色的社会主义建设搞好了,就是我们对共产主义事业的贡献。

中共中央政治局常委宋平等出席在北京举行的全国党建理论讨论会

中共中央政策研究室主任王维澄、上海市委组织部副部长邵有民、广东省委政研室主任张振宇、北京市委组织部副部长王修身、湖南省委组织部副部长宋廷同在座谈会上汇报党建理论讨论会的情况。

中共中央政治局常委宋平讲话说,在中国共产党建党70周年前夕,召开党建理论讨论会,用马克思主义的立场、观点、方法,研究和探讨当前党的建设的重大问题,总结历史经验,是一件很有意义的事情。党的十三届四中全会以来,以江泽民同志为核心的党中央是高度重视党的建设和党建理论研究工作的。党建理论研究空气日益浓厚,研究水平也在逐渐提高。这样一种好的势头,应当继续发展。各级党委都要重视党建理论研究工作,把它作为加强党的建设的一项重要任务,认真总结我党的伟大实践,把党建设好,把党建理论的学习和研究提高到新的水平。

中共中央总书记江泽民会见突尼斯总统宰因·阿比丁·本·阿里

中共中央总书记江泽民会见厄瓜多尔民主左派党主席伊萨

江泽民上午在中南海会见厄瓜多尔民主左派党主席尼古拉斯·伊萨和夫人时表示:中国愿意同包括厄瓜多尔在内的所有第三世界国家一起,争取在和平共处五项原则的基础上建立国际政治和经济新秩序。

江泽民说,我们一贯主张国家不分大小,一律平等。特别是我们第三世界国家,过去有着共同的命运,现在都面临发展经济的任务。中国希望有一个国际和平环境,搞好我们的建设。

他说,中国共产党重视同厄瓜多尔民主左派党发展关系。他表示,伊萨主席的此次来访,必将进一步推动两国友好合作关系的进一步发展。

全国人大常委会委员长万里在人民大会堂会见赞比亚国民议会议长穆利契塔

中国民主同盟成立50周年纪念大会在北京举行

中共中央政治局候补委员丁关根在中国民主同盟成立50周年纪念大会上发表讲话

同志们:

今天,中国民主同盟在这里隆重集会,纪念成立50周年。50年来,中国民主同盟所走过的道路,是一条爱国、革命的光荣道路。在半个世纪中,民盟同中国共产党风雨同舟,患难与共,结成了亲密的友党关系,为人民革命和社会主义建设事业作出了重要贡献。我代表中国共产党中央委员会,向中国民主同盟和民盟的全体同志致以热烈的祝贺和诚挚的问候!

中国民主同盟是在抗日战争和爱国民主运动的烈火中诞生的。战争年代,中国民主同盟同中国共产党亲密合作,团结爱国知识分子和爱国民主人士,为争取新民主主义革命的胜利,创建新中国,进行了英勇的斗争。李公朴、闻一多等民盟同志壮烈献身,至今为人民所深切怀念。新中国成立后,中国民主同盟制定了接受中国共产党的领导、为社会主义服务的政治路线,同中国共产党进一步亲密合作,在巩固人民民主专政、反对国内外敌人的斗争中,在社会主义革命和社会主义建设事业中,发挥了重要作用。我国进入以经济建设为中心的新的历史时期以来,民盟拥护中国共产党的基本路线,拥护四项基本原则,拥护改革开放,积极参加国家大政方针的协商与贯彻,坚持团结合作,实行民主监督。民盟广大成员投身于四化建设,在各自的工作岗位上贡献才智,而且面向社会,积极开展讲学办学、咨询服务、智力支边和为区域开发建设提供战略规划咨询工作,努力推进教育、科技体制的改革,赢得了社会的赞誉。中国共产党相信民盟将继续在爱国主义、社会主义旗帜下,为巩固和扩大爱国统一战线,为保持国家稳定、促进改革开放、发展国民经济,作出新的贡献。

同志们,中国共产党十三届四中全会以来,以江泽民同志为核心的党中央领导和团结全国各族人民,维护了国家和社会的稳定,治理整顿、深化改革取得明显成效,国民经济正在持续、稳定、协调地向前发展,对外关系也取得重要成就。实践足以说明,以江泽民同志为核心的中共中央的领导是坚强、有力、完全正确的,足以说明社会主义制度有着强大的生命力,足以说明中国各族人民的团结，中国共产党同各民主党派、无党派人士、各族各界人士的团结是牢固的。

90 年代是中华民族振兴史上再展宏图的年代。刚刚结束的七届全国人大四次会议通过的我国国民经济和社会发展十年规划和第八个五年计划纲要及李鹏总理就这一纲要所作的报告，总结了建设有中国特色社会主义的基本经验，明确了今后十年的基本任务、奋斗目标和方针政策，反映了全国各族人民的意志，实事求是，振奋人心，是我们的行动纲领。现在的关键是要认真实施《纲要》，坚持四项基本原则，坚持改革开放，扎扎实实地工作，一心一意把国民经济搞上去。

实现《纲要》确定的第二步战略目标，建设有中国特色的社会主义，爱国统一战线负有光荣的使命。要建设，首先要有一个安定团结的政治局面。爱国统一战线要服从和服务于国家稳定这个大局。保持国家稳定，就必须团结一切可以团结的力量，调动一切积极因素，巩固和发展最广泛的爱国统一战线；必须坚持和完善中国共产党领导的多党合作和政治协商制度。实践证明，这项基本政治制度适合我国国情，受到广大人民和各民主党派的拥护。我们一贯主张，一个国家实行什么样的社会制度、政治制度、政党制度，应该由本国人民自己作出选择，别国不应进行干涉。我们从来不把我国实行的政党制度施之于人，也不接受别人把他们实行的政党制度强加于我。多党制或两党制不符合中国国情，它违背包括各民主党派在内的全国各族人民的根本利益，在社会主义中国是行不通的。我们要进一步坚持和完善有中国特色的社会主义政党制度，努力做到在坚持的基础上不断完善，在不断完善的过程中更好地坚持。

一年多来，在中共中央的领导下，经过各民主党派的共同努力，我们的多党合作和政治协商有了新的发展，正在逐步走向制度化和规范化。我们一定要继续坚持"长期共存、互相监督、肝胆相照、荣辱与共"的方针，更好地加强统一战线内部的相互沟通和思想交流，形成一种团结、民主、和谐的合作共事的关系，鼓励民主党派和无党派人士对国家的大政方针和社会生活中的重大问题积极提出建议，畅所欲言，反映真实情况，充分发挥参政议政和民主监督作用。中国共产党和各民主党派、各界爱国人士都要学会求同存异，长同消异。求社会主义现代化建设事业和祖国统一事业的大同，在重大原则问题上取得一致；在这个大前提下协调兼顾各方面的利益、要求和意见。民主协商，这是我国社会主义民主的一大特色，要继续坚持和完善。

我们党从长期的革命斗争和社会主义现代化建设的实践中认识到，抓好党的自身建设是个十分重要的问题。中国民主同盟在自己的发展过程中，也有重视自身建设，不断进步的好传统。我们相信，民盟一定会进一步发扬这个好的传统，加强思想建设和组织建设，把民盟老一代同我们党亲密合作的好传统发扬光大，带领全体成员沿着社会主义道路前进。

同志们，让我们更加紧密地团结起来，以高度的历史责任感和时代紧迫感，积极投身到建设和改革的伟大实践中，在中国共产党的领导下，团结一致，同心同德，艰苦奋斗，为全面实现关于国民经济和社会发展十年规划和第八个五年计划纲要确定的宏伟任务而努力奋斗！

国务院总理李鹏会见出席全国高新技术产业开发区工作会议全国技术市场会议和全国邮电劳动模范和先进集体表彰大会的代表

李鹏在会见时说，我们国家对高新技术产业开发区，给了一些优惠政策，目的是为了使高新科技能进一步得到发展。他说，在开发区内的不属于高新技术的产业，不能享受这些优惠政策，而对于那些不在开发区的高新技术产业的发展，也应给予鼓励和支持。办好高新技术产业开发区，发展高新技术产业，是摆在我们面前的一项重要的、具有战略意义的历史任务。这一重担首先放在了我国广大科技工作者的肩上。各级政府、国务院各有关部门，过去对高新技术产业开发区的工作给予了高度重视和积极的支持，今后大家要继续努力，以改革开拓精神，发展我国的高新技术产业，为国民经济的协调发展，为我国的社会主义建设作出更大的贡献。

李鹏说，邮电事业是一项重要的事业，也是一项基础产业。在国民经济和社会发展十年规划和第八个五年计划纲要中，邮电通信等都摆在了重要的地位。我国邮电通信现代化已经迈出了可喜的步伐，希望在未来的十年中，邮电系统在运用科技方面有更大的进步。

李鹏说，邮电与国民经济的发展息息相关，与人民群众有着密切的联系。他要求邮电部门的同志，发扬老一辈邮电职工的光荣传统，全心全意为人民服务，把自己的工作同实现国家"八五"计划和今后十年经济建设宏图紧密结合起来，努力为实现我国邮电通信现代化建功立业，不断做出新的更大贡献。

李鹏强调，邮电作为社会主义精神文明建设的窗口行业，希望同志们坚持两个文明一起抓，加强行业廉政建设，坚决地、自觉地纠正和消除不正之风，真正做到"人民邮电为人民"，使邮电行业在人民心目中树立良好的信誉。

参加会见的还有倪志福、宋健、罗干等。

国务院生产委员会和国务院企业管理指导委员会联合下发《关于坚持和完善企业内部经济责任制的意见》

在最近联合下发的意见中,国务院生产委、企指委认为,企业内部经济责任制是企业改革最为成功的改革成果之一,已经成为适合中国国情,深深扎根于我国企业中的一项基本的综合管理制度。实践证明,它是一项从内部搞活大中型企业的有效措施。国务院两委联合下发的《意见》要求:

——明确搞好内部经济责任制的基本原则,以提高经济效益为中心,以正确处理国家、企业和职工三者利益为前提,责、权、利紧密结合,职工劳动报酬与企业经济效益和本人劳动成果相联系;

——完善内部经济责任制的指标体系、考核体系以及健全其保证体系;

——抓好内部经济责任制的奖罚兑现,要坚持和推广把职工标准工资的一部分拿出来,与奖金捆在一起,考核实绩浮动分配的办法,并坚持适当拉开差距,体现奖优罚劣、奖勤罚懒的原则;

——内部经济责任制形式要因厂制宜,要与加强企业管理相结合、与深化改革相结合,凡被实践证明是行之有效的,并且为职工群众普遍接受的改革措施,都要继续实施;

——发挥思想政治工作的保证作用,加强指导,推动"质量、品种、效益年"活动。

据悉,为使内部经济责任制在实践中发挥更大的作用,国务院生产委和企指委将表彰百家在实行企业内部经济责任制方面取得突出成绩的单位。

财政部部长王丙乾在国有资产管理工作会议闭幕会上发表讲话

王丙乾提出,国有资产管理要以增强国营大中型企业活力为重点,紧密结合经济管理和企业经营机制的改革,在组建企业集团、有限责任公司中,继续进行股份制经营试点;在发展中外合资企业等改革开放中,相应进行建立适应发展社会主义有计划商品经济、有利于增强大中型企业经营活力的国有资产管理体制和方法的试点。

王丙乾指出,国有资产管理工作应从改进和加强所有权管理方面下功夫。当前特别要通过参加试点,探索对以资产为纽带的企业集团实施产权管理的体制和方法,以及对投资公司、行业总公司和有关部门实施产权管理的体制和方法。同时,还要参加"税利分流"的试点工作,试验和探索税后利润逐步由国有资产管理部门管理的途径和方法。深圳、珠海等经济特区商品经济比内地发达,有他们的特殊条件和情况,可以进行充分的试验和探索,为内地改革的推进提供经验。

王丙乾强调,在发展商品经济的进程中,既要强化企业的自主经营权,又要强化所有者的产权管理,发挥所有者对经营者的激励和制衡作用。从政企分开、资产所有权和经营权适当分离的改革方向看,要通过国有资产管理系统行使相应的资产所有者专职管理工作,充分发挥其作用,提高国有资产的经济效益和社会效益,管理国有资产的存量、增量的收益,不断壮大国有资产的积累,从根本上扩大社会主义财源,支持国家经济的发展和社会的进步。

王丙乾说,国有资产管理在治理整顿中取得明显成绩,但是家底不清、管理不严、秩序混乱的状况还没有根本改变。因此,今明两年要做好清产核资的各项前期工作,继续抓好"治乱"工作,检查纠正各种侵害国有资产、导致国有资产和产权收益流失以及损害资产保值增值的问题。

国务院副总理邹家华在海南省考察

邹家华在海南省考察时指出,海南省要发挥海岛优势,扬长避短,把经济搞上去。

4 月 27 日至 5 月 1 日,邹家华在海南省委书记邓鸿勋、省长刘剑锋的陪同下,考察了海南省的经济开发区、厂矿企业、经济作物种植园和华南热带作物研究院等,并和国务院有关部门的负责人一起,与海南省的领导同志就海南特区的经济发展等问题进行了座谈。

邹家华说,海南建省办特区以来,工农业生产和对外贸易都有了很大发展,基础设施建设进展较快,人民生活水平稳步提高。看一个地区经济发展的快慢,既要和别的地区比,也要和自己的过去比,一定要采取实事求是的态度。

邹家华在谈到海南特区的经济发展时强调,海南省要发挥优势、扬长避短。海南有得天独厚的发展热带作物生产的条件,有丰富的海产资源,有高品位铁矿和钛、钴等矿产资源,周围海域还有较大储量的天然气,只要继续坚持改革、开放的方针,充分运用国家给予海南特区的优惠政策,不断提高人员素质和管理水平,把资源优势变成商品优势,海南经济就会大有发展。同时也要看到,海岛的经济发展也有一些制约因素,如市场容量有限、缺煤少水等,因此,在积极开拓国际市场的同时,要注意和其他省,特别是广西、云南、贵州等省(区)发展经济联系,取长补短,共同发展。

邹家华说,发展海南经济既要引内联外,也要充分利用本地优势,积累建设资金。发展热带经济作物,就是积累资金的一个重要来源,一方面可以发展庭院经济,搞好产前产后服务,另一方面要搞好规模经营,从良种到保鲜、销售等都要组织好。这件事潜力很大。

邹家华还指出，海南的基础设施建设要适应经济发展的需要，有些项目可以分期进行，要注意充分发挥作用，讲求经济效益。

国务院总理李鹏在人民大会堂会见孟加拉国陆军参谋长努鲁丁·汗中将

中日友协名誉会长王震在人民大会堂会见日中经济贸易中心会长木村一三

王震在会见时说，我们是老朋友，所以直率地谈几句哲学问题。现在有一些人认为马克思主义在走下坡路。但是，我们认为马克思主义绝没有过时，它指明了人类发展的必然之路。我们将坚定地走马列主义所指引的道路。他说，我们的基本路线不会改变，我们的开放政策将更加开放，我们将更加坚定地坚持四项基本原则。

王震说，中日两国意识形态和社会制度不同。但是两国和两国人民的友好应世世代代继续下去。这对亚洲、乃至世界和平有重要意义。

木村一三说，他对中国的前途很乐观。中国正在从事人类历史上从未有过的创举。他相信中国将会克服各种困难，取得改革开放的胜利。

会见时，中日友协会长孙平化在座。

外经贸部新闻发言人刘向东就美国将中国列为“特殊 301 条款”重点国家一事发表谈话

外经贸部新闻发言人刘向东就美国将我列为“特殊 301 条款”重点国家一事指出，中国在保护知识产权方面做出了巨大的努力，中美双方曾就这一问题进行过多次磋商，现美国单方面引用其贸易法对我施加压力，这是我们绝对不能接受的。

4 月 26 日，美国贸易代表宣布将中国列为未能对美国的知识产权提供充分、有效保护的所谓“特殊 301 条款”重点国家。刘向东指出，美方这种做法，不仅不利于中美两国在保护知识产权方面的继续合作，同时也将给双边正常经贸合作带来极为消极的影响。

刘向东指出，众所周知，我国在保护知识产权方面已采取了许多措施，有关的立法日臻完善。短短几年，我国先后公布了“商标法”、“专利法”和“著作权法”，并参加了“世界知识产权组织”、“工业产权巴黎公约”和“关于商标注册的马德里协定”，外国的知识产权可以依照中国法律受到保护。目前，我国正在积极研究加入“伯尔尼保护文学艺术作品公约”和“国际版权公约”的可能性，并即将实施著作权法，制定计算机软件保护条例，准备修订“专利法”，进一步提高知识产权的保护水平。

刘向东说，知识产权的保护水平应与一个国家的经济发展水平相适应，美国也是随着本国经济发展达到目前水平的。中国是一个发展中国家，保护知识产权的水平不可能立即完全达到美国现在的标准。美国方面试图把自己的标准强加于人，并不惜以采取贸易报复措施相威胁，这样就违背了国家间通过平等协商解决贸易纠纷的原则。

刘向东表示，任何阻碍中美贸易往来的举动，只会使双方利益都受到损害。我们希望美国政府以中美关系大局为重，尽快将中国从“特殊 301 条款”重点国家名单中撤掉，使这一问题能得到妥善解决，使两国经贸关系得以顺利发展。

解放军总参谋长迟浩田在南京装甲兵正规化训练现场会上强调要依法治军从严治训

迟浩田在某坦克师召开的全军装甲兵部队正规化训练现场会上强调，各级领导要认真贯彻落实中央军委有关指示精神，切实加强军事训练和管理工作，依法治军，从严治训，保证我军在政治上合格的同时，实现军事上过硬。

迟浩田说，在军事训练中，质量是第一位的。提高质量的一个十分重要的问题，要用军委的训练方针原则统一思想，以对未来战争负责的严肃态度扎扎实实地抓好落实。当前，各级领导要以战斗力为标准，以军事训练为中心，以正规化建设为重点，依法从严治军，按照条令条例训练和管理部队。他说，惟有严格的、正规的训练和管理，才能使人与武器结合起来，生成部队战斗力。他联系古今中外许多经验教训说，凡是重视训练和管理的军队，素质就好，作风纪律就严，战斗力就强；凡是放松训练和管理的军队，素质就差，作风纪律就涣散，战斗力就受到削弱。

迟浩田说，要做到依法治军、从严治训，就必须坚决纠正在训练和管理中存在的有法不依、执法不严、违法不究的现象，要加强条令条例宣传，维护法规的严肃性，要教育官兵树立法规意识，提高依法治训、依法管理的自觉性。

在谈到装甲兵部队今后建设时，迟浩田说，时代要求我们努力建设具有中国特色的装甲机械化部队。我们要立足国情、军情，从实际出发，既要跟踪世界先进水平，研制先进装备，也要把研制新装备和改造老装备结合起来，同时要把现有装备管理好，使用好。各级领导和机关要增强机械化意识、合成意识和现代战争意识，不断学习新知识，不断总结经验。只要我们充分发挥主观能动性，艰苦奋斗，克服困难，积极进取，扎实工作，就能够有所作为，就能实现军事上过硬，就能把我军建设成具有中国特色的现代化、正规化的革命军队。

第七届全国企业技术进步工作会议在北京闭幕

“周培源国际科技交流基金”首次颁奖仪式在北京人民大会堂举行

该“基金”向19位老、中、青科技人员和第19届国际昆虫学大会组织委员会等3个集体发奖，以表彰他们在近两年的对外科技交流和对外宣传我国改革开放以来的科技成果方面所做出的突出贡献。

“周培源国际科技交流基金”建立于1990年，其宗旨是奖励我国优秀科技工作者参加国际民间科技交流活动，并奖励在此领域中做出重要贡献的科技人员。“基金”委员会主任是中国科学院院长周光召。

出席颁奖仪式的有卢嘉锡、周光召、唐敖庆、裴丽生、陈敏章、张百发等。

中共中央政治局常委李鹏宋平为清华大学庆祝建校八十周年题词国家教委主任李铁映出席庆祝大会并讲话

4月28日

第一次全国党建理论讨论会在北京闭幕

中共中央政治局常委宋平出席闭幕式，并发表讲话说，在新的形势下，我们面临着两项重要任务，一个是把经济搞上去，一个是反对国内外敌对势力的和平演变，关键是把我们的党建设好。要坚持马克思主义的建党原则，把我们党建设成马列主义、毛泽东思想武装起来的更加坚强的工人阶级先锋队，成为领导人民建设有中国特色社会主义的坚强核心。党建理论研究，要以马克思主义为指导，紧紧围绕这个主题来进行。要坚持理论联系实际的原则，下功夫进行调查研究，认真分析新情况，科学地回答现实生活提出的问题。相信经过全党同志坚持不懈地努力，不仅可以发挥理论对于实践的巨大指导作用，理论本身也将不断得到丰富和发展。

中央政策研究室主任王维澄在闭幕会上作题为《把党建理论提高到一个新水平》的发言。王维澄着重讲了四个问题：关于加强党建理论研究的重要性；关于现阶段党建理论研究的主题；关于深入研究“三个考验”的问题；关于加强党建理论队伍的建设。

全国党的建设研究会在北京成立

《人民日报》发表中国民主同盟中央委员会主席费孝通的文章《风雨同舟50年》

全国总工会邀请前来北京参加“五一”国际劳动节庆祝活动的全国劳模和一九九一年“五一”劳动奖章奖状获得者代表举行座谈会

中国劳动就业服务企业协会在人民大会堂举行成立大会

全国人大常委会委员长万里在北京会见叙利亚人民议会议长卡杜拉

全国人大常委会委员长万里在北京会见阿尔及利亚全国人民议会议长阿齐兹一行

全国技术市场工作会议在北京结束

会议总结交流近年来我国技术市场工作所取得的成果和经验，制定“八五”期间技术市场工作的目标和任务。

国务委员兼国家科委主任宋健在会上说，在过去几年中，我国科技体制改革在理论和实践上的重大突破之一，就是实行了技术成果商品化。通过开拓技术市场，改革了技术管理工作中单一的、统得过死的计划模式，建立起计划管理与市场调节相结合的运行机制，促进了科技与经济的紧密结合，推进了全社会的科技进步。技术市场是联结经济与科技的一座桥梁。开拓技术市场，不单是科技部门的事，只有在政府各级部门和各群众团体的支持和爱护下，共同努力，才能搞好。

结束会上，国家科委对近年来在技术市场工作中做出贡献的先进集体和先进个人颁发“金桥奖”。

4月29日

首都隆重集会庆祝“五一”国际劳动节

党和国家领导人江泽民、杨尚昆、李鹏、万里、乔石、宋平、李瑞环、王震、李铁映、李锡铭、杨汝岱、吴学谦、秦基伟、丁关根、朱镕基、薄一波、杨白冰、温家宝、杨得志、耿飚、阿沛·阿旺晋美、廖汉生、倪志福、孙起孟、雷洁琼等，同首都各界3500多名代表参加庆祝大会。

大会由中华全国总工会主席倪志福主持。中共中央政治局常委、国务院总理李鹏代表中共中央、国务院讲话。

全总副主席、书记处第一书记于洪恩宣读中华全国总工会的决定，向1047名先进个人颁发五一劳动奖章，向191个全国先进班组和134个全国先进企业颁发五一劳动奖状。

江泽民、杨尚昆、李鹏、万里等党和国家领导人向今年的五一劳动奖章、奖状获得者的 64 位代表颁奖。大会之前，江泽民、丁关根、倪志福等会见香港、澳门工会的五一参观团成员。

国务院总理李鹏在庆祝“五一”国际劳动节大会上发表讲话

同志们，朋友们：

今天，我们隆重集会，庆祝全世界工人阶级和劳动人民的光辉节日——“五一”国际劳动节 105 周年。我代表中共中央和国务院，向全国各族人民，向工人、农民、知识分子和全体劳动群众，向各条战线的劳动模范和先进集体，向出席今天大会的 1991 年全国“五一劳动奖章”和“五一劳动奖状”获得者的代表们，致以亲切的慰问和节日的祝贺！向台湾、香港和澳门的工人及各界劳动群众致以良好的祝愿！

同志们，朋友们，中国共产党十一届三中全会以来，全国人民在党的“一个中心，两个基本点”的基本路线指引下，经过十二年的奋斗，胜利地实现了我国社会主义现代化建设的第一步战略目标，在 11 亿多人口的发展中国家基本上解决了人民的温饱问题，这是一个巨大的历史性成就，使我们有了一个新的起点。党的十三届七中全会的胜利召开，以及不久前成功举行的全国人大七届四次会议，审议和批准了国民经济和社会发展的十年规划和“八五”计划纲要，为我国在本世纪最后十年实现从温饱到小康的第二步战略目标，制订了宏伟的蓝图。我们的主要奋斗目标是：在大力提高经济效益和优化经济结构的基础上，国民生产总值到本世纪末比 1980 年翻两番；全国人民的生活从温饱达到小康水平；发展教育事业，推动科技进步，改善经济管理，加强重点建设，为下世纪初叶我国经济和社会的持续发展奠定物质技术基础；初步建立适应以公有制为基础的社会主义有计划商品经济发展的、计划经济与市场调节相结合的经济体制和运行机制；社会主义精神文明建设达到一个新的水平，社会主义民主和法制进一步健全。这十年是我国社会主义现代化建设进程中关键的十年。十年规划和“八五”计划纲要的实现，将在中华人民共和国的创业史上建起一座新的里程碑，使我国以更加昂扬的姿态屹立于世界的东方。我们的目标已经确定，道路已经指明，现在需要的是：举国上下，团结一致，万众一心，用各族人民的聪明才智和勤奋劳动，经过不懈的努力把美好的蓝图变为现实。

人民群众是我们事业的力量源泉和胜利之本。党的十三届四中全会以来，以江泽民同志为核心的党中央，多次重申了全心全意依靠工人阶级和广大人民群众的指导方针，采取了一系列措施密切党与人民群众的联系，得到了广大群众的拥护、理解和支持。我们的国家是以工人阶级为领导的、工农联盟为基础的、人民民主专政的社会主义国家。工人阶级是先进生产力和生产关系的代表，维护安定团结最有组织的社会力量。党的十一届三中全会以后的八十年代，我国工人阶级在党的领导下，为坚持四项基本原则和改革开放，为全面开创社会主义现代化建设的新局面，发挥了极其重要的作用，作出了巨大的贡献。我们相信，在今后关键性的十年里，我国工人阶级一定会以更加高昂的斗志，用自己的聪明才智，为中国人民的伟大历史性事业再立新功。各级党委和政府，特别是城市和企业事业单位的党政领导同志，都必须牢固树立全心全意依靠工人阶级的根本指导思想，紧紧依靠职工群众办好社会主义企业事业。只要我们坚定不移地这样做，加强工人、农民、知识分子和全国各族人民的亲密团结，充分发挥工人阶级的主力军作用，就能无往而不胜，即使在遇到困难和挫折的时候，也能够冲破艰难险阻而继续胜利前进。

提高各类企业的效益，增强企业特别是国营大中型企业活力，是实现十年规划和“八五”计划的关键环节，这不仅需要改善企业的外部环境，更需要加强内部管理，千方百计挖掘企业内部潜力。从企业内部来讲，进一步发挥党组织的政治核心作用，坚持和完善厂长负责制，全心全意依靠工人阶级，是办好企业的三个重要条件。强调发挥企业党组织的政治核心作用，同坚持和完善厂长负责制并不矛盾，而是相互统一、相辅相成的。我们的社会主义企业家，应该是既善于经营管理，又能依靠党的领导，充分发挥职工群众积极性和创造性的新型企业家。我们要把厂长负责制同实行职工民主管理结合起来，落实《企业法》规定的职工代表大会的各项职权，充分尊重职工群众在企业中的主人翁地位；要把严格管理、严格要求和尊重职工合法权益有机结合起来，在企业中形成党、政、工、团同心协力，干群一心，团结一致，开拓进取的企业精神；要正确处理国家、企业、职工三者利益，建立公开、公正、合理的企业内部利益分配机制；要把按劳分配和加强职工思想政治工作结合起来，既要实行多劳多得，鼓励先进的原则，又要提倡人人讲觉悟，讲纪律和无私奉献的精神。

全国职工同志们，光荣而艰巨的任务摆在我们的面前。党中央、国务院号召全国职工进一步发挥工人阶级的主力军作用，为维护安定团结的政治局面，积极推动改革开放，把经济建设搞上去，为实现十年规划和“八五”计划的各项奋斗目标创造更加辉煌的业绩！

我们希望全国职工为提高经济效益和提高劳动生产率而付出极大的努力，做出新的贡献，这对于实现我们的战略目标具有决定性的意义。没有更好的经济效益和更高的劳动生产率,我们就不可能提高整个国家的经济素质,国力的增长和人民生活的改善都将受到极大的制约。全国职工要积极响应党中央、国务院的号召,以高度的主人翁责任心和革新创造精神,投入到"质量、品种、效益年"活动中去,紧紧围绕提高经济效益这个中心,开展社会主义劳动竞赛、合理化建议和发明创造活动,为推动产业结构和产品结构的调整,降低成本,创造更高的劳动生产率献计出力,为支援农业、支援重点建设、支援国防建设建功立业!

全国职工要继续站在改革开放的前列,支持和推动改革,推动对外开放。这是实现十年奋斗目标的关键所在,也是工人阶级和全国人民的希望所在。各级政府要就各项重大改革政策和改革方案征求广大职工群众的意见和建议。广大职工要积极支持和推进各项改革,使各项改革包括企业体制改革、住房制度改革、社会保障制度改革、劳动和工资制度改革等,能够沿着社会主义方向,顺利地继续推进,以不断促进社会生产力的发展,实现国民生产总值翻两番和从温饱到小康的目标。

社会的稳定,国家的安定,是胜利实现十年奋斗目标的重要保证,全国职工要像爱护自己的眼珠一样维护安定团结的政治局面。只要我们保持工人阶级队伍的稳定,并且在全社会的稳定中发挥中流砥柱作用,那么,任何势力也不能动摇我国社会主义制度的基石,任何势力也不可能阻止我国实现社会主义现代化建设的宏伟目标!

工人阶级从来就是在改造客观世界的同时,不断改造自己的主观世界的。在实现十年规划和"八五"计划的伟大使命中,我国职工队伍一定要更加抓紧自身建设,提高整个队伍的政治思想素质和文化技术素质,保持坚定正确的政治方向,精益求精的业务技术,奉献负责的职业道德,自觉严格的劳动纪律。劳动模范是工人阶级的优秀代表,他们的先进思想和先进事迹对全国广大职工和人民群众发挥着巨大的鼓舞作用。各级党委和政府要更加重视劳动模范的作用,宣传他们的事迹,并善于关心、爱护和培养提高他们,使学先进、比先进、赶先进蔚然成风,用劳动模范们的无私奉献精神和整个工人阶级的优良传统影响全社会,不断推动社会主义精神文明建设。

中国工会是中国共产党领导的工人阶级群众组织,在实现今后十年奋斗目标的伟大事业中,负有重要的责任,起着重要的作用。各级工会都要以经济建设为中心,更好地履行维护、建设、参与、教育等各项社会职能,更加密切地联系职工群众,更好地发挥工会的桥梁、纽带作用,对政府工作的民主参与和社会监督作用,把广大职工紧紧地团结在党的周围,为实现工人阶级自己的事业——社会主义现代化建设的伟大事业而团结奋斗。各级政府和企业事业单位的领导,要高度重视和发挥工会的作用,支持工会的工作,经常向工会通报政府的重大部署和方针政策,听取并解决工会代表职工群众提出的意见和建议,并逐步形成制度。

同志们,朋友们!一百多年来,国际工人运动已经成为世界政治舞台上一支重要力量。但是,对于无产阶级所肩负的历史使命来说,在前进的道路上还有许多艰难险阻。在纪念无产阶级团结战斗的节日的时候,我们中国工人阶级一定要牢记自己的历史责任,奋发图强,埋头苦干,首先把中国的事情办好,同时积极加强同世界各国工人和其他劳动群众的团结,发展和加强同世界各国人民的友谊,为世界和平、社会进步、人民幸福,做出中国工人阶级和中国人民的应有贡献!

中共中央总书记江泽民在人民大会堂会见非洲工会统一组织总书记松莫努为团长的非洲工会统一代表团

全国人大常委会委员长万里会见埃及人民议会议长艾哈迈德·法塔希·苏鲁尔和夫人

国务院总理李鹏会见埃及人民议会议长艾哈迈德·法塔希·苏鲁尔

上海市第九届人民代表大会第四次会议选举黄菊为上海市市长

河北省第七届人民代表大会第四次会议选举程维高为河北省省长

福建省第七届人民代表大会第四次会议补选贾庆林为福建省省长

《人民日报》发表社论《下最大决心控制人口增长》

全国高新技术产业开发区工作会议在北京结束

国务委员兼国家科委主任宋健在闭幕会上发表讲话说,近几年来,在高新科技产业领域里涌现出一批有学问、有胆略、有拼搏精神的科技企业家,他们以全新的观念创办了一批高新技术企业,为我国的高新技术企业发展做出了贡献。有关部门应该十分珍爱这一批新时期的开拓者,在这个基础上,争取培养和造就更多的科技企业家,惟有如此,我们的科技事业才能有更大的发展。

中共中央政治局常委乔石在人民大会堂会见由日

本社会党中央执行委员会副委员长参议院议员久保田真苗率领的日本社会党女议员代表团

外经贸部部长李岚清和突尼斯外交部部长本·叶海亚在北京分别代表本国政府签署中突两国政府经济技术合作协定

外交部部长钱其琛在北京钓鱼台国宾馆同法国国务部长外交部长罗朗·迪马举行会谈

关于双边关系，迪马认为，法中两国之间存在着特殊的友好关系，在一些国际问题上，双方的利益是吻合的。两国都是负有世界责任的大国，都是安理会常任理事国，两国在政治上保持密切关系十分重要。1989年后，法中关系出现了一些困难，这次对中国的访问表明，两国关系已经恢复正常。

钱其琛说，法国是首先与中国建立外交关系的西方大国。建交27年来，两国关系的发展总的是好的，尽管近两年来出现了一些曲折，但现在已逐步恢复了正常。“中方一贯重视中法关系”。

钱其琛说，中法两国都是安理会常任理事国，两国都奉行独立自主的外交政策，在当前国际形势迅速变化的情况下，两国经常交换意见就显得更为重要。

在谈到双边经贸关系时，钱其琛说，中法经贸关系是好的，去年双边贸易额达23亿美元。在欧共体国家中，法国已是中国的第二大贸易伙伴。他表示，中方希望两国的经贸关系能够继续加强，并建议两国在科学、技术、文化、教育等方面的交流能进一步发展。迪马外长赞成中方的建议。双方还就一些具体的合作项目交换了看法。

4月30日

中共中央总书记江泽民在中南海会见法国国务部长外交部长罗朗·迪马

江泽民会见时指出，世界是多样的，有的国家可以搞资本主义，有的国家可以搞社会主义。邓小平同志还提出了“一国两制”的主张，具体地说，就是中国大陆搞社会主义，将来香港回归祖国之后，继续搞资本主义，保留它的政治制度和生活方式。在这个多样化的世界上，强求一致是不可能的。

国务委员兼外交部长钱其琛会见时在座。

国务院总理李鹏在中南海紫光阁会见坦桑尼亚外交和国际合作部长艾哈迈德·哈桑·迪里亚

国务院总理李鹏在中南海会见法国国务部长外交部长罗朗·迪马

李鹏在会见时指出，中国经济经过治理整顿，有效地控制了通货膨胀，市场一度疲软的情况也正在改变，今年第一季度的增长率达13%，第二季度估计会达到10%。因此中国整个经济形势是好的。

李鹏说，中国今后10年发展的重点是交通、能源、通讯、钢铁、石油化工等，在这些领域，我们同法国均有着良好合作前景。中国已经选择了“雪铁龙”作为汽车工业的伙伴之一。希望今后同法国有更多的合作项目。

李鹏指出，中国帮助阿尔及利亚建立了一个很小的核反应堆，是实验性的，完全是为了和平的目的。现在国际上有人借此做文章，意在诋毁中国。

国务委员兼外交部长钱其琛参加会见。

外交部部长钱其琛在钓鱼台国宾馆同坦桑尼亚外交和国际合作部长艾哈迈德·哈桑·迪里亚举行会谈

中国代表团团长陈士球在联合国麻醉药品委员会第三十四届会议上发言

陈士球说，当前，非法贩卖和运输毒品对国际社会的危害日益严重，而亚洲的毒品问题已成为世界毒品问题的突出组成部分。当今世界三大产毒区，亚洲占了两个，即“金新月”和“金三角”。金三角的鸦片产量1990年已达2000吨至2500吨，海洛因产量占世界毒品产量的比重也越来越大。

陈士球说，在国际贩毒活动的渗透和刺激下，中国曾经基本禁绝了的毒品祸害近年来又死灰复燃。1990年，中国公安部门和海关缴获鸦片700公斤，海洛因1600公斤，比1989年分别上升2倍多和近3倍。据1989年统计，中国的吸毒人数已达7万，毒品犯罪正在明显的加重。

陈士球说，为了保障中国社会的安定，人民的健康和民族素质的提高，中国政府将采取坚决措施，严加治理。具体措施是：1. 加强对禁毒工作的领导。中国政府已于1990年11月决定成立国家禁毒委员会，统一领导全国的禁毒工作。2. 加强有关毒品的立法。3. 强化缉毒执法工作，在云南、广西公安机关内特别组建了缉毒队伍。4. 重视和加强国际合作。

陈士球说，中国愿意与友邻国家和联合国禁毒机构开展积极的合作，共同采取各种必要措施，打击“金三角”地区跨国贩毒活动，遏制“金三角”毒品的扩散。中国愿与有关国家政府制定地区性合作计划，在联合国禁毒基金的支持下，帮助境外罂粟种植地区实施综合开发计划，以经济作物替代罂粟种植。

5月1日

《人民日报》发表社论《积极投身于建设和改革的伟大实践——庆祝五一国际劳动节》

国办发出关于禁止发放使用各种代币购物券的通知

国务院决定部分商品物资降价销售

国务院最近决定，对全国国营商业、供销合作社、外贸、物资等部门批发企业库存中部分超储积压的一般消费品和物资，进行一次性降价销售。据估算，这次降价商品销售让利的金额达40亿元左右。这次降价销售的商品，主要是面向农村、面向消费者，使广大的消费者和用户受益。

一些关系国计民生的重要商品和彩色电视机等专营商品不在这次降价之列。这批商品的降价幅度，平均控制在20%以内，但因商品的产地、品种、质量等不同情况，最高不超过30%。这次降价销售的主要目的是，活跃和丰富市场供应，改善商品库存结构，调整信贷结构，搞活资金和流通。

中国首座跨海大桥厦门大桥试通车

大桥位于福建省厦门岛北端。全桥分为主桥、集美立交桥和高崎引道三部分，总长6599米，主桥2070米，是中国首座跨海公路大桥。

国务院总理李鹏在钓鱼台国宾馆会见日本国前首相中曾根康弘

李鹏会见时表示，我们有理由相信，中日关系将在和平共处五项原则和中日关系四原则的基础上得到进一步发展，两国经济合作的领域和规模也将进一步扩大。

李鹏说，我们高兴地看到，在双方共同努力下，中日关系得到了恢复和发展，走上了正常发展的轨道。我们赞赏日本政府和海部首相为此所做的正确决策，也赞赏日本各界友好人士为此所做的努力。今年以来，不少日本内阁成员和知名人士相继访华，增进了相互的了解和合作。李鹏表示，他期待着海部首相来中国访问。

中曾根说，明年是日中邦交正常化20周年。日中两国应该长期保持睦邻友好关系。为此，他认为日中两国有必要再次确认日中关系四原则，即和平友好、平等互利、相互信赖、长期稳定。

国家副主席中日友好协会名誉会长王震在人民大会堂会见以著名戏剧导演千田是也为团长的日中文化交流协会代表团

中国代表侯志通大使在联合国裁军审议委员会上介绍中国关于在全球安全范围内采取区域性裁军方式的基本立场的工作文件

福建七项发明在第19届日内瓦国际发明与新技术展览会上全部获奖

5月2日

中国第一条录像机生产线投产

我国第一条录像机生产线近日在南京无线电厂正式投产。该厂把引进技术与技术攻关结合起来，设计制造了我国第一条完整的录像机生产线，生产线的性能、稳定性及可靠性均达到了录像机生产线所规定的技术要求。

国务院总理李鹏在钓鱼台国宾馆会见日本国前首相竹下登

李鹏会见中说，中日青年交流中心的建成与中曾根、竹下两位前首相的关心是分不开的，希望这个中心将为促进中日两国青年的友好交往发挥积极作用，中国政府将对中心的工作给予支持。

李鹏指出，中日两国的老一代政治家建立了深厚的友谊，现在的领导人也都保持着密切的联系，更重要的是要使两国年轻的一代把中日友好的接力棒传下去。

李鹏向客人简要介绍了中国的政治和经济情况。他说，不久前，七届人大四次会议通过的十年规划和“八五”计划纲要的基本精神，概括起来就是改革开放和稳定发展。

他说：“我国成功地治理了通货膨胀，生产也在逐步得到恢复，这为进一步进行改革创造了有利条件。改革的不断深化和经济的不断发展将为中日经济合作展示广阔的前景。”

会见时，竹下对来京参加中日青年交流中心落成典礼表示高兴。他说，明年是日中邦交正常化20周年，要利用这一良好契机把日中友好合作关系进一步向前推进。

竹下还就加强中日两国青年在语言培训等方面的友好交流提出了建议。

中共中央政治局常委宋平在人民大会堂会见葡萄牙共产党中央委员中央干部监察委员会委员卡洛斯·科斯塔

宋平说，葡萄牙共产党是一个严肃的马克思主义政党，中葡两党建立关系以来一直对中国的社会主义建设和改革给予同情和支持。他希望两党之间的深厚友谊和友好合作能得到更大的发展。

中日友好协会在人民大会堂举行晚宴欢迎日本国前首相中曾根康弘

浦安修逝世

中国共产党的优秀党员、久经考验的忠诚的共产主义战士、全国政协七届常委、原中纪委委员、北京师范大学党委副书记浦安修因病在京逝世，终年 73 岁。

浦安修是上海嘉定人，1918 年生于北京。青年时代参加了"一二·九"爱国学生运动。1936 年参加了中华民族解放先锋队和妇女救国会，同年加入了中国共产党。抗日战争时期，受党的派遣，奔赴山西抗日前线，参加组织群众武装训练以及部队政治工作。1938 年 4 月去延安。同年 11 月，再赴山西抗日前线，为保卫和巩固抗日根据地做出了贡献。1943 年秋，回到延安，任中央妇女委员会研究员。解放战争时期先后参加了陕甘宁边区陇东土改工作团和晋西北土改工作团。其后，到西北野战军司令部工作。中华人民共和国成立后，先后担任西北局国营企业党委副书记、纺织工业部技术司副司长、轻工业部劳动工资司司长。1957 年调至北京师范大学，先后担任政治教育系系主任兼党总支书记、学校党委副书记。作为彭德怀的夫人，彭德怀受到错误批判后，也受到株连，被免去党委副书记职务，在党内政治生活中受到不公正待遇。特别是"文化大革命"中，被列为全校批斗的重点对象，遭受迫害。在党的十一届三中全会以后，获得彻底平反，恢复了学校党委副书记的职务。党中央为彭德怀平反以后，积极协助组织为受彭德怀株连的冤案平反，做了大量的具体工作。参与彭德怀同志史料的收集工作，到老根据地访问老党员、老干部、老房东。在其主持下，将彭德怀在受审查和"文革"时期写的生平简历和材料，整理成《彭德怀自述》一书，真实生动地再现了彭德怀光辉的一生，为向青年一代进行传统教育，提供了珍贵史料。此外，还把彭德怀平反后补发的部分工资和《彭德怀自述》稿费，分别捐给彭德怀家乡和左权县、武乡县的学校建设校舍、购买图书，把自己的稿费捐给中小学幼儿教师基金会。

5 月 3 日

国务院总理李鹏在平壤万寿台议事堂与朝鲜政务院总理延亨默举行会谈

双方一致认为，在当前国际形势复杂、动荡的情况下，两国领导人经常交换看法，互通情况，是十分重要的。这对进一步增进两党、两国和两国人民的传统友谊和合作，具有重要意义。双方强调，在当前形势下，中朝两国人民加强团结，很有必要。

延亨默说，朝鲜人民是在复杂的国际形势下进行建设的，朝鲜人民对建设有自己特色的社会主义感到自豪。他还向李鹏总理介绍了朝鲜人民执行第三个七年计划的情况。

李鹏也向延亨默介绍去年底召开的十三届七中全会和今年三月召开的七届人大四次会议的情况。李鹏说，这次人大会议审议并通过的十年规划和"八五"计划纲要，提出了我国在今后十年继续以经济建设为中心，坚持改革开放和稳定发展的基本方针。

双方还就国际形势和共同关心的国际问题，相互通报了情况，交换了看法。一致认为，当前苏美关系缓和，军事对抗减弱，但是世界并不太平，霸权主义和强权政治依然存在，新的地区冲突仍然可能发生，南北矛盾更加突出，第三世界人民面临更加严峻的挑战。

朝鲜政务院副总理兼外长金永南、副总理兼对外经济委员会委员长金达铉等拜会和会谈时在座。

《人民日报》发表评论员文章《要重视大庆经验》

拉萨贡嘎机场建成全国最长的飞机跑道

一条长 4000 米、宽 60 米、可起降波音 747 大型飞机的跑道在拉萨贡嘎机场全部贯通。这是中国目前最长的飞机跑道。跑道从去年 7 月正式动工，短短 9 个月，就在海拔 3500 米处建成。

中共中央总书记江泽民在中南海会见日本国前首相中曾根康弘及其主要随行人员

江泽民会见中说，经过日本政府和朝野各界友好人士的努力，中日关系已经基本恢复正常，这对两国关系的进一步发展很有好处。明年是中日邦交正常化 20 周年，双方可利用这个机会总结过去、展望未来，将两国友好合作关系推向前进。我们两国老一代政治家为中日关系所确定的世世代代友好下去的目标符合两国人民的根本利益。双方应认真总结历史经验，加强教育青年一代，使两国长期稳定地友好下去。

江泽民说，目前国际形势虽然有缓和的一面，但也并不安宁。中国希望有一个和平的国际环境。中国将继续奉行独立自主的和平外交政策，在和平共处五项原则的基础上发展同世界各国的友好关系。在谈到国际新秩序的问题时，他说，国家不分大小、贫富、强弱，都应一律平等，互不干涉内政。一个国家实行什么社会制度,应该由这个国家的人民根据本国的实际情况做出选择。

江泽民说,我即将对苏联的访问是对戈尔巴乔夫1989年访华的回访。中国愿意在和平共处五项原则的基础上发展同苏联的睦邻友好关系。

中曾根说,通过这次访问,他进一步目睹了中国正在从安定走向发展的局面。在当前的国际形势下,日中两国加强友好合作关系对世界来说是非常重要的。

中曾根说,从历史角度看,日本属于中国文化圈,和中国的文化交流非常密切。日本最了解中国,中国也最了解日本。经过老一辈政治家的努力,日中关系发展到今天这个局面很不容易。今后,应进一步开拓前进,坚定信念,把日中友好推向新的阶段。

中共中央总书记江泽民在中南海会见著名美籍华人数学家美国加州大学伯克利分校教授陈省身和夫人郑士宁

江泽民对陈省身先生和夫人的来访表示欢迎,并对他关心中国的教育和科学事业表示赞赏和感谢。

陈省身称赞我国的稳定局面。他说:"解决11亿人的衣食住行问题,这是很不简单的事情。"

他赞扬我国中学生已经连续两年获得奥林匹克数学竞赛冠军。

他说:"我最大的愿望是把中国建成数学大国。"他希望并相信他的这一愿望能够实现。

陈省身还就办好重点大学、科学事业提了一些好的建议。

国务委员兼国家教育委员会主任李铁映等参加了会见。

中共中央总书记江泽民在中南海会见《美国新闻与世界报道》周刊总裁兼总编辑莫·朱克曼

中国美国商会在北京成立

中国美国商会在北京长城饭店正式宣布成立,这是外国工商企业界在中国成立的第一个商会组织。

中国美国商会有150多个企业会员和个人会员,主要由美国公司、企业的在京机构和金融、法律界驻京办事处组成,广泛代表美国工商企业界在中国的利益,其业务范围包括对华贸易、在华投资和咨询服务等方面。

该商会是根据中国1989年颁布的《外国商会管理暂行规定》注册登记的。

中国国际贸促会会长、中国国际商会会长郑鸿业在祝辞中指出,中国美国商会的成立,将对促进中美经贸关系和技术合作,增进两国工商企业的相互了解起到重要作用。

中国美国商会主席、美国西方公司北京办事处副总裁兼中国总代表李迪俊在成立大会上发表《关于延长中国最惠国待遇的立场声明》,指出取消最惠国待遇将严重损害中美贸易关系,不仅危及美国的对华出口,而且也将影响美国在华投资者的利益。中国从美国进口的商品,在其他市场都能得到。

经贸部副部长佟志广、民政部副部长多吉才让以及美国驻华大使李洁明等出席成立典礼。

国防部部长秦基伟在钓鱼台国宾馆同苏联国防部部长亚佐夫元帅举行会谈

国务院台湾事务办公室主任王兆国在人民大会堂会见台湾"海峡交流基金会"副董事长兼秘书长陈长文

由中国日本两国政府共同投资修建的中日青年交流中心在北京正式开业

5月4日

国务院召开第140次总理办公会议

国务院代总理姚依林主持召开国务院第140次总理办公会议,听取商业部和国家物价局负责人关于贯彻国务院关于调整粮油统销价格决定执行情况的汇报。

会议认为,这次从5月1日开始调整粮油统销价格,是20多年来粮油价格的一次重大改革,对于促进我国经济的发展将起到重要作用。

会议指出,在这次调价过程中,各级地方政府和粮食、商业系统广大职工做了大量工作。调价方案得到了广大干部、职工的理解和支持。现在,市场价格平稳,群众情绪稳定,社会秩序安定。

会议要求,各级政府和有关部门应继续认真贯彻国务院关于调整粮油统销价格的决定,扎扎实实地把这项工作做好。

纪念五四运动72周年座谈会在中南海怀仁堂举行

中共中央政治局常委李瑞环在座谈会上讲话。

座谈会前,江泽民、李瑞环、丁关根等党和国家领导人会见应邀参加座谈会的青年代表,并同他们一起合影留念。会见后,李瑞环、丁关根等同志和青年代表进行了座谈。

座谈会由共青团中央、全国青联、全国学联共同举办,团中央第一书记宋德福主持。首钢工人林玉澄、辽宁辽中县种粮专业户潘成元、中国人民大学研究生张志勇、北京丰台百货公司售货员白冬芬、南京军区某部班长张奇、北京航空航天大学学生于路巍、航空航天部高级工程师李艳华先后发言。

中共中央政治局常委李瑞环在纪念五四运动72周年座谈会上发表讲话

同志们：

今天是五四运动72周年纪念日。我代表党中央向全国的青年致以节日的祝贺！

72年前，中国的先进知识分子和进步青年高举民主、科学的旗帜，进行了伟大的反帝反封建斗争，拉开了新民主主义革命的序幕。自那时起，建设一个独立自主、繁荣富强的新中国，就一直是广大爱国青年梦寐以求的目标。中国共产党领导全国各族人民，经过28年的英勇战斗，历尽艰辛，终于建立了社会主义的新中国；又经过几十年的艰苦创业，特别是十多年来的改革开放，使我们贫穷落后的祖国发生了翻天覆地的变化，以昂扬的姿态屹立于世界东方。今天我们纪念五四运动，就是要发扬五四的爱国主义精神，为进一步振兴中华而奋斗。

当前，举国上下正在向社会主义现代化建设的第二步战略目标迈进，这是把五四先驱们复兴中华民族的伟大理想变为现实的一个重要历史阶段，关系着中华民族的前途和命运。五四以来的实践证明，青年始终是推动社会变革和社会进步的巨大力量。在实现第二步战略目标的过程中，青年也必将发挥生力军和突击队的作用。因为我们的事业是艰巨的事业，而青年的精力最旺盛，是一支不怕困难、特别能战斗的队伍。因为我们的事业是迈向现代化的事业，而青年最肯学习，是一支能较快掌握新的劳动技能和先进科学技术的队伍。因为我们的事业是创新的事业，而青年的思想最活跃，是一支勇于探索和开拓进取的队伍。第二步战略目标的实现，也直接关系着当代青年的多方面利益。四化建设的推进，改革开放的深入，科学文化的发展，小康水平的实现，综合国力的增强，将为青年一代的工作、学习、生活创造更加良好的条件，也为青年一代施展抱负、建功立业提供更为广阔的舞台。所以，把广大青年的积极性、主动性、创造性最大限度地调动起来，并合理地发挥出去，是胜利实现第二步战略目标的一个极其重要的环节。

我国青年要充分认识历史赋予的崇高使命，振奋起来，行动起来，在为你们、靠你们的伟大事业中，让青春闪光，给人生添彩。青年们在担当起时代赋予的光荣职责中，应该而且必须树立远大理想。理想是我们克服一切困难，创造美好未来的强大精神支柱。要用革命接班人的标准严格要求自己，把个人的命运同祖国的命运紧密结合起来，把个人的奋斗目标同国家、集体的目标紧密结合起来，自尊自爱，自强不息，将五四先驱们的爱国精神发扬光大。青年们在担当起时代赋予的光荣职责中，应该而且必须做好本职工作。现在，我们的前进方向已经指明，任务已经确定，需要的是在各自的岗位上埋头苦干、扎实工作。要从我做起，从现在做起，干一行，爱一行，专一行，在本职工作中创造第一流成绩。青年们在担当起时代赋予的光荣职责中，应该而且必须认真读书学习。

要努力学习马克思主义，树立正确的人生观，坚持四项基本原则，增强抵御“和平演变”和资产阶级自由化等错误思潮的能力。要刻苦学习科学文化知识。科学技术是第一生产力，我国社会主义现代化的进程主要取决于全体劳动者特别是青年一代掌握现代科学技术的程度。因此，青年一代必须用先进的科学文化武装自己的头脑，推动国民经济物质技术基础的加强。要向社会实践学习，在与广大人民群众结合的过程中经风雨，见世面，受磨炼。要向老一辈同志学习，继承和发扬优良传统，不断使自己成熟起来。

各级党政部门和全社会都要关心青年，爱护青年。我们共产党人，在解放前流血牺牲，前仆后继，在新中国建立后又艰苦奋斗，日夜操劳，究竟为了什么？归根到底，是为了民族的独立、国家的富强和人民的幸福，为了建设伟大的社会主义和共产主义，也可以说是为了未来，而未来是属于青年的。如果我们忽视对青年一代的关心和教育，就等于忽视我们几十年来革命和建设的伟大成果，忽视我们毕生为之奋斗的最终目标。我们要增进对青年的了解和理解。必须看到，当代青年是大有希望、大有作为的一代，是完全可以信赖的一代。“长江后浪推前浪”，“雏凤清于老凤声”。对青年充满信心，就是对未来充满信心。要尊重青年的特点，爱护青年的优点，满腔热情地帮助青年克服缺点和弱点，引导青年健康成长。要多方面给青年提供发挥才能的机会，敢于给他们压担子，为优秀人才的脱颖而出创造条件。要积极支持共青团的工作，发挥各级团组织的作用。要密切同青年的联系，多交一些青年朋友，倾听青年的要求和呼声，为青年排忧解难、多办实事。

青年同志们，江泽民总书记去年在纪念“五四”报告会上的讲话中指出，21世纪是你们的世纪。中国社会主义现代化建设的重任，历史地落在你们的肩上。社会主义祖国的美好未来，需要你们去创造。我相信，当代中国青年一定不会辜负党和人民对你们寄予的厚望，一定会在实现第二步战略目标的历史进程中，在跨世纪的伟大进军中，在建设有中国特色的社会主义的宏伟事业中建立不朽的功勋。

国务院副总理吴学谦在中南海紫光阁会见台湾“海峡交流基金会”副董事长兼秘书长陈长文

中顾委副主任薄一波在中国计划学会第二次会员代表大会上发表讲话

我来参加会议，首先对中国计划学会第二次代表大会的召开表示热烈祝贺！

我想讲一个问题，即计划经济学应当适应社会主义有计划商品经济发展的要求，并加以发展。

在计划经济学的理论方面进行研究和探讨，这是我国社会主义建设的需要，学会应当为此作出贡献。我们现在实行的是社会主义有计划的商品经济。这就是说，我们计划的对象发生了变化，不再是以前的产品经济，而是商品经济。计划经济学，必须适应新的形势，赋以新的内容、新的含义，要面向商品经济，把市场调节加进去，并舍弃那些与此不相适应的东西。计划经济学，从字面上看来，好像比有计划的商品经济所涵盖的内容少，但是实际的含义并不少。计划经济本身就应该反映和体现商品经济的广阔领域，不仅包含着复杂的生产领域，而且包含着极大的流通领域，包括国内外的市场因素。所以，根据社会主义有计划商品经济的要求，探索新的计划经济学体系，确立新的计划经济职能，改进计划管理方法，是我们面临的一个大课题。

五十年代前半期，十一届三中全会以来改革开放、建设有中国特色的社会主义新时期，这两个时期的经济体制有某些类似的地方。五十年代前半期，以公有制为主体，多种经济成分并存，经济发展得比较顺利。后来，把非公有制经济成分基本上消灭了，几乎全部是社会主义公有制经济。实践证明，在社会主义初级阶段，我国生产力发展水平还比较低的条件下，排斥多种经济成分，排斥市场机制，是不行的。现在，我国的经济结构类似五十年代前半期那样了。类似，就是在某些方面很相像，有些方面恢复了以前的做法，但在理论上实践上却大大发展和提高了。现在，我们有国营经济、集体经济，这些都是公有制经济；还有个体经济、私营企业，以及多种形式的中外合资、合作和外商独资企业。这又形成了以公有制经济为主体的多种经济成分并存的格局。这两个时期的不同点在于：五十年代前半期，党规定的“一化、三改”任务，要求用十五年或者更多一点的时间去完成；实际上，“一化”的任务不可能实现，而“三改”的任务却急急忙忙在三年多的时间内完成了，留下了很大的后遗症，不利于国民经济的发展。十一届三中全会以来，从理论上明确了我国的社会主义还处于初级阶段，要求大力发展社会生产力，实现到本世纪末国民生产总值翻两番、人民生活达到小康水平。然后，再用五十年的时间达到中等发达国家的水平。这样的任务，不是短时期内能够完成的，要用上百年的时间。因而，在以公有制为主体的前提下允许多种经济成分并存的格局，将是长期存在的，不会改变的。

怎样看待这样一个变化？刚才宋平在讲话中，要求大家从理论和实践的结合上解决好这个问题。我也认为应当解决好这个问题。不然，认识上有分歧，工作上就不顺当。但是，像社会主义有计划的商品经济、计划与市场相结合、多种经济成分并存等问题，都是大问题、新问题，需要从理论上加以阐明，并需要经历一个实践—认识—再实践—再认识的过程，才能解决好。

趁这个机会，我想对过去我们所走过的道路作一点简要的回顾，作为未来奋斗的借鉴。

一九五三年，中央和毛主席正式提出党在过渡时期的总路线，要求逐步实现国家的社会主义工业化，并逐步实现国家对农业、对手工业和对资本主义工商业的社会主义改造。当时准备用十五年或者更多一点时间完成这个总任务。随即开始搞“一五”计划，一方面学习苏联，同时注意中国特色，那时叫结合中国的实际情况。“一五”计划以计划经济为主，同时注重市场调节的作用，在计划与市场的关系上处理得比较适当，符合当时形势的要求。

记得一九五二年在酝酿过渡时期总路线的时候，毛主席曾讲过：什么叫过渡，就像过桥一样。走一步算一年，走十步算十年，也许总共要走十五步，就算十五年走完。三大改造开始时，毛主席又强调指出：工作要谨慎些，过渡时期要一步一步地走，走一步就是过渡了一步，经济结构就不同了，国营同其他成分的比例就变化了。按照毛主席的这些指示，各项工作都比较谨慎，进行得也很顺利，经济建设有了很大的发展。

一九五五年七月，毛主席作了《关于农业合作化问题》的报告，批评了“小脚女人走路”，农村由互助组到初级社，再到高级社，发展特别快。这一年的第四季度，编辑出版了《中国农村的社会主义高潮》一书。这时，毛主席认为社会主义改造可以加快，说：农村走到前面了，看你们（指对城市私营工商业的改造）怎么办。于是，一九五五年底到一九五六年上半年，全国各地敲锣打鼓，“跑步进入社会主义”。

随着社会主义改造步伐的加快，也要求社会主义生产建设的速度大大加快。对这种做法，党中央的领导同志，开始是拥护的，赞成的；后来逐渐有怀疑，认为是不是太快了，是不是有点“冒了”。“冒了”，就是指急躁冒进，急于求成。恩来、陈云同志认为是“冒了”，少奇、小平同志也不赞成冒进，朱老总认为手工业不应被搞掉。但毛主席并不承认“冒了”。当时，有“冒了”与“不冒”之分，存在冒进与反冒进的争议。后来，中央通过调查研究，初步统一了认识，产生了八大报告和决议。八大的这些文件，今天看来，总的精神还是正确的。

回顾过去，总起来说，从一九四九年到一九五六年、一九五七年，这一段时期的方针还是正确的。

在党的八大会议上，周总理作了关于第二个五年计划的建议的报告。这个建议，是周总理亲自主持拟订的，吸收了不要急于求成、不要冒进的经验教训，很好。但以后被总路线、大跃进(包括大炼钢铁)、人民公社“三面红旗”冲掉了。接着是三年调整。经济建设刚刚走上正常发展的轨道，一九六六年又开始了“文化大革命”。一九七六年粉碎“四人帮”后，华国锋同志主持中央工作，提出了“两个凡是”，这就把人们的思想禁锢住了。

十一届三中全会是一个转折点，提出了新方针，改变了过去那种“以阶级斗争为纲”的错误做法，把经济建设作为全党工作的中心，恢复了类似过渡时期的某些做法，并在许多方面有了新的发展和创造。我们不但把在社会主义改造时被消灭了的某些非社会主义公有制的经济成分恢复起来，并允许有一定程度的发展。同时，根据国际局势的变化，确立了改革开放的方针，建立了四个经济特区，允许发展“三资”企业，使这些私有制经济作为对社会主义公有制经济的有益的补充。

近十多年来，对以往高度集中的经济体制进行全面改革，扩大企业自主权，使企业走自主经营、自负盈亏的道路，市场机制的作用又被重新强调；对计划职能和计划方式进行改进，运用计划和市场两种手段调节经济，形成和建立社会主义的市场体系；进行股份制和股票市场的试验，以及吸收资本主义国家的先进技术和经济管理经验为我所用，使我们在理论和实践经验两方面都大大丰富起来，社会主义经济活力明显增强。

十二年过去了，改革开放和经济建设都取得了很大的成就。虽然有些波折，但整个国民经济是发展的，而且发展速度很快，只用了八年时间就完成了第一步战略任务——国民生产总值翻了一番。所谓波折，是指曾经一度发生经济过热，票子发得多了些，物价涨得多了些。纠正就是了。总之，需要我们在以社会主义公有制经济为主体的前提下，解放思想，大胆试验，从理论上、实践上不断探索，逐步完善社会主义初级阶段的经济管理体制。

国办转发农业部关于加强群众渔港建设报告的通知

中共中央总书记江泽民在中南海会见日本国前首相竹下登

江泽民会见时表示，中日两国地理相近，文化相似，经济互补，只要双方共同努力，两国发展友好合作关系的前景是十分广阔的。

江泽民说，中日关系目前已经基本恢复正常，有些方面还有新的发展。江泽民说，“这是两国政府和两国各界人士共同努力的结果。”江泽民指出，今天的中日关系凝聚着老一代政治家的辛勤努力，他们都十分强调中日两国应该世世代代友好下去。

中共中央总书记江泽民在中南海会见以日本社会党副委员长田边诚为团长的日本社会党代表团

江泽民说，中日两国老一代人建立起来的友好关系需要一代一代传下去，为此，加强两国青年之间的交流、增进相互了解非常重要。江泽民表示相信，中日青年交流中心将为中日两国友好合作起到积极作用。

朝鲜劳动党中央总书记国家主席金日成在平壤锦绣山议事堂会见中共中央政治局常委国务院总理李鹏

全国人大常委会委员长万里会见由主席弗拉米尼奥·皮科利率领的意大利众议院外交委员会代表团

中央军委副主席刘华清和军委秘书长杨白冰会见苏联国防部部长亚佐夫元帅

孙晓村逝世

第七届全国政协副主席、中国民主建国会中央咨议委员会主任、全国工商联顾问、中央社会主义学院院长、中国和平统一促进会顾问孙晓村在北京逝世，终年85岁。

孙晓村，浙江余杭人，1929 年毕业于北平中法大学。1935 年任南京救国会负责人，全国各界救国联合会中央常委，1936 年 11 月因救国会案在南京被捕入狱，1937 年后任军事委员会农产调整委员会专员，第三战区粮食管理处副处长。1945 年，参加中国民主革命同盟，任国内工作委员会主席，1946 年任上海法政学院教授，1949 年出席中国人民政治协商会议第一届全体会议。新中国成立后，历任上海市工商联筹备委员会秘书长，政务院财政经济委员会委员、计划局副局长，北京农业大学校长，中越友好协会副会长，中国民主建国会中央秘书长、副主委、副主席，全国政协副秘书长，全国工商联常委，中华职业教育社常务理事，中国银行常务董事，中国国际信托投资公司董事。第一、二、三届全国人民代表大会代表，第三、四、五、六届全国政协常务委员。

5月5日

全国人大常委会委员长万里在人民大会堂会见马来西亚上议院议长陈松德

中华全国新闻工作者协会通过《新闻职业道德准则》

这个《准则》是由中华全国新闻工作者协会第四届理事会不久前举行的第一次全体会议通过的。它明确指出，我国新闻事业是中国共产党领导下的社会主义事业的重要组成部分，为人民服务是我国新闻工作的根本宗旨；新闻工作者要贯彻执行党的基本路线，坚持新闻为社会主义服务、为人民服务的基本方针，发扬党和人民新闻事业的优良传统，抵制资产阶级腐朽思想的影响，反对违背社会主义道德的行业不正之风，加强职业道德修养。《准则》并从八个方面对此作了阐述，这八个方面是：全心全意为人民服务；以社会效益为最高准则；遵守法律和纪律；维护新闻的真实性；坚持客观公正的原则；保持廉洁奉公的作风；提倡团结协作精神；促进国际友好和协作。

《准则》要求，我国新闻工作者要忠诚于社会主义新闻事业，努力宣传马列主义、毛泽东思想，宣传党和政府的方针政策，报道新闻和传播信息，反映并引导社会舆论，促进社会主义物质文明建设、精神文明建设和社会主义民主与法制建设，充分发挥党和人民的耳目喉舌作用。

《准则》要求我国新闻工作者坚持对党负责和对人民负责的一致性，努力使党的政策、主张及时、准确、广泛地同群众见面，为群众提供各方面的新闻和信息，并正确反映他们的愿望、呼声和要求，积极发挥舆论的监督作用，批评、揭露那些违背人民利益的错误行为和社会不良现象。《准则》提出，坚持新闻真实性原则是新闻职业道德的重要内容。它要求新闻工作者深入实际，注意调查研究，坚持实事求是的思想路线，坚持客观公正原则，不得歪曲事实真相。

《准则》要求我国新闻工作者本着对社会、对人民负责的精神，坚持以正面宣传为主的方针，自觉遵守宪法、法律和宣传纪律，在全社会形成积极的、健康文明的舆论导向；要坚持和发扬优良传统，艰苦奋斗，廉洁自律。

中国10年杰出企业公共关系评优颁奖大会在北京举行

中共中央政治局常委李瑞环会见由施少文会长率领的香港观塘工商业联合会北京经济贸易访问团

在谈到香港今后的稳定与繁荣时，李瑞环重申，香港特别行政区基本法中阐述的“一国两制”的基本精神不会变。维护香港的繁荣与发展，维护香港同胞的利益，与维护内地人民的利益是一致的。香港的繁荣与发展对内地有利益，内地的稳定与发展也是香港最大的利益。

施少文说，为了香港的繁荣，应该加强对香港特别行政区基本法的宣传，香港的工商业者愿意为祖国的建设做出贡献。

国务院副总理田纪云在人民大会堂会见并设宴款待新加坡副总理兼贸工部部长李显龙

朝鲜国家主席金日成在平壤接见以全国人大外委会副主任姚广率领的全国人大代表团

中国跳水队在世界杯跳水赛上获6枚金牌

中国队的6枚金牌是混合团体，男、女团体，女子1米板余晓玲，男子跳台孙淑伟，男子1米板王毅杰；两枚银牌是男子1米板蓝卫，女子跳台朱金红；3枚铜牌是男子跳台熊倪，男子3米板谭良德，女子跳台林媛霞。

5月6日

国务院发出关于贯彻实施《中华人民共和国残疾人保障法》的通知

《中华人民共和国残疾人保障法》自一九九一年五月十五日起施行。这是我国保障残疾人公民权利的根本措施，是加强社会主义法制建设的重要内容，是我国人民社会生活中的一件大事。

残疾人保障法是我国社会主义法律体系的组成部分，是涉及每个公民的基本法律之一。为切实做好宣传教育和贯彻实施工作，特作如下通知：

一、提高对残疾人保障法重要意义的认识

（一）保障残疾人的公民权利是全社会义不容辞的责任

目前，我国有五千多万残疾人，占全国人口总数的5%，平均每五个家庭中就有一个家庭有残疾人，关联到两亿多亲属，是当前社会生活中无法回避和不容忽视的问题。

残疾人有参与社会生活的权利和能力，同样是物质文明和精神文明的创造者。同时，残疾人又是一个特殊而困难的群体。由于自身残疾的影响和外界物质、精神环境的阻碍，残疾人参与机会受到限制，平等权利的实现遇到障碍，是社会中最困难的群体。残疾人受教育程度低，文盲、半文盲占多数；大多数残疾人还没有得到必要的康复医疗；相当一部分有劳动能力的残疾人没有劳动就业，已经就业的还不够稳定、合理；社会上依然不同程度地存在着对残疾人的歧视和偏见；残疾人参与公共生活存在环境障碍；残疾人的生活状况落后于社会平均水平，存在大量亟待解决的问题。我国社会现已由温饱向小康水平过渡，在实现第二步战略目标的过程中，应当使残疾人跟上社会发展步伐，与全国人民一道前进。这既关系到残疾人的公民权利，也关系到社会进步和人类的文明，必须引起高度重视。

我国是社会主义国家，尊重残疾人的公民权利和人格尊严，发展残疾人事业，给残疾人以帮助，使他们充分参与社会生活，共享社会物质文化成果，实现事实上的平等，是各级政府和全社会义不容辞的责任。

(二)残疾人保障法是公民的行为规范和残疾人事业的法律准绳

残疾人保障法的精神实质是：残疾人，作为公民，享有同其他公民平等的权利；作为特殊而困难的群体，国家给予特别扶助，通过发展残疾人事业，减轻或者消除残疾影响和外界障碍，保障残疾人公民权利的实现。残疾人保障法以残疾人平等参与社会生活为宗旨，重申了残疾人的权利和义务，规定了政府、社会和残疾人组织的责任，确定了残疾人事业和残疾人联合会的法律地位，明确了残疾人事业各个领域的指导原则、工作方针、发展途径和重大措施，是国家关于残疾人和残疾人事业的基本法律。

残疾人保障法以国家意志，把实现残疾人的公民权利建立在法律保障的基础上，是每个公民和一切组织对待残疾人问题的行为规范，是残疾人维护自身合法权益、履行公民义务的法律准则，是国家发展残疾人事业的纲领和指针。

(三)残疾人保障法对社会主义物质文明和精神文明建设意义深远

贯彻残疾人保障法，保障残疾人平等地充分参与社会生活，对于发挥残疾人的主观能动性，进一步解放社会生产力，促进经济建设和文化繁荣；对于发扬中华民族的传统美德，提高全民族的道德水准和全社会的文明程度，促进社会进步；对于弘扬社会主义的人道主义，体现我国社会主义制度的优越性和在人权问题上的真实性、公平性、广泛性，都具有重要意义和深远影响。

二、认真开展残疾人保障法的宣传教育

残疾人遍布各地方，残疾人事业渗透各领域，残疾人工作涉及各部门。贯彻执行残疾人保障法不只是部分人群、局部地域、单一行业、个别组织的事情，而且是全社会的责任。国家已将残疾人保障法纳入第二个五年普法规划，各地区、各部门要把残疾人保障法列入本地区、本系统的普法规划，在有接受教育能力的公民中进行宣传教育，普及基本法律知识，组织好经验交流。要利用各种宣传舆论工具和生动有效的形式，宣传残疾人保障法，形成学法、知法、守法、执法的舆论和环境；本着学用结合的原则，学习残疾人保障法，使广大干部群众了解其意义、主要精神和相关内容，增强法律意识，依法决策、依法管理、依法办事。

三、全面贯彻残疾人保障法

(一)残疾人保障法今年五月十五日起施行，以往颁发的行政法规、地方性法规，凡与此法相悖的内容，以残疾人保障法为准。

(二)残疾人保障法内容广泛，条款性质有别，要从残疾人事业各领域和各地的实际出发，根据法律条款的类别和内容，采取相应方式和步骤予以实施：对政策性、方针性规范，准确理解，认真执行；对倡导性、道德性规范，以正面宣传和促进为主；对责任性、义务性规范，严格依法办事；对强制性规范，采取措施保证实施，维护法律尊严；对委任性规范，制定法规、规章，将法律原则充实、延伸、具体化；对具有一定灵活性的“弹性”规范，因事、因地、因时制宜，积极实施。

(三)各级政府要将残疾人事业纳入国民经济和社会发展计划，经费列入财政预算，加强领导，综合协调，落实优惠政策和扶持措施，使残疾人事业与经济、社会协调发展。

各省、自治区、直辖市人民政府，要做好各有关部门的协调工作。具体协调机构由各地规定。

各有关部门，要履行各自职责，将残疾人事业纳入工作议程，各项业务分别融于相关业务范围，使其既适应残疾人特点，又与国家事业一体化同步发展。

各级政府和有关部门要采取切实措施，全面完成《中国残疾人事业五年工作纲要》规定的任务；在制定和落实本地区、本部门十年规划和“八五”计划时，要把残疾人事业列入其中，统筹规划。

各级政府和国家工作人员，要密切联系残疾人，听取残疾人的意见和呼声，支持残疾人组织的工作。

(四)全社会要发扬社会主义的人道主义精神，理解、尊重、关心、帮助残疾人，维护残疾人的合法权益，支持残疾人事业。

各级政府和各有关部门要广泛深入地组织、开展扶助残疾人的活动，特别要组织好每年法定的“全国助残日”活动，为残疾人排忧解难，为残疾人事业办实事。

城乡各级组织要做好所属范围的残疾人工作，各单位要关心本单位残疾人的工作、学习和生活。

宣传部门、新闻单位，要利用各种传播媒介，宣传残疾人事业和扶助残疾人的事迹，弘扬残疾人自强不息的精神，促进残疾人与其他公民之间的相互理解和交流，倡导团结、友爱、互助的社会风尚。

(五)建立和完善各级残疾人联合会，充分发挥残疾人组织的作用。各级残疾人联合会要加强组织建设、思想建设和业务建设，发扬奉献精神，增强活力，发挥代表、服务、管理的效能，认真履行法律赋予的职责，当好残疾人共同利益的代表和政府联系残疾人的桥梁、发展残疾人事业的助手。

(六)各级政府和有关部门，要依据残疾人保障法规定的指导原则、工作方针和发展途径，采取措施，发展残疾人的事业，促进残疾人平等地充分参与社会生活。

各级政府和有关部门要积极采取康复措施，帮助残疾人恢复和补偿功能。要保质保量完成白内障复明、小儿麻痹后遗症矫治手术和聋儿听力语言训练任务；制定智力残疾和精神残疾人康复工作方案；开展社区康复；指导残疾人进行功能、自理能力和劳动技能训练；组织好残疾人特殊用品、辅助用具的供应服务工作。

各级教育部门要深入贯彻国务院批转的《关于发展特殊教育的若干意见》，把残疾儿童少年教育切实纳入义务教育的工作轨道，统一规划，统一领导，统一部署，统一检查；做好高校、中专、中技等普通学校残疾学生的录取和分配工作；开展残疾人职业技术教育。

各级政府和有关部门要实行优惠政策和扶持保护措施，通过集中与分散的多种途径，促进残疾人劳动就业逐步普及、稳定、合理。扶持民政部门、残疾人组织和社会举办残疾人福利企业，兴办福利事业；鼓励、帮助残疾人个体开业和农村残疾人参加多种形式的生产劳动；地方政府要推动按比例安排残疾人就业，抓好调研、试点和推广，制定具体比例和实施办法。

各级政府和有关部门要鼓励、帮助残疾人参加文化、体育、娱乐活动；编制出版适应残疾人特殊需要的读物、声像作品；通过各种文化、艺术形式，反映残疾人生活，为残疾人服务，不断丰富残疾人的精神文化生活。

通过多种渠道，采取扶贫、救济、补助、供养和其他福利措施，保障和改善残疾人的生活；地方政府要落实盲人免费乘坐市内公共交通工具和对残疾人搭乘公共交通工具的照顾，酌情减免农村残疾人的义务工及其他社会负担，逐步增加对残疾人的照顾和扶助；有步骤地实行方便残疾人的城市道路和建筑物设计规范，采取无障碍措施；不断改善残疾人参与社会生活的物质条件和精神环境。

四、制定和完善残疾人事业的法规

在《中华人民共和国残疾人保障法》的基础上，不断完善以国家行政法规、国务院部门规章、地方性法规、地方性规章与之配套的残疾人事业法律体系。

(一)有关部门要依据残疾人保障法，陆续制定残疾人劳动就业、教育、康复等条例及有关业务范围的行政法规，报国务院批准后施行；按照各自分管的业务和权限，制定专项的办法、规定和条例的实施细则等规章。

(二)地方政府及其有关部门，要依据残疾人保障法的原则和本地实际情况，制定规定、决定、办法等地方性规章；配合省、自治区、直辖市、计划单列市和有权制定地方性法规的地方人民代表大会及其常务委员会，制定和实施本地的条例、规定和残疾人保障法的实施办法等地方性法规。

各地要加强残疾人保障法贯彻情况的监督检查工作，提高执法水平，并将有关重要情况和问题及时告国务院法制局。

国务院宗教事务局民政部发出关于印发《宗教社会团体登记管理实施办法》的通知

国家民委副主任卓加陈欣就西藏问题答中外记者问

国家民委和中华全国新闻工作者协会下午在北京举行电影招待会，邀请中外记者观看介绍西藏的影片。

卓加(藏族)在回答中外记者提问时指出，一些国家一方面承认西藏是中国的一部分，一方面又支持怂恿达赖集团的分裂活动，搞了许多小动作。我们坚决反对任何外国政府、组织和个人插手西藏问题。

卓加说，最近达赖喇嘛频繁在国际上从事“西藏独立”的游说活动，企图使属于中国内政的西藏事务国际化。在与中央政府谈判问题上他反复变调子，出尔反尔，给谈判造成了许多困难。因此，过去谈没有结果，现在谈判迟迟未能举行的责任不在中国政府方面。

有记者问，中央政府对西藏的方针、政策是否充分照顾了西藏的特殊性？陈欣回答说，地处“世界屋脊”的西藏自治区是一个社会地理环境自然条件以及宗教信仰等方面都有其特殊性的边疆少数民族地区。在民主改革之前，西藏实行政教合一的封建农奴制度，长期处于封闭状态。正因为这样，中央人民政府对西藏实行较其他民族自治地方更宽、更优惠的特殊政策和灵活措施，如在农牧业方面，实行“土地归户使用，自主经营，长期不变”和“牲畜归户、私有私养、自主经营、长期不变”的政策，对农牧业免征免税，农牧民可以自由买卖自己的产品。在外经、外贸方面，西藏自治区有各类进出口商品发证权，所得外汇收入全额留用，不上交中央财政。所有这些，都体现一个精神，即使西藏的经济更快地发展，人民群众的生活更快地提高。

卓加在会上还重申，我国政府对达赖喇嘛的一贯政策没有改变，只要他真心诚意同中央政府改善关系，停止分裂活动，放弃"西藏独立"，中央政府愿意与达赖喇嘛进行谈判，也欢迎他返回祖国。卓加还表示，今年是西藏和平解放 40 周年，这是西藏人民的盛大节日，西藏各族人民将举行隆重的纪念活动。这也是值得全国各族人民庆贺的一件大事。

国家工商行政管理局发布经国务院批准的《企业名称登记管理规定》

规定的主要原则有六个方面：

——企业只准使用一个名称，确有特殊需要的，经省级以上登记主管机关核准可以使用一个从属名称。未经核准登记注册的名称不准使用。

——企业申请登记注册的名称由登记主管机关核定。

——企业名称应由字号(或商号)、所属行业(或经营特点)、组织形式这三个部分组成。企业名称前应冠以所在地行政区划名称。企业名称在冠以的行政区划范围内享有专用权，同行业企业的名称不得混同。外商投资企业名称可不冠以行政区划名称，在全国范围内同行业企业名称不得混同。

——企业使用的名称应同核准登记注册的名称相一致，包括印章、银行开立账户的名称。商业和服务业的企业的牌匾可以适当简化。

——企业名称可同企业或企业的一部分一并转让，报工商行政管理机关核准后生效。

——企业名称发生争议时，按申请登记注册的先后顺序处理。在同一天提出申请的由企业协商解决，协商不成的由登记主管机关裁定。

第七届最高人民检察院检察委员会第六十五次会议通过《最高人民检察院关于保护公民举报权利的规定》

第一条　为保障公民依法行使控告、检举的权利，维护举报人的合法权益，促进廉政建设，根据《中华人民共和国宪法》第四十一条和《中华人民共和国刑法》第一百三十一条、第一百四十六条的规定，制定本规定。

第二条　公民依法向各级检察机关举报机关、团体、企业、事业单位和国家工作人员违法犯罪行为，其人身权利、民主权利和其他合法权益应受到法律的保护。

第三条　检察机关受理公民举报和查处举报案件，必须严格保密。

1. 受理举报应在固定场所进行，专人接谈，无关人员不得接待、旁听和询问。

2. 举报信件的收发、拆阅、登记、转办、保管和当面或电话举报的接待、接听、记录、录音等工作，应建立健全责任制，严防泄露或遗失举报材料。

3. 对举报人的姓名、工作单位、家庭住址等有关情况及举报的内容必须严格保密，举报材料不准私自摘抄和复制。

4. 严禁将举报材料和举报人的有关情况透露或转给被举报单位、被举报人。向被举报单位或被举报人调查情况时，不得出示举报材料原件或复印件。

5. 任何单位和个人不得追查举报人，对匿名举报除侦查工作需要外，不准鉴定笔迹。

6. 向举报人核查情况时，应在做好保密工作、不暴露举报人身份的情况下进行。

7. 在宣传报道和对举报有功人员的奖励工作中，除征得举报人的同意外，不得公开举报人的姓名、单位。

第四条　对违反上述第三条保密规定的责任人员，要根据情节和后果给予严肃处理，构成犯罪的，依法追究刑事责任。

第五条　任何单位和个人不得以任何借口对公民的举报，进行阻拦、压制、刁难或打击报复。

第六条　以各种借口和手段侵害举报人及其亲属、假想举报人的合法权益的，按打击报复论处。

第七条　对打击报复举报人的案件应认真受理，经调查确属打击报复的，视情节轻重，区别性质，分别做出处理：

1. 国家工作人员滥用职权、假公济私，对举报人实行报复陷害构成犯罪的，应依法立案侦查，追究责任人的刑事责任。

2. 以各种形式打击报复举报人不构成犯罪的，应向其所在单位的上一级主管部门提出检察建议，严肃处理。

第八条　确因受打击报复而造成人身伤害及名誉、财产、经济损失的，举报人可依法要求赔偿，或向人民法院起诉，请求损害赔偿。

第九条　公民应据实举报。凡捏造事实、制造伪证，利用举报诬告陷害他人构成犯罪的，依法追究刑事责任。

由于对事实了解不全面而发生误告、错告等检举失实的，不适用前款规定。

第十条　港澳同胞、台湾同胞、华侨和外国人因举报国家机关和国家工作人员违法犯罪行为而被打击报复的，适用本规定。

第十一条　各省、自治区、直辖市人民检察院可以根据实际情况制定实施本规定的细则。

第十二条　本规定自公布之日起施行。

中共中央政治局常委宋平在中国计划学会第二次会员代表大会闭幕会上发表讲话

宋平指出，实行计划经济与市场调节相结合，努力促进国民经济持续、稳定、协调发展，是建设有中国特色社会主义的一个极为重要的方面。在当前和今后一个时期，要集中力量继续探索计划经济与市场调节相结合的具体途径和形式。

宋平说，建设有中国特色的社会主义，这是一个总目标，包含着极为丰富的内容，需要各个方面、各条战线的共同努力。在探索有中国特色的计划经济学和计划管理体制等方面，中国计划学会负有自己的使命，可以做许多工作。无论是计划实际工作者还是计划理论工作者，都应当把自己的工作同这个总目标紧密地联系起来。以党在社会主义初级阶段的基本路线为指针，在党中央已经总结与概括的基本理论和基本原则的基础上，积极探索、辛勤工作，下功夫把这些基本理论和原则加以具体化、制度化。

宋平说，改革是社会主义制度的自我完善和发展，必须把改革开放和不断巩固、完善社会主义制度有机地结合起来。实行计划经济与市场调节相结合，就是既要发挥计划经济在保持国民经济按比例发展、合理配置资源和调节收入分配等方面的优势，又要发挥市场调节在实现优胜劣汰和增强经济活力方面的长处，更好地发展社会生产力。计划经济与市场调节相结合，是符合中国国情的，它科学地反映了我国社会主义有计划商品经济的本质要求和基本特征，是社会主义制度优越性的表现。理论和实践都说明，计划经济和市场调节这两者必须结合，也能够结合。现在的主要问题，不是要不要把两者结合起来，能不能结合起来，而是如何进一步研究和探索把两者结合得更好。我们必须认真分析新情况，解决新问题，努力研究和掌握经济运行的特点和规律。要按照发展社会主义有计划商品经济的要求和现实的具体情况，深化计划体制改革，改进计划形式和计划方法，不断提高计划工作水平，进一步开创计划管理的新局面。

第二次全国经济审判工作会议在南京召开

最高人民法院院长任建新在南京召开的第二次全国经济审判工作会议上要求各级人民法院加强经济审判工作，为落实十年规划和“八五”计划纲要而奋斗。

任建新强调，经济越发展，改革越深入，开放越扩大，有计划商品经济越成熟，就越需要健全法制，把经济活动纳入法制轨道。

任建新说，各级人民法院要通过审理流通领域的经济纠纷案件，推进治理整顿，克服流通领域内经济秩序的混乱现象，保障商品、资金、技术、劳务等市场的发育和完善，促进计划经济与市场调节相结合的新的经济体制和运行机制的建立和健全。通过审理企业承包、租赁、联营纠纷和农村承包合同纠纷等案件，提高经济效益，促进经济体制改革的不断深化。通过审理涉外、涉港澳台经济纠纷案件，扩大对外开放，促进对外和对港澳台地区经济贸易的合作与发展。

任建新希望各级人民法院充分认识在新的历史时期中，经济审判工作对于实现十年规划和“八五”计划的重要地位和作用，努力改善执法活动，全面提高执法水平，建立和健全能够适应社会主义有计划商品经济发展要求的经济审判体制。

最高人民法院副院长华联奎在会上作题为《发挥经济审判的职能作用，保障十年规划和“八五”计划顺利实施》的报告。华联奎强调，今后几年经济审判工作要紧紧围绕经济建设这个中心，依法公正审理各类经济纠纷案件，保护国家利益和公民、法人及其他组织的合法经济权益，维护社会主义有计划商品经济秩序，保障改革开放顺利进行，为顺利实施十年规划和“八五”计划纲要服务。

来自全国法院系统负责经济审判工作的 200 多位人参加会议。

国家确认首批监理工程师

由建设部、人事部共同确认的 100 名监理工程师领到证书，这标志着我国有了第一批经国家确认的监理工程师，我国建设监理制度又有了新的进步。此次由国家认可他们的岗位资格，可以推动我国监理队伍的发展，并有利于同国际通行的监理工程师专业资格认证制度相衔接。为了保证监理工程师执业的独立性和公正性，此次认证按照国际惯例，对在政府机关、施工单位、设备制造和材料供应单位任职的监理人员未予确认。

国家主席杨尚昆在人民大会堂会见美国《美国新闻与世界报道》周刊总裁兼总编辑莫·朱克曼

外交部部长钱其琛在钓鱼台国宾馆会见美国副国务卿罗伯特·金米特

钱其琛说，中国政府重视中美关系，为两国关系恢复和改善作出了很大努力，但两国关系改善需要双方共同努力。金米特说，他这次访问的目的是为了改善两国关系，建议双方继续保持磋商。双方还就中东等国际问题交换了意见。

金米特应我国外交部邀请，于 5 日抵达北京进行中美副外长级政治磋商。今天上午，外交部副部长刘华秋同他举行会谈，双方就中美关系和共同关心的重大国际问题广泛地交换了意见。今天下午金米特会见了经贸部副部长佟志广，双方就中美经济和贸易关系交流了看法。

欧中关系发展协会在雅典宣布成立

欧中关系发展协会主席亚特拉斯在今天举行的记者招待会上宣布说："鉴于世界已发生具有重大意义的变化，而在未来的发展中，中国可望起先锋作用，一批热心于使希腊在中国与欧洲间起桥梁作用的希腊实业家、知识分子和专业人员决定成立欧中发展协会。"

该会的宗旨是，增进中国同包括希腊在内的欧洲国家之间在文化、教育、金融、贸易、科技和旅游等方面的关系。

辽宁阜新海棠山发现大规模摩崖造像群

最近在辽宁省阜新蒙古族自治县境内的海棠山上，发现数百尊保存完整的摩崖石刻造像。据鉴定，这是中国"东方藏传佛教黄教中心"唯一幸存下来的民族文化瑰宝。

第 41 届世界乒乓球锦标赛在日本千叶结束

比赛进行了 14 天。中国队获得女子单打、女子双打、混合双打冠军。

5 月 7 日

国家主席杨尚昆在北京会见马来西亚上议院议长陈松德

国家主席杨尚昆会见冈比亚总统贾瓦拉

国务院总理李鹏签署第 83 号令发布《中华人民共和国产品质量认证管理条例》

现发布《中华人民共和国产品质量认证管理条例》，自发布之日起施行。

总理 李鹏

1991 年 5 月 7 日

中华人民共和国产品质量认证管理条例

第一章 总　则

第一条 为保证产品质量，提高产品信誉，保护用户和消费者的利益，促进国际贸易和发展国际质量认证合作，制定本条例。

第二条 产品质量认证（以下简称认证）是依据产品标准和相应技术要求，经认证机构确认并通过颁发认证证书和认证标志来证明某一产品符合相应标准和相应技术要求的活动。

第三条 企业对有国家标准或者行业标准的产品，可以向国务院标准化行政主管部门设立的或者国务院标准化行政主管部门授权的部门设立的行业认证委员会申请认证。

国家法律、行政法规以及国务院标准化行政主管部门会同国务院有关行政主管部门制定的规章规定不经认证不得销售、进口和使用的产品，按国家法律、行政法规和规章的规定办理。

第四条 认证分为安全认证和合格认证。

实行安全认证的产品，必须符合《中华人民共和国标准化法》（以下简称《标准化法》）中有关强制性标准的要求。

实行合格认证的产品，必须符合《标准化法》规定的国家标准或者行业标准的要求。

第五条 获准认证的产品，除接受国家法律和行政法规规定的检查外，免于其他检查，并享有实行优质优价、优先推荐评为国优产品等国家规定的优惠。

第六条 国务院标准化行政主管部门统一管理全国的认证工作；国务院标准化行政主管部门直接设立的或者授权国务院其他行政主管部门设立的行业认证委员会负责认证工作的具体实施。

第二章 组织管理

第七条 国务院标准化行政主管部门管理认证工作的职责是：

（一）制定认证工作的方针、政策、规划、计划；

（二）统一规定或者批准认证标志的样式；

（三）审批认证委员会的组成、章程；

（四）审批承担认证检验任务的检验机构；

（五）对承担认证工作的检查人员进行注册管理；

（六）审批并发布可以开展认证的产品目录；

（七）公布获准认证的产品及其生产企业的名录；

（八）归口管理有关认证的国际活动；

（九）对认证工作的重大问题进行协调处理；

（十）对认证工作实行监督。

第八条 认证委员会由产品的生产、销售、使用、科研、质量监督等有关部门的专家组成，其职责是：

（一）提出可以开展认证的产品目录方案；

（二）制定实施认证的具体办法；

（三）确认用于认证的国家标准或者行业标准；

（四）推荐承担认证检验任务的检验机构；

（五）受理认证申请；

（六）组织对申请认证的企业的质量体系进行审查；

（七）批准认证，颁发认证证书，并向国务院标准化行政主管部门备案；

（八）处理有关认证的争议问题；

（九）负责对获准认证的产品及其生产企业进行监督检查；

(十)依法撤销认证证书。

第九条 县级以上(含县,下同)地方人民政府标准化行政主管部门在本行政区域内,对认证产品进行监督检查,其职责是:

(一)查处不符合认证时所采用标准的产品、假冒认证标志的产品;

(二)配合认证委员会对获准认证的产品的质量进行监督;

(三)查处违反法律、行政法规、国务院标准化行政主管部门会同国务院有关行政主管部门制定的规章规定的有关认证的其他行为。

第三章 条件和程序

第十条 中国企业、外国企业均可提出认证申请。提出申请的企业应当具备以下条件:

(一)产品符合国家标准或者行业标准要求;

(二)产品质量稳定,能正常批量生产;

(三)生产企业的质量体系符合国家质量管理和质量保证标准及补充要求。

第十一条 企业按下列程序办理认证:

(一)中国企业向认证委员会提出书面申请;外国企业或者代销商向国务院标准化行政主管部门或者其指定的认证委员会提出书面申请;

(二)认证委员会通知承担认证检验任务的检验机构对产品进行检验;

(三)认证委员会对申请认证的生产企业的质量体系进行审查;

(四)认证委员会对认证合格的产品,颁发认证证书,并准许使用认证标志。

对外国企业的产品检验、质量体系的审查,国务院标准化行政主管部门指定的认证委员会可以根据双边协议、多边协议委托国外认证机构代理。

第十二条 已取得认证证书的企业,应当接受认证委员会对其产品及质量体系进行的监督检查。

对已取得认证证书的外国企业的产品和质量体系的监督检查,可以根据双边协议、多边协议委托国外认证机构代理。

第十三条 认证产品采用的标准或者企业的质量体系已经改变,达不到认证时所具备的条件的,应当停止使用认证标志。

第四章 检验机构和检查人员

第十四条 检验机构须经国务院标准化行政主管部门审查认可后,方可承担认证的检验任务。

第十五条 承担认证工作的检查人员,须经培训、考核,由国务院标准化行政主管部门注册后,方可承担对申请认证的企业(含已取得认证证书的企业)的检查任务。

第十六条 承担认证任务的检验机构和检查人员,必须履行国务院标准化行政主管部门和有关认证委员会规定的职责和义务,并接受其监督检查。

第十七条 承担认证任务的检验机构和检查人员,必须对其出具的检验报告和检查报告负责;必须保守认证产品的技术秘密,并不得非法占有他人科技成果。

第五章 罚 则

第十八条 对于违反法律、行政法规、国务院标准化行政主管部门会同国务院有关行政主管部门制定的规章规定的有关认证的行为,依据法律、行政法规和规章的规定进行处罚。

第十九条 已经授予认证证书的产品不符合认证时采用的标准而使用认证标志出厂销售的,由标准化行政主管部门责令停止销售,并处以违法所得二倍以下的罚款。

产品未经认证或者认证不合格而使用认证标志出厂销售的,由标准化行政主管部门责令停止销售,处以违法所得三倍以下的罚款,并可对该违法单位负责人处以五千元以下的罚款。

转让认证标志的,由标准化行政主管部门处以违法所得三倍以下的罚款,并可对该违法单位负责人处以五千元以下的罚款。

第二十条 有下列情形之一的,由颁发认证证书的认证委员会撤销认证证书:

(一)认证产品的质量严重下降或者生产该产品的企业的质量体系达不到认证时所具备的条件,给用户或者消费者造成损害的;

(二)经监督检查,发现获准认证的产品不合格,属生产企业责任的。

第二十一条 经过认证的产品出厂销售,不符合认证要求时,生产企业应当负责包修、包换、包退;给用户或者消费者造成损害的,生产企业应当依法承担赔偿责任。

第二十二条 从事认证工作的管理、检验、检查人员违法失职、徇私舞弊的,由其主管部门给予行政处分;构成犯罪的,由司法机关依法追究刑事责任。

第二十三条 当事人对罚款处罚不服的,可以在接到处罚通知之日起十五日内,向作出处罚决定的机关的上一级行政管理机关申请复议;对复议决定不服的,可以在接到复议决定之日起十五日内,向人民法院起诉。当事人也可以在接到处罚通知之日起十五日内直接向人民法院起诉。当事人逾期不申请复议或者不向人民法院起诉又不履行处罚决定的,由作出处罚决定的机关申请人民法院强制执行。

第六章 附 则

第二十四条 认证活动的费用,遵循不营利的原则从申请认证的企业收取。具体收费办法由国务院标准化行政主管部门会同国务院物价主管部门另行制定。

第二十五条 商检机构可以根据国家商检部门同外国有关机构签订的协议或者接受外国有关机构的委托进行进出口商品质量认证工作。

第二十六条 本条例不适用于军工产品。

第二十七条 本条例由国务院标准化行政主管部门负责解释。

第二十八条 本条例自发布之日起施行。

国务院发出关于严格控制农业生产资料价格的通知

农业是国民经济的基础,进一步加强农业,增加投入,使粮食产量上一个新台阶,是"八五"期间的一项重要任务。党中央和国务院已多次强调,要保持农业政策的基本稳定,千方百计稳定粮食种植面积。但目前一些地方出现了农业生产资料价格上涨问题,有的地方上涨的幅度还很大,影响了农民增加投入的积极性。为了支持农业,稳定和发展粮食生产,国务院已决定,今年中央外汇计划内进口化肥国内拨交价格、"三挂钩"物资价格、铁路化肥运输价格以及农用柴油、生产化肥用的石脑油、重油价格均不提高。生产化肥用的天然气要严格执行国家规定的价格。各地区和有关部门也要严格控制农业生产资料价格。为此,特就有关问题通知如下:

一、各地区和有关部门对生产和经营化肥、农药、农膜等企业已经采取的各项优惠扶持措施,包括减免税收、财政补贴、实行优惠电价、供应平价原材料等,今年要继续执行。地方进口化肥,要尽可能用自有留成外汇,必要时财政可增加一些补贴,以稳定供应价格。对其他农业生产资料,也要采取切实可行的措施,保持价格基本稳定。

二、国务院物价委员会和国家物价局下发的文件已明确规定,各省(区、市)提高农用塑料薄膜的出厂价、销售价,要报国务院特批;提高碳酸氢铵、过磷酸钙价格,必须从严控制,由各省、自治区、直辖市人民政府审批。

三、加强对农业生产资料价格的管理和监督检查。今年要全面开展农村电价的检查整顿工作,把不合理的电价降下来;要抓好成品油行业的价格检查,切实保证计划供应的农用柴油不涨价。县级物价部门要会同有关部门,加强对农村物价的管理,把监督检查农业生产资料价格列为农村物价管理的重点。

首都钢铁公司等108家企业首次荣获国家级企业技术进步奖

《人民日报》发表评论员文章《正确认识乡镇企业的战略地位》

中央军委主席江泽民在中南海会见苏联国防部长亚佐夫元帅

中共中央总书记江泽民在中南海会见日本众议院议员自民党前副总裁二阶堂进

江泽民在会见中说:"二阶堂进先生是中国人民的老朋友,为中日友好事业作出过积极贡献,此次来华参加中日青年交流中心开业,我们非常欢迎。"

江泽民说,老一代开创的中日友好关系要靠后人继承和发展,中日友好要着眼于未来,着眼于青年一代,我们要教育青年一代不要忘记历史,两国人民要世世代代友好下去。

二阶堂进说:"我已经81岁了,这是第10次访华,看到日中两国关系发展很好,中国改革开放政策取得了很大成功,感到欣慰。我衷心希望通过各种交流使两国青年一代增进友好关系,进一步推动日中友好事业的发展。"

国家主席杨尚昆会见新加坡副总理兼贸工部部长李显龙

中央军委副主席杨尚昆在人民大会堂会见苏联国防部长亚佐夫元帅

杨尚昆在会见中说,中苏两国关系将发展到一个新的阶段。

杨尚昆说,亚佐夫元帅作为苏联国防部长率团访华,这是两国建交以来的第一次;代表团包括这么多苏联军队各方面的领导人也是第一次。杨尚昆希望愿意来中国参观访问的苏联军方的朋友们今后能够到中国看一看。杨尚昆强调,中国人民对苏联人民一向怀有深厚的感情。亚佐夫同志这次有机会到中国访问可以亲自感受到这一点。

杨尚昆指出,前年戈尔巴乔夫总书记访问了中国,我们的江泽民总书记也将很快率团访问苏联,这是对戈尔巴乔夫同志访问我国的回访。这两次访问证明中苏两国关系将发展到一个新的阶段。杨尚昆希望中苏两党、两国人民和两军之间的友好合作关系能够得到进一步的发展。

国务院总理李鹏在人民大会堂会见苏联国防部长亚佐夫元帅

国务院总理李鹏在人民大会堂会见新加坡副总理

李显龙

国务院总理李鹏在人民大会堂会见即将离任的美国驻中国大使李洁明

中顾委常委姬鹏飞在人民大会堂会见由前香港特别行政区基本法起草委员会委员黄保欣为名誉团长的香港闽籍人士赴北京访问团

中国驻美国大使朱启祯在华盛顿对美新闻企业学术界人士发表演讲阐述中国对中美关系及最惠国待遇立场等问题

我国驻美大使朱启祯在世界新闻媒介协会举行的午餐会上发表演说，对中美关系和最惠国待遇等问题阐明了中国政府的立场。

朱大使强调指出，最惠国待遇是中美两国相互给予对方的贸易优惠条件。在过去的10年里，它促进了两国间贸易及经济关系的发展。

他说，现在美国有些人为延长中国的最惠国待遇制造障碍。如果美国单方面取消中国的最惠国待遇或者在延长这一待遇时附加某种条件，"这不仅会直接地严重损害两国间的经贸关系，而且也会严重损害两国其他方面的关系"，对美国以及对香港和澳门造成不利的影响。

朱大使还谈到了美方提出的中美贸易不平衡、中国出口劳改犯生产的产品、武器销售及人权等问题。

他说，中美贸易统计方法不同。按中国的统计方法，中方是逆差，但美方的数字为美方是逆差。中美贸易额也与美国对中国实行经济制裁，冻结向中国出口高技术产品有关。尽管如此，中国方面已经和正在采取积极的态度来解决双边贸易中的问题和分歧，中国从去年起已经并将继续采取积极措施，以增加从美国的进口，希望美国也能采取相应的态度。

朱大使说，中国的贸易部门从来也没有允许出口劳改犯生产的产品。美国方面有人在这一问题上对中国的指责是毫无根据的。

朱大使重申了中国在对外出售武器问题上的一贯原则立场。他说，中国一贯采取的是"严肃、慎重、负责"的态度，中国不主张、不鼓励、不从事核武器扩散，也不帮助其他国家发展核武器。中国不拥有、不生产化学武器，不出口用于化学武器为目的的化学品。他说，中国主张各国通过全面的平等协商来公正、合理、有效地解决武器的扩散问题，其中也包括导弹的出口问题，而不是由少数几个国家作出决定。

关于人权问题，朱大使指出，中国政府的首要任务是解决占世界总人口22%的中国人民的吃、穿、住的基本人权。只有在稳定的环境下，这些基本人权才能得到保障和保护，而动乱只能带来灾难、饥饿以至像中国历史上出现过的数百万人死亡的局面。他说，世界上没有抽象的人权，不同的国家和不同的人对人权有不同的解释，人权必须符合各国的法律。中国的宪法为人民提供了充分的民主权利和言论、宗教信仰、集会和出版的自由。

朱大使在讲话中还特别强调了在中美三个联合公报基础上发展两国关系的必要性。

首都集会纪念"5·8"世界红十字日和"5·12"国际护士节

《人民日报》报道称检察机关严查大案要案反贪污反贿赂又有进展

全国检察机关反贪污贿赂斗争取得新进展，仅今年第一季度，全国检察机关就立案侦查贪污、贿赂等经济犯罪案件11706件13256人，其中贪污案5291件6274人，贿赂案3082件3330人。

在这些案件和案犯中，万元以上大案有4106件，涉及县处级干部182人，司局级干部9人，为国家挽回经济损失10625万元。一些大案要案，如原首都钢铁公司北京钢铁公司党委书记管志诚贪污、受贿案，原上海环球冰箱厂经营部家电部经理殷柏青特大贪污案等，已向法院提起公诉。

针对当前一些不法分子利用行业特权进行贪污、贿赂犯罪比较突出的特点，各级人民检察院从突破重点案件入手，挖出一批带有行业特点的贪污、贿赂犯罪案件，使大案要案的侦破工作有了新的进展。

能源部在北京召开紧急电话会议通报山西三交河煤矿特大恶性事故

能源部召开紧急电话会议，向全国煤炭系统通报了最近发生在山西三交河煤矿的特大恶性事故，同时号召全国700万煤炭职工紧急行动起来，立即在全国煤矿开展一次安全生产大检查活动。

能源部党组决定，5月份在全国煤矿开展一次安全大检查活动，要对不具备起码安全生产条件的矿井，立即停产进行整顿。同时由能源部、劳动部和全国总工会组成检查团，对发生事故的山西临汾地区进行重点检查。对事故责任者给予严肃处理。

5月8日

中共中央总书记江泽民在中南海会见冈比亚共和国总统达乌达·凯拉巴·贾瓦拉

国务院总理李鹏在人民大会堂同冈比亚共和国总统达乌达·凯拉巴·贾瓦拉举行会谈

李鹏指出，当前国际形势并不安宁，有些地区的形势甚至更加动荡；国际经济秩序不合理的状况没有改变，发展中国家的债务问题仍很严重，初级产品的价格低廉，给发展中国家的经济带来了很多困难。

李鹏指出，中国主张，在当前的形势下，应在改善南北关系的同时，加强南南合作。

李鹏说，近几年来，南部非洲形势发生了一些可喜变化，但总的看来，非洲经济形势仍很严峻。中国希望西非国家经济共同体组织为该地区的安全和经济发展作出贡献；也希望现任主席贾瓦拉总统为此继续作出努力。

李鹏强调，中国支持非洲包括冈比亚在内的非洲国家为克服自己的困难所进行的努力。

李鹏说，七届人大四次会议审议并通过的十年规划和“八五”计划纲要得到了全国人民的拥护。它代表了全国人民的共同意愿。李鹏强调，中国有信心和决心克服前进道路上的困难，完成十年规划和“八五”计划确定的目标。

最高人民检察院副检察长肖扬在新闻发布会上就最高人民检察院公布《最高人民检察院关于保护公民举报权利的规定》发表讲话

公安部召开打击防范严重刑事犯罪活动电话会议

电话会议要求各地公安机关继续坚决贯彻中央关于依法从重从快打击严重刑事犯罪活动的方针，并且把“严打”作为综合治理的首要环节来抓。

公安部副部长俞雷在会上指出，今年以来，杀人、抢劫、爆炸等对社会治安危害较大的几类严重犯罪案件都比去年增多，有的地方重大恶性案件接连发生，犯罪分子气焰十分嚣张，严重影响了群众的安全感和正常的生产、生活秩序。

针对上述情况，俞雷代表公安部要求各地公安机关要大力加强侦查破案工作，特别是对重大案件的侦破，要抓得更紧，动作更快，努力提高破案水平；从本地区实际情况出发，有重点地开展专项斗争和专项治理；切实加强重点地区、重点部位的防范、控制工作，特别要组织好公安干警和武警部队在城市、城镇和交通沿线的治安巡逻，加强爆炸物品和枪支弹药的管理，努力减少恶性案件的发生，严厉打击铤而走险、疯狂报复社会的严重刑事犯罪分子，刹住他们的嚣张气焰。

中共中央总书记江泽民在中南海会见美国杜邦公司董事长伍洛德

江泽民在会见中说，杜邦公司把中国作为合作对象是有眼光的，合作的前景也是良好的。他指出，投资环境的好坏对投资者来说是至关重要的。我们总结了40年的经验，现在实行持续、稳定、协调发展的方针。我可以告诉朋友们，中国政局稳定，外国企业家在中国投资是完全可以放心的。

伍洛德说。中国实行改革开放政策以来，中国对杜邦公司有很大吸引力，我们希望中国能够长期稳定向前发展，我们也愿意为中国的发展做出自己的贡献。

国务院总理李鹏在人民大会堂会见日本众议院议员自民党前副总裁二阶堂进

中国和圣马力诺共和国政府决定自1991年7月15日起将两国1971年建立的领事级正式关系升格为大使级外交关系

国际农业发展基金会同中国政府在罗马签署“山西农业综合发展项目”贷款协定

根据协定，向中国提供2530万美元的优惠贷款。

这笔贷款主要用于开发山西省两个地区5个县的农、林、牧业项目，受益者将达50万人。

最高审计机关亚洲组织第五届大会和第四次国际研讨会在北京开幕

这是中国首次承办的国际审计会议。

会议研讨主题是最高审计机关在促进公共财务和投资的有效管理方面的作用。应邀参加这次大会的有二十二个成员国以及一些国家、地区的观察员。

首届中国国际广告研讨会在北京图书馆开幕

来自20多个国家和地区的约600名专家、学者和各界人士相聚在这里，共绘广告业蓝图。国务院副总理田纪云、邹家华等为大会题词。

这是在我国首次举办的国际广告界的一次盛会，“世纪交替中的成功广告”是此次大会的主题。大会期间开展学术理论探讨，同时在北京展览馆举办15个国家和地区的广告作品、海内外120多个厂家的广告传播设备、器材展览。各国代表进行交流及贸易洽谈。上午，对我国部分优秀广告作品举行了颁奖仪式。全国人大常委会副委员长彭冲等领导同志出席了研讨会开幕式。

香港美国商会主席就敦促美国延长中国最惠国待遇一事向新华社记者发表谈话

香港美国商会主席沃伦·威廉斯在华盛顿敦促美

国无条件地延长中国最惠国待遇。

威廉斯在记者招待会上强调说,任何对延长最惠国待遇附加条件都将被看成是对中国国家主权的干涉,因而不会为中国所接受。

他说,中美双边贸易中存在的问题应该解决,但不应和最惠国贸易待遇扯在一起。他说,最惠国待遇是中美关系的一块基石。

他警告说,如果取消中国的最惠国待遇,那将会使中美关系倒退数十年,沉重打击香港的经济和信心,并损害美国消费者和生产厂商的利益。他说,那样做既不符合美国的利益也不符合其他有关方面的利益。

中国二十四项产品获巴黎国际发明展览会奖

在第82届巴黎国际发明展览会晚上的颁奖仪式上,中国参展的展品和技术获得了12枚银奖和1枚铜奖。为表彰中国在科技发明方面所做出的贡献,法国发明家和制造者协会还向参加展览会的中国代表团颁发了国际杯。

第八届戏剧"梅花奖"在北京颁奖

第八届(1990年)《中国戏剧》"梅花奖"颁奖大会晚上在北京人民剧场举行。李瑞环、李铁映、丁关根、王平、彭冲、谷牧等出席了会议,向23名获奖演员及其代表颁奖。

以奖励、扶植优秀中青年戏剧演员为宗旨的"梅花奖",迄今已举办了8届,共有158名演员获奖,在海内外获得较高声誉。本届"梅花奖"评比,强手如林,竞争激烈。评选出的23名演员来自全国18个省、市、自治区以及香港、台湾地区,含京、昆、豫、晋、汉、粤、湘、赣、桂、龙江、黄龙戏及话剧等12个剧种。其中,香港、台湾地区的演员是首次获得"梅花奖",引起了当地舆论界和戏剧爱好者的重视和好评。

国务院批准国家环保局发布中华人民共和国大气污染防治法实施细则

第一章 总 则

第一条 根据《中华人民共和国大气污染防治法》第四十条的规定,制定本实施细则。

第二条 地方各级人民政府,应当对本辖区的大气环境质量负责,并采取措施防治大气污染,保护和改善大气环境。

第三条 各级人民政府的经济建设部门,应当根据同级人民政府提出的大气环境保护要求,把大气污染防治工作纳入本部门的生产建设计划,并组织实施。

第四条 向大气排放污染物的企业,必须把大气污染防治工作纳入本企业的生产建设计划和技术改造计划。企业主管部门应当加强对企业大气污染防治工作的监督管理。

第五条 建设项目中大气污染防治所需资金、材料和设备,应当与主体工程统筹安排。

第二章 大气污染防治的监督管理

第六条 向大气排放污染物的建设项目投入生产或者使用前,其大气污染防治设施必须经过审批该项目环境影响报告书的环境保护部门检验,符合下列条件:

(一)大气污染防治设施的处理效果达到设计标准;

(二)大气污染防治设施管理的规章制度健全;

(三)大气污染防治设施的有关技术资料齐全。

大气污染防治设施经验收合格,建设项目方能投入生产或者使用。

第七条 向大气排放污染物的单位,对经验收投入使用的大气污染防治设施,应当加强管理、定期检修或者更新,保证设施的正常运行。

第八条 向大气排放污染物的单位,必须按规定向排污所在地的环境保护部门提交《排污申报登记表》。申报登记后,排放污染物的种类、数量、浓度需作重大改变时,应当在改变的十五天前提交新的《排污申报登记表》;属于突发性的重大改变,必须在改变后的三天内提交新的《排污申报登记表》。

第九条 需要拆除或者闲置大气污染物处理设施的,必须提前向所在地环境保护部门申报,说明理由。环境保护部门接到申报后,应当在一个月内予以批复,逾期不批复的,视为同意。

第十条 被责令限期治理的排污单位,应当定期向环境保护部门报告治理进度。

环境保护部门应当检查限期治理单位的治理情况,对完成限期治理的项目进行验收,并向同级人民政府报告验收结果。

第十一条 造成大气污染事故的单位,必须在事故发生的四十八小时内向当地环境保护部门作出事故发生的时间、地点、类型和排放污染物的数量、经济损失和人员受害等情况的初步报告。事故查清后应当作出事故发生的原因、过程、危害、采取的措施、处理结果以及遗留问题和防范措施等情况的详细的书面报告,并附有关证明文件。

第十二条 环境保护部门和其他监督管理部门的监督管理人员,对管辖范围内的排污单位进行现场检查时,应当出示检查证件或者佩戴标志。

环境保护部门的监督管理人员所持检查证件须经省辖市级以上人民政府环境保护部门签发。

第十三条 环境保护部门和其他监督管理部门进

行现场检查时，可以要求被检查单位提供下列情况和资料：

（一）污染物排放情况；

（二）污染物处理设施的操作、运行和管理情况；

（三）监测仪器、设备的型号和规格以及校验情况；

（四）采用的监测分析方法和监测记录；

（五）限期治理执行情况；

（六）事故情况及有关记录；

（七）与污染有关的生产工艺、原材料使用方面的资料；

（八）其他与大气污染防治有关的情况和资料。

第三章 防治烟尘污染

第十四条 国务院有关主管部门应当根据国家规定的锅炉烟尘排放标准，在锅炉产品质量标准中规定锅炉初始排放的烟尘浓度和烟气黑度标准。

锅炉新产品定型前，其初始排放烟尘浓度和烟气黑度标准及其测验数据资料，应当报省辖市级以上人民政府环境保护部门备案。

锅炉制造厂必须在锅炉产品铭牌或者说明书中注明锅炉初始排放的烟尘浓度和烟气黑度标准。

不得制造、销售和进口不符合本条第一款所指烟尘浓度和烟气黑度标准的锅炉。

第十五条 新建造的工业窑炉、新安装的锅炉在正式投入生产或者使用前，必须按规定程序报环境保护部门验收；达不到国家和地方规定的大气污染物排放标准的，不得投入生产或者使用。

第十六条 城市新建工业区、新建住宅区以及老城区成片改造，应当实行热电联供；对不具备热电联供条件的，应当实行集中供热；热电联供和集中供热设施应当与建筑工程同时设计、同时施工、同时交付使用。

第十七条 国务院有关部门和地方各级人民政府，应当采取措施推广成型煤和低污染燃烧技术，逐步限制烧散煤。燃料供应部门应当优先将低污染的煤炭供给民用。

第四章 防治废气、粉尘和恶臭污染

第十八条 禁止在居民区新建排放含有毒物质的废气和粉尘的项目。已建成投入生产或者使用的超过排放标准的项目，应当进行净化处理；对造成大气严重污染的企业事业单位，由人民政府按照管理权限责令其限期治理。

第十九条 工业生产中产生的焦炉煤气、高炉煤气和稳定抽放的煤矿瓦斯、合成氨施放气等可燃性气体应当回收利用。对具备回收利用条件而不回收利用的，由县级以上人民政府的环境保护部门按企业的隶属关系报相应的人民政府批准后，责令其限期回收利用。

第二十条 因特殊情况确需在人口集中地区焚烧沥青、油毡、橡胶、塑料、皮革以及其他产生有毒有害烟尘和恶臭气体的物质的，须经当地环境保护部门批准，并设置焚烧炉集中焚烧。

城镇建筑施工熔化沥青使用固定熔化装置时，应当采用密闭方式。

第二十一条 运输、装卸、贮存能够散发有毒有害气体或者粉尘的物质，必须按照有关规定采取密闭或者覆盖、喷淋等防护措施。

第二十二条 机动车船向大气排放污染物不得超过规定的排放标准。对超过规定排放标准的机动车船，应当采取治理措施。

第二十三条 各级人民政府的环境保护部门对机动车船排气污染防治实施统一监督管理。

各级公安、交通、铁道、渔业等管理部门根据各自的职责，对机动车船排气污染防治实施监督管理。

第二十四条 机动车船生产、维修管理部门应当将机动车船排气污染防治纳入行业质量管理。

超过国家规定的污染物排放标准的汽车，不得制造、销售或者进口。

第五章 法律责任

第二十五条 根据《中华人民共和国大气污染防治法》第三十一条规定应当处以罚款的，按下列规定执行：

（一）拒报或者谎报国务院环境保护部门规定的有关污染物排放申报事项的，处以三百元以上三千元以下罚款；

（二）未经环境保护部门同意，擅自拆除或者闲置污染物防治设施，污染物排放超过规定排放标准的，处以五百元以上三万元以下罚款；

（三）拒绝环境保护部门或者其他监督管理部门现场检查或者在被检查时弄虚作假的，处以三百元以上三千元以下罚款；

（四）未经批准擅自在人口集中地区焚烧沥青、油毡、橡胶、塑料、皮革以及其他产生有毒有害烟尘和恶臭气体的物质的，处以三百元以上三千元以下罚款；

（五）不按国家规定缴纳超标准排污费的，处以一千元以上一万元以下罚款。

第二十六条 根据《中华人民共和国大气污染防治法》第三十二条规定处以罚款的，按下列规定执行：

（一）建设项目的大气污染防治设施没有建成即投入生产或者使用的，由审批该建设项目环境影响报告书的环境保护部门责令停止生产或者使用，可以并处五千元以上五万元以下罚款；

（二）建设项目的大气污染防治设施没有达到国家有关建设项目环境保护管理规定的要求，投入生产或者使用的，由审批该建设项目环境影响报告书的环境保护部门责令停止生产或者使用,可以并处二千元以上二万元以下罚款。

第二十七条 根据《中华人民共和国大气污染防治法》第三十三条第一款规定,对经限期治理逾期未完成治理任务的企业事业单位,可处以一万元以上十万元以下罚款。

第二十八条 根据《中华人民共和国大气污染防治法》第三十四条规定处以罚款的,按下列规定执行:

(一)对造成大气污染事故的企业事业单位,处以一万元以上五万元以下罚款;

(二)对造成重大经济损失的,按照直接损失的百分之三十计算罚款,但最高不得超过二十万元。

第二十九条 县级人民政府环境保护部门可处以一万元以下罚款,超过一万元的罚款,报上一级人民政府环境保护部门批准。

省辖市人民政府环境保护部门可处以五万元以下的罚款,超过五万元的罚款,报省级人民政府环境保护部门批准。

省、自治区、直辖市人民政府环境保护部门可处以二十万元以下罚款。

罚款一律上交国库,任何单位和个人不得截留。

第三十条 缴纳超标排污费或者被处以警告、罚款的单位、个人,并不免除消除污染、排除危害和赔偿损失的责任。

第六章 附 则

第三十一条 国务院有关部门和各省、自治区、直辖市人民政府可以根据《中华人民共和国大气污染防治法》和本细则制定实施办法。

第三十二条 本细则由国务院环境保护部门负责解释。

第三十三条 本细则自一九九一年七月一日起施行。

国家计划生育委员会主任彭珮云在北京“中国人口控制与经济发展”国际研讨会上发表讲话

彭珮云在“中国人口控制与经济发展”国际研讨会上强调:实现“八五”人口计划必须坚决稳定并严格执行现行计划生育政策,实行依法管理,对不同地区实行分类指导,进一步加强人口科学的研究。

彭珮云说,我国从70年代在全国推行计划生育政策以来,已取得显著成就。20年来,人口出生率、人口自然增长率、妇女总和生育率都大幅度下降,目前这几项指标均低于其他发展中国家的平均水平。但展望九十年代,我国人口发展形势依然严峻。“八五”期间正处在第三次人口出生高峰的峰顶,人口增长势头仍很猛,人口控制的任务是很艰巨的。要实现国家规定的人口控制目标必须全党动手、全民动员,形成一个人人重视计划生育,人人为控制人口增长作贡献的新局面。

彭珮云说,我国现行的计划生育政策是根据我国国情制定的,是符合我国人民根本利益,能够为广大人民群众所理解和支持的。当前,已有28个省、市、自治区根据国家计划生育政策颁布了地方计划生育法规,实行了人口目标管理责任制,这就为依法管理计划生育创造了条件。只要大家认真贯彻实施,我国的人口控制和计划生育工作一定可以健康地向前发展。

彭珮云说,我国各地人口控制和计划生育工作发展很不平衡,开展人口控制和计划生育工作必须贯彻因地制宜、分类指导的原则。对生育水平已经较低的地区,要求他们巩固成就,尽可能使生育水平再下降一点,继续为控制人口增长作贡献;对目前妇女总和生育率高于政策要求的省区,应要求他们大力加强和改进计划生育工作,尽可能减少计划外生育,尤其是多孩生育和早婚早育,争取较快地把总和生育率降下来;少数民族地区也应该根据各自不同的情况实行计划生育,使较高的生育率逐渐降下来,使少数民族人口增长与经济发展相协调。

中国优生协会中国人口学会中国人口报在北京联合举办优生优育座谈会

中共中央政治局常委、中国计划生育协会会长宋平会上指出:“计划生育是我国的一项重要基本国策。要在控制人口数量增长的同时,大力宣传优生优育,逐步地把提高人口素质的工作放到重要位置上来。”

宋平同志说,我国现在正值生育高峰,全国人口每年净增一千六七百万,计划生育工作难度很大,所以要下大力气控制人口增长。不控制人口的数量,人口素质就很难提高。严格控制人口数量,有利于更好地养育下一代,提高人口素质。同样,人的文化素质提高了,会更自觉地实行计划生育。所以,控制人口数量增长和提高人口素质这两方面的工作都要抓好。

宋平指出,在当前开展优生优育宣传很有必要,因为它是计划生育工作的重要组成部分。优生优育利国利民,要给予科学的指导。他希望,科学家们加强优生优育的宣传,特别要在群众中进行宣传、教育,普及科学知识,使广大群众都明白优生优育的意义。

国家副主席王震为座谈会写来贺信。信中指出:要遵循人类优生优育的规律,按照科学的方法生育,让我们的婴幼儿、青少年得到最好的成长环境和良好教育,把他们造就成为德、智、体全面发展的一代新人。

5月9日

全国助残先进集体个人暨“自强模范”表彰大会在北京举行

表彰大会由中宣部、民政部等在人民大会堂共同召开。

党和国家领导人江泽民、杨尚昆、李鹏、万里、乔石、宋平、李瑞环、王震等下午在人民大会堂会见出席全国助残先进集体、个人暨自强模范表彰大会的全体代表。

中共中央总书记江泽民等在北京与优秀残疾人和助残先进集体个人代表举行座谈

江泽民、李瑞环、杨白冰、温家宝、彭冲、陈希同等,与出席全国助残先进集体、个人暨“自强模范”表彰大会的部分代表围坐在一起,就弘扬民族精神,加强社会主义精神文明建设,倡导团结、友爱、互助的社会风尚等问题进行座谈。

座谈会由民政部部长崔乃夫主持。中国残联主席邓朴方在会上介绍中国残疾人事业的情况时说,在党和政府的关怀下,近些年来我国残疾人事业取得了重大进展。我国残疾人都有这样的心声:“共产党好,社会主义好!”邓朴方说,每个残疾人都有一段历史,它既含着眼泪,又含着自强不息、奋发进取的精神。他们当中许多人为祖国的繁荣和民族的振兴,奉献了自己的汗水、心血和智慧。很多“自强模范”的事迹可歌可泣,他们的精神催人奋进。

特级伤残军人刘琦在座谈会上率先发言。

献身聋哑人特殊教育40年的上海市聋哑青年技术学校名誉校长、聋哑人戴目,在会上他打着手语,介绍在特殊教育园地上辛勤耕耘的事迹。

济南市文联创作员张海迪谈起这些年来的工作时说:“我总觉得有许多事要做,因为我们的追求是没有止境的。”

荣获“自强模范”称号的天津市静海县双塘乡双塘村党支部书记陈立新、大连市残联副理事长吕世明、拉萨市岗旋业余语言学校校长洛桑白丹,被授予“全国助残先进个人”称号的沈阳市沈河区正阳街道精神病防治站站长王惜时和助残先进集体代表、湖北省应城市实验小学少先队副大队长张冉,在会上也分别介绍他们身处逆境,顽强不屈的经历和关心、帮助残疾人的事迹。

听了大家的发言后,江泽民说,几千年来,我们的民族经历了许多大风大浪,依靠我们的祖先自强不息的奋斗,不仅没有在历史的惊涛骇浪中沉没,反而成为屹立在世界东方的伟大民族。靠这种精神,我们的祖先创造了光辉灿烂的古代文明;靠这种精神,我们推翻了三座大山,开创了我国社会主义的新纪元;也是靠这种精神,我们基本解决了11亿人口的温饱问题。

江泽民指出:“今后几十年,是中华民族崛起的关键时期。在今后十年,我们要实现第二步战略目标,向小康水平迈进。在下世纪中叶,我们要实现三步走的发展战略,把我国建设成一个富强、民主、文明的社会主义现代化国家。在强手如林的当今世界,我们能不能做到?看看我们几千年的历史,听听今天这么多自强模范的动人的事迹,我想,我们一定能够做到。因为我们有自强不息的民族精神。”

江泽民强调,中华民族是勤劳、勇敢、智慧的民族。鸦片战争以来,她历尽创伤,在共产党的正确领导下,才取得革命的成功。他认为,要把中华民族的传统美德坚持下去,就必须对广大青少年进行近代史的教育,使大家明白:中华民族饱经磨难,社会主义来之不易。我们要有民族的自尊心、自信心、自豪感。

江泽民认为,远大的理想、坚韧不拔的毅力,是老一辈无产阶级革命家投身中国人民解放事业的动力。他说,有了远大的理想、坚强的毅力,我们就没有克服不了的困难,就没有夺取不了的胜利。只有那些有远大理想抱负的人、有美好心灵的人,才能做出一番轰轰烈烈的事业。

谈到人权问题时,江泽民说,共产党人的宗旨是全人类的解放。人类的解放不但必须消除奴役、压迫和剥削,还要消除歧视、偏见和陈腐观念导致的不平等现象。几十年来,中国共产党领导中国人民始终不渝地为争取和实现自己的人权而奋斗。无数革命先烈前仆后继、流血牺牲,为的是什么?就是为了争得国家的独立权、人民的生存权和发展权。保障绝大多数人的根本利益,是我国在人权问题上的出发点。在中国讲人权,首先要使在只占世界7%的耕地,而却占世界22%人口的中国11亿人吃饱饭。今天,我们已经基本解决了11亿人的温饱问题。同时,我国人民也充分享有与我国社会发展程度相适应的各种政治、经济、文化等权利。随着现代化建设的发展,还要实现更高层次的和更广泛的人权。

江泽民说,残疾人问题也是一个人权问题。在我们的社会里,残疾人在政治、经济、文化、社会等方面,确实享有同其他公民平等的权利。它显示了社会主义制度的优越性和我国在人权问题上的广泛性、真实性和公平性。

江泽民说,残疾人事业是社会主义事业的一部分。残疾人是社会主义大家庭的一员。残疾人事业的发展水平,是社会文明、进步的标志之一。他强调,残疾人的事业对整个国家的稳定具有重要作用。他说,我们只有保持安定团结的政治局面，才能把经济搞上去；经济上去了，才能促进安定团结。全社会重视残疾人的事业，给残疾人温暖，是社会安定团结的重要内容。他提出，各级党委、政府、社会各界都要对残疾人事业给予更多的关注和支持。全社会都应当理解、尊重、关心、帮助残疾人，支持残疾人事业。残疾人应当继续发扬自尊、自信、自强、自立精神，为社会主义现代化建设贡献力量。

国办批转国务院联合清理拖欠税款领导小组关于继续加强清理欠税工作的请示的通知

国务院联合清理拖欠税款领导小组《关于继续加强清理欠税工作的请示》，已经国务院批准，现转发给你们，请认真贯彻执行。

一九九〇年清理拖欠税款工作在各级人民政府和有关部门的共同努力下，取得了一定成效。但是今年清理欠税任务仍很艰巨，各地区、各部门必须高度重视，进一步加强清理拖欠税款工作，努力清理陈欠、积极防止新欠，把清理拖欠税款工作切实抓出成效。

关于继续加强清理欠税工作的请示

去年上半年，全国拖欠税款额逐月上升，到六月份突破二百亿元，八月份达到最高峰，欠税总额为二百三十四亿元，严重威胁国家预算的完成。针对这种情况，根据国务院领导同志关于"要高度重视欠税问题，一定要把欠税清回来"的指示，八月份国务院联合清理拖欠税款领导小组召开了第四次全体会议，提出了加强清理拖欠税款工作的具体措施，九月份召开了"全国清理拖欠税款工作会议"，十月份国务院办公厅转发了国务院联合清理拖欠税款领导小组《关于抓紧清理欠税的几点意见》，推动了各地清理拖欠税款工作。经有关方面的共同努力，九月份控制了欠税增长势头，从十月份起欠税额逐月下降，到年底全国欠税总额压缩到一百二十三亿元，与欠税最高的八月份比较，收回欠税一百一十一亿元，为缩小财政收支差额，保证资金调度，促进经济发展起到了积极的作用。

今年整个经济形势将逐步朝着好的方向发展，但影响欠税增加的因素依然存在，截至二月底，欠税比去年底增加三十八亿元，比去年同期增加二十五点六亿元，说明今年欠税势头比去年初更为严重。因此，今年对清理欠税工作不能有丝毫的放松，必须抓紧、抓早、抓好。为此，提出以下意见：

一、各级政府要从现在起就抓紧清理欠税工作

各级人民政府和国务院有关部门要高度重视欠税问题，把清理欠税工作列入重要议事日程，并作为一项经常性工作，做深、做细、做好。要树立全局观念和法制观念，克服本位主义和松劲情绪，提高认识，统一思想，采取行政、经济和法律的手段对欠税问题进行综合治理。要根据本地区的实际情况，提出今年清理欠税的奋斗目标，并层层落实，督促其实现。要进一步加强对清理欠税工作的领导，各级清理欠税机构和人员必须保持相对稳定，并保证其必需的经费和工作条件。

二、促产、促销，进一步清理欠税

各地要结合当前开展的"质量、品种、效益年"活动，抓好产业、产品、行业结构的调整，积极帮助企业促产促销，减少产品积压，疏导流通渠道，促使企业努力提高产品质量，增加适销对路的产品，加强经营管理，提高经济效益，在搞活资金、增加效益的基础上清理企业欠税。

三、结合清理"三角债"清理拖欠税款

今年各地将继续开展清理"三角债"工作，清理欠税要与清理"三角债"工作紧密结合起来。企业清理债务收回的货款必须首先缴纳所欠税款。为使国家和企业的资金纳入正常运转轨道，各级财政和企业主管部门，对计划内应拨款项要及时拨补，对既有财政拨补，又有欠税的企业和部门，要采取转账方式抵补欠税。有关部门在安排基建和技改项目时要量力而行，不留资金缺口。要整顿商品交易秩序，严格结算纪律，坚决纠正不履行合同，任意拖欠货款的行为。各专业银行要维护正常的结算纪律，严格执行"税、贷、货、利"的扣款原则，积极协助税收机关清理拖欠税款，防止压票、压证和拒收税票的情况发生。

四、抓重点行业、重点企业，解决重点问题

各地在抓好面上工作的同时，要注意对重点行业、重点欠税大户的清理工作，建立重点大户的清理欠税责任制，分户落实到人，实行清欠目标管理。要开展深入细致地调查研究、摸清重点行业、重点企业生产经营等有关情况，集中力量解决一些老大难问题。对欠税大户和重点税源户要建立"税款过渡专户"，将收回的货款，按税法规定的比例划入专户，以保证税款及时入库。

五、强化征收管理，严格依法征税

各级征收机关要严格把关，依法治税，进一步强化征管工作，把清欠工作作为日常征管的一项重要内容，既努力清理欠税，又力求防止产生新欠。对拖欠税款的单位要依据税法的有关规定，依法加收滞纳金；对任意拖欠税款，屡催不缴的，可按规定通知开户银行强制扣缴。对确有特殊情况和困难的欠税单位，在经税款征收部门核准缓交后，缓交期间的滞纳金，可适当核减，但至少要收取相当于银行贷款利息的滞纳金。

六、树立全局观念，自觉依法纳税

所有纳税单位和个人都要增强纳税意识，自觉依法及时、足额地缴纳税款。有拖欠税款的企业必须抓紧制定有效的清理欠税方案，努力筹措资金积极补交

拖欠税款。

国家主席杨尚昆在人民大会堂接受阿拉伯联合酋长国首任驻中国大使伊斯梅尔·尤素夫·奥贝德递交的国书

国家主席杨尚昆在人民大会堂接受阿根廷新任驻中国大使卡洛斯·卢卡斯·布兰科递交的国书

国务院总理李鹏在人民大会堂会见美国美中贸易全国委员会理事长罗杰·苏利文和下届理事长唐纳·安德森

李鹏在会见中说,美中贸易全国委员会多年来为维护中美贸易的正常进行做了许多有益的工作,对此,他表示赞赏。

李鹏希望美中贸易全国委员会继续为恢复和发展中美关系,特别是经济贸易关系作出努力。

他说,中国政府和人民一贯重视中美关系包括中美经贸关系,恢复和发展中美关系是两国人民的共同利益所在,任何有远见的政治家都会看到这一点。

他指出,中美经贸关系是中美关系的基础之一。就中国而言,我们希望美国对华最惠国待遇能够得以保持。

李鹏说,中国的基本态度是,我们向最好的方向努力,同时也作最坏的打算。如果美国取消对华最惠国待遇,或附加其他条件,蒙受损失的不仅仅是中国;美国自己也将蒙受损失;香港等地区的经济利益也会受到严重损害。从中国方面来讲,我们不希望这种情况发生,一旦出现这种情况,中美关系必将受到严重损害。美国广大企业界也将失掉中国这个潜在的大市场。

李鹏说,如果美国执意要取消对华最惠国待遇,这同美国自己声称的“希望中国继续改革开放”是自相矛盾的。

他又说,即使美国取消对华最惠国待遇,中国的改革开放政策照常实行。因为改革开放作为我们的一项基本政策是根据中国自己的情况和需要制定的。

李鹏还向客人介绍了中国十年规划和“八五”计划的基本精神和特点。

苏利文说,他来华后同中国各部门的负责人交换意见,他的印象是,中国是有诚意改善和发展美中关系的。

他说,美中贸易全国委员会不希望美中关系受到损失,延长对华最惠国待遇,也符合美国自己的利益。

他个人认为,包括美国国会议员在内的美国广大公众,最终是会理解保持美中各种关系的重要性。

国务院总理李鹏在人民大会堂会见圣马力诺外交部部长加布里埃莱·加蒂

国家副主席王震在人民大会堂会见日本众议院议员、自民党前副总裁二阶堂进

外经贸部发言人就中美贸易问题向新华社记者发表谈话

去年以来,从美国国会以及一些新闻传播媒介,不断传出关于美国对华贸易逆差增加、中国对知识产权缺乏保护、中国输美产品都含有劳改产品的成分等议论,已影响到中美两国贸易关系的正常发展。有必要澄清事实,表明我们的看法。

一、关于中美贸易平衡问题

按中国海关统计,一九八九年,中美双边贸易总额为一百二十二点五亿美元,其中,中国对美出口四十三点九亿美元,自美进口七十八点六亿美元,中方逆差三十四点七亿美元;一九九〇年,中美双边贸易总额为一百一十七点七亿美元,其中,中国对美出口五十一点八亿美元,自美进口六十五点九亿美元,中方逆差十四点一亿美元。然而,根据美方的统计,一九八九年,美中贸易总额为一百七十八亿美元,其中,美国对华出口五十八亿美元,自华进口一百二十亿美元,美方逆差六十二亿美元;一九九〇年,美中贸易总额为二百亿美元,其中,美国对华出口四十八亿美元,自华进口一百五十二亿美元,美方逆差一百零四亿美元。

在统计原则和统计方法上,中美双方基本上是一致的,均采用国际标准,即进口按原产地、出口按运达地(即消费国)。造成中美双方贸易统计数字差异较大的主要原因有以下两个方面:

一是表现在香港地区转口的统计上。从中国的出口统计看,我们没有也无法统计出口到香港或其他地区然后再转口到美国的货物。而美国根据原产地规则,将这一部分转口贸易都列为从中国的进口。这个差异近年来随着香港地区转口商品的大幅度增长而不断扩大。如一九八九年美方统计的从中国进口与中国统计的向美国出口差额为七十六点一亿美元,而香港统计转口中国内地产品到美国的金额为八十四点五亿美元。一九九〇年,美方统计从中国进口与中方统计向美出口差额为一百点二亿美元,而香港统计转口中国内地产品到美国的则为一百零四点七亿美元,占美方统计从中国进口数字一百五十二亿美元的68.8%。

二是在贸易方式上。1989年,香港统计,中国内地卖断到香港地区,又由香港转口到美国去的商品,有70%多即六十多亿美元属来料加工装配型出口;一九九〇年,属来料加工装配型出口额增为七十二亿美元。由于三方均按国际惯例对加工装配产品作全值统计

(即包含有进口原料及配件的价值),这部分来料加工装配贸易产品,我国内地收取的只是一小部分工缴费(平均收取7%到8%的加工费),其余是进口原料及配件价值,中国并未取得实际外汇收入。按国际上多数国家的统计原则,不能算作中国向美国的出口。近年来,中国来料加工装配和进料加工贸易发展很快,主要是中国大陆实行对外开放政策,劳动力成本低;香港、台湾地区,以及美国的不少商人将许多劳动密集型产业移至中国大陆的沿海地区,产品大多销售到美国市场,因此,它们的地理转移反映在贸易统计上,则显示出这些有关地区对美出口减少,贸易顺差也减少,而中国大陆对美出口(包括转口)增加。这也是美方所说的贸易逆差加大的一个重要原因。

应该指出,在过去的十年中,中美贸易有了较快发展,中国对美年出口额占中国出口总额的8%左右,自美进口额占中国进口总额的11%至13%。可以说,从美国进口占中国总进口的比重在不断提高。这说明美国在中国进口市场中的地位是不断加强的。从具体商品看,相当一部分美国产品几年来始终在中国进口的同类商品中占主要地位。近两年中,美对华年出口额超过一亿美元的商品很多,其中化肥、原木、棉花、粮食、对苯二甲酸、计算机、飞机零件、采油设备等均占我国同期同类商品进口额的50%以上,有的甚至高达90%。

世界各国双边贸易的统计数字都是同对方有差异的,前面讲过的中美双边贸易各自统计数字差别的原因也是清楚的。这不应该成为两国贸易发展的障碍,也不应该使此问题复杂化,影响两国经贸关系的发展乃至影响两国关系。双方都应从实际出发,以事实为依据,在贸易不平衡问题上取得共识,寻求积极的、妥善的解决办法,这将有利于两国贸易的继续发展。

当然,近两年中国自美进口确实有所下降。这不仅是对美贸易,对其他一些国家也有类似问题。我们已经注意到这个问题。我们一再重申,中国不搞贸易保护主义,我国的出口主要是为了进口。我国进出口贸易的基本原则是:在保有必要的外汇储备的情况下,进出基本平衡。实行对外开放政策的十多年间,我国对外贸易长期处于逆差状态,只有一九八二年、一九八三年出现少量顺差。一九九〇年出现顺差是由于客观原因造成的。众所周知,一九九〇年一些西方发达国家继续对中国实行“经济制裁”,停止签订新的政府贷款协议和信贷担保,使我贷款进口下降18.5%;加严对中国输出技术限制,使我技术进口合同额减少56.5%。中国经济在调整期间,市场需求不旺,也影响对进口的需求。中国自美进口下降也是这些因素造成的,并不是中国采取了什么行政性的限制措施。我们认为,这是暂时现象,随着经济治理、整顿取得成效,中国的进口从去年下半年以来正逐渐回升。中美贸易不平衡的状况经过双方共同努力是可以逐步克服的。在发展与美国的经贸关系上,中国政府的立场是很明确的,我们历来重视发展同美国的经贸关系,也历来重视自美国的进口。在同美国的贸易上,中国没有对美国采取过任何歧视性的政策,即使在美国宣布对中国实行“经济制裁”后,中国从维护两国关系的大局出发,也未采取任何报复性措施。

我们已注意到美方对向中国出口下降所表示的关注。为促进两国贸易的发展,增加自美国的进口,我们已经并正在采取积极有效的措施。除积极同美国官方进行磋商,寻求扩大自美国进口的途径外,还积极采取了一些具体措施。如去年中国首次向美国派遣了大型采购团,成交了7亿美元的商品。今年5月份,中国即将向美国派出第二个大型采购团,拟采购的商品包括大宗商品,也包括技术和设备引进。采购团还准备在更大范围与美国有关公司探讨进一步扩大贸易与合作的可能性。此外,中国政府正采取措施鼓励和推动我国的公司、企业扩大自美的进口。所有这一切都表明中国政府努力扭转自美进口下降趋势的诚意,以及进一步发展中美经贸关系的愿望。

发展两国贸易,改善美对华出口下降局面,需要中美双方的共同努力和真诚合作。在这方面美方同样有责任采取积极措施,推动两国贸易的发展。美方应尽早取消对华“经济制裁”,为两国贸易的发展创造良好的气氛和环境。此外,美国政府应像其他西方发达国家政府一样,采取措施鼓励和支持其企业在中国的竞争,并改善它们的竞争条件,以利它们获得更多的贸易机会,增强参与大项目合作的竞争力。

我们一向认为,中美经济互补的领域很多,在贸易上互有需求,中美贸易发展的潜力是很大的。中国要实现十年规划和“八五”计划目标,有许多大项目美商可参与竞争,如油田的开发,通讯项目的建设,电站建设及民航干线飞机合作等。此外,无论是从近期还是远期看,中国对美国的先进技术和设备、粮食、化肥、木材等产品,都是有需求的。我相信,只要双方本着平等互利、相互尊重、相互谅解的精神,共同做出努力,中美贸易的发展前景是广阔的,美国对华出口也是大有可为的。

二、关于知识产权保护问题

今年4月26日,美国政府不顾我国在知识产权保护方面做出的巨大努力和取得的显著进展,单方面援用其贸易法的“特殊301条款”,宣布将中国列为未能对美国的知识产权提供充分、有效保护的“重点国家”。这是不公正的,也是中国方面不能接受的。美方这样做不仅不利于中美两国知识产权保护方面的继续合作，也将给双方正常的经贸合作带来消极的影响。

改革开放是我国坚定不移的基本国策，不断完善知识产权保护制度是改革开放的一项重要工作。自改革开放以来，我国政府十分重视保护知识产权，先后颁布了一系列的法律和法规：1982 年 8 月 23 日，颁布了《中华人民共和国商标法》；1983 年 3 月 10 日，公布《中华人民共和国商标法实施细则》；1984 年 3 月 12 日，全国人民代表大会常务委员会（以下简称全国人大常委会）通过《中华人民共和国专利法》；1985 年 1 月 19 日，全国人大常委会通过《中华人民共和国专利法实施细则》；1990 年 4 月 7 日，全国人大常委会通过《中华人民共和国著作权法》，即将于 1991 年 6 月 1 日开始实施。我国已于 1980 年加入“世界知识产权组织”，1984 年加入“保护工业产权巴黎公约”，1989 年加入“关于商标注册的马德里协定”。在加强知识产权保护立法工作的同时，我国也很重视有关法律的实施。众所周知，中国工商行政管理机构对深圳五家侵犯美国 IBM 商标的中国公司处以最高限额的罚款，有效地制止了侵权行为。对美国公司在中国注册的“Jeep”、“米老鼠”、“氟利昂”等商标给予特别的处理和有效的保护。据不完全统计，至 1991 年 2 月底，我国专利机构已批准专利 6 万多件，其中包括美国的专利 1456 件；人民法院和专利管理机构受理专利纠纷案近 1400 件，已结案近 1000 件；商标申请注册 3 万多件，批准 12000 多件。我国知识产权保护制度日臻完备，外国的知识产权可以依照中国法律受到保护。在短短几年的时间里，中国在保护知识产权方面做出了巨大努力并取得了显著进展，这是有目共睹的事实。

目前我国有关部门正在起草《中华人民共和国著作权法实施条例》、《计算机软件保护条例》及专利法修改草案。在起草过程中尽可能借鉴国际上的通常作法，也考虑了美方提出的建议和要求，如计算机软件保护期限长短的确定，专利法修改草案扩大了专利保护范围和延长了保护期限，保护期限甚至比某些发达国家还长。我国政府即将同世界知识产权组织和联合国教科文组织就中国加入“伯尔尼保护文学艺术作品公约”和“世界版权公约”的有关问题进行正式磋商。

以上事实充分表明，我国政府在知识产权保护方面是遵循国际通常作法积极进行国际合作的。

由于各国经济发展水平不同，尤其是发展中国家与发达国家在经济上存在着巨大差距，各国在知识产权保护的范围、期限及方法上有着不同的看法和做法。由于广大发展中国家为争取建立国际经济新秩序进行了坚持不懈的斗争，发展中国家发展民族经济的权力日益为国际社会所认识和重视。“关贸总协定”关于发展中国家的特别条款、欧共体对发展中国家实行关税普惠制等即是例证。就知识产权保护方面来说，目前国际上正在起草的专利法条约草案允许发展中国家对化工品、药品的专利保护有 15 年的过渡期。

知识产权的保护水平应与一个国家的经济发展水平相适应。中国是一个发展中国家，保护知识产权的水平不可能立即完全达到美国现在的标准。事实上，美国保护知识产权的标准也是随着本国经济发展经过漫长岁月逐步达到目前水平的。现在，美国方面试图把自己的标准强加于人，并不惜以采取贸易报复措施相威胁，这就违背了国家间通过平等协商解决贸易纠纷的国际准则。我们认为，任何阻碍中美贸易往来的举动，只会使双方利益受到损害。

我们希望美国政府以中美关系大局为重，尽快将中国从“特殊 301 条款”的重点国家名单中撤掉，使这一问题能得到妥善解决，从而使中美两国经贸关系得到顺利发展。

三、关于所谓中国劳改产品对美出口问题

中国司法部门根据 1955 年第一届联合国预防犯罪和罪犯待遇大会通过的《囚犯待遇最低限度标准规则》和中国刑罚有关规定，对有能力的犯人实行劳动改造，目的是教育和改造他们，使其成为自食其力的劳动者。在中国，参加劳动的犯人和国营企业工人在劳动保护、医疗卫生等方面享受基本相同的福利待遇。结合劳动改造，对犯人进行职业培训，为他们刑满后的社会就业创造一定的条件。在我国，刑满释放人员的重新犯罪率通常在 6％至 8％的低水平，说明我国目前的劳改制度是较优越的，符合国际刑事司法制度文明、人道的基本准则。

中国劳改系统生产的产品主要满足本系统的需要，在内部自行消化，调剂余缺。少量的多余产品通过正常渠道进入国内市场，收入主要用于改善犯人的生活和福利条件。此外，中国司法部门从增加就业和安置工作人员家属及子女出发，建立了一些工厂和农场。这部分企业多属全民所有制或集体所有制企业，生产和经营完全同国内其他企业一样，实行独立核算、自主经营，产品参与国内市场竞争，同犯人的生产劳动在性质上是截然不同的。

中国商品的出口是在各级经贸部门的管理下进行的，并由海关严格监管，不允许没有出口经营权的单位从事出口贸易。经贸部从来没有批准任何劳改单位有外贸经营权，劳改犯人生产的产品是不允许出口的。自我国实行改革开放政策以来，我国的外向型经济有了很大发展，地方和外贸企业已有了很大的自主权。过去如果真有劳改产品流入美国市场的情况，那不是中国政府的政策，其中可能也有美国方面的原因。因此，我们双方要共同采取措施，防止发生这类事情。

维护中美关系，发展中美经济贸易合作，符合两国的利益。中美经济贸易关系发展到今天的水平，是中美双方政府、企业以及各界人士克服困难，共同努力的结果，双方都应倍加珍惜。取消中国的最惠国待遇将使中美双方的利益都受到损害，中美两国的关系也将受到影响。我们欢迎美国各界有更多的人来中国看看，增进了解，辨明是非，从中美关系的大局出发，排除人为的干扰，继续维护和推动中美经济贸易关系的健康发展。

外交部发言人吴建民在中外记者新闻发布会上就美国向中国提供最惠国待遇问题发表谈话

有记者问：美国副国务卿金米特访华时是否要求中国在人权方面采取什么措施，以使美方能够向中国提供最惠国待遇？

外交部发言人吴建民说，美国国务卿金米特是应我国外交部的邀请来我国进行政治磋商的，这种磋商对增进相互了解和改善中美关系是有益的。中美相互提供最惠国待遇是中美经贸关系的基石，有利于双方，而不是一方对另一方的恩赐。

吴建民指出，1979 年，中美双边贸易额仅为 24.5 亿美元，1990 年达 117.6 亿美元，中国俗话说，一个巴掌拍不响，中美经贸关系发展如此迅速，显然是基于共同的利益。

吴建民强调说，中国方面绝不接受对延长最惠国待遇附加种种条件，如果美方取消对华最惠国待遇，这不仅会影响中国对美国的出口和美国对中国的出口，同时也会损害美国广大消费者的利益，影响美国在华投资者的利益，影响香港的经济，最终导致中美关系的倒退；美国与亚太地区的经济关系也将受到影响，亚太地区仍然是世界经济中最有活力的地区，而中国在亚太地区的作用是不言自明的。

这位发言人还说，想通过施加压力的办法来迫使中国政府改变政策是不会得逞的。中国的政策是从中国人民根本利益出发的，不会因为外来压力而改变。我们不愿看到中美关系恶化，但这是不完全取决中方，如果真的发生这种情况，那也没有什么可怕，中国也有这样的准备。

他还谈到，我们一向重视中美关系。双方尽管存在分歧，但许多重大领域，也存在共同利益。过去 20 年中美关系的发展就是以共同利益为基础的。今天，尽管国际形势发生了深刻的变化，但中美的共同利益并没有消失。我希望，中美两国能够超越社会制度和意识形态的分歧，以两国根本利益为重，在三个公报的基础上，使两国关系逐步恢复和发展。

外交部副部长刘华秋同新西兰对外关系和贸易部秘书长安塞尔在北京举行会谈

中国和新西兰在北京签署两国互设总领事馆协议

中国外交部副部长刘华秋和新西兰对外关系和贸易部秘书长安塞尔分别代表本国政府签署中新两国互设总领事馆协议。根据协议，中方将在新西兰的奥克兰设立总领事馆，新方将在中国的上海或者广州设立总领事馆。

首届中国书法艺术博览会在北京举行

国际奥委会向北京亚运会组委会官员颁奖

国际奥委会主席萨马兰奇日前亲笔签发 30 份《奥林匹克贡献奖状》，表彰为北京亚运会作出贡献的亚运会组委会 30 位高级官员。

5 月 10 日

李先念发出致延安马列学院建校 50 周年纪念集会的一封信

中共中央政治局常委乔石在延安马列学院建校 50 周年纪念集会上讲话

广东省七届人大常委会第二十次会议决定同意叶选平辞去省长职务并决定朱森林为副省长代省长

中华炎黄文化研究会在北京成立

由薄一波、李政道任名誉会长，周谷城任会长，萧克任执行会长的中华炎黄文化研究会，在北京宣告成立。

中华炎黄文化研究会宗旨是：弘扬中华民族优秀文化，振奋民族精神，为祖国的现代化建设和统一大业做贡献。

李瑞环、薄一波、萧克、雷洁琼、程思远和首都各界人士 300 多人出席上午在人民大会堂举行的成立大会。

中共中央政治局常委、书记处书记李瑞环说，中华民族文化博大精深，源远流长，影响深远，是祖先留给我们的一份极其丰厚、极其珍贵的文化遗产。在当今世界上，凡是炎黄子孙，不管什么地方，只要他良知未泯，都不能不为辉煌灿烂的中华民族文化感到骄傲。更好地使人类这一文化宝藏发扬光大，为建设四化、振兴中华服务，是我们义不容辞的历史责任。

李瑞环说，不管什么人，要想在中国这块土地上做一些有益于人民、有益于民族、有益于历史进步的重大事情，就必须深入了解和研究中华民族历史文化。早在几十年前，毛泽东同志就号召我们在学习马列主义、了解中国现状的同时，要学习、研究中国历史和中华民族文化。他是运用马克思主义立场、观点、方法研究和利用中华民族优秀文化的光辉典范。李瑞环说，弘扬民族优秀文化，是实现第二步战略目标的现实需要，也是建设有中国特色的社会主义的重要内容。它有利于振奋民族精神，凝聚各族人民的力量和智慧；有利于加深海内外炎黄子孙的相互理解，增强中华民族的向心力。我们要尽最大力量，扎扎实实地、一件一件地把这项具有重大意义的工作做好。

李瑞环说，弘扬民族优秀文化，绝不意味着排斥外来文化，也不意味着"食古不化"。在改革开放的今天，我们吸收外来文化的气魄应该更大一点。不管是本国的，还是外国的，不管是古代的，还是近现代的，凡属人类创造的积极的文明成果，我们都要善于分析、鉴别、选择和吸收，以达到"古为今用"、"洋为中用"的目的。

中顾委副主任薄一波在讲话中说，近年来，有些人由于羡慕西方发达国家的物质生活，以至于盲目崇拜西方的一切，用西方的价值观来品评一切，言必称希腊罗马。有些年轻人已不大了解我们自己的历史文化传统。中国有句古语"思往事以知来者"。不了解自身的过去，就不能正确地认识现实，也难以探索未来。我们反对民族虚无主义，主张自尊、自信、自强，我们也有充分的理由自尊、自信、自强。中华民族的历史文化辉煌灿烂。无论是一个国家，还是一个人，可以从吸取历史文化的营养中得到丰富，走向成熟，成就事业。当然，经验有正反两方面的，文化遗产也有精华与糟粕，只有通过科学的、深入的研究，才能去粗取精，古为今用。

中顾委常委萧克在会上作题为《弘扬中华民族优秀文化，促进社会主义精神文明建设》的讲话。

大会还通过了中华炎黄文化研究会章程和会长、执行会长、副会长、理事名单。

国务院下发关于鼓励生产和使用国产先进技术产品若干问题的通知

为了更好地贯彻国家产业政策，合理调整产业结构和产品结构，要采取必要的政策措施，鼓励生产和使用国产先进技术产品，以适应我国国民经济发展的需要。现就有关问题通知如下：

一、中华人民共和国境内生产的产品，具备以下各项条件的，均可申请列为国家鼓励生产和使用的国产先进技术产品：

(一)已由国家级产品质量检测中心认定，并通过省部级组织鉴定，产品已达到或接近国外同类产品先进技术水平；

(二)产品国产化率在60%以上，经过实际使用，技术成熟、质量稳定、使用可靠；

(三)产品已能批量生产，可以正常提供用户需要；

(四)产品售价合理，能够提供销售前后优质服务。

二、国家鼓励生产和使用的国产先进技术产品的报批和审定程序为：

(一)由各省、自治区、直辖市、计划单列市和经济特区经济委员会(计划委员会或计划经济委员会)或国务院各部门向国家计划委员会提出申请，并报送有关资料；

(二)由产品归口部门进行审查，或由专门聘请的专家委员会进入评议，提出审核意见；

(三)国家计划委员会组织生产、供应、使用部门以及有关单位讨论审定；

(四)国家计划委员会公布鼓励生产和使用的国产先进技术产品目录。

三、国家计划委员会要根据国内外生产技术发展状况，及时增加和调整国家鼓励生产和使用的国产先进技术产品目录。要成熟一批、公布一批。

已经列为国家鼓励生产和使用的国产先进技术产品，由于情况变化，已不符合第一条规定的，应予撤销。

四、符合新产品减免税条件的国家鼓励生产和使用的国产先进技术产品，可优先享受减免税优惠。

五、为了保证产品质量，生产单位尚需直接进口少量国内暂时解决不了的特殊原材料和关键零部件，其所需的外汇额度，经过产品归口部门审批，并由生产单位所在地外汇管理核准后，可在一定时间内向用户收取。

六、为使国家鼓励生产和使用的国产先进技术产品能够顺利地生产和供货，各有关单位在流动资金和原材料供应等方面要尽量提供方便。

七、为生产国产先进技术产品所必需的技术改造项目，各有关部门要在审批立项和银行贷款等方面给予积极支持，优先安排。

八、已列为国家鼓励生产和使用的国产先进技术产品，国内用户要优先选用，各地区、各部门要加强管理，鼓励用户使用。

本通知由国家计划委员会负责组织实施。

国家主席杨尚昆在人民大会堂会见由中央检察所所长韩相奎率领的朝鲜中央检察所代表团

国务院总理李鹏在人民大会堂会见联合国发展和国际经济合作总干事安东尼·布兰卜

李鹏在会见中说，中国愿意为世界的和平与发展作出积极努力。

李鹏说，当前的国际形势无论在政治还是在经济方面仍很严峻,发展中国家还面临许多困难。中国希望联合国在建立国际政治和经济新秩序方面发挥更积极的作用。

李鹏指出,虽然中国国内建设任务繁重,但作为联合国成员国之一,作为安理会的常任理事国,中国愿意为实现联合国的宗旨,为世界的和平与发展作出自己的积极努力。

他说,中国作为一个发展中国家,每年都从自己的财政预算中拿出一定的比例,来帮助一些发展中国家克服困难。李鹏强调,中国的援助是不附带任何政治条件的。

他说:"中国既是一个发展中国家,又是一个大国。这就使得中国能够在国际上,在联合国内发挥独特的作用。"

中国国际友好联络会名誉会长王震在北京会见以日本经团联副会长、三菱重工会长饭田庸太郎为团长的日本亚洲交流协会访华团

中国国际友好联络会名誉会长王震在人民大会堂会见美国福陆公司前董事长戴维·塔潘和美国加州大学校长戴维·加得纳

日本首相海部俊树在东京首相官邸会见对外经济贸易部部长李岚清

新疆14万吨乙烯装置合同草签仪式在北京举行

国务院总理李鹏出席草签仪式。

合同由中国技术进出口公司和英国司南普吉提公司的代表草签。

联合国发展与国际经济合作总干事安东尼·布兰卡在北京发表讲演时说中国在加强世界多边经济合作方面可以发挥重要的作用

布兰卡说,中国是联合国安理会5个常任理事国中唯一的发展中国家。因此,中国处于既可影响北方国家也可影响东方和南方国家的特殊地位,它可以成为加强多边经济合作的桥梁。他还说,中国由于致力于促进发展中国家之间加强合作而赢得了所有国家的尊敬。

中国国际问题研究中心总干事李鹿野主持这次讲演活动。法国驻华大使马腾、联合国开发计划署驻华代表处代表茅瑞等出席这次讲演会。

布兰卡还强调指出,由于国际形势发生了重大变化,国际经济合作更加重要。一个国家或少数几个国家,不管它们多么富强,都无力单独解决如此复杂的现代经济问题,也不能把解决办法强加于人。他认为,需要建立一种机制,旨在处理重大的全球性挑战,促进国际合作,防治灾难,提供人道主义援助等。

中国国际信托投资公司董事长荣毅仁在纽约发表讲话谈中美间最惠国待遇

荣毅仁在亚洲协会举办的午餐会上对美国企业界人士说,希望中国与美国之间的最惠国待遇能够继续下去。

荣毅仁说,"我们并不希望结束最惠国待遇,但是必须指出,最惠国待遇是根据中美两国1979年签订的条约确定的,是双边的,因此不是美国单方面对中国的优待。我们希望两国之间的最惠国待遇能继续下去,否则,中国会受到损失,而美国和香港的损失会更大。"

关于所谓美国对中国的贸易逆差问题,荣毅仁说,这主要是双方在统计方法上的差异引起的,应该"从一个更高的角度来考察"。

他说:"一个国家对外贸易是顺差还是逆差,是随该国经济情况和国际市场的变化而此消彼长的,明智的做法是在一个比较长的周期里去掌握这种变化,而不囿于一时的得失。事实上,如按中国海关统计,中美贸易在最近十年里倒是中方有不少逆差,从美国进口占我国总进口的比重也在不断提高。所以,为解决好中美贸易的分歧,双方应真诚地平等协商,找出妥善办法。"

荣毅仁透露,中国有关经济部门要进一步制订和健全有关经济法规,改善贸易条件,争取在同等条件下多购买一些美国产品和技术、设备,这方面已有了一些实际行动。

他还指出:"美国方面对华实行的某些限制,确实给中美贸易关系带来了对双方都不利的影响,所以,应该减少人为的限制,增强美国产品的竞争能力,使中美经济交流走上良性循环。"

他说,中国已具备了提供良好投资环境的最主要条件,即政治稳定、社会稳定,对外商来华投资实行一系列优惠政策,来中国投资是有利可图的。

聂荣臻杨尚昆分别接见《红一方面军史》编委会成员

5月11日

中共中央总书记江泽民在中南海就中苏高级会晤的意义等问题答苏联记者问

江泽民在中南海接受苏联电视台、塔斯社和《真理报》记者的采访,就中苏高级会晤的意义、中苏关系的发展对亚太地区合作、和平与安全的影响及中国改革开放情况等，回答记者的提问。

记者问：过几天您就要对苏联进行访问。您如何评价苏中高级会晤对进一步发展两国之间的各个领域的互利合作关系的意义？

江泽民说：我对即将访问伟大邻邦苏联感到很高兴。

两年前，邓小平同志与戈尔巴乔夫同志在北京举行了历史性会晤。两年以来，经过双方的共同努力，中苏关系在各个方面都取得了进展。两国、两党领导人之间保持了接触和联系。两国外长就共同关心的国际问题多次磋商。经济贸易关系进一步发展。科技、教育、文化、卫生、体育方面的交流也越来越多。军事领域的交往已经开始。实践表明，中苏两国建立在和平共处五项原则基础上的睦邻友好关系的正常、健康发展，不仅符合两国人民的根本利益和愿望，而且有利于维护世界的和平与稳定。

江泽民强调指出：我相信，我的这次访问，将会进一步增进中苏两国人民的传统友谊，促进两国在各个领域的友好合作进一步发展。

记者问：中国在共产党领导下实行改革政策已有十年了，这一改革在现阶段有何特点？

江泽民说：中国将坚定不移地继续实行改革开放。我们的改革是社会主义制度的自我完善和发展，目的是为了促进生产力的发展和社会的全面进步，不断增强社会主义的生机与活力。目前，我们的着眼点主要放在治理整顿、深化改革上。过去的十多年里，中国的改革开放取得了巨大的成就，经济有了较快发展，社会有了很大进步，人民的物质文化生活有了明显改善。这是本质和主流，同时也出现了某些失误。总结过去的经验，至少有这么几条，一是不改革开放不行；二是改革开放一定要毫不动摇地坚持社会主义方向；三是要坚持从实际出发，既要坚决、大胆地改革，又要在方法、步骤上力求稳妥。经过我们党的十三届七中全会和七届全国人大四次会议，我们在这些方面的认识更深刻了。在今后的改革开放中，我们还要继续进行理论上的概括和总结，政策上的补充和完善，从而使改革不断深化、开放更有成效。

记者问：您认为发展和巩固中苏两个社会主义大国之间的关系对扩大亚太地区合作，巩固和平与安全有何意义？

江泽民说：中苏是邻国，两国的共同边界长达 7000 多公里。中苏又都是联合国安理会常任理事国，对亚太和世界和平与稳定负有重大责任。中苏两个社会主义大国在和平共处五项原则基础上发展睦邻友好关系，对亚太地区的和平与稳定具有重大意义。

从经济合作角度看，中苏在经济上有很大互补性，地理上又有独特的有利条件，因而两国的互利合作潜力是很大的。中苏在这方面的合作对亚太地区的经济合作将会产生积极影响。

记者问：您认为经济特区给中国带来了什么？经济特区的前景如何？

江泽民说：过去 11 年，我们建立了深圳、珠海、厦门、汕头和海南 5 个特区，海南建立得比较晚一些，它们已经形成相当的规模，取得了巨大的成就。例如，1990 年，特区的年工业产值已达 300 多亿元，产品大部分出口。外商投资 50 多亿美元，占全国外商投资总额的 1/4。特区经济发展速度大大超过全国平均水平，特区人民的生活明显改善。特区对沿海和全国经济产生了非常积极的影响；在引进先进技术和科学管理等方面发挥了“窗口”作用。

江泽民指出，在特区带动下，沿海十几个开放城市的经济有了较大的发展。目前全国已形成特区—沿海开放城市—沿海开放地区梯形延伸的新格局。

江泽民说：特区的实践又为经济体制改革提供了新的思路和新的经验。我认为，特区的经验无论在实践上还是理论上都大大丰富了有中国特色的社会主义。在“八五”期间，我们除了将进一步办好现有经济特区外，同时还将有计划、有步骤地搞好上海浦东新区的开发和开放。我充分相信，经济特区今后在中国经济发展中将发挥更大的作用。

记者问：您对哪些历史活动家和政治家最感兴趣？请举出在中国诸多世纪的历史中您认为最重要的事件。

江泽民说：中华民族有着悠久的历史和灿烂的文明，几千年的历史中有许多重大事件。就现代而言，我认为中国共产党的成立是最重大的事件。因为，正是中国共产党的成立，才使得中国走上了独立和民族振兴的康庄大道，在短短几十年中就迅速改变了贫穷落后的面貌。正如毛泽东同志说过的：“中国产生了共产党，这是开天辟地的大事变。”毛泽东同志还说过：“十月革命一声炮响，给我们送来了马克思列宁主义。”这就是说，中国共产党是在十月革命的影响之下成立的。

江泽民指出，就古代而言，中国对外交往可以追溯到公元前 2 世纪的“丝绸之路”和公元 15 世纪的郑和七下西洋，这些都给我留下了深刻的印象。这说明，中华民族在历史上就致力于同各国人民的友好往来，进行文化和经济交流，共同创造美好的未来。

江泽民说：总而言之，古今中外有许多历史人物，他们推动了社会的进步事业，我对他们都怀有敬仰的感情。但中国现代对我影响最深的是我们老一辈无产阶级革命家，首先是毛泽东同志。因为，正是在他们的领导下，中国才结束了一个多世纪遭受列强欺凌的历史，走上了独立、自主的发展道路，并在社会主义改造和建设事业中取得了巨大的成就。

江泽民说：以邓小平同志为核心的中央领导确立了建设具有中国特色的社会主义的基本路线，同时提出了改革开放的方针。10多年来的实践证明，我们取得了举世公认的成就。现在，我们正在遵循这条路线继续走下去，把中国建设成为一个社会主义现代化强国。

记者问：50年代您在莫斯科汽车制造厂工作过，您对那个时期印象最深的是什么？

江泽民说：1955年到1956年，我曾在莫斯科汽车制造厂实习。那段时间虽然不长，但给我留下了深刻印象。苏联人民高昂的劳动热情以及苏联工人阶级的崇高品质是值得学习的。时隔35年，我至今仍记得许多共事过的苏联同志的名字。

江泽民说：这次去莫斯科如果有机会见到他们，共叙旧谊，我会感到很高兴。

记者问：总书记同志，苏联人民很想了解您的青少年时代的情况，什么原因使得您在20岁的时候就成为一名共产党员？

江泽民说：我是江苏省扬州人。扬州梅花岭下有史可法的“衣冠冢”，冢前有一副对联：“数点梅花亡国泪，二分明月故臣心。”我在扬州度过了少年时代，那正是中华民族灾难深重的年代。正如《义勇军进行曲》，即中华人民共和国国歌歌词中所写的：“中华民族到了最危险的时候，每个人被迫着发出最后的吼声。”

江泽民说，在爱国主义的传统和抗日救亡运动的感召下，我在中学时期就参加了抗日救亡学生运动。后来，在上海交通大学学习时，又参加了中国共产党领导的学生运动，因此也就接受了共产主义的世界观，加入了中国共产党。那时我还不到20岁。

记者问：在即将再次前往莫斯科之前，您对苏联人民说点什么？

江泽民说：苏联人民是伟大的人民。苏联人民在列宁的领导下创建了世界上第一个社会主义国家，从而开创了人类历史的新纪元。在世界反法西斯战争中，苏联人民付出了巨大的牺牲，作出了伟大的贡献。苏联人民在苏联共产党的领导下，在70多年的社会主义建设中，取得了举世公认的巨大成就。目前苏联人民虽然遇到一些暂时的困难，但是，我们充分相信伟大的苏联人民，一定会克服困难，取得最终的胜利。我愿借此机会，向伟大的苏联各族人民表示崇高的敬意，祝苏联人民生活幸福！

江泽民总书记在中南海接受苏联记者采访时，回答了党报宣传在改革中的作用以及《人民日报》与《真理报》合作的问题。

记者问：您认为党的报刊在改革中的作用如何？今后《真理报》和《人民日报》应在哪些方面发展合作？

江泽民说：党的报刊在改革、开放中能够迅速使党的路线、方针、政策直接同广大群众见面，引导群众充分了解改革、开放的意义、目的，动员广大群众积极投身到改革中去，为实现改革开放的目标而奋斗；同时，也要为改革、开放的顺利进行创造良好的舆论环境和气氛。党的报刊在改革、开放中的作用是非常重要的。

他接着说：党的报刊在改革的宣传中，应当有利于坚持改革的社会主义方向，有利于社会主义改革的顺利进行。如果党的报刊有关改革、开放的宣传导向失误，也会给改革开放事业带来严重的危害。在这方面，我们是有过教训的。

江泽民说：《人民日报》与《真理报》在历史上有过长期友好的关系。最近两年，随着中苏两党、两国关系的改善，两报之间的关系也得到了恢复和发展。我希望两个党报能进一步合作，为增进两国人民之间的友谊作出新贡献。

第四次全国台湾同胞代表会议在北京召开

代表会议在人民大会堂召开。来自全国各地的220多名代表以及中央有关党政部门、群众团体和有关党派的领导参加开幕式。

中共中央政治局常委乔石、国务院副总理吴学谦以及丁关根、谷牧、王兆国等出席开幕式。

吴学谦代表中共中央、国务院向会议表示热烈的祝贺。他说，中华全国台湾同胞联谊会自1981年12月成立9年多来，在团结大陆台胞为现代化建设贡献聪明才智和联络岛内及国外台胞为祖国统一尽力等方面，都做了卓有成效的工作；祖国大陆的社会主义建设成就，祖国和平统一形势的向前发展，都包含着台湾同胞的心血与汗水。

吴学谦说，近年来，海峡两岸关系发生了很大变化。长期隔绝的局面已被打破，间接“三通”业已进行，各项交流不断扩大，双方接触逐步展开，整个形势正朝着有利于祖国和平统一的方向发展。实践表明，我党“和平统一、一国两制”的对台方针是正确的。但是，我们不能不看到，台湾当局仍然强调“反共基本国策”，谋求与我对等的“政治实体地位”，鼓吹“一国两府”，推行“弹性务实外交”和“双重承认”，实质是坚持“两个中国”、“一中一台”的政策。在两岸交流方面，还设置障碍，阻挠双向、直接的“三通”。同时，还对我施行政治渗透，宣扬所谓“台湾经验”，“和平转变大陆”，这些都是根本行不通的。各种“台独”的阴谋，我们是绝不能允许的。我们期待着台湾方面本着对国家民族、子孙后代负责的精神，采取实际步骤，多做有益于祖国统一的事情。

吴学谦希望与会代表再接再厉，同全国同胞一道，为祖国大陆的繁荣稳定和现代化建设，为推动祖国和平统一进程而共同奋斗。

全国台联会长林丽韫在会上作题为《高兴爱国统一旗帜，切实做好"更寄希望于台湾人民"的工作》的工作报告。

全国妇联副主席黄启璪代表全国总工会、全国妇联、共青团中央、中国科协、中国文联、中国作协、全国侨联、全国工商联到会祝贺并发表贺词。

会议于 13 日闭幕。

《人民日报》发表评论员文章《评台湾当局终止"动员戡乱时期"》

四月三十日，台湾当局宣布于五月一日终止"动员戡乱时期"，废止"动员戡乱时期临时条款"。此举业已引起海内外的普遍关注。

众所周知，所谓"动员戡乱时期"和"动员戡乱时期临时条款"，是四十多年前国民党统治集团推行反共反人民政策的产物。它一产生，即遭到中国共产党、各民主党派和全国人民的反对。中华人民共和国的成立，表明了"动员戡乱"的彻底失败，国民党的老"法统"已不复存在。然而，国民党统治集团退踞台湾后，却无视现实，仍然打着"中华民国"的招牌，不断强化"动员戡乱"体制，在台湾实行军事戒严，剥夺人民的基本民主权利，阻碍祖国统一。随着台湾政治、经济、社会的发展，岛内民众强烈反对专制统治，普遍要求结束两岸对峙状态。在岛内外各种压力下，台湾当局为了缓解矛盾，稳定政局，适应两岸关系的发展，不得不终止"动员戡乱时期"。

近十多年来，在中共中央"和平统一、一国两制"方针的指引下，大陆有关方面不断提出并采取了一系列缓和和促进两岸关系的政策措施。在海峡两岸人民的共同努力和推动下，两岸关系发生了重大变化。我们注意到，在此期间，台湾当局也采取了一些顺时应势的措施。如逐步开放台湾同胞赴大陆探亲的范围，允许两岸进行民间的经贸、文化、体育和学术等领域的间接交流，并多次重申"中国只有一个"、"中国必将统一"的立场，表示赞成直接"三通"和"高层人士互访"等，现在又决定终止了"动员戡乱时期"，这意味着台湾当局正式宣布"结束"了国共两党之间的所谓"内战状态"，从而在客观上有助于降低敌意，有利于两岸关系的发展。人们也认为，这本是一件早就该做的事，虽然拖了很久，但现在做了总比不做要好。期盼台湾当局在宣布终止"戡乱"后，能够进一步采取实际步骤，促进两岸关系朝着有利于国家统一的方向发展。

但是不能不指出，台湾当局一方面宣布终止"动员戡乱时期"，另一方面却又强调"不放弃反共基本国策"，仍然视我为"具有敌意的政治实体"，还力图谋求与我"对等的政治实体"地位，借此推行"弹性务实外交"，"拓展国际生存空间"，并幻想以"台湾经验"来"和平转变大陆"。这些都是不现实的，也是根本行不通的。众所周知，世界上只有一个中国，即中华人民共和国，中华人民共和国政府是代表全中国惟一合法政府，台湾是中国领土不可分割的一部分，这是国际社会所公认的。至于台湾的"生存空间"问题，如果是指民间的经贸往来，是不存在问题的，但若想发展与其他国家的官方关系，制造"两个中国"、"一中一台"，我们是坚决反对的。正如海内外许多有识之士所指出的那样，只有中国统一了，台湾的地位才能稳定，才能与祖国一起在国际上共享崇高的尊严。

尤应指出的是，台湾当局有人竟然把"台独"势力的发展，说成是大陆在国际社会中"孤立"台湾的结果，这完全是不符合事实的。中华人民共和国政府一贯维护国家主权和领土完整，坚决反对"台湾独立"，这一原则立场举世皆知。至于"台独"来源，早在 40 多年前，就有"台独"势力存在，他们在外国势力的支持下，一直想把台湾从中国分离出去。这个常识问题，台湾当局应当是清楚的。当前国际形势风云变幻，各种矛盾错综复杂。中华民族欲振兴富强，自立于世界民族之林，就须团结起来，实现统一。为解决台湾问题，实现国家的完全统一，中国共产党早就提出"和平统一、一国两制"的大政方针。中国的统一应坚持和平的方式。我们所提的不承诺放弃使用武力，决不是针对台湾人民的，而是针对外国干涉和"台湾独立"。我们力争用和平方式实现国家统一，统一后，台湾作为特别行政区，实行与大陆不同的社会制度，享有高度的自治权，双方互利合作，共同繁荣。这是照顾到各方利益，从历史和现实出发的实现国家统一的最好办法。中国共产党多次表示，愿意同中国国民党在平等的基础上尽早进行商谈，可以谈国家统一问题，也可以谈两岸关系中的重要问题，包括台湾当局关心的问题；我们也愿意同台湾各党派、各团体和各界人士接触沟通，增进了解，共商国是。与此同时，我们积极地采取各种措施，缓和海峡局势，促进两岸交流，推动直接"三通"。我们致力于和平统一的诚意，人所共知。

90 年代是实现国家统一的重要时期，香港、澳门将分别于 1997 年和 1999 年回归祖国，台湾与祖国大陆的统一，也就显得更加突出。当然，中国的和平统一可以有步骤地推进。当前，首先要实现直接"三通"和双向交流，这是两岸人民的迫切愿望，也是共同的利益所在。比如直接通航，让同胞便其行；直接通商，使货物畅其流；直接通邮，令资讯传其捷；为文化、体育、科技、学术的交流顺其道，所有这些，均利在民众，功在国家，何乐而不为？我们殷切希望台湾当局对中国共产党提出的双向交流、“三通”、和谈等倡议，作出真正有实际意义的回应，并采取切实步骤，多做一些有益于两岸人民的实事。我们相信，只要两岸同胞、港澳同胞以及一切热爱中华民族的人们联合起来，携手奋斗，努力不懈，祖国的和平统一，一定能够早日实现。

中共中央原副主席叶剑英铜像在广东省梅县揭幕

中顾委会副主任薄一波在北京市新技术产业开发区工作会议上发表讲话

同志们：

你们好！今天是北京市新技术产业开发试验区成立3周年纪念日。我首先向同志们表示热烈的祝贺。你们开发区从中关村电子一条街起步，在国家基本没有投资的情况下，依靠广大科技人员的社会主义积极性和聪明才智，依靠中央给北京市的18条优惠政策，建成了今天这样一个规模，应该说这是大家付出了辛勤劳动才获得的。成绩来之不易！我再次向在新技术产业开发中做出优异贡献的同志们表示衷心的感谢。近两年，在全国市场一般疲软的大环境里，新技术产业开发区的高新技术产品疲中有俏，再次说明“科学技术是第一生产力”，说明中央关于兴办新技术产业开发区的决策是正确的。

80年代以来，高科技产业在工业发达国家中已经成为经济发展的主要动力，起着主导性的作用，而且这种作用必将越来越大。90年代将是各国在高科技领域展开最激烈竞争的年代，其结果将对各国的综合国力和在下一个世纪的发展速度产生决定性的影响。因此，今后的10年在我国社会主义现代化建设进程中同样是非常关键的10年。必须清醒地看到，我们面临的形势是十分严峻的：在高新技术发展方面，我国与世界先进国家相比，已经存在着很大的差距。如果不全力以赴，奋起直追，差距还将扩大。是努力冲上去呢？还是坐观人家前进，我们甘居落后呢？我想我们大家都会对后者做出否定的回答。邓小平同志曾多次指出，社会主义的优越性就在于能够集中力量办几件大事。这就是说，要集中优势兵力，打歼灭战么。新中国成立以来，我们发挥社会主义制度的优越性，集中力量，联合攻关，造出了“两弹一星”，并在人造地球卫星的回收、正负电子对撞机的研制、超导材料的理论研究等领域跨入了世界先进行列。今天我们要像当年抓“两弹一星”那样，统一规划，团结协作，脚踏实地，艰苦奋斗，把我国的高新技术产业搞上去，力争做到在90年代差距不再扩大；并尽可能地争取在某些领域接近或达到世界先进水平。以此带动国民经济向前发展，实现第二步战略目标，并为21世纪我国经济起飞奠定一个比较好的基础。现在，我向同志们提四点希望：

一是要加快高科技产业化的步伐。邓小平同志最近提出“发展高科技，实现产业化”的号召，为我国的高科技事业指明了发展方向。高科技如果不与经济建设相结合，不实现产业化，你干你的，我干我的，不是拧成一股绳，而是两码事，那高科技就不能变成现实的生产力，就发挥不了作用。我们要进一步深化改革，建立有利于高科技成果商品化、产业化的新体制和新机制，探索一条有中国特色的高科技产业发展的道路。

二是要认真贯彻国家有关新技术开发区的各项政策。国务院给了北京市开发区18条优惠政策，这是对你们的极大支持，希望把这些政策全面落实好。北京市是全国科技实力最雄厚的地区，应该在发展高科技产业方面起带头作用。为此，要相应地集中力量，像抓亚运会那样尽快地把北京市新技术产业开发区抓上去，为北京市和全国的经济建设做出应有的贡献。

三是要进一步解放思想，扩大对外开放，利用外资发展高科技产业。要充分发挥开发区在科技产品、科技人才等方面的优势，积极吸引外资来参加开发和建设。但是要注意加强管理指导，避免盲目引进，给国家造成损失。要紧紧盯住国际高科技的前沿，认真解决我们和他们的“接轨”问题。要创造条件尽快向高起点高效益的外向型产业转轨。

四是要采取措施，把我国科技人员的积极性充分调动起来。人才是生产力中决定性的因素。高科技的竞争归根到底是人才的竞争。建国以来，我们培养了一支宏大的科技队伍，遗憾的是，由于体制等方面的原因，很多科技人员的才能远远没有发挥出来。须知人才的浪费是最大的浪费。10年来，邓小平同志多次强调要尊重知识，尊重人才，但我们一直没有落实好。这个问题再不解决，建设有中国特色的社会主义现代化强国就有可能成为一句空话。希望各级领导关心科技人员，为他们创造良好的工作、生活、学习条件，使他们能一心一意地投身于发展中国高科技产业的伟大事业之中。

同志们，办好高技术产业开发区是中国社会主义现代化事业的迫切需要，是历史赋予你们的光荣使命，任重而道远，希望大家齐心协力，坚持不懈，把这一具有历史意义的工作做好，为社会主义事业的繁荣昌盛，为我们国家的长治久安多做贡献。

中共中央政治局常委宋平在湖北考察

宋平5月11日至19日在湖北考察中注意了解农

村开展社会主义思想教育的情况和经验。宋平说，大力发展农村经济，不断壮大集体经济实力，逐步实现农民群众的共同富裕，是党在农村的根本任务，也是社会主义的本质要求。干部下去要向农民进行爱国家、爱集体、爱社会主义的教育，提高农民群众的社会主义觉悟，并帮助他们开辟生产门路，发展经济。要通过社会主义思想教育，把农民群众最大限度地组织起来，争取人人有事做，真正体现出人民当家做主。这样，任何困难都有办法克服。宋平认为，把以家庭联产承包为主的责任制引入农村集体经济，建立双层经营体制，是一个很大的创造，为我国农村经济的发展开辟了广阔的道路。在稳定家庭联产承包责任制的基础上，湖北许多地方建立了村级经济联合社，这有利于健全双层经营，推动了农业社会化服务。宋平还强调指出，农村经济发展了，农民生活应该适当改善，但要注意增加积累，扩大再生产，丰富农村文化生活，我们现在底子还薄，不要把消费搞得过高。在湖北省农村先进党支部十面红旗之一的官桥八组，宋平勉励他们在建设好物质文明的同时，还要搞好社会主义精神文明的建设。

宋平在同部分企业负责人座谈时说，“三讲三不讲”当然不是说外因、客观条件不重要，外部环境不改善，而是说要把工作的基点放在厂里，眼睛向内、挖潜改造，改善经营管理，这种精神在当前大中型企业普遍遇到困难的情况下，尤其值得提倡。企业党组织要起政治核心作用，这同实行厂长负责制是一致的。关键问题在于提高企业干部的思想政治素质，企业的重大问题应共同商量，这样可以防止和减少失误。全心全意依靠工人阶级，要体现在企业生产和建设的各个方面，坚持发挥社会主义企业这一优势，把广大职工的积极性充分调动起来，使工人真正感到自己是主人，企业就一定能办好。

宋平强调，加强党的建设，各级领导班子是关键。领导权一定要掌握在忠于马克思主义的人手中。要向青年宣传马克思主义，帮助年轻一代树立正确的世界观、人生观和全心全意为人民服务的观念。对青年党员要深入进行党的宗旨、目标与组织原则教育。工厂、农村要积极发展生产第一线的优秀青年入党。

宋平听取湖北省委常委的工作汇报，对湖北的工作给予了充分肯定，并殷切希望省委领导和各级党委再接再厉、团结进取，带领全省人民努力进行经济建设，实现“八五”计划和十年规划。

北京市新技术产业科技贸易中心正式营业

国务委员、国家科委主任宋健在参观这家高科技市场后对记者说：“建立这样的高科技专业化市场很好，这是全国第一家。将来，全国其他二十六家开发试验区都要建立这种专业化市场。”

中共中央委员中联部部长朱良同阿根廷正义党代表团举行会谈

中国和缅甸修建界河桥议定书在北京签字

为方便两国边境地区人员往来和促进边境贸易活动，中国政府和缅甸联邦政府在北京签署关于修建中缅边界畹町—九谷和南中河(清水河)界河桥及有关问题的议定书。

中国文联工作经验交流会闭幕

中国文联工作经验交流会在山西省晋城市闭幕，来自全国30个省、市、自治区和部分地、市的71个文联组织的代表，学习江泽民5月1日在首都部分文艺界人士座谈会上的讲话，并围绕如何响应党的号召，进一步繁荣我国文艺事业以及文联工作的地位、作用、方向等诸多问题进行了广泛的探讨和交流。

中宣部副部长聂大江在闭幕会上发言中，对各级文联在新形势下富于开拓性的工作给予充分肯定。他希望文联工作能把握“为人民服务、为社会主义服务”这个大方向，带动各方面工作向前发展。中国文联秘书长孟伟哉作总结发言。

国务委员陈俊生就残疾人保障法的实施发表广播电视讲话

5月12日

中共中央国务院作出关于加强计划生育工作严格控制人口增长的决定

《中华人民共和国国民经济和社会发展十年规划和第八个五年计划纲要》提出：“争取今后十年平均年人口自然增长率控制在千分之十二点五以内。”完成这个控制人口增长的计划指标，对于保证我国现代化建设第二步、第三步战略目标得以实现具有重大的意义。为此，特作如下决定：

一、统一认识，切实加强对计划生育工作的领导

严格控制人口增长是我国面临的一项重要而紧迫的任务。我国是世界上人口最多的发展中国家。人口多，耕地少，底子薄，人均占有资源相对不足是我国的基本国情。我国人力资源丰富，这固然是我们建设社会主义的一个重要条件，但人口增长过快，又是我们一个沉重的负担，它严重地制约着我国经济和社会发展的进程。我们把实行计划生育，控制人口增长，提高人

口素质作为我国一项长期的基本国策，是从我国的实际情况和人民的切身利益出发，为了使国家更快地发达起来，使人民更快地走上共同富裕的道路而作出的重大战略决策。二十年来，特别是党的十一届三中全会以来，经过全党、全国人民以及广大计划生育工作者的共同努力，我国在控制人口增长方面取得了举世公认的巨大成就，人口出生率已从一九七〇年的千分之三十三点四三下降为一九九〇年的千分之二十一点零六。但必须清醒地看到，我国的人口形势依然十分严峻，控制人口增长的任务相当艰巨。目前，我国的人口总数已达到十一亿多，近几年来每年新增人口仍在一千六百万以上，相当于一个中等国家的人口，这给国家的经济建设、社会发展和人民生活的改善带来极大的压力和困难。九十年代是我国社会主义现代化建设历史进程中的非常关键的时期，也是我国控制人口增长的非常关键的时期。尤其是"八五"期间，正值生育高峰的峰顶，使计划生育显得更为紧迫。如果我们不能有效地控制人口增长，必将直接影响我国现代化建设战略目标的实现，影响人民生活水平和全民族素质的进一步提高，同时还会加快自然资源的消耗和生态环境的恶化，给子孙后代留下严重的后患。由此可见，计划生育是关系到我国现代化建设战略目标能否实现的大事，是关系到民族兴衰的大事，已经到了刻不容缓、非抓紧不可的地步。对此，我们必须有高度的历史责任感和时代紧迫感。

各级党委和政府务必把计划生育工作摆到与经济建设同等重要的位置上来，把人口计划纳入本地区国民经济和社会发展总体规划，列入重要议事日程。党政第一把手必须亲自抓，并且要负总责。各级党委和政府应成立人口与计划生育领导小组，由主要领导同志任组长，组织协调各有关部门、有关方面共同做好计划生育工作。

各级党委和政府应承担完成本地区人口计划的责任，实行和完善人口与计划生育目标管理责任制。要把做好计划生育工作和完成人口计划作为考核各级党委、政府及其领导干部政绩的一项重要指标，并制订科学的考核标准和监督措施。上级党委和政府要加强对下级党委和政府执行人口计划情况的督促和检查，确保统计数字的准确性，严禁瞒报和虚报。要建立奖惩制度，对计划生育工作做得好的给予奖励，对造成人口失控的要给予处罚并追究有关领导人的责任。

二、坚决贯彻落实现行政策，依法管理计划生育

我国现行的计划生育政策是：提倡晚婚晚育，少生优生；提倡一对夫妇只生育一个孩子。国家干部和职工、城镇居民除有特殊情况经过批准可以生第二个孩子外，一对夫妇只生育一个孩子。农村也要提倡一对夫妇只生育一个孩子，某些群众确有实际困难，经过批准可以间隔几年以后生第二个孩子。为了提高少数民族地区的经济文化水平和民族素质，在少数民族中也要实行计划生育，具体要求和做法由各自治区或所在省决定。这个政策符合全国人民的根本利益，经过多年的工作已经逐渐得到广大人民群众的理解和支持。

当前，必须坚定不移地贯彻落实现行政策，不能摇摆，不能松动，不能改变，以保持政策的稳定性和连续性。要严格依照国家法律和有关规定，加强对人口的计划管理。基层的人口出生计划要张榜公布，接受群众监督。坚决纠正部分地区放松计划生育工作的状况；严禁乱开口子，乱批生育指标。坚决制止早婚早育、多孩生育，努力防止计划外怀孕和计划外生育。

要严格依法管理计划生育。各省、自治区、直辖市制定的有关计划生育方面的地方性法规，是本行政区域计划生育部门行使管理职能和人民法院审理行政诉讼案件的法律依据，要大力宣传，坚决执行。同时还要注意制定与之配套的规章制度，进一步把计划生育纳入法制的轨道。

共产党员、共青团员、革命军人、国家干部特别是各级领导干部要带头遵守和执行计划生育的政策和有关法规，做好子女及亲属的工作，并积极宣传群众。对违反计划生育政策和法规的，党的纪检部门和政府监察部门要严肃处理。

三、抓住重点，扎实稳妥地做好计划生育工作

严格控制人口增长，必须把着眼点放在基层，特别是广大农村。在今后一个相当长的时期内，计划生育工作的重点在农村，难点也在农村。因此，各级领导务必高度重视，用更多的精力扎扎实实地抓好农村的计划生育工作。

做好基层的计划生育工作，关键是每个基层党支部都要切实负起责任，充分发挥党员、干部的先锋模范作用，充分发挥其他基层组织的作用，广泛发动和依靠群众，把人口与计划生育目标管理责任制落到实处。

要在基层建设一支思想好、作风正、懂业务、会管理的计划生育工作队伍，还要组织广大的计划生育积极分子队伍，依靠他们做好经常性的计划生育工作。计划生育协会是协助政府动员广大群众参与计划生育工作的一种很好的组织形式，各级党委和政府要给予积极支持，使其更好地发挥组织群众自我教育、自我管理、自我服务的作用。

实行计划生育事关千家万户，是一项极其艰苦细致的工作。各级领导要积极、稳妥、耐心、扎实地做好这项工作。要继续贯彻以宣传教育为主、避孕为主、经常工作为主的方针，逐步实现经常化、科学化、制度化。

要广泛深入持久地进行基本国情和计划生育基本国策的宣传教育，力争两三年内在全国城乡普及人口和计划生育的基础知识，增强全民的人口意识和人均观念。要在育龄群众中普及避孕节育、优生优育的科学技术知识，向他们提供避孕节育的优质技术服务，做到安全、有效、经济、简便易行。要把宣传教育同解决实际问题结合起来，关心群众，多办实事，以取得群众的理解和支持，把计划生育变成广大群众的自觉行动，做到既有效地控制人口增长，又能密切党群关系、干群关系，维护安定团结的局面。

四、齐抓共管，保证计划生育工作顺利开展

实行计划生育是一项庞大的社会工程，全社会各个方面都应重视和支持这项工作。各有关部门、群众团体要在党委、政府的统一领导和人大的监督下，根据各自承担的任务，制定切实可行的措施，齐抓共管，共同做好计划生育工作。

各部门制定有关社会福利、劳动就业以及其他方面的政策和法规，都要有利于鼓励晚婚晚育、少生优生。要加强婚姻登记管理工作，坚决制止违法婚姻。要采取切实有效的措施，把流动人口的计划生育工作管起来。要重视做好妇幼保健和优生优育优教工作。要把农村扶贫工作同计划生育工作紧密联系起来。要大力加强农村社会福利和社会保障工作，落实"五保"政策，办好敬老院，发展养老保险事业。要加强计划生育的科学研究和技术服务工作。工会、共青团、妇联等群众团体应当充分发挥各自的作用，积极参与做好计划生育工作。

各级党委宣传部门要积极组织和协调广播、影视、报刊、教育、文化、出版等有关部门和单位以及社会各方面的力量，广泛深入地做好人口与计划生育宣传工作。各级党校、干校、团校及各类高、中等学校，都要把人口和计划生育的教育作为一项教学内容。要把计划生育纳入群众性的创建文明单位的活动，凡计划生育没有达到规定指标要求的都不能评文明单位。

为了进一步做好计划生育工作，各级党委和政府要下决心提供必要的资金和物质保障。"八五"期间，各级财政用于计划生育的事业费支出要由目前的年人均一元逐步增加到年人均二元，并坚持面向基层，专款专用。对贫困地区和少数民族地区要给予更多的帮助。计划生育的基建项目要纳入各级政府的基建计划，安排必要的资金。

要切实加强各级计划生育部门的组织建设，选派得力干部充实计划生育工作队伍。各地要因地制宜地加快县、乡、村计划生育服务网络的建设。各级党委和政府要关心和爱护计划生育干部，加强对他们的培训，支持他们的工作，帮助他们解决实际困难。

各级党委和政府一定要认真贯彻执行这个《决定》，扎扎实实地抓好计划生育工作。全党全国人民必须动员起来，为国家的繁荣富强，为中华民族的兴旺，为子孙后代的幸福，坚决地、认真地、持久地执行计划生育的基本国策，为实现控制人口增长计划，促进经济和社会发展而努力奋斗。

国务院同意设立天津港保税区

《人民日报》报道称小麦染色体育种获重大突破首创小麦稳定自交结实缺体系列19个

由陕西省农业科学院承担的小麦染色体工程研究及育种，历经12年攻关取得两项重大突破：在世界上首创获得小麦稳定自交结实缺体系列19个；在国内首例利用5B单体育成小麦新品系并应用于农业生产。它表明，我国的生物技术在遗传研究和新法育种两个领域，均处于国际领先水平。

中央军委主席签署命令授予张子祥 李志军 赵燕清 李润虎"学雷锋模范"荣誉称号

在哥本哈根世界羽毛球锦标赛中中国选手赵剑华唐九红分别获得男女单打冠军农群华和关渭贞获女子双打冠军

5月13日

第四次全国台湾同胞代表会议通过中华全国台湾同胞联谊会章程

第一章 总 则

第一条 中华全国台湾同胞联谊会是台湾各族同胞的爱国民众团体。

第二条 中华全国台湾同胞联谊会的一切活动以中华人民共和国宪法为根本准则，其宗旨是：高举社会主义、爱国主义旗帜，团结联络居住大陆的台湾同胞；在爱国统一的旗帜下，广泛团结联络台湾岛内、港澳及国外的台湾同胞，增进乡亲情谊，同心同德，积极促进全民族的大团结，为按照"一国两制"的原则实现台湾与大陆的和平统一，为振兴中华，建设富强、民主、文明的社会主义现代化国家，为增进台湾人民的福祉而贡献力量。

第二章 主要工作

第三条 发扬台湾同胞光荣的爱国传统，团结和联络国内外台湾同胞及其民众团体，帮助乡亲们了解政府对台湾的方针政策和祖国大陆的情况。向政府反映国内外台湾同胞的愿望和建议。积极促进在台湾、港澳和国外的台湾同胞同祖国大陆同胞开展各项交流活动,维护台湾同胞的合法权益,增强台湾各族同胞同祖国大陆各族同胞的爱国大团结。

第四条 密切联系居住在祖国大陆的台湾同胞,协助了解政府的方针政策,及时介绍台湾的情况,鼓励乡亲们勤奋学习,努力工作,充分发挥自己的聪明才智,为祖国多作贡献。了解和反映台湾同胞有关工作、学习、生活等方面的意见和要求,配合有关部门按政策予以妥善处理。

第五条 对于前来大陆寻祖、探亲、访友、寻人、旅游、升学的台湾同胞,主动配合有关部门做好接待、服务工作。积极推动两岸的直接"三通"和双向交流,协助台湾同胞在祖国大陆经商、投资、建厂、兴办公益事业和进行学术、文化、体育等交流。

第六条 积极协助居住在祖国大陆的台湾同胞返乡探亲、扫墓、访友、旅游和进行经济、学术、文化、体育等交流。

第三章 全国组织

第七条 全国台湾同胞代表会议是本会的最高权力机构。代表会议每三年召开一次,由理事会召集,必要时可提前或推迟召开。代表由居住在各省、自治区、直辖市的台湾同胞民主协商推选产生。

第八条 全国台湾同胞代表会议的职权是:审议理事会的工作报告,讨论并决定本会的重要事项,修改章程,选举理事。

第九条 理事由代表会议民主协商选举产生,每届任期三年,如代表会议提前或延期举行,其任期相应地改变。理事会每年至少召开一次。其任务是:贯彻执行代表会议的决议,向代表会议作出工作报告,研究、安排每年的工作任务。在代表会议闭会期间,理事会可以增免个别理事。

第十条 理事会选举会长一人,副会长、常务理事若干人,组成常务理事会,在理事会闭会期间行使理事会的职权。秘书长由会长提名,经常务理事会通过后任命。理事会对会长、副会长的工作实行监督。

理事会可设名誉会长和聘请顾问。名誉会长、顾问对本会研究重大问题提供咨询、意见、建议。

第四章 地方组织

第十一条 地方各级台湾同胞代表会议是地方各级台湾同胞联谊会的最高权力机构。

地方各级台湾同胞联谊会可参照本章程进行工作,并接受上级台湾同胞联谊会的业务指导。

第五章 附 则

第十二条 本章程经全国台湾同胞代表会议通过后施行,其解释权属于理事会。

中共中央总书记江泽民在中南海会见以第二副主席塞萨尔·阿里亚斯为团长的阿根廷正义党代表团

国务院总理李鹏在人民大会堂会见前来北京参加中印边界联合工作小组第三次会谈和副外长级磋商的印度外交秘书杜贝

李鹏在会见中说,中印两国是世界上人口最多的发展中国家,历史上有过共同遭遇,现在都面临着发展本国经济、提高人民生活水平的繁重任务。

李鹏指出,中印在50年代共同倡导了和平共处五项原则。1988年,拉·甘地访华使两国关系出现了新的局面。他说,中印两国加强睦邻友好不仅符合两国人民的利益,而且对亚洲和世界和平将产生积极影响。他说,"中国政府十分重视中印关系,将为发展这一关系作出自己的努力。"

谈到中印边界问题时,李鹏说,边界问题是历史遗留问题,相信只要双方都有解决问题的诚意,本着互谅互让的精神,经过不懈的努力,这一问题最终是可以找到解决办法的。他说:"中国政府对解决这一问题的态度是积极的。"

杜贝在会见时说,印度领导人赞赏李鹏总理在中国七届人大四次会议的报告中关于改善中印关系的谈话。印度在同中国发展关系方面保持着政策的连续性,不管何党执政,对华发展关系的政策不变。

杜贝表示,印度愿意在和平共处五项原则基础上发展同中国的关系,其中很重要的一条是不干涉内政。因此,印度不会支持达赖喇嘛在印度领土上进行分裂中国的政治活动。

国家主席杨尚昆根据全国人大常委的决定任免驻外大使

一、免去梁枫的中华人民共和国驻老挝人民民主共和国特命全权大使职务。

任命黄国材为中华人民共和国驻老挝人民民主共和国特命全权大使。

二、免去王钢华的中华人民共和国驻厄瓜多尔共和国特命全权大使职务。

任命徐贻聪为中华人民共和国驻厄瓜多尔共和国特命全权大使。

三、任命杜钟瀛为中华人民共和国驻瓦努阿图共和国特命全权大使和驻基里巴斯共和国特命全权大使。

国务院副总理吴学谦在钓鱼台国宾馆会见印尼统筹部长苏巴佐及夫人

中国和印度边界联合工作小组在北京钓鱼台国宾馆举行第三轮会谈和副外长磋商

中国外交部副部长徐敦信和印度外交秘书穆·杜贝分别率领中、印代表团参加。

在会谈中，双方就如何解决两国的边界问题交换意见，阐述各自的立场，徐敦信重申中国政府根据互谅互让原则解决边界问题的一贯立场，杜贝就印方解决边界问题的出发点作说明。双方还就维护实际控制线地区的和平与安宁交换看法。

关于双边关系，双方对中印关系近年来的改善和发展感到满意并表示愿意继续作出努力加强两国在经贸、科技、文化和人员往来方面的合作，使中印关系继续稳定地向前发展。双方还就海湾问题，柬、阿问题和南亚形势以及共同关心的其他国际和地区问题交换意见。双方同意中印下一轮边界联合工作小组会谈和副外长磋商于明年在新德里举行，具体时间通过外交途径另行商定。

能源部等单位联合开发澜沧江水电资源

日前，能源部、国家能源投资公司、广东省人民政府和云南省人民政府在西双版纳允景洪签署合资开发澜沧江中下游梯级电站的原则协议。澜沧江是我国著名的水电“富矿”。流经云南省 1240 公里的河段上，可建 14 个梯级电站，其中开发条件较好的中下游河段可建 8 个梯级电站，总装机容量 1431 万千瓦，年发电量达 721.7 亿千瓦时。

中国研制成高功率准连续波可调谐染料激光器

一种具有国际领先水平的高科技产品——高功率准连续波可调谐染料激光器日前由北京工业大学和北京激光技术研究所研制成功，并通过中科院长春光机所王乃弘教授等 30 多位光学权威的鉴定。

第 3 届华罗庚金杯少年数学邀请赛结束南京队第一名金坛队第二名

中共中央政治局常委李瑞环观看总政话剧团演出的《冰山情》并说必须在全社会提倡牺牲和奉献精神

第 17 届世界青年举重锦标赛结束中国选手获得 11 枚金牌 5 枚银牌 3 枚铜牌

国务院总理李鹏看望残疾人福利企业北京市橡胶五金厂职工

国家防汛总指挥国务院副总理田纪云在国家防汛总指挥部会上发表讲话

田纪云指出，今年防汛抗旱工作的重点，一是加强对河流险工险段的治理；二是加紧对病险水库的抢修和处理；三是坚决清除河湖的行洪障碍；四是要有各种各样的救生措施，一旦发生灾害，能减少人民群众的伤亡。同时，要加速防汛抗旱通讯及水文测报的建设和更新改造。

5 月 14 日

中共中央政治局常委李瑞环在浙江考察

李瑞环于 5 月 14 日至 21 日在中共浙江省委负责人的陪同下，先后考察温州、台州、宁波、舟山、杭州、绍兴等地，深入工厂、农村、港口和文博等单位，走访居民家庭，和科技界人士座谈，了解情况，研究问题。李瑞环听取中共浙江省委书记李泽民代表省委作的工作汇报，就加强科技是第一生产力的宣传问题发表了重要意见。

李瑞环指出，推动科技进步，既是第二步战略目标的重要内容，也是实现第二步战略目标的基本保证。他说，不依靠科技进步，就不能更好地坚持以经济建设为中心；就不能很好地解决当前经济建设和改革开放中面临的诸多矛盾和问题；就不能进一步在全社会形成重视科技、尊重人才的良好风尚；就不能有效地提高国民经济整体素质；就不能充分发挥社会主义制度的优越性，使中华民族在激烈的国际竞争中立于不败之地。他说，推动科技进步既是经济问题，也是政治问题；既具有现实意义，又具有长远意义，对此，各级党政领导必须引起高度重视。

李瑞环说，马克思主义认为，科学是“最高意义上的革命力量”，科学技术是推动经济和社会发展的强大杠杆。无数历史事实告诉我们，每次重大科学发现，都使人类对客观世界的认识产生飞跃；每次技术革命，都使人类改造客观世界的能力得到提高。马克思主义的产生和发展也与科学技术进步密切相关。

李瑞环说，邓小平同志根据国际政治、经济出现的新情况和世界科学技术发展的新趋势，基于我国社会主义建设的经验和面临的问题，鲜明地提出了“科学技术是第一生产力”的论断。这一论断丰富和发展了马克思主义关于生产力的学说，对建设有中国特色的社会主义事业具有重大的理论和实践意义。对这一思想，全党特别是领导同志必须认真学习，深刻领会，并切实贯彻到实际工作中去。

李瑞环说，中华民族曾经创造过灿烂的古代科技文明，对人类进步做出了不可磨灭的贡献。现在，我们有优越的社会主义制度，有建国以来特别是在实现第一步战略目标过程中积累的宝贵经济，有一支宏大的热爱祖国、勇于献身、能攻善战的科技队伍。这是我们进一步发展科技的强大优势。只要充分发挥这些优势，我们就能够迎接新的科技革命的挑战，创造无愧于前人的、与伟大祖国地位相称的光辉成就。

李瑞环强调，报刊、电台、电视台要进一步加强科技是第一生产力的宣传。要根据自己的特点与优势，和科技部门密切配合，采取生动活泼、群众喜闻乐见的形式，普及和介绍科技知识，表彰和宣传科技工作者的先进事迹，总结和推广依靠科技进步的成功经验。文艺工作者要满腔热情地创作宣传科技进步的节目。总之，宣传文化部门要为增强全民科技意识，促进科技发展加油鼓劲。

全国粮食储备工作会议在北京召开

全国粮食储备工作会议传达国务院总理李鹏的重要批示：国家储备粮安全度夏，至关重要。各级政府和粮管部门务必当一件重要工作来抓。为调剂粮食余缺，稳定市场，保护城乡人民双方利益，储备制度必须加以健全。仓库建设要列入计划，逐年加以解决。同时，也要研究藏粮于民的措施，可从试点入手。

国务委员、国家专项粮食储备领导小组组长陈俊生在会上说，从今年开始，专项粮食储备将实行定额收购，收购规模由国家确定。这样国家将掌握两部分粮食，一部分为国家定购，一部分发为专项储备；两项任务完成后，其余的粮食随行就市。

陈俊生强调，国务院决定对专项储备粮收购实行最低保护价，目的是保护农民的利益。为了使农民确实能够享受到国家专项粮食储备制度给他们的利益，今后各地不准从交售专项储备粮中扣取各种提留款。

陈俊生还提出，仅靠国家储备是不够的，今后应逐步建立以国家储备为中心的多层次粮食储备体系。这个体系至少应包括国家储备、地方储备、藏粮于民三个层次。他说，当前，各级政府和粮食部门要认真抓好夏粮收购，继续抓好粮食安全度夏。

第二届全国乡镇企业出口工作会议在北京召开

会议由国家计委、经贸部、农业部联合召开。全国人大常委会副委员长陈慕华、全国政协副主席谷牧出席开幕式。

会议就乡镇企业外向型经济的发展提出“以变应变”的新战略。这就是在调整中求发展，在发展中争优化，自觉主动、适时地进行一系列战略转变，适应国际市场的新变化和国内外贸体制改革的新要求。

农业部副部长马忠臣在他的专题报告中把这个战略转变概括为五个方面：从过去重视“量”的发展向重视“质”的提高转变；由初级产品、简单加工向高档次、高质量、深加工转变；从过去盲目生产转向瞄准国际市场需要，有针对性地生产；在巩固原有的亚太地区市场的同时，开拓全球市场；从依据国内标准组织生产转向按国际标准组织生产。

国家计委副主任刘江、经贸部部长李岚清在会议上讲话。

会议于18日结束。

国家主席杨尚昆在人民大会堂会见泰国外交部长阿沙·沙拉信

国务院总理李鹏在人民大会堂会见泰国外长阿沙·沙拉信

李鹏说，中国一向重视中泰友好合作关系。最近泰国政府的更迭不会影响两国间业已存在的友好合作关系。中国将一如既往巩固和发展中泰两国关系。

李鹏说，中国珍惜同泰国以及东盟国家的关系，发展同这些国家的关系，对维护该地区的和平与稳定，促进政治解决柬埔寨问题都是极其重要的。李总理接着说，去年以来，柬埔寨问题的政治解决取得了很大进展。安理会五个常任理事国通过磋商达成了一个框架文件。巴黎国际会议的两主席和东盟国家为推动建立柬埔寨全国最高委员会作出了努力。但是，后来政治解决柬问题的进程遇到了曲折。最近，巴黎国际会议两主席推动冲突四方在雅加达召开会议，这是一件好事。我们希望冲突四方能够接受五个常任理事国的框架文件和协定草案，在政治解决柬埔寨问题上达成一致。

国务院总理李鹏在人民大会堂会见在北京出席最高审计机关亚洲组织第五届大会和第四次国际研讨会的22个成员国和地区的代表团团长和7个观察员组织的首席观察员

国务院总理李鹏在人民大会堂会见联合国禁毒署执行主任贾科梅里和缅甸代表团团长吴翁觉副外长

外交部部长钱其琛在钓鱼台国宾馆同泰国外长阿沙·沙拉信举行会谈

中国缅甸和联合国禁毒署在人民大会堂签署禁毒合作项目会谈纪要

解放军全军保密工作会议在北京召开

中共中央军事委员会秘书长杨白冰在会上发表讲话。

会议总结交流近年来军队保密工作情况，并就新形势下如何进一步加强保密工作进行研究和讨论。大家认为，军队近两年的保密工作有所加强。从规章制度建设入手，坚持依法治密，以《保密法》、《保密条例》为核心的保密法规体系已经形成，全军依此普遍开展了保密教育，使广大官兵的保密观念不断增强，并自觉地严守秘密。全军还进行以加强宣传报道为重点的工作整顿，各单位从思想观念、组织纪律、工作制度等各个方面，严格措施，堵塞漏洞，并通过各种安全技术检查减少了泄密。

与会者一致认为，无论是平时还是战时，保密工作对军队的生存和发展都有着至关重要的影响。要经常不断地对广大官兵进行保密教育，把此教育纳入军政教育训练计划，确保时间、内容、对象和效果的落实。保密教育要在改进方法，提高质量和逐步实现规范化、制度化上下功夫。要重点抓好领导干部、领导机关的保密工作，尤其是领导干部要模范遵守保密规定，自觉接受保密部门的监督和检查。要采取必要措施，防止窃密和泄密。要严格保密纪律，对无视保密纪律并造成严重后果的，要从严处理；对工作扎实、成绩突出的单位和个人，要按规定给予表彰和奖励。

会议至17日结束。

中国科协青年科技奖等三项奖评审工作结束

中国科学技术协会第二届青年科技奖、首届优秀建议奖、中国科协先进工作者奖的评选工作，前不久全部结束。101名青年科技人员获青年科技奖；29项建议分别获一、二等优秀建议奖；382名从事科协、学会工作的同志获中国科协先进工作者奖。

国家教委公布对黑龙江天津浙江湖北四川陕西中小学教育工作“五查”复查的情况

江青自杀身亡

江青在保外就医期间于凌晨在北京她的居住地自杀身亡。江青在一九八一年一月被最高人民法院特别法庭判处死刑，缓期二年执行，剥夺政治权利终身；一九八三年一月改判无期徒刑，一九八四年五月四日保外就医。

5月15日

中共中央总书记江泽民离开北京出访苏联前在首都机场答记者问

江泽民上午9时离开北京，开始对苏联进行为期5天的正式访问。

中华人民共和国主席杨尚昆、国务院总理李鹏、中共中央政治局常委乔石、国家副主席王震、中央军事委员会副主席刘华清等到机场送行。

江泽民在机场举行了记者招待会，他说，他这次访问苏联是对戈尔巴乔夫总统1989年5月访华的回访。自中苏两国、两党关系正常化以来，双方在各个领域里的关系发展顺利。

他说，“我此次访问的目的是要继续发展中苏两国在和平共处五项原则基础上的睦邻友好关系。这不仅有利于中苏两国人民的根本利益，而且有利于世界的和平、稳定与发展。”

江泽民说，“我期待着同戈尔巴乔夫总统进行富有成效的会谈，并向伟大的苏联人民转达中国人民的热情问候和良好祝愿。”

在被问及他时隔30多年再次去苏联访问的感受时，江泽民说，50年代他曾在莫斯科汽车制造厂实习过，至今已35年了。他很高兴这次有机会访问阔别多年的苏联。他相信，此次访问必将促进中苏两国和两国人民友好关系的进一步发展。

当问到他同时作为中央军委主席访问苏联，将寻求什么样的会谈时，江泽民说，1989年5月戈尔巴乔夫总统访问中国后，中苏关系实现了正常化，毫无疑问，这其中也包括两国军队之间的正常交往。

他还说，这次访问期间，两国可能会正式签署一个关于中苏边界东段的协议。当问到这个协议与以前草签的协议是否相同时，江泽民说：“我去访问的时间是很短暂的，而像这样一个谈判协议，中苏双方是经过长期酝酿的。我这次去要签署的是谈判取得一定结果的体现。”

江泽民在回答他在苏联将可能受到什么样欢迎的问题时说，“可以说，我是苏联人民的老朋友。”他说，自古以来中国人民就是爱好和平的，是有民主传统的。

他还说，任何国家都有其自己的价值观念，每个国家的内部事务应由这个国家的人民自己去解决。

“我完全相信，苏联人民一定会抱着对中国人民友好的态度接待我。”

陪同江泽民访问苏联的有：中共中央政治局委员、国务委员兼国防部长秦基伟，中共中央委员、国务委员兼外交部长钱其琛，中共中央委员、中共中央书记处候补书记、中央办公厅主任温家宝，中共中央委员、中联部部长朱良，中共中央候补委员、对外经济贸易部部长李岚清，中纪委委员、中央政策研究室主任王维澄，中共中央候补委员、中联部副部长李淑铮和中国驻苏联大使于洪亮等。

中共中央总书记江泽民在克里姆林宫叶卡捷琳娜大厅与苏共中央总书记戈尔巴乔夫单独会谈

江泽民和戈尔巴乔夫重申将继续遵循北京会晤所达成的各项协议和一九八九年五月中苏联合公报所阐

明的各项原则。双方满意地指出，经过共同的努力，两国在政治、经贸、科技、文化、军事等领域的友好合作关系持续稳定地发展。两方珍惜已经取得的成果，将进一步在和平共处五项原则的基础上发展睦邻友好互助合作关系。双方认为这种关系的发展有利于两国人民的根本利益，有助于世界的和平与稳定。双方回顾了中苏关系正常化以来各个领域合作交流顺利发展的情况，并强调中苏睦邻友好的重要性。中苏两大邻国在相互尊重和完全平等的基础上建立起来的正常关系，符合两国人民的根本利益，有利于亚洲和世界的和平与稳定，而不会损害第三国的利益。江泽民和戈尔巴乔夫相互通报各自国内的情况。江泽民说，当前中国形势总的是好的，全国政治稳定、经济发展、社会安定，我们已经制定了今后十年经济和社会发展规划和“八五”计划纲要。这个规划和纲要主要包括发展也包含改革。多年的实践使我们认识到政治上的稳定对中国这样一个人口众多幅员辽阔的国家极为重要。没有稳定就很难进行改革，更谈不上发展。

戈尔巴乔夫通报了苏联国内的情况，对中国改革所取得的成就表示赞赏。江泽民在听了戈尔巴乔夫对苏联国内情况的通报后表示，相信具有光荣革命传统的勤劳智慧的苏联人民通过自己的努力和奋斗一定能够克服困难取得胜利。

国务委员兼外交部部长钱其琛和苏联外交部长别斯梅尔特内赫出席会谈。

中共中央总书记江泽民在苏联总统苏共中央总书记戈尔巴乔夫为他举行的欢迎宴会上发表讲话

尊敬的米·谢·戈尔巴乔夫同志，尊敬的同志们、朋友们：

两年前的这个时候，戈尔巴乔夫同志访问中国，同邓小平同志举行历史性的高级会晤，实现了中苏关系全面正常化。在这个值得纪念的日子里，我应戈尔巴乔夫同志的邀请，来到阔别多年的苏联，就双方共同关心的问题交换意见，共商中苏关系的未来发展，并且同苏联其他领导人和中国人民的许多老朋友会晤，感到非常愉快。贵国给予我们如此盛情的接待，我们谨表示衷心的感谢。请允许我借这个机会，转达中国人民对苏联人民的亲切问候。

中苏两国是山水相连的近邻。在漫长的岁月里，我们两国人民相互理解、相互支持，建立了浓厚的友谊。尽管中苏关系的发展并非一帆风顺，但是，中国人民从来没有忘记苏联人民对中国人民的友好情谊。在我们双方的共同努力下，中苏关系终究走上了健康发展的轨道。两年来，中苏两国在政治、经济、科技、文教、军事等各个领域的关系得到稳步的发展，两国共产党之间的接触和联系不断扩大。这是我们双方都感到满意的，是令人高兴的。

抚今追昔，我们更加感到相互理解的重要性，也更加珍视来之不易的中苏关系正常化。我们认为，中苏两国在各个领域更加深入的交往与合作具有很大潜力，前景是广阔的。中苏关系的正常发展，不仅符合两国人民的共同愿望和根本利益，而且有助于亚洲和太平洋地区的和平与稳定，有利于整个国际关系的改善。世界公正舆论对此做出了积极的评价。

同志们、朋友们！

新中国诞生已经 40 多年了。几十年的建设实践使我们深切感受到，只有社会主义才能救中国和发展中国。在社会主义建设的过程中，必须把经济建设放在中心地位。在坚持正确的政治方向和维护安定团结的基础上，要认真搞好改革。改革是社会主义制度的自我完善和发展，目的是为了充分发挥社会主义制度的优越性，促进生产力的发展和社会的全面进步，使人民的生活水平不断提高。社会主义现代化建设是一个长期、艰巨的任务。我国各族人民在中国共产党领导下，同心同德，艰苦奋斗，已经实现了第一步战略目标，经济实力有所增强，人民生活有了改善，安定团结的政治局面不断巩固。不久前召开的我国第七届全国人民代表大会第四次会议，通过了国民经济和社会发展十年规划和第八个五年计划纲要，确定了在本世纪末实现国民生产总值比 1980 年翻两番的第二步战略目标。我们将继续沿着社会主义道路，推进改革开放，促使国民经济持续、稳定、协调发展，健全社会主义民主和法制，搞好精神文明建设。尽管在前进的道路上仍然可能遇到各种各样的困难和问题，但是中国人民建设有中国特色社会主义的决心是坚定不移的。

中国人民对列宁所开创的事业怀着崇高敬意，对第一个社会主义国家的发展十分关注。苏联人民在 70 多年的历程中，付出了创造性的劳动和巨大的牺牲，为社会主义事业和世界文明作出了重大贡献。中国人民曾经从中受到鼓舞，得到支持。作为苏联人民的真诚朋友，我们殷切地希望苏联的社会主义事业兴旺发达，国家统一，社会稳定，经济繁荣，人民幸福。苏联人民是伟大的人民，苏联有丰富的资源，雄厚的科技和工业基础。我们相信，苏联人民必将继续对世界和平与发展作出贡献。

同志们、朋友们！

近年来，国际形势发生了许多重大变化。军事对抗的势头有所减弱，包括核裁军在内的控制军备的谈判取得进展，某些热点问题出现政治解决的前景，这些都是值得欢迎的。但是，国际关系并没有根本改善，霸权主义、强权政治依然存在，南北贫富差距继续扩大，一些被长期掩盖的政治、经济和民族矛盾逐渐显露并趋于激化，甚至导致新的地区冲突。世界还很不安宁。促进国际关系健康化，建立公正合理的世界新秩序，成为各国政府和人民所面临的迫切任务。

目前，世界上在广泛谈论国际新秩序的问题。建立国际政治经济新秩序是一个艰巨的过程。这种新秩序要求各国人民的事务由本国人民自己决定，任何外国不应干涉别国内政；大国小国穷国富国一律平等，世界的事务由各国协商解决。这种新秩序应建立在互相尊重主权和领土完整、互不侵犯、互不干涉内政、平等互利、和平共处的原则基础上，因为这些原则符合联合国宪章的宗旨，经受了时间的考验，得到了国际社会的普遍承认。中华民族是热爱和平的民族。两千多年前我国战国时期一位思想家就提出过"强不执弱"、"富不侮穷"的主张。中国进行建设和改革需要一个长期稳定的国际和平环境。我们愿意同苏联和世界其他国家一道，协同努力，为建立公正合理的国际新秩序作出贡献。

我们看到，世界要和平，社会要发展，人民要友好，已成为不可阻挡的历史潮流。中国将始终不渝地奉行独立自主的和平外交政策，致力于维护世界和平，同世界各国保持和发展友好合作关系。中国地处亚洲和太平洋地区，十分关注这个地区的安全与稳定。中国愿意同亚太地区各国建立睦邻友好关系，促进共同发展与繁荣。

同志们、朋友们！

我和我的同事们带着中国人民的友谊而来，也将带着苏联人民的友谊而归。我们相信，这次中苏领导人的会晤，必将加深两国和两国人民之间的了解、友谊和合作。

现在，我提议：

为中苏两国人民的友谊之树常青，

为中苏两国和两国共产党的关系顺利发展，

为苏联各族人民的幸福，

为世界和平，

为米·谢·戈尔巴乔夫同志以及在座的同志们、朋友们的健康，

干杯！

首都集会庆祝《中华人民共和国残疾人保障法》正式实施

国务院正式批准西藏"一江两河"中部流域综合开发立项

1990年10月25日，西藏自治区人民政府向国务院上报《关于"一江两河"(雅鲁藏布江、拉萨河和年楚河)中部流域综合开发若干问题的请示》。国务院同意将此项工程列入国家"八五"计划和十年规划的重点建设项目。"一江两河"中部流域是西藏人口最密集、工农业最发达、矿产资料和草场资源比较丰富的地区，是西藏的腹心地区和粮食重要产区。搞好这一地区的综合开发，对促进基本经济、社会发展意义重大。

全国人大常委会委员长万里在人民大会堂会见由副议长四谷信子率领的日本东京都议会友好代表团

国家禁毒委员会主任王芳在昆明会见联合国禁毒署执行主任贾科梅里和缅甸禁毒代表团团长副外长吴翁觉

国际保护工业产权协会中国分会秘书长中国贸促会专利代理部部长王正发就中国知识产权保护法律现状发表讲话

高级律师王正发向《人民日报》及新华社记者说，中国在知识产权保护方面已有了坚实的法律基础，而且正在不断完善和发展中。

王正发说，经过10年多的努力，我国保护知识产权的法律体系已经形成。过去10年是中国在知识产权领域中立法进展最快的10年。1982年，中国颁布了新的商标法；1984年，中国颁布了专利法；1990年，人们期待已久的著作权法也终于通过了，其中对外国人长期关注的计算机软件版权也规定保护。在这10年中，中国参加了保护工业产权巴黎公约和商标国际注册马德里协议。国内有许多相应的组织相继成立。

王正发说，1982年公布的新商标法强调商标的专用权。有些外国人怀疑他们在中国行使其商标所有权的效力，实际上这种疑虑没有必要。近几年，许多涉及外国商标侵权的纠纷，都得到妥善的解决。

王正发认为，中国专利法的诞生，是中国知识产权立法上的一次突破。在该法中，"智力劳动成果也是商品"这一概念在中国首次被正式承认。他说，中国的专利制度尤其注意了符合国际惯例和巴黎公约的基本原则。

谈到即将实施的著作权法时，王正发说，经过10多年的准备和探讨，中国著作权法终于在1990年9月7日由七届全国人大常委会通过，并且将于今年6月1日起生效。中国著作权法的许多条款依据于国际公认的惯例和国际条约，例如保护文学和艺术的伯尔尼公约。这种国际惯例包括版权保护自动生效、人格权的保护和作者有生之年加死后50年的版权保护期限。至于计算机软件的保护，国务院将颁布保护计算机软件的独立条例。

王正发说，实施保护版权(包括计算机软件的版

权)，表明中国在知识产权领域中迈出很大一步，但这也是版权领域中的第一步。

王正发指出，与其他国家相比，像中国这样在过去10年中知识产权制度的发展速度是罕见的，这是中国实行改革和开放政策的结果。中国目前已颁布的有关知识产权的法律，基本上是现代化的，但也有不够完善的地方，需要逐步改进。

中国银行采取十条措施支持浦东开发

中国银行上海浦东分行正式开业。中国银行将采取10条措施支持浦东开发：

——近两年内，每年核拨1亿美元外汇贷款用于基础设施建设，港澳中银集团每年提供2亿美元的对外贸易短期周转资金额度。

——中银集团成员行南洋商业银行已申请在上海设分行，金城银行香港分行与中行上海分行正申请筹建中外合资申城银行。

——帮助培训浦东开发急需的各类外汇专业人员。

——和港澳中银集团将参加外高桥电厂、保税仓库和港口等的建设。

——中国银行浦东分行实行独立核算，并在利润留成、经费开支、设备购置等方面给予优惠政策。

——支持浦东新区外向型经济发展，重点是出口创汇企业和“三资企业”。

——和港澳中银集团将尽快于外高桥、金桥建成中外合资联合开发公司。

——筹资1亿美元兴建中外合资的浦东国际金融大厦。

——为开发浦东提供金融、经济信息。

——积极支持上海大中型项目的对外筹资工作。

中国物品编码中心代表中国正式加入国际物品编码协会

第二次全国技术监督工作会议在北京召开

国务院总理李鹏致信会议，肯定国家技术监督局成立近3年来在打击制造、销售伪劣商品，维护广大消费者利益方面作出的成绩。国务院副总理朱镕基、国务委员兼国家科委主任宋健出席开幕式。

宋健在会上讲话说，由于受经济过热等因素的影响，我国的一些工业产品质量曾出现滑坡。针对这个问题，国家技术监督局会同有关部门，为全面提高产品质量制定了一系列法规，开展了产品质量的抽查、统检和评优，以及建立发放生产许可证制度等工作。这些努力对产品质量的提高无疑起到了积极的作用。

宋健就今后的技术监督工作谈了三点意见。一是技术监督工作要探索新的工作领域，创造新的工作方式，以适应计划经济与市场调节相结合的经济体制和运行机制。二是要在提高产品质量、品种、效益上下功夫，抓好标准化和计量的基础工作，促使有关技术监督科研水平的提高，这是一切工作的基础。三是在治理整顿中，继续打击伪劣产品，根据实际情况，选择重点领域，取得突破，为维护消费者利益做出新贡献。

会议是由国家技术监督局召开的。

国家教委就号召高校学生向郭峰等4位张华式优秀大学生学习发出通知

国家教委最近发出通知，号召高等学校广大学生向因抢救他人生命而牺牲的郭峰、唐春雨、欧阳泉平、陈帮清4位张华式的优秀大学生学习。

中共中央宣传部文艺局等单位在北京联合召开“发扬延安精神，繁荣文艺创作”座谈会

民政部举行全国性社团首批发证仪式

5月16日

中共中央总书记江泽民同苏联总统苏共中央总书记戈尔巴乔夫在克里姆林宫叶卡捷琳娜大厅举行大范围会谈

中国方面参加会谈的有国防部长秦基伟、外交部长钱其琛、中共中央书记处候补书记温家宝、中共中央对外联络部部长朱良、对外经济贸易部部长李岚清以及中国驻苏联大使于洪亮等。苏联方面副总统亚纳耶夫、苏共中央副总书记伊瓦什科、副总理马斯柳科夫、外交部长别斯梅尔特内赫、对外经济联络部部长卡图谢夫和国防部长亚佐夫出席。

江泽民说，两年来中苏关系之所以能健康、稳定地发展，主要应归功于邓小平同志和戈尔巴乔夫总书记一九八九年五月那次高级会晤。会晤使中苏关系结束了过去，开辟了未来。此后，尽管国际形势风云变幻，但中苏关系经受住了考验。实践证明，建立在和平共处五项原则基础上的睦邻友好关系，是中苏两国和两国人民的最佳选择。

江泽民说，我这次访问的目的，就是要进一步发展同苏联的睦邻友好、互利合作、长期稳定的关系。江泽民说，目前，中苏两国在各个领域的交往和合作在深入发展。事实证明，两国领导人在当前复杂多变的国际形势下保持经常的联系和交换意见是很重要的。

江泽民说，中苏签订东段边界协议是一件大事。希望双方按照一九八九年中苏联合公报的精神，继续就未解决的地段加速谈判，以求全面解决边界问题。关于双方边境地区削减军事力量的谈判，江泽民希望两国专家通过友好协商，早日达成一个大家都满意的协议。

戈尔巴乔夫说，苏中关系的发展符合两国人民的根本利益，全世界都很关注。苏方愿意进一步加强同中国在各个领域的合作，并认为在这方面不存在任何障碍。两国关系发展的潜力很大，前景很好。

中共中央总书记江泽民拜谒列宁墓和无名烈士墓

中共中央总书记江泽民在莫斯科总理办公室会见苏联总理帕夫洛夫

澳门基本法咨委与起草委的部分内地委员在北京座谈

应澳门特别行政区基本法起草委员会的邀请，以澳门特别行政区基本法咨委会主任崔德祺为团长的基本法咨委会第三批赴内地交流参观团，在钓鱼台国宾馆与起草委的部分内地委员进行座谈。

澳门特别行政区基本法起草委员会秘书长、国务院港澳办公室主任鲁平，起草委委员、国务院港澳办副主任陈滋英以及各专题小组的内地召集人参加座谈。

起草委第七次全体会议将于今年 7 月讨论通过并公布澳门特别行政区基本法(草案)征求意见稿。这次座谈旨在更广泛地听取澳门各界人士的意见。

座谈中，委员们对基本法起草工作中一些具体条款提出有益的意见和建议。

陈云在上海听取关于上海市改革开放市政建设等工作汇报

国务院发出关于进一步增强国营大中型企业活力的通知

国营大中型企业是我国现代化建设的重要支柱和骨干力量，是国家财政收入的主要来源。增强企业的活力，特别是国营大中型企业的活力，既是经济体制改革的中心环节，也是实现我国经济发展战略目标的关键所在，直接关系到我国经济的发展和社会主义制度的巩固。党的十一届三中全会以来，国家实行了一系列改革开放的政策，国营大中型企业的活力比过去增强了，各方面都发生了深刻的变化，为国家做出了突出的贡献。但由于多年积累的一些深层次的矛盾和近几年出现的一些新情况的影响，国营大中型企业仍面临着许多困难和问题，主要是经济循环不畅，资金占用增加，各种摊派繁多，企业留利减少，经济效益下降，技术改造能力不强，缺乏发展后劲等。党中央、国务院十分重视增强国营大中型企业活力的问题，要求各地区、各部门和企业要从加强企业内部管理和改善外部环境两个方面采取有力措施，增强国营大中型企业的活力。企业应眼睛向内，加强内部管理，深化改革，挖掘潜力，提高经济效益，增强自我改造和自我发展的能力。为了改善企业的外部环境，自去年底以来，国务院先后采取了一系列增强企业活力的政策措施，有重点地搞活国营大中型企业。根据前一段的工作实践和经验，现将这些政策措施归纳为十一项，并进一步予以明确，特通知如下：

(一)适当增加企业技术改造的投入。除今年国家已确定的银行技术改造贷款外，最近国务院决定，对部分超储积压、冷背呆滞的商品和物资进行一次性降价销售，收回的占压资金要大部分用于技术改造。为了解决国营大中型企业的急需，银行先垫支 50 亿元技术改造贷款。按照国家的产业政策，新增的贷款要重点用于能源、交通、原材料等基础行业和加快形成能力的项目，特别是今年要完工的项目，以及有利于调整产品结构、增强出口创汇能力、提高经济效益的技术改造项目。

(二)酌情减少部分企业的指令性计划任务，扩大其产品自销权。对于承担指令性计划任务很重的国营大中型企业，经国家计委批准，可以适当减少指令性计划任务，扩大其指导性计划和企业产品自销的数量，使其进入市场。为了保证国家重点生产建设，减少的指令性计划的部分产品可以导向给重点单位，实行“定点定量不定价”，但企业对国家确定的指令性计划和价格政策必须严格执行。新增自销产品的收入，除纳税、上交利润以外，余下的全部用于技术改造、新产品开发和补充自有流动资金，不得用于扩大个人消费。

(三)适当提高部分企业的折旧率，逐步完善折旧制度。选择一些符合国家产业政策，产品在国际、国内市场上销路好，技术改造和新产品开发任务较重的国营大中型企业，在有消化能力的条件下适当提高折旧率。国务院决定，从 1991 年起增提折旧 30 亿元。新增加的折旧基金，在国家下达的定额内免交能源交通重点建设基金和预算调节基金。关于老工业企业的固定资产价值重估问题，由国务院有关部门进一步研究，并选择几个企业进行试点。

(四)适当增加新产品开发基金。对承担新产品开发任务较重、经济效益较好，又有消化能力的企业，经财政部批准，可以适当提高按销售收入提取新产品开发费用的比例。

(五)补充一些企业的自有流动资金。补充企业自有流动资金，要采取多种渠道解决。国务院决定，“八五”期间一些企业要增补自有流动资金400亿元，按照中央企业中央补、地方企业地方补的原则，由中央和地方各补充100亿元，企业补充200亿元。企业因产品提价而使库存商品和物资增值的部分，要按有关规定用于补充流动资金。今后，凡是新建企业，必须按有关规定把铺底流动资金列入工程预算，不给投产后的正常生产经营留下资金缺口。

(六)适当降低贷款利率。银行贷款利率已从4月21日起平均降低0.7个百分点，并按照国家的产业政策实行差别利率。

(七)给予部分企业外贸自主权。要充分发挥已经赋予外贸经营权的大中型企业和企业集团的作用。同时，再选择部分具备条件的大中型企业和企业集团给予外贸自主权，使它们直接走向国际市场，参与国际竞争，但出口产品的数量和品种要纳入国家计划。选择的条件是：产品质量好，技术密集程度和附加值较高；在国际市场上有销路，有竞争力；经济效益较好，能够自负盈亏；有合格的对外经贸人员，并具备其他必要的条件；能够提供售后服务等。

(八)进一步做好若干国营大中型企业的“双保”工作。要继续按照1990年试行的“双保”办法，落实“双保”企业的外部条件，并实行倾斜政策。能源和物资部门要及时将用电计划和主要生产资料分配计划专项下达；铁路、交通部门对“双保”企业的物资运输要给予优先保证；人民银行和工商银行对“双保”企业流动资金贷款要给予支持；统计部门要继续对“双保”企业实施跟踪考核。“双保”企业要保证上交国家利税和统配产品任务，千方百计提高经济效益，在行业中发挥带头作用。

(九)继续清理“三角债”。国务院清理“三角债”领导小组要继续抓好清理工作，有关部门要进一步组织清欠。各地区、各部门在全国范围内跨省(区、市)清欠工作中，要按照国务院清理“三角债”领导小组的部署抓紧落实，重点工程建设和技术改造项目资金要按时到位。银行要针对恢复异地托收承付结算方式中出现的问题，完善和制定有关的制度，严格结算纪律，同时要把清理企业拖欠工作列入自己的业务范围。

(十)选择一百个左右大型企业集团分期分批进行试点。企业集团的核心企业对紧密层成员企业要逐步实行统一管理。对于关系国计民生、产品面向全国的企业集团，要在国家计划中实行单列。同时，要给予大型企业集团一些优惠政策，充分发挥它们在国民经济中的骨干作用。

(十一)切实减轻企业负担。要认真贯彻执行党中央、国务院关于坚决制止乱收费、乱罚款和各种摊派的指示精神，同时要切实解决检查多、评比多、会议多和企业负担过重等突出问题。

各地区、各部门要根据本通知精神，把增强国营大中型企业活力列入经济工作的重要议事日程，加强领导，切实解决国营大中型企业的实际困难。各有关经济综合部门要抓紧做好协调工作，围绕贯彻落实上述11项政策措施，尽快制订具体实施方案。各单位一定要认真贯彻党的十三届七中全会和七届全国人大四次会议精神，充分发动和依靠职工群众，认真开展“质量、品种、效益年”活动，要从加强企业内部管理和改善外部环境两个方面采取有力措施，狠抓落实工作，务必抓出成效，力争在较短的时间内使国营大中型企业的活力明显增强。

中苏东段边界协定在莫斯科克里姆林宫签署

外交部部长钱其琛和苏联外交部部长别斯梅尔特内赫分别代表本国政府在协定上签字。

中方出席签字仪式的有：中共中央总书记江泽民、国防部部长秦基伟、中央书记处候补书记温家宝、中部部长朱良、外经贸部部长李岚清等。苏方出席签字仪式的有：苏联总统戈尔巴乔夫、副总统亚纳耶夫和苏共中央副总书记伊瓦什科以及苏联其他高级官员。

国务院总理李鹏在人民大会堂会见日本三菱商事株式会社社长诸桥晋六

外交部发言人段津就所谓犯人生产等问题在新闻发布会上答记者问

有记者问：曾在美国政府中任助理国务卿帮办的罗伯塔·科恩最近给《纽约时报》写信说，中国不仅利用犯人生产出口产品，而且还利用劳改犯到非洲从事劳务。你对此有何评论？

段津指出，这完全是造谣。为了维护我国对外技术劳务合作的信誉，我国有关企业派往国外执行劳务合同的人员都是经严格挑选、品德和技术都比较优秀的人员。罗伯塔·科恩这种别有用心的谣言不仅是对我劳务人员的污辱，而且也是对与我们进行经济合作的非洲国家人民的污辱。我们对此表示愤慨。

有记者问：据南朝鲜报纸报道，南朝鲜石油开发公社正在对位于群山西南310公里处进行海上石油钻探，中国对此有何评论？

段津说，我们注意到有关报道并关注此事。中国外交部发言人1973年3月15日曾发表声明，阐明了我在这一问题上的原则立场。

日本记者问，已有报道说美国总统布什星期三在华盛顿宣布延长给予中国最惠国待遇一年，中国的态度如何？

中国外交部发言人段津回答说，我们已注意到有关报道。我们希望美国方面从中美两国长远利益出发，审慎、妥善地处理这一问题。

解放军总参谋长迟浩田在国防大学举办的民兵工作集训班上发表讲话

迟浩田在全军《民兵工作条例》集训班上讲话时强调，在现代条件下要把国防后备力量建设摆到战略地位，立足现有基础，着眼未来发展，努力建设一支数量充足、质量较高、动员快速、机制完善的强大的国防后备力量。

迟浩田指出，没有后备力量的国防不是完整巩固的国防；没有后备力量的军队不是强大的军队。后备力量建设搞不好，关键时刻就会吃亏。坚持传统的民兵制度，搞好后备力量建设，这是我们的优势和长处，无论现代战争如何发展，人民战争思想这个法宝不能丢，坚持民兵制度不能动摇，后备力量建设不能放松。

国家教委发布《中学生体育合格标准实施办法》

北京奥运会申办委员会举行首次工作会议

北京2000年奥运会申办委员会日前举行第一次工作会议。北京奥运会申办委员会执行主席伍绍祖向与会者汇报北京奥运会申办委员会最近的工作进展情况。北京奥运会申办委员会副主席、中国奥委会主席何振梁介绍其他中国选手几个申办城市的申办工作情况。

会议还研究北京奥运会申办委员会会徽和宣传口号。

5月17日

中共中央总书记江泽民在苏联外交部新闻中心举行记者招待会

在记者招待会开始时，江泽民说，“今天是我访问苏联的第三天。三天来我同戈尔巴乔夫总统就双边关系和共同关心的国际问题交换了意见，还通报了各自的国内情况。”江泽民指出，“中苏双方一致表示愿意在和平共处五项原则的基础上进一步发展睦邻友好关系。在国际问题上，双方的主张有不少是相同或相近的。这些都会反映在即将发表的中苏联合公报里。”

接着，江泽民回答各国记者提出的问题。

莫斯科电台记者问江泽民总书记，访问期间是否实现了会见一些老朋友的愿望？

江泽民说，“昨天我同一些老朋友见了面。中国俗话说：‘故友重逢，分外高兴。’今天我又去参观了我曾在那里工作过的利哈乔夫汽车厂，见到了许多老朋友，共叙了友情。同时，我也看到苏联人民在建设中取得了不少成就。我离开苏联已有三十五年了，一些比我年长的老朋友已经去世。但我有机会同他们的子女和家属见了面。”

日本记者问：“在同戈尔巴乔夫的会谈中，是否提到了关于党的路线和社会主义建设的问题，双方是否有分歧？”

江泽民答：“我觉得你有兴趣想了解我们的分歧，但我这次来是为了促进两国睦邻友好关系进一步发展。中苏人民友谊源远流长，两国有七千多公里的共同边界线，两国经济有互补性，发展睦邻友好关系是两国人民的根本利益所在。我充分相信，这次访问必将会把两国友好关系继续推向前进。”

塔斯社记者问：“中国领导如何评价海湾战争后的国际形势？”

江泽民答：“我们对国际形势的基本看法不论在海湾战争前还是在海湾战争后都没有改变。我们一向奉行独立自主的外交政策，一向希望在这个世界上大家都为和平与发展贡献自己的力量。”

俄罗斯电视台记者问，这次访问期间签署了中苏东段边界协定，西段边界协定何时签？

江泽民说，中苏东段边界协定是双方经过长期谈判取得的结果。本着东段边界协定的精神，双方继续进行友好协商，互谅互让，其他的边界问题也会解决。

西班牙记者问江泽民：“你是如何看待苏联改革的？”

江泽民答：“我们历来主张各国的建设方针应当根据各国的具体情况来确定。改革也是一样。我想，苏联根据自己的情况，有它自己的改革方针。我理解你希望我谈谈对苏联改革的看法，很抱歉，在短短的三天访问时间内，我不可能全面了解苏联改革的情况。如果你有兴趣了解中国的改革，我倒可以谈一些看法。”

美国广播公司记者问：“你们是否讨论了关于武器交易的问题？”

江泽民说：“自1989年中苏关系正常化以来，我们两国和两党开始有了正常交往，各个领域的合作也在顺利发展。两国军方有所交往是很正常的。但是我这次来没有和苏联方面谈军事合作问题。”

摩洛哥通讯社记者提出两个问题：一，你同戈尔巴乔夫谈过社会主义问题没有？据我们理解，苏联进行的改革是政治体制的改革，中国保留了现有体制，进行的是经济改革。二，你如何看待苏日关系和它们的前景？

江泽民答：“我在会谈中向苏联方面介绍了国内情况，我们坚持走建设有中国特色的社会主义道路。在经济改革方面，我们搞有计划的商品经济，把计划经济与市场调节结合起来。社会主义制度是中国人民自己在长期斗争中选择的。苏联也强调坚持社会主义选择。我经常对一些去中国访问的外国领导人说，世界是多样的，应当有各种各样的制度。不仅有资本主义制度，同时也有社会主义制度。各国采取什么制度，完全应该由各国人民自己去选择。”

关于苏日关系问题，江泽民总书记回答说，“我们很高兴地看到不久前戈尔巴乔夫总统对日本进行了正式访问。苏日关系的改善，有利于亚洲和太平洋地区的稳定。但这次会谈中，我们没有谈到这方面的问题。”

阿塞拜疆共产党机关报驻莫斯科记者问：“你是否认为中苏双方关系已恢复到50年代的友好水平？如果没有恢复，是否两国之间还存在问题？如果有，那是什么问题？”

江泽民答：“1989年5月戈尔巴乔夫同志到中国和邓小平同志举行高级会晤，使两国关系实现了正常化。所谓正常化，就是既不是恢复到过去50年代那种结盟关系，也不是回到六七十年代的对抗关系。我们现在的关系是建立在和平共处五项原则基础上的新型关系。实践证明，这种新型关系经受住了国际风云变幻的考验，是有生命力的。”

中共中央总书记江泽民在莫斯科克里姆林宫发表题为《走向二十一世纪的中国》演讲

亲爱的同志们、朋友们：

我受戈尔巴乔夫同志的盛情邀请，在春意盎然的5月来到苏联访问，感到非常高兴。今天在座的很多都是关心和熟悉中国的同志和朋友，能同大家见面，感到特别亲切和愉快。这次，我带着中国各族人民对苏联各族人民的友好情谊和美好祝愿到你们国家访问。两天来，我们受到了苏联领导人和各界人士的热烈欢迎，感受到苏联人民对中国人民的诚挚感情。昨天，我和我的同事们同戈尔巴乔夫同志举行了会谈，同苏联和苏共其他一些领导同志进行了会晤。我们就发展双边关系以及当前国际形势和共同关心的国际问题，广泛交换了看法，并且相互通报了各自国家的国内形势和改革情况。我们对会谈结果表示满意。

同志们还记得，两年前的这个时候，邓小平同志与戈尔巴乔夫同志举行了历史性会晤，结束过去，开辟未来，在中苏关系的历史上揭开了新篇章。

我们高兴地看到，两年以来，由于双方的共同努力，中苏关系在各个方面都取得了新的进展。两国、两国共产党领导人之间保持了接触和联系。经济贸易关系进一步发展。科技、教育、文化、体育等各方面的交流日益增多。群众团体、民间组织、学术单位以及人民之间各种形式的交流活动逐步开展。两党交往的正常进行和健康发展，推动了两国友好合作关系和两国人民友谊的发展。

事实说明，中国和苏联两个伟大的社会主义国家建立和发展长期稳定的睦邻友好关系，符合两国人民的根本利益，符合维护世界和平与稳定的利益。我们认为，由于两国历史背景、社会状况、经济和文化发展水平有差别，在一些问题上存在不同的意见和看法是自然的和正常的。重要的是，不应因这种不同和差异而影响国家关系的正常发展。中苏关系两年来能够得到健康正常的发展，是因为我们双方都十分珍惜和重视重新正常化了的关系，是因为我们在国家关系方面都遵循互相尊重主权和领土完整、互不侵犯、互不干涉内政、平等互利、和平共处的原则，在党际关系方面都恪守独立自主、完全平等、互相尊重、互不干涉内部事务的原则。中苏关系的改善和发展不针对任何第三者，不针对任何其他国家。我们在今后相互交往中将继续遵循这些原则。我们相信，中苏关系的发展有着广阔的前景。我们将作出自己的积极努力，继续发展两国和两国共产党的友好合作关系，进一步巩固和发展两国人民的伟大友谊。

尊敬的同志们！新世纪来临的脚步声已清晰可闻。再过十年，人类将进入二十一世纪。这是一个重要的历史时期。本世纪的最后十年，是中国社会主义现代化建设历史进程中非常关键的时期。中国共产党十三届七中全会和全国人民代表大会七届四次会议，为今后十年中国的经济和社会发展确立了前进的方向和规划了宏伟的蓝图。这对于保证我们国家和民族在二十一世纪的发展，具有重大和深远的意义。中国人民在中国共产党的领导下，正在为实现国民经济和社会发展的第二步战略目标而努力奋斗。

一、坚定不移地走建设有中国特色的社会主义道路

大家知道，中国曾经是经济、文化落后的半封建半殖民地国家。中国从十九世纪中叶起的百年之中，备受帝国主义的欺凌和侵略，饱经忧患和屈辱。为了拯救国家和振兴中华，许多志士仁人在黑暗中摸索，前仆后继，英勇牺牲。但都没有成功。十月革命一声炮响，给中国送来了马克思列宁主义。马克思列宁主义同中国工人运动相结合，诞生了中国共产党。中国人民在中国共产党的领导下，经历了长期艰苦卓绝的斗争，终于推翻了压在人民头上的帝国主义、封建主义、官僚资本主义三座大山，建立了新中国。

中华人民共和国成立40多年来，各方面取得了巨大的成就。在中国共产党的领导下，全国各族人民共同努力，克服种种困难，把中国由一个贫穷落后的国家，建设成初步繁荣昌盛的社会主义国家。经过40多年的奋斗，我们解决了占世界1/5人口的温饱问题；建立了独立的、门类比较齐全的工业体系和国民

中国重视同周边国家发展睦邻友好关系。中苏关系正常化两年来，两国关系有了进一步发展。我们支持朝鲜民主主义人民共和国为促进朝鲜自主和平统一而提出的建议。我们将继续同有关各方一起，为朝鲜半岛局势的缓和与稳定作出积极的努力。中国同印度的关系有了明显的改善，中印两国建立持续稳定的睦邻友好关系，符合两国人民的根本利益，也有利于亚洲的和平与稳定。我国同巴基斯坦、孟加拉国、尼泊尔、斯里兰卡、缅甸等国家的友好合作关系在不断扩大。中国同泰国、马来西亚和菲律宾的友好关系有了较大的发展。中国一贯重视发展同日本的友好合作关系，世世代代和平友好相处是中日两国人民的共同愿望。中国同印度尼西亚共和国恢复了外交关系，同新加坡共和国建立了外交关系，为我国发展同这两个国家的友好关系开辟了广阔的前景。我国同蒙古人民共和国和老挝的双边交流与合作在进一步扩大。在国际社会的共同努力下，柬埔寨问题的政治解决取得了重大进展。中国愿意在联合国有关文件的框架内，同国际社会一道，为尽早全面、公正和合理地政治解决柬埔寨问题而努力。随着柬埔寨问题政治解决的进展，中国和越南关系也将逐步实现正常化。中国将继续致力于改善和发展同周边国家的友好合作关系，为维护亚洲和世界的和平与稳定作出积极的贡献。

为了确立国际间正常的关系，为了二十一世纪的世界和平，需要建立国际新秩序。中国主张在和平共处五项原则的基础上建立国际政治经济新秩序。和平共处五项原则是相互关联的，而最重要的一条是互不干涉内政。中国不谋求霸权，也反对任何形式的霸权主义和强权政治，反对任何国家以任何形式粗暴地干涉别国内政，把自己的政治制度、经济制度和价值观念强加在别国头上。只要霸权主义和强权政治还没有退出历史舞台，世界就不得安宁。中国主张世界上所有国家不论大小、富贫、强弱，都一律平等，坚决反对以大欺小、以富压贫、以强凌弱。各国的事应由各国人民自己去管，世界上的事应由各国协商解决。国际政治新秩序同国际经济新秩序是密切相关，不可分割的。国际经济新秩序已提出多年。但现在发达国家与发展中国家的经济差距越来越大，富者愈富，贫者愈贫，许多发展中国家经济困难加剧。不公正、不平等的国际经济旧秩序不消除，广大发展中国家经济得不到发展，世界的和平与稳定也将难以得到确实保障。

尊敬的同志们！50年代我曾经在贵国生活了一段时间，留下了美好的印象。苏联是一个伟大的国家，苏联人民是伟大的人民。苏联幅员辽阔，资源丰富，有悠久的历史，优秀的文化传统，先进的科学技术和深厚的工业基础。在你们美丽的土地上，培育了一代又一代的革命家、思想家、科学家、文学家、艺术家。苏联是列宁的故乡，十月革命的故乡。苏联人民在第二次世界大战中作出了极大的民族牺牲，同世界其他国家人民一起，使人类免遭更大的浩劫。世界人民将永远铭记苏联人民对世界文明历史作出的这一伟大贡献。苏联各族人民在70多年的社会主义建设事业中所取得的巨大成就，是无法否认的。

中苏两国人民之间的友谊源远流长。中苏关系的正常发展，不仅符合两国人民的共同愿望和根本利益，而且有助于亚洲和太平洋地区的和平与稳定，有利于整个国际关系的改善。现在，两国关系已经进入了一个新的阶段。让我们共同努力，使两国的睦邻友好关系，不仅在本世纪，而且在二十一世纪继续保持和巩固。

祝愿中苏两国人民的伟大友谊不断发展！

中共中央总书记江泽民晚上在苏联中央电视台发表讲话

国家主席杨尚昆在人民大会堂会见加蓬共和国总统国家元首哈吉·奥马尔·邦戈

国务院总理李鹏在人民大会堂分别会见出席全国信访工作理论研讨会和全国乡镇企业第二届出口工作会议的代表

国务院副总理田纪云、邹家华，国务委员陈俊生，国务院秘书长罗干等，也参加会见。

会见前，李鹏对中办、国办信访局负责人说，信访工作是一项很重要的工作。在加强党和政府同人民群众的联系，维护社会稳定，纠正不正之风，落实党的政策等方面，信访工作做出了应有的贡献。

李鹏说，我们党的根本宗旨是为人民服务。党的事业是人民的事业；人民关心的问题，也是党和政府关心的问题。你们受党和政府的委托从事信访工作，要认真听取群众的意见，实事求是，秉公办事，正确执行和宣传国家的法规与党的政策，处理好群众提出的问题。各级党委和政府要切实加强对信访工作的领导。

李鹏希望从事信访工作的同志们继续发扬全心全意为人民服务的精神，为维护我国的安定团结、促进改革开放、稳定发展经济做出新的贡献。

李鹏与国家计委、农业部、经贸部负责人谈到乡镇企业工作时说，发展乡镇企业，是党中央、国务院作出的符合我国国情的战略决策，是从根本上发展农村经济、改善农民生活水平的一项重大措施，是建设有中国特色的社会主义的重要组成部分。各级领导和各行各业，都要把发展乡镇企业提高到在新的历史时期加强工农联盟、实现第二步战略目标和“小康”水平的高度来认识，给予积极扶持，正确引导，使其不断完善、发展、壮大、提高。

李鹏说，乡镇企业的外向型经济今后还要继续发展，但要把提高产品质量，提高档次，调整产品结构，增加经济效益放在首位，并要依靠科技进步，把乡镇企业外向型经济提高到一个新水平。

首届全国依法治厂金帆奖颁奖大会在北京举行

首届全国依法治厂金帆奖颁奖大会在人民大会堂举行。中共中央政治局常委乔石、全国人大常委会副委员长彭冲、王汉斌等领导同志向获得金帆奖的10家企业和获得金帆奖提名奖的35家企业的代表颁奖。

由中国经济法研究会、中国企业管理协会和法制日报社联合举办的首届全国依法治厂金帆奖评选活动，旨在总结企业依法治厂的经验，进一步推动企业把经营管理活动纳入法制化的轨道。在地方推荐的基础上，由国家有关部门的领导、专家组成的评委会评定上海第五钢铁厂、大庆石油管理局、东北制药总厂、鞍山化纤毛纺织总厂、国营长虹机器厂、北京燕山石油化工公司、西安仪表厂、青岛电冰箱总厂、铁道部戚墅堰机车车辆工厂、鞍山钢铁公司获得首届金帆奖。

中国和苏联两国外交、国防、经贸部长和两党党务、联络部门负责人在莫斯科分别举行对口会谈

中国国务委员兼外交部长钱其琛同苏联外交部长别斯梅尔特内赫；

中国国防部长秦基伟同苏联国防部长亚佐夫；

中共中央书记处候补书记兼中央办公厅主任温家宝同苏共中央总务部长博尔金；

中共中央对外联络部长朱良同苏共中央书记兼国际部长法林；

中国对外经济贸易部长李岚清同苏联对外经济联络部长卡图谢夫。

中共中央党校校长乔石在人民大会堂会见以鲁道夫·格里戈里耶维奇·雅诺夫斯基院长为团长的苏共中央社会科学院代表团

国家副主席中国国际友好联络会名誉会长王震在人民大会堂会见日本众议员加藤卓二

经国家教委批准中国汉语水平考试(HSK)开始在新加坡日本和澳大利亚进行考试试点

5月18日

国务院总理李鹏在人民大会堂同加蓬共和国总统哈吉·奥马尔·邦戈举行会谈

李鹏在会见中说，多年来，两国互相支持，在许多国际问题上持相同或相似观点。

李鹏说，当前，世界变得更加动荡不安，新旧矛盾并存，南北差距更加扩大，许多发展中国家债务沉重，不平等交换加剧。李鹏指出，现在谋求在和平共处五项原则基础上建立国际政治经济新秩序是十分必要的。中国愿同包括加蓬在内的第三世界国家就如何建立国际政治、经济新秩序进行探讨。

李鹏说，中国高兴地看到，非洲国家正联合自强，并积极准备成立非洲经济共同体，努力加速地区经济合作，为探索适合本国国情的发展道路不断作出新的努力。

在谈到国内形势时，李鹏说，20世纪最后10年，对中国来说是极为重要的发展阶段。中国将本着十年规划的要求，持续、稳定、协调发展经济；坚持改革开放政策，逐步提高人民生活水平。

国务委员陈俊生在第二届全国乡镇企业出口工作会议上作关于加快乡镇企业外向型经济发展步伐的报告

第二届全国乡镇企业出口工作会议在北京召开。陈俊生在会上作关于加快乡镇企业外向型经济发展步伐的报告。

陈俊生说，党的十一届三中全会以来，我国经济生活最显著的变化之一，就是乡镇企业“异军突起”，它一出现就闪现出灿烂光辉。乡镇企业的蓬勃发展，壮大了农村经济，安排了2286万个劳动力就业，改善了农民生活，为实现具有中国特色的农业现代化和工业现代化开辟了一条新的途径，在实践中乡镇企业创立了一套灵活有效的企业机制。乡镇企业的产品在面向国内市场的同时，出口规模不断扩大，“三资企业”、“三来一补”企业发展迅猛，出口创汇能力显著提高，取得了令人瞩目的成就。部分乡镇企业出口产品在我国外贸中已占到相当大的比重。

陈俊生说，乡镇企业在实现国民经济十年规划和“八五”计划的历史进程中，担负着重要的历史使命。因此，按照“积极扶持、合理规划、正确引导、加强管理”的指导方针，大力发展乡镇企业，推动乡镇企业出口创汇，是实现社会主义现代化建设第二步战略目标的全局性问题。

陈俊生指出，党中央和国务院对乡镇企业发展出口生产一直非常重视，并寄予厚望。我们要坚决贯彻落实党的十三届七中全会精神，认真总结乡镇企业出口创汇的基本经验，加快乡镇企业外向型经济的发展步伐，为此，提出几点要求：

第一，要大力提高产品质量。产品质量是企业的生命，国际市场的竞争，归根到底是质量的竞争。乡镇企业要把推进技术进步，提高产品质量作为头等大事来抓，在全体职工中强化质量意识，不断提高产品质量和档次，改善和优化出口产品结构，依靠科技进步，提高出口产品的附加值。

第二，要加强企业管理。企业管理决定着乡镇企业外向型经济效益的好坏，是进一步发展外贸出口生产的重要保障。乡镇企业要扎扎实实地做好企业管理的各项基础工作，要时刻注意发挥经营者和生产者两个积极性，切实把管理水平搞上去。

第三，要进一步推动工贸结合。从今年开始，我国对外贸易体制做了进一步改革和完善。乡镇企业和外贸部门要抓住有利时机，变困难为机遇，变压力为动力，积极发展多种形式的联营与协作，加强乡镇企业出口生产体系建设，把工贸结合提高到一个新水平。

第四，要积极与国营大中型企业搞好协作配套。乡镇企业担负着与国营大中型企业协作和配套的任务，双方要互相支持，互相促进，优势互补，联合起来扩大外贸生产。

第五，在沿海和有条件的地区要积极发展"三资企业"和"三来一补"企业。

陈俊生说，这次会议的召开，标志着乡镇企业出口创汇进入了一个新的发展阶段。

中英关于香港新机场问题的工作会谈在钓鱼台国宾馆进行

中英双方首席代表会谈前向新华社记者发表讲话。

中方首席代表陈佐洱对记者说，中方一贯认为，为了保持香港的长期繁荣稳定，跨越1997年的香港新机场工程应当按照"投资少、效益高、给香港造福而不带来包袱"的原则进行。

陈佐洱说，在前几次会谈中，尽管还有些问题尚待解决，但每次会谈都取得一定的进展。他希望会谈双方共同努力，积极合作，争取早日就新机场问题达成协议，因为"这既符合7年前两国政府联合声明中关于香港进入过渡时期后半段要进行更密切合作的精神，也将增强绝大多数香港市民对7年后光明未来的信心"。

英方首席代表安德鲁·伯恩斯说，他相信会谈双方将以认真负责的态度进行讨论。他说："如双方能就支持建新机场的安排达成协议，这将是中英联合声明签署以来双方继续合作的一个重要里程碑。"

国务院副总理田纪云在人民大会堂会见台湾华塑关系企业集团董事长赵廷箴

地矿部授予西北石油地质局共产党员王守忠特等劳动模范称号

国务院总理李鹏在人民大会堂会见世界银行副行长卡劳斯曼诺古

中共中央政治局常委乔石会见古巴总检察长拉蒙·德拉克鲁斯·奥乔亚

中国新任驻巴基斯坦特命全权大使周刚向巴基斯坦总统伊沙克·汗递交国书

中国贸易展览会在沙特开幕

中国贸易展览会在沙特阿拉伯麦加省吉达市国际展览中心开幕。本届展览会，是中沙两国建交后中国在沙特阿拉伯举办的第一个大型综合性贸易展览会，也是海湾战争后沙特阿拉伯接待的第一个规模较大的外国贸易展览会。

卫生部百项成果推广计划开始实施每年10项十年完成

5月19日

中国和苏联发表《中苏联合公报》

一、应苏维埃社会主义共和国联盟总统、苏联共产党中央委员会总书记米·谢·戈尔巴乔夫的邀请，中国共产党中央委员会总书记、中华人民共和国中央军事委员会主席江泽民于1991年5月15日至19日对苏联进行了正式访问。

江泽民和米·谢·戈尔巴乔夫在友好、坦率和求实的气氛中就中苏关系的各个方面和共同关心的迫切国际问题交换了意见。

在访问过程中，江泽民还会见了苏联最高苏维埃主席阿·伊·卢基扬诺夫和苏联总理瓦·谢·帕夫洛夫。中国贵宾访问了列宁格勒。

二、中苏领导人的这次会晤是1989年5月邓小平同米·谢·戈尔巴乔夫高级会晤的继续。双方高度评价中苏关系正常化的重要意义，重申将继续遵循北京会晤所达成的协议和1989年5月18日《中苏联合公报》所阐明的各项原则。双方满意地指出，经过共同努力，两国在政治、经贸、科技、文化、军事等领域的友好、合作关系正在稳定地发展。

双方珍惜已经取得的成果,将进一步发展友好、睦邻、互利合作关系。这不仅符合两国人民的利益和愿望,而且有助于维护世界的和平与稳定。

三、中国共产党和苏联共产党之间不断增强的联系,在整个中苏关系中起着重要的作用。过去的两年证明,在当前条件下交流情况与看法,交流党的工作经验是有益的。两党之间的交往今后仍将按照独立自主、完全平等、互相尊重、互不干涉内部事务的原则进行。

四、中国和苏联对两国经济贸易联系规模的扩大和形式的增多给予积极的评价。两国经济上存在着互补性,具有相当的合作潜力。两国将继续努力完成经济和科技合作长期纲要以及这一领域的其他协议,扩大综合性的互利合作,发展中国各省、自治区、市和企业与苏联各共和国、边疆区、州和企业之间直接的和边境的联系,保证中央机关给予它们支持。发展现汇贸易,支持采用世界通用的各种贸易形式。双方声明,将积极探索经济合作的新途径、新方法,以及同第三国在实现各种经济项目方面合作的可能性。双方愿意广泛交换经济和科技信息,交流经济改革经验。双方将继续共同努力,使两国经贸合作在平等、互利的基础上发展得更有成效。

五、中国和苏联将促进两国公民的交往,开展立法机关、各部、委和社会团体之间的交流与合作。双方将致力于进一步发展科学、文化交流,加强教育、体育等领域的联系。

双方商定促进法律领域的交流与合作,制订和缔结关于民事和刑事司法协助的协定。中国与苏联的主管机关将在与有组织的犯罪、国际恐怖活动、贩毒、走私和其他犯罪活动的斗争中合作。这方面的合作形式和办法将专门商谈。

六、双方肯定了两国边界谈判中取得的积极进展,并以条约法律的形式将取得的成果确定下来,欢迎东段边界协定的签订。双方将本着 1989 年 5 月《中苏联合公报》的精神,继续就尚未商定的地段加紧谈判,以便公正、合理地解决历史遗留下来的中苏边界问题。

双方指出,两国政府签署的《关于在中苏边境地区相互裁减军事力量和加强军事领域信任的指导原则协定》,对维护边境地区的安宁和稳定作出了积极贡献,并增进了两国之间的相互信任。双方将继续积极进行谈判,以便取得实际的成果。

双方表示两国军队将保持正常友好往来。

七、中国方面重申,中华人民共和国政府是代表全中国的惟一合法政府。台湾是中国领土不可分割的一部分。中国方面坚决反对旨在制造"两个中国"、"一中一台"、"一国两府"或"台湾独立"的任何企图和行动。苏联支持中国的这一立场。

八、中国和苏联领导人相互通报了当前本国的政治、社会、经济情况。他们认为,经常就这些问题交换意见是有益的。双方某些观点的差异和不同做法是自然的,并不妨碍双边关系的正常发展。

双方指出,社会主义作为一种新生的社会制度,在发展过程中难免会遇到困难和矛盾。从两国各自的实际出发,双方认为,为了发挥社会主义的潜力,改革是必要的。保持国家和社会的稳定是改革的重要条件。改革没有统一的模式。各国人民有权根据本国国情独立自主地决定本国的事情。

九、米·谢·戈尔巴乔夫通报了为保留作为革新了的主权共和国联邦的苏联所作的努力,通报了即将签订新的联盟条约。中国方面对积极解决这一问题的重要性表示理解。

十、中苏领导人就当前的国际形势的重大问题交换了意见。他们认为,苏美关系改善,裁军取得进展,一些地区冲突缓解或出现了政治解决的前景,这是国际形势的积极变化。与此同时,双方指出,在各种矛盾交织的情况下,世界局势远不是稳定的。双方对不合理的国际经济关系,特别是发展中国家与发达国家的差距拉大、债务问题愈趋严重和国际贸易条件恶化表示关切。双方将继续促进国际局势正常化、裁减军备和解决地区冲突的进程。双方重申,中苏两国都不在世界上谋求霸权,同时也反对国际政治中任何形式的霸权主义。

十一、中国和苏联对加深亚太地区的睦邻关系、多方面的合作、安全与稳定赋予重大意义,认为这有助于该地区各国和全世界的和平与发展。近几年来,这里发生了一定的积极变化,同时也还有不稳定因素,存在着热点和尚未解决的冲突。双方相信,涉及亚太国家共同利益的政治和经济问题应该通过政治对话平等协商解决。

中国和苏联准备为使亚太地区成为开放、合作和繁荣的地区而共同努力。

十二、双方希望尽快全面、公正、合理地解决柬埔寨问题,认为联合国安理会五个常任理事国框架文件是全面政治解决柬埔寨问题的良好基础,支持柬埔寨问题巴黎国际会议两主席和联合国秘书长的努力,呼吁柬埔寨各方尽快在上述文件基础上达成一项全面解决柬埔寨问题的协议。

十三、中国和苏联认为,缓和朝鲜半岛的局势对东北亚的安全与稳定具有重要意义。双方对朝鲜半岛最近发生的积极变化表示欢迎,重申支持朝鲜北南双方通过对话与协商和平统一朝鲜。希望北南双方继续对话,以进一步改善相互关系,并呼吁各方避免采取有碍于半岛局势缓和及朝鲜和平统一的任何行动。

十四、双方深切关注海湾局势和整个中东地区的事态发展，认为必须尽快克服不久前海湾冲突的后果。双方认为，该地区的事务主要应由本地区的国家和人民通过谈判解决。

中国和苏联对中东问题仍未解决感到忧虑。国际社会，特别是联合国应更加积极地参与建立这一地区的和平与稳定，采取实际措施来履行联合国就中东问题通过的决议，使其得到公正、持久的解决。作为联合国安理会常任理事国，中国和苏联将继续致力于中东问题的全面解决，其中包括巴勒斯坦问题的解决。

十五、双方指出，苏美就削减进攻性战略武器谈判如能取得成果并付诸实施，对巩固世界安全具有积极意义，并将为继续采取导致最终全面、彻底销毁核武器的措施奠定基础。双方主张尽快制订全面禁止和彻底销毁化学武器的公约，主张增强关于禁止生物武器公约的效力，并就太空非武器化达成协议。

十六、中国和苏联主张加强联合国在为各国人民生活创造和平条件、为各国的稳定和安全提供保障方面的作用。作为联合国安理会常任理事国，两国准备同其他国家一道，促进提高该组织的效率，使之在国际事务中，在解决经济、社会、人口、生态和其他全球性问题方面发挥更加积极的作用。

十七、双方主张建立公正的国际政治和经济新秩序，这一秩序有利于人类的发展，符合世界和平的利益，反映世界各国人民的共同愿望。

这种秩序应该建立在国与国交往的普遍原则的基础之上，即：互相尊重国家主权和领土完整、互不侵犯、互不干涉内政、平等互利、和平共处。

各国都有权根据自己的特点选择社会制度、意识形态、经济模式和发展道路，这方面的差异不应妨碍各国之间的正常关系和合作。国家不分大小、强弱、贫富，在参加讨论和解决世界事务方面都具有平等的权利。

国际争端应通过和平谈判的途径解决。在国家关系中不得强加于人，不得使用武力和以武力相威胁。

为了共同发展和繁荣，各国应在平等互利的基础上发展经济联系，建立公正的国际经济关系。提供援助不应附带政治条件。

国际新秩序的形成是一个长期而复杂的过程，国际社会所有成员的积极参与，尊重联合国宪章，履行公认的国际法准则，是建立国际新秩序的条件。

中国和苏联准备同各国一道，继续为建立国际新秩序而努力。

十八、中国和苏联领导人对会晤的结果给予高度评价。中苏两国、中国共产党与苏联共产党之间的关系，两国人民之间的传统友谊，正在掀开新的一页。两国领导人对此感到满意。

双方一致认为，两国领导人之间的政治接触和对话是重要的和有益的，今后将继续下去。

江泽民对苏联方面的热情接待表示感谢，并邀请米·谢·戈尔巴乔夫在他方便的时候访问中国。

米·谢·戈尔巴乔夫对此表示感谢并接受邀请。

国务院总理李鹏在西藏和平解放四十周年前夕答新华社记者问

记者问：可否请李总理谈谈 1951 年 5 月 23 日签订的西藏和平解放办法的协议的历史意义？

李鹏答：40 年前的情况，我们这一代人记忆犹新。1949 年，解放全中国的人民革命战争的浪潮席卷全国。在胜利的形势下，北京、湖南、新疆、云南等地以和平的方式获得了解放，祖国大陆当时只有西藏尚未获得解放，帝国主义侵略势力及其在西藏的影响尚未清除。西藏的解放不仅是大势所趋，也是藏族人民和爱国人士人心所向。正是在这个背景下，中央人民政府和毛泽东主席作出了重要决策，敦促原西藏地方政府派代表来京谈判，签订了和平解放西藏办法的协议。西藏的和平解放是中国现代史上一件大事。中国人民解放事业至此在大陆取得了完全的胜利，祖国各族人民在新的历史条件下团结在一起，西藏地方历史也从此开辟了一个新时代。

问：和平解放以来，西藏发生了哪些重大变化？

答：40 年来，西藏发生了多方面的深刻变化，取得了多方面的巨大进步。大量事实举不胜举。这里，我只讲两条，第一，废除了黑暗、落后的封建农奴制度。这的确是一个翻天覆地的深刻变化。在封建农奴制度下，占西藏人口 95%以上的农奴和奴隶长期被残酷压迫、剥削和奴役。民主改革后，他们翻了身，当了家，做了国家的主人，走上了社会主义道路。大批藏族工人、知识分子和干部成长起来，担负起建设和管理西藏的重任。西藏人民和其他各族人民一样真正享有了宪法和法律规定的民族平等和民族区域自治等各项民主权利。第二，经济、文化建设取得了令人瞩目的成就。和平解放以前，西藏的社会生产力受到严重束缚，经济文化长期停滞，人民生活极端贫困。40 年来，西藏的农牧业生产有了很大发展，去年粮食产量创历史最高水平。现代工业从无到有。能源、交通条件大为改善。党和国家的民族、宗教、统战政策得到西藏人民和各界爱国人士的衷心拥护。藏族优秀的传统文化得到继承和发展。教育、科学、文化、卫生事业已具有一定的规模。人民生活水平显著提高。这些变化和成就是西藏历史上任何一个时期都无法比拟的。我看无论什么人，不管他的意识形态和价值观念如何，如果他到西藏实地去看一看，如果他尊重客观事实，那我相信，对于这两条变化是会找到完全相同或相近的看法的。

问：对今后西藏的经济和社会发展，中央有何考虑？

答：党和政府历来十分关心和重视西藏的经济发展与社会进步。从1952年到1990年，中央政府对西藏财政拨款和基建投资就达177.7亿元，而从未向西藏财政征收过一元钱。这是西藏得到迅速发展的一个重要原因。今后，中央政府将一如既往地执行有利于西藏经济、文化发展，有利于改善西藏人民生活的各项政策，继续动员全国各族人民大力帮助西藏进行开发和建设，大力支持西藏自治区实现"八五"计划和十年规划。国务院已经决定，用10年时间，投资10亿元，帮助西藏对"一江两河"流域进行综合开发。西藏的羊卓雍湖电站、机场和公路的改扩建等一批能源、交通建设项目已列为国家重点工程。国家的帮助与西藏人民的努力结合起来，一定能够使西藏同全国其他地区一道，在建设具有中国特色的社会主义大业中共同发展、共同繁荣。

问：中央政府对达赖喇嘛的政策是否有变化？

答：中央政府对达赖喇嘛的政策是一贯的，现在也没有变化。我们的根本原则只有一条，即西藏是中国不可分割的一部分。在这个根本问题上没有任何讨价还价的余地。中央政府一贯表示愿意同达赖喇嘛进行接触，但是达赖喇嘛必须停止从事分裂祖国的活动，改变"西藏独立"的立场。除了"西藏独立"不能谈，其他问题都可以谈。

我们注意到，近一个时期来，达赖喇嘛仍在大肆宣扬"西藏独立"，这怎么能为接触创造必要的气氛呢？双方过去的接触没有成果、现在不能进行谈判，责任完全在达赖喇嘛没有改变分裂祖国的立场。人们期望达赖喇嘛以祖国统一、民族团结为重，采取正确的态度，作出正确的选择。

问：中央政府对国外藏胞采取什么政策？

答：中央政府对国外藏胞的处境一直十分关注，对他们实行"爱国一家，爱国不分先后"的政策。"爱国一家"，就是要在爱国主义的基础上实现大团结。"爱国不分先后"，就是说即使过去有分裂主义行为的人，只要停止从事分裂祖国的活动，改变"西藏独立"的立场，就会受到国家和人民的欢迎。前些年，有少数分裂主义分子利用来去自由的机会进行分裂祖国的活动，甚至在西藏策划、煽动骚乱，这是绝对不能允许的。对居住在国外的藏胞，政府希望他们做到心向祖国，欢迎和支持他们为维护祖国统一、民族团结做贡献。

问：最近，国外在所谓西藏"人权"问题和藏族人口问题上议论很多，对此，您有何评论？

答：对于一个民族来说，人权首先是人民的生存权、发展权。在旧西藏，广大农奴和奴隶不仅没有任何社会和政治权利，而且连基本的生存条件也得不到保障。他们的人身依附于农奴主和贵族，连起码的人身自由都没有，哪里谈得上有什么人权？只是1959年民主改革后，他们才真正享受到为宪法和法律所保障的民主、自由和人权。西藏的人权状况如何，是在过去的封建农奴制度下享有人权，还是在现在的社会主义制度下享有人权，西藏人民是有着切身感受的，也是最有发言权的。任何不带偏见的人，只要把新旧西藏状况作一个对比，就不难得出符合事实的结论。国外某些势力制造所谓西藏"人权"问题的种种舆论，粗暴干涉我国内政，这是包括西藏人民在内的全体中国人民绝对不能答应的，也是违反公认的国际关系准则的。至于西藏的藏族人口问题，这里，我只讲一个事实，在和平解放以前的数百年间，西藏的人口几乎没有增加，而和平解放以后西藏的藏族人口在40年中增长了一倍，从解放前夕的约100万人，增加到1990年的209万。根据去年全国人口普查的结果，藏族人口占西藏自治区总人口的94.46%。这些事实足以戳穿国外有些人捏造的种种谎言。

全国信访工作理论研讨会在北京结束

会议要求各级党政领导机关切实加强对信访工作的领导，使这项工作更好地为实现我国国民经济发展十年规划，为维护安定团结作出贡献。

会议于16日召开。

国务院副秘书长安成信在会议上说，做好信访工作是发扬社会主义民主的需要，是党密切联系群众的需要，也是处理和调解各种社会矛盾的需要。根据党中央的要求，各级党和政府的领导同志要充分认识信访工作的重要性，加强领导。同时要关心从事信访工作的同志，从思想上、理论上、业务上进一步提高这支队伍的素质，使他们成为人民群众的知心人，当好领导者的参谋和助手。

会议认为，近几年来，各地、各部门对信访工作的认识有了普遍的提高，信访工作网络已初步形成。从中央到地方，信访工作在发展经济、促进改革、稳定社会等方面发挥了积极的作用。

代表们认为，要使信访工作不断适应新的形势，提高信访工作的水平，必须运用科学的理论加以指导。作为社会科学的组成部分，信访理论研究也取得一系列的成果，这次研讨会共收到论文110篇，就信访工作的性质和功能、信访监督、信访信息、信访心理、信访法制等方面做了有益的探讨。

中办国办信访局局长郑幼枚也在会上讲话。

国家计委副主任甘子玉率领的中国大型采购团抵达华盛顿对美国进行访问

中国驻美使馆官员认为，我方的这一行动表明，中国政府决心扭转从美进口货物下降趋势和希望进一步发展两国经贸关系的诚意。

采购团是由7家全国性进口公司和广东、上海和天津等省市外贸单位的10个代表团组成的。除华盛顿外，该团还将前往纽约、旧金山、达拉斯、西雅图等地洽谈贸易，中国各代表团将按自己的需要采购大宗美国商品、技术和设备。

在美期间，采购团还将会晤美国政府高级官员，广泛接触美国工商界人士，进一步探讨扩大双边经贸往来的途径和方法。

这是中国政府自去年10月以来组织的第二个大型赴美采购团。第一个采购团于去年10月赴美，采购了价值达7亿美元的美国商品、技术和设备。

第二届多国城市交通会议暨展览会在北京开幕

第三届“陈省身数学奖”评奖在天津市揭晓

庆祝著名京韵大鼓表演艺术家骆玉笙艺术生涯60年大会在天津举行

5月20日

《人民日报》发表社论《中苏两国睦邻友好关系新的里程碑——祝贺江泽民总书记访苏圆满成功》

国务院批转国家体改委关于一九九一年经济体制改革要点

国务院同意国家体改委《一九九一年经济体制改革要点》，现转发给你们，请结合实际情况，认真贯彻执行。

一九九一年是实现国民经济和社会发展十年规划和“八五”计划的第一年。现在，我国政治、经济和社会稳定，为进一步深化改革创造了条件。各地区、各部门要振奋精神，以党的十三届七中全会通过的《建议》和七届全国人大四次会议精神为指针，加强对改革的领导，妥善处理改革、发展与稳定的关系，通过改革促进国民经济长期持续、稳定、协调地发展。

国家经济体制改革委员会关于一九九一年经济体制改革要点

今年是继续治理整顿、深化改革的重要一年。我国的经济体制改革，必须以党的十三届七中全会通过的《建议》和七届全国人大四次会议精神为指针，振奋精神，积极而稳妥地进行，促进国民经济持续、稳定、协调地发展。

一、当前经济形势与今年经济体制改革的主要任务。

（一）两年来，经过全党、全国人民的努力，治理整顿取得了阶段性成果，改革继续深化。压缩了过大的社会需求，有效地控制了通货膨胀，物价总水平稳定；农业获得了历史上最好的收成；工业生产逐步回升，国民经济正在向好的方向发展。当前，经济工作中存在的主要问题是，产业结构、产品结构和企业组织结构调整进展迟缓，市场销售回升缓慢，全民所有制工业企业，尤其是大中型企业困难较多，经济效益下降，国家财政困难较大。经济、财政和企业困难的原因是多方面的，既有企业本身的经营机制和管理问题，也有企业外部环境的因素，包括基本经济关系没有理顺，宏观管理体制不能适应深化改革和扩大对外开放的新情况等。所有这些困难和问题，只有依靠深化改革，才能逐步加以解决。

（二）一九九一年是“八五”计划的第一年，是“质量、品种、效益年”。经济工作的中心任务是调整经济结构和提高经济效益，把改革与发展紧密结合起来，更多地向生产要素合理流动和结构调整要效益，更多地向技术改造、技术进步和强化企业管理要效益。在继续治理经济环境、整顿经济秩序的同时，要深化改革，不断开拓国内外市场，尽快使企业特别是全民所有制大中型企业提高整体素质和竞争能力，使治理整顿、深化改革和稳定发展迈出新的步伐。

（三）根据经济工作的中心任务，今年的经济体制改革，要在保持现有各项重大改革政策措施的稳定性和连续性的前提下，围绕解决当前经济生活中的突出问题，积极稳妥地进行。经济体制改革的重点，要放在继续增强企业特别是全民所有制大中型企业活力上，改进企业管理，完善企业经营机制，并为此创造必要的外部条件。通过深化改革、促进企业产品结构，组织结构的调整，促进企业面向市场、面向用户，促进经济协调发展和经济效益的提高。

二、改革的重点是搞活企业特别是全民所有制大中型企业。

（四）全民所有制大中型企业是社会主义经济的脊梁。搞活企业特别是全民所有制大中型企业，是深化经济体制改革的中心环节，它不仅关系到国民经济的全面发展，而且关系到社会安定的大局。深化企业特别是全民所有制大中型企业改革，要在改善企业经营机制上下功夫，既要增强企业活力，又要提高企业自我约束能力。在完善和发展承包经营责任制的基础上，进一步深化企业内部改革。按照《企业法》的要求，切实落实企业的生产经营自主权。继续坚持政企职责分开，所有权与经营权适当分离，减少政府部门对企业生产经营的行政干预，使企业面向市场，强化经营意识和市场观念，积极开拓国内、国际市场，使企业在国家计划和产业政策的引导下，建立和完善开发新技术、新产品，提高产品质量，开展售前售后服务的一整套管理机制，并使之成为企业自觉的经营行为。

（五）按照稳定政策、稳定企业和坚持完善承包经营责任制的精神，加强对新一轮承包工作的组织领导，并针对存在的问题，做好落实工作。对一些长期亏损、产品无销路、技术管理水平低的企业，可根据自愿互利的原则，由有能力的优势企业承包或兼并，实行企业组织结构的调整。各地要在第一轮承包审计、兑现的基础上，大张旗鼓地宣传和表彰一批作出显著贡献的先进企业和优秀经营者，并认真总结经验，积极加以推广。继续完善工效挂钩办法，在确定和调整挂钩基数和浮动比例时，应参考投入产出比、劳动生产率等指标。进一步落实各种行之有效的经济责任制，进行以岗位技能工资制为主要形式的内部分配制度的试点，工资分配坚持向关键岗位、生产条件差的苦、脏、累、险岗位和一线生产工人倾斜，真正把劳动报酬与劳动贡献挂起钩来。各地应根据企业留利水平，分档次地确定企业留利中生产发展基金的比例，改善企业留利使用办法，要拿出一定比例补充企业自有流动资金，确保企业发展后劲。对以福利基金和奖励基金挤占生产发展基金的，要予以纠正，并相应扣减当年工资总额；对应进入成本的费用该摊不摊，对折旧、大修理和新产品开发基金该提不提，以致造成企业虚增利润的，要追究企业经营者的责任，并相应扣减企业的效益工资或工资总额。各级政府部门，要减少对企业的直接行政干预，制止乱摊派、乱收费、乱罚款和乱检查。要通过运用法律、法规和调控手段，为企业创造良好的外部条件，帮助全民所有制大中型企业稳定发展。

（六）坚持和完善厂长（经理）负责制，保障法律赋予厂长（经理）的各项职权。厂长（经理）作出重大决策之前，要主动征求党组织和职代会的意见，全心全意依靠职工群众，建立健全民主管理制度。企业依据《企业法》设立管理委员会，协助厂长（经理）在经营战略、长远规划、技术改造、分配制度等方面进行正确决策。积极探索在企业内部形成所有者代表、经营者、劳动者集体各负其责、相互激励和约束的机制。在特大型联合企业和有国有股的股份制企业的管委会、董事会中，可试行由国有资产经营或管理机构委派代表参加的办法，也可邀请其他有关专家参加。

（七）有计划、有重点地推进全民所有制大中型企业的技术改造。技术改造的重点应放在节能降耗、改进产品质量、增加新品种、提高劳动生产率、扩大出口创汇和进口替代能力方面，把有限的技术改造资金用在关键部位，防止分散使用财力。采取多种渠道，增加企业技术改造资金的投入，一是对生产适销对路的名优产品和创汇多、换汇成本低的全民所有制大中型企业，在完成承包任务的基础上，超基数部分可以实行多留、多改造的鼓励办法，增强企业后劲；二是根据国家的产业政策，经过有关部门报经国务院批准，分期分批地提高折旧率；三是根据不同行业允许企业按销售收入的一定比例提取新产品开发基金；四是适时调节固定资产贷款利率，根据国家的产业政策实行差别利率；五是允许技术改造任务重、产品销路有保证、资金短缺、有偿还能力的企业，经过批准，可以发行一定额度的债券；六是把技术改造和引进外资结合起来，经有关部门批准，可以吸收外资入股，也可以直接利用外资进行技术改造；七是在奖金总额中提高技术革新、发明创造、合理化建议、原材料节约等项奖金的比重，逐步形成和加强企业内部促进技术进步的激励机制。

（八）积极推进生产要素合理流动，促进结构调整。生产要素的流动，要符合国家的产业政策，有利于发挥本地区的优势，减少企业亏损，形成规模经济。各地经济体制改革部门要根据调整结构的要求和本地区的特点，制定鼓励生产要素合理流动的规划和办法，并组织有关部门共同落实。生产要素流动的方式可以多种多样，既可以实行设备和人员的单项流动，也可以实行小企业拍卖、企业承包企业、企业租赁企业、企业兼并企业和企业间的横向联合，以及参股、控股等方式。在市场疲软、资金短缺的情况下，要继续贯彻执行《国务院批转国家体改委关于在治理整顿中深化企业改革强化企业管理意见的通知》中的鼓励政策，激发优势企业实施兼并的积极性。各地要研究总结企业兼并的经验和遇到的新问题，积极探索跨地区、跨部门、跨所有制实施兼并的途径。

（九）进一步促进横向经济联合，以大型骨干企业为核心，积极发展企业集团。继续贯彻落实国务院关于推动横向经济联合的有关规定，在自愿互利的基础上，打破部门或地区分割，通过发展横向经济联合和各种形式的经济技术合作，促进资金、设备、人才的优化组合。在横向经济联合的基础上，根据经济发展的需要，组建一批新的企业集团，主要是跨部门、跨地区和有竞争力的企业集团。发展企业集团，要以产业政策为导向，坚持政企职责分开，坚持企业自愿与政府引导相结合的原则，有计划有步骤地进行，防止一哄而起。抓紧现有企业集团的完善提高，壮大企业集团核心，提倡通过参股、控股等形式打破地区、部门和所有制界限，发展紧密层，强化联结纽带。根据国务院重点抓好若干个大型企业集团试点的要求，尽快制定实施方案，分期分批地落实。赋予企业集团核心企业更大的自主权，对具备条件的企业集团，一是经过批准，可以成立财务公司，扩大企业集团内部融通资金的自主权，包括集中一部分折旧基金有偿调剂使用；二是可申请自营出口权，有关部门应适当简化企业集团出国人员的审批手续；三是大型企业集团可视不同情况，实行不同层次的计划单列；四是提倡由企业集团的核心企业“一个头”对上承包，统一制订发展规划，统一进行新产品和新技术的开发。

（十）积极发展城乡集体经济，进一步稳定个体经济和私营经济政策，完善管理办法。加强对城乡集体经济的领导，建立符合集体经济性质的企业经营方式和管理制度，使集体企业真正做到自主经营、自负盈亏。适当发展个体和私营企业，发挥其对公有制经济的补充作用。清理整顿一些名为集体实为个体或私营的企业。进一步加强对个体经济和私营经济的工商行政监督和税收管理，促进其健康发展。

（十一）认真总结“税利分流、税后还贷、税后承包”的试点经验。针对存在问题，本着既有利于增强企业活力和后劲，又保证财政收入逐步稳定增长和偿还贷款的原则，进一步完善试点办法，并逐步扩大试点范围。

（十二）继续稳步地进行以公有制为主体的股份制试点，对不同类型的股份制要区别对待。一是积极推行法人持股的股份制，对多方出资的新建企业，从开始就要办成有限责任公司；对现有的合资企业和联合企业，也应按将要公布的《有限责任公司法》的规定加以规范。二是企业内部职工持股的股份制，主要是完善已有的试点，并逐步加以规范。三是向社会发行股票并上市的股份制，先集中力量搞好上海、深圳两市的配套改革试点。为此，要制定相应的工商登记、税收、会计制度、股票发行与管理、资产评估、国有资产管理等法规，建立健全证券交易机构以及国有资产管理和经营机构。其他省、市已经公开发行股票的企业，要按《国务院办公厅关于向社会公开发行股票的股份制试点问题的通知》的精神，重新履行报批手续。

三、积极稳妥地推进宏观、流通及其他方面的改革。

（十三）为搞活全民所有制大中型企业，要创造必要的宏观管理条件。搞好社会总需求与总供给以及财政收支、信贷收支的总量平衡；更多地通过投资政策、财政政策、税收政策和信贷政策，引导企业进行产业结构、产品结构和组织结构的调整；发挥中央、地方和企业的积极性，在发展经济、提高效益上下功夫，努力把“蛋糕”做大。改进工业生产指令性计划管理办法，在部分行业试行用国家订货和企业之间的经济合同，替代部分工业生产指令性计划。改变现行按生产能力和投资限额划分项目审批权的办法，实行按产业政策分行业、分产品确定项目的审批权限。调整现行技改项目审批权限的范围，适当扩大全民所有制大中型企业技改项目的决策权。简化技改项目审批程序和办法。鼓励企业多渠道筹集技改资金，包括利用外资进行技术改造。

（十四）在控制贷款总量的前提下，搞活金融，促进生产发展。更多地运用基础货币和准备金率、利率等手段调节货币供应量。扩大票据贴现和抵押担保贷款的比重，缩小信用放款的比重。积极发展和完善资金市场，包括资金拆借市场、证券市场和外汇调剂市场。在人民银行的指导和不突破信贷总规模的前提下，加强省、市一级专业银行之间信贷资金的横向融通，适当增加地方人民银行的贷款指标，用以调剂地区专业银行之间的规模余缺。经有关部门批准，部分全民所有制大中型企业可以在证券市场发行浮动利率的债券，发展股票、住房储蓄、养老保险金、委托投资等多种融资工具和融资形式。改变国库券全部由行政分配发行的办法，试行一部分国债由银行代理推销，也可以由非银行金融机构承购包销，并研究企业持有的国库券流通的方案。在少数有条件的大城市搞好证券交易所的试点，研究制订一套符合我国国情的证券市场管理条例。银行要采取灵活多样的结算方式，加快资金周转。积极帮助企业清理“三角债”，减少资金占用，缓解企业资金短缺的困难。在清理“三角债”的同时，加快推行商业信用票据化的步伐。

（十五）完善财政包干体制，减少财政补贴的压力。选择一些地方，试行分税包干制试点。开征固定资产投资方向调节税，强化税收征管工作，建立发货票注税制度，适当上收减免税的管理权限，严格控制减免税，努力增加财政收入。要大力实行精兵简政，减少行政事业费，严格控制非生产性财政支出，压缩各级财政支出。通过改革，逐步减少财政补贴。制止一些部门、单位擅自搞机构升格、扩大编制的行为。停止县级市的审批工作。

（十六）为搞活全民所有制大中型企业，要创造较为宽松的市场环境。认真研究下一步适当缩小指令性物资分配调拨计划的问题，有重点地扩大企业的产品自销权，特别是企业投资新增生产能力部分的产品自销权。积极鼓励和发展产供销之间的联营、联购、联销等多种形式的横向联合。逐步推行国家订购、国家组织产需衔接和定点定量不定价，以及有保障的远期合同等新型购销方式。组建规范化的物资交易所，改革物资订货会，选择某些品种作为突破口，通过固定城市、固定场所和制定法规、稳定购销关系的办法，使之成为商流、信息流的中心。充分发挥国合商业主渠道作用,按照自愿互利的原则,打破部门和地区分割,发展商业、物资企业集团,大力开展商品和物资的配送、流通加工、信息服务和投资开发,更好地为加工企业和原材料生产企业服务。对已下放的各级批发企业,不要随意上收。不断完善、发展各类消费品和生产资料市场。

全面落实《国务院关于进一步改革和完善对外贸易体制若干问题的决定》的精神,着重改善外贸企业经营机制,逐步建立起统一政策、平等竞争、自主经营、自负盈亏、工贸结合、推行代理制、联合统一对外的管理体制和运行机制;继续整顿外贸经营秩序;改进汇率形成机制;推进外贸企业组织结构的调整和改革,推动外向型企业集团的建设;严格执行和继续完善出口退税办法;改善进出口商品计划、配额和许可证管理制度;加强对出口收汇的管理,改进外汇分成办法,实行出口跟踪结汇制度。

(十七)积极推进农产品流通体制改革。按照“稳购、压销、调价、包干”的原则,稳步推进粮食购销体制改革。压缩平价粮销售,各省、自治区、直辖市人民政府可根据具体情况分散决策,报经国务院批准后有计划地组织实施。推广天津经验,全面深化粮食企业经营机制改革,把粮食企业的政策性亏损和正常经营分开,实行盈亏两条线,缓解平价粮购销矛盾,减少财政补贴。继续扩大城市副食品产销一体化改革的试点。继续坚持多种经济成分、多种经营方式和多条经营渠道并存的方针,扩大基层流通企业经营自主权,促进农产品流通。在完善鲜活产品批发市场的同时,积极发展其他农产品批发市场,理顺农产品流通体制。对粮食、油料等主要农产品,在完成国家定购任务后,实行放开经营、多渠道流通;对放开价格的农产品,在国家宏观政策指导下实行市场调节,并制定具体的措施,切实加强管理,做到活而有序。逐步建立粮食等重要农产品储备调节制度或风险基金制度,避免农产品价格和市场供求大幅度波动。

(十八)积极稳妥地推进价格改革。继续坚持“既要稳定物价,又要振兴经济”的方针,在控制物价总水平上涨的前提下,深化价格改革。要有计划地调整价格结构,重点是缓解能源等基础产品国家定价偏低的矛盾。要结合价格管理分工目录的重新修订,进一步放开一些生产厂家多、更新换代快、市场供求大体平衡的商品价格。对过去已经放开价格而这两年又实行限价管理、差率控制和提价申报、调价备案制度的商品,除个别品种外,取消上述管理办法,放开搞活,尽量发挥市场调节的作用。应该下放给企业的定价权,要真正落实给企业。要结合开展“质量、品种、效益年”的活动,推行优质优价政策,鼓励企业开放新产品,生产适销对路的品种。整顿生产资料价格“双轨制”,现在不能并轨的,要通过价格调整、加强管理逐步缩小轨距;对有条件并轨的,要进行并轨。

(十九)配合产业结构和企业组织结构的调整,深化劳动制度改革。继续坚持“三结合”的就业方针,采取多种渠道,拓宽就业门路,减轻就业压力。进一步完善劳动合同制,选择有条件的城市和全民所有制企业进行全员劳动合同制的试点。对优化劳动组合后的富余人员,应在企业内部采取多种经营形式进行安置,也可采取其他办法妥善安排。严格控制“农转非”。进一步培育劳务市场机制,建立健全职业介绍机构,并动员社会各方面力量,广泛开展职业介绍、职业培训活动。继续开展城市服务社会化改革,积极探索生产领域服务社会化的路子。

(二十)积极推动社会保险制度特别是养老保险和待业保险制度的改革。选择江西、广东、上海、大连、青岛等省市,进行全省(市)养老保险综合改革试点。积极推动城镇集体企业职工退休费用社会统筹。在富裕农村,搞好以个人交费为主、集体补助为辅的储蓄基金式的农民养老保险的试点。对“三资”企业、私营企业职工和个体工商户,也要进行养老保险试点。扩大待业保险的试点范围,在全民所有制企业,主要是将待业保险对象扩大到全部职工;在其他所有制企业,逐步建立待业保险制度。在海南、深圳等特区着手实施社会保险制度综合改革的试点。各级体改部门要负责社会保险制度改革的综合协调工作。现在的各类保险经办机构,按照政事分开的原则,逐步实行社会化管理,理顺社会保险管理体制。

(二十一)加快城镇住房制度改革的步伐,以合理引导消费,推动产业结构、消费结构的调整,从根本上拓宽市场容量,不断改善城镇居民的住房条件。要按照国家、集体和个人共同负担的原则,积极稳妥、因地制宜、方式多样地推动这项改革。各省、自治区、直辖市都要选择三四个市(县),采取多种形式,加快推进住房制度综合配套改革和住房商品化的进程。各地可根据当地的实际情况,适当提高住房租金,继续推广新房新制度,鼓励职工购买公房。要逐步建立国家、城镇、单位、个人等多级住房基金,发展住房储蓄、住房抵押信贷和住房保险等多种融资方式。通过多种形式、多种渠道筹集住房资金,鼓励合作建房。出售公房要严格执行国家有关政策规定。总结和完善烟台、唐山、蚌埠等市住房改革试点经验,搞好上海住房制度改革试点。

(二十二)深化农村改革,坚持稳定和完善家庭联产承包责任制,发展社会化服务体系,完善统分结合的双层经营体制。在坚持土地承包基本稳定的前提下,进一步完善土地承包管理办法。明确发包方和承包方双方的权利义务，因地制宜地解决承包地占有不均的问题，并及时总结和推广这方面的经验和做法。加强乡、村集体统一经营层次的职能和实力，积极发展和健全产前、产中、产后的社会化服务体系。发展集体经济，主要采取开发新的资源、增加新的财富的办法，不能搞"一平二调"。发展社会化服务体系的形式和内容要因地制宜、多种多样，并逐步把国家经济技术部门的服务，乡、村合作组织的服务与农民自办服务联成一体。继续稳定乡镇企业各项政策，完善乡镇企业承包制。同时，探索合理划分企业所有权与经营权的不同办法，以保证企业的集体所有制性质和企业经营的灵活性。改善乡镇企业的经营环境，培育和建立生产要素市场。根据国家的产业政策，对出口创汇的乡镇企业和生产名、特、优产品的企业及部分骨干企业所需的主要原材料，应加强计划指导。继续抓好县级经济综合改革试点工作。

四、振奋精神，加强对改革工作的领导和综合协调。

（二十三）今年经济体制改革的任务十分繁重。为了保证各项重要改革措施的顺利实施，防止政出多门、相互脱节，各地区、各部门要切实加强对改革工作的领导，振奋改革精神，把经济发展中的难点作为改革的重点，从改革中寻找克服困难的办法，以改革促发展。根据中央确定的总的方针和原则，各地要因地制宜，分类指导，不搞一刀切，扎扎实实地把改革推向前进。新出台的重要改革措施，一般都要先经过试验，取得经验后，再逐步推广。

（二十四）沿海开放地区的基础设施已初具规模，当前重点要建设良好的投资软环境，减少审批环节，提高工作效率，以推动沿海地区外向型经济的稳步发展。协调沿海开放地区与毗邻地区之间的经济关系，缓解沿海与内地在资金、市场和某些原材料供应方面的矛盾。深圳、珠海、汕头、厦门、海南五个经济特区和广东、福建省两个改革开放综合试验区，要着力进行深层次综合改革的试验，在建立以间接调控为主的经济管理体制和商品经济运行机制方面先行一步。主要是，积极推进价格改革，发展商品市场和金融、劳务、房地产、技术等生产要素市场，发挥市场调节的作用；研究借鉴境外经济管理方面行之有效的法规，并结合我国国情和当地实际，以资产经营管理和市场规则为重点，尽快制定法规，率先建立符合国际惯例的商品经济管理体制；认真总结引进和利用外资工作的经验，加强对"三资"企业包括成本、财务监督在内的管理，进一步理顺"三资"企业管理体制，简化办事程序；积极推行新的会计制度改革试点，健全会计、审计等社会监督服务体系；建立健全行业协会、商会等社会中介组织，充分发挥它们的协调作用。积极做好上海浦东新区的开发和开放的起步工作，大胆探索率先建立新体制的路子。在经济特区和有条件的沿海经济技术开发区，继续搞好保税工业区、保税仓库的试验。有关部门要大力支持这些地区进行深层次综合改革的试验，并及时总结经验，加强协调工作。

（二十五）边疆少数民族地区要进一步落实中央已经给予的各项政策，在中央的方针、政策指导下，根据《民族区域自治法》，从本地区的实际情况出发，积极稳妥地深化改革。要充分发挥本地的资源优势和区域优势，积极开展外引内联，发展边境贸易，努力探索适合边疆少数民族地区特点的对外开放和对内地开放的路子。通过改革开放，推动社会经济结构的调整，培养造血功能，促进边疆少数民族地区经济的发展。

（二十六）认真贯彻《国务院办公厅关于加强经济体制改革协调工作的通知》精神，加强对重大经济体制改革措施的综合协调。各级体改部门负责拟订经济体制改革的总体规划和方案，统筹、协调和指导城乡经济体制改革工作，推进企业改革，组织重要改革措施的试点和推广。国务院各部门拟订的本部门或行业的全国性改革规划、方案，除党中央和国务院领导同志直接审理的以外，在报国务院审批前，应先送国家体改委征求意见。属于全局性的重大改革试点，由国家体改委、国务院有关部门或有关省、自治区、直辖市以及计划单列市提出，共同拟定，报国务院批准后实施。各省、自治区、直辖市和计划单列市，要按照《国务院办公厅关于加强经济体制改革协调工作的通知》的精神，加强对改革工作的领导，加强体改部门的综合协调能力，更好地发挥重大改革措施的协调作用，主动积极地开拓改革工作的新局面。深化改革要充分发挥中心城市的作用，协调好各方面的关系，在促进城乡经济一体化方面迈出新步伐。

（二十七）加强各级体改机构建设。各级体改部门要适应改革形势和任务的要求，主动争取党委、政府的领导，进一步加强自身的思想、组织和作风建设，培养和造就一支立志改革、振兴中华、政治思想好、业务能力强、作风扎实的体改队伍，当好党委、政府的参谋和助手。从事体改工作的同志要加强马列主义、毛泽东思想和邓小平同志著作的学习，及时总结改革经验，增强改革意识，主动与有关部门密切配合，深入实际，调查研究，及时发现问题，共同提出解决问题的对策或建议。

（二十八）加强改革的立法工作和制度建设。各级体改部门在宣传、执行现有的有关改革的法律、法规的同时，要积极参与国家和地方重要法律、法规的制订。今年，要抓紧制订《有限责任公司法》、《预算法》、《税收征管法》、《农业承包合同管理条例》、《企业集团组织管理条例》等一批基本法规，把实践证明行之有效的改革办法，逐步用法规的形式确定下来，以促进经济建设和改革开放事业的稳定发展。

公安部负责人就中国保护公民出入境合法权益接受记者采访

公安部副部长顾林昉接受记者采访时说，中国将一如既往保护公民出入境合法权益，中国政府这一立场没有改变。

这位副部长向记者提供的最新统计数字表明，1990年，中国公民因私事申请出国的有290235人，比上年增加16.7%。被批准出国的278988人，占申请总数的96%，获得外国签证出国成行的175735人，占批准数的62.9%，比上年增加32%。除此以外，公民因私事去香港、澳门的共446574人，去台湾探亲、奔丧和定居的内地居民共有5690人。

顾林昉强调，去年是我国改革开放以来批准公民因私事出国、出境人数最多的一年。由此可见，中国公民出入境的政策不但没有改变，而且逐步放宽。

顾林昉介绍说，从1979年到1990年底，全国出国的人数为1554916人，批准的为1346909人，获得外国签证已经实际出国的约70万人。尤其是1986年中国第一部公民出入境管理法和实施细则颁布后，这项工作已走上依法管理的轨道。统计数字显示，中国公民因私出国的申请数和被批准数是逐年增加的，1986年获批准出国的为77000余人，1987年为107000余人，1988年为212000余人，1989年为238000余人。

顾林昉说，为了便利我国公民因私事出入国境，有关法律取消了以前公民出入我国境必须申请出入境或入出境签证的规定，无论是国内公民申请出国，还是居住在国外的华侨返回国内探亲、旅游、经商等，都不再需要办理签证手续，只要持有我国政府签发的有效护照或者其他有效证件，以及前往国家的入境签证，就可以出入境往来。法律不仅原则规定出入境是公民正当权益，而且为了使这一原则顺利实施，还作出了许多具体规定。例如，缩短审批时间，不允许长期拖延；时间紧迫的，可随时给予批准，绝不能因为审批误时而影响申请人及时出国；另外，还规定了简化审批程序和审批手续，下放审批权限；审批内容也大大精简，等等。这些改革，都是为了改变繁琐的做法，为公民出入境创造方便条件。

顾林昉还特别谈到为自费出国留学人员出入境提供方便的问题。顾林昉说，公民自费出国留学，是随着改革开放和放宽公民因私出国限制逐步发展起来的。中国公民出入境管理法公布后，自费留学也纳入了法制轨道。据统计，改革开放12年来，自费出国留学约14万人，占同期批准因私出国人数的10.3%，主要分布在美国、日本、加拿大、澳大利亚以及欧洲一些国家。近年来，公民自费出国留学的比例呈上升趋势。公安机关在为他们出入境提供方便条件方面是积极的、成功的。暑期将至，一些自费留学生学业已完成想回国效力，或者学业未完想临时回国探亲，但对回国后再出境存有疑虑。顾林昉副部长明确表示，留学生回国工作一段时间想再出国，或者临时回国休假、探亲等，公安机关将继续依法保障他们出入境的合法权益。事实上，为了方便自费留学生回国探亲、休假后能及时出境继续学业，已尽可能简化手续，只要求自费留学生向公安机关出入境管理部门交验留学生身份的证明，如外国学校的学生证或其他在学证明以及留学国家的再入境签证，即可在原发照地或回国后居住地或者出境地的公安机关办理出境手续，无需提交原工作、学习单位出具的证明，而且可以随到随办。自费留学人员已应聘在国外工作短期回国后再出境的，也按照上述办法办理。他还提醒自费留学生回国前先办妥留学国家的再入境签证，以免回国后为办理外国签证延长时间，耽误学业。

顾林昉认为，目前有些留学生之所以存在某些疑虑，相当一部分是因为在外居住时间较长而对国内情况不了解。顾林昉说，到目前为止尚未发现回国探亲留学生在再出境问题上遇到麻烦而上访的。

国务院总理李鹏在中南海会见苏联莫斯科动力学院院长阿美奇斯托夫

全国人大常委会委员长万里在北京会见巴基斯坦国民议会议长古哈尔·阿尤布·汗

全国人大常委会副委员长王汉斌同巴基斯坦国民议会议长古哈尔·阿尤布·汗举行会谈

外交部部长钱其琛在钓鱼台国宾馆同意大利外交部长贾尼·德米凯利斯举行会谈

德米凯利斯表示他这次访华意味着两国关系的全面恢复，意大利不仅要全面恢复同中国的关系，而且要使之得到进一步发展。意大利认为亚洲将是未来世界注意的中心，同中国发展关系至关重要。

在谈到建立国际新秩序时，意大利外长表示，建立世界新秩序是指建立多极化的世界，以南北对话为基础，发挥联合国的作用。中国和欧共体在建立世界新秩序中的作用是很重要的。

钱其琛指出，世界应是多样化的，世界各国具有不同的历史背景和不同的价值观念，各国应是独立自主的，相互之间应和平共处。

中央军委主席江泽民签署命令授予张鼎全青藏高原模范干部荣誉称号

江泽民签署的命令说，张鼎全是解放军总后勤部青藏兵站部司令部运输科科长，陕西省淳化县人，1953 年生，1969 年入伍，1971 年入党，历任战士、文书、班长、给养员、助理员、参谋、副科长等职。张鼎全对党的事业无限忠诚，共产主义信念无比坚定。他刻苦学习革命理论，写了 40 余万字的心得笔记，并自觉用马列主义武装头脑，指导工作；20 多年来，他一直奋战在青藏高原，竭尽全力为党工作，曾近百次翻越海拔 5000 多米的唐古拉山，多次出色地完成运送进藏物资的任务；在机关工作 13 年中，参与组织调度汽车近 10 万台次，调运进藏物资近百万吨，从未出现过大的差错；他长期忍受着严重疾病的折磨，夜以继日地埋头工作，尤其是在身患癌症后，仍以惊人的毅力与病魔作斗争，念念不忘革命工作，表现了一个共产党员生命不息、奋斗不止的崇高品质；他以爱兵、写兵、为兵服务的极大创作热情，坚持业余文学创作，讴歌高原官兵，先后发表了以长篇小说《雪祭唐古拉》为代表的 40 余篇计 40 多万字的文学作品；他严于律己、乐于助人，艰苦奋斗、清正廉洁，是党和人民的好儿子、我军的好干部。

中华人民共和国国家统计局发布关于 1990 年人口普查主要数据的公报（第六号）

按照国务院颁发的《第四次全国人口普查办法》第二十六条的规定，第四次全国人口普查提前抽样汇总的计算机处理任务已圆满完成。这次抽样汇总，在大陆 30 个省、自治区、直辖市（不包括福建省的金门、马祖等岛屿，下同）共抽取 113187605 人（不含现役军人），抽样比为 10.01％。现将抽样汇总的主要数据公布如下：

一、人口年龄结构状况。大陆 30 个省、自治区、直辖市 0 至 14 岁人口占总人口的比重为 27.70％，15 至 59 岁人口占总人口的比重为 63.71％，60 岁及 60 岁以上的人口占总人口的比重为 8.59％，其中 65 岁及 65 岁以上的人口占总人口的比重为 5.58％，人口年龄中位数（注 1）为 25.25 岁。同 1982 年人口普查数据相比，八年间 0 至 14 岁人口比重下降 5.89 个百分点，15 至 59 岁人口比重上升为 4.93 个百分点，60 至及 60 岁以上人口比重上升 0.96 个百分点，65 岁及 65 岁以上人口比重上升 0.67 个百分点，人口年龄中位数提高 2.34 岁。

二、人口在业（注 2）状况。大陆 30 个省、自治区、直辖市 15 岁及 15 岁以上人口中，在业人口的比重为 79.09％；不在业人口的比重为 20.91％，其中：在校学生的比重为 4.84％，料理家务人口的比重为 8.46％，待升学人口的比重为 0.29％，市镇待业人口的比重为 0.71％，离休、退休、退职人口的比重为 2.64％，丧失劳动能力人口的比重为 3.46％，其他不在业人口的比重为 0.51％。同 1982 年人口普查数据相比，八年间在业人口比重上升 0.86 个百分点，在校学生比重上升 0.89 个百分点，料理家务人口比重下降 3.56 个百分点，待升学人口比重上升 0.07 个百分点，市镇待业人口比重上升 0.20 个百分点，离休、退休、退职人口比重上升 0.92 个百分点，丧失劳动能力等其他不在业人口比重上升 0.62 个百分点。

大陆 30 个省、自治区、直辖市在业人口按所属行业（注 3）划分，第一产业占 71.99％，第二产业占 15.32％，第三产业占 12.69％。同 1982 年人口普查数据相比，八年间第一产业比重下降 1.68 个百分点，第二产业比重下降 0.67 个百分点，第三产业比重上升 2.35 个百分点。

三、人口婚姻状况。大陆 30 个省、自治区、直辖市 15 岁及 15 岁以上人口中，未婚的占 25.13％，有配偶的占 68.15％，丧偶的占 6.13％，离婚的占 0.59％。同 1982 年人口普查数据相比，未婚人口比重下降 3.44 个百分点，有配偶人口比重上升 4.47 个百分点，丧偶人口比重下降 1.03 个百分点，离婚人口比重保持不变。

四、妇女生育状况。1989 年大陆 30 个省、自治区、直辖市妇女总和生育率（注 4）为 2.25，比 1981 年的 2.58 下降 0.33。

1989 年大陆 30 个省、自治区、直辖市当年有生育妇女中，属生育第一孩的比例为 49.51％，属生育第二孩的比例为 31.17％，属生育第三孩及第三孩以上的比例为 19.32％。与 1981 年相比，第一孩所占比例上升 2.27 个百分点，第二孩所占比例上升 5.57 个百分点，第三孩及第三孩以上所占比例下降 7.84 个百分点。

1989 年大陆 30 个省、自治区、直辖市育龄妇女的生育高峰年龄为 23 岁，生育率为 242.8‰，同 1981 年相比，生育高峰年龄提前 2 岁，生育率下降 34.9 个千分点。

五、人口迁移状况。1985 年 7 月 1 日至 1990 年 7 月 1 日 5 年间，常住地发生跨县、市变化的迁移人口（注 5）占大陆 30 个省、自治区、直辖市人口的比重为 2.99％。在上述迁移人口中，由农村迁入市镇（注 6）的占 48.53％，由市镇迁入农村的占 4.15％，市镇之间迁移的占 33.26％，农村之间迁移的占 14.06％。

注：

注 1：指从零岁起依次将各年龄人口数累积，当累积数达到总人口一半时的年龄。

注2：在业人口指在1990年7月1日有固定性工作的人口和虽无固定性工作，但在6月30日有临时性工作，6月份从事社会劳动累计超过16天或16天以上，并取得劳动报酬或经营收入的劳动者；不在业人口指在校学生，料理家务，待升学、市镇待业、离休、退休、退职，丧失劳动能力等人口。

注3：第一产业：指农林牧渔业；第二产业：指工业、地质普查和勘探业、建筑业；第三产业：指交通运输邮电通讯业，商业、公共饮食业、物资供销和仓储业，房地产管理、公用事业、居民服务和咨询服务业，卫生体育和社会福利事业，教育、文化艺术和广播电视事业，科学研究和综合技术服务事业，金融、保险业，国家机关、政党机关和社会团体。

注4：指某年各年龄组妇女生育率的合计。反映育龄妇女若按该年各年龄妇女生育水平度过一生，平均每个妇女所生的孩子数。

注5：指已经办理跨县、市户口迁移手续，其居住地发生跨县、市变化的人和虽未办理户口迁移手续，但已离开户口所在县、市一年以上的人。

注6：市指设区的市所辖的区和不设区的市所辖的街道；镇指不设区的市所辖镇的居民委员会和县所辖镇的居民委员会；农村指不设区的市所辖村民委员会和县所辖的村民委员会。

新闻出版署发布《关于加强国营书店多种经营管理的暂行规定》

中国首届曲艺节在天津开幕

国际酒文化学术讨论会在成都召开

全国体育工作会议在北京召开

以总结前十年和亚运会经验，力争90年代更上一层楼为宗旨的1991年全国体育工作会议，在北京举行。会议是近几年来层次较高、参加人员范围较广的一次体工会议。200多名与会者中除国家体委、各省、市、区体委的主要负责人外，还有10余个省、市、区分管体育工作的省级领导以及国务院有关部委、行业体协和解放军、工、青、妇方面的代表。

国家体委主任伍绍祖在全体大会上作题为《弘扬北京亚运精神，为出色完成90年代体育工作任务努力奋斗》的工作报告。伍绍祖指出，党的十一届三中全会以来，体育事业以前所未有的规模和速度发展，群众体育进一步普及，人民体质不断增强，竞技体育实现了“冲出亚洲，走向世界”的夙愿。去年我国成功举办了亚运会，在国内外引起强烈反响。我们还将积极申办2000年奥运会。我国体育的成就是社会主义现代化建设巨大成就的组成部分，是振奋人心的凯歌。

报告在谈到今后十年的体育工作时指出，体育工作必须紧紧围绕党的基本路线，不失时机地推进体育改革。工作重点要放在提高效益上，走内涵型为主的发展道路。

在为期一周的全国体工会上，代表们着重讨论《中国体育发展与改革纲要》、《体育事业十年规划和“八五”计划》、《中华人民共和国体育法（草案）》3个文件，还研究确定第7届全国运动会的举办地及项目设置等有关问题。

会议于25日结束。

山西省洪洞县三交河煤矿特大事故的责任者被逮捕

5月21日

国务院总理李鹏在中南海紫光阁会见巴基斯坦国民议会议长古哈尔·阿尤布·汗

第二次全国律师代表大会在北京开幕

来自全国30个省、自治区、直辖市和全国律师协会等单位的237名代表参加会议。

中共中央政治局常委、中央政法委员会书记乔石到会表示祝贺。

最高人民法院、最高人民检察院、公安部、国家安全部、国务院法制局等有关负责人也出席大会表示祝贺。

司法部部长蔡诚在会上说，到去年底，我国已建立律师事务所（法律顾问处）300多个，有律师近5万人。广大律师不仅受委托参加刑事诉讼，而且运用代理参加民事、经济、行政纠纷的调解、仲裁和诉讼活动；运用法律手段调整有关的社会关系；通过担任企事业单位的法律顾问，帮助企业依法管理经济活动；通过担任政府法律顾问，促进各级政府依法行政。

中华全国律师协会会长邹瑜在会上作《努力建设具有中国特色的社会主义律师制度》的工作报告。

会议于25日闭幕。

国务院总理李鹏在中南海会见意大利外交部长贾尼·德米凯利斯

国务院总理李鹏在中南海紫光阁会见关税和贸易总协定总干事阿瑟·邓克尔

会见中，李鹏着重介绍了中国十年规划的基本方针，并阐释了中国实行计划经济和市场调节相结合的经济运行机制的主要依据，以及当前的主要改革措施和下一步改革的设想。

外交部部长钱其琛在北京昆仑饭店会见阿拉伯联

业。在此过程中，我们就中美经贸有关问题广泛地交换了意见，特别是就如何扩大中国自美国进口问题进行了具体探讨。我们认为，所有这些接触，都将会给进一步扩大中美双边贸易和经济技术合作带来积极的影响。

甘子玉指出，中国的大门已经打开，中国市场对美国是开放的。他强调，中国愿与美国发展长期稳定的合作关系。尽管当前双边经贸关系中正存在着一些问题，然而诸多问题的存在也反映了迅速发展的双边关系。关键并不在于问题本身，而在于我们如何看待它们。我们认为，双方应该用发展的眼光，并从积极的角度来处理和解决这些问题。中国政府这次组织赴美采购团访美正是基于这样的考虑和愿望。一方面，就具体而言，我们希望通过采购团在美国各地开展的进口业务，努力扭转近年来中国自美进口下降的趋势；另一方面，就宏观而言，我们希望通过中方采取的这种积极姿态，争取为中美经贸关系的发展创造一个更加良好的环境和气氛。

甘子玉说，实践证明，我们两国在经济贸易方面的互补性很强，中国需要美国的技术、资金和市场；美国需要中国的市场、劳动力和物美价廉的商品。因此，发展合作对双方都有利。

甘子玉指出，中国的经济经过两年治理整顿，需求和生产速度都在增长，政治稳定，经济好转，人民生活改善。今年开始执行第八个五年计划和十年发展规划，农业、能源、交通通讯、原材料等重点建设将有计划地展开，这为我国进一步扩大对外经贸合作提供了保证。

甘子玉还说，中国赴美采购团的 10 个分团正在美国各地开展活动，洽谈具体进口业务，采购的范围包括粮食、棉花、化工原料、机械设备、电子仪器和纸浆等。他估计，采购团将签订大约 10 亿美元的采购合同。此外采购团还将签订一些意向性的采购文件，并与美国有关公司探讨进一步扩大贸易和经济技术合作的可能性。甘子玉说，我们希望通过这些活动增进中美两国企业界及工商界之间的相互了解和信任，这对于进一步发展中美关系是非常重要的。

新加坡总理吴作栋在新加坡会见国务委员兼财政部长王丙乾

古巴共产党中央委员会第一书记部长会议主席菲德尔·卡斯特罗在哈瓦那革命宫接见中共友好代表团

卡斯特罗说，中国的耕地少、用仅仅 1 亿公顷的耕地就解决了 10 多亿人口的穿衣、吃饭问题，这是中国历史上从未解决的大问题。卡斯特罗说，他接见外国代表时经常以中国社会主义建设的成功经验向客人说明社会主义制度的优越性，连一些对社会主义抱有怀疑的人听后也无言以对。

第四届全国高技术产业发展研讨会在杭州开幕

来自全国的 100 余位专家、学者出席会议。

研讨会以办好高新技术产业开发区、促进高新技术成果的商品化和产业化为主题。与会代表比较一致的看法是，高技术产业要面向国际市场，参与国际竞争；国家要强化高技术对传统产业的改造，抓住重点企业进行重点投入，加快传统产业的改造进程；发展高技术要与发展地方经济、国防工业紧密联系、互相配合；国家应采取相应的对策，建立从事风险投资的金融机构等等，以支持、促进高技术产业的发展。要加强培养和造就高技术产业急需的各类型人才。

研讨会由国家科委、国家计委、国家教委、国防科工委和中国科学院、中国社科院共同组织召开。

钟期光逝世

中国共产党的优秀党员，久经考验的忠诚的共产主义战士，无产阶级革命家，我军杰出的政治工作、军事教育和军事理论研究领导者，军事科学院原顾问钟期光，因病在北京逝世，享年 83 岁。

钟期光是湖南平江人，1926 年加入中国共产党，1927 年参加中国工农红军。历任区农民协会委员长、中共平江县委组织部长、红五军秘书长、湘鄂赣省委秘书长、红十六师政治部主任、新四军一师政治部主任、华中野战军政治部主任、华东军政大学副政委、军事学院政委、军事科学院副政委等职。大革命时期，积极从事爱国学生运动和农民运动。土地革命战争时期他为建立和巩固湘鄂赣革命根据地作出了重要的贡献。中央红军长征后，坚持三年游击战争，保存和发展了一批革命有生力量。抗日战争时期，率部挺进江南敌后，为创建、巩固和发展苏南、苏中和苏浙皖抗日民主根据地作出了重要的贡献。解放战争时期，参与了苏中七战七捷，济南、淮海、渡江、上海等战役的政治工作领导，为中国人民的解放事业作出了卓著的贡献。中华人民共和国成立后，为军队院校建设，为我军建立和发展军事理论研究体系，开创军事科研工作的新局面，付出了很大的心血。“文化大革命”中，同林彪反革命集团的倒行逆施进行了坚决的斗争，竭诚拥护党的十一届三中全会以来的路线、方针、政策，在政治上、思想上、行动上同党中央保持一致。

钟期光是中共第八届中央候补委员、第五届全国政协常委、第十二届中央顾问委员会委员。1955 年被授予上将军衔。

5月23日

中国科学技术协会第四次全国代表大会在人民大会堂召开

党和国家领导人江泽民、李鹏、乔石、宋平、李瑞环出席大会。出席大会的领导人还有田纪云、丁关根、温家宝、严济慈、雷洁琼、宋健、周培源等。

中国科协副主席卢嘉锡主持大会。中国科协副主席钱三强致开幕词。

中共中央总书记江泽民发表重要讲话。

中国科协主席钱学森向大会作题为《90年代中国科技工作者的历史责任》的工作报告。

中共中央总书记江泽民在中国科学技术协会第四次全国代表大会上发表讲话

各位代表、同志们、朋友们：

中国科学技术协会第四次全国代表大会，是在全国人民认真贯彻党的十三届七中全会和七届全国人大四次会议精神，向社会主义现代化建设第二步战略目标迈进的重要历史时刻召开的。我代表中共中央和国务院，向大会表示热烈的祝贺！向你们并通过你们，向全国各条战线上辛勤劳动的广大科技工作者，表示亲切的慰问和衷心的感谢！

无产阶级革命导师和我国老一辈无产阶级革命家，一贯重视科学技术在生产发展和社会进步中的地位和作用。一百多年前，马克思就明确指出："生产力中也包括科学"，"社会的劳动生产力，首先是科学的力量"。毛泽东同志在领导社会主义建设的过程中也论述过这个问题。他在1963年指出：科学技术这一仗一定要打，而且必须打好；不搞科学技术，生产力就无法提高。1975年，邓小平同志在领导科技工作整顿的时候，针对"四人帮"破坏科技工作的谬论，以马克思主义者的大无畏气概肯定科学技术是生产力。1978年，邓小平同志在全国科学大会上重申了这个马克思主义的基本观点。1988年，邓小平同志总结了二次世界大战以来特别是七八十年代世界经济发展的新趋势和新经验，进一步鲜明地提出"科学技术是生产力，而且是第一生产力"。这一论断丰富和发展了马克思主义关于科学技术和关于生产力的学说，提示了科学技术对当代生产力发展和社会经济发展的第一位的变革作用，对于我国的社会主义现代化建设具有重大而深远的意义。

当今世界，科学技术飞速发展并向现实生产力迅速转化，愈益成为现代生产力中最活跃的因素和最主要的推动力量。科学技术为劳动者所掌握，就会极大地提高人们认识自然、改造自然和保护自然的能力；科学技术和生产资料相结合，就会大幅度地提高工具的效能，从而提高使用这些工具的人们的劳动生产率，就会帮助人们向生产的深度和广度进军。社会主义制度为科学技术的运用和发展，开辟了极其广阔的前景，使科学技术对发展生产力和推动社会进步作用得到更充分的发挥。

我们正处在新旧世纪交替的重要历史时期，我们面对的是一个充满矛盾和激烈竞争的世界。国际间的竞争，说到底是综合国力的竞争，关键是科学技术的竞争。在科学技术上落后，就会被动挨打。全党同志、全国人民对这个问题一定要有清醒的足够的认识，增强紧迫感、危机感，自觉地把经济建设转到依靠科技进步和提高劳动者素质的轨道上来。

坚持科学技术是第一生产力，把经济建设真正转移到依靠科技进步和提高劳动者素质的轨道上来，是一场广泛而深刻的变革。这不仅可以极大地提高生产力，而且必将引起生产关系和上层建筑的深刻变化。党的十一届三中全会决定全党工作重点转移到社会主义现代化建设上来，这是一次具有战略意义的转变。把经济建设真正转移到依靠科技进步和提高劳动者素质的轨道上来，是十一届三中全会决定的工作重点转移的进一步深化，是把这个转移推到一个更高的阶段，同样具有战略意义。如果说，把全党工作重点转移到以经济建设为中心的轨道上来保证了第一步战略目标的实现，那么，我们把经济建设进一步转移到依靠科技进步和提高劳动者素质的轨道上来，必将保证第二步战略目标的胜利实现，同时将为实现第三步战略目标奠定坚实的基础。

90年代我国经济发展的目标是宏伟的，这就决定了我们在90年代科学技术工作的任务是十分艰巨的。当前世界范围内蓬勃发展的新科技革命，对我们既是机遇，也是挑战。为此，90年代我们的科技工作必须在以下几个方面取得重大进步：一是面向经济建设主战场，运用现代科学技术，特别是以电子学为基础的信息和自动化技术改造传统产业，使这些产业的发展实现由主要依靠扩大外延到主要依靠内涵增加的转变，建立节耗、节能、节水、节地的资源节约型经济；二是有重点地发展高科技，实现产业化；三是要在调整人和自然关系的若干重大领域，特别是人口控制、环境保护、资源能源的保护和合理开发利用等方面取得扎实的成果；四是要在基础性研究方面取得显著的进展。总之，我们要根据需要和可能，在一些关系到国计民生和国家安全的重大项目上，集中国家物力、财力，联合攻关，力争获得具有重大实际应用价值的成就和具有世界先进水平的突破。这样，我们就能顺利实现第二步战略目标，在激烈的国际竞争中处于主动地位。

为了解放科技生产力，必须提高全民的科技意识，要在舆论宣传、体制改革、完善政策、增加投入、培养人才等方面做出巨大的努力。这里我着重讲一讲深化经济体制改革同深化科技体制改革相结合的问题和进一步落实完善知识分子政策的问题。

经济体制改革的重要目标之一，就是要在企业和经济部门形成和发展任用科技人员、采纳科技成果以提高经济效益和竞争能力的内在动力。有了这个条件，科技工作和科技体制改革就有了良好的环境。深化科技体制改革当前的中心一环是继续解决科技与经济脱节的问题，建立有利于科技进步、有利于经济发展的充满生机和活力的新机制。要按照发展社会主义的有计划商品经济的要求，探索在科技工作中把计划管理与市场调节结合起来的途径和形式，促进科技与经济的进一步结合。要逐步建立引进、应用、推广、创新相互结合、相互促进的科研机制。除某些基础研究外，就总体而言，科技投入是生产性投入。要在中央和地方各级政府增加科技投入的同时，积极引导企业和社会增加科技投入，逐步使企业成为技术开发的主体，逐步形成多种形式、多种渠道的科技投入体系，形成科技投入及产出的良性循环。在深化科技体制改革，保障 90 年代科技发展方面，党中央和国务院已经并将进一步采取若干重大措施，使各项科技任务得到更好的落实。

科学技术人员是新的生产力的开拓者。发展教育是科技进步的基础。尊重知识，尊重人才，充分调动广大科技人员的积极性、主动性和创造性，是解放科技生产力的前提。当前，贯彻和落实党和国家的知识分子政策，重点是采取切实措施，为他们创造良好的工作、学习和生活条件，进一步形成相互切磋、取长补短、平等交换意见的学术环境。中央相信，广大科技人员一定会充分认识到自己肩负的历史责任，解放思想，振奋精神，在新的科技革命中大显身手。

发展我国的科学技术是历史赋予我们的神圣使命，不仅需要广大科技人员的努力，而且需要亿万人民群众的参与。只有全国人民群众自觉地投入新科技革命的行列，增强科技意识、掌握科技知识、参与科技实践，我们的科技事业才能蓬蓬勃勃向前推进。

在新科技革命中，党中央和国务院希望各级科协履行自己的光荣职责，发挥自己的独特优势。中国科学技术协会是中国共产党领导下的人民团体，是党和政府联系科技工作者的纽带和发展科技事业的助手。中国科协成立以来，做了大量卓有成效的工作，为促进我国社会主义物质文明建设和精神文明建设做出了重要贡献。各级科协组织要继续高举爱国主义和社会主义的旗帜，坚持为科技进步、经济振兴、社会发展服务，充分发挥科学技术在社会主义物质文明建设中的作用，坚持宣传科学精神、科学方法、科学态度，充分发挥科学在社会主义精神文明建设中的作用。要进一步密切党和政府同科技工作者的联系，大力促进自然科学与社会科学的协同，对经济和社会发展中的重大问题进行科学论证和提出建议，推动科学技术在全社会的普及和推广。要团结海内外科技工作者，促进祖国统一，发展国际科技合作与交流。要加强组织建设，充实基层力量，为基层科技工作者服务，努力将科协办成科技工作者之家。各级党委和政府要重视发挥科协和学会的作用，认真听取和研究采纳科学界的意见建议，促进决策的科学化和民主化，并且切实加强和改善对科协工作的领导。

各位代表、同志们、朋友们：在中华民族的历史上，产生过许多优秀的科学家和技术专家，创造了灿烂的中华古代科技文明。新中国成立以来，我国科技工作者为建立我国独立完整的工业体系，为发展我国的农业，为振兴整个民族经济，为巩固国防，为发展各方面现代科学技术，为提高我国的国际地位和威望，都做出了巨大的历史性贡献。党和人民高度赞扬广大科技工作者创造的光辉业绩。90 年代将是科技工作者大展宏图的黄金时期。党中央、国务院相信，在新科技革命中，我们的科技人员一定能谱写出光辉的新篇章。

预祝大会圆满成功。谢谢大家。

中国科协主席钱学森在中国科学技术协会第四次全国代表大会上作题为《九十年代中国科技工作者的历史责任》的工作报告

我们已经进入本世纪的最后十年。20 世纪的科学技术，经历了几次大的发展浪潮愈趋活跃，90 年代将进入更加突飞猛进的年代。电子信息、生物工程和新型材料等一系列高新科学技术的重大突破和发展，将给整个人类社会的生产和生活方式带来重大影响。科技与经济一体化发展将大大加速，科学技术转化为现实生产力的速度将愈来愈快，基础研究、应用研究、技术开发、工业生产和市场销售之间的结合、交叉、反馈将愈益紧密，科技与经济的全球化、多元化和超大规模化将日益发展，全球范围内的合作与竞争、交流与限制紧密交织，世界经济、科技和人才的竞争将愈益激烈。90 年代还面临着人口、资源、环境、生态等对人类生存有重大影响的问题。在此严峻形势下，我们应当具有高度的历史责任感和时代紧迫感，研究和把握九十年代的科技发展趋势，想深一些，看远一些，以便把我们的科学技术工作更好地推向前进。

为了在 90 年代使我国科技和经济有一个较大发

展，党和国家采取了一系列重大措施，召开了党的十三届七中全会和七届全国人大四次会议，分别讨论和通过了关于国民经济和社会发展十年规划和“八五”计划的《建议》和《纲要》，这是面临世纪之交国家发展的总蓝图、总纲领，标志着我国社会主义现代化建设进入到一个新的发展阶段。在实现十年规划和“八五”计划中，科技进步具有极其重要的战略地位。这是新中国发展历史上一次新的更加宏伟的向科学技术现代化的进军。在实现新的历史任务中，我国科技工作者有着多方面的工作，肩负着重大的历史责任。

我们要努力学习、宣传和贯彻科学技术是第一生产力的思想。科学技术是第一生产力的思想是邓小平同志总结了科学技术在现代生产力发展中的重要地位和作用后提出来的，是对马克思主义关于科学技术和生产力学说的重大发展。我们要用科学技术是第一生产力的思想来增强全民族的科技意识，使人们深刻认识到现代社会生产力的构成是一个全面渗透了科学技术的巨大体系。一个国家生产力发展的水平，取决于这个国家的科技文化教育水平、科学技术的研究与开发水平、生产技术的科技密集水平、经营管理的科学水平和社会协作的科学组织水平。科学技术是社会生产力中最活跃的决定性因素，是形成现代国家综合国力的核心，是一个国家强盛的关键所在。社会主义制度为我国科学技术的发展开辟了广阔的道路，科学技术的蓬勃发展及其广泛应用，又为我国社会主义制度的巩固和发展提供了坚实的物质技术基础。科技工作者一定要坚定社会主义信念，坚持运用科学技术是第一生产力的思想来衡量、指导和推进现代化建设和改革开放的各项工作，在增强全民族的科技意识的基础上大力倡导科技兴国。这是历史赋予我国人民，特别是科技工作者的光荣使命。

我们要发挥科学技术的先导作用，大力促进科技和经济的结合。以科技为先导，依靠科技振兴经济，是我们时代的特征。把经济建设转移到依靠科技进步和提高劳动者素质的轨道上来，是我们的时代使命。

——要大力促进科技兴农。要把对农民的技术培训放在重要的地位，不断提高农民的科技文化水平。要积极推广先进实用的农业科学技术，在劳动密集和技术密集的基础上，探索提高农业生产的新的方法和途径。要促进专群结合，发展和完善农业社会化服务体系。

——要大力促进科技兴工，努力提高企业工作中的科技意识，牢固地树立起依靠科技振兴企业、发展生产的思想。要积极运用现代科学技术，特别是电子技术改造传统产业，在促进企业技术进步、产品质量提高和品种更新换代，提高企业管理水平和经济效益等方面做出成果。要发挥骨干科研机构和大中型企业的技术辐射作用，积极促进行业基础技术的发展和基本装备的更新。要为搞活大中型企业献计献策，促进企业建立起不断追求技术进步的运行机制和结构。

——要积极地有重点地发展高科技，实现产业化，并且加快向传统产业的扩散和渗透。多种高新技术的结合和渗透是当代高新技术发展的重要趋势。高新技术的发展并使其产业化是具有战略意义的任务，应在国家有关计划统筹安排下积极促进其发展。

——要十分重视基础性研究的稳定发展，这不仅关系到我国工业和科技发展的未来，有的在今天也有重大的现实作用。有些没有明确应用前景的基础研究，在人类探索宇宙的历史长河中是重要的组成部分，应当得到重视和合理的安排。

解决好科技与经济脱节问题，建立有利于科技进步、经济振兴的新机制，是当前深化改革的中心一环。我国科技工作者要关心并积极参与科技和经济体制改革。科技工作者要关心经济，把促进科技和经济的结合。加速科学技术由知识生产力向物质生产力的转化，作为自己的时代使命，经济工作者要重视科学技术，大力支持发展科学技术，积极采用科技成果以提高经济效益和竞争能力。增加科技投入是关系到科技发展的重大问题，应当形成全社会支持科技的机制，以确保在科技进步的基础上振兴经济得以实现。

我们要发扬自力更生、艰苦奋斗、大力协同的优良传统，把自力更生和对外开放更好地结合起来。在科学技术全球化的今天，必须坚持对外开放的方针，博采世界各国之所长，积极发展对外交流与合作，同时还必须发扬自力更生的精神，坚持自力更生为主，争取外援为辅，把我国科学技术的发展放在主要依靠自己力量的基点上，依靠我国科技工作者发扬聪明才智和创造精神，顽强拼搏，艰苦奋斗。必须清醒地认识到，激烈的经济竞争不可能使最先进的技术通过引进获得，即使能够得到的先进技术，也还有一个消化吸收和创新发展的问题。自力更生与扩大开放是统一而不是对立的，我们应当把两者很好地结合起来，用自己高水平的研究能力和成果去参与世界竞争，促进国际科技交流和合作。当前科技工作中存在各自为政、互相封锁、重复浪费的现象，不利于科技事业的发展，应当在深化科技、经济体制改革中，促进完善综合机制，实行大力协同，运用系统工程的方法来解决日益复杂的科学技术组织管理问题，使我们的科学技术潜力得以充分发挥。科技工作者奉献于祖国的基本职责是努力做好本职工作。要更加勤奋和刻苦，勤于创造，勇于攀登，善于利用后发优势，力求超越某些可以超越的阶段，用最小的代价去取得最大的科技成果。

我们要坚定不移地贯彻“百花齐放、百家争鸣”的方针，大力促进科学技术的繁荣和发展。贯彻“双百”方针和坚持四项基本原则是统一的。学术繁荣是科技繁荣的先导。要大力促进学术思想的繁荣，必须创造一个民主的、活跃的学术思想环境。政治上要坚持四项基本原则，学术上要鼓励创新和争鸣。要鼓励不同学术思想间的交流和争论，支持和重视青年科技工作者在学术舞台上发表学术见解。要善于在不同学术见解的交流中汲取营养，启迪智慧，促进学术繁荣，防止和克服在学术观点上论资排辈或者以社会地位和行政权力干扰学术工作的不良现象。要大力促进自然科学和社会科学的结合，鼓励学科之间的交叉渗透，重视新兴学科的发展和软科学的研究。要大力加强科学技术的普及工作，把提高和普及结合起来。各类科技学术团体和科普团体是社会文明进步的产物。它们的活动应当得到社会的尊重，它们的工作条件，如交流、普及、出版等，应当得到政府和社会的支持。我们每一个科技工作者都要为科学技术的提高和普及作出贡献。

我们要十分重视教育和人才培养。当代世界科技竞争最激烈的是人才竞争。一个国家现代化建设诸因素中最重要的是人才因素。我国科技工作者的一项长期的历史性使命，就是要积极参与和大力促进教育事业的发展，努力提高全民族的科技文化素质。我们要积极促进科技和教育的结合。90 年代，我国科技工作者，尤其是中年以上的科技工作者，都有两项基本的任务，一是创造性地完成本职岗位上的科技任务，二是尽最大努力培养人才。要重视学科和技术带头人的培养和保护工作。当今青年科技工作者是跨世纪的一代人。我们希望青年科技工作者不负历史和民族的重托，刻苦学习，孜孜以求，为中华民族的科技腾飞，在世纪更替的伟大时代贡献智慧和青春。要重视优化人才结构，人尽其才，把发挥群体智慧和个人创造精神很好地结合起来。要重视各类科技工作者的继续教育和业务水平的提高。我国现代化建设事业不仅需要大量的各类科技专才、科技将才，而且需要相当数量能从整体上考虑问题，做好科技组织领导工作并为党和国家当参谋的科技帅才。老一辈科技工作者要把好的传统、好的经验、好的道德和作风传给下一代。要很好地发挥离退休科技工作者在现代化建设中的作用。要从青少年开始抓好后备人才的培养工作。要促进全社会形成有利于人才脱颖而出的机制和环境，使 90 年代成为群星灿烂、人才辈出的年代。

我们要大力促进社会主义精神文明建设。科技工作者不仅是现代物质文明的建设者，也是精神文明的建设者。现代科学技术与社会主义相结合，正在创造出崭新的人类社会文明。我们要提倡科技工作者学习马克思列宁主义和毛泽东思想，学习建设有中国特色的社会主义的基本理论，学习辩证唯物主义和历史唯物主义，并且坚持理论联系实际，同现实的应用和发展结合起来。要提倡科技工作者讲求科学思想和科学方法，发扬“献身、创新、求实、协作”的科学精神和“坚持真理、诚实劳动、亲贤爱才、密切合作”的职业道德。要提倡科技工作者与工农劳动群众相结合。要加强科学世界观的教育和宣传，寓理想道德教育于现代科学技术知识的传播之中，用现代科学技术知识和科学观念去开拓人们的视野，驱除愚昧、迷信和落后的观念。我们应当把加强精神文明建设同振奋民族精神，保证国家稳定发展结合起来，同进行爱国主义、社会主义和集体主义教育结合起来。各级科协和学会应当成为科技工作者健康成长和面向社会进行精神文明教育的大学校。

90 年代是我国集中进行社会主义现代化建设的非常关键的时期，也是中华民族更加团结兴盛的年代。我们全中国的科技工作者应该团结起来，振奋精神，坚持以经济建设为中心，为促进科技进步、经济繁荣、社会发展和祖国统一而努力奋斗。

《人民日报》发表社论《维护团结统一 促进富裕文明——庆祝西藏和平解放四十周年》

首都各界人士在人民大会堂西藏厅集会纪念西藏和平解放四十周年

纪念会由中共中央政治局候补委员、书记处书记丁关根主持。赛福鼎·艾则孜、费孝通、王汉斌、陈俊生、司马义·艾买提、罗干和西藏自治区党委书记胡锦涛、副书记巴桑等，出席纪念会。中共中央政治局常委、书记处书记乔石在纪念会上发表讲话。

中共中央致电印度国大党(英)全国委员会哀悼拉·甘地不幸遇难

国务院副总理邹家华在钓鱼台国宾馆会见以董事利拿尔博士率领的德国戴姆勒－奔驰集团公司高级代表团

古巴共产党中央委员会第一书记部长会议主席卡斯特罗在哈瓦那革命宫会见以陈慕华副委员长为首的中国人大代表团

卡斯特罗在会见时说，中国坚持社会主义，中国成为一个强大的国家，这无论对世界还是对古巴都具有重要意义。

卡斯特罗说，中国有许多经验，古巴要向中国学习。

谈到国内问题时，卡斯特罗说，古巴将坚定不移地坚持社会主义道路，渡过目前的困难时期，争取最后的胜利。

陈慕华副委员长首先转达了江泽民总书记、杨尚昆主席和李鹏总理对卡斯特罗主席的问候，接着介绍了中国的一些经济情况。她表示相信，古巴人民一定能够克服目前的困难。

外交部发言人就美国国会一议员称西藏为被占领国家一事答记者问

在外交部举行的新闻发布会上，外交部发言人在回答记者关于最近美国国会一议员提出的决议案中，把西藏作为“被占领国家”，中国政府对此有何评论时指出，该决议案肆意歪曲历史事实，公然宣称西藏是“被占领国家”，这是践踏国际关系准则、粗暴干涉中国内政、阴谋分裂中国的行径，中国方面已向美国方面提出了交涉，表示严重关切和强烈愤慨。

这位发言人说：“西藏自公元一二五三年开始就是中国领土不可分割的一部分，比美国独立早五百二十三年。世界上没有一个国家承认西藏是一个独立的国家。然而，这位议员先生出于政治上的偏见，居然连起码的历史事实都不顾，这使我想起一句名言，偏见比无知离真理更远。”

发言人说，美国国会里有那么一些人总是打着人权旗号，对中国提出种种指责，殊不知当年达赖统治西藏时实行的是封建农奴制，这是一个比美国南北战争前的奴隶制度和欧洲中世纪的制度更残暴、更黑暗的制度。在封建农奴制度下，占人口百分之九十五以上的农奴和奴隶不仅没有任何社会和政治权利，而且连最基本的生存条件也得不到保障。这些议员们从来没有对西藏农奴制度作过任何谴责，反而把达赖捧为人权领袖。今天，西藏发生了翻天覆地的变化，昔日的奴隶变成国家的主人，享有宪法所保障的、包括宗教信仰自由在内的一切权利，西藏的政治稳定，经济、文化建设取得了令人瞩目的成就。在这个时候，这些议员却一再指责中国在西藏侵犯人权，他们在人权问题上立场的虚伪性是十分清楚的。

粟裕军事理论与实践研讨会在北京举行

研讨会由国防大学、军事科学院联合召开。陈丕显、彭冲、叶飞出席开幕式。

军事科学院院长蒋顺学中将主持会议。国防大学校长兼政委张震上将在开幕式上的讲话中介绍说，粟裕从南昌起义到创建中华人民共和国，身经百战，屡建奇功。刘伯承元帅曾赞扬“粟裕将军百战百胜”；陈毅元帅也赞扬“粟裕将军的战役指挥，一贯保持其常胜记录”。张震说，这次研讨会的目的，是要让我军指挥员进一步学习与继承老一辈无产阶级革命家、军事家的军事理论与实践，为巩固国防、保卫四化建设、维护世界和平作出应有的贡献。参加研讨会的还有跟随粟裕南征北战多年的战友、军事学术界的专家、将领以及国防大学研究生院的研究生等130余人。

全国教育督导工作会议在北京召开

会议提出，建立、健全教育督导、评估制度，完善执法监督系统，使教育工作逐步走上依法治教的轨道，是90年代教育工作的重要任务之一。

会议指出，今后一个时期，要全面地、系统地开展以基础教育为主的督导工作，积极地为实现“八五”期间教育工作的总目标、总任务服务。教育督导、评估工作，必须把坚持社会主义方向、德育为首、全面贯彻教育方针、提高教育质量，作为自己经常的、根本的任务。

国家教委副主任何东昌、全国人大教科文卫委员会副主任委员张承先在会议上讲话。

中国作家协会在北京召开全国青年作家会议

中国作协党组书记、副主席马烽在致大会开幕词时，称这次大会为“多年难逢的青年文学盛会”，它的战略意义在于“为培养跨世纪的社会主义文学接班人做出努力”。

国家副主席王震在全国青年作家会议上发表题为《〈讲话〉精神永照千秋》的讲话。

参加这次大会的324名代表，大都是近年文坛上活跃而有相当成就的青年作家、诗人和评论家，其年龄大多数在35岁以下。

会议于26日结束。

国家副主席王震在全国青年作家会议上发表题为《〈讲话〉精神永照千秋》讲话

青年同志们、朋友们：

我很高兴来参加你们的会议。这是一个青春洋溢的会议，一个朝气蓬勃的会议，一个培养跨世纪社会主义文学接班人的会议。

49年前的今天，毛泽东同志发表了《在延安文艺座谈会上的讲话》。你们的会议在今天开幕，具有特别重要的意义。

毛泽东同志不仅是伟大的无产阶级革命家，而且是伟大的马克思主义理论家。他对马克思主义文艺理论有极其卓越的贡献。他为中国各族人民的解放、为我们党的兴旺发达、为中国社会主义革命和建设事业的胜利、为马克思主义在中国的运用和发展，建立了巨大的历史性的功勋。随着时间的推移，对他的重大贡献，我们将愈益看得更加清晰。前些年，在资产阶级自由化的几度严重泛滥中，出现了种种贬低、诬蔑、攻击毛泽东同志和毛泽东思想的奇谈怪论，我们的广大工人、农民、知识分子、人民解放军指战员和民主党派、爱国人士很不满意。邓小平同志等老一辈无产阶级革命家坚定地捍卫了毛泽东同志的历史地位，捍卫并发展了毛泽东思想，保证我们的建设和改革开放事业取得了举世瞩目的成绩。以江泽民同志为核心的党中央，继续高举毛泽东思想的伟大旗帜，坚持党的十一届三中全会以来确立的党的基本路线，使我国政治、经济、社会稳定发展，得到全国人民的衷心信赖和拥护。毛泽东思想是中国共产党人和中华民族的最宝贵的精神财富。

毛泽东同志的《在延安文艺座谈会上的讲话》哺育了成千上万的一代又一代的文艺工作者，它的基本原理，永远不会过时，永远指导我国社会主义文艺健康发展。1979 年，邓小平同志发表了《在中国文学艺术工作者第四次代表大会上的祝辞》，在社会主义现代化建设的新时期坚持和发展了毛泽东文艺思想。今年 3 月，江泽民同志又在首都文艺界元宵节谈心会上，以《团结奋斗，繁荣社会主义文艺》为题，发表了重要讲话。我希望广大文艺工作者特别是年青一代要认真学习，贯彻执行。

现在，国内外敌对势力主要采取和平演变战略、利用资产阶级自由化，企图在我国复辟资本主义制度，使我们的独立的社会主义的中华人民共和国重新沦为西方大国的附庸。这是对我国建设和改革开放事业的首要威胁。中华民族从来不屈服于外来势力的任何压力，有着不畏强暴，反对干涉和侵略，维护独立和主权的光荣传统。我们在和平共处五项原则的基础上，努力发与世界各国的友好关系，努力学习各国的先进经验，但是坚决反对霸权主义和强权政治。要抵制和挫败敌对势力的渗透、颠覆、和平演变的罪恶图谋，就必须坚持不懈地进行四项基本原则的教育和反对资产阶级自由化的斗争。邓小平同志对此作过多次深刻论述。以江泽民同志为核心的党中央也反复强调这一任务的极端重要性和紧迫性。党中央的这一方针和决心是决不会改变和动摇的。这也是我们基本政策的连续性和稳定性的一个重要体现。1989 年那场动乱和北京发生的反革命暴乱给我们的党、国家、民族的教训太深刻了。所以，我殷切希望，广大文艺工作者，特别是青年同志要认真学习马列主义、毛泽东思想，在为人民服务，为社会主义服务的原则基础上紧密团结，承担起党和人民赋予的神圣职责，坚定地站在反对和平演变、反对资产阶级自由化的最前列，热情讴歌党和人民的丰功伟绩，热情讴歌社会主义改革开放的伟大成就，在巩固和建设有中国特色的社会主义宏伟事业中焕发艺术创造的智慧才华。

21 世纪在等待着你们，衷心祝愿你们的会议开得圆满成功！

1989 年至 1990 年度中国电视“政府奖”在江苏常州揭晓

“政府奖”由广播电影电视部、中宣部、国家教委、解放军总政治部以及全国总工会、团中央、全国妇联联合组成评委会。《开国大典》、《焦裕禄》、《百色起义》、《龙年警官》、《特区打工妹》等 16 部影片获故事片奖。获儿童故事片奖的 4 部影片是《我的九月》、《豆蔻年华》、《快乐岛奇遇》、《别哭，妈妈》。《魔窟寻谋》等 2 部译制片、《周恩来》等 9 部纪录片和 5 部美术片、16 部科教片也获得本届“政府奖”。

第二届全国优秀少儿读物编辑奖颁奖

5 月 24 日

国务院举行第 83 次常务会议

国务院总理李鹏主持召开国务院第 83 次常务会议。会议审议并原则通过《计算机软件保护条例（草案）》；讨论加强土地保护工作的问题，决定每年的 6 月 25 日为全国“土地日”。

会议认为，计算机软件技术是一门正处在迅速发展中的新兴技术，具有开发工作量大、开发投资高、复制容易的特点。因此，国家必须保护计算机软件著作权人的权益，调整计算机软件的著作权人与社会公众之间因传播、使用计算机软件而发生的利益关系，鼓励计算机软件的开发与流通，促进我国电子计算机应用事业和软件产业的发展，并有利于外国先进软件技术的引进和国际间经济技术的正常交流。根据我国已颁布的著作权法的有关规定以及软件保护的特点，制定保护计算机软件的专门条例是必要的。

会上对《条例（草案）》的个别内容提出一些修改意见。会议决定，《计算机软件保护条例》经过必要的修改后，尽早公布施行。

会议经过讨论决定，为了深入宣传贯彻《土地管理法》，坚定不移地实行“十分珍惜和合理利用每寸土地，切实保护耕地”的基本国策，确定每年的 6 月 25 日为全国“土地日”。

最高人民检察院检察长刘复之在全国检察机关纪检监察工作会议上发表讲话

刘复之在会议上强调，各级检察机关必须加强思想政治工作，加强党风、政风和廉政建设，加强纪检、监察工作，坚持从严治检，保持检察队伍的纯洁性。

刘复之说，检察机关是人民民主专政的重要工具之一。检察机关在当前发挥法律监督职能，开展惩治贪污贿赂犯罪斗争，在"严打"和加强社会治安综合治理、加强查处侵权、渎职等方面，在为国家、社会和经济稳定服务方面，承担着繁重任务。因此，必须建设好这支队伍，让党和人民放心。

刘复之指出，检察队伍从整体上说是好的，经受住了考验，较好地完成了各项任务。但是，检察队伍中也还存在着违法违纪和某些不正之风。他要求各级领导严于律己，作出表率，同时要敢抓敢管，发现问题要认真查处，有一件查一件，不遮掩，不护短。对平时放松教育管理、发生问题又不严肃查处的，要追究领导的责任。纪检、监察部门要充分发挥职能作用，加强检查监督。

全国人大常委会委员长万里在听取北京新技术产业开发区情况汇报时发表讲话

万里在参观新开业的北京科技贸易中心时，听取北京新技术产业开发试验区的情况汇报，万里说，北京新技术产业开发试验区的高速发展，证明了科学技术是第一生产力。

当开发区主任胡昭广说到开发区高效益的奥秘之一是将科学院所、大专院校沉淀多年的成果应用推广以及人才能力得到发挥时，万里说："这是你们的优势所在。过去千里马圈在马厩里，现在可以奔跑了。"胡昭广介绍，国家给予开发区的十八条优惠政策，为企业发展提供了宽松的环境。万里又说："政策是生命。同样的条件，政策不同就大不一样。"

万里强调说：北京开发区是全国第一个高科技开发区，一定要带个好头，在全国起示范作用。

国务院总理李鹏在中南海会见本届联大主席马耳他副总理兼外交部长德·马科

李鹏在会见中说，中国政府愿意进一步加强中马两国的友好关系。

在谈到建立国际新秩序的问题时，德·马科说，首先由中国提出的关于建立国际政治、经济新秩序的主张，有利于维护世界和平。德·马科表示他赞赏中国关于建立国际新秩序应该包括建立国际经济新秩序在内的主张。

李鹏表示，现在南北差距不是在缩小，而是在扩大，许多发展中国家经济恶化，主要是由于存在着不公正的国际经济秩序，初级产品和加工产品之间进行不等价交换，第三世界债务负担沉重，贫富悬殊扩大。这些将增加政局的动荡和不稳定。

德·马科表示在建立国际新秩序和加强国际的和平与安全以及促进人类进步方面，国际社会同中国加强合作是至关重要的。德·马科说，中国在联合国发挥影响，对于加强联合国的作用具有根本性的意义。

国务委员兼外交部长钱其琛参加会见。

国家主席杨尚昆在人民大会堂会见墨西哥合众国外交部长费尔南多·索拉纳

国务院总理李鹏在中南海紫光阁会见美国中国工程师协会全国委员会常务顾问、台湾新竹工业技术研究机构高级顾问潘文渊先生及夫人和子女

国务院总理李鹏在中南海紫光阁会见墨西哥合众国外交部长费尔南多·索拉纳

国务院副总理朱镕基在首都宾馆会见和宴请墨西哥合众国外交部长费尔南多·索拉纳

外交部部长钱其琛在钓鱼台国宾馆同本届联大主席马耳他副总理兼外交部长德·马科举行会谈

外交部部长钱其琛和墨西哥外交部长费尔南多·索拉纳在北京举行会谈

外交部发言人就台湾当局同有关国家谈判海域和渔业合作协议一事答记者问

外交部发言人在回答记者提问时说，中国政府坚决反对台湾当局同别国谈判海域和渔业合作协议。

有记者问：据报道，5月20日台湾一渔业代表团赴菲律宾就海域纠纷问题与菲方举行会谈。中国对此有何评论？

发言人答：我们对此事表示严重关注，我们坚决反对台湾当局同有关国家谈判海域和渔业合作协议。任何可能导致出现"两个中国"、"一中一台"或把台湾作为独立的政治实体对待的言论和行动都是我们决不能接受的。

北京正负电子对撞机工程建设表彰大会在中南海怀仁堂举行

中国科学院高能物理研究所等26个单位，获得李鹏总理签署的荣誉证书和奖牌。宋平、温家宝、胡乔木、严济慈、宋健等领导，美国著名物理学家李政道教授，出席表彰大会。

国务委员宋健在会上代表党中央和国务院，对在这一工程建设中所取得的具有国际影响的重大科技成就表示祝贺，对为这项工程建设做出重要贡献的单位、科学家、工程技术人员和工人表示衷心的感谢，向为这项工程做出重要贡献的李政道教授和其他国际上参加合作的朋友表示感谢。

中国科学院院长、北京正负电子对撞机工程领导小组组长周光召也在会上讲话。表彰大会由航空航天工业部部长、北京正负电子对撞机工程领导小组成员林宗棠主持。

《人民日报》发表社论《肩负起历史的责任——祝贺中国科协第四次全国代表大会召开》

中国选手在雅典举行的第三届国际中学生信息学奥林匹克竞赛中获团体总分第一名

国务院批准国家版权局发布《中华人民共和国著作权法实施条例》

第一章 一般规定

第一条 根据中华人民共和国著作权法(以下简称著作权法)第五十四条的规定，制定本实施条例。

第二条 著作权法所称作品，指文学、艺术和科学领域内，具有独创性并能以某种有形形式复制的智力创作成果。

第三条 著作权法所称创作，指直接产生文学、艺术和科学作品的智力活动。

为他人创作进行组织工作，提供咨询意见、物质条件或者进行其他辅助活动，均不视为创作。

第四条 著作权法和本实施条例中下列作品的含义是：

(一)文字作品，指小说、诗词、散文、论文等以文字形式表现的作品；

(二)口述作品，指即兴的演说、授课、法庭辩论等以口头语言创作、未以任何物质载体固定的作品；

(三)音乐作品，指交响乐、歌曲等能够演唱或者演奏的带词或者不带词的作品；

(四)戏剧作品，指话剧、歌剧、地方戏曲等供舞台演出的作品；

(五)曲艺作品，指相声、快书、大鼓、评书等以说唱为主要形式表演的作品；

(六)舞蹈作品，指通过连续的动作、姿势、表情表现的作品；

(七)美术作品，指绘画、书法、雕塑、建筑等以线条、色彩或者其他方式构成的有审美意义的平面或者立体的造型艺术作品；

(八)摄影作品，指借助器械，在感光材料上记录客观物体形象的艺术作品；

(九)电影、电视、录像作品，指摄制在一定物质上，由一系列有伴音或者无伴音的画面组成，并且借助适当装置放映、播放的作品；

(十)工程设计、产品设计图纸及其说明，指为施工和生产绘制的图样及对图样的文字说明；

(十一)地图、示意图等图形作品，指地图、线路图、解剖图等反映地理现象、说明事物原理或者结构的图形或者模型。

第五条 著作权法和本实施条例中下列使用作品方式的含义是：

(一)复制，指以印刷、复印、临摹、拓印、录音、录像、翻录、翻拍等方式将作品制作一份或者多份的行为；

(二)表演，指演奏乐曲、上演剧本、朗诵诗词等直接或者借助技术设备以声音、表情、动作公开再现作品；

(三)播放，指通过无线电波、有线电视系统传播作品；

(四)展览，指公开陈列美术作品、摄影作品的原件或者复制件；

(五)发行，指为满足公众的合理需求，通过出售、出租等方式向公众提供一定数量的作品复制件；

(六)出版，指将作品编辑加工后，经过复制向公众发行；

(七)摄制电影、电视、录像作品，指以拍摄电影或者类似的方式首次将作品固定在一定的载体上。将表演或者景物机械地录制下来，不视为摄制电影、电视、录像作品；

(八)改编，指在原有作品的基础上，通过改变作品的表现形式或者用途，创作出具有独创性的新作品；

(九)翻译，指将作品从一种语言文字转换成另一种语言文字；

(十)注释，指对文字作品中的字、词、句进行解释；

(十一)编辑，指根据特定要求选择若干作品或者作品的片断汇集编排成为一部作品；

(十二)整理，指对内容零散、层次不清的已有文字作品或者材料进行条理化、系统化的加工，如古籍的校点、补遗等。

第六条 著作权法和本实施条例中下列用语的含义是：

(一)时事新闻，指通过报纸、期刊、电台、电视台等传播媒介报道的单纯事实消息；

(二)录音制品，指任何声音的原始录制品；

(三)录像制品，指电影、电视、录像作品以外的任何有伴音或者无伴音的连续相关形象的原始录制品；

(四)广播、电视节目，指广播电台、电视台通过载有声音、图像的信号传播的节目；

(五)录音制作者，指制作录音制品的人；

（六）录像制作者，指制作录像制品的人；

（七）表演者，指演员或者其他表演文学、艺术作品的人。

第二章 著作权行政管理部门

第七条 国家版权局是国务院著作权行政管理部门，主管全国的著作权管理工作，其主要职责是：

（一）贯彻实施著作权法律、法规，制定与著作权行政管理有关的办法；

（二）查处在全国有重大影响的著作权侵权案件；

（三）批准设立著作权集体管理机构、涉外代理机构和合同纠纷仲裁机构，并监督、指导其工作；

（四）负责著作权涉外管理工作；

（五）负责国家享有的著作权管理工作；

（六）指导地方著作权行政管理部门的工作；

（七）承担国务院交办的其他著作权管理工作。

第八条 地方人民政府的著作权行政管理部门主管本行政区域的著作权管理工作，其职责由各省、自治区、直辖市人民政府确定。

第三章 著作权的归属与行使

第一节 著作权的归属

第九条 创作作品的公民或者依法被视为作者的法人或者非法人单位享有著作权，但法律另有规定的除外。

法人必须符合民法通则规定的条件。不具备法人条件，经核准登记的社会团体、经济组织或者组成法人的各个相对独立的部门，为非法人单位。

第十条 注释、整理他人已有作品的人，对经过自己注释、整理而产生的作品享有著作权，但对原作品不享有著作权，并且不得阻止其他人对同一已有作品进行注释、整理。

第十一条 合作作品不可以分割使用的，合作作者对著作权的行使如果不能协商一致，任何一方无正当理由不得阻止他方行使。

第十二条 由法人或者非法人单位组织人员进行创作，提供资金或者资料等创作条件，并承担责任的百科全书、辞书、教材、大型摄影画册等编辑作品，其整体著作权归法人或者非法人单位所有。

第十三条 著作权人许可他人将其作品摄制成电影、电视、录像作品的，视为已同意对其作品进行必要的改动，但是这种改动不得歪曲篡改原作品。

第十四条 职务作品由作者享有著作权的，在作品完成两年内，如单位在其业务范围内不使用，作者可以要求单位同意由第三人以与单位使用的相同方式使用，单位没有正当理由不得拒绝。

在作品完成两年内，经单位同意，作者许可第三人以与单位使用的相同方式使用作品所获报酬，由作者与单位按约定的比例分配。

作品完成两年后，单位可以在其业务范围内继续使用。

作品完成两年的期限，自作者向单位交付作品之日起计算。

第十五条 著作权法第十六条第二款第（一）项所称物质技术条件，指为创作专门提供的资金、设备或者资料。

第十六条 作者身份不明的作品，由作品原件的合法持有人行使除署名权以外的著作权。作者身份确定后，由作者或者其继承人行使著作权。

第十七条 著作权法第十八条关于美术等作品原件所有权的转移，不视为作品著作权的转移的规定，适用于任何原件所有权可能转移的作品。

第二节 著作权的继承

第十八条 著作权中的财产权依照继承法的规定继承。

第十九条 合作作者之一死亡后，其对合作作品享有的使用权和获得报酬权无人继承又无人受遗赠的，由其他合作作者享有。

第二十条 作者死亡后，其著作权中的署名权、修改权和保护作品完整权由作者的继承人或者受遗赠人保护。

著作权无人继承又无人受遗赠的，其署名权、修改权和保护作品完整权由著作权行政管理部门保护。

第二十一条 国家享有的著作权，由著作权行政管理部门代表国家行使。

第二十二条 作者生前未发表的作品，如果作者未明确表示不发表，作者死亡后五十年内，其发表权可由继承人或者受遗赠人行使；没有继承人又无人受遗赠的，由作品原件的合法所有人行使。

第三节 著作权的产生和保护期限的计算

第二十三条 著作权自作品完成创作之日起产生，并受著作权法的保护。

第二十四条 作者身份不明的作品，对其使用权和获得报酬权的保护期为五十年，截止于作品首次发表后第五十年的十二月三十一日。作者身份一旦确定后，适用著作权法第二十一条的规定。

第二十五条 外国人的作品首先在中国境内发表的，其著作权保护期自首次发表之日起计算。

著作权法第二条第二款所称外国人的作品首先在中国境内发表，指外国人未发表的作品通过合法方式首先在中国境内出版。

外国人作品在中国境外首先出版后，三十天内在中国境内出版的，视为该作品首先在中国境内发表。

外国人未发表的作品经授权改编、翻译后首先在中国境内出版的，视为该作品首先在中国境内发表。

第四节 权利的限制

第二十六条 著作权法所称已经发表的作品，指著作权人以著作权法规定的方式公之于众的作品。

第二十七条 著作权法第二十二条第(二)项规定的适当引用他人已经发表的作品，必须具备下列条件：

(一)引用目的仅限于介绍、评论某一作品或者说明某一问题；

(二)所引用部分不能构成引用人作品的主要部分或者实质部分；

(三)不得损害被引用作品著作权人的利益。

第二十八条 著作权法第二十二条第(三)项的规定，指在符合新闻报道目的的范围内，不可避免地再现已经发表的作品。

第二十九条 依照著作权法第二十二条第(六)、(七)项的规定使用他人已经发表的作品，不得影响作品的正常利用，也不得无故损害著作权人的合法权益。

第三十条 依照著作权法第二十二条第(九)项的规定表演已经发表的作品，不得向听众、观众收取费用，也不得向表演者支付报酬。

第三十一条 著作权法第二十二条第(十一)项的规定，仅适用于原作品为汉族文字的作品。

第四章 著作权许可使用合同

第三十二条 同著作权人订立合同或者取得许可使用其作品，应当采取书面形式，但是报社、杂志社刊登作品除外。

第三十三条 除著作权法另有规定外，合同中未明确约定授予专有使用权的，使用者仅取得非专有使用权。

第三十四条 国家版权局负责提供各类著作权许可使用合同的标准样式。

第三十五条 取得某项专有使用权的使用者，有权排除著作权人在内的一切他人以同样的方式使用作品，如果许可第三人行使同一权利，必须取得著作权人的许可，合同另有约定的除外。

第五章 与著作权有关权益的行使与限制

第三十六条 著作权法和本实施条例所称与著作权有关权益，指出版者对其出版的图书和报刊享有的权利，表演者对其表演享有的权利，录音录像制作者对其制作的录音录像制品享有的权利，广播电台、电视台对其制作的广播、电视节目享有的权利。

第三十七条 出版者、表演者、录音录像制作者、广播电台、电视台行使权利，不得损害被使用作品和原作品著作权人的权利。

第三十八条 出版者对其出版的图书、报纸、杂志的版式、装帧设计，享有专有使用权。

第三十九条 图书出版者依照著作权法第三十条的规定，在合同有效期内和在合同约定地区内，以同种文字的原版、修订版和缩编本的方式出版图书的独占权利，受法律保护。

第四十条 作者主动投给图书出版者的稿件，出版者应在六个月内决定是否采用。采用的，应签订合同；不采用的，应及时通知作者。既不通知作者，又不签订合同的，六个月后作者可以要求出版者退还原稿和给予经济补偿。六个月期限，从出版者收到稿件之日起计算。

第四十一条 由著作权人承担出版经费的，不适用著作权法第二十九条、第三十条、第三十一条、第三十三条的规定。

第四十二条 著作权人寄给图书出版者的两份订单在六个月内未能得到履行，视为著作权法第三十一条所称的图书脱销。

第四十三条 著作权人依照著作权法第三十二条第二款声明不得转载、摘编其作品的，应当在报纸、杂志首次刊登该作品时附带声明。

第四十四条 著作权法第三十六条第(一)、(二)项权利的保护期不受时间限制。

著作权法第三十九条第二款和第四十二条第三款规定的表演者获得报酬权利的保护期，分别适用第三十九条第一款和第四十二条第二款的规定。

第四十五条 依照著作权法第三十五条的规定，表演者应当通过演出组织者向著作权人支付报酬。

第四十六条 外国表演者在中国境内的表演，受著作权法保护。

第四十七条 外国录音录像制作者在中国境内制作并发行的录音录像制品，受著作权法保护。

第四十八条 著作权人依照著作权法第三十五条第二款、第三十七条第一款和第四十条第二款声明不得对其作品表演、录音或者制作广播、电视节目的，应当在发表该作品时声明，或者在国家版权局的著作权公报上刊登声明。

第四十九条 根据著作权法第三十二条第二款、第三十五条第二款、第三十七条第一款、第四十条第二款，使用他人已经发表的作品，应当向著作权人支付报酬。著作权人或者著作权人地址不明的，应在一个月内将报酬寄送国家版权局指定的机构，由该机构转递著作权人。

第六章 罚　则

第五十条 著作权行政管理部门对著作权法第四十六条所列的侵权行为，可给予警告、责令停止制作和发行侵权复制品、没收非法所得、没收侵权复制品及制作设备和罚款的行政处罚。

第五十一条 著作权行政管理部门对著作权法第四十六条所列侵权行为，视情节轻重，罚款数额如下：

(一)对有著作权法第四十六条第(一)项行为的，罚款一百至五千元；

(二)对有著作权法第四十六条第(二)、(三)、(四)、(五)、(六)项行为的，罚款一万至十万元或者总定价的二至五倍；

(三)对有著作权法第四十六条第(七)项行为的，罚款一千至五万元。

第五十二条 地方人民政府著作权行政管理部门负责查处本地区发生的著作权法第四十六条所列的侵权行为。

国家版权局负责查处著作权法第四十六条所列侵权行为中的下列行为：

(一)在全国有重大影响的侵权行为；

(二)涉外侵权行为；

(三)认为应当由国家版权局查处的侵权行为。

第五十三条 著作权行政管理部门在行使行政处罚权时，可以责令侵害人赔偿受害人的损失。

第七章 附 则

第五十四条 著作权人可以通过集体管理的方式行使其著作权。

第五十五条 本实施条例由国家版权局负责解释。

第五十六条 本实施条例自一九九一年六月一日起施行。

5月25日

中共中央政治局常委宋平在人民大会堂会见乌拉圭共产党总书记海梅·佩雷斯

宋平向客人介绍了中国改革开放和坚持四项基本原则的情况。

佩雷斯说，这次在中国的短暂访问中，他看到中国改革开放12年来取得的积极成果。他说，这些成果体现了中国共产党的智慧。

劳动部牵头的中国农村劳动力开发就业试点项目指导小组成立

中央军委副主席刘华清等出席解放军装甲兵工程学院建院30周年庆祝大会

全国人大教科文卫委员会与国家版权局在人民大会堂联合主办庆祝著作权法实施座谈会

五十余位知名的学者、专家和文学艺术工作者在人民大会堂举行庆祝著作权法实施座谈会。

全国人大常委会委员杨纪珂发言指出，此法的实施，“是我国知识界的一大喜庆之事，从此，文学、艺术和科学作品作者的著作权，以及与著作权有关的正当权益，有了法律的保障”。杨纪珂认为，这将大有利于创作的繁荣、有利于建立文化领域的正常秩序，有利于文化市场的真正形成，有利于改变在文化领域内某些不合理状况，也有利于扩大对外文化交流。

中国专利局局长、全国知识产权研究会理事长高卢麟在发言中更多地注意到了如何为进一步扩大对外开放，促进与其他国家的文化、科技交流创造更好的环境。高卢麟建议我国尽快就参加《保护文学艺术作品伯尔尼公约》和《世界版权公约》的有关问题与联合国世界知识产权组织、教科文组织进行正式磋商，以便在共同参加的国际条约基础上，更好地开展对外交流。

最高人民法院副院长马原称，我国著作权法“是一部既符合中国国情，又具有较高国际保护水准的知识产权立法”。要求各地人民法院要严格依照著作权法的规定处理著作权纠纷案件。马原还透露，最高人民法院有举办了著作权法培训班，邀请有关专家、学者和参加著作权立法的同志授课，培训了各高级法院、中级法院的民事审判骨干。

全国人大常委会副委员长雷洁琼、教科文卫委员会委员许嘉璐、国家版权局副局长刘杲、音协书记处书记孙慎、法学家王家福等也在座谈会上发言。

国家体委在北京举行表彰颁奖大会

国家体委这次表彰、颁奖分别是：表彰1989年、1990年为中国体育事业做出突出贡献的广东、辽宁、上海、北京等体委和解放军体育部门；授予在发展中国登山事业等方面做出突出成绩的西藏自治区体委“体育事业贡献奖”；授予黄志红、杨波、徐益明、陈福寿等200多名在1989年、1990年重大国际比赛中取得优异成绩的运动员、教练员“体育运动荣誉奖章”；表彰辽宁等10省、市为1990年全国群众体育工作先进；授予第11届亚运会团体操编导组“体育事业贡献奖”；授予荣高棠、李梦华、黄中、路金栋、陈先、栗树彬6位老体育工作者“体育工作荣誉奖章”。

5月26日

中央代表团团长李铁映在拉萨邀请宗教界人士座谈

中国境内首家中苏合资企业包头苏蒙特亚麻纺织合营有限公司在北京成立

中共中央政治局常委李瑞环在全国青年作家会议上发表讲话

青年同志们：我没有准备讲话，也没有你们作家那样快的灵感，非要我讲，就讲几句，很可能讲得不全不准。

首先，祝贺这次全国青年作家会议取得了完满的成功。江泽民同志在首都元宵节文艺界座谈会上指出："一个国家的文艺，对振奋民族精神非常重要。所以，我反复强调，希望大家着眼于现在，着眼于将来，着眼于人民的利益，着眼于社会主义文艺的繁荣，努力在文艺界发展讲团结、顾大局、心情舒畅、生动活泼的局面。"他又说："文艺界的同志们、朋友们，要在文艺为人民服务、为社会主义服务的大方向下，搞五湖四海，大团结，向前看，为促进社会主义文艺事业的健康发展而奋斗。这是广大文艺工作者的共同心愿，也是党和人民的殷切期望。"这是当前党中央对文艺工作者最基本的要求，希望大家认真学习，深刻领会，并贯彻到实际工作中去。这是我讲的第一句话。

第二句话，青年是人的一生中最为宝贵的一段时光。说它宝贵，是因为它短暂而一去不复返；是因为许多事情只有在这段时间内才可以很好地完成；还因为它会对人的一生产生巨大的影响。许多伟大作家的成长，都和青年这一段紧密相连。我希望同志们珍惜这一段时光，合理地、充分地、有效地利用这一段时光。

第三句话，要出好的作品，就必须学习。要学习马克思主义的基本理论，用马克思主义的立场、观点、方法去观察和研究事物，指导自己的创作。我过去讲过这样的话，有的作家的作品，之所以给人的印象不深，之所以生命力不强，有的像时装一样过几天就不"时髦"了，很重要的原因是缺乏理论功底。大家都知道，世界上许多伟大的作家，同时又是思想家。要学习知识，包括历史知识、社会知识和自然科学等知识。要紧紧地贴近群众，了解群众，贴近生活，了解生活。生活是一切创作的源泉，一切作品都来源于生活。要不断地磨炼自己，提高自己的文学修养。功夫不负有心人。只有这样，才会创作出无愧于时代的好作品来。

最后，祝愿青年同志们走正路，出作品，给人民提供更多的好的精神食粮。

谢谢大家。

中国残疾人康复协会第二届全国代表大会在青岛开幕

5月27日

全国百名大县经济研讨会在重庆召开

全国百名大县经济与企业发展研讨会日前在重庆召开。这是一次全国区域性经济发展研讨会，来自全国各地的代表就县级经济的发展方向和策略广泛交流经验，并在资源、资金、技术、人才等方面自愿结对，相互洽谈了150多项合作项目。

意大利总理安德烈奥蒂在罗马会见中国经贸部部长李岚清

中国航空器材公司向美国订购航空器材

中国航空器材公司日前与生产机载设备辅助动力装置的美国盖瑞特公司签订3份、173项，价值95万余美元的订货合同。中国航空器材公司还与霍尼威尔公司签订共3份、39项，价值270万美元的机载电子设备合同。

中国科学技术协会第四届全国委员会在北京举行第一次全体会议

会议选出了科协新一届主席、副主席和常务委员会。

会议选举朱光亚为第四届全国委员会主席。朱光亚是中国著名的核物理学家，1924年出生于湖北，汉族，中共党员，研究员，曾任北京大学物理系副教授，东北人民大学物理系教授，中国科学院原子能研究所研究员，二机部第九研究所副所长，国防科委副主任，国防科委科技委员会副主任、主任，中国科协副主席等职。是党的十三届中央委员。

当选四届全委会副主席的分别是(按姓氏笔画为序)：遗传育种专家王连铮、天文学家叶叔华、空气动力学家庄逢甘、金属材料及热处理专家孙大涌、遗传学家李振声、医学家吴阶平、农学家何康、化学家张存浩、半导体材料学家林兰英、物理学家周光召、科技管理专家高潮、航空工程专家高镇宁、藏医专家强巴赤列、流体传动及控制专家路甬祥。会议还通过了由丁经绪等45位委员组成的科技四届常务委员会。在45位常委中，女科技工作者有7位，少数民族委员有3位。其中，强巴赤列是历届科协中第一位当选为副主席的少数民族委员。

常委会决定，高潮、刘恕、王治国、常志海为中国科协书记处书记。

中国科协四届一次全委会还决定，授予钱学森、钱三强中国科协名誉主席称号，授予王大珩、卢嘉锡、刘东生、李国豪、吴仲华、沈元、张维、陆达、唐敖庆、曹天钦、裘维蕃荣誉委员称号。

国务委员宋健代表党中央和国务院向科协新一届领导机构表示祝贺。宋健说，中国科协事业是同社会主义制度同命运的，坚持正确的政治方向、坚持党的基本路线是振兴我国社会主义祖国的根本保证，是我们事业得以成功的支柱。中国科协要在保持稳定方面继续起表率作用。宋健还希望中国科技界要理直气壮地加入国际科技合作领域，在新的科协领导机构的带领下，保持和发扬中国科协的光荣传统，努力开创中国科技工作的新局面，为顺利实现第二步战略目标作出新的贡献。

中国科协第四次全国代表大会闭幕

历时5天的中国科学技术协会第四次全国代表大会，下午在人民大会堂闭幕。1600多名代表向全国科技工作者倡议：要认真学习贯彻"科学技术是第一生产力"的思想，在向新科技革命进军中建功立业。

宋平、温家宝、宋健、周培源、钱学森等领导，中央和国家机关各部委、各人民团体、各省、市、自治区负责人参加闭幕式。

新当选的中国科协主席朱光亚向大会致闭幕词。朱光亚评价这次大会是中国科协历史上的一次重要会议，是社会主义现代化建设进入到新的发展阶段时我国科技界的一次盛会，也是动员广大科技工作者向新科技革命进军，为实现十年规划和"八五"计划贡献才智，为科技兴国建功立业的大会。

朱光亚说，江泽民同志代表中共中央和国务院作的重要讲话，明确提出坚持科学技术是第一生产力，把经济建设真正转移到依靠科技进步和提高劳动者素质的轨道上来，是一场广泛而深刻的变革，是党的十一届三中全会决定的工作重点转移的进一步深化。我们全体代表深感极大的振奋和鼓舞，决心不辜负党和人民的殷切希望，与全国广大科技工作者一起，在这场具有历史意义的伟大转变中自觉承担起时代赋予的光荣使命，做向新科技革命进军的先锋，为大力发展科学技术，胜利实现我国第二步战略目标奉献出全部智慧和力量。

闭幕式由科协副主席高镇宁主持。

闭幕式上，宣布这次大会选举产生的中国科协第四届全国委员会和它的常务委员会，新的科协主席、副主席。

大会通过钱学森主席代表中国科协第三届全国委员会所作的工作报告。通过修改中国科学技术协会章程的决议。通过中国科协第四届全国代表大会致全国科技工作者的倡议书。

中共中央政治局常委宋平向为我国科技事业做出重大贡献的著名科学家钱学森、钱三强授予中国科协名誉主席证书。中共中央书记处候补书记温家宝、国务委员宋健向中国科协的荣誉委员颁发荣誉证书。

闭幕式上还举行中国科协首届优秀建议奖、中国科协第二届青年科技奖和中国科协先进工作者奖的颁奖仪式。

中国科学技术协会第四次全国代表大会向全国科技工作者发出倡议书

中国科学技术协会第四次全国代表大会向全国1000万科技工作者发出倡议。

科协四大致全国科技工作者的倡议书说，江泽民同志在科协四大讲话中指出，坚持科学技术是第一生产力，把经济建设真正转移到依靠科技进步和提高劳动者素质的轨道上来，是一场广泛而深刻的变革，是党的十一届三中全会决定全党工作重点转移的进一步深化。并且依据经济和科技发展的客观规律，提出了90年代我国科技工作面临的四项任务。江泽民同志的讲话，道出了广大科技工作者的心声，我们一定要振奋精神，开拓进取，和全国人民一起，为科技兴国努力奋斗。

科协四大的倡议主要有五点内容。

一、努力学习、宣传和贯彻"科学技术是第一生产力"的思想。不仅科技工作者自己要努力学习和深刻领会这个思想，而且要向全社会进行广泛的宣传，使这一科学论断成为各级干部和广大群众的共同认识，成为增强全民族科学意识、促使经济建设真正转移到依靠科技进步上来的强大思想动力。

二、为胜利实现经济建设依靠科技进步的战略转移而献计献策。要努力探索适应科技工作特点的管理途径和形式，探索企业依靠科技自我完善和发展的机制。要做深化改革的促进派，科技与经济结合的促进派和落实战略转移各项措施的促进派。

三、努力完成90年代的四项科技任务。积极运用现代化科学技术改造传统产业，有重点地发展高科技和实现产业化，在调整人和自然的关系的若干重大领域取得成果，在基础研究方面取得显著进展。

四、发扬"献身、创新、求实、协作"精神，在向新科技革命进军中当先锋。要不断提高思想道德素质和科学文化素质，发扬自力更生、艰苦奋斗、大力协同的光荣传统，深入实际、密切联系群众，积极推动科学技术在全社会的普及和推广。

五、海内外科技工作者携起手来，发展科技，振兴中华。要坚持对外开放的方针，增进与世界各国科技工作者的友谊，积极开展多层次、多渠道和多形式的交流。

《人民日报》发表评论员文章《重视发挥科技成果的作用》

《人民日报》发表中顾委副主任薄一波所写《若干重大决策与事件的回顾》的前言

5月28日

中共中央政治局常委李鹏宋平在中南海与中共中央党校省部级干部进修班学员进行座谈

李鹏在座谈会上指出，新中国成立四十多年的历史，十多年改革开放的成就，近几年治理整顿的经验告诉我们，以经济建设为中心，坚持四项基本原则，坚持改革开放，我们的前景就无限光明，社会主义现代化的宏伟蓝图和十年规划、“八五”计划的目标就一定能实现。

这期中央党校省部级干部班共有学员100人。在三个月的学习中，重点研读了马克思的《资本论》、恩格斯的《路德维希·费尔巴哈和德国古典哲学的终结》，同时还学习了毛泽东、邓小平等老一辈革命家的著作和党的重要文献。在掌握理论武器的基础上，党校用近一个月的时间，组织学员运用马克思主义的立场、观点、方法，对计划经济与市场调节相结合和搞活国营大中型企业、改善党的领导等重大现实问题，进行了深入研讨。

座谈会上，中央党校常务副校长薛驹、副校长苏星介绍了这期进修班的学习情况；浙江省委常委、副省长许行贯，辽宁省委常委、副省长朱家甄汇报学习的体会。

听了大家的发言，李鹏说，同志们潜心攻读马列理论，坚持理论联系实际，冷静思考和总结建设有中国特色的社会主义的实践经验，受益匪浅。他希望大家回到工作岗位以后，继续坚持理论学习，把本地区、本部门的工作做得更好。

李鹏在讲话中分析了我国当前的经济形势。他说，当前我国的经济形势进一步向好的方向发展，社会经济生活中存在的问题正在解决之中。经济形势向好的方向发展主要表现在：工业增长速度得到恢复；农业生产获得好收成；市场疲软逐步得到解决，零售商品销售额正在增加；固定资产投资有所增长；金融情况总的是好的；物价基本保持稳定；进口出口贸易都有所增长；国家战略物资储备有较大幅度增加。李鹏指出，对形势分析要坚持两点论：既要看到好的一面，树立我们的信心，又要看到存在的问题，使我们保持清醒的头脑。他说，现在产品结构和产业结构调整的进展不够理想，企业效益下降，三角债仍然是困扰企业发展的一个大问题，在国家财政与企业都比较困难的情况下，国民收入的分配仍向个人倾斜等，这都是需要我们下大功夫解决的问题。他说，我们是一个发展中国家，干部群众都希望尽快改变面貌，我们要努力发展经济，改善人民生活。根据多年来的经验，为了实现我们的经济发展目标，必须按经济规律办事，切实贯彻党的十三届七中全会精神，认真执行十年规划和“八五”计划纲要的要求，保持经济持续、稳定、协调地向前发展。

谈到计划经济与市场调节相结合的问题时，李鹏说，我们是社会主义国家，社会主义公有制占主导地位，计划经济和商品经济都是社会主义经济的内在属性。在党的十三届七中全会上和七届全国人大四次会议通过的十年规划和“八五”计划纲要中，都明确了要实行计划经济与市场调节相结合的经济运行机制。十多年来改革开放的实践经验证明，计划经济与市场调节是可以结合的。现在不要把精力放在要不要、能不能实行计划经济与市场调节相结合的讨论上，而应该集中力量研究和探索如何将计划经济与市场调节结合得更好。他提出，实行计划经济与市场调节相结合，当前从总体上看要着重抓住两条，一是要保持社会总供给与总需求的基本平衡，一是要进行价格改革。

李鹏说，现在的价格不合理，我们要逐步理顺价格，只有理顺价格，才能更好地发挥市场调节的作用。他指出，在我们推进价格改革时，既要处理好改革、发展和稳定的关系，又要充分考虑到国家、集体和个人的承受能力，处理好国家、企业和个人的关系。从实际情况看，价格改革需要一个长期的过程，不能操之过急。

李鹏在座谈会上还就如何进一步提高大中型企业的经济效益、如何完善分配制度等问题，发表意见。他还向学员们介绍了当前的国际形势。

宋平在讲话中提出，理论学习要加强，要理论联系实际，将各条战线丰富的实践经验总结出来，上升到理性的高度。宋平说，这不仅是实际工作的需要，也是坚持四项基本原则的需要。他希望大家回到工作岗位以后，一边工作，一边学习，把学习理论的风气搞得浓浓的。他说，加强理论学习，思想就能更加统一，行动就能更加一致，工作就会取得更大成绩。

中央党校厅局级干部进修班学员代表，中央党校负责人和教师代表等，也参加了座谈会。

中国法学会第三次会员代表大会在北京召开

300多名代表代表7万多名会员参加大会。

全国人大常委会副委员长彭冲、雷洁琼、王汉斌等到会祝贺。中国法学会名誉会长张友渔主持会议。

中顾委常委陈丕显到会讲话。陈丕显说，中国法学会成立近9年来，在党的领导下，团结广大法学工作者和法律工作者，遵循“一个中心、两个基本点”的基本路线，组织推动法学研究，开展国内外法学学术交流，对繁荣和发展我国法学，促进我国社会主义民主与法制建设，做了很多有益的工作，起到了很好的作用。

陈丕显指出，要繁荣法学研究，使法学研究更好地为加强社会主义民主和法制建设服务，为促进改革开放、经济建设和社会发展服务，首要的问题是必须坚持以马克思主义为指导。法学会的任务首先就应当注重推动对马克思主义和马克思主义法学的学习和研究，大力提倡运用马克思主义来解决当前我国社会主义民主与法制建设的重大理论和实际问题。

他希望法学会在沟通实际工作部门同法学界的联系上，发挥桥梁和纽带作用，多创造条件，让做理论工作的同志多参加立法与司法的社会实践，多了解新情况与新问题，多参与咨询和决策。同时，也要推动做政法实际工作的同志更加重视理论对实际工作的指导作用，积极参与法学理论研究，并为理论联系实际提供方便的条件。

司法部部长蔡诚也在会上讲话。

中国法学会会长王仲方在会上作法学会"二大"以来的工作报告。

会议于31日结束。

国务院批复关于深圳市设立福田和沙头角保税区的报告

全国沿海防护林体系建设工作会议在福州召开

国务院副总理田纪云发来贺信，代表国务院向会议表示祝贺。信中说，在万里海疆大力植树造林、建设绿色屏障，是一项十分紧迫的任务。这对于沿海地区生态环境，加快经济发展；对于改善投资环境，发挥对外开放窗口作用；对于促进精神文明建设，实现现代化建设第二步战略目标都具有十分重要的意义。田纪云在信中希望各地都要进一步行动起来，把沿海防护林体系建设提高到一个新的水平。

会议反映，沿海人民经过40年特别是近几年的努力，在我国漫长的海岸线上建起一段段绿色的屏障。到1990年底，我国沿海基干林带已达10639公里，营建农田林网控制耕地面积达3700万亩，沿海地区有林地面积近亿亩。部分地区已初步形成林种、树种结构合理，带网片点有机结合，生态效益、经济效益和社会效益显著的防护林体系。

会议反映，从"八五"计划第一年开始，我国沿海防护林体系建设进入了一个全面推进、加快实施的新阶段。到1995年，沿海11个省、自治区、直辖市有海岸线的195个县(市、区)，将造林1650万亩，实现100个平原县绿化达标，现在尚未绿化的8000公里海岸线，除一些重盐碱地段外，要基本形成海岸基干林带；到2000年，沿海防护林体系建设一期工程全面完成时，将造林3737万亩，约占整个工程规划总量的70%。

林业部部长高德占在会议上讲话。高德占强调，沿海防护林体系建设是一个复杂的生态系统工程，各地要按照统一规划，有计划、有组织地全面推进；要从实际出发，分类指导，因地制宜，因害设防，合理布局，讲求实效；要采取多种方式造林，造管并重，做到营造一片，见效一片。当前，特别要重视提高科技兴林水平，提高造林、营林质量。

中共中央总书记江泽民在中南海会见巴基斯坦穆斯林联盟秘书长阿哈默德·汗

江泽民在会见中说，中国主张国际新秩序应以和平共处五项原则为基础，其核心是互不干涉内政。

在谈到中巴友好关系时，江泽民说，四十多年来，我们之间的友好关系得到了不断的巩固和发展。中巴两国始终保持友好合作四十年如一日，在我看来有两条：一是中巴友谊深深扎根在两国人民之中，都能相互信任、相互支持；二是两国政府都遵守和平共处五项原则，都不干涉别国内部事务。江泽民说，中巴友谊是两国人民、两国历届政府、两国政党和领导人共同栽培的。一九八八年居内久主席访华时同我党领导人确立了巴穆盟同我党的关系，这为中巴两国友好合作增添了新的内容。

中共中央总书记江泽民在钓鱼台国宾馆会见美国哥伦比亚大学教授李政道和他的夫人秦惠箬

国家主席杨尚昆在人民大会堂会见本届联大主席马耳他副总理兼外交部长德·马科

国家主席杨尚昆在北京会见巴布亚新几内亚独立国总督赛雷·艾里

中国和法国在北京签订核电技术合作合同

中国原子能工业公司和法国法杰玛公司就转让90万千瓦压水堆核燃料组件设计和制造技术签订合同。根据这一技术合作合同，中国将引进法杰玛公司的技术和设备改造宜宾核燃料厂的生产线，此项合作使中方能在1993年底开始具备向广东大亚湾核电站供应核燃料组件的能力。

中共中央政治局常委乔石率领的中国共产党代表团在大马士革同以副总书记阿卜杜拉·阿赫马尔为首的叙利亚阿拉伯复兴社会党代表团举行会谈

委内瑞拉代总统亚历杭德罗·伊萨吉雷在加拉加斯总统府米拉弗洛雷斯宫会见陈慕华副委员长率领的

全国人大代表团

对外经济贸易部部长李岚清和意大利外贸部长拉坦齐奥在罗马意大利外贸部正式签署《中华人民共和国和意大利十年经济合作协定》

外交部发言人就美国总统布什决定建议延长对中国最惠国待遇一事发表谈话

中国政府对美国总统布什宣布决定向国会建议延长美国对华最惠国待遇表示赞赏。

外交部发言人在北京就此发表谈话。发言人说，“5月28日，美国总统布什宣布决定向国会建议延长美国对华最惠国待遇。这是一项现实而明智的决策，中国政府表示赞赏。中国政府始终认为，妥善解决中美间最惠国待遇问题对中美双方都有利，有助于推动中美关系的恢复和发展，也有助于保持和促进香港乃至亚太地区的繁荣。”

发言人说，“美方表示将以中方出口导弹为由，禁止向中国出口某些高技术产品。我们对此表示遗憾。众所周知，中国政府在国际军贸问题上的立场一向是严肃、负责和慎重的。”

发言人说，“中国政府一贯重视中美关系。中美关系是建立在中美三个联合公报所确定的各项原则基础之上的。我们希望双方都严格遵守这些原则，以有利于两国关系的恢复和发展。”

第十一届全国电视剧“飞天奖”在广州揭晓

《渴望》、《焦裕禄》、《少年毛泽东》、《一个真实的童话》、《原野上的马车》5部电视剧获一等奖。《围城》、《辘轳·女人和井》、《宋庆龄和她的姊妹们》等获二等奖。获三等奖的有《杨乃武与小白菜》、《都市风流》、《公关小姐》、《深圳人》等。韩志君、韩志晨获优秀编剧奖；黄蜀芹、潘霞获优秀导演奖；陈道明、李羚、李雪健、张闽分别获优秀男、女主角和配角奖；雷蕾、徐沛东获优秀音乐奖。

5月29日

国务院总理李鹏在钓鱼台国宾馆会见巴布亚新几内亚独立国总督赛雷·艾里

叙利亚阿拉伯复兴社会党总书记总统阿萨德在大马士革会见以中共中央政治局常委乔石为团长的中国共产党代表团

叙利亚总理祖埃比在大马士革总理府会见由中共中央政治局常委乔石率领的中国共产党代表团

全国人事计划工作会议在北京召开

会议的主要议题是研究如何加强干部人事管理方面的宏观控制，部署人事事业十年规划和“八五”计划的编制工作；布置1991年全民所有制单位干部计划和国家机关、事业单位职工人数、工资总额计划；总结交流各地区、各部门在加强干部人事宏观控制和计划管理方面所取得的成绩和经验。

人事部部长赵东宛在会上说，加强干部人事管理宏观控制、编制人事事业十年规划和“八五”计划，是一项十分重要的工作。各级人事部门要把这两项工作列入重要议事日程，作为中心任务抓紧抓好。

赵东宛说，1988年人事部成立后，经过各级人事部门的共同努力，人事管理方面的宏观控制取得了一定的成效。机关事业单位职工人数和全国干部的增长速度趋于平缓，行政机关增人过快的局面得到了遏制，干部队伍的结构有所改善。但还要看到，人事管理宏观控制方面的问题还不少：机关、事业单位职工人数和全国干部增长过快的局面仍未得到根本的扭转，人员膨胀的势头仍在继续；人员超编、人浮于事的现象仍普遍存在，机构随意升格、领导职数任意突破的现象也时有发生，干部队伍特别是专业技术人员队伍结构还不够合理，无论是地区、行业、层次、部门的分布，还是年龄结构，都不能适应四化建设和产业结构调整的需要。

赵东宛强调，当前加强人事管理方面的宏观控制，重点要抓好三个方面的工作：第一，继续控制干部队伍和机关、事业单位人员的过快增长。第二，继续控制机构编制膨胀，做好超编人员消肿工作。第三，加强机关、事业单位工资基金的控制，逐步建立、健全工资总量调控机制和正常晋级增资机制。

在谈到人事事业十年规划和“八五”计划时，赵东宛谈道，重点要突出四个方面的内容：一是全民所有制单位干部队伍的规划和计划；二是国家机关和事业单位职工人数的规划和计划；三是专业技术队伍发展的规划和计划；四是国家机关和事业单位职工工资的规划和计划。

国务院副总理邹家华考察三峡库区荆江河段和洞庭湖区等地

国务院总理李鹏在钓鱼台国宾馆会见德国经济合作部国务秘书冷格尔

委内瑞拉参议院议长佩德罗·帕里斯和众议院议长路易斯·恩里克先后在加拉加斯国民议会会见全国

人大常委会副委员长陈慕华

日本首相海部俊树在东京首相官邸会见前来参加第11届中日经济知识交流会的中国全国政协副主席谷牧

《人民日报》报道称普通高校将招收模范青年入学

国家教委近日决定,从今年起将招收部分获先进模范称号的优秀青年进入普通高等学校学习。

普通高等学校招收先进模范青年,采取单位推荐、自愿报名、集中补习一年后参加全国统一招生考试、由高校择优录取的办法。

凡获得省级以上(含省级)先进、模范称号,如省级劳动模范、"三八"红旗手、新长征突击手等高中毕业或具有同等学力,年龄在28周岁以下,能坚持正常学习(婚否不限)的青年,经单位或组织写出书面推荐意见,可持相应的证明和荣誉证书到各省、自治区、直辖市普通高等学校招生办公室报名。

中国人民大学"中国社会主义建设"和"马克思主义原理"专业今年率先试点,计划招收50名先进模范青年。考生若符合上述有关条件,可参加全国普通高等学校统一招生的文史类考试,国家教委和中国人民大学将根据培养要求确定录取标准,由中国人民大学择优录取。

中共中央政治局常委李瑞环盛赞潇湘厂电影《毛泽东和他的儿子》

《彭真文选(1949—1990年)》出版发行

张稼夫逝世

中国共产党的优秀党员,久经考验的忠诚的共产主义战士,无产阶级革命家,我党宣传、科技和文教战线的优秀领导者,原中共中央顾问委员会委员、中国科学院顾问张稼夫,因病在北京逝世,终年88岁。

张稼夫是山西省文水县人,1927年4月,在"四一二"反革命政变的白色恐怖中,毅然加入了中国共产党,成为一名坚贞不渝的共产主义者。大革命失败后,受党的委托,先在武汉从事兵运工作,疏散、安置从前线撤下来的军队进步人士,继而到上海、南京、山西等地从事党的地下工作。在此期间,不畏艰险,为扩大党的外围组织、壮大党的队伍、掩护党的干部,做了大量工作。在淞沪抗战中,领导党支部同其他地下党组织一起发动群众支援十九路军,在上海军民中引起很大反响。由于这些努力,使屡遭破坏的南京党组织很快得到恢复和发展。抗日战争初期,先后任中共山西省委秘书长兼宣传部长、晋西南区党委宣传部长。为壮大晋西南党组织、建立政权工作、统一战线和理论教育方面,做了大量工作,为创建和发展晋西南抗日根据地作出了重大贡献。1942年底,调到中共中央晋绥分局工作,先后任敌工部长、宣传部长、副书记、代理书记等职,为晋绥根据地的巩固和发展作出了很大的贡献。1949年,任西北局常委、宣传部长,后兼任西北军政委员会文教主任,为解放大西北,参与制订西北地区民族、宗教方面的具体政策和巩固人民民主政权做了大量的工作。中华人民共和国成立后,先后担任中国科学院党组书记、副院长,国务院第二办公室、文教办公室副主任,为新中国的科学事业和卫生、体育事业的发展,做出了积极的贡献。在"文革"中,遭到诬陷迫害,身心受到严重摧残,仍坚持原则,对林彪、"四人帮"反革命集团的倒行逆施进行了坚决抵制和斗争,表现了一个老共产党员的革命气节和坚强党性。

张稼夫是中国共产党第七届、八届、十二届、十三届全国代表大会代表,第八届中央监察委员会候补委员,第一、第二、第三、第五届全国人民代表大会代表,第五届全国人大常委会法制委员会委员,第五届全国政协常委,中国科学院哲学社会科学部学部委员、哲学社会科学部副主任。

5月30日

国务院总理李鹏就国内形势国际问题和中墨双边关系等问题在中南海紫光阁接受《墨西哥太阳报》社长马里奥·瓦斯克斯的采访

新的领导集体是稳定的

马里奥:西方舆论对中国的政局有许多相互矛盾的报道,请问您是怎样看中国政局的?

李鹏:如果您在中国多待一段时间,我想您就会自己得出一个结论:中国的政局是稳定的。中国的宪法规定,中国的社会制度是社会主义,中国共产党是领导中国各项事业的核心力量。政局稳定,首先是中国共产党的稳定,其中最重要的是领导层的稳定,而领导层的稳定首先是领导核心的稳定。

在中国革命和建设过程中,先后有过三代领导集体。第一代领导集体以毛泽东主席为核心。第二代领导集体以邓小平同志为核心。

1989年6月以后,在我们党举行的第十三届四中全会上建立了以江泽民同志为核心的新的中央领导集体。江泽民同志各方面的工作经验丰富,学识渊博,他解放前在国民党统治区从事地下党工作,组织学生运动。从这两年他实际工作的情况来看,他完全能够胜任所担任的重要领导职务。这个领导集体已经形成,经受了困难的考验，取得了人民的信任。我相信，这个领导集体能够带领全国人民把中国的事情办好，这个领导集体将是长期稳定的。

至于对中国的许多相互矛盾的报道，也许是因为消息来自各种不同的来源，带有各种不同的观点。一些人对中国抱有偏见，也许还有极少数人并不希望中国的局势稳定。

中国不搞西方式的多党制

马里奥：一些过去实行社会主义的东欧国家现在搞多党制，中国现在实行什么样的政治制度，是否也会搞多党制？

李鹏：对于东欧发生的变化，我不想评论，我们尊重东欧人民的选择。可以肯定地说，中国不会实行西方式的"多党制"。中国实行的是中国共产党领导的多党合作制。这就是说，中国共产党是领导核心，它代表着广大的工人、农民和知识分子，代表着广大的劳动者。另外，中国有八个民主党派，它们在不同程度上代表着中国不同的阶层。中国共产党和民主党派之间有着几十年的合作历史。中国的民主党派不是反对党，而是参政党。如果中国实行西方式的"多党制"，就必然会陷入极度的混乱，经济必然走下坡路，人民将重新回到水深火热之中。那不符合中国人民的意愿。

我们不去说世界上一些国家实行的议会民主制度是否好，我们也不说我们的制度就是最好的。但我们可以毫不犹豫地说中国共产党领导的多党合作制是最适合中国国情的。

政治改革和经济改革要配套进行

马里奥：请您介绍一下中国采取了哪些政治改革措施？

李鹏：我们认为，在进行经济改革的同时，也必须进行政治改革；政治改革和经济改革要配套进行。那种认为中国只搞经济改革，不搞政治改革的观点是不符合实际的。在政治改革方面，具体地说，第一，要进一步健全和发挥人民代表大会制度在中国政治生活中的作用。第二，要进一步发挥民主协商制度在中国政治生活中的作用。第三，要进一步发挥人民和舆论对于政府工作的监督作用，进一步健全民主与法制。

中国成功地制止了通货膨胀

马里奥：中国政府在治理通货膨胀和降低财政赤字方面采取了哪些措施？

李鹏：首先我来讲讲通货膨胀的原因。这是由于我们的经济在 80 年代后期有些过热的现象。自 1978 年中国共产党第十一届三中全会以来，我们实行了改革开放的政策。这使我们的经济发展比较快，人民的生活有很大的改善，国家的实力也得到了增强。但在这个过程中，经济发展的速度一度过快了一些，基本建设的规模大了一些，造成总供给与总需求之间的不平衡。在这种情况下出现了通货膨胀。我们治理通货膨胀的措施主要是采取经济手段，譬如采取收紧银根、提高利率、控制贷款。同时，我们也采取一些行政手段，主要是压缩了一些不必要的经济建设项目。通过两年的努力，通货膨胀率从 1988 年的 18.5%下降到 1990 年的 2.1%，今年上半年也大致保持这一水平。我们已经达到了制止通货膨胀的预期目标。在比较短的时间内，成功地制止了通货膨胀，表明了中国经济所具有的巨大潜力和中国政府控制经济的能力。

我们在治理整顿期间压缩了政府的开支、压缩了社会集团购买力，调整了一些商品的价格，减少了政府对价格的部分补贴。这些措施对减少国家财政赤字有一定的效果，但不如治理通货膨胀明显。我们国家的财政赤字大体上占整个国家财政预算的 3%到 4%。赤字仍然是困扰我国经济生活的一个值得十分重视并有待解决的问题。

当前经济任务：效益、品种、质量

马里奥：请谈一下当前中国的经济状况。

李鹏：在治理通货膨胀的过程中，由于实行收缩金融的政策，我们的工业生产在 1989 年的下半年到 1990 年的上半年的大约半年时间里曾一度放慢了速度，个别的月份甚至没有增长。这是我们为治理通货膨胀而付出的代价。从去年开始，我们在经济上采取了比较宽松的政策，放松对金融的控制力度，给企业注入了流动资金并采取了一些其他的鼓励措施。去年第四季度，经济逐步得到恢复，今年第一季度，工业生产的增长恢复到正常的水平。今年 1 月到 5 月，工业增长的速度约 13%。这样的速度，我们认为高了一些。

由于去年的天气比较好，农业的投入增加和采取了一些科学技术上的措施，去年的农业获得了空前的丰收。我们粮食生产每年一般在四亿吨到四亿一千万吨，去年达到了四亿三千五百万吨。其他的一些经济作物，如糖、棉花、烟叶，也获得了丰收。这不但保证了城乡人民的供应，而且也给工业生产提供了更多的原料。

银行的利率比较高，加上通货膨胀率下降，人民不愿意多买东西，出现了市场疲软、工业产品积压的现象。许多外国记者反映，中国市场很丰富，商品的品种齐全、价格稳定。产品积压是目前我们工业生产的一大问题，造成不利的一方面是经济效益下降，好的一方面是促进了竞争。企业意识到只有进行技术改造，提高产品质量，最大限度地满足顾客的需要，这样产品才能卖出去，这就推动了技术进步。因此，我认为市场疲软和产品积压既有消极的一面，也有积极的一面。

目前中国的工业生产增长的速度已经够可以了，

现在主要的任务是提高效益、增加品种、提高质量。所以中国政府把今年定为“质量、品种、效益年”，号召所有企业在这方面下功夫，而不单纯追求速度。

十年规划的精神：建设有中国特色的社会主义

马里奥：您是否可以介绍一下十年发展规划和“八五”计划的主要精神和内容？

李鹏：在今后十年我们初步建立社会主义有计划商品经济的新体制和计划经济与市场调节相结合的经济运行机制。我们已经执行了七个五年计划，今年开始第八个五年计划。中国以前从来没有制订过十年规划。这次我们制订了十年规划，是因为我们感觉到，到本世纪末的最后十年对中国来说是很关键的时期，有许多事情在五年里还做不完，譬如有一些大的项目要跨越五年，因此有必要制订一个比较长远的计划。概括十年规划和五年计划的内容，我认为主要有三项：

(一)经济要稳定地向前发展。我们计划今后十年的国民生产总值每年平均增长6%左右。这样就可以逐步实现邓小平同志所倡导的社会主义现代化三步走的战略目标。第一步解决人民的温饱。用世界上7%的耕地来养活世界上22%的人口。这个目标已在80年代末达到了。第二步是要到本世纪末使我们的国民生产总值比1980年翻两番。第三步的目标是在下个世纪经过30年到50年的努力，使中国的经济达到世界上中等发达国家的水平。

(二)确定了发展的重点。由于人口增长的压力，中国经济发展的重点首先是农业。尽管我们执行严格的计划生育措施，但每年仍要增加1700万人口，我们必须生产出足够的粮食来满足人民的需要。在工业方面，我们主要是增加基础设施，如交通、能源、通讯、原材料工业等。在加工工业方面不是建立更多的新工厂，而是主要对老厂进行技术改造。

(三)继续改革开放。在今后10年里，我们要基本上形成一个计划经济与市场调节相结合的经济运行机制。有些外国经济学家对计划经济能否与市场调节相结合抱怀疑态度。但是，我们已经搞了10年，事实证明，这个方法在中国是行得通的。我们决心今后继续这样做。这种经济机制能够促进中国的经济发展，因此是可行的。

整个十年规划的精神就是要建设有中国特色的社会主义。这就是说，既要改革开放，又要坚持社会主义制度。

目前日本是最大的贸易伙伴

马里奥：请谈一谈中日经济贸易的情况。

李鹏：从目前情况来看，日本是中国最大的贸易伙伴。中日贸易总额已从1972年中日邦交正常化时的10亿美元发展到目前的约165亿美元。去年，中国对日出口约90亿美元，占中国出口总额的14%。在中日贸易关系上，过去日本一直是顺差，现在两国进出口贸易基本平衡。多年来，日本从对华贸易中得到了许多好处，当然它也向中国提供了不少贷款，据说日本还准备从过去的贸易顺差中向中国回流一些资金，这就是“黑字回流”。

中国有偿还外债的能力

马里奥：中国是否得到外国的投资？

李鹏：自1978年我国实行改革开放政策以来，我们利用了一些外国的投资。到1990年为止我国实际利用外资余额大概还有500亿美元，其中一半以上是中长期贷款。我们有充分的偿还外债的能力，因为我们每年出口总额就有500亿美元以上。这两年由于某些西方国家在经济上对中国采取了一些制裁措施，外国的贷款有所减少。这给中国经济带来了一些影响，但同时也损害了采取制裁的国家自身的利益。这是因为它们减少了对中国的贷款，也就使中国降低了购买这些国家产品的能力。它们对中国的出口也就减少了。在我们对外贸体制实行改革并对通货膨胀进行治理后，我们的外汇储备这两年有较大幅度的增长，而且从去年下半年开始还出现了一种积极的现象。外国朋友所熟悉的外汇券现在在中国的作用越来越小了，这是因为我们主动对人民币的汇率进行几次调整，其结果是国家银行的汇率同市场上交易的汇率已经十分接近。这不仅有利于我们对外交往，参加国际上的经济合作和整顿国内经济秩序，而且也有利于我们的对外贸易。

建立国际新秩序很必要

马里奥：现在许多国家就建立国际新秩序提出了各种主张，中国的主张是什么？

李鹏：现在世界形势发生了很大变化，旧的格局已经打破，新的格局尚未建立起来，世界更加动荡不安。在这种情况下提出建立国际新秩序是非常必要的。中国认为，未来的国际政治经济新秩序应该建立在和平共处五项原则的基础上。由一个国家或几个国家来领导全世界，将是很危险的。我们认为，世界上所有国家不分大小、贫富、强弱，都是世界大家庭中平等的一员，对世界和平与发展既享有平等的权利，也有各自应尽的义务。我们还认为，在未来的国际新秩序中，联合国应发挥更多的作用。我们也支持各个地区的国家建立不同形式的区域组织或集团，加强经济上或政治上的联系，只要这种组织或集团在军事上不采取扩张政策，在经济上不采取保护主义的排他性政策，而是为了谋求合作和共同发展。诸如东南亚国家联盟、非洲统一组织、海湾合作委员会以及拉美的类似组织等。这类组织的活动对地区的和平、发展和合作都是有积极作用的。

我们也注意到，现在美国、加拿大和墨西哥拟建立一个自由贸易区；墨西哥总统卡洛斯·萨利纳斯·德戈塔利提出实现太平洋盆地一体化的倡议。只要这些主张有利于促进世界经济发展，有利于各国各地区加强经济贸易交流和合作，而不是排斥其他国家和地区，我们都是赞赏的。

现在，世界上一些国家越来越富，一些国家越来越穷，有些国家的人民甚至在死亡线上挣扎，这种情况导致了一些国家的政治动荡乃至暴力事件。因此，我们不仅要考虑建立国际政治新秩序，而且也应该建立国际经济新秩序。这种经济新秩序主要应解决南北之间的差距问题。对此，发达国家应该尽更多的义务，负更大的责任，在债务问题上应采取更为宽容的态度；在贸易上实行等价交换；在提供援助时不应附加任何政治条件。我们认为，国际新秩序的核心是，各国的事情应由各国人民及其政府自己做主，别国不应干涉。

江泽民访苏取得巨大成功

马里奥：不久前，中共中央总书记江泽民同苏联总统戈尔巴乔夫进行了会晤，您如何评价这次访问？

李鹏：我认为这次访问取得了巨大的成功。1989年，戈尔巴乔夫总书记对中国进行了访问，同邓小平主席进行了高级会晤，从而结束了过去，开辟了未来。过去几十年中，中苏关系不好，甚至处于对立状态。所谓"结束过去"，就是结束这种状态，"开辟未来"就是中苏关系正常化，并进一步向睦邻友好关系发展。江泽民总书记这次访苏在"开辟未来"方面做了卓有成效的工作，访问取得了圆满成功。他的访问日程十分丰富，其中主要包括他与戈尔巴乔夫总统的几次会谈。在访问中，双方签署了中苏东段边界协定。这对保证边界安全具有十分重要的意义。

至于中苏关系的前景，我想，中国和苏联应该成为友好的邻国。我们两国有着7000多公里长的共同边界。为了彼此的安全，两国发展睦邻友好关系十分必要。但是，中苏关系不会回到50年代的结盟关系。我们将按照各自的具体情况来建设自己的国家。

苏联现在面临一些困难，我们希望苏联政局能够稳定下来。因为苏联政局的稳定和经济的恢复对中苏两国、亚太地区都有利。反过来说，一个混乱、动荡不安的苏联对于亚太地区和世界的和平与稳定没有任何好处。

希望香港繁荣稳定

马里奥：今年1月，香港总督访问了中国，他的访问取得了哪些成果？

李鹏：回答这个问题涉及中英关系问题。今年以来，不仅香港总督来过，英国外交大臣赫德也访问了中国。在同赫德会见时，我们就中英关系谈了许多，谈话的气氛是融洽的。中英之间现在有一个在香港建设新机场的问题，对此双方意见还有一些不一致。中国认为，香港有必要建设一个新机场。我们希望这个机场的建设投资少、效益高，不要今后给香港的特区政府和居民留下负担。本着这个精神，我们愿意继续和英国方面进行磋商，以便妥善地解决这个问题。

如你所知，中英就中国在1997年恢复对香港行使主权达成了协议。未来的香港虽然回归了祖国，但我们实行"一国两制"。届时，香港将继续实行资本主义制度。我们希望香港能够保持稳定和繁荣。

与香港有关的还有一个美国是否延长对华最惠国待遇的问题。美国如果取消对华最惠国待遇，中国和美国都将受到损失，而香港蒙受损失和危害的程度绝不亚于中国大陆。也许你了解，由于经济的发展和生活水平的提高，香港的劳动力价格十分高昂。所以，港商到内地进行一些产品加工，其中一部分出口到美国。在美国所提出的中国对美国的贸易顺差中，这类商品大约占70%。另一方面，中国实行改革开放政策后，境内建立了许多中外合资企业，也有很多外商来华建立独资企业。它们生产的产品也通过香港输送到世界各地，包括美国。如果中国的最惠国待遇被取消，对这些合资和独资企业将是大的打击，对香港的转口贸易的打击也将是大的。所以，我们注意到布什总统已经宣布，他准备建议无条件地延长中国的最惠国待遇。我们希望美国参众两院的议员们也能够和布什总统一样，采取明智的态度。

用"一国两制"解决台湾问题

马里奥：中国统一的问题进展如何？台湾是否或何时能回归中国大陆？

李鹏：实现祖国的和平统一是包括台湾人民在内的全体中国人民的共同愿望，因为台湾自古以来就是中国领土不可分割的一部分。当然，要真正做到统一还要经过长期的过程，但我们不能因此而停步不前。所以，海峡两岸都应该采取积极的态度，推进祖国统一的进程。最近一个时期，台湾当局有了一些客观上有利于两岸关系发展和统一的举动，我们对此表示欢迎。但是，台湾当局中某些人仍然企图谋求与我对等的独立政治实体地位，坚持"一国两府"的政策。这实际还是搞"两个中国"或"一中一台"。这是广大中国人民所不能接受的。

为了表示对和平统一的诚意，我们提出中国共产党和国民党进行党与党之间的谈判。同时我们也提出将来也可以用解决香港和澳门问题的模式来解决台湾问题，即实行"一国两制"。实现祖国统一后，台湾可以继续保持其资本主义制度。甚至可以更宽一些，台湾地方政府可以保留其军队。

欢迎朝鲜申请加入联合国

马里奥:您是否能简要介绍您对两个朝鲜加入联合国问题的看法?

李鹏:朝鲜是中国的邻国,中国对朝鲜半岛的局势非常关切。我们希望朝鲜半岛的局势能够保持稳定。不久前,我访问了朝鲜民主主义人民共和国。金日成主席提出了“一个民族、一个国家、两种制度、两个政府”,在联邦基础上实现国家统一的主张。我们认为,这个主张切合朝鲜半岛的实际情况,也有利于朝鲜半岛局势的稳定。朝鲜民主主义人民共和国政府已经宣布将申请加入联合国,作为朝鲜统一之前的一个过渡性措施,这一决定受到国际上的普遍欢迎,中国也不例外。

期待墨总统来访

马里奥:请问中墨双边关系的前景如何,在哪些贸易领域可以获得进一步的发展?

李鹏:中国政府愿意在平等互利、互通有无的基础上发展同包括墨西哥在内的拉美国家的经贸关系。

去年杨尚昆主席访问贵国期间,中墨两国政府举行了经济贸易混合委员会第七次会议,促进了双边经贸关系的发展。墨西哥是中国在拉美的第四大贸易伙伴。去年双边贸易首次突破2亿美元。我高兴地看到,近年来两国贸易稳步发展,一些大宗商品,如钢材、化肥、石蜡等,正逐步由间接贸易发展为直接贸易,双方交换的商品趋于多样化。

中国和墨西哥都是人口众多的发展中国家,各自都具有一定的经济发展潜力,双方进出口商品互补性较强。我相信,只要双方加强往来,增进了解,两国之间的经贸关系会更快、更扎实地向前发展。

杨尚昆主席已邀请萨利纳斯总统对中国进行访问。我们期待着他的来访。我们相信通过他的访问一定会进一步加强中墨两国在各方面的友好合作关系。

墨西哥是一个有着悠久历史和灿烂文化的国家。中国人民对墨西哥人民一直怀着友好的感情。我借此机会,代表中国政府和人民,通过你的新闻传媒向广大的墨西哥人民致以亲切的问候和良好的祝愿。

中共中央总书记江泽民在中南海会见由全国执委参议院党团领袖内伊·马拉尼昂率领的巴西民族复兴党代表团

江泽民会见时说,中巴两国虽然地理上相距遥远,但我们都是发展中国家,有过相同的经历。当前,我们都希望有一个和平的国际环境,能把自己国家的经济搞上去。

江泽民指出,各国情况都不相同,一个国家选择什么样的社会制度,应由这个国家的人民根据实际情况来决定。

江泽民还向客人介绍了中国改革开放和发展农村经济的情况,江泽民说,“中国解决11亿多人的温饱问题是对世界的一个贡献。”

国务院总理李鹏会见科特迪瓦等七国离任和到任大使

李鹏下午在中南海紫光阁会见七个国家的离任和新任驻中国大使。这七位大使是:即将离任的科特迪瓦驻中国大使蒂耶梅莱、丹麦驻中国大使贝林、尼泊尔驻中国大使卡特里、印度驻华大使任嘉德、马里驻华大使迪亚基特,和阿根廷新任驻中国大使布蓝科、阿联酋首任驻中国大使伊斯梅尔。

国务院总理李鹏在中南海会见津巴布韦总统特使副总统西蒙·穆增达

外交部发言人吴建民就比利时向台湾出售导弹引擎问题在新闻发布会上答记者问

外交部发言人吴建民在回答记者有关比利时方面向台湾出售导弹引擎问题时指出,中国政府已就此问题向比方进行交涉并提出强烈抗议。我们要求比利时方面严格遵守国际关系准则和两国建交原则,保证今后不再发生类似事件,以免中国同比利时关系受到进一步损害。

吴建民又说,比利时外交部5月22日照会中国方面,表示比利时将严格遵守中比建交公报原则,特别是关于中华人民共和国政府是中国唯一合法政府的原则。

吴建民说,我们注意到比利时方面这一表示,希望比利时方面切实遵守这一承诺。

国务院副总理吴学谦在钓鱼台国宾馆会见古巴司法部长卡洛斯·阿马特

中共中央政治局常委江泽民李鹏及邓颖超为中国儿童电影制片厂成立10周年题词

历时10天的全国戏曲现代戏观摩演出在扬州闭幕

国家环境保护局发布1990年中国环境状况公报

国家环境保护局根据《中华人民共和国环境保护法》第11条规定,举行新闻发布会,发布1990年中国环境状况公报。

1990年中国环境状况公报摘要如下：

一、环境状况

大气 1990年，我国大、中城市大气污染较重，小城镇大气污染有加重趋势。全国废气排放量（不包括乡镇工业）为8.5万亿标立方米，比上年增长2.8%。其中二氧化硫排放量为1495万吨，与上年基本持平；烟尘、粉尘排放量分别为1324万吨、781万吨，较上年有所下降。

1990年，城市总悬浮微粒年日均值的平均值为387微克/立方米，城市氮氧化物年日均值的平均值为42微克/立方米。我国酸雨仍限于局部地区，但有扩大的趋势，西南和华南地区较为严重。

水 1990年，全国废水排放量（不包括乡镇工业）为354亿吨。其中工业废水排放量为249亿吨，比上年下降1.4%；生活污水排放量为105亿吨，比上年增长4.0%。工业废水中化学耗氧量为708万吨，比上年增长4.3%；重金属（汞、镉、铅和六价铬）排放量为2189吨，比上年增长4.7%；砷排放量为1226吨，比上年下降4.4%；氰化物排放量为3891吨，比上年下降12.9%；挥发性酚排放量为9325吨，比上年增长22.5%；石油类排放量为66560吨，比上年下降6.3%。

1990年，长江干流水质总体良好，但在沿岸城市排污口附近存在长度不等的岸边污染带。黄河干流水质良好，与上年相比无显著变化。珠江水系上游水质良好，珠江广州段、柳江柳州段污染较重。辽河水系在七大水系中污染最重，并呈发展趋势。

1990年，在评价的94个河流城市段中，65个受到不同程度的污染，占69.1%。主要污染物是氨氮、挥发性酚和耗氧有机物。

1990年，我国大部分海域水质良好，部分近岸海域、河口海域和海湾水质较差。近海海水中严重超标的污染物是营养盐类和石油类。各海域石油类含量普遍增高，污染程度依次为渤海、南海和东海。近海海域富营养化突出，赤潮发生频繁，面积有所扩大，全年共发生34起，较上年增加22起。

城市噪声 1990年，在城市噪声源中，道路交通噪声占32.7%，生活噪声占40.6%，工业和其他方面的噪声占26.7%。与上年相比，生活噪声源的比重上升6.8%，道路交通噪声源的比重下降6.6%，工业和其他方面的噪声源比重下降1.1%。城市各功能区环境噪声仍普遍超标，并呈上升趋势。

工业固体废物 1990年，全国工业固体废物产生量（不包括乡镇工业）为5.8亿吨，比上年增长1.1%；工业固体废物的排放量为0.5亿吨，比上年下降9.5%，工业固体废物累计堆存量为64.8亿吨，占地875850亩，比上年增加44790亩，其中占用农田60600亩，比上年增加6990亩。

污染事故 1990年，全国共发生污染事故3462起，比上年增加3.9%。森林与草原 1990年，全国森林资源消耗量比上年下降约2000万立方米，有半数省、自治区的林木生长量大于消耗量，但森林资源紧缺的矛盾仍未缓解。我国草原退化严重，产草量不断下降的趋势尚未得到扭转。

土地 我国水土流失面积为22.5亿亩，占国土面积的15.6%。农田面积的1/3存在明显的水土流失。

耕地面积减少的趋势有所缓和，但土壤质量下降的问题日益突出。农药、化肥和农用地膜等化学物质的污染已影响农业生态环境质量。

物种 我国生物种类繁多，拥有高等植物近3万种，陆栖脊椎动物超过2300种。由于森林、草原等自然生态环境遭到破坏，造成部分动植物和高等真菌濒临灭绝。野骆驼、白鳍豚、野象、坡鹿、金丝猴、熊猫、东北虎、华南虎等相当多的物种（或亚种）分布区显著缩小，种群数量骤减。属于我国特有的物种和国家重点保护的珍贵、濒危野生动物达312个种和种类。《濒危野生动植物物种国际贸易公约》禁止和限制贸易的濒危动物中，我国有640多个种和种类。列为国家濒危植物名录的第一批植物为354种。

气候变化 近10年来，我国北方冬季明显变暖，平均气温比前30年偏高0.3～1.0℃，其中东北大部、内蒙古、新疆北部等地区偏高1.0～2.5℃，给社会、经济和环境带来多方面的影响。

二、环境保护工作

防治环境污染 1990年，燃料燃烧废气消烟除尘率为74.0%，比上年提高3.9%；生产工艺废气净化处理率为62.0%，比上年提高4.7%；锅炉改造率由上年的67.2%提高到69.7%；工业窑炉改造率由上年的44.4%提高到48.1%。工业废水处理率由上年的29.9%提高到32.2%；工业废水处理达标率与上年持平。工业固体废物处理处置量为3.7亿吨，比上年增长1.3%；综合利用量为1.7亿吨，比上年增长5.0%。城市垃圾粪便无害化处理率为2.3%。已有17个省、自治区、直辖市建成城市放射性废物库，其中12个已投入运行。城市气化率达到42.2%，其中大城市为54.0%。城市集中供热普及率上升到5.3%。

保护生态环境 1990年，全国共造林8295万亩，人工造林保存面积已达到46005万亩。全国新增人工和改良草场8295万亩，围栏草场面积4320万亩，保留牧草种子田495万亩，治虫灭鼠累计面积27555万亩。

全国治理水土流失面积累计已达79500多万亩，初步治理易涝地25500万亩，改良盐碱地6000万亩，改良红、黄土壤地3000万亩，基本建成高产稳产农田

49500万亩。生态农业基地发展到900个。

1990年,国务院批准新设国家级海洋自然保护区5处,国家级自然保护区已达61个。新疆博格达峰和湖北神农架自然保护区加入了国际人与生物圈自然保护区网。国家建立了一批珍稀濒危物种驯养繁殖中心。

强化环境管理 1990年,国务院发布了《关于进一步加强环境保护工作的决定》、《中华人民共和国防治陆源污染物污染损害海洋环境管理条例》和《中华人民共和国防治海岸工程建设项目污染损害海洋环境管理条例》。我国颁布了16件国家环境标准,国家环境标准已达204件。

1990年,国家计划委员会和国家环境保护局联合下达的第二批国家环境污染限期治理项目为140项,环境保护主管部门对107个城市中的2436个重要污水排放口分别颁发了排放水污染物许可证,国家海洋局签发了88份海洋倾废许可证;全国征收排污费总额为17.4亿元,比上年增加0.7亿元,增长4.2%。

5月31日

国务院举行第84次常务会议

国务院总理李鹏主持召开会议,讨论并原则通过《中华人民共和国未成年人保护法(草案)》、《中华人民共和国收养法(草案)》。两项法律草案经修改后,将提请全国人大常委会审议。

会议认为,我国18周岁以下的未成年人口,约占全国总人口的1/3以上。他们将是21世纪我国社会主义现代化建设的主力军。根据我国国情,制定一部保护未成年人的专门法律,是十分必要的。

会议完全同意法律草案中体现出的保护未成年人身心健康,保障未成年人合法权益,优化未成年人成长的社会环境的指导思想。认为按照这样的指导思想制定出的这部保护法的执行,有利于未成年人在品德、智力、体质等方面的发展,使他们真正成长为有理想、有道德、有文化、有纪律的社会主义现代化建设者。

会议在讨论制定收养法的重要意义时认为,收养子女涉及公民的人身关系和财产关系,是一种重要的民事法律行为。鉴于目前收养子女的实际情况,迫切需要制定一部适合我国国情的收养法律。执行现在拟定的这部收养法所作的法律规定,有利于维护公民的人身权利和财产权利,促进家庭和睦稳定和社会安定。

中共中央召开儿童工作座谈会

党和国家领导人江泽民、李鹏、李瑞环、李铁映、丁关根在中南海怀仁堂会见1991年受表彰的全国儿童少年工作先进市县代表和全国优秀儿童工作者。

中共中央政治局常委李瑞环、政治局委员李铁映、政治局候补委员丁关根、国务院秘书长罗干等出席座谈会。丁关根主持座谈会。

李瑞环代表党中央在座谈会上发表讲话。

座谈会上,罗干宣读国务院妇女儿童协调委员会关于1991年表彰全国儿童少年工作先进市县和有突出贡献的儿童工作者的决定。

山东省青岛市市委副书记杨在茂、黑龙江省大庆市市委副书记李长玲、江西省分宜县人大常委会副主任黄桂兰、湖南省长沙县副县长赵伯平、上海市实验小学校长特级教师袁镕、四川省人民医院主任医师樊培禄、中国残联评议委员会建筑师徐伯伦、中国残联副理事长周敬东、内蒙古阿巴嘎旗旗委书记翱云戈日乐、广西玉林市副市长张英、新疆维吾尔自治区人大常委会副主任玛依努尔、中国少年儿童出版社编审杨永青、新疆克拉玛依市副市长赵兰秀先后在座谈会上发言,谈了他们做儿童工作的经验、体会和建议。

中共中央政治局常委李瑞环在儿童工作座谈会上发表讲话

同志们:

值此"六一"国际儿童节到来之际,我代表中共中央向全国各族小朋友致以节日的祝贺!向辛勤培育祖国花朵的广大教师、家长、儿童工作者和社会各界人士表示亲切的慰问!向参加今天座谈会的"热爱儿童"荣誉奖章的获得者表示崇高的敬意!

儿童是祖国的未来,民族的希望。关心和保护儿童,发展儿童事业,是关系到祖国前途和命运的大事。我们必须认识到,儿童事业是提高我们民族素质的基础工程。当今世界上激烈的综合国力竞争主要是科技竞争,科技竞争说到底是人才竞争、民族素质的竞争,而人才的培养、民族素质的提高必须从儿童抓起。今天的儿童是跨世纪的一代,再过十几年、二十几年,实现第三步战略目标的重任将历史地落在他们的肩上。他们今天的素质,就是明天的生产能力、科研能力、战斗能力。只有从儿童开始培养优良的品质、聪慧的智力和健康的体魄,中华民族才能跻身于发达国家的行列。儿童事业又是我们社会主义事业不断发展的重要保证。面临国内外敌对势力搞"和平演变"的图谋,我们要教育儿童正确认识中国的过去和现在,从小培养他们爱祖国、爱人民、爱劳动、爱科学、爱社会主义,使他们成长为有理想、有道德、有文化、有纪律的一代新人。这样,我们党70年来创造的革命事业才后继有人。儿童事业也是我们保持社会稳定的必要条件。在我国人民温饱问题基本解决并普遍实行计划生育的今天，独生子女增多，如何使子女健康成长，受到家长们愈来愈多的关注，为儿童创造更好的健康成长的环境和条件，日益成为社会普遍的要求。把有关儿童的各种事情办好，有利于密切党和政府同人民群众的联系，有利于巩固和发展安定团结的局面。

重视发展儿童事业是人类文明和社会进步的重要标志。早在革命战争年代，我们党就要求“好生保育儿童”。建国40年来，尤其在实现社会主义现代化建设第一步战略目标中，我国儿童事业蓬勃发展，儿童健康和教育水平不断提高。近十年，我们以高于国民经济增长率的速度增加了教育投入，儿童入学率和幼儿入园率有很大提高；儿童的营养、保健条件不断改善；儿童的读物、活动设施以及各项福利事业，均得到了迅速发展。去年世界儿童问题首脑会议通过了《儿童生存、保护和发展世界宣言》、《九十年代行动计划》。我国政府已正式签署了这两个世界性文件，确认“儿童优先”这一国际社会普遍认可的原则，并正在根据我国的实际情况拟定九十年代儿童事业的发展规划，采取切实有效的措施，履行文件中规定的义务。

我国的儿童事业，虽然取得了很大的成绩，积累了丰富的经验，但是同提高民族素质、培养一代新人的要求相比，这项工作还有相当的差距，还要进一步加强。各级党政领导要放眼未来，确立长远的战略观念，进一步提高对儿童工作重要性的认识。要按照“优生、优育、优教”的要求，制定地方儿童事业发展规划，并把它纳入到国民经济和社会发展十年规划和“八五”计划中去，使这项涉及多部门、多行业、多学科的复杂系统工程，有一个通盘的考虑，有一个明确的目标和具体的部署。要调动各方面的力量，逐年办若干件实事，使儿童成长的物质条件和社会环境年年有明显的改善。要做到学校、家庭、社会教育相结合，使少年儿童在德、智、体诸方面生动活泼地主动地得到发展。要建立表彰制度，鼓励先进，带动一般。今年全国第二次表彰了62个先进单位和31名先进工作者。这项工作以后要坚持下去，各地也应当这样做。通过这些活动，使儿童事业成为受全社会尊敬的事业，使广大儿童工作者成为受全社会尊敬的人。

同志们，本世纪最后十年是我国经济和社会发展的关键十年，也是我们为二十一世纪培养人才的关键十年。党中央希望各级党政领导要关心儿童工作，广大儿童工作者更加振奋精神，精心培养祖国的花朵，也希望一切关心祖国明天的人都来爱护儿童、教育儿童、为儿童作表率，为儿童办实事，为下一代的健康成长作出新的贡献。

司法部部长蔡诚在全国司法行政监察工作会议暨廉洁奉公表彰大会上发表讲话

蔡诚充分肯定各级司法机关在党的十三届四中全会以来抓廉政建设所取得的成绩。蔡诚介绍，去年以来，按照中央的部署，全国司法行政系统普遍开展了廉政执法执纪大检查，初步摸清了行业不正之风的底数。在此基础上，各地结合执法执纪大检查工作，重点抓了劳改劳教、律师、公证和乡镇法律服务机构等四方面的整顿，健全和完善各项规章制度，强化思想教育和法纪教育，使广大干警职工的政策、法律观念和组织纪律性得到进一步加强。

与此同时，各级司法行政机关把查办案件作为惩治腐败、纠正行业不正之风的一项重要措施和工作重点，集中力量查处一批贪污受贿、以权谋私、失职渎职、奢侈浪费的大案要案，增加了群众对廉政建设的信心，调动了积极性。

全国司法行政系统还通过树立先进典型的活动，对广大干警进行热爱本职工作，全心全意为人民服务的教育，弘扬了正气，推动了廉政建设和纠正行业不正之风工作开展，也涌现出许多先进人物和先进集体。

蔡诚说，全国司法行政系统的45万干警和45万职工在各级党委、政府的领导和教育下，经过加强思想政治工作和政治斗争的考验，绝大多数表现是好的，是从业清廉的。但是，还应该清醒地看到，我们队伍中也确实存在着腐败现象和行业不正之风，极少数人违法违纪甚至犯罪。问题虽然发生在极少数人身上，但影响很坏。它严重损害了司法机关的形象，破坏党和政府同人民群众的血肉联系，妨碍社会主义法制建设的加强，削弱人民民主专政的权威。

蔡诚列举1989年和1990年全国部分省、市、自治区查处干警违法违纪的情况后指出，尽管全国司法行政系统的纠正不正之风工作取得了一些成效，但绝不能有任何自满和松懈。要在全系统形成一个为政清廉、为警清廉、服务清廉风气，任务还十分艰巨，需要我们树立真抓实干、常抓不懈指导思想，按照党中央、国务院和中央政法委员会的部署，对今年的纠正不正之风工作做出切实安排，制定阶段性目标，采取措施，真正抓出实效。

国家主席杨尚昆在人民大会堂会见津巴布韦总统特使副总统西蒙·穆增达

6月1日

党和国家领导人江泽民杨尚昆李鹏题词祝贺《中国日报》创刊十周年

《中华人民共和国著作权法》《中华人民共和国著作权法实施条例》开始施行

《人民日报》发表台湾研究会会长程思远文章《国民党应把握时机促进两岸和平统一》

最高人民法院最高人民检察院公安部和司法部联合发出《关于办理少年刑事案件建立互相配套工作体系的通知》

中国代表侯志通在日本广岛举行的建立新时期国际新秩序问题研讨会上发表讲话

中国代表侯志通在日本广岛举行的建立新时期国际新秩序问题研讨会上说，建立公正合理的国际政治和经济新秩序已成为时代的要求。

侯志通说，中国主张在和平共处五项原则基础上建立国际新秩序，这种新秩序完全不同于以霸权主义和强权政治为基础的旧秩序。侯志通说，未来新秩序的核心应当是：所有国家都是国际社会的主权平等成员，都有权参与解决国际事务；各国有权根据本国国情，独立自主地选择本国的社会、政治、经济制度和发展道路，任何国家不得干涉别国内政，不应把自己的价值观念、意识形态和发展模式强加于别国；一切国际争端应通过和平谈判合理解决，反对诉诸武力或以武力相威胁，反对以战争（包括核战争）手段解决国际争端。

侯志通强调说，这样的国际新秩序符合各国人民共同的根本利益，有利于争取持久的国际和平与安全，有利于各国谋求共同的发展。侯志通表示，中国作为国际社会的一员，愿与各国一道，为逐步实现这一历史任务而作出坚持不懈的努力。

国务院总理李鹏在中南海会见并宴请美国通用电气阿尔斯通公司董事长德乔治

中国和德国政府职业技术教育换文在北京签署

中国驻美使馆新闻参赞陈国清驳斥国际人权联盟关于中国向非洲派遣劳改犯人充当劳工的指控

陈国清说，中国派往非洲的劳工都是按品德、技术和管理才能等条件严格挑选的。中国劳工的献身精神、辛勤劳动和个人牺牲博得了非洲人民的普遍赞赏和尊敬。

各国奥委会协会主席马里奥·巴斯克斯拉纳访问北京

国家教委就贯彻落实中共中央总书记江泽民关于加强近现代史和国情教育的指示举行座谈会

首都教育、理论界近200人在人民大会堂进行座谈。

国家副主席王震在座谈中指出，江泽民写给李铁映、何东昌同志的信，我完全拥护。在全国人民中，特别是在青少年和儿童中深入进行爱国主义教育，增强民族自尊心、自信心和自豪感，对于培养一代又一代的合格的共产主义事业的接班人，有着极其重要的意义。全党和全社会要认真贯彻江泽民总书记的这一重要指示。要把爱国主义教育融合到教学和各项社会活动中，贯穿到青少年和儿童的整个学生时代。爱国主义具有鲜明的时代特征。在当代中国，爱祖国，就是要热爱社会主义的中华人民共和国。要进行爱国主义教育，要进行热爱党，热爱社会主义和坚持四项基本原则、反对资产阶级自由化、反对和平演变的教育，使广大青少年树立共产主义的理想和宇宙观、人生观。

中共中央政治局委员、国务委员兼国家教委主任李铁映在座谈会上发表讲话。

中顾委常委胡乔木在发言中谈到，加强对青少年的近现代史和国情教育是非常必要的。这不仅是教育工作者的事，也是全社会的事。胡乔木说，对青少年进行国情教育，不仅要讲对我们有利和不利的因素，而且更要讲我们的党和民族为了民族的振兴和社会主义现代化建设事业所进行的奋斗，同时还应让他们对我们目前所处的国际环境有所了解。

国家教委主任李铁映在贯彻落实江泽民总书记关于近现代史和国情教育指示座谈会上发表题为《社会主义教育的一个重要课题》的讲话

今年3月9日，江泽民同志给我和何东昌同志写信，指示国家教委要坚持不断地对大、中、小学学生进行中国近现代史和国情教育。泽民同志的来信体现了党中央对教育事业和青少年成长的关怀和期待，对推动我国教育事业的健康发展，对培养有理想、有道德、有文化、有纪律的社会主义新人，乃至对全社会的精神文明建设，都有重要的指导意义。现在，我就学习和贯彻总书记指示精神，讲几点意见。

一、对青少年进行中国近现代史和国情教育，是我国社会主义现代化建设的战略需要，是加强青少年思想政治教育的当务之急。

社会主义教育的根本目的，是为社会主义事业培养和造就德才兼备的建设者和接班人。这样的人才，不但需要有良好的专业知识和技能，而且需要有爱国主义和社会主义的思想觉悟，需要有对祖国历史和国情的深入了解。了解历史和把握国情，是认识、思考和解决我国一切社会问题的起点和依据。列宁说过，为了解决社会问题，为了真正获得正确处理这个问题的本领，最可靠、最必需、最重要的，就是不要忘记基本的历史联系。毛泽东同志说过，认清中国的国情，乃是认清一切革命问题的基本根据。邓小平同志也说过，中国的事情要按照中国的情况来办，要依靠中国人自己的力量来办。社会主义现代化建设是在中国的具体历史条件下进行的。而今日之中国既是昨日中国的继续，也是明日中国的发展起点和基础。因此，作为我国社会主义事业的建设者和接班人，就不能不认真学习自己国家的历史，把握自己国家的国情，特别是中国近现代史和现实国情；作为教育工作者，也就不能不把历史和国情教育当作一项战略任务，放在学校教育的重要位置。

在以往一个时期里，对青少年的历史和国情教育有所削弱。历史的经验证明，历史和国情教育一旦被放松或忽视，那么，历史虚无主义、民族虚无主义和崇洋媚外的思想就会乘虚而入，甚至会出现思想上的混乱和政治上的偏差。我们应当清醒地认识到，在当前和今后一个很长历史时期内，国内外的斗争形势将是十分复杂的，国际敌对势力同我们争夺青年一代的斗争将会长期进行下去。我们应当从反对"和平演变"、培养社会主义事业接班人的战略高度，来认识和理解江泽民同志指示的重要意义和紧迫性，增强历史责任感，把对青少年的历史和国情教育持续不断地进行下去。

二、进行中国近现代史教育，应着重揭示中国社会发展的必然规律，阐明中国革命同马克思主义的关系。

中国近现代史既是一部中华民族遭受帝国主义野蛮侵略和封建主义残酷压迫的屈辱史，也是一部中国人民争取民族生存和解放、追求祖国独立和富强的革命斗争史；既是当时的仁人志士不断探索救国救民真理的历史，也是中国人民逐步认识、掌握和运用马克思主义的历史。中国近现代史的一个基本历史事实是，从鸦片战争到"五四"运动这 80 年中，中国人民为了挽救民族危亡，反抗阶级压迫，曾经进行了可歌可泣的和波澜壮阔的斗争。但是，所有这些斗争都失败了。与此相适应，当时的仁人志士为了探索救国救民的真理，在一个很长的历史时期里，首先是向西方资本主义国家学习，学习西方资产阶级革命时期的社会政治学说，并试图按照西方国家的政治模式来改造中国，但这一切努力也失败了。正是在这一历史背景下，中国的先进分子在经历长期的失败和挫折之后，经过"五四"新文化启蒙运动的推动和对当时各种社会政治学说的反复比较，才选择了马克思主义。而"五四"运动和中国共产党成立以后的历史事实表明，中国人民反帝反封建革命斗争一旦有了共产党的领导，一旦有了马克思主义的指导，就走上了胜利发展的道路，实现了国家的独立和民族的解放。我们应当通过这些历史事实向学生阐明，具有悠久历史文化传统的中国，如何根据历史的必然性走上以共产党为领导力量的社会主义道路，使他们懂得"没有共产党就没有新中国"、"只有社会主义能够救中国"这个真理。

三、进行国情教育，应坚持马克思主义的全面的和历史的观点，采取实事求是的分析态度。

中国是一个拥有 11 亿人口的社会主义大国，有五千年的灿烂文化，有比较丰富的资源，有勤劳勇敢的人民，有优越的社会主义制度，因此，中华民族的振兴，社会主义现代化建设的实现，是大有希望的。与此同时，中国又是一个发展中国家，处在社会主义的初级阶段，经济不发达，特别是人口过多，按人口平均，资源和产品数量低下等等，这就决定了我国的社会主义建设和人民生活的普遍富裕，需要经历一个长期的艰苦奋斗过程。对中国的这一国情，应当像江泽民同志指示的那样，要进行正面的宣传和教育。要把我国进行现代化建设的优势和劣势，所面临的挑战和机遇，如实地告诉我们的青少年，使他们既对祖国未来的美好前景充满信心，并树立远大的理想和抱负；又能够正视现实和立足现实，在党的领导下，为改变祖国的落后面貌奉献毕生精力。

在进行国情教育时，特别要加强在国情比较问题上的科学方法的教育。应该说，在研究中国国情时，把中国的国情同别国国情作某些比较，对于借鉴别国的经验，把握历史发展规律，无疑是很有意义的。但是，如同列宁所告诫的那样，这样的比较必须作得适当，比较的首要前提是比较双方必须具有可比性。如果在比较时忘记了基本条件的不同，那就有悖于马克思主义科学的历史方法，就会得出错误的甚至有害的结论。在这个问题上，我们也有很多经验教训值得认真总结。青少年是祖国的未来和希望，我们应当通过历史和国情教育，提高他们的民族自尊心和自信心，培育他们热爱祖国、热爱人民、热爱社会主义的巨大热情，增强他们的历史责任感，把我们伟大的社会主义祖国建设得更加美好。

四、全党全社会都要认真贯彻江泽民同志的指示，为培育青少年一代作出贡献。

历史和国情教育作为一项基础性教育，要从娃娃抓起，并且贯穿在小学、中学、大学的全过程。历史和国情教育具有十分丰富的内容，蕴含着不同的认识层次，在进行这一教育时，应该坚持由浅入深、循序渐进的指导原则，对不同年龄或学历层次的学生提出不同的要求。历史和国情教育，需要相关学科的协调配合，通过多种途径、采取多种形式进行。进行历史和国情教育要把课堂教学同学生的日常思想政治工作和课余活动以及参加社会实践有机地结合起来，使历史和国情教育既生动活泼、又富有实效。国家教委、各地教育主管部门，各级各类学校，都要尽快制订出具体计划和措施，切实落实江泽民同志的指示精神。

历史和国情教育也是一项全民性的基础教育，是我国整个社会主义精神文明建设的重要内容，不仅应在学校中进行，而且亦应在全社会进行。鉴于前一时期历史和国情教育比较薄弱，相当一批青年缺乏对我国历史和国情的基本了解，因此，对在职人员特别是在职青年进行历史和国情的补课教育十分必要。

进行历史和国情教育既然是一件具有战略意义的大事，那么，就需要全社会的关心、支持和帮助，共同创造一个良好的社会环境。希望有关部门都为青少年的健康成长多作有益的事情；宣传、文化、报刊、出版、影视以及其它有关部门，广大教育工作者和一切关心下一代健康成长的同志，都要行动起来，认真落实江泽民同志的指示精神，并且长期坚持下去，为使广大青少年树立共产主义的理想和全心全意为人民服务的人生观，保证我们党所开创的无产阶级革命事业后继有人，作出更多的贡献。

中国博士后科学基金捐赠仪式在北京举行

博士后科学基金会举行捐赠仪式，接受7个单位和部门的捐赠，并向获得各项资助金的博士后研究人员颁发证书。

冶金工业部、华润（集团）有限公司、能源部、中国石油天然气总公司、建设部分别捐赠1个份额（20万元人民币，华润公司捐赠50万元港币）；中国科学院捐赠5个份额，解放军总后勤部捐赠两个份额。基金会理事长沈克琦教授代表接收方分别与各捐赠方在协议书上签字，并向捐赠方颁发荣誉证书。

中国从1985年7月开始设立博士后流动站。有1025名在国内外获得博士学位的优秀博士先后进站，其中回国留学生245名。

为更好地试行博士后制度，财政部拨专款2000万元人民币（内含200万美元）设立博士后基金会。为了广开科学基金来源，1990年5月30日成立中国博士后科学基金会。

中共中央文献编辑委员会编辑的《彭真文选》（1941—1990年）由人民出版社出版

文选收入彭真的文章、电报、讲话共90篇，40余万字。

中国杂技艺术协会表彰最近在国际杂技比赛中获金奖的孙鹏等6名少儿演员

6月2日

全国人大常委会委员长万里在人民大会堂会见瓦努阿图议长奥内恩·塔希

国务院副总理朱镕基在辽宁省调研

6月2日至10日，朱镕基带领国务院有关部门的负责人，在辽宁省省长岳岐峰等人的陪同下，先后在沈阳、本溪、鞍山、大连等地与20多家国营大中型企业的厂长、经理座谈，并听取了省市领导关于经济工作的汇报。

朱镕基说，辽宁省是国家重要工业基地，建国40年来为国家经济发展做出了重大贡献，改革开放以来取得了很大成绩。当前遇到的一些暂时困难，只要把原因分析清楚，采取正确的改革措施，是一定能够克服的。

针对一些企业领导过于强调外部环境和条件差的情况，朱镕基说，要看到“六五”、“七五”期间辽宁工业建设有很大投入，形成的固定资产居全国第一位，“八五”期间正是出效益的时候，这是克服暂时困难的强大物质基础。搞活大中型企业，除国家必要的支持外，最主要的是调动企业广大职工的积极性，立足现有条件，眼睛向内，挖掘潜力，加强企业管理，提高产品质量，调整产品结构，开拓国内、国际市场，增强企业的自身活力。朱镕基热情地鼓励企业领导干部要振奋精神，增强信心，深入基层，切实加强政治思想工作，与工人同甘共苦，带领职工战胜暂时困难。

造成辽宁这个老工业基地暂时困难的一个重要原因，是基建和技改的摊子铺开了，而建设资金有1/3不到位。朱镕基在调查研究时反复强调，搞建设一定要坚持“量力而行，量入为出”、“先生产、后基建，先挖潜、后扩建”的原则，把主要精力放在内涵扩大再生产上。

朱镕基说，国务院已决定以辽宁省作试点，推动全国清理“三角债”工作，缓解企业资金的紧张状况。

朱镕基认为，辽宁拥有近全国1/10的国营大中型工业企业，技术和经济实力雄厚，职工队伍有高度的思想政治觉悟，通过继续深化改革，坚持计划经济与市场调节相结合，扩大对外开放，发挥国营大中型企业的技术、人才优势，带动乡镇企业和多种经济的发展，老工业基地一定能焕发青春，为国家做出新的贡献。

国务院总理李鹏致电非洲统一组织第二十七届首脑会议祝贺会议召开

叙利亚外交部部长沙雷在阿勒颇与中共中央政治局常委乔石率领的中国共产党代表团举行会晤

中共中央政治局常委乔石率领中国共产党代表团抵达突尼斯进行访问

第十七届太平洋科学大会闭幕

大会在美国夏威夷的火奴鲁鲁(檀香山)召开，来自太平洋区域的30多个国家和地区的近2000名学者出席了会议。

这次大会的主题是："走向太平洋世纪——问题和挑战"，主要讨论世纪之交太平洋地区面临的主要问题和解决办法。大会共收到论文1000余篇，内容涉及环境变化、生物技术、科学与文化，未来科技发展、人口、健康与社会等自然科学和社会科学范畴，重点探讨太平洋地区各国带有共性的问题。

中国的十多名专家应邀与会，著名物理学家、中科院院长周光召教授在会上作了"中国的全球变化研究与国际合作"的特邀报告，受到与会者欢迎和好评。中国驻美使馆科技参赞和驻洛杉矶科技领事等也应邀出席会议并作了报告。

周光召当选为太平洋科学协会主席。

6月3日

中共中央政治局常委乔石在突尼斯同突尼斯执政党宪政民主联盟总书记沙德利·内法蒂进行会谈

《人民日报》发表评论员文章《"台独"是一条危险的道路》

近来，台湾岛内外"台独"势力甚嚣尘上。3月底，来自美国、日本及台湾省内的一些"台独"分子，在马尼拉举行了"联席恳谈会"，决定岛内外各"独派团体""加强沟通联系"，"采取步骤，走向组织结合"，策划把在洛杉矶的"台独联盟"迁台和组织海外"台独"分子回台，企图以"台独"要求为主导，进行"制宪"运动，并利用岛内年底选举，大肆宣传"台独"。4月13日，岛内某些人成立了所谓"保卫台湾委员会"，公然通过了"保卫台湾纲领草案"，声称要"保卫及维护台湾主权独立"，"重建宪法秩序"。5月以来，岛内"台独"势力更加紧活动，并筹备召开第三次"独"派沟通会议。

"台独"势力这些频繁活动，不能不引起人们的注意和警惕。岛内外有识之士指出，"台独"分子打着"保障台湾人民福祉"、"建立公义社会"的幌子，鼓吹"台独"，企图对抗日益高涨的争取祖国统一的运动，有悖潮流，不得人心，是注定要失败的。

"台独"分子扬言台湾与大陆的分隔"已逐渐形成一种不同的国民意识，正在使台湾凝聚为一命运共同体"。这既不符合历史事实，也无视台湾的现实。世人皆知，台湾自古以来就是中国领土不可分割的一部分，岛内居民的先人大多数是从中国大陆先后移居到台湾的。在近代历史中，台湾虽屡遭外国列强的侵占，但人民保卫国土、反对侵略的斗争从未停止。台湾和大陆唇齿相依，命运相连，两岸同胞从来都是共同保卫祖国神圣的领土，致力发展民族的经济和文化。

"台独"分子说什么台湾从祖国大家庭中分裂出去，会给二千万台湾人民带来好处。这不过是自欺欺人。40多年来两岸分离，给骨肉同胞带来的不幸和痛苦不堪回首，是违反全民族的利益和愿望的，决不能再这样下去了。合则两利，分则两害，早已是两岸同胞的共识。无论是在大陆或是在台湾，我们同属中华民族，拥有共同文化，要求统一理所当然。从发展经济的角度来看，台湾和大陆休戚相关，两岸统一可取长补短，共同繁荣。如是真正为台湾人民福祉着想，只有走祖国统一的道路。

"台独"分子鼓吹台湾只有独立了，才能回到国际组织。这是一种不切实际的幻想。中国只有一个，台湾是中国的一部分，已为国际社会所普遍认同；中华人民共和国政府是代表全中国的惟一合法政府，得到了世界上绝大多数国家和联合国的承认，这是不容置疑、不可更改的客观现实。极少数人利令智昏，梦想搞"台湾独立"，在国际社会中只能处处碰壁。

"台独"分子还有一个谬论，称岛内民众支持"台独"。这是十足的谎言。台湾人民有着反对侵略、反对分裂、保卫祖国、维护统一的光荣传统，渴望早日统一，这是台湾同胞最大的心愿。从岛内多次民意测验的结果看，绝大多数民众都反对"台独"。可见鼓噪一时的"台独"是极其不得人心的。包括台湾同胞在内的11亿中国人民和中华人民共和国政府，也绝不会容忍极少数民族败类将宝岛台湾从祖国分裂出去的阴谋得逞。

我们正告极少数分裂主义者，"台独"活动旨在分裂国家、分裂民族，是一条十分危险的道路，必须悬崖勒马。否则，火中取栗，难免引火烧身，到头来必将成为中华民族的千古罪人。

国办印发关于成立国务院职称改革工作领导小组的通知由国务院秘书长罗干兼任组长

司法部在北京召开表彰司法行政系统廉洁奉公及监察工作先进集体与先进个人大会

国办发出关于调整国家安全生产委员会等五个非常设机构主要负责人职务的通知

国务院常务会议讨论决定，该委员会由朱镕基任主任，并任无线电管委会主任及重大技术装备、清理“三角债”、质量品种效益年三个领导小组组长。邹家华不再兼任这五个非常设机构主任(组长)。

国务院总理李鹏在钓鱼台国宾馆会见日本民社党委员长大内启伍

应客人要求，李鹏就中国改革开放政策和今后的发展、中美关系等问题阐述中国政府的立场和见解。

李鹏说，关于中国今后改革开放的方针、政策、措施，在“十年规划”和“八五计划”中已经作了明确的说明和规定。在今后10年，中国将坚定不移地坚持改革开放政策，在经济持续稳定发展的基础上不断提高人民的生活水平。与此同时，我们将逐步建立起计划经济和市场调节相结合的经济机制，使二者的优点得以充分发挥。中国政治、经济形势的稳定使我们在今年以来有条件采取一些比较大的改革步骤。这些步骤得到了人民的理解和支持。因此，每个步骤的实施过程都是比较平稳的。这一切说明，中国的经济改革正在顺利进行。他说，中国的政治体制改革是与经济体制改革同步进行的。这种政治体制改革是适合中国国情的，并且以稳定为前提。我们将进一步发挥各级人民代表大会的作用，坚持和加强中国共产党领导的多党合作和政治协商制度，进一步发挥人民和舆论对各级政府的监督作用。

关于中美关系，李鹏说，最惠国待遇是双向的，是一种互利互惠的关系。中国欢迎布什总统作出无条件延长对华最惠国待遇的决策，这一决策是明智的。我们也希望美国参众两院的议员，也能从维护中美关系的大局出发，采取同样的明智态度。中国方面为维护中美关系包括经贸关系的健康发展，已经采取了许多积极步骤，因为中国不希望看到可能导致中美关系大倒退的情况发生。中国政府既讲原则，也是通情达理的。

关于美国方面提出的由联合国安理会五个常任理事国派出高级代表参加关于中东军备控制会议的建议，中国政府持积极态度。我们认为，就此进行协商是为了解决问题。协商应该本着公平、合理、均衡的原则进行。

在对方问及“朝鲜问题”时，李鹏说，最近朝鲜民主主义人民共和国提出作为朝鲜北南实现统一以前的一种过渡措施，申请加入联合国，这一政策决定已经受到了国际社会的普遍欢迎，中国也不例外。

全国人大常委会副委员长西藏自治区人大常委会主任阿沛·阿旺晋美在拉萨接受哥伦比亚电视记者埃克托尔·莫拉的采访

阿沛在向莫拉先生介绍中央政府给予西藏地方政府的帮助时说：“西藏经济基础薄弱，不能自给自足。为此，中央政府从1952年开始到现在共为西藏地区拨款177亿多元。特别是1985年西藏自治区成立20周年时，中央和全国许多省市援助西藏兴建了43项工程。现在，中央在财政紧张的情况下仍为西藏的建设继续投资。”

阿沛在回答莫拉先生提出的“西藏作为自治区享有哪些自治权”的问题时说：“中国有55个少数民族，有5个民族自治区和20多个民族自治州，国家制定的《民族区域自治法》，充分体现了中国少数民族享有的自治权。西藏自治区享有最高的自治权利。”

当莫拉问阿沛对某些人提出的“西藏独立”持什么态度时，阿沛说，西藏从元朝正式纳入中国版图、成为中国领土不可分割的一部分，已有700多年历史。所谓“西藏独立”是毫无根据、毫无道理的。

欧共体委员会负责竞争事务的副主席利昂·布里坦在布鲁塞尔会见中国大型采购团

比利时中国经贸委和比利时外贸局在布鲁塞尔为中国赴欧共体采购团举行报告会

巴基斯坦总理纳瓦兹·谢里夫和国民议会议长古哈尔·阿尤布·汗在伊斯兰堡接见中国新任驻巴基斯坦大使周刚

外交部副部长杨福昌在3日至5日于赫尔辛基举行的关于巴勒斯坦问题国际讨论会上阐述中国对解决中东问题的立场

中国代表团在荷兰海牙于3日至21日联合国知识产权组织主持的关于缔结保护工业产权巴黎公约有关专利部分补充条约外交会议第一阶段会上被推为大会副主席

中央军委副主席刘华清在《民兵工作条例》集训班上发表讲话

刘华清指出，党的十一届三中全会以来，民兵、预备役建设同军队建设一样，在调整中前进，在改革中发展，取得了显著成绩。但是，我们面临的新形势，对我军建设和后备力量建设提出了新的更高的要求，我们一定要在加速军队革命化、现代化、正规化建设的同时，努力建设一支强大的国防后备力量。

刘华清指出，强盛的经济，强大的国防，是一个国家自立于世界民族之林的两大支柱，缺一不可。经济建设是国家发展的需要，国防建设是国家安全的需要，二者都反映了国家的根本利益。没有强盛的经济，国防不可能强大；只有强盛的经济，没有强大的国防也是不行的。我们要正确处理经济建设和国防建设、富国与强兵的关系，做到两头兼顾，富国强兵。

刘华清说，常备军和后备力量是构成国防的两大基本要素，常备军是骨干，后备力量是基础。没有常备军的国防或者没有强大后备力量的国防，都不是完整意义的国防，都不算强大的国防。因此，我们在推进现代化建设中，不仅要建设一支装备精良、编制科学、训练有素、指挥灵便、快速反应能力和实战能力很强的精干的常备军，而且要建设一支数量充足、质量较高、动员快速、机制完善的强大后备力量。

刘华清指出，加强后备力量建设，不仅在军事上有重大意义，而且在政治上、经济上都有重要意义。我国民兵人数众多，分布面广，组织严密，素质较高，不仅是抵御侵略、保卫国家安全的一支重要力量，而且是维护社会治安、巩固人民民主专政的一支重要力量；不仅是发展生产、振兴经济的一支重要力量，也是社会主义精神文明建设的一支重要力量。把民兵组织好、教育好、训练好、使用好，对于增强全民的国防观念，保持国家稳定和长治久安，促进整个社会主义事业的繁荣昌盛，都将起到积极作用。

刘华清强调，各级党委要切实加强对民兵、预备役工作的领导。当前最主要的就是要坚持党管武装的原则，保证民兵这支群众武装永远置于党的绝对领导之下。

首次全国科技成果推广工作会议在北京召开

会议指出，科技成果推广工作是科研进入经济建设的结合部。国家科委决定，“八五”期间全国将有 5000 项科技成果逐步滚动进入国家、省区市(部门)两级推广计划，有 1.5 万项科技成果进入省属市、地、县及省属行业的推广计划。投入推广的科技力量将达 50 万至 100 万人。推广的科技成果在农业及支农产业中达到技术适用面的 20%，粮食作物现有新品种更换旧品种的比例达到 25%，畜禽鱼现有良种普及率达到 25%。粮、棉、油、糖等丰产成果推广后提高的产量占全国平均每年增产总数的 20%～30%。推广的工业成果将达到技术适用面的 25%，使技术改造应用国内先进成熟成果的比例有较大幅度增加。将抓好 100 个年新增产值上亿元的项目，1000 个年新增产值千万元以上的项目。同时还要推动一批重大项目在大中型企业中形成规模效益，推动产业结构和产品结构的调整。

会议指出，国家科委还决定把科技成果推广工作作为科技进步的一个重要内容给予重视和奖励，在各级科技进步奖中拿出不少于 10% 的比例奖励对科技成果推广做出突出贡献的科技人员和管理人员。

会议至 6 日结束。

著名美籍物理学家李政道教授倡导的“青年学者归国工作计划”之一的“凝聚态物理暑期学校”开学

“青年学者归国工作计划”是李政道教授于 1990 年通过他所领导的中国高等科学技术中心提出的。按照这项计划，李政道教授每年组织或推荐若干名通过“卡斯比亚”考试及国内选送赴国外深造、学而有成的青年学者，回国在中国高等科学技术中心就物理学前沿学科最新进展作系统介绍，并与国内学者共同进行研究。

参加凝聚态物理暑期学校的归国青年学者大都是在 80 年代初参加由李政道教授发起的培养高级研究人才的“卡斯比亚”考试被录取或国内选送赴美深造的青年，都已获得博士学位。

中国首座国际海事卫星地球站在北京正式开通

6月4日

中共中央总书记江泽民在中南海会见牙买加总理迈克尔·曼利

在谈到国际问题时，江泽民说，中国一贯奉行和平共处五项原则，主张在此原则基础上发展国与国之间的友好合作关系，任何国家不论其大小、强弱、贫富，应一律平等。

江总书记还向曼利总理介绍了国内情况，特别是如何根据自己的国情，进行经济建设的情况。

江总书记说，根据我们的体会，要把经济搞上去，首先要有安定团结的政治局面。江总书记说，我们将继续沿着改革开放的道路走下去，建设具有中国特色的社会主义强国。

**国家主席杨尚昆在人民大会堂会见牙买加总理迈

克尔·曼利

国家副主席王震在人民大会堂会见瓦努阿图议长奥内恩·塔希

塔里木盆地吉拉克地区又发现一个大型油田

吉拉克油田是一个整装油田,油层分布稳定,属轻质原油,开发条件较好。6月28日,中国银行向中国石油天然气总公司提供12亿美元贷款。李鹏、邹家华、朱镕基、李贵鲜等出席货款签字仪式。塔里木盆地石油勘探与开展,是"八五"期间中国国民经济建设的一项重点工程,对中国石油工业持续稳定发展具有重要的战略意义。

朝鲜最高人民会议常设会议在平壤万寿台议事堂设晚宴欢迎全国人大常委会副委员长彭冲率领的全国人大代表团

捷克斯洛伐克联邦政府总理恰尔法在布拉格接见对外经贸部部长李岚清

国务院总理李鹏签署第84号令发布《计算机软件保护条例》

《计算机软件保护条例》已经1991年5月24日国务院第83次常务会议通过,现予发布,自1991年10月1日起施行。

总理 李 鹏

1991年6月4日

计算机软件保护条例

第一章 总 则

第一条 为保护计算机软件著作权人的权益,调整计算机软件在开发、传播和使用中发生的利益关系,鼓励计算机软件的开发与流通,促进计算机应用事业的发展,依照《中华人民共和国著作权法》的规定,制定本条例。

第二条 本条例所称的计算机软件(简称软件,下同)是指计算机程序及其有关文档。

第三条 本条例下列用语的含义是:

(一)计算机程序:指为了得到某种结果而可以由计算机等具有信息处理能力的装置执行的代码化指令序列,或者可被自动转换成代码化指令序列的符号化指令序列或者符号化语句序列。

计算机程序包括源程序和目标程序。同一程序的源文本和目标文本应当视为同一作品。

(二)文档:指用自然语言或者形式化语言所编写的文字资料和图表,用来描述程序的内容、组成、设计、功能规格、开发情况、测试结果及使用方法,如程序设计说明书、流程图、用户手册等。

(三)软件开发者:指实际组织、进行开发工作,提供工作条件以完成软件开发,并对软件承担责任的法人或者非法人单位(简称单位,下同);依靠自己具有的条件完成软件开发,并对软件承担责任的公民。

(四)软件著作权人:指按本条例的规定,对软件享有著作权的单位和公民。

(五)复制:指把软件转载在有形物体上的行为。

第四条 本条例所称对软件的保护,是指软件的著作权人或者其受让者享有本条例规定的软件著作权的各项权利。

第五条 受本条例保护的软件必须由开发者独立开发,并已固定在某种有形物体上。

第六条 中国公民和单位对其所开发的软件,不论是否发表,不论在何地发表,均依照本条例享有著作权。

外国人的软件首先在中国境内发表的,依照本条例享有著作权。

外国人在中国境外发表的软件,依照其所属国同中国签订的协议或者共同参加的国际条约享有的著作权,受本条例保护。

第七条 本条例对软件的保护不能扩大到开发软件所用的思想、概念、发现、原理、算法、处理过程和运行方法。

第八条 国务院授权的软件登记管理机构主管全国软件的登记工作。

第二章 计算机软件著作权

第九条 软件著作权人享有下列各项权利:

(一)发表权,即决定软件是否公之于众的权利;

(二)开发者身份权,即表明开发者身份的权利以及在其软件上署名的权利;

(三)使用权,即在不损害社会公共利益的前提下,以复制、展示、发行、修改、翻译、注释等方式使用其软件的权利;

(四)使用许可权和获得报酬权,即许可他人以本条第(三)项中规定的部分或者全部方式使用其软件的权利和由此而获得报酬的权利;

(五)转让权,即向他人转让由本条第(三)项和第(四)项规定的使用权和使用许可权的权利。

第十条 软件著作权属于软件开发者,本条例有专门规定者从其规定。

第十一条 由两个以上的单位、公民合作开发的软件,除另有协议外,其软件著作权由各合作开发者共同享有。

合作开发者对软件著作权的行使按照事前的书面

协议进行。如无书面协议,而合作开发的软件可以分割使用的,开发者对各自开发的部分可以单独享有著作权,但行使著作权时不得扩展到合作开发的软件整体的著作权。合作开发的软件不能分割使用的,由合作开发者协商一致行使。如不能协商一致,又无正当理由,任何一方不得阻止他方行使除转让权以外的其他权利,但所得收益应合理分配给所有合作开发者。

第十二条 受他人委托开发的软件,其著作权的归属由委托者与受委托者签订书面协议约定,如无书面协议或者在协议中未作明确约定,其著作权属于受委托者。

第十三条 由上级单位或者政府部门下达任务开发的软件,著作权的归属由项目任务书或者合同规定,如项目任务书或者合同中未作明确规定,软件著作权属于接受任务的单位。

国务院有关主管部门和省、自治区、直辖市人民政府,对本系统内或者所管辖的全民所有制单位开发的对于国家利益和公共利益具有重大意义的软件,有权决定允许指定的单位使用,由使用单位按照国家有关规定支付使用费。

第十四条 公民在单位任职期间所开发的软件,如是执行本职工作的结果,即针对本职工作中明确指定的开发目标所开发的,或者是从事本职工作活动所预见的结果或者自然的结果,则该软件的著作权属于该单位。

公民所开发的软件如不是执行本职工作的结果,并与开发者在单位中从事的工作内容无直接联系,同时又未使用单位的物质技术条件,则该软件的著作权属于开发者自己。

第十五条 软件著作权的保护期为二十五年,截止于软件首次发表后第二十五年的十二月三十一日。保护期满前,软件著作权人可以向软件登记管理机构申请续展二十五年,但保护期最长不超过五十年。

软件开发者的开发者身份权的保护期不受限制。

第十六条 在软件著作权的保护期内,软件著作权的继承者可根据《中华人民共和国继承法》的有关规定,继承本条例第九条第(三)项和第(四)项规定的权利。

继承活动的发生不改变该软件权利的保护期。

第十七条 在软件著作权的保护期内,享有软件著作权的单位发生变更后,由合法的继承单位享有该软件的各项权利。

享有软件著作权的单位发生变更,不改变该软件权利的保护期。

第十八条 在软件著作权的保护期内,软件的著作权人或者其受让者有权许可他人行使本条例第九条第(三)项规定的使用权。著作权人或者其受让者许可他人行使使用权时,可以按协议收取费用。

软件权利的使用许可应当根据我国有关法规以签订、执行书面合同的方式进行。被许可人应当在合同规定的方式、条件、范围和时间内行使使用权。

许可合同的有效期限一次不得超过十年。合同期满可以续订。

合同中未明确规定为独占许可的,被许可的软件权利应当视为非独占的。

上述许可活动的发生不改变该软件著作权的归属。

第十九条 在软件著作权的保护期内,由本条例第九条第(三)项和第(四)项规定的使用权和使用许可权的享有者,可以把使用权和使用许可权转让给他人。

软件权利的转让应当根据我国有关法规以签订、执行书面合同的方式进行。

转让活动的发生不改变该软件著作权的保护期。

第二十条 软件著作权保护期满后,除开发者身份权以外,该软件的其他各项权利即行终止。

凡符合下列各项之一者,除开发者身份权以外,软件的各项权利在保护期满之前进入公有领域:

(一)拥有该软件著作权的单位终止而无合法继承者;

(二)拥有该软件著作权的公民死亡而无合法继承者。

第二十一条 合法持有软件复制品的单位、公民,在不经该软件著作权人同意的情况下,享有下列权利:

(一)根据使用的需要把该软件装入计算机内。

(二)为了存档而制作备份复制品。但这些备份复制品不得通过任何方式提供给他人使用。一旦持有者丧失对该软件的合法持有权时,这些备份复制品必须全部销毁。

(三)为了把该软件用于实际的计算机应用环境或者改进其功能性能而进行必要的修改。但除另有协议外,未经该软件著作权人或者其合法受让者的同意,不得向任何第三方提供修改后的文本。

第二十二条 因课堂教学、科学研究、国家机关执行公务等非商业性目的的需要对软件进行少量的复制,可以不经软件著作权人或者其合法受让者的同意,不向其支付报酬。但使用时应当说明该软件的名称、开发者,并且不得侵犯著作权人或者其合法受让者依本条例所享有的其他各项权利。该复制品使用完毕后应当妥善保管、收回或者销毁,不得用于其他目的或者向他人提供。

第三章 计算机软件的登记管理

第二十三条 在本条例发布以后发表的软件,可向软件登记管理机构办理登记申请,登记获准之后,由软件登记管理机构发放登记证明文件,并向社会公告。

第二十四条 向软件登记管理机构办理软件著作

权的登记,是根据本条例提出软件权利纠纷行政处理或者诉讼的前提。

软件登记管理机构发放的登记证明文件,是软件著作权有效或者登记申请文件中所述事实确实的初步证明。

第二十五条 软件著作权人申请登记时应当提交:

(一)按规定填写的软件著作权登记表;

(二)符合规定的软件鉴别材料。

软件著作权人还应当按规定交纳登记费。

软件登记的具体管理办法和收费标准由软件登记管理机构公布。

第二十六条 软件著作权的登记具有下列情况之一的,可以被撤销:

(一)根据最终的司法判决;

(二)已经确认申请登记中提供的主要信息是不真实的。

第二十七条 凡已办理登记的软件,在软件权利发生转让活动时,受让方应当在转让合同正式签订后三个月之内向软件登记管理机构备案,否则不能对抗第三者的侵权活动。

第二十八条 中国籍的软件著作权人将其在中国境内开发的软件的权利向外国人许可或者转让时,应当报请国务院有关主管部门批准并向软件登记管理机构备案。

第二十九条 从事软件登记的工作人员,以及曾在此职位上工作过的人员,在软件著作权的保护期内,除为了执行这项登记管理职务的目的之外,不得利用或者向他人透露申请者登记时提交的存档材料及有关情况。

第四章 法律责任

第三十条 除本条例第二十一条及第二十二条规定的情况外,有下列侵权行为的,应当根据情况,承担停止侵害、消除影响、公开赔礼道歉、赔偿损失等民事责任,并可以由国家软件著作权行政管理部门给予没收非法所得、罚款等行政处罚:

(一)未经软件著作权人同意发表其软件作品;

(二)将他人开发的软件当作自己的作品发表;

(三)未经合作者同意,将与他人合作开发的软件当作自己单独完成的作品发表;

(四)在他人开发的软件上署名或者涂改他人开发的软件上的署名;

(五)未经软件著作权人或者其合法受让者的同意修改、翻译、注释其软件作品;

(六)未经软件著作权人或者其合法受让者的同意复制或者部分复制其软件作品;

(七)未经软件著作权人或者其合法受让者的同意向公众发行、展示其软件的复制品;

(八)未经软件著作权人或者其合法受让者的同意向任何第三方办理其软件的许可使用或者转让事宜。

第三十一条 因下列情况之一而引起的所开发的软件与已经存在的软件相似,不构成对已经存在的软件的著作权的侵犯:

(一)由于必须执行国家有关政策、法律、法规和规章;

(二)由于必须执行国家技术标准;

(三)由于可供选用的表现形式种类有限。

第三十二条 软件持有者不知道或者没有合理的依据知道该软件是侵权物品,其侵权责任由该侵权软件的提供者承担。但若所持有的侵权软件不销毁不足以保护软件著作权人的权益时,持有者有义务销毁所持有的侵权软件,为此遭受的损失可以向侵权软件的提供者追偿。

前款所称侵权软件的提供者包括明知是侵权软件又向他人提供该侵权软件者。

第三十三条 当事人不履行合同义务或者履行合同义务不符合约定条件的,应当依照民法通则有关规定承担民事责任。

第三十四条 软件著作权侵权纠纷可以调解,调解不成或者调解达成协议后一方反悔的,可以向人民法院起诉。当事人不愿调解的,也可以直接向人民法院起诉。

第三十五条 软件著作权合同纠纷可以调解,也可以依据合同中的仲裁条款或者事后达成的书面仲裁协议,向国家软件著作权仲裁机构申请仲裁。

对于仲裁裁决,当事人应当履行。当事人一方不履行仲裁裁决的,另一方可以申请人民法院执行。

受申请的人民法院发现仲裁裁决违法的,有权不予执行。人民法院不予执行的,当事人可以就合同纠纷向人民法院起诉。

当事人没有在合同中订立仲裁条款,事后又没有书面仲裁协议的,可以直接向人民法院起诉。

第三十六条 当事人如对国家软件著作权行政管理部门的行政处罚不服的,可以在自收到通知之日起三个月内向人民法院起诉。期满不履行也不起诉的,国家软件著作权行政管理部门可以申请人民法院强制执行。

第三十七条 软件登记管理机构工作人员违反本条例第二十九条规定的,由软件登记管理机构或者上级主管部门给予行政处分;情节严重、构成犯罪的,由司法机关依法追究刑事责任。

第五章 附 则

第三十八条 本条例施行前发生的侵权行为,依照侵权行为发生时的有关规定处理。

第三十九条 本条例由国务院主管软件登记管理和软件著作权的行政管理部门负责解释。

第四十条 本条例自一九九一年十月一日起施行。

中国有十四项发明在纽约举行的第十四届国际发明展览会上获奖

武汉长江生态科学院设计的超高水头水能电站模型荣获发明展览会的最高奖——特等奖。包头新材料应用研究设计所研制的磁选机、深圳自来水厂研制的饮用水净化器、四通公司的电脑排版系统、温州赵永镐发明的管道防腐技术、成都科学仪器厂张宁发明的不用缝的纽扣以及北京赵章光研制的"101生发精"荣获金奖。

此外,参展项目还获得3个银牌奖和4个铜牌奖。

6月5日

国家主席杨尚昆在雅加达独立宫会见印度尼西亚总统苏哈托和夫人

国务院总理李鹏和牙买加总理迈克尔·曼利在人民大会堂出席中国牙买加两国政府有关经济、文化方面的三个合作协定的签字仪式

突尼斯总统兼执政党宪政民主联盟主席本·阿里在突尼斯的迦太基宫会见中共中央政治局常委乔石

中共中央组织部举行纪念中国共产党成立七十周年座谈会

中组部部长吕枫在座谈会上说,我们党走过了七十年不平凡的光辉历程,带领全国人民创造了举世公认的业绩,赢得了人民的信赖和爱戴。几十年来,特别是近十多年来,在党中央的领导下,党的组织工作取得了巨大成绩,从组织上保证了社会主义革命和建设事业的顺利进行。

吕枫说,今年以来,根据党中央的要求,中央组织部在广大党员中广泛开展了"忆传统,做贡献,做新时期合格共产党员"的活动,还将在全国范围内表彰一批优秀领导干部、离退休老干部先进个人和先进集体。吕枫说,我们要广泛宣传优秀党员和优秀干部的先进事迹,并以此为契机,弘扬正气,倡导新风,促进党风和社会风气的根本好转。

中组部有关局的负责同志在座谈会上介绍了七十年来尤其是近几年来我国干部队伍建设、党的基层组织建设、干部制度改革等方面的情况。三十多位长期从事党的组织工作的老同志参加了座谈会,并对如何加强党的思想建设、作风建设、组织建设,加强党的纪律,坚持民主集中制原则等,发表了很好的意见。

中共中央政治局常委宋平在中南海怀仁堂为中央直属机关的部局级党员领导干部讲党课

宋平说,对领导机关中的共产党员必须提出更高更严的要求。这是实现第二步战略目标的需要,反对和平演变和反对腐败现象的需要,也是改善机关工作的需要。各级领导机关尤其是中央机关,在社会主义现代化建设中处于特殊重要的地位。领导机关中的共产党员更要振奋革命精神,扎扎实实地做好工作,在各方面起表率作用。

宋平说,对领导机关中的共产党员提出更高更严的要求,就是要求他们模范地执行党章、《党内政治生活的若干准则》和党的各项纪律。当前特别要做到以下几点:一是坚定共产主义信念,坚定社会主义方向,坚持党的领导,把远大的理想和信念同建设有中国特色的社会主义的目标结合起来,同推进改革开放结合起来,在工作中全面正确地执行党的基本路线;二是牢记全心全意地为人民服务的宗旨,坚持不懈地进行反对和平演变和反腐败的斗争,进一步密切党和群众的联系;三是增强党性,确立马克思主义的世界观,坚持以辩证唯物主义和历史唯物主义为指导去认识事物、分析问题。

宋平最后希望进一步加强机关党的工作,加强对党员的教育和管理,从政治上、思想上、作风上对党员严格要求;严格党内生活,开展批评、自我批评,加强对党员特别是领导干部的监督,在党内形成浓厚的政治空气;机关党组织和党务干部要热爱自己的工作,积极履行好自己的职责。

国务院关税税则委员会在北京召开《中华人民共和国海关进出口税则》审定会议

会议审定的《税则》是将现行《税则》转换采用《商品名称及编码协调制度》目录,《协调制度》目录在国际上大多数国家和地区已经使用,它标志着我国关税制度一项重大改革。

国务院副总理田纪云出席会议并讲话。田纪云说:在计划经济与市场调节相结合的运行机制中,关税是一个重要的宏观经济调控手段。为了进一步做好关税工作,要注意几个问题:一是关税税率要适度,并要根据经济发展的实际情况做好税率调整工作;二是关税制度要进行改革,使之与计划经济和市场调节结合的经济体制相适应;三是要加强关税的征管工作,认真查处偷税、逃税等违法活动。田纪云指出,这次采用《协调制度》目录的新《税则》邀请了各方面的专家共同审定,是改革关税制度中走群众路线的一个创举,也将使新《税则》更符合我国当前的经济发展水平，有利于国际交往。田纪云要求有关部门做好实施前的各项准备工作，共同努力，保证新《税则》顺利实施。

国务委员兼财政部部长、关税税则委员会主任王丙乾在会上作工作报告《集中力量，搞好海关进出口税则的审定工作》。

会议至10日结束。

中共中央总书记江泽民在中南海会见英国太古集团董事长施雅迪

国家主席杨尚昆在雅加达的国宾馆会见印度尼西亚副总统苏达尔莫诺和夫人

国务院总理李鹏在中南海会见英国太古集团董事长施雅迪

国务院总理李鹏致信祝贺在人民大会堂举行的中日双方投资促进机构首次联席会议

中共中央总书记中央军委主席江泽民为《民兵工作条例》集训班结业题词

全军《民兵工作条例》集训班结业。江泽民为集训班题词："实行精干的常备军和强大的后备力量相结合，建设现代化国防。"

国务院总理李鹏致信祝贺全国科技成果推广工作会议召开

我仅向参加全国科技成果推广工作会议的同志们致以亲切的慰问，并预祝会议获得圆满成功。

科学技术是第一生产力，必须把经济建设真正转移到依靠科技进步和提高劳动者素质的轨道上来。各级党政领导要十分重视科技成果的推广，创造必要的条件，逐步建立起有利于推广的机制，使科技成果的推广成为工业、农业及其他各项事业提高经济效益和工作效率的自觉行动。

李　鹏

一九九一年六月五日

国家主席杨尚昆致电各国南极考察站祝贺南极仲冬节

国家科委新闻出版署发布科学技术期刊管理办法

《党的建设丛书》出版座谈会在北京举行

中共中央总书记江泽民为丛书题词："努力学习党建理论，大力加强党的建设。"

安徽颍上县小张庄村获联合国环境规划署1991年联合国环保杯

6月6日

印度尼西亚总统苏哈托在雅加达独立宫总统办公室同国家主席杨尚昆举行会谈

第二次全国刑事检察工作会议在北京召开

会议指出，运用刑事检察职能继续严厉打击严重刑事犯罪和深入进行反贪污、贿赂犯罪斗争仍是今后刑事检察工作的主要任务。

会议认为近年来我国刑事检察工作取得了很大进展，为巩固人民民主专政，加强法制，保卫和促进改革、开放作出了积极的贡献。

最高人民检察院刑事检察厅厅长张凤阁在会上所作的报告中说，全国刑检部门还通过办案开展了大量其他社会治安综合治理的工作，每年提出检察建议约2万件以上，考察帮教免诉人员约1万名。

张凤阁指出，认真履行法律监督职责，不断提高侦查监督和审判监督水平，一直是刑事检察工作的一个重要目标。

中国电子工业总公司成立

中共中央政治局委员、国务委员兼国家教委主任李铁映出席挂牌仪式。

中共中央总书记江泽民在中南海会见由苏联前国防部长谢尔盖·列昂尼多维奇·索科洛夫元帅率领的全苏老战士和老职工联合会代表团

江泽民会见时说："像我们这样的社会主义国家必须要坚持社会主义道路，坚持改革开放，努力把经济搞上去。"

江泽民指出：马列主义要同本国实际相结合。江泽民说："新中国成立四十年来，我们取得一些成绩，但是也有一些失误。"

索科洛夫元帅说，他们这次来访亲眼看到中国人民在中国共产党领导下所取得的成就，并且为此感到高兴。他说："我们认为中国的形势是稳定的，中国共产党所选择的道路是正确的。"

江泽民回顾了他不久前对苏联的访问，感谢苏联党、政府和人民所给予的热情友好的接待。他说，他亲身感受到苏联人民对中国人民的深情厚谊。

全国政协副主席洪学智，秘书长宋德敏等参加会见。

中共中央总书记江泽民会见美国克罗国际公司董事长特莱梅尔·克罗

国家主席杨尚昆在雅加达向印尼英雄纪念碑献花圈

国家主席杨尚昆在雅加达会见中国驻印度尼西亚大使馆的全体外交官和其他工作人员

外交部部长钱其琛同印度尼西亚外交部部长阿里·阿拉塔斯在雅加达举行会谈

国务院总理李鹏在中南海会见日本日中投资促进机构会长池浦喜三郎

李鹏说,中国经济改革总的方向是建立计划经济与市场调节相结合的支行机制。不论是计划方面还是市场方面,都需要有一个合理的价格机制。

李鹏说,价格改革要在总供给和总需求基本平衡的情况下进行。随着供求关系的变化,对价格要进行适时的、必要的调整,使各种比价关系更趋合理,逐步由双轨制向单轨制过渡。价格改革充分考虑到国家、企业、个人的承受能力,步子要稳妥。

李鹏告诉客人,中国的经济在继续向好的方向发展。但也存在一些有待认真解决的问题,例如企业的经济效益问题。他强调,提高企业的经济效益一是靠改革,有效地运用竞争机制;二是靠改善和加强企业内部管理,并要创造良好的外部条件。

李鹏说,今后几年的一项重要工作是利用新的技术装备改造老企业。他欢迎日本工商企业界在这方面同中国加强合作。他说,随着资金和技术合作的扩大,两国的贸易也会不断增加。

池浦喜三郎是日本兴业银行的顾问。会见开始时他转交了日本前首相竹下登致李鹏的亲笔信。池浦喜三郎说,日本政府和企业界对于推动对华投资持积极态度,越来越多的日本工商企业加入日中投资促进机构就是一个证明。

李鹏赞扬日中投资促进机构成立一年来为推动日本工商企业界来华投资和促进两国的经济合作发挥了积极作用。李鹏说,今年以来中日关系有了新的发展。竹下登和中曾根两位前首相、二阶堂进先生以及几位内阁大臣的来访为改善和发展中日关系作出了积极的贡献。

荷兰鹿特丹市市长佩帕会见由外经部原副部长魏玉明率领的中国赴欧采购团

中国外交部发言人段津就香港通过"人权法案"等问题对中外记者发表谈话

有记者问:中国政府对香港立法局通过"人权法案"有何评论?

段津回答说,英方不顾中国政府多次申明的原则立场,执意要在香港制定一个将对香港特别行政区《基本法》的贯彻执行产生不利影响的"人权法案"。对此,中方表示遗憾,并保留在 1997 年后适当时候按《基本法》的有关规定,对香港的现行法律包括"人权法案"进行审查的权利。中方重申,保障香港居民的权利和自由是中国政府对香港基本方针政策的重要组成部分。这一内容已写进中英《联合声明》,并庄严地载入香港特别行政区《基本法》,相信通过《基本法》的实施,香港居民的权利和自由一定会得到充分而有效的保障。

应记者的要求,段津对在雅加达举行的柬埔寨全国最高委员会第二次会议发表评论说,继去年雅加达、巴黎会晤之后,柬埔寨问题巴黎会议两主席同柬全国最高委员会再次在雅加达举行会晤,就政治解决柬埔寨问题进行磋商,这有利于推动柬埔寨问题政治解决的进程。我们赞赏巴黎会议两主席为寻求柬问题政治解决所作的努力和发挥的作用。希望柬埔寨有关各方都能够采取现实和建设性的态度,配合国际社会的努力,为早日实现柬问题公正、合理的政治解决创造条件。

就对柬埔寨各方的军事援助问题,这位发言人认为,外国停止向柬埔寨各派提供军事援助,是全面政治解决柬问题的一个重要组成部分。中国愿意在柬埔寨问题实现全面政治解决的框架内同有关国家一道停止向柬埔寨各派的军援。"在这方面对我们来说不存在任何困难。实际上,自从安理会五个常任理事国达成框架文件以来,中国没有再向柬埔寨抵抗力量三方提供新的军事援助。"

关于法国提出的全球裁军倡议,段津说,中国一贯主张全面禁止和彻底销毁核武器、化学武器以及生物武器这些大规模毁灭性武器。在实现这些目标之前,我们原则上赞成采取公平、合理、全面、均衡的措施,防止这些武器的扩散,并且为此制定了有关的政策和措施。对于法国提出的军备控制和裁军方案,我们正在认真研究。

发言人重申,中国奉行不主张、不鼓励、不搞核扩散,也不帮助别的国家发展核武器的政策。他说,去年中国以观察员的身份参加了不扩散核武器条约第四次审议会。

国家教委共青团中央在抚顺联合召开全国中小学学雷锋现场会

国家教委提出《关于大力发展乡(镇)、村农民文化技术学校的意见》

《人民日报》发表社论《认真做好语言文字规范化工作》

国际奥委会主席萨马兰奇在瑞士会见中国体育代表团

萨马兰奇在瑞士会见中国体育代表团时表示，国际奥委会和他本人将全力帮助中国做好申办奥运会的工作。

伍绍祖一行应国际奥委会主席萨马兰奇邀请，于6月2日抵达设在瑞士洛桑的国际奥委会总部访问。

访问期间，伍绍祖一行与萨马兰奇主席进行了亲切友好的会谈。伍绍祖介绍了北京申办2000年奥运会的决心和筹备情况，并向萨马兰奇转交了北京光明小学和体育馆路小学全体学生致国际奥委会主席的一封信。

同时，中国体育代表团还把由我国著名书法家爱新觉罗·启骧精心抄录的《奥林匹克宪章》基本原则条文作为礼物赠送给了萨马兰奇。萨马兰奇表示，他将把这册《奥林匹克宪章》基本原则条文的中文抄本陈列到奥林匹克博物馆。

6月7日

国务院举行第85次常务会议

国务院总理李鹏主持会议。会议审议并原则通过《国务院关于企业职工养老保险制度改革的决定》。

会议认为，企业职工养老保险改革是我国经济体制改革的一项重要内容。根据我国生产力发展水平以及人口众多、老龄化发展迅速的情况，进行这一改革时要处理好国家利益、集体利益和个人利益，目前利益和长远利益，整体利益和局部利益的关系。

中共中央台湾工作办公室负责人就海峡两岸关系与和平统一问题发表谈话

在中国共产党和平统一祖国方针政策的推动下，在海内外同胞的共同努力下，近年来两岸关系发生了很大变化，整个形势朝着有利于祖国和平统一的方向发展。

我们注意到，台湾当局一再声称，中国只有一个，中国必将统一，并采取了一些有利于发展两岸关系的措施。不久前，台湾当局宣布终止“动员戡乱时期”、废止“动员戡乱时期临时条款”。必须指出，“动员戡乱时期”及“临时条款”本来就是非法的，早就应该废除。现在决定终止，仍不失为正视现实、降低敌意之举，应当说是一个进步。但是，台湾当局仍然强调“敌对意识”，这是很不合时宜的；他们还企图谋求海峡两岸互为对等的“政治实体”，幻想“和平转变大陆”，这是根本行不通的。我们希望台湾当局改变反共拒和立场，真正消除敌意，言行一致，多做几件有利于和平统一的实事，而不要口是心非，把统一大业人为地拖下去。

为推动两岸关系的进一步发展，促进祖国和平统一进程，根据中国共产党一贯的政策主张，我受权建议：

(1)由海峡两岸有关部门和授权团体或人士，尽快商谈实现直接三通和双向交流的问题，扩大交往，密切联系，繁荣民族经济，造福两岸人民。对于台湾当局有利于直接三通和双向交流的主张和措施，我们都予以欢迎。

(2)中国共产党和中国国民党派出代表进行接触，以便创造条件，就正式结束两岸敌对状态、逐步实现和平统一进行谈判。还可以在坚持一个中国原则的前提下，讨论台湾当局关心的其它问题。在商谈中，可以邀请两岸其他政党、团体有代表性的人士参加。

(3)中共中央欢迎国民党中央负责人以及国民党中央授权的人士访问大陆。可以先来看一看，也可以来交换意见。我们都热情欢迎，以礼相待。如果国民党邀请中共代表，我们愿意应邀前往台湾，共商国是。希望国民党对此严肃、认真地考虑。

中央军委发布命令授予北京军区空军某气象勤务站“爱民模范气象勤务站”荣誉称号

最近，中央军委发布命令。由军委主席江泽民签署的命令说，空军某气象勤务站自1976年组建以来，一直驻守在北京市，担负着航空气象技术勤务保障工作。多年来，这个站坚持用革命理论和雷锋精神建站育人，认真实践全心全意为人民服务的宗旨，出色地完成了上级赋予的各项任务，培育了一批又一批学习雷锋的积极分子。

香港中国企业协会成立

中共中央总书记江泽民、国务院总理李鹏分别为该协会的成立题写贺词。江泽民的题词是：“贯彻一国两制方针，促进香港繁荣稳定”。李鹏的题词是：“建设香港，繁荣香港”。

香港中国企业协会由在港经营多年的中银集团、华润集团、招商局集团和中旅集团的负责人倡议，又得到粤海、华闽、光大、中信、上海实业、海外建筑、京泰等大型中资机构负责人附议筹组成立。

《人民日报》发表评论员文章《下大力气抓好科技成果的推广》

李政道任中心主任的浙江近代物理研究中心在浙江大学成立

国务院印发关于继续积极稳妥地进行城镇住房制度改革的通知

为进一步完善住房制度改革的有关政策和措施，国务院召开常务会议，专题研究城镇住房制度改革问题，审议通过《国务院关于继续积极稳妥地进行城镇住房制度改革的通知》，要求各地区、各部门按照国家、集体和个人共同负担的原则，积极稳妥、因地制宜、方式多样地推进住房制度改革。

《通知》指出，要合理调整现有公有住房的租金，有计划有步骤地提高到成本租金。在起步时，考虑到居民的承受能力，可以采取分步提租的办法。新建公有住房实行新租金标准，对多占住房的要加收租金。要出售公有住房，凡按市场价购买的公房，购房后拥有全部产权。职工购买公有住房，在国家规定的住房面积以内，实行标准价，购房后拥有部分产权，可以继承和出售；售房价格由所在省、自治区、直辖市人民政府审批。严禁以过低价格出售公有住房。要切实做好房屋出售后的服务和管理工作。

《通知》要求实行新房新租、先卖后租、优先出售或出租给无房户和住房困难户等办法。凡住房迁出腾空的旧公有住房(不包括互换房)应视同新建公有住房，实行新制度。住房建设应推行国家、集体、个人三方共同投资体制，积极组织集资建房和合作建房，大力发展经济实用的商品住房。要通过多种形式、多种渠道筹集住房资金，切实做好住房资金的转化，建立住房基金。

《通知》提出要发展住房金融业务，开展个人购房、建房储蓄和贷款业务，实行抵押信贷购房制度，从存贷利率和还款期限等方面鼓励职工个人购房和参加有组织的建房。

《通知》还要求各地人民政府切实加强对房地产市场的统一管理，搞好治理整顿，认真查处倒卖房地产、牟取暴利的各种非法活动。在同一市、县内的房改政策、办法和实施步骤应当统一，所有单位不论隶属关系，都应服从当地人民政府对住房制度改革的统一部署。各省、自治区、直辖市人民政府要按照《通知》的规定，因地制宜，分散决策，抓紧制定实施方案。要加强宣传工作，使广大干部群众充分认识实行住房制度改革的目的和意义，广泛听取群众意见，集思广益，在实施中及时协调解决住房制度改革中的困难和问题。

国家主席杨尚昆在雅加达接受印度尼西亚电视台记者采访

国家主席杨尚昆在雅加达接受印度尼西亚六家报刊记者的采访时答记者问

有记者问，中国将对香港自治区政府采取什么政策。

杨尚昆说，根据中英联合声明，中国将于 1997 年 7 月 1 日恢复对香港行使主权，香港将成为中国的一个特别行政区。中国政府将继续本着“一国两制”的方针，严格贯彻联合声明，以确保香港的长期繁荣和稳定。香港作为国际的金融中心地位不变。

有记者问，中、印尼政治(关系)正常化以后，看来两国关系主要集中在经济方面。其他方面双边的努力如何？例如，文化交往、教育、科技方面。上述方面有无交往或计划，有无具体成果？

杨尚昆说，中国同印度尼西亚复交以来，两国之间政治、经济、文化等各个领域的关系都得到顺利发展。两国政府间和民间往来逐渐增多，双方在国际事务中也加强了磋商。当然，两国复交以来时间毕竟还不长，该做的事情很多，我们主张稳步前进，相信在双方的努力下，我们两国在各个领域的友好合作和交往一定会得到长期、稳定的发展。

有记者问：你如何看待印尼财团在促进中、印尼关系方面发挥的作用？印尼财团对中、印尼关系的政治影响如何？

杨尚昆说，中国和印度尼西亚地理上邻近，经济上有互补性，发展互利经济合作潜力很大。复交后的十个月内，两国贸易额已有了大幅度的增长，1990 年已达到 11.8 亿美元。这一切对于促进双方了解，推动两国友好合作关系的发展起着积极而又重要的作用。

当记者问中国对南沙和西沙群岛争端持何立场时，杨主席回答说，西沙和南沙群岛是中国的领土，中国对西沙、南沙群岛及其附近的海域拥有无可争辩的主权。我们一贯主张用和平方式解决国际争端，而且主张共同开发，这符合有关各方面的利益。

有记者问，现正在出现关于在这一地区建立新安全秩序的新设想，中国对此有何看法？

杨尚昆说，中国作为亚洲国家，历来十分重视本地区的安全、稳定与发展。当前亚洲总的形势是趋向缓和与稳定，但仍存在一些不稳定的因素。根据亚太地区的实际情况，本地区的国家可以加强对话、磋商，共同发展经济，并采取实际措施增进信任、减少紧张、消除冲突。

外交部部长钱其琛在雅加达举行的记者招待会上就中国和印度尼西亚的关系以及柬埔寨问题等答记者问

钱其琛说，尽管到今天为止，中国和印尼恢复邦交只有十个月，但两国关系的发展是迅速的。李鹏总理访问了印尼，苏哈托总统和杨主席实现了互访。双边贸易额增长很快，现在已近十二亿美元，是一九八五年的三倍。两国的交往增加了。具有象征意义的是今年六月十八日，中国国际航空公司首航班机将要从北京飞抵雅加达。不久，印尼的亚鹰航空公司也要开辟到中国的航线。在会谈中，双方对两国关系的迅速发展都表示满意。

当有记者问到西哈努克同洪森就柬埔寨全国最高委员会主席和副主席问题达成一致意见，但红色高棉表示反对的问题时，钱其琛说，柬埔寨各方都同意西哈努克亲王担任柬埔寨全国最高委员会主席，这是非常积极的发展，也非常重要。这样，柬埔寨全国最高委员会在西哈努克亲王的主持下就能够运转起来。至于各方在副主席问题上的分歧，这是比较次要的。只要各方采取灵活和建设性的态度，经过协商，问题不难解决。

钱其琛说，柬埔寨各方的当务之急，应该是以民族大义为重，早日实现民族和解，而不是继续进行战斗。

钱其琛指出，在杨尚昆主席和苏哈托总统以及两国外长的会谈中，柬埔寨问题都占了很重要的地位。柬埔寨问题的政治解决是大势所趋。安理会五个常任理事国制定的框架文件是解决问题的基础，不能再作修改。巴黎会议两主席所提出的是协议草案，各方还在进行讨论。中国也好，印尼也好，东盟也好，都愿作出努力，希望柬各方都能够接受这一协议草案。既然是草案，提出一些建设性的补充和修正意见是可以的，但不能有大的改变，而应是有利于柬埔寨问题的政治解决。

中共中央政治局常委乔石在突尼斯对突尼斯《时报》记者就建立国际新秩序问题发表谈话

乔石对突尼斯《时报》记者说，国际新秩序应建立在互相尊重主权和领土完整、互不侵犯、互不干涉内政、平等互利、和平共处的原则基础上。

乔石认为，国际事务应该由世界各国在平等的基础上共同协商来解决，而不应由一个或几个大国垄断。

乔石说，任何国家都不应该寻求霸权或实行强权政治。

国家主席杨尚昆根据全国人大常委会的决定任免驻外大使

一、免去程瑞声的中华人民共和国驻缅甸联邦特命全权大使职务。

任命梁枫为中华人民共和国驻缅甸联邦特命全权大使。

二、免去王本祚的中华人民共和国驻伊朗伊斯兰共和国特命全权大使职务。

任命华黎明为中华人民共和国驻伊朗伊斯兰共和国特命全权大使。

三、免去张瑞琮的中华人民共和国驻特立尼达和多巴哥共和国特命全权大使职务。

任命程绍良为中华人民共和国驻特立尼达和多巴哥共和国特命全权大使。

四、任命李钦平为中华人民共和国驻密克罗尼西亚联邦特命全权大使和驻马绍尔群岛共和国特命全权大使。

聂荣臻元帅致信祝贺国防科工委先进集体和先进个人会议

公安部出入境管理局负责人重申中国一贯反对偷渡活动

公安部发出《关于看守所使用戒具问题的通知》

6月8日

中共中央政治局常委李瑞环在人民大会堂会见美国著名企业家保罗·梅尔

中顾委副主任薄一波在新时期党员思想修养座谈会上发表讲话

薄一波指出：端正党风关键在党员干部身上。

薄一波说，90年代对我们来说，是关键的十年，必须把经济工作、高科技工作搞上去，这就需要进一步深化改革开放。而要做到这一点，就需要我们全体党员改进作风，以身作则，带领全国人民奋发图强，形成风气。今天大家聚集一堂，座谈新时期对党员思想修养提出的新课题，来纪念建党70周年是很有意义的。《新时期党员思想修养手册》为广大党员提供了一本较好的工具书。希望同志们加强思想修养，端正党风。薄一波还强调，端正党风关键在党员干部身上。薄一波希望广大党员干部做端正党风的带头人。

北京天文台观察到太阳白光耀斑

人事部全国博士后管委会通知新增博士后流动站117个至此总数达878个设站单位由93个增至156个

中共中央政治局常委江泽民李鹏宋平李瑞环观看大型革命战争历史题材故事片《大决战》第一部《辽沈战役》后给予高度评价

中国女子足球队在日本福冈举行的第八届亚洲女子足球锦标赛获得冠军实现三连冠

1991年春季医疗器械展览在北京开幕

6月9日

中共中央国务院发出关于给做出突出贡献的专家学者技术人员发放政府特殊津贴的通知

一九九〇年，党和国家给一千二百多名有卓越贡献的科学家、专家和著名的教授、学者发放了特殊津贴，在社会上产生了很好的反响。最近，党中央、国务院决定，一九九一年给一万名做出突出贡献的专家、学者、技术人员发放政府特殊津贴，并将在第八个五年计划期间继续开展这项工作。

知识分子是建设社会主义的一支重要力量，在现代化建设和改革开放事业中做出了重大贡献，具有不可替代的作用。今后，随着经济建设的发展，在改善知识分子工作条件和生活待遇方面必须多办一些实事。这是符合全国人民根本利益的。目前，优先提高做出突出贡献的专家、学者、技术人员的生活待遇，对在全社会发扬尊重知识、尊重人才的良好风尚，进一步调动广大知识分子的积极性，胜利完成十年规划和“八五”计划所确定的宏伟任务，实现第二步战略目标，将起到积极的作用。为了做好给做出突出贡献的专家、学者、技术人员发放政府特殊津贴的工作，现就有关事项通知如下：

一、选拔的数量和范围

一九九一年享受政府特殊津贴的人员为一万名，在中央和省、自治区、直辖市两级及军队系统选拔。

选拔的范围以自然科学为主。一九九一年选拔的对象是：在科学研究、高等教育、卫生、生产等第一线工作岗位上以及在社会科学、文化、艺术等方面做出突出贡献的专家、学者、技术人员；一九九一年新增选的中国科学院学部委员；对曾做出突出贡献、现已不在第一线工作岗位上的老专家，也可适当考虑，但要确保在第一线工作岗位上的中青年专家、学者、技术人员在享受政府特殊津贴的人员中占大多数。担任副省（部）级以上领导职务的专家、学者，除被新增选为中国科学院学部委员外，一般不享受政府特殊津贴。党、政、军、群机关工作人员以及在科研院所、高等院校、厂矿企业等基层单位不主要从事专业技术工作的现职党政领导干部，一般也不享受政府特殊津贴。

二、选拔条件

享受政府特殊津贴的专家、学者、技术人员，必须是热爱社会主义祖国，拥护党的基本路线，拥护四项基本原则，拥护改革开放方针，并具备下列条件之一者：

（一）在技术上有重大发明创造或重大技术革新或解决了关键性的技术难题，具有显著的经济效益或社会效益，对推动技术进步和国民经济的发展做出了突出贡献；

（二）在科学研究上有创造性的成果，具有重大科学价值，或者达到国际先进水平；

（三）在科学研究、医疗卫生和教学工作中，学术造诣高，是某一学科领域的奠基人或带头人，并对该学科的建设、人才培养、事业发展做出重大贡献；

（四）在社会科学、文化、艺术等方面，做出了突出贡献的享有盛名的专家、学者和艺术家。

三、选拔程序

（一）选拔工作不搞层层评选，由人事部具体组织实施。

（二）各部委和各省、自治区、直辖市的选拔工作分别在各部委党组和各省、自治区、直辖市党委、政府领导下进行。各部委干部（人事）部门会同本部委有关部门，各省、自治区、直辖市人事（科技干部）部门会同省、自治区、直辖市党委组织部等有关部门，根据人事部下达的控制指标参考数，提出初选名单，征求专家所在单位和同行专家的意见后，报各部委党组和各省、自治区、直辖市党委、政府核定。

对高等院校以外的从事社会科学研究及在社会科学、文化、艺术方面做出突出贡献的专家、学者和艺术家，属中央和国务院宣传文化部门的，由中央宣传部按照下达的指标负责归口选拔；属各省、自治区、直辖市的，仍由各省、自治区、直辖市选拔。

（三）各部委和各省、自治区、直辖市将选拔的人选，包括中央宣传部归口选拔的人选均送人事部综合。由人事部会同中央组织部等有关部门审核平衡后，报党中央、国务院审批。

四、军队系统的选拔工作

军队系统的选拔工作，由军委总政治部按照本通知精神，结合部队的实际情况组织实施。选拔的人选经中央军委审定后，由军委总政治部送人事部转报党中央、国务院。

五、津贴数额、发放原则和经费来源

一九九一年的政府特殊津贴仍按去年发放特殊津

贴的标准，即每人每月一百元，免征工资调节税。享受政府特殊津贴的专家、学者、技术人员离、退休后可继续享受，数额不减。

为了保证政府特殊津贴的严肃性和起到应有的作用，凡下列情况之一者，停发或取消特殊津贴：

(一)未经组织同意出国长期不归者，停发特殊津贴；

(二)因死亡或其他原因停发工资者，停发特殊津贴；

(三)弄虚作假、谎报成果而取得特殊津贴者，取消特殊津贴；

(四)丧失或违背享受政府特殊津贴所必须具备的政治思想基本条件者，取消特殊津贴。

凡有上述情况者，由各部委和各省、自治区、直辖市提出处理意见，由人事部核批，并报党中央、国务院备案。

一九九一年政府特殊津贴所需经费，全部由中央财政拨款，并拨给一定的管理费用，列为中央财政专款。一九九一年具体拨款和发放办法仍按一九九〇年人事部和财政部联合发出的文件执行。

给做出突出贡献的专家、学者、技术人员发放政府特殊津贴，是一项政策性很强的工作。各地区、各部门要切实加强领导，精心组织，做好思想政治工作。要严格按照规定的范围和条件认真进行选拔，确保选拔质量。一九九一年的选拔工作力争在七月一日前完成。

全国治理乱收费乱罚款和各种摊派工作会议在北京召开

工作会议反映，自去年《中共中央、国务院关于坚决制止乱收费、乱罚款和各种摊派的决定》发布以来，经过全国上下各个方面的共同努力，治理“三乱”工作取得了一定成绩，工作的进展是正常的，是健康有序的。国务院副总理邹家华要求各地区各部门高度重视治理“三乱”工作，进一步提高对“三乱”危害性的认识，再接再厉，更加深入、扎实地搞好这项工作，保证治理“三乱”工作善始善终，取得应有的成效。

会议提供的情况表明，中共中央、国务院关于治理“三乱”的决定，得到了社会各方面的广泛拥护和支持。截至今年4月底，自查面接近100%。据国家物价局估算，通过清理收费项目，全国一年约可减轻企业和群众负担33亿元。

国务院总理李鹏在安徽考察

李鹏6月9日至16日由中共安徽省委书记卢荣景、省长傅锡寿陪同，先后对安庆、黄山、马鞍山、芜湖、滁县、合肥等地、市进行考察。

在安徽期间，李鹏总理重点考察马鞍山钢铁公司、安庆石化总厂、安庆纺织厂、合肥变压器厂等工业企业，就进一步搞活大中型企业同厂长、经理和当地干部进行座谈。李鹏总理了解到，安庆纺织厂由于加强企业管理，注重产品质量，开拓国内外市场，在纺织业不景气的情况下产品仍然畅销海外，取得了良好经济效益；还有一批生产企业，像安庆石化厂、马鞍山钢铁公司、扬子电器集团公司、合肥电冰箱厂、合肥矿机厂等，他们在市场竞争中经受了考察，生产增长，销售上升，利税增加，效益提高。他指出，搞好企业需要改善外部环境，更需要自身努力，为什么在同样的环境中，有的企业产品积压，而有的却畅销呢？这说明是内在因素在起作用。中央和地方政府要尽量为企业创造好的外部生产经营环境。但企业自身，更多的要眼睛向内，依靠厂长与书记的密切配合，依靠严格的纪律和科学的经营管理，依靠科技进步，提高劳动者的素质，提高企业的经济效益，这是企业摆脱困境的根本出路。有眼光的企业家，应该从单纯追求速度，靠铺新摊子、上能力，坚决地转到调整产品结构、注重产品质量、优化利用生产要素上来，让企业的微观经济活动与宏观管理的计划经济与市场调节相结合，建立适应国内外市场需求的经营机制，保持企业的竞争力和生命力。

在全国率先实行农村家庭联产承包责任制的滁县地区的汇报时说，实行家庭联产承包制，建立统分结合的双层经营体制，适合现阶段中国农村生产力发展水平，必须长期坚持。但农业要再上新的台阶，必须依靠科技进步，科学种田和农业的集约化经营，单靠一家一户是困难的。因此，要在稳定家庭联产承包制的基础上，因地制宜地建立农村社会化服务体系，把服务与经营结合起来。这项工作是农村进一步深化改革的一个重点。

考察中，李鹏总理还多次谈到了加强农村社会主义教育问题。他指出，这是促进农村社会主义精神文明建设的一项根本性措施，党中央对此十分重视，各地都要加强领导，教育农民坚持走社会主义道路，克服和防止各种腐朽思想的不良影响，提高农民的政治觉悟和科学文化水平，发展农村经济，实现“小康”目标。同时，要进一步发挥乡村党支部的核心作用和党员模范带头作用，加强廉政建设，纠正不正之风，进一步密切党和政府与农民的关系，巩固基层政权。

自今年5月18日以来，安徽省连降大雨，遭受了建国后少见的洪涝灾害。考察期间，李鹏总理冒着滂沱大雨深入抗洪抢险第一线察看灾情，慰问受灾群众，并多次同中央和地方有关负责同志一起就抗洪救灾工作进行研究、部署。他指出，建国以来，治理淮河的工作取得了很大成绩，但也应当清醒地看到，淮河水患仍然没有得到根治，今后还需要作为一项重要任务来抓。除了中央投资外，安徽省要动员群众，依靠各级力量，增加劳务投入，有计划地从根本上改变淮河面貌，造福于人民和子孙后代。

6 月 14 日，李鹏总理察看滁州市琅琊乡粮站露天粮堆，对粮管人员的辛勤工作给予肯定和鼓励。李鹏说，十一亿人民的吃饭问题是件大事，粮食生产和储备十分重要。

一年多来的实践证明，建立粮食专项储备制度，不仅有助于解决农民卖粮难问题，同时也可以保证灾、歉之年粮食市场的供应，粮价的稳定，人心的稳定。今后，我们要继续坚持执行这项制度，并使之不断完善，要加强储粮设施建设，实行大中小粮库并举，永久和半永久性仓库相结合的办法，把粮食保管好。他说，夏收季节往往遇到阴雨天气，许多要到手的粮食损失了，很可惜。所以要发展适合当前农村需要的烘干设施，保证丰产丰收。坐落在长江与青弋江汇合处的芜湖市，自古以来就是长江中下游地区的重要物资集散地，曾有“全国第一大米都市”之称。在芜湖大米批发市场，李鹏总理了解到，这个米市自 1984 年复业以来，与全国 28 个省、市的 130 个地区建立了贸易关系，成立了大批粮油。李鹏高兴地勉励他们进一步搞活流通，努力繁荣粮食市场。

6 月 15 日，李鹏来到中国科学院合肥分院进行考察。李鹏鼓励他们发展高科技，实现产业化。在参观了等离子体物理研究所后，他欣然题词：“研究核聚变，发展新能源”。

关于当前经济形势，李鹏指出，看形势还是要两点论，既要看到治理整顿、深化改革取得的成绩，增强信心和勇气，也要保持清醒头脑，正视经济生活中存在的问题。

在谈到安徽经济的发展时，李鹏说，建国以来，特别是改革开放以来，安徽省发生了巨大变化，各项事业都有了较大发展，为国家建设做出了贡献。安徽省领导班子是团结的，是执行中央方针政策的，工作是有成绩的。他指出，安徽有 5600 多万热爱共产党、热爱社会主义的勤劳的人民，自然资源丰富，有着巨大的发展潜力。在实施十年规划和“八五”计划中，要深刻认识省情，实行分类指导，制定实事求是的发展战略，进一步搞好改革开放，为振兴安徽经济，为国家继续多做贡献。他说，安徽是个农业大省，要继续认真抓好农业生产和整个农村经济的发展。当前，要动员起来，依靠广大群众，搞好抗洪救灾，自力更生，抢收抢种，恢复生产，重建家园，领导干部要到抗洪救灾的第一线。关于工业生产，除按计划上一些必要的项目外，主要不是建新厂，扩大规模，而是调整产品结构和产业结构，在质量、品种和效益上下功夫，使经济持续、稳定、协调地向前发展。

随同李鹏总理考察的有国务院有关方面负责人陈锦华、杨振怀、刘仲藜、徐大铨、陈光健、白美清、王梦奎等。

外经部部长李岚清在参观第六十三届波兹南国际博览会期间举行的记者招待会上发表讲话

李岚清认为，尽管中波两国由易货贸易改为现汇贸易后，双方贸易额有所下降，但这是暂时现象。

李岚清表示，他同波兰对外经济合作部长莱德沃罗夫斯基进行了富有成效的会谈，双方决定积极努力寻找贸易和经济合作的多种渠道，以便把两国贸易关系向前推进。

李岚清在记者招待会上还表示欢迎波兰厂商到中国兴办独资或合资企业。李岚清说，中波轮船公司是中国第一个与外国兴办的合资企业，因此中波两国有合办企业的经验。

第一部反映 70 年前中国共产党诞生的历史巨片《开天辟地》在上海首映

《人民日报》发表评论员文章《坚决打击流氓犯罪团伙》

6 月 10 日

泰国国王普密蓬·阿杜德在曼谷会见国家主席杨尚昆

中共中央总书记江泽民在中南海会见由总书记霍拉西·科林巴率领的坦桑尼亚革命党代表团

江泽民在介绍中国经济建设和改革开放的情况时说：“我们在几十年经济建设和十几年改革的实践中体会到，制订发展战略和政策，都要从本国国情出发。”他说，中国的建设和改革是长期而艰巨的任务，不能操之过急，“欲速则不达”。为了顺利地进行建设和改革，中国需要一个和平的国际环境，也需要一个安定团结的国内环境。

中央党史工作领导小组在北京人民大会堂举行薄一波著作《若干重大决策与事件的回顾》座谈会

党和国家领导人宋平、李瑞环、王震、余秋里、胡乔木、段君毅、胡绳和中央思想、理论部门的主要负责人等，出席上午的座谈会。作者薄一波也出席座谈会。

座谈会由中央党史工作领导小组副组长邓力群主

持。会议传达中共中央总书记江泽民、国家主席杨尚昆、国务院总理李鹏对《若干重大决策与事件的回顾》出版的批示和祝贺。江泽民认为，薄一波这部著作的出版，对我们在今后的建设中，以史为鉴，贯彻科学分析、实事求是的精神，是十分有益的。李鹏认为，这本书对于帮助我们这些参加中央工作时间不久的同志了解党在建国初期进行社会主义革命和建设的经验教训，对于我们当前进行社会主义现代化建设提供了重要的帮助。

中共中央政治局常委宋平在讲话中提出，薄一波的这本新著是党史著述中的力作，应该成为全党干部特别是各级领导干部的必读书。宋平说，书中的内容十分丰富，最重要的特点是，运用马克思列宁主义、毛泽东思想的立场、观点、方法，对中国50年代的伟大社会变革进行了深入的研究。这本书不仅记述了若干重大决策的形成过程，而且用实践作为检验真理的唯一标准进行了评述。宋平认为，这本书对我们当前进一步搞好社会主义建设和改革开放，有非常重要的参考价值。

国家副主席王震在讲话中说，薄一波的这部著作，对于研究我们党的历史经验，特别是研究我国社会主义革命和建设事业的经验，具有重要意义。王震回顾新中国成立前后的历史后说，没有毛主席的领导，没有中国共产党的领导，就没有新民主主义革命的胜利，就没有社会主义革命的胜利，也就没有共和国和人民的今天。一波的这部著作，以亲身的经历和大量的无可争辩的史实，充分说明了这一点。

中顾委常委胡乔木在讲话中称，薄一波这部著作的出版，"是值得全党、全国党史学界和全国史学界庆贺的一件大事"，胡乔木"深感有责任向全党和全国读书界推荐这一部有长远历史价值的力作"。胡乔木认为，这部书对研究和讲授我们党的党史和我国当代史的同志给了极大的帮助和极重要的启示。胡乔木提出，这部书的优点主要有：忠实于历史真相；资料丰富、叙述周详；对历史问题采取历史的态度。胡乔木说，这本书的价值将随着时间的推移而日益显著。

全国政协副主席、中共中央党史研究室主任胡绳讲话说，这本书对历史经验的态度和所采取的科学思想方法，都为党史、国史研究者做出了榜样。这本书在写作中不回避重大的历史问题，不回避党内的意见分歧。作者采取实事求是的态度，给以科学的论证和分析，这对于澄清国内外对这段重要历史的种种不正确的看法有重大意义。

中共中央宣传部部长王忍之讲了话。

中国共产党"一大"会址纪念馆在上海重新开放

国务院副总理吴学谦在钓鱼台国宾馆会见台湾青年中国党大陆访问团全体成员

《人民日报》发表评论员文章《努力推进社会保障制度改革》

中共中央总书记江泽民会见香港总商会访京团

江泽民上午在中南海会见由会长罗康瑞率领的香港总商会访京团时重申，中国政府无意干预过渡时期港英政府的行政管理；实行"一国两制"将是长期的。

江泽民在谈到香港前途时说，如中英联合声明所确定的，1997年中国恢复对香港行使主权后将实行"一国两制"，香港将继续实行资本主义制度，实行"一国两制"将是长期的。

江泽民说，同时，一个继续坚持社会主义制度的中国大陆有助于香港的稳定和繁荣。1997年后，香港应该而且可以搞得更活，香港和内地将相互促进，共同发展。

江泽民说，在香港过渡期间，"我们无意干预港英政府的日常行政管理；但随着1997年的日益临近，我们不得不为香港几百万居民的未来着想，所以希望港英政府多从保持香港今后的长期稳定和繁荣方面考虑"。他说，1997年后香港实行高度自治，对于属于自治权范围内的事，中央政府决不会去干预。

客人表示，他们听到江泽民的这番讲话感到很高兴。

谈到香港建设新机场的问题时，江泽民重申，中国政府对此一贯采取积极合作的态度。他说："我们认为，香港的确需要一个新机场，但机场建设不应让香港居民今后背上包袱。"

会见中，江泽民总书记还谈到了与香港相关的美国是否延长中国的最惠国待遇的问题。他说，继续保持中国的最惠国待遇不仅符合中美双方的利益，而且对香港乃至整个东南亚地区都有利。他就一些人在这个问题上对中国进行的攻击，阐述了中国的有关政策及原则立场。国务院港澳办主任鲁平参加会见。

国防科工委在北京召开会议表彰长期进行科研试验的先进集体和先进个人

中国技术进出口总公司和意大利技术工程公司在罗马正式签署北京乙烯项目合同

项目价值1.56亿美元，年产11.5万吨乙烯。

中国代表团团长外经贸部副部长沈觉人在联合国开发计划署第38届理事会会议上发言

沈觉人说，多年来中国与开发计划署进行富有成效的合作。1990 年是开发计划署援华第二个国别方案的最后一年。该方案的实际执行额达 1.27 亿美元。开发计划署与中国政府合作建立的 100 多个项目，正在发挥着日益显著的效益。

沈觉人还谈到开发计划署最近提出的“1991 年人文发展报告”，指出许多国家对这份报告的内容，特别是关于人的自由指数提出了异议。沈觉人认为不应把意识形态的内容带入发展业务，该报告中有关中国的内容，是不符合中国实际情况的，是不恰当的。

《人民日报》报道称中国国际经济贸易仲裁委员会在国际商事仲裁界占有重要地位受理的案件数量居世界第二位

国务院批转文化部《关于文化事业若干经济政策意见报告》

国务院同意文化部《关于文化事业若干经济政策意见的报告》，现转发给你们，请遵照执行。

关于文化事业若干经济政策意见的报告

党的十一届三中全会以来，我国文化事业有了较快恢复和发展，在一定程度上适应了人民群众不断增长的文化生活需求，在国内外产生了良好的影响。但是，由于受国家财力限制和其他一些原因，我国文化事业长期存在的底子薄、设施差，与经济发展不相适应的状况尚未得到根本改变。

为繁荣和发展社会主义文化事业，切实解决物质文明建设和精神文明建设“一手硬、一手软”的问题，贯彻落实党的十三届七中全会关于“中央和地方都要把精神文明建设纳入经济和社会发展规划，逐步增加必要的投入”的精神，以及七届全国人大四次会议通过的《中华人民共和国国民经济和社会发展十年规划和第八个五年计划纲要》中，关于“要继续积极稳妥地进行各类文化管理体制的改革，认真研究制定促进文化事业发展的经济政策，对繁荣社会主义文化给予必要物质支持”的要求，在深化文化管理体制改革、加强内部管理的同时，各级政府和有关部门要对文化事业在政策上给予支持和保障，以使文化事业建设与经济建设协调发展。

为此，就当前急需解决的有关文化经济政策问题，经与国家计委、财政部、人事部、建设部、国家税务局等有关部门协商，提出以下意见：

一、各级政府要真正把文化事业作为社会主义精神文明建设的重要方面，在思想上高度重视，政策上加以引导，资金上予以支持。要逐年增加文化事业经费的投入，逐步改变文化经费紧张的状况，为弘扬民族优秀文化，繁荣社会主义文艺提供必要的物质条件。

二、各级文化部门要制定和完善各项管理制度，配合有关部门制定符合本地区实际情况的文化经济政策，加强队伍建设和财务管理，注重经营管理，不断提高管理水平。要发扬勤俭办事业的优良传统，合理调整文化经费支出结构，挖掘内部潜力，在国家政策允许的范围内，充分利用现有的人力、物力、财力，积极合理地组织收入，增强自身发展能力，合理使用事业经费，提高经费的使用效果。

三、各级政府对文化设施建设要列入议事日程，切实予以安排。要将群众需要的必不可少的文化娱乐设施建设纳入城乡建设的总体规划，合理布局，统一建设。“八五”期间，要努力做到县县有图书馆、文化馆，乡乡有文化站。各地建设住宅小区，要严格按照城市规划要求，统筹规划文化娱乐活动场所，实行同步建设。小区级非营业性文化设施的投资，可列入小区住宅建设投资。

四、要适当增加文化事业的基本建设投资。有条件的省、自治区、直辖市及计划单列市，每年应有一定的文化基建投资基数并随着经济状况的好转逐步增加这方面的投入，使之与物质文明建设方面的投入保持适当的增长比例。各级计划部门对当地文化主管部门提出的确需建设的文化设施项目，不应当作“楼堂馆所”加以限制，应尽可能地给予支持，在年度计划中安排落实投资。“八五”期间，经过调整改革后的艺术表演团体，在充分利用社会上现有可供演出场所的前提下，要视各地财力情况逐步建设自己的演出场所。

五、当前各地现有的剧场、影剧院严重破旧的问题十分突出，要抓紧进行维修改造，充实设备，改善条件。所需资金除由各级财政部门每年安排一定的维修费，拨给文化部门统一掌握使用外，还可采取其他办法筹集，如从电影票价附加和纳税后的“以文补文”收入中提取等。筹集资金的具体办法，由各地文化部门根据实际情况，制定并报国家规定的具有批准权限的部门批准后施行。

六、切实解决各级公共图书馆购书经费紧张的问题。各级财政部门应会同同级文化部门，根据图书馆的规模、编制、藏书等情况，核定其经费预算，并将购书费予以标明，实行专款专用。在核定正常经费和购书费时，既要严格控制人员编制，避免人员经费挤占业务费，又要充分考虑工资、物价、书报刊价格上涨以及外汇升值等增支因素，逐年予以增加。

七、对艺术表演团体要继续贯彻整顿、改革的方针，合理调整布局，精简冗员。对整顿后确定保留的艺术表演团体要给予必要扶持。要认真贯彻落实文化部、财政部联合颁发的《艺术表演团体财务管理暂行办法》。各级财政部门和文化主管部门对有实验任务的剧团，为少年儿童服务的剧团，少数民族的剧团、文工团（队），具有深厚艺术传统和较高艺术水平的某些古老稀有的艺术品种，排练演出反映现实生活和重大题材剧目的团（队），在核定其差额补助费时，要给予照顾。对各类剧团的大型修缮、设备购置补助费，要根据财力可能尽力予以安排，并单独编报预算，专项补助。对离休、退休人员经费实行单列，专款专用。对舞蹈、杂技、武打演员及管乐演奏员，按月发给"艺术工种补贴"。为鼓励多演出，对超额完成演出场次和收入计划的剧团，可按规定发给"超额补贴"。发放补贴的具体办法由各省、自治区、直辖市财政、文化部门会同有关部门制定。

八、为繁荣舞台艺术，对那些坚持为人民服务、为社会主义服务的方向，贯彻"百花齐放、百家争鸣"方针，具有爱国主义、社会主义教育功能的优秀剧（节）目的创作、排练、演出，要予以扶持。中央和省、自治区、直辖市以及计划单列市文化主管部门应设立"优秀剧（节）目创作演出专项资金"，主要用于对优秀剧（节）目创作、演出的补贴和奖励。专项资金除从各级文化部门的文化事业经费中调剂和各级财政酌情补助外，也可采取社会集资的办法以及从"以文补文"收入中适当提取。对"优秀剧（节）目创作演出专项资金"的使用，各级文化部门应会同财政部门制定切合实际的管理办法。对优秀剧（节）目的奖励，全国性的奖励办法由文化部会同有关部门制定，报国务院批准后执行；各地的奖励办法，由各省、自治区、直辖市文化部门会同有关部门制定，报当地人民政府批准后执行。

九、根据艺术表演的特点，对已不适宜上台演出而又不到离休、退休年龄，需要转业到其他部门或提前离退休的演员，可实行鼓励他们转业或提前离退休的政策，发给一定的转业、退休费。由于各地情况不同，目前不宜制定全国统一的转业、退休费标准，可由各省、自治区、直辖市文化部门会同同级人事、财政部门根据当地情况制定，报当地人民政府批准后执行。

十、为努力提高全民族的文化素质，扶持老少边贫地区的文化事业建设，各地应继续按全国支援经济不发达地区发展资金管理委员会《关于印发〈支援经济不发达地区发展资金管理办法〉的通知》的规定，根据资金情况，对农村文化事业有重点地给予补助，有效地促进农村文化事业的发展。

十一、近几年，文化事业单位开展"以文补文"活动取得了显著的成效，既发展了各地的文化事业，又在一定程度上减轻了财政的负担，各有关部门要继续予以支持。关于"以文补文"活动的经营方向、收支管理、周转金和税收等问题，各地应继续严格按照文化部、财政部、国家工商管理局《关于颁发〈文化事业单位开展有偿服务和经营活动的暂行办法〉的通知》执行。

6月11日

中共中央在北京召开工青妇工作座谈会

为进一步贯彻落实《中共中央关于加强和改善党对工会、共青团、妇联工作领导的通知》，中共中央于6月11日至14日在北京召开工青妇工作座谈会。

丁关根主持座谈会，并在会议结束时讲话。

丁关根说，《通知》下发以来，各级党委认真学习贯彻《通知》精神，制定实施意见，建立健全必要的工作制度，加强和改善了对工青妇工作的领导，取得了明显成效。各级工青妇组织在党委的领导下，依照法律和各自的章程独立自主地开展工作，在维护稳定、促进建设和改革中发挥了积极作用。一年多来，工青妇工作稳定向上，健康发展，形势是好的。他说，同时应当看到，贯彻《通知》的时间还不长，发展还不平衡，还有不少薄弱环节，需要进一步提高认识，加强领导，狠抓落实。

丁关根说，工会、共青团、妇联是党领导的工人阶级、先进青年、各族各界妇女的群众组织，是党联系群众的桥梁和纽带，是国家政权的重要社会支柱。做好工青妇工作，对于密切党同人民群众的联系，团结人民群众实现我国现代化建设的第二步战略目标，建设有中国特色的社会主义，具有十分重要的意义。

丁关根说，当前工青妇工作的指导思想是，要认真学习贯彻党的十三届七中全会精神，继续落实《中共中央关于加强和改善党对工会、共青团、妇联工作领导的通知》，坚持团结、稳定、鼓劲、务实的工作方针，进一步密切联系群众，充分调动广大职工、青年、妇女建设社会主义的积极性，为巩固和发展安定团结的政治局面，促进改革开放，把国民经济搞上去而努力奋斗。

丁关根说，工人阶级是我们党的阶级基础，是我们国家的领导阶级，是先进生产力和生产关系的代表，是建设和改革最基本的动力，是维护社会安定团结的强大而又集中的社会力量。我们必须牢固树立全心全意依靠工人阶级的思想，充分发挥工人阶级的主力军作用。为此，要努力发挥职工群众参与管理国家和社会事务的作用，保障职工群众在企事业单位中的主人翁地位和权利，重视从优秀工人中发展党员、选拔干部，加强对工人阶级历史地位和主力军作用的宣传，认真解决分配方面存在的问题，进一步完善社会保障制度和劳动保护制度，制定和完善涉及职工切身利益的有关法律、法规，提高职工队伍的整体素质。

丁关根说，当代青年是我国社会主义现代化建设的生力军，肩负着承前启后的历史重任。做好青年工作，培养和造就社会主义事业接班人，是实现国家长治久安、保证社会主义的旗帜一代又一代地高举下去、挫败国际敌对势力“和平演变”企图的战略措施。青年工作的总目标，就是努力培养有理想、有道德、有文化、有纪律的社会主义新人。我国青年勤奋好学，具有为国家富强而奋斗的真诚愿望和实际行动，是大有希望、大有作为的一代。当前和今后一个时期，在引导青年面向世界、面向未来、面向现代化的同时，必须加强对青年一代的爱国主义、集体主义、社会主义教育以及近现代史教育、国情教育，帮助青年了解祖国的悠久历史，特别是近百年来不屈不挠、抵御外侮的历史，以增强民族自尊心、自信心和自豪感。要积极为青年创造深入基层，接触工农，了解社会，参与实践的机会，使他们正确地认识国情，认识社会，认识生活，认识自己。当前，要注意引导青年坚定社会主义信念。做好青年工作，要坚持既热情爱护，又严格要求的方针。共青团要通过开展各种富有教育意义的活动，充分发挥共青团员的模范作用，不断增强团组织的吸引力、凝聚力、战斗力。社会的各个方面，要支持和帮助青年健康成长。有关的部门、单位，要努力为青年的成长办实事、办好事，担负起培育青年的光荣责任。

丁关根说，中国妇女是一支伟大的社会力量。必须牢固地树立马克思主义妇女观，提高妇女的地位，充分发挥妇女的“半边天”作用。要努力维护妇女儿童的合法权益，消除轻视甚至歧视妇女的现象，在招生、招工等方面进一步贯彻男女平等的原则。要积极培养选拔妇女干部，各级党委和政府要把这项工作列入议事日程，切实抓好。妇女群体的素质问题不仅关系到妇女自身的解放，也关系到我们整个民族的素质，关系到我们社会主义现代化建设事业的进程。必须把大力提高妇女素质放在整个妇女工作的重要位置上。要教育广大妇女“自尊、自信、自立、自强”，鼓励她们奋发上进。要组织妇女学文化、学科学、学技术，大力开展扫盲活动。要组织妇女大力开展移风易俗活动，发扬社会主义、共产主义的道德风尚，同各种腐朽思想和丑恶现象进行坚决的斗争。要引导妇女做勤俭建国、勤俭持家的模范，做计划生育的模范。妇联要继续开展好以创评“五好家庭”为基础的家庭文化建设活动，大力倡导科学文明健康的生活方式，促进家风、民风和社会风气的进一步好转。要大力推动儿童事业的发展，做好优生、优育、优教工作。

丁关根强调，做一个合格的工青妇干部，要牢牢记住两条：一是要牢固树立党的领导的观念，自觉地接受党的领导，坚决贯彻执行党的路线、方针、政策，在政治上、思想上、行动上同党中央保持高度一致。二是要牢固树立群众观点，即相信群众，依靠群众，人民群众是历史创造者的观点；一切为了人民群众，全心全意为人民服务的观点；一切向人民负责，坚持向党负责和向人民群众负责一致性的观点；向人民群众学习的观点。

《人民日报》理论部和《思想政治工作研究》杂志社联合举办的“‘黄河杯’思想政治工作新探”征文活动在人民大会堂举行颁奖仪式

中共中央政治局常委李瑞环在“‘黄河杯’思想政治工作新探”征文颁奖仪式上发表讲话。

他说，我赞成对思想政治工作进行研究和探索。新的形势出现了许多新的变化。社会在变，客观事物在变，人的思想也在变。做思想政治工作理所当然地要研究这个“变”。这就是我们常讲的了解新情况，研究新问题，创造新经验。离开了对这个“变”的研究，谈加强和改进思想政治工作就一定是空话，就一定收不到好的效果。

对于思想政治工作，我们党有优良的传统和丰富的经验，对此我们必须重视，认真坚持和发扬。但要坚持、发扬并使它更好地发挥作用，就必须研究、结合变化了的情况。我们要牢牢记住，具体问题具体分析，一切都要以时间、地点、条件为根据，即使历史证明人们公认了的真理，也需要新的解释和说明。

最高人民法院批转《关于贯彻执行〈中华人民共和国行政诉讼法〉若干问题的意见(试行)》

国务院副总理朱镕基在吉林考察

朱镕基在吉林省考察企业工作时强调指出，根据国务院决定，当前要以清理“三角债”为突破口，整顿生产秩序和金融纪律，全面落实国务院关于增强大中型企业活力的 11 条措施；企业要集中精力抓好内部管理，调整产品结构，提高经济效益。

6 月 11 日至 16 日，朱镕基和国务院有关部门负责人，在吉林省委书记何竹康、省长王忠禹等陪同下，先后考察了长春、吉林、延吉、珲春、图们等地，听取了吉林省负责同志关于经济工作的汇报，并就当前工业生产、搞活大中型企业等问题与 20 多家国营大中型企业厂长、经理进行了座谈。

朱镕基说，目前国民经济继续向好的方向发展。但是，国营大中型企业经济效益下降，这是一个必须重视和解决的问题。“三角债”前清后欠，越欠越多，严重妨碍了生产发展和结构调整。他认为，出现这种情况的主要原因有三条：一是基建和技改资金有缺口又不到位，拖欠设备、材料款；二是部分企业边生产边积压，占用别人资金；三是一些企业(包括一些银行)无视结算纪律，无理拒付，欠债不还。

朱镕基指出，清理“三角债”必须采取一些“硬”措施。要"正本清源"，从基建和技改资金到位的"源头"抓起，疏通资金循环渠道，解开债务链。同时要严格结算纪律，恢复金融秩序，对无理占用拖欠贷款的企业要抓典型严肃处理。

朱镕基说，当前工业生产的一个难点是，产品结构还不适应市场需求，而一些生产企业又不认真研究市场，导致产品积压、效益下降。吉林省由于产业、产品结构调整工作抓得早、抓得实，问题就少一些，困难也就轻一些。朱镕基指出，边生产边积压不能实现产品价值，是极大的社会物质浪费。要选择一些继续生产积压产品而又扭亏无望的企业，限期关停并转。对关停企业的职工要采取待业保险等措施，妥善安排。

朱镕基在考察中注意了解了吉化公司管理、改造两手抓的情况和经验。朱镕基说，搞活大中型企业，国家必要的支持是外因，提高企业素质是内因，外因通过内因才能起作用。吉化公司就是通过深化企业改革，加强内部管理，做好思想政治工作，较好地发挥了职工的积极性和创造性。他赞扬吉林省、化工部培养树立了这个好典型，并强调当前要依靠企业自身挖潜，开发新品种，提高产品质量，增强国内外市场竞争能力，切实把经济效益搞上去。

朱镕基在珲春市板石煤矿专门考察了小煤窑的生产安全情况。他充分肯定了珲春市成立煤炭管理局，对集体和个体采煤实行行业管理的做法。他强调指出，小煤窑要特别注意贯彻"安全第一"的方针，实行采矿许可证制度；要做好对矿长和工人的培训工作；加强对安全设施的检查和管理，防止伤亡事故的发生。

国家工商局商标局举行中国商标法制建设和商标专用权保护情况新闻发布会

全国民族贸易和民族用品生产供应工作会议在北京开幕

国家主席杨尚昆向泰国胜利纪念碑献花圈

泰国总理阿南·班雅拉春到曼谷大王宫国宾馆看望国家主席杨尚昆

泰国国家安全委员会主席、武装部队最高司令顺通·空颂蓬上将到曼谷大王宫国宾馆金藤厅拜会杨尚昆

中国商会和国际商会合作委员会在巴黎宣布成立

中英联合联络小组第十九次会议在香港举行

朝鲜国家主席金日成在平壤会见全国人大常委会副委员长彭冲率领的全国人大代表团

外交部部长钱其琛同泰国外交部部长阿沙·沙拉信在曼谷外交部举行会谈

钱其琛首先向对方通报江泽民总书记访问苏联、李鹏总理访问朝鲜以及杨尚昆主席昨天刚结束的对印度尼西亚访问的情况。

阿沙外长通报东盟六国外长同欧共体十二国外长在卢森堡对话的情况。

两国外长就柬埔寨问题交换意见。

6月12日

中共中央国务院有关部委和部分企业领导人在中南海怀仁堂就如何落实全心全意依靠工人阶级的方针的问题进行座谈

中共中央政治局常委宋平发表讲话。

宋平说，要搞好企业，增强企业活力，除外部条件外，最根本的是进一步唤起工人阶级的主人翁精神，充分发挥他们的积极性和创造力。要搞好职工的思想政治工作，进行历史使命感、主人翁责任感的教育，帮助他们不断提高阶级觉悟，加强组织性和纪律性。同时要进行科学文化、技术知识的教育，全面提高职工的素质。

十三届四中全会以来，江泽民同志多次强调全心全意依靠工人阶级。这是一个十分重要的问题。这是我们党的性质和国家的性质决定的。

参加座谈会的有人大常委会副委员长、全国总工会主席倪志福，国家有关部门负责人林宗棠、顾秀莲、贺光辉、屠由瑞、胡富国、张德邻、杜钰洲、王汝林、陆佑楣和一些大企业的负责人王荣生、罗冰生、黄枝新、赵华兴。

倪志福在座谈会上说，工人阶级是国家的领导阶级，坚持全心全意依靠工人阶级的方针，对于巩固社会主义阵地，保持政治、经济、社会稳定，反对和平演变，都具有十分重要的意义。要把贯彻落实全心全意依靠工人阶级方针同深化企业改革结合起来。企业领导体制的改革要有利于发挥工人群众的主人翁精神，有利于调动他们民主管理企业的积极性。在企业利益分配问题上，既要调动承包者的积极性，又要调动广大工人特别是生产第一线工人的积极性。现在有些企业工人拿的钱并不少，但为什么积极性不高？我们的党员、干部要带头发扬奉献精神。

国务院发出关于做好夏收工作紧急通知

中国人民保险公司在北京召开全国保险先进县表彰会

国家主席杨尚昆在曼谷出席泰国华侨华人举行的欢迎宴会

杨尚昆上午前往中国驻泰国大使馆看望使馆工作人员和其他驻泰机构的工作人员以及留学生代表。

杨尚昆晚上在曼谷香格里拉大酒店会见泰国前副总理差瓦立·永猜裕。

杨尚昆出席泰国华侨华人举行的欢迎宴会并发表讲话。泰国170多个华侨华人团体晚上在香格里拉饭店举行宴会,欢迎杨尚昆主席访问泰国。杨尚昆发表讲话说,中泰自古以来是友好邻邦,两国人民在长期的交往中结下了深厚情谊。旅泰华侨同当地人民和睦相处,为泰国的发展贡献了自己的智慧和力量,也为中泰两国的友好交往和互利合作发挥了桥梁和纽带作用。中泰友好合作关系能有今天这样全面、迅速的发展,是中泰双方共同努力的结果,其中也包含着旅泰华侨和泰籍华人的一份功劳。我们衷心希望,旅泰侨胞和华人朋友今后继续为泰王国的繁荣昌盛和中泰友好合作关系的发展作出新的贡献。

中国和德国在波恩签订《中华人民共和国政府和德意志联邦共和国一九九一至一九九三年文化交流计划》

中国对外友协举行仪式授予日本友好人士西园寺公一"人民友好使者"称号

联合国开发计划署第38届理事会会议完成该署援助中国的第3个国别方案的审议

中共中央总书记江泽民复信空军转业干部刘永安

江泽民的信全文如下:

在中国共产党成立七十周年即将来临之际,看到由中央党校苏星副校长转寄来的你所刻"国际歌"篆体印文,非常高兴。

在当前复杂的国际斗争形势下,作为共产党员,我们都需要不断坚定对共产主义的理想和信念,积极投入我国的社会主义现代化建设。

注释:

刘永安原是北空航空兵某部副团长,一级飞行员,飞行2500多小时,3次立功,4次被评为优秀党员,1987年转业到阜新矿区工作。刘永安在部队时就喜欢篆刻。为迎接中国共产党成立70周年,刘永安将《国际歌》歌词用篆刻的形式表现出来。5月23日,刘永安将17方印文拓片转寄江泽民,很快就收到了江泽民的回信。

中央军委批准颁布全军"八五"科研计划

全军1991至1995年军事科学研究工作计划,已正式颁布全军实施。"八五"军事科学研究工作计划确立全军军事理论研究的新目标,标志着"八五"期间军队建设将在一大批军事理论研究成果的指导下迈上新的台阶。

"八五"期间全军重点攻关的课题包括马列主义军事理论和毛泽东军事思想研究;国防理论和军事战略研究;战役战术和军队指挥研究;军队建设理论与实践研究;军事法理论和军事法规研究;军事史学理论与军事历史研究;外国军事研究与外军资料翻译;军事运筹和作战模拟研究等数百项专业课题。

全军"八五"科研工作计划根据中央军委关于军事科研工作的一系列指示精神,本着面向现代化、面向世界、面向未来,认真总结我国我军的基本经验,吸收外军的有益经验,经过反复调查研究制订出来的。

国家教委发布《中等专业教育自学考试暂行规定》

6月13日

国家主席杨尚昆和国务院总理李鹏向正在住院治疗的约旦国王侯赛因致信问候

国务院新闻办公室主任朱穆之在人民大会堂召开新闻发布会

国务院新闻办公室主任朱穆之在人民大会堂与中外记者和外国驻中国使馆新闻官员会面时发表讲话。朱穆之宣布,国务院新闻办公室已正式开始办公。

朱穆之在讲话时指出,这个机构是为适应我国进一步扩大对外开放的需要而建立的。它的任务是组织、推动、协调中央有关部门和地方做好对外介绍中国的工作,让世界更好地了解中国,也让中国更好地了解世界,以利于加强中国同世界各国的经济、科技、文化等方面的交流与合作。

朱穆之同时解释说,国务院新闻办公室是国务院统筹协调全国对外介绍中国的综合性机构,它不代替任何其他部门承担的有关对外的工作,也不代替国务院发言人的工作。常驻北京的外国使馆官员、记者,在了解中国或促进双方了解上有什么意见和要求,除可按原来的渠道向有关部门提出外,国务院新闻办公室也将乐意尽力提供帮助和便利。对港、澳记者也一样。

中共中央纪律检查委员会办公厅发布关于中央纪

委案件审理室承办的征求意见案件的办理办法

国务院总理李鹏对民族贸易民族用品生产作批示

李鹏日前对全国民族贸易和民族用品生产工作作出批示："扶持和发展民族贸易和民族用品生产，是我们党和国家的一贯政策，是民族工作的一个重要方面，它对加强民族团结，促进民族地区经济发展和社会稳定，具有重要意义。希望各部门、各地区进一步加强领导，做好这项工作。"

中日友好协会名誉会长王震在人民大会堂会见日本著名社会活动家西园寺公一及其夫人

6月14日

中共中央政治局常委宋平与党员专家哲学学习班学员座谈并发表谈话

今天到会的都是各个部门的科学家、技术专家，多数是从事自然科学的，也有从事社会科学研究的。同大家座谈，听了很多好的意见，我很高兴。过去组织部门办学习班，多半是找党政干部。这一次，找党员高级知识分子一起来学习哲学，也算是个开头。党的组织不仅应该给领导干部创造学习的条件，而且应该给党的高级专家、学者创造学习的机会，读一读马列主义的著作，整理整理自己的思想，很有好处。从同志们的发言中，感觉到学习还是有收获的。我赞成有的同志的建议，要继续扩大办这种学习班。

无论是搞实际工作的，或是搞科研、教学工作的，学习哲学都非常有用。今天在座的搞自然科学、搞技术科学的比较多一些。我有一个看法，搞自然科学的接受唯物主义思想比较容易，因为比较接近实际，接近生产，容易理解。研究自然科学，研究和发现各学科的特殊规律，有助于认识辩证唯物主义的一般规律。研究社会科学，要用辩证唯物主义和历史唯物主义观察人类历史和人类社会活动。一般来讲，只要掌握辩证唯物主义，用以指导自然科学或社会科学研究，就容易找到规律性的东西。

在座的各位都是高级知识分子，都是党员专家，从世界观上来讲，作为一个共产党员，应该是确立了马克思主义世界观的。但是，不能说就不需要进一步学习了。世界的运动是无穷的，人的认识是无穷的，人也要不断地根据新的情况，使主观认识与客观实际相一致。

现在帝国主义这么猖狂，我们能不能顶得住？很多人认为苏联是靠不住了，世界上没有几个社会主义国家了，大一点的也只有中国。在中国社会主义红旗能不能打下去，还能打多久？已提出这样的问题。我们确实需要回答，这个历史任务担当得起担当不起？我认为，我们没有别的选择，就是要坚决地顶住，沿着社会主义道路走下去。这次学哲学，也是结合这个实际问题，用历史唯物主义的观点来认识社会主义必将代替资本主义。这是历史发展的必然规律。当然，它不会是一帆风顺的，而是极其艰巨的、曲折的，是一个相当长的过程。

社会主义发展从《共产党宣言》起，至今已有140多年，与人类历史相比，是很短暂的。事情发展总是曲折的，有高潮，也有低潮。巴黎公社、十月革命震动了欧洲，震动了世界。第二次世界大战以后，一批社会主义国家的出现，中国革命的胜利，殖民地国家的独立运动，使一系列前殖民地取得了国家的独立和民族的解放。第三世界一些国家也讲自己是社会主义，把希望寄托在社会主义上面。那时候，社会主义处在高潮。资本主义国家是很害怕的，怕工人运动发展起来，共产党发展起来，摧毁他那个资本主义制度。他们一面镇压工人运动，一面又不得不做出让步，搞些改良、社会福利。

社会主义国家取得胜利以前，生产力都很落后，包括东欧，像保加利亚、南斯拉夫，过去都是很落后的，中国更不用说了。战后一段时间，走上了社会主义道路的国家，生产力得到很大发展，中国的发展就更大了。中国刚解放的时候，全国才十几万吨钢，现在我们就大不相同了。我们基本解决了11亿人口的吃饭问题、穿衣问题，让大家过上了初步温饱的生活，证明了社会主义有很大的优越性。但是，我们的制度中间确实有需要改革的地方，忽视了商品生产和市场经济，工厂的竞争能力差，满足于生产大路货。建国后，搞的156项建设工程，当时企业技术还是很好的，但长期不搞改造更新，设备陈旧了。而这些年资本主义国家的竞争激烈，在科学技术上进步很快，占优势，10来年就更新，电子工业五六年就更新。西方国家在世界范围进行掠夺，对第三世界进行剥削，资金比较雄厚。我们是靠自身的积累，要为几亿、十几亿人的温饱奋斗，在设备更新、研制新产品方面受限制。当然，这只是问题的一个方面。的确要承认，在技术改造和技术进步方面，过去我们是忽视了，加上"文革"10年的动乱，精力也没有集中在经济建设上。恰恰在这个时候，电子工业有很大的发展，我们落后了。要总结经验教训，只要认识到存在的问题，集中人力、物力、财力来搞科研，搞技术改造，一定能像搞"两弹一星"那样，把它搞上去。

我们相信社会主义、共产主义的胜利是必然的，要有这个信心。中国不搞社会主义，就会天下大乱。搞资本主义那套民主行不行?搞他们的议会政治行不行?不行。议会民主中国搞过,什么多党制、多元化,中国不是没有搞过,旧社会搞过议会。现在新华社的社址就是过去的老国会。我在学生时代,在那里参加大学考试。大会堂的墨盒都用螺丝钉钉在桌子上。为什么呢?因为议会一开就吵架,吵架就动武,就打,就像台湾现在那样。所以,墨盒就得 钉在桌子上。这就是旧社会的民主。11亿人口的中国,搞那个民主能搞好吗?"文化大革命 "中就是搞多少派,虽然毛主席健在,可下面的造反派打得一塌糊涂。那个民主,就是大乱。印度这次搞选举,不知死了多少人,拉·甘地不就是在选举中死的吗?一个印度朋友讲,美国那个国家搞什么两党制,形式上是一个民主党,一个共和党。实际是一个代表资产阶级的政党,叫共民党,还是一党专政。那里的共产党被压制得厉害,实际是不合法的。他那一套对付共产党的手段已经发展到非常严密的水平了,不仅特务机关盯他本国的,连外国的共产党都盯得很紧。大画家毕加索加入共产党以后,美国情报局盯了他多少年。如果我们要搞他们那种民主,就会天下大乱。所以,我们只能坚持人民代表大会制度和共产党领导的多党合作、政治协商的制度。这种制度适合我们的国情。

要下决心把我国的经济建设搞上去。说来说去还是要人民生活有改善,经济有发展。要研究,要总结经验,克服我们体制上的一些弱点。企业不搞技术改造,生产力要有大的提高是不可能的。要搞技术改造,不靠科学技术不行。科学技术是第一生产力,这种观点要普遍地宣传,要使我们各级领导干部掌握这个思想。没有先进的科学技术,就竞争不过人家,在当今世界上就站不住。这些年,单从农业的发展我就深有体会。50年代,中央曾搞了个农业发展纲要,那时我在计委工作。当时也想,中央提出长江以南要搞亩产800斤问题不大,北方要搞400斤恐怕不太容易。现在北方有些地方实现了亩产一吨粮,就是靠科学技术和工业的 支援。

搞经济建设,要有一个安定团结的环境,人民民主专政不能削弱。人民民主专政在四项基本原则中,同其他三条一样重要。像1989年春夏之交的那个样子,咱们能坐在这儿讨论哲学吗?我看就没有这个条件。

最后,谈一点培养青年人的问题。今天我们到会的都在50岁以上,就算中年。还有几位是70岁以上高龄的老同志、老专家。怎样把青年一代科学家、技术人员带起来,帮助他们成长起来,是很重要的。要教育好后一代,搞好传帮带。青年是我们的未来和希望,也是我们和敌对势力争夺的对象。青年人在下个世纪要接班的。

现在复旦大学组织了一批政治上强、学术造诣较深、理论素质较高的专家、教授,会同政工干部针对青年中的问题做学生的思想工作。这些老教授学有专长,比政工干部做工作更有效。像你们去做这些工作,业务上他佩服你们,政治上再加以指点,效果会更好。有位73岁的老教授说,在前年的政治风波中,新闻学院一位学生党员贴出大字报,公开声明退党,另一位学生也在上面签了字。这些年轻人栽得太惨了,这件事情对自己触动很大。学生当然有责任,但我们当教师的心里也感到内疚,没有尽到责任,没有教育好他们。这位老教授三次到学生中,谈自己对社会主义的认识。老教授面对全系100多位学生动情地说,我一生经历了不少曲折,悲欢离合都曾经过,但社会主义的信念始终不灭,这样执著追求究竟为了什么,就是实实在在地感到社会主义好,中国的出路就在于社会主义。同学们听了后,深受感动。

一位搞电光源的专家,跟学生讲,你们不了解中国的国情,对旧中国缺乏感性认识,对西方国家也只是从书本上、电视上看了一些,我们这些过来人,在这个问题上有发言权。他曾和100多名同学谈心,说,我访问了十几个西方国家,看到过资本主义是什么样子。他语重心长地讲,要相信我们的党和政府,相信自己的祖国,社会主义一定会成功,不要揪住工作中的一些缺点不放,大学生要为社会主义建设多学点本领。真诚的叮嘱,得到同学们的热烈鼓掌。还有一位老教授讲,教不严,师之惰。过去我们光注意授业,不肯花精力传道,对学生的教育可不能熟视无睹了,要讲世界观,讲爱祖国、爱社会主义,要讲品德教育。青年是可以塑造的。各位专家,都是年过半百的同志了,要教育青年一代,帮助你们单位的青年人 。

《人民日报》发表社论《抓好中国近现代史及国情教育》

江泽民等中央军委和国家领导人会见出席国防科工委先进集体先进个人代表大会的英模代表

中共中央总书记、中央军委主席江泽民,国务院副总理邹家华,以及军委其他领导刘华清、杨白冰、秦基伟、迟浩田、赵南起等参加会见。

江泽民在会见中说,最近,中央多次强调科学技术是第一生产力。从当前复杂的国际形势发展来看,科技在国民经济建设和国防建设中的作用太重要了,不重视科技,要把我们国家的建设搞上去是很难的。我们要尊重科学,要重视武器,当然决定战争胜负的还是人。同世界先进国家相比,我们还存在着差距,需要赶的东西很多,这就只能有所赶、有所不赶,必须抓住关键,集中优势兵力打歼灭战。我国"两弹一星"的实践经验充分说明了这一点。

党和国家领导人江泽民李鹏等为国家测绘局第一大地测量队题词

国务院副总理田纪云在黑龙江考察

6月14日至18日，田纪云在国务院副秘书长何椿霖和黑龙江省委书记孙维本，省委常委、副省长陈云林等同志陪同下，在哈尔滨参加1991年中国对苏联、东欧经济贸易洽谈会后深入城市、农村了解实际情况。在听取省委、省政府汇报的时候，田纪云对当前农村工作提出了重要意见。

田纪云指出，当前农业形势很好，要继续抓下去。不要以为一两年丰收，粮食多了一点，就放松农业，削弱农业的基础地位，减少对农业的投入。田纪云说，现在不能说粮食过关了，也不能认为今后粮食就一直多了。我们要看得远一点。目前粮食多了一点，是相对的、暂时的，因为我国人口在增加，消费水平也在逐步提高。如果现在就认为粮食绝对的多了，采取一些限制的措施，是缺乏远见的。

田纪云提出，对于卖粮难，要采取多种方式多种渠道来缓解：一个是种植结构调整一点，一个是多出口一点，一个是多存一点。中央要多存一点，地方也要想办法多存一点。国务院已经下了很大的决心，不仅要建一部分永久性的仓库，而且在粮食主产区搞一些现代化的仓储设施。同时，还得想办法搞点临时设施，几条腿走路，目的是保护农民的积极性。现在最主要的保护就是价格保护，再就是农业生产资料保护。尽量国家多承担一些，让农民减少一点损失，这个指导思想要很明确。

如何进一步巩固和发展农业大好形势？田纪云认为要做到家庭为主的承包制坚定不移、大力发展社会化服务坚定不移。另外，积极、正确地引导乡镇企业健康地加快发展。两个坚定不移，加上正确引导，这是当前农村工作的重点。

田纪云对1991年中国对苏联、东欧经济贸易洽谈会给予了充分肯定，他说无论从当前看，还是从长远看，我国同周边国家特别是同苏联、东欧国家的经济贸易与技术合作大有文章可做。田纪云希望地方贸易多出口一点粮食，帮助国家和农民缓解一些困难。

云南鲁布革水电站全部完工

我国第一个利用世界银行贷款、率先实行国际招标竞争的国家重点工程——云南鲁布革水电站的第4台机组提前106天并网发电。

全国政协副主席兼政协外事委员会主任周培源在人民大会堂会见日本参议院外务委员会委员长冈野裕率领的日本参议院外务委员会代表团

中共中央政治局常委乔石在人民大会堂会见泰王国大理院院长索蓬·拉他纳空

中国贸易展览会在纽约贾维茨展览中心开幕

中国和苏联第四轮边境裁军谈判在北京举行

西班牙参议院议长胡安·何塞·拉沃尔达在马德里接见中国采购团团长魏玉明

中国政府将中国加入修正的《蒙特利尔议定书》交给联合国秘书长

中宣部国家教委团中央《关于1991年暑期高校学生社会实践活动的意见》

《意见》提出，今年暑期的社会实践活动应继续加强近现代史和国情教育及坚定社会主义信念教育，把引导学生加深对党的十三届七中全会和七届人大四次会议精神的理解、增强实现的信心作为重点，要把解决政治信念问题和为什么人服务的问题结合起来。各地、各高校要引导学生通过各种形式，亲身了解和体验建国以来，尤其是改革开放十年来我国社会主义建设的成就，正确看待社会主义建设过程中出现的问题，树立自力更生、艰苦创业的精神；还要结合建党70周年纪念活动，组织学生参观、走访革命圣地和历史博物馆、革命历史遗址，以加深爱国主义情感和对中国共产党的领导是历史的必然结论的认识。

中国提琴制作大师郑荃制作的提琴在莫斯科第一届柴可夫斯基国际提琴制作比赛中获中提琴制作一等奖和最佳音质奖

发展中国家环境与发展部长级会议在北京开幕

来自亚非拉美的41个发展中国家的100多位代表参加了会议。

本次高级官员会议主席、中国国家环境保护局局长曲格平在发言中指出，将环境与发展问题联系在一起讨论，已成为当前解决环境问题的一个总趋势。当前人类赖以生存和发展的地球环境正面临着重大威胁，一系列环境问题正困扰着人类社会进步的历程。人们已经逐步认识到，全球的环境保护只能靠整个国际社会的共同努力才能奏效。

曲格平说，发展中国家就环境与发展问题进一步协调立场，这对充分保障发展中国家在环境与发展方面的正当权益，是非常必要的。

中国代表团团长、北京会议筹委会主席、国家科委副主任李绪鄂也在会上发了言。他说，这次会议为加强发展中国家的共同磋商、团结协作提供了一次机会，有利于改变在环境与发展国际行动中发展中国家的呼声得不到充分反映、特别是我们的实际困难和特殊情况得不到充分重视的不利局面。这次会议的成果将反映占全世界人口绝大多数的广大发展中国家的利益，将为 1992 年联合国环境与发展大会作出我们发展中国家富有实质意义的贡献。

6 月 15 日

中共中央批转《关于目前农村社会主义思想教育开展情况的报告》的通知

中央同意中央宣传部、中央组织部、中央政策研究室《关于目前农村社会主义思想教育开展情况的报告》，现转发给你们，请参照执行。

党的十一届三中全会以来，农村的改革和建设取得了重大成绩。目前正在全国农村普遍开展的社会主义思想教育，是加强和改善党对农村工作的领导，搞好农村基层党组织和政权建设，推动农村经济发展，维护农村社会安定，巩固农村社会主义阵地的一件大事。这项工作搞好了，对于稳定农村、稳定全国，保证贯彻执行党的基本路线，实现第二步战略目标，促进物质文明和精神文明建设，防止和平演变，都具有重要意义。各级党委要把这项工作列入议事日程，认真抓好。要坚持以思想教育为主线，以推动经济发展为中心，以加强基层组织建设为重点，全面完成教育的各项任务。要统一组织各方面力量，从实际出发，周密安排，精心指导，有计划有步骤地进行，务求开展一批，成功一批，收到实效，严防形式主义和走过场。在集中教育期间要有一定的声势，集中教育之后要及时转向经常性教育，并长期坚持下去。各级宣传部门和新闻单位要加强对农村社会主义思想教育的宣传。

中宣部中组部中央政策研究室关于目前农村社会主义思想教育开展情况的报告

最近，我们向各省、自治区、直辖市党委有关部门了解和收集了目前农村开展社会主义思想教育的情况。现报告如下：

（一）

目前，社会主义思想教育已在我国广大农村普遍开展起来。截至二月中旬的不完全统计，在二十五个省、自治区、直辖市，去冬今春开展社会主义思想教育的村有四十一万个，占统计地区村总数的百分之六十九，占全国村总数的百分之五十四点九。前一段教育开展情况总的说是健康的。

从全国来看，大体上可分为三种情况：第一种，湖南、浙江、江西、福建和北京等省、直辖市，前两年已在农村开展了教育活动，有的叫社会主义思想教育，有的叫党的基本路线教育，也有的叫基本路线、基本国情、基本政策教育。浙江省在进行了全省的集中教育以后，已经转向经常性教育；其他省正在继续进行集中教育。第二种，山东、陕西、吉林、安徽、河南、辽宁、山西、湖北等二十个省、自治区、直辖市，去冬今春已由点到面，逐步展开。第三种，今春只搞试点或正在作方案的，有贵州、宁夏、广东、海南和西藏五个省、自治区。

（二）

各地的基本做法是：

一、领导重视，加强具体指导。多数地区党政领导对这项工作非常重视，列入了重要议事日程。不少省、地主要领导同志亲自动手，组织动员各方面的力量，拟定实施规划，抽调机关干部组织工作队，带头深入基层调查研究，并主持和参加试点，总结推广好的经验。据二十五个省、自治区、直辖市统计，共抽调县级以上机关干部六十万零七千人，由三万九千五百名县、处级以上干部带领，下乡驻村。多数工作队自带行李，自己起伙，有好几个省要求工作队坚持与农民同吃、同住、同劳动。工作队进村先要调查研究，一切从实际出发。既抓教育，又为农民办实事，排忧解难，深受群众欢迎。为了加强指导，许多省都是在党委统一领导下，由一两名省委负责同志分工负责，有关部门组成专门班子承办日常工作。湖南、山东、福建、陕西、辽宁等十多个省层层成立领导小组，由书记或副书记任组长，下设办公室。有些地方还专门组成检查组，深入下去调查研究，总结推广经验，进行具体指导。

二、坚持虚实结合、注重实效，以思想教育推动农村各项工作。各地要求在党的基本路线指引下，以经济建设为中心，以思想教育为主线，以加强党支部为核心的基层组织建设为重点，坚持从实际出发，认真解决本地区、本单位干部群众关心的突出问题。湖南省要求用社会主义思想占领农村阵地，落实农村经济政策，稳定和完善统分结合的双层经营体制，壮大集体经济实力，加强以党支部为核心的基层组织建设。江西省要求通过教育，建设一个“达标”的村党支部，找到一条可行的致富路，培育一个办实事的经济实体，落实一套管理和服务的制度。入春以来开展教育活动的地区，大都注意把教育与学习贯彻党的十三届七中全会精神结合起来，进一步深化一个中心、两个基本点的教育，并结合制订实施十年规划和“八五”计划的目标，有力地推动了春耕生产等各项工作。

三、坚持正确的思想教育方针，严格按照党的政策和国家法律办事。各地强调指出，这次教育既不同于六十年代中期的“社教运动”，也不同于“文化大革命”中的“路线教育”，而是在党的正确路线指导下的一次农村干部群众的自我教育活动。在政策掌握上强调积极稳妥，坚持思想教育为主、正面教育为主、自我教育为主，不整干部，不整群众。山东在坚持上述原则的前提下，对群众提出的有问题的人的处理和财务混乱等问题，放在集中思想教育之后，由有关部门按政策和国家法律办理。陕西省委在提出整顿农村基层组织、整顿村组集体财务、整顿社会治安的同时，制定了对犯错误干部不无限上纲，按现行政策处理财务问题，依法整顿社会治安，保护个体经营者和私营企业主的合法权益，严格执行党的宗教政策等六方面的政策规定，对保证教育活动健康发展起了重要作用。

四、教育形式因地制宜，灵活多样，生动活泼。普遍注意针对农民的思想实际，联系国内外形势和农村改革与发展中的情况，采取面对面的宣讲，层层举办骨干培训班，先进单位、模范人物事迹报告团，展览会、座谈会，以及算账对比等各种形式和方法，有的放矢地进行教育。江苏省利用农闲举办冬训班，对全省二百多万农村基层干部和党员集中进行了社会主义思想教育。浙江省的金华、宁波一些地方，针对农民最关心的问题，分别请粮食、购销、电力等部门的负责同志直接与农民座谈，摆国情，讲政策，解“扣子”。农民反映，这样宣传合情合理，内容实在，听得进，记得牢。

五、紧紧抓住以党支部为核心的村级组织建设，重点整顿后进党支部，帮助贫困村。多数地方工作一开始，就抓训练干部。在了解和培养干部的基础上，经过充分发扬民主，建好以村党支部为核心的村级班子，把政治素质好、公道能干、联系群众的优秀干部充实到领导岗位上来，建立“不走的工作队”。山东、青海、黑龙江等省后进党支部的转化率在百分之六十以上。浙江四千多个后进党支部，经过整顿，大多数改变了面貌，其中有相当一部分已进入先进支部行列。

（三）

开展社会主义思想教育的地方，取得了明显效果：

一、社会主义思想文化进一步占领农村阵地。通过教育，大多数干部群众提高了社会主义觉悟，增强了国家观念和集体观念，进一步明确了走共同富裕道路的方向，也为进一步正确处理国家、集体、个人三者之间的利益关系打下了思想基础。去年，许多地方的国家定购、集体提留、农田基本建设以及计划生育等工作任务，都是近几年来完成得最好的。农村许多地方出现了新气象，关心集体、乐于助人的多了，不顾集体利益、损人利己的少了；反对陋习、传播新风的多了，搞封建迷信、铺张浪费活动的少了；按章办事、遵纪守法的多了，以权谋私、违法乱纪的少了。山东省曹县、鱼台、齐河等县，原有二万多名群众信仰宗教，现在已有一千七百多人自觉宣布退教。

二、农村党支部的核心领导作用和基层组织建设得到加强。通过教育，基层党组织的凝聚力增强了，党员的先锋模范作用得到了较好的发挥。许多党员干部不仅带头学习和宣传社会主义思想，而且带头修路开渠，归还拖欠贷款，缴纳提留费用，积极为集体、为群众办实事，在群众中产生了积极影响。山东省沂源县去年有四千名农民递交入党申请书。辽宁省锦县十二个乡，有四百多农民提出入党申请。这是近十年来少有的现象。陕西等省在加强以党支部为核心的村级组织建设的同时，还建立了妇女禁赌会、红白喜事理事会、民事纠纷调解会、帮教青年小组，很受群众欢迎。不少后进村出现了“坏事有人管，好事有人夸，先进有人学，贫困有人帮，生产有人抓”的新局面。

三、推进了农村改革和经济发展。通过教育，干部群众加深了对党的现行政策的正确理解，明确了以家庭联产承包为主的责任制作为一种基本制度长期稳定不变，促进了统分结合的双层经营体制的完善，社会化服务体系建设和壮大集体经济实力等工作有新的进展。山东省烟台市有一百九十个乡镇建立、完善了农业综合服务站，六千三百六十五个村建立完善了农机、农牧、水电、购销等村级服务组织，分别占乡村总数的百分之九十六以上。浙江省和北京郊区百分之七十的村建立完善了村经济合作社，壮大了集体经济实力。不少地方还对群众关心的村组集体财务进行了清理和整顿。一些贫困村找到了治穷致富的路子，有些“空白村”开始有了村办企业和其他形式的集体经济。不少地方还反映，开展社会主义思想教育，有力地推动了科技兴农、教育兴农和乡镇企业的健康发展。

四、进一步密切了党与农民群众的联系，提高了党的威信。通过教育，农民看到党的基本政策不变，大批工作队员与农民同甘共苦，基层干部也转变了作风，带领群众走共同富裕的道路，因此更进一步认识到党和社会主义是真正靠山，看到了光明前景，激发了建设社会主义的积极性。他们说：“老八路又回来了”，“这样的教育应该搞”。工作队员特别是青年干部，了解了乡情，认识了国情，与农民群众建立了感情，受到了一次深刻的教育和锻炼。有些工作队离村时，送行的农民成群结队，出现了热泪盈眶、彼此难分难舍的动人场面。

（四）

当前，农村社会主义思想教育工作中，有以下几个问题需要妥善解决：

一、任务要求和时间安排。《中共中央办公厅转发中央宣传部、中央组织部〈关于在农村普遍开展社会主义思想教育的意见〉的通知》中提出要着重解决的三个问题，即：用社会主义思想占领农村阵地，树立社会主义必胜的信念；落实各项方针政策，在完善以家庭联产承包制为主的基础上引导农民走共同富裕的道路；加强以党支部为核心的基层组织建设，充分发挥共产党员的先锋模范作用。这三项任务必须全面完成，不能顾此失彼。通过教育，最终要达到加强和改善党对农村工作的领导，促进农村经济发展和社会安定，巩固农村社会主义阵地的目的。教育所需时间，应当服从任务，不要“一刀切”。集中教育，各省一般都要求用二至三年时间完成；村一般用四五个月时间。在集中教育期间，要有一定的声势。集中教育后，逐步转入经常教育，长期坚持下去。有的地方对任务要求提得比较含糊，一个村只安排一个月甚至二十天，这样很难达到预期目的。

二、脚踏实地，讲求实效，防止走过场。广大农民群众是欢迎开展社会主义思想教育的。由于六十年代“社教运动”的某些消极影响，开始时有些干部群众对这次教育不够理解，主要担心再搞以“阶级斗争为纲”，整干部；担心用“归大堆”的办法发展集体经济，改变农村经济政策；担心工作队“抹稀泥”，不解决问题。在这种情况下，要防止两种倾向，一种是工作缩手缩脚，能解决的问题不敢解决，只开几次会，“空对空”讲些道理，就算完事；另一种是遇到问题就事论事，片面理解“办实事”，言不及社会主义。实际上，只要向群众讲清这次社会主义思想教育的意义及其与过去“社教运动”的区别，依靠基层干部、党员和积极分子开展工作，解决几个群众迫切希望解决的问题，就会消除群众顾虑，取信于民，打开局面。派工作队下乡，不要追求数量。如力量不够，特别是领导力量不够，就不要一下子把面铺得太大。要分期分批，逐步展开，开展一批，成功一批，扎扎实实，务求实效。切忌做表面文章．搞形式主义。

三、抓好教育重点，加强教育针对性。有的村由于没有首先对基层干部、党员进行重点教育，帮助他们认真解决全心全意为人民服务、带领群众走共同富裕道路的问题，结果影响了对农民普遍教育的顺利开展。因此，一定要首先把基层干部和党员的教育抓好。在工作中，要认真调查研究，抓住群众最关心的问题和“思想疙瘩”，有针对性地进行教育。

四、注意工作方法，加强工作队自身建设。这次教育活动中，抽调大批机关干部下乡进村，是工作的需要，也是锻炼、培养提高干部的好办法。工作队成员来自各个部门，政治素质、政策理论水平和工作能力参差不齐，特别是一些青年干部做群众工作的经验不足。少数地方由于培训不够，要求不严，有的队员不懂政策，方法简单；个别人甚至搞特殊化，违犯纪律。这些问题虽然大都得到处理，但影响很坏。因此，加强工作队自身建设是个大问题。工作队进村前，一定要抓好培训，学理论，学政策，学方法，交代任务，严明纪律，引导大家以焦裕禄为榜样去做好群众工作。工作队要有领导骨干带队，在当地党委统一领导下，依靠基层党组织、基层干部和共产党员开展工作，坚持群众路线，解决问题不能包办代替。

五、区别不同情况，进行分类指导。在教育中，要加强指导，实行一般号召和个别指导相结合。面上教育铺开以后，要组织力量掌握动态，根据不同情况，进行分类指导，发现问题及时解决。各级党委和工作队要善于把中央的指示和实际情况结合起来，根据当地情况确定具体解决的问题。要扎扎实实地做好工作，不要搞“大呼隆”。要利用广播、报刊等新闻手段，或采取内部通报等方式，进行宣传报道，把社会主义思想教育普及到千家万户。今年第三季度，建议由中央宣传部、中央组织部、中央政策研究室联合召开一次农村社会主义思想教育工作座谈会，总结交流经验，研究有关问题，加强工作指导。

六、教育要逐步向乡镇、城市扩展。乡镇机关、工厂、企业与农村关系极为密切。有些干部群众反映，社会主义思想教育村一级应该搞，乡镇一级应该搞，城市也应该搞。建议城市的教育要从城市特点出发，经过试点，逐步进行。北京郊区各县在农村基层普遍开展教育的同时，对农口各局的公司、企业，乡镇机关和城市街道也开展了社会主义思想教育。山东省在全省农村的教育搞过一遍以后，省委已发出通知，要求在城市街道、企业、学校和机关普遍开展这一活动。各地要注意总结这方面的试点经验。

一九九一年五月二十五日

《邓小平生平思想研究丛书》出版座谈会在人民大会堂举行

中国第一套全面系统地研究邓小平生平和思想的大型丛书，由辽宁人民出版社推出。

薄一波、陈丕显、邓力群、袁宝华、邢贲思等在座谈会上讲话。

财政部副部长刘积斌在全国治理“三乱”工作会议上发表讲话

全国治理“三乱”领导小组副组长刘积斌日前强调，各级执法执罚部门依法查处的各项罚没收入，都不得搞提成分成，必须及时足额上缴国库。

刘积斌指出，执罚机关、执罚人员是代表国家执法执罚的，是依照国家的法律、法规、规章执法执罚的，不是代表某个部门、某个单位执法执罚的。因此，对罚没财物必须坚决地、不折不扣地贯彻执行收支两条线的原则和现行制度规定，所有依照国家法律、法规、规章查处的罚没收入都应当作为国家收入上缴国库。执罚机关必须是罚款立法时规定的执罚机关，执罚人员也应当是合法执罚机关的合法执罚人员。

国家副主席王震会见日中科学技术文化中心第六次社长访华团

外经贸部副部长佟志广在北京与美国知识产权和市场准入代表团成员会谈后对记者发表谈话

佟志广说，以美国助理贸易代表梅西先生为首的美国知识产权和市场准入代表团于6月11日至15日访华，我作为中方代表团团长，同梅西先生一行进行会谈。总的来说，会谈的气氛还是好的，是有成效的，对加深相互之间的了解、理解是有益的。

关于市场准入问题，我方就美方提出的有关中国的关税、商检、进出口许可证等外贸管理方面的问题作了解释和说明。我们理解美方对于美对华出口下降所表示的关切，但我们认为，单纯地把美对华出口下降归咎于中国外贸管理问题或所谓的进口限制是不公正的，也不符合实际情况。众所周知，我们的这套管理办法在1989年以前就已经实行多年了，而在当时的情况下，双边贸易仍然取得了迅速的发展。

市场准入问题不能脱离双边贸易协定的框架和国际多边贸易协定的原则，我们在贸易管理方面是存在一些需要进一步完善和改进的地方，事实上在这方面的工作我们从来也没有停止过。但影响双边贸易的人为障碍必须排除。当前发展中美经贸关系的最大的障碍是美对华经济制裁以及最惠国待遇审议问题给两国企业界人士带来的心理上消极的影响。为此，两国政府应采取积极的措施，努力为双边经贸关系的发展创造一个良好的环境和气氛，其中包括从根本上解决最惠国待遇问题。应该看到，中美经贸关系发展到今天的水平是来之不易的，是两国政府和企业界人士多年共同努力的结果，应该十分珍惜。希望我们双方共同努力，尽早消除影响双边贸易发展的各种人为的障碍，争取90年代双边经贸关系更加迅速地发展。

关于知识产权保护问题，中方对美方提出的问题作了详细回答。从所介绍的情况，美方可以进一步了解到，中国是十分重视保护知识产权的，立法的速度之快是世界少见的，可谓三步并作一步走。我们在保护知识产权方面取得了举世瞩目的显著进展。

中国赴欧采购团抵达巴黎进行商务活动

6月16日

中共中央总书记江泽民在宁夏考察

6月16日至20日，江泽民到宁夏的农村、工厂、矿山、部队考察工作。

考察期间，江泽民反复强调要认真抓好农业这个基础和增强企业活力这两件经济工作中的大事。江泽民说，目前我国有些地区遇到了自然灾害，各级党委和政府带领干部和群众发扬大无畏的革命精神，正在抵御自然灾害，恢复生产，夺取夏粮丰收。江泽民指出，在任何情况下，加强农业这个基础的决心不能动摇。今后十年，我们要通过努力，使我国农业的综合生产能力提高到一个新的水平，确保粮食生产连续登上两个台阶。

江泽民说，增强企业特别是大中型企业的活力，始终是我国经济发展战略中的一件大事，现在已成为举国上下普遍关心的问题。国务院对搞活大中型企业已采取了若干措施，目前工业增长速度和市场销售虽然有所回升，但企业亏损、经济效益下降等问题仍然没有得到解决，各级党委和政府都必须予以高度重视。我们既要看到经济形势好的一面，也要看到我国经济存在困难的一面。我们要正视困难，认真分析矛盾，切实解决问题。必须从加快企业改革步伐、大力推进技术进步、改善企业经营管理、加强职工思想政治工作等方面来千方百计提高企业的经济效益，使企业摆脱困境，步入良性循环。同时，各部门各地方对国务院关于搞活大中型企业提出的措施要加以具体化，认真落实到位，为企业创造一个良好的外部经营环境。

江泽民说，我国是一个多民族的国家，做好民族工作，处理好民族问题，关系到社会安定、经济发展和人民幸福，关系到祖国的统一，具有十分重大的意义。在新的历史时期，我们要紧密联系少数民族和民族地区的实际，贯彻好党的基本路线，促进民族地区经济、文化的发展和全面进步，以实现共同富裕、各民族共同繁荣这个总的目标。

《人民日报》发表中共中央统战部部长丁关根文章《坚持和完善中国共产党领导的多党合作和政治协商制度》

中共中央政治局常委乔石在人民大会堂会见扎伊尔共和国最高法院院长巴兰达·米库因·莱列尔

外交部部长钱其琛在钓鱼台国宾馆会见美国副国务卿巴塞洛缪

《人民日报》发表社论《开辟友好合作的新前景——祝贺杨主席访问印尼泰国圆满成功》

汉字点阵字形通过国家标准审定

“七五”国家重点科技攻关项目“汉字64×64点阵字模集和数据集”近日通过国家级标准审定。

国际奥委会决定授予为第11届北京亚运会作出贡献的陈希同伍绍祖张百发奥林匹克勋章

6月17日

中共中央总书记江泽民为中国共产党历史连环画《光辉的历程》题词

汇集革命先烈遗书遗文遗诗的《浩然正气》一书在北京首发

中华人民共和国澳门特别行政区基本法起草委员会第一次主任扩大会议在北京钓鱼台国宾馆举行

起草委主任委员姬鹏飞主持会议。副主任委员胡绳、王汉斌、马万祺、何桑、雷洁琼、钱伟长、何厚铧、李后、郭东坡，秘书长鲁平以及五个专题小组的召集人出席会议。

在会议上，中央与澳门特别行政区的关系、居民基本权利和义务、政治体制、经济和文化与社会事务五个专题小组的召集人向会议作工作报告。鲁平秘书长作了澳门特别行政区基本法草案征求意见稿(讨论稿)的说明。鲁平说，起草委五个专题小组经过一年半的努力工作，已草拟完成各自所负责的基本法各章节的条文和有关附件。

国务院总理李鹏在全国治理“三乱”工作会议上发表讲话

李鹏在全国治理“三乱”工作会议上说，各级政府要进一步提高对治理“三乱”工作重要性的认识，增强紧迫感和责任感，下决心把这一工作认真抓到底。国务院各部委更要带头作表率。

李鹏说，半年多来，全国治理乱收费、乱罚款和各种摊派工作取得了初步成效，基本上摸清了“三乱”的底数，初步取消了一批“三乱”项目，减轻了企业和群众的一些负担，查处了一批违法违纪案件，各地还撤销了一批非法及重复设置的公路站卡。但是，“三乱”问题由来已久，清理工作牵涉面广，涉及各方面的利益，既复杂，难度又大，还要做大量工作，对成绩不能估计过高。

李鹏说，“三乱”是产生腐败的温床，治理“三乱”既是人民群众的迫切要求，又是党中央、国务院的重要决定。它对于改善和密切党和群众的关系、治理经济环境、整顿经济秩序、清除腐败现象都具有十分重要的政治经济意义，而且对搞活大中型企业、为企业创造比较宽松的外部环境也会起到重要的作用。因此，各级政府要进一步提高认识，把思想认识统一到党中央和国务院的决定上来。要下更大的决心，不能三心二意。治理工作触及地方、部门利益时，各级领导要从全局利益出发，严格要求，不可失之过宽。

李鹏对下一步治理“三乱”工作提出具体要求。李鹏说，首先要切实加强领导，中央各部门和省市地县各级领导都要认真负责地抓，而且要把治理“三乱”与正在进行的清理整顿公司、廉政建设、纠正行业不正之风、精简机构等结合起来。

李鹏说，治理“三乱”一是要坚持收费、罚款、集资按法律、法规办事。二是当前对收费、罚款、集资项目的审批权集中到中央和省两级政府。还要抓紧法制建设，把治理“三乱”工作建立在法制的基础上。三是坚持收支两条线，不能坐收坐支，罚没款更不能与本单位的经济收入直接挂钩。四是坚持接受群众监督和舆论监督，有关收费、罚款、集资的规定和执行情况，能公开的要尽量公布于众。与此同时，要提高执法执罚人员的素质，加强队伍建设。李鹏强调，国务院各部委要作表率，带头治理“三乱”。对于各地区清理到下属单位的问题，应当积极配合，不要干预或说情护短。

在谈到治理“三乱”的时间时，李鹏说，时间要服从质量，但今年下半年要集中精力进行治理，并且要确定重点部位和重点问题，务必抓出成效。治理“三乱”决不是干一阵子就能解决问题的，要常抓不懈。

李鹏最后说，治理“三乱”工作不是一个部门的事，也不单单是某一级政府的事，而是涉及各部门职权、带有综合性质的事，因此要加强协作，密切配合，互相支持。当前，任务重，时间紧，人民群众对我们抱有很大的期望。我们一定要下定决心，上下共同努力，完成好党中央、国务院交给的任务。

国务院总理李鹏在人民大会堂会见联合国教科文组织总干事费德里克·马约尔

在会见中李鹏说，联合国教科文组织是联合国的主要机构之一，它的工作涉及人类社会发展的许多重要领域。中国政府一向重视同联合国及其所属机构的关系。我们将一如既往地支持和参与联合国教科文组织的各项活动。

李鹏说，我们也欢迎联合国教科文组织在中国举办讲座、研讨会、培训班等活动，以便进一步促进我国教育、科学文化事业的发展。

李鹏强调说，中国今后经济的发展主要靠两个方面：一靠科技进步；二靠提高人的素质。这次在我国山东省召开的国际研讨会以农村教育为主题，是很有意义的。中国有11亿人口，其中8亿在农村，农村教育与城市相比仍有很大差距，因此农村教育仍面临艰巨的任务。

中共中央政治局常委乔石在人民大会堂会见由总检察长穆罕默德·巴德尔·尤素夫·米尼亚维率领的埃及检察代表团

国务委员兼外交部部长钱其琛同朝鲜政务院副总理兼外交部部长金永南在平壤万寿台议事堂举行会谈

出席联合国经社理事会会议的中国代表张希林在联合国经社理事会会议上提出中国政府禁毒六点建议

张希林在会上提出中国政府关于从根本上解决毒品问题的6点建议：

第一，各国应采取国家一级综合治理的方针，制定多学科、多部门的行动计划，以便从根本上解决毒品问题。

第二，各国和联合国有关机构以及其他国际组织应切实、全面地执行全球禁毒行动纲领和系统行动计划中的各项任务。

第三，各国，特别是主要毒品消费国应采取有效措施，大幅度减少非法需求。

第四，实行禁毒与发展相结合的方针，有效支持毒品生产国发展替代毒品的经济作物。

第五，有关各方应就执行区域禁毒战略达成双边或多边协议。

第六，毒品主要消费国和其他有能力的国家应为国际禁毒提供更多的捐款。

在谈到中国国内的毒品问题时，张希林说，在国际贩毒集团的渗透和刺激下，在中国已绝迹30多年的毒品祸害又死灰复燃。张希林说，对于毒品问题，中国政府的立场是明确和坚决的，并已采取一系列的措施。中国政府将继续努力以实际行动为国际禁毒斗争作出自己应有的贡献。

外交部副部长刘华秋同美国副国务卿巴塞洛缪在北京会谈

刘华秋同美国副国务卿巴塞洛缪在钓鱼台国宾馆，就中美双边关系和共同关心的国际问题，特别是武器不扩散等军备控制问题进行会谈。

国家主席杨尚昆根据全国人大常委会决定任免驻外大使

免去陈德和的中国驻委内瑞拉共和国大使职务。

任命黄志良为中国驻委内瑞拉大使。

外交部发言人对梵蒂冈宣布教皇任命龚品梅为红衣主教表示遗憾

中国外交部发言人在回答记者提问时说，梵蒂冈最近宣布教皇任命龚品梅为红衣主教是对中国内政的干涉，是不能接受的。

发言人说，“这种做法只会对中梵关系的改善设置新的障碍。我们对此表示遗憾。”

6月18日

第四届全国十大最佳合资企业颁奖大会在人民大会堂举行

全国人大常委会副委员长陈慕华、全国政协副主席谷牧参加颁奖大会，并为“十佳”合资企业的代表颁奖。田纪云副总理为大会发来贺信。

“十佳”合资企业评选活动由《经济日报》、《中华工商时报》主办，国家计委、经贸部、国务院特区办、国家税务局、外商投资企业协会参加共同评出。

获得“十佳”荣誉称号的合资企业是：深圳中华自行车(集团)有限公司、深圳康佳电子有限公司、上海贝尔电话设备制造有限公司、中国惠普有限公司、广州美特容器有限公司、上海耀华皮尔金顿玻璃有限公司、中国迅达电梯有限公司、上海易初摩托车有限公司、北京吉普汽车有限公司、上海大众汽车有限公司。

国务院确定国家在“八五”期间每年动用10亿公斤粮食(价值10亿元)或等价工业品继续在贫困地区开展以工代赈

国务院副总理田纪云在吉林省考察

6月18日至23日，田纪云分别由吉林省委书记何竹康、省长王忠禹等人陪同，先后考察了延边朝鲜族自治州和长春、公主岭、农安、吉林等地。

田纪云在吉林省考察后提出，要冷静地认识农业的基础地位，决不放松粮食生产，要采取切实措施解决卖粮难、储粮难，保护农民种粮积极性；也要探索粮食经营体制改革，逐步扩大放开经营部分，搞活粮食流通。

国务院副总理朱镕基结束对黑龙江考察

朱镕基在结束对黑龙江省考察时说，当前要加强对工业生产的领导，要真正下功夫抓质量，抓品种，抓效益。

朱镕基说，改革开放以来，黑龙江的变化很大，工农业生产有很大发展，工作取得了很大成绩。当前存在的部分大中型企业亏损问题，除了“三角债”等因素以外，企业缺乏产品转换能力，市场适应性差，也是一个重要原因。如何进行产业和产品结构的调整？朱镕基认为，单纯靠基本建设，时间长、投资大、困难多，除了进一步加强技术改造、新产品开发和企业管理特别是质量管理以外，还要继续深化改革，多在企业组织结构调整上做文章。要根据实际情况，利用国营大中型企业的技术优势和规模效益，组织企业集团，推进企业兼并。如亚麻行业是黑龙江的一个优势，但目前只有哈尔滨亚麻厂经营较好，其他亚麻厂大都亏损，因此，要考虑以哈尔滨亚麻厂为龙头，在利益分配比较合理的情况下，组织一个贸工农相结合、产供销一条龙，从亚麻种植到产品深加工的全省的亚麻集团。有这样一两个集团，就会对改变黑龙江“重工业太重、轻工业太轻”的状况起到很大的促进作用。

朱镕基认为，一些老企业负担太重，如子女安排都由企业背起来，吃国家、企业的大锅饭，是个很大的问题。发展集体企业和乡镇企业是解决这个问题的一条出路。但是，不能用办国营企业的办法来发展集体企业和乡镇企业，可以考虑和国营企业联营，如利用主体厂的边角余料，综合利用，协作配套，生产一些投资少、见效快、适销对路的产品，还要大力发展第三产业。

国务院住房制度改革领导小组组长国家体改委主任陈锦华在国务院房改领导小组召开的新闻发布会上发表讲话

陈锦华在会上通报领导小组贯彻国务院《关于继续积极稳妥地开展城镇住房制度改革的通知》的部署。

陈锦华说，既要积极又要稳妥、既要统一政策又要分散决策地推进住房制度改革，住房制度改革的根本目的还是要尽快改善人民的居住条件，要达到这一目的，就必须从制度上、机制上改革传统的住房制度。

陈锦华说，今后，要紧紧围绕以下几个方面做住房制度改革的文章：坚持把提租作为房改的基本点；出售住房加快资金循环；加强住房金融体制配套改革；发展集资建房、合作建房，建立住房基金；重视投资与建设体制的配套改革。

对于调整公房低租金，陈锦华指出，这是住房制度改革的核心环节，《通知》把提租作为一个基本思路，在今年内公有住房租金都要进行合理调整。我们设想在今后10年里逐步把租金提高到5项成本水平（即：按照维修、管理、折旧、利息、房产税5种因素成本计租，每平方米月租约为1.56元），住房建设投入资金基本能回收，初步奠定依靠住房自身积累进行良性循环的基础。国务院的通知指出，在起步时，考虑到居民的承受能力，可以采取分步提租的办法。各地房改方案如采取提租和相应补贴的办法，应以“多提少补”为宜。要兼顾居民的承受力，据测算，目前职工工资含量中有5%左右的住房消费成分，应该在调整租金中将这部分收入转为住房消费的支出，因此在这个幅度内提租就可以不补贴或少补贴；超过这个幅度的，可以结合价格和工资改革，逐步把住房消费支出增加的因素纳入工资构成。

对出售公房问题，陈锦华认为，我国属低工资制国家，在新的住房制度建立过程中，对职工家庭以优惠性质的标准价购房，规定拥有相应的产权，是逐步实现住房商品化起步的政策。售房优惠政策和措施应多从分期付款的期限长短和利率的高低以及减免税收等方面去落实，不要一味在降低售价上做文章。

陈锦华指出，机关干部收入较低，除了政府提供住房的福利外，较少其他收入和福利来源。一些老干部住房面积较大，这是历史形成的。若对这两部分人不加区别地、按照住房制度改革的统一政策参加房改，执行起来将有相当大的困难，这将带来人才的不合理流动，造成国家机关干部队伍素质的下降。因此，要尽快研究制定机关干部和老干部住房改革的总的政策措施，加以宏观指导，妥善解决。

陈锦华强调，房改涉及广大居民的利益，涉及相当数量部门、行业的工作，应力求得到群众的理解和各个方面的支持、协助。这就要求我们坚持群众路线，房改方案、政策、措施都要广泛征求群众意见，集思广益，把所有好的建议都认真研究采纳，让群众真正感受到房改是自已的事，是为了群众自身的利益，进而使他们理解房改、支持房改、参与房改。

首届全国火炬高新技术及产品展交会在深圳国际展览中心开幕

发展中国家环境与发展部长级会议在北京举行

由中国政府发起召开的“发展中国家中国家环境与发展部长级会议”上午开幕。40个发展中国家的部长级代表团、12个国际组织的特邀代表和8个发达国家的观察员近200人出席开幕式。

国务院总理李鹏在会上发表讲话。

中国国务委员宋健也在会上发表讲话。

宋健说，最近几年来，人类对环境与发展的认识越来越深刻，保护全球环境，实现持续发展的意识正在不断高涨，国际社会正在制定有关措施，并开始更大规模的行动。1992年6月在巴西举行的联合国环境与发展大会将把解决全球环境与发展问题推向高潮，一个更全面、更广泛、更有效的国际合作新格局将可能形成。但是，对广大发展中国家来说，既面临着全球环境问题的威胁，也存在着本国生态环境恶化的困扰，肩负着保护环境与发展经济、摆脱贫困的双重压力，这是我们面临的严峻现实。

宋健说，这次会议，在广泛深入交换意见的基础上形成共识，对于我们有效地参与全球环境与发展领域的国际行动，并发挥积极作用，将会产生新的推动力。

国务院总理李鹏在发展中国家环境与发展部长级会议上发表题为《共同推进环境与发展国际合作》的讲话

主席先生，尊敬的各国代表和来宾，女士们、先生们：

首先，我代表中国政府，并以我个人的名义，对“发展中国家环境与发展部长级会议”的召开表示热烈祝贺，衷心感谢各国代表、观察员和来宾接受中国政府的邀请，从世界各地来到北京参加这次重要的会议！借此机会，我也向为筹备这次会议作出贡献的各国政府官员和专家表示感谢。

全球环境和发展问题，是世界各国共同关心的焦点。在今天的世界上，既面临着全球环境恶化的严峻挑战和威胁，也存在着繁荣和发展的机遇和活力。如何迎接挑战，有效地解决环境问题，实现持续发展的目标，使我们的子孙后代能够有一个永续利用和安居乐业的星球，是人类必须作出的回答和抉择。

占世界人口大多数的发展中国家，有着十分相近的经济背景和共同的发展要求，在解决全球环境与发展问题的进程中，可以互相借鉴、加强合作，为谋求全人类协调一致的行动，发挥重要的影响和积极的作用。今天，我们聚会在这里讨论全球的环境与发展问题，集思广益，目的就在于找到一条保持地球生态系统平衡和实现良性循环的发展道路。

目前，我们发展中国家面临着发展经济和保护环境的双重任务。许多发展中国家长期处在贫困和落后状态。他们低价出售原料，高价买进工业制成品，财富继续向发达国家流动和积累，资源被大量消耗，生态环境受到严重破坏。因此，只有改变不合理的经济秩序，消除贫困，促进发展，发展中国家才能既保护自己的环境，又能更好地参与全球环保合作。我们发展中国家必须走符合自己国情的发展道路，不要重蹈历史上某些发达国家为实现工业化而不顾生态环境的覆辙，尽量做到经济增长和环境保护协调发展。广大发展中国家曾经为人类文明作出过不可磨灭的贡献，现在正为摆脱贫困、改善环境而艰苦奋斗，表现出对人类共同利益高度负责的精神。我们召开这次会议，就是这一精神的集中体现。

主席先生，

环境问题作为一个重要的课题，已经在国际讲坛上占据突出的地位。不论是发展中国家长期深受其害的土地退化、水土流失和沙漠化等问题，还是近年来提上国际议事日程的气候变化、臭氧层耗损和生物物种多样性消失等问题，都已跨越了国家或地区的界限，成为全球性的问题。这些问题的产生和演变，与经济和社会发展有着密切的联系。它们所造成的后果，不仅影响当代人，而且将延续到子孙后代。解决这些问题，需要世界各国和地区协调一致的努力和开展卓有成效的合作。发展经济和保护环境是建立国际新秩序的一个重要组成部分。具体来说，我们认为应该包括以下主要内容：

——国家不论大小、贫富，都有参与国际环境保护与发展事务的权利，在这一方面，大国负有特殊的责任和义务；

——各国有权根据自己的情况决定经济发展和环境保护战略，各国对其自然资源、生物物种享有永久主权；

——应该兼顾处于不同自然条件和不同发展程度的国家的利益，在国际环境立法中充分反映占世界人口大多数的发展中国家的需要；

——应该明确造成目前环境恶化的历史和现实的主要责任，同时体现公平和有区别责任的原则；

——对发展中国家面临的环境问题应给予足够的重视，并不失时机地加以解决；

——发展中国家应加强自身的环保努力，同时，国际社会应向这些国家提供必要的资金和技术援助，从根本上增强发展中国家参与全球环境和发展合作的能力。

历史和现实还告诉我们，各国发展经济、保护环境，需要和平与稳定的国际条件。今天，世界正处在新旧格局交替之际，形势动荡不安。事实证明，大规模战争和地区冲突不仅威胁人类生存，而且对环境造成很大的破坏。因此，我们主张在国际事务中应遵循以下原则，即尊重国家主权和领土完整，互不侵犯，互不干涉内政，平等互利及和平共处。这是实现经济持续发展和改善全球环境的必要条件。

中国政府十分重视生态环境保护工作，把环境保护作为一项基本国策，努力实现经济建设与环境保护的协调发展。当然，同大多数发展中国家一样，中国在环境与发展问题上，同样面临着艰巨而繁重的任务。在本世纪最后10年里，我们将坚持改革开放和稳定发展的方针，在经济发展的同时，把环保工作提高到一个新的水平。与此同时，我们将与世界各国和地区开展广泛的合作和交流，在保护全球环境的事业中，作出自己的贡献。

主席先生，女士们，先生们，中国政府坚决支持1992年联合国环境与发展大会的召开，并积极参与1992年大会的筹备过程。我们认为这是一次具有重大意义的国际会议，希望这次会议在推动国际环境合作，促进世界经济发展方面取得更大成就。

我衷心希望通过这次在北京召开的会议，在发展中国家之间建立起更加紧密的联系，也使发达国家更多了解发展中国家所关切的问题，从而共同为推动1992年联合国环境与发展大会的成功召开和为全球环境与经济的健康发展作出更大的贡献。谢谢！

中日友协名誉会长王震在人民大会堂会见并宴请日本前首相宇野宗佑

中央军委副主席刘华清在钓鱼台国宾馆就中美关系及军备控制等问题与美国副国务卿巴塞洛缪会谈

中国新任驻伊朗大使华黎明向伊朗总统拉夫桑贾尼递交国书

中国天主教主教团、爱国会和教务委员会就罗马教廷委任龚品梅为枢机主教一事联名发表声明

最近，罗马教廷公布了委任龚品梅为枢机主教的决定，这是违背中国天主教独立自主自办教会原则的，是对中国天主教事务的干涉。我们绝对不能接受。

众所周知，龚品梅是在新中国成立之初，因破坏政府法令、政策的实施，犯反革命叛国罪而被依法判刑的。罗马教廷在龚品梅服刑期间秘密委任他为枢机主教，事隔十二年又公布这一决定，这是它企图重新控制中国天主教、分裂中国教会的又一次暴露。中国天主教的广大神长教友坚决反对罗马教廷的这一决定。

中国天主教遵循我国宪法关于“宗教团体和宗教事务不受外国势力支配”的决定，为了维护国家的独立、主权和圣教会的利益，依据圣经和宗徒传教的传统，选择了独立自主自办教会和自选自圣主教的道路。我们重申，中国天主教广大神长教友将继续坚持爱国爱教的立场，坚持独立自主自办教会的原则，把中国天主教的圣善事业办得更好。

解放军总政治部通报表彰基层党委党支部和党员

《通报》要求，全军各级党组织和广大共产党员都要向受表彰的先进党委、先进党支部和优秀党员学习。通报希望受表彰的先进党委、先进党支部和优秀党员珍惜荣誉，谦虚谨慎，戒骄戒躁，不断做出新的更大的成绩。全军各级党组织、共产党员和广大干部战士要更加紧密地团结在以江泽民同志为核心的党中央、中央军委周围，增强历史责任感，为实现十年规划和“八五”计划确定的宏伟目标，推动我军的革命化、现代化、正规化建设而努力奋斗。

农村教育国际研讨会在山东泰安开幕

研讨会是我国建国以来规模最大、规格最高的一次国际性教育会议。

会议的主要议题是：“如何实现农村教育的大众普及和提高；如何发挥教育在农村发展中的作用”。来自26个国家和8个非政府国际组织的140名代表、观察员出席这次会议。联合国教科文组织总干事马约尔，中国国家教委副主任何东昌、王明达，中国联合国教科文组织全国委员会主任滕藤，山东省副省长宋法棠等出席开幕式。

解放军全军计划生育工作会议在北京召开

全国公安系统党风和廉政建设座谈会在辽宁抚顺召开

6月19日

国务院总理李鹏在钓鱼台国宾馆会见蒙古人民共和国总理达希·宾巴苏伦

发展中国家环境与发展部长级会议在北京闭幕

会议通过旨在推进环境与发展国际合作的《北京宣言》以及会议报告书。

国务委员、本次会议主席宋健主持会议并致闭幕词。

这次发展中国家环境与发展部长级会议，就如何协调保护环境与发展经济的关系，怎样促进有效的国际合作，怎样在保护全球环境和实现持续发展的国际行动中发挥发展中国家的积极作用，怎样实现向发展中国家的资金援助与技术转让等一系列问题进行深入的讨论。会议还研究了如何解决发展中国家紧迫的生态环境恶化问题，回顾和讨论了国际上已经签署的国际法律文书的实施和执行情况，尤其是对正在酝酿和谈判中的《气候变化框架公约》、《生物多样性保护公

语种多、文种多。在55个少数民族中,53个民族有自己的语言(回、满两个民族通用汉语文);解放前,21个民族有自己的文字。50年代,国家帮助10个少数民族创制了文字,帮助一些民族改革或改进了文字。目前,大多数少数民族的多数人以本民族语言为主要交际工具。

党和国家历来重视民族语文工作,根据马克思主义关于民族语言文字平等的原则,制定了一系列关于民族语文的方针、政策和法律,明确规定:各民族都有使用和发展自己语言文字的自由;民族自治地方的自治机关在执行职务的时候,使用当地通用的一种或者几种语言文字;自治机关同时使用几种通用的语言文字执行职务的,可以以实行区域自治的民族的语言文字为主;人民政府帮助少数民族发展使用本民族语言文字的文化教育事业;提倡各民族干部群众互相学习语言文字,在少数民族地区工作的汉族干部要学习当地少数民族的语言文字;少数民族干部在学习、使用本民族语言文字的同时,要学习汉语文;对熟练使用两种以上当地通用语言文字的国家工作人员,应当予以奖励,等等。这些内容分别载诸《中华人民共和国宪法》、《中华人民共和国民族区域自治法》和其他有关的政策、法规。

40多年来,民族语文工作在党中央、国务院的正确领导下,在地方各级党委和政府的领导以及各有关部门的积极支持配合下,认真贯彻执行了党和国家的民族语文政策,取得了显著成绩,特别是党的十一届三中全会以来,民族语文工作认真贯彻实事求是的思想路线,在逐步恢复的基础上有了新的发展;少数民族使用和发展本民族语言文字的自由进一步得到尊重和保障;历来通用的少数民族语言文字得到更加广泛的使用;民族语文的规范化、标准化和信息处理有了可喜的进展;50年代创制和改进的民族文字的试行和推行工作取得一定成效;民族语文的翻译、出版、教育、新闻、广播、影视、古籍整理和学术研究取得了很大成绩,特别是应用科学研究取得了多方面的成果;民族语文教育事业得到了加强,双语文教学体制在部分民族地区开始形成;民族语文工作机构得到恢复和加强,各在民族语文专业人才不断成才,形成了一支具有一定规模的民族语文工作者队伍;建立了一些跨省地区的民族语文协作机构,并积极开展了活动;各民族互相学习语言文字的活动更加广泛地开展起来,少数民族中已有更多的人掌握了双语文。民族语文工作为发展少数民族地区政治、经济和文化事业,增强民族团结,维护社会稳定,促进改革开放和四化建设发挥了积极作用。

但是,现在民族语文工作中还存在着一些问题,主要是:对民族语文工作的指导方针认识还不够明确,贯彻不够得力,有忽视民族语文工作的现象;对民族语文工作缺乏有效管理,在文字的创制和使用等方面存在着各行其是的情况;同时,人员编制和经费不足,也影响了这项工作的顺利开展。

二、我国民族语文工作的方针、任务和措施

我国民族语文工作的实践充分证明,做好民族语文工作,对处理好民族问题,维护和促进民族平等、民族团结和各民族共同繁荣,维护民族地区的稳定,具有重要意义。为此,提出如下意见:

(一)新时期民族语文工作的指导思想和基本方针是:坚持马克思主义语言文字平等原则,保障少数民族使用和发展自己语言文字的自由,从有利于各民族团结、进步和共同繁荣出发,实事求是,分类指导,积极、慎重、稳妥地开展民族语文工作,为推动少数民族地区政治、经济和文化事业的全面发展,促进国家的社会主义现代化建设服务。

(二)新时期民族语文工作的主要任务是:贯彻党和国家的民族语文政策;加强民族语文法制建设;进行马克思主义民族语文理论、政策的宣传;搞好民族语文的规范化、标准化和信息处理;促进民族语文的翻译、出版、教育、新闻、广播、影视、古籍整理事业;推进民族语文的学术研究、协作交流和人才培养;鼓励各民族互相学习语言文字。

(三)贯彻落实民族语文工作的方针和任务的主要措施是:

第一,从实际出发,分类指导,切实做好少数民族文字的使用和推行工作:

对于沿用至今的通用民族文字,要继续做好学习、使用和发展的工作,切实保障在本民族自治地方的政治、经济、文化各个领域的使用,并促进文字的规范化和标准化,使之日臻完善。

对50年代创制和改进的民族文字,试行效果好、受多数群众欢迎的,按规定程序上报批准推行;效果不够理想的,要认真总结,改进完善;效果不好、多数群众不欢迎的,应尊重群众的意愿,不要勉强试行。

提供没有文字或没有通用文字的民族选择一种现有的适用的文字;已选用汉文或其他民族文字的,应尊重本民族的意愿,予以肯定。

对1980年以来各地自行设计的一些民族文字方案,应进一步调查研究和科学论证,严格按照《国务院关于各少数民族创立和改革文字方案的批准程序和实验推行分工的通知》(〔56〕国总族毅字第10号)的规定办理审批手续。

对没有文字的民族是否创制文字的问题,既要尊重各民族使用和发展自己语言文字的自由,又要考虑有利于民族之间的交往和该民族政治、经济、文化的繁荣发展，慎重、妥善地处理。

对少数民族文字的改革和改进，应遵循语言本身的发展规律，尊重本民族多数群众的意愿，慎重、稳妥地进行。

第二，鼓励各民族互相学习语言文字。在少数民族地区工作的汉族干部，要积极学习当地少数民族的语言文字。少数民族干部在学习、使用本民族语言文字的同时，也要积极学习全国通用的普通话和汉文。能够熟练使用两种以上当地通用的语言文字的，应当予以奖励。

第三，按照《中华人民共和国民族区域自治法》规定的精神，以招收少数民族学生为主的学校，有条件的应当采用少数民族文字的课本，并用少数民族语言授课，在适当年级增设汉语文课程，实行双语文教学，推广全国通用的普通话。

要采取有效措施，多渠道、多层次培养民族语文和双语文教师、翻译、编辑和研究人员；增加民族文字的教材和各种读物的数量，提高质量。

要加强民族语文的基础理论、应用理论和民族文字信息处理的科学研究，积极推广和普及研究成果。

第四，加强领导。各级政府要重视民族语文工作，加强对这项工作的领导，从各方面给予关心和支持，帮助解决工作中的具体困难和问题。国家民委要与国家教委、广播影视部、新闻出版署、国家语委、中国社会科学院以及地方有关部门密切合作，互相协调，共同做好少数民族语文工作，要适时组织省、区之间民族语文工作的协作和交流。

以上报告如无不妥，请批转各地遵照执行。

6月20日

中共中央总书记江泽民在中南海会见孟加拉国总理卡莉达·齐亚夫人

国家主席杨尚昆在人民大会堂会见孟加拉国总理卡莉达·齐亚夫人

英国新任驻中国大使麦若彬在人民大会堂向国家主席杨尚昆递交国书

中共中央政治局常委乔石在北京会见捷克斯洛伐克共产党联邦委员会主席卡尼斯和第一副主席格雷贝尼切克

《人民日报》发表《毛岸英给表舅的一封信》并配发编者按

《人民日报》编者按：本报在此刊登的《毛岸英给表舅的一封信》，现在陈列于韶山毛泽东同志纪念馆。这封家信情真意切，感人肺腑，既体现了毛岸英身为刚刚执政的中国共产党的一员及毛泽东之子的高尚人生观，更反映了毛泽东同志对子女、对亲属的严格要求。

毛岸英幼年曾同母亲杨开慧一起坐过牢，母亲牺牲后流落街头，后来去苏联学习。一九四六年初，回到延安，遵从父亲的安排到农村去上“劳动大学”。五十年代初，朝鲜战争爆发，毛主席又把岸英送到朝鲜前线。中华人民共和国中央人民政府主席的儿子在抗美援朝保家卫国的战场上牺牲了。新近上映的影片《毛泽东和他的儿子》，情景交融地再现了这段历史，感人泪下。建议盼望党风根本好转、党群关系更加密切、党的事业进一步兴旺发达的同志们读一读此信，并从这封四十多年前的家书中得到教益。

三立同志：

来信收到，你们已经参加革命工作，非常高兴。你们离开三福旅馆的前一日，我曾打电话与你们，都不在家，次日再打电话时，旅馆职员说你们已经搬走了。后接到林亭同志一信，没有提到你们的下落。本想复他并询问你们在何处，却把他的地址连同信一齐丢了(误烧了)，你们若知道他的详细地址望告。

来信中提到××“希望在长沙有厅长方面位置”一事，我非常替他惭愧。新的时代，这种一步登高的“做官”思想已是极端落后了，而尤以通过我父亲即能“上任”，更是要不得的想法。新中国之所以不同于旧中国，共产党之所以不同于国民党，毛泽东之所以不同于蒋介石，毛泽东的子女妻舅之所以不同于蒋介石的子女妻舅，除了其他更基本的原因以外，正在于此：皇亲国戚仗势发财、少数人统治多数人的时代已经一去不复返了。靠自己的劳动和才能吃饭的时代已经来临了。在这一点上，中国人民已经获得根本的胜利。而对于这一层，××恐怕还没有觉悟。望他慢慢觉悟，否则很难在新中国工作下去。翻身是广大群众的翻身，而不是几个特殊人物的翻身。生活问题要整个解决，而不可个别解决。大众的利益应该首先顾及，放在第一位。个人主义是不成的。我准备写信将这些情况坦白告诉××他们。

反动派常骂共产党没有人情，不讲人情，如果他们所指的是这种帮助亲戚朋友、同乡同事做官发财的人情的话，那么我们共产党正是没有这种“人情”，不讲这种“人情”。共产党有的是另一种“人情”，那便是对人民的无限热爱，对劳苦大众的无限热爱，其中也包括自己的父母子女在内。当然，对于自己的近亲，对于自己的父、母、子、女、妻、舅、兄、弟、姨、叔，是有一层特别感情的，一种与血统、家庭有关的人的深厚感情的。这种特别感情，共产党不仅不否认，而且加以巩固并努力于倡导它走向正确的与人民利益相符合的有利于人民的途径。但如果这种特别感情超出了私人范围并与人民利益相抵触时,共产党是坚决站在后者方面的,即“大义灭亲”亦在所不惜。

我爱我的外祖母,我对她有深厚的描写不出的感情,但她也许现在在骂我“不孝”,骂我不照顾杨家,不照顾向家;我得忍受这种骂,我决不能也决不愿违背原则做事。我本人是一部伟大机器的一个极普通平凡的小螺丝钉,同时也没有“权力”,没有“本钱”,更没有“志向”来做这些扶助亲戚高升的事。至于父亲,他是这种做法最坚决的反对者,因为这种做法是与共产主义思想、毛泽东思想水火不相容的,是与人民大众的利益水火不相容的,是极不公平、极不合理的。

无产阶级的集体主义——群众观点与资产阶级的个人主义——个人观点之间的矛盾正是我们与××他们意见分歧的本质所在。这两种思想即在我们脑子里也还在尖锐斗争着,只不过前者占了优势罢了。而在××的脑子里,在许多其他类似××的人的脑子里,则还是后者占着绝对优势,或者全部占据,虽然他本人的本质可能不一定是坏的。

关于抚恤烈士家属问题,据悉你的信已收到了。事情已经转组织部办理。但你要有精神准备,一下子很快是办不了的。干部少事情多,湖南又才解放,恐怕会拖一下。请你记住我父亲某次对亲戚说的话:“生活问题要整个解决,不可个别解决。”这里所指的生活问题,主要是指经济困难问题,而所谓整个解决是指工业革命、土地改革、统一的烈士家属抚恤办法等,意思是说应与广大的贫苦大众一样地来统一解决生活困难问题,在一定时候应与千百万贫苦大众一样地来容忍一个时期,等待一个时期,不要指望一下子把生活搞好,比别人好。当然,饿死是不至于的。

你父亲写来的要求抚恤的信也收到了。因为此事经你信已处理,故不另复,请转告你父亲一下并代我问候他。

你现在可能已开始工作了罢,望从头干起,从小干起,不要一下子就想负个什么责任,先要向别人学习,不讨厌做小事、做技术性的事。我过去不懂这个道理,曾经碰过许多钉子,现在稍许懂事了——即是说不仅懂得应该为人民好好服务,而且开始稍许懂得应该怎样好好为人民服务,应该以怎样的态度为人民服务了。

为人民服务说起来很好听,很容易,做起来却实在不容易,特别对于我们这批有小资产阶级个人英雄主义的没有受过斗争考验的知识分子是这样的。

信口开河,信已写得这么长,不再写了。有不周之处望谅。

祝你健康!

岸英 上

十月二十四日(一九四九年)

《人民日报》发表农工党中央主席卢嘉锡文章《党的阳光照亮爱国知识分子前进道路》

中国第一部大型党建文献资料工具书《中国共产党建设全书》首发式在人民大会堂举行

薄一波、王平、刘澜涛、李德生、王鹤寿等中央领导出席首发式。

李先念为该书题签书名,薄一波作序,王震、宋任穷、王鹤寿题词。薄一波在首发式讲话中指出,这部大型工具书的出版,对总结历史经验教训、推动党建理论研究、加强党的建设和帮助读者了解党的历史,都是有益处的。薄一波说,这套全书是最近出版的党建理论著述中最好的著作之一。

国办发出关于调整全国安全生产委员会组成人员的通知

主　任:朱镕基(国务院副总理)

副主任:李沛瑶(劳动部副部长)

叶　青(国家计委副主任)

陈秉权(全国总工会副主席)

委　员:(略)

上海南浦大桥合龙

全国第一、世界第三大双塔双索面迭合梁斜拉桥——上海南浦大桥实现主桥合龙全桥贯通。

国家工商行政管理局国家烟草专卖局海关总署和公安部联合发出严禁走私香烟通告

《通告》主要内容是:凡在我国境内非法运输、收购、贩卖、窝藏走私香烟的,依照有关法律、法规严肃惩处。

据统计,1990年全国走私香烟达350万件,相当于一个中等省份全年的香烟销量。

取缔走私香烟交易市场。除国家烟草专卖部门指定的国营单位可以销售处理查获的走私香烟外,其他任何单位和个体工商户一律不准销售走私香烟。对其现存的走私香烟,在1991年6月25日起一个月内,交由当地烟草部门统一收购。对伪劣、假冒的走私香烟,一律没收,公开销毁。

查获的走私香烟,一律交国家烟草专卖部门统一收购,并由国家烟草专卖部门指定的国营单位销售处理。被指定的国营单位,只能零售,不准转卖,不准转手倒卖。

中宣部发布表彰先进基层党校和优秀党员教育工作者的决定

党的十一届三中全会以来，在建设有中国特色的社会主义的伟大实践中，涌现出一大批先进基层党校和优秀党员教育工作者。这些长期从事党员教育工作的单位和个人以强烈的事业心和崇高的使命感，努力加强党的思想建设，为提高党员队伍素质、增强基层党组织的战斗力做了大量卓有成效的工作，在贯彻党的基本路线，推进现代化建设和改革开放事业中发挥了积极的作用。中共中央宣传部决定，对在党员教育工作中做出突出成绩的 59 所先进基层党校和 102 名优秀党员教育工作者给予表彰。

我们希望受表彰的先进基层党校和优秀党员教育工作者，发扬成绩，总结经验，谦虚谨慎，开拓前进，精益求精地做好自己的工作，努力提高党员教育工作的水平，为加强党的思想建设和基层党组织的建设作出更大贡献。同时，我们要求党的各级宣传部门、遍布全国的 5 万多所基层党校和所有从事党员教育工作的同志们，以受表彰的先进单位和先进工作者为榜样，忠诚于党员教育事业，努力提高思想、理论、政策和业务工作水平，在党员中深入进行马列主义、毛泽东思想基本理论、党的基本路线、党的基本知识的教育，促进和保证基层党组织战斗堡垒作用和党员先锋模范作用的进一步发挥。我们要坚定地执行以江泽民同志为核心的党中央作出的重大决策，继续聚精会神地抓好党的建设，特别是抓好党的思想建设，团结、教育全体党员自觉沿着建设有中国特色的社会主义道路前进，为完成党和国家制定的十年规划和"八五"计划的各项任务而奋斗。

全国先进基层党校优秀党员教育工作者表彰会在北京举行

职业教育先进单位表彰会在北京召开

劳动部、国家教委、国务院生产委、人事部、全国总工会、中国职工教育和职业培训协会、中国成人教育协会联合召开大会，表彰职工教育的先进单位。

新华书店总店被授予"全国职工教育先进单位"称号

劳动部、国务院生产委员会、国家教委、人事部、全国总工会、中国职工教育和职业培训协会、中国成人教育协会联合授予新华书店总店"全国职工教育先进单位"称号。

中共中央政治局常委李瑞环出席在西安开幕的西北地区首届胜利奖话剧节

中国最大的现代化历史博物馆陕西历史博物馆在西安开馆

公安部最高人民法院最高人民检察院联合发出《关于严厉打击盗窃破坏国防通讯线路设备犯罪活动的通知》

各省、自治区、直辖市公安厅(局)、高级人民法院、人民检察院：

针对盗窃破坏国防通讯线路设备犯罪的特点和当前工作中存在的问题，特作如下通知：

一、保卫国防通讯线路设备的安全是公安机关、检察院、法院的重要职责。

二、盗窃破坏通讯设备的犯罪分子是当前"严打"斗争的重点对象之一。各地、各部门要按照"严打"工作总的部署，专门就打击盗窃破坏国防通讯线路设备的违法犯罪问题进行一次研究，检查、落实各项打击、防范措施。情况严重的地区，要及时开展有声势的专项斗争。

三、要依法从重从快处罚盗窃破坏国防通讯线路设备的犯罪分子，坚决克服处理偏轻的现象。公安机关对抓获的犯罪分子要抓紧审结移送检察院，不得以罚代刑。

四、切实贯彻"谁主管谁负责"的原则，强化防范措施。主管部门和单位领导要切实负起责任，除军队内部加强管理外，地方要对本辖区内的国防通讯线路设备实行属地保护，同时做好地区之间、部门之间、地方和军队之间的协作。

五、加强对废旧金属收购行业的管理，坚决堵塞销赃渠道。发生这类案件较多的地区，公安机关要调查摸清赃物流向，与有关部门协同开展废旧金属收购行业的整顿。要对废旧金属收购站、点逐一重新审查核定。尤其要采取切实可行的措施把游动的个体收购人员管紧管严。

六、要在党委、政府的领导下广泛开展群众性保护国防通讯线路设备的工作。要注重宣传，充分利用报纸、广播、电视及标语等多种渠道、多种形式向广大群众宣传《军事设施保护法》等法律、法规，增强群众的守法意识和维护国防通讯线路设备的责任感，形成护线光荣、毁线可耻的社会风气，积极同违法犯罪分子作斗争。

6月21日

七届全国人大常委会第二十次会议开幕

会议上午在人民大会堂开幕。在第一天的全体会议上，与会的常委们听取全国人大有关专门委员会和国务院有关部委对提交审议的有关法律草案审议结果的报告和说明。

全体会议由万里委员长主持。

在全体会议上，全国人大法律委员会副主任委员宋汝棼作中华人民共和国烟草专卖法草案审议结果的报告；听取法律委员会副主任委员项淳一作的关于中华人民共和国文物保护法修正案草案审议结果的报告；听取法律委员会副主任委员顾明作的关于中华人民共和国水土保持法草案审议结果的报告；听取国务委员兼国家教委主任李铁映作的关于中华人民共和国未成年人保护法草案的说明；听取司法部副部长金鉴代表司法部部长蔡诚所作的关于中华人民共和国收养法草案的说明；听取全国人大常委会法制工作委员会副主任顾昂然作的关于严禁卖淫嫖娼的决定草案和关于严惩拐卖、绑架妇女、儿童的犯罪分子的决定草案的说明。

常委们还听取交通部部长黄镇东作的关于建议我国批准制止危及海上航行安全非法行为公约及制止危及大陆架固定平台安全非法行为议定书的说明；听取了外交部副部长刘华秋作的关于中华人民共和国和古巴共和国、阿根廷共和国领事条约的说明。

出席全体会议的副委员长有彭冲、赛福鼎·艾则孜、严济慈、荣毅仁、叶飞、倪志福、陈慕华、费孝通、孙起孟、雷洁琼、王汉斌。

国务委员兼国家教委主任李铁映、最高人民检察院检察长刘复之列席会议。

国务院决定每年的6月25日即《中华人民共和国土地管理法》颁布的日期为全国"土地日"

第七届全国人大常委会第二十次会议对《关于严禁卖淫嫖娼的决定(草案)》作具体规定和补充修改

全国人大常委会法制工作委员会副主任顾昂然，在七届全国人大常委会第二十次会议上作关于严禁卖淫嫖娼的决定草案的说明时说，近年来，在一些地方，卖淫嫖娼活动又蔓延起来，严重败坏社会风气，使早已根绝的性病死灰复燃，危害社会治安秩序，必须坚决取缔。法制工作委员会起草的关于严禁卖淫嫖娼的决定草案，对刑法和治安管理处罚条例的有关规定作了补充修改。

顾昂然说，决定草案进一步具体规定：第一，严惩组织卖淫的犯罪活动。决定草案规定："组织卖淫的，处三年以上十年以下有期徒刑，并处一万元以下罚金；有下列情形之一的，处十年以上有期徒刑、无期徒刑或者死刑，并处没收财产：(一)组织卖淫的首要分子；(二)使用暴力、胁迫手段组织他人卖淫的；(三)组织卖淫有其他严重情节的。"

第二，对强迫他人卖淫犯罪特别严重的情节，决定草案作了具体规定：强迫他人卖淫，有下列情形之一的，处十年以上有期徒刑、无期徒刑或者死刑，并处没收财产：(一)强迫不满十四岁的幼女卖淫的；(二)强迫多人卖淫的；(三)以强奸或者其他恶劣手段迫使他人卖淫的；(四)强迫他人卖淫，致人重伤死亡的。

第三，对以牟利为目的，引诱、容留、介绍他人卖淫嫖娼的，决定草案规定，处五年以下有期徒刑或者拘役，并处五千元以下罚金；情节严重的，处五年以上有期徒刑，并处一万元以下罚金。由于社会上经常介绍卖淫的"皮条客"日益增加，危害严重，因而增加规定介绍卖淫罪。

顾昂然说，为了更有效地禁止卖淫嫖娼，决定草案对治安处罚条例作了补充：因卖淫嫖娼被公安机关处理后又犯的，实行劳动教养，并处五千元以下罚款；对卖淫人员，可以由公安机关会同民政等有关部门强制集中进行法律、道德教育和生产劳动，学习生产技术，使他们改掉恶习。对卖淫嫖娼人员，一律强制进行性病检查；对患有性病的，进行强制治疗。对明知自己患有梅毒、淋病卖淫嫖娼的，规定处五年以下有期徒刑、拘役或者管制，并处五千元以下罚金。还规定嫖宿不满十四岁幼女的，以强奸罪论处。

顾昂然说，一些旅馆、饭店、浴池、咖啡厅、出租汽车公司等服务行业和舞厅、娱乐场所等单位的负责人，明知本单位有卖淫嫖娼活动放任不管，有的甚至直接参与或纵容包庇这类违法活动，使这些单位成为卖淫嫖娼活动场所。决定草案针对上述单位存在的问题，分别不同情况，作了规定。

中共中央总书记江泽民国务院总理李鹏等党和国家领导人观看影片《开天辟地》

中央社会治安综合治理委员会第二次全体会议在北京召开

中共中央政治局常委中央社会治安综合治理委员会主任乔石在会上讲话指出，从上半年的情况看，我国经济继续向好的方面发展，政治安定，社会秩序也比较好。这说明经过努力，我们实施"八五"计划和十年规划已经有了一个良好的开端。但是，经济建设和社会生活中还存在着许多复杂的矛盾和问题，要巩固和发展目前比较好的政治、经济形势，实现第二步战略目标，全党同志和全国人民还必须毫不懈怠地作出巨大的努力。维护社会治安的稳定，保障社会主义现代化建设有一个良好的社会环境，仍然是一项繁重的任务。

要使“维护治安人人有责”、“维护稳定人人有责”的口号真正深入人心，成为各级领导干部和广大人民群众的自觉行动。

乔石在讲话中希望各部门的领导都能重视和关心社会治安综合治理工作，并对本部门本系统参与综合治理的工作认真作出计划和安排，并狠抓落实。同时，还要进一步动员和组织全社会的力量，都来关心和参与社会治安综合治理工作，真正形成齐抓共管的局面。涉及哪个部门的工作，就由哪个部门去负责落实；涉及几个部门的工作，有关部门之间要密切协作，共同抓好。

乔石强调，“严打”始终是综合治理的首要环节，这一条千万不能动摇。但是，“严打”必须与巩固成果的工作紧密结合起来，必须与综合治理的其他措施衔接配套。不狠抓综合治理各项措施的落实，“严打”的成果就无法巩固。

中国国际友好联络会名誉会长王震在人民大会堂会见由美国夏威夷中华总商会会长彭国强率领的夏威夷 1991 年度水仙花皇后访华团

解放军总参谋长迟浩田在钓鱼台国宾馆会见并宴请苏联国防部副部长兼总后勤部部长阿尔希波夫大将

中国核动力研究设计院在四川研究成功世界第二座脉冲反应堆

世界上第二座脉冲反应堆日前在四川建成并投入运行。

新建成的脉冲反应堆的额定功率为 1 兆瓦，是一种多用途座池式实验研究堆，与其他反应堆相比，脉冲反应堆不仅能进行稳态运行，还能进行独特的脉冲运行，即在约 0.1 秒的时间内把脉冲棒弹出堆芯，从而使堆功率及中子通量密度瞬间达到稳定状态额定值的数千倍，之后又自动恢复正常运行。

6 月 22 日

中共中央总书记江泽民在中南海会见由总裁克拉伦斯·马奎图率领的南非泛非主义者大会代表团

中国共产党创始人之一李大钊铜像揭幕仪式在河北省乐亭县大黑坨村举行

陕甘宁盆地发现世界级大气田

新华社电：从长庆石油勘探局获悉，陕甘宁盆地天然气勘探开发，近日获重大突破性进展。一个国内最大的世界级大气田已控制在手，更大范围内天然气前景展示良好的大气区在望。这给西北贫困地区的人民带来福音，并将对我国国民经济发展发挥重要作用。

气田所在的整个 1.5 万平方公里区域内，天然气储量的前景展示也十分喜人。现在，这个大气田还未探到边缘，含气面积随着勘探进展还在不断扩大。

这个大气田勘探开发进展快，投资少，成果大。气田均匀连片，工业开采价值很高，经济效益显著。

中共中央总书记国家主席江泽民在中南海会见美国加利福尼亚大学伯克莱分校终身荣誉教授国际公司董事长林同炎先生和夫人

国务委员兼外交部部长钱其琛在钓鱼台国宾馆会见叙利亚外交部副部长尤素福·夏库尔

全国总工会决定向雷锋式的好工人李放追授优秀工会积极分子称号颁发五一劳动奖章

6 月 23 日

《人民日报》发表中共中央政治局常委宋平为《党的建设丛书》所作序言

为了纪念建党 70 周年，《党的建设丛书》由天津人民出版社出版了。这套书根据中国共产党的建党理论和实践，对党的建设问题作了较为系统的阐述，为广大党员学习党的建设理论，做合格的共产党员，提供了一套教材。

中国共产党的诞生，开创了中国历史的新纪元。我们党诞生以来的 70 年，是中国由半殖民地半封建社会转变为社会主义社会的 70 年，是中华民族由“东亚病夫”变为东方巨人的 70 年。这是中国共产党人和党所领导的人民军队流血牺牲换来的，是党领导全国各族人民进行艰苦卓绝的斗争得来的。70 年的历史证明了一条颠扑不破的真理：没有共产党就没有社会主义的中国，没有社会主义的中国，就没有国家的昌盛和人民的幸福。

中国共产党所以能够领导全国人民由胜利走向胜利，是因为中国共产党集中了中华民族优秀的儿女并按照民主集中制的原则组织起来，有统一的意志和统一的行动；中国共产党有战无不胜的马克思列宁主义、毛泽东思想作为指导思想，能够依据实际情况和人民的意愿，制定正确路线和方针、政策；广大党员为了实现党的主张，完成肩负的任务，奋不顾身，艰苦奋斗。正因为如此，党才得到了广大人民群众的信赖和拥护，成为全国人民的领导核心。

革命的路从来都不是笔直的。排除了障碍才能前进，克服了困难就是胜利。70年以来，在中国革命和建设的历史上，我们党经历了一次又一次的考验，由幼稚变得成熟，由弱小变得强大，现在已经是一个在11亿多人口的社会主义大国中的执政党。党所领导的革命和建设事业，在曲折中向前发展，现在已经走上了建设有中国特色社会主义的光明大道。

历史证明，中国革命和建设事业能否取得胜利，关键在于党的领导。党的正确领导，首先取决于党的正确决策。这就要求全党同志，尤其是担负领导工作的共产党员，必须认真学习马克思主义理论，据以指导研究面临的问题，制定出符合客观实际、符合人民利益的政策与措施，带领群众为实现党提出的任务而斗争。在这里，学习理论，深入实际是十分重要的。要通过向马克思主义学习、向群众学习、向社会实践学习，把党员和干部的素质提高到一个新的水平。

社会主义代替资本主义，是历史发展的必然。现在，社会主义遇到了挑战，在某些国家受到挫折。国际敌对势力正在加紧推行和平演变战略。任何反动势力既然是违背历史发展潮流的，即使可以得逞于一时，终究要走向失败，历史的辩证法从来都是如此。抵御外来敌对势力的破坏和颠覆，根本的问题，在于加强和改善党的领导，在于党自身的正确、坚强和团结一致。1989年那场政治风波和近年来国际风云的变化，使我们对于加强党的建设的必要性、重要性和迫切性的认识，更加深刻了。在纪念建党70周年之际，我们希望全党更加重视和加强党的建设，使我们党在社会主义现代化建设中更好地发挥领导核心作用。

中国记协负责人就海峡两岸新闻界双向交流问题发表谈话

中华全国新闻工作者协会负责人在接受中国新闻社记者专访时表示，海峡两岸新闻界双向交流是我们的一贯主张，只要台湾当局诚心实意、口惠实至，取消不合理规定，大陆记者随时准备赴台采访。

针对最近台湾当局有官员称，终止“动员戡乱时期”后，大陆记者赴台采访“更为方便”，欢迎大陆记者早日成行的说法，中国记协负责人说，我们一贯主张海峡两岸新闻界应尽早实现双向交流，这有助于两岸人民增加了解、增进共识。我们早已打开两岸记者交流的大门，对来大陆采访的台湾记者给予了热情的欢迎与接待，没有任何歧视和限制。无论是谁，只要不从事与记者身份不相符的活动，我们都以礼相待，尽量提供方便。凡是正当的采访要求，我们都予以尊重，积极协助安排。几年来，我们已接待台湾记者1700多人次、40多个新闻单位。然而至今大陆记者还没有一人能赴台采访，这是十分不合理的。众所周知，造成这种局面的根本原因是台湾当局人为地设置障碍。现在，台湾当局虽然已经宣布终止“动员戡乱时期”，但并未放弃敌意，仍规定共产党员入台需报备，对大陆赴台人员的身份、职务仍有限制。其制定并仍在施行的大陆记者赴台“作业要点”、“申报须知”及“申请表格”，条件苛刻，政治歧视，申请手续繁杂，不合情理的内容依然颇多。我认为，台湾当局如果真有诚意欢迎大陆记者去台采访，就不要只在口头上说说，而应该尽快在行动上取消种种人为的、不合情理的限制，让大陆记者能够自由地、有尊严地去台湾采访。

对于台湾当局制定的“作业要点”等规定，这位负责人说，有关规定首先是政治歧视，规定中共党员及其外围组织、党派等人士必须填报所谓的“脱离宣告书”。这种规定是很荒谬的。我们对台湾记者从不过问其政治信仰、政治身份，他们也从未因政治身份受到过任何歧视或限制。其次，在申请方式上，台湾当局规定大陆记者要找台湾的新闻单位作为委托人，提供亲笔委托书，再由委托人代为转递“申请书”，还要找保证人，填写保证书。这实际上是对大陆记者的不信任、不尊重，是一种变相的刁难和阻挠。其三，“申请书”栏目繁多，甚至要填写父母、配偶、子女等亲属状况，有如户籍调查。“行程表”要求把每天上午、下午、晚上的行程内容在赴台前一一“翔实”填报，赴台后照表行事，这更是不切实际。

中国记协负责人表示，目前大陆记者赴台采访的关键在于台湾当局能不能尽快取消上述不合理的规定。我们希望他们能真正敞开两岸新闻界双向交流的大门，以实际行动表现出诚意，不要口惠而实不至。只要台湾当局取消了不合理规定，大陆记者随时准备赴台采访。我希望大陆记者能早日成行。

国办批转财政部《关于进一步实施〈会计法〉加强会计工作的请示》

财政部《关于进一步实施〈会计法〉加强会计工作的请示》已经国务院批准，现转发给你们，请遵照执行。

会计工作是一项重要的工作，随着我国有计划商品经济的发展，会计工作在经济管理中将发挥越来越重要的作用。目前，在会计工作中存在着有法不依、执法不严、违法不究的现象，致使财经纪律松弛，会计数据失真，影响经济管理工作，必须引起高度重视。各地区、各部门要加强对会计工作的领导，保障会计人员依法履行职责，切实解决会计工作中存在的问题，充分发挥其在加强经济管理、提高经济效益中的作用。

关于进一步实施《会计法》加强会计工作的请示

改革开放以来，特别是《中华人民共和国会计法》

颁布实施以后，会计工作紧紧围绕经济建设这个中心，为改革开放和发展有计划的商品经济服务，工作面貌发生了较大变化，会计工作在加强经济管理、提高经济效益中的作用越来越大。但是，我国会计工作中有法不依、执法不严、违法不究的现象还比较突出。一是在办理财务收支中不按财务会计制度办事，有的甚至利用会计账目弄虚作假；二是在办理财务收支中坚持原则的会计人员，往往受到阻挠、刁难甚至打击报复；三是对会计工作中的违法违纪问题查处不严，一些涉及打击报复会计人员的案件处理更是困难重重。这些问题，严重损害了国家和人民的利益，干扰了经济工作的正常秩序。为了进一步实施《会计法》，认真解决会计工作中存在的问题，保证国民经济持续、稳定、协调发展，现就加强会计工作中的有关问题提出如下意见：

一、提高对会计工作的认识，充分发挥会计人员在经济活动中的作用。会计工作是经济管理的重要组成部分，切实管好财务收支，充分发挥会计核算和监督的作用，对于加强经济管理、提高经济效益和制止经济生活中的不正之风，保证经济活动有秩序地正常进行都十分重要。当前，各级领导要充分调动和发挥广大会计人员投身"质量、品种、效益年"活动的积极性，通过开展质量成本核算，落实质量责任，增强质量意识，促进产品质量和服务质量的提高。要对不同产品（品种）的盈亏进行核算，为增产盈利产品、消灭亏损产品献计献策。要严格会计制度，加速资金周转，通过制定具体的财务考核办法，将"双增双节"指标分解落实到企业内部单位和每个职工，把责权利有机地结合起来，促使经济效益不断提高。

二、加强会计工作法制建设，保障会计人员依法行使职权。根据治理整顿和深化改革的要求，进一步建立健全各项会计法规、制度，不断完善以《会计法》为中心的会计法规、制度体系。国家统一的会计制度由财政部制定；各省、自治区、直辖市财政部门和国务院主管部门依据《会计法》和国家统一的会计制度制定的会计制度或者补充规定，应报经财政部审核批准或备案；地方各级主管部门制定的会计规定或补充规定，应报同级财政部门审核或备案。

各地区、各部门要认真做好《会计法》的宣传工作，增强各级领导干部的法制观念，积极支持会计人员依法履行职责，绝不允许对坚持原则的会计人员进行刁难和任何形式的打击报复。各级业务主管部门要严格履行《会计法》规定的职责，按照有关规定认真把好所属企事业单位会计机构负责人或会计主管人员的任免关，及时纠正一些单位在会计人员任免上任人唯亲的现象。对于所属单位会计人员反映的问题，必须依法在规定的时限内作出处理决定；对打击报复坚持原则的会计人员的案件，必须依法严肃查处。要大力表彰奖励严于执法、忠于职守、做出显著成绩的会计人员，努力为会计人员依法办事创造良好的环境和条件。

三、广泛深入开展会计工作达标升级活动，切实搞好会计工作的治理整顿。会计工作达标升级活动，是保证完成会计工作治理整顿任务、不断提高会计工作水平的有力措施，也是企业抓管理、上等级必须抓好的基础工作。所有全民所有制企业、事业单位和国家机关、社会团体的会计工作，都应在一九九二年年底或稍长一点时间内达到财政部规定的会计工作"达标"标准。各级财政、财务部门要根据本地区、本部门所属单位的不同情况，提出规划，实行分类指导。各级财政部门和主管部门要严格按照规定的考核内容、标准和工作程序，做好检查、考核、确认工作。凡会计基础工作混乱或有严重违反《会计法》及财经纪律行为的单位，一律不得通过"达标"验收并限期整改。

四、进一步深化会计改革，不断提高会计工作水平。基层单位的会计工作要在做好记账、算账、报账工作的基础上，把会计核算和会计监督的职能扩展到生产、经营、管理活动的各个领域、各个环节，逐步建立起以提高经济效益为目的，以强化内部管理为中心，对经济活动实行全过程、全方位核算和监督的会计模式。要根据经济责任制的不同形式、要求和本单位生产经营特点、内部管理体制，实行责权利相结合的责任会计核算。要积极推广采用现代管理方法和手段，逐步实现会计管理和会计核算手段的科学化、现代化。

会计工作的宏观管理，要适应经济管理体制改革和政府机关职能转变的要求，按照"统一领导、分级管理"的原则，调动和发挥地方、部门管理会计工作的积极性。要适应以社会主义公有制经济为主体、多种经济成分并存和企业经营管理形式多样化的要求，制定并有计划、有步骤地实施具有我国特色的统一会计准则。

五、提高会计人员的政治业务素质，调动和发挥会计人员的积极性。提高会计队伍素质，关键在于进一步抓好在职会计人员的培训。在职会计人员的培训，要按照统一规划、分级负责的原则，有计划、有组织地进行。要在抓好会计人员专业知识培训的同时，高度重视提高会计人员的政治素质，把法制教育、思想政治教育、职业道德教育同专业知识培训紧密结合起来。要稳定会计队伍，充分调动和发挥广大会计人员的积极性。凡实践证明行之有效的政策，如会计专业职务评聘、颁发会计人员荣誉证书、实行《会计证》管理、对有显著成绩的会计人员进行表彰奖励等，都应当坚持并逐步完善。各级领导对会计人员的学习、生活中存在的问题，应及时研究解决。

六、加强对会计工作的领导，完善监督机制。各级财政、财务部门要根据治理整顿和深化改革的要求，加强对全民所有制单位和城乡集体经济组织会计工作的管理，加强对会计师事务所的管理。要把会计事务管理工作列入财政、财务管理议事日程，健全机构，配备和充实必要的干部。要及时总结推广会计工作的先进经验，制定加强会计工作的措施，指导本地区、本部门所属单位做好会计工作。各级财政、税务和审计机关应按国家的法律和有关规定，对各单位的会计工作实行监督；各单位应如实提供会计凭证、会计报表等会计资料，对拒绝、隐匿、谎报者要严肃查处。

人事部国家测绘局在北京人民大会堂召开测绘行业先进班组和劳动模范表彰大会

在表彰大会上，国家测绘局、人事部授予孙刚等40人获"全国测绘行业劳动模范"荣誉称号（享受省、部级劳动模范待遇），授予铁道部专业设计院航测处技术室技术管理组等40个班组"全国测绘行业先进班组"荣誉称号，授予郭金龙等100名"全国测绘行业先进工作者"荣誉称号。

全国工商联第二届企业商品展交会在桂林开幕

国防部部长秦基伟上将在北京会见由国防部第一副部长朱马里·赛雅颂中将率领的老挝高级军事代表团

中国关心下一代工作委员会老艺术家委员会成立大会在北京民族文化宫举行

6月24日

国务院中央军委关于成立全国拥军优属拥政爱民工作领导小组的通知

做好拥军优属、拥政爱民工作，加强军政军民团结，不断巩固和发展全国军民同呼吸、共命运、心连心的新型关系，对于实现我国经济和社会发展的第二步战略目标，建设现代化、正规化的革命军队，具有十分重要的战略意义。为了加强全国拥军优属、拥政爱民工作的领导，国务院、中央军委决定成立"全国拥军优属拥政爱民工作领导小组"（简称全国双拥工作领导小组）。现将有关事项通知如下：

一、全国双拥工作领导小组在国务院、中央军委领导下工作。其主要职责是：统一指导和协调全国的拥军优属、拥政爱民工作，研究解决双拥工作中涉及全国性的问题，制定有关政策、法规；协调处理军地关系中一些重大问题；组织交流情况，推广先进经验，表彰先进典型；承办国务院，中央军委交办的有关事项。

二、全国双拥工作领导小组下设办公室，作为全国双拥工作领导小组的办事机构，负责承办日常工作。

三、全国双拥工作领导小组由下列人员组成：（略）

领导小组各组成单位如调整成员，由所在单位先与全国双拥工作领导小组办公室商量后报领导小组组长批准。

《中国共产党七十年图集》出版

由中国革命博物馆编纂、上海人民出版社出版的《中国共产党七十年图集》近日出版。中共中央总书记江泽民为图集题词："为国为民，矢志不渝；前仆后继，百折不挠；愚公移山，众志成城；任重道远，自强不息。"

《中国共产党百科要览》出版

全面阐述中国共产党的理论与实践的大型辞书——《中国共产党百科要览》与首都读者见面。

陈云题写书名，江泽民、李先念、薄一波题词，宋平作序。江泽民的题词是："发扬党的优良传统和作风，使党的根本宗旨在新的历史条件下，焕发新的光彩。"

全国控制社会集团购买力领导小组加强管理制止集团消费再度膨胀紧急通知

《通知》指出，去年以来，一些单位对控制社会集团消费的思想有所放松，追求高消费的欲望又开始抬头，不顾国情，贪新求洋，争相购买高档消费品的情况相当普遍。这种状况如果任其发展下去，不仅会扩大供求矛盾，还会影响市场物价的稳定，增加财政开支，助长奢侈浪费之风，不利于加强党同人民群众的联系，不利于搞好廉政建设。

《通知》要求，各地区、各部门要坚决把制止集团非生产消费过热的势头作为当前治理整顿工作中的一件大事来抓；各级领导应该率先在思想上"紧"起来、"严"起来，以身作则，带头把关，真正按过几年紧日子的要求安排开支，严禁铺张浪费。

《通知》强调，当前国民经济运行已呈现出全面回升的势头，因此，去年国家为启动市场所采取的对小汽车等高档消费品临时放宽审批的措施，除对编内更新、生产需要以及新建单位申请购买专控商品可酌情审批外，其他不得继续执行。一些地区自行规定的不符合国家政策的放宽措施，必须立即废止。

《通知》重申，今年国家下达的社会集团购买力支出控制指标，各地区、各部门必须逐级核定，层层落实，从严掌握，不得突破；对行政事业单位一般不再批准购置新的设备,对经济效益下降、亏损增加和欠缴税利的企业申请购买非生产性专控商品,也要严加限制或停止审批;小汽车、大轿车、摩托车、空调、录像机、彩电等高档消费品,以及单价在万元以上的其它专控商品必须集中在省级或计划单列市控办审批,不得擅自下放审批权限。

《通知》进一步强调,严禁单位滥发实物、购物券、代金券等公款开支个人消费的行为;严禁以发放劳保用品的名义发放各种"福利"物资,违者严肃处理。

国家重点建设项目齐鲁石化公司三十万吨乙烯工程通过国家竣工验收

国家副主席王震在人民大会堂会见日本沙漠研究所所长中国沙漠治理协力队队长远山正瑛先生

全国人大常委会委员长万里在北京会见由国家小呼拉尔主席副总统拉·贡其格道尔率领的蒙古国家小呼拉尔代表团

《人民日报》发表中共中央书记处书记杨白冰文章《党的绝对领导是我们的建军之魂立军之本》

全国先进基层党校优秀党员教育工作者表彰会在北京结束

会议期间,中共广西壮族自治区靖西县委宣传部等 16 个单位的党员教育工作者介绍了开展马列主义、毛泽东思想基本理论,党的基本路线和党的基本知识教育的经验,从不同侧面和层次反映了"三基本"教育的进展情况。

中宣部常务副部长徐惟诚到会讲了话。他将各地开展"三基本"教育的经验概括为领导重视、重点突出、讲求实效。徐惟诚指出,加强党员教育,提高党员的素质和积极性,是保证实现党的第二步战略目标的迫切需要。要通过教育,使党员了解党的奋斗目标和自己应该承担的具体任务,充分焕发为党和人民事业奋斗、献身的积极性、主动性和创造性。

徐惟诚说,加强党员教育,不断坚定党员的政治信念,提高对错误思潮的识别能力,是反对国内外敌对势力和平演变的战略需要。加强党员教育,端正党员的思想道德作用,是适应深化改革、扩大开放新形势的迫切需要。他要求各级党组织通过自己的工作,促进党的思想建设和队伍建设,使党组织成为领导社会主义现代化建设的坚强核心,成为反对和平演变的坚强堡垒。徐惟诚强调,当前进行党员基本教育的重点,是认真抓好党的历史和党建理论的学习。他认为,在全党普遍进行党史和党建理论的学习,是加强党的建设、提高党员素质、增强党的战斗力的一件大事。因此,必须加强对这项工作的领导,采取切实有力的措施,使这项工作落到实处。

中共中央政治局常委李瑞环出席文化部在北京召开的表彰赴西藏中央代表团艺术团的大会并发表讲话

中国奥委会主席何振梁与中国台北奥委会主席张丰绪在北京就海峡两岸体育交流问题进行会谈

全国禁毒工作会议在北京召开

国家禁毒委员会在北京召开第一次全国性工作会议,总结近几年来打击毒品违法犯罪斗争的情况,分析当前毒品犯罪的趋势,商讨防止毒品问题发展蔓延的对策。

国务委员、国家禁毒委员会主任王芳出席会议。

会议反映,自 80 年代中期以来,在世界范围毒品泛滥的影响下,我国毒品问题重新出现和蔓延,我国的禁毒工作在时隔 30 年后,重整旗鼓,向毒品开战。据统计,1985 年至 1990 年,全国公安机关共查获贩毒案件近 3 万起,仅 1989 年、1990 年两年就缴获海洛因 2120 公斤,海关也查获了一批走私贩毒案件。过去 6 年间,全国共逮捕毒品人犯 20800 人,判处刑罚的 16000 人。一些地区的公安、民政、卫生等部门互相配合,建立了一批戒毒场所,使一批吸毒成瘾者初步戒除了毒瘾。

尽管有关部门近几年一直未放松禁毒工作,但由于过境贩毒带来的毒品犯罪问题仍然屡禁不止,继续蔓延发展,出现了 50 年代禁毒运动之后从未有过的严峻形势。这是国务委员、国家禁毒委员会主任王芳在会上的报告中强调指出的。他说,我国西南边境毗邻的"金三角"地区,1990 年鸦片产量已由几年前的 700 吨猛增到 2500 吨,国际贩毒集团和贩毒分子竭力开辟"中国通道",境外毒源侵入日趋严重,这是无可回避的外部因素。毒品问题的趋于严重,也有主观上思想认识跟不上、打击不力、装备条件差等内部因素。

全国公安、卫生、海关等有关部门的禁毒专家和部分重点省、自治区的有关负责同志 200 人参加会议。

6 月 25 日

《人民日报》发表中顾委常委胡乔木文章《中国共产党怎样发展了马克思主义》

电视政论片《世纪行——四项基本原则纵横谈》研讨会在北京举行

纪念中国共产党成立七十周年展览在北京开幕

国家统计局公布《关于1990年人口普查主要数据的公报(第八号)》

现将1990年第四次全国人口普查10%抽样汇总的大陆30个省、自治区、直辖市(不包括福建省的金门、马祖等岛屿,下同)在业人口[1]数据公布如下:

一、在业人口比重。大陆30个省、自治区、直辖市在业人口占15岁以上人口的比重,按由高到低顺序排列,比全国平均水平79.09%高的有云南、四川、安徽、河南、贵州、山东、湖北、甘肃、江苏、广西、湖南11个省、自治区。在业人口比重最高的云南为83.32%,四川为83.19%,在业人口比重最低的黑龙江为67.56%,吉林为70.81%。

二、不在业人口比重。大陆30个省、自治区、直辖市15岁及15岁以上人口中,不在业人口所占比重为20.91%。

(一)在校学生比重。大陆30个省、自治区、直辖市15岁及15岁以上人口中,在校学生所占比重,按由高到低顺序排列,比全国平均水平4.84%高的有宁夏、新疆、海南、黑龙江、北京、天津、内蒙古、广西、甘肃、吉林、广东、青海、陕西、辽宁、贵州、云南、山西17个省、自治区、直辖市。

(二)离休、退休、退职人口比重。大陆30个省、自治区、直辖市离休、退休、退职人口占15岁及15岁以上人口的比重,按由高到低顺序排列,比全国平均水平2.64%高的有上海、北京、天津、辽宁、新疆、黑龙江、吉林、海南、江苏、广东10个省、自治区、直辖市。其中上海为13.41%,北京为8.66%,天津为7.39%。

(三)市镇待业人口比重。大陆30个省、自治区、直辖市市镇等业人口占市镇15岁及15岁以上人口的比重,按由高到低顺序排列,比全国平均水平2.57%高的有海南、青海、江西、广西、新疆、宁夏、贵州、甘肃、黑龙江、陕西、吉林、内蒙古、河南、湖南、广东、四川、福建17个省、自治区;山东最低为0.90%。

注:在业人口指在1990年7月1日有固定性工作的人口和虽无固定性工作,但在6月30日有临时性工作,6月份从事社会劳动累计超过16天或16天以上,并取得劳动报酬或经营收入的劳动者;不在业人口指在校学生,料理家务,待升学,市镇待业,离休、退休、退职,丧失劳动能力等人口。

中共"一大"会址之一——浙江嘉兴南湖纪念馆开馆

国务院总理李鹏在北京钓鱼台国宾馆俱乐部会员聚会上就中国经济形势和改革开放发表即席讲话

李鹏指出,目前,中国的经济尽管还有些困难,但是已经渡过了最困难的时期,全面恢复,并继续向着好的方向发展。

李鹏说,今年上半年的工业增长速度估计在10%以上,农业连续两年丰收。为了保护农民生产粮食的积极性,国家采取了积极的收购政策,迄今为止已专项收购了2500万吨以上,作为国家的粮食储备。由于对外贸易的发展,中国目前的外汇储备已达320亿美元。

李鹏指出,中国外汇储备增加的主要原因是中国的外贸出口增长。同时,某些西方国家这两年对中国实行经济制裁,这样中国就拿不到原先答应的贷款,因此就不能按照合同计划进口外国商品,造成进口不能随着出口的增长而增长的状况。

李鹏指出,当前和今后的工业生产主要是提高经济效益和产品质量,而不是追求增长速度。"要把提高企业的效益放在重要的位置。"

李鹏说,中国经济的发展给改革开放提供了更加有利的条件。中国经济改革的含意概括地说就是要建立一种计划经济和市场调节相结合的经济运行机制,也就是说要把这两者的长处都吸收到中国的经济活动中来。

在提到今年5月中国政府在城市进行粮价调整时,李鹏说,这是我国价格改革的一项重大措施。由于得到了全国城镇居民的理解和支持,加上国家有足够的粮食贮备,因此这项重要的价格改革进行得比较顺利。

李鹏说,中国在执行开放政策方面也有很大进展。现在全国有3.2万多个外商投资企业,协议金融达400多亿美元,已实际利用170多亿美元。这些外商投资企业出口额大约为78亿美元。另外设在中国的来料加工企业的贸易额约为100多亿美元。

李鹏指出,保持美国对华最惠国待遇,将对这两部分企业和香港经济是有利的,也符合美国广大消费者的利益。最惠国待遇是互惠的。

李鹏指着身旁的一位波音公司代表风趣地说,今年中国单是向波音公司就订购了3架波音客机,还有15架客机正在谈判。如果取消最惠国待遇,波音公司将失去订单;如果维持最惠国待遇,订单还会增加。

李鹏强调说:"我们大家都共同生活在一个地球上。我们应该超越社会制度、意识形态、宗教信仰、生活方式等方面的差异,彼此合作、互相帮助,以谋求世界的和平和共同发展。这是最重要的。"

在回答一位美国企业家的提问时,李鹏明确表示,中国政府不会接受附加任何条件的最惠国待遇。他说，中国赞赏布什总统在这个问题上所采取的明智态度。中国方面在为延长最惠国待遇方面已经尽了很大的努力。

李鹏说，中国对军控问题持积极态度。中国的武器出口是很有限的。中国政府愿意参加有利于世界和平与地区稳定的军控谈判和磋商。

《土地管理法》暨“土地日”座谈会在人民大会堂召开

全国人大财经委员会和国家土地管理局，就颁布《土地管理法》、贯彻合理利用土地的基本国策和确定“土地日”的重要意义进行座谈。

陈慕华副委员长主持会议，陈慕华首先宣读党和国家领导人对土地管理工作的题词。江泽民的题词是：“保护耕地是事关社会主义建设全局的大事。”杨尚昆的题词是：“土地管理，是一项利国利民造福子孙后代的大事。”李鹏的题词是：“十分珍惜和合理利用每寸土地，切实保护耕地，是我国必须长期坚持的一项基本国策。”王震的题词是：“土地是人类一切生产和生存的源泉。”雷洁琼、王任重、王光英也题词。

《人民日报》发表评论员文章《一件关系全民族生存发展的大事——为全国“土地日”而作》

国务院副总理田纪云就全国“土地日”发表电视讲话

田纪云说，今天是全国“土地日”。5 年前的今天，全国人大常委会审议通过了《中华人民共和国土地管理法》。5 年来，在党中央、国务院的领导下，我国的土地管理工作得到了加强。为了强化全社会的土地意识，坚定不移地贯彻落实“十分珍惜和合理利用每寸土地，切实保护耕地”的基本国策，经国务院常务会议决定，每年 6 月 25 日为全国“土地日”。

我国虽有 960 万平方公里土地，但是人口多，人均土地少，耕地资源不足，这是我国的基本国情。由于人口增长，建设占用、自然和人为毁坏，我国人均耕地面积从 1952 年至 1986 年的 34 年间减少了近一半，目前仅相当于世界人均耕地的 1/3。我们以占世界 7％的耕地，养育占世界 22％的人口，这是一个伟大的成绩。但是，从发展趋势看，人均耕地面积将继续减少，土地问题将愈来愈成为制约我国国民经济和社会发展的重要因素。因此，全体干部和全国人民必须深刻认识和十分关注我国这一基本国情。

田纪云说，土地是人类生存发展之本。只有合理利用和保护土地，才能使之处于永续利用的良好状态，为人类造福。当今世界面临的人口、粮食、资源、能源、环境几大难题，无一不与土地有关，也无一不对土地产生侵害。面对这些全球性问题的挑战，为了寻求人类的生存和发展，联合国从 1972 年以来，在人口、粮食、水资源、气候以及防止土地沙漠化和利用可再生资源等方面，采取了许多保护措施。我国响应国际组织的倡导，已有了“人口日”、“环境日”等。因此，确定全国“土地日”，加强保护土地的宣传教育，符合我国的基本国情，也是进一步加强土地管理工作的一项重要措施。

国务院特区办公室在北京召开外商投资座谈会

会上总结交流 3 年来吸收外商投资的情况和经验，并研究下一步如何按照十年规划和“八五”计划纲要精神，进一步做好吸收外商投资工作。

国务院副总理田纪云在会上讲话。

田纪云说，从 1988 年到现在 3 年多时间里，我国利用外资工作取得了重要进展，创造了新水平。外商投资企业在我国经济发展中的地位和作用日益显著，在一些地区，外商投资企业已成为当地经济增长不可缺少的因素。从长远看，外商投资企业将继续在我国经济生活中扮演重要角色。

田纪云指出，在“八五”期间和整个 90 年代，我们要积极把利用外资的质量和效益提到突出的地位来抓。不单是企业的产品质量和经济效益，更重要的是我们利用外商投资的社会经济效益、宏观经济效益。要按照国民经济发展的需要，引导外资投向，提高新上项目的质量，讲求技术档次。

田纪云最后指出，要提高利用外资的质量和效益，关键在于提高利用外资的工作水平。继续改善投资环境，加强对外商投资企业的管理和监督。对于存在的实际问题，要认真抓紧解决。

交通部发言人就海峡两岸实现海上直接通航问题答记者问

交通部发言人日前就海峡两岸实现海上直接通航问题回答记者的提问。

问：目前，海峡两岸同胞迫切要求早日实现海上直接通航，你对此有何评价？

答：近几年来，台胞来大陆探亲、旅游、经商的人数不断增多，两岸经贸往来和联系日趋频繁，这种发展势头使得海上直接通航成为当务之急。目前，两岸民众交往由于人为的障碍存在着诸多不便，大陆同胞、台湾同胞对此有着深切的感受和体会，他们迫切希望尽快结束这种状况，早日实现包括海上通航在内的直接“三通”，这种意愿和要求是完全可以理解的，也是合情合理的。

大陆和台湾隔绝了几十年，两岸骨肉同胞在精神上、物质上遭受了巨大的痛苦和损失，实现直接“三通”，对于弥合两岸人民的心灵创伤和共同利益都有利而无害。我们希望台湾方面能够从两岸关系发展的现实出发，为台湾同胞、也为大陆同胞的切身利益着想，加速开放两岸海上直接通航，使人民的愿望早日实现。

问：大陆和台湾之间海上通航的现状如何？

答：现时大陆和台湾之间的航运还处在一个民间的、间接的、单向的通航阶段，但这同过去长期完全隔绝、断航的情形相比，无疑是两岸关系发展中的一个重大进步。目前，半公开的、通过挂靠第三地港口来大陆的主要是台湾民间中小型航运企业的船舶。自从台湾方面开放部分大陆原料进口后，台湾和大陆之间转口贸易额增长很快，台湾航运界对承揽大陆原料运输来岛表现出了很大的热情和积极性。但是，我们不能不遗憾地看到，海峡之间的航运现状同两岸各种交流日趋增加的势头相比，显得很不适应。在台湾当局长期坚持“三不”政策的立场下，台湾航运机构和我们至今没有业务往来和联系，我们提倡“三通”，鼓励直航，其一是拓展两岸的交流与联系，其二是从维护航运、工商业界和两岸同胞的利益出发，减少中途转卸和运输费用。大陆沿海各开放港口都对台湾船舶开放，欢迎船舶直航大陆，而台湾方面则规定，船舶若发现有直航纪录者，将被列为台湾港口的“拒绝往来户”。因此，台湾当局现行政策事实上还在继续阻挠实现两岸之间海上直航。我们希望这种状况能够尽早得到改变。

问：海上通航作为直接“三通”的重要组成部分，对促进祖国和平统一大业将会发挥哪些作用？

答：众所周知，大陆和台湾之间一水相隔，因此航运作为两岸之间联系的纽带和交流的通道，其重要性是显而易见的。历史上，两岸的来往与交流，主要依赖航运，航行于大陆、台湾之间的船舶被称之为“横洋船”，台湾的蔗糖曾是输往大陆的大宗货源。

实现海上直接通航，首先有利于两岸同胞直接接触、探亲访友、旅游参观和进行学术文化体育交流。自台湾开放台胞赴大陆探亲以来。台胞来大陆探亲旅游已达250万人次，大陆获准去台探亲、奔丧的人员也有1万余人。今后，两岸间各种交流将日趋增加。从便捷、经济的角度看，实现海上直航，可以发挥航运运量大、运价便宜、航距短的独特优势，朝发夕至，大大缩短旅途时间，方便两岸民众的来往。

其次，实现海上直航有利于两岸经济的互补互利。现在，两岸之间的间接贸易额有较快增长，在台湾方面放开大陆部分原料进口后，各种原料输台亦形成了一定的规模。实现直接通航，可以减少不必要的中间转卸、运输费用。

第三，实现海上直航将会对推动两岸关系的进一步发展、最终实现和平统一产生非常重要的作用。祖国和平统一是两岸人民的共同愿望，目前最重要的是彼此沟通，密切联系，扩大交往，这将有利于建立互信，增进共识，增强认同感和凝聚力，从而为祖国和平统一创造条件。

问：交通部为实现海上直接通航做了哪些工作？

答：在和平统一大政方针的指导下，交通部作为中央政府主管航运业的职能部门，为促进两岸海上通航做了大量的工作。1981年10月，交通部负责人在接受新华社记者采访时明确表示，已为台湾船舶挂靠大陆港口做好了充分准备，任何时候都欢迎台湾船舶挂靠大陆港口。为保证航行安全，台湾海峡大陆一侧洋屿、坪牛等8座主要灯桩已解除了对台岛的遮蔽，并正在陆续新建一批灯桩。大陆海岸电台对台湾船舶均已开放。在海上搜救打捞方面，我搜救部门对台湾遇险遇难船舶积极救助。1990年11月，我部上海救涝局救助船“沪救1号”打捞了触礁沉没的台湾渔船“溢丰31号”，并将其安全拖送至基隆港。今后，我们还将采取一些政策措施，鼓励和支持两岸之间海上客、货运输业务的开展，并希望双方航运界能够直接接触、谈判和协商。如我搜救部门与岛上联系，现在只能通过香港海事处中转，这样，难以保证海上搜救工作的及时性和有效性。再比如两岸船舶电台均使用国际台联分配给中国的呼号，由于双方不能建立正常联系，致使经常出现双方船舶使用同一呼号，这对航行安全极为不利，尤其遇险报警极易误会而造成严重后果。类似这样的问题，可以先行协商，研究解决的办法。

问：目前，实现海上直接通航还存在哪些障碍？

答：这个问题，我在前面的谈话中实际上已涉及到了。这些障碍主要是由于台湾当局的现行政策造成的。如台湾当局关于船舶航行大陆、台湾之间必须挂靠第三地港口的规定，直接阻碍着两岸海上直航的实现。福州直航基隆只有149海里，但经香港中转则要多航行794海里，航程增加了5倍多，而且增加运费和中转手续，是利是弊一目了然。再如客运，经香港或第三地中转，大大增加了旅途时间。1988年，台湾航商开辟了基隆—那霸—厦门、上海海上客运航线，由于要绕航日本的那霸，既延长了航行时间，又增加了旅客费用的支出，因此，航线开通不久后由于亏损而不得不中止。我们希望能尽快拆除这些人为的障碍。

问：最近，台湾当局表示同意开放两岸直接通邮、通航、通商，对此你有何评价？

答：我们注意到了台湾当局在“国家统一纲领”中所表示的同意“开放两岸直接通邮、通航、通商。”这同过去台湾当局长期坚持“三不”政策的立场相比，是有意义的表示和进步。对台湾当局的这一顺潮应势之举，我们表示欢迎。但是，我们更愿意看到实际行动。在“国家统一纲领”中，实现直接“三通”被放在“互信合作”的“中程阶段”，而这个“中程阶段”的实现，有很多附加的先决条件。因此，开放直接“直通”实际上又遥遥无期，这不符合两岸人民的迫切愿望和切身利益，不利于促进两岸关系的加快发展。

问：能否请你就海峡两岸实现直接通航的前景谈谈看法？

答：我认为，海峡两岸的“三通”已是不可逆转的历史潮流，因此，我对实现海上直接通航的前景是乐观的。第一，两岸的间接“三通”已成为现实，在这个基础上，只会进一步向前发展，不大可能再倒退回去；第二，“三通”关系两岸千家万户的切身利益，对促进祖国和平统一大业有利，因而受到两岸人民的拥护，无视这一客观现实，在实现直接“三通”问题上不拆除人为障碍，其结果只能导致继续损害两岸人民利益，不利于两岸关系发展和国家统一，这是大家都不愿意看到的事情；第三，大陆方面早已敞开了“三通”的大门，何时能够实现直接通航，取决于台湾当局何时能够拆除人为的障碍。现在，台湾当局表达了实现直接“三通”的意向，两岸关系进入了一重要的发展阶段，我们期待台湾当局在认同祖国统一的前提下，以务实的态度，拆除障碍，尽快实现大陆和台湾之间的直接“三通”。

国务院总理李鹏为《经济参考报》纪念创刊十周年题词“传播开放信息、探索改革之路”

国务院致电祝贺从青龙河取水至秦皇岛市区的引青济秦水利工程竣工

国办发出转发《全国安全生产委员会专家组工作细则》的通知

《陈云与中国经济》由中央文献出版社出版发行

6 月 26 日

国务院总理李鹏在钓鱼台国宾馆与塞舌尔总统弗朗斯·阿尔贝·勒内进行会谈

第七届全国人大常委会第二十次会议举行第二次全体会议

全国人大常委会委员长万里出席会议，全国人大常委会副委员长陈慕华主持会议。

根据七届全国人大四次会议的有关决定，受国务院委托，国务委员兼财政部长王丙乾在会议上作关于1990 年国家决算的报告。

对外经济贸易部部长李岚清受国务院委托向常委会作关于对外经济贸易工作的汇报。

以陈慕华为团长的全国人大代表团向第七届人大常委会第二十次会议提交访问古巴、委内瑞拉两国情况的书面报告。

以彭冲为团长的全国人大代表团向第七届人大常委会第二十次会议提交访问朝鲜情况的书面报告。

以姚广为团长的全国人大代表团向第七届人大常委会第二十次会议提交出席各国议会联盟第八十五届大会工作报告。

副委员长彭冲、赛福鼎·艾则孜、严济慈、荣毅仁、叶飞、廖汉生、倪志福、费孝通、孙起孟、雷洁琼、王汉斌出席了会议。国务委员王丙乾、最高人民检察院检察长刘复之列席会议。

国务委员兼财政部部长王丙乾在第七届人大常委会第二十次会议上作《关于 1991 年国家决算的报告》

王丙乾说，正式编成的 1990 年国家决算，总收入为 3312.55 亿元，完成预算的 102.3%；总支出为 3452.20 亿元，完成预算的 103.8%；收入和支出相抵，财政赤字为 139.65 亿元，比预算确定的赤字 88.92 亿元扩大 50.73 亿元。与向第七届全国人民代表大会第四次会议报告的预计执行数比较，财政总收入增加 67.77 亿元，财政总支出增加 56.99 亿元，财政赤字减少 10.78 亿元。

王丙乾说，在 1990 年国家决算总收入中，国内财政收入为 3134.34 亿元，完成预算的 102%；国外借款收入为 178.21 亿元，完成预算的 108.4%。在国家财政总支出中，用国内资金安排的支出为 3273.99 亿元，完成预算的 103.6%；用国外借款安排的支出为 178.21，完成预算的 108.4%。

王丙乾说，在过去的一年里，国务院根据中共中央关于进一步治理整顿、深化改革的方针和七届人大三次会议的有关决议，继续进行治理整顿，并采取了一些调整宏观紧缩力度的政策措施，经过全国各族人民的共同努力，克服了经济上的一些暂时困难，治理整顿取得了明显成效，国民经济继续朝着好的方向发展。在此基础上，1990 年财政收入超额完成了预算，财政支出结构有所调整，基本上保证了改革和建设的资金需要。去年国家决算存在的突出问题，是财政赤字比预算扩大了 50.73 亿元。赤字扩大的原因，主要是对财政支出控制不严。今后要抓紧落实各项增收节支措施，坚决控制和节减财政支出。

外经贸部部长李岚清在第七届人大常委会第二十次会议上作关于对外经济贸易工作的汇报

李岚清说，党的十一届三中全会制定了我国改革开放的基本国策，我国对外开放事业迈出了重大步伐，对外经济、贸易、技术的交流与合作迅速扩大，已初步形成了商品、技术、资金、劳务等多渠道、多层次、多形式对外交流与合作的局面。今年前五个月对外经济贸易虽遇到不少困难，但仍保持了发展的势头。从目前情况看，我国对外经济贸易发展有不少可以利用的机遇，但国际环境比较严峻。国内环境较好，但也不宽松。保持对外经济贸易的稳定发展，任务相当艰巨。

李岚清着重汇报了以下几个问题。

(一)善始善终完成治理整顿任务。首先是继续完成清理整顿各类对外经贸公司任务。两年来，经贸部已审理了36个省、自治区、直辖市及计划单列市所属外贸企业的清理整顿撤并留方案。对这些地方原有的2140家外贸企业(包括各类外贸公司和有进出口经营权的生产企业)，批准保留了1208家继续从事对外贸易业务，撤销了932家企业的外贸经营权，约占原有外贸企业的43.5%。除经济特区外贸企业按国务院规定由特区自行清理整顿外(1000余家)，目前尚有五个省区的撤并留方案未审理。对此，经贸部正在与这些地方进一步协商，抓紧审理这一工作。中央国家机关各部门所属外贸公司清理整顿，纳入全国清理整顿公司领导小组统一审批。目前，经贸部已会同全国清理整顿公司领导小组办理了49个部门公司清理整顿撤并留方案。对这些部门所属的826家外贸公司，批准保留711家，撤并了115家(其中经贸部撤并了49家外贸公司)，约占原有外贸公司的14%(不包括经国务院决定已撤销的工商经济开发公司和康华公司及所属公司)。

这次清理整顿公司虽然取得了初步成效，但也存在一些问题，特别是有时对一些地方、部门及企业提出的意见和要求做耐心细致的宣传解释不够。另外，我们也感到，一些地方和部门存在着等待观望、互相攀比的现象，个别地方和部门要求保留的外贸企业太多，甚至还要求成立新的公司，影响了工作进程。

其次，在清理整顿公司的同时，加强了外贸管理。一是制止出口商品抢购“大战”。二是进一步改进和加强对进出口许可证的管理。

(二)抓好对外贸易体制改革的实施工作。党的十一届三中全会以来，我国对外贸易体制改革进行了一系列的试验探索，特别是1988年至1990年实行了外贸承包经营责任制，进一步发挥了地方各级政府、各部门支持和推动外贸发展的积极作用，调动了各类外贸企业和出口生产企业扩大出口的积极性，对于促进外贸企业内部机制的改善，增强企业活力，扩大进出口贸易，特别是促进出口的发展，起到了积极作用。在物价明显上涨的情况下，这三年中，每年出口都有较大幅度的增长；国家对外贸的补贴得到冻结；贸易平衡和外汇收支状况每年都有改善，外汇储备明显增长；进出口商品结构明显改善，总的来说改革是成功的。但是，由于外贸经营体制下放过程中，各种主客观原因的限制，没有建立相应的外贸自负盈亏机制，基本上仍然保留了各地各类外贸企业的出口补贴和外汇留成水平不一致的不平等竞争条件，抬价抢购、低价竞销、肥水外流等问题未能解决，加上1988年春一度新设立的外贸公司过多、过滥，也助长了经营秩序混乱。为此，国务院决定1991年进一步改革和完善对外贸易体制，从建立自负盈亏机制入手，使外贸逐步走上统一政策，平等竞争，自主经营，自负盈亏，工贸结合，推行代理制的轨道。目前，全国外贸已开始按新体制运行，各地普遍支持外贸体制改革，想方设法采取措施，解决自负盈亏中出现的问题，落实各项承包任务。在各方面的共同努力下，外贸体制改革的实施情况基本是好的。进出口都比去年同期有所增长，外汇储备有了较多增长，抢购商品“大战”也明显减少，外贸秩序有了显著改善。对当前各地反映的问题国务院很重视，不久前专门召开了会议，听取我部汇报，要求有关部门抓紧研究解决上述问题。

(三)深入开展“质量、品种、效益年”活动。经贸工作既是经济工作，又是对外开放的一个重要方面。出了质量问题，不仅在经济上使国家和企业受到巨大损失，削弱我国在国际经济竞争中的地位，而且有损社会主义祖国的国际形象，在政治上造成不良影响。多年来，全国经贸系统广大干部职工在各有关方面的支持下，为提高进出口商品、对外援助和承包工程质量和经济效益作出了辛勤努力，取得了一定成绩。但是，进出口商品特别是出口商品和援外、承包工程在质量和效益方面仍存在不少问题，很不适应对外开放、参与国际竞争的需要。一是质量信誉意识不强，出口商品质量问题比较严重。二是出口商品履约率低。三是出口商品卖价低，近年来国外对我商品“反倾销”投诉增多。四是资金周转慢，各项费用开支较大，费用水平较高。五是有些援外设备、材料质次价高，有的承包单位在施工中擅自降低标准，严重影响工程质量和对外信誉。利用外资项目、承包工程和劳务合作项目等，在质量和效益方面也存在一些问题。为此，我们根据国务院关于开展“质量、品种、效益年”活动的通知精神，要求：(1)外贸出口工作切实转到“以质取胜”上。牢固树立“质量第一、信誉第一”和“质量是效益的核心”的观念。(2)进一步调整和优化出口商品结构，增加适销商品的品种。(3)要积极支持和发展各种形式的工贸(贸工)结合。(4)加强经营管理,降低出口成本。(5)进一步改善投资环境,提高利用外资水平。(6)进一步提高对外经济合作项目的质量和效益。

中共中央总书记江泽民与中央党校民族研究班学员座谈

中共中央政治局常委乔石,中央政治局候补委员、书记处书记、中央统战部部长丁关根等,出席座谈会。

中央统战部副部长张声作首先在会上介绍这期由中央统战部、中央组织部、中央党校联合举办研究班的概况。

中共内蒙古自治区区委副书记千奋勇、云南省副省长赵廷光、中共吉林省延边朝鲜族自治州州委副书记李政文、贵州省政协副主席李仁山、新疆维吾尔自治区政府副主席克尤木巴吾东先后在座谈会上发言。

江泽民在听取大家的发言后讲话。江泽民说,中国共产党的成立,是开天辟地的大事件,给我们这个古老的多民族国家带来了希望。建党70年的历史,是全国各族人民在中国共产党领导下团结奋斗、共谋解放、共求发展的历史。几十年来的实践证明,没有中国共产党,就没有新中国,没有中国共产党,就没有少数民族的翻身解放和发展进步。几十年来,我们党老一辈无产阶级革命家,把马克思列宁主义的基本原理与我国的民族实际相结合,制定了民族平等、民族团结、民族区域自治和各民族共同发展繁荣等一整套行之有效的民族政策,走出了一条具有中国特色的解决民族问题的道路,丰富和发展了马列主义的民族理论。我国的民族工作是做得好的,少数民族地区的面貌发生了翻天覆地的变化,各项工作取得了巨大的成绩。这是举世公认的。为了胜利实现我国国民经济和社会发展十年规划和"八五"计划纲要提出的宏伟目标,我们必须切实抓好稳定和发展两件大事。要继续巩固和发展平等、团结、互助的社会主义民族关系;要下决心把少数民族地区的经济和科学、教育、文化事业搞上去。

江泽民指出,根据中央的有关政策和过去的经验,促进少数民族地区经济社会的发展,一是国家要继续从财力、物力和技术力量方面予以帮助;二是民族地区和少数民族要发扬自力更生、艰苦奋斗的精神;三是要加强沿海地区、内地发达地区同少数民族地区的横向联合;四是在制定政策时,要充分注意少数民族和民族地区的特点,不要搞"一刀切"。

江泽民指出,要继续培养和造就大批具有共产主义觉悟,坚定地维护国家统一,密切联系群众,坚持马克思主义民族观、宗教观,有革命事业心、责任心的民族干部。在进行马克思主义民族观教育的时候,要注意分别层次,进行正面的宣传,我们的口号是各族人民大团结万岁,强调各民族人民共呼吸,共命运,心连心。

江泽民说,中央相信,90年代民族地区在各族干部的共同努力下,一定能够为发展社会主义的民族关系,促进经济振兴和社会进步,促进各民族的共同繁荣作出更大的贡献。

全国禁毒工作会议在北京结束

国务委员、国家禁毒委员会主任王芳在会上讲话强调,对80年代我国重新出现的毒品蔓延问题,绝不能掉以轻心,这是关系到国家和民族的兴衰,涉及各族人民和子孙后代祸福的大事。抓好禁毒,功在当代,利在千秋。

王芳指出,禁毒工作,关键在于各级党委和政府加强领导和发动群众。群众对毒品泛滥是深恶痛绝的,禁毒反映了广大群众的要求和愿望,群众是积极拥护和坚决支持的。因此,禁毒工作的出发点和落脚点要放在依靠和发动群众上。他要求各地各有关部门必须广泛深入地开展群众性的禁毒宣传教育。要动员广大群众自觉地与毒品犯罪作斗争,使毒品犯罪分子陷入群众的汪洋大海中。

会议期间,乔石、田纪云、李铁映、王芳、刘复之、罗干等接见会议代表。

国家禁毒委员会举行座谈会。

会议于24日召开。

最高人民检察院检察长刘复之在全国省自治区直辖市检察长座谈会上讲话

刘复之说,我们要坚决贯彻党中央关于惩治腐败的一系列指示,反复进行倡廉反贪、反腐防变的宣传教育。经济犯罪、贪污受贿犯罪不可能一下子降下来,要保持警惕,坚持长期斗争。检察机关是专政工具,我们态度要坚决,政策要对头,工作要实事求是。反贪污、反腐败是要永远反下去的,在共产主义没有实现以前,我们的工作都不能休止,都要反下去。

刘复之指出,当前,贪污、贿赂犯罪还是严重的,这是客观事实。斗争虽然已取得很大成绩,但远没有把贪污贿赂犯罪遏制住。

刘复之说,打击贪污贿赂犯罪是我们的职责,如果不积极办案,不坚决打击犯罪,不挖出"蛀虫",我们就失职。从根本上讲,只有积极办案,才谈得上深入,才谈得上为经济建设服务。

刘复之说,打击贪污、贿赂犯罪一要坚决,二要慎重,务必搞准,是统一的不可分割的,请各级领导特别注意"准"字,并且严格依法办案。

在谈到举报工作时,刘复之说,要十分重视举报工作，一直抓下去，这是检察工作走群众路线的出色创造。他指出，要大力加强举报线索的初查工作，要把初查工作作为取信于民、深入开展举报工作和反贪污贿赂斗争的一个至关重要的环节来抓。

刘复之在会上还谈了依法从重从快严厉打击严重刑事犯罪，加强法纪检察工作，不断健全自侦案件自我制约制度等问题。

国家物价局国家技术监督局联合发文对国家管理价格(含国家定价和国家指导价)的轻工业品从7月1日起实行优质优价试行办法

国务院发布关于企业职工养老保险制度改革的决定

我国企业职工的养老保险制度是五十年代初期建立的，以后在一九五八年和一九七八年两次作了修改。近年来，各地区适应经济体制改革的需要，又进行了以退休费用社会统筹为主要内容的改革，取得一定成效。按照国民经济和社会发展十年规划和第八个五年计划纲要的要求，在总结各地经验的基础上，国务院对企业职工养老保险制度改革作如下决定：

一、根据我国生产力发展水平和人口众多且老龄化发展迅速的情况，企业职工养老保险制度改革要处理好国家利益、集体利益和个人利益，目前利益和长远利益，整体利益和局部利益的关系，主要是对现行的制度办法进行调整、完善。考虑到各地区和企业的情况不同，各省、自治区、直辖市人民政府可以根据国家的统一政策，对职工养老保险作出具体规定，允许不同地区、企业之间存在一定的差别。

二、随着经济的发展，逐步建立起基本养老保险与企业补充养老保险和职工个人储蓄性养老保险相结合的制度。改变养老保险完全由国家、企业包下来的办法，实行国家、企业、个人三方共同负担，职工个人也要缴纳一定的费用。

三、基本养老保险基金由政府根据支付费用的实际需要和企业、职工的承受能力，按照以支定收、略有结余、留有部分积累的原则统一筹集。具体的提取比例和积累率，由省、自治区、直辖市人民政府经实际测算后确定，并报国务院备案。

四、企业和职工个人缴纳的基本养老保险费分别记入《职工养老保险手册》。

企业缴纳的基本养老保险费，按本企业职工工资总额和当地政府规定的比例在税前提取，由企业开户银行按月代为扣缴。企业逾期不缴，要按规定加收滞纳金。滞纳金并入基本养老保险基金。

职工个人缴纳基本养老保险费，在调整工资的基础上逐步实行，缴费标准开始时可不超过本人标准工资的3%，以后随着经济的发展和职工工资的调整再逐步提高。职工个人缴纳的基本养老保险费，由企业在发放工资时代为收缴。

五、企业和职工个人缴纳的基本养老保险费转入社会保险管理机构在银行开设的“养老保险基金专户”，实行专项储存，专款专用，任何单位和个人均不得擅自动用。银行应按规定提取“应付未付利息”；对存入银行的基金，按其存期照人民银行规定的同期城乡居民储蓄存款利率计息，所得利息并入基金。积累基金的一部分可以购买国家债券。

地方各级政府要设立养老保险基金委员会，实施对养老保险基金管理的指导和监督。委员会由政府主管领导任主任，劳动、财政、计划、审计、银行、工会等部门的负责同志参加，办公室设在劳动部门。

六、职工退休后的基本养老金计发办法目前不作变动，今后可结合工资制度改革，通过增加标准工资在工资总额中的比重，逐步提高养老金的数额。

国家根据城镇居民生活费用价格指数增长情况，参照在职职工工资增长情况对基本养老金进行适当调整，所需费用从基本养老保险基金中开支。

七、尚未实行基本养老保险基金省级统筹的地区，要积极创造条件，由目前的市、县统筹逐步过渡到省级统筹。实行省级统筹后，原有固定职工和劳动合同制职工的养老保险基金要逐步按统一比例提取，合并调剂使用。具体办法由各省、自治区、直辖市人民政府制定。

中央部属企业，除国家另有规定者外，都要参加所在地区的统筹。

八、企业补充养老保险由企业根据自身经济能力，为本企业职工建立，所需费用从企业自有资金中的奖励、福利基金内提取。个人储蓄性养老保险由职工根据个人收入情况自愿参加。国家提倡、鼓励企业实行补充养老保险和职工参加个人储蓄性养老保险，并在政策上给予指导。同时，允许试行将个人储蓄性养老保险与企业补充养老保险挂钩的办法。补充养老保险基金，由社会保险管理机构按国家技术监督局发布的社会保障号码(国家标准GB11643－89)记入职工个人账户。

九、劳动部和地方各级劳动部门负责管理城镇企业(包括不在城镇的全民所有制企业)职工的养老保险工作。

劳动部门所属的社会保险管理机构，是非营利性的事业单位，经办基本养老保险和企业补充养老保险的具体业务，并受养老保险基金委员会委托，管理养老保险基金。现已由人民保险公司经办的养老保险业务，可以维持现状不作变动。个人储蓄性养老保险由职工个人自愿选择经办机构。

十、社会保险管理机构可从养老保险基金中提取一定的管理服务费，具体的提取比例根据实际工作需要和节约的原则，由当地劳动部门提出，经同级财政部门审核，报养老保险基金委员会批准。管理服务费主要用于支付必要的行政和业务等费用。养老保险基金及管理服务费，不计征税、费。

社会保险管理机构应根据国家的政策规定，建立健全基金管理的各项制度，编制养老保险基金和管理服务费收支的预、决算，报当地人民政府在预算中列收列支，并接受财政、审计、银行和工会的监督。

十一、本决定适用于全民所有制企业。城镇集体所有制企业可以参照执行；对外商投资企业中方职工、城镇私营企业职工和个体劳动者，也要逐步建立养老保险制度。具体办法由各省、自治区、直辖市人民政府制定。

十二、国家机关、事业单位和农村（含乡镇企业）的养老保险制度改革，分别由人事部、民政部负责，具体办法另行制定。

企业职工养老保险制度改革，是保障退休职工生活，维护社会安定的一项重要措施，对减轻国家和企业负担，促进经济体制改革以及合理引导消费有重要作用。这项工作政策性强，涉及面广，各级政府要切实加强领导，根据本决定的精神，结合实际抓紧制定具体的实施方案，积极稳妥地推进企业职工养老保险制度的改革。

国家主席杨尚昆在北京会见由国家小呼拉尔主席副总统拉·贡其格道尔吉率领的蒙古国家小呼拉尔代表团

外交部部长钱其琛在东京同日本国外相中山太郎举行会谈

双方就纪念中日邦交正常化 20 周年问题达成一些原则协议。双方认为，中日邦交正常化 20 年来，两国友好合作关系在各个领域都取得了重要进展，值得两国政府和人民共同纪念。双方初步商定，将通过两国最高领导人互访和举办一些大型文化交流活动，促进发展两国人民相互了解和传统友谊。

双方还就日本天皇访华问题进行有意义的探讨。钱其琛表示，中国方面欢迎日本天皇陛下和皇后陛下在他们方便的时候访问中国。钱其琛说，中国领导人已多次邀请日本天皇访华，天皇陛下也有意到中国看看。如果天皇陛下和皇后陛下明年访华，将会受到中国政府和人民的热烈欢迎。国家元首的互访将是中日关系史上的一件大事，必将给两国人民世世代代的友好带来巨大的动力，产生深远的影响。中山外相表示，日本政府将以向前看的态度对此进行研究。

为期 6 天的首届中国青年科技成果博览会在北京开幕

中组部宣传部国家教委共青团中央全国教育工会在北京联合召开高等学校党的建设工作暨优秀思想政治工作者表彰会

大会表彰近几年来取得突出成绩的 210 名高等学校优秀思想政治工作者。中共中央政治局常委宋平、中共中央政治局委员李铁映以及吕枫、王忍之等出席表彰会，并给受表彰者颁发荣誉证书。

会后，宋平、李铁映同部分受表彰者和出席高校党建工作会议的部分代表进行座谈。

中共中央政治局委员李铁映在全国高等学校党的建设工作暨优秀思想政治工作者表彰会议上发表题为《努力把高等学校党的建设提高到一个新水平》的讲话

这次会议，是贯彻党中央关于在新时期加强党的建设的精神，继续落实《中共中央关于加强高等学校党的建设的通知》和去年全国高等学校党的建设工作会议要求的一次重要会议。

一、充分认识当前高等学校党组织面临的形势

去年全国高校党建工作会议以来，各地党委和国务院有关部委党组以及高等教育战线的党组织和党员，做了大量的工作，取得了一定成绩，党的建设和思想政治工作得到了加强，师生员工的思想政治面貌出现了可喜的变化。一年多来的实践证明，高校的工作千头万绪，首先要加强党的建设。目前高校党建工作的任务和方针是明确的，关键是要狠抓落实。一年多来所取得的成绩，是与高校各级党组织、广大党员和师生员工艰苦努力、团结奋斗分不开的。

平息 1989 年春夏之交的动乱和北京地区发生的反革命暴乱以后，我们顶住了国际上对我国施加的政治压力和经济制裁，加强了与各国人民的友好往来。在国内，资产阶级自由化思潮泛滥的局面得到了遏制，治理整顿和改革开放工作取得了显著成绩，政治、经济和社会稳定。这些，是我们进一步做好高校各项工作的有利条件。同时，必须看到，我们面临的形势还有严峻的一面。从国际看，我们面临着“两个挑战”，一是世界经济竞争和新技术革命的挑战，二是国际敌对势力推行和平演变的挑战。从国内看，党的十三届七中全会和七届全国人大四次会议确定了实现社会主义现代化建设第二步战略目标的行动纲领，摆在我们面前的

任务是宏伟而又艰巨的;坚持四项基本原则同资产阶级自由化的斗争将是长期的。这就要求高校培养的人,既要精通业务,掌握现代科学文化技术,能够迎接世界经济竞争和新技术革命的挑战,又要具有坚定正确的政治方向和为社会主义现代化建设献身的精神,接好社会主义的班。这不仅使得高校的工作更加重要,而且增加了工作的艰巨性和复杂性。

国际敌对势力从未忘记用武装干涉和和平演变来达到推翻共产党的领导,颠覆社会主义制度的目的。国际敌对势力加紧推行和平演变战略,是在新的历史条件下向社会主义进攻的主要形式。“树欲静而风不止”,这是不以人的意志为转移的。国际敌对势力“把希望寄托在第三代、第四代身上”,就必然要把青年学生作为他们争夺的主要对象。和平演变是当前的最大危险。反对和防止和平演变,反对资产阶级自由化,是中华民族的根本利益所在。今后,我们仍然要继续坚定不移地坚持对外开放,发展同世界各国人民的友好往来,学习和借鉴国外的先进科学技术、管理经验和优秀文化成果。在继续扩大同各国教育领域的交流中,我们必须坚持“两手”,一手要在和平共处五项原则的基础上发展合作关系;一手要对敌对势力的和平演变,特别是在意识形态领域的渗透,做坚决的斗争。

在社会主义初级阶段,我国在一定范围内还存在阶级斗争,特别在意识形态领域里有时还相当尖锐、激烈。和平演变与反和平演变,资产阶级自由化与四项基本原则之间的尖锐对立,是一场长期的、现实的阶级斗争。能不能把坚持四项基本原则,反对和平演变,反对资产阶级自由化的教育和斗争坚持不懈地进行下去,对于国家来说,是关系到人民民主专政的社会主义国家生死存亡的问题;对于高校来说,是关系到能不能坚持党的领导和社会主义方向,能不能培养社会主义事业接班人的问题。

今后十年,是实现社会主义现代化建设第二步战略目标的关键的十年。高校承担着为90年代和下个世纪初的社会主义现代化建设提供必要的人才和智力支持、培养千百万社会主义事业的建设者和接班人的重要任务。这就要求我们必须进一步加强党对高校的领导,认真搞好高校党组织的自身建设,从严治党,通过充分发挥党组织和党员的作用,使高校的思想政治状况有一个根本好转,把高校建设成为宣传和捍卫马克思列宁主义、毛泽东思想,建设社会主义精神文明的坚强阵地;成为坚持四项基本原则,反对资产阶级自由化,反对和平演变,维护安定团结政治局面的坚强堡垒;成为培养社会主义事业建设者和接班人的重要园地。重点大学不仅要成为教学和科研的中心,而且首先要在上述几个方面起到带头作用。

二、努力提高高等学校广大干部和党员的马克思主义理论水平

毛泽东同志在《论联合政府》中指出:“我们的党从它一开始,就是一个以马克思列宁主义的理论为基础的党,这是因为这个主义是全世界无产阶级的最正确最革命的科学思想的结晶。”加强党的思想建设,努力提高广大干部和党员的马克思主义理论水平,是高校党的建设的首要任务。

1. 坚持马克思列宁主义、毛泽东思想在高校的指导地位,是办好社会主义大学的根本。

实践证明,只有真正确立了马克思主义在高校的指导地位,才能坚持社会主义的办学方向。高校的全体共产党员特别是各级领导同志,要认真学习和研究马克思主义,用马克思主义武装头脑。

要坚持不懈地对广大师生员工进行马克思主义基本理论的教育和爱国主义、集体主义、社会主义思想、共产主义理想的教育,注意加强近现代史和国情教育。用阶级观点、劳动观点、群众观点和辩证唯物主义教育群众,武装群众,仍然具有重要的意义。

要坚持马克思主义在高校教学、科研和其他学术活动,特别是哲学、社会科学领域的指导地位。要结合学科建设和教材改革,认真清理资产阶级自由化思潮的影响,并在此基础上编写一批高质量的教材。在学术研究中要坚持“双百”方针。

马克思主义就其本质来说是批判的、战斗的。要理直气壮地宣传马克思主义,旗帜鲜明地与资产阶级自由化思潮以及各种资产阶级的意识形态做坚决的斗争。

2. 以马克思主义为指导,坚持并不断完善和发展社会主义教育思想。

为谁服务,培养什么人的问题,始终是教育的根本问题。任何阶级社会的教育都是为其统治阶级服务的。一切统治阶级,总是要通过教育对受教育者施加符合本阶级利益的影响,力求按照自己阶级的意志造就为本阶级服务的人。否认教育的阶级性而抽象地谈论教育是“为了人的发展”的观点,是资产阶级为掩盖其教育的阶级实质的幌子。社会主义同资本主义性质不同,其教育有本质的区别。资本主义的教育必然要培养为资本主义服务、为资产阶级服务的人。社会主义的教育理所当然地要培养为社会主义现代化建设服务、为人民服务的人。

社会主义教育思想,是马克思主义在教育领域的具体体现,是我们党制定教育方针和政策的思想基础。社会主义的教育,必须坚持党对学校的领导,坚持正确的政治方向,确保学校的社会主义性质;必须为社会主

义现代化建设服务，教学、科研以及培养的学生能够适应现代化建设的需要；必须培养社会主义事业的建设者和接班人；必须坚持德、智、体全面发展的方针，把德育放在首位；必须与生产劳动相结合，与社会实践相结合，培养的人要与工农群众相结合；必须面向现代化，面向世界，面向未来。我们必须在教育工作中很好地把握这些社会主义教育思想。同时，要以马克思主义为指导，不断总结实践经验，丰富社会主义教育思想。

坚持党的领导，坚持社会主义方向，坚持以马克思主义为指导，是社会主义教育的本质特征和优势所在。不同社会制度下的教育也有某些教育工作本身所固有的规律，对于其他国家教育发展过程中形成的某些有用的经验可以研究和借鉴，但必须从我国的实际出发，决不能盲目地照抄照搬。对资产阶级教育思想要进行剖析和批判，划清两种教育思想的界限，提高坚持社会主义教育思想的自觉性。

3. 大力加强马克思主义理论队伍建设，有条件的高校要办好党校。

高校的各级党组织，要把加强马克思主义理论队伍的建设作为一项紧迫的、重要的任务来抓。要着力于培养一大批中青年马克思主义理论工作者。党组织要积极创造条件有计划地对他们进行培训，帮助他们尽快成长。

高校办党校不是权宜之计，而是加强高校党的建设的一项重要措施。高校的党校，是进行马克思主义理论教育、反对资产阶级自由化的教育，进行党的基本路线、基本知识的教育和培养骨干队伍的重要阵地。近年来，许多高校先后建立了党校，要认真总结经验，逐步完善，不断提高办学水平。

4. 要完善相应的政策和管理制度，确保马克思主义在高校的指导地位。

政策是为方针服务的，政策必须与方针一致。要通过进一步深化改革，不断调整和完善我们的具体政策，使其与我们培养社会主义事业建设者和接班人的教育方针一致起来。各级教育部门和高等学校，要在认真调查研究的基础上，经过试点，总结经验，逐步调整解决某些具体政策与教育方针不一致的问题。高等教育的改革，要继续克服教育指导思想上、教育工作和体制中存在的某些弊端，也要解决由于前几年削弱思想政治教育的失误所带来的问题。教育改革是社会主义教育制度的自我完善和发展。改革要在党的领导下进行，既要坚决，又要慎重，重大改革必须经过试点。40多年来高等教育形成的优良传统，在改革中要继承和发扬。改革要有利于坚持党的领导，有利于坚持社会主义方向，有利于培养社会主义接班人。

必须坚持从严治校的原则，加强管理，严格要求。资产阶级自由化思潮的泛滥，是高校不稳定的根源。在社会主义大学里，决不允许任何人利用校园和讲台散布反对社会主义、反对中国共产党的言论；进行反对社会主义、反对中国共产党的活动。要正确认识和处理学校小环境与社会大环境的关系，学校小环境固然要受社会大环境的制约，但小环境搞好了，对大环境也能产生一定的积极影响。对学校精神文明建设的要求应该比社会高，学校的风气应该比社会好。

三、大力加强高等学校党的组织建设

列宁在谈到无产阶级的组织建设的重要性时曾强调指出："无产阶级所以能够成为而且必然会成为不可战胜的力量，就是因为它根据马克思主义原则形成的思想统一是用组织的物质统一来巩固的。"（《进一步，退两步》）高校党组织的战斗力不仅取决于思想理论在马克思主义基础上的统一，而且还必须有坚强的组织保证。

1. 进一步加强领导班子建设，确保高校的领导权牢牢掌握在忠于马克思主义的人手中。

切实把领导班子建设好，是加强高校党建工作的关键。这个问题解决不好，其他一切工作都会落空。要把高校的领导班子建设成为政治上坚定，具有较高的马克思主义理论水平，熟悉学校工作规律，善于做思想政治工作，密切联系群众，结构合理，团结协作，廉政勤政的领导集体。

要进一步加强高校领导班子的思想作风建设。政治上的坚定取决于理论上的正确和彻底。高校领导干部要认真学习和研究马克思主义，努力提高自己的理论水平和政治素质。要认真坚持民主集中制的原则，增强革命事业心和历史责任感，坚定信心，知难而上，努力做好工作。高校的各级党组织和党员，特别是党员领导干部，要进一步学习贯彻《中共中央关于加强党同人民群众联系的决定》精神，密切联系群众，接受群众监督，把群众紧密地团结在党组织的周围，同心协力完成各项任务。

要重视和加强后备干部队伍的选拔和培养工作，把重点放在培养上。要根据班子建设的需要和后备干部的实际情况，制定切实可行的计划进行培养。组织他们系统地学习马克思主义，选拔一些优秀的中青年教师和干部到一定的岗位上担任领导职务，给他们压担子，并要针对不同情况，安排他们去基层进行调查研究或挂职锻炼，在实践中增长才干。

高校的党组织要在领导班子得到切实加强的基础上，把工作重点转移到党支部建设上来。党支部要切实加强对党员的教育、管理和监督，组织党员认真做好群众工作。党员要不断增强党性，认真履行党员义务，完成党组织交给自己的各项任务。

2. 要继续加强骨干队伍建设,使之成为办好社会主义大学的中坚力量。

又红又专的人才要靠又红又专的教师队伍来培养。高校的广大教师在教书育人、培养社会主义建设合格人才中发挥了重要作用,做出了重大贡献。要充分发挥党员教师的积极作用,加强教师队伍的建设。高校的党组织要认真贯彻党的知识分子政策,尊重知识,尊重人才,切实做好教师工作。当前要着重加强青年教师队伍的建设,使他们在政治上和业务上尽快成熟起来。

各级党组织都要十分重视党务工作和思想政治工作队伍的建设。这支队伍是加强高校党的建设和思想政治工作的骨干力量。长期以来,他们勤勤恳恳,任劳任怨,不计名利,埋头苦干,做出了突出贡献。党组织要关心他们政治和业务素质的提高,关心他们的生活。

建设一支以党员为核心的学生骨干队伍,是当前的一项紧迫任务。各级党组织要在保证质量的前提下,做好在学生中发展党员的工作。

在这里,我还要强调,各级党委和国务院有关部委党组要切实加强对高校党的工作的领导和指导。

中国共产党成立70周年纪念日即将来临。中国共产党的诞生是中国历史上开天辟地的大事,历史已经证明并必将继续证明,只有在以马克思列宁主义、毛泽东思想为指导的中国共产党的领导下,坚持走有中国特色的社会主义道路,中华民族才能振兴和强盛。在中国共产党成立70周年纪念日前夕召开这次全国高校党建工作会议,是高等教育战线全体共产党员和广大师生员工庆祝党的生日的实际行动。集中精力搞好高校党的建设,是摆在我们面前的一项艰巨而光荣的战略性任务。高校的各级党组织、各级领导干部和全体共产党员,一定要明确我们肩负的重大历史责任,下定决心,振奋精神,团结一致,努力开创高校工作的新局面,为我国的社会主义现代化建设做出更大的贡献!

中共中央政治局常委宋平在全国高等学校党的建设暨优秀思想政治工作者表彰会部分代表座谈上发表讲话

党的十三届四中全会以后,以江泽民同志为核心的党中央聚精会神抓党的建设,抓思想政治工作,大环境有所改善。高等学校工作摆上了党和政府的重要议事日程。

这段时间里,在很困难的情况下,大家做了大量工作,取得了显著成绩。一是端正了对1989年春夏之交的那场政治风波的认识。国家需要安定,不安定什么事情也做不成,大多数青年学生在这个问题上有了共识。二是批判了动乱"精英"们散布的许多错误言论以及西方的一些反社会主义思潮,旗帜鲜明地宣传了社会主义、共产主义思想、宣传了党的基本路线,宣传了只有社会主义才能救中国、才能发展中国,只有共产党领导中国,才能进行社会主义现代化建设。三是理顺了高等学校的领导体制,调整了领导班子,加强了党委的领导,加强了党的思想政治工作。四是很多学校对学生进行了近代史、现代史的教育和国情教育,有的学校还有计划、有步骤地组织学生到工厂、农村参加社会主义实践,做社会调查,所有这些,对加强高校工作,加强对青年学生的思想教育,都起到了积极作用。现在高等学校形势总的讲是稳定的,大多数学生思想比较安定,能坐下来认真读书了,学习的积极性提高了,纪律也有所好转。这些成绩来之不易。它说明我们的青年知识分子总体上是好的,也说明我们党在高校系统有一批值得信赖的优秀的从事思想政治工作的同志。高等学校能在这么短的时间内取得这么大的成绩,高等学校思想政治工作薄弱的状况开始扭转,再一次证明我们这个党是有力量的。只要我们坚持下去,局面还会有进一步的改观。

我们虽然取得了一些成绩,但要看到今后的任务还很艰巨,工作难度很大。为什么呢?一是西方敌对势力的"和平演变"战略在东欧得逞了,苏联的状况也越来越值得忧虑。敌对势力趾高气扬,公开宣布"社会主义的大失败",要"摧毁共产主义制度"。现在,他们还在对我国搞制裁,"美国之音"天天在世界范围攻击我们。这种情况,使得一些人对社会主义、对马克思主义信心不足。社会主义的红旗究竟能打多久?在相当一部分青年人中间远没有根本解决。二是多年来资产阶级自由化思潮泛滥所造成的影响还远未肃清。叛逃到西方去的一些动乱"精英"天天在活动,民主社会主义思潮在一些青年教师和学生中也还有相当影响,有的认为中国为什么不可以试一试?这些问题,都需要我们认真对待。三是从国内来讲,虽然我们政治、经济形势稳定,但经济生活中还存在一些困难,国营大中型企业困难更大一些。现在多种经济成分并存,允许私营企业、三资企业作为社会主义经济的有益补充而得到发展,但主体是社会主义化公有制,脊梁和骨干是国有大中型企业。当前,大中型企业亏损面大概占40%左右,设备陈旧,搞技术改造又缺乏资金。这个问题解决起来相当复杂。怎样才能做到既让大家都能吃饱饭,又能集中财力搞好技术改造,创造更高的劳动生产率,这是社会主义国家经济建设方面的一个大课题。我相信,只要我们党始终保持工人阶级先锋队性质,同人民站在一起,这个问题是能够逐步解决的。我们讲当前经济生活中还有些困难,是为了说明,它对我们的思想政治工作会有些影响。四是群众对社会风气、党内的腐败现象很不满意，还有分配不公的问题，大家很大意见，这给做思想政治工作增加了难度。

高等学校思想政治工作的任务很艰巨，学校的责任很重大。青年的健康成长有社会的责任、家庭的责任，也有学校的责任。大家一定要把学校的责任担负起来。青年是我们的希望，是国家的未来。现在的大学生是跨世纪的人才，是社会主义事业的接班人。对待青年人，要信任他们，爱护他们，关心他们，培养他们。

学生时代是一个人成长过程中非常重要的一段时间。帮助他们树立一个正确的世界观、人生观，这对他们的一生，具有决定性的意义。在青年时代形成的世界观、人生观不同，后来走的道路也会不一样。

高等学校的德育教育，必须把培养学生坚定正确的政治方向放在第一位。要下大力气加强思想政治工作，进行马克思主义、社会主义的教育。要做到这一点，高等学校的领导和教师首先自己要学习政治，学习马克思主义，这样才能引导和教育好青年人。

要教育、引导、培养好青年学生，必须把高等学校各级党组织健全起来。前几年，高等学校党组织受到严重削弱。以党员数量来说，我听说，解放初党组织公开的时候，清华大学的学生党员就占10%～15%，而现在，清华的学生党员只占学生总数的3%。湖北省委的同志介绍，武汉30几所高校的本科学生中，党员只占0.7%，100个人中平均不到一名党员。解放初期，一些高等学校中不仅学生党员比例高，而且还有外围组织，党的工作一呼百应，有什么事情马上就能动员起来开展工作。现在学生中发生了什么事情，党组织还不知道。党的工作削弱到这种程度，教训太深了。是不是青年人中没有要求入党的积极分子呢？不是。清华大学的党委书记告诉我，清华有1000多名积极分子，可见要求入党的还是很多。青年人可塑性很大，我们要下功夫去做工作，不要觉得他们年轻，就忽视吸收他们中符合条件的人入党。在座的许多同志就是在上大学的时候入党的嘛！如果学生中有10%左右的党员，再加上团员和要求入党的积极分子，学校中的工作就会容易得多。当然只注重党员人数多少也不行，更要重视党员的政治质量。

学生的思想政治工作，要发动全校的教师来做。我看到复旦大学的材料，说一些老教授出来做思想政治工作，跟学生谈心，效果很好。因为这些教授学术上有造诣，现身说法，做思想工作，学生佩服。复旦大学的做法好，不仅教书，还要育人，要传道，传革命之道。湖北、山东省委常委都分头联系一所高校，经常到学校看一看，听一听，了解第一手材料。党委的同志一定要和学生交朋友，同他们打成一片。对党员教授，要给他一定的任务，联系一个班，带一批学生。开课要有点规矩，介绍西方的各种思潮，要在教研室先做些研究，用马克思主义的观点作些分析，使学生对西方的学术观点有一个正确的认识。要坚决杜绝利用高校的讲台反对马克思主义、反对共产党的现象。

还要重视对学生课外读书的指导，对在青年中有影响的读物，好的要宣传，不好的要引导他们鉴别。高等学校要形成强有力的马克思主义理论队伍，对学生中关心的热点问题、敏感问题，包括对民主社会主义的观点等，不要回避，经过认真的集体讨论后，再去给学生讲。讲得好的，收集起来，编成教材，出版发行，加以推广。学校要有自由讨论的空气，在学术争论中允许各种意见发表，各种学说都可以研究，但对学生进行教育，要以马克思主义为主导。要加强对学生的近代史、现代史教育和国情教育，不了解中国的历史，爱国主义思想不会自然产生。同时，还要组织学生到农村去，到工厂去，到社会实践中去接触社会。

高校的工作刚刚出现了转机，由被动转为比较主动，有了一个好的开端。希望这次会议以后，大家继续努力，加强党的工作和思想政治工作，把培养社会主义事业接班人的工作做得更有成效。

中国联合国教科文组织全国委员会和国家建设部在人民大会堂举行泰山黄山列入《世界遗产名录》证书颁发仪式

1991年长江中下游防汛总指挥部召开指挥长会议

会议指出，长江已经有36年没有出现1954年那样的大水了，大洪水间隔时间越长，发生的可能性就越大。今年以来，中下游地区气候反常，一些地方半年降雨量超过了过去全年的水平，酿成了洪涝灾害。这些都说明今年面临的防汛形势十分严峻。各地决不能麻痹大意，要立足于防大汛、抗大灾，从思想上、物质上做好充分准备。

邓小平题写园名的龙华烈士陵园在上海揭幕

国家防汛总指挥部下令开启太湖水闸泄洪

云南高级人民法院召开宣判21名毒贩死刑大会

6月27日

中共中央总书记江泽民会见塞舌尔共和国总统弗朗斯·阿尔贝·勒内

江泽民在会见中指出，在国际事务中，我们主张，国家不分大小、强弱、贫富,都应一律平等,在和平共处五项原则基础上处理国家之间的关系。江泽民说,我们一直致力于完善社会主义的民主和法制,我们认为,民主、自由是相对而言的,要和这个国家的传统、历史、文化、教育和经济发展水平相适应。中国有十一点五亿人口,解决这么多人的温饱问题是一项艰巨的任务。中国基本解决了这个问题,这不仅对提高我国人民的生活水平作出了贡献,同时对维护亚洲和世界的和平与稳定也作出了积极贡献。江泽民还向客人介绍了中国共产党领导下的多党合作制和人民代表大会制度。

第七届全国政协常委会举行第十五次会议

会议议程包括听取和讨论关于深化改革、搞活大中型企业的报告;听取全国政协代表团访问阿拉伯叙利亚共和国情况报告以及人事任命事项。

中央检察官管理学院在北京成立

纪念中国共产党成立七十周年学术讨论会在北京开幕

学术讨论会的主题是:中国共产党的领导和社会主义道路是现代中国的历史性选择。

杨尚昆、乔石、宋平、李瑞环、薄一波、萧克、胡乔木、胡绳等在会议开幕前接见学术讨论会和全国党史部门工作经验交流会的全体代表。

开幕式由中共中央宣传部部长王忍之主持,中共中央党史研究室主任胡绳致开幕词,中共中央党史领导小组副组长邓力群讲话。

胡绳在开幕词中说,中国共产党70年的历程有力地证明,中国共产党是对人民无限忠诚的伟大、光荣、正确的党;没有共产党就没有新中国,只有社会主义才能救中国,只有社会主义才能发展中国。我们要大力宣传党的光荣历史,对全体党员和广大群众、广大青年进行广泛、生动的热爱党、坚定社会主义信念的教育,进行坚持四项基本原则、反对资产阶级自由化、立志完成社会主义现代化的伟大事业的教育。

胡绳说,要不要共产党的领导,要不要坚持走社会主义道路,围绕这个问题的斗争是十分严峻的。这次讨论会要实事求是地总结历史经验,要历史地科学地阐明中国共产党的领导地位和核心作用形成的过程和客观必然性,恰当地解释党所走过的曲折道路,说明党是唯一能够带领全国各族人民,永远摆脱旧时代的苦难命运,实现国家繁荣富强的领导力量。要阐明坚持马列主义基本原理同中国革命与建设实际相结合,是党的胜利之本、成功之路,说明毛泽东同志的伟大历史功勋,是最早、最好地实现了这种结合,邓小平同志在新的历史条件下坚持和发展了毛泽东思想。要阐明加强党的政治、思想、组织、作风建设,坚持党的工人阶级先锋队性质的极端重要性。

邓力群就在当前形势下加强党史研究的问题作专题性发言。

邓力群说,一百多年来,西方侵略者对中国进行了残酷的剥削和掠夺,把一个好端端的中国变成了贫困落后的半封建半殖民地社会。中国共产党领导中国人民经过英勇斗争,建立了新中国。今天,西方敌对势力又对社会主义国家实行和平演变战略。对此,我们必须保持高度警惕。我们研究党的历史必须要联系防止和平演变和反对资产阶级自由化的实际。必须看到,资产阶级自由化思想所依靠的一些理论观点还没有真正澄清,在一定气候下还会变换形式再次出现。要警惕国内外敌对势力利用歪曲中国近现代史和中共党史来影响人们的思想、动摇人们的社会主义信念。一个11亿多人口的大国,只要高举社会主义的旗帜,社会主义就有希望。

日本内阁总理大臣海部俊树在东京首相官邸会见外交部部长钱其琛

中国驻美国大使朱启祯应邀在美国全国新闻俱乐部举行的记者招待会上就当前中美关系问题发表讲话并回答记者的提问

朱启祯在谈到中美建交十几年来的历程时指出,中美关系的发展不仅给两国人民带来了好处,而且有利于亚太地区和世界的和平与稳定。中美关系应当在中美3个公报原则的基础上继续得到发展。朱启祯说,发展两国关系需要双方共同作出努力,在许多西方国家已经或正在取消对华制裁时,希望美国不要落在后面,而应尽早全部取消对华制裁。

在谈到最惠国待遇问题时,朱启祯说,如果美国取消对中国最惠国待遇或对最惠国待遇附加任何条件,不仅会严重损害中美经贸关系,而且会给两国全面关系带来严重影响。

朱启祯还着重就武器不扩散、中美贸易不平衡、劳改产品、人权等问题阐述了中国政府的立场。朱启祯指出,不同国家对人权问题有不同的解释和要求,中国的人权首先是生存权。中国用占世界7%的耕地养活占世界人口22%的人民。要保证11亿人的吃、穿、住这些基本人权,没有一个稳定的环境是无法做到的。动乱只能给中国人民带来灾难,因此中国政府把保持稳定置于十分重要的位置。

智利总统艾尔文在总统府接见由监察部部长尉健

行率领的中国监察部代表团

中国首任驻密克罗尼西亚联邦大使李钦平向奥尔特总统递交国书

党和国家领导人江泽民等在中国剧院观看解放军总政主办的大型民族音乐舞蹈史诗《灯塔颂》

《人民日报》就全国高等学校党的建设工作暨优秀思想政治工作者表彰会议在北京胜利闭幕发表评论员文章《进一步加强高校党的建设》

中华文化联谊会会长刘德有就大陆与台湾文化交流问题向新华社记者发表谈话

刘德有说，近年来，两岸关系发生了重大变化，长期隔绝的局面已经打破，大批台湾同胞来大陆探亲、旅游、经商，民间的文化、艺术等领域的交流也有所开展，形势正朝着有利于和平统一的方向发展。这是顺应时代潮流，符合中华民族根本利益的，也是长期以来两岸人民的共同意愿。

刘德有说，由于海峡两岸文艺界人士的协力推动，大陆与台湾的文化交往出现了一些可喜的变化。近年来两岸文化交流项目正在逐步增加，1989年约70起260人，1990年上升到近百起500余人。交流的门类也从舞台表演艺术扩大到名家的访问、讲学等方面。

刘德有指出，两岸文化交往应当是双向的，有来有往。几年来我们为台湾演艺界及其他方面的文化人士访问大陆提供了许多便利条件。但现在大陆文化艺术界人士访台仍受到种种限制，致使两岸人民相互交流和共享民族文化成果受到很大局限。这种不正常的状态，应当改变。只有双向交流直接往来才有利于消除两岸人民因40多年分离所产生的隔膜，增进信任和共识，为祖国统一大业创造祥和的气氛。

刘德有会长最后指出，90年代是推进祖国和平统一大业，振兴中华民族的重要历史时期。我们"中华文化联谊会"愿意同台湾各界人士为尽快实现"三通"，促进祖国统一大业而共同努力，并期望台湾文艺界为增进两岸文化交流做更多的工作。

6月28日

七届全国人大常委会第二十次会议在人民大会堂举行第三次全体会议

全国人大常委会委员长万里出席会议，会议由全国人大常委会副委员长费孝通主持。

会议首先听取法律委员会副主任委员宋汝棼作关于烟草专卖法、水土保持法和关于修改文物保护法第三十条第三十一条的决定等三个法律草案修改意见的汇报。

会议还听取财政经济委员会副主任委员李朋作的财经委员会关于1990年国家决算，批准国务委员兼财政部部长王丙乾的报告。

副委员长彭冲、赛福鼎·艾则孜、严济慈、荣毅仁、叶飞、廖汉生、倪志福、陈慕华、孙起孟、雷洁琼、王汉斌出席会议。

国务委员秦基伟、最高人民检察院检察长刘复之列席会议。

江泽民李鹏等党和国家领导人接见中央国家机关优秀党员基层党组织代表

中组部在人民大会堂举行全国老干部先进个人先进集体表彰会

大会表彰来自全国30个省、市、自治区和中央直属机关、中央国家机关各部门、中国人民解放军、新疆生产建设兵团的离休退休老干部先进个人和先进集体。宋平、丁关根、薄一波、杨白冰、温家宝等出席表彰会并向老干部先进个人和先进集体代表颁发荣誉证书和锦旗。宋平、薄一波在会上讲话。

宋平代表党中央，向到会代表和全国离休退休的老同志表示祝贺和问候。宋平说，在建党七十周年前夕，我们这些在不同历史时期参加革命，跟随党战斗、工作了几十年的老同志欢聚一堂，回首往事，交流经验，畅谈未来，是一件很有意义的事。在座的老同志都有几十年的革命经历，都曾在各自的岗位上为党和人民做出了贡献。我们党今天的成就，凝聚着同志们的心血。许多老同志退出第一线工作岗位以后，仍然系念着党的工作和人民的事业，有一分热，发一分光，通过各种方式，继续发挥积极的作用，表现了共产党员坚强的党性和鞠躬尽瘁、死而后已的崇高品质。党和人民永远感谢你们，历史永远不会忘记你们。

中共中央政治局常委乔石在给中直机关党员领导干部上党课时发表题为《加强共产党员的党性锻炼》的讲话

一、新的历史时期增强党性锻炼的极端重要性

我们党历来重视党的建设，重视加强党员的党性锻炼，这是我们党的一个好传统。六十多年前，针对当时红四军党内存在的各种非无产阶级思想，毛泽东同志写了《关于纠正党内的错误思想》一文，虽未直接说"党性"二字，但中心是加强无产阶级思想教育，克服非

无产阶级思想。这是最早提出加强党内思想意识修养的问题。一九四一年七月一日党中央专门作过《关于增强党性的决定》，以克服党内存在的违反党性的错误倾向，使全党统一意志，统一纪律，统一行动。一九四二年为了纠正党内存在的教条主义，党开展了反对主观主义、宗派主义、党八股等不良倾向的延安整风运动，统一了全党的思想，提高了全党的马克思主义理论水平，为取得新民主主义革命的胜利奠定了基础。党的十一届三中全会以来，邓小平同志也多次强调，"所有共产党员都要增强党性，遵守党的章程和纪律"。他在十二届二中全会上谈整党问题时说，"对大多数党员来说，是通过思想教育增强党性，要使全党在思想上、政治上和精神状态上有显著的进步，党员为人民服务而不谋私利的觉悟有显著的提高，党和群众的关系有显著的改善。"

党性是一个政党固有的根本属性或本质特点。刘少奇同志曾经指出："共产党员的党性，就是无产者阶级性最高而集中的表现，就是无产者本质的最高表现，就是无产阶级利益最高而集中的表现。"就是说，共产党的党性是以无产阶级阶级性为基础的。中国共产党是在中国工人运动和中国人民争取民族解放的斗争中建立起来的，它是中国工人阶级和各族人民利益的忠实代表，中国共产党的党性同人民性是完全一致的。共产党员的党性是党的先进性的体现，也是中国人民优良品质和民族美德的体现。

党性原则包含着广泛的内容：坚持马列主义、毛泽东思想，坚持实事求是、理论联系实际；全心全意为人民服务，为实现社会主义和共产主义奋斗终身；自觉遵守和维护党的纪律，在一切工作中坚持群众路线，严肃、认真地开展批评和自我批评等，都是党性的重要表现。毛泽东同志一贯强调，共产党员不但要在组织上入党，而且要在思想上入党，强调把马克思主义的世界观和方法论，把马克思主义的理论和实践统一的科学态度，作为党性的重要原则。

建国四十二年来，我们党处于执政地位。总的来说，党经受住了执政的考验。党在领导人民建设社会主义的过程中，取得了伟大的成就，同时也犯过错误。但党都依靠自己的力量，在人民群众的支持下，纠正了自己的错误。今后，党还将继续经受执政的考验。

就党员来说，我们的绝大多数党员，保持了工人阶级先锋战士的本色，主流是好的。据统计，国务院授予全国劳动模范和先进工作者称号的、全总授予"五一"劳动奖章的、国家科委授予有突出贡献的中青年专家等荣誉称号的人员中，党员所占的比例都很高，有的在百分之九十以上。在全国各地许多自然灾害和严重事故面前，冲在最前面，为了群众利益不惜牺牲自己生命的，绝大多数也是共产党员。同时，我们也应当看到，确实有一部分党员经不起执政的考验。有些党员干部以权谋私，当官做老爷，搞特殊化。有些行业和部门弄权勒索，吃拿卡要，巧立名目，乱收费、乱罚款、乱摊派，等等。这些问题，虽在不断处理和纠正，但仍不同程度地存在，仍然是人民群众反映强烈的问题。据有关部门统计，一九八九、一九九〇年共受理各种违纪案件三十九万多件，处分党员三十二万八千多人，其中开除出党的七万二千多人，在受处分的党员干部中，县团级八千零八十七人，地师级五百七十八人，省军级四十人。这些虽然是局部现象，但也必须引起我们的严重警惕。而且，这还远未包括有各种缺点和错误倾向，但不构成违纪、犯法的人，这个面就更大些。

改革开放的新形势对党的建设和党员的党性锻炼又是一种新的考验。对外开放，引进外国的资金、设备、先进科学技术、管理方法等，对于加快我国的经济发展，起了很大的作用，是非常必要的。与此同时，西方资本主义的腐朽思想和生活方式也随着渗透进来，资产阶级自由化思想、金钱至上思想的影响等等，都会使党内一些政治不坚定的人和意志薄弱者受到腐蚀，甚至堕落为腐败分子。从近些年党员受处分的情况看，有这样一些趋势：一是党员违纪受处分的人数增多了，特别是党员领导干部受处分人数增多。一九九〇年全国处分县团级以上党员领导干部比一九八九年上升百分之四十点八，其中有地师级干部三百二十五人，省军级干部二十四人。二是因经济问题受处分的党员人数明显增多。一九九〇年全国因经济问题受处分的党员占受处分党员总数的百分之二十八点一，比一九八九年上升百分之三十三点六，其中尤以贪污、受贿最为突出，占因经济问题受处分党员总数的百分之六十七点六。值得注意的是，因贪污、受贿受处分的县团级干部上升百分之七十三点三，地师级干部上升百分之八十九点五，还有省部级的高级干部，有的还是老党员。有的事例令人触目惊心。这些情况说明，腐蚀与反腐蚀的斗争确实是很严重。十三届六中全会通过的《关于加强党同人民群众联系的决定》中指出："在改革开放、发展商品经济的条件下，共产党员更加需要自觉保持清正廉洁，坚决反对腐败行为。如果听任腐败现象蔓延，党就有走向自我毁灭的危险。"这绝不是危言耸听。

同时，我们还应当看到，国际反动势力从来没有放弃对社会主义国家进行和平演变的图谋。早在解放战争胜利之前和建国初期，毛泽东同志就多次强调指出了这一点。在目前的国际国内形势下，国外敌对势力加紧了对我们进行渗透颠覆、和平演变活动，这个问题更为突出。一九八九年春夏之交发生的政治风波，清楚地证明了这一点。当前国际共产主义运动受到的巨大挫折，也给我们提供了深刻的教训。今后，只要有资本主义和社会主义制度的对立，和平演变与反和平演变的斗争就不可避免。我们要有长期斗争的思想准备。

在新的历史条件下，我们必须增强搞好党的自身建设的责任感、紧迫感，加强共产党员的党性锻炼，坚持实事求是，密切联系人民群众，纠正各种不正之风和腐败现象，始终坚持全心全意为人民服务的根本宗旨，永远保持工人阶级先锋队的本质，使我们党真正成为领导有中国特色社会主义事业的坚强核心。

二、加强党性锻炼的基本要求

党性修养归根到底就是要围绕党的路线的贯彻执行，为完成党在不同历史阶段的中心任务和各项具体工作，发挥共产党员的先锋模范作用。当前就是要在建设有中国特色的社会主义的实践中来加强共产党员的党性锻炼。

(一)坚定共产主义的理想和信念，始终不渝地坚持党的领导。共产主义理想是我们的精神支柱，是我们事业前进的动力。坚定共产主义信念是对共产党员最基本的要求，没有这个信念，就不能成为一个真正的共产党人。前几年由于放松了思想政治教育，党内有些同志共产主义理想、信念动摇了，觉得共产主义遥遥无期，很渺茫。由于国际共产主义运动发生曲折，处于低潮，也使有些同志像井冈山时期党内有人怀疑红旗能打多久那样，怀疑社会主义事业能不能坚持下去。我们应该看到，虽然在国际上社会主义事业发生了严重曲折，但是，现代资本主义的固有矛盾一个也没有解决，人们探索更先进的社会制度，追求人类彻底解放的道路，纵然有艰难险阻，会发生曲折，仍然是当代社会的基本趋势。共产主义是人类历史发展的必然。我们中国有十一亿多人，我们始终依靠人民群众，在中国的大地上把社会主义事业踏踏实实地坚持下去，不断取得新胜利，就不仅对中国人民，对全人类都有重大意义。

坚定共产主义的理想和信念，同坚持共产党的领导是相联系的。因为共产主义理想要通过共产党领导人民去实现。既要革命，就要有一个革命的党。国内一小撮顽固坚持资产阶级自由化立场的人，其要害就是否定党的领导，否定社会主义制度。

中国共产党的领导地位是在长期斗争中历史地形成的。苦难深重的中华民族争取解放的全部历史，艰难曲折的中国人民革命的全部历史充分说明，没有中国共产党这样一个无产阶级先锋队，就不可能团结带领全国各族人民，推翻帝国主义、封建主义和官僚资本主义三座大山，建立起新中国。没有共产党人为了民族的、人民的利益，忠贞不渝，艰苦卓绝，团结人民群众，前仆后继，奋斗牺牲，付出了二千万人鲜血和生命的代价，就不可能取得中国革命震撼世界的伟大胜利。革命战争胜利以后，也只有共产党，才能领导几亿人口的大国，走上社会主义道路，取得社会主义改造和社会主义建设的一个又一个胜利。虽然在领导革命和建设中，党也犯过这样那样的错误，但都自己纠正了。建国以后，党领导全国各族人民所取得的巨大成就，是每一个有良知的中国人都不会否认的。

今天，我们面临着振兴中华、建设四化这样艰巨繁重的任务，面临着这样复杂多变的国际形势，除了中国共产党，试想有哪一个政治组织和社会团体能够担当起这十一亿人口大国的领导重任；谁能团结带领全国人民，越过险滩，绕过暗礁，处理好无数纷繁复杂的国际国内问题，争取经济建设和各项事业的新胜利，在建设有中国特色的社会主义道路上不断前进。

所以说，领导中国革命和社会主义事业的重任，是历史地落在中国共产党身上的，是民族和人民的托付，是责无旁贷的。今天，领导全国人民建设一个繁荣昌盛的社会主义现代化强国，是人民赋予我们党的不可推卸的责任，没有任何力量可以替代的。我们要有这样的责任感和使命感，从这样的觉悟出发来坚持和加强党的领导。四项基本原则的核心是坚持党的领导。只有坚持党的领导，才能坚持现代化建设事业的社会主义方向，才能组织和动员亿万人民群众为实现四个现代化而奋斗，才能保证安定团结的政治局面。在中国，离开中国共产党的领导，不仅不可能建设社会主义现代化，还会使国家陷于分裂和倒退；而中国的不稳定，只会危害和平，给世界带来灾难。

当然，我们绝不以为党的领导十全十美。我们要坚持党的领导，决不能忘记邓小平同志一再指示的要改善党的领导。而不断提高全党同志的党性觉悟，也是改善党的领导的一个重要方面。

(二)自觉地学习和掌握马克思主义、毛泽东思想的基本理论；坚持实事求是，理论联系实际，一切从实际出发。党性修养离不开理论修养。马列主义、毛泽东思想是无产阶级解放的理论，是我们党的指导思想的理论基础，是我们观察、处理一切问题的思想武器。每一个共产党员特别是党的干部，都必须不断加强马克思主义基本理论的学习。我们常说要做一个真正的马克思主义者，这就要像毛泽东同志一贯强调的那样，认真学习和领会马克思主义的基本理论，掌握马克思主义的精神实质，运用马克思主义的立场、观点、方法来解决中国革命和建设的实际问题。

实事求是，把马克思主义的普遍原理同中国的具体实际结合起来，走具有中国特色的革命和建设的道路，这是我们党的一条最重要的历史经验。历史反复证明，什么时候我们把马克思主义的普遍原理同我国的具体实际结合得好，我们的党就生机勃勃，我们的队伍就坚强有力，我们的实践就获得成功，马克思主义理论在我国就得到发展；什么时候我们在理论与实际的结合上出了问题，我们的事业就停滞不前，或遭受挫折，理论本身也不可能得到发展。我国新民主主义革命时期，以毛泽东同志为代表的老一代无产阶级革命家，坚持把马克思主义的普遍真理同中国的具体实践相结合，坚持实事求是、一切从实际出发，创造性地找到了一条适合我国国情的革命道路，这就是农村包围城市、武装夺取政权，并且通过遵义会议和延安整风，从根本上纠正了脱离中国实际的教条主义、主观主义，使全党端正了思想路线，从而领导中国革命取得了全国胜利。新中国成立后，我们党努力探索在中国建设社会主义的具体道路，取得了巨大的成就，中国的面貌发生了翻天覆地的变化。但是，由于在中国这样一个落后的大国建设社会主义是一个全新的课题，我们还缺乏经验，也由于党的领导对形势的分析和对国情的认识有主观主义的偏差，马克思主义普遍原理同我国具体实际相结合的问题，有一段时间解决得不怎么好，使得我们未能取得本来应该取得的更大成就。“文化大革命”更是严重背离了我们党一贯坚持的正确的思想路线，给党的事业带来很大的危害，使国家遭到很大的灾难。“文化大革命”结束后，邓小平同志等老一辈无产阶级革命家带领我们拨乱反正，正本清源，首先抓了端正思想路线，恢复实事求是的优良作风。邓小平同志严肃批评了“两个凡是”，指出必须完整地准确地理解和掌握毛泽东思想的科学体系，他积极推动并高度评价“实践是检验真理的唯一标准”的讨论，一再强调毛泽东思想的精髓就是实事求是，指出“实事求是，一切从实际出发，理论联系实际，坚持实践是检验真理的标准，这就是我们党的思想路线”。正是因为恢复了这样一条思想路线，十一届三中全会实现了把工作重心放在社会主义现代化建设上这样一个根本转变，制定了正确的政治路线，开辟了一个新的历史时期，逐步形成了一整套行之有效的方针政策，走上了建设有中国特色的社会主义道路。我国的经济建设和各项事业都取得了前所未有的巨大成就。我们党在历史关键时刻所实现的这两次重大的转折，具有无可估量的深远意义。两次转折时期党的领袖人物对党和革命事业建立了特殊的功勋，他们所遵循的就是坚持把马克思主义的基本原理同中国革命和建设的实际密切结合，也就是实事求是的原则。

今天，我们要完成党在二十世纪最后十年的根本任务，实现社会主义现代化建设的第二步战略目标，必须加强马克思主义、毛泽东思想的学习，提高全党执行党的基本路线的自觉性，坚持四项基本原则和改革开放，坚持十一届三中全会以来已被实践证明是正确的、为广大人民群众拥护的一系列方针、政策，特别是要坚持实事求是的思想路线，运用马克思主义的普遍原理不断解决建设和改革事业中遇到的新情况和新问题。这是全体党员加强党性锻炼的一项根本要求。

（三）牢固树立全心全意为人民服务的世界观，密切联系群众。全心全意为人民服务是我们党的根本宗旨，这是我们党的性质所决定的。除了人民的利益，我们党本身没有自己特殊的利益。共产党员、党的干部无论在任何情况下，都应当始终做到大公无私、克己奉公，吃苦在前、享受在后，毫不利己、专门利人。这是党性的要求。相反，一事当前，先替个人打算，把个人利益凌驾于人民群众的利益之上，是党性不纯的表现。

坚持全心全意为人民服务的宗旨，才能进一步密切党和人民群众的联系。在革命和战争年代，我们党和军队如果脱离了群众，不要说取得胜利，连生存都不可能。今天在新的历史条件下，群众路线仍然是、而且永远是我们党的根本路线。必须相信群众，依靠群众，尊重人民群众的首创精神，充分调动广大人民群众的积极性；要坚持从群众中来，到群众中去，总结人民群众的实践经验，集中人民群众的智慧，使之上升为理论、方针和政策，用以指导群众的实践，并在实践中接受检验。脱离人民群众对于一个执政党来说是极端危险的。邓小平等老一辈无产阶级革命家曾经多次强调这一问题，提醒全党警惕脱离群众的现象。党的十三届六中全会专门作出了《关于加强党同人民群众联系的决定》。以江泽民同志为核心的党中央采取了一系列密切党群关系的措施。应当肯定，党的十一届三中全会以来的路线、方针、政策是代表人民群众的利益和愿望的，是人民群众衷心拥护的，我们党采取的密切党群关系的各项措施是取得了成效的。同时，我们丝毫也不能忽视党群关系中目前仍然存在的问题。群众观点淡薄，官僚主义，脱离群众，脱离实际在我们党内，特别是一些领导机关和领导干部身上仍然存在着。党内某些不正之风和腐败现象仍然是群众强烈不满的问题，严重损害着党和群众的血肉联系。我们要继续贯彻落实六中全会决定，要像党内一些优秀党员同志那样，关心群众、深入群众，以自己的先锋模范作用、表率作用去宣传、组织、引导群众，把党的政策变为群众的行动，为了党和人民的利益鞠躬尽瘁，死而后已。

我们前面讲到的反对国际反动势力对我国进行和平演变的问题，首先必须提高全党和全国人民的警惕性，加强思想武装。而归根到底，还是要靠我们依靠群众，维护好国内的安定团结，搞好各方面的工作。

只有我们真正在人民群众中扎下深根，始终不渝地为人民谋利益、办实事，把经济建设搞上去，把精神文明建设搞好，不断巩固人民民主专政，把我们本国的事情办好，得到人民的真诚拥护，我们才能立于不败之地，才能有效地从根本上粉碎国际敌对势力颠覆的图谋。

（四）坚持党的民主集中制，加强组织纪律性，开展认真的批评和自我批评。民主集中制是无产阶级政党的组织原则。我们党实行民主基础上的集中和集中指导下的民主，强调无产阶级的组织性和纪律性，这是维护和加强党的团结和统一的重要保障，也是党具有强大战斗力的重要前提。改革开放以来，邓小平同志一再强调，要坚持民主集中制原则，坚持铁的纪律，共产党员要在政治上同中央保持一致。陈云同志也指出，在改革开放中纪律不能“松绑”，要加强。前些年，有人公开攻击党的民主集中制原则，主张在党内搞派别，这只能对党起分化、瓦解作用，同把党建设成为领导社会主义现代化建设事业坚强核心的要求是根本不相容的。

毛泽东同志说过：有无认真的自我批评，是我们党区别于其他政党的显著标志之一。我们党之所以坚强有力，不在于不犯错误（当然要力求少犯，特别要力求不犯大的错误），而在于犯了错误能够通过实事求是的自我批评加以纠正。我们党历史上两次全党范围的自我批评，系统地总结历史经验，其意义是极为深远的。

为了完成新时期的艰巨任务，加强党的建设，我们必须健全民主集中制的组织原则，加强党的组织纪律，提倡拿起批评和自我批评这个马克思列宁主义的武器，在党内创造一个健康、良好的政治环境。为人民的利益坚持真理，为人民的利益改正错误，这应该成为每一个共产党员的行动准则。

三、领导干部要带头加强党性锻炼和修养

中直机关是党中央的工作机构，在党中央的直接领导下，应该成为加强党性锻炼的表率。中直机关的每一个党员同志，都应当坚持党性原则。特别是领导骨干，更应成为党性修养的模范，以影响和带动全体党员增强党性，切实加强党的建设。

第一，要坚定不移地执行党的基本路线和十一届三中全会以来的方针、政策，坚持走好建设有中国特色的社会主义道路，在政治上、思想上严格按照党中央的要求来要求自己。领导机关和领导干部对保持全党政治上高度一致的极端重要性，应该有充分的认识。保持政治上的高度一致，首先要做到思想上的一致。党的每一位高级干部，必须时刻保持无产阶级坚定的政治立场，不管遇到多大的风浪，碰到多大的阻力和困难，都要坚信马列主义，坚定共产主义信念，旗帜鲜明地坚持党的领导，坚持党的基本路线和政治目标，像保护眼珠一样维护全党的团结和统一。

第二，协助党中央加强同各级党组织的联系，走好群众路线，搞好党内监督。党中央机关要密切联系各级党组织，经常深入群众，调查研究，了解中央的方针政策在下面贯彻执行的情况，及时全面地向中央反映，帮助中央做好从群众中来到群众中去的工作。既要及时发现和集中一切好的经验和合理的建议，也要如实反映发生的问题和存在的不足，当好中央同各级党组织和广大群众联系的助手。领导干部要自觉接受来自各个方面的监督，自觉地置身于党和人民的监督之下，注意从下级组织和群众身上吸取政治营养，这是进行党性锻炼的重要方面。

第三，要做搞好党风和廉政建设的模范。党性强才能有好的党风。党风的各种不正之风，本身就是党性不纯的表现。从中直机关整体看，我们大多数同志是兢兢业业、勤政为民的，但也存在不少问题，也有以权谋私等违背党性要求的现象。领导干部一定要严于律己，言行一致，凡是要求下面做到的，自己首先做到，凡是要求下面不做的，自己首先不做。在党风问题上，行动比言论更重要。

党性修养是长期的自我锻炼的过程，进行党性锻炼要坚持不懈。不论是新党员，还是老党员，不论职位高低、资历深浅，如果不注意用党性原则来约束自己，就会掉队。每一个共产党员都要把周恩来同志讲的“活到老，学到老，改造到老”当作座右铭，珍惜共产党员这个光荣称号，时刻都不放松思想改造，不放松加强党性锻炼，始终保持革命的节操。

最后，我们希望中直机关的领导干部和全体党员在加强党性锻炼和修养方面为全党做表率：做勤奋学习、理论联系实际、实事求是的模范；做廉政勤政、密切联系群众的模范；做不尚空谈、多干实事的模范；做坚持改革、勇于开拓的模范；做遵纪守法、同不正之风和腐败现象作坚决斗争的模范，为把我们党建设成为有中国特色社会主义事业的坚强领导核心而努力，这是对我们党建党七十周年的最好纪念。

《人民日报》发表全国人大常委会副委员长倪志福文章《党的领导是工人运动胜利前进的保证》

邓小平题名的董必武纪念像在武汉武昌洪山广场揭幕

中共内蒙古自治区党委人民政府和国家民委共同主办的《乌兰夫同志光辉的一生》展览在北京民族文化宫开幕

中共中央总书记江泽民国务院总理李鹏会见石圪节矿风报告团成员

江泽民、李鹏、宋平在人民大会堂会见了石圪节矿风报告团成员，高度赞扬了石圪节煤矿工人勤俭办矿、艰苦创业和特别能战斗的工作作风。

江泽民说，在党的70周年生日快要到来的时候，你们巡回报告来到北京，我向你们表示欢迎。中国共产党是中国工人阶级的先锋队。我们有一支强大的工人阶级队伍，有5000多万共产党员，只要坚持走有中国特色的社会主义道路，我们的现代化建设事业就一定会不断发展。

江泽民说，每一个企业的工人同志都要发扬主人翁精神，努力把生产搞好，把企业办好。作为国家，要千方百计提高职工的生活水平；但生产上不去，职工的生活水平是难以提高的。希望广大工人同志要带头处理好国家与集体、集体与个人、长远利益与当前利益的关系，齐心协力把经济搞上去，使我们的国家兴旺发达。

江泽民说，你们矿山是周总理生前树立的典型，你们依靠艰苦奋斗使企业得到了很大发展。老工人要搞好传帮带，把艰苦奋斗的优良传统传下去。青年人是我们的未来和希望，我们要满腔热情地去教育和培养他们。总之一句话，希望你们再接再厉，齐心协力，把企业办得更好。

宋平在讲话中说，石圪节矿从一个小矿发展到一个现代化的大煤矿，靠的是自力更生，艰苦奋斗，自己积累搞技术改造。你们走出了一条中国工业现代化的道路。石圪节矿为什么能做到这一点，就是因为有一支特别能战斗的工人阶级队伍。你们不怕苦，不怕累，忘我工作，无私奉献，体现了中国工人阶级的高贵品质。

宋平说，石圪节矿是煤炭工业和整个工业战线的一面红旗。我们为有这样一个先进典型感到骄傲。你们的先进事迹，不仅值得煤炭战线的同志学习，而且值得整个工业战线和全国人民学习。

国务院副总理邹家华在全国农村经济长期计划会议上发表讲话

邹家华在国家计委召开的全国农村经济长期计划会议上说，我国在本世纪末实现第二步战略目标，达到小康生活水平，农业必须先行。各级计划部门在未来10年里，要把发展农业放到国民经济首要位置，逐步增加农业投资，促进农村经济持续稳定协调发展。

邹家华在讲话中说，要在本世纪末实现国民生产总值翻两番的第二步战略目标，使全国人民达到小康生活水平，没有农业和农村经济的稳定发展就难以实现。因此，各级计划部门在今后10年里，必须坚决贯彻“以农业为基础”的方针，把发展农业摆在国民经济首要位置，促进农村经济持续稳定协调地发展。这是各级计划部门决不能忽视的重要任务。

针对目前我国农业基础设施仍很脆弱，农业生产条件和生产力水平亟待提高的现状，邹家华指出，加强农业基础建设，需要相应的资金和物资作保障。今后，中央要逐步增加农业的投资。“八五”期间，国家用于农业基本建设方面的投资将有所增加。这些投资主要用于改善全国水利状况，建设商品粮、棉等农产品生产基地，加强林业和气象现代化建设，兴建和改造一批农用工业骨干企业。同时，各级地方政府也要提高农业投资的比重，合理引导农民增加对农业的投入，通过多方集资，提高农业综合生产能力。

邹家华强调，90年代，各级计划部门要把发展农业教育和农业科技放在突出位置，要把科技工作重点放在农业技术推广和普及上，使农业科技成果迅速变为现实的生产力。

在谈到制定农业和农村经济发展长期规划和计划应注意问题时，邹家华说，要抓住重点，优先安排好粮、棉等主要农产品生产计划。同时，抓好与人民生活密切相关的“菜篮子”工程，加强乡镇企业的计划指导，促进农村经济全面发展。

邹家华要求各级计划部门，要努力学会按计划经济和市场调节相结合的原则，指导农业和农村经济的发展。从当前看，应十分重视农产品的流通问题。今后要增加投入，改善流通领域基础设施，增强粮棉等主要农产品的储备能力和市场调控能力，切实保护农民利益。

邮电部发言人就海峡两岸直接通邮通电问题对记者发表谈话

邮电部发言人日前就海峡两岸直接通邮通电问题接受中央人民广播电台记者的采访。

发言人说，海峡两岸直接通邮是两岸人民的共同愿望。1979年我邮电部门单方开办大陆对台湾的部分邮电业务以来，两岸邮电沟通已经有了可喜的发展变化。双方邮电部门互相直接封发航空函件总包，并通过第三地区接转两岸的电话电报，开始实现了公开的间接的互通部分邮电业务，从而为两岸同胞的交往联系和各项活动的开展创造了一定条件。

近两年来，大陆与台湾互通的邮电业务呈现大幅度上升的趋势。1989年两岸互寄信函约为1500多万件，是1988年的5倍，大陆打到台湾的电话约为180多万次，是1988年的11倍。1990年两岸互通的邮电业务又有了新的增长，全年互寄信函约达2100多万件，比上年增长 41%；大陆打到台湾的电话约达 470 多万次，比上年增长 163%；大陆发往台湾的电报 4.2 万多张，比上年增长 207%。这样大量的邮电业务的疏通传送，是两岸邮政和电信工作者遥相配合、共同努力的结果。邮电业务数量的迅速发展，也反映了海峡两岸交流越来越频繁，各项交流活动越来越扩大的趋势。两岸亲友通过邮电渠道打破了 40 年的隔绝状态，消除了音讯不通、相思相望之苦。两岸亲人的每一封书信或电报，每一次电话，都寄托着深厚的情谊。正如有的台胞台属说，过去是“盈盈一水间，脉脉不得语”，现在是“轻轻一拨号，频频传佳音”。

当记者问到当前两岸通邮存在的问题时，发言人指出，当前两岸通邮还是处于间接状态，还存在着很多人为的障碍。在邮政方面，台湾只开办平信、明信片、印刷品等业务，而不收寄挂号函件和包裹业务，给两岸亲友带来诸多不便。如很多亲友之间希望通过正常的邮政渠道，互赠一些小礼品，互寄一些土特产品、中成药品和生活日用品。这些愿望实乃人之常情，但由于台湾方面的限制，却一直不能实现。我邮政部门试寄到台湾的小包都被台方退回，用户对台方的做法不满的心情不难理解。在电信方面，台湾一直不开通两岸的直达电路，大陆与台湾之间电话、电报，都由其他国家或地区经转，电话、电报费也要经其他国家或地区的电信部门结算而不能直接结算。两岸电信部门因此不得不付给第三方大量经转费用。按当前业务量估算每年要多付出 1000 多万美元。由于两岸不开通直达电路，也造成电话、电报业务的积压。据台湾报纸报道，台湾到大陆的电话完成率仅达 33%左右。如开通直达电路则可提高一倍以上。还有一个令人不解的现象是，大陆打到台湾的自动拨号电话能够通，而挂到台湾的人工电话却不给接，查电话号码也不答复。这些做法是有悖情理的。

这位发言人对记者说，经常有用户问我们，为什么发往世界各地的邮件和电话、电报都能通畅，而与祖国大陆仅一水之隔的台湾却音讯不便，困难重重？我们说，问题的症结不在于台湾的邮政、电信部门，障碍在于台湾当局的“三不”政策。人们不会忘记台湾当局始则视“通邮”为中共的“统战阴谋”，继而搞所谓“通信不通邮”，让红十字会转信，并且只通书信不通电信；尔后又实行所谓“简化通邮”和“间接通话”。真可谓层层设卡，煞费苦心。为了避免两岸邮电部门的直接接触，竟然禁止必要的业务联系和业务查询，限制开办的业务范围，不顾增加经转费用开支；不顾大量电话难以及时疏通，不顾对两岸同胞造成的诸多不便。这种政策实在不应再继续下去了。

发言人说，随着两岸同胞探亲、旅游人数的日渐增多，两岸经贸、文化、艺术、体育等交往活动的日益发展，各方面的接触越来越密切，迫切需要开辟直达邮路、直达电路，以便充分利用现代化的通信工具和多种邮电业务，相互沟通信息，密切联系，促进交流，进而为实现祖国和平统一大业创造条件，在这种趋势下，如果再抱着“不接触”政策不放，不拆除直接通邮通电的人为障碍，则无异于作茧自缚，把自己置于两岸同胞对立面的地位。希望台湾当局清醒地认识到这一点，主动采取措施，早日消除人为的障碍。台湾当局最近一再宣称，在发展两岸关系方面，“要务实”，“要维护两岸人民权益”。如果这不是空洞的口号，那么实现两岸直接通邮通电，造福两岸同胞，就是当务之实，当务之急，没有任何理由再拖下去了。何况当前已经互通部分邮电业务，具备了进一步发展扩大的基础。我们相信只要搬掉“不接触”的路障，两岸邮电部门进行业务技术协商，是不难做到的，实现两岸直接通邮通电是可以指日而待的。我们一如既往，愿意为两岸直接通邮通电进行务实商谈并取得成效而不懈地努力。

国务院决定中国银行提供 12 亿美元贷款加速勘探开发塔里木油田

国家副主席王震在人民大会堂会见津巴布韦共和国副总统乔舒亚·恩科莫

国务院总理李鹏在人民大会堂会见乌干达等四国即将离任的驻中国大使和一位新到任的驻中国大使

四位将离任的大使是：埃塞俄比亚大使沃尔德·马里亚姆，乌干达大使鲁韦齐巴，约旦大使萨阿德和澳大利亚大使沙德伟。一位新任大使是英国大使麦若彬。

国务院总理李鹏在人民大会堂会见日本丰田汽车公司社长丰田章一郎

《人民日报》报道称陕西人民出版社已出版《中共党史人物传》50 卷

中共中央总书记江泽民致电慰问江苏浙江安徽近日抗洪救灾军民

国务院第 87 次常务会议讨论并原则通过《中华人民共和国防汛条例(草案)》

国务院总理李鹏主持召开会议。会议认为，我国气候复杂、暴雨集中；江河众多，洪水频繁。主要江河中下游地区集中了全国半数以上的人口和100多座大中城市，许多重要交通枢纽受到江河洪水的严重威胁。江河洪水是我国的心腹之患。因此，以防御洪水灾害为目的的防汛工作是关系到国家大局的长期的艰巨任务，是有关的人民政府的中心工作。

会议认为，为最大限度地保障国家和人民生命财产的安全，减轻洪水灾害造成的损失，有必要把我国各族人民与洪水作斗争的经验以法规的形式固定下来，使防汛工作逐步实现正规化、规范化。

《中华人民共和国防汛条例（草案）》是为了进一步做好防汛抗洪工作，保障人民生命财产安全和经济建设的顺利进行，根据《中华人民共和国水法》制定的。

《中华人民共和国防汛条例（草案）》为我国的防汛工作确定了“安全第一、常备不懈，以防为主，全力抢险”的方针和“局部利益服从全局利益”的原则。《防汛条例（草案）》还规定了各级人民政府行政首长负责的防汛责任制，明确提出“任何单位和个人都有参加防汛抗洪的义务”。《防汛条例（草案）》对防汛组织、防汛准备、防汛与抢险、善后工作、防汛经费、奖励与处罚等都做出了规定。

日本向中国安徽灾区提供援助

日本政府向我国遭受洪水灾害的安徽省提供的第一批援助物资于晚上运到北京。日本政府决定向我国洪水灾区提供相当于2340万日元的物资援助。这些物资主要是医药品、医疗器材、毛毯和净水剂等。全部物资将分3批运抵中国。日本政府还向我国灾区提供一定数额的现金援助。

6月29日

第七届全国人大常委会第二十次会议在人民大会堂闭会

全国人大常委会委员长万里主持会议。

经过表决，委员们先后通过中华人民共和国烟草专卖法、全国人大常委会关于修改文物保护法第三十条第三十一条的决定、全国人大常委会关于惩治盗掘古文化遗址古墓葬犯罪的补充规定、中华人民共和国水土保持法。

同时批准《制止危及海上航行安全非法行为公约》、《制止危及大陆架固定平台非法行为议定书》，批准中国和古巴领事条约、中国和阿根廷领事条约，批准1990年国家决算。还就有关人事任免事项做出决定。

全国人大常委会副委员长彭冲、赛福鼎·艾则孜、严济慈、荣毅仁、叶飞、廖汉生、倪志福、陈慕华、费孝通、孙起孟、雷洁琼、王汉斌出席会议。国务院副总理吴学谦、最高人民检察院检察长刘复之列席会议。

国家主席杨尚昆签署第46号令公布《中华人民共和国烟草专卖法》

《中华人民共和国烟草专卖法》已由中华人民共和国第七届全国人民代表大会常务委员会第二十次会议于1991年6月29日通过，现予公布，自1992年1月1日起施行。

中华人民共和国主席 杨尚昆

1991年6月29日

中华人民共和国烟草专卖法

第一章 总 则

第一条 为实行烟草专卖管理，有计划地组织烟草专卖品的生产和经营，提高烟草制品质量，维护消费者利益，保证国家财政收入，制定本法。

第二条 本法所称烟草专卖品是指卷烟、雪茄烟、烟丝、复烤烟叶、烟叶、卷烟纸、滤嘴棒、烟用丝束、烟草专用机械。

卷烟、雪茄烟、烟丝、复烤烟叶统称烟草制品。

第三条 国家对烟草专卖品的生产、销售、进出口依法实行专卖管理，并实行烟草专卖许可证制度。

第四条 国务院烟草专卖行政主管部门主管全国烟草专卖工作。省、自治区、直辖市烟草专卖行政主管部门主管本辖区的烟草专卖工作，受国务院烟草专卖行政主管部门和省、自治区、直辖市人民政府的双重领导，以国务院烟草专卖行政主管部门的领导为主。

第五条 国家加强对烟草专卖品的科学研究和技术开发，提高烟草制品的质量，降低焦油和其他有害成分的含量。

国家和社会加强吸烟危害健康的宣传教育，禁止或者限制在公共交通工具和公共场所吸烟，劝阻青少年吸烟，禁止中小学生吸烟。

第六条 国家在民族自治地方实行烟草专卖管理，应当依照本法和民族区域自治法的有关规定，照顾民族自治地方的利益，对民族自治地方的烟叶种植和烟草制品生产给予照顾。

第二章 烟叶的种植、收购和调拨

第七条 本法所称烟叶是指生产烟草制品所需的烤烟和名晾晒烟，名晾晒烟的名录由国务院烟草专卖行政主管部门规定。

未列入名晾晒烟名录的其他晾晒烟可以在集市贸易市场出售。

第八条 烟草种植应当因地制宜地培育和推广优良品种。优良品种经全国或者省级烟草品种审定委员会审定批准后，由当地烟草公司组织供应。

第九条 烟叶收购计划由县级以上地方人民政府计划部门根据国务院计划部门下达的计划下达，其他单位和个人不得变更。

烟草公司或者其委托单位应当与烟叶种植者签订烟叶收购合同。烟叶收购合同应当约定烟叶种植面积。

烟叶收购价格由国务院物价主管部门会同国务院烟草专卖行政主管部门按照分等定价的原则制定。

第十条 烟叶由烟草公司或者其委托单位按照国家规定的收购标准、价格统一收购，其他单位和个人不得收购。

烟草公司及其委托单位对烟叶种植者按照烟叶收购合同约定的种植面积生产的烟叶，应当按照国家规定的标准分等定价，全部收购，不得压级压价，并妥善处理收购烟叶发生的纠纷。

第十一条 省、自治区、直辖市之间的烟叶、复烤烟叶的调拨计划由国务院计划部门下达，省、自治区、直辖市辖区内的烟叶、复烤烟叶的调拨计划由省、自治区、直辖市计划部门下达，其他单位和个人不得变更。

烟叶、复烤烟叶的调拨必须签订合同。

第三章 烟草制品的生产

第十二条 开办烟草制品生产企业，必须经国务院烟草专卖行政主管部门批准，取得烟草专卖生产企业许可证，并经工商行政管理部门核准登记；其分立、合并、撤销，必须经国务院烟草专卖行政主管部门批准，并向工商行政管理部门办理变更、注销登记手续。未取得烟草专卖生产企业许可证的，工商行政管理部门不得核准登记。

第十三条 烟草制品生产企业为扩大生产能力进行基本建设或者技术改造，必须经国务院烟草专卖行政主管部门批准。

第十四条 省、自治区、直辖市的卷烟、雪茄烟年度总产量计划由国务院计划部门下达。烟草制品生产企业的卷烟、雪茄烟年度总产量计划，由省级烟草专卖行政主管部门根据国务院计划部门下达的计划，结合市场销售情况下达，地方人民政府不得向烟草制品生产企业下达超产任务。烟草制品生产企业根据市场销售情况，需要超过年度总产量计划生产卷烟、雪茄烟，必须经国务院烟草专卖行政主管部门批准。

全国烟草总公司根据国务院计划部门下达的年度总产量计划向省级烟草公司下达分等级、分种类的卷烟产量指标。省级烟草公司根据全国烟草总公司下达的分等级、分种类的卷烟产量指标，结合市场销售情况，向烟草制品生产企业下达分等级、分种类的卷烟产量指标。烟草制品生产企业可以根据市场销售情况，在该企业的年度总产量计划的范围内，对分等级、分种类的卷烟产量指标适当调整。

第四章 烟草制品的销售和运输

第十五条 经营烟草制品批发业务的企业，必须经国务院烟草专卖行政主管部门或者省级烟草专卖行政主管部门批准，取得烟草专卖批发企业许可证，并经工商行政管理部门核准登记。

第十六条 经营烟草制品零售业务的企业或者个人，由县级人民政府工商行政管理部门根据上一级烟草专卖行政主管部门的委托，审查批准发给烟草专卖零售许可证。已经设立县级烟草专卖行政主管部门地方，也可以由县级烟草专卖行政主管部门审查批准发给烟草专卖零售许可证。

第十七条 国务院烟草专卖行政主管部门会同国务院物价主管部门按卷烟等级选定部分牌号的卷烟作为代表品。代表品的价格由国务院物价主管部门会同国务院烟草专卖行政主管部门制定。卷烟的非代表品、雪茄烟和烟丝的价格由国务院烟草专卖行政主管部门或者由国务院烟草专卖行政主管部门授权省、自治区、直辖市烟草专卖行政主管部门制定，报国务院物价主管部门或者省、自治区、直辖市人民政府物价主管部门备案。

第十八条 国家制定卷烟、雪茄烟的焦油含量级标准。卷烟、雪茄烟应当在包装上标明焦油含量级和“吸烟有害健康”。

第十九条 禁止在广播电台、电视台、报刊播放、刊登烟草制品广告。

第二十条 卷烟、雪茄烟和有包装的烟丝必须申请商标注册，未经核准注册的，不得生产、销售。

禁止生产、销售假冒他人注册商标的烟草制品。

第二十一条 烟草制品商标标识必须由省级工商行政管理部门指定的企业印制；非指定的企业不得印制烟草制品商标标识。

第二十二条 托运或者自运烟草专卖品必须持有烟草专卖行政主管部门或者烟草专卖行政主管部门授权的机构签发的准运证；无准运证的，承运人不得承运。

第二十三条 邮寄、异地携带烟叶、烟草制品的，不得超过国务院有关主管部门规定的限量。

第二十四条 个人进入中国境内携带烟草制品的，不得超过国务院有关主管部门规定的限量。

第五章 卷烟纸、滤嘴棒、烟用丝束、烟草专用机械的生产和销售

第二十五条 生产卷烟纸、滤嘴棒、烟用丝束、烟草专用机械的企业，必须报国务院烟草专卖行政主管部门批准，取得烟草专卖生产企业许可证。

本法所称烟草专用机械是指烟草专用机械的整机。

第二十六条 生产卷烟纸、滤嘴棒、烟用丝束、烟草专用机械的企业,应当按照国务院烟草专卖行政主管部门的计划以及与烟草制品生产企业签订的订货合同组织生产。

第二十七条 生产卷烟纸、滤嘴棒、烟用丝束、烟草专用机械的企业,只可将产品销售给烟草公司和持有烟草专卖生产企业许可证的烟草制品生产企业。

第六章 进出口贸易和对外经济技术合作

第二十八条 国务院烟草专卖行政主管部门根据国务院规定,管理烟草行业的进出口贸易和对外经济技术合作。

第二十九条 经营烟草专卖品进出口业务、经营外国烟草制品寄售业务或者在海关监管区域内经营免税的外国烟草制品购销业务的企业,必须经国务院烟草专卖行政主管部门或者省级烟草专卖行政主管部门批准,取得特种烟草专卖经营企业许可证。

持有特种烟草专卖经营企业许可证的企业,必须按照国务院烟草专卖行政主管部门的规定,向国务院烟草专卖行政主管部门报送进货、销售、库存的计划和报表。

第七章 法律责任

第三十条 违反本法规定擅自收购烟叶的,由烟草专卖行政主管部门处以罚款,并按照国家规定的价格收购违法收购的烟叶;数量巨大的,没收违法收购的烟叶和违法所得。

第三十一条 无准运证或者超过准运证规定的数量托运或者自运烟草专卖品的,由烟草专卖行政主管部门处以罚款,可以按照国家规定的价格收购违法运输的烟草专卖品;情节严重的,没收违法运输的烟草专卖品和违法所得。

承运人明知是烟草专卖品而为无准运证的单位、个人运输的,由烟草专卖行政主管部门没收违法所得,并处罚款。

超过国家规定的限量异地携带烟叶、烟草制品,数量较大的,依照第一款的规定处理。

第三十二条 无烟草专卖生产企业许可证生产烟草制品的,由烟草专卖行政主管部门责令关闭,没收违法所得,并处罚款。

无烟草专卖生产企业许可证生产卷烟纸、滤嘴棒、烟用丝束或者烟草专用机械的,由烟草专卖行政主管部门责令停止生产上述产品,没收违法所得,可以并处罚款。

第三十三条 无烟草专卖批发企业许可证经营烟草制品批发业务的,由烟草专卖行政主管部门责令关闭或者停止经营烟草制品批发业务,没收违法所得,并处罚款。

第三十四条 无特种烟草专卖经营企业许可证经营烟草专卖品进出口业务、外国烟草制品寄售业务或者免税的外国烟草制品购销业务的,由烟草专卖行政主管部门责令停止经营上述业务,没收违法所得,并处罚款。

第三十五条 无烟草专卖零售许可证经营烟草制品零售业务的,由工商行政管理部门责令停止经营烟草制品零售业务,没收违法所得,并处罚款。

第三十六条 生产、销售没有注册商标的卷烟、雪茄烟、有包装的烟丝的,由工商行政管理部门责令停止生产、销售,并处罚款。

生产、销售假冒他人注册商标的烟草制品的,由工商行政管理部门责令停止侵权行为,赔偿被侵权人的损失,可以并处罚款;构成犯罪的,依法追究刑事责任。

第三十七条 违反本法第二十一条的规定,非法印制烟草制品商标标识的,由工商行政管理部门销毁印制的商标标识,没收违法所得,并处罚款。

第三十八条 倒卖烟草专卖品,构成投机倒把罪的,依法追究刑事责任;情节轻微,不构成犯罪的,由工商行政管理部门没收倒卖的烟草专卖品和违法所得,可以并处罚款。

烟草专卖行政主管部门和烟草公司工作人员利用职务上的便利犯前款罪的,依法从重处罚。

第三十九条 伪造、变造本法规定的烟草专卖生产企业许可证、烟草专卖经营许可证等许可证件和准运证的,依法追究刑事责任。

买卖本法规定的烟草专卖生产企业许可证、烟草专卖经营许可证等许可证件和准运证的,比照刑法第一百一十七条的规定追究刑事责任。

烟草专卖行政主管部门和烟草公司工作人员利用职务上的便利犯前两款罪的,依法从重处罚。

第四十条 走私烟草专卖品,构成走私罪的,依照关于惩治走私罪的补充规定追究刑事责任;走私烟草专卖品,数额不大,不构成走私罪的,由海关没收走私货物、物品和违法所得,可以并处罚款。

烟草专卖行政主管部门和烟草公司工作人员利用职务上的便利犯前款罪的,依法从重处罚。

第四十一条 烟草专卖行政主管部门有权对本法实施情况进行检查。以暴力、威胁方法阻碍烟草专卖检查人员依法执行职务的,依法追究刑事责任;拒绝、阻碍烟草专卖检查人员依法执行职务未使用暴力、威胁方法的,由公安机关依照治安管理处罚条例的规定处罚。

第四十二条 人民法院和处理违法案件的有关部门的工作人员私分没收的烟草制品,依照关于惩治贪污罪贿赂罪的补充规定第一条、第二条的规定追究刑事责任。

人民法院和处理违法案件的有关部门的工作人员购买没收的烟草制品的，责令退还，可以给予行政处分。

第四十三条　烟草专卖行政主管部门和烟草公司的工作人员滥用职权、徇私舞弊或者玩忽职守的，给予行政处分；情节严重，构成犯罪的，依法追究刑事责任。

第四十四条　当事人对烟草专卖行政主管部门和工商行政管理部门作出的行政处罚决定不服的，可以在接到处罚通知之日起十五日内向作出处罚决定的机关的上一级机关申请复议；当事人也可以在接到处罚通知之日起到十五日内直接向人民法院起诉。

复议机关应当在接到复议申请之日起六十日内作出复议决定。当事人对复议决定不服的，可以在接到复议决定之日起十五日内向人民法院起诉；复议机关逾期不作出复议决定的，当事人可以在复议期满之日起十五日内向人民法院起诉。

当事人逾期不申请复议也不向人民法院起诉、又不履行处罚决定的，作出处罚决定的机关可以申请人民法院强制执行。

第八章　附　则

第四十五条　国务院根据本法制定实施条例。

第四十六条　本法自 1992 年 1 月 1 日起施行。1983 年 9 月 23 日国务院发布的《烟草专卖条例》同时废止。

国家主席杨尚昆签署第 47 号令公布《全国人民代表大会常务委员会关于修改〈中华人民共和国文物保护法〉第三十条第三十一条的决定》

《全国人民代表大会常务委员会关于修改〈中华人民共和国文物保护法〉第三十条第三十一条的决定》已由中华人民共和国第七届全国人民代表大会常务委员会第二十次会议于 1991 年 6 月 29 日通过，现予公布，自公布之日起施行。

中华人民共和国主席　杨尚昆

1991 年 6 月 29 日

全国人民代表大会常务委员会公布《关于修改〈中华人民共和国文物保护法〉第三十条第三十一条的决定》

第七届全国人民代表大会常务委员会第二十次会议审议了国务院关于提请审议《中华人民共和国文物保护法修正案(草案)》的议案，决定对《中华人民共和国文物保护法》第三十条、第三十一条作如下修改：

一、在第三十条规定给予行政处罚的行为中增加下列五项：

(一)刻划、涂污或者损坏国家保护的文物尚不严重的，或者损毁依照本法第九条规定设立的文物保护单位标志的，由公安部门或者文物所在单位处以罚款或者责令赔偿损失；

(二)违反本法第十一条的规定，在文物保护单位的保护范围内进行建设工程的，或者违反本法第十二条的规定，在文物保护单位周围的建设控制地带修建建筑物、构筑物的，由城乡规划部门或者由城乡规划部门根据文化行政管理部门的意见责令停工，责令拆除违法修建的建筑物、构筑物或者处以罚款；

(三)在文物保护单位附近进行爆破、挖掘等活动，危及文物安全的，由公安部门或者由公安部门根据文化行政管理部门的意见予以制止，可以处以罚款；

(四)文物经营单位经营未经文化行政管理部门许可经营的文物的，经工商行政管理部门会同文化行政管理部门检查认定，由工商行政管理部门没收其非法所得，可以并处罚款或者没收其非法经营的文物；

(五)全民所有制博物馆、图书馆等单位将文物藏品出售或者私自赠送给其他全民所有制博物馆、图书馆等单位的，由文化行政管理部门责令追回出售、赠送的文物，没收其非法所得或者处以罚款，对主管人员和直接责任人员由其所在单位或者上级机关给予行政处分。

将第三十条第二项"未经文化行政管理部门批准，私自经营文物购销活动的，由工商行政管理部门给予警告或者罚款，并可没收其非法所得或者非法经营的文物"修改为："未经文化行政管理部门批准，从事文物购销活动的，由工商行政管理部门或者由工商行政管理部门根据文化行政管理部门的意见，没收其非法所得和非法经营的文物，可以并处罚款"。

在第三十条中增加一款，作为第二款："对于依照前款规定作出的行政处罚决定不服的，可以依法申请复议或者提起诉讼。"

二、在第三十一条中增加规定：(一)"全民所有制博物馆、图书馆等单位将文物藏品出售或者私自赠送给非全民所有制单位或者个人的，对主管人员和直接责任人员比照刑法第一百八十七条的规定追究刑事责任"；(二)"国家工作人员滥用职权，非法占有国家保护的文物的，以贪污论处；造成珍贵文物损毁的，比照刑法第一百八十七条的规定追究刑事责任"。

对第三十一条第一款关于依法追究刑事责任的规定作如下修改：(一)将第二项中的"盗运珍贵文物出口"修改为"走私国家禁止出口的文物"；(二)增加一项："盗掘古文化遗址、古墓葬的"。

将第三十一条第二款"私自挖掘古文化遗址、古墓葬的，以盗窃论处"删去。

将第三十一条第三款“将私人收藏的珍贵文物私自卖给外国人的，以盗运珍贵文物出口论处”修改为：“任何组织或者个人将收藏的国家禁止出口的珍贵文物私自出售或者私自赠送给外国人的，以走私论处。”

本决定自公布之日起施行。

《中华人民共和国文物保护法》第三十条、第三十一条根据本决定作相应的修正，重新公布。

国家主席杨尚昆签署第48号令公布《全国人民代表大会常务委员会关于惩治盗掘古文化遗址古墓犯罪的补充规定》

《全国人民代表大会常务委员会关于惩治盗掘古文化遗址古墓葬犯罪的补充规定》已由中华人民共和国第七届全国人民代表大会常务委员会第二十次会议于1991年6月29日通过，现予公布施行。

中华人民共和国主席 杨尚昆

1991年6月29日

全国人民代表大会常务委员会关于惩治盗掘古文化遗址古墓葬犯罪的补充规定

第七届全国人民代表大会常务委员会第二十次会议决定，对刑法补充规定：

盗掘具有历史、艺术、科学价值的古文化遗址、古墓葬的，处三年以上十年以下有期徒刑，可以并处罚金；情节较轻的，处三年以下有期徒刑或者拘役，可以并处罚金；有下列情形之一的，处十年以上有期徒刑、无期徒刑或者死刑，并处罚金或者没收财产：

（一）盗掘确定为全国重点文物保护单位和省级文物保护单位的古文化遗址、古墓葬的；

（二）盗掘古文化遗址、古墓葬集团的首要分子；

（三）多次盗掘古文化遗址、古墓葬的；

（四）盗掘古文化遗址、古墓葬，并盗窃珍贵文物或者造成珍贵文物严重破坏的。

盗掘古文化遗址、古墓葬所盗窃的文物，一律予以追缴。

国家主席杨尚昆签署第49号令公布《中华人民共和国水土保持法》

《中华人民共和国水土保持法》已由中华人民共和国第七届全国人民代表大会常务委员会第二十次会议于1991年6月29日通过，现予公布，自公布之日起施行。

中华人民共和国主席 杨尚昆

1991年6月29日

中华人民共和国水土保持法

第一章 总 则

第一条 为预防和治理水土流失，保护和合理利用水土资源，减轻水、旱、风沙灾害，改善生态环境，发展生产，制定本法。

第二条 本法所称水土保持，是指对自然因素和人为活动造成水土流失所采取的预防和治理措施。

第三条 一切单位和个人都有保护水土资源、防治水土流失的义务，并有权对破坏水土资源、造成水土流失的单位和个人进行检举。

第四条 国家对水土保持工作实行预防为主，全面规划，综合防治，因地制宜，加强管理，注重效益的方针。

第五条 国务院和地方人民政府应当将水土保持工作列为重要职责，采取措施做好水土流失防治工作。

第六条 国务院水行政主管部门主管全国的水土保持工作。县级以上地方人民政府水行政主管部门，主管本辖区的水土保持工作。

第七条 国务院和县级以上地方人民政府的水行政主管部门，应当在调查评价水土资源的基础上，会同有关部门编制水土保持规划。水土保持规划须经同级人民政府批准。县级以上地方人民政府批准的水土保持规划，须报上一级人民政府水行政主管部门备案。水土保持规划的修改，须经原批准机关批准。

县级以上人民政府应当将水土保持规定确定的任务，纳入国民经济和社会发展计划，安排专项资金，并组织实施。

县级以上人民政府应当依据水土流失的具体情况，划定水土流失重点防治区，进行重点防治。

第八条 从事可能引起水土流失的生产建设活动的单位和个人，必须采取措施保护水土资源，并负责治理因生产建设活动造成的水土流失。

第九条 各级人民政府应当加强水土保持的宣传教育工作，普及水土保持科学知识。

第十条 国家鼓励开展水土保持科学技术研究，提高水土保持科学技术水平，推广水土保持的先进技术，有计划地培养水土保持的科学技术人才。

第十一条 在防治水土流失工作中成绩显著的单位和个人，由人民政府给予奖励。

第二章 预 防

第十二条 各级人民政府应当组织全民植树造林，鼓励种草，扩大森林覆盖面积，增加植被。

第十三条 各级地方人民政府应当根据当地情况，组织农业集体经济组织和国营农、林、牧场，种植薪炭林和饲草、绿肥植物，有计划地进行封山育林育草、轮封轮牧，防风固沙，保护植被。禁止毁林开荒、烧山开荒和在陡坡地、干旱地区铲草皮、挖树兜。

第十四条 禁止在二十五度以上陡坡地开垦种植农作物。

省、自治区、直辖市人民政府可以根据本辖区的实际情况，规定小于二十五度的禁止开垦坡度。

禁止开垦的陡坡地的具体范围由当地县级人民政府划定并公告。

本法施行前已在禁止开垦的陡坡地上开垦种植农作物的，应当在建设基本农田的基础上，根据实际情况，逐步退耕，植树种草，恢复植被，或者修建梯田。

第十五条　开垦禁止开垦坡度以下、五度以上的荒坡地，必须经县级人民政府水行政主管部门批准；开垦国有荒坡地，经县级人民政府水行政主管部门批准后，方可向县级以上人民政府申请办理土地开垦手续。

第十六条　采伐林木必须因地制宜地采用合理采伐方式，严格控制皆伐，对采伐区和集材道采取防止水土流失的措施，并在采伐后及时完成更新造林任务。对水源涵养林、水土保持林、防风固沙林等防护林只准进行抚育和更新性质的采伐。

在林区采伐林木的，采伐方案中必须有按照前款规定制定的采伐区水土保持措施。采伐方案经林业行政主管部门批准后，采伐区水土保持措施由水行政主管部门和林业行政主管部门监督实施。

第十七条　在五度以上坡地上整地造林，抚育幼林，垦复油茶、油桐等经济林木，必须采取水土保持措施，防止水土流失。

第十八条　修建铁路、公路和水工程，应当尽量减少破坏植被；废弃的砂、石、土必须运至规定的专门存放地堆放，不得向江河、湖泊、水库和专门存放地以外的沟渠倾倒；在铁路、公路两侧地界以内的山坡地，必须修建护坡或者采取其他土地整治措施；工程竣工后，取土场、开挖面和废弃的砂、石、土存放地的裸露土地，必须植树种草，防止水土流失。

开办矿山企业、电力企业和其他大中型工业企业，排弃的剥离表土、矸石、尾矿、废渣等必须堆放在规定的专门存放地，不得向江河、湖泊、水库和专门存放地以外的沟渠倾倒；因采矿和建设使植被受到破坏的，必须采取措施恢复表土层和植被，防止水土流失。

第十九条　在山区、丘陵区、风沙区修建铁路、公路、水工程，开办矿山企业、电力企业和其他大中型工业企业，在建设项目环境影响报告书中，必须有水行政主管部门同意的水土保持方案。水土保持方案应当按照本法第十八条的规定制定。

在山区、丘陵区、风沙区依照矿产资源法的规定开办乡镇集体矿山企业和个体申请采矿，必须持有县级以上地方人民政府水行政主管部门同意的水土保持方案，方可申请办理采矿批准手续。

建设项目中的水土保持设施，必须与主体工程同时设计、同时施工、同时投产使用。建设工程竣工验收时，应当同时验收水土保持设施，并有水行政主管部门参加。

第二十条　各级地方人民政府应当采取措施，加强对采矿、取土、挖砂、采石等生产活动的管理，防止水土流失。

在崩塌滑坡危险区和泥石流易发区禁止取土、挖砂、采石。崩塌滑坡危险区和泥石流易发区的范围，由县级以上地方人民政府划定并公告。

第三章　治　理

第二十一条　县级以上人民政府应当根据水土保持规划，组织有关行政主管部门和单位有计划地对水土流失进行治理。

第二十二条　在水力侵蚀地区，应当以天然沟壑及其两侧山坡地形成的小流域为单元，实行全面规划，综合治理，建立水土流失综合防治体系。

在风力侵蚀地区，应当采取开发水源、引水拉沙、植树种草、设置人工沙障和网格林带等措施，建立防风固沙防护体系，控制风沙危害。

第二十三条　国家鼓励水土流失地区的农业集体经济组织和农民对水土流失进行治理，并在资金、能源、粮食、税收等方面实行扶持政策，具体办法由国务院规定。

第二十四条　各级地方人民政府应当组织农业集体经济组织和农民，有计划地对禁止开垦坡度以下、五度以上的耕地进行治理，根据不同情况，采取整治排水系统、修建梯田、蓄水保土耕作等水土保持措施。

第二十五条　水土流失地区的集体所有的土地承包给个人使用的，应当将治理水土流失的责任列入承包合同。

第二十六条　荒山、荒沟、荒丘、荒滩可以由农业集体经济组织、农民个人或者联户承包水土流失的治理。

对荒山、荒沟、荒丘、荒滩水土流失的治理实行承包的，应当按照谁承包治理谁受益的原则，签订水土保持承包治理合同。

承包治理所种植的林木及其果实，归承包者所有，因承包治理而新增加的土地，由承包者使用。

国家保护承包治理合同当事人的合法权益。在承包治理合同有效期内，承包人死亡时，继承人可以依照承包治理合同的约定继续承包。

第二十七条　企业事业单位在建设和生产过程中必须采取水土保持措施，对造成的水土流失负责治理。本单位无力治理的，由水行政主管部门治理，治理费用由造成水土流失的企业事业单位负担。

建设过程中发生的水土流失防治费用，从基本建设投资中列支；生产过程中发生的水土流失防治费用，从生产费用中列支。

第二十八条 在水土流失地区建设的水土保持设施和种植的林草，由县级以上人民政府组织有关部门检查验收。

对水土保持设施、试验场地、种植的林草和其他治理成果，应当加强管理和保护。

第四章 监 督

第二十九条 国务院水行政主管部门建立水土保持监测网络，对全国水土流失动态进行监测预报，并予以公告。

第三十条 县级以上地方人民政府水行政主管部门的水土保持监督人员，有权对本辖区的水土流失及其防治情况进行现场检查。被检查单位和个人必须如实报告情况，提供必要的工作条件。

第三十一条 地区之间发生的水土流失防治的纠纷，应当协商解决；协商不成的，由上一级人民政府处理。

第五章 法律责任

第三十二条 违反本法第十四条规定，在禁止开垦的陡坡地开垦种植农作物的，由县级人民政府水行政主管部门责令停止开垦、采取补救措施，可以处以罚款。

第三十三条 企业事业单位、农业集体经济组织未经县级人民政府水行政主管部门批准，擅自开垦禁止开垦坡度以下、五度以上的荒坡地的，由县级人民政府水行政主管部门责令停止开垦、采取补救措施，可以处以罚款。

第三十四条 在县级以上地方人民政府划定的崩塌滑坡危险区、泥石流易发区范围内取土、挖砂或者采石的，由县级以上地方人民政府水行政主管部门责令停止上述违法行为、采取补救措施，处以罚款。

第三十五条 在林区采伐林木、不采取水土保持措施，造成严重水土流失的，由水行政主管部门报请县级以上人民政府决定责令限期改正、采取补救措施，处以罚款。

第三十六条 企业事业单位在建设和生产过程中造成水土流失，不进行治理的，可以根据所造成的危害后果处以罚款，或者责令停业治理；对有关责任人员由其所在单位或者上级主管机关给予行政处分。

罚款由县级人民政府水行政主管部门报请县级人民政府决定。责令停业治理由市、县人民政府决定；中央或者省级人民政府直接管辖的企业事业单位的停业治理，须报请国务院或者省级人民政府批准。

个体采矿造成水土流失，不进行治理的，按照前两款的规定处罚。

第三十七条 以暴力、威胁方法阻碍水土保持监督人员依法执行职务的，依法追究刑事责任；拒绝、阻碍水土保持监督人员执行职务未使用暴力、威胁方法的，由公安机关依照治安管理处罚条例的规定处罚。

第三十八条 当事人对行政处罚决定不服的，可以在接到处罚通知之日起十五日内向作出处罚决定的机关的上一级机关申请复议；当事人也可以在接到处罚通知之日起十五日内直接向人民法院起诉。

复议机关应当在接到复议申请之日起六十日内作出复议决定。当事人对复议决定不服的，可以在接到复议决定之日起十五日内向人民法院起诉。复议机关逾期不作出复议决定的，当事人可以在复议期满之日起十五日内向人民法院起诉。

当事人逾期不申请复议也不向人民法院起诉、又不履行处罚决定的，作出处罚决定的机关可以申请人民法院强制执行。

第三十九条 造成水土流失危害的，有责任排除危害，并对直接受到损害的单位和个人赔偿损失。

赔偿责任和赔偿金额的纠纷，可以根据当事人的请求，由水行政主管部门处理；当事人对处理决定不服的，可以向人民法院起诉。当事人也可以直接向人民法院起诉。

由于不可抗拒的自然灾害，并经及时采取合理措施，仍然不能避免造成水土流失危害的，免予承担责任。

第四十条 水土保持监督人员玩忽职守、滥用职权给公共财产、国家和人民利益造成损失的，由其所在单位或者上级主管机关给予行政处分；构成犯罪的，依法追究刑事责任。

第六章 附 则

第四十一条 国务院根据本法制定实施条例。

省、自治区、直辖市人民代表大会常务委员会，可以根据本法和本地区的实际情况制定实施办法。

第四十二条 本法自公布之日起施行。1982 年 6 月 30 日国务院发布的《水土保持工作条例》同时废止。

七届全国人大常委会第四次会议通过《关于批准1990 年国家决算的决议》

七届全国人大常委会第二十次会议通过《关于批准〈制止危及海上航行安全非法行为公约〉及〈制止危及大陆架固定平台安全非法行为议定书〉的决定》

全国政协第七届常委会第十五次会议在北京闭幕

全国政协副主席王任重主持会议。

会议决定增补中国基督教三自爱国运动委员会主席、中国基督教协会会长、全国政协副主席丁光训为全国政协宗教委员会副主任；增补廉仲、唐仲文、李京文、周光春为全国政协经济委员会委员；增补张侃为全国政协医药卫生体育委员会委员。

会议还决定任命中国致公党中央常务副主席杨纪珂为中央社会主义学院院长。

全国政协副主席洪学智、谷牧、杨静仁、康克清、周培源、王光英、邓兆祥、赵朴初、屈武、马文瑞、刘靖基、王恩茂、钱学森、钱伟长、程思远、司马义·艾买提、丁光训、叶选平，以及秘书长宋德敏等出席会议。

国家外汇管理局发布保税区外汇管理暂行办法

国务院副总理邹家华在全国农村经济长期计划会议上说计划部门要把发展农业放在首要位置

中共中央总书记江泽民在中南海会见波洛兹科夫为首的苏共代表团

江泽民在会见时说，中苏两国发展友好睦邻关系有利于世界的和平与稳定。

江泽民回顾说，一个多月前，我带着中国人民对苏联人民的友好情谊访问了苏联，并取得成功。他说，中苏两国发展友好睦邻关系有利于世界的和平与稳定。同我国接壤的俄罗斯联邦是苏联最大的加盟共和国，加强同俄罗斯联邦的往来，对发展中苏两国友好关系具有重要的影响。

江泽民介绍了中国共产党七十年来领导中国人民进行革命和建设的情况。他说，我们在经济建设中，坚持改革开放，坚持社会主义方向。我们的改革是社会主义制度的自我完善。中国在经济改革的同时，进行政治体制改革，加强社会主义民主和法制建设，加强和完善中国共产党领导的多党合作制和政治协商制度。

中共中央总书记江泽民在中南海会见津巴布韦共和国副总统乔舒亚·恩科莫

国务院副总理吴学谦在钓鱼台国宾馆同津巴布韦副总统乔舒亚·恩科莫举行会谈

中国和澳大利亚科技联合委员会首次会议纪要在北京签署

根据纪要，中澳双方确定了 8 个领域约 20 个科技合作项目。

这 8 个科技领域包括新材料技术、遥感技术、环境科学与水污染、地球板块运动的研究、科技成果商品化政策研究、中西医结合等。

中国国家科学技术委员会副主任惠永正和澳大利亚工商科学部总科学顾问米·皮特曼博士分别代表本国政府在纪要上签字。

在莫斯科结束的第 7 届国际中学生奥林匹克俄语竞赛中中国 7 名参赛选手全获金奖

八一电影制片厂摄制的革命战争历史巨片《大决战》首映式在人民大会堂举行

中共中央总书记江泽民等在北京观看空政文工团重新排演的歌剧《江姐》

6 月 30 日

党和国家领导人江泽民等与首都群众近万人观看在人民大会堂举行的庆祝中国共产党成立七十周年大型文艺晚会《黄河·太阳》

各民主党派全国工商联致信中共中央祝贺中国共产党成立七十周年

国务院总理李鹏签署第 85 号令发布《中华人民共和国外商投资企业和外国企业所得税法实施细则》

现发布《中华人民共和国外商投资企业和外国企业所得税法实施细则》，自 1991 年 7 月 1 日起施行。

总理　李鹏

1991 年 6 月 30 日

中华人民共和国外商投资企业和外国企业所得税法实施细则

第一章　总　则

第一条　根据《中华人民共和国外商投资企业和外国企业所得税法》(以下简称税法)第二十九条的规定，制定本细则。

第二条　税法第一条第一款、第二款所说的生产、经营所得，是指从事制造业、采掘业、交通运输业、建筑安装业、农业、林业、畜牧业、渔业、水利业、商业、金融业、服务业、勘探开发作业，以及其他行业的生产、经营所得。

税法第一条第一款、第二款所说的其他所得，是指利润(股息)、利息、租金、转让财产收益、提供或者转让专利权、专有技术、商标权、著作权收益以及营业外收益等所得。

第三条　税法第二条第一款所说的外商投资企业和税法第二条第二款所说的在中国境内设立机构、场所，从事生产、经营的外国公司、企业和其他经济组织，在本细则中，除特别指明者外，统称为企业。

税法第二条第二款所说的机构、场所，是指管理机构、营业机构、办事机构和工厂、开采自然资源的场所，承包建筑、安装、装配、勘探等工程作业的场所和提供劳务的场所以及营业代理人。

第四条 本细则第三条第二款所说的营业代理人，是指具有下列任何一种受外国企业委托代理，从事经营的公司、企业和其他经济组织或者个人：

(一)经常代表委托人接洽采购业务，并签订购货合同，代为采购商品；

(二)与委托人签订代理协议或者合同，经常储存属于委托人的产品或者商品，并代表委托人向他人交付其产品或者商品；

(三)有权经常代表委托人签订销货合同或者接受订货。

第五条 税法第三条所说的总机构，是指依照中国法律组成企业法人的外商投资企业，在中国境内设立的负责该企业经营管理与控制的中心机构。

外商投资企业在中国境内或者境外分支机构的生产、经营所得和其他所得，由总机构汇总缴纳所得税。

第六条 税法第三条所说来源于中国境内的所得，是指：

(一)外商投资企业和外国企业在中国境内设立机构、场所，从事生产、经营的所得，以及发生在中国境内、境外与外商投资企业和外国企业在中国境内设立的机构、场所有实际联系的利润(股息)、利息、租金、特许权使用费和其他所得。

(二)外国企业在中国境内未设立机构、场所取得的下列所得：

从中国境内企业取得的利润(股息)；

从中国境内取得的存款或者贷款利息、债券利息、垫付款或者延期付款利息等；

将财产租给中国境内租用者而取得的租金；

提供在中国境内使用的专利权、专有技术、商标权、著作权等而取得的使用费；

转让在中国境内的房屋、建筑物及其附属设施、土地使用权等财产而取得的收益；

经财政部确定征税的从中国境内取得的其他所得。

第七条 不组成企业法人的中外合作经营企业，可以由合作各方依照国家有关税收法律、法规分别计算缴纳所得税；也可以由该企业申请，经当地税务机关批准，依照税法统一计算缴纳所得税。

第八条 税法第四条所说的纳税年度，自公历一月一日起至十二月三十一日止。

外国企业依照税法规定的纳税年度计算应纳税所得额有困难的，可以提出申请，报当地税务机关批准后，以本企业满十二个月的会计年度为纳税年度。

企业在一个纳税年度的中间开业，或者由于合并、关闭等原因，使该纳税年度的实际经营期不足十二个月的，应当以其实际经营期为一个纳税年度。

企业清算时，应当以清算期间作为一个纳税年度。

第九条 税法第八条第三款、第十九条第三款第(四)项和本细则第七十二条所说的国务院税务主管部门，是指财政部、国家税务局。

第二章 应纳税所得额的计算

第十条 税法第四条所说的应纳税的所得额，其计算公式如下：

(一)制造业：

应纳税所得额＝产品销售利润＋其他业务利润＋营业外收入－营业外支出

产品销售利润＝产品销售净额－产品销售成本－产品销售税金－(销售费用＋管理费用＋财务费用)

产品销售净额＝产品销售总额－(销货退回＋销货折让)

产品销售成本＝本期产品成本＋期初产品盘存－期末产品盘存

本期产品成本＝本期生产成本＋期初半成品、在产品盘存－期末半成品、在产品盘存

本期生产成本＝本期生产耗用的直接材料＋直接工资＋制造费用

(二)商业：

应纳税所得额＝销货利润＋其他业务利润＋营业外收入－营业外支出

销货利润＝销货净额－销货成本－销货税金－(销货费用＋管理费用＋财务费用)

销货净额＝销货总额－(销货退回＋销货折让)

销货成本＝期初商品盘存＋〔本期进货－(进货退出＋进货折让)＋进货费用〕－期末商品盘存

(三)服务业：

应纳税所得额＝业务收入净额＋营业外收入－营业外支出

业务收入净额＝业务收入总额－(业务收入税金＋业务支出＋管理费用＋财务费用)

(四)其他行业：参照以上公式计算。

第十一条 企业应纳税所得额的计算，以权责发生制为原则。

企业下列经营业务的收入可以分期确定，并据以计算应纳税所得额：

(一)以分期收款方式销售产品或者商品的，可以按交付产品或者商品开出发货票的日期确定销售收入的实现，也可以按合同约定的购买人应付价款的日期确定销售收入的实现；

(二)建筑、安装、装配工程和提供劳务，持续时间超过一年的，可以按完工进度或者完成的工作量确定

收入的实现；

(三)为其他企业加工、制造大型机械设备、船舶等，持续时间超过一年的，可以按完工进度或者完成的工作量确定收入的实现。

第十二条 中外合作经营企业采取产品分成方式的，合作者分得产品时，即为取得收入，其收入额应当按照卖给第三方的销售价格或者参照当时的市场价格计算。

外国企业从事合作开采石油资源的，合作者在分得原油时，即为取得收入，其收入额应当按参照国际市场同类品质的原油价进行定期调整的价格计算。

第十三条 企业取得的收入为非货币资产或者权益的，其收入额应当参照当时的市场价格计算或者估定。

第十四条 税法第二十一条所说的国家外汇管理机关公布的外汇牌价，是指国家外汇管理局公布的外汇买入价。

第十五条 企业所得为外国货币的，在依照税法第十五条规定分季预缴所得税时，应当按照季度最后一日的外汇牌价折合成人民币计算应纳税所得额；年度终了后汇算清缴时，对已按季度预缴税款的外国货币所得，不再重新折合计算，只就全年未纳税的外国货币所得部分，按照年度最后一日的外汇牌价，折合成人民币计算应纳税所得额。

第十六条 企业不能提供完整、准确的成本、费用凭证，不能正确计算应纳税所得额的，由当地税务机关参照同行业或者类似行业的利润水平核定利润率，计算其应纳税所得额；企业不能提供完整、准确的收入凭证，不能正确申报收入额的，由当地税务机关采用成本(费用)加合理的利润等方法予以核定，确定其应纳税所得额。

税务机关依照前款规定核定利润率或者收入额时，法律、法规、规章另有规定的，依照其规定执行。

第十七条 外国航空、海运企业从事国际运输业务，以其在中国境内起运客货收入总额的百分之五为应纳税所得额。

第十八条 外商投资企业在中国境内投资于其他企业，从接受投资的企业取得的企业利润(股息)，可以不计入本企业应纳税所得额；但其上述投资所发生的费用和损失，不得冲减本企业应纳税所得额。

第十九条 在计算应纳税所得额时，除国家另有规定外，下列各项不得列为成本、费用和损失：

(一)固定资产的购置、建造支出；

(二)无形资产的受让、开发支出；

(三)资本的利息；

(四)各项所得税税款；

(五)违法经营的罚款和被没收财物的损失；

(六)各项税收的滞纳金和罚款；

(七)自然灾害或者意外事故损失有赔偿的部分；

(八)用于中国境内公益、救济性质以外的捐赠；

(九)支付给总机构的特许权使用费；

(十)与生产、经营业务无关的其他支出。

第二十条 外国企业在中国境内设立的机构、场所，向其总机构支付的同本机构、场所生产、经营有关的合理的管理费，应当提供总机构出具的管理费汇集范围、总额、分摊依据和方法的证明文件，并附有注册会计师的查证报告，经当地税务机关审核同意后，准予列支。

外商投资企业应当向其分支机构合理分摊与其生产、经营有关的管理费。

第二十一条 企业发生与生产、经营有关的合理的借款利息，应当提供借款付息的证明文件，经当地税务机关审核同意后，准予列支。

企业借款用于固定资产的购置、建造或者无形资产的受让、开发，在该项资产投入使用前发生的利息，应当计入固定资产的原价。

本条第一款所说的合理的借款利息，是指按不高于一般商业贷款利率计算的利息。

第二十二条 企业发生与生产、经营有关的交际应酬费，应当有确实的记录或者单据，分别在下列限度内准予作为费用列支：

(一)全年销货净额在一千五百万元以下的，不得超过销货净额的千分之五；全年销货净额超过一千五百万元的部分，不得超过该部分销货净额的千分之三。

(二)全年业务收入总额在五百万元以下的，不得超过业务收入总额的千分之十；全年业务收入总额超过五百万元的部分，不得超过该部分业务收入总额的千分之五。

第二十三条 企业在筹建和生产、经营中发生的汇兑损益，除国家另有规定外，应当合理列为各所属期间的损益。

第二十四条 企业支付给职工的工资和福利费，应当报送其支付标准和所依据的文件及有关资料，经当地税务机关审核同意后，准予列支。

企业不得列支其在中国境内工作的职工的境外社会保险费。

第二十五条 从事信贷、租赁等业务的企业，可以根据实际需要，报经当地税务机关批准，逐年按年末放款余额(不包括银行间拆借)，或者年末应收账款、应收票据等应收款项的余额，计提不超过百分之三的坏账准备，从该年度应纳税所得额中扣除。

企业实际发生的坏账损失，超过上一年度计提的坏账准备部分，可列为当期的损失；少于上一年度计提的坏账准备部分，应当计入本年度的应纳税所得额。

前款所说的坏账损失，须经当地税务机关审核认可。

第二十六条 本细则第二十五条第二款所说的坏账损失，是指下列应收款项：

(一)因债务人破产，在以其破产财产清偿后，仍然不能收回的；

(二)因债务人死亡，在以其遗产偿还后，仍然不能收回的；

(三)因债务人逾期未履行偿债义务，已超过两年，仍然不能收回的。

第二十七条 企业已列为坏账损失的应收款项，在以后年度全部或者部分收回时，应当计入收回年度的应纳税所得额。

第二十八条 外国企业在中国境内设立的机构、场所取得发生在中国境外的与该机构、场所有实际联系的利润(股息)、利息、租金、特许权使用费和其他所得已在境外缴纳的所得税税款，除国家另有规定外，可以作为费用扣除。

第二十九条 税法第十八条所说的资产净额或者剩余财产，是指企业清算时的全部资产或者财产扣除各项负债及损失后的余额。

第三章 资产的税务处理

第三十条 企业的固定资产，是指使用年限在一年以上的房屋、建筑物、机器、机械、运输工具和其他与生产、经营有关的设备、器具、工具等。不属于生产、经营主要设备的物品，单位价值在二千元以下或者使用年限不超过两年的，可以按实际使用数额列为费用。

第三十一条 固定资产的计价，应当以原价为准。

购进的固定资产，以进价加运费、安装费和使用前所发生的其他有关费用为原价。

自制、自建的固定资产，以制造、建造过程中所发生的实际支出为原价。

作为投资的固定资产，应当按照该资产新旧程度，以合同确定的合理价格或者参照有关的市场价格估定的价格加使用前发生的有关费用为原价。

第三十二条 企业的固定资产，应当从投入使用月份的次月起计算折旧；停止使用的固定资产，应当从停止使用月份的次月起，停止计算折旧。

从事开采石油资源的企业，在开发阶段的投资，应当以油(气)田为单位，全部累计作为资本支出，从本油(气)田开始商业性生产月份的次月起计算折旧。

第三十三条 固定资产在计算折旧前，应当估计残值，从固定资产原价中减除。残值应当不低于原价的百分之十；需要少留或者不留残值的，须经当地税务机关批准。

第三十四条 固定资产的折旧，应当采用直线法计算；需要采用其他折旧方法的，可以由企业提出申请，经当地税务机关审核后，逐级上报国家税务局批准。

第三十五条 固定资产计算折旧的最短年限如下：

(一)房屋、建筑物，为二十年；

(二)火车、轮船、机器、机械和其他生产设备，为十年；

(三)电子设备和火车、轮船以外的运输工具以及与生产、经营业务有关的器具、工具、家具等，为五年。

第三十六条 从事开采石油资源的企业，在开发阶段及其以后的投资所形成的固定资产，可以综合计算折旧，不留残值，折旧的年限不得少于六年。

第三十七条 本细则第三十五条第(一)项所说的房屋、建筑物，是指供生产、经营使用和为职工生活、福利服务的房屋、建筑物及其附属设施，范围如下：

房屋，包括厂房、营业用房、办公用房、库房、住宿用房、食堂及其他房屋等；

建筑物，包括塔、池、槽、井、架、棚(不包括临时工棚、车棚等简易设施)、场、路、桥、平台、码头、船坞、涵洞、加油站以及独立于房屋和机器设备之外的管道、烟囱、围墙等；

房屋、建筑物的附属设施，是指同房屋、建筑物不可分割的、不单独计算价值的配套设施，包括房屋、建筑物内的通气、通水、通油管道，通讯、输电线路，电梯，卫生设备等。

第三十八条 本细则第三十五条第(二)项所说的火车、轮船、机器、机械和其他生产设备，范围如下：

火车，包括各种机车、客车、货车以及不单独计算价值的车上配套设施；

轮船，包括各种机动船舶以及不单独计算价值的船上配套设施；

机器、机械和其他生产设备，包括各种机器、机械、机组、生产线及其配套设备，各种动力、输送、传导设备等。

第三十九条 本细则第三十五条第(三)项所说的电子设备和火车、轮船以外的运输工具，范围如下：

电子设备，是指由集成电路、晶体管、电子管等电子元器件组成，应用电子技术(包括软件)发挥作用的设备，包括电子计算机以及由电子计算机控制的机器人、数控或者程控系统等；

火车、轮船以外的运输工具，包括飞机、汽车、电车、拖拉机、摩托车(艇)、机帆船、帆船以及其他运输工具。

第四十条 固定资产由于特殊原因需要缩短折旧年限的，可以由企业提出申请，经当地税务机关审核后，逐级上报国家税务局批准。

前款所说的由于特殊原因需要缩短折旧年限的固定资产，包括：

（一）受酸、碱等强烈腐蚀的机器设备和常年处于震撼、颤动状态的厂房和建筑物；

（二）由于提高使用率，加强使用强度，而常年处于日夜运转状态的机器、设备；

（三）中外合作经营企业的合作期比本细则第三十五条规定的折旧年限短，并在合作期满后归中方合作者所有的固定资产。

第四十一条　企业取得已经使用过的固定资产，其尚可使用年限比本细则第三十五条规定的折旧年限短的，可以提出证明凭据，经当地税务机关审核同意后，按其尚可使用年限计算折旧。

第四十二条　固定资产在使用过程中，因扩充、更换、翻修和技术改造而增加价值所发生的支出，应当增加该固定资产原价，其中，可以延长使用年限的，还应当适当延长折旧年限，并相应调整计算折旧。

第四十三条　固定资产折旧足额后，可以继续使用的，不再计算折旧。

第四十四条　企业转让或者变价处理固定资产的收入，减除未折旧的净额或者残值及处理费用后的差额，列为当年度的损益。

第四十五条　企业接受赠与的固定资产，可以合理估价，计算折旧。

第四十六条　企业的专利权、专有技术、商标权、著作权、场地使用权等无形资产的计价，应当以原价为准。

受让的无形资产，以按照合理的价格实际支付的金额为原价。

自行开发的无形资产，以开发过程中发生的实际支出额为原价。

作为投资的无形资产，以协议、合同规定的合理价格为原价。

第四十七条　无形资产的摊销，应当采用直线法计算。

作为投资或者受让的无形资产，在协议、合同中规定使用年限的，可以按照该使用年限分期摊销；没有规定使用年限的，或者是自行开发的无形资产，摊销期限不得少于十年。

第四十八条　从事开采石油资源的企业所发生的合理的勘探费用，可以在已经开始商业性生产的油（气）田收入中分期摊销；摊销期限不得少于一年。

外国石油公司拥有的合同区，由于未发现商业性油（气）田而终止作业，如果其不连续拥有开采油（气）资源合同，也不在中国境内保留开采油（气）资源的经营管理机构或者办事机构，其已投入终止合同区的合理的勘探费用，经税务机关审查确认并出具证明后，从终止合同之日起十年内又签订新的合作开采油（气）资源合同的，准予在其新拥有合同区的生产收入中摊销。

第四十九条　企业在筹办期发生的费用，应当从开始生产、经营月份的次月起，分期摊销；摊销期限不得少于五年。

前款所说的筹办期，是指从企业被批准筹办之日起至开始生产、经营（包括试生产、试营业）之日止的期间。

第五十条　企业的商品、产成品、在产品、半成品和原料、材料等存货的计价，应当以成本价为准。

第五十一条　各项存货的发出或者领用，其实际成本价的计算方法，可以在先进先出、移动平均、加权平均和后进先出等方法中，由企业选用一种。

计价方法一经选用，不得随意改变；确实需要改变计价方法的，应当在下一纳税年度开始前报当地税务机关批准。

第四章　关联企业业务往来

第五十二条　税法第十三条所说的关联企业，是指与企业有以下之一关系的公司、企业和其他经济组织：

（一）在资金、经营、购销等方面，存在直接或者间接的拥有或者控制关系；

（二）直接或者间接地同为第三者所拥有或者控制；

（三）其他在利益上相关联的关系。

第五十三条　税法第十三条所说的独立企业之间的业务往来，是指没有关联关系的企业之间，按照公平成交价格和营业常规所进行的业务往来。

企业有义务就其与关联企业之间的业务往来，向当地税务机关提供有关的价格、费用标准等资料。

第五十四条　企业与关联企业之间的购销业务，不按独立企业之间的业务往来作价的，当地税务机关可以依照下列顺序和确定的方法进行调整：

（一）按独立企业之间进行相同或者类似业务活动的价格；

（二）按再销售给无关联关系的第三者价格所应取得的利润水平；

（三）按成本加合理的费用和利润；

（四）按其他合理的方法。

第五十五条　企业与关联企业之间融通资金所支付或者收取的利息，超过或者低于没有关联关系所能同意的数额，或者其利率超过或者低于同类业务的正常利率的，当地税务机关可以参照正常利率进行调整。

第五十六条　企业与关联企业之间提供劳务，不按独立企业之间业务往来收取和支付劳务费用的，当地税务机关可以参照类似劳务活动的正常收费标准进行调整。

第五十七条　企业与关联企业之间转让财产、提供财产使用权等业务往来，不按独立企业之间业务往来作价或者收取、支付使用费的，当地税务机关可以参照没有关联关系所能同意的数额进行调整。

第五十八条 企业不得列支向其关联企业支付的管理费。

第五章 源泉扣缴

第五十九条 税法第十九条第一款所说的利润、利息、租金、特许权使用费和其他所得，除国家另有规定外，应当按照收入全额计算应纳税额。

提供专利权、专有技术所收取的使用费全额，包括与其有关的图纸资料费、技术服务费和人员培训费，以及其他有关费用。

第六十条 税法第十九条所说的利润，是指根据投资比例、股权、股份或者其他非债权关系分享利润的权利取得的所得。

第六十一条 税法第十九条所说的其他所得，包括转让在中国境内的房屋、建筑物及其附属设施、土地使用权等财产而取得的收益。

前款所说的收益，是指转让收入减除该财产原值后的余额。外国企业不能提供财产原值的正确凭证的，由当地税务机关根据具体情况估定其财产的原值。

第六十二条 税法第十九条第二款所说的支付的款额，是指现金支付、汇拨支付、转账支付的金额，以及用非货币资产或者权益折价支付的金额。

第六十三条 税法第十九条第三款第(一)项所说的从外商投资企业取得的利润，是指从外商投资企业依照税法规定缴纳或者减免所得税后的利润中取得的所得。

第六十四条 税法第十九条第三款第(二)项所说的国际金融组织，是指国际货币基金组织、世界银行、亚洲开发银行、国际开发协会、国际农业发展基金组织等国际金融组织。

第六十五条 税法第十九条第三款第(二)项、第(三)项所说的中国国家银行，是指中国人民银行、中国工商银行、中国农业银行、中国银行、中国人民建设银行、交通银行、中国投资银行和其他经国务院批准的对外经营外汇存放款等信贷业务的金融机构。

第六十六条 税法第十九条第三款第(四)项所规定的特许权使用费减征、免征所得税的范围如下：

(一)在发展农、林、牧、渔业生产方面提供下列专有技术所收取的使用费：

改良土壤、草地，开发荒山，以及充分利用自然资源的技术；

培育动植物新品种和生产高效低毒农药的技术；

对农、林、牧、渔业进行科学生产管理，保持生态平衡，增强抗御自然灾害能力等方面的技术。

(二)为科学院、高等院校以及其他科研机构进行或者合作进行科学研究、科学实验，提供专有技术所收取的使用费。

(三)在开发能源、发展交通运输方面提供专有技术所收取的使用费。

(四)在节约能源和防治环境污染方面提供的专有技术所收取的使用费。

(五)在开发重要科技领域方面提供下列专有技术所收取的使用费：

重大的先进的机电设备生产技术；

核能技术；

大规模集成电路生产技术；

光集成、微波半导体和微波集成电路生产技术及微波电子管制造技术；

超高速电子计算机和微处理机制造技术；

光导通讯技术；

远距离超高压直流输电技术；

煤的液化、气化及综合利用技术。

第六十七条 对外国企业在中国境内从事建筑、安装、装配、勘探等工程作业和提供咨询、管理、培训等劳务活动的所得，税务机关可以指定工程价款或者劳务费的支付人为所得税的扣缴义务人。

第六章 税收优惠

第六十八条 根据税法第六条规定，对国家鼓励的外商投资企业，需要在企业所得税方面给予税收优惠的，依照国家有关法律、行政法规的规定执行。

第六十九条 税法第七条第一款所说的经济特区，是指依法设立或者经国务院批准设立的深圳、珠海、汕头、厦门和海南经济特区；所说的经济技术开发区，是指经国务院批准在沿海港口城市设立的经济技术开发区。

第七十条 税法第七条第二款所说的沿海经济开放区，是指经国务院批准为沿海经济开放区的市、县、区。

第七十一条 税法第七条第一款所说的减按百分之十五的税率征收企业所得税，仅限于税法第七条第一款所规定的企业在相应地区内从事生产、经营取得的所得。

税法第七条第二款所说的减按百分之二十四的税率征收企业所得税，仅限于税法第七条第二款所规定的企业在相应地区内从事生产、经营取得的所得。

第七十二条 税法第七条第一款、第二款和第八条第一款所说的生产性外商投资企业，是指从事下列行业的外商投资企业：

(一)机械制造、电子工业；

(二)能源工业(不含开采石油、天然气)；

(三)冶金、化学、建材工业；

(四)轻工、纺织、包装工业；

(五)医疗器械、制药工业；

(六)农业、林业、畜牧业、渔业和水利业；

(七)建筑业；

(八)交通运输业(不含客运)；

(九)直接为生产服务的科技开发、地质普查、产业信息咨询和生产设备、精密仪器维修服务业；

(十)经国务院税务主管部门确定的其他行业。

第七十三条 税法第七条第三款所说的可以减按百分之十五的税率征收企业所得税，适用于：

(一)在沿海经济开放区和经济特区、经济技术开发区所在城市的老市区设立的从事下列项目的生产性外商投资企业：

技术密集、知识密集型的项目；

外商投资在三千万美元以上，回收投资时间长的项目；

能源、交通、港口建设的项目。

(二)从事港口码头建设的中外合资经营企业。

(三)在经济特区和国务院批准的其他地区设立的外资银行、中外合资银行等金融机构，但以外国投资者投入资本或者分行由总行拨入营运资金超过一千万美元、经营期在十年以上的为限。

(四)在上海浦东新区设立的生产性外商投资企业，以及从事机场、港口、铁路、公路、电站等能源、交通建设项目的外商投资企业。

(五)在国务院确定的国家高新技术产业开发区设立的被认定为高新技术企业的外商投资企业，以及在北京市新技术产业开发试验区设立的被认定为新技术企业的外商投资企业。

(六)在国务院规定的其他地区设立的从事国家鼓励项目的外商投资企业。

属于前款第(一)项所列项目的外商投资企业，应当在报国家税务局批准后，减按百分之十五的税率征收企业所得税。

第七十四条 税法第八条第一款所说的经营期，是指从外商投资企业实际开始生产、经营(包括试生产、试营业)之日起至企业终止生产、经营之日止的期间。

按照税法第八条第一款规定可以享受免征、减征企业所得税待遇的外商投资企业，应当将其从事的行业、主要产品名称和确定的经营期等情况报当地税务机关审核；未经审核同意的，不得享受免征、减征企业所得税待遇。

第七十五条 税法第八条第二款所说的本法施行前国务院公布的规定，是指国务院发布或者批准发布的下列免征、减征企业所得税的规定：

(一)从事港口码头建设的中外合资经营企业，经营期在十五年以上的，经企业申请，所在地的省、自治区、直辖市税务机关批准，从开始获利的年度起，第一年至第五年免征企业所得税，第六年至第十年减半征收企业所得税。

(二)在海南经济特区设立的从事机场、港口、码头、铁路、公路、电站、煤矿、水利等基础设施项目的外商投资企业和从事农业开发经营的外商投资企业，经营期在十五年以上的，经企业申请，海南省税务机关批准，从开始获利的年度起，第一年至第五年免征企业所得税，第六年至第十年减半征收企业所得税。

(三)在上海浦东新区设立的从事机场、港口、铁路、公路、电站等能源，交通建设项目的外商投资企业，经营期在十五年以上的，经企业申请，上海市税务机关批准，从开始获利的年度起，第一年至第五年免征企业所得税，第六年至第十年减半征收企业所得税。

(四)在经济特区设立的从事服务性行业的外商投资企业，外商投资超过五百万美元，经营期在十年以上的，经企业申请，经济特区税务机关批准，从开始获利的年度起，第一年免征企业所得税，第二年和第三年减半征收企业所得税。

(五)在经济特区和国务院批准的其他地区设立的外资银行、中外合资银行等金融机构，外国投资者投入资本或者分行由总行拨入营运资金超过一千万美元、经营期在十年以上的，经企业申请，当地税务机关批准，从开始获利的年度起，第一年免征企业所得税，第二年和第三年减半征收企业所得税。

(六)在国务院确定的国家高新技术产业开发区设立的被认定为高新技术企业的中外合资经营企业，经营期在十年以上的，经企业申请，当地税务机关批准，从开始获利的年度起，第一年和第二年免征企业所得税。设在经济特区和经济技术开发区的外商投资企业，依照经济特区和经济技术开发区的税收优惠规定执行。设在北京市新技术产业开发试验区的外商投资企业，依照北京市新技术产业开发试验区的税收优惠规定执行。

(七)外商投资举办的产品出口企业，在依照税法规定免征、减征企业所得税期满后，凡当年出口产品产值达到当年企业产品产值百分之七十以上的，可以按照税法规定的税率减半征收企业所得税。但经济特区和经济技术开发区以及其他已经按百分之十五的税率缴纳企业所得税的产品出口企业，符合上述条件的，按百分之十的税率征收企业所得税。

(八)外商投资举办的先进技术企业，依照税法规定免征、减征企业所得税期满后仍为先进技术企业的，可以按照税法规定的税率延长三年减半征收企业所得税。

(九)在国务院已经发布或者批准发布的其他规定中有关免征、减征企业所得税的规定。

外商投资企业依照前款第(六)项、第(七)项或者第(八)项规定申请免征、减征企业所得税时,应当提交审核确认部门出具的有关证明文件,由当地税务机关审核批准。

第七十六条 税法第八条第一款和本细则第七十五条所说的开始获利的年度,是指企业开始生产经营后,第一个获得利润的纳税年度。企业开办初期有亏损的,可以依照税法第十一条的规定逐年结转弥补,以弥补后有利润的纳税年度为开始获利年度。

税法第八条第一款和本细则第七十五条规定的免征、减征企业所得税的期限,应当从企业获利年度起连续计算,不得因中间发生亏损而推延。

第七十七条 外商投资企业于年度中间开业,当年获得利润而实际生产经营期不足六个月的,可以选择从下一年度起计算免征、减征企业所得税的期限;但企业当年所获得的利润,应当依照税法规定缴纳所得税。

第七十八条 从事开采石油、天然气、稀有金属、贵重金属等资源的企业,除国务院另有规定外,不适用税法第八条第一款的税收优惠规定。

第七十九条 依照税法第八条第一款和本细则第七十五条规定,已经得到免征、减征企业所得税的外商投资企业,其实际经营期不满规定年限的,除因遭受自然灾害和意外事故造成重大损失的以外,应当补缴已免征、减征的企业所得税税款。

第八十条 税法第十条所说的直接再投资,是指外商投资企业的外国投资者将其从该企业取得的利润在提取前直接用于增加注册资本,或者在提取后直接用于投资举办其他外商投资企业。

在依照税法第十条规定计算退税时,外国投资者应当提供能够确认其用于再投资利润所属年度的证明;不能提供证明的,由当地税务机关采用合理的方法予以推算确定。

外国投资者应当自其再投资资金实际投入之日起一年内,持载明其投资金额、投资期限的增资或者出资证明,向原纳税地的税务机关申请退税。

第八十一条 税法第十条所说的国务院另有优惠规定,是指外国投资者在中国境内直接再投资举办、扩建产品出口企业或者先进技术企业,以及外国投资者将从海南经济特区内的企业获得的利润直接再投资海南经济特区内的基础设施建设项目和农业开发企业,可以依照国务院的有关规定,全部退还其再投资部分已缴纳的企业所得税税款。

外国投资者依照前款规定申请再投资退税时,除依照本细则第八十条第二款、第三款的规定办理外,应当提供审核确认部门出具的确认举办、扩建的企业为产品出口企业或者先进技术企业的证明。

外国投资者直接再投资举办、扩建的企业,自开始生产、经营起三年内没有达到产品出口企业标准的,或者没有被继续确认为先进技术企业的,应当缴回已退税款的百分之六十。

第八十二条 税法第十条和本细则第八十一条第一款规定的再投资退税,其退税额按下列公式计算:

退税额=再投资额÷(1－原实际适用的企业所得税税率与地方所得税税率之和)×原实际适用的企业所得税税率×退税率

第七章 税额扣除

第八十三条 税法第十二条所说的已在境外缴纳的所得税税款,是指外商投资企业就来源于中国境外的所得在境外实际缴纳的所得税税款,不包括纳税后又得到补偿或者由他人代为承担的税款。

第八十四条 税法第十二条所说的境外所得依照本法规定计算的应纳税额,是指外商投资企业的境外所得,依照税法和本细则的有关规定扣除为取得该项所得所应摊计的成本、费用以及损失,得出应纳税所得额后计算的应纳税额。该应纳税额即为扣除限额,应当分国不分项计算,其计算公式如下:

境外所得税税款扣除限额=境内、境外所得按税法计算的应纳税总额×来源于某外国的所得额÷境内、境外所得总额

第八十五条 外商投资企业就来源于境外所得在境外实际缴纳的所得税税款,低于依照本细则第八十四条规定计算出的扣除限额的,可以从应纳税额中扣除其在境外实际缴纳的所得税税款;超过扣除限额的,其超过部分不得作为税额扣除,也不得列为费用支出,但可以用以后年度税额扣除不超过限额的余额补扣,补扣期限最长不得超过五年。

第八十六条 本细则第八十三条至第八十五条的规定,仅适用于总机构设在中国境内的外商投资企业。外商投资企业在依照税法第十二条的规定扣除税额时,应当提供境外税务机关填发的同一年度纳税凭证原件,不得用复印件或者不同年度的纳税凭证作为扣除税额的凭据。

第八章 税收征管

第八十七条 企业在办理工商登记后三十日内,应当向当地税务机关办理税务登记。外商投资企业在中国境外设立或者撤销分支机构时,应当在设立或者撤销之日起三十日内,向当地税务机关办理税务登记、变更登记或者注销登记。

企业办理前款登记,应当按规定提交有关文件、证照、资料。

第八十八条 企业遇有迁移、改组、合并、分立、终止以及变更资本额、经营范围等主要登记事项时，应当在办理工商变更登记后三十日内或者注销登记前，持有关证件向当地税务机关办理变更登记或者注销登记。

第八十九条 外国企业在中国境内设立两个或者两个以上营业机构的，可以由其选定其中的一个营业机构合并申报缴纳所得税。但该营业机构应当具备以下条件：

(一)对其他各营业机构的经营业务负有监督管理责任；

(二)设有完整的账簿、凭证，能够正确反映各营业机构的收入、成本、费用和盈亏情况。

第九十条 外国企业依照本细则第八十九条的规定，合并申报缴纳所得税的，应当由其选定的营业机构提出申请，经当地税务机关审核后，依照下列规定报批：

(一)合并申报纳税所涉及的各营业机构设在同一省、自治区、直辖市的，由省、自治区、直辖市税务机关批准；

(二)合并申报纳税所涉及的各营业机构设在两个或者两个以上省、自治区、直辖市的，由国家税务局批准。

外国企业经批准合并申报纳税后，遇有营业机构增设、合并、迁移、停业、关闭等情况时，应当在事前由负责合并申报纳税的营业机构向当地税务机关报告。需要变更合并申报纳税营业机构的，依照前款规定办理。

第九十一条 外国企业合并申报缴纳所得税，所涉及的营业机构适用不同税率纳税的，应当合理地分别计算各营业机构的应纳税所得额，按照不同的税率缴纳所得税。

前款所说的各营业机构，有盈有亏，盈亏相抵后仍有利润的，应当按有盈利的营业机构所适用的税率纳税。发生亏损的营业机构，应当以该营业机构以后年度的盈利弥补其亏损，弥补亏损后仍有利润的，再按该营业机构所适用的税率纳税；其弥补额应当按为该亏损营业机构抵亏的营业机构所适用的税率纳税。

第九十二条 虽有本细则第九十一条的规定，当负责合并申报缴纳所得税的营业机构不能合理地分别计算各营业机构的应纳税所得额时，当地税务机关可以对其应纳税的所得总额，按照营业收入比例、成本和费用比例、资产比例、职工人数或者工资数额的比例，在各营业机构之间合理分配。

第九十三条 外商投资企业在中国境内设立分支机构的，在汇总申报缴纳所得税时，比照本细则第九十一条和第九十二条的规定办理。

第九十四条 企业根据税法第十五条的规定分季预缴所得税时，应当按季度的实际利润额预缴；按季度实际利润额预缴有困难的，可以按上一年度应纳税所得额的四分之一或者经当地税务机关认可的其他方法分季预缴所得税。

第九十五条 企业在纳税年度内无论盈利或者亏损，应当依照税法第十六条规定的期限，向当地税务机关报送所得税申报表和会计决算报表。在报送会计决算报表时，除国家另有规定外，应当附送中国注册会计师的查账报告。

企业遇特殊原因，不能按照税法规定期限报送所得税申报表和会计决算报表的，应当在报送期限内提出申请，经当地税务机关批准，可以适当延长。

第九十六条 分支机构或者营业机构在向总机构或者向合并申报缴纳所得税的营业机构报送会计决算报表时，应当同时报送当地税务机关。

第九十七条 企业在年度中间合并、分立、终止时，应当在停止生产、经营之日起六十日内，向当地税务机关办理当期所得税汇算清缴，多退少补。

第九十八条 企业所得为外国货币并已按照外汇牌价折合成人民币缴纳税款的，发生多缴税款需要办理退税时，可以将应退的人民币税款，按照原缴纳税款时的外汇牌价折合成外国货币，再将该外国货币数额按照填开退税凭证当日的外汇牌价折合成人民币退还税款；发生少缴税款需要办理补税时，应当按照填开补税凭证当日的外汇牌价折合成人民币补缴税款。

第九十九条 外商投资企业进行清算时，应当在办理工商注销登记之前，向当地税务机关办理所得税申报。

第一百条 除国家另有规定外，企业应当在中国境内设置能够正确计算应纳税所得额的会计凭证、账簿。

企业的会计凭证、账簿和报表，应当使用中国文字填写，也可以使用中、外两种文字填写。

采用电子计算机记账的企业，其由电子计算机储存和输出的会计记录，视同会计账簿；凡未打印成书面记录的磁带、磁盘应当完整保留。

企业的会计凭证、账簿和报表，至少保存十五年。

第一百零一条 企业的发票和收款凭证，须经当地税务机关批准，方可印制、使用。

企业的发票和收款凭证的印制和使用管理办法，由国家税务局制定。

第一百零二条 企业所得税申报表和纳税凭证，由国家税务局统一印制。

第一百零三条 企业缴纳税款期限和报送报表期限的最后一天是星期日或者其他法定休假日的，以休假日的次日为期限的最后一天。

第一百零四条 对税法第十九条第二款和本细则第六十七条规定的扣缴义务人，税务机关可以按照其扣缴税额的一定比例付给扣缴手续费，具体办法由国家税务局制定。

第一百零五条 纳税义务人或者扣缴义务人未按照规定接受税务机关检查的，或者未按照税务机关规定的期限缴纳滞纳金的，当地税务机关可以根据情节轻重，处以五千元以下的罚款。

第一百零六条 企业违反本细则第八十七条、第九十条第二款、第九十五条、第九十六条、第九十七条、第九十九条、第一百条、第一百零一条规定的，税务机关可以根据情节轻重，处以五千元以下的罚款。

第一百零七条 税法第二十五条所说的偷税，是指纳税义务人有意违反税法规定，涂改、伪造、销毁票据、记账凭证或者账簿，虚列、多报成本、费用，隐瞒、少报应纳税所得额或者收入额，逃避纳税或者骗回已纳税款等违法行为。

第一百零八条 税务机关根据税法和本细则规定对纳税义务人或者扣缴义务人处罚时，应当制作处罚决定书。

第一百零九条 任何单位和个人对违反税法的行为和当事人都有权举报。税务机关应当为举报者保密，并按照规定给予奖励。

第九章 附 则

第一百一十条 税法公布前已经办理工商登记的外商投资企业，在按照税法规定的税率缴纳所得税时，其税收负担高于税法施行前的，可以在批准的经营期内按其原适用的税率缴纳所得税；未约定经营期的，可以在税法施行之日起五年内，按照其原适用的税率缴纳所得税。但在上述期间，发生年度的税收负担高于税法规定的，应当自该纳税年度起改按税法规定的税率缴纳所得税。

第一百一十一条 税法公布前已经办理工商登记的外商投资企业，凡是依照税法施行前的法律，行政法规享有免征、减征企业所得税优惠待遇的，可以继续执行，直至免征、减征期满为止。

税法公布前已经办理工商登记的外商投资企业，尚未获利或者获利未满五年的，可以依照税法第八条第一款的规定，给予相应期限的免征、减征企业所得税待遇。

第一百一十二条 税法公布后、施行前办理工商登记的外商投资企业，可以参照本细则第一百一十条、第一百一十一条的规定执行。

第一百一十三条 本细则由财政部、国家税务局负责解释。

第一百一十四条 本细则自《中华人民共和国外商投资企业和外国企业所得税法》施行之日起施行。《中华人民共和国中外合资经营企业所得税法施行细则》和《中华人民共和国外国企业所得税法施行细则》同时废止。

中国英国两国政府在北京签署《关于香港新机场建设及有关问题的谅解备忘录》

中华人民共和国政府代表和大不列颠及北爱尔兰联合王国政府代表于1991年6月27日至30日在北京进行友好的讨论。两国政府考虑到：

——香港迫切需要一个新机场，以保证并发展其繁荣和稳定；

——机场项目应符合成本效益，而且在1997年6月30日以后不应在财政上给中华人民共和国香港特别行政区政府造成负担；

——需要制定一套切实可行的安排，以使与新机场有关的工程能够迅速、有效地进行；

为此，达成以下谅解：

一、从现在起至1997年6月30日，港英政府将在最大程度上完成列在本谅解备忘录附件中机场核心计划的项目。港英政府将在1997年6月30日以前对包括在本谅解备忘录中的项目的建设负责。

二、中国政府对新机场及其有关项目的建设将予以支持。中方将按照本谅解备忘录所载明的原则，向感兴趣的潜在投资者表明，港英政府所承担或担保的与机场项目有关的义务将从1997年7月1日起继续有效，并将得到香港特别行政区政府的承认和保护。中国政府同意中国银行将发挥适当的作用，例如在机场项目的贷款银团中发挥作用；中国的建筑公司可以通常方式竞投与机场有关的项目。

三、关于跨越1997年6月30日的与机场项目有关的重要事宜，中英两国政府将本着合作的精神并根据中英联合声明进行磋商。为此将成立一个由中英联合联络小组领导的机场委员会，中英双方成员人数相等。该委员会的任务如下：

(1)港英政府在批出跨越1997年6月30日的主要的与机场有关的专营权或合约前，或在为跨越1997年6月30日的与机场有关的债务担保前，英方将通过机场委员会同中方磋商。中方对于此种专营权、合约和担保将持积极态度。在英方提供这些建议的细节后，双方对个案讨论的时间不得超过一个月。在作任何决定时都将充分重视中国政府的意见。盈利和效益是批出某项专营权的标准。

(2)在港英政府实施下列项目前，英方将通过机场委员会同中方磋商：未列入本谅解备忘录附件的主要机场项目;其政府开支大部分需在1997年6月30日以后支付的任何属于列入该附件的现行机场核心计划的项目。上述项目只有在双方就此取得一致意见后方可开始进行。

四、中国政府对于须在1997年6月30日以后偿还的必要和合理的港英政府的政府举债将采取积极态度。如果在1997年6月30日以后偿还的债务总额不超过50亿港元,港英政府将根据需要自行举债,并通报中国政府。超出50亿港元总额的举债,须由双方对该举债建议取得一致意见后方可进行。

五、在以上谅解的基础上,港英政府在安排财政计划时,将以于1997年6月30日留给香港特别行政区政府使用的财政储备不少于250亿港元为坚定目标。

六、为便于进行香港的新机场建设,将成立机场管理局和咨询委员会。

(1)机场管理局条例将尽量以地铁公司条例为模式。港英政府在1997年6月30日前将保留对机场管理局的领导权以及对政策的主要领域的责任。港英政府在起草管理局条例草案时将愿意考虑和顾及中方的意见。

(2)港英政府愿意从中国银行集团中委任一位常驻香港的人士作为机场管理局董事会的正式成员。该成员同其他成员拥有同等权利。中方无疑将就具体人选向港英政府提出一些建议。

(3)港英政府将成立一个新机场及其有关项目的咨询委员会。该委员会可以讨论任何有关事宜,但不具决策权,而且不应该拖延工程的进行。

(4)港英政府将把准备委任的机场管理局和咨询委员会的成员知会中方,并愿意在最后决定委任前听取中方的任何意见。港英政府愿意在机场管理局成立约两年时,考虑委任一位副主席。

七、两国政府都希望随着1997年6月30日的临近而就香港问题加强磋商和合作。作为加强磋商的一部分,中国外交部长和英国外交大臣将每年会晤两次来讨论共同关心的问题,中国国务院港澳办公室主任和香港总督也将定期进行会晤。

本谅解备忘录将于两国政府首脑签字之日起生效。

以上各点为中华人民共和国政府和大不列颠及北爱尔兰联合王国政府就其中涉及的问题所达成的谅解。　　年　月　日再　　签订,一式两份,每份都用中文和英文写成,两种文本具有同等效力。

中华人民共和国政府代表

大不列颠及北爱尔兰联合王国政府代表

7月1日

中共中央举行庆祝中国共产党成立七十周年大会

党和国家领导人江泽民、杨尚昆、李鹏、万里、李先念、乔石、宋平、李瑞环、王震等和首都万名群众在人民大会堂集会，庆祝中国共产党成立七十周年。

中共中央总书记江泽民在大会上发表讲话。

出席庆祝大会的领导人有：

田纪云、李铁映、李锡铭、吴学谦、秦基伟、丁关根、邹家华、朱镕基、薄一波、宋任穷、刘华清、杨白冰、温家宝、王平、王首道、伍修权、刘澜涛、江华、李德生、杨得志、萧克、余秋里、张劲夫、陆定一、陈丕显、陈锡联、胡乔木、段君毅、耿飚、姬鹏飞、黄华、康世恩、彭冲、赛福鼎·艾则孜、严济慈、荣毅仁、叶飞、廖汉生、倪志福、陈慕华、费孝通、孙起孟、雷洁琼、王汉斌、宋健、王芳、李贵鲜、陈希同、陈俊生、钱其琛、任建新、刘复之、王任重、方毅、洪学智、谷牧、杨静仁、康克清、周培源、王光英、邓兆祥、赵朴初、屈武、马文瑞、刘靖基、王恩茂、钱学森、钱伟长、胡绳、程思远、司马义·艾买提、丁光训、叶选平；中央党政军机关的负责人，各民主党派中央和全国工商联的负责人，老红军、全国劳动模范、英模代表，各少数民族代表，长期在我国帮助工作的外国专家也参加庆祝大会。

中共中央总书记江泽民在庆祝中国共产党成立七十周年大会上发表讲话

同志们，朋友们：

今天，我们隆重集会，庆祝中国共产党成立七十周年。我们的目的，就是要在新的历史条件下，继承和发扬党的优良传统，进一步动员全党和全国各族人民，努力实现社会主义现代化建设的第二步战略目标，在建设有中国特色社会主义的道路上继续前进。

下面，我着重讲三个问题。

一、中国共产党七十年的奋斗历程

中国共产党的七十年，是我们党日益发展壮大的七十年，是党领导中国人民开创历史新篇章的七十年，是马克思主义在中国取得伟大胜利的七十年。

一八四〇年鸦片战争以后，中国逐步沦为半殖民地半封建社会。那时，帝国主义列强横行霸道，操纵着中国的经济和政治。封建统治者丧权辱国，勾结帝国主义残酷压榨中国人民。国家日益贫弱，社会战乱不已，民族灾难深重，人民饥寒交迫。中国人民进行过无数次艰苦卓绝的斗争，都失败了；多少仁人志士苦苦求索，都没有找到解救中国的出路。伟大的孙中山先生领导辛亥革命，推翻封建帝制，是近代中国有重大历史意义的事件。可是政权重新落入封建军阀手中，中国半殖民地半封建的社会性质没有改变，民族民主革命的任务没有完成。在强大的帝国主义和封建势力双重压迫下，软弱的民族资产阶级不可能领导革命取得成功。资本主义的道路、资产阶级共和国的方案在中国行不通。中国革命需要有一个先进思想武装的先进阶级的政党来领导，这就是一八四〇年以来中国历史的无可辩驳的结论。

伟大的俄国十月社会主义革命，鼓舞了中国的先进分子，使他们在黑夜中看到了曙光。经过五四运动，马克思列宁主义同我国工人运动相结合，在一九二一年诞生了中国共产党。我们党鲜明地确定了社会主义——共产主义的奋斗目标，制定了经过新民主主义进入社会主义分两步走的革命纲领，领导全国各族人民，在世界的东方谱写了辉煌壮丽的史诗。

我们党站在反帝反封建斗争的最前列，开展工农运动，同国民党合作，进行北伐战争，掀起了国民革命的高潮。一九二七年国民党反动派发动"四一二"反革命政变以后，以毛泽东同志为代表的中国共产党人，面对敌人的血腥屠杀，纠正陈独秀右倾投降主义错误，继续高举革命旗帜，缔造人民军队，建立革命根据地，实行土地革命，开创了农村包围城市的道路。在革命力量不断壮大的时候，敌人的疯狂"围剿"，加上王明"左"倾冒险主义的错误，使革命陷于极端困难的境地。国内外敌人曾断定我们党要彻底失败。在这个关键时刻，党的遵义会议确立了毛泽东同志在红军和党中央的领导地位，拨正了革命的航船。党及其领导下的红军胜利地完成了两万五千里长征，奇迹般地打开了革命新局面。在日本帝国主义大举入侵，中华民族处于生死存亡的危急关头，我们党首先举起团结抗日的旗帜，伸张民族大义，促成以国共合作为基础的广泛的抗日民族统一战线和全民抗战。我们党和党领导的人民武装，在八年抗战中起了中流砥柱作用。中国人民终于第一次取得了近代以来反侵略战争的彻底胜利。抗日战争结束后，是建立一个新民主主义国家，还是建立一个大地主大资产阶级专政的国家，中国面临着两种命运、两个前途的决战。我们党和人民为争取和平民主做出了很大努力，但是国民党反动派当时在美帝国主义支持下，拒绝和平民主的要求，公然发动内战。我们党领导中国人民进行了气势磅礴的解放战争，推翻帝国主义、封建主义、官僚资本主义的反动统治，取得新民主主义革命的胜利。一九四九年，建立了中华人民共和国。

中国人民站起来了！

中国历史的新纪元开始了！

新中国诞生后，党和政府依靠人民群众，肃清反动残余力量，战胜帝国主义的封锁、破坏和武装挑衅，巩固了新生的人民政权。我们迅速医治战争创伤，荡涤旧社会的污泥浊水，完成全国土地改革，短短三年内把国民经济恢复到历史最高水平，使人民过上了和平安宁的生活。在这个基础上，我们采取符合中国特点的步骤和措施，不失时机地创造性地实现了对个体农业、手工业和资本主义工商业的社会主义改造，消灭了剥削制度和剥削阶级，全面确立了社会主义制度。这是我国几千年来最深刻、最伟大的社会变革。

社会主义改造的胜利，为全面进行社会主义建设开辟了道路。全国各族人民迸发出空前的建设热情，显示了新的社会制度的强大生命力。我们对社会主义建设规律和社会主义社会主要矛盾的认识，经历了曲折的过程。一段时间里，在"左"的思想指导下，曾经犯过一些错误，特别是出现过"文化大革命"那样的严重挫折。但是，尽管历经坎坷，我们仍然取得了巨大成就，初步奠定了现代化建设的物质技术文化基础。十一届三中全会以来，以邓小平同志为代表的中国共产党人，解放思想，实事求是，拨乱反正，正本清源，把党和国家工作的着重点转移到以经济建设为中心的现代化建设上来，在深刻总结社会主义建设正反两方面经验的基础上，逐步形成了党在社会主义初级阶段的基本路线，找到了建设有中国特色社会主义的道路。这是我们党和国家历史上具有深远意义的转折。十多年来的改革开放，给我国社会主义注入了强大的生机，使现代化建设取得了举世瞩目的成就，整个国家和社会的各项事业都在蓬勃发展。

七十年里，我们党领导各族人民为中国社会的进步，做了许多事情。总起来说，就是三件大事：第一，完成反帝反封建的新民主主义革命任务，结束了中国半殖民地半封建社会的历史；第二，消灭剥削制度和剥削阶级，确立了社会主义制度；第三，开创建设有中国特色社会主义的道路，逐步实现社会主义现代化，这件事情还正在做。

这三件大事，使中国发生了翻天覆地的变化。

——实现了中国人民梦寐以求的国家独立，中华民族以崭新的姿态屹立于世界民族之林。中华人民共和国的建立，废除了帝国主义在中国的一切特权，结束了中国一百多年来任人宰割、受尽欺凌的屈辱历史。从此，中国人民扬眉吐气。我们建立了强大的国防力量，保卫着祖国的主权和安全。我们独立自主地处理国内和国际事务，在维护世界和平与人类正义事业的斗争中，不畏强权，不怕压力，保持民族尊严，赢得了世界人民的尊重。中国在国际舞台上发挥着越来越重大的作用。

——中国人民当家做了主人，真正掌握了自己的命运。我们推翻了封建地主阶级、官僚资产阶级的统治，建立了工人阶级领导的、以工农联盟为基础的人民民主专政的国家政权，建立了以生产资料公有制和按劳分配为主体的经济制度，人民摆脱了被压迫被剥削的境地，走上了自觉建设新生活的道路。社会主义新中国，为人民群众发挥积极性、主动性和首创精神，开辟了广阔的天地和前景。

——结束了近代中国长年战乱和一盘散沙的局面，国家统一和各民族的大团结日益巩固和发展。全体社会主义劳动者和一切爱国者，在建设社会主义和促进祖国统一的目标下，形成最广泛的爱国统一战线。五十六个兄弟民族在根本利益一致的基础上，确立和不断发展平等互助、团结合作、共同繁荣的社会主义新型民族关系。

——改变了旧中国贫穷落后的面貌，初步实现了国家的繁荣昌盛。我国建立起独立的完整的工业体系和国民经济体系，工农业主要产品产量跃居世界前列，经济实力显著增强，综合国力不断提高。现在十一亿人民基本解决了温饱问题，正在向小康生活迈进。新中国经济发展和人民生活水平提高的速度，不仅是旧中国根本不可比拟的，而且同其他国家相比也毫不逊色。

——教育、科技、文化、卫生、体育等事业取得巨大发展。科学技术领域的一些方面达到世界先进水平。人民受教育的程度有了很大的提高。人民群众的民族自尊心、自信心、自强精神和爱国主义热情不断增强。建设有中国特色社会主义的理想，成为推动亿万人民奋发图强的精神力量。

同志们，朋友们！在庆祝中国共产党成立七十周年的时候，我们怀着崇高的敬意，深切怀念为中国革命和建设建立了丰功伟绩的毛泽东、周恩来、刘少奇、朱德等已故的老一辈无产阶级革命家，深切怀念为创立、捍卫和建设新中国英勇牺牲的革命先烈，深切怀念一八四〇年鸦片战争以来为中华民族的解放和进步事业做出贡献的所有先驱！

中国革命和建设的一切成就，是全国各族人民共同奋斗的结果。我代表中共中央，向在各条战线上为社会主义现代化建设贡献力量的工人、农民、知识分子和各民主党派、各人民团体、各界爱国人士致敬！向为保卫人民共和国和社会主义事业建立了功勋的中国人民解放军、武警部队、公安干警致敬！借此机会，我也向致力于统一祖国、振兴中华的港澳同胞、台湾同胞、海外侨胞致以亲切的问候！向一切同我们友好相处、支持中国革命和建设的外国朋友和世界各国人民表示衷心的谢意！

七十年来的历史证明，只有在中国共产党领导下，走社会主义道路，国家才能强盛，民族才能振兴，人民才能富裕。

七十年来的历史证明，我们党是用马克思列宁主义、毛泽东思想武装起来的，坚持独立自主、自力更生，富有革命创造精神的党；是密切联系群众，为中国各族人民的根本利益不断奋斗并做出最大牺牲的党；是坚持真理、修正错误，经得起胜利和挫折、高潮和低潮、顺境和逆境的考验，任何敌人和困难都压不倒、摧不垮的党。历经磨难而不衰，千锤百炼更坚强。我们党不愧是伟大、光荣、正确的党！

在七十年的斗争中，我们党积累了极其丰富的经验，归结到一点，就是把马克思主义的基本原理同中国革命和建设的具体实际相结合，走自己的道路。

马克思主义揭示了世界发展的普遍规律特别是人类社会历史发展的普遍规律，揭示了社会主义必然代替资本主义和建设社会主义、最终实现共产主义的普遍规律，是无产阶级和劳动人民认识世界和改造世界的强大思想武器。中国革命和建设必须以马克思主义为指导。马克思主义不是教条而是行动的指南。我们党的奋斗历史告诉我们，只有把马克思主义的基本原理同中国的具体实际相结合，科学地总结自己的经验，确定符合中国特点的前进道路和战略策略，我们的事业才能不断取得胜利。实现这个结合，关键在于深刻认识和掌握马克思主义，深刻认识和掌握中国的国情，并把两者正确地统一于革命和建设的实践之中。掌握马克思主义，最重要的是掌握它的精神实质，运用它的基本原理和立场、观点、方法观察分析问题。认识中国国情，最重要的是认识对中国革命和建设有重大影响的一切有利的和不利的现实因素，特别是认识中国社会的性质和发展阶段，认识社会主要矛盾和它的变化。在实现两者结合的过程中，必须始终坚持党的一切从实际出发、实事求是的思想路线，勇于探索和创新，在实践中检验真理和发展真理；坚持党的群众路线，从群众中来到群众中去，集中人民群众的实践经验和智慧；坚持独立自主地分析和解决中国的问题，找出适合我国情况的前进道路。

毛泽东思想是马克思列宁主义基本原理和中国革命具体实际相结合的产物，是中国共产党人集体智慧的结晶。毛泽东同志是实践这种结合的光辉典范。他提出的关于新民主主义革命、社会主义革命的理论、路线、方针和原则，他在政治、经济、文化、军事、外交和党的建设方面所做出的不朽贡献，他对社会主义建设一系列重大问题提出的正确思想，都是对马克思列宁主义的丰富和发展，都是我们宝贵的精神财富。毛泽东同志是中国共产党和中国各族人民的伟大领袖，是伟大的马克思主义者，是伟大的无产阶级革命家、战略家和理论家。以邓小平同志为核心的党中央，充分肯定了毛泽东同志的历史功绩和毛泽东思想的指导地位。这对于正确评价我们党和人民的奋斗历史，对于保证党和国家的各项工作继续沿着正确的方向前进，具有重大的深远的意义。中国各族人民将永远铭记毛泽东同志的丰功伟绩。邓小平同志是捍卫、坚持和发展马列主义、毛泽东思想的杰出代表。他提出的关于建设有中国特色社会主义的理论、路线、方针和原则，是集中全党智慧和经验的创造，是在新的历史条件下对马列主义、毛泽东思想的一个最重大的贡献，标志着我们党对社会主义建设规律的认识有了一个新的飞跃，标志着我国社会主义事业的发展和社会主义制度的完善进入了一个新的历史时期。邓小平同志提出的关于以经济建设为中心、坚持四项基本原则、坚持改革开放的论述，关于加强社会主义精神文明建设和反对资产阶级自由化的论述，关于“一国两制”、和平统一祖国的论述，关于国际战略格局和建立国际经济政治新秩序的论述，都是在新的历史条件下，对马列主义、毛泽东思想的丰富和发展。中国共产党人将永远高举马列主义、毛泽东思想的伟大旗帜，把老一辈无产阶级革命家开创的事业进行到底！

二、当代中国共产党人的庄严使命

回顾七十年党的光辉历史，我们深深感到，今后的责任更加重大。当代中国共产党人的庄严使命是：坚持党的基本路线，团结和带领全国各族人民，沿着建设有中国特色的社会主义道路，自力更生，艰苦创业，把我国建设成为富强、民主、文明的社会主义现代化国家。当前的任务是，努力实现党的十三届七中全会提出的制定十年规划和“八五”计划的建议和七届全国人大四次会议确定的十年规划和“八五”计划纲要，实现社会主义现代化建设第二步战略目标，为在下个世纪中叶实现第三步战略目标奠定坚实的基础。

实现我们的使命，必须正确认识中国的基本国情。基本国情包括很多方面，我主要讲三点。第一，我们经过几十年努力，虽然取得了经济建设的巨大成就，但是新中国经济建设是从旧中国一穷二白的基础上起步的，加上人口众多，人均资源相对短缺，地区发展很不平衡，至今经济技术文化水平还比较低。现阶段我国社会的主要矛盾，是人民群众日益增长的物质文化需要同落后的社会生产之间的矛盾。第二，阶级斗争已经不是我国社会的主要矛盾，但是它在一定范围内还将长期存在，并且在一定条件下还可能激化。这种斗争集中表现为资产阶级自由化同四项基本原则的对立，斗争的核心依然是政权问题。这种斗争同国际敌对势力与我们之间的渗透与反渗透、颠覆与反颠覆、和平演变与反和平演变的斗争密切联系、相互交织。第三,社会主义制度已经在中国大地上扎根并初步显示出优越性,但是由于它是一个新生的制度,还不成熟、不完善,生产关系和上层建筑中还存在不适应生产力发展的方面和环节,必须通过深化改革来逐步解决这个问题。

中国的基本国情,决定了我国处在社会主义的初级阶段。社会主义的根本任务是发展社会生产力,在初级阶段,我们更要自觉地坚定不移地把这个任务放在中心位置。邓小平同志说:“一个真正的马克思主义政党在执政以后,一定要致力于发展生产力”。集中力量发展生产力,把国民经济搞上去,实现社会主义现代化,为社会主义制度的巩固和发展打下更加坚实的物质技术基础,不但是我国长期的根本任务,而且在我国现阶段具有重要的紧迫的意义。

十一届三中全会以来,我们党基于对基本国情的正确分析,确立了以经济建设为中心、坚持四项基本原则、坚持改革开放的基本路线。党的十三届七中全会在总结贯彻执行基本路线经验的基础上,又提出了建设有中国特色社会主义的十二条原则,标志着我们党对社会主义现代化建设规律的认识更加深刻了。党的基本路线和这十二条原则,总起来说,就是要通过社会主义制度的自我完善和发展,建设有中国特色社会主义的经济、政治、文化,以适应和促进社会生产力的不断发展和社会的全面进步,实现社会主义现代化。

有中国特色社会主义的经济,必须坚持以生产资料社会主义公有制为主体,允许和鼓励其他经济成分的适当发展,既不能脱离生产力发展水平搞单一的公有制,又不能动摇公有制经济的主体地位,不能搞私有化;必须实行以按劳分配为主体、其他分配形式为补充的分配制度,既要克服平均主义,又要防止两极分化,逐步实现全体人民的共同富裕;必须建立适应社会主义有计划商品经济发展的、计划经济与市场调节相结合的经济体制和运行机制,在国家法律法规和计划的指导下发挥市场调节的积极作用,既要克服过去那种过分集中、管得过多过死的弊端,又不能过于分散和削弱宏观调控。我们应该牢牢把握有中国特色社会主义经济的这些基本要求,并在实践中不断完善各项政策措施,逐步实现国民经济的现代化。

以生产资料公有制为基础的社会主义生产关系,能够从根本上克服资本主义生产方式中生产资料私人占有同生产社会化的基本矛盾,保证生产、流通、分配置于社会的自觉调节和控制下,实现经济有计划按比例地合理发展和社会成员的共同富裕。动摇了生产资料公有制,就动摇了社会主义的经济基础,必将损害全体人民的根本利益,也就谈不上社会主义了。在我国现阶段,适应生产力的现实水平和进一步发展的要求,首先要巩固和壮大社会主义公有制经济,同时需要个体经济、私营经济以及中外合资、合作企业和外商独资企业的适当发展,作为社会主义公有制经济必要的有益的补充。我们要在实践的过程中,经过深入系统的调查研究,采取适当的措施,逐步使得各种经济成分在整个国民经济中所占的比例和发展范围趋于比较合理。要逐步完善财政、税收、金融、价格、劳动工资、社会保障、工商行政管理等政策,保证公有制经济的主体地位,引导其他经济成分健康发展,发挥其积极作用,限制其消极作用。

这里要特别强调两点。第一,国营大中型企业是社会主义经济的骨干力量,它们的状况如何,对整个国民经济的发展和社会主义制度的巩固,具有决定性的意义。必须充分发挥企业党组织的政治核心作用,坚持和完善厂长负责制,全心全意依靠工人阶级,通过深化改革,建立富有生机的国营企业管理体制和运行机制,切实增强国营大中型企业的活力。第二,农业是国民经济的基础。要继续稳定以家庭联产承包为主的责任制,健全和完善统分结合的双层经营体制,积极发展社会化服务体系,逐步壮大集体经济实力,促进农村经济的发展。

按劳分配是社会主义的分配原则,是社会主义公有制的实现形式。我们要继续坚持以按劳分配为主体的多种分配形式。当前在收入分配上既存在平均主义现象,又出现了过分悬殊现象。这种分配不公的问题,挫伤劳动者的积极性,妨碍生产力的发展。属于贯彻按劳分配原则中存在的问题,要通过劳动工资制度的逐步改革加以解决。其他分配形式中存在的问题,要通过完善有关政策和法规加以解决。要继续允许和鼓励一部分人、一部分地区通过诚实劳动和合法经营先富起来,又要提倡先富帮后富。我们保护合法收入。对过高收入,要通过税收等形式加以调节。对违法经营牟取暴利的行为,要依法坚决取缔。现在这些方面的工作做得还不够,必须努力改进。

建立适应社会主义有计划商品经济发展的、计划经济与市场调节相结合的经济体制和运行机制,既要遵循商品经济的一般规律,又要遵循社会主义经济的特有规律。社会主义商品经济以公有制为基础,资本主义商品经济以私有制为基础,两者存在本质区别。计划与市场,作为调节经济的手段,是建立在社会化大生产基础上的商品经济发展所客观需要的,因此在一定范围内运用这些手段,不是区别社会主义经济和资本主义经济的标志。发展社会主义经济,应该从我国实际情况出发,采用那些符合社会化大生产和商品经济发展要求的通用做法,但是必须坚持正确的方向,决不能走发展资本主义经济的道路。计划经济要自觉地运用价值规律。我们既要充分发挥市场调节的积极作用,改变过去那种忽视市场作用、忽视价值规律的做法,同时要加强和改善国家的计划管理和宏观调控。坚持实行计划经济与市场调节相结合,是一项开创性的工作。我们在前几年的改革实践中,已经取得了一定进展,积累了一些经验,也面临着许多新问题,今后要继续探索,进一步寻求结合的具体途径、形式、办法和措施,保证我国经济持续稳定协调发展。

有中国特色社会主义的政治,必须坚持工人阶级领导的、以工农联盟为基础的人民民主专政,不能削弱和放弃人民民主专政;必须坚持和完善人民代表大会制度,不能搞西方那种议会制度;必须坚持和完善中国共产党领导的多党合作和政治协商制度,不能削弱和否定共产党的领导,不能搞西方那种多党制。我们应该牢牢把握有中国特色社会主义政治的这些基本要求,不断加强社会主义民主和法制建设,发展安定团结、生动活泼的政治局面,保证人民当家作主和国家长治久安。

人民民主专政,是在人民内部实行民主和对人民的敌人实行专政的结合。在中国共产党领导下,工人、农民、知识分子和全体人民作为主人管理自己的国家,享受广泛的民主权利,这是我国社会主义民主的核心,也是同资本主义民主的本质区别。我们要继续坚定不移地发展社会主义民主,增强人民的主人翁责任感。人民民主专政实质上即无产阶级专政,它同四项基本原则中的其他三项具有同等重要的地位。我们所以强调人民政权专政职能的重要性,是因为国内阶级斗争还将在一定范围内长期存在,国际上还存在妄图颠覆我国社会主义制度的敌对势力。一九八九年春夏之交的动乱和北京发生的反革命暴乱,就充分证明了这一点。这场惊心动魄的政治风波所提供的历史教训,我们永远不应该忘记。

人民代表大会制度是我国的根本政治制度。人民通过人民代表大会行使国家权力,保障自己当家作主的地位。要进一步坚持和完善人民代表大会的各项制度,加强人民代表大会的立法工作、法律监督和工作监督。要改进和完善选举制度。各级人民代表要密切同人民群众的联系,充分听取和反映群众的意见、要求和呼声。党要在宪法和法律的范围内活动。党的路线、方针、政策是体现人民利益的,应该通过法定程序和法律形式,把党的主张变为国家意志。要加强党对人大工作的领导。各级党委要支持各级人民代表大会依法行使职权。

中国共产党领导的多党合作和政治协商制度,是我国的一项基本政治制度,是马克思主义政党理论和统一战线学说与我国实际相结合的产物,是我国政治制度的一大特点和优点。中国共产党是领导我们事业的核心力量。没有这个坚强的领导核心,就不可能实现社会主义现代化。在几十年革命和建设中,我们党和各民主党派建立了长期共存、互相监督、肝胆相照、荣辱与共的亲密关系。各民主党派是参政党,不是在野党,更不是反对党。中国人民政治协商会议是共产党领导的统一战线的重要组织形式,应该充分发挥它在我国政治生活中的作用。要继续坚持和完善我国的政党体制和政治协商制度,切实发挥各民主党派和各界爱国人士的参政议政和民主监督作用,以利于更好地坚持和改善共产党的领导,以利于更广泛地联系和团结各阶层群众。那种在我国实行西方多党制的主张,实质上是要取消共产党的领导和执政地位。如果那样,人民的政权就要丧失,社会主义制度就要被颠覆,国家就要分裂,人民就要遭殃。全国各族人民决不允许出现这种局面。

统一战线是我们党团结一切可以团结的力量,不断夺取革命和建设胜利的一大法宝。在社会主义现代化建设过程中,要继续巩固和扩大最广泛的爱国统一战线,调动一切积极因素,共同促进经济和社会的发展,促进祖国统一大业的完成。

在社会主义政治建设中,要坚持和完善民族区域自治制度,继续贯彻执行党的民族政策,促进民族地区加快经济文化发展,实现各民族的共同繁荣和进步。要继续贯彻执行党的宗教政策。要巩固和加强民族团结,反对民族分裂,维护祖国统一。

我们要进一步有领导有步骤地推进政治体制改革。努力建立健全一套民主的科学的决策制度和程序,充分走群众路线,广泛听取各方面的意见,做到集思广益。继续推进机构改革,实行精兵简政,提高各级领导机关和职能部门的工作效率,克服官僚主义。充分发挥工会、共青团、妇联等群众团体的作用。加强城乡基层单位的民主建设。进一步健全社会主义法制,加强对群众特别是各级干部的法制教育,做到有法可依、有法必依、执法必严、违法必究,切实保障人民群众依法管理国家事务、经济事务、社会事务的权利和其他民主权利,保证各项事业在社会主义法制的轨道上健康发展。

有中国特色社会主义的文化,必须以马克思列宁主义、毛泽东思想为指导,不能搞指导思想的多元化;必须坚持为人民服务、为社会主义服务的方向和“百花齐放、百家争鸣”的方针,繁荣和发展社会主义文化,不允许毒害人民、污染社会和反社会主义的东西泛滥;必须继承发扬民族优秀传统文化而又充分体现社会主义时代精神,立足本国而又充分吸收世界文化优秀成果,不允许搞民族虚无主义和全盘西化。我们应该牢牢把握有中国特色社会主义文化的这些基本要求，极大地提高全民族的思想道德和科学文化素质，促进社会主义物质文明和精神文明的发展。

坚持马克思列宁主义、毛泽东思想的指导地位，是我们立党立国的根本，也是社会主义文化建设的根本，决定着我国文化事业的性质和方向。只有这样，我们的文化建设才能沿着正确的道路健康发展，抵制和消除一切落后的、腐朽的思想文化影响，不断创造出先进的、健康的社会主义崭新文化，培养出适应社会主义现代化建设需要的有理想、有道德、有文化、有纪律的新人。要坚持进行爱国主义、集体主义、社会主义思想和共产主义理想的教育，进行近代史、现代史教育和国情教育，增强民族自尊、自信、自强的精神，巩固和发展人民内部平等、团结、友爱、互助的社会主义新型关系，移风易俗，使社会主义思想道德蔚然成风。共产党员、共青团员和一切先进分子，必须努力学习和掌握马克思主义的立场、观点、方法，树立共产主义的崇高理想和世界观、人生观，身体力行共产主义道德。我们要保护和发扬一切有利于社会主义现代化建设的积极思想和精神，一切有利于人民团结、社会进步的积极思想和精神。总之，我们要变精神力量为巨大的物质力量，引导亿万人民共同建设有中国特色的社会主义。

我们的文化必须坚持为人民服务、为社会主义服务，充分体现人民的利益和愿望，满足人民不同层次的、多方面的、丰富的、健康的精神需要，激发人民建设社会主义的积极性。“百花齐放、百家争鸣”，“古为今用、洋为中用”，是我们党繁荣社会主义科学文化事业的重要方针。我们要在坚持四项基本原则的前提下，努力创造勇于探索和创新的活跃气氛，提倡不同学术观点、艺术流派的争鸣和切磋，提倡同志式的批评和反批评。要鼓励深入研究我国建设和改革的现实问题，鼓励创作更多的健康文明、积极向上、为人民大众喜闻乐见的作品。在这些作品中，反映社会主义时代精神应该成为主旋律。中华民族是有悠久历史和优秀文化的伟大民族。我们的文化建设不能割断历史。对民族传统文化要取其精华、去其糟粕，并结合时代的特点加以发展，推陈出新，使它不断发扬光大。我们还必须积极吸收人类所创造的一切优秀文化成果，把它熔铸于有中国特色社会主义的文化之中。只有深深植根于中国大地和依靠人民的力量，面向现代化，面向世界，面向未来，才能创造出无愧于伟大时代的社会主义文化。

文化是广阔的领域。我们要适应现代化建设的要求，大力发展教育、科学、文学艺术、新闻出版、广播影视、卫生体育、图书馆、博物馆等各项文化事业和开展多种形式的群众文化娱乐活动。要坚持一手抓整顿，一手抓繁荣，活跃理论研究，繁荣文化事业，丰富群众文化生活，持续开展“扫黄”、“除六害”斗争。

百年大计，教育为本。教育是社会主义物质文明和精神文明建设极为重要的基础工程。它对提高全体人民的思想道德和科学文化素质，对培养一代又一代社会主义事业的接班人，具有重大的战略意义。我们必须加强教育工作，大力发展教育事业。

我们党历来重视意识形态工作。这方面工作做得好不好，直接关系社会主义事业的成败。意识形态领域是和平演变与反和平演变斗争的重要领域。资产阶级自由化同四项基本原则的对立和斗争，实质是要不要坚持共产党领导、坚持社会主义道路的政治斗争，但这种政治斗争大量地经常地表现为意识形态领域的思想理论斗争。思想宣传阵地，社会主义思想不去占领，资本主义思想就必然会去占领。各级党委要重视意识形态工作，加强对意识形态工作的领导，牢牢掌握意识形态各部门的领导权。要以充分的说服力、强烈的感染力和坚强的战斗力，长期不懈地进行坚持四项基本原则、反对资产阶级自由化的教育和斗争。在意识形态领域，大量的矛盾属于人民内部的思想认识问题，必须严格区分和正确处理两类不同性质的矛盾。各级党委要采取具体措施，支持和组织思想文化工作者深入群众，深入建设和改革的实践，引导他们在社会主义现代化建设的广阔天地里汲取营养、施展才华，成为合格的人类灵魂工程师。

有中国特色社会主义的经济、政治、文化，是有机统一、不可分割的整体。加强这三方面的建设，根本的目的是为了充分调动广大人民群众的积极性、推动社会生产力的发展和社会的全面进步。在社会主义现代化建设中，我们始终要以经济建设为中心。党和国家的各项工作都必须服从和服务于经济建设这个中心，而不能离开这个中心，更不能干扰这个中心。要像邓小平同志反复告诫我们的那样，除了爆发大规模战争外，全党同志必须贯彻始终地集中力量进行经济建设，一步一步地实现我们的战略目标。我们一定要把这个雄心壮志在全党全社会牢固地树立起来，扭着不放，毫不动摇。经济发展了，综合国力提高了，人民生活不断改善了，国家更加强大了，社会主义制度的巨大优越性就会更加充分地显示出来，我们抵御和平演变的斗争就会有更加坚实深厚的物质技术文化基础，我们的社会主义制度就会更加立于不败之地。我们要实现国民经济的现代化，极大地提高劳动生产率，就必须实现科学技术的现代化。要充分认识，科学技术是第一生产力，是推动经济和社会发展的强大力量。我们一定要最大限度地发挥科学技术的作用，尊重知识，尊重人才，更加自觉地把经济建设转到依靠科技进步和提高劳动者素质的轨道上来，采取有力措施，把科研成果转化为现实生产力。对于这项重大战略任务，全党同志必须进一步提高认识，狠抓落实。我们是在社会主义制度下发展生产力的。在这个过程中，必须发挥社会主义制度的优越性，高度重视精神对物质、社会意识对社会存在、生产关系对生产力、上层建筑对经济基础、政治对经济的巨大反作用，不能忘记这个辩证唯物主义、历史唯物主义的原理。要记取前几年“一手硬、一手软”的教训，坚持社会主义物质文明和精神文明一起抓的方针，发挥我们党重视思想政治工作的优势，保证有中国特色社会主义的经济、政治、文化的协调发展。

建设有中国特色社会主义的经济、政治、文化，必须在坚持四项基本原则的前提下，坚持改革开放的总方针。只有通过改革，社会主义制度的优越性才能更加充分发挥出来。十一届三中全会以来，我们各方面取得的巨大成就，都是同改革开放分不开的。我们已经确定的建设有中国特色社会主义经济、政治、文化的基本要求，要深入贯彻到实际生活中去，使之具体化、制度化，也都需要通过改革来实现。在实现第二步战略目标，并为实现第三步战略目标打下坚实基础的过程中，我们面临大量新问题，都需要用改革的精神来解决。我们的改革，是一项复杂的巨大的系统工程，包括经济、政治、教育、科技、文化体制等各方面的改革，需要相互协调，配套进行。十年规划和“八五”计划纲要中已经确定的各项改革任务，必须认真组织实施，保证胜利完成。恩格斯早就指出：“所谓‘社会主义社会’，不是一种一成不变的东西，而应当和任何其他社会制度一样，把它看成是经常变化和改革的社会。”社会主义制度只有在坚持这种自身改革的进程中，才能逐步走向健全、走向完善、走向成熟。我们中国共产党人的历史责任，就是要坚定不移地投身改革的伟大事业，通过改革，更好地巩固和发展我国的社会主义制度，为我国经济的发展和社会的全面进步开辟更加广阔的道路，提供更加强大的动力和保证。我们一定要坚持实事求是，解放思想，破除迷信，一切从实际出发，勇于探索，勇于实践，认真总结经验，使改革开放不断深化和不断扩大，更加富有成效。我们的改革，是社会主义制度的自我完善和发展，是发扬优势、革除弊端、大胆创新的过程。我们的开放，要吸收国外先进科学技术、管理经验和优秀文化成果，引进外资，以增强我国经济社会发展的自力更生能力和在国际社会中的竞争能力。不进行改革，就不可能使社会主义制度继续保持蓬勃生机；在改革中不坚持社会主义方向，就会葬送党和人民七十年奋斗的全部成果。要划清两种改革开放观，即坚持四项基本原则的改革开放，同资产阶级自由化主张的实质上是资本主义化的“改革开放”的根本界限。我们的改革必须从我国的实际出发，决不能裹足不前、无所作为，也不能匆忙行事、急于求成。要在党的领导下，依靠广大人民的智慧，有步骤、有秩序地向前推进，采取积极而又稳妥的方针，保证国家政治、经济、社会生活的稳定和发展。

我们党领导的人民解放军是人民民主专政的坚强柱石，是捍卫社会主义祖国的钢铁长城，是建设有中国特色社会主义的重要力量。人民解放军始终坚持全心全意为人民服务的宗旨，在巩固国防、抵抗侵略，捍卫人民共和国和社会主义制度，保卫人民的和平劳动和参加国家社会主义建设事业中，发挥了重大作用，建立了不可磨灭的功勋。没有一个人民的军队，便没有人民的一切。在新的形势下，进一步加强军队和国防建设，对于维护国家的长治久安，保证社会主义现代化建设的顺利进行，具有深远的战略意义。我们要毫不动摇地加强党对军队的绝对领导，始终保持部队的高度集中统一。要随着经济的发展和国力的增强，不断地提高军队装备的现代化水平。武器是战争的重要因素，但不是决定因素。决定的因素是人，是具有高度政治觉悟、高昂士气和掌握现代军事技术的人。我们要进一步加强思想政治工作，加强军事训练，使全军部队做到政治合格，军事过硬，作风优良，纪律严明，保障有力，努力把我军建设成为一支强大的现代化、正规化革命军队。

建设有中国特色的社会主义，需要争取和平的国际环境。现在，旧的世界格局已经打破，新的格局尚未形成，世界处于新旧格局交替的动荡时期。我们要继续坚持独立自主的和平外交政策，积极发展同一切国家的友好关系，特别是保持和发展同周边国家的睦邻友好关系，加强同第三世界国家的团结和合作。在国际事务中，我们永远不谋求霸权，坚决反对任何形式的霸权主义和强权政治，反对使用武力和以武力相威胁，主张通过和平协商解决国际争端，维护世界和平。我们坚决维护中国人民的根本利益，维护国家的主权和民族的尊严，绝不允许任何人干涉我国内政。我们一贯主张在平等互利的基础上，发展同世界各国的经济技术合作和贸易往来。在处理同外国党的关系上，我们要继续坚持独立自主、完全平等、相互尊重、互不干涉内部事务的原则。我们要同世界各国和各国人民一道，为在和平共处五项原则基础上建立国际政治和经济新秩序，做出积极的贡献。

三、进一步加强中国共产党的建设

建设有中国特色的社会主义，关键是加强和改善共产党的领导。在中国这样的大国，要把十一亿人民的思想和力量统一起来建设社会主义，没有一个由具有高度觉悟、严明纪律和自我牺牲精神、真正代表和团结人民群众的党来领导，是根本不可能的。坚持中国共产党的领导，是全国各族人民在长期奋斗实践中深刻认识到的真理。

当前，世界社会主义事业遇到严重挫折。但是，这只是历史长河中的暂时现象。在过去的七十年里，我们党领导中国各族人民战胜无数艰难险阻，一切困难和敌人都没有能够压倒我们，最终却被我们所压倒。近十多年来，我们的各级党委和广大基层党组织贯彻执行党的基本路线，团结和带领群众艰苦奋斗，发挥了政治核心和战斗堡垒作用；绝大多数共产党员和干部勤勤恳恳、兢兢业业地工作，在各条战线发挥了先锋模范和骨干作用。在涉及国家安危的关键时刻，在人民的生命和财产受到严重威胁的时候，大批共产党员和党的干部挺身而出，站在最前面。正是有了这样的党，正是有了这样的党员和党员干部，才有了现代化建设和改革开放的新局面。中国共产党人坚定地相信，社会主义在前进中遇到的暂时困难和挫折，不会也不可能阻止它的继续发展。中国共产党将始终坚持马列主义、毛泽东思想，领导中国人民沿着有中国特色社会主义的道路奋勇前进。

为了把党建设得更好，我们必须对党的建设所面临的形势和党的现状有清醒的全面的认识。毫无疑问，我们党的主流是好的，但是在我国改革开放和发展商品经济的环境中，资本主义腐朽的思想、价值观念、生活方式不可避免地乘隙而入，侵蚀党的肌体。和平演变和资产阶级自由化思潮，对我国的独立和主权，对我们的建设和改革开放，构成现实的威胁。在这种情况下，确有一些党组织软弱涣散，一部分党员和党的干部经不起考验，头脑不清醒，立场不坚定，甚至有的违法乱纪、腐败变质；有的顽固坚持资产阶级自由化立场，丧失国格人格，站到了党和人民的对立面。党在思想、政治、组织、作风方面都存在不少亟待解决的问题。这种情况说明，在新的历史条件下，我们党不仅要继续经受执政的考验，而且面临着改革开放和发展商品经济的考验，面临着反对和平演变的考验。在严峻考验面前，我们一定要紧紧联系党的政治路线和政治任务，全面加强党的建设，始终保持党的工人阶级先锋队的性质和全心全意为人民服务的宗旨，坚定社会主义信念和共产主义理想，筑起抵御国内外敌对势力和平演变的钢铁长城，把我们党建设成为领导全国各族人民实现社会主义现代化的更加坚强的核心力量，更好地担负起历史赋予我们党的伟大使命。

第一，必须努力提高全党的马克思主义水平。面对复杂的国际形势和繁重的国内任务，党必须在理论上更加成熟起来。在建设有中国特色社会主义的崭新事业中，有许多丰富的实践经验需要总结，有许多重大的问题需要解决，有许多未曾认识的领域需要探索。马克思主义是指导我们思想的理论基础。我们要在现代化建设和改革开放的实践中，坚持马克思主义，发展马克思主义。只有大力提高全党的马克思主义理论水平，才能在错综复杂的矛盾和斗争中驾驭全局，掌握主动权；才能更好地坚持实事求是的思想路线，避免犯"左"的或右的错误；才能不断总结群众创造的新鲜经验，做出新的理论概括，把现代化建设和改革开放胜利地推向前进。只有马克思主义才能引导我们深刻认识社会发展的客观规律，把握世界形势变化的本质，不被历史长河中的旋涡和逆流所迷惑。我们要在全党普遍深入持久地进行马列主义、毛泽东思想的教育。党的干部特别是高中级干部，要努力学习和掌握马列主义、毛泽东思想的基本理论，紧密联系实际，加强调查研究，深入认识和把握中国国情，认真探讨和解决当代重大的政治、经济、思想文化等问题。现在，《列宁全集》中文第二版、《毛泽东选集》第二版已经出版发行。这是我国政治生活和党的建设中的大事。共产党员要认真学习马列著作和毛泽东同志的著作，认真学习邓小平同志和其他老一辈无产阶级革命家的著作，认真学习建设有中国特色社会主义的理论、路线、方针和政策。同时，还要努力学习进行建设和改革所必需的科学文化知识。在学习中要坚持理论联系实际，自觉地改造世界观，克服非无产阶级思想，牢固树立共产主义世界观。我们开展的社会主义思想教育已经取得初步的成果，今后要更加广泛深入地进行下去，力争取得更大的成果。要通过学习和教育，划清马克思主义与反马克思主义、社会主义与资本主义、无产阶级思想体系与资产阶级思想体系的界限，增强抵制各种错误思潮侵蚀的能力，提高解决建设和改革中各种实际问题的本领。

第二，必须努力提高全党同志为人民服务的自觉性。全心全意为人民服务是我们党的根本宗旨，密切联系群众是我们党的优良作风。在革命战争年代，我们党能够赢得人民群众的衷心拥护，就在于党以自己的实际行动表明，它是为人民的利益而斗争的。我们党取得执政地位以后，获得了更好地为人民服务的条件，也增加了脱离群众甚至腐败变质的危险。在改革开放和发展商品经济的条件下，这种危险会更大，如果放松警惕，带来的后果也会更严重。我们不能因为今天党内发生的某些消极腐败现象而看不到党的主流是好的，更不能因为党的主流是好的而对存在的问题视而不见，掉以轻心。现在有些党员干部滋长了严重的官僚主义，有些干部为了本地区、本部门、本单位的利益乃至个人利益，而不惜损害国家和人民的全局利益，少数人以权谋私、行贿受贿、贪污腐化。这些现象败坏党的声誉，损害党群关系，同党的宗旨是根本不相容的。党风是关系到党的生死存亡的问题，如果听任腐败现象发展下去，党就会走向自我毁灭。我们党不是生活在真空里。这些消极腐败现象是资产阶级和其他剥削阶级思想作风在党内的反映。党只有坚决消除消极腐败现象，才能在新的历史条件下，进一步密切同人民群众的联系。我们一定要从近年来国内外惊心动魄的严酷斗争中警醒，从严治党，建立健全一套拒腐防变的制度，采取切实有效措施，加强党内监督和人民群众的监督，同一切消极腐败现象进行毫不留情的斗争。各级领导机关和领导干部要以身作则，转变作风，扎实工作，勤政为民，认真解决群众迫切需要解决而又能够解决的问题。要坚持人民的利益高于一切，正确处理局部利益和整体利益的关系，眼前利益和长远利益的关系，国家、集体、个人利益的关系，坚决反对个人主义、本位主义和"一切向钱看"的思想和行为。共产党员毫无疑义应该努力贯彻执行党的现行政策，而执行党的现行政策同坚持党的最高理想是统一的，对共产党员应该按照党员的标准提出更高的要求。发展社会主义商品经济，在经济领域必须重视和运用价值规律，讲等价交换，但决不能把商品交换的原则引入党内政治生活。党的政策允许和鼓励一部分人、一部分地区依靠诚实劳动与合法经营先富起来，目的是为了达到共同富裕。共产党员和党的组织不能只顾个人或本单位、本地区致富，还要关心和帮助其他群众或其他地区共同致富。共产党员不能以权谋私，不能为了谋取个人利益和小团体利益而损害国家和人民的利益。否则，就违背了党的宗旨，就没有资格做一名共产党员。对于那些无视党纪、政纪和法律，胡作非为的人，绝对不能姑息，必须严惩不贷。

第三，必须努力提高党的各级组织的战斗力。我们这样一个有五千万党员的大党，靠什么组织起来并具有强大力量呢？很重要的是靠坚持和完善民主集中制。民主集中制是党的根本组织原则，削弱和否定它，就会损害党的战斗力，以至瓦解党的组织。民主集中制是民主与集中的统一。它要求充分发扬民主，健全民主制度，保障党章规定的党的各级组织和党员的民主权利，使各级党组织和广大党员朝气蓬勃，以自己的积极性和创造性贡献于党的事业，并有效地监督党的干部特别是领导干部。要在充分发扬民主的基础上实行正确的集中，使全党在思想上政治上保持统一，在行动上做到步调一致。党章规定：党员个人服从党的组织，少数服从多数，下级组织服从上级组织，全党各个组织和全体党员服从党的全国代表大会和中央委员会。全党必须严格遵守这些原则，加强纪律观念，坚决纠正无组织无纪律、阳奉阴违、各行其是的现象。党的团结，特别是各级领导班子的团结，是社会稳定、事业发展的决定性环节。全党同志一定要珍惜、维护和加强党的团结。在我们党内决不允许有任何政治派别存在，不允许有任何破坏和分裂党的行为存在。党的基层组织是党的基础，是党的一切工作的落脚点。我们要把基层党组织建设成为认真贯彻党的路线、方针、政策，联系群众，纪律严明，富有战斗力的坚强堡垒，改变一部分基层党组织的软弱涣散状况。要健全组织生活，加强对党员的教育和管理，积极开展批评和自我批评，大力提高党员素质，充分发挥党员的先锋模范作用。要严格标准、保证质量，做好发展党员工作，特别注意在企业、农村生产第一线发展优秀分子入党。

第四，必须努力培养和造就千百万社会主义事业的接班人。早在六十年代，毛泽东同志就高瞻远瞩，向全党提出了这个战略任务。现在，这个任务比过去任何时候都更加紧迫。干部队伍中建国前参加革命的老同志，绝大多数已经或接近离休，建国初期参加工作的同志，也将大批退休。近年来陆续走上领导岗位的中青年干部，亟须在马克思主义理论水平、党性和工作能力方面，有大的提高。今后十年，是我国经济和社会发展的关键时期，也是新老干部交替的关键时期。社会主义事业在中国的前景，很大程度上取决于青年一代的状况。要以对今后十年乃至下个世纪中国社会主义事业的命运高度负责的精神，着眼于培养广大青少年。我们要坚持党的德才兼备的干部标准，继续全面贯彻执行党中央和邓小平同志提出的干部队伍革命化、年轻化、知识化、专业化的方针，在社会主义现代化建设和改革开放的实践中，在反对资产阶级自由化和抵御和平演变斗争的实践中，考察和培养干部。要在各族工人、农民、知识分子中广泛而扎实地进行培养、教育和发现人才的工作。要认真总结干部工作中的经验教训，进一步改革干部人事制度，悉心听取群众意见，把经过实践考验证明合格的优秀中青年干部及时提拔到领导岗位上来，保证党和国家的各级领导权掌握在忠于马克思主义的人手里。做社会主义事业的接班人，不是当官发财、获得谋取私利的权力，而是要继承和发扬老一辈坚持革命斗争的英勇精神，全心全意为人民服务，吃苦在前，享受在后，随时准备为了社会主义事业的胜利、为了人民的利益牺牲个人的一切。

中国共产党在长期奋斗的历史中，根据马克思主义的建党学说，创造了加强自身建设的丰富经验，形成了优良传统。例如，密切联系党的政治路线加强党的建设；把党的思想建设放在首位，强调党员不仅要在组织上、而且要在思想上入党；坚持和发扬理论联系实际、密切联系群众和自我批评的作风；重视党的基层组织建设，注意在实际斗争中培养和造就接班人；按照团结——批评——团结的公式和"惩前毖后、治病救人”的方针，正确处理党内矛盾，等等。在新的历史条件下，我们要继承和发扬党的这些传统，认真解决面临的新问题，创造和总结新经验，把党建设得更好，使党在思想上更加统一，政治上更加坚强，组织上更加巩固。

同志们，朋友们！

完成祖国统一大业，是中华民族的根本利益所在，是全国各族人民包括台湾同胞、港澳同胞和海外侨胞的共同心愿。中国共产党提出“一国两制”的原则后，香港和澳门问题得到解决。我们将继续为香港和澳门的平稳过渡和稳定繁荣进行不懈的努力。为了促进台湾与祖国大陆的统一，我们按照“一国两制”的构想，制定了一系列方针、政策，并采取了许多切合实际的措施，有力地推动了海峡两岸同胞的相互了解和往来。我们也注意到，台湾广大爱国人士包括台湾当局的有识之士，近年来为两岸关系发展做出了努力。最近一段时间，台湾当局几次发表主张国家统一的言论，这是值得欢迎的，但是仍未放弃敌视中国共产党的立场，这是令人遗憾的。当前，台湾局势正处于重大的变化之中，尤其是“台独”思潮有蔓延之势，需要严重注意和警惕。形势的发展，把结束两岸分裂局面、实现祖国统一的任务更加突出地摆在全体中国人民面前。一切有志于国家统一的党派、团体和仁人志士，都应该以民族大义为重，增强紧迫感。中国共产党和中国国民党对国家统一负有重大历史责任。两党应本着对国家对民族负责的态度，派出代表进行直接接触商谈，逐步达成实现祖国统一的原则协议。商谈中，邀请其他政党、团体的代表参加。台湾当局、各党派团体和各界人士关心的问题，都可以提出来商谈。我们希望海内外同胞团结起来，共同奋斗，实现完成祖国统一大业的伟大目标。

同志们，朋友们！

现在，我们有了在实践中证明完全正确的党的基本路线，有了实现现代化的战略部署，有了实现第二步战略目标的行动纲领。尽管在前进道路上还有这样那样的问题和困难，未来也可能出现一些难以预料的情况。但是，目标已经明确，道路已经找到。全党同志要发扬我们党一贯倡导的革命精神，大公无私和先人后己精神，严守纪律和自我牺牲精神，坚持革命乐观主义、排除万难去争取胜利的精神，坚定不移地朝着我们的奋斗目标迈进。

胜利属于伟大的中国共产党！

胜利属于伟大的中国各族人民！

《人民日报》发表社论《坚定地走自己的路——庆祝中国共产党成立七十周年》

纪念中国共产党成立七十周年学术讨论会在北京闭幕

会议认为，没有共产党就没有新中国，只有社会主义能够救中国和发展中国，已经成为中国人民所确认的一个伟大真理。与会代表认为，毛泽东思想是马克思主义基本原理同中国革命的具体实践相结合的产物，是指导我国革命和建设的强大思想武器。当前，要挫败西方敌对势力和平演变图谋和实现我们的战略目标，关键是把我们党建设好，把有中国特色的社会主义建设好。

中共中央党校副校长邢贲思、中共中央文献研究室副主任逄先知、中国人民解放军军事科学院副院长姜思毅、中共中央党史研究室副主任沙健孙在会上讲话。中共中央宣传部副部长聂大江主持会议。

闭幕会上，中国共产党党史学会向180篇党史优秀论文的作者代表颁发中共党史学会研究优秀成果证书。

会议于6月27日开幕。

《毛泽东选集》第一至四卷第二版出版发行

根据中共中央的决定，中共中央文献编辑委员会修订的《毛泽东选集》第一至第四卷第二版，由人民出版社出版，从7月1日起在全国新华书店发行。邓小平为《毛选》第二版题写了书名。《毛选》一至四卷第二版保持了第一版原有的篇目，只增加了《反对本本主义》一篇。这次修订，对文中少量有误的史实和错别字作了校订，对一些题解和大部分注释作了认真的修订。

第一届延安精神理论与实践研讨会在北京开幕

出席全国老干部先进个人先进集体表彰会的全体同志发出致全国离休退休干部的倡议书

国务院副总理邹家华在钓鱼台国宾馆会见泰国正大集团董事长谢国民率领的正大集团代表团

中英双方草签《关于香港新机场建设及有关问题的谅解备忘录》

英国首相特使、首相外事顾问柯利达爵士于6月27日至7月1日访华，同中国领导人和有关部门就加强双方在香港问题上的合作，特别是就香港新机场建设问题交换了意见。

国务院港澳办公室主任鲁平及有关方面负责人同柯利达就有关香港新机场建设问题进行了讨论。并草签了《关于香港新机场建设及有关问题的谅解备忘录》，待两国政府首脑正式签署后生效。

新闻出版署发布十五项印刷行业标准

7月2日

国务院总理李鹏出访中东海湾6国前在人民大会堂举行记者招待会

李鹏上午离开北京,前往埃及、约旦、伊朗、沙特阿拉伯、叙利亚和科威特进行正式友好访问。

李鹏临行前在人民大会堂举行中外记者招待会。在回答记者问题前李鹏发表了简短讲话。李鹏说,中国与中东、海湾地区的友好交往源远流长。他即将访问的六个国家都与中国有良好的合作关系。访问期间他将同这六国的领导人深入讨论如何促进友好合作关系的进一步发展,并就当前国际形势以及共同关心的重大国际问题,特别是中东和海湾问题交换意见。他表示相信,他这次访问必将进一步增进中国人民同这六国人民的了解与友谊,推动中国与这些国家之间业已存在的友好合作关系继续向前发展。

李鹏说,在他出访期间,姚依林副总理任代总理,主持国务院的工作。

在回答记者的问题时,李鹏说,他这次出访带去了中国人民对阿拉伯人民和伊朗人民的友好情谊。他希望这一地区能够实现和平与稳定,并祝愿这个地区各国繁荣昌盛。

李鹏说,中东问题是二次大战以来世界上持续时间最长的地区冲突问题,给该地区人民带来了巨大的灾难。中国政府支持旨在公正合理地解决中东问题的一切努力,包括磋商、对话和各种方案。

有记者问,中国是惟一没有投票赞成联合国安理会对伊拉克使用武力决议的国家。现在美国有人主张再次使用武力摧毁伊拉克的核设施。如果安理会提出这样的决议案,中国是否会行使否决权?

李鹏说:"中国对海湾危机的立场是明确的。我们反对伊拉克侵占科威特,同时主张用和平方式解决危机。至于你提到的伊拉克核设施,由于情况有待进一步弄清,现在很难对今后的行动作出预测。"

当记者问"中国领导人说的国外敌对势力指的是哪些国家"时,李鹏说,中国奉行独立自主的和平外交政策,愿意在和平共处五项原则的基础上同一切愿与中国友好的国家保持友好关系。中国是世界上朋友最多的国家之一。如果说某些国家对中国还有一些不满或敌意,那只是少数。在这些国家里,对中国不满或有敌意的人也是少数,广大人民对中国还是很友好的。我们也看到,一度对中国的政策不够了解的国家也在加深了解。现在可以清楚地看出,不少国家的政府对中国的态度在发生积极的变化。

国务院副总理朱镕基在湖北考察

7月2日至7月7日,朱镕基和国务院有关部门的负责人在湖北省的一些大中型企业进行调查研究,并前往遭受暴雨袭击的汉川县察看灾情,慰问灾民。

考察中,朱镕基反复强调要加强对工业生产的组织领导。他说,今年生产工作的重点,一是抓好"质量、品种、效益年"活动,二是抓好清理"三角债",三是研究和落实搞活大中型企业的办法。国务院有关部门和各省、自治区、直辖市要互相配合,互相支持,保证生产稳步协调发展。

朱镕基说,为了提高经济效益,扭转亏损,企业要加强市场调查和技术改造,大力调整产品结构,增加适销对路产品的生产,控制积压产品的生产。最近,国务院已发出《关于严格控制企业继续生产积压产品的通知》,各地区各部门要根据通知精神,结合本地区本部门的情况,制订实施办法,认真落实。

朱镕基在考察中强调指出,"三角债"已成为困扰当前经济发展的大问题。清理"三角债"要从清理固定资产投资缺口这一源头着手,以被基建、技改项目拖欠的债权单位为"龙头"开展清理工作。目前这项工作正在辽宁省试点,取得经验后,国务院将召开全国清理"三角债"工作会议,部署全面清欠。朱镕基说,各省、市、自治区从现在起就要抓紧准备工作,首先要从生产资料行业中选择重点企业,对债权、债务情况进行调查摸底、分类排队,找出源头,研究如何注入资金解开债务链。生产消费资料的企业,拖欠情况复杂,也要调查摸底,但不能贸然动手注入流动资金,防止推动新的产成品积压。

朱镕基说,为了恢复正常的生产秩序,当前必须整顿金融秩序,严格结算纪律,对逾期无理拒付贷款的企业,各级银行应严格执行支付滞纳金的规定,坚决刹住"欠债有理,欠债出效益"的歪风。

朱镕基反复强调要注意纠正重基建、轻生产的倾向。现在有些企业领导把主要精力放在跑项目、铺摊子上,放松了对工业生产的组织指挥和企业的技术改造,放松了对企业内部的管理,这是当前企业效益下降的重要原因。朱镕基说,我们一定要把注意力转到内涵扩大再生产的方面来,千万不可放弃已有的生产阵地,去铺新的摊子。要对在建项目进行清理,下决心停缓建一批项目,集中资金保证重点项目的竣工投产,发挥投资效益。朱镕基指出,最近国务院颁布的增强大中型企业活力的11条措施,为搞活大中型企业创造了良好条件,各部门各地区要认真贯彻、见诸行动,关键是要依据马克思主义扩大再生产的原理,减轻企业负担。按照《企业法》的规定,政府部门不能对企业干预太多,要为企业创造一个良好的机制,使它能热心去搞技术改造、产品开发,真正做到自负盈亏。企业内部管理的好坏和企业能否搞活关系也很大,这里很重要的一条是企业的厂长、经理要严于律己,公正廉明,要有远见卓识,做到决策民主化、科学化,从严治厂,使企业转入质量效益型的轨道。只有这样,搞活大中型企业才有希望。

最高人民法院审判委员会第502次会议通过最高人民法院提出的《关于人民法院审理借贷案件的若干意见》

对外经济贸易部发言人提出进一步促进两岸经贸交往的五项原则

对外经济贸易部发言人在接受新华社记者采访时,提出进一步促进两岸经贸交往的五项原则。

(一)直接双向。目前,大陆已同遍布世界五大洲、四大洋的一百八十多个国家和地区建立了经贸联系;最近十多年来,大陆同香港、澳门地区已建立更加密切的经济联系;而同近在咫尺的台湾同胞通商却须经过第三者,这是很不合理的。这种有悖人情和常理的做法,不但给两岸业者造成经济损失,而且严重妨碍两岸间的沟通,因而遭到两岸同胞的非议。目前,在间接、单向的经贸交流活动中,已产生了诸多难以解决的问题,双方只有以适当方式直接商谈,才能获得真正圆满的解决。两岸直接双向交流这一步早晚要走,早走比晚走好,于双方都有利。那种以此为筹码,讨价还价的企图,违背两岸人民的共同愿望和根本利益,是不得人心的。我们希望台湾当局采取积极的、切实的步骤,取消种种不合情理的限制,尽快实现两岸直接双向交流。

(二)互利互惠。两岸经济各具优势。大陆幅员辽阔,物产和人力资源丰富,工业基础和技术力量雄厚,市场容量巨大,高科技开发能力强,综合经济实力较强。台湾在开拓海外市场、发展农业科技、开发某些实用技术及培养管理人才等方面具有不少好的经验。显然,两岸本着平等互利、互补互惠的原则进行交流,发挥各自的优势,定能惠及双方。

(三)形式多样。两岸经贸交流不应局限于贸易和投资领域,还应扩大到技术交流、科学研究、劳务合作、广告展览、交通运输、咨询服务等领域。两岸还可以各种方式进行合作,共同参与国际分工和竞争,以造福于整个中华民族。

(四)长期稳定。发展两岸经贸交流合乎国情,顺乎民意,决不是权宜之计,而是我们应当长期坚持的基本方针。其目的是促进大陆和台湾经济的共同发展。为确保两岸工商界的利益不受损害,对于两岸贸易中的大宗重要商品的交易,可通过签订中长期合约的办法,做到持续、稳定发展。

(五)重义守约。两岸都应为维护对方厂商的合法权益提供尽可能完善的保护措施,并为两岸厂商进行各种交流活动提供一切可能的便利。一方不应以经济贸易作为手段来制裁另一方。双方厂商都应信守合约,违约一方应赔偿另一方的损失。如有争议,可由两岸经贸协调机构进行仲裁。

发言人强调,这五项原则,是我们在总结近几年实践经验的基础上,为促进两岸经贸交流而提出来的。我们愿意听取台湾当局和台湾工商界同仁的意见,使之更加完善,成为共同遵循的指导两岸经贸交流的原则。我们也愿意与台湾工商界的各民间团体,就实施这些原则的具体步骤进行磋商。总之,我们希望两岸的经贸交流能有突破性的进展,为繁荣两岸经济和祖国的和平统一作出应有的贡献。

国务院选定辽宁作清理三角债试点

国务院总理李鹏指出,要把清理"三角债"作为提高企业经济效益的突破口。朱镕基副总理指出,要批判那种欠债有理、欠债出效益的观点。这次以辽宁为试点的清理"三角债"工作,具体有五项措施:

一、基建、技改项目要坚持"先落实资金后开工建设"量力而行的原则,严禁背着资金缺口上项目、搞建设。对在建项目要进行清理,凡是产品滞销,没有市场的项目,一律停缓建。

二、千方百计筹集资金,解决财政的欠拨、欠退、欠补问题。辽宁省将动员全省过紧日子,全年行政管理费、会议费一律比上年压缩10%,严格控制小汽车的更新和购置。

三、狠抓产品结构调整,压库促销,认真贯彻国家产业、产品政策,坚持以销定产的原则,对边生产、边积压企业,关停整顿。

四、采取措施控制亏损。对一批长期经营管理不善,短期内无望扭转亏损的企业,勒令其停产整顿。对一些亏损大户重点帮扶,建立扭亏责任制。创造条件,支持扭亏有望企业搞好转化。

五、切实增补企业自有流动资金,提高企业自有资金水平。所有企业都要严格执行国家规定,将税后留利的10%-15%补充自有流动资金。

国家副主席王震在人民大会堂会见古巴国务委员会副主席古共中央政治局委员卡洛斯·拉斐尔·罗德里格斯和夫人

欢迎仪式后,王震副主席会见罗德里格斯副主席。

王震在会见中说,我们都是坚定信仰马克思主义的同辈人。

王震说，昨天是中国共产党成立70周年纪念日，我们的总书记江泽民同志作了一个很好的讲话。在这个喜庆的日子里，贵国领袖卡斯特罗同志发来了热情洋溢的贺电，这是对我们的一个鼓舞。他说，中国共产党和中国人民历来尊敬英勇的古巴人民，古巴是一个英雄的岛国。中古两国都坚决信仰马列主义，并把它作为我们前进的指南。我们两国都坚定不移地走社会主义道路。

罗德里格斯说，毛泽东及他的战友们创造的伟大业绩一直鼓舞着古巴人民。古巴人民对中国的发展一直十分关注，对于中国把马列主义同中国革命的实践相结合感到很钦佩。卡斯特罗同志的贺电不仅代表了古巴共产党的愿望，也代表了古巴人民的愿望。

当罗德里格斯副主席谈到"古巴不管遇到什么困难和挫折，都将坚信共产主义理想，共产主义在这个小岛绝不会失败"时，王震副主席说，"古巴人民万岁！'罗德里格斯副主席也说，"中国人民万岁！"

国务院副总理邹家华在人民大会堂同罗马尼亚国务部长达恩·米尔恰·波佩斯库举行会谈

中共中央政治局常委宋平在人民大会堂会见葡萄牙共产党总书记阿尔瓦罗·库尼亚尔

解放军总政治部发出全军认真学习中共中央总书记江泽民《在庆祝中国共产党成立七十周年大会上的讲话》的通知

通知要求全军学习江泽民同志的重要讲话，着重抓好五个认清：一是认清只有在共产党的领导下，走社会主义道路，国家才能强盛，民族才能振兴，人民才能富裕，更加坚信党的正确领导，坚信社会主义的光明前途；二是认清把马克思主义的普遍真理同中国革命和建设的具体实际相结合是我们的胜利之本、成功之路，进一步高举马列主义、毛泽东思想的旗帜，把毛泽东、周恩来、刘少奇、朱德、邓小平等老一辈无产阶级革命家开创的事业进行到底；三是认清当代中国共产党人的历史使命和当前的任务，牢记建设有中国特色社会主义的经济、政治、文化的目标和基本要求，更加自觉地贯彻执行党的以经济建设为中心、坚持四项基本原则、坚持改革开放的基本路线；四是认清在新的历史时期我们党面临的严重考验和加强党的建设的极端重要性，提高全面加强党的建设的自觉性；五是认清社会主义与资本主义两种社会制度、两种思想体系尖锐斗争的特点，进一步深化对我军地位、作用的认识，努力加强我军的革命化、现代化、正规化建设。

中央军委主席江泽民签署命令颁发《中国人民解放军工程建设管理条例》

《条例》由总则、范围及项目划分和程序、项目审批权限、计划管理、施工管理、财务管理、物资供应以及奖励与处罚等12章51条组成，是今后军队工程建设管理工作的依据和基本法规。

《条例》明确规定，军队工程建设是国家基本建设和国防建设的重要组成部分，其基本任务是为巩固国防，保证部队执勤、训练、生产、生活需要提供工程保障，全军必须服从国家经济建设和军队建设的大局，遵循新时期的军事战略，按照军队建设的特点和财力、物力的可能，立足现有，着眼发展，统筹规划，合理布局，突出重点，量力而行。

国务院总理李鹏签署第86号令发布《中华人民共和国防汛条例》

《中华人民共和国防汛条例》已经1991年6月28日国务院第八十七次常务会议通过，现予发布，自发布之日起施行。

总理 李 鹏

1991年7月2日

中华人民共和国防汛条例

第一章 总 则

第一条 为了做好防汛抗洪工作，保障人民生命财产安全和经济建设的顺利进行，根据《中华人民共和国水法》，制定本条例。

第二条 在中华人民共和国境内进行防汛抗洪活动，适用本条例。

第三条 防汛工作实行"安全第一，常备不懈，以防为主，全力抢险"的方针，遵循团结协作和局部利益服从全局利益的原则。

第四条 防汛工作实行各级人民政府行政首长负责制，实行统一指挥，分级分部门负责。各有关部门实行防汛岗位责任制。

第五条 任何单位和个人都有参加防汛抗洪的义务。

中国人民解放军和武装警察部队是防汛抗洪的重要力量。

第二章 防汛组织

第六条 国务院设立国家防汛总指挥部，负责组织领导全国的防汛抗洪工作，其办事机构设在国务院水行政主管部门。

长江和黄河，可以设立由有关省、自治区、直辖市人民政府和该江河的流域管理机构（以下简称流域机构）负责人等组成的防汛指挥机构，负责指挥所辖范围的防汛抗洪工作，其办事机构设在流域机构。长江和黄河的重大防汛抗洪事项须经国家防汛总指挥部批准后执行。

国务院水行政主管部门所属的淮河、海河、珠江、松花江、辽河、太湖等流域机构，设立防汛办事机构，负责协调本流域的防汛日常工作。

第七条 有防汛任务的县级以上地方人民政府设立防汛指挥部，由有关部门、当地驻军、人民武装部负责人组成，由各级人民政府首长担任指挥。各级人民政府防汛指挥部在上级人民政府防汛指挥部和同级人民政府的领导下，执行上级防汛指令，制定各项防汛抗洪措施，统一指挥本地区的防汛抗洪工作。

各级人民政府防汛指挥部办事机构设在同级水行政主管部门；城市市区的防汛指挥部办事机构也可以设在城建主管部门，负责管理所辖范围的防汛日常工作。

第八条 石油、电力、邮电、铁路、公路、航运、工矿以及商业、物资等有防汛任务的部门和单位，汛期应当设立防汛机构，在有管辖权的人民政府防汛指挥部统一领导下，负责做好本行业和本单位的防汛工作。

第九条 河道管理机构、水利水电工程管理单位和江河沿岸在建工程的建设单位，必须加强对所辖水工程设施的管理维护，保证其安全正常运行，组织和参加防汛抗洪工作。

第十条 有防汛任务的地方人民政府应当组织以民兵为骨干的群众性防汛队伍，并责成有关部门将防汛队伍组成人员登记造册，明确各自的任务和责任。

河道管理机构和其他防洪工程管理单位可以结合平时的管理任务，组织本单位的防汛抢险队伍，作为紧急抢险的骨干力量。

第三章 防汛准备

第十一条 有防汛任务的县级以上人民政府，应当根据流域综合规划、防洪工程实际状况和国家规定的防洪标准，制定防御洪水方案（包括对特大洪水的处置措施）。

长江、黄河、淮河、海河的防御洪水方案，由国家防汛总指挥部制定，报国务院批准后施行；跨省、自治区、直辖市的其他江河的防御洪水方案，有关省、自治区、直辖市人民政府制定后，经有管辖权的流域机构审查同意，由省、自治区、直辖市人民政府报国务院或其授权的机构批准后施行。

有防汛抗洪任务的城市人民政府，应当根据流域综合规划和江河的防御洪水方案，制定本城市的防御洪水方案，报上级人民政府或其授权的机构批准后施行。

防御洪水方案经批准后，有关地方人民政府必须执行。

第十二条 有防汛抗洪任务的企业应当根据所在流域或者地区的防御洪水方案，规定本企业的防汛抗洪措施，在征得其所在地水行政主管部门同意后，报本企业的上级主管部门批准。

第十三条 水库、水电站、拦河闸坝等工程的管理部门，应当根据工程规划设计、防御洪水方案和工程实际状况，在兴利服从防洪，保证安全的前提下，制定汛期调度运用计划，经上级主管部门审查批准后，报有管辖权的人民政府防汛指挥部备案，并接受其监督。

经国家防汛总指挥部认定的对防汛抗洪关系重大的水电站，其防洪库容的汛期调度运用计划经上级主管部门审查同意后，须经有管辖权的人民政府防汛指挥部批准。

汛期调度运用计划经批准后，由水库、水电站、拦河闸坝等工程的管理部门负责执行。

有防凌任务的江河，其上游水库在凌汛期间的下泄水量，必须征得有管辖权的人民政府防汛指挥部的同意，并接受其监督。

第十四条 各级防汛指挥部应当在汛前对各类防洪设施组织检查，发现影响防洪安全的问题，责成责任单位在规定的期限内处理，不得贻误防汛抗洪工作。

各有关部门和单位按照防汛指挥部的统一部署，对所管辖的防洪工程设施进行汛前检查后，必须将影响防洪安全的问题和处理措施报有管辖权的防汛指挥部和上级主管部门，并按照该防汛指挥部的要求予以处理。

第十五条 关于河道清障和对壅水、阻水严重的桥梁、引道、码头和其他跨河工程设施的改建或者拆除，按照《中华人民共和国河道管理条例》的规定执行。

第十六条 蓄滞洪区所在地的省级人民政府应当按照国务院的有关规定，组织有关部门和市、县，制定所管辖的蓄滞洪区的安全与建设规划，并予实施。

各级地方人民政府必须对所管辖的蓄滞洪区的通信、预报警报、避洪、撤退道路等安全设施，以及紧急撤离和救生的准备工作进行汛前检查，发现影响安全的问题，及时处理。

第十七条 山洪、泥石流易发地区，当地有关部门应当指定预防监测员及时监测。雨季到来之前，当地人民政府防汛指挥部应当组织有关单位进行安全检查，对险情征兆明显的地区，应当及时把群众撤离险区。

风暴潮易发地区，当地有关部门应当加强对水库、海堤、闸坝、高压电线等设施和房屋的安全检查，发现影响安全的问题，及时处理。

第十八条 地区之间在防汛抗洪方面发生的水事纠纷，由发生纠纷地区共同的上一级人民政府或其授权的主管部门处理。

前款所指人民政府或者部门在处理防汛抗洪方面的水事纠纷时，有权采取临时紧急处置措施，有关当事各方必须服从并贯彻执行。

第十九条 有防汛任务的地方人民政府应当建设和完善江河堤防、水库、蓄滞洪区等防洪设施，以及该地区的防汛通信、预报警报系统。

第二十条 各级防汛指挥部应当储备一定数量的防汛抢险物资，由商业、供销、物资部门代储的，可以支付适当的保管费。受洪水威胁的单位和群众应当储备一定的防汛抢险物料。

防汛抢险所需的主要物资，由计划主管部门在年度计划中予以安排。

第二十一条 各级人民政府防汛指挥部汛前应当向有关单位和当地驻军介绍防御洪水方案，组织交流防汛抢险经验。有关方面汛期应当及时通报水情。

第四章 防汛与抢险

第二十二条 省级人民政府防汛指挥部，可以根据当地的洪水规律，规定汛期起止日期。当江河、湖泊、水库的水情接近保证水位或者安全流量时，或者防洪工程设施发生重大险情，情况紧急时，县级以上地方人民政府可以宣布进入紧急防汛期，并报告上级人民政府防汛指挥部。

第二十三条 防汛期内，各级防汛指挥部必须有负责人主持工作。有关责任人员必须坚守岗位，及时掌握汛情，并按照防御洪水方案和汛期调度运用计划进行调度。

第二十四条 在汛期，水利、电力、气象、海洋、农林等部门的水文站、雨量站，必须及时准确地向各级防汛指挥部提供实时水文信息；气象部门必须及时向各级防汛指挥部提供有关天气预报和实时气象信息；水文部门必须及时向各级防汛指挥部提供有关水文预报；海洋部门必须及时向沿海地区防汛指挥部提供风暴潮预报。

第二十五条 在汛期，河道、水库、闸坝、水运设施等水工程管理单位及其主管部门在执行汛期调度运用计划时，必须服从有管辖权的人民政府防汛指挥部的统一调度指挥或者监督。

在汛期，以发电为主的水库，其汛限水位以上的防洪库容以及洪水调度运用必须服从有管辖权的人民政府防汛指挥部的统一调度指挥。

第二十六条 在汛期，河道、水库、水电站、闸坝等水工程管理单位必须按照规定对水工程进行巡查，发现险情，必须立即采取抢护措施，并及时向防汛指挥部和上级主管部门报告。其他任何单位和个人发现水工程设施出现险情，应当立即向防汛指挥部和水工程管理单位报告。

第二十七条 在汛期，公路、铁路、航运、民航等部门应当及时运送防汛抢险人员和物资；电力部门应当保证防汛用电。

第二十八条 在汛期，电力调度通信设施必须服从防汛工作需要；邮电部门必须保证汛情和防汛指令的及时、准确传递，电视、广播、公路、铁路、航运、民航、公安、林业、石油等部门应当运用本部门的通信工具优先为防汛抗洪服务。

电视、广播、新闻单位应当根据人民政府防汛指挥部提供的汛情，及时向公众发布防汛信息。

第二十九条 在紧急防汛期，地方人民政府防汛指挥部必须由人民政府负责人主持工作，组织动员本地区各有关单位和个人投入抗洪抢险。所有单位和个人必须听从指挥，承担人民政府防汛指挥部分配的抗洪抢险任务。

第三十条 在紧急防汛期，公安部门应当按照人民政府防汛指挥部的要求，加强治安管理和安全保卫工作。必要时须由有关部门依法实行陆地和水面交通管制。

第三十一条 在紧急防汛期，为了防汛抢险需要，防汛指挥部有权在其管辖范围内，调用物资、设备、交通运输工具和人力，事后应当及时归还或者给予适当补偿。因抢险需要取土占地、砍伐林木、清除阻水障碍物的，任何单位和个人不得阻拦。

前款所指取土占地、砍伐林木的，事后应当依法向有关部门补办手续。

第三十二条 当河道水位或者流量达到规定的分洪、滞洪标准时，有管辖权的人民政府防汛指挥部有权根据经批准的分洪、滞洪方案，采取分洪、滞洪措施。采取上述措施对毗邻地区有危害的，须经有管辖权的上级防汛指挥机构批准，并事先通知有关地区。

在非常情况下，为保护国家确定的重点地区和大局安全，必须作出局部牺牲时，在报经有管辖权的上级人民政府防汛指挥部批准后，当地人民政府防汛指挥部可以采取非常紧急措施。

实施上述措施时，任何单位和个人不得阻拦，如遇到阻拦和拖延时，有管辖权的人民政府有权组织强制实施。

第三十三条 当洪水威胁群众安全时，当地人民政府应当及时组织群众撤离至安全地带，并做好生活安排。

第三十四条 按照水的天然流势或者防洪、排涝工程的设计标准，或者经批准的运行方案下泄的洪水，下游地区不得设障阻水或者缩小河道的过水能力；上游地区不得擅自增大下泄流量。

未经有管辖权的人民政府或其授权的部门批准，任何单位和个人不得改变江河河势的自然控制点。

第五章 善后工作

第三十五条 在发生洪水灾害的地区，物资、商业、供销、农业、公路、铁路、航运、民航等部门应当做好抢险救灾物资的供应和运输；民政、卫生、教育等部门应当做好灾区群众的生活供给、医疗防疫、学校复课以及恢复生产等救灾工作；水利、电力、邮电、公路等部门应当做好所管辖的水毁工程的修复工作。

第三十六条 地方各级人民政府防汛指挥部，应当按照国家统计部门批准的洪涝灾害统计报表的要求，核实和统计所管辖范围的洪涝灾情，报上级主管部门和同级统计部门，有关单位和个人不得虚报、瞒报、伪造、篡改。

第三十七条 洪水灾害发生后，各级人民政府防汛指挥部应当积极组织和帮助灾区群众恢复和发展生产。修复水毁工程所需费用，应当优先列入有关主管部门年度建设计划。

第六章 防汛经费

第三十八条 由财政部门安排的防汛经费，按照分级管理的原则，分别列入中央财政和地方财政预算。

在汛期，有防汛任务的地区的单位和个人应当承担一定的防汛抢险的劳务和费用，具体办法由省、自治区、直辖市人民政府制定。

第三十九条 防御特大洪水的经费管理，按照有关规定执行。

第四十条 对蓄滞洪区，逐步推行洪水保险制度，具体办法另行制定。

第七章 奖励与处罚

第四十一条 有下列事迹之一的单位和个人，可以由县级以上人民政府给予表彰或者奖励：

（一）在执行抗洪抢险任务时，组织严密，指挥得当，防守得力，奋力抢险，出色完成任务者；

（二）坚持巡堤查险，遇到险情及时报告，奋力抗洪抢险，成绩显著者；

（三）在危险关头，组织群众保护国家和人民财产，抢救群众有功者；

（四）为防汛调度、抗洪抢险献计献策，效益显著者；

（五）气象、雨情、水情测报和预报准确及时，情报传递迅速，克服困难，抢测洪水，因而减轻重大洪水灾害者；

（六）及时供应防汛物料和工具，爱护防汛器材，节约经费开支，完成防汛抢险任务成绩显著者；

（七）有其他特殊贡献，成绩显著者。

第四十二条 有下列行为之一者，视情节和危害后果，由其所在单位或者上级主管机关给予行政处分；应当给予治安管理处罚的，依照《中华人民共和国治安管理处罚条例》的规定处罚；构成犯罪的，依法追究刑事责任：

（一）拒不执行经批准的防御洪水方案，或者拒不执行有管辖权的防汛指挥机构的防汛调度方案或者防汛抢险指令的；

（二）玩忽职守，或者在防汛抢险的紧要关头临阵逃脱的；

（三）非法扒口决堤或者开闸的；

（四）挪用、盗窃、贪污防汛或者救灾的钱款或者物资的；

（五）阻碍防汛指挥机构工作人员依法执行职务的；

（六）盗窃、毁损或者破坏堤防、护岸、闸坝等水工程建筑物和防汛工程设施以及水文监测、测量设施、气象测报设施、河岸地质监测设施、通信照明设施的；

（七）其他危害防汛抢险工作的。

第四十三条 违反河道和水库大坝的安全管理，依照《中华人民共和国河道管理条例》和《水库大坝安全管理条例》的有关规定处理。

第四十四条 虚报、瞒报洪涝灾情，或者伪造、篡改洪涝灾害统计资料的，依照《中华人民共和国统计法》及其实施细则的有关规定处理。

第四十五条 当事人对行政处罚不服的，可以在接到处罚通知之日起十五日内，向作出处罚决定机关的上一级机关申请复议；对复议决定不服的，可以在接到复议决定之日起十五日内，向人民法院起诉。当事人也可以在接到处罚通知之日起十五日内，直接向人民法院起诉。

当事人逾期不申请复议或者不向人民法院起诉，又不履行处罚决定的，由作出处罚决定的机关申请人民法院强制执行；在汛期，也可以由作出处罚决定的机关强制执行；对治安管理处罚不服的，依照《中华人民共和国治安管理处罚条例》的规定办理。

当事人在申请复议或者诉讼期间，不停止行政处罚决定的执行。

第八章 附 则

第四十六条 省、自治区、直辖市人民政府，可以根据本条例的规定，结合本地区的实际情况，制定实施细则。

第四十七条 本条例由国务院水行政主管部门负责解释。

第四十八条 本条例自发布之日起施行。

国家统计局发布 1990 年人口普查第 10 号公报

国家统计局发布 1990 年人口普查主要数据的第 10 号公报。公报将人口普查 10％抽样汇总的大陆 29

个省、自治区、直辖市[①]迁移人口数据公布如下：

一、省际迁移状况[②]。1985 年 7 月 1 日至 1990 年 6 月 30 日五年间，大陆 29 个省、自治区、直辖市中常住地发生跨省、自治区、直辖市变化的迁移人口有下列 4 种状况。

1. 迁入人口占本省、自治区、直辖市总人口的比重按由高到低的顺序排列，高于 1%的有北京、上海、天津、青海、新疆、海南、广东、宁夏、辽宁、江苏、内蒙古、吉林 12 个省、自治区、直辖市，其中北京最高，为 6.13%，其余 17 个省、自治区的迁入人口比重均低于 1%，其中广西最低，为 0.37%。

2. 迁出人口占本省、自治区、直辖市总人口的比重，按由高到低的顺序排列，高于 1%的有青海、新疆、海南、黑龙江、浙江、吉林、内蒙古、广西、四川、宁夏、甘肃、北京、上海、河北、陕西 15 个省、自治区、直辖市，其中青海最高，为 2.22%；其余 14 个省、直辖市的迁出人口比重均低于 1%，其中广东最低，为 0.40%。

3. 跨省、自治区、直辖市迁入人口数大于迁出人口数的有北京、上海、天津、广东、辽宁、宁夏、新疆、江苏、海南、福建、山西、青海、湖北、山东 14 个省、自治区、直辖市；其中净迁入人口占本省、自治区、直辖市总人口的比重超过 1%的有北京、上海、天津、广东 4 个省、直辖市，北京最高，为 5%。

4. 跨省、自治区、直辖市迁出人口数大于迁入人口数的有广西、四川、黑龙江、浙江、甘肃、湖南、吉林、安徽、贵州、河北、内蒙古、江西、河南、云南、陕西 15 个省、自治区；其中净迁出人口占本省、自治区、直辖市总人口的比重超过 0.5%的有广西、四川、黑龙江、浙江 4 个省、自治区，广西最高，为 0.92%。

二、省内迁移状况[③]。1985 年 7 月 1 日至 1990 年 6 月 30 日五年间，大陆 29 个省、自治区、直辖市范围内跨县、市迁移人口占本省、自治区、直辖市总人口的比重，按由高到低顺序排列，高于 3%的有广东、青海两个省，其中广东为 3.99%；低于 3%而高于 2%的有内蒙古、黑龙江、福建、广西、宁夏、新疆、四川、吉林、陕西、辽宁、云南、浙江、湖北、湖南 14 个省、自治区；低于 2%的有山西、江苏、海南、甘肃、江西、贵州、安徽、河南、河北、山东、上海、北京、天津 13 个省、直辖市，其中天津最低，为 0.29%。

注释：

①西藏自治区未普查人口迁移项目。

②省际迁移是指已经办理跨省户口迁移手续，其居住地发生跨省变化的人和虽未办理户口迁移手续，但已离开户口所在省一年以上的人。

③省内迁移是指已经办理省内跨县、市户口迁移手续，其居住地发生省内跨县、市变化的人和虽未办理户口迁移手续，但已离开省内户口所在县、市一年以上的人。

7月3日

《人民日报》发表社论《坚持毛泽东思想发展毛泽东思想——祝贺〈毛泽东选集〉一至四卷第二版出版发行》

为了满足广大干部和群众学习毛泽东思想的热切要求，推动全党的马克思列宁主义理论学习，中共中央决定，在建党 70 周年之际，出版《毛泽东选集》1 至 4 卷第二版。这是我们国家政治生活中的一件大事。

《毛泽东选集》1 至 4 卷第一版是分别在 50 年代初至 60 年代初出版的。它的出版，对于提高全党的马克思列宁主义理论水平，指导我国社会主义革命和建设的实践，产生了巨大而深远的影响，可以说，教育和影响了几代人。第二版保持了第一版原有篇目，只增加了《反对本本主义》一篇。对第一版正文中少量有误的史实和错别字作了校订，对一些题解和大部分注释作了认真的修订，是一个更加完善的版本。修订出版新版《毛泽东选集》1 至 4 卷是一项有重要意义的理论建设，必将对广大干部和群众学习毛泽东思想产生极大的作用。

毛泽东思想是马列主义在中国的运用和发展，是中国共产党集体智慧的结晶。无论过去、现在和将来，毛泽东思想都是指导全党和全国各族人民进行社会主义革命和建设的强大思想武器。前些年，由于思想政治工作被削弱，一些人以毛泽东同志晚年犯的错误当口实，掀起了一股贬损毛泽东科学著作、否定毛泽东思想的浊流。这是资产阶级自由化的一种突出表现。很明显，否定毛泽东思想，就是否定党的光荣历史和辉煌业绩，就是反对马列主义的普遍真理同中国革命和建设的具体实践相结合，也就是否定建设有中国特色的社会主义。我们在任何时候都必须坚持马列主义、毛泽东思想，绝不能有任何的含糊和动摇。

实践证明，《毛泽东选集》1 至 4 卷是经得起历史检验的科学著作。这些重要的历史文献创作于新民主主义革命时期，对指导中国人民革命取得胜利、建立中华人民共和国，起了伟大的作用，它所阐述的基本原理至今仍熠熠生辉。比如，关于马列主义的普遍真理同中国的具体实践相结合、创造性地解决中国革命中的各种问题的思想，关于群众路线的思想，关于党的建设的思想，关于建立人民民主专政的思想，关于统一战线的思想，关于人民军队的思想，关于思想政治工作的思想，关于思想方法和工作方法的论述，以及坚持辩证唯物主义和历史唯物主义的思想等等，都是极为宝贵的理论财富，对于我们解决社会主义现代化建设中的一系列重要问题，仍然具有重大的指导意义。我们必须永远高举毛泽东思想的旗帜，这是全党同志从无数经验和教训中得出的一条共同结论。

党的十一届三中全会以来，以邓小平同志为代表的老一辈无产阶级革命家批判了“两个凡是”的错误思想，恢复了实事求是、一切从实际出发的思想路线，为完整准确地学习和运用毛泽东思想科学原理指明了方向。邓小平同志指出：“从许多方面来说，现在我们还是把毛泽东同志已经提出、但是没有做的事情做起来，把他反对错了的改正过来，把他没有做好的事情做好。今后相当长的时期，还是做这件事。当然，我们也有发展，而且还要继续发展。”近十多年来我国社会主义现代化建设的实践证明，邓小平同志提出的建设有中国特色的社会主义的理论和党在现阶段的基本路线是完全正确的。这个理论和这条路线，坚持和发展了毛泽东思想，丰富了马克思列宁主义的理论宝库，是对社会主义事业的重大贡献。

江泽民同志不久前再次强调要加强党的理论建设，指出：“为了识别和挫败国内外敌对势力和平演变的图谋，在人民思想上筑起抵御和平演变的‘钢铁长城’，最重要的，是要用马列主义、毛泽东思想武装全党、全军和全国人民。”我们要借《毛泽东选集》1 至 4 卷第二版出版的机会，把正在开展的学习马克思列宁主义理论的活动，大大推进一步。理论联系实际，是毛泽东同志一贯倡导的学风。学习《毛泽东选集》1 至 4 卷第二版，一定要同学习马克思列宁主义的基本原理结合起来，同学习党的十一届三中全会以来的路线、方针、政策结合起来，同学习周恩来、刘少奇、朱德、邓小平、陈云等老一辈无产阶级革命家的著作结合起来，同学习中央党史和党的建设理论结合起来，同进行近现代史教育和国情教育结合起来，同反对和平演变的斗争结合起来，同当前建设和改革的实践结合起来，从理论上澄清和回答一些重要的现实问题。广大的人民群众每天都在创造新事物、新经验，我们要用马列主义、毛泽东思想作指导，深入实际，进行理论的探索、概括和创造，不断丰富和发展毛泽东思想。我们深信，只要坚持这样做，一定可以大大提高全党的马克思列宁主义理论水平，保证我们继续沿着建设有中国特色的社会主义道路胜利前进。

深圳证券交易所正式开业

深圳证券交易所经过半年的试营业后正式开业。全国人大常委会副委员长陈慕华出席开业典礼。

外交部部长钱其琛就中东军控等问题与埃及外长穆萨在开罗举行第一次会晤

国务院副总理吴学谦在钓鱼台国宾馆同古巴国务委员会副主席部长会议副主席古共中央政治局委员卡洛斯·拉斐尔·罗德里格斯举行会谈

中国少数民族艺术团前往德国波兰瑞士参加国际民间艺术节

7月4日

中共中央发出关于学习《毛泽东选集》第一至四卷第二版的通知

中共中央决定，《毛泽东选集》第一至四卷第二版在建党 70 周年之际出版。

中央认为，《毛选》一至四卷应是今后长时期内对干部群众包括青年学生进行思想理论教育的基本教材，是深入开展马克思列宁主义、毛泽东思想教育的重要内容。各级干部特别是县以上领导干部应当把《毛选》作为常备必读的政治课本，经常地坚持不懈地进行学习。

为了更好地开展《毛选》一至四卷的学习，中央强调指出以下几点：

一、充分认识新时期学习《毛选》一至四卷的重要意义。毛泽东思想是马克思列宁主义在中国的运用和发展，是中国共产党集体智慧的结晶。毛泽东同志的科学著作，集中概括了中国革命的正确理论和经验。贯串在这些著作中的马克思主义的立场、观点、方法特别是辩证唯物主义和历史唯物主义的哲学思想，毛泽东思想的活的灵魂的三个基本方面即实事求是、群众路线、独立自主，以及关于一系列重大问题的科学论述，在新的历史时期仍有巨大的指导意义。

二、着重掌握理论联系实际的学习方法。学习的目的是为了应用，为了指导当前工作，解决实际问题。要加强调查研究，针对国内外政治、经济、社会等各方面发生的重大问题，运用马列主义、毛泽东思想这一武器，从思想理论上进行分析和作出回答。要针对本地区、本单位干部群众中存在的问题，有重点地学习《毛选》一至四卷中的有关论述，从中获得启发与指导。只有采取理论联系实际的学习方法，才能够收到实效，才有利于把学习长期坚持下去。

三、把学习《毛选》一至四卷同学习十一届三中全会以来的路线、方针、政策结合起来，同学习邓小平等同志的著作结合起来。十一届三中全会以后，以邓小平同志为核心的第二代领导集体，在制定新时期党的基本路线、创立建设有中国特色的社会主义理论方面，作出了历史性的贡献。邓小平同志的著作代表了毛泽东思想在新时期的发展。学习毛泽东著作同学习邓小平等同志的著作结合起来，才能正确理解不断丰富和发展的毛泽东思想。

四、把学习《毛选》一至四卷同学习中共党史和党的建设理论结合起来。今年下半年，全党将组织学习中共党史和党的建设理论，学习江泽民同志在庆祝建党70周年大会上的重要讲话。各单位要把学习毛泽东著作同学习和研究党的历史经验结合起来。要通过学习党史，学习《毛选》一至四卷以及1986年出版的《毛泽东著作选读》中的建国后的著作，把毛泽东思想的学习和研究提高到一个新的水平。

五、把学习《毛选》一至四卷同学习马克思列宁主义基本理论结合起来。学习毛泽东的科学著作，应当是学习马克思主义哲学和科学社会主义理论的重要组成部分。

各级党委和思想宣传理论工作的领导部门，要从各地、各单位的实际情况出发，对学习《毛选》一至四卷加强领导，作出规划，并督促所属地区、单位具体落实。在学习方法上，要提倡精心学习毛泽东的原著，完整地准确地领会精神实质，防止形式主义现象。

全党同志必须了解，用马克思列宁主义、毛泽东思想武装全体党员和干部，是我们党的一项长期的根本的任务。越是忙于经济建设和其他工作，越要注意学习理论，提高学习理论的自觉性，从而增强我们工作中的原则性、系统性、预见性和创造性，在政治上思想上保持清醒的头脑。只有这样，才能全面地坚持党在现阶段的"一个中心、两个基本点"的基本路线，保证我国继续沿着建设有中国特色的社会主义道路胜利前进，团结全党和全国人民为实现我国社会主义现代化建设的第二步战略目标而奋斗。

中顾委副主任薄一波就新形势下如何增强共产党员党性问题答《党建》杂志记者问

薄一波在回答记者提出的从1941年中共中央作出《关于增强党性的决定》至今，已历时50年，能否说，增强党性问题仍然具有紧迫性时说，我认为这种看法是对的。

薄一波说，我们党从1921年成立到现在，已走过了70年的奋斗历程。从中央作出《关于增强党性的决定》到现在，也已半个世纪了。我们党所处的环境、地位，以及所面临的形势、任务都发生了很大的变化，但是加强党性锻炼的要求却丝毫不能"淡化"，必须唤起全党的高度重视。这是因为我们党正处在一个非常重要的关键时期，我国社会主义事业的发展正处在一个非常重要的关键时期。

从国际看，世界社会主义事业正面临着西方资本主义的严峻挑战。国际敌对势力对社会主义国家加紧推行"和平演变"的战略，采取各种形式进行渗透、颠覆，包括在共产党内寻求他们的代理人；国内极少数顽固坚持资产阶级自由化的人为了推翻共产党的领导，颠覆社会主义制度，必然会与国际敌对势力遥相呼应。因此，今天每一个共产党员不仅继续面临着执政的考验、改革开放的考验，还尖锐地面临着反"和平演变"斗争的考验。实际上，这些考验也是对党员党性的一种最实际最深刻的检验。

从国内看，我们的社会主义现代化建设也进入了一个重要的发展关头。今后十年，我们党能不能领导全国人民顺利完成"八五计划"和"十年规划"，实现第二步战略目标，关系着社会主义的兴衰和中华民族的命运。社会主义制度最终战胜资本主义制度，归根到底要靠创造出比资本主义高得多的劳动生产率。这就要求我们必须始终以经济建设为中心，坚持四项基本原则，坚持改革开放。能不能坚定不移地全面正确地贯彻执行党的这条基本路线，不断地为促进经济的发展和社会的全面进步，为建设有中国特色的社会主义事业作出自己的贡献，是新的历史时期衡量共产党员有没有党性、党性强不强的重要的基本标志。

薄一波说，应该肯定，我们党从总体上来讲是好的。中央组织部的最新统计资料表明，全国党员总数已达5032万名，各条战线受表彰的先进模范人物中党员占70％，去年发展党员130.6万名，其中受表彰的先进模范人物占49.6万人。这说明广大的共产党员不愧是社会主义现代化建设的先锋。但是，也要清醒地看到，党内仍然存在党性不纯的问题，有些还相当严重。特别是少数党员领导干部以权谋私、贪污腐败的行为已经引起群众的强烈不满。腐败现象是党的肌体上的毒瘤，也是敌对势力进行"和平演变"的突破口。"物必自腐而后虫生"。每个共产党员都必须时刻牢记用党性严格要求自己，时刻戒骄戒奢戒惰，千万不要被"和平演变"的糖弹击中了。

薄一波在回答目前增强党性应着重解决什么问题时说，共产党员的党性是无产阶级阶级性的集中表现。增强党性锻炼，实质上就是要用无产阶级的思想来克服各种非无产阶级的思想，用党和人民的利益高于一切，必须全心全意为人民服务的原则和宗旨来指导自己的言行。

现在，我们的社会主义事业已发展到一个新的时期，就是走建设有中国特色社会主义的道路，实现社会主义的现代化。这是党和全国人民的根本利益所在。实现这个伟大历史使命，任重而道远，需要全党同志和全国人民坚持不懈地共同奋斗。为此，广大党员必须更加自觉地加强党性锻炼。根据当前的国际形势和党内状况，我认为在党员的党性锻炼中应着重解决以下两个问题：

一是要坚定社会主义信念。在任何情况下，共产党员都要相信马克思主义的伟大生命力，相信社会主义的光明前途，而绝不要因为国际共产主义运动出现曲折，因为我们的建设遇到暂时困难而动摇这种信念。遇到点风浪就摇摇摆摆，那叫做脚跟不稳，信念不坚，党性不强。所以，共产党员一定要深刻认识和掌握社会发展的基本规律，这样才能不会为一些暂时的表面的现象所迷惑，才能坚定自己的社会主义、共产主义信念。一个党员，如果因为社会主义事业的发展进程中遇到了一些困难，发生了一些曲折，就灰心丧气，甚至为资本主义制度唱起颂歌来，那就说明他丧失了党性原则、党性立场，如不觉悟和改正，最后就只有离开党完事。因此加强党员的党性锻炼必须同加强社会主义、共产主义信念教育紧密结合起来。

二是要发扬为大多数人谋利益的奉献精神。就是说，要牢记党的根本宗旨，全心全意为人民服务。这个宗旨是我们党一成立就明确了的，70 年了，绝大多数党员在这方面是做得好的，可是也有那么一些党员和党员领导干部，经不起执政的考验和改革开放的考验。他们搞权钱交易。权钱交易的实质就是拿党的原则和党性作交易。党内出现的腐败分子虽然是少数，可是他们给党抹了黑，严重损害了党在群众中的威信。群众看一个党员有没有党性，党性纯不纯，是不是起到了先锋模范作用，往往首先看他是不是廉洁奉公，有没有搞以权谋私。如果不为群众谋利益，反而侵犯群众利益，还有什么党性可言呢？所以我认为目前党性锻炼的重点是坚定信念，振奋精神，倡廉反贪，反腐防变。

薄一波在回答有人认为既然要开放搞活，发展商品经济，就难免要进来一些资本主义的东西，这跟增强党性的要求是否矛盾时说，这的确是一个很现实的问题。应该承认，这中间是有矛盾的。关键在于我们如何对待。我们要发展社会生产力，必须发展商品经济，搞活流通，自觉利用价值规律，发挥市场调节的作用。这是社会化大生产所必需的、所通用的办法、手段，不应该把它们看成是资本主义的“专利”，过去曾经把这些当作资本主义尾巴来割，那是不对的。总之，它们是发展社会主义有计划商品经济所必须运用的规律。这同有些人主张把公有制经济改变成私有制经济是有本质不同的。公有制经济为主体，必须坚持，绝不可动摇，动摇了它，就是动摇了社会主义的根基。我们的各个经济部门和广大党员，要适应在改革开放、发展商品经济的环境中生活和工作。在这种新的环境、新的历史条件下，我们发展经济的途径广阔了，活力增强了，这是十多年的实践已经证明了的。但是，事情的另一面也发生了，受资本主义腐蚀的危险性确实增加了，这也是客观事实已经证明了的。我们不能因噎废食，不能因为怕受腐蚀而不搞改革开放，那样，我们的经济就搞不上去。当然，对于资本主义腐蚀的危险性，不能小看，更不能忽视。但只要我们头脑清醒，高度重视，就不可怕，是完全有办法对付和解决的。我们必须牢记党的基本路线，正确处理好两个基本点的辩证统一关系。如果放松对党员的党性锻炼的严格要求，不解决一手硬一手软的问题，改革开放并不是没有走偏方向的危险的。一个共产党员如果学会了在发展商品经济的海洋中游泳，而自己又不被大海淹死，那样本事就大了。在这个过程中，经风雨，见世面，增加免疫力，是可以大大加强党性锻炼的。做到了这一点，我觉得这个矛盾也就可以解决了。

中宣部发出全党认真学习江泽民“七一”讲话的通知

《通知》说，江泽民总书记的重要讲话，是集体智慧的结晶，是以江泽民同志为核心的党中央领导全党和全国各族人民沿着建设有中国特色社会主义道路继续前进的纲领性文件。认真学习和深刻领会讲话的基本精神，对于教育全党、全国各族人民牢记我党半个多世纪以来英勇奋斗、开辟中国历史新纪元的光辉业绩，进一步继承和发扬党的优良传统，充分认识党所肩负的历史重任，坚定不移地建设有中国特色的社会主义，具有极为重要的意义。

《通知》要求，要认真研读讲话原文，深刻领会讲话精神。在学习中要联系当前国际国内形势，联系自己的思想实际，着重把握以下要点：一是认清党的领导地位、核心作用的形成是客观历史的必然；中国共产党是伟大、光荣、正确的党；只有在共产党领导下，走社会主义道路，国家才能强盛，民族才能振兴，人民才能富裕。二是认清马克思主义基本原理同中国革命和建设的具体实际相结合，是我们的胜利之本，成功之路。中国的革命和建设必须始终以马克思主义为指导。坚定地高举马列主义、毛泽东思想的旗帜，把老一辈无产阶级革命家开创的事业进行到底。三是认清现阶段中国共产党人的庄严使命和当前任务，把握社会主义的根本任务是发展社会生产力，把握有中国特色的社会主义的经济、政治、文化的基本要求，以经济建设为中心，坚持四项基本原则，坚持改革开放，努力实现第二步战略目标，不断推进社会主义现代化。四是认清在新的历史时期我们党在社会主义现代化建设进程中，面临的执政、改革开放和发展商品经济、反对“和平演变”的严峻考验，充分认识加强党的政治、思想、组织、作风建设的极端重要性，努力把我们党建设成为领导全国各族人民实现社会主义现代化的更加坚强的核心力量。

《通知》要求，要把学习江泽民同志的讲话，与学习中共党史和马克思主义党的建设理论结合起来。要以讲话的精神作为基本指导思想，贯穿于党史和党建理论学习的始终。要求各级党委宣传部门，把这一学习作为加强党的思想理论建设的战略任务列入重要日程，在党委的统一领导下作出具体安排和部署。要重点抓好县处级以上干部的学习，对一般干部和广大党员的学习也要作出切实的安排，保证他们有一定的学习时间，并作必要的辅导。

《人民日报》发表全国工商联主席荣毅仁纪念中国共产党成立七十周年文章《党指引我们走社会主义道路》

国务院副总理邹家华号召全国工交战线深入学习石圪节

邹家华在中国统配煤矿总公司学习石圪节经验交流会议上号召全国工交战线要深入持久地开展学习石圪节活动，要像石圪节那样全心全意地依靠工人阶级，依靠艰苦奋斗、科技进步和勤俭办矿的方针，把我国的大中型企业，建设成石圪节式的社会主义现代化企业。

邹家华说，全国工交战线学习石圪节，要像石圪节那样把两个文明建设都带起来，实现“两手抓”、“两手硬”。要像石圪节那样把人们的精神振奋起来，在任何困难面前，都保持旺盛的革命斗志，努力实现自己的奋斗目标。要像石圪节那样进一步密切党群、干群关系，把全心全意依靠工人阶级的方针落到实处。要像石圪节那样把工作重点始终放在发展生产力、不断提高效率和效益上。

邹家华说，石圪节的发展道路，也反映了具有中国特色的发展经济、发展工业的道路。他号召全国工交战线的各个行业、部门，都要结合自己的实际情况，找出自己的典型，把学习石圪节的活动深入持久地开展下去。

国家防汛总指挥部总指挥田纪云签发“关于太湖流域汛情及防汛部署意见”

中共中央总书记江泽民在中南海会见古巴共和国国务委员会副主席部长会议副主席古共中央政治局委员卡洛斯·拉斐尔·罗德里格斯

江泽民在会见时表示，在当前比较和平的国际环境中，中国要千方百计地把经济迅速搞上去。他说，中外历史证明，没有稳定的政治局面，经济是不可能搞上去的。

国家主席杨尚昆在人民大会堂会见古巴共和国国务委员会副主席卡洛斯·拉斐尔·罗德里格斯

国务院总理李鹏在开罗与埃及总理西德基举行会谈

西德基总理在会谈中说，阁下昨天与穆巴拉克总统的会谈取得了广泛的一致。埃及寻求实现中东公正、持久的和平，赞成召开中东国际和会，赞成联合国在中东问题上发挥更积极的作用。埃及希望在海湾地区实现安全与稳定，埃及重视中国在国际上的作用。中国是安理会五常任理事国之一，在国际上有不容忽视的影响。埃及希望中国在推动中东和平进程中发挥重要作用。

李鹏说，我和穆巴拉克总统昨天的会谈表明，中埃两国在对待当前一系列重大国际问题上，其中包括中东问题的立场，是相同的或十分近似的。中东问题是世界上持续时间最久的地区冲突。巴勒斯坦问题是中东问题的核心，中埃两国都主张恢复巴勒斯坦人民的民族权利。中国赞成在联合国242和338号决议的基础上解决阿以冲突。以色列应撤出占领的阿拉伯领土。同时，以色列的安全和主权也应当得到相应的尊重和保证。中国赞成联合国在中东和平进程中发挥重要作用，支持一切有利于中东问题公正、持久解决的对话和磋商，同时认为，在联合国主持下，召开有安理会五常任理事国参加的中东国际和会，是最终实现政治解决中东问题的途径。

李鹏指出，埃及是中东和非洲地区一个举足轻重的大国。埃及政府过去和现在都为推动中东问题的政治解决作出了巨大的努力，中国政府对此表示赞赏。

李鹏说，中东的和平与稳定，不仅是本地区的问题，也会影响到其他地区乃至国际的和平与安全。作为安理会五常任理事国之一的中国愿意同埃及等国一道共同为实现中东的和平与稳定而努力。

在谈到中埃双边关系时，西德基说，埃中两国关系很好，在各个领域的关系都在发展。这种状况要求两国高级领导人经常互访。李鹏总理说，中埃两国建交35年来，两国关系经历了国际风云变幻的考验。同时，中埃两国都是发展中国家，面临着发展各自国家的共同任务，对外政策也很相似，因此，两国关系有着坚实可靠的基础。中国政府和人民十分珍视中埃友谊并愿意为推动两国关系的长期、稳定和全面发展作出努力。这不仅符合两国人民的根本利益，而且有利于世界的和平与发展。

中国方面参加会谈的有：国务委员兼外交部长钱其琛、对外经济贸易部长李岚清、国务院研究室主任袁木、总理特别助理高狄和杨德中、国务院副秘书长刘仲藜、国务院外办主任刘述卿和外交部副部长杨福昌。埃方参加会谈的有负责外交、国际合作和移民事务的副总理布特罗斯·加利、政府陪同团团长马海尔·阿巴扎、外交部长阿姆雷·穆萨等。

外交部部长钱其琛在开罗与埃及外交部部长穆萨举行第二次会晤

钱其琛说，安理会五个常任理事国即将在巴黎就中东军控问题进行磋商。中国关心中东地区的和平与稳定，在中东实行军控，对中国没有困难。中国主张，中东军控应遵循全面、均衡的原则。所谓全面，就是包括所有国家、所有武器，当然包括大规模毁灭性武器；所谓均衡，就是中东军控不应加剧现有的不平衡，造成新的不平衡。

钱其琛还应主人的要求介绍了朝鲜申请加入联合国和柬埔寨问题。

中国科学院副院长王佛松就海峡两岸科技交流与合作问题对新华社记者发表谈话

王佛松教授日前就海峡两岸的科技交流与合作问题向新华社记者发表谈话。

王佛松说，近年来，中国科学院同台湾科技界在学术交流与合作方面有了较大发展。这种交流与合作，不仅增进了海峡两岸科技人员之间的相互了解和友谊，密切了两岸关系，而且对祖国的和平统一起到了积极的促进作用。特别是近一二年来，两岸学术界的交往呈上升趋势，如中国科学院就接待了近 300 名来访的台湾学者，同他们广泛地进行了学术交流与研讨。但是，两岸间的学术交往还仅仅限于单向，台湾的科学家可以自由地到大陆来访问，而大陆的科学家在接到台湾同行的邀请后却无法成行。这不仅不利于两岸科学技术的交流和发展，而且很伤害两岸科学家的感情和自尊。我们呼吁台湾当局拆除人为障碍，多做一些符合两岸人民利益、有利于两岸科技界交流与合作的事情。

中国科学院是国家自然科学的综合研究中心，几十年来，为中国科学技术事业的发展作出了重大贡献。中国科学院的学部，集中了大陆各方面杰出的科学家，设有数理、化学、生物、地学和技术科学等五个学部。目前，中国科学院有 120 多个研究机构分布在大陆各地，有近 9 万名职工，其中 5 万多为科学技术人员。近年来，中国科学院进行了一系列的改革，把主要的科技力量动员和组织到经济建设上。并保持一支精干的队伍进行基础研究和高技术跟踪，以卓有成效的工作，努力提高中国科学技术的水平。目前，科学技术的发展已成为当代世界和平与进步的一个主题，因此，我们真诚地希望与台湾科技界的同行们携起手来，更加广泛地开展学术交流与科技合作，使我们具有悠久文化历史的中华民族更加雄伟地屹立于世界民族之林。中国科学院与台湾科技界的合作可从以下几个方面进行：双方科学技术人员的互访，双方共同开展合作研究；进行科技文献情报、图书及标本的交换；为科学技术的普及教育与推广，共同开展或单独到对方举办展览会以及编写有关的科学普及读物；开展单项或范围广泛的学术讨论会等等。

王佛松教授还指出：两岸人民同为炎黄子孙，我们没有理由被人为地障碍长期隔绝下去。祖国要统一，人民要团圆，中华民族要振兴，这是海峡两岸人民的共同愿望。科技学术界在和平统一祖国的大业中应当作出特殊的贡献，在促进两岸直接“三通”方面走在前列。

7月5日

中共中央总书记江泽民在钓鱼台国宾馆会见葡萄牙共产党总书记阿尔瓦罗·库尼亚尔

江泽民在会见中强调：中国的改革是社会主义制度的自我完善和发展，目标是建设有中国特色的社会主义。尽快把我国经济搞上去，是我国人民的共同愿望。

江泽民说，社会主义代替资本主义是一个漫长的历史过程，社会主义是新生的社会制度，出现曲折是难免的。他说，我们对社会主义的最终胜利充满信心，重要的是各党应认真总结经验，把马克思主义的普遍原理同本国的实际结合起来。

中共中央党史研究室在人民大会堂举行《革命烈士传》全部出版新闻发布会

中国社会工作者协会在人民大会堂宣布成立

中顾委常委李德生、陈丕显，中国社会工作者协会名誉会长雷洁琼、全国人大常委会副委员长程思远等前往祝贺。中国社会工作者协会是社会工作的实际工作者和理论研究人员自愿参加的全国性群众团体。它和宗旨是：探索符合中国国情的社会工作理论与实践，交流推广国内外社会工作经验，促进社会的稳定与进步。

国务院总理李鹏在开罗库巴宫举行记者招待会就中埃关系中东等问题答记者问

李鹏在记者招待会开始时发表简短讲话。李鹏说:“我在埃及访问期间,同埃及总统和总理分别进行了两次会谈,就国际形势、中东问题、两国国内情况和双边关系问题深入、广泛地交换了意见。埃及是与中国建交最早的非洲国家。30多年来,不管国际风云如何变幻,不管各自国内发生了什么情况,两国的友谊是长存的,关系一直非常好。中埃关系是不同社会制度、不同宗教信仰、不同生活习俗和经济结构国家之间合作的楷模。这次访问,增进了我们两国之间的了解,对两国关系是一个新的推动。我认为这次访问取得了圆满成功,感到非常满意。在这次访问中,我有机会接触古埃及的文化,对埃及人民为世界文明作出的巨大贡献,我表示非常赞赏。我还看到埃及在穆巴拉克总统领导下在建设方面取得了很大成就,感到很高兴。”

接着,李鹏回答了记者们提出的问题。

问:联合国安理会5个常任理事国不久将在巴黎开会,讨论中东的军控问题。中国在中东军售问题上的政策和立场是什么?

答:中国已经表示愿意参加这次巴黎会议,并已派出自己的代表。中国对中东军控的立场是积极的。我们认为,中东军控应遵循全面、均衡的原则。所谓全面,就是对所有国家,而不是对某一些国家实行军控,但对另一些国家则放松控制。全面的另一层含意是指对武器的种类应实行全面控制。不能对某一种武器实行控制而对另外一些武器不加以控制,即使它具有同样的杀伤力和性能。所谓均衡,就是不能加剧现有的不平衡,更不能造成新的不平衡。这种不平衡的加剧将对中东的安全增加威胁。

问:中国是否向叙利亚出售导弹?

答:中国没有向叙利亚出售过导弹。在世界各国向中东出售的武器中,中国占的份额很小。有些国家向中东出售过大量的武器,而且现在还继续出售武器。

问:在总理访问埃及期间,双方有没有达成经济贸易合作协议?

答:我们的会谈涉及经济技术合作和贸易方面的问题,一些具体事宜将交给不久将举行的中埃经济混合委员会会议去讨论。作为这次访问的成果和总结,中埃双方将发表一项联合公报,表明我们对国际形势、中东和平、双边关系等问题所达成的共识。

问:双方这次是否讨论了中国向埃及提供苏式武器的零部件问题?

答:我这次访埃没有带军事官员,也没有谈军事合作问题。双方讨论的主要是经济文化、科技等方面的合作。

问:美国现在很关心中国向一些国家出售导弹,你对此有何看法?

答:众所周知,美国是最大的武器出口国,也许你应更加关心它是如何向其他国家出售武器的。至于中国,如前所说,将遵循全面、均衡的原则,积极参加巴黎军控会议,希望这次会议获得成果。

问:您对南斯拉夫最近局势作何评论?

李鹏总理请钱其琛外长回答这个问题。

钱答:最近,南斯拉夫局势迅速恶化,中国政府对此深表关切。我们希望这种局面能够通过和平协商,找到解决办法,以使南斯拉夫能够保持稳定,继续发展。

问:据报道,昨天中英双方就香港新机场问题草签了一份协议,在香港引起很大反响,香港新机场问题出现了新的转机,请问李鹏总理对此有何评论?

答:这个消息的公布无疑是令人鼓舞的,中国政府一贯支持在香港建设一个新机场,因为这有利于香港经济的进一步发展。这次中英政府都采取了主动的行动,双方很快地消除了分歧,达成了协议,使新机场的问题得到了解决。

我很高兴得悉,梅杰首相接受了我的邀请,不久将对中国进行访问,并正式签署我们所达成的协议。

中国将严格遵守中英联合声明,对香港实行“一国两制”的方针。中国希望香港保持长期繁荣稳定;一个繁荣、稳定的香港对中国的四个现代化建设也是一个贡献。

不久以前英国外交大臣赫德访问中国,不久以后梅杰首相也将访问中国,中英关系的恢复和改善,对双方有利,意义重大。中英都是联合国安理会常任理事国,而且在经济方面有着传统合作关系;随着中英关系的改善,双方在各个领域的合作将会得到进一步发展。

问:请谈谈中国政府对解决中东问题的基本立场和主张。

答:中东问题已持续很多年了,持久的冲突给中东乃至世界的和平与发展都带来了巨大的威胁。中国政府认为,中东问题现在已经到了该解决的时候了。联合国安理会242号和338号等决议是公正、合理地解决中东问题的基础。中国政府赞成在适当时机召开在联合国主持下、有联合国安理会5个常任理事国及有关各方参加的国际会议。同时,中国也支持有关各方为公正、合理地解决中东问题而提出的各种积极倡议和作出的努力。解决中东问题的关键是以色列必须撤出其所占领的阿拉伯和巴勒斯坦领土,巴勒斯坦人民的合法民族权利应予恢复。与此同时,以色列的生存权利和安全也应得到尊重。中东问题的解决应由中东和海湾地区的人民自己发挥重要作用。我们支持穆巴拉克总统提出的使中东地区成为一个没有大规模毁灭性武器的地区的建议。

问：中国和以色列的关系近年来有所发展，您能否谈谈这个问题？

答：中国和以色列没有外交关系，只在旅游和科学技术方面，两国的民间团体和机构有些来往，这种来往完全是民间、非官方性质的。

问：您能否谈一下有关中国"最惠国待遇"问题的重要性？如果美国不延长对华"最惠国待遇"，将有何后果？

答："最惠国待遇"是一种互惠的贸易安排，即中美双方给予对方进口商品优惠的关税待遇。如果中国的"最惠国待遇"得以无条件延长，这当然对中美双方都有利，也有利于两国关系。如果事情向相反的方向发展，受到损害的不仅是中国，美国自己也在受害者之列，而特别需要指出的是，香港会受到相当大的损害。

国家副主席王震在人民大会堂会见沙特阿拉伯阿尔塔维尔公司董事长优素福·默哈默德·阿尔塔维尔

中国石油天然气总公司和日本石油公司在北京签署《关于中国塔里木盆地喀什—叶城地区石油地质及地球物理调查基本协议书》

上海市执行国家防汛总指挥部命令炸开红旗塘堵坝为太湖泄洪排涝万余解放军奋战太湖抗灾第一线

国家防汛总指挥部总指挥田纪云在上海等地察看防洪抗灾情况

7月6日

中共中央批转中央统战部关于工商联若干问题的请示

中共中央同意《中央统战部关于工商联若干问题的请示》，现转发给你们，望结合本地情况贯彻执行。

在我国，非公有制经济成分作为公有制经济的有益补充，将在相当长的历史时期内存在和发展。现在亟须有一个党领导的、主要是做非公有制经济代表人士思想政治工作的人民团体，对私营企业主、个体工商户和台湾同胞、港澳同胞、海外侨胞投资者介绍党的方针、政策，进行爱国、敬业、守法的教育，并维护他们的合法权益，反映他们的正确意见。工商联作为党领导下的以统战性为主，兼有经济性、民间性的人民团体，可以配合党和政府承担这方面的任务，成为党和政府联系非公有制经济的一个桥梁。工商联的主要工作对象是私营企业、个体工商户、"三胞"投资企业和部分乡镇企业，而不是国营企业。

做好非公有制经济代表人士的思想政治工作，对巩固和发展爱国统一战线具有重要意义。各级党委、政府要加强对工商联的领导，支持工商联的工作，继续发挥原工商业者的作用。在工作中要注意掌握政策，对现在的私营企业主，不应和过去的工商业者简单地类比和等同，更不是要像五十年代那样对他们进行社会主义改造。工商联要配合党和政府工作，对非公有制经济代表人士进行团结、帮助、引导、教育。通过工作，在他们中逐渐培养起一支坚决拥护党的领导的积极分子队伍。

在工商联的主要职能调整过程中，要对党内外干部做好工作，耐心讲明道理，使他们正确认识工商联工作的重要性和长期性，以保证中央精神的贯彻落实。

中央统战部关于工商联若干问题的请示

中华全国工商业联合会是中国共产党领导的具有统一战线性质的人民团体和民间商会，在我国有着重要的影响和作用。目前，由于工商联的工作遇到了许多新情况、新问题，需要进一步明确新时期工商联的性质、作用、职能、组织结构等问题。现就有关问题请示如下：

一、工商联的历史简况

一九四九年八月，中共中央作出成立工商业联合会的决定。根据党中央的指示，一些大中城市在改组改造旧商会、旧工业会、旧同业公会的基础上，成立了工商联地方组织。一九五二年八月，政务院公布《工商业联合会组织通则》。一九五三年十月，全国工商联建立。它是以私营工商业者为主体，国营企业和合作社、公私合营企业等各类工商业者参加的，我党进行统一战线工作的一个重要的人民团体。它的主要工作对象是私营工商业者。国营企业和合作社的代表参加工商联，是为了发挥社会主义公有制的主导作用和社会主义公有制代表的骨干作用，以保证党的领导的实现。

在党和政府的领导下，工商联在引导私营工商业者搞好生产经营，代表私营工商业者的合法权益，团结他们遵守政府的政策法令，特别是团结、教育广大私营工商业者接受社会主义改造等方面，发挥了重要作用。社会主义改造基本完成以后，毛泽东同志曾指出："工商联可以长期存在。在定息取消后，还要进行思想改造工作，可以作为一部分劳动者的工会，但名称要保存不要改。"这期间，工商联的主要工作是组织、推动工商业者进行学习和自我教育，为社会主义建设服务。"听毛主席的话，跟共产党走，走社会主义道路"，成为工商业者的座右铭。"文革"期间，工商联停止了活动。

党的十一届三中全会以后，工商联得到恢复和发展。党和政府落实了对原工商业者的政策，摘掉了资本家的帽子；把小商小贩、小手工业者、小业主作为劳动者从原工商业者中区别出来。一九七九年一月十七日,邓小平同志在约见工商联五位领导人(胡厥文、胡子昂、荣毅仁、古耕虞、周叔)时指出:落实政策以后,要发挥原工商业者的作用;“钱要用起来,人要用起来”,为改革开放服务。党中央的正确决策,大大调动了原工商业者的积极性。工商联提出了“坚定不移跟党走,尽心竭力为四化”的工作方针,开展了以经济建设为中心,以服务为宗旨的各项活动,积极参加国家事务和经济决策的协商,就区域性专业性的经济发展战略进行调查研究,兴办集体企业、安置待业青年,举办各类学校和培训班,培训工商专业人才,开展与港澳台和国外工商社团的联络工作,协助引进资金、技术和人才,支援少数民族地区的开发建设,为改革开放和四化建设做出了新的成绩。

由于自然规律,工商联老会员日益减少。“文革”前,老会员包括原工商业者和小商小贩、小手工业者、小业主约为八十六万人;目前约三十万人,且绝大多数已退休。从一九八四年起,工商联开始进行吸收新会员的试点工作。新会员包括国营、集体、乡镇、私营、三资等企业会员和个体劳协、行业协会、同业公会等团体会员以及个人会员。一九八八年,工商联“六大”修改了会章,规定工商联是“中国工商界组织的人民团体,民间的对内对外商会”,还规定国营企业可以参加为企业会员。至一九九〇年七月,工商联共吸收新会员十八万个;其中企业会员八万四千二百九十个,包括国营企业二万九千八百九十二个(占企业会员的百分之三十五)。在各类企业会员中,国营企业会员的数量已占首位;县级工商联领导班子中党员干部也占多数。工商联向经济性倾斜,统战性渐趋弱化。可是,它本身并不具备相应的经济和行政的手段,工作相当困难。如何继续保持工商联的统战性、经济性、民间性、它的主要成员、工作职能和发展方向是什么,需要给予明确。

二、工商联的性质和作用

改革开放以来,我国形成了以公有制为主体的多种经济成分并存的所有制结构。新时期工商联和五十年代的工商联在性质和作用上既有继承,又有很大的不同。五十年代初,私营工商业在整个国民经济中占较大比重,工商联作为各类工商业者的团体,可以说是名副其实的。当时,党对建立工商联的最初考虑是:把民族工商业者组织起来比不组织起来有利,把个体工商户管起来比散着好,允许工商联代表其会员的合法利益。这些有益的经验值得新时期工商联继承和发扬。由于工商联的历史渊源和党的“长期共存、互相监督”方针,工商联作为统一战线的一个方面保留了原有的名称。

在社会主义初级阶段,非公有制经济成分作为公有制经济的有益补充,将在社会主义商品经济中长期存在,适当发展。据国家工商行政管理局统计,一九九〇年我国私营企业注册资金九十五亿元,雇工一百四十八万人;个体工商户注册资金三百九十七亿元,从业人员二千零九十二万人;两者交纳税金合计一百四十五亿元。其拥有的资金和人数在整个国民经济中比重虽然不大,但绝对值不小,是一支不可轻视的力量(一九五六年清产核资的私方股金总计为二十四点一九亿元,一九五三年私营企业雇工人数为三百八十万人,一九五六年我国全行业公私合营时私营企业雇工人数为二百五十万人)。现在亟需有一个党领导下的、主要是做非公有制经济代表人士政治思想工作的人民团体,对私营企业主、个体工商户和“三胞”投资者介绍党的方针、政策,进行爱国、敬业、守法的教育,并维护他们的合法权益,反映他们的正确意见。工商联作为党领导下的以统战性为主、兼有经济性、民间性的人民团体,政府管理非公有制经济的助手,党和政府联系非公有制经济代表人士的一个桥梁,能够配合党和政府承担这方面的任务。工商联这种民间性的组织在和港澳台及世界各国的工商界的联络中还可以起到特有的作用。

工商联做非公有制经济代表人士的工作有其有利条件:(1)工商联有一批同党长期合作的党外代表人士;(2)工商联形成了比较健全的组织网络;(3)工商联有一批熟悉统战工作的党员干部和党外干部。建议党和政府对工商联这一组织加强领导,使之发挥应有的作用。在工作中要注意掌握政策,对现在的私营企业主,不要和过去的民族工商业者简单地类比和等同,更不是要像五十年代那样对他们进行社会主义改造。工商联要配合党和政府工作,对非公有制经济代表人士进行团结、帮助、引导、教育。

三、工商联工作的若干政策建议

根据工商联是联系非公有制经济的人民团体,拟对工商联的组织结构、主要职能等问题作如下调整:

(一)工商联的会员结构。

新时期工商联的会员对象,除了原工商业者外,主要应是私营企业、个体工商户、“三胞”投资企业和部分乡镇企业。大、中型国营企业不参加工商联。因对外交往需要,大、中型国营企业主要负责人可以个人名义入会。少数中小型国营企业(主要是指与工商联有历史联系和业务联系的),可以根据自愿原则参加工商联,但不宜成为主体。

个体劳协、私营企业协会、乡镇企业协会和外商投资企业协会可作为团体会员自愿参加工商联,他们中间有些非党主要负责人可经协商、选举担任同级工商联的负责人。目前,可由这些协会积极推荐一批有代表性、有影响的企业和个人直接参加工商联，以利工商联更好地发挥作用。

（二）工商联的主要职能。

（1）贯彻、执行党的基本路线。在中国共产党领导下，同民主党派一起参政议政。

（2）反映会员的意见、要求，维护会员的合法权益。

（3）协助政府进行专题调研；开展有利于改革开放和社会主义现代化建设的服务活动。

（4）加强自身建设，发扬自我教育的传统，帮助会员自觉遵守国家的政策法令，引导、教育会员爱国、敬业、守法，履行应尽的社会责任。

（5）开展与港澳台胞和海外侨胞中工商社团和工商界人士的联络工作，协助政府引进资金、技术、人才。

（6）办好工商联自办企业。

（7）经政府委托或批准，参与某些具体经济活动。如：协助政府及有关部门，组织企业会员举办和参加各种对内、对外展销会、交易会；对企业会员的生产经营情况及财务、税收等进行检查、监督；为会员企业办理有关证明等。

（三）关于同业公会。

近几年来，有的地方工商联成立了同业公会，协助政府做了有益的工作，特别是在第三产业（饮食、服务、修理等行业）成立的同业公会起到了积极作用。但是，现在工商联成立的同业公会和当地工商行政部门及行业协会之间的关系需要进一步理顺。根据目前的情况，对同业公会先按照以下办法试行：（1）可在县、镇进行试点，不成立省、市级组织；（2）在县、镇试点中，应选择非公有制经济成分为主的、零星分散的、政府部门不易照顾到的行业；（3）成立同业公会，要经当地政府有关部门批准，同业公会的领导人由当地统战部及有关部门推荐，经选举产生；（4）接受当地党和政府的领导和管理，依法进行活动。

（四）关于工商联党组。

为加强党的领导，拟继续保留工商联党组。全国工商联党组不同于国务院各部门的党组，也有别于工会、妇联等人民团体的党组。工商联党组受同级统战部领导。工商联党组的任务是贯彻党的方针政策，坚持工商联正确的政治方向，加强对会员的团结、教育工作。

目前，全国和省级工商联已普遍建立了党组。市、县工商联凡有工作需要的，经当地党委批准，均可建立党组。

党组成员一般应由工商联中的党员副主委、工商联机关中的党员负责干部、党委统战部联系工商联的负责同志等组成。应选派政治上强、懂得统战政策的得力干部担任工商联党组的专职书记。

（五）关于经济特区的工商联。

大部分特区历史上经济不发达，原工商业者数量很少。特区实行特殊的经济政策后，经济迅速发展，其所有制比例和经济运行机制与一般城市有很大不同，需要有一个由各类工商业者组成的民间商会组织。建议当地党和政府加强对工商联的领导，使工商联成为政府管理企业的一个助手（不是唯一的工商团体）。特区工商联可吸收国营企业参加，领导班子中可以党员为主，发挥民间商会的作用，为特区的经济发展、对外开放服务。建议先在海南、深圳两地试点。

在我国，非公有制经济成分作为公有制经济的有益补充，将在相当长的历史时期内存在和发展。我党通过工商联在非公有制经济代表人士中进行工作，逐渐培养起一支新的、坚决拥护党的领导、与党团结合作的积极分子队伍，以带动他们的同行为社会稳定、改革开放、四化建设和祖国统一服务。工商联绝非“一代而亡”，而是重任在肩。这项工作的成功，将对建设有中国特色的社会主义做出重要贡献。

以上请示如无不当，请批转各地参照执行。

1991 年 6 月 17 日

全国“双拥”工作领导小组第一次全体会议在北京召开

会议认为，全国“双拥”工作要在巩固和发展以“同呼吸、共命运、心连心”为主要标志的新型军政军民关系上有新的成绩，为社会稳定和经济发展提供重要的政治保证。

会议认为，成立全国“双拥”工作领导小组，充分体现了党和国家对做好新时期“双拥”工作、加强军政军民团结的高度重视，也反映了广大军民的共同愿望和要求，必将把全国的“双拥”工作推向新的阶段。

会议原则通过《关于深入开展创建“双拥模范城（县）”活动的意见》，并决定于明年元旦春节期间，命名一批全国“双拥模范城（县）”。

国务委员、全国“双拥”工作领导小组组长陈俊生在会上讲话说，今年 1 月召开的全国“双拥”工作会议提出了一个非常重要的思想，就是要充分认识拥军优属、拥政爱民工作的战略意义，以坚强的军政军民团结为社会主义现代化建设提供重要的政治保证。

陈俊生要求全国“双拥”工作领导小组认真履行党中央、国务院、中央军委赋予的职责，充分发挥领导小组的组织、参谋、协调、指导作用，把“双拥”工作不断推向前进。

全国“双拥”工作领导小组副组长崔乃夫也在会上讲话。

国务院总理李鹏在安曼纳德沃王宫与约旦国王侯赛因·伊本·塔拉勒举行会谈

在谈到国际新秩序时，李鹏表示赞成国王所说的世界正处在失衡时期的看法。李鹏说，世界正处在新旧格局交替时期，国际形势动荡不安，世界人民热切希望建立一个公正、合理的世界新秩序以利于世界的和平与发展。

中华全国总工会十一届十次主席团会议在北京举行

会议审议《全国总工会"八五"工作规划》，要求各级工会紧紧围绕经济建设中心，把工会工作做得更加实在，更有成效，更有影响，使党的全心全意依靠工人阶级的方针不断落到实处，动员和团结全国各族职工为完成我国的经济和社会发展目标，进一步推进改革开放，充分发挥主人翁精神和主力军作用。

《工作规划》提出工会工作的出发点和归宿是：坚定不移地贯彻执行党的基本路线，以经济建设为中心，坚持四项基本原则，坚持改革开放，全面履行工会的维护、建设、参与、教育等各项社会职能，充分发挥桥梁、纽带作用，把职工群众紧密地团结在中国共产党的周围，为建设有中国特色的社会主义而奋斗。

全国总工会主席倪志福在主席团会议上讲话。

中共中央总书记江泽民在人民大会堂会见美国加州州立综合大学暑期中国文化短期班学员

中共中央总书记江泽民在钓鱼台国宾馆会见和宴请南方委员会主席坦桑尼亚前总统朱利叶斯·克·尼雷尔

尼雷尔主席对江泽民总书记说，我对《对南方的挑战》一书能够在中国出版中文本，并且在中国搞首发式非常感谢。我这次到中国来除去对这个首发式有兴趣外，也因为我对中国有兴趣。

江泽民说，中国始终坚持独立自主的和平外交政策，坚决反对霸权主义和强权政治。

江泽民对尼雷尔说，您这本书我虽然还没有看，但原则上我是支持的。

中国和埃及发表《中埃联合公报》

应阿拉伯埃及共和国总统穆罕默德·胡斯尼·穆巴拉克的邀请，中华人民共和国国务院总理李鹏于1991年7月2日至6日对阿拉伯埃及共和国进行了正式访问。

穆·胡·穆巴拉克总统和李鹏总理在友好、诚挚的气氛中进行了会谈，就两国关系及共同关心的重大国际问题交换了意见。

访问期间，李鹏总理同阿提夫·西德基总理进行了会谈，双方取得了一致的看法。李鹏总理还会见了人民议会议长艾哈迈德·法塔希·苏鲁尔。

双方就当前的国际局势交换了意见。他们认为，尽管苏美关系改善，裁军和一些地区冲突的解决取得进展，但对实现世界稳定具有消极影响的障碍依然存在。双方对世界经济形势，特别是发展中国家经济状况恶化、南北差距扩大、债务问题愈益严重表示关切，一致认为，必须尽快改变这种不合理的状况。同时强调，为了在平等的基础上进行有效的南北对话，必须首先加强南南合作。

双方认为，国际新秩序应建立在互相尊重主权和领土完整、互不侵犯、互不干涉内政、平等互利、和平共处原则的基础上。双方认为，各国都有权根据自己的意愿选择社会制度，制度上的差异不应妨碍各国之间进行合作和建立正常关系，国家不分大小，不论实力，在参加讨论和解决世界事务方面都具有平等的权利。在这方面，双方强调国际争端应根据联合国宪章和国际法准则通过和平方式解决。

双方详尽地研究了中东问题和巴勒斯坦问题，一致认为，必须通过和平途径公正、全面、永久地解决中东问题和巴勒斯坦问题。双方支持各种和平努力，呼吁所有方面共同合作实现这一解决。双方还认为，实现这一目标的最理想途径是在适当时机，经过充分准备召开在联合国主持下、有安理会五个常任理事国和其他有关各方参加的中东和平国际会议，在根据安理会第242号和338号决议收复阿拉伯被占领土和恢复巴勒斯坦人民合法民族权利的基础上实现该地区的永久和平，保证包括以色列在内的该地区所有国家和人民的安全。中国方面赞赏埃及为推动和平进程和加强阿拉伯国家团结与合作所作出的努力。埃及方面赞赏中国一贯支持阿拉伯和巴勒斯坦人民正义事业的立场。

双方认为中东地区军备控制应以均衡、全面、有效为基础，这毫无例外地适用于该地区所有国家。双方主张禁止以核武器为首位的所有大规模毁灭性武器，并应该建立严密的监督和检查机制。中国方面支持埃及关于建立中东无大规模毁灭性武器区的主张。

双方极为关切地研究了海湾局势的发展，认为必须尽快消除海湾危机的消极后果，联合国在实现该地区的安全与稳定方面具有重要作用。

双方还讨论了非洲形势，对南非出现的积极变化表示赞赏。双方呼吁南非政府顺应历史潮流，进一步采取建设性步骤，并就在南非建立统一、民主、种族平等的社会开始认真的民主对话。双方强调非洲国家之间应团结合作，对彼此间的分歧和争端应在非统组织内根据非统宪章加以解决。

两国领导人对两国建交 35 年来友好合作关系的积极发展表示满意。双方决心共同努力使两国在政治、经济、贸易、科技、文化等各个领域的友好合作关系更加深入地发展。这不仅符合两国人民的利益，而且有助于加强世界和平与发展的基础。

双方认为，两国领导人之间的互访和会晤对促进两国在各个领域的友好合作关系的发展是重要和有益的。李鹏总理向穆巴拉克总统转达了中国国家主席杨尚昆对他访问中国的邀请，并邀请西德基总理访问中国。穆巴拉克总统和西德基总理接受了邀请，具体日期将通过外交途径商定。

1991 年 7 月 6 日　开罗

国务委员兼外交部部长钱其琛在安曼同外交大臣阿卜杜拉·努苏尔举行会谈

钱其琛说，中东问题是第二次世界大战后持续时间最久的地区冲突。这个问题的解决不仅有利于中东地区，而且有利于整个世界的和平与稳定。他指出，联合国多次就中东问题作出决议，其中安理会第 242 号和第 338 号决议就是解决这一问题的基础。因此，在解决中东问题的过程中，联合国应发挥重要作用。

钱其琛说，中国政府赞成在适当的时候召开有安理会五个常任理事国参加的中东国际和平会议，以最终解决中东问题。同时，“我们也支持一切有利于全面、公正、合理解决中东问题的双边或多边的努力”。他说，中国政府赞赏约旦政府在中东问题上采取的有原则的、灵活而务实的立场。

海关总署发言人就“六·一三”事件发表谈话

发言人说，6 月 13 日，巴拿马籍“鹰王号”船在台湾海峡向我大陆渔船卸交走私香烟，被厦门海关 802 缉私艇缉获。台湾军方在接到“鹰王号”谎报遭海盗抢劫后，出动舰艇，将“鹰王号”船和已经登临该船执行缉私任务的厦门海关 6 名关员一起带至台中港。“鹰王号”船的其余 22 名船上人员，由厦门海关 802 缉私艇带回厦门接受调查。

事件发生后，我有关方面立即与台湾有关方面联系，希望台方立即将我 6 名海关关员送回，并将涉嫌向大陆走私的“鹰王号”船、船上人员、货物一起交还厦门海关依法调查，一并处理。台有关方面确认“鹰王号”确系在台湾海峡进行香烟丢包走私、我海关关员系执行正常的缉私任务，并已于 6 月 18 日将厦门海关 6 名关员送回。我们对此表示赞赏。但是，台湾有关方面又以种种理由，将“鹰王号”船、5 名船上人员、货物留在台中港，迄今不交给厦门海关。对此，我们深表关切。

近年来，走私分子利用两岸关系的不正常状态，在台湾海峡疯狂进行走私犯罪活动，已经严重地破坏了大陆的经济秩序，损害了两岸人民的切身利益。海关依据《中华人民共和国海关法》、《中华人民共和国刑法》，采取切实措施，严厉打击海上走私活动，取得了明显的成绩。为了进一步做好这项工作，我们曾一再呼吁两岸有关方面进行合作，共同打击海峡走私活动。“6·13”事件的发生，再次证明了两岸合作打击走私的必要性和紧迫性；同时，也为真正进行这种合作提供了机会。我们认为，台湾有关方面迟迟不把“鹰王号”船、船上人员、货物交给厦门海关，客观上将助长走私行为，不利于今后两岸合作打击海峡走私，而且损害两岸人民的共同利益。我们希望台湾有关方面从大局出发，经由两岸有关方面进行具体商讨并作出安排，尽快将“鹰王号”船、船上人员、货物送交厦门海关查处，以便对维护台湾海峡的正常秩序、共同打击走私犯罪活动显示出应有的诚意。

7月7日

中共中央总书记江泽民赴安徽察看灾情部署防汛

7 月 7 日至 8 日，江泽民和国务院副总理国家防汛总指挥田纪云、中共中央书记处候补书记温家宝等一起，由安徽省委书记卢荣景、省长傅锡寿、南京军区司令员固辉陪同，在安徽沿淮地区了解洪涝灾情，现场部署防汛工作。

江泽民说，在洪涝灾害威胁人民群众生命和财产安全的危急关头，广大党员干部身先士卒，冲锋在前，经受了严峻考验，实践证明，我们的党是有战斗力的，是深受人民群众信赖和拥戴的。

江泽民指出，在下一步的抗灾斗争中，要继续振奋精神，加强领导，团结协作，战胜灾害。要发扬党的思想政治工作的优势，发挥社会主义大协作的优越性，发扬不畏艰难、不怕牺牲、连续作战的精神，树立长期作战的思想，做好抗大灾的准备，以更加昂扬的斗志迎战洪涝灾害。

江泽民特别指出，哪里有困难，哪里就有共产党员，哪里就有解放军，这是我们的一大政治优势。他希望广大共产党员和解放军指战员时刻牢记人民的利益，在抗洪救灾斗争中继续冲锋在前，党政军民齐心协力，夺取抗灾斗争的新胜利。

汇报时，田纪云也就防汛抗洪工作讲话。

国务院总理李鹏与约旦首相塔希尔·马斯里在安曼首相府内阁会议厅举行正式会谈

中方参加会谈的有：国务委员兼外交部长钱其琛，

对外经济贸易部长李岚清，国务院研究室主任袁木，总理特别助理高狄和杨德中，国务院副秘书长刘仲藜，国务院外办主任刘述卿，外交部副部长杨福昌，中国驻约旦大使章德良。

约方参加会谈的有：外交大臣努苏尔，计划大臣法里兹，工商大臣兼供应大臣拉吉卜等。

中国政府和约旦政府在约旦首都安曼签署科学技术合作协定

中国对外经济贸易部长李岚清和约旦计划大臣齐亚德·法里兹分别代表本国政府在协定上签字。

中方出席签字仪式的有李鹏总理和钱其琛外长等。约方出席签字仪式的有塔希尔·马斯里首相及其他高级官员。

这项协定的有效期为5年，其宗旨是，双方在平等互利的基础上，开展两国间的科技合作，以促进两国科技进步和社会经济发展。

根据协定，双方将互派科技代表团考察合作项目，相互提供科技情报和资料，公平分享合作成果和专利。

中国和约旦发表新闻公报

应约旦哈希姆王国塔希尔·马斯里首相的邀请，中华人民共和国国务院总理李鹏于1991年7月6日至7日对约旦哈希姆王国进行了正式访问。

访问期间，侯赛因·伊本·塔拉勒国王陛下会见了李鹏总理一行，并就当前的一些国际、地区问题及两个友好国家间的双边关系进行了长时间会谈。以马斯里首相为首的约旦代表团和以李鹏总理为首的中国代表团进行了会谈。双方全面回顾了两个友好国家之间的双边关系及在各方面加强、发展这种关系的途径。双方对两国关系的发展表示满意，并探讨了巩固和发展这一关系的途径，如兴建联合项目以及在经济、贸易、文化等领域加强合作。两国外长进行了会见，就共同关心的国际问题交换了看法。

会谈是在充满传统友谊的气氛中进行的，双方首先就以巴勒斯坦问题为核心的中东问题进行了讨论，并取得了一致看法。双方指出，应根据安理会第242号和第338号决议，召开在联合国主持下，有五个常任理事国及其他有关方面参加的中东和平国际会议，通过和平途径，公正、全面、持久地解决这场危机。

双方对各方为和平解决该地区危机所作的努力表示赞赏。双方一致认为，以色列在阿拉伯被占领土上建立移民点并安置犹太移民是不合法的，阻碍了中东和平进程，从而为和平解决中东问题设置了障碍，加深了巴勒斯坦人民的苦难。双方呼吁必须恢复包括实现自决在内的巴勒斯坦人民的合法权利。

双方一致认为，应根据全面、均衡的原则，对一切毁灭性武器实行军备控制，尤其应全面禁止和彻底销毁核武器和生化武器，这一原则适用于一切国家。

双方一致认为，国际新秩序应该建立在互相尊重主权和领土完整、互不侵犯、互不干涉内政、平等互利、和平共处的原则基础上，应该本着联合国宪章的原则和国际法准则，和平解决国际争端。

约旦方面对中国一贯支持阿拉伯事业的立场表示赞赏，赞扬中国作为安理会常任理事国在联合国范围内对解决这些问题所发挥的建设性作用。

中国方面赞赏约旦在侯赛因国王陛下领导下，为实现和平与安全在国际和地区所发挥的作用以及国王陛下为此作出的积极、明智的努力。

李鹏总理向侯赛因国王转达了杨尚昆主席对他访华的邀请，侯赛因国王接受了邀请，访问日期另行商定。李鹏总理邀请马斯里首相访华，马斯里首相接受了邀请，并表示感谢。

湖南洞庭湖连降暴雨造成洪涝全省军民奋力抗洪救灾

7月8日

国务院总理李鹏在德黑兰伊朗总统府同伊朗总统拉夫桑贾尼举行正式会谈

李鹏介绍中国对建立国际政治、经济新秩序的立场，强调国际政治、经济新秩序应建立在和平共处五项原则的基础上。李鹏各国的事务应由各国人民处理，各国选择什么样的社会制度是各国人民自己的事，外国不得干涉，国家不分大小、贫富、强弱，都是国际社会平等的成员，国际上的事应由各国协商处理。国际经济新秩序应建立在平等互利的基础上。

伊朗方面赞成在互相尊重主权和领土完整、互不侵犯、互不干涉内政、平等互利、和平共处原则的基础上建立国际政治、经济新秩序的主张。

国务院总理李鹏向位于德黑兰南郊的伊朗已故领袖霍梅尼的陵墓献花圈

伊朗领袖阿亚图拉·阿里·哈梅内伊晚上在德黑兰会见国务院总理李鹏

中国石化总公司在北京召开基层建设工作会议

最高人民法院发出《关于夫妻关系存续期间以人

工授精所生子女的法律地位的函》

国务院总理李鹏在德黑兰就中伊双边关系及地区和国际局势问题接受中国和伊朗两国记者采访

在谈到中伊关系现状和前景时,李鹏说,两国关系源远流长,近年又有了很大的发展。通过这次以和平、友谊和合作为目的的访问,他相信两国之间业已存在的友好合作关系将会进一步发展。

李鹏说,他在同伊朗总统拉夫桑贾尼的会谈中,双方就建立国际政治、经济新秩序问题取得了共识,这是他此次访问的重要成果之一。中伊两国都主张在相互尊重主权和领土完整、互不侵犯、互不干涉内政、平等互利及和平共处的基础上建立国际新秩序。这种国际新秩序不应由一个或几个国家主宰,而应由世界各国均作为平等的成员参加。

李鹏说,中国和伊朗均属第三世界国家,两国经济合作的潜力很大,存在着广泛合作的前景。这次访问虽然没有谈具体问题,但双方都表示了加强合作的愿望。这也是重要的收获。

在谈到海湾问题时,李鹏说,海湾各国国内的问题应由海湾各国自己解决;海湾地区问题应由这个地区的国家协商解决,当然不排除联合国的参与,但应主要由这个地区的国家去解决。伊朗是海湾地区的重要国家,我们希望它继续发挥积极作用。

在记者采访中,有记者问,法国宣布参加核不扩散条约之后,国际舆论很关心中国的态度。中国现在对这个条约持何立场?李鹏说,中国过去没有在核不扩散条约上签字,但中国在这个问题上的立场是非常明确的。中国在世界上第一个宣布不首先使用核武器。一些拥有核武器的大国至今还没有作出这样的保证。中国政府也明确表示,中国政府执行核不扩散政策,即中国不支持、不鼓励也不从事核扩散。我们是这样说的,也是这样做的。现在中国政府正在研究参加核不扩散条约的问题。但是,和平利用核能,则是另一回事。中国不扩散核武器,但不反对世界各国之间在和平利用核能方面进行合作。当然,这种合作应当在接受国际原子能机构安全保障的前提下进行。

国务院总理李鹏前往中国驻伊朗大使官邸探望使馆全体工作人员及中国驻伊朗其他机构人员和留学生

对外经济贸易部部长李岚清在德黑兰同伊朗经济和财政部长努尔巴赫什就两国经贸合作问题举行会谈

中国和伊朗两国政府在德黑兰签署 1991 年至 1992 年文化艺术科学教育交流计划

外交部部长钱其琛在德黑兰同伊朗外交部部长韦拉亚提举行会谈

国家主席杨尚昆在人民大会堂会见罗马尼亚国务部长当·米尔恰·波贝斯库

中共中央政治局常委宋平在钓鱼台国宾馆会见以莫雷拉·帕松斯为团长的乌拉圭白党全国领导委员会代表团

中共中央政治局常委乔石在人民大会堂会见苏联总检察长尼·谢·特鲁宾

乔石在同客人进行的友好谈话中谈到了中苏两国、两党领导人近两年来互相访问的成果。他说,现在中苏两国在各个领域的交往与合作都有很大发展,希望两国检察机关相互学习,加强合作。

他表示相信,世界上两个最大的社会主义国家能够相互合作,这有利于世界的稳定与发展。

乔石对苏联目前局势表示关注,希望苏联依靠党和人民的力量,克服面临的困难,恢复社会政治局面的稳定,根据苏联的国情,沿着社会主义道路前进。

特鲁宾说,中国社会稳定,经济正在顺利进行,并已取得成效。中国的经验对各国都有好处,中苏两国人民之间的深厚友谊会永远发展下去。

澳大利亚驻中国大使馆就尽快处理中国学生退款申请问题发布新闻稿

新闻稿说,根据澳大利亚政府为已向澳大利亚学校预付款项而学生签证申请被拒签者所制定的“补救办法”,到 6 月下旬为止,已有 4000 多中国公民获得退款。澳大利亚驻北京大使馆及驻上海总领事馆一共已收到近 1.1 万份退款申请表,所有这些退款申请有望在今年 10 月底之前完成清退工作。

新闻稿说,退款安排保证已向澳大利亚学校预付款项、但签证申请被拒绝、且尚未获得退款的中国公民直接得到退款。新闻稿要求那些自己认为应该得到退款但尚未申请的人们在今年 8 月 31 日以前办理申请。新闻稿说,澳大利亚政府急切希望处理所有退款申请,并尽快完成清退工作。

国家文物局局长张德勤最近撰文呼吁希望台湾当局作出相应努力促进大陆文物赴台展览

中国参赛的 5 名选手在哈瓦那举行的第 22 届国际奥林匹克物理竞赛中均获金牌

国家计划生育委员会主任彭珮云在成都就计划生育工作问题发表谈话

专程到四川出席四川省计划生育工作先进集体先进个人表彰大会的彭珮云在谈到四川省"八五"的人口控制时说，四川还得继续爬坡。首先，全国都面临第三次人口生育高峰，而四川尤其突出。与"七五"相比，四川的育龄妇女年平均增长217万人，生育旺盛年龄(20～29岁)的妇女年平均增长324.1万人，而且峰期持续时间长。其次，为了完成"八五"计划和十年规划，全国都要采取计划生育的政策，四川也不例外，这就增加了工作难度。再者，四川想方设法，虽已决定将今年的计划生育投入由人均0.93元增加到1.13元，但与很多省市相比，仍然偏低。

彭珮云认为，四川在"七五"期间创造的好经验要进一步总结完善，要坚持抓住党政各级领导重视这个关键，健全计划生育行政管理队伍，地县乡计划生育技术服务机构，发展壮大计划生育协会组织，落实宣传教育、政策法规管理、技术服务、行政管理、利益导向5项措施。彭珮云指出，四川的人口控制要想再上新台阶，就必须在两方面有所突破：一是解决地区间发展不平衡的问题；二是进一步加强基础工作，解决一些地方基层计生专干缺额和不稳定的问题。

国务院在北京召开防汛救灾紧急会议

会上，国家防汛总指挥部张春园、民政部陈虹分别汇报了今年的汛情、防汛工作和抗洪救灾情况，国务院副总理邹家华发表讲话。

贵州近30个市县遭暴雨山洪袭击

中华全国总工会决定拨款164万元慰问安徽江苏广西甘肃湖北四川和铁路系统的受灾职工

7月9日

中共中央总书记江泽民在上海市青浦县视察泄洪情况

清晨，江泽民一行又驱车前往上海市青浦县察看前一天刚刚炸堤决口的钱盛荡堵坝的泄洪情况。在河岸一处工地上，江泽民向正在搬运草袋，加高加固岸堤的解放军、武警指战员们高声说："同志们辛苦了！你们为国家、为人民办了一件大好事，表现出解放军指到哪里就打到哪里的优良作风。人民解放军就应该绝对听从党的领导，服从命令听指挥。"随后，江泽民又乘快艇来到钱盛荡堵坝主堤决口处。放眼望去，只见几天前还是秧苗翠绿的稻田，如今已是汪洋一片。江泽民赞扬上海市为了全局而牺牲局部的风格，并关切地叮嘱上海市委书记吴邦国、市长黄菊：一定要妥善安置好受灾群众，尽一切办法帮助他们生产自救，重建家园。

全国人大常委会办公厅召开办理代表建议工作汇报交流座谈会

全国人大常委会副秘书长曹志主持会议并讲话。曹志说，在七届全国人大四次会议闭会后的三个月的时间里，全国人大常委会办公厅将这些建议分别交由150多个中央国家机关和有关省、自治区、直辖市人民政府研究办理，现已有2694件得到承办单位的答复。

代表们在座谈中认为，各地和一些部门对处理落实代表建议进展还不平衡，某些中央国家机关处理代表的建议还不够认真、及时，一些"老案"和涉及部门较多的问题，还需要作进一步努力，办理的质量也还有待进一步提高。

国务院台湾事务办公室发言人就台湾"立法院"炮制重返联合国"建议案"对《人民日报》记者发表谈话

台湾"立法院"通过了由部分"增额立委"提出的所谓"在适当时机以'中华民国'名义申请加入联合国的建议案"。《人民日报》记者就此走访了国务院台湾事务办公室。该办公室发言人唐树备发表了如下谈话：

六月十八日，台湾"立法院"通过了由部分国民党籍"增额立委"提出的所谓"在适当时机申请加入联合国的建议案"。炮制这样一个议案，其实质就是要制造"两个中国"、"一中一台"，我们对此表示坚决反对和严正谴责。

近来，岛内台独活动猖獗。值得注意的是，国民党的一部分"立法委员"竟实际上与主张"台独"的人沆瀣一气，从事这种企图将台湾从中国分裂出去的活动，这不能不引起人们的严重警惕。

中国只有一个。中华人民共和国政府是代表全中国的唯一合法政府，台湾是中国的一部分。台湾一部分人妄图挤入联合国，实现其分裂国家、分裂民族的目的，这是绝对不可能得逞的。

我们注意到，台湾当局一再声称"坚持一个中国"的原则。据台湾报纸报道，国民党内高层人士也认为这个议案"违背'一个中国'的政策"。但是，在提案人把原案从"提案"改成"建议案"后，国民党"立法院"党部竟表示"同意"。我们希望国民党应当本着对国家对民族的负责态度，坚决制止这种违背"一个中国"原则、破坏两岸关系的活动，并进而为促进两岸关系的发展和早日实现祖国统一多做实事。

澳门特别行政区基本法起草委员会第七次全会在北京举行

基本法起草委员会主任委员姬鹏飞在会上说，现在已拟出的中华人民共和国澳门特别行政区基本法(草案)征求意见稿(讨论稿)，标志着起草工作进入了一个新阶段。这是委员们以认真负责的态度，辛勤的工作，群策群力，集思广益而取得的可喜成果。

姬鹏飞在会上介绍这次会议的主要议程：讨论澳门基本法(草案)征求意见稿，讨论并通过关于公布澳门特别行政区基本法(草案)征求意见稿和开展征询工作的决定。这次会议将举行5天。

姬鹏飞说，自从1988年10月澳门基本法起草工作开始以来，起草委员会先后召开了6次全体会议，13次主任委员会议，50次专题小组会议。姬鹏飞说，在澳门基本法的起草过程中，得到了澳门特别行政区基本法咨询委员会的大力支持。两年多来，咨询委员会向起草委员会提供了不少有益的意见和建议，还组织了三批咨询委员交流团来北京直接与内地起草委员座谈、交换看法。咨委会提供的许多意见和建议已被吸收在征求意见稿中。

中国工商行政管理学会在北京成立

国务院副总理朱镕基在山东考察

朱镕基7月9日至15日在山东考察。在此期间，朱镕基听取山东省委、省政府关于经济作的汇报，考察青岛电冰箱总厂、烟台合成革总厂、胜利油田和齐鲁石化公司等大中型企业，并同30家企业的厂长、经理进行了座谈。

朱镕基认为，山东省的整个经济形势是好的，省委、省政府能够正确地结合本地实际，认真贯彻党中央、国务院的方针，保持了政策的稳定性和连续性。广大干部群众精神面貌好，工作踏实肯干。农业和基础设施建设成绩显著，工业生产基本保持了稳定增长的态势。

在谈到如何进一步搞好工业生产时，朱镕基指出，片面追求产值和速度的倾向要克服，要牢固树立速度与效益统一的观念。朱镕基说，几十年的经验证明，单纯追求速度害人不浅。翻番是战略任务，但前提是提高经济效益。现在，不少企业看上去生产速度很高，但产品不适销对路，产成品资金占压越来越多。这样下去，生产难以为继。

关于技术改造问题，朱镕基强调，技术改造要以开发新产品，更新设备、工艺，节约能源、原材料为中心，以调整产品结构、提高经济效益为目的。要立足于现有企业，不要盲目地另铺新摊子，搞重复建设。国内外市场没有摸透，产品销路没有把握，就不能贸然决策上项目。要增强企业自我改造的机制，主管部门和地方政府要减少行政干预。

朱镕基强调，搞活大中型企业，当前要着重抓好三件事：一是切实减轻企业负担，为企业创造良好的外部环境；二是贯彻执行好《企业法》，落实企业的经营管理自主权；三是大力加强企业内部管理。

朱镕基指出，工业战线还是要坚持“三老、四严”，从严治厂，发扬艰苦奋斗的优良传统。坚持眼睛向内，练好“内功”，依靠科学管理，内部挖潜，使企业管理工作真正转到投入少，产出多，效益高的轨道上来。

中国和伊朗发表《中国伊朗联合公报》

应伊朗伊斯兰共和国总统阿克巴尔·哈什米·拉夫桑贾尼的邀请，中华人民共和国国务院总理李鹏于1991年7月7日至9日对伊朗伊斯兰共和国进行了正式访问。

李鹏总理及其代表团会见了阿亚图拉·哈梅内伊，并同拉夫桑贾尼总统在亲切、友好的气氛中就中、伊双边关系及共同关心的问题进行了广泛的会谈，取得了一致的看法。

访问期间，李鹏总理还会见了伊朗第一副总统哈桑·哈比比博士和其他伊朗高级领导人，并访问了历史名城伊斯法罕市。

一、两国领导人就当前的国际局势交换了意见。他们认为，缓和和裁军取得进展，同时国际关系中还充满矛盾，尚有一些国际和地区问题未获得解决。维护和平、促进发展，仍然是国际社会的根本目标。

二、双方主张在互相尊重国家主权和领土完整、互不侵犯、互不干涉内政、平等互利、和平共处原则基础上建立公正的国际政治新秩序。应以公正合理、平等互利、等价交换的国际经济新秩序，代替目前不公正的国际经济秩序。这种新秩序有利于人类的发展，有助于世界和平，反映了世界各国人民的共同愿望。双方认为，国际新秩序的形成是一个长期而复杂的过程，国际社会所有成员的参与，尊重联合国宪章，履行公认的国际法准则，是建立国际新秩序的条件，而不应导致任何一国主宰的新秩序。中国和伊朗将同各国一道，为建立国际新秩序作出必要的努力。

三、双方期望，联合国在解决地区争端、维护世界和平、促进各国发展方面发挥更加积极的作用，双方认为有必要为加强联合国的上述作用进行更多的合作。

四、双方就波斯湾地区形势广泛地交换了意见。双方一致认为，波斯湾地区的事务应由本地区各国解决，所有国家都应发挥其应有的作用。各国的独立、主权和领土完整均应得到尊重，各国的内部事务应由各国自己解决。该地区各国在尊重主权、平等互利的基础上，加强经济、贸易合作，以实现该地区的稳定和共同发展与繁荣。中国方面认为，伊朗伊斯兰共和国在维护本地区与世界和平方面具有重要作用。

五、双方考虑到伊朗和伊拉克之间的战争已结束，一致认为，联合国安理会通过的598号决议应得到认真贯彻和全面实施。

六、双方讨论了中东局势。双方一致认为，应该公正、合理、全面地解决中东问题。双方重申，以色列应从被占领土上撤走，巴勒斯坦人民的合法权利应予恢复。双方反对以色列当局在巴勒斯坦被占领土安置犹太移民和建立移民点。

七、双方要求全面禁止使用和彻底销毁核、化学及生物武器，主张世界军备控制应遵循公平、合理、全面均衡的原则。

八、双方强调尽快解决阿富汗问题的必要性。

九、两国领导人对伊朗伊斯兰革命胜利以来中伊友好合作关系的持续、稳定发展表示满意。双方决定将共同努力，使两国在各个领域的友好合作关系在互利基础上更加深入地发展。双方相信，这种合作不仅符合两国人民的根本利益，而且必将对维护地区和世界的和平与发展发挥有效的作用。

十、双方认为，两国领导人互访对促进两国在各个领域友好合作关系的进一步发展起着重要作用。李鹏总理向拉夫桑贾尼总统转达了中华人民共和国国家主席杨尚昆对他再次访问中国的邀请，并欢迎哈比比博士第一副总统在方便的时候访问中国。拉夫桑贾尼总统和哈比比第一副总统愉快地接受了邀请，具体日期将通过外交途径商定。拉夫桑贾尼总统重申他对杨尚昆主席访问伊朗的邀请，并希望能于近期成行。

1991年7月9日

以国务委员陈俊生为团长的中国政府代表团在乌兰巴托参加蒙古人民革命七十周年庆祝活动

蒙古总统彭·奥其尔巴特在乌兰巴托蒙古政府大厦会见以国务委员陈俊生为团长的中国政府代表团

蒙古总理达·宾巴苏伦蒙古人民革命党中央主席达希云登在乌兰巴托会见国务委员陈俊生

中国驻美国大使馆新闻参赞陈国清在《华盛顿时报》发表题为《最惠国待遇与中美关系》的文章

文章就目前美国正在审议的最惠国待遇问题在政治和经济上对中美关系的重大影响阐明中国的立场。

文章说，两国从双边贸易关系中已经获得并将继续获得巨大的实惠。如果终止中国最惠国待遇，代之以歧视性的高额关税，其影响将是灾难性的，对美国商界、投资者和消费者所造成的经济和其他方面的后果不可低估，同时也将不可避免地要出现中美关系大倒退。

中国与苏联外交和军事专家代表团在北京结束第四轮谈判

埃及执政党民族民主党总书记副总理瓦利在开罗会见中共中央政治局常委李瑞环

中央军委第一副主席杨尚昆在北京接见完成航天遥感测绘任务的总参测绘局、国防科工委某基地、航空航天部某院的科技人员代表

国家科技进步奖评委会公布1991年度获奖项目共430项 其中一等奖27项二等奖127项三等奖276项

中国第一台“水下机器人”在海口市研制成功

《人民日报》报道称解放军自入夏以来出动50多万人次民兵及预备役人员200多万人次参加抗洪救灾

7月10日

国务院总理李鹏与沙特阿拉伯国王兼首相法赫德在吉达举行会谈

李鹏在会谈中说，沙特是中东、海湾地区的一个重要国家，是地区和平与稳定的重要因素，中国十分重视发展同沙特的关系，我们高兴地看到，两国建交以来，在各个领域的关系均在迅速发展，两国经济上互补，发展经贸合作有着巨大的潜力，希望通过双方的共同努力，使两国在各个领域里的合作不断持续地稳定前进。我这次来访就是要进一步推动两国关系的发展。

法赫德国王说，中东问题的核心是巴勒斯坦问题。中东问题已经拖了多年，现在到了解决的时候了。巴勒斯坦人民的民族权利应该得到恢复，希望以色列能持灵活的态度，以达成有利于双方的解决方案。

法赫德国王说，沙特1981年在非斯阿盟首脑会议上提出了解决中东问题的8点方案，这一方案得到会议的通过，这个方案是合理的，不排斥任何一方，希望安理会五常任理事国的领导人重视中东问题。

李鹏说，中国对中东问题的立场同沙特是一致的，中国同意沙特关于“中东问题到了该解决的时候了”和中东问题的核心是巴勒斯坦问题的看法。解决办法是以色列撤出所占领的巴勒斯坦领土、恢复巴勒斯坦人民的民族权利，中东问题应该在联合国安理会242和338号决议的基础上解决，同时，以色列的主权和安全也应该得到保证，法赫德国王1981年在非斯会议上提出的8点方案是十分明智的，至今仍然适用。中国对沙特为解决中东问题所作的努力和采取的立场表示赞赏，尽管中东问题解决起来非常困难，但推动解决的努力将会继续下去。

中共中央总书记江泽民等党和国家领导人致电朝鲜领袖金日成祝贺中朝友好合作互助条约签订三十周年

中顾委副主任薄一波在中央组织部向中央汇报干部工作时发表讲话

从汇报中听到，湖南的一些领导干部正在重温郭沫若的《甲申三百年祭》，很有感触。李自成"不暇自哀"，而郭沫若"哀之"。我们共产党人既要"哀之"，更要"鉴之"。以史为鉴，有助于我们提高反腐败的自觉性。应该清醒地看到，人民群众对当前党内、政府内和社会上存在的腐败现象是很不满意的。腐败，对执政党来说，确实是一种非常危险的威胁。我想起几位故人讲的话，念出来，提请同志们参考。

唐朝诗人杜牧在《阿房宫赋》最后一段说："秦人不暇自哀，而后人哀之。后人哀之而不鉴之，亦使后人而复哀后人也。"他讲的是秦始皇扫灭六国，统一全国后，骄奢淫逸，欲壑难填，不惜民力，大兴土木，加重对农民的剥削，很快被揭竿而起的农民起义军所推翻；而后人历朝历代大多只知"哀之"，却未从中吸取教训，以致代代相因，累蹈覆辙。杜牧这些话，哲理很深，耐人寻味。

唐太宗李世民说："以古为镜，可以知兴替。"李世民是个很有本事的人，能广罗人才，纳谏如流，同他的父亲李渊一起，扫平群雄，统一天下。他深知隋炀帝生活奢靡，挥霍无度，政事懈怠，使得隋朝仅三十八年就衰亡了。因而，他时刻以亡隋为镜，居安思危，戒奢戒堕，革故鼎新，励精图治，使唐初出现了"贞观之治"的兴盛局面。

黄炎培一九四五年对毛主席说：过去的历朝历代都没有跳出"其兴也焉"、"其亡也忽焉"的"周期率"，总是从兴盛又很快走向衰败，循环往复。共产党能不能跳出这个"周期率"？黄炎培的话，语重心长，寓理至深。

傅作义将军在我们进北平时，也曾感叹地说过：国民党取得政权后二十年就腐化了，结果被人民打倒。共产党执政后，过三十年、四十年是不是也会腐化？

上面这些话，确是总结了历史的经验教训，大家不妨置之案头，经常加以思索。

毛主席对党内可能发生腐败问题这件事，是十分警觉的。一九四四年在延安期间，他把《甲申三百年祭》列为整风文件，号召全党学习，提醒同志们不要重犯李自成胜利时骄傲自满、腐化变质，以致功败垂成的错误。那次学习，对于夺取抗日战争的最后胜利，以及胜利后继续保持清醒头脑，打败国民党，起了重要作用。

一九四九年三月，全国革命胜利前夕，毛主席在党的七届二中全会上又尖锐地指出："可能有这样一些共产党人，他们是不曾被拿枪的敌人征服过的，他们在这些敌人面前不愧英雄的称号；但是经不起人们用糖衣裹着的炮弹的攻击，他们在糖弹面前要打败仗。"不幸被毛主席所言中，党内果然出现了刘青山、张子善这样的蜕化变质分子。建国之初，针对党内和社会上出现的腐败现象，毛主席在"三反"、"五反"运动中，抓住刘、张这两个典型，严加惩处。当时，也有人出来为之说情，但毛主席不为所动。这一断然措施，震动了全党，震动了整个新中国，使我们党在很长一段时间保持了廉政勤政之风，并且举国上下形成了一股清新的社会风气和道德风尚，至今仍令人神往。

我谈这些，无非是想说明三点：

第一点，头脑要清醒。十多年来的改革开放、搞活经济，取得了举世瞩目的巨大成就：进一步解放和发展了社会生产力，增强了综合国力，改善了人民生活，开阔了人们的视野，给我国的社会主义事业注入了生机和活力。现在，人们常谈到腐败的问题。我认为，腐败现象历来都有，并不是改革开放后才有的。但也要看到，在利用外资、引进先进技术、借鉴资本主义某些好的管理经验的同时，确也带来了一些糟粕，确有少数党员、干部和群众经不起"糖弹"的攻击，贪污腐化、行贿受贿、走私贩私、权钱交易、吸毒贩毒、卖淫嫖娼等腐败现象在滋长蔓延。对这些东西，决不能熟视无睹。腐败的"垃圾"清扫得越彻底，越有利于改革开放的健康发展。韩非子说：天下"常以俭得之，以奢失之"。唐代诗人李商隐说："历览前贤国与家，成由勤俭破由奢。"党的干部要经常记住这些历史遗训，要充分看到腐败行为对党的事业的危害，切不可丧失警惕性。我们要面对现实，学会防腐败的本领，"拒腐蚀，永不沾"。要坚持"两手抓"，一手抓物质文明建设，一手抓精神文明建设；一手抓改革开放，一手抓打击各种犯罪活动，两手都要抓紧抓好，都不能软。

第二点，要有紧迫感。东欧和苏联这些社会主义国家像多米诺骨牌一样，一个个地倒了。于是，国内外一些人提出了一个尖锐的问题：中国的社会主义制度能否坚持下去？我们的回答是肯定的，不但能坚持下去，而且会永远立于不败之地。中国站稳了，发展了，世界社会主义事业就会大有希望。为巩固和发展我国的社会主义事业,党中央和邓小平同志早就在运筹谋划、进行部署和实施了。我们党坚持从中国的实际出发,走自己的路,特别是十一届三中全会以来,制定了"一个中心、两个基本点"的基本路线,走出了一条有中国特色的社会主义道路。实践已经充分证明,这条路线是完全正确的。九十年代是一个关键时期,最重要的是要把我们自己的事情办好。我们要抓住有利时机,充分运用各种有利条件,一心一意、聚精会神地尽快把国民经济搞上去,实现小康的发展目标。同时,一定要在廉政建设上常抓不懈。敌对势力要从外部搞垮我们难,关键是要党内不出问题。只要我们始终坚持党的基本路线,加快发展经济和推进改革开放,不断改善人民生活,努力搞好廉政建设和党的建设,进一步增强党同人民群众的血肉联系,那么不管遇到什么困难和风波,我们都能"任凭风浪起,稳坐钓鱼船"。

第三点,加强民主监督。历史和现实的事实说明,不受监督的权力,必然会产生腐败。要防止腐败,就必须加强社会主义的民主和法制建设,加强国家法律和其他制度的制约,加强人民群众的民主监督。在法律面前人人平等,没有特殊的公民,也没有特殊的党员。要形成每个公民、每个党员都要受到法律的监督和制约,党员还要受到党规党纪的监督和制约的局面。我们加强社会主义的民主和法制建设,加强民主和法制教育工作,就是要达到形成和巩固这种局面的目的。我认为,党内监督,特别是各级党委成员之间的相互批评和监督,尤为重要。必须建立和完善切实有效的民主监督机制,建立和完善社会主义权力的监督体系。要充分发挥各级人民代表大会、政治协商会议和各民主党派、各人民团体的监督作用。同时,要适当扩大各级党和政府监督机构的责任、职能和权利;还要健全和完善干部的考察、选拔、培训、任免、升降、奖惩制度,以及舆论监督、群众举报等措施。只有法制健全了,民主监督制度化、经常化了,才能有效地抵制和消除各种腐败现象,有利于保持干部队伍的清正廉洁,保证国家的长治久安。

海关总署公布《中华人民共和国海关对个人携带和邮寄印刷品及音像制品进出境管理规定》

这一《规定》根据有关法规,对1988年6月15日公布实施的《海关对个人携带和邮寄印刷品进出境管理规定》作了完善和补充。

新补充的内容及条款主要有:

一、扩大了范围。除印刷品外,进出境的音像制品,包括各种信息存储介质均按照此《规定》办理。

二、增加了禁止出境的条款。凡涉及国家秘密的,或印有"内部发行"、"国内发行"字样的,国家颁布的《文物出口鉴定参考标准》规定禁止出境的古旧书籍以及其它具有文物价值的和国家有关主管部门明令禁止出境的其它印刷品和音像制品,禁止出境。

三、增补了处罚的条款。对携带和邮寄进出境的淫秽印刷品、音像制品,海关除予没收外,并根据不同情况,分别作出免予罚款、罚款(包括罚款的具体金额)直至移送公安、司法机关追究刑事责任的处罚规定。

此外,《规定》重申了禁止携带和邮寄反动、淫秽以及宣扬封建迷信、凶杀、暴力等对我国政治、经济、文化、道德有害的印刷品、音像制品进出境。并补充了出境印刷品限量的规定,明确个人携带和邮寄印刷品、音像制品进出境,应向海关申报,接受海关监管。无禁止进出境内容的,均按自用合理数量放行,超出自用合理数量的,予以退运。

美国发现南京大屠杀纪录片

最近,在美国发现了纪录侵华日军南京大屠杀的16毫米电影胶片。

电影的内容主要有受伤的市民被运往医院的情景;被刺刀刺穿的颈伤;被蹂躏10至20次年轻女性痛苦茫然的面孔;头部被烧得像炭一样黑的男人;回到家中看到女儿被残杀而痛不欲生的母亲;在水面上漂浮的尸体……

这部影片的拍摄者是美国圣公会约翰·马基牧师。当时他是南京国际红十字会会长,是日军侵入南京城后依然留在南京的少数外国人之一。战后,他曾在远东军事法庭作过证,于1953年去世。

《人民日报》发表农业部部长刘中一的文章《我国农业和农村经济的发展与改革》

陪同国务院总理李鹏访问的对外经济贸易部部长李岚清在吉达同沙特财政和国民经济大臣哈伊勒举行会谈

国务院总理李鹏在吉达国宾馆会见沙特阿拉伯第二副首相兼国防和航空大臣苏尔坦亲王

中共中央政治局常委李瑞环率领的中国共产党代表团与塞内加尔社会党代表团举行会谈

会谈在达喀尔塞社会党党部举行。

双方通报了各自党和国家的情况,并就当前共同关心的重大国际问题交换了意见。塞社会党代表团成员分别介绍了国家政治、工会、妇女、新闻、党建等方面的情况和经验。负责国际关系的全国书记迪昂在发言中建议今后两党应进行多层次的互访，以增进了解与合作。迪昂指出，中国是联合国5个常任理事国之一，在国际事务中起着重要作用。塞内加尔十分重视发展同中国的关系，并希望经常就当前紧迫的国际问题，同中国交换意见。迪昂说，中国党在发展经济等方面有丰富经验，希望能相互交流。

李瑞环简要通报了中国人民坚持党的基本路线，建设有中国特色的社会主义的情况，强调中国正在进行现代化建设，迫切需要一个持久和平的国际环境。中国愿意在和平共处五项原则基础上保持和发展同各国的友好关系。李瑞环指出，国际形势复杂多变，世界正处在一个新旧格局交替的时期，由两极向多极化发展。和平与发展仍是当今世界两大主题。在当前形势下，迫切需要在国际关系中普遍遵循和平共处五项原则，并在此基础上建立公正合理、符合所有国家根本利益的国际政治、经济新秩序。

中国日本商会在北京成立

文化部首届新剧目文华奖授予戏曲《虎将军》等剧目

中共中央政治局常委乔石等致电慰问奋力抗灾的公安干警和武警官兵

《人民日报》发表评论员文章《团结抗洪夺胜利》

7月11日

国务院发布关于清理整顿个体采煤的通知

近几年来，我国个体采煤有了一定的发展，全国每年个体采煤四千多万吨，对缓和煤炭供求紧张局面以及解决部分农村劳动就业起了一定的积极作用。但个体采煤也出现了许多问题，主要表现在：多数没有取得采矿许可证，乱采滥挖现象比较普遍；回采率很低，破坏和浪费国家煤炭资源比较严重；有的不具备起码的安全生产和劳动保护条件，事故频繁，伤亡严重；有的偷税漏税，损害国家利益。目前，个体采煤主要有三种形式：一是以营利为目的、雇工七人以下的个体工商户采煤；二是以营利为目的、雇工八人以上的私营煤矿企业采煤；三是为个人生活自用的少量采煤。为了保护国家煤炭资源和人民生命财产安全，保证煤炭工业健康发展，国务院决定对个体采煤进行清理整顿。现将有关问题通知如下：

一、严格按照有关法律、法规清理整顿个体采煤

（一）清理整顿个体采煤，必须按照《中华人民共和国矿产资源法》、《矿山安全条例》和省（自治区、直辖市）人大常委会制定的集体矿山企业和个体采矿管理条例（办法）、规定以及国务院和地方人民政府的有关规定进行。

（二）个体采煤必须具备规定的办矿条件，符合有关工矿企业劳动保护规定，依法登记并经有关部门审查批准取得合法采矿权后才能办矿采煤。

（三）个体采煤必须进行税务登记，按国家有关税法规定纳税。

（四）各地区、各部门要严格掌握私营煤矿和个体工商户采煤的办矿条件。要明确由煤炭部门或省（自治区、直辖市）人大常委会制定的地方法规所规定的部门负责审查办矿条件并签署意见后，由法定的登记管理机关颁发采矿许可证，再由工商行政管理部门核发私营煤矿或个体工商户采煤营业执照。凡不符合办矿条件的，不得发给证、照。

二、严格个体采煤的办矿条件

开办私营煤矿和个体工商户采煤必须具备下列条件：

（一）资源可靠，有经法定部门划定明确的井田范围和矿界；

（二）有经过县级以上（含县级）煤炭部门或政府指定的部门批准的采煤设计图纸和说明书；

（三）有与建设规模相适应的人、财、物和技术水平；

（四）建立了必需的安全管理机构和制度，每个矿井必须有两个能使人通行到地面的安全出口；

（五）矿井必须实行机械通风，并有合理可靠的独立通风系统；

（六）制定了地面和井下防火制度和措施，井下人员使用合格的矿灯照明；

（七）井下放炮必须使用放炮器和煤矿安全炸药、电雷管；

（八）有可靠电源，井下必须按《乡镇煤矿安全规程》规定选用电器设备和电缆；

（九）每一矿井必须配备专职瓦斯检查员和瓦斯检查仪器，建立瓦斯检查和管理制度；

（十）矿井必须有防治水害的安全措施，配备必要的探放水设备；

（十一）必须有符合《乡镇煤矿安全规程》规定的提升设备、钢丝绳、信号和断绳保险及制动装置；

（十二）办矿负责人要具备煤矿安全生产和经营管理等基本知识和相应的办矿资格；矿井的技术人员及特种作业人员，必须按照国家有关规定进行培训，考核合格并持证上岗；新工人必须进行强制培训；

（十三）为个人生活自用采煤，也必须具备一定的安全生产等条件，具体条件由各地人民政府制定。

三、对现有的个体采煤进行严格审查、分类处理

(一)凡违反《矿产资源法》和工商管理规定,未取得采矿许可证和营业执照的,一律停止开采。对拒不停采,造成资源破坏的,按照《矿产资源法》的规定,追究当事人的法律责任。已停采的矿点要恢复开采,必须提出申请,经有关部门审查,符合办矿条件,核发采矿许可证和营业执照后,才能恢复开采。

(二)对已经取得采矿许可证,但不具备办矿条件和劳动保护条件的,限其在一年内达到办矿条件,逾期达不到者,由发证、发照机关吊销采矿许可证和营业执照。对违反《矿产资源法》及其他有关规定,超层越界开采,特别是进入统配和地方国营煤矿范围内开采的,要责令撤出,并按有关规定给予处罚。

(三)对已经取得采矿许可证,并具备办矿条件的,工商行政管理部门要依法发给营业执照。

(四)私营煤矿企业、个体工商户采煤以及个人为生活自用采挖少量煤炭资源,都要依法缴纳资源税、产品税、所得税等。对偷税、漏税、抗税者,依法处理。

四、清理整顿个体采煤的做法和要求

(一)清理整顿个体采煤,涉及面广、政策性强,难度比较大,各级人民政府、各有关部门要各司其职,密切配合,认真抓紧、抓好清理整顿工作。要按照《通知》的要求,制定具体的清理整顿办法,用一年左右的时间完成清理整顿工作。

(二)清理整顿个体采煤工作,由各省、自治区、直辖市人民政府负责领导,能源部、地质矿产部、国家工商局、劳动部、农业部、国家税务局等有关部门要积极配合并负责监督、检查和业务指导。具体工作可由县(市)人民政府负责,并组织煤炭、地矿、工商、劳动、税务、公安和乡镇企业管理等有关部门,共同搞好清理整顿工作。

(三)各级人民政府和各有关部门要秉公执法。对违反规定放宽办矿条件和随意颁发(吊销)证、照的,上级主管部门要及时予以纠正,对营私舞弊、违法乱纪者要严肃处理。

(四)在清理整顿期间,各地要按照规定,从严审批新的个体采煤。

(五)这次清理整顿工作的基本要求是:通过清理整顿,使个体采煤走上依法办矿的轨道,制止各种违法违章开采;个体采煤基本达到各种办矿条件,安全生产状况明显好转;煤炭资源得到合理利用,资源回收率明显提高。

有关清理整顿工作情况,请及时向能源部等有关部门通报。工作结束后,由能源部将情况汇总后报国务院。

此外,乡镇集体煤矿也存在不少问题,也需要清理整顿,具体办法另行规定。

国务院发出关于成立国务院生产办公室的通知

国务院第81次常务会议决定,撤销国务院生产委员会,成立国务院生产办公室。国务院副总理朱镕基兼任国务院生产办公室主任。

国务院生产办公室是国务院的办事机构,在国务院的领导下,对各省、自治区、直辖市经委(计经委)、生产委的生产工作实行业务指导,对国务院有关部门的工交生产工作进行必要的组织协调,对工交企业进行宏观调控和指导。

国务院生产办公室的主要职责和任务是:参与制定年度生产计划、物资分配计划及运输计划,并组织实施和督促检查计划执行情况;指导全国工交生产工作,负责组织各部门、各地区及其骨干企业在生产、市场与运输中的重大衔接和协调,负责对能源、原材料及其他重要物资的紧急调度,并解决相应的运输问题;按照国家确定的企业技术改造投资规模,负责拟订企业技术改造计划和组织实施,归口管理企业技术进步工作;指导企业管理,组织企业开展"双增双节"活动和企业职工培训;参与工业产品的进出口审查,管理机电设备进口审查工作;参与涉及企业生产的金融和物价工作;组织协调安全生产、设备管理和救灾工作等。为搞好调度工作,国务院生产办公室在物资、资金、进出口等方面掌握必要的调控手段,并对物价、信贷、税务、劳动有一定的调控权。

新华社报道称全国比较规范的企业集团公司目前已达1600家

国务院总理李鹏在沙特阿拉伯吉达接受中外记者采访

李鹏在谈到中沙关系及此次访沙的成果时说,中沙友好关系源远流长。两国建交一年来,这种关系发展迅速。李鹏说:"通过我这次对沙特的访问,使两国加深了相互了解,增进了友谊,访问获得了圆满成功。"

李鹏说:"我和国王兼首相法赫德、王储兼第一副首相阿卜杜拉举行了卓有成效的会谈。同国王长达两个小时的会谈成为我这次访问的高潮。我们就广泛的国际问题和两国关系深入地交换了意见,取得了广泛的一致。"

李鹏说,通过会谈,双方认为两国在经济、贸易等方面发展合作的潜力很大。双方同意加强相互了解,增加人员互访,举办产品展销会等等,以便促进双边合作的扩大和发展。

李鹏说,国王在会谈中详细地介绍了中东地区的形势及沙特的立场。双方认为,解决中东问题的关键是以色列应该撤出被其占领的土地,巴勒斯坦人民的合法权利应得到恢复。中东问题应在联合国安理会242号和338号决议的基础上加以解决。他说，中国高度赞赏沙特在解决黎巴嫩问题方面所作的卓有成效的贡献，高度评价沙特政府在反对伊拉克入侵科威特、支持科威特恢复其主权及领土完整方面的立场。沙特国王也赞赏中国反对伊拉克入侵科威特、要求伊拉克军队撤出科威特的正义立场。

沙特记者问道，中国是否继续执行改革开放的政策；海湾6国在中国对外经济贸易关系中占多大的比重？李鹏回答说，中国执行改革开放政策已经多年并将继续执行下去。中国对外开放是全方位的，即对所有国家开放，既包括发达国家，也包括发展中国家；既包括欧美国家，也包括中东和海湾国家。李鹏说，中国、科威特和突尼斯在中国合资兴建的一个大型化肥厂就是发展中国家之间开展合作的一个成功的典范。这个建设项目，即使在海湾战争期间也未受到影响，仍然顺利进行。

当新华社记者请李鹏总理介绍中国在海湾战后安全安排问题上的立场时，李鹏说，中国希望海湾地区在这场战争之后能实现持久的和平，迅速医治战争所造成的创伤。海湾地区的问题和事务应主要由这个地区的国家通过协商和谈判加以解决。海湾地区各国的独立、主权和领土完整应当得到尊重，该地区各国的内部事务由各国自己解决。

在世界新秩序的问题上，李鹏说，中沙双方都认为，国际政治经济新秩序应建立在互相尊重主权和领土完整、互不侵犯、互不干涉内政、平等互利、和平共处的原则基础上。所有国家一律平等。各国人民有权选择自己国家的社会制度和发展道路。

李鹏还针对记者提问介绍了中国政府在中东军控问题上的立场以及中国政府保障公民宗教信仰自由、尊重穆斯林的信仰和生活习俗的政策和情况。

中国和沙特阿拉伯发表《中沙联合公报》

应沙特阿拉伯王国国王法赫德·伊本·阿卜杜勒·阿齐兹的邀请，中华人民共和国国务院总理李鹏于1991年7月9日至11日对沙特阿拉伯王国进行了正式访问。

访问期间，李鹏总理同法赫德国王就双边关系的各方面进行了正式会谈，同时还就双方共同关心的国际、地区问题交换了意见，并取得了广泛的一致。

双方对建交一年来两国关系的发展表示非常满意，并探讨了在各个领域拓展有效合作的形式。双方一致认为，两国尽快签署一项在经贸、投资、技术合作方面的协定具有重要意义。

为了加强友好关系，为世界和平作出贡献，双方均表示两国磋商和两国领导人互访具有重要意义。为了两国人民的幸福和进步，双方重申愿意发展两国和两国领导人之间的关系和加强相互了解。李鹏总理重申杨尚昆主席对法赫德国王的访华邀请。法赫德国王感谢并接受了邀请，访问日期另行商定。

双方确信，根据联合国有关决议及国际法准则，实现中东地区的和平与稳定具有紧迫性和重要性。双方强调必须恪守和实施联合国有关决议，以实现海湾地区的和平与稳定，尊重该地区国家的主权和独立。关于巴勒斯坦问题，双方保证将继续推动解决该问题的和平努力，使巴勒斯坦人民的合法权利得到保障。

双方对目前世界局势的发展给予极大关注，希望国际局势缓和将导致在全世界结束紧张状态、消除分裂、迅速解决地区冲突，并在互利基础上密切国际经济合作，促进发展中国家的经济发展。

双方认为，建立国际新秩序是必要的。这种新秩序应建立在互相尊重主权和领土完整、互不侵犯、互不干涉内政、平等互利、和平共处的原则基础上。

全国人大常委会委员长万里在人民大会堂会见由副议长、文艺与出版委员会主席哈利姆·阿拉斯率领的土耳其议会文艺与出版委员会代表团

中共中央政治局常委乔石在人民大会堂会见由助理秘书马哈茂德·哈米德·赫菲菲为团长的利比亚人民大会代表团

乔石说，中国是一个发展中国家，愿意同广大第三世界国家一道反对霸权主义和强权政治，维护世界和平。乔石说，世界上的事情是复杂的，我们将根据事情本身的是非曲直作出我们的判断。乔石强调，中国党和政府将坚定不移地走自己选择的、符合中国国情的、有中国特色的社会主义道路，中国也将在和平共处五项原则的基础上不断发展同世界各国的友好合作关系。乔石说，中利两国关系十分友好，今后我们还要继续巩固和加强这种友好合作关系。他表示相信，代表团的来访将会有助于这种关系的加强。

塞内加尔总统、执政的社会党总书记阿卜杜·迪乌夫在达喀尔总统府会见由中共中央政治局常委书记处书记李瑞环率领的中国共产党代表团

塞内加尔共和国总理哈比卜·锡亚姆在达喀尔会见以中共中央政治局常委李瑞环率领的中国共产党代表团

中国新任驻英国大使马毓真向英国女王伊丽莎白

二世递交国书

外交部发言人段津就美国众议院阻挠延长对中国最惠国待遇向记者发表谈话

外交部发言人段津在记者招待会上说，美国会众议院通过了佩洛西众议员的有条件延长美对华最惠国待遇的议案，把解决所谓中国人权问题等作为延长中国最惠国待遇的条件，众院还通过了索罗门众议员的不批准延长对华最惠国待遇的议案，这是对中国内政的粗暴干涉，中国政府对此坚决反对。

外交部发言人重申，中美两国互给最惠国待遇，是为了利于两国经济和贸易关系发展的互惠安排。任何单方面取消对华最惠国待遇或对其延长附加条件的作法，都是对中国内政的干涉，是中方绝对不能接受的。我们要求美国国会纠正这种干涉中国内政、伤害中国人民感情的作法，避免导致中美关系的严重倒退。我们注意到在这次投票中，反对取消和反对有条件延长中国最惠国待遇的议员人数较去年有所增加。我们希望越来越多的美国国会议员认识到无条件延长中国最惠国待遇是符合中美双方利益的。

《人民日报》发表社论《中朝友好合作的光辉历程——纪念中朝友好合作互助条约签订三十周年》

国务院委托中国国际减灾十年委员会举行新闻发布会通报安徽江苏灾情紧急呼吁国际社会提供人道主义的救灾援助

中纪委就宁夏烟草专卖局局长杨杰严重违法乱纪发出通报

中共中央纪律检查委员会最近就宁夏回族自治区烟草专卖局局长杨杰严重违法乱纪的问题发出通报，要求各级党组织和广大党员从中看到行业不正之风的严重性和危害性，进一步增强紧迫感和责任感，深入开展纠正行业不正之风工作。

国家烟草专卖局就中共中央纪律检查委员会发出的《关于宁夏回族自治区烟草专卖局局长杨杰严重违法乱纪的通报》召集党组会议

中共中央纪律检查委员会发出《关于宁夏回族自治区烟草专卖局局长杨杰严重违法乱纪的通报》之后，国家烟草专卖局高度重视，专门召集党组会议，认真学习讨论，并要求烟草系统从中吸取教训，提高认识，切实抓好行业廉政建设。

国家烟草专卖局党组成员在学习中一致拥护中纪委的通报，认为通报对烟草系统存在的以烟谋私的行业不正之风的分析切中要害，通报中提出的要求，对烟草行业的党风廉政建设是一个有力推动。

7月12日

中共中央有关部门负责人就农村社教问题答记者问

问：去冬今春我国农村一些地方开展了社会主义思想教育活动，请谈谈目前的进展情况。

答：目前社会主义思想教育活动已在全国各地广大农村分期分批地开展起来。前两年，一些地方已经开展了这项活动，有的叫社会主义思想教育，也有的叫党的基本路线教育，或者叫基本路线、基本国情、基本政策教育。中央肯定了这些地方的做法和经验，并决定用两三年时间，在全国农村普遍开展社会主义思想教育。各级党委正按照中央的部署，精心组织，由点到面地逐步展开。

据2月中旬对25个省、自治区、直辖市不完全统计，去冬今春开展社会主义思想教育的村有41万个，占统计地区村数的69%，占全国村总数的54.9%。共抽调县级以上机关60.7万多名干部，组成工作队下乡驻村，投入思想教育活动。目前，浙江、山东两省已在农村普遍进行一次集中教育后，转向经常性教育。大多数省、区、市已在面上先后铺开，正逐步深入进行。少数的几个省去冬今春在搞试点。总的看，发展是比较顺利、健康的。

问：为什么要在农村开展社会主义思想教育？

答：党的十一届三中全会以来，农村的改革和建设取得了重大成绩。广大农民在党的领导下，为农村改革和建设作出了巨大贡献。但是，由于前几年思想政治工作削弱，也由于资产阶级自由化思潮的影响，农村也存在“一手硬、一手软”的不协调现象，加上党在农村的某些政策不够完善等原因，致使农村存在一些需要认真解决的问题。比如，一些干部群众对党在农村的方针政策的社会主义性质认识模糊；一部分基层组织软弱涣散，一些党员未能充分发挥先锋模范作用；一些地方资产阶级思想和封建残余势力抬头，社会治安管理混乱。这些问题不同程度地制约了农村的经济发展和社会进步。

实践证明，越是搞现代化建设和改革开放，越是要加强对农民的教育。农村的思想阵地，社会主义思想不去占领，落后的、错误的思想就会去占领。中央决定，在农村普遍开展社会主义思想教育，是贯彻党的基本路线，加强和改善党对农村工作的领导，搞好农村基层党组织和政权建设，维护社会安定，巩固农村社会主义阵地，推动农村经济发展和社会进步的一件大事。

这项工作搞好了,对于贯彻党的十三届七中全会和七届全国人大四次会议精神,对于稳定农村、稳定全国,防止和平演变、促进物质文明和精神文明建设,实现第二步战略目标都具有重要意义。

问:开展农村社会主义思想教育的任务和要求是什么?

答:农村社会主义思想教育,要求着重解决三个问题。第一,用社会主义思想占领农村阵地,树立社会主义必胜的坚定信念,逐步培养造就一代有理想、有道德、有文化、有纪律的新型农民。第二,全面贯彻落实党在农村各项方针政策,继续稳定以家庭联产承包为主的责任制,健全和完善统分结合的双层经营体制,积极发展社会化服务体系,逐步壮大集体经济实力,促进农村经济发展,引导农民走共同富裕的道路。第三,加强以村党支部为核心的村级组织建设,充分发挥党支部的核心领导作用和党员的先锋模范作用。帮助软弱涣散的村级组织搞好整顿。社会主义思想教育是一项综合性措施,要坚持以思想教育为主线,以推动经济发展为中心,以加强基层组织建设为重点。这三项任务要统筹安排,全面完成,不能顾此失彼。

问:农村社会主义思想教育的主要内容和教育重点对象是什么?

答:教育内容应突出以下几点:一是进行社会主义制度优越性的教育,帮助农民进一步认识"只有社会主义才能救中国,只有社会主义才能发展中国"。二是进行党的基本路线和党在农村的方针政策的教育。阐明改革开放以来党在农村的一整套方针政策的科学性、正确性,要长期稳定不变,并不断完善,调动农民的社会主义积极性,为实现第二步战略目标而奋斗。三是进行爱国主义、集体主义教育。引导农民正确处理国家、集体、个人三者之间的利益关系。四是进行社会主义民主法制教育。大力提倡遵纪守法,同违法现象作斗争,树立社会主义新风尚。

教育的重点对象是基层干部、共产党员、共青团员。他们是农村的中坚力量,要教育他们全面贯彻党的基本路线和党在农村的各项政策,全心全意为人民服务,带领群众自力更生、艰苦奋斗、走共同富裕的道路。

问:开展思想教育活动的地方取得了哪些成效?

答:这些地方取得的成效主要是:

1. 社会主义思想文化进一步占领农村阵地。通过教育,大多数农民提高了社会主义觉悟,增强了国家观念和集体观念,进一步明确了党的政策允许和鼓励一部分人、一部分地区依靠诚实劳动和合法经营先富起来,目的是为了达到共同富裕。许多地方出现了新气象,关心维护集体,助人为乐的多了;反对陋习、传播新风的多了;遵纪守法,按章办事的多了。去年许多地方农村的各项任务都是完成得最好的。

2. 农村党支部的领导核心作用和基层组织建设得到加强,党员的先锋模范作用得到了较好地发挥。一类支部提出更高更严的要求,二类支部增强了战斗力,三类支部多数改变了落后面貌。村合作经济组织和青年、民兵、妇女等群众组织进行了配套建设。干部党员的模范行动,提高了党的威信,增强了党组织的凝聚力。许多地方不少农民提出入党申请。

3. 推进了农村深化改革和经济的发展。干部群众弄清了现阶段党的方针政策的社会主义性质,认识到走共同富裕道路的好处,尤其看到经过落实政策,解决了群众关心的一些热点问题,社会主义积极性大大增强。湖北荆州地区京山、仙桃、江陵等县,在落实政策中,抓住清理村级财务并及时向农民兑现,很受群众欢迎。广大农民积极归还拖欠款,壮大了集体经济实力。许多地方建立了村级经济合作社,以及各种服务组织。在兴修农田水利、发展乡镇企业和计划生育等工作上,都取得了可喜成绩。

4. 进一步密切了党与农民群众的联系。农民看到党的基本政策不变,上面派来大批干部与农民同甘共苦,基层干部也转变了作风,带领大家走共同富裕的道路,更加认识到党和社会主义是真正靠山,进一步增强了干社会主义的积极性。他们说:"老八路的作风又回来了,这样的教育应该年年搞。"工作队员也受到了锻炼,他们了解了乡情,认识了国情,与农民建立了感情。有些工作队离村时,送行农民成群结队,人们热泪盈眶,难分难舍。

问:开展思想教育活动的地方有什么好的经验可以借鉴?

答:各地都取得了一些经验。基本做法主要是:

第一,领导重视,加强具体指导。多数党政领导对这项工作都很重视,列入了重要议事日程。不少省、地主要领导亲自动手,带头深入基层调查研究,并主持和参加试点,培训基层干部,总结推广经验。不少地区都是在党委统一领导下,组织有关部门干部成立专门班子,加强具体指导。湖南、山东、陕西、福建、辽宁等10余省成立了领导小组。各地都很重视工作队的自身建设,认真进行培训,由有经验的骨干带领,严明组织纪律,不搞包办代替。

第二,坚持虚实结合,注重实效,以思想教育推动农村各项工作。湖南要求,把思想建设、组织建设、落实政策和推动农村经济发展等项任务结合起来,一起来抓。江西提出,一个村在提高干部群众思想觉悟的基础上,建设一个达标的党支部,找到一条可行的致富路,培育一个集体的经济实体,落实一套管理和服务的制度。入春以来开展教育活动的一些地方，创造性地贯彻执行中央指示精神，把思想教育与学习党的十三届七中全会和七届全国人大四次会议精神结合起来，通过贯彻十年规划和“八五”计划纲要，讨论制订本村的奋斗目标和措施。有力地推动了农村各项工作的开展。

第三，坚持正确的思想教育方针，严格按照党的政策和国家法律办事。一开始各地都强调指出：这次思想教育，既不同于60年代的“社教运动”，也不同于70年代的“路线教育”，是当前在党的正确路线指导下的一次干部、群众的自我教育活动。在政策掌握上要求积极稳妥，坚持思想教育为主、正面教育为主、自我教育为主和不整干部、不整群众的方针，以增强广大农民和基层干部的主人翁责任感。有的地方根据上述方针，还制定了一些具体政策和措施，如对有关人的处理，严格按照正常程序和渠道办理；保护个体户和私营企业主的合法权益；严格执行民族政策和宗教政策等，消除了干部群众的思想顾虑，保证教育活动的健康发展。

第四，教育形式灵活多样、生动活泼。各地注意针对农民的思想实际，联系国内外形势，采取群众喜闻乐见的多种形式，把宣传教育搞得生动活泼。如面对面宣讲，办骨干培训班，组织先进人物事迹报告团，举办展览会，发动群众自我总结、回忆对比等。浙江的金华、宁波等地，分别请粮食、供销、水电等部门负责人，与农民直接座谈，摆国情、讲政策、解“扣子”，效果很好。江苏通过办冬训班的办法，已对200万名农村基层干部和党员进行了集中教育。

第五，重点抓好以党支部为核心的村级组织建设，整顿后进党支部，帮助贫困村改变面貌。山西、广西等地第一批开展教育活动的，大都是后进支部、贫困村。他们派出强有力的工作队，一面进行思想教育，一面帮助解决实际问题，发动群众寻找治穷致富门路，通过劳动积累治山治水，开展多种经营，效果很好。青海、黑龙江、山东等地反映，后进支部的转化率一般都在60%以上。

问：请谈谈当前工作中应注意什么问题？

答：当前需要各地领导引起重视，妥善加以解决的问题，主要是：一、这次教育活动，是集思想教育、落实各项政策和加强基层组织建设为一体的综合性措施。三项任务必须全面完成，时间安排应服从工作需要。一般一个村应安排四五个月的时间。有的地方任务提得比较含糊，一个村只安排一个月甚至20天，难以达到预期目的。二、保证质量，防止走过场。当前要注意两种情况：一种是缩手缩脚，不敢触及矛盾、解决实际问题，只开几次会，“空对空”讲一讲，就算完事；一种是遇到问题就事论事，言不及社会主义，片面理解“办实事”，甚至以办实事代替思想教育。这两种情况，一定要避免。如果抽调的工作队人数和领导力量不足，开展的面可以小一些，分批进行。务必做到开展一批，成功一批，要认真检查验收，严格把关，防止走过场，搞形式主义。对于主要任务没有完成，根本问题没有解决的村子，要进行补课或安排重搞。三、要充分运用现代化工具和手段进行宣传，报刊、电台、电视台等新闻单位要加强这方面的报道。集中教育期间，要有一定的声势。集中教育后，要及时转向经常性教育。为了加强教育的针对性，要加强调查研究，抓准群众的“思想疙瘩”，有的放矢地进行工作。四、为了加强领导，党委的主要负责同志要亲自抓，认真总结交流经验，区别不同情况，分类进行指导。要抽调得力干部成立专门办事机构。各有关部门要大力配合工作。要加强工作队的自身建设，依靠基层干部、共产党员和积极分子开展工作，建立“不走的工作队”。

中共中央政治局常委中央党校校长乔石在中央党校1991年夏季毕业典礼上发表讲话

乔石强调，学习马克思主义，对每个共产党员特别是党的领导干部来说，是终身的任务。

乔石说，同志们虽然在党校学习结业了，但学习马克思主义的任务并没有结束，要把毕业作为进一步学习的新起点，在以后的工作中继续深入不断地学习。当前，要认真学习江泽民同志“七一”讲话，学习《毛泽东选集》第二版，学习党史党建理论。

乔石强调在学习中要始终坚持理论联系实际，实事求是，有的放矢。要善于把马克思主义的基本原理、中央的方针政策，同本地区、本部门的实际结合起来，不断提高自己的理论思维能力、决策实施能力。

乔石指出，要成为一个真正的马克思主义者，就要像毛泽东同志一贯强调的那样，认真学习和领会马克思主义的基本原理，掌握马克思主义的精神实质，运用马克思主义的立场、观点和方法来解决中国革命和社会主义现代化建设的实际问题。

在分析国际、国内形势后，乔石表示，只要我们继续贯彻党的十一届三中全会以来的路线、方针、政策，坚定不移地沿着有中国特色的社会主义道路前进，真正把党建设好，密切党同人民群众的联系，把经济建设搞上去，培养好马克思主义的接班人，我们就能无往而不胜。

最高人民法院作出《关于如何处理“反攻倒算”案件的答复》

河南省高级人民法院：

你院豫法(研)请(1991)16 号《关于“反攻倒算”活动处理意见的请示》收悉。近几年来,你省部分地方发生了一些在土改、镇反中被没收财产或被镇压的人的亲属公然向当地政府或当年的干部、积极分子反攻倒算的事件,值得引起高度重视,应予认真对待。经与有关部门共同研究,现对你们《关于“反攻倒算”活动处理意见的请示》,答复如下:

一、对于一些地方发生的,过去土改、镇反中被我没收财产或被镇压的人的亲属,公然向当地政府、基层组织,或者当时的积极分子反攻倒算的案件,必须认真对待,严肃处理。绝不能允许任何人以任何方式进行“反攻倒算”活动,更不能让“反攻倒算”活动蔓延开来,以保卫人民民主专政的社会主义制度。

二、鉴于已经发生的“反攻倒算”案件情况比较复杂,具体处理时,应根据“反攻倒算”活动的情节、影响和危害程度,分别采用行政处分、治安行政处罚、民事赔偿,以及依照有关规定实行劳动教养等方法予以处理;对于情节严重构成犯罪的,司法机关应当依法追究刑事责任。

三、对进行“反攻倒算”活动需要依法追究刑事责任的,构成什么罪,就应按什么罪处罚。以反革命为目的进行“反攻倒算”活动的,应按刑法反革命罪的有关规定处罚。对按刑法处理的“反攻倒算”案件,人民法院应当及时依法公开审理、宣判。并可以选择典型案例通过地方广播、电视、报刊等新闻媒介宣传党和国家的政策、法律,揭露此类违法犯罪的性质和危害,鼓舞群众进一步坚定社会主义信念,坚决与此类违法犯罪活动作斗争。

四、你省的“请示”中,对抢占土改、镇反中被没收的房产,提出按“抢劫”定罪。这个问题因涉及对不动产能否按抢劫定罪的问题,刑法没有明确规定,请你们再作进一步研究,根据不同情况,具体案件具体处理。

中共中央总书记江泽民在中南海会见欧洲核子研究中心总主任卢比亚教授和美籍物理学家丁肇中教授

国务院总理李鹏在叙利亚大马士革新建的人民宫与叙利亚总统阿萨德举行会谈

李鹏说,我和我的同事们很高兴来叙利亚访问。叙利亚是中东地区一个重要的国家,与中国有着传统的友谊。近些年来,中叙两国在各个领域里的关系发展顺利。我相信,这次访问会进一步促进两国的友好合作关系向前发展。

李鹏介绍了中国对建立国际政治、经济新秩序的立场,强调国际新秩序应当是公正合理的,应有利于世界的和平与发展。具体地说,各国人民应有权决定本国的事务,选择适应本国国情的社会制度和意识形态,外国不得干涉;国家不分大小、强弱、贫富都是国际社会平等的成员,都有权参与国际事务的解决;国与国间的争端应通过谈判来解决,而不应诉诸武力;建立在不等价交换基础上的国际经济旧秩序应当为建立在平等互利、等价交换基础上的国际经济新秩序所取代。

国务院总理李鹏与叙利亚总理祖阿比举行会谈

李鹏说,叙利亚是中东地区的一个重要国家。中国重视发展同叙利亚的关系。我们高度评价叙政府和人民在阿萨德总统领导下,在维护国家主权和民族独立、发展民族经济、改善人民生活等方面取得的成就。

李鹏说,我们满意地看到,近些年来中叙两国关系稳定发展,两国领导人频繁互访,两国间的合作领域在扩大。中叙两国都在进行改革,尽管国情不同,但有不少相同之处,两国可以互相学习,借鉴对方的有益经验。

李鹏说,我们最近制订了“八五”计划和十年规划,总的指导思想是稳定发展、继续改革,以使今后 10 年国民经济生产总值每年保持 6% 的增长速度。

中共中央政治局常委乔石在人民大会堂会见以日本众议院议员自民党国际局局长鸠山邦夫为团长的自民党代表团

国家副主席王震在人民大会堂会见来北京参加“阿曼文化周”活动的阿曼民族遗产和文化大臣费萨尔·本·阿里·阿勒·赛义德

中国新任驻委内瑞拉大使黄志良向总统佩雷斯递交国书

解放军第一部大型、综合性《军用主题词表》颁发全军使用

国家教委主任李铁映在南昌陆军学院举行的军队学员毕业和复旦大学 90 级学生军政训练结业典礼上讲话

李铁映指出:大学生进行军政训练,这是党中央、国务院和中央军委作出的一项具有战略意义的决定,目的在于探索社会主义大学如何更好地培养坚持社会主义方向,德智体全面发展的优秀人才。实践证明,这项决定是完全正确的。

中宣部和北京市委宣传部创办的“民族团结心连心活动”在北京举行结对仪式

全国政协常委会致电慰问灾区干部和群众

国家物价局就稳定灾区物价问题发出通知

国家物价局向各地物价部门发出通知要求洪涝灾区的各级物价部门依靠当地政府，采取必要措施，控制粮食议价和市价，防止出现暴涨；千方百计稳住农业生产资料价格，控制城市副食品价格特别是蔬菜价格的上涨。要加强受灾地区的物价监督检查，对趁洪涝灾害之机，哄抬物价，造谣生事者，依法严肃处理。目前尚未遭灾的地区，也要密切注意市场物价动向，采取必要的防范措施，切实稳定人民基本生活必需品价格。

7月13日

中共中央总书记江泽民在钓鱼台国宾馆会见苏共中央政治局委员苏联哈萨克苏维埃社会主义共和国总统努·阿·纳扎尔巴耶夫

江泽民说，中苏关系正常化不仅有利于两国睦邻友好关系的发展，而且对维护亚洲和世界和平都具有重要意义。"我们希望中苏两国在坚持社会主义前提下，使这种新型国家关系不断巩固和发展"。

会见中，纳扎尔巴耶夫转交了戈尔巴乔夫总书记给江泽民的亲笔信，并介绍了哈萨克共和国的经济情况。纳扎尔巴耶夫表示要进一步加强同中国的友好合作。纳扎尔巴耶夫指出，哈萨克共和国特别希望苏中边界两侧的政治、经济形势更加稳定。

国务院总理李鹏在大马士革同叙利亚总统阿萨德举行第二轮会谈

李鹏总理表示，中叙两国对中东问题的立场有许多共同点。双方都认为，解决中东问题的关键是应实施联合国安理会 242 和 338 号决议；以色列应撤出所占领的阿拉伯领土，巴勒斯坦人民的民族权利应得到恢复。与此同时，本地区所有国家的主权和安全亦应得到保证。

国务院总理李鹏在大马士革同叙利亚副总统阿卜杜勒·哈利姆·哈达姆举行会谈

中纪委发出《关于审理党员违纪案件工作程序的规定》

《规定》共 6 章 37 条，对违纪案件的受理、违纪案件的审理、复查案件的审理、备案案件的审理、执行监督等作了详细规定。

《人民日报》发表社论《进一步抓好农村社会主义思想教育》

社会主义思想教育正在全国广大农村顺利进行，已经取得了明显的效果。通过教育，提高了广大农民的爱国主义、集体主义、社会主义觉悟，增强了农村党支部的核心领导作用和农村党员的先锋模范作用，进一步密切了党与农民群众的联系，促进了农村改革、经济发展和社会的全面进步。

在农村开展社会主义思想教育，是关系全局的一件大事，是在新的形势下加强和改善党对农村工作领导的重大措施，是加强工农联盟、巩固农村社会主义阵地、反对"和平演变"的需要，是贯彻党的基本路线、推进两个文明建设、实现现代化建设第二步战略目标的需要。实践证明，党中央、国务院决定用两三年的时间，分期分批在农村普遍开展这项工作，是完全正确的。

党的十一届三中全会以来，我国农村发生了历史性的变化。广大农民在党的领导下表现出可贵的革新创业精神和主人翁责任感，使我国农村的改革和建设取得了举世瞩目的巨大成绩，并且有力地推动了整个社会主义改革和社会主义建设事业。农民从亲身经历的巨大变化中进一步认识到，共产党是他们利益的忠实代表，社会主义制度是他们幸福的根本保证，更加坚定地拥护党的领导和社会主义制度。但是，也应当看到，由于前些年"一手硬、一手软"，削弱了思想政治工作，放松了四项基本原则教育，农村中也存在一些迫切需要解决的问题。例如：一些干部和群众对党的农村政策的社会主义性质不理解，产生了某些困惑和疑虑，弄不清楚在农村坚持什么、发展什么才是建设有中国特色的社会主义；一些农民的国家观念、集体观念淡薄；一部分基层党组织软弱涣散，一些党员和党员干部不能发挥先锋模范作用；有些地方资本主义腐朽思想有所抬头，封建主义残余影响有所扩大，社会治安管理混乱等。这些现象已不同程度地影响和制约了农村经济的发展，妨碍了农村社会的稳定。要从根本上解决这些问题，必须针对农村的实际，普遍、深入、系统地开展社会主义思想教育。

在农村社会主义思想教育中，要坚持以思想教育为主线，以推动经济发展为中心，以加强基层组织建设为重点，全面完成教育的各项任务。在教育中，要着重解决三个问题，即：一，进行爱国主义、集体主义、社会主义教育，进一步用社会主义思想占领农村阵地，使广大农村干部和农民群众明确走建设有中国特色的社会主义道路应遵循的基本原则，坚持正确的政治方向，逐步培养造就一代有理想、有道德、有文化、有纪律的新型农民。二，全面正确地贯彻落实党在农村的各项方针政策，稳定以家庭联产承包为主的责任制，完善统分结合的双层经营体制，发展农村社会化服务体系，逐步壮大集体经济实力，促进农村商品经济的进一步发展，促进农村各项建设事业的繁荣，逐步达到共同富裕。三，加强以党支部为核心的农村基层组织建设，充分发挥党支部的核心作用和共产党员的先锋模范作用，整顿农村社会秩序，促进社会主义民主法制建设、社会主义精神文明建设。这三项任务相辅相成、缺一不可，必须全面完成。

进行农村社会主义思想教育，要坚持从实际出发，认真解决本地区、本单位干部群众关心的突出问题。确定本地区教育的侧重点，要有利于进一步调动广大干部、群众的积极性，有利于促进农村的社会稳定，有利于促进农村的两个文明建设和全面进步。

从前一阶段的经验看，从县以上党政机关抽调有较高政策水平、有农村工作经验、思想作风正的干部，组成工作队，由领导干部带队下乡驻村，具体帮助当地党组织和基层干部搞好社会主义思想教育，是一种好办法，既有利于搞好社会主义思想教育，也有利于锻炼提高干部，改进机关作风。工作队下去，要深入调查研究，摸清干部群众最关心的问题，制定周密的工作计划，采取生动有效的教育形式。要吸取历史的经验教训，讲究工作方法，注重实际效果，防止形式主义、走过场，防止简单、粗暴的做法。工作队进村前，一定要抓好培训，学理论，学政策，学工作方法，交代任务，严明纪律，引导大家以焦裕禄为榜样，做好群众工作。工作队要在当地党委统一领导下，依靠基层党组织开展工作，坚持走群众路线，解决问题不能包办代替，要着力于提高农村基层干部分析和处理问题的能力，要注意在当地建立“不走的工作队”。

要坚持普遍教育和重点教育相结合。在对农民普遍进行教育时，重点要抓好对农村基层干部、共产党员和共青团员的教育，这是保证教育顺利开展和取得成效的关键。要教育他们坚定社会主义信念，牢固树立全心全意为人民服务的思想，充分发挥模范带头作用，带领群众自力更生、艰苦奋斗，走勤劳致富、共同富裕的道路。今年初夏以来，一些地方在抗洪抢险斗争中，广大基层干部和共产党员走在最前列，起到了模范作用，赢得了群众的拥护。这种好的作风，应当坚持下去。在教育过程中，发现有严重违法乱纪问题的基层干部，当然也要处理，但是一要把事实切实弄清楚，二要严格按党纪、政纪和国家法律的程序办事。

要坚持抓思想教育同为群众办实事相结合。在认真做好思想教育的同时，要采取切实措施，帮助农民解决生产和生活中的一些实际问题和困难，使他们增强对集体、对社会主义的责任感，增强教育的感召力。思想教育与办实事互相联系，但不能互相代替，二者有机地结合起来，才能取得预期的效果。

开展农村社会主义思想教育，是加强和改善党的农村思想政治工作的新起点。各地党委要认真总结前一段的经验，深入调查研究，进一步加强对这项工作的具体指导，发现问题及时解决。要通过这次教育，探索新路子，建立健全规章制度，加强队伍建设，使党的农村思想政治工作大大提高一步。

中华人民共和国澳门特别行政区基本法起草委员会第七次全体会议在北京港澳中心闭幕

会议修改并通过《中华人民共和国澳门特别行政区基本法(草案)征求意见稿》，通过《关于公布〈中华人民共和国澳门特别行政区基本法(草案)征求意见稿〉和开展征询工作的决定》。

澳门基本法起草委员会主任委员姬鹏飞在会上说，欢迎澳门和内地各界人士对征求意见稿提出意见和建议，同时希望基本法咨询委员会大力协助和支持基本法征询意见工作，积极发挥它在起草委员会与澳门居民之间的联系和沟通作用。

姬鹏飞透露，内地的部分起草委员将于今年 9 月上旬赴澳门，广泛地与澳门社会各界人士接触，认真听取意见。起草委员会各专题小组要在今年 12 月召开一次小组会议，根据在征求意见期间所收到的意见修改有关条文。在此基础上，起草委于明年 1 月召开第二次主任扩大会议，拟出澳门基本法(草案)稿(讨论稿)，提交第 8 次全体会议审议。

在这次为期 5 天的全体会议上，起草委委员们听取了 5 个专题小组的工作报告和鲁平秘书长关于第一次主任扩大会议工作情况的报告和对澳门基本法(草案)征求意见稿(讨论稿)的说明。与会者对提交会议的讨论稿进行了认真的讨论和研究，提出了一些意见和建议。主任委员会议根据这些意见和建议，对讨论稿作了一些必要的调整和修改，并通过分组会议征得了委员们的同意。

姬鹏飞晚上在港澳中心宴请参加澳门特别行政区基本法起草委员会第七次全体会议的全体委员。

澳门基本法起草委员会第七次会议发表公报

中华人民共和国澳门特别行政区基本法起草委员会第七次全体会议于 1991 年 7 月 9 日至 13 日在北京举行。

会议听取了中央和澳门特别行政区的关系、居民的基本权利和义务、政治体制、经济、文化和社会事务五个专题小组的工作报告和鲁平秘书长代表主任扩大会议所作的关于《中华人民共和国澳门特别行政区基本法(草案)征求意见稿》(讨论稿)的说明。委员们对征求意见稿(讨论稿)进行了讨论和修改。会议通过了《关于公布〈中华人民共和国澳门特别行政区基本法(草案)征求意见稿〉和开展征询工作的决定》。

会议认为,公布《中华人民共和国澳门特别行政区基本法(草案)征求意见稿》,广泛征询意见,是澳门基本法起草工作中的重要一环。起草委员会欢迎澳门和内地各界人士对征求意见稿提出意见和建议,以便进一步修改和完善。

会议决定,1992年3月5日至9日在广州召开澳门特别行政区基本法起草委员会第八次全体会议,主要议程是审议经过征求意见后修改的澳门特别行政区基本法(草案)稿。

中华人民共和国澳门特别行政区基本法起草委员会作出《关于公布基本法(草案)征求意见稿和开展征询工作的决定》

中华人民共和国澳门特别行政区基本法起草委员会第七次全体会议决定公布《中华人民共和国澳门特别行政区基本法(草案)征求意见稿》,在澳门和内地广泛征询各界人士的意见。征询意见的期限为四个月,即从1991年7月中旬至11月中旬。澳门特别行政区基本法起草委员会欢迎各方面人士对征求意见稿提出意见和建议,以便进一步修改。

澳门特别行政区基本法起草委员会委托澳门特别行政区基本法咨询委员会在澳门地区开展征询意见工作。澳门各界人士可以将有关的意见或建议向咨询委员会反映,也可以直接向起草委员会反映。

澳门特别行政区基本法起草委员会在内地的征询意见工作,主要在全国人大常委会、全国政协常委会、中央和地方的各有关部门、民主党派以及有关团体中进行。

澳门特别行政区基本法起草委员会决定由秘书处对各种意见和建议进行分类整理,于今年12月初送交起草委员会各专题小组研究并对有关条文进行修改。经主任扩大会议讨论修改后形成的澳门特别行政区基本法(草案)稿,将于1992年3月提交澳门基本法起草委员会第八次全体会议审议。

国务院总理李鹏在大马士革就国际问题答叙利亚等国记者问

问:你同叙利亚总统阿萨德会谈的情况如何?

答:我同阿萨德总统进行了两次会谈,主要就当前的国际形势,特别是中东问题,以及双边关系深入地交换了意见,双方还介绍了各自国内的情况。关于建立国际政治、经济新秩序问题,双方认为,旧的世界格局已经打破,新的格局尚未形成。新的世界秩序应该建立在相互尊重主权和领土完整、互不侵犯、互不干涉内政、平等互利等原则的基础上。

在我同阿萨德总统会谈中,中东问题占了很多时间。阿萨德总统向我详细介绍了中东问题的根源及在各历史阶段的发展情况和现状。中国主张,解决中东问题应以联合国安理会242号和338号决议为基础,其核心是以色列应从其占领的阿拉伯领土撤走,恢复巴勒斯坦人民的合法权利。中东所有国家的主权和安全应得到尊重和保障。

我对叙利亚人民在阿萨德总统领导下在保卫国家、发展经济和提高人民生活方面所取得的成就表示钦佩和赞赏。双方认为,两国高级领导人的交往可以增进彼此间的了解和推进两国关系的发展。我向阿萨德总统重申了杨尚昆主席对他访华的邀请。他愉快地接受了邀请。总之,会谈是有意义和富有成果的。

问:中国如何在推动中东和平进程方面发挥作用?

答:中国是联合国安理会5个常任理事国之一,并且同中东国家建立了良好关系。中国愿意在安理会上述两个决议的基础上同国际社会一道积极寻求解决中东问题的途径,争取为实现中东和平发挥更大作用。

问:怎样评价你访叙的结果?中叙两国经贸关系的前景如何?

答:这次访问取得了圆满成功,达到了增进了解、加深友谊、促进合作的目的。我相信,这次访问将推动两国经贸关系的发展。李岚清部长同叙利亚副总理亚辛进行了认真的会谈。双方认为在贸易、技术交流和举办合资企业等方面具有发展前景。

问:美国向以色列提供大量武器,中国在军售方面持什么立场?

答:中国在军售问题上一向采取谨慎、负责的态度。中国出口武器的数量很少。我们在军售方面坚持三项原则:

中国向一些国家提供少量武器,目的是帮助武器购买国提高自卫能力;

我们的军售有利于实现地区的和平,而不是增加不稳定因素;

军售不附加任何政治条件,不利用军售干涉别国内政。

问:世界新秩序是否是一极的新秩序?中国的主张是什么?

答:国际上对建立世界新秩序的观点和主张不尽一致。中国反对由一国或少数几国来垄断国际事务。我们主张国家不分大小、强弱与贫富,都是国际大家庭中平等的成员,都有权参与国际事务。我访问过的中东五国领导人,在这个问题上,与我们的观点是一致的。大家还认为联合国今后在这方面应起更大的作用。

问:安理会五大国支持的决议,以色列可以拒不执行,你对此有何看法?

答:我对此也困惑不解。对以色列拒绝执行安理会决议,我们只能表示遗憾。

国务院总理李鹏在叙利亚就中国对中东军控问题的立场答《人民日报》记者问

李鹏说,中国对中东军控的立场可以概括为三点:

第一,中东军控应遵循全面、均衡的原则,做到公正、合理,对于中东军控问题不能有双重标准。所谓全面,就是对该地区所有国家一视同仁。不能对有些国家实行控制,对有的国家不仅不控制,而且还提供大量的武器。全面的另一层含意是指包括所有武器,不能只限制一种武器,而不限制另外一些更先进武器。所谓均衡,是指不能加剧现有的不平衡,更不能造成新的不平衡。我们认为,中东地区军事力量已经很不平衡了,军控的结果应该导致力量的均衡,而不是导致更大的不平衡。

第二,要使中东成为无大规模毁灭性武器(无核武器、无生物武器、无化学武器)的地区。

第三,中东军控应该同中东和平进程相联系。军控是手段,要达到的目的是在中东实现公正、持久的和平。

外交部部长钱其琛同叙利亚外交部部长沙雷在大马士革举行会谈

国家副主席王震在人民大会堂会见由秘书长侯赛因·阿卜杜拉·迈格达米率领的也门咨询委员会代表团

王震说,马克思、恩格斯、列宁、斯大林给我们留下了人类最宝贵的精神财富,将指引全人类获得彻底解放,最终实现没有人压迫人、人剥削人的社会制度,实现真正的人类自由、平等与和平。

会见中,王震介绍了中国共产党领导的多党合作和政治协商制度。

7 月 14 日

国务院总理李鹏在科威特白杨宫同科威特埃米尔贾比尔·艾哈迈德·萨巴赫殿下举行会谈

李鹏指出,我们从一开始就谴责伊拉克入侵科威特,要求伊拉克从科威特无条件撤出去。记得在科威特处于最困难时期,我们在北京接待了埃米尔殿下,表示中国对科威特政府和人民的声援。今天,我们来到这里亲眼看到了战争给你们国家造成的创伤。我们也看到了重建工作正在加紧进行,并对此感到由衷的高兴。我们相信,科威特人民在殿下的领导下,共同努力,加上国际社会的支持,一定能在不长的时期内医治好战争的创伤,把科威特重新建设成为一个繁荣昌盛的国家。

埃米尔认为中国外长在危机期间为敦促伊拉克撤军做了很多工作。埃米尔说,我们对中国十分信任,相信总理的来访将促进科中两国业已存在的牢固关系进一步发展。

李鹏说,中科之间的关系经受了时间的考验,我们没有任何利害冲突,只有友谊与合作,在科威特最困难的时候,中科两国的经济合作项目不仅没有中断,而且还增加了新的合作内容。

国务院总理李鹏同科威特王储兼首相萨阿德举行正式会谈

关于双边关系,萨阿德说,科中关系一向很好,希望今后增加两国各个层次人员的来往,扩大双边合作的领域。科威特对发展两国合作具有真诚的愿望。科威特的重建任务很重,涉及公用设施、电站、海水淡化等项目。科威特热烈欢迎中国的公司、工程技术和劳务人员参加科威特的重建,希望中方有关部门同科方有关部门就此进行接触和商谈。科中两国这方面的合作不存在任何障碍。

李鹏说,中科两国政治关系很好,经济上的合作一直在进行,希望通过这次访问进一步促进中科友好合作关系的向前发展,中方愿意参加科的重建工作。李鹏代表中国政府并以他本人的名义邀请萨阿德首相在方便的时候访问中国,萨阿德愉快地接受了邀请,并希望早日成行。

萨阿德首相介绍海湾地区的形势和科对海湾地区安全安排的立场。

李鹏说,中国认为,安理会有关海湾问题的决议应该得到全面的执行。李鹏说,海湾安全安排问题,主要应由海湾各国协商解决,中国赞赏海湾各国加强磋商的努力。中科两国部分高级官员参加会谈。

中国和叙利亚发表《中叙联合公报》

一、为了加强阿拉伯叙利亚共和国同中华人民共和国的友好合作关系,保持两国会晤与磋商,应阿拉伯叙利亚共和国政府的邀请,中华人民共和国国务院总理李鹏于 1991 年 7 月 11 日至 14 日率高级代表团对阿拉伯叙利亚共和国进行了正式友好访问,李鹏总理及随行代表团在大马士革受到了热烈欢迎，体现了两国人民之间的深厚友谊和相互尊敬的感情。

二、阿拉伯叙利亚共和国总统阿萨德会见了中华人民共和国国务院总理李鹏。李鹏总理还分别会见了哈达姆副总统和祖阿比总理。在充满相互友好、信任与谅解气氛的会晤中，双方重点讨论了巩固与加深两国间双边关系以及共同关心的问题。双方还回顾了国际形势的变化及其可能产生的影响。双方十分满意地看到对所探讨的问题均持有相同或相似的看法。双方强调，特别在当前严峻多变的国际形势下，两国继续进行磋商和协调具有重要意义和必要性。这种磋商与协调有助于加深两国的友好合作关系。

三、双方详细探讨了双边关系及其发展与深化的途径，并对这种关系的顺利发展表示满意。双方表示将在各个领域继续发展和巩固友好合作关系，以利于两国人民的利益和两国的繁荣与发展。双方对发展两国在农业、工业和贸易等领域的经济关系给予高度重视，重申要履行两国签署的协议。为此，两国决定向各自有关部门发布必要的指示，以便为尽快实现这一目的采取保证措施。

四、双方讨论了目前国际局势的变化及对第三世界国家和人民的影响。双方一致认为，国际新秩序应建立在国际法准则基础上，即互相尊重主权和领土完整、互不侵犯、互不干涉内政，各国均有权按照自己的愿望选择社会制度。联合国应该在确定这一秩序的框架和解决地区冲突、巩固世界和平与安全方面发挥有效的作用。双方强调，如果不能缩小发达国家与发展中国家之间的差距，如果不能减轻第三世界国家日益严重的债务负担，任何一种建立新秩序的尝试都是有缺陷的。

五、双方回顾了中东的严峻形势，强调为在该地区实现和平与稳定，以色列必须撤出包括叙利亚戈兰高地在内的1967年以来所占领的全部阿拉伯领土；必须恢复巴勒斯坦人民的权利，其中包括联合国决议所规定的民族自决权。双方宣布支持实现全面、公正地解决中东问题的和平努力，这种解决应该在联合国有关决议及国际法准则基础上，通过召开国际和平会议的形式得以实现。双方认为，在联合国主持下，由五个常任理事国及有关方面参加的国际会议，是实现这一目标的最佳途径。双方呼吁国际社会以解决海湾危机的同样热情解决中东问题，而不能实行双重标准。

六、双方对大批犹太人向阿拉伯被占领土移民深感忧虑，并一致认为这种移民活动实际上是怂恿以色列继续占领阿拉伯领土。双方认为，以色列在被占领土上修建定居点，不但违背联合国有关决议，而且是对国际社会的挑战，也是为中东和平进程设置的障碍，因此是非法的。

七、双方强调完全支持黎巴嫩的独立、统一和领土完整，支持塔伊夫协议和黎巴嫩政府为在全国行使主权而采取的措施。双方要求执行关于以色列军队应完全、迅速、无条件从黎巴嫩撤出的安理会第425号决议。

八、双方一致认为，中东地区军备竞赛是该地区冲突未能得到全面、公正、合理解决的结果，军控问题应同中东危机的和平解决相联系。双方强调，有关中东军控的倡议应以全面、均衡、有效为原则。这一原则应适用于所有国家，以便使该地区成为无大规模毁灭性武器，首先是核武器的地区。

九、双方深入、全面地讨论了由于对科威特的入侵和海湾战争给该地区国家和人民带来的严重消极影响，强调应尊重本地区所有国家的主权和领土完整，在无外国干涉的情况下，由本地区各国政府处理地区事务，并对其安全作出安排。双方指出，联合国可以在实现本地区稳定和安全方面发挥作用。

十、中华人民共和国国务院总理李鹏对他本人及代表团所受到的热情款待表示感谢，并代表中华人民共和国主席杨尚昆重申邀请阿萨德总统访华。阿萨德总统接受邀请并表示感谢，访问日期另行商定。

中国和科威特发表《中国科威特新闻公报》

中华人民共和国国务院总理李鹏率领代表团于1991年7月14日对科威特国进行了正式访问。代表团成员有国务委员兼外交部长钱其琛、对外经济贸易部长李岚清等中国政府高级官员。

科威特王储兼首相萨阿德·阿卜杜拉·萨利姆·萨巴赫殿下在科威特国际机场为李鹏总理访问举行了欢迎仪式。

访问期间，李鹏总理会见了科威特国埃米尔贾比尔·艾哈迈德·萨巴赫殿下，转达了中华人民共和国主席杨尚昆给埃米尔殿下的口信，强调中国支持科威特的独立和主权，反对伊拉克对科威特的入侵，支持国际社会为实施安理会有关决议，解放科威特而作出的努力。科威特埃米尔高度赞赏中国政府和人民主持正义，反对侵略的立场。

李鹏总理还转达了杨尚昆主席对埃米尔殿下访华的邀请，埃米尔殿下接受邀请并表示感谢，希望尽快成行。

李鹏总理和萨阿德王储兼首相主持了双边会谈。王储兼首相殿下表示，科威特政府和人民赞赏中国反对伊拉克野蛮侵占科威特的原则立场。感谢中国为解放科威特，恢复其自由与独立所发挥的积极作用。

埃米尔殿下在与李鹏总理的会见中强调，科威特极为关切被伊拉克当局俘虏和扣押人员的安全和使他们迅速返回家园同家人团聚。同时,科方重申,必须完成划定科威特同伊拉克边界、归还伊拉克当局掠夺的一切财产。科方还强调,国际社会应继续对伊拉克政权进行经济制裁,直至安理会各项有关决议,特别是第687号决议得到完全实施。

中方强调,将支持有助于实施安理会有关决议的一切努力和措施。

中方还对伊拉克点燃科威特油井对科威特及本地区环境造成的巨大损失和严重危害深表不安。双方签订了中国公司参与科威特油井灭火的协议。

双方对两国间友好合作关系的不断发展表示非常满意,并强调双方愿意扩大经济、贸易和投资等领域内的合作,以利于友好的两国人民的共同利益。

中方表示支持海湾阿拉伯国家合作委员会各成员国之间为保证该地区的稳定与进步所采取的合作步骤。

双方还研究了中东局势,强调根据有关国际决议,特别是安理会第242号和338号决议,以色列必须撤出占领的阿拉伯领土,必须恢复巴勒斯坦人民的合法权利。

为了实现全人类的和平与繁荣,双方表示,支持在平等合作,互相尊重国家主权与领土完整,互不侵犯,互不干涉内政,和平共处原则基础上建立国际新秩序。

中华人民共和国国务院总理李鹏邀请科威特国王储兼首相萨阿德访华,萨阿德殿下接受了邀请并表示感谢,希望尽快成行。

1991年7月14日　科威特城

中国石油工程建设公司同科威特国家石油公司在科威特就中国参加科威特油井灭火工程正式签署合同

朝鲜国家主席金日成会见正在朝鲜访问的由韩叙会长率领的中国对外友协、中朝友协代表团

巴基斯坦政府决定向中国灾区提供五千吨大米

从中国国际减灾十年委员会获悉:中国政府紧急呼吁国际社会向安徽、江苏洪涝灾区提供援助后,巴基斯坦政府决定向我灾区提供五千吨大米。

中国3名选手在波兰罗兹市举行的第23届国际化学奥林匹克竞赛中获金牌

7月15日

中共代表团与布基纳法索人民阵线代表团在瓦加杜古进行会谈

中共中央政治局常委李瑞环率领的中国共产党代表团与布基纳法索国务部长、人阵执委会政治书记卡博雷率领的布基纳法索人民阵线代表团上午进行会谈。

李瑞环通报中国国内形势,扼要地介绍了中国10年规划和第8个5年计划纲要的战略目标,指出中国人民正集中精力搞好经济建设。他说,中国历史上由于长期动乱,使人民吃尽了苦头,所以,中国人民一贯重视国泰民安。80年代我们取得了一些成就,一个重要因素就是保持了政治稳定。只有政治稳定,社会稳定,才能促进改革,实行开放,发展经济,人民生活才能得以改善。中国人民认为这是“安邦兴国”之道。

在会谈中,李瑞环还谈了中国奉行的独立自主的和平外交政策以及对当前国际形势的看法。李瑞环说,在当前形势下,迫切需要在国际关系中普遍遵循和平共处五项原则,并在此基础上建立公正合理的国际政治新秩序和国际经济新秩序。中国愿意同第三世界国家,特别是与非洲国家团结、合作,共同为实现这一目标而努力。

以全国人大常委会副委员长王汉斌为团长的全国人大代表团应邀前往厄瓜多尔、秘鲁、智利和阿根廷进行友好访问

《人民日报》发表评论员文章《历史赋予的光荣使命》

澳门特别行政区基本法起草委员会第七次全体会议通过公布澳门特别行政区基本法(草案)征求意见稿,以广泛征询各方面意见,这标志着澳门特别行政区基本法的起草工作取得了可喜成果,并将进入一个新的阶段。

制定澳门特别行政区基本法是一件具有历史意义的事情,对完成祖国统一大业和实践“一个国家,两种制度”的伟大构想有着重大的作用。澳门自古以来是中国的领土,16世纪中叶以后被葡萄牙逐步占领。1987年4月13日,中葡两国政府签署了关于澳门问题的联合声明,确认中华人民共和国政府将于1999年12月20日恢复对澳门行使主权,从而实现了包括澳门同胞在内的全体中国人民的共同愿望。全国人民代表大会根据我国宪法第三十一条的规定,将设立澳门特别行政区,在维护国家统一和领土完整的基础上,保持澳门的资本主义制度和生活方式五十年不变。制定澳门特别行政区基本法,目的是将国家对澳门的基本方针、政策用法律的形式固定下来,从而保证澳门的长期稳定和繁荣。

澳门特别行政区基本法起草委员会自1988年10月开始工作,至今已有两年零九个月。起草委员们根据“一国两制”的方针和中葡联合声明的精神，以民主开放和实事求是的态度，从澳门的实际出发，经过调查研究，认真听取各界人士的意见，充分协商，集思广益，现已拟订出了澳门特别行政区基本法(草案)征求意见稿。这个征求意见稿，既维护了国家的主权，又保证澳门特别行政区享有行政、立法、司法等方面的高度自治权，并对澳门特别行政区的政治、经济、文化等方面的制度和澳门居民的基本权利、义务作了明确的规定，这将为澳门的社会稳定、经济发展提供坚实的基础。

澳门特别行政区基本法(草案)征求意见稿是澳门和内地起草委员们共同努力的结晶。它的起草工作自始至终得到各个方面、特别是澳门基本法咨询委员会的大力协助。澳门居民对基本法普遍表示关心，他们所提出的不少意见和建议，已被澳门特别行政区基本法(草案)征求意见稿所吸收。公布澳门特别行政区基本法(草案)征求意见稿，广泛地征询澳门和内地各方面的意见，必将使澳门特别行政区基本法草案的条文修改得更加完善。我们相信，经过起草委员会的努力和各界人士的关心、支持，一定能起草出一部体现“一国两制”，符合澳门实际，使包括澳门同胞在内的全体中国人民满意的澳门特别行政区基本法，从而完成历史赋予的光荣使命。

中华人民共和国澳门特别行政区区旗、区徽图案评选委员会第二次会议在北京结束

经过多轮投票，已从782幅应征稿件中初选出15套区旗、区徽设计图案。

全国县(市)农业生产各项指标排出名次

国家统计局排出近五年农业总产值、粮、棉、油、肉总产量前100名大县。其中江苏省兴化市农业总产值居全国诸县和县级市之首；吉林省公主岭市、湖北省天门市、山东省平度市、四川省合川县分别摘取粮、棉、油、肉总产量状元桂冠。

“七五”期间，这些县(市)累计向国家出售原粮、棉花占国家粮棉收购总量的32.6%、58.5%，猪牛羊肉出售量占全国猪牛羊肉出售总量的32%，从而在我国农业和整个国民经济中发挥重要作用。

依照国家统计局这项统计和分析，全国农业总产值前十名县依次为兴华市、平度市、东莞市辖区、荣成市、东台市、南通县、铜山县、大连市辖区、武进县、枣庄市辖区；列入粮食总产量前十名的依次为公主岭市、榆树县、扶余市、昌图县、梨树县、兴化市、铜山县、临利县、农安县、平度市；列入全国棉花总产量前十名的依次为：天门市、扶沟县、临清市、射阳县、陵县、东台市、大丰县、兴化市、莘县、冠县；油料总产量前十名的依次为：平度市、长岭县、莒南县、莱西县、日照市、荣成市、东海县、胶南县、文登市、定远县；猪牛羊肉总产量前十名的依次是：合川县、巴县、江津县、仁寿县、简阳县、泰兴县、安岳县、犍为县、长沙县、宁乡县。

外交部部长钱其琛在北京就国务院总理李鹏中东海湾6国之行问题接受中国记者采访

国务委员兼外交部长钱其琛说，李鹏总理对中东6国的访问加强了中国同这个地区国家的关系，对推动中东和平进程也起到了一定的作用。

钱其琛说，作为中国采取的一次重大的外交行动，李鹏总理此行的“意义是很大的”。

钱其琛说，中国在中东地区没有任何私利，一贯支持阿拉伯的正义事业和巴勒斯坦人民恢复民族权利的斗争。中国同这个地区的所有国家都有着非常良好的关系。

钱其琛说，目前，中东问题和中东和平进程已成为一个热门话题，国际社会普遍非常关注。在这个时候，作为联合国安理会五个常任理事国之一的中国的总理到这个地区访问，各方当然非常注意。

钱其琛说，有人认为，在海湾战争以后，中国在这个地区的影响会有所削弱，或许一些国家对中国还会有点意见。“但这次访问表明，所有这些国家对我们在海湾危机期间以及过去几十年来在中东问题上所持的立场，都采取赞赏的态度。”

钱其琛说，“我们通过这次访问加强了同这个地区国家的关系。”

钱其琛还指出，这次访问对推动中东和平进程也起到了一定的作用。他说，在中东问题上，中国坚持一贯的立场，对于这一点阿拉伯世界、中东地区的许多国家都是非常了解的。但同时，在目前情况下，除了继续坚持一贯的立场之外，中国也采取一种灵活的态度。对于凡是有利于促进中东和平进程的各种方案和意见，中国都持积极的态度。现在国际上正在讨论中东军控问题，中国对这个问题也持积极的态度。

钱其琛说，“中国的这种态度博得了各方面的好评。”

但钱其琛指出，中国在中东问题上所能够起到的作用还是有限的。中东问题是一个十分复杂的国际问题。最重要的是，对以色列具有重大影响的美国应当发挥更重要的作用。他说，这次访问的几个国家都表示希望美国作出更大的努力，对以色列施加影响，使中东和平进程取得进展。

钱其琛还认为，这次访问对发展中国同中东国家的经贸关系也起到了推动作用。

钱其琛说，中东地区是重要的石油产地，也是一个重要的消费商品市场。同时，整个中东经过多年的战乱后需要重建。所以，“在发展经济合作方面有着很大的潜力。"

钱其琛说，访问期间，在相互交换意见时，李鹏总理和各国领导人在发展双边经贸关系的问题上有着一致的看法。很多国家都对发展对华经贸关系表现出很大的热情。例如，在科威特短暂的访问期间，双方达成了关于中国公司帮助科威特进行油井灭火的合同。他指出，要求参加科威特油井灭火工作的国家很多，但到目前为止，只有美国和加拿大与科威特签署了合同。中国是第三个签署这种合同的国家。"这说明科威特对中国帮助灭火有着很高的期望"。

钱其琛表示相信，通过这次访问，中国和中东、海湾国家的经济合作和贸易关系会有所发展。

中国驻美国大使馆新闻参赞陈国清致函《华盛顿时报》驳斥所谓中国秘密向中东转运导弹的"新闻报道"

中国驻美国使馆新闻参赞陈国清近日致函《华盛顿时报》，驳斥该报7月2日刊登的一条有关中国通过塞浦路斯秘密向中东转运导弹的"新闻报道"。

中国外交部发言人7月3日澄清了事实，塞浦路斯政府发言人于7月5日断然否认了这一指控。

《华盛顿时报》刊出了陈国清的信件。信中指出，中国政府在武器出口问题上，一贯采取严肃、慎重、负责的态度，并恪守三项原则，即武器出口必须有助于维护有关国家的独立、主权和领土完整，有助于它们保持必要、合理的防卫能力；武器出口必须有助于维护和加强有关地区的和平安全与稳定；中国不以武器出口为手段干涉其他国家内部事务。

陈国清说，根据上述原则，中国曾向巴基斯坦提供过数量有限的常规武器，包括极少量的短程战术导弹，这并不对第三国构成威胁。与美国新闻媒介广泛报道的情况相反，中国没有向叙利亚提供过导弹。人们不禁要问，这种通过塞浦路斯转运导弹的谎言从何而来？

陈国清说，实现中东的和平与稳定需要中东和其他地区国家的共同努力，因此，"已经向该地区出口大量武器的国家应当率先采取负责态度，认真实行自我约束"。

菲律宾总统科·阿基诺致信国家主席杨尚昆感谢中国援助菲律宾火山灾民

第二次南中国海问题研讨会在印度尼西亚万隆市举行

第二次南中国海问题研讨会于7月15日至18日在印尼万隆市举行，参加会议的有来自中国、中国台湾、印尼、越南、马来西亚、菲律宾、文莱、泰国、新加坡和老挝等南中国海有关国家和地区的专家学者共66人。

南方委员会和中国国际问题研究所在北京联合举办关于国际新秩序和南南合作的研讨会

南方委员会和中国国际问题研究所最近在北京联合举办关于国际新秩序和南南合作的研讨会，来自南方委员会的委员，如古巴国务委员会副主席卡洛斯·罗德里格斯，印尼总统顾问萨斯特罗·维佐约，中国国际问题研究中心副总干事钱嘉东，以及中国人民大学教授吴大琨等四十多位著名专家学者和社会活动家围绕上述问题进行讨论。尼雷尔主席和钱嘉东委员主持了讨论会。

与会者认为，当前世界进入了一个新旧格局转换的过渡时期，世界正向多极化方向发展。南北经济差距扩大，南方面临着更加严峻的局势。发达国家的对外援助远未达到联合国规定的目标，而且对接受援助的条件更加苛刻，甚至把"民主""人权"同援助挂钩，企图把它们的价值观念强加给南方国家。

面对这样严峻的国际形势，与会者认为，南方国家之间必须进一步协调立场，加强合作，才能维护自己的切身利益。首先，加强南南合作可以提高南方国家的集体自力更生能力。

其次，南方只有加强合作，才能在国际事务中发挥更大作用，并加强同北方的谈判地位。与会者指出，现今的世界是相互依存的，但南北之间是不对称的相互依存关系。南方应当与北方合作，但是绝不能屈从于北方的压力。

与会者还认为，南方国家需要成立一个常设秘书处，既服务于推动南南合作，也能在南北对话中加强南方国家之间的协商与团结。

关于建立国际新秩序，与会者指出，当今世界有着一百多个独立的主权国家，由一个或几个大国来主宰世界显然是违背时代潮流的，企图把西方社会制度、价值观念强加给世界上所有国家显然也是行不通的。那种在建立世界新秩序的名义下推行霸权主义和强权政治的意图是当今世界面临的一个挑战。

与会者指出，南方国家最希望建立公平、合理的国际政治、经济新秩序。早在五十年代，中国和其他亚非国家就提出了和平共处五项原则和万隆会议十项原则，提出了一种新型国际关系。进入九十年代，国际上要求建立政治、经济新秩序的呼声越来越高，这反映了世界人民的觉醒和进步，代表了世界未来的发展方向。但建立国际新秩序将是一场长期艰巨复杂的斗争，将是一个历史过程。加强南南合作，有利于促进建立国际政治、经济新秩序的进展。

民政部解放军总政治部就"八一"期间扎实开展双拥活动问题发出通知

通知指出，各地在条件许可的情况下，要组织慰问团(组),对驻守边防、海岛和偏远地区的部队以及烈军属进行慰问,帮助驻军解决战备训练、国防施工和其他军事活动中急需解决的问题,帮助优抚对象解决生产、生活中存在的困难。各部队要通过开展军民共建、军民同学雷锋等活动,促进社会主义精神文明建设。有条件的部队要积极参加义务劳动,支援社会公益事业建设,为驻地群众多做好事,多办实事。

国家教委就各类高校暑期实践主要内容发出紧急通知

国家教委发出紧急通知,要求全国高等学校积极行动起来,组织师生参加抗洪救灾斗争,为保护国家和人民群众的生命财产作出贡献,并在抗灾斗争中使广大师生得到锻炼和提高。

《通知》说,抗洪救灾斗争是社会实践活动的很好课堂,今年暑期高等学校学生的社会实践活动要以抗洪救灾斗争作为主要内容。灾区各校要利用假期,组织师生就地就近参加抗洪救灾斗争。已经组织师生进行社会实践活动的学校,要及时调整活动计划。

各校要加强领导,选派得力的干部和教师带队。在当地党政领导部门和抗洪救灾指挥部门的领导下,齐心协力,团结抗灾,共同夺取抗灾斗争的胜利。要引导广大师生向抗洪救灾的军民学习,联系实际进行爱祖国、爱人民、爱社会主义和不畏艰险、不怕困难、无私奉献、勇于斗争的教育,尽最大努力减少国家和人民生命财产的损失。

中国选手庄泳获得谢菲尔德第16届世界大学生运动会女子100米自由泳比赛冠军

中国选手林莉在第16届世界大学生运动会女子400米个人混合泳决赛中获得冠军

国务院总理李鹏来到国家防汛总指挥部了解灾情

李鹏听取水利部部长国家防汛总指挥部副总指挥杨振怀汇报。李鹏打电话向安徽江苏了解汛情灾情。

在打给卢荣景的电话中,李鹏说,从现在的情况看,安徽的灾情确实很大、很重。你们充分发挥了社会主义制度的优越性,充分发挥了各级党委和政府的作用,在这场抗洪抢险救灾斗争中,广大党员、干部经受了严峻考验。他强调指出,现在最重要的是保证人民群众的生命财产安全,确保淮河、长江大堤的安全。

新华社香港分社社长周南受中共中央国务院委托就港澳同胞捐款赈灾问题向新华社记者发表谈话

周南首先向记者介绍了内地灾情及抗灾的情况。接着他指出,在祖国遭受特大自然灾害面前,港澳同胞表现出来的己溺己饥的精神和血浓于水的骨肉之情至为感人。

周南说,他受党中央、国务院的委托,对香港各界人士这种高尚的爱国家、爱家乡、爱同胞的情操表示高度的赞赏,对向灾区捐款的各界人士和社会团体表示诚挚的、衷心的感谢!对本港继续开展的救灾活动表示积极的支持!

周南最后谈到,新华社香港分社已成立赈灾办公室,处理有关救灾问题。

国家防汛总指挥部人事部水利部就做好抗洪救灾中的表彰工作联合发出通知

国家防汛总指挥部、人事部、水利部最近联合发出通知,要求各地做好抗洪救灾中的表彰工作。

通知说,目前全国有18个省、自治区、直辖市遭受严重的洪涝灾害。广大干部群众在党和政府的领导下,不怕困难,不畏艰险,积极投入抗洪救灾斗争,做出了重大贡献,已涌现出许多先进集体和先进个人。为进一步激发广大干部群众英勇顽强、团结奋斗的精神,夺取抗洪救灾的胜利,各部门认真做好抗洪救灾中表彰先进的工作。

通知要求各级政府防汛指挥部门和人事、水利部门,要及时了解抗洪救灾斗争中作出突出贡献的集体和个人,广泛宣传他们的事迹,采取多种形式,适时给予表彰。

中共中央纪律检查委员会发出《关于严明纪律,确保抗洪救灾斗争胜利的通知》

中共中央组织部就各地在抗洪救灾中充分发挥基层党组织和党员的作用发出通知

农业部就做好救灾抗灾工作召开紧急会议

农业部召开紧急部务会议,分析研究全国农业灾情发展变化情况,对进一步做好当前救灾、抗灾工作和抓紧今后时机加强秋季生产,力争“以秋补夏”、“以丰补歉”,提出新的具体措施。

“联合国残疾人十年”中国组委会第三次扩大会议在北京召开

国务院副总理田纪云出席会议并讲话。组委会主任委员、民政部部长崔乃夫主持了会议。31个有关部门的负责人和委员出席了会议。会议总结了3年来《中国残疾人事业五年工作纲要》的执行情况,研究提出了“八五”期间残疾人工作的总体设想。

组委会扩大会议研究提出“八五”期间残疾人工作的总体设想和任务目标，以期残疾人事业逐步跟上经济、社会的发展步伐，使广大残疾人与全国人民一道，走上共同富裕的道路。

7月16日

中共中央政治局在北京召开会议研究部署抗灾救灾工作

中共中央总书记江泽民主持会议，听取关于当前我国部分地区灾情、汛情的汇报，研究部署了抗灾救灾工作。

会议指出，今年以来，我国部分地区气候异常，涝、旱、风、雹等自然灾害频繁，特别是江淮和太湖流域发生严重洪涝灾害，使工农业生产和人民生命财产受到重大损失。在严重的自然灾害面前，广大干部群众在党和政府的坚强领导下，奋起抗灾。人民解放军、武警和公安干警发扬不怕牺牲、连续作战的精神，同灾区人民齐心协力，团结抗灾。许多地方和部门以各种方式及时支援灾区。尤其是行洪、蓄洪区的人民群众，为确保全局，主动承担了重大的局部牺牲。党中央向奋战在抗灾救灾第一线的广大干部、群众，人民解放军、武警和公安干警表示崇高的敬意和亲切的慰问。

会议指出，目前，我国大部地区已进入主汛期，灾情有可能继续发生。面对这种严峻形势，各地区、各部门要进一步动员起来，振奋精神，加强领导，团结协作，战胜灾害。会议要求：

一、要立足于防大汛，抗大灾。各级领导要进一步振奋精神，鼓舞斗志，动员群众，切实从思想上、组织上、工作上、物质上做好战胜严重灾害的各种准备。必须及时采取各种措施，千方百计确保大江、大河、大湖、大中型水库的安全，确保城市、铁路和重要设施的安全。

二、要切实加强对抗灾救灾的领导。

三、要顾全大局，团结协作。各地区、各部门要树立“一盘棋”思想，坚决服从党中央、国务院的统一号令和统一指挥。要识大体，顾大局，讲风格，局部服从全局，团结抗洪，团结治水，各地区、各部门要从物力、财力上大力支援灾区。

四、要发动群众，动员各方力量，开展自救互救。

五、要切实加强思想政治工作。

会议强调，优越的社会主义制度和共产党的坚强领导，是我们战胜自然灾害的根本保证。

全国政协祖国统一联谊会在北京举行座谈会

全国政协祖国统一联谊会举行座谈会，呼吁台湾当局尽快就中共中央对台办负责人关于“国共两党谈判”、“两岸双向直接三通”和“两党高层互访”的三项建议作出明智回应，以利于推动祖国和平统一的进程。

钱伟长主任委员说，中共提出的三项建议是合情合理的，对推动目前两岸形势的发展起到了很大的促进作用，台湾当局目前对中共的建议态度摇摆，希望他们尽快下决心，早做决断，实现国共两党谈判。

副主任委员贾亦斌、杨拯民认为，中共台办负责人的谈话中指出，“我们决不坐视‘台湾独立’”，中共中央总书记江泽民在“七一”讲话中也指出，当前“‘台独’思潮有蔓延之势，需要严重注意和警惕”，这些讲话指出了要害。“台独”分子最近在岛内活动猖獗，已引起海内外及岛内大多数同胞的忧虑，“台独”不仅危害祖国的统一，对整个中国、包括台湾将来的稳定与发展危害甚大。台湾当局应该对此有清醒的认识，不能再对“台独”的猖獗活动姑息纵容。

国务院总理李鹏在中南海会见日本自治大臣吹田幌和随同来访的参议员

李鹏说，中国有一个传统：一方有难，八方支援。灾区人民在全国人民的大力支援和帮助下，正奋力抗洪救灾，克服困难。“对此，我们是有信心的。”

吹田幌对中国部分地区遭受水灾表示同情和慰问。他说，他此行是为了落实前首相竹下登今年 5 月访华时提出的关于加强日中青年交流的计划，并就此同中国方面进行商谈。

李鹏说，这是一项很有意义的计划，它将教育两国青年人把中日友好世世代代传下去。中国政府将对这一计划给予积极支持和配合。

中日友协名誉会长王震会见日本东工物产株式会社社长小林隆治

国家主席杨尚昆在人民大会堂分别接受新加坡共和国首任驻中国大使郑东发和毛里求斯新任驻中国大使维贾伊·库马尔·乔伊保罗递交国书

布基纳法索国家元首人民阵线总书记布莱斯·孔波雷在瓦加杜古会见中国共产党代表团团长中共中央政治局常委李瑞环

首届中国饮食文化国际研讨会在人民大会堂召开

全国人大常委会副委员长阿沛·阿旺晋美、严济慈，全国政协副主席洪学智等出席了开幕式。

中国食品工业协会会长王文哲主持了开幕式。中国烹饪协会会长姜习致开幕词，他说，中国的饮食文化源远流长，博大精深，影响深远，是中国的国粹。他说会议的宗旨是通过研讨中国饮食文化的历史、现状及发展趋势，交流饮食文化的研究成果，加深中国与国际饮食文化界及食品餐饮界的联系，开展更广泛的友好交往和学术文化、经济技术合作。

穿着厨师服的世界厨师联合会顾问、前主席汉斯·富士勤，代表参加“世界厨联”的140多个国家120万名厨师，向这次国际研讨会表示热烈祝贺。他说，当年马可波罗来中国访问时，也把中国精湛的烹饪技术带到了欧洲和世界。今天，会有更多的当代“马可波罗”来中国，把历史悠久的中国饮食文化传播到全世界。

前来参加这次研讨会的，有来自21个国家和地区的饮食文化专家和餐饮界名流以及我国饮食文化专家和食品餐饮企业家共600多人。

7月20日，首届中国饮食文化国际研讨会在北京闭幕。这次学术研讨会多学科、深层次地探讨了中国饮食文化的历史、现状和发展趋势，并提出了很多有利于发展中国食品工业和餐饮工业的建议。

会议期间还进行了经济技术合作与学术文化合作洽谈，商讨提出了60多项出口原料、产品、劳务和在内地省市及海外开办合资企业的意向和初步协议方案。

国务院总理李鹏打电话了解安徽江苏灾情要求确保人民生命财产安全尽力安排好群众生活

国家防汛总指挥部办公室发出公告

安徽、江苏等地遭受较为严重的洪涝灾害之后，全国人民心系灾区，纷纷捐款捐物支援灾区抗洪救灾。连日来，国家防汛总指挥部办公室不断收到各地给灾区的捐赠款物，对此，我们谨代表灾区人民表示衷心的感谢！

为统一接收和管理国内外的救灾捐赠，国务院为此专门成立了机构。为及时转达全国人民的深情厚意，根据国家统一安排，今后请将捐赠款物直接寄送中国国际减灾十年委员会接收救灾捐赠办公室。

特此公告。

民政部副部长陈虹为组长的国务院赴皖抗洪救灾工作组结束在安徽的灾情考察转赴河南省

7月17日

中共中央在中南海怀仁堂就今年自然灾害举行党外人士座谈会

座谈会由中共中央总书记江泽民主持。江泽民说，今年以来，我国部分地区气候异常，涝、旱、风、雹等灾害频繁，江淮和太湖流域发生严重洪涝灾害，使工农业生产和人民生命财产受到重大损失。在党和政府的领导下，抗洪救灾取得了伟大成绩。目前，已进入主汛期，我们要再接再厉，振奋精神，加强领导，团结协作，自救互助，战胜灾害。

江泽民说，近一个时期以来，各民主党派的同志对灾区人民的生产生活都很关心，今天向大家通报灾情和救灾工作情况，并征求意见，齐心协力战胜困难，夺取救灾工作的胜利。

丁关根、罗干及有关部门负责人出席会议。

江泽民在讲话中说，今年的灾情是历史上罕见的。在抗灾救灾工作中出现了许多动人的事迹，充分显示了社会主义制度的优越性，充分显示了党在人民群众中的凝聚力，充分显示了人民解放军、武警部队是保卫和建设社会主义祖国的坚强柱石。

江泽民说，战胜灾害，最重要的是要自力更生，动员全社会各方力量，开展各种形式的生产自救和生活自救。为了帮助灾区人民抗灾救灾，国家要从资金、物资和其他方面给予支持。

出席座谈会的党外朋友在发言中表示，严重的自然灾害牵动着全国人民的心，各民主党派、全国工商联和无党派民主人士对灾区人民表示亲切的慰问，对战斗在抗灾救灾第一线的广大干部、共产党员、人民解放军指战员、武警官兵、公安干警表示崇高的敬意。他们表示，要在中国共产党的领导下，同全国人民一道为战胜自然灾害献计献策，贡献力量。

国务院总理李鹏在人民大会堂会见诺罗敦·西哈努克亲王及来北京参加工作会议的其他8名柬埔寨最高委员会成员

李鹏说，我们为北京能作为这次会议的会址感到高兴。西哈努克亲王为帕塔亚会议和北京会议的成功作出了巨大的贡献，这是亲王为实现柬埔寨民族和解长期努力的结果，也是柬埔寨四方共同努力的结果。

李鹏指出，联合国安理会制定的框架文件，为政治解决柬埔寨问题提供了一个基础，文件提出的目标最终要靠柬埔寨人民自己来实现，国际社会可以提供一些帮助，但起决定性作用的还是西哈努克亲王为首的柬埔寨全国最高委员会。

李鹏表示，中国政府和人民将一如既往，支持柬埔寨的民族和解，相信在西哈努克亲王领导下，柬埔寨人民一定能够把自己的祖国建设成为一个繁荣幸福的国家。

西哈努克亲王说，这次全国最高委员会北京会议取得的主要成果有：最高委员会成员再次重申接受联合国五常任理事国为政治解决柬埔寨问题所制定的框架文件。

西哈努克亲王说，总之，中国同柬埔寨人民有着深厚的友谊，在政治解决柬埔寨问题方面中国一直希望柬埔寨各方能够尽快地实现民族和解。西哈努克表示，现在柬埔寨各方正是按照中国长期以来所希望的那样，走上了民族和解的道路。

国务院总理李鹏在人民大会堂会见泰国陆军司令素金达·卡巴育上将

国防部长秦基伟会见泰国陆军司令素金达·卡巴育上将

解放军总参谋部总政治部总后勤部就抗洪救灾向全军发出通知

解放军三总部参谋部、总政治部、总后勤部日前向全军发出通知，号召广大党员、干部视灾区如故乡，把灾民当亲人，积极捐款，支援灾区人民战胜困难，恢复生产，重建家园。

通知指出，捐款贯彻自愿的原则，党员、干部应积极带头。捐赠的款项由总部统一转交国家救灾部门。

中国绘画艺术大师吴冠中获法国"文学艺术最高勋章"

国家防汛总指挥部总指挥田纪云国务委员陈俊生考察湖北湖南灾区

田纪云、陈俊生等国家有关部委的负责同志近日来到了湖北、湖南两省抗洪救灾一线，考察防洪设施，慰问战斗在抗洪救灾第一线的党政军民和受灾群众，勉励大家发扬连续作战的精神，进一步做好抗大洪防大汛的准备，夺取抗洪救灾的全面胜利。

最高人民法院最高人民检察院公安部要求加强灾区治安工作

卫生部号召义诊活动支援灾区

7月18日

澳门基本法咨询委员会召开第五次全体会议

澳门特别行政区基本法咨询委员会召开第五次全体会议，部署对基本法(草案)征求意见稿展开全面的咨询工作，并继续开展多种形式的基本法宣传推介活动。

57名咨询委员参加了会议。会上通过了由咨委会副主任委员何厚铧作的上半年的工作报告，以及咨委会秘书长廖泽云作的咨委会常委关于下半年咨询工作的建议。

廖泽云说，本月中旬至11月中旬是基本法(草案)征求意见稿公开征求意见的阶段，在整个咨询期，咨委会将举办各种类型的讲座、座谈会、公众听取意见会，组织咨委和工作人员分批深入到基层组织，收集市民意见，力求收集到更加全面、有助于达到共识的意见供草委会参考。咨委会还将继续举办宣传推介基本法的活动，包括基本法专题讲座、学界基本法辩论比赛、基本法常识问答校际比赛等。

会议增补郑升辉、邓祖基等五人为咨委会委员。

国务院副总理朱镕基在中南海紫光阁会见由议会两院外交、国防及贸易联合委员会主席克里斯·沙赫特参议员率领的澳大利亚议员代表团

朱镕基在会见中指出，中澳两国在许多重大领域有共同点，一直有着友好往来和经济合作，特别是在经济贸易方面有互补性，两国友好合作关系的前景是广阔的。

朱镕基在阐述中国关于人权问题的原则立场之后说："我赞赏沙赫特团长所说的人权问题是中国的内政，但可以交换意见，以增进了解，消除误会。这对于发展中澳友好合作关系是有利的。"

中共中央政治局常委李瑞环为团长的中国共产党代表团同乌干达全国抵抗运动政委埃里亚·卡泰加亚为首的抵抗运动代表团在坎帕拉举行会谈

李瑞环在会谈中说，一个党执政以后，如何尽快地把国民经济搞上去，使人民生活不断得到改善，是一个非常重要的问题。李瑞环指出，发展经济同政治稳定是密不可分的。只有政治上稳定了才能促进改革、开放，发展经济，而经济发展了，人民生活改善了，人民群众才会更加支持改革、开放，从而又促进政治上的稳定。

李瑞环说，中国和非洲国家有着相似的历史遭遇，面临着维护和平、谋求发展的共同任务。长期以来，中国人民和非洲人民相互同情，相互支持，结下了深厚的友谊。当前，许多非洲国家的经济形势十分严峻，外债负担加重，初级产品价格下跌，进一步加剧了经济困难。他认为，非洲各国元首最近签署的《非洲经济共同体条约》，表达了非洲人民决心团结自强、实现非洲一体化的强烈愿望和坚强意志。他希望发展中国家之间加强经济合作，增强产品的竞争能力，共同争取解决国际贸易中不公平不合理的问题。

马来西亚外长达图·阿卡杜拉·巴达维在吉隆坡

会见国务委员兼外交部部长钱其琛

中国政府终止同中非的外交关系

班吉消息：中国驻中非大使馆临时代办黎鹗7月18日向中非政府提出严正交涉。黎鹗代办郑重声明，由于中非共和国政府同台湾当局恢复所谓"外交关系"，中国政府向中非政府提出强烈抗议，并不得不决定中止同中非共和国的外交关系。

黎鹗代办指出，中非政府7月8日同台湾当局恢复所谓"外交关系"的决定违背了1964年9月29日中国同中非建交公报和1976年8月20日两国关系正常化联合公报的原则精神。

黎鹗代办强调说，众所周知，中华人民共和国政府是代表全中国的惟一合法政府，台湾是中国领土不可分割的一部分。中非政府不顾中国这一原则立场，公然与台湾当局"恢复外交关系"，破坏了业已存在的中国和中非两国人民的友谊，也损害了中国的统一事业。

黎鹗代办强调说，中非政府这一做法是中国人民绝不能接受的。为此，中华人民共和国政府决定自7月8日起中止同中非共和国的外交关系。

中国表示欢迎西方七国首脑会议的主席声明

外交部发言人吴建民在下午举行的记者招待会上说，中国对西方七国首脑会议赞成美国无条件延长对华最惠国待遇并主张继续恢复对华关系的主席声明表示欢迎。

吴建民说："我们愿意在求同存异、相互尊重、互不干涉内政和平等互利的原则基础上改善和发展同西方国家的关系。这不仅符合双方的利益，也有利于世界的和平、稳定与发展。"

外交部发言人吴建民就台湾当局鼓吹的"双重承认"问题答记者问

在下午举行的每周一次的外交部记者招待会上，中国外交部发言人吴建民说，对台湾当局鼓吹所谓"愿意接受其他国家暂时性双重承认"，我们深表关注并坚决反对。有记者问："你对台湾新闻局最近在《纽约时报》上刊登政治广告、称台愿意接受'双重承认'有何评论？"

吴建民回答：台湾当局违背自己多次宣布的"坚持一个中国"的原则，在美国报纸上刊登所谓"正式宣布愿意接受其他国家暂时性双重承认"的政治广告，明目张胆地鼓吹"双重承认"，公开制造"两个中国"、"一中一台"，这实属罕见。对此，我们深表关注并坚决反对。

吴建民说，中国只有一个。中华人民共和国政府是代表全中国的惟一合法政府，台湾是中国领土不可分割的一部分，根本不存在"双重承认"问题。任何制造"两个中国"、"一中一台"的企图和言行，都是违背中华民族利益和历史潮流的，是绝对不能得逞的。

外交部发言人就柬埔寨全国最高委员会北京会议答记者问

外交部发言人吴建民在记者招待会上评价刚刚结束的柬埔寨全国最高委员会北京会议时说，中国政府将同国际社会一道，在安理会五常任理事国达成的框架文件的基础上，充分尊重在西哈努克亲王领导下的柬全国最高委员会的努力，积极推动柬问题政治解决的进程，以早日实现柬问题全面、公正、合理的解决。

吴建民指出："柬埔寨全国最高委员会北京会议，在帕塔亚会议的成果的基础上，取得了新的进展，一致推举西哈努克亲王为柬最高委员会主席。李鹏总理已代表中国政府祝贺会议的成功，祝贺西哈努克亲王担任柬最高委员会主席。西哈努克亲王为帕塔亚会议和北京会议的成功作出了杰出的贡献。"

吴建民说，柬埔寨问题政治解决已进入一个新的重要阶段。"我们希望柬各方捐弃前嫌，实现民族和解，为建设一个独立、和平、中立的新的柬埔寨而努力。"

第2届无偿献血金杯奖第33届南丁格尔奖颁奖仪式在中南海怀仁堂举行

获无偿献血金杯奖有34人。河南商丘地区医院护理部主任吴静芳获南丁格尔奖。

民政部就切实做好国内救灾捐赠工作发出通告

7月19日

国务院总理李鹏同毛里求斯总理阿内罗德·贾格纳特在北京举行会谈

李鹏着重介绍中国对建立国际新秩序的主张。李鹏强调指出，中国认为，国家不分大小、强弱、贫富，都是国际社会中平等的一员，都有权参与国际问题的解决。一个国家选择什么样的社会制度、意识形态和发展模式，应该由这个国家的人民自己来决定，别国不得以任何借口加以干涉。他说，如果由一个或少数几个国家垄断世界事务，那将是危险的，不会给世界带来和平和稳定。

在谈到台湾问题时，李鹏说，中毛两国建交时，双方已经确认只有一个中国，台湾是中华人民共和国不可分割的一部分。中国赞赏毛里求斯坚持"一个中国"的立场。李鹏指出，台湾当局推行实质外交，搞"两个中国”或“一中一台”，这是违背中国人民意志的。当然，已经与中华人民共和国建交的国家，同台湾发展民间的、非官方的经济往来，中国政府是理解的。

《人民日报》发表社论《一个纲领性文献——认真学习江泽民同志“七一”重要讲话》

江泽民同志《在庆祝中国共产党成立七十周年大会上的讲话》发表以后，在全国引起很大反响，广大党员、干部和群众认为，《讲话》明是非，辨方向，增信心，鼓干劲，反映了各族亿万人民的共同心愿。

《讲话》以马克思主义的辩证唯物论和历史唯物论作指南，实事求是地总结了70年来党领导中国革命和建设事业的基本经验，深刻精辟地阐述了当代中国共产党人的庄严使命，提出了新的历史时期进一步加强党的建设的要求。正如中共中央宣传部关于组织学习《讲话》的通知所指出的，这是以江泽民同志为核心的党中央，领导全党和全国各族人民沿着建设有中国特色社会主义道路继续前进的纲领性文件。毫无疑问，认真组织学习和贯彻讲话精神，是当前各级党组织的一项重要任务。

学习《讲话》，首先要认真精读全文。这篇讲话，是中国共产党人艰苦卓绝奋斗70年、开创宏伟事业智慧的结晶。回顾奋斗历程，要同学习党史结合起来，认清只有在中国共产党领导下，走社会主义道路，国家才能强盛，民族才能振兴，人民才能富裕。在当前，世界社会主义事业遇到严重挫折，国内外敌对势力大肆散布“社会主义大失败”的论调，企图压垮共产党人，摧毁社会主义事业。这是一场极为严峻的斗争。《讲话》从历史到现实，从理论到实践，以雄辩的事实论证了“没有共产党就没有新中国”，“只有社会主义才能救中国，才能发展中国”这样一些重要的历史结论。表明中国人民选择了中国共产党领导，选择了优越的社会主义制度，是人心所向，是历史的必然。人类历史的进步总是曲曲折折的，但是千条溪流归大海，滚滚江河向东流。中国共产党人坚信自己为之奋斗的共产主义事业有着无限的前途。

学习《讲话》，要同建设有中国特色的社会主义的实践结合起来。90年代的中国向何处去？当代中国共产党人的庄严使命是什么？《讲话》总结我们的实践经验，依循党的基本路线和十二条主要原则，为我们指明了建设有中国特色的社会主义经济、政治、文化的基本要求和总体蓝图。这样，奋斗方向、奋斗目标和战略方针、具体政策就异常完整和清晰地展现在我们面前。这是当代中国共产党人把马克思主义基本原理同中国建设和改革的实际结合起来的又一巨大的成果。我们相信，只要认真弄清什么是有中国特色的社会主义的经济、政治、文化，领会《讲话》中概述的每个“必须”和每个“不能”的深刻含义，并在实践中贯彻落实，国家大有希望，人民大有前途。

学习《讲话》，要同学习党的建设理论结合起来。70年的风风雨雨，反复证明一个道理，就是只要我们的党是坚强的、团结的，就能够经得起任何风浪的考验，不断取得胜利；反之则要遭挫折、走弯路。江泽民同志在分析党所面临的形势和党的现状的基础上，强调指出：“在新的历史条件下，我们党不仅要继续经受执政的考验，而且面临着改革开放和发展商品经济的考验，面临着反对和平演变的考验。”这是党的建设的一个紧迫的现实的问题。纵观世界社会主义事业，可以清楚地看到，执政的共产党一旦经受不住上述的考验，就会陷入非常不利的境地，甚至会丧失政权。这样的教训一定要深深记取。为此，《讲话》根据马克思主义的建党学说，对加强党的思想建设、组织建设、作风建设和培养千百万社会主义事业接班人等一系列重大问题提出了明确、具体和更为严格的要求，为今后一个时期党的建设工作指明了方向。

《讲话》中说：“我们党历来重视意识形态工作。这方面工作做得好不好，直接关系社会主义事业的成败。意识形态领域是和平演变与反和平演变斗争的重要领域。”各级党的组织要能自觉地迎接这场挑战，在斗争中不迷失方向，第一位的任务就是要努力学习，使自己保持清醒的头脑。认真学好江泽民同志“七一”重要讲话，是当前加强全党的思想建设、理论建设的一项重要任务。各级党委要认真组织好学习，使之成为一次普遍的马克思主义教育活动。我们相信，具有优良传统的中国共产党一定能够保持本色，拒腐防变，筑起反对和平演变的钢铁长城，迎接更大的考验，成为领导全国各族人民实现社会主义现代化宏伟目标的当之无愧的领导核心，把老一辈无产阶级革命家开创的社会主义事业不断推向前进。

中共中央国务院发出关于冻结机关事业单位机构编制的通知

中共中央、国务院决定停止增设机构、提高机构规格、增加人员编制和领导职数；事业单位的机构、编制原则上实行冻结。在冻结机构编制的同时，要着手研究精兵简政的措施和方案。加强对机构编制工作的领导和管理，坚决制止擅自增加机构编制、提高机构规格、增加临时人员等违法违纪行为，切实控制住机构编制的膨胀。

国务院总理李鹏在人民大会堂会见赴吉林省视察团的九名港澳地区全国政协委员

李鹏向委员们简要介绍了中国一些地区目前发生

的灾情。李鹏说,今年入夏以来,我国安徽、江苏等地遭受了严重的水灾。灾害虽然是局部性的,但也造成了很大的损失。灾害发生后,港澳同胞十分关心,纷纷来电来信询问灾情,并以各种形式踊跃捐款支援灾区,这充分表现了港澳同胞的爱国之心。李鹏希望视察团回去后,向全体港澳同胞转达衷心的感谢。

李鹏说,中国是国际减灾十年委员会的成员,在别的国家发生灾害的时候,中国也提供了援助。正是基于这个原因,中国政府也向世界公布了灾情,并希望国际社会提供援助。

视察团团长、全国政协常委、南洋商业银行名誉董事长庄世平表示,港澳各界对这次灾害极为关心,希望为抗洪救灾尽自已的一份力量,相信灾区人民一定能够克服困难,战胜灾害。

国务院副总理吴学谦、国务院秘书长罗干、全国政协秘书长宋德敏、国务院港澳办主任鲁平等参加了会见。

新华社播发短评《台湾当局"愿意接受双重承认"之说的实质是主张"两个中国"》

台湾舆论界最近强烈质疑台湾当局在7月8日的《纽约时报》刊登政治广告中关于"台湾愿意接受暂时性双重承认"之说,批评台湾当局违背了"坚持一个中国的立场"。

负责筹刊这一广告,并审过广告内容的台湾"新闻局"官员在面对新闻界的质疑时称,"双重承认只是事实的陈述","并未逾越政府政策"。提供刊登广告之策的台湾"外交部"则抱怨"新闻局"的"疏失",特别说明双重承认是"只能做不能说的"。

近一个时期来,台湾当局大搞所谓"外交出击",花钱争取一些国家与其"建交、复交",频频接受外国新闻媒介的采访,千方百计树立所谓"中华民国"形象,宣扬所谓"台湾经验",极力鼓吹"一个国家,两个地区,两个政治实体",直到在美国报纸上公然刊登广告推销"务实"的"双重承认"。在台湾岛内,一些党政要员最近也一再发表分裂国家的言论。如一名"国策顾问"宣称要"确认两岸是分裂国家的事实,是不同政治实体的事实","台湾应全面参加包括联合国在内的所有国际组织";又如一名国民党籍"立委"竟然声言,"我们就是要造成国际上'两个中国'的认同,其实政府现在的做法就是两个中国政策"等等。

种种迹象表明,台湾有些党政要员虽然在口头上讲的是中国只有一个,中国必将统一,但在实际上坚持的却是"两个中国","一中一台"。围绕这次广告风波,无论其"新闻局"的公开说词,还是其"外交部"的只做不说,都反映了所谓"务实外交"的实质就是谋求国际上的"双重承认",搞"两个中国"或"一中一台"。

台湾某些党政要员的这些举去,业已遭到岛内强烈的质疑和批评,表达了台湾广大民众企盼祖国和平统一,反对"两个中国"或"一中一台"的明确立场。台湾不少有识之士指出,"台湾的政治发展路向已是在空前严重的十字路上","从历史的宏观角度看,台湾最没有可能从中国分裂出去"。对于民众的呼声,台湾当局当冷静三思才是!

共青团中央公安部监察部文化部等单位联合作出在团员和青年中开展青年社会监督活动的决定

共青团中央、公安部、监察部、文化部等单位近日作出决定,在全国广大团员、青年中广泛开展青年社会监督,促进政治稳定和经济发展的活动。

这项活动将鼓励和倡导广大团员、青年对以下违法违纪现象进行监督和举报:

(1)以权谋私、贪污腐化、行贿受贿、挥霍浪费公款、公费旅游、大吃大喝等腐败现象;(2)官僚主义失职渎职现象;(3)凭借特权侵犯群众利益、刁难群众、吃拿卡要等行业不正之风,以及乱收费、乱罚款、乱摊派现象;(4)印制和传播淫秽书刊、音像制品,吸毒贩毒、聚众赌博等违法犯罪行为;(5)乱涨价、变相涨价、缺斤短两等损害消费者利益的行为;(6)偷税漏税、走私贩私、炒买炒卖外汇等违法行为;(7)不讲产品质量,不顾经济效益,不重视安全生产,制造销售假冒劣质商品等问题;(8)在经济活动中不顾全大局,有令不行,有禁不止的错误行为等。

国务院清理"三角债"领导小组在北京召开动员会议

动员会议强调清理"三角债"要立足于治本清源,从清理固定资产投资项目这个源头入手,解开债务链,并下决心把清理旧债与堵住新欠紧密结合起来,尽快恢复工业生产和经济运行的正常秩序。国务院副总理朱镕基主持会议,并在会上作了动员讲话。

会议传达了国务院关于清理"三角债"工作的指导思想和李鹏总理的指示精神:要下决心堵住固定资产投资缺口;采取有力措施解决亏损问题;抓好产品结构和产业结构的调整,控制积压产品的生产;集中力量进行重点地区、重点行业、重点建设项目的清欠;严格执行结算纪律,加强银行结算监督。各地区、各部门要把清理"三角债"作为搞活大中型企业、提高企业经济效益的突破口,切实抓紧抓好。

会议对清理三角债工作作了部署。从目前到八月中旬,主要抓好东北三省清理"三角债"的试点工作,并向各省、市、自治区派出工作组帮助当地搞好清欠试点。在此基础上，国务院将在近期召开全国清理“三角债”工作会议，部署全面清理工作。

朱镕基副总理在会上说，第一，清欠工作难度很大，大家对此要有充分的思想准备。三角债的形成是诸多因素长期作用的结果，涉及经济运行中许多深层次的问题，必须综合治理，坚持不懈地抓下去。第二，国务院对解决“三角债”问题的决心很大，大家应有坚定的信心，统一认识，齐心协力，尽快使这个困扰所有企业的问题得到缓解。第三，派赴各地的工作组要有认真负责扎实细致的工作作风，协同当地搞好清理“三角债”的试点工作。

中国人民银行副行长周正庆在会上对清理三角债的情况作了汇报并对清理工作提出了意见。国务院副秘书长刘仲藜、国务院生产办公室副主任赵维臣在会上讲了话。

国务院发出关于整顿商品交易秩序严格结算纪律的通知

近年来，不少地区和企业滋长了地方保护主义思想，结算纪律松弛，信用观念淡薄，甚至产生了“拖欠有理、拖欠有利”的错误倾向，造成商品交易秩序混乱。一些企业只顾本单位的利益，长期占用卖方资金，无理拒付货款。一些地方搞资金封锁，甚至强令银行停止付款。一些金融机构监督不力，不按结算制度办事，有意偏袒本地企业，受理无理拒付，不扣收滞纳金，甚至擅自拒付退票。这种状况严重地干扰了商品流通秩序和生产的正常进行，影响国民经济持续稳定协调地发展。为了迅速扭转这种局面，特作如下通知：

一、各级人民政府和各有关部门要把整顿商品交易秩序、严格结算纪律，作为清理“三角债”、防止前清后欠的一项重要措施来抓。要组织企业主管部门、工商行政和金融管理部门，依照《中华人民共和国经济合同法》(以下简称《经济合同法》)，对企业进行重合同、守信用、依法经营的教育，尽快恢复商品交易的正常秩序。

二、企业都要依照《经济合同法》和其他有关法规加强合同管理工作，严格按经济合同和结算制度办事。销货方不准违反合同发货，购货方不准违反合同拒付和故意拖欠货款。对违反经济合同的，司法、工商行政管理和企业主管部门必须依法予以纠正，切实做到执法必严、违法必究，并按照有关规定，对有关责任人员进行经济处罚，情节严重的，要给予行政处分。

三、各地金融部门要严格执行中国人民银行制定的结算制度，认真办理托收承付结算，不得受理无理拒付，不得擅自拒付退票，不准单位账上有款不划，不准少扣或不扣滞纳金。各级人民银行和各专业银行要切实加强监督检查。对违反上述规定的，要进行严肃批评教育，并给予经济处罚；对再次违反者，要追究当事人和有关领导者的责任，情节严重的，要给予行政处分。

四、为了尽快扭转商品交易秩序混乱、结算纪律松弛的状况，各级人民政府要认真组织开展一次执行经济合同和结算纪律的检查，对企业故意拖欠不还、银行有意偏袒企业等突出问题，一定要抓住不放，一查到底，严肃处理。

乌干达总统穆塞韦尼在恩德培总统府会见中共中央政治局常委李瑞环率领的中国共产党代表团

外交部部长钱其琛会见巴布亚新几内亚外长迈克尔·索马雷

中国新任驻南斯拉夫特命全权大使张大可向南斯拉夫联邦主席团主席斯·梅西奇递交国书

解放军总政治部向全军发出大力表彰抗灾救灾先进典型的通知

党和国家领导人为《“九·一八”事变丛书》题名题词

中共中央总书记江泽民为即将出版的中国第一套《“九·一八”事变丛书》题词：“研究中国近代史现代史，加强爱国主义社会主义教育。”邓小平为即将出版的中国第一套《“九·一八”事变丛书》题写书名。国家主席杨尚昆为《“九·一八”事变丛书》题词：“前事不忘，后事之师。”

张学良为辽宁人民出版社即将出版的中国第一套大型《“九·一八”事变丛书》题词“历史伤痕，痛苦回忆”

中国故事片《出嫁女》在第 17 届莫斯科电影节上获特别奖

民政部发出各地要管好用好救灾款物通知

通知规定：

一、灾区各级民政部门要把救灾工作作为当前的重要任务，加强领导，加强组织，深入灾区帮助基层切实做好抗灾救灾，自救互救，战胜灾害。对于涌现出的好人好事要进行大力表彰；对于玩忽职守，失职渎职的坚决查处。

二、各地要认真贯彻民政部、监察部、审计署《关于加强监督检查管好用好救灾款物的通知》的规定，迅速、及时地把救灾款物用于帮助受灾群众克服困难，渡过难关。坚决杜绝截留、挤占、挪用以及其它营私舞弊问题的发生，切实把党、国家和全国人民对灾区人民的温暖送到灾民身上。

三、加强对救灾款物发放使用的检查监督，建立健全接受、发放救灾款物的制度，要做到专人负责，账目清楚，手续完备。

四、对于救灾款物发放使用中的违法违纪行为，一经发现，要迅速查清，严肃处理。

7月20日

中共中央总书记江泽民在中南海会见毛里求斯总理阿内罗德·贾格纳特

全国十大城市蔬菜产销体制改革经验交流会在哈尔滨召开

参加会议的十大城市是北京、上海、天津、广州、沈阳、武汉、重庆、南京、西安、哈尔滨。另外会议还邀请了成都市、长春市、张家口地区和山东寿光县的代表参加研讨。为期五天的会议将总结交流几年来蔬菜产销体制改革的经验，探讨建立全国蔬菜统一大市场、建设蔬菜批发交易市场、改革蔬菜政策性补贴办法、实行蔬菜产销经营一体化的途径，进一步推进蔬菜产销工作。

全国人大常委会委员长万里在人民大会堂会见以朝鲜劳动党中央委员朝中友协委员长李子方为团长的朝中友协代表团

外交部发言人就评价巴黎会议两主席和联合国安理会五常任理事国在北京的磋商问题发表讲话

发言人说，会议主要对柬问题政治解决的新形势进行了评估，对今后如何进一步推动政治解决交换了意见。会议欢迎西哈努克亲王当选为柬全国最高委员会主席，欢迎柬四方接受联合国框架文件。与会者希望柬四方继续本着民族和解精神，努力克服现有的困难，早日就协定草案达成一致，为重开柬问题巴黎国际会议创造条件。

发言人指出，会议赞同柬全国最高委员会关于要求联合国向柬派遣考察团的建议，并重申联合国必须对外国军队的撤出、停火及停援实施切实有效的监督与核查。

外交部部长钱其琛在吉隆坡会见东盟六国外长

在会见中，钱其琛重申："中国愿同东盟进一步加强合作，在政治、经济、科技和安全等方面与东盟建立对话关系。"

钱其琛说："在过去的10多年里，中国同东盟国家在重大国际问题上有着广泛的一致或相似的看法，在维护本地区的和平与安全方面，特别是在政治解决柬埔寨问题上，一直进行着卓有成效的合作。实践证明，中国和东盟国家虽然社会制度不同，但不影响我们在和平共处五项原则基础上发展友好关系，建立新型的友好相处、平等互利的关系。"

钱其琛说，中国和东盟今后可在经济、贸易和科技领域加强合作。中国政府愿和东盟各国政府一起，采取一切可能的积极措施，建立协调磋商机制，扩大贸易范围，增加交换品种，进一步发展双边贸易。

钱其琛说，近年来中国同东盟国家相互投资逐年增加，已达10多亿美元。中国已经同东盟一些国家签订了投资保护和避免双重征税协定，并愿同其他东盟国家商签上述协定，以扩大中国同整个东盟国家之间的经济合作和相互投资。中国愿意在高科技，包括卫星发射、航空以及信息、微电子集成电路、生物工程、新材料等领域同东盟密切合作，以促进各自国家的经济发展。

在政治合作方面，钱其琛指出，"当务之急是进一步促进亚洲热点问题的解决"。在政治解决柬埔寨问题上，中国愿和东盟国家继续保持合作，共同作出努力。

钱其琛说："国际形势的变化对亚太地区也产生了复杂的影响，我们所处的这个地区虽然相对稳定，但也存在诸多不稳定的因素。中国和东盟都是世界上重要的和平力量，为维护本地区的和平与安全，我们愿同东盟进行磋商和对话，我们愿意听取东盟一切有利于改善和平环境的主张和建议。"

在谈到建立一个什么样的国际政治、经济新秩序时，钱其琛说："中国主张在互相尊重主权和领土完整、互不侵犯、互不干涉内政、平等互利和和平共处等项原则的基础上建立新型的、公正的政治和经济新秩序。"

钱其琛说，中国尊重并支持东盟关于建立东南亚和平、自由、中立和无核区的主张，支持东盟为加强区域经济合作、维护本国资源和经济权益以及建立国际经济新秩序所做的努力。

国家教委国家计委等发出《关于切实做好"八五"期间残疾人教育工作的通知》

国家教委办公厅发出《关于转发北京市教育局、共青团北京市委〈关于禁止中小学生吸烟的几点意见〉的通知》

全国人大常委会委员长万里听取抗洪救灾汇报后发表讲话

万里、彭冲、陈慕华副委员长下午听取国务院副总理、国务院防汛总指挥田纪云的汇报，详细询问当前抗洪救灾工作的情况和下一步的打算。

万里指出，救灾首先要救人，要千方百计解决好吃、住、治病等问题。

万里说，这次洪水，造成的损失很大。我们的各级党组织、政府、军队和人民表现是很好的，经受了考验。同时，也要吸取教训。要下决心把江淮和太湖流域根治好。我们这一代就要办好这件事，不要留给后代。要总结防汛抗洪的经验，把恢复水利设施同治理大江、大河、大湖的长期规划结合起来。还要注意保护好铁路干线。

万里说，八月份的全国人大常委会会议准备听取国务院的汇报，支持国务院采取有力措施抗洪救灾、恢复工农业生产、重建家园。

国务院总理李鹏到安徽考察灾情

7月21日

中共中央政治局常委李瑞环率领的中国共产党代表团在布隆迪与布隆迪民族统一进步党总书记马约吉·尼古拉率领的代表团会谈

国家主席杨尚昆会见毛里求斯总理阿内罗德·贾格纳特

中共中央台湾工作办公室国务院台湾事务办公室主任王兆国就海峡两岸合作打击台湾海峡海上走私、抢劫犯罪活动等事接受新华社记者采访

新华社记者就海峡两岸合作打击台湾海峡海上走私、抢劫犯罪活动以及台湾各界人士捐款捐物，支援大陆受灾地区事，走访了王兆国。

关于海峡两岸合作打击台湾海峡海上走私、抢劫犯罪活动，王兆国指出，我们历来坚决反对台湾海峡发生的任何危害海峡两岸人民生命和财产安全的行为。去年9月，国务院台办发言人曾就当时台湾海峡发生的抢劫事件发表谈话，指出我们一向关怀台湾渔民和他们的正当权益，反对任何海上犯罪行为，并建议“和台湾有关方面合作，共同维护台湾海峡海上治安和正常秩序”。今年5月，“海基会”秘书长陈长文率团来访时，我们又重申了这个主张。与此同时，东南沿海有关省份采取了一系列的措施，严厉打击台湾海峡海上抢劫和走私等犯罪活动，取得了明显效果。但是，要真正有效地打击和制止海上走私、抢劫等犯罪活动，没有两岸之间的合作是很困难的。

我们注意到黄昆辉先生不久前对两岸合作打击海上犯罪活动一事表明的意向。对此，我们表示赞赏。

我们重申，两岸有关方面授权的团体、人士，就合作打击台湾海峡海上走私、抢劫犯罪活动进行接触商谈，并达成协议，商谈的时间地点可具体商定。

关于台湾各界人士捐款捐物，支援大陆受灾地区事，王兆国说，在祖国大陆部分地区遭受特大洪涝灾害之时，台湾各界人士纷纷慷慨解囊，赈灾募捐，表现出了两岸同胞血浓于水的骨肉亲情。我们对台湾各界人士爱家乡、爱同胞的热忱，深为感动，对台湾同胞对大陆受灾地区的支援，表示衷心的谢意。

中华全国新闻工作者协会负责人就大陆记者赴台湾采访何时成行问题发表谈话

中华全国新闻工作者协会负责人发表谈话指出，大陆记者赴台湾采访在大陆方面不存在任何问题，障碍在台湾当局的不合理规定，大陆记者赴台采访何时能成行，端视台湾当局能否将其有关规定修改得合理可行。

负责人说，6月23日我们关于大陆记者赴台采访的谈话发表后，在台湾岛内外引起很大反响，许多舆论认为，台湾当局过去的规定确实不近情理，值得检讨。据台湾报纸报道，近来台湾有关方面接连表示要对大陆记者赴台采访的规定作修改，此种积极表示我们予以肯定。但是，第一，希望台湾方面尽快拿出具体成文的东西来。其次，需要指出的是，从台湾有关方面的表示中看，有的不合理规定迄今未作改变，如大陆记者申请赴台采访仍须委托他人代为申请，并出具授权委托书、保证书等。这种规定是很不现实的。因为大陆记者在岛内少有相熟的人，又怎知人家是否愿意接受委托、作保证人呢？这是给大陆的申请人和岛内的委托人双方平添困扰，也是对大陆记者的不信任、不尊重。至于台湾当局规定要大陆记者向其“驻外使(领)馆”申请，则更是具有明显的政治含义，我们是不能接受的。

负责人还谈到，在台湾当局未正式修改规定之前，在其所拟订的“两岸人民关系条例”还未定案以前，台湾有关方面便声言已批准几位大陆记者赴台，各说各话，互有出入。有的说大陆记者来台已不存在问题，欢迎大陆记者去；有的说在未经修改的规定出台以前还要援用原规定；大陆记者还未去，就有人说大陆记者在台采访如何方便、自由。不知哪家的话算数，以谁的话为准。可以明确地说，在有关规定未修改以前，我们的记者无法去岛内采访；就是正式修改以后，我们还要看其修改得如何，是否合理可行。

负责人最后表示，赴台采访是大陆新闻工作者多年来的愿望，推动海峡两岸新闻界的双向正常交流向来是我们的主张，这根本不存在台湾当局所说的敢不敢让大陆记者去的问题。只要台湾当局的规定不再带有政治歧视，修改得合情合理、切实可行，那便是大陆记者赴台采访之时。

《人民日报》发表评论员文章《把清理"三角债"作为突破口》

国家主席杨尚昆接受哥伦比亚新任驻中国大使费德里科·埃查瓦里亚·奥拉特递交国书

国务院副总理田纪云在钓鱼台国宾馆会见泰国正大集团董事长谢国民和总裁谢中民

国务院总理李鹏考察江苏浙江灾区

李鹏在考察了安徽灾情后，7月21日又乘直升飞机赶赴遭受严重洪涝灾害的江苏省兴化市、常州市察看灾情。他代表党中央、国务院，代表江泽民总书记向灾区广大干部群众表示慰问。结束在江苏的考察后，李鹏由浙江省省长葛洪升陪同，在嘉兴市郊察看了受灾的稻田，走访了农民家庭。

中办国办发出关于进一步开展向灾区捐赠活动的通知

7月22日

国务院总理李鹏在上海主持召开皖苏浙沪负责人会议研究抗灾救灾治理淮河太湖等工作

李鹏在会上讲话说，40年来，我国水利建设取得了巨大成就，如果没有这些成就，在这次罕见的自然灾害中，就不可能保住广大群众的生命安全，保住电厂煤矿等重要设施，保住津浦铁路等交通干线，保住淮北的千万亩良田，那样损失不知有多么严重。但是，我们要清醒地看到，现行水利设施的防洪能力还是较低的，不能抵御特大的洪灾。今天的会议就是要贯彻7月16日中央政治局会议精神并根据这次特大洪水灾害中水利建设暴露出来的问题，研究根治的办法。

李鹏在讲话中对抗洪救灾工作提出了五条意见：

——应该充分肯定前一段抗洪救灾工作所取得的成绩。在党中央、国务院的领导下，经过这段时间的努力，已经取得了抗洪救灾的初步成果，损失已经降到了我们力所能及的限度。各地抗洪救灾的事实，反映了集体的力量、社会主义制度的优越性。灾区社会安定、人民情绪稳定，一个重要的原因是，经过改革开放与治理整顿，经济实力有了很大的增强，国家和群众手中有粮，心中不慌。在这次抗洪救灾中，广大共产党员、领导干部、党的基层组织都发挥了先锋模范和战斗堡垒作用。人民解放军在救灾中发挥了突击作用，哪里有困难，哪里有危险，哪里就有人民解放军。

——抗灾救灾要立足于抗大洪，防大汛，要防止麻痹思想。目前要利用一切可以利用的时机，尽可能把淮河、太湖的水位降低。险工险段要抢修，排洪有阻碍的地方要打通。这就要牺牲局部，保住全局。各地要加强全局观念，增强全民防洪意识。

——在立足于防大汛的同时，要把工作的重点转到救灾工作上。我们要想方设法解决好灾民的吃饭、住宿、防疫等问题，特别是要处理好饮水卫生和粪便管理。在蓄洪区要因地制宜地建好临时住棚。灾区的防病治病工作要加强，医疗队要下去，要把力量组织好，把药品及时送到灾区。水退之后，要发扬自力更生的精神，在国家支持与社会支援下，发动群众积极开展生产自救。

——要下决心进一步进行淮河、太湖的治理工作，提高抵御灾害的能力。水利是农业的命脉，也是国民经济的基础设施。这次洪涝灾害，暴露出我们水利建设的弱点。我们要加快淮河、太湖的治理速度，国家计委、水利部在适当时候要召开会议具体落实。治河治湖的经费由国家和地方共同分担，同时也要发动农民进行劳务投入，实行以工代赈。

——要发动全社会对救灾做贡献。一方有难，八方支援，体现了社会主义国家人与人的关系，体现了团结精神。虽然我们国家还不富裕，但社会主义的动员力量是很强的。我们要进一步发动全国人民在自愿的基础上为灾区捐款。民政部门要管好救灾捐款，要采取切实有力的措施，使救灾捐款真正用于救灾。

国办转发国务院生产办公室等部门《关于整顿棉花质量、价格和严格执行国家调拨计划的意见》

国务院生产办公室、国家计委、财政部、纺织部、商业部、农业部、监察部、国家物价局、国家技术监督局、国家工商行政管理局《关于整顿棉花质量、价格和严格执行国家调拨计划的意见》已经国务院同意，现转发给你们，请认真贯彻执行。

关于整顿棉花质量、价格和严格执行国家调拨计划的意见

棉花是国家统一经营管理的重要物资，是纺织工业的主要原料。近几年，一些省不认真执行国家调拨包干计划，调出的棉花质量与标准不符，等级虚高，掺杂使假，亏重和价外加价等现象严重，突出的是山东省的部分县(市)。一九八九棉花年度,山东省仅完成国家下达的省际间调拨计划的68.5%。一九九〇棉花年度,到今年六月底,山东省调出棉花二十五点六五万吨(含出口),仅占调出包干任务的44.6%。今年国家技术监督局、国家物价局、商业部、纺织工业部组成联合检查组,抽查了山东省聊城、菏泽、惠民、德州四个地区十三个市、县调入北京、天津、上海的一百零六批共四千五百五十吨棉花,平均虚高三点六个等级,其中质量问题严重的聊城地区莘县平均虚高四点五个等级。去年九月,上海国棉八厂计划外从江苏沛县杨屯供销合作社购入的一批棉花中,由于掺有大量旧水泥袋,棉花上粘有水泥,不仅造成设备不能正常运转,更严重的是影响了棉纱质量。此外,棉花收购、供应价格混乱,一些地方政府在国家规定的价格之外自行加价,或将当地对棉花生产的优惠措施折价计入收购和供应价格,转嫁给用棉单位。也有一些棉花经营单位经营思想不够端正,乱收管理费、集中费、服务费等各种费用。

对以上问题,如不采取有力措施加以纠正,不仅增加用棉单位的负担,使企业亏损加剧,严重影响产品质量和出口创汇,还会败坏社会风气,腐蚀干部。为了严格执行国家调拨包干计划,切实整顿棉花质量和价格,现就有关问题提出以下意见:

一、国家计划安排的省际间调拨的棉花,是国家重点纺织企业原料的主要来源,各棉花调出省、自治区要不折不扣地执行国家调拨包干计划。如棉花减产减收,要相应减少本省、自治区的用棉量。对未经批准而不完成国家调出包干计划的,由有关部门按欠调数量扣回国家拨付的加价款和奖售物资,并通报批评。扣回的加价款和奖售物资均由地方政府负担,不准转嫁和克扣农民。棉花经营单位不准计划外销售棉花。

二、各级供销社棉花经营单位要加强对棉花的全面质量管理。收购单位要认真执行国家政策和棉花标准,坚持"一试五定"和"密码检验"的方法,不准压级压价或抬级抬价。轧花厂要严格执行加工升级的有关规定,建立健全质量管理制度,坚决杜绝不刷唛头的棉花出厂。由县以上棉花经营单位检验、签证,要认真抓好检验人员的岗位和技术培训,提高业务素质,严格把好质量关。要从思想教育入手,提高职工的职业道德和法制观念,端正经营思想,纠正行业不正之风。对乡镇棉花加工厂、点,要加强技术指导和质量监督。有关部门对不能保证产品质量的加工厂、点,要坚决进行整顿。

三、各级专业纤维检验部门要切实加强棉花质量的监督检验工作。新棉上市后特别在收购高峰期间,专业纤维检验机构要组织技术人员,深入基层收购站和轧花厂,进行巡回监督检查和技术指导。对工商交接的棉花和国家储备棉,要认真进行抽查。对抬级抬重、压级压重、掺杂使假等行为,要及时纠正,从重处罚。国家技术监督局要及时汇总各地监督检查情况,定期发布公报。要抓紧建立举报制度,并保护揭发检举的单位和个人。

四、棉花收购和供应价格的管理权限在国务院,任何地方、单位都不得自行变动。地方各级政府及其有关部门为发展棉花生产而采取的优惠措施,只能以实物形式体现在棉花生产过程中,谁出政策谁负担;对棉农增加供应的口粮和农业生产资料等,不得折价计入收购和供应价格,转嫁给用棉单位。棉花经营单位不准在国家规定的供应价格之外,另行加收任何费用或预收货款,不准以"统一结算"、"直供"等名义,将产地仓库供应的棉花按二级站价格结算。

五、纺织工业部门要切实加强行业管理,会同有关部门,采取果断措施,严格控制棉纺能力的发展,并按国家计划组织棉纱生产。对那些原料消耗高、产品质量差而又严重积压的棉纺生产企业要停供原料,限制或停止发放银行贷款,限期整顿,整顿无效的要坚决关停。棉纺设备的分配供应,要按照国家计划严格管理,更新淘汰下来的设备不准扩散、转移。棉纺企业不得抬价抢购棉花。

六、解决好棉花质量、价格、调拨问题,关键在地方人民政府。各级人民政府要顾全大局,采取有效措施,保质保量地完成国家调拨包干计划;要支持业务人员正确执行国家标准和价格政策,坚决纠正各种不正当的行政干预。今年八月,各省、自治区、直辖市人民政府应组织有关部门对一九九〇年棉花年度调拨计划完成情况及质量和价格问题,认真进行全面检查,对发现的问题要区别不同情况,进行处理。对掺杂使假者,要严肃处理;对虚高等级、乱收费用者,要责令其退回非法所得,并给予相应的经济处罚;亏重的,要补回经济损失。对积极自查认真纠正的,可从轻处理。各地应将检查处理情况,于今年九月报国务院。

七、今年新棉上市前,有关部门要按照上述各项要求,抓紧研究制定具体措施,立即进行部署,逐项落实。今后每年要对上年度的棉花调拨计划完成情况及质量、价格问题,组织年终检查。对完成国家调拨任务,坚持执行国家棉花标准、价格政策的地区和单位,应予通报表扬;对违反国家规定,非法获利的单位和责任者,要从严处罚。对拒不完成国家棉花调拨计划,不执行国家价格政策,违反棉花质量标准规定,情节严重的,由监察部门严肃查处,并追究有关领导的责任;对刁难、打击报复用棉单位和检举揭发人的,要从严处理。各级工商行政管理部门要切实加强市场管理,按照国家规定坚决取缔棉花市场,打击倒卖棉花的不法分子。任何单位和个人一律不得到黑市买卖或地下交易棉花,违者严肃处理,并予没收。

由全国人大外事委员会副主任姚广率领的全国人大外事委员会代表团访问苏联

这是对苏联最高苏维埃国际事务委员会71代表团去年访华的回访。

访问期间,苏联议会联盟院主席拉普捷夫、议会国际事务委员会主席扎索霍夫分别会见中国代表团。双方通报各自国内的情况,交流工作经验。

中国代表团还同苏联议会国际事务委员会、经济改革委员会以及俄罗斯联邦国际事务和对外经济联络委员会举行座谈。

国务院副总理吴学谦在钓鱼台国宾馆会见由巴基斯坦总理新闻顾问谢赫·拉希德·艾哈迈德率领的巴基斯坦新闻代表团

外交部发言人就美国总统布什坚持无条件延长对中国最惠国待遇答记者问

中国外交部发言人对美国总统乔治·布什坚持无条件延长对华最惠国待遇和重申只有一个中国的立场表示欢迎。

有记者问:中国政府对布什总统7月19日致鲍克斯参议员的信有何评论?

发言人说,"我们注意到布什总统致鲍克斯参议员的复信中关于坚持无条件延长对华最惠国待遇,并重申只有一个中国,台湾是中国的一部分的立场,我们对此表示欢迎。"

发言人说,中国政府一贯认为,只有严格遵循中美间三个联合公报所规定的指导原则行事,中美关系才能得到恢复和发展。"我们坚决反对任何损害中美关系的言论和行动。"

发言人指出,中国是关贸总协定的创始缔约国,早日恢复中国在总协定缔约国地位,有利于加强国际多边贸易体制,有利于中国的改革开放和扩大同各国的经济贸易往来,也才能解决台湾作为中国的单独关税地区加入总协定的问题。

全国人大常委会副委员长王汉斌为首的全国人大代表团在厄瓜多尔首都基多访问

厄瓜多尔总统罗德里戈·博尔哈等在基多接见以王汉斌为首的全国人大代表团。

厄瓜多尔国民议会代议长弗拉维奥·托雷斯接见以王汉斌为首的全国人大代表团。

厄瓜多尔代外长马里奥·阿莱曼和执政党民主左派党领导人尼古拉斯·伊萨还先后会见以王汉斌副委员长为首的全国人大代表团。

中共青岛市委市政府在北京向陆海空三军赠送由青岛出版社出版的《中国人民解放军军官手册》

中国选手在瑞典第三十二届国际数学奥林匹克竞赛中获4枚金牌

《人民日报》报道称全国县乡村计划生育协会数目全国90%的县80%的乡70%的村有计划生育协会其中乡村两级有60多万个会员3000多万人

公安部就解决群众办户口难问题发出通知

公安部最近发出通知,要求各级公安机关牢固树立为人民服务的思想,切实解决群众办户口难的问题。

通知说,最近几年来,各地公安机关在办理户口工作中做了大量工作,对促进社会现代化建设发挥了重要作用。但是在户口管理工作中仍然存在着一些问题,突出表现在群众反映强烈的办户口难问题还没有得到解决。

通知要求:一、认真贯彻落实中共中央《关于加强党同人民群众联系的决定》的精神,本着加强公安机关廉政建设,进一步密切警民关系,提高工作效率的原则,积极采取有力措施,彻底解决群众办户口难的问题。二、严格执行国家有关户口管理的法律和政策。凡各地自行制定的与国家现行户口法律和政策相违背的规定,必须立即加以纠正,切实保证公民正常的合法迁移和落户。凡符合政策规定的户口要抓紧办理,不符合的要耐心做好宣传解释工作。要自觉纠正工作中故意刁难群众的现象,严肃处理索贿受贿等违法违纪行为。三、建立、健全办事制度,合理安排工作时间,对接待、受理、审批的时间、项目、要求等要作出明确规定;为方便群众,应合理简化办户口的手续。四、进一步增强透明度,认真接受群众的监督检查。要公开有关户口政策规定、办理程序、审批时限以及审批结果。

7月23日

布隆迪总统民族统一进步党主席皮埃尔·布约亚会见正在布隆迪访问的中共中央政治局常委李瑞环率领的中国共产党代表团

中共中央政治局常委乔石在上海考察

乔石7月23日至27日在上海考察工作时,乔石在上海召开了社会治安综合治理座谈会。

乔石强调，当前搞好社会治安的关键在于狠抓落实综合治理的各项措施。他说，这是一项宏大的系统工程，包括打击犯罪、治安防范、基层建设、行政管理、法制教育等各个方面。如果社会主义精神文明建设不加强，综合治理的许多问题就解决不了。因此一定要下很大决心把落实工作抓好。落实工作的时间短了也不行，大量的基础工作需要扎扎实实去做，否则很容易出现反复，必须锲而不舍，常抓不懈。综合治理搞好了，能够为建设有中国特色的社会主义提供良好的条件，人民民主专政就能得到巩固，国家长治久安就有了保障，党群、干群、警民关系都可以进一步改善，意义非常重大。这是我国搞好社会治安的一条新路子。

乔石说，上海市搞好社会治安综合治理工作，紧紧依靠党委、政府的领导，这很重要。党政领导要高度重视这项工作。各级党委、政府当然不能天天去抓综合治理，但在关键时刻和重要问题上要出面讲话，一年认真抓几次，为搞好综合治理创造必要的条件。与此同时，各条战线、各部门各单位的党委和行政领导也要对综合治理真抓实管，舆论宣传工作要紧紧跟上，只有真正形成各行各业齐抓共管、广大群众积极参与的局面，社会治安综合治理才能大见成效。

乔石说，在改革开放的条件下，要改进和加强治安管理，既不能管死，又不能失控。比如，应该多搞一些正当的、丰富多彩的文化娱乐活动，以吸引和改善青年人的业余生活。同时要加强管理，使之符合社会主义精神文明建设的要求。

乔石指出，部分地区遭受百年罕见的洪涝灾害，党中央、国务院和各地党委、政府正在采取一切有效措施抗灾救灾。有关地区要千方百计就地妥善安排好受灾群众的生产和生活，切实防止灾民盲目外流，以利于恢复生产、重建家园，维护交通和城市秩序。

乔石听取了上海市关于浦东新区开发情况的汇报，中国90年代的建设任务是很重的，对外开放必须搞好，要为迎接21世纪的进一步发展奠定基础。上海在这方面肩负着重大责任。乔石参观了中国与比利时合资企业上海贝尔电话设备制造有限公司。

中共中央总书记江泽民为开展“半月谈思想政治工作创新奖”活动题词“做好新时期的思想政治工作”

中共中央纪律检查委员会作出《关于查处党员违纪案件中收集、鉴别、使用证据的具体规定》

中纪委发出关于所要作出的处分决定和所依据的事实材料同犯错误党员见面的具体办法

《人民日报》发表评论员文章《清欠先清源——再论清理“三角债”问题》

国家副主席王震在人民大会堂会见由洪都拉斯国民党总书记国民议会秘书长卡洛斯·加夫尔·卡丹率领的洪都拉斯国民党代表团

国家“803”高科技项目——奶牛胚胎性别的鉴定和胚胎移植在上海通过鉴定达到国际先进水平

农业部就采取救灾非常检疫措施发出紧急通知

农业部日前向全国发出紧急通知，要求各省自治区、直辖市农业厅及植物保护总站在抗洪救灾期间采取非常检疫措施，对运往灾区的种子、苗木等要随到随检，尽量简化手续，加快放行，方便救灾。

负责人强调指出，在简化手续的同时，必须对植物检疫工作提出更高的要求。各地检疫部门要提高警惕，严防一些危险性病虫随着大量调运的物资传入灾区，给灾区的生产自救工作增加新的困难。植物检疫部门要主动去良种繁育基地，协助种子部门繁育、生产出符合要求的杂交稻种和良种，确保灾区的生产用种。

7月24日

全国人大常委会委员长万里在北京会见由总书记国民议会秘书长卡洛斯·加夫列尔·卡丹率领的洪都拉斯国民党代表团

万里在会见中说，虽然迄今两国还未建立外交关系，但是两国之间已经有了交往。这次卡丹率团访华又为增进两国和人民之间的了解和友谊开辟了一个重要的渠道。万里表示相信，代表团这次访华一定会增进相互的了解和友谊。万里希望洪都拉斯各界朋友经常来中国参观、考察和旅游，以加强相互了解，为推动两国关系的进一步发展发挥积极作用。

首都学者就两岸关系与和平统一问题举行座谈会

中国和平统一促进会、中国社会科学院台湾研究所、台湾研究会在北京邀请二十多位有关学者、专家，就两岸关系与和平统一问题举行座谈。与会者指出，目前国共两党谈判的条件已经具备，时机也已经成熟，希望台湾当局当机立断，以国家民族利益为重，尽早坐到谈判桌边来。

与会学者专家认为，近年来，海峡两岸关系已经取得了重大进展，两岸气氛进一步缓和，民间经济、文化、体育、科技等各方面交流深入展开，两岸人民要求和平统一的呼声日益高涨，整个形势正朝着有利于祖国和平统一的方向发展。六月七日,中共中央台办负责人提出尽快商谈实现两岸直接三通和双向交流、国共两党接触谈判、两党高层人士互访等三项建议。这三项建议是从海峡两岸发展现状和国共两党的实际情况出发,合情合理、切实可行,是促进祖国和平统一大业早日实现的最佳途径。“建议”充分体现了中国共产党对和平统一的诚意和务实态度。

学者们指出,两岸间的“三通”虽已是基本事实,但依然是“暗”而不是“明”,是单向而非双向。这对两岸进一步扩大交流造成诸多不便,也与两岸人民的要求日益不适应。两岸交流中不断出现的一些问题,已经不是单纯通过民间机构可以解决得了的。因此,由海峡两岸有关部门和授权团体或人士,尽快商谈实现直接“三通”和双向交流,是迫在眉睫的实实在在的事情。

与会者表示,中共中央台办负责人在“建议”中明确表示,如果国民党邀请中国共产党代表,中共愿意接受,前往台湾共商国是,也欢迎国民党中央负责人访问大陆。台湾当局在“国统纲领”中也提出“两岸高层互访”。他们希望台湾当局放弃成见,捐弃前嫌,促成两党接触、谈判的早日实现。

座谈会由中国和平统一促进会会长王光英主持,经叔平、姜殿铭、徐尚元等出席。

国务院发出关于发行 1991 年国家投资债券有关问题的通知

为了弥补建设资金的不足,广泛筹集社会资金,支持国家重点基础工业和基础设施的建设及重点技术改造,国务院决定一九九一年由中国人民建设银行和中国工商银行共同发行国家投资债券。为切实做好国家投资债券的发行工作,现将有关事项通知如下:

一、一九九一年国家投资债券计划发行一百亿元,其中用于基本建设八十亿元,由中国人民建设银行发行;用于技术改造二十亿元,由中国工商银行发行。两行发行的债券券面有明显的区别。

二、国家投资债券分别由中国人民建设银行和中国工商银行作为债务人,由财政部提供担保。

三、国家投资债券期限定为三年。

四、国家投资债券完全采取经济发行方式,由城乡居民、企事业单位、金融机构自愿认购,债券利率与同期限国库券利率相同,到期一次还本付息,不计复利,利息收入免交个人收入调节税。

五、购买的国家投资债券可以抵押,但不记名、不挂失、不得作为货币流通,从发行期满后的第四个月起可以进入证券交易市场转让。

六、国家投资债券到期时,由中国人民建设银行和中国工商银行负责做好还本付息工作。

七、发行国家投资债券所筹集的资金用于基本建设的,比照基本建设贷款管理办法办理;用于技术改造的,比照技术改造贷款管理办法办理。国家计委应按国家产业政策的要求,优先推荐经济效益较好、还款能力较强、已竣工投产但仍拖欠工程款和当年或近一二年内可竣工投产的国家重点项目以及部分市场急需商品的续建续贷项目。推荐项目年度投资尽可能大于债券资金的一倍,银行经过评审从中选择有足够偿贷能力的项目,由国家计委正式列入当年投资计划,银行按计划和实发债券筹资数量发放贷款。贷款期限不得超过三年。

八、三年期贷款利率为 11.16%,国家不予贴息。为保证债券到期能还本付息,对使用债券资金的建设项目以竣工投产后形成的新增生产能力生产的产品,按照使用债券资金的比例,实行还本付息价格,由建设单位按物价审批程序,报国家物价局核定。实行还本付息价格新增的物价指数,纳入年度物价总水平计划。

九、国家投资债券发行量大、涉及面广,工作比较复杂,国家计委、财政部和人民银行应加强对发行工作的协调和指导。各级人民政府、人民银行、财政、公安、铁道、交通和宣传等部门,应在债券印制、调运、发行、安全和宣传等方面给予优先保障,确保发行任务的圆满完成。对完成发行债券工作好的地方的国家重点建设项目,应优先安排贷款。

全国政协主席李先念致信祝贺全国供销社再生资源回收利用展览会和表彰会

贺信说:“再生资源的回收利用很重要,是一项很有意义的工作。资源与环境是当今人类社会发展面临的重要问题。我国是个大国,人口众多,但资源有限,要使我国富强起来,必须坚持贯彻执行勤俭建国的方针,艰苦奋斗,厉行节约,大力发展生产。即使生产发展了,生活富裕了,仍要发扬革命优良传统,保持勤俭节约的美德,注意充分回收、合理利用再生资源,以利于节约能源,保护环境,支援生产建设,为人民造福。这是一项一举多得、有着广阔前途的事业。”

全国财政工作会议和全国税务工作会议在北京召开

会议的中心议题是:检查上半年财政税收计划执行情况,交流工作经验,拟定增支节支措施,部署下半年工作,动员全财税战线广大干部,振奋精神,努力工作,千方百计完成预算任务。会议还对财税改革等问题进行了深入的研究。

国务委员兼财政部部长王丙乾在全国财政工作会议和全国税务工作会议上发表讲话。

王丙乾说，今年一至六月，全国国内财政收入1317.27亿元，完成年度预算的40.2%，按可比口径计算，比去年同期增长6%左右；国内财政支出1287.44亿元，完成年度预算的37.8%，比去年同期增长4.6%；收支相抵，收入大于支出29.83亿元。上半年的预算执行情况总的看稍好于去年，但财政困难没有缓解，下半年必须继续大力组织收入，严格控制支出。

王丙乾指出，当前财政面临的形势仍相当严峻，主要是：企业经济效益仍然较差，上半年预算内工业企业产值比去年同期增长9.9%，销售收入增长14.5%，而实现利润下降17.5%，上交财政的利润下降94.3%；企业拖欠税利继续增长，截至六月底，全国拖欠税利总额达210.9亿元，比年初增加87.6亿元；集团购买支出增长，今年一至五月，全国县以上单位社会集团购买支出比去年同期增长17.3%，特别是有些专项控制商品成倍增长。

对如何确保今年财政预算的实现，王丙乾强调，下半年要下功夫帮助企业广泛深入地开展“质量、品种、效益年”活动；继续贯彻落实国务院关于搞活国营大中型企业的各项措施；对灾区开展的生产、生活自救项目，要按照国家有关规定在减免税方面给予优先照顾；大力加强组织收入工作，严格控制减免税，抓紧清理企业“三角债”和拖欠税利的工作，继续开展税收、财务、物价大检查；严格控制社会集团消费和个人工资性支出的增长幅度，努力节减各项支出，反对铺张浪费。

国家计委发出严格控制新开工建设项目的紧急通知

国家计委近日发出紧急通知，要求各地、各部门严格控制今年新开工建设项目，集中资金加强水利工程和防汛抗洪工程建设。

《通知》说，从7月15日起，除农业、水利、能源、交通、重要原材料及教育、卫生、科学、电子、国防军工、粮库和住宅建设项目外，其他各类建设项目，一律不准新开工。上述允许新开工的大中型项目，必须报经国务院批准，小型项目必须按隶属关系经有关部门(公司)或省、自治区、直辖市及计划单列市人民政府批准。楼堂馆所项目，凡未开工或未恢复建设的一律不得开工和恢复建设。各地区要将资金集中用于加快水利工程和加强防汛抗洪工程的建设。

国务委员陈俊生在全国十大城市蔬菜产销体制改革经验交流会上作总结

陈俊生把大中城市蔬菜工作的基本经验总结为，坚持有管有放，放管结合。陈俊生说，不管，就会失去宏观控制；不放，就不能搞活，该管的一定要管好，该放的一定要大胆放开。

陈俊生说，下一步深化蔬菜产销体制改革的总原则应该是：继续坚持“放、管、建”相结合。放，主要是放开市场，放开价格；管，主要是加强计划管理和生产、销售方面的宏观调控；建，主要是搞好基地建设、市场建设。

陈俊生说，批发市场体现了蔬菜产销中计划经济与市场调节的有效结合，搞好批发市场，是深化蔬菜产销体制改革的关键，是使蔬菜进入有计划商品经济轨道的一条好的途径。

中共中央总书记江泽民在中南海会见由第一副主席雅尔巴斯·瓦斯贡塞罗斯率领的巴西民主运动党代表团

江泽民在会见中说，中国共产党同世界上许多政党有友好往来，中国不仅在国家关系方面，而且在政党之间的往来中都遵循不干涉别国内政和内部事务的原则。江泽民表示相信，在这样的基础上，中国共产党同巴西民主运动党以及其他巴西政党的友好关系必将得到进一步发展。

中共中央政治局常委李瑞环在离开布隆迪回国前答新华社记者问

李瑞环说，在这次访问中，代表团与四国党和国家最高领导人进行了会晤和会谈，就共同关心的问题交换了意见，交流了情况与经验，从而加深了相互了解，增进了友谊，对进一步加强双边的友好合作将发挥积极的作用。

李瑞环说，非洲各国为维护自己的民族独立作出了不懈努力，在发展民族经济方面取得了可喜的成就，并探索在新形势下符合本国国情的发展道路。代表团对它们的积极探索表示赞赏，对它们取得的成绩感到由衷的高兴。

李瑞环强调，中国和非洲国家同属第三世界，都是发展中国家，有着类似的处境、相同的任务和一致的利益，存在着传统的友谊。代表团访问四国所受到的热烈欢迎和盛情款待表明了非洲人民对中国人民的深情厚谊和相互支持与同情的共同愿望。

李瑞环最后表示，在当前国际形势复杂多变的情况下，中国将一如既往继续支持非洲国家为维护国家主权、振兴民族经济、改善人民生活而进行的努力，愿意为建立公正、合理的国际政治与经济新秩序而共同奋斗。

解放军总参谋长迟浩田在钓鱼台国宾馆与泰国皇家武装部队最高司令顺通·空颂蓬举行会谈

中国和法国在巴黎签署一项法国1991年至1995

年向中国出口信贷总协议

中法两国在巴黎签署关于法国在1991年至1995年期间向中国提供200亿法郎(约合33亿美元)出口信贷的总协议。

中国银行信贷二部总经理王寰邦和巴黎国民银行、兴业银行、东方汇理银行等21家法国商业银行的代表在协议书上签字。

中国外交部发言人就美国会参议院通过有条件延长对中国最惠国待遇的有关议案答记者问

发言人在回答记者提问,对美国会参议院通过有条件延长对华最惠国待遇的议案作评论时说,7月23日,美国会参议院以55票赞成,44票反对通过了米切尔参议员的有条件延长美对华最惠国待遇的议案,并将送交国会两院联席会议审定。该议案把解决所谓中国人权、武器扩散等问题作为延长中国最惠国待遇的附加条件。这个决议案和前些日子众议院通过的决议案一样都是对中国内政的干涉,中方是不能接受的。外交部发言人说,美国会参议院通过有条件延长对华最惠国待遇议案是对中国内政的干涉,中方是不能接受的。

发言人说,"我们已看到并希望越来越多的美国国会议员以中美关系大局为重,支持无条件延长中国的最惠国待遇,使这个问题最终得到妥善解决。"

经贸部新闻发言人叶如根就中国外汇总储备超三百亿美元问题发表讲话

经贸部新闻发言人叶如根在北京说,我国外汇总储备已超过300亿美元,今后收汇的增长除保证偿还外债外,将用于增加进口,特别是先进、适用技术和关键设备的进口。

叶如根说,哪个国家在中国占有较多份额,将取决于对华输出技术的开放程度。但值得注意的是,有的国家对我输出技术不仅没有放松,反而加严控制,以至我上半年从西方发达国家的技术引进合同额比去年同期下降了54%。他希望这些国家采取明智政策,不要设置人为的障碍,阻止本国的商品和技术输往中国市场,使自己在竞争中处于不利地位。据了解,我国今年出口形势好于去年,创汇估计将达550亿至600亿美元。

首届世界女子足球锦标赛中国组委会在广州成立

中国选手曲云霞在谢菲尔德举行的第八届世界大学生运动会女子1500米预赛中打破亚洲纪录和全国纪录

7月25日

国务院总理李鹏签署第87号令发布《全民所有制企业招用农民合同制工人的规定》

现发布《全民所有制企业招用农民合同制工人的规定》,自发布之日起施行。

总理 李 鹏

1991年7月25日

全民所有制企业招用农民合同制工人的规定

第一章 总 则

第一条 为了深化全民所有制企业(以下简称企业)劳动制度改革,进一步完善劳动合同制,保障企业和农民合同制工人的合法权益,提高劳动生产率和经济效益,制定本规定。

第二条 企业招用的农民合同制工人是指从农民中招用的使用期限在一年以上、实行劳动合同制的工人,包括从农民中招用的定期轮换工(以下统称农民工)。

第三条 企业招用农民工必须在国家下达的劳动工资计划之内,用于国务院劳动行政主管部门确定的需要从农村中招用劳动力的生产岗位和工种。矿山企业招用农民工须报经省、自治区、直辖市人民政府或其授权的设区的市或相当于设区的市一级(以下简称市)人民政府批准,其他企业招用农民工须报经省、自治区、直辖市人民政府批准。

第四条 农民工在企业工作期间,与所在企业其他职工享有同等的权利。

农民工不转户粮关系,但国家法律、行政法规另有规定的除外。

第二章 招收录用

第五条 企业招用农民工应当公开招收、自愿报名、择优录用,并到当地劳动行政主管部门办理录用手续。

农民工的基本条件是:现实表现好,年满十六周岁,完成规定的义务教育,身体健康,能够适应本岗位工作。

第六条 企业招用农民工应当遵循就地就近和选择群众生活困难、劳动力富余的地区招收的原则,需要跨省、自治区、直辖市招收的,须经有关各方的省级劳动行政主管部门批准。

第七条 农民工的试用期一般为三至六个月,不同工种的具体试用期,由企业根据实际情况确定。

第三章 劳动合同的签订、变更、终止和解除

第八条 企业招用农民工,应该直接与农民工本人签订劳动合同。劳动合同一经签订,即具有法律约束力。

签订劳动合同，必须遵守国家有关规定，坚持平等自愿、协商一致的原则。

劳动合同签订后，企业应当向当地劳动行政主管部门备案。

第九条 劳动合同的内容应当包括：

（一）合同期限，试用期限；

（二）生产、工作岗位及应当完成的任务；

（三）生产、工作条件；

（四）劳动报酬及保险福利待遇；

（五）劳动纪律；

（六）违反劳动合同的责任；

（七）双方认为需要规定的其他事宜。

第十条 劳动合同期限应当根据生产、工作需要和保护劳动者身体健康的原则，由企业与农民工协商确定。劳动合同期限届满应即终止，经双方当事人同意，可以续订。

第十一条 国务院劳动行政主管部门确定的有害身体健康的工种、岗位，必须招用定期轮换工。企业与轮换工签订的劳动合同期限一般为三至五年；经企业主管部门同意，报经省、自治区、直辖市人民政府劳动行政主管部门或其授权的市人民政府劳动行政主管部门批准，合同期限最多可为八年。合同期限届满应即终止。

第十二条 企业经其主管部门批准转产或者调整生产任务，经劳动合同双方当事人协商同意，可以变更合同。

第十三条 有下列情形之一的，企业可以解除劳动合同：

（一）试用期内发现不符合录用条件的；

（二）无故不能完成合同所规定的生产、工作任务的；

（三）患病或者非因工负伤，医疗期满不能从事原工作的；

（四）企业经其主管部门批准转产或者调整生产任务，人员多余的；

（五）企业宣告破产或者濒临破产处于法定整顿期间的；

（六）按照国家有关规定应予辞退的。

符合本条第（四）项规定解除劳动合同时，须报当地劳动行政主管部门批准。

农民工患有职业病或者因工负伤并经劳动鉴定委员会确认，属于全部或者大部分丧失劳动能力的，以及女农民工在孕期、产假和哺乳期间的，企业不得因此解除劳动合同。

第十四条 农民工被开除、劳动教养或者判刑的，劳动合同自行解除。

第十五条 有下列情形之一的，农民工可以解除劳动合同：

（一）企业不履行劳动合同，或者违反国家政策、法规，损害工人合法权益的；

（二）经企业同意，自费考入中等专业以上学校学习的；

（三）在其户口所在地应征入伍的。

第十六条 任何一方解除劳动合同，必须提前三十日通知对方。

解除劳动合同，除第十三条第二款规定的情形外，企业应当报当地劳动行政主管部门备案。

一方擅自解除劳动合同给对方造成经济损失的，应当予以赔偿。

第十七条 农民工因劳动合同期满，劳动合同终止执行，或者属于第十三条第（三）、（四）项和第十五条的规定解除劳动合同时，企业应按照其在本企业工作年限，每满一年发给相当于本人一个月标准工资的生活补助费，但最多不超过本人十二个月的标准工资。

第四章 工资、保险福利及其他待遇

第十八条 农民工在试用期内享受城镇合同制工人的工资待遇（不含百分之十五左右的工资性补贴）；试用期满考核合格的，按照国家有关规定定级，工资形式由企业确定。

农民工的奖金、津贴、保健食品、副食品价格补贴以及节假日等待遇，与城镇合同制工人相同，但国家另有规定的除外。

第十九条 农民工患病或非因工负伤，企业应当根据劳动合同期限长短给予三至六个月的停工医疗期。停工医疗期间的医疗待遇和病假工资与城镇合同制工人相同。停工医疗期满不能从事原工作被解除劳动合同的，由企业发给相当于本人三至六个月标准工资的医疗补助费。

农民工供养的直系亲属，不享受半费医疗待遇。

第二十条 农民工非因工死亡的（含因病死亡），由企业发给丧葬补助费和一次性供养直系亲属救济费。具体发放标准由省、自治区、直辖市人民政府规定。

第二十一条 农民工因工负伤，由企业给予免费医疗。医疗期间，该农民工原标准工资照发。医疗终结经医院证明，并经劳动鉴定委员会确认不能从事原工作的，送回农村妥善安置，由企业按下列办法发给因工致残抚恤费：

（一）完全丧失劳动能力的，按照城镇合同制工人的抚恤费标准，按月发给，直至死亡；

（二）大部分丧失劳动能力的，按照该农民工原标准工资的百分之七十，按月发给，直至死亡；

（三）部分丧失劳动能力的，根据其伤残程度一次性发给。具体标准由省、自治区、直辖市人民政府规定。

第二十二条 农民工因工死亡的,由企业按照城镇合同制工人享受的同等待遇,发给其家属丧葬补助费和供养直系亲属抚恤费。

第二十三条 第二十一条第(一)、(二)项和第二十二条规定发给的各项费用,经双方协商同意,企业也可以采取一次性支付的办法。具体办法由省、自治区、直辖市人民政府规定。

第二十四条 农民工患职业病的,其医疗和生活待遇,与城镇合同制工人相同。

第二十五条 企业招用农民工,实行养老保险制度。其中,招用农民轮换工,实行回乡生产补助金制度。实行养老保险制度和回乡生产补助金制度的具体办法由省、自治区、直辖市人民政府规定。

第二十六条 农民工在工作期间的劳动保护用品,由企业按照同工种城镇合同制工人的标准发给。农民工离开企业时劳动保护用品未满使用期限的,应当归还企业或者由企业作价卖给个人。

第二十七条 农民工在工作期间的口粮,按照同工种城镇合同制工人的标准由当地粮食部门根据保量不保价的原则予以保证,其口粮与平价粮的差价部分由企业负担。具体办法由省、自治区、直辖市人民政府根据实际情况规定。

第二十八条 矿山企业根据生产、工作需要,每年可在国家下达的农业户口转为非农业户口的计划指标内,按照不超过合同期限为八年的农民轮换工人数百分之三的比例,将从事井下采掘生产劳动五年以上的农民轮换工中经业务技术培训考试或考核合格的技术生产骨干,转为城镇户口合同制工人,但须报经省、自治区、直辖市劳动行政主管部门批准后,再到公安、粮食部门申报农业户口转为非农业户口的户粮关系。

第五章 组织管理

第二十九条 企业应当对农民工加强管理,做好思想政治工作,进行安全生产和操作规程教育,组织文化技术培训。

农民工应当积极参与企业管理。

第三十条 根据生产需要,企业可与县、乡签订劳务合同。签订劳务合同的县、乡,应当协助企业做好农民工的招收、更换、伤亡事故处理,以及思想政治和安全教育等项工作。

企业应当按月交给签订劳务合同的县、乡不超过农民工当月标准工资百分之三的管理费。

第三十一条 农民工应当交给所在集体经济组织不超过本人标准工资百分之五的公益金。农民工所分责任田、自留地应予保留。农民工应当享受与其他村民同等的待遇。

第三十二条 履行劳动合同发生劳动争议时,应当协商解决;协商不成的,按照国家有关劳动争议处理的规定办理。

第三十三条 各级劳动行政主管部门负责监督检查本规定的执行。违反本规定的,应当视情节轻重,由劳动行政主管部门给予经济处罚或者提请有关主管部门对直接责任者给予行政处分。经济处罚的具体办法由国务院劳动行政主管部门会同国务院有关部门规定。

第六章 附 则

第三十四条 省、自治区、直辖市人民政府可以根据本规定制定实施细则。

第三十五条 本规定由国务院劳动行政主管部门负责解释。

第三十六条 本规定自发布之日起施行。一九八四年六月三十日国务院发布的《矿山企业实行农民轮换工制度试行条例》,一九八四年十月五日国务院批准、一九八四年十月十五日劳动人事部和城乡建设环境保护部发布的《国营建筑企业招用农民合同制工人和使用农村建筑队暂行办法》,一九八四年十二月十九日国务院批准、一九八四年十二月二十七日劳动人事部发布的《交通、铁路部门装卸搬运作业实行农民轮换工制度和使用承包工试行办法》同时废止。

中国人民银行发出明确结算纪律的三条规定的通知

这三项规定是:

一、各地银行和信用社不准受理无理拒付或擅自拒付退票。凡符合条件确实需要拒付的,必须经会计主管人员审查,报经主管行长(主任)批准后方可办理拒付手续。未经批准,任何人不得擅自受理拒付或自行拒付退票。

二、各地银行和信用社对资金不足需延期付款的,只要单位账上有款,必须根据《国务院关于国营企业销货收入扣款顺序的暂行规定》和按照收到凭证的时间顺序及时办理扣款,各行不得自立土政策,搞“先本行后他行、先本地后异地”。要严格按照规定扣收滞纳金,划给收款单位,不得以任何借口少扣或不扣滞纳金。

三、各级人民银行和专业银行要加强监督检查,严格结算纪律。对银行和信用社不执行规定受理无理拒付、擅自拒付退票、拖延付款的,要替付款单位承担滞纳金;对不扣或少扣滞纳金的,除立即补扣外,要对负有责任的银行和信用社按照结算金额处以每天万分之五的罚款,并对有关经办人员、会计主管人员和行长(主任)各扣发一个月内的奖金。对不听批评、警告,再次发生上述情况的，要停发三至六个月内的奖金，情节严重者要给予行政处分。

对银行和信用社的罚款，在利润留成中支付，不得列入成本。

国务院总理李鹏在中南海紫光阁会见泰国皇家武装部队最高司令顺通·空颂蓬上将

顺通上将在会见时说，泰方已经向中国灾区提供了一部分救灾物资，并将继续为救灾工作作出自己的努力。

李鹏说，在抗灾救灾过程中，中国得到了包括泰国在内的国际社会的同情和支援。他说，"对此我们表示感谢。"

在谈到中泰关系时，李鹏说："中泰两国、两军和两国人民一直有着友好关系。我们完全有理由相信这种关系将进一步得到巩固和发展。"

国家教委召开学习江泽民七一讲话座谈会

国办发出关于全国治沙工作协调小组组成情况的函

联合国教科文组织在故宫博物院举行向我国颁发世界遗产证书仪式

1987年12月，联合国教科文组织将我国长城、故宫、北京人遗址、秦始皇陵和敦煌莫高窟列入"世界遗产"名录，现向我国颁发证书。

中国代表团在谢菲尔德举行的第八届世界大学生运动会各项比赛中一共获得20枚金牌17枚银牌

7月26日

最高人民法院发出《关于严厉打击破坏抗洪救灾的犯罪活动的通知》

西藏自治区主席江村罗布在瑞士就"国际西藏年"问题答瑞士新闻记者问

江村罗布指出，"国际西藏年"活动是所谓的"西藏流亡政府"一手制造的，其目的是要搞西藏独立，企图分裂中国。

江村罗布向瑞士记者介绍了西藏的情况。江村罗布说，现在西藏人民充分享受民主权利。西藏人民代表全部是通过选举产生的，其中80%以上是藏族。而在旧西藏，人民根本没有选举权。

江村罗布还说，实行民主改革以来，西藏经济迅速发展。到1990年，自治区牲畜总头数已从1950年的900多万头增加到了2200多万头，粮食产量从1.85亿公斤增长到了5.5亿公斤。与此同时，人民的实际收入和生活水平不断提高。

《人民日报》发表社论《认真落实清理"三角债"的重要措施》

全国外事工作会议在北京闭幕

会议期间，中共中央总书记江泽民和国务院总理李鹏分别作讲话。

江泽民在讲话中对当前国际形势作了深刻的分析，从各个方面阐明了我国贯彻执行的独立自主和平外交政策。他特别强调在坚持改革开放的新形势下，要建设一支忠于祖国、献身社会主义事业、精通业务的外事队伍。江泽民着重指出，中国十年改革开放取得的巨大成就，证明社会主义制度是富有生命力的。中国有11.5亿人口，960万平方公里土地，5000年的文明史和5000多万共产党员。只要我们中国把自己的事情办好，就是对世界社会主义事业的重大贡献。

李鹏在闭幕会上讲话，回顾并深刻分析了国际形势的发展和特点，高度评价我国在外交战线上取得的成就和在改革开放中各个部门和各个地区对外交往的发展，并提出当前我国外交工作的主要任务。

李鹏说，两年来全党全国在以江泽民同志为核心的党中央领导下，顶住了来自外部的压力，克服了种种困难，使全国出现了政治稳定、经济发展、社会安定的局面。我国对外关系取得了一系列新的进展，为国家的经济建设和改革开放创造了有利的国际环境。

李鹏强调指出，召开这次会议的目的，是为了使我们各级领导干部和外事工作人员加深对国际形势和我国对外政策的认识和理解，加强外事工作的领导和管理，努力把对外工作提高到一个新的水平。

李鹏说，在当前新旧格局交替的情况下，人们普遍关注建立国际新秩序的问题。我们主张国际新秩序应以互相尊重主权和领土完整、互不侵犯、互不干涉内政、平等互利、和平共处五项原则为基础。国家不分大小、强弱、贫富，都是国际社会平等的成员，只有相互尊重、平等互利，才有利于世界和平和共同发展。我们的主张得到了发展中国家广泛的赞赏和支持。

先后出席会议的还有宋平、田纪云、李铁映、吴学谦、秦基伟、丁关根、邹家华、朱镕基、刘华清、杨白冰、温家宝、姬鹏飞、廖汉生、王丙乾、宋健、王芳、李贵鲜、陈希同、钱其琛、罗干等同志。

会议于22日在北京开幕。

外交部亚洲司负责人就在印度尼西亚万隆召开的第二次南中国海问题研讨会发表谈话

中国外交部亚洲司负责人就最近在印度尼西亚万隆召开的第二次南中国海问题研讨会发表谈话。

负责人介绍说,这次讨论会的宗旨是本着合作的精神探讨在南中国海地区进行合作和共同开发的可能性。中国与会的专家阐明了中国对南沙和西沙群岛及其周围水域拥有无可争辩的主权,同时表明了愿与有关国家和平解决海域争议和探讨共同开发的态度,并为促进南中国海沿岸国之间的合作提出了一些建设性的建议,如南中国海沿岸国家可在不涉及领土管辖的领域进行合作,包括采取互相提供航行警况、水文气象预报等技术手段,加强在南中国海地区的航行和通讯安全,开展对南中国海地区的海洋科学研究,沿岸国之间开展在防治海洋污染方面的合作等。

负责人说,会议结束后发表了一项共同声明,进一步强调了和平解决争端、探讨合作途径的意愿。

中央军委第一副主席杨尚昆接见全军边海防部队优秀基层军官代表

在接见中杨尚昆说:我们国家的整个形势是好的,但近几个月,全国不少省、市程度不同地遭了水灾,主要是安徽和江苏两省。水灾最严重的是安徽,经济损失最大的是江苏。江泽民总书记前不久视察了一些遭受洪涝灾害的地区,在那里看到党政军民团结一心,昼夜奋战,全力抗洪。不少地区牺牲局部利益,顾全大局,保障重点,表现了很高的觉悟。

杨尚昆指出:特别是我们人民解放军和武警官兵,不愧是人民子弟兵,哪里险情最严重、哪里最艰苦,就出现在哪里。关键时刻解放军最勇敢,不仅在战场上表现得很勇敢,而且在抗洪救灾中表现得也很勇敢。现在汛情还没有过去,长江上游的大水还没下来,沿海地区还有台风袭击,灾情还有扩大的可能。人民解放军要发扬连续作战的精神,帮助灾区人民战胜洪涝灾害,恢复生产,重建家园。中央军委对全军部队抗洪救灾作了具体部署,大家在自己的岗位上做好本职工作,本身对抗洪救灾就是一个很大的支持。

杨尚昆听说在座的边海防部队优秀基层军官自发地为灾区人民捐了款说:钱不在多少,精神可贵,为灾区人民尽了心,出了力,应该感谢你们。水灾就像无声的命令,把方方面面都动员起来了,连港澳一些人也都捐了款,表现出极大的爱国热情。我们要把这种爱国主义热情变成巨大力量,使全国人民团结起来,共同渡过难关。

解放军总参谋长迟浩田在总部机关毛泽东军事思想讲座结束时发表讲话

迟浩田充分肯定了这次举办毛泽东军事思想讲座为深入学习开了一个好头。

迟浩田说,当前学习毛泽东军事思想,首先是反对资产阶级自由化、保持我军无产阶级性质的需要,是解决军队建设和未来作战的需要,同时,也是把老一辈革命家开创的革命事业推向前进的需要。资产阶级自由化思潮鼓吹军队“非党化”、“非政治化”,其实质是要改变我军的无产阶级性质,削弱毛泽东军事思想的指导地位,我们必须加强对毛泽东军事思想的学习,坚定不移地坚持毛泽东军事思想的指导地位。国际环境的变化和新的科学技术在军事领域的运用,给军事工作提出了一系列新的问题,只有以毛泽东军事思想作指导,才能给以正确的回答和解决。他强调,邓小平同志关于新时期军队建设的论述,全面系统地回答和解决了我军新时期建设的一系列重大问题,对今后军队建设有着长远的指导作用,要认真学习与贯彻,要把坚持和在实践中继承发展毛泽东军事思想高度统一起来。

7月27日

共青团十二届四中全会在北京召开

会议的主要任务是学习中共中央总书记江泽民在庆祝中国共产党成立70周年大会上的讲话,审议《共青团“八五”期间建设、改革、发展的规划要点(草案)》,研究怎样把团的工作更有效地纳入国民经济和社会发展的总体布局,带领广大团员青年在为社会的稳定、改革、发展建功立业的过程中健康成长。

会上通过团中央委员、候补中央委员卸职递补确认案。王安平等32名同志因已离开团的工作岗位,团中央委员职务自行卸免,现任团中央候补委员杨静林等5人递补为团十二届中央委员会委员。

团中央书记处书记张宝顺就《共青团“八五”期间建设、改革、发展的规划要点(草案)》做了说明。

中共中央总书记国家主席江泽民在天津考察

江泽民27日至30日在天津考察,深入基层,开展调查研究,并就如何进一步搞活国营大中型企业与部分企业的负责人进行了座谈。

江泽民强调指出,当前在经济工作中举国上下关注的一个大问题,就是如何搞活国营大中型企业。由于它们是国家财政的主要来源,是社会主义经济的脊梁,能否搞好搞活,不仅直接关系国民经济全局的稳定,而且关系公有制经济的主体地位和整个社会主义制度的巩固，所以这不仅是个经济问题，而且是重要的政治问题。各地区、各部门都要结合自己的情况，继续贯彻国家关于搞活大中型企业的有关法规、政策和规定，并采取得力措施保证落实到位。江泽民指出，要使企业摆脱困境，步入良性循环，需要在以下几个方面下功夫：1. 把工作的立足点和着力点真正转到以提高经济效益为中心的轨道上来；2. 搞好企业自身的改革，努力挖掘内部潜力，同时积极改善企业的外部经营环境；3. 下决心把企业的技术改造搞上去，努力提高企业技术素质和产品质量；4. 建立健全高效率的生产经营指挥系统和管理体系；5. 加强政治思想工作。

国务院副总理吴学谦在中南海紫光阁会见台湾《世界论坛报》董事长

吴学谦首先表示，希望通过段先生，感谢台湾同胞和各界人士对大陆部分地区遭受洪涝灾害的关心和支援。接着就海峡两岸关系的发展现状和进一步推动两岸迈向直接“三通”、双向交流，促进祖国和平统一的进程问题与段宏俊先生交换了意见。

国务院台湾事务办公室主任王兆国参加会见。

中国五家合作伙伴与壳牌公司合资兴办的南海石油化工项目可行性研究协议签字仪式在北京钓鱼台国宾馆举行

国务院总理李鹏在钓鱼台国宾馆会见南海石油化工项目合作的中外代表

李鹏在会见时说：“这次中方有关部门同英荷壳牌公司签署南海石油化工项目可行性研究协议是一件很有意义的工作。可行性研究虽然需要一定时间，但是，这项工作是十分必要的。可行性研究搞好了，就将为今后的合作提供一个可靠的基础。”李鹏强调：“中国奉行独立自主的和平外交政策，愿意同世界上一切愿意同中国友好的国家发展关系。我们感到高兴的是，在不久前中英双方关于香港机场达成协议后，今天又进行了南海石油化工项目可行性研究的签字仪式，这标志着中国同包括英国和荷兰在内的欧共体国家的关系进一步取得进展。南海石化项目是一个很大的合资项目，希望各方真诚合作。”

南海石油化工项目的中方合作部门是：中国海洋石油总公司、中国石化总公司、中国石油天然气总公司、广东省和招商局集团有限公司。

中央军委解放军三总部工作组在南宁召开大会慰问参加苏皖浙沪抗洪救灾的解放军三军将士武警部队和民兵、预备役指战员

中央军委、三总部工作组组长、总后勤部副部长李九龙代表中央军委和总参谋部、总政治部、总后勤部在会上讲了话。李九龙说，6 月中旬以来，苏、皖、浙、沪驻军共出动 12 万人次，车辆 3 万台次，船艇 650 艘次，飞机 12 架次参加抗洪救灾。仅南京军区部队就抢救转移群众 19 万人，抢运物资 35 万吨，加固堤坝 517 公里，抢运土石方 120 万立方米，派出医疗队近 200 个，为灾区群众看病 5 万余人。在抗洪抢险中，苏、皖、浙、沪驻军出色地完成了 6 项重大的抗洪抢险任务：一是先后派出 1 万多人，两次连续奋力抢险，保证了津浦铁路线的畅通；二是先后派出 3 万多人次，支援苏州、无锡、常州、镇江 4 城市抢险救灾；三是完成保淮河大堤、保铁路、保电厂、保煤矿的任务；四是先后派出舟桥、工兵部队 4500 多人，分赴安徽、江苏 8 个地区执行水上抢险救灾任务；五是出动 1000 人，堵住扬州市被洪水冲致通运闸造成的决口；六是出色完成 7 次泄洪爆破。李九龙说，指战员在执行急、难、险、重任务中表现出的崇高思想、革命精神和顽强作风，受到了党中央、国务院和中央军委的高度评价。

国办发出切实安排好灾区群众生活问题的通知

国务院办公厅的通知指出，在党中央、国务院的领导下，经过灾区各级党政军领导机关同广大军民共同艰苦奋战，前一阶段的抗灾救灾工作取得了很大成绩，减轻了损失，初步安排了灾民生活，灾区人心和社会稳定。通知指出，这次抗洪救灾得到了全国人民的关注和大力支持，充分体现了社会主义制度的优越性。通过抗灾救灾，更加密切了党群、干群、军民关系。

为了进一步做好繁重的救灾工作，国务院办公厅在通知中要求：

加强对救灾工作的领导。灾区各级政府要在立足于防汛抗大灾的同时，加强对救灾工作的领导。要按照“依靠群众，依靠集体，生产自救，互助互济，辅之以国家必要的救济和扶持”的方针，动员组织各方面力量，精心部署，通力合作，切实做好各项救灾工作。

安排好灾民生活。当前，要以高度负责的精神，下大力气，重点把被水围困和转移出来的灾民生活安排好。第一，供应灾民的口粮要迅速到位，尽快发到灾民手中，并保证灾民生活、燃料的供应。第二，对住房倒塌、无家可归而又不能在短期内重建的灾户，应尽量利用公房或通过群众互助先行安置，同时要把重点放在帮助灾民搭盖能够越冬的简易房屋，灾户自筹材料不够的，政府要及时给以必要的帮助。对进水的住房，在水退后要普遍进行安全检查，危房要维修加固，以防盲目进住造成人员伤亡。第三，要搞好防病治病工作，搞好饮水消毒、防蚊和环境卫生，对患病者要及时治疗，严防疫病流行。要保证药品的供应。

管理使用好灾民生活救济款物。国家下拨的救济款物要迅速发放到灾民手中，不得滞留。要按照专款专用、重点使用的原则合理发放，对国内外救灾捐赠款物要按照有关规定严格管理，合理使用。

大力开展生产自救。水灾地区要设法排出积水，尽最大努力补种、改种粮食作物和瓜菜，以增强度荒能力。旱灾地区要进一步搞好抗旱工作，抗灾救灾所需柴油、化肥、农药、种子等农用物资要优先帮助解决。对工、副业生产、劳务输出和以工代赈等工作，要及早做出规划，狠抓落实。各有关部门要做好信息提供、门路安排、技术指导、资金物资支援和产品推销等各项服务工作。

要制止灾民盲目外流。在安排好灾民生活的同时，要加强对他们的思想政治工作，宣传战胜灾荒的有利条件，增强信心，振奋精神，立足于在本地搞好生产自救。

通知中要求各非灾区地方人民政府认真做好支援灾区的工作。要根据国务院抗灾救灾的总体安排，认真完成交办的事项。要广泛发动群众，通过多种形式支援灾区人民。国务院各部门要按着各自的职责范围主动做好对灾区对口部门的支援工作，切实帮助解决实际困难。对于灾区提出需要部门解决的问题，要抓紧研究，凡能解决的，要迅速落实，不得延误，以保证抗灾救灾的顺利进行。

7月28日

中共中央总书记江泽民在天津视察海河防汛工程

江泽民在天津视察海河防汛工作时强调，要把加强水利设施建设作为全党、全社会的一项重要任务来抓，各级党政领导要动员广大人民群众，大兴水利。这是百年大计，一定要认真办好。

今天，天津地区骤降暴雨。江泽民总书记在中共中央书记处候补书记温家宝、天津市委书记谭绍文、市长聂璧初的陪同下，冒雨来到地处北运河与永定新河交汇处的屈家店枢纽工程，察看永定新河的行洪能力，了解清淤工程的进展情况，并听取了天津市防汛工作的汇报。

了解到天津市“七五”期间已投资3.7亿元，连续4年对永定新河进行清淤，使18公里河床恢复了设计断面，并对海河防汛枢纽工程屈家店节制闸进行了改造时，颔首称赞。他说，人无远虑，必有近忧。你们提前动手，做到未雨绸缪，针对今年的汛情，采取各种措施，做了充分准备，很好。

在谈到目前抗洪救灾的工作时，江泽民说，我们有党的领导，有社会主义制度的优越性，有党政军民齐心协力，共同奋斗，加上建国以来修建的水利设施发挥了重要作用，一定能够战胜洪涝灾害。今后，我们要继续加强水利设施建设，特别是疏浚河道，加固堤坝，提高排涝能力，以增强抵御自然灾害的能力。他勉励天津各级干部深入第一线，带领广大群众，把各项防汛措施认真落到实处。

中国运动员庄晓岩在西班牙举行的世界柔道锦标赛上获得女子无差别级金牌

上海国际肝癌和肝炎会议表明中国在这方面的研究已居世界前列

7月29日

中共中央总书记江泽民国务院总理李鹏致信全国治沙工作会议

全国治沙工作会议：

建国以来，各地沙区人民在各级党委、政府的领导下和有关部门的支持下，在治沙工作中取得了很大成绩。值此全国治沙工作会议召开之际，我们向大会表示热烈的祝贺，并通过你们向为我国治沙事业付出辛勤劳动、做出贡献的同志们，向治沙战线的广大干部群众和科技人员致以亲切的问候。

我国沙区面积很大，治沙是关系到国计民生具有战略意义的大事。搞好治沙工作，是摆在我们面前的一项十分紧迫的任务，对于扩大耕地资源，改善生态环境，保障工农牧业生产，改善沙区人民生活，促进国民经济发展，实现我国现代化建设的战略目标，都具有重要意义。要坚持把治沙作为一项重大工程纳入国民经济和社会发展计划，采取有力措施，切实抓紧抓好。

在治沙工作中，必须依靠全社会的共同努力，发挥各个方面的积极性。沙区各级党委和政府要把治沙工作列入重要议事日程，经常加以研究，切实加强领导，动员组织广大群众、科技人员和其他方面的力量，真抓实干。全国绿化委员会、林业部要加强治沙工作的行业管理，各有关部门要密切配合，团结协作。治沙工作要坚持从实际出发，做到统一规划，综合治理，严格责任制度，实行扶持政策，注重科学技术，强化组织管理，扎扎实实地取得实效。

大力开展治沙工作，向沙漠进军，是我国人民在社会主义现代化建设中一项长期的艰巨的任务。要广泛深入地进行宣传教育，增强搞好治沙的责任感和紧迫感。沙区广大干部群众和科技人员要进一步动员起来，向为治沙事业无私奉献的英雄模范和做出显著成绩的先进单位学习，发扬自力更生、艰苦奋斗精神，坚韧不拔，开拓进取，努力开创治沙工作新局面，完成治沙十年规划确定的任务，为实现我国现代化建设第二步战略目标做出积极贡献。

国务院在兰州召开全国治沙工作会议

会上宣读了中共中央总书记江泽民、国务院总理李鹏写给这次会议的信。国务院副总理田纪云和中顾委副主任宋任穷分别为会议写来了“防沙治沙改善生态造福人民”和“增加林草植被，防止土地沙化，改善生态环境”的题词。

国务委员陈俊生在全国治沙工作会议上指出，党中央、国务院领导同志对治沙工作非常关心，非常重视。治沙工作不仅是整治国土、改善生态环境、保障农牧业稳产高产及水利设施发挥效能的重要措施，更是促进国民经济发展，确保实现现代化建设第二步战略目标的根本大计，是造福子孙万代的一件大事，现在已经到了迫在眉睫、非抓紧不可的时候了。

陈俊生代表国务院在会上指出，治沙是一项涉及多行业、多部门、多学科的系统工程，必须依靠全社会的共同努力，才能办好。治沙的工作方针是：统一规划、分工负责；因地制宜，综合治理；防治并重，治用并重，治用结合；突出重点，讲求效益。要做到治理一片、巩固一片，开发一片、见效一片。

陈俊生说，要把治沙工作纳入国家重点工程建设计划，今后每年都要根据单项工程进展情况安排必要的投资，发放治沙专项贴息贷款，增加治沙工作事业费。要切实加强对治沙工作的组织领导，同时要加强科学研究、积极推广应用现有的治沙经验及科技成果。

国务院及有关部门和解放军的有关负责人同20多个省、自治区、直辖市人民政府或主管部门负责人在会上共商我国治沙工作的十年规划和改革措施。全国绿化委员会副主任、林业部部长高德占向与会者介绍了我国治沙工作已取得的成就和面临的任务。

《人民日报》发表评论员文章《开创治沙事业的新局面》

秘鲁总统藤森在利马总统府会见以全国人大常委副委员长王汉斌为首的全国人大代表团

浙江人民美术出版社大型连环画《孙子兵法》出齐

7月30日

中央军委主席江泽民视察天津驻军和武警部队

江泽民在阅兵场上发表了讲话。江泽民说，在我国部分地区遇到严重洪涝灾害时，广大指战员坚决执行党中央、国务院、中央军委的命令，与灾区人民一道投入保护国家财产和抢救人民群众生命的抗洪救灾斗争，涌现出许多动人事迹，受到广大人民群众的普遍赞扬。江泽民指出，我们的军队是人民的军队，肩负着保卫祖国的神圣使命，无论在保卫祖国还是建设祖国的事业中，都建立了丰功伟绩。特别是每当出现自然灾害时，广大指战员总是奋不顾身地冲向抢险救灾第一线。这充分体现了军爱民的优良传统，体现了军民之间的血肉联系。江泽民希望广大指战员继续发扬特别能吃苦、特别能战斗的精神，发扬艰苦奋斗的优良传统，为维护国家和人民的利益做出新的贡献。

全国人大常委会副委员长彭冲在纪念企业法实施三周年座谈会上发表讲话

彭冲说，七届全国人大一次会议通过的全民所有制工业企业法，是我国第一部比较完整的调整社会主义企业行为的基本法律。三年来的实施情况证明，企业法所体现的基本原则和精神是符合我国国情，同中央确定的深化企业改革的方向是一致的。法律中关于全民所有制企业性质和法律地位的规定，关于“两权”分离的规定，关于企业权利和义务的规定，关于厂长负责制的规定，关于企业职工代表大会和民主管理的规定，以及关于企业和政府关系的有关规定等内容，都是正确的，体现了具有中国特色的社会主义企业制度。

彭冲说，根据企业法的要求，政府各有关部门要转变职能，为企业提供服务，并根据各自的职责对企业依法进行管理和监督。各部门都要支持企业法的施行，切实保障企业作为独立法人的地位，落实企业法赋予企业的各项权利，使企业真正做到自主经营、自负盈亏，在竞争中求生存求发展。

国务院副总理吴学谦在钓鱼台国宾馆会见由澳门厂商联合会副理事长梁宋率领的澳门工业界访京团

国务院总理李鹏会见西班牙新加坡和哥伦比亚驻中国大使

国办中宣部发出关于经济日报隶属关系和明年增版的通知

全国文化市场管理工作会议在上海举行

会议正式下发了国务院办公厅《关于制止非法演出、加强演出市场管理的通知》，讨论了《歌厅、舞厅、卡拉 OK 管理办法》、《全国美术市场管理办法》、《关于加强营业性时装表演管理的通知》等有关条例和法规的征求意见稿。文化部副部长高占祥在会上作了题为《坚持文化市场的社会主义方向》的长篇讲话。

国务院召开全国抗灾防疫工作电话会议

国务委员李铁映在电话会议上强调，各地要采取积极有力的措施，坚决制止和控制灾后疾病发生。李铁映说，历史经验证明，大灾之后常会伴发疫病。目前，灾区的环境卫生较差，药品短缺，又值高温季节，灾区群众容易发生疾病。防治疾病已经成为各地各级政府抗洪救灾的一项迫切任务。

李铁映在电话会议上，要求各受灾地区的政府都要建立相应的救灾防病领导组织，协同配合，各负其责，切实保证各项救灾防病措施的贯彻和实施。

李铁映强调，为了把救灾防病工作落到实处，在灾情较重的省市中，应将中央及地方政府安排的救灾经费划出5%，专项用于救灾防病工作；国内、外捐赠资金也要拿出5%至10%保证用于防病工作。

卫生部部长陈敏章在电话会议上通报了部分灾区的病情，要求各地要重点抓紧抓好预防控制以肠胃道传染病为主的和以虫媒传染的疾病，采取切实措施把各种传染病扑灭在暴发流行之前。

国家统计局发布《一九九〇年人口普查（第九号）公报》

国家统计局日前发布 1990 年人口普查数据第九号公报。公报将 1990 年第四次全国人口普查 10%抽样汇总的大陆 30 个省、自治区、直辖市（不包括福建省的金门、马祖等岛屿，下同）人口婚姻和妇女生育数据公布如下：

一、有配偶人口比重。大陆 30 个省、自治区、直辖市有配偶人口占 15 岁及 15 岁以上人口的比重，按由高到低顺序排列，比全国平均水平 68.15%高的有上海、天津、辽宁、北京、河北、吉林、江苏、黑龙江、山东、陕西、宁夏、山西、湖北、浙江 14 个省、自治区、直辖市，其中上海最高，为 74.98%。

二、育龄妇女生育率。大陆 30 个省、自治区、直辖市 1989 年育龄妇女一般生育率按由低到高顺序排列，比全国平均水平 79.54‰低的有上海、北京、浙江、辽宁、天津、黑龙江、四川、吉林、江苏、内蒙古、山东 11 个省、自治区、直辖市。其中上海为 41.32‰，北京为 47.41‰，高于全国平均水平的有河北、山西、广东、甘肃、青海、湖北、湖南、安徽、陕西、江西、云南、广西、福建、宁夏、贵州、河南、新疆、海南、西藏 19 个省、自治区。

三、生育孩次比。1989 年大陆 30 个省、自治区、直辖市当年有生育的妇女中，属生育第一孩的比例，按由高到低顺序排列，比全国平均水平 49.51%高的有上海、辽宁、天津、北京、浙江、黑龙江、江苏、吉林、四川、内蒙古 10 个省、自治区、直辖市，其中上海最高，为 92.00%；属生育第三孩及第三孩以上的比例，按由低到高顺序排列，比全国平均水平 19.32%低的有上海、辽宁、北京、浙江、天津、黑龙江、四川、吉林、江苏、内蒙古、山东、河北、安徽 13 个省、自治区、直辖市，其中上海最低，为 0.66%。

7月31日

共青团中央十二届四中全会在北京闭幕

在闭幕会上，杨传堂等通过差额选举当选为团中央常务委员，另有 28 名被增补为团中央委员，9 名同志为候补委员。

会议通过《共青团“八五”期间建设、改革、发展的规划要点》。

国务院总理李鹏在北京与全国财政税务工作会议代表进行座谈

李鹏在讲话中对进一步做好财政、税收工作提出了要求。他说，要充分发挥财政税收对国民经济的宏观调控作用，加强对经济建设和社会事业的服务与监督，促进国民经济的健康发展。要狠抓开源节流、增收节支，为社会主义事业的发展筹集更多的资金。

李鹏指出，财政、税收部门要坚持原则，加强各项收入的征收管理，严格财经纪律。对承担财政收入的重点地区和重点企业，各级财税部门一定要安排得力的人员，深入下去，尽可能帮助企业解决一些实际困难，为搞活大中型企业作出应有的贡献。

李鹏说，各地各部门要从全局利益出发，理解财政困难、支持财政工作，为国家分忧解难。他要求财政、税收部门加强队伍建设，提高干部素质，加强廉政建设，纠正行业不正之风，以适应社会主义现代化建设的需要。

财政部副部长迟海滨、国家税务局局长金鑫，在会上汇报了财政、税务工作会议的情况。

东北三省四市清理三角债试点工作会议在沈阳召开

国务院副总理朱镕基在沈阳主持召开了东北三省

及哈尔滨、长春、沈阳、大连四市清理“三角债”试点工作会议。朱镕基指出：根据国务院领导同志的指示精神，经过前一段时间的摸索，清欠思路进一步明确了，概括起来就是“三清”：即从“两头清”，要“两手清”，关键是“思想清”。

所谓从“两头清”，是指以试点企业被基建、技改项目拖欠的债务为源头，一头清理债权，一头清理债务。当务之急，是要尽快摸清基建、技改项目拖欠的情况，千方百计筹集资金，补齐投资缺口。实在难以补齐的部分，报国务院清理“三角债”领导小组批准后，由国家贷款注入资金。国家注入资金要坚持三条原则：一是注入多少资金要由原审批单位批准、认可；二是注入的资金要有明确的偿还单位，最终责任要落到各级政府身上，不能偿还的就从各地区投资和贷款规模中扣回来；三是注入资金要一次核定，分期注入，试点阶段先注入拖欠东北三省企业的资金，全国清欠阶段再注入拖欠东北三省以外企业的资金。

所谓“两手清”，是指一手清理固定资产投资拖欠，这是要紧紧抓住的主要源头；另一手也要适当清理流动资金拖欠。清理流动资金拖欠只能在生产生产资料的企业中进行，适当增补必需的流动资金贷款，以解开债务链，但是要严防制造新的积压。要把增加技术开发和技术改造贷款与压缩积压滞销产品占用资金挂钩。所遵循的原则，一是必须把压缩积压产品的生产按品种、数量落实到企业；二是确定为调整产品结构必须进行的技术开发与技术改造项目一定要做好可行性研究，要经过有关部门认真审核，确保产品有市场，项目有效益；三是一定要落实偿还新增技改贷款的单位，并要有省、市政府担保。

所谓“思想清”，就是各级政府和企业都要在思想上高度重视清欠工作。当前试点工作的阻力，主要是一些地方和企业对清欠工作不积极、对拖欠的贷款不认帐。克服这一阻力，一是要加强思想教育和宣传工作，要通过报刊讲清楚，如果再不恢复正常的商品交易秩序和结算纪律，生产就无法进行，危害很大。要切实纠正“欠债有理”、“欠债有利”、“欠债出效益”等错误思想倾向。二是要认真贯彻执行国务院关于整顿商品交易秩序、严格结算纪律的通知精神和中国人民银行关于严格结算纪律的三项规定，对违反纪律和规定的，要抓出典型严肃处理。要宣传这次严格结算纪律要动真格的，欠账不还的都要扣交滞纳金（比银行利率高两个百分点），使有钱不还的人占不了便宜。三是企业不能认为清欠不受益。国家投入大量资金，解开债务链，逐步恢复正常交易秩序，所有企业都将受益。四是要高度认识银行实行托收承付制度，严格执行结算纪律的重要性。同时，还要完善法规，依法办事。核定固定资产投资项目资金缺口和注入资金的实施细则由建设银行制定；减少积压产品占用流动资金贷款转为增加等额技术改造贷款的操作办法由工商银行制定。

工作会议上，国务院清理“三角债”领导小组副组长、中国人民银行副行长周正庆对下一步工作作了部署和说明；国家计委副主任陈光健就如何清理基建、技改项目拖欠及防止新的拖欠提出了意见，国务院副秘书长王书明、中国工商银行副行长刘廷焕、中国建设银行副行长周汉荣也作了发言。东北三省、四市的负责同志参加了会议。

国办发出关于全国企业管理干部培训工作领导小组组成人员的通知

中共中央总书记中央军委主席江泽民在北京会见解放军全军外事工作会议全体人员

中英土地委员会在香港举行第 23 次会议

双方商定，1991 至 1992 财政年度的开发土地平均成本为每平方米 3330 港元。

双方还商定修订 1991 至 1992 年度批地计划，以便提供 5.53 公顷土地，用以推行香港房屋委员会有关出售公屋予住户的计划。

国防部在人民大会堂举行庆祝解放军建军六十四周年招待会

中央军委委员、总参谋长迟浩田，军委委员、总后勤部部长赵南起出席下午的招待会。

国务委员兼国防部长秦基伟向 400 多位党政军领导和中外各界人士发表祝酒辞。

秦基伟首先代表党中央、国务院和中央军委向中国人民解放军和人民武装警察部队的全体指战员，向国防科技工业战线的同志们，向预备役军人和广大民兵，致以热烈的节日祝贺！向军队离退休的老同志、复员转业军人和军烈属，致以亲切的问候！向关心、爱护、支持军队建设与国防事业的各级人民政府和各族人民群众，表示诚挚的谢意！

秦基伟说，中国人民解放军是中国共产党缔造和领导的人民军队。她从诞生之日起，就始终不渝地实践着全心全意为人民服务的宗旨，与全国各族人民同呼吸、共命运、心连心。在为创建新中国而进行的长期浴血奋斗中，在捍卫社会主义祖国、保卫人民和平劳动的伟大斗争中，我军经受了无数次血与火的考验，付出了巨大的牺牲，为人民立下了不朽的功勋。历史已经证明并将继续证明，中国人民解放军不愧是忠于党、忠于人民、忠于社会主义的伟大军队，不愧是捍卫人民共和国的钢铁长城！

秦基伟说，在过去的一年里，我军大力加强政治建设，严格按照条令条例训练和管理部队，军队各方面建设有了新的进步，部队的军政素质有了新的提高。我军积极参加社会主义物质文明和精神文明建设，进一步增进了军政军民团结。今年入夏以来，我国部分地区遭受了严重的洪涝灾害。我军驻灾区部队坚决执行党中央、国务院、中央军委的命令，奋勇投入抗灾救灾斗争，发扬不畏艰险、不怕疲劳、连续作战的优良作风，为保卫国家财产和人民群众的生命安全，作出了重大贡献，受到了党和人民的高度赞扬。他代表中央军委，向战斗在抗洪救灾第一线的全体指战员，致以亲切的问候。

秦基伟指出，在当前国际局势复杂多变的形势下，我们要进一步加强国防和军队建设。我军必须按照“政治合格，军事过硬，作风优良，纪律严明，保障有力”的要求，全面提高部队战斗力。

国务院发出关于《外国人来华登山管理办法》的批复

国务院决定成立全国救灾工作领导小组

国务院办公厅近日发出通知：为切实做好救灾工作，国务院决定成立全国救灾工作领导小组。国务院副总理田纪云任领导小组组长，国务委员李铁映、陈俊生、国务院秘书长罗干任领导小组副组长，各有关部门负责人为领导小组成员。全国救灾工作领导小组办公室设在国务院生产办公室，赵维臣兼任领导小组办公室主任。

全国救灾工作领导小组主要研究解决救灾中的重大问题、工作部署和有关政策规定，督促有关部门抓好落实。受灾省、自治区、直辖市人民政府关于救灾方面向国务院的请示、汇报，由全国救灾工作领导小组办公室承办。

8月1日

国务院举行第11次全体会议

国务院总理李鹏主持会议并发表讲话。国务院副总理田纪云、吴学谦、邹家华，国务委员李铁映、秦基伟、王丙乾、宋健、王芳、陈希同、陈俊生、钱其琛和国务院各部委各部门负责人出席会议。

中共中央、中央军委有关部门负责人、人大、政协有关部门负责人，最高人民法院、最高人民检察院、全国总工会、共青团中央、全国妇联的负责人，列席会议。

各民主党派和全国工商联的负责人应邀参加会议。

国务院总理李鹏在国务院第11次全体会议上发表讲话

李鹏指出，各地区、各部门在今年后五个月里，要结合工作实际，认真学习和贯彻江泽民同志在庆祝中国共产党成立70周年大会上的讲话，贯彻落实中央政治局抗洪救灾会议精神，认真解决好经济工作中的突出问题，进一步促进全国经济形势继续向好的方面转化，全面完成今年国民经济和社会发展计划。

李鹏说，国务院根据党的十三届七中全会和七届全国人大四次会议的精神，继续贯彻治理整顿、深化改革的方针，重点抓了这样几件事：一是坚持总量控制的基础上，适当增加基本建设和更新改造投资，改善投资结构，促进经济回升；二是采取一系列措施，抓好农业生产，入夏以后大力组织和领导了抗洪救灾；三是认真组织开展“质量、品种、效益年”活动，努力提高经济效益；四是继续清理“三角债”，清理“三乱”，落实进一步搞活国营大中型企业的十一条政策措施，为增强企业活力创造外部环境；五是先后调整了钢材、生铁、原油、成品油、煤炭、铁路货运价格，实行水泥两种价格并轨，调整了居民定量粮食、食油的销价；六是积极推进以实行自负盈亏为中心的外贸体制改革，保证和促进我国对外贸易的持续发展。实践证明，这些工作都取得了相应的成效。

李鹏说，在各地区、各部门的共同努力下，虽然局部地区的严重自然灾害对全国经济发展产生了不利影响，但今年我国经济仍然全面回升，社会供求关系继续改善，整个经济形势进一步向好的方向发展。其主要的表现是：

——农村总的形势还是好的。尽管部分地区洪涝灾害严重，夏粮受灾减产，但从全国来看，今年夏收作物仍取得了较好收成。据预测，夏粮总产量低于去年，油菜籽产量比上年略有增长。畜牧、水产业持续增长。上半年乡镇企业生产保持良好势头。

——工业生产适度增长。今年1－6月，全国工业总产值比去年同期增长13.4%，社会商品总额增长12.8%，地区之间增长不平衡的状况开始好转，国民经济整体活力有所增强。7月份的工业总产值预计比去年同月仍将增长10%以上。从经济成分看，上半年全民所有制工业总产值比去年同期增长8.9%，全民所有制工业新增工业产值占全部新增工业产值的比重由去年同期的14.2%提高到44.8%，这表明国营经济发展加快，主导作用有所增强。上半年全民所有制单位，基本建设和更新改造投资分别比去年同期增长23.2%和16.9%，原材料工业、运输业、邮电业的投资比重进一步上升，投资结构继续改善。

——物价总水平比较稳定。今年国家先后出台了一些调价措施，步子不算小，但上半年全国零售物价总水平仅比去年同期上升1.8%，粮油开始调价的5月份仅上升3.1%，涨幅比预料的要小。社会商品货源充足，肉、禽、蛋以及耐用消费品价格稳中有降。上半年35个大中城市的物价上涨幅度较多地高于全国平均水平，应引起我们的重视。

——财政、金融形势相对平稳。上半年国内财政收入比去年同期增长8%，收支相抵，收大于支。上半年银行存款增加额大于贷款增加额，特别是居民储蓄存款，在商品性货币回笼增加和再度调低存款利率的情况下继续增加，6月末比年初增加1223亿元，这既表明居民消费心理平稳，也表明居民收入提高较快。

——外贸进出口全面增长。今年是我国外贸企业实行自负盈亏改革的第一年，新体制调动了经营的积极性。据海关统计，上半年进出口总额比去年同期增长17.3%，其中出口增长18.5%，进口增长15.9%。国际收支状况继续改善，国家外汇储备继续增加。

他指出，今年的经济形势，也有严峻的一面，主要表现在两个方面：一是自然灾害特别是洪涝灾害的影响，不仅使夏粮减产，也影响到秋季作物，加上秋粮种植面积减少，气候发展难以预料，全年粮食是减产趋势。二是经济结构调整缓慢，“三角债”前清后欠，产成品积压仍很严重，经济效益下降的势头有所遏制但很不理想，这是当前经济工作中的突出矛盾。

如何做好今年后五个月的工作，李鹏讲了以下几条意见：

第一，继续抓好抗灾救灾工作，争取全年农业有一个较好的收成。当前，灾区各级政府要以高度负责的精神，切实安排好灾民的吃、烧、住，搞好防病治病工作，维护社会秩序。国家财政、计划、金融机构已决定提供120多亿拨款和贷款。全国人民和港澳同胞大力支援，募集大批捐款和救灾物资，支援灾区人民生产自救，重建家园。此外，国际社会也给予了同情和支持。

希望各级政府一定要管好、用好这些救灾款项和物资，尽快落实到灾区，用在最需要的地方。要千方百计组织灾民就地生产自救，恢复水毁工程，重建家园，尽最大努力补种、改种秋熟作物，尽快恢复乡镇企业和多种经营生产，增强度荒能力。抗灾救灾所需柴油、化肥、农药、种子等，灾区工副业生产、劳务输出、以工代赈等工作，国务院有关部门要抓紧研究落实，不得延误。值得高度注意的是，现在主汛期还没有过。要有抗大洪的准备。非灾区地方政府要根据国务院的总体安排，一方面认真完成支援灾区的工作，另一方面加倍努力抓好秋季生产，争取多产多收。

第二，经济工作要进一步转到调整结构、提高效益的轨道上来。当前工业生产的重点不是追求增长速度，而是要努力进行结构调整，增强企业活力，使工业生产真正走上注重质量，提高经济效益的轨道。

当前困扰经济发展和效益提高的最大的一个问题是“三角债”问题。清理“三角债”必须采取一些硬措施，一是严格结算纪律，恢复金融秩序，对无理占用贷款的企业，要抓典型严肃处理。二是正本清源，从基建和技改资金到位的“源头”抓起，疏通资金循环渠道，解开债务链。三是坚决限制积压产品的生产。

加强技术改造是提高企业经济效益的重要途径。今年的技改项目已经确定下来，要狠抓落实。要坚决压缩一部分超过合理需求的一般加工工业生产能力，淘汰一批消耗高、性能差、污染严重的落后产品。积极推广新技术、新工艺，开发新产品，提高产品质量，更好地适应国内外市场的需要。

另外，要继续稳定物价。

第三，进一步抓紧落实已经确定的各项政策措施，继续改善国营大中型企业的外部环境。对于改善企业的外部环境，国务院一直很重视这个问题，去年就为此作了很大努力，今年从年初就开始又进一步抓，5 月 16 日下发了关于增强大中型企业活力的 11 条意见。现在这 11 条已经落实的有 3 条，正在落实的有 6 条，还没落实的有 2 条。实践证明，这 11 条是切实可行的，只要落实了就能见效，今后 5 个月还要继续狠抓落实，使它们真正发挥应有的作用。

在改善企业外部环境的同时，各企业，特别是国营大中型企业，要千方百计挖掘企业内部潜力，调动内部的积极因素，加强企业经营管理，提高质量，降低消耗，扩大销售，努力提高企业的经济效益。

第四，适当控制基本建设投资规模和合理调整投资结构。今年的基本建设规模，年初确定后，后来根据实际情况作过一些调整，增加了一些投资，现在看来是比较恰当的，不宜再行扩大，各地、各部门应从严掌握。要根据国家产业政策的要求，对农业、水利、能源、交通等方面的建设实行适度倾斜。优先安排对国民经济有重大影响、经济效益好的在建项目及其配套工程；少搞新建，多搞挖潜，严格控制新开工项目。

第五，努力把今年的外经外贸工作做得更好。今年以来，外经外贸的形势比较好。我们要继续贯彻执行扩大对外开放的方针，保持政策的稳定性、连续性，继续促进对外贸易和对外经济技术交流的发展，增强国内自力更生的能力，提高我国经济在利用国内国外两个市场、两种资源方面的能力。

李鹏最后说，做好今后 5 个月的工作，当然还有不少困难，但有利条件更多。自然灾害虽然带来了很大的损失，但我们的物质基础比过去好多了，完全有能力战胜困难。尤其重要的是，这次抗洪救灾，体现出了军民之间深厚的鱼水之情，体现出了社会主义制度的优越性，进一步增强了人民群众对建设社会主义的凝聚力。这是一笔宝贵的精神财富。只要我们更好地把人民群众的积极性充分调动起来，组织起来，同心同德，艰苦奋斗，就一定能够全面完成今年国民经济和社会发展的各种任务。

《人民日报》发表社论《向伟大的中国人民解放军致敬——庆祝八一建军节》

在全国人民正满怀信心地为实现十年规划和“八五”计划第一年任务而奋斗的形势下，在广大军民团结奋战、英勇抗洪救灾的重要时刻，我们迎来了八一建军节。从南昌起义到井冈山斗争，从雪山草地到延安窑洞，从创建中华人民共和国到保卫共和国国防、参加改天换地的社会主义建设，伟大的中国人民解放军已经走过了 64 年的光辉历程。

这 64 年，是中国人民解放军战斗、胜利的 64 年，是在中国共产党领导下全心全意为人民服务的 64 年。

今年以来，我国部分地区气候异常，涝、旱、风、雹等自然灾害频繁，特别是在江淮和太湖流域，发生了严重的洪涝灾害，使工农业生产和人民生命财产受到重大损失。在严重的自然灾害面前，驻灾区的人民解放军、武警部队指战员坚决执行党中央、国务院、中央军委的命令，奋勇投入抗灾救灾斗争。他们不畏艰险，不怕疲劳，筑堤修坝，抢修铁路，运送物资，抢救遇险群众，捐赠钱物，哪里有困难，哪里最危险，解放军就出现在哪里，为保卫国家财产和人民群众生命安全作出了重大贡献，涌现出一大批先进集体和先进个人，用实际行动谱写了爱国爱民的新篇章。中央领导同志高度评价了解放军在抗灾救灾中发挥的重要作用，广大人民群众衷心感谢亲人解放军。军队的英雄业绩，记载在人民共和国的历史上，记载在人民解放军的军史上，我们的子孙后代将铭记在心，永远传诵。

“没有一个人民的军队，便没有人民的一切。”这是被历史证明了的真理，也是我们眼前的事实。中国共产党领导的人民解放军是人民民主专政的坚强柱石，是保卫社会主义祖国的钢铁长城，是建设有中国特色社会主义的重要力量。在和平环境，在建设时期，人民军队发扬战争年代的优良传统，继续努力奋斗，建立了不朽功勋。这支人民军队，忠诚地保卫祖国，保卫人民。祖国之所以能够繁荣昌盛，人民之所以能够安居乐业，很重要的一个原因，就是我们有这支军队。一项项重点工程建设，一次次抢险救灾斗争，都有人民军队的汗水和奉献。在 1989 年发生的那场政治风波中，在党和国家的生死存亡关头，更表现了人民军队的坚定和忠诚。“有解放军在，我们心里踏实”，“有解放军在，我们就放心”，这是这次遭遇洪水灾害的群众发自肺腑之言。中国人民为有这样一支英雄的军队而自豪。

江泽民同志在庆祝中国共产党成立七十周年大会上的讲话中指出：“在新的形势下，进一步加强军队和国防建设，对于维护国家的长治久安，保证社会主义现代化建设的顺利进行，具有深远的战略意义。”关心和建设好人民军队是全党和全国各族人民的共同责任。各级党委、政府和人民团体，要经常对人民群众进行国防教育，增强全民的国防意识，在全社会形成支持国防建设，关心爱护军队的舆论和风气。要积极支持军队的建设和改革，妥善安置军队转业干部、复员退伍军人和离退休干部，继续做好优抚工作，努力帮助烈军属等优抚对象解决生产和生活中的实际困难。拥军优属、拥政爱民，是我们的光荣传统。军政军民之间坚如磐石的团结，是我们战胜任何困难和敌人的力量源泉。我们要进一步巩固发展全国军民同呼吸、共命运、心连心的新型关系，为社会稳定和经济发展提供重要的政治保证。

值此八一建军节到来之际，让我们向伟大的中国人民解放军致以崇高的敬意！

智利副总统克劳斯在圣地亚哥会见全国人大常委会副委员长王汉斌率领的全国人大代表团

国家教委公安部商业部联合发出加强高校招生管理规定的通知

台湾考古人员在台北县考古发掘出大量的唐代金器钱币等古物

台湾考古人员日前在台北县发掘出大量的唐代金器、钱币等古物，证明祖先最早渡海到台的时间至少可溯至唐代，比目前史学界的估计早了大约 1000 年，台湾地方史将因此被改写。

史学界一般认为台湾地区除了澎湖以外，大陆人到台湾是在明代中叶以后，在此之前史料只有零星的记载，且无法加以证实。这次台北县八里“十三行文化”遗址出土了大量唐代钱币、金器、银器、铁器、玻璃饰物、玉环等古物，被台湾史学家称为“台湾史上极具价值的重大发现”。

世界水下活动联合会批准中国蹼泳运动员创造的四项纪录为世界纪录

世界水下活动联合会执委会最近批准中国蹼泳运动员 4 月在全国春季蹼泳锦标赛上创造的 4 项世界纪录为新的世界纪录

8 月 2 日

国务院在北京召开第 88 次常务会议

国务院总理李鹏上午主持召开国务院第 88 次常务会议，讨论并原则通过《中华人民共和国进出境动植物检疫法（草案）》。这部法规在作适当修改后，将由国务院提请全国人大常委会审议。

国务院副总理田纪云在贵州灾区视察

国务院副总理、国家防汛总指挥部总指挥田纪云在 8 月 2 日至 4 日专程前往贵州灾区察看。深入受灾最严重的安顺、平坝、贵阳等地农村，了解受灾情况。

田纪云说，灾情发生后，贵州省委、省政府采取了有力措施，广大干部带领群众开展了抗洪抢险斗争，人民解放军指战员、武警官兵发挥了主力军作用，取得了很大成绩。现在洪水退后要特别注意灾区群众生活生产安排问题，各级党政领导绝不能有松劲情绪。要关心灾民的生活，群众吃饭是第一件大事，发给灾区的救济粮款要造册登记，张榜公布，落实到户、到人。要保证集市贸易有粮食卖，随时注意平抑市场粮价，稳定群众情绪，保证不饿死人。田纪云强调要认真贯彻依靠群众，依靠集体，实行生产自救，互助互济，辅之以国家必要的救济和扶持的方针。对一些被淹的耕地，要迅速组织群众排涝，抓紧季节改种、扩种、套种，有关部门要保证救灾农业生产资料的及时调运和供应。为修复灾区被冲毁的公路、桥梁、水利工程，要多搞一些以工代赈项目。

中央军委解放军三总部工作组向军委和总部报告慰问抗洪救灾部队情况

中央军委、解放军三总部工作组日前向军委和总部报告赴苏、皖、浙、沪慰问抗洪救灾部队的情况，赞扬广大指战员为保护国家财产和人民生命安全做出了重大贡献。

报告说，入夏以来，苏、皖、浙、沪遭受了特大洪涝灾害。驻地部队全力以赴投入抗洪救灾斗争，共出动兵力17万人次、车辆3万多台次、船(舟)艇650艘次、飞机22架次，抢救转移群众19万人，抢运重要物资35万吨，加固堤坝数百公里，为灾区群众看病5万余人次，充分发挥了突击队作用。概括起来，主要完成了6项重大的抗洪救灾任务：

一、津浦护路。6月中旬和7月中旬，滁河水位高达12.65米，超过警戒水位3.15米，位于滁河中下游的江浦晓桥是津浦铁路咽喉要道，62公里的铁路圩堤两度全线告急。南京军区紧急调动1万多名指战员，冒雨加高圩堤，抢修险段，与人民群众并肩奋战11天，保住了铁路圩堤。6月17日和7月6日，津浦铁路皖东嘉山段因路基大面积滑坡、坍塌而两度中断，驻军3支部队奉命紧急出动，与铁路职工一道抢修路基，使津浦线提前恢复通车。

二、太湖保城。6月下旬和7月上旬，太湖水位急剧上涨，严重威胁苏州、无锡、常州、镇江、嘉兴等名城和苏、浙、沪经济发达地区的安全。驻地部队出动3万多人次，支援抢险救灾。我国最大的火力发电厂镇江谏壁电厂煤库因暴雨袭击突然塌方，造成供电中断。某高炮旅官兵冒雨连续奋战16小时，使电厂恢复生产，保证了华东电网正常供电。步兵某师帮助无锡市封堵运河渗漏缺口135处，修筑加固堤坝9000多米，排除了运河的险情，阻止了太湖水入城。某地炮旅指战员在1至4米深的水中连续奋战12小时，筑起了3条共700多米的拦洪大坝，保卫了苏州古城的安全。

三、淮河会战。7月上中旬，淮南以上淮河干流全线超过警戒水位，3个蓄洪区、12个行洪区先后蓄洪行洪，严重威胁着津浦铁路和淮南、淮北煤炭电力基地，严重威胁着淮河流域数千万人民群众和上亿亩农田，情况十分危急。5000多名官兵在东至淮南、西至霍邱110公里的防线上，加固堤坝，排洪泄洪，转移群众，抢运物资。他们冒着高温昼夜坚守在淮河大堤的16个危险地段上，确保了大堤和重点目标的安全。地处淮河南岸的寿县县城，被洪水围成“孤岛”，东、南、北三面水深2米以上。担负守城任务的某团组织33个抢险组和护堤突击队，加固淮河大堤和城墙，使县城在凶猛的洪水面前安然无恙。安徽省军区组织了60多万民兵，在360公里的淮河大堤上与部队并肩作战，巡堤护堤，发挥了重要作用。

四、皖苏救生。南京军区先后派出舟桥和工兵部队4500多人，分赴安徽、江苏20个地区执行水上抢险任务，抢救、转移被洪水围困的群众近5万人，抢运粮食和物资4000多吨，贵重物品3750件。

五、扬州堵口。7月15日，扬州市通运闸被洪水冲毁，决口40米，扬州城危在旦夕。某步兵团与扬州预备役师组成两个梯队轮番作战，还有200多名干部战士跃入水中筑起4道人墙，经过连续19小时拼搏，终于堵住了决口，抢修了大坝，使扬州城转危为安。

六、泄洪爆破。在主要河流和湖泊洪水持续猛涨、随时有溃堤危险的情况下，为了及时清障泄洪，根据国家防汛总指挥部的统一部署，部队先后在安徽邱家湖、江苏新沂河、上海青浦县等7处进行泄洪爆破，圆满完成了任务。

报告说，这次执行抗洪救灾任务，驻皖、苏、浙、沪部队经受住了重大考验，突出表现在以下几点：坚决执行党中央、中央军委的号令，指到哪里就打到哪里；各级领导身先士卒，靠前指挥；共产党员冲锋在前，先锋模范作用突出；“视灾区如故乡，视灾民如亲人”，忠实地实践我军全心全意为人民服务的宗旨；组织指挥比较严密、有力；后勤保障比较及时、有力。

纽约“纪念南京大屠杀受难同胞联合会”又发现南京大屠杀纪录片

纽约“纪念南京大屠杀受难同胞联合会”8月2日说，他们最近发现了一部侵华日军在南京大规模屠杀中国人民的纪录片。这部纪录片再次揭露了当年侵华日军的暴行和进一步驳斥了日本极右派国会议员石原慎太朗声称“南京大屠杀纯属捏造”的诡辩和谎言。

纽约“纪念南京大屠杀受难同胞联合会”在这里举行的记者招待会上介绍说，这部纪录片是由美国传教士马约翰拍摄的。他的次子、退休的投资银行家马大卫最近将该片提供给他们。

南京大屠杀发生于1937年12月。总共有30万中国人惨遭杀害。从影片中可看到遭日军刀劈半边头颅的中国百姓，后颈被军刀砍而未断的男子，遭日军蹂躏的幼女，被日军火烧后又用刺刀戳穿身体的幼婴以及池塘中浮满尸体等惨状。

马大卫在记者招待会上说，他父亲于1937年年底到1938年年初这段时间将胶片秘密带出中国，随后把影片复制四套，一套带回美国，一套在日本放映后不知所终，另一套也是下落不明，第四套则是交给当时的德国外交官罗森，去年在原民德档案中被发现。

今年早些时候，一位美国老太太已提供了一部由当年在南京圣公会传教的马基牧师拍摄的类似的实况纪录片。这两部纪录片以铁的事实揭露了当年日军灭绝人性的罪行。

国际第四纪研究联合会第13届大会在北京国际会议中心开幕

来自47个国家和地区的代表及其随行人员共

1000多人参加了大会。这是该会自1928年成立以来第一次在中国召开的大会。

本届大会的主题是"第四纪时期的人类与全球环境变化"。第四纪指大约240万年以来的地质时期，是地球发展的最新地质阶段。第四纪科学研究的主要目标是探索人类起源、生存与发展所依赖的地球环境，它将为预测和改善人类生存发展的环境提供科学依据。

国务委员、国家科委主任宋健和中国科学院院长周光召在开幕式上分别讲了话。

会议于9月闭幕。

解放军总政治部在天津警备区召开全军青年工作座谈会

会议指出要充分认识活跃青年工作对加强部队政治建设的重要作用，增强做好新时期青年工作的责任感和使命感；要从加强基层团组织入手，努力增强青年工作的内在活力。各级党委和政治机关要加强改善对青年工作的领导，为活跃青年工作创造良好的条件。

中国红十字会宣布至7月底共收到救灾物资14批合500万元救灾款2170余万元

8月3日

中纪委副书记陈作霖在派驻中央和国家机关纪检组组长座谈会上发表讲话

陈作霖强调，中央和国家机关要带头防腐倡廉，切实搞好党风党纪和廉政建设。

陈作霖说，纪检工作要围绕经济建设这个中心，坚持两手抓的方针。要把党的思想工作、组织工作渗透到业务工作中去。要认真贯彻落实江泽民同志在纪念中国共产党建党70周年大会上的讲话的精神，充分认识在新的历史时期加强党的建设、特别是党风党纪和廉政建设的极端重要性。陈作霖指出，在加强党风党纪和廉政建设工作中要继续抓好纠正行业不正之风的工作。另外，中央国家机关都要认真地抓职业道德教育，并结合本行业的实际情况，制定职业道德准则，中央国家机关的共产党员都要模范遵守。在谈到案件查处工作时，陈作霖说，要继续抓紧抓好大案要案的查处工作。纪检组要把查处重点放在大案要案上，要在各部委党组领导下，加强案件查处工作，要实事求是地分析原因，把查处工作抓紧抓好。

农业部采取八项措施支持灾区开展生产自救

本着以"分秒必争"、"寸土必争"的精神全力抓好灾后恢复农业生产，实现"以秋补夏"、"以丰补歉"的要求，农业部新近决定采取八项措施，支持灾区开展农业生产自救工作。

——再向重灾省区下拨8.5万吨救灾化肥，支持这些地区的秋季作物生产；向继续遭受洪涝和干旱灾害的地区下拨救灾柴油5.5万吨。在此之前，农业部已向灾区下拨17.5万吨救灾化肥和20万吨救灾柴油。

——通过调整计划安排，压缩或推迟一部分非受灾区的建设项目，挤出670万元资金，扶持灾区的良种场、种畜场、鱼种场等农业基础设施以及农垦企业的恢复建设，为明年的农业生产发展创造必要的条件。

——成立抗灾救灾作物种子协调小组，统一组织和协调种子调剂工作。据了解，目前灾区晚秋作物、秋冬种小麦以及明年杂交稻种子调剂计划已做了安排。同时，向灾区调剂鸡、鸭等良种和鱼营的计划也已落实。

——切实抓好灾区病虫害和畜禽疫病的防治工作，除抓好主要农作物病虫的预测分析和监测，还将向重灾区派出专门工作组，协助地方防病治虫。据悉，目前，灾区所需的数千吨农药，除个别品种外，农业部已帮助调剂和联系解决。

——组织灾区有关部门广泛开辟饲料资源，缓解养殖业的饲料供应紧张矛盾。农业部已调剂专项尿素1.6万吨和80万元资金，用于灾区秸秆氨化饲料。同时，把国家计划内的一部分平价饲料重点照顾重灾区。

——积极组织开展科技救灾活动。农业部组织中国农科院的各方面中高级专家分成五个组，已于近日赶赴灾区，协同当地农业科技部门，对灾区生产自救进行技术指导，协助地方制定重建计划。

——从国家计划内挤出2900立方米木材、50辆吉普车、100吨渔需物资以及部分钢材，支援灾区生产自救。

——及时做好灾区明年农业生产准备工作。农业部计划在明年的基建投资以及技术推广等方面，对灾区适当给予照顾，并已进行了具体安排。

农业部发言人就台湾海峡"7·21"渔事纠纷发表谈话

日前农业部发言人说，7月21日下午2时，福建省石狮市"闽狮渔2294"号、"闽狮渔2295"号两艘渔船在台湾海峡传统作业海区进行正常拖网生产作业时，台湾省高雄县渔轮"三鑫财"号从已布渔网处穿过，致使我渔民渔网受损，双方遂发生争执。由于"三鑫财"号报警"遭劫"，台湾军方出动舰艇拦截，开枪打伤我渔民1人，并将"闽狮渔2294"号、"闽狮渔2295"号渔船及船上18名渔民强行带往台中港。据悉，台地方检察署已以"海盗罪"对其中的7名渔民提出起诉，并已将他们押往台中法院看守所拘押。

农业部发言人表示,闽台地缘相近,血缘相亲,两省渔民经常同区作业,历来相互关心,互助互救,同胞关系十分密切。对于双方渔民之间的渔事纠纷,应该本着互让互谅、互助互爱的原则,实事求是地进行协商解决,以维护两岸同胞间的团结,珍惜两岸日益祥和的气氛。我们对台湾当局动辄出动军舰飞机,随意射击同胞的作法表示十分愤慨。渔事纠纷,责在双方,若台湾当局以此例为处理渔事纠纷之先端,稍有争执即诬良为盗,必使两岸同胞情谊受损。希望台湾有关方面保证我渔民人身安全并促请当事双方妥善协商解决纠纷,使"闽狮渔 2294"号、"闽狮渔 2295"号渔船和船上18名渔民尽快返回,早日与家人团聚。中国红十字会总会已决定尽快派人赴台看望我被扣押的渔民。

8月4日

国务院总理李鹏到吉林黑龙江检查抗洪救灾情况

李鹏8月4日至7日到吉林、黑龙江两省检查防汛抗洪情况。

下午,李鹏到达吉林市,在吉林省委书记何竹康、省长王忠禹等陪同下察看了位于第二松花江上的丰满水库。丰满电站建成发电47年来,累计发电700多亿度,为东北经济发展作出了重要贡献。最近因上游连降大雨,入库水量剧增,给水库大坝的安全带来严重威胁。在到丰满考察之前,李鹏察看这座高97米、长1080米的大坝,详细了解大坝汛期的安全、放流量以及电厂发电等情况。

8月5日,李鹏到达松花江下游的佳木斯市。在黑龙江省委书记孙维本、省长邵奇惠陪同下,到佳木斯松花江堤防察看水情和堤防情况。在佳木斯市东处江岸堤上,解放军指战员正加固大堤。

8月6日上午,李鹏到哈尔滨考察松花江江堤。在江堤上,哈尔滨市各工厂企业的职工分段包干,日夜守卫着大堤。在西郊区顾乡屯江堤上,农民正用装上土的草袋和尼龙袋加固大堤。

8月6日下午,李鹏在哈尔滨听取了吉林和黑龙江省委、省政府领导关于抗洪、汛情、救灾工作的汇报。

8月7日,李鹏到吉林省延边朝鲜族自治州视察访问。

全国重点建设工作会议在上海举行

国务院总理李鹏、副总理兼国家计委主任邹家华分别发来贺词。李鹏的贺词是:希望你们认真加强管理,深化体制改革,保证工程质量,提高投资效益,把重点建设搞好。邹家华的贺词是:搞好重点建设,增强国民经济后劲,为社会主义制度的巩固和发展打下坚实的物质技术基础。

会议的主要任务是:检查交流各地区、各部门和国家重点建设项目在基本建设领域开展"质量、品种、效益年"活动的做法与经验,讨论、拟定加强国家重点建设项目管理的有关规定,并将本着改革的精神对下一步的重点建设工作作出妥善部署。

国家计委副主任陈光健、国家计委专职委员石启荣分别在会上讲话。

新华社报道称云南贵州四川三省"八五"期间开工的重点工程项目全部投资将达数百亿人民币90年代的建设规模不亚于60年代对西南的开发

国家主席杨尚昆会见马来西亚国际贸易和工业部部长拉菲达

杨尚昆说,中国愿意进一步发展同包括马来西亚在内的东南亚各国的合作,这种合作的前景是广阔的。

杨尚昆说,中马建交以来两国关系发展得不错。去年,双边贸易额近十二亿美元,这是双方共同努力的结果。杨尚昆指出,除商品贸易外,双方还可以探讨新的合作领域,如经济、科技和劳务合作等。

杨尚昆表示,欢迎马来西亚企业家来华投资、兴办企业。

8月5日

全国党校校长座谈会在内蒙古自治区包头市召开

中共中央政治局常委、中央党校校长乔石出席会议并讲话。全国各省、直辖市、铁道部和新疆生产建设兵团参加座谈会。中央党校常务副校长薛驹、副校长苏星、刑贲思出席会议。

会议至13日结束。

中共中央总书记江泽民在中南海会见以党中央政治局候补委员中央书记崔泰福为团长的朝鲜劳动党代表团

江泽民说,中朝两党、两国有着传统的友谊。前不久,在我们建党70周年之际,金日成同志发来了贺电,朝鲜劳动党中央举行了盛大的庆祝会,我们对此感到高兴,并借此机会转达我们对金日成主席、金正日书记和其他朝鲜领导同志的谢意。

中共中央总书记江泽民在中南海会见巴西外交部部长弗朗西斯科·雷泽克

江泽民说,中国希望有一个和平的国际环境,中国人民正致力于建设自己的国家。在国际大家庭中,各国应和平共处,并根据自己的意愿和历史文化传统来选择其社会制度。

国家主席杨尚昆根据全国人大常委会决定任命李宝诚为驻圣马力诺共和国特命全权大使

外交部部长钱其琛在钓鱼台国宾馆同巴西外交部部长弗朗西斯科·雷泽克举行会谈

钱其琛说,中国重视发展同巴西的关系。中巴建交以来,两国在政治、经贸、科技、文化等各个领域的友好合作关系都得到了顺利发展,两国高层领导互访不断,两国在包括高科技在内的科技合作方面具有良好的条件,并取得了实质性的进展,展示了广阔的发展前景。钱其琛赞扬并感谢巴西政府一贯坚持一个中国和支持恢复中国的关贸总协定缔约国地位的立场。

钱其琛说,国际政治、经济新秩序应该建立在如下原则的基础上:相互尊重领土完整和主权,互不干涉内政,反对各种侵略行动,在平等互利的基础上发展经贸关系等。只有遵循这些原则,国与国之间的关系才能走上健康的轨道。钱其琛还说,今年6月在北京召开的发展中国家环境问题会议是对明年将在巴西举行的联合国环境与发展会议的支持和贡献。

会谈前,两国外长签署了中巴政府关于避免双重征税协定和增设总领事馆的换文。田曾佩副外长参加了会谈。

智利总统艾尔文在圣地亚哥总统府接见由全国人大常委会副委员长王汉斌率领的中国全国人大代表团

中国残疾人联合会主席邓朴方应第三届国际展能节组委会和香港有关团体的邀请抵达香港

邓朴方率领的由职业技能竞赛团和艺术团组成的中国残疾人代表团,近期分批抵港,参加在这里举行的第三届国际展能节,以及为感谢港澳同胞对内地残疾人事业的大力支持举行慰问演出。

邓朴方在新闻发布会上指出,近年来,中国的残疾人事业得到了迅速发展,在立法、教育、康复、就业以及文化生活等各个方面都取得了长足进步。他说,所有这一切,与港澳同胞多年来的关心和帮助是分不开的,对此,我们是永远不会忘怀的。

邓朴方还说,最近一个时期,内地一些地区发生多年未见的水灾,港澳同胞对内地灾区人民伸出热情的援助之手,踊跃赈灾捐助,这充分体现出内地和港澳同胞之间的手足之情,也充分说明伟大的中华民族有强大的凝聚力,从而使我们更加坚信中华民族一定会有光辉灿烂的未来。

全团共有150余人,其中竞赛团有100余人,内有52位残疾人,他们将参加展能节中全部39个项目中的28项竞赛活动。艺术团由52位演职人员组成,其中有32位残疾人艺术家,将在香港举行4场慰问演出。

全国人大常委会副委员长雷洁琼在优秀中小学教师代表座谈会上发表谈话

日前,全国人大常委会副委员长、民进中央主席雷洁琼在和25个省、市、区的优秀中小学教师代表座谈时说,教育事业关系到全民族科学文化水平的提高,关系到国民素质的提高,而教育的好坏关键在于教师。希望全社会进一步树立尊师重教的风气,每个人都为尊师重教奉献一点力量。

雷洁琼说,参政议政是民主党派的重要功能,要提高参政议政的水平,必须加强调查研究,这样才能提出促进决策科学化的建议。她希望这些教师代表回去后就义务教育法的实施情况配合民进和有关部门多做一些调查研究,为普及9年制义务教育作出更多的贡献。

国家教委就近代现代史及国情教育措施向各地教育行政部门发出通知

国家教委在通知中提出的措施是:一、要求各地教育行政部门和中小学校在今秋开学后,认真组织全体教师学习江泽民同志3月9日的指示信和国家教委制订的《总体纲要》,并提出在新学年贯彻落实的措施。二、要求中学思想政治教育课、小学思想品德课和中小学历史、地理、语文等课根据各自学科的特点,发挥进行近代、现代史及国情教育的主渠道作用,并注意互相衔接,避免简单重复。国家教委将组织编写教育资料、提供教学挂图及教育图册。自今秋开学起,5年制小学的五年级和6年制小学的六年级的历史课均由每周2节增至3节;小学历史将编写补充教材,中小学语文课的补充教材也将在开学后作调整;高中人口教育自今秋开学作为必修内容。三、鉴于今秋开学后的初三和高中各年级来不及按《总体纲要》要求进行深入、系统的教育,应安排补课,国家教委编写了初中《国情教育读本》和高中《国情教育读本》,分别作为初三和高中各年级学生的必读课外读物。四、中小学校要结合近代、现代史及国情教育的要求,积极开展课外活动,各级教育行政部门和学校要与当地社会各界加强联系,充分利用各种校外教育阵地,根据不同年级学生的特点开展活动。五、对中小学教师普遍进行关于近代、现代史及国情教育的培训,国家教委将在8月中下旬通过教育电视台对中小学骨干教师进行培训,并要求各地在此基础上对全体教师进行一次培训。

《人民日报》发表全国关心下一代工作委员会主任康世恩文章《全社会都来关心挽救失足青少年》

国家教委党组发出《关于制止一些地方利用宗教活动妨碍学校教育问题的通知》

中国计划生育协会发出公开信要求会员和理事积极宣传贯彻中共中央国务院《关于加强计划生育工作·严格控制人口增长的决定》

8月6日

国家工商局就依法调整经济合同债权债务关系问题发出通知

国家工商局日前发出的《通知》指出，各级工商行政管理机关要认真贯彻《国务院关于整顿商品交易秩序严格结算纪律的通知》精神，充分认识经济合同管理工作对于整顿商品交易秩序、严格结算纪律、推进"三角债"的清理、为搞活大中型企业服务的重要作用，在当地人民政府的领导下，主动与企业主管部门和有关单位密切配合，对企业合同管理情况进行一次大检查，重点搞清企业之间合同履行中拖欠货款的成因和危害，同企业共同谋求可行的解决办法。同时，还要积极配合银行对有计划投入的清欠资金，监督企业履行合同，偿还欠款，做到专款专用。如发现企业将清欠资金挪作他用，应告知银行按有关规定处理。

对于已经形成合同债权债务纠纷的，工商机关应引导合同双方当事人协商解决；对协商不成债权方向有管辖权的仲裁机关申请仲裁的，仲裁机关应依法受理，并力求尽快解决这些纠纷。根据民事诉讼法规定，合同纠纷裁决后，当事人应当执行。如一方当事人不执行的，另一方当事人可向人民法院申请强制执行，以利维护法纪的严肃性和促进"三角债"的清理。

国家主席杨尚昆在北京会见巴西外交部部长弗朗西斯科·雷泽克

中国国际友好联络会名誉会长中国中小学幼儿教师奖励基金会理事长王震在人民大会堂会见日本阿含宗管长桐山靖雄

桐山靖雄管长首先代表阿含宗向中国水灾地区的人民和中国中小学幼儿教师奖励基金会分别捐赠1000万日元和500万日元。

王震代表中国政府和人民，以及中国1000多万中小学幼儿教师对阿含宗的捐助表示感谢。

国务院副总理邹家华在北京会见联合国副秘书长阿考特·拉马昌德兰

智利参议院议长巴尔德斯和众议院议长比埃拉—加略在布宜诺斯艾利斯议会所在地瓦尔帕莱索分别会见由全国人大常委会副委员长王汉斌率领的中国人大代表团

苏联国防部部长亚佐夫在莫斯科会见来访的中国人民解放军总参谋长迟浩田

东方文化国际学术研讨会在北京大学召开

研讨会由北京大学东方语言文学系、北京大学东方文化研究所和中国东方文化研究会联合主办。

来自伊朗、日本、苏联、中国等10个国家和地区的100余名中外学者提交80余篇论文。学者们就东方三大文化圈的特点及其相互影响，佛教、伊斯兰教对东方文化的影响，东方各国文化的比较研究以及东方文化与现代文化建设的关系等问题进行研讨。中国东方学和印度学家季羡林作题为《再谈东方文化》的学术报告。

中国贸易展览会在日本大阪开幕

北京破获一贩毒吸毒犯罪团伙

北京铁路公安处近日破获一个在铁路线上流窜盗窃、并纠集在一起吸毒贩毒的重大犯罪团伙。52名案犯被抓获，收缴鸦片41.5克，还破获他们从事的盗窃案60余起，其中重、特大案件12起。

8月7日

1990年中国500家最佳经济效益工业企业评选揭晓

中共中央总书记江泽民在钓鱼台国宾馆会见美国旧金山前市长戴安·法因斯坦女士

中国常驻联合国代表李道豫大使就中国抗灾问题接受联合国电台记者采访

李道豫说，自7月11日中国政府紧急呼吁国际社会向中国重灾省区提供援助后，至8月1日，国际社会已认捐1000多万美元，部分友好国家和国际组织正在商谈进一步援助事宜。

李道豫说，"通过多方面的努力，目前灾区人心稳定，社会秩序良好，群众抗灾自救的积极性很高。但灾区群众的生活和重建家园的工作目前还有很多困难，仍需要大量资金，欢迎国际社会继续提供援助。”

中国和蒙古在北京草签《中华人民共和国政府和蒙古人民共和国政府关于蒙古通过中国领土出入海洋和过境运输的协定》

第三届全国优秀教育世家评选揭晓霍懋征等30户榜上有名

全国救灾工作领导小组在北京召开第二次会议

会议听取全国救灾领导小组办公室及有关部委关于救灾工作的汇报。

国务院副总理、全国救灾工作领导小组组长田纪云在会上指出，认真落实救灾措施，帮助灾区人民恢复生产、重建家园，顺利度过困难时期，是当前各级政府、各个部门最重要的任务之一。

田纪云强调，各级党委、政府及有关部门，都要把救灾作为当前的重要任务，列入议事日程，认真对待。要确保不饿死人，不冻死人，不发生疫病流行，不发生灾民成批外流。要组织专门的班子，明确分工，明确责任。在救灾问题上不允许半点官僚主义，对扯皮、误事的要追究责任。

田纪云指出，当务之急是安排好灾民的生活，切实解决他们的吃、住、医等问题。对行洪区、重灾区、基本绝收的地区，要保证每人每天有0.5公斤的口粮，安排到明年新粮上市。对既缺粮又缺钱的困难户，要给予特殊照顾。要有组织、有规划地帮助灾区建设一些有利于防洪的住房。要下力量做好疫病的防治工作。

田纪云说，灾区要抓紧排涝工作，抢种一点是一点，不能种粮的，就种蔬菜。有关部门要在化肥、柴油等农用物资供应上优先保证。中央决定在行蓄洪区和重灾区，在农业税征收和粮食定购上，将给予优惠政策。

全国救灾领导小组副组长李铁映、陈俊生、罗干等出席会议。

港澳同胞赈灾慰问团赴内地慰问

各界人士组成的港澳同胞赈灾慰问团一行28人，中午乘班机飞赴内地慰问灾区人民。

慰问团携带港澳各界捐赠的部分款项5700万港元，将分送江苏省和安徽省各1200万港元，中国国际减灾十年委员会3300万港元，用作灾区重建家园。此团先到江苏、安徽两省慰问灾民，了解灾区的情况，再到北京向中共中央和国务院报告港澳地区赈灾情况。

慰问团由新华社香港分社副社长秦文俊率领，周南社长将参加慰问团在北京的活动。慰问团成员包括：澳门中华总商会会长、全国人大常委会委员马万祺；半岛针织有限公司董事长、全国政协常委唐翔千；香港中华总会司库、全国人大代表曾宪梓；香港大学植物系教授、全国人大代表徐是雄；香港佛教联合会副会长、全国政协委员黄允畋等港澳各界代表和社会团体代表。

新华社香港分社副社长秦文俊在机场表示，一定将港澳同胞爱祖国、爱家乡、爱同胞的深厚骨肉之情带到内地，带到灾区。

中国红十字会总会发言人就台湾海峡“7·12”事件向《人民日报》记者发表谈话

发言人说，发生在台湾海峡的“7·21”事件，本是一起已经当事人双方协商解决了的渔事纠纷，但是，由于台湾军方的介入，致使事件不断升级，变得越来越复杂化。到目前为止，福建省18名渔民已被无辜扣押在台中市达17日之久，其中7人还被起诉受审。

发言人说，基于人道主义立场，中国红十字会总会提出派3人前往探视，了解情况，争取在尊重事实、公平合理的基础上协商解决这场纠纷。然而，此一正当要求，却遭到台湾有关方面的无理限制，近日答称只准两人前往，并将探望时间限于两日之内。对此，我们深表遗憾。

发言人说，回想今年3月9日发生台警开枪打死我渔民事件时，台湾红十字组织二度要求来人，中国红十字会总会慨然应允，想方设法予以协助，终使事情妥为解决。两相对照，台湾有关方面今此的所作所为，实在有悖情理。尽管事情发展到了这种地步，我会人员亦遭此不合理待遇，但为了表达对被扣押在台中的18名福建省渔民的关切，我会决定派两名人员赴台。

发言人说，目前，大陆人民十分关心18名福建省渔民的处境，特别是福建沿海广大渔民，对台湾有关方面如此处理这起渔事纠纷严重关注，迫切希望了解相关情形。有鉴于此，新华社、中国新闻社决定各派一名记者随我会人员前往采访。对这一十分正当的要求，希望台湾有关方面尽快批准，不要再设置人为的障碍。

8月8日

中共中央党史工作领导小组批准《中国共产党的七十年》一书出版

阿根廷总统梅内姆在布宜诺斯艾利斯会见由全国人大常委会副委员长王汉斌率领的中国全国人大代表团

中国国际信托投资公司董事长荣毅仁在新加坡拜

会新加坡前总理李光耀

中国核动力研究设计院首座利用乏燃料元件的核反应堆在四川建成并投入运行

反应堆可将核燃料的平均燃料从40%提高到45%,每年能节省核燃料费用200万元。

8月9日

国务院召开第89次常务会议

国务院总理李鹏主持召开国务院第89次常务会议,讨论《中华人民共和国教师法(草案)》。会议原则通过这个法律文件,决定在修改后提请全国人大常委会审议。

会议认为,中国各级各类学校和其他教育机构中,专门从事教育教学工作的教师人数众多,是一支庞大队伍。他们承担着教书育人、培养社会主义事业的建设者和接班人、提高民族素质的重要使命。制定一部适合中国国情的教师法,对于倡导尊师重教的社会风气,保障教师的合法权益,建设一支具有良好思想品德修养和业务素质的教师队伍,促进我国社会主义教育事业的发展,都是十分必要的。这部教师法草案对于教师的权利和义务、资格和任用、培养和培训、考核、待遇、奖励等方面,都作出明确的规定。

国务院发出关于继续严格控制固定资产投资新开工项目的通知

经过两年多的治理整顿,全国建设领域内总量失调、结构失衡的状况已有所改善。但今年以来,基本建设规模又开始出现增长过快的势头,一方面建设单位拖欠资金问题仍很严重,另一方面新开工项目又大量增加,并且呈逐月上升的趋势;楼堂馆所和一些不符合国家产业政策的项目有所增加;不少地方没有严格执行国家制定的新开工项目审批权限的规定。

为了进一步控制投资规模,提高投资效益,巩固治理整顿已经取得的成果,各地区、各部门必须继续严格控制新开工项目。为此,特通知如下:

一、治理整顿期间允许新开工建设的为以下项目:

(一)农业、水利、能源、交通、重要原材料及教育、卫生、科学、电子、粮库和住宅建设项目。

(二)按照《国务院关于当前产业政策要点的决定》(国发(1989)29号)要求,符合国家产业政策,新增土建面积不超过原有建筑面积30%和土建工程的投资不超过总投资20%的技术改造项目。

二、对上述允许新开工范围内的项目,要继续按照在建项目总投资规模和当年计划投资规模双重控制的规定严格审批。除此之外,凡有拖欠建设资金的中央各部门(公司)和地方各行业,在偿还拖欠资金以前,原则上不得新开工建设项目。

三、继续执行1989年以来国家制定的关于适当集中新开工项目审批权限的有关规定,各地区、各部门不得层层下放审批权限。审批权限为:

(一)大中型基本建设项目由国家计委统一审核后报国务院审批;限额以上技术改造项目经国家计委会签后,由国务院生产办公室审批,并报国务院备案。

(二)小型和限额以下项目:属于地方项目,总投资在100万元及其以上的,报省、自治区、直辖市人民政府审批;总投资在100万元以下的,由省级计委(计经委、经委)或省、自治区、直辖市人民政府授权的省直单位审批。计划单列市享有省级计划管理权限。属于中央项目,均由项目主管部门(公司)审批。

小型和限额以下项目,凡总投资在1000万元及其以上的,要报国家计委(技改项目报国务院生产办公室)备案,国家计委(国务院生产办公室)在收到文件后一个月内有权根据有关规定否决。凡越权审批项目的,要追究审批者的责任,并视情况对项目进行处理。

四、新开工项目所需的能源、运输、原材料等建设和生产条件必须具备,建设投资要纳入国家下达的固定资产投资计划,建设资金(包括项目总投资和开工以后各年度的投资)要经审计部门审计并确认资金落实、来源正当以后,才能批准开工。

五、要继续严格控制楼堂馆所的建设。原则上不得新开工建设,已经停缓建的不得恢复建设。确因情况特殊急需建设的,必须经过严格审核后报有关部门批准。凡建筑面积在5000平方米及其以上的,须经国家计委和国务院清理固定资产投资项目领导小组办公室统一审核后报国务院批准;建筑面积在5000平方米以下的,一律由省、自治区、直辖市及计划单列市人民政府审批。

六、统计部门要进一步及时、准确地做好新开工项目的统计工作,以便进行督促检查。

国务院批转农业部《关于进一步办好国营农场的报告》

国务院同意农业部《关于进一步办好国营农场的报告》,现转发给你们,请贯彻执行。

我国的农垦事业是在老一辈无产阶级革命家领导下,由人民解放军及其转业官兵率先开创的。大批支边青年、专家和工程技术人员参加了艰苦的开拓创业。目前,农垦职工已达五百多万人。这是一支有政治觉悟、有纪律、有技术、有艰苦奋斗传统的队伍,是我国社会主义农业建设中的重要力量。农垦企业在农业专业化、商品化、现代化过程中发挥着示范作用。农垦事业的进一步发展，对于推进社会主义现代化建设，维护安定团结的政治局面，具有十分重要的作用。各级人民政府和国务院有关部门要积极支持农垦事业的发展，认真研究解决国营农场发展中遇到的困难和问题。农垦系统全体职工要继续发扬"艰苦奋斗，勇于开拓"的农垦精神，克服困难，努力工作，争取为国家作出更大的贡献。

农业部关于进一步办好国营农场的报告

我国农垦事业是在人烟稀少、自然条件较差的地区开发建设起来的。几十万转业官兵和大批专家、工程技术人员、支边青年参加了艰苦的开拓创业。经过四十年、两代人的艰苦努力，全国农垦系统已建立国营农场两千多个，土地总面积达五点四亿亩。党的十一届三中全会以后，农垦系统建立了统分结合的双层经营体制，实行财务包干，坚持农工商综合经营，从而调动了广大职工的积极性，增强了农垦经济的活力，推动了农垦经济的发展。一些垦区和农场已经初步建成农业商品生产基地，外贸出口基地，城市、工矿区副食品基地，成为农业先进技术推广和产品加工、运销的服务中心，在农业专业化、商品化、现代化过程中发挥着示范作用。一九八〇年到一九九〇年，农垦工农业总产值和全员劳动生产率分别翻了一番半，职工收入增加了两倍，粮棉生产持续稳定增长。国营农场生产的粮食、棉花、肉类和天然橡胶的商品率分别达到百分之六十一、百分之九十六、百分之七十八和百分之百。国营农场占全国耕地不到百分之四，提供的商品粮占国家定购粮的百分之十，天然橡胶占全国产量的百分之九十，机制糖和羊毛占全国产量的百分之十，出口大豆占全国出口量的百分之三十一。以农副产品加工为主的农垦工业，已成为农垦企业自我积累和发展的重要经济支柱。地处边疆和少数民族地区的国营农场，在稳定边疆、增强民族团结、繁荣当地经济文化等方面都作出了重大贡献。

但是，农垦在发展中也遇到了不少困难和问题。农垦经济体制改革还有待深化和完善，农业基础设施薄弱，垦区社会负担较重，少数农场仍处于贫困状态等，这些问题都需要认真研究解决。为进一步办好国营农场，提出以下建议：

一、坚持和完善农垦企业改革的基本政策。实践证明，农垦十多年改革的方向是正确的。有关的改革措施，如实行财务包干、农工商综合经营、发展以全民所有制为主体的多种经济成分、推行企业承包经营责任制和场长负责制、推行大农场套小农场的双层经营体制等，基本上是成功的。因此，要特别强调稳定，并按照建立社会主义有计划商品经济和计划经济与市场调节相结合的经济体制的要求，继续深化改革。国营农场统分结合的双层经营体制，要作为生产经营管理的一项基本制度长期稳定下来。职工家庭农场和其他形式的小农场，是国营农场内部的一个经营层次，不改变国营农场的国有属性。各垦区及其所属农场要进一步处理好国家、企业、职工三者利益关系，理顺统与分的关系，加强服务体系建设，充分调动职工的积极性，发挥规模效益和技术经济效益。要继续鼓励发展集体经济，支持个体经济的适当发展，并注意加强引导和管理。继续搞好农垦工商企业的股份制试点，稳妥地推行住房制度和劳动保险制度改革。积极稳妥地进行企业组织结构调整，发展企业集团。要进一步扩大对外开放，积极引进资金、技术和管理经验，积极增加出口，努力发展外向型经济。

二、加强农业商品基地建设。农业是国营农场赖以生存和发展的基础产业。无论农垦经济结构发生多大变化，都要重视农业。要围绕在本世纪末实现一千万吨商品粮、四十万吨棉花这个大目标，搞好规划和基地建设。要增加农业投入，垦区和农场都要增加积累，建立农垦工业、商业支援农业的投入制度，提高农业投入的比重。对从事农业的职工，在承包合同中要有增加投入的要求。请国务院有关部门将农垦的粮食、棉花、天然橡胶、奶牛基地、绿色食品项目纳入"八五"计划，也请各级政府在安排农业综合开发、"菜篮子工程"、利用外资等项目时，将国营农场纳入计划。为了鼓励各方面向农业投资，可实行投资同产品、效益挂钩的政策。农业投资的使用，要坚持以加强农业基础设施建设、加速农机更新、改造中低产田为主，并有计划、有重点地开发新的农业资源，扩大农业商品基地。

三、保持农垦工业的健康发展。农垦工业已成为农垦经济的重要支柱。今后，农垦工业必须按照国家产业政策和市场需要进行合理规划和必要调整。农垦工业发展的重点，是自有资源的深加工和综合利用。农垦工业企业要立足当地资源，发挥地区优势，努力开发高需求、高创汇、高附加值的产品，从经营粗放型、产值速度型向集约型、质量效益型转变。为此，要加强企业技术改造，促进企业技术进步；要努力开发新产品，带动产品结构的调整；要深化企业改革，强化管理，提高管理水平。为促进农垦工业的健康发展，请各级人民政府、各有关部门予以指导和支持。

四、进一步搞活商品流通。农垦商业是国营商业的一个组成部分，是国营农场农工商综合经营的一个重要环节。目前农垦商业还很薄弱，制约了农垦经济的发展。因此，必须生产、流通一起抓，切实加强对农垦商业工作的领导，充分发挥各级农垦农工商公司在搞活商品流通方面的作用。农垦商业必须始终坚持服务垦区，面向社会的宗旨，把为垦区生产的产前、产中、产后服务作为根本任务。同时，要坚持为工农业生产服务，为城乡人民生活服务，为外贸出口服务，坚持多渠道、少环节、开放式经营，下决心改变目前农、工、商脱节的状况，向农工商一体化、产供销一条龙的方向发展，发挥综合经营的优势；要提高农垦商业职工队伍的素质，增强市场观念和竞争意识，加强商业基础设施建设，提高农垦商业的竞争能力；要加强各地农垦商业之间以及农垦商业与社会各方面的联合，有计划地在大中城市建立一些批发市场和商业网点，不断拓展经营范围和流通渠道，在全国建立起农垦商业信息网络和购销网络，切实把流通搞活。各级人民政府和各有关部门要积极支持农垦商业的发展，保护农垦商业的合法权益。

五、充分发挥科教兴垦的作用。依靠科技、教育振兴农垦经济，是一项战略措施。农垦科技工作必须坚持面向农垦经济建设的方针，把促进垦区技术进步，推动经济发展作为根本任务，重点放在应用技术推广上。要围绕垦区发展中的关键问题组织科研攻关，加强技术改造和新产品开发，大力引进推广科学技术成果，认真做好试验示范和推广工作；要继续深化科技体制改革，进一步落实知识分子政策，采取切实有效的措施稳定科技队伍，调动科技人员的积极性；要增加科技投入，加强科技基础建设，增加必要的设施和手段；要努力改变目前科技服务体系不健全、技术推广工作薄弱的状况，逐步建立健全各级科研、推广服务体系，力争使农垦科技兴农走在全国的前面，发挥示范和辐射作用。各级人民政府和有关部门在研究制定有关农村科技推广政策时，要考虑到国营农场，实行同样的鼓励政策。

农垦的教育工作要把提高垦区人口素质放在首位。一方面要加强职工的文化、技术培训，“八五”期间基本扫除职工中的文盲，抓好企业领导干部的轮训；另一方面要加强幼儿教育，积极实施义务教育，大力发展中等职业技术教育，搞好普通高校的定向招生，为垦区培养合格的劳动后备军和各种专业技术人才。无论是普通教育，还是成人教育，都要大力加强思想政治工作，进行社会主义教育和“艰苦奋斗，勇于开拓”的农垦精神教育，培养出一支高素质的职工队伍。

六、大力加强扶贫开发工作。国家已将贫困农场纳入国家扶贫开发计划，并从政策、资金、物资上给予支持。农垦部门特别是贫困农场面大的垦区，要根据国务院关于扶贫开发工作的总体部署，把扶持贫困农场脱贫致富作为一项重要任务摆上议事日程，深入调查研究，制订出扶贫规划和措施。主要领导要亲自抓扶贫开发工作，并选派得力干部到最困难的农场去帮助工作。动员农垦系统的大专院校、科研单位和各级农垦部门的科技人员，到贫困农场进行科技扶贫。要加强贫困农场的领导力量，实行限期目标管理；要管好、用好扶贫资金和物资，结合农业综合开发，加强基础设施建设，改善生产条件；要立足当地资源优势，调整产业结构，发展多种经营，搞开发性生产建设，形成支柱产业。贫困农场的干部职工要努力工作，求实进取，把握机遇，争取在两三年内使贫困农场的面貌有较大改变，用五年或更长一点的时间基本脱贫。

七、几个政策问题。

(一)关于解决国营农场的双重负担问题。国营农场的各项社会建设都在自己兴办，学校、医院、公路交通、小城镇都是自建自养，垦区、农场的公检法经费也由企业开支，有的还自办能源。因此，与垦区、农场自办社会性建设有关的税、费，如教育费附加、农林特产税、城市维护建设税、环境保护排污费等，请地方各级政府酌情减免或部分返还给农垦，用于发展生产和自办社会性事业。

(二)国务院批准解决国营农业企事业职工户口粮食关系的政策规定应当认真执行。一九八〇年《国务院批转国家农委等单位关于解决国营农业企事业职工户口粮食关系的几个问题的请示报告》，现在还有一些地方没有完全落实，严重影响农场职工思想的稳定，农场需要的干部和科技人员，也无法调入。为此，请各省、自治区、直辖市人民政府进一步督促落实此项政策。

(三)巩固和发展天然橡胶生产基地。目前，垦区的天然橡胶生产遇到了很大困难。国家对天然橡胶生产应采取“保护扶持、巩固提高、适当发展”的方针，落实天然橡胶基地的建设资金，加快老胶园的更新改造。对进口胶严格实行进口许可证和配额管理，不能多进口和超计划进口。对进口的天然橡胶，一律照章征收进口环节增值税。进口天然橡胶的关税税率，应以进口胶的销售价格不低于国产胶的价格为标准确定。

(四)保护国营农场的土地等资源和财产不受侵占。地方政府要加强对农民的勤劳致富和遵纪守法教育，保护农场土地等资源和财产不受侵占。对有争议的土地和其他资源，应在上级政府主持下，协商解决。凡有法律文书、合同、协议和经上级批准规划的，应承认农场的权属；对历史上没有明确权属的，应按现实的管理范围确定权属，并补办法律手续。对少数抢占、盗窃农场土地等资源和财产的不法分子，要依法查处。

八、加强领导，支持农垦事业的发展。农垦经济是国民经济的一个重要组成部分。农垦企业当前面临的困难较多，任务艰巨。建议各级政府切实加强对农垦事业的领导，帮助解决农垦企业在改革与发展中遇到的困难和问题，积极扶持其发展。为加强对全国农垦事业的领导，便于与各部门协调工作，建议我部农垦的固定资产投资、财务预算、物资分配等国民经济和社会发展计划在国家计划中单列(在部门中列其中)。各地农垦管理机构的改革，要遵照党中央、国务院有关机构改革的精神，从农垦系统全民性、社会性、企业性的实际出发，尊重农垦系统的特殊管理规律。今后，农垦企业的隶属关系一般不要变动。原省、地(市)属的国营农场下放到县的，可根据实际情况，恢复到省、地(市)管理体制。

垦区、农场的政权建设，应从实际出发。有些垦区、农场政企分设后，小场设了乡，大场(垦区)设了县，这种管理体制在实践中还需要进一步完善。请各垦区认真总结经验教训，针对存在的问题，提出改进意见，报所在省、自治区、直辖市人民政府研究解决。目前未实行政企分设的垦区和规模较大的农场，其有关政府方面的职能可由当地政府授权，委托垦区、农场代管。

一九九一年五月八日

解放军总参谋部党委发出所属单位开展向抗洪英雄周丽平学习的通知

总参谋部党委日前发出的通知说，原装甲兵指挥学院学员、南京军区某部见习排长周丽平在安徽省颍上县抗洪救灾第一线奋勇救灾，光荣献身，为我们树立了学习的榜样。

中国选手在苏联布良斯克举行的第七届世界航海模型赛上破三项世界纪录获八项冠军

全国劳教系统贯彻教育感化挽救方针座谈会暨表彰大会在河北省秦皇岛市召开

中共中央政治局常委乔石对会议作批示，宋任穷出席座谈会，任建新代表中央政法委员会表示祝贺并讲话。会议提出今后一个时期劳教工作的主要任务：坚持“教育、感化、挽救”方针和“三像”(即像父母对待子女、像教师对待学生、像医生对待病人)指示，坚持劳教工作的特色，全面提高教育改造质量，提高经济效益，提高干警队伍素质。会上，对 10 年来贯彻“教育、感化、挽救”方针和“三像”指示取得优异成绩的先进集体和先进个人进行了表彰。

8 月 10 日

国务院总理李鹏在人民大会堂与日本国内阁总理大臣海部俊树举行正式会谈

海部在会谈中说，日中友好一直是日本外交的支柱。在当前的国际形势下，日中加强对话日益重要。稳定发展日中关系对亚太地区和世界的稳定与繁荣都具有重要意义。历史说明，日中两国交恶，不仅对两国人民不利，并且，也不利于亚太地区的和平与稳定。因此，我愿通过这次访问，进一步推动日中两国关系的发展。明年是日中邦交正常化 20 周年，日方愿努力推动两国关系的进一步发展，为此两国领导人的互访是重要的。此外，还要在两国举行一系列的纪念活动，并邀请对方参加。日本还打算在今后 5 年内邀请 1000 名中国青年访问日本。

李鹏说，中日实现邦交正常化以来，两国关系的发展总的来说是顺利的。两国签署了两个重要文件，即中日联合声明和中日和平友好条约。这两个文件对两国关系的发展有着重要的指导作用。文件的基本精神就是互相尊重主权和领土完整、互不侵犯、互不干涉内政、平等互利、友好相处。李鹏指出，1989 年之后，两国关系一度出现了一些曲折。但我们高兴地看到，两国关系已经恢复正常。我们对日本政府和海部首相本人为恢复和发展两国关系所作的积极努力表示赞赏。李鹏说，中国重视中日关系，并很高兴地迎接明年中日邦交正常化 20 周年的到来。我们两国都要重视在青年一代中进行中日友好的传统教育，使他们了解，中日关系发展到今天这样的局面来之不易，以使中日两国友好的接力棒一代一代地传下去。中国赞成日方提出的两国领导人明年互访的建议。

海部说，两国邦交正常化以来，日中经贸关系取得了扎实的进展。两国贸易额增长了 20 倍。日方愿继续努力，进一步发展和加强两国的经贸关系。李鹏说，今年以来，两国经贸关系发展的势头很好。中国从日本进口的商品大幅度上升。要保持这个势头，最重要的是平等互利。日本如能进口更多的中国商品，中国才有可能更多地从日本进口。中国人口众多，市场潜力很大。到本世纪末，中国市场容量将会进一步扩大。中国希望日方积极努力，保持和增加在中国市场中的份额。

海部说，日本处理同台湾的关系将严格按照日中联合声明和日中和平友好条约办事。日台之间只维持民间的实务关系，这种关系是非官方的、地区性的。日本的这一方针没有变化。

李鹏说，在国际形势发生深刻变化、世界正朝着多极化方向发展、世界的格局处于新旧交替的时期，世界人民非常希望建立一个有利于世界和平与发展的新秩序和新的国际关系。中国主张国际政治、经济新秩序不应由少数大国所控制，而是应建立在和平共处五项原则的基础上。这五项原则也写进了中日和平友好条约，其核心是互不干涉内政，各国的事要由各国人民自己去管。我们还认为联合国应当在构筑国际政治、经济新秩序中发挥重要作用。海部表示同意李鹏关于世界正在朝着多极化方向发展和联合国应当在建立国际新秩序中发挥重要作用的看法和主张。海部说,他在同其他西方国家领导人的会晤中经常强调,亚洲国家首先需要的是经济发展,只有经济发展了,人民生活改善了,才能有政治稳定。因此,各国都需要从各国的情况出发,来解决各自的问题。

李鹏说,朝鲜半岛局势正朝着缓和的方向发展,一度中断的朝鲜北南总理会谈将于近期恢复,朝鲜北南双方可望于9月同时加入联合国。中国对朝鲜半岛形势的积极发展感到欣慰。海部表示,南北朝鲜加入联合国有助于朝鲜半岛的和平与稳定,希望朝鲜南北双方的会谈取得成果。

李鹏重申,中国将按照"一国两制"的方针来处理香港问题,这个立场是坚定不移的。梅杰首相不久将访问中国,和我签署有关香港新机场的协议。香港的繁荣与稳定不仅有利于中英双方,而且有利于日本,有利于亚太地区。

李鹏说,中国一向不主张、不鼓励、不从事核扩散。中国拥有少量的核武器完全是为了自卫,而且第一个公开宣布了不首先使用核武器。

海部说,日本政府决定再向中国追加提供150万美元的紧急救灾援助。李鹏强调指出,灾害不会影响中国政局的稳定,也不会使中国经济失去继续增长的势头。

中国国务委员兼外交部长钱其琛,政府陪同团团长、机械电子工业部部长何光远,经贸部部长李岚清,中国驻日本大使杨振亚参加会谈。

日本方面参加会谈的有外务大臣中山太郎、内阁官房副长官石原信雄、驻华大使桥本恕等。

山东集会纪念抗日名将张自忠将军诞辰100周年

中国和越南政府就政治解决柬埔寨问题和中越关系正常化问题在北京发表新闻公报

1991年8月8日至10日,中华人民共和国外交部副部长徐敦信同越南社会主义共和国外交部副部长阮怡年就政治解决柬埔寨问题和中越关系正常化问题在北京举行了磋商。8月10日,中华人民共和国国务委员兼外交部长钱其琛会见了阮怡年副外长一行。

双方对柬埔寨全国最高委员会最近在雅加达、帕塔亚和北京举行的会议上为实现柬埔寨问题全面政治解决取得的积极进展表示高兴。双方欢迎西哈努克亲王当选为柬埔寨全国最高委员会主席,并尊重柬埔寨全国最高委员会一致作出的有关决定。

双方重申柬埔寨问题应该在联合国安理会五常任理事国框架文件的基础上早日获得全面、公正、合理的政治解决。双方表示,尊重西哈努克亲王为主席的柬埔寨全国最高委员会在取得一致意见的情况下所作出的决定,同时希望充分发挥联合国的重要作用。双方希望柬埔寨各方从民族大义出发,捐弃前嫌,实现民族和解,尽快就尚未解决的问题达成协议,使即将在泰国召开的柬埔寨全国最高委员会会议取得重要进展,为柬埔寨问题巴黎国际会议的复会创造条件。

双方还就两国关系正常化以及尽快恢复两国经贸、交通、邮电等业务联系问题交换了意见。双方认为,在和平共处五项原则的基础上实现中越关系正常化符合两国人民的共同愿望,也有利于本地区的和平、稳定与合作。

双方对这次磋商结果表示满意,并同意近期内将继续进行磋商。

中国国际信托投资公司董事长荣毅仁在新加坡世界华商大会上发表题为《中国经济之发展与世界华商》的演讲

荣毅仁说:1979年以后,中国把工作重点转移到以经济建设为中心上来,经过十年来的改革和开放,国家经济建设和社会发展速度显著加快,综合国力进一步增强,取得了举世瞩目的成就。

荣毅仁说:从今年起,中国开始实施国民经济和社会发展十年规划和第八个五年计划。在这十年中,将深化经济体制的改革,其基本方向是:初步建立社会主义有计划商品经济的体制,建立经济计划与市场调节相结合的经济运行机制。到本世纪末,国民生产总值将比1980年翻两番,人民生活达到小康水平,为达到中等发达国家水平打下基础。

荣毅仁说:要实现上述宏伟蓝图,首先必须有一个安定团结的政治局面,中国不仅需要国内稳定,同时也需要有一个和平、安定的国际环境;而世界也需要中国保持稳定。

荣毅仁说:我们强调自力更生,并不是要放弃对外开放,拒绝一切外援,忽视对外开放对经济发展的辅助作用。中国今后永远不会将已经打开的大门再关上,我们将更加扩大开放。在国际环境更加复杂、国际经济竞争日趋激烈的情况下,我们要进一步扩大对外经济技术交流。在现有基础上,把对外贸易、利用外资、引进技术和智力工作提高到一个新的水平。

荣毅仁指出,开展经济技术合作和贸易往来的基础是平等互利,所以要为建立公正合理的国际政治、经济新秩序而不懈努力。荣毅仁说,目前,世界经济和贸易区域集团化的发展趋势方兴未艾。区域经济应有助于推动本地区的经济发展和国际合作交流，而不应蒙上垄断性、排他性的保护主义色彩。

荣毅仁在演讲中对世界各地华商慷慨积极援助中国的遭受严重水灾灾区，表示深切的感谢。

荣毅仁表示希望参加世界华商大会的各国华商为各自的国家继续作出更大的贡献，也为世界的经济繁荣作出贡献，同时也能够多多关心中国的发展，多到中国走一走，看一看。荣毅仁说，欢迎大家到中国投资办企业，推动各位居住国与中国的经济、技术合作与交流。这样做，有助于各国华人事业的开拓和世界经济的发展，同时也有助于中国的建设。

文化部代部长贺敬之与日本外相中山太郎签署了中华人民共和国政府和日本国政府关于文化无偿赠款的换文

根据这项换文，日本国政府将向中国提供4900万日元限额内的无偿援助。海部首相和李鹏总理出席了签字仪式。

国家主席杨尚昆致信祝贺国际展能节在香港开幕

杨尚昆在贺词中说，本届展能节，以“平等参与”为宗旨，通过残疾人职业技能竞赛和关于残疾人就业与训练的研讨，向公众展示残疾人的巨大潜力，进一步提高公众对残疾人问题的认识，加深残疾人与其他公民之间的理解，在全球范围内促进残疾人平等参与社会生活。

杨尚昆在贺词中指出，“联合国残疾人十年”活动，得到国际社会的积极响应与支持，有力地推动了世界残疾人事业的发展。中国为实现残疾人“平等参与”的目标，近几年来采取了一系列重大措施，建立完善了残疾人组织和残疾人工作的协调机构，制定实施了残疾人事业五年工作规划和残疾人保障法，使残疾人事业取得了长足发展，残疾人状况得到了很大改善。中国还将为此继续作出努力。

杨尚昆在贺词中表示，残疾人事业是人道的事业，高尚的事业。他相信，这一事业必将随着人类的文明和社会的进步而发展。

中共中央总书记江泽民和国务院总理李鹏在人民大会堂会见港澳同胞赈灾慰问团全体成员

港澳同胞赈灾慰问团团长、新华社香港分社社长、全国人大常委会委员周南说，据初步统计，目前香港各界的捐款总额已超过6亿港元。

江泽民在听取汇报后发表讲话说，正值“三伏”酷暑，港澳赈灾慰问团，不辞辛劳，亲赴华东灾区慰问，送去了港澳同胞对灾区人民的一片深情厚谊。党中央和国务院对港澳同胞的爱国热忱，给予高度的赞赏和评价。李鹏总理已经代表中央和国务院向港澳同胞表示了衷心的感谢，我们趁此机会在这里和大家见面，我想通过慰问团的各位，再次向全体港澳同胞表示衷心的谢意，同时，也借此机会向台湾同胞的支援表示感谢；向世界各地海外侨胞的支援表示感谢；对国际社会给予我国灾区的支援也表示感谢。

江泽民指出，当前，灾区人民情绪安定，正在全国各地大力支持下，积极地开展生产自救，当地政府正在全力以赴地安排好灾区人民的生活和生产，把来自四面八方的援助及时送到灾民手中，把自然灾害带来的损失减至最小的程度，在明年新粮下来以前要保证灾区口粮的供应。

江泽民最后说，现在汛期尚未结束，我们要密切注意汛情的发展，要保持警惕，不要松懈，把抗洪救灾工作继续抓紧抓好。

劳动部中华全国总工会共青团中央发出《关于开展工人技术比赛的意见的通知》

8月11日

《人民日报》报道称“七五”期间全国乡镇财政收入总额已达1751.9亿元年均递增20%财政收入超1000万元的乡镇达235个

中国选手黄华和赵剑华分获在澳门举行的第十一届世界杯羽毛球赛女子冠军和男子亚军

8月12日

中共中央总书记江泽民在中南海会见日本国内阁总理大臣海部俊树

海部说，日本十分重视日中关系。日中合作不仅对两国，而且对亚太地区乃至世界的和平与稳定具有重要意义。在当前不稳定的国际形势下，日中两国要加强对话。

江泽民说，自1972年中日两国邦交正常化以来，两国关系发展总的是很好的。1989年下半年后，两国关系一度出现了停滞。但是我们很高兴地看到，两国关系已经恢复。我们对海部首相为促进中日关系的恢复所做的积极努力给予高度评价。首相阁下这次来访，我们感到十分高兴。

江泽民在会见中说，中日两国是一衣带水的邻邦，两国之间有着两千多年交往的历史，特别是两国的文化交流是源远流长的。中日关系中曾经有过一段不幸的岁月。但是,我们要教育中国青年采取向前看的态度。首相主张两国青年多多交往,这很好,这可保证中日两国世世代代友好下去,并促使两国关系进一步发展。

海部说,日本方面也要在深刻反省的基础上教育青年正确认识和对待历史。海部表示赞赏中国改革开放取得的成就,并向江泽民总书记介绍了他在两次西方七国首脑会议上强调不应当孤立中国,以及日中关系应继续向前发展的情况。

江泽民说,中日两国在经济、文化、科技等方面合作的潜力很大,两国合作有着许多有利条件。中日两国在文化上有许多共同之处,日本对中国的古文化了解较深,两国地理上的距离也很近。中日友好合作关系的发展不仅有利于两国人民,而且有利于整个亚太地区。

江泽民指出,世界已经进入20世纪最后十年,我们认为,各国采取什么样的社会制度,这应当由各国人民根据本国的国情和历史发展来决定。中国希望有一个和平的国际环境来建设自己的国家。

海部首相对中国遭受水灾表示慰问,希望中国早日战胜水灾,克服水灾造成的困难。

江泽民总书记表示感谢。他介绍了中国受灾的情况。他说,中华民族有一个很好的传统,一旦发生了大的灾难,中华民族就会表现出很强的凝聚力,“一方有难,八方支援。”台湾同胞、港澳同胞、海外华人华侨均大力支援。现在,长江流域的汛期还没完全过去,但我们有信心战胜水灾,使经济继续发展。

国家主席杨尚昆在钓鱼台养源斋会见并宴请日本国内阁总理大臣海部俊树

国家主席杨尚昆在北京会见巴基斯坦参议院主席瓦西姆·萨贾德

国务院总理李鹏在中南海紫光阁会见巴基斯坦参议院主席瓦西姆·萨贾德

国务院总理李鹏在中南海紫光阁会见美国众议员比尔·阿切尔

李鹏在会见时说,中国重视发展同美国的关系,1972年以来,中美关系有了很大的发展,这符合两国人民的根本利益。近年来,中国为克服两国关系中出现的困难,为恢复和发展两国关系作出了巨大的努力。

李鹏指出,但中国作为一个主权国家,在处理国与国之间关系方面有自己的原则。

李鹏强调,中国重视和尊重人权,保障中国人民的基本权利是中国宪法主要内容之一。他说,我们认为不同国家对人权有不同的标准和理解。人权问题绝不应成为干涉他国内政的一个理由。

李鹏说,中国从来不回避人权问题,愿同其他国家就此问题进行平等的讨论。

新闻出版署国家工商局发布《关于出版社自办发行图书的暂行规定》

国务院总理李鹏在北京会见来中国参加“发展中国家与国际环境法研讨会”的各国专家学者

李鹏在会见时说,不久前在北京召开了主题为“环境与发展”的发展中国家部长级会议,通过了北京宣言;现在又召开发展中国家与国际环境法研讨会。这一系列活动将对推动发展中国家乃至国际上的环境保护工作发挥积极作用。

李鹏说,中国是发展中国家,同时又进行现代化建设,同其他一些发展中国家一样,面临着发展与保护环境的矛盾。为此,中国制订了发展与环保同步进行的方针。

李鹏说,环境污染是没有国界的。因此,世界各国就此进行合作非常重要。他说:“我们认为,环境保护也应该成为南北合作的一项重要内容。”

李鹏指出,就发展中国家来说,搞好本国的环保固然自己要作出很大的努力,但发达国家应责无旁贷地予以支持和帮助。在环保方面,发展中国家的特殊情况和需要应得到发达国家的理解和照顾。

国务院总理李鹏致信祝贺第二次全国城市环境保护工作会议召开

第二次全国城市环境保护工作会议:

值此第二次全国城市环境保护工作会议召开之际,谨向你们并通过你们向为我国环境保护与城市建设事业付出辛勤劳动、作出贡献的广大干部、群众和科技人员致以亲切的问候。

城市是经济集中、人口稠密、环境问题较多的地区,随着经济发展、对外开放,城市环境保护任务日趋繁重,根据我国城市的重要地位和目前城市环境与经济发展还不完全相适应的实际情况,城市人民政府必须把贯彻执行环境保护这项基本国策作为工作的重点,切实对城市环境质量负起责任。

城市环境综合整治是保护城市环境的有力措施。许多城市实施以后,不但促进了经济发展,环境面貌也发生了较大变化。实践证明,这是符合我国国情的正确选择。各级城市人民政府要进一步加强对城市环境综合整治的领导,使城市环境保护工作不断取得新的进展。

李鹏

1991 年 8 月 12 日

国务委员陈俊生等赴大别山区受灾贫困县考察

国务委员、国务院贫困地区经济开发领导小组组长、全国救灾工作领导小组副组长陈俊生带领国务院有关部门的负责人从 8 月 12 日至 18 日，考察大别山区受灾严重的贫困县，先后到了河南省的息县、淮滨、固始、商城，湖北省的麻城、罗田、英山，安徽省的金寨、六安等地。

陈俊生在充分肯定各地抗灾救灾成绩的同时反复强调，国务院最近增拨了 15 亿元救灾专款，说明党和国家对灾民非常关心，各地一定要切实细致地做好救灾款的发放使用，将党和人民政府的温暖送到灾民的心上。

陈俊生说，救灾工作一是要深入细致，狠抓落实，并要有检查措施。干部应深入每个受灾的村庄，全面掌握灾情，县要掌握到村，乡要掌握到户，绝不能犯官僚主义。二是要突出重点，区别对待，切忌平均主义。重点安排好无粮、无房、无衣、无钱的“四无”户等特重灾民的生活，帮助他们在大灾之年渡过难关。三是广大灾区人民要振作精神，立足自力更生、艰苦奋斗，不等不靠，要组织群众广开门路，积极创收，开展生产自救，重建家园。当前要抓好秋粮生产的管理，力争多收，同时多种蔬菜，以菜补粮，山区要搞好小秋收。积水内涝严重的地方要抓紧排水除涝，以备冬耕生产。四是要摸清灾情，救灾款物的发放、使用要做到公正、合理，精打细算，节约使用。对可能出现的截留、挪用、贪污救灾款和物资的以及以权谋私的行为，一经发现，就要坚决打击，严肃处理。

陈俊生强调，贫困地区的救灾工作要与扶贫工作融为一体，救灾工作搞好了，也就是搞好了扶贫工作。当前要把扶贫资金和救灾经费捆起来，集中力量搞救灾，抓紧时机大力恢复和发展贫困地区的支柱产业，充分利用山区优势，发展山地经济，种植林、果、桑、茶和养殖业等，“短平快”项目与长远项目相结合，以最快的速度把因洪灾造成的损失减到最低程度。

随同陈俊生一起考察的有民政部副部长陈虹、国家科委副主任惠永正、国务院贫困地区经济开发领导小组副组长杨钟等。

中国红十字总会发言人就台湾当局阻挠看望因“7·21渔事纠纷事件”而被扣押的福建省渔民发表谈话

中国红十字会总会获悉本会副秘书长曲折、政策理论研究室副主任庄仲希看望因“七·二一渔事纠纷事件”而被扣押在台湾、金门的 18 名福建省渔民，竟然遭到台湾当局无理阻挠，而被迫滞留于香港，极为震惊。

福建省 18 名渔民的亲属因亲人长期被扣押在台湾而忧心如焚，寝食不安，嘱托我红会人员入岛探望，转致慰问。我会人员基于人道主义立场，拟竭尽绵薄之力，向被扣人员真切地转达他们亲人的慰问，充分表达中国红十字会总会、福建分会对他们的关切。然而，我会这一正当要求，竟遭台湾当局的百般阻挠。为此，我会曾于 8 月 7 日发表谈话，对台湾有关方面限制我会人员赴台深表遗憾。此后，经过双方有关方面多次协商，台方同意曲折副秘书长、庄仲希副主任于 8 月 12 日赴台。然而台湾当局却在 8 月 11 日夜里，以我未承诺不看望已被台湾当局带往金门准备遣返的蔡成家等 11 名渔民为由，单方面宣布中止曲折副秘书长、庄仲希副主任赴台。这说明台湾当局对他们此次赴台完全缺乏诚意。

衷心希望台湾当局尽快取消对曲折副秘书长、庄仲希副主任赴台的种种不合理限制，使他们能早日进岛，看望 18 名福建省渔民，并告慰 18 名渔民的亲属和乡亲，以实践红十字会人道主义的宗旨。

8 月 13 日

中央党校校长乔石在全国党校校长座谈会上发表讲话

乔石说，党校在干部教育工作中，要适应国际国内的新形势，结合建设有中国特色社会主义的过程中出现的一些重大问题进行理论教育。当前，要深入学习江泽民同志的“七一”讲话，进行坚持党的基本路线、坚持走有中国特色的社会主义道路的教育，并把这一教育贯穿于哲学、政治经济学、科学社会主义、党史党建各个学科之中。

乔石指出，面对复杂的国际形势，要坚持有中国特色的社会主义道路，反对和平演变，归根到底是要做好我们自己的工作，把经济建设搞上去。只要我们党不脱离群众，全心全意为人民服务，扎扎实实为人民群众办实事，清除腐败现象，搞好廉政建设，国内稳定团结，经济健康发展，赢得人民真心实意的拥护，我们就会立于不败之地。

乔石说，把经济建设搞上去，建设有中国特色的社会主义，最重要的是坚持党的十一届三中全会以来的路线、方针、政策。12 年来我们取得了巨大的成就，国家的面貌发生了很大变化，这是举世瞩目、有目共睹的，人民群众是高兴的。实践证明，十一届三中全会的路线是完全正确的。我们要做好 90 年代的工作，完成“八五”计划和十年规划，实现第二步战略目标，就要坚定不移地贯彻党的基本路线,坚定不移地实行改革开放,沿着这个正确的方向走下去。

乔石强调各级党委要认真贯彻落实中央关于加强党校工作的指示,进一步加强对党校工作的领导,充分发挥党校这个重要阵地的作用。各级党校在当前新的形势下,要把四个方面的工作抓紧抓好。第一,党校要在对干部进行马克思主义、列宁主义、毛泽东思想教育中,更好地贯彻理论联系实际的方针,联系国际国内形势,联系工作实际和干部思想实际,努力提高教学质量,使干部通过党校的轮训和培训,提高思想政治素质,增强经受各种考验的自觉性。第二,党校要着力在培养青年干部、造就忠实于社会主义事业的马克思主义接班人上取得经验。在培训青年干部的工作中,要引导他们认真学习马克思主义理论,真正掌握马克思主义的精神实质,能够运用马克思主义的立场、观点、方法去解决我国建设和改革中的实际问题,为建设有中国特色的社会主义作出贡献。这样的干部才称得上真正的马克思主义者,才能接好革命事业的班。第三,党校要进一步加强对社会主义现代化建设中出现的一些重大问题的理论研究,探索解决这些问题的思路和对策。第四,党校要认真加强教师和干部队伍的建设,建立必要的制度。

李宗仁先生百年诞辰纪念会在桂林市举行

国台办综合局局长邹哲开就台湾当局阻止中国红十字会总会副秘书长曲折和庄仲希副主任入岛发表谈话

邹哲开说,他从头翻阅了给台湾"海基会"的所有函件,我方从未提及要与台方"协商案情"。

邹哲开介绍闽台两地发生渔事纠纷时中国有关部门的一贯政策:由当事人双方在尊重事实的基础上,公平合理协商解决问题。如双方当事人协商不一致,可由当事人自己提出要求仲裁或诉讼。邹哲开指出,这次台军方介入渔事纠纷,致使问题复杂化,而且开枪打伤我一渔民,这种做法当然伤害了两岸人民的感情。

一位台湾记者问,国台办与"海基会"双方建立起来的一点点信任,是否因为中国红十字会总会人员这次赴台出现波折而受到伤害。邹哲开说,台湾"海基会"成立后,为促进两岸关系发展和民间交往做出的努力,我们始终是肯定的。目前新出现的这种结果,相信也是"海基会"的朋友们不愿意看到的。邹哲开说,显然,阻止我红十字会总会人员赴台,不是作为民间团体的"海基会"所能决定的,我们体谅"海基会"的难处。

有台湾记者问及曲折等是否在香港等待台湾当局准予入岛成行。邹哲开说,曲折此番台湾之行果然颇为曲折。但曲径通幽。我们希望台湾当局能够从两岸关系发展的大局考虑,尽快使曲折、庄仲希进入岛内,以完成他们此行的人道主义任务。

邹哲开指出,台湾当局只允许探望被他们关押的7名福建渔民而不允许探望清白无辜、已获自由的另外11名渔民有悖情理。

邹哲开说:"任何社会都不会出现这种现象!"

邹哲开强调指出,台湾当局把这些被台湾军方强行扣押的11名清白无辜的渔民作为"金门协议"的遣返对象完全是错误的,是我们不能接受的。这是对这些渔民的人格的侮辱,是不符合人道主义精神的。由于台湾当局至今不接受我们合情合理的要求,就使这11名大陆渔民仍然滞留金门。

台湾"海基会"副董事长陈长文表示欢迎中国红十字总会副秘书长曲折赴台湾协商"闽狮渔"事件中大陆渔民返回大陆的方式

国务院决定发行百亿元投资债券

国务院最近决定,1991年由中国人民建设银行和中国工商银行共同发行100亿元国家投资债券,其中80亿元用于基本建设,20亿元用于技术改造。

国务院规定,国家投资债券完全采取经济发行方式,由城乡居民、企事业单位、金融机构自愿认购,债券期限为3年,债券利率与同期限国库券利率相同,到期一次还本付息,不计复利,利息收入免交个人收入调节税。债券可以抵押,但不记名、不挂失、不得作为货币流通,从发行期满后的第四个月起可允许进入证券交易市场转让。

司法部部长蔡诚就怎样认识依法管理企业与搞活企业的关系接受记者专访

蔡诚说,把搞活大中型企业与依法治厂对立起来,这至少是一种误解。提倡搞活大中型企业的一个主要内容,就是启动企业内在活力,维护经营自主权。可现在的情况是,企业普遍"婆婆"太多,不能依照《企业法》保障企业的生产经营自主权,束缚了企业的活力;某些行业和管理部门对企业滥摊派行为,也严重干扰着企业正常的生产经营活动。国务院对此曾三令五申,法律也有明文规定。这些问题实质上是国家与企业、企业与企业的关系问题,只有靠严格依法治厂才能理顺,加以解决。假如全社会都能严格依法办事,企业依法治厂,将经营管理纳入法制轨道,保证企业自主生产经营活动,就会排除各种不必要的干预,减少甚至杜绝过滥的名目繁多的摊派。这样,企业定会增强活力。

蔡诚说,只有通过依法治厂,使企业在法律规定的范围内活动,学会运用法律手段来正确处理企业之间的经济往来、经济联合和经济纠纷,学会运用法律来约束自己的行为,维护自身的合法权益,才能处理好企业间关系,保证商品经济的正常秩序。

《科技日报》发表特约评论员文章《发展高科技 实现产业化》

中共中央总书记江泽民在中南海会见由参议员汉克·布朗率领的美国国会议员代表团谈中美关系等问题

国务院副总理朱镕基在中南海紫光阁会见日本兴业银行行长黑泽洋

黑泽洋在会见中宣布,为支援中国抗洪救灾,此次兴业银行向中国国际减灾十年委员会捐款500万日元。8月12日,兴业银行顾问、日中投资促进会会长池浦喜三郎先生还以个人名义通过中国银行行长王德衍向中国捐款500万日元。

国务委员国家救灾防病领导小组组长李铁映在安徽灾区考察

从8月13日至17日,国务委员、国家救灾防病领导小组组长李铁映和卫生部长陈敏章、国务院副秘书长徐志坚及有关部委赴皖工作组人员,在安徽省委书记卢荣景、省长傅锡寿、副省长杜宜瑾陪同下,辗转蚌埠市和凤台、颍上、寿县、凤阳等沿淮受灾严重的地区。每到一处,李铁映同志都仔细察看灾民们的生活安排情况,详细询问防疫治病,清理灾区环境,"消毒、杀虫、灭鼠"等各项措施的落实情况。

在灾区的一些医疗点上,李铁映看望了来自北京、天津、解放军和安徽省的医疗队,高度评价他们的工作,他要求医疗队一定要坚持下去,搞好防疫、治病、宣传和培训四项工作。

李铁映还视察了灾区的中小学。8月17日,李铁映在合肥主持召开现场办公会,对安徽省的救灾防病工作进行专题研究部署。会上,陈敏章、徐志坚先后就如何搞好救灾防病工作发言,国务院赴皖工作组工作人员分别代表有关部门表示,要从医药、资金及其它救灾物资方面全力支持安徽的救灾防病工作。

李铁映指出,安排好灾区群众生活,迅速恢复生产,是摆在我们面前的两件大事。水灾之后还可能出现"第二个灾害",这就是疫病的流行。要保证在大灾之后不发生大的疫情,任务艰巨,刻不容缓。各级干部和防疫卫生人员都要紧急动员起来,提高认识,发扬抗洪抢险的顽强精神,带领群众,在城乡尽快开展爱国卫生运动,可以搞几次爱国卫生周活动,坚决打好救灾防病的硬仗。

李铁映说,按时开学是教育战线的一项重大任务,也是为灾区群众办的一件大事,尽管困难很多,但要想尽一切办法,就是在露天上课,也要把孩子们召集起来,按时开学,全国各地都要做到这一点。

8月14日

首都文艺界人士召开学习江泽民"七一"讲话座谈会

中共中央宣传部文艺局、人民日报文艺部在京共同召开学习贯彻江泽民同志《在庆祝中国共产党成立七十周年大会上的讲话》座谈会。出席座谈会的近30位文艺界负责同志和有关部门领导一致强调,文化艺术工作者必须牢牢把握江泽民同志在讲话中所提出的建设有中国特色社会主义文化的基本要求,高度重视意识形态领域里的斗争,为提高全民族的思想道德和科学文化素质,促进社会主义物质文明和精神文明建设作出积极贡献。

与会同志指出,江泽民同志的"七一"讲话,高举马克思列宁主义、毛泽东思想的旗帜,深刻地总结了我党七十年领导全国各族人民英勇战斗的光辉历程和伟大业绩,科学地阐明了党在现阶段的庄严使命,这篇讲话是进一步加强党的建设、沿着建设有中国特色的社会主义道路继续前进的行动纲领,既有重要的现实指导意义,又有深远的历史意义。

与会同志联系文化艺术工作的实际,深入学习领会江泽民同志这篇讲话中有关文化艺术工作的重要论述,认为这是我们党多年领导文化艺术工作经验的集中总结,是正本清源、统一思想的强大思想武器;它全面地系统地概括了我们党关于文化艺术工作的指导思想、方针和政策,具有深刻的理论意义;讲话指出的三个"必须"、三个"不能""不允许"明确规定了社会主义文化艺术的性质、任务和方向,是党对建设有中国特色的社会主义文化艺术的基本要求,指明了文化艺术工作者前进的方向。认真学习和贯彻讲话精神,是我国文化艺术战线事关全局的头等大事。

与会同志特别强调,江总书记所说的"目标已经明确,道路已经找到",极大地鼓舞了我们建设有中国特色社会主义的信心和决心。广大文化艺术工作者要把江泽民同志关于建设有中国特色的社会主义文化的基本要求落到实处,要采取得力措施使之贯彻到文艺创作、评论、管理和队伍建设的各个环节中,要落实到版面上、舞台上、银幕上、屏幕上以至评奖工作上;要深刻地全面地领会党的基本路线,坚持一个中心两个基本点，保持党的基本路线的连续性和稳定样化，活跃理论研究，繁荣文化事业，丰富群众文化生活，创造出无愧于时代的伟大作品。

中宣部部长王忍之到会听取了发言，中宣部副部长聂大江、人民日报社常务副总编张云声在会上讲了话。

中国红十字会副秘书长曲折在新华社香港分社台湾事务部举行的茶话会上就赴台湾探望被扣押的福建渔民一事回答台湾香港记者的提问

曲折说，我和庄仲希先生至今在香港已停留了两天，我们正耐心地等待着台湾有关方面允许入台的通知。这两天我们和台湾有关方面保持着联系，到目前为止还没有最终的结果。他说，在这几天相互联系和交涉过程中，双方在有些问题上的认识有所接近。台湾有关方面对我们去台的任务存有误解，其实我们这次去台主要是看望被台湾军方抓到台湾去的十八名大陆渔民，转达家属对他们的慰问，并带去家属给他们的书信、衣物及谈话录音。除此之外，我们还要了解情况，同时表达大陆有关部门对这个事件的看法以及希望尊重事实、公正合理地协商解决这个问题的愿望。现在，台湾“海峡交流基金会”及其他有关方面基本上理解了我们的意图。但是，在是否探望被扣留在金门的十一名渔民的问题上，双方还没有达成一致的看法。台湾有关方面称不要去金门看望，我们则认为受这些渔民家属的委托，不去看望于情于理都说不过去。此外，这十一名渔民返回大陆的方式、时间，我们不仅要和台湾有关方面商量，而且也要征求这些渔民本人的意见。

曲折说，只要我们进入台湾以后，所有问题都好谈。我们主要是要见到这十一名渔民，至于在台湾的哪个地方见面倒是无关紧要的。台湾“海基会”称这十一人回家心切，但是我们从台湾报端上看到这样的报道，就是当把蔡成家等十一名渔民送到金门时，蔡本人非常激动，因为要离开那七位被台湾有关方面起诉的渔民。作为船长，当时出海的是十八人，现在丢下七人回去，他没法向这七人的家属交待。我相信这十一名渔民都是想回家的，但是需要当面听听他们的意见。

国务院副总理邹家华在吉林考察

8月14日至20日，邹家华分别由吉林省委书记何竹康、省长王忠禹等人陪同，先后考察了吉林、延吉、图们、珲春、长春等地，深入工厂矿山、村屯农家、边贸口岸、乡镇企业和科研院所，与干部群众亲切交谈，并听取了吉林省负责人关于经济工作的汇报。

邹家华说，当前各地正在按照国家“八五”计划和十年规划确定的方向制定具体规划。各地对经济建设的热情很高，其中，很多要求超过了国家实力和发展的可能。从各地区、各行业提出的单项来看都有一定的道理，但是综合起来的总量大大超过了国力的可能。邹家华提出，搞建设要树立全国一盘棋思想，要量力而行，按照国家的产业政策进行，不要再重复以往过热的毛病。对各个项目要精心论证，认真筛选，分清轻重缓急进行排队，按照国力的可能、产业政策的要求、合理的布局以及各地的优势和准备的成熟程度，有的可列入“八五”计划，有的列入“九五”计划，有的还要继续探讨。

邹家华认为，固定资产的投资不仅反映国家和地方经济发展的规模大小，而且必须贯彻协调的按比例的原则，不仅要考虑工农业之间的比例、工业内部基础工业和加工工业之间的比例关系，而且还要考虑经济建设与社会发展之间的合理比例关系；还要考虑地区之间，东、中、西部经济发展以及经济比较发达和老、少、边地区的发展之间的比例关系。特别在地方经济发展方面，邹家华强调要充分利用和发挥地方的各种优势和长处，成为面向本地、全国以至世界市场的地方优势经济，千万不要走不可能的大而全的经济模式。

邹家华在考察中反复强调防止单纯追求经济发展速度而忽视经济效益的倾向。邹家华说，目前，全国工业呈现生产稳步增长的好势头，但值得重视的是经济效益回升缓慢，有些地方甚至出现边生产边积压的现象。完不成一个完整的经济循环，结果成品积压、资金占用、利息增加、成本提高，没有效益出现亏损。这种速度再快，对企业、对国家、对职工都不利。当前要结合“质量、品种、效益年”的活动，认真抓好五件事：一是抓紧清理“三角债”，清欠首先要清思想，严格结算纪律；尽快抓出成效。二是切实抓好扭亏增盈工作。吉林省采取各级党政领导包厂扭亏、以点带面的办法值得提倡。三是根据市场需要调整生产结构。四是狠抓减少产品积压，对现有积压的产品，要认真分析，采取有针对性的措施，把不合理的超积压库存逐步减少下来。五是抓好企业技术改造。

吉林省粮食商品率、人均占有量、粮食调出量和玉米出口量连续6年居全国第一。邹家华在考察时注意了解了吉林发展粮食生产的情况和经验。邹家华说，吉林作为商品粮基地为国家做出了重要贡献。当务之急的措施是：一要尽快增加粮食存储能力，有计划地建设一批永久性仓库和现代化仓储烘干设施；二要疏通粮食流通渠道，适当增加出口；三要搞好粮食转化深加工，大力发展以粮食为原料的饲料、食品、化工、医药等工业；四要探索更有效的粮食经营办法，缓解粮食超储费用多的亏损压力。

在吉林省期间，邹家华还考察了第二松花江的水情和丰满水库大坝扩建工程。他强调，我国是个涝旱多灾的国家，今年出现这么大的灾害使我们更加深刻认识了水利建设的重要性和紧迫性，一定要把它放到基础产业的重要地位来抓。"八五"期间，国家要重点安排对大江、大河、大湖的综合整治，研究工农业用水和生活用水的配合。各地方也要根据本地的实际，加强这方面的工作，搞好规划，领导群众逐年实施。

在参观科研单位时，邹家华指出，科研工作特别是应用性科研，要面向经济建设，要使科研成果尽早走出试验室与生产使用相结合，尽快变成生产力。要把科研成果的推广工作，看成是科研工作的延伸，是科研单位工作的当然组成部分，这样才有活力。

国办发出关于成立国务院三峡工程移民试点工作领导小组的通知

组　长：陈俊生（国务委员）

副组长：刘仲藜（国务院副秘书长）

李昌安（国务院副秘书长）

李伯宁（国务院三峡地区经济开发办主任，主持常务工作）

蒲海清（四川省副省长）

王汉章（湖北省人大常委会副主任）

成　员：（略）

外交部部长钱其琛在钓鱼台国宾馆同肯尼亚外交和国际合作部部长威尔逊·阿亚举行会谈

中国代表团团长范国祥在联合国人权委员会小组会议上就西藏问题发言

范国祥指出，西藏是中国领土不可分割的一部分，这是无需争辩的事实。他说，所谓"西藏独立"并不是什么新论调，早在本世纪初，殖民主义者便叫嚷"西藏独立"，企图肢解瓜分中国。今天，又有人拾起殖民主义者昔日的论调，鼓吹"西藏独立"，这是办不到的。

范国祥说，西藏1959年实行了民主改革，从根本上铲除了封建农奴制度，百万被当作"会说话的牛马"的农奴和奴隶，第一次成为真正意义上的"人"。废除了野蛮残酷的农奴制，广大西藏人民由任人宰割的农奴成为掌管自己命运和西藏社会的主人，才真正得以享受民主、自由和人权。西藏人民享有中国宪法规定的中国公民的一切政治、公民、经济、社会和文化权利。广大西藏人民充分行使当家作主的权利，积极参与公共和国家事务的管理。

范国祥说，西藏人民同时还享有宪法和民族区域自治法所规定的种种特有的自治权利，这包括设立自治机关，行使自治的权利，享有使用、发展藏族语言文字的自由，享有保持或改革自己风俗习惯的自由。西藏人民享有充分的宗教信仰自由。中国政府承认和保护公民的宗教信仰自由，包括承认各种宗教组织和其正常的宗教活动。西藏目前有寺庙和其它宗教场所1400多处。

范国祥说，以上事实足以说明某些人指控中国政府在西藏侵犯人权是站不住脚的。

中国红十字会接受香港同胞的救灾捐款

中国红十字会名誉会长赵朴初在北京会见香港红十字会副会长兼主席郑栋材先生，并接受香港同胞的救灾捐款。

会见时，郑栋材先生将香港同胞捐款1800万港元交给赵朴初。赵朴初代表中国红十字会和安徽、江苏等省灾区人民对香港红十字会及香港同胞表示诚挚的感谢。在此之前，中国红十字会已收到香港红十字会转来的香港同胞捐款1350万港元以及价值约100万港元的六批救灾物资。这次郑栋材先生除带来另外一笔捐款外，还将了解中国红十字会开展救灾工作的情况。

8月15日

中纪委就转发《中国新闻工作者职业道德准则》发出通报

中共中央纪律检查委员会最近就转发《中国新闻工作者职业道德准则》发出的通报说，中华全国新闻工作者协会第四届理事会第一次会议通过的《中国新闻工作者职业道德准则》，明确规定了我国新闻工作者的行为规范。切实按照《准则》的要求去做，对于继承和发扬党的新闻事业的优良传统，抵制资产阶级腐朽思想的影响，纠正行业不正之风，树立良好的职业道德，将起到积极的推动作用。

《通报》说，各级新闻单位的党组织和领导干部，要结合贯彻《准则》，深入进行新闻工作指导方针、全心全意为人民服务宗旨和职业道德教育，进一步消除资产阶级自由化和"一切向钱看"的思想影响，增强党性，自觉搞好党风和廉政建设，提高新闻干部队伍的政治素质，增强组织纪律性，在政治上、行动上坚定地与党中央保持高度一致。要注意抓好制度建设，对已有的措施和规定，要经常检查贯彻执行情况，发现问题及时解决，务必把规章制度落实到实际工作中。

最高人民法院发出关于经济审判工作积极参与清理企业"三角债"的通知

全国地方各级人民法院、各级军事法院、各铁路运输中级法院和基层法院、各海事法院：

近年来，企业之间互相拖欠货款已成为困扰国民经济正常运行的突出问题。为了搞活国营大中型企业，提高经济效益，国务院决定把清理“三角债”作为突破口来抓，在决定把辽宁省作为清理“三角债”试点之后，最近又发出了《关于整顿商品交易秩序严格结算纪律的通知》(国发〔1991〕39 号)。为保障社会主义经济建设的顺利进行，各级人民法院应充分发挥经济审判的职能作用，积极参与清理“三角债”的工作。现将有关事项通知如下：

一、各地人民法院要加强与当地政府清理“三角债”领导小组的联系，充分发挥经济审判职能作用，保障清理“三角债”工作的顺利进行。

二、对在清欠工作中，需要通过诉讼程序解决的问题，凡当事人起诉到人民法院，该院有管辖权的，要及时立案，抓紧审理。特别是对债务链中的关键环节，涉及重点清欠对象的案件，要集中力量优先审理，依法执行，使之起到解开一环，松动全链的作用。

三、严格依法办案，对违反经济合同，无理拖欠货款的要依法追究当事人的违约责任，使违反结算纪律的一方在经济上无利可图，切实克服“拖欠有理，拖欠有利”的倾向。

四、对办理结算的银行违反《银行结算办法》的规定，擅自拒付退票，付款人账上有款不划，或延压、挪用、截留结算资金，影响客户和他行资金使用，权利人向人民法院起诉的，应按照《银行结算办法》第二十四条的规定，判令责任行依法赔偿。

五、结合清理“三角债”，进一步搞好执行工作。对有履行能力而不履行人民法院发生法律效力的判决、调解书的，要依法强制执行。对被执行人账户上有款，其开户银行拒不协助人民法院划拨存款的，应按照《民事诉讼法》第一百零三条的规定予以处理。

六、结合办案就案讲法，宣传社会主义经济法制，教育企业自觉遵守法律，严格履行合同，维护社会主义有计划商品经济秩序。特别是要深入重点清欠行业、重点清欠对象宣传法律，使企业懂得依法管理经济的重要性和不履行合同应承担的法律责任，并学会运用法律手段维护本企业的合法权益。

中共中央总书记江泽民在中南海会见意大利社会党副书记朱利亚诺·阿马托和意大利社会党执行委员会委员乌戈·英蒂尼

江泽民在会见中指出，中国希望有一个和平的国际环境，愿意在和平共处五项原则基础上同意大利、欧洲和世界各国发展友好关系。

江泽民说，意大利社会党是具有悠久历史的党，明年就是她成立第 100 周年。意大利社会党为反对法西斯统治、争取意大利人民的解放做出过重要贡献。今天，意大利社会党在国家政治生活和国际事务中仍发挥着重要作用。

江泽民对意大利社会党长期以来为促进中意两国和两国人民间的友好关系所做的积极贡献表示赞赏。他说，意大利社会党领导人南尼曾为中意两国建交做出巨大的努力，克拉克西等领导人都访问过中国。今年 5 月，意大利社会党领导机构成员德米凯利斯外长来访时，我们进行了愉快的交谈。自 1983 年两党建立关系以来，我们来往很多。

中共中央委员、中联部部长朱良，意大利驻华大使罗西等参加会见。

国务院总理李鹏在中南海紫光阁会见肯尼亚共和国外交和国际合作部长威尔逊·阿亚

新闻出版署发出《关于出版社不得要求作者个人包销图书的通知》

内蒙古那达慕大会开幕

内蒙古自治区成立 40 多年来规模最大的那达慕大会，上午在亚洲最大的赛马场之一——内蒙古赛马场隆重开幕。中共中央政治局常委乔石、中央顾问委员会常委陈丕显、国务委员王丙乾以及中央有关部委、部分省市自治区领导，外国驻华使馆官员，港澳台同胞，海外侨胞和国内外工商界人士一万余人，与内蒙古各族人民欢庆这个民族团结的盛会。

那达慕大会历时 5 天。

第一届东亚青年田径赛在北京开幕

至 16 日闭幕。中国男队获 7 枚金牌居第二。中国女队 8 枚金牌，居第一。

第二次全国城市环境保护工作会议在吉林市举行

国务院总理李鹏致信祝贺，国务院副总理邹家华到会作重要讲话。邹家华说，到 1990 年底全国城市已达 467 个，比 1949 年增加近 6 倍。城市的工业总产值、税利、文教、卫生、科技力量等占全国的比重都较大，城市已经成为我国政治、经济、文化的中心和改革开放的重点，在经济建设中起着主导作用。邹家华指出，经济建设只有与城乡建设、环境建设同步规划、同步实施、同步发展，才能实现经济、社会、环境三个效益的统一。要把城市环境综合治理纳入国民经济与社会发展计划，以治理废水、废气、垃圾、噪声污染“四害”为重点，长期作战，分步实施。国家环保局局长曲格平在会上作了题为《深入进行城市环境综合整治，促进经济与环境协调发展》的工作报告。报告总结了“七五”期间我国城市环境保护工作的进展情况。

会议至 19 日结束。

国务院对救灾作出具体部署并增拨 15 亿元专款救灾

为更好地安排洪涝灾区灾民的生活，扶持灾区人民恢复生产，重建家园，国务院最近进一步作出具体部署，并增拨救灾款项和灾区水毁工程专款。

国务院确定：

——保证灾民的基本口粮。对绝收和严重歉收的灾区，从现在到明年接上新粮，保证每人每天有 0.5 公斤贸易粮，对缺粮又缺钱的“双缺户”的购粮款，由民政部门根据规定的救济范围和标准，给予安排。

——切实解决好灾民的住房问题。各级政府要立即动员和帮助灾民整修或新建住房。新建的简易住房，要达到安全过冬标准；新建永久性住房，要统一规划，逐步实施。

——减轻灾区和灾民的负担。对国家有计划运用的行、蓄洪区，先免征当年的农业税和粮食定购任务。内涝重灾区，按照有关规定，农业税免征一年。

——抓紧水毁工程和基础设施的修复重建。国务院有关部门和受灾省要打破常规，调整计划，挤出一部分资金用于水毁工程和基础设施的修复重建。要广泛组织群众积极参加工程建设。

民政部劳动部全国总工会中国残疾人联合会致电参加第三届国际展能节的中国残疾人代表团

我们十分欣喜地获悉：中国选手在第三届国际展能节竞赛中，夺得 10 枚金牌、12 枚银牌、15 枚铜牌，金、银、铜牌及奖牌总数均居 80 多个参赛国家和地区之首，谨向你们致以热烈的祝贺！

你们以优异的成绩，展示了我国残疾人自强不息、顽强拼搏的精神风貌和聪明才智，体现了残疾人全面参与社会生活的能力；你们以优异的成绩，激励和鼓舞着 5000 多万残疾人自尊、自信、自强、自立，为祖国现代化建设贡献力量；你们以优异的成绩，为祖国争得了荣誉，向祖国奉献了爱的忠诚；你们以优异的成绩，给全国人民以巨大的鼓舞。

希望你们再接再厉，继续发扬拼搏进取、艰苦奋斗的精神，在回到各自的工作岗位后，谱写新的自强篇章！

在中国南海油田进行海底铺管作业的美国麦克多默特一大型铺管船遭台风袭击沉没

厦门市公安局就鹰王号走私船向大陆走私数额巨大案拥有不可争议的司法管辖权举行新闻发布会

8 月 16 日

国家副主席王震在新疆考察

王震 8 月 16 日至 24 日在新疆维吾尔自治区考察。

王震反复强调，面对当前国际风云的变幻，我们要进一步坚定社会主义、共产主义信念。道路是曲折的，斗争是尖锐的，但前途无疑是光明灿烂的。我们有邓小平同志提出的以经济建设为中心、坚持四项基本原则、坚持改革开放的路线，有伟大、光荣、正确的中国共产党，有 56 个民族的团结得像一个拳头的 11 亿多人民，经过一代又一代革命者坚韧不拔的长期奋斗，社会主义事业一定会不断向前发展，共产主义最终将实现。

王震说，邓小平、江泽民同志是我们党的第二代、第三代领袖，继承了伟大领袖毛主席开创的中国革命和社会主义事业，带领我们坚定地走社会主义道路。李鹏也是坚定的马克思主义的领导人。在国际大气候和国内小气候的变化中，在党中央的正确领导下，我们胜利地平息了动乱和反革命暴乱，坚决反对资产阶级自由化，坚持社会主义的改革开放，今年又经受了特大水灾的考验，全国人民更加团结，国内政治稳定，经济发展。这说明，我们党的领导是坚强有力的。

王震指出，要取得反对和平演变的胜利，根本的一条，就是用马列主义、毛泽东思想武装全党特别是党的高级干部的头脑。只有这样，在纷纭复杂的斗争中，才能保持清醒的头脑，永不迷失政治方向。当前，特别要认真学习《毛泽东选集》、邓小平同志的著作，学习江泽民同志在建国 40 周年、建党 70 周年时的重要讲话和李鹏同志在七届人大四次会议上所作的政府工作报告。有人说马克思主义过时了，这完全不对。马克思列宁主义、毛泽东思想是指导我们思想的理论基础，是夺取中国革命和社会主义事业胜利的根本保证。王震说，《共产党宣言》我没有读一百遍也有八十多遍了。我老了，但我要做一个坚定的马克思主义者，要活到老学到老。

王震指出，新疆的各项事业，只有在党的领导下，在社会主义制度下，在中华人民共和国的大家庭里，才能取得新的成就，才会具有光明的前途。王震对新疆今后的发展寄予殷切的期望。他要求各级干部坚定不移地带领各族群众坚持走社会主义道路，努力发展社会主义公有制为主体的经济，建设社会主义现代化的新疆。新疆生产建设兵团是建设和保卫边疆的一支重要力量。要采取切实措施，积极发展、壮大兵团。他殷切地勉励新疆的老同志和年轻一代，热爱边疆，扎根边疆，建设边疆。他动情地说，1980年，我在新疆曾经说过，现在重申，如果去见马克思，我已委托战友和亲属，将我的骨灰撒在天山上，永远同各族人民守卫社会主义祖国西北边疆。

王震说，人民解放军是人民民主专政的坚强柱石，是维护祖国统一，保卫社会主义制度的钢铁长城。我们的人民军队和武警部队要牢固树立党对军队绝对领导的观念，坚决听从党的指挥，确保社会主义事业的巩固和发展。

王震说，塔里木是我们伟大祖国的一块宝地。广大石油、地矿工作者来自五湖四海，继承了我国工人阶级特别能战斗的精神，奋战在人迹罕至的大沙漠，涌现了一大批王铁人式的先进人物，为发展我国石油工业立下了汗马功劳。王震希望广大石油、地矿工人再接再厉，加快勘探开发步伐。

《人民日报》发表评论员文章《筑起抵御和平演变的钢铁长城》

江泽民同志在庆祝建党70周年大会上的讲话中，提醒全党同志注意："和平演变和资产阶级自由化思潮，对我国的独立和主权，对我们的建设和改革开放，构成现实的威胁。"这是深刻的分析，科学的论断。根据这种情况，他明确指出："在新的历史条件下，我们党不仅要继续经受执政的考验，而且面临着改革开放和发展商品经济的考验，面临着反对和平演变的考验。"

我们党面临的这三个考验，既有区别，又有联系。坚决抵御和反对和平演变，从思想上、政治上和作风上筑起抵御和平演变的钢铁长城，是一项战略任务。最早提出这个问题的是毛泽东同志。几十年来的事实充分说明，国内外敌对势力没有一天停止过推翻共产党的领导、改变社会主义制度的活动，他们越来越依靠"无硝烟的战争"，以图实现自己的目的。如果对和平演变的现实威胁认识不足，麻痹大意，就要上当。1989年春夏之交的动乱和在北京发生的反革命暴乱，给全党和全国人民上了永远难忘的一课。这是国内外敌对势力长期推行和平演变战略、资产阶级自由化思潮泛滥的必然结果。那场政治风波使我们认识到，斗争的核心依然是政权问题。如果他们得手，那将是历史的倒退，人民的灾难。

国内外敌对势力为实现和平演变的目的，从政治、经济、文化各个方面进行渗透，无孔不入，处处捣乱。但正如江泽民同志"七一"讲话中所指出的："意识形态领域是和平演变与反和平演变斗争的重要领域。"攻心为上，潜移默化，他们企图首先使我们在思想上解除武装，进而实现政治、经济和文化各个领域的演变。凡是要推翻一个政权，总是首先在意识形态领域打开缺口。党的十一届三中全会以后，全党工作实现重点转移，以经济建设为中心，实行改革开放政策。邓小平同志高瞻远瞩，多次提出要坚持四项基本原则，要重视意识形态领域的斗争，要反对思想僵化，也要反对资产阶级自由化。可是，由于有的领导人没有引起应有的重视，使我们在意识形态领域吃了一次大亏。许多事实已经证明，社会主义时期一定范围内存在的阶级斗争，主要是意识形态领域的斗争。如果搞乱了意识形态，必然搞乱党和国家。党的十三届四中全会以来，以江泽民同志为核心的党中央，坚决地、迅速地纠正了"一手硬，一手软"的失误，高度重视意识形态领域的斗争，强调社会主义思想必须占领阵地，这就抓住了要害，抓住了根本。今后，不论在任何时候、任何情况下，我们都要坚持组织广大干部群众认真学习马列主义、毛泽东思想，不断进行坚持四项基本原则、反对资产阶级自由化的教育和斗争。

要有力地抵御和平演变，关键在于把我们党建设好。按照辩证唯物主义的观点，外因是通过内因起作用的。和平演变与反和平演变斗争的胜负，从根本上说决定于我们党的自身建设。只要党坚持马克思主义的基本原理同中国革命和建设的具体实际相结合，坚定不移地走建设有中国特色的社会主义的道路，只要党始终保持工人阶级先锋队的性质和全心全意为人民服务的宗旨，密切联系群众，那么，国家就会强盛，人民就会富裕，社会就会全面发展，人民就会更深刻地体会到社会主义制度的优越和中国共产党真正是为人民办事情，谋幸福的。这样，任凭国际风云变幻，任凭内外压力重重，也改变不了中国人民坚持社会主义的钢铁意志。

我们的党从来就是在严峻的考验中前进的。为社会主义事业和共产主义理想而奋斗，道路不可能平坦，斗争不可能停息。大江东去，大浪淘沙，经过严峻考验的中国共产党人，队伍将更纯洁，斗志将更旺盛，将更有力地领导全国各族人民进行建设和改革开放。国内外敌对势力在社会主义中国和平演变的图谋终将彻底破产，最后的胜利一定属于我们。

中共中央政治局常委李瑞环在河南考察

李瑞环8月16日至19日指出，前一段河南省的救灾工作取得了很大成绩，但任务仍然十分艰巨。各级领导干部要以高度的责任感和深厚的感情，千方百计地解决好灾民的吃饭、住房、穿衣、防疫问题，做好灾区的生产自救和重建家园工作。要把省委提出的"三防四实"（防止主观主义、形式主义、官僚主义，做到鼓实劲、办实事、抓落实、求实效）口号在救灾工作中叫响，以此要求干部，检查工作。

李瑞环重点考察了黄河小浪底水利枢纽工程坝址、郑州堤防工程和河道浅滩，同水利工程技术人员进行了座谈。他指出，建国 40 多年来，黄河治理成绩显著，但由于洪水控制和泥沙问题还没能从根本上得到解决，黄河仍是“心腹之患”。治理好黄河是全国人民的共同心愿，河南人民负有特别重大的责任。我们要依靠共产党的坚强领导，充分发挥社会主义制度的优越性，把根治黄河这一造福人民的宏伟事业抓紧办好。

李瑞环强调，当前国际形势错综复杂，国内形势正朝好的方向发展，但仍面临诸多困难。我们要振奋精神，团结协作，加强领导，努力学习。他说，全党特别是领导干部要认真学习马克思主义，这样才能明辨是非，把握方向，站稳立场，坚定不移地沿着邓小平同志开创的建设有中国特色的社会主义道路前进。

全国棉花工作会议在北京召开

国务院副总理朱镕基主持会议。国务院副总理田纪云发表讲话。

国务院副总理田纪云在全国棉花工作会议上发表讲话。

田纪云指出，要把质量问题摆在整个收购工作的首位。近几年部分地区在棉花收购中，有的等级虚高，长度不符，重量不实；有的管理不严，让品级、让长度、让水分，收超水分棉，变相抬高收购价格；有的甚至还掺杂使假。对违反标准的行为，一经查出，就要及时纠正，从重处罚。要坚持棉花由供销社统一收购（良繁区的棉花委托良棉厂收购）、统一经营，不开放市场，不搞价格双轨制。各级政府和银行要想方设法，保证棉花收购资金供应并及时到位，坚决防止“打白条”。加价款、奖售化肥、奖售柴油，都要在收购工作开始前准备到位；各产棉省、自治区、直辖市人民政府为发展棉花生产而增加供应的棉农口粮和农业生产资料，必须按有关规定体现在生产过程中，不能在收购时才兑现。

田纪云强调，一定要按计划搞好棉花调拨，确保大中型骨干棉纺企业的生产。为了鼓励棉花调出，对认真完成国家调拨计划、质量符合标准的，可以增加一些奖励措施。凡有条件完成而不完成调出任务的，要严格纪律，追究责任。要坚决取缔棉花自由市场，查处各种非法交易活动。

会议于 19 日结束。

《科技日报》发表特约评论员文章《科学技术：当代第一生产力》

8 月 17 日

国务院清理三角债领导小组副组长周正庆就三角债问题接受《人民日报》记者专访

记者：自去年 3 月起，银行等有关部门对企业拖欠货款进行大规模的清理，按债权、债务双方计算，清理流动资金贷款拖欠 1420 亿元，基本建设项目拖欠货款 180 亿元。全国共计清理拖欠款 1600 亿元，使企业资金紧张的状况得到一定程度的缓解。但是新的“三角债”还是不断出现，这是为什么？

周正庆（简称周）：关键在于形成“三角债”所涉及的深层次矛盾没有得到真正的解决，形成企业相互拖欠的源头没有得到有效的治理。概括地说，形成“三角债”的源头，有三个方面：

一、基本建设、技术改造项目投资缺口严重，造成了对生产企业、施工企业大量的货款拖欠。根据国家统计局提供的数字，1990 年全社会固定资产投资中属于全民、集体所有制单位投资完成了 3477 亿元，而同期全民、集体所有制单位投资到位的资金（包括拨款、贷款、自筹、利用外资等等）只有 2965 亿元，比完成投资少 512 亿元，其中有相当部分是靠拖欠来弥补投资缺口的。

二、企业亏损严重。据财政部门统计，1990 年末粮食、外贸、商业、物资等系统以及预算内国营工业生产企业未弥补的政策性亏损和经营性亏损约 500 亿元。据工商银行典型调查统计测算，潜在性亏损比账面亏损要大得多。亏损使企业支付能力大大削弱，形成大量的货款拖欠。

三、产成品不适销对路或根本没有销路，形成积压。据国家统计局的测算，到今年 6 月末，全国县以上的工业企业的产成品已超过正常库存 800 亿元左右。由于产品实现不了最终消费，商品不能转化为货币。这些企业无钱购买燃料和原材料，为了维持生产，只有依靠拖欠过日子。

“三角债”是经济生活中多年存在的问题的集中表现。简言之，就是有些部门、地方没有认真贯彻国务院关于治理整顿的正确方针：没有那么多的钱却要搞那么大规模的建设；没有那么大的市场需求却要追求那么高的产值；本来应该关停并转的企业却要继续维持生产。

记者：您这样一说就很清楚了，看来解决“三角债”问题难度是很大的。

周：是的，这些都涉及了国民经济深层次的矛盾。此外，商品交易秩序紊乱，结算纪律松弛，信用观念淡薄，也是促进“三角债”形成和发展的一个重要原因。

因此，国务院强调指出：清理“三角债”要从源头入手，治本清源，逐渐缓解企业间债务链的压力。

记者：国务院提出，今年要把清理“三角债”作为搞活国营大中型企业，提高经济效益的突破口。请您就此具体地谈谈。

周：和小企业比，大中型企业有机构成高，技术力量比较雄厚，规模经济效益好，是国民经济的脊梁和财政收入的支柱。搞活大中型企业对社会、经济的稳定与发展有着深远的意义。

目前，大中型企业缺乏活力，经济效益下降的原因很多，其中“三角债”困扰是一个很重要的因素。据工商银行对7000多户国营大中型企业的统计，1989年以来发出商品，应收及预付货款两项资金占用（即人欠）以年均1.16倍的速度增加，到今年6月末，余额已达1568亿元，扣除应付及预收货款（即欠人）后，被净欠货款516亿元。尽管其中包括一部分正常的在途占用和商业信用，不完全都是“三角债”，但趋势十分明显，即大中型企业资金被其他企业占用多。应该指出的是，这种现象以前也有，只不过近年发展得更加严重了。工商银行统计的7000多户企业中，1987年和1988年人欠、欠人相抵，分别被净欠114亿元和105亿元。

记者：大中型企业货款被拖欠，我看恐怕是一种变相的“大锅饭”。因为大中型企业是银行信贷重点支持的对象，资金可以得到优先供应，一些小企业就靠拖欠大中型企业货款生存和发展，一些资金有缺口的投资项目也靠拖欠大中型企业贷款维持施工。

周：实际情况确实如此，所以，以清理“三角债”为突破口搞活大中型企业，就是要从清欠入手来推动解决经济生活中的一些深层次问题。清理小企业欠大中型企业的货款实质上是要促使企业进行结构调整，迫使那些从宏观、微观上看效益都不好的企业“关停并转”，向企业集团靠拢；清理固定资产投资拖欠大中型企业货款，最终是要促进国民收入分配中积累和消费以及积累中固定资产积累和流动资产积累比例关系的调整，真正做到量入为出，量力而行。

通过清理“三角债”，偿还大中型企业被拖欠的货款，一些大中型企业的效益就有可能改善，也可以减少它们为投资有缺口的项目垫付资金和不合理负担利息，这样就可以为搞活大中型企业创造较好的外部环境，也可以激励那些小企业和建设单位不再躺在或靠在大企业身上，自已去奋发图强。

记者：看来，这次小企业拖欠大中型企业的货款一定要还啦，那么大中型企业欠其他企业的货款如何处理？

周：当然也要清理。大中型企业拖欠其他企业货款，除受“三角债”链条的连锁影响外，企业技术落后，设备陈旧，管理不善也是重要原因。因此，通过清理“三角债”也可以促进这些企业调整产品结构，提高经济效益。

记者：您曾提到，形成“三角债”的源头有三个，固定资产投资缺口严重，资金不到位，只是其中的一个。为什么这次清欠特别强调要从清理固定资产投资缺口入手？

周：这样做是为了牵住“牛鼻子”逐步解开债务链。固定资产投资要用机电设备和建筑材料，是生产资料的最终消费，投资缺口造成的拖欠是这根债务链条的最后一环。从清理投资缺口入手，与其他措施相互配套，与此相关联的债务链就会依次解开，收到类似“多米诺骨牌效应”的连锁效果。从东北三省初步摸底的情况看，在欠人的200多亿元中，属于基建、技改项目的占25%左右，虽然直接与基建、技改项目有关的拖欠比例并不大，但这是债务链条中的最后一环，由此形成的债务链是一环扣一环的，而且最终债务额也是叠加的。如建设单位欠机电设备厂，机电设备厂欠钢铁厂，钢铁厂欠煤矿和电厂等。只要建设单位偿还了这25%的债务，可以依次解开下面三个环节的债务，就有可能收到清理拖欠总额75%的效果。只有从清理投资缺口入手，才可以以较小的风险取得较大的效果。反之，如果从清理流动资金入手，一旦所注入的资金投向不当，就有可能助长新的产品积压，增加新的亏损。所以，我们必须紧紧把握固定资产投资缺口这一源头去清，才能达到预期目的。另外，这样做还有助于促进固定资产投资方面一些深层次矛盾的解决。之所以形成投资缺口，一是建设项目概算不实，一些建设单位在概算中不考虑价格、利息等因素，甚至通过人为压低概算的手段去争取立项；二是投资计划安排过大，计划供应资金不到位；三是自筹资金不落实；四是基建设备储备不足。通过清理投资缺口，可以给人们一个教训，在固定资产投资中必须实事求是，从国情出发，量力而行；必须搞好固定资产投资宏观调控和国民经济的综合平衡，再也不能靠拖欠、挤信贷，靠人民银行发票子搞建设了。

记者：读者非常关心的另一个问题是，从固定资产投资缺口入手清理“三角债”，会不会引起新的投资膨胀？

周：只要各地认真按照国家关于清理“三角债”的政策以及投资政策、信贷政策办事，多渠道筹集资金，严格把好注入清欠资金这一关，是不会出现投资膨胀的。

这样讲有三个理由。第一，我们讲的固定资产投资缺口，主要是指在建项目甚至已经竣工的项目因投资有缺口、资金不到位所造成的贷款拖欠。这里的投资缺口所对应的投资规模，是已经完成了的工作量。注入资金解决这一缺口，只是清还欠账，是帮助生产企业收回应得的货款，不是上新项目，铺新摊子，因而不会引起新的投资膨胀。第二，这次的清欠资金，要按照资金来源渠道和"谁投资、谁清理、谁还债"的原则，多渠道筹措，不是由国家包。对应当由地方和企业自筹的部分，地方和企业要最大限度地挖掘内部潜力，尽可能从现有投资和贷款规模中挤出一部分；通过发行债券筹措一部分；通过压缩固定资产投资规模，停、缓建一批项目，集中一部分来归还债务。这项工作抓好了，不但不会引起新的投资膨胀，而且有利于控制固定资产投资，停、缓建一些不急需上马的项目。第三，这次还确定了压缩积压产品与增加技改贷款挂钩的政策，即银行积极支持企业处理和压缩产品积压，收回一部分流动资金贷款，相应增加一部分技改贷款，在信贷结构上做一些调整。这样可以把过去长期占用已经压死了的那部分流动资金贷款收回来搞技术改造，银行的总规模没有增加，只是调整了贷款结构。

需要强调的是，各地应尽最大努力多渠道筹集更多的资金归还债务，这是防止固定资产投资扩张的重要保证。另外，注入资金，必须严格把关。从源头注入资金时，要看自筹资金是否落实；在中间环节注入资金时，要防止出现新的积压，留下新的投资缺口。这样，才不会引起新的固定资产投资膨胀。

记者：这次清理"三角债"把减少产成品资金占用作为一项重要内容，您能谈谈这方面有什么考虑吗？

周：简言之，是为了控制住"三角债"的主要源头。产成品库存过大，说明产品销售出现了问题。在现实生活中，企业一切费用开支和各种货币支出最终都来自于销货收入。因此，产品销路如何是衡量这个企业是否有存在价值和发展前途的一个最基本、最直接的标准。近两年来，一部分企业产大于销，甚至产品根本没有销路，只能靠拖欠供货企业货款来维持生存，是"三角债"越积越重，前清后欠的一个很重要的原因。例如，1989 年和 1990 年，预算内国营工业生产企业产值年均增长不过 2.4%，而产成品库存却年均增长 50%以上，到今年 6 月末，产成品库存余额达到了 1300 多亿元。超过正常库存水平 700 多亿元。还有一个值得注意的问题是，企业发出商品成倍增加。据工商银行对 4 万户国营工业企业的统计，发出商品相当于产成品的比重，已从 1988 年的 72.5%上升到今年 6 月末的 100.2%，余额达 1321.7 亿元。在发出商品中有一部分是不正常的，是不适销对路的积压产品，委托商业流通部门代销、寄售的。这实际上是产品库存的转移。

当前企业产成品库存过大，实质上是产业结构失调和产品结构不合理的反映。社会再生产要保有一定的库存，要有"蓄水池"。但这个蓄水池只能蓄活水，不能蓄"死水"和"臭水"。清理"三角债"要求减少产成品资金占用，就是要以此来推动企业调整产品结构，改变长期以来只讲速度、产值，不讲质量、效益，不注意扩大国内国际市场销售的观念。此外，这次处理积压商品要与技改结合。所以，把减少产成品资金占用作为清理"三角债"的一项重要内容，有助于"治标"和"治本"结合，运用技术改造投资使企业盘活资金存量与调整产品结构齐头并进，加快经济结构调整的步伐。

记者：最近，国务院明确提出，把整顿商品交易秩序、严格结算纪律，作为清理"三角债"、防止前清后欠的一项重要措施。人民银行也发出通知，要求各级银行严格按照结算制度办理结算，对不执行结算纪律，擅自免收滞纳金，偏袒本行开户企业，办理无理拒付的行、处和责任人，还要给予行政纪律处分。为什么在这次清欠中把商品交易秩序和结算纪律看得这么重要？

周：不可否认，投资缺口、企业亏损、产品积压、资金不到位等是货款拖欠的主要原因。但从主观原因分析，某些地方、部门和企业不择手段地追求局部利益和自身利益，在商品交易中故意拖欠他人货款，企业账上有钱也不付，热衷于搞无本生意，一些地方甚至搞资金封锁，强令银行停止付款，从而人为地加大了"三角债"的严重程度。可以说，商品交易秩序混乱在"三角债"的形成和恶化中起到了火上加油的作用。这次清理"三角债"特别强调要整顿商品交易秩序，就是要在社会上重新确立牢固的信用观念，落实钱货两清的原则。我们要求银行加强审查监督，对无理拒付的要强制扣款，对欠账不还的企业首先要扣缴滞纳金。滞纳金日扣缴率为万分之三，相当于年利率 10.8%，比银行贷款利率约高 2 个百分点，滞纳金全部交付债权单位。认真扣缴滞纳金就是要使有钱不还的单位占不了便宜，使企业清楚地认识到，人为地拖欠货款既害别人，又害自己。这样就有助于纠正"拖欠有理，拖欠有利"的错误思想和行为，也有利于建立和恢复正常的商品交易和信用结算秩序，有利于促进国民经济转入良性循环。

中共中央总书记江泽民在中南海会见"开创新型日中关系国会议员友好访华团"

江泽民在中南海会见日本自由民主党干事长小渊惠三为名誉顾问、自民党副干事长野田毅为团长的日本"开创新型日中关系国会议员友好访华团"。

小渊惠三说，我们这个访华团有个特点，父辈们都是日中友好的掘井人。我们要继承父业，把日中友好事业世世代代传下去。小渊惠三说，我作为第一个应中国共产党邀请访问中国的干事长感到荣幸。明年是日中邦交正常化二十周年，今后我们要进一步发展两国友好关系，同时要扩大两党的交流。

江泽民说，我们要教育两国青年都要向前看。中国青年要捐弃前嫌。日本青年不要忘记过去的事情，前事不忘，后事之师。他又说，中日两国友好交往的历史源远流长，两国不仅距离邻近，而且自古以来两国经济、文化交流都非常活跃，扩大青年交流非常重要。

小渊惠三又向江总书记面交他代表日本自民党为我灾区捐款两千万日元的捐款证书。

中顾委常委、中国国际友好联络会首席顾问黄华，中联部部长朱良会见时在座。

中共中央总书记江泽民在中南海会见由众议员马丁·兰开斯特率领的美国国会议员访华团

国家教委主任李铁映在合肥看望中国科技大学干部和部分教授

李铁映在安徽省委书记卢荣景、省委副书记杨永良、副省长杜宜瑾的陪同下，看望中国科技大学干部和部分教授。

李铁映听取科大校长谷超豪、党委书记汤洪高的汇报，对科大开展党员教授读书班，认真学习马列主义理论，层层举办党课活动表示满意。他说，科大应该在培养社会主义的建设者和接班人方面起到表率的作用，在政治上要成为捍卫党、捍卫社会主义事业的坚强堡垒，在教书育人、发展科技方面成为具有中国社会主义特色的新型园地。

李铁映说，今后还要继续大量地选派留学生，关键是要做好思想政治工作，要把那些愿意为国家、民族，为社会主义服务的青年派出去；对于已经在国外的留学生，只要愿意回来参加社会主义建设的，我们都是欢迎的。要相信绝大多数的青年学生是能够为自己的国家作出贡献的。他要求一定要做好留学生的工作，关怀、帮助、爱护他们，为他们创造一些好的条件。他说，这是凝聚民心，振奋精神，团结全国人民的一件大事。

国务委员李铁映在安徽考察灾区时强调要确保大灾后不发生大的疫情

8月18日

中国和也门在萨那签订《中华人民共和国卫生部和也门共和国卫生部关于中国派遣医疗队赴也门工作的协议》

国务院副总理朱镕基会见开创新型日中关系国会议员友好访华团

朱镕基上午在中南海紫光阁会见以日本自民党干事长小渊惠三为名誉顾问、副干事长野田毅为团长的日本“开创新型日中关系国会议员友好访华团”。

247次列车发生重大事故

凌晨零时17分，郑州铁路局武汉铁路分局从武昌开往广州的247次旅客列车行至广东大瑶山隧道时，17号车厢因旅客抽烟不慎起火。列车停车灭火时，有部分旅客受惊跳车，被邻线对向开来的1766次货物列车撞死12人，撞伤20人。

8月19日

国务院总理李鹏同全国棉花工作会议代表座谈并发表讲话

李鹏说，今后棉纺业发展总的方针是在保证质量、品种的前提下，产销基本平衡，产略大于销。

李鹏说，这几年棉花的供求矛盾突出，计划调拨难度大，主要原因是棉纺生产能力过大。但是，在现有纺织企业开工不足的条件下生产出的产品，仍大于市场需求，大量积压，这个问题要很好地研究解决，今后要逐步做到以销定产，要鼓励更多的纺织品到市场去竞争，市场调节要在轻纺业发挥更大的作用。企业要真正在质量、品种、效益上下一番功夫。对有积压产品的企业，要适当采取各种有效措施，主要是经济措施，把产量压下来。

李鹏说，可以考虑一些小纱厂与大中型企业实行联营的办法，发挥各自优势，调整产品结构。

李鹏说，棉花质量不保证，纺织品的质量就得不到保证。有些地方收购棉花不认真执行国家的棉花等级标准和价格，让级让价，这是不对的。要使农民从长远的利益考虑，树立质量第一的观点。收购部门要严格按国家标准把关。

李鹏说，今年棉花收购工作马上就要开始了，国务院各部门、各级政府要抓紧安排，准备好资金、物资，要按照已确定的分工，各负其责，把工作做好。同时，对明年棉花的生产要早安排，面积要尽早落实，增产措施也要落实。农业部门、科研部门、供销社要互相配合，共同努力，把先进的科学技术转变为直接生产力，争取明年棉花丰收。

国务院总理李鹏在中南海会见埃及对外关系副总理加利博士

国务院总理李鹏会见伊朗财经部长努尔巴赫什

外交部部长钱其琛在钓鱼台国宾馆同埃及副总理加利博士举行会谈

钱其琛说，中东问题十分复杂，取得任何进展都是值得欢迎的。在中东和平进程中，联合国应该发挥其应有的作用，因为联合国曾多次讨论中东问题，并通过了相应的决议。

钱其琛说，建立国际新秩序应在各国互相尊重主权和领土完整、互不侵犯、互不干涉内政、平等互利、和平共处的原则基础上。钱其琛强调，各方都应在建立国际新秩序中努力发挥作用，特别是发展中国家、第三世界国家及其地区性组织都要有自己的声音、发挥自己的作用。所有国家在国际关系问题上是平等的、享有民主的。

国家主席杨尚昆根据全国人大常委会的决定任免驻外大使

一、免去赵维的中华人民共和国驻巴布亚新几内亚特命全权大使职务。

任命王弄笙(女)为中华人民共和国驻巴布亚新几内亚特命全权大使。

二、任命宓世衡为中华人民共和国驻佛得角共和国特命全权大使。

中联部部长朱良在平壤同朝鲜劳动党中央书记金容淳举行会谈

中国和伊朗在北京签订《中华人民共和国政府和伊朗伊斯兰共和国政府贸易协定》

中华人民共和国特使全国人大常委会副委员长陈慕华在达卡拜会孟加拉国代总统谢哈布丁·艾哈迈德

中国科学院院长周光召在青年学者物理学讨论会上发表讲话

周光召说，科学无国界，但科学家有祖国，希望在国外学习和工作的我国学者多为祖国科技发展做贡献。

周光召说，从本世纪初开始，一些在国外留学的人，为祖国科学的发展，相继从海外归来，成立中国科学社，创办了中国第一本科学杂志，在大学讲授现代科学知识。新中国诞生前后，就有一些有成就的科学家回到祖国，中国科学院一大批研究所就是由他们负责创建的。50年代以后，中国又自己培养了一批科学家，他们在超导、准晶、磁学等方面取得的成就为国际所公认。正是这些在中国土地上奋斗的科学工作者，才使中国现代科学达到现在的规模和水平。这说明，中国要自立于世界民族之林，必须有一批立志在祖国土地上奋斗的人。

周光召说，闭关自守不能使中国科学得到发展，我们还要坚持改革开放。今后，中国科学院将继续派青年科研人员出国学习进修，继续邀请海外学者回国讲学。这些年来先后派出的留学进修人员，有不少人已经回来了。有些人由于种种原因现在还留在国外想多工作一段时间，我们也表示尊重并理解他们的选择。对于那些立志回来从事祖国科学事业的人，我们是非常欢迎的，并将尽力安排好他们的工作和生活。

柬埔寨全国最高委员会主席诺罗敦·西哈努克向中国灾区捐款一万美元

中国国际减灾十年委员会和民政部接收救灾捐赠办公室累计收到的捐款达3.5亿元人民币

8月20日

邓小平同几位中央负责人谈话

现在中国局势稳定，一个是由于处理一九八九年那场动乱时坚持社会主义，一点也不动摇；再一个是由于坚持改革开放。如果不坚持改革开放，不拿实际行动证明这一点，也是不行的。坚持改革开放是决定中国命运的一招。这方面道理也要讲够。

这一段总结经济工作的经验，重点放在哪里？我看还是放在坚持改革开放上。没有改革开放十年经济发展的那个飞跃，取得顺利调整是不可能的。强调稳是对的，但强调得过分就可能丧失时机。现在工业发展还是两位数嘛，农业情况也不坏嘛。可能我们经济发展规律还是波浪式前进。过几年有一个飞跃，跳一个台阶，跳了以后，发现问题及时调整一下，再前进。总结经验，稳这个字是需要的，但并不能解决一切问题。以后还用不用这个字？还得用。什么时候用，如何用，这要具体分析。但不能只是一个稳字。特别要注意，根本的一条是改革开放不能丢，坚持改革开放才能抓住时机上台阶。

这方面也有国际经验嘛。好多国家都是这个样子，十年就跳出来了。现在世界发生大转折，就是个机遇。人们都在说“亚洲太平洋世纪”，我们站的是什么位置？过去我们比上不足，比下有余，现在比下也有问题了。东南亚一些国家兴致很高，有可能走到我们前面。我们也在发展，但与他们比较起来，我们人口多，世界市场被别的国家占去了，我们面临着这么一个压力，算做友好的压力吧。我们不抓住机会使经济上一个台阶，别人会跳得比我们快得多，我们就落在后面了。要研究一下，我总觉得有这么一个问题。机会难得呀！

反对资产阶级自由化还是要讲。我们搞改革开放，把工作重心放在经济建设上，没有丢马克思，没有丢列宁，也没有丢毛泽东。老祖宗不能丢啊！问题是要把什么叫社会主义搞清楚，把怎么样建设和发展社会主义搞清楚。

还有一个问题，发现和使用人才的问题。的确是人才难得啊。你们从下面上来，左邻右舍，上上下下，接触广泛，了解的人多。你们觉得是人才的，即使有某些弱点缺点，也要放手用。一个人才可以顶很大的事，没有人才什么事情也搞不好。一九七五年我抓整顿，用了几个人才，就把几个方面的工作整顿得很有成效，局面就大不一样。我们现在不是人才多了，而是真正的人才没有很好地发现，发现了没有果断地起用。对每个人都会有不同的意见，不会完全一致。有缺点可以跟他谈清楚，要放手地用人。总的看，我们对使用人才的问题重视不够。我建议中央总结一下用人的问题，尊重人才，广开进贤之路。

一个总结经验，一个使用人才，这两点是我的正式建议。

全国档案工作会议在北京召开

会议总结了十年来全国档案事业发展的成就，讨论通过《全国档案事业发展十年规划的“八五”计划纲要》，部署今后工作。会议于24日结束。

新华社报道称中国外轮理货质量达到世界先进水平

新华社报道称1990年末中国共有设市城市467个 计划单列市有沈阳大连长春哈尔滨南京宁波厦门武汉广州深圳重庆成都西安青岛14个

国家主席杨尚昆在钓鱼台国宾馆会见来中国进行工作访问的缅甸联邦国家恢复法律和秩序委员会主席苏貌

杨尚昆会见中说，中国和缅甸是友好邻邦，两国之间山水相连，村寨相望。过去，两国高级领导人彼此来往很多，我国外交部长陈毅元帅曾多次访问过贵国。陈毅元帅也是位诗人，他曾写过一首歌颂中缅友好的诗，诗中说：“我住江之头，君住江之尾。彼此情无限，共饮一江水。”这首诗生动地描述了两国间的友好关系。

杨尚昆说，中缅两国共同倡导的和平共处五项原则已经得到国际上的普遍赞同，是处理国与国之间关系的准则。主席的来访确实是两国关系中的一件大事。中缅两国历史上有着共同的遭遇，两国人民在争取独立的斗争中曾经互相支援。今天，两国又面临着发展本国经济的共同任务。我们都希望有一个和平的国际环境来建设各自的国家。我们两国有理由在和平共处五项原则的基础上进一步发展友好合作关系。

国家主席杨尚昆在人民大会堂分别接受美国新任驻中国大使芮效俭和希腊新任驻中国大使潘泰利斯·梅格利迪斯递交国书

中国和美国两国贸易会谈在华盛顿举行

8月20日至23日，以经贸部副部长佟志广为团长的中国政府经济贸易代表团与以助理贸易代表梅西为团长的美国代表团就市场准入和知识产权保护问题举行会谈。

佟志广指出，以知识产权保护的国际标准来衡量，中国的保护程度与美方已没有太大差距。会谈中，中方还向美方介绍了中国在市场开放方面已经和将要采取的一些措施，其中包括美方提出的关于外贸体制和政策的透明度、进口替代，进口许可证管理和关税等问题。佟志广说，虽然中方已经做的承诺是一般的原则性承诺，但它指明了方向。中方准备同有关部门进行磋商后争取在10月份举行下一轮磋商，并就有关问题进行更进一步的讨论。

外交部发言人就苏联局势发表谈话

外交部发言人就记者关于苏联局势的提问在北京发表谈话如下：

苏联发生的变化是苏联内部的事务。中国政府的一贯立场是，反对干涉别国内政，尊重各国人民自己的选择。我们希望并相信，苏联人民能够克服困难，自己解决自己的问题，保持政治稳定，实现经济发展。建立在和平共处、平等互利、睦邻友好原则基础上的中苏关系不会受到影响，将继续得到发展。

邮政企业管理国际研讨会在北京举行

会议研讨发展中国家扩大邮政管理的自主权、加强邮政的商业化管理等问题。来自亚洲、非洲近二十个发展中国家的高级邮政官员以及法国、加拿大、比利时等国的邮政专家参加会议。

会议由中国邮电部与万国邮政联盟国际局共同主办。

全国文化法制工作会议在青岛召开

文化部最近召开的全国文化法制工作会议强调加强文化政策研究和法制建设，促进和保障社会主义文化事业的繁荣和发展。

主持会议的中宣部副部长、文化部代部长贺敬之指出：江泽民同志在讲话中十分强调文化工作，把建设有中国特色的社会主义文化作为整个建设有中国特色的社会主义的三大组成部分之一，明确地提出了建设有中国特色的社会主义文化的命题，这是我们文化工作者的光荣使命和崇高职责。当前，我们党正面临着执政的考验、改革开放和发展商品经济的考验，特别是面临着反和平演变的考验。包括文化在内的意识形态领域是和平演变与反和平演变斗争的重要领域，文化渗透是和平演变的主要手段，我们的文化工作者担负着构筑抵御和平演变钢铁长城的神圣职责。我们的文化政策研究和文化法制工作应该立足于这一斗争。

会议认为，40 多年来，我们的文化法制工作经历了一个曲折的发展过程，但是应当肯定，随着我国整个民主与法制建设的不断加强，文化法制工作已取得了明显进展。特别是近年来，我国的文化政策研究和法制工作取得了可喜的成绩。据不完全统计，自 1949 年解放初至 1990 年底，由全国人大常委会、国务院和文化部（包括文化部与其他部委联合）颁布、现正在实施的文化法规总计约 230 件，其中法律两部、行政法规和法规性文件 23 件、部门规章和规章性文件 205 件。它们在调整人们的社会文化关系和加强文化事业管理等方面，起了重要作用，做到了“有法可依”、“有章可循”。国家对社会文化生活的管理，也已逐步从只依靠政策而转向既靠政策又靠法制的轨道。但是，由于种种历史原因，文化法制建设就总体来说还很薄弱和落后，远远不能适应社会主义文化事业发展的需要以及经济建设和法制建设发展的需要。主要问题是文化法规还未形成完整的科学体系，而已有的不同层次的法规还往往缺乏统一性，影响了文化法规的严肃性和权威性；同时文化执法工作薄弱，缺乏有力的监督检查手段，使已有规章不能得到认真实施，“有法不依、有章不循”的现象时有发生。文化法制建设的任务还很艰巨。

代表们讨论文化部提出的“八五”期间立法规划，强调文化立法工作必须遵循四项原则，即社会主义原则，从实际出发、实事求是的原则，民主立法原则和法制统一性原则。其中首要的是社会主义原则，即坚持文化立法的社会主义方向和性质。

国家版权局指定中国版权研究会为临时收转使用作品报酬的机构

第 10 届亚太地区肿瘤会议在北京举行

中国红十字会总会副秘书长曲折和政策理论研究室副主任庄仲希从香港乘飞机抵达台北看望“7·21”渔事纠纷中滞留台湾的福建渔民

国家环境保护局公布 1990 年城市环境综合整治定量考核结果

根据《国务院关于进一步加强环境保护工作的决定》，经国家环保局核定，1990 年全国 32 个城市环境综合整治定量考核结果今天在第二次全国城市环境保护工作会议上正式公布。考核名次如下：

1	大连	2	杭州	3	北京	4	天津
5	长沙	6	南昌	7	海口	8	武汉
9	苏州	10	广州	11	桂林	12	太原
13	南京		合肥		成都	（注：三市得分相同）	
16	西安	17	石家庄	18	长春	19	沈阳
20	济南	21	贵阳	22	福州	23	兰州
24	上海	25	南京	26	昆明	27	哈尔滨
28	呼和浩特	29	乌鲁木齐	30	西宁		
31	银川	32	郑州				

国家环保局官员说，1990 年 32 个城市环境综合整治定量考核得分校 1989 年普遍有明显提高，部分城市的名次和部分指标也有较大幅度的变化。其中增分较多的城市有太原、福州、西安、桂林、南昌、长春、长沙等；名次明显向前提高的城市有太原、西安、桂林、福州、南昌等；指标值变化较大，增分较多的指标有区域环境噪声平均值、交通干线噪声平均值、汽车尾气达标率、烟尘控制区覆盖率等。

8 月 21 日

国务院总理李鹏在钓鱼台国宾馆会见缅甸联邦国家恢复法律和秩序委员会主席苏貌

李鹏说，我们应该认为，各国面临的问题如何处理解决，这是各国政府和人民的事，外国不应干涉。中国愿意在中缅两国共同倡导的和平共处五项原则的基础上发展两国关系。

苏貌说，缅中两国共同倡导的和平共处五项原则体现了两国老一辈领导人的远见卓识。五项原则在今天继续显示出强大的生命力。

国务委员兼外交部长钱其琛参加会见。

中国市长协会在北京成立

全国人大常委会委员长万里、副总理邹家华以及陈丕显、陈希同、王任重出席成立大会，被推选为中国市长协会名誉会长的彭真致函大会表示祝贺。

中国市长协会的宗旨是为市长工作服务，为城市改革与发展服务。建设部部长侯捷称，全国467个城市中的90%的城市报名成为团体会员，2000多位市长、副市长和直辖市的区长、副区长成为个人会员。

《科技日报》发表特约评论员文章《社会主义制度与科技是第一生产力》

新闻出版署发出关于不得擅用中央和国家机关名义编书和推销图书的通知

外经贸部发言人刘向东就经贸热点问题答记者问

问：近几个月，中国南方一些省市遭受严重水灾，这对今年出口有多大影响？已签合同能否正常履约？

答：今年我国南方一些省市遭受罕见的水灾，这些地区有些外贸仓库被淹，出口生产、出口货源的收购和调运都受到一些影响。但就全国来讲，这毕竟是局部的，影响是有限的。根据对外经济贸易部业务统计，7月上、中旬灾情严重，对出口有明显影响；由于各地采取有力的措施，积极开展生产自救，恢复生产，有关地方和部门积极支援受灾地区，下旬外贸出口基本恢复正常，出口履约基本没有受到影响。7月份，全国外贸出口比去年同期仍增长16.9%。受灾比较严重、外贸出口比较多的上海、江苏、浙江等省的出口，也都有较大幅度的增长。现在灾情趋于缓解，全年出口估计不会受多大影响。

问：请问在灾害比较严重的情况下，对外经济贸易部作为主管部门，对确保今年出口增长采取了哪些措施？

答：采取的主要措施有这样几个方面：(1)想方设法筹集一些资金和物资，积极支持灾区外贸企业和出口生产企业恢复生产，抓紧组织收购、出口，力争把水灾造成的损失补回来。(2)推动受灾地区的外贸企业同其他未受灾地区企业发展联营，保证灾区受灾损失严重的商品出口履约。(3)积极组织鼓励未受灾地区增加适销对路的出口货源生产和出口成交。同时，要根据实际情况，适当调整各地任务和出口商品结构，加强全国的出口协调调度，保证正常履约和出口稳定发展。

问：最近国外有的新闻媒介报道，我国为保护国营企业生产，对外商投资要进行限制。请问这是否属实？

答：我看到过这样的报道，这种报道是毫无根据的。众所周知，为了鼓励外商投资，中国政府近两年采取了一系列新的政策措施。包括：(1)修订《中外合资经营企业法》，申明对中外合资企业不实行国有化；中外双方通过协商或选举，都可以担任董事长；合资期限更为灵活，对一些技术密集型合资企业的期限可由合资双方自主商定。(2)开发、开放上海浦东地区，除执行经济特区的一些优惠政策外，还实行了一些其他更为优惠的政策。(3)颁布实施著作权法、著作权法实施条例、计算机软件保护条例，使知识产权保护有了更为可靠的法律保障。(4)扩大了沿海经济开放区范围，将济南、南京等经济比较发达的城市划入开放区。(5)颁布并实施国有土地使用权出让和转让暂行条例、鼓励外商投资开发经营成片土地暂行管理办法，拓宽了外商投资领域。(6)颁布外商投资企业和外国企业所得税法，使大多数外商投资企业减轻了税负，并且按产业政策，增加了一些税收优惠。(7)许多地方从当地的实际情况出发采取了一些改善投资环境，改进服务，提高工作效率的措施。这些都充分地体现了我国鼓励外商投资的坚定方向，受到外界的一致好评。

从现实情况看，今年上半年批准外商投资项目5028个，比去年同期增长80.6%；协议金额为45.5亿美元，增长93.5%，外商实际投入金额16.5亿美元，增长34.7%。增长之快是历史上少有的。说明我国鼓励外商投资的政策正在发挥作用。

在当前国内市场存在结构性疲软的情况下，外商投资企业有的产品进入国内市场，确实给某些国营企业增加了压力。但我们认为，对国营企业的保护是为了发展，不是保护落后。国营企业在同外商投资企业产品的比较、竞争中，可以看到自己的差距，有利于改进经营管理，加快技术进步和产品结构调整，提高经济效益，这对国营企业是有好处的。这也是我们吸收外商投资的一个重要目的。那种“为保护国营企业，限制外商投资”的猜测报道是站不住脚的。

问：您能否谈一下“八五”期间吸收外商投资的计划？

答：“八五”期间和今后的10年是我国实现现代化的关键时期。吸收外商直接投资在我国经济发展中有着重要的积极作用。我们要继续完善投资环境，在办好现有的外商投资企业，使其发挥示范作用的同时，要采取多种形式，多层次吸收外商直接投资，鼓励外商积极参与我国现有企业的技术改造和现代化建设。鼓励外商投资的重点领域是：农业技术开发和国家急需的能源、交通、重要原材料工业项目；引进国家急需的先进技术、改进产品性能、降低消耗、减少污染、提高产品档次、开拓新市场、增加出口的项目；生产填补国内空白适应市场需要的新设备、新材料的项目；综合利用我国资源和再生资源的新技术、新设备的项目。可见，外商投资的领域和范围是十分广阔的。今后10年和“八

的整体素质，使它更好地发挥多功能的作用。

李鹏说，对城市的建设工程，不要单纯追求完成多少工作量，主要讲究工程效益，如完成一座住宅，要求配套设施齐全，能够提供使用。他希望市长们把主要精力放在城市的建设和管理上。

李鹏说，新中国成立 40 多年了，改革开放也已经十多年了，我们应该总结出一套完整的符合中国国情的城市建设和管理经验。他希望中国市长协会为此作出努力。

李鹏说，我国不少城市的基础设施，如交通、供电供水、煤气供应等方面同现代化城市建设的要求还不相适应，这要随着经济的发展逐步加以解决。他强调，今后的城市建设一定要有总体规划，这是一条重要的方针，也是重要的经验。城市发展规划不追求城市人口数，以发展中小城市为主。随着乡镇企业的发展，要重视农村集镇的发展。

李鹏说，城市建设要既抓物质文明建设，又抓精神文明建设，建设具有中国特色的社会主义现代化城市。

中国市长协会在北京选举产生领导机构

国务委员、北京市市长陈希同当选为会长。建设部部长侯捷当选为执行会长。当选为副会长的是上海市市长黄菊、天津市市长聂璧初、北京市常务副市长张百发、建设部总规划师储传亨、沈阳市市长武迪生、南京市市长王荣炳、广州市市长黎子流、成都市市长刁金祥、西安市市长崔林涛、威海市市长臧海强。

能源部决定要求各地保证城乡人民生活照明用电

国务院总理李鹏会见世界卫生组织总干事中岛宏

李鹏在会见时说，中国卫生工作的方针是：贯彻预防为主，依靠科技进步，动员全社会参与，中西医并重，为人民健康服务。

李鹏说，中国政府十分重视医疗卫生工作，并在全国建立了医疗卫生体系。农民占全国人口的绝大多数，我们医疗卫生工作的重点在农村。改革开放以来，县、乡、村三级卫生保健网在保障人民健康方面发挥了特别显著的作用。

李鹏说，在今年夏天抗洪救灾中，中国政府十分重视防病工作，并采取了一系列保障灾区人民健康的措施。

李鹏对世界卫生组织在组织、协调国际卫生工作中所起的作用表示赞赏。他说，中国与世界卫生组织有着良好的合作关系，中岛宏博士在这方面做了很多有益的工作。李鹏希望这种关系进一步加强，并希望在灾区重建工作中继续得到世界卫生组织的支持与帮助。

外交部部长钱其琛在北京会见苏联驻中国大使索洛维耶夫

钱其琛在会见中说：中国政府一贯主张并始终认为，苏联的内部事务应当由苏联人民自己来处理。我们尊重苏联人民的选择。我们相信，在戈尔巴乔夫总统恢复履行职责之后，在一九八九年和一九九〇年中苏两个联合公报确定的各项原则的基础上，中苏睦邻友好关系将继续得到发展。

中国和科摩罗两国政府经济技术合作协定签字仪式在北京举行

联合国开发计划署驻中国副代表麦守信与两次到中国华东灾区考察的联合国救灾署高级官员阿布杜·埃沙德在北京接受记者采访

麦守信说，联合国方面为中国灾区募集到的 735 万美元虽然微不足道，却是各国人民友情的表现。麦守信表示，他和他的同事愿意继续为中国的救灾提供帮助。

埃沙德说，他在灾区考察看到的灾害情况确实严重，但灾区的各级政府对灾民进行了妥善的安置和照顾。尤其令人吃惊的是，灾民中没有营养不良发生和瘟疫流行。

谈到已在使用的由联合国开发署驻华代表处组织协调的救灾款项时，埃沙德说，联合国开发署驻华代表处组织协调的救灾款项 80% 或 81% 的钱用于购买修建临时住房所需的建筑材料，9% 用于购买药品，另外 10% 用于应急储备。他在灾区看到，已有不少灾民领到建筑材料和药品。到 8 月 20 日止，为 9 万灾民搭建临时住房、为 40 万人提供清洁饮用水和医药的联合国开发署与中国政府紧急救灾项目已得到落实。

国务院办公厅中央军委办公厅发出《关于地方、军队密切配合搞好军队房地产清查整顿工作的通知》

为进一步贯彻落实《中华人民共和国军事设施保护法》和《中国人民解放军房地产管理条例》，中央军委决定，在全军进行房地产清查整顿。其目的在于纠正房地产使用管理中存在的混乱现象，克服本位主义、个人主义倾向，加强军队房地产的集中统一管理，提高使用效益，更好地为国防现代化服务。军队房地产清查整顿工作涉及地方不少单位和个人，需要各级人民政府及有关部门大力支持和配合。为保证军队房地产清查整顿工作的顺利进行，经国务院、中央军委批准，现就有关问题通知如下：

一、各部队和地方人民政府，要深刻理解军队进行房地产清查整顿的重要意义，教育部队和人民群众严格遵守国家、军队有关房地产使用管理的政策规定。各地驻军要主动向当地人民政府通报、报告有关情况，协商解决有关问题。各级人民政府要积极配合并进行协调，为军队开展房地产清查整顿工作创造良好的外部条件。

二、妥善处理转业干部及其他地方人员在军队、地方两处占房问题。地方政府及有关部门和部队要主动互相通报这些人员在地方和部队的住房情况。地方政府及有关部门要动员在地方已安排相应住房的人员，退出住用的军队房屋。对私自转让或拒绝退出军队住房的，政府及有关部门应协助部队收回。

三、在当前住房供需矛盾比较突出的情况下，军队和地方都要从国防建设的大局出发，努力解决好转业干部的住房问题。地方要体谅军队住房方面的困难，有条件的单位要优先安排转业干部的住房；确无条件安排的，应督促暂住军队房屋的转业干部按军队的有关规定办理借住手续，并按时交纳房租、水电、取暖、煤气等费用。

四、切实纠正军队一些单位擅自处理军队房地产的问题。军队房地产的权属统归中央军委和总部。处理军队房地产必须按《中国人民解放军房地产管理条例》规定的审批权限履行报批手续，否则均属擅自处理。军队单位违反条例规定签订的处理军队房地产的合同、协议，这次清查整顿中要区别情况予以纠正，有的要收回，有的要补办手续。涉及地方的，军队应和地方互相协商，妥善处理。各级政府及有关部门要给予大力支持，并协同做好善后工作。

五、地方和部队可结合当地驻军房地产清查整顿的实际情况，共同商定相互配合与协调的具体办法和措施，并认真抓好落实。

中科院大气物理所研究员高登义从北极归来成为中国科考南极北极珠峰3极第一人

新华社报道称三次赴南极的中国地科院南京地矿所女副研究员金庆民关于南极地质的研究获重大突破填补了中国关于南极火山岩的文森峰的研究空白

8月23日

中共中央总书记江泽民在北京会见缅甸联邦国家恢复法律和秩序委员会主席苏貌

江泽民在会见中说，中缅两国是近邻，两国的友好关系有悠久的历史。中缅两国都是发展中国家，过去我们都遭受过外国列强的欺凌。中缅两国又有两千多公里的边界。在和平共处五项原则的基础上发展睦邻友好关系对双方都是重要的，中国方面十分重视两国关系。我国老一辈领导人毛主席、周总理、刘少奇、陈毅同贵国领导人都有过许多交往，和平共处五项原则就是一九五四年周恩来总理访问缅甸时同缅甸方面共同提出的。五项原则的核心是不干涉内政。一个国家采取什么样的制度和生活方式，是这个国家人民自己的事，外国不得干涉。世界是丰富多彩的，有多种多样的意识形态，采取什么样的意识形态，也应当由各国人民来选择。任何国家都不应将某种意识形态强加于人。

江泽民介绍中国国内的形势和今年受灾的情况，并对缅甸政府提供一千五百吨大米帮中我国救灾表示感谢。

人事部和国家档案局在北京联合召开全国档案系统表彰先进大会

档案工作中作出突出贡献的34名全国档案系统劳动模范、179个档案馆（室）先进集体、260名档案先进工作者获得荣誉证书、奖章和奖杯。

这些劳动模范、先进集体、先进工作者是从中央、国家档案部门，全国30个省、自治区、直辖市以及部队档案部门中评选出来的。

海关总署发布《中华人民共和国海关对进出境国际航行船舶及其所载货物、物品监管办法》

国家主席杨尚昆在钓鱼台国宾馆会见以泰国知名人士郑午楼为团长的泰华社团赈灾慰问团

中国和缅甸两国政府在钓鱼台国宾馆签署中缅两国经济技术合作协定

全国妇联在北京表彰抗洪救灾先进安徽寿县县长乔传秀等14人及扬州市妇联分获“三八”红旗手和红旗集体单位

上海市中级人民法院下达对两名贪污案犯执行死刑命令并对两起特大贪污案犯分别判处死刑和死缓

广州市中级人民法院召开禁毒宣判执行大会对5名香港云南毒贩执行枪决另5名香港毒贩判处死刑死缓无期或有期徒刑

8 月 24 日

中华人民共和国澳门特别行政区基本法起草委员会在北京召开基本法(草案)征求意见稿座谈会

国务院副总理朱镕基在天津考察

8 月 24 日至 26 日朱镕基由天津市委书记谭绍文、市长聂璧初分别陪同,到天津微型汽车厂、天津无缝钢管厂工地、天津港集装箱码头、天津港保税区和经济技术开发区调查研究,并在海河电冰箱压缩机公司同部分大中型企业的厂长、经理进行了座谈。

朱镕基指出,在当前许多产品生产都处于供大于求的情况下,不要盲目增产,增加库存积压。要根据市场实际需要控制生产规模。

朱镕基说,要搞活大中型企业,就必须把企业的技术改造抓上去。对于天津这样的老工业基地来说,一定要选几个高技术含量、高附加值的高、精、尖产品,下大力量抓上去,以促进传统产业的改造,增强发展后劲。企业的技术改造一定要选准方向,技改项目的技术起点要高,大胆引进国外的先进技术,不能搞低水平的重复建设。

朱镕基反复强调,当前经济工作中的许多问题要靠深化改革来解决。天津正在进行的住房制度改革,办好了不但可以解决职工的住房困难,还可以调整居民的消费结构,促进相关行业的发展。对于企业劳动制度、分配制度的改革要继续抓紧,以进一步调动广大职工的社会主义积极性。

国家主席杨尚昆接受澳大利亚新任驻中国大使雷涛乐和印度新任驻中国大使萨尔曼·海达尔递交的国书

国务院副总理吴学谦在中南海紫光阁会见巴勒斯坦国外交部长巴解组织政治部主任法鲁克·卡杜米

外交部部长钱其琛在钓鱼台国宾馆同巴勒斯坦国外交部部长巴解组织政治部主任法鲁克·卡杜米举行会谈

朝鲜劳动党总书记国家主席金日成在平壤会见中共中央委员中联部部长朱良

第 12 届国际人工智能学术大会在悉尼举行 中国科学家陆汝钤应邀担任本届大会委员会委员

中国女子铅球选手黄志红在东京举行的第七届世界田径锦标赛获世界大赛冠军

黄志红在女子铅球决赛中以 20.83 米的成绩夺冠,为亚洲人赢得第一个田径世界大赛冠军。

全国总工会书记处召开会议对今冬明春工会参与灾区企业恢复生产和安排好职工生活作出部署

全总书记处要求各级工会应切实做好三个方面的工作:

一是积极组织职工发扬自力更生、艰苦奋斗的优良传统,把救灾复产工作落到实处。当前要发动和组织职工积极开展“团结抗灾渡难关,人均多创一百元”的竞赛活动和群众性技术革新、合理化建议、发明创造活动,千方百计挖掘企业潜力,增产节约,增收节支。非灾区和轻灾区的企业要支援重灾区的企业,提倡大厂帮小厂,富厂帮穷厂的厂际间的互帮互助活动,全力为灾区企业复产创造条件。

二是尽心尽力安排好职工生活,千方百计为群众排忧解难、多办实事,帮助解决灾区生活困难职工的吃饭、穿衣、住房和医疗问题。对受灾暂不能复产的企业,要按照国务院有关政策,切实解决职工生活保障问题。洪水退后,各地各级工会要协助企业对进水的职工住房进行一次全面检查,危房要加固,因洪水倒塌的无房户也要妥善安置。要发挥各单位医务人员作用,搞好防病治病,保障职工的健康。全总书记处决定,进一步压缩开支,节约经费,再筹资 200 万元,用于年关开展送温暖活动。

三是进一步加强抗洪救灾中的职工思想政治工作和社会主义精神文明建设。当前职工思想政治工作要围绕统一思想、坚定信心、自力更生、艰苦奋斗、恢复生产、重建家园来进行,充分利用抗洪救灾中大量生动的典型事例,宣传党的领导作用和社会主义制度的优越性,以此深化正在开展的“三热爱”主题教育。

“7·21”渔事纠纷中被台湾方面扣押滞留在台湾的福建渔民返抵厦门港

被台湾方面扣押、滞留在台湾金门 35 天的 11 名福建渔民和“闽狮渔”2294 号、2295 号两艘渔船下午自金门返抵厦门港。

公安部发出关于对外籍案犯不宜采取收容审查措施的批复

8 月 25 日

艾青作品国际研讨会在北京举行

研讨会开幕式在人民大会堂举行。国家副主席王震出席了开幕式。

艾青坐着轮椅来到会场，参加由中国作家协会、中华台湾暨海外华文文学研究会、中国国际文化交流中心、浙江省金华市人民政府、时代文艺创作社联合主办的研讨会。

大会宣读了国家副主席王震写的贺信。在贺信中王震称赞艾青为中华民族奉献了丰富而优秀的诗篇，并希望中国的文艺工作者学习诗人热爱社会主义祖国的优秀品质和勤奋创作的不倦精神。

中宣部副部长、文化部代部长贺敬之就艾青诗歌、诗论的思想意义及艺术价值作了全面评价和充分肯定。

艾青同志家乡浙江金华市的代表赶来参加盛会。

冯至代表老一代诗人、玛拉沁夫代表中国作协先后在会上讲话。

参加会议的有苏联、美国、德国、法国、意大利、保加利亚、捷克和斯洛伐克、南斯拉夫、葡萄牙、日本、罗马尼亚、香港、台湾等10多个国家和地区的汉学家、文学家。

中国选手在东京举行的世界女子自由式摔跤锦标赛中获3枚金牌

钟秀娥在44公斤级决赛中，获得金牌。张霞和刘东风分别获得53公斤和75公斤级金牌。

中国女队在维也纳进行的1991年世界赛艇锦标赛女子轻量级四人单桨无舵手的比赛中夺冠

梁三妹、廖晓丽、李斐和欧绍燕组成的中国队在维也纳举行的世界赛艇锦标赛女子轻量级4人单桨无舵手比赛中夺得冠军。

8月26日

首都各界人士举行陈毅诞辰九十周年纪念会

首都各界人士上午在人民大会堂集会，纪念全党、全军、全国人民尊敬和爱戴的老一辈无产阶级革命家陈毅同志90诞辰。

中共中央总书记江泽民发表讲话。

江泽民、李鹏、万里、乔石、宋平、李瑞环、王震、薄一波、宋任穷等同志，在主席台前排就座。纪念会由国务委员兼外交部长钱其琛主持。

南京军区副政治委员王永明发言。

中共上海市委书记吴邦国以“上海人民永远缅怀陈毅市长”为题发言，追思陈毅在解放上海，接管上海和改造、建设上海中作出的卓越贡献。

会议宣读了陈云、彭真、聂荣臻写给纪念会的信。

出席纪念会的还有：杨汝岱、吴学谦、秦基伟、丁关根、刘华清、杨白冰、温家宝、张劲夫、张爱萍、陈丕显、耿飚、姬鹏飞、黄华、彭冲、荣毅仁、叶飞、谷牧、康克清、程思远等。

中共中央总书记江泽民在陈毅九十诞辰纪念会上发表讲话

同志们：

今天我们在这里隆重集会，纪念陈毅同志九十诞辰。

陈毅同志是全党、全军、全国人民尊敬和爱戴的老一辈无产阶级革命家。他离开我们快二十年了。但是，党和人民一直深情地怀念着他。陈毅同志对党对人民忠心耿耿，对革命事业坚贞不渝。他一生光明磊落，坦荡无私，爱憎分明。他文武兼备，有很高的马克思主义水平、渊博的学识和丰富的政治、军事、外交经验，为中国革命和建设事业，为人民军队的创建和发展，立下了不朽的功勋。

在陈毅同志的青少年时代，中华民族正处在深重的苦难中。一九一九年，他远涉重洋，到法国去勤工俭学。在实际生活中，亲身体会到资本主义社会中的阶级压迫和剥削，开始学习马克思主义，参加法国工人运动和留法学生反对北洋军阀政府卖国行为的爱国运动，在一九二一年被法国当局武装押送回国。一九二二年，他加入中国社会主义青年团。一九二三年冬，加入中国共产党。这是陈毅同志一生中作出的最重要的选择。当他一旦看准了方向，下定了决心，便不再有任何动摇，毫无保留地把自己毕生精力贡献给共产主义事业，直到生命的最后一刻。

“投身革命即为家。”陈毅同志入党后，很快投入轰轰烈烈的中国大革命，先后在北京、四川、武汉从事革命活动。由于蒋介石、汪精卫相继背叛革命，大革命夭折，国内政治局势陡然逆转。在革命转入低潮的严峻考验面前，陈毅同志表现出一个共产党人的大无畏品格。他从武汉到江西抚州赶上南昌起义军。南昌起义军遭受严重挫折后，革命前途似乎已十分渺茫。在这种险恶的环境中，陈毅同志协助朱德同志率领南昌起义军余部，转战千里，组织发动了湘南起义，并把队伍带到井冈山，同毛泽东同志领导的秋收起义部队会师，组成中国工农红军第一支主力——红四军。以后，他又协助毛泽东同志召开中共红四军九大，通过了建设中国人民军队的纲领性文件——古田会议决议。陈毅同志为红四军和井冈山革命根据地的建设，为中央红军和中央根据地的形成和发展，做出了重要贡献。

一九三四年秋，在“左”倾冒险主义的错误指导下，中央革命根据地的第五次反“围剿”斗争失败，中央红军主力被迫长征，中国革命再度处于危急关头。陈毅同志那时身负重伤，和项英等同志留下，领导南方游击战争，并胜利地坚持了艰苦卓绝的三年游击战争。不论环境怎样艰苦，他始终充满着革命必胜的乐观主义精神。他和其他领导人一起，曾在梅山被敌人围困多日。陈毅同志带着伤病隐伏在草丛中，写下作为绝笔的诗篇《梅岭三章》。其中一章是："断头今日意如何？创业艰难百战多。此去泉台招旧部，旌旗十万斩阎罗。"这种视死如归的革命豪情和百折不挠的钢铁意志，今天依然那样地激动人心。

抗日战争爆发后，南方红军游击队改编为新四军，开赴抗日战场。根据中共中央抗日民族统一战线的政策和独立自主地开展敌后游击战争的战略方针，陈毅同志率领新四军一部分主力挺进江南敌后，开辟了江南抗日根据地。一九四〇年五月，他正确执行中央对新四军的指示，率部渡江北上。陈毅同志创造性地贯彻执行毛泽东同志提出的各项政策策略，团结进步势力，争取中间势力，孤立顽固势力，对反共顽固派进行有理有利有节的斗争，打开了华中抗战的局面，建立了巩固的苏北抗日民主根据地。皖南事变后，陈毅同志受命于危难之际，出任新四军代理军长，迅速发展华中的抗日力量，使华中成为对日本侵略者实施反攻和以后进行解放战争的重要战略基地。

解放战争时期，陈毅同志担任华东军区司令员、华东野战军司令员兼政治委员。他以无产阶级军事家的雄才大略，和粟裕、谭震林等同志一起，审时度势，抓住战机，接连取得宿北、鲁南、莱芜、孟良崮等战役的胜利，粉碎国民党军队对华东的全面进攻和对山东的重点进攻。在全国战略进攻开始后，他又和粟裕同志率部挺进中原，协同中原野战军行动，把战争引向国民党统治区的腹地。接着，他作为总前委主要成员之一，同邓小平、刘伯承等同志一起，参与淮海、渡江、上海等重大战役的指挥。在解放上海时，陈毅同志提出，既要歼灭敌人，又要保护人民的生命财产，完整地保全上海；并下达了部队在市区不准用炮、进城不入民宅的严格命令。在他的精心指挥和上海地下党组织的紧密配合下，歼敌十五万三千人，上海这座城市完好地回到人民手中。

新中国成立前后，党的工作重心由农村转向城市，由战争转向建设。陈毅同志在继续担任华东军区司令员的同时，出任我国最大的经济中心上海市市长。当时有人说：共产党打仗行，管经济不行。陈毅同志和其他老一辈无产阶级革命家一样，以自己的实际行动向全世界表明：共产党人不但有能力结束一个旧中国，而且有能力建设一个新中国。他以非凡的胆略和一往无前的勇气，紧紧依靠工人阶级，团结全市人民，创造性地把党的政策同上海实际相结合，排除万难，胜利接管并初步改造了这个城市，使社会风气焕然一新，统一战线工作取得巨大成绩，资本主义工商业逐步得到改造，经济迅速恢复发展，为建设社会主义新上海打下了坚实的基础。他在上海市长任内的卓越政绩和清廉、正直、办事雷厉风行、处处以身作则、和人民同甘共苦的风范，至今仍为上海人民所怀念。

1954 年，陈毅同志担任国务院副总理，协助周恩来总理工作。他一向尊重知识，尊重人才，千方百计调动人们建设社会主义的积极性。1962 年 3 月，他在广州向科技、文艺工作者说：你们是人民的科学家、社会主义的科学家，是革命的知识分子，应该给你们脱掉资产阶级知识分子的帽子，加上劳动人民知识分子之冕，今天我给你们行脱帽加冕礼。这受到广大知识分子和干部群众的热烈拥护。

在党的八届一中全会上，陈毅同志当选为中共中央政治局委员。他还是中央人民政府革命军事委员会副主席、中国人民政治协商会议全国委员会副主席、中共中央军事委员会副主席、国防委员会副主席、并被授予元帅军衔。

1958 年 2 月起，陈毅同志兼任外交部长。面对国际霸权主义和强权政治的压力和威胁，他坚定地执行毛泽东同志和周恩来同志主持制订的我国独立自主的和平外交政策，坚决捍卫我国的国家主权和民族尊严，积极支持被压迫国家和人民的正义斗争，在和平共处五项原则的基础上努力发展我国同世界各国特别是亚非国家的友好合作关系，为开创我国外交的新局面，提高我国的国际地位和声望，为维护世界和平和促进人类进步事业，作出了巨大的贡献。在对外交往中，他充分表现出已经站立起来的中华民族的高度自尊和自信，同时又通情达理、豁达大度、实事求是、以诚待人，赢得了许多外国朋友的尊敬与信任，成为当代杰出的外交家。

"文化大革命"十年浩劫中，陈毅同志无私无畏，坚持真理，对林彪、江青反革命集团的倒行逆施进行了坚决的斗争。1967 年 2 月，他同许多老一辈无产阶级革命家一起，当面谴责他们篡党夺权的阴谋，竟被诬陷为"二月逆流"。他在接见归国留学生代表时说："我们已经老了，是要交班的。但是，绝不要交给野心家、两面派！不能眼睁睁看着千百万烈士用自己宝贵生命换来的革命成果付之东流！"在被迫离开领导工作岗位以后，他还向中央提出了恢复中美会谈，打开中美关系的建议，得到毛泽东同志的重视。1972 年 1 月 6 日，陈毅同志不幸逝世，引起全国人民的极大悲痛和国际友人的哀悼。毛泽东同志也出席了他的追悼会。

陈毅同志在长期严酷的斗争中锤炼形成的革命坚定性，是他极可宝贵的品格。在几次历史的重大转折关头，当党遭到重大挫折、革命处于低潮的严峻时刻，在他个人受到不公正的对待或打击的时候，他对党的事业的光明前途始终充满信心，总是生气勃勃地活跃在斗争的最前列。他教育自己的子女说：我缺点很多，只有一个优点你们可以学习，那就是革命到底。"革命重坚定，永作座右铭。"这是陈毅同志留给我们的宝贵箴言。

陈毅同志是一个知识分子，但接受马克思主义后，便长期同工农兵结合在一起。他对人民爱得很深，时刻关心群众疾苦，把人民比作"重生亲父母"。他从不居功自傲，总是把一切成就归功于党和人民群众。周围的同志有什么缺点错误，他直截了当地批评或讲道理说服。他更勇于解剖自己，欢迎别人批评和帮助，从不文过饰非，有错就改，而且改得痛快，改得彻底。他严于律己，事事出以公心，生活俭朴，从不以权谋私。

陈毅同志是长期站在党的重要斗争第一线的实践家，是卓越的政治家、军事家和外交家，又始终刻苦地学习马克思列宁主义和毛泽东著作，甚至在戎马倥偬之中仍手不释卷，坚持用革命的理论指导革命的实践，在军事、国防、外交、经济、文化等方面提出许多精辟的见解。他善于把原则性与灵活性结合起来，从而能在许多不同工作岗位和各种复杂的情况下打开局面，取得胜利。

陈毅同志有一首有名的诗："大雪压青松，青松挺且直，要知松高洁，待到雪化时。"这正是对陈毅同志自己的最好写照。

陈毅同志是老一辈无产阶级革命家的优秀代表之一。我们现在进行的建设有中国特色的社会主义的事业，正是老一辈革命家们开创的革命事业的继续。今天，我们可以告慰于陈毅同志的是：在他离开我们的近二十年来，我们的国家已经发生巨大的变化。党的十一届三中全会以来，邓小平同志提出、经党中央确定的以经济建设为中心、坚持四项基本原则、坚持改革开放的基本路线，为我们指明了前进的方向。让我们学习老一辈无产阶级革命家的榜样，更加紧密地团结起来，艰苦奋斗，努力实现社会主义现代化建设的第二步战略目标。这将是我们对陈毅同志和其他已故的老一辈无产阶级革命家的最好纪念。

中顾委主任陈云致信陈毅九十诞辰纪念会

陈云的信中说："陈毅同志是一位德高望重的老共产党人，他为中国革命和建设事业以及外交工作贡献了毕生精力，建立了不可磨灭的功勋，我们要永远纪念他。"

彭真致信陈毅九十诞辰纪念会

聂荣臻致信陈毅九十诞辰纪念会

国家主席杨尚昆在乌兰巴托同蒙古人民共和国总统彭·奥其尔巴特举行会谈

杨尚昆在会谈中说，蒙古人民共和国是最早承认中华人民共和国的国家之一，中国一贯尊重蒙古人民共和国的独立和主权，中国愿意同蒙古在平等互利的基础上进一步发展经贸合作关系。

杨尚昆宣布，为了表达中国人民对蒙古人民的一点心意，中国政府决定向蒙古政府赠送大米、食品、药品等一批物资。

杨尚昆说，目前国际局势正经历着深刻的变化。世界处于新旧格局交替的动荡时期，导致紧张、动荡的因素并未消除，整个世界并不太平。他说，亚洲形势继续朝着有利于缓和的方向发展。最近政治解决柬埔寨问题又取得了重要进展，朝鲜半岛形势继续缓和，亚洲各国更加重视和平与发展问题，积极推动本地区的政治和经济合作。

奥其尔巴特总统说，蒙古人民共和国对外政策原则是：互相尊重主权和领土完整、互不干涉内政、互不侵犯，积极尊重各自发展道路。蒙古希望在平等互利原则基础上同世界各国发展关系，同苏、中进一步发展关系。

中方出席会谈的有：国务委员兼财政部长王丙乾、经贸部部长李岚清、外交部副部长田曾佩、铁道部副部长孙永福、杨尚昆主席办公室主任赵宇田和中国驻蒙古大使张德麟。

蒙方出席会谈的有：副总统、国家小呼拉尔主席拉·贡其格道尔吉、政府助理总理乔·普列布道尔吉、总统办公厅主任乔·达希登贝尔勒、对外关系部长策·贡布苏伦、财政部长阿·巴扎尔呼、贸工部长色·巴雅尔巴特尔、总统政治和外事顾问鲁·巴雅尔特、对外关系部首席副部长扎·乔音霍尔和蒙古驻中国大使洪·奥勒兹沃依等。

全国人大常委会委员长万里在人民大会堂会见由众议长何塞·比埃拉加略率领的智利众议院代表团

中国蒙古两国政府在乌兰巴托签署经济合作协定

财政部长王丙乾就科技投入问题答《科技日报》记者问

问：请您谈谈"科技投入"的意义和国家对"科技投入"的重视，以及"七五"时期所作的努力、取得的成绩。

答：科技投入是一种生产性投入，因为科学技术是生产力，而且是第一生产力。世界各国的经验表明，要加速科技的发展，促使其对国民经济和社会发展带来更大效益，必须有充分或较多的资金投入。对此，党中央和国务院是十分重视的。早在1985年，中共中央在《关于科学技术体制改革的决定》中，就提出要广开投入来源，逐步增加科技投入。在1988年召开的全国科技工作会议上，宋健同志代表国务院作的讲话，也再次呼吁各级政府必须十分重视对科技工作的领导和支持，尽可能地增加对科技的投入。按照党中央、国务院的要求，这几年国家财政尽了很大努力来增加对科技事业的资金投入。财政投入主要采取两种形式：一是直接资金投入，即在国家预算内安排的科技支出，包括科学事业费、科技三项费用、国防科研经费、其他部门科研支出和科研方面的基建投资等。据统计，“七五”时期国家预算内安排的科技支出总额为611.99亿元。其中1990年为136.64亿元，比1985年的102.59亿元增长33.2%，年均递增5.9%。二是采取一些减税让利的优惠政策，鼓励企业加速技术进步和新产品开发，主要有如下几项：(1)对工业企业和科研单位研制销售的新产品，凡列入国家级和省级试制计划并经审批后可享受1～3年减免产品税和增值税的照顾；(2)对科研单位技术性收入和中间试验产品收入在一定期间免征所得税，工业企业技术转让收入三十万元以下的全部留给企业，免征所得税；(3)允许企业的技术开发费在成本中列支；(4)企业可从留利中提取新产品试制基金；(5)允许企业按销售额的一定比例提取新产品新技术开发费等十多项。初步测算，“七五”时期这些优惠政策可使企业和科研单位提取各种技术开发资金达600亿元左右。如果把上述两项加起来，“七五”期间国家用于科技事业的资金投入达1200多亿元。

由于党和国家的高度重视以及社会各界对科技投入的普遍关注，“七五”期间我国科技投入取得的效果是显著的。按照统一的科技投入口径和计算方法。1990年我国科技活动经费总额已达300.5亿元，其中研究与试验发展(R&D)经费与国民生产总值(GNP)之比为0.7%。R&D/GNP比值代表一个国家科技创新活动投入情况，具有国际可比性的数字。它表明目前我国在发展中国家中属中等水平。越来越多的科技投入，促进了我国科技事业的新发展。“七五”时期，我国科技队伍和科研机构不断壮大，科技活动获得全面发展，并涌现出大批科研成果，取得了较好的经济和社会效益。据初步统计，1986—1990年，我国共取得科技成果80000余项，是“六五”时期34045项的2倍多。这期间共有842项科技成果获得国家发明奖，有237项基础研究和应用研究成果获得自然科学成果奖，其中一、二、三等奖175项。这些科研成果的取得，将为今后国民经济的发展打下良好的基础。

问：我们认为，从目前情况看，“科技投入”主要靠国家财政。同时，必须引起全社会的重视，各部门、各行业、各地区、各单位都要群策群力做出贡献。请您就这个状况谈谈见解。

答：尽管“七五”时期国家和社会各界尽了很大努力，科技投入水平超过建国以来的任何时期，但与发达国家相比，我国的科技投入水平还是较低的。当前我们正处在新的重要的历史时期，我们面对的是一个充满矛盾和激烈竞争的世界。国际间的竞争，说到底是综合国力的竞争，关键是科学技术的竞争。为了在这一竞争中立于不败之地，在今后相当一段时期内，广开门路，集中资金，进一步增加对科技事业的投入，仍是我们的重要任务。

增加科技投入靠什么？从“七五”时期的情况来看，主要还是靠国家财政。1990年在全部科技活动经费300.5亿元中来自政府财政直接拨款的就有136.6亿元，占45.5%。如果加上国家财政通过减税让利等优惠政策留给企业和科研单位用于新技术新产品开发的费用，两项合计则相当于当年科技活动经费总额的80%左右。这说明政府财政仍然是科学投入的主体。“八五”期间，尽管国家财政面临的形势相当严峻，资金供需矛盾突出，但财政每年安排的科技投入仍将保持一定的增长速度。如果经济形势好转，企业经济效益改善，国家财政在可能的情况下，再多增加一点直接投资也是可能和必要的。当然，即使如此，科技投入的资金缺口仍然是很大的。看来，今后单纯依靠国家财政来承担全部科技投入是不可能的，必须依靠全社会的力量，逐步形成一个多渠道、多形式、全方位的科技投资局面。为此，还需要我们新闻宣传部门给予支持，帮助做好宣传教育工作，以唤起全民族的科技意识。当前，要认真学习江泽民同志关于《高度重视和大力发展科学技术》的讲话，以及党中央和国务院有关科技工作的指示、文件，以提高思想认识；同时，要进一步深化科技体制改革，以调动各部门、各行业、各地区和各单位对科技投入的积极性。总之，只有全社会都来关心支持科技事业，重视科技投入，多方面想办法，提高资金的使用效果，才有可能缓解资金不足的矛盾，才能较好地解决目前科技界存在的各种问题，从而促进科学事业的发展。

问：“科技投入”仍有很大潜力可挖掘，当前如何广开渠道，有哪些工作可做？有哪些方法可采用？

答：科技投入的确有很大潜力可挖。从这几年科技投入的情况看，存在的突出问题：一是国家给予的各项优惠政策还没有落实到位。如按国家现有的各项政策规定，全国预算内工业企业和科研单位的各种技术开发费一年可提取120亿元左右，但实际的提取数额小于此数。1990年全国实行承包的盈利企业平均提取的技术开发费与其销售收入的比例只有0.5%左右,没有达到1%的水平;二是技术开发费用和科技项目拨款挪用浪费情况比较严重,据有关部门的抽样调查,目前我国大中型工业企业按规定提取的新技术新产品开发费真正用于开发活动的实际只有17.8%。财政拨付的科技三项费用等科技项目经费也不同程度地存在挪用浪费现象;三是科技体制改革后,由于政策不配套,许多科研单位和高等学校把一些事业性支出挤占到科技三项费用等科技项目经费里来,造成科技项目经费相对减少的状况。据我们初步调查,科技三项费用中有三分之一以上是被各种各样的人员费、管理费等事业性支出"吃掉"了,严重影响了国家重点科技项目的顺利进行。如果这三个方面的问题能解决好,现有的科技投入就能发挥出更大的作用。为此,当前要切实做好对科技投入的管理工作,理顺管理体制,加强监督检查;健全科技立法,严肃财经纪律。要采取一些有力措施,促使企业和科研单位用足用好各项优惠政策。

除了要管好用好现有财政性科技投入外,还要千方百计广开资金渠道。今后要注意发挥信贷的作用,科技贷款是科技投入的重要资金渠道,1990年除了全国科技活动经费300.5亿投入以外,全国发放的科技贷款还有61.2亿元,相当于当年科技活动经费的20%。从国际经验看,这一比重是较小的。发达国家的科技贷款一般要达到或超过政府的拨款水平,这是金融界优化资金投向的必然趋势,在这方面我们还有很多工作要做。在发挥信贷作用的同时,我们还要积极鼓励企业、科研单位和高等院校增加自筹资金的投入。也要想办法吸引民间的科技投入,如广大农民、乡镇企业和个体、私营企业对科技的投入。此外,我们还欢迎民间团体及海外各界对我们科技事业的捐赠。

问:关于科技投入"八五"期间将有些什么设想?

答:1. 在财政状况逐步改善的前提下,争取能增加一些科技拨款。今年我们在财政十分紧张的情况下,预算安排科技支出150.65亿元,比去年增长10.25%。其中中央预算安排的科技三项费用就有59.7亿元,比去年增长17.2%。这一增长比例是近几年最高的。

2. 继续执行已经出台的各项优惠政策,并狠抓政策落实,同时再出台一些优惠政策。已经定下来的有提高国营大中型企业从销售收入中提取新技术新产品开发费的比例;提高部分大中型企业的固定资产折旧率等。今后几年还将视财政状况逐步研究出台一些鼓励企业科技进步的政策。

3. 抓好科技成果的推广应用。目前科技成果转化为生产力的转化率仅有25%左右,这一比例太低了。科技成果不能及时推广应用,投入再多也起不到应有的作用。"八五"期间我们要着重抓好这项工作。现在设想,工作的重点是加强对现有的各项新技术新产品推广资金的管理,包括国家计委、财政部与地方计经委和财政部门共同建立的新技术、新产品开发推广基金,国家计委、国家科委的新技术和成果推广计划经费以及各部门用于新技术新产品推广应用的科技三项费用等等。在财力允许的情况下,国家还可拿出一点钱增加对科技成果推广应用方面的投入,至于怎么拿,拿多少,怎么用等问题,还需要好好研究,总之,这个问题不解决是不行的。

4. 加强国家科技拨款和企业技术开发基金的管理,制定必要的经费管理办法,保证科技经费专款专用,提高资金的使用效益。

全国字体工作委员会在北京成立

8月27日

七届全国人大常委会在北京举行第二十一次会议

全国人大常委会委员长万里主持会议。受国务院委托,水利部部长杨振怀、民政部部长崔乃夫分别汇报1991年防汛抗洪情况和救灾情况。

全国人大常委会副委员长彭冲、阿沛·阿旺晋美、严济慈、荣毅仁、叶飞、廖汉生、陈慕华、费孝通、孙起孟、雷洁琼、王汉斌出席会议。国务院副总理田纪云、最高人民法院院长任建新、最高人民检察院检察长刘复之列席会议。

民政部部长崔乃夫受国务院委托向七届全国人大常委会第二十一次会议汇报一九九一年前七个多月的灾情和抗洪救灾工作情况

崔乃夫说,5月下旬以后,全国18个省、自治区、直辖市发生洪涝灾害;6月份以后,广东、广西、海南、福建、江西等省(区)出现严重干旱;7月中下旬,东北部分地区又连降暴雨。目前,东北汛情已经缓解,华南地区、西北、华北部分地区又出现旱情。

崔乃夫说,今年的水灾有三个特点:一是雨期提前,降雨量大且集中,洪水来势猛,持续时间长。二是水灾发生在夏粮收获和秋粮播种的关键时节,造成两季作物减收。三是重灾区过分集中。

崔乃夫说,根据目前受灾情况,可以肯定今年中国遭受了严重自然灾害,对于安徽、江苏等省局部地区而言,是遭受了特大自然灾害。今年的灾情与近十年的灾情相比,前七个多月的受灾人口、受灾面积、绝收面积、倒塌房屋相当于近十年平均年份全年损失的总数;被迫转移安置人口是近十年平均年份的3倍;经济损失相当于近三年年均损失的 2 倍。

崔乃夫说，灾情发生后，党和国家领导同志和老一辈革命家都十分重视，江泽民、李鹏、田纪云、朱镕基和国务院的其他领导都先后深入灾区，视察灾情，慰问群众和干部，中共中央政治局召开会议，精心部署抗洪救灾工作。全国人大、全国政协十分关心各地灾情，万里委员长亲自听取灾情汇报，李先念主席电话慰问灾区人民。在党中央、国务院的统一领导、精心组织下，有关部门各司其职，密切配合，通力协作，急灾区之所急，想灾区之所想，千方百计支援灾区人民抗灾救灾。中国人民解放军指战员、武警官兵、公安干警和广大民兵、预备役部队在抗洪救灾中发挥了重大作用。各重灾省都把抗洪救灾作为当前的头等大事，成立了由主要负责同志挂帅的领导小组，部署、安排、指挥抗洪救灾工作。基层广大党员和干部起到了核心作用和模范带头作用。在大灾面前，他们身先士卒，坚持在抗洪救灾第一线，成为率领群众团结奋战的中流砥柱。

崔乃夫说，尤其值得称颂的是，灾区广大人民群众在这次抗洪救灾中表现出高度的社会主义觉悟和不畏艰险的斗争精神。当洪水袭来时，他们不低头，不退让，齐心协力，顽强奋战。当洪水威胁全局时，他们牺牲家园、田地，以局部损失换取大局的安全。当洪水退却时，他们不松劲、不歇气，积极开展生产自救，互助互济，尽力减轻国家的负担。从某种意义上讲，这次抗洪救灾是广大农民进行社会主义自我教育的伟大实践。

崔乃夫说，对于中国局部地区的严重水灾，全国各族人民、港澳台同胞、海外侨胞极为关注。为了把灾害带来的困难解决得更快、更好，纷纷慷慨解囊，捐款捐物，同时广泛开展义演、义卖、义诊等形式多样的捐赠活动，形成了中华民族共御自然灾害的浩大声势。在国际上，外籍华人和外国朋友也伸出了友谊之手，积极参加募捐。联合国有关机构，一些国际组织和国家，也给予援助。

崔乃夫说，截至 8 月 23 日，中国国际减灾十年委员会和民政部接受救灾捐赠办公室已将收到的国内外捐款 6.6693 亿元人民币，分六批拨给安徽、江苏等八个重灾省 6.4621 亿元，待分配 2072 万元。收到价值 2.3044 亿元的捐赠物资，也都随到随分，以最快的速度送到了灾区。他代表中国国际减灾十年委员会和灾区人民，向全国各族人民，向港澳台同胞、海外侨胞，向一切关心灾区、支援灾区的友好国家和地区政府、社会团体和朋友，表示真挚的感谢。

崔乃夫指出，经过各方面的共同努力，这次抗洪救灾取得了初步胜利，不仅人员伤亡少，而且保住了重点工程和工厂矿山，保住了几十座大型水库，保住了铁路和重要城市，保住了淮北大堤和长江大堤。目前，灾区人心稳定，社会秩序良好，灾民的生活得到了初步安排，生产已恢复或正在恢复，人民群众正在重建家园。

崔乃夫说，到目前为止，除少数地区外，绝大部分地区的抢救工作已基本结束，救灾工作的重点已转向安排灾民今冬明春的生活，恢复生产，重建家园。

他说，为了进一步做好当前的救灾工作，国务院做了如下安排：

——增加必要的救灾投入。在原有 10 亿元救灾预算的基础上，国务院增拨 12 亿元人民币，再加上国内外的 10 多亿元的救灾捐赠款，今年的救灾款可达 30 多亿元，是常年的 3 倍多。同时，还拿出 28 亿公斤粮食用于救灾。

——制定了一系列优惠政策，减轻灾区和灾民的负担。

——贯彻“依靠群众、依靠集体、生产自救、互助互济、辅之以国家必要的救济和扶持”的救灾工作方针。

——切实加强廉政建设。各级领导要保持清醒的头脑，予以高度重视，切实加强廉政建设，巩固和发展已有的成果。

水利部部长杨振怀受国务院委托向七届全国人大常委会第二十一次会议汇报一九九一年防汛抗洪情况

杨振怀说，今年进入汛期以来，我国部分地区气候异常。江淮地区降雨强度大、时间长、分布范围广，从 5 月下旬至 7 月上旬一场接一场暴雨，持续时间之长为这个地区所罕见。长时间大范围的降雨，使江、河、湖水位不断上涨，形成洪水。淮河发生了建国以来仅次于 1954 年的大洪水，太湖 7 月中旬湖水位比 1954 年最高水位还高 0.14 米，滁河接连两次发生有资料记载以来的最大洪水，澧水 7 月中旬在津市出现了建国以来的最高洪水位，乌江上的一些支流相继发生建国以来的最大洪水，湖北省一些河流也发生了建国以来的最大洪水，松花江出现了建国以来仅次于 1957 年的第二位大洪水。同时，淮河、太湖以及巢湖、滁河等长江一些支流流域，黑龙江、吉林等地区，形成大面积涝灾。其他省份也发生不同程度的内涝和山洪灾害。

杨振怀说，在整个抗洪救灾工作中，党中央、国务院和各级党政领导十分重视，亲自动员、部署防汛抗洪救灾工作。国家防汛总指挥部和各地防汛指挥机构，根据汛情及时做出了部署，指挥调度，充分发挥现有水利设施的蓄水、滞洪、泄洪等作用，大大减轻了洪涝造成的损失。这次抗洪救灾斗争，由于党、政、军、民的团结奋战，充分发挥了水利设施的作用，大江大河大湖的干流堤防没有一处决口，全国大中型水库无一垮坝，行蓄洪区临时组织撤退约 100 万人中无一人死亡，在大洪水年使洪灾损失降低到最低程度。但由于出现的是多年未见的暴雨、洪水,洪涝灾害十分严重,受淹面积中,当地暴雨形成的内涝占80%以上,且又发生在人口密集、经济发达地区,造成了严重损失。据初步统计,水利设施损坏17万多处。

杨振怀说,总的看来,今年大水仅限于淮河、太湖、巢湖、松花江及长江的一些支流,长江干流、黄河、珠江、海河、辽河等大江大河未发生大洪水,安徽、江苏等地虽然遭受洪涝灾害,但从全国来看今年的灾害还是局部性的,可是造成的损失是十分严重的。

杨振怀说,建国以来,党和政府十分重视大江大河的治理,投入了大量的人力、物力、财力兴建水利工程,形成了相当规模的防洪、泄洪、灌溉体系,取得了巨大成绩。这些水利设施,在这次防汛抗洪中都发挥了很好的作用。如果没有这些水利设施,在这样大的自然灾害面前,国家和人民生命财产的损失是不可设想的。但由于今年遇到了严重的洪涝灾害,也暴露出我国防洪除涝中存在的弱点和问题。概括起来主要有:一是江河防洪标准偏低。二是河道人为设障及盲目围垦湖泊洼地,加之泥沙的淤积,河道过洪和湖泊蓄洪能力普遍下降。三是沿江河蓄滞洪区的建设和管理存在问题较多。四是平原、河网地区排涝能力差。五是城市、工矿企业、铁路等防洪能力薄弱。

杨振怀说,中国是水旱灾害频繁的国家,全国1/2的人口、1/3的耕地和主要大城市都处于江河洪水位以下,受洪水威胁的地区工农业产值占全国的2/3。由于人口的增加,国民经济的迅速发展,洪涝灾害造成的损失将越来越严重。水利不仅是农业的命脉,而且是整个社会发展和国民经济的基础设施和基础产业,关系到国家建设的大局,关系千百万人民生命财产的安全和社会的安定,水利是治国安民的大事。为了减轻灾害造成的损失,确保国民经济的稳定发展,保障社会的安定,必须增强全社会和全民的防洪意识,树立长期防洪、抗灾的思想。

——大力加强大江大河大湖的治理,提高防洪能力。

杨振怀说,中国幅员辽阔,各江河湖泊的洪水特性和各地的自然条件差异很大,社会经济情况也不尽相同,江河湖泊的治理,必须坚持因地制宜、综合治理、综合开发的原则。要根据各江河、湖泊具体情况,采取疏导、堤防、蓄水、避洪、水土保持等工程措施与非工程措施相结合的办法综合治理。杨振怀说,"八五"期间要解决好太湖洪水的出路问题;用5到10年时间完成淮河进一步治理的任务。

——依法治水、团结治水,将我国水事活动逐步纳入法制的轨道。杨振怀说,要增强全民从事水事活动的法制意识,从根本上扭转水事活动有法不依、各行其是的状况。同时要认真总结今年江淮、太湖等抗洪救灾的经验教训,尽快制定《防洪法》。要团结治水。希加强各大江河流域机构的权力,实行统一规划、统一治理进度、统一管理和调度。

——广开水利建设资金渠道,增加水利投人。

——发扬自力更生、艰苦奋斗的精神,充分发动和依靠群众办水利。

杨振怀说,水利是为全社会服务的。我们除了要搞好防洪除涝外,还要积极搞好水资源的统一管理、保护和开发利用,农田灌溉和排水,江河治理和水力水电等综合开发利用,城市水源建设和乡镇供水与农村人畜饮水,中小水电建设、农村电气化和水土保持等工作,为国民经济和社会发展全面服务。

台湾舆论抨击民进党的"台湾宪法草案"

台湾舆论抨击民进党"人民制宪会议"日前通过的所谓"台湾宪法草案",认为这给台湾政局带来"若干纷扰",希望那些主张建立"台湾共和国"的人"三思而后行"。

台湾舆论认为,民进党"人民制宪会议"通过的"台湾宪法草案"是"东拼西凑"的产物,把"台湾共和国"写进"草案""总纲",更是"明白贴上'台独'标签"。台湾《中国时报》载文称,民进党"人民制宪会议"挑选了120位"制宪代表",用了两天时间完成讨论,给人以一种"粗糙、草率的感觉"。台湾《联合报》发表文章说,这个"草案""毫无实际可行性","充斥着自我满足、自我陶醉","除了抚慰了部分人士的'独立情结'外,实在看不出它有多大意义"。民进党内有些人也认为制定"宪法草案""这种做法并不实际"。

对于这个"宪法草案",台湾学者指出,这种"台独"主张,台湾"大多数人不会接受";民进党内一些人企图以这个"宪法草案"来争取年底"第二届国代选举"的"选票",事实上"可能会引起反效果","吓走民进党的一部分选票"。

国务院副总理朱镕基在国务院召开的"质量品种效益年"活动第二次电话会议上发表讲话

朱镕基说,国务院决定1991年为"质量、品种、效益年"。各地区、各部门积极响应国务院的号召,把开展这一活动作为今年经济工作的中心环节来抓,主要做法和经验是:突出重点,狠抓生产中的关键环节;以点带面,推动"质量、品种、效益年"活动深入发展;把抗洪救灾与开展"质量、品种、效益年"活动紧密结合起来。由于各级干部和广大职工的努力,开展"质量、品种、效益年"活动已取得初步成效,主要为工业生产与交通运输发展比较协调,市场销售回升,产品质量有所提高,经济效益下滑趋缓。

朱镕基说，在充分肯定头7个月效益年活动取得成效的同时，各地区、各部门应当清醒地看到，当前还存在不少困难和问题：一是有些产品积压相当严重，品种少，档次低，不适销对路；二是"三角债"严重影响国民经济正常运行；三是不少产品质量不稳定，性能低，可靠性差，用户反映强烈；四是企业亏损，实现利润下降。

朱镕基指出，要遵照李鹏总理在国务院第十一次全体会议上的讲话精神，实现三项目标：一是"三角债"到年底要有所缓解，年内要清理约占全国拖欠额的1/3；二是滞销积压产品一定要减产，年底产成品资金占用要低于去年年底水平；三是亏损不能再扩大，年底亏损面和亏损额力争都不得超过今年6月末的水平。

为实现以上三项目标，朱镕基要求各地区、各部门着重抓好以下几项工作：

一、采取有力措施，清理"三角债"。经过前一阶段时间的摸索，清欠的思路进一步明确了，概括起来就是"三清"，即从"两头清"，要"两手清"，关键是"思想清"。所谓"两头清"，是指以基建、技改项目拖欠的债务为源头，一头清理债权，一头清理债务。当务之急是要尽快摸清基建、技改项目拖欠的情况，千方百计筹集资金，补齐投资缺口。所谓"两手清"，是指一手清理固定资产投资拖欠，这是要紧紧抓住的主要源头，另一手也要清理流动资金拖欠。清理流动资金拖欠主要是采取釜底抽薪，即"压缩库存和加强技改挂钩"的办法，同时，也可有选择地在部分生产生产资料的企业中进行，适当增补必需的流动资金贷款，以解开债务链，但是要严防制造新的积压。所谓"思想清"，就是各级政府和企业都要在思想上高度重视清欠工作。切实纠正"欠债有理"、"欠债有利"、"欠债出效益"等错误思想倾向。各地区、各部门要高度重视清理"三角债"工作，把清理"三角债"作为搞活国营大中型企业、提高经济效益的突破口来抓，立足于治本清源，从解决"三角债"的源头入手，下力气防止产生新的投资缺口、新的亏损、新的产成品积压，从而防止新的拖欠。

二、大力调整产品结构，严格控制积压滞销产品的生产，限期压缩产成品库存。我们需要的是能实现销售的生产速度，做到速度与效益的统一。片面追求产值，是陈腐观念，也是十分有害的。现在不少企业生产出的东西销不出去，在那里制造积压，占用银行流动资金贷款，增加企业利息负担，致使企业效益降低、亏损面扩大。为了尽快扭转产成品大量积压的状况，各地区、各部门要认真贯彻国务院关于严格控制企业继续生产积压产品的通知精神，千方百计降低库存，对生产积压产品又亏损的企业进行必要的整顿，力争今年年底企业占用的产成品资金低于去年年底水平。为此，各地区、各部门都要制订出降低库存、减少积压的目标，并把压缩积压产品的生产按品种、数量落实到企业，建立目标责任制并严格考核。当地银行要按此目标，限期减少和收回流动资金贷款，迫使企业减少积压滞销产品的生产。减少积压的根本措施是调整产品结构，开发新产品，开拓新市场，为此要增加技术开发和技术改造的资金投入。国务院决定采取一项重大政策，即把增加技术开发和技术改造贷款与压缩积压滞销产品占用资金挂钩。这就是要按照各地区企业到今年底减少的产成品占用流动资金贷款，给予等量的技术改造贷款，用于产品结构调整。今年用不完，可结转到明年继续使用，也允许各省市在企业、项目之间调剂使用。年底达不到压库目标的，要相应扣回技改贷款规模和资金或减少明年的技改贷款规模和资金。同时，对产品质次价高、性能差、已严重积压的企业，要区别不同情况做好停产、限产工作，还要注意充分发挥国营商业、物资部门的主渠道和蓄水池作用，商业部门要支持生产发展，促进产业结构和产品结构的调整。通过发挥商业的优势，以市场需求为导向，及时、准确地向生产部门反馈市场信息。

三、把搞活大中型企业作为一项重要而紧迫的长期战略任务来抓。搞活大中型企业，一是要改善企业外部环境，二是要完善企业内部经营机制，使企业既有动力，又有压力，逐步走上自主经营、自负盈亏、自我发展、自我约束的良性循环的轨道。改善企业外部环境，当前要着重抓国务院关于增强国营大中型企业活力的11条政策的落实。同时还需要再采取以下几条措施：

暂停国务院以及各部门对企业的评优升级活动，尽可能减少那种增加企业负担，助长行业不正之风而实际效果很少的评比检查，使企业集中精力抓生产，国务院规定的每年一次的财税大检查照常进行，质量监督抽查要加强；企业内部组织机构设置，要由企业根据自身生产经营特点和"精干高效"的原则，自行决定，上级主管部门和其他任何单位不得强制企业上下对口设置机构；继续搞活企业内部分配，在严格控制工资总额的前提下，企业内部分配形式和办法由企业自己决定。总之，要认真贯彻执行《企业法》，减少对企业不必要的行政干预，切实落实企业的经营管理自主权。各级主管部门应当对有关企业的政策、法规、条例认真进行清理，凡是与《企业法》相抵触的应当废止。

搞活大中型企业另一个重要方面是完善企业内部经营机制。要逐步把企业推上市场，促使企业真正转变观念，形成合理的运行机制。完善企业经营机制需要坚持不懈地探索，目前可从坚持和完善厂长负责制、进一步完善工效挂钩办法、继续深化企业劳动制度改革、把提高产品质量放在企业工作的首位等方面着手。

对企业既要帮助它们，又要严格要求，使其具有约束机制。

朱镕基还要求各级政府和工交部门进一步加强对工交生产的领导，全力以赴地抓好救灾工作，切实做好救灾工作的组织协调。

朱镕基最后说，今年是“八五”计划的第一年。“质量、品种、效益年”活动开展得如何，对于实现“八五”计划的目标至关重要。我们一定要在党中央、国务院的正确领导下，认真贯彻党的十三届七中全会和七届全国人大四次会议的精神，紧紧依靠全体职工群众，发挥工人阶级主力军的作用，扎扎实实地开展“质量、品种、效益年”活动，为国民经济持续、稳定、协调发展作出新贡献。

国务院发言人袁木在中外记者招待会上就中国的经济形势及苏联变化等答记者问

袁木指出，尽管今年中国部分地区发生了十分严重的自然灾害，但中国的改革开放进一步取得显著效果，整个经济形势继续向好的方向发展，预计全年的经济和社会发展计划仍将基本上得到实现。

袁木列举一系列数字和事实，介绍中国经济形势继续好转的情况：

——今年1～6月累计，国民生产总值达到8027亿元，按可比价格计算，比去年同期增长6.1%；预计全年增长速度将达到6.3%左右，国民收入将增长6.5%左右，均将高于今年计划要求的增长速度。

——工业生产全面回升。1～7月全国累计完成工业总产值13121亿元，比去年同期增长13.5%。从地区看，沿海地区增长势头不减，内地生产逐步恢复正常，一些边远地区回升较快。从产业看，轻工业增长15.1%，重工业增长11.9%；能源、主要原材料生产稳步增长，钢增长4.9%，10种有色金属增长10.8%，16种化工原料均有增长，发电量增长8.8%。从经济成分看，全民所有制工业和大中型企业的增长速度，由去年同期的2%左右提高到9%以上，主导作用和骨干作用有了增强。

——今年农业开局不错，生产投入和播种面积都有增加。6月份以来，江淮地区、湖北和贵州遭受严重的洪涝灾害。7月下旬，东北连降暴雨，松辽平原出现洪涝。与此同时，部分地区旱情也有发展。自然灾害给农业生产特别是种植业带来的损失是严重的。目前，我国北方地区正在加强秋熟作物田间管理，南方受灾地区正在补种、抢种，力争减少自然灾害给农业带来的损失。现在看来，假如今后不继续发生大面积的特大自然灾害，北方多产多收，以丰补歉，加上南方灾区的补种、抢种，粮棉油生产仍有可能接近完成今年的计划指标，但农业总产值将略低于计划要求的水平。

——市场购销正常，物价总水平比较稳定。1～7月份，社会商品零售总额5314亿元，增长12.8%。城市消费市场日趋活跃，零售总额增长16.7%；农村消费市场逐步回升，增长9.4%；农业生产资料销售明显加快，增长9.6%。今年国家先后调整了钢材、生铁、原油、成品油、煤炭、铁路货运价格，实行水泥两种价格并轨，调整了居民定量粮食、食油销价，但物价总水平基本平稳，1～7月份全国零售物价总水平比去年同期上升2.1%。由于受灾情影响，大中城市蔬菜等副食品价格上升较多，物价指数高于全国平均水平，1～7月为7.5%。

——外贸进出口保持较快增长速度。1～7月份累计进出口总额689亿美元，增长18.1%，其中出口总额增长19.5%，进口总额增长16.6%。国际旅游业有较大幅度回升。国际收支状况继续改善。国家外汇储备有较多的增加。

——外商投资增长势头旺盛。今年上半年批准外商投资项目5028个，比去年同期增长80.6%；协议金额为45.5亿美元，增长93.5%；外商实际投入金额16.5亿美元，增长34.7%。这种增长速度是过去少有的。

——由于去年农业丰收和部分农产品提价，今年上半年农民现金人均收入比去年同期增长10.7%。1～7月份职工工资总额比去年同期增长14.2%。至7月底，今年城乡居民新增储蓄存款1400亿元。

袁木强调指出，当前国民经济中存在的主要问题是：一、工业经济效益仍然比较低下。今年3月份以来，经济效益缓慢好转，企业亏损微弱减少，产品积压增幅有所下降，但由于部分加工工业能力过大，有些产品不适销对路，产销不能同步，经济效益还很不好。上半年预算内工业企业产值增长9.9%，实现利税仅增长6%。二、自然灾害特别是严重的洪涝灾害，不仅影响今年的农业生产，而且对明年的农业乃至整个国民经济将带来多方面的不利影响。三、今年受灾严重的地区大部分是财政上缴省份，抗灾救灾增加了支出并且还将继续增加支出，加上原定的一些增收节支措施不能完全落实，财政平衡任务十分艰巨，赤字会有所增加。

袁木认为，分析经济形势，既要看到局部地区受灾和其他不利因素的一面，更要看到整个国民经济形势继续好转的一面。根据国务院的部署和安排，各地区、各部门正在就夺取全年农业有较好的收成，增强企业活力，提高经济效益等方面作出努力，争取全面完成今年国民经济和社会发展的各项任务。

袁木指出，不管苏联发生什么样的变化，国际风云如何变幻，中国人民将坚定不移地沿着自己选择的道路走下去，把社会主义现代化建设和改革开放不断推向前进。他是在回答一位外国记者关于苏联最近发生的变化会对中国产生什么影响时这样讲的。

当记者问到中国对苏联的局势变化和中苏关系持何种态度时，袁木说，中国外交部发言人20日发表的谈话，钱其琛外长22日会见苏联驻华大使时的谈话，指出了苏联最近的局势发展完全是苏联自己的内部问题，中国从不干涉别国内政并尊重别国人民的选择，我们相信并希望以和平共处、平等互利、睦邻友好为基础的中苏两国关系继续得到发展。

有记者问到，近年来中国经济为什么能够持续发展？袁木回答说，根本的原因在于中国执行的基本路线和方针政策是正确的，它既遵循社会主义的基本原则，又从自己的国情出发，也就是建设有中国特色的社会主义，坚持改革开放。当前中国经济稳定，政治稳定，社会稳定，改革开放不断取得新的成就，现在和将来都将毫不动摇地深化改革和扩大开放，这在中国今后的经济发展和社会进步中会起决定性的重要作用。

国家教委和全国教育工会颁布《中小学教师职业道德规范》

全国少工委在太原市举行第二次全委会

会议听取灾区学校遭受严重损失的情况。8月30日，团中央书记处书记、全国少先队工作委员会主任李克强在新闻发布会上宣布：为了帮助灾区少年儿童重建校园，恢复少先队活动，同时对全国少先队员普遍进行热爱中国人民解放军抗灾救灾的事迹，决定在全国城乡少先队员中广泛开展支援灾区"红领巾救灾行动"。

《决定》要求各地广大少先队基层组织和队员投入救灾捐助活动。还要组织少先队文艺演出队，积极宣传党和政府对灾区人民的关怀，宣传抗洪救灾中的典型事迹。中国少年报社将发起"红领巾救助灾区小伙伴'心连心'活动"。并将今年9月15日定为"全国红领巾救灾行动日"。

8月28日

全国人大常委会委员长万里在七届人大常委会第二十一次会议上发表讲话

这次会议听取和审议了水利部和民政部受国务院委托所作的关于抗洪救灾情况的报告。从报告中可以看到，国务院对抗洪救灾做了大量艰苦细致的工作，领导是得力的，组织是严密的，措施是果断的，效率也是比较高的。人大常委会认为应予充分肯定，表示满意和支持。

今年夏季淮河和太湖流域的水灾，是百年罕见的大灾。在严重的自然灾害面前，灾区广大人民群众，普遍表现出高度的觉悟，非凡的勇气，顽强的斗志。行洪、蓄洪区的人民群众更是为了整体利益，自觉承担起重大的牺牲。当洪水袭来时，共产党员和基层干部，挺身而出，奋不顾身，带头冲在第一线，和群众同生死、共患难。哪里最困难、最危险，哪里就有党员和干部，涌现出许许多多可歌可泣的动人事迹和英雄人物。我们党的总书记、国务院总理以及各部门、各地区党和政府的领导人，及时深入抗洪救灾的第一线，慰问灾民，视察灾情，指导和指挥抗洪斗争。各兄弟省、市之间，顾全大局，紧密配合，主动支援。特别应当指出的是，中国人民解放军、武警官兵和公安干警，不畏艰险，不怕牺牲，连续作战，抢救转移被洪水包围的群众几十万人，抢运了大批物资，排除了重重险情，充分体现出人民军队不愧为保卫祖国的钢铁长城，保护人民的英雄子弟兵。在这里，我代表人大常委会，向所有在抗洪斗争中出了力、立了功的同志们，表示深深的敬意！

这次洪涝灾害牵动了全国人民的心。全国各地、各部门、各企业事业单位、各社会团体和各族人民，都把灾区的困难当作自己的困难，从四面八方伸出了支援之手，纷纷捐钱捐物，积极开展了义演、义卖活动，形成了"一方有难、八方支援"的动人局面。特别是港、澳、台同胞和海外侨胞，满怀爱祖国爱民族之心，慷慨解囊，踊跃投入各种形式的募捐活动。热情之高，范围之广，捐资之多，影响之大，可以说是史无前例的，充分显示了炎黄子孙的爱国心，中华民族的凝聚力。一些国际组织、许多国家的政府和国际友好人士，也向我国灾区提供了各种援助。在这里，我代表全国人大常委会对港澳台同胞和海外侨胞大力支援灾区的爱国热忱，表示崇高的敬意！对国际社会的援助，表示衷心的感谢！

目前，抗洪斗争已取得重大胜利，灾后重建家园的任务十分繁重。国务院对灾区人民的吃饭、住房、治病等生活问题和生产自救问题，已作了比较妥善的安排。严格规定对捐赠款物必须做到件件有着落，事事有交待，并通过报刊公布。如有贪污、挪用、私分或弄虚作假行为，依法从严从重惩处。同时，对今后大江大河的治理，也有了比较全面的具体打算。所有这些，都是令人欣慰的。但是，我们不能因此忽视潜在的巨大危险。我认为这次洪灾给我们最大的启示，就是必须大大增强全民族的水患意识，必须从人口、经济与环境协调发展的高度，重新认识水利建设的重要性，进一步加快治理大江大河的步伐。我想就此谈些个人的看法。

环境保护不仅指治理"三废"，防止污染，更重要的是要保护自然环境、自然资源，保持生态平衡，控制滥伐乱垦、水土流失等大范围的问题。这就是说，人口和经济的发展，不仅要注意经济规律，同时也要注意自然规律，注意自然地理、经济地理的研究，否则就会受到客观规律的惩罚。水资源的利用和治理，与环境保护关系特别密切。全世界每年因洪涝和干旱造成的损失分别占各种自然灾害总损失的40%和15%。我国是水旱灾害多发国家，比例还要更高。特别是水涝灾害，历来是对中华民族生存和发展的一个严重威胁。在旧中国漫长的历史过程中，出现过无数次江河横溢、人为鱼鳖、十室九空、饿殍遍野的悲惨景象，也出现了无数大禹式的不畏艰险、不怕牺牲、治水抗灾的英雄人物，使我们民族得以不断地生息、繁衍、繁荣、发展。新中国成立以来，党中央、国务院十分重视全国的水利建设。早在建国初期，百废待兴、困难重重的时候，就着手对为害最烈的黄河、淮河进行治理，并修筑了规模宏大的长江荆江大堤。40年来建设的水利工程和设施，在历次抗洪斗争中发挥了巨大的作用。这一次全国没有一条大江大河决堤，没有一座水库垮坝，重点企业保住了，铁路干线保住了，从而大大减轻了灾害的损失。这是必须肯定的。但是也必须指出，我国许多大江大河尚未根本治理，已经建设的一些水利工程，也存在防洪标准偏低和缺乏系统配套的问题。随着经济的发展和人口的增加，洪水造成的损失必然越来越大。我国沿海几个三角洲地区，经济最发达，人口最密集，但又都处在大江大河的下游，一直存在着水害的潜在威胁。大江大河一旦出事，势必造成难以挽回的损失，打乱和推迟四化建设的进程，影响第二步战略目标的实现。我们在为当代人利益着想的同时，也要考虑到后代人的利益。如果不指出这种潜在的巨大危险，并采取有效的对策，那我们就没有尽到应尽的历史责任。

今年淮河和太湖流域的灾情和损失比1954年大，根本原因就在于缺乏骨干性的防洪排涝工程，缺乏全流域性的系统治理。一方面排洪不畅，另一方面一些地方性的水利工程只从当地需要出发，破坏了自然泄洪排水体系，致使全流域水文条件恶化，原有相互贯通、可以相互调蓄的水系也被人为地割断，造成了若干不应有的损失。形成这种状况，更深层的原因，在于没有明确地树立人口、经济、环境协调发展的观念，缺乏通盘考虑密切相关的各种因素。即使有了全流域的治理规划，有关的地区和部门以大局为重，主动配合，全力支持也不够。痛定思痛，现在应该是认真总结经验教训的时候了。太湖流域是我国的黄金宝地，每平方公里创造的工农业产值占全国第一。但是水土资源的开发、利用、管理，分属两省一市，过去由于地区利益、部门利益互相扯皮，难于实施综合治理。这次抗洪斗争中，一些堵坝先后炸毁，为骨干工程建设创造了有利条件，应抓紧时机，建立强有力的权威性机构，统一实施综合治理的总体规划，力争在"八五"期间解决好太湖洪水的出路问题。早在1954年，毛泽东主席就号召"一定要把淮河的事办好"，有关各省一定要从全局出发，通力协作，继续贯彻综合治理、蓄泄兼筹的方针，加快治理进度，用5年或更长一点时间完成进一步治理的任务。黄河为害最大，我们动手最早，下的力量也最大，已完成一系列重大的水利工程。小浪底水利枢纽工程也已列入"八五"计划，建议尽快施工兴建。这项工程完成后，大体上可以构成一个比较完整的体系，防御更大的洪灾，并进一步变水害为水利。这里我着重讲讲长江的问题。长江是我国第一大江，流域面积达180万平方公里，特别中下游的80万平方公里，更是我国人口密集、经济发达的精华所在。长江流域的水灾有两大类型：一是上游山区连降暴雨，由川江经三峡涌出成灾；二是中游局部地区、山丘连降暴雨，洪水猛涨成灾。今年江淮至太湖流域的水灾属后一类型。根治长江，必须把长江流域180万平方公里范围作为一个整体，建立节节设防、脉络相通的河流网系。因此，重点在中下游，但也不能忽视上游地区的水土保持工作，增加森林覆盖率，不断改善生态环境。从中下游来说，"万里长江，险在荆江"。荆江大堤是长江防洪最重要的骨干性工程。1954年，长江流域发生特大洪水。荆江大堤发挥了重大作用，使位于这个堤段附近和下游的沙市和武汉等10多个大中城市和上千万人口的生命财产得以保护。据一些专家研究，本世纪以来，我国水情中有个现象值得重视，就是许多江河越来越频繁地出现大洪水和特大洪水。长江南京段，超过水位8.5米达到9米以上的水位，90年间共出现10次，其中前半个世纪只有2次，而后40年却出现了8次，平均5年一次。同时，创历史最高水位的3次都在后40年内。如果再发生1954年那样的特大洪水，荆江大堤还能抵挡得住吗？恐怕谁也没有把握，谁也不能肯定说不出问题。为什么呢？因为近30年来荆江大堤虽然加高培厚了近两米，但由于长江河道淤塞严重，江水水位抬高过快，超过沙市大部分楼房，已形成"人在水下走、水在天上行"的险势。加上堤基脆弱，易受洪水冲刷、侵蚀，险患甚多。管涌、崩岸、脱坡、散渍等险情时有发生。同时，荆江大堤的抗洪作用，必须依托荆江、洪湖、洞庭湖等分蓄洪区来支撑。30多年来，由于人口急剧增加，大量围垦湖泊洼地造田，河道淤塞，这些分蓄洪区已发生重大变化，仅洞庭湖的容积就减少了119亿立方米。有的分蓄洪区已建成富裕的鱼米之乡和初具规模的工业基地。如果不及早从根本上解决人口大量增加与蓄洪行洪的矛盾，发展经济与分涝蓄洪的矛盾，不用说决堤，一旦蓄洪，损失也会十分惨重。如果三峡工程上马，就会减轻荆江大堤的压力，确保长江中下游两岸人民生命财产的安全。关于长江三峡工程，争论已久，最近国务院又组织各方面的专家进行了论证。这项工程事关重大，必须特别慎重对待。应当十分尊重各方面专家各种不同的意见，认真地反复地研究这些不同的意见，从中吸取有益的东西，选择最可行的实事求是的方案。但我认为，从整个国民经济稳定发展这个长远的需要看，从确保长江中下游安全这个紧迫的需要看，三峡工程的必要性日益明显。这一条理由比许多其他理由更为重要。迟上马不如早上马，这是关系亿万人民切身利益的长治久安之策，建议国务院列入十年规划。

总之，水利不仅是农业的命脉，而且是整个经济、社会发展的基础设施和基础产业，是治国安民的大事。从这次抗洪斗争的经验看，如何因地制宜地加强、提高城市和交通干线的防洪能力，也必须提到重要的日程上来。既要高度重视，千方百计增加对水利建设的投资，又要大力发动群众，用以工代赈、劳动积累的办法，发扬艰苦奋斗的精神来进行。治理大江大河要把革命精神同科学态度结合起来，适当应用现代化先进科技手段，包括计算机技术、遥感技术、雷达技术、通讯技术、自动测报技术等现代化科学技术手段，搞好洪水预报、行洪调度、滞洪区应用等。治理江河，还要强调依法办事，认真执行水法、水土保持法、环境保护法和防汛条例等法律法规。

我们相信，有党的坚强领导，有优越的社会主义制度，有高度觉悟的人民，又有 40 多年来社会主义建设、特别是改革开放以来所奠定的物质技术基础，一定能够克服各种困难，增加物力人力的投入，治理好大江大河，战胜洪涝等灾害，为全国人民也为子孙后代造福。

中共中央总书记江泽民在中南海会见由众议院议长何塞·比埃拉·加略率领的智利众议院代表团

中国证券业协会在北京成立

新华社讯，这是中国证券业发展史上第一个全国性的行业自律管理组织。中国证券业经过 10 多年的发展，有从证券发行量累计已超过 2000 亿元，证券交易总额超过 500 亿元。证券的品种也从单一押债，发展到国债、企业债、金融债、股票等多个品种。随着证券市场的发展，证券经营机构也相应发展起来。到协会成立为止，经中国人民银行批准的证券公司已有 59 家。另外，还有 300 多家证券营业部和证券代办点。

中组部等发出开展向张培英学习活动的通知

中央组织部、中央宣传部、人事部、国家教委、国家科委、解放军总政治部、共青团中央、全国妇联、全国老龄委、中国残联、中国关心下一代工作委员会 11 个单位联合发出通知，号召广泛开展向张培英学习的活动。

中共中央总书记江泽民在中南海会见参加第四届亚洲化学大会的部分中外代表

国家教委副主任邹时炎在全国教育系统抗洪救灾电话会议上发表讲话

8 月 29 日

七届全国人大常委会第二十一次会议举行全体会议

全国人大常委会委员长万里出席会议。会议由全国人大常委会廖汉生副委员长主持。

法律委员会副主任委员宋汝棼作法律委员会关于未成年人保护法草案审议结果的报告；法律委员会副主任委员顾明、林涧青分别作法律委员会对全国人大常委会关于严禁卖淫嫖娼的决定草案和关于严惩拐卖、绑架妇女、儿童的犯罪分子的决定草案审议结果的报告。法律委员会认为，经过修改，未成年人保护法草案和全国人大常委会两个决定草案基本上是可行的，建议本次常委会审议通过。同时提出修改意见。

国务院总理李鹏向常委会提交提请审议教师法草案、进出境动植物检疫法草案的议案。国务委员兼国家教委主任李铁映、农业部部长刘中一受国务院委托分别就教师法和进出境动植物检疫法两个法律草案作了说明。

外交部副部长刘华秋、国家环境保护局局长曲格平受国务院委托，分别就国务院提请批准的中华人民共和国和罗马尼亚领事条约、控制危险废物越境转移及其处置巴塞尔公约作说明。

全国人大常委会副委员长彭冲、阿沛·阿旺晋美、严济慈、荣毅仁、叶飞、倪志福、陈慕华、费孝通、雷洁琼、王汉斌出席会议。

国务委员李铁映、最高人民法院院长任建新、最高人民检察院检察长刘复之列席会议。

中共中央总书记江泽民在中南海会见斯里兰卡统一国民党总书记西里塞纳·库雷

江泽民在会见中说，不管国际风云如何变幻，我们建设有中国特色的社会主义是坚定不移的。独立自主的和平外交政策也是不会改变的。我们愿意在和平共处五项原则的基础上同世界各国发展关系，同周边国家睦邻友好。我们从不干涉别国内政，也坚决反对别人干涉中国的内政。中斯两国都是发展中国家，我们发展中国家都有过共同的遭遇，都曾备受列强欺凌。广大发展中国家都争取并捍卫自己已经取得的独立和主权。

江泽民说，中斯两国人民的传统友谊源远流长，中斯两国分别取得独立后，两国友好关系开始了新篇章。斯里兰卡是最早承认中华人民共和国的国家之一。现在中斯两国的友好关系在各个领域里都有发展，两国关系是令人满意的。中斯两国执政党之间的交往有利于增进两国和两国人民的友好关系，增进相互了解和友谊。

国家主席杨尚昆在乌兰巴托蒙古国宾馆接受蒙古电视台记者的采访

杨尚昆说："中蒙两国是近邻，可以合作的领域很多，特别是两国经济贸易合作有历史传统，也有不少有利条件，潜力很大。蒙古资源丰富，中国在技术、设备方面有一定优势，双方开展经济合作可以取长补短，共同发展。我相信，在双方共同努力下，中蒙经贸合作将会发展得更好。"

杨尚昆说："中国作为亚洲国家十分关注亚太地区的合作。开展亚太地区经济合作不仅有利于参加国的发展，也有利于促进本地区的稳定与繁荣。近来，贵国在加强东北亚经济合作方面提出了一些建议。我们愿意同蒙古及其他有关国家就开展双边或多边合作的可能性进行探讨。我们也愿同蒙苏两国探讨加强经济合作的可能性。"

国务院总理李鹏在中南海紫光阁会见摩洛哥外交与合作国务大臣阿卜杜勒·拉蒂夫·菲拉利

国务院副总理吴学谦在人民大会堂会见法国研究与技术部部长于贝尔·居里安

外交部部长钱其琛在北京同摩洛哥外交与合作国务大臣阿卜杜勒·拉蒂夫·菲拉利举行会谈

国家科委主任宋健在人民大会堂同法国研究与技术部长于贝尔·居里安举行会谈

双方回顾了自1978年中法签订科技协定以来开展的合作，对中法合作单位业已建立起来的良好关系感到满意，并表示要进一步扩大中法科技合作，特别是在信息技术、生物、环境、海洋和遥感应用等领域合作的愿望。双方还就两国科技优势的互补性、通过发展科技关系促进经济交往等问题进行了认真探讨。

双方签订了《中法会谈纪要》和《中法海洋合作协议》。国务委员兼国家科委主任宋健、国家海洋局局长严宏谟和法国研究与技术部长于贝尔·居里安、法国海洋开发研究院院长皮埃尔·帕蓬分别代表本国在上述两个文件上签字。

海峡两岸汉字学术交流会在北京人民大会堂召开

北京市常务副市长北京市申办2000年奥运会委员会常务副主席张百发率领的北京市"申办委"代表团在东京拜会国际奥委会主席萨马兰奇

国办转发全国绿化委员会林业部关于治沙工作若干政策措施意见的通知

全国绿化委员会、林业部《关于治沙工作若干政策措施的意见》已经国务院批准，现转发给你们，请遵照执行。

关于治沙工作若干政策措施的意见

为了防止土地沙化，加快治理沙漠化土地，合理开发利用沙区资源，改善生态环境，保障农牧业生产和促进国民经济发展，经全国治沙工作会议讨论研究，对有关治沙工作的若干政策措施，提出如下意见：

一、治沙工作由沙区各级人民政府负责。治沙任务重的省区，要在治沙主管部门内自行调剂设置专管的机构和人员，负责本地区的组织、协调工作；重点沙区县和沙生植物集中分布地区，要建立健全基层治沙站，负责治沙和植被管护工作。

二、全国绿化委员会、林业部和地方各级绿化委员会、林业部门主管治沙和沙区资源的开发利用工作。水利、农业、牧业、土地、环保、矿产、能源、铁道、交通、科技等有关部门要密切配合，通力合作，并负责做好本行业的治沙工作。

三、沙区各级人民政府要根据全国治沙工程规划制定本地区的防沙治沙规划，并纳入国民经济和社会发展规划，积极组织各行业和广大人民群众实施。

四、治沙工作要贯彻"统一规划、分工负责，因地制宜、综合治理，防治并重、治用结合，突出重点、讲求效益"的方针，有计划、有步骤、有重点地进行。要切实保护好沙区林草植被，严禁滥垦、滥牧、滥采、滥挖。

五、沙区地方各级人民政府对适宜封沙育林、育草的沙漠戈壁、沙漠化土地，要划定范围，实行封育；对珍稀动植物资源集中分布的地区，应分别情况，逐步建立不同类型的自然保护区。

六、经有关部门批准和治沙主管部门同意，在沙区从事采矿、石油开发、筑路及其他工程建设的部门和单位，要把防沙治沙作为环境评估的重要内容；按照"谁开发、谁保护、谁治理"的原则，都要承担治沙任务，并把施工区域的防沙、治沙经费列入工程预算，做到工程建设和防沙治沙同步进行。

七、防沙治沙资金实行多渠道筹集，以群众投工投劳为主、国家扶持为辅。地方各级人民政府除组织群众投工投劳外，还应按规划的要求，每年投入一定数量的资金。各有关部门和有关行业每年应筹集一定的资金，用于防沙治沙。国家基建投资每年也安排一定资金予以扶持。

八、全国治沙工程列为国家计划的重点建设项目，按年度安排基建拨款，按项目进行管理。

九、国家每年发放治沙贴息贷款。“八五”期间，从一九九二年起，每年由中国人民银行专项安排，中国农业银行组织发放一亿元贴息贷款，财政给予部分贴息，贷款使用者也负担一部分利息。具体办法，由林业部、财政部、中国人民银行和中国农业银行另行规定。

十、国家每年安排一定的治沙事业费，主要用于防沙治沙的技术推广、人员培训、宣传等。此项事业费必须专款专用。

十一、国家对治沙和合理开发利用沙区资源，在税收等方面给予优惠照顾。由财政部、国家税务局制定《关于治沙和合理开发利用沙区资源给予税收等方面优惠照顾的规定》，另行下达。

十二、新占用、征用经保护或治理的沙地，应按《土地法》的有关规定向土地管理部门提出申请，在审批前，要征求同级林业主管部门的意见；用地单位应按规定缴纳土地占用补偿费，此项费用专项用于治沙。具体办法和补偿标准，由省、自治区、直辖市人民政府制定。

十三、防沙、治沙所需的化肥、农药、汽油、柴油、农膜、木材、水泥、钢材等主要生产资料，视同重点工程项目所需物资，优先纳入国家物资供应计划。

十四、治理沙漠及开发利用沙区资源的科技研究项目，应纳入科技项目计划，经有关领导机关批准后拨给专项经费。各级人民政府和有关部门应实行优惠政策，吸引和鼓励科技人员到沙区进行科学研究和技术推广。

十五、各级人民政府对治沙工作成绩显著的单位和个人给予表彰奖励；对于因滥垦、滥牧、滥采、滥挖而破坏林草植被等沙区资源的单位和个人，由治沙主管部门责令其限期治理，并按有关规定追究责任和给予处罚。

十六、沙区各省、自治区、直辖市人民政府可根据上述意见，结合具体情况，制定本地区的具体规定和实施办法。

中国方面释放最后一批越军被俘人员

这次释放的越南军人共 23 人。中国政府本着人道主义精神，决定释放他们，让他们回国同家人团聚。至此，中国已将被俘越南军人全部释放并交还越方。中国友谊关边防检查站的代表上午北京夏令时 11 时将 23 名越军被俘人员及一名越南士兵的骨灰送到中国友谊关至越南同登公路零公里处，交越方代表领回。

红十字国际委员会驻远东代表孔培德应邀到现场对双方交接情况进行观察。

8 月 30 日

最高人民检察院发出《关于人民检察院受理民事、行政申诉分工问题的通知》

国家主席杨尚昆在呼和浩特参观中国内蒙古经济贸易交易会产品展览馆

中国人民银行发出加强对拖欠单位经济制裁的通知

《金融日报》讯，经国务院批准，中国人民银行最近发出通知，改变托收承付结算办法中扣付滞纳金规定。这是贯彻国务院《关于整顿商品交易秩序，严格结算纪律的通知》和清理“三角债”工作的一项重要措施。它有利于加强对拖欠单位的经济制裁，使拖欠单位占用别人资金无利可图，可以有效地改变“拖欠有理，拖欠有利”的错误倾向，促进企业单位增强信用，及时支付货款。

通知规定，滞纳金单独计算，定期扣付。办理托收承付结算发生延期付款以后，应按照延期付款的总金额和规定的比例（每日万分之三）扣付滞纳金，每月计算一次，于次月三日内单独划交给收款单位。

在月内有部分支付的货款，根据部分支付的金额和延期付款天数，按每天万分之三计算滞纳金，与货款一并划交给收款单位，对尚未支付的货款，月终再计算滞纳金，于次月三日内划交给收款单位，次月又有部分支付货款时，从当月一日起计算滞纳金，随同货款划交给收款单位，对尚未支付的货款，从当月一日起至月终再计算滞纳金，于第三月三日内划交给收款单位。第三月仍有部分支付货款的，按照上述方法计扣滞纳金。

三个月延期付款期满，付款单位仍无足够资金支付尚未付清的欠款，银行应向付款单位索回有关交易单证连同有关结算凭证退给收款单位，但对付款单位应付的滞纳金也要进行扣付。

为保证将滞纳金扣划给收款单位，通知规定，扣付延期付款滞纳金列为销贷收入“扣款顺序”的首位，排列在预留工资和应提大修理基金之前，由银行强制执行主动扣划。因此而产生的经济后果，由拖欠贷款单位自行负责。同时还规定，扣付滞纳金时，如拖欠单位存款账户余额不足以全额支付的，应对该账户采取“只收不付”的控制办法，待一次足额扣付滞纳金以后，才准予办理其他款项的支付。

此通知从1991年9月1日起，在全国范围内统一执行。对于1991年9月1日之前发生的延期付款从该日起未付清的，付款银行也应按本规定执行。

通知要求各级人民银行和专业银行要加强监督检查，稽核和审计部门要加强稽核、审计，对不执行以上规定的，要严格按照规定予以处罚。

中共中央总书记江泽民在北京会见英籍女作家韩素音

8月31日

国务院在北京召开全国清理三角债工作会议

国务院副总理朱镕基出席并主持会议。出席会议的还有国务委员王丙乾、李贵鲜。中国人民银行副行长周正庆代表国务院清理“三角债”领导小组作报告，国家计委副主任陈光健、国务院生产办公室副主任杨昌基也讲了话。

根据国务院领导的指示精神和东北地区的试点经验，会议指出：

这次清理“三角债”工作的指导思想是：要把清理“三角债”作为搞活国营大中型企业、提高经济效益的突破口，要立足于治本清源，从解决“三角债”的源头入手，努力做到“四防”，即防止新的投资缺口，防止新的亏损，防止新的产成品积压，从而防止新的拖欠。

这次清理“三角债”的主要任务是：要从清理固定资产投资缺口造成拖欠这一源头抓起，重点从大中型项目清起，顺次解决“三角债”的债务链，努力防止前清后欠，使“三角债”切实得到缓解。

这次清理“三角债”的主要做法是：源头入手，付方启动，收款还欠，连环清理。

这次清理的对象重点是：国家和各省、自治区、直辖市、计划单列城市批准立项的大中型基本建设项目、限额以上和国家专项安排的技术改造项目的拖欠款。对其它小型基建、技改项目拖欠款，各地区、各部门也要积极筹措资金，主动进行清理。这次纳入清理的“三角债”发生时间界限，截止到1991年6月30日。

周正庆在讲话中对如何在全国范围内开展清理固定资产投资项目拖欠贷款的办法，作了系统的介绍。他说，“三角债”的形成是诸多因素长期作用的结果，也是当前经济运行中许多深层次矛盾的集中表现。只有抓住这个主要矛盾，取得突破，才能使国营大中型企业逐步搞活，才能促经济效益逐步提高。他要求各地政府一定要高度重视这一工作，加强领导，精心组织，调动各方面的积极性，从我做起，从现在做起，主动投入到清理“三角债”的活动中去。

陈光健在讲话中着重对如何从清理固定资产拖欠入手清理“三角债”讲了意见。他说从清理固定资产拖欠入手清理“三角债”，从试点的实践看，这个做法是正确的成功的。他说这样做有四个好处：一是比较好操作；二是不会形成新的产成品积压；三是对于搞活生产资料大中型企业有利；四是有利于解脱固定资产投资项目欠款，及时形成生产能力。他说，为了防止前清后欠，今后基本建设必须量力而行，有多少钱办多少事，决不能资金不落实而靠拖欠上项目。

杨昌基在讲话中着重对压减产成品占用资金、相应增加技术改造贷款的有关问题作了说明。他说，当前我国经济运行中突出问题之一是工业产成品积压增加，占用了大量资金，这已成为“三角债”的源头之一。国务院最近决定在治本清源、清理“三角债”的同时，下决心把占用过多的产成品资金压下来；把压缩产成品资金占用和增加技术改造贷款挂起钩来，切实加强对现有企业的技术改造。这项工作做好了，就可以将“三角债”拖欠问题和当前经济结构中存在的深层次问题同时解决，从而收到一举数得的效果。但是这项工作是一项很复杂的系统工程，难度很大，必须以各省市自治区和计划单列市人民政府为责任考核单位，各行业主管部门做宏观导向、项目会审等协调、服务工作。加强领导、统一思想、精心组织才能把这项工作做好。

国务院总理李鹏在人民大会堂出席中国最大的水电工程项目二滩水电站工程土建国际招标合同签字仪式

二滩水电站位于四川省境内金沙江最大的支流雅砻江上，在电站规模、装机容量、单机容量、年发电量等方面均居全国在建水电站首位。

二滩水电站的建设资金部分利用世界银行贷款，主要土建工程实行国际竞争性招标，十多家工程承包公司参与招标的竞争。意大利、德国、法国和中国的公司分别夺取了大坝和地下厂房工程标。二滩水电开发公司和中国技术进出口总公司与承包公司在合同上签字。

签字仪式前，李鹏会见参加这个工程建设的中外承包公司的代表、世界银行的代表以及意大利、德国、法国和挪威的驻华使节。

李鹏说，中国的水力资源极其丰富，主要集中在西南地区。“开发水力资源，造福中国人民，促进经济发展，是中国政府的一项长远的、重要的政策。”

国务院副总理兼国家计委主任邹家华、国务委员兼财政部长王丙乾、能源部部长黄毅诚、国家计委副主任甘子玉和经贸部、四川省的负责人出席签字仪式。

国务院总理李鹏就中英关系、香港问题、苏联形势、中美关系、中越关系等问题接受香港电视记者采访

记者：总理阁下，我们非常荣幸，能够在英国首相梅杰来访之前采访您。

李鹏：据我所知，香港无线电视是一家很有影响的电视台。我很高兴能够接受你们的采访，并通过你们向香港同胞致以良好的祝愿。梅杰首相即将来访，我们表示欢迎，我期待着同梅杰首相正式签署中英两国政府关于香港新机场建设和有关问题的谅解备忘录，并就中英双边关系和共同关心的国际问题交换意见。

记者：中英两国即将签署的香港新机场问题谅解备忘录解决了双方争论已久的一些有关问题。请问从中英关系的角度看，它在两国关系中说明了什么？为什么突然间机场问题能够得到解决？

李鹏：这个问题不是突然解决的，而是经过中英双方长时间的磋商，在多种场合、不同层次进行了讨论，可以说是水到渠成。中英就香港新机场问题达成协议，无疑将会促进香港的经济发展与繁荣，有利于香港的稳定，对中英关系的恢复和进一步发展也起到良好的作用。

记者：备忘录签署后，中英关系是否能恢复到以前的水平？在过渡期后阶段，双方如何加强在香港问题上的合作，以确保平稳过渡和权力的顺利交接？

李鹏：如果中英双方都能够严格遵守中英联合声明和这次的谅解备忘录，应该说，保持香港的繁荣和政权的顺利交接就有了保证。为此，双方可以通过多种形式进行合作和磋商，如谅解备忘录里面提到的，两国的外长可以进行会晤，港督和国务院港澳办主任也可以进行会晤。中英联合联络小组、中英土地委员会等也可以经常进行会晤。通过这样一些形式就香港的有关问题，特别是涉及 1997 年以后的问题，进行真诚的磋商与合作。

记者：谅解备忘录签署以后，香港有些人担心中国在过渡期后阶段干预香港事务，怕 1997 年后“港人治港”政策不能落实，对此，中国方面有什么保证可以使香港人放心？

李鹏：中国对香港的基本政策是“一国两制”。这项政策不仅有利于香港地区的经济发展，而且也符合中国本身的利益。我们无意在过渡期间使香港政府不能够履行它的正常职责，相反，我们希望它能够有效地管理香港。至于说到保证，最好的保证就是中英联合声明和关于香港新机场建设和有关问题的谅解备忘录。至于 1997 年以后，中国的全国人民代表大会已经通过了香港基本法，基本法是最有力的保证。

记者：在未来六年过渡期内，中国政府将会对香港实行些什么政策？

李鹏：中国政府的政策不会有什么改变。在未来六年中，中英双方有两个共同的目标，一是继续保持香港经济的发展，也就是我们所说的繁荣稳定；二是做到平稳过渡，使政权能够顺利交接。

记者：此次华东水灾是百年不遇的天灾，您估计灾后重建工作要多长时间。这次水灾后，香港同胞投入赈灾活动，中国方面怎样看待香港人的这种热情？

李鹏：今年中国部分地区，主要是淮河流域和太湖地区，发生了严重的水灾，在某些地区可以说是百年不遇，给当地的经济及人民生活带来了很大灾难和损失，但由于灾区人民的努力，全国人民和中国人民解放军的大力帮助，加上国际上的支援，我们已经取得了抗洪救灾第一阶段的胜利。

尽管灾情严重，但没有发生饿死人的情况，也没有发生流行病和逃荒的情况，这同 1931 年淮河流域的那场洪水灾害的情况截然不同。根据记载，60 年前的那次水灾并不比这次水灾大，但成千上万的人丧失了生命，大量的难民逃往全国各地，流离失所，饥寒交迫，对此许多老年人至今还记忆犹新。应该公正地评价，中国 40 年来的水利建设在这次抗洪救灾中发挥了重要作用。我们在淮河上游修建的若干大中型水库，蓄拦了洪水，使洪峰降低了。在淮河两岸和太湖周围也修筑了堤坝。如果没有这些水利工程，灾害将会比现在严重得多。此外，我们还有计划地实行分洪，保住了淮北大片农田及重要的煤矿、电站等工业生产设施，把损失减少到了最低程度。当然，这次损失还是很大的。如果总结经验教训的话，这就是我们大江大河防洪标准还不够高，还不能抵御特大洪水，所以水灾之后，痛定思痛，中国政府及全国人大都决心进一步加强水利建设，提高抵御自然灾害的能力。这也可以说是把坏事变为好事。中国是一个水患频繁发生的国家，我们确实应当像对待基础工程那样对待水利，水利不仅是农业的命脉，而且是国民经济的基础。水灾期间，香港同胞表现了极大的爱国热情，举行了广泛的赈灾活动，捐赠了大批款项和物资，每位同胞捐款不论多与少，都表现了一片爱国之心。对此，我们深受感动。现在香港流行这样一句话，叫做“血浓于水”，这句话说得很好，体现了大陆同胞与香港同胞的手足之情。一方有难，八方支援，这八方中就包括了香港。

记者：苏联局势发生了很大变化，中国对此有何看法？对中苏关系有无影响？

李鹏：苏联局势发生急剧变化，最近的一系列事件,看起来是突发事件,但实际上是其国内和国际错综复杂的因素造成的。

中国的基本态度是,不管苏联发生什么事件,不管国际风云如何变幻,中国将继续坚定不移地走建设有中国特色的社会主义道路,坚持邓小平同志倡导的改革开放政策。可以说,这是中国人民的历史选择。这次你们来采访,会亲眼看到中国政治稳定,经济发展,各民族空前团结,充分证明了这种选择是完全符合中国国情的,它得到了中国人民的支持和拥护。对中国的前途我们充满信心。

中国对外执行独立自主的和平外交政策,在处理国与国关系方面一贯遵循和平共处五项原则。我们历来认为,一个国家的前途和命运应该由该国人民自己决定,一国的内部事务应由该国人民自己处理。因此,不应该也不会因为某一国政权的更迭和制度的变化而影响中国同该国的关系。中国的这一基本立场,不仅可以从过去,也可以从最近一个时期中国对一些国家国内政局变化所采取的态度得到证明。我们一贯认为,社会制度和意识形态的异同,不是决定国与国关系好坏的主要因素。国与国关系正常、健康发展的基础是和平共处五项原则。中国从不干涉别国内政,也不允许别国干涉中国的内政。

中苏两国是有着 7000 多公里共同边界的邻国,两国人民有传统的友谊。虽然中苏关系经历了曲折的过程,但 1989 年实现关系正常化以来,两国关系得到了稳步的发展,这是符合两国人民的根本利益和共同愿望的。

记者:每年的最惠国待遇问题使中美关系出现波折。对此,中国方面有何看法?

李鹏:最惠国待遇是一种互利关系。给予中国最惠国待遇不仅对中国有利,而且对美国有利,对香港也有利。一旦取消最惠国待遇,将直接损害中美两国的利益,香港也将蒙受损失,从经济角度来看,香港受到的损失甚至更大。中国政府重视中美关系,愿意看到中美关系早日恢复正常。我们认为,布什总统关于延长中国最惠国待遇的决策是明智的。现在美国越来越多的人,包括参众两院的议员,也越来越认识到维护中美关系的重要性,表示支持布什总统的上述决策。对此,我们表示赞赏。

记者:最近有迹象表明,中越关系有新变化,越南新领导层曾经强调中越关系正常化是他们的重要任务,这是否意味两国关系将有新的突破?

李鹏:我们曾说过,随着柬埔寨问题的全面、公正、合理的政治解决,中越关系会逐步恢复正常。我们高兴地看到,解决柬埔寨问题的进程正在加快。不言而喻,这有利于中越关系正常化的实现。中国执行睦邻友好政策,愿意同所有邻国保持友好关系,因为这有利于中国的建设和发展。可以预见,在不久的将来,中越关系会实现正常化。今后的中越关系是建立在和平共处五项原则基础上的国家关系,不会影响中国同东南亚国家之间业已存在的友好合作。

记者:一些亚洲国家领导人倡议建立东南亚共同市场等经济合作组织,以促进亚洲地区的经济起飞,中国对这些建议有何评论?

李鹏:我们经常听到关于建立国与国之间不同层次的经济合作组织的建议。中国认为,如果这些建议有利于亚太地区的和平与发展,有利于该地区各国间的经济交往和各国人民生活水平的提高,有利于中国与东南亚国家之间的友好合作,中国都持积极、欢迎的态度。

国办发出关于加强对出国举办经济贸易展览会统一协调管理的通知

对外友协会长韩叙在美国亚特兰大市举行的美中友协第13届年会上发表讲话

韩叙指出,中国和美国是世界上两个大国,在维护世界和平与稳定方面有着共同利益,并在一些国际问题上有着相同的看法。中美之间的合作能对世界的稳定与繁荣作出重大贡献,两国从日益增长的经济关系中获得巨大利益,因此,没有任何理由不使中美关系恢复和发展。

韩叙说,中美两国人民之间有着悠久、深厚的友谊。美中友协自建立以来为促进两国人民的相互了解与友好作出了巨大努力,对两国关系的发展发挥了重大作用。他说,明年 2 月将是上海公报发表 20 周年,他希望两国友协共同努力,以更热烈的气氛庆祝这一历史事件。

韩叙说,他作为一个 20 多年来亲身经历中美关系发展过程的参加者,对两国关系当前遇到的困难深感痛心。他就双方关系中存在的“最惠国待遇”问题和台湾问题阐述看法。他说,中国一向重视中美关系,中美关系的恢复和发展符合两国人民的共同利益。经济关系和贸易是中美关系的基本方面,中国希望最惠国待遇能够继续不变,但如果美国取消中国的最惠国待遇,或附加一些条件,那么,不仅中国,而且美国都将蒙受损失。我们不希望出现这种局面,因为那将严重损害两国关系。他说,布什总统宣布他决定建议美国国会无条件地延长中国的最惠国待遇,对此明智决定,我们表示赞赏。他说,解决好这一问题不仅对双方都有利,而且有助于恢复和发展中美关系,同时也将有利于维护和促进香港和整个亚太地区的繁荣。

韩叙说，妥善处理台湾问题是发展中美关系的关键。美国政府在三个中美联合公报中已承诺奉行“一个中国”的政策，承认中华人民共和国政府是中国惟一的合法政府，但在美国，有少数人把台湾看成是一个独立的国家，这就在中美关系发展的道路上设置了障碍，事实上，这是笼罩两国关系的一块乌云。因此，至关重要的是美国方面能严格遵守中美三个联合公报所确立的原则，而不要让台湾问题损害两国关系的基础。韩叙表示深信，只要遵守三个联合公报的原则，中美关系就能得到恢复和发展。

韩叙说，中国是一个人口众多的大国，在发展和改革的问题上不可能照抄外国模式。中国在过去几年内取得的最宝贵的经验是，一个稳定的政治局面和社会环境，对于中国的改革和发展是至关重要的。韩叙说，作为国际社会的一员，中国将为建立一个以和平共处五项原则为基础的、公正合理的国际新秩序而不懈努力。

聂荣臻写信祝贺中国飞航式导弹事业胜利发展 30 年

聂荣臻在信中说：“30 年来，三院的同志和整个航天部门一样，始终在党中央、国务院、中央军委的领导关怀下，自力更生、艰苦创业，与各兄弟部门大力协同，克服种种困难，取得可喜成绩，走出一条适合我国国情的飞航式导弹发展的道路。这也是你们严谨务实，无私奉献，结出的必然硕果。希望同志们继续努力，艰苦拼搏，牢记航天传统精神，进一步强化高科技意识，迎接世界高科技的挑战，为我国航天事业做出新贡献。”

国家基础性研究重大关键项目首席科学家联席会议在北京举行

国务委员、国家科委主任宋健到会向 12 位承担项目的首席科学家颁发聘书，并讲话。

国家科委从 1988 年就开始着手准备国家基础性研究重大关键项目的遴选工作，并于 1989 年初步选出了《高临界温度超导电性的基础研究》等 12 个重大关键项目，还制定了这些项目的计划编制、立项和管理的暂行办法，并征询了中国科学院各学部常务委员和有关部委的意见。据悉，这批项目已在今年召开的全国七届人大第四次会议上被列入《中华人民共和国国民经济和社会发展十年规划和第八个五年计划纲要》。

会议宣布担任各重大关键项目的首席科学家。

学部委员谷超豪为“非线性科学”项目首席科学家；闵乃本教授为“光电功能材料的结构、性能、分子设计及制备过程的研究”项目首席科学家；学部委员曾庆存为“气候动力学和气候预测理论的研究”项目首席科学家，谢义炳、叶笃正、陶诗言为项目顾问；学部委员冯康为“大规模科学与工程计算的理论和方法”项目首席科学家；学部委员黄昆为“半导体超晶格物理、材料及新器件结构的探索”项目首席科学家；学部委员叶笃正为“我国未来(20—50 年)生存环境变化趋势的预测及对策研究”项目首席科学家；洪国藩研究员为“共生固氮体系中最佳结瘤固氮控制模型的研究”项目首席科学家；学部委员叶淑华为“现代地壳运动和地球动力学研究及应用”项目首席科学家；学部委员唐有祺为“生命过程中重要化学问题研究”项目首席科学家；甘子钊教授、杨国桢、周廉研究员为“高临界温度超导电性的基础研究”项目首席科学家；“粮棉油雄性不育杂种优势的基础研究”项目首席科学家未定；经络的研究项目(暂缓)。

中国科协主席朱光亚、中国科学院院长周光召、副院长王佛松、国家自然科学基金委员会主任张存浩、名誉主任唐敖庆等领导人出席会议。

中共中央政治局常委李瑞环会见为抗洪救灾而来的香港明星足球队队员

中华全国总工会召开救灾复产电话会议

农业部发言人就台湾当局对吴勇等 7 名福建渔民的处理问题向《人民日报》记者发表谈话

众所周知，发生在台湾海峡的“7·21”事件本是一起渔事纠纷，业经双方协商解决，但由于台湾军方的介入，致使事件变得复杂化。我曾在 8 月 3 日发表谈话，希望台湾有关方面本着实事求是、合情合理的原则，妥善处理此事。但是，台湾有关方面却无视事实，将吴勇等 7 名渔民抓扣送审，并将其中 5 人“判决有罪”。这种作法严重伤害了大陆渔民的感情，不仅吴勇等当事人不服，大陆沿海广大渔民也是不能接受的。我们再次希望台湾有关方面从两岸关系的大局出发，尊重吴勇等无辜渔民的正当权利，尽早让他们返回家乡，与亲人团聚。

两岸渔民同在台湾海峡作业，纠纷难免发生。处理这类纠纷，还是应该提倡协商解决的办法。动辄出动军舰、飞机，只会使事态升级。希望台湾有关方面尽快就两岸协商处理海峡渔事纠纷问题与我有关部门商谈，以维护台湾海峡的祥和气氛。

9月1日

《中国共产党发展党员工作细则》公布试行

全国对外文化交流工作会议在北京召开

小浪底大型水利枢纽前期工程正式开工

外交部部长钱其琛致电祝贺不结盟运动第10次部长级会议在加纳举行

中国运动员黄志红徐德妹在东京召开的第三届世界田径锦标赛分获女子铅球和女子标枪金牌

新疆维吾尔自治区副主席托乎提·沙比尔因受贿被撤职

托乎提·沙比尔利用职权支持非法倒卖活动，收受贿赂1.6万多元。国务院决定给予托乎提·沙比尔撤职处分。新疆维吾尔自治区七届人大常委会第九次会议已撤销了他的自治区副主席职务。

9月2日

七届全国人大常委会第二十一次会议举行全体会议

会议由全国人大常委会副委员长陈慕华主持。全国人大常委会委员长万里，彭冲、阿沛·阿旺晋美、荣毅仁、叶飞、倪志福、费孝通、孙起孟、雷洁琼、王汉斌副委员长出席会议。最高人民法院院长任建新、最高人民检察院检察长刘复之列席会议。

国务院副总理兼国家计委主任邹家华受国务院委托作关于1991年国民经济和社会发展计划的执行情况的汇报。

受国务院总理李鹏的委托，国务委员兼外交部部长钱其琛向会议提交李鹏总理出访中东、海湾六国的书面报告。以王汉斌副委员长为团长的全国人大代表团也向会议提交代表团访问厄瓜多尔、秘鲁、智利、阿根廷四国情况的书面报告。

国务院副总理兼国家计委主任邹家华受国务院总理李鹏委托在第七届全国人大常委会第二十一次会议全体会议上作关于一九九一年国民经济和社会发展计划的执行情况的汇报

邹家华说，今年以来，各地区、各部门认真贯彻党的十三届七中全会和七届全国人大四次会议的精神，以及国务院确定的各项政策措施，治理整顿和深化改革取得新的进展，经济回升速度加快，社会供求总量关系进一步改善，整个经济形势继续朝着好的方向发展，促进了全国政治、经济和社会的进一步稳定。

——社会生产持续增长。据国家统计局初步统计，今年上半年国民生产总值为8207亿元，按可比价格计算，比去年同期增长6.1%。1至7月份工业总产值累计完成13121亿元，比去年同期增长13.5%。今年以来工业生产出现了一些好的变化：(1)生产和销售全面增长。1至7月份，预算内国营工业企业产值增长10.4%，销售收入增长15.6%。(2)全民所有制工业特别是大中型企业生产回升明显加快，1至7月份全民所有制工业比去年同期增长9.1%，其中大中型企业增长9.6%。(3)重要基础工业和支农工业产品继续保持稳定增长。原油、发电量、钢材、有色金属、乙烯、化肥、农药等产品的生产情况较好，不少产品增长幅度较大。(4)一些行业和地区的结构调整有了进展，产品质量有所改善。钢铁工业优先安排短线钢材品种的生产，1至7月14个急需品种的产量增长16.1%，明显高于同期钢材总产量增长7%的速度。1至6月份，国营工业重点企业主要产品质量稳定提高率为82.7%，比去年同期上升16个百分点。

去冬今春以来，各地区和有关部门对农业生产抓得很紧，主要农作物种植计划落实较好。本来夏收作物长势很好，丰收在望，但由于局部地区遭受严重洪涝灾害，使生产受到损失。据有关部门估计，全国约损失夏粮100亿公斤，一些地区还影响秋粮生产。今年棉花播种面积比去年增加600多万亩，但因江苏、湖北等主产区棉田受淹，产量将受到影响。其他经济作物和畜牧业、水产业生产形势都还比较好。

——固定资产投资回升，投资结构进一步调整。1至7月份全民所有制单位固定资产投资完成1182亿元，比去年同期增长21%。其中，基本建设投资720亿元，增长22.1%；更新改造投资282亿元，增长18.4%。今年国家投资计划安排对农业、能源、重要原材料和交通运输等方面的建设实行适度倾斜，各地区、各部门对重点建设项目从资金、物资和施工力量上，也作了优先安排，有力地促进了投资结构的调整。1至7月份全民所有制单位完成的投资中，原材料工业投资所占比重，由去年同期的15.7%上升到16.6%；运输邮电业投资比重，由去年同期的12%上升到12.3%。1至7月份完成的更新改造投资中，用于节约能源、提高产品质量、增加品种和"三废"治理方面的投资比重也明显上升，由去年同期的25.3%上升到28.8%。

——国内市场销售稳步增长，零售物价总水平比较稳定。1至7月份，社会商品零售总额完成5315亿元,比去年同期增长12.8%。特别是农村市场销售自去年10月由下降转为增长以后,回升速度逐步加快,今年1至7月份县及县以下消费品零售额比去年同期增长9.4%。城乡消费品市场销售疲软的局面基本扭转。粮食和鱼肉蛋等吃的商品销售稳步增长,各种服装、呢绒销售由去年大幅度下降转为上升,彩色电视机、洗衣机、录像机等家用电器的销售大幅度增长。在淮河流域和长江中下游地区发生洪涝灾害以后,商业、物资等有关部门多方组织生活必需品和防汛救灾物资的调拨供应,千方百计地保证灾区人民生活和抗洪救灾的需要。

今年以来,国家虽然出台了多项调价措施,包括较大幅度地调整平价粮油的销价,但由于社会供求平衡状况较好,集市贸易价格稳中有降,加上居民消费心理稳定,1至7月份全国零售物价总水平仅比去年同期上涨2.1%。但值得注意的是,大中城市职工生活费用价格指数上涨幅度较大,这主要是由于去年下半年和今年一季度服务项目收费标准提高,以及受灾城市蔬菜价格上涨较多的影响。

——财政金融形势相对平衡。1至7月份国家财政收支情况,总的看比较正常。国内财政收入累计完成1645亿元,比去年同期增长8.4%,按可比口径计算增长5.9%。财政支出累计1669亿元,比去年同期增长8.5%。支出增多主要是由于救灾开支增加,以及7月份集中支付到期的国库券本金和利息。

金融形势基本保持稳定。1至7月份银行各项存款增加。在商品性货币回笼增加和再度调低存款利率的情况下,城乡居民储蓄存款继续增加。7月末比年初增加1400亿元。银行各项贷款与去年同期基本持平。

——扩大对外开放取得新的成绩,国际收支状况继续改善。据海关统计,1至7月份进出口总额达到689亿美元,比去年同期增长18.1%。其中,出口总额368亿美元,增长19.5%;进口总额321亿美元,增长16.6%,改变了去年进口下降的局面。在利用国外贷款、引进新技术、吸收国外直接投资等方面也都有新的发展。国际旅游业继续回升,非贸易外汇顺差有所增加。

——经济体制改革继续深化。首先是围绕进一步增强国营大中型企业活力,国务院专门发出通知,针对改善企业外部环境和健全企业内部经营机制,提出了11条政策措施,各地区、各部门正在贯彻落实。其次,今年上半年抓住经济环境相对宽松的有利时机,价格改革迈出新的步伐。国家先后调整了钢材、原油、铁路货运价格等和粮油销价,对水泥价格实行了并轨。今年调价出台比较顺利,市场物价没有出现大的波动。第三,外贸出口实行自负盈亏的新体制,这有利于减少财政补贴,促进出口商品结构的调整,创造地区间平等竞争的环境。除此以外,在住房制度、社会保障制度、证券市场等改革方面,也进行了有益的探索。

在国民经济全面回升的同时,科学、教育以及文化、体育、卫生等各项社会事业,也都取得了新的成绩。

关于当前经济运行中的突出矛盾和问题,邹家华指出,总的看来,今年的经济形势是平稳的,并继续在向好的方向发展。这是主流。但是,国民经济运行中仍然存在一些困难和问题,特别是那些深层次的矛盾还没缓解。

第一,经济结构调整缓慢,产成品库存居高不下。治理整顿以来,总量矛盾明显缓解,同时由于采取了加强农业、加强基础工业、基础设施和发展第三产业等措施,产业结构不合理的状况也有一定改善。但是,前几年经济过热、重复建设、重复引进造成一般加工工业盲目发展,不少产品的生产能力超过目前的市场需求和资源供给的可能,以致效率不高,直接影响效益。即使在生产能力利用率很低的情况下,不少加工产品仍然出现积压。生产回升和产品积压同时并存,固然有某些流通渠道不畅、推销工作不力等原因,但更主要的是表明,现在工业生产回升基本上是建立在原有结构基础上的,这是造成当前经济运行中诸多矛盾的重要根源。

第二,企业"三角债"问题还很突出,严重妨碍经济正常循环。形成"三角债"的原因是多方面的。一是产品大量积压。据有关部门分析,企业"三角债"中有相当大的比重为产品积压所致。二是投资资金有缺口,主要是自筹投资不落实。三是企业亏损大,挪用挤占各种资金,扩大相互拖欠。四是财政补贴未到位。此外,信贷结算纪律松弛,也加剧了"三角债"的矛盾。因此,"三角债"问题,实际上是当前经济结构不合理,经济关系还未理顺,财政困难较大的集中反映。清理拖欠确实是一项十分复杂、艰巨的工作,需要有一个逐步缓解的过程。

第三,经济效益差的状况仍未改变,国家财政困难较大。今年以来,伴随着工业生产速度的回升和商品销售的扩大,经济效益略有改善。1至7月份预算内国营工业企业实现利税比去年同期增长6.9%,全员劳动生产率提高7%,综合能耗有所降低。但是,生产回升的速度同经济效益低下的状况仍然存在较大的反差。今年1至7月份,在生产回升较快的情况下,企业实现利润仍比去年同期下降13.1%。

今年以来,部分地区自然灾害严重,又给经济发展和人民生活带来新的困难。南方一些地区先是持续干旱,入夏以后江淮和太湖地区气候异常,洪涝灾害发生早、来势猛、程度重,工农业生产遭受重大损失。到目前为止，全国各种自然灾害使农业受灾面积达6.37亿亩，成灾2.73亿亩，直接经济损失约800多亿元。在党中央、国务院亲切关怀和直接领导下，各级党政领导和广大军民不畏艰险，团结协作，顽强拼搏，抗洪救灾取得了巨大成绩，保护了人民生命安全，减少了受灾损失。现在灾区群众人心安定、社会安定，这再一次显示了我国社会主义制度的优越性，进一步增强了人民群众对建设社会主义的凝聚力。但由于受灾的是人口稠密、经济发达和财政上缴较多的地区，其对全国经济发展的影响也不可低估。

关于今后几个月要认真做好的几项工作，邹家华说，做好今后几个月的经济工作，对进一步推进治理整顿和深化改革，克服自然灾害带来的困难，全面完成今年的国民经济和社会发展计划，至关重要。按照党中央、国务院的部署，今年后几个月，要继续保持供需总量平衡，进一步做好抗灾救灾和灾区的恢复重建工作，努力把经济工作转到调整结构、提高经济效益的轨道上来。为此，要着重抓好以下几项工作。

第一，继续抓好抗灾救灾，力争全年农业生产有一个较好的收成。现在抗灾斗争虽已取得了重大胜利，但洪水消退之后，灾区恢复生产、重建家园的任务还很繁重。今后几个月，要进一步做好抗灾救灾的各项工作，把各方面的受灾损失减少到最低限度，争取秋粮和主要经济作物有较好的收成。一是千方百计组织灾区就地生产自救，恢复水毁工程，尽最大努力补种、改种，尽快恢复遭灾企业和多种经营的生产，增强度荒能力。二是各有关部门要继续大力协同，组织好救灾物资和农业生产资料的调运。要增加以工代赈，用于灾区水利工程和其他基础设施建设。同时，要进一步安排好灾区特别是重灾区人民的基本口粮和住房，切实防止疫病流行。三是各地区要认真抓好秋季作物的田间管理，在密切注视水情变化的同时，积极预防玉米、稻谷和棉花可能发生的病虫害。四是抓好冬小麦、油菜籽的播种准备，要做到种好、种足。并努力做好明年的农业生产和水利建设的准备工作。

第二，适当控制社会需求，保持宏观经济环境相对平稳。为了继续保持社会供求总量平衡的局面，减轻局部地区严重受灾对经济运行的影响，要切实抓好影响宏观总量平衡的几个关键环节：一是按计划控制固定资产投资总规模，重点是控制住全民所有制单位基本建设和技术改造新开工项目。最近国务院发出通知，新开工项目必须符合国家产业政策要求，特别提出治理整顿期间允许新开工建设的项目是农业、水利、能源、交通、重要原材料及教育、卫生、科学、电子、粮库和住宅建设项目，项目审批要继续执行1989年以来国家制定的关于适当集中开工项目审批权限的有关规定，各地区、各部门不得层层下放审批权限。二是进一步落实重点建设资金。认真组织好投资债券的发行工作；继续落实煤、油、电运专项建设基金；切实安排好重点项目的银行贷款。对今冬明春的水利建设要进一步作出安排。三是加强消费基金管理。企业与效益挂钩的工资必须严格执行有关规定，凡是经营性亏损和虚盈实亏的企业不得增发效益工资。因产品无销路或经营管理混乱而停产半停产的企业，应停发奖金和减发工资。企业留利要严格按照政策规定提取生产发展基金和福利基金、奖励基金，严禁挪用各种专项资金和流动资金来发奖金。四是继续控制社会集团消费。各地区、各部门要认真贯彻国务院《关于禁止发放使用各种代币购物券的通知》和国务院控制社会集团购买力领导小组《关于进一步加强控购管理，制止社会集团非生产消费膨胀的紧急通知》精神，继续控制集团消费，严禁用公款请客送礼。

第三，积极推进结构调整，努力减少产品积压，适当控制工业增长速度，切实把工业生产的重点放在调整结构、提高质量、增加品种、减少积压、增进效益上，防止片面追求产值和速度。一是加强对市场变化的研究和预测，根据市场需求和库存情况安排今后几个月的生产，确定压缩库存的目标，减少资金的占用。二是实行压缩产成品资金与适当增加技术改造贷款挂钩的政策，以鼓励企业尽力减少产品积压。三是对于产品无销路、质量很差、管理混乱、亏损严重的企业，要进行停产整顿。对加工工业中的那些生产任务严重不足和重复建设、重复引进突出的行业，要抓紧制定行业调整规划和实施步骤，下决心关停并转一批企业，促进企业组织结构的调整。四是加快产品结构的调整，积极引导和支持企业努力开发一批适销对路的消费品和技术性能先进的投资类产品。受灾地区工业生产的恢复，要同调整产业、产品结构和企业技术改造结合起来，不要平均使用财力和物力。

第四，进一步落实搞活国营大中型企业的各项措施，增强企业活力。国营大中型企业是社会主义经济的重要支柱，是国家财政收入的主要来源。增强国营大中型企业的活力，是当前经济工作的一项突出任务。今后几个月，各地区、各部门要采取积极步骤，全面落实国务院提出的进一步增强国营大中型企业活力的11条政策措施。在这方面要重点抓好几件事：一是继续清理“三角债”。要从减少产品积压、落实建设资金、扭转企业亏损、解决财政欠拨等方面入手，逐步消除“三角债”的源头，避免再发生前清后欠的情况。同时，要严格结算纪律，坚决克服“拖欠有理、拖欠有利、拖欠有效益”的错误思想。二是抓紧进行组建大型企业集团的试点工作。通过组建企业集团，推动生产要素合理流动，更好地发挥全民所有制大中型企业的骨干作用。三是进一步治理“三乱”，并切实解决检查多、评比多、会议多等使企业负担过重的问题，减少不必要的行政干预，暂停对企业的评优升级活动。四是改进企业内部经营机制。改善企业外部环境的各项政策措施，只有同健全企业内部经营机制、充分发掘现有潜力密切结合起来，才能发挥出应有的效果。当前要特别注意按照《企业法》落实企业经营自主权，改进和完善企业人事干部制度、用工制度和分配制度，坚持按劳分配，坚决克服那种“干好干坏一个样、干多干少一个样、干与不干一个样”的平均主义“吃大锅饭”现象。

第五，努力增收节支，继续控制货币信贷总量。要进一步开展增产节约、增收节支活动，狠抓企业扭亏增盈，加强收入征管工作，抓紧清理企业拖欠税利，力争把该收的钱都收上来。要严格控制各项开支，不得擅自开新的减收增支口子，尽量缩小财政收支差额。要继续执行控制货币信贷总量的方针，从严安排各项贷款。流动资金贷款的发放，要按照国家产业政策和结构调整的要求，重点支持产品适销对路、经济效益好的企业；对那些产品长期无销路、质量差、效益低的企业，要加以控制乃至停止发放。同时，对农副产品收购资金，要切实予以保证。

第六，努力把外经贸和国内市场工作做得更好。要继续贯彻执行扩大对外开放的方针，利用当前有利时机，采取积极措施，改进经营管理，增加外贸出口，调整出口商品结构，提高外贸经济效益。同时，要适当增加一些必要的进口，以促进国内生产发展，增加有效供给。要把外汇真正用在刀刃上，用于进口先进的技术装备和扩大出口创汇方面，以支持国内的生产和建设，增强自力更生能力。商业部门要以扩大销售为中心，做好开拓市场的工作。首先要加强农副产品收购，协同银行调度资金，切实解决“卖难”问题。同时，要进一步拓宽工业品下乡渠道，大力组织工业品下乡推销。要积极反馈市场信息，协助工业部门搞好产品结构的调整。

第七，进一步开展“质量、品种、效益年”活动。各地区、各部门和各企业，要认真总结今年以来开展“质量、品种、效益年”活动的成绩和经验，提出今后几个月深入开展这项活动的目标，并采取有力措施，在调整产品结构、压缩产成品库存、提高产品质量等方面做出更大的成效。

在努力做好上述各项工作的同时，要继续推进各项改革，把改革同发展更好地结合起来。要继续推进科学、教育及各项社会事业，使经济、科技、社会事业协调发展。

邹家华说，做好今后几个月的工作，虽然还有不少困难，但也有许多有利条件。这次全国军民团结奋斗战胜严重自然灾害的事实，充分证明依靠党的领导，依靠社会主义制度的优越性，依靠人民群众的积极性，我们完全有能力克服各种困难。只要我们紧紧地团结在以江泽民同志为核心的党中央周围，坚持“一个中心、两个基本点”的基本路线，坚定不移地走建设有中国特色的社会主义道路，同心同德，艰苦奋斗，就一定能够全面完成今年国民经济和社会发展计划规定的各项任务，为顺利实施十年规划和“八五”计划创造一个良好开端。

《人民日报》发表社论《要进一步改革开放》

江泽民同志在庆祝中国共产党成立 70 周年大会上的讲话中指出：“建设有中国特色社会主义的经济、政治、文化，必须在坚持四项基本原则的前提下，坚持改革开放的总方针。只有通过改革，社会主义制度的优越性才能更加充分发挥出来。”通过深入学习讲话，每个共产党员、每个党员干部都应当深刻认识改革开放的重大意义，增强改革开放意识，把我们的改革开放事业进一步推向前进。

党的十一届三中全会以来，邓小平同志和党中央，解放思想，实事求是，把党和国家工作的着重点转移到以经济建设为中心的现代化建设上来，在坚持四项基本原则的前提下，实行改革开放，找到了建设有中国特色社会主义的道路。十多年来的改革开放，给我国社会主义注入了强大的生机，整个国家和社会的各项事业蓬勃发展。可以说，没有改革开放，中国的现代化建设就不可能取得如此辉煌的成就。“四项基本原则是立国之本，改革开放是强国之路”，已经成为全国亿万人民不可动摇的共识。

改革是社会主义制度的自我完善。社会主义制度已经在中国大地扎根并初步显示出优越性，但是由于它是一个新生的制度，还很不成熟，生产关系和上层建筑中还存在不适应生产力发展的方面和环节，妨碍了社会主义制度优越性的发挥。社会主义制度只有在坚持自身改革的进程中，才能逐步走向健全、走向完善、走向成熟，这是社会发展的辩证法。我们已经确定的建设有中国特色的社会主义的各项基本要求，都需要通过改革来实现。我们在实现现代化的战略目标过程中面临的大量新问题，都需要用改革的精神来解决。实行对外开放，是改革的重要方面。他山之石，可以攻玉。吸收国外先进科学技术、管理经验和优秀文化成果，能够更快地发展自己，增强我国自力更生的能力，使社会主义制度的优越性更加充分地显示出来。

改革开放必须坚持正确的方向。我们的改革是在坚持四项基本原则的前提之下，决不能搞资产阶级自由化。如果在经济上实行私有化,政治上实行西方那种多党制,意识形态上实行取消马列主义、毛泽东思想指导地位的多元化,那就会使党和国家陷入混乱,就会葬送党和人民70年奋斗的全部成果。在这个关系到社会主义生死存亡的问题上,我们必须立场坚定,旗帜鲜明,不能有任何一点的模糊和动摇。

坚持四项基本原则,同坚持改革开放是一致的。不坚持四项基本原则,改革开放就会走偏方向,甚至会亡党亡国。不坚持改革开放,社会主义制度的优越性不能得到充分的发挥,社会主义就不可能立于不败之地。我们国家现在经济稳定、政治稳定、社会稳定,是十一届三中全会以来改革开放的结果,是十三届四中全会以来治理整顿、深入改革的结果。如果经济不发展,人民生活不提高,如此稳定是不可能的。

我们国家现在还处在社会主义初级阶段,生产力的发展水平还很低。社会主义的胜利,从根本上说来取决于社会生产力的发展。我们必须用很大的力量搞活国营大中型企业,发展全民所有制经济和集体所有制经济,使公有制经济始终是国民经济的主体。这关系到社会主义制度的巩固和发展,也关系到国民经济的发展和人民生活水平的提高,是决不能等闲视之的。与此同时,也要适当发展个体经济、私营经济和外资企业,以补充公有制经济的不足。必须深切地认识到,在社会主义制度下,凡是有利于社会生产力发展的、有利于国计民生的事情,都是有利于社会主义的,都应该保护和支持。在改革开放中,我们要坚持社会主义方向,坚持公有制的主体地位,在这个条件下,也要使各种经济成分都能得到适当的发展,以利于整个社会生产力的提高,而不能忽视、更不能取消非公有制的经济成分。我们反对"和平演变",是为了提高我们自己的抵御能力,保持清醒的头脑,对外开放不仅不能缩小,而且要进一步扩大。我们的同志必须学会辩证地看待问题和处理问题,不要有任何片面性。

"一个中心、两个基本点"的基本路线,是一个有机的整体,决不能强调一个方面,就忽略了另一个方面。江泽民同志的"七一"讲话,对于建设有中国特色的社会主义,对于党的基本路线,作了完整的、深刻的马克思主义的阐述,我们要认真学习,全面领会其精神实质,在各自的工作中自觉地贯彻落实。

国家计委国家科委财政部在人民大会堂举行国家"七五"科技攻关总结表彰大会

国务委员兼财政部长王丙乾主持会议。

国务委员兼国家科委主任宋健宣读国家计委、国家科委、财政部对国家"七五"科技攻关重大科技成果及其先进集体、先进个人颁奖的决定。

国家领导人江泽民、李鹏、田纪云、温家宝、尹济慈、方毅、洪学智、谷牧、钱伟长出席大会。

国务院总理李鹏在国家"七五"科技攻关总结表彰大会上发表题为《科技攻关是促进我国科技进步的重要形式》的讲话

同志们:

我们今天在这里隆重集会,总结"七五"科技攻关成果,表彰在攻关中做出突出贡献的先进集体和先进个人,这是非常有意义的事情。我代表党中央和国务院,向出席大会的获奖单位、获奖科学家和科技专家表示热烈的祝贺,并通过大会向全体参加科技攻关的同志和全国科技工作者致以衷心的感谢和崇高的敬意。

"七五"国家重点项目攻关,是在"六五"的基础上,根据"七五"期间经济和社会发展的需要提出来的。科技攻关的规模、深度、成果的应用以及获得的经济社会效益,都有很大的进展。国家共安排重点科技项目七十六项,三百四十九个课题,分解为四千九百四十六个专题,组织了跨行业、跨地区的统筹和协作。参加联合科技攻关的有中国科学院、高等院校、各产业部门的研究所以及重点企业等众多部门和单位,直接参加工作的科技人员达十三万多人,汇聚了我国科技界的一大批精华。通过艰苦的努力,他们已经出色地完成了任务。五年间,共获得科技成果一万零四百六十二项,经各部专家委员会的验收,其中达到八十年代国际水平的六千零六十八项,占百分之五十八;填补国内空白的四千一百一十二项,占百分之四十。有百分之八十的研究成果,已经或正在转化为生产力,在全国重点建设和工农业生产中不同程度地得到推广和应用,为经济和社会发展解决了一大批重要课题,办成了一批大事。根据国家统计局的统计,五年累计获得直接经济效益达四百零七亿元。

以下的几项具体实例充分地显示了科学技术对经济和社会发展的巨大推动作用。在农业科技战线方面,通过攻关,培育了水稻、小麦、棉花、大豆等主要农作物良种三百九十七个,推广面积六点四亿亩,增产粮食二百八十亿斤。在黄淮海平原、东北三江平原和西北黄土高原地区,建立了十二个试验示范区,形成了综合配套的技术体系,以点带面,推动了中低产田的治理,获得了重大的经济效益;在资源勘探的研究开发方面,由于理论和方法都有了突破,促成了陕甘宁盆地天然气田、塔里木盆地油气田,以及新疆和长江中游等地区有色金属矿藏的发现,为国家提供了重要的战略资源贮备;在钢铁生产方面,转炉炼钢顶底复合氧气吹炼技术、连铸技术得到了大面积推广,为国家节约了大量能源;在交通运输方面,铁路机车牵引能力有很大提高，结束了我国蒸汽机车的生产历史；在发展大规模集成电路方面，成功地研制了十万个晶体管集成电路的计算机辅助设计系统，开发了近五百种专用集成电路；在自动化技术上，完成了计算机分散型控制系统的研究，为实现电力、冶金、化工、纺织、轻工各行业生产过程自动控制创造了条件。轻工纺织等消费品领域的科技攻关，开发了一大批新技术和新产品，提高了加工深度和产品质量，丰富了市场，改善了人民生活，增强了出口创汇能力；在环境保护、预防自然灾害、重大疾病防治、中医药的研究以及节育技术等方面，都取得了不同程度的重要进展，缓解了工业化过程中的环境污染问题，保障了人民的健康。

在全国范围内组织这种大规模的科技攻关，我们已经锲而不舍地坚持了九年。这是我国人民在社会主义现代化建设中一项极其重要的科学实验活动，它的成功，使我们进一步加深了对以下几个问题的理解和认识。

第一，必须坚持科学技术是第一生产力的思想。科技攻关的实践充分证明，科学技术是社会生产力中最活跃的决定性因素，是构成现代社会生产力并促进其发展的主要力量。关于科学技术在生产力发展中的地位和作用，早在七十年代中期和后期，针对“文化大革命”中造成的思想混乱，邓小平同志就鲜明地提出了科学技术是生产力的论断。八十年代，邓小平同志又根据世界经济科技发展的经验和我国现代化建设面临的问题，进一步强调指出科学技术是第一生产力。这个科学论断，对我国社会主义现代化建设，具有重大的现实意义并将长远地发挥指导作用。各级领导同志都要结合实际情况，贯彻到自己的工作中去，特别是在促进科技与经济发展的结合，使科技研究成果尽快实现向物质生产力的转化上狠下功夫，以加速我国科技和经济现代化的进程，推动我国社会主义经济和社会的发展。

第二，我国的科技队伍是一支具有高度觉悟和爱国热忱，富于献身精神，能够承担国家的重大科技任务，敢于闯难关、打硬仗的队伍，他们为国家为民族立下了伟大的功勋。参加科技攻关的同志以国家大局为重，不计个人得失，坚持在第一线拼搏，涌现了大量的感人事迹。各级党委和政府应大力表彰科技工作者所做出的贡献，宣传他们的事迹，并尽一切可能改善他们的生活条件和工作条件。

第三，我国社会主义制度具有推动科技发展的巨大优势和潜力。科技攻关是我国社会主义现代化建设中促进科技进步，进行大规模科学实验的一种重要组织形式，具有强大生命力，是落实改革开放政策的重要组成部分。攻关课题的提出，既从国民经济和社会发展近期需要出发，又充分考虑了国际科技发展趋势和我国长期发展的需要，一般都具有起点高、综合性强的特点，需要打破行业和地区的界限，运用多种学科和工程部门的力量，统筹规划，联合攻关，并与重点建设、技术改造紧密衔接，才能取得好的效果。攻关的实践证明了这种组织形式是可行的和有效的，应该长期坚持下去，并不断发展和完善。

第四，我们取得的成就标志着我国科学技术的水平已经发生了很大的变化，但是同我们面临的为实现中国社会主义现代化艰巨任务相比，还是很不够的。到本世纪末，我国要实现国民生产总值翻两番，人民生活达到小康水平的战略目标。我们清楚地认识到，要实现十年规划和“八五”计划的关键必须依靠科技进步，并在运用现代科技改造传统产业方面取得更大的进展；在发展高新科技及其产业化方面取得更大的进步；在人口、环境、资源等重大领域取得扎实的成果；在基础性研究，包括基础科学和基础技术方面，有进一步的突破。我们要以发展国民经济为主战场，瞄准当前，兼顾长远，集中力量再办成一批大事。

第五，要继续推进和深化经济体制改革和科技体制改革，并且把这两方面的改革结合起来，逐步建立和完善互相促进的机制，特别是建立能促进科技成果向物质生产力转化的机制。要用整体观念和系统工程的思想协调科技攻关和其他各项科技工作的关系，使之同基本建设、技术改造、引进创新等各项经济技术工作很好地配合。为了发展科学技术事业，必须增加投入，形成国家、企业、社会相结合的多渠道增加科技投入的体制。今后国家拨款将主要用于重大、长远和基础性研究上，企业的科技投入要增强自我发展能力，一些与市场联系的项目，金融信贷也要予以支持。各级政府和有关部门，对于已经建立的不同规模和层次的高新科技开发区，要加强领导和管理，务必使之正确地发挥促进科技成果的交流，促进实现向物质生产力转化的作用。

第六，经济建设必须依靠科技进步和劳动者素质的提高，这是党中央的重大决策。各级领导干部一定要进一步提高对提高劳动者素质的认识，切实加强教育工作。要重视全社会科技知识的普及，宣传科学思想、增强科技意识、推动群众性的科技活动。

同志们！我们正处在世界科技和经济突飞猛进的时代，我们要坚定不移地执行改革开放政策，积极开展国际合作与交流，学习国外先进科学技术和先进的管理经验，以及一切对我们有益的东西。但是，由于激烈的竞争，交流与封锁、合作与控制往往是交织在一起的。特别是在当前国际风云变幻的形势下，我们要保持清醒的头脑，树立坚定的信心，坚定不移地走有中国特色社会主义的道路。坚持以经济建设为中心，坚持四项基本原则，坚持改革开放的基本路线，建立适应于计划经济与市场调节相结合经济体制的科技发展机制。把科技攻关、发展高技术的立足点建立在主要依靠自己力量的基础上。我坚信，只要我们全党、全军、全国各族人民，在以江泽民同志为核心的党中央领导下团结一致，齐心合力，坚决把科学技术搞上去，把生产搞上去，把经济搞上去，我们就一定能够立于不败之地，任何压力都无所畏惧，任何困难都可以克服，社会主义事业一定会在中国这块土地上兴旺发达起来。我们的事业一定能够取得成功！

中央党校校长乔石在中共中央党校1991年秋季开学典礼上发表讲话

乔石指出，风云变幻的国际形势和紧迫繁重的国内任务，更加迫切要求我们认真学习马列主义、毛泽东思想，努力掌握马克思主义这个锐利思想武器，正确分析形势，更加坚定社会主义、共产主义信念，扎扎实实做好国内的工作。

中央党校今年计划招收11个班次的学员1100多人，新报名的和已在校的总人数超过1300人，比上学期有较多增加。校外还有中直机关分校、国家机关分校和军队分部2300多名学员。乔石认为，这反映了广大干部学习马克思主义的高昂热情和各级党委对干部学习马克思主义的重视。乔石代表党中央、中央党校对新学员表示热烈的欢迎。

乔石说，90年代过去了将近两年，如果我们不抓紧时机，着力深化改革，把经济建设搞上去，不断加强同人民群众的联系，把各方面的工作真正搞好，我们就难以很好地完成90年代的任务。

乔石强调，我们只有按照我们党历来的经验，根据马克思主义同中国实际密切结合的原则，努力学懂、学通马克思主义基本原理，掌握马克思主义精神实质，运用马克思主义的立场、观点、方法来解决我们所面临的一系列纷繁复杂的问题，才能沿着中国特色的社会主义道路，达到我们既定的目标。如果说，我们要为走向21世纪作准备，最关键的是这方面的准备。

乔石说，江泽民同志在庆祝中国共产党成立70周年大会上的讲话中，把提高全党的马克思主义水平作为加强党的建设的第一条任务，同志们能够从繁忙的工作中抽出一段时间到中央党校学习，这是一个难得的学习马克思主义理论的机会。他希望学员们十分珍惜这个机会，认真、刻苦地钻研马克思主义的原著，学习马克思主义基本理论，坚持理论联系实际，针对目前国际形势问题、干部思想问题、工作中的问题，向马克思主义找立场、找观点、找方法。同时，还要注意加强党性锻炼，不断改造思想，改造自己的世界观。

国家外汇管理局负责人就公布外债数字问题答新华社记者问

问：对于此次公布的外债数字，能否作些详细说明？

答：这次公布的外债数字同以往相比，一是内容比前两次公布的有所增加，主要是增加了一些相对数和按债务人划分的债务结构情况，以便外界更好地了解我国的债务变动状态；二是1990年我国的外债余额与1989年相比增长幅度较大，净增加112.5亿美元，增长了27.2%；三是我国的中长期和短期外债的结构进一步趋于合理，短期外债的比重，1989年下降幅度较大，1990年有了一定的回升，增强了外债的流动性，目前我国短期外债的比例仍大大低于国际公认的25%的警戒线水平；四是我国外债的偿债率、债务率等指标值均低于国际上公认的警戒线水平，表明我国在总体上有足够的外债偿付能力。

问：今年我国的外贸体制和外汇留成制度有相当大的变化，能否谈谈这方面对债务偿还的影响？

答：国家对外贸体制和外汇留成制度的改革和调整，目的在于建立外贸企业自负盈亏的经营机制，调动出口创汇的积极性，促进我国外汇收入的稳定、持续增长。因此，从总体上，增强了偿债能力，有利于债务的有效偿还。对于以自有外汇偿还外债有困难的企业，经外汇管理部门批准，允许购买调剂外汇偿还外债，以维护对外信誉。

问：十一届三中全会以来，我国利用外资已有十几年历史，目前效益如何？

答：项目的效益是利用外资的关键，效益的好坏决定了债务的偿还和对国民经济发展的作用。我国在有计划的管理下合理地运用外资。十几年来，我国利用国外贷款特别是政府和国际金融组织优惠贷款，集中发展了国民经济的基础设施，如能源、交通、通讯、科学教育和农业等，促进了国民经济的发展，增强了经济发展的后劲，改善了投资环境，效益是显著的。但在有些行业中，如旅游涉外饭店，有些地区存在着高级宾馆过多和效益不理想等问题。目前，有关部门正在积极研究解决。利用外资中暴露的一些问题，对我们今后的管理工作提出了新的要求，我们必须加强监督管理。

问：国家外汇管理局在机构变动以后，在外债管理方面有何新的规划和措施？

答：1990年5月，为了加强国家对全国外汇外债的宏观控制，国务院决定将国家外汇管理局升格为副部级，成为由中国人民银行归口管理的国家局，是实施国家外汇管理的职能机构。目前，国家外汇管理局下设的外资管理司具体负责对全国外债管理的有关事宜。

外债管理是一项系统工程,因此,我们将根据国内利用外资的发展和国际资本市场的变化,不断完善我国的外债管理,以利于外债的借入、使用和偿还有计划地协调进行,促进国民经济的发展。近期我们将公布一些有关的管理办法。

国家外汇管理局公布中国 1990 年末全国外债情况

1990 年全国外债余额为 525.5 亿美元。其中中长期债务余额为 457.8 亿美元,占外债总额的 87.1%;短期债务余额为 67.7 亿美元,占外债总额的 12.9%。

在 1990 年末 525.5 亿美元的外债余额中,政府部门债务余额占 24.5%,金融机构债务余额占 53.2%,国内企业债务余额占 13.3%,外商投资企业债务余额占 9.0%。

1990 年中国债务率为 89.3%,偿债率为 8.5%。

国务院批转农业部《关于进一步办好国营农场的报告》

解放军全军政治工作座谈会在广州召开

会前,全军各级政治机关作了大量的调查研究。在此基础上,总政治部起草了《军队经常性思想工作要则》草稿。

会议的主要议题是研究如何加强和改进部队经常性思想工作。

中央军委秘书长、总政治部主任杨白冰主持会议。总政治部副主任于永波宣读《要则》草稿并讲话。会议将对《要则》草稿进行讨论修改,为正式颁发部队执行做准备。

会议期间,代表参观了广州市"双拥"工作和精神文明建设先进单位南华西街。会议组织代表参观特区,亲身感受特区建设取得的巨大成就。总政治部负责同志告诉记者,这次会议确定在广州召开,就是为了让部队的同志有机会通过参观学习,更深刻认识邓小平同志倡导的改革开放政策的重大意义,坚决贯彻"一个中心、两个基本点"的基本路线,进一步增强改革开放意识,做好新形势下部队的思想政治工作,使全军部队在以江泽民同志为核心的党中央、中央军委领导下,加强军队革命化、现代化、正规化建设,更好地为建设有中国特色的社会主义做出贡献。

会议至 8 日结束。

国家副主席王震在人民大会堂会见国际档案理事会主席法国国家档案局局长法维埃夫妇

国务院总理李鹏在人民大会堂会见古巴政府部长何塞·阿·纳兰霍·莫拉莱斯

国际新秩序研讨会在北京开幕

公安部出入境管理局负责人就非法移民问题发表谈话

海峡两岸中国人口研讨会在北京举行

海峡两岸人口学者聚首北京,第一次共同研讨中国人口问题。中国计划生育协会会长宋平会见参加海峡两岸中国人口研讨会的代表。

宋平表示:海峡两岸的人口问题专家首次聚会,共同研讨中国人口问题,很有意义。他预祝为期 3 天的研讨会成功。

中国计划生育协会常务副会长常崇煊希望与会者共同探讨如何进一步加强计划生育的科学化管理,提出有利于人口控制的设想和建议,使我国的人口数量能得到有效控制,人民群众的素质得到普遍提高。国家计生委主任彭珮云举行招待会,欢迎参加研讨会的人口学界、社会学界专家学者。

会议至 4 日结束。

中国和荷兰两国政府在北京召开的第十一届中国荷兰经贸混委会上签署贷款赠款意向书

国家教委办公厅印发《全国高等院校文科教育改革座谈会纪要》

贺龙元帅铜像在山西省方山县揭幕

海关总署发言人就台湾当局放走走私船"鹰王号"发表谈话

海关总署发言人发表谈话说,台湾当局决定不将"鹰王号"船、货交我方处理,事实上构成了对"鹰王号"走私行为的纵容和包庇,台湾当局对由此而引起的台湾海峡更加猖狂的海上犯罪活动应负不可推卸的责任。

发言人发表谈话说:"根据我方调查掌握的事实和证据表明,'鹰王号'船是一艘地地道道的走私船,船上运载的香烟是向我大陆走私的赃物,船长和管轮等是走私的直接责任人。众所周知,厦门海关对'鹰王号'的正常缉私公务是被台湾军方强制中断的。然而,在我方缉私公务的事实得到澄清后,台湾当局仍不顾'鹰王号'船对福建沿海进行走私的事实,毫无道理地拒绝我方提出的将船、货、人交我方依法查处的要求,将人、船、货放走。这一行为,为我依法查处'鹰王号'走私案制造了障碍,事实上构成了对'鹰王号'走私行为的纵容和包庇。台湾当局尽管口头上表示两岸要商谈合作打击台湾海峡海上走私活动，但从它处理‘鹰王号’走私事件的具体行动中，人们有理由怀疑它在这方面究竟有多少诚意。台湾当局的这种行动必然会给其他从事走私活动的不法分子以可乘之机。对由此而引起的台湾海峡更加猖狂的海上犯罪活动，台湾当局应负不可推卸的责任。”

发言人说：“在此，我们也正告那些心存侥幸、企图利用目前台湾海峡不正常状况而投机的走私分子，中国海关将一如既往地对台湾海峡的走私活动进行坚决有力的打击。”

9月3日

国务院总理李鹏在人民大会堂同英国首相梅杰举行正式会谈

宾主就香港问题、双边关系和共同关心的国际问题深入地交换了意见。

关于香港问题，梅杰首相说，香港问题是我们双边关系中的一个重要问题，我很高兴不久前英中双方就香港建设新机场的问题达成了协议，草签了关于香港新机场建设及有关问题的谅解备忘录。香港和国际上对这个谅解备忘录的反应是积极的。我们现在要做的，就是落实备忘录。英中双方对香港问题虽然有时有些分歧，但双方的共同点是主要的。英方压倒一切的关切，就是使英中关于香港问题的联合声明得以成功的实施。为此，英中双方要加强合作，加快联合联络小组工作的进度。

李鹏说，我同意首相所说的，双方应严格按照中英联合声明办事，中国对香港的基本政策是实行“一国两制”，这个政策有利于香港的稳定和繁荣，这也是中英双方的共同利益所在。中方对双方达成的关于新机场建设的谅解备忘录感到高兴。希望双方今后真诚合作和磋商，实施这一备忘录。在未来的6年时间里，建议中英双方继续共同努力，密切合作，以保持香港的繁荣与稳定，保证香港的平稳过渡和政权的顺利交接。中国方面希望，在过渡时期内，香港政府是一个有效率的政府，为今后香港特区政府的正常运转创造条件。

梅杰对李鹏的上述讲话表示完全同意，赞同英中双方共同努力，保持香港的繁荣和稳定，保证香港的平稳过渡。两位领导人一致同意，加快中英联合联络小组的工作。关于双边关系，梅杰在回顾了两年来英中关系恢复的进程后说：“我本人十分关心英中关系的恢复和发展。中国是一个地位越来越重要的国家。英中两国都是联合国安理会常任理事国。英国十分赞赏中国的经济改革和对外开放所取得的成就。我本人承诺，将对重建相互信任的关系而竭尽全力。”

李鹏同意加强中英双边关系，李鹏说，中英两国之间没有根本的利害冲突，你们在欧洲，我们在亚洲，尽管双方在地理上相隔遥远，但双方有许多共同利益，两国经济有很大的互补性，在经济上，双方是良好的合作伙伴，合作的潜力很大。中英关系曾经有过曲折，但过去的事情就让它过去吧。我们应该向前看，共同为两国关系的发展而努力。

李鹏强调指出，中国将坚定不移地执行邓小平同志开创的改革开放政策。李鹏说，中国的改革开放是有自己的特色的，实践证明是成功的。今年中国遭受了严重水灾，但中国经济增长率仍能保持在6%以上，中国的经济发展和改革开放政策的继续，也将为中英加强经济合作创造良好的条件。

关于国际问题李鹏说，中国政府已原则决定加入核不扩散条约，但这还需要履行必要的法律手续。

李鹏在谈及中美之间相互给予最惠国待遇时说，最惠国待遇是中美经贸关系的核心，是一种互惠的关系，有利于中美经贸关系的发展，也有助于香港的繁荣与稳定。香港当局和香港经贸界人士为保持中国的最惠国待遇进行了积极努力，我们对此表示赞赏。

关于军售控制问题，李鹏强调，中国主张军售控制必须遵循全面均衡的原则，所谓全面就是包括所有武器和所有国家。不能对有些武器控制，而对有些武器不控制；对某些国家控制，对有些国家又不控制。

关于建立国际新秩序问题，李鹏说，中国政府认为这是当前世界面临的一个迫切问题，中国方面有三个主张：一、国际事务应当由世界各国共同参与，使世界和平与安全得到更加切实的保证；二、和平共处五项原则和具有类似内容的其他原则是建立国际新秩序的合理基础；三、联合国在国际事务中应发挥更大的作用，中国愿同英国就此加强磋商，以取得更多的共识。

中国和英国两国政府正式签署《关于香港新机场建设及有关问题的谅解备忘录》

签字仪式上午11时43分在人民大会堂西大厅举行。

国务院总理李鹏和英国首相梅杰分别代表两国政府签字。

出席签字仪式的有国务委员兼外交部部长钱其琛、能源部部长黄毅诚、经贸部部长李岚清、国务院港澳办主任鲁平、新华社香港分社社长周南、外交部副部长田曾佩、中国驻英国大使马毓真、中英联合联络小组中方代表处首席代表郭丰民；英国外交大臣道格拉斯·赫德、驻中国大使麦若彬、首相议会私人秘书布赖特、驻香港总督卫奕信、首相外事顾问珀西·柯利达等。

国务院总理李鹏和英国首相梅杰发表讲话。

李鹏说，中英两国正式签署《关于香港新机场建设及有关问题的谅解备忘录》，不仅有助于香港继续保持作为国际金融、贸易和航空中心的地位，也为中英双方今后在香港问题上加强合作创造了有利条件。

李鹏指出，谅解备忘录的正式签署是令人高兴的一件大事，是中英双方共同努力的结果。

李鹏说，实行“一国两制”，保持香港的长期繁荣稳定是中国坚定不移的政策。中国政府一贯并将继续认真恪守和全面贯彻中英两国政府关于香港问题的联合声明，并决心在此基础上加强同英国的磋商与合作。他接着说：“我们相信，在香港过渡期后半段内，只要中英双方根据联合声明的规定和精神，加强信任，充分磋商，互谅互让，密切合作，1997年香港政权的顺利交接就有充分的保证，香港的繁荣稳定就可得到切实的维护。”

李鹏指出，中国政府一贯重视同英国发展长期稳定的友好合作关系。中英两国社会制度、历史、文化传统和价值观念都不同，但这些差异不应成为发展两国关系的障碍。承认和尊重这些差别，求同存异，彼此就能友好相处。

李鹏认为，中英两国保持和发展良好关系有着坚实的基础。中英两国之间有一个香港问题把两国密切地联系在一起；中英两国都是联合国安理会常任理事国，在国际事务中负有重要的责任；两国经济具有互补性，互利合作潜力很大。

李鹏强调说，在当今复杂的世界形势下中英两国进一步改善和发展关系，加强磋商和合作，不仅符合两国人民的利益，而且也有利于世界的和平与繁荣。

梅杰说，这份备忘录标志着香港—北京—伦敦的关系跨入了一个新的阶段。

梅杰说，兴建新机场对于香港未来的稳定与繁荣是重要的，它是维持和加强香港作为区域和国际民航中心所担当的角色的关键因素。他指出，近一个时期，英中关系曾经遭遇了一些困难。他说，不过，尽管有这些困难，由于英中作为联合国安理会常任理事国的共同责任，以及双方对香港人的共同承诺，英中继续进行了对话，寻找解决的方法。他说：“这些接触现在带来了成果。凭着接触，我们就新机场问题达成了很好的协议。现在，我们放眼于未来。”

他说：“当我们展望将来时，很显然，联合声明仍然是英中两国对香港政策的牢固基石。会谈中我们已确认，决心贯彻履行联合声明中的条文和精神，使1997年7月1日起香港恢复由中国行使主权，中国方面同样承诺维护香港现有的制度50年不变。香港所有的事务将享有高度的自主权，双方一致同意，香港将由香港人自己管理。”

他还说，英中双方也严肃地确认了我们对于过渡时期的态度，直到1990年6月30日，英国政府负责香港的行政管理，以保持和维护香港的经济繁荣和社会稳定。对此，中国政府将给予合作。

他最后强调，中英草签的这一备忘录是一个“好的协定”。他说，今年4月外交大臣赫德来北京时，江泽民总书记谈到面对过渡期的时候曾引用了一句中国的古老成语：同舟共济。这是一个好的比喻。英中共同的目标一直都清楚明确，即香港继续繁荣和稳定。

中共中央总书记江泽民在钓鱼台国宾馆会见英国首相梅杰

国家主席杨尚昆在人民大会堂会见英国首相梅杰

国务院总理李鹏在人民大会堂同纳米比亚总理哈格·根哥布举行会谈

李鹏说，去年纳米比亚独立是一件大事，它标志着非洲大陆非殖民化历史使命的完成，是非洲近代史上一个重要的里程碑。一年前，我们曾以十分喜悦的心情庆祝纳米比亚独立。

李鹏说，自从独立以来，纳米比亚政府为维护国家独立与主权，奉行民族团结和解政策，并注意发展经济，对外奉行和平不结盟政策，致力于加强非洲团结。对此，中国政府给予积极评价。

会谈中，李鹏阐述了中国对当前国际形势的看法，介绍了我独立自主的和平外交政策。李鹏强调，加强同第三世界的团结与合作是中国外交政策的一个基本点。

在谈到建立国际经济政治新秩序时，李鹏指出，只有世界各国恪守不干涉别国内政的原则，世界和平才有基本的保证。各国应和平友好相处，平等相待，发展互利合作，一国对另一国的内政，不能用任何借口加以干涉。李鹏说，中国对于南部非洲的政策是明确的和一贯的。我们认为，生活在南部非洲的一切国家，都应该是平等的。南部非洲人民在反对种族主义斗争中取得了很大的胜利，中国将在这方面继续给予南部非洲人民以支持。

李鹏说，现在国际上存在着不合理的经济秩序，穷国越来越穷，富国越来越富。非洲国家的外债增加，经济困难加重，人均国民收入下滑，同发达国家的差距越来越大。中国支持非洲国家要求发达国家帮助解决债务等问题的呼声。

中国英国两国政府发表《中英联合新闻公报》

应中华人民共和国国务院总理李鹏的邀请，大不列颠及北爱尔兰联合王国首相梅杰于1991年9月2日至4日对中国进行了正式访问。在访问期间，李鹏总理同梅杰首相举行了会谈，江泽民总书记和杨尚昆主席分别会见了梅杰首相。钱其琛国务委员兼外长同赫德外交大臣举行了对口会谈，国务院港澳办公室主任鲁平同随访的香港总督卫奕信进行了会晤。这些会谈和会见是在务实和友好的气氛中进行的。

李鹏总理和梅杰首相于9月3日签署了《关于香港新机场建设及有关问题的谅解备忘录》。双方认为，这一谅解备忘录的签署生效，将使适应香港日益增长需要的新机场建设工作得以尽快进行，并使香港作为国际和地区航空中心的地位得到保持和提高。谅解备忘录的签署体现了中英两国政府随着1997年6月30日的临近在香港问题上加强合作和发展中英双边关系的愿望。双方将密切合作以实施谅解备忘录的各项规定。

在会谈中，双方领导人表示了对香港在中英联合声明规定的基础上保持其国际经济、金融、贸易中心地位的信心。双方重申决心不折不扣地贯彻执行联合声明，强调两国政府在香港问题上合作的重要性，并重申，在今后的六年中，双方将按照联合声明，密切磋商和合作，以实现香港1997年政权的顺利交接和保证香港的长期繁荣稳定。

双方满意地回顾了中英联合联络小组成立以来工作中所取得的进展，并一致同意，两国政府将共同努力加快联络小组的工作，以保证它圆满完成联合声明所赋予的各项职责。为此，双方将采取实际措施提高联络小组的工作效率：对其工作给以高度重视；向双方首席代表提供一切必要的手段；为保证完成1997年前所需处理的工作认真作出规划；根据需要增加联络小组会议次数和成员数目并采取更加灵活、有效的工作方式。联合联络小组双方应及时通报情况、提交资料，并就讨论的特定议题适当地制定进度表。

两国领导人愉快地注意到，通过双方的共同努力，在以下议题上正在取得具体成果或重要进展，并认为这将有利于香港未来的繁荣、稳定：

1. 香港即将自行与某些主要贸易伙伴谈判签订投资促进和保护协定，以便提高其作为国际贸易和投资中心的作用；

2. 双方原则同意早日在香港设立终审法院。专家即将在香港会谈解决剩余的细节问题以便尽早设立终审法院；

3. 双方将争取尽早就目前在香港用于军事目的的土地的前途问题达成协议。专家会谈即将举行。

中方表示，中英土地委员会中方将早日同意港英政府关于把高云楼现址作为建设未来英国总领馆办公大楼之用的建议，英国首相对此表示欢迎，并愿在该址建设一个适当规模的总领馆以表明英国相信香港作为国际金融和经济中心，将保持繁荣和稳定。港英政府将作出安排，为中国外交部1997年6月30日以后派驻香港的机构提供适当的建筑用地。

两国领导人对滞留香港的越南移民问题及其给香港造成的负担表示关切，并认为这一问题应加紧设法予以解决，并支持香港为此采取的措施。

双方确认发展中英关系的重要性。双方欢迎关于香港新机场的谅解备忘录中所规定的两国外长每半年会晤一次以讨论包括香港在内的共同关心的问题。双方还讨论了加强在贸易、投资、文教、科技和其他领域中合作的方式。

两国领导人就共同关心的重大国际问题，包括苏联的局势、中东、柬埔寨、武器扩散、环境等问题，交换了意见。双方认为，中国原则上决定加入不扩散核武器条约对核不扩散具有重要意义。中英两国作为联合国安理会的常任理事国，双方同意将继续加强在国际事务中的密切磋商与合作。

外交部部长钱其琛在钓鱼台国宾馆与陪同梅杰首相来访的英国外交大臣道格拉斯·赫德举行会谈

钱其琛说，为了加快中英联合联络小组的工作进度，除两国外长在必要的时候举行会晤交流意见外，两国可以加强多渠道的接触。比如，两国外交部与对方的使馆、香港政府与新华社香港分社、港督与鲁平主任均可经常接触，以增进相互之间的了解和合作。

赫德外交大臣表示同意。

赫德说，英方十分重视英中经贸关系，希望中方能增购英国产品，以推动双方的经贸关系持续发展。赫德还就与中国合作的项目提出了具体建议。

钱其琛说，中国将怀着很大的诚意研究英方的具体建议，只要有可能，中方是会予以积极考虑的。

在谈及中国受到的水灾时，赫德说，英国政府已提供25万美元的救灾援助，现在决定再向中国提供25万美元。

钱其琛说，柬埔寨问题的政治解决已经取得了重大进展，中国方面主张趁热打铁，希望重开关于柬埔寨问题的巴黎国际会议，最终实现政治解决柬埔寨问题。随着柬埔寨问题的政治解决，中国和越南的关系将实现正常化。中越关系的改善有助于柬埔寨问题的政治解决。

全国人大常委会委员长万里在北京会见由议长安杰依·斯泰尔马霍夫斯基率领的波兰参议院代表团

中央社会治安综合治理委员会在北京召开电话会议部署在全国范围内开展反盗窃斗争

这是中央社会治安综合治理委员会 1991 年 3 月成立后在全国范围内部署的第一个专项斗争。

中共中央政治局常委、中央社会治安综合治理委员会主任乔石主持会议。中央社会治安综合治理委员会副主任、最高人民法院院长任建新，国务委员、中央社会治安综合治理委员会副主任王芳出席会议。中央社会治安综合治理委员会成员及有关单位负责人参加会议。

任建新对反盗窃斗争作部署。任建新说，为了贯彻落实党中央国务院和全国人大常委会关于加强社会治安综合治理的决定，为实施国民经济和社会发展十年规划和“八五”计划创造一个较好的社会环境，中央社会治安综合治理委员会认真分析了当前的治安形势，针对盗窃犯罪相当突出的情况，决定从现在起，按照综合治理方针和“打防并举，标本兼治，重在治本”的原则，在全国范围内广泛地、有步骤地开展反盗窃斗争，推进社会治安综合治理工作，力争经过 3 年左右的努力，使盗窃案件不断增多势头得到有效遏制，使社会治安综合治理各项措施逐步得到全面落实。

任建新指出，近些年来，盗窃犯罪案件持续上升，在全部刑事案件中所占比例达 80%以上。严重影响社会秩序，危害国家经济建设和国防建设，损害广大群众的切身利益。他就如何开展反盗窃斗争提出了具体的意见。

乔石在会议结束时讲话强调，开展反盗窃斗争，是坚持人民民主专政，维护人民群众切身利益，保卫改革开放和社会主义现代化建设的一个重要行动。各级党政领导都要高度重视，认认真真地把这件事情抓紧抓好，他要求在这次电话会议后，各地社会治安综合治理委员会要紧密结合当地情况，研究制定强有力的贯彻落实措施，报告党委、政府后抓紧作出部署。党委、政府的主要领导同志要出面讲话、动员，提出要求。各部门、各单位的党政领导也要亲自出面进行动员部署，并对这项斗争进行的情况及时加强督促检查。

乔石要求要以反盗窃斗争作为突破口，带动社会治安综合治理各方面工作，促进综合治理各项措施的落实。这场斗争要充分体现综合治理的特色。各部门要结合自身特点，认真检查自己工作中存在的问题和漏洞，拿出扎实有效的措施，真正做到齐抓共管，积极参与，打一场声势浩大的人民战争。

乔石指出，衡量这场斗争的成果主要是看群众安全感是否增强，公私财物的安全有无保障，而不要急于要求发案数下降百分之多少。这场斗争中一定要把各项工作做得扎扎实实，决不搞大呼隆，决不搞花架子。

全国政协教育文化委员会在人民大会堂举行庆祝教师节座谈会

《人民日报》发表社论《向科技攻关大军致敬》

劳动部在长春召开全国企业工资工作会议

会议提出，要抓住当前全国经济形势好转的契机，努力推进企业工资改革的深入发展。

会议提出今后一段时间内企业工资改革的重要任务是：逐步建立健全总量调控机制和工资正常增长机制，一方面要解决合理确定职工工资的总量增长问题，一方面要解决对职工个人如何按其提供的劳动数量和质量进行分配的问题；建立和完善“国家宏观调控，分级分类管理，企业自主分配”的工资管理体制；根据按劳分配原则，建立起全国反映职工群体和职工个人劳动质量和数量的工资制度，继续实行和改进工效挂钩办法。在企业内部，真正贯彻按劳分配原则，逐步实行以岗位技能工资制为主要形式的内部分配制度。

会议还提出，企业工资制度改革，要与劳动用工制度、保险制度、培训制度等项改革综合配套进行。

全国打击走私工作会议在北京召开

国家主席杨尚昆根据全国人大常委会的决定任免驻外大使

一、免去李德标的中华人民共和国驻尼泊尔王国特命全权大使职务。

任命邵妸初为中华人民共和国驻尼泊尔王国特命全权大使。

二、免去周明基的中华人民共和国驻赞比亚共和国特命全权大使职务。

任命杨增业为中华人民共和国驻赞比亚共和国特命全权大使。

三、免去杨增业的中华人民共和国驻圭亚那合作共和国特命全权大使职务。

任命王保民为中华人民共和国驻圭亚那合作共和国特命全权大使。

四、免去屠国维的中华人民共和国驻印度共和国特命全权大使职务。

任命程瑞声为中华人民共和国驻印度共和国特命全权大使。

五、免去宋国清的中华人民共和国驻津巴布韦共和国特命全权大使职务。

任命顾欣尔为中华人民共和国驻津巴布韦共和国特命全权大使。

六、免去崔杰的中华人民共和国驻加纳共和国特命全权大使职务。

任命郭靖安为中华人民共和国驻加纳共和国特命全权大使。

七、免去张瑞杰的中华人民共和国驻斯里兰卡民主社会主义共和国特命全权大使兼驻马尔代夫共和国特命全权大使职务。

任命张联(女)为中华人民共和国驻斯里兰卡民主社会主义共和国特命全权大使兼驻马尔代夫共和国特命全权大使。

中信银行深圳分行原行长高森祥因受贿一审被判处死刑

9月4日

中共中央总书记江泽民在中南海会见纳米比亚总理哈格·根哥布

第七届全国人民代表大会常务委员会第二十一次会议通过《关于批准〈控制危险废物越境转移及其处置巴塞尔公约〉的决定》

第七届全国人民代表大会常务委员会第二十一次会议通过《关于批准〈中华人民共和国和罗马尼亚领事条约〉的决定》

第七届全国人民代表大会常务委员会第二十一次会议通过《关于澳门特别行政区基本法起草委员会委员任免的报告的决定》

一、免去薛寿生的澳门特别行政区基本法起草委员会委员和副主任委员职务。

二、免去胡厚诚的澳门特别行政区基本法起草委员会委员和副秘书长职务。

三、免去黎祖智的澳门特别行政区基本法起草委员会委员职务。

四、增补宗光耀为澳门特别行政区基本法起草委员会委员和副秘书长。

五、增补罗立文为澳门特别行政区基本法起草委员会委员。

国家主席杨尚昆签署第50号令公布《中华人民共和国未成年人保护法》

《中华人民共和国未成年人保护法》已由中华人民共和国第七届全国人民代表大会常务委员会第二十一次会议于1991年9月4日通过,现予公布,自1992年1月1日起施行。

中华人民共和国主席 杨尚昆

1991年9月4日

中华人民共和国未成年人保护法

第一章 总 则

第一条 为了保护未成年人的身心健康,保障未成年人的合法权益,促进未成年人在品德、智力、体质等方面全面发展,把他们培养成为有理想、有道德、有文化、有纪律的社会主义事业接班人,根据宪法,制定本法。

第二条 本法所称未成年人是指未满十八周岁的公民。

第三条 国家、社会、学校和家庭对未成年人进行理想教育、道德教育、文化教育、纪律和法制教育,进行爱国主义、集体主义和国际主义、共产主义的教育,提倡爱祖国、爱人民、爱劳动、爱科学、爱社会主义的公德,反对资本主义的、封建主义的和其他的腐朽思想的侵蚀。

第四条 保护未成年人的工作,应当遵循下列原则:

(一)保障未成年人的合法权益;

(二)尊重未成年人的人格尊严;

(三)适应未成年人身心发展的特点;

(四)教育与保护相结合。

第五条 国家保障未成年人的人身、财产和其他合法权益不受侵犯。

保护未成年人,是国家机关、武装力量、政党、社会团体、企业事业组织、城乡基层群众性自治组织、未成年人的监护人和其他成年公民的共同责任。

对侵犯未成年人合法权益的行为,任何组织和个人都有权予以劝阻、制止或者向有关部门提出检举或者控告。

国家、社会、学校和家庭应当教育和帮助未成年人运用法律手段,维护自己的合法权益。

第六条 中央和地方各级国家机关应当在各自的职责范围内做好未成年人保护工作。

国务院和省、自治区、直辖市的人民政府根据需要,采取组织措施,协调有关部门做好未成年人保护工作。

共产主义青年团、妇女联合会、工会、青年联合会、学生联合会、少年先锋队及其他有关的社会团体,协助各级人民政府做好未成年人保护工作,维护未成年人的合法权益。

第七条 各级人民政府和有关部门对保护未成年人有显著成绩的组织和个人,给予奖励。

第二章 家庭保护

第八条 父母或者其他监护人应当依法履行对未成年人的监护职责和抚养义务,不得虐待、遗弃未成年人；不得歧视女性未成年人或者有残疾的未成年人；禁止溺婴、弃婴。

第九条 父母或者其他监护人应当尊重未成年人接受教育的权利，必须使适龄未成年人按照规定接受义务教育，不得使在校接受义务教育的未成年人辍学。

第十条 父母或者其他监护人应当以健康的思想、品行和适当的方法教育未成年人，引导未成年人进行有益身心健康的活动，预防和制止未成年人吸烟、酗酒、流浪以及聚赌、吸毒、卖淫。

第十一条 父母或者其他监护人不得允许或者迫使未成年人结婚，不得为未成年人订立婚约。

第十二条 父母或者其他监护人不履行监护职责或者侵害被监护的未成年人的合法权益的，应当依法承担责任。

父母或者其他监护人有前款所列行为，经教育不改的，人民法院可以根据有关人员或者有关单位的申请，撤销其监护人的资格；依照民法通则第十六条的规定，另行确定监护人。

第三章 学校保护

第十三条 学校应当全面贯彻国家的教育方针，对未成年学生进行德育、智育、体育、美育、劳动教育以及社会生活指导和青春期教育。

学校应当关心、爱护学生；对品行有缺点、学习有困难的学生，应当耐心教育、帮助，不得歧视。

第十四条 学校应当尊重未成年学生的受教育权，不得随意开除未成年学生。

第十五条 学校、幼儿园的教职员应当尊重未成年人的人格尊严，不得对未成年学生和儿童实施体罚、变相体罚或者其他侮辱人格尊严的行为。

第十六条 学校不得使未成年学生在危及人身安全、健康的校舍和其他教育教学设施中活动。

任何组织和个人不得扰乱教学秩序，不得侵占、破坏学校的场地、房屋和设备。

第十七条 学校和幼儿园安排未成年学生和儿童参加集会、文化娱乐、社会实践等集体活动，应当有利于未成年人的健康成长，防止发生人身安全事故。

第十八条 按照国家有关规定送工读学校接受义务教育的未成年人，工读学校应当对其进行思想教育、文化教育、劳动技术教育和职业教育。

工读学校的教职员应当关心、爱护、尊重学生，不得歧视、厌弃。

第十九条 幼儿园应当做好保育、教育工作，促进幼儿在体质、智力、品德等方面和谐发展。

第四章 社会保护

第二十条 国家鼓励社会团体、企业事业组织和其他组织及公民，开展多种形式的有利于未成年人健康成长的社会活动。

第二十一条 各级人民政府应当创造条件，建立和改善适合未成年人文化生活需要的活动场所和设施。

第二十二条 博物馆、纪念馆、科技馆、文化馆、影剧院、体育场（馆）、动物园、公园等场所，应当对中小学生优惠开放。

第二十三条 营业性舞厅等不适宜未成年人活动的场所，有关主管部门和经营者应当采取措施，不得允许未成年人进入。

第二十四条 国家鼓励新闻、出版、广播、电影、电视、文艺等单位和作家、科学家、艺术家及其他公民，创作或者提供有益于未成年人健康成长的作品。出版专门以未成年人为对象的图书、报刊、音像制品等出版物，国家给予扶持。

第二十五条 严禁任何组织和个人向未成年人出售、出租或者以其他方式传播淫秽、暴力、凶杀、恐怖等毒害未成年人的图书、报刊、音像制品。

第二十六条 儿童食品、玩具、用具和游乐设施，不得有害于儿童的安全和健康。

第二十七条 任何人不得在中小学、幼儿园、托儿所的教室、寝室、活动室和其他未成年人集中活动的室内吸烟。

第二十八条 任何组织和个人不得招用未满十六周岁的未成年人，国家另有规定的除外。

任何组织和个人依照国家有关规定招收已满十六周岁未满十八周岁的未成年人的，应当在工种、劳动时间、劳动强度和保护措施等方面执行国家有关规定，不得安排其从事过重、有毒、有害的劳动或者危险作业。

第二十九条 对流浪乞讨或者离家出走的未成年人，民政部门或者其他有关部门应当负责交送其父母或者其他监护人；暂时无法查明其父母或者其他监护人的，由民政部门设立的儿童福利机构收容抚养。

第三十条 任何组织和个人不得披露未成年人的个人隐私。

第三十一条 对未成年人的信件，任何组织和个人不得隐匿、毁弃；除因追查犯罪的需要由公安机关或者人民检察院依照法律规定的程序进行检查，或者对无行为能力的未成年人的信件由其父母或者其他监护人代为开拆外，任何组织或者个人不得开拆。

第三十二条 卫生部门和学校应当为未成年人提供必要的卫生保健条件，做好预防疾病工作。

第三十三条 地方各级人民政府应当积极发展托幼事业，努力办好托儿所、幼儿园，鼓励和支持国家机关、社会团体、企业事业组织和其他社会力量兴办哺乳室、托儿所、幼儿园，提倡和支持举办家庭托儿所。

第三十四条 卫生部门应当对儿童实行预防接种

证制度，积极防治儿童常见病、多发病，加强对传染病防治工作的监督管理和对托儿所、幼儿园卫生保健的业务指导。

第三十五条 各级人民政府和有关部门应当采取多种形式，培养和训练幼儿园、托儿所的保教人员，加强对他们的政治思想和业务教育。

第三十六条 国家依法保护未成年人的智力成果和荣誉权不受侵犯。

对有特殊天赋或者有突出成就的未成年人，国家、社会、家庭和学校应当为他们的健康发展创造有利条件。

第三十七条 未成年人已经受完规定年限的义务教育不再升学的，政府有关部门和社会团体、企业事业组织应当根据实际情况，对他们进行职业技术培训，为他们创造劳动就业条件。

第五章 司法保护

第三十八条 对违法犯罪的未成年人，实行教育、感化、挽救的方针，坚持教育为主、惩罚为辅的原则。

第三十九条 已满十四周岁的未成年人犯罪，因不满十六周岁不予刑事处罚的，责令其家长或者其他监护人加以管教；必要时，也可以由政府收容教养。

第四十条 公安机关、人民检察院、人民法院办理未成年人犯罪的案件，应当照顾未成年人的身心特点，并可以根据需要设立专门机构或者指定专人办理。

公安机关、人民检察院、人民法院和少年犯管教所，应当尊重违法犯罪的未成年人的人格尊严，保障他们的合法权益。

第四十一条 公安机关、人民检察院、人民法院对审前羁押的未成年人，应当与羁押的成年人分别看管。

对经人民法院判决服刑的未成年人，应当与服刑的成年人分别关押、管理。

第四十二条 十四周岁以上不满十六周岁的未成年人犯罪的案件，一律不公开审理。十六周岁以上不满十八周岁的未成年人犯罪的案件，一般也不公开审理。

对未成年人犯罪案件，在判决前，新闻报道、影视节目、公开出版物不得披露该未成年人的姓名、住所、照片及可能推断出该未成年人的资料。

第四十三条 家庭和学校及其他有关单位，应当配合违法犯罪未成年人所在的少年犯管教所等单位，共同做好违法犯罪未成年人的教育挽救工作。

第四十四条 人民检察院免予起诉、人民法院免除刑事处罚或者宣告缓刑以及被解除收容教养或者服刑期满释放的未成年人，复学、升学、就业不受歧视。

第四十五条 人民法院审理继承案件，应当依法保护未成年人的继承权。

人民法院审理离婚案件，离婚双方因抚养未成年子女发生争执，不能达成协议时，应当根据保障子女权益的原则和双方具体情况判决。

第六章 法律责任

第四十六条 未成年人的合法权益受到侵害的，被侵害人或者其监护人有权要求有关主管部门处理，或者依法向人民法院提起诉讼。

第四十七条 侵害未成年人的合法权益，对其造成财产损失或者其他损失、损害的，应当依法赔偿或者承担其他民事责任。

第四十八条 学校、幼儿园、托儿所的教职员对未成年学生和儿童实施体罚或者变相体罚，情节严重的，由其所在单位或者上级机关给予行政处分。

第四十九条 企业事业组织、个体工商户非法招用未满十六周岁的未成年人的，由劳动部门责令改正，处以罚款；情节严重的，由工商行政管理部门吊销营业执照。

第五十条 营业性舞厅等不适宜未成年人活动的场所允许未成年人进入的，由有关主管部门责令改正，可以处以罚款。

第五十一条 向未成年人出售、出租或者以其他方式传播淫秽的图书、报刊、音像制品等出版物的，依法从重处罚。

第五十二条 侵犯未成年人的人身权利或者其他合法权利，构成犯罪的，依法追究刑事责任。

虐待未成年的家庭成员，情节恶劣的，依照刑法第一百八十二条的规定追究刑事责任。

司法工作人员违反监管法规，对被监管的未成年人实行体罚虐待的，依照刑法第一百八十九条的规定追究刑事责任。

对未成年人负有抚养义务而拒绝抚养，情节恶劣的，依照刑法第一百八十三条的规定追究刑事责任。

溺婴的，依照刑法第一百三十二条的规定追究刑事责任。

明知校舍有倒塌的危险而不采取措施，致使校舍倒塌，造成伤亡的，依照刑法第一百八十七条的规定追究刑事责任。

第五十三条 教唆未成年人违法犯罪的，依法从重处罚。

引诱、教唆或者强迫未成年人吸食、注射毒品或者卖淫的，依法从重处罚。

第五十四条 当事人对依照本法作出的行政处罚决定不服的，可以先向上一级行政机关或者有关法律、法规规定的行政机关申请复议，对复议决定不服的，再向人民法院提起诉讼；也可以直接向人民法院提起诉讼。有关法律、法规规定应当先向行政机关申请复议，对复议决定不服再向人民法院提起诉讼的，依照有关法律、法规的规定办理。

当事人对行政处罚决定在法定期限内不申请复议，也不向人民法院提起诉讼，又不履行的，作出处罚决定的机关可以申请人民法院强制执行，或者依法强制执行。

第七章 附 则

第五十五条 国务院有关部门可以根据本法制定有关条例，报国务院批准施行。

省、自治区、直辖市的人民代表大会常务委员会可以根据本法制定实施办法。

第五十六条 本法自 1992 年 1 月 1 日起施行。

刑法有关条文

第二十六条 教唆他人犯罪的，应当按照他在共同犯罪中所起的作用处罚。教唆不满十八岁的人犯罪的，应当从重处罚。

如果被教唆的人没有犯被教唆的罪，对于教唆犯，可以从轻或者减轻处罚。

第一百三十二条 故意杀人的，处死刑、无期徒刑或者十年以上有期徒刑；情节较轻的，处三年以上十年以下有期徒刑。

第一百八十二条 虐待家庭成员，情节恶劣的，处二年以下有期徒刑、拘役或者管制。

犯前款罪，引起被害人重伤、死亡的，处二年以上七年以下有期徒刑。

第一款罪，告诉的才处理。

第一百八十三条 对于年老、年幼、患病或者其他没有独立生活能力的人，负有抚养义务而拒绝抚养，情节恶劣的，处五年以下有期徒刑、拘役或者管制。

第一百八十七条 国家工作人员由于玩忽职守，致使公共财产、国家和人民利益遭受重大损失的，处五年以下有期徒刑或者拘役。

第一百八十九条 司法工作人员违反监督法规，对被监管人实行体罚虐待，情节严重的，处三年以下有期徒刑或者拘役；情节特别严重的，处三年以上十年以下有期徒刑。

国家主席杨尚昆签署第 51 号令公布《全国人民代表大会关于严禁卖淫嫖娼的决定》

《全国人民代表大会常务委员会关于严禁卖淫嫖娼的决定》已由中华人民共和国第七届全国人民代表大会常务委员会第二十一次会议于 1991 年 9 月 4 日通过，现予公布，自公布之日起施行。

中华人民共和国主席 杨尚昆

1991 年 9 月 4 日

全国人民代表大会关于严禁卖淫嫖娼的决定

为了严禁卖淫、嫖娼，严惩组织、强迫、引诱、容留、介绍他人卖淫的犯罪分子，维护社会治安秩序和良好的社会风气，对刑法有关规定作如下补充修改：

一、组织他人卖淫的，处十年以上有期徒刑或者无期徒刑，并处一万元以下罚金或者没收财产；情节特别严重的，处死刑，并处没收财产。

协助组织他人卖淫的，处三年以上十年以下有期徒刑，并处一万元以下罚金；情节严重的，处十年以上有期徒刑，并处一万元以下罚金或者没收财产。

二、强迫他人卖淫的，处五年以上十年以下有期徒刑，并处一万元以下罚金；有下列情形之一的，处十年以上有期徒刑或者无期徒刑，并处一万元以下罚金或者没收财产；情节特别严重的，处死刑，并处没收财产：

（一）强迫不满十四岁的幼女卖淫的；

（二）强迫多人卖淫或者多次强迫他人卖淫的；

（三）强奸后迫使卖淫的；

（四）造成被强迫卖淫的人重伤、死亡或者其他严重后果的。

三、引诱、容留、介绍他人卖淫的，处五年以下有期徒刑或者拘役，并处五千元以下罚金；情节严重的，处五年以上有期徒刑，并处一万元以下罚金；情节较轻的，依照治安管理处罚条例第三十条的规定处罚。

引诱不满十四岁的幼女卖淫的，依照本决定第二条关于强迫不满十四岁的幼女卖淫的规定处罚。

四、卖淫、嫖娼的，依照治安管理处罚条例第三十条的规定处罚。

对卖淫、嫖娼的，可以由公安机关会同有关部门强制集中进行法律、道德教育和生产劳动，使之改掉恶习。期限为六个月至二年。具体办法由国务院规定。

因卖淫、嫖娼被公安机关处理后又卖淫、嫖娼的，实行劳动教养，并由公安机关处五千元以下罚款。

对卖淫、嫖娼的，一律强制进行性病检查。对患有性病的，进行强制治疗。

五、明知自己患有梅毒、淋病等严重性病卖淫、嫖娼的，处五年以下有期徒刑、拘役或者管制，并处五千元以下罚金。

嫖宿不满十四岁的幼女的，依照刑法关于强奸罪的规定处罚。

六、旅馆业、饮食服务业、文化娱乐业、出租汽车业等单位的人员，利用本单位的条件，组织、强迫、引诱、容留、介绍他人卖淫的，依照本决定第一条、第二条、第三条的规定处罚。

前款所列单位的主要负责人，有前款规定的行为的，从重处罚。

七、旅馆业、饮食服务业、文化娱乐业、出租汽车业等单位，对发生在本单位的卖淫、嫖娼活动，放任不管、不采取措施制止的，由公安机关处一万元以上十万元以下罚款，并可以责令其限期整顿、停业整顿，经整顿仍不改正的，由工商行政主管部门吊销营业执照；对直接负责的主管人员和其他直接责任人员，由本单位或者上级主管部门予以行政处分，由公安机关处一千元以下罚款。

八、旅馆业、饮食服务业、文化娱乐业、出租汽车业等单位的负责人和职工，在公安机关查处卖淫、嫖娼活动时，隐瞒情况或者为违法犯罪分子通风报信的，依照刑法第一百六十二条的规定处罚。

九、有查禁卖淫、嫖娼活动职责的国家工作人员，为使违法犯罪分子逃避处罚，向其通风报信、提供便利的，依照刑法第一百八十八条的规定处罚。

犯前款罪，事前与犯罪分子通谋的，以共同犯罪论处。

十、组织、强迫、引诱、容留、介绍他人卖淫以及卖淫的非法所得予以没收。

罚没收入一律上缴国库。

十一、本决定自公布之日起施行。

国家主席杨尚昆签署第52号令公布《全国人民代表大会常务委员会关于严惩拐卖、绑架妇女、儿童的犯罪分子的决定》

《全国人民代表大会常务委员会关于严惩拐卖、绑架妇女、儿童的犯罪分子的决定》已由中华人民共和国第七届全国人民代表大会常务委员会第二十一次会议于1991年9月4日通过，现予公布，自公布之日起施行。

中华人民共和国主席 杨尚昆

1991年9月4日

全国人民代表大会常务委员会关于严惩拐卖、绑架妇女、儿童的犯罪分子的决定

为了严惩拐卖、绑架妇女、儿童的犯罪分子，保护妇女、儿童的人身安全，维护社会治安秩序，对刑法有关规定作如下补充修改：

一、拐卖妇女、儿童的，处五年以上十年以下有期徒刑，并处一万元以下罚金；有下列情形之一的，处十年以上有期徒刑或者无期徒刑，并处一万元以下罚金或者没收财产；情节特别严重的，处死刑，并处没收财产：

（一）拐卖妇女、儿童集团的首要分子；

（二）拐卖妇女、儿童三人以上的；

（三）奸淫被拐卖的妇女的；

（四）诱骗、强迫被拐卖的妇女卖淫或者将被拐卖的妇女卖给他人迫使其卖淫的；

（五）造成被拐卖的妇女、儿童或者其亲属重伤、死亡或者其他严重后果的；

（六）将妇女、儿童卖往境外的。

拐卖妇女、儿童是指以出卖为目的，有拐骗、收买、贩卖、接送、中转妇女、儿童的行为之一的。

二、以出卖为目的，使用暴力、胁迫或者麻醉方法绑架妇女、儿童的，处十年以上有期徒刑或者无期徒刑，并处一万元以下罚金或者没收财产；情节特别严重的，处死刑，并处没收财产。

以出卖或者勒索财物为目的，偷盗婴幼儿的，依照本条第一款的规定处罚。

以勒索财物为目的绑架他人的，依照本条第一款的规定处罚。

三、严禁收买被拐卖、绑架的妇女、儿童。收买被拐卖、绑架的妇女、儿童的，处三年以下有期徒刑、拘役或者管制。

收买被拐卖、绑架的妇女，强行与其发生性关系的，依照刑法关于强奸罪的规定处罚。

收买被拐卖、绑架的妇女、儿童，非法剥夺、限制其人身自由或者有伤害、侮辱、虐待等犯罪行为的，依照刑法的有关规定处罚。

收买被拐卖、绑架的妇女、儿童，并有本条第二款、第三款规定的犯罪行为的，依照刑法关于数罪并罚的规定处罚。

收买被拐卖、绑架的妇女、儿童又出卖的，依照本决定第一条的规定处罚。

收买被拐卖、绑架的妇女、儿童，按照被买妇女的意愿，不阻碍其返回原居住地的，对被买儿童没有虐待行为，不阻碍对其进行解救的，可以不追究刑事责任。

四、任何个人或者组织不得阻碍对被拐卖、绑架的妇女、儿童的解救，并不得向被拐卖、绑架的妇女、儿童及其家属或者解救人索要收买妇女、儿童的费用和生活费用；对已经索取的收买妇女、儿童的费用和生活费用，予以追回。

以暴力、威胁方法阻碍国家工作人员解救被收买的妇女、儿童的，依照刑法第一百五十七条的规定处罚；协助转移、隐藏或者以其他方法阻碍国家工作人员解救被收买的妇女、儿童，未使用暴力、威胁方法的，依照治安管理处罚条例的规定处罚。

聚众阻碍国家工作人员解救被收买的妇女、儿童的首要分子，处五年以下有期徒刑或者拘役；其他参与者，依照本条第二款的规定处罚。

五、各级人民政府对被拐卖、绑架的妇女、儿童负有解救职责，解救工作由公安机关会同有关部门负责执行。负有解救职责的国家工作人员接到被拐卖、绑架的妇女、儿童及其家属的解救要求或者接到其他人的举报，而对被拐卖、绑架的妇女、儿童不进行解救，造成严重后果的，依照刑法第一百八十七条的规定处罚；情节较轻的，予以行政处分。

负有解救职责的国家工作人员利用职务阻碍解救的，处二年以上七年以下有期徒刑；情节较轻的，处二年以下有期徒刑或者拘役。

六、拐卖、绑架妇女、儿童的非法所得予以没收。罚没收入一律上缴国库。

七、本决定自公布之日起施行。

国务院总理李鹏在全国清理三角债工作会议代表座谈会上发表讲话

李鹏在同会议代表座谈时指出，正在我国深入开展的清理“三角债”工作是有成效的。只要各地区、各部门进一步增强信心和决心，上下一心，经过两年到三年时间的努力，是可以把严重困扰我国经济正常发展的“三角债”问题解决的。

全国清理“三角债”工作会议在朱镕基副总理主持下，8 月 31 日到 9 月 4 日在北京举行。在今天的座谈会上，中国人民银行副行长周正庆汇报了这次会议的基本情况。辽宁省副省长闻世震、天津市副市长李慧芬和湖北省副省长徐鹏航分别就清理“三角债”试点情况，以及压缩产成品资金占用与增加技术改造贷款等问题发了言。

李鹏总理听了汇报和发言以后说，这次清理“三角债”工作会议很重要，开得很好，提高了认识，统一了思想，作了具体的部署。

李鹏说，在外有压力内有困难的情况下，我国经济形势进一步向好的方向发展。但是，在国民经济发展过程中，经济工作依然存在着严峻的一面。特别是国营工业企业经济结构调整缓慢，经济效益下降的局面还没有从根本上转变。当前困扰经济发展和效益提高的一个突出问题就是“三角债”问题。虽然去年清理“三角债”工作取得了很大成绩，但却未能防止新的拖欠发生，“三角债”已成为国民经济正常运转的严重障碍。从根本上解决“三角债”问题已势在必行。因此，国务院决定把清理“三角债”作为搞活国营大中型企业，治理经济秩序的突破口来抓。

李鹏指出，清理“三角债”涉及方方面面的利益关系，比较复杂，需要党和政府的领导和组织，各地政府的主要领导要亲自过问，纳入议事日程，组织各方面的力量，齐心协力，完成这项任务。会议之后，各地政府要成立强有力的班子，集中时间和精力，按照会议的部署，制定具体措施，扎扎实实地开展工作。

李鹏说，在清理“三角债”工作中，首先要解决认识问题。有的地方，有的企业存在着“等、靠、要”和怕吃亏的思想，认为谁先清，谁吃亏，有的还提出搞“等额清欠”。这种想法和做法是不正确的。经济工作是一个整体，是相互联系的。拖欠是一个债务链，相互牵制，必须严格纪律，小道理服从大道理。各地方、各企业都按照统一部署办才能使清理“三角债”工作取得明显成效。清理“三角债”不能只靠政府和部门提供资金投入，创造外部条件，也要靠企业的自身努力。李鹏要求各企业坚决纠正“欠债有理”、“欠债有利”，“欠债出效益”的错误思想，克服消极、等待、观望思想，自觉清理拖欠。

李鹏说，清理“三角债”要抓紧时间，不能拖拉，应当按照会议的要求见成效。同时，也要看到形成“三角债”有历史的原因和现实的原因；看到它的复杂性。解决“三角债”要和深化改革联系起来，要和经济的发展和社会的稳定结合起来。他希望用三年的时间把这件事情办好。

李鹏说，目前，企业产成品积压严重，是形成“三角债”的一个重要源头。生产积压产品造成财力和资源的浪费对国家不利，对企业不利。为了鼓励各地压缩产成品库存，这次清欠中要实行“压贷挂钩”的办法，对于各地压缩库存积压收回的流动资金贷款，经过银行审查批准，原则上可以用于支持企业技术改造。应当看到，压缩产成品库存，特别是限制新的积压产品生产，情况复杂，难度很大，它不仅涉及产品结构调整，而且涉及企业组织结构的调整，需要考虑各方面的承受能力，要在保持社会稳定和经济发展的前提下，有步骤地慎重地进行。李鹏指出，减少积压产品，一方面要限制积压产品的生产，另一方面要促进产品的销售，重视销售工作。

李鹏特别强调在清理三角债中要防止新的拖欠。李鹏说，为了防止新的拖欠，一是要堵住基本建设投资缺口。今后，从中央到地方，对基本建设项目一定要严格审查，不能盲目上马，也不能搞低水平的重复建设，还要防止以技术改造的名义上基建项目，上项目一定要量力而行。决定上的项目，资金则必须打足，要考虑到贷款的利息、物价指数和流动资金，不留缺口。还要采取有效措施，逐步消化企业各种亏损，防止新的亏损。

李鹏指出，清理“三角债”，要根据计划经济加市场调节的要求，更多地采取经济的方法，同时也要充分运用行政、法律手段，维护法纪的严肃性，增强企业的法制观念。财政部和人民银行也要相应提出行之有效的办法和措施。

国务院总理李鹏在人民大会堂福建厅会见参加北京国际新秩序研讨会的外国专家和学者

李鹏在会见中指出，中国愿意同世界各国，既包括发展中国家，也包括发达国家，就建立国际新秩序问题进行磋商，以求扩大共识。

李鹏在谈到国内形势时说，改革开放 10 多年来，中国取得了很大的成就，政治稳定，经济发展，社会安定，但我们也遇到一些困难。

国务院港澳办公室主任鲁平在钓鱼台国宾馆与随同英国首相约翰·梅杰来访的香港总督卫奕信会晤

双方在友好的气氛中就《关于香港新机场建设及有关问题的谅解备忘录》的实施问题进行了会谈，并就香港政治体制的现有行政与立法关系如何与基本法的规定衔接、加快中英联合联络小组工作进度等若干问题交换了意见。

根据谅解备忘录的规定，双方进一步讨论了中英联合联络小组领导的机场委员会，以及香港机场管理局、咨询委员会等三个机构的组成问题。鲁平向英方提交了加入机场管理局的中银集团成员人选以及咨询委员人选的建议名单，卫奕信表示将在认真考虑中方的建议后作出委任。

在谈到香港今后政制中行政与立法的关系时，鲁平表示，为了实现 1997 年政权的顺利交接和平稳过渡，为了保持香港的长期繁荣稳定，希望过渡时期最后 6 年的港英政府仍然是一个有权威有效率的政府，香港政治体制的演变要同 1997 年 7 月 1 日起生效的香港特别行政区基本法相衔接。

新华社香港分社社长周南、国务院港澳办公室副主任陈滋英等参加了会晤。

中国常驻联合国代表李道豫在联合国召开的非洲经济复兴和发展行动纲领终期评审特设全体委员会会议上发言

《人民日报》发表评论员文章《友好合作的新篇章——祝贺中英两国政府〈关于香港新机场建设及有关问题的谅解备忘录〉正式签署》

监察部在沈阳召开案件审理工作座谈会

张思德铜像在北京卫戍区某部揭幕

9月5日

邓小平题写书名的《中国共产党的七十年》出版

国务院副总理田纪云在打击走私工作会议上发表讲话

田纪云强调指出，要下大力气从根本上扭转走私猖獗的严重局面，把走私分子的猖狂气焰打下去。

田纪云说，自从 1989 年东南沿海四省打击走私会议以后，反走私斗争取得了很大成绩，但目前反走私斗争的形势仍十分严峻。一些地方的领导同志对走私的危害性认识不足，反走私斗争的态度不坚决，领导不得力；一些基层政权、执法单位的负责人和少数工作人员甚至包庇纵容走私。

田纪云强调，当前，必须紧紧抓住三个重点：一是坚决摧毁沿海走私窝点，整顿和健全地方基层政权组织。对那些玩忽职守，纵容、包庇、支持、参与走私的基层组织和干部，要坚决依照法律、政纪、党纪严肃处理。二是坚决查处大案要案。对内外勾结、执法犯法、数额巨大、情节恶劣、危害严重的案件，必须组织专门班子进行查处。无论涉及什么人，都要排除阻力，一查到底，依法严肃处理。要集中力量打击重点海域和边境地区的走私犯罪活动，坚决堵住走私源头。三是要管住市场，切断私货的销售渠道。工商、公安、税务和烟草专卖等执法部门要切实负起责任，密切配合。坚决取缔一切公开和地下的私货交易，查禁一切非法物品。对私货的处理要坚决按照国家有关专卖、专营的规定执行。

会议于 6 日结束。

国务院贫困地区经济开发领导小组组长陈俊生在陕北老区科技扶贫经济开发会议上发表讲话

陈俊生强调："'八五'期间以至今后十年的扶贫工作是要在'七五'期间实行由单纯救济转向经济开发的第一个转移的基础上，把重点转移到依靠科技进步和提高劳动者素质上来，实现第二个转移。这是今后扶贫工作应当牢固树立的一个指导思想。"

陈俊生把陕北老区创造的经验概括为：(一)扶贫开发与改善生态环境相结合。(二)因地制宜，发展区域性主导产业。(三)制定相应的科技扶贫政策。(四)发扬自力更生、艰苦奋斗的优良传统。

怎样才能实现扶贫工作重点转移呢？陈俊生对革命老区和贫困地区的工作提出几点要求。首先是解放思想，增强科技意识，把科技进步落实到改善生态环境和发展主导产业上来，使扶贫资金向科技进步倾斜。其次是采取多种形式提高劳动者素质，特困地区要做好科技启蒙工作。三是要有鼓励科技进步的相应政策，并重视决策的科学化。

北京至九龙铁路开始全面建设

国务院副总理邹家华到现场祝贺并为开工典礼剪彩。铁路全长 2300 公里，穿越京、津、冀、鲁、豫、皖、鄂、赣、粤 9 省市。

国家科委和国家体改委印发《关于深化高新技术产业开发区改革，推进高新技术产业发展的决定》的通知

最近，邓小平同志号召我们要"发展高科技，实现产业化"；江泽民、李鹏同志多次强调，为实现我国经济发展第二步、第三步战略目标，必须充分发挥科技第一生产力的作用，发展高新技术产业，带动传统产业技术改造，把国民经济建设真正转移到依靠科技进步和提高劳动者的素质的轨道上来。国务院已正式作出了建立一批国家高新技术产业开发区的决定。

为贯彻落实党中央、国务院的指示精神，国家科委和国家体改委研究制定了《关于深化高新技术产业开发区改革，推进高新技术产业发展的决定》，进一步明确了开发区改革的基本方向、原则和思路。现将《决定》印发给你们，请根据国家有关政策、法规和本决定精神，结合具体情况，认真组织实施，把改革与发展紧密结合起来，并把工作中的经验、问题、建议等及时通报我们。

国家科委、国家体改委关于深化高新技术产业开发区改革，推进高新技术产业发展的决定

发展高科技，实现产业化，使更多的科学技术成果转化为现实生产能力，对我国产业结构的调整和综合国力的提高，实现经济发展的第二步、第三步目标，具有十分重大的战略意义。为了贯彻国务院关于建立国家高新技术产业开发区，推进高新技术产业发展的战略决策，特作如下决定：

一、从一九九一年起，在国家高新技术产业开发区，坚决地、有步骤地推进综合改革。

改革的目标是根据发展社会主义有计划商品经济的要求，促进计划经济与市场调节相结合，在开发区内建立起符合商品经济运行规律，适应高新技术产业发展要求和国际惯例的体制、机制和环境条件，以最大限度地解放科技生产力，促进经济繁荣昌盛。企业制度、管理体制、劳动人事制度、社会化支撑服务体系以及社会保障体系等方面的改革，都要围绕这个目标来开展。

改革的重点是：在生产资料所有制方面，探索如何做到坚持以社会主义公有制为主体的多种经济成分共同发展；在分配制度方面，如何做到以按劳分配为主体，既能克服平均主义，又能防止两极分化；在计划经济与市场调节相结合方面，探索将计划与市场两者长处相结合、相辅相成的具体政策、措施和形式。

改革中要充分利用多年来我国科技进步创造的有利条件，认真贯彻国家鼓励开发区发展的各项政策，吸取经济特区和经济技术开发区的成功经验，借鉴国外高新技术园区的一些有益做法，努力把开发区建成高新技术成果商品化、产业化的基地，高新技术向传统产业渗透的辐射源，对外开放的窗口，深化改革的试验区和示范区，优化小环境，形成大气候，促进我国高新技术成果的商品化、产业化和国际化。

二、改革企业管理体制和经营机制，使高新技术企业在国家政策、计划引导下，面向市场，自主经营，平等竞争。

高新技术企业是开发区的主体和基础。这些在改革中新建的经济实体，具有建立新体制和新机制的有利条件。开发区的各项改革政策措施的中心目的是进一步创造环境条件，保证企业按照新的运行机制开展生产经营活动。企业的生产经营活动应以市场为导向，主要由市场调节。企业与各方面的关系主要是经济关系。要使企业按照国家宏观经济的政策导向和"自筹资金、自愿组合、自主经营、自负盈亏、自我发展、自我约束"的原则，根据国内外市场的需求，自主确定发展战略，拓宽经营范围，实行技工贸、技农贸一体化。要在坚持以公有制为主体的前提下，创造条件，使不同经济成分的企业平等竞争、优胜劣汰。企业自主确定以按劳分配为主的多种形式的内部分配办法，实行全员劳动合同制。

在理顺资产关系和责权利关系的前提下，企业可以实行合伙企业、合作企业、有限责任公司和股份有限公司等组织形式。提倡法人之间相互参股、控股，鼓励以专利、技术成果等知识产权入股，有计划地引导企业职工持股，积极吸引外资入股。通过柜台交易，允许股票转让和流通。推行产权有偿转让和企业破产制度，发展生产要素市场，通过兼并、承包、租赁、拍卖等方式推动生产要素的合理流动和优化组合。在企业与企业之间、企业与职工之间逐步建立新型的责权利关系。

高新技术企业要牢固树立商品经济观念，强化竞争意识，改善经营管理，在不断提高产品的技术附加值上下功夫，主动开拓国内和国际市场。

三、加强对高新技术产业发展的引导和调控，形成合理的产业结构，推进高新技术产业化。

发展高新技术产业，必须依靠现有工农业基础，充分发挥国防军工的高技术优势，要通过提供现代化的系统设计、工艺和装备等形式，加强高新技术对传统产业的辐射渗透，推动传统产业的技术改造和结构调整，加快高新技术产业化的进程。开发区要创造良好的体制、机制和环境条件，把我国自主研究开发和引进的高新技术成果，源源不断地转化成商品，努力上质量、上水平、上规模，使开发区成为我国高新技术产业的摇篮和基地，发挥示范和推动作用。

高新技术产业的项目选择工作必须立足我国具体国情和国力，对具有优势或国际上空白、薄弱的环节要优先选择、重点发展。开发区项目安排要与经济、科技发展计划相衔接，同时要不断提高开发区企业的研究开发能力，强化中试环节，促进科研、设计、生产、经营一体化。要研究和改进有关政策，制定新的措施和办法，鼓励科研院所、大专院校、大中型企业到开发区创办高新技术企业或以参股、联营等形式进入开发区，同时要充分发挥民办科技企业的作用。鼓励开发区内的企业与区外企业特别是经济技术开发区、经济特区的企业，实行多种形式的联产、联营或联合投资，优势互补、共同开发。各开发区要因地制宜，充分运用本地的资源和技术优势，开发各具特色、各有专长的高新技术，防止搞低水平的重复项目。在此基础上，大力开发拳头产品，发展以高新技术企业为主导的企业集团，形成支柱产业和规模经营，努力提高产业化程度。

计划部门和行业主管部门确定基本建设和技术改造项目，要密切配合高新技术产业的发展，通过以政府订货形式优先购买高新技术产品，发布行业和产品技术标准，限制淘汰落后产品和技术等措施，扩大高新技术产品的市场需求。要运用财政补贴、差别利率、差别税率、贷款贴息等经济杠杆，鼓励和引导传统产业运用高新技术进行技术改造。

要根据国家的产业政策、科技政策，综合运用信息服务和经济手段，加强对开发区发展的引导和调控，防止低水平重复和产业趋同。各开发区要立足当地资源与技术优势，结合传统产业技术改造的需要，制定好发展规划和计划，加强引导和信息服务，重点发展支柱产业，形成地区产业特色，形成符合我国国情的合理的高新技术产业结构。国家科委将加强对高新技术在研项目的内容、进展情况和市场前景等信息的发布工作，并通过国家科技发展计划的实施和开发区发展规划的审定，调控和引导高新技术产业的发展方向和投资重点。地方科委要在高新技术企业和项目的认定审批上把好关。

四、扩大开放，推动高新技术产品走向国际市场，加快高新技术产业国际化的进程。

现代高新技术产业具有生产要素在国际范围内优化组合的特点，技术附加值、创新程度、投入强度越高的高新技术行业或环节，对国际化程度的要求也越高。高新技术产业只有在国际市场的竞争中求生存、求发展，才能真正实现产业化和国际化。要实现我国高新技术产业国际化，必须贯彻科技合作与经济合作并举、民间合作与官方合作并举、双边合作与多边合作并举的全方位对外开放方针，加强对现代高新技术产业国际化特点和发展趋势的研究，确立正确的发展战略；同时要在开发区建立健全适应国际惯例的体制、机制和环境条件。

各开发区经有关部门批准应设置技贸进出口公司及海关分支机构，设立保税仓库、工厂或保税区，以适应当代国际技术经济贸易的需要。要鼓励高新技术企业向外向型发展，充分利用经济技术开发区和沿海经济特区已有的对外窗口，加快高新技术产品进入国际市场特别是第三世界市场的步伐。要根据需要赋予有条件的企业和企业集团更多的外贸经营自主权，鼓励它们到国外、境外设立分支机构和销售服务网点，简化进出口业务的审批手续。对高新技术重要行业，出口创汇和替代进口的高新技术产品，要在关税和外贸配额、许可证等方面给予优惠和保护。从事高新技术产品开发的科技人员应能直接参与对外贸易洽谈业务。要认真贯彻落实国家关于简化高新技术企业部分人员多次出国审批手续的规定，切实解决实施中的具体问题。

进一步优化开发区投资环境，积极吸引国外、境外投资者到开发区独资、合资创办高新技术企业或进行风险投资。要切实保护国外、境外投资者合法的技术经济权益，协助他们依法在我国申请专利，对我国法律尚不保护的领域，要通过控制生产许可证发放范围等行政措施，防止成果的非授权使用与转让。

五、广泛吸引人才，在开发区创造一个人才辈出、人尽其才的良好环境。

开发区的建设与发展，需要一大批优秀的企业家、专业技术人才和管理人才为之奋斗拼搏。要贯彻“尊重知识、尊重人才”的方针，鼓励科技人员相对集中特别是任务尚不饱满的科研院所、大专院校、大中型企业实行人才分流，有组织地到开发区创办、联办高新技术企业和校办产业，支援开发区建设。开发区要制定优惠政策，通过招聘等形式，吸引各类人才特别是中青年科技骨干、学有所成的出国留学人员、确有专长的海外华人专家到开发区工作。

对到开发区工作的专业技术人员，在按照国家有关规定进行技术职称评聘的同时，可实行企业内部技术职称评聘制度。对人才流动中发生的技术权益纠纷，一方面要加强遵纪守法和职业道德教育，另一方面要加强协调和仲裁工作。在高新技术企业按照国家有关规定留足发展基金、严格计征个人收入调节税的前提下，可从优核定企业工资总额，并切实贯彻按劳分配的原则，拉开个人收入分配的档次。通过推进住房商品化和建立健全社会保障体系，解决人才流动中的住房、福利、待业等方面的问题。

要按照高新技术成果商品化、产业化、国际化的要求，加强培训工作，尽快造就一批适应高新技术产业发展需要，懂技术、懂外语、会管理、善经营的企业家和管理人才。要十分珍惜和爱护高新技术企业家及为开发区建设和高新技术产业发展作出突出贡献的有关人员，并给予应有的荣誉和物质奖励。

六、建立多渠道、多形式的融资体系，增加对开发区的投入，改革投资方式，提高投资效益。

高新技术成果商品化、产业化需要高投入，具有高风险的特点。必须逐步增加对开发区的投入并建立风险投资机制。

中央和地方要采取匹配资金等方式，在计划投资、财政拨款、信贷和固定资产投资规模等方面向开发区倾斜，支持高新技术企业发展。

要拓宽融资渠道，建立健全社会化融资体系。主要利用社会资金(股票、债券、保险金等)和政府匹配的部分资金，同时积极吸引外资投入，建立高新技术产业化的风险投资基金。要增加对重点行业、企业和产品的投入强度，支持信息咨询、中介服务等支撑服务体系建设。要健全资金管理制度，建立投资管理网络，逐步做到资金使用的目标管理和全过程监控，提高投资和资金运营效益。经过有关部门批准，高新技术企业集团可以建立财务公司。

七、逐步建立社会化支撑服务体系和社会保障体系，为高新技术企业的发展创造条件。

为建立新的企业运行机制，避免企业走小而全、大而全和企业办社会的老路，各开发区必须建立培育高新技术企业和为企业发展服务的社会化服务体系和保障体系。

努力办好高新技术创业服务中心，为掌握具有商品化前景的高新技术成果的创业者提供研究开发、试制生产等所必要的条件，代理工商、税务、信贷、保险等方面的业务，培育高新技术企业。建立综合性、专业性咨询服务机构，为企业提供国内外技术经济信息、可行性论证、项目评估等方面的服务，帮助企业制定正确的研究开发计划和经营发展战略。要制定必要的优惠政策，鼓励这类软科技产业的发展。要发展人才、技术、资金、物资、房地产等要素市场，建立法律事务、会计事务、合同仲裁、外贸代理等服务机构，为企业发展提供必要的中介、咨询、代理服务。各开发区的上述机构要加强业务联系，逐步形成全国性的高新技术产业的信息、中介和服务体系。

在开发区推进住房制度改革，逐步实行住房商品化和社会化管理。允许房地产开发公司向社会筹集资金，利用现有的金融机构，积极开展企业和个人购房储蓄和贷款业务。逐步建立按人账户储蓄积累的养老、待业保险制度和社会统筹的医疗保险制度，向国家、集体、个人合理负担和社会化管理方向过渡。

八、按照精简、高效、服务的原则，建立和完善开发区新型管理体制，促进高新技术成果商品化、产业化和国际化。

各开发区要因地制宜地建立决策、管理机构，赋予相应的权限，代表当地政府行使行政职权，统一对内对外，集中有效地协调解决开发区发展中的重大问题，并在工商、税务、财政、金融、国际合作交流、外贸、进出口等方面形成配套、高效的服务功能，为企业提供综合服务。

开发区所在地各级人民政府要认真贯彻落实一九九一年三月国务院《关于批准国家高新技术产业开发区和有关政策规定的通知》的精神，根据实际情况，制定开发区的发展规划和计划，制定开发区管理条例和细则，建立健全政策法规体系，掌握指导高新技术产业发展的主动权；做好组织、协调和服务工作，积极培育市场，充分发挥市场机制的调节作用，为增强高新技术企业的活力创造环境条件，保证开发区的改革和发展顺利进行。

九、切实加强对开发区综合改革的领导，进一步解放思想，大胆实践，开拓前进，推动改革向深度和广度发展。

开发区的综合改革，是对各项改革的深化，是经济体制改革和科技体制改革在深层次上的结合，事关高新技术产业发展的成败，必将对我国的社会主义现代化建设事业产生广泛影响。各级人民政府要把改革与发展密切结合起来，根据国家有关政策、法规和本决定精神，结合具体情况，在自己的权限内积极试点、试验、示范，及时研究改革中出现的新情况、新问题，不断总结经验，推动改革逐步深化。各政府部门要大力支持和配合开发区的改革和建设，按照是否有利于解放科技生产力，是否有利于高新技术产业发展的标准调整有关政策和制度。国家科委将加强对开发区的归口管理工作。国家体改委和国家科委将会同有关部门，进一步研究有关配套政策，指导和协助地方研究制订开发区综合改革方案，并选择少数开发区重点予以推进。各地科委和体改委要在当地政府的领导下，通力合作，大胆探索和实践，通过深化改革，促进高新技术产业的发展。

党中央、国务院对高新技术产业的发展高度重视并寄予殷切期望。各开发区要充分认识自己肩负的历史责任，发扬中华民族自尊、自强、自立精神，勇于探索，不断进取，做出应有的贡献。

国际计量测试联合会第十二届世界大会在北京召开

来自30多个国家和地区的300多位代表及200多位中国代表参加会议。

中国国际友好联络会名誉会长王震在人民大会堂会见由会长林弥一郎率领的日中和平友好会代表团

国家副主席王震在人民大会堂会见由参议院议长安杰依·斯泰尔马霍夫斯基率领的波兰参议院代表团

国务院副总理吴学谦在人民大会堂会见以日本国会众议院议员社会党日中特别委员会委员长串原义直为团长的日本长野县日中友好访华团

首都钢铁公司北京钢铁公司原党委书记管志诚及刘国修 李志坤 于再先 张治中等五名经济罪犯被处决

9月6日

中共中央印发《关于抓紧培养教育青年干部的决定》

一、培养教育青年干部是一项十分重要和紧迫的任务。

现在，我们的干部队伍中，建国前参加革命工作的老干部，大多数已经或接近离休；建国初期参加革命工作的干部，大多数也将陆续退休。因此，解决好新老干部的交替问题，抓紧培养合格的社会主义事业接班人，既是我们党的一项十分重大的战略任务，也是一项十分紧迫的现实任务。应当指出，现在这一代青年干部，是在党的教育和社会主义环境中成长起来的，又经过十多年改革开放实践的锻炼，具有较高的科学文化水平和较强的创新精神，是大有作为、大有希望的一代。但是，也应当看到，这一代青年干部成长中的一个重要阶段，正是国际敌对势力加紧进行渗透、国内资产阶级自由化思潮泛滥的时期。我们不可低估这种历史背景对青年干部的消极影响，不可忽视国内外敌对势力同我们争夺青年一代的尖锐斗争，不可放松对青年干部的培养教育。今年，我国开始执行国民经济与社会发展的十年规划和"八五"计划，社会主义现代化建设进入了一个非常关键的时期。我们能不能在九十年代确保政治和社会稳定，巩固和发展八十年代取得的成就，进一步促进社会主义两个文明建设，使我国以更加昂扬的姿态进入二十一世纪，实现建设有中国特色的社会主义的宏伟目标，在很大程度上取决于能不能把干部队伍建设好，能不能培养造就出新一代可靠的接班人。这是关系到我国社会主义事业兴衰成败和中华民族前途命运的大事。各级党组织必须高瞻远瞩，增强责任感，提高自觉性，切实把培养教育青年干部的工作抓紧抓好，使他们成长为党和人民放心的接班人，保证党和国家的领导权始终掌握在真正忠于马克思主义的人手里。

二、加强思想理论教育，努力提高青年干部的政治素质。

社会主义事业的可靠接班人，不仅要具有较好的科学文化素养和较强的业务能力，尤其必须具有良好的思想政治素质。因此，要联系社会主义现代化建设和改革开放的实际，联系青年干部的思想实际，有针对性地对他们进行思想理论教育。通过教育，使广大青年干部懂得马克思主义的基本理论，掌握其精神实质，并能够自觉运用马克思主义的立场、观点、方法去观察、分析和处理现实问题，不断改造世界观；进一步坚定社会主义信念，坚持四项基本原则和改革开放，反对资产阶级自由化，抵御和平演变；努力提高全心全意为人民服务的自觉性，继承艰苦奋斗的优良传统，发扬无私奉献的革命精神。

针对目前青年干部普遍缺少马克思主义基本理论训练的实际情况，今后五年内，要分期、分批、分层次地对各类青年干部进行理论培训。中央国家机关和省、自治区、直辖市以及地(市)机关中的县处级青年干部，要分别送到同级党校进行脱产轮训，每次轮训的时间不得少于三个月；其他青年干部，分别由各系统的干部学校或举办培训班进行培训。企业、事业单位和群众团体的青年干部，分别由本系统组织进行脱产或业余培训。地(市)以上党校要开办青年干部政治理论培训班，专门培训青年干部。在培训中，一定要建立严格的制度，注重理论联系实际，增强党性锻炼。

三、组织青年干部到实践中去经受锻炼。

各系统、各部门、各单位要有计划地组织青年干部深入基层，深入群众，深入社会主义现代化建设和改革开放的实践，经受锻炼和考验。通过锻炼，使他们熟悉社会，了解国情，强化群众观点，增强对党对社会主义的感情，树立求是务实的工作作风。

对于有培养前途的青年干部，特别是四十岁左右的青年干部，要有目的地选派他们到基层去任职锻炼。对于由大专院校毕业直接分配进入地(市)以上党和国家机关工作的青年干部，应根据他们的具体情况，在今后五年内补上基层锻炼这一课。今后，中央国家机关和省、自治区、直辖市党政机关，除经中央和国务院批准外，一般不要直接吸收应届大学毕业生进入机关。应届大学毕业生应尽量分配到基层去工作。直接分配到党政机关的应届大学毕业生，要先到基层进行锻炼。地(市)以上组织人事部门每年可从应届大学毕业生中挑选一批品学兼优的学生，分配到基层去培养锻炼，并进行跟踪考察，然后从中挑选优秀分子，逐级补充到党和国家机关干部队伍中来。

对青年干部下基层锻炼的情况，各级干部主管部门要认真进行考察，并把考察结果作为干部使用的重要依据之一；表现不好的，不得提拔使用。今后，地(市)以上党和国家机关提拔处级以上领导干部，必须具有三年以上的基层工作经历。

四、有计划地对青年领导干部进行交流或轮换。

实行干部交流或岗位轮换，是培养锻炼干部的一个有效措施。各级党和国家机关，要根据《中共中央关于实行党和国家机关领导干部交流制度的决定》精神，结合本部门、本单位的实际情况，制定具体办法，有计划地对青年领导干部进行不同部门或单位间的交流，或进行同一部门和单位中不同岗位的轮换，并使之形成制度，长期坚持下去。通过几年的努力，在各级党和国家机关逐步做到：凡拟提拔担任上一级领导职务的青年干部，一般应具有下一级两个以上工作岗位的经历；在同等条件下，凡在多个部门、多个工作岗位间交流或轮换并表现好的，应优先提拔使用。

要教育和引导青年干部，不论担任什么工作，都要努力钻研本职业务，扎实工作，尽职尽责，不断进取，在工作实践中磨炼自己，自觉克服眼高手低、作风飘浮、不讲奉献、追逐名利等不良倾向。

五、对青年干部既要热情爱护，又要严格要求。

各系统、各部门、各单位要关心青年干部的思想、工作和学习，努力为他们的健康成长创造良好的环境和条件。要有意识地给青年干部压担子，经常检查指导他们的工作，帮助他们总结经验，发扬成绩，克服缺点。对青年干部要严格要求，严格管理，使他们不断增强组织观念、纪律观念和法律观念，严格遵纪守法。对于青年干部中存在的不良现象和违法违纪行为，要敢抓敢管，及时处理，切实克服在青年干部管理上存在的姑息迁就、软弱涣散现象。

各级党委及其组织部门，要知人善任，直接掌握一批不同层次的优秀青年干部，把他们列入各级各类领导班子的后备人选，并制订切实可行的培养计划，认真加以落实。对符合党员标准的，要及时吸收入党；对德才条件已经具备的，要及时提拔到领导岗位上来；对特别优秀的，要及早安排到重要领导岗位上经受全面锻炼。

六、全党动手，加强领导，切实做好培养教育青年干部的工作。

大力培养教育青年干部，涉及各行各业和各个方面，必须全党动手，齐抓共管。各级党委要切实加强对培养教育青年干部工作的领导，组织工会、共青团、妇联等各方面的力量，共同做好青年干部的培养教育工作。要一级抓一级，逐级负责，并加强监督检查。

各级党政领导干部，要切实担负起培养教育青年干部的政治责任，经常深入到青年干部中去，同青年干部交朋友，了解他们的思想、工作和生活情况，倾听他们的意见和呼声，掌握他们的思想脉搏，有针对性地做好思想政治工作。各部门、各单位的主要负责同志，应定期给青年干部讲形势，上党课，帮助他们了解全局，认清形势，把握方向，改进思想作风。

各级党委组织部门和政府人事部门，要根据本地区、本部门青年干部的情况，制订培养教育计划，提出具体方案，做出具体安排，协助同级党委和政府把这项具有战略意义的工作做好。

国务院举行第 90 次常务会议

国务院总理李鹏主持会议，讨论《国家预算管理条例(草案)》。会议经过讨论，原则通过这一草案，决定在修改以后由国务院发布实施。

国务院副总理邹家华在济南召开的京九铁路建设汇报会上发表讲话

国家科委具体部署“八五”基础性研究方向和研究内容

中国首座 5 兆瓦低温核供热反应堆热电联供运行成功发出核电已并入电网

9月7日

中共中央总书记江泽民在钓鱼台养源斋会见柬埔寨全国最高委员会主席诺罗敦·西哈努克亲王

国务院总理李鹏在钓鱼台国宾馆会见马来西亚最高元首苏丹·阿兹兰·沙阿陛下

李鹏在会见中说，柬埔寨问题取得了突破性进展，柬各方都表现出政治解决的诚意和民族和解精神，西哈努克亲王发挥了重要作用。李鹏还说，在西哈努克亲王领导的最高委员会和东盟以及亚洲其他国家、国际社会的共同努力下，柬埔寨问题在五国框架文件基础上获得全面、公正、合理的政治解决已为期不远了。

李鹏说，马来西亚提出的关于建立东亚经济集团的倡议，对加强东亚地区的经济合作有积极意义。中国更加理解马来西亚所做的努力，并愿就此问题同马方保持联系，希望这个建议能获得成功。

《人民日报》发表评论员文章《必须遏制“台独”逆流》

最近，台湾岛内一些主张“台独”的人，召开了所谓“人民制宪会议”，通过“台湾宪法草案”，公然标示“台湾共和国”为“国名”。这是一个分裂国家，分裂民族，践踏海峡两岸同胞意志的严重事件。

近一个时期以来，台湾岛内“台独”活动日见猖獗，由地下转为公开，由单独行动到相互呼应，更值得注意的是，现在又由言论主张进而诉诸“法案”，作为竞选的政纲。“台独”活动的步步升级，严重阻碍了祖国和平统一，危害了台湾社会的安定。对于这股逆流，海峡两岸人民决不能任其泛滥。

“台湾宪法草案”的炮制者气焰嚣张，对海内外的一再警告置若罔闻，根本无视台湾是中国领土不可分割的一部分这一铁的事实。他们错误地估计了形势，一意孤行，在“台独”的道路上越走越远。

“宪法草案”炮制者借人民之名，行背叛祖国之实，他们的所作所为，为两岸人民所不容。事实上，这次所谓“人民制宪会议”只不过是一些主张“台独”的人凑在一起，用两天时间仓促讨论，最后仅有一半人参加投票，草草通过了这部所谓“宪法草案”。如此少数人炮制出的“宪法草案”，岂能代表民意！这有力地说明，所谓“制宪”只不过是他们要弄的又一新招罢了。

广大台湾同胞近年来维护自身权益，要求民主的呼声很高，对此我们不但完全理解，而且更愿意看到台湾人民享受更多的民主权利。但是，少数“台独”分子借此大搞“台独”活动，这与台湾人民争取民主权利的愿望毫无共同之处。“台独”分子这种分裂国家、分裂民族的行径，实质上完全违背了台湾两千万人民的愿望，是从根本上损害台湾同胞权益的。我们相信，广大台湾人民一定会反对这一强奸民意的行径。

台湾问题是中国的内政，任何外国势力不得干预。某些“台独”分子竟然公开扬言，明示“台湾共和国”为“国名”，可以将台湾问题国际化，这种妄图借助国际势力插手台湾问题的做法，暴露了这一伙人的“洋奴”嘴脸，其险恶居心也昭然若揭！

我们注意到，台湾当局多次声称认同“一个中国”，强调要“促成国家的统一”，也表示反对“台独”，近来，对“台独”的嚣张活动也采取了某些措施。同时，必须指出，正是台湾当局长期坚持“三不”、鼓吹“两个对等的政治实体”的政策，助长了“两个中国”思潮的蔓延，为岛内“台独”活动提供了条件。我们希望台湾当局认清形势，顺应历史潮流，在对待“台独”问题上采取明确的态度和有力的措施，为维护国土完整和民族统一多做实事。

应邀赴台中华全国中医学会5名会员因台湾当局阻挠被迫提前返回

外交部部长钱其琛会见由美国前国务卿基辛格博士率领的美中协会代表团

国务院总理李鹏先后四次与工人代表等在北京座谈如何搞活国营大中企业

来自9个省、自治区、直辖市的27名职工代表参加了座谈。这些来自生产第一线的轧钢工、挖煤工、采油工、挡车工、修理工、营业员、司机长、工段长、经济师、变电站站长、工程队队长、商店值班经理、工人技师等，为有机会直接向国家领导人汇报情况、反映意见，参与国家大事的议论，感到特别高兴。

座谈中，李鹏总理不时询问工厂的生产经营情况，职工的生活情况，工资奖金怎样分配？对住房改革有什么意见与要求？工人的主人翁作用发挥得怎样？工人代表发言非常踊跃，有的从自己碰到的实例说起，有的从本企业职工反映说起，摆事实，谈感受，提建议，无拘无束，把群众最关心的问题，把最想说的心里话讲给李鹏总理听，质朴实在。李鹏总理说，大家谈的意见很重要，在今后决策中一定要加以认真考虑。他说，关于企业内部的领导体制问题，要说三句话，即党的十三届七中全会提出的：在企业内部进一步发挥党组织的政治核心作用，坚持和完善厂长负责制，全心全意依靠工人阶级。不能只强调其中的一句话。

《人民日报》发表评论员文章《严厉打击走私活动》

全国人大常委会副委员长荣毅仁会见美国前国务卿基辛格博士以及由他率领的美中协会代表团部分成员

国务委员兼外交部部长钱其琛分别致电爱沙尼亚、拉脱维亚、立陶宛三国外交部部长宣布中华人民共和国政府承认三国独立

葡萄牙共产党总书记阿尔瓦罗·库尼亚尔在里斯本葡共中央总部会见以中共中央委员中共山东省委书记姜春云为团长的中国共产党代表团

国务院召集向安徽灾区捐献衣被动员会

辽宁人民出版社出版《九·一八事变丛书》座谈会在北京举行 邓小平题写书名 李瑞环出席座谈会

解放军三总部发出《关于表彰优秀教师和教育工作者的通知》

解放军总参谋部、总政治部、总后勤部近日发出通知，表彰337名全军优秀教师和13名优秀教育工作者。

9月8日

中国和美国学者以及知名人士在钓鱼台国宾馆就中美关系和当前国际形势举行讨论会

会议由外交部副部长刘华秋和美国前国务卿基辛

格博士主持。

基辛格说，美中两国长期隔绝，打开关系的大门是不容易的。对于当前国际形势，基辛格说："排除占世界人口近1/4的中国，是不可能建立世界新秩序的。"

出席讨论会的中美人士共同指出，1972年，中美两国在许多方面存在着严重的分歧，但两国领导人明智地看到中美之间存在着重大的共同利益，要发展关系就必须求同存异，因此，在各个领域均取得了重大进展。这一事实说明，分歧并不妨碍双方交换意见和进行合作。这也是两国关系发展的成功经验。

与会的中美人士还认为，当今国际形势发生了深刻的变化，中美之间仍然有着重要的共同利益，中美关系的重要性不是减弱了，而是增强了，中美都需要世界和平与稳定，世界和平与稳定也需要中美关系的恢复和发展。

对于中美经贸关系，与会的中美人士认为，中美两国之间存在着很大的互补性。自两国建交以来，双边贸易额增长了10倍，中美经贸关系的发展是互利的，而且会对亚太地区的发展和繁荣做出重要贡献。鉴于此，美方人士强烈呼吁中美两国恢复高级对话。中方人士指出，恢复高级对话，对中方来说没有困难。

国家计委副主任甘子玉在会上介绍今年中国的经济形势。国家体改委副主任高尚全介绍中国改革开放的情况。

国务院总理李鹏在钓鱼台养源斋会见美国前国务卿基辛格博士率领的美中协会代表团

李鹏在会见中说，这是基辛格博士第19次访华。20年前，在中美关系最困难的时候，基辛格来华打开了中美关系的大门。现在，在中美关系面临困难的时候，他再次访华是很有意义的。

基辛格博士说，今天重读了1972年的中美上海公报，公报包含很多很好的原则，这些原则过去对美中两国很有用，今后也会很有用。

李鹏在会见中说，这是一个很好的文件，是中美两国领导人智慧的反映，今天这个公报仍是指导中美关系的重要文件。

李鹏说，1991年是中美关系中具有重要意义的一年。美国和中国都是大国，两国人民之间友好，我们之间有着共同的利益。

李鹏说，今天，中美关系处在困难时期，这种状况不符合双方的共同利益。在座的美国朋友中既有共和党人，也有民主党人，这说明两党都有人重视中美关系。现在，中美两国政治家需要表现出远见和勇气，克服当前的困难，改善两国关系。

9月9日

国家主席杨尚昆在人民大会堂河北厅会见新加坡总统黄金辉

国务院总理李鹏签署第88号令发布《中华人民共和国城镇集体所有制企业条例》

《中华人民共和国城镇集体所有制企业条例》已经1991年6月21日国务院第86次常务会议通过，现予发布，自1992年1月1日起施行。

总理　李　鹏

1991年9月9日

中华人民共和国城镇集体所有制企业条例

第一章　总　则

第一条　为了保障城镇集体所有制经济的巩固和发展，明确城镇集体所有制企业的权利和义务，维护其合法权益，制定本条例。

第二条　本条例适用于城镇的各种行业、各种组织形式的集体所有制企业，但乡村农民集体举办的企业除外。

第三条　城镇集体所有制经济是我国社会主义公有制经济的一个基本组成部分，国家鼓励和扶持城镇集体所有制经济的发展。

第四条　城镇集体所有制企业（以下简称集体企业）是财产属于劳动群众集体所有、实行共同劳动、在分配方式上以按劳分配为主体的社会主义经济组织。

前款所称劳动群众集体所有，应当符合下列中任一项的规定：

（一）本集体企业的劳动群众集体所有；

（二）集体企业的联合经济组织范围内的劳动群众集体所有；

（三）投资主体为两个或者两个以上的集体企业，其中前（一）、（二）项劳动群众集体所有的财产应当占主导地位。本项所称主导地位，是指劳动群众集体所有的财产占企业全部财产的比例，一般情况下应不低于51%，特殊情况经过原审批部门批准，可以适当降低。

第五条　集体企业应当遵循的原则是：自愿组合、自筹资金，独立核算、自负盈亏，自主经营、民主管理，集体积累、自主支配，按劳分配、入股分红。

集体企业应当发扬艰苦奋斗、勤俭建国的精神，走互助合作、共同富裕的道路。

第六条　集体企业依法取得法人资格，以其全部财产独立承担民事责任。

集体企业的财产及其合法权益受国家法律保护，

不受侵犯。

第七条 集体企业的任务是：根据市场和社会需求，在国家计划指导下，发展商品生产，扩大商品经营，开展社会服务，创造财富，增加积累，不断提高经济效益和社会效益，繁荣社会主义经济。

第八条 集体企业的职工是企业的主人，依照法律、法规和集体企业章程行使管理企业的权力。集体企业职工的合法权益受法律保护。

第九条 集体企业依照法律规定实行民主管理。职工（代表）大会是集体企业的权力机构，由其选举和罢免企业管理人员，决定经营管理的重大问题。

集体企业实行厂长（经理）负责制。

集体企业职工的民主管理权和厂长（经理）依法行使职权，均受法律保护。

第十条 中国共产党在集体企业的基层组织是集体企业的政治领导核心，领导企业的思想政治工作，保证监督党和国家的方针、政策在本企业的贯彻执行。

第十一条 集体企业的工会维护职工的合法权益，依法独立自主地开展工作，组织职工参加民主管理和民主监督。

第二章 集体企业的设立、变更和终止

第十二条 集体企业的设立必须具备下列条件：

（一）有企业名称、组织机构和企业章程；

（二）有固定的生产经营场所、必要的设施并符合规定的安全卫生条件；

（三）有符合国家规定并与其生产经营和服务规模相适应的资金数额和从业人员；

（四）有明确的经营范围；

（五）能够独立承担民事责任；

（六）法律、法规规定的其他条件。

第十三条 集体企业章程必须载明下列事项：

（一）企业名称和住所；

（二）经营范围和经营方式；

（三）注册资金；

（四）资金来源和投资方式；

（五）收入分配方式；

（六）组织机构及其职权和议事规则；

（七）职工加入和退出企业的条件和程序；

（八）职工的权利和义务；

（九）法定代表人的产生程序及其职权范围；

（十）企业终止的条件和程序；

（十一）章程的修订程序；

（十二）章程订立日期；

（十三）需要明确的其他事项。

第十四条 设立集体企业应经省、自治区、直辖市人民政府规定的审批部门批准，并依法经工商行政管理机关核准登记，领取《企业法人营业执照》，取得法人资格后，方得开始生产经营活动。

设立集体企业的审批部门，法律、法规有专门规定的，从其规定。

集体企业应当在核准登记的经营范围内从事生产经营活动。

第十五条 集体企业的合并、分立、停业、迁移或者主要登记事项的变更，必须符合国家的有关规定，由企业提出申请，报经原审批部门批准，依法向原登记机关办理变更登记。

第十六条 集体企业的合并和分立，应当遵照自愿平等的原则，由有关各方依法签订协议，处理好债权债务、其他财产关系和遗留问题，妥善安置企业人员。

合并、分立前的集体企业的权利和义务，由合并、分立后的法人享有和承担。

第十七条 集体企业有下列原因之一的，应当予以终止：

（一）企业无法继续经营而申请解散，经原审批部门批准；

（二）依法被撤销；

（三）依法宣告破产；

（四）其他原因。

第十八条 集体企业终止，应当依照国家有关规定清算企业财产。企业财产按下列程序清偿各种债务和费用：

（一）清算工作所需各项费用；

（二）所欠职工工资和劳动保险费用；

（三）所欠税款；

（四）所欠银行和信用合作社贷款以及其他债务。

不足清偿同一顺序的清偿要求的，按照比例分配。

第十九条 集体企业财产清算后的剩余财产，按照下列办法处理：

（一）有国家、本企业外的单位和个人以及本企业职工个人投资入股的，应当依照其投资入股金额占企业总资产的比例，从企业剩余财产中按相同的比例偿还；

（二）其余财产，由企业上级管理机构作为该企业职工待业和养老救济、就业安置和职业培训等费用，专款专用，不得挪作他用。

第二十条 集体企业终止，必须依照《中华人民共和国企业法人登记管理条例》的规定办理注销登记并公告。

第三章 集体企业的权利和义务

第二十一条 集体企业在国家法律、法规的规定范围内享有下列权利：

（一）对其全部财产享有占有、使用、收益和处分的权利，拒绝任何形式的平调；

(二)自主安排生产、经营、服务活动；

(三)除国家规定由物价部门和有关主管部门控制价格的以外，企业有权自行确定产品价格、劳务价格；

(四)企业有权依照国家规定与外商谈判并签订合同，提取和使用分成的外汇收入；

(五)依照国家信贷政策的规定向有关专业银行申请贷款；

(六)依照国家规定确定适合本企业情况的经济责任制形式、工资形式和奖金、分红办法；

(七)享受国家政策规定的各种优惠待遇；

(八)吸收职工和其他企业、事业单位、个人集资入股，与其他企业、事业单位联营，向其他企业、事业单位投资，持有其他企业的股份；

(九)按照国家规定决定本企业的机构设置、人员编制、劳动组织形式和用工办法，录用和辞退职工；

(十)奖惩职工。

第二十二条 集体企业应当承担下列义务：

(一)遵守国家法律、法规，接受国家计划指导；

(二)依法缴纳税金和交纳费用；

(三)依法履行合同；

(四)改善经营管理，推进技术进步，提高经济效益；

(五)保证产品质量和服务质量，对用户和消费者负责；

(六)贯彻安全生产制度，落实劳动保护和环境保护措施；

(七)做好企业内部的安全保卫工作；

(八)维护职工合法权益，尊重职工的民主管理权利，改善劳动条件，做好计划生育工作，提高职工物质文化生活水平；

(九)加强对职工的思想政治教育、法制教育、国防教育、科学文化教育和技术业务培训，提高职工队伍素质。

第二十三条 集体企业有权按照国家规定自愿组建、参加和退出集体企业的联合经济组织，并依照该联合经济组织的章程规定，享受权利，承担义务。

第四章 职工和职工(代表)大会

第二十四条 凡本人提出申请，承认并遵守集体企业章程，被企业招收，即可成为该集体企业的职工。

第二十五条 职工依照法律、法规的规定，在集体企业内享有下列权利：

(一)企业各级管理职务的选举权和被选举权；

(二)参加企业民主管理，监督企业各项活动和管理人员的工作；

(三)参加劳动并享受劳动报酬、劳动保护、劳动保险、医疗保健和休息、休假的权利；

(四)接受职业技术教育和培训，按照国家规定评定业务技术职称；

(五)辞职；

(六)享受退休养老待遇；

(七)其他权利。

第二十六条 职工应当履行下列义务：

(一)遵守国家的法律、法规和集体企业的规章制度、劳动纪律，以企业主人的态度从事劳动，做好本职工作；

(二)执行职工(代表)大会决议，完成任务；

(三)维护企业的集体利益；

(四)努力学习政治、文化和科技知识，不断提高自身素质；

(五)法律、法规和企业章程规定的其他义务。

第二十七条 集体企业必须建立、健全职工(代表)大会制度：

(一)一百人以下的集体企业，建立职工大会制度；

(二)三百人以上的集体企业建立职工代表大会制度；

(三)一百人以上三百人以下的集体企业，建立职工大会或者职工代表大会制度，由企业自定。

职工代表大会代表由职工选举产生。代表应当是思想进步、工作积极、联系群众、有参加民主管理能力的职工。

第二十八条 集体企业的职工(代表)大会在国家法律、法规的规定范围内行使下列职权：

(一)制定、修改集体企业章程；

(二)按照国家规定选举、罢免、聘用、解聘厂长(经理)、副厂长(副经理)；

(三)审议厂长(经理)提交的各项议案，决定企业经营管理的重大问题；

(四)审议并决定企业职工工资形式、工资调整方案、奖金和分红方案、职工住宅分配方案和其他有关职工生活福利的重大事项；

(五)审议并决定企业的职工奖惩办法和其他重要规章制度；

(六)法律、法规和企业章程规定的其他职权。

第二十九条 职工(代表)大会依照企业章程规定定期召开，但每年不得少于两次。

第三十条 集体企业的职工代表大会，可以设立常设机构，负责职工代表大会闭会期间的工作。

常设机构的人员组成、产生方式、职权范围及名称，由集体企业职工代表大会规定，报上级管理机构备案。

第五章 厂长(经理)

第三十一条 集体企业实行厂长(经理)负责制。厂长(经理)对企业职工(代表)大会负责，是集体企业的法定代表人。

第三十二条 厂长(经理)由企业职工代表大会选举或者招聘产生。选举和招聘的具体办法,由省、自治区、直辖市人民政府规定。

由集体企业联合经济组织投资开办的集体企业,其厂长(经理)可以由该联合经济组织任免。

投资主体多元化的集体企业,其中国家投资达到一定比例的,其厂长(经理)可以由上级管理机构按照国家有关规定任免。

第三十三条 厂长(经理)应当具备下列条件:

(一)懂得有关法律、法规和方针、政策,坚持企业的社会主义经营方向;

(二)熟悉本行业业务,善于经营管理,有组织领导能力;

(三)热爱集体,廉洁奉公,联系群众,有民主作风;

(四)法律、法规规定的其他条件。

第三十四条 厂长(经理)在法律、法规的规定范围内行使下列职权:

(一)领导和组织企业日常生产经营和行政工作;

(二)主持编制并向职工(代表)大会提出企业的中长期发展规划、年度生产经营计划、固定资产投资方案;

(三)主持编制并向职工(代表)大会提出企业机构设置的方案,决定劳动组织的调整方案;

(四)按照国家规定任免或者聘任、解聘企业中层行政领导干部,但法律、法规另有规定的,从其规定;

(五)提出企业年度财务预算、决算方案和利润分配方案;

(六)提出企业的经济责任制方案、工资调整方案、劳动保护措施方案、奖惩办法和其他重要的规章制度;

(七)奖惩职工;

(八)遇到特殊情况时,提出召开职工(代表)大会的建议;

(九)企业章程规定的其他职权。

第三十五条 厂长(经理)有下列职责:

(一)贯彻执行党和国家的方针、政策,遵守国家的法律、法规,执行职工(代表)大会的决议;

(二)组织职工完成企业生产经营任务和各项经济技术指标,推进企业技术进步,提高经济效益,增强企业发展能力;

(三)严格遵守财经纪律,坚持民主理财,定期向职工公布财务账目;

(四)保护企业的合法权益和职工在企业内的正当权利;

(五)办好职工生活福利和逐步开展职工养老、待业等保险;

(六)组织落实安全卫生措施,实现安全文明生产;

(七)定期向本企业职工(代表)大会报告工作,听取意见,并接受监督;

(八)法律、法规和企业章程规定的其他职责。

第六章 财产管理和收益分配

第三十六条 集体企业应当按照本章规定进行清产核资,明确其财产所有权的归属。

第三十七条 集体企业的公共积累,归本企业劳动群众集体所有。

第三十八条 集体企业的联合经济组织的投资,归该联合经济组织范围内的劳动群众集体所有。

集体企业联合经济组织设立的互助合作基金,应当主要用于该组织范围内发展生产和推进共同富裕。

第三十九条 在企业、事业单位、社会团体等扶持下设立的集体企业,其扶持资金可按下列办法之一处理:

(一)作为企业向扶持单位的借用款,按双方约定的方法和期限由企业归还扶持单位;

(二)作为扶持单位对企业的投资,按其投资占企业总产的比例,参与企业的利润分配。

企业、事业单位、社会团体等的扶持资金的来源,必须符合国家财政主管部门的有关规定。

企业、事业单位、社会团体等与其扶持设立的集体企业,应当明确划清产权和财务关系。扶持单位不得干预集体企业的经营管理活动,集体企业也不得依赖扶持单位。

第四十条 职工股金,归职工个人所有。

第四十一条 集体企业外的单位和个人的投资,归投资者所有。

第四十二条 职工股金和集体企业吸收的各种投资,投资者可以依法转让或者继承。

第四十三条 集体企业必须保证财产的完整性,合理使用、有效经营企业的财产。

第四十四条 集体企业的收益分配,必须遵循兼顾国家、集体和个人三者利益的原则。

第四十五条 集体企业必须执行国家有关财务、会计制度,接受审计监督,加强企业内部的财务管理。

第四十六条 集体企业的税后利润,由企业依法自主支配。企业应当按照国家规定确定公积金、公益金、劳动分红和股金分红的比例。

第四十七条 集体企业职工的劳动报酬必须坚持按劳分配的原则。具体分配形式和办法由企业自行确定。

第四十八条 集体企业的股金分红要同企业盈亏相结合。企业盈利,按股分红;企业亏损,在未弥补亏损之前,不得分红。

第四十九条 集体企业必须依照国家规定提取职工养老、待业等保险基金。职工养老、待业等保险基金按国家规定在征收所得税前提取,专项储存,专款专用。

第七章 集体企业和政府的关系

第五十条 各级人民政府应当把发展城镇集体经济纳入各级政府的国民经济和社会发展计划，从各方面给予扶持和指导，保障城镇集体经济的健康发展。

第五十一条 国务院城镇集体经济的主管机构，负责全国城镇集体经济的宏观指导和管理，其主要职责是：拟订城镇集体经济的发展政策和法律法规，协调全国城镇集体经济发展中的重大问题，组织有关方面监督、检查集体企业政策、法规的执行情况。

第五十二条 市（含县级市，下同）以上人民政府应当根据城镇集体经济发展的需要，确定城镇集体企业的指导部门，加强对集体企业的政策指导，协调当地城镇集体经济发展中的问题，组织有关方面监督、检查集体企业政策、法规的执行情况。

第五十三条 政府有关行业管理部门，应当依照法律、法规的规定，在各自的职责范围内，负责本行业集体企业的行业指导和管理工作。

第五十四条 各级人民政府的其他有关部门，依法对集体企业进行监督和提供服务。

第五十五条 国家保护集体企业的合法权益。

任何政府部门及其他单位和个人不得改变集体企业的集体所有制性质和损害集体企业的财产所有权，不得向集体企业摊派人力、物力、财力，不得干预集体企业的生产经营和民主管理。

第八章 法律责任

第五十六条 集体企业有下列行为之一的，由工商行政管理机关依照国家有关法律、法规的规定给予行政处罚：

（一）未经审批和核准登记，以集体企业名义进行活动的；

（二）登记时弄虚作假或者不按规定申请变更登记的；

（三）违反核准登记事项或者超越核准登记的经营范围从事经营活动的；

（四）利用分立、合并、终止和清算等行为抽逃资金、隐匿和私分财产的；

（五）其他违法行为。

第五十七条 集体企业因生产、销售伪劣商品，给用户和消费者造成财产损失和人身伤害的，应当承担赔偿责任；构成犯罪的，对负有直接责任的集体企业领导人员和其他直接责任人员依法追究刑事责任。

第五十八条 任何单位或者个人违反本条例规定，向集体企业摊派或者侵吞、挪用集体企业财产的，必须赔偿。对负有直接责任的主管人员和其他直接责任人员，由有关主管机关根据情节轻重，给予行政处分；构成犯罪的，依法追究刑事责任。

第五十九条 集体企业领导人员滥用职权，侵犯职工合法权益，情节严重的，由上级管理机构按照干部管理权限给予行政处分；滥用职权，假公济私，对职工进行报复陷害的，依法追究刑事责任。

第六十条 集体企业的领导人员或者政府有关部门的工作人员，因工作过失给企业造成损失的，由企业的上级管理机构或者政府有关部门按照干部的管理权限给予行政处分。

集体企业的领导人员和政府有关部门的工作人员玩忽职守，致使集体企业财产、利益遭受重大损失，构成犯罪的，依法追究刑事责任。

第六十一条 集体企业违反本条例有关集体企业领导人员的产生、罢免条件和程序规定的，上级管理机构应当予以纠正，并追究直接责任人员的行政责任。

集体企业上级管理机构违反本条例有关集体企业领导人员产生、罢免条件和程序规定的，其上一级主管部门应当予以纠正；情节严重的，应当追究直接责任人员的行政责任。

第六十二条 阻碍集体企业领导人员依法执行职务的，由公安机关依据《中华人民共和国治安管理处罚条例》予以处罚；构成犯罪的，依法追究刑事责任。

第六十三条 扰乱集体企业的秩序，致使生产、营业、工作不能正常进行或者无法进行的，由公安机关依据《中华人民共和国治安管理处罚条例》予以处罚；构成犯罪的，依法追究刑事责任。

第九章 附　则

第六十四条 集体企业联合经济组织的组建和管理办法，另行制定。

第六十五条 集体所有制的各类公司的管理，按照国家有关公司的法律、法规执行。

第六十六条 城镇中的文教、卫生、科研等集体所有制事业单位参照本条例执行。

供销合作社的管理办法，另行制定。

第六十七条 劳动就业服务性集体企业应当遵循本条例规定的原则，具体管理办法按国务院发布的《劳动就业服务企业管理规定》执行。

集中安置残疾人员的福利性集体企业的管理办法，根据本条例的原则另行制定。

第六十八条 军队扶持开办的集体企业的管理办法，由中国人民解放军总后勤部根据本条例规定的原则另行制定。

第六十九条 各省、自治区、直辖市人民政府和国务院各行业主管部门，可以根据本条例并结合本地区、本行业的具体情况，制定本条例的实施细则。

第七十条 本条例自一九九二年一月一日起施行。

中共中央政治局常委乔石在天津考察

乔石9月9日至11日考察天津印铁制罐厂、天津微型汽车厂、天津火车站、天津经济技术开发区、天津港保税区、天津无缝钢管厂工地、天津机场等单位，同这些企业的厂长、经理以及生产第一线的干部职工交谈了工作和生活情况。11日下午，听取中共天津市委的工作汇报。乔石认为，10多年来，天津市的工作成绩是显著的，当前社会比较稳定，经济形势不断向好的方向发展，要在此基础上，把各项工作搞得更好。

在考察期间，乔石反复强调，做好90年代工作具有十分重要的意义。90年代已过去近两年了，我们应当有紧迫感，一定要抓住机遇，坚定不移地贯彻党的十一届三中全会以来的路线、方针、政策，进一步搞好改革开放，少说多做，埋头苦干，踏踏实实地把经济工作和各项工作搞上去。

乔石在谈到加强党的建设时指出，全心全意为人民服务是我们党的根本宗旨，只要我们发扬党的优良传统、加强党的建设和廉政建设，清除腐败现象，进一步密切党同群众的关系，加强对广大党员、干部的思想政治教育，搞好基层组织建设，充分发挥共产党员的先锋模范作用和党组织的战斗堡垒作用，同时，有针对性地对青少年进行爱国主义教育，我们就一定能够防止和抵御“和平演变”。

乔石还强调，要加强人民民主专政，严厉打击严重刑事犯罪分子和经济犯罪分子，依靠各方面的力量，搞好社会治安综合治理，为现代化建设创造一个稳定社会环境。

乔石强调指出，不论国际风云发生什么变化，我们一定要坚持走既定的道路，我们党确定的“一个中心，两个基本点”的基本路线是完全符合中国的情况，得到了人民群众的拥护，实践证明是好的，今后我们仍然要坚持这条路线，沿着社会主义方向，改革开放，把经济搞上去，建设具有中国特色的社会主义。

中共中央总书记江泽民在中南海会见并宴请美国前国务卿基辛格博士

会见中江泽民强调说，中美之间有许多共同点，我们没有理由不使两国关系正常化，应高瞻远瞩，找出双方的共同点。只要我们双方相互尊重，互不干涉内政，平等互利，并具有长远的眼光，我们完全能够使两国关系恢复正常，向前发展。

基辛格完全同意江总书记所指出的中美之间有许多共同点、双方有共同的利益的说法。他说：“我钦佩中国人民。对美国来说，中美关系是最重要的关系之一。”基辛格说，在当前动荡的国际形势下，美中双方应该坚持三个公报的原则，恢复高层政治对话，恢复信任，这对美国的利益、世界的和平与稳定都十分重要。

江泽民说：“恢复高层对话，中方没有困难。”江泽民说：“我和许多人都认为，基辛格博士是一位战略家，对许多国际问题的看法是正确的。”

江泽民在宴会上即席祝酒时说，虽然现在中美两国关系存有困难，但他充分相信，在双方共同努力下，两国之间的障碍将会被克服，“风物长宜放眼量”，只要双方互相尊重，求同存异，我们就可以找出许多共同点，并在此基础上恢复和发展双边关系。

国家主席杨尚昆在人民大会堂会见美国前国务卿基辛格率领的美中协会代表团

国务院总理李鹏在中南海接受意大利《时代》周刊记者采访答记者问

李鹏在中南海接受意大利《时代》周刊记者斯特拉诺的采访，就中国和意大利、西欧的关系，中国国内形势以及国际和地区问题回答记者的提问。

记者：在安德烈奥蒂总理即将访华之际，您如何评价两国合作的情况？怎样估计双边关系今后的发展？

李鹏：中国政府和我本人热烈欢迎贵国总理安德烈奥蒂来华访问。这次访问将标志着中意关系的正常化，并将使双边关系得到进一步发展。中国和意大利建交至今已21年了，应该说，21年来两国关系总的发展是顺利的。我们对此是满意的。意大利曾一度成为中国在西欧的第二大贸易伙伴，仅次于德国。此外，两国领导人也有过较多的交往。我本人也有幸在1986年夏天访问过意大利。我就是在那次访问期间结识了意大利现任总理安德烈奥蒂的。意大利灿烂的文化艺术、人民的好客和工业的发展都给我留下了很深刻的印象。

令人颇为遗憾的是，1989年以后两国关系一度疏远了。不过，这段时间不长。后来我们两国的关系又逐步恢复。特别是今年5月，贵国外交部长德米凯利斯对中国进行了友好访问。现在，安德烈奥蒂总理又即将来访，这标志着两国关系不仅实现了正常化，而且还会继续发展。我期待着同安德烈奥蒂总理就共同关心的国际问题和双边关系进行深入的讨论，相信这将有助于增进彼此的了解和进一步发展两国在各个领域的合作——无论是在政治、经济，还是外交方面。

记者：您如何看待中国和西欧之间的关系？

李鹏：中国和西欧之间没有根本的利害冲突。我们没有理由不合作，没有理由不友好。中国是一个发展中国家，正在进行四个现代化建设，是一个充满活力的、潜在的巨大市场，这对西欧也是有吸引力的。至于在意识形态、价值观念和社会制度方面，中国和西欧国家当然并不相同。要求世界上所有国家都信奉一个价值观念，实行一种社会制度是不可能的。但我们应该撇开这些差异，找到彼此的共同点。这样，我们就能进行很好的合作。这也就是我们中国人经常讲的“求同存异”。既然大家都生活在一个地球上，就应该有这样一种信念和精神——我们能够和平相处。而各国的社会制度、意识形态和发展道路则应由各国人民自己选择。我认为，这可能是一种比较好的处理国家关系的原则和方法。

记者：东欧45年来建立起来的社会主义制度似乎已经解体，这对中国有何影响？

李鹏：一种社会制度的建立总是要经历曲折的过程。比如，从奴隶社会到封建社会就经过了长期的反复；从封建社会到资本主义社会也经过了复辟与反复辟。同样，社会主义制度的建立和发展经历某些曲折，也是一种正常的历史现象。作为中国共产党人，我们坚持自己的信仰；作为中国公民，我们坚信在中国这块土地上能够建设具有中国特色的社会主义。

中国过去饱受列强的侵略和欺凌，有100多年的半殖民地历史。现在的中国是一个独立自主的国家，是一个发展中大国，人口众多。我们要实现现代化，要使国家的资源得到合理的配置和利用、人民的收入得到比较公平的分配，唯一的选择就是走具有中国特色的社会主义道路。这一点是广大的中国人民所共同接受的，也是中国人民经过100多年的摸索所作出的历史性选择。因此，我们对在中国坚持社会主义充满信心。同时，我们也愿意同世界上与我们制度不同的国家——包括资本主义国家——和平共处。

记者：您对共产主义在欧洲的崩溃是有预感，还是感到突然？

李鹏：用“崩溃”这个词也许并不太准确。欧洲一些实行社会主义制度的国家发生了很大的变化。发生这样的变化，恐怕既有国内的原因，也有国际的原因。而且这种变化是不是会给这些国家带来繁荣和发展，给那里的人民带来幸福和生活水平的提高，还有待于进一步观察。

所以，我只能告诉你，我们将在中国这块土地上继续坚持具有中国特色的社会主义。我们相信，这个制度会给中国人民带来繁荣、幸福和生活水平的提高，使国力得到增强。

记者：您对2000年的中国有何期望？经济开放能否在没有政治体制改革的情况下实现？

李鹏：对于未来的蓝图我们只能作些设想，要确切预测几十年之后的事情，恐怕是不大现实的。中国用40年的时间解决了人民的温饱问题，这是一件很不容易的事情，因为我们要用占世界7%的耕地面积养活占全世界22%的人口，保证人民有饭吃、有衣服穿。我们制订了今后10年的发展规划，也就是中国现代化建设的第二步战略目标，即在2000年使国民生产总值在1980年的基础上翻两番，保持6%的年增长速度；人民生活有进一步改善，达到“小康水平”。我们的第三步战略目标是，再用30到50年的时间达到世界中等发达国家的水平。那时，中国可能将有15亿人口，中国的综合国力将会大大增强。三步战略目标的实现将说明，中国是在不断发展和进步的，建设具有中国特色的社会主义道路是成功的。即使到了那时，我们也并不希望打倒谁或消灭谁，我们只希望和世界上一切国家和平友好地相处，我们决不会搞霸权主义。

至于你说到的经济体制改革和政治体制改革的关系，我认为二者之间是互相关联和相辅相成的。政治体制改革应该和经济体制改革同步进行。如果没有政治体制改革，经济体制改革也很难深入下去。

具体说来，我们进行政治体制改革的方向表现在以下几个方面：第一，充分发挥各级人民代表大会在中国政治生活中的作用。第二，进一步发挥中国共产党领导的多党合作和政治协商制度的作用。中国有8个民主党派，它们不是反对党，而是参政、议政党，在中国的政治生活中发挥着重要的作用。第三，进一步发挥广大人民群众对政府工作的监督、批评和建议的作用。也就是说，总的指导思想是要发扬民主、健全法制。中国实行社会主义制度，人民是国家的主人，所以要充分发挥他们作为主人翁的作用。所有这些都需要在社会稳定、政治稳定的条件下进行。

记者：那么，是不是即使在民主发展到更高程度的将来，中国也不搞多党制？

李鹏：是的。西方的“多党制”不符合中国的国情。正如我前面所说，中国现在也是存在多党的，但所有的民主党派都是参政、议政，同中国共产党合作的党。这种形式将继续保持下去。

记者：苏联的瓦解和新独立国家的成立对中国、特别是少数民族和北方边境地区是否会产生影响？

李鹏：首先，我想谈一谈中苏关系。中国和苏联是有着7000多公里共同边界的邻国。不管国际风云如何变幻，不管苏联国内发生什么变化，中国都将执行睦邻友好政策，基础是和平共处五项原则。

至于苏联发生的变化是不是对中国一点影响都没有，我想影响会有一些，但不大。因为，中国实行的是有中国特色的社会主义，同苏联在许多方面有很大的区别。此外，中国现在政治稳定、经济发展、各民族团结。中国有55个少数民族，约占中国人口总数的8%。尽管这个比例不大，但少数民族根据宪法享有充分的自治权，在政治和经济生活中享有平等的权利和待遇。

中国各民族间关系很好，彼此和睦相处。

在中国的东北部，我们和苏联的俄罗斯联邦共和国有共同的边界；在西部，我们的新疆维吾尔自治区同苏联的几个共和国接壤。苏联的这些共和国和中国相应的地区之间一直有着友好、正常的往来，如贸易、旅游等，边民间彼此相处得很好。相信双方今后也仍将坚持睦邻友好，因为这对双方有利。总之，不管苏联局势如何变化，也不会影响中国边境地区的稳定。

去年 9 月从中国的乌鲁木齐到苏联的阿拉木图之间的铁路线在中国境内已经开通 460 公里，在阿拉山口将苏联的中亚部分和中国的新疆联结了起来，形成第二座欧亚大陆桥。这说明，中苏两国边境地区的关系得到了进一步发展。这条路线从中国的海岸起始，经过苏联延伸到欧洲；和第一座欧亚大陆桥相比较，距离缩短了许多。也许意大利以后运载货物也可以多利用这座欧亚大陆桥。

记者：您对苏联领导人关于召开亚洲“赫尔辛基会议”的建议有何评价？对平壤和汉城的未来持何立场？

李鹏：关于苏联的那个建议，我认为，首先不能把欧洲的模式移植到亚洲。欧洲有欧洲的情况，亚洲有亚洲的情况。欧洲有个欧安会，但要在亚洲召开这样的会议，就必须得到亚洲国家的赞同。

至于朝鲜问题，朝鲜民主主义人民共和国是我们的友好邻邦，两国有着非常密切的关系。我们看到，朝鲜人民在祖国建设事业中不断取得成就。最近，朝鲜北南双方各自作出决定，申请加入联合国，并得到了联合国安理会的支持。我们对此感到高兴。我们十分关心朝鲜半岛局势的缓和与稳定。因此，对一切有助于朝鲜半岛局势缓和与稳定的事情，我们都持欢迎态度。我们认为，金日成主席提出的在“一个民族、一个国家、两种制度、两个政府”的基础上以联邦制的方式实现国家统一的主张是现实的，也应能够为朝鲜北南双方所接受。所以，中国支持金日成主席的这一主张。

记者：现在台湾有一种强烈的独立倾向，香港也存在人员大量外流的情况，您对此态度如何？

李鹏：首先说香港。恐怕你讲的情况是被夸大了。这种情况即使有，也只是暂时现象，并且数量并不大。事实上，现在香港的情况恰恰相反。由于中国和英国签署了《关于香港新机场建设及有关问题的谅解备忘录》，今后香港将更加稳定和繁荣。人们的信心增强了。不仅那些一度离开的人会回来，而且国际上还将有更多各种各样的公司到香港去投资。这次梅杰首相访华时，中英两国政府重申了要保持香港长期繁荣和稳定的共同目标。

在台湾问题上，我们的立场是很清楚的。世界上只有一个中国，台湾是中国的一部分。中华人民共和国政府是代表全中国的惟一合法政府。这一点得到了联合国和世界上绝大多数国家的承认。至于所谓台湾岛内“强烈的”独立倾向，这恐怕也不确切。至少台湾当局的执政党及其领导人都未表示赞同。和平统一是海峡两岸全体中国人的共同意愿，是大势所趋，人心所向。大陆和台湾在最近一个时期增加了彼此的交往，这将对统一大业起到良好的促进作用。

记者：您能否谈谈对柬埔寨问题的看法？

李鹏：现在，柬埔寨问题政治解决进程的势头很好。由于柬埔寨四方的努力和东盟及其他有关国家的推动，在雅加达会议、北京会晤和两次帕塔亚会议上，有关政治解决的许多重大问题都获得了可喜的进展。在不久的将来，将重开有关柬埔寨问题的国际会议，在安理会五个常任理事国的框架文件的基础上，最终实现柬问题的政治解决。柬埔寨四方将完全实现民族和解，柬埔寨将成为一个独立、中立、和平、民主的国家。中国支持以西哈努克亲王为首的四方团结。现在，四方参加的柬埔寨全国最高委员会已经开始运转，并将通过大选建立正式的政府。我们希望，柬埔寨从此结束长期战乱，走上恢复和建设的道路。这不仅有利于柬埔寨人民，而且也有利于亚洲地区的和平与稳定。我们为看到了这样的曙光而感到高兴。

国务院总理李鹏在北京同经济理论界专家学者座谈如何搞活国营大中企业

李鹏同来自中国社会科学院、国务院经济发展研究中心、国家计委、国家体改委、北京大学等单位的经济理论界的专家、学者进行座谈。这些专家、学者各抒己见，对如何为企业创造良好的外部环境，如何转换企业内部的经营机制，以进一步增强企业活力的重大问题，提出了自己的看法和建议。

李鹏总理最后说，搞活国营大中型企业不仅是个经济问题，而且是个政治问题，我们要从巩固和发社会主义公有制的高度来认识这个问题。从这几个座谈会反映的情况看，企业界、理论界对如何进一步增强大中型企业活力问题从不同角度谈了看法，在许多重大问题上取得了共识。影响国营大中型企业活力的原因是多方面的，搞活国营大中型企业，提高企业的效益，必须进行综合治理。要通过深化改革，完善社会主义制度来解决。要考虑到问题有历史的原因，考虑到现实条件，采取积极与稳妥的措施。一方面企业应该下大力气，千方百计挖掘自身的潜力，加强企业管理，改革劳动工资和人事制度，面向市场竞争，提高企业的整体素质。同时，各级政府和主管部门要一心一意为企业着想，积极改革宏观管理体制、改进工作方法、努力为搞活国营大中型企业创造良好的外部条件。他说，尽管增强大中型企业活力难度不小，但只要我们各方面共同努力，搞好国营大中型企业是大有希望的，我们应该有充分的信心。

中央军委副主席刘华清考察解放军驻山东部队

刘华清于 9 月 9 日至 20 日，分别考察了驻山东陆、海、空军部队，了解部队的军事训练、政治建设、后勤保障、装备管理情况，并观看了军事训练表演。当他听到地方领导同志称赞部队为经济建设、抢险救灾做出很大贡献时说："人民军队支援地方建设，搞好军政军民团结很重要。这次我国部分地区遇到特大洪涝灾害，一方有难，八方支援，人民群众都说共产党好，社会主义好，人民军队好。说明了我们的党、国家、民族和军队有着很强的凝聚力。"

刘华清在考察中多次强调，当前要搞好坚持党的四项基本原则为内容的信念教育，教育指战员忠于党、忠于国家、忠于人民、忠于社会主义。要努力加强基层党支部建设，提高党员质量。要认真学习马列主义革命理论，树立全心全意为人民的思想。全军干部都要学习研究掌握做好部队政治思想工作这门科学，使经常性的政治思想工作扎扎实实开展起来，落到实处。

刘华清说，要强化军队职能意识，树立牢固的战备观念，把军事训练作为经常性的中心任务来抓。干部要努力学习老一辈革命家的军事理论，钻研兵种知识，做优秀的军事指挥员。军事训练一定要避免形式主义，全面锻炼部队走、打、吃、住、藏的能力。

刘华清还指出，军人要胜任军人职责。要正确处理好人与武器装备的关系。武器装备是重要因素，但不是决定的因素，建设好部队靠人才。越是新装备，越需要有知识、懂技术、会指挥的人才。有好的思想、好的技术、好的装备就出战斗力。

中国对外技术交易会在上海举行

第十一届电影"金鸡奖"和第十四届《大众电影》"百花奖"在北京揭晓

《焦裕禄》获得"双奖"的最佳故事片奖。焦裕禄的饰演者李雪健荣膺双奖的最佳男主角奖。

由电影界专家评定的"金鸡奖"，将其最佳儿童片奖授予儿童影片的《我的九月》。奚美娟因在上影厂的《假女真情》中的成功表演，获最佳女主角奖。

最佳男女配角和最佳导演、最佳编剧等重要奖项空缺。青年导演古榕因执导《老店》获最佳处女作奖。特别奖授予青年导演冯小宁及长影厂的故事片《大城市 1990》。

《大众电影》"百花奖"奖项，除峨影厂的《焦裕禄》外，北影厂的《龙年警官》和南海影业公司等单位拍摄的《老店》，也获得这届"百花奖"的最佳故事片奖。

"百花奖"最佳女配角奖授予在广西厂的《落山风》中扮演素碧的宋佳。在北影厂的《斗鸡》中饰演孙老掘的陈裕德，在《龙年警官》中扮演仲小妹的伍宇娟，分别获得最佳男女配角奖。

国务院发出关于《流动人口计划生育管理办法》的批复

全国爱卫会决定 9 月 17 日至 23 日为全国救灾防病卫生周

9 月 10 日

国务院总理李鹏在钓鱼台养源斋会见新加坡总统黄金辉

首都理论界部分学者座谈中共中央总书记江泽民"七一"讲话

为进一步广泛、深入地宣传和学习江泽民同志的"七一"讲话，中宣部理论局和人民日报理论部联合邀请首都理论界人士，座谈建设有中国特色社会主义的政治。

中宣部理论局局长靳辉明在发言中指出，江泽民同志的"七一"讲话是一篇马克思主义的纲领性文献，其中对有中国特色社会主义的政治所作的三个"必须"和三个"不能"的概括，即"必须坚持工人阶级领导的、以工农联盟为基础的人民民主专政，不能削弱和放弃人民民主专政；必须坚持和完善人民代表大会制度，不能搞西方那种议会制度；必须坚持和完善中国共产党领导的多党合作和政治协商制度，不能削弱和否定共产党的领导，不能搞西方那种多党制"，表明我们党在数十年的革命历程中，特别是自党的十一届三中全会以来，对有中国特色社会主义政治的基本特征的认识更加成熟和更加深入了。当前，摆在理论工作者面前的首要任务，就是要围绕这个纲领性文献进行广泛深入的学习、研究和宣传，统一思想，肃清前些年资产阶级自由化思想的影响。

与会同志指出，建设有中国特色社会主义的政治，核心是加强和完善中国共产党的领导。中国的近、现代史已反复证明，中国要繁荣富强，只能选择社会主义道路。但社会主义不是自发产生的，而是在共产党的领导下进行的。没有共产党就不会有真正的社会主义。国内外敌对势力对这一点认识得也很清楚，他们颠覆社会主义，首先就是从搞垮共产党入手，只要坚持共产党的领导,中国的社会主义事业就大有希望。

与会同志指出,当前,国内外都有一股鼓吹政治多元化和多党制的逆流,我们必须提高警惕,坚决遏制这股逆流。揭露政治多元化和西方多党制的实质,用以教育广大人民群众特别是广大青年。多党制的要害就是否定共产党的领导地位,推翻社会主义制度,复辟资本主义。西方的多党制是维护资产阶级统治的工具,它们的“多党”实质上只是资产阶级一党。在资产阶级专政的政治体制中,根本不可能解决人民群众当家作主的问题。严酷的阶级斗争现实表明,凡是受到西方多党制影响,放弃原有执政党的地位和制度的,没有不垮台、不混乱的,而那些起劲鼓吹多党制的人,一旦夺权上台,立即就会限共反共。社会主义运动中的这一严重教训,我们必须牢牢记取。

与会同志回顾了国际共产主义运动和我党革命斗争的历史,强调指出,当前,国际风云变幻,国内阶级斗争在一定范围内存在并在一定条件下有可能激化,和平演变是国际敌对势力破坏和颠覆社会主义的主要形式,也是社会主义国家面临的主要现实危险。在这样的国际国内情况下,人民民主专政即中国特色的无产阶级专政,只能加强,不能削弱。如果我们忽略当前的阶级斗争,放弃人民民主专政,那么,人民的政权就会丧失,社会主义制度就会被颠覆,国家就要分裂,人民就要遭殃。

与会同志指出,强调坚持党的领导,坚持人民民主专政,并不是说我们不需要进行政治体制改革、不需要改善党的领导。在深入进行经济体制改革的同时有步骤地进行政治体制改革,这是我们党的既定方针。改革开放10余年来,我们在改革经济体制的同时,在政治体制的改革方面也做了大量工作,这是有目共睹的。政治体制改革中,中心就是不断完善我们的人民代表大会制度,不断完善共产党领导的多党合作和政治协商制度,进一步加强社会主义民主和法制建设,切实保障人民群众当家作主的权利。但是,在政治体制的改革问题上,确实存在着两种改革观的尖锐对立,存在着激烈的斗争。我们坚持的政治体制改革,只能是社会主义政治制度的自我完善,绝不能去满足西方垄断资产阶级所企望的那种“改革”的要求,绝不允许国内外敌对势力打着政治体制改革的旗号,鼓吹资本主义制度,否定社会主义制度。

与会同志强调指出,加强和改善党的领导,保证人民当家作主和国家长治久安,必须狠抓意识形态建设、经济建设和党自身的建设三方面的工作,尤其要把党自身建设好,消除党内的腐败现象,密切党和人民群众的关系。只要我们党紧紧依靠人民群众,全心全意为人民群众服务,我们的党就会永远立于不败之地。

国家计委等五个部门就烟草生产问题联合召开电话会议

卫生部部长陈敏章签发第十五号令发布《性病防治管理办法》

近日发布的《办法》说,国家对包括艾滋病、淋病、梅毒、软下疳、性病性淋巴肉芽肿、非淋菌性尿道炎、尖锐湿疣、生殖器疱疹在内的性病防治,实行预防为主、防治结合、综合治理的方针。各级卫生行政部门应在各级人民政府的领导下,开展性病防治工作。县级以上卫生行政部门根据工作需要,可设性病防治机构,并健全疫情报告监测网络。已设立的省级性病防治机构的主要职责是,研究拟定所在地区性病防治工作规划;负责所在地区的性病监测及性病疫情的统计、分析;开展性病防治的技术指导和培训。其他性病防治机构的主要职责是,根据性病防治规划制定具体实施办法,开展对所在地区的性病监测及性病疫情的统计、分析,对特定人体进行预防性体检和对性病患者进行随访指导等。

国家体改委在成都召开城市改革试点工作座谈会

会议于9月10日至15日举行。会议提出了今后几年城市改革试点总要求:重点围绕增强企业,特别是全民所有制大中型企业的活力这个中心环节,实现计划经济和市场调节有机结合的具体方式和途径,以促进经济结构的调整和经济效益的提高。这个总要求包括3个方面:一、转变企业经营机制是今后几年城市改革试点的“重点戏”。二、加快市场体系建设和流通体制改革的步伐,进一步发展消费品市场、生产资料市场和生产要素市场;深化国营商业、物资企业自身的改革。三、转变城市政府的经济管理职能,强化间接调控。国家体改委将本着突出重点、分类指导的原则,对珠江三角洲、长江三角洲等经济发达地区,沿海开放地带以及长江一线的试点城市,内地试点城市和边疆少数民族地区的城市这4种不同类型进行重点指导,提出不同的要求,形成各具特色的试点格局。

国家体改委主任陈锦华在会上强调指出:搞活国营大中型企业是推进城市经济体制改革的中心环节。增强企业活力不仅是一个经济问题,而且是一个重要的政治问题,关系社会主义公有制的发展壮大,关系到城市经济的发展、功能的发挥,关系到产业队伍的稳定,关系综合国力的强弱。

全国37个改革试点城市和近20个省市体改部门的领导交流了各具特色的经验。从各地的实践来看,城市改革试点的成效主要是:一、不断探索发展社会主义有计划商品经济,实行计划与市场有机结合的路子,促进了经济持续稳定发展；二、扩大对外开放，发展外向型经济有了新进展；三、大力推进流通体制改革，积极培育市场；四、采取有力的改革措施，促进经济结构的调整，推动生产要素优化组合；五、城市改革不断向县、区延伸，推动了城乡一体化的发展，增强了城区的经济实力和综合服务功能；六、不断深化企业改革，着力转变企业经营机制。

外交部部长钱其琛在钓鱼台国宾馆同越南外交部部长阮孟琴举行会谈

双方就政治解决柬埔寨问题、双边关系以及地区和国际问题交换了意见。

钱其琛说，在过去10多年里，中越两国关系经历了一些困难和曲折。随着柬埔寨问题的政治解决取得重大进展，两国关系有所改善，今年两国副外长磋商以后，两国具体业务部门在恢复联系方面采取了一些步骤，两国关系逐步地向正常化方向迈进。

会谈中，双方同意要进一步作出努力，在和平共处五项原则基础上，使两国关系得到进一步改善和发展。

关于柬埔寨问题，双方认为，这是国际社会和柬埔寨有关各方共同努力的结果。政治解决柬埔寨问题不仅对柬埔寨实现和平、恢复家园具有重要意义，而且对本地区的和平与稳定有着重要意义。双方表示愿同国际社会一起努力，进一步推动政治解决柬埔寨问题取得进展，争取早日使巴黎国际会议复会，以实现柬埔寨问题的全面、公正、合理政治解决。

中国葡萄牙联合联络小组第十一次会议在北京举行

双方就澳门过渡期内主要问题交换了意见并进行了深入的磋商。一、双方就换发澳门居民身份证问题达成协议。二、双方分析并讨论了澳门加入亚太经社委员会及其他有关国际组织的问题。三、葡方已将澳门奥林匹克委员会加入国际奥林匹克委员会的申请提交联合联络小组研究。中方就此表示了欢迎和原则上同意的立场。四、双方研究了公务员本地化、中文的官方地位以及法律中译问题的进展情况。五、双方还就航空协定范本问题进行了磋商。

中央军委主席江泽民国家主席杨尚昆国务院总理李鹏等观看北京军区军事训练成果汇报演练

江泽民、杨尚昆、李鹏等党政军领导在长城脚下的练兵场，观看了北京军区军事训练成果汇报演练。

参加汇报的有步兵、炮兵、装甲兵、工程兵、防化兵、通信兵、陆军航空兵等10多个兵种上百个专业的精兵强将和民兵、预备役部队。汇报以合成课目为主，体现了现代化的特点，反映了1985年我军精简整编后部队军事训练的新气象、新特点、新成果。

北京军区司令员王成斌主持汇报演练。上午9时，演练开始。演后场上，步兵龙虎跃，勇猛冲杀；装甲车、坦克群在山地迂回进攻；各种口径的加农炮、榴弹炮、火箭炮向靶标轰击；陆航直升机、导弹发射车、步兵火箭发射器分别从空中和陆地向坦克运动靶发射导弹；工程兵火箭布雷；通信兵迅速开通地面和空中通信指挥枢纽；防化兵对原子污染进行机械化洗消。汇报演练持续3个多小时。汇报的26个课目全部获得优秀成绩。

演练结束时，党和国家领导人会见了参加汇报的全体官兵。江泽民代表党中央、国务院、中央军委发表讲话，对汇报获得圆满成功表示热烈祝贺，称赞指战员军政素质过硬，有很强的战斗力。

迟浩田、赵南起等解放军三总部和驻京部队各大单位的负责同志，以及国务院有关部门的负责人也观看了演练。

中央军委主席江泽民在观看北京军区军事训练汇报演练后发表讲话

江泽民强调，我军的革命化、现代化、正规化建设，必须贯彻毛泽东军事思想和邓小平同志提出的新时期军队建设的一系列方针原则，坚持战斗力标准，加强部队建设。

江泽民说，这次汇报演练是全军严格、正规、扎实训练的一个缩影，体现了我军部队在党中央、中央军委的正确领导下，认真贯彻新时期军队建设方针原则，在加强革命化、现代化、正规化建设方面所取得的新成果。人民解放军是人民民主专政的坚强柱石，是捍卫社会主义祖国的钢铁长城，是建设有中国特色的社会主义的重要力量。人民解放军在巩固国防、抵抗侵略、捍卫人民共和国和社会主义制度，保卫人民和平劳动和参加社会主义建设事业中，发挥了重大作用，建立了不可磨灭的功勋。这一切都证明，我们党领导的人民军队，是一支军政素质过硬、有很强战斗力的军队。有了这样一支军队，党是放心的，人民是放心的。

江泽民说，新形势下，把我们的军队建设好，是全党、全国人民的殷切希望和客观形势提出的迫切要求。要毫不动摇地坚持党对军队的绝对领导。一切行动听从党中央、中央军委的指挥，保证军队在任何复杂斗争中，永远保持人民军队无产阶级性质和全心全意为人民服务的宗旨，永远忠于党，忠于社会主义，忠于祖国，忠于人民。要大力加强政治建设，旗帜鲜明地坚持四项基本原则，反对资产阶级自由化。要坚持以军事训练为中心，从实战需要出发，严格训练，严格管理，进一步提高部队的军政素质，实现人和武器的有机结合。要高度重视国防科研，坚持自力更生为主，努力发展和改善武器装备，加快我军现代化建设步伐。要大力加强战备建设，研究现代条件下的人民战争，重视后备力量建设，随时准备应付突发事件，维护国家安全和社会稳定。

江泽民希望全军官兵紧密团结在党中央、中央军委的周围，认真执行中央军委关于"八五"期间军队建设计划纲要，按照政治合格、军事过硬、作风优良、纪律严明、保障有力的要求，建设一支强大的现代化、正规化革命军队，为有效地履行宪法赋予我军的神圣职责，为实现社会主义现代化建设第二步战略目标，做出新的更大的贡献。

中国代表范国祥在日内瓦举行的世界人权会议筹委会上当选为副主席并在会上发言

中国驻哥伦比亚大使王嵋生代表公安部在圣菲波哥大举行的首届世界警察大会上发言

中国和美国计算机及电子新技术研讨会在北京举行

来自美国IBM公司、孙氏国际集团等企业的八位在国际上享有声誉的专家将作专题报告。报告内容包括91年代计算机与电子工业的现状和趋势，未来大型机、微型机的设计与实例，微电子设计工艺，超大规模集成电路功能测试技术。

国家教委等在北京举行教师节表彰大会

国家教育委员会、人事部、中国中小学幼儿教师奖励基金会、全国教育工会在人民大会堂联合举行教师节表彰大会，表彰全国教育系统劳动模范、优秀教师和教育工作者。

表彰大会共表彰4978名优秀教师和教育工作者，其中596名被授予"全国教育系统劳动模范"称号，4382名被授予"全国优秀教师"和"全国优秀教育工作者"称号。

李鹏、王震、李铁映、康世恩、严济慈、洪学智等领导出席大会，并为32名教师代表颁发荣誉证书，为10个尊师重教先进单位代表和先进个人颁发纪念品。

中共中央政治局常委、国务院总理李鹏代表党中央和国务院在大会上讲话。

国务院总理李鹏在全国教师节表彰大会上发表讲话

教师们，同志们：

今天是中国第七届教师节，是我国教师的盛大节日。来自全国各地的教师和教育界代表在祖国的首都，在庄严的人民大会堂隆重召开表彰大会，我代表党中央、国务院向各族教师致以节日的问候，向这次受到表彰的全国教育系统劳动模范、全国优秀教师和教育工作者，表示热烈的祝贺。

现在，我国各级各类学校的教师有一千多万人。长期在党的基本路线指引下，广大教师忠诚于人民的教育事业，坚持正确的政治方向，辛勤工作，教书育人，为社会主义现代化建设做出了宝贵的贡献，培养出了大批人才。事实证明，我们的教师队伍是一支受到党和人民信赖和尊敬的队伍。

教育是社会主义现代化建设的基础工程。今后十年，是我国现代化建设关键的十年。根据《国民经济和社会发展十年规划和第八个五年计划纲要》，教育是建设的战略重点之一。而发展教育事业，关键在于努力培养壮大又红又专的教师队伍。近些年来，我国的教师队伍建设取得了很大成绩。教师的社会地位得到提高，生活待遇逐步改善，尊师重教的社会风气正在进一步形成，教师队伍的政治思想水平和业务水平都有明显的提高。各级党委和政府要从战略高度出发，继续加强这方面的工作。最近，人大常委会审议了《中华人民共和国教师法》（草案），这将会有力地促进我国的教师队伍建设。

当前国际形势急剧变化，我们一方面面临着世界新技术革命的挑战，一方面面临着坚持和保卫有中国特色社会主义阵地的严重考验。能否很好地迎接这两个挑战，同教育工作有着密切的关系。希望教育战线的全体教师、干部和职工，充分认识到我们所担负的重大历史责任，进一步坚定社会主义信念，振奋精神，克服困难，努力工作，不断提高自己的政治思想素质和业务素质，为培养社会主义事业的建设者和接班人，保证我们国家千秋万代不变颜色，做出新的贡献。

我国的社会主义现代化建设取得了举世瞩目的成就。今年尽管遇到了历史罕见的洪涝灾害，但全国人民在党和政府的领导下，团结奋斗，万众一心，一方有难，八方支援，取得了抗洪救灾的初步胜利。灾区的中小学克服重重困难，基本做到了按时开学。当前，我国政治稳定，社会稳定，经济建设稳步发展，全国人民坚定地沿着建设有中国特色的社会主义道路前进。我们知道，广大教师在工作和生活中还存在许多急待解决的困难。各级党委和人民政府要更加理解他们，关心他们，随着经济的发展，为改善教师的工作条件和生活条件做出不懈的努力。

教师们，同志们！尊师重教，是我们一贯坚持的重要政策。我们的教师队伍一定不会辜负党和人民的殷切厚望，一定能进一步发扬为人师表的优良传统，创造出更加光辉的业绩。展望未来，尽管在我们前进的道路上还会遇到这样那样的困难，但在以江泽民同志为核心的党中央的正确领导下，我们有信心战胜各种艰难险阻，坚持党的基本路线，坚持改革开放，坚持四项基本原则，推动建设有中国特色的社会主义事业，不断地取得新的胜利。

祝大家身体健康，节日愉快！

国际少林武术节在郑州开幕

9月11日

中共中央总书记江泽民在钓鱼台国宾馆芳菲苑会见新加坡总统黄金辉

中共中央总书记江泽民等党和国家领导人在北京会见抗洪救灾报告团全体成员

江泽民高度赞扬他们在抗洪救灾中的英雄模范事迹，希望通过他们的报告进一步增强全国人民的凝聚力。

江泽民说，中国人民有一个特点，就是在大的灾难面前表现出空前的凝聚力。在这次抗洪救灾中，灾区的党政干部、解放军、武警部队和广大群众万众一心，取得了抗洪救灾的胜利。

江泽民强调说，洪水消退之后，摆在灾区领导和群众面前的任务很重。当前最紧迫的是灾民的生活问题，要安排好灾民的生活。冬季快到了，我们要进一步兴修水利，搞好生产自救。

抗洪救灾报告会根据党中央和国务院的指示，由中宣部举办。这次来京给首都人民做报告的，有安徽省的14位同志，江苏省的13位同志，南京军区和武警的6位同志。

抗洪救灾报告大会在人民大会堂大礼堂举行

安徽省阜南县委书记邓成标首先报告了濛洼蓄洪区两次蓄洪，濛洼人民为保淮河大堤甘愿作出牺牲的事迹和精神。江苏省扬州市委书记姜永荣介绍了组织百万灾民安全转移的壮举。常州市公安局团委副书记张翔介绍了市公安干警和武警官兵抢运即将爆炸的电石的经过。

在报告会上，南京军区政治部副主任缪国亮介绍了全军十多万官兵全力以赴抗洪抢险的事迹。

安徽省凤阳县亮岗乡农民张作海也登台介绍他驾驶小船救起800多名遇险群众的事迹。

中共中央宣传部部长王忍之在大会上讲话。

全国第二次城市规划工作会议在北京开幕

国务院副总理邹家华在开幕式上就城市规划的重要性、城乡统筹规划、提高城市综合效益等问题作重要讲话。邹家华说，城市在我国社会主义现代化建设中处于中心地位，发挥着主导作用，我国50%以上的国民生产总值、70%以上的工业产值、78%以上的工业利税、90%以上的高等教育科技力量集中在城市。城市规划是城市发展的空间布局计划，它的主要任务是使城市的聚集结构合理化。城市规划工作的水平直接关系到城市的综合效益和整体素质。因此，城市规划是一项战备性、综合性很强的工作，是国家指导和管理城市的重要手段。

邹家华指出，城市规划的指导思想，总的来讲，应当是面向未来，面对现实，统筹兼顾，综合部署。作为一个城市的市长，应当有高度的战略意识，强烈的历史责任感。当届城市政府安排的各项建设，要经得起历史的检验。

国家体改委主任陈锦华在城市改革试点工作座谈会上发表讲话

陈锦华强调指出：搞活国营大中型企业是推进城市经济体制改革的中心环节。来自全国37个改革试点城市的代表将围绕这个"中心环节"，探讨进一步深化城市经济体制改革的思路。

陈锦华对今年的改革形势作三方面的评价：一是既坚持了改革开放，又把握了改革的社会主义方向；二是在处理好改革与发展、改革与稳定的关系的基础上，促进了国民经济持续、稳定、协调发展；三是在建立计划经济与市场调节相结合的经济运行机制的探索上取得新进展。陈锦华说，当前经济与改革的总体形势继续向好的方向发展。今年以来，我国虽有部分地区遭受了巨大的洪涝灾害，但经济摆脱了一度出现的工业速度回落过猛、市场疲软的局面，工业生产速度加快，固定资产投资需求和消费需求持续回升，国内市场销售稳步增长，物价总水平基本稳定，外贸出口全面增长，国家外汇储备继续增加，农业总产值有所增长。与此同时，改革在升温，一些重要的改革分量加大，步子加快。

但是，也应该看到，经济效益低下、结构不合理等深层次矛盾尚未解决，财政、金融形势比较严峻，经济生活中还存在一些不稳定因素。当前最突出的问题是国营企业、特别是大中型企业经济效益不好，企业的亏损状况无明显改善，产成品积压有增无减，"三角债"依然困扰着企业。

陈锦华说，增强企业活力不仅是一个经济问题，而且是一个重要的政治问题，关系到社会主义公有制的发展壮大，关系到城市经济的发展、功能的发挥，关系到产业队伍的稳定，关系到综合国力的强弱。因此，要始终把增强企业特别是国营企业的活力，作为推进城市经济体制改革的中心环节。

要搞活企业，首先要始终如一地坚持企业改革的方向和目标，使企业真正成为一个相对独立的经济实体，真正做到自主经营，自负盈亏。落实企业经营自主权是搞活企业的关键，企业要运用好自主权，大胆地往前走。其次，企业的生产经营活动要与计划经济和市场调节相结合的运行机制实行有效对接。企业一定要有市场观念，要学会用市场调节来健全自身运行机制。企业要进一步强化管理，强化技术进步，全面提高企业素质，打好增强企业活力的物质基础。以增强企业活力为中心环节的城市经济体制改革，要在认真落实企业自主权，切实减轻企业负担，积极为企业创造良好的外部环境等方面下功夫。

国家技术监督局发布《国旗》《国旗颜色标准样品》两项国家标准

国家技术监督局发布了《国旗》和《国旗颜色标准样品》两项国家标准，并宣布于1991年12月1日起正式实施。这两项标准清晰具体地规定了国旗的形状、颜色、图案、制版定位、通用尺寸、染色牢度等技术要求，实施后，可望改变目前国旗外观质量上的混乱。

国家技术监督局将这两项标准列为强制性国家标准，并将通过对国旗生产厂和市场的抽查来监督执行。

中共中央总书记江泽民在钓鱼台国宾馆养源斋会见英国前首相撒切尔夫人

国务院总理李鹏在中南海紫光阁会见英国前首相撒切尔夫人

双方就如何进一步保持香港的繁荣稳定和政权的顺利交接，以及苏联的变化对世界格局所造成的影响，等问题坦率地交换了意见。

在回顾几年来英中关系的发历程时，撒切尔夫人说："英中两国政府关于香港问题的联合声明是一个很重要的文件，邓小平先生为此发挥了重要的指导作用。"撒切尔夫人请李鹏总理转达她对邓小平的亲切问候。

李鹏对撒切尔夫人说："邓小平同志身体很健康。我将尽快转达你对他的问候。"

会见中，撒切尔夫人对中国今年部分地区遭受严重水灾表示慰问，并赞扬中国政府卓有成效地应付了如此严重的自然灾害。撒切尔夫人说，她本人支持保持美国对华最惠国待遇。她认为这样做不仅对中美双方有利，而且对香港也很有利。

国务院总理李鹏在中南海紫光阁会见越南外交部部长阮孟琴

国务院总理李鹏在中南海紫光阁会见由董事长阿·库·沙尔卡尔率领的印度报业托拉斯代表团

李鹏说，在当前国际形势下，中印两国应捐弃前嫌，进一步改善和发展双边关系，在政治、经济、贸易、文化等方面增加往来。

李鹏指出，中印是和平共处五项原则的发起国，又是发展中的大国，在建立国际新秩序方面应经常交换意见，取得共识，使五项原则成为国际新秩序的基础。

李鹏在回答关于国际形势的提问时说，目前，世界局势更加动荡不安，发展中国家面临的形势更加严峻，因此，"我们需要加强南南合作，并本着平等互利的原则推动南北对话。"

中国和爱沙尼亚两国政府在塔林发布《中华人民共和国和爱沙尼亚共和国建交联合公报》

中华人民共和国政府和爱沙尼亚共和国政府根据两国人民的利益和愿望，决定两国自1991年9月11日起建立大使级外交关系。

两国政府同意，在相互尊重主权和领土完整、互不侵犯、互不干涉内政、平等互利、和平共处的原则基础上，发展两国之间的友好合作关系。

爱沙尼亚共和国政府承认中华人民共和国政府是中国的惟一合法政府，台湾是中国领土不可分割的一部分。爱沙尼亚共和国政府承诺不和台湾建立任何形式的正式的、官方的关系。

中华人民共和国政府支持爱沙尼亚共和国政府为维护民族独立、发展经济所做的努力。

两国政府同意，在平等互利的基础上，根据国际惯例，互相为对方在其外交代表履行职务方面提供一切必要的协助。

中华人民共和国政府完全支持爱沙尼亚共和国申请成为联合国正式成员。

国务委员兼外交部部长钱其琛在北京钓鱼台国宾馆会见英国前首相撒切尔夫人

国务委员兼外交部部长钱其琛在钓鱼台国宾馆会见文莱达鲁萨兰国外交部常务秘书达图·林玉成

中国代表团团长佟志广在平壤举行的七十七国集团第7次亚洲组织部长级会议上发言

9月12日

中共中央政治局常委李瑞环在四川湖北考察

9月12日至19日，李瑞环在四川、湖北两省负责人陪同下，沿江考察了重庆、万县、沙市、洪湖和武汉等地，听取了一些地方负责人的工作汇报，重点察看长江的若干险段和蓄分洪区，就长江综合治理等问题同有关专家和干部、群众进行座谈。

在听取汇报和座谈时，李瑞环指出，坚持十一届三中全会以来形成的党的"一个中心、两个基本点"的基本路线，是建设有中国特色的社会主义的根本保证。他说，这条路线是来之不易的，我们要十分珍惜，扭住不放地坚持。对它要全面地理解，结合实际地贯彻，并在实践中认真地总结经验。只要这样，我们就一定能排除各种困难，不断夺取新的胜利。

在考察长江时，李瑞环说，长江是我国第一大河，流域面积宽广，水利、矿产等资源十分丰富。治理开发好长江，对于整个国民经济的振兴具有重大的战略意义和作用，我们应当下大力做好这篇大文章。

李瑞环说，治理长江首先要着眼于防洪。长江的治理，要比其它江河的治理复杂得多。制订治理方案，必须尊重规律，讲求科学，走好群众路线。治理长江是一项系统工程，既要从当前的实际情况出发，又要考虑长远的发展要求；既要提高防洪能力，又要兼顾发挥灌溉、通航、发电等多方面的功能。我们把治理长江这件大事办好了，将使社会主义制度的优越性得到进一步显示。

国务院副总理朱镕基在四川考察

朱镕基在9月12日至17日考察期间，详细了解了四川省及成都、重庆两市的清欠准备工作情况。朱镕基说，从清理固定资产投资缺口这个源头入手进行清欠，首先要把基本建设、技术改造项目的拖欠情况一个一个地弄清楚。四川省在清理中，对凡是没有把项目拖欠情况搞清楚的市、县，暂时停止审批新上项目和发放投资许可证。这一条很好，旧债未清，怎么能再上新项目呢！

朱镕基又说，要认真、迅速地做好资金到位的准备工作，千方百计保证在9月20日全国清欠启动时注入资金下达到基层经办行，然后开始连环清欠。希望大家全力以赴，一鼓作气，全国统一行动。准备工作中很重要的一环是人员培训。培训工作要一竿子插到底，一直培训到经办行和分理处的经办人员，同时让厂长、经理也参加培训。只有大家都清楚"作战方案"，操作时才不会因一个环节卡壳而影响连环清欠的运转。

朱镕基指出，产成品积压是造成当前企业效益下降，从而形成"三角债"的重要原因。这次要下决心用"釜底抽薪"的办法把占用过多的产成品资金压下来，把压缩产成品资金占用和增加技术改造贷款挂起钩来，切实加强对现有企业的技术改造。

在听取四川省关于压贷挂钩工作的进展情况后，朱镕基强调说，压贷挂钩，压是前提。指望用降价办法去推销库存积压产品是不可行的，这会给此后的市场和生产带来新的困难。压库的关键是要压产，在一段时期内坚决对部分滞销产品减少或停止生产。只有"压"下来，才有"贷"的可能，才能在不扩大总的信贷规模的前提下，减少产成品资金占用，增加技术改造的投入。为了做好压产工作，银行要对有压产指标又不执行压产的企业逐月扣回流动资金贷款，用紧缩银根的经济手段来促使这些企业压产。这项工作虽然难度很大，但是只要认真加强职工的思想政治工作，讲明道理，企业职工是会识大体、顾大局的。

朱镕基在成、渝两地视察期间，还与一些企业的厂长、经理围绕如何搞活大中型企业等问题进行座谈。

中共中央总书记江泽民在中南海会见美国埃默多计算机公司董事长金·埃默多先生

江泽民对埃默多先生一行前来北京参加1991年中美计算机及电子新技术研讨会表示欢迎。他说，希望你们经常来与中国同行共同探讨问题和交流经验。江总书记还很有兴趣地同客人们讨论了当今世界计算机和电子技术发展的一些问题。

国家主席杨尚昆在钓鱼台国宾馆接受丹麦王国新任驻中国大使符巍廉递交的国书

中国拉脱维亚两国政府在里加发布《中华人民共和国和拉脱维亚共和国建交联合公报》

中华人民共和国政府和拉脱维亚共和国政府根据两国人民的利益和愿望，决定两国自1991年9月12日起建立大使级外交关系。

两国政府同意，在相互尊重主权和领土完整、互不侵犯、互不干涉内政、平等互利、和平共处的原则基础上，发展两国之间的友好合作关系。

拉脱维亚共和国政府承认中华人民共和国政府是中国的惟一合法政府，台湾是中国领土不可分割的一部分。拉脱维亚共和国政府承诺不和台湾建立官方关系和进行官方往来。

中华人民共和国政府支持拉脱维亚共和国政府为维护民族独立、发展经济所做的努力。

两国政府同意，在平等互利的基础上，根据国际惯例，互相为对方在其外交代表履行职务方面提供一切必要的协助。

外交部发言人吴建民在记者招待会上发布《中越外长会晤新闻公报》

应中华人民共和国国务委员兼外交部长钱其琛的邀请，越南社会主义共和国外交部长阮孟琴于1991年9月9日开始对中华人民共和国进行正式访问。中华人民共和国国务院总理李鹏会见了阮孟琴一行。

钱其琛国务委员兼外长和阮孟琴外长就柬埔寨问题的全面政治解决、中越关系和双方共同关心的国际问题交换了意见。会谈是在诚挚、友好和坦率的气氛中进行的。

双方对柬埔寨全国最高委员会最近在帕塔亚会议上取得的重大进展感到高兴。双方表示将继续为推动柬埔寨问题在联合国安理会五常任理事国框架文件基础上，在巴黎会议范围内最终获得全面政治解决作出积极努力。双方相信中越关系的改善将有助于促进柬埔寨问题实现全面政治解决。

双方认为，中越之间应当恢复睦邻友好关系。这种关系必须建立在相互尊重主权和领土完整、互不侵犯、互不干涉内政、平等互利、和平共处五项原则的基础上。双方认为这种关系不针对任何第三国，有利于本地区的和平、稳定与合作。双方表示将采取切实步骤，恢复两国在经贸、科技、交通、文化等领域的交往与合作，逐步实现中越关系正常化。

双方就越南领导人年内访华问题交换了意见，并取得了一致看法。

阮孟琴外长邀请钱其琛外长在适当时候访问越南。钱其琛外长愉快地接受了邀请。

以老挝外交部副部长苏里冯为团长的老挝政府代表团和以中国外交部副部长刘华秋为团长的中国政府代表团在北京举行中老边界谈判第三轮会谈

国家主席杨尚昆根据全国人大常委会的决定任免驻外大使

免去黄振的中华人民共和国驻阿拉伯联合酋长国特命全权大使职务。

任命刘宝莱为中华人民共和国驻阿拉伯联合酋长国特命全权大使。

中国代表侯志通在日内瓦《禁止生物武器公约》缔约国第三次审议会议上发言

侯志通上午发言时阐述中国在禁止生物武器问题上的具体立场。中国坚决支持禁止生物武器的目标，奉行不发展、不生产、不储存生物武器的政策，并反对生物武器扩散。

侯志通指出，中国高度重视《禁止生物武器公约》，并致力于加强其普遍性和有效性；中国一直认真、全面地履行自己承担的公约义务，逐年向联合国报告与公约有关的资料和情况。

侯志通认为，必须采取适当措施，进一步加强公约的权威性和有效性。侯志通为此建议，首先要增进公约的普遍性，鼓励和吸引更多的国家参约；其次，适当加强建立信任措施；第三，要逐步研究和解决必要的检查问题。

侯志通特别强调应大力加强在和平利用生物技术方面的国际合作与交流。侯志通说，中国一贯反对生物武器扩散，同时也不赞成限制或阻碍和平利用生物技术方面的国际合作和交流。侯志通呼吁拥有先进生物技术的发达国家采取积极措施，鼓励对发展中国家和平利用生物技术的转让和贸易，为促进国际生物科技的合作作出贡献。

中央军委秘书长杨白冰在全军政治工作座谈会上发表讲话

杨白冰在日前结束的全军政治工作座谈会上讲话时说，经常性思想工作是我军一个重要的政治优势。在我们军队，来自五湖四海、思想基础各异的干部战士，所以能很快地团结和凝聚起来，为共同的理想和目标而奋斗；所以能在任何艰苦的条件和繁重的任务面前，保持高昂的士气和革命乐观主义精神；所以能身处复杂环境、面对腐朽思想的侵蚀，拒腐蚀、永不沾，保持革命本色和良好风气，除了我们狠抓集中的政治教育，用进步的政治精神贯注于部队之中外，还有很重要的一条，就是因为我们坚持了经常性思想工作。

杨白冰说，军委主席江泽民在视察部队时反复强调，思想工作千万不能搞大呼隆，要扎实有效，坚持经常，把工作越做越细，越做越活。军委其他领导同志也多次指出，领导机关要在部队里面生根。根据军委领导的这些指示精神和部队工作的实际状况，我们的经常性思想工作要有一个新的突破。为此，要努力提高基层干部尤其是政治指导员做好经常性思想工作的能力；要把经常性思想工作渗透到各项工作中去；要在继承的基础上改进和创新；政治机关各部门要紧密配合，共同来抓。

杨白冰强调说，新的形势下军队政治工作面临着更为严峻的考验，任重而道远。我们要紧密地团结在以江泽民同志为核心的党中央、中央军委周围，上下一心，和衷共济，使部队在任何时候、任何情况下都坚如磐石、稳如泰山。

公安部发出《关于重申拘留逮捕外国人应及时通知外国驻华使领馆的通知》

巴金国际学术研讨会在成都召开

9月13日

中国藏学讨论会在北京举行

应邀参加这次学术讨论会的有来自我国各地和港台地区以及美国、日本、英国、捷克斯洛伐克、法国、苏联、瑞士等国的学者80余人。

中国藏学研究中心总干事多杰才旦说，我们选择“1959年以前西藏的社会结构及其对西藏社会所产生的影响”作为我们这次学术讨论会的主题，基于这两个方面的意义：一是它对于藏学研究具有基础研究的价值和作用；二是它对于丰富、充实世界封建农奴制度形态的研究也有着重要的学术意义。

国内藏学界通过对1959年以前西藏的社会结构的调查研究，普遍认为，当时西藏是一个“政教合一”的封建农奴制社会。封建农奴制作为一种社会形态，曾广泛地存在于世界许多国家和地区，但大多早已消亡而成为历史的陈迹，而在西藏长期存在的封建农奴制度延至1959年才被彻底废除。过去西藏的封建农奴制许多人仍然记忆犹新，反映西藏封建农奴制社会状况的文献档案也大量地保留了下来。这些都十分有利于我们进行了解和研究。

曾担任过西藏自治区主席的多杰才旦在分析西藏封建农奴制的历史作用时指出，随着时间的推移，这个制度日益腐朽、衰败，成为西藏社会发展、进步的严重障碍，导致西藏地区经济凋敝，生产力低下，文化落后，人口减少，陷入贫困不振的境地。为了西藏的兴旺发达和西藏社会的繁荣富强，必须废除这样一个落后的社会制度，这是西藏人民的心愿，也完全符合人类社会发展的必然趋势。本次会议由中国藏学研究中心举办。

中国葡萄牙联合联络小组在北京发布《关于中葡联合联络小组第十一次会议的新闻公报》

中葡联合联络小组第十一次会议于1991年9月10日至13日在北京举行。

双方就澳门过渡期内主要问题交换了意见并进行了深入的磋商。

双方就换发澳门居民身份证问题达成了协议。

关于澳门加入国际组织问题，双方分析了澳门加入亚太经社委员会所开辟的前景，并且讨论了澳门加入其他有关国际组织的问题。具体事宜将交由一工作小组研究。

葡方已将澳门奥林匹克委员会加入国际奥林匹克委员会的申请提交联合联络小组研究。中方就此表示了欢迎和原则上同意的立场。

双方研究了公务员本地化、中文的官方地位以及法律中译问题的进展情况。

双方还就航空协定范本问题进行了磋商。

会议是在友好合作和建设性的气氛中进行的。

中葡联合联络小组第十二次会议将于1991年12月2日至4日在澳门举行。

中国和加拿大恢复在人事与行政管理领域的交流合作

新疆哈密五堡乡发掘出一具3000年前女干尸

9月14日

国务院发出关于开展一九九一年税收财务物价大检查的通知

各省、自治区、直辖市人民政府，国务院各部委、各直属机构：

一九八五年以来，在全国范围内开展了六次税收、财务、物价大检查，取得了显著成效。但是，各种违反财经法纪的行为屡禁不止，至今仍较普遍。这种状况不仅影响国家财政收入，而且败坏党风和社会风气，对经济发展和社会稳定危害很大，必须坚决制止。在我国改革开放和发展商品经济的过程中，特别是目前经济体制尚未完全理顺、法制建设尚不健全、遵纪守法观念比较淡薄的情况下，税收、财务、物价大检查作为遏制经济领域各种违法违纪行为，防止财政收入流失，惩治腐败现象，促进国民经济持续、稳定、协调发展的一项重要措施，在“八五”期间甚至更长一些时间内还要继续进行下去。为保证一九九一年税收、财务、物价大检查工作的顺利进行，现将有关事项通知如下：

一、开展大检查的指导思想。一九九一年税收、财务、物价大检查必须以贯彻执行党的基本路线为中心，推动治理整顿和深化改革，促进政治、经济和社会的进一步稳定发展。在检查中，要同目前正在开展的“质量、品种、效益年"活动结合起来;同增产节约,增收节支,确保完成今年的财政收入任务结合起来;同自力更生,生产自救,挽回洪涝灾害造成的损失结合起来;同严肃党纪政纪,拒腐防变,加强廉政建设结合起来;同堵塞漏洞,改善经营管理,建立健全各项财经规章制度结合起来。通过大检查,广泛开展遵守财经法纪的宣传教育,引导广大干部和群众正确处理局部利益和整体利益的关系,国家、集体和个人利益的关系,逐步形成遵纪守法光荣、违法违纪可耻的社会风尚。

二、大检查的时间和范围。今年的税收、财务、物价大检查从十月份开始,到明年春节前基本结束。检查的范围包括:国营、集体企业,企业集团,行政事业单位和社会团体在一九九一年发生的违反财经法纪问题,以及一九九〇年未检查、未纠正的违反财经法纪问题。个体工商户和私营企业的税收、物价专项检查,按照国家税务局、国家物价局的部署进行。安徽、江苏、湖北、河南、贵州等五省洪涝灾害比较严重,今年税收、财务、物价大检查的具体时间和方法,由省人民政府研究确定,报国务院备案。

三、大检查的内容。主要检查下列各项违反国家财经法纪的行为:(一)偷税漏税和越权减免税;(二)乱挤成本、费用,虚报亏损、虚增利润、虚盈实亏,侵占、截留应交财政的利润、能源交通建设基金和预算调节基金;(三)不按规定用途支用各项财政资金;(四)违反价格法规,乱涨价,乱加价,牟取非法收入;(五)乱收费、乱罚款、乱集资摊派;(六)滥发奖金、补贴、实物,用公款请客送礼、游山玩水,擅自购买专项控制商品等挥霍国家和单位的资金;(七)采取非法手段,将全民所有制的资产转为集体或个体所有,或将预算内资金转为预算外资金;(八)侵占、截留、私分、挪用救灾款和物资;(九)公款私存,私设"小金库",侵占、私分国家和单位的资财;(十)其他违反财经法纪的行为。

四、大检查的几个政策问题。这次大检查,要继续贯彻执行"自查从宽,被查从严,实事求是,宽严适度"的原则,着重处理好以下几个问题:

(一)要发动企业和单位认真搞好自查,争取从宽处理。凡有违反财经法纪问题的企业和单位,都要克服侥幸心理,揭露矛盾,纠正错误,把各种违法违纪问题解决在自查之中。各地区、各部门都要切实加强对自查工作的领导和监督。对有违法违纪行为而不认真自查的企业和单位,要责令其重新自查或列作重点检查对象,严防走过场。

(二)在重点检查中查出的违法违纪问题,一定要依法从严处理。特别是有严重违法乱纪行为和屡查屡犯的直接责任人和单位负责人,除给予经济处罚外,还应给予必要的政纪处分。是党员的,由党的纪检部门处理。触犯刑律的,要移交司法机关惩处。侵占、截留、私分、挪用救灾款和物资的,一律严惩不贷。

(三)各级领导机关、领导干部和执法部门,要以身作则,带头检查、纠正各种违反财经法纪的问题。如有坚持错误、拒不纠正或对违法违纪行为说情护短、徇私包庇的,要从严处理。

(四)要采取专业人员检查与群众检查相结合的方法,坚持走群众路线。在自查阶段,企业和单位的广大干部和职工群众,都要发扬主人翁的精神,自觉维护国家和人民的利益,主动检查纠正本单位存在的各种违法违纪问题。在重点检查阶段,各级财政、税务、审计、物价部门和业务主管部门从事财会、审计、物价工作的人员,除了搞好日常工作外,要集中力量投入大检查,并在各级大检查领导小组和大检查办公室的统一安排下,组成检查组,深入企业和单位进行重点检查。重点检查面不得少于30%。各级大检查办公室都要建立举报制度,鼓励和发动群众检举揭发各种违反财经法纪的问题。要坚决保护坚持原则的检查人员、财会人员和举报人,决不允许对他们进行阻挠、刁难和任何形式的打击报复。对打击报复的,各地区、各部门领导要亲自过问,严肃处理。

(五)切实采取措施,防止重复检查。各级大检查办公室在确定重点检查名单时,要同有关监督检查部门充分协商,避免重复检查,减轻企业负担。在前三年大检查中,没有查出违反财经法纪问题的单位,今年可免于重点检查。在一九九一年内,由财政部组织财政驻厂员检查过的中央单位,可不进行财税大检查。凡已列入审计署经常性审计名单的中央单位,原则上不再进行财税大检查;在大检查期间进行经常性审计的中央单位,大检查与审计可结合进行;经审计机关审计过的财政、财务收支,并已作了审计结论和处理决定的中央单位,一般不进行财税大检查。

(六)认真搞好委托地方检查中央单位的工作。今年国务院税收、财务、物价大检查办公室将继续委托地方检查一部分中央企事业单位。地方受托检查中央单位所得分成收入,都要纳入地方财政预算,主要用于发展农业生产。

(七)各种应交违法违纪款项,要保证优先入库,不得截留、挪用,拖延不交。如有拒不交库的,由银行协助扣缴。少数受灾严重、停工待工的企业,确因资金困难,补交后会严重影响生产经营的,在报经批准后,可允许他们订出交款计划,分期分批交清。

(八)要结合大检查,推进整改建制工作。各级税收、财务、物价大检查办公室要针对检查中发现的问题,提出完善财经政策和法规的具体建议,报本级人民政府或商请有关部门研究实施。要积极帮助企业建立健全财会制度，培训财会人员，加强企业内部管理。要大力表彰遵纪守法单位和在大检查中表现突出的先进集体和先进个人，广泛宣传他们的先进事迹，扩大社会影响。

五、大检查的组织领导。税收、财务、物价大检查在各级人民政府直接领导下进行。各省、自治区、直辖市人民政府和中央各部门，都要建立健全大检查领导小组，并指定一名领导干部负责大检查工作。各级税收、财务、物价大检查办公室只能加强，不能削弱。要派出强有力的工作组进行督促检查，国务院工作组由副部级以上干部带队，省、自治区、直辖市工作组由副厅(局)级以上干部带队。所有参加大检查工作的人员都要发扬艰苦奋斗和密切联系群众的优良作风，做到依法检查、忠于职守、坚持原则、客观公正、廉洁奉公、遵纪守法。

各级人民政府要采取多种形式，邀请人大、政协和各民主党派的成员参加大检查工作。在大检查期间，要主动向人大常委会和政协汇报情况，接受监督。

在当地人民政府的统一领导下，各级大检查办公室与财政、税务、审计、物价和业务主管部门要加强联系，密切配合，互相支持，通力合作，共同搞好大检查工作。各级计(经)委、银行、监察、公安、工商行政管理等部门要积极配合和参与大检查，并请纪检、检察、法院等部门大力支持和协助。各新闻单位要进一步加强大检查的宣传报道工作。

国务院授权国务院税收、财务、物价大检查办公室，根据国家现行的财经法规，制定有关大检查的具体政策和规定。各级税收、财务、物价大检查办公室有权依法检查和处理各种违反财经法纪的问题。财政部、国家税务局、国家物价局要抓紧制定《税收财务物价大检查工作条例》，把大检查工作纳入制度化、规范化、法制化的轨道。

税收、财务、物价大检查结束后，各省、自治区、直辖市人民政府和国务院各部门都要向国务院写出总结报告，同时抄送国务院税收财务物价大检查办公室。

国家主席杨尚昆在山东青岛考察

杨尚昆 14 日至 16 日在考察期间，到工厂了解生产情况，看望职工，勉励大家奋发努力，多为国家争创国际名牌产品。杨尚昆还听取了中共山东省委副书记、省长赵志浩、副书记马仲才、省委常委、青岛市委书记郭松年等省、市领导的汇报，对山东的工作表示满意。

15 日下午，杨尚昆在省、市负责人的陪同下，来到青岛衬衫厂，询问工厂的生产经营、企业管理、职工生活等情况。当听说这个厂年产衬衫 400 万件，出口创汇 800 万美元以上时，杨尚昆高兴地笑了，并题词勉励:“争创国际名牌”。

在青岛手表厂，杨尚昆深入车间班组，与干部职工进行了亲切的交谈。仔细询问“现在市场上哪种手表卖得快?”“出口情况怎么样?”“自己生产的零部件占多大比重?”杨尚昆特别提出:“你们要用心研究产品质量，多生产在市场上畅销的名牌产品。”杨尚昆非常关心职工的生活情况，强调“一定要注意解决住房困难户的问题”。同时，杨尚昆还仔细询问了职工的工资收入、劳动保护、卫生保健等情况。

中央军委副主席刘华清陪同考察。

第二届中国现场短新闻评奖在武汉揭晓

首次工青妇工作理论讨论会在北京结束

中共中央政治局候补委员、中央书记处书记丁关根出席讨论会并在结束时讲话，要求各级工会、共青团、妇联组织认真学习、全面理解江泽民同志在庆祝中国共产党成立 70 周年纪念大会上的重要讲话，把思想统一到《讲话》上来，坚定不移地贯彻执行党的“一个中心、两个基本点”的基本路线，在党的领导下，在社会主义物质文明和精神文明建设、改革开放、反“和平演变”、维护社会稳定中更好地发挥作用。

丁关根强调指出，这个《讲话》是以江泽民同志为核心的党中央带领全党全国各族人民实现第二步战略目标，建设有中国特色社会主义的纲领性文件，也是指导群众工作的总纲。丁关根要求工青妇组织把贯彻《讲话》精神和贯彻《中共中央关于加强和改善党对工会、共青团、妇联工作领导的通知》精神结合起来，密切联系实际，认真学习、研究党的群众工作理论。

出席会议的工会、共青团、妇联的干部和理论工作者，根据《中共中央关于加强和改善党对工会、共青团、妇联工作领导的通知》精神，围绕党的群众工作的基本理论和工青妇组织提高群众工作水平，增强凝聚力，更好地发挥作用等问题进行了认真探讨。

倪志福、陈慕华、宋德福也参加了于 9 月 10 日开始的会议。

中宣部等联合发出充分运用文物进行爱国主义和革命传统教育的通知

中宣部、国家教委、文化部、民政部、共青团中央、国家文物局最近联合发出通知，要求充分运用文物进行爱国主义和革命传统教育。

《通知》说，江泽民最近提出，要由浅入深、坚持不懈地对青少年学生和广大群众进行中国近代史、现代史及国情的教育。这是增强民族自尊、自信、自强精神，保证我国社会主义现代化建设顺利进行，抵御国内外敌对势力和平演变图谋，培养有理想、有道德、有文化、有纪律的社会主义新人的一项基础工作。

《通知》指出，我国是一个历史悠久、富于革命传统的国家，拥有丰富的文物资源。利用丰富的文物对群众进行热爱祖国、热爱党、热爱社会主义的教育，具有直观、形象、真实、可信的特点，易于为人们接受和理解。各级党的宣传部门，各级教育、民政、文化、文物部门和共青团组织，要充分发掘和发挥这一优势，依托博物馆、纪念馆和各种革命遗迹、遗址作为固定场所，有计划地运用文物开展爱国主义和革命传统教育活动。

《通知》要求：一、各级教育行政部门、共青团组织和大、中、小学校，要把组织青少年学生参观博物馆、纪念馆，瞻仰革命遗址、烈士陵园和其他纪念设施，观看展示祖国灿烂文明的历史文物和反映近现代中国人民苦难、奋斗、胜利历程的革命文物，作为青少年思想政治教育的重要内容，作为大、中、小学生必须参加的教育活动，列入学校德育工作计划。各级民政、文化、文物部门要把组织接待好青少年参观、瞻仰等活动，作为必须完成的业务工作认真落实。二、要根据青少年不同的年龄层次、心理特点、知识水平和接受能力，结合所学课程，科学地安排活动内容，使教育由浅入深，循序渐进，逐步深化。三、运用革命、历史文物进行教育的活动，要精心设计、周密组织，力求富有吸引力和感染力。四、各博物馆、纪念馆、烈士陵园、纪念设施管理单位，要在办好基本陈列的同时，充分利用现有条件并挖掘设施潜力，有重点地举办近现代历史、中国国情和革命传统的专题文物展览，并与教育部门共同组织好参观活动。五、各博物馆、纪念馆、烈士陵园和各种纪念设施管理单位，对青少年学生有组织的参观、瞻仰要优先安排，并为他们开展活动提供必要的人员、场地、教材等方面的支持和帮助。六、各级文物、民政部门和共青团组织要密切合作，统筹规划，在重要革命纪念地和其他一些革命文物资源丰富的地方，逐步建立起一批青少年革命传统教育基地。七、请各级党委、政府加强对这项工作的指导，并从人力、物力和财力上积极支持。

《人民日报》报道称 1990 年全国手表时钟产量分别为 8670 万只 3029 万只 均居世界第三位

中国最大的水电站——二滩水电站正式开工

北京辽宁吉林南京广东 14 日至 18 日分别举行纪念九·一八事变活动

中国立陶宛两国政府在纽尔维斯发布《中华人民共和国和立陶宛共和国建交联合公报》

中华人民共和国政府和立陶宛共和国政府根据两国人民的利益和愿望，决定两国自 1991 年 9 月 14 日起建立大使级外交关系。

两国政府同意，在相互尊重主权和领土完整、互不侵犯、互不干涉内政、平等互利、和平共处的原则基础上，发展两国之间的友好合作关系。

立陶宛共和国政府承认中华人民共和国政府是中国的惟一合法政府，台湾是中国领土不可分割的一部分。立陶宛共和国政府承诺不和台湾建立官方关系和进行官方往来。

中华人民共和国政府支持立陶宛共和国合法政府为维护国家独立，发展经济所做的努力。

双方表示了在经济、科技、文化、司法等领域合作的意愿。双方愿就重要的政治问题和国际问题，包括裁军进程问题交换意见。

两国政府同意，在平等互利的基础上，根据国际惯例，互相为对方在其外交代表履行职务方面提供一切必要的协助。

中华人民共和国政府完全支持立陶宛共和国申请成为联合国正式成员。

中华人民共和国政府代表 田曾佩（签字）
立陶宛共和国政府代表 沃·卡特库斯（签字）
1991 年 9 月 14 日于维尔纽斯

国家主席杨尚昆国务院总理李鹏全国政协主席李先念等题词祝贺北京协和医院七十华诞

9 月 15 日

国务院总理李鹏在人民大会堂同意大利总理朱利奥·安德烈奥蒂举行会谈

李鹏在会谈中指出，中国根据国际事务本身的是非曲直提出自己的见解，决定自己的态度，我们的独立自主的外交政策在海湾战争中得到了充分体现。我们需要一个长期的国际和平环境，中国计划用四十至五十年的时间，逐步达到中等发达国家的水平。

李鹏说，中意两国对世界形势的看法有相似之处。中国主张世界各国不分大小、贫富、强弱，都应有权参与国际问题的解决，实现世界力量的平衡需要大家参与，国际事务不应由一个或几个大国来垄断。

李鹏指出，欧共体是世界上一支重要力量，我们希望看到欧共体在维护世界和平和推动发展方面发挥重大作用。中国同欧共体之间没有根本的利害冲突，开展互利合作的前景广阔。我们十分重视意大利在欧洲和地中海地区的作用。

应客人们的要求，李鹏介绍了柬埔寨问题政治解决的进展，中越关系走向正常化的情况，中日关系的发展以及朝鲜半岛的形势。李鹏说，中国支持西哈努克领导的柬埔寨四方联合的最高委员会的努力，我们对柬埔寨问题最终实现政治解决持乐观态度。李鹏强调说，在和平共处五项原则基础上同世界各国友好相处，是我们处理对外关系的指导原则。

李鹏说，中意两国建交 21 年来，总的来说关系发展是好的。近两年来，两国关系经历了一些困难，但由于双方的共同努力，困难的阶段已经过去，两国友好合作关系已经恢复，一些大的合作项目也在恢复。中国方面赞赏总理先生和意大利政府为改善中意关系、推动欧共体与我国恢复关系所做的努力，这次总理来访是两国关系发展的新起点。在当前复杂多变的国际形势下，中意两国关系、中国同西欧关系的发展不仅有利于双方，而且有利于世界的和平、稳定和发展。

李鹏还向客人介绍了中国发展经济和深化改革开放的情况。李鹏说，尽管中国今年遭受了严重的水灾，经济增长率仍然能够保持在 6%以上。

国务院总理李鹏在人民大会堂会见物理学家诺贝尔物理奖获得者李政道教授

会见中，李鹏总理向李政道教授颁发了北京正负电子对撞机荣誉证书。他说，“感谢你在北京正负电子对撞机的设计、建造和运行中作出了重要贡献，并为我们培养了技术人才。”

李鹏总理还对李政道教授向华东灾区人民捐款 1 万美元表示感谢。

外交部部长钱其琛在布拉格同捷克斯洛伐克联邦政府副总理兼外长丁斯特比尔举行正式会谈。

国家主席杨尚昆中央军委副主席刘华清视察北海舰队

中国社会科学院外国文学研究所副所长吕同六获第十六届意大利“蒙德罗国际文学奖”特别奖

全国数百万大中学生走出校门参加“责任与奉献行动日”以各种形式支援灾区

第 2 届世界象棋锦标赛在昆明结束中国选手获全部三项冠军

陕西铜川耀州窑遗址考古发掘有重大突破

9 月 16 日

中共中央总书记江泽民在中南海会见意大利总理朱利奥·安德烈奥蒂

国家主席杨尚昆在钓鱼台国宾馆会见意大利总理朱利奥·安德烈奥蒂

中共中央总书记江泽民在河北考察

9 月 16 日至 22 日，江泽民在中共河北省委书记邢崇智、省长程维高和北京军区司令员王成斌的陪同下，先后到承德、保定、邯郸、邢台、石家庄等地、市的农村、工厂、部队考察工作，调查研究。

江泽民到承德输送机总厂、化工部第一胶片厂、邯郸钢铁总厂、邢台冶金机械轧辊厂、华北制药厂、石家庄第二印染厂等企业，就如何进一步搞活国营大中型企业、提高经济效益等问题，与广大干部职工座谈。

在平山县西柏坡中共中央旧址和邯郸晋冀鲁豫烈士陵园，江泽民指出，要向人民特别是青少年进行革命传统教育。永远不要忘记新中国是 2000 多万烈士用鲜血和生命换来的，应该百倍珍惜。毛主席、党中央当年在西柏坡描绘的人民共和国的宏伟蓝图现在已经变成了现实。我们要永远铭记老一辈革命家创下的丰功伟绩，继续艰苦奋斗，把社会主义的中国建设得更加强大、更加美好。

9 月 22 日上午，江泽民听取中共河北省委、省政府的工作汇报，对河北省在安定团结、经济建设、精神文明建设和党风、党建等方面取得的成绩给予了充分肯定，并对今后的工作提出了重要意见。

考察期间，江泽民还看望驻河北的解放军指战员、公安干警和武警官兵。随同考察的有刘中一、徐信等。

中共中央政治局常委乔石在福建考察

乔石 9 月 16 日至 20 日在福建考察。在谈到国际形势时指出，不论国际风云发生什么变化，我们都要坚持走自己的道路。我们党确定的“一个中心，两个基本点”的基本路线，是完全符合中国实际情况，得到广大人民拥护，并被实践证明是完全正确的。

乔石在福建期间，先后由省委书记陈光毅、省长贾庆林和省委副书记袁启彤陪同，到厦门、漳州、三明和福州，考察了这些地方的经济建设、党的建设和社会主义精神文明建设的情况。乔石指出，福建这几年工作发展得比较快，厦门经济特区变化很大；福州老城改造走出了一条新路子，可以说是旧貌换新颜；三明两个文明建设成效显著。总之,各方面工作的形势很好。但90年代任务繁重,时间紧迫。从省、市到县、乡、村,都要加强党的建设,各级领导班子一定要掌握在忠诚马克思主义的人手里,一个是要认真学习马克思主义基本理论,掌握马克思主义的精神实质,善于应用马克思主义的立场、观点、方法解决本地区的实际问题;一个是任何时候都不能忘记我们党全心全意为人民服务的宗旨。要教育好党员,无论如何不能脱离群众,不能腐败,而要勤政廉政,真正发挥共产党员的先锋模范作用和党组织的战斗堡垒作用。他希望各地加强对生产第一线青年的教育,并吸收其中的优秀分子入党,把他们培养成为可靠的社会主义事业接班人。

乔石还考察福建社会治安综合治理工作做得好的单位。乔石说,社会治安的根本好转,关键是依靠各行各业齐抓共管,依靠广大人民群众,搞好群防群治;海防治安,同样要依靠部队、边防公安干警和人民群众,一起做好。要加强人民民主专政,首先是保护广大人民群众的利益。为了保护人民群众生命财产安全,必须打击敌人和各种犯罪分子。在今年的抗洪斗争中,我们的共产党员、人民子弟兵、公安干警表现得很出色,他们在关键时刻,不惜牺牲自己,保护了人民群众。

乔石在福建考察期间,还看望了一些基层公安政法干警,并深入到工厂、农村的一些群众家中,和他们亲切交谈,了解他们的生产、生活和收入等情况。

国务院副总理田纪云在国务院召开的部分省市区农村经济工作座谈会上发表讲话

田纪云指出,要稳定地发展农业,就必须稳定农村政策,特别是要稳定以家庭联产承包为主的责任制政策,调动广大农民的积极性,加强秋季作物后期管理,争取今年有一个好收成。同时,要做好今冬、明春农业生产的各项工作。

田纪云指出,今年全国自然灾害较重,给工农业生产造成了惨重损失。据初步统计,今年全国受灾耕地面积6亿亩以上,成灾面积3亿亩以上,绝收面积8000万亩以上,粮食将减产200亿至250亿公斤。由于后期气候条件较好,加上各地都采取了一系列得力措施,今年农业生产仍可望取得较好收成。

田纪云强调,农业的稳定是整个国民经济稳定的基础,也是社会稳定、政治稳定的基础。家庭联产承包并非私有化,只是经营方式的改变,土地这一基本生产资料仍然归集体所有,只是包给家庭经营,所有权还是集体的,承包者还要依法向国家交税,按国家定价向国家交售农产品,按承包合同向集体交各种提留或承包费。因此,家庭承包是双层经营的一个层次,当然,也是双层经营的基础,仍然是集体经济的一部分。

田纪云说,党中央、国务院在总结各地经验的基础上,提出要把发展社会化服务体系,健全和完善统分结合的双层经营体制,逐步壮大集体经济作为深化农村改革的重点,这是完全必要、完全正确的。在这里有两点需要注意,一是发展社会化服务体系要积极、要抓紧,但不能操之过急。要从各地实际出发,要由少到多,由低到高,随着集体经济的发展,逐步增加服务项目,提高服务水平;二是发展集体经济只能靠扩大再生产,依靠向生产的深度和广度进军,用开辟新的生产门路,扩大新的财源的办法,逐步壮大集体经济,而不是用收回农民承包地的办法来壮大集体经济。

田纪云强调,各级领导同志都要像抓生产一样,抓好农产品流通。当前要在解决各种农产品卖难的问题上下功夫,这就是支持农业生产,就是保护农民的生产积极性。要用改革的观点、改革的方法搞活农产品流通。不断深化改革,是解决农产品流通的根本途径,改革的目标应当是逐步扩大市场调节的部分,减少国家管理的品种或比重,让市场机制发挥更大的作用。

在谈到乡镇企业问题时,田纪云说,今后对乡镇企业要继续实行"积极扶持,合理规划,正确引导,加强管理"的方针,使其保持一定的发展速度。特别是在那些乡镇企业起步较晚、发展较慢的地区,更要适当加快发展的步伐。田纪云指出,没有乡镇企业,就没有农村的小康,发展乡镇企业是农村实现小康目标的重要途径。

国务委员陈俊生在座谈会上就如何搞活农产品流通问题讲话。

最高人民法院经济审判庭发出关于因法院审判人员工作失误给当事人造成经济损失如何处理问题的复函

中共中央总书记江泽民在中南海会见美国格雷斯公司董事长彼德·格雷斯

外交部部长钱其琛在布拉格就中国与捷克斯洛伐克关系中国对东欧国家政策和人权等问题答捷克斯洛伐克记者问

正在捷克斯洛伐克进行正式访问的国务委员兼外交部长钱其琛晚上会见捷电视台、捷通社以及各主要报刊记者,回答了他们提出的问题。

钱其琛在谈到这次访捷的成果时说,他这次访问的目的是了解捷国内的变化情况,同捷领导人进行接触,增进了解,推动双边关系的发展。经过两天的访问,这一目的已经达到。

钱其琛在回答记者提出的关于中国对变化以后的

东欧国家的政策问题时说，“我们历来认为，一个国家的前途和命运应由该国人民自己决定，一国的内部事务应由该国人民自己处理。国与国之间应当互相尊重，互不干涉，平等互利，和平共处。社会制度、经济模式、发展道路和意识形态方面的差异，不应妨碍国家关系的发展。我们正是根据这些原则来看待东欧国家的变化的。”

钱其琛在谈到中国对今天的捷克斯洛伐克的态度时指出，“在捷克斯洛伐克没有发生变化之前，中捷两国之间的关系也曾有过 20 多年的冷淡，原因不在于我们两国，而是外来因素造成的。中国曾坚决反对苏联 1968 年对捷的入侵。历史证明，只要超越意识形态和社会制度的差异，国家关系就可以顺利发展。”

钱其琛在回答记者关于在会谈中同捷领导人存在哪些分歧问题时说，捷领导人在会谈中再次明确表示捷尊重中国领土和主权的完整，承认只有一个中国，即中华人民共和国，台湾是中国的一部分，并表示尊重中国对西藏的主权，钱其琛对这一立场表示赞赏。

钱其琛在回答记者的提问时阐述了对人权问题的看法。钱其琛说，中国宪法和法律保障各族人民享有广泛的权利。中国是联合国人权委员会的副主席之一，并参加了 7 个国际人权公约。对于中国这样一个大国来说，人权首先是生存权和发展权。如果我们这个 11 亿多人口的国家，没有饭吃，那还有什么人权可言呢？至于对极少数触犯了刑律的罪犯依法审判，这是主权国家的内部事务，任何外国政府、组织和个人都无权干涉。

钱其琛在回答记者关于苏联最近发生的事件对中国有何影响这一问题时说，“有人认为，中国也会发生像苏联国内所出现的情况，这一看法是没有根据的。全世界都知道，过去近 30 年来，中苏关系相当紧张，长期对抗，甚至出现过边界冲突。原因是中国一向反对别国对它控制、干涉的企图，一直坚持独立自主的路线，和苏联的那一套做法完全不同。不管苏联国内情况如何发展，对坚持独立自主政策的中国不会有什么大的影响。中国将按照自己选择的正确道路走下去。当然作为苏联的邻国，中国希望它国内稳定，经济发展。”

捷克斯洛伐克联邦议会主席杜布切克和捷克斯洛伐克总统哈韦尔在布拉格分别会见外交部部长钱其琛

外交部副部长田曾佩在莫斯科同苏联副外长罗高寿就中苏双边关系的具体问题交换意见

中国代表团团长林业部副部长徐有芳出席在巴黎举行的第十届世界森林大会

聂荣臻题词祝贺上海航天基地 30 年来辉煌业绩

中国选手李敬李春阳在北京举行的第 26 届世界体操锦标赛上分别获得双杠及单杠冠军

中国选手周玲美在第 15 届亚洲自行车锦标赛上破女子 1 公里计时赛世界纪录

周玲美在北京昌平进行的女子 1 公里计时赛上，以 1 分 12 秒 420 打破了 1 分 13 秒 899 的该项目世界纪录。

9 月 17 日

中共中央政治局常委宋平致信在吉林榆树举行的共青团基层工作会议

国务院召开进一步治理淮河太湖会议

国务院在北京开会，总结治理淮河、太湖的经验和今年水灾的教训，部署进一步治理淮河和太湖的方略，以及如何加快治理步伐。

国务院副总理邹家华主持会议。

国务院副总理田纪云在讲话中说，淮河、太湖流域今年遭受严重洪涝灾害。在抗洪救灾中，淮河、太湖流域 40 年来建设的水利工程发挥了巨大作用，使洪灾损失降到最低程度。但是，我们应清醒地看到，今年的灾害也暴露出淮河、太湖治理中存在的问题，主要是：防洪排涝标准低，缺乏骨干性工程；一些地区从局部利益出发，在河道、湖泊中盲目围垦，人为设障，影响行洪蓄洪；城市、工矿企业、铁路等防洪能力弱；行洪、蓄洪区经济发展，人口增加后，相应的防洪安全建设没有跟上；流域内有关地区和部门未以大局为重，主动配合不够，缺乏对全流域的统一管理。痛定思痛，我们应认真总结这些经验教训。

田纪云指出，今年水灾给我们的最大启示，就是大江大河大湖治理事关大局，水利不仅是农业的命脉，也是国民经济和社会稳定发展的重要基础和保障，是治国安邦的大事。我们必须从人口、经济、环境协调发展的战略高度，重新认识水利建设的重要性。

田纪云说，淮河和太湖两流域在我国社会经济发展中占有重要地位。治理淮河、太湖意义重大，是关系亿万人民、造福子孙后代的大事。我们要下决心担负起历史赋予我们的责任。目前，淮河、太湖流域综合治理的总体规划、实施计划和资金筹措方案都已基本确定。“八五”期间，国家总计筹集 90 亿元用于淮河、太湖流域治理，其中，由中央筹集60亿元，地方集资30亿元左右。这些资金主要用于提高淮河流域防洪排涝能力，加强行蓄洪区建设；把太湖尽快建成具有能排、能引、能灌、能供水和通航等综合利用功能的宝湖。

田纪云强调，在淮河、太湖流域治理中，要按流域统一规划，统一治理，统一管理，统一调度，不能按行政区划分而治之。要提倡局部服从整体和团结协作的精神，增强全局观念，统筹兼顾，综合治理。要树立人口、经济、环境协调发展的观念，制止盲目围垦江河湖泊洼地，坚决清除行洪障碍。要加强城市重点工矿企业和铁路交通的防洪建设，加强行蓄洪区的安全建设和管理，为行蓄洪区群众创造一个相对稳定的生产、生活环境。

田纪云指出，淮河和太湖的治理是一项庞大而复杂的系统工程，需要大量投入。除国家给予大力支持外，重要的是要发扬自力更生精神，动员群众投工投劳。目前，两流域广大群众兴修水利热情很高，我们应因势利导，广泛发动群众参加淮河和太湖的治理和建设。

田纪云强调，治理淮河、太湖必须加强领导，流域内各级党委、政府要把治理淮河和太湖的任务当作大事来抓，国务院各有关部门和地方政府与部门都要积极支持。水利建设是百年大计，一定要讲究科学，讲求实效，保证工程质量，认真做好建设前的各项准备工作。

"九·一八"事变国际学术讨论会在辽宁沈阳举行

国家主席杨尚昆致信在北京召开的普格瓦什科学与世界事务会议第四十一届年会

普格瓦什科学与世界事务会议第四十一届年会在北京开幕

以"争取世界和平、安全与发展"为主题的普格瓦什科学与世界事务会议（简称普会）第四十一届年会上午在北京举行。这是普会首次在中国举行年会。来自50多个国家及联合国有关机构和国际研究机构的200多名科学家、专家和学者到会。杨尚昆为大会写贺词。

苏联总统戈尔巴乔夫和联合国副秘书长明石康分别发来贺电。国务院副总理吴学谦、全国政协副主席本届年会主席周培源、普会主席罗特布莱特、普会秘书长卡罗杰洛出席开幕式。

中国科学院院长周光召致开幕词。周光召说，自从1957年以来，普格瓦什运动显示出世界科学家们的社会责任感，它在争取裁军、防止核、生物及化学战争，维护世界安全与和平，促进社会发展和环境保护等方面做出了显著的贡献。中国科学家和国外同行一样，将保持普格瓦什的精神，为人类更美好的前景而奋斗。

为期6天的本届年会由中国人民争取和平与裁军协会主办。

国务院副总理邹家华在人民大会堂会见由主席王廉志率领的香港英国商会代表团

国务委员兼外交部部长钱其琛同罗马尼亚外交部长纳斯塔塞在布加勒斯特就双边关系和欧亚局势举行会谈

中共中央政治局委员杨汝岱率领的中共代表团在哈瓦那同古共政治局委员卡洛斯·拉斐尔·罗德里格斯、书记处书记卡洛斯·阿尔达纳·埃斯卡兰特等举行会谈

全国第七届音乐作品颁奖活动在北京举行

由文化部、广播电影电视部和中国音乐家协会联合举办的全国第七届音乐作品评奖，以包含军乐、管弦乐、民族管弦乐、合唱等形式的进行曲为评比对象。23个代表队的90首作品参加了评选，经过两轮评选，共评出27首获奖作品，其中（一等奖空缺）二等奖6首、三等奖8首，创作奖13首。已在群众中产生一定影响的军乐《人民军队永远向太阳》（李延生曲）、《亚运进行曲》（高德润曲）等均在获奖作品之列。

第十一届亚太地区矫正管理者会议在北京开幕

会议为期五天。会议期间，来自二十个国家和地区的代表围绕矫正的统计、研究与发展，监狱教育、训练与劳动，监狱与社会，纪律和申诉程序四个议题，进行讨论和交流。

宋时轮逝世

原中顾委常委，久经考验的忠诚的共产主义战士，无产阶级革命家、军事家，中华人民共和国开国上将，一级八一勋章、一级独立自由勋章、一级解放勋章荣获者宋时轮因病在北京逝世，终年85岁。

宋时轮，原名宋际尧，别名宋之光。湖南省醴陵市人。1926年春入广州黄埔军校学习，同年加入中国共产主义青年团，1927年转为中国共产党党员。

土地革命时期，担任萍醴边区游击队队长，后编入中国工农红军第6军。1930年起，历任湘东南第二纵队政治委员、红军学校第四分校校长、第35军参谋长、独立第3师师长、第21军参谋长兼第61师师长、中央苏区西方军参谋长等职，参加了中央苏区第2至5次反"围剿"作战和二万五千里长征。1936年任第30军、第 28 军军长。抗日战争爆发后，任八路军第 120 师第 358 旅第 716 团团长；1938 年 5 月，任纵队司令员兼第 12 支队司令员。解放战争时期，任山东野战军参谋长。1946 年 1 月调任北平军调处执行部中共方面执行处处长，同年 10 月任渤海军区副司令员兼第 7 师师长；1947 年 1 月任华东野战军第 10 纵队司令员；1949 年 2 月，任第 3 野战军第 9 兵团司令员兼任淞沪警备区司令员。

新中国成立后，任第 9 兵团司令员。1950 年 11 月任志愿军第 9 兵团司令兼政治委员，后任中国人民志愿军副司令员。1952 年回国后，任总高级步兵学校校长，后兼政治委员。1957 年 11 月，调任军事科学院第一副院长。1972 年 10 月，担任军事科学院院长。1977 年至 1980 年，宋时轮担任中央军委教育训练委员会主任。1980 年以后，宋时轮担任了中国大百科全书总编辑委员会副主任、中国大百科全书军事卷编审委员会主任。是第四、第五届全国人民代表大会代表；中国共产党第八、第十届中央候补委员，第十一届中央委员和中央军委委员；中华人民共和国第一、第二、第三届国防委员会委员。在中国共产党第十二、第十三次全国代表大会上，被选为中央顾问委员会委员、常务委员。1955 年被授予上将军衔。

9 月 18 日

国务院总理李鹏在人民大会堂与博茨瓦纳共和国总统奎特·马西雷会谈

会谈中，李鹏向客人阐述了中国对当前国际形势的看法，介绍了中国关于建立国际政治经济新秩序的主张，以及独立自主的和平外交政策。李鹏再次强调，加强同第三世界的团结与合作是中国外交政策的一个基本点。李鹏说，中国政府支持非洲前线国家通过各种方式反对种族主义，为实现南部非洲地区的和平、稳定与发展所做的一切努力。

中国国际友好联络会名誉会长王震在人民大会堂会见前美军驻延安观察组成员第二次访华团

王震表示，中美关系中虽然有一些令人不愉快的事情，但相信两国和两国人民间的友好关系将会在和平共处五项原则基础上得到不断恢复和发展。

会见时，王震代表杨尚昆主席并以他本人的名义热烈欢迎由当年观察组成员赫特·希切率领的访华团来访。他说，中美两国人民有着长期友好交往的历史。在中国最困难的时候，罗斯福总统派你们来中国支持我们，同中国人民发展友好关系。王震回忆说，观察组成员当年到他所在的 359 旅参观访问过。他说，对于我们之间的友谊我一直记忆犹新。

王震表示相信，访华团这次有特殊意义的访问将有助于促进中美两国及两国人民间友好的恢复和发展。

赫伯特·希切愉快地回顾了当年在延安南泥湾与王震相处的往事。他表示不会忘记在南泥湾受到热情款待的日子，也不会忘记严格而有朝气的 359 旅。他对王震说，你们当中很多人后来成了新中国领导人，对和你们的那段亲身交往我们感到非常荣幸。

会见中，希切还请王震将 1944 年周恩来赠送给他的几幅木刻画中的两幅转交给中国革命军事博物馆。

国务院副总理邹家华参加了会见。会见时在座的还有友联会首席顾问黄华，已故著名医生马海德的夫人苏菲等。

国务院副总理朱镕基在陕西考察

朱镕基 9 月 18 日至 20 日在陕西考察工作。

朱镕基详细听取了陕西省政府和银行对"三角债"清欠工作的准备和实施情况的汇报，对陕西省比国务院规定的日期提前两天将 79% 的资金审定完毕、注入清理项目表示满意，认为这为加速连环清欠开了好头。

朱镕基在陕西期间，还就如何搞活大中型企业和搞好压贷挂钩的问题，同一些企业的厂长、经理座谈。朱镕基还特地邀请两位停产企业的厂长前来向他们详细询问企业停产后的善后安排工作和职工的思想及生活状况。朱镕基强调关停企业进行技术改造，一定要根据市场需求的优势选准产品方向，要求主管部门帮助关停企业，慎重确定今后的经营发展决策。

《人民日报》发表评论员文章《自尊自信自强——纪念"九·一八"事变六十周年》

《人民日报》发表 1939 年 6 月 13 日《军区聂司令员、舒主任致东根清一郎书》和晋察冀《抗敌报》编者按并配发本报编者按

《人民日报》编者按：据新华社记者郭玲春报道，52 年前（1939 年 9 月 17 日）晋察冀《抗敌报》刊登的《军区聂司令员、舒主任致东根清一郎书》，引起了历史学家的注意，认为是"中日关系史上的一份备忘录"，是"一个民族与另一民族的对话"。值此"九·一八"事变 60 周年之际，特将本报图书馆收藏的《抗敌报》上所载的这封信全文刊载，标题和编者按语也照原样刊出，以飨中日两国读者。

诚如聂荣臻、舒同信中所言，"中日两大民族，屹然立于东亚，互助则共存共荣，相攻则两败俱伤。此乃中日国民所周知，而为日本军阀所不察"。"日本军阀法西斯蒂，不特中国国民之公敌，实亦日本国民之公敌也”。愿中日两国人民共记之，珍惜来之不易的中日友好关系，使友谊世代相传。

《抗敌报》编者按：浦田好雄，是敌军的宣抚官，我们在一个战斗里面把他俘虏过来了。东根清一郎，是浦田的朋友，是敌军的宣抚班长。东根清一郎知道浦田被俘后仍在我军优待中，特致函军区聂司令员、舒主任，请释浦田好雄。下面是聂司令员、舒主任给东根清一郎的回信，随此信发出的尚有浦田好雄安慰其家庭，述说在我们优待中的生活状况的家信数封。现在浦田仍在我们的优待下，受着教育，过着比较舒适的生活。

东根清一郎阁下：

书来，以释浦田好雄为请，并及中日战争因果，仆有不能已于言者，谨徊陈其愚，幸以晓左右。

中日两大民族，屹然立于东亚，互助则共存共荣，共攻则两败俱伤，此乃中日国民所周知，而为日本军阀所不察。彼军阀法西斯蒂，好大喜功，贪得无厌，平日压榨大众之血汗，供其挥霍，战时牺牲国民之头颅，易取爵禄。既掠台湾朝鲜、澎湖琉球，复夺辽宁吉林、龙江热河，遂以中国之退让忍耐为可欺，日本之海陆空军为万能，妄欲兼并华夏，独霸亚洲。故继“九·一八”之炮火，而有卢沟桥之烽烟。中国迫于亡国灭种之惨，悚于奴隶牛马之苦，全国奋起，浴血抗战，戮力同心，以御暴敌，惟在驱逐穷兵黩武之日本军阀，非有仇于爱好和平之日本国民也。是非曲直，人所共见，阁下竟谓出于误会，岂非淆混黑白之语？

中国人民之生命财产，虽横遭日本军阀之蹂躏摧残，然为独立自由而战，为正义和平而战，其代价之重大，非物质所能衡量，故不惜牺牲一切，以与暴敌抗战到底。

日本国民既无夙仇于中国，未受任何之侵凌，强被征调，越海远征。其离也，委厂肆于城郭，弃田园于荒郊，父母痛而流涕，妻子悲而哀嚎，牵衣走送，且行且辍，虽属生离，实同死诀。其行也，车有过速之恨，船有太急之感，见异域之日迫，望故乡而弥远，梦幻穿插，生死交织，心逐海浪，不知何之。

及登中国之陆，立送炮火之场，军威重于山岳，士命贱于蚊虻，或粉身而碎骨，或折臂而断足，或暴尸于原野，或倒毙于山窟，所为何来？

其或幸而不死，经年调遣转移，炎夏冒暑而行，冽冬露营而宿。时防遭遇，日畏游击，征战连年，无所止期。军中传言，充耳伤亡之讯；家内来书，满纸饥寒之语。山非富士，不见秀丽之峰；树无樱花，莫睹鲜艳之枝。望复望兮扶桑，归莫归兮故乡。生愁苦于绝国，死葬身于异邦，能勿痛乎？

战争进行，瞬将两年。中国损失之重，破坏之惨，固勿论矣；日本死伤之多，消耗之大，又如之何？国家预算，增至一百一十万万，国民负担平均一百五十余元。日用必需，剥夺殆尽；军需原料，罗掘一空。长此继续，已是崩溃有余，设遭意外，其将何以应付？老成凋谢，竖子当国，轻举妄动，祸人害己。识此，日本军阀法西斯蒂，不特中国国民之公敌，实亦日本国民之公敌也。识者果一反其所为，东亚秩序，不难立定，世界和平，不难实现。

浦田好雄，在此安居无恙，所附家书，希以寄其父母。军中少暇，不尽欲言，聊布腹心。顺颂

安好。

聂荣臻

舒　同

六月十三日

国务院总理李鹏在人民大会堂会见欧洲议会代表团并就人权等问题发表讲话

李鹏会见由意大利社会党人恩佐·贝蒂扎率领的欧洲议会对华关系代表团时表示，中国愿意就人权问题同其他国家进行平等讨论。

李鹏说：“不要以为中国害怕讨论人权问题，恰恰相反，中国愿意就人权问题同其他国家进行平等的讨论，对此我们是理直气壮的。”

李鹏指出，人权是一个十分广泛的概念，它包括政治权利，生存权利，发展权利，民族和种族的平等权利，妇女儿童的权益，残疾人的权利等等。总之，人权涉及社会各领域的发展，狭隘地理解人权就会得出片面的结论。

李鹏说，世界上有50多亿人口，生活在不同的社会制度下，有着不同的信仰和历史文化背景，实行不同的发展模式。应该承认这种现实，尊重各国人民的选择，而不应该由一个或少数几个国家去告诉另一些国家的人民必须怎么做。他说：“人类应该学会如何和平相处。”

李鹏说，随着经济的发展，民主也将随之发展。我们既重视民主建设，也重视法制建设，二者密切相关。民主建设和法制建设都要符合中国的国情。

李鹏代表中国政府对来自欧洲7个国家不同政党的16名议员来华表示欢迎。他说：“要增进彼此的了解，就需要进行接触，互相尊重，求同存异。代表团同全国人大长达6个小时的会谈，观点有一致的地方，也有分歧，但这并不要紧，各抒己见嘛！”

李鹏说，中国和欧洲、中国全国人大和欧洲议会建立平等互利的友好合作关系，符合双方利益。

在谈到苏联、东欧形势变化对中国的影响时，李鹏说，苏联和东欧的变化，对中国有一些影响，但不大。

因为中国和苏联的情况不同。中国按照自己的国情进行建设,走有中国特色的社会主义道路,坚持改革开放,奉行独立自主的和平外交政策。他说:"我们把建设有中国特色的社会主义归纳为 12 条基本内容。从这些内容可以十分清楚地看出中国和苏联政策不同之处。"

李鹏说,中苏关系经历了曲折的进程,1989 年实现了国家关系的正常化。中国同苏联应继续发展睦邻友好关系。

在谈到台湾问题时,李鹏强调,台湾自古以来就是中国领土不可分割的一部分。同中国建立外交关系的国家,都确认这一事实。我们反对任何旨在制造"两个中国"、"一中一台"和"台湾独立"的活动。

关于西藏问题,李鹏说,我们从来不拒绝同达赖喇嘛进行对话。但有一个问题是不容讨论的,即所谓西藏独立问题。西藏是中国领土的一部分,是中国的一个自治区,而不是一个"独立的国家"。西藏和平解放以后发生了翻天覆地的变化,一切不怀偏见的人都会承认这一事实。

全国人大常委会委员长万里在人民大会堂会见由团长恩佐·贝蒂扎率领的欧洲议会对华关系代表团

万里指出,中国同欧洲议会和国家应该加强相互了解与合作,为维护世界和平和稳定起积极作用。

万里说,新中国自建国以来,同欧洲国家之间就没有根本的利害冲突。尽管中国同欧洲国家在文化、历史、社会制度、意识形态等方面存在着差异,但并不影响双方发展友好合作关系。万里说,中国希望同欧洲议会和国家保持友好合作关系。

外交部新闻司副处长杨秀萍召见"北京外国记者俱乐部"主任美国《华尔街日报》驻京记者麦健陆

杨秀萍说:"今天召你来,是为了把你们六七个人打着所谓外国驻京记者俱乐部旗号送来的信退给你。你们这样做是无理取闹。来信回避了一个要害问题,即贺安雷非法获取我国的机密文件。这个行动违犯了我国的法律。以你为首的几个人掩盖这一基本事实,妄图煽动舆论反对我国,这是不能接受的。任何外国人,记者也不例外,在中国就要遵守中国的法律。当年列强在中国享有治外法权的年月早已被历史埋葬了。中国政府依法保护外国记者的合法权益,尽力满足他们合理的采访要求,为他们的工作提供方便,但不会容忍任何无视中国主权和法律的行为。"

麦健陆接受退回的来函,并说,贺安雷事件已经结束,外国驻京记者愿遵守中国的法律。

国家教委发布《中等专业教育自学考试暂行规定》

9月19日

全国双拥工作领导小组发出深入开展创建双拥模范城活动的通知

全国拥军优属拥政爱民工作领导小组最近发出通知,要求全国各地遵照国务院、中央军委的指示精神,深入开展创建双拥模范城(县)活动。

《通知》说,创建双拥模范城(县)活动,有利于发挥军政军民团结的政治优势,为社会主义现代化建设创造稳定的社会环境;有利于巩固和发展以"同呼吸、共命运、心连心"为标志的新型军政军民关系,促进社会主义精神文明建设;有利于调动各行各业和广大军民的积极性,推动双拥工作经常化、社会化、制度化;有利于军地双方在各个领域的互助合作,促进社会生产力的发展和部队战斗力的提高。各级党政军领导要充分认识这项活动的现实作用和重要意义,并把它作为双拥工作的一件大事,切实抓出成效。

《通知》提出,创建双拥模范城(县)活动要遵循以下指导原则:(一)必须坚持以党的基本路线为指导,坚持四项基本原则,适应改革开放和发展社会主义有计划商品经济的新形势,使双拥工作为党和国家的中心任务服务,为发展社会生产力和提高部队战斗力服务。(二)必须坚持军民一致的原则,不断巩固和发展军队与人民群众血肉相连的亲密关系。(三)必须坚持"团结——协商——团结"的方针。在处理军民矛盾和纠纷的过程中,军地双方要从团结的愿望出发,经过主动协商妥善解决,在新的基础上达到新的团结。(四)必须把工作重点放在基层,使基层的双拥工作真正做到"组织健全、政策落实、活动经常、关系融洽",把创建双拥模范城(县)活动的各项要求落到实处。

《通知》要求创建双拥模范城(县)活动要围绕以下内容进行:

——深入进行国防教育,增强全民国防观念。地方主要是搞好爱国拥军教育,宣传强大的国防是国家和民族尊严、安全和利益的保障;宣传人民军队在党的领导下英勇奋斗的历史和光荣传统,在维护国家稳定与发展中的重要地位和作用。部队主要宣传保卫祖国、保卫人民和平劳动的职责;宣传全心全意为人民服务的宗旨。

——军地相互支援,促进社会生产力的发展和部队战斗力的提高。地方各级党委和政府要积极帮助部队解决各种实际问题,支持配合部队完成战备训练、施工、农副业生产等各项任务。驻地部队要积极参加重点工程和社会公益事业建设,奋勇参加抢险救灾,做好扶贫帮困工作，为社会、为人民多办实事。

——进一步开展军民共建活动，巩固发展社会主义思想文化阵地。深入进行党的基本路线教育，使广大军民更加坚信党的领导，坚定社会主义信念；开展军民共学雷锋、同树新风活动，帮助广大军民树立正确的人生观；开展军民联谊活动，丰富精神生活，陶冶思想情操；加强法制宣传教育，搞好军警民治安联防，优化社会环境。

——做好优抚安置工作，固长城，稳军心。地方各级要关心、支持优抚事业单位的建设和发展；要搞好转业干部的培训和安排使用，尽力解决他们的实际问题；妥善安置退伍义务兵，重视开发和使用军地两用人才；按期安置军队离退休干部，加强管理，搞好服务。

——互相尊重，主动协商，及时解决军政军民关系出现的问题。

《人民日报》发表评论员文章《抓好财税物价大检查》

茅台牌(酒)等10枚商标成为首批“中国驰名商标”

获“中国驰名商标”的是茅台牌(酒)、凤凰牌(自行车)、青岛牌(啤酒)、琴岛—利勃海尔(电冰箱)、中华牌(香烟)、北极星牌(钟表)、永久牌(自行车)、霞飞牌(化妆品)、五粮液牌(酒)、泸州牌(酒)。

全国人大常委会委员长万里在人民大会堂会见波兰议会外委会代表团

国务院总理李鹏在中南海会见以姚美良为顾问以杨国斯为团长的马来西亚华人经贸文化工商考察团

罗马尼亚国家自由党主席拉·肯佩亚努和国家农民党主席科·科波苏分别拜会正在布加勒斯特访问的国务委员兼外交部部长钱其琛

中国社会科学院院长胡绳在北京国际新秩序研究会上发表题为《为了世界的和平和发展——关于以和平共处五项原则为基础建立国际新秩序》的讲话

第九届大众电视金鹰奖揭晓

由全国电视观众直接投票评选的第九届“大众电视金鹰奖”评奖结果揭晓。授奖大会在广州天河体育中心隆重举行。

荣获本届“金鹰奖”优秀电视连续剧剧目的是《渴望》、《围城》、《宋庆龄和她的姊妹们》、《公关小组》，优秀电视单本剧的剧目为《五朵金花的儿女们》、《大兰和星兰》，优秀儿童剧为《赖宁》，优秀戏曲片为《黄山情》。最佳男女主角和最佳男女配角的桂冠由《渴望》剧中角色的扮演者李雪健、张凯丽、孙松、韩影摘取。

9月20日

国务院总理李鹏同出席进一步治理淮河太湖会议代表座谈并发表讲话

李鹏指出，当前，全国汛期已经过去。大灾之后要大治，要不失时机地动员广大干部和群众进行治理淮河、太湖的水利基本建设，在今冬明春掀起一个兴修水利的高潮。

李鹏说，水利不仅是农业的命脉，而且关系到工业生产、整个国民经济的发展，关系到人民的生命财产安全和社会的安定。水利是国民经济和社会发展的基础产业。搞好水利基本建设需要长计划，短安排，分步实施。在江河治理上，我们要真正办成一些大事，服务当代，造福子孙。

李鹏说，今年夏季淮河、太湖地区遭受了严重的洪涝灾害。在灾害面前，灾区人民在党和政府的领导下，全国人民的支援下，发挥自力更生、艰苦奋斗的精神，已经取得抗洪斗争的胜利。我们的各级党组织、各级政府率领群众抗洪救灾，广大党员和干部发挥了模范带头作用。我们的人民解放军、武警部队，在抗洪救灾中发挥了重要作用。现在灾区群众得到安置，人心稳定，灾区社会秩序良好，正在努力恢复生产，重建家园。

李鹏指出，在这次抗洪斗争中，40年来建设的水利工程发挥了巨大的作用。这要给予充分的肯定，但是也暴露出淮河、太湖治理中存在的问题。我们应该认真总结经验教训。痛定思痛，大灾之后要大治。

李鹏说，治理淮河、太湖是一个复杂、庞大的系统工程，任务十分艰巨。同意这次治理淮河和太湖会上提出的目标：淮河用五到十年时间分两个阶段基本完成国务院确定的治理任务。当前的重点是尽快修复水毁工程，集中力量打通中游的卡口，疏通下游入江入海通道，增大泄洪能力。太湖要按照既定的规划方案进行综合治理，使太湖尽快成为具有能排、能灌、能供水和通航的综合利用功能的湖泊。当前重点是打通太浦河、望虞河，为明年防汛创造好的条件。

李鹏说，为加快淮河、太湖的治理，首先要加强领导，同时，要发挥中央、地方、城乡各部门、各单位和广大群众的积极性。关于资金问题，国家已经安排了治理淮河、太湖的专项资金，各省(市)分担的资金也要落实。要多渠道筹集资金，农民要投入劳务，加快治理步伐。地方的集资要有明文规定，考虑到各方的承担能力，保证专款专用。

李鹏说，为了加快治理淮河、太湖的步伐，必须强调统一规划，统一计划，统一政策，统一管理。淮河和太湖流域跨省、市河流多，平原河道多，水系纷纭，关系复杂，历来水事矛盾多，团结治水非常重要。没有团结治水，统一规划，统一设计，便是一句空话。在工程使用上要统一调度，统一管理。在这次淮河、太湖抗洪斗争中，正是凭着这种团结治水的精神，使我们在严重的水灾面前，大大减轻了损失。我们现在治理淮河、治理太湖一定要发挥这种精神，坚持团结治水。他强调指出，各级政府领导，对待江河治理的各种问题，诸如治理方案、实施步骤、投资分摊比例等，都必须讲整体，顾全局，讲风格，局部要服从整体，地方利益要服从全流域和全国利益，服从中央的统一部署。

李鹏说，淮河、太湖治理，还有一个统一政策的问题。为了使灾民休养生息，恢复家园，国家考虑要对蓄、滞洪区实行一些优惠的扶持政策。

在谈到大力加强水利基本建设，全社会办水利时，李鹏说，我国是一个水旱灾害频繁的国家，洪涝灾害历来是中华民族生存和发展的严重威胁。我们必须从人口、经济与环境协调发展的战略高度认识水利建设的重要性。

李鹏说，党中央、国务院已下决心，大力加强水利基本建设，在水利基础设施方面真正办成一些大事。除进一步加速治理淮河、太湖外，还要抓紧其他大江大河大湖的治理。争取通过全社会的共同努力，尽快使我国江河防洪能力有普遍的提高。

《马克思恩格斯列宁斯大林毛泽东著作大辞典》由长春出版社出版并举行座谈会

国务委员兼财政部部长王丙乾在全国税务物价大检查工作会议上发表讲话

王丙乾在全国税收财务物价大检查工作会议上强调，深入开展税收财务物价大检查很重要，经常性检查也很重要，要双管齐下，两条腿走路，这有利于发挥监督检查的综合效益。

王丙乾说，从1985年到1990年，连续几年大检查都取得了很大成果，共查出各种违法违纪金额801亿元，其中上交财政508亿元。王丙乾指出，开展1991年大检查更具有特殊意义。要通过大检查，把流失的财政收入收缴上来，用以弥补由于自然灾害造成的部分损失，为灾区恢复生产、重建家园作出贡献。同时，通过大检查，制止违法违纪行为，也是惩腐倡廉的一个重要手段，有利于维护社会稳定。国务院已经决定，“八五”期间甚至更长一些时间内，大检查还要继续进行下去，并使之尽快纳入制度化、规范化、法制化轨道。

王丙乾指出，大检查这支队伍从总体上说是好的，但在少数检查人员中也出现了一些违反纪律的现象。他要求所有参加大检查的工作人员，要严格要求自己，率先遵纪守法，秉公办事，清正廉洁。

中日友协名誉会长王震在人民大会堂会见日本红十字会会长山本正淑

中日友协名誉会长王震在北京会见日中友好会馆会长日本前法务大臣古井喜实

巴基斯坦穆斯林联盟主席穆罕默德·汗·居内久在伊斯兰堡会见并宴请宋平率领的中国共产党代表团

中国和博茨瓦纳在北京签订《中华人民共和国政府和博茨瓦纳共和国政府文化合作协定》

中国国际科技促进会第二届理事会在北京钓鱼台国宾馆召开

邹家华、李贵鲜、谷牧、周培源、荣毅仁等党和国家领导人出席开幕式。

中国国际科技促进会会长周培源在会议开幕式上讲话。周培源说，当前，我国人民在“科学技术是第一生产力”科学论断的指引下，正努力把经济建设转移到依靠科技进步和提高劳动者素质的轨道上来。

周培源指出，推进科技产业化和产业科技化是全国人民的重大战略任务，必须发动大家来做，不仅中央和地方的有关部门要做，企、事业单位、学校、社团和民间都应该做。

中共中央政治局常委李瑞环等致函祝贺美国女作家海伦·斯诺获中国“理解与友谊国际文学奖”

第二届全国城市运动会在唐山开幕

9月21日

中共中央总书记江泽民国家主席杨尚昆国务院总理李鹏为大型画册《中国战洪图》题词

纪念中央革命根据地创建暨中华苏维埃共和国临时中央政府成立和湘赣革命根据地创建六十周年座谈会在人民大会堂举行

江泽民、邓小平、李鹏、王震分别题词，纪念中央革命根据地创建暨中华苏维埃共和国临时中央政府成立和湘赣革命根据地创建60周年。

中共中央总书记江泽民的题词是："发扬江西老区的光荣传统，建设有中国特色的社会主义。"邓小平的题词是："纪念中央革命根据地创建六十周年。"国务院总理李鹏的题词是："发扬苏区革命传统，促进老区经济建设。"国家副主席王震的题词是："井冈山红旗永远飘扬中华大地。"

乔石、王震、田纪云、李铁映、王平、江华、杨得志、萧克、余秋里、张爱萍、陈丕显、姬鹏飞、叶飞、康克清和邓力群、李聚奎等，以及当年参加创建中央革命根据地和湘赣革命根据地斗争的在京老同志，中央国家机关有关部门的负责共200多人，出席由江西省委、省政府召开的这个纪念座谈会。

王震在会上讲话说，在当前国际风云变幻，国外敌对势力正加紧推行和平演变图谋的情况下，回顾我们党艰苦卓绝的斗争历程，继承和发扬党的优良传统，对于加强党的建设和干部队伍的建设，使全党同志坚定革命意志和信念，带领人民坚定不移地沿着建设有中国特色的社会主义道路前进，有着很重要的意义。

王震在讲话中回顾了中央革命根据地、湘赣革命根据地的战斗岁月后说，我们党经历了胜利和曲折、顺境和逆境的考验，逐步加深了对中国社会和中国革命的规律性的认识，由此才有了后来成为党的历史的重要转折的遵义会议，才有了以毛泽东同志为核心的党中央的坚强领导和一条符合中国实际的正确的革命路线。当时中央革命根据地、湘赣革命根据地和全国各地的革命根据地的斗争生活，是很值得我们怀念的。这一段历史，同我们党在各个革命战争时期、各个红色区域的革命斗争经历一样，都是极其宝贵的精神财富，值得我们很好地去学习和总结，从中汲取智慧和力量。

王震说，今天，我们正在进行坚持、巩固和发展社会主义的伟大事业。我们一定要坚定对党、对社会主义的信念，坚持党的基本路线，筑起抵御和平演变的钢铁长城。要通过学习党史和中国革命史，加强坚持四项基本原则的思想教育，加强爱国主义、集体主义、社会主义思想和共产主义理想的教育，坚持不懈地反对资产阶级自由化，坚持社会主义的改革开放，使我们的干部群众特别是青少年了解我国的近现代史，了解党的光辉斗争历程、丰富的历史经验和优良的革命传统，增强民族自尊、自信、自立、自强的精神，为实现邓小平同志提出的建设有中国特色的社会主义而努力奋斗。

王震指出，中国革命和建设的一切成就，是全国人民在中国共产党的领导下，共同奋斗的结果。我们纪念中央革命根据地和湘赣革命根据地创建60周年，决不能忘记老根据地的人民。在革命战争年代，江西人民，全国各个老区的人民，对中国革命作出了重大贡献和牺牲。老区人民群众目前脱贫的标准还比较低，而且还很不巩固，老区与经济发达地区相比，还存在比较大的差距。老区的建设和发展是项艰巨的长期的任务。目前工作中的困难还不小。中央今后将继续大力关心和支持老区经济建设和社会发展。希望老区的各级党委、政府和人民一起，继承和发扬光荣的井冈山革命精神和党的优良传统，进一步做好老区的扶贫开发工作，使老区人民的生活在本世纪内也能达到小康水平，同全国人民一起走向共同富裕。

王震最后说，我们坚信，在以江泽民同志为核心的党中央领导下，在建设有中国特色的社会主义道路上，全国人民紧密团结，继承和发扬井冈山的革命精神和光荣传统，敢于斗争，敢于创造，敢于胜利，就一定能够把毛主席等老一代无产阶级革命家开创的中国革命和社会主义的伟大事业进行到底！

座谈会由中共江西省委书记毛致用主持。

国务院生产办公室国家计委和纺织部联合召开全国纺织工业限产压库电话会议

国务院副总理朱镕基出席电话会议。

纺织部部长吴文英在电话会议上说，为了实现今年的限产压库目标，决定采取以下几项措施：第一，一定要严格按2300万件棉纱的年度生产计划控制生产，把超计划生产的部分坚决压下来。特别是6大产棉区，更要千方百计想办法，采取坚决的态度，坚决的措施，把棉纱产量控制在年度计划以内。对于今年完不成限产任务的地区，要按今年超产数量，削减明年生产计划，并相应地扣减原料，尤其是棉花、化纤原料的供应。第二，采取强有力的措施，坚决地把产品库存压下来。今年后4个月，全国要压缩各种布库存10亿米、呢绒4200万米、毛线3400吨，压缩产成品资金46.7亿元。第三，要采取坚决措施，严格控制企业继续生产积压产品。对于继续生产滞销积压产品的企业要采取停电、停料、停贷款等措施，迫使企业实行停产或阶段性停产整顿。第四，要把限产压库指标分解落实到企业，建立目标责任制，实行严格考核。纺织部根据国务院的指示提出的限产压库指标，是全社会口径的，不仅包括纺织系统内的，也包括乡镇、供销、经贸、农垦等系统的纺织企业。

9月22日

国务院总理李鹏同泰王国总理阿南·班雅拉春在人民大会堂举行会谈

双方就双边关系、国际和地区形势以及其他共同感兴趣的问题交换意见。李鹏指出，中越关系只能在和平共处五项原则基础上恢复和发展，不具有排他性，不会影响中国同泰国和其他东南亚国家的友好合作关系。

李鹏说，中泰两国在柬埔寨问题的解决过程中进行了密切磋商与卓有成效的合作，在最后解决阶段，中国愿意同泰国继续保持这种磋商和合作，为实现柬问题的最终全面解决，为本地区的和平、稳定与发展，继续作出坚持不懈的努力。

李鹏还说，中国重视同所有周边国家发展睦邻友好关系，这是中国政府一项长期的坚定不移的政策。

李鹏说，近年来，美苏缓和，国际形势发生了一系列重大变化。这种变化并没有像人们开始所想象的那样出现和平与安宁，世界仍处于动荡不安之中；在经济上，富国越富，穷国越穷，南北差距越来越大，影响着世界的稳定。李鹏强调说，在建立国际新秩序的诸多正确原则中，核心是互不干涉内政和平等互利，中国愿意通过多边和双边渠道就这一问题同泰国进行磋商。

国务院发布《道路交通事故处理办法》

9月23日

全国政协七届常委会第十六次会议开幕

全国政协副主席王任重受全国政协主席李先念的委托主持会议并讲话。

会议的议程是：一、讨论《中华人民共和国澳门特别行政区基本法（草案）征求意见稿》；二、听取和讨论关于农业情况与农业发展的报告和关于农业科教兴农情况的汇报；三、听取和讨论关于今年救灾情况的汇报；四、听取和讨论关于我国的人口形势与计划生育工作的汇报；五、审议政协全国委员会提案委员会关于七届四次会议以来提案工作情况的报告；六、全国政协代表团访问朝鲜的情况报告；七、人事任免事项。

全国政协秘书长宋德敏对各项议程和日程作说明。

会议开始时，王任重提议全体与会者起立，对自上次常委会以来相继去世的光仁洪、张明养常委表示深切的悼念。

出席会议的全国政协副主席还有：方毅、洪学智、谷牧、康克清、帕巴拉·格列朗杰、赵朴初、屈武、马文瑞、王恩茂、程思远、钱正英。

中共中央总书记江泽民在中南海会见泰王国政府总理阿南·班雅拉春

江泽民强调，中国对周边国家实行睦邻友好政策，根据和平共处五项原则和它们相处。江泽民说，在当今国际形势动荡多变的情况下，中国重视发展同泰国的友好合作关系，愿意同泰国继续保持紧密的联系和磋商，以推动地区形势朝着更加稳定的方向发展。

会见中，江泽民还向阿南介绍邓小平提出的“一个中心、两个基本点”思想和实践。江泽民说，十多年来，中国实行改革开放，特别是在农村改革中取得了巨大的成就。中国今年虽然遇到严重水灾，但农业仍可望获得丰收。

在谈到有的国家发生剧烈变化时，江泽民说，国际形势是复杂的，是不以人们意志为转移的，不论形势怎么变化，国与国之间的关系应当建立在和平共处五项原则基础上。中国主张在互相尊重、互不干涉内政的基础上建立国际政治新秩序，在平等互利的基础上建立国际经济新秩序。中国希望亚洲各国在上述基础上处理相互关系。

国家主席杨尚昆在人民大会堂会见泰王国政府总理阿南·班雅拉春

中共中央以进一步搞好国营大中型企业为议题在北京召开工作会议

会议于23日至27日召开。会议的主要议题是着重研究如何进一步搞好国营大中型企业的问题。会议要求各地区、各部门和广大职工把增强国营大中型企业活力和提高经济效益，摆到突出位置上来，团结一致，群策群力，克服困难，奋勇前进，为搞好国营大中型企业、繁荣经济、巩固社会主义多作贡献。

中共中央总书记江泽民主持会议并作总结讲话。中共中央政治局常委、国务院总理李鹏受中央政治局委托作题为《关于当前经济形势和进一步搞好国营大中型企业的问题》的讲话。

会议认为，党的十三届四中全会以来，在以江泽民同志为核心的党中央领导下，坚持邓小平同志开创的党的十一届三中全会以来的路线、方针和政策，坚持以经济建设为中心，坚持四项基本原则和改革开放，经过全党和全国各族人民的共同努力，我国政治、经济、社会稳定，治理整顿、深化改革取得明显成效。今年整个经济形势继续朝着好的方向发展，主要表现为农业生产在遭到严重自然灾害的情况下，仍然可望取得较好收成；工业生产稳步增长；市场购销两旺，物价比较稳定；进出口贸易持续增长；固定资产投资增长较快；金融形势相对平稳；城乡储蓄增加，人民生活继续有所改善；改革开放迈出较大步伐。今年是我国进行治理整顿的第三年。经过全党和全国人民三年来的共同努力，整个国民经济已经恢复到正常年份的增长速度，经济秩序也有比较明显改善。社会主义中国的经济充满生机，继续稳步前进。这说明，我们坚持党的基本路线，走建设有中国特色的社会主义道路，是完全正确的。

会议指出，目前我国经济生活中也还存在不少困难和问题，比较突出的是经济效益下降趋势尚未扭转，国家财政比较困难，一些主要经济关系没有理顺。这些问题的存在，都同部分国营大中型企业活力不强、效益不高有着直接关系。为此会议确定经济工作的指导方针是：进一步推进改革开放，在巩固治理整顿成果和继续保持总供给与总需求基本平衡的基础上，把经济工作的重点转移到调整结构和提高效益的轨道上来，争取在提高国营大中型企业效益方面取得比较明显的进展。

会议强调，搞好国营大中型企业有着重大的现实意义。国营大中型企业是国民经济的重要支柱，是国家财政收入的主要来源。国营大中型企业对我国的经济发展和现代化建设，已经作出了并将继续作出巨大的贡献。进一步提高国营大中型企业的效益，对于继续增强我国的经济实力，促进经济繁荣和社会发展，提高人民群众的生活水平，具有举足轻重的作用。特别是在当前形势下，解决好这个问题更加具有积极而深远的意义。建设有中国特色的社会主义，让社会主义制度的优越性充分发挥出来，从经济上讲，最重要的就要体现在国营大中型企业活力的不断增强和效益的不断提高上。只有这样，才能巩固公有制经济的主体地位，坚定广大人民群众走社会主义道路的信心，使我们永远立于不败之地。

会议分析了目前我国国营大中型企业的状况。我国部分国营大中型企业搞得还是好的，但是也有相当一部分企业活力不强，效益不高，发展后劲不足，既有外部原因，也有内部原因，主要是：宏观上经济结构不合理，由于重复生产、重复建设严重，许多企业达不到规模效益；价格关系尚未理顺，能源、原材料价格偏低，一些下游企业又承受不了上游产品价格的上调；“大锅饭”和“铁饭碗”的机制仍然没有得到根本改变，人浮于事，生产效率不高；职工个人收入增长速度高于生产增长速度，挤了技术改造和新产品开发所需的资金；企业商品经济意识和市场观念不强。此外，还有企业负担过重、前一时期市场疲软的影响等因素。

会议指出，为了增强企业活力和提高企业效益，从根本上说，要靠进一步深化改革、加强管理和进行技术改造，使企业逐步成为自主经营、自负盈亏的社会主义商品生产者和经营者，具有自我改造和自我发展的能力。这就需要从两个方面进行综合治理。作为企业，要积极改革内部机制，通过加强管理和依靠技术进步来挖掘潜力，提高效益。作为各级政府，应当坚持政企职责分开的原则，减少对企业进行不必要的行政干预，多为企业搞好服务，创造良好的外部条件。

会议为搞好国营大中型企业创造良好外部条件，决定采取12条措施。它们分别是：增加企业技术改造的投入；逐步缩小对国营大中型企业的指令性计划；适当提高企业折旧；增加新产品开发基金；继续补充企业流动资金；对利率再做些适度调整；抓紧落实给予部分企业外贸自主权；继续对国营大中型骨干企业实行“双保”；抓紧清理“三角债”；进一步做好组建大型企业集团的试点工作；坚决治理“三乱”；逐步降低国营工业企业的所得税率。

会议要求国营大中型企业把着眼点放在自身力量的基点上，在坚持完善承包经营责任制、坚持贯彻《企业法》健全内部领导体制、推进劳动工资制度改革、投身国内外市场、全心全意依靠工人阶级、加快技术进步、坚持从严治厂和加强企业内部各项管理制度等八个方面下苦功夫，花大力气，特别是要做好经营机制的转换工作。这是搞好国营大中型企业的根本出路所在。

会议要求全党同志要以贯彻这次会议精神为契机，雷厉风行，兢兢业业地做好工作。定了的就一定办，要办就一定办好。各级党政领导干部一定要牢牢抓住经济建设这个中心不放，切实研究和解决工作中存在的问题，踏踏实实把经济搞上去。同时，要努力学习马列主义、毛泽东思想，不断提高政策水平。要勇于负责，创造性地开展工作；密切联系群众，改进领导作风。

杨尚昆、万里、乔石、姚依林、李瑞环、王震、田纪云、李铁映、李锡铭、吴学谦、秦基伟、丁关根、邹家华、朱镕基、薄一波、宋任穷、刘华清、杨白冰、温家宝、倪志福、陈慕华、王丙乾、王芳、李贵鲜、陈希同、陈俊生、任建新、刘复之、王任重、胡绳参加中央工作会议。

国务院总理李鹏在以进一步搞活国营大中型企业为议题的中央工作会议上发表题为《关于当前经济形势和进一步搞活国营大中型企业的问题》讲话

同志们：

这次中央工作会议的主要议题，是研究如何进一步搞好国营大中型企业的问题。我受中央政治局的委托，讲一些意见，供大家讨论。研究这个问题，离不开经济形势。因此，我想先讲一讲当前经济形势和明年经济工作的安排。

一、关于当前经济形势

我国经济建设是在错综复杂的国际环境中进行的。近年来，国际形势发生了重大变化。旧的格局已经打破，新的格局尚未形成，世界变得更加动荡不安。

新的霸权主义和强权政治有所发展，西方敌对势力加紧对社会主义国家推行和平演变战略。面对这种严峻形势，我们坚持执行独立自主的和平外交政策，坚持以和平共处五项原则处理国与国的关系，积极发展同第三世界国家特别是同周边国家的友好关系，在维护地区和平与稳定、推动热点问题的政治解决方面发挥了独特的作用，逐步打破了西方对我国的经济制裁和政治制裁。我们在风云变幻的国际环境中，仍然有很多有利因素和回旋余地。只要我们认真贯彻正确的方针，抓住机遇，做好工作，就能够继续争取到有利于我国现代化建设的外部环境。

从国内情况看，十三届四中全会以来，在以江泽民同志为核心的党中央领导下，坚持邓小平同志开创的十一届三中全会以来的路线、方针和政策，坚持以经济建设为中心，坚持四项基本原则和改革开放，经过全党和全国各族人民的共同努力，我国政治、经济、社会稳定，整个经济形势继续朝着好的方向发展。

农业生产在遭到严重自然灾害的情况下，仍然可望取得较好收成。今年农业开局不错，但从六月份以来，安徽、江苏、河南、湖北、松辽平原等地遭受严重洪涝灾害，一些省份发生旱灾。自然灾害给农业生产带来的损失是严重的。在灾害面前，党和政府在人民群众中表现出极大的凝聚力，各族人民表现出团结抗灾的高昂斗志，解放军发挥了极大的作用。港澳同胞、台湾同胞和海外侨胞也表现了很高的爱国热情。抗洪救灾和生产恢复工作，取得了决定性的胜利。由于后期气候条件较好，今年农业生产仍然可以取得较好的收成，预计粮食和棉花产量接近完成计划，农业总产值将比去年增长百分之二左右。

工业生产稳步增长。今年头八个月工业生产比去年增长百分之十三点七。各地区全面回升。轻重工业协调发展，产品结构有所调整。多种经济成分继续增长，全民所有制企业的主导作用增强。全年工业生产将增长百分之十以上。

市场形势继续好转，物价比较稳定。今年以来，城市市场趋向活跃，农村市场也逐步回升。全年社会商品零售总额预计增长百分之十二左右。今年调价措施比较多，但由于供求总量基本平衡，调价工作做得比较细致，零售物价总水平仍然比较平稳，全年物价指数可以控制在百分之六以内。

进出口贸易持续增长。今年，外贸企业实行自负盈亏的改革，头八个月进出口总额比去年同期增长百分之十八点三。全年外贸计划可以超额完成，国际旅游业回升较快，非贸易外汇收入增加，国家结存外汇年底可以有较多的增长。

固定资产投资增长较快。今年头八个月全民所有制固定资产投资完成较好，比去年同期增长百分之二十一点七。投资结构有所改善，农业、基础工业投资有较大幅度增长。重点项目进度高于一般建设项目。值得注意的是，基本建设目前又出现过热苗头，规模过大，新开工项目增加较多，有的不符合产业政策的要求。

金融形势相对平稳。今年金融形势是好的，但贷款规模增长较快。城乡居民储蓄继续增长，目前居民储蓄存款余额已达八千亿元，手持现金近两千亿元。只要采取正确的金融政策，使银行利率高于物价上涨幅度，保持一个合理的差额，居民存款就不会对市场造成大的冲击。

人民生活继续有所改善。今年上半年农民人均现金收入比去年同期增长百分之十点七。从全年看，部分地区遭受严重自然灾害，农业生产收入不会增加很多，但乡镇企业等非农产业收入将会增加。预计农民人均纯收入还会比去年有所增长。城镇职工收入继续增加，全年人均货币收入将增长百分之十二左右。

改革开放迈出较大步伐。今年对钢铁、水泥、原油、铁路货运等价格进行了微调，大幅度调整了平价粮油销价，取得了比较满意的效果。企业集团的组建、股份制和租赁制的试点正在继续展开。社会保障制度和住房制度改革的范围不断扩大。“三资”企业和来料加工都有较快的发展，续建和新筹建了一些大型合资项目。上海浦东新区的开发正在积极进行。

以上情况表明，整个经济形势继续向好的方向发展，可以完成全年国民经济计划。国民生产总值将增长百分之六以上。这些成绩的取得，是正确执行党的路线、方针和政策的结果，是中央和地方各方面共同努力、全国人民团结奋斗的结果。

当然，我们必须清醒地看到，经济生活中还存在着不少的困难和问题。要看到好的一面，充分肯定成绩，树立信心；也要看到困难和问题的一面，把困难和问题分析透彻，找到解决的办法。从各级领导干部来说，宁可把困难和问题看得重一点，这样可以使我们保持清醒的头脑，妥善处理前进中的问题，把各项工作做得更好。

当前经济生活中比较突出的有以下三个方面的问题：

一是经济效益下降趋势尚未扭转。企业实现利润下降，产成品库存增加。三角债前清后欠。我们一直强调调整结构和提高效益，但实际收效不大。企业亏损面和亏损额都在增加。现在经济生活中的问题不是速度上不去，而是效益提不高。在现有结构和企业经营机制的基础上发展生产，已经不能带来企业经济效益的同步增长。

二是赤字扩大，国家财政困难增加。由于出现了严重的洪涝灾害，增加了救济灾民、恢复水毁工程和进行水利建设的开支，加上部分地区财政减收，征购粮减少，平价粮供应增加，财政赤字将有较多增加。对于这种情况，相信人民是会理解的。现在需要上下一条心，一起来想办法，增产节约，增收节支，以缓解财政困难。

三是一些主要经济关系还没有理顺。突出的是经济结构不合理，国民收入分配过多地向个人倾斜。国家财政收入在国民收入中的比重和中央财政收入在整个国家财政收入中的比重过低。这些问题涉及经济管理体制和经济运行中的深层次矛盾，只有通过深化改革、综合治理来解决，需要有一个过程。

以上三个方面的问题，都同部分国营大中型企业活力不强、效益不高有着直接的关系。我们必须集中力量解决好这个问题，以促进整个国民经济的进一步稳定发展。

今年是执行“八五”计划的第一年。尽管我国经济生活中还存在一些问题，但各方面的情况说明，今年这个头开得不错，同世界上一些国家和地区相比也是好的。社会主义中国的经济充满生机，继续稳步前进。我们坚持改革开放，进行治理整顿，走建设有中国特色的社会主义道路，是完全正确的。

二、关于明年的经济工作

明年经济工作的指导方针是：进一步推进改革开放，在巩固治理整顿成果和继续保持总供给与总需求基本平衡的基础上，把经济工作的重点转移到调整结构和提高效益的轨道上来。

关于明年的计划安排，这里先讲一些初步设想。

——保持适当的经济增长速度。国民生产总值增长速度的计划安排不宜过高，其中工业增长速度比今年低一点，农业比今年高一点，第三产业争取有较大的发展。

——大力加强农业。农业是国民经济的基础，任何时候都不能忽视，今年局部地区灾害严重，明年尤其要坚持把发展农业放在更加突出的地位。

——加快大江大河治理。今年水灾暴露出大江大河防洪标准低，有的地方排灌设备不足。加强水利建设顺乎民心，势在必行。首先是治理淮河和太湖。黄河、长江的水害历来是心腹之患，今后也要加快治理。进行水利建设，国家要增加一些投资，要特别注意发挥我国劳动力资源丰富的优势，适当多搞些以工代赈。

——调整工业结构。工业生产要防止盲目追求产值，坚持以销定产，坚决把质次价高、货不对路、供大于求的产品生产压下来，避免新的积压。适当增加投资和消费，疏导流通，为企业拓宽市场。

——加强基础设施建设和技术改造。明年固定资产投资的重点是基础建设和大中型企业的技术改造。加工工业不铺新摊子，主要搞技术改造。对盲目追求“大而全，小而全”的重复建设，必须严格加以控制。

——保持物价基本稳定。价格改革必须坚持进行，目标是逐步理顺价格关系和形成合理的机制。明年应充分重视大灾之后的影响，物价调整从严从紧掌握。对供大于求的下游商品价格可扩大放开部分。为了保持物价的基本稳定，国家要保持必要的专项储备粮和周转粮。

——继续执行合理的金融政策。为了继续保持总量平衡，明年的货币发行和信贷规模都要适度控制。关键是合理调整贷款结构，用活用好信贷资金，努力减少工业企业产成品所占用的流动资金。

——适当调整职工工资。明年在大灾之后财政困难较多，调整工资的步子不能过大。对企业要严格控制工资总额，加强财务监督和管理。

——努力压缩财政赤字。广泛、深入、持久地开展增产节约、增收节支运动，力争明年财政赤字不超过今年的实际数。

——积极发展进出口贸易。努力扩大多元化的国际市场，保持对外贸易的继续增长。适当利用结存外汇，购买先进技术和关键设备，主要用于重点项目和技术改造。

——进一步利用外资和扩大对外开放。继续办好现有经济特区、沿海开放城市和经济技术开发区，加快上海浦东开发区的建设。支持和帮助办好现有外商投资企业，继续改善投资环境，并按照国家的产业政策，更多更好地吸引外商直接投资。要把利用国外资金和吸引外资，同加强我国基础产业、技术改造更好地结合起来。

——继续深化改革。这是我们坚定不移的方针。明年经济环境会比较宽松，深化改革的条件比较好。明年的改革，要继续按照发展社会主义有计划商品经济、计划经济与市场调节相结合的要求，在进一步推进农村改革的同时，以增强大中型企业活力为重点，进行配套改革。计划体制改革，要进一步缩减指令性计划的范围，扩大指导性计划和市场调节的范围。投资体制改革，要按产业政策和建设规模审批投资项目，避免重复建设，实行中央、地方、企业共同参与的投资机制。财政体制改革，要实行复式预算制度，经常性预算不打赤字，继续进行利税分流和分税制试点。银行体制改革，要在国家产业政策指导下发放贷款，减少对贷款的行政干预。要以深化商品流通体制改革为重点，促进全国统一市场的完善。要推进劳动工资制度改革，加快住房和社会保障制度改革的步伐。

一九八八年九月十三届三中全会提出进行治理整顿，一九八九年十三届五中全会作出进一步治理整顿和深化改革的决定，提出从一九八九年算起，用三年或者更长一些时间基本完成治理整顿任务。到今年底，三年时间到了。总的看，经过全国人民的共同努力，治理整顿的主要任务已经基本完成。通货膨胀得到有效控制，物价指数大幅度回落。农业得到加强，去年粮食总产和单产都创造了历史最高水平。产业结构调整取得一定进展，能源、交通、原材料的投资比重上升，生产稳定增长，供应紧张状况有所缓解。对外贸易保持了较好的增长势头，国家外汇结存大幅度增长。整个国民经济已经恢复到正常的增长速度。经济秩序有比较明显的改善。城乡人民生活水平继续得到提高。在治理整顿中，改革开放不仅没有停滞，而且在继续深入和发展。事实证明，进行治理整顿不仅为国民经济的健康发展，也为深化改革和扩大对外开放创造了有利条件。

鉴于治理整顿提出的主要目标已经基本达到，经济紧缩政策已经有所调整，经济工作的重点，应当是在保持总量基本平衡的基础上，进一步转向调整结构和提高效益，努力保持国民经济的持续、稳定、协调发展。

三、关于进一步搞好国营大中型企业的问题

在今后的经济工作中，要把增强国营大中型企业活力和提高企业效益的问题，摆到突出的位置上来。

国营大中型企业是国民经济的支柱，国家财政收入的主要来源。我国现有独立核算的国营大中型工业企业一万多个，占全国工业企业总数的百分之二点五，而它们创造的工业产值却占全国工业总产值的百分之四十五点六，上交国家的利税占百分之六十以上。进一步提高国营大中型企业的效益，对于增强我国经济实力，促进社会发展，提高人民生活水平，具有举足轻重的作用。建设有中国特色的社会主义，让社会主义制度的优越性充分发挥出来，从经济上讲，最重要的就要体现在国营大中型企业活力的不断增强和效益的不断提高上。只有这样，才能巩固公有制经济的主体地位，坚定广大人民走社会主义道路的信心，使我们永远立于不败之地。我们要从防止和平演变，巩固和发展社会主义制度的高度，来认识搞好国营大中型企业的重要意义。

坚持在公有制为主体的条件下发展多种经济成分，是建设有中国特色社会主义的一条基本方针。改革开放以来，多种经济成分有了较大的发展，但公有制经济仍然居于绝对优势，而且国营企业还掌握着关系国民经济命脉的重要产业部门。适当发展非公有制经济是完全必要和正确的，现在也决不是要刹车，而是继续鼓励它们适当发展，同时加强管理和引导，使之更好地成为社会主义公有制经济的有益补充。值得注意的是，不少国营大中型企业活力不强，发展速度和经济效益低于其他所有制企业，如果这种趋势任其延续下去，就有可能动摇国营经济的主导地位。

一段时间以来，大家都在谈论搞活国营大中型企业的问题。看来，对企业怎么才算有活力取得比较一致的共同认识，是很有必要的。根据一些搞得好的企业的经验，概括起来，企业的活力主要应该表现在：一，产品有竞争力；二，技术有开发力；三，资产有增殖力；四，对市场有应变力；五，领导班子有团结进取力；六，职工群众有凝聚力。这几点讲得是否准确和完备，还可以讨论。从中央到地方，从主管部门到企业，都应该为企业形成这样的活力而共同努力。

目前我国国营大中型企业的状况，大体上好、中、差各占三分之一，当然各地情况也有所不同。部分企业活力不强，效益不高，发展后劲不足，既有外部原因，也有内部原因，主要的有以下几个方面：宏观上经济结构不合理。由于重复生产、重复建设，许多企业开工不足，达不到规模效益。价格尚未理顺。能源、原材料价格偏低，一些下游企业又承受不了上游产品价格的上调。大锅饭和铁饭碗的机制仍然没有得到根本改变。人浮于事，生产效率不高。职工个人收入增长速度高于生产增长速度，分配向个人倾斜。许多企业保两头，即保税、保奖金福利，挤了技术改造和新产品的开发。企业商品经济意识和市场观念不强。许多企业产品畅销时要求放开经营，产品积压时又要求国家收购，还没有投身到国内外市场去参与竞争。企业负担重。国营企业税负和社会负担高于其他所有制企业，替国家承担了许多社会责任。市场疲软的影响。市场疲软的原因，有的是因为压缩基建使需求减少，有的是因为生产能力过大，有的是因为产品不适销对路。

为了增强企业活力和提高企业效益，从根本上说，要靠深化改革、加强管理和进行技术改造，使企业逐步成为自主经营、自负盈亏的社会主义商品生产者和经营者，具有自我改造、自我发展和自我约束的能力。部分企业缺乏活力有着多种原因，就需要进行综合治理，恐怕很难设想靠一两种办法就能奏效。关于如何提高企业活力和效益的问题，一种意见强调改善企业外部条件，另一种意见强调挖掘企业内部潜力。企业外部条件不可忽视，需要继续改善，但往往同样的外部条件，同样类型的企业，有的搞得好，有的搞得差。按照唯物辩证法，内因是变化的根据，外因是变化的条件，外因只有通过内因才能起作用。作为企业，要积极改革内部机制，通过加强管理和技术进步来挖掘潜力，来提高效益。作为各级政府，应当坚持政企职责分开，少对企业进行不必要的行政干预，努力为企业搞好服务，积极创造良好的外部条件。国务院已提出了改善企业外部条件的十一条措施，正在贯彻落实。下面，我按照十一条的原定顺序具体讲一些意见：

第一，增加企业技术改造的投入。明年国家安排的技改资金有较大的增加。今后每年还要拿出一部分国家外汇结存，用于技术改造。鼓励企业用更多的自有资金进行技术改造。

第二，逐步缩小对国营大中型企业的指令性计划。缩小指令性计划会产生连锁反应，要考虑企业和市场的承受能力，明年将选择一些企业的部分产品加以实施。

第三，适当提高企业折旧。有两个办法，一是提高折旧率，二是进行固定资产重估，增大基数。对大中型企业增提的折旧资金，具体落实到若干技术改造任务重的企业。逐步取消对折旧基金征收“两金”(能源交通重点建设基金和预算调节基金)。准备按国家产业政策，逐步落实到企业，分三年实施。

第四，增加新产品开发基金。要继续实行从销售收入中提取百分之一作为新产品开发基金，新提的部分免交“两金”。

第五，继续补充企业流动资金。近年来企业流动资金不足，一直没有得到解决。今后，随着市场好转和企业收入的增加，要求企业从自有资金中补充流动资金。计划由国家补充的，由财政陆续补充。

第六，对利率再做些适度调整。降低贷款利率是减轻企业负担的重要措施。经过三次调整，现在的利率已恢复到一九八八年以前的水平。明年，根据货币回笼的实际情况，对利率再做些微调。

第七，抓紧落实给予部分企业外贸自主权。这样做，可以促使企业加快技术改造，开发新产品，提高产品质量，增强在国际市场上的竞争能力。这件事，方针已经定了，外贸部门也已经拿出办法。要成熟一批，批准一批。

第八，继续对国营大中型骨干企业实行“双保”。“双保”，就是保证资金供应和国家分配的物资。这项工作已经做了两年，对于缓解部分骨干企业的困难，起了积极的作用。继续实行“双保”的企业，要为国家多做贡献，保证上交国家利税和统配产品生产，提高经济效益，发挥带头作用。随着经济形势的进一步好转，要逐渐减少对企业的“双保”。

第九，抓紧清理三角债。三角债已成为当前经济正常运转的严重障碍。要作为搞活国营大中型企业的突破口，组织力量，进一步解决三角债问题。清理三角债除了靠银行和财政投入资金外，也要靠企业投入自有资金。企业要纠正“欠债有理，欠债有利”的错误认识和做法，积极主动清理拖欠。为了防止前清后欠，要堵住基本建设资金缺口。决定上的项目，除了建设资金必须打足外，要考虑到贷款的利息、物价指数和流动资金。要坚决压缩或停止积压产品的生产。严肃财经纪律，采取托收承付、扣滞纳金等经济手段巩固清欠成果。

第十，进一步做好组建大型企业集团的试点工作。现在已经组建了五十五个紧密型企业集团，在取得经验后，可进一步扩大。企业集团应有利于生产要素的合理组合，有利于企业技术进步，增强自我发展的能力，从而提高在国内外市场的竞争能力，发挥企业的整体效益。企业集团绝不能搞成行政性公司。

第十一，坚决治理“三乱”。为了切实减轻企业负担，要继续治理“三乱”。乱摊派、乱收费、乱罚款对企业的生产经营干扰很大，必须加以根治。要把治理“三乱”与正在进行的清理整顿公司、廉政建设、纠正行业不正之风、精简机构等结合起来进行。对收费、罚款、集资项目的审批权，要集中到中央和省市两级政府；要坚持收支两条线，不能坐收坐支，罚没款决不能与执法单位的经济收入直接挂钩。要接受群众监督和舆论监督。现在检查评比也很多，企业穷于应付。当然，财政、税收、物价、审计等国家职能部门正常范围之内的监督和检查，是必要的，要依法进行。除此之外，一切干扰企业正常生产经营的检查评比，都要停止。今后要改变方式，由市场和用户去评价企业及其产品优劣。

第十二，降低国营工业企业的所得税率。除了以上十一条外，再增加一条，即在国家财政还十分困难的情况下，仍决定把国营工业企业的所得税率降低到百分之三十三，实行多种经济成分公平税负，创造一个平等竞争的环境。考虑到国家财政的承受能力，降低国营企业所得税率，要按照国家产业政策和技术改造的任务，结合扩大利税分流、税后还贷改革的试点，落实到企业，分三年完成。

增强国营大中型企业活力，除改善外部条件外，从企业来说，更重要的是通过进一步深化改革，转换经营机制，加强政治思想工作，加强企业管理，促进技术进步。以下提出八点意见：

第一，坚持完善承包经营责任制。实行承包制，调动了企业的积极性，但也带来了一些问题，比如负盈不负亏，技术改造资金得不到保证，以包代管等。总的看，承包制适合我国目前经济发展的实际情况，中央已经决定，“八五”期间继续实行承包制，但要进一步完善。要兼顾国家、企业和职工个人三者之间的利益，兼顾长远和当前利益。完善企业留利办法，合理确定生产发展基金、福利基金和奖励基金的比例，增强企业发展后劲。企业要按规定提取折旧、大修理基金和新产品开发基金，并正确地加以使用。对某些企业的虚盈实亏行为，要加以制止，防止国有资产流失。同时，要选择一批对国民经济全局有重大影响、符合国家产业政策、经营管理水平较好的大型企业和企业集团，实行投入产出总承包，赋予企业更大的自主权。

第二，继续贯彻《企业法》，健全企业内部领导体制。在企业内部，厂长、党组织和职代会各自的作用，要以十三届七中全会通过的《建议》的提法为准，这就是：进一步发挥党组织的政治核心作用，坚持和完善厂长负责制，全心全意依靠工人阶级。这是健全企业领导体制的关键问题。解决好这个问题，既要有制度保证，也要有党性保证。对那些厂长、书记合作得好的，要予以表扬；长期合作不好的，要采取组织措施加以解决。现在一些地方和企业反映，《企业法》还没有得到很好的贯彻，应当切实改变这种状况。国务院已责成体改委起草《企业法》的实施细则。厂长、经理对企业中层干部有任免权。在行使这项职权时，要求经过党政领导集体酝酿，是为了使干部的任免做得更好，而不是改变厂长的职权。企业自身机构的设置有充分的自主权，各级政府和部门都不得干预，企业对这种干预有权拒绝。对企业在招工、用工和辞退职工方面的自主权，各方面都应该切实予以保障。关于停止不必要的检查评比、治理“三乱”和切实减轻企业负担，方针措施都有了，各级政府和部门要认真贯彻执行。

第三，积极推进劳动工资制度改革。改革开放以来，企业的人事、劳动以及工资制度进行了改革，取得一定成效，但是问题还不少。企业人事劳动制度的改革，主要是搞好优化劳动组合，或称合理劳动组合，主要内容是加强生产第一线，减少富余人员，以提高劳动生产率。由于各地方各企业情况不一，优化组合或合理组合，要因地制宜、因厂制宜，不要强求一律。裁减的富余人员要以企业消化为主，社会调剂为辅。出路是有的，如发展第三产业，厂内培训，厂内待业，提前退休，厂际交流和自谋出路。各级劳动部门要做好就业服务工作，建立和发挥待业保险基金的作用。企业内部要逐步实行全员劳动合同制，管理人员和技术人员逐步实行聘任制。

企业工资制度的改革，必须体现按劳分配原则，着重解决企业内部的平均主义问题。提倡实行以岗位技能工资为主要形式的企业内部分配制度，向苦、脏、累、险、岗位和一线生产职工倾斜，真正把劳动报酬与劳动贡献挂起钩来。当前经济生活中的一个突出问题，是职工收入的增长超过劳动生产率的增长，国民收入分配过多地向个人倾斜。这是企业缺乏后劲的重要原因，对整个经济的发展也很不利。因此，企业工资制度的改革乃至社会其他方面的改革，都应该有利于缓解国民收入向个人倾斜，而不能加剧这种倾斜。今后要加强对企业工资总额的管理，凡是经营性亏损和虚盈实亏的企业，不能增发奖金和效益工资。产品无销路或经营混乱而停产半停产的企业，应停发奖金和减发工资。国务院已经成立了分配制度改革委员会，正在组织力量，进行研究，提出进一步改革的方案。

第四，把国营大中型企业推向市场。当前企业缺乏活力的一个重要原因，是市场调节的作用发挥不够。要按照政企职责分开，计划经济与市场调节相结合的改革方向，改善国家对企业的管理方式，逐步放开对企业生产经营、一般性技术改造和小型建设等经济活动的直接管理。缩小企业的指令性生产计划，由企业在国家计划指导下按市场的需要进行生产经营活动。逐步把部分指令性生产计划，改成国家合同订货的形式，做到以销定产。要改变价格形成机制，逐步使国家管理的产品按生产成本、平均利润率确定价格，使大多数产品通过市场形成符合价值规律的价格。国营大中型企业有很多优势，比如技术的优势，装备的优势，规模经济的优势和日益扩大的国内市场。国营大中型企业只要注意发挥优势，积极开拓市场，就不愁不能发展。我国人口多，消费品市场很大，各地消费观念和水平也不一样，企业既要关心城市市场，尤其要关心农村市场。这些年，由于重复建设和重复引进，造成了某些行业生产能力过剩。盲目扩大了的生产能力，超过了市场需求。当前，机电、轻工、纺织和化工产品积压比较严重。对长线产品要进行限制，实行以销定产。在压缩积压产品生产的同时，还要积极促进销售。看来，为了提高国民经济的整体效益，有些长线产品必须限产，有些企业必须关停并转，实行兼并或联合。希望我们这次会议对这个问题形成共同的认识，以便采取坚决的措施。这是一项积极的工作，也是一项政策性很强的工作，必须在各级党委和政府周密指导下进行，妥善处理好改革和稳定的关系。这项工作只能有计划有步骤地进行，并尽量多采取经济手段，少用行政手段。

国营大中型企业要积极面向国际市场，在国际市场竞争中发展和壮大自己。从发展来看，国际市场的前景是广阔的，要多方面地加以开拓。在继续发展对西方国家贸易的同时，还要积极发展对苏联和东欧国家的贸易，重视中东、非洲、拉美市场，重视周边国家的市场。

第五，进一步加快技术进步。科学技术是第一生产力。加快技术进步，是增强企业活力的重要手段和物质技术基础。凡是前几年技术改造抓得比较紧的，企业活力就强；没有搞技术改造，或者技术改造搞得少的，处境就比较艰难。所有国营大中型企业，都必须积极提高自己的技术开发能力，推广应用新技术、新工艺，使自己的产品更好地适应国内外市场的需要。长期以来，企业在技术改造中搞了不少单纯扩大生产能力的低水平重复的项目，技术水平提高不多，这种状况要改正过来。要坚决淘汰一批消耗高、性能差、污染严重的落后产品。

要特别注意开发和推广高新技术，加快高新技术的产业化和商品化进程。我国每年都有大量的科研成果。把科技转化为现实生产力的工作抓好了，就可以大大提高企业效益。这对于缩小我国同发达国家在技术上的差距，也具有极为重要的意义。

要多渠道筹措技术改造资金。适当提高折旧率、有计划地减免大中型企业的“两金”，以及增加新产品开发基金，为企业技术改造提供有利的条件。此外还准备对那些经济效益好、见效快的技改项目，给以利率比较优惠的贷款。还有一笔企业技改专项贷款，要用在工期短、效益好的技术改造项目上。企业还可以通过使用生产发展基金，发行债券等方式，筹集改造资金。吸引外资，要按照国家产业政策，正确引导资金投向，支持办技术先进型和出口创汇型企业。由于国际市场竞争激烈，在引进外资时要注意限制那些与我国争夺出口配额和国内外市场的项目。要注意把吸收外商投资与加快企业技术改造结合起来，推动我国技术进步和产品的升级换代。

第六，坚持从严治厂，加强企业内部管理。这些年来，我国企业管理水平是有提高的，一批企业建立了严格、科学的管理制度，管得井井有条。全国一百三十三个一级企业，主要产品质量达到国际八十年代初的水平，资金利税率是大中型企业平均水平的二点九倍。四千零七十八个二级企业，产品质量、物质消耗和利税水平都达到本行业先进水平。这说明我们有许多大中型企业还是管理得好的，只要把它们的经验加以推广，使更多的企业进入先进行列，就是一个了不起的力量，也是我们的希望所在。现在，也还有不少企业管理水平低甚至生产秩序混乱，给企业和整个国民经济带来很大损失。要通过改革来加强管理，向管理要效益。当前要着重建立健全企业内部的各种经济责任制，包括财务制度、质量管理制度、考勤制度、安全生产制度等。要加强企业的基础工作，包括各项定额制度、工艺标准和规程以及班组建设等。企业领导干部要严字当头，敢抓敢管，深入到第一线，关心群众疾苦，倾听群众呼声，解决具体问题，这是加强企业管理的关键所在。同时，要大力提高企业领导干部的素质。要制定规划，加强企业干部的培训，争取在两三年内，对国营大中型企业的厂长、经理轮训一遍。

第七，全心全意依靠工人阶级。中国共产党是中国工人阶级的先锋队。工人阶级是国营企业的主人，他们当中蕴藏着建设社会主义的极大热情。充分发挥广大职工的聪明才智和创造力，是进一步搞活大中型企业的群众基础，也是我们社会主义企业的最大优势。搞活大中型企业，必须尊重群众的首创精神，真正作到职工当家作主，使每一个劳动者在自己的岗位上，以主人翁的姿态工作。要加强企业民主管理，发挥职代会的作用，保证和维护职工的正当权益。要加强职工队伍的建设，采取多种形式对职工进行培训，提高职工的文化素质、技术素质和政治素质。提倡和鼓励工人在工作中自学成才，注意从优秀工人中选拔管理干部。

第八，切实加强对国营大中型企业的领导。增强大中型企业的活力和提高企业效益，是全党的迫切任务，是各级党委、各级政府的责任，要高度重视这项工作，尽心尽力，把它作为一件大事来抓。各级领导干部，都要深入基层，深入群众，加强调查研究，及时总结和推广先进经验，做好协调工作，积极为企业排忧解难，认真帮助有困难的企业解决实际问题。

同志们！增强国营大中型企业的活力，提高企业效益，涉及各个方面，我们既要看到它的紧迫性，又要看到它的艰巨性。现在经济体制正在发生深刻的变化，不少问题需要进一步探索，企业的情况也千差万别，想用一两年时间把企业问题解决是不可能的，需要有比较长期的打算。可以考虑，把整个“八五”计划时期列为集中力量增强国营大中型企业活力和提高企业效益的时期。希望这次会议作为一个新的起点，大家集思广益，统一思想，协调步伐，群策群力，努力搞好国营大中型企业，不断提高企业的效益。相信经过长期艰苦的工作，我们的目的是一定能够达到的。对此，我们应该充满信心。

国务院副总理邹家华在“八五”汽车零部件规划会上发表讲话

邹家华指出，国家择优安排、重点扶持骨干企业要坚持“三优先”的原则，集中力量建设一批适合中国特点的高起点、专业化、大批量、多品种、优质量的“小型巨人”企业。

邹家华说，轿车生产的发展，将使汽车工业在“八五”期间真正成为国民经济的支柱产业，而零部件是汽车工业的基础。今后，零部件厂点多，批量小，重复建设，或由总装厂自己什么都搞的状况必须改变。要把同类零部件集中起来，搞专业化大生产，每个产品全国重点扶持两三个厂家。安排扶持这些骨干企业要坚持“三优先”即：优先利用已引进技术，并且消化吸收较好，能很快形成批量生产能力的企业；优先利用发展零部件产品已有一定基础、并能较快形成批量生产的军转民企业；优先利用现有一批生产优质名牌产品的专业骨干厂，尤其是已承担桑塔纳轿车配套任务的专业厂。“三优先”总的精神就是充分利用“七五”技术改造已经形成的基础，充分利用现有骨干企业的优势和作用，争取早见成效。

邹家华指出：要集中力量建设一批适合中国特点的“小型巨人”企业。零部件工业的发展要着眼于建立自己的开发创新能力，“八五”期间的技术改造不能只重视生产线、设备等硬件的改造，不能以为靠引进一些国外技术，问题就解决了，而要花大气力加强科研和技术开发力量等软件的开发。最终目的就是要立足于自己，不完全依赖于外国的技术，要有独立自主的精神。零部件是汽车工业和一切工业部门的基础，在零部件发展上一定要坚持高水平、高质量、高标准，绝不能搞“瓜菜代”。

芬兰总统科伊维斯托会见正在赫尔辛基访问的全国人大常委会副委员长彭冲

巴基斯坦总统伊沙克·汗在拉瓦尔品弟新总统府会见由中共中央政治局常委宋平率领的中国共产党代表团

中国政府与联合国外空司联合国亚太经社理事会等国际组织共同组织的“应用空间技术对抗自然灾害国际讨论会”在北京举行

9 月 24 日

全国政协七届常委会第十六次会议举行第二次全体会议

会议听取国务院港澳办公室主任鲁平关于《中华人民共和国澳门特别行政区基本法（草案）征求意见稿》起草情况的说明。

鲁平说，完成统一祖国的大业是全中国人民的强烈愿望和神圣职责。我们用“一个国家，两种制度”的方针，通过外交谈判，圆满地解决了香港和澳门问题，既维护了国家主权和领土完整，又有利于保持香港和澳门的稳定、繁荣和发展，因而得到了港澳同胞的普遍拥护和欢迎。根据中葡两国政府关于澳门问题的联合声明，我国政府将在 1999 年 12 月 20 日对澳门恢复行使主权时，依照中华人民共和国宪法第三十一条的规定，设立澳门特别行政区。全国人大将制定并颁布澳门特别行政区基本法。1988 年 9 月 5 日第七届全国人大常委会第三次会议决定成立澳门特别行政区基本法起草委员会，负责基本法的起草工作。

鲁平说，澳门基本法（草案）征求意见稿，是根据“一国两制”的方针和国家对澳门的基本政策，从澳门的实际情况出发，参考香港基本法起草的。由于国家对香港和澳门的基本方针政策是一致的，我国政府在中英关于香港问题和中葡关于澳门问题的联合声明阐明的基本政策也是基本相同的，所以作为将来香港和澳门两个特别行政区的基本法应大体上保持一致。同时对有澳门特点的方面，澳门基本法作了相应的规定。目前的澳门基本法（草案）征求意见稿分序言、正文九章计 145 条和三个附件以及一个代拟稿、一个建议，比较好地贯彻了“一国两制”的方针。

鲁平在讲话中就澳门基本法（草案）征求意见稿中的一些特殊性问题和征求意见稿公布后的一些不同意见作了说明和介绍，它们包括关于序言中澳门历史问题的表述，关于要否规定死刑，澳门永久性居民的定义，关于依法保护葡萄牙后裔居民的合法权益，关于行政长官、主要官员、立法会主席、终审法院院长、检察长的任职资格，关于行政会的组成，关于立法会的组成，关于处理原澳门政府签订的契约等。

鲁平说，澳门基本法（草案）征求意见稿公布后，征询意见的期限为四个月，即从 1991 年 7 月中旬至 11 月中旬，征询期结束后，各专题小组将根据各界人士提出的意见和建议，对条文进行修改，于明年 3 月举行第八次全体会议，通过澳门基本法（草案）稿，并提交全国人大常委会审议，然后公布澳门基本法（草案），再次广泛征询意见。计划于 1993 年初提交全国人大会议审议批准。

鲁迅诞生 110 周年纪念大会在中南海怀仁堂举行

党和国家领导人江泽民、李鹏、李瑞环、李铁映、丁关根、胡乔木、胡绳、王忍之、朱穆之、何东昌、贺敬之、于永波、林默涵等出席纪念大会。

中共中央总书记江泽民在纪念大会上发表讲话。

纪念大会由林默涵主持。贺敬之致开幕词。解放军代表、中国文联党组书记大专院校师生代表、工青妇代表等 1100 余人出席大会。

中共中央总书记江泽民在纪念鲁迅诞辰 110 周年大会上发表题为《进一步学习和发扬鲁迅精神》的讲话

同志们，朋友们：

一百一十年前，鲁迅诞生在浙江绍兴。鲁迅在世的五十多年，中华民族灾难深重，饱经内忧外患，国家面临生死存亡的严重威胁；鲁迅逝世以后的五十多年，中国共产党继续领导各族人民顽强奋斗，取得了反帝反封建的新民主主义革命的胜利和社会主义革命、社会主义建设的胜利，取得了社会主义现代化建设的初步的又是举世瞩目的成就。这一百一十年，是中国历史上民族斗争和阶级斗争空前剧烈，社会发生天翻地覆的根本变革的时期。作为中国人民为求得民族解放和社会解放而进行百折不挠斗争的伟大代表之一，鲁迅是不朽的战士；他的作品和思想，是鼓舞人民从事新的历史创造活动的永具生命力的精神遗产。

鲁迅曾经用“风雨如磐”、“寒凝大地”、“万家墨面”一类沉痛的词句，描绘自己生活的时代。鸦片战争之后，中国逐步沦为半殖民地半封建社会，几乎所有西方资本主义、帝国主义列强，都曾经参与瓜分中国、欺凌盘剥中国人民的罪恶活动。鲁迅十三岁的时候，爆发中日甲午战争，第二年清政府即签订丧权辱国的《马关条约》。鲁迅十九岁的时候，八国联军攻入北京，烧杀抢掠，无恶不作，第二年清政府和西方十一国签订《辛丑条约》。鲁迅三十四岁的时候，北洋军阀政府和日本签订近于宣告亡国的《二十一条》。鲁迅面对着两个方面的历史事实：一方面，主权丧失，山河破碎，百姓流离，生灵涂炭；另一方面，自太平天国起义以来，维新变法，义和团斗争，辛亥革命，五四运动，特别是国共合作的大革命和大革命失败后共产党人的英勇斗争，中国人民从来没有停止过反抗。鲁迅就是在这种决定中华民族生死存亡的光明与黑暗、前进与倒退、革命与反动的搏斗中，产生出来的思想巨人和伟大的爱国者。

鲁迅的一生，是不断追求进步、追求真理的一生。鲁迅学过采矿学，学过医学，最后拿起了文艺的武器。在他看来，唤起民众精神的觉醒，改造和提高人们的精神境界，是民族解放和社会解放的当务之急。和同时代的其他先进分子一样，他最先把目光投向西方，接受过卢梭、孟德斯鸠等人的启蒙主义思想，相信过达尔文、赫胥黎的进化论，也曾经受到叔本华、尼采的某些影响。经过一次次的挫折，特别是通过总结辛亥革命失败的教训，鲁迅终于摆脱彷徨和苦闷，逐渐看出资本主义的世界观和社会政治方案不能救中国。俄国十月革命的胜利，中国无产阶级革命运动的兴起，使他看到希望的曙光。第一次国内革命战争失败，大批共产党员和革命群众惨遭屠杀，全国一片白色恐怖，鲁迅却经过反复观察、反复比较、长期学习、长期思考，在革命处于低潮的时期，挺身加入到无产阶级队伍中来，深信“惟新兴的无产者才有将来”，深信在毛泽东同志为首的中国共产党的身上，“寄托着中国和人类的希望”。他把马克思主义世界观和方法论，无产阶级革命精神和坚定立场，同自己对于中国社会的深刻认识和渊博的学识、丰富的斗争经验，密切地结合起来，为批判旧文化创建新文化做出了伟大的贡献，成为中国文化革命的主将。在中国共产党领导的抗击国民党反动派军事和文化“围剿”的两条战线斗争中，他是左翼文化队伍的组织者和精神领袖。他的作品的思想深度、历史容量和战斗性，是中国文化史上所少有的；他的作品、思想和人格，在唤起中国人民的觉醒和团结奋斗，增强中华民族的凝聚力，提高民族的自信心方面所发挥的巨大作用，所产生的深远影响，是近代中国的任何别的作家都无法比拟的。鲁迅精神是中华民族精神的结晶。鲁迅虽然没有在组织上加入中国共产党，但他是党的最忠诚的同志和战友，是伟大的共产主义者。毛泽东同志说：“鲁迅是中国文化革命的主将，他不但是伟大的文学家，而且是伟大的思想家和伟大的革命家。鲁迅的骨头是最硬的，他没有丝毫的奴颜和媚骨，这是殖民地半殖民地人民最可宝贵的性格。鲁迅是在文化战线上，代表全民族的大多数，向着敌人冲锋陷阵的最正确、最勇敢、最坚决、最忠实、最热忱的空前的民族英雄。鲁迅的方向，就是中华民族新文化的方向。”鲁迅是中华民族的骄傲。他永远活在中国人民的心中。

同志们，朋友们！

鲁迅所诅咒的那个中国人民当奴隶或当奴隶而不得的时代，早已经成为过去，闰土、祥林嫂的后代们早已经成为国家的主人和新生活的建设者。我们的蒸蒸日上的社会主义祖国，告别贫穷落后，一天天走向繁荣富强。特别是党的十一届三中全会以后，通过贯彻执行党的以经济建设为中心、坚持四项基本原则、坚持改革开放的基本路线，我国的综合国力大为提高，人民物质文化生活水平明显改善，社会主义制度在不断完善中进一步巩固。在顺利实现国民经济和社会发展第一步战略目标的基础上，我们正在满怀信心地为实现十年规划和“八五”计划所展示的第二步战略目标而奋斗。我们在革命战争时期需要鲁迅精神，在社会主义现代化建设和改革开放中同样需要鲁迅精神。前些年资产阶级自由化泛滥，鲁迅受到一些人的歪曲和贬损。在纠正“一手硬、一手软”的失误和清理资产阶级自由化影响的过程中，我们更加深切地感到继承和发扬鲁迅精神的重大现实意义。鲁迅的作品，是永远给予我们智慧和力量的思想宝库。面对错综复杂的国际形势和艰难繁重的国内建设与改革任务，不仅文化战线的同志要义不容辞地学习鲁迅、宣传鲁迅，而且广大工人、农民、知识分子和各条战线的干部，都要进一步学习和发扬鲁迅精神。

要进一步学习和发扬鲁迅的爱国主义精神。

鲁迅从青年时代起，就立下了“我以我血荐轩辕”的宏伟志向。他成为共产主义者之后，便更加自觉地把自己的一切献给民族解放和社会解放事业。他对敌人毫不留情，对祖国和人民怀着真挚的爱。“横眉冷对千夫指，俯首甘为孺子牛”这一广为传诵的名句，正是他的爱国主义精神和崇高人格的生动写照。为了使祖国摆脱凌辱、人民得到解放，他一生毫不懈怠地进行战斗，一直站在时代潮流的最前列。彻底的爱国主义精神，使他坚决背叛所出身的封建士大夫阶级，看清中国资产阶级的软弱性、动摇性，坚信只有无产阶级和社会主义才能拯救祖国。中国知识分子的"富贵不能淫、贫贱不能移、威武不能屈"的崇高气节，中国人民决不甘受外人凌辱、为维护民族尊严而进行英勇斗争的光荣传统，在鲁迅身上得到集中体现，后来又由于共产主义世界观的指导而得到升华，获得了全新的性质和时代内容。他无私无畏，吃的是"草"，挤出的是"奶"，是冲锋陷阵的模范，是彻底为人民服务的模范。鲁迅逝世以后，上海人民和全国各地人民为他举行隆重葬礼和悼念活动，上海民众代表在他的灵柩上覆盖了写有"民族魂"三个大字的旗帜。"民族魂"——这正是中国人民对于自己伟大代表的最中肯贴切的评价。

要进一步学习和发扬鲁迅韧的战斗精神。

鲁迅骨头最硬，斗争最坚决。他主张韧的战斗。"韧"就是百折不挠，就是锲而不舍。鲁迅清醒地看到，革命不可能一帆风顺，挫折、失败和牺牲是难以避免的。但是，为了实现民族解放、国家富强的革命目标，"即使艰难，也还要做；愈艰难，就愈要做"。鲁迅历来不赞成对革命事业抱浪漫主义的幻想，多次批评那些认为革命"一个斤头便告成功"的人，指出："倘若一切都四平八稳，势如破竹，便无所谓革命，无所谓战斗"，"革命有血，有污秽，但有婴孩"。在革命处于低潮的时候，他一方面与敌人进行毫不妥协的斗争，随时准备牺牲自己的生命，一方面痛斥出卖革命的叛徒，揭露附着于狮子身上的害虫——钻入革命营垒的投机分子，以及在革命受到挫折时竞相忏悔颓唐的"翻着筋斗的革命家"。在革命高涨的时候，他又告诫人们不要头脑发热，要"首先守住营垒"。鲁迅岩石般的革命坚定性和韧的战斗精神，来自对于历史发展规律的正确把握，来自于人民群众和先进社会力量的血肉联系。从鲁迅身上，我们可以看到什么是马克思主义的大智大勇，什么是真正的革命者应该具有的高风亮节，什么人是中华民族的筋骨和脊梁。

要进一步学习和发扬鲁迅博采众长，勇于创新的精神。

鲁迅不仅具有坚定的立场，而且具有博大的胸怀和开阔的视野；不仅是中华民族优秀传统的继承者，而且是致力于创新的改革家。他用犀利的笔，鞭笞过损害和背弃祖国利益的洋奴买办，同时又坚决反对国粹主义和故步自封；他和全盘西化的倾向进行了毫不妥协的斗争，又大力主张广泛吸取世界各国的一切长处，赞赏"汉唐气魄"，提倡"拿来主义"。在他的全部文化遗产中，翻译作品约占三分之一。他始终不倦地介绍外国的优秀文学作品和理论著作，并且特别注意反映弱小民族反抗外来侵略和本国压迫的斗争的作品。作为伟大的文学家，他博采古今中外之所长，加以融会贯通，为我所用，根据表现新的生活的需要，创造出许多富有新意、富有独特个性的艺术形象。这种精神不但适用于文艺创作，推而广之，也适用于其他领域。今天，我们在坚持四项基本原则的前提下，必须进一步深化改革、扩大开放。我们要不断扩大同外国的经济技术交往和文化交流，加强同各国人民的友好往来。建设有中国特色的社会主义经济、政治和文化，必须坚持独立自主，也必须在独立自主的基础上积极吸收国外一切有益的养料。在这方面，鲁迅的遗产中有许多东西是能够给我们以深刻启示的。

同志们，朋友们！

从爱国主义者到共产主义者，这就是鲁迅的道路，也是中国现代一切先进分子的共同道路。在现代中国，共产主义者是最彻底的爱国主义者，因为共产党人代表了中华民族最广大人民群众根本的、长远的利益，因为只有社会主义才能救中国。在民主革命时期，只有共产党才能领导人民进行彻底的反帝、反封建斗争；在社会主义革命和建设时期，只有共产党才能领导人民坚决地维护民族的独立与尊严，实现国家的繁荣与富强。正是中国共产党人以奋不顾身的精神和大无畏的气魄，领导人民推翻了帝国主义在中国的统治，实现了全国各族人民梦寐以求的民族独立和国家自主的理想，使社会主义中国在世界的东方巍然屹立，在国际风云变幻中岿然不动。

毛泽东同志把鲁迅的没有丝毫奴颜和媚骨，称为殖民地半殖民地人民的最可宝贵的性格。应该看到，在我们已经取得民族独立、国家主权，正在集中力量进行社会主义现代化建设的今天，这同样是最可宝贵的性格。国际敌对势力一天也没有停止对我们进行和平演变，资产阶级自由化则是他们进行和平演变的内应力量。这种敌对活动，对我国的独立和主权，对我们的建设和改革开放，已经构成现实威胁。这就是说，和平演变和资产阶级自由化不仅要颠覆我们的社会主义制度，说到底，其根本目的还要剥夺我们的民族独立和国家主权。国内外敌对势力的图谋一旦实现，我们在丧失社会主义革命和建设的成果的同时，还会丧失民主革命的成果，中国不但不能走向繁荣富强，还会重新沦为西方大国的附庸。中国共产党和中国各族人民，决不允许出现这样的局面。我们要用鲁迅的光辉典范教育广大干部群众和青少年，铭记祖国备受欺凌的耻辱历史和一代又一代革命者英勇斗争的光荣历史，懂得祖国的今天来之不易，进一步提高民族自尊心和自豪感，坚定社会主义信念，以贡献全部力量推进祖国的社会主义现代化建设为最大光荣，以损害社会主义祖国的利益、尊严和荣誉为最大耻辱。

鲁迅说过：地上本没有路，路是从没有路的地方践踏出来的，从只有荆棘的地方开辟出来的。我们建设有中国特色的社会主义,就是开辟一条前人没有走过的新路。经过十多年来的实践,中国共产党和中国人民坚信,这条路是正确的。不管有多少艰难险阻,我们都要坚定不移地走下去。在建设有中国特色社会主义的伟大事业中,脚踏实地,披荆斩棘,兢兢业业,团结奋斗,不断进行探索和创造,这就是对鲁迅最好的纪念。

中共中央总书记江泽民国务院总理李鹏中共中央政治局常委李瑞环等在中南海怀仁堂会见"在成才的道路上"优秀大学生报告团成员

报告团共14人,其中,博士研究生4人,硕士研究生3人,本科生7人;有9名共产党员,5名共青团员;年龄最大的33岁,最小的19岁。他们坚持德智体全面发展的方向,坚持与实践相结合,与人民群众相结合,在成才的道路上取得了突出成绩。他们都是学校的三好学生,其中不少人曾获省市三好学生、优秀党员称号,还有不少人获国家和省部级科研成果奖。

全国人大常委会委员长万里在人民大会堂会见由主席沙特·普尔·米塔尔率领的印度议员人口和发展协会代表团

全国人大常委会委员长万里在人民大会堂会见由国民议会副主席絮勒什·马加什率领的匈牙利国会代表团

中国英国联合联络小组第二十次会议在伦敦举行

联合联络小组确认双方专家对早日在香港设立终审法院问题所达成的原则协议,同意着手进行制定和修改法律以及其他的有关准备工作,并确认上次会议就香港同有关国家之间的投资保护协定范本草案所达成的原则协议。双方对目前在香港用于军事目的的土地的前途问题进一步交换了意见,并同意不久举行专家会晤以继续此项工作。联合联络小组就船东责任法律本地化问题达成了协议。

党和国家领导人江泽民邓小平杨尚昆李鹏分别发出唁电哀悼包玉刚逝世

中共中央总书记江泽民、原中共中央顾委主任邓小平、国家主席杨尚昆、国务院总理李鹏分别向包玉刚的亲属发去唁电,对包先生的不幸辞世,表示哀悼和惋惜,并高度评价包先生生前为保持香港的长期繁荣稳定、为起草香港特别行政区基本法和热心祖国建设事业所做出的杰出贡献。

9月25日

共青团中央和国家科委联合发布《"八五"期间培养农村"青年星火带头人"活动规划要点》

共青团中央和国家科委日前联合发布《"八五"期间培养农村"青年星火带头人"活动规划要点》,对5年内的带头人活动进行总体部署。

《规划要点》指出:"八五"期间要以干实事,出人才,服务科技兴农,培养"四有"青年农民为总要求,以配合"星火计划"、"丰收计划"的实施为重点,以带头人活动带动实用技术培训;要依据当地经济发展战略抓重点项目,围绕形成区域性支柱产业、发展农村商品经济作文章;要树立长远思想,求实效,抓落实,使活动逐步做到科学化、经常化、规范化。"八五"期间,该活动要在全国80%的县广泛落实;培养各业青年星火带头人30万人;开展活动的县每县重点推广一至两项有较大覆盖率的技术项目。《规划要点》中还要求各级团委和科委要加强对活动的领导,各省(区、市)、地(市)及80%的县要建立党政领导挂帅,团委、科委牵头,有关部门参与领导协调,切实把这项活动抓好。

国务委员李铁映在史诗型巨片《周恩来》首映式上发表讲话

同志们,朋友们:

在我们伟大的社会主义祖国诞生42周年之际,由广西电影制片厂摄制的大型史诗性故事片《周恩来》即将和全国观众见面,这是电影工作者为国庆献上的一份厚礼。我代表党中央、国务院向这部影片的编剧、导演、演员及其他为这部影片制作付出艰辛劳动的同志们表示衷心的感谢。

敬爱的周恩来总理是伟大的马克思主义者、忠诚的共产主义战士、中华人民共和国的缔造者之一,是毛泽东同志的亲密战友,是受我国亿万人民崇敬、热爱的老一辈无产阶级革命家。他把毕生的精力奉献给了中国人民的解放事业和社会主义建设事业,他那全心全意为人民服务和鞠躬尽瘁、死而后已的精神,以其巨大的感召力,激励了一代又一代共产党人坚定不移地向着共产主义目标前进,鼓舞了亿万人民在中国共产党的领导下,坚持社会主义道路,自力更生、发愤图强地建设好自己的国家。

我国的电影艺术家,以对周总理的一片深情,终于成功地将周总理的精神和形象再现在银幕上,这一艺术形象,集中反映了我们党老一辈无产阶级革命家的崇高品质。江泽民总书记称赞这部影片"精致、深刻、感人",李鹏总理题词指出"演技绝伦,情出于心,再现总理,光照后人”,党中央、国务院对故事片《周恩来》给予了充分的肯定。这部影片的完成,不仅在我国社会主义电影宝库中又增加了一份精品,而且必将进一步推动我国广大城乡的社会主义精神文明建设,在我国人民的政治生活和文化生活中产生深远的影响。

我们要通过观摩这部影片,更好地学习周总理的革命坚定性,坚持马克思列宁主义、毛泽东思想,把老一辈无产阶级革命家开创的革命事业进行到底;更好地学习周总理时刻关心人民群众疾苦、全心全意为人民服务的精神,切实搞好党风和廉政建设;更好地学习周总理“生命不息,战斗不止”的奋斗精神,振奋全党和全民的斗志,克服困难,夺取新的胜利;更好地学习周总理识大体、顾大局的宽广胸怀,团结一切可以团结的力量,为把我国建设成为一个社会主义现代化强国而共同奋斗。

党的十三届四中全会以来,我国的电影工作很有成绩。在党的“二为”方针和“双百”方针指引下,突出主旋律,坚持多样化,先后推出了一批反映时代精神的优秀影片。在建国40周年大庆时映出的《巍巍昆仑》、《百色起义》和《开国大典》,以及今年年初公映的《焦裕禄》和以后陆续出现的《毛泽东和他的儿子》、《开天辟地》、《大决战》等向党的70周年献礼的影片,受到了党中央、国务院、中央军委和全国电影观众的欢迎与好评。这些优秀影片的问世,不仅表明了我国电影战线的成绩和实力,而且再一次证明我们的电影工作队伍是可以信赖的。我们希望,我国的电影工作者时刻记住党和人民赋予的“人类灵魂工程师”的崇高荣誉,努力学习马列主义、毛泽东思想,学习邓小平同志和江泽民同志的有关指示精神,认真总结《周恩来》和其他献礼影片的创作经验,到生活中去,到群众中去,继续抓好重大革命历史题材电影创作,让党的优良传统代代相传;同时,要下大气力抓好反映当代人民生活题材的电影创作,使人民群众更加坚定对社会主义的信念。总之,要为建设有中国特色的社会主义电影文化事业继续作出不懈的努力。

同志们,朋友们!

今天,我们在敬爱的周恩来总理生活和工作过的中南海为故事片《周恩来》举行首映式,意义不同一般。此时此刻,我们更加缅怀周总理伟大的一生。

再过几天,故事片《周恩来》将要在全国公映,我预祝这部影片映出成功,也预祝我国整个电影事业蒸蒸日上、繁荣兴旺。

谢谢大家!

中共中央总书记江泽民在中南海会见以日中友好议员联盟会长前外相伊东正义为首的日本大平纪念财团代表团

江泽民在会见中说,明年是中日邦交正常化20周年,中日两国可以通过各种纪念活动推动两国友好合作关系进一步向前发展。

江泽民说,中国和日本是亚洲的两个重要国家,两国保持和发展友好合作关系对亚太地区乃至全世界的和平与发展都具有重要意义。

江泽民引用毛泽东主席的一句诗词说:“风物长宜放眼量”,希望中日两国本着“向前看”的态度,不断增进相互了解,加强合作;希望两国人民世世代代友好下去。

会见中,江泽民称伊东正义先生是“中国人民的老朋友”,赞扬他为实现中日邦交正常化和发展中日睦邻友好关系作出了重要贡献。

国务院总理李鹏会见1991年度日中经济协会访华团

李鹏向日本客人介绍了中国国内形势。他说,中国总的经济形势是好的,虽然今年因自然灾害粮食有所减产,但国民生产增长率仍然可达到6%的水平。

他说,中国的改革不断深化,开放不断扩大,“我们的改革开放并未因治理整顿经济而停顿或放慢,相反,治理整顿的成果为进一步扩大改革开放创造了十分有利的条件。”

李鹏说,今年以来,中国在改革方面迈出了更大的步伐,中国的改革是在政治稳定的前提下进行的,因此,改革开放就有了可靠的保证。现在,外国来华投资无论在项目的数量上还是在金额上都有较大的增长。

在谈到中日关系时,李鹏说,中日两国是一衣带水的邻国,明年是中日邦交正常化20周年,这是一件值得两国人民共同庆贺的大事。

他说,日本率先恢复和改善对华关系,这表明了日本政治家及企业界人士的远见卓识。不久前,海部首相对中国进行了成功的访问。此前,中曾根和竹下登前首相也访问了中国,进一步推动了中日两国的友好合作关系。他说:“我们相信,中日两国在各个领域的合作与交往在进一步加强。”

李鹏在谈到国际问题时强调,苏联和东欧发生变化后,中国人民建设有中国特色的社会主义的信心更加坚定了,中国人民更加团结一致了。

会见中,平岩四说,这是日中经济协会第十七次派团访华,代表团有60多名成员,说明了日中经济协会重视发展对华经济关系。

他说,日中贸易关系处在良好的状态。过去一个时期,两国关系出现了一些暂时困难。但高兴的是,这些困难很快就克服了。海部首相访华后,两国关系进一步发展。

平岩四指出,随着中国投资环境的不断改善,日本对华投资将会进一步增加。他衷心希望中国继续保持安定的局面，因为中国的安定不仅有利于中国本身，也有利于亚洲的稳定与发展。他还希望中国的改革开放不断取得成功。

国务院副总理田纪云、邹家华，秘书长罗干等参加了会见。

外交部部长钱其琛在第四十六届联合国大会上发言

主席先生：

首先，请允许我热烈祝贺你当选为第46届联合国大会主席，相信你一定能以自己的才智和经验出色地完成大会赋予你的崇高使命。与此同时，我对你的前任德马尔科先生为上届大会的工作做出的积极贡献表示赞赏和感谢。

本届大会吸收了7个新的会员国，这是值得高兴的。我衷心祝贺朝鲜民主主义人民共和国、大韩民国、马绍尔群岛共和国、密克罗尼西亚联邦、爱沙尼亚共和国、拉脱维亚共和国和立陶宛共和国成为联合国新的成员国。

人们记忆犹新，去年第45届联大是在海湾危机的乌云笼罩下召开的。在本届联大召开时，海湾危机的乌云已经驱散。但是世界以及各地区的和平、安全与发展依然面临严峻的挑战。各国人民都期待着能够建立一个新的国际秩序，使世界变得更加美好。一年来国际形势的发展有缓和的一面，但动荡不安的情况更加突出，新的冲突在激化，南北矛盾更加突出，引起了国际社会的广泛关注。

朝鲜半岛形势走向缓和与稳定符合朝鲜人民的愿望，也有利于亚洲及世界的和平与安全。本届联大同时接纳朝鲜北南双方为联合国正式成员国，是有助于朝鲜半岛局势缓和的重要事件。我们希望朝鲜北南双方继续通过对话和协商改善关系，扩大交流和合作，逐步消除对立和隔阂，最终实现国家的自主和平统一。

柬埔寨全国最高委员会在其主席西哈努克亲王的主持下成功地召开了几次会议，并作为柬埔寨的最高权力机关，派遣代表团出席本届联大。我们对以西哈努克亲王为团长的柬埔寨代表团表示热烈的欢迎。柬埔寨各方从民族大义出发，正在捐弃前嫌，加强团结合作，在联合国框架文件的基础上，为早日实现柬埔寨问题的全面政治解决，为建设一个独立、和平、中立和不结盟的柬埔寨进行卓有成效的努力。十多年来，国际社会、联合国安理会五常任理事国、东盟各国和巴黎会议其他参加国为政治解决柬埔寨问题做出了巨大努力。我们祝愿巴黎柬埔寨问题国际会议早日复会，正式签署全面解决柬埔寨问题的协议。我们相信柬埔寨问题的解决，将实现东南亚地区的和平与稳定，为这一地区各国的合作和经济发展创造良好的前景。

南部非洲形势继续缓和。安哥拉政府和安盟历经16年内战后终于签署了和平协议。继纳米比亚独立之后，南非人民反对种族隔离制度的斗争又获得重大胜利，南非问题的政治解决正在取得进展。我们对南非政府采取的积极措施表示欢迎，并希望它为扫除制宪谈判的障碍、加快政治解决南非问题的进程继续作出努力。

我们高兴地看到，西撒问题正朝着政治解决的方向发展。中国真诚希望，在国际社会和各有关方面的共同努力下，西撒问题早日获得妥善解决。

我们对包括欧洲在内的世界上一些国家的民族、种族和宗教矛盾加剧深表关切。有的国家独立与领土完整受到威胁，有的国家正受到激烈内战和政治动乱的严重破坏。我们对南斯拉夫目前形成的严重局势深表忧虑。我们呼吁南斯拉夫各族人民以和平方式解决他们之间的矛盾，避免冲突的升级，使南斯拉夫重新走上和平发展的道路。

海湾战争结束后，科威特的主权、独立、合法政府得以恢复，这是令人欣慰的。但海湾地区的和平与稳定并未实现，中东地区仍然充满着矛盾。为了实现中东地区的和平与稳定，阿以冲突必须早日解决。中国作为安理会常任理事国，将同国际社会一道，为推动中东和平进程继续努力。我们一贯主张中东问题应在联合国有关决议，特别是安理会242号和338号决议基础上寻求政治解决。阿拉伯被占领土应予归还，巴勒斯坦人民合法民族权利应予恢复，包括以色列在内的中东所有国家的主权和安全都应得到尊重和保障。我们认为在适当时机召开联合国主持下、有安理会五个常任理事国和包括巴解在内的有关各方参加的国际和平会议，是最终解决中东问题的最佳方式。在此之前，我们支持中东有关各方进行他们认为合适的有利于推动中东和平进程的各种形式的努力，为推动中东和平进程，我们呼吁各方保证不使用武力，并采取切实措施缓和紧张局势。国际社会应当作出努力，促进以色列中止在占领区建立犹太人定居点活动，停止对巴勒斯坦居民的镇压。中东地区最终实现巴勒斯坦国和以色列国相互承认，阿拉伯民族和犹太民族和睦相处，才能获得真正的持久和平。

目前，南北矛盾加剧，经济差距扩大，贫富更益悬殊，这种发展不平衡，将会造成国际形势进一步动荡。特别是世界上仍有10亿多人生活在赤贫之中，温饱问题远未解决，还有许多人因饥饿和瘟疫而挣扎在死亡线上。

主席先生：

在世纪更迭的 90 年代，我们的世界走向何处、建立什么样的国际新秩序，这个问题日益尖锐地摆在各国人民的面前。

建立和平、稳定、公正、合理的国际新秩序是人心所向，也是时代发展的需要。中国政府认为，未来的国际新秩序应符合联合国宪章的宗旨和原则，也应符合为国际社会普遍接受和行之有效的原则。实践证明，互相尊重主权和领土完整、互不侵犯、互不干涉内政、平等互利、和平共处五项原则，概括了最根本的国际关系准则，符合联合国宪章的宗旨和原则，反映了新型国际关系的本质特征。我们主张在和平共处五项原则的基础上建立国际新秩序。

在这个庄严的联合国讲坛上，为了同大家一起探讨同建立公正合理的国际新秩序有关的问题，我愿意从和平、安全、经济和社会等方面，阐明中国政府的立场和主张。

一、人类饱尝本世纪两次大战浩劫的痛苦，深深懂得和平的珍贵。国家的发展，人类的进步，需要有一个和平的国际环境。

我们认为，维护世界和平的关键在于：各国应互相尊重国家主权，平等相待，求同存异，友好合作，和睦相处。任何国家都不应谋求霸权，操纵国际事务，不得推行弱肉强食的强权政治。各国不分大小、强弱、贫富，都应当作为国际社会的平等成员，参与国际事务的讨论和解决。各国有权根据各自的国情独立自主地选择本国的社会、政治、经济制度和发展道路，任何国家尤其是大国不应把自己的意识形态、价值观念和发展模式强加于别国。互相尊重国家领土完整和边界不可侵犯的原则，任何国家不得以任何借口侵犯或吞并他国领土。国家之间发生争端应当通过和平方式合理解决，在国际关系中不得使用武力或以武力相威胁。

二、保障各国安全的重要一环在于制止军备竞赛，实现有效裁军，这是缓和国际紧张局势的一个重要手段。

中国一贯主张全面禁止和彻底销毁核武器、化学武器、生物武器及禁止研制任何新型大规模毁灭性武器。我们也主张按全面、均衡的原则，采取必要、适当、公正合理的措施，防止大规模毁灭性武器的扩散。中国奉行不主张、不鼓励、不帮助别国发展核武器的政策。为了推动实现全面禁止和彻底销毁核武器的目标，并为维护国际和平、安全与稳定，中国已经宣布原则决定加入《不扩散核武器条约》。中国还一贯主张尽早缔结禁止化学武器公约，加强禁止生物武器公约的有效性。

不久前，美苏两国达成削减战略核武器协议。对此我们表示欢迎。这个条约的签订仅仅是美苏削减庞大战略核武库的一个开端。条约既未涵盖所有核武器种类，也未禁止美苏双方继续改进质量和发展新武器系统。双方按此条约削减后，仍将拥有占世界总数 90%以上的核武器，具有毁灭人类几次的能力。特别是苏联国内最近发生的变化，引起了国际社会对核武器能否受到严格控制的关切。因此，美苏在履行其核裁军的特殊责任和义务方面，仍有很长的路要走。

中国原则上赞同对军贸，包括各种先进武器在内的贸易实施公正、合理及有效的控制，但这应由国际社会在充分准备的基础上，经过广泛、平等的协商来确定。

我们主张，各国的军事力量只应用于自卫的目的，各国均不应谋求高于合理防御需要的军备水平。我们支持中东建立无大规模毁灭性武器地区的主张，并赞成在全面、均衡原则的基础上，通过各国平等磋商和谈判在中东地区实现军备控制。应当充分尊重和听取该地区国家的意见和主张，防止少数国家包办或强加于人。军控是手段，在中东实现公正、持久的和平才是目的。因此，中东军控应同中东和平进程相联系。联合国应充分发挥其应有的作用，必要时应召开包括所有有关国家参加的中东军控会议。

外层空间属于全人类，应完全用于和平目的，造福于人类。任何国家都不应发展外空武器。首先美苏应停止发展、试验和部署外空武器，销毁现有的一切外空武器。国际社会应尽早谈判缔结全面禁止外空武器的国际协定，防止并制止军备竞赛扩展到外空领域。

三、目前，国际经济关系中的一个重要特点是南北矛盾更加突出，经济差距仍在扩大。大多数发展中国家继续面临着债务负担过大、资金倒流严重和贸易条件恶化等困难。

南北经济差距的不断扩大在很大程度上是由现存的不合理和不公正的国际经济秩序造成的，而当前国际局势的剧变给发展中国家又增加了新的困难。为了改变这种局面，应当逐步建立包括以下内容的国际经济新秩序。

（1）各国有权选择符合本国国情的社会制度、经济模式和发展道路；

（2）各国有权对本国资源及其开发实行有效控制；

（3）各国都有权参与处理国际经济事务；

（4）发达国家应尊重和照顾发展中国家的利益和需要，在提供援助时不应附加任何政治条件；

（5）加强南北对话和合作，在商品、贸易、资金、债务、货币、金融等重要国际经济领域作出必要的调整和改革。

世界经济是一个相互联系互相依存的整体。发展中国家固然需要发达国家的资金和技术，但发达国家也需要发展中国家的原料和市场。发展问题的实质是南北关系问题。南北关系不根本改善，世界和平与稳定也难以保障，对穷国不利，对富国无益。为了促进共同发展，世界各国必须同舟共济，缩小南北差距，争取建立公平、合理、互利、合作的国际经济新秩序。

环境问题是当今国际社会面临的一个突出问题。治理环境，保护地球，关系到全人类赖以生存的条件。

环境问题绝不是孤立的，它同经济增长与社会发展密切相关。由于历史的原因和经济落后，发展中国家有效参与保护全球环境的能力受到制约。而没有广大发展中国家的参与，环境问题就不会有根本改善。我们呼吁拥有较雄厚的资金和技术能力的国家率先采取行动，保护全球环境，并帮助发展中国家增强其保护环境的能力。

中国十分重视环境问题，已把保护环境定为一项基本国策，并积极参加这一领域的国际合作。今年6月，应中国政府的邀请，41个发展中国家的部长在北京举行了“发展中国家环境与发展部长级会议”，发表了《北京宣言》，阐明了广大发展中国家对解决全球环境与发展问题的原则立场和基本观点，表达了人类3/4人口的保护环境、谋求发展的共同意志和愿望。这对1992年在巴西举行的联合国环境与发展大会和合理解决全球环境问题无疑将产生积极的影响。

四、促进全人类人权和基本自由的普遍实现，与全人类的共同利益息息相关。

40多年来，国际社会为捍卫《联合国宪章》有关促进人权和基本自由的宗旨作出了积极的贡献。在各会员国的共同努力下，联合国制定了近70项国际人权公约、宣言及其他文件，这对于推动联合国人权领域里的活动发挥了积极作用。

然而，长期以来，联合国人权讲坛却被某些国家利用为进行冷战的场所，致使联合国促进和保护人权的努力受到种种不正常现象的影响。例如，将人权作为推行强权政治的手段，干涉基本上属于它国国内管辖的事务；割裂人权概念，奉行双重标准；在人权问题上美化自己，攻击别人，不顾国际公约和各国的具体情况，只以自己的好恶作为人权的标准等等，这不但违背了《宪章》的宗旨和原则，而且严重损害了人权领域中正常的国际合作，阻碍了全人类人权和基本自由的普遍实现。

中国政府一贯支持和尊重《联合国宪章》和有关国际人权文书中保护人权的原则，积极参与联合国人权领域的一系列活动。

我们认为，要有效地保障和促进整个人类人权和基本自由的普遍实现，应该尊重不同政治、经济、社会制度和不同历史、宗教和文化背景的国家的特点。各国在人权方面应在尊重各国主权和不干涉内政的基础上，增进相互理解，求同存异，以正常的国际合作代替“冷战”。

我们认为，种族歧视、种族隔离、殖民主义、外国侵略和占领是对人权的大规模侵犯，应受到国际社会的充分关注和制止。在人权领域，既要重视公民权利和政治权利，又要重视经济、社会、文化与发展权利。不能只强调某一些权利，而贬低甚至否认另一些权利。对于广大发展中国家来说，最基本的人权是生存权和发展权。

众所周知，中国是一个有11.5亿人口的发展中国家。尽管我们实行了卓有成效的计划生育政策，但每年仍要净增人口1700万。我们用占世界7%的耕地养活了占世界22%的人口，这是中国对保护人类生存权的最大贡献。中国政府还通过立法和其他有效措施，积极维护和保障老年人、青年、妇女、儿童和残疾人的合法权益，并取得了显著的成效。任何不怀偏见的人都不难看到，今日之中国政通人和，经济发展。中国的稳定与发展无疑是亚洲乃至世界的和平与稳定的重要因素。反之，中国如果发生动荡，将会极大地影响亚洲乃至世界的稳定。中国需要稳定，世界需要中国稳定。

主席先生：

中国正沿着建设有中国特色的社会主义道路前进。在过去的十多年里，我们坚持改革开放，经济建设取得了明显的成就。当前，中国人民正在致力于实现国民经济和社会发展十年规划和第八个五年计划纲要。我们将坚定不移地深化改革，扩大对外开放，逐步建立有计划的商品经济新体制，争取国民生产总值到本世纪末比1980年翻两番。要达到这个目标有许多工作要做，有许多巨型的项目要建设。在深化经济改革的同时，我们还要进一步开放，有步骤地进行政治体制改革。

今年夏季，我国一些地区发生了严重的水灾，给人民生命财产和工农业生产造成重大损失。在局部地区灾害是严重的，中国政府采取了有效措施，拨出大量物力财力，支援灾区，把损失减少到最小程度。灾区没有发生饥荒、没有发生疫情、没有发生灾民涌向城市的情况，中国克服洪灾的斗争已经获得胜利。中国今年的国民生产总值预计仍将以6%的速度增长。在抗洪救灾过程中，我们得到了各国政府和人民、联合国有关机构、国际组织以及国际社会各有关方面的同情和支援。对此，我们深表感谢。

主席先生：

我们高兴地看到，联合国作为当今最重要的全球性组织，一年来在维护世界和平、推动热点地区的政治解决、促进各国发展、加强国际合作等方面发挥着重要作用。事实证明，联合国的机制仍然是有效的。在这里，我想特别指出，德奎利亚尔秘书长多年来在这方面做了卓有成效的工作。

在当前复杂多变的国际形势下，各国人民普遍希望联合国遵循其宪章和宗旨，作出不懈的努力，以公正、合理地解决诸如中东一类的地区冲突和促进南北对话，帮助广大发展中国家克服经济困难，发展经济。我们衷心希望，联合国在推动裁军和解决人类共同面临的环境保护、禁毒等重大问题方面发挥积极的作用。

在多样化的国际社会中，谋求一致和共性是建立联合国时的初衷，也是联合国这个最大的国际组织的本色。在国际局势发生巨大变化的今天，建立国际新秩序已成为国际社会的共同愿望。我们希望并相信，在谋求建立公正、合理的国际新秩序的过程中，联合国将发挥重大作用。

主席先生：

自1971年中国在联合国的合法席位得以恢复以来，已经过去了整整20个年头。20年来，中国作为联合国安理会常任理事国在维护世界和平、促进世界经济发展方面发挥了积极作用。今后，中国将一如既往，严格遵循联合国宪章的宗旨和原则，认真履行自己的职责，同广大会员国一道，积极支持联合国的工作，为促进世界的和平、安全与发展，争取建立国际新秩序做出自己的贡献。

谢谢主席先生。

中共台办副主任唐树备致电台湾有关方面建议就合作打击台湾海峡海上走私、抢劫问题进行具体商谈

中国第一历史档案馆与第二历史档案馆在北京联合举办《纪念辛亥革命八十周年档案史料展览》

9月26日

中国老龄委在北京举行庆祝第45届联合国大会确定的每年10月1日"国际老人节"座谈会

国家主席杨尚昆在人民大会堂分别接受厄瓜多尔新任驻中国大使塞萨尔·恩里克·罗曼·冈萨雷斯和巴基斯坦新任驻中国大使卡利德·马赫穆德递交的国书

外交部部长钱其琛在纽约美国亚洲协会为他举行的午餐会上就处理中美关系等问题发表讲话

钱其琛表示，处理中美关系应该从大处着眼，立足于两国人民长远的共同利益，不要纠缠于小事，不要受一时一事的干扰。

钱其琛说，近两年来中美关系遇到了严重困难。在此期间，中国政府为中美关系的恢复作了巨大的努力，中国同不少西方国家不断改善关系，进行高级互访，扩大合作领域。惟独中美关系落在了后面，这不能不令人遗憾、困惑和惋惜。

钱其琛说，"中美两国都是大国，毫无疑义，没有对方也都可以存在，然而，中美两国之间保持稳定、正常和友好的关系对双方都是有利的。当我们走向21世纪、迎接新的挑战时，我们更需要当年中美两国领导人在打开关系时的那种远见、勇气和共同努力。"

钱其琛指出，要使中美两国关系健康发展，关键在于双方要能够互相尊重，平等相待，互不干涉内政。中美在人权问题上有不同的看法，这个问题可以通过交换意见增进了解，应当避免以此作为冷战的工具，采取恶化两国关系的步骤。近两年来，中美关系中的一个突出问题是，两国经贸关系不断受到政治问题的冲击。一种把经济问题政治化的倾向似乎在扩大，这不能不令所有致力于发展中美经贸关系的人士十分关切和担忧。

钱其琛说，中国政府十分重视中美关系，中国人民对美国人民有着深厚的友谊。让我们为早日恢复两国正常关系这一目标而共同努力。

钱其琛说，亚太地区是一个充满活力和希望的地区，在世界其他地区出现经济衰退的情况下，亚太地区总体经济依然表现出强大的应变力和发展力。亚太地区各国正采取积极步骤推进地区的经济合作。中国作为亚太国家的一员，历来对亚太地区的合作持积极的态度。

钱其琛还在讲话中介绍中国当前的改革开放和经济发展情况。

中英联合联络小组第二十次会议在伦敦结束并发表新闻公报

公报说，联合联络小组确认双方专家对早日在香港设立终审法院问题所达成的原则协议，同意着手进行制定和修改法律以及其他的有关准备工作，并确认上次会议就香港同有关国家之间的投资保护协定范本草案所达成的原则协议。

公报说，双方对目前在香港用于军事目的的土地的前途问题进一步交换了意见，并同意不久将举行专家会晤以继续此项工作。

公报说，联合联络小组就船东责任法律本地化问题达成协议。

联合联络小组讨论了与香港有关的国际权利与义务问题，并就10项海关公约1997年后继续适用于香港问题达成了协议。公报还宣布，中英联合联络小组将于1991年12月第一周在香港举行第21次会议。

外交部部长钱其琛应邀出席美中关系全国委员会在纽约举行的宴会

在宴会上，中国驻美国大使朱启祯宣读了国务院副总理朱镕基的贺信。朱镕基副总理在贺信中赞扬美中关系全国委员会为促进中美关系的发展和两国人民的相互了解与友谊作出了积极贡献，并希望美中关系全国委员会的朋友们为早日恢复中美两国正常关系进一步努力。

朱启祯指出，历史已经证明并将继续证明，正常和良好的中美关系符合两国人民的根本利益，并有助于亚太地区和整个世界的和平、稳定和繁荣。

外交部发言人吴建民在新闻发布会上就知识产权等问题回答中外记者提问

有记者问：最近美国贸易代表发表谈话，说中国侵犯知识产权，美国政府对此要采取措施，中国对此持何态度？

吴建民说，中国保护知识产权的一贯立场以及正在采取和将要采取的措施证明，中国对知识产权的保护水平已经达到、甚至超过作为一个发展中国家应有的水平。我们既从我国的实际情况出发，又考虑对外国知识产权以充分有效的保护的积极态度表明，中国十分重视保护知识产权。我们已同美方进行了多轮谈判，希望通过双方努力，尽快消除障碍，以便发展中美在知识产权方面的合作和经贸关系。

有记者问：您对“台湾加入联合国宣达团”在美的活动有何评论？

吴建民回答说，这伙人的喧闹旨在分裂祖国，破坏中国的统一，完全违背了包括台湾同胞在内的全体中国人民的意愿，是逆历史潮流而动，不可能得逞的。

有记者问：9月25日联合国通过一项决议：宣布对南斯拉夫实行武器禁运，请问发言人对此有何评论？

吴建民说，应南斯拉夫外交部长的要求，联合国安理会于9月25日通过了一项关于南斯拉夫局势的决议。我们希望决议有助于南斯拉夫各方结束冲突，恢复和平与稳定，并在此基础上，通过和平协商解决自己的内部争端。国际社会的努力也应有助于推动南斯拉夫各方达到上述目标。

文化部第一届新剧目“文华奖”颁奖大会在人民大会堂举行

中共中央总书记江泽民为这次评奖活动题词：“振奋精神，团结奋斗，繁荣文艺。”

李铁映、丁关根、王光英等出席晚上的颁奖大会。《虎将军》、《天边有一簇圣火》、《阿里郎》、《春香传》等十部作品获文华新剧目大奖。《盘丝洞》等二十二部作品获文华新剧目奖。陈道贵等十二部作品的编剧获文华剧作奖。余笑予等十三部作品的导演获文华导演奖。唐在炘等五部作品的作曲获文华音乐奖。吴明耀等三部作品的舞美设计获文华舞美奖。张太平等三十六名演员获文华表演奖。

9月27日

中共中央总书记江泽民在以进一步搞好国营大中型企业为议题的中央工作会议闭幕会上发表讲话

这次中央工作会议的中心议题，是研究如何进一步搞好国营大中型企业问题。李鹏同志代表中央政治局，就这个问题和当前经济形势讲了话。大家进行了认真的讨论，上下交流，畅所欲言，各抒己见，相互切磋，提出了许多好的意见和建议。会议开得很好。

（一）关于搞好国营大中型企业问题

搞好国营大中型企业的重要意义和政策、措施，李鹏同志已经讲了，讲得很全面。根据大家讨论的情况，我再讲几点原则性的意见。

一、要把搞好国营大中型企业作为坚持社会主义道路的一件大事，摆到突出位置，集中精力抓下去。

进一步搞好国营大中型企业，不仅是经济问题，而且是政治问题。没有经济的发展、繁荣与稳定，也不可能有政治的稳定。前几年我们采取一些优惠政策，促进个体经济、私营经济和三资企业的发展，这是必要的。我们还要继续引导它们健康发展，使它们更好地成为社会主义公有制经济必要的有益的补充。这十多年来，集体企业有很大发展，国营大中型企业也有较大发展，为现代化建设做出了重要贡献。现在的问题是，有许多国营大中型企业困难比较多，这个问题解决得好不好，涉及经济的全局和社会主义制度的巩固。今后我们要集中力量切实搞好国营大中型企业，使其更好地发挥在国民经济中的主导作用。

二、要把经济工作真正转移到调整结构和提高效益的轨道上来，体现速度和效益的统一。

我们是发展中的社会主义国家，在经济上要赶上发达国家，就要保持必要的发展速度。这种速度，要建立在提高效益的基础上。没有一定的速度，经济搞不上去。但是忽视效益的速度，会造成浪费，增加经济发展的困难，而且也不能持久。历史经验证明，在经济工作中，主观上的急于求成必然造成片面追求速度，不讲效益。当前和今后一个时期，我们必须下功夫调整结构和提高效益，把扩大再生产的重点放在技术改造上，而不能主要靠铺新摊子。经济的发展要依靠科技进步和提高劳动者素质。当然，在农业、能源、交通、原材料等方面还要上一些新项目。上这些项目，也要尽可能采用先进技术。

中央提出要从内涵上扩大再生产，防止搞大而全、小而全、重复建设、重复引进，这些话讲了多年，但是成效不大。究竟为什么呢？除了体制上的问题以外，恐怕很重要的原因，是同主要用产值和速度衡量经济工作的成绩有关，同有些地方和部门片面强调局部利益有关。发展有计划的商品经济，不能盲目追求产值，而要推动企业去研究市场，研究消费者的需要，开发适销对路的产品，合理地组织生产。要认真总结历史经验，增强效益意识。今后衡量经济工作的成绩，要重视采用综合性的考核指标，要看产值和速度，更要看是以什么代价获得的产值和速度，看生产出来的产品是否质量合格、适销对路。绝对不能追求不讲效益的速度。要下决心关停并转那些效益低下、没有前途的企业。

三、要给国营大中型企业逐步创造良好的外部环境。

李鹏同志讲话中提出的十二条改善国营大中型企业外部环境的具体措施，都很重要。讨论当中，大家有一个比较一致的认识，即当前的一个突出问题是要积极地开拓有效的市场，促使企业有活干。问题是如何去开拓市场，如发展商品房建设，推动企业技术改造，限期更换一部分耗能高耗材多的设备和产品。更换一些老设备，看起来有些可惜，但不这样做，那些“电老虎”开动起来，我们就不得不更多地增加电力的基本建设、煤矿的基本建设，去满足对能源的需要。我国单位国民生产总值的能耗，和发达国家相比要高得多。所以，不仅要限期更换一些设备，有些过分落后的、耗能高的产品也要限制生产，逐步用性能有所改进的产品去代替，还要开发一些适销对路、不会形成积压的产品。我们还要扩大出口，多方位地开拓国际市场。总之，要开拓使投入的资金能很快收回或还贷的市场。开拓这样的市场没有风险，有可能一动百动，财政可以增收，企业困难也可以减少。要维护企业的合法权益，采取切实有效的措施，坚决制止不必要的检查、评比、达标、升级，让企业管理人员专心抓生产经营。要严禁各种不合理摊派，减轻企业负担。各级党委和政府要统筹全局，加强宏观指导，为基层着想，为企业服务，努力提高办事效率，认真落实搞好国营大中型企业的各项措施。还有企业办小社会的问题，这是长期历史形成的，不是一下子能够解决的。我们要采取积极措施，大力发展第三产业和社会化服务，逐步地解决这个问题。从方向上讲还是要逐步实现政企职能分开，该由政府管的事，政府把它管起来；同时，要减少对企业不必要的行政干预，使企业真正成为自主经营、自负盈亏的社会主义商品生产者和经营者。

四、国营大中型企业要挖掘内部潜力，自立自强。

企业要在提高职工素质、提高经营管理水平、提高经济效益方面下功夫，抓好产品结构调整和技术改造，不断挖掘内部潜力。当前企业确实困难很多，但决不能说潜力已经挖尽了。

关于国营企业内部领导体制的问题，概括起来是三句话：充分发挥党组织的政治核心作用，坚持和完善厂长负责制，全心全意依靠工人阶级。它们是相辅相成的。要把企业建设好，这三者缺一不可。这三条，是我们四十多年特别是近十多年来企业领导体制的实践经验的总结，准确地反映了我们企业的社会主义性质。要全面理解，全面贯彻实行。

要加强企业思想政治工作，坚持从严治厂，加强民主管理，全心全意依靠工人阶级。必须充分调动广大干部职工的社会主义积极性和创造性，使他们增强主人翁责任感，正确处理国家、集体、个人三者之间的利益关系，把自己的命运同国家和企业的命运联系起来。我们一定要充分发挥社会主义制度的优越性，把工人阶级的主人翁地位真正地体现出来。现在有的国营企业已经亏损了，奖金还是照发，甚至还要提高。这样下去就会坐吃山空。所以，我们必须在深化改革的同时，切实加强思想政治工作。要把企业的困难和问题向工人讲清楚，发动全体工人共商大计。这次会上大家都提到，凡是企业的大事，都要同工人商量，使工人知道，如果不好好搞，大家都要受损失。个人收入的增长应该建立在发展生产、增加积累、提高效益的基础上。这一点应该向群众讲清楚，要相信群众。如果不讲清楚，他就以为同他没有关系。有的同志发言中还提到，现在有的厂长在任期之内搞短期行为。要教育干部和职工以国家的利益为重，眼前利益服从长远利益，局部利益服从整体利益，个人利益服从国家利益。

五、发展经济、搞好企业，要发挥中央和地方两个积极性。

毛泽东同志提出十大关系以后，我们党一直强调，搞社会主义建设，发展国民经济，必须有中央和地方两个积极性，不能只有一个积极性。只有中央的积极性，不可能把事情办好。只有地方的积极性，关系国民经济全局的重大建设项目就会受到影响，宏观可能失控，经济不可能顺利发展。要把这个关系处理好，也不容易。这十多年来，通过放权让利等改革措施，改变过去统得过多过死的状况，在发挥地方积极性方面起了很大作用，这是必须肯定的。但是前几年也出现了宏观失控的现象，出现低水平重复建设的问题，造成人力、物力、财力的浪费。宏观调控的问题不解决，我们的经济很难实现持续、稳定、协调发展，也很难有好的效益。解决这个问题，全党同志首先是各级领导干部，尤其是省部级的领导干部，都要树立全国一盘棋的思想，要有全局观念，不能仅仅从地方或部门的角度来考虑问题和处理问题，今后考核干部，除了看他们对本地方、本部门做了什么贡献，还要考核这些同志的全局观念，看他们对全局做了什么贡献。

这里我想重申两点。一是中央必须集中必要的财力、物力，以便把地方办不了、只能由中央办的事办好。如这次抗洪救灾，事情就很明显。难道只让江苏、安徽自己去干，国家就不管了？这当然不行。我们的国防建设，也必须由中央集中必要的财力、物力去办。二是要加强宏观调控。新上的基本建设项目，要经过科学论证和综合平衡，不能盲目拍板。要杜绝首长批条子上工程的现象。在指导思想上要明确，上项目必须进行科学的可行性研究，而不是去做“可批性”研究。我们的省，大的有上亿人口，一般也有几千万人口。各省区市的领导同志都要研究综合平衡问题。中央和省这两级把综合平衡搞好了，国民经济的重大比例关系就会比较协调。发挥两个积极性的问题，实际上就是正确处理集中和分散的关系。该集中的一定要集中，该分散的一定要分散。历史证明，宏观失控，全局不稳，你那个地方、部门的事情也难办，经济一时上去了也维持不久。历史也证明，只强调集中，管得过死，就不可能把各方面的积极性调动起来，事情也办不好。我们有三十个省区市，将近一千万平方公里面积，十一亿多人口，情况千差万别，认识不到这个差别，我们就不是马克思主义者。

六、搞好国营大中型企业，要继续坚持深化改革、扩大开放。

提出改革开放的方针，并把它纳入党的基本路线，是邓小平同志的重大贡献。十一届三中全会以后党和国家工作取得的巨大成就，都是同改革开放分不开的。十三届四中全会以来，在抓治理整顿的过程中，改革开放不但没有停顿，而且取得了新的进展。一方面，结合治理整顿，采取了一些新的改革开放措施。另一方面，在总结经验的基础上，对已经出台的改革开放措施，加以补充和完善。对于这几年我们在改革开放方面取得的成绩，应该有足够的估计。

当前，我国人民面临的最根本的任务，是把经济建设搞上去。搞好国营大中型企业，发展生产力，关键是继续深化改革，扩大开放。改革开放，主要是做好三个方面的文章：一是发挥我们已有的优势，二是克服过去体制中存在的弊端，三是适应新的情况勇于创新。这三个方面，缺一不可。在这三个方面，都要解放思想，实事求是。

经过多年的实践和摸索，我们逐步认识到，适应发展社会主义有计划商品经济的需要，必须建立计划经济和市场调节相结合的经济体制和运行机制。这已经写入我们党的一系列重要文件。怎么样结合，这几年的实践也积累了一些经验，但还要下大功夫去继续探索。我们一定要把计划经济的长处和市场调节的长处很好地结合起来，千万不能把二者的短处结合起来。要扬长避短，走出发展有中国特色的社会主义经济的路子来。我们在实际工作中，在具体政策的制定和执行中，要坚定不移地按照计划经济和市场调节相结合的原则去办，决不能再动摇。

加强企业内部经营管理和改善企业外部环境两个方面，都离不开深化改革。要以转换企业经营机制为重点，搞好企业自身改革，在经营决策、机构设置、内部分配、劳动用工等方面，进一步落实企业自主权，建立企业的经营机制、激励机制、自我约束机制、监督机制。同时，要加强宏观调控，逐步理顺计划体制、价格体制、财政税收体制、金融体制等。

七、搞好国营大中型企业，既要抓紧工作，又要有长期打算。

搞好国营大中型企业，涉及许多复杂的因素，有的问题不是一下子发生的，有长期的历史原因，因此不是一年两年能完全解决的。这次会议进一步理出了一些思路，还有许多深层次问题要继续研究。李鹏同志在报告中提出，把整个“八五”计划时期列为集中力量增强国营大中型企业活力和提高企业效益的时期，我同意这个意见。把问题看得复杂一点，把困难估计得充分一点，做好长期努力的准备，同时一定要积极抓紧工作，这样比较主动。

这次召开中央工作会议，专门讨论国营大中型企业问题，说明中央十分重视这个问题，希望各级党委、政府也一定要对这个问题给予高度重视。要发挥各方面的积极性、创造性，把国营大中型企业和整个经济工作搞好。

(二)关于改进领导工作

我们省部级以上领导干部肩负着重大的社会政治责任。历史把我们推上了领导岗位，我们要有使命感、责任感和紧迫感，努力学习马列主义、毛泽东思想，提高领导水平和领导能力，勤勤恳恳、兢兢业业地做好工作。

一、要善于从政治上观察和处理问题。

善于从政治上提出和处理问题，保证革命和建设任务的完成，是我们党的工人阶级先锋队性质决定的，也是我们党的一个优良传统。现在以经济建设为中心，其他各项工作都要服从、服务和保证这个中心任务的完成。经济建设要搞上去，必须要有正确的政治方向，必须要有安定团结的环境，必须协调各方面的关系和调动各方面的积极性，必须及时而果断地消除不安定因素。没有政治条件和政治保证，社会不稳定，经济就搞不上去，古今中外概莫能外。几年前，在资产阶级自由化思潮泛滥的时候，邓小平同志就严肃地提醒全党同志："在工作重心转到经济建设以后，全党要研究如何适应新的条件，加强党的思想工作，防止埋头经济工作、忽视思想工作的倾向。"我们的领导干部一定要加强马克思主义理论学习，加强政治学习，增强政治敏锐性，善于从政治上观察和处理问题，发挥我们党的政治优势，保证经济和各项建设事业的健康发展。

二、学习马克思主义，提高政策水平。

现在，我们在非常错综复杂的国际国内环境中进行社会主义建设。形势不断变化，经常出现新情况、新问题，要善于应用马克思主义世界观和方法论，制定和实行正确的政策，善于把革命的原则性同灵活性结合起来，始终做一个清醒的马克思主义者。

我们要加强和改善宣传教育工作。宣传教育要特别注意宣传的内容、形式和效果。一要适应形势的发展，二要分别不同对象，采取多种形式，分层次地进行有效的宣传教育。现在广播、电视影响很大，我们必须把它牢牢掌握在手里，把它办好。我们的宣传，要注意完整准确地体现党的路线、方针、政策，体现中央的精神。这是一个很重要的问题，请做宣传工作的同志经常注意研究。

三、勇于负责，创造性地做好工作。

这十多年来我们的建设和改革取得的成绩，同广大干部勇于负责，把中央的路线方针政策同本地方、本部门的实际结合起来创造性地工作，是分不开的。

邓小平同志一九七八年就指出，我们的领导干部不能当"收发室"，把文件逐字逐句照抄照转一通。应该看到，这种不良作风至今没有完全根除，而且在一些同志中还在蔓延滋长。采用这种做法，必然在工作中没有创造性。如果老是照抄照转，无所用心，不负责任，得过且过，那么党的工作就没有生气，没有活力。长此以往，党就会失去战斗力。我们要提倡解放思想，发扬民主，敢于和善于把中央的路线、方针、政策同各地的具体情况相结合，把中央文件的精神同干部群众的思想实际相结合，创造性地工作。如果错了，就总结经验，加以纠正。这次会上大家自始至终畅所欲言，各抒己见，这很好。我们开会是为了统一思想，但是不可能通过一两次会就把大家的思想都一致起来。如果在所有问题上都是一种意见，一种声音，那倒是不正常的，甚至是危险的。统一思想和强求一致是两回事。统一思想是大家在自觉的基础上，经过讨论，互相切磋，逐步在主要问题上把思想统一起来。就是毛泽东同志说的，在民主基础上的集中，在集中指导下的民主；从群众中来，到群众中去，集中起来，坚持下去。

现在我们总的形势是好的。我们要克服前进中的困难，继续开创新局面，必须解放思想，实事求是，提高各级党组织的战斗力。战斗力来自共产主义理想、信念和铁的纪律，也来自创造性工作的精神和对党对人民高度负责的精神。在党内，要提倡在党的路线指引下，大胆创造，大胆工作，勇于发表不同意见，把党内生活搞得生动活泼，富有朝气。

四、密切联系群众，消除腐败现象。

现在群众普遍反映，我们党的路线是正确的，党中央是可以信赖的，大多数党组织和党员也是好的。这在抗洪救灾斗争中又一次得到充分体现。只要坚决清除腐败现象，密切同人民群众的联系，社会主义在中国一定会继续巩固和发展。只要我们党自己不腐败，自己不蜕变，谁也演变不了我们。我们说，在新的历史条件下要经得起执政、改革开放和反和平演变的考验，最根本的是两条，一是信念坚定，坚持走有中国特色的社会主义道路；二是艰苦奋斗，作风廉洁，关心人民疾苦，把人民利益摆在首位。关于反腐败，各地、各部门要根据实际情况，狠狠抓住几个问题，抓住不放，锲而不舍地去解决它。如行业不正之风，就带有普遍性，一定要上下齐动手去纠正。

我们现在面临的困难比较多。"艰难困苦，玉汝于成"，这正是我们锻炼和提高的好机会。我们有幸在这样一种历史环境中担负领导职务，首先要把党自身建设好，把国内的各项事业办好，同时要通过我们的工作，努力形成一种体现工人阶级先锋队蓬勃生机的精神状态，培养出一支德才兼备、经得起各种考验、顶得住任何压力的干部队伍，使我们的事业千秋万代传下去。希望全党同志同舟共济，团结奋进。

中共中央总书记江泽民在中南海会见美国电话电报公司高级副总裁伯林格姆

外交部部长钱其琛在联合国分别会见美国国务卿贝克和苏联外长潘金

美国国务卿贝克在会见中说，美国重视发展美中关系，美中两国的密切合作对世界和平与稳定是必不可少的。他表示，美国将继续根据美中 3 个公报的原则处理相互关系。贝克还说，这两年来，双方为了恢复和改善美中关系都采取了积极的步骤，同时双方还需要做出巨大努力，克服存在于两国关系中的困难。

钱其琛强调，中美两国之间的合作具有重要意义，继续保持和发展两国关系符合双方的利益，也有利于世界的和平与稳定。我们并不讳言，中美两国在一些方面存在分歧，但只要相互尊重，求同存异，这些分歧是能够解决的。

中苏外长在会晤时，互相通报国内情况，并就双边关系和当前国际形势交换意见。

苏联外长潘金说，苏联正处于转变的新时期，国内面临许多问题和困难，希望得到国际社会的理解和支持。苏联继续承担过去签订的国际协议和义务。他表示，苏联重视发展同中国的睦邻友好关系。

钱其琛说，苏联是中国的最大邻国，希望苏联克服困难，保持稳定。钱外长还表示，中国将以1989年和1991年两国领导人互访时发表的联合公报为基础，继续发展睦邻友好关系。

全国计划生育宣传工作先进单位先进个人表彰会在北京闭幕

新闻出版署取缔一批宣扬迷信的出版物

打着发掘、研究、传播祖国文化的幌子，行宣扬封建迷信之实的6种正式出版和19种非法出版物被明令取缔，这是新闻出版署在北京举行的新闻发布会上宣布的。新闻出版署要求各地主管机关立即收缴、销毁这些图书，所涉及的正式出版物的经济损失由有关出版社承担，还将对有关单位和人员给予相应的处罚。

中国选手张载荣在德国多瑙埃辛根举行的世界举重锦标赛上打破男子52公斤级世界纪录

中国运动员邢芬在德国多瑙埃辛根举行的世界举重锦标赛上获三枚金牌两破世界纪录

邢芬在44公斤级比赛中获得3枚金牌。以67.5公斤的成绩获抓举第一名。接着，在挺举比赛中以87.5公斤名列榜首，在第二、第三次试举中以93.5公斤和95公斤的成绩两次打破世界纪录。

云南昭通发生重大山体滑坡

云南省昭通市盘河乡日前发生高位高速特大山体滑坡，造成死216人，伤7人，经济损失近百万元的严重灾害。

李鹏总理得知灾情后，立即打来电话慰问受灾群众，并对救灾工作提出了具体要求。

9月28日

中央社会治安综合治理委员会在人民大会堂举行第三次全体会议

中共中央政治局常委、中央社会治安综合治理委员会主任乔石在会上讲话。

乔石在会议结束时说，湖南、山西、黑龙江三省的经验说明，只要各级党政主要领导同志真正重视起来，各部门和广大人民群众充分发动起来，扎扎实实地做几件实事，认认真真地抓一个时期，社会治安综合治理的各项措施就能够逐步落实到基层，严峻的社会治安形势也能够逐渐向好的方面转化。

乔石指出，如果各地区、各部门都能真正认识到这一点，并且都能像这样下大功夫抓综合治理工作，我国社会治安状况就能够在三五年内明显改观，再继续抓5到10年，社会治安持续稳定也是可以办到的。

在分析今年社会治安综合治理工作状况时，乔石说，大部分地区和一些部门的党政领导是重视的，措施比较得力，社会治安综合治理工作落实得比较好，并初步收到了一些成效。目前存在的主要问题是：有一些部门和少数地区，社会治安综合治理工作还没有摆上应有的位置，不少措施还有待于下很大功夫去落实。

乔石说，人民民主专政首要的任务是要保护人民的利益和安全，保护国家的利益和安全。各地要根据本地的实际情况狠抓社会治安综合治理。对本地区的社会治安问题决不能视而不见，对严重刑事犯罪分子决不能手软，必须长期坚持不懈地把社会治安综合治理工作踏踏实实地推向前进。

乔石表示，今年前九个月，社会治安形势总的来说是比较平稳的，没有出现大的波动，刑事案件的上升势头在一定程度上得到了遏制，有些地区还出现了稳中有降的好兆头，这当然首先是我国政治安定，经济的治理整顿取得了明显成效，同时与大力加强社会治安综合治理工作也有密切关系。

乔石提醒人们，应当看到，当前治安形势仍然相当严峻，不安定因素还在不断增多。我们要认真调查分析可能诱发的治安问题，从各方面做好维护社会稳定的工作。同时要把反盗窃斗争扎扎实实地深入开展下去，切实维护好灾区治安，使城乡社会治安持续有所好转。能不能做到这一点，是检验社会治安综合治理工作是否逐步落实并取得成效的重要标志。

中央社会治安综合治理委员会副主任任建新、王芳等出席会议。

国务院总理李鹏致信全国税收财务物价大检查工作会议

同志们：

全国范围内开展的税收财务物价大检查，已经进行了六个年头。在国务院和地方各级政府的直接领导下，这项工作搞得比较深入扎实，取得了很大成绩，对加强宏观调控能力，完善微观管理机制，促进政治、经济和社会的稳定发展起了积极的作用。

国务院决定税收财务物价大检查还要继续进行下

去。各级政府要切实加强领导，摆到重要位置，经常过问，研究解决大检查中遇到的实际问题。要把大检查同增产节约，增收节支，严肃党纪政纪，加强廉政建设，改善经营管理，建立健全各项财经规章制度紧密结合起来。企业和单位的广大干部和职工，要发扬主人翁的精神，自觉维护国家和人民的利益，主动检查纠正本单位存在的各种违法违纪问题，严格遵守财经法纪，不断完善内部机制。

六年来，各级大检查办公室、财政、税务、审计、物价和业务主管部门的同志，在大检查工作中，兢兢业业，艰苦奋斗，尽职尽责，秉公执法，为维护国家财经法纪做了大量工作，付出了辛勤的劳动，我向所有参加大检查工作的同志表示感谢和慰问。我希望这些部门的同志，继续发扬成绩，克服缺点，再接再厉，努力进取，把今年的大检查工作搞得更好。

中国国际减灾十年委员会在北京召开新闻发布会

中国国际减灾十年委员会办公室负责人在新闻发布会上介绍，中国政府已做出全面安排和部署，帮助灾区恢复生产，重建家园。到目前，政府已安排粮食75亿公斤，生活救济用款30多亿元，部门按系统投资3亿多元，低息贷款126亿元，还有大量的各种配套物资，均已下达灾区，其中一半多安排给安徽、江苏两省使用。经过中国政府和人民的辛勤努力，加上国际社会的关心和支援，今冬明春各地灾区不仅不会发生饿、冻死人，不会出现大批灾民外流和疫病流行，而且将会出现规模巨大的恢复生产、重建家园的局面。

今年我国部分地区先后发生了水、旱、冰雹、台风、地震等多种自然灾害。据初步核查，有2000多万人的住宅一度受到灾害严重威胁，死亡3074人，伤6.1万多人，因灾减产粮食200至250亿公斤，各种灾害造成直接经济损失共达800亿元人民币以上。其中，水灾造成的损失最为严重，死亡2628人，伤5.3万多人，造成经济损失725亿元人民币。水灾又过分集中在安徽、江苏两省，在这两省造成直接经济损失450亿元。

罕见的洪涝灾害发生后，党和政府十分重视，调动一切财力物力，组织各行各业6000多万人开展抗洪救灾，保护了一些大江大河、大中型水库的堤坝安全，制止了洪水泛滥，大大缩小了灾害范围；全国灾区抢救转移1000万人；其中安徽、江苏两省就达800万人，及时排除积水、抢种农作物和抢修住房等。同时，在有关部门向国内外提出支援灾区的呼吁后，据不完全统计，各级民政部门已接收国内外所提供的捐款12亿多元人民币，物资价值2.4亿多元，这些款物已陆续发往灾区。

中国国际交流协会理事会第五次会议暨成立十周年庆祝会在北京万寿宾馆举行

中共中央政治局常委乔石出席庆祝会。他说，中国国际交流协会在过去十年中做了大量工作，取得了很大成绩。当今世界形势风云变幻，交流协会的任务会更加繁重。他希望协会更加努力为加强各国人民之间的友谊、了解和合作，为维护世界和平作出新的贡献。

会上，中国国际交流协会代会长、全国人大常委会副委员长雷洁琼首先致词。雷洁琼说，十年前的今天，中国国际交流协会宣告成立。十年来，交流协会已同世界上八十多个国家的政党、民间团体、研究机构及国际组织建立了广泛的友好合作关系。“我们有理由为国际交流协会取得的成就感到喜悦”。

中国国际交流协会副会长张致祥向理事会第五次会议作工作报告。中国国际交流协会副会长王蒙、吴邦国、张香山等出席庆祝会。

国务院生产办公室召开工交各部门办公会议

会议要求各地、各部门认真执行《企业闲置设备调剂利用管理办法》，采取积极措施促使闲置设备调剂利用，防止国有资产流失，提高经济效益。

根据国务院领导要求，国务院生产办公室、国家计委、财政部、国家国有资产管理局、国家工商行政管理局、国家物价局、国家税务局最近联合颁发《企业闲置设备调剂利用管理办法》，国家有关部门将组织闲置设备的无偿调拨、有偿转让、租赁、修复改造再用、代购代销等调剂、咨询和技术服务活动。同时，开展闲置设备的资源调查，收集汇总和发布信息，组织闲置设备的技术咨询和鉴证工作，举办国内外闲置设备展示和多种形式的调剂工作。

国务院生产办负责人要求各部门、各地区在采取积极措施促使闲置设备调剂利用的同时，要加强闲置设备调剂市场的整治工作，严禁集体企业、私营企业和个体工商户经营闲置设备调剂业务，严禁倒卖，并切实做好现有闲置设备调剂咨询服务机构的整顿和重新登记注册工作。

国务院召开全国冬春农田水利建设电话会议

国务院晚上在北京举行电话会议，动员广大干部和群众，利用冬春有利时机，迅速掀起水利建设高潮。

国务院副总理田纪云主持会议。

国务委员陈俊生到会讲话。陈俊生指出，大灾之后要大治，各级政府都要把兴修农田水利，抓好农田基本建设作为全社会一项重要任务来抓，组织各行各业、动员广大干部和人民群众，发扬艰苦奋斗、自力更生精神，扎扎实实，富有成效地搞好今冬明春的农田水利建设。

陈俊生指出，党中央、国务院已经下定决心，大力加强水利基础设施建设，90年代一定要在防洪、排涝、发电、灌溉、供水等方面，真正办成几件大事。除了加快治理淮河、太湖外，各省市对省内江、河、湖、泊的综合治理也要加快，中小河流也要有计划地治理。在治理中，要把排涝、灌溉结合起来。

陈俊生说，在今冬明春水利建设中，要把修复水毁工程、水毁农田、河道清障、整修加固河道堤防、处理病险水库和疏浚河道等放在首位。

国家救灾防病领导小组副组长卫生部部长陈敏章就灾区疫情及救灾防病工作接受记者采访

记者问：陈部长，今年我国许多省份发生了洪涝灾害，全国人民对灾区的疫情非常关心，请你谈一下灾区的疫情和防病工作。

答：今年我国由于遭受特大洪涝灾害，灾区饮水和环境污染严重，蚊蝇鼠类密度增加，灾区群众饮用不清洁水和食物以及接触病媒昆虫机会明显增多，所以灾区，特别是重灾区的肠道传染病和一些虫媒传染病有些上升。但总的来说，自我国今年遭受特大洪涝灾害以来，由于在各级党和政府的领导下，各有关部门密切配合，动员社会各界和广大群众贯彻预防为主的方针，落实了各项防疫措施，截至目前，全国灾区疫情虽略有上升，但仍属稳定。据报告，全国八个重灾省七、八两月发病上升明显，而传染病死亡人数与去年同期相比却大幅度下降。八月上旬安徽灾区疫情上升明显，但目前疫情下降幅度较大，江苏灾区疫情比较稳定。尚未发生霍乱、伤寒、肝炎、疟疾、乙脑、出血热等重点传染病大规模暴发流行。

对于救灾和灾后可能发生的疫情防治，党中央和国务院多次作了部署。从中央到地方都成立了救灾防病组织领导协调系统，制订下发了全国救灾防病预案和具体技术方案，中央和地方、军队派遣医疗队、疫病防治工作队深入灾区，发挥了县、乡、村三级医疗预防网的作用，发动社会和群众参与，开展了群众性的爱国卫生运动。

此外，国内外各界积极向灾区捐款、赠送药品器械，对灾区的救灾防病工作给予了帮助和支援。

记者问：为配合全国救灾防病工作，全国爱卫会自九月十七日开始组织动员全国各地开展爱国卫生突击周活动，请您介绍一下活动的开展情况。

答：自九月九日全国爱卫会召开了电话会议以来，全国各地都积极开展了爱国卫生突击周活动。二十五个省市的党政军主要领导同志积极带头参加了突击周活动。安徽省委书记卢荣景、省长傅锡寿同志到重灾区和群众一起清扫垃圾，全省建立临时厕所一千八百六十个，消除蚊蝇孳生地五十七点二万处，清掏被洪水淹没水井五十三点二五万口，新建手压机井一万一千四百七十多个。江苏制定了立足南京抓好全省活动，省委书记沈达人、副书记孙家正、副省长吴锡军等同志冒雨参加清扫劳动。第一天全省共出动五万五千余人清除垃圾一千五百吨。

国务院各部委、中直机关、解放军、武警部队也积极参加了突击周活动。广泛动员社会和群众参与是我国卫生工作方针之一，也是我国卫生工作的特色，从今年的救灾防病成功的经验看，灾区各级政府充分发挥了各级爱卫会的组织协调作用，使大卫生观念得到充分体现。

记者问：请您再介绍一下今后一段时期全国疫情流行趋势以及如何进一步加强当前和今后传染病的预防控制工作。

答：无论从历史和目前灾区现状看，灾区疫情形势还是严峻的，要严肃看待，今冬明春甚至更长一段时期防病工作的任务仍然是艰巨的。虽然天气转凉，根据往年发病情况十月份仍是全国传染病高发期。由于灾区群众生活条件在相当长时期内不能恢复正常，灾区卫生部门受损失大，防病工作受到较大影响。当前和今后需要继续加强领导，发动群众积极参与，继续落实宣传、饮水消毒、食品卫生、环境清理及疫情的监测报告等工作，把防病工作纳入到灾区重建家园工作中去，以确保劳动力的健康。采取措施，提高受灾卫生事业单位的自救能力。继续加强三级医疗保健网，特别是乡、村二级卫生队伍建设，发挥第一道防线作用。医疗队、疫病防治队也要再接再厉，为保证大灾后无大疫的奋斗目标，取得救灾防病工作的全面胜利作出贡献。

解放军军事医学院建院四十周年纪念大会在北京举行

江泽民、聂荣臻等题词祝贺。

中共中央总书记、中央军委主席江泽民的题词是：“发展军事医学研究，为我军现代化建设服务”。

聂荣臻元帅的题词是：“加强军事医学研究是提高我军战斗力的重要保障。”

中央军委副主席刘华清的题词是：“救死扶伤，无私奉献，为国防现代化服务。”

王平、洪学智等也题词。

中央军委委员迟浩田、赵南起出席大会。总后政委周克玉和卫生部部长陈敏章等在会上讲话。

外交部发言人就法国政府向台湾出售武器问题对记者发表谈话

外交部发言人要求法国政府严格信守向中方作出

的承诺，不向台湾出售任何武器。

有记者问：中国政府对法国向台湾出售护卫舰船体事有何评论？发言人说，关于法国政府批准法厂商向台湾出售军舰船体事，中国政府已向法国政府提出严正交涉，并表示不满和抗议。他说，我们注意到，法国政府在就此事发表的公报中保证，出售的船体不装备武器，是一项纯商业交易，不意味着与台湾当局发生任何官方关系，并重申承认中华人民共和国政府是中国的惟一合法政府。

发言人说，我们要求法国政府切实遵守中法建交原则和国际关系准则，严格信守向中方作出的承诺，不向台湾出售任何武器。

外交部副部长田曾佩就法国向台湾出售武器问题在北京召见法国驻中国大使马腾

田曾佩说，9月27日，法国政府宣布批准法厂商向台湾出售不装备武器的护卫舰船体。这是中法关系中一件严重的事。中方曾就此事向法方进行过多次交涉，一再重申，我们对与我建交国同台湾进行纯属民间性质的经贸往来不持异议，但反对与台湾建立官方关系和进行官方接触，反对向台湾出售武器。中方的这一立场是明确的。法方坚持售台护卫舰船体，这是十分令人遗憾的。

田曾佩指出，台湾是中国领土不可分割的一部分，法向台出售护卫舰船体违背了中法建交原则和国际关系准则。很明显，法出售的护卫舰船体，将被台湾用于军事目的，这会使台湾海峡的局势复杂化，不利于中国大陆的安全，而且将为中国的和平统一事业增设障碍。对此，我奉命向法国政府表示强烈不满。

田曾佩说，我们注意到，法国外交部在就此事发表的公报中声明：法政府决定批准出售的是不装备武器的护卫舰船体，是一次纯商业交易，不意味着与台湾当局发生任何官方关系。法国政府重申承认中华人民共和国政府是中国的惟一合法政府。

田曾佩最后说，我们希望法方切实遵守中法建交原则和国际关系准则，严格信守向中方作出的保证，不向台湾出售任何武器，不同台湾建立任何官方关系和进行任何官方接触，将法台关系严格限制在民间经贸关系的范围内，以免两国关系遭受干扰与损害。

国务院副总理邹家华在人民大会堂会见香港青年工业家协会代表团

全国政协副主席王任重在北京会见香港恒兴基立有限公司董事会主席施祥鹏

中国改革开放以来，施祥鹏先生先后在内地投资近20个项目，合计6亿多元人民币。王任重副主席对他这种具体的爱国行动表示赞赏，并希望他能继续为祖国的四化建设和香港的繁荣、稳定做出新的贡献。

会见中，王任重向施祥鹏先生介绍了内地当前的形势和工作，并认真听取了施先生提出的一些建议。施先生表示，作为炎黄子孙，为自己的祖国做一些事情是应该的。今后将继续努力，为中国民族的富强、腾飞做出贡献。

第21届多粒子动力学国际会议闭幕中国多粒子动力学步入世界前列

中国第一座民办公助的大型艺术馆炎黄艺术馆在北京举行开馆庆典

中国选手廖素萍刘寿斌在德国多瑙埃辛根举行的世界举重锦标赛上又破两项世界纪录

在女子48公斤级比赛中，中国选手廖素萍在挺举比赛中以98公斤破世界纪录，并获得该项单项冠军。

在男子56公斤级比赛中，中国选手刘寿斌在抓举中以135公斤的成绩创下世界新纪录，并获抓举冠军。

9月29日

中共中央政治局常委李瑞环等出席国务院侨办港澳办台办在北京举行的招待会欢迎侨胞港澳台同胞及外籍华人参加国庆活动

党和国家领导人江泽民杨尚昆李鹏李先念等为开展“国际科学与和平周”活动题词

国家外国专家局在北京向40名外国专家颁发友谊奖章和证书

40名外国专家荣获这次友谊奖，他们来自日本、美国、德国等13个国家和地区，分别在中国的21个省、自治区、直辖市的工业、农业、科技、教育、宣传出版等领域里工作。他们是目前数万名在华工作的外国专家的代表。

外交部发言人就核裁军问题答记者问

外交部发言人表示，中国欢迎美国总统布什9月27日提出的核裁军计划。

这位发言人在北京回答记者的提问时说：“中国政府一贯主张核裁军，主张全面禁止和彻底销毁核武器。我们欢迎布什总统9月27日宣布的计划，希望这将有助于实现上述目标。我们认为，拥有最庞大核武库的美国和苏联对核裁军负有特殊责任，有义务率先停止试验、生产和部署核武器，并率先大幅度削减它们现有的各种类型的核武器。”

中共中央政治局常委乔石在钓鱼台国宾馆会见以政治局委员哈基申·辛格·苏吉特为首的印共(马)中央代表团

《人民日报》为发表王金良李振法陈文科的通讯《总书记在二印工人中间》配发编者按

《人民日报》编者按：1990年1月，本报发表石家庄第二印染厂《咱们工人有力量》的报道，引出总书记与工人书来信往。1月20日该厂职工通过本报编辑部给江总书记呈送了一封信；过了五天，总书记就给他们回了信。总书记和工人心连心。今年国庆节前，江总书记和省、市领导同志一起，来到二印工人群众当中。他赞扬职工出色的劳动成绩，赞扬领导班子团结得好。他指出：核心，中心，两心变一心。凡是厂长、书记政治素质高的，这个问题解决得都比较好。他为这个厂题词："全心全意依靠工人阶级，努力办好社会主义企业"。领导班子讲团结，全心全意依靠工人阶级，这两条，是办好社会主义企业的关键，这对当前搞好国营大中型企业有极其重要的指导意义。

清华大学研制成功1兆位汉字只读存储器

中国女子举重运动员彭丽萍在多瑙埃辛根世界举重锦标赛52公斤级比赛中获3块金牌并以108公斤的成绩破挺举世界纪录

9月30日

国务院总理李鹏举行庆祝中华人民共和国成立四十二周年招待晚会

招待会在人民大会堂宴会厅举行。中共中央总书记江泽民，国家主席杨尚昆，国务院总理李鹏，全国人大常委会委员长万里，中共中央政治局常委乔石、姚依林、宋平、李瑞环，国家副主席王震等出席会议。

李鹏致祝词，代表党中央和国务院，向奋斗在全国各条战线上的工人、农民、知识分子、广大干部、公安干警、人民解放军和武警部队指战员，向全国各族人民和爱国人士，向台湾同胞、港澳同胞和海外侨胞，致以节日的祝贺和问候！

出席招待会的还有：田纪云、李铁映、李锡铭、吴学谦、秦基伟、丁关根、邹家华、朱镕基、刘华清、杨白冰、温家宝、阿沛·阿旺晋美、叶飞、陈慕华、楚图南、孙起孟、雷洁琼、王丙乾、王芳、陈希同、陈俊生、王任重、谷牧、周培源、王光英、屈武、程思远、罗干、迟浩田等，以及中共中央、国务院和中国人民解放军有关部门的负责人，各民主党派、人民团体和北京市的负责人，正在北京访问的一些外国来宾及外国使节、在华工作的外国专家、台湾同胞、港澳同胞、海外侨胞代表等近1000人。

国务院总理李鹏在庆祝中华人民共和国成立四十二周年招待会上发表讲话

各位来宾、各位朋友、各位同志：

今晚我们欢聚在这里，热烈庆祝中华人民共和国成立四十二周年。首先，我代表中共中央和国务院，向奋斗在全国各条战线上的工人、农民、知识分子、广大干部、公安干警、人民解放军和武警部队指战员，向全国各族人民和爱国人士，向台湾同胞、港澳同胞和海外侨胞，致以节日的祝贺和亲切的问候！我代表中国政府和中国人民，向出席招待会的各国来宾和驻华使节表示热烈的欢迎！向所有关心和支持我国社会主义现代化建设事业的国际友人，表示衷心的感谢！

新中国建立以来，伟大的中国人民在中国共产党领导下，自力更生，艰苦奋斗，已经把一个贫穷落后、备受欺凌的旧中国变成了独立自主、初步繁荣昌盛的社会主义国家。现在，我国政治稳定，经济发展，民族团结，社会安定，全国各族人民正在建设有中国特色社会主义的道路上继续前进。

今年是我国执行"八五"计划和十年规划的第一年，经济领域和其他领域的形势继续朝着好的方向发展。工业生产全面回升。农业尽管遭到严重自然灾害，但仍将取得较好收成，粮食和棉花产量均可接近完成国家计划。市场商品丰富，物价基本稳定。进出口贸易持续增长，外商来华投资势头旺盛，国家外汇储备增加。城乡人民生活继续有所改善。我们经过三年来的努力，治理整顿已取得明显成效，通货膨胀得到有效控制，改革开放在治理整顿中不断深化和扩大。精神文明建设取得新的成绩，教育、科技、文化、卫生、体育等事业蓬勃发展。中国人民解放军的革命化、现代化、正规化建设进入新的发展阶段，军政素质进一步提高，国防力量日益增强。各方面的情况表明，"八五"计划第一年这个头开得是好的。全国各族人民正在满怀信心地为全面完成今年的计划，进而为实现我国现代化建设的第二步战略目标而努力奋斗。

今年我国局部地区发生了历史上少有的洪涝灾害，但经过广大群众、干部和解放军指战员的团结奋战，灾区没有饿死人，没有疫病流行，没有发生大批灾民外出逃荒现象，抗洪救灾已取得决定性胜利。这是我国抗灾史上罕见的奇迹，充分显示了我国社会主义制度的优越性和强大凝聚力。灾害发生后，港澳同胞、台湾同胞和海外侨胞表现出了极大的爱国热忱，国际社会也给予了热切的关注和支援。借此机会，我代表中国政府和灾区人民再次向港澳同胞、台湾同胞、海外侨胞以及对我国灾区提供援助的所有国家和友好人士，表示崇高的敬意和衷心的感谢！

朋友们，同志们！

我们建设有中国特色的社会主义，目的是使国家富强，人民富裕，同时也为世界的和平与发展作出贡献。我们必须集中精力，团结奋斗，坚决把国民经济搞上去，把各方面的工作做得更好。

——我们一定要继续大力发展农业。要把灾害造成的损失减少到最低限度，争取明年农业有一个更好的收成。灾区人民要发扬自力更生精神，恢复生产，重建家园。大灾之后，痛定思痛，我们应当更加重视水利建设，加快治理大江大河大湖，提高抗御严重洪涝灾害的能力。

——我们一定要把经济工作的重点切实转到改善结构和提高效益的轨道上来，特别是在提高国营大中型企业效益方面取得明显成效。要进一步推进结构调整，保持工业生产的适度增长。要认真总结经验，继续开展"质量、品种、效益年"活动，促进国民经济更加健康地向前发展。

——我们一定要进一步加快改革开放的步伐。要以增强企业特别是大中型企业活力和提高企业效益为中心，进一步深化各项经济体制改革。把经济体制改革与科技体制、教育体制改革有机结合起来，充分发挥科学技术第一生产力的作用，真正依靠科技进步和提高劳动者素质来搞好我国的经济建设。进一步扩大对外开放，深化外贸体制改革，改善投资环境，促进对外贸易和对外经济技术交流的发展。

——我们一定要坚决维护国家的长治久安。坚定不移地发展社会主义民主，加强人民政权的专政职能。继续有领导、有步骤地进行政治体制改革。发扬革命优良传统，大力推进廉政、勤政建设，切实纠正不正之风。坚持两个文明一起抓，提高全民道德水准，保持良好的社会风尚。坚决贯彻党的民族政策，加快发展民族地区的经济文化，促进各民族的共同繁荣和进步。

朋友们，同志们！

实现祖国和平统一，是全国各族人民包括台湾同胞、港澳同胞和海外侨胞的共同心愿。近几年海峡两岸扩大交往，增加共识，促进了两岸关系的发展。台湾当局应当顺应历史潮流，及早接受中国共产党的建议，为实现祖国和平统一和民族振兴繁荣作出正确的历史选择。我们决不会容忍少数人在某些势力的策应下以任何借口搞所谓的台湾独立，坚决反对一切分裂祖国的活动。

根据"一国两制"的原则，保持香港和澳门的长期稳定和繁荣，是中国政府的既定方针。最近中英两国政府正式签署了《关于香港新机场建设及有关问题的谅解备忘录》，为香港过渡期中英加强磋商和合作打下了良好的基础，得到香港各界的普遍欢迎。

澳门特别行政区基本法征求意见稿已经公布，目前正在内地和澳门广泛征求意见。中国政府相信，在中英关于香港问题的联合声明和中葡关于澳门问题的联合声明的基础上，通过中英、中葡政府的密切合作和港澳同胞的共同努力，一定能够保持港澳的稳定繁荣和实现政权的顺利交接。

朋友们，同志们！

一年来，在复杂多变的国际形势下，我国奉行独立自主的和平外交政策，在外交领域取得了新的进展和成就。

我国和周边各国的关系都得到不同程度的改善和发展。朝鲜半岛局势出现了积极变化，中朝友谊与合作日益发展。中蒙两国之间的合作领域不断扩大。随着我国同文莱的建交，我国同东盟各国的全面友好关系进入新阶段。我国同东南亚、南亚各国的睦邻友好关系继续发展。柬埔寨问题接近解决。中越关系正常化提上日程。中日关系已经完全恢复正常。不管发生什么变化，我们都愿意在和平共处五项原则基础上，继续同苏联包括各加盟共和国在内保持和发展睦邻友好关系。

我国不断加强同第三世界的友谊、团结与合作，不仅显示中国和第三世界国家有着同命运共呼吸的传统密切关系，而且对世界和平与稳定也产生了积极影响。

我国同西欧国家的关系已经或正在全面恢复和发展。中国政府愿意在求同存异、互相尊重主权、互不干涉内政和平等互利的基础上，为全面恢复和发展同西欧国家的友好合作关系而作出自己的努力。

我们一贯重视同美国的关系。我们相信，只要双方恪守中美三个联合公报的原则，共同努力，就能克服困难，排除障碍，使中美关系逐步得到恢复和发展。

当前国际形势正在发生急剧而深刻的变化。旧的世界格局打破以后，世界并不安宁。原有的矛盾并未解决，新的矛盾又应运而生。一些国家和地区动荡不安，南北矛盾更加突出。为了世界的和平、安全与发展，各国人民迫切希望建立公正、合理的国际新秩序。中国愿意在和平共处五项原则基础上，同世界各国建立和发展友好合作关系，为推动建立国际新秩序、维护世界和平、促进共同发展而作出应有的贡献。

朋友们，同志们！

第45届联合国大会把10月1日确定为"国际老人节"，这个节日正值我国的国庆节。在这欢庆的日子里，我代表中国政府向中国各族老年人和世界各国的老年朋友们致以节日的祝贺。我国是老年人口最多的国家。我国的老年人在长期的革命和建设事业中，做出了重大的贡献，他们是我国的宝贵财富。我们要继续发扬尊老敬贤的优良传统和社会美德，并采取正确的政策，把老年人的事情办好。

朋友们，同志们！

中华人民共和国42年来的光辉历史已经证明并且还将证明，任何困难都压不垮、吓不倒中国人民；任何风浪都不能动摇中国人民在中国共产党领导下，沿着社会主义方向继续前进。道路是曲折的，前途是光明的。让我们更加紧密地团结在以江泽民同志为核心的中国共产党中央委员会周围，全面贯彻党的基本路线，以经济建设为中心，坚持四项基本原则，坚持改革开放，下定决心，排除万难，去争取社会主义现代化建设的新胜利。

最后，我提议：

为庆祝中华人民共和国成立42周年，

为中国各族人民的大团结，

为祖国的繁荣和人民的幸福，

为中国人民和世界人民的友谊，

为世界的和平与人类的进步，

为各位来宾、驻华使节和夫人们的健康，

为朋友们和同志们的健康，

干杯！

中共中央总书记江泽民在中南海会见由政治局委员哈基申·辛格·苏吉特率领的印共(马)中央代表团

江泽民在会见中说："中印两国是近邻，有着长期交往的历史，中国政府和人民一向珍视同印度人民的传统友谊。"江泽民重申，不管国际风云如何变幻，中国将继续坚持独立自主的和平外交政策，在处理国家关系上奉行和平共处五项原则，发展同世界各国的友好关系。中国将坚定不移地走自己的路，建设具有中国特色的社会主义，把中国的事情办好，这是中国人民对人类的最大贡献。

苏吉特团长表示，印共(马)将继续为发该党同中国共产党的友好合作关系，为推动印中两国人民的友谊作出积极努力。

国务院总理李鹏在人民大会堂会见英国前贸易和工业大臣扬勋爵

国务院总理李鹏在北京会见以日本国会议员爱野兴一郎为团长的日本第三次长城计划青少年交流使节访华团的领导成员

中华人民共和国政府和文莱达鲁萨兰国苏丹陛下政府在纽约签署《关于两国建立外交关系的联合公报》

中华人民共和国政府和文莱达鲁萨兰国苏丹陛下政府，根据两国人民的利益和愿望，决定自本联合公报签字之日起两国建立大使级外交关系。

两国政府同意在和平共处五项原则和联合国宪章的基础上发展两国之间的友好合作关系。

中华人民共和国外交部长 钱其琛(签字)

文莱达鲁萨兰国外交大臣 穆罕默德·博尔基亚(签字)

1991年9月30日于纽约

党和国家领导人江泽民杨尚昆李鹏等分别为将于11月10日至17日举办的国际和平周题词

国务院批转国家教委国家科委《关于加强高等学校科学技术工作的意见》

首都举行国庆四十二周年文艺晚会

第九届世界农业信贷大会在北京开幕

中国运动员孙彩艳在德国多瑙埃辛根举行的世界举重锦标赛上创四项世界纪录

孙彩艳在世界举重锦标赛上把女子56公斤级3块金牌全夺到手，并刷新了抓举、挺举和总成绩3项世界纪录。

孙彩艳在抓举比赛中先后以83公斤和85公斤两次打破世界纪录。

10月1日

《人民日报》发表社论《实干兴邦——庆祝建国四十二周年》

中共中央政治局常委李瑞环为“亚洲第一塔”天津广播电视塔落成开播庆典剪彩 天津广播电视塔总高度415.2米

全国政协祖国统一联谊会与台港人士国庆观光团举行座谈会

全国政协副主席程思远对台湾人士来京参加国庆观光表示欢迎，他说，这两年来，海峡两岸经济、文化交流有了很大的发展，但也出现了一些逆流，近来“台独”十分嚣张，这是台湾当局姑息纵容的结果。

台湾中国统一联盟主席谢学贤、副主席张晓春等人在发言中一致认为，只要大陆政策稳定、经济搞上去，台湾必须和祖国统一的共识将为越来越多的人接受。

香港恒兴基立有限公司董事会主席施祥鹏谈道，近十几年两岸关系发展迅速，“三通”政策深得民心，否则就不会有今天两岸经贸、文化交流的好形势。

全国政协常委杨拯民认为，在两岸关系发展进程中尽管出现了若干逆流，但总的趋向是统一。民建中央副主席万国权指出，“台独”发展下去势必影响岛内社会稳定，对岛内经济发展也将带来不利因素，因此是不得人心的。参加今天座谈会的还有吴克泰、经叔平、陈仲颐等。

台湾人士国庆观光团一行26人，是应全国政协邀请首次公开组团来京参加国庆活动的。

晚上，全国政协副主席王任重在人民大会堂宴请观光团全体成员。

亚洲开发银行向我提供贷款和赠款

总部设在马尼拉的亚洲开发银行批准向中国提供1亿美元贷款和80万美元技术援助赠款。这笔1亿美元的贷款将用于中国沿海和内地不发达省份的工程建设项目。该贷款将在15年内偿还，包括3年的宽限期。80万美元的技术援助赠款将用于中国工商业银行的咨询服务、人员培训等。

国际商会同中国国际商会合作委员会第一次全体会议在巴黎举行

哥伦比亚总统加维里亚在波哥大接见由对外友协会长韩叙率领的中国人民对外友好协会代表团

海关总署发布《关于入境旅客行李物品和个人邮递物品征收进口税办法》

中日书法交流展在北京举办

中国运动员韩丽霞在多瑙埃辛根举行的世界举重锦标赛女子60公斤级比赛中获得抓举挺举和总成绩3枚金牌

中国运动员吕刚在世界举重锦标赛男子75公斤比赛中获抓举金牌

台湾一渔船触礁沉没四渔民被我救获脱险

10月1日晚，台湾渔船“万昌12号”在闽东渔场福鼎县七星岛海面触礁沉没，船上4名渔民被三沙边防警察救起，健康状况良好。

10月2日上午，福鼎县中福公司接到台湾基隆中小型帆船拖网渔业协会电话称，台轮“万昌12号”10月1日晚触礁沉没，船上4名渔民生死不明，要求福鼎县有关部门协助救人。

福鼎县人民政府得知消息后，立即组织边防、渔政船只前往出事海域救助，沿海渔民也积极帮助导找台湾受难渔民。

10月2日

国家“七五”重点建设项目浙赣复线重点控制工程尖山江大桥建成

鄂伦春民族博物馆在大兴安岭落成

在鄂伦春人民庆祝鄂伦春自治旗成立四十周年前夕，一座充满北方狩猎民族特色的鄂伦春民族博物馆在大兴安岭密林深处的阿里河镇落成。这座民族博物馆连同一起建起来的档案馆、图书馆总面积为两千八百八十八平方米。

中国女举重运动员雷丽在多瑙埃辛根世界锦标赛上获得三枚金牌

雷丽以95公斤、115公斤和210公斤的成绩囊括女子67.5公斤级抓举、挺举和总成绩3枚金牌。

10月3日

中共中央发出《关于在全国范围内开展爱惜粮食、节约粮食活动的通知》

中共中央最近发出关于在全国开展爱惜粮食节约

粮食活动的通知。

通知说，民以食为天。粮食问题直接关系国计民生，关系国家的发展和社会的稳定。要十分重视粮食生产，同时要切实抓好节约粮食的工作。我国粮食现占有量仅达到温饱水平，随着人口的增长和消费水平的提高，社会对粮食的需求将越来越大。而目前粮食生产、流通和消费各个环节存在的浪费现象十分严重，全国每年收打、储运、初加工以及饭桌上的浪费就达几百亿公斤。浪费粮食的问题应引起全社会的高度重视。今年，我国部分地区发生了严重的自然灾害，粮食减产，爱惜和节约粮食更为必要。

中央决定，从1991年起，每年10月在全国开展“爱惜粮食、节约粮食宣传周”活动，采用各种形式，集中宣传我国粮食面临的形势，报道节约粮食和浪费粮食的典型事例，教育人民爱惜和节约粮食。

海关总署公布廉政建设具体规定

海关总署近日公布《关于海关人员与工作对象交往中若干具体问题的规定》，宣布海关工作人员一律不准以任何名义和方式接受、贪占、借用工作对象的各种钱物（如以祝贺生日、节日、婚丧等名义接受、占用工作对象赠送或变相赠送的红包、好处费、回扣、礼品、礼品券、购物券、信用卡、样品、新产品、试制品、建筑及装修材料、无线电话机、接收机、汽车、摩托车等）和免费或低价提供的各种劳务。不准让工作对象报销各种私人费用（如出租车费、装修居室费、电话安装使用费、学习驾驶办理执照费、各种购物费和旅游、食宿、娱乐费等）。

海关规定，工作人员一般不应参加工作对象对海关的单独宴请，一律不准参加工作对象对海关个人的各种形式的吃请。海关工作人员一般不与工作对象组织联谊活动。特殊情况下需要进行联谊活动的，要从严掌握，审慎处理，不准搞抽奖、摸彩，不准借机吃请、旅游、收受礼品，不准到营业性饭店、歌厅、舞厅等场所搞联谊活动。

《人民日报》发表评论员文章《更加积极有效地利用外资》

吸收和利用外资，不但必须抓，而且应该进一步抓好。

改革开放以来，特别是近几年的事实说明，利用外资已经成为我国对外开放的重要内容，有利于社会主义现代化建设。我国国民经济和社会发展十年规划和“八五”计划的制订和实施，要求我们把这方面的工作提高到新水平。

利用外资，不仅要强调“积极”，还应特别注意“有效”。要在保持数量稳步增长的同时，更加注重提高利用外资的质量和效益。为此，要解决好几个关系问题。第一，数量和效益的关系。利用外资项目数量不要盲目求多，签一项就要办好一项，巩固一批再发展一批；第二，地方需要和国家产业结构的关系。与产业政策不相符合的外资项目，难有较强生命力。今后利用外资的重点，应向农业、能源、交通、原材料工业方面倾斜，以有利于国民经济持续、稳定、协调发展；第三，单个先进技术产品和对全行业有带动作用的高新技术项目的关系。要多发展在全行业能“带头”的项目；第四，上新项目与发展“嫁接式”合资项目的关系。多利用老企业现有的优势搞先进技术的“嫁接”；第五，制订地方优惠政策与执行国家有关政策法规要协调一致；第六，为外商投资提供服务的同时，要严格依法对合资项目加强管理。既有宏观指导，又充分发挥各地的积极性，我们利用外资的整体水平就会再上一个新的台阶。

我们相信，随着改革开放进一步发展，吸收利用外资的工作一定会做得更细，更有实效。

罗马尼亚总统伊利埃斯库在布加勒斯特总统府会见全国人大常委会副委员长彭冲

国务委员兼外交部部长钱其琛在维也纳拜会联合国机构维也纳办事处主任安斯蒂

国务委员兼外交部部长钱其琛在维也纳拜会联合国禁毒署执行主任贾科梅里

奥地利总理弗拉尼茨基在维也纳议会大厦会见国务委员兼外交部部长钱其琛

庆祝航天事业创立三十五周年座谈会在北京举行

国务院总理李鹏国务委员李铁映为第四届全国少数民族传统体育运动会题词

中国运动员张晓丽在多瑙埃辛根举行的世界举重锦标赛女子75公斤级比赛中七次打破两项世界纪录

10月4日

中共中央总书记江泽民在钓鱼台国宾馆与朝鲜劳动党中央委员会总书记朝鲜民主主义人民共和国主席金日成举行会谈

江泽民在会谈中说，今后无论国际形势如何变化，中国方面将一如既往为继续巩固和发展由金日成主席同毛泽东、周恩来、邓小平同志等中国老一辈革命家所缔造和培育的中朝友谊而竭尽一切努力。

江泽民说，金日成主席曾多次访华，这次又应邀来访，说明中朝两国关系非同一般，也表明朝鲜方面十分重视中朝关系。金日成主席这次来，正值北京的金秋季节，我们很高兴接待金日成主席。

金日成说，“朝中两国领导人经常来往，我这次来就像走亲戚一样，来中国看看。”

江泽民说，去年 3 月我访问了美丽的朝鲜，受到了金主席、朝鲜党、政府和人民的热烈欢迎和盛情款待，给我留下了很深刻的印象。我们对两国友好关系日益向前发展感到十分满意。在当前的国际形势下，我们两国领导人经常交换意见，十分重要。

金日成在谈及朝鲜统一问题时重申，在“一个民族、一个国家、两种制度、两个政府”的基础上，以联邦制方式实现统一的主张，强调这样做“谁也不吃掉谁”。金日成还告诉江泽民，朝鲜北南双方的总理将于本月 22 日至 25 日在平壤举行会谈。

江泽民说，我们十分关心朝鲜半岛局势的发展，因为这一地区形势的缓和与稳定关系到东北亚和整个亚洲局势的发展。近年来朝鲜半岛局势逐步走向缓和，北南关系有所改善，这符合朝鲜人民的利益，也符合亚洲各国人民的愿望。我们支持金日成主席提出的以联邦制方式实现统一的主张。

江泽民说，朝鲜统一最终要靠朝鲜北南双方通过对话和协商来解决。北南总理将于 10 月下旬恢复会谈，举行第四轮磋商，我们希望会谈取得成果。

江泽民说，国际形势发生了深刻的变化，但和平与发展仍是当代的主流。世界要进步、社会要发展、人民要和平已成为不可阻挡的历史潮流，我们对于中国和世界的前途充满信心。

两位领导人还通报了各自国内的情况。金日成说，朝鲜国内安定团结，今年农业收成很好。

中共中央政治局常委乔石，政治局委员、国务院副总理吴学谦，中央委员、中联部部长朱良，外交部副部长徐敦信，中国驻朝鲜大使郑义等参加会谈。

朝鲜方面参加会谈的有朝鲜劳动党中央政治局委员、国家副主席李钟玉，政治局委员、中央书记韩成龙，中央委员、中央书记金容淳，中央候补委员、外交部第一副部长姜锡柱，中央委员、驻华大使朱昌骏等。

《人民日报》发表社论《热烈欢迎金日成主席》

外交部部长钱其琛在维也纳就南斯拉夫苏联和西藏问题答记者问

有记者问中国是否赞成向南斯拉夫派遣外国军队以实现南斯拉夫的和平，钱其琛指出，中国原则上不赞成外国军队到一个国家去干涉该国的内部事务。

钱其琛说，过去，联合国只是在有关地区已达成停火的条件下才派遣维持和平部队到那里去执行监督任务，而且，到目前为止，尚没有任何一方提出派遣外国军队进入南斯拉夫的问题。

谈到苏联问题，钱其琛指出，不管苏联发生什么样的变化，中国政府始终希望同苏联保持睦邻友好关系，中苏两国应当在双方 1989 年和 1991 年共同发表的两个文件基础上发展彼此间的关系。

关于西藏问题，钱其琛强调指出，西藏 700 多年来一直是中国不可分割的一部分。在中国，西藏作为一个自治区享有充分的自主权，但中国政府坚决反对有人要把西藏分裂出去或使西藏独立的企图。

钱其琛还说，过去西藏实行的是比欧洲中世纪的奴隶制度更残酷的农奴制度。西藏人民现在的生活比 1959 年以前有了极大的改善。希望奥地利各界人士有机会能到西藏去亲眼看一看。

奥地利总统瓦尔德海姆在维也纳总统府会见国务委员兼外交部部长钱其琛

意大利众议院议长约蒂在蒙特奇托里奥宫会见以全国人大常委会副委员长彭冲为团长的中国全国人大代表团

中国代表团团长孙林在马德里召开的南极条约组织第十一届特别协商大会第四次会议代表中国签署南极环境保护议定书并发表讲话

国家旅游局局长刘毅在阿根廷举行的世界旅游组织第 9 次大会上发言

国家教委国家外专局联合印发《高等学校聘请外国文教专家和外籍教师的规定》

10 月 5 日

国务院总理李鹏在钓鱼台国宾馆会见朝鲜劳动党中央委员会总书记朝鲜民主主义人民共和国主席金日成

中国驻外使领馆举行招待会庆祝中华人民共和国成立四十二周年

中国驻叙利亚、阿曼、吉布提、布隆迪、乍得、尼日利亚、纳米比亚、坦桑尼亚、塞拉利昂、牙买加、苏里南、西班牙、葡萄牙、法国、卢森堡和新西兰大使馆以及驻大阪、亚丁、蒂华纳、巴塞罗那、洛杉矶、汉堡、曼彻斯特和纽约总领馆与驻桑给巴尔和巴兰基亚领事馆近日分别举行招待会，庆祝中华人民共和国成立42周年。

应邀出席招待会的有叙利亚副总统穆罕默德·祖海尔·穆沙拉卡；吉布提国民议会议长瓦贝里·阿斯卡尔；塞拉利昂第二副总统兼总检察长和司法部长达乌达；牙买加总督库克；苏里南总统费内希恩、副总统兼部长委员会主席阿杜加、国民议会副议长罗杰斯；西班牙参议院议长拉沃尔达；葡萄牙最高法院院长德尔加维和新西兰副总理兼外交部长唐·麦金农等。

中共中央总书记江泽民等在北京会见全国自治州少数民族参观团

江泽民在会见参观团全体成员时重申，只要我们各民族之间心连心、同呼吸、共命运，在中华民族的大家庭里团结一致，就一定能战胜各种暂时困难，把有中国特色的社会主义建设好。

江泽民说，组织少数民族参观团到内地和沿海参观，是建国以来的一项好传统，对大家是一个很好的学习机会。因为每个民族都有自己的特点、长处，通过相互交流，可以开阔眼界，取长补短，学到其它民族的经验，并把它同本民族的实际结合起来。他希望内地和沿海经济发展较快的地区在人才和技术方面，多给边疆少数民族地区以支持，促使各民族共同进步，共同繁荣。

江泽民强调，中华民族的大团结是无数先烈用鲜血换来的，我们一定要珍惜它、爱护它、支持它，这是全国各民族人民的共同心愿。

国务院下发《关于开展爱惜粮食、节约粮食宣传周活动的通知》

《通知》说，根据中共中央《关于在全国范围内开展爱惜粮食、节约粮食活动的通知》精神，国务院确定每年世界粮食日（10月16日）所在周，为全国“爱惜粮食、节约粮食宣传周”。今年的“宣传周”是第一次，各级人民政府和有关部门要认真布置，精心组织安排。今年的“宣传周”活动，主要在大中城市和县城进行，以后可逐步扩大。有关部门要拟定统一的宣传提纲和口号。各地的“宣传周”活动，由当地人民政府负责组织。各级人民政府要积极组织开展这项活动，主要领导要亲自动员。

《通知》要求，有关部门要制定出本行业节约粮食的具体措施，并严格执行。农业部门重点是节约用种、精打细收，加强病虫草鼠害防治、发展节粮型畜禽、推广配合饲料和青贮、氨化秸秆饲料；粮食、商业部门重点是计划用粮、减少贮藏损失、引导科学消费、指导农民安全储粮；轻工部门重点是降低工业用粮损耗，搞好节约代用和综合利用；交通、铁路部门重点是减少运输环节中的粮食损失。对成绩显著的要予以表彰。餐馆、饭店、招待所和机关、学校、企事业单位的食堂，要制定节约粮食的具体要求，用膳人员必须遵守，对随意抛食、浪费的行为要进行必要的教育或批评。各级教育部门和工会、共青团、妇联、街道组织要广泛利用宣传手段，面向社会做工作，并结合各自的特点举办形式多样的“爱惜粮食、节约粮食”主题活动。机关、团体、企事业单位要结合本单位情况搞好宣传教育活动。大中小学和幼儿园要开展艰苦奋斗、勤俭节约的传统教育，使学生和儿童能自觉地在日常生活中爱惜每一粒粮食，从小养成勤俭节约的好习惯。

国办转发国家技术监督局《关于进一步实施法定计量单位的请示》

国务院办公厅转发技术监督局的请示时，要求各省、自治区、直辖市人民政府，国务院各部委及各直属机构贯彻执行。

国家技术监督局在《请示》中说，近年来，我国在宣传和推行法定计量单位、废除市制、限制英制、改革米制等方面做了大量工作，取得了明显的成效。目前，除一些特殊领域外，已基本完成了向法定计量单位的过渡。科学、统一、实用的法定计量单位的推广和采用，进一步统一了我国计量制度，对贯彻改革、开放的方针，促进对外贸易、科技交流起了积极作用，取得了较好的效果。为坚决贯彻《国务院关于在我国统一实行法定计量单位的命令》，各地区、各部门应按照国务院常务会议通过的《全国推行我国法定计量单位的意见》的要求，继续深入地进行法定计量单位的宣传。各省、自治区、直辖市要大力开展对土地面积法定计量单位的宣传、普及活动。在统计和对外签约中要采用我国土地面积的法定计量单位，并在有条件的地方，进行改革土地面积计量单位的试点，取得经验后，逐步推广。

从国际的发展趋势看，英制正在缩小使用范围，各国都在逐步淘汰旧的英制设备。为避免造成我国的经济损失，对英制设备的引进要采取谨慎的态度。有关部门对1986年以前制定的目前正在使用的技术标准、技术规范、计量检定规程中的非法定计量单位要进行修订，并争取在“八五”期间完成。对因特殊原因而沿用的非法定计量单位，有关部门也要认真研究，制定出改制方案并抓紧组织，逐步实施。新印刷的粮票要一律采用法定计量单位，原来的市制单位粮票可同时流通，并使其随着自然的损耗而逐步淘汰。

国务院批复经贸部等《关于重申禁止劳改产品出口的规定》

经贸部、外交部、司法部:

你们《关于建议立即发布有关禁止劳改产品出口规定的请示》收悉。现批复如下:

国务院同意《关于重申禁止劳改产品出口的规定》,请经贸部、司法部立即对外公开发布,并认真贯彻实行。

关于重申禁止劳改产品出口的规定

一、劳改产品系中国司法部门所属监狱组织犯人劳动生产的产品。

二、中国司法部门根据中国刑法有关规定,对有劳动能力的犯人实行劳动改造。目的是教育和改造他们,使其成为自食其力的劳动者。同时,结合劳动改造,对犯人进行职业培训,为他们刑满后的社会就业创造一定的条件。这与一九五五年第一届联合国预防犯罪和罪犯待遇大会通过的《囚犯待遇最低限度标准规则》是一致的。

三、参加劳动的犯人在劳动保护、医疗卫生等方面,与国营企业工人一样,享受相同的劳保福利待遇。

四、重申禁止劳改产品出口。外贸公司不得收购劳改产品,也不得让其他贸易公司代为收购用于出口,监狱不得向外贸公司提供出口货源。

五、监狱不得与外商建立合资或合作企业。

六、如发现任何部门或企业出口劳改产品,海关有权扣留,没收其所得,并视情节轻重,给予有关责任者相应的处罚。

七、中国司法部门所属的工人(包括家属子女)从事生产的企业,不适用于本规定。

八、本规定自公布之日起生效,过去的规定与本规定有抵触的,以本规定为准。

共青团中央和国家教委在北京召开学习贯彻《中华人民共和国未成年人保护法》座谈会

孟加拉国海军参谋长穆哈默德·穆海米努尔·伊斯拉姆海军少将在北京访问

解放军总参谋长迟浩田在钓鱼台国宾馆会见并宴请孟加拉国海军参谋长穆哈默德·穆海米努尔·伊斯拉姆海军少将。

中央军委副主席刘华清上将下午在人民大会堂会见伊斯拉姆海军少将。

国务委员兼国防部部长秦基伟上将下午在人民大会堂会见孟加拉国伊斯拉姆海军少将。

越南共产党中央书记黎德英在河内会见由中联部副部长朱善卿率领的中共中央对外联络部代表团

毛里塔尼亚救国军事委员会主席国家元首塔亚在努瓦克肖特接见中国政府经济代表团团长财政部副部长项怀诚

国家科委和国家体改委作出《关于深化高新技术产业区改革推进高新技术产业发展的决定》

中国资源卫星应用中心在北京成立

中国运动员李红玲在多瑙埃辛根世界举重锦标赛女子82.5公斤级比赛中夺得挺举和总成绩两项冠军并打破挺举世界纪录

中国女选手李亚娟在世界举重锦标赛上打破82.5公斤级抓举挺举和总成绩三项世界纪录

10月6日

国家主席杨尚昆在钓鱼台国宾馆会见朝鲜劳动党中央委员会总书记朝鲜民主主义人民共和国主席金日成

国务院决定自1992年4月1日提高小麦订购价格

国务院发言人袁木在北京接受芬兰记者采访

袁木最近接受芬兰《中芬兰报》国际部主任宾盖宁的书面采访,就中国政治、经济等情况以及一些国际问题发表看法。

袁木说,中国走上社会主义道路是中国历史发展的必然,是中国人民的正确抉择。中华人民共和国成立42年来,我们维护了民族的独立,取得了发展国民经济的巨大成就。1990年同1953年相比,我国国民生产总值增长了11.6倍。特别是自1979年中国实行改革开放政策以来,平均每年的经济增长率高达9%,国家经济实力显著增强。不管国际风云如何变幻,中国人民将坚定不移地建设有中国特色的社会主义。当然,我国社会主义制度还需要在发展中逐步完善,这也正是我们坚持改革开放的根本原因。

袁木谈到中国的经济和外交政策,指出中国奉行的是独立自主的和平外交政策,追求的是和平与发展。这一政策的基本点是:(1)中国独立自主地决定自己对国际问题的态度和政策,不同任何大国或国家集团结盟或建立战略关系;(2)中国是发展中国家,加强同第三世界国家的团结与合作是中国外交政策的立足点；(3)中国愿意在和平共处五项原则的基础上同所有国家发展关系。我们认为各国的事应由各国人民自己管；国际上的事，应由各国共同商量办；国与国之间的经济关系应建立在平等互利的基础上。

中国自70年代末开始实行的对外开放是全方位的，中国愿意按照平等互利的原则，同所有国家建立和发展经贸合作关系。中国的独立自主的和平外交政策和改革开放政策都不是权宜之计，而是长远的国策，是不会变的。

在谈到开放政策时袁木说，现在，中国已形成了从经济特区到沿海开放城市、到沿海经济开发区、到内地这样一个逐步推进的有层次、有重点的开放格局。中国已经制定了一系列保障外商投资利益的涉外法规。到1990年，中国进出口总额达到1130亿美元，比1980年增长将近两倍，年平均增长11.5%；累计利用外资679亿美元，其中外商直接投资190亿美元，投资项目3万多个，投产开业的企业已超过1万家，绝大部分经济收益良好。进入1991年以来，外商来华投资的规模和项目都比1990年有了大幅度的增长。中国拥有巨大的市场潜力，劳动力资源丰富，科技力量相当雄厚，外商来华投资合作的前景广阔。

谈到今年中国局部地区发生的洪涝灾害，袁木说，广大人民在各级政府领导下展开了卓有成效的抗灾斗争，中国农业仍然可以取得较好收成，工业生产持续稳定增长，整个经济形势继续向好的方向发展。预计今年中国国民生产总值增长6%以上，将超额完成原定的计划。严重的洪涝灾害不仅没有导致政治上的不稳定，而且情况恰恰相反，广大人民更增加了对政府的信任，中国政治、经济和社会都在稳定发展。

谈到国际问题，袁木指出，中国欢迎美苏改善关系，希望这有助于国际形势的缓和与稳定。中国欢迎国与国之间在平等互利基础上进行经济合作。国际经济合作对一个国家克服经济困难有一定的作用，但解决问题的根本还是要依靠本国自己的力量。

中国选手在德国多瑙埃辛根世界举重锦标赛上共刷新十三项世界纪录平一项世界纪录

中国女队在世界举重锦标赛获团体冠军

10月7日

中共中央总书记江泽民等与农业科学家在中南海座谈共商科技兴农

江泽民10月7日和8日与18位农业科学家在中南海座谈，共商依靠科学技术振兴中国农业的大计。

乔石、姚依林、宋平、李瑞环、田纪云、温家宝、宋健、陈俊生等参加座谈。

会议一开始，江总书记说："我和在座的几位领导同志过去搞工业多一些，很想向各位学习、了解一下农业科学技术，特别是现代生物方面的进展情况。今天特地请大家来谈谈，开阔一下眼界。"

科学家们分别介绍了世界生物工程科学发展的趋势和发展农业科学技术的情况以及我们应该采取的对策。

科学家们在汇报中谈到，解放以来，特别是改革开放10多年来，中国农业科技为农业和农村经济发展做出了许多贡献。

近几年来，中国农业战线每年平均涌现出7000多项科技成果，其中60%以上得到不同程度的推广应用。农业增长，科技进步因素已占30%至40%。例如，仅杂交水稻一项就推广14亿亩，累计增产稻谷700亿公斤。

科学家们还谈到，中国农业科学技术与世界发达国家相比还有相当的差距。中国农作物单位面积产量虽然已高于世界平均水平，但与农业最发达的国家相比还有差距，特别是人均占有的农畜产品远远低于发达国家。

科学家们从生物技术的前沿细胞工程、遗传工程、基因工程，到常规农业技术育种、病虫害防治、中低产田改造，如数家珍。他们还详细地介绍了国际、国内农业科学技术的最新研究成果和成就。

科学家们还谈到，根据国内外的发展趋势，在发展常规农业技术的基础上，结合现代生物技术，使中国农业生产跨上新台阶的问题。他们认为，我国农业的发展潜力还很大。当前农业科技的一个重要方向是使现代生物技术与常规农业技术互相渗透，互相结合，创造出新的巨大生产力。他们分析了我国不同地域农、林、畜牧、水产、蔬菜的增产潜力，提出了许多重要建议，殷切希望继续做好深化农业改革，扩大开放，理顺关系，增加投入这篇大文章。

江泽民等领导同志始终听着科学家们的发言，认真地做笔记，与科学家们交谈。江总书记最后说："我们的科学家们胸怀一腔爱国热情，为了国家富强，辛勤工作，而搞农业的尤为辛苦。在座的不少同志年事已高，仍坚持下到基层和田间，甚至深山荒野。大家一定要保重身体。"他指出，这些年来，我国农业的巨大发展，一方面是由于在农村改革中坚持家庭联产承包为主的责任制，建立健全双层经营体制，积极发社会化服务体系，逐步壮大集体经济实力；另一方面，科技、教育兴农也发挥了巨大的作用。今后在农业科技工作中，要认真贯彻既统筹兼顾又突出重点的方针；要在基础研究、应用研究、新成果开发和推广等方面继续努力工作；常规农业技术与现代生物技术也要协调发展，不能顾此失彼；对于可以利用市场引导实现商品化的技术和必须依靠国家资助的研究，要根据不同特点，有不同的政策；目前科研方面的一些困难，要随着国家经济实力的增长，逐步妥善解决。

江总书记强调指出，在学术研究中，一定要认真贯彻百花齐放、百家争鸣的方针，坚持实事求是。要允许不同的学术观点共存，提倡不同学术观点相互切磋、取长补短。他殷切希望老一代科学家在培养科技事业接班人方面做出贡献。

出席座谈会的农业科学家有：过兴元、钱迎倩、侯云德、吴鹤龄、林建兴、贾士荣、沈桂芳（女）、石元春、卢良恕、李竞雄、李顺章、李振声、潘荣和、刘于鹤、沈国舫、费开伟、李树德、徐冠仁。

全国人大常委会委员视察组在云南视察禁毒工作

由 16 名全国人大常委会委员组成的视察组，在云南视察全国人大常委会《关于禁毒的决定》的贯彻执行情况。

云南省政府和有关部门负责人在汇报中说，全国人大常委会《关于禁毒的决定》去年底公布后，云南省人大和省政府认真组织贯彻执行，今年 5 月省人大常委会制定了《云南省禁毒条例》，各有关部门强化了禁毒工作。今年 1 至 8 月，查破的贩卖海洛因等精制毒品案比去年同期增加 63.7%，缴获的精制毒品增加 21.8%，禁止吸毒和禁种毒品的工作取得新的成效，与联合国禁毒署及周边国家的国际禁毒合作也有新的进展。赵廷光副省长在汇报时说，当前云南境外毒品的渗透仍很突出，走私贩毒活动猖獗，禁毒斗争形势仍很严峻。赵廷光表示，要在两三年内把毒品泛滥的势头压下去。

全国干部培训工作会议在北京开幕

会议的主要任务是，认真贯彻落实江泽民“七一”讲话中关于加强马克思主义理论教育，提高干部队伍素质，培养社会主义事业接班人的指示精神，讨论部署今后五年的干部培训规划，全面提高干部的政治理论和业务素质，建设一支适应新形势新任务需要的、坚强有力的干部队伍。

中央组织部长吕枫在开幕式上讲话。

吕枫说，党的十一届三中全会以后，邓小平同志明确指出：“全党必须再重新进行一次学习”，“根本的是要学习马列主义、毛泽东思想，要努力把马列主义的普遍原则同我国实现四个现代化的具体实践结合起来”。党的十三届四中全会以来，江泽民同志根据国际国内形势和干部队伍的现状，曾多次强调要加强干部的马克思主义理论教育。最近，他在“七一”讲话中又一次强调指出：“我们要在全党普遍深入持久地进行马列主义、毛泽东思想的教育。党的干部特别是高中级干部，要努力学习和掌握马列主义、毛泽东思想的基本理论，紧密联系实际，加强调查研究，深入认识和把握中国国情，认真探讨和解决当代重大的政治、经济、思想文化等问题。”在党中央的正确领导下，在各级党委、政府以及广大干部的共同努力下，干部培训工作取得了显著成绩。有近 500 万干部脱产参加了各级党校、干部院校开设的马克思主义基本理论课程的学习；各级党委还组织上百万名干部在职学习了马克思主义几门基础课程；各地区、各部门也采取多种形式轮训干部；对不同岗位的干部进行各种知识的培训；加强干部学历培训，提高他们的文化素质；建立健全干部培训网络，初步建立了干部培训制度。

吕枫在肯定干部培训成绩的同时指出，干部培训还远远不适应新形势新任务的需要，全党尤其是党的高中级干部的理论水平，同我们党的执政地位和肩负的历史重任还有不小的差距。他希望各级党委、政府，正视存在的问题，再接再厉地把干部培训工作推向一个新的发展阶段。

吕枫谈到干部培训的重要性时说，我们党处于执政的地位，执政本身就有脱离群众的危险。毛主席早在全国胜利之前的七届二中全会上，就向全党敲起了警钟。几十年来，我们党一贯强调要全心全意为人民服务，密切联系群众。但是，种种脱离群众的消极腐败现象依然存在，密切联系群众的问题，还没有得到根本解决。他说，对广大干部进行马克思主义基本理论的教育，增强人民群众是历史的主人这一历史唯物主义的观点。时刻保持廉洁勤政的作风，密切干群关系，全心全意为人民服务，不断增强党性修养，是多么的重要和迫切！

吕枫还指出，建设有中国特色的社会主义，是中国共产党的伟大创举，没有现成的经验可资借鉴，会遇到许许多多的新情况、新问题和新矛盾。能不能正确地运用马克思主义理论指导我们的实践活动，卓有成效地促进国民经济持续、稳定、协调地发展和社会的全面进步，并在社会主义建设的实践中不断丰富和发展马列主义、毛泽东思想，这是摆在各级领导干部面前的一个崭新课题。

吕枫说，经受住三个考验也好，实现 90 年代经济建设的宏伟目标也好，都要求我们的干部特别是领导干部，不但要做一个实干家，首先要自觉地成为一个马克思主义的政治家，善于从政治上观察和处理问题；始终坚信马克思主义，并且能够正确地运用马克思主义的立场、观点、方法去观察、分析和处理实际问题；要有坚定的社会主义信念，坚持不懈地为建设有中国特色的社会主义奋斗终身；要有坚强的党性和原则性，敢于同一切错误思想和反马克思主义的思潮作斗争；要有很强的组织领导能力、管理能力和业务水平，善于处理复杂矛盾和驾驭全局。历史的和现实的经验表明，只要我们的干部能够掌握马克思主义的基本原理，有较高的理论水平，才能在纷繁复杂的形势面前保持清醒的头脑，不至于迷失方向；才能用马克思主义改造自己的世界观，增强党性修养，始终保持和发扬我们党的优良传统和作风；才能增强组织领导能力，实现正确的决策和指挥。所以，越是经济建设和日常事务繁忙的时候，越要注意加强马克思主义理论学习，越要关心政治；职务越高，越要有更高的马克思主义理论水平；担负的任务越重，越要保持清醒的政治头脑。

吕枫说，由于自然规律和干部新老交替的需要，现在和今后进入干部队伍的青年人，将历史地成为社会主义事业的接班人。为了使社会主义千秋万代不变色，使党和国家的各级领导权始终由忠于马克思主义的人来掌握，我们必须以极大的精力，抓紧培养好青年干部，使他们更快更好地健康成长。对于这件关系党和国家盛衰兴亡的大事，我们切不可掉以轻心，粗心大意。

吕枫最后指出，加强干部培训，既是全面提高干部素质、提高领导水平的一项十分重要的战略措施，又是加强党的思想理论建设、巩固党的执政地位的一项迫切任务。各级党委和各级领导干部，一定要把这件事放在心上，抓在手上，加强领导，在全党掀起一个新的学习热潮，进一步开创干部培训工作的新局面。

最高人民检察院发出《关于严肃查处以私设“黑牢”等手段非法拘禁他人案件的通知》

《人民日报》发表社论《集中力量搞好国营大中型企业》

国务院副总理邹家华在全国节能宣传周电话会上发表讲话

邹家华说：“我们不但在生产上要走集约经营、节能降耗的道路，在消费结构和消费方式上也只能向能源和资源节约型方面发展。这是我国的资源条件所决定的，也是建设具有中国特色的社会主义经济发展道路的一项重要内容。”

邹家华说，我国是一个发展中的社会主义大国，拥有11亿多人口，尽管我国的能源资源总量比较丰富，但人均能源资源占有量相对不足，只及世界平均水平的一半。解决我国的能源问题必须坚持开发与节约并重的方针。目前我国能源的利用率低，节能潜力是十分巨大的。

邹家华说，江泽民、李鹏同志十分重视节能降耗工作。江泽民同志专门为这次节能宣传周题词：“节约能源，保护资源，造福子孙”；李鹏同志题词：“节约能源是我国经济发展的一项长远战略方针。”

邹家华指出，节约能源，降低原材料消耗是提高经济效益的一项重要措施。为此，他强调，一是要下大力气抓好各行各业的各项基础工作，提高节能管理水平。二是要大力推进节能技术进步，各企业技术改造的重点要放在节能降耗上。三要继续调整产业结构、产品结构，不断改善工业布局，使我国经济建设更趋向合理。四要努力提高职工素质，以适应节约能源、提高经济效益的需要。

邹家华最后强调，节约能源要有目标，抓重点，办实事。节能工作是一项长期的工作，加强节能宣传，是增强全民“节能意识”的一项重要措施。只有通过深入细致的宣传和教育工作，把节能变成每一个公民的自觉行动，节能才能真正落到实处。

第二次全国住房制度改革工作会议在北京开幕

国务院住房制度改革领导小组组长、国家体改委主任陈锦华向大会作《认真总结经验、积极稳妥地推进城镇住房制度改革》的报告，国务院副总理邹家华、国务委员王丙乾、国务院秘书长罗干等领导人出席开幕式。

陈锦华指出，经过两年的治理整顿，我国经济稳步发展，社会稳定，人民群众的生活和收入水平在10年改革中有明显的提高，具有一定的物质承受基础。几年的试点，使房改的政策措施渐趋完善。党中央、国务院和各级党政领导的重视和推开房改的决心，以及广大群众对房改日益迫切的要求，促使全国上下形成了房改的大气候。

陈锦华在谈到今后房改的分阶段目标时指出：

第一，“八五”目标。以改变低租金、无偿分配为基本点，房屋租金标准力争达到实现简单再生产的3项因素（维修费、管理费、折旧费）计租水平；重点解决危险住房和人均居住面积在3～4平方米以下的住房困难户和无房户住房问题；人均居住面积达到7.5平方米，住房成套率达50%左右；房改方案正式出台的城市，要全部建立城市、单位和个人三级住房基金；通过改革奠定机制转换的基础。

第二，10年目标。到2000年，住房租金标准要努力达到5项因素（维修费、管理费、折旧费、投资利息和房产税）的成本租金水平，使家庭住房消费结构基本趋于合理；住房成套率达到60%—70%,城镇人均居住面积达到8平方米;发育房地产市场,建立和健全住房资金的融资体系,初步实现住房建设资金投入产出的良性循环。

第三,长期目标。住房租金标准要达到8项因素(前述5项因素加上土地使用费、保险费和利润)即商品租金水平,完成住房商品机制的转换,实现住房商品化、社会化。

陈锦华谈到中国今后房改的四个原则:基本原则是政府、单位、个人三者共同负担,通过发挥三个积极性,在保持现有建房资金渠道的前提下,增加个人在住房建设投资上的比重;其次是租、售、建并举的原则,形成一个提高租金、促进卖房、回收资金、促进建房的连带序列;第三是统一政策下的因地制宜、分散决策的原则,改革的步骤、办法、措施,不能"一刀切";第四是机制转换的原则。

陈锦华就房改中的有关政策作说明:

提租与补贴问题。合理调整公房租金是住房制度改革的核心环节。提高房租要着眼于租售比价的合理化,力争在本世纪末,将租金提高到5项因素成本租金水平,同时,应把租金标准和补贴计算所依据的各项参数统一在1990年底实际发生的水平。各地要坚持"多提少补"的原则,要严格禁止"少提多补"。

售房问题。住房价格区分为标准价和市场价是适宜的,标准价内容包括住房本身的建筑造价以及征地和拆迁补偿费。在起步阶段,为鼓励群众买房,按标准价计价时,征地和拆迁补偿费暂由单位适当负担是可以考虑的。各城镇的售房价格要经所在省、自治区、直辖市人民政府审查批准,严禁以过低的价格出售公有住房。按市场价出售的住房,主要面对高收入者。

在谈到住房的权属问题时,陈锦华指出,职工对按标准价购买的住房拥有部分产权,即占有权和使用权、有限收益权和处分权。部分产权强调的是永久使用权和继承权,是为了解决职工购买住房后的自有和居住问题;同时,部分产权也是为了约束住房的再交易行为。因此,职工对拥有部分产权的住房,在自用和自住时受到法律的保护;当职工将优惠购买的住房投放市场时,则受到法律的约束。

新房新制度的问题。为使新建住房不再进入旧的住房体制,从1992年起,对投入使用的新房(包括迁出腾空的旧公房),全面贯彻先卖后租、新房新租、有偿租房的原则。

国务院总理李鹏在中南海紫光阁会见意大利银行行长卡罗·强皮一行

国务院总理李鹏在中南海紫光阁会见5个国家的离任或新任驻中国大使

两位离任大使是卢森堡的舒勒、爱尔兰的奥布林,三位新任大使是丹麦的魏廉、厄瓜多尔的罗曼和巴基斯坦的马赫穆德。

中国代表团团长符浩在圣地亚哥举行的各国议员联盟第86届大会上发言

邮电部副部长谢高觉出席在日内瓦举行的第6届世界电信展览会开幕式

中日友好协会名誉会长王震在人民大会堂会见由委员长石田幸四郎率领的日本公明党第18次访华团

国务院副总理邹家华在人民大会堂会见以香港嘉应商会名誉会长曾宪梓为团长的香港客属工商界人士访问团

国务院副总理田纪云在人民大会堂会见新西兰贸易谈判部长菲利浦·伯登

伤残人运动员孙长亭打破伤残人跳远世界纪录

孙长亭在天津市大学生运动会测验比赛中,以5.69米的成绩超过5.54米的伤残人跳远世界纪录。

10月8日

中共中央总书记江泽民会见日本公明党代表团

江泽民在中南海会见由委员长石田幸四郎率领的日本公明党代表团。

在回答客人提问时,江泽民说,中国对日本和朝鲜民主主义人民共和国关系正常化持欢迎和支持态度。

江泽民用"风云变幻"来描绘当前的国际形势。他说:"我们需要一个和平的国际环境,需要一个安定团结的国内局势,以便把我国的经济搞上去。"

江泽民指出,中国十分重视同周边国家,包括日本和苏联,发展睦邻友好关系。"我国愿在和平共处五项原则基础上继续发展同苏联的友好关系"。

全国人大常委会委员长万里在人民大会堂会见由议会议长科塞·诺特率领的马绍尔群岛共和国高级代表团

中共中央政治局常委宋平在全国培训工作会议代表座谈会发表讲话

宋平说,对干部的培养教育,包括两个方面,一是理论教育，一是实际锻炼。这两个方面不能偏废。老一辈无产阶级革命家为什么政治上那么坚定，对复杂的事情能够正确处理？就是因为他们有深厚的马克思主义功底，经历了长期革命斗争的实践锻炼。担任重要职务的领导干部都要向这个方向努力。

学习马克思主义理论，不只是要学习书本知识，更重要的是学会运用。通过学习，掌握辩证唯物主义和历史唯物主义，用马克思主义的立场、观点、方法分析问题和解决问题，工作能力会大大提高。领导干部不仅要到党校集中一段时间学习，平时也要挤时间学习，多读点马列主义的书，多读点毛主席的书以及邓小平等老一辈无产阶级革命家的著作。

干部培训应分层次进行。对高级干部，应当要求他们比较系统地掌握马克思主义。对一般干部，应要求他们掌握马列主义、毛泽东思想的基本原理。不久前，江泽民同志在庆祝建党70周年大会上作了重要讲话。这个讲话把党的十一届三中全会以来党中央和邓小平同志关于建设有中国特色社会主义的一系列论述进行了概括，从经济、政治、文化三个方面，把什么是有中国特色的社会主义的基本原则讲清楚了，把基本界限划清楚了。要把学习这个讲话，作为当前干部教育的一个重要内容。学习要坚持理论联系实际，触及自己的思想，找出差距，付诸实践。不能说起来头头是道，做起来另外一套。

宋平说，领导干部要善于学习，在坚持正确方向的前提下独立思考，独立工作，不能什么事都等上级发文件，等中央发话。抗日战争年代，许多干部在延安经过一段时间学习后，被派出去工作。有的到敌后去开辟革命根据地，有的到国民党统治区搞统战工作。干部出去以后，同上级党组织联系是十分困难的。在这种情况下，他们靠自己独立判断形势，确定工作方针和方法。由于他们牢记党在一定时期的总任务、总目标，从当地实际出发，紧紧依靠群众，组织发动群众，没有枪搞到了枪，没有根据地开辟了根据地，建立了人民的政权，从小到大，由点到面，创造出许多可歌可泣的英雄业绩。在不久前发生的政治风波中，上面出了两种声音，但很多同志能站在正确的立场上，采取了正确的行动，就在于他们能够独立思考，认清形势，判断是非。历史和现实的经验证明，掌握了马克思主义理论武器，牢记党的纲领路线，学会正确分析社会问题的方法，不断总结实践经验，就可以增强政治敏锐性，提高判断是非和独立工作的能力。近两年，一些社会主义国家发生剧变，从反面也提供了这方面的教训。他们那里尽管有那么多党员、干部，当思想、理论、政治方向发生混乱的时候，许多人就看不清事情的本质，拿不出办法，形不成力量，听任反共分子、机会主义分子、野心家篡夺党和国家的领导权，使党陷入困境，国家改变了方向。领导干部不努力学习，不善于独立思考、独立工作，不但很难成为治党、治国的政治家，在特殊的政治环境下还会陷入泥潭，是很危险的。

共产党员要讲党性。共产党员的党性是无产阶级阶级性的集中表现，它体现了广大人民群众的根本利益。从这个意义上说，讲党性就要全心全意为人民服务，为人民谋利益。现在，有的干部党的观念薄弱，当面一套，背后一套，个人主义、小团体主义和自由主义比较严重，这些都是党性不纯的表现。有的人顽固坚持资产阶级自由化立场，是抱着“改造党”的目的加入党的，这样的异己分子，不应当留在党内。共产党员、党的干部，要增强党的观念，勇于捍卫党的纲领、路线，执行民主集中制，遵守党的纪律，做到个人服从组织，少数服从多数，下级服从上级，全党服从中央。要像爱护自己的眼睛一样维护党的团结。只要对党有利的事情，再困难也要努力去做；损害党的事情，即便对个人有好处，也绝不能去做。现在，我们实行改革开放，同国外的交往多了。党的领导干部，在对外经济、政治、文化交往中，不能忘记自己是一个共产党员，必须站在党的立场上考虑问题，处理问题。这在当前国际风云急剧变幻的形势下特别重要。

《中国共产党的七十年》《中国共产党历史(上卷)》出版座谈会在人民大会堂举行

座谈会上宣读了国家副主席王震9月10日写给《中国共产党的七十年》一书主编胡绳的信。

中顾委副主任薄一波在座谈中说，历史证明中国选择社会主义道路是正确的，这两本书结合党的历史经验，对这个问题作出了有说服力的论证，是很有意义的。

全国政协在政协礼堂举行纪念辛亥革命八十周年茶话会

茶话会在全国政协礼堂举行。党和国家领导人、全国政协领导人、各民主党派和全国工商联的负责人以及无党派民主人士，参加辛亥革命的老人和辛亥革命有关的人士，远道而来的台湾、港澳同胞和国际友人，400多人欢聚一堂，畅叙今昔。受全国政协主席李先念的委托，王任重副主席在会上讲话。民革中央副主席贾亦斌、孙中山先生的亲属孙穗英女士等在茶话会上讲话。

全国政协副主席王任重讲话说，辛亥革命以来的历史证明，没有中国共产党就没有新中国，只有社会主义能够振兴中国。虽然过去曾经有过困难和曲折，在今后的道路上也还要克服许多艰难险阻，但无论遇到什么样的压力和困难，中国人民都将毫不动摇地沿着自己的社会主义道路走下去。中华民族有不屈服于任何压力的传统，有在自力更生基础上奋发图强的志气，有把自己的祖国建设成现代化社会主义国家的能力。

只要中国人民紧密地团结在中国共产党的周围，坚定不移地贯彻以经济建设为中心，坚持四项基本原则，坚持改革开放的基本路线，目标就一定能够实现。

王任重强调，统一祖国，振兴中华，这是辛亥革命先驱们的遗愿，也是全国各族人民包括台湾同胞、港澳同胞和海外侨胞的共同愿望。台湾自古以来就是中国的领土，实现祖国统一是中国的内政。中国共产党提出的"和平统一，一国两制"的方针，是解决祖国统一的正确方针。在纪念辛亥革命 80 周年的时候，中国人民再次希望台湾当局审时度势，为维护国土完整、民族统一多做些实事。同时，强烈谴责一小撮"台独"分子所进行的分裂国家、分裂民族的猖狂活动。这些人的倒行逆施，必将遭到海峡两岸全体同胞的坚决反对。相信海峡两岸的当代中华儿女，一定会无愧于后人，义不容辞地肩负起实现祖国统一的历史重任。

民革中央副主席贾亦斌说，辛亥革命是孙中山、黄兴领导的"推翻中国数千年专制，缔造亚洲第一个共和"的一次伟大革命。现在海峡两岸同胞、港澳同胞和海外侨胞都在隆重纪念辛亥革命 80 周年，我们要认识中国统一是历史发展的必然和海内外同胞共同的愿望，是任何反动势力阻挡不住的，我们要牢记中国和平统一必须打破两个东西，过去是国内军阀和帝国主义，现在是"台独"及其幕后操纵者。我们海峡两岸同胞和所有的海外同胞都要为反对"台独"出卖祖国和帝国主义干涉我国的内政而共同奋斗。

孙中山先生的亲属孙穗英女士在茶话会上讲话说，正当中国进行社会主义四个现代化建设的时刻，我们特别需要提倡孙中山先生的大公无私和博爱精神，只有这样四化才能取得成功，人们的生活水平才能在 10 年内达到小康水平。在此，我们真诚地希望海内外炎黄子孙捐弃小我，成全大我，效法孙中山先生大公无私的精神，为振兴中华而共同努力。

全国政协副主席洪学智主持茶话会。各民主党派和工商联负责人叶笃义、孙孚凌、万国权、雷洁琼、方荣欣、王宋大、徐采栋和陈仲颐到会讲话。

纪念湘赣革命根据地创建六十周年大会在江西省永新县举行

国务院总理李鹏在全国住房制度改革工作会议座谈会上讲话

李鹏指出，城镇住房制度必须改革，房改工作贵在起步，坚持下去，必见成效。李鹏听取国务院住房制度改革领导小组副组长刘鸿儒关于这次房改会议有关情况的汇报和江西省常务副省长舒圣佑、上海市副市长倪天增、第二汽车制造厂党委书记马跃介绍了本地或本单位开展房改工作的经验。

李鹏指出，我国经济、社会发展第二步战略目标中提出的小康水平，其重要标志之一就是城镇居住水平有明显改善。改善居住条件是人民的迫切愿望，但加快住房建设，需要大量资金，完全由国家包下来是做不到的，必须由国家、企业、个人三方负担，多渠道筹集建房资金才成。再加上现在房租很低，分房很困难，因此，住房制度必须改革。改革住房制度，不但有利于筹集建房资金，合理引导居民消费，更重要的是改变居民住房机制，在社会主义有计划的商品经济的原则基础上逐步实现住房商品化。

李鹏说，由于全国各城镇经济发展水平不同，居民的承受能力不同，房改工作的总原则应当是统一政策，因地制宜，分散决策，分步实施。统一的政策，就是今年国务院发的三十号文件，这次会议上的工作报告经讨论修改后也是统一的政策。至于具体到某一个城市是由卖房起步还是由提房租起步，个人与企业开始能负担多少，以及采取什么形式等，要从当地实际情况出发，因地制宜，分散决策，不搞一刀切。

李鹏说，住房制度改革是一项大的改革，诸多矛盾交织在一起，既不能急于求成，也不能按兵不动，既要有大气候配合，也需要有开拓的精神，率先改革，创造经验。现在的形势，不是谁先改革谁吃亏，而是谁先改革谁主动。当前的房改工作，贵在起步，只要坚持下去，必然见到成效。

李鹏说，国家机关同样要投入到房改工作中去。由于国家机关工作人员总的说收入水平比较低，房改工作要与机关的实际情况结合，也要与国家机关的人事制度等改革配套进行。

李鹏最后说，进行房改，涉及群众的切身利益，是群众关心的事，要走群众路线，在广泛征求群众意见的基础上，形成法规性的文件，依法办事。希望通过这次会议，提高认识，统一思想，交流经验，把全国各地的房改工作向前推进一步。

国务院召开电话会议具体部署"爱惜粮食节约粮食宣传周"活动

中央统战部长丁关根国务院副总理邹家华在北京贵宾楼会见香港以曾宪梓为团长的客属工商界人士访问团

中共中央总书记江泽民在与农业科学家共商科技兴农的座谈会上发表讲话

首先，向同志们表示感谢。我们的座谈会开了三个半天，大家畅所欲言，各抒已见，相互切磋，介绍了我国农业发展的一些基本情况和面临的问题，提出了用科学技术推动农业发展的一些很好的建议。听了你们的发言，我们在座的常委同志和在中央工作的几位同志对当前农业科技的发展趋势有了一个较全面的了解，学到了不少现代生物科学技术的知识，开阔了眼界。同时，也再一次深刻感受到了我国的科学家们为了国家的富强辛勤工作的满腔爱国之情，而你们搞农业的尤为辛苦。在座的不少同志年事已高，仍坚持下到基层和田间，甚至深山荒野，使我们很受感动。希望大家一定要保重身体。

这次把大家请来，是想听听你们关于生物科学技术方面的见解，探讨科学技术推动农业发展的一些问题。今天到会的有农业方面的专家，也有林业、水产、蔬菜、畜牧方面的专家，只缺水果方面的专家，应该说是比较全的。听下来，我感觉对现代生物科学技术应该给予充分重视，同时要全面地看待农业科技问题，防止片面性。一个很现实的问题是，近期农业中大量发挥作用的还是常规农业技术，或者说是常规农业技术再加上一些现代科学的先进的方法，还没有到主要或完全使用生物工程的程度。因此，当前农业科技的一个重要方向，是使现代生物技术与常规农业技术相互渗透、相互结合，创造出新的巨大的生产力。

近年来，我国农业有了很大的发展，单产有了很大的提高，小麦平均亩产从一九七八年的二百四十六斤提高到一九九〇年的四百二十六斤，有的地方还出现了不少吨粮田；棉花平均亩产皮棉从一九七八年的六十斤提高到一九九〇年的一百零八斤，个别的达到四百多斤。这些是怎么实现的呢？我看，一方面由于我们注意解决好了生产关系中的问题，实行以家庭联产承包为主的责任制，完善统分结合的双层经营体制，发展社会化服务体系，逐步壮大集体经济实力，解决了农村经济体制方面的许多问题；另一方面，实施科技、教育兴农战略，对促进农业生产力的发展也发挥了巨大的作用。

农业科学技术的发展涉及各个方面，既要有基础研究，也要有应用研究，还要有新成果的开发和推广。现在需要考虑的问题是，我们在组织领导上怎么能使各个方面在现有条件下各得其所，各显其能，并形成有机的整体。生物工程，尖端前沿的东西，我们绝不能放弃，要结合我们的优势，有重点地跟踪世界科技新潮流；另一方面，要继续普及先进适用技术，发挥常规农业技术的作用。也就是说，常规农业技术与现代生物技术，要协调发展，不能顾此失彼。这个问题还要专门研究。总之，今后在农业科技工作中，要继续贯彻既统筹兼顾又突出重点的方针。这是我讲的第一个问题。

第二个问题，就是大家普遍反映的经费不足的问题。不光是科技界，其他行业同样存在这个问题。比如宣传方面，中央电台的节目，到了新疆、西藏、云南等一些边远的地方，就不容易收到了。新疆一些边境地区，打开收音机就是苏联的广播，而中央电台的声音听不到。有的地方可以听到“美国之音”，却听不到“中国之音”，因为它的功率比我们的大得多。这是个很严重的问题，说到底也是我们国家经济实力还不强的反映。因此，我认为归根到底有两条：一条是，要千方百计把经济搞上去，而把经济搞上去没有一个稳定的环境是不行的。只有把经济搞上去才有钱，才有实力。另一条是，不管是富还是穷，总有一个怎么过日子的问题，也就是总体上怎么安排更合理的问题，应该从科学技术上找出一个最佳值。

实践经验说明，有些搞产品研究的单位，乃至有的应用研究单位，可以结合自己的研究业务，搞一定的创收，但是有的基础研究单位这样做就困难了。我曾经举过这样的例子：爱因斯坦提出相对论，并不知道后来在原子能等方面的重要价值。这就是说，对于可以通过市场实现商品化的技术和必须依靠国家资助的研究，要根据不同特点，采取不同的政策。总之，目前科研方面存在的一些困难，要随着国家经济实力的增长，逐步妥善解决。对于我们科技管理上存在的不足，则要继续通过探索，不断改进宏观管理来解决，力求把钱用在刀刃上，使我们的各项工作各得其所。

第三个问题，是人才培养问题。在座的科学家年龄最小的是刘于鹤院长，五十二三岁，也不年轻了。不管哪一行、哪一业，都有一个接班人的问题。接班人不仅仅要在业务上强，而且要坚持走社会主义道路，只有这样，我们才能放心大胆地让他们接班。当然，分工不同，职责和钻研问题的侧重点也不同。搞科学技术的人，应该有一个坚定正确的政治方向，但主要的精力还是要在科学技术研究上下工夫。不可能让大家用很多的时间，一天到晚去搞政治，这一点现在是很清楚的。

最后一个问题，是在学术研究上要继续提倡“百花齐放、百家争鸣”。斯大林时期，曾经把世界上的许多发明创造都归功于俄国，这当然不行。应该承认客观事实，瓦特就是瓦特，爱迪生就是爱迪生，门捷列夫确实是俄国人。这几天座谈中，大家谈到了米丘林、李森科、摩尔根等。实践证明，摩尔根对遗传学的贡献是不能否定的。总之，我们还是主张“百花齐放、百家争鸣”。学术问题上的探讨和商榷，相互之间要有一个科学的态度。要允许不同的学术观点共存，提倡不同学术观点相互切磋，取长补短。我看包括大学、研究院，在各种课题研究组里，思想一定要活跃，不活跃怎么能研究出东西来？当然，最后付之于行动，还要根据民主集中制的原则，形成一个决策，决策以后，大家遵照去办。

国务院总理李鹏致信全国科技宣传工作会议

中共中央宣传部、国家科委暨全国科技和宣传工作者们：

全国首次科技宣传工作会议的召开具有极为重要的意义，我代表党中央和国务院对会议的召开表示热烈的祝贺！

科学技术是造福于人类的伟大事业，是推动社会前进的强大动力。党和国家一贯重视和支持科学技术的发展与应用。为了贯彻邓小平同志提出的"科学技术是生产力，而且是第一生产力"的指导思想，党中央、国务院决定把发展科学技术放在经济和社会发展的首要位置，做出了把经济建设转移到依靠科技进步和提高劳动者素质上来的战略部署。这对于实现我国第二步发展战略目标具有十分重要的意义。

社会主义现代化建设的首要任务，就是要大力解放和发展生产力，特别是解放和发展科学技术这个第一生产力，创造出比资本主义更高的物质文明和精神文明。实现这个伟大的战略目标，不仅需要靠科技界的努力奋斗，也需要广大科技和宣传工作者以强烈的时代感和紧迫感，担负起宣传科学技术这一重任。大力宣传"科学技术是第一生产力"的思想，提高各级领导和广大人民群众的科技意识；广泛传播科技知识，弘扬科学精神，提高全民族的科技水平；采取多种形式宣传、介绍各种科技成果，加速科技成果向生产的转移，为搞好大中型企业，促进企业的技术进步，提高农业生产技术水平贡献力量。同时要大力宣传广大科技人员涌现出的艰苦奋斗、无私奉献的感人事迹，教育广大青少年努力学习科学知识，学习老一代科学专家的求实、拼搏、奉献精神；推动尊重知识、尊重人才良好社会风尚的形成，努力把科学技术这个第一生产力真正落到实处。

祝同志们身体健康，工作顺利。

李　鹏

1991年10月8日

中宣部和国家科委在北京联合举行全国首次科技宣传工作会议

国办转发国家教委广播电影电视部等九单位《关于创造良好社会教育环境保护中小学生健康成长的若干意见》

国务院：

《中共中央关于改革和加强中小学德育工作的通知》指出，"关心和保护中小学生健康成长，不仅是教育部门和学校的职责，而且是全社会的责任和义务。要把社会教育、家庭教育同学校教有密切结合起来，形成全社会关心中小学生健康成长的舆论和风气。"为落实《通知》的精神，创造良好的社会教育环境，保护中小学生健康成长，特提出以下意见。

一、各级教育、文化、科研、新闻出版、体育、广播影视等部门，群众团体和学校，要不断提高认识，从培养接班人的高度，明确自己的责任和义务，关心和保护青少年健康成长。要在当地人民政府的领导下，端正业务指导思想，把为中小学生创造良好的社会教育环境，提到重要议事日程。要因地制宜，制定长远规划和切实可行的措施，并逐步形成制度，加强监督检查。要总结推广先进经验。要造成强大的社会舆论，使社会各方面从不同角度为中小学生健康成长创造条件。

二、国家各有关部门和群众团体要千方百计地为中小学生组织各种健康有益的活动。要创造和利用一切条件，尤其是利用历史文物和革命文物等，对中小学生加强中国近代、现代史教育、国情教育、爱国主义教育、社会主义教育和革命传统教育。博物馆、展览馆、科技馆、纪念馆等，要定期免费或低费接待中小学生集体参观。有关部门要定期举办有中小学生参加的艺术节、电影节及歌舞、戏剧、音乐美术、书法等项活动。要经常组织专业演出团体为中小学生举办专场演出。要积极开展青少年科技活动，举办科普讲座、科技日（周）科技夏令营、科技影视放映活动。全国要定期举办青少年创造发明和科学论文评比。要在中小学广泛开展各种生动活泼、形式多样的体育活动，组织参观体育比赛，举办体育夏令营。公共图书馆、科技馆、美术馆、文化馆、体育场（馆），每年要面向中小学生安排内容丰富、健康向上的开放项目，并给予优惠服务。各单位每年至少要面向中小学生免费开放1～2次。

三、新闻出版、广播影视、文化、教育、科技等一切从事精神产品生产的部门，要努力为广大中小学生提供更多更好的精神食粮。为鼓励更多的作家、艺术家、科学家、教师为中小学生创作教育性强、格调高尚的优秀作品，由新闻出版署、国家教委、文化部等单位主办，全国每3年评选一次优秀少儿读物，由中国儿童少年基金会设立的中国儿童少年读物奖励基金会对获奖者予以奖励。全国每两年评选一次优秀少儿影片，由国家教委、广播影视部、文化部等单位主办，委托中国儿童少年电影学会组织"童牛奖"评选活动，对优秀影片及其创作、生产人员等给予奖励。国家教委、共青团中央、文化部和新闻出版署每年"六一"前向全国少年儿童推荐"红领巾读书读报活动"阅读书目；每五年表彰一次“红领巾读书读报活动”先进个人和先进集体。以后还将组织优秀少年儿童广播节目、电视片和优秀少年儿童歌曲等项评选活动。有条件的地方和单位要逐步组织一支以退（离）休文艺、教育工作者和老干部为骨干的兼职评论队伍，定期对各种精神产品进行评议，做好舆论导向工作。各省、自治区、直辖市每年要重点扶植1～2部少年儿童影视作品的创作和生产。

四、要继续认真整顿文化市场，严禁编写、制作、出版、发行、销售、播发、租借对青少年有害的书刊、图片和音像制品。凡属已定性应取缔的，有宣扬反动政治观点、凶杀暴力、淫秽色情、封建迷信等内容的图书报刊，要坚决销毁。对虽不属于取缔范围，但是格调低下，对青少年健康成长不利的图书报刊，要进行评论和批评，以抵制其消极影响。这类书刊不得向中小学传播。对少数经批准出版供研究使用但不适宜中小学生阅读的资料，应按照规定严格内部控制发行。任何单位和个人均不得将这类书刊销售、租借给中小学生阅读。文化、电影电视部门要对国产和进口的影视片、录像带和激光视盘实行严格的审查。对有社会价值和艺术价值，但有夹杂色情内容和容易引起少年儿童恐怖感的和不良行为的作品，或表现现实社会畸形现象的作品，应定为“少儿不宜”。对这类片、带、盘，要严格限制观看范围，不允许向中小学生出售，不许组织中小学生专场放映；不向未成年人（不满18周岁）出售门票，不允许进场观看；这类影片不缩制16和8.75毫米拷贝；这类录像书目在社会上发行时，应标明“儿童不宜”。这类影视片也不提供给农村放映队和电视台播放。对有一定知识性和艺术价值但不易为少年儿童理解，并可能对他们产生不良影响的影视片，电视台应安排在22时以后播放。

五、文化和工商管理部门要加强对公共文化教育娱乐场所的管理，严禁对少年儿童有害的演出、展览和各种形式的赌博活动。营业性的电子游戏、台球等活动摊点的管理要定点定人，设点要尽量远离学校。营业性的舞厅、酒吧及其他中小学生不宜入内的场所，要禁止中小学生进入。各种营业性的民间文艺团体举办的演出、展览，必须经过文化和工商管理部门审批。对在公共场所宣扬封建迷信的看相、测字、算命、销售迷信物品者的摊点，公安和工商管理部门应坚决取缔。

六、各地要重视青少年活动场所设施的建设。要从当地实际出发，依靠社会力量，把青少年活动设施的建设纳入城乡建设规划，努力使中等以上城市建有一定规模和数量的少年宫（家、站）、少年儿童活动中心、少儿图书馆、少年科技中心（馆、站）、儿童公园和剧院等少年儿童校外教育活动基地。各县、镇也应努力创造条件，建立少年儿童活动场所。任何单位不得侵占、挤占少年儿童活动场所。各地有关部门要加强对所属校外教育机构与活动场所的领导，不断端正业务指导思想，正确处理普及和提高的关系，组织各种活动。要注意把思想性、知识性、趣味性结合起来，挖掘潜力，扩大容量，更好地为中小学生服务。对开展各项活动所需的经费、人力、物力应尽力给予保证。要定期评选先进校外教育机构，表彰优秀校外教育工作者。

七、重视家庭教育工作。帮助家长提高家庭教育水平，纠正错误的教育方法。有关部门要密切配合，建立家庭教育咨询机构，举办“家长学校”；积极组织广大教育工作者、专家、学者，研究家庭教育理论和编写有关家庭教育的参考材料；举办各种家庭教育培训班和讲座、展览、咨询等活动，总结交流办好家长学校的经验，表彰优秀家长。

八、各地要充分发挥各条战线先进单位、先进人物、退（离）休的老干部、老专家、老教育工作者、老工人的作用。除举办先进人物报告会、先进事迹展览会等活动外，还要有组织有计划地引导中小学校与当地先进单位、先进人物建立经常性的联系。先进单位和先进人物所在的单位要热情接待中小学生参观访问，共同举办各种有教育意义的活动。中小学校应邀请当地先进人物到校讲故事、作报告，参加学校活动，并可聘请先进人物做中小学的校外辅导员或兼职教员。

九、要运用法律手段，有效地保护中小学生健康成长。各地要加紧制订保护青少年的法规。公安、司法和工商行政管理部门要和有关部门配合，搞好社会治安和文化市场的整顿工作，消除诱发青少年不良行为的因素。学校要对中小学生进行法制教育，做好违法青少年的帮教工作。

十、公安、司法部门要根据有关法规，对滋扰学校、破坏学校正常教学秩序的违法犯罪分子，予以严厉打击。

创造良好的社会教育环境，保护中小学生健康成长，是一项长期的、具有战略意义的任务。各有关部门要在当地政府的领导下，根据本意见的精神，结合当地实际，创造性地开展工作。要注意不断总结经验，调整工作部署，扎扎实实、持续地将这项工作做好。

以上意见如无不妥，建议批转各地区、各部门贯彻执行。

国家教委　广播影视部
文化部　国家体委
新闻出版署　全国总工会
共青团中央　全国妇联
中国科协

辛亥革命八十周年纪念展览在中国革命博物馆开幕

“中国航天三十五周年成果应用展览会”在中国革命军事博物馆开幕

国家副主席王震致信祝贺中国杂技艺术家协会第3次代表大会在北京举行 夏菊花再次当选为主席

福建省台办就福建连江渔船事发表谈话

10月9日

党和国家领导人在北京国家奥林匹克体育中心体育馆出席纪念辛亥革命八十周年大会

中共中央总书记江泽民、国家主席杨尚昆、国务院总理李鹏、全国人大常委会委员万里，中共中央政治局常委乔石、宋平、李瑞环等领导，和中顾委、全国人大、全国政协、各民主党派中央、全国工商联的负责人，无党派民主人士的代表，参加辛亥革命的老人和有关人士，来京参加纪念辛亥革命八十周年活动的台湾、港澳同胞和国际友人，孙中山先生、黄兴先生的亲属等，共五千多人出席纪念大会。

出席大会的还有：田纪云、李铁映、李锡铭、秦基伟、丁关根、邹家华、朱镕基、薄一波、刘华清、温家宝、王平、伍修权、刘澜涛、李德生、余秋里、张劲夫、陈丕显、陈锡联、康世恩、阿沛·阿旺晋美、严济慈、荣毅仁、廖汉生、陈慕华、孙起孟、雷洁琼、王汉斌、宋健、王芳、陈希同、陈俊生、钱其琛、任建新、洪学智、谷牧、康克清、周培源、王光英、邓兆祥、赵朴初、马文瑞、王恩茂、胡绳、程思远、杨成武、陈再道、汪锋、黄鼎臣、苏子蘅、宋德敏等。

杨尚昆在纪念辛亥革命大会上发表讲话。

民革中央名誉主席屈武在纪念辛亥革命大会上发表讲话。首都文艺工作者在纪念大会上演出大型文艺节目《辛亥之光》。

国家主席杨尚昆在纪念辛亥革命八十周年大会上发表讲话

同志们，朋友们：

一九九一年发生的辛亥革命，至今已经整整八十年了。今天，我们在纪念这场轰轰烈烈的革命运动的时候，很自然地联想到中国近代那段屈辱的历史。从一八四〇年鸦片战争起，我们这个东方泱泱大国，一步一步地沦为半殖民地半封建国家。帝国主义列强竞相入侵，肆意宰割。封建统治者腐败不堪，丧权辱国。中国国势日衰，生灵涂炭，面临亡国灭种的危局。不甘屈服的中国人民，奋起抗争，救亡图存。无数志士仁人，怀着炽烈的爱国热情，前仆后继，探求中国的出路。以孙中山先生为代表的革命党人，提出了以往不曾有过的民族民主革命纲领，领导着当时的救国救民斗争，发动了辛亥革命。这场革命，推翻了清王朝的统治，结束了两千多年的封建帝制，建立了中华民国。虽然辛亥革命没有能使中国真正成为一个独立的民主国家，但是，它是中国近代史上的一个伟大的里程碑，是在比较完全的意义上开始的反帝反封建的民族民主革命，为以后的一系列历史发展开辟了道路。在中华民族振兴和中国社会发展的进程中，辛亥革命具有不可磨灭的历史功绩。今天，生活在我们这个社会主义共和国中的每一个公民，都不应忘记八十年前资产阶级革命家在推翻封建帝制的斗争中所作出的巨大贡献。在辛亥革命中英勇奋斗和壮烈牺牲的志士们，永远值得中国人民尊敬和纪念！

孙中山先生是中国资产阶级革命派的杰出代表，是中国民主革命的伟大先行者。领导辛亥革命，“起共和而终帝制”，是他革命生涯中的光辉一页。他真诚地信奉民主主义，效仿欧美国家的体制，为中国设计了建立资产阶级共和国的方案。他和那时候的其他革命家试图通过辛亥革命实现这个方案。但这种设想，终因中国资产阶级的软弱和帝国主义支持中国的反动势力而落空。中山先生一生不断追寻真理，愈挫愈奋，与时俱进。他在晚年明确地把反对帝国主义作为革命斗争的首要任务，并且从俄国十月革命的胜利中看到了解救中国的新出路，制定了“联俄、联共、扶助农工”的三大政策，主张唤起民众，联合世界上以平等待我之民族，共同奋斗。他全心全意地投身于改造中国的事业，为此耗尽了毕生的精力。直到临终前，他还谆谆告诫人们：“革命尚未成功，同志仍须努力”。

毛泽东同志曾经指出：“现代中国人，除了一小撮反动分子以外，都是孙先生革命事业的继承者。”中国共产党人始终把自己奋斗的事业，视为辛亥革命的继续和发展。中国共产党成立七十年来，领导全国各族人民，不仅完成了中山先生和辛亥革命志士们未竟的事业，而且把它更加发扬光大。一百多年来，无数革命先烈、志士仁人和人民群众梦寐以求的中国独立、统一、民主、富强的伟大目标，已经或者正在成为现实。半殖民地半封建社会的黑暗历史，一去不复返了！中华人民共和国作为独立的、具有完整主权的社会主义国家，巍然屹立于世界的东方，在国际事务中发挥着重要的作用。我们实现了中国近代史上从未有过的国家统一和各民族大团结。我们建立了工人阶级领导的、工农联盟为基础的人民民主政权，广大人民成为国家和社会的主人，享有最广泛的民主权利。我们初步实现了国家的繁荣昌盛，正在向社会主义现代化建设的第二步战略目标迈进。辛亥革命以来的历史证明，如果没有中国共产党领导的新民主主义革命，并在新民主主义革命胜利后走上社会主义道路，就不可能在十一亿人口的大国取得如此辉煌的成果。中国人民十分珍视无数先烈流血牺牲换来的革命成果，十分珍视历经曲折磨难而选定的社会主义道路。

同志们，朋友们！

我们伟大的祖国已经进入一个新的发展时期。摆在我国人民面前的最主要的任务，就是实现国家的现代化，振兴中华民族。我们一定要使落后的中国富强起来，重新跻入世界先进民族之林，这是一个半世纪以来中国人民的强烈愿望。从某种意义上说，包括辛亥革命在内的整个中国革命，都是一场民族复兴运动。中华人民共和国成立后的四十二年间，特别是实行改革开放的十多年里，我国的现代化事业获得了巨大进步。但是，我们的经济发展和科学技术水平，与世界发达国家相比，还有很大差距。当今世界正在兴起一场广泛而深刻的新的科学技术革命，各国之间综合国力的竞争日趋激烈。落后就会挨打，就会受欺侮，这是全部中国近代史给予我们的基本教训。今后的一二十年，我们干得怎么样，对于我们国家的前途和命运至关重要。我们要保持清醒的头脑，对经济建设这一条要始终扭住不放，除非发生大规模的外敌入侵，都要坚定不移地干下去。所有其他工作都要服从和服务于经济建设这个中心，决不能冲击和干扰这个中心，决不要分散和转移自己的注意力。中国共产党十一届三中全会以来，邓小平同志作为我国改革开放的总设计师，带领全党和全国人民，从中国的实际出发，解放思想，探索出一条建设有中国特色社会主义的正确道路，逐步形成了党在社会主义初级阶段的一整套理论、路线、方针和政策，并在实践中取得了举世瞩目的成就。在国际风云变幻中，我们所以能够站稳脚跟，是同改革开放的伟大成果分不开的。中国人民从改革开放中看到了社会主义的光明前途，看到了民族振兴的希望。改革开放已经深入人心。我们要坚定不移地沿着这条道路走下去，坚持四项基本原则，继续推进改革开放。改革会有风险，这种风险我们能承受；而停止甚至倒退，是决没有出路的。沿着党的十一届三中全会以来的路线，我们才干了十多年，如果再这样干上二十年、三十年、五十年，一直干下去，中国的面貌将会发生多么巨大的变化！国家富强了，我们就能够更加从容地应付各种复杂的局面。现在，一些同志对中国社会主义的前途有些担忧，甚至怀疑。这需要进行教育，但根本的是要把经济搞上去。邓小平同志说得好：坚持社会主义道路，“既是斗争的过程，也是说服教育的过程，但最终说服不相信社会主义的人要靠我们的发展。如果我们本世纪内达到了小康水平，那就可以使他们清醒一点；到下世纪我们建成中等发达水平的社会主义国家时，就会大进一步地说服他们，他们中的大多数人才会真正认识到自己错了。”

进行国家的现代化建设，特别需要发扬爱国主义精神。中华民族绵延五千年的文明史，培育了深厚的爱国主义传统。越是在困难的时候，中华民族越是表现出强烈的爱国主义精神。今年，我国遭受特大水灾时，国内外、海内外同胞慷慨解囊，踊跃捐献。手足之情，感人至深。爱国主义是凝聚中华民族的伟大力量，是推进中国社会发展的巨大精神动力。实现国家的现代化，是全民族的事业，是十一亿人民的共同责任。每一个中国人，不论什么阶层，不论什么党派，不论什么信仰，只要真心支持和从事国家现代化建设，都可以在爱国主义的旗帜下团结起来，为中华民族的复兴，殚精竭虑，奋斗不息。只有把中华民族的所有力量凝聚起来，发挥出来，现代化事业才有希望。当前，我们正在致力于深化改革，扩大开放。这从总体上说，符合绝大多数人的利益，但是调整和变革旧的体制和机制的过程中，也必然会触及某些人的一些切身利益。我们都要以对国家和民族高度负责的态度，一切从大局出发，理智地对待改革开放和社会发展中的矛盾和困难。实现现代化，必须要有一个稳定的社会环境。世界上没有哪一个国家是在动乱不止的社会环境中搞成现代化的。在我们这样一个东方大国，如果发生动乱，对于我们国家乃至国际社会都会是一场巨大的灾难。稳定是国家和民族的最高利益。全国各族、各阶层人民，都应当达成这样的共识。我们十一亿人民紧密团结，风雨同舟，就能渡过任何激流险滩，到达胜利的彼岸。

在纪念辛亥革命八十周年的时候，我们为祖国的统一事业未能完全实现而深感不安。实现祖国统一，是中华民族根本利益所在，是全国人民包括台湾同胞、港澳同胞和海外侨胞的共同愿望，也是孙中山先生的遗愿。中国共产党提出的“和平统一、一国两制”的方针，是解决祖国统一问题的根本大计，是一项长期的方针。这些年来，海峡两岸关系发生了很大变化，两岸交往日益增多，这对祖国和平统一是有利的。但是，长期以来，台湾当局顽固坚持“反共拒和”，反对直接“三通”，积极推行“弹性外交”，实际上搞“两个中国、一中一台”；某些人士还对“台独”活动姑息纵容。近来台湾岛内“台独”势力气焰嚣张，他们所进行的分裂国家、分裂民族的活动，践踏了海峡两岸同胞的意愿，理所当然地遭到全国各族人民的坚决反对。正如最近台湾一些有识之士所指出的：主张分裂的人是为列强侵略中国服务。现在确有某些外国势力怂恿"台独"分子,分裂祖国,以便他们从中染指。我再一次严正申明:台湾自古就是中国的领土,实现祖国统一是中国的内政,决不允许任何外来势力干涉。对任何把台湾从中国分裂出去的行径,我们决不坐视。台湾分裂出去是没有出路的,必然会被某种国际势力所拿走。我要正告那些热衷于搞"台独"的一小撮分裂主义分子,不要错误估计形势,玩火自焚。搞分裂的人是从来没有好下场的,破坏祖国统一的图谋是绝不会得逞的。我们希望台湾当局明大义,识大局,顺应潮流,做促进国家统一的历史功臣,不做分裂祖国的千古罪人。不然的话,何以面对列祖列宗,何以面对中山先生!我相信,只要海峡两岸人民同心同德,共同努力,祖国统一大业就一定会早日实现。

同志们,朋友们!

中国人民有信心、有志气、有能力建设好自己的国家。已经站起来的中国各族人民,绝不会屈服于任何压力和困难。在中国共产党的坚强领导下,我们将毫不动摇地、独立自主地沿着有中国特色的社会主义道路走下去,把我们的祖国建设成现代化的社会主义强国!

中国各族人民大团结万岁!

祖国统一万岁!

辛亥革命烈士永垂不朽!

伟大的革命先行者孙中山先生永垂不朽!

澳门各界同胞在孙中山先生工作过的地方澳门镜湖医院举行集会纪念辛亥革命八十周年

审计长吕培俭签署 59 号令公布《执业审计师制度》(试行)

意大利总理安德烈奥蒂在罗马总理府基吉宫会见全国人大常委会副委员长彭冲率领的全国人大代表团

外交部部长钱其琛在北京会见阿根廷外交部国际经济关系国务秘书阿里埃托·瓜达尼和由他率领的阿根廷政府经贸代表团

中国政府和埃塞俄比亚过渡政府经济技术合作协定在北京签字

10 月 10 日

全国人大常委会委员长万里在人民大会堂会见由印度尼西亚人民协商会议主席兼国会议长卡里斯·苏胡德率领的印尼国会代表团

《人民日报》发表社论《继往开来振兴中华——纪念辛亥革命 80 周年》

《人民日报》发表全国人大常委会副委员长民革中央主席朱学范的文章《继承孙中山遗志促进祖国统一——纪念辛亥革命八十周年》

全国干部培训工作会议结束

全国干部培训工作会议提出,干部培训要突出对干部特别是高中级干部的马克思主义理论教育,注重增强党性锻炼,使各级领导权牢牢掌握在忠于马克思主义的人手里。

中共中央政治局常委宋平在会议期间同代表们进行了座谈。与会同志认真讨论了中组部部长吕枫关于加强干部培训工作的报告,总结交流了近几年干部培训工作的经验,讨论了今后 5 年干部培训的规划。

会议指出,我们已经有了一条正确的路线,要保证这条路线的正确实施,起决定作用的是干部,特别是高中级干部。领导干部必须真正坚持四项基本原则,任何时候都不能动摇,不能偏离大方向。这就要求把党建设好,把干部教育好,使他们既懂业务,又懂政治,真正成为德才兼备的合格人才。

会议认为,干部培训要分层次进行。对高级干部,应当要求他们比较系统地掌握马克思主义;对一般干部,应要求他们掌握马列主义、毛泽东思想的基本原理,特别是深刻理解和认真坚持小平同志提出的四项基本原则。当前,要认真学习江泽民同志的"七一"讲话。这个讲话,遵循马列主义、毛泽东思想的基本原理,把十一届三中全会以来党中央和邓小平同志关于建设有中国特色的社会主义的主要精神具体化,从经济、政治、文化三个方面,提出了 9 个必须,11 个不能或不允许,把什么是有中国特色的社会主义的基本原则讲清楚了,把基本界限划清楚了。各地要把学习这个讲话作为干部教育的重要内容。学习中要坚持理论联系实际,触及自己的思想,讲求实效。要拿起批评与自我批评的武器,在党内形成讲党性、讲原则的政治空气。

与会同志还着重讨论了对青年干部的培养教育问题。代表们认为,党和人民寄希望于青年一代,敌对势力也把"和平演变"的希望寄托在第三代、第四代身上,我们必须抓紧对青年干部的教育。对干部的培养教育包括两个方面,一个是理论教育,一个是实际锻炼。特别是青年干部要有计划地放到重要岗位、艰苦环境中去锻炼,使他们爱党,爱国家,爱社会主义,成为党和人民放心的可靠接班人。

会议强调，增强党性锻炼是干部培训的重要内容。共产党员要讲党性。党性是人民性的集中表现，不能把党性同人民性对立起来，真正的党性必然符合人民的利益。现在，有的干部党性观念薄弱，当面一套、背后一套，搞“上有政策，下有对策”，个人主义、小团体主义和自由主义比较严重，这些都是党性不纯的表现。共产党员要爱护党，服从党的领导，不做不利于党的事情。要勇于捍卫党的纲领、路线，遵守民生集中制原则，服从党的组织，遵守党的纪律，增加党的观念，做到个人服从组织，少数服从多数，下级服从上级，全党服从中央。

各省、自治区、直辖市、计划单列市党委组织部部长以及中央国家机关各部委的有关负责人出席了会议。

中组部副部长赵宗鼐作了总结讲话。

中共中央政治局常委宋平在上海考察

宋平10月10日至13日在上海考察工作。

宋平在上海期间，听取上海市委、市政府的工作汇报和关于浦东开发区的情况介绍。还与部分工厂党委书记、厂长和工会主席座谈，听取他们搞好国营大中型企业的经验和意见要求。宋平充分肯定上海市在认真贯彻中央工作会议精神，搞好国营大中型企业方面的做法，对开发浦东新区取得的进展表示高兴。宋平鼓励上海同志全面贯彻执行党的基本路线和实事求是的思想路线，勇于探索，善于总结经验，脚踏实地，稳步前进。宋平希望浦东新区注意发展高科技产业，采取切实措施吸引国内外的高科技项目，使之在浦东新区开花结果。

宋平说，上海应充分发挥自己的优势，在搞好经济建设的同时，努力做好培养人才的工作，有计划地造就大批既能坚持四项基本原则，又能坚持改革开放的干部，这不仅是开发浦东、振兴和发展上海的需要，也是国家“四化”建设对上海提出的要求。

宋平十分重视上海第二纺织机械厂、上钢五厂、英雄金笔厂、四方锅炉厂和上海分析仪器厂等一批企业的经验，强调办好社会主义企业，要把全心全意依靠工人阶级的方针落实到生产、经营等各个方面，真正体现工人阶级的主人翁地位，最大限度地发挥广大职工的积极性。他希望企业党组织和行政领导共同努力，积极探索，总结推广这方面的好经验。

宋平在上海期间会见部分老同志，并分别由中共上海市委书记吴邦国、市委副书记、市长黄菊等陪同，参观了一些工厂、农村，并同部分从事党建理论研究和教学工作的同志进行座谈。

最高人民法院印发《关于办理减刑假释案件具体应用法律若干问题的规定》

中共中央就进一步搞好国营大中型企业等问题在中南海怀仁堂举行党外人士座谈会

中共中央上午在中南海怀仁堂举行党外人士座谈会，就进一步搞好国营大中型企业等问题同各民主党派和全国工商联中央负责人，以及无党派人士进行座谈。中共中央政治局常委乔石主持会议。

乔石说，不久前召开的中央工作会议是一次重要的会议。会议分析了当前的国际国内形势，着重研究了进一步搞好国营大中型企业的问题，会议决定采取12条措施，为搞好国营大中型企业创造良好的外部条件。同时，强调企业自身要做好8个方面的工作。这次中央工作会议还要求改进领导工作，在提高政治理论水平、端正党风等方面下功夫。总的来讲，就是要继续坚持“一个中心、两个基本点”的基本路线，沿着有中国特色的社会主义道路前进。乔石指出，把经济搞上去，把国家建设好，保持我国政治、经济和社会稳定，是我们大家共同的任务。我们要坚持和完善中国共产党领导的多党合作和政治协商制度，发挥各民主党派、工商联和无党派人士参政议政、民主监督的作用。乔石希望大家出主意、想办法，积极提出意见和建议，共同把国家的事情办好。座谈中，参加会议的党外人士表示，完全赞同中共中央对当前国际国内形势的分析和关于进一步搞好国营大中型企业的决策，认为这次中央工作会议的召开，对进一步搞好国营大中型企业，保证国民经济持续、稳定、协调发展，巩固社会主义公有制，具有重要意义。会上，他们围绕这一议题各抒己见，献计献策。

全国工商联主席荣毅仁首先发言。他说，这次中央工作会议提出的关于进一步搞好国营大中型企业的几项措施十分重要。要使这些措施真正落到实处，关键是要改进我们的工作作风和方式方法，这是发展有计划商品经济的需要，对那些政企不分、机构臃肿、人浮于事等不利于发展商品经济的体制上的弊端，更加快进行改革。全国工商联副主席王光英也就搞好国营大中型企业问题发了言。

民革中央副主席贾亦斌建议中共中央在集中精力搞经济建设的同时，要狠抓廉政建设和社会风气的转变。他说，我们有一条社会主义初级阶段的基本路线，有十年改革开放取得的经济实惠，有各族人民的大团结，有独立自主的和平外交政策，有一支党领导的人民子弟兵，一定能把有中国特色的社会主义建设好。但对社会生活中存在的某些腐败现象切不可掉以轻心，希望中共中央采取坚决有力的措施惩治腐败，净化社会风气。

民盟中央副主席钱伟长在发言中指出，现在有不少企业设备陈旧，产品落后，几十年一贯制，这是造成产品积压、生产亏本、企业效益差的一个重要因素。建议采取有效措施帮助这些企业改进设备，更新产品，同时对工人进行技术培训，使企业走上自我发展的良性循环的轨道。

农工民主党中央主席卢嘉锡认为，对"科学技术是第一生产力"这句话要作完整、准确的理解，不应简单地理解为赶速度，还要注重科学发展的质量、效益，使科技在国民经济的发展中真正起到生产力的推动作用。

民进中央主席雷洁琼在发言中说，中央工作会议决定进一步搞好国营大中型企业采取的 12 条措施和强调企业自身要做好的 8 个方面的工作，对巩固社会主义公有制非常重要。她说，作为参政党的中国民主促进会要动员各组织和全体会员为早日实现社会主义现代化多办实事，多做贡献。雷洁琼还强调加强精神文明建设的重要性。

致公党中央副主席王宋大认为，中央工作会议提出的关于进一步搞好国营大中型企业的措施是非常正确的，但以往的实践证明，许多好的政策深得群众拥护，可到了下面却往往落实不了。所以，建立一个执行政策的保证体系十分必要，只有有一个权威性的机构及时对政策的执行情况进行监督检查，才能保证中央的路线、方针、政策真正落到实处。

九三学社中央主席周培源、副主席徐采栋在发言中就进一步深化改革提出了意见和建议。他们表示，作为以从事科学技术工作的高、中级知识分子为主体的九三学社，要动员全体社员在做好岗位工作的同时，为发展高科技产业，为企业技术改造，为"质量、品种、效益年"活动献计出力。

台盟中央主席团成员陈仲颐在发言中着重谈了改进产品质量问题。他说，最近北京市政协组织政协委员对这一问题进行了调查，发现不少产品存在质量下降问题。据统计，消费者对产品的意见百分之七八十都是有关产品质量问题的，因此，这一问题不容忽视。建议加强这方面的宣传，形成社会舆论监督；同时，各级领导要亲自挂帅，对这一问题进行综合治理。

中共中央政治局候补委员、书记处书记、中央统战部部长丁关根，国务院副总理朱镕基，全国人大常委会副委员长陈慕华，全国政协副主席王任重，出席座谈会。

出席座谈会的各民主党派、全国工商联负责人和无党派人士还有：屈武、彭清源、高天、陶大镛、冯梯云、赵朴初、陈舜礼、方荣欣、严济慈、孙孚凌、阿沛·阿旺晋美、程思远等。

国务院副总理朱镕基在全国民航服务工作会议上讲话

朱镕基强调，当前民航工作要以提高航班正点率为突破口，尽快改善民航服务面貌，力争年底前使民航航班正点率和服务质量有明显提高。

多年来，中外乘客对中国民航服务颇有微词，特别对航班经常变更、取消、延误反映强烈，影响了中国民航在国内外声誉，党和国家领导同志对此十分关注。

朱镕基指出，党的十一届三中全会以来，民航工作很有成绩，"七五"期间运输量翻了一番，基础设施有明显改善。随着改革开放的深入发展，民航的前途将更为远大。要使民航适应新的形势，基础设施要跟上，但内部经营管理和服务质量问题更是当前民航工作的重点所在，而航班正点率正是整个民航管理水平的综合体现。集中力量抓好航班正点，是提高民航服务水平的中心环节，是抓住了"牛鼻子"。他认为，民航服务质量多年难有突破，在管理上要求不严是一个重要原因。为此，朱镕基强调民航人员首先要解决三个认识问题。一是要有紧迫感，要看到航班不正点是最坏的服务，对经济效益、社会生活、群众心理、国际形象，影响都很坏，要多看到我们与国际先进水平的差距，千万不能自我感觉良好；二要有责任感，民航是改革开放的窗口，民航工作人员要意识到肩负的庄严任务，在自己身上要体现国家的形象、中华民族的精神，体现社会主义精神文明；三要讲"内因论"，从主观上找原因，而不要一味强调外因，从客观上原谅自己。

朱镕基在谈到当前提高航班正点率工作时强调首先要"严"字当头。他说，心慈带不出好兵，各级领导要扎实做好思想政治工作，克服要求不严的弱点，要把服务质量特别是正点率和分配制度紧密挂钩，真正把管理落到实处。其次要齐心协力。党政一把手必须亲自抓，对航班不正常情况要逐个进行分析，发现问题，就要抓住不放，严格要求，严肃处理。同时，领导干部要转变作风，深入基层，全心全意依靠工人阶级，关心群众疾苦，真正为群众解决工作生活中的难题，以调动职工的生产积极性。

来自全国各地民航管理部门和航空公司的负责人认真讨论分析了当前民航服务工作的主要问题，并提出一系列提高航班正常率和服务质量的措施和规定。

民航局局长蒋祝平宣布，这次民航抓服务质量一定要动真格的。民航局将以北京、上海、广州为重点带动全国，各级领导要一级抓一级，认真落实，若年内不见成效，达不到会上提出的各项指标，将追究领导的责任，给予严厉处分。

交通部部长黄镇东签署 32 号令公布《船舶升挂国

旗管理办法》

全国轻工集体企业第四届职工(社员)代表大会在北京召开

外经贸部发言人就重申禁止劳改产品出口的规定发表谈话

经贸部发言人就中国对外经济贸易部、司法部联合发表公告,重申禁止劳改产品出口的规定发表谈话。

经贸部发言人说,在重申的规定中,进一步明确了劳改产品的性质、对劳改犯人实行劳动改造的政策、劳改犯人的福利待遇。规定中重申了禁止劳改产品的出口,监狱不得参与对外贸易活动,不准与外商建立合资或合作企业。规定中还明确重申,对于违反此规定的任何部门和企业将给予应有的处罚。

中国刑法规定:对被判处徒刑的犯罪分子,凡有劳动能力的,实行劳动改造。这是中国对罪犯实行惩办与改造相结合的刑事政策的重要内容,也是中国一项重要的法律制度。这与联合国《囚犯待遇最低限度标准》精神是一致的,也是世界各国目前普遍采用的一项基本制度。

发言人说,中国法律规定,罪犯劳动的时间与社会公民一样,每天不超过 8 小时,节假日休息;罪犯的粮油、副食品按同类国营企业同工种标准供给,并享受同等的劳动保护和保健待遇,具有中等以上技术等级的按月发给技术津贴。监狱结合劳动生产进行相应的技术培训,经劳动部门考核合格的,发给在社会上通用的技术等级证书。中国组织罪犯生产,目的在于通过劳动改造罪犯,使他们成为遵纪守法的公民,而不是单纯地追求经济效益。在劳动中,使罪犯养成劳动习惯,树立劳动观念,培养他们的责任感和遵纪守法的精神,矫正好逸恶劳、不劳而获的恶习,并掌握一技之长,为他们刑满后就业谋生创造条件。这正是社会主义人道主义本质的体现。实践证明,中国劳动改造制度是成功的,绝大部分罪犯经过劳动改造成为守法公民,重新犯罪率仅占 6%至 8%,这在世界上是比较低的。

中国组织罪犯生产的产品,主要是满足劳改系统内部自身的需要,多余部分通过正常渠道进入国内市场。罪犯生产的产品不参与对外经济贸易活动,这是中国政府的一贯政策。如果说有个别产品流到国外市场,这绝不是政府的政策,而是个别企业的违反规定的行为。

众所周知,中国商品的进出口是在各级经贸部门的管理下进行的,并由海关严格监督,不允许没有进出口经营权的单位从事进出口贸易。劳改犯人生产的产品是不允许出口的。随着中国改革开放的不断深入,中国的外向型经济有了很大发展,地方和外贸企业已有很大的自主权。在这种新形势下,为使中国改革开放不断顺利发展,有必要对中国的进出口贸易和对外合作进一步加强管理。今天重申禁止劳改产品出口的规定是中国在加强管理方面所采取的其中一项措施。重申此规定旨在进一步完善和加强对劳改产品的管理,以防止劳改产品流往国外。

经贸部发言人说,近一年多来,美国一些新闻媒介对所谓中国劳改产品出口问题有不少不符合事实的报道。某些人利用这一问题大做文章,甚至不惜采取非法手段制造混乱,为中美经贸关系的发展设置障碍,这是有损于两国正常关系的,也是很不明智的。

中方对美方提出的所谓中国劳改产品输美问题是十分重视的,多次向美方声明过中国政府对此的政策和立场。对于违反中国有关规定的企业在调查核实后,根据有关禁止劳改产品出口的规定给予相应处理。鉴于美国有关法律规定禁止进口劳改产品,而贸易活动是双方的事,双方都有责任管好自己的企业,一味指责中方是不公平的。中方认为,对于中美间出现的这一问题,双方应本着真诚合作的态度,通过友好协商和谈判加以解决,采取任何不友好的行动都将会使问题复杂化,损害两国贸易的发展。

外经贸部发言人就美国向中国发起"301"调查发表谈话

外经贸部发言人说:中国政府对美国贸易代表办公室无视中国政府在市场准入方面做出的巨大努力,执意对中国发起所谓"301"调查[①]表示强烈的不满。美国方面对中国在市场准入方面的指控是完全不能接受的。

发言人说:自今年上半年以来,中国政府抱着坦诚态度与美国政府就市场准入等问题进行了两轮谈判,并应美方要求,在今年 9 月 30 日向美方正式提交了有关市场准入问题的非正式文件。在此非正式文件中,中国方面逐条回答了美方提出的有关问题,并就如何解决这些问题做出了重大、积极、真诚的承诺。中方表示愿在此非正式文件基础之上,继续与美方就市场准入等问题进行会谈。然而,美国方面置中国方面的巨大努力于不顾,特别是无视我已决定取消进口调节税,仍然发起"301"调查,中国方面不能不感到极大遗憾。

发言人说:中国政府历来认为,中美之间的贸易问题应遵照中美贸易关系协定中规定的原则,通过平等、互利、友好协商的方式来解决,而不应单方面根据本国贸易法发起所谓"301"调查,甚至以贸易报复相威胁。这样做的结果,只能损害双边经贸关系。

发言人说:中国是个发展中国家,改革开放是中国的基本国策。取消出口补贴,取消进口调节税,根据关贸总协定规定的原则逐步降低关税,及增加外贸体制的透明度,是中国外贸体制改革的方向。事实上,中国在外贸体制改革方面已取得重大进展。美国方面视而不见上述事实,是何用意,我们很难理解。

发言人指出:我们希望美国政府从中美关系的大局出发,采取积极现实的措施,使这一问题得到妥善解决,从而使中美经贸关系得以顺利发展。

注:

①所谓"301"调查是根据美国1974年贸易法规定的授权而发起的调查,主要调查有关国家对进入该国的美国产品进行限制的法令、政策和做法。调查结束时,如果美总统贸易代表办公室认为该国的市场壁垒形成不合理、歧视性的做法,对美国的商业构成负担,美国政府将采取报复性贸易行动。

外交部发言人吴建民在外交部新闻发布会上就中美贸易等问题答记者问

在回答记者提出的有关中美贸易纠纷问题时,吴建民说,中美之间的贸易问题应通过谈判加以解决。根据国际惯例,贸易上有问题都是通过谈判解决,这是最好的办法。采用施加压力的办法是于事无补的。

吴建民说,以色列外交部官员是作为以色列科学和人文学院驻北京联络处的客人到中国访问的。他们在北京期间同中国外交部官员就中东问题和其他国际问题交换了意见。

中国和巴林在麦纳麦签订《中华人民共和国政府和巴林国政府文化协定》

《人民日报》发表文化部代部长贺敬之在文化部第一届新剧组文华奖颁奖大会上的讲话《促进社会主义文艺的更大繁荣》

北京景山学校高三女生孙珊黄英的论文《磁场对家蚕生态因子效应》被19届世界昆虫大会录用

10月11日

中共中央发出关于党和国家高级干部逝世后丧事改革的通知

中共中央不久前发出关于党和国家高级干部逝世后丧事改革的通知。

通知说,建国以来,我们党所倡导并要求共产党员带头实行的以破除迷信、丧事简办、遗体火葬为主要内容的殡葬改革,对于移风易俗、推动社会风气的进步,产生了积极作用和深远影响,得到了人民群众的支持和响应。近几年来,党内许多老同志和人民群众就进一步实行丧事改革提出了许多很好的建议。去年,中央向党内转发的中央顾问委员会二十七位老同志《关于取消向遗体告别仪式的建议》,得到了全党同志的拥护。徐向前、蔡畅、李一氓等不少老同志生前都留下后事从简、不搞遗体告别、不开追悼会的遗嘱,为全党作出了榜样。中央高度评价这些老一辈革命家的高风亮节和博大胸怀,并号召全党同志向他们学习。中央认为,坚持丧事简办,其意义不仅在于节约人力物力,而且在于体现了共产党人为人民的利益奋斗终身的根本宗旨。它对于密切党同人民群众的联系,移风易谷,树立良好的社会风气,推进社会主义精神文明建设,都将产生积极的作用。

通知说,对逝世同志最好的纪念,就是发扬他们的革命精神,继续他们未竟的事业。中央要求党和国家高级干部在坚持丧事改革上作全党和全社会的表率。为此,对党和国家高级干部逝世后丧事改革通知如下:

一、党和国家高级干部逝世后,丧事应本着从简的原则,由组织办理,家属、亲友要积极配合。对逝世者生前关于丧事简办的愿望,组织和家属、亲友应予以充分尊重和支持。

二、党和国家高级干部逝世后,不举行遗体告别仪式,不开追悼会。

三、逝世者的生平由组织负责撰写。家属、亲友可以向组织提供有关情况,但不应干预。

四、党和国家高级干部逝世后,除个别经中央批准有关民族、宗教礼仪办理丧事外,均实行火葬,骨灰安放在当地公墓,不另建骨灰存放点,不修墓建碑。对提出不保留骨灰的,提倡骨灰就地就近处理,不组织到外地撒散。

五、党和国家高级干部逝世后,只公布逝世者的简要生平,要特殊报道的,须经中央批准,并着重报道对逝世者生前业绩、品德的缅怀。

国办转发《农业部〈关于农村改革试验区工作几个问题请示〉的通知》

国务院副总理邹家华在第二次全国住房制度改革工作会议闭幕会上发表讲话

邹家华在闭幕式上强调,住房制度改革贵在起步,贵在坚持。在起步以后,适时加大房改的分量,加快改革的步伐,逐步推进,不断完善。

邹家华指出房改对促进消费结构的调整,减轻财政负担，完善社会主义市场体系，促进产业结构的调整等有积极作用。要逐步实现住房商品化，使住房成为消费领域中最大的商品，住房市场成为消费市场中最大的市场。从而构成社会主义市场体系中的重要组成部分。

对于明后两年的房改工作，邹家华要求各省市进行调查研究，制定方案，开始动起来，形成全国房改大气候。省、市主要党政领导干部要亲自抓，把房改工作列入议事日程，并要以身作则，发挥表率作用。邹家华指出，房改涉及面宽、政策性强、配套要求高，国务院住房制度改革领导小组要加强协调，使房改的政策措施配起套来；国务院各部门，特别是计划、财政、金融、劳动、人事、土地、物价、税务等部门应该积极支持；要把房改方案交群众讨论，集中群众智慧，大家通力合作，步调一致，把全局的房改推动起来。

国务院总理李鹏在广东潮州汕头地区考察

李鹏10月11日在广东汕头市指出，汕头经济特区范围扩大后，要发挥潮汕地区优势，继续坚持“开发一片、建设一片、投产一片、获益一片”的方针，争取更大的发展。

李鹏于10月9日到11日在汕头和潮州市考察。11日上午，他参观了汕头经济特区华达宝陶瓷制作厂有限公司、养鳗联合发展公司和汕头海洋(集团)公司聚苯树脂厂，详细看了生产流程，访问了企业的生产和工人、技术人员的生活情况。

汕头经济特区创办10年来，经济发展很快，各项工作都有了很大的变化。今年4月，国务院批准从11月1日起，汕头特区范围扩大到市区，特区面积从原来52.6平方公里扩大到234平方公里。

李鹏充分肯定汕头经济特区10年来的建设成就。李鹏指出，汕头经济特区的工农业总产值10年翻了两番，成效显著，发挥了经济特区的“四个窗口”作用。

在讲到汕头经济特区今后的工作时，李鹏说，特区范围扩大后，首先要制定总体发展规划。要继续坚持以工业为主、工贸结合，努力发展外向型经济的方针，特区建设必须统一规划，分步实施，既要有开拓精神，又要实事求是，量力而行，发展什么产业，上什么项目，既要考虑地区发展的需要，又要有全国一盘棋的思想，还要考虑到国内外市场需求，防止重复建设，减少建设的盲目性。

李鹏说，经济特区的建设项目，起点要高些，应该重视发展高科技产业。汕头的超声仪器研究所把科研、生产、销售结合起来，科研和生产搞得生气勃勃，走出了一条新路子，特区要更多发展一些这样的项目。你们这里人多地少，在农业上要科学种田，发展生物工程，搞好立体农业，加速开发性、创汇性农业的发展。李鹏指出，汕头经济特区还要加强老企业的改造。要发挥汕头侨乡的优势，欢迎海外侨胞投资改造老企业，推动老企业生产升级换代，使产品适销对路。同时，还要积极进行劳动保险制度、医疗制度和劳动用工制度的改革，使企业充满生机与活力。

李鹏说，汕头经济特区的精神文明建设也是好的，今后要继续坚持物质文明建设和精神文明建设一起抓，沿着社会主义方向，把特区越办越好。

陪同李鹏总理考察工作的有罗干、袁木、蒋心雄、姚振炎、顾林昉、多吉才让、李祥林、胡光宝等同志。

中共中央政治局常委乔石在海南省考察

乔石在海南考察时指出，党的十一届三中全会以来制定的基本路线和各项行之有效的方针政策完全正确，没有改革开放，就没有中国的今天。

10月11日至16日乔石在中共海南省委副书记、省长刘剑锋等陪同下，考察海南的洋浦、金盘等工业开发区、三亚旅游开发区、华南热带作物学院、八所港码头、石碌铁矿、华侨农场和一些外资企业。就社会治安综合治理问题同有关方面同志进行座谈，并听取了中共海南省委省政府的工作汇报。

乔石说，海南建省以来，变化很大，整个经济正朝着改革开放的方向健康发展。乔石希望海南继续坚定不移地贯彻执行党的基本路线，联系海南经济特区的实际，勇于探索，把改革开放在90年代向前更推进一步。

乔石指出，党的十一届三中全会以来制定的一整套正确的路线、方针、政策极大地调动了全国人民的积极性，推动了我国经济的发展。没有改革开放，就不会有中国的今天。我们党的改革开放来自于群众，来自于实践，得到了广大人民群众的拥护，12年来我国的面貌发生了巨大的变化。实践证明，党的十一届三中全会以来确定的基本路线和各项方针、政策是完全正确的。90年代要进一步深化改革，扩大开放。只要我们按照党的基本路线坚持不懈地搞下去，既坚持四项基本原则，又坚持改革开放，努力把经济建设搞上去，我们就可以实现第二步战略目标，为在21世纪实现第三步战略目标奠定一个好的基础。

在谈到加强党的建设时，乔石指出，要用马克思主义教育全党，学习马克思主义的基本原理，掌握马克思主义的精神实质，用马克思主义的立场观点方法解决中国的实际问题，解决改革开放中出现的新问题，做到实事求是、理论联系实际，才能培养和造就马克思主义接班人，使我们党成为建设有中国特色的社会主义的核心力量，我们的事业就大有希望。

在谈到社会治安综合治理问题时，乔石说，改革开放有力地促进了经济发展，但同时也带来了一些消极的东西，一些社会丑恶现象也有所滋长。因此，社会治安工作要适应改革开放的新形势，采取有效措施，打击犯罪，保护人民，维护社会稳定。各地要根据当地的实际情况，打击危害群众利益和社会稳定的各种犯罪活动，同时要进行社会治安的综合治理，调动社会各方面的力量齐抓共管，实现社会秩序的长期基本稳定，这是改革开放顺利进行、经济建设健康发展的重要保障。

乔石要求各级党委、政府的领导要高度重视社会治安综合治理工作，尤其要健全和完善基层组织，加强基层政权建设，把基层党组织建设成坚强的政治核心，使各项工作真正落到实处。

联合国开发计划署和中国人事部中国国际经济技术交流中心在北京签署《中华人民共和国中央和地方政府行政机构改革项目协定书》

外交部部长钱其琛在北京会见由印度尼西亚人民协商会议主席兼国会议长卡里斯·苏胡德率领的印尼议会代表团

中共中央政治局常委李瑞环在全国科技宣传工作会议闭幕会上讲话

同志们：

这次全国科技宣传工作会议开得很及时、很成功。我没有多少新话可讲了，再重复地强调几点。

第一点，要充分认识科技宣传的重要性。科技宣传的重要性来自科技本身的重要性。当今世界，科学技术飞速发展并向生产力迅速转化，愈益成为现代生产力中最活跃的因素，愈益对经济和社会的发展起着巨大而深刻的推动作用，愈益证明邓小平同志关于“科学技术是第一生产力”论断的正确性和重要性。大量事实告诉我们，不大力发展科技，就不能真正地坚持以经济建设为中心，就不能有效地推进改革开放，就不能顺利地完成第二步战略目标的任务，就不能巩固和发展社会主义制度，就不能实现中华民族的伟大振兴。而要使这些根本道理成为全党的共识，被广大干部群众所理解和接受，就离不开科技宣传。科技宣传的重要性还在于发展科技事业的艰巨性。必须肯定，我国的科技事业已经有了很大发展，特别是党的十一届三中全会以来取得了举世公认的成就。与此同时也必须看到，如何把科学技术是第一生产力的思想切实贯彻到实际工作中去，把我国经济建设真正转移到依靠科技进步、提高劳动者素质的轨道上来，我们面临的任务仍十分繁重。比如，党的科技政策如何进一步贯彻落实；科技工作中应该和可以解决的问题如何尽快地加以解决；具有普遍意义的科技进步的经验如何及时地交流推广；现代科技知识如何更有效的普及；先进科技工作者如何更好地予以表彰鼓励；对阻碍科技进步的现象如何进行揭露批评；尊重知识、尊重人才的社会风气如何形成；全民科技意识如何增强等等，所有这些问题都必须加以解决。当然这些问题的妥善解决，从根本上说，有赖于国家经济实力的增强，体制改革的深化，需要做多方面的工作，但加强科技宣传对促进这些问题的解决确有着不可替代的作用。科技宣传的重要性也因为它影响着领导干部的思维方式、工作方法和领导决策。对于领导干部来说，了解当今世界科技特别是高科技的发展趋势，了解科技发展对国家政治、经济和社会领域的广泛而深刻的影响，对于在新的历史条件下，弘扬科学精神，进一步解放思想，更好地坚持和发展马克思主义，对于在错综复杂、风云变幻的国际形势面前保持清醒的头脑，正确解决政治、经济和社会发展中的基本问题，都具有重大意义。因此，要把对领导者的宣传作为科技宣传的一个重点。

第二点，要注重科技宣传的实际效果。科技宣传是一项政策性很强的工作，必须严肃认真，高度负责，讲究科学。目前科技工作中确实存在着许多问题，有些问题解决起来比较容易，而有些问题解决起来比较复杂，涉及方方面面，需要具备一定条件，需要有一个过程。科技宣传要理解别人的难处，不能只是“将军”、“挑刺”，要注意动机与效果的统一。科技宣传本身要讲科学，讲质量，科技知识的传播，科技成果的介绍，典型经验的推广，先进人物的宣传，都要实事求是，尊重科学，决不能胡编乱造，刮风起哄。科学研究是一种复杂的创造性劳动，需要进行长期的多方面的探索，乃至大胆地提出某些科学假说，在这里，坚持“百花齐放、百家争鸣”的方针，创造良好的科研环境和气氛至关重要。科技宣传一定要保护和促进这种气氛，起码不能干扰和影响这种气氛。我们的科技宣传必须坚持党的基本路线，必须做到有利于团结，有利于稳定，有利于鼓劲，有利于成事。科技宣传还要注意多样性和生动性。宣传的内容要多样，照顾到各行各业、各个层次，防止片面单一。宣传的手段也要多样，充分利用报刊、广播、影视、展览、文艺等各种阵地和工具，尤其要发挥电视对普及科技知识的特殊作用。科技宣传容易呆板枯燥，要真正做到生动活泼、丰富多彩、深入浅出、通俗易懂，为广大群众喜闻乐见，困难很多，但我们必须向这方面努力。因为只有这样，才能贴近群众，贴近生活，收到良好效果。

第三点，要实行科技部门和宣传部门的紧密结合。科技宣传归根到底是为了促进科技发展，如果离开对科技情况的了解，离开对科技研究进程和问题的把握，就无法做到有的放矢，切合实际，甚至连宣传的题目和内容都找不准。科技宣传是专业性很强的工作，离开科技人员的支持和参与，就很难做到准确无误，搞不好还会闹出笑话。科技宣传是科技工作的组成部分，宣传部门加强这方面的工作，是对科技工作的支持，科技部门应当提供方便。发展科技是功在当代、惠及子孙，事关国家兴衰成败的大事，全社会都应该关心和支持科技事业，关心、支持和参与科技宣传活动。我们希望广大宣传工作者、新闻工作者、文艺工作者和其他文化教育工作者满腔热情地深入科技第一线，向科技工作者学习，在科技宣传领域各展所长，大显身手。广大科技工作者要主动参与科技宣传活动，努力掌握宣传艺术，为搞好科技宣传多做贡献。

最后一点，要加强领导，狠抓落实。各项工作都要强调抓落实，做好科技宣传也要强调抓落实。我们有些工作成效不大，不是失之于说得不对，而是失之于抓得不实。各级领导除了要带头学科学、用科学，还要把科技宣传摆上重要议事日程，亲自抓，经常抓，抓具体，抓落实，切实解决科技宣传中的问题和困难。在科技宣传中，也要注意介绍科技工作抓落实的典型经验。只要这样，科技宣传就能做到扎扎实实，富有成效。

让我们团结起来，为实现依靠科技振兴祖国的伟大事业而努力奋斗。

国家科学技术工业委员会主任宋健在全国科技宣传工作会议闭幕式上发表题为《把科学技术融汇在四化建设的伟大实践之中》的讲话

宋健说，今天，在我们向新科技革命进军的征程中，科技界和宣传界的同志们，要继承和发扬长征宣传队、播种机的那种精神，激励亿万人民去解放和发展科学技术这个第一生产力，实现经济建设向依靠科技进步和提高劳动者素质的战略转移。这就要求我们一方面鼓励科技界努力奋斗，加快科技成果的创造和推广应用，促进其向现实生产力的转化；而另一方面，要向广大人民群众传播和普及科技知识，提高他们的科技意识和科学文化水平，用现代文明去克服落后和愚昧，更新陈旧的观念，动员他们加入到科技进步的伟大实践中来，把科学技术变成亿万人民改造主观世界和客观世界，创造美好未来的物质力量。只有这样，才能充分发挥科学技术第一生产力的伟大作用。我们的目标是，使亿万人民学会按新的劳动方式生产、生活，从古老的自然经济生产方式转变到依靠科技发展支柱性产业，从手工劳动过渡到工业化生产，从传统工业过渡到高科技产业。这三者的劳动生产率之比是一比十比一百。没有强大的高技术产业，是我们和发达国家的差距所在。缩小这个差距是九十年代我们的努力方向。不能老是宣传“左边一只鸡、右边一只鸭，背上背个胖娃娃”那种古老的自然经济的田园生活方式。为适应现代化建设，要歌颂的是“万只羊、千头猪、数十万鸡鸭上市场”的发展商品化大生产的勇气和气概！要鼓励发展高技术产业，成十倍、成百倍地提高劳动生产率。要激励所有大中型企业逐步成为科技型企业，成为发展新生产力的组织者和实践者。作为工人阶级一部分的科技工作者应成为新生产力的创造者。科技部门和宣传部门应该对他们的工作成绩给予高度评价和大力宣传。

在当今信息传递日益加快、信息作用日趋强大的时代，科技的研究开发与宣传普及密不可分，结成了天然的战友。搞好科技宣传工作，提高各级领导干部和全体劳动者的科技意识和科学文化素质，需要科技界和宣传界的同志们并肩战斗，携手共进。在今后的工作中，希望广大宣传工作者不断增强自身的科技意识，学习科技知识，深入了解科技工作的特点、规律和要求，更好地宣传科技。同时也要求广大科技工作者要有较强的新闻宣传意识，希望更多的著名科学家、专家在取得较高水平的科研成果的同时，也要成为高级科普作家和宣传家，与新闻界的同志们一道，把先进科技成就和科学知识用通俗易懂的语言表达出来，传播给亿万人民群众，把科学技术知识播撒人间。

宋健指出，搞好科技宣传工作必须紧密围绕着科学技术是第一生产力的指导思想和党中央、国务院关于科技发展的战略方针、政策与部署去进行，牢牢把握正确的方向。

近年来，党中央、国务院确定的面向经济建设主战场、高技术研究及其产业的发展、基础性研究这三个层次，是对我国科技工作的纵深部署，是今后相当长的历史时期内我国科技发展的战略部署，反映了科学技术发展的客观规律，也符合我国社会主义现代化建设的实际。我们要继续按照三个层次的战略部署推动科学技术事业的全面发展。目前，我国正在制定《中长期科技发展纲领》以及《科学技术发展十年规划和“八五”计划纲要》，待国务院批准实施之后，必将进一步推动科技工作在三个层次上向深度和广度发展。

在第一个层次上，即为国民经济建设和社会发展服务的科技工作方面，我们要进一步发挥科技进步的巨大推动作用，大力组织科技攻关，推广先进科技成果，促进科技与经济的结合，提高国民经济的整体素质。当前，我们面临着双重任务：一是贯彻落实中央工作会议精神，动员科技界为搞好大中型企业做出贡献，要建立和完善企业科技进步的内部机制，同时要发挥科研院所，特别是大院大所、高等院校的重要作用，促进其与大中型企业进一步结合，推动企业科技进步，使经济发展实现由速度型向效益型、由外延式增长向内涵式增长的转化。二是要推动科技兴农的潮流，在农村广泛推广先进适用的科技成果，提高农、牧、副、渔业的科技水平，发展农村社会化服务体系，加速中低产田的技术改造，努力提高农作物单位面积产量，发展多种经营，大力发展乡镇企业，提高其技术水平，使农村科技进步再上一个新台阶，推动农村经济更加繁荣。

在第二个层次上，我们要在邓小平同志关于"发展高科技，实现产业化"战略思想的指导下，推进"八六三"计划、"火炬"计划的实施。国务院已批准二十七个国家级高新技术产业开发区，并颁布了一系列优惠政策，这对我国高新技术产业乃至整个国民经济发展都有着重要的意义。根据中国的国情和世界经济、科技发展的趋势，我们要一手抓传统产业的技术改造，一手抓高新技术产业的建立和发展。对我国国民经济发展模式可以作这样一个形象的描述：农业和大中型企业是我国国民经济的支柱和脊梁，起着主体的作用。改革开放十年来，我国的乡镇企业异军突起，蓬勃发展，已经成为国民经济发展的重要一翼；而另一翼应该是高新技术产业。这一体两翼是相辅相成的有机整体。无论大中型企业的振兴和农业的发展，还是乡镇企业的腾飞，都迫切需要用高技术和新技术进行改造。目前高新技术产值仅占国民经济总产值的百分之六左右。如果说，经济起飞需要一体两翼，那么，高新技术产业这一翼目前还太单薄。在"八五"和"九五"期间，我们必须大力发展高科技，推进产业化，使高新技术及其产业的这一翼变得粗壮和强大，成为实现国民经济腾飞的另一支强有力的翅膀。只有这样，我国国民经济发展才能顺利实现新的战略转移，进一步缩小与发达国家的差距。

在第三个层次上，要保障基础性研究持续稳定地发展。基础研究是新技术、新发明的先导，是经济、技术发展的基础、后盾与源泉。基础性研究的能力和水平，是衡量一个国家科学技术总体水平和综合国力的重要标志。当前世界的形势和我国社会主义现代化建设的需要，都要求我们把发展科学技术立足于自力更生的基础上。因此，我们必须保持一个比较强大的、比较完整的基础性研究体系作为我国经济和科技长远发展的支撑和后盾，必须把确保基础性研究持续稳定的发展作为科技工作长期坚持的基本方针。要加强高水平基础科研队伍和机构的建设，加强对科学前沿课题研究的支持，为我国今后科技和经济的发展提供更多的基础科研成果，提供更多的新原理和新方法，培养更多的青年科学人才。最近我们已在基础性研究方面确定了一批重点课题，进一步确定了重点研究方向。九十年代，我们要在一些最重要的基础学科、新兴学科和交叉学科的主要领域跟上世界发展的步伐，力争有新的突破。

宋健说，我们的科技宣传工作，要跟踪和配合三个层次发展战略部署的实施，宣传新的成就和进展，推广普及新成果、新知识，交流成功经验，歌颂那些为经济建设、为中华民族的进步、为科学事业的进步而做出成就的科学家、各行各业的专家和科技工作者，热情颂扬劳动人民中努力钻研科学技术并做出成就的先进工作者和模范人物的功绩，使全社会能深刻地理解发展科技事业的重要性。

近几年来，我国的科技体制改革作为经济体制改革的配套工程，有了丰富的实践，基本是成功的。"八五"期间，我们要义无反顾，继续深化改革，扩大开放，为科技和经济更密切结合、相互推动、共同发展，建立更好的机制，创造更好的条件。

发挥科学技术第一生产力的伟大作用，关键是要促进科技成果向现实生产力的转化。要把通过深化改革，推进科技成果的商品化、产业化、国际化作为当前我国科技界的一项重要而紧迫的任务。我国每年创造出二万多项科技成果，一万多项专利，这是一笔极为可观的潜在财富，要努力使这些科技成果转化为商品，形成产业。我们要继续努力创造新的机制，分流出一大批科技人员到高新技术产业开发区，到沿海特区去创办高科技产业。科技工作者要树雄心壮志，有胆有识，勇于到生产第一线、到开发区、到国内外市场上去建功立业，创造新的业绩。我们要在以公有制为主体的前提下，充分发挥多种成分、多种形式科技企业的积极作用，促进高科技产业的建立和发展。要尽快形成一批有实力的高科技产业，使之走向国内外市场。要在高技术及其产业领域形成一种与西方国家犬牙交错、关不死、封不住的难解难分的格局，使封锁、制裁、贸易限制之类都统统失效，使中华民族以更加巍峨的雄姿屹立在世界的东方。作为科技宣传的一项重要任务，要大力弘扬广大科技实业家们开拓进取的创业精神，同时要激励和呼唤一大批后起之秀投入到创办科技产业的工作中来。

科学技术只有置身于国际开放的大系统中才具有强大生命力。改革开放以来，蓬勃开展的国际合作与交流，为我国科技事业的迅速发展做出了重要的贡献。党中央、国务院为我国科技工作进一步走向世界创造了良好的国际环境，并且还在继续优化这种环境。我们要十分珍惜这一有利时机，继续扩大和加强国际科技合作与交流。我国的科技人员要走向世界，科技成果要走向世界，科技产业要走向世界，科技宣传工作也要面向世界。为实现这个目标、广大宣传工作者和科技工作者都有很多开拓性的工作要做。

九十年代，社会主义的根本任务是解放和发展生产力，特别是科学技术这个第一生产力。社会主义的优势应该体现在创造比资本主义更高的劳动生产率上。中国和世界社会发展史上的无数事实表明：科技兴则国兴。在当今国际风云变幻的形势下，我们每一个人都更加深刻地体会到坚持四项基本原则的极端重要性。而进一步改革开放，最大限度的解放和发展科学技术这个第一生产力，使其成为推动国民经济和社会发展的强大动力，是巩固和完善社会主义制度的重要保证，是实现社会主义现代化的关键。

宋健最后提出，充分发挥现有科技人员的作用，培养和造就一代新型科技人才，十分重要。事业的成败，人才是关键。要特别注意从知识分子、工人、农民和其他劳动者中发现人才，重视和发挥青年科技人员的作用，进一步形成尊重知识、尊重人才的社会风尚。要深入进行马列主义、社会主义、爱国主义教育。要大力弘扬科学精神，鼓舞科技工作者艰苦奋斗，勇于拼搏，无私奉献，在中国科学技术事业发展史上书写新的篇章。国务院已决定采取切实措施，改善科学技术工作者的工作条件和生活条件，各级政府和部门也要为此做出努力，科技宣传工作要为此创造良好的舆论环境。

第二届全国十佳少先队员评选揭晓

评选由共青团中央、全国少工委和中央电视台联合举办。

他们是：品学兼优、全面发展的上海市向明中学少先队员张琳；战胜逆境、奋发向上的哈尔滨铁路第一小学少先队员季洪波；奋不顾身、抗洪抢险的安徽省金寨县古碑区双石乡中学少先队员熊俊峰；勇于实践、立志兴农的浙江省诸暨市越山乡中心小学少先队员张潮；热爱科学、乐于创造的广东省广州市第二中学少先队员林涛；意志顽强、刻苦学习的江苏省南京市第27中学少先队员周婷婷；勤奋求知、永不满足的湖南省长沙市西湫湾路小学少先队员陈俊；勤劳俭朴、自强自立的山东省肥城县孙伯乡南栾村小学少先队员武文梅；兴趣广泛、好学不倦的四川省甘孜藏族自治州康定县回民小学少先队员意娜；坚持训练、勇攀高峰的北京市西城区第二实验小学少先队员史琳。

10月12日

国家主席杨尚昆在人民大会堂会见由印度尼西亚人民协商会议主席兼国会议长卡里斯·苏胡德率领的印尼议会代表团

姬鹏飞在钓鱼台国宾馆会见以李兆基为团长的香港培华教育基金代表团

中宣部等联合印发《关于开展“爱惜粮食、节约粮食”宣传周活动的宣传提纲》

中共中央宣传部、商业部、农业部、轻工部最近印发《关于开展“爱惜粮食、节约粮食”宣传周活动的宣传提纲》。

宣传提纲如下：

一、中共中央、国务院最近发出通知，确定每年把“世界粮食日”所在周，作为“爱惜粮食、节约粮食”宣传周，这是一件具有历史意义和现实意义的大事。

1. 粮食是人类赖以生存的基本生活资料。我国的粮食总产量在较长一段时期内，始终居世界第一位。但我国也是世界上人口最多的国家，现在已达到11亿多人口，由于人口基数大，人均占有粮食水平低，而且增长缓慢，吃饭问题历来是中国的最大的问题。

2. 我们党和国家领导人，一贯重视对粮食的节约工作，对节约粮食作过很多重要指示，强调解决我国粮食问题必须坚持增产与节约并重的方针。去年7月15日，李鹏总理在给山西临汾铁路第二小学少先队的复信中指出：“现在社会上浪费粮食的现象确实是十分严重的。我国是一个有11亿人口，土地资源有限的国家。这几年粮食生产虽然有了一定的增加，但远远不能满足人民生活提高和社会发展对粮食的需求，粮食生产仍然是我国经济生活中一个薄弱环节。因此，大力提倡爱惜粮食、节约粮食，宣传、动员、教育大家都来节约粮食，是十分重要的。”李鹏总理赞扬了他们提出全国确定一个爱惜粮食日的建议，并号召在全国范围内开展一个节约粮食的活动，向一切浪费粮食的现象展开斗争。

3. 根据李鹏总理的指示，国务院决定每年把“世界粮食日”所在周作为“爱惜粮食、节约粮食”宣传周，更有其特殊的意义。1979年在联合国粮农组织第二十一届全体大会上，决定从1981年起，每年10月16日为“世界粮食日”，目的是唤起世界公众注意长期存在的粮食问题，鼓励各国努力发展粮食生产，促进各国在这方面的合作，为在本世纪内消除饥饿和营养不良而斗争。并提出让“粮食第一”成为世界人民的行动口号。鉴于中国的国情和粮情，更有必要在“世界粮食日”宣传、教育全国人民爱惜粮食、节约粮食。

二、开展节约粮食活动的意义重大。

1. 开展节约粮食活动是我国基本国情决定的。建国40多年来，特别是改革开放十多年间，我国粮食生产有很大的发展，到1990年全国粮食产量达到4350亿公斤，创历史最高纪录，基本解决了11亿人口的温饱问题，在占世界 7%的耕地上，养育了占世界 22%的人口，取得了举世瞩目的成就。40 年前，当时的美国国务卿艾奇逊曾经断言：中国政府无法解决众多人口的吃饭问题。现在事实进行了彻底的驳斥。

但是，应该看到，我国人均粮食占有量仍然是低水平的。1985 年以来，人口每年平均增加 1600 万人，耕地每年减少 500 万亩，粮食消费在不断增长，除口粮外，以粮食为原料的饲料、制酒、酿造等工业生产量也在发展，粮食消费量平均每年增加 50 亿公斤。到本世纪末，即使粮食产量达到 5000 亿公斤，人均占有粮食也就是 400 公斤。今后，随着人民生活由温饱型向小康型转变，对粮食的需求还将大幅度增加，我国粮食总供给与总需求的紧张状况在相当长的时期内不会得到根本改变。为保障国计民生的需要，国家每年都要拿出相当数量的外汇进口一部分粮食，以弥补缺口，实现收支平衡。

另一方面，目前我国实行购销倒挂的粮食价格政策，即：国家粮食收购价格高于销售价格，其目的是鼓励农民稳定发展粮食生产，保护消费者的利益，稳定市场，稳定物价，但增加了国家的财政负担。1990 年国家用于粮食的补贴达 400 多亿元，占财政收入的 14.5%。城市每销售 1 公斤平价粮国家要补贴 0.56 元。今年国家适当调整粮食统销价格后，每销售 1 公斤平价粮仍要补贴 0.40 元。国家每年直接用于城镇居民的粮食补贴，每人在百元以上。

因此，每人都要想到我国的粮食状况，想到国家为发展粮食生产、安排好人民生活所付出的巨大代价，应该自觉地爱惜粮食，节约粮食，支援“四化”建设。

2. 开展节约粮食活动，是储粮备荒的需要。今年我国部分地区遭受严重的洪涝、干旱、风雹等自然灾害，给灾区人民的生产和生活造成很大困难。仅安徽、江苏、河南、湖北、湖南、浙江、贵州、四川等八个重灾省因灾缺粮人口就达 9000 万人。对受灾人民的吃粮问题历来都是从两方面来解决，一方面国家有充足的粮食储备，党和政府完全有能力帮助灾区人民战胜灾荒。另一方面靠群众平时节约备荒。目前，国家已拿出相当数量的粮食救济灾民。今冬明春将继续努力妥善安排好灾区人民生活。非灾区人民和轻灾区人民也发扬团结互助精神，为党和政府分忧，为灾区人民解难，采取各种方式节约粮食支援灾区人民渡过难关。

我国地域广阔，每年都有局部地区发生自然灾害。从全国看，每隔三五年要发生一次较大的自然灾害。因此，在粮食问题上我们要居安思危，丰年不忘灾年，增产不忘节约。把节约粮食、储粮备灾作为一项长期的战略任务认真抓好。不仅国家要搞好粮食储备，集体、个人也要节约、储备粮食，以备荒年需要。“长将有日思无日，莫待无时想有时”，“手中有粮、心中不慌”。

3. 开展节约粮食活动，是加强社会主义精神文明的需要。勤俭节约、爱惜粮食，是中国人民的传统美德，也是建设“四化”的宝贵精神。“锄禾日当午，汗滴禾下土，谁知盘中餐，粒粒皆辛苦”这首古诗在今天，仍然具有教育意义。我们吃的粮食中，凝聚着几亿农民的辛勤汗水，还包含着全国 300 多万粮食职工，经过收购、调运、储存、加工等环节，最后到供应到居民手中付出的艰辛劳动。对劳动成果应该珍惜、节约。但是近年来随着经济的发展和人民生活水平的提高，粮食价格低廉，使一部分人忽视了粮食的价值，社会上节约粮食观念淡薄了，一方面国家拿出大量的资金对粮食进行补贴，另一方面粮食损失浪费的现象又十分严重。在食堂、饭店、食品加工车间、养猪场、垃圾场都可以看到浪费粮食的现象，有的浪费之严重，令人触目惊心。这不仅给国家造成了经济损失，而且使艰苦奋斗、勤俭节约的优良传统遭到破坏。开展节约粮食活动，就是要宣传教育全国人民，特别是青年一代，继承和发扬艰苦奋斗、勤俭节约的优良传统，弘扬爱惜粮食、节约粮食的民族美德，从而在全社会逐步形成“节约粮食光荣、浪费粮食可耻”的社会主义新风尚。

三、节约粮食潜力巨大。

目前，在粮食生产、储藏、运输、加工、消费各环节都存在着很大的节约潜力。据有关部门初步估计，在这些环节上损失浪费的粮食在 200 亿公斤以上。

1. 生产环节：目前我国粮食播种技术还很落后，如普遍推广精播技术，不仅能够增产粮食，而且可以节省粮种；如果粮食收获做到精打细收，颗粒归仓，全国一年可减少粮食损失 10 亿～15 亿公斤。

2. 储藏环节：目前，粮食部门露天存粮达 300 多亿公斤，而露天存粮损耗大大高于库房储粮损耗。尤其是我国粮食产量的 70%留在农民手中。由于农户储粮设施、技术简陋，虫、鼠害及霉烂损失严重。如普遍推广新型储粮设施，改进储粮技术，全国一年可减少粮食损失 100 亿公斤以上。

3. 运输环节：全国每年粮食平均运量达 1500 多亿公斤。在运输过程中，由于雨湿、撒漏、霉变等事故造成损失 0.1 亿公斤。如改进装卸设施，加强运输管理，一年也可节省大量粮食。

4. 加工环节：我国中小型粮油加工厂技术设备落后，如果全国粮油加工系统普遍采用先进技术和加工设备，可使粮食平均出品率提高 0.3%，一年可增产大米、面粉 2 亿公斤；食品工业年平均用粮 400 多亿公斤，如依靠科技进步，使落后企业达到行业内中上等水平，每年可节约粮食 5%至 10%；以粮食为原料的加工企业大搞节约代用和综合利用，节约粮食的潜力也是很大的。

5. 消费环节：我国有11亿人口，如果每人每月节约0.5公斤粮食，一年就是67.5亿公斤；通过调整酒类结构，控制耗粮高的白酒，特别是高度白酒的生产，多发展低度酒和非粮食酒。大力推广先进工艺技术，提高吨粮出酒率，降低吨酒耗粮。普及推广配合饲料，积极开发秸秆饲料，逐步代替直接用粮食喂养畜禽，节约粮食的潜力更大。

总之，开展节约粮食活动，大有文章可做。如果把各个环节的浪费减少到最低限度，全国可节约粮食200亿公斤。而生产200亿公斤粮食，按目前我国粮食综合生产能力，需要3000万亩耕地，并且要投入大量的人力、物力、财力。这在我国土地后备资源不足、农业投资有限、化肥供应紧张的情况下，是很难实现的，因此从某种意义上说，节约粮食也是增产粮食。

四、全民动员，广泛深入地开展节约粮食活动。

1. 广大城镇居民要发扬勤俭持家、爱惜粮食的好传统，注意在生活中节省每一粒粮食，自觉遵守国家粮食政策。学生和儿童要时刻牢记一粥一饭来之不易，在生活中不浪费一粒粮食，从小养成勤俭节约的好习惯。

2. 社会饮食行业要把节粮工作列为服务规范的内容。在开展服务过程中，劝导顾客吃多少买多少，不铺张浪费。机关、厂矿、学校、企事业等集体伙食单位，要制定节粮制度，加强检查监督，对随意抛食、浪费的行为进行必要的教育和批评。

3. 有关的部门要采取各种措施节约粮食。农业部门要大力推广精播技术，节约用种；粮食收获做到精打细收、颗粒归仓；发展草食型和节粮型畜禽，推广配合饲料和氨化秸秆饲料，逐步取代直接用粮食喂养畜禽。粮食部门要改善储粮设施，推广先进保粮技术，广泛开展"四无"粮仓活动，减少贮藏损失；改进粮食加工技术、设备，提高出品率；大力宣传计划用粮、节约用粮，引导科学消费；积极向农民传授保粮技术和保粮知识，指导农民搞好安全储粮。轻工部门要依靠科技进步和加强管理，降低工业用粮损耗；控制高度白酒生产，发展非粮食原料酿酒；搞好节约代用和综合利用。交通、铁路部门要提倡文明装卸、文明运输，减少运输过程中的粮食损失。

4. 教育部门和工会、共青团、妇联、街道组织要面向社会开展工作，结合各自特点举办各种形式的爱惜粮食、节约粮食主题活动。各新闻宣传单位应利用报刊、广播、电视、展览等多种形式，广泛进行国情、粮情和发扬艰苦奋斗、勤俭节约光荣传统教育。大造爱惜粮食、节约粮食的舆论和声势，使各行各业、各阶层群众自觉树立爱惜粮食、节约粮食的社会主义道德风尚。

5. 各级政府要加强对"爱惜粮食、节约粮食"活动的领导，统筹规划，全面安排，切实抓好。各部门各单位要指定专人负责这一工作。要把节约粮食作为精神文明建设的重要内容，列为评选先进单位和个人的条件，及时总结推广典型经验，表彰先进，促进后进，使"爱惜粮食、节约粮食"在全社会蔚成风气。

中共中央宣传部等联合发出爱惜粮食节约粮食宣传口号

中共中央宣传部、商业部、农业部、轻工部最近联合发出爱惜粮食、节约粮食宣传口号：

1. 崇尚节粮风气，弘扬民族美德。
2. 大力提倡计划用粮，节约用粮。
3. 爱惜粮食人人有责。
4. 节约粮食光荣，浪费粮食可耻！
5. 一粥一饭当思来之不易！
6. 请您珍惜每一粒粮食。
7. 要知盘中餐，粒粒皆辛苦！
8. 生命与粮食同在！
9. 爱惜粮食是中华民族的光荣传统。
10. 注重节粮教育，树立节粮意识。
11. 向各种浪费粮食的行为作斗争！
12. 手中有粮，心里不慌。
13. 要像抓生产粮食一样抓节约粮食。
14. 精打细收，颗粒归仓。

中央军委发布命令授予周丽平烈士"抗洪救灾模范"荣誉称号

中央军委发布命令，授予周丽平烈士以"抗洪救灾模范"荣誉称号。

《命令》说，周丽平是南京军区某部三连见习排长，浙江省丽水市人，1968年出生，1986年入伍，1991年6月入党。入伍后历任战士、副班长、班长、学员等职。1991年7月19日，在安徽省颍上县杨湖区执行抗洪救灾任务中，为抢救遇险的民船英勇献身。

《命令》号召全军广大干部战士要向周丽平烈士学习。

国务院总理李鹏出席深圳机场通航典礼仪式并剪彩

全国节能先进企业集体个人表彰大会在北京举行

江苏省暨南京市各界集会纪念人民教育家陶行知先生诞辰一百周年同时举行陶行知先生铜像揭幕仪式

第一届世界武术锦标赛在首都体育馆开幕

10月13日

国务院总理李鹏发表关于开展“爱惜粮食、节约粮食宣传周”活动的讲话

民进中央在北京举行会员先进事迹经验交流会

民进中央主席雷洁琼在开幕式上致词。雷洁琼说,在社会主义现代化建设中,在改革开放的洪流中,全会同志遵循中国共产党十一届三中全会以来的路线、方针和政策,以经济建设为中心,坚持四项基本原则,坚持改革开放,牢记自己是一名光荣的民进会员,是党的助手和诤友,在各自工作岗位上勤勤恳恳、艰苦创业、勇于开拓、无私奉献,作出了无愧于时代的贡献。据不完全统计,近几年全会在社会上获得各种荣誉称号的会员超过一万人次,有的同志在国际上为祖国赢得荣誉。参加这次交流会的同志可说是少长咸集,群英荟萃。中青年同志咬定青山不放松,衣带渐宽终不悔,风格不凡,老同志泊船未歇重操舵,桑榆晚景再映霞,壮志犹在,都是民进的骄傲。

雷洁琼说,贯彻两个文明一起抓的方针,贯彻依靠科技进步和提高劳动者素质的方针,对于实现第二步战略目标具有极为重要的意义。全会同志要深刻理解和牢固树立邓小平同志提出的“科技是第一生产力”的观点,推动全社会进一步形成尊重知识、尊重人才的良好风尚,迎接新技术革命的挑战。科学技术的基础是教育。党中央把发展教育事业、提高全民族素质,作为社会主义现代化建设的根本大计。全会成员绝大多数从事精神文明建设,其中大多数从事教育工作,一定要努力贯彻上述两个方针,为胜利实现纲要肩负起历史的重任。

国务院副总理朱镕基在上海调查研究

朱镕基于13日至15日,就搞好大中型企业问题在上海进行考察。

朱镕基在调查研究时指出:搞好国营大中型企业关键是要深化改革,转换企业经营机制,强化企业内部管理,同时要把经济工作真正转移到调整结构和提高经济效益的轨道上来。

朱镕基在上海大中型企业座谈会上充分肯定了中共上海市委、市政府认真落实中央工作会议精神,对搞好大中型企业所采取的一系列重要措施。朱镕基说:根据中央工作会议的精神,搞好大中型企业的关键是深化改革,扩大开放,抓好企业经营机制的转换。不转换机制,就是给了政策,减了税,让了利,企业也不一定能搞好。朱镕基十分赞赏上海第二纺织机械厂狠抓内部管理的经验,朱镕基说:二纺机从严治厂的经验,实际上是大庆“三老、四严”、“四个一样”精神的进一步体现。严格的管理,必须和企业分配制度挂钩,还要相应实行社会保障制度和企业破产办法。这才能把企业推向市场,形成自主经营、自负盈亏、自我发展、自我约束的新机制。

朱镕基指出,一个企业一定要有自己的拳头产品。朱镕基说,扭转现在国营大中型企业的困难状况,必须要调整产业结构、产品结构,开发新的产品,发展新兴产业,开拓新的技术领域,扩大新的销售市场。国务院生产办公室将要召开全国技术进步工作会议,部署现有企业的技术开发、技术引进和技术改造工作,采取宏观调控手段,在政策、规划、资金、外汇等方面支持企业进行产品的更新换代和结构调整。

朱镕基听取上海有关部门抓好清理“三角债”工作的汇报后指出,企业亏损、产品积压、投资缺口不解决,“三角债”问题就不可能从根本上解决。目前投资缺口已有所改善,对产品积压问题要继续抓好压贷挂钩,对那些不适销对路的产品,一定要压缩生产。对扭亏无望的企业,要实行关停并转。希望上海创造出好的经验来。

国务院副总理朱镕基在上海会见上海市市长国际企业家咨询会议的成员和代表并发表讲话

参加会见的来宾有咨询会议成员:美国国际集团公司董事长兼上海市市长国际企业家咨询会议主席格林伯格、英国通用电气公司董事长普赖尔、日本太阳神户三井银行前董事长神谷健一、美国大陆谷物公司总裁兼首席行政官斯特立、澳大利亚太平洋邓禄普公司董事总经理布拉斯、德国霍茨曼公司董事长贝克、荷兰帕科德公司董事长克里恩斯、瑞士汽巴嘉基公司执行董事巴曼、意大利菲亚特公司首席行政官盖洛、法国雷诺公司高级常务副总裁杜赛特,咨询会议顾问:中国国际经济咨询公司董事长经叔平、美国安达信公司远东地区总裁麦锐衡,以及联合国开发计划署、世界银行、亚洲开发银行、欧洲共同体、国际财务公司、日本国际协力开发基金、加拿大工业发展署向会议派出的观察员。

上海市市长黄菊、市政协主席谢希德和市政府顾问汪道涵,以及国务院发展研究中心高级研究员季崇威等也参加了会见。

朱镕基说:“我这次专程到上海来,给参加这次市长咨询会议的代表带来亲切的问候和诚挚的祝贺。三年前提出成立的市长咨询会议,对于上海贯彻改革开放的方针,促进上海与国际社会的广泛合作具有重要的意义。我很高兴地看到市长咨询会议在格林伯格先

生的领导下，发挥了很好的作用，提出了许多宝贵的建议，有的已经或者将要发挥重要的作用。”

朱镕基说：“朋友们可以看到上海在改革开放中发生了很大的变化，各项事业也在一日千里地向前发展，我相信上海的前途是非常光明、美好的。上海不仅是中国最大的城市，还将是太平洋西岸最大的经济、技术、贸易、金融中心。在描绘上海的蓝图和构筑未来的事业中，包含着诸位朋友们的贡献，也将成为诸位在自己今后事业中值得永远记忆的事情。”

天津市长聂璧初在北京人民大会堂向中外记者郑重宣布天津港保税区建成正式招商

目前，中国北方最大的、符合现代国际经济发展要求的天津港保税区正式建成，并从即日起正式开始招商。

经国务院今年5月12日批准设立的天津港保税区，占地1.2平方公里，将引进国内外从事国际贸易的机构及外向型仓储、运输、包装、加工企业，为扩大对外贸易，拓展转口贸易、过境贸易和出口服务。聂璧初说，天津港保税区作为中国改革开放一个新的窗口，将实行比现有经济特区、经济技术开发区更加灵活、更加优惠的政策，保税区逐步建设成为同国际市场紧密联系、按照国际经济惯例运作、具有自由贸易区性质的特定区域。

天津港保税区将实行进口保税，即凡进入这一区域的进出口物资，被视同“境内关外”对待，从而便利各国商人进行转口货物的储存、分类、包装、挑选、标签、简单加工，便利我国急需进口货物的储存、分拨和进出口货物的装船前的分选、改制、再加工和精细包装。此外，保税区还可以进行国际贸易活动和金融业务。根据天津市人民政府日前公布的《天津港保税区管理办法》等4个法规，在保税区内的外商投资企业和内资企业除享受特区政策外，还可享受各种优惠，例如，凡涉及进口许可证的货物，从境外运入保税区，可免领进口许可证，并免征关税。

徐特立铜像在广州六十二中学揭幕

10月14日

国务院总理李鹏在深圳听取中共深圳市委工作汇报时发表讲话

我上一次来深圳是在去年二月。一年多来，深圳又发生了很大变化，再次证明小平同志倡导的改革开放、兴办特区的政策是完全正确和十分成功的。深圳的发展充分显示了四个“窗口”的作用。有的同志讲，特区还应该是宣传祖国文化和精神文明的“窗口”，是对外显示社会主义优越性的“窗口”。这个提法很好。总之，深圳取得了很大成绩。

深圳今后的发展方向

要重视发展高科技产业，这是一个大题目。深圳已经经历了一个较长的发展时期，每个阶段都有不同的发展重点。开始搞旅游业，后来搞“三来一补”，再后来逐步建立了自己的加工工业。现在到了要更加重视发展高科技产业的时候了。深圳在这方面有许多优势，一是毗邻港澳，华侨众多，对外联系方便，有利于吸收国外先进技术。二是国内有许多发明创造停留在实验室中，没有转化为现实生产力，因为缺乏好的环境和条件，而在深圳具备条件。发展高科技产品也要适销对路。否则，搞出来的产品只能自我欣赏，没有经济效益就很难有生产力。当然，不是说深圳要丢掉现有的旅游业和加工业。这些还要继续发展，提高档次和效益，但同时要逐步加大高科技产业的比例。

要大力发展第三产业

深圳的“锦绣中华”、“中国民俗村”，就是属于旅游业。要通过办旅游业，吸引更多的国内游客到深圳，看看改革开放的成果，增强改革开放的意识；同时，也吸引更多的港澳同胞、海外侨胞和外国朋友来观光。第三产业还包括金融、运输、信息、商业、外贸等。当前我们面临着国外施加的经济压力，必须发展对外贸易市场多元化。希望深圳用自己的特殊条件，在对外贸易市场多元化方面做出贡献。当然，发展对外贸易市场多元化，并非一朝一夕就可以做到的。但是只要朝这样的目标坚持走下去，多年之后必有成效。

深化改革，进一步扩大对外开放，是我们坚定不移的方针。我们要继续改善投资环境，欢迎外商来办厂。但要注意两条，一是不能盲目上项目，要有选择，要符合国家的产业政策，要多搞些高科技的、外向型的，要有国外市场。二是加强对外资企业的管理，防止偷税漏税，高进低出，转移利润。要把这两条提到进一步搞好对外开放的议事日程上来。

第三产业也包括股票市场。搞经济建设，应该吸引人民手中的一部分资金作为一个投资来源，以加快经济发展，反过来又改善人民生活，这是取之于民用之于民。集资形式有多种，发行股票是其中的一种，不需付利息，可以促使企业建立优胜劣汰的机制，但也有风险。根据资本主义国家的实践，股市带有很大的投机性。我们要避免股份向少数人集中，要防止出现投机行为。如何做到既发展股市，又避免产生操纵股市的投机行为，这是一个很值得研究的问题。总之，发股票问题上，既要运用市场调节的办法，又要受计划的控制，使股票控制权掌握在国家手中。深圳作为建立股票市场的试点，希望在这方面取得经验。

要积极开拓对外贸易

我们对外贸易体制今年作了很大的改革，从过去由国家财政给出口企业补贴改为企业自负盈亏，从今年的运行情况看，换汇成本有所下降，出口量有所增加，出口产品质量有所提高，实践证明改革是成功的。深圳作为一个口岸，只要继续努力，降低成本，提供优质服务，开拓新的市场，出口是会大发展的。

中央把深圳作为对外的窗口，深圳毗邻香港，建设好，会对香港的稳定和繁荣起到很大作用。

香港《紫荆》杂志发表国务院总理李鹏在深圳的讲话

国台办发言人唐树备就台湾“民进党”将建立“台湾共和国”列入该党党纲一事发表谈话

台湾省“民进党”中一部分顽固推行“台独”路线的人，继今年 8 月 25 日炮制出“台湾宪法草案”后，又在 13 日操纵“民进党”五全大会通过决议，将建立“台湾共和国”列入党纲，明目张胆地进行分裂国土的活动。我们对此表示严重关注。

中国政府对于少数“台独”分子的分裂活动，曾多次发出警告，奉劝他们悬崖勒马，立即停止“台独”活动。如果他们置若罔闻，一意孤行，继续进行分裂民族、出卖国土的勾当，中国政府不会坐视。

中国只有一个，台湾是中国神圣领土不可分割的一部分，这是国际社会早已公认的事实，根本不存在什么“以公民投票方式选择决定”的问题。极少数“台独分子”打着“公民投票”的幌子，行“台湾独立”之实，这完全是违背台湾人民意愿的，是不得人心的。

我们注意到，“民进党”内对于是否将建立“台湾共和国”列入党纲，存在着歧见，这说明此一行径并不代表全体“民进党”党员的意志。我们深信，包括台湾同胞在内的全体中国人民，绝不会容忍这一小撮“台独”分子的倒行逆施，他们的图谋是不会得逞的。玩火者必自焚。我们希望台湾当局不只是在口头上而真正在行动上坚持“一个中国”的原则，从民族大义出发，为两千万台湾同胞的利益着想，采取切实有效的措施，制止“台独”势力的蔓延。

中共中央总书记江泽民中顾委副主任薄一波等在人民大会堂会见全国轻工集体企业第四届职工代表大会代表

第二届“中国十大杰出青年”颁奖仪式在人民大会堂举行

中顾委常委杨得志、全国人大常委会副委员长雷洁琼、全国政协副主席卢嘉锡、团中央第一书记宋德福等为十大杰出青年颁发奖章和证书。

第二届“中国十大杰出青年”评选活动，由中华全国青年联合会、中国青少年发展基金会和首都 10 家新闻单位联合举办。

十大杰出青年是乌力吉、朱重庆、李志军、杨露、杨建秋、张奇、张喜武、林莉、周林、贺学禹。

国家工商局提出支持搞好国营大中型企业具体措施

国家工商局副局长卞耀武提出具体措施，主要有：

——促进企业组织结构和产业结构的调整。

——积极组织培养市场体系。

——坚持建立和维护正常的经济秩序。

中共中央总书记江泽民在中南海会见泰国前外长西提·沙卫西拉

外交部部长钱其琛在钓鱼台国宾馆同哥伦比亚共和国候补总统外交部部长路易斯·费尔南多·哈拉米略举行正式会谈

钱其琛说，中哥两国有许多共同点，两国的根本利益是一致的，这是两国关系顺利发展的坚实基础。

钱其琛还代表中国政府对哥伦比亚政府向中国遭受水灾地区表示的同情并提供援助，以及在恢复中国在关贸总协定中合法地位问题上的明确支持表示感谢。

哈拉米略说，哥中两国都是发展中国家，两国自建交以来保持着密切的政治关系，在技术转让、科技交流及互换产品等方面有着很大的潜力。哈拉米略对中国在港口疏浚等方面向哥伦比亚所提供的援助表示感谢。

两国外长还就明年将在哥伦比亚举行的第八届贸发会议、联合国改革及地区形势等的国际问题交换意见。

东部地区公共行政组织第十四届大会在北京举行

会议以“推进行政改革提高行政效率”为主题。来自 24 个国家、地区和国际组织的 200 多位代表出席会议。

东部地区公共行政组织是亚太地区国家在政府行政管理方面的一个区域性国际组织，由亚太地区 13 个国家以及世界范围的 73 个行政管理学术团体、研究机构和众多知名学者组成。

开幕式上，东部地区公共行政组织秘书长罗尔·德·古斯曼在致词中说，本届大会确定以“推进行政改革，提高行政效率”为主题，是为了适应不断变化的国际形势需要，以确保各国社会、政治和经济的发展。

中国人事部部长赵东宛在欢迎词中指出，一个国家发展的快慢，不仅仅取决于资源、交通等国家管理活动的枢纽，其管理水平和效率的高低，对国家的各项事业的发展起着至关重要的作用。

开幕式上，上届主席、尼泊尔政府人事部部长帕莫·拉吉·巴斯亚特代表东部地区公共行政组织向公共行政管理领域杰出人士泰国的阿玛拉·拉克萨萨塔亚，澳大利亚的亚历山大·库兹明，中国的张志坚、夏书章授奖。

人事部副部长张志坚在东部地区公共行政组织第十四届大会上作《推进政府机构与人事制度改革，提高行政效率》的主题发言

张志坚提出，行政改革属于上层建筑领域内的改革，必须与经济体制改革的进程相适应，并为经济体制改革起保证作用。

张志坚指出，任何改革都不能脱离本国的历史文化传统和社会制度的特点。中国实行的是社会主义制度，其行政改革和其它改革一样，是社会主义制度的自我完善和发展。

张志坚认为，改革是否成功，不仅取决于改革的方针原则是否正确，还取决于改革是否有一个稳定的社会环境。没有一个稳定的环境，不但正确的改革措施难以出台，已经取得的成果也会失掉。

张志坚说，各国在长期的行政管理实践中都积累了许多经验。这些科学的管理经验，是人类的共同财富，是可以相互借鉴的。事实上，各国的改革都要借鉴别国的一些有益的经验，这样做可以少走弯路。

第二十七届亚洲及太平洋地区民航局长会议在北京举行

31个国家和地区的100多位代表出席会议。国务委员兼外交部长钱其琛在开幕式上发表重要讲话。

钱其琛说，世界经济是一个相互联系、相互依存的整体。民航事业是一个世界性的事业，也需要各国间的协调与合作。中国是发展中国家，我们正沿着有中国特色的社会主义的道路向前迈进，愿意在民航领域内加强与各国间的合作与交流。

中共中央总书记江泽民中央军委副主席刘华清等在人民大会堂会见武警部队基层建设先进集体先进个人代表会议代表

国家环保局局长曲格平在哥本哈根举行的生态可承受的工业发展部长级会议上发言

国务院中央军委发布《关于授予钱学森同志“国家杰出贡献科学家”荣誉称号的命令》

国防科工委：

钱学森同志是我国著名科学家。他早年在空气动力学、航空工程、喷气推进、工程控制论等技术科学领域做出许多开创性的贡献。一九五五年九月，在毛泽东、周恩来等老一辈无产阶级革命家的关怀下，他冲破重重阻力，离开美国回到社会主义祖国。一九五九年八月，他光荣地加入了中国共产党。数十年来，他以对祖国、对人民的无限热爱和忠诚，满腔热忱地投身于我国国防科研事业，为我国火箭、导弹和航天事业的创建与发展做出了卓越的贡献。他潜心研究的工程控制论，发展成为系统工程理论，并广泛地运用于军事运筹、农业、林业，乃至整个社会经济各个领域的实践活动，在我国现代化建设中发挥了重要作用。在发展系统工程理论与实践方面，是我国科技界公认的倡导人。他一贯努力学习马克思主义、毛泽东思想，坚持运用马克思主义哲学理论指导科学活动。他热爱中国共产党，热爱社会主义祖国，热爱人民，充分体现了新中国知识分子的高尚品德，他是我国爱国知识分子的杰出典范。

为了表彰钱学森同志全心全意为人民服务，为祖国科技事业的发展所做出的卓越贡献，国务院、中央军委决定，授予钱学森同志“国家杰出贡献科学家”的荣誉称号。

国务院、中央军委号召广大科技工作者向钱学森同志学习，学习他崇高的民族气节、严谨的科学态度、朴实的工作作风。像他那样忠于党、忠于社会主义祖国、忠于人民；像他那样坚持运用辩证唯物主义和历史唯物主义的科学世界观、方法论指导科研工作；像他那样勤勤恳恳，艰苦奋斗，顽强拼搏，无私奉献，为发展和繁荣我国科技事业，推进社会主义现代化建设，做出新的贡献。

科学技术是第一生产力，是推动经济和社会发展的强大力量。各级领导干部都要继续认真贯彻落实党的知识分子政策和发展科技的方针，以对党对人民高度负责的精神，关心爱护和大力培养科技队伍，造就更多的世界第一流的科学技术专家，为在全社会进一步形成尊重知识、尊重人才的良好风尚而努力奋斗。

国务院总理 李　鹏

中央军委主席 江泽民

一九九一年十月十四日

中共中央总书记江泽民会见香港培华教育基金会代表团

江泽民在中南海会见由主席李兆基及监事霍英东

郑裕彤率领的香港培华教育基金会代表团。

江泽民重申，中国将继续实行改革开放政策，不管国际风云如何变幻，这个政策今后不会改变。江泽民说，1997 年香港回归祖国以后，香港仍然保持资本主义制度。大陆的社会主义制度不仅不会妨碍香港的资本主义制度，而且还有利于香港的经济发展。香港同内地千丝万缕的联系对双方的经济发展都有利。

江泽民向客人们介绍大陆抗灾救灾的情况，并再次感谢港澳、台湾同胞及海外华侨、华人对灾区人民的捐助。

国家主席杨尚昆会见香港培华教育基金会代表团

新闻出版署在北京举行首届全国优秀美术图书奖颁奖大会

国家安全机关破获一批台湾国民党特务案件

今年以来，国家安全机关破获了一批台湾国民党特务案件。

上海市国家安全局破获台湾国民党特务陈麟发案。陈麟发是上海市人，1989 年去台湾探亲期间，国民党特务机关设下圈套，诱使陈麟发参加特务组织，要他回大陆选择时机进行破坏活动。陈麟发回上海以后按照特务机关的布置，散布谣言，向上海市的高等院校和工厂投寄反动宣传品，煽动群众闹事。国家安全机关逮捕陈麟发时缴获了他从事特务活动的证据。

上海市国家安全局还破获台湾国民党特务周笃文案。周笃文现年 51 岁，是上海市的工程师，1989 年去国外探亲时，被台湾国民党特务机关策动参加特务组织，指使他回大陆长期潜伏，搜集情报，发展特务组织。周笃文回国后积极进行特务活动，今年 8 月被捕获。

福建省国家安全机关破获派遣特务李赞发案。李赞发是台湾居民，国民党军事情报局金门站特务，多次以台胞身份潜入大陆活动，任务是进行反共宣传，发展特务组织。李赞发在福建省惠安县发展他的侄子李庆林参加特务组织。在确凿证据面前，李赞发如实交代他的特务活动。福建省国家安全机关已将他解送出境。

广东省国家安全厅破获潜伏特务何丽冰案。何丽冰是广州市居民，去境外探亲期间被台湾国民党军事情报局策反，参加所谓“国民党三民主义大同盟”。特务机关派她回广州市潜伏，搜集情报。何丽冰回广州后积极从事特务活动，多次与特务机关联络，密报情报。

10 月 15 日

国务院总理李鹏致信钱学森祝贺他荣获国务院中央军委授予的“国家杰出贡献科学家”荣誉称号和一级英雄模范奖章

贺信说，新中国建立初期，学森同志和许许多多爱国知识分子一样，冲破重重阻挠，返回祖国参加社会主义建设。他热爱中国共产党，热爱社会主义，热爱人民。为发展我国科学技术事业，特别是国防科技事业作出了杰出贡献。学森同志所一贯表现的崇高民族气节、严谨科学态度、朴实工作作风，以及坚持运用马克思主义哲学指导科研工作和社会活动的精神，特别值得广大科技工作者学习。学森同志是我国知识分子的杰出代表；他的高尚情操充分体现了中国知识分子的优秀品德。

贺信说，我相信，我国广大科技工作者定会以钱学森同志为榜样，在以江泽民同志为核心的党中央领导下，在伟大的爱国主义和社会主义旗帜下，奋发努力，战胜困难，做好工作，把社会主义建设事业推向前进。

中央军委原副主席聂荣臻致信钱学森祝贺他荣获“国家杰出贡献科学家”荣誉称号和一级英雄模范奖章

台湾民主自治同盟主席蔡子民就台湾民进党把“台独”纳入党纲发表谈话

蔡子民说，“民进党”五全大会把“台独”条款纳入党纲是数典忘祖，背离了台湾人民爱国斗争历史传统，又违反家乡绝大多数父老兄弟姐妹的心意。

蔡子民说：“台盟盟员身在大陆，心系故乡，对台湾人民夺得正当民主权利屡屡欣喜，但对把台湾从大陆分裂而独立的企图将给台湾人民带来重大祸害颇感担忧。‘民进党’内少数台独分子对此应负政治责任。‘民进党’内有识之人士很多，希望他们删除分裂国土的党纲条文。台湾当局对如此恶化的事态应采取果断措施加以挽回。”

蔡子民说：“我们呼吁台湾乡亲们，切切不可上‘民进党’内极少数人的当，否则吃亏的还是老百姓。希望大家考量中国全局和世界格局，在一个中国的前提下谋求 2000 万台湾人民和 11 亿大陆人民的共同福祉，选择祖国和平统一的道路。”

《人民日报》发表评论员文章《全面分析增强信心——再谈进一步搞好国营大中型企业》

国务院副总理田纪云在广东考察

田纪云 15 日至 20 日在广东省和当地有关方面负

责人的陪同下，先后考察了珠海市西部经济开发区、广州市南沙经济开发区和中山高新技术开发区等地，听取各有关方面的汇报，并察看了一些开发建设项目。

田纪云视察开发区工地、三灶旧机场和金海岸海滨浴场等地。田纪云说，经济开发区走自筹资金开发建设的路子对头。

田纪云在香港知名爱国人士霍英东的陪同下考察了广州南沙经济开发区。田纪云视察了正在兴建中的货运深水港和其它建设设施，并就开发建设规模和围海造地等情况进行详细了解。田纪云副总理指出，目前，国家建设资金有一定的困难，依靠引进资金建设经济开发区，会促进开发区的建设和发展。

田纪云还考察了由国家科委、广东省和中山市联合兴建的中山高新技术开发区。

考察期间，田纪云副总理还参观了第70届中国出口商品交易会等地。

国家主席杨尚昆在钓鱼台国宾馆会见哥伦比亚共和国候补总统外交部部长路易斯·费尔南多·哈拉米略

中日友协名誉会长王震在人民大会堂会见日本社会党议员辻一彦及其率领的三江平原考察团

王震在会见中说，日本的繁荣富强不会对中国构成威胁，同样，中国的繁荣富强也决不会对日本构成威胁。

全国人大常委会委员长万里在人民大会堂会见由主席罗伯特·温曼率领的加拿大议会加中友好小组代表团

日本首相海部俊树在东京首相官邸会见国务院副总理兼国家计委主任邹家华

在谈到中日关系时，邹家华表示，明年是中日邦交正常化20周年，20年来两国关系得到了很好的发展。这是两国政府共同努力的结果。海部首相今年8月访华，使两国关系全面恢复正常。

海部表示，双方应该利用日中邦交正常化20周年之际，把日中友好合作关系推向一个新的阶段。双方应该不断努力，使两国的传统友谊日益增进，使两国友好关系永久地发展下去。海部回忆了8月间访问中国的情景，并说，通过访华进一步了解到中国的改革开放政策得到了全体中国人民的广泛支持。

在谈到这次访日时，邹家华说，这次主要是参加两国民间团体共同举办的“中日科学技术交流研讨会”。他表示，中方愿意在目前两国关系的基础上，进一步扩大在科学技术方面的合作。这对两国经济的长远发展会起到推动作用。

海部表示，举行“日中科学技术交流研讨会”还是第一次，希望能够取得积极成果。两国要加强在高技术领域的合作，这种合作很有意义。这是面向21世纪，发展两国合作关系的一个重要方面。他表示，这种讨论会开始固然重要，持续下去更为重要。

《中华人民共和国政府与美利坚合众国政府关于进口航空产品适航审定批准或认可协议》互换外交照会确认生效

这是中美两国政府级第一个有关适航的重要协议。

中美两国适航当局即中国民用航空局和美国联邦航空局将在适航标准、审定制度上，展开充分的交流与合作，今后中美之间的民用航空产品进出口时，进口国适航当局对进口的民用航空产品提出的附加要求，出口国适航当局应在适航审查中予以满足。中美两国民航当局还将在飞行安全、空中交通管制、航空保安等方面发展合作关系，以促进两国的民用航空营运安全和航空产品进出口贸易的发展。

中国代表团团长李贵鲜在曼谷举行的国际货币基金组织和世界银行第46届年会上发言

中国人民武装警察部队在北京召开表彰大会

大会给在基层建设中作出突出贡献的10个中队和4名个人授予荣誉称号。

国务院总理李鹏在北京会见参加广交会的港澳台同胞

李鹏在会见时说，改革开放有力地推动中国的社会主义现代化建设，党和政府将把这项政策坚定不移地贯彻下去。

李鹏说，今天是第70届广交会开幕的日子，广交会对促进我国的经济发展、扩大对外贸易以及和国外的经济、技术合作起了重要作用，这与港澳同胞、台湾同胞的合作和支持是分不开的。今后，希望大家继续合作和支持，使广交会继续办下去，并且越办越好。

李鹏说，香港是个很重要的地区，1997年后，实行一国两制，仍然保持资本主义制度，继续保持世界贸易、金融、交通的中心地位，保持稳定和繁荣。

李鹏说，台湾当局近两年实行了一些有利于两岸沟通的政策。但是，现在一小部分“台独”分子企图分裂祖国的活动是违背海峡两岸人民意愿的，任何企图分裂祖国的阴谋是不会得逞的。

中国农业科学院在国际上首次育成抗黄矮病的普通小麦优良品系

中国农科院作物育种研究所辛志勇、徐惠君、植物保护研究所周广和与澳大利亚联邦科工组织种植业研究所共10多位科研人员，经过6年研究，在国际上首次成功地将黄矮病抗性基因从中间偃麦草导入普通小麦，育成了中间偃麦草易拉系。

专家们认为，这批普通小麦新品系开拓了一个融常规育种、染色体工程、组织培养和分子生物学于一体的导入外源优良性状的育种新路子，达到了国际领先水平。

纪念辛亥革命八十周年国际学术讨论会在武汉市武昌举行

第3届中国吴桥国际杂技艺术节在石家庄举行

10月16日

中共中央总书记江泽民在授予钱学森“国家杰出贡献科学家”荣誉称号和一级英雄模范奖章仪式上发表讲话

今天，我很高兴参加授予钱学森同志“国家杰出贡献科学家”荣誉称号和一级英雄模范奖章的仪式。我代表党中央、国务院、中央军委，向钱学森同志表示祝贺。并借此机会，向为祖国的社会主义建设做出巨大贡献的广大科技工作者，表示亲切慰问和衷心感谢。

钱学森同志获得“国家杰出贡献科学家”荣誉称号，是当之无愧的。这不仅是钱学森同志个人的光荣，也是全国科技工作者的光荣。同时，也是我们党、国家和人民对作为第一生产力的科学技术的高度尊重的具体体现。

钱学森同志是我国杰出的科学家，在国内外享有很高的声誉。他在技术科学的许多领域做出了卓越的贡献。特别是在老一辈无产阶级革命家的领导下，钱学森同志以他渊博的知识和对人民事业的热忱，为组织领导新中国火箭、导弹和航天器的研究发展工作发挥了重要作用。

钱学森同志是一位具有高尚的爱国主义精神，坚定不移地为社会主义事业奋斗的战士。钱学森同志早年在美国学习和工作，成为国际知名学者，拥有优裕的工作和生活条件，但他在新中国成立不久，冲破重重阻力，毅然回国参加建设，表现了崇高的民族气节，表现了对新生的社会主义事业的向往和热爱。他几十年来坚持用马克思主义指导自己的研究工作和社会活动，无论在何种政治风浪下，始终忠于党、忠于人民、忠于祖国的科技事业和社会主义事业。完全可以说，钱学森同志是我国爱国知识分子的典范，他的经历体现了当代中国知识分子追求进步的正确道路。

在新的历史时期，我国知识分子担负着重要的历史使命。贯彻执行党的“一个中心、两个基本点”基本路线，不断提高综合国力和改善人民生活，就必须紧紧依靠科技进步来带动和促进我国经济的发展。广大科技工作者，在建设有中国特色的社会主义道路上任重而道远。

我们大家都要向钱学森同志学习，学习他严谨的科学精神，学习他崇高的民族气节和优秀品格。希望科技工作者特别是青年科技工作者，自觉地增强民族自尊心和自豪感，坚定社会主义信念，为祖国的社会主义现代化建设贡献全部力量。同时，要像钱学森同志那样，自觉地运用马克思主义的世界观、方法论指导科研工作和其他活动，在科学技术的实践中努力进取，锐意创新，不断有所发现，有所发明。

同志们，在党中央、国务院和中央军委领导下，在伟大的社会主义和爱国主义旗帜下，只要我们继续发扬独立自主、自力更生、艰苦奋斗、无私奉献和大力协同的精神，我国的科学技术和国防科技事业一定会有新的发展和光明的前景。

中国科协主席钱学森在被授予“国家杰出贡献科学家”荣誉称号和一级英雄模范奖章授奖仪式上讲话

我认为今天科学技术不仅仅是自然科学工程技术，而且是人类认识客观世界、改造客观世界的整个知识体系，而这个体系的最高概括是马克思主义哲学。我们完全可以建立起一个科学体系，而且运用这个科学体系去解决中国社会主义建设中的问题。

我这算不得讲话，只是想利用这个机会，表达一下自己的心意。

我所做的一切，都是在各位领导同志的正确领导和有效组织下，在同志们的帮助下才取得成功的。所以我首先要感谢在座的各位老的领导、新的领导，没有你们的领导，我是做不成的。我还要感谢在座的曾经和我一起工作过的同志们，没有你们的帮助和支持，我也会一事无成。同时，我还要感谢今天在座的医务工作人员。因为几十年来，我能为党工作，身体健康，没有你们的精心照顾也是办不到的。我今天能站在这里讲话，头脑还清醒，那就是你们的功劳。

所以，刚才各位领导讲我钱学森如何如何，那都是千千万万人劳动的成果啊。我本人只是沧海之一粟，渺小得很。真正伟大的是中国人民，是中国共产党，是中华人民共和国！

我这个人本来很少想过去，总是忙眼前的事，而且还经常考虑未来。看到授予我荣誉称号通知后的这几天，我才想想过去，真是思绪万千！

（一）

我首先想到的，是老一代的无产阶级革命家，没有他们领导中国人民取得新民主主义革命的胜利，那么快地建立中华人民共和国，恐怕我今天还流落异乡，饮恨终身。老一辈革命家中，直接领导我的工作的是周恩来总理和聂荣臻元帅，我永远不会忘记他们，如果不是周总理在十年动乱的岁月里，费尽心力保证我的安全，恐怕今天我已不在人世了。聂荣臻元帅在60年代初生活困难时期，想方设法解决科技人员的生活供应问题，给我们送来了"特供"。每念及此，我的心情就很不平静。所以，没有老一辈革命家的领导，我们不可能取得今天这样的成就。

再者，如果没有我工作过的单位的领导同志对我工作、生活的关怀和指导，我也做不出什么成绩来的。刚回国时，我在中国科学院工作。今天在座的有张劲夫同志，那时您是中国科学院的副院长，是我的领导。我一直记得，在50年代，您每个星期六上午组织我们这些不是党员的所长座谈，领会中央的方针政策。有十来个人参加，先让我们发言，大家敞开思想讲，然后您用30分钟作总结发言。每星期六的这个会，我受益匪浅，至今记忆犹新。我又想到郭沫若同志，我们的老院长。他若发现我们这些人有什么思想问题，有什么政策问题搞不清楚，郭老就找一个下午，亲自给我们作报告。

郭老知识渊博，他的报告可不寻常，从古到今，从中到外，什么都谈，讲着讲着还爆发了诗兴，作诗赋词。听完郭老的报告，我们这些人心里有什么疙瘩也解开了。所以，在科学院这几年的工作，我是很幸福的。

后来我到国防部第五研究院工作，也就是后来的七机部、航天部，现在的航空航天工业部。党和国家给我这个任务，说实在的，开始我心里也没数。在美国，我懂一点导弹、卫星的事，但也没有真正发射过导弹、卫星，怎么办？只好和大家商量。当时南苑的一院，长辛店的三院，家属宿舍都未盖好，科技人员们只好每星期六下午坐班车回阜成路的大院的家，星期一早上又乘班车去上班。于是我想了一个办法，每个星期天下午把各个型号的技术负责人请到我宿舍去讨论问题。总工程师都畅所欲言，这对明确许多问题、解决问题起了很大作用，对我也是很大的帮助。直到今天我仍住在这几间房子里。它使我常常回忆起那个时代每星期天下午的会。

1970年我调到国防科委，即现在的国防科工委。国防科委的几代领导对我的工作、生活的安排，是很关心、很细致的，对我也是很爱护的。我至今仍在国防科工委办公，这里有一个理想的办公环境，国防科工委机关整个工作系统组织得是很好的、很有效的。所以我对于国防科委、国防科工委几代领导非常感激，永志不忘。

（二）

说起旧事，我还非常怀念我的母校北京师大附中。我从1923年至1929年在北京师大附中念书。大家可以想想，从1923年至1929年，当时的旧中国和旧北京是个什么样子。在那样一种艰难困苦的年代，办学真不是一件易事。但是北京师大附中当时的校长（那时称"主任"）林励儒先生确把师大附中办成了一流的学校，真是了不起。我今天说了，恐怕诸位还不相信，那个时期高中分一部、二部，一部是文科，二部是理科，我在理科。高中毕业时，理科课程已经学到我们现在大学的二年级了。所以，北京师大附中在那个时候办得那样好我是很怀念的。

下面我还要利用这个机会表示对我的爱人蒋英同志的感激。我们结婚已经44年了，这44年我们家庭生活是很幸福的。但在1950年到1955年美国政府对我进行迫害的这5年间她管家，蒋英同志是做出了巨大牺牲的，这一点，我绝不能忘。我还要向今天在座的领导和同志们介绍，就是蒋英和我的专业相差甚远。我干什么的大家知道了。蒋英是干什么的？她是女高音歌唱家，而且是专门唱最深刻的德国古典艺术歌曲。正是她给我介绍了这些音乐艺术，这些艺术里所包含的诗情画意和对于人生的深刻的理解，使得我丰富了对世界的认识，学会了艺术的广阔思维方法。或者说，正因为我受到这些艺术方面的熏陶，所以我才能够避免死心眼，避免机械唯物论，想问题能够更宽一点、活一点，所以在这一点上我也要感谢我的爱人蒋英同志。

（三）

最后我要表达一下，在今天这么一个隆重的场合，我心情到底怎么样。如果说老实话，应该承认我并不很激动。怎么回事？因为我这一辈子已经有了三次非常激动的时刻。

我第一次激动的时刻是在1955年，当时我到美国已经20年了。我到美国去，心里只有一个目标，就是要把科学技术学到手，而且要证明我们中国人可以赛过美国人，达到科学技术的高峰，这是我的志向。我跟美国的好朋友都不客气地说，虽然当时中国是个苦难的国家，我中国跟你美国不能比，但是我钱学森这个中国人论单个，人比人，就要跟你们比赛。那么后来呢，我师从全世界闻名的权威、工程力学和航空技术的权威冯·卡门。他是一位使我永远不能忘记的恩师，他教我掌握了现代科学技术的观点和方法。到1955年夏天的时候，我被允许可以回国了。当我同蒋英带着幼儿园年纪的儿子、女儿去向我的老师告别时，手里拿着一本在美国刚出版的我写的《工程控制论》，还有一大本我讲物理力学的讲义。我把这两本东西送到冯·卡门老师手里，他翻了翻很有感慨地跟我说："你现在在学术上已经超过了我。"这个时候他已74岁了。我一听他这句话，激动极了，心想，我20年奋斗的目标，现在终于实现了，我钱学森在学术上超过了这么一位世界闻名的大权威，为中国人争了气。我激动极了。这是我有生以来第一次这么激动。

后来乘船回国，船经菲律宾的马尼拉时停下来，上来一个美联社的记者。这个记者头一句话就问我是不是共产党。我对这个家伙没好气，我说："共产党人是人类最崇高的人，我还够不上共产党员的资格呢！"那位记者见捞不到什么，只好灰溜溜地走了。但是，仅仅4年以后，在建国10年的时候，我被接纳为中国共产党的党员。这个时候我心情是非常激动的，我钱学森是一个中国共产党的党员了！我简直激动得睡不着觉。这是我第二次的心情激动。

第三次心情激动，就在今年。今年我看了今天在座的王任重同志写的《史来贺传》的"序"。在这个序里他说中共中央组织部把雷锋、焦裕禄、王进喜、史来贺和钱学森这五个人作为解放40年来在群众中享有崇高威望的共产党员的优秀代表。我看见这句话，才知道有这回事。我心情激动极了，我现在是劳动人民的一分子了，而且与劳动人民中最先进的分子连在一起了。

有了这三次激动，我今天倒不怎么激动了。今天不怎么激动也还有另一个道理，就是在刚才领导同志的讲话里，在聂荣臻同志的贺信里，他讲人民对我的工作是很满意的。我想，但愿如此。可是我现在还没有到生命的最后一刻，到底我怎么样，还有待于将来吧。所以我想，我还要努力。那么我努力的方向是什么呢？今天向各位领导，向江总书记、杨主席汇报。我有个打算，我的打算就是：我认为今天科学技术不仅仅是自然科学工程技术，而且是人类认识客观世界、改造客观世界的整个知识体系，而这个体系的最高概括是马克思主义哲学。我们完全可以建立起一个科学体系，而且运用这个科学体系去解决中国社会主义建设中的问题。江总书记在建党70周年的讲话里说，我们的社会主义改革是一个极为复杂的巨大的系统工程。假设我们把这个科学体系建立起来了，就跟放卫星一样，完全可以用来成功地建设社会主义。周恩来同志和聂荣臻同志领导并指教我们这些人开创的事业一定要继续干下去，还要扩展到整个社会主义建设。我在今后的余生中就想促进一下这件事情。我今天就向领导同志汇报一下我的这个心愿。

谢谢大家。

国务院总理李鹏在深圳广州考察工作

李鹏在听取广东省负责同志汇报时说，广东改革开放与治理整顿取得很大成绩，效益逐步好转，正在走上良性循环，希望广东在国营大中型企业经济效益上率先作出成绩。

李鹏在考察汕头、潮州之后，由中共广东省委书记谢非、代省长朱森林陪同，考察深圳、广州。

李鹏在听取广东省负责人汇报时说，广东改革开放与治理整顿取得很大成绩，经济发展很快，效益逐步好转，正在走上良性循环，希望广东在提高国营大中型企业的经济效益上率先作出成绩。

李鹏在谈到农村工作时说，农村有8亿人口，农村的发展与稳定，对国民经济的发展与国家的稳定有着十分重要的作用。希望广东认真总结一下如何在改革开放的条件下发展农村经济、加强农村基层政权建设的经验。农业生产的潜力很大，要进一步发展农业，必须依靠科学技术。农村家庭联产承包责任制符合我国农村情况，它不仅促进农村经济的发展，而且是广大农民的一种社会保险。农村的个体与私营经济，对活跃农村经济，脱贫致富起到了积极作用。但也必须重视扶持农村集体经济的发展，集体经济发展了，才有力量和条件兴办公益事业。随着农村商品经济的发展，要加强农村基层政权建设和精神文明建设，加强经济管理的职能。

李鹏指出，广东处于对外开放的前沿，希望广东不仅在改革开放上发挥窗口作用，而且在社会主义精神文明方面也做出显著的成绩。

李鹏说，为了发挥上海经济、技术等方面的优势，中央决定开发浦东，这是深化改革与扩大开放的需要。但同时希望把经济特区、经济技术开发区、沿海开放地区在现有的基础上办得更好，取得更大的进展。

李鹏又一次到大亚湾核电站察看施工安装情况，强调指出，大亚湾核电站是我国第一个大型核电站，又是最大的中外合资项目，现在施工安装进入关键阶段，必须加强管理，严字当头，确保工程质量；要振奋精神，团结协作，力争尽早建成发电。

李鹏在深圳还考察了工厂企业、城市建设和第三产业。在听取深圳市负责同志工作汇报后说，一年多来，深圳又有新的变化。深圳的发展，再次证明邓小平同志关于创办经济特区的政策是正确的。深圳特区不仅发挥了"四个窗口"的作用，还成了显示社会主义优越性的窗口。深圳今后经济发展的方向，首先应该重视发展高科技产业。要不断开拓新技术、新产品，实现产业化。深圳具备良好的环境和条件，完全可以吸引更多的人才来发展高科技产业。今后引进外资，不仅要符合国家的产业政策，对项目要有所选择，而且要更多地引进高科技项目。还要大力发展第三产业。深圳的“锦绣中华”、民族文化村办得很成功，吸引了国内外游客，带动了全市的旅游业。第三产业还包括商业、服务业、金融、信息等。要使这些方面都有较大的发展。另外，对外贸易要在国际上开辟更多的市场和贸易渠道。

李鹏在广州为第70届中国出口商品交易会剪彩后，在省、市负责同志陪同下，到黄埔考察了广州经济技术开发区。他听取了广州开发区管委会负责人的汇报，详细询问了广州开发区的建设情况、产业结构、经济效益以及发展规划等，并参观一批中外合资和高科技企业。这些企业都在较短时期内建成投产，产品适销对路，取得较好的经济效益。李鹏对他们的成功表示赞赏。

李鹏在广东考察期间还会见了广州军区和驻穗陆海空三军领导同志及当地的公安干警、武警官兵代表。

国务院副总理朱镕基在江西考察

16日至22日，朱镕基在中共江西省委书记毛致用、省长吴官正等陪同下，先后到南昌、九江和井冈山等地考察。

朱镕基在江西考察时反复强调认真贯彻中央工作会议精神，就要把经济工作真正转移到调整结构，提高经济效益的轨道上来，当前一定要加强行业管理和统一规划，制止加工工业的重复建设，组织企业之间的联合。

朱镕基在考察南昌“江铃”汽车公司后指出，现在全国生产轻型汽车的整车厂有几十家，生产这种五十铃车型的也有九家，规模都很小，但都在盲目扩建，自成体系。宏观管不住，微观都受害。朱镕基要求中国汽车工业总公司加强行业管理，组织跨省集团，制订统一规划，按照专业化协作原则建设经济规模的零部件生产体系。

朱镕基在九江市和井冈山考察时，充分肯定江西省坚持贯彻以农业为基础的方针，抓紧农业结构调整的成绩。江西省今年在粮食丰收的同时，扩种棉花取得好收成，荒山绿化进展快，油料、水果也上去了，还发展蚕桑，这对促进江西工业发展、市场繁荣起了重要作用。

朱镕基还指出，江西省为使国营企业获得休养生息，增强自我改造、自我发展的能力，采取宽松措施，改善国营大中型企业的外部经营环境，这是有远见的政策。朱镕基还赞扬了江西省在清理“三角债”、压缩积压滞销产品生产、对亏损企业进行关停并转等方面工作扎实，取得了实效。

全国贫困山区经济开发经验交流会在陕南秦巴山区的白河县召开

国务院总理李鹏致信大会，要求在“七五”扶贫取得巨大成就的基础上，进一步把扶贫开发作为一项政治任务抓紧抓好。

李鹏总理在信中指出，贫困山区扶贫开发已进入了一个新阶段，任务光荣而艰巨。它关系到党和人民政府与广大人民群众的联系，关系到经济、社会的协调发展，关系到民族团结和社会安定。

李鹏总理高度评价了贫困山区广大干部群众在改造山河的伟大实践中，坚持自力更生、艰苦奋斗，探索出很多很好的经验，希望大会很好地交流、总结，并下功夫加以推广，再接再厉，搞好贫困山区经济开发。

国务委员、国务院贫困地区经济开发领导小组组长陈俊生、副组长兼办公室主任杨钟到会，23个省、自治区150多名代表参加会议。

会议至23日结束。

全国人大常委会委员长万里在人民大会堂会见印度尼西亚矿业和能源部长吉南查尔·卡塔萨斯米塔

中共中央政治局常委宋平在人民大会堂会见以主席约翰·科林奇为团长的新西兰国民党代表团

中国和意大利两国政府代表在罗马签订中意一九九一年至一九九三年《合作议定书》

根据《合作议定书》，意大利政府在1991～1993年内将向中国提供总值为6500亿里拉（约合5亿美元）的政府低息贷款和赠款，用于双方业已商定的能源、交通、电讯、石化、农业基础设施、卫生、教育、人员培训等方面的一批合作项目。双方还确定了若干新项目，特别是开发浦东基础设施项目。

国务委员兼国家教委主任李铁映在钓鱼台国宾馆会见香港知名人士邵逸夫

林业部等为植树造林造福人类世界粮食日举办纪念会联合国粮农组织授予林业部银质奖章

10月17日

国务院印发《关于大力发展职业技术教育的决定》

党的十三届七中全会再次提出要大力发展职业技术教育，为了认真贯彻落实这一决策，特作如下决定：

一、高度重视职业技术教育的战略地位和作用

九十年代是我国社会主义现代化建设非常关键的

十年。进一步发展教育事业，推动科技进步是实现第二步战略目标并为下世纪经济和社会发展奠定基础的迫切需要。职业技术教育的规模和水平影响着产品质量、经济效益和发展速度。发展职业技术教育，不仅是提高劳动者思想道德和科学文化素质、实现社会主义现代化的一项具有战略意义的基础建设，而且对于进一步巩固以工人阶级为领导的工农联盟为基础的社会主义制度具有特殊重要的意义。因此，必须坚定不移地把教育事业摆在优先发展的战略地位，必须高度重视和大力发展职业技术教育。

党的十一届三中全会以来，特别是《中共中央关于教育体制改革的决定》公布以来，我国的职业技术教育有了很大发展。到一九九〇年底，各类职业技术学校已发展到一万六千多所，在校生超过六百万人，同时全国建有就业训练中心二千一百余所，每年培训待业人员九十多万人；高中阶段各类职业技术学校和普通高中的招生数之比已接近一比一，中等教育结构单一的状况有了较大改变。

但是，目前我国的职业技术教育无论规模、规格和质量都还不能适应经济建设和社会发展的需要，在整个教育事业中仍然是很薄弱的环节。社会上乃至一些部门和地方的领导中还存在着鄙薄职业技术教育的现象；职业技术教育的有关法规和配套政策不健全，管理体制尚待进一步理顺；资金投入不足，办学条件差，支持职业技术教育发展的服务体系很薄弱；教育内部的改革和建设亟须加强，高水平的示范性骨干学校数量还太少，职业技术教育的专业设置和专业结构有些方面与社会需要结合得不够紧密等。这些困难和问题亟待认真研究解决。

因此，国务院要求各级政府和有关部门、广大教育工作者及社会各方面，从国家的全局和民族的未来出发，进一步提高对职业技术教育战略地位和作用的认识，采取有力的措施，齐心协力地大力发展职业技术教育。

二、积极贯彻大力发展职业技术教育的方针

(一)根据未来十年我国经济、社会发展的需要，在九十年代要逐步做到：使大多数新增劳动力基本上能够受到适应从业岗位需要的最基本的职业技术训练，在一些专业性技术性要求较高的劳动岗位，就业者能较普遍地受到系统的严格的职业技术教育；初步建立起有中国特色的，从初级到高级、行业配套、结构合理、形式多样，又能与其他教育相互沟通、协调发展的职业技术教育体系的基本框架。

(二)九十年代发展职业技术教育的主要任务是：

——努力办好现有各类职业技术学校。要有计划地对现有各类职业技术学校加强规范化建设，并集中力量办好一批起示范和骨干作用的学校。要挖掘现有学校的潜力，扩大招生规模，特别是扩大中等职业技术学校的招生规模，使全国高中阶段职业技术学校的在校生人数超过普通高中的在校生人数。

——广泛开展短期职业技术培训。要办好各地的职业培训中心(包括就业训练中心，下同)，在有条件的城市，还可试办层次较高和专业综合性较强的职业技术教育中心。各类职业技术学校也应积极承担短期培训任务。要根据各地教育的普及程度和经济发展水平，对小学后、初中后、高中后不能升学的青少年在从业前进行多种形式不同程度的短期职业技术培训。

——在普通教育中积极开展职业指导，因地制宜地在适当阶段引进职业技术教育因素，在不同阶段对学生实行分流教育。城市可在高三分流，对一部分人进行定向性的或预备性的职业技术教育。农村可根据各地的情况，分别采取“三加一”(即三年初中教育再加一年职业技术教育)、初三分流、四年制渗透职业技术内容或办职业初中等多种形式发展初中阶段的职业技术教育。

——重视并积极发展对在职人员进行职业技术培训的成人教育。在不改变现行管理分工情况下，各级政府和有关部门要统筹规划，加强成人教育与职前的职业技术教育的密切合作。

(三)要制定相应政策稳定中专，支持它们深化改革，办出特色，提高质量，积极发挥中等专业学校在同类职业技术教育中的骨干作用。要加强技工学校和职业中学的建设，改善办学条件，提高教学质量。积极推进现有职业大学的改革，努力办好一批培养技艺性强的高级操作人员的高等职业学校。为适应对外开放的要求，各类职业技术学校要积极培养国际劳务市场需要的各种从业人员。

(四)在广大农村地区，要积极推进农村教育综合改革，实施“燎原计划”，实行农科教结合，统筹规划基础教育、职业技术教育和成人教育，采取更灵活的方式大力发展职业技术教育。

(五)我国职业技术教育要走符合国情的发展路子。要坚持分区规划、分类指导，因地制宜地确定具体发展目标。要重视并积极帮助老、少、边、山、穷地区发展职业技术教育。

三、采取有力政策支持职业技术教育发展

(一)我国职业技术教育必须采取大家来办的方针，要在各级政府的统筹下，发展行业、企事业单位办学和各方面联合办学，鼓励民主党派、社会团体和个人办学；要充分发挥企业在培养技术工人方面的优势和力量。要发展电视、广播和函授职业技术教育。各类职业技术教育机构的设立、调整和撤销均应按国家有关规定和审批程序办理。

(二)各级政府、各级财政部门、各有关业务主管部及厂矿企业等要从财力和政策上支持职业技术教育的发展,努力增加对职业技术教育的投入。各级各类职业技术学校的业务主管部门要根据财力可能和事业发展的需要,会商同级财政部门,制定本地区、本部门(行业)职业技术学校的生均经费标准。在国家政策规定的范围内,各地各部门应采取多种措施,扩大职业技术教育的经费来源。除国家投资外,要提倡利用贷款,有关部门要为职业技术学校使用贷款创造条件,并鼓励集体、个人和其他社会力量对职业技术教育捐资助学。

(三)各类职业技术学校和培训中心,应根据教学需要和所具有的条件,积极发展校办产业,办好生产实习基地。提倡产教结合,工学结合。政府和有关部门要在起步资金、条件设施、产销渠道等方面给予支持。

非义务教育阶段的职业技术教育,可以收取学费,用于补充教学方面的开支。

(四)各级政府和有关部门应该制定有关法规,采取必要的行政和经济手段,有步骤地推行"先培训,后就业"的原则。首先在专业性技术性较强的行业实行,进而争取尽快做到:在城市,未经职业技术教育、达不到岗位规范要求的一律不得就业、上岗;在农村,企事业单位(含乡镇企业)招工、招干及从事技术性强的生产经营工作,必须经过相应的职业技术教育。今后,各单位招工、招干应首先从专业对口的各种职业技术学校毕业生中择优录用,在对口专业合格毕业生尚未全部录用的情况下,用人单位一般不另行从社会上招用人员。政府和有关部门对回乡参加农业生产的职业技术学校毕业生,在贷款、农用生产资料等方面给予扶持和优惠。

凡进行技术等级考核的工种,逐步实行"双证书"(即毕业证书和技术等级或岗位合格证书)制度。应把技术等级证书或岗位合格证书,作为择优录用和上岗确定工资待遇的重要依据。在农村完善农民技术人员职称评定制度,并视条件逐步实行农民技术资格证书制度。

(五)要在充分利用现有相应机构的基础上,逐步建立健全职业技术教育的研究、教材出版、信息交流、师资和干部培训等服务体系。中央和各地的报刊、广播电台、电视台等应加强对职业技术教育的宣传报道工作。

要充分发挥中国职业技术教育学会、中华职业教育社等有关社会团体的作用。要加强与世界各国和地区及有关国际组织的交流与合作。

四、加强职业技术教育的改革和基本建设

(一)各级各类职业技术学校要把德育放在首位,坚持不懈地进行四项基本原则和国情教育,进行爱国主义、社会主义、集体主义及共产主义人生观等思想政治教育。要注意根据职业技术教育的特点,切实加强职业自豪感、职业道德和职业纪律的教育,坚持严格要求,反复实践,扎扎实实地提高学生的思想觉悟和纪律观念。

(二)要面向社会实际需要,合理规划职业技术学校的布局和专业设置。在农村,要重视办好直接为农林牧业服务,特别是与发展粮棉油生产有关的专业,同时也要注意培养其他各种专业技术人才。专业设置要适应农村经济需要和农民生产经营体制。在城市,要根据国家产业政策加强技术工人的培养。同时,要积极办好适应城市商业和各类服务业发展需要的职业技术教育。城乡职业技术教育专业的布点一般应在地(市)范围内统筹规划。

(三)要改革教学内容和教学方法,突出实践性教学环节,加强职业技能训练;教学安排中要注意增强适应性、实用性和灵活性;职业技术学校在加强德育和智育的同时,还要重视美育、体育和卫生教育,全面提高教育质量。

(四)要积极稳妥地改革中等专业学校和技工学校的招生和毕业生分配制度。应按照国家计划分配、用人单位择优录用和个人自谋职业相结合的就业方针,面向城乡多种所有制的需要培养人才;根据专业特点,合理安排毕业生去向,特别是要打开中级技术人才通向农村的渠道。计划、教育、劳动、人事等有关部门应积极配合,推进这项改革。

(五)大力加强师资、实验实习基地和教材等基本建设。本着培养和培训、专职和兼职相结合的原则,多渠道地解决职业技术教育的师资,特别是技能教师来源问题。要建立职业技术教育教师、干部的轮训进修制度。要制定职业技术教育教师的任职条件,完善教师专业技术职务评聘办法,逐步实行教师资格证书制度;采取措施逐步提高职业技术学校教师的待遇。要抓紧职业技术教育的教材建设,尽快解决各类职业技术教育对教材的急需。各级政府和参与办学的部门、企事业单位必须认真解决职业技术学校实验、实习设备和校内外实习基地。企业应该积极接纳职业技术学校师生到厂实习。县一级政府要负责安排一定土地、山林或水面给农村职业技术学校做生产实习基地。

五、加强和改善对职业技术教育工作的领导和管理

(一)各级政府及中央与地方的各有关部门要对职业技术教育分工负责。按照《中共中央关于教育体制改革的决定》,国家教育委员会负责掌握职业技术教育的大政方针,统筹职业技术教育的发展,协调各部门有关职业技术教育的工作,统一部署和指导职业技术教

育的改革。国家计划、劳动、人事、财政等综合部门应按照职责分工，做好人才需求预测、经费来源、毕业生就业录用和有关职业技术教育管理等方面的工作。

（二）发展职业技术教育主要责任在地方，关键在市、县。因此，地方政府有权对职业技术教育进行必要的统筹和决策。在中央统一的方针政策下，由地方政府统筹安排本地各类职业技术教育的布局、专业（工种）设置、招生、毕（结）业生就业安置及中、长期规划。上级各有关部门应支持地方政府的统筹和决策。部门办在地方的学校，在首先满足本行业所需人才的同时，也应积极为当地培养所需人才。提倡部门和地方根据需要联合办学。

（三）要重视发挥各业务部门在发展职业技术教育中的作用。各业务部门除办好所属职业技术学校外，还要对本行业范围内的各类职业技术教育在学校布局、专业（工种）设置、办学标准、教学要求、质量评估等方面进行指导和协调；在实验实习、师资、设备、教材、考核标准等方面给予服务和帮助。

（四）各地和各部门要落实和加强对职业技术教育的管理。要进一步完善职业技术学校内部的管理体制。高等职业技术学校原则上实行党委领导下的校长负责制；中等和初等职业技术学校原则上实行校长负责制并充分发挥党组织的政治核心作用；要把校长负责、社会参与和教师职工、学生的民主管理监督有机结合起来。

（五）要制定各类职业技术学校的设置标准和评估标准，逐步建立职业技术教育的评估制度。要加强职业技术教育的法规建设，逐步使我国职业技术教育走上以法治教、科学管理的轨道。

（六）各级政府要把职业技术教育纳入当地经济和社会发展的总体规划，使经济建设真正转到依靠科技进步和提高劳动者素质的轨道上来。要建立干部责任制，把职业技术教育工作列入有关考评内容。领导干部要亲自抓典型，要经常深入教育第一线，帮助基层解决实际困难和问题。

要十分重视职业技术学校领导干部的配备，要选派既懂教育又有一定生产经营管理能力的得力干部到职业技术学校工作。

各级政府和各有关部门应按照本决定的要求，认真落实规划，采取措施，争取在九十年代使我国职业技术教育有更大的发展和提高，为实现我国社会主义建设的宏伟目标，奠定更坚实的基础。

最高人民法院最高人民检察院作出《关于盗伐、滥伐林木案件几个问题的解答》

最高人民法院最高人民检察院公安部司法部民政部解放军总政治部批转《关于处理移交政府管理的军队离休干部犯罪案件若干问题的规定》

中共中央总书记江泽民在钓鱼台国宾馆会见并宴请香港知名人士邵逸夫

江泽民对邵逸夫对内地教育事业和灾区人民的支持表示感谢，并希望他多来内地看看。

江泽民简要地向邵逸夫介绍了近几年来内地农业生产的发展情况。他强调说，中国有9亿农民，要把农业搞上去很重要的就是要搞好教育。

邵逸夫对这次有机会来北京访问表示非常高兴。他十分关心内地的教育事业，几年来，向内地学校捐款已达5.3亿多港元。

今年华东部分地区遭受特大洪涝灾害时，邵逸夫先生与所属的香港广播电视有限公司，动员影视界人士义演赈灾，共捐款7000万港元。

全国人大常委会委员长万里在人民大会堂会见以理事长千宗之为团长的日本京都青年会议所代表团

中共中央政治局常委李瑞环在人民大会堂会见国际知名物理学家丁肇中教授

国务委员兼外交部部长钱其琛同波兰外交部部长斯库比舍夫斯基举行会谈

钱其琛在钓鱼台国宾馆同波兰外交部部长克日什托夫·斯库比舍夫斯基举行会谈。

钱其琛说，中国政府今后愿意继续加强与波兰在各个领域的友好合作。在经济贸易合作方面，由于客观形势的变化，双方应寻找新途径和新方法继续发展这一关系。

波兰外长指出，波兰对两国政府各部门增强合作表示高兴，并希望今后继续发展各方面的关系，进一步加强经济贸易合作。

《人民日报》发表中顾委副主任薄一波为《风雨同舟话真情》一书作的序

《人民日报》发表评论员文章《决不允许分裂国家民族的阴谋得逞》

日前，台湾民进党内少数“台独”分子操纵该党第五届一次全体代表大会公然将“建立独立自主的台湾共和国”条文写进其党纲，这是一个信号，表明岛内“台独”活动变本加厉、步步升级，已经到了十分危险的地步，不能不引起人们的严重关注。

台湾民进党成立以后，标榜追求“民主进步”，本应为民族兴旺、国家统一做些有益的事情。但是，一个时期以来，该党内少数人士的所作所为却背道而驰：他们先是抛出了“台湾前途应由台湾全体住民决定”的主张，后又通过了所谓“主权独立决议案”、“事实主权不及于中国大陆案”，还成立了“台湾主权独立运动委员会”，接着又纠集一些人炮制出所谓“台湾宪法草案”，明令将台湾改名为“台湾共和国”。近来，还上演了一出要求“进入联合国”的闹剧；民进党一些头面人物干脆赤裸裸地公开宣称：民进党就是“台独”党。如今又一意孤行，把“台独”主张列入党纲，气焰何等嚣张！他们在分裂国家、背叛民族的歧途上走得太远了！

台湾自古以来就是中国的神圣领土，这是铁的历史事实，且为国际社会所公认。尽管由于历史的原因，海峡两岸目前尚处于分隔的状态，但是两岸血肉相连，民族情、文化根是什么力量也割不断的。

祖国的统一完全符合包括两千万台湾人民在内的全中国人民的根本利益，也是两岸共同发展经济、繁荣文化和提高人民生活的保证，并能以一个强大的国家在国际上屹立。因此中国人民坚决反对少数人鼓噪的“台独”言行。少数“台独”分子声称要为两千万台湾人民谋福祉，诡言要使台湾人有“出头天”，但是在岛内多次进行的民意测验显示，大多数人是反对“台独”的，都不赞同这种分裂国土、分裂民族的倒行逆施，甚至民进党内对“台独”也有激烈的争论。民进党内少数人的“台独”行径绝不能代表台湾人民的意愿，也不能代表全体民进党党员的意志。在这次民进党“五全大会”上打起“台湾人民以公民投票方式选择决定”的幌子，无非是用以掩盖少数“台独”分子的孤立而已。

近来，国际局势出现了某些变化，岛内“台独”分子错误估计形势，自以为有机可乘，在某些外国势力的唆使和支持下，内外勾结，沆瀣一气，活动愈见猖獗。“台独”党纲的出笼正是这种背景下的产物。

需要指出的是，台湾国民党当局的反共拒和，对岛内“台独”的暧昧态度，也是岛内“台独”活动升级的重要原因。台湾当局拒绝国共两党谈判，顽固阻止两岸直接“三通”，极力推行“弹性外交”、“双重承认”，搞所谓“对等的政治实体”，制造“两个中国”、“一中一台”。台湾国民党有的人士还说什么“台湾已经以中华民国的名义独立着”，称“实质是进入(联合国)，名义并不重要”。这种言论，助长了“台独”分子的气焰。台湾国民党当局应当明大义，识大局，多做促进国家统一的实事，坚决制止任何分裂祖国的活动。

中国共产党和大陆人民十分关心两千万台湾人民的幸福与安宁，提出以“和平统一、一国两制”的方针解决台湾问题。但是，少数“台独”分子如果无视广大人民的强烈反对，置台湾人民的安危于不顾，顽固坚持将台湾从祖国分裂出去，为某些西方势力分裂中国的阴谋服务，中国人民绝不会坐视不理。中国政府最近曾多次严正警告“台独”分子不要玩火自焚，成为中华民族的千古罪人。我们再次正告那些幕后操纵者和台前表演者，中国的主权和领土完整是不容侵犯和分裂的。一切有爱国心、民族感和国际道义的人都不会听任“台独”分子的恣肆妄为，海峡两岸的骨肉同胞绝不会答应国家分裂的永久化。那些声嘶力竭叫嚣“台湾独立”的人该是悬崖勒马的时候了，否则，他们的下场是自绝于中华民族，自绝于包括台湾两千万人民在内的全体中国人民，成为勾结西方某些势力分裂中华民族的民族渣滓，落得粉身碎骨的下场！

台湾中国统一联盟发表声明谴责台湾民进党将“台独”条文列入党纲

台湾“中国统一联盟”发表声明，谴责台湾民进党将“台独”条文列入党纲，指出此举将严重不利于我国民族和解与国家统一，使两岸关系陷入严重的危机之中。

声明说，民进党少数人士不惜行险侥幸孤注一掷，公然将“台独”条款列入党章，也冒被两岸12亿同胞唾弃不齿、沦为汉奸小丑遗臭万年之严厉惩罚。

声明指出，台湾国民党当局在国家统一立场上暧昧犹豫，但求偏安海岛一隅，欺骗人民以岛为国，终至今天面临无力批判反对“台独”之窘境，实愧对中山先生、创党先烈与200万党员。

声明说，10年来两岸关系日益和缓，一些外国势力不愿中国统一之企图亦显明朗，其目的在于中国分裂之永久化。

声明敦促台湾国民党、民进党应正视强权国家危害中国之野心，断然放弃“独台”、“台独”之痴心妄想，为民族和解、国家统一作出贡献。

声明最后呼吁：国民党当局应该积极就统一问题与中国共产党谈判，谋求台湾问题之彻底解决。

中国科学技术协会发出《关于向国家杰出贡献科学家钱学森同志学习的通知》

10月18日

中纪委印发《中国共产党纪律检查机关控告申诉工作条例(试行)》

《条例》共分5章48条，对纪律检查机关受理检举、控告、申诉的范围，处理检举、控告、申诉的程序和方法，受理机关的职责和工作要求，当事人的权利和义务，被检举、控告人的权利和义务作了具体、明确的规定。该条例自 1991 年 11 月 1 日起施行。

国务院总理李鹏在中南海紫光阁会见波兰外交部部长克日什托夫·斯库比舍夫斯基

李鹏对中波两国关系的顺利发展表示高兴。李鹏指出，各国的社会制度和思想信仰应由各国自己来决定，不管世界形势发生什么变化，中波两国都应保持和发展正常的国家关系。

李鹏说，中国在国际事务中奉行和平共处五项原则，这些原则已经得到大多数国家的赞同。同时，我们也认为，根据形势的发展，这些原则可以增加新的特别是经济方面的内容。

斯库比舍夫斯基说，波中两国关系发展顺利，波兰希望进一步发展同中国在各方面的合作关系，特别是经贸合作。

国务院总理李鹏在人民大会堂会见亚洲开发银行行长垂水公正

李鹏在会见中说，一年来中国与亚行的关系有了新的发展，合作项目取得了很好的效益，对此我们感到满意。他强调，中国政府一贯重视同亚行的关系，并且支持亚行同中国在各个领域的合作。

李鹏指出，亚行的宗旨是促进各成员国的发展和繁荣。中国是亚洲大国之一，中国经济一旦有了更大的发展，就有条件对整个亚洲地区的繁荣与发展作出更多的贡献。

在介绍中国情况时李鹏说，中国将继续坚持改革开放政策，而且要搞得更好。在今后的国民经济建设中将大力加强农业，并进一步搞好农业服务体系；我们还将大力加强企业的技术改造，增强企业的活力并提高其效益。李鹏说，在这些方面中国希望继续同亚行探讨进一步发展合作的途径和方式。李鹏还谈到，中国是个自然灾害频繁的国家，粮食工作极为重要。去年我们在粮食丰收的情况下，建立了专项粮食储备制度，现在粮食市场供应充足，粮价正常，人民情绪稳定。在灾害面前，大家更加体会到了“手中有粮，心中不慌”的道理。他说，有了足够的储备，国家就有条件在粮食购销体制上进行更大的改革。

垂水公正说，他这次来访的目的就是为了进一步促进亚行同中国业已存在的友好关系，并表示对中国在经济建设和改革开放中取得的巨大成绩感到高兴。他说，这次亚行将同中方签署的三项合作协定，就标志着亚行与中国的合作有了新的进展。今后亚洲开发银行将继续为中国建设作出实质性的贡献。

国务委员兼中国人民银行行长李贵鲜当天中午会见并宴请了垂水公正一行。

国务院总理李鹏在人民大会堂会见出席东部地区公共行政组织第十四届大会的代表

会见后，李鹏同部分代表进行了座谈。他说，我国正在进行经济体制和政治体制方面的改革。我们认为，经济体制改革必须同政治体制改革配套进行。经济体制改革只有在政治稳定的形势下才能有效地进行。各级行政机构的改革是政治体制的一项重要内容。李鹏说，我们现在进行的行政改革的重点是，政企分开，转变职能，提高效率。但是，也要保持机构的相对稳定。行政管理体制改革是一项艰巨的任务，我们已经取得了一些进展，还需要继续进行下去。

他指出，我国下一步的行政改革还要逐步完善公务员制度。目前，我们正在进行这项工作的试点。我们的公务员不仅要具备为人民服务的精神，而且要熟悉业务，同时要有一定的实际工作经验。所以，我们的公务员主要从工厂、农村和实际工作部门的优秀人才中选拔。从学校毕业生中选拔的公务员也必须首先到实践中进行锻炼和考验。在改革开放的条件下，我们要非常注意加强对公职人员的管理，发挥监督机关的作用，加强廉政和勤政建设。李鹏说，在精简机构后，对于多余人员如何安置，我们准备一方面逐步建立完善的退休制度，另一方面把一些人安排在企事业单位和第三产业等。他说，中国现在的行政机构分中央、省、地（市）、县、乡镇五级。中国人口众多，各地的人口分布不均衡，经济发展不平衡，行政机构的编制将本着因地制宜的原则而设置，改革将是长期的任务。

东部地区公共行政组织秘书长德·古斯曼在座谈会上说，这次大会的主题是推进行政改革，提高行政效率。这无论是对亚太地区各国人民，还是对中国人民都有重要意义。他赞扬大会开得圆满成功，并感谢中国政府和有关方面给予的大力支持和合作。罗干、赵东宛、曾庆红、李世忠、张文寿、张志坚等参加了会见。

国务院总理李鹏在人民大会堂会见香港知名人士邵逸夫

中共中央政治局常委宋平在会见印度共产党干部代表团时就苏联东欧变化等发表谈话

宋平在钓鱼台国宾馆会见由印度共产党中央书记处书记普罗莫德·高戈率领的干部代表团，会见时发表讲话。

宋平说，现在世界局势变化很快，东欧、苏联都发生了很大变化。这些变化有外部原因，但更重要的是内部原因。

中国共产党是坚信马克思主义的，把马克思主义的普遍真理同中国的具体实际相结合，建设有中国特色的社会主义，这就是我们选择的道路。我们认为，要坚持社会主义制度，就必须有共产党的领导，没有共产党的领导，不可能实现社会主义。

由于东欧、苏联发生的变化，资本主义世界的一些政治家很高兴，认为从此马克思主义就彻底失败了，社会主义垮台了。我们不相信会是这样。苏联、东欧的变化，使我们更加注意把马克思主义的普遍真理同中国的具体实际相结合，更加感觉到加强党的领导、加强党自身建设的重要性。因为帝国主义的和平演变战略，首先是演变共产党，把共产党的思想搞乱，思想混乱就会引起政治上的动乱。加强党的建设，首先要加强马克思主义教育，特别是对高级干部的教育。我们还注意加强党组织本身的建设，使各级领导权真正掌握在忠于马克思主义的人手中。

宋平说，我们加强党的建设，是要领导人把中国的事情办好。集中力量把经济搞上去，使人民的物质文化水平不断提高。我们国家有9亿农民，必须把农村经济发展起来，同时，把国营大中型企业搞好。我们实行改革开放政策，把吸收国外的资金，引进先进的技术和科学的管理方法，同我们自己的力量结合起来，加快经济的发展。

我们是执政党，必须保持廉洁。党的各级组织要带头执行党和国家的方针政策。党员要起模范带头作用，不能脱离群众。

国家主席杨尚昆根据全国人大常委会的决定任免驻外大使

一、免去王苊卿的中华人民共和国驻罗马尼亚特命全权大使职务。

任命李凤林为中华人民共和国驻罗马尼亚特命全权大使。

二、免去李凤林的中华人民共和国驻保加利亚共和国特命全权大使职务。

任命白寿绵为中华人民共和国驻保加利亚共和国特命全权大使。

三、免去倪政建的中华人民共和国驻新西兰特命全权大使职务。

任命李金华(女)为中华人民共和国驻新西兰特命全权大使。

四、免去胡昌林的中华人民共和国驻卡塔尔国特命全权大使职务。

任命谭声琤为中华人民共和国驻卡塔尔国特命全权大使。

中国和哥伦比亚双方就哥伦比亚候补总统外交部部长路易斯·费尔南多·哈拉米略对中国的正式访问发表新闻公报

应中华人民共和国国务委员兼外交部长钱其琛的邀请，哥伦比亚共和国候补总统、外交部长路易斯·费尔南多·哈拉米略于1991年10月14日至18日对中华人民共和国进行了正式访问。

访问期间，中华人民共和国主席杨尚昆、全国人大常委会委员长万里分别会见了候补总统、外交部长哈拉米略，国务委员兼外交部长钱其琛同哈拉米略外长举行了诚挚的、富有建设性的会谈。

在体现两国十分友好的关系的亲切气氛中，两国外长就共同感兴趣的问题，特别是双边关系和当前国际形势交换了意见。

考虑到国际政治、经济新秩序的重要性，中国方面主张应在相互尊重主权和领土完整、互不侵犯、互不干涉内政、平等互利、和平共处五项原则的基础上建立国际政治和经济新秩序。鉴于这些原则也是哥伦比亚外交政策一向遵循的原则，哥伦比亚方面对中方的观点表示赞同，并重申建立公正、合理、和平的国际新秩序的必要性。

双方高兴地看到，有哥伦比亚参加并在目前担任协调国的里约集团，作为拉美政治协商与协调机制，在增进拉美国家的团结与合作、推进一体化进程的发展、促进地区的和平与稳定以及协调拉美国家在国际问题上的立场等方面发挥着重要的作用。

双方高兴地回顾了中哥两国建交11年来双边关系的发展，对两国在政治、经济、贸易、科技和文化等领域的合作感到满意，并探讨了进一步扩大这种合作的途径。为此，双方同意尽快举行两国经贸混委会第三次会议。此外，为促进两国间贸易的发展，哥方表示愿意推动哥私人企业界明年一季度组团访华。中方对此建议表示欢迎。

哈拉米略外长强调了咖啡出口对于哥伦比亚外贸的重要性，并表示希望增加向中华人民共和国的咖啡出口。中方同意将探讨增购哥咖啡的可能性。

哥方对于中国工程公司在哥港口现代化和航道疏浚方面进行的可贵合作表示满意。

哥伦比亚方面重申两国建交公报的原则，坚持一个中国的立场，即中华人民共和国政府是全中国的唯一合法政府。哥伦比亚支持中国关于恢复其在关贸总协定中地位的立场。中国方面对哥伦比亚政府的这一立场表示赞赏。

中哥双方还相互通报了各自国内形势。中国方面对哥伦比亚在修改宪法、实现国内和平、缉毒斗争、政治变革和发展经济方面所取得的成果表示高兴。哥伦比亚方面对中国实行改革开放政策以来在经济建设中所取得的成就表示赞赏。

双方一致指出，将于1992年2月在哥伦比亚举行的联合国贸发会议第八次会议是在当今国际对话的背景下，从新的角度讨论贸易、合作与发展问题的一次不可多得的机会。双方希望会议能为加强国际经济合作，特别是为促进发展中国家的经济振兴作出贡献。

双方同意在为促进太平洋区域发展而成立的各个多边机构中进行积极的合作。

抱着加强两国关系的共同愿望，双方对扩大互免签证范围一事进行换文表示满意，并同意尽早签署在两国有关部门已达成一致的基础上起草的关于在哥伦比亚生产型煤的技术转让协议。

候补总统、外交部长哈拉米略对中国政府的热情款待和礼遇向钱其琛国务委员兼外长表示深切的谢意。

国际传统医药大会在北京亚运村国际会议中心会议厅开幕

中共中央总书记江泽民、国务院总理李鹏、全国政协主席李先念、国家副主席王震、国务院副总理田纪云、国务委员宋健等为大会题词。世界卫生组织总干事中岛宏向大会发来贺信。国家副主席、大会组委会名誉主任王震宣布大会开始。

中共中央政治局委员、国务委员、大会组委会主任李铁映在会上作"人类健康需要传统医药"的祝词。

来自40多个国家的700多名代表济济一堂，他们在为期5天的会上回顾和总结各国传统医药学的成就与经验，进行多方面的学术交流，以促进传统医药学的发展。21个国家驻华使馆和一些国际组织的官员出席开幕式。

中国有关单位与亚洲开发银行及一些外国金融机构签字仪式签署三项合作协议

签字仪式在人民大会堂举行。

这些项目是：

——中国政府与亚洲开发银行关于亚行向中国工商银行提供贷款的协定。根据这项协定，亚洲开发银行将向工商银行提供1亿美元贷款，用于中国企业的技术改造。

——厦门国际银行外资参股协议。协议规定，亚洲开发银行、日本长期信用银行和美国赛诺金融有限公司将参与厦门国际银行2亿港元的增资。这是亚洲开发银行在中国的首次参股。

——中国政府与亚洲开发银行关于向上海南浦大桥项目提供补充贷款的协议。根据协议，一些国际商业金融机构将通过亚洲开发银行向上海南浦大桥项目提供约4800万美元的贷款。

国务委员兼中国人民银行行长李贵鲜、亚洲开发银行行长垂水公正等出席签字仪式。

扬子30万吨乙烯工程通过国家验收

扬子30万吨乙烯工程位于南京市郊长江北岸。它是一座以30万吨乙烯装置为核心的现代化大型石化联合企业，也是建国以来一次性建设规模最大的石油化工工程。

人民教育家陶行知先生诞辰一百周年纪念大会在人民大会堂举行

联合国教科文组织授予北京大学生物系年轻教授陈章良1991年国际杰出青年科学家奖

陈章良在植物基因工程和分子生物学领域取得几项开创性成果，在北京大学建立起一个植物基因工程国家重点实验室，并很快取得多项重要研究成果，引起国内外同行高度重视。

10月19日

江泽民杨尚昆李鹏聂荣臻等党和国家领导人为人民兵工创建六十周年题词

纪念人民兵工创建六十年大会在北京举行

在兵工战线的一千多名工人、科技人员和领导干部欢聚在政协礼堂，纪念人民兵工创建六十周年。国家领导人杨尚昆、王震、秦基伟、邹家华、刘华清、余秋里、张爱萍等出席会议。

会上，兵器工业总公司党组向作出特殊贡献的部分科技人员、工人、干部和老兵工战士颁奖。十七人获"兵器工业功勋奖"、一百七十四人获"兵器工业劳动模范"称号、一百一十三人获"兵器工业特殊荣誉奖"。

中共中央政治局常委中央党校校长乔石在北京会见中央党校函授教育工作会议代表

乔石在会见时要求，进一步办好党校函授教育，不断提高办学质量，努力提高干部的马克思主义理论水平。

乔石说，函授教育是党校干部教育不可缺少的重要组成部分。教员也好，学员也好，要认真地教，认真地学，真正地学出成果来。

中共中央政治局常委李瑞环在上海考察

李瑞环在上海考察工作时强调指出，全面贯彻党的基本路线，建设有中国特色的社会主义，必须解放思想，实事求是，提高坚持马克思主义思想路线的自觉性。

10月19日至25日李瑞环由中共上海市委书记吴邦国、市长黄菊等陪同，考察浦东开发区、市政建设重点工程和宝山钢铁总厂、上海大众汽车有限公司、上海飞机制造厂、贝岭微电子制造有限公司等企业，并在第二纺织机械厂就贯彻中央工作会议精神，搞好国营大中型企业问题同部分企业负责人进行座谈，还深入中国科学院上海生物化学研究所、上海电影制片厂、上海戏曲学校等单位，听取科技人员和电影、文艺工作者对发展科学、繁荣文艺的意见。他还访问了田林新村的居民家庭。

李瑞环在听取上海市委工作汇报时说，改革开放以来，上海市全面贯彻执行党的基本路线，在“两个文明”建设中，取得了显著成绩，积累了丰富经验，对全国的社会主义建设作出了突出贡献，并为上海今后的发展奠定了坚实的基础。李瑞环指出，上海在我国国民经济发展中占有重要地位，面临艰巨任务。希望上海广大干部、群众加快改革开放和社会经济发展步伐，把开发浦东、振兴上海这件具有重要战略意义的大事办好。

李瑞环在谈到建设有中国特色的社会主义时强调指出，必须全面地贯彻党的基本路线，扭住经济建设这个中心不放，正确处理坚持四项基本原则和坚持改革开放的关系；必须自觉地坚持马克思主义的思想路线，解放思想，扎实工作，求实进取。他说，建设有中国特色的社会主义是一项开创性的事业，必然会遇到许多前人没有遇到的问题和困难，如果不能打破习惯势力和主观偏见的束缚，就不能大胆创新，开拓前进。这项伟大事业是人民群众创造历史的活动，必须依靠群众的自觉和主动。领导者必须满腔热情，眼睛向下，“放下臭架子，甘当小学生”，到群众中去听取意见，集中智慧，善于发现和扶植具有生命力的新生事物。在这个活动过程中，要及时总结，既总结自己的，也借鉴别人的，不断增强做好工作的自觉性。总结经验，要用马克思主义作指导，占有丰富的实际材料，并解放思想，开动脑筋，进行科学的分析和综合。

李瑞环说，邓小平同志在论述要坚持马克思主义，坚持走社会主义道路时指出：“马克思主义必须是同中国实际相结合的马克思主义，社会主义必须是切合中国实际的有中国特色的社会主义。”因此，我们必须认真读书学习，把马克思主义的基本原理，把中央的路线、方针、政策同自己的实际很好地结合起来，创造性地进行工作。

国家主席杨尚昆在人民大会堂会见香港知名人士邵逸夫

国务院总理李鹏在人民大会堂会见香港合和实业有限公司董事总经理胡应湘

国家主席杨尚昆在人民大会堂接受圭亚那科特迪瓦委内瑞拉三国新任驻中国大使递交国书

杨尚昆上午，分别接受圭亚那新任驻中国大使罗纳德·奥斯汀、科特迪瓦新任驻中国大使阿内·恩齐·纳南·科利亚博和委内瑞拉新任驻中国大使路易斯·埃德华多·索托·阿尔瓦雷斯递交的国书。

国务院总理李鹏会见出席国际传统医药大会的代表

李鹏在人民大会堂会见正在北京出席大会的40个国家的专家、学者、官员。

李鹏在会见中说，中国政府十分重视传统医学，愿意同世界各国交流经验和开展合作。传统医学在提高人民健康水平、预防治疗疾病、延长寿命方面发挥着很重要的作用。

李鹏说，我们的政策是中医与西医并重，中医与西医相结合，也就是说，传统医学与现代医学相结合。

全国竹业会议在杭州召开

国务院副总理田纪云致信全国竹业工作会议，指出要像抓树木那样抓竹子，像抓木材那样抓竹材，采取有力措施，对竹子资源加快培育，强化管理。

会议是林业部组织召开的，目的是研究在新的形势下，加快竹业发展的措施和办法。

会议反映，我国是世界上竹林资源最丰富的国家。随着竹产品的深度开发和林业商品经济的发展，竹子已突破传统利用领域，在建筑、造纸、轻工、食品、家具、包装、运输业中广泛应用，竹林的资源优势向经济优势迅速转化。近几年，一大批以竹子为原料的竹浆造纸、竹质人造板等加工企业在竹产区迅速发展。竹业年产值已突破55亿元，竹产品年出口创汇达1.5亿美元。浙江、福建、江西、四川等省生产的竹材、竹制品及竹副产品，每年产值都在4亿～5亿元以上，大大增强了林业经济活力。

林业部部长高德占针对当前我国竹业发展存在的竹林质量差、经营管理粗放、加工利用水平低等问题，强调指出，发展竹业要以市场需求为导向，以竹产品开发利用为龙头，以保护和发展竹林资源为基础，以现在低产竹林改造为重点，努力扩大国内外市场，逐步建成林工贸一体化、产供销一条龙的竹产业体系。力争今后10年，竹业产值达到110亿元，年出口创汇3亿美元。

国务院副总理邹家华在人民大会堂会见美国通用汽车公司副董事长约翰·史密斯

朝鲜劳动党总书记金日成在平壤主席府会见以司令员张连忠中将为团长的中国人民解放军海军代表团

宋庆龄幼儿园在上海落成同时举行宋庆龄塑像揭幕典礼

国家副主席王震致信祝贺中国摄影家协会第5次代表大会在北京召开

中国首次披露1950年—1990年12个省(自治区)人间鼠疫疫情

10月20日

中共中央总书记江泽民在浙江考察

江泽民20日至26日，在中共浙江省委书记李泽民、省长葛洪升和南京军区政委史玉孝的陪同下，在杭州、宁波、舟山、温州、台州、绍兴等市、地进行考察。

江泽民在考察时强调，各地区、各部门必须认真贯彻中央工作会议精神，统一思想，加强领导，狠抓落实，努力把搞好国营大中型企业的各项措施变成群众的自觉行动，不断壮大社会主义公有制经济的力量。

考察期间，江泽民反复强调，各级党委和政府要结合实际，从优化外部条件和深化内部改革入手，多管齐下，为国营大中型企业的发展创造良好的环境。江泽民说，实行以社会主义公有制经济为主体、允许和鼓励其他经济成分适当发展，是十多年来我国经济体制改革的一个重大成果，也是我们要长期坚持实行的方针。只有把国营大中型企业搞好了，才能使公有制经济在整个国民经济中真正保持主体地位，发挥主导作用。

江泽民指出，建设具有中国特色的社会主义，什么时候都必须做到坚持“两个文明”一起抓，既促进经济的发展又促进社会的全面进步，这是社会主义的本质要求。经济越发展，物质生活水平越提高，越要加强思想政治工作和精神文明建设。这是我们在工作中必须始终遵循的一个重要指导思想。当前要多种渠道，多种层次，多种形式，有的放矢地对干部和群众开展爱国主义、集体主义、社会主义思想教育，以及遵纪守法、遵守社会公德的教育。江泽民肯定了浙江几年来在农村开展社会主义思想教育的做法。江泽民说，农村中的移风易俗教育很重要。要用美好、向上的东西占领思想、文化阵地，抵御各种腐朽没落的非无产阶级思想的侵蚀和渗透，克服某些社会陋习和社会丑恶现象。

江泽民说，要进一步确立大农业观念，不断推广和普及农业科技，推动农业生产迈上新台阶。

考察期间，江泽民还看望了人民解放军驻浙部队指战员、武警官兵和公安干警，并且检阅了海军东海舰队舰列。

国务院贫困地区经济开发领导小组组长陈俊生在全国贫困山区经济开发经验交流会上发表讲话

陈俊生提出，要让白河经验向全国贫困山区辐射，将贫困山区基本农田建设推向一个新阶段。

陈俊生说，白河县有三点经验是大家都可以学的。第一，常抓不懈。第二，自力更生，艰苦奋斗。第三，因地制宜，实事求是。

陈俊生要求认真推广白河经验，发扬实干苦干的精神，推动贫困山区的经济发展。

国务委员陈俊生考察陕西贫困山区

陈俊生10月中旬在陕南秦巴山区的安康、汉中考察期间强调，抓好基本农田建设是贫困山区稳定解决温饱的必由之路，“八五”期间，贫困山区要力争实现人均一亩左右稳产高产基本农田。

陈俊生指出，“八五”期间扶贫工作要重点向这些地区延伸。

陈俊生强调必须改变广种薄收的状况，走集约经营的道路。要加强科技投入，发挥劳动力资源优势，花大力气搞好基本农田建设这个造福子孙、功在千秋的事业。

《人民日报》发表评论员文章《要善于从政治上观察和处理问题》

领导干部肩负着重大的社会政治责任，要善于从政治上观察和处理问题，提高领导水平和领导能力，勤勤恳恳、兢兢业业地沿着党中央指引的方向做好工作。

从政治上观察和处理问题，保证革命和建设任务的完成，是我们党的工人阶级先锋队性质决定的，也是我们党的一个优良传统。现在以经济建设为中心，其他各项工作都要服从、服务和保证这个中心任务的完成。经济建设要想搞上去，必须有正确的政治方向，必须有安定团结的环境，必须协调各方面的关系和调动各方面的积极性，必须及时而果断地消除不安定因素。这一切，都需要政治条件和政治保证。否则，就难以保证社会的稳定，经济建设也就搞不好。

前不久召开的中央工作会议强调的要搞好国营大中型企业,就不仅是经济问题,而且是一个包含着重大政治意义的问题。国营大中型企业是社会主义制度的主要物质基础。发展经济,改善人民生活,保持社会稳定,显示社会主义制度的优越性,要靠国营大中型企业充分发挥作用。这个问题解决得不好,就会影响经济的全局和社会主义制度的巩固。所以,我们要从坚持社会主义制度,发挥社会主义优越性这个高度出发来认识问题,集中力量搞好国营大中型企业。搞好大中型企业,取决于企业的自身努力,但也离不开客观条件的配合与支持。政治和经济是密不可分的,要把内因同外因、经济体制改革同政治体制改革,有机地联系起来。

从政治上观察和处理问题,就要做到胸中有大局,要以对国家和民族高度负责的态度,一切从大局出发,坚定地同党中央保持政治上的一致,全面、完整地贯彻执行建设有中国特色的社会主义的基本路线,坚持四项基本原则,坚持改革开放。首先必须抓住经济建设这个中心,这是大局中的大局。搞好经济工作本身是一个政治问题,因为社会主义制度的巩固,最终取决于生产的发展和劳动生产率的提高。而生产的发展、经济任务的完成,又离不开政治作为保证。我们必须把经济与政治统一起来认识和对待,不能把两者割裂开来。

要做到善于从政治上观察和处理问题,最根本的是要学好马列主义、毛泽东思想,学习科学社会主义理论,学习和掌握马克思主义的辩证法,提高政策和策略水平。现在,我们在非常复杂的国际国内环境中工作,形势在不断变化,经常出现新问题,只有掌握了马克思主义的辩证法,才能在复杂纷纭的形势中把握正确的方向。在这方面,我们要向列宁、毛泽东同志学习,向邓小平同志学习,学习他们观察和处理问题的立场、观点、方法,学习他们如何在错综复杂的情况下,正确处理国际国内问题,正确处理国际上各种矛盾、民族矛盾、阶级矛盾和复杂的社会关系。这样,我们就能更好地懂得在新的形势面前,怎样把政治工作和经济工作结合起来,把革命原则的坚定性和策略的灵活性结合起来,始终做一个清醒的马克思主义者。

我们相信,随着各级党政领导干部理论水平、政治水平、领导水平的进一步提高,一定能使我们的经济工作和其他各项工作的水平大大提高一步,推动社会主义现代化建设的进程。

国际传统医药大会传统药长城国际金奖评选在北京揭晓

有10项产品荣膺质量最高奖。

这10项产品是:津村柴朴汤(日本);李时珍牌、同仁堂牌牛黄清心丸(中国);回生牌、长城牌牛黄降压丸(中国);远字牌龟龄集(中国)、上药牌六神丸(中国);九芝图牌六神丸(中国);东阿牌阿胶(中国);中亚牌至宝三鞭丸(中国);星环牌、星牌华佗再造丸(中国);四角牌心灵丸(中国)。

这次评奖是由国家技术监督局、国家中医药管理局、中国医药保健品进出口商会在北京举行的国际传统医药大会上,组织中外企业评选的。

10月21日

国务院总理李鹏签署第90号令《国家预算管理条例》

《国家预算管理条例》已经1991年9月6日国务院第90次常务会议通过,现予发布,自1992年1月1日起施行。

总理 李 鹏

1991年10月21日

国家预算管理条例

第一章 总 则

第一条 为了加强国家预算管理,强化国家预算的分配、调控和监督职能,促进经济和社会的稳定发展,根据《中华人民共和国宪法》,制定本条例。

第二条 各级人民政府和实行预算管理的各部门、各单位(包括国家机关、社会团体、全民所有制企业事业单位等,下同),都必须遵守本条例。

第三条 国家预算管理,实行统一领导、分级管理、权责结合的原则。

国家预算应当做到收支平衡。

第四条 国家设立中央、省(自治区、直辖市)、设区的市(自治州)、县(自治县、不设区的市、市辖区、旗)、乡(民族乡、镇)五级预算。

不具备设立预算条件的乡(民族乡、镇),经省、自治区、直辖市人民政府确定,可以暂不设立预算。

第五条 国家预算由中央预算和地方预算组成。

中央预算由中央各部门(含直属单位,下同)的预算组成。

地方预算由各省、自治区、直辖市总预算组成。

第六条 地方各级总预算由本级政府预算和汇总的下一级总预算组成。

地方各级政府预算由本级各部门(含直属单位、下同)的预算组成。

第七条 各部门预算由本部门所属各单位预算组成。

第八条 单位预算是指实行预算管理的国家机关、

社会团体、全民所有制事业单位的经费预算和全民所有制企业的财务收支计划中与预算有关的部分。

第九条 经本级人民代表大会批准的预算，各级人民政府、各部门、各单位，未经法定程序，不得擅自改变。

第十条 预算年度自公历 1 月 1 日起，至 12 月 31 日止。

第十一条 预算收入和预算支出以人民币元为计算单位。

第二章 预算管理职权

第十二条 各级人民政府是预算管理的国家行政机关。

各级人民政府编制本级总预算草案、决算草案；组织本级总预算的执行；审查和批准本级政府预备费的动用；编制本级预算调整方案；监督本级各部门和下一级人民政府的预算执行；改变或者撤销本级各部门和下一级人民政府有关预算方面的不适当的决定；向本级人民代表大会或者本级人民代表大会常务委员会报告预算执行情况。

第十三条 各级财政部门是预算管理的职能部门。

各级财政部门具体编制本级总预算草案、决算草案；具体组织和监督本级总预算的执行；编报本级政府预备费动用方案；具体编制本级预算调整方案；定期向本级人民政府和上一级财政部门报告预算执行情况。

第十四条 各部门根据国家有关预算的法律、法规和规章的规定，制定本部门预算具体执行办法；编制本部门预算草案、决算草案；组织和监督本部门预算的执行；定期向同级财政部门报告预算执行情况。

第十五条 各单位必须执行国家有关预算的法律、法规、规章和方针、政策；编制本单位预算草案、决算草案；按照国家规定上缴预算收入；严格执行本单位的经费预算或者财务收支计划；建立、健全财务管理制度。

第三章 预算收支范围

第十六条 预算的内容由预算收入和预算支出组成。

预算收入包括：

(一)税收收入；

(二)企业上缴利润收入；

(三)基金收入；

(四)专款收入；

(五)事业收入；

(六)其他收入。

预算支出包括：

(一)经济建设支出；

(二)教育、科学、文化、卫生、体育等事业支出；

(三)国家管理费用支出；

(四)国防支出；

(五)各项补贴支出；

(六)其他支出。

第十七条 按照财政管理体制，国家预算收入划分为中央预算固定收入、地方预算固定收入、中央和地方预算共享收入。

国家预算支出划分为中央预算支出、地方预算支出、中央对地方专项拨款支出。

中央预算与地方预算收支范围的划分，应当根据本条例第三条规定的原则，在保证中央宏观调控和监督的前提下，赋予地方相应的财政自主权。

第十八条 地方预算固定收入加中央和地方预算共享收入中分配给地方的预算收入，大于地方预算支出的，上解中央；小于地方预算支出的，由中央给予补助。

第十九条 中央预算与地方预算收入和支出项目的具体划分、地方上解中央或者中央对地方补助的具体办法，由国务院确定。

在分税制财政体制实施前，可以继续实行不同形式的财政包干办法。

第二十条 地方各级政府预算与下一级总预算收入和支出项目的具体划分办法，由本级人民政府确定。

第二十一条 预算收入应当统筹安排使用。确需设立专项基金或者列收列支项目的，必须按照国务院有关规定审批。

第二十二条 上级人民政府不得在预算之外调用或者变相调用下级人民政府的预算资金。下级人民政府不得挤占上级人民政府的预算资金。

第二十三条 民族自治地方的财政收入和财政支出的安排，以及财政的管理权限，应当依照《中华人民共和国民族区域自治法》的规定执行；该法没有规定的，依照本条例和国家财政管理体制的有关规定执行。

第四章 预算编制

第二十四条 各级人民政府、各部门、各单位应当在每一预算年度之前按照规定编制预算草案。

第二十五条 预算应当根据国民经济和社会发展计划，按照预算管理职权和收支范围的规定，参考上一年度预算执行情况进行编制。

预算编制应当符合国家法律、法规和方针、政策。

第二十六条 国家预算按照复式预算编制，分为经常性预算和建设性预算两部分。经常性预算和建设性预算应当保持合理的比例和结构。

经常性预算不列赤字。

中央建设性预算的部分资金，可以通过举借国内和国外债务的方式筹措，但是借债应当有合理的规模和结构；地方建设性预算按照收支平衡的原则编制。

国家预算的具体编制方法，由国务院另行规定。

第二十七条 各级预算收入的编制，应当坚持积极可靠、稳定增长的原则。

按照规定必须列入预算的收入，不得隐瞒、虚列，不得将上年的一次性收入作为编制预算收入的依据。

第二十八条 各级预算支出的编制，应当坚持量入为出、确保重点、统筹兼顾、留有后备的原则。在保证经常性支出合理需要的前提下，安排建设性支出。

第二十九条 凡影响预算收支变化的重大政策措施，应当在编制预算草案前确定，并在预算草案中作出安排。

第三十条 各级政府预算应当按照本级政府预算支出额的百分之一至百分之四设置预备费，用于解决当年预算执行中难以预料的特殊开支。

第三十一条 各级政府预算应当设置一定数额的预算周转金。

第三十二条 地方各级政府预算的上年结余款项，应当视同下年的预算收入，用于上年结转支出和补充预算周转金；尚有余额的，可以用于下年必需的预算支出。

第三十三条 国务院于每年 11 月 1 日前下达编制下一年度预算草案的指示。

编制预算草案的具体事项，由财政部部署。

第三十四条 中央各部门根据国务院的指示和财政部的部署，具体布置所属各单位编制预算草案，并负责汇总编制本部门的预算草案，报财政部审核。

财政部审核汇总中央各部门的预算草案，编制中央预算草案。

第三十五条 地方各级财政部门根据本级人民政府的指示和上级财政部门的部署，具体布置本级各部门和下级财政部门编制预算草案，并负责汇总编制本级总预算草案，由本级人民政府审定后，提请本级人民代表大会审查和批准。

第三十六条 财政部将中央预算草案和地方预算草案汇编成国家预算草案，由国务院审定后，提请全国人民代表大会审查和批准。

第三十七条 各级总预算经本级人民代表大会批准后，本级人民政府的财政部门应当及时向本级各部门批复预算。各部门应当向本部门所属各单位批复预算。

第三十八条 地方各级人民政府应当将本级人民代表大会批准的预算，报上一级人民政府备案。

各级人民政府应当将下一级人民政府上报备案的预算汇总后，报本级人民代表大会常务委员会备案。

第五章 预算执行和监督

第三十九条 各级预算由本级人民政府组织实施，具体工作由财政部门负责。

第四十条 预算年度开始后，各级预算草案在未经本级人民代表大会批准之前，暂按照本级人民政府编制的预算草案执行。

第四十一条 一切有预算收入征收任务的部门，必须依照法律、法规和规章的规定，积极组织预算收入，确保中央和地方预算收入任务按期完成，不得超越权限减免应当征收的预算收入，不得截留、占用、挪用应当上缴国库的资金。

第四十二条 一切有预算收入上缴任务的部门和单位，必须依照法律、法规和规章的规定，将应当上缴的资金上缴国库，不得截留、占用、挪用和拖欠。

第四十三条 各级人民政府、各部门、各单位应当严格按照支出预算执行，并贯彻勤俭节约的方针，提高资金的使用效益。

各级财政部门应当按预算、按程序、按进度及时拨付预算支出资金，加强对预算支出资金的管理。

第四十四条 县级以上预算必须设立国家金库（以下简称国库）；具备条件的乡（民族乡、镇）预算，应当设立国库。

各级国库必须按照国家有关规定，加强对国库业务的管理，及时准确地办理预算收入的收纳、划分、留解和预算支出资金的拨付。

各级国库库款的支配权属于同级财政部门。除法律、行政法规另有规定外，未经财政部门同意，任何部门、单位和个人都无权动用国库库款或者退库。

各级人民政府应当加强对本级国库的管理和监督。

第四十五条 各级人民政府不得超越权限，作出减少预算收入、增加预算支出的决定；对超越权限作出的减收增支决定，上级人民政府有权改变或者撤销。

任何部门、单位和个人不得超越权限，作出减少预算收入、增加预算支出的决定；对超越权限作出的减收增支决定，本级人民政府有权改变或者撤销。

第四十六条 政府各部门制定的规章和行政措施，凡涉及财政、税收的，必须按照规定商得同级财政、税务部门的同意；未经财政、税务部门同意的规章和行政措施，财政、税务部门有权拒绝执行。

第四十七条 各级人民政府应当加强对预算执行的领导，保证财政、税务部门依法组织预算收入，严格管理预算支出。

各部门、各单位应当加强对预算收入和支出的管理，不得违反规定将预算内收入转为预算外收入或者将预算外支出转为预算内支出。

第四十八条 各级预备费的动用由本级财政部门审核，报本级人民政府决定；除因紧急情况必须支出的外，上半年不得动用。

第四十九条 各级预算周转金由本级财政部门管理，用于预算执行中的资金周转，不得用于增加支出或者挪作他用。

第五十条 各级人民政府应当按照规定，向本级人民代表大会或者本级人民代表大会常务委员会作预算执行情况的报告。

第五十一条 各级人民政府监督下级人民政府预算的执行；下级人民政府应当定期向上级人民政府报告预算执行情况。

第五十二条 各级财政部门负责监督检查本级各部门预算的执行。

各级财政部门应当按照规定期限，向本级人民政府和上一级财政部门报告预算执行情况。

第五十三条 各部门必须建立健全财务制度，加强对预算执行的监督，接受财政部门的监督检查，并按照规定期限向本级财政部门报告预算执行情况。

第五十四条 各级审计部门负责审计监督本级各部门和下一级人民政府预算的执行。

第六章 预算调整

第五十五条 预算调整是指经本级人民代表大会批准的本级政府预算在执行中因追加支出或者追减收入而发生的部分变更。

第五十六条 在预算年度内，遇有重大事件发生、方针政策调整或者经济情况变化，对预算执行产生较大影响时，可以进行预算调整。但是，追加支出，必须有相应的收入来源弥补；追减收入，必须有相应的压缩支出措施。

第五十七条 各级人民政府对于必须进行的预算调整，应当编制调整方案，提请本级人民代表大会常务委员会审查和批准。

第五十八条 在预算执行中，因上级人民政府下拨各项专款而引起的预算收支变化，不属于预算调整。接受拨款的人民政府应当向本级人民代表大会常务委员会报告。

第五十九条 各部门、各单位的预算支出应当按照规定的预算科目执行，不得随意留用。

预算科目间的留用，须经本级财政部门同意。

第六十条 企业事业单位改变隶属关系，其财务关系由财政部门按照规定进行相应调整。

第六十一条 各级政府预算在执行中当年实际收入超过预算的部分，应当留作下年使用；确需安排某些急需支出的，视同预算调整处理。

第六十二条 地方各级政府预算调整方案经批准后，由本级人民政府报上一级人民政府备案。

第七章 决算

第六十三条 决算草案由各级人民政府、各部门、各单位，在每一预算年度终了后编制。

编制决算草案的具体事项，由财政部进行部署。

第六十四条 编制决算草案，必须划清预算年度和预算级次，分清资金界限，做到收支数额准确，内容完整，报送及时。

第六十五条 各部门对所属各单位的决算草案，应当严格审核，并编制本部门的决算草案，在规定期限内报本级财政部门审核。

各级财政部门对本级各部门决算草案应当严格审核，对不符合规定的，有权作出调整。

第六十六条 地方各级财政部门编制本级总决算草案，经上一级财政部门审核后，报本级人民政府审定，由人民政府提请本级人民代表大会或者根据本级人民代表大会的决定提请本级人民代表大会常务委员会审查和批准。

财政部编制国家决算草案，经国务院审定后，由国务院提请全国人民代表大会或者根据全国人民代表大会的决定提请全国人民代表大会常务委员会审查和批准。

第六十七条 地方各级人民政府应当将本级人民代表大会批准的决算，报上一级人民政府备案。

第六十八条 各级人民政府对下一级人民政府上报备案的决算，认为有同国家法律、法规和方针、政策相抵触的，应当提请本级人民代表大会常务委员会审议决定。

第六十九条 各级审计部门有权对本级各部门和下一级人民政府的决算实行审计监督。

第八章 法律责任

第七十条 各级人民政府、各级财政部门、各部门、各单位违反本条例规定的下列行为，属于预算违法行为：

（一）擅自改变预算的；

（二）越权作出减收增支决定的；

（三）擅自动用国库库款或者擅自退库的；

（四）擅自动用预备费的；

（五）在预算调整中由于追加支出没有可靠的收入来源或者追减收入没有相应压缩支出，而造成财政赤字的；

（六）编报虚假决算草案的；

（七）擅自将预算内收入转为预算外收入或者将预算外支出转为预算内支出的。

第七十一条 对有预算违法行为的地方各级人民政府，除依法清还违法所得外，上一级人民政府可以给予警告或者通报批评；情节严重的，并应当追究有关领导人员的行政责任。

第七十二条 对有预算违法行为的财政部门，除依法清还违法所得外，上一级财政部门、审计部门或者本级人民政府可以给予警告或者通报批评；本级人民政府并可以追究该财政部门有关领导人员的行政责任。

第七十三条 对有预算违法行为的部门和单位，财政部门或者审计部门除追回被侵占的国家资金外，应当根据不同情节，给予警告、通报批评、停止或者核减拨款、罚款的处罚；情节严重的，由有关部门追究其领导人员和直接责任人员的行政责任。

第七十四条 由于上级部门的责任而造成预算违法行为的，由上级人民政府追究该上级部门及有关责任人员的责任。

第九章 附 则

第七十五条 国防费预算草案、决算草案，由中国人民解放军总后勤部和专项经费管理部门编制，报财政部审核汇总，分别纳入国家预算草案、决算草案。

第七十六条 各级人民政府、各部门、各单位应当加强对预算外资金的管理。

第七十七条 本条例由财政部负责解释。本条例的实施细则由财政部制定。

第七十八条 本条例自1992年1月1日起施行。1951年8月19日中央人民政府政务院公布的《预算决算暂行条例》同时废止。

全国模范军队转业干部表彰大会在北京召开

大会由国务院军队转业干部安置工作小组、人事部、解放军总政治部联合召开。

党和国家领导人江泽民和杨尚昆、李鹏、中央军委副主席刘华清分别为大会题词。

会议以党的十三届七中全会和最近召开的中央工作会议精神为指导，认真学习贯彻中央领导关于加强军队转业干部安置工作的指示精神和有关方针政策，表彰先进，交流经验，研究解决新形势下军转安置工作中出现的新情况、新问题，进一步推动军转安置工作的全面发展，努力把这项工作提高到一个新水平。这次会议表彰的来自全国各条战线的300余名模范转业干部和先进军转工作代表中，有为农村改革和发展商品经济奋勇开拓的基层干部；有为办好社会主义企业作出显著成绩的厂长、经理和党委书记；有用自己的知识和才能服务于社会主义现代化事业，取得突出成就的科技、文化、医务工作者和人民教师；有在政法战线上坚持原则，秉公执法，为维护国家和人民利益英勇斗争的公安干警和司法干部；还有在军转工作岗位上兢兢业业，尽心尽责，把满腔热忱倾注在军转事业上的同志。

据统计，1985年以来军队转业的63万干部中，被各级评为劳动模范和先进工作者的有7.5万人，优秀企业家5200多人，优秀思想政治工作者1.4万人；有15.8万人担任了县处级以上领导职务。

国务院军转安置工作小组组长、人事部部长赵东宛在会上讲话。

赵东宛在总结1985年以来军转安置工作的经验后指出，军队转业干部既是部队建设的中坚力量，也是地方各行各业的工作骨干。要立足于军队稳定和社会安定团结的大局，为军队的革命化、现代化、正规化建设服务，为社会主义现代化建设服务的指导思想，把接收安置军转干部当作一项重要的政治任务，以高度负责的精神做好这项工作。

会议至24日结束。

法治与社会经济发展国际学术讨论会在北京召开

全国人大常委会副委员长王汉斌、全国人大常委会内务司法委员会副主任委员邹瑜出席了会议。

在这次有中国、日本、美国、德国、荷兰、加拿大、香港等国家和地区的法律专家、学者以及律师近百人参加的会议上，各国如何在本国内部进一步完善法治，促进社会进步发展，已成为众多国家关注的一个重要课题。一些学者指出，尽管各国社会制度不同，历史文化传统各异，但是法治的基本精神和功能作用都是相同的。

会议提供的情况表明，中国作为发展中的社会主义国家，42年来，特别是近12年来，在推行法治方面做了大量工作。仅1979年至1990年，就制定法律103件，制定行政法规520多件，制定地方性法规2000多件。为适应改革开放，比较快地制定了一批涉外经济法律、法规。有中国特色的社会主义法律体系已经基本形成。法治使中国经济发展和社会进步取得巨大成就。

会议由中国社会科学院法学研究所主办。

中国数据通信研究网(CRN)在上海交通大学与德国研究网(DFN)正式开通此项技术中国与世界先进水平保持同步

国家环保局举行庆祝《保护地球——持续生存的战略》文件在北京公布的新闻发布会 同时60多个国家首都公布了这一文件

10月22日

国办转发《国家计委等部门〈关于对调出棉花实行奖励政策报告〉的通知》

国务院生产办公室副主任张彦宁在全国轻工集体企业职工代表大会上发表讲话

劳动部负责人就国务院关于企业职工养老保险制度改革决定答记者问

《国务院关于企业职工养老保险制度改革的决定》颁布后，劳动部负责人日前就这项重要改革的有关政策问题回答了《经济日报》记者的提问。

问：养老保险制度改革前后有些什么区别？

答：首先要明确的是，新的养老保险制度的建立需要一个过程，并不是说今天发个文件，明天就能全面实施。这个过程，大约需要三至五年的时间。

新的养老保险制度与原来的相比有以下几个特点：一是所有企业职工在他们年老离退休时都能够享受到国家统一规定的基本养老保险待遇；二是实行多层次养老保险，即除国家统一立法规定的基本养老保险外，国家提倡、鼓励企业实行补充养老保险和职工参加个人储蓄性养老保险；三是基本养老保险所需资金由国家、企业、个人三方共同负担；四是基本养老保险实行社会管理，基金由劳动部门所属的社会养老保险管理机构统一筹集、统一管理、统一支付。

问：基本养老保险所需资金由国家、企业、个人三方负担，应该怎样体现？

答；国家实行基本养老保险首先要建立养老保险基金。基金是在企业营业外项下开支，即税前提取，也就是说国家在征收各项税、费之前就先从企业创造的利润中将这笔钱提取出来。国家通过减少税费收入来体现国家负担的部分。企业负担的部分体现在缴纳养老保险基金之后，税后留利减少了。个人负担是通过职工从个人工资中缴纳养老保险费来体现的。鉴于目前我国职工的工资收入还不高，因而职工个人缴费要在增加工资的基础上进行，缴费比例目前应控制在职工标准工资的3%以内。国家、企业、个人三方共同负担，实际上是国家、企业出大头，个人出小头。

问：退休费用实行社会统筹给职工个人、企业和国家带来什么利益？

退休费用社会统筹是指社会保险管理机构按照社会平均退休费用开支的实际需要，加上必要的积累向各企业统一征收养老保险基金，用于专门支付退休职工的退休费用。这样退休职工不论原来所在企业经济效益好坏，哪怕是原企业已经破产，他们都能从社会保险管理机构按时足额地领取退休费用。企业不必担心现在或将来退休职工多，退休费用负担重而影响企业的生存和发展。例如佳木斯市食品厂退休职工相当在职职工人数的一半，退休费用负担十分严重。参加统筹后，这笔费用大部由社会保险管理机构负担，1989 年产值、利润分别比统筹前的 1985 年提高了 12.5%和35%职工们称赞统筹给企业注入了活力，退休职工生活有了保障，从而维护了国家和社会的稳定。

问：目前国家和企业的资金都很紧张，为什么养老保险基金还要留有部分积累？

答：这主要是考虑到我国人口老龄化速度快，退休费用增长迅速而采取的一项重要措施。1980 年我国退休职工为 817 万人，全年支付退休费用 47 亿元，1990 年退休职工和支付的退休费用比 1980 年已经分别增长了 1.8 倍和 9 倍。预计到本世纪末全年需开支的退休费用将超过 1 千亿元。而到 2030 年前后，我国职工将进入退休高峰期，退休费用的开支数额之大就更为惊人，如现在不留点积累，那时国家、企业和职工个人都将不堪重负，必须未雨绸缪。再者，积累起来的基金，国家可用于发展经济建设并有利于基金的保值增殖。

问：为什么要试行将个人储蓄性养老保险与企业补充养老保险挂钩的办法？

答：这是国家提倡和鼓励职工参加个人储蓄性养老保险的重要办法。假设职工个人每月存储 3 元养老保险金，企业可根据自身经济效益情况，相应地从企业奖励、福利基金内为其存储 1 至 3 元的企业补充养老保险金作为鼓励。这样职工退休时就可以在国家规定的基本养老保险之外，逐月（也可以一次性）领到一笔包括个人储蓄性和企业为其补充的养老保险待遇。

问：职工退休后，实际收入减少较多的问题在改革中应怎样解决？

答：目前职工退休后实际收入减少较多，是因为退休费按职工退休前标准工资的一定比例计发，而标准工资在职工实际收入中所占比重这几年有较大下降而造成的。解决这个问题，一要结合工资制度改革，增加标准工资在工资总额中的比重；二是在职工增长工资时，退休职工的基本养老保险金也应适当调整；三是加快建立企业补充养老保险和个人储蓄性养老保险，增加养老金的来源渠道。

问：我国企业职工养老保险制度改革的近年进展如何？

答：劳动部门为全面推进这项改革，近年主要抓了以下几项工作：

在全国 2272 个市县和 1048 个市县分别开展了全民企业和集体企业职工的退休费用社会统筹。福建、江西、天津、上海相继实行了省（市）级统筹。

广东、江西两省全面实行了职工个人少量缴纳养老保险费，由国家、企业、个人三方共同负担的基本养老保险统筹办法；在一些企业试行了企业补充养老保险和个人储蓄性养老保险制度。

全国建立了省、市、县三级社会保险管理机构 2700 多个，配备专职社会保险干部 2 万多人，初步形成了社会保险管理网络。

需要指出的是，养老保险制度的改革仅仅依靠劳动部门不可能顺利完成。我们希望全社会都来支持和关怀这项事业，共同完成好改革任务。

国务院总理李鹏在北京会见出席全国模范军队转业干部表彰大会的代表

李鹏在会见说，转业干部在部队受过良好训练，有较高的政治素质，在部队开展两用人才训练中又掌握了不少技能，党中央、国务院始终认为，军队转业干部是建设社会主义的一支重要力量。他希望大家继续发扬优良传统，保持荣誉，为社会主义现代化建设再立新功。

1991 年北京军转民国际合作研讨会在北京召开

国务院总理李鹏致贺信说，军转民正在成为世界各国争取和平与裁军活动的重要组成部分。“和平利用军工技术，造福人类”将成为世界各国的共同呼声和行动，并将为促进世界和平、社会发展、人类进步作出新的贡献。

这次会议是联合国科技促进发展中心与中国和平利用军工技术协会联合举办的第一次活动。

参加这次国际研讨会的有 10 多个国家和地区的 100 多名专家、学者、企业家、政府官员，收到论文 50 余篇。

国家计委副主任、中国和平利用军工技术协会名誉理事长甘子玉致开幕词。他希望通过相互交流，共同探讨军转民国际合作的方式，加深了解，增进友谊，建立联系，促进国际军转民的交流与合作，推动军工技术的和平利用。中国和平利用军工技术协会名誉理事长、中国国防科学技术工业委员会副主任怀国横和联合国科技发展中心主任罗兹·巴尔先生等在会上发了言。

国务院总理李鹏在人民大会堂会见国际货币基金组织总裁米歇尔·康德苏

李鹏感谢国际货币基金组织对中国的支持，希望该组织进一步加强同中国的合作，多做一些“雪中送炭”的工作。

李鹏向客人简要介绍中国当前的经济工作。他着重指出，在今后的经济工作中，我国将把增强国营大中型企业活力和提高企业效益的问题摆到突出位置。他说，不论是公有制企业还是私人企业，都要积极开拓市场，使自己的产品进入市场，要有竞争力。

李鹏还列举中国在外贸体制、汇率、价格等方面采取的改革措施。他强调指出，在治理整顿过程中，我国的改革开放不仅没有停滞，而且在继续深入和发展，相信今后我国的改革开放会搞得更好。他说，我国的国民经济已经恢复正常增长的状况，据初步测算，一至三季度，国民生产总值按可比价格计算比去年同期增长 6.8%。

康德苏说，记得 1989 年初来华访问时，中国的经济发展还有不少困难，两年之后的今天来华访问，看到通货膨胀得到了控制，经济得到了恢复和发展。现在，中国政府强调提高企业的经济效益，对此，他都感到十分高兴。

康德苏还赞赏中国对其他发展中国家援助的政策，并表示同意李鹏总理的建议，今后国际货币基金组织愿意给中国多做一些“雪中送炭”的工作。

国务院总理李鹏在人民大会堂会见委内瑞拉外交部部长阿曼多·杜兰

中国埃及友好协会在北京宣告成立并举行第一次理事会会议

中国政府和国际货币基金组织关于国际货币基金组织在中国设立常驻机构的协定在北京签字

中国和美国就海运问题在华盛顿签署协商备忘录

中国海运代表团和美国海运代表团于 10 月 22 日至 24 日在华盛顿就海运及有关问题举行会谈，并就解决中美航运公司在经营活动中面临的问题签署一份协商备忘录。

第十一次企业管理国际讨论会在北京开幕

来自 25 个国家和地区的近 150 位企业家和银行家聚集在人民大会堂，探讨 90 年代的经济技术合作。

国务委员兼中国人民银行行长李贵鲜会见了与会代表，对他们在金秋季节来北京交流企业管理经验，探索商务、合资和经济技术合作的可能性表示热烈欢迎。

企业管理国际讨论会是由中国企业管理协会和世界经济论坛联合召开的。世界经济论坛主任马托说，企业家之间的广泛讨论和交流必将促进商务合作，加深友谊。

国务院生产办公室副主任杨昌基在会上介绍了中国经济的发展前景。他说，中国国民生产总值到 2000 年将达到 31100 亿元，10 年间平均每年增长 6%。中国将重点加强农业、基础工业和基础设施建设，改组改造和提高加工工业，把发展电子工业放在突出位置。

财政部副部长项怀诚向中外企业家介绍了中国的财政前景。他说，中国的财政政策是成功的，其主要标志是赤字得到控制，每年的财政赤字占国民生产总值不超过 1%，在世界上是属于低水平。

他在回答外国企业家提问时说，目前国营企业的经济效益不够好，外部环境还存在问题。但是，他指出，中国不会走私有化的道路，而一部分企业将实行股份制，在一定范围内还允许多国企业购买一定的股份。现在上海已开始搞这方面的试点，欢迎外国企业家参股投资。

国家体改委主任陈锦华在会上作了《90 年代中国改革的目标和主要任务》的演讲，强调改革的目标就是初步建立起社会主义有计划商品经济的新体制，实行和不断完善计划经济与市场调节相结合的经济运行机制。

陈锦华说，为实现 90 年代经济体制改革目标，我们将围绕增加企业特别是国营大中型企业活力这个中心环节，相应配套地推进各项改革。

出席国际传统医药大会的代表一致通过《北京宣言》

《宣言》吁请各国政府、各有关国际组织和各界人士对传统医药事业的发展给予必要的关心和支持，同时号召全世界一切关心人类健康的人们，为发展传统医药，促进人类健康，实现人人享有卫生保健的目标共同奋斗。

这份以“人类健康需要传统医药”为宗旨的宣言倡议：

——将每年的 10 月 18 日定为世界传统医药日；

——加强传统医药教育事业，培养传统医药后继人才；

——加强科学研究，提高传统医药的学术水平和临床水平；

——合理地开发利用自然药物，加强药物资源保护。

国际传统医药大会在通过了《北京宣言》之后宣告闭幕。

世界卫生组织总干事中岛宏及法国、瑞典、日本和我国的知名学者在大会上作了特别演讲。大会组委会常务副主任、国家中医药管理局副局长朱杰在闭幕式上致闭幕词。

第六届全国发明展览会在西安开幕

“心连心”艺术团赴新疆慰问演出汇报表彰在中央统战部礼堂举行

中共中央政治局候补委员、书记处书记、中央统战部部长丁关根在表彰会上传达了江泽民总书记 10 月 7 日对艺术团赴疆演出情况汇报的批示。江泽民在批示中说：“这个办法很好，艺术团做了很好的工作，本身也受到教育。今后应该有组织有计划地派出艺术团去主要少数民族地区，促进各民族大团结。”

王震、丁关根、杨白冰同志为与会的艺术家颁发了“天山奖”。国家副主席王震在会上讲话。

军委秘书长杨白冰也在会上讲了话。

1990—1991 年度全国冰雪十佳运动员评选在北京揭晓

速滑运动员张艳梅、叶乔波、郭洪茹、王秀兰、王秀丽，冰球运动员王安福、王永军，花样滑冰运动员陈露，越野滑雪运动员王岩，高山滑雪运动员侯健。

10 月 23 日

国务院总理李鹏在人民大会堂同老挝政府总理坎代·西潘敦举行正式会谈

李鹏在会谈中说，中老关系全面恢复以来，两国代表团互访频繁，两国关系正在顺利发展。中国非常重视同老挝的关系。一年来，双方就恢复通航、遣返难民、互设总领馆、开辟边界口岸等问题达成协议，希望这些协议继续顺利实施。中老两国将正式签署边界条约，这是中老关系史上的一件大事。建立稳定的边界对进一步发展两国睦邻友好关系具有重要意义。

李鹏说，中国对柬埔寨形势的积极发展感到高兴。关于柬埔寨问题的巴黎国际会议今天开会，与会国和柬各方将正式签署全面解决柬埔寨问题的协定，柬将结束十几年来的战乱，走向和平与独立。我们希望各方为履行协定继续作出努力，也希望作为柬近邻的老挝为巴黎和平协定的全面履行作出积极的贡献。李鹏总理指出，随着柬问题的解决，中越关系将实现正常化。

坎代总理高度评价两国即将签署的边界条约。坎代说，老挝党、政府和人民深切感受到中国党、政府和人民为解决边界问题所表示的诚意。边界条约的签署是稳步发展两国关系的划时代的历史事件，深信这将进一步促进两国睦邻友好关系的发展，使两国边界成为一条和平、友好、合作的边界。

中共中央政法委员会通知《法制日报》是中央政法委领导下的全国政法战线的综合性报纸

《人民日报》发表社论《充分认识水利的基础产业地位》

把长期从属于农业的水利，提高到与能源、交通运输等基础产业同等重要地位，是我国在制订国民经济和社会发展十年规划和第八个五年计划时提出的一个重要战略思想。前一段抗灾的实践，使我们深刻地理解了这一战略思想的正确性和重要性。

今年，我国部分地区发生严重洪涝。罕见的自然灾害，考验了我们伟大的党、我们的社会制度和人民，也考验了我们几十年艰苦奋斗修建起来的水利工程。事过之后大家看得很清楚，如果没有一大批水利基础设施，就不可能保住灾区广大群众的生命安全，就不可能保住苏州、无锡、常州、上海等这样一些经济发达城市，保住淮北平原上千万亩良田，保住津浦铁路等交通干线。祖国大地的水利工程星罗棋布，年年岁岁在减轻洪旱灾害带来的损失，特别是为大江大河中下游广大地区提供了安全保障。这些地区占全国面积的1/3，工农业产值的2/3，总人口的一半，是我国经济发达、人口密集的地区。保护这些地区的安全，对国民经济发展和维护社会安定，具有极其重要的意义。减损失，保安全，水利建设功不可没。

水利，既能防害，更能兴利。毛泽东同志说："水利是农业的命脉"。农业赖以发展的最基本条件之一就是水利，正如人们常说的"有收无收在于水"。新中国成立以来，我们从头收拾残破山河，全面整修和新建江河湖海的堤防圩垸，开辟了淮河和海河的洪水出路，修建水库8万多座，机电排灌能力、水电装机容量大幅度增长。灌溉面积由2.4亿亩发展到7.2亿亩。全国主要江河初步建成防洪体系，大部分地区初步控制了常遇的水旱灾害，从而保证了农业的稳定发展。保丰收、促增产，40多年的实践反复证明，水利对于农业的决定性作用是不容怀疑的。

随着我国经济的发展，人口的增长，城市系统的扩大，水利在国民经济中的地位越来越显得重要。人民生活和工农业生产，时刻都离不开水；国土整治开发，国民经济整体布局，生产力合理配置，水利也是必须考虑的重要因素。水既不可缺少，又不可替代，几乎对所有产业都具有强大的制约作用。由此，人们提出"水利也是国民经济的命脉"这一新的命题，更加全面、深刻地概括了水利产业举足轻重的战略地位。

尽管几十年来，我国水利建设取得了巨大成就，但是水利建设和它的基础产业地位还是很不相称。近年来，大批水利工程老化失修、效益衰减和北方水资源紧缺"两个危机"日益加剧；新建工程速度又明显落后于经济发展速度。水利，实际已成为国民经济循环链中极薄弱的一环。人无远虑，必有近忧。水利建设滞后的状况如不及时加以改变，后果将是严重的。今年的洪涝，已向我们发出了警报。我们应当增强紧迫感，像控制人口和提高粮食产量那样，高度重视水利，切实加快水利建设。要提高全民族的水利意识，要大张旗鼓地宣传，引导广大群众和各级领导干部重新认识"水"，真正认清水利的基础产业地位。要树立水利先导的思想，在制订经济发展规划过程中要优先考虑水利，要在投资和政策上向其倾斜。

加快水利建设，必须发扬自力更生、艰苦奋斗的战斗精神。经过过去几十年不懈的努力，我们才形成了比较强大的抗灾防灾能力，今后，也只有继续苦干实干，我们才能把水利建设提到新的水平。人民群众是国家的主人，也是水利建设的主力。要充分发挥我国劳动力资源丰富这一优势，发动群众兴修水利。当然，在建设中，应当汲取以往的教训，提倡团结治水，注意按科学办事，坚持科学规划，科学施工，不搞形式主义，不搞花架子，讲求实效，建设一项，成功一项。珍惜民力，保证效益，广大群众兴修水利的积极性才能长盛不衰。

基础产业是国民经济发展的起点。基础越雄厚，经济起飞的后劲越足。加强水利建设顺乎民心，势在必行。党中央、国务院已下决心，90年代一定要在水利基础设施建设方面真正办成几件大事。首先是治理淮河和太湖，黄河、长江水害历来是心腹之患，今后也要加快治理。要兴修一批大型水利骨干工程，搞好重点水土流失区的综合治理，提高大中城市防洪排涝标准，加快解决北方城市严重缺水的问题。一个水利建设的高潮即将在全国兴起。各级领导要站在高潮的前头，发动群众，组织群众，把水利基本建设推向新的高度。

国务院中央军委批准解放军总参谋部《关于加强民兵、预备役部队军事训练基地使用管理工作的意见》

国务院、中央军委最近批准解放军总参谋部《关于加强民兵、预备役部队军事训练基地使用管理工作的意见》，要求各地认真贯彻执行。

《意见》指出，训练基地使用的土地属国家所有。所属的营房、营具及各种设施的所有权和训练基地的使用权属于建设训练基地的军事单位。经依法登记并领取了国有土地使用证的训练基地的土地使用权，受法律保护，任何单位和个人不得随意改变其用途，不得随意侵占、买卖、出租或以其他形式非法转让。因国家建设需占用训练基地土地时，须征得原使用单位同意，并经省军区（卫戍区、警备区）批准后，依法办理有关手续。地方人民政府应为另建训练基地划拨相应的土地。原训练基地受到的损失，由建设单位予以补偿。训练基地是用于保障民兵、预备役部队军事训练的场所，不得因开展其他活动，影响完成民兵、预备役部队军事训练任务。

国务院知识产权领导小组成立

国务委员宋健主持国务院知识产权领导小组第一

次会议，宣布成立国务院知识产权领导小组。组长由宋健担任，成员由经贸部、国务院办公厅、外交部、国家科委、机电部、化工部、法制局、专利局、版权局、工商局、医药局的负责人组成。

国务院住房制度改革领导小组批准《江苏省城镇住房制度改革实施意见》

国务院住房制度改革领导小组最近批准了《江苏省城镇住房制度改革实施意见》。从 1992 年一季度起，江苏省 11 个市齐步进入住房制度改革起步阶段：实行建立住房公积金，分步提租发补贴，新租公房交定金，职工买房给予优惠，实行住房基金制等一系列改革措施。

经批准实施的江苏省房改措施对建立住房公积金作出了规定。住房公积金是一项义务性的长期储蓄，凡是城镇常住户口的党政机关、群众团体、事业单位和各种所有制企业的固定职工、合同制职工、计划内临时工，都要逐月缴存。公积金的缴存额，等于职工月工资乘以公积金缴存率，在房改起步阶段，全省住房公积金的缴存率定为 6%至 10%，由单位和职工各负担一半。离退休职工、计划外临时工以及三资企业中的外籍职工，不实行住房公积金制。个人使用公积金限于支付购买自住房、自建住房、房屋翻建和大修等费用；而职工出售用公积金购买的住房，须将原购买住房时动用的公积金，如数存入个人的公积金户名内。

关于分步提租发补贴问题，《实施意见》规定每平方米住房使用面积平均月租提高到 0.25—0.30 元，住房面积超过标准的部分，应加收租金。发放住房补贴按职工月工资和离退休费的 2%至 3%一次核定，由所在单位按月发给补贴。居住集体宿舍和私房的职工，暂不发住房补贴。

《实施意见》对新租公房交定金作出明确规定。自当地房改方案实施之日起，新竣工的住房原则上实行先售后租，有偿分配。租住公房必须缴存定金，定金标准为每平方米使用面积 20 元至 50 元，由住户缴存，归住户所有，享有低息，五年后归还。住户缴存定金后，仍需按规定交纳租金。少数经济确有困难的职工，可分期缴存定金。

对职工买房，《实施意见》规定售价给予适当优惠，购房后对住户暂不发补贴。公房出售主要是出售成套房屋，一户只能享受一次优惠。新旧房屋均按地段、朝向、楼层等因素确定售价。住房实际价格与优惠价的差额，由职工所在单位负担。职工优惠购得的住房，可以继承，五年后可以出售。在付款方面，购买优惠住房一次付清房款给予 20%优惠；分期付款的首次付款不得低于 30%，其余部分可向当地住房信贷部申请低息抵押贷款，购房户按月还本付息，还款年限不得超过 15 年。

国办批转发林业部《关于加强野生动物保护管理工作的报告》

各省、自治区、直辖市人民政府，国务院各部委、各直属机构：

林业部《关于加强野生动物保护管理工作的报告》已经国务院同意，现转发给你们，请遵照执行。

关于加强野生动物保护管理工作的报告

国务院：

一九九一年一月，国务院发出《关于加强野生动物保护严厉打击违法犯罪活动的紧急通知》，召开了全国保护野生动物电话会议。为了检查国务院紧急通知和电话会议精神的落实情况，我们会同高检院、高法院及农业部、公安部、经贸部、工商局、商检局、海关总署等有关部门，组织了六个联合检查组，分别到四川、云南、新疆、广东、广西、福建等省（区）的四十多个地（州）、县（市），检查了五十三个集贸市场，七十四家饭店、餐馆，十一个进出口口岸及一些经营、加工单位。从检查的情况看，各省（区）政府和有关部门都很重视，及时传达、印发了文件，并作了具体部署，乱捕滥猎等违法活动有所收敛，野生动物保护工作得到加强。当前存在的主要问题：

一是违法猎杀倒卖野生动物案件仍不断发生。据对六个省（区）的检查，自一九八九年三月一日实施《中华人民共和国野生动物保护法》（以下简称《野生动物保护法》）以来，发生违法猎捕、买卖野生动物的案件七百一十五起，被猎杀、倒卖的有大熊猫、金丝猴、长臂猿等国家一级保护动物十多种三千多只，马鹿、黑熊、穿山甲、娃娃鱼等国家二级保护动物二十多种四万多只，还有大批地方政府规定保护的动物。问题的严重性在于，猎杀倒卖珍稀野生动物的违法事件仍未得到制止。

二是野生动物及其产品流通领域秩序混乱。违法收购、运输、经营野生动物的案件依然不断发生，一些人把高消费扩展到滥吃珍禽异兽。检查组在广东检查发现，有三个集贸市场、二十五家餐馆经营国家规定保护的野生动物，现场查获国家一、二级保护动物二百七十八只。检查组在广西发现，违法经营的国家一级保护动物有巨蜥七百一十公斤、蜂猴四只、国家二级保护动物穿山甲三百三十公斤以及其他珍贵野生动物。一些部门和企业的领导点名用珍稀动物招待宾客，一些宾馆、餐馆为牟利而甘冒风险，尽量满足食客的要求，助长了滥吃野生动物的歪风。一些单位无视国家法令，任意收购、加工和经营国家规定保护的野生动物。有的地方外贸、药材部门不顾资源状况，盲目下达野生动物毛皮、药材收购计划，造成经营利用与保护管理严重脱节。

三是宣传不够广泛，对违法活动打击不力。近几年来，各地在《野生动物保护法》的宣传方面虽然做了大量工作，但广大林区、山区的群众对国家保护野生动物的政策规定了解很少。城镇中一些从事这种经营活动的人法制观念淡薄，只顾做生意赚钱。加上与《野生动物保护法》的配套法规没有跟上，执法部门对违法行为的处罚普遍偏轻，违法犯罪分子得不到应有的打击。

四是野生动物保护机构不健全、不落实，管理力量严重不足，经费短缺。许多地方由于缺少机构和必要的管理人员，工作十分被动。在这种情况下，贯彻执行《野生动物保护法》的许多措施难以落实，地方野生动物管理部门普遍感到工作难度很大。野生动物大都分布在偏远的经济不发达地区，地方财政困难，大多无力安排保护经费。不仅像野生动物资源调查、科学研究、拯救濒危物种、收容饲养动物、补偿群众损失这些耗资较多的工作不能进行，就连宣传教育、查处案件和正常业务工作都很难开展。

五是猎枪生产、销售失控的问题一直没有得到解决。一些非定点生产、经销单位仍在大量生产、销售猎枪。据调查，每年在林业部下达的猎枪生产限额外生产、销售的猎枪约十万支，加上一部分小口径运动步枪及气枪的使用管理不严，已对野生动物保护构成极大威胁。

为进一步加强野生动物保护管理工作，建议采取以下综合治理措施：

一、要提高认识，加强领导。野生动物既是自然生态环境的重要组成部分，又是国家宝贵的自然资源，对维护生态平衡、发展经济、开展科学研究都具有重要意义。各级政府要把保护野生动物列入重要议事日程，切实加强领导，解决当前工作中存在的实际问题。林业、农业、工商、经贸、商检、海关及公安、司法等部门对保护野生动物资源、做好保护管理工作都负有重要责任，要密切配合，互相支持，共同努力，切实把这项工作抓紧、抓实、抓好。

二、要认真贯彻执行《野生动物保护法》，依法管理野生动物资源。各级政府要把宣传贯彻《野生动物保护法》列入对公民进行法制教育和精神文明建设的重要内容。要严厉查处乱捕滥猎和倒卖走私国家重点保护野生动物的案件，严格猎枪、弹具的管理，坚决打击各种违法犯罪活动。问题严重的地方，要列入"严打"斗争的内容，进行专项治理。林业、农业等有关部门要抓紧制定必要的配套法规，使野生动物保护工作逐步规范化、制度化。

三、进一步加强对猎捕活动的管理。各级林业行政主管部门要严格控制对国家重点保护野生动物的猎捕，严格实行《狩猎证》、《特许猎捕证》、《驯养繁殖许可证》制度。要加强对专业猎人、季节性猎人和业余狩猎人员的教育。有条件的地方，可在林业行政主管部门指导下，成立猎人协会，做到有组织、有计划地开展狩猎活动。严禁使用禁用的狩猎工具和狩猎方法。在资源破坏严重或不适宜开展狩猎的地方和季节，当地政府要明确划定禁猎区和禁猎期。禁止跨省(区)、跨县(旗)狩猎，如确有必要，则需事先征得对方主管部门的同意，严格遵守当地的各项规定，接受当地的监督和检查。

四、进一步加强对野生动物经营活动的管理。国家重点保护的野生动物及其产品一律不得进入集贸市场。任何餐馆、饭店、宾馆、招待所都不得出售以国家重点保护野生动物或其产品为原料的食品。在特殊情况下，需养殖、出售、收购国家重点保护野生动物或其产品的，要按《野生动物保护法》和国家其他有关规定，严格履行审批手续。对养殖经营非国家重点保护野生动物或其产品，省、自治区、直辖市有关部门也要采取措施，加强管理。铁路、交通、民航、邮电等部门，对运输、托运、携带国家重点保护野生动物或其产品，要按有关规定严格加以管理。

五、切实搞好野生动物保护管理的基础工作。各地特别是野生动物的重点分布区和经营活动频繁地区的林业行政主管部门，要在当地政府的统一安排下建立健全野生动物保护管理机构，切实做好日常保护管理工作。同时，执法机关要加强力量，使各项监督检查工作真正落到实处。野生动物保护管理工作所需经费，除各级财政部门给予适当安排外，各级主管部门，要努力筹集资金，增加对野生动物保护管理工作的投入。

为了掌握全国野生动物资源状况，建议以省、自治区、直辖市为单位，用三至五年时间进行一次国家重点保护野生动物资源调查。所需经费除请地方财政部门给予安排外，其他有关部门也要给予支持。

以上报告如无不妥，请批转各地执行。

国办转发水利部《关于进一步做好农村人畜饮水和乡镇供水工作报告》的通知

全国人大常委会委员长万里在人民大会堂会见由主席布赖恩特·伯恩斯参议员率领的澳大利亚联邦议会澳中小组代表团

国务院副总理邹家华在伦敦会见英国外交大臣赫德

外交部部长钱其琛在巴黎会见美国国务卿贝克

钱其琛上午在巴黎会见美国国务卿贝克，双方就中美关系和柬埔寨、中东等国际问题交换意见。

外交部部长钱其琛在柬埔寨问题巴黎国际会议开幕式上发言

钱其琛在柬埔寨问题巴黎国际会议开幕式上发言。

钱其琛说，“签署柬埔寨冲突全面政治解决协定，这是具有历史意义的重大事件。它标志着延续十三年之久的柬埔寨战火终于熄灭，柬埔寨问题的全面政治解决得以实现”。

钱其琛说，和平协定的签署，将使柬埔寨恢复它的独立和主权，有利于东南亚地区的和平与稳定，并为用和平方式解决地区冲突和国际争端创造了又一个范例。

10 月 24 日

国家主席杨尚昆在人民大会堂会见老挝总理坎代·西潘敦

国务院总理李鹏和老挝总理坎代·西潘敦在北京签署中华人民共和国和老挝人民民主共和国边界条约

双方签字后，李鹏总理说：“我们完成了一个历史性事件，这次有利于我们两国关系的继续巩固和发展。”

坎代总理说，这是一个重要的历史事件，标志着我们两国的边界将成为永久和平友好合作的边界。相信双方今后的交往会更加密切。

李鹏总理说，“我也这样认为，中老边界将成为一条友谊与和平的边界。我们能这样顺利、友好地解决边界问题，为中国同其他邻国解决边界问题树立一个榜样。”中国执行睦邻友好政策，我们愿意在和平共处五项原则基础上同所有周边国家发展睦邻友好关系。

全国精神文明建设活动研讨会在烟台召开会议提出要进一步加强思想道德建设

国台办新闻局官员就当前两岸关系中的若干问题接受中国新闻社记者专访

问：最近一段时间，台湾有关方面一些人士不断发表谈话，说海峡的两岸关系目前处于“低潮”，陷入“僵局”，你对此有何看法？

答：就今年的情况来看，应该首先提出，由于两岸人民的共同努力，包括岛内各团体、各阶层人士的大力推动，两岸交往呈现出持续发展的势头。今年来大陆探亲、旅游、经商的台胞预计将超过一百万人次，两岸的间接贸易额和台商来大陆投资项目也比去年有所增加。两岸间的各种交流活动频繁。8 月上旬，大陆、台湾和海外的 100 多名学者参加了在北京举行的“两岸关系研讨会”；9 月下旬，上海举办了“海峡两岸经贸洽谈会”，有台湾的 300 多名厂商参加；与此同时，200 名台湾青年和 200 名北京青年相聚在北京，举办第一次“两岸青年联谊活动”。此外，两岸间事务性的接触商谈今年也迈出了可喜的一步，4 月底 5 月初和 7 月中旬，台湾“海峡交流基金会”两度组团来访，与大陆有关部门进行了接触商谈，双方增进了了解，取得了一些共识。

当然，毋庸讳言，目前的两岸关系也还存在着一些问题，有些是老问题。比如，两岸的通邮、通航、通商仍然处于间接的层次；台湾当局仍然对大陆赴台人员实行政治歧视，以不合理的规定限制两岸间的双向交流。今年海上也出了一些事，台湾军方、警方动辄抓扣、殴打在台湾海峡进行正常生产作业的福建渔民，严重伤害了两岸渔民的感情。台湾军方还介入两岸渔民间的海上渔事纠纷，使问题复杂化。台湾军队还阻拦大陆海关关员进行正常的缉私活动。最近一段时间以来，岛内“台独”活动甚嚣尘上，民进党公然将“台独”条款塞进“党纲”。“台独”活动如不能得到有效遏制，将给国家的和平统一和两岸关系带来极大的危害。

我们认为，实现统一是历史发展的必然趋势，不断改善两岸关系是两岸人民的共同愿望。我们希望岛内各政党、团体和各界人士继续为推动两岸关系向前发展作出努力。

问：9 月 25 日，中共中央台湾工作办公室副主任唐树备致函“海基会”，希望“海基会”负责人士来京，立即就合作打击台湾海峡海上走私、抢劫问题进行具体商谈。关于这方面的事情，目前进行到什么程度了？

答：9 月 25 日，唐树备副主任在致“海基会”的函电中说：我们一贯主张积极发展两岸关系，尽早实现直接“三通”和双向交流，同时实事求是地、合情合理地解决两岸交往中衍生的具体问题。今年 5 月，我们曾向台湾方面明确阐明，希望双方能建立共识，合作打击台湾海峡海上抢劫、走私等犯罪活动。7 月 21 日，中共中央台湾工作办公室主任王兆国正式建议，海峡两岸有关方面或经授权的团体、人士进行商谈，达成合作打击台湾海峡海上走私、抢劫犯罪活动的协议。台湾方面对我们的倡议有一定形式的回应。“海基会”已表示将于 10 月底 11 月初来大陆就商谈合作打击台湾海峡海上犯罪活动的程序性问题先进行磋商。10 月 17 日，唐树备副主任又重申了 9 月 25 日的建议。我们希望尽早实现海峡两岸有关部门以适当名义就合作打击台湾海峡海上抢劫、走私等犯罪活动进行商谈。

问:10月4日,台"陆委会"发表声明,说"'海基会'近期所提多项往访大陆的计划,均遭中共国台办无理拒绝或搁置,阻断了两岸沟通联系的管道",你对此有何评论?

答:我们对台湾同胞到大陆来进行探亲、旅游、经贸和各项交流活动的政策是开放的,我们欢迎台胞来大陆,只要按有关规定办理入境手续,来去自由。"海基会"是台湾当局唯一授权的团体,我们愿意与"海基会"建立联系,解决两岸交往中出现的一些具体问题。

今年4月底5月初,在"海基会"第一次来北京时,"海基会"与有关方面达成了口头协议,"海基会"组团来访办事要向国台办提出申请,须征得国台办同意。7月份,石齐平先生率"海基会"成员到东南沿海访问,就是这样办的。7月份以来,据我们所知,"海基会"除提出商谈"文书使用"问题外,并未提出别的交流计划。但"海基会"人员曾提出随台湾某些团组来大陆访问,要求批准办理"台胞证"的事。"海基会"人员随其他团体来大陆,这与"海基会"自己组团来的方式是不一样的。这种随访方式,"海基会"在今年两次组团来访时均未与国务院台办负责官员商谈过,而在实际工作中也存在一些问题。例如,有时"海基会"来函说某某先生或某某小姐要随台湾某团组来访,而在大陆接待单位收到该团名单中却并没有该先生或小姐的名字。有鉴于此,邹哲开先生9月17日致函"海基会",建议"选择适当时间由'海基会'与国务院台办负责官员商谈此事,在双方未取得共识之前,暂不安排'海基会'人员以上述形式来大陆访问和考察"。对此建议"海基会"迄今并未答复。

我们作出的这项安排,其范围仅限于"海基会"人士,并不涉及其他按正常途径办理有关手续的其他台湾团体来大陆进行各方面的交流和考察活动。事实上,这类活动仍在继续进行,未受任何影响。

问:"海基会"有人士称,国台办对"海基会"邀请去台交流的京剧演员不予批准,而非要派未受邀请的其他人赴台。你能否讲一讲这方面的情况?

答:如果"海基会"有关人员这样说,是毫无根据的。事实是,前不久,"海基会"来信邀请上海一些京剧演员赴台演出,由于有些人因病或有演出无法成行。本着真诚推动两岸文化双向交流的一贯主张,中华文化联谊会向"海基会"提出是否可由梅派传人、著名京剧艺术家梅葆玖先生及其他著名演员去。对于这样一个真诚的、合情合理的建议,如果是想真诚推动两岸文化交流的话,是不应当提出反对意见的。我们希望"海基会"真正为推动两岸文化交流做出一些实事,促成梅葆玖先生一行赴台交流。我们欢迎岛内各个团体都来为实现两岸双向交流努力。

问:台"陆委会"10月4日声明中说:王凤歧等5名中医"欺瞒"真实身份才被"中止交流",声明并指责"中共以不合理借口取消"台方50余人拟于10月中旬前往大陆参加"传统医学国际会议"的资格。你对此有何评论?

答:台"陆委会"的说法是与事实根本不相符的。5名中医学者:王凤歧、李惠治、李广钧、奚达、田建华,是应台湾省中医师公会的邀请,赴台参加"中医学术研讨会及全省巡回示范观摩座谈会"的。5名学者均具有副主任医师以上职称和多年临床实践经验。他们怀着与台湾中医药界同行真诚交流的心情,做了认真的准备,在台期间的学术交流成果受到了台湾同行的交口称赞;其中王凤歧先生因工作关系,多次接待过台湾中医药界人士,他的行政职务不仅台湾邀请单位知道,就是在台湾中医药界也是广为人知的,他的这一公开身份又有何隐瞒的必要?

台湾当局出尔反尔,以5名中医学者共产党员之身份"涉嫌内乱"为由,迫使他们不得不中断在台的正常学术交流,现在又诬王凤歧有意"欺瞒","毫无学术交流诚意"。10月3日,台湾某报还编造出5名学者中还有中共"国安部"人员等骇人听闻的谣言。真不知用意究竟何在?

关于台湾中医药界人士来参加"国际传统医药大会"一事,由于这次大会是联合国世界卫生组织与国家中医药管理局联合举办,邀请台湾人士参加有诸多不便,大陆主办单位已告台湾中医药界人士予以谅解,不存在取消台湾人士与会资格问题。大陆中医药界同仁热切盼望在今后的适当场合能与台湾省中医药界继续交流、共同切磋。

问:关于大陆人员私自渡海去台问题,据说唐树备副主任最近曾去函台"海基会",你能否披露一下去函内容?

答:10月9日,中共中央台湾工作办公室副主任唐树备致函"海基会",建议双方有关部门就大陆人员私自渡海去台问题在双方认为合适的时间进行商谈,以求得妥善解决。

唐树备在电函中说,几年来,为使海峡两岸关系稳定发展,我有关部门一直在加强对沿海民众的教育,并采取了一些行政措施。今年以来,东南沿海更加强了这方面的工作,特别是严厉打击组织私自渡海去台的不法分子。"海基会"曾来函提供过有关资料,这些资料福建省有关部门正在进行核实,希望"海基会"进一步提供所掌握的岛内从事此项活动的不法分子资料。

唐树备在电函中说:今年5月2日,我告诉陈长文先生,许多私自渡海入台事件是两岸不法分子勾结所为。要解决这个问题，还需两岸有关部门合作，希望台湾方面对岛内从事此一活动的不法分子进行严厉打击。另外，此事涉及到台有关方面政策的不合理、岛内劳务市场的管理等复杂因素，建议双方都为此共同努力，也可以在双方认为合适的时间进行讨论，以求得妥善解决。

国务院副总理朱镕基在安徽考察

10 月 24 日至 26 日，朱镕基在中共安徽省委书记卢荣景、省长傅锡寿等陪同下先后到蚌埠、合肥、巢湖和滁县等市、地进行考察。

朱镕基在安徽考察时指出，安徽遭受特大洪涝灾害后，生产恢复得这样快，灾民的口粮落实、防疫治病和住房重建工作搞得这样好，生动地体现了社会主义制度的优越性和改革开放政策取得的巨大成果。

在考察受灾农村时，朱镕基说，今后一个时期，要突出抓好水利建设，这既是根治淮河的需要，也是避免灾民大量外流，加快市场复苏和促进安徽经济发展的重要措施。

朱镕基对安徽省注意发挥本省优势，加快发展资源型产业，加工工业没有背上很大包袱以及重视交通运输等基础设施建设的作法表示赞同。对如何加强宏观管理，搞好统一规划，制止加工工业的重复建设，发挥安徽的资源和科技优势，建设有自己特色的经济体系，提出了具体意见。

中共中央政治局常委乔石致信全国社会治安重点治理经验交流会

出席全国社会治安重点治理经验交流会的全体同志：

值此全国社会治安重点治理经验交流会召开之际，我和任建新、王芳同志代表党中央、国务院向你们并通过你们向工作在社会治安综合治理战线上的同志们致以崇高的敬意，表示亲切的问候。

这次会议是中央社会治安综合治理委员会决定召开的，委托王芳同志前去主持并讲话。重点治理是社会治安综合治理的一项重点工作，今年以来，各地区和各部门在贯彻中央 7 号文件精神、落实社会治安综合治理措施方面做了大量工作，在重点治理方面创造了不少经验，取得了明显成效，在一定程度上遏制了违法犯罪活动大幅度上升的势头，维护了社会治安的稳定。但是，当前社会治安形势仍然是严峻的，综合治理的许多措施还有待进一步落实，我们决不能有丝毫松懈。希望通过这次会议认真总结交流经验，进一步抓好重点治理，把正在开展的反盗窃斗争扎实有力地进行下去，全面深入地推动社会治安综合治理各项工作，为落实最近召开的中央工作会议精神，保障深化改革，扩大开放和社会主义现代化建设的顺利进行作出更大的努力。

预祝会议圆满成功！

乔石

1991 年 10 月 24 日

国务院总理李鹏在钓鱼台国宾馆会见欧洲共同体委员会第一副主席安德里森

李鹏在会见中说，中国一向重视同欧共体发展关系，中国同欧共体国家之间没有根本的利害冲突，彼此没有理由不友好相处。

会见开始时，安德里森表示，他昨天同经贸部长李岚清举行的会谈是“卓有成效的”，为双方进一步加强合作奠定了基础。

李鹏说，欧共体具有较强的经济实力，在国际事务中发挥着重要作用。中国是一个巨大的市场，经济正在不断发展，因此中国同欧共体发展互利的经贸关系潜力是很大的。随着中国现代化建设的扩大，中国从欧共体国家进口技术和设备的前景十分广阔。

李鹏指出，世界经济发展的趋势是多样化。希望欧共体以长远的眼光看待它同中国的关系，因为维护和发展这种关系对中国和欧共体都是有利的。

安德里森说，中国改革的成就给他留下了深刻的印象，欧共体愿意继续参与中国的改革进程和支持中国的现代化建设。

安德里森说，双方的合作曾一度中断，现在应该恢复并使之进一步发展，特别是要采取措施把双方在农业、能源、通信和技术等领域的合作搞好。

李鹏还在会见中着重介绍了中国的经济政策。他说，现在西方有些人士由于对中国的情况及中国政府的政策缺乏了解，认为中国仍在实行完全的计划经济；也有一些人认为，中国进行改革就是要实行完全的市场经济。这两种理解都是不全面、不准确的。中国经济的运行机制是计划经济和市场调节相结合，即把二者的优点很好地结合起来。

李鹏说，中国的改革具有渐进的特点，改革从经济领域开始，首先在农村进行。改革的步骤比较稳妥，不断总结经验，不断深化。检验改革成功与否的标准就是看它是否推动了经济的发展，提高了人民的生活水平，并有利于社会稳定。他说，中国的改革就是按照这样的标准进行的。

国务院总理李鹏会见尼泊尔前首相比斯塔

国务院总理李鹏在钓鱼台国宾馆会见香港中华电力公司常务董事兼行政总裁石威廉爵士和夫人

国务院副总理邹家华在伦敦就中国改革开放政策发表演讲《中国的经济体制改革和对外开放》

邹家华应邀在英国皇家国际事务研究所发表演讲，强调“中国的改革开放政策不会改变”，这“不仅对中国经济发展有利，对外国合作伙伴有利，对世界和平事业也有利”。

邹家华向近百名英国政界、工商界和学术界的人士详细介绍中国十二年来改革开放的成果。

邹家华还说，经济体制改革和对外开放，有力地促进了中国社会生产力的发展。

邹家华介绍中国国民经济和社会发展十年规划和第八个五年计划纲要，阐述中英两国关系的发展和经济合作的前景，高度评价英国首相梅杰今年九月初对中国的成功访问。邹家华说，中英两国有着许多共同的利益和广泛的经济关系，两国经济有很大的互补性，相互合作的潜力很大，在贸易上有进一步扩大的可能性。

邹家华在演讲后回答听众的提问。

当问及目前中美贸易关系时，邹家华指出，当前中美贸易关系出现的问题，是由美国讨论中国最惠国待遇等问题引起的。中国并不愿意恶化两国关系，且愿意继续发展两国关系。最惠国待遇本来是双方相互的，美国给中国最惠待遇，中国对美国也是如此。他说，如果美国取消对中国最惠国待遇，将会损害两国关系；从经济上看，不但中国受影响，美国也会受影响，特别要指出的是，这将给香港带来更大的影响。所以，各方应协力避免这种情况出现。

有人问及中国是否要购买西方国家军事装备时，邹家华说，中国的军备主要靠自己，如果西方国家有可能向中国提供军事技术，中国不会反对。

当有人问及中国对在香港投资的政策时，邹家华说，中国政府希望香港稳定繁荣，香港的稳定繁荣与中国内地是联系在一起的，任何对香港的稳定繁荣、对香港的未来有利的投资，中国政府都会赞成和支持。

《人民日报》发表社论《柬埔寨迎来和平的新曙光——热烈祝贺签署〈柬埔寨冲突全面政治解决协定〉》

外交部发言人就中英双方达成在香港设终审法院原则协议发表谈话

外交部发言人说，中英双方最近达成的有关在香港设立终审法院问题的原则协议，完全符合联合声明和基本法的精神，充分体现了“港人治港”的原则。

发言人说，根据中英关于香港问题的联合声明和香港特别行政区基本法，在香港设立终审法院应是在1997年香港特别行政区成立以后的事情。为了实现1997年政权的顺利交接和平稳过渡，中英两国政府经过认真磋商，最近就在1997年前设立香港终审法院问题达成了原则协议。

发言人指出，现在，香港有人扬言要改变这个协议，这是中国政府绝对不能同意的。

发言人说：“我们希望英国方面继续采取合作态度，按照已达成的原则协议，进一步就有关细节问题与中方进行认真的磋商，以便早日在香港设立终审法院。”

外经贸部部长李岚清在北京会见欧洲共同体委员会第一副主席安德里森时认为中国和欧共体经贸合作进入新阶段

中国和欧共体混委会第十一次会议和第五次部长级会晤上午结束。会后，李岚清和安德里森举行了联合记者招待会。

安德里森是近两年多来访华的欧共体最高级领导人。

李岚清说，安德里森一行这次来访意味着中国和欧共体国家的经贸合作进入了新阶段。他对这次会谈取得的成果表示满意。

李岚清说，会谈中双方本着坦率、友好、建设性的态度共同探讨了双方经贸合作的成果、问题和进一步发展的途径。

安德里森说，欧共体和中国的经贸合作关系一直很好。最近两年双方经贸合作发展的速度有所减慢，逐步恢复和发展双边合作将是有益的。

安德里森认为这次混委会很成功，显示出欧共体和中国合作的前景。他说，欧共体决定在生态、能源、农业等领域发展一些新项目，使欧共体和中国的合作获得实质性的发展。今年11月，在北京将开设中国和欧共体生物技术中心，这就是双方合作进一步发展的一个具体实例。

李岚清应记者的要求谈到中国和欧共体之间贸易逆差的问题。他说，在这次会谈中双方的共同的观点是，在发展过程中解决贸易逆差问题，而不是通过削减贸易额来解决，即应该用积极的而不是消极的办法来解决这个问题。

关于贸易平衡问题，李岚清说，“中国和欧共体确实有不同的统计。我向安德里森先生建议组成一个专家小组来研究探讨出一个双方都能接受的统一的统计方法。安德里森先生作出了积极的反应。”李岚清说，事实上，这方面的工作已经在做，现在要进一步推动工作的进行。

安德里森也希望本着这次会议的精神通过磋商来解决贸易赤字问题，而不是采取单方面的措施。

李岚清对此表示赞同。他说，最重要的是现在双方都有发展双边经贸合作的愿望。去年中国派出采购团到欧共体国家,取得了很好的成果。欧共体方面建议中国继续派出这样的采购团,李岚清答应将认真考虑这一建议。

外交部部长钱其琛在巴黎会见泰国外交部部长阿沙·沙拉信

外交部部长钱其琛在巴黎会见越南外交部部长阮庙琴

外交部部长钱其琛在巴黎会见老挝外交部部长奔·西巴色

外交部部长钱其琛在巴黎会见津巴布韦外交部部长沙穆利亚尔

全国模范军转干部表彰大会闭幕

213名转业干部被授予"全国模范军队转业干部"荣誉称号,88名全国先进军转工作者受到表彰。

全国总工会集会庆祝职工技协活动30周年

全国总工会在人民大会堂集会,庆祝职工技术协作活动兴起30周年,表彰在技协活动中取得显著成绩的136个先进集体、243名先进个人和121项优秀技术成果。

会议反映,职工技协活动自60年代兴起以来,团结广大职工围绕社会主义建设的中心任务,广泛开展各种形式的群众技术活动,在提高职工技术素质、推动企业技术进步、促进科技成果转化、开展技术扶贫和提高经济效益等方面做出了重要贡献。

"七五"期间,全国各级技协组织共攻克技术关键1115.6万项,创造经济效益202.2亿元;推广新技术84.7万项,创造经济效益达141.6亿多元;培训职工7870万人次。

国务院总理李鹏题词:"充分发挥职工技协队伍优势,为经济建设作出新贡献。"宋任穷、倪志福、宋健等也题了词。

丁关根、宋任穷、倪志福参加了大会并向获奖者颁发了奖状和证书。丁关根在会上讲话。

贵州人民出版社出版的《中国历代名著全译丛书》在北京举行首发式

首都文艺界聚会祝贺于蓝从事革命艺术50年中共中央政治局常委宋平致信祝贺

中国棋院在北京成立陈祖德任院长

10月25日

第七届全国人大常委会举行第二十二次会议

全国人大常委会委员长万里主持会议。

根据议程,在上午的全体会议上,委员们先后听取法律委员会副主任委员宋汝棼作的关于进出境动植物检疫法草案审议结果的报告,内务司法委员会副主任委员邹瑜作的关于妇女权益保障法草案的说明,国家海洋局局长严宏谟作的关于领海及毗连区法草案的说明,铁道部副部长、国务院口岸领导小组副组长石希玉作的关于武汉、九江、芜湖港对外国籍船舶开放议案的说明,外交部副部长刘华秋作的关于建议我国加入不扩散核武器条约的说明,邮电部部长杨泰芳作的关于建议批准万国邮政联盟组织法第四附加议定书的说明。

全国人大常委会副委员长彭冲、赛福鼎·艾则孜、严济慈、荣毅仁、叶飞、廖汉生、倪志福、陈慕华、费孝通、孙起孟、雷洁琼、王汉斌出席会议。

国务委员宋健、最高人民法院院长任建新列席会议。

国务院中央军委向七届全国人大常委会第二十二次会议提交关于提请审议批准武汉九江芜湖港对外国籍船舶开放的议案

国务院向七届全国人大常委会第二十二次会议提交关于提请审议批准《万国邮政联盟组织法第四附加议定书》的议案

邮电部部长杨泰芳受国务院的委托,就此作说明。

杨泰芳说,万国邮联组织法是1964年维也纳大会制定的,是万国邮联的永久性法规和根本法。组织法的修改由大会作出决定载入附加议定书。附加议定书须经各会员国批准。

杨泰芳说,我国在万国邮联的合法席位恢复后,于1973年加入了万国邮联组织法和组织法附加议定书(1969年东京大会通过)。1977年和1987年我国分别批准了组织法第二附加议定书(1974年洛桑大会通过)和第三附加议定书(1984年汉堡大会通过)。1989年在美国华盛顿召开的万国邮联第20届大会通过了修改组织法的第四附加议定书。我国政府代表参加了本届大会,并于1989年12月14日签署了这个附加议定书。这个附加议定书已于1991年1月1日生效。

杨泰芳说,鉴于第四附加议定书的上述规定属万国邮联根据实际情况对其组织法进行的相应调整,对我国没有不利影响,且已为绝大多数万国邮联会员国所接受,国务院建议我国批准该附加议定书。

全国人大内务司法委员会副主任委员邹瑜在七届全国人大常委会第二十二次会议上作关于妇女权益保障法草案的说明

邹瑜说，这一法律草案从总则到分则各章都明确贯穿了三项基本原则：男女权利平等；对妇女权益实行特殊保护；禁止歧视、虐待、残害妇女。

邹瑜说，草案主要是根据宪法有关规定，通过各种保障性的、协调性的、制裁性的和补充性的条款，将现行宪法、法律中有关男女平等、保护妇女权益的规定具体化并落到实处，以便在有法可依的基础上，真正做到有法必依、执法必严、违法必究。

邹瑜说，我们党和国家历来十分重视妇女解放事业，关心保障妇女的合法权益。在我国的宪法、法律中明确规定了妇女享有同男子“五平等”的权利。我国妇女不但获得了历史性的解放，社会地位和家庭地位有了根本改变，各项基本权利也逐步得到实现。但是，也必须看到，由于我国尚处于社会主义初级阶段，因受经济、文化等条件的制约，在实现男女平等，保障妇女合法权益，充分发挥妇女作用方面，现实生活中的种种状况，与宪法、法律的要求仍有较大差距。突出表现在：妇女参政比例与妇女占我国人口比例相比很不协调。在各级领导干部中，女干部比例过低。在劳动就业方面，近几年，女大学生、研究生分配难，一些地方在同等条件下，男女就业机会不均等；妇女受教育的权利也未能全部实现，全国1.8亿文盲中，女性约占70%；失学、辍学的儿童中以女性为主。此外，近年来拐卖妇女儿童、卖淫嫖娼等丑恶现象也死灰复燃，包办、买卖婚姻，干涉婚姻自由等违法行为，在一些地方还较为普遍。这一切说明，制定保障妇女权益的法律，对这样一个人数众多，肩负社会生产和人类自身生产两副重担的群体是十分必要和迫切的。

邹瑜指出，党的十一届三中全会以来，我国的立法工作取得了很大成绩，这是有目共睹的事实。可是，至今我国还没有一部较全面的妇女法，这与我国维护妇女合法权益的需要和加强法制建设的要求是不适应的。我们还要看到，我国宪法和基本法律中虽然都有保护妇女的规定，但是这些规定多属于实体性条款，且分散在各部法律之中。现行的保护妇女的法律、法规，存在三点不足：一是不完善，对改革开放以来出现的一些新情况、新问题没有制定相应的对策。二是不具体，有些规定过于笼统和原则。三是不配套，缺乏对侵害妇女权益行为的惩治条款。同时，保障妇女权益的执法工作也存在一些薄弱环节。因此，制定一部全面的、综合性的，旨在保障妇女权益，促进男女平等的法律是我国法制建设的当务之急。

邹瑜说，联合国妇女十年中期世界会议通过了《消除对妇女一切形式歧视公约》。我国是这一公约最早的缔约国之一，应该尽快制定一部具有中国特色的社会主义国家的妇女权益保障法。

国务院向七届全国人大常委会第二十二次会议提出关于建议中国加入《不扩散核武器条约》的议案

外交部副外长刘华秋受国务院委托到会就这一议案作了说明。

刘华秋说，《条约》于1968年7月1日签订，1970年3月5日生效，现有140多个缔约国。《条约》的主要规定是：有核武器缔约国不向任何国家转让核武器或其他核爆炸装置，不协助、鼓励或引导无核武器国家获取核武器或其他核爆炸装置；无核武器缔约国不获取或制造核武器或其他核爆炸装置，其全部和平核活动接受国际原子能机构的核安全保障；各缔约国承诺促进和平核合作，并就早日停止核军备竞赛和核裁军的有效措施及缔结一项全面彻底裁军条约进行谈判。

刘华秋说，该条约是关于裁军和军控领域中具有普遍性的国际条约。该条约在防止核武器扩散方面起了重要作用，有利于维护世界的和平与稳定。同时，《条约》也存在一些缺点和不足。但总的看来，该条约有积极意义。

刘华秋说，我国一贯主张全面禁止和彻底销毁核武器，并奉行不主张、不鼓励、不从事核扩散，不帮助别国发展核武器的政策；加入国际原子能机构后更明确宣布，我国核出口严格遵循核不扩散原则；去年我国作为观察员出席了《条约》第四次审议会议，并表示支持《条约》的三大目标，即：防止核扩散、推动核裁军、促进和平利用核能的国际合作。

刘华秋说，我国加入《条约》是适宜的，并建议在加入书中声明我国关于全面禁止和彻底销毁核武器，以及对核不扩散的原则立场。同时，鉴于台湾当局曾以中国名义分别于1968年7月1日和1970年1月27日非法签署和批准《条约》，我国在加入书中还应声明，台湾当局用中国名义对《条约》的签署和批准是非法、无效的。

中组部在北京召开全国民主评议党员工作座谈会

中央组织部于25日至27日召开全国民主评议党员工作座谈会，总结交流经验，深入讨论如何按照从严治党的方针，使此项工作经常化、制度化的问题。

中组部部长吕枫、副部长赵宗鼐出席座谈会并讲话。吕枫指出，民主评议党员是靠经常工作和制度来加强党的建设的有效方法，是广大党员进行自我教育、互相教育的好形式，对于提高党员素质、增强基层党组织的战斗力有重要作用。进一步搞好这项工作，要从实际情况出发，讲究实效，形成制度。

赵宗鼐说，3 年来各级党组织在评议工作中积累了很多经验，主要有 4 点：一是把对党员的教育、管理和监督融为一体，着力于提高党员的政治素质；二是正确运用批评与自我批评的武器，依靠自身力量解决党员队伍中存在的问题；三是把表彰先进、发扬党内积极因素同处置不合格党员、克服消极因素结合起来，使党组织保持生机与活力；四是把民主评议党员同民主评议支部结合起来，全面加强党的基层组织建设。赵宗鼐说，今后要按照从严治党的方针，进一步搞好民主评议党员工作。要突出评议重点，切实解决党组织和党员中存在的问题，进一步加强对这项工作的领导。

澳门基本法咨询委员会交流团访问北京

国务院副总理田纪云会见国务院税收财务物价大检查工作组全体成员并发表讲话

田纪云说，在国务院和地方各级政府的领导下，我们已经在全国范围内开展了 6 次税收、财务、物价大检查，共查出各种违纪金额 891 亿元，其中上交财政 508 亿元，平均每年给国家追回近 85 亿元的财政收入，为平衡财政预算，缓解财政困难作出了应有的贡献。对这几年税收、财务、物价大检查工作的成绩，应当充分肯定。

田纪云说，今年由于部分地区遭受洪涝灾害，企业经济效益下降的趋势尚未扭转。因此，开展大检查的任务比较艰巨，难度较大。田纪云说，国务院决定在“八五”期间甚至更长一些时间内，税收、财务、物价大检查还要继续进行下去。特别是在今年暂停企业评优升级和尽量减少评比检查的情况下，税收、财务、物价大检查照常进行，这既说明大检查工作非常重要，非搞不可，也说明党中央、国务院对大检查工作十分重视、决心很大。田纪云希望地方各级政府和各有关部门的领导同志都要亲自过问和关心这项工作，及时研究解决工作中遇到的各种问题，把这项工作作为一件大事摆到重要位置，认真抓紧抓好。

田纪云强调，各地区、各部门在今年的大检查工作中，要一手抓检查，一手抓违纪问题的处理和调账入库。对于查出来的各种违法违纪问题，特别是重大违法违纪案件，一定要抓紧核实定案、依法严肃处理，该宽则宽，该严则严，该给什么处罚就给什么处罚，不能心慈手软。如发现有说情护短、徇私包庇的，不论涉及哪一级干部，都要抓住不放，彻底查清，从严处理，决不含糊。对于查出的各种应交违纪款项，要如数催交入库，把大检查的成果完全反映到财政上来。田纪云说，在今年洪涝灾害比较严重、财政形势十分严峻的情况下，做好这项工作尤为重要。

田纪云指出，大检查只是一种监督手段，它的目的在于，通过检查制止各种违法违纪行为的发生，严肃国家财经法纪，在全国范围内逐步形成遵纪守法的良好社会风尚。田纪云要求各级大检查办公室在依法查处各种违法违纪问题的同时，要针对大检查中发现的一些带有普遍性的问题或薄弱环节，提出完善财经政策和法规的意见和建议，供有关部门研究整改。这项工作做好了，不仅能够有效地制止屡查屡犯、屡禁不止的现象，逐步消除目前存在的大面积违法违纪状况；而且也有利于为增强企业活力创造一个良好的经济环境。田纪云还要求国务院税收、财务、物价大检查工作组的同志要严于律己，率先廉政，在工作中做到不吃请受礼，不公费旅游，不低价购买商品，不收受馈赠土特产品。

国家工商行政管理局公安部发出《关于严厉打击非法购销盗窃走私汽车活动的通知》

中共中央政治局常委乔石在人民大会堂会见苏联最高法院院长叶·阿·斯莫连采夫

乔石在会见中说，自关系正常化以来，两国的关系发展得很好。他希望两国关系更好地发展下去。

他说，中国正在根据本国国情进行社会主义建设和改革，逐步完善社会主义民主与法制。在过去 10 多年中，中国在这些方面取得了一些成绩。

斯莫连采夫在会见中说，苏联对中国所取得的成绩，特别是经济建设方面所取得的成绩表示高兴。他说，苏联目前处在困难的阶段，但他确信苏联人民能够克服这些困难。

乔石说，伟大的苏联人民一定能够克服这些困难。他说，创造世界奇迹的根本因素是人民。任何事业，只要符合人民的利益，就一定能够前进。他说，我们珍视国内的稳定，因为只有稳定才能发展。

乔石认为，中国的国内建设主要靠中国人民自己，但也需要外来帮助。他说，中国只要长期坚持独立自主，自力更生，改革开放，就能够发展好。

他希望苏联客人不仅就法制方面的情况进行交流，而且利用这次机会多了解中国的其他方面的情况。

国务院副总理兼国家计委主任邹家华在伦敦会见英国前首相撒切尔夫人

中国驻联合国代表李道豫大使就台湾有人鼓吹台湾“重返联合国”问题发表谈话

李道豫大使在中国重返联合国 20 周年之际向纽

约华文报纸《侨报》发表谈话，指出试图以“台湾共和国”的名义加入联合国是妄想。

李道豫在《侨报》今天刊登的谈话中说，台湾是中国不可分割的一部分，是祖国的神圣领土。这是国际社会公认的。李道豫强调指出：“任何妄图把台湾从祖国分裂出去的阴谋都是不能得逞的，那些一味坚持搞‘台独’的人必将玩火自焚。”

中国国际减灾十年委员会和民政部联合发表《关于国内外救灾捐赠款物接收处理情况的公告》

今年，我国部分地区发生了严重的洪涝灾害。

面对严重的洪涝灾害，7月11日，中国国际减灾十年委员会代表中国政府向国际社会发出为安徽、江苏灾区提供人道主义援助的紧急呼吁，成立了接收救灾捐赠办公室，并在中国银行和工商银行设立两个捐赠专用账户，为灾区接收来自国内外的救灾捐赠款物。为使国内外公众和灾区人民了解前一段的情况，现将截至8月31日国内外救灾捐赠款物的接收、处理结果，公告如下：

一、国内外救灾捐款接收处理情况

(一)截至8月31日，中国国际减灾十年委员会和民政部接收救灾捐赠办公室直接接收国内外捐款折合人民币760523942.24元，其中人民币捐款361651241.36元，外币捐款74714368.05美元，折合人民币398872700.88元(其中：港澳同胞捐款401218789.99港元，台湾同胞捐款104万美元，海外侨胞、留学生、驻外使领馆工作人员和境外企业、团体和友人捐款11536643.31美元，外国政府和国际机构、国际组织捐款9352861.75美元)。

(二)经国务院批准，中国国际减灾十年委员会和民政部已先后分七批分配给八个重灾省74111万元人民币。七批分拨的情况是：第一批7月20日批准分配9908万元，7月22日银行实拨99091802.00元；第二批7月24日批准分配16026万元，7月25日银行实拨160166500.00元；第三批7月29日批准分配9686万元，7月30日银行实拨97062000.02元；第四批8月1日批准分配3470万元，8月2日银行实拨34707934.00元；第五批8月16日批准分配15531万元，8月17日银行实拨155311244.20元；第六批8月24日批准分配13140万元，8月27日银行实拨13140万元；第七批8月24日批准分配6350万元，8月31日银行实拨63851768.60元。七批分配款中有六批既有人民币，又有外汇，由于外汇每日汇率的变化，实际拨出金额为741591248.82元。比分配额多481248.82元。

此外，民政部还代中国科技财务公司转拨100万元捐款给安徽、江苏、湖北、河南、浙江五省灾区民办中小学(每省20万元)；代香港一同胞转拨343362.52元(64266.40美元折合)给湖北省灾区。

以上合计实际拨出人民币捐款35860万元、外币捐款384334611.34元人民币(72002275.92美元折合)，共计人民币742934611.34元。其中拨往安徽230131417.35元，江苏117078763.02元，湖北103643362.52元，河南101114558元，四川6880万元，湖南4890万元，浙江39466510.45元，贵州3380万元。

扣除已拨往灾区款项，中国国际减灾十年委员会和民政部接收救灾捐赠办公室尚有银行存款和在途资金折合人民币17589330.9元。其中人民币3051241.36元；外币1973748.13美元，折合人民币10599027.46元，已结汇外币738344美元，折合人民币3939062.08元。

二、国内外救灾捐赠物资接收分配情况

中国国际减灾十年委员会和民政部接收捐赠办公室直接接收国内外救灾捐赠的物资价值24068.1万元，其中包括台湾和港澳地区3108.1万元(579.8万美元折合)，国外14160.2万元(2642.2万美元折合)。还有十三笔164吨的国外捐赠物资未报价。捐赠物资主要有粮食、食品、药品、医疗器械、毛毯、衣被、生活燃料、汽车、帐篷、建筑材料、通讯器材等类。

上述物资，除古巴政府报价1500万美元的疫苗转交卫生部统筹安排分给灾区外，其余已全部分配给安徽、江苏、湖北、河南、四川、湖南、浙江、贵州等省。

另外，还接收到574幅捐赠字画和473876.25公斤粮票。

中国国际减灾十年委员会、民政部借此机会，谨向帮助、支持、关心、同情灾区人民的全国各族人民、港澳台同胞、海外侨胞，以及友好国家和地区政府、国际机构、国际组织、国外团体、国外企业和友人表示诚挚的谢意；向为救灾捐赠工作做出贡献的海关、商检、卫检、民航、铁路、交通、海运、公安、邮电、金融、宣传、新闻、卫生、文化等有关部门的广大干部职工表示衷心的感谢！

中国国际减灾十年委员会
民　　政　　部
1991年10月25日

10月26日

中共中央总书记江泽民在浙江视察工作时发表讲话谈培养年轻干部问题

我们要做好农村工作、城市工作以及其他各项工作，在正确的路线方针政策确定以后，干部的作用问题就显得更突出更重要了。因为政策要通过干部去宣传贯彻，通过干部深入下去、组织和依靠群众去实施。我们一定要高度重视和经常抓好干部的培养，不断加强领导班子的建设，使各级领导权真正掌握在忠于马克思主义的人手里。我看我们国家是人才济济的。但我们现在确实面临一个很大的问题，就是怎么把年轻的干部尽快培养起来。

今天在座的有铁瑛同志、李丰平同志、陈安羽同志，你们年龄要比我大一点，我也已经 65 岁了。我们怎么样才能使年轻一代的干部能把老一代的革命思想、优良传统和丰富经验真正继承下来，把我们几千万烈士流血牺牲换来的人民政权永远巩固下去，应该说这个问题还没有解决好。我们有 11 亿 5 千万人口，我国的社会主义阵地巩固住了，就是对世界社会主义事业的一个很大贡献。要做到这一点，关键的一着就是要努力培养和选拔一大批社会主义事业的接班人。选拔干部的视野要广阔，要搞五湖四海。同时，要放手让青年干部到基层到群众的实践中去锻炼成长。老是待在机关里，养成一种高高在上的作风，不了解群众，不了解社会实践，是很难出干部的，特别是一遇风浪，就容易惶惶然、茫茫然，不知所措，经不住考验。所以干部到基层去锻炼，应该成为必修课。还要定期让他们到党校去培训学习。

国务院总理李鹏在山东考察

10 月 26 日至 11 月 4 日，李鹏和国务委员陈俊生在中共山东省委书记姜春云、省长赵志浩等陪同下，先后对烟台、威海、青岛、潍坊、日照、东营、淄博等地进行考察。

李鹏说，山东的农业生产和全国一样，今年又是一个较好年成。但丰收了，也不能放松农业。对农业的发展，我们既要有信心，又要有危机感。无论从人口的增长、自然灾害对农业的影响，还是从发展大农业，改善人民的食物结构、实现小康目标上讲，对我们来说始终加强农业的基础地位，具有十分特殊的重要意义。农业稳则农村稳，农村稳则全国稳。所以，还是要贯彻党的政策，增加对农业的投入，推广科技成果，加强农田基本建设，发展以粮食为主的多种经营等，巩固农业的基础地位。要根据平原、山区、沿海的不同特点，因地制宜，分类指导，向生产的深度和广度进军。

考察中，李鹏多次谈到，要坚持贯彻党在农村的基本政策，继续稳定以家庭联产承包为主的责任制，不断完善统分结合的双层经营体制，积极发展农村社会化服务体系，逐步壮大集体经济实力。李鹏强调指出，搞好农村工作，关键是要加强以党支部为核心的基层建设。没有这一条，党在农村的各项政策就难以落实，“两个文明”建设也难以搞好。

李鹏在诸城、桓台等地对县、乡、村三级服务体系进行实地考察后指出，积极发展多种形式的社会化服务体系，不仅可以解决一家一户办不了、办不好的事情，使农业生产在家庭分散经营的基础上，向商品化、现代化、社会化发展，而且可以进一步壮大集体经济实力，这是一条发展有中国特色的社会主义农业的必由之路。李鹏说，为此，县乡两级政府的经济技术部门在职能上要有相应的转变，要通过为农村提供社会化服务，逐步从行政机构转变成为经济实体，逐步做到“小政府、大服务”，山东为县乡级政府机构改革提供了值得借鉴的经验。

考察中，李鹏还特别谈到了“一种二养三加工”问题。李鹏指出，把种植业和养殖业结合起来，并在此基础上发展加工业，在全国具有普遍意义。发展养殖业，有利于促进粮食转化，由秸秆直接还田，到“过腹还田”，增加有机肥，少用化肥，降低成本，提高土壤肥力，使农业生产良性循环，做到既高产又高效。李鹏说，发展乡镇企业的门路很多，但主要应立足于农副产品加工，提高其附加值，增加农民收入。

在山东期间，李鹏还先后考察了石臼港码头、胜利油田、齐鲁石化公司等大型企业，并同一些厂长、经理进行座谈。李鹏特别强调国营大中型企业要扎扎实实地贯彻中央工作会议精神，努力转变企业经营机制，以市场为导向，积极开发新产品，进一步增强企业的活力，巩固社会主义公有制的经济基础。

在烟台、青岛等沿海开放城市，李鹏还考察了当地的经济技术开发区。李鹏指出，充分发挥沿海地区在对外开放中的优势，对于加快本地区的经济发展，促进和带动全国的经济与振兴，都具有重大的战略意义。在发展外向型经济中，要特别注意发展高新技术产业。

考察结束前，李鹏听取了山东省委、省政府的工作汇报。

国务院批转国家计委《关于“八五”期间用粮食和工业品以工代赈安排意见的报告》

国务院同意国家计委《关于“八五”期间用粮食和工业品以工代赈安排意见的报告》，现转发给你们，请遵照执行。

用以工代赈方式治理大江大河大湖，帮助灾区修复水毁基础设施，恢复生产，重建家园，是全国救灾工作的一个重要组成部分。各有关地区和部门要认真抓好这项工作，加强领导，周密计划、精心组织、合理安排，使有限的资金发挥出最大的效益。国家计委要会同有关部门尽快制订计划，把这项工作迅速安排下去。

国家计委关于“八五”期间用粮食和工业品以工代赈安排意见的报告

根据国务院关于“八五”期间每年再专项安排价值

二十亿元的粮食和工业品(五年总规模为一百亿元,)用以工代赈方式帮助灾区恢复生产、重建家园的决定,经与有关部门和部分受灾省市区研究,现提出以下安排意见。

一、基本方针

今年,我国部分地区灾情严重,受灾面广、损失巨大,特别是水利设施方面的损失尤为严重。为此,这次以工代赈工作要把恢复水毁水利设施放在突出的地位,重点加以扶持。同时要贯彻"恢复与预防"相结合、工程建设与综合治理相结合的方针,切实提高水利设施除害兴利能力,以利于这些工程能够持久发挥防洪、灌溉及其他方面的综合效益。

二、投向范围

今年灾害覆盖面广,全国二十多个省区市都发生了不同程度的洪涝灾害,其中安徽、江苏、浙江、河南、湖北、湖南、四川、贵州尤为严重。根据这种情况,这次以工代赈的投向范围主要是受灾比较严重的地区。

三、建设内容

这次以工代赈的目的,主要是通过这种特殊的救济方式,广泛组织群众投劳,使这些地区能在较短的时间内恢复正常的生产和生活秩序。五年内国家将安排八十亿元以工代赈资金用于水利建设,其中二十亿元专项安排淮河流域和太湖综合治理中的骨干工程。水利工程的建设内容,主要包括大中型水库除险加固、堤防加固加高、河流治理开发中骨干工程建设、大中型灌溉工程的修复和完善配套,以及重点海堤的除险加固等。同时,安排十亿元用于与群众生活密切相关的水毁道路桥梁和水毁商业网点的恢复,并预留十亿元,作为机动建设资金。

四、计划管理方式

这次以工代赈建设工程的规模较大,在计划管理上要按照基本建设程序实行项目管理,由国家计委根据各部门和省区市的意见,经与有关部门进行综合平衡后,确定各省区市的以工代赈总规模,分年度下达以工代赈计划。

(一)淮河流域和太湖综合治理骨干工程项目,按照大中型基本建设程序进行计划管理,国家计委将根据项目的安排和进展情况,下达以工代赈资金计划。

(二)大中型项目由各省区市按基本建设程序上报业务主管部门,业务主管部门将审查后的项目计划报国家计委,由国家计委综合平衡后,统一下达以工代赈建设项目计划(其中大中型水利项目由国家计委与水利部联合下达)。各省区市要根据国家下达的计划指标,编制具体的工程项目计划,并负责组织实施。

(三)地方小型及配套建设项目由各省区市根据本地区的实际情况自行安排。

五、配套资金和物资供应

这次国家安排以工代赈资金,是国家帮助灾区恢复生产、重建家园的措施之一,主要用于支付参加项目建设的民工的劳务报酬,应将这项资金与国家和地方各种投入的资金捆起来,统筹安排,统一规则,配套使用,以提高资金的使用效果。对地方配套资金的比例不作统一规定。

以工代赈所需要的物资,原则上由各地自行解决,各级计划部门要划出专项指标纳入计划供应。国家适当补助一部分计划内钢材、木材、水泥等用于以工代赈工程建设。

六、以工代赈的商品供应种类

根据这次灾区的受灾情况和特点,要扩大商品的供应种类。用于这次以工代赈的商品主要是粮食、白糖、日用必需品、棉纺织品、机电产品、建筑材料,以及部分国产化肥、农膜等农用生产资料。高档消费品和由财政补助的大宗商品(不含粮食)不列入供应范围。商品供应和管理由商业、物资部门负责。各地区要根据本地群众的需求特点和库存商品结构情况,具体确定商品的供应品种,使群众有较大的选择余地。

七、财务管理和结算办法

这次以工代赈仍采用等额印发购货券的办法。即用购货券支付给参加建设的民工,民工持券到指定的商业供销网点按时购买商品。购货券的印制、发放、使用、回收及管理仍按国家计委《关于用中低档工业品以工代赈继续帮助贫困地区修建道路和水利工程的通知》(计地区〔1989〕738号)的有关规定的执行。财务结算仍采取专业银行核销商业贷款,人民银行逐级审核汇总,减少人民银行当年结益,由财政部和中国人民银行共同负担的办法。具体结算办法按国家计委、财政部、中国人民银行、商业部联合下发的《关于用中低档工业品以工代赈帮助贫困地区修建道路和水利工程财务结算办法》(计地区〔1989〕737号)的规定执行。

八、加强组织领导

这次以工代赈工作是国家救灾措施的重要组成部分。投入巨大,涉及面广,政策性很强。这项工作做得如何,不仅关系到整个恢复生产、重建家园工作的进展,而且也关系到党在人民群众心目中的形象和威信。因此,各级人民政府和各省区市以工代赈业务主管部门要以高度负责的精神认真做好这项工作,切实加强领导,要组织审计、物价、公安、司法及工商行政管理等部门,对以工代赈资金和物资的使用进行检查和监督,杜绝贪污、侵占、挪用和倒卖以工代赈商品和物资的现象。对以身试法者要从重、从严惩处。

以上意见如无不妥,请批转有关地区和部门执行。

为期一周的全国农业计划工作会议在北京结束 会议确定明后两年以增产粮棉为重点全面安排农牧渔业生产

全国社会治安重点治理经验交流会在湖南省邵阳市召开

中共中央政治局常委、中央社会治安综合治理委员会主任乔石代表党中央、国务院致信大会。乔石在信中充分肯定了各地区、各部门今年以来在社会治安综合治理工作中所取得的明显成效，并希望各地区、各部门进一步落实社会治安综合治理的各项措施，全面深入地推动社会治安综合治理工作的开展。

国务委员、中央社会治安综合治理委员会副主任王芳主持会议并讲话。

王芳对下一步重点治理工作作了具体部署。王芳说，对社会治安方面存在的问题要有充分的认识，要认真推广邵阳和各地的经验，把重点治理工作深入持久地推向前进。

王芳指出，先解决好治安混乱地区和突出的治安问题，是全国推进综合治理，维护政治、经济、社会稳定和人民群众生命财产安全的一项非常重要的措施。各级党委、政府要切实加强对重点治理工作的领导。公安机关要下放警力充实基层，要充分发挥基层各种治安力量的具体功能。

国家主席杨尚昆在北京接受巴基斯坦记者采访

杨尚昆在即将出访巴基斯坦和伊朗前夕接受巴基斯坦联合通讯社驻北京记者的书面采访，就国际形势、地区问题和中巴关系回答记者的提问。

问：随着阁下的来访，中巴之间的传统友谊会如何得到加强？

答：中巴两国是山水相连的友好邻邦，两国之间的传统友谊有着坚实的基础，经受了时间和国际形势变化的考验。多年来，两国间在政治、经济和文化等许多领域中进行着卓有成效的合作。我相信通过这次访问，双方将增进共识，扩大合作，使两国人民的传统友谊得到进一步加强。

问：巴已实行重要经济改革，您以为中国会对此发挥什么作用？

答：我们一向支持巴基斯坦政府为发展民族经济，提高人民生活水平作出的努力，并将继续加强与巴基斯坦的经济技术合作。我们衷心希望巴基斯坦的经济改革取得成功。

问：中国在国际新秩序中将发挥什么作用？

答：当前，国际形势发生巨大变化，建立一个什么样的国际新秩序成为国际社会普遍关注的问题。我们主张在和平共处五项原则基础上建立国际新秩序。建立国际新秩序是世界各国和各国人民的共同任务，需要大家一起来探索，国家不分大小、贫富、强弱均有权参与。我们将本着求同存异的精神，同各国广泛交换意见，以求在这方面达成共识，为建立和平、稳定、公正、合理的国际新秩序作出应有的贡献。

问：中国对外开放政策和强调经济改革是否会对其它一些国家如巴基斯坦的传统友谊有所影响？

答：和平共处五原则是中国外交政策的基石，也是中国与巴基斯坦之间传统友谊的基础。中国实行改革和对外开放政策，促进了中国经济的发展，也为中国同其他国家包括巴基斯坦在各个领域的合作倾注了新的活力。事实证明，中国同其他国家的传统友谊不但未受到不利的影响，反而得到进一步巩固和加强。

问：阁下即将访问伊朗和巴基斯坦，您是否有和两国政府讨论长久性解决阿富汗问题的计划？

答：我将同两国总统就共同关心的问题，包括阿富汗问题，交换意见，希望阿富汗各派达成协议，使阿富汗问题早日获得妥善政治解决，以利于该地区的和平与发展。

问：感谢阁下支持巴基斯坦的南亚无核区倡议。您想如何推动该建议？

答：我们赞赏巴基斯坦总理纳瓦兹·谢里夫今年 6 月提出美、苏、中、印、巴参加南亚核不扩散问题磋商的倡议，认为实行地区性解决核不扩散问题的倡议对建立南亚无核区和维护南亚地区和平与稳定具有积极意义。中国一贯支持建立南亚无核区。关于南亚核不扩散问题的五国磋商，如有关国家都同意这一倡议，中国参加没有困难。

国务院总理李鹏在人民大会堂会见巴基斯坦陆军参谋长阿希夫·纳瓦兹上将

国务院总理李鹏会见意大利工业总联合会代表团

国务院总理李鹏在人民大会堂会见由日本三和银行董事长川胜坚二率领的三和企业集团首脑访华团

李鹏向客人介绍了中国今后十年经济和社会发展的主要目标和中国的科研体制。他说，要把科技成果应用到生产中去，使这些成果真正发挥效益，有助于提高产品质量。在谈到中日关系时李鹏说，现在中日关系的发展势头很好，特别是经济关系十分密切，其中技术合作已成为一个日益重要的方面。他说，三和集团拥有数十家企业，具有很强的实力和优势，在开展中日经济技术合作方面作了许多工作，希望今后继续作出努力。

川胜坚二说，虽然他本人是第一次访华，但三和集团的70家企业同中国企业界有长期的联系和广泛的合作，并取得很多成果。他表示，三和集团将继续为推动日中经济合作作出贡献。

全国农村金融支持科技兴农工作经验交流会在北京召开

国务委员兼中国人民银行行长李贵鲜在会上指出，金融支持科技兴农的关键是增加信贷投入。

中宣部新闻出版署等部门联合提出《关于加强农村图书发行工作的意见》

光明杯优秀哲学社会科学学术著作颁奖大会在北京举行

全国总工会在唐山市召开抗灾救灾颁发奖章大会

中华全国总工会先进个人和先进集体授予颜书忠等122人"抗灾救灾先进个人"称号，颁发全国"五一劳动奖章"；追授刘其富等12人"抗灾救灾先进个人"称号，颁发全国"五一劳动奖章"；授予安徽省全椒柴油机总厂等95个集体"抗灾救灾先进集体"称号，颁发全国"五一劳动奖状"。

云南省暨昆明市禁毒宣判大会举行 判处35名毒贩死刑

10月27日

国家主席杨尚昆同巴基斯坦总统伊沙克·汗在拉瓦尔品弟总统府举行正式会谈

双方高度评价中巴两国的传统友谊，并就共同感兴趣的国际问题交换意见。

两国元首对中巴关系发展的状况表示满意。

双方认为，近年来在双方共同努力下，两国经济关系发展势头很好，双边贸易不断发展，经济技术合作也进展得顺利。中巴经济合作的潜力很大，前景也很广阔。

双方对当前的国际形势和建立什么样的国际新秩序进行了深入的交谈。他们认为，未来的世界新秩序应建立在互相尊重、互不干涉内政和平等互利的基础上。

巴基斯坦参议院主席瓦西姆·萨贾德和国民议会议长戈哈尔·阿尤布·汗分别前往拉瓦尔品弟总统府拜会国家主席杨尚昆

巴基斯坦总理谢里夫前往拉瓦尔品弟总统府拜会国家主席杨尚昆

中国和巴基斯坦两国政府在伊斯兰堡签署《中巴经济技术合作协定》和《关于中国政府向在巴基斯坦境内的阿富汗难民提供救济物资的换文》

杨尚昆主席和伊沙克·汗总统出席签字仪式。

中国对外经济贸易部副部长王文东、中国外交部副部长杨福昌和巴基斯坦外交国务部长穆罕默德·西迪基·汗·汉久分别代表两国政府在这两个文件上签字。

根据上述两项协定，中国政府将向巴基斯坦提供5000万元人民币的无息贷款，用于1991年12月至1996年1月两国商定的有关项目。另外，中国将在1992年再向巴境内的阿富汗难民提供价值300万元人民币的物资援助。

国家税务局发出通知决定在企业集团中推行增税制

中国女选手黎叶梅在第五届大连国际马拉松赛中夺得冠军

10月28日

第七届全国人大常委会第二十二次会议举行全体会议

全国人大常委会委员长万里出席会议，会议由全国人大常委会副委员长荣毅仁主持。

受国务院委托，商业部部长胡平作关于商业工作情况的汇报。胡平在汇报中介绍今年的市场情况和商业工作，商业部门积极参加抗灾救灾、支持灾区恢复生产的情况，深化商业流通体制改革的情况和部署。全国人大内务司法委员会、财经委员会、教科文卫委员会的三位副主任委员李瑞山、杨波、胡克实分别作关于第七届全国人大第四次会议主席团交付这个委员会审议的代表提出的议案审议结果的报告。法律委员会副主任委员宋汝棼作了关于进出境动植物检疫法草案修改意见的汇报。全国人大代表团今天同时向会议提交了访问芬兰、罗马尼亚、意大利三国情况的书面报告和出席各国议会联盟第八十六届大会的书面工作报告。

彭冲、阿沛·阿旺晋美、赛福鼎·艾则孜、严济慈、叶飞、廖汉生、倪志福、陈慕华、费孝通、孙起孟、雷洁琼、王汉斌副委员长出席会议。

国务院副总理田纪云、最高人民法院院长任建新列席会议。

商业部部长胡平受国务院委托向七届全国人大常委会第二十二次会议作关于商业工作情况的汇报

胡平说,今年以来,在党中央、国务院的正确领导下,国民经济形势进一步好转,商业工作一手抓市场供应,一手抓商业改革,市场形势继续向好的方面发展。城乡市场普遍回升,商品购销两旺,物价基本稳定,社会供求关系改善,居民消费心理稳定,城市市场稳步增长,农村市场继续回升,物价涨幅较小,名、特、优、新商品普遍畅销。但部分商品,特别是一些款式老、不适销的产品,仍然销售不畅,社会集团消费的增长幅度高于居民消费。

当前,商业工作和市场流通中仍存在一些问题,比较突出的是:商品库存结构不尽合理;流通中假冒伪劣商品仍然不少,商业服务态度改善不大;商业设施落后,欠账较多;地区封锁、部门分割的现象依然相当严重;国营商业和供销合作社效益继续下降。

胡平说,今冬明春的商业工作要继续坚持改革开放的方针,保持市场总量基本平衡,重点安排好与人民生活关系密切的重要商品。从市场安排看,重点要做好三件事:第一,要突出抓好旺季农副产品收购调拨与推销,抓好农业生产资料、建筑材料和日用工业品下乡。第二,向工业反馈市场信息,帮助调整产品结构,增产适销产品,减少库存积压。第三,大力组织名、特、优、新商品生产,增加适销对路商品货源,采取灵活多样的扩销措施,进一步加强和改善服务,丰富市场供应。

在谈到商业部门积极参加抗灾救灾、支持灾区恢复生产的情况时,胡平说,今年受灾期间,商业部门共向灾区组织调拨供应草袋 4000 多万条,铁丝、元钉、钢材等 4600 多吨;供应救灾粮 137 万吨,以及大批蔬菜、副食品等。为支持灾区恢复生产,调拨供应化肥 30 万吨,农药 0.8 万吨。

总的来看,在受灾期间和灾后,灾区的市场比较稳定,商品供应充足。灾区粮食价格基本平稳。蔬菜价格开始上涨较多,经多方努力,已逐步回落。当前,对灾区的日用品特别是生活必需品的供应,正在加强工商衔接,落实货源。各地正大力组织农资商品,保证秋播秋种和明年春耕生产需要;积极帮助灾区利用冬闲期间发展工副业生产,并帮助推销;组织好以工代赈商品的货源和供应,支持灾区恢复水利、交通和商业网点设施。

关于深化商业流通体制改革的情况和部署,胡平说,党的十一届三中全会以来,商业的改革围绕着建立计划经济与市场调节相结合的商业体制和流通运行机制,发展了以公有制商业为主体的多种商业成份,实行了城乡通开的流通政策,革除了封闭型、分配式的流通方式,改革了计划集中过多的购销体制和价格政策,建立了中央和省市两级市场调控体系,开始实行政企职责分开,取得了明显成绩。改革的方向是正确的,出台的措施也不少。但由于缺乏经验,各项改革不配套,在一些问题上认识不足,加上市场环境热冷相继,波动性较大,也出现了一些问题。市场发育和企业机制的转变还不快,经济效益不高和服务质量不好的问题,至今也没有很好解决。

在汇报了今年以来为了推进改革向纵深发展,商业部门主要做的几方面工作后,胡平说,当前的商业改革,就是按照计划经济与市场调节相结合的方向,在继续整顿流通秩序的同时,努力培育市场,搞活企业。特别是要解决服务质量差和经济效益下滑的问题。他说,第一,要进一步完善国营商业内部经营责任制,解决部分企业承包中"以包代管"、"账外经营"等问题,既把企业搞活,又坚持社会主义方向,提高企业经济效益。第二,加强进货管理和质量监督。第三,在全国国合商业中推行规范化服务、规范化管理。第四,继续清理国合商业向个体户出租柜台。第五,按照商业特点,继续开展"质量、品种、效益年"活动。

国务院发出《关于加强农业社会化服务体系建设的通知》

加强农业社会化服务体系建设,是深化农村改革,推动农村有计划商品经济发展的一项伟大事业,对于稳定和完善以家庭联产承包为主的责任制,健全双层经营体制,壮大集体经济,实现小康目标,促进农业现代化,具有极其重要而又深远的意义。全国各地对于发展农业社会化服务体系做了大量工作,取得了明显成效,积累了一定经验。现在的问题是,要认真总结经验,进一步明确发展方向和原则,采取切实有效的政策措施,使农业社会化服务体系更快更健康地发展起来,在农村经济中发挥更大的作用。现就加强农业社会化服务体系建设中的有关问题,通知如下:

一、明确农业社会化服务体系建设的方向和原则

农业社会化服务,是包括专业经济技术部门、乡村合作经济组织和社会其他方面为农、林、牧、副、渔各业发展所提供的服务。近几年来,农业社会化服务在全国范围内蓬勃兴起,对促进农村经济发展起到了重要作用。

农业社会化服务的形式,要以乡村集体或合作经济组织为基础,以专业经济技术部门为依托,以农民自办服务为补充,形成多经济成分、多渠道、多形式、多层次的服务体系。从现实情况看,大体包括五个主要方面:一是村级集体经济组织开展的以统一机耕、排灌、植保、收割、运输等为主要内容的服务;二是乡级农技

站、农机站、水利(水保)站、林业站、畜牧兽医站、水产站、经营管理站和气象服务网等提供的以良种供应、技术推广、气象信息和科学管理为重点的服务;三是供销合作社和商业、物资、外贸、金融等部门开展的以供应生产生活资料,收购、加工、运销、出口产品,以及筹资、保险为重点的服务;四是科研、教育单位深入农村,开展技术咨询指导、人员培训、集团承包为重点的服务;五是农民专业技术协会、专业合作社和专业户开展的专项服务。这五个主要方面构成了当前农业社会化服务体系的雏形。对此,要肯定下来,坚持下去,不断完善发展。同时,鼓励各地方、各部门在实践中勇于探索和创造,努力建设一个适合不同地区生产力发展水平的、多样化的农业社会化服务体系。

农业社会化服务的内容,是为农民提供产前、产中和产后的全过程综合配套服务。各地涌现的贸工农一体化、产供销一条龙的系列化综合服务组织,很受农民欢迎,应鼓励发展。在具体发展步骤上,要从各地实际情况出发,选择农民最急需的服务项目入手,注重实效,积极创造条件,逐步地由单项服务向多项服务、系列服务乃至综合配套服务发展。提倡在县、乡政府统一领导和协调下,理顺部门关系,实行多部门服务功能配套,优势互补,在生产、加工、销售中形成合力,加快农村商品经济发展。

发展农业社会化服务的原则:(一)农民接受服务实行自愿的原则。服务组织要根据农民的需要开展服务,通过提高服务质量和服务效益吸引农民,不要代替农户做那些自己可以决策和自己干得了的事情,或者暂时不愿接受的事情。(二)服务体系的发展实行量力而行的原则。既要抓紧,又不要操之过急,不强求一律,要从不同地区的实际情况出发,因地制宜,积极稳步发展。(三)基本实行有偿服务的原则。服务实体要根据保本微利的要求,合理收取服务费用,不以盈利为目的。属于国家和集体经济组织对农民的扶持,以及协调组织方面的工作,实行无偿服务。

二、大力发展集体经济,不断壮大乡、村服务实力

壮大集体经济实力,是搞好乡、村服务的基础。凡是乡、村服务搞得好的,一般是集体经济实力比较强大的地方,乡镇企业比较发达的地方。要通过发展集体经济,强化农业服务,完善双层经营,进一步发挥家庭经营的活力。集体经济发展了,不仅有了建设服务体系的力量,而且有利于巩固基层政权,减轻农民负担,增强集体经济组织的凝聚力。发展集体经济,主要是靠进一步发展乡镇企业,开发新的农业资源,开辟新的生产门路,扩大新的财源,以及按承包合同规定收取提留和承包金等办法,逐步增加集体积累,决不能采取“一平二调”的办法,违背农民意愿收回承包地的办法。

发展农业生产服务,是壮大集体经济的重要途径。凡是服务搞得好的地方,就可以使双层经营的功能得到充分发挥,集体经济力量不断壮大。在集体经济薄弱的地方,不能等到经济实力强大以后再去办服务,可以从主要做好组织协调工作和技术推广等服务项目开始,也可以从收益较高、有利于服务组织自我发展的产后运销抓起,通过发展服务壮大集体经济。

三、充分发挥专业经济技术部门的职能作用

有关专业经济技术部门以及与农业直接相关的企事业单位,都是农业社会化服务体系的依托力量,要调动他们开展农业社会化服务的积极性,切实发挥他们的职能作用。

要加强乡级技术推广机构建设。为了鼓励大中专毕业生到农村第一线服务,决定把乡级技术推广机构定为国家在基层的事业单位,其编制员额和所需经费,由各省、自治区、直辖市根据需要和财力自行解决。对此,人事部会同农业部等有关部门要研究制订具体实施方案。要提高基层技术推广机构人员的素质,牢固树立为农民服务、为生产服务的观念,不断改进工作作风,提高服务质量,同时实行承包服务责任制,打破“大锅饭”。对有突出贡献的基层农业技术推广人员要进行表彰和奖励,优先考虑工资晋级。

农村供销合作社有数十年的经营历史,积累了丰富经验,培养了大批人才和具有相当的服务设施,有条件为农民提供综合服务。农村技术推广机构,拥有大批的技术人员和推广手段,农业技术教育日益发展壮大,是科教兴农的重要力量。要搞好农商结合,农科教结合,充分发挥各自的优势,为推进农业社会化服务共同努力,做出更大的贡献。

要允许农业、林业、水利等部门所属事业单位根据有关规定,兴办农业服务实体,国家原有的事业费保持不变,开展有偿服务增加的收入,主要用于改善工作条件,进一步发展农业社会化服务。

要鼓励科研、教育单位和科技人员到农村去,开展各种有效的农业技术服务。他们的智力投入应当同产生的经济效益挂钩,取得合理报酬。他们的职称评定和晋级要与实际贡献结合。

在国家政策允许的前提下,要鼓励农产品加工企业与原材料产地直接挂钩,与农户结成利益共同体,围绕拳头产品搞产供销一条龙服务。在企业与集体经济组织、农户之间通过合同方式,形成稳定的供求关系。工商行政管理机关要加强对合同的监督和管理。

四、积极支持农民自办、联办服务组织

近年来,许多地方特别是在经济不发达的地区,大量涌现出由农户自办、联办的服务组织,以及各种专业技术协会、研究会等民办服务组织,在发展农业社会化

服务中起着不可忽视的补充作用。各级政府对农民自办、联办服务组织要积极支持,保护他们的合法权益,同时要加强管理,引导他们健康发展。金融、科技、商业等部门,对户办、联户办、其他民办的服务实体,要在资金、技术、生产资料供应等方面给予支持。

五、建立服务体系建设的资金保证制度

农业社会化服务体系建设的资金,除了管好用好现有各个渠道资金以外,主要依靠集体经济组织和服务组织自身积累,国家在财政和信贷资金方面给予必要的扶持。

乡镇企业以工补农建农资金,在使用上要把支持乡、村集体服务体系建设作为一个重点。乡村集体服务组织除自身需要办成经济实体,开展有偿服务外,还可以按照国家产业政策的规定,兴办一些加工企业,解决服务资金不足问题。

各级财政要调整现有支农资金的使用结构,把支持服务体系建设作为一项重要任务。今后中央和地方财政都要在预算中适当增加服务体系建设资金,专项用于那些乡、村服务刚刚起步而经济又比较落后的地区。同时,在农业基本建设项目(特别是商品基地建设投资)、农业综合开发、扶贫开发等资金的使用上,也要增加服务体系建设的比重。

农村信贷要把服务体系建设作为投放的一个重点。随着服务体系的发展,人民银行每年要适当增加新的农贷规模和资金,不断增强支持力量。对乡、村集体服务实体要方便开户和结算,对新办服务实体所需贷款的自有资金比重可适当降低,同时相应落实贷款安全保证措施。

六、在工商管理和税收方面实行扶持政策

工商行政管理机关对各类服务实体办理注册登记时,应给予支持和照顾。农业服务实体实行抵偿服务,通常收入较低,自我积累能力较弱。因此,税务部门对经营有困难和新开办的服务实体,以及乡、村集体服务组织为解决经费开支、减轻农民负担而创办的企业,要在税收上给予优惠。

七、把支持技术服务和完善生产资料专营结合起来

中国农业生产资料公司和各级供销社的农资经营单位,是化肥、农药、农膜等农业生产资料专营的主渠道。为了支持基层技术推广机构实行"技物结合",科学地用肥用药,更好地为生产服务,供销社农资部门要根据技术推广的需要,批发给一定份额的生产资料,具体品种、数量由供销社农资部门和技术推广机构双方商定。一九八九年《国务院关于完善化肥、农药、农膜专营办法的通知》中关于"属中央和地方指令性计划以外的化肥、农药,在与农资部门计划衔接后,可与生产厂家直接订货"的规定,继续贯彻执行。技术推广机构销售的化肥、农药、农膜等,只用于接受技术服务的农户,零售价格执行统一规定的标准,并同基层供销社一样免征营业税。

八、加强农业社会化服务体系建设的领导和协调

各级政府要把农业社会化服务体系建设摆到农村工作的重要位置上,坚持不懈地抓下去。力争在"八五"期间,把以乡镇为重点的农业社会化服务体系,在全国农村多数地区逐步建立起来,开展有成效的生产服务。在大中城市郊区和经济较发达地区,"八五"期间要以县为单位,在县、乡、村三级建立起服务功能比较齐备的农业社会化服务体系,逐步开展全程化、系列化服务,使受益农户基本普及。

省、市、县、乡政府都要建立农业社会化服务协调制度,确定一位负责同志主持协调工作,定期召开有关部门参加的联席会议,总结交流经验,及时解决问题,统一规划和指导,促进农业社会化服务的健康发展。

中纪委副书记王德瑛在全国省区市纪委秘书长会议上谈进一步加强纪检机关自身建设

王德瑛在会议上强调,各级纪检机关要认清形势,明确任务,进一步搞好自身建设,为搞好党风党纪和廉政建设,为建设有中国特色的社会主义作出新的贡献。

王德瑛说,在新的形势下,纪检机关面临的十分重要而艰巨的任务是,紧紧围绕党的基本路线,加强党风党纪和廉政建设,认真查处党内违纪案件,以严明的纪律促进经济建设的健康发展,保证改革开放沿着社会主义方向顺利进行;通过坚持不懈地开展反腐败斗争,保持党的纯洁性,进一步密切党和人民群众的血肉联系。

王德瑛说,"一要坚决,二要持久"地开展反腐败斗争,是加强党的建设、反对和平演变的重要措施。

王德瑛强调,新的形势和繁重艰巨的任务,对纪律检查机关提出了新的更高更严的要求。秘书长要把纪检机关的建设作为一项经常性的工作认真抓好,采取有力措施,切实加强机关的思想建设、组织建设、作风建设和制度建设,使纪检机关和广大纪检干部以饱满的政治热情、昂扬的精神面貌、过硬的思想作风、良好的工作效率,适应形势和任务发展的需要,努力把工作做得更好。

国务院发出《关于进一步搞活农产品流通的通知》

随着我国农村商品经济的发展,农产品流通对于保持农业生产稳定增长,增加农民收入,促进城乡市场繁荣和社会安定,具有越来越重要的作用。近年来,为搞活农产品流通,中央和地方在调整购销政策,建立储备制度,开办批发市场等方面,做了大量工作,并取得

明显成效。但是,当前农产品流通滞后的问题仍然十分突出,很不适应农村商品生产发展的需要,亟待进一步采取措施加以解决。现就深化流通体制改革,进一步搞活农产品流通的有关问题,通知如下:

一、进一步完善农产品放管结合的购销政策

遵循计划经济与市场调节相结合的原则,国家对农产品流通问题,总的要求是:随着农村商品经济的发展,适当缩小指令性计划管理,完善指导性计划管理,更多地发挥市场机制的作用。

粮食,在保证完成国家定购任务的前提下,长年放开经营。取消"大米由粮食部门统一收购,其他部门、单位和个人不得经营"的规定。中央和地方实行专项储备粮制度,当市场价格下跌时,政府按保护价定额收购储备,保护生产者的利益;当市场价格过高时,政府按合理价格抛售一部分储备粮,以稳定市场,保护消费者的利益。国家专项储备粮的指标分配要适当集中,重点照顾商品率比较高的主产区和出售国家定购粮较多的农户。随着市场发育,专储粮要逐步过渡到通过市场吞吐,以保持粮食市场和价格的稳定。粮食压销继续由省、自治区、直辖市分散决策。

棉花,继续由供销合作社统一收购,统一经营。其中棉花良种繁殖区的棉花委托良棉厂收购。提倡销区到产区投资,联合开发宜棉荒地,生产的棉花五年内不纳入分配计划。

烟草,蚕茧,以及麝香、甘草、杜仲、厚朴四种中药材,继续由国家指定的部门统一经营。南方集体林区的木材(竹材、松脂)和天然橡胶、边销茶,仍按国务院现行规定办理。

食油(油料)、食糖(糖料)、生猪、绵羊毛、黄红麻等产品的购销实行指导性计划,通过规定指导性价格,建立和完善购销合同制,引导生产和流通。为了保证国计民生的需要,国营商业和供销合作社对油、糖、猪肉、绵羊毛、黄红麻,必须保持一定的合同收购量和国家储备量,以稳定市场。

有条件的地方,生猪可以完全放开经营,其决策权归省、自治区、直辖市政府。

其他农产品,各地根据不同情况,逐步实行市场调节,放开价格,多渠道、少环节自由购销,同时加强宏观指导和管理。

凡属放开经营的产品,未经国务院批准,不准纳入部门或地方的计划管理。

二、打破地区封锁,撤掉滥设的关卡,保证货畅其流

为了建立全国统一的农产品市场,保证农产品流通的正常秩序,国务院重申:严禁地区封锁,任何部门和地方不得干预流通部门执行国家计划和合法的经营活动;对放开经营的农产品外运,任何地区和部门都不得加以限制;各地在交通线上设置的检查站,必须持省、自治区、直辖市政府重新审查后颁发的许可证,无证的检查站一律撤除;坚决制止一切乱收费、乱罚款的非法行为。各省、自治区、直辖市政府要依上述精神发布通告,并监督执行,违者严肃处理。

三、继续发挥供销合作社和国营商业在农产品流通中的主渠道作用

供销合作社和国营商业是国家农产品流通计划的主要执行者,是稳定和繁荣城乡市场的主导力量。要继续深化改革,完善企业经营机制,增强企业自我发展的能力。要逐步实现政府调控职能与经营职能的分离,除政策性经营亏损由国家补贴外,均应实行自主经营、自负盈亏。

供销合作社是农民集体所有制的合作商业组织。凡是放开经营的产品和农民生产生活需要的商品,供销合作社都可以经营;其他部门专营的农产品,应委托基层供销社代购,不必另设收购网点。各级政府和有关部门要积极指导和扶持供销合作社的发展,切实解决供销合作社特别是基层社的困难。必须坚决制止一些地方政府平调供销合作社资金、物资,任意改变隶属关系和限制经营范围的错误做法,维护供销合作社的合法权益。

供销合作社和国营商业要适应农村商品经济发展的需要,积极与农民以及其他购销组织实行多种形式的联合与合作,更好地为农业生产和农民生活服务。

四、鼓励集体和个人进入流通领域,发展多渠道经营

近年来,农村集体经济组织和农民个人以多种方式组织起来进入流通领域,对于搞活农产品流通,促进农业生产发展,方便农民群众生活,发展农村第三产业等方面发挥了积极作用,各有关部门应给予热情支持,指导其合法经营。凡是放开经营的农产品,集体商业和个体工商户都可以经营,可以长途贩运,也可从事批发业务,其中粮、油等关系国计民生产品的批发经营必须经过批准。对申请从事农产品流通活动的集体和个人,要准予注册和领取营业执照。要允许它们在银行或信用合作社开户、结算,并建立风险保证金制度。对进城从事农产品流通活动的农民,有关部门要在经营场地等方面提供方便。要通过引导、服务、管理和健全有关法规,逐步提高多渠道流通的规范化和组织化程度。

五、积极发展产销一体化经营组织

目前我国农村已经出现一批贸工农一体化、产供销一条龙的经营组织,对于联结千家万户建立专业化商品生产基地,提高农产品生产组织化程度,减轻市场风险,发挥了重要作用。国营商业、外贸企业、供销合

作社、农产品加工企业、农业(畜牧、水产)科技推广部门、乡镇企业等,凡有条件的都可以不受行政区划的限制,牵头或参与产销一体化经营活动。国家统一经营和国家定购部分以外的农产品,可以通过产销一体化经营组织,使产区直接与销区挂钩,以销定产,签订合同,建立长期稳定的供求关系,逐步形成合理的区域分工。各部门对其参与产销一体化经营组织的下属单位,应当鼓励支持,原有的资金、物资供给不变。

六、逐步建立和完善以批发市场为中心的农产品市场体系

建立农产品市场体系是我国流通体制改革的一个重要方面。要继续发展多种形式的农产品初级市场,同时有计划地建立若干主要农产品的批发市场,逐步形成以批发市场为中心的农产品市场体系。要采取措施积极引导农产品批发交易活动在市场内进行,逐步减少场外交易。粮食等重要农产品,要在现货交易的基础上,逐步向远期合同和期货贸易发展。农产品批发市场实行统一的交易规则,市场的管理者不得参与市场交易。工商行政管理机关要加强市场管理和合同管理。农产品批发市场的建设,在政府统一组织协调下,有关部门参加,制定批发市场发展规划,并纳入各地经济发展和城乡建设总体规划,作为公共事业来办。在统一规划下,鼓励多方兴建,多渠道筹资,调动各方面办批发市场的积极性。对按统一规划建设的农产品批发市场的固定资产投资,税收上要给予优惠。

七、加强农产品流通基础设施建设

目前,我国农产品收购、储藏、运输等基础设施,远远不能适应农村商品经济发展的需要,必须尽快解决。今后国家基本建设计划中,农产品流通设施建设的投资比例要有较大幅度的提高,各级计委都要作出相应安排。重要的农产品和农业生产资料的国家储备库、中转库的建设和公路建设,由国家和地方安排专项资金。大型农业开发项目和农业商品粮基地建设,要相应增加农产品流通设施建设的投资。为了支持供销合作社和经营农产品的国营商业尽快改变流通设施陈旧和不足的状况,对其投资新建和改建的流通设施,在贷款利率和税收方面给予优惠。鼓励集体和个人建设储藏设施,经营储藏业务。各部门的仓储设施要逐步向社会开放,实行栈租制,作为企业来经营,自负盈亏。合理调节粮食调出地区和调入地区之间的利益。粮、油销区要严格按计划调入,分担产区储藏的困难,逾期不按计划数量调入的,要承担贷款利息和保管费;如产区待价而沽,不按时调出,应承担给对方造成的经济损失。铁路、公路运输企业,在农产品购销旺季,对农产品主产区和大型批发市场所需运力,要给予重点照顾,大力支持。

八、大力发展和合理调整农产品加工业

根据国家当前产业政策的要求,大力发展和合理调整农产品加工业,不仅有利于解决农产品的买难、卖难问题,而且可以为国内外市场提供多种多样的适销产品,为农产品商品生产的发展开辟更加广阔的前景。

要在统筹安排、全面规划的基础上,调整农产品加工业布局。积极扶持农产品主产区发展农产品初加工工业,逐步改变财政困难,以及农民收入不高,生产后劲不足的状况。银行要相应增加乡镇工业贷款规模。城市一般不再发展新的农产品初加工能力,对现有农产品加工企业,要加快技改步伐,提高产品质量和档次,增加花色品种,实现精加工、深加工,带动农村农产品初加工工业的发展,逐步形成农产品加工业的合理分工。要防止一哄而起,避免重复建设。国家对需要重点支持的农产品加工业继续实行优惠政策。同时严格控制棉花及其他原料供应不足、加工能力已经过剩的加工业。

九、切实安排好农产品收购资金

近几年,一些地方不断出现收购农产品"打白条"的现象,挫伤了农民的生产积极性。各地农产品收购所需要的资金,要由政府牵头,银行、财政、商业企业分头筹措,包干负责,按时到位。人民银行和有关专业银行要在贷款规模资金供应上保证粮、棉、油等主要农产品的收购,并把资金管好用活。对已转为国家储备的农产品所占用的临时贷款,要及时转为年度性贷款。要尽快解决在工商银行和农业银行两行开户、汇路不畅的问题。各级财政对粮食企业的各项拨补款必须保证按时足额到位。要对粮食企业不合理的资金占用认真进行一次清理,对挤占挪用的收购资金要限期追回,并追究领导责任。

十、各级政府要像抓生产那样抓流通,加强宏观调控

农产品流通涉及部门多,政策性强,工作量大。各级政府都要切实加强领导,把搞活农产品流通当做一件大事来抓,要像重视农业生产那样重视农产品流通。今后各级政府都要建立协调制度,由政府主管负责人定期召集各有关部门协商,及时解决农产品流通方面的问题。

要坚持和完善重要农产品储备调节制度。中央和地方要根据需要,研究确定关系国计民生的重要农产品的储备量,建立储备基金。除国家储备外,还要积极引导企业和农民采取多种办法,进行必要的储备,建立多级储备体制。对重要农产品,各地要逐步建立和完善风险基金制度,以保护生产者、消费者和经营者利益。

要搞好内外贸的协调与平衡。对主要供出口的农产品,外贸企业要提前同产区和农民签订合同,引导生

产,对不执行合同所造成的损失,违约者必须承担经济责任。对主要面向国内市场的农产品,外贸企业要在稳定国内市场价格的情况下,随行就市收购出口。内外贸都不得抬价抢购,以保持市场和生产的稳定。

各地要在国家总体改革规划的指导下,根据实际情况,积极进行农产品流通体制改革的试验,不断深化改革。

国务院发出《关于切实抓好第四季度增收节支努力完成今年国家预算任务的紧急通知》

中纪委就搞好税收财务物价大检查工作发出通知

《通知》要求各级纪委要像往年一样,积极配合,大力协助有关部门搞好1991年税收、财务、物价大检查。

《通知》说,从1985年到1990年,连续六年开展的全国税收、财务、物价大检查,取得明显成效,对于严肃财经纪律,治理整顿经济秩序,维护国家财政收入,保证经济发展,起了积极作用,同时也促进了党风和廉政建设。但是,各种违犯财经纪律的现象,至今仍很突出,且较普遍。为此,国务院最近发出《关于开展1991年税收财务物价大检查的通知》,决定从今年10月到明年春节前在全国范围内开展税收、财务、物价大检查。各级纪委要像往年一样,积极配合、大力协助有关部门搞好这项工作。

《通知》要求各级纪委要在党委领导下,大力支持此次大检查,认真贯彻国务院通知提出的指导思想、检查时间和范围、检查内容。帮助排除在检查中遇到的困难,并教育被检查单位的党组织,保证本单位虚心接受检查,如实提供情况,发现问题认真总结经验教训,切实改正错误。

《通知》说,对于在大检查中发现的党员和党员领导干部的违纪问题,要严肃处理。除按大检查的规定处理外,还要按照关于共产党员在经济方面违纪违法党纪处分的规定,给以纪律处分。对那些无视党纪国法、明知故犯、屡查屡犯的企业、单位的党组织和党员领导干部,尤要严肃处理,决不可姑息迁就。

《通知》说,各级纪委要把大检查工作同党风党纪和廉政建设紧密结合起来。通过大检查,进行党风党性党纪教育,使广大党员和干部正确处理国家、集体和个人利益的关系,自觉地维护国家和人民的利益。从暴露的问题入手,积极协助有关部门建章立制,堵塞漏洞,加强廉政建设。各级纪委要积极与各级大检查办公室建立联系,请他们将发现的党员领导干部的严重违纪问题及案件随时通报纪检机关,并提供有关材料,以便及时处理。

监察部发出《关于行政监察机关积极配合参与1991年税收财务物价检查的通知》

监察部要求各级行政监察机关积极配合和参与1991年税收、财务、物价大检查。

监察部在《关于行政监察机关积极配合和参与1991年税收、财务、物价大检查的通知》中强调,要进一步明确开展大检查的指导思想、意义和作用。各级行政监察机关在配合和参与大检查工作中,要认真查处检查中发现的涉及监察对象的违法违纪案件,对于那些性质严重、情节恶劣、有重大影响的案件,必须对有关领导者和当事人给予政纪处分。

监察部要求,在开展大检查中,如遇有行政机关的干扰和阻挠时,各级行政监察机关应依法对干扰者采取相应的纠正措施,对情节严重、造成影响和后果的,要追究政纪责任。各级行政监察机关要积极配合大检查办公室加强对大检查工作人员执行检查任务情况的监督检查。如发现有工作失职、吃请受礼、游山玩水等以权谋私行为,一定要抓紧查清,严肃处理。

全国农业综合开发成果展在北京开幕

党和国家领导人分别为展览题词。江泽民的题词是:搞好农业综合开发,振兴我国农业。李鹏的题词是:农业综合开发是发展农业的重要途径。田纪云的题词是:搞好农业综合开发,向生产的深度和广度进军。

展览会反映,全国农业综合开发的范围,已从1988年最早的东北平原、黄淮海平原等11个省份的11片地区逐年扩展到现在37个省份和计划单列市的42片地区,涉及近900个县份和一批国营农场。三年多来农业综合开发的投资已近200亿元,仅国家投资就达50亿元。

农业综合开发在短短三年多的时间里,已创造出巨大的效益。黑龙江省农业综合开发投入产出比为1:8。据各地统计,经三年开发治理,项目区新增生产能力为:粮食114.5亿公斤,棉花36万多吨,油料58.8万吨,肉类65万吨,糖料448.8万吨。

从1988年6月到今年6月三年间,全国已改造中低产田6483.6万亩,开垦宜农荒地944.36万亩,造林1515.84万亩,改良草场319.24万亩,增加和改善灌溉面积7200多万亩,增加和改善除涝面积3300多万亩,扩大良种种植面积7472万亩,农业技术培训2188.87万人次。由于实行了山水田林路综合治理,开发项目区面貌一新。成果展览显示,许多地方出现了田成方、树成行、渠成网、路相通、桥涵闸配套齐全的园田化格局,明显改变了这些地方的生态环境和农业生产条件。

国务院副总理田纪云为开幕式剪彩。

中共中央书记处候补书记温家宝在中国科协召开的"依靠科学技术促进经济建设座谈会"上发表讲话

温家宝指出，要把是否更好地促进科技与经济的结合、促进科技和经济的发展，作为改革是否深入、是否收到实效的重要标志。

财政部部长王丙乾就加强财政法制致信全国财政法制工作会议

国务委员兼财政部长王丙乾致信全国财政法制工作会议指出："加强财政法制，实行以法治财、依法理财，是财政管理的方向和目标，我们应当坚持不懈地为此而贡献力量。"

中共中央总书记江泽民在北京会见斯里兰卡自由党代表团

中共中央总书记江泽民在钓鱼台国宾馆会见德国西门子公司董事长兼执行总裁卡尔海因茨·卡斯克

国家主席杨尚昆在拉瓦尔品弟下榻的总统府接受巴基斯坦电视台记者采访

杨尚昆说，"我与伊沙克·汗总统和谢里夫总理在诚挚友好的气氛中就共同关心的重大国际问题和进一步发展中巴友好合作关系进行了广泛、深入的会谈。我们对中巴两国关系的顺利持续发展甚感满意。"

杨尚昆说，中巴建交40年来，两国友谊经受了时间和国际形势变化的考验。中巴关系是社会制度和意识形态不同的国家之间发展友好合作关系的典范。中巴两国的友好关系有着坚实的基础。两国间在政治、经济和文化等许多领域中进行着卓有成效的合作。杨尚昆相信，通过此次访问，双方将增进共识，扩大合作，使两国人民的传统友谊进一步得到加强。

杨尚昆谈了国际新秩序问题说，"建立和平、稳定、公正、合理的国际新秩序是人心所向，也是时代发展的需要。未来的国际新秩序应符合联合国宪章的宗旨和原则，符合为国际社会普遍接受和行之有效的原则。我们主张在互相尊重主权和领土完整、互不侵犯、互不干涉内政、平等互利、和平共处等原则基础上建立国际新秩序。各国国情千差万别，每个国家的发展道路、经济模式、社会制度和价值观念等都应该由各国根据自己的国情来决定。"

杨尚昆说，"国家不分大小、贫富、强弱都是国际社会平等的成员，都应有权参与国际新秩序的建立。中国和巴基斯坦同属亚洲国家。我认为，为了推动亚洲形势进一步走向和平、稳定与发展，应在和平共处五项原则的基础上，积极发展本地区国家双边和多边的友好合作关系。我们愿同巴基斯坦加强磋商和配合，同其他国家一道，为建立公正合理的国际新秩序而努力。"

在回答记者提出关于南北差距扩大问题时，杨尚昆说，"目前南北差距继续扩大，已引起广大第三世界国家的不安。尽快解决这一日益突出的矛盾已成为当今国际经济关系中的一个重要课题。南北关系不根本改善，世界和平与稳定也难以保障。我们高兴地看到，多年来亚洲国家为维护地区和平与稳定、促进地区经济合作与发展，已建立了有利于各国发展互利合作的各种区域性合作组织，并取得了可喜的成果。我们希望这些区域性组织在缩小南北差距，争取建立一个公平、合理、互利、合作的国际经济新秩序中继续发挥重要作用。"

杨尚昆最后还就中国控制人口增长的经验回答巴基斯坦记者的提问。

国家主席杨尚昆出访伊朗前接受伊朗记者书面采访

杨尚昆在即将对伊朗进行国事访问之前接受伊朗通讯社驻京记者的书面采访，就双边关系、国际和地区形势发表看法。

问：阁下是伊斯兰革命之后第一位访问伊朗的中国主席，李鹏总理最近对伊朗进行了非常成功的访问。您此行有何目的？您认为双边关系中哪个领域最有发展的可能？

答：应哈什米·拉夫桑贾尼总统阁下的邀请，我将对贵国进行国事访问，我这次访问是对贵国领袖、前任总统阿亚图拉·哈梅内伊阁下一九八九年五月访华的回访。访问目的是增进共识、加深友谊、发展合作。访问期间，我将同贵国领导人就进一步发展双边友好合作关系和共同关心的国际、地区重大问题交换意见。

中伊关系源远流长，通过两千多年友好交往，两国人民情深谊厚。近几年，在两国领导人关怀下，基于两国人民共同愿望的友好合作关系取得了令人满意的发展。中国一向重视同伊朗的友好合作关系。我们认为两国合作的前景广阔，可以包括政治、经贸、科技、文化、艺术、体育等各个领域。

问：阁下如何评价伊朗在该地区的作用？

答：伊朗是西亚和波斯湾地区的重要国家。对本地区的和平与安全发挥着举足轻重的作用。我们对伊朗为改善和发展同波斯湾沿岸国家的关系及维护本地区的和平与稳定所作的积极努力表示赞赏。我们衷心祝愿伊朗伊斯兰共和国在这方面取得新的成就。

问：最近，伊朗、巴基斯坦和阿富汗抵抗力量就阿富汗问题举行了两次联合会议，阁下在访问时会向伊朗、巴基斯坦官员提出阿富汗问题吗？中国在阿富汗问题上是否欲发挥积极作用？

答：访问两国期间，我将同两国总统讨论共同关心的问题，其中包括阿富汗问题。中国一向认为阿富汗问题应实现政治解决，赞赏伊朗和巴基斯坦为早日政治解决阿富汗问题所作出的努力。中国支持联合国秘书长今年五月关于政治解决阿问题五点建议，认为联合国应在阿问题的政治解决进程中继续发挥重要作用。中国将同有关国家一道，为早日政治解决阿富汗问题继续努力。

问：在国际新秩序中，第三世界国家在政治、经济合作方面会发挥什么作用？作为第三世界国家中的大国，中国在国际新秩序中起何作用？

答：建立和平、稳定、公正、合理的国际新秩序是世界人民的共同愿望。第三世界国家迫切希望创造一个有利于和平与发展的国际环境。

第三世界作为国际社会重要组成部分，应该有权平等地参与国际政治新秩序的讨论和建设。

发展中国家有着共同的历史遭遇，今天在建设和发展的过程中又面临许多共同问题。它们可以在加强南北对话的同时，进一步加强在政治、经济领域的南南合作。

中国主张在和平共处五项原则基础上建立国际新秩序。我们将本着求同存异的精神，同各国广泛交换意见，以求在这方面达成共识，为建立和平、稳定、公正、合理的国际新秩序作出应有的贡献。

问：您对苏联前景有何评估？苏联最近的发展对中苏关系没有影响吗？

答：中国作为邻国，希望苏联盟中央和各共和国经过共同努力，保持政治稳定，经济发展。

中苏两国在 1989 年实现关系正常化后，在和平共处五项原则的基础上建立起睦邻友好和互利合作的新型国家关系。我相信，只要双方恪守 1989 年和 1991 年两个《中苏联合公报》，中苏关系就能继续健康、稳定地发展。

问：您如何预见世界社会主义的未来？

答：一个国家走什么道路，应由各国人民来决定，外国不得干涉，这也是尊重各国人民决定自己命运的权利。我们认为，从历史的观点看问题，社会主义还是一个新生事物，在其发展过程中经历一些曲折和反复是不足为怪的。世界上有各种各样的社会主义。中国建设的是具有中国特色的社会主义。一种社会制度有无生命力，关键是看它能否促进生产力的发展，不断改善人民的生活。中国人民经过长期探索，选择了有中国特色的社会主义道路，从而使中国在经济建设和改善人民生活方面取得了举世公认的成就。我们将继续坚定不移地沿着这条道路走下去。

国务院副总理邹家华在伦敦接受英国广播公司记者采访

邹家华在接受英国广播公司记者采访时说中英两国经济技术合作发展的前景很好。

邹家华说，他是在英国首相梅杰今年 9 月对中国的访问取得圆满成功之后，在中英两国关系获得良好发展的情况下访问英国的，目的是希望进一步推动两国的经济技术合作关系的发展。

邹家华说，他的访问受到英国政府的重视。访问期间，他会见了英国首相梅杰、外交大臣赫德、贸易和工业大臣利利和能源大臣韦克曼以及许多政府官员。他说，“我们同英国政府要员会谈时，双方充分表达了进一步发展经济技术合作关系的愿望。”

当英国广播公司记者问到为何英国对华贸易额落后于欧洲其他国家时，邹家华说，中国同欧洲国家的贸易额是不完全一样的，从目前情况看，德国多一些，法国第二，英国第三。他认为，出现这种现象的原因是方面的。他说，只要双方有共同发展的愿望，并与中国经济发展结合起来，英国对华贸易额的增长前景是很好的。

邹家华在接受采访时还特别介绍了在中国实行社会主义计划经济同市场调节相结合的方针。

外交部和中国联合国协会在钓鱼台国宾馆联合举行庆祝中国恢复在联合国合法席位二十周年招待晚会

中国叙利亚友好协会在北京成立

中国代表团团长袁水源参加在堪培拉举行的第 16 届亚太地区缉毒会议

第三届全国优秀青年读物评选在长沙揭晓

中办国办转发公安部国家文物局《关于严厉打击盗掘古墓葬犯罪活动的意见》

最近一个时期，曾一度有所收敛的盗掘古墓葬犯罪活动又屡有发生，并急剧蔓延。一些地方不断发生大规模盗掘古墓葬、古文化遗址的事件。许多盗掘现场尸骨狼藉，文物碎片随处可见，有些地区古墓葬已被盗掘殆尽，埋藏在地下千百年的文物毁于一旦，大量农田也同时被毁，其严重程度不仅为建国以来所未有，也为历史上所罕见。如不立即采取果断措施加以制止，祖国的历史文化遗产将蒙受难以估量的损失，也有损于国家的形象。现就严厉打击盗掘古墓葬犯罪活动提出以下意见：

一、充分认识盗掘古墓葬犯罪活动的危害性，切实把保护国家文物作为当前的一项紧迫任务

我国是著称于世的文明古国。现存于地上地下的极为丰富的文物，是中华民族的珍贵历史文化遗产，也是整个人类文明发展的宝贵财富。保护和利用好这些文化遗产，对于弘扬爱国主义精神，树立民族自信心和自豪感，增强民族凝聚力，促进社会主义现代化建设事业的发展，都有着重要的作用。坚决打击盗掘、走私和破坏文物的犯罪活动，保护文物，是各级党政领导机关、社会各界和广大人民群众的共同职责。

当前，盗掘古墓葬等违法犯罪活动屡禁不止，与一些地方的领导同志对保护文物的重要性缺乏足够的认识有关。少数领导干部对盗掘古墓葬的违法犯罪活动采取姑息容忍的态度，甚至极其错误地认为这是群众致富的一种途径。有的地方在处理盗掘古墓葬违法犯罪案件时存在着量刑偏轻、以罚代刑等打击不力的现象；文物管理工作薄弱，漏洞很多，给不法分子以可乘之机；对文物保护方面的法律和政策宣传不力，未能造成广大群众依法自觉保护文物的社会环境。鉴此，各级领导必须充分认识打击盗掘古墓葬违法犯罪活动、保护祖国文物是当前的一项紧迫任务，要切实加强领导，组织和协调各方面的力量，立即对本地区盗掘古墓葬违法犯罪活动和对文物保护管理的情况进行全面的调查研究，迅速作出部署，尽快扭转当前的严重局面。

二、采取坚决果断措施，依法从重从快打击盗掘古墓葬等违法犯罪活动

各地公安机关要与文物、工商、海关等部门和司法机关密切配合，协调行动，运用法律手段加强文物保护管理工作，严格按照 1991 年 6 月 29 日全国人大常委会《关于惩治盗掘古文化遗址古墓葬犯罪的补充规定》的精神，对盗掘、走私和破坏文物的违法犯罪案件依法从重从快处理。要组织强有力的破案队伍，迅速侦破和审理一批重大案件，清查和处理一批积案。要坚决严厉打击隐藏深、危害大、影响恶劣的具有黑社会性质的盗掘古墓葬和盗窃其他文物的犯罪团伙；对盗掘古墓葬集团或者聚众盗掘的首要分子，对教唆犯和惯犯、累犯，都要依法严惩；对严重犯罪分子要依法公开宣判，宣传法制，教育群众，以儆效尤。对私自经营文物的旧货商店和个体摊商要依法进行清理整顿，坚决取缔非法经营文物的黑市，依法惩处那些走乡串户私自收购文物的文物贩子。特别是对那些境内外勾结的文物走私团伙，必须组织优势力量，深入开展侦查工作，除恶务尽。在盗掘古墓葬和倒卖走私文物犯罪活动猖獗的地区，要适时开展专项斗争，造成强大的声威和气势，震慑犯罪分子，打击犯罪活动，决不允许以罚代刑，甚至故意包庇纵容罪犯。针对当前文物犯罪集团化、职业化等特点，要做好长期斗争的准备，提高文物安全保卫人员的思想素质和业务能力，改善侦破条件，配置实用的先进装备。重点地区可以建立一支打击文物犯罪的专业队伍。

在查处群众性的盗掘古墓葬活动时，要贯彻惩办与宽大相结合的政策，充分发挥党的政策的感召力，孤立打击少数，团结教育多数。

三、加强基层文物保护管理工作，发挥群众保护文物的作用

县、乡（镇）党委和政府要把保护本地区的文物、打击文物犯罪活动作为一项重要工作，认真抓紧抓好。要增强自觉同破坏文物行为进行斗争的意识，明确基层人民政权对所辖地区文物保护的责任，把这项工作作为政权建设和政绩考核的重要内容，特别是文物密集、管理工作薄弱的地区，要尽快充实、调整文物管理力量，切实改变文物无人管理的状况。

在文物较多的县、乡（镇）、村普遍建立三级群众义务文物保护组织，聘请热心文物保护的群众作为文物保护员，明确规定他们的责、权、利，加强对群众文物保护组织和文物管理员的管理、培训，建立经常性的检查、汇报制度。对群众文物保护员要给予必要的经济补贴，适当减免他们的义务工日，切实调动和保护他们的积极性。

要把打击盗掘古墓葬和破坏文物的犯罪活动与社会治安综合治理密切结合，坚持打防并举，把文物保护列入综合治理目标管理责任制，充分发挥村民委员会的作用，形成群防群治网络，有效地预防和减少盗窃、破坏文物的违法犯罪活动的发生。

四、广泛深入地宣传保护文物的法律、政策，增强广大群众的文物保护意识

发动、组织、依靠广大人民群众自觉参与文物保护工作，是确保文物安全的根本措施。要充分利用广播、影视、报刊等多种形式普及文物保护的有关法律、政策和知识，在全体公民中大力宣传《文物保护法》和全国人大常委会《关于惩治盗掘古文化遗址古墓葬犯罪的补充规定》，宣传保护文物的重大意义和每个公民保护文物的义务，并与宪法、刑法、治安管理处罚条例的普及教育结合起来，搞好群众性的学法、普法教育，增强群众的法制观念。

要把文物保护作为社会主义精神文明建设的一项重要内容，发扬我国人民保护文物的优良传统，努力提高人民的科学文化素质和思想道德水准。要特别注意加强对广大青少年的宣传教育，从小培养他们爱祖国、爱家乡、爱护文物的思想感情和道德规范，形成人人具有文物意识、人人热爱祖国文物的良好社会风尚。

五、对为保护祖国文物作出贡献的单位和个人给予表彰和奖励

为保护祖国文物作出贡献的单位和个人应受到社会的尊重和称赞。对打击盗掘古墓葬和破坏文物的违法犯罪活动，保护祖国文物成绩显著，特别是对破获重大案件，收缴珍贵文物，为国家挽回重大损失的单位和个人要给予表彰和奖励；对那些发现文物主动上交，对检举揭发、举报文物犯罪活动有功的单位和个人也要给予表彰和奖励。

10月29日

中共中央总书记江泽民会见柬埔寨全国最高委员会主席诺罗敦·西哈努克亲王

江泽民晚上在钓鱼台国宾馆会见诺罗敦·西哈努克亲王和夫人莫尼克公主，祝贺“关于柬埔寨冲突全面政治解决协定”等文件的签署。

中顾委副主任薄一波在《中国汽车贸易指南》一书首发式上发表题为《依靠科技进步，振兴汽车工业》的讲话

今天我来参加《中国汽车贸易指南》一书的首发式，心里很高兴。书收到后，粗略地翻阅了一下，觉得编写得不错。这本书比较系统地介绍了我国汽车工业发展的历史，对于帮助了解我国汽车生产、销售和管理的过去和现状，对于深化汽车流通体制改革、理顺汽车贸易秩序、提高汽车买卖双方的知识素质，都是十分有益的。

我讲三个问题。

一、正视我国汽车工业的发展现状，力争在九十年代不再继续扩大与工业发达国家之间存在的差距。

我国的汽车工业是从第一个五年计划起逐步建立起来的，我也就是在那时与汽车工业发生了关系。长春第一汽车制造厂是一五六项重点工程中的重要一项，在各方面的努力下，用了不到三年时间就生产出第一辆国产“解放牌”载重汽车。记得在一九五六年的一次人大会议上，当我讲到我们现在已经制造出第一辆汽车、第一架飞机时，代表们报以热烈的掌声，会场一片欢腾。从那时起到一九六〇年前后，我国汽车工业和日本汽车工业水平相比，差距并不太大。但是后来，由于种种原因，进步甚微，形成了“三十年一贯制”，与工业发达国家的差距愈来愈大。就汽车工业本身来说，主要是因为经济体制存在弊端，技术改造和创新不够，经营管理不善等。

党的十一届三中全会以后，为了摆脱这种落后局面，我们总结了历史经验教训，对内改革，对外开放，加强技术改造，同时引进了工业发达国家的几个型号的整车技术。从此，一汽、二汽有了较快的发展，开始腾飞了，北京、上海、天津、广州等地的一些厂子也赶上来了，不论是在产量、品种还是在技术、效益等方面，都取得了比较好的成绩，算是脱掉了“三十年一贯制”的落后帽子。这是令人兴奋的，是从改革开放中得到的好处。但是，我们决不能满足于已经取得的成绩，更不能因此而骄傲起来。毛主席曾经说过：“小胜即骄傲，大胜更骄傲，一次又一次吃亏，如何避免此种毛病，实在值得注意。”因此，在看到成绩的同时，还必须认识到我国汽车工业的进步还很不够，还存在不少问题。比如，产品的技术性能和开发水平还很不理想；引进的新车型国产化程度还很低，仿造多于自己的创新。特别需要指出，现在经济工作中存在的一个突出的问题是，宏观失控，微观不活。各地区各部门为了自己的利益，对那些看起来“有利可图”的项目争相上马、重复建设，结果造成了人力、物力的极大浪费。其中一个典型的例子就是“汽车热”，汽车工业多年来一直是超高热建设。不久前，在一次会议上，江泽民同志念过一个材料：目前我国汽车制造厂有两千六百多个，其中整车装配厂一百二十六个，改装车厂六百多个。其数目之大、力量之分散，在世界上是罕见的。用这样的办法搞汽车，不落后才怪呢！对于这些问题，一定要高度重视。不要满足于自己在纵向比较上取得的某些进步，要看到在横向比较上，我们同工业发达国家的差距不仅没有缩小，而且还有扩大的趋势。

那么，九十年代汽车制造业的新技术以及整个高新科技发展的情况将会是怎样呢？可以预测，九十年代是高新科技竞争最激烈的时代，也是一个突飞猛进、大踏步前进的时代。工业发达国家依仗资金、技术的优势，大力发展高新科技，并迅速将其运用到各行各业。面对这样的情况，我们应该怎么办？必须采取切实有力的措施，以极大极大的努力，奋起直追，才不至于使现在的差距更加扩大。我们在进步，国外也在进步，如果能在九十年代将我们与国外先进水平的差距保持在现有的水平上不再扩大，并力争有所缩小，那就很好了。形势逼人，不努力是不行的！今天九个生产企业集团以及主管部门的同志都来了，大家要树雄心，立壮志，用通俗的话说：发誓赌咒，也要把我国的汽车工业搞上去。我相信，我们一定能够实现这个目标。

二、依靠科技进步发展我国的汽车工业。

汽车工业是一个科学技术综合应用的制造业，是衡量一个国家技术发展水平的重要标志之一。汽车工业在机械工业中占有重要的地位，它的发展可以带动其他工业。要想使汽车工业在激烈的国际竞争中得到发展，最重要的有两条：一是要加强宏观控制，调整结

构,收缩战线,把重点放在技术改造和提高经济效益上,集中有限的资金和技术力量,将现在的几个重点企业办好,决不要再铺新摊子了。这也就是像毛主席所说的,要"集中力量打歼灭战"。二是要依靠科技进步,把发展高新科技与发展汽车工业紧密结合起来,用现代科学技术不断去改造和装备我国的汽车工业,提高汽车工业的整体素质,彻底摆脱现在的低水平循环状况。在过去的几十年中,特别是改革开放以来,我国汽车工业发展的情况还是很不错的,这一点要肯定。但办得比较好的企业还只是少数,绝大多数还没有突破性的发展,进步还不明显,还是依靠人力、物力、财力的大量投入去求发展的。这实际上是一条投入多、产出少的发展路子。面对设备陈旧、生产工艺落后、管理水平低下的现状,若还不进行大量的科技注入,那么就很难走出质量差、成本高、效益低的困境,我国的汽车工业非但搞不好,而且将面临垮台的危险。这并不是危言耸听。

说到依靠科技,我想应该注意下面几点。首先,要进一步提高对"科学技术是第一生产力"的认识,要下决心解决企业的科技意识不强的问题,明确社会生产力的发展必须依靠科学技术,也就是说,只有将先进的科学技术直接与汽车制造工业结合,使科学技术转化为现实的生产力,我们的汽车工业才能逐步摆脱落后的局面,才能在不断追求科技进步的过程中获得发展。其次,要密切关注世界汽车工业的发展信息,掌握国外汽车制造业的最新发展情况,制订好我们自己九十年代乃至更长时期的汽车工业发展战略。在这方面,不仅要注意国外现在的新技术水平,更重要的是瞄准国外的发展方向,从而更好地确定我们的发展方向。只有这样,才不至于跟在外国人后面爬行,才有可能尽快赶上世界先进水平。再次,在学习、引进国外技术时,要切实引进一些能为我所用,并能为我所消化的技术,避免只追求高、精、尖,而不求技术的适用性的倾向。再其次,要加强企业内部技术开发机构(科研中心、科技所)的建设,充分发挥现有科研人员的作用,大力挖掘他们在新产品、新工艺、新技术开发中的潜力,使我们的企业形成科研——生产——市场——效益的良性循环。此外,还要重视职工整体素质的提高,加强对职工的技术培训工作,大力倡导合理化建议,为推动科技进步创造条件。总之,在确立九十年代汽车工业发展战略时,要从实际出发,集中力量,加强高新技术的研究和应用,在工艺、材料、设计上走自己的路,努力在激烈的国际竞争中赢得我们自己的地位。

三、组织企业集团的问题。

在经营管理体制上搞企业集团,给企业充分的自主经营权,实行厂长、经理负责制,让企业自主经营、自负盈亏、自我发展、自我约束,这是搞好国营大中型企业,进一步巩固和壮大社会主义公有经济的重要一招,我赞成这个做法。企业集团应该按照不久前召开的中央工作会议提出的要求,改革内部管理体制和经营机制,发挥自己的优势,注重市场需求,积极开拓市场,要使市场需求和生产构成一个有机联系的整体。

我没有准备,临时讲这么一些话,目的是要使大家看到我国汽车工业虽然取得了显著成绩,但总的说来还很落后,还有不少问题亟须解决,要靠发挥大家的聪明才智,鼓足干劲,上下一条心,才能使我国的汽车工业逐步接近和达到世界先进水平。

中共中央总书记江泽民在中南海接受美国《华盛顿时报》原主编博奇格雷夫的采访

苏联和东欧发生剧变后
对中国社会主义前途的看法

江泽民说:苏联和东欧发生剧变后,国际上有些好心的人对中国的前途和命运感到忧虑,也有些人干脆要中国放弃社会主义,甚至预言中国会步苏联的后尘。

苏联、东欧发生剧变,社会主义遭受了严重的挫折,原因是多方面的,我不想去评论。至于有人预言中国的社会主义也会失败,我想这些人起码是缺乏对中国历史和现实的了解。中国的社会主义既不是苏联模式,也不是东欧模式,而是有中国特色的社会主义。走这条道路,是中国人民经过 100 多年的奋斗与摸索作出的历史性的选择。解放以来,特别是自我党十一届三中全会邓小平同志提出改革开放以来,我们在各方面取得了举世瞩目的成就,经济发展,社会进步,人民生活有了很大的改善。事实证明,我们所走的这条道路是完全正确的,它是唯一使国家富强、人民幸福的道路。我们没有理由改变这条道路,相反,我们要始终不渝坚持改革开放,继续沿着这条具有中国特色的社会主义道路走下去。有目共睹,我们这样做的效果是很好的。我们对未来充满信心。当然我们不能说是尽善尽美了,我们还要继续实践,不断完善。

我感到,一个国家采取什么样的发展模式和社会制度,取决于这个国家的历史传统、经济发展和文化教育水平,取决于这个国家人民的选择。任何外来的模式或经验只能借鉴,决不能照搬。中国无意输出自己的模式,但我们也反对别人将其模式强加给我们,那样做是会损害中国利益的。

从历史的长河来看,社会主义只有 70 多年的历史,不能受到一些挫折就得出社会主义完了的结论。资本主义在几百年的发展过程中,也曾经历过多次封建势力复辟和反复辟的斗争。

关于民主、自由和人权

江泽民说,我到中央来工作已有两年多。我会见过许多西方发达国家的领导人和政治家。他们都同我谈到了民主、自由和人权的问题。

民主、自由和人权，一个根本的问题，是人在自然界和人类社会的生存权和发展权，也就是人能否真正掌握自己命运的权利。而人类对自己命运的掌握又是同人类自身的生存、发展和完善紧密相连的，这包括政治、经济、文化、教育等诸多方面。在一个国家里，实现民主、自由和人权的根本途径是社会的进步、稳定和经济的发展。我想，离开社会的进步和经济的发展来谈民主、自由和人权是没有意义的。

这里最本质的一条是，民主、自由和人权是同每一个国家的实际情况相适应的。人要掌握自己的命运，并不等于可以为所欲为。如是这样的话，社会就会陷入混乱，就不可能有正常的秩序。陷入无政府状态的国家是没有希望的，它不可能把经济搞上去。因此，个人利益应该同社会的公众利益相一致，这一点很重要。只有全社会的进步，才能实现个人真正意义上的民主、自由和人权。

简而言之，没有社会的稳定，就不可能有经济的发展；没有经济的发展就没有社会的进步；没有全社会的进步就不可能实现人类真正掌握自己的命运，民主、自由、人权都将成为一句空话。

基于上述看法，我认为在观察各国的民主、自由、人权状况时，离不开那个国家的历史文化传统、经济发展状况和社会制度。因此，没有绝对意义上的民主、自由、人权，没有抽象的民主、自由、人权，只有相对的、具体的民主、自由、人权。在这方面，任何国家都有它自己的问题，发达资本主义国家也不例外。就拿美国来说，经济十分发达，却有400万人无家可归；有600万人吸毒成癖，差不多每年有45万人因吸毒而死。中国的人口大约是美国的五倍，中国的在押犯总共128万，而美国就有100万，也就是说，每10万美国人中间就有426个在押犯，这在世界上也是名列前茅的。因此每个国家都应首先解决好自己的问题。

关于建立国际新秩序

在国际局势发生深刻变化的情况下，世界人民迫切希望建立一个公正的国际政治、经济新秩序。我们主张在互相尊重主权和领土完整、互不侵犯、互不干涉内政、平等互利、和平共处的原则基础上建立国际新秩序。新秩序的核心是尊重各国人民决定自己命运的权利。世界是丰富多彩的，各国国情千差万别，有各种不同的社会制度和发展模式。每个国家的发展道路、经济模式、社会制度和价值观念等，都应该由本国根据自己的国情来决定。试图用某种单一的模式来套住丰富多彩的世界，是不现实的、有害的，甚至是危险的。

社会制度的不同和意识形态的差异，不应该妨害国家与国家之间在共同利益的基础上开展友好合作。决定国家关系的好坏，不是社会制度和意识形态的异同，而是看双方是否有共同利益，是否遵循和平共处五项原则；处理国家关系不应把意识形态放在首位。这早已被历史所证明。第二次世界大战期间，反法西斯联盟并不单单是资本主义国家之间的联盟。新中国成立后，我们同苏联有近10年的同盟关系，但嗣后，双方对峙了近30年，尽管双方都是社会主义国家。

关于台湾问题

江泽民说：我们一直希望大陆和台湾实现和平统一。我们认为共产党和国民党应该坐下来进行认真谈判。其他党也可以参加，但主要的是共产党和国民党谈。我们主张用"一国两制"的构想来统一祖国。

台湾是中国领土不可分割的一部分。中国人民决不答应把台湾从祖国分离出去，搞什么"台湾共和国"。我们注意到台湾当局也不支持成立所谓"台湾共和国"的主张。我见了很多台湾的人士，他们也一致认为：只有一个中国。我希望有关国家清醒地看到这一点，不要在这个重大问题上做出伤害中国人民的事情。

关于中美关系

江泽民说：现在中日关系已完全恢复。中国同西欧的关系也已基本恢复。中美关系尚未恢复正常，这种状况是中方不愿看到的。中美之间尽管有这样或那样的分歧，但双方的共同利益仍是主要的。中美在经贸合作方面有很大的互补性。在国际问题上，中美之间加强合作，有助于亚太地区和世界的平衡、和平与稳定。中美正常关系的恢复符合两国的根本利益。

中国政府一向重视中美关系。中美关系的基础是中美之间三个联合公报所确定的原则。双方只要恪守这些原则，增加接触、增进信任、互相尊重，中美关系就能早日得到恢复和发展。

全国人大常委会委员长万里在人民大会堂会见尼日利亚前国家元首奥卢塞贡·奥巴桑乔

国务委员钱其琛在钓鱼台国宾馆会见尼日利亚前国家元首奥卢塞贡·奥巴桑乔

国务院副总理兼国家计委主任邹家华在科隆会见德国工业联合会主席兼德国东方经济委员会中国组主席魏斯

《砥柱中流——一九九一年中国抗洪救灾摄影纪实展览》在北京中国革命博物馆开幕

国务院总理李鹏为展览题写展名，国务院副总理田纪云为展览写序言。李瑞环、田纪云、杨白冰、廖汉生出席开幕式并观看展览。

《江总书记急切奔灾区》、《三万军民奋战保卫扬州城》、《虎口救人》、《抗洪救灾中的共产党员》和《鱼水深情》五幅作品获金牌奖。

1991 年全国群众歌咏大赛颁奖大会在北京举行

中国女棋手谢军在马尼拉举行的女子国际象棋世界冠军争夺战中获世界冠军

民政部部长崔乃夫在杭州闭幕的全国社会福利生产会议上发表讲话

10 月 30 日

七届全国人大常委会第二十二次会议闭会

会议在表决通过中华人民共和国进出境动植物检疫法之后，下午在人民大会堂闭会。

会议表决通过全国人大常委会关于批准武汉、九江、芜湖港对外国籍船舶开放的决定，通过关于批准《万国邮政联盟组织法第四附加议定书》的决定，通过全国人大内务司法委员会、财经委员会、教科文卫委员会关于七届全国人大四次会议主席团交付审议的代表提出的议案审议结果的报告。委员们还分别表决通过有关任免事项。

上午，七届全国人大常委会第二十二次会议进行大会讨论。李崇淮委员就武汉港对外国籍船舶开放的时机和条件，蔡子民委员代表全国人大常委会委员赴陕西视察组的 6 位委员就陕西省贯彻文物保护法的情况和存在的问题，王厚德委员代表全国人大常委会委员赴云南视察团的 16 位委员就云南省禁毒工作的情况，黄玉昆委员就治理洨河污染、保护赵州桥古迹，李桂英委员就关于禁毒工作，徐起超委员就关于立法工作的几个问题和意见，何英委员就坚决挫败国内外敌对势力对我国进行"和平演变"的图谋等议题发表意见。

彭冲、阿沛·阿旺晋美、赛福鼎·艾则孜、荣毅仁、叶飞、廖汉生、倪志福、陈慕华、费孝通、孙起孟、雷洁琼、王汉斌副委员长出席会议。

国务院副总理朱镕基、国务委员李贵鲜分别出席上午和下午的会议。最高人民法院院长任建新列席会议。

全国人大常委会通过《关于批准〈万国邮政联盟组织法第四附加议定书〉的决定》

第七届全国人民代表大会常务委员会第二十二次会议决定：批准我国政府代表于 1989 年 12 月 14 日在华盛顿签署的《万国邮政联盟组织法第四附加议定书》。

全国人大常委会通过《关于批准〈武汉九江芜湖港对外籍船舶开放〉的决定》

第七届全国人民代表大会常务委员会第二十二次会议，审议了国务院、中央军委提出的关于提请批准武汉、九江、芜湖港对外国籍船舶开放的议案，决定批准将武汉、九江、芜湖港对外国籍船舶开放。今后，我国再有其他内河港口需对外国籍船舶开放时，授权国务院审批。

全国人大常委会通过陈明枢任免名单

批准免去陈明枢的福建省人民检察院检察长职务。

任命陈明枢为最高人民检察院副检察长、检察委员会委员。

国家主席杨尚昆签署第 53 号令《中华人民共和国进出境动植物检疫法》

《中华人民共和国进出境动植物检疫法》已由中华人民共和国第七届全国人民代表大会常务委员会第二十二次会议于 1991 年 10 月 30 日通过，现予公布，自 1992 年 4 月 1 日起施行。

中华人民共和国主席　杨尚昆

1991 年 10 月 30 日

中华人民共和国进出境动植物检疫法

第一章　总　则

第一条　为防止动物传染病、寄生虫病和植物危险性病、虫、杂草以及其他有害生物(以下简称病虫害)传入、传出国境，保护农、林、牧、渔业生产和人体健康，促进对外经济贸易的发展，制定本法。

第二条　进出境的动植物、动植物产品和其他检疫物，装载动植物、动植物产品和其他检疫物的装载容器、包装物，以及来自动植物疫区的运输工具，依照本法规定实施检疫。

第三条　国务院设立动植物检疫机关(以下简称国家动植物检疫机关)，统一管理全国进出境动植物检疫工作。国家动植物检疫机关在对外开放的口岸和进出境动植物检疫业务集中的地点设立的口岸动植物检疫机关，依照本法规定实施进出境动植物检疫。

贸易性动物产品出境的检疫机关，由国务院根据情况规定。

国务院农业行政主管部门主管全国进出境动植物检疫工作。

第四条　口岸动植物检疫机关在实施检疫时可以行使下列职权：

(一)依照本法规定登船、登车、登机实施检疫；

(二)进入港口、机场、车站、邮局以及检疫物的存放、加工、养殖、种植场所实施检疫，并依照规定采样；

(三)根据检疫需要,进入有关生产、仓库等场所,进行疫情监测、调查和检疫监督管理;

(四)查阅、复制、摘录与检疫物有关的运行日志、货运单、合同、发票及其他单证。

第五条 国家禁止下列各物进境:

(一)动植物病原体(包括菌种、毒种等)、害虫及其他有害生物;

(二)动植物疫情流行的国家和地区的有关动植物、动植物产品和其他检疫物;

(三)动物尸体;

(四)土壤。

口岸动植物检疫机关发现有前款规定的禁止进境物的,作退回或者销毁处理。

因科学研究等特殊需要引进本条第一款规定的禁止进境物的,必须事先提出申请,经国家动植物检疫机关批准。

本条第一款第二项规定的禁止进境物的名录,由国务院农业行政主管部门制定并公布。

第六条 国外发生重大动植物疫情并可能传入中国时,国务院应当采取紧急预防措施,必要时可以下令禁止来自动植物疫区的运输工具进境或者封锁有关口岸;受动植物疫情威胁地区的地方人民政府和有关口岸动植物检疫机关,应当立即采取紧急措施,同时向上级人民政府和国家动植物检疫机关报告。

邮电、运输部门对重大动植物疫情报告和送检材料应当优先传送。

第七条 国家动植物检疫机关和口岸动植物检疫机关对进出境动植物、动植物产品的生产、加工、存放过程,实行检疫监督制度。

第八条 口岸动植物检疫机关在港口、机场、车站、邮局执行检疫任务时,海关、交通、民航、铁路、邮电等有关部门应当配合。

第九条 动植物检疫机关检疫人员必须忠于职守,秉公执法。

动植物检疫机关检疫人员依法执行公务,任何单位和个人不得阻挠。

第二章 进境检疫

第十条 输入动物、动物产品、植物种子、种苗及其他繁殖材料的,必须事先提出申请,办理检疫审批手续。

第十一条 通过贸易、科技合作、交换、赠送、援助等方式输入动植物、动植物产品和其他检疫物的,应当在合同或者协议中订明中国法定的检疫要求,并订明必须附有输出国家或者地区政府动植物检疫机关出具的检疫证书。

第十二条 货主或者其代理人应当在动植物、动植物产品和其他检疫物进境前或者进境时持输出国家或者地区的检疫证书、贸易合同等单证,向进境口岸动植物检疫机关报检。

第十三条 装载动物的运输工具抵达口岸时,口岸动植物检疫机关应当采取现场预防措施,对上下运输工具或者接近动物的人员、装载动物的运输工具和被污染的场地作防疫消毒处理。

第十四条 输入动植物、动植物产品和其他检疫物,应当在进境口岸实施检疫。未经口岸动植物检疫机关同意,不得卸离运输工具。

输入动植物,需隔离检疫的,在口岸动植物检疫机关指定的隔离场所检疫。

因口岸条件限制等原因,可以由国家动植物检疫机关决定将动植物、动植物产品和其他检疫物运往指定地点检疫。在运输、装卸过程中,货主或者其代理人应当采取防疫措施。指定的存放、加工和隔离饲养或者隔离种植的场所,应当符合动植物检疫和防疫的规定。

第十五条 输入动植物、动植物产品和其他检疫物,经检疫合格的,准予进境;海关凭口岸动植物检疫机关签发的检疫单证或者在报关单上加盖的印章验放。

输入动植物、动植物产品和其他检疫物,需调离海关监管区检疫的,海关凭口岸动植物检疫机关签发的《检疫调离通知单》验放。

第十六条 输入动物,经检疫不合格的,由口岸动植物检疫机关签发《检疫处理通知单》,通知货主或者其代理人作如下处理:

(一)检出一类传染病、寄生虫病的动物,连同其同群动物全群退回或者全群扑杀并销毁尸体;

(二)检出二类传染病、寄生虫病的动物,退回或者扑杀,同群其他动物在隔离场或者其他指定地点隔离观察。

输入动物产品和其他检疫物经检疫不合格的,由口岸动植物检疫机关签发《检疫处理通知单》,通知货主或者其代理人作除害、退回或者销毁处理。经除害处理合格的,准予进境。

第十七条 输入植物、植物产品和其他检疫物,经检疫发现有植物危险性病、虫、杂草的,由口岸动植物检疫机关签发《检疫处理通知单》,通知货主或者其代理人作除害、退回或者销毁处理。经除害处理合格的,准予进境。

第十八条 本法第十六条第一款第一项、第二项所称一类、二类动物传染病、寄生虫病的名录和本法第十七条所称植物危险性病、虫、杂草的名录,由国务院农业行政主管部门制定并公布。

第十九条 输入动植物、动植物产品和其他检疫物,经检疫发现有本法第十八条规定的名录之外,对农、林、牧、渔业有严重危害的其他病虫害的，由口岸动植物检疫机关依照国务院农业行政主管部门的规定，通知货主或者其代理人作除害、退回或者销毁处理。经除害处理合格的，准予进境。

第三章　出境检疫

第二十条　货主或者其代理人在动植物、动植物产品和其他检疫物出境前，向口岸动植物检疫机关报检。

出境前需经隔离检疫的动物，在口岸动植物检疫机关指定的隔离场所检疫。

第二十一条　输出动植物、动植物产品和其他检疫物，由口岸动植物检疫机关实施检疫，经检疫合格或者经除害处理合格的，准予出境；海关凭口岸动植物检疫机关签发的检疫证书或者在报关单上加盖的印章验放。检疫不合格又无有效方法作除害处理的，不准出境。

第二十二条　经检疫合格的动植物、动植物产品和其他检疫物，有下列情形之一的，货主或者其代理人应当重新报检：

(一)更改输入国家或者地区，更改后的输入国家或者地区又有不同检疫要求的；

(二)改换包装或者原未拼装后来拼装的；

(三)超过检疫规定有效期限的。

第四章　过境检疫

第二十三条　要求运输动物过境的，必须事先商得中国国家动植物检疫机关同意，并按照指定的口岸和路线过境。

装载过境动物的运输工具、装载容器、饲料和铺垫材料，必须符合中国动植物检疫的规定。

第二十四条　运输动植物、动植物产品和其他检疫物过境的，由承运人或者押运人持货运单和输出国家或者地区政府动植物检疫机关出具的检疫证书，在进境时向口岸动植物检疫机关报检，出境口岸不再检疫。

第二十五条　过境的动物经检疫合格的，准予过境；发现有本法第十八条规定的名录所列的动物传染病、寄生虫病的，全群动物不准过境。

过境动物的饲料受病虫害污染的，作除害、不准过境或者销毁处理。

过境的动物的尸体、排泄物、铺垫材料及其他废弃物，必须按照动植物检疫机关的规定处理，不得擅自抛弃。

第二十六条　对过境植物、动植物产品和其他检疫物，口岸动植物检疫机关检查运输工具或者包装，经检疫合格的，准予过境；发现有本法第十八条规定的名录所列的病虫害的，作除害处理或者不准过境。

第二十七条　动植物、动植物产品和其他检疫物过境期间，未经动植物检疫机关批准，不得开拆包装或者卸离运输工具。

第五章　携带、邮寄物检疫

第二十八条　携带、邮寄植物种子、种苗及其他繁殖材料进境的，必须事先提出申请，办理检疫审批手续。

第二十九条　禁止携带、邮寄进境的动植物、动植物产品和其他检疫物的名录，由国务院农业行政主管部门制定并公布。

携带、邮寄前款规定的名录所列的动植物、动植物产品和其他检疫物进境的，作退回或者销毁处理。

第三十条　携带本法第二十九条规定的名录以外的动植物、动植物产品和其他检疫物进境的，在进境时向海关申报并接受口岸动植物检疫机关检疫。

携带动物进境的，必须持有输出国家或者地区的检疫证书等证件。

第三十一条　邮寄本法第二十九条规定的名录以外的动植物、动植物产品和其他检疫物进境的，由口岸动植物检疫机关在国际邮件互换局实施检疫，必要时可以取回口岸动植物检疫机关检疫；未经检疫不得运递。

第三十二条　邮寄进境的动植物、动植物产品和其他检疫物，经检疫或者除害处理合格后放行；经检疫不合格又无有效方法作除害处理的，作退回或者销毁处理，并签发《检疫处理通知单》。

第三十三条　携带、邮寄出境的动植物、动植物产品和其他检疫物，物主有检疫要求的，由口岸动植物检疫机关实施检疫。

第六章　运输工具检疫

第三十四条　来自动植物疫区的船舶、飞机、火车抵达口岸时，由口岸动植物检疫机关实施检疫。发现有本法第十八条规定的名录所列的病虫害的，作不准带离运输工具、除害、封存或者销毁处理。

第三十五条　进境的车辆，由口岸动植物检疫机关作防疫消毒处理。

第三十六条　进出境运输工具上的泔水、动植物性废弃物，依照口岸动植物检疫机关的规定处理，不得擅自抛弃。

第三十七条　装载出境的动植物、动植物产品和其他检疫物的运输工具，应当符合动植物检疫和防疫的规定。

第三十八条　进境供拆船用的废旧船舶，由口岸动植物检疫机关实施检疫，发现有本法第十八条规定的名录所列的病虫害的，作除害处理。

第七章　法律责任

第三十九条　违反本法规定，有下列行为之一的，由口岸动植物检疫机关处以罚款：

(一)未报检或者未依法办理检疫审批手续的；

(二)未经口岸动植物检疫机关许可擅自将进境动

植物、动植物产品或者其他检疫物卸离运输工具或者运递的；

（三）擅自调整离或者处理在口岸动植物检疫机关指定的隔离场所中隔离检疫的动植物的。

第四十条 报检的动植物、动植物产品或者其他检疫物与实际不符的，由口岸动植物检疫机关处以罚款；已取得检疫单证的，予以吊销。

第四十一条 违反本法规定，擅自开拆过境动植物、动植物产品或者其他检疫物的包装的，擅自将过境动植物、动植物产品或者其他检疫物卸离运输工具的，擅自抛弃过境动物的尸体、排泄物、铺垫材料或者其他废弃物的，由动植物检疫机关处以罚款。

第四十二条 违反本法规定，引起重大动植物疫情的，比照刑法第一百七十八条的规定追究刑事责任。

第四十三条 伪造、变造检疫单证、印章、标志、封识，依照刑法第一百六十七条的规定追究刑事责任。

第四十四条 当事人对动植物检疫机关的处罚决定不服的，可以在接到处罚通知之日起十五日内向作出处罚决定的机关的上一级机关申请复议；当事人也可以在接到处罚通知之日起十五日内直接向人民法院起诉。

复议机关应当在接到复议申请之日起六十日内作出复议决定。当事人对复议决定不服的，可以在接到复议决定之日起十五日内向人民法院起诉。复议机关逾期不作出复议决定的，当事人可以在复议期满之日起十五日内向人民法院起诉。

当事人逾期不申请复议也不向人民法院起诉、又不履行处罚决定的，作出处罚决定的机关可以申请人民法院强制执行。

第四十五条 动植物检疫机关检疫人员滥用职权，徇私舞弊，伪造检疫结果，或者玩忽职守，延误检疫出证，构成犯罪的，依法追究刑事责任；不构成犯罪的，给予行政处分。

第八章 附 则

第四十六条 本法下列用语的含义是：

（一）“动物”是指饲养、野生的活动物，如畜、禽、兽、蛇、龟、鱼、虾、蟹、贝、蚕、蜂等；

（二）“动物产品”是指来源于动物未经加工或者虽经加工但仍有可能传播疫病的产品，如生皮张、毛类、肉类、脏器、油脂、动物水产品、奶制品、蛋类、血液、精液、胚胎、骨、蹄、角等；

（三）“植物”是指栽培植物、野生植物及其种子、种苗及其他繁殖材料等；

（四）“植物产品”是指来源于植物未经加工或者虽经加工但仍有可能传播病虫害的产品，如粮食、豆、棉花、油、麻、烟草、籽仁、干果、鲜果、蔬菜、生药材、木材、饲料等；

（五）“其他检疫物”是指动物疫苗、血清、诊断液、动植物性废弃物等。

第四十七条 中华人民共和国缔结或者参加的有关动植物检疫的国际条约与本法有不同规定的，适用该国际条约的规定。但是，中华人民共和国声明保留的条款除外。

第四十八条 口岸动植物检疫机关实施检疫依照规定收费。收费办法由国务院农业行政主管部门会同国务院物价等有关主管部门制定。

第四十九条 国务院根据本法制定实施条例。

第五十条 本法自1992年4月1日起施行。1982年6月4日国务院发布的《中华人民共和国进出口动植物检疫条例》同时废止。

《刑法》有关条款

第一百七十八条 违反国境卫生检疫规定，引起检疫传染病的传播，或者有引起检疫传染病传播严重危险的，处三年以下有期徒刑或者拘役，可以并处或者单处罚金。

第一百六十七条 伪造、变造或者盗窃、抢夺、毁灭国家机关、企业、事业单位、人民团体的公文、证件、印章的，处三年以下有期徒刑、拘役、管制或者剥夺政治权利；情节严重的，处三年以上十年以下有期徒刑。

国家副主席王震在人民大会堂会见保加利亚国防部部长约·穆塔弗奇耶夫大将

国务院副总理兼国家计委主任邹家华在波恩会见德国总理府部长赛特尔斯

中国长城计算机集团昆仑电子印刷设备服务公司开发的长城毕升191A自动办公系统在新加坡1991年计算机国际大展中荣获最杰出软件奖

10月31日

伊朗总统拉夫桑贾尼同国家主席杨尚昆在德黑兰举行会谈

两国领导人对中伊建交二十年来两国关系的发展表示满意。双方强调，中伊发展友好合作关系具有十分积极的意义。两国都是第三世界国家，对国际问题以及在发展经济、振兴国家方面存在着许多共识，在当前复杂多变的国际形势下，两国应加强磋商、协调与合作，为建立和平、稳定、公正、合理的国际政治新秩序发挥两国应有的作用。

会谈中，中伊领导人就进一步发展两国的经济和贸易合作问题充分地交换了意见。

在谈到国际形势时,两位领导人认为,国际力量的失衡,加剧了旧的矛盾,引发了新的矛盾。南北差距更加突出。在当前,如何建立国际政治经济新秩序,是各国人民共同关心的问题。双方一致认为,国际新秩序的形成是长期复杂的过程。国际政治新秩序应该建立在互相尊重主权和领土完整、互不侵犯、互不干涉内政、平等互利以及和平共处的原则基础上。要以公正合理、平等互利的国际经济新秩序,代替目前不公正的国际经济秩序。国家不分大小、强弱、贫富应该一律平等。

两位领导人还就中东、南北关系、南亚、阿富汗等国际和地区问题以及各自同一些国家的关系交换看法,并互相通报情况。

伊朗领袖哈梅内伊在德黑兰的办公室会见国家主席杨尚昆

中共中央发出《关于加强公安工作的决定》

《决定》指出,加强公安工作,是国家稳定、政权巩固、深化改革和扩大开放的需要,具有极端重要性。预防和打击各种敌对分子的破坏活动,抵制和粉碎国际敌对势力的和平演变阴谋,是当前对敌斗争的首要任务。

中共中央政治局常委宋平为《农村社会主义思想教育丛书》作序

党中央、国务院决定用二三年时间,在全国农村分期分批进行社会主义思想教育。这是新形势下为加强和改善党对农村工作的领导,进一步巩固农村社会主义阵地,推进农村经济发展和改革深化所采取的一项重大措施,也是农村社会主义精神文明建设的一个重要内容。

当前,社会主义思想教育正在农村陆续展开。实践证明,凡是领导得力、工作认真的地方,都取得了好的效果。在这些地方,广大农民更加坚定了拥护党的领导和坚持走社会主义道路的信念;党在农村的经济政策进一步落实,改革逐步深化,两个文明建设取得新的进展;以党支部为核心的村级组织得到加强,一部分后进村改变了面貌;干群关系密切了,社会治安状况改善了。开展社会主义思想教育,基层干部拥护,广大农民高兴,我们应当坚定不移地把这项工作进行下去。

我国 11 亿人口,9 亿在农村。农民问题,始终是中国革命和建设的根本问题。没有广大农民的拥护和参加,我们的革命和建设要取得成功是不可能的。领导 9 亿农民同工人阶级建立巩固的工农联盟,坚定地走社会主义道路,是我们党把马列主义普遍真理运用于中国具体实际的一个伟大创造,也是保持我国政治、经济和社会稳定发展的重要保证。在 80 年代,由于党的正确政策调动了农民的积极性,我国农村的改革和发展取得了举世瞩目的巨大成就,整个农村发生了深刻的变化。按照党中央确定的国民经济和社会发展分三步走的战略目标,在 90 年代,我国农业和农村工作要迈上一个新台阶,使农村社会面貌有一个新的变化,这个目标是光荣而艰巨的,但也是可以实现的。关键是要充分调动广大农民群众的社会主义积极性。根据一些地方的经验,通过开展社会主义思想教育,引导农民进一步树立爱国家、爱集体、爱社会主义的思想观念,落实党在农村的各项经济政策,把基层组织建设好,是调动广大农民社会主义积极性,实现 90 年代奋斗目标,建设社会主义新农村的一条有效途径。

各地的经验告诉我们,搞好农村社会主义思想教育,关键是各级党委要把这项工作切实抓紧,把它作为推动农村工作的一项综合措施,列入党委的重要议事日程。党委领导同志要亲自抓点,调查研究,认真总结和推广好的经验,发现带有倾向性的问题,组织研究,及时解决。在开展思想教育的同时,要从当地实际情况出发,认真解决群众迫切要求解决的问题。要加强工作队的建设,选派得力干部带队,并把机关干部下基层帮助工作同锻炼提高干部、促进机关转变作风结合起来。下去的同志要依靠基层组织开展工作,不要包办代替。为了集中力量,加强指导,农村社会主义思想教育可分期分批进行,做到开展一批,成功一批,注重实效,不走过场,不搞形式主义。集中教育基本告一段落的地方,要研究如何巩固成果,并把它作为一项经常性的工作坚持下去。

开展社会主义思想教育,要注意加强基层组织建设,充分发挥党支部的核心领导作用和共产党员的先锋模范作用。只要我们的党组织是坚强的,不仅善于用政策去调动农民的社会主义积极性,而且善于做深入细致的思想政治工作,把广大农民群众组织起来为实现党在农村的各项任务而斗争,建设社会主义新农村的宏伟事业就大有希望。

国务院批准新《海关进出口税则》

经国务院批准,从 1992 年 1 月 1 日起,中国将实行新的《海关进出口税则》。

国务院关税税则委员会办公室主任周福基介绍说,这部新税则是以目前国际上通用的《商品名称及编码协调制度》目录为基础,由现行《税则》转换而成的,能广泛适应海关税则、进出口统计、国际贸易管理、国际商品运输等多方面的需要。采用新《税则》是中国关税制度的一项重大改革,是适应进一步扩大开放而采取的一个重要措施。

周福基说，目前国际上已有八十三个国家和地区采用《协调制度》编制进出口税则和进出口统计，而这些国家和地区大多是我国的贸易伙伴。同时，关贸总协定关税减让谈判也以《协调制度》目录统计的数据为谈判基础。因此，我国新《税则》采用《协调制度》，将有利于我国对外经济贸易活动的发展，也有利于我国恢复关贸总协定缔约国地位的谈判。

国务院关税税则委员会还决定：对于在《税则》转换过程中因技术原因使税率有所提高的少数商品，在一九九二年三月三十一日以前进口的，仍按现行《税则》规定的税率征税。

《人民日报》发表评论员文章《要讲三句话——谈国营大中型企业内部领导体制问题》

最高人民检察院最高人民法院国家税务局发出关于印发《关于办理偷税抗税案件追缴税款统一由税务机关缴库的规定》的通知

"七五"全国星火计划总结表彰大会在北京召开

会议由国家科委召开。

李鹏、聂荣臻、王震、田纪云、薄一波、宋健为大会题词。国务院总理李鹏的题词是："星火计划成果有目共睹，有口皆碑。"聂荣臻的题词是："星火计划是把科技送往农村的好形式。"国家副主席王震的题词是："向农业广阔领域新科技进军。"

国家科委副主任李效时在会上说，星火计划用先进适用的技术项目，树立起社会、经济、生态效益良好的示范样板，使农民和干部亲眼看到科学技术是致富之源。据统计，国家和省级水产养殖星火项目，在相同条件下，单位面积的平均产值提高了2倍；名优水果类提高效益60%以上。

星火计划以国家宏观产业政策和技术政策为指导，从各地资源和社会经济条件出发，重点组织配套开发，正逐步形成适合不同地区条件的技术结构，并为形成产业规模和商品化生产创造环境，促进了各种形式的以科技为先导的社会化服务体系的建设。现在，初具规模的星火产业达300多个。

星火计划始终把为乡镇企业提供科技支持作为重要任务，80%的开发任务直接面向乡镇企业，60%的星火项目由乡镇企业承担，为解决乡镇企业普遍存在的开发能力弱、管理水平低、产品质量差的问题起到了引导和示范作用，使这些企业的效益比同期全国独立核算工业企业和乡镇企业平均水平分别提高41%和58.8%。

在资金筹措上和投入上，打破长期靠国家无偿支持、拨款搞开发的传统做法，以国家少量引导资金调动地方政府、企业和信贷资金投向星火项目，获得明显效果。5年来，用于星火计划的总投资已达171亿元，90%以上来自银行贷款和企业自筹。国家级和省级星火项目88.6的完成周期在2年之内，投产后投资回收期不超过2年。

杨尚昆主席在德黑兰接受伊朗电视台采访

国家主席杨尚昆说："两天来，我和我的同事们受到了伊朗总统拉夫桑贾尼阁下、伊朗政府和人民的热情接待，深深感受到伊朗人民对中国人民的友好情谊。我愿通过贵台，再次向贵国领导人、政府和人民表示衷心的谢意，并转达中国人民对友好的伊朗人民的深厚情谊。"

杨尚昆谈到两国领导人会谈成果说："今天上午，我同拉夫桑贾尼总统阁下在极其友好和诚挚的气氛中举行了会谈，我们双方就发展两国关系和双方共同关心的地区和国际问题十分有益地交换了意见。双方对中伊建交20年来，特别是近十几年来两国关系的顺利发展表示满意。双方都有进一步发展两国友好合作关系的真诚愿望，对重大国际和地区问题存在广泛的共识。双方一致认为，在当前动荡的国际形势下，两国领导人交换意见是十分重要的。"

杨尚昆说："我相信此次访问必将使业已存在的中伊两国在各个领域的友好合作关系得到进一步的巩固和发展。这不仅有利于两国人民，而且有利于亚洲的和平、发展与稳定。"

杨尚昆在谈到核裁军问题时说："中国一贯主张全面禁止和彻底销毁核武器，并认为在这方面，拥有最大核武库的美苏两国负有特殊的责任。我们对美苏最近相继宣布的核裁军建议表示欢迎。"杨主席说，美苏决定削减的幅度不大，仅占其核武库的一小部分，而且相当一部分是要淘汰的核武器，双方也未表示停止发展新的核武器和空间武器。为了实现全面禁止和彻底销毁核武器这一崇高的目标，美苏应当率先停止试验、生产、部署核武器，并大幅度削减它们在国内外部署的各类核武器，以便为召开包括全部核武器国家参加的、有广泛代表性的核裁军国际会议创造条件。这对今天的现实仍然适用，国际社会仍需要共同敦促美、苏这样做。

杨尚昆谈及中国如何看待在马德里召开的中东和会及其结果时说："和会刚刚开始，结果尚待观察。我们认为，以巴勒斯坦问题为核心的中东问题已持续了40多年，早日政治解决中东问题有助于缓和该地区的紧张局势，促进该地区的经济发展。我们希望这次中东和会能在联合国有关决议的基础上取得积极的成果，推动中东问题的全面、公正、合理解决。"

国家主席杨尚昆根据全国人大常委会的决定任免驻外大使

一、免去沈智焕的中华人民共和国驻苏里南共和国特命全权大使职务。

任命汤柏生为中华人民共和国驻苏里南共和国特命全权大使。

二、免去张龙海的中华人民共和国驻丹麦王国特命全权大使兼驻冰岛共和国特命全权大使职务。

任命郑耀文为中华人民共和国驻丹麦王国特命全权大使兼驻冰岛共和国特命全权大使。

外交部发言人吴建民就中国加入《不扩散核武器条约》等问题答记者问

外交部发言人吴建民在回答关于中国加入《不扩散核武器条约》的提问时说，中国在此问题上的立场，我们在联合国范围内已经多次作过说明。第七届全国人大常委会第 22 次会议对国务院提出的关于中国加入《不扩散核武器条约》的建议进行了审议，审议还将继续进行。

有记者问，西方有报道说中国最近向伊朗提供可用于核武器的核技术，发言人对此有何评论？

吴建民指出，这些报道是毫无根据的。中国与包括伊朗在内的许多国家在和平利用核能方面有合作。中国对核出口严格遵守三项原则：第一，只用于和平目的；第二，接受国际原子能机构的保障和监督；第三，未经中国同意，接受国不得转让给第三国。

国家教委办公厅转发《全国教育科学"八五"规划重点课题评审会纪要》

《评审会纪要》摘要如下：

一、会议回顾了"七五"教育科学规划的执行和完成情况。

会议认为。"七五"教育科学在我国社会主义教育事业重大问题的研究上取得了明显进展，"七五"规划所提出的目标和任务已基本实现，这主要表现在：

1. 教育科研的指导思想进一步明确。坚持以马列主义、毛泽东思想为各类研究工作的指导思想、教育科研为教育发展与改革服务的宗旨已经得到较好的落实。

2. 教育科研的学风进一步端正。理论联系实际越来越多地成为广大教育科研工作者的自觉行动，各类教育改革实验，特别是农村教改实验有了广泛的发展，并已取得了相当显著的成绩。

3. 课题完成情况良好，研究水平不断提高。"七五"期间所定 33 个国家重点课题、90 个教委重点课题，至本次评审会前统计，除 1 项由规划领导小组撤销，2 项由承担人或承担人所在单位自行提出撤销外，已完成和基本完成的有 81 项，占课题总数的 65.9%；其他部委的重点课题大部分也已完成。综合专家对已完成成果的鉴定意见，可以看出，"七五"课题研究水平较前有了较大提高。

4. 一些重要的研究成果，在提高教育决策和教育管理的科学化水平，提高教育教学质量，推动教育改革的进一步深化等方面产生了明显的效益，有的体现在国家决策、政策中，有的在实际教学中得到推广应用，对具有中国特色的社会主义教育体系的建设和发展发挥了积极的作用。

5. 中青年科研骨干迅速成长，教育科研队伍的结构有较大改善。一批在教育教学第一线作出突出成绩的中青年教育工作者开始成为教育科学研究的生力军，为教育科研注入了活力。越多的教育行政领导提高了对教育科研重要作用的认识，支持、指导并直接参与教育科学研究，为教育科研的发展提供了组织保证和必要条件。

二、会议明确了 90 年代教育科学所面临的形势和任务。

与会专家在整个评审过程中，认真贯彻上述精神，保证了重点课题的方向和评审工作的顺利进行。

三、经会议评审后初步确定了教育科学"八五"规划的重点课题。

根据全国哲学社会科学规划领导小组办公室关于确定"八五"重点课题的原则精神，结合当前教育战线所面临的形势，会议研究决定，要组织精干力量，协同攻关，集中解决教育中的若干重大问题，争取"八五"期间在以下几个重大课题的研究上取得较大的进展：

1. 关于毛泽东教育思想(包括邓小平教育思想)的研究；

2. 关于反"和平演变"教育战略的研究；

3. 关于深化农村教育综合改革，促进农村社会全面进步的研究；

4. 关于普通中小学课程教材改革的研究；

5. 关于教育与生产劳动相结合的理论与实验研究；

6. 关于中国少数民族教育的研究。

四、会议讨论了"八五"规划课题的落实工作。

主要包括：

1. 对会议初步确定的重点课题要抓紧逐项落实。

2."八五"规划首次设立了青年专项课题。

3. 教育科研经费不足，要通过多种渠道解决。"七五"期间国家教委专项拨款比"六五"期间有较大增长，"八五"将继续有所增长。地方和部门的投入在"七五"期间也有较大增长，"八五"期间应继续增加教育科研经费。

4. 会议提出要重视教育科研成果的评价和推广，应用、推广本身就是重要的科学研究，而且是难度很大、价值很高的科学研究。

5. 要进一步发挥学科组在规划、审题、检查、评价、推广等方面的职能作用，有计划地安排好学科组活动，并提供一定的条件。要进一步完善教育科研管理。

此次评审会，大家一致通过，确定了一项有关研究教育科研管理的重点课题。规划办公室要组织协调各方力量，结合"八五"规划管理实际，努力把这项研究搞好，并运用到管理工作中，使教育科研管理在科学化、规范化方面跨上一个新的台阶。

6. 继续实行"滚动"的原则。一些重要的研究课题。此次评审中未能列入，根据发展的需要，还可在"八五"的后几年继续申报；确实重要而且具备条件的，可以滚动列为重点课题。

全国清理三角债已逾千亿元提前实现预定清欠目标

据国务院清理三角债领导小组办公室提供的消息，从八月十五日东北地区清理三角债试点工作开始到十月三十一日止，全国已清理企业拖欠款一千零十一亿元。这次清欠，国家注入银行贷款二百八十四亿元，地方和企业自筹二十二亿元，取得了注入一元资金清理三点二八元拖欠的明显效果，提前实现了全国清理三角债工作会议提出的今年清理拖欠款一千亿元、连环清理达到一比三效果的预定目标。

据介绍，今年在全国范围内开展的清理三角债工作主要有三个特点：一是自始至终坚持从产生三角债的重要源头即固定资产投资拖欠的清理入手。国家注入的资金，主要用于解决列入国家、省、市计划内的基建、技改项目拖欠国营大中型企业的设备款、材料款和部分工程款。清欠工作从九月二十日在全国范围开展后，仅用了四十二天时间，就连环清理拖欠七百二十亿元。一些原来因固定资产投资不足而造成严重拖欠的地区，清欠效果更为明显，如上海、沈阳、武汉、重庆、西安、哈尔滨等工业城市，连环清理效果达到一比六以上。二是今年清欠工作与"压贷挂钩"(即努力压缩超储积压的产成品库存，腾出一部分贷款用于支持技术改造)相结合。根据全国清理三角债工作会议的部署，在各地区、各部门和企业的努力下，限产压库、进行结构调整的工作已全面展开。广州、贵州、哈尔滨三省市已完成压库任务的百分之五十以上，棉纺、烟草、化工和冶金等行业压库初见成效。工交企业限产压库工作的顺利展开，减少了产成品资格的占用，这对缓解企业间的贷款拖欠起到了积极的促进作用。三是清欠工作与整顿商品交易秩序、严格结算纪律相结合。在国务院发出《关于整顿商品交次秩序、严格结算纪律的通知》以后，各地认真贯彻落实，使一些地区和企业的资金周转和贷款回收速度明显加快。针对有的企业和开户银行无视国务院通知精神，继续无理拒付贷款的情况，人民日报十月三十日公开批评了十起无理拒付的典型事例，在各地引起很大震动。有关地区和单位在三天内对有关责任者进行了处理，并相应采取有效措施进一步加强了结算纪律。

据国务院清欠办负责人介绍，全国清欠工作提前超额完成预定目标，除了国务院的正确决策和领导，与各地区领导亲自挂帅，计委、经委、银行等部门和企业密切配合、团结协作、共同努力是分不开的。上两月来，各地的同志以计日论时、争分夺秒的精神开展工作，并自觉纠正了一度存在的地方保护主义，在连环清理中顾全大局，积极主动向省(市)外支付拖欠贷款一百七十七亿元。日前国务院清理三角债领导小组已发出通知，要求各地善始善终抓好连环清理工作，认真落实防欠措施，再接再厉，取得更大的成绩，并为明年的清欠做好准备。

全国城乡少年手拉手活动表彰会在北京举行

11月1日

中共中央政治局常委宋平在中南海怀仁堂同党外领导干部座谈

参加座谈的党外领导干部是中央组织部和统战部委托中央社会主义学院举办的第二期党外领导干部专题研究班的学员。

宋平指出,选拔民主党派和无党派人士中的优秀人才担任政府部门领导工作,是我们党的一项长期政策。

宋平对学员们通过学习所取得的收获表示满意。宋平说,这批学员平均年龄 52 岁,大都是中华人民共和国成立以后成长起来的。你们热爱社会主义事业,在走上领导岗位以后,勤奋努力,工作取得了成绩,这是非常可贵的。这也说明,我们党的统一战线是成功的,各民主党派后继有人。

宋平说,学习是没有止境的。抽出时间集中学习一段很有必要,但更重要的是经常性的学习。宋平希望大家回去以后,要继续加强对马列主义、毛泽东思想的学习。学习要紧密结合当前的形势和任务,结合自己的思想实际。通过学习,最根本的是把方向搞对头,坚定社会主义信念,坚持全心全意为人民服务的根本宗旨。这样遇到风浪就不会摇摆,就敢于为了国家和人民的利益,同一切不良现象作斗争。学习抓好了,干部就会更快地成长起来。

座谈会由中共中央政治局候补委员、中央统战部部长丁关根主持。

国务院秘书长罗干、人事部部长赵东宛和中组部、统战部、社会主义学院的负责同志出席座谈会。

中组部副部长赵宗鼐介绍了这期研究班的学习情况。

这期研究班从 5 月 5 日开始,有学员 22 人,来自全国 19 个省、自治区、直辖市和国务院三个部。这些学员中有副部长、副省长和副主席、副市长和省政府部门副厅局长等,其中各民主党派人士 16 人、无党派人士 6 人。

国务院新闻办公室发表《中国的人权状况》白皮书

前言

享有充分的人权,是长期以来人类追求的理想。从第一次提出“人权”这个伟大的名词后,多少世纪以来,各国人民为争取人权作出了不懈的努力,取得了重大的成果。但是,就世界范围来说,现代社会还远没有能力使人们达到享有充分的人权这一崇高的目标。这也就是为什么无数仁人志士仍矢志不渝地要为此而努力奋斗的原因。

旧中国长期处于帝国主义、封建主义、官僚资本主义压迫之下,广大人民群众没有人权可言。深受其苦的中国人民,一百多年来,一直把推翻“三座大山”的压迫,争得人权作为自己的目标,为此前赴后继,不惜流血牺牲,进行了长期的艰苦卓绝的斗争。中华人民共和国成立后,中国的人权状况得到了根本的改变。中国政府和中国人民十分珍惜这一来之不易的胜利成果,为维护人权和不断改善人权状况不遗余力,并取得了显著成绩。世界上真正了解中国情况和不存偏见的人士,对此都给予充分肯定和公正评价。

当前,人权已成为国际社会普遍关心的重大问题之一。联合国通过的有关人权的宣言和一些公约,受到许多国家的拥护和尊重。中国政府对《世界人权宣言》也给予了高度的评价,认为它“作为第一个人权问题的国际文件,为国际人权领域的实践奠定了基础”。但是,人权状况的发展受到各国历史、社会、经济、文化等条件的制约,是一个历史的发展过程。由于各国的历史背景、社会制度、文化传统、经济发展的状况有巨大差异,因而对人权的认识往往并不一致,对人权的实施也各有不同。对于联合国通过的一些公约,各国基于本国的情况,态度也不尽一致。人权问题虽然有其国际性的一面,但主要是一个国家主权范围内的问题。因此,观察一个国家的人权状况,不能割断该国的历史,不能脱离该国的国情;衡量一个国家的人权状况,不能按一个模式或某个国家和区域的情况来套。这是从实际出发,实事求是的态度。

中国人民从自己的历史和国情出发,根据长时期实践的经验,对人权问题形成了自己的观点,并制定了相应的法律和政策。《中华人民共和国宪法》规定,中华人民共和国的一切权力属于人民。中国的人权具有三个显著的特点:一是广泛性。享受人权的主体不是少数人,也不是某些阶级和阶层的一部分人,而是全体中国公民。中国公民所享受的人权范围是广泛的,不仅包括生存权、人身权和政治权利,而且包括经济、文化、社会等各方面的权利。国家不仅十分注重保障个人人权,而且注重维护集体人权。二是公平性。中国实行社会主义制度,消灭了剥削制度和剥削阶级,各项公民权利不受金钱和财产状况以及民族、种族、性别、职业、家庭出身、宗教信仰、教育程度、居住期限的限制,为全社会的公民平等地享有。三是真实性。国家为人权的实现从制度上、法律上、物质上给予保障。宪法和法律中规定的各种公民权利,同人们在现实生活中所享受的权利是一致的。中国的人权立法和政策,受到全国各民族各阶层人民和各党派、各社会团体以及社会各界的拥护和支持。

中国是发展中国家,在维护和发展人权的实践中,也曾发生过种种挫折。现在,虽然在维护和促进人权上已取得了巨大的成就，但是还存在许多有待完善的地方。继续促进人权的发展，努力达到中国社会主义所要求的实现充分人权的崇高目标，仍然是中国人民和政府的一项长期的历史任务。

现将中国有关人权的基本立场和实践扼要地作一介绍，以有助于国际社会正确地了解中国的人权状况。

一、生存权是中国人民长期争取的首要人权

提要：人权首先是人民的生存权。没有生存权，其他一切人权均无从谈起。争取生存权首先要争取国家独立权。中华人民共和国建立后，中国人民的生命安全获得了根本保障。人民的温饱问题基本解决了，人民的生存权问题也就基本解决了。这是中国人民和中国政府在争取和维护人权方面取得的历史性的成就。保持国家稳定，沿着已取得成功的路线，集中精力发展生产力，坚持改革开放，努力把国民经济搞上去，增强国力，从而使人民的生存权不致受到威胁，这是中国人民最根本的愿望和要求，也是中国政府一项长期而紧迫的任务。

对于一个国家和民族来说，人权首先是人民的生存权。没有生存权，其他一切人权均无从谈起。这是最简单的道理。《世界人权宣言》确认，人人有权享有生命、自由和人身安全。在旧中国，由于帝国主义的侵略，封建主义和官僚资本主义的压迫，人民的生命毫无保障，因战乱饥寒而死者不计其数。争取生存权利历史地成为中国人民必须首先要解决的人权问题。

国家不能独立，人民的生命就没有保障。危害中国人民生存的，首先是帝国主义的侵略。因此，争取生存权首先要争取国家独立权。自1840年鸦片战争以后，中国一步一步地由一个封建大国沦为半殖民地半封建的国家。从1840年到1949年的110年间，英、法、日、美、俄等帝国主义列强先后对中国发动过大小数百次侵略战争，给中国人民的生命财产造成了不可估量的损失。

——帝国主义者在历次侵略战争中，大规模地屠杀中国人民。1900年八国联军烧杀抢掠，将5万多人的塘沽镇变成空无一人的废墟，使拥有100万人的天津在烧杀之后仅存10万人，进入北京后，杀人不计其数，仅庄王府一处就杀死1700多人。在1937年开始的日本帝国主义的全面侵华战争中，2100余万人被打死打伤，1000余万人被残害致死。其中，在1937年12月13日后的6个星期内，日本侵略军在南京就杀害了30万人。

——帝国主义者大肆贩卖和虐杀华工，使旧中国无数生灵惨遭涂炭。据不完全统计，从十九世纪中叶到二十世纪二十年代，被贩卖到世界各地的华工多达1200万人。这些被绑架、被欺骗去的华工囚禁在“猪仔馆”，被烙上贩卖目的地的字号。1852—1858年间，仅汕头一地“猪仔馆”中的4万华工，就有8000多人被折磨致死。列强在中国各地开办的工程和矿山中，肆意虐杀华工的记录骇人听闻。日本帝国主义侵华期间，仅东北地区就有不下200万劳工被折磨致死。华工被迫害致死后，被扔进山沟或乱石坑。现已发现的这种“万人坑”就有80多处，埋有劳工尸骨70多万具。

——帝国主义在中国实行殖民统治，使中国人民备受凌辱，毫无人格尊严可言。那时，外国侵略者享有不受中国法律管辖的“治外法权”。1946年12月24日，北平发生美国士兵皮尔逊强奸北京大学女生沈崇的暴行，激起全国人民的极大愤慨，但是，罪犯却由美国单方面处理，被宣布无罪释放。列强在中国设立的“租界”，拥有行政、立法、司法、警察和财政大权，成为完全独立于中国的行政和法律制度之外的“国中之国”。1885年，外国侵略者甚至在上海法租界公园门口公然竖起“华人与狗不得入内”的牌子，肆无忌惮地侮辱中国人的人格。

——帝国主义强迫中国签订了1100多个不平等条约，对中国的财富进行了大规模的疯狂掠夺。据统计，近百年来，外国侵略者通过这些不平等条约掠去战争赔款和其他款项达白银1000亿两。其中《南京条约》、《马关条约》、《辛丑条约》等8个不平等条约就勒索赔款19.53亿两白银，相当于清政府1901年收入的16倍。而日本仅通过《马关条约》勒索的赔款2.3亿两白银，就相当于当时日本国家财政四年半的收入。侵略者在战争中的破坏和抢劫造成的损失，更是难以估算。日本全面侵华战争期间(1937—1945年)，中国有930余座城市被占领，直接经济损失达620亿美元，间接经济损失达5000亿美元。国家主权丧失，社会财富遭洗劫，使中国人民失去了最起码的生存条件。

面对国家主权的沦丧和人民生命的浩劫，中国人民为救亡图存，争取国家独立，同外国侵略者进行了一个多世纪不屈不挠的斗争。在这期间，中国爆发了太平天国运动、义和团运动以及推翻了封建清王朝的辛亥革命。这些革命运动虽然沉重地打击了帝国主义在中国的势力，但终究没有能使中国摆脱半殖民地的地位。直到中国共产党领导全国人民推翻了国民党的反动统治，建立了中华人民共和国之后，这种状况才发生根本的变化。中国共产党自1921年诞生后，就在政治纲领中明确地提出，“推翻国际帝国主义的压迫，达到中华民族的完全独立”，“打倒军阀，统一中国为真正民主共和国”，并领导人民进行了艰苦卓绝的斗争，取得了民族民主革命的胜利。

中华人民共和国的建立，在中国大陆上铲除了帝国主义、封建主义和官僚资本主义势力，结束了中国一百多年来任人宰割、受尽欺凌的屈辱历史和长期战乱、一盘散沙的动荡局面，实现了人民梦寐以求的国家独立和统一。占人类总数近四分之一的中华民族再也不是侵略者可以任意屠杀侮辱的民族，中国人民以国家主人的姿态站立起来，第一次真正享有了应有的人格尊严，赢得了全世界的尊敬。中国人民的生命安全从此获得了根本保障。

国家的独立虽然使中国人民的生命不再遭受外国侵略者的蹂躏，但是，还必须在此基础上使人民享有基本的生活保障，才能真正解决生存权问题。

吃饱穿暖，这是长期陷于饥寒交迫困境的中国人民的最低要求。旧中国的历代政府不仅没有能解决这一问题，反而加重了人民的灾难。在旧中国，只占农村人口百分之十的地主和富农占有百分之七十的土地，而占农村人口百分之七十的贫雇农却只占有百分之十的土地；占人口极少数的官僚买办资产阶级垄断着百分之八十的工业资本，操纵着全国的经济命脉。中国人民遭受着地租、赋税、高利贷和工商资本的层层盘剥，其所受的剥削和贫困的程度是世界上罕见的。据统计，1932 年，仅苛捐杂税的名目就多达 1656 种，捐额约占农民收获量的百分之六十至百分之九十。加上反动政府在政治上腐败无能，丧权辱国，充当帝国主义的统治工具，大小军阀割据，长期战乱不已，使人民灾难深重，生存维艰。据估算，旧中国有百分之八十的人长期处于饥饿、半饥饿状态，几乎每年都有几万到几十万人因饥饿而死。一遇自然灾害，更是饿殍遍野。1931 年，华东地区水灾，造成 370 多万人死亡。1943 年，仅河南省饿死者就达 300 万人，另有 1500 万人靠啃草根、吃树皮度日，濒临死亡边缘。抗日战争胜利后，国民党反动政府发动内战，榨取民脂民膏，造成经济全面崩溃。1946 年，各地饿死 1000 万人。1947 年，全国饥民竟达 1 亿多人，占当时全国人口的百分之二十二。

1949 年新中国建立以来，中国共产党和中国政府始终把解决人民的温饱问题作为自己的头等大事和最紧迫的任务。人民政府领导全国人民用了三年时间，集中精力医治战争创伤，使国民经济迅速恢复到历史的最高水平。在此基础上，中国又不失时机地实现了对农业、手工业和资本主义工商业的社会主义改造，从根本上消灭了剥削制度，实行了社会主义制度，使中国人民在历史上第一次成为生产资料的主人和社会财富的享有者。这就极大地激发了人民群众建设新中国和新生活的积极性，解放了社会生产力，使社会经济以中国历史上空前的速度发展。1979 年以后，中国以经济建设为中心，实行改革开放，建设有中国特色的社会主义，进一步促进了社会生产力的发展，从而基本解决了 11 亿人口的吃饭、穿衣问题。中国耕地只占世界耕地的百分之七，人均占有量只有 1.3 亩，比美国的人均 12.16 亩和世界平均数 4.52 亩低得多，却养活了占世界人口百分之二十二的人。西方某些政治家曾经断言：中国没有一个政府能够解决人民的吃饭问题。但是，社会主义中国依靠自己的力量解决了这一历史难题。40 多年来，虽然中国平均每年净增 1400 多万人口，但是主要生活消费品人均年消费量却有很大提高。根据抽样调查，中国居民每人每天从食品中摄取的热量，1952 年为 2270 千卡，1978 年为 2311 千卡左右，1990 年达到 2630 千卡左右，已接近世界平均水平。

中国人民的寿命和健康水平有了很大提高。据统计，中国人口平均预期寿命已从解放前的 35 岁提高到 1988 年的 70 岁，超过世界中等收入国家水平。人口死亡率从解放前高达千分之三十三下降到 1990 年的千分之六点六七，成为世界上死亡率最低的国家之一。1987 年，中国的婴儿死亡率为千分之三十一，已接近高收入国家水平。中国人口的体质特别是青少年的身体发育状况，也比旧中国有很大提高。1979 年同 1937—1941 年相比，15 岁的男孩平均身高增加 1.8 厘米，平均体重增加 2.1 公斤；15 岁的女孩身高增加 1.3 厘米，体重增加 1 公斤。从 1979 年至今，中国人民的体质又有了明显的提高，彻底甩掉了旧中国"东亚病夫"的帽子。

人民的温饱问题基本解决了，人民的生存权问题也就基本解决了。这是中国人民和中国政府在争取和维护人权方面取得的历史性的成就。

在中国，维护人民的生存权利，改善人民的生存条件，至今仍然是一个首要问题。虽然中国已取得了独立，但中国仍然是发展中国家，国力有限，维护中国的独立与主权，保证中国不再受到帝国主义的欺凌，仍然是中国人民生存和发展的基本条件。虽然中国已经基本解决了温饱问题，但是，经济发展水平还比较低，人民的生活水平与发达国家相比还有较大的差距，人口的压力和人均资源的相对贫乏还将制约着社会经济的发展和人民生活的改善。一旦发生动乱或其他灾难，人民的生存权还会受到威胁。所以，保持国家稳定，沿着已取得成功的路线，集中精力发展生产力，坚持改革开放，努力把国民经济搞上去，增强国力，使全国人民的生活在温饱的基础上进一步达到小康水平，从而使人民的生存权不致受到威胁，这是中国人民最根本的愿望和要求，也是中国政府一项长期而紧迫的任务。

二、中国人民获得了广泛的政治权利

提要：新中国成立后，全国人民获得了真正的民主权利。人民当家作主，这是中国民主政治的实质。中国宪法规定了广泛的公民政治权利。建国 40 多年的实践证明，中国实行的社会主义民主和法制是适合中国国情的，人民是满意的。当前，中国在坚持改革开放的总方针下，高度重视社会主义民主政治建设，努力健全和严格实行社会主义法制，继续改革和完善国家的政治体制，以保证人民能够充分地享有公民权和更好地行使管理国家的政治权利。

中国人民在争取生存权的同时，为争取民主权利进行了可歌可泣的斗争。

在半封建、半殖民地的旧中国，广大人民毫无民主权利可言。伟大的资产阶级民主革命先行者孙中山领导的辛亥革命推翻了封建清王朝，建立了中华民国。他曾希望在中国实行西方的民主制度，但是革命果实被封建军阀袁世凯窃取。以后，议会成为军阀争权夺利的工具，发生了被称作“猪仔议会”的贿选总统的丑闻。孙中山终究未能实现他的理想，在“革命尚未成功”的忧愤中病逝。许多中国人也曾对美国支持的蒋介石政府抱有幻想。但是，蒋介石只是又一个军阀，他实行法西斯统治，对争取民主的民众进行血腥屠杀，使千百万人倒在血泊之中。他不顾中国共产党、各界爱国民主人士和广大人民的反对，对日本帝国主义的侵略实行不抵抗政策，加紧内战。在抗日战争胜利后，他又违反中国共产党、各民主党派和全国人民要求和平民主建设的迫切愿望，发动大规模内战。广大人民忍无可忍，奋起斗争，终于推翻了蒋介石的反动统治。

中国共产党从成立之日起，就高举争民主、争人权的旗帜。它推动和协助孙中山改组国民党，实行国共合作，发动反对军阀统治的北伐战争。在蒋介石背叛民主革命后，中国共产党联合各界爱国民主人士，领导全国人民开展反内战、反饥饿、反独裁、反迫害的斗争；在解放区建立了民主政府，制定了保障人民民主权利的法律，坚决实行了自己的民主纲领。解放区的民主制度吸引了全国千千万万爱国民主志士，成为全国人民的希望所在。在中国共产党的领导下，人民推翻了国民党反动派在中国的独裁统治，建立了一个民主的、自由的中华人民共和国。

新中国成立后，全国人民获得了真正的民主权利。中国宪法明确规定，中华人民共和国的一切权力属于人民。人民当家作主，这是中国民主政治的实质。宪法还规定，中华人民共和国是工人阶级领导的、以工农联盟为基础的人民民主专政的社会主义国家。这就确定了工人、农民和其他劳动者在国家中的主人翁地位，使旧中国处在社会最底层的劳动人民获得法定的民主权利。宪法规定男女平等，使占中国人口一半的妇女在政治、经济、文化、社会和家庭生活等各方面，获得与男子平等的权利；规定中国各民族一律平等，使中国各少数民族享有同汉族同等的民主权利。

为了保障人民真正成为国家的主人，保障人民行使管理国家经济和社会事务的权利，中国根据自己的国情，采取人民代表大会作为国家的根本政治制度。各级人民代表大会的代表由民主选举产生。宪法规定，中华人民共和国年满18周岁的公民，不分民族、种族、性别、职业、家庭出身、宗教信仰、教育程度、财产状况、居住期限，都有选举权和被选举权，依照法律被剥夺政治权利的人除外。中国根据土地辽阔、人口众多、交通不便、经济文化发展水平还比较低等条件，确定了适合自己国情的选举制度，即对县级及其以下人民代表大会的代表实行直接选举，对县级以上的人民代表大会的代表实行间接选举。这种选举制度，有利于人民真正能选举出自己了解的、信得过的代表。这些年来，在总结经验的基础上，对选举办法又作了改进，如改变等额选举办法，实行差额选举等。中国人民普遍行使了自己的选举权利。据1990年全国县、乡直接选举统计，享有这种权利的人占18岁以上公民人数的百分之九十九点九七。各省、自治区、直辖市的参选率一般都在百分之九十以上。中国选举制度最显著的特点是，选举不受金钱的操纵，代表当选与否，不是靠吹嘘、许愿，而是看其对国家对社会实际贡献的大小、为人民服务的态度和与人民群众的联系如何。从选举的结果可以看出，当选代表具有广泛性，代表着各阶层各行各业的广大人民。第七届全国人民代表大会共有代表2970名，其中工农684名，占百分之二十三；知识分子697名，占百分之二十三点四；国家公务人员733名，占百分之二十四点七；民主党派和无党派爱国人士540名，占百分之十八点二；人民解放军267名，占百分之九；归侨49人，占百分之一点六。

全国人民代表大会是最高国家权力机关。它拥有立法权。国家主席、副主席，中央军委主席，最高人民法院院长，最高人民检察院检察长由它选举产生或者罢免；政府总理、副总理、国务委员、各部部长、各委员会主任、审计长、秘书长的人选由它决定或者罢免。国家行政机关、审判机关、检察机关，都由它产生，对它负责，受它监督。人民代表大会实行民主集中制原则，在决定大政方针时充分发表意见，决定后即共同贯彻执行。这既能集中人民的意志，又能使人民通过它管理国家、经济和社会事务。人民代表来自人民中间，对人民负责，受人民监督。他们密切联系群众，广泛了解实际情况，有利于充分反映人民的意愿，制定切合实际的法律和监督国家机关的工作。

中国共产党是社会主义中国的执政党，它是全中国人民利益的集中代表。它的领导地位，是中国人民在争取独立和解放的长期艰苦斗争中所作出的历史性选择，党的领导主要是思想政治的领导。党集中人民的意志，形成自己的主张和政策，然后通过国家的法定程序,经人民代表大会决定,成为国家的法律和决定。在国家领导体制中,党不代替政府的职能。党在宪法和法律的范围内活动,没有超越宪法和法律的任何权力。任何党员,同每个公民一样,在法律面前人人平等。

实行共产党领导的多党合作和政治协商制度,是体现人民民主的一项基本政治制度。它保障各社会阶层、各人民团体和各界爱国人士,都能在国家政治生活和社会生活中表达自己的意见和发挥作用。中国除了共产党外,还有 8 个民主党派。它们是:中国国民党革命委员会、中国民主同盟、中国民主建国会、中国民主促进会、中国农工民主党、中国致公党、九三学社和台湾民主自治同盟。这些民主党派同中国共产党的合作,在建国以前的民主革命中即已形成。中国共产党在合作中的领导作用,也是在长期共同斗争中形成而为各党派所公认的。无论是在推翻"三座大山"的斗争中,还是在建设新中国时期,这些民主党派根本的政治主张同中国共产党是一致的。各民主党派享有政治自由、组织独立的权利。各党派都获得很大发展。中国的各民主党派不是在野党、反对党,而是参政党。有关国家的重大问题,作为执政党的中国共产党都要反复向各民主党派征求意见,协商解决办法。共产党同各民主党派之间,实行"长期共存、互相监督、肝胆相照、荣辱与共"的方针。各民主党派充分发挥了其参政议政、民主监督、团结群众的作用。有许多民主党派人士担任了国家权力机关、政府部门和司法机关的领导职务。七届人大一次会议选出的 19 位副委员长中,民主党派成员占 7 位。目前担任县以上人民政府领导职务的民主党派、无党派人士已有近 1200 人。

政治协商会议是由各党派、各人民团体和拥护社会主义、拥护祖国统一的爱国民主人士的代表组成的。新中国第一届中央人民政府就是由第一届全国政治协商会议选举产生的。以后成立了作为国家最高权力机关的全国人民代表大会,政协即成为爱国统一战线组织,对国家大政方针和社会生活的重大问题进行协商,并通过建议和批评发挥监督作用。各级政协会议通常与全国和各级人大同时召开。政治协商制度对发扬民主起了重要作用。

中国十分重视基层民主建设,以保障公民能直接行使公民政治权利。城市的基层民主组织是居民委员会,在农村是村民委员会。这些委员会是群众自己建立的自治组织,一方面办理群众自身的公益、福利事业,一方面协助基层政权调解民间纠纷,进行思想教育,维护社会治安。中国的企业普遍建立了职工代表大会制度。职工代表大会是企业实行民主管理的基本形式,是职工群众参加企业的决策和管理以及监督企业领导干部的组织。近几年,几乎所有大中型国营企业的厂长、经理都在职工代表大会的参与和监督下接受了考核和评审。

中国宪法规定了广泛的公民政治权利。除了上述的选举权和被选举权之外,公民有言论、出版、集会、结社、游行、示威的自由。在中国,没有新闻检查制度。据统计,在全国各类报刊中,属于共产党机关和国家机关的报刊,只约占报刊总数的五分之一,其余都属各民主党派、社会团体、学术机构和群众组织。公民依法享有著作权和发表权以及专利权、商标专用权、发现权、发明权、科技成果权等知识产权。公民用什么观点撰写什么著作,选择什么出版社出版,都是公民个人的自由。据统计,1990 年全国出版图书 80224 种,印数达 56.4 亿册,其中绝大多数是个人署名发表的著作。在结社自由方面,据 1990 年统计,全国有各类社团近 2000 个,包括各种协会、学会、研究会、基金会、联合会、联谊会等,这些社团都在宪法和法律的范围内自主地开展活动。

宪法还规定,公民对于任何国家机关和国家工作人员,有提出批评和建议的权利;对于任何国家机关和国家工作人员的违法失职行为,有向有关国家机关提出申诉、控告或者检举的权利。

宪法规定,中华人民共和国公民的人身自由不受侵犯。禁止非法拘禁和以其他方法非法剥夺或者限制公民的人身自由,禁止非法搜查公民身体;公民的人格尊严不受侵犯,禁止用任何方法对公民进行侮辱、诽谤和诬告陷害;公民的住宅不受侵犯,禁止非法搜查他人住宅或者非法侵入他人住宅;公民的通信自由和通信秘密受法律保护,对于隐匿、毁弃和非法开拆他人信件的人,一经发现,要作出严肃处理,情节严重的将受到法律制裁。

宪法规定中国实行人民民主专政制度。这就是在人民内部实行民主和对人民的敌人实行专政的结合。为了保障人民的民主权利和其他合法权益,中国十分注意健全法制,颁布和实施了宪法、刑法、刑事诉讼法、民法通则、民事诉讼法、行政诉讼法等一系列重要法律。1979 年至 1990 年,全国人大及其常委会已制定 99 个法律、21 个有关修改补充法律的决定和 52 个有关法律问题的决议、决定,国务院制定了 700 多件行政法规,各省、自治区、直辖市以及省会市等的人民代表大会及其常委会也制定了许多地方性法规和行政规章,其中有关人权立法的,约有 1000 多件。

强调权利与义务的统一,是中国法制的一项基本原则。中华人民共和国宪法规定,任何公民享有宪法和法律规定的权利,同时必须履行宪法和法律规定的义务;公民在行使自由和权利的时候,不得损害国家的、社会的、集体的利益和其他公民的合法的自由和权利。公民在法律上既是权利的主体,也是义务的主体。人人在宪法和法律规定的权利和义务面前一律平等。任何组织或者个人都不得有超越宪法和法律的特权。

建国 40 多年的实践证明,中国实行的社会主义民主和法制是适合中国国情的,人民是满意的。当然,中国社会主义民主政治和法制的建设也不是完全一帆风顺的,在历史上甚至出现过“文化大革命”那样严重破坏民主与法制的现象。但是,中国共产党在人民的支持下,纠正了这些错误,使中国的社会主义民主和法制不断地向前发展。当前,中国在坚持改革开放的总方针下,高度重视社会主义民主政治建设,努力健全和严格实行社会主义法制,继续改革和完善国家的政治体制,以保证人民能够充分地享有公民权和更好地行使管理国家的政治权利。

三、公民享有经济、文化和社会权利

提要:中国政府十分重视维护和实现国家、民族和个人的经济、文化、社会和政治的发展权。随着国民经济的发展,中国人民的整体生活水平有了很大提高。中国是世界上分配差距最小的国家之一。广大劳动人民以主人翁的姿态参加社会主义建设。政府切实保障公民的受教育权利。中国公民有进行科学研究、文化艺术创作的自由。中国保护知识产权的法律体系已基本建立,已就人民经济、文化、社会权利进一步改善问题提出了具体的目标和措施。

中国主张的人权,不只是生存权和公民政治权利,而且包括经济、文化和社会等方面的权利。中国政府重视维护和实现国家、民族和个人的经济、文化、社会和政治的发展权。

社会主义中国消灭了人剥削人的制度,从而在历史上第一次使全体劳动者获得在经济上平等发展的权利。中国坚持以生产资料社会主义公有制为主体,同时允许和鼓励其他经济成分适当发展,作为社会主义经济的补充。既不脱离中国现阶段生产力发展水平,不搞单一的公有制,又不动摇公有制经济的主体地位,不搞私有化。中国社会主义经济制度的基础是生产资料的公有制。通过全民所有制和劳动群众集体所有制,使社会的主要生产资料为劳动人民共同占有。劳动人民享有对生产资料管理、支配和使用的权利。据统计,1990 年中国全社会固定资产投资总额为 4449 亿元,其中全民所有制单位投资为 2919 亿元,集体所有制单位投资为 529 亿元,分别占全社会投资总额的百分之六十五点六、百分之十一点九。这就是说,社会固定资产投资的大部分(百分之七十七点五)为国家和劳动群众集体共同占有。

中国实行以各尽所能、按劳分配为主的分配制度,同时允许和支持一部分人通过诚实劳动和合法经营先富起来,先富帮后富,达到共同富裕。这既调动了广大劳动者的积极性,又防止了两极分化。中国是世界上分配差距最小的国家之一。据 1990 年统计,中国生活费收入最高的百分之二十的城镇居民所得份额,仅相当于收入最低的百分之二十的居民所得份额的 2.5 倍。这使中国在经济还不甚发达的情况下让 11 亿人民的生活得到了保障,并避免了因两极分化而使社会陷入对抗。

经济上的平等,极大地调动了劳动者的积极性,使中国经济获得迅速发展。

建国 40 多年,特别是改革开放 10 多年以来,中国经济的发展速度在世界上居于前列。从 1953 至 1990 年,国民生产总值年均增长百分之六点九;从 1979 至 1990 年,国民生产总值年均增长百分之八点八。许多主要产品产量,如谷物、棉花、猪牛羊肉、布、原煤、水泥、电视机等,已跃居世界第一位;钢、原油、发电量、化纤等产品的产量,也已跃居世界前列。

随着国民经济的发展,中国人民的整体生活水平有了很大提高。据统计,1990 年国民收入为 14429 亿元,按可比价格计算,相当于 1952 年(589 亿元)的 11.9 倍。国民收入的大部分用于消费。1990 年的消费额为 9444 亿元,按可比价格计算,相当于 1952 年(477 亿元)的 8.4 倍。消费额中,居民消费额为 8100 亿元,按可比价格计算,相当于 1952 年(434 亿元)的 7.3 倍。尽管中国人口 1990 年比 1952 年增长百分之九十八点九,中国居民 1990 年的人均消费额为 714 元,按可比价格计算,仍比 1952 年提高了 2.7 倍。目前,广大人民群众在解决温饱之后,开始向小康生活迈进。据统计,1990 年,农民家庭每百户拥有自行车 118.3 辆,电视机 44.4 台;城镇居民每百户拥有自行车 188.6 辆,电视机 111.4 台,电冰箱 42.3 台,洗衣机 78.4 台。中国居民的人均住房面积,城镇居民由 1978 年的 3.6 平方米上升到 1990 年的 7.1 平方米;农村居民由 1978 年的 8.1 平方米上升到 1990 年的 17.8 平方米。新中国的经济发展和人民生活水平提高的速度,不仅是旧中国所根本不可比拟的,而且在国际社会中也是居于前列的。

劳动权是公民的一项基本权利。在旧中国,人民没有自主劳动的权利,劳动权操纵在占有生产资料的地主、资本家的手中,劳动人民时刻面临失业的威胁。1949 年全国解放初期,城镇失业者达 474.2 万人,相当于当时职工的百分之六十。建国以后,宪法规定了公民有劳动的权利和义务,政府采取各种措施解决了就业问题,广大劳动人民以主人翁的姿态参加社会主义建设。1979－1990 年 12 年期间,全国城镇新增就业人员 9400 万人。随着生产力的发展，农村剩余劳动力的问题突出起来。中国政府采取“离土不离乡”的方针，大力发展乡镇企业，发展各种工副业专业户的办法，基本上解决了农村剩余劳动力的出路问题。1985 年以来，城镇待业人员待业率一直保持在百分之二点五左右，同世界各国相比是很低的。

中国宪法明确规定保护公共财产和公民合法财产。不论是全民所有的财产、劳动群众集体所有的财产，还是个人的合法财产，都受法律保护，禁止任何组织或者个人侵占、哄抢、私分、破坏或者非法查封、扣押、冻结、没收。国家保护公民个人的合法收入、储蓄、房屋和其他合法财产的所有权和继承权。全民所有制单位、集体所有制单位和公民个人依法取得的对国有土地、森林、山岭、草原、荒地、滩涂和水面的使用权和承包经营权，受法律保护。侵害使用权和承包经营权的，无论是什么人，都将受到法律追究。中国现有私营企业 9 万余家。私营企业的合法财产同全民所有和劳动群众集体所有的财产一样，受到法律保护，禁止侵犯、非法查封和没收。对于外商在中国的投资、合资经营和独资经营，中国政府依法予以保护。

受教育的权利，是人的全面自由发展的重要前提。在旧中国，绝大多数劳动人民享受不到受教育的权利，全国人口中百分之八十以上是文盲，学龄儿童入学率仅百分之二十左右。新中国成立后，政府采取各种措施，大力发展教育事业，切实保障公民的受教育权利。到 1989 年，全国城乡已建立各级学校 104.5 万所，其中普通高等学校 1075 所。1990 年城市学龄儿童入学率达到百分之九十九点七七，农村达到百分之九十七点二九。大、中、小学的在校学生数分别为 1949 年的 17.6 倍、40.3 倍和 5 倍。1949—1990 年累计，普通高等学校培养研究生、本科和专科毕业生共 760.82 万人，等于旧中国 1912 年至 1948 年间毕业生总数的近 40 倍。

中国实行改革开放政策以来，出国留学的人员大量增加。自 1978 年到现在，中国向外派遣各类留学人员达 15 万多人，分布在 86 个国家和地区。这期间学成回国的留学人员近 5 万人。目前在国外的还有 10 万多人。1989 年发生政治风波后，中国出国留学的人数与往年相比，非但没有减少，且有一定程度的增加。1990 年国家公派 3000 名留学人员的计划已经完成；1990 年单位公派留学人员总数约 6000 人；自费出国留学生近 2 万人（不包括赴澳大利亚、日本等国的语文就读生）。近两年来，仅据北京、上海、广州等地有关部门统计，回国的留学人员有 3000 多人，他们都愉快地走上了自己的工作岗位。还有 5700 多名留学人员先后回国探亲、休假或短期工作，他们都顺利地返回了留学所在国。按照国际惯例，中国公派留学人员有回国服务的义务。中国政府一直重视留学回国人员，为他们回国工作创造条件，并设立了负责接待、安置留学回国人员的专门机构。在中国科学院和各大学建立了 70 多个博士后科研流动站和短期工作站，为回国留学人员创造良好的科研和生活环境。中国政府有关部门还设立了多种基金，为回国留学人员提供科学研究经费，资助回国留学人员的科研和教学工作。

中国公民有进行科学研究、文化艺术创作的自由。中国政府坚持“为人民服务、为社会主义服务”的方向和“百花齐放、百家争鸣”的方针，以推动和繁荣科学研究和文化艺术的发展。新中国成立以来，科技队伍不断壮大。1990 年，全民所有制单位的自然科学技术人员达 1080.8 万人，比 1952 年的 42.5 万人增长 24.4 倍。1986 年 2 月成立了国家自然科学基金委员会，共接受科研项目的申请 34847 项，申请资金金额 23.1 亿元。科技战线取得了很多突出的成果。例如，生物科学方面的合成牛胰岛素、酵母丙氨酸转移核糖核酸的人工合成，农业科学方面的杂交水稻，高能物理方面的正负电子对撞机，以及原子弹、氢弹和每秒 1 亿次运算的巨型计算机等的研制，“长征 3 号”运载火箭的发射，卫星通讯和超导研究等，这些方面都已跃居或接近国际先进水平。

在中国，保护知识产权的法律体系已经基本建立。中国先后颁布和实施了商标法和专利法，1991 年 6 月 1 日又开始实施著作权法。据 1990 年统计，中国有效注册商标已达 27 万多件，向中国申请专利的国家和地区达 66 个。仅美国企业在中国申请的专利，到 1990 年底已达 12528 件。

卫生事业是保障人的生命健康权的必要条件。在旧中国，卫生机构和卫生技术人员数量少、水平低，绝大部分集中在城市。新中国建立后，逐步建成了一个包括各级各类卫生机构、各种卫生人员组成的、遍布城乡的医疗卫生网。1990 年，全国卫生机构已有 20.9 万个，比 1949 年增长 55.9 倍；医院床位 262.4 万张，增加 31.8 倍；专业卫生技术人员 389.8 万人，增加 6.7 倍。中国人口大部分在乡村。现在全国有乡卫生院 47749 个，有百分之八十六点二的村建立了医疗站和卫生所。全国乡村有医院病床 150.2 万张，医务人员和专业卫生技术人员 123.2 万人。在中国，平均每一医生负担人口数为 649 人，而中等收入国家每一医生的平均负担数是 2390 人。随着医疗卫生事业的发展，各种传染病、地方病的发病率大幅度下降，麻风、霍乱、鼠疫、天花等烈性传染病基本被消灭；血吸虫病、大骨节病、克山病等地方病的流行得到了控制。医疗卫生和防疫工作的发展极大地提高了中国人民的健康水平。世界卫生组织驻中国代表基恩博士说:"中国保健制度取得了惊人的成就。如果只看预期寿命、婴儿死亡率、死亡原因这些统计数字……几乎不可能看出这是发展中国家。"

尊老是中华民族的优良传统,这一传统在新中国得到发扬光大。年老者有从国家和社会获得物质帮助的权利。截止1990年底,全国领取离休退休工资和退职金的人数已达2301万人,与在职职工之比约为1:6。1990年支付的离休、退休、退职金,人均为在职职工平均工资的百分之六十,使老年人晚年生活有了可靠的保证。老年人受到社会各界的帮助和爱护。在城镇,居民委员会的主要工作之一,就是帮助孤寡老人,维护老人的各项权益。对无依靠的老人,国家开办社会福利院,集体企业开办敬老院,免费提供食宿和其他服务。对农村无依靠的老年人,由社会和集体对他们实行保吃、保穿、保住、保医、保葬。中国法律保护老年人合法权利,严禁打骂、侮辱、诽谤、虐待、遗弃老年人。成年子女对父母有赡养扶助的义务。

中国十分重视妇女、儿童和青少年的权利保障。

宪法规定,妇女在政治的、经济的、文化的、社会的和家庭的生活等各方面享有同男子平等的权利。妇女享有同男子平等的选举权和被选举权。在各级人民代表和领导工作人员中,妇女都占有相当的比例。1988年选出的第七届全国人民代表大会代表中妇女为634人,占代表总数的百分之二十一点三。在人民法院系统,现有女法官5600人。国家重视培养和选拔妇女干部。妇女公职人员已从1951年的36.6万人增加到现在的870万人,占公职人员总数的百分之二十八点八。中国实行男女同工同酬,劳动妇女享有特殊劳动保护和劳动保险的权利。中国女职工人数,已由1949年的60万人增加到现在的5300多万人。妇女受教育的权利受到尊重,1990年在校女生7881万人,其中高校近70万人,中等学校为2156万人,小学为5656万人,分别占在校学生总数的百分之三十三点七、百分之四十二点二、百分之四十六点二。

国家特别重视保护妇女的婚姻自主权,禁止买卖、包办婚姻和其他干涉婚姻自主的行为。司法机关依法严厉打击拐卖妇女的罪犯。

国家制定了保护儿童的法律和法规。严格禁止虐待和拐卖儿童,禁止使用童工。为保障儿童的生命健康,国家发布了有关加强托儿所、幼儿园卫生保健,提高保育水平的决定和防治小儿麻痹、天花、白喉、结核等疾病的专门规定。中国儿童的保健率和学龄儿童入学率,同世界发展中国家相比,是较高的。中国儿童的预防接种率接近世界发达国家的平均水平。

中国现在仍然是发展中国家。经济文化发展还比较落后,人民的经济、文化、社会的权利还有待进一步发展。中国的《关于国民经济和社会发展十年规划》(1991—2000年)中,已就人民经济、文化、社会权利进一步改善问题提出了具体的目标和措施。

四、中国司法中的人权保障

提要:中国重视在司法活动中保护人权。在公安、司法工作的各个环节以及司法程序上,中国法律为切实维护和保障人权,作了明确的严格的规定。在中国,任何人不会仅仅因为持有不同的政治观点而被处以刑罚。中国不存在所谓政治犯。罪犯服刑期间的应有权利,依法受到保护,享有必要的物质生活待遇。罪犯劳动的产品主要是满足监狱系统内部自身的需要,一律不允许对外出口。被劳动教养的人,仍然享有宪法和法律赋予的广泛的公民权利。

中国司法工作的宗旨和任务是,依照法律保护全体公民的各项基本权利和自由以及其他合法权益,保护公共财产和公民私人所有的合法财产,维护社会秩序,保障中国现代化建设事业的顺利进行,依照法律惩罚少数犯罪分子。这体现了中国重视在司法活动中保护人权。

中国公安、司法机关主要遵循以下的原则进行活动,即:1. 公民在适用法律上一律平等。对于任何公民的合法权益都依法予以保护,对任何公民的违法犯罪行为都依法追究。2. 中国公安、司法机关办理一切案件,必须以事实为根据,以法律为准绳。3. 检察院、法院独立行使检察权和审判权,只服从法律,不受其他任何行政机关、社会团体和个人的干涉。在办理刑事案件中,人民法院、人民检察院和公安机关依法分工负责,互相配合,互相制约,只能在职责分工范围内行使自己的职权,彼此不能互相代替。检察机关对公安机关、法院和监狱、劳改场所的活动是否合法实行监督。这些司法原则是由中国的法律所明确规定的。它为在国家的司法活动中维护人权,提供了法律保障。

在公安、司法工作的各个环节以及司法程序上,中国法律为切实维护和保障人权,作了明确的严格的规定。

1. 关于拘留和逮捕

中国宪法规定,禁止非法拘禁和以其他方法非法剥夺或者限制公民的人身自由。任何公民,非经人民检察院批准或者决定或者人民法院决定,并由公安机关执行,不受逮捕。为了保证逮捕这种强制措施的正确运用,使无辜者不受侵害,宪法和法律把审查批准逮捕人犯的职权赋予检察机关。公安机关依法具有拘留权。被拘留者对拘留不服,可以向公安机关或检察机关提出申诉。公安机关拘留的人犯,需要逮捕的,必须由人民检察院批准;人民检察院不批准逮捕的,公安机关应当在接到通知后立即释放。中国检察机关和人民法院依法对国家工作人员和其他公民非法剥夺或限制公民人身自由的案件,及时地进行查处。

中国刑事诉讼法对刑事案件的办案期限,作了具体的规定。同时,对于重大复杂的案件的办案期限,根据实际情况,又有特殊的规定。1984年7月,全国人大常委会公布的《关于刑事案件办案期限的补充规定》,又规定了对重大复杂案件的侦查羁押期限,一审、二审期限,以及补充侦查期限等的延长和计算。

2. 关于搜查取证

中国宪法规定,禁止非法搜查公民的身体,禁止非法搜查或者非法侵入公民的住宅。中国刑事诉讼法规定,为了搜查犯罪证据,查获犯罪人,公安机关可以对被告人以及可能隐匿罪犯或者犯罪证据的人的身体、物品、住处或其他有关的地方进行搜查,但必须严格依照法定程序进行。检察机关严格监督公安机关侦查活动中的执法情况。

严禁刑讯逼供,是中国公安、司法机关的办案原则和纪律,一旦发生违反这一原则和纪律的案件,发生一起,就依法查处一起。1990年,中国检察机关立案查处刑讯逼供案件472件,这既有效地保护了公民的人身权利,也使广大执法人员从中接受了教训。

3. 关于起诉和审判

对侦查终结的案件是否起诉或免予起诉,由检察机关按照法定程序,通过全面仔细的审查作出决定,以确保惩罚犯罪的及时性、准确性和合法性,同时,防止无辜公民被错误起诉,保护公民的权利不被侵犯。1990年,全国各级检察机关对侦查部门移送起诉、免予起诉的案件进行审查后,决定不起诉的有3507人。

人民法院实行公开审判制度。除涉及国家机密或个人隐私案件,以及未成年人案件,按法律规定不公开审理外,都依法公开审理,开庭前要公布案由、被告人姓名、开庭时间和地点,允许旁听。在庭审过程中,凡属据以立案的事实和证据,都必须当庭调查、核实。除休庭评议外,包括公诉人发表公诉词、法庭调查、质证、辩论和被告人最后陈述等法庭活动,都要公开进行。所有案件(包括依法不公开审理的案件)都必须公开宣告判决。

人民法院在审判活动中坚持依照法定程序全面地搜集证据。只有被告人供述,没有其他证据的,不能认定被告人有罪和处以刑罚;没有被告人供述,而证据充分确实的,可以认定被告人有罪和处以刑罚。

被告人有权获得辩护。根据刑事诉讼法规定,被告人除自己行使辩护权外,还可以委托律师或者近亲属或者其他公民为其辩护。对公诉人出庭公诉的案件,被告人没有委托辩护人的,人民法院可以为其指定辩护人。在审判过程中,被告人有权拒绝辩护人继续为他辩护,并另行委托辩护人辩护。人民法院在作出开庭审理的决定后,起诉书副本最迟应在开庭七日以前送达被告人,使其了解被指控的罪行和原因,有充分的时间准备辩护和与辩护人联系。人民法院在诉讼过程中,严格遵照宪法和刑事诉讼法的规定,切实保障被告人的辩护权。

被告人有上诉权和申诉权。中国法院审判案件,实行两审终审制。根据法律规定,当事人对一审的判决、裁定不服的,可以向上一级人民法院提出上诉;对已经发生法律效力的判决、裁定不服的,可向人民法院或者检察机关提出申诉。上诉不加重刑罚。

中国刑法对青少年的犯罪和刑事责任,有专门的规定。已满14岁不满16岁的人,犯杀人、重伤、抢劫、放火、惯窃罪或者其他严重破坏社会秩序罪,应当负刑事责任;已满14岁不满18岁的人犯罪,应当从轻或者减轻处罚;因不满16岁不处罚的,责令他的家长或者监护人加以管教,在必要的时候,也可以由政府收容教养。

诉讼过程和审判活动是否合法,受到严格监督。1990年,中国检察机关对这方面的违法情况提出纠正意见3200件次,使公民在诉讼和审判活动中的合法权益得到切实保障。

中国同世界上大多数国家一样,保留死刑这一刑罚,但对这一最严厉的刑罚的适用,做了极为严格的限制性规定。中国刑法规定:“死刑只适用于罪大恶极的犯罪分子”。同时还规定,犯罪的时候不满18岁的人和审判的时候怀孕的妇女,不适用死刑。中国刑事诉讼法对死刑案件规定了特殊的复核程序,即判处死刑的案件,除依法由最高人民法院判决的以外,两审终审后,还必须报最高人民法院或经其授权的高级人民法院,对案件的事实、证据、定罪、处刑以及审判程序等进行全面的审查复核,核准后,才发生法律效力。经复核后,下级人民法院发现判决可能有错误的,应停止执行,并且立即报告有核准权的高级人民法院或最高人民法院,由有核准权的高级人民法院或最高人民法院作出裁定。

中国法律还规定了死刑缓期二年执行的制度,即:对于应当判处死刑的犯罪分子,如果不是必须立即执行的,可以判处死刑,同时宣告缓期二年执行,实行劳动改造,以观后效;如果确有悔改,二年期满以后,减为无期徒刑;如果确有悔改并有立功表现,二年期满以后,减为十五年以上二十年以下有期徒刑。从审判实践看,绝大多数被判处死刑缓期执行的罪犯在二年期满后均被减为无期徒刑或有期徒刑。死刑缓期执行制度是中国刑法在死刑适用上的一个独创,是中国严格控制死刑适用的行之有效的制度。

4. 中国没有“政治犯”

在中国,仅有思想而没有触犯刑律的行为,不构成犯罪;任何人不会仅仅因为持有不同的政治观点而被处以刑罚。中国不存在所谓政治犯。中国刑法中规定的“反革命罪”,是指危害国家安全的犯罪,即那些不但具有推翻国家政权和社会主义制度的目的,而且实施了刑法第九十一条至一百零二条所列举的犯罪行为。例如,实施了阴谋颠覆政府或者分裂国家的行为,或者实施了持械聚众叛乱的行为,或者实施了间谍行为等。这类危害国家安全的犯罪行为,在任何一个国家,都是要受到惩罚的。1980 年最高人民法院特别法庭对林彪、江青反革命集团案的审判,也是严格执行这个原则,只依法审判他们所犯的罪行,不审理政治路线方面的问题。

5. 监狱工作和罪犯的权利

目前,中国共有监狱和劳改场所 680 个,现有在押罪犯 110 万人,监禁率为总人口数的千分之零点九九。这与西方有的发达国家司法部 1990 年统计的其监禁率为千分之四点一三相比,是相当低的。

中国监狱、劳改场所严格依法接受经法院判决交付执行的罪犯。如果发现有关法律文书不完备或判决尚未发生法律效力的,监狱、劳改场所有权依法拒绝收押。收押罪犯应在收押三日内通知罪犯家属,使其家属及时了解罪犯的去向。按照中国法律规定,绝大部分罪犯都被允许在他们所居住的地区服刑,以便于罪犯家属探视和原单位帮助教育。说在中国有的人未经审判就被送往劳改营,搞某种形式的国内流放,这完全是对中国监狱、劳改场所收押罪犯制度的歪曲,是毫无根据的编造。

在中国,罪犯服刑期间的应有权利,依法受到保护。

依据中国法律规定,罪犯除依法被剥夺政治权利的以外,享有选举权。罪犯享有申诉权、辩护权、人格不受侮辱和人身安全、合法财产不受侵犯权、控告权、检举权,以及其他未被法律限制的公民权利。

罪犯在服刑期间,有权以通信或会见的方式,定期同家人或其他亲属联系。罪犯家中发生直系亲属病危、死亡或其他重大事情,确需本人回去处理的,可以批准其短期回家。

罪犯在服刑期间可以阅读报刊书籍,可以看电视、听广播,参加有益于身心健康的文娱体育活动。监狱、劳改场所有供罪犯阅读的图书馆。正在服刑的罪犯与普通公民一样,享有宗教信仰自由,允许信教的罪犯保持原有的宗教信仰,并在生活上照顾少数民族罪犯的生活习惯。

罪犯享有必要的物质生活待遇。罪犯的生活费、医疗费由国家供给,粮油、副食品按当地居民标准供应。每个监狱、劳动场所都配备相应数量的专职医生;在专门的医疗机构内,配备专为罪犯服务的医疗设备和病床;每千名罪犯平均拥有 14.8 张病床,病重的送监外医院治疗或依法批准保外就医。罪犯的医疗需要是得到保障的。

人民检察院对保护罪犯的合法权益进行法律监督,向监管场所派出专职的检察人员,检查劳动设施、生活设施、生活条件,以及监管活动是否合法,听取被监管人员的意见,受理他们的控告申诉,发现违法问题及时作出处理。

中国的监狱、劳改场所对罪犯不是单纯地惩罚,而是通过组织他们参加劳动,学习法律、文化、技术,把他们教育改造成为遵纪守法的新人。罪犯参加文化、技术学习,经当地教育、劳动部门考核合格的,可获得相应的学历证书和技术等级证书。社会承认这些证书的有效性。据统计,截止 1990 年底,监狱、劳改场所的罪犯已有 72 万余人次获得由脱盲到大专的各类文化结业、毕业证书;已有 51 万余人参加各类技术培训班,39.8 万余人获得技术等级证书。这对罪犯刑满释放回归社会后的安置就业,起到了很好的作用。

中国法律规定,对确有悔改和立功表现的罪犯,经人民法院裁定分别给予减刑、假释。1990 年,全国在押犯中有百分之十八的罪犯获得减刑、假释。

中国监狱、劳改场所实行人道主义和科学文明的管理。这使中国罪犯重新犯罪率多年来一直保持在仅有百分之六至百分之八的水平。许多罪犯回归社会后已成为企业的骨干、工程师,有的还当上了先进工作者、劳动模范。而在西方有的发达国家,1989 年司法统计,其罪犯重新监禁率为百分之四十一点四。这说明,中国对罪犯的教育改造工作是卓有成效的。中国监狱、劳改场所把绝大多数罪犯(包括封建清王朝末代皇帝和历史上的战争罪犯)改造成为守法的公民和对国家建设有用的人才方面所取得的成就,在国际上受到了普遍的称赞。

6. 关于罪犯的劳动

中国法律规定,凡是有劳动能力的罪犯,必须参加劳动。这也是世界许多国家通行的做法。中国对罪犯实行劳动改造政策,是为了使服刑者养成劳动习惯,培养其在社会生活中的责任感和遵纪守法的精神,矫正以往的恶习;使服刑者过有规律的劳动生活,保持健康,避免在单纯的监禁中,长年无所事事,导致心情压抑、意志消沉;使罪犯尽可能地掌握一种或几种生产技能及知识,为刑满释放后的就业谋生创造条件,防止他们因生活无着落而重新犯罪。所以,在中国,对罪犯实行的劳动改造政策,不是单纯为了惩罚,而是一种有利于罪犯改造和身心健康的人道主义的政策。

中国法律规定，参加劳动的罪犯每天劳动不超过 8 小时，节、假日休息，其粮油、副食品按同类国营企业同工种标准供应，并享受同等的劳动保护和保健待遇，超额完成任务的发奖金，获得中等以上技术等级的按月发给技术津贴，结合劳动进行相应的职业技术培训。

罪犯劳动的产品，主要是满足监狱系统内部自身的需要，只有很少一部分通过正常的渠道进入国内市场，一律不允许对外出口。中国出口商品的经营是由外贸部门统一管理的。中国的外贸管理机构从来没有批准过劳改部门有外贸经营权。

7. 关于劳动教养及被劳动教养者的权利

中国的劳动教养工作，是根据全国人大常委会 1957 年批准的《关于劳动教养问题的决定》等法规执行的。劳动教养不是刑事处罚，而是行政处罚。全国各省、自治区、直辖市和大中城市的人民政府设立劳动教养管理委员会，由人民检察院对劳动教养工作实施监督。按照规定，被劳教者只是那些年满 16 周岁，在大中城市危害社会治安而屡教不改的，或有轻微犯罪行为尚不够刑事处罚，符合有关劳动教养法规规定的条件的人。对劳动教养的决定，有严格的法定程序和法律监督制度，避免错误地决定收容劳动教养。

劳动教养管理委员会依照劳动教养法规对应劳动教养人员作出一年至三年不等期限的劳动教养决定后，被劳动教养的人及其家属有权利获知被决定劳动教养的根据及其期限。对被劳动教养不服的，可向劳动教养管理委员会申诉；也可按行政诉讼法的规定，向人民法院提起诉讼。劳动教养管理所如发现被收容者不够劳动教养条件或罪应判刑的，可以报请劳动教养管理委员会复核处理。

被劳动教养的人，除必须遵守劳动教养法规所规定的限制某些权利的管教措施外，仍然享有宪法和法律赋予的广泛的公民权利。例如，不被剥夺政治权利，可依法行使选举权；有通信自由、节假日休息的权利；在劳动教养期间允许会见家属，并允许在会见期间夫妇同居，也可以准假或放假回家探望。在劳动教养期间表现好的，可依法减少劳动教养期限或提前解除劳动教养。目前，在劳动教养人员中，每年约有百分之五十的人被减少劳动教养期限和提前解除劳动教养。

劳动教养机关对被劳动教养的人实行教育、感化、挽救的方针，着眼于挽救。劳动教养管理所均设立教育机构，配备教员，对被劳动教养人进行系统的思想、文化和技术教育。被劳动教养人每天劳动不超过 6 小时。

中国自实行劳动教养以来，平均每年新收容 5 万多被劳动教养人员。经过劳动教养，绝大多数人弃旧图新，其中不少人已成为国家建设的有用之材。据近几年调查统计，解除劳动教养后重新违法犯罪的，仅占百分之七左右。实行劳动教养，使那些家庭、单位、学校管不了，处于犯罪边缘的人，避免继续违法和陷入犯罪的泥潭，并进而使他们成为有益于社会的新人，起到了预防和减少犯罪、维护社会治安的作用，受到了广大人民群众和被劳动教养人亲属的称赞。

由于中国公安、司法机关依法履行自己的职责，在维护和保障公民的权利和自由方面发挥了重要的作用，所以，中国长期以来一直是世界上刑事案件发案率和犯罪率最低的国家之一。1990 年，中国的发案率和犯罪率，分别为千分之二和千分之零点六。这与西方有的发达国家发案率和犯罪率分别为千分之六十和千分之二十相比，要低得多。

五、劳动权利的保障

提要：中国政府高度重视并切实采取多种措施保障劳动者就业，保证每个劳动者及其家庭的基本生活，并随着经济发展逐步加以改善和提高。中国十分注意劳动保护。特别重视对女职工的保护。中国工人是企业的主人。工人的利益同企业的兴衰紧密相关，企业管理者与工人没有根本的利害冲突。这一现实决定了中国保障劳动者权利的制度，与雇佣劳动制度下的模式不同。

公民的劳动权利是获得生存权的必要条件。没有劳动权，生存权利也就没有保障。依据中国的宪法和法律，公民享有劳动的权利，休息的权利，参加职业培训的权利，得到劳动报酬的权利，享受劳动保护的权利和获得社会保障的权利。

就业是享有劳动权的直接体现。在人口众多、经济薄弱的中国，就业是突出的社会难题。在旧中国，由于国民党政府贪污腐败，发动内战，国民经济走向总崩溃。民族工商业大量倒闭。到 1948 年初，天津工厂倒闭百分之七十至百分之八十；广东 400 余家工厂只剩不足 100 家；上海大量工厂倒闭，剩下的 3000 余家工厂的开工率仅及平时的百分之二十。工商业大量倒闭的直接后果，就是工人和职员的大量失业。到 1949 年全国解放时，中国失业人口达到 474.2 万人，相当于当时职工数的百分之六十，给新中国留下了沉重的社会负担。

新中国成立后，人民政府高度重视并切实采取多种措施保障劳动者就业。在不到四年的时间内，就将旧中国遗留下来的失业人员基本安置就业。其后，随着全国人口以每年 1400 多万的数量增加，就业始终是中国经济生活中的头等大事。在相当长的一段时期内，城镇中需要就业的所有人员，基本上都由政府负责安置，并主要进入全民所有制单位就业。1979 年改革开放以来，中国实行以公有制为主体的多种所有制经济，并对国家统包就业制度作了改革，实行劳动部门介绍就业、自愿组织起来就业和自谋职业相结合的方针，广辟就业门路；创办劳动就业服务企业，开展劳动就业服务；扩大职业培训规模，提高劳动者的素质，为劳动者提供尽可能多的就业机会。对于农村因生产发展和劳动生产率提高而出现的剩余劳动力，政府采取大力发展乡镇企业、发展各种工副业专业户的办法，“离土不离乡”，就地解决就业问题，同时也有计划地吸收一部分人到城市安置。近两年，为了提高企业经济效益和深化企业改革，在治理整顿中关停并转了一部分企业。政府十分重视这些企业职工的安置，通过短期和中期的培训，使他们迅速适应新的工作。1990 年，中国城乡社会劳动者人数达 5.67 亿人，是 1949 年社会劳动者总人数的 3.1 倍；城镇在业人数达 14730 万人，相当于 1949 年的 9.6 倍；城镇待业率仅为百分之二点五左右。

在旧中国，占人口半数的妇女不仅受阶级压迫。而且由于经济不能独立，在家庭中处于无权地位。部分妇女即使在社会上能得到工作也备受歧视。新中国妇女享有与男子同等的劳动权利。政府大力发展社会福利和幼儿托保事业，鼓励妇女走出家门，参加劳动和工作，不仅在政治上而且在经济上获得独立。对妇女就业，国家法律和政策予以特殊保护。中国宪法明确规定男女同工同酬。一旦发现用人单位有歧视妇女的现象，政府劳动部门即予以纠正。劳动部门还作出了妇女在产假期报酬不变的规定。因此，妇女就业人数不断增加，就业领域日益扩展。目前，城镇妇女就业率超过百分之九十六，与男子就业率相差不到二个百分点。

大学生毕业后就业在中国有充分的保障。在旧中国，绝大多数大学生毕业等于失业。新中国建立后，政府对大学毕业生采取由国家统一分配的政策，保证每一个大学毕业生都有就业的机会。近 10 年来，政府对大学毕业生的分配制度作了改革，把大学毕业生自由选择职业和国家保证大学毕业生就业结合起来。国家根据各地建设的需要，在自愿的前提下，对每一个大学毕业生都作出合适的安排。因此，中国的大学毕业生不存在失业问题。

在社会主义中国，政府保证每个劳动者及其家庭的基本生活，并随着经济发展逐步加以改善和提高。中国职工的货币工资虽然不高，但享有未计入工资的大量补贴，包括住房、子女入托入学、主副食品等财政补贴，以及医疗、工伤、退休养老金等社会保险待遇和大量福利待遇。据统计，中国城镇居民支付的住房、交通、医疗等费用约占其生活费收入的百分之三至百分之五。1979 年实行改革后，对原来的报酬办法进行了修改，在经济增长和劳动生产率提高的基础上，有计划按比例地提高了职工工资水平，因此，职工工资水平有较快的增长，全国居民的消费水平也明显提高。据 1990 年统计，城镇居民人均消费水平从 1952 年的 149 元提高到 1442 元，扣除物价上涨的因素，增加 2.8 倍。

中国十分注意劳动保护。全国已制定 29 类共 1682 项有关的法规和规章。有 28 个省、自治区、直辖市制定了劳动保护方面的地方性法规。全国已颁布了有关职业安全卫生国家技术标准 452 项。中国建立了劳动安全卫生监察体系，实行国家监察制度，包括劳动安全、劳动卫生、女工保护、工作时间与休假制度等。现在，中国已设立劳动监察机构 2700 多个，监察人员达 3 万余名。监察机构的职责是，对企业及其主管部门的劳动安全卫生工作条件进行监察，促使企业不断改善劳动条件。

中国对劳动保护实行“安全第一，预防为主”的方针，采取国家监察、行业管理、群众监督相结合的办法。政府规定，每年从企业更新改造资金中提取百分之十至百分之二十用于劳动安全卫生工作。国家将劳动保护工作作为考核企业管理工作的重要内容。企业发生伤亡事故，要追究有关领导和人员的责任。

中国在城镇企事业单位实行公费医疗，在农村大部分地区实行合作医疗，使全国城乡劳动者在医疗保健上得到基本保障。对于因公致伤致残的，其生活费用由国家和集体承担。为了提高劳动保护水平，全国已建立许多职业安全卫生检测检验中心和劳动保护教育室；数十所高等院校已设置了安全工程系或专业；劳动部门和工业部门已建立了数十所专业劳动保护科学研究所，从科研、设计、生产、使用和管理等方面加强劳动保护工作，改善劳动者的劳动条件。通过以上工作，“七五”(1986—1990 年)期间全国全民和较大的集体企业职工因工死亡人数比“六五”(1981—1985 年)期间下降百分之九点五三，重伤人数下降百分之三十七点九五。

中国政府特别重视对女职工的保护。国务院 1988 年 7 月发布的《女职工劳动保护规定》，从各方面对此作了详细的规定。例如，禁止女工从事特别繁重或有害生理机能的工作；规定了经期、孕期、产期、哺乳期的具体保护要求；规定不得在女职工孕期、产期、哺乳期降低其基本工资，或解除劳动合同，等等。近年来，许多地方还建立了生育基金制度，用于哺乳期妇女休假期间的生活补贴。

中国工人是企业的主人。工人的利益同企业的兴衰紧密相关，企业管理者与工人没有根本的利害冲突。这一现实决定了中国保障劳动者权利的制度，与雇佣劳动制度下的模式不同。根据中国《全民所有制工业企业法》,工人通过职工代表大会可以直接参与企业的经营管理、劳动人事、工资福利、社会保险、集体福利等方面规章制度的制定和监督。在保障工人劳动权利方面,中国的工会发挥着特别重要的作用。1979 年实行改革开放以来,中国各级工会做了五件大事:一是在企业里积极推行和不断完善职工代表大会制度;二是建立各级各类职工学校,完善了职工教育体系;三是发动和组织了职工群众开展劳动竞赛,促进国家计划的超额完成;四是维护职工的物质、精神利益,保障职工的生活福利;五是建立和健全了处理劳动争议的委员会。

1987 年 7 月,国务院发布了《国营企业劳动争议暂行规定》,它是国营企业调整劳动关系,处理因履行劳动合同和因开除、除名、辞退违纪职工而发生的劳动争议的行政法规。具体处理劳动争议的机构,有企业劳动争议调解委员会、地方劳动争议仲裁委员会和人民法院。绝大部分劳动争议是由企业劳动争议调解委员会和地方劳动争议仲裁委员会通过调解方式解决的,只有很少部分是通过仲裁或人民法院解决的。据不完全统计,1990 年全国企业劳动争议调解委员会和地方劳动争议仲裁委员会共受理劳动争议案 18573 件,处理劳动争议案件 16813 件,其中调解解决 15881 件,成功率为百分之九十四;而仲裁裁决结案只有 932 起,约占总结案数的百分之六。对仲裁不服向法院起诉 218 起,只占总结案数的百分之一点二。

中国政府非常重视劳动法制建设。根据宪法,国务院和国家劳动行政主管部门颁布了关于劳动工资、劳动福利、劳动安全卫生、劳动者的职业培训和考核、劳动和休息时间、工会和企业民主管理等法规和规章。目前,正在加紧进行劳动法的起草工作。

六、公民享有宗教信仰自由

提要:中国宪法规定,公民有宗教信仰自由。国家保护正常的宗教活动和宗教界的合法权益。各宗教团体和信教公民在宪法和法律的保护下,独立地组织宗教活动和履行宗教教务。中国宗教实行独立自主自办的方针,反对任何外来势力支配和干涉中国宗教的内部事务,以维护中国公民真正享有宗教信仰自由权利。中国政府积极支持国内宗教团体和宗教界人士在坚持独立自主自办原则和完全平等、互相尊重的基础上,开展同外国宗教团体及宗教界人士之间的友好往来。

在中国,有佛教、道教、伊斯兰教、天主教、基督教等多种宗教。佛教、道教、伊斯兰教在中国的传播比较广泛。佛教、道教没有严格的入教仪式,信教人数难以统计。回、维吾尔、哈萨克、塔塔尔、塔吉克、乌孜别克、柯尔克孜、东乡、撒拉、保安等少数民族信奉伊斯兰教,总人口达 1700 多万人。全国信奉天主教和基督教的人数分别为 350 万人和 450 万人。

中国宪法规定,公民有宗教信仰自由。国家保护正常的宗教活动和宗教界的合法权益。刑法、民法、选举法、兵役法、义务教育法等法律,都对保护宗教信仰自由和信教公民的平等权利作了明确、具体的规定。任何国家机关、社会团体和个人都不得强制公民信仰宗教或不信仰宗教,不得歧视信仰宗教的公民或不信仰宗教的公民。对于非法剥夺公民宗教信仰自由的国家工作人员,将根据我国刑法第一百四十七条追究其法律责任。

政府设有宗教工作部门,负责宗教信仰自由政策的贯彻执行。在"文化大革命"(1966—1976 年)期间,政府的宗教政策受到破坏。"文化大革命"后,尤其是实行改革开放以来,中国政府在恢复、完善和落实宗教信仰自由政策,保障公民的宗教信仰自由权利方面,做了大量工作,取得了显著的成绩。

在中国政府的支持和帮助下,"文化大革命"中遭到破坏的宗教设施得到了普遍恢复和修缮。截止 1989 年底,经各级政府正式批准恢复开放的寺观庙堂达 4 万余处。国家对一切宗教活动场所的房屋及占用土地免税,对于需要维修而又缺乏资金的寺观庙堂给予补助。据不完全统计,1980 年以来,从中央财政拨给寺观庙堂的维修补助费(包括专项补助费)就达 1.4 亿元以上。其中仅维修西藏的布达拉宫,政府就拨款 3500 万元。各级地方政府也拿出相当一部分资金,用于寺观庙堂的维修。

中国现有中国佛教协会、中国道教协会、中国伊斯兰教协会、中国天主教爱国会、中国天主教教务委员会、中国天主教主教团、中国基督教"三自"爱国委员会和中国基督教协会等 8 个全国性宗教团体;还有 164 个省级宗教团体,2000 余个县级宗教团体。各宗教团体和信教公民在宪法和法律的保护下,独立地组织宗教活动和履行宗教教务。全国现有中国佛学院、中国伊斯兰教经学院、中国基督教南京金陵协和神学院、中国天主教神哲学院和中国道教学院等 47 所宗教院校。1980 年后,从宗教院校毕业的年轻职业宗教人员共有 2000 余人,各宗教院校还向世界上 12 个国家和地区派出宗教留学生 100 余人。全国现有各种宗教刊物 10 余种。现在全国职业宗教人员约 20 万人,其中当选为各级人民代表和政协委员的近 9000 人。他们同其他各界代表和委员一样,参与国家大事的讨论,在政治上享有平等的民主权利。

在中国,由于贯彻执行正确的宗教政策,各宗教之间,各宗教团体之间,信教群众与不信教群众之间,互相尊重,和睦相处。

中国公民既享受宪法和法律赋予的宗教信仰自由

权利，也承担宪法和法律规定的义务。中国宪法明确规定，任何人不得利用宗教进行破坏社会秩序、损害公民身体健康、妨碍国家教育制度的活动。对于利用宗教搞违法犯罪活动的，中国政府都依法予以处理，不论他是宗教徒，或者不信宗教者。对违法犯罪的宗教徒，同其他违法犯罪的公民一样，都依法进行处理。被依法处理的信教的人中，有进行颠覆国家政权，破坏、危害国家安全活动的，有煽动群众抗拒执行国家法律、法规的，也有挑动群众互相殴斗、严重扰乱社会秩序的，还有假借宗教名义诈骗钱财、危害他人身心健康、诱奸妇女的，等等，没有一个是因信教而被捕的。

中国宗教实行独立自主自办的方针，反对任何外来势力支配和干涉中国宗教的内部事务，以维护中国公民真正享有宗教信仰自由权利。中华人民共和国成立之前，中国的天主教和基督教完全被国外的宗教势力所控制，几十个“修会”和“差会”在中国土地上划分势力范围，建立许多个“国中之国”。当时，全国143个天主教教区，只有20余个主教是中国籍，而且还处于无权的地位，这是旧中国半封建半殖民地社会性质的一种表现。对这种状况，中国天主教和基督教界极为不满。一些有识之士早在本世纪二十年代，就提出了中国教会自传、自养、自立的要求，但在旧中国未能实现。新中国建立后，中国宗教界摆脱了外国教会的控制，实现了自治、自养、自传，成为中国人民自己的宗教事业。

中国政府积极支持国内宗教团体和宗教界人士在坚持独立自主自办原则和完全平等、相互尊重的基础上，开展同外国宗教团体及宗教界人士之间的友好往来，并把宗教界的国际联系看成是中国人民与世界各国人民民间交往的一部分。近年来，中国各宗教已与世界70多个国家和地区建立、发展了友好关系，多次派代表团出席国际宗教会议和宗教学术会议。中国宗教团体和组织，参加了世界佛教徒联谊会、伊斯兰事务最高理事会、世界宗教和平会议、亚洲宗教和平会议、世界基督教联合会等世界性宗教组织。自1955年以来，除“文化大革命”期间之外，中国穆斯林去麦加朝觐的活动从未停止过。中国政府对此活动多方面给予方便和帮助。据统计，从1955年到1990年赴麦加朝觐的中国穆斯林有1.1万多人，是建国前中国穆斯林赴麦加朝觐总人数的几十倍。近年来，每年朝觐的人数都在千人以上。1987年中国穆斯林参加朝觐的约有1500余人，1988年为1100余人，1989年为2400余人，1990年为1480余人，1991年为1517人。

七、少数民族的权利保障

提要：国家保障各少数民族的合法权利和利益，维护和发展各民族的平等、团结、互助关系。禁止对任何民族的歧视和压迫，禁止破坏民族团结和制造民族分裂的行为。少数民族的政治权利得到保障。民族地区经济文化和社会发展的权利受到特殊照顾。40多年来，中国政府为推动少数民族地区的社会发展，改变民族地区的落后面貌，从多方面作出了巨大的努力，取得了积极成果。

中国是一个统一的多民族国家，有56个民族。汉族占全国人口的百分之九十二，其他55个民族占百分之八。实现各民族平等、团结和共同繁荣，是中国对待民族关系的基本原则。中国宪法规定，中华人民共和国各民族一律平等。国家保障各少数民族的合法权利和利益，维护和发展各民族的平等、团结、互助关系。禁止对任何民族的歧视和压迫，禁止破坏民族团结和制造民族分裂的行为。宪法还明确规定，在维护民族团结的斗争中，要反对大民族主义，主要是大汉族主义，也要反对地方民族主义。

在旧中国，长期存在着严重的民族歧视和民族压迫。许多少数民族不被承认，境遇悲惨，有的只能躲进深山，过着与世隔绝的生活。1949年中华人民共和国成立后，废除了民族歧视、民族压迫制度，少数民族的状况得到了根本改变。五十年代，中国政府组织了大规模的民族识别调查，经过科学地辨认，认定公布了55个少数民族。多数少数民族在历史上第一次成为中国民族大家庭中平等的一员。

新中国建立了民族区域自治制度。在少数民族聚居地区设立自治机关，由当地民族自己管理本民族的内部事务。目前，全国共有159个民族区域自治地方，其中自治区5个，自治州30个，自治县(旗)124个。民族区域自治地方根据《中华人民共和国民族区域自治法》行使各种自治权利，有权依照当地民族的政治、经济和文化的特点，特定自治条例和单行条例；在不违背宪法和法律的原则下，有权采取特殊政策和灵活措施；上级国家机关的决议、决定、命令、指示，如有不适合民族区域自治地方实际情况的，自治机关可以报请批准变通执行或停止执行；自治机关有自主地管理本地方财政、经济、文化、教育事业的自治权利。在民族杂居散居地区，还建立了1500多个民族乡，使杂居散居的少数民族能更好地享受平等的权利。

在新中国，少数民族的政治权利得到保障。解放前，少数民族人民同广大汉族人民一样，深受反动统治阶级的压迫。这种压迫在有的地方更为野蛮、残酷。例如，在旧西藏，百分之九十五以上的藏族人民是世代人身依附于官家、贵族和寺庙的农奴。旧西藏通行了几百年的《十三法典》、《十六法典》把人分成三等九级，明文规定属于“下等下级人”的铁匠、屠夫、妇女，其“命价”为“草绳一根”，并用包括“挖眼、刖足、割舌、砍手、推崖、溺死”等残酷的刑法来维持这种三等九级的封建农奴制度。在这种情况下，广大劳动群众当然毫无人权可言。

新中国建立之后，少数民族地区先后实行了民主改革，废除了旧制度。在西藏，百万农奴挣脱了锁链，不再被作为农奴主个人财产加以买卖、转让、交换、抵债，不再遭受挖眼、刖足、割舌、砍手等野蛮刑罚，人不再被分为三等九级。民主改革使世代受压迫的少数民族人民获得了人身自由、人格尊严，争得了基本人权，第一次成为主宰自己命运的主人。

今天，少数民族人民同汉族人民一样，平等地享有宪法和法律规定的全部公民权利；同时还依据法律，享有少数民族特有的权利。

少数民族参与行使国家最高权力的权利受到特殊保障。宪法规定，在作为国家最高权力机关的全国人民代表大会中，“各少数民族都应当有适当名额的代表”。历届全国人民代表大会中，少数民族代表占代表总数的百分比，都为少数民族占全国总人口的比例一倍左右。第七届全国人民代表大会代表中，有少数民族代表 455 人，占百分之十五。只有几千人的珞巴族、赫哲族、门巴族，在全国人大也都有其代表。

地方人民代表大会是地方国家权力机关。中国选举法规定：“有少数民族聚居的地方，每一聚居的少数民族都应有代表参加当地的人民代表大会”，同时还对各少数民族代表的选举作了特殊照顾性的规定。根据这些规定，聚居境内同一少数民族的总人口数不足境内总人口数百分之十五的，每一代表所代表的人口数可以少于当地人民代表大会每一代表所代表的人口数。

中国各民族的人民都可以担任国家机构和政府部门的各种职务。在这方面，同样不存在对少数民族的任何歧视。不少少数民族的人士担任了或曾经担任过国家副主席、全国人大常委会副委员长、国务院副总理、最高人民法院院长、全国政协副主席等国家高级领导职务。《民族区域自治法》规定，民族自治地方的人大常委会中，应当有实行区域自治的民族的公民担任主任或者副主任；自治区政府主席、自治州州长、自治县县长全都由自治民族的公民担任；这些民族自治地方人民政府的其他组成人员和所属工作部门的干部中，也要尽量配备实行区域自治的民族和其他少数民族的人员。据统计，1989 年全国各省、自治区、直辖市级机构里，人大常委会正、副主任职务中，少数民族官员占总数的百分之十七点二七，正副省（市）长、自治区正副主席职务中，少数民族官员占总数的百分之十二点六六；省辖市、地区、自治州一级机构里，人大常委会正副主任职务中，少数民族官员占总数的百分之十四点二，正副市长、专员、州长职务中，少数民族官员占百分之十一点九；县（县级市）一级机构里，人大常委会正副主任职务中，少数民族官员占百分之十七点三，正副县（市）长职务中，少数民族官员占百分之十五点一六。这些比例全都高于少数民族总人口占全国总人口百分之八的比例。

国家积极培养少数民族干部。近年来，少数民族干部以每年递增上万人的速度在增长。在西藏，全区已有藏族干部 3.7 万人，占干部总数的百分之六十六点六；在自治区一级和县级干部中，藏族干部分别占百分之七十二和百分之六十一点二。在内蒙古，蒙古族干部占自治区干部总数的近百分之五十。

民族地区经济文化和社会发展的权利受到特殊照顾，在中华人民共和国成立之前，少数民族地区的经济文化和社会发展极为落后，有的还处于原始氏族公社状态，生产方式是刀耕火种；少数民族的生活极端贫困，疾病流行，平均预期寿命只有 30 岁，人口日减。新中国成立后，人民政府积极帮助各族人民发展经济文化事业，改革落后的生产方式。使各民族的社会发展跨越了几个历史阶段。现在，绝大多数少数民族人民的温饱问题得到了解决，少数民族总人口从 1953 年的 3500 万增至 1990 年的 9120 万，各少数民族人口增长速度高于汉族。少数民族公民的平均预期寿命已提高为 60 岁以上，增加了 30 多岁。

为了帮助少数民族的经济发展，国家在少数民族地区进行了大规模的经济建设。过去一些根本没有工业的民族地区，兴建了许多现代化的大工业，如克拉玛依油田（新疆）、包头钢铁公司（内蒙古）、龙羊峡水电站（青海）、大坝电厂（贵州）、羊八井热电站（西藏）、贵州铝厂（贵州）、霍林河煤田（内蒙古）、北疆铁路（新疆）、川藏公路（四川－西藏）、青藏公路（青海－西藏）等。在西藏，解放前没有一条真正的公路。当年英国人送给达赖喇嘛的汽车，只能拆散了用牛运到拉萨。现在，西藏已建成以拉萨为中心的公路交通网，通车里程达 2.18 万公里，并开设了多条国际国内航空线。国家对民族区域自治地方长期给予人力、物力、财力上的大力扶持。目前，国家每年对少数民族地区 8 个省、自治区的财政定额补贴近 80 亿元，其中给予西藏的达 12 亿元以上。国家还设立了若干专项资金扶持少数民族地区，如支援不发达地区发展资金、民族地区补助费、边疆基本建设专项投资、边境建设事业补助费等，每年共 6 亿多元。国家对少数民族贫困地区实行减免税收的优惠政策，还采取减轻负担、优惠投资、智力投资、扶贫包干等特殊措施，并专门设立了少数民族地区温饱基金。政府还组织全国经济发达省市支援少数民族地区经济建设。由于国家的帮助和当地人民的努力，少数民族地区的经济建设有了较大发展。1949 年，少数民族地区工农业总产值为36.6亿元，其中农业为31.2亿元，工业为5.4亿元；1990年，少数民族地区的工农业总产值达2272.8亿元，与1949年相比，按1980年不变价格计算，增长了22.6倍，其中农业为977.76亿元，增长了7.1倍，工业为1295.06亿元，增长了134.5倍。

在劳动政策方面，中国政府也制定了照顾少数民族的政策。政府规定，国家在少数民族地区的企业要优先招收当地少数民族公民进入企业工作，各民族地方政府应有计划地从农、牧区招收少数民族农牧民进入国营企业做工等。

中国政府大力发展少数民族地区的医疗卫生事业，改变这些地区长期以来缺医少药的状况。1990年，少数民族地区的卫生机构已有31973个，医院病床35.983万张，卫生技术人员48.86万多人。在发展现代医药事业的同时，传统的民族医药如藏医、维医、蒙医、傣医等，也得到了较大的发展。政府还向少数民族地区派出了大量的医疗队。在西藏，仅1973年至1987年上半年，国家就组织10多个省市派出进藏医疗队，总人数2600多人。

中国政府重视维护和发展各少数民族的优秀传统文化，大力发展少数民族的教育文化事业。截止1990年，在过去几乎没有高等院校的少数民族自治地方已建成大专院校75所。全国各地兴办了12所民族学院，专门招收少数民族学生。北京大学、清华大学等一些著名的高等学校专门举办了民族班。高等学校和中等专业学校招收新生的时候，对少数民族考生适当放宽录取分数线。政府在少数民族地区大力举办寄宿制中小学，以便于牧区和边远地区的青少年入学。对牧区、山区和贫困地区寄宿中小学的学生，普遍实行助学金制度。国家还从内地向边远的少数民族地区派出大量教师，支持发展少数民族地区的教育事业。从1974年到1988年，仅支援西藏的教师就达2969人。1989年，全国高等学校少数民族在校学生是1950年的102.4倍；全国普通中学少数民族在校学生是1951年的70.3倍；全国小学校少数民族在校学生是1951年的11.2倍。

中国的法律规定，各民族都有使用和发展自己的语言文字的自由；民族区域自治地方的自治机关在执行职务时，依照本民族自治地方自治条例的规定，使用当地通用的一种或者几种语言文字；自治机关同时使用几种通用的语言文字执行职务的，可以以实行区域自治的民族的语言文字为主。在中国司法活动中，少数民族语言文字与汉语文是平等的，各民族公民都有用本民族语言文字进行诉讼的权利，在少数民族聚居或者多民族共同居住的地区，应当用当地通用的语言进行审理，起诉书、判决书、布告和其他文书应当根据实际需要，使用当地通用的一种或者几种文字。政府帮助少数民族发展使用本民族语言文字的文化教育事业，还帮助尚无文字的10个少数民族创制了文字。在中央和多民族地区，建立了少数民族文字的出版机构和少数民族语言文字的新闻机构，出版少数民族文字的报刊图书。据统计，1989年全国用少数民族文字出版的图书、杂志、报纸分别为1952年的5.8倍、7.6倍和3.1倍。中央人民广播电台每天用蒙古、藏、维吾尔、哈萨克、朝鲜等民族语言向少数民族地区广播。各少数民族地区按民族分布情况，办有一种或几种少数民族语言的广播电视节目。

中国政府充分尊重少数民族的传统文化艺术和风俗习惯。政府大力扶持各种少数民族艺术，鼓励广泛开展各种形式的少数民族文艺体育活动。政府为少数民族的传统节日规定了假日，专门拨给一定数量的金银和其他原料，组织生产少数民族所特殊需要的绸缎、靴帽、珠宝、玉器和金银饰品等生活用品。

少数民族地区与内地、沿海地区发展上的差距，是历史上长期形成的。40多年来，中国政府为缩小这种差距，推动少数民族地区的社会发展，改变民族地区的落后面貌，从多方面作出了巨大的努力，取得了积极成果。

八、计划生育与人权保护

提要：中国实行计划生育，完全符合1984年联合国《墨西哥城人口与发展宣言》的要求。中国政府根据宪法的规定推行计划生育，以促进经济和社会的发展，提高人民的生活水平，提高人口素质，维护人民享有更好的生活的权利。在推行计划生育政策时，坚持国家指导和群众自愿相结合的原则。中国法律明确规定，禁止溺婴和其他残害婴儿的行为。

中国政府根据宪法的规定推行计划生育，以促进经济和社会的发展，提高人民的生活水平，提高人口素质，维护人民享受更好的生活的权利。

中国是世界上人口最多的发展中国家。人口多，耕地少，人均资源相对不足，经济文化比较落后，这是中国的基本国情。人口增长过快，同经济和社会的发展、资源的利用和环境的保护存在着明显的矛盾，是严重制约中国经济和社会发展，影响人民生活水平和全民族素质提高的一个沉重负担。1990年末，中国大陆人口已达11.4亿。由于人口基数大，尽管实行计划生育，目前每年净增人口仍在1700万左右，相当于一个中等国家的人口。中国人均耕地已降到1.3亩，不足0.1公顷，只及世界人均水平的四分之一。人均淡水资源也只及世界的四分之一。中国粮食的产量居世界第一位，但人均占有量只及美国的百分之二十二。每年新增加的国民收入，四分之一以上要被新增加的人口消耗掉，这就不能不减少资金的积累，影响经济建设的发展速度。人口的过快增长，还给人民的就业、教育、住房、交通、医疗等方面造成很大困难。面对这样一个严峻的事实，为了保障人民有最起码的生存条件，为了使全体公民不仅能够得到温饱，而且生活水平能够逐步提高，中国不能像有些人想象的那样，等待经济的高度发展来引发人口出生率的自然下降，那样只会造成人口无限制增加，经济状况更加恶化。因此，中国只能一方面努力发展经济，千方百计地发展生产力；另一方面实行计划生育，严格控制人口增长，使人口增长与经济和社会发展相适应。这是在中国特定情况下，任何一个对人民负责、对子孙后代负责的政府所能作出的唯一的正确选择。

中国实行计划生育取得了举世公认的巨大成就。中国人口出生率、人口自然增长率、妇女总和生育率都大幅度下降。1990年与1970年相比，出生率由千分之三十三点四三下降到千分之二十一点零六；自然增长率由千分之二十五点八三下降到千分之十四点三九，妇女总和生育率由5.81下降到2.31。目前中国这几项指标都低于其他发展中国家的平均水平。这在一定程度上缓解了人口过快增长同经济、社会发展不相适应的矛盾，对于促进社会主义现代化建设，提高人民生活水平和全民族素质起到了重要的作用，对于世界人口的稳定也作出了重要贡献。

中国政府从中国的国情出发，制订了人口增长目标和计划，规定了计划生育政策：提倡晚婚晚育、少生优生；提倡一对夫妇只生育一个孩子，照顾到农村中某些群众的实际困难，允许间隔几年后生第二个孩子。为了少数民族的繁荣昌盛，根据这些民族自己的意愿也可以实行计划生育，具体要求和做法与汉族的办法不同，由所在的自治区和省政府根据各民族的人口、经济、资源、文化、习俗等具体情况自行决定。中国的计划生育政策既考虑到国家对控制人口增长的需要，又考虑到人民群众的实际困难和承受能力，是符合中国经济和社会的实际，符合全国人民的根本利益的。实践证明，现行的政策经过深入的宣传教育，得到了人民群众的理解和支持。根据第四次人口普查，全国1989年出生的孩子中，三个以上的多孩生育率已从1970年的百分之六十二点二一下降到百分之十九点三二。

中国在推行计划生育政策时，坚持国家指导和群众自愿相结合的原则。计划生育涉及到所有的家庭，在中国这样一个有11亿多人口的大国，没有人民群众的理解、支持和自觉参与，要实行计划生育是根本不可能的。计划生育又是一场移风易俗的社会变革，决不是仅靠行政命令就可以做到的。特别是中国百分之八十的人口在农村，几千年遗留下来的传统观念影响较深，不少地方经济状况还比较落后，加上社会福利保障体系还不够健全，群众在生产和生活上确实存在一些实际问题。正因为这样，长期以来中国政府始终把宣传教育工作放在首位，通过坚持不懈地向群众进行宣传教育，使全国人民真正懂得实行计划生育是关系到国家富强、民族繁荣、家庭幸福的根本大计，从而自觉地实行计划生育。

为了使广大人民自觉参与，中国政府要求国家干部带头实行计划生育，做执行计划生育政策的模范。近年来，政府还依靠中国计划生育协会的60多万个基层协会，3200万会员，在群众中积极开展自我教育、自我管理、自我服务的活动，把思想教育工作与帮助群众解决实际困难结合起来。

计划生育在坚持以宣传教育为主的同时，政府也采取一些必要的经济和行政的措施作为辅助手段。无论是经济的还是行政的限制措施，都是在法律的范围内进行的，其最终目的仍然是为了教育。

中国实行计划生育，一贯坚持以避孕为主，保护妇女和儿童的健康。政府大力普及避孕节育的科学知识，向需要避孕节育的育龄夫妇提供安全、有效、方便、经济的避孕药具和节育技术。现在全国育龄夫妇采取各种避孕措施的人数约占百分之七十五左右。政府坚决反对任何形式的强制堕胎，人工流产也只是作为避孕失败的补救措施，在自愿和安全可靠的条件下进行。中国在人口出生率已明显下降的情况下，每年的出生和人工流产的比例相当于目前世界各国的中等水平，这是中国大力贯彻以避孕为主的方针的结果。现在中国正在采取切实有效的措施，进一步降低这一比例。

控制人口增长数量和提高人口素质，是中国人口政策的两个方面。计划生育工作不仅是指导育龄夫妇少生孩子，而且还为他们提供妇幼保健和优生优育的咨询与服务，包括婚前检查、遗传咨询、产前诊断、围产期保健等，指导他们生育聪明健康的孩子。

溺弃女婴是封建社会遗留下来的恶习，现在这种现象在中国已大大减少，但在个别偏僻的地方还未根绝。中国法律明确规定，禁止溺婴和其他残害婴儿的行为。中国采取了切实措施并依法严格查处这类违法犯罪案件。

中国实行计划生育，完全符合1984年联合国《墨西哥城人口与发展宣言》的要求，即："凡认定其人口增长妨碍国家发展计划的国家，都应当采取适当的人口政策和方案"；也符合联合国《人口行动计划》的原则，即："人口政策的制定和执行是一个国家的主权。"有些人指责中国计划生育是"违反人权"、"不人道"，这是不了解或者不考虑中国的实际情况；有的则是蓄意歪曲，妄图借此对中国施加压力，干涉中国的内政。在中国，处理人口问题只能有两种选择：一是实行计划生育，使得出生的人都能健康成长，生活日益改善；二是盲目生育，使得人口无限膨胀，绝大多数人难以维持温饱，以至短命夭折。哪一种办法更讲人权、更人道？答案是很明白的。

九、残疾人的人权保障

提要：中国政府高度重视残疾人的权利问题，对残疾人给予特别扶助和保护。中国宪法规定，国家保障残疾人同健康人一样享有公民权利。中国政府制定了保障残疾人权益的相应政策、条例和规定，通过扶助、救济、补助、供养、保险和特别照顾等多种福利措施，保障和改善残疾人的生活。为保障残疾人的权利，中国政府和社会组织在残疾人的康复、教育、劳动就业、文化生活、福利、环境等方面做出了巨大努力。

根据 1987 年抽样调查推算，中国大陆目前约有 5164 万残疾人，占人口总数的百分之五。中国政府高度重视残疾人的权利问题，对残疾人给予特别扶助和保护，以减轻或消除其残疾影响和外界障碍，保障他们的权利的实现。

中国宪法规定，国家保障残疾人同健康人一样享有公民权利。1990 年 12 月全国人大常委会通过的《中华人民共和国残疾人保障法》，以“平等”、“参与”、“共享”为宗旨，一方面规定残疾人享有与其他公民平等的权利，并保护其不受侵害；另一方面规定采取辅助方法和扶持措施，发展残疾人事业，促进残疾人在事实上平等参与社会生活，共享社会物质文化成果。刑法、刑事诉讼法、民法通则、民事诉讼法、婚姻法、继承法、选举法、兵役法和义务教育法等重要法律，都有保障残疾人权益的专门规定。

中国政府制定了保障残疾人权益的相应政策、条例和规定。例如，《中国残疾人事业五年工作纲要》、《关于发展残疾人教育的若干意见》、《全国残疾人三项康复工作实施方案》、《关于残疾人个体开业给予免征税照顾的通知》、《关于对社会福利生产单位免征税问题的通知》等。部分省、直辖市、自治区权力机关制定了保障残疾人权益的地方性法规。许多地方政府制定了给予残疾人优惠、扶助和照顾的具体规定。

为保障残疾公民的选举权和被选举权，中国选举法明确规定，因残疾不能写选票的，可以委托他信任的人代写。对于精神残疾和智力残疾而不能行使选举权和被选举权者，须经医院等有关部门的鉴定和选举委员会确认。

中国法律保护残疾人的财产权和其他民事权益。对无民事行为能力的残疾人，法律规定了合格监护人的条件。《中华人民共和国继承法》还对缺乏劳动能力和生活来源的残疾人的财产继承权，作出了详细而具体的保护性规定。

为了保障残疾人在家庭生活中享有平等权利，中国法律规定，禁止家庭成员间的虐待和遗弃。丧失劳动能力或无独立生活能力的残疾人，有要求负有抚养、赡养义务的家庭成员抚养或赡养的权利。残疾人的法定抚养人必须对残疾人履行抚养义务。

为了保障残疾人的权利，中国政府和社会组织在残疾人的康复、教育、劳动就业、文化生活、福利、环境等方面做出了巨大努力。

中国法律明确规定，禁止歧视、侮辱、侵害残疾人；禁止虐待和遗弃残疾人；对于利用残疾人的残疾，侵犯其人身权利或者其他合法权益，构成犯罪行为的，依照刑法有关规定从重处罚。对触犯刑律的残疾人，充分考虑到他们在智力上、精神上或生理上对自己行为所能负责的程度，规定免予刑事责任或者从轻、减轻或免除处罚。法律还对残疾人特别是精神或智力残疾者在参与刑事、民事、行政诉讼活动中的诉讼权利给予特别保护，提供必要的法律援助。

1988 年 3 月，经中国政府批准，成立了中国残疾人联合会。它代表各类残疾人的共同利益，维护残疾人的合法权益，广泛动员社会力量，努力为残疾人服务。中国残疾人联合会按照全国行政区划建立了各级地方组织。全国除台湾省外，所有的省、市、县均建立了地方残疾人联合会，约有三分之一的乡镇、街道和残疾人较集中的工厂，建立了基层残疾人协会。各级地方残疾人联合会协助地方政府管理和发展残疾人事业，为保障残疾人的权利，发挥了重要的作用。例如，北京市残疾人联合会近几年来协助政府办了五件实事：制定和实施《北京市残疾人保护条例》；动员社会举办弱智儿童培训班、聋儿听力语言训练班、精神残疾工疗站等近百个，建立了多层次的社区康复网络；协助政府发展特殊教育，已办盲人学校 1 所、聋哑人学校 4 所、弱智儿童学校 6 所；组织城镇残疾人劳动就业，就业率达百分之九十；对全市五类残疾人进行了普查登记，建立档案，并对残疾儿童的致残原因作了调查，提出了预防措施。中国残疾人事业发展迅速，成就巨大，全国统一的残疾人组织发挥了重要的作用。

为了帮助残疾人恢复或补偿功能，增强其参与社会生活和享受各种权利的能力，1988 年国务院批准了《全国残疾人三项康复工作实施方案》。政府和社会投入大量人力物力，开展白内障复明、小儿麻痹后遗症矫治和聋儿听力语言训练三项康复工程。三年来，完成白内障复明手术 50 万例，有效率达百分之九十九点七六。完成小儿麻痹矫治手术 16 万人次，有效率达百分之九十八点七，使大批青少年患者改善了肢体功能，升了学，就了业。对一万名 7 岁以下聋哑儿童进行语言训练，显效率百分之八十，一部分聋哑儿童康复后进入普通学校读书，有的聋哑儿童在全国少年儿童诗歌朗诵比赛中获一等奖。残疾人联合会和各级卫生部门每年派出多批医疗队，深入新疆、西藏等少数民族地区和边远贫困山区，在困难条件下对白内障、小儿麻痹患者就地实施康复医疗，取得巨大成绩。全国城乡正在建立社区康复网络。目前，城镇已建立基层社区康复站(点)2300 多个，残疾儿童寄托所、训练班 750 多个，精神和智力残疾人工疗站 1300 多个。沈阳市沈河区的 16 个街道办事处，建立了残疾儿童学前班、寄托所、弱智儿童训练班、残疾人康复站、福利厂、婚姻介绍所、残疾老人服务站、社会保险基金等服务系列。

中国政府为保障残疾人享有平等的受教育权利，大力发展残疾人教育。国家建立了以在普通学校附设特殊教育班和随班就读为主体、以特殊教育学校为骨干的残疾人义务教育新格局。27 个省、自治区、直辖市和 70 个地区、市制定和实施了地方的残疾人教育发展规划。近三年来，各类特殊教育学校每年增长百分之二十，普通学校附设特殊教育班每年增长一倍，在特殊教育学校(班)学习的盲、聋、弱智学生每年增长百分之三十。接受高等教育的残疾人越来越多。近两年来，仅参加高等自学考试取得大专文凭的残疾人就达 4700 名。

中国政府重视残疾人职业教育。建立了 28 所残疾人职业教育中心。特殊教育学校普遍开设了职业技术课。国家在洛阳、西安、南京、太原等市开办了盲人按摩医疗专科学校，各省市也分别举办培训班，培养了大量盲人按摩医疗人才。上海市聋哑青年技术学校设有木工、金工、美术专业，毕业学生遍布 16 个省、自治区、直辖市，许多人被评为助理工程师、工程师。

国家采取优惠政策发展残疾人教育。中国财政部门设立特殊教育专项补贴经费。除对接受义务教育的残疾学生免收学费、设立助学金外，还设立了残疾人自学成才奖金，鼓励和扶持残疾青年自学成才。

中国政府支持兴办大量的福利企业，安排残疾人就业，对福利企业在生产、经营、技术、资金、税收、销售等方面给予全面扶持。在国家优惠政策扶持下，福利企业迅速发展，由 1979 年的 1022 家增至 1990 年的 4.2 万家。残疾人在这些企业就业人数，八十年代平均每年增加 6.7 万人，现达 75 万人。除福利企业安置以外，国家机关和其他企事业单位也吸收部分残疾人就业，并鼓励残疾人个体开业。目前，中国城镇 16—59 岁的残疾人有 518 万人，已就业约 260 万余人，就业率为百分之五十点一九；农村 16—59 岁的残疾人为 1701 万人，从事种植业、养殖业等劳动的约 1030 万人，在业率为百分之六十点五五。

各级政府文化部门积极组织、扶持残疾人文化、体育、娱乐活动，丰富残疾人的精神生活，保障残疾人享有平等的文化权利。目前，全国有残疾人活动场所 1770 个，灵活多样地开展残疾人书画、摄影、集邮、田径、球类、棋类、文艺演出、知识竞赛等活动。1983 年成立的中国伤残人体育协会，加入了 7 个世界残疾人体育组织。在多次伤残人国际比赛中，中国残疾运动员赢得近 400 枚奖牌，创数十次世界纪录。

政府通过扶助、救济、补助、供养、保险和特别照顾等多种福利措施，保障和改善残疾人的生活。对于约 140 万无劳动能力、无法定抚养人、无生活来源的残疾人，在农村实行“五保”(保吃、保穿、保住、保医、保葬)或建立福利院集体供养；在城镇实行定期救济或在福利院集体供养。全国城乡现有各种福利院 4 万个，其中收养残疾人约 8 万人。各级政府在残疾人的劳动、教育、医疗、生活、文化娱乐等方面，普遍采取优惠和减免税、费等措施。残疾人专用的必须进口的物品和设备，减免进口关税。盲人免费乘坐市内公共汽车、电车、地铁、渡船。

政府和残疾人联合会十分注意采取各种方法消除对残疾人的歧视与偏见，形成尊重和帮助残疾人的社会环境。各地开展了“社会为残疾人、残疾人为社会”的残疾人活动日、助残日、人道主义宣传周活动，有上千万人参加。全国 1000 多万少年儿童参加的“红领巾助残活动”已历时五年。各地深入开展“建残疾人之家、做残疾人之友”活动。国家规定每年 5 月 19 日为法定的“全国助残日”。

目前，方便残疾人参与社会生活的无障碍设施正在中国各地逐步建立和增多。北京、深圳、上海、沈阳、广州等城市的一些街道、商店、旅馆、剧场、图书馆及机场等公共场所，都已改建和设置方便残疾人通行的坡道、扶手等。

中国积极参与国际社会保障残疾人权益的活动。1982 年联合国大会确定 1983—1992 年为“联合国残疾人十年”后，中国政府接受了大会通过的《关于残疾人的世界行动纲领》，成立了由 22 个政府部门和中国残疾人联合会组成的“联合国残疾人十年中国组织委员会”，领导、协调这一工作。1987 年，经全国人大常委会批准，中国政府接受国际劳工大会 1983 年通过的《残疾人职业康复和就业公约》。由于中国政府为保障残疾人的人权所做出的巨大努力和成就，中国政府和残疾人组织受到联合国和国际社会广泛称赞。1988 年联合国秘书长向中国的残疾人组织颁发了“和平使者奖”和“特别奖”。

十、积极参与国际人权活动

提要：中国承认和尊重联合国宪章保护和促进人权的宗旨与原则，赞赏和支持联合国普遍促进人权和基本自由的努力，并积极参与联合国人权领域的活动。长期以来，在联合国人权领域的活动中，中国坚决反对任何国家借口人权问题干涉别国特别是广大发展中国家的内政。中国一贯认为，人权问题本质上是属于一国内部管辖的问题。任何国家实现和维护人权的道路，都不能脱离该国的历史和经济、政治、文化的具体国情，并需由主权国家通过国内立法对人权制度予以确认和保护。

中国承认和尊重联合国宪章保护和促进人权的宗旨与原则，赞赏和支持联合国普遍促进人权和基本自由的努力，并积极参与联合国人权领域的活动。中国主张相互尊重国家主权，优先维护广大发展中国家人民的生存权和发展权，从而为全世界广大人民享受各项人权创造必要条件。中国反对借口人权问题干涉别国内政，并为消除各种不正常现象、加强国际人权合作进行了不懈的努力。

1955年4月，中国政府总理周恩来在印度尼西亚万隆召开的亚非会议上签署了《亚非会议最后公报》(《万隆宣言》)。公报宣布亚非会议完全支持联合国宪章中所提出的人权的基本原则，并将"尊重基本人权、尊重《联合国宪章》的宗旨和原则"作为和平共处十项原则的第一条。同年5月，周恩来在全国人民代表大会常务委员会扩大会议上指出，《万隆宣言》的"十项原则中也规定了尊重基本人权、尊重《联合国宪章》的宗旨和原则……这些都是中国人民的一贯主张，也是中国一贯遵守的原则。"1986年，在联合国第四十一届大会上，中国外交部长在一般性辩论发言中，谈到联合国通过《公民权利及政治权利国际公约》和《经济、社会、文化权利国际公约》20周年时指出，"两个公约对实现《联合国宪章》关于尊重人权的宗旨和原则有着积极的意义。我国政府一贯支持宪章的这一宗旨和原则。"1988年9月，中国外长在联合国第四十三届大会上发言指出，《世界人权宣言》是"第一个系统地提出尊重和保护基本人权具体内容的国际文书。尽管它存在着历史的局限性，但它对战后的国际人权活动的发展产生了深远的影响，起了积极作用。"

中国积极参与联合国人权领域的活动。1971年中国在恢复了联合国的合法席位之后，一直派团出席联合国经济及社会理事会和联合国大会历届会议，并在上述会议上积极参加有关人权议题的审议，阐述自己对人权问题的看法，为不断丰富人权的内涵作出了自己的贡献。中国于1979年、1980年和1981年分别派代表团作为观察员出席了联合国人权委员会的第三十五、三十六和三十七届会议。1981年，中国在联合国经济及社会理事会第一届常会上当选为人权委员会成员国，并一直连任该委员会成员。自1984年开始，中国向人权委员会推荐的人权事务专家连续当选为防止歧视和保护少数小组委员会的委员和候补委员。中国委员在该机构发挥了重要作用，先后担任了该机构下属的土著居民问题工作组和来文工作组的成员。

中国积极参与了联合国系统内国际人权法律文书的起草和制定工作。中国多次派代表参与国际人权法律文书的起草工作组，其中包括联合国《儿童权利公约》、《保护所有移徙工人及其家属权利国际公约》、《禁止酷刑和其他残忍、不人道或有辱人格的待遇或处罚公约》、《个人、团体和社会机构在促进和保护世所公认的人权和基本自由方面的权利和义务宣言》和《保护民族、种族、语言、宗教上属于少数人的权利宣言》等工作组。在这些工作组会议上，中国提出的意见和修正案受到了各方面的重视。自1981年起，中国参加了联合国人权委员会起草《发展权宣言》的政府专家组的历届会议，并积极提出意见，直至《发展权宣言》于1986年在第四十一届联大获得通过。中国还积极支持人权委员会关于实现发展权问题的全球磋商，支持将发展权问题作为一个单独的议题在人权委员会加以审议。中国一直是人权委员会关于发展权问题决议的共同提案国。

中国政府自1980年起先后签署、批准并加入了《防止及惩治灭绝种族罪公约》、《禁止并惩治种族隔离罪行国际公约》、《消除对妇女一切形式歧视公约》、《消除一切形式种族歧视国际公约》、《关于难民地位的公约》、《关于难民地位的议定书》、《禁止酷刑和其他残忍、不人道或有辱人格的待遇或处罚公约》等7个国际人权公约。对于已经加入的人权公约，中国政府一贯按规定提交执行有关公约情况的报告，严肃认真地履行自己所承担的义务。

中国一贯主持正义，在捍卫第三世界国家的民族自决权和制止大规模侵犯人权方面做出了不懈的努力。在公正合理地解决柬埔寨问题、阿富汗问题、巴勒斯坦和阿拉伯被占领土问题、南非和纳米比亚问题、巴拿马问题等一系列重大国际人权问题上，中国多年来坚持不懈的努力是众所周知的。

中国重视发展权问题。中国认为，随着历史的发展，人权的概念及其内涵也在不断发展。《发展权宣言》规定，人权既是一项个人权利，同时又是一项集体的权利，这突破了传统的人权概念，是新兴的民族独立国家及国际社会多年斗争取得的结果，具有重要意义。现在世界上贫富之间的差距愈来愈大，许多发展中国家社会经济发展缓慢，发展中国家人口的三分之一仍然生活在贫困线以下。对广大发展中国家人民来说，最紧迫的人权问题仍然是生存权利和经济、社会和文化发展的权利。因此发展权应优先受到重视。中国呼吁国际社会重视和关注发展中国家的发展权问题，采取积极有效措施，努力消除世界经济秩序中不公正和不合理现象，切实改善国际经济环境，缓解和逐步消除制约发展中国家发展的不利因素，建立新的国际经济秩序；消除种族主义、殖民主义、霸权主义、外国侵略、占领和干涉等影响发展权的因素，为发展权的实现创造有利的国际环境。

长期以来，在联合国人权领域的活动中，中国坚决反对任何国家利用人权问题推行自己的价值观念、意识形态、政治标准和发展模式，借口人权问题干涉别国特别是广大发展中国家的内政，使许多发展中国家的主权和尊严受到损害。对此，中国同广大发展中国家一道，进行了坚决斗争，主持公道，仗义执言。中国一贯认为，人权问题本质上是属于一国内部管辖的问题，尊重国家主权和不干涉内政是公认的国际法准则，适用于国际关系的一切领域，自然也适用于人权问题。《联合国宪章》第二条第七款规定："本宪章不得认为授权联合国干涉在本质上属于任何国家国内管辖之事项。"联合国通过的《关于各国内政不容干涉及其独立与主权之保护宣言》、《关于各国依联合国宪章建立友好关系及合作之国际法之原则之宣言》和《不容干涉和干预别国内政宣言》都明确规定："任何国家或国家集团均无权以任何理由直接或间接干涉任何其他国家之内政和外交事务"，"各国有义务避免利用和歪曲人权问题，以此作为对其他国家或国家集团内部或彼此之间制造猜疑和混乱的手段"。这些国际约法的规定，反映了绝大多数国家维护国际法基本准则和国际间正常关系的意志，是国际人权活动必须遵守的基本原则。那种认为不干涉内政原则不适用于人权问题的主张，实际上是要求主权国家在人权问题上放弃国家主权，这是违反国际法的。利用人权问题去达到强迫别国接受其意识形态的政治目的，这已经不是什么人权问题，而是干涉别国内政的强权政治的表现。国际人权活动中的这种不正常现象，应予以清除和纠正。

中国主张在相互理解、求同存异的基础上加强人权领域内的国际合作。但任何国家实现和维护人权的道路，都不能脱离该国的历史和经济、政治、文化的具体国情，并需由主权国家通过国内立法对人权制度予以确认和保护。正如第四十五届联大决议所指出的，"每一个国家都有权自行选择和发展本国的政治、社会、经济及文化制度"。第四十六届人权会决议也指出，没有任何一种发展模式可以对所有文化和所有人民普遍适用。拿自己的模式作标准，去评判其他国家，把自己的模式强加于人，既不恰当，也根本行不通。因此，人权国际保护的主旨和活动，应促进国际人权领域的正常合作和各国之间的和谐、相互理解和相互尊重；应该照顾到各种政治、经济、社会制度和不同历史、宗教、文化背景的国家对人权的观点，本着求同存异、互相尊重、增进了解、加强合作的精神来进行。

中国一贯认为，对于危及世界和平与安全的行为，诸如由殖民主义、种族主义和外国侵略、占领造成的粗暴侵犯人权的行为，以及种族隔离、种族歧视、灭绝种族、贩卖奴隶、国际恐怖组织侵犯人权的严重事件，国际社会都应进行干预和制止，实行人权的国际保护。这是人权领域内加强国际合作的重要内容，也是当前人权国际保护活动所面临的艰巨任务。

现在，世界新旧格局正处于转换之中，世界更加动荡不定。霸权主义和强权政治仍在继续，危及世界的和平与发展。利用人权干涉别国内政和推行强权外交，阻碍了人权和基本自由的实现。面对这样的国际形势，中国愿意同国际社会一道，为建立一个公正、合理的国际关系新秩序，实现联合国维护和促进人权与基本自由的宗旨，继续作出不懈的努力。

中共中央总书记江泽民在中南海会见法国保卫共和联盟主席前总理巴黎市长雅克·希拉克

应客人的要求，江泽民简要介绍了中国的经济情况。他说，邓小平于 70 年代末提出了改革开放的政策，10 多年的实践证明，这个政策是完全正确的，它促使中国经济取得了突飞猛进的发展。

江泽民说，中国人民非常期望有一个和平的国际环境。我们主张国际新秩序应建立在和平共处五项原则的基础上。各国的社会制度应由各国人民自己来选择。在处理国家关系问题时首先考虑的应是双方的利益，而不是意识形态的异同。

会见中，希拉克说，法国希望看到一个强大、进步、富裕的中国，这对明天的世界必不可少，希望中国今后发展得更快。

他说，他是中国的朋友，对中国人民怀有友好之情，愿意看到中国发展得更好。他认为中国现在实行邓小平所倡导的改革开放政策很好，带来了很成功的效果。

中共中央总书记江泽民在中南海会见也门社会党政治局委员贾尔拉·欧迈尔率领的也门总人民会议和也门社会党联合代表团

中国国际友好联络会名誉会长王震在人民大会堂会见美国共和党亚裔总党部主席陈本昌

会见中在谈到台湾问题时，王震说，目前有一小撮人鼓吹"台湾独立"，这是极不得人心的。由于政治、经济、文化、历史的原因，台湾同大陆必将实现统一。

陈本昌说，海外广大华裔都坚决反对"台独"分子，没有人同情他们。

在谈到中国经济建设和发展问题时，王震说，中国只有走社会主义道路才能繁荣昌盛，中国地大物博，但人口太多，人均土地和其他各种资源占有就相对较少，所以建设任务则更重。中国搞建设，外部需要和平环境，内部需要安定团结。

中共中央政治局常委李瑞环在人民大会堂会见美国前驻中国大使恒安石及夫人

李瑞环说，使中美关系恢复正常是两国人民的共同愿望。他说，中美两国价值观念不同、意识形态各异，但进一步加强中美友好合作关系对两国和两国人民都有好处。中国政府很希望使中美关系尽快恢复正常。

恒安石从1981年到1985年担任美国驻华大使，为中美关系的发展做了不少工作。李瑞环对此表示赞赏，并希望他为中美关系的全面恢复继续努力。恒安石说，中国实行改革开放政策不仅使中国自己得到实惠，而且有利于世界的和平与稳定。他认为，使美中关系恢复正常是重要的。美国驻华大使芮效俭会见时在座。

国家科委在人民大会堂召开大会表彰为星火计划做出贡献的先进个人和集体

中共中央政治局常委李瑞环、中央书记处候补书记温家宝、中顾委常委刘澜涛、国务委员兼国家科委主任宋健、全国政协副主席洪学智等领导出席颁奖仪式并为获奖者的代表授奖。

会上表彰的1939个先进个人和集体是他们中的代表，其中包括全国星火计划管理先进工作者887名，全国星火计划科技先进工作者290名，全国星火计划先进企业家332名，全国星火计划荣誉奖获得者119名，全国星火计划先进集体311个。

宋健会上讲话指出，星火计划的实施，为建立社会化科技服务体系和促进乡镇企业的健康发展起到了显著的示范作用，开拓了一条科技与经济结合、促进科技成果商品化的有效途径，闯出了一条发展农村经济的可行道路。星火计划像一面旗帜，引导着亿万农民逐步告别落后的自然经济观念，走上依靠科技发展农村商品经济的大道。

宋健说，依靠科教振兴农村经济是时代赋予我们的重任。90年代国家将继续动员和吸引广大科技工作者到农村去传播科学技术，到乡镇企业建功立业。

党和国家领导人江泽民等在北京会见出席全国文化工作先进地区先进集体和全国文化系统先进工作者表彰大会的全体代表

中共中央总书记江泽民，中共中央政治局常委李瑞环，中共中央政治局委员国务委员李铁映上午在北京会见出席全国文化工作先进地区、先进集体和全国文化系统先进工作者表彰大会的全体代表。

第2届中国话剧金狮奖在北京颁奖

黄河跨度最长的承压舟浮桥在山东省惠民县清河镇黄河公路渡口建成通车

中国举行为期4天的首届湖北黄石乒乓球节

11月2日

解放战争中牺牲的最高将领朱瑞将军塑像在锦州落成

国务院新闻办公室主任朱穆之就发表《中国的人权状况》白皮书答记者问

记者：请问为什么要发表《中国的人权状况》白皮书，它的发表有什么特殊的意义？

朱穆之：半个多世纪以来，中国人民在各方面取得了伟大的成就，其中的一项就是人权，这是中国人民取得的很了不起的一项成就。但这项成就过去没有系统地向国际公众介绍过，100多年来，中国人民不惜流血牺牲为之奋斗的，就是争取有做人的权利。过去，在帝国主义的侵略下，在封建主义、官僚资本主义的压迫下，中国人民备受蹂躏，生命旦不保夕，饥寒交迫，没有什么人权可言。只是在推翻了这三座大山，建立了中华人民共和国，国家取得了完全的独立，废除了人剥削人的制度，中国人民才真正享有了做人的权利。现在中国人民的人权状况和建国前相比，真是有天壤之别。这方面的情况，由于没有很好介绍，国内不少人特别是青年人也不甚了解，国外的人了解更少。近年来国外有一些人蓄意散布什么中国不讲人权，侵犯人权，这完全是不顾事实，颠倒黑白。中国使毫无做人权利的亿万人民争得了人权，这是对世界的巨大贡献。因此要讲人权，应该说中国最有资格。我们发表《中国的人权状况》白皮书，将有助于国内人民和国际社会较全面地、系统地、准确地了解中国人享有人权的事实。

记者：为什么中国要特别强调生存权？

朱穆之：这是因为对中国人民来说，最重要的人权过去是今天仍然是生存权。道理很简单，没有充分可靠的生存权，那还谈得上什么其他人权。《中国的人权状况》白皮书中以令人触目惊心的许多事实，说明在旧中国，人民毫无生命保障，在帝国主义的侵略下，中国人民被杀害的数以千万计。北京就是这段历史的见证。1860 年英法侵略军打到北京，烧了圆明园；1900 年，英、美、法、德、俄、日等八国联军又打到北京，大肆烧杀抢掠；1937 年日本帝国主义占领了北京（当时叫北平），北京成了殖民地。到抗日战争胜利后，美国兵还公然在北京大街上劫持、强奸北京大学的女学生而逍遥法外。这段悲惨屈辱的历史到新中国成立才结束，中国人民的生命安全才有了保障。

但是要解决人民的生存权，仅推翻帝国主义、封建主义和官僚资本主义三座大山还不行，还要解决人民的温饱问题。中国人民在旧社会长期缺食少衣，就希望能吃饱穿暖。40 多年来，中国人民在中国共产党和人民政府的领导下，艰苦奋斗，终于以占世界 7%的耕地，基本上解决了占世界 22%的人口的温饱问题。现在可以说，中国人民已基本上享有了生存权。历史说明，生存权是中国人民的首要人权。

就今天中国的实际来说，维护生存权仍然是中国人民在人权方面的首要任务。因为中国是一个发展中国家，国力还有限，经济发展和人民生活水平还比较低，世界还很不太平，一旦发生战乱和巨大自然灾害，就会威胁到国家的安全和人民的生计，因此必须安定团结、齐心协力来实现社会主义现代化建设的战略目标，只有增强国力，提高经济发展和人民生活水平，才能使人民的生存权有可靠的保障，这是全国人民的最迫切愿望。

记者：有人说，中国只讲生存权，不讲政治权，你对此有何评论？

朱穆之：这种说法不符合事实。

只要稍稍翻阅一下中国的近代史，就可以了解，中国人民在争取生存权的同时就展开了争取人民政治权利的可歌可泣的斗争。这两个斗争实际上是分不开的。中国共产党一成立，就领导人民为实现新民主主义而奋斗。当时的解放区为什么能吸引千千万万的青年，成为全国人民的希望所在，主要原因之一就是因为实行了民主。新中国建立后，实行社会主义民主，人民享有了作为国家主人的广泛的政治权利。有人把人民的政治权利看作就是选举权，这是片面的。仅就这一点来说，中国的选举完全不受金钱的操纵，人民享有的选举权是真实的，这是和那些完全在金钱操纵下的选举不可同日而语的。在那种选举中，人民所有的选举权是虚假的。

《中国的人权状况》白皮书中专门有一节具体介绍了中国人民享有政治权利的情况，因此说中国不讲人民的政治权利是不正确的。我们完全有理由说，社会主义中国的人民享有了中国历史上前所未有的、广泛的政治权利。自然，这不是说中国人民享有的政治权利已十全十美了。中国在努力进行政治体制改革，加强社会主义民主和法制建设，以使人民能够更充分地享受作为国家主人的政治权利。

记者：有一种相当流行的看法，认为人权就是政治权或公民权，《中国的人权状况》白皮书中有不同的看法，为什么？

朱穆之：人民的政治权或公民权当然是人权中不可缺少的、十分重要的部分，但不是全部。人权除了政治权以外，不仅要包括生存权，还必须包括经济、文化和社会的权利，否则就不是完全的人权。没有经济、文化和社会的权利，可以说也不能有真正的政治权利。中国废除了剥削制度，使人民在经济上有了平等发展的权利，避免了两极分化，这就使人民具有了享有政治权利的经济基础。又以劳动权来说，在旧中国，劳动权操纵在地主资本家手中，没有生产资料的劳动人民没有什么自主劳动的权利。没有劳动权，最根本的生活的权利就没有保障。其他如受教育的权利，妇女儿童、老弱残疾人应受到保护的权利等等，没有这些权利，岂能说完全享有了人权？

中国宪法中明确规定了人民的经济、文化和社会权利，并在实施中取得了很大成就。随着社会主义现代化建设的发展，中国人民将进一步享有这方面的权利。

记者：国际上有人主张，“人权高于主权”，不干涉内政原则不适用于人权问题，你对此有何看法？

朱穆之：《中国的人权状况》白皮书中，对于这个问题已经作了较详细的论述，我就不重复了。

我认为，如果真按照“人权高于主权”、“人权无国界”、不干涉内政的原则不适用于人权问题的主张来办，那么后果不堪设想。因为，一、人权的具体标准是什么？现在并没有一个全世界各国都可以接受的统一的具体标准。各个国家历史不同，民族传统不同，经济文化条件不同，道德标准、价值观念不同，对于人权的认识和要求也必然不同，西方发达国家和发展中国家不同，信仰基督教、佛教的国家和信仰伊斯兰教的国家不同。联合国曾通过有关人权的一些文件、公约，但以高谈人权的美国来说，就不完全赞同，对一些公约就不参加。二、如果各国按照自己的标准来对待别国的人权问题，那么任何一个国家都可以认为别国侵犯了人权而任意加以干涉，包括出兵动武。这不能不使人联想起过去殖民主义以传播文明为幌子侵略一些弱小国家的历史。那种借口听来也是振振有词的。三、按照这种主张实行的结果，实际上将是一些小国弱国，即使看到某些大国放肆侵犯人权，他们也无力加以干涉制止，而只有那些大国强国，可以对那些小国弱国任意加以侵犯人权的罪名，要打就打，要压就压，为所欲为。因此，所谓“人权高于主权”、“人权无国界”，不干涉内政原则不适用于人权问题等等，只能成为一些国家可以借以实行强权政治、霸权主义的幌子，其结果是天下大乱。

致公党第九届中常会第十三次会议在北京举行

会议期间，与会同志认真学习江泽民总书记在庆祝中国共产党成立70周年大会上的重要讲话和中共中央工作会议精神，大家表示，在当前错综复杂的国际形势下，要更加紧密地团结在中国共产党周围，牢固树立自觉接受和坚持共产党领导的信念。

与会同志对最近台湾岛内出现的旨在分裂祖国分裂民族的“台独”逆流，表示强烈谴责。董寅初主席说，台湾自古以来就是中国不可分割的神圣领土，一小撮台独分子明目张胆地进行分裂民族、出卖国土的罪恶活动，必将成为中华民族的千古罪人。

与会代表就人权问题举行专题座谈。常务副主席杨纪珂说，白皮书实事求是，理直气壮，读了使人精神振奋。我们完全赞同和坚决拥护。

“七五”全国星火计划成果博览会在北京开幕

博览会以实物为主，兼有图片、模型和说明，展出4000多项星火计划成果。博览会于7日闭幕。

中国首次召开的“中国企业跨国经营政策研讨会”在北京开幕

第六届全国发明展览会在陕西西安闭幕

统计数字显示，展期10天来技术贸易合同、协议、意向成交总额达8.43亿元，合同金额占25%，创历届发明展览会的最高纪录。其中，发明成果转让1910项(次)，成交额3.81亿元；发明新产品销售586项，成交额2.74亿元；技术成果转让643项(次)，成交额0.82亿元；技术成果新产品销售1.06亿元。

由52位专家教授组成的全国发明展览会评奖委员会，在参加评奖的1193个技术发明项目中，评出金牌奖59项，银牌奖182项，铜牌奖412项，还评出国家有关部门、社会团体、地方政府等设立的11项专项奖。

国务委员兼外交部部长钱其琛在北京会见法国前总理雅克·希拉克

钱其琛在会见中指出，亚洲有个独立自主的中国，欧洲有个独立自主的法国，这将对世界的平衡、稳定与和平起到重要作用。

钱其琛说，当前世界正处于激变过程中，有些变化可以预测，但有些则很难，在这种形势下，中法保持友好合作关系不仅有利两国人民，而且也有利于世界和平和稳定。

11月3日

全国人大常委会委员长万里在人民大会堂会见由议长费利克斯·庞斯率领的西班牙众议院代表团

国家主席杨尚昆在陕西考察

出国访问远道归来的国家主席杨尚昆11月3日、4日视察了陕西工作，于4日下午离开西安返回北京。杨主席在陕期间，陕西省委书记张勃兴向杨主席汇报了陕西经济建设、维护社会稳定等方面的工作。杨主席兴奋地说，我已多年没来陕西，八百里秦川变化很大，整个陕西变化很大。

他说，我国是个亚洲大国，又是联合国安理会常任理事国之一。这次出访，使我感受到我们国家的地位在不断提高，人们寄希望于我们中国。可是我们现在还穷，要是富裕一些，就好了。他说，陕西是一块宝地，在历史上曾作出过很大贡献，很有发展潜力，希望你们把陕西多方面的工作做得更好。他还十分关切地了解陕北的建设情况，询问通往延安的铁路何时能修通，南泥湾是不是打出了石油。他在听到延安地区的苹果生产已形成规模，农民们掌握了苹果贮存技术时欣喜地说，贮存好了，就能卖大价钱！

杨主席及其随行人员在西安期间还参观了秦始皇兵马俑博物馆、华清池、大雁塔。在历代珍贵文物荟萃的陕西历史博物馆，杨主席兴致勃勃地听着文物介绍，说古论今，谈笑风生，参观了两个多小时不感疲劳，并十分关心陕西的文物保护工作。参观结束时，他对陕西省文物局副局长陈全方、历史博物馆馆长尹盛平和讲解员王彬动情地说，这里是进行爱国主义教育的最好场所，感谢你们给我上了一课。要组织广大群众来这里观看展览，让我们的人民都深深了解祖国多么伟大！

国务院副总理田纪云在重庆举行的全国搞好国合商业座谈会上发表讲话

田纪云指出，国合商业是公有制经济在商品流通领域中的主导力量，是国家财政收入的重要来源，解决目前国合商业出现的经营萎缩、效益下降问题，只有用进一步推进和深化改革的方法，在改革中求生存，在竞争中求发展。

田纪云指出，流通是社会再生产过程中的一个重要环节，是产销之间、工农之间、城乡之间的桥梁和纽带。要搞好流通，就必须搞好国合商业。搞好国合商业不仅是一个经济问题，而且是社会主义制度优越性能否发挥的一个政治问题；不仅具有重要的经济意义，而且具有深远的政治意义。目前，国合商业企业遇到了许多困难，最根本的原因是企业缺乏活力，在多渠道、多成分的激烈竞争中处于不利地位。怎样解决目前国合商业存在的困难，摆脱目前所处的不利局面？只有走深化改革、转变经营机制、增强自身竞争力的路子。

田纪云充分肯定了重庆市在国合商业实行经营、价格、分配、用工“四放开”的经验。他说，要办好社会主义国营商业，就必须把应该给企业的权利放给企业，让企业有可能、有条件放开手脚，转换企业内部经营机制。重庆“四放开”的经验，在这方面进行了有益探索，迈出了可喜、重要的一步，是商业改革的一个突破。“四放开”的原则是“国家放宽，企业管严，放而有度，活而有序”。在国家宏观控制下，把企业推向市场，让国合商业企业逐步成为自主经营、自负盈亏的商品经营者，它符合中央工作会议提出的深化改革、搞好国营大中型企业的精神。商业体制改革，应根据建立计划与市场调节相结合的经济运行机制的方向，本着“三管三放”的原则：即大的管住，小的放活；批发管住，零售放活；关系国计民生的重要生产、生活资料管住，其他的放活的原则，借鉴各地深化改革的经验，不断推向前进。

谈到如何进一步搞好国合商业企业，田纪云强调指出，目前商业改革正处在转折关头，首先，各级人民政府要切实加强对商业工作的领导，要认真贯彻中央工作会议精神，把商业改革推向一个新阶段。其次，把着力点放到转换企业内部机制，增强企业活力上。各级商业部门、各个国合商业，都要眼睛向内，不等不靠，积极行动起来，把功夫和精力用在转换企业内部机制，提高经济效益上。第三，各综合部门都要积极支持国合商业改革。凡是有利于社会主义生产力发展的，大家都要支持，绝不能用过去的老框框对待。

新华社报道称“星火计划”五年创汇总额超过三十亿美元

以推广实用技术、振兴地方经济为宗旨的“星火计划”，使大批乡镇企业的产品迅速更新换代，具备了国际竞争的能力。5 年来星火项目的创汇总额累计已超过 30 亿美元。星火技术在技术水平、适用性、性能价格比等方面对发展中国家具有特殊的吸引力。一些劳动密集型的星火工艺产品以及我国独特的粮油食品加工机械及技术等，在发达国家也有部分市场。

去年以来，“星火计划”的国际合作领域进一步拓宽，从技术合作向资金、管理、人才等多方面的合作发展。“星火计划”已同 13 个国家开展了合作。中国与比利时将星火项目“农村一体化净化器”列入 1991 年两国政府间合作计划。中国与芬兰确立了“吉林延边森林工业发展规划”和“生物技术在饲料工业中的应用”两个星火合作项目。中国还同巴西就某些种植技术及农产品的深加工技术进行合作。

去年年底，中国在泰国举办了中国星火科技成果展览会，成交额达到 1 亿元。

目前来华考察或要求了解“星火计划”的国家和国际组织不断增加。有的国际会议专门邀请我国介绍“星火计划”。世界银行不久前核准贷款 1.1 亿美元支持“星火计划”。联合国有关组织还拍摄了反映“星火计划”的专题片。

江西永修农民徐京发被联合国粮农组织授予优秀林农银质奖

中国参加为期 8 天的第 9 届哈瓦那国际博览会

《中国少年报》在北京举行创刊 40 周年纪念会

11 月 4 日

中共中央政治局常委乔石在钓鱼台国宾馆会见印度共产党总书记英德拉吉特·古普塔

中共中央总书记江泽民视察新华社

江泽民在新华社提出，当前，我们正处在社会主义现代化建设的关键时期，新闻宣传工作面临的重要任务，就是引导广大人民群众充分认识党的基本路线代表着人民的根本利益，从而进一步团结起来，紧紧抓住经济建设这个中心，坚持四项基本原则，坚持改革开放，坚定不移地走建设具有中国特色的社会主义道路，为实现党的总目标、总任务而奋斗。

在新华社成立 60 周年前夕，江泽民总书记在中央书记处候补书记温家宝和中央宣传部部长王忍之的陪同下，下午 3 时来到新华社，祝贺新华社成立 60 周年，受到广大干部职工的欢迎。

中共新华社党组书记、社长穆青，新华社党组副书记、副社长郭超人，首先向江泽民总书记汇报了新华社的宣传报道、事业发展、队伍建设、技术建设等情况。随后，江泽民等在穆青、郭超人的陪同下，来到新华社总编辑室、发稿中心、计算机房，参观了稿件的计算机处理和播发的全过程，向新华社广大编辑、记者和技术人员致以亲切慰问。

参观之后，江泽民总书记在新闻大厦多功能厅会见新华社各部门的负责人，并作重要讲话。江泽民说，60年间，新华社一代又一代新闻工作者在党中央的直接领导下，特别是在老一辈无产阶级革命家的亲切关怀下，牢记为人民服务的宗旨，发扬艰苦创业的革命精神，团结奋斗，开拓进取，使新华社从设备简陋的“窑洞通讯社”，发展成为拥有比较先进的通讯技术装备的世界性通讯社，在中国革命和建设的各个历史时期，都发挥了重要的作用。特别是党的十三届四中全会以来，新华社的同志认真总结正反两方面的经验，积极宣传、贯彻党的“一个中心、两个基本点”的基本路线，方向是正确的，成绩是显著的。

江泽民说，新华社60年的历史，是一部光荣的历史。新华社的同志们要十分珍视自己的历史，继承和发扬优良传统和作风，在党的领导下，继续坚持为人民服务、为社会主义服务的方向，为现代化建设做出更大的贡献。

江泽民指出，当前，国际形势错综复杂，国内建设和改革任务也相当繁重。新的形势、新的任务，对新闻宣传战线的同志们提出新的更高的要求。在国内宣传方面，要引导干部群众正确地认识国际、国内形势，全面准确地贯彻执行党的基本路线，坚定不移地建设有中国特色的社会主义。在对外宣传方面，要全面地完整地反映中国共产党和中国政府的对内、对外政策，正确反映社会主义中国在国际社会上的形象，为国内的现代化建设创造一个良好的国际环境。

江泽民在讲话中向大家提出了两点希望：学习、学习、再学习；深入、深入、再深入。他说，要完成新闻宣传工作的重要任务，就需要我们不断地学习。要努力学习马列主义、毛泽东思想，学习邓小平同志倡导的建设有中国特色的社会主义的理论，学习党的十一届三中全会以来的路线、方针、政策，用以指导我们的宣传报道，使我们的新闻宣传工作出现一个新的面貌。

江泽民说，深入实际，深入群众，调查研究，这是新华社长期以来形成的一个好传统，也是新华社较好地完成宣传报道和各项工作任务的重要原因。同志们一定要把这个好传统进一步发扬下去，更好地发挥党同人民群众密切联系的桥梁和纽带作用，宣传改革开放和社会主义现代化建设的新成就，宣传广大干部群众中涌现出来的英雄模范人物的先进事迹。通过宣传报道，振奋精神，鼓舞斗志，引导人民群众为实现社会主义现代化建设的第二步战略目标而奋斗。要做到这一点，就需要我们不断深入到改革和建设的实践中去，深入到人民群众中去，从实践中，从改革和建设中，从人民群众中吸取营养，锻炼自己，提高自己。

中宣部理论局召开人权理论讨论会

北京和部分省市的理论工作者60多人参加会议。中共中央宣传部副部长聂大江说，我们必须从捍卫国家的独立与主权、建设社会主义两个文明的高度，来认识开展人权理论研究的重要意义。

聂大江说，国务院新闻办公室发表的《中国的人权状况》白皮书，分十个问题阐明了我国关于人权的基本观点，介绍了新中国成立以来在经济建设和改善人权状况方面所取得的巨大成就，大量的事实说明，只有社会主义、共产主义社会才有可能实现真正的人权，只有社会主义制度下的劳动人民才享有当家作主的权利。可以断言，在人权问题的实践上，中国与其他国家相比是毫不逊色的。在理论上，马克思主义关于民主、自由、人权的基本理论也是相当丰富的，我们党提出的建设有中国特色的社会主义的理论中，也包含了关于民主、自由、人权的重要内容，这些言之成理、持之有故的科学理论，是有强大说服力的。

聂大江指出，当前迫切需要把民主、自由、人权问题向干部、群众，特别是青年学生讲清楚。要用马克思主义的基本观点，正确而通俗地向人们解释民主、自由、人权问题。

在谈到如何开展人权问题研究时，聂大江指出，研究人权问题，必须以马克思主义理论为指导，要坚持运用历史唯物主义和辩证唯物主义的世界观和方法论。聂大江说，人权问题涉及法学、政治学、社会学、历史学、经济学、哲学等许多方面，我们要做好组织、协调工作，把人权问题研究引向深入。只有这样，才能完成历史所赋予我们的进一步丰富、完善、发展马克思主义人权理论的重任。

第十八次全国公安会议在北京开幕

王芳、任建新、刘复之及各省、自治区、直辖市和计划单列市主管政法工作的负责人，公安厅(局)长，武警部队负责人共400余人参加会议。

公安部部长陶驷驹在会上指出，90年代公安工作的基本任务是：以党的基本路线为指针，充分发挥公安机关的职能作用，同一切敌视、破坏社会主义的敌对势力和敌对分子进行坚决斗争，大力促进综合治理，更有效地打击严重刑事犯罪活动，粉碎国内外敌以势力的和平演变阴谋，巩固人民民主专政的国家政权，维护国家的持续稳定，保卫改革开放的不断深入。

陶驷驹总结了公安战线14年来取得的胜利与进步，主要是：坚决打击敌对势力和敌对分子的破坏活动，防止和妥善处理他们蓄意挑起的动乱、暴乱事件，捍卫和维护了国家安全和政治稳定；持续不断地打击刑事犯罪活动，维护了社会治安的基本稳定。14年间，共破获刑事犯罪案件 774.8 万起，其中大案 133.5 万起，缴获赃款及赃物折款 43 亿元；逐步改革和加强治安管理，开创了新的工作局面；公安队伍逐步发展壮大，各项基础建设初具规模。

在分析公安工作当前面临的严峻斗争形势时，陶驷驹认为，在社会主义初级阶段，经济、政治、思想、文化等方面仍然存在着产生犯罪的土壤和条件。犯罪现象的增减，归根结底取决于全社会抑制、减少犯罪的各种积极因素和诱发、滋生犯罪的各种消极因素两方面力量之间的进退消长，取决于改革和建设的成功。陶驷驹指出，今后十年的对敌斗争和治安形势，将呈现国际帝国主义的和平演变与国内资产阶级自由化思想互相呼应，国内外敌对势力互相勾结，反革命破坏与刑事犯罪、经济犯罪互相交织，国际犯罪与国内犯罪互相渗透、互相影响的错综复杂的局面。但他表示相信，中国完全能够依靠自己的政治优势并通过卓有成效的工作，克服困难，自我完善，维护国家和社会的稳定。

中国公安部外事局局长朱恩涛在乌拉圭举行的为期 5 天的国际刑警组织第 60 届大会上发言

外交部发言人否认中国向伊朗提供可用于制造核武器的材料设备和技术

外交部发言人在回答记者的问题时说，一些西方报刊关于中国向伊朗提供了可用于制造核武器的材料、设备和技术的报道是完全没有根据的。

他说："中国政府对和平利用核能的国际合作历来采取负责的方针，接受国际原子能机构的安全保障监督，未经中国同意，接受国不得转让给第三国。"

他说，中伊两国的公司于 1989 年和 1991 年分别签订商务合同，中国向伊方提供一台完全是用于和平目的用于同位素生产的电磁分离器和一座微型反应堆。他说，这些设施是用于核医学诊断和核物理研究、同位素生产、教育和人员培训的。中国参照国际上普遍遵循的规定，在设备装运前即已提请国际原子能机构实施安全保障监督。

世界最大的水泥灌浆机在大连起重机器厂建造完工

这两台灌浆机最近建造完工，可一次浇注长 28.5 米，直径 8.5 米的混凝土岩洞及各种大型混凝土建筑。

国家副主席王震等在人民大会堂接见北京大学青年教授陈章良

荣膺 1991 年度贾乌德·侯赛因青年科学家奖的北京大学教授陈章良上午在人民大会堂受到国家副主席王震、中共中央政治局委员李铁映、国务委员宋健、全国政协副主席卢嘉锡的接见。

王震首先代表江泽民、杨尚昆、李鹏向获奖的陈章良表示庆贺。王震对陈章良说，当我听到你获奖的消息时，实在是高兴。你是社会主义新中国培养的世界上著名的新一代科学家，这是我们 11 亿中国人民的光荣，也是我们中华民族的骄傲。

王震最后说，科学技术的进步是无止境的，希望新老科学家有更多发明创造。

陈章良说，我为祖国做得很少，而国家却给我很多很多。这几天，我收到不少留学生打来的祝贺电话和电报，他们说，我们终于相信了，在国内同样能做出成绩。

11 月 5 日

中共中央总书记江泽民与越共中央总书记杜梅在人民大会堂举行会谈

中共中央总书记江泽民在会谈中说，在两国关系经历一段曲折之后，中越两国领导人今天坐在一起举行高级会晤，具有重要意义。这是一次结束过去、开辟未来的会晤，它标志着两国关系的正常化，它必将对两国关系的发展产生深远的影响。

越共中央总书记杜梅说，越南方面十分重视这次访问，它标志着越中关系的正常化，这符合两国人民的愿望和根本利益，也有利于本地区和世界的和平与稳定。杜梅说，两国关系正常化是历史的必然。

江泽民对两国关系的历史作了回顾。他指出，中越两国山水相连，两国人民在长期的革命斗争中互相同情、互相支持，结下了深厚友谊，中越友好符合两国人民的愿望和根本利益，这是任何人都无法改变的。

江泽民说："在过去十几年里，两国关系出现了困难和曲折，这是我们不愿看到的。"江泽民说，中国方面珍视两国人民的传统友谊，希望早日结束两国之间的不正常状态。经过联合国、国际社会和柬埔寨四方的努力，十月二十三日在巴黎签署了全面政治解决柬埔寨问题的协议。现在，阻碍中越两国关系正常化的关键问题已经解决，中越之间结束过去、实现关系正常化的条件已经成熟。

在谈及中越两国关系的指导原则时，江泽民指出，中越两国处于对抗状态是不正常的，但回到过去五六十年代的那种状况也不现实。今后，两国应在和平共处五项原则基础上发展睦邻友好关系。

江泽民强调说："中越关系正常化不针对第三国，不影响各自同其他国家业已存在的友好合作关系"。中越关系正常化不仅符合中越两国人民的根本利益，也有利于亚洲和世界的和平与稳定。随着两国关系的正常化，两党也将在独立自主、完全平等、互相尊重、互不干涉内政四项原则的基础上进行正常往来。杜梅表示同意江泽民所说的关于发展两国、两党关系的指导原则。

国务院总理李鹏在人民大会堂会见由议长费利克斯·庞斯率领的西班牙众议院代表团和西班牙司法权总委员会主席兼最高法院院长帕斯卡尔·萨拉·桑切斯

国务院在北京举行第92次常务会议

国务院总理李鹏主持召开常务会议。会议讨论《中华人民共和国和苏维埃社会主义共和国联盟关于中苏国界东段的协定》，讨论并原则通过关于农民交纳村提留、乡统筹费用及出劳务工方面的一个管理条例草案。

会议认为，为了保护农民的合法权益，调动农民的生产积极性，促进农村经济持续稳定协调发展，明确规定农民除缴纳税金，完成国家农产品定购任务外，应承担的村提留、乡统筹费、劳务以及其他费用和额度，有利于使农民一方面依法履行自己应尽的义务，另一方面可以依法保护自己的合法权益。同时，监督管理部门也能做到依法管理，注意减轻农民负担，查处向农民乱收费、乱罚款和进行摊派的违法行为。会议讨论通过的这个条例，经修改后将由国务院正式发布实施。

会议经过讨论，同意将《中华人民共和国和苏维埃社会主义共和国联盟关于中苏国界东段的协定》提交全国人大常委会审议。

中央军委副主席刘华清在北京举行邓小平新时期国防建设军队建设理论研讨会上发表讲话

刘华清强调，邓小平新时期国防建设军队建设理论，继承和发展了马克思主义、毛泽东军事思想，是建设有中国特色的社会主义理论的重要组成部分，是和平时期军队建设的纲领，是我军各项工作的指南。坚持邓小平新时期国防建设军队建设理论的指导地位，具有重大的现实意义和长远的历史意义。

刘华清指出，党的十三届五中全会高度评价了邓小平对我们党和国家建立的卓著的功勋，要求全党一定要认真学习邓小平的著作。在最近召开的中央工作会议上，江泽民同志号召我们向列宁、毛泽东学习，也要向邓小平学习。邓小平在长期的革命战争中和新中国成立后，参与创立毛泽东军事思想的实践活动，对毛泽东军事思想的形成和发展作出了重大贡献。党的十一届三中全会后，邓小平作为我们党第二代领导集体的核心，既是我国社会主义现代化建设事业的总设计师，也是新时期我国国防和军队建设的总设计师。在领导我国社会主义现代化事业取得举世瞩目伟大成就的同时，从新时期我国国防建设军队建设的实际出发，运用马列主义、毛泽东思想实事求是地总结了新中国成立以来我国国防建设军队建设的历史经验，科学地分析了国内外形势的发展变化，创造性地回答了新形势下我国国防建设军队建设亟待解决的一系列重大理论与实践问题，为实现国防现代化，为建设现代化、正规化的革命军队，提出了一整套具有中国特色的军事科学理论。

刘华清强调，学习邓小平的军事理论，要同学习毛泽东军事思想紧密结合起来。同学习党中央、中央军委关于国防和军队建设的一系列方针、政策结合起来。要在国际形势发生一系列重大变化的情况下，继续毫不动摇地坚决贯彻国防建设和军队建设指导思想的战略性转变。充分利用相对和平时期的有利时机，全面提高国防现代化和军队革命化、现代化、正规化水平。要从反和平演变的高度，认清新时期加强我军政治建设的重要性和紧迫性，使我军在任何情况下，都能始终保持坚定正确的政治方向，保持党对军队的绝对领导，加强军队与人民群众的血肉联系，保证我军在政治上永远合格。要加强军队质量建设，坚定不移地走有中国特色的精兵之路，把教育训练提高到战略位置，依法治军，改革体制，精简整编。要进一步重视科学技术发展对现代战争的影响，加强军事理论研究，深入探讨现代条件下人民战争的新特点，发展和完善人民战争理论。努力落实邓小平提出的“科学技术是第一生产力”，“四个现代化，关键是科学技术的现代化”的指示，发展科学技术，提高综合国力，有重点有步骤地改进武器装备，研究高技术条件下的作战理论和方式。

为期5天的邓小平新时期国防建设军队建设理论研讨会，是军事科学院和中国军事科学学会联合举办的一次全军性学术会议。王平、李德生、杨得志、洪学智、迟浩田，解放军三总部、军委办公厅、全军各大单位和武警总部的部分负责人出席会议。

中央国家机关司局长以上干部九十年代科技发展与中国现代化系列讲座在中南海举行

讲座由中共中央组织部、中央宣传部、中国科协、中直机关工委、国家机关工委联合举办。

中共中央书记处候补书记温家宝、国务委员宋健等出席开幕式。开幕式由中共中央宣传部部长王忍之主持。

刚刚获得国家杰出贡献科学家称号的钱学森在怀仁堂讲台上，向1200多名司局长以上干部讲第一课。讲的题目是：用现代科学技术建设有中国特色的社会主义。

中共中央政治局常委李瑞环在开幕式上讲话。

钱学森在讲座中共讲了六个方面的问题:科学革命、技术革命和产业革命;社会形态和社会形态的飞跃;人认识和改造客观世界的知识,即整个科学技术体系;用科学技术建设社会主义;科学技术业;人才培养。

中共中央政治局常委李瑞环在九十年代科技发展与中国现代化系列讲座开幕式上发表讲话

同志们:

中组部、中宣部、中国科协、中直机关工委、国家机关工委联合举办的《九十年代科技发展与中国现代化》系列讲座,请专家学者给中央机关的司局级以上的干部讲课,是很有意义的活动。这对于宣传和贯彻邓小平同志关于"科学技术是第一生产力"的思想,有着重要的作用。今天是讲座的第一课,由钱学森同志来讲。钱老是我国科技战线上的一面旗帜,他已八十高龄,为了这次讲座花了很大的精力。让我们对他表示诚挚的感谢和崇高的敬意。

从根本的意义讲,我们的一切领导都是为了实现社会主义现代化目标的领导。我们的领导干部,所在单位不同,工作的条件不同,工作的内容和范围也不同,但都是为四化建设服务的。四个现代化关键是科技的现代化。工业的现代化、农业的现代化、国防的现代化,都取决于现代科学技术的运用和发展。因此,不管从事哪一方面工作的领导,如果不学习一点自然科学知识,不了解当前世界科技特别是高科技的发展动向及其对国家政治、经济和社会生活各个领域的广泛而深刻的影响,就无法使自己负责的工作正确、有效地围绕四化建设来进行。当然,不能要求大家都像科技工作者那样学得很专,钻得很深,但是做到对一般科技知识和科技发展大趋势有所了解,对与自己工作有关的主要学科有所研究,是必要的,也是能办到的。

就一般情况来说,领导者对科技的认识和态度极大地影响着群众。在我们国家,如果不能在群众中、在全社会形成尊重知识、尊重人才、注重科技、推动科技进步的良好风气,就不能真正做到把经济建设进一步转移到依靠科技进步和提高劳动者素质的轨道上来,就不能很好地完成"八五"计划和十年规划提出的各项任务。增强全党、全民的科技意识,把"科学技术是第一生产力"的思想贯彻到各方面工作中去,需要做多方面的努力,需要领导者做大量的、艰苦细致的工作。如果领导干部不懂得一点自然科学知识,不了解一些当代科技发展趋势,就不可能下大力量去做这些工作,也不知道应该怎样去做这些工作,因而也就不可能把中央提出发展科技的方针、政策、措施同自己工作的实际情况很好地结合起来,并使之落到实处。

实行决策的科学化和领导方式的现代化,是中央的号召、群众的呼声,也是历史发展的必然趋势。我们党在长期的革命战争和过去的经济建设中形成了许多好的领导方式和工作方法,这是我们的宝贵财富。但必须看到,要适应当前现代化建设的新的形势和任务的需要,还必须尽可能地采取一些现代化的领导方式和科技手段。领导就要决策,而决策必须有科学论证;领导就是服务,而服务就必须及时、准确、全面地掌握信息;领导工作必须正确、高效,而正确、高效就必须有好的工作方法。要做到这些,领导者不但要掌握马克思主义基本原理,还要学习和了解一定的现代科技知识,学会一些依靠科技知识、运用科技手段进行领导的方法。

学习和掌握科技知识,有利于学习和理解马克思主义基本原理。马克思主义的产生和发展,同科学技术的发展是密切相关的。马克思主义创始人都十分重视并善于从科技成果中吸取知识和力量。为了著作《资本论》,马克思对技术史进行了系统的研究,写了好多本笔记。为了著作《反杜林论》和《自然辩证法》来系统地阐明辩证唯物主义学说,恩格斯用了多年时间精心研究自然科学。马克思、恩格斯对由远距离输电实验所预示的第二次技术革命的萌芽对社会主义运动的意义给予高度评价,并进行了热情的讨论。现在世界科技进步一日千里,对人类社会影响的广度和深度大大超过以往任何时代。今天的马克思主义者应该更加重视科学技术的发展,善于从当代最新科技成果中吸取思想养料。只有这样,才能正确地运用马克思主义,对错综复杂的形势作出正确判断;才能完整、准确地贯彻党的"一个中心、两个基本点"的基本路线,保证建设有中国特色的社会主义顺利进行;才能使马克思主义理论不断获得新的内容,在坚持基本原理的基础上得到新的发展。

最后,让我念一段毛主席的讲话,作为这篇短话的结束语。毛主席说:"只要我们更多地懂得马克思列宁主义,更多地懂得自然科学,一句话,更多地懂得客观世界的规律,少犯主观主义错误,我们的革命工作和建设工作,是一定能够达到目的的。"

11月6日

中共中央总书记江泽民在钓鱼台国宾馆同越共中央总书记杜梅举行会谈

江泽民在会谈中说,昨天我们谈得很好,双方同意结束过去,实现两国、两党关系正常化,并就两国、两党发展关系的指导原则达成了一致意见。杜梅对此表示赞同。

江泽民在会谈中说，中越关系要长期稳定地发展，双方还有大量的工作要做。为使双方合作更加扎实和富有成效，当前要注意有计划地恢复两国在各个领域的关系，成熟一项做一项，不必急于求成。对于过去遗留下来的问题，要认真研究，通过谈判逐步妥善解决。总之，中国方面对发展两国关系持积极态度。

江泽民说，世界的两极格局已经打破，世界向多极化发展趋势正在加速。世界上各种力量正进行新的分化和组合，今后的国际形势更加捉摸不定。然而，和平与发展仍是当代的主流，我们对世界前途充满信心。江泽民在谈及建立国际政治、经济新秩序时说，国际政治、经济新秩序应以和平共处五项原则为基础，一国的事务应由该国人民自己决定，国际间的事应由各国商量解决。任何国家都无权以这样或那样的借口，把自己的价值观念、意识形态和发展模式强加于人，只有建立在上述原则基础上的国际新秩序，才能保障世界的和平与稳定。

杜梅说，在和平共处五项原则基础上建立公正的国际政治、经济新秩序，也是越南方面的主张。

新华社在北京举行建社60周年纪念会

全国人大常委会委员长万里、中共中央政治局委员李铁映、中顾委副主任薄一波、中顾委常委胡乔木、全国人大常委会副委员长荣毅仁、国务委员陈俊生、全国政协副主席王任重和新华社前几任老社长吴冷西、朱穆之、曾涛，以及王忍之、迟浩田、高狄、袁木、曾庆红、徐惟诚、甘子玉、郁文、朱良、林宗棠、顾云飞、蒋民宽、崔毅、陈达之、李继耐、蒋振云、张百发等领导同志，在新华社工作过的同志和外国专家等，出席纪念会。

中共中央政治局常委李瑞环在会上讲话。

中共中央政治局常委李瑞环在新华社建社60周年纪念会上发表讲话

同志们：

今天我们在这里隆重集会，纪念新华社建社60周年。首先，我代表党中央、国务院向新华社全体同志，向所有在新华社工作过并为党的新闻事业做出积极贡献的同志，表示热烈的祝贺和崇高的敬意！

新华社是我们党所领导的成立较早的新闻机构。从诞生之日起，它就是党中央直接领导下的重要宣传舆论部门，就是在毛泽东、周恩来、刘少奇、邓小平等老一辈革命家的亲切关怀和辛勤培育下开展工作，就是党和政府同人民群众保持密切联系的重要桥梁和纽带。60年来，新华社在中国革命和建设的发展进程中发挥了非常重要的作用，并随着党和人民事业的发展，逐步建设成为一个有现代技术装备的、具有中国特色的社会主义通讯社，被国际舆论界列为六大世界性通讯社之一。这是一个了不起的成就，是新华社几代人历尽艰辛、团结奋斗的结果。

孔夫子有句话，叫做“六十而耳顺”。新华社经过60年来的实践和总结，形成了一整套好的传统和作风：一是坚持无产阶级新闻的党性原则，始终把当好党的耳目喉舌作为自己的根本任务，坚持不懈地向人民群众传播马克思主义真理，宣传党的路线、方针、政策；二是坚持对党负责和对人民负责的一致性，始终保持同人民群众的血肉联系，满腔热情地反映人民群众的愿望、要求和呼声；三是深入实际，调查研究，把党的实事求是的思想路线贯穿于宣传报道和各项工作之中；四是严肃的工作态度、严谨的工作作风、严密的工作制度和严格的组织纪律。这些优良传统和作风，是新华社的经验结晶，也是党的新闻工作的宝贵财富，我们应当百倍地珍惜，并结合新的情况很好地继承和发扬。

围绕党的基本路线和中心任务进行宣传，是党的新闻工作的一个显著特点，也是新华社取得成绩的一条重要历史经验。在抗日战争时期，我们党提出了“放手发动群众，壮大人民力量，在我党的领导下，打败日本侵略者，解放全国人民，建立一个新民主主义的中国”的总路线。新华社围绕这个总路线，及时地、准确地宣传了党在抗战中的各项方针、政策，报道了全国人民团结抗日的英雄业绩，为抗日战争的胜利发挥了重要的舆论宣传作用。在解放战争时期，我们党提出了“无产阶级领导的，人民大众的，反对帝国主义、封建主义和官僚资本主义的革命”的总路线。新华社围绕这个总路线，积极宣传党领导人民群众为实现国内和平和民主所进行的伟大斗争，全力以赴地报道解放战争的节节胜利，为中国人民的翻身解放写下了壮丽的篇章。毛泽东同志特别注意总路线、总政策的重要地位和作用，他说：“我党规定了中国革命的总路线和总政策，又规定了各项具体的工作路线和各项具体的政策。但是，许多同志往往记住了我党的具体的个别的工作路线和政策，忘记了我党的总路线和总政策。而如果真正忘记了我党的总路线和总政策，我们就将是一个盲目的不完全的不清醒的革命者，在我们执行具体工作路线和具体政策的时候，就会迷失方向，就会左右摇摆，就会贻误我们的工作。”党的基本路线是一个时期的总路线，是统管全局的，只有真正把握好基本路线，党的各项具体的工作路线和方针政策才能得到正确的贯彻落实。因此，新闻宣传战线在当前要发挥其应有作用，就必须下大力气全面准确地宣传党在社会主义初级阶段的基本路线。

党的“以经济建设为中心、坚持四项基本原则、坚持改革开放”的基本路线，是以邓小平同志为代表的中国共产党人把马克思主义的普遍原理同中国具体实践相结合的产物，是几十年来我们党领导中国人民建设社会主义的经验总结，是中国共产党人坚持实事求是思想路线的智慧结晶，是加速国家繁荣富强、实现中华民族伟大振兴的正确途径，也是我们反对和平演变、不断完善和巩固社会主义制度的根本保证。新闻战线要以对党、对人民高度负责的态度，以创造性的实干精神，用出色的宣传报道，引导和鼓舞干部群众坚定不移地、全面准确地贯彻落实党的这条基本路线。要突出宣传经济建设这个中心，使人们懂得，共产党掌权之后下大力量抓经济工作，把经济工作搞上去的深刻意义和重大影响；要大力宣传改革开放，使人们懂得，不推进改革开放，经济工作就无法抓好，国家就不能富强，人民就不能富裕；要始终重视四项基本原则的宣传，使人们懂得，我们的改革是共产党领导的社会主义制度的自我完善，是为了把我们的社会主义国家搞得更好，因而在经济建设、改革开放的过程中必须保持清醒的头脑，坚持正确的方向。总之，要扭住经济建设这个中心不放，处理好两个基本点的关系，防止由于宣传报道上的片面、摇摆，影响党的基本路线的贯彻落实。

为了适应新形势和新任务的需要，新华社必须采取有力措施，切实加强新闻队伍的建设。新闻工作者要提高思想觉悟，坚定社会主义信念，在政治上同中央保持高度一致。要认真学习马克思主义基本理论，善于用马克思主义的立场、观点、方法认识世界、反映世界。要努力学习各种新知识，特别是现代科学技术知识，了解世界科技发展的新趋势及其对经济和社会发展的深远影响，生动、准确地反映科学领域的新成果。要贴近实际，贴近生活，贴近群众，把握群众思想脉搏，回答群众迫切需要回答的问题。要讲究宣传艺术，提高写作能力，写出更多为广大群众喜闻乐见的好作品。总之，新闻工作者要通过学习和实践，不断地充实和提高自己。

同志们，党中央十分重视新华社的工作。最近，江泽民等中央领导同志先后到新华社视察，对新华社的工作给予了充分肯定和鼓舞，并作了许多重要指示。希望大家认真学习，深刻领会，很好地落实。新华社有一支好的队伍，有一套成功的工作经验，有较为先进的通信技术设备，完全有条件把工作搞得更好。只要遵照江泽民同志提出的“学习，学习，再学习；深入，深入，再深入”的指示精神，进一步振奋精神，团结一致，解放思想，实事求是，新华社的工作一定会出现一个新的局面，新华社在新时期一定能够为党和人民做出新的更大的贡献。

国务院总理李鹏致电祝贺宫泽喜一出任日本国内阁总理大臣

国务院总理李鹏在钓鱼台国宾馆同越南部长会议主席武文杰举行会谈

国家主席杨尚昆根据全国人大常委会的决定任免驻外大使

一、免去于洪亮的中华人民共和国驻苏维埃社会主义共和国联盟特命全权大使职务。

任命王荩卿为中华人民共和国驻苏维埃社会主义共和国联盟特命全权大使。

二、免去安惠侯的中华人民共和国驻阿尔及利亚民主人民共和国特命全权大使职务。

任命王建邦为中华人民共和国驻阿尔及利亚民主人民共和国特命全权大使。

三、免去朱应鹿的中华人民共和国驻突尼斯共和国特命全权大使兼驻巴勒斯坦国特命全权大使职务。

任命安惠侯为中华人民共和国驻突尼斯共和国特命全权大使兼驻巴勒斯坦国特命全权大使。

四、免去顾家骥的中华人民共和国驻埃塞俄比亚特命全权大使职务。

中共中央总书记江泽民国务院总理李鹏等到全国农业展览馆北京展览馆参观全国农业综合开发成果展览会和“七五”全国星火计划成果博览会

1991 年度陈嘉庚奖在上海揭晓

以爱国侨领、著名实业家、教育家陈嘉庚先生名字命名的陈嘉庚奖在上海颁发。9 位在科学领域作出杰出贡献的科学家，从诺贝尔奖获得者丁肇中教授手中接过获奖证书和奖金。

国务院副总理朱镕基写来贺信，全国政协副主席、著名数学家苏步青出席颁奖仪式并讲话。

由陈嘉庚基金会设立的陈嘉庚奖自 1988 年创办以来，秉承“发扬陈嘉庚先生为民族、为社会兴办教育，促进科技发展，鼓励优秀人才”的宗旨，每年在物质、生命、地球、技术、农业、医药等六大领域中选拔奖励成就突出的优秀人才，迄今已评奖四次。这次在医药科学、生命科学、地球科学 3 个领域中获奖的项目，都是我国科学家取得的具有世界先进水平的成果。他们是曾毅、王培中、邓洪教授进行的“鼻咽癌早期诊断、前瞻性现场和病因研究”，王德宝、汪恩壁、汪猷教授的“酵母丙氨酸转移核糖核酸的人工全合成”及马在田、曹景忠、纪少游教授的“波动方程法地震偏移成像的理论与应用”。

陈嘉庚奖的赞助者、陈嘉庚家族代表陈共存先生等新加坡客人到上海参加了颁奖大会。

《纪念杨开慧同志诞辰90周年书画展》在湖南长沙清水塘开幕

由长沙市委宣传部等单位举办的《纪念杨开慧同志诞辰90周年书画展》,在烈士当年从事革命活动的清水塘开幕。

中共中央总书记江泽民、国务院总理李鹏、全国人大常委会委员长万里、中共中央政治局常委李瑞环、国家副主席王震等分别为书画展题词。

展览共展出新创作的书画作品116件。中共湖南省委书记熊清泉等及杨开慧的亲属毛岸青、邵华出席开幕式。

11月7日

国家主席杨尚昆在人民大会堂福建厅会见越南共产党总书记杜梅和部长会议主席武文杰

中组部人事部发布《全民所有制企业聘用制干部管理暂行规定》

中组部和人事部近日颁布的这项决定在全国实施后,200多万聘用制干部的待遇、流动和退休退聘等问题将得到解决。

《暂行规定》规定,聘用制干部在聘期内享受所在企业岗位,同职务企业录用制干部的工资保险福利待遇。聘用制干部可以参加国家机关的招考,聘用制领导干部也可以按照国家有关规定被录取或选调到国家机关工作,享受国家机关干部待遇。聘用干部在聘期内的工作调动,应在实行干部聘用制的单位之间进行。聘用制干部受聘10年,(《暂行规定》颁布之前已被聘用的,可连续计算)并在聘用岗位上退休、退职的,按《国务院关于安置老弱病残干部的暂行办法》办理退休、退职手续;根据本人自愿,也可以按《国务院关于工人退休、退职的暂行办法》办理退休、退职手续。

国务院副总理吴学谦在中南海紫光阁会见台湾海峡交流基金会副董事长陈长文

人事部在北京召开全国企业干部人事制度改革经验交流会

人事部部长赵东宛在会上说,搞好国营大中型企业也是当前人事部门的中心任务。各级人事部门一定要尽心尽力、尽职尽责,为搞好国营大中型企业服务。

最高人民法院批转《关于贯彻执行〈中华人民共和国企业破产法(试行)〉若干问题的意见》

中共中央政治局常委宋平会见参加全国首期街道办事处主任培训班学员

会见在人民大会堂举行。

为提高干部素质、推进街道工作,民政部于10月7日至11月8日,在北京举办了建国以来首期城市街道办事处主任培训班。参加这次培训班的学员共63名,分别来自全国27个省、自治区、直辖市55个城市的63个街道,大多是由所在地区市政府选送的优秀街道工作干部。

宋平会见时指出,街道办事处和居委会每天都直接同居民群众打交道,工作做得好坏,干部作风的好坏,都关系到群众的利益,也关系到党和政府在群众中的威信。他希望在街道工作的同志们在做好群众服务工作的同时,积极反映居民群众的呼声和要求,帮助各级党委、政府及有关部门改进工作。

宋平指出,随着我国社会主义现代化建设的发展,城市建设和城市工作越来越重要。街道办事处是我国城市基层政权的派出机关,担负着城市物质文明和精神文明建设的重要任务,在社会治安、市政管理、社区服务、计划生育等方面,发挥着重要作用。街道、居委会的同志,工作是很辛苦的,责任是很重的。

宋平说,社会主义事业是人民群众自己的事业,要发动和依靠群众,积极参与社会管理,真正行使当家作主的权利。作为上级党委和政府,应当重视和关心街道工作,积极为街道的同志解决一些实际困难,创造必要的工作条件。但从根本上说,街道的许多工作,还是要发动群众来做,提倡自我管理,自我服务。这样,许多事情就好办了。

民政部部长崔乃夫等有关方面负责人会见时在座。

中宣部国家教委联合发出《关于加强和改进中学干部、教师思想政治工作若干问题的通知》

国务院发出《关于调整食糖经营管理有关政策的通知》

国务院总理李鹏在钓鱼台国宾馆会见德国联邦经济部长于尔根·默勒曼

李鹏在会见中阐述了中国政府关于恢复中国在关贸总协定缔约国地位的立场。

李鹏总理强调,中国如果享受关贸总协定的权利,当然也将承担总协定的义务。他说,中国作为主权国家在恢复总协定缔约国地位后，台湾作为中国的一个单独关税地区加入是合适的。

来访的默勒曼部长说，德国政府积极支持恢复中国关贸总协定缔约国地位。在中国的地位恢复之后，德国愿意就台湾加入的问题同中国进行讨论。

他说，中国对外开放的规模正在不断扩大。我们采取了许多积极的步骤改善投资环境。当然，在这方面我们还要继续作出努力。我们重视并愿采纳外国在华投资者的合理要求和建议。

在谈到双边关系时，李鹏说，中德关系过去一直是顺利的，但近两年来出现了一些困难，步伐慢了些。从双方共同利益出发，我们完全有理由加快恢复和发展关系的步伐。

他说，中德双方在经济技术合作方面已经有了良好的基础，在汽车、钢铁、通信等方面的合作项目有了可喜的进展。

李鹏说，在今后10年中，中国经济发展的重点除农业外，还有钢铁、通信、石油、化工等。在这些领域中德合作的前景是广阔的。

他说，德国在不少工业领域有着先进的技术，我们欢迎德国企业界参与中国老企业的技术改造。

中共中央政治局常委宋平在北京会见由党中央主席团委员中央书记巴嘎班迪率领的蒙古人民革命党代表团

中越两国政府在钓鱼台国宾馆签署《中华人民共和国政府和越南社会主义共和国政府贸易协定》和《中华人民共和国政府和越南社会主义共和国政府关于处理两国边境事务的临时协定》

国家主席杨尚昆代表中国政府赠送给蒙古政府的首批物资1000吨大米运抵蒙古首都乌兰巴托

国务院知识产权领导小组组长宋健在人民大会堂会见香港知识产权署代表团

外交部发言人吴建民就美国总统签署国务院授权法等问题在北京举行新闻发布会

吴建民说，布什总统十月二十八日签署的一九九二年和一九九三年"国务院授权法"，多处含有干涉中国内政的内容，甚至违背历史事实，公然声称西藏与四川、云南、甘肃和青海的部分地区是被占领国家，达赖是其真正代表。

吴建民说，对美国国会如此粗暴干涉中国内政的行径，中国政府已向美国政府提出严正交涉和抗议，并要求美方按照中美三个联合公报的基本原则，明确表示反对美国会企图利用所谓的西藏等问题干涉中国内政、妄图分裂中国的行径，以免给中美关系造成损害。

这位发言人说，美国政府官员表示，美方对中国的立场表示理解。美方遵守中美三个联合公报原则，承认西藏是中国领土的一部分；美国务院已向国会明确表示反对国会的有关立场，美总统签署这一法案不等于接受国会观点。美政府对西藏问题的态度没有改变。

吴建民在回答有关美国国务卿贝克即将访华的问题时说，贝克定于本月中旬对中国的访问，是中美关系中的一个重要事件。吴建民说，中美两国领导人互相访问，进行高层次接触，并就双边关系和重大国际问题交换意见，增进相互了解，这有利于中美关系恢复正常，促进亚太地区乃至世界的平衡、和平与稳定。

在回答有关人权问题时，吴建民说，中国的人权得到中国宪法和法律的保障。由于中美两国社会制度不同、价值观念各异，双方处在不同的发展阶段，有不同的历史、文化背景，双方在人权问题上有不同的看法是很自然的。"我们愿意同美国及其他国家就人权问题交换意见，增进了解。"

中国在巴黎举行的联合国教科文组织第26届大会期间举行的保护世界文化和自然遗产公约缔约国第8届大会上首次当选为世界文化遗产委员会委员中国执委滕藤当选为执行局副主席

共青团中央授予谢军"全国新长征突击手"称号

国家救灾防病领导小组组长李铁映在国家救灾防病领导小组第五次会议上发表讲话

李铁映指出：我国救灾防病工作取得了很大的成绩，这次全国性的卫生行动使我们的各项工作都经历了一次严峻的考验。我们扑灭了一场可能发生的大的疫情和灾害，制止了大的疫病的流行，为夺取全国抗洪救灾工作的全面胜利奠定了基础。

李铁映说，没有党的领导，没有社会主义制度的优越性，没有全国人民的支持，没有各部门的通力协作，没有"一方有难、八方支援"的奉献精神，没有广大医务人员的辛勤劳动和灾区人民的共同努力，我们就不可能取得这么大的成绩。他希望有关部门对这次救灾防病工作取得的成功经验进行总结。

李铁映还就卫生工作在新时期必须确立预防为主的方针、坚持大卫生观念，从实际出发在"八五"期间建立健全三级医疗卫生网，建立应急突发性事件的机制，医疗队下基层等问题提出了要求。

国办发出关于“八五”期间计划生育教育问题的复函

国务院发出关于调整食糖经营管理有关政策的通知

各省、自治区、直辖市人民政府，国务院各部委、各直属机构：

1990跨1991年度（1990年10月至1991年9月）全国食糖生产形势很好，产糖量超过了历史最高水平。1991跨1992年度制糖期已经来临，预计这个制糖期的食糖总资源将继续大于总需求。在这种形势下，为了搞活流通，调动各方面经营食糖的积极性，以保护糖业的正常发展，有必要对现行有关食糖的经营管理政策做适当调整。其基本方针是坚持计划经济与市场调节相结合的原则，适当加大市场调节的成分，即：改革计划管理形式，放活价格，促进购销，开拓市场。为此，国务院确定，从这个制糖期起，对食糖经营管理政策做如下调整：

一、改革计划管理形式。国家计委下达的食糖收购调拨计划由指令性计划改为指导性计划，取消工商企业食糖收购比例，适当放开运输流向。“八五”期间要注意老糖厂的技术改造，控制新建糖厂。

二、适当调整食糖购销价格政策。为保护糖农种糖积极性，要稳定糖料收购价格，现有的糖料种植面积，也不宜再盲目扩大。放活食糖出厂价格，食糖出厂价格由国家定价改为国家指导价，工商企业可按照国家指导价在上下浮动10%的幅度内协商定价，优质优价。食糖的调拨价、批发价也相应放活。放开食糖零售价格。

三、实行多渠道经营。食糖生产企业、糖酒公司和其他国营、集体商业企业均可多渠道、少环节地经营食糖批发业务。商业各级批发公司、零售店、供销社和工业用糖单位均可直接从产区的工商企业进货。商业部门要减少中间环节，降低流通费用，实行季节差价、地区差价，自主经营、自负盈亏。禁止私营企业和个体工商户经营食糖批发业务。国家将在南方和北方各建立一个食糖批发市场，逐步建立市场调节机制。

四、扩大食糖销售。放开食糖零售价格后，对城乡居民的食糖销售实行敞开供应，特别是要开拓农村市场。要适当增加糖制食品的生产，以促进食糖转化。化工、轻工等部门要控制压缩糖精生产。食品、卫生部门要制定限制生产食品、饮料使用糖精的规定，有关部门要严格监督检查。

五、建立中央、地方两级食糖储备制度。为了以丰补歉，增强调控市场能力，国家建立中央、地方两级食糖储备制度。食糖储备的原则是中央进口糖由中央储备，国内生产糖由产区和销区分别储备，并逐步实现国家储备与商业经营分开。

以上各项请各地区、各部门认真贯彻执行。

国务院

1991年11月7日

11月8日

党和国家领导人江泽民李鹏等在人民大会堂会见出席第十八次全国公安会议代表并与部分代表举行座谈

江泽民、杨尚昆、李鹏、万里、乔石、宋平、李瑞环、刘华清、陈丕显、王芳、任建新、刘复之等，上午在人民大会堂会见出席第十八次全国公安会议的代表。

会见结束后，江泽民、李鹏、乔石、王芳、罗干等与部分代表就新的历史时期，如何进一步加强公安工作和公安队伍建设，维护社会安定，保卫社会主义现代化建设战略目标的顺利实现等问题，进行座谈。

江泽民、李鹏先后在座谈会上讲话。他们认为，近年来，公安部门紧紧围绕社会主义现代化建设这个中心任务，坚持四项基本原则，坚持改革开放，忠实履行自己的职责，在维护社会稳定、保卫国家安全、支持改革开放、抵制和平演变、维护社会治安和保卫社会主义经济建设等方面，作出了重要的贡献。公安队伍是一支政治上过得硬、有较强战斗力的忠于党、忠于人民、忠于社会主义的，经得起考验的合格队伍。他们代表党中央、国务院向广大公安干警、武警官兵和保卫干部表示亲切的慰问。

中共中央总书记江泽民在讲话中提出，在新的历史时期，公安机关要始终遵循党的“一个中心、两个基本点”的基本路线，紧紧围绕经济建设这个中心，自觉地为这个中心服务。公安工作是搞好经济建设、顺利进行改革开放的重要保障，经济要上去，必须深入进行改革开放；改革开放越深入，越要加强公安工作。公安机关要充分发挥人民民主专政的职能作用，开创新局面，迈上新台阶，为保卫社会主义现代化建设第二步战略目标的顺利实现作出新贡献。他强调，各级公安机关要把坚持四项基本原则，坚持改革开放，维护国家稳定的思想贯彻始终。

江泽民提出，各级党委要把公安工作放到重要议事日程上来。各级党委和政府要加强对公安工作的领导，重视、关心、支持公安部门的工作，切实帮助他们解决困难。有关部门要和公安机关团结协作，相互配合，共同对敌。

江泽民提出，各级公安机关要按照革命化、正规化、现代化的目标，始终把队伍建设放在突出位置，对全体公安干警严格教育、严格管理、严格训练、严格纪律，加强廉政建设，以保证这支队伍政治上可靠、组织上纯洁、业务上过得硬，在捍卫社会主义制度，保卫国家稳定和发展的斗争中，更好地发挥作用。

国务院总理李鹏在讲话中提出，有理想才有力量，力量的源泉在于有坚定的信念。要在广大人民群众包括公安干警中广泛进行社会主义的信念教育。在捍卫和维护国家安全与政治稳定中，公安机关要坚决打击敌对势力和敌对分子的破坏活动，充分发挥人民民主专政的职能作用。他要求国务院和地方政府有关部门采取切实措施，帮助公安机关逐步实现装备现代化，切实解决警力不足和经费困难等问题。

李鹏认为，我们要坚持党委领导下专门工作与依靠群众相结合的工作路线，坚决执行依法严厉打击严重刑事犯罪活动的方针，对社会治安实行综合治理，全力维护社会治安的稳定，使社会主义建设和改革开放事业在一个比较稳定的社会环境中顺利发展。

李鹏提出，公安机关要树立正气，树立全心全意为人民服务的思想，增强使命感、责任感，不能允许利用手中的权力谋取私利，要接受人民的监督。公安机关要用自己的模范行动树立权威。要依法执法，坚决查处违法乱纪和腐败现象。他指出，要加强对公安干部的培养，提高他们的政治业务素质。我们不仅要从公安院校培养干部，也要从军队、武警部队和基层选拔干部，以培养一支政治强、有组织才能和精通业务的公安干部队伍。

座谈会由公安部部长陶驷驹主持。辽宁省副省长陈素芝、中共安徽省委副书记孟富林、上海市委副书记倪鸿福、四川省委副书记李伯勇、江苏省委副书记曹鸿鸣等，先后在座谈会上发言。

首都各界人士举行徐向前诞辰 90 周年纪念会

首都各界 500 多人在北京人民大会堂集会，纪念徐向前元帅诞辰 90 周年。

党和国家领导人江泽民、杨尚昆、李鹏、万里、王震、薄一波、宋任穷、杨白冰等出席纪念会并在前排就座。纪念会由中央军委副主席刘华清主持。

会议宣读了邓颖超、聂荣臻写给纪念会的信，向与会人员赠送了由邓小平题写书名的《徐向前传》和由江泽民题写书名的《功勋垂青史楷模昭后人》等书。王平、杨得志、萧克、余秋里、张劲夫、张爱萍、耿飚、叶飞、康克清、陈再道、吕正操、赵南起、徐向前夫人黄杰和中国人民解放军三总部、驻京部队各大单位、中央国家机关有关部门的负责人，部分在京的原红四方面军的老同志以及山西、湖北、河南、安徽、四川、甘肃、青海等省，北京市及柳荫街，黄埔军校同学会的代表共五百多人参加纪念会。

全国政协副主席洪学智在纪念会上发表讲话。

全国政协宗教委员会邀请中国宗教界知名人士在政协礼堂举行座谈会座谈《中国的人权状况》白皮书

全国政协副主席、政协宗教委员会主任赵朴初在座谈会上说，《中国的人权状况》白皮书是一部关于中国人权状况的权威文献。白皮书通过大量的事实和材料，说明中国人民在共产党的领导下享有充分的人权。

赵朴初说，宗教信仰自由是基本人权的重要内容。在新中国，公民的信仰自由受到宪法和法律以及党和政府宗教信仰自由政策的保护，宗教徒的社会政治地位得到空前提高，享有充分的政治权利。在全国和地方各级人民代表大会和政协组织中，都有宗教界的代表和委员参与管理国家事务，参政议政。各宗教、各教派和各民族的宗教徒之间建立了平等相待、彼此尊重、和睦相处、团结友爱的新型关系，真正实现了各宗教、各教派、各地区、各民族宗教徒的大团结。

财政部长王丙乾在国家税务局贯彻国务院增收节支紧急通知电话会上发表讲话

王丙乾提出，各级财税部门要采取有力措施，抓紧后 50 天的组织收入工作，力争把一切该收的收入都依法收齐。

王丙乾说，今年以来，各级税务机关在当地党政领导和有关部门的配合下，团结奋战，为国聚财，在大灾之年，保持了税收收入的稳步增长。1 至 10 月份，全国共完成工商税收收入 1697 亿元，比去年同期增长 6.9%。

但是，王丙乾同时也指出，与目前我国的国民经济形势相比较，我国的财政情况还没有相应好转。特别是今年我国部分地区遭受严重自然灾害，增加了大量救灾、修复水毁工程和进行水利建设的开支，加上部分地区财政减收，加重了全年国家预算任务完成的难度。为此，王丙乾强调，要坚持勤俭节约，严格控制财政支出。所有地方、部门和单位都要大力压缩会议，尤其是要严格控制各种形式的“年会”、“庆祝会”、“联谊会”等。

王丙乾说，要压缩非生产性建设，除危房改造外，禁止用财政开支新建楼堂馆所。对社会集团购买力也要严格控制，尤其对行政事业单位更要从严审批。

王丙乾强调，必须坚持以法治税，做到该收的收入全部收上来。各级政府和财税部门都不得超越权限，乱开减免税口子，也不得自定税收优惠政策，困难减免也要从严控制。

北京乙烯工程贷款协定签字

中国建设银行与法国、意大利和英国的八家银行11月8日在北京签署总额为一亿多美元的国际银团贷款协议。国务院副总理邹家华出席了签字仪式。

这项银团贷款是建设银行为北京11.5万吨乙烯工程引进意大利和荷兰的设备与技术而向国外筹资的。它是建设银行又一次成功组织的金额较大、成本较低的国际银团贷款。

参加这次银团贷款的八家外国银行是法国里昂信贷银行、法国东方汇理银行、法国农业信贷银行、法国兴业银行、法国巴黎国民银行、法国巴黎巴银行、意大利西雅娜银行、英国巴克莱银行。贷款由三部分组成，其中意大利买方信贷一点零六亿美元，荷兰买方信贷零点二六亿美元，商业贷款三千万美元。

国务委员、北京市市长陈希同，化工部部长顾秀莲，中国石油天然气总公司总经理王涛等也出席了今天的签字仪式。

第三届全国新技术新产品展销会在广州开幕

中华文学基金会在美国康涅狄格州将首届“理解与友谊国际文学奖”颁发给美国女作家海伦·福斯特·斯诺女士

日本首相宫泽喜一在东京首相官邸会见以孙平化为团长的中国人民对外友好协会代表团

国家禁毒委员会秘书长公安部副部长俞雷在北京同来访的美国司法部缉毒署署长罗伯特·邦纳举行工作会谈

中国在联合国海事组织第16届大会上再次当选为A类理事国

国家体委为获得国际象棋女子世界冠军的谢军举办庆功会全国妇联授予三八红旗手奖

国务院副总理吴学谦在北京会见中国台北奥委会主席张丰绪

11月9日

中共中央政治局常委乔石在第十八次全国公安会议上发表讲话

乔石在第十八次全国公安会议上说：“一定要把公安队伍建设成为敌人和犯罪分子惧怕，人民群众感到可亲、可爱、可敬、可靠的卫士，这样才能发挥人民民主专政重要工具的作用。这是对敌斗争的需要，是巩固人民民主专政的需要，是深化改革、扩大开放的需要，是维护社会稳定、保障社会主义现代化建设顺利进行的需要。”

为了更好地发挥公安机关保护人民、打击敌人、惩治犯罪、服务四化的职能，乔石强调当前和今后需要特别注意以下问题：

——要时刻把人民群众的安危和国家的稳定放在首位，绝不允许对坏人的破坏活动和严重犯罪问题视而不见，置若罔闻，绝不允许对人民群众的安危漠不关心，不负责任。

——公安机关要依法正确运用人民赋予的权力，任何时候、任何情况下都不能忘记全心全意为人民服务这个根本宗旨，都要依法正确行使自己的职权，绝不能在人民群众面前耍威风，更不能侵犯人民群众的合法权益。

——公安工作要充分发动和依靠群众，只有相信群众，热爱群众，自觉地为群众服务，使群众确实感受到公安机关是在下决心为他们办实事、办好事，使他们消除了不信任感和后顾之忧，才能真正把群众发动和组织起来，实现群防群治。

——从严治警、强化公安队伍建设。要把它建设成一支忠诚可靠、训练有素、精通业务、纪律严明、作风过硬，能够统一指挥、快速反应、秉公执法，能够对付重大政治和治安事件的有坚强战斗力的队伍。

国家主席杨尚昆根据全国人大常委会的决定任免驻外大使

一、免去刘华的中华人民共和国驻土耳其共和国特命全权大使职务。

任命胡昌林为中华人民共和国驻土耳其共和国特命全权大使。

二、免去王建邦的中华人民共和国驻布隆迪共和国特命全权大使职务。

任命江康为中华人民共和国驻布隆迪共和国特命全权大使。

三、免去詹世亮的中华人民共和国驻阿拉伯埃及共和国特命全权大使职务。

任命朱应鹿为中华人民共和国驻阿拉伯埃及共和国特命全权大使。

四、免去惠震的中华人民共和国驻苏丹共和国特命全权大使职务。

任命吴德成为中华人民共和国驻苏丹共和国特命全权大使。

国家主席杨尚昆国务院总理李鹏致信祝贺第十一届国际农村医学会议在北京召开

中科院553名科学家享受国务院颁发的政府特殊津贴

中国代表团团长刘中一在罗马举行的联合国粮农组织第26届大会上发言

中国著名老中医李玉奇在国际医学会议上被授予中医医学博士学位

我国著名老中医李玉奇教授，日前在第二十四届针灸和辅助医学国际学术会议上，捧回了世界辅助医学学会和国际辅助医学交流大学授予他的中医医学博士学位证书。这是在国际学术会议上以中医医学正式命名的第一个博士学位。

11月10日

中国和越南就越南高级代表团访华发表联合公报

一、应中共中央总书记江泽民和中华人民共和国国务院总理李鹏的邀请，越共中央总书记杜梅和越南社会主义共和国部长会议主席武文杰率领越南高级代表团于1991年11月5日至10日对中华人民共和国进行了正式访问。江泽民总书记、李鹏总理同杜梅总书记、武文杰部长会议主席举行了会谈。

杨尚昆主席会见了杜梅总书记和武文杰部长会议主席。

会谈和会见是在友好、坦率的气氛中进行的，双方对会谈的成果感到满意。

二、双方对两国关系的逐步改善和发展表示满意。双方声明，中越高级会晤标志着中越关系正常化。中越关系正常化符合两国人民的根本和长远利益，同时也有利于本地区的和平、稳定与发展。

三、双方声明，中越两国将在互相尊重主权和领土完整、互不侵犯、互不干涉内政、平等互利、和平共处各项原则基础上发展睦邻友好关系。中国共产党和越南共产党将根据独立自主、完全平等、互相尊重、互不干涉内部事务的原则恢复正常关系。

四、双方同意，本着平等互利的原则，促进两国经济、贸易、科技、文化等领域的合作。双方对两国贸易协定的签署和邮电、交通等关系即将恢复表示满意。双方认为，两国、两党在国家建设与经济改革等方面互相交流情况和经验是有益的。

五、双方同意，将继续采取必要的措施，维护两国边境地区的和平与安宁，鼓励两国边民恢复和发展传统友好往来，把中越边界建成和平与友好的边界。双方签署了关于处理两国边境事务的临时协定。

双方同意，两国之间存在的边界等领土问题将通过谈判和平解决。

六、双方同意，在适当时候通过友好协商，妥善解决旅居对方国家的侨民问题。

七、越南方面重申，越南承认中华人民共和国政府是代表全中国的唯一合法政府，台湾是中国领土不可分割的一部分。

中国方面对越南方面的上述立场表示赞赏。中国方面重申，坚决反对与其建立外交关系的国家同台湾建立任何形式的官方关系，或进行任何具有官方性质的往来。中国方面对越南同台湾只进行非官方的经济贸易往来表示理解。

八、双方声明，中越关系正常化不针对第三国，不影响各自同其他国家业已存在的友好合作关系。中越两国都不在本地区谋求任何形式的霸权，也反对任何谋求霸权的企图。双方主张用和平方式解决本地区各国之间存在的分歧和争端。

九、双方对1991年10月23日柬埔寨问题巴黎会议签署的关于柬埔寨冲突全面政治解决协定表示支持和欢迎。双方希望柬埔寨各方和协定签署国全面履行和平协议，希望未来的柬埔寨成为一个独立、和平、中立、不结盟和同所有邻国都友好的国家。

十、双方认为，国际新秩序应符合联合国宪章的宗旨和原则，应建立在和平共处五项原则基础上。各国的事务应由各国人民自己决定，国际间的事务应由各国商量解决，任何国家都不应把自己的意识形态、价值观念和发展模式强加于别国。双方希望联合国在谋求建立公正合理的国际新秩序过程中发挥重大的作用。

十一、越南高级代表团对中国党、政府和人民给予代表团隆重、热情和亲切的接待表示衷心的感谢。

杜梅总书记和武文杰部长会议主席邀请江泽民总书记和李鹏总理在方便的时候对越南社会主义共和国进行正式访问。江泽民总书记和李鹏总理愉快地接受了邀请。访问时间将通过外交途径另行商定。

1991年11月10日于北京

第四届全国少数民族传统体育运动会在南宁开幕

国务委员李铁映在全国少数民族运动会开幕式上致开幕词

同志们，朋友们：

今天，在景色秀丽的壮乡首府南宁市，我们迎来了第四届全国少数民族传统体育运动会的隆重召开。这是我国55个少数民族期待已久的体育盛会。我代表党中央、国务院向各民族的运动员、教练员、裁判员和全体工作人员表示热烈的祝贺！向承办本届运动会的广西壮族自治区表示感谢！向专程来邕的港澳台同胞、海外侨胞和各国朋友表示热烈的欢迎！

我国是一个统一的多民族社会主义国家。少数民族传统体育是少数民族古往今来集锻炼和娱乐于一体的民间体育活动，不仅能强身健体，而且凝聚着历代劳动人民的丰富智慧。与我国少数民族分布广泛、生活习俗多彩多姿的特点相适应，少数民族传统体育项目异彩纷呈，风格迥异。少数民族传统体育是各族人民长期劳动生活的生动反映，具有很高的文化价值，是中华民族文化宝库中的一颗璀璨明珠。

我们高兴地看到：本届运动会，不仅有港澳同胞、海外侨胞和外国朋友前来观光，台湾同胞也第一次参加比赛。我们希望，参加比赛和表演的全体运动员、教练员、裁判员发扬"团结、拼搏、奋进"的精神，公正竞赛，赛出水平，赛出风格，尽情表演，把本届运动会办成一次全国各民族大团结的盛会，为民族平等团结进步和各民族共同繁荣的伟大事业作出贡献！

最后，预祝本届运动会取得圆满成功！

国务院发出对《关于境内居民外汇和境内居民因私出境用汇参加调剂的暂行办法》的批复

11月11日

全国部分省区市农村社会主义思想教育工作座谈会在北京举行

由中央政策研究室、中央宣传部、中央组织部联合召开的"部分省区市农村社会主义思想教育工作座谈会"，11月11日至14日举行。会议期间，中共中央总书记江泽民、中央政治局常委宋平同出席会议的同志进行座谈，就进一步搞好农村社会主义思想教育工作发表意见。

江泽民在同大家座谈时指出，我们建设的是有中国特色的社会主义，必须坚持一个中心、两个基本点，不能一手硬、一手软。我们是社会主义国家，要坚定不移地走社会主义道路，理所当然地要对干部和群众进行社会主义思想教育。江泽民说，我国有9亿多农民，因此，在坚持发展农村经济建设的同时，认真开展农村社会主义思想教育十分必要。这是一项长期的任务，不能有一蹴而就、一劳永逸的思想，要善始善终、坚持不懈、锲而不舍地把这项工作搞好。

江泽民说，开展农村社会主义思想教育，要切合农村的实际。在坚持以马克思主义世界观、方法论为指导的同时，还要讲我国优秀文化传统和民族的传统美德，用通俗易懂的语言、生动活泼的方式，增强农民的集体主义、爱国主义观念，提高他们的社会主义觉悟。

江泽民强调，各级党委要加强对这项工作的领导，实行一般号召与个别指导相结合。各级干部特别是领导干部要真正深入下去，具体指导。要按照中央的统一部署，结合本地实际，把这项工作扎扎实实地开展下去，进一步巩固农村社会主义阵地。防止走过场。

宋平在讲话中说，中央决定在农村开展社会主义思想教育，提出了以思想教育为主线，以落实党在农村各项政策、推动农村经济发展为中心，以加强基层组织建设为重点的三项任务，实践证明是完全正确的。总的看来，这次教育活动取得了好的效果。要总结经验，继续把这项工作深入、持久地开展下去。

在座谈会期间，来自湖南、陕西、福建、河北、天津、内蒙古、辽宁、江西、广东、湖北、河南、四川等12个省、自治区、直辖市的有关负责人，交流本地区开展农村社会主义思想教育活动的情况；湖南常德、陕西延安、福建龙海、湖北京山等地(市)县的同志作了典型发言。

公安部部长陶驷驹在第18次全国公安会议闭幕会上发表讲话

陶驷驹在讲话中，要求各级公安机关加强自身建设，全力维护国家政治和社会的持续稳定。

陶驷驹说，中央领导同志一再强调，公安机关不同于一般的国家行政机关，对公安队伍应当有特殊的要求。公安队伍应该建设成为一支忠诚可靠、训练有素、精通业务、纪律严明、作风过硬，能够统一指挥、快速反应、秉公执法，能够对付重大政治和治安事件的有坚强战斗力的队伍。

陶驷驹说，当前刑事犯罪和社会治安形势仍然相当严峻，某些方面的问题还相当突出。特别是当前刑事犯罪和反革命破坏活动交织在一起的情况越来越突出。因此，公安机关打击犯罪、维护治安的工作丝毫松懈不得，要在各方面下功夫，力争经过几年的努力使刑事案件总量得到控制，对付严重犯罪的能力有较大的加强。要特别注意打击犯罪团伙，决不能让他们形成气候；要杜绝社会丑恶现象的滋生，防止它向更大的范围继续蔓延。同时要积极推进社会治安的综合治理，提高全社会预防犯罪的能力，不断消除社会的不安定因素，使社会治安不断朝着好的方面发展，保障经济建设在良好的社会治安环境下顺利进行。

纪念中央革命根据地创建暨中华苏维埃共和国临时中央政府成立60周年大会在江西省瑞金举行

党和国家领导人江泽民、邓小平、李鹏为这次纪念活动题词。中顾委常委陈锡联受中央委托参加纪念大会。参加大会的还有江西省委书记毛致用、省长吴官正等领导和老红军代表。

全国粮食工作和粮食储备工作会议在北京召开

商业部副部长国家粮食储备局局长白美清在全国粮食工作和粮食储备工作会议上发表讲话。

白美清说，虽然今年全国自然灾害严重，但粮食收购情况比预期要好。为保持国家粮食总量动态平衡，在对部分灾区实行粮食减购增销的同时，其他地区必须保证完成国家全年定购任务，并搞好专项储备粮食收购。

白美清说，今年秋粮产量比预计的要高，各级粮食部门要力争秋季多收购一些粮食，以秋补夏。轻灾区和丰收地区必须保证完成国家全年定购任务，同时搞好专项储备粮食收购。专储粮食收购继续实行定量收购的办法，可由县、乡直接分配到户，也可以与定购结合在一起，把好处留给农民，避免不正之风。今年国家安排的地方储备粮食计划各地必须保证完成。集体经济比较好的乡村也要搞集体粮食储备，同时要大力提倡藏粮于民，储粮备荒。在完成定购和专储收购之后要及时开展议价粮收购，把农民需要出售的粮食收购起来。专储粮价格维持去年水平，议价粮随行就市，按市场价格收购。粮食集市贸易要坚持常年开放，满足群众调剂余缺的需要。

中共中央总书记江泽民在中南海会见美国前国务卿舒尔茨

江泽民在会见中说，我认为，中美两个大国逐步恢复正常关系对双方都是有利的。目前，中国政治、经济、社会稳定，我们将进一步深化改革，扩大对外开放，坚持实行计划经济与市场调节相结合的方针，搞好有中国特色的社会主义建设事业。

江泽民指出：当前，国际形势发生了重大而深刻的变化，但和平与发展仍然是当代的主要课题。中国愿意在和平共处五项原则的基础上，同包括美国在内的世界各国发展友好交往与合作。

舒尔茨对中国改革开放和经济发展方面所取得的成就表示赞赏，对中国在今年抗洪救灾中的出色成绩表示钦佩。舒尔茨强调，美中两国应当加强高层接触，共同作出努力，使两国关系早日走上正常的轨道，这符合美中两国人民的根本利益。

国家主席杨尚昆在人民大会堂分别接受孟加拉西班牙新任中国大使递交国书

杨尚昆下午在人民大会堂分别接受孟加拉国新任驻中国大使沙菲·萨米和西班牙新任驻中国大使阿马多尔·恩里克·马丁内斯·莫尔西略递交的国书。

国家主席杨尚昆在人民大会堂会见由马里救民过渡委员会委员布瓦塞·特拉奥雷率领的马里高级代表团

国务院总理李鹏在钓鱼台国宾馆会见美国前国务卿舒尔茨

国务院总理李鹏在钓鱼台国宾馆会见美国前国务卿亚历山大·黑格将军

第3届国际科学与和平周在北京举行开幕式

国情教育电视系列片《神州吟》首映式在人民大会堂举行

该片由国家教委主办，中国电视剧制作中心、人民教育出版社等单位联合录制。中共中央总书记江泽民为该片题词："了解历史，认识国情，自强不息，振兴中华。"国家副主席王震出席首映式并发表书面讲话。

王震说，用现代化和形象化的手段配合对学生进行历史和国情教育，这是件十分有意义的事情。只有使青少年了解历史、认识国情，才能使他们理解我国为什么必须坚持走社会主义道路。

王震指出，我们培养和造就无产阶级革命事业接班人，必须进行中国近、现代史和国情教育，使青少年一代具有民族自尊心、自信心、自豪感和强烈的爱国主义情感，树立坚定的社会主义信念，逐步确立共产主义的人生观、宇宙观，以继承革命先辈的光荣传统，发扬自强不息的民族精神，为捍卫社会主义制度和实现社会主义现代化建设的宏伟目标而奋斗。

王震强调，对广大青少年进行历史特别是近、现代史教育和国情教育，是坚持四项基本原则、旗帜鲜明地反对资产阶级自由化、反对"和平演变"的一项重要战略措施，是维护国家长治久安、实现社会主义现代化大业的一件大事。历史和国情教育是一项全民性的基础教育，是我国整个社会主义精神文明建设的重要内容，不仅要在学校中进行，而且也应在全社会进行。

国家民委国家体委在南宁举行全国民族体育先进集体及个人表彰大会

中国著名针灸学家贺普仁从医50周年暨针灸三道法成立大会在北京举行

11月12日

国务院联合清理拖欠税款领导小组组长王丙乾在全国清理拖欠税款工作电话会上发表讲话

王丙乾强调，各地区、各部门要迅速采取行动，加快清欠步伐，力争在年末把企业拖欠税款额压缩到100亿元以下。

王丙乾在晚上召开的电话会议上说，由于经济生活中一些深层次的矛盾还没有得到根本解决，企业拖欠国家税款的问题仍很严重。到9月底，全国欠税总额高达213.44亿元，比年初增加90.11亿元，增长73.1%。除此之外，全国还有10亿元耕地占用税被拖欠着。王丙乾说，大量的拖欠税款已给国家财政资金正常调度带来了很大困难，而且也直接影响到了国家年度预算任务的完成。

为此，王丙乾要求各地区、各部门抓紧时间，下大力气把清理欠税的工作开展起来。各级政府要把清理拖欠税款列入政府的重要议事日程，把它作为当前治理整顿、解决财政困难的一件大事来抓。

财政部新闻发言人汪兴益就国务院发布《国家预算管理条例》的有关问题向新华社记者发表谈话

发言人说，"条例"规定国家预算由单式预算改为复式预算，是我国预算管理制度的一项重要改革。

汪兴益说，建国以来，我国一直实行单式预算制，这种编制方法比较简单，可以一目了然地反映国家预算收支全貌，但不利于分清各项收支的性质，不宜反映出国家财政出现赤字的原因。新的复式预算的基本内容是：在预算年度内，将全部的财政收入与支出按不同的经济性质，分为经常性预算和建设性预算两部分。这样做的好处主要有三条：一是预算编制顺序是先经常性预算，后建设性预算。经常性预算坚持收支平衡，并有一定结余转入建设性预算；建设性预算要坚持量力而行，如有差额，可以通过发行一定数额的债券和借款来弥补。这种编制方法有利于体现"一要吃饭，二要建设"的原则，也有利于根据筹资的能力控制投资规模，做到量财办事；二是把经常性预算与建设性预算分开，可以清楚地反映出各自的预算收支状况，增加预算的透明度；三是复式预算按收入、支出的项目性质划分，便于考察各项资金的来源和使用效益，有利于加强对预算的管理和监督。

汪兴益还说，编制预算打赤字，意味着搞没有物质保证的超分配，它对于经济和社会的稳定都是不利的。因此，《条例》的总则明确规定"国家预算应当坚持收支平衡"，这是对今后预算管理工作的一项基本要求。但是，目前的国家财政特别是中央财政还有不小的困难，在今后若干年内，财政收入受企业经济效益差的制约，不可能增长很快；同时国家要建设，人民生活要改善，再加上需要偿还国内外债务，财政上收不抵支的状况一时还难以改变。所以，明年乃至今后几年的中央财政建设性预算收支仍然会有一定的差额，这些差额将通过向国内外发行建设债券和借款来弥补，不再向银行透支。但地方财政要保持收支平衡。

中共中央总书记江泽民在钓鱼台国宾馆会见美国前国务卿亚历山大·黑格将军

江泽民在会见中表示，虽然现在中美两国之间有暂时的困难，但只要两国领导人高瞻远瞩，增加接触，就一定会找到克服困难的途径，使两国关系回到正确的轨道上来。

江泽民说，当前中美关系处于暂时困难的时期，黑格将军始终明确地维护中美之间的友好合作，这是符合中美双方利益的，也有利于世界的和平与稳定。江泽民说："我们对黑格将军的远见卓识表示赞赏。"

黑格说，他同中国的来往已有21年的历史。现在美中之间的高级对话即将恢复，他对此感到高兴。他说："当年我在为尼克松总统服务的时候，美中之间的障碍要比今天大得多，但美中之间通过谈判达成了三个联合公报，促使两国关系得以发展。我本人曾经参与两个公报的拟定"。他表示希望贝克国务卿即将对中国进行的访问取得成功。

江泽民说，虽然中美两国社会制度、历史背景、文化传统、价值观念都有差异，近20年前，尼克松总统、基辛格博士、黑格将军冲破重重阻力，来中国访问，同中国领导人一起打开了中美关系的大门，从而恢复了中美之间中断了22年的交往，使中美关系在以后的20年间取得了显著的发展。

江泽民说，这是因为两国之间的共同利益超过了双方的分歧，现在中美之间又出现了暂时的困难，但只要两国领导人有战略眼光，高瞻远瞩，增加接触和高层往来，就一定会找到克服困难的途径，使两国关系回到正确的轨道上来。

在谈到国际形势时江泽民说，当前国际形势发生了重大、深刻的变化，但天下并不太平。旧的矛盾没有解决，新的矛盾又开始出现。在这种形势下，中美更需要加强合作，这对维护亚太地区、乃至世界的和平与稳定具有重要、现实的意义。

江泽民指出，中国坚持改革开放政策，坚持具有中国特色的社会主义道路，并将不断完善我们的社会主义制度，不断深化改革，扩大对外开放。他说："我们深信，我们一定能够把自已的事情办好，把一个拥有十多亿人口的国家的事情办好，保持这样一个大国的稳定，这本身就是对世界的一个贡献。”

江泽民说，为了集中力量从事经济建设，我们需要一个和平稳定的国际环境；我们实行独立自主的和平外交政策，愿意在和平共处五项原则的基础上同世界各国共同作出努力，推进和平与发展的崇高事业。

黑格表示深信中国将来一定会成为重要的经济大国，并说，中国实行改革开放政策，同世界各国不断扩大经济联系，这是十分明智的，这对中国和其它国家都有好处。

日本首相宫泽喜一在东京首相官邸会见中共中央对外联络部部长朱良

国务院总理李鹏致电祝贺在东京召开的第四届中日经济讨论会

国家教委发布《关于进一步加强扫除文盲工作的意见》

《中国教育报》讯，为了落实《中华人民共和国国民经济和社会发展十年规划和第八个五年计划纲要》提出的“争取到 2000 年全国基本上扫除青壮年文盲”的任务，进一步推动扫盲工作，国家教委近日颁布《关于进一步加强扫除文盲工作的意见》。《意见》指出：

1. 各级政府和有关部门要进一步按照《条例》要求，切实加强领导和管理，把扫盲列入国民经济和社会发展计划，制定和完善实施《条例》的办法和细则，要把扫盲工作列入各级政府、有关部门任期目标，实行行政领导负责制。要建立和健全政府统一领导、各有关部门齐抓共管、社会力量积极参与的制度，还要建立定期布置、检查、验收和奖励制度。

各级宣传、教育、文化广播、影视等部门要切实加强宣传舆论工作，进一步提高广大干部和群众对扫盲意义的认识，克服畏难、松劲和厌战情绪，在有扫盲任务的地方，形成有文化的人都来教，不识字的人都来学的良好的扫盲环境。除了经常性的宣传外，在每年“9·8”国际扫盲日和冬春季节要形成扫盲宣传热潮。

2. 因地制宜、分类指导，分期分批地完成扫盲任务。各地要根据第四次全国人口普查结果，认真制定扫盲规划，凡是有扫盲任务的地方，要把任务切实落实到村和人，限期予以扫除。首先要求已经普及初等教育的地方，在普及初等教育后的五年内实现扫除青壮年文盲的目标；尚不能普及初等教育的地方，必须在认真抓好普教的同时，积极开展扫盲工作。已经基本扫除青壮年文盲的地方，要按照《条例》要求，积极地继续扫除剩余文盲，使青壮年非文盲率提高到 95％以上，实现高标准扫除青壮年文盲的目标。要特别重视妇女中的扫盲工作。

3. 凡建国后（含 1949 年）出生的文盲、半文盲，除不具备学习能力者外，都应扫除。要继续提倡经济、教育基础好的地方提高扫盲年龄上限，努力扫除 40 周岁以上有学习条件的文盲。在验收基本或高标准扫除青壮年文盲的县（市、区）时，该地所辖农村的行政村、城镇的街道居民委员会、企业、事业单位都达标，才能确认该县（市、区）为基本或高标准扫除青壮年文盲单位。对于高标准扫除青壮年文盲的县（市、区），要由省（区、市）组织验收，并报国家教委备案。国家教委每年公布一次名单，以资鼓励。

4. 各级政府和教育部门要切实抓紧抓好普及初等教育工作，要认真做好适龄儿童入学和流生返校工作。对于 15 周岁以下未受完初等教育的青少年，应由当地小学采取多种措施，使其达到小学或扫盲毕业程度，最大限度地堵住新文盲的产生。农村中小学要发扬“日校办夜校，一师任两教”的光荣传统，利用学校的校舍设备，积极举办扫盲班或农民学校。要广泛动员农村中小学教师和小学高年级以上学生利用寒暑假和课余时间积极参加扫盲工作。

《意见》还提出了在扫盲工作中必须把学文化和学习实用技术紧密结合起来，调动扫盲学员学习的积极性，在应用中巩固文化学习成果；增加对扫盲工作的人、财、物投入，不断改善办学条件和积极开展扫盲教学研究方面的要求。

中国展团在第 40 届布鲁塞尔尤里卡世界发明博览会上共获得两项特别奖 16 项金奖 16 项银奖和 10 枚勋章

由广东广西联合举办的太平天国起义 140 周年纪念大会暨洪秀全纪念馆落成典礼在广西花县举行

11 月 13 日

党和国家领导人江泽民李鹏乔石宋平李瑞环到北京市凉水河整治工程通县张家湾工段参加兴修水利劳动

中共中央总书记江泽民在北京凉水河工地参加劳动时发表讲话

同志们：

首先，我代表党中央、国务院、中央军委，向参加北京市冬春水利建设的广大城乡人民群众、各级干部、解放军指战员和武警官兵表示亲切的慰问！并借此机会,向战斗在全国水利建设第一线的广大干部群众、解放军指战员和武警官兵致以亲切的慰问!

今年,我国江淮等部分地区遭受了严重的洪涝灾害,经过全国军民团结奋战,取得了抗洪救灾的胜利。实践进一步证明,水利是农业的命脉,是国民经济的基础设施,也是国民经济发展和社会安定的重要保障。大灾之后要大治。大力兴修水利是顺乎民心、合乎民意、造福当代、惠及子孙的伟大事业。现在全国从北到南广泛兴起了兴修水利的高潮,形势很好。今天我们党中央、国务院、中央军委在京的领导同志来到北京市凉水河工地参加劳动,我们今天所能贡献的力量是微薄的,但我们的心是和大家连在一起的。我们一定要做到人民水利人民办,全社会都关心水利建设。

各级党政部门要充分重视水利建设,加强对冬春水利建设的领导,必须搞好科学规划,动员全社会的力量大办水利。各级党政领导带头参加水利建设,就是要全党动员,同广大人民群众同甘共苦,继续发扬大力协同,相互配合,团结治水,自力更生,艰苦奋斗的优良传统,进一步密切党群关系、干群关系、军民关系,加强全国各族人民的大团结。现在多流一滴汗,就为明年和以后减少洪涝旱灾害损失,夺取农业丰收,促进经济稳定发展多了一份保障。

最后,祝北京市凉水河会战圆满成功,祝全国冬春水利建设取得更大成绩!

国务院总理李鹏在北京凉水河工地参加劳动时发表讲话

同志们:

今年,我国部分地区发生了特大的自然灾害。从这场自然灾害中我们得到启示:第一是四十年来全国各地进行的水利建设发挥了巨大作用,从而减轻了今年的自然灾害所带来的损失。其次,我们做得还不够,我们现在的水利设施,还不足以抵御更大的自然灾害。

从这场灾害中,我们感到,水利不但是农业的命脉,而且是国民经济的基础。我们一定要把水利建设搞好。治理江河、兴修水利,要靠国家的力量,要使用现代化机械,但更重要的是靠广大人民的力量,也包括军队的支援。我们中国有丰富的劳动力资源,这是我们治理江河、兴修水利的一大优势。我希望我们兴修水利的工作今年比去年干得更好。

现在,全国已有五千万人在堤上和河道上进行水利建设。今冬的工作量可能要超过五十亿方。所有这些工程,包括今天我们所在的,关系到北京市防洪和排水安全的凉水河工程都应该在科学的规划指导下进行,并且要比过去干得更扎实更有成效。只要我们坚持不懈地抓下去,年年治河,年年修堤,年年筑坝,那么,我相信,我们中国的水利建设一定能够一年比一年搞得好,一年比一年取得更大的成效。

《人民日报》发表外经贸部部长李岚清的文章《改革外贸体制 促进外贸发展》

《人民日报》发表评论员文章《调整结构提高效益——谈进一步搞好国营大中型企业》

国家主席杨尚昆在人民大会堂会见摩洛哥王储西迪·穆罕默德殿下

国务院总理李鹏在中南海紫光阁会见由会长梁钦荣率领的香港中华厂商联合会代表团

李鹏在会见中说,中国将根据自己的具体情况,积极而扎实地继续进行改革开放。

他说,现在已经是11月,可以预计,今年农业仍有好收成,整个国民生产总值将增长6%至7%,通货膨胀率估计将控制在4%以下。他说:"我们希望经济发展的速度是有效益的速度、实实在在的速度。"

李鹏说,今年以来,中国的改革开放有了进一步发展,特别是在金融体制、外贸体制和粮食价格等方面迈出了较大的步子。他说,下一步改革的重点将放在企业经营机制方面,努力把国营大中型企业搞好。同时,要进一步深化农村改革,建立各类服务系统,提高农业生产。根据10年规划的要求,"我们将把发展的重点放在农业和基础工业方面"。

他指出,改革是一个渐进的过程,"欲速则不达",要把改革、发展和稳定的关系处理好。"总之,我们的做法是:积极改革,积极开放,按照中国的具体情况,扎扎实实地进行下去。"

会见中,李鹏说,中华厂商联合会历史悠久,在香港工商企业界是有较大影响和相当经济实力的商业社团之一。他说,近10年多来,联合会同内地的经济联系日益密切,"我们希望这种友好合作进一步发展。"

梁钦荣说,香港人士对内地的发展感到非常高兴。现在,香港和内地的关系越来越密切。内地政治稳定、经济发展,这对香港的繁荣和稳定产生了积极的影响。他表示,联合会将为进一步促进香港和内地的联系作出努力。

全国人大常委会副委员长、全国工商联主席荣毅仁和国务院港澳办主任鲁平等参加了会见。

国务院总理李鹏在中南海紫光阁会见世界经济论坛主席施瓦布

中国代表团团长钱其琛在汉城开幕的亚洲及太平洋经济合作会议第三届部长级会议上发言

钱其琛表示，中国将采取建设性的、合作的态度，参与亚太经济合作会议的各项活动，与其他成员一起为亚太经济的发展与繁荣而共同努力。

钱其琛指出，中华人民共和国、中国台北和香港参加亚太经济合作会议，是亚太经济合作进程中的一个积极发展。

钱其琛说："从中、长期看，亚太各国之间的经济联系会进一步加强，亚太经济合作对推动世界经济持续增长将发挥越来越大的作用。"

钱其琛认为，亚太经济合作应该在全球范围内带头坚持开放性，抑制排他性的倾向。

钱其琛强调说："在亚太地区内，从事亚太经济合作的各种区域和次区域机制之间同样不应互相排斥，而应互为补充，共同为促进亚太经济繁荣而努力。"

钱其琛向与会者简要地介绍了中国经济的现状与前景及其同亚太经济发展和合作的关系。

全国政协副主席胡绳在日本亚细亚大学发表讲演《论中国的改革和开放》

外交部副部长田曾佩在北京设宴欢迎澳门总督韦奇立和夫人

中国中小企业国际合作协会和法国凡尔赛工商会合作议定书在巴黎签字

11 月 14 日

国务院总理李鹏等到新华社视察工作

李鹏在新华社视察时提出，新闻工作者要进一步坚定建设有中国特色的社会主义信念，用马克思列宁主义、毛泽东思想作指导，全面准确地向广大人民群众宣传党的基本路线，为社会主义现代化建设创造良好的舆论环境。

李鹏总理和邹家华、朱镕基副总理等下午到新华社视察工作。

李鹏在视察后会见新华社各部门负责人和出席新华社对外宣传工作会议的部分同志，并作了重要讲话。

李鹏说，你们的信息为党中央、国务院的一些重大决策提供了参考依据，人民群众通过你们的信息了解国内外大事，新闻通讯事业已经成为人民日常政治、经济文化等生活中不可缺少的一部分。

李鹏说，全面宣传贯彻执行党的"以经济建设为中心，坚持四项基本原则，坚持改革开放"的基本路线，坚持不懈地向人民群众宣传马克思主义的真理，准确地宣传党的路线、方针、政策，克服一手硬一手软的现象，这是新时代赋予我们的光荣任务，新华社和其他新闻单位要牢牢把握住这一点。

李鹏说，面对国际风云变幻，进一步坚定建设有中国特色的社会主义信念，这既是社会主义现代化建设的需要，也是抵制和平演变的需要。只要我们自己首先树立了坚定的信念，就能教育和引导群众坚定地走社会主义道路。

李鹏强调，新华社、人民日报、中央人民广播电台、中央电视台、中国国际广播电台等重要的新闻宣传机关，更要坚持无产阶级新闻的党性原则，始终把当好党、政府和人民的强有力的舆论工具当作自己的根本任务，准确地全面地宣传党和国家的对内对外政策，努力为社会主义现代化建设做出新的更大的贡献。

李鹏说，新华社在前进，事业在发展，在社会主义新闻事业中发挥了重要作用。新华社的同志要珍惜 60 年来形成的一套好的传统和作风，不断提高政治素质和业务水平，加倍努力工作，开拓前进，争取在较短时间内，把新华社建设成为有中国特色的世界性通讯社。随同视察的还有国务院秘书长罗干、国务院外事办公室主任齐怀远以及王书明、席德华、马祖彭等。

国务院总理李鹏在北京会见澳门总督韦奇立

会见时李鹏表示，为更好地履行中葡关于澳门问题联合声明的各项条款，中葡双方应该加强联系。

李鹏说，中葡两国政府在澳门问题上进行了卓有成效的合作。中葡关于澳门问题联合声明的签署是双方合作最主要的成果。同对待香港问题一样，中国政府也将对澳门问题实行"一国两制"的方针。李鹏希望澳门保持长期社会稳定与经济发展。

李鹏说，目前，中国人大常委会已经开始着手起草澳门基本法。基本法的制定将对澳门在 1999 年回归祖国以后的顺利发展发挥极为重要的作用。李鹏说，在基本法形成过程中，中国政府将重视听取澳门各界人士和葡萄牙政府的意见，使这一根本法律更加完善。

在谈到澳门机场问题时，李鹏说，中国政府对这一问题的立场是一贯的。我们同意澳门新建国际机场。李鹏说，涉及这样一项大的工程必然会有很多具体问题，李鹏相信经过双方有成效的磋商，这些问题是会得到妥善解决的。

韦奇立说，作为澳门总督，他将严格执行联合声明的条款，为增进中葡两国关系，促进澳门经济发展作出努力。韦奇立还说，中国内地的发展和稳定有利于澳门的稳定和发展。韦奇立说，在澳门问题上葡中两国的目标是一致的。葡方愿意就涉及澳门问题的有关问题随时同中方加强磋商。

国务院港澳办公室主任鲁平、外交部副部长田曾佩参加会见。

澳门特别行政区基本法起草委员会主任委员姬鹏飞在北京会见澳门总督韦奇立

国务院港澳办公室主任鲁平参加会见澳门总督韦奇立。

外交部副部长田曾佩上午同韦奇立就澳门过渡时期的问题举行了会谈。双方就澳门过渡时期的三大问题:即公务员本地化、中文官方地位和法律本地化问题,以及澳门平稳过渡与稳定发展等问题交换了意见。双方还就中葡两国关系、国际形势等问题进行了友好交谈。

全国救灾领导小组组长田纪云到安徽灾区现场办公

田纪云来到遭受特大洪涝灾害的安徽灾区,代表党中央、国务院看望灾民,现场办公,部署灾区安全过冬工作。

田纪云在淮南召开现场办公会,与安徽省委、省政府的负责同志共同研究救灾工作。在听取了省长傅锡寿关于全省救灾情况的汇报后,田纪云说,没来之前,我对安徽灾区的过冬问题,心里七上八下,来这里一看,灾区干部群众情绪稳定,到处一派生机,生产、生活都已恢复正常,心中的一块石头才落了地。田纪云说,安徽省委、省政府率领全省人民在取得抗洪斗争的决定性胜利之后,及时转入了重建家园、生产自救工作,使灾区人民的生活得到了妥善安排,实现了“四不”(不饿死人、不冻死人、不发生大的疫情、不出现大批灾民外流)目标,以秋补夏、以工补农成效显著,大量的水毁工程已经或正在修复,98%的“全倒户”已修建了过冬住所,农田水利建设已经形成高潮。

田纪云指出,在抗灾救灾的成绩面前,必须保持清醒头脑,要认真研究工作中还存在什么问题,经常检查各项措施的落实情况。当前灾区最迫切的问题还是安全过冬问题。不论是永久性住房还是临时庵棚,都要抓紧建设进度,确保建设质量。

田纪云强调,安徽今后在抓紧粮食生产的同时,要下大力气发展乡镇企业,大搞多种经营,开拓农村的致富门路,向生产的广度和深度进军。

田纪云还指出,大灾之后须大治,要抓住时机,发动和依靠群众,尽快修复水毁工程,彻底治理淮河,造福当代人民,造福子孙后代。

全国公安科技工作会议在北京召开

公安部部长陶驷驹以及全国各省、自治区、直辖市公安机关有关负责人出席会议。

公安部副部长蒋先进发表讲话说:“公安机关必须用现代化手段保卫社会主义现代化建设。”

全国出口商品原产地工作会议在北京举行

外经贸部副部长吴仪在全国出口商品原产地工作会议上说,1990年,我国仅经贸、商检、贸促会系统签发的原产地证明书就达115.3万份,发生金额达436亿美元,占当年出口总额的84%。

中国对外贸易体制逐步符合国际贸易规范。

这次全国出口商品原产地工作会议加快出口商品原产地的立法工作,重点讨论修改《中华人民共和国出口货物原产地规则》、《中华人民共和国出口货物原产地说明书签发管理办法》等法规。上述《规则》和《办法》明确成立由经贸部领导的由经贸部、国家商检局和贸促会有关人员组成的原产地工作委员会。

大(同)秦(皇岛)铁路二期工程全线铺通

大秦铁路西起山西大同,东至秦皇岛,全长653公里,是中国第一条开行重载单元列车的铁路,是中国铁路设计标准和现代化水平最高的电气化铁路。

外交部发言人吴建民在北京举行新闻发布会就香港等问题回答记者提问

有记者问:国外有人提出建立一个国际委员会来保证1997年以后的香港人权,你有何评论。

吴建民说,1997年7月1日以前,香港问题是中国和英国之间的事情。在1997年7月1日以后,香港的事务是中国的内政,中国政府将严格按照香港特别行政区基本法办事。“中国政府反对香港问题国际化的立场是众所周知的。”

吴建民在回答记者提问时说,中国政府对南斯拉夫内战愈演愈烈、南斯拉夫问题进一步国际化的趋势表示关切。中国认为,国际社会的努力应该有助于推动南斯拉夫各方通过谈判早日结束冲突、恢复和平。

11月15日

国家主席杨尚昆会见科威特国埃米尔谢赫·贾比尔·艾哈迈德·萨巴赫

会见中杨尚昆赞扬科威特政府和人民在埃米尔贾比尔殿下的领导下,为捍卫国家主权、独立和领土完整所做出的努力和取得的成就,对科威特政府和人民在重建家园、恢复国民经济以及社会秩序方面取得的成就,特别是最近扑灭全部油井大火表示钦佩和热烈祝贺。

贾比尔向杨主席通报了海湾地区的形势和海湾战后科威特所面临的问题。

杨尚昆说，中国政府和人民十分关心海湾地区的形势，关心科威特面临的战后遗留问题。中国在许多场合强调，我们尊重科威特和伊拉克两国政府1963年达成的边界协议，支持恢复科威特的合法权益。

中组部发出关于干部双重管理工作若干问题的通知

为了健全和完善干部双重管理制度，理顺工作关系，提高工作效率，根据我部1983年10月发布的《关于改革干部管理体制若干问题的规定》的精神和干部管理工作的实际需要，现将干部双重管理工作中主管与协管双方职责权限和任免程序等有关事项通知如下：

一、中央各有关部门党组（党委）和地方党委，都应按照有关规定和干部管理权限，将双重管理单位的领导干部职务区别主管、协管，列入管理干部职务名称表。

二、在干部管理上实行双重管理，以中央各有关部门为主的，中央各有关部门党组（党委）的职责是：

1. 党政领导班子的配备、调整，党委换届时，审批党委会候选人及党的关系不在地方和跨省区的单位党委会选举结果；

2. 领导班子思想作风建设；

3. 干部考察、考核、任免、调动、交流、出国审批、工资待遇、行政奖惩、干部档案管理；

4. 政治审查；

5. 干部政治理论学习、培训，干部岗位职务培训和各类业务培训；

6. 退（离）休工作和老干部管理；

7. 后备干部选拔培养；

8. 干部队伍的管理。

地方党委协助中央各有关部门党组（党委）管理干部的职责是：

1. 对党政领导班子的配备、调整提出建议，审批党的关系在地方的党委会换届选举结果；

2. 协助做好党政领导班子思想作风建设工作；

3. 协助做好干部考察、考核和政治审查工作；

4. 协助做好干部的政治理论学习、培训和业务培训；

5. 推荐优秀干部，协助做好干部交流工作；

6. 协助做好老干部管理工作；

7. 协助做好后备干部的选拔培养工作。

三、在干部管理上实行双重管理，以地方党委为主的，地方党委的职责是：

1. 党政领导班子的配备、调整，党委换届时，审批党委会候选人及选举结果；

2. 领导班子思想作风建设；

3. 干部的考察、考核、任免、调动、交流、出国审批、工资待遇、奖惩、干部档案管理；

4. 干部政治理论学习、培训；

5. 政治审查；

6. 退（离）休工作和老干部管理；

7. 后备干部选拔培养；

8. 干部队伍的管理。

中央各有关部门党组（党委）协助地方党委管理干部的职责是：

1. 对党政领导班子的配备、调整提出建议；

2. 协助做好党政领导班子思想作风建设工作；

3. 协助做好干部考察、考核和政治审查工作；

4. 指导和规划本系统干部岗位职务培训和各类业务培训，并会同地方党委安排落实；

5. 推荐优秀干部，协助做好干部交流工作；

6. 协助做好后备干部选拔培养工作。

四、主管协管双方可从实际情况出发，经协商后，将某些干部管理工作委托对方办理。

五、主管协管双方要做好干部考察、考核工作。调整配备领导班子考察干部时，主管方要事先邀请协管方参加，协管方要积极配合，一般不要重复考察。考察干部协管方没有参加的，主管方在考察后应向协管方通报情况。

六、凡任免调动干部，主管方须事先征求协管方意见。征求意见要正式行文，并附干部任免呈报表，属于提拔任用的应附考察材料。一般情况下，协管方应在接到征求意见函后一个月内作出书面答复，逾期不复的，可视为没有意见。换届时，主管方应提前两个月发函征求协管方意见。

为了减少工作环节，征求和答复意见时，中央各有关部门党组（党委）只对省（区、市）党委或省（区）辖市党委，省（区、市）党委和省（区）辖市党委只对中央有关部门党组（党委）。具体工作分别由中央有关部委干部、人事司（局）和地方党委组织部（或由地方党委授权的部门）负责。

干部任免后，主管方要将任免通知及时抄送协管方。

七、主管协管双方意见不一致时，不要仓促作出决定，要认真协商，充分听取和考虑对方意见，在此基础上由主管方作出决定。向中央备案的，要将协管方的不同意见在备案报告中注明。

八、主管和协管双方要切实履行职责，加强工作联系，互相尊重，互相支持，密切配合，及时沟通情况，共同做好干部管理工作。

全国粮食和粮食储备工作会议代表座谈会在中南海会议室举行

国务院总理李鹏和国务院副总理田纪云、国务委员王丙乾、国务院秘书长罗干等，与代表们就加强国家粮食宏观调控、改革粮食流通体制等问题进行座谈。李鹏在座谈会上发表讲话。

座谈会由国务院副总理田纪云主持。商业部副部长白美清、吉林省粮食厅厅长赵玉春、安徽省粮油食品局局长汪文斌、江西省粮食局局长刘与忠、四川省粮食局副局长董朝永等，先后在座谈会上发言。

国务院总理李鹏在全国粮食和粮食储备工作会议代表座谈会上发表讲话

李鹏座谈时指出，粮食是关系国计民生的重要商品，关系到千家万户，各级党委和政府要加强对粮食工作的领导。粮食部门要开拓创新，在改革上迈出更大步伐。要进一步做好灾区的粮食供应工作，不能有松懈麻痹思想。

李鹏总理和国务院副总理田纪云、国务委员王丙乾、国务院秘书长罗干等同志，与代表们就加强国家粮食宏观调控、改革粮食流通体制等问题进行了座谈。

李鹏说，粮食部门的广大职工在党和政府的领导下，做了大量的工作，取得了很大的成绩。在今年这样的大灾之年，因为手中有粮，心中不慌，足够的粮食储备稳定了人心，稳定了社会。粮食部门克服困难，千方百计把救灾粮食和食品送到灾民手中，使灾区人民生活得到妥善安排。李鹏说，大量粮食露天存放，曾是我们的心腹之患，由于粮食部门职工想方设法，精心保管，保证了国家粮食安全度夏，特别是在洪水面前，广大职工奋力抢救，粮食损失减少到最小程度。李鹏指出，今年对粮油销售价格进行了调整，粮食价格改革迈出了重要一步，由于工作细、宣传及时、粮食部门精心组织、人民群众的理解与支持，平稳出台。他说，去年为了解决“卖粮难”，保护农民种粮的积极性，增强国家的宏观调控能力，国务院决定实行国家专项粮食储备。粮食部门的广大职工在很短时间，完成了粮食的收购和保管任务。实践证明，粮食部门对国家是有贡献的。他代表党中央、国务院向全国粮食战线的职工表示衷心的感谢和亲切的慰问。

李鹏强调，为保证国家的长治久安和社会稳定发展，我们要重视粮食生产，建立一套长期的完善的粮食储备制度，建设必要的现代化储粮措施，在重视粮食生产的同时，我们还要有步骤、有计划地发展棉、油等经济作物的生产，进一步调动农民生产的积极性。

李鹏指出，流通是社会再生产过程中的一个重要环节，我们要重视流通，积极推进粮食流通体制改革，逐步建立粮食期货市场，并与进出口贸易紧密结合。他说，粮食流通体制的改革要积极稳妥地进行。粮食部门今后要按照国家关于大力发展第三产业的要求，进一步拓宽经营范围和服务领域，搞好多种经营，以适应市场变化和消费者的需求，促进粮油转化增值。

李鹏指出，粮食工作的好坏，直接关系到市场稳定和社会安定，各级党委和人民政府一定要十分重视，切实加强对粮食工作的领导，帮助粮食部门解决困难，各有关部门要大力支持、紧密配合。粮食部门也要认真抓好自身建设，开拓创新，使粮食工作走上新台阶。

国务委员兼外交部部长钱其琛在钓鱼台国宾馆同美国国务卿詹姆斯·贝克举行正式会谈

关于双边关系，钱其琛说，尽管国际形势急剧变化，中美保持良好关系符合两国人民的根本利益，也有利于亚太地区乃至世界的和平与稳定。事实证明，近两年多来中美关系经历的困难局面对双方都不利。制裁使中美双方都受到损害，美国应当取消对中国的制裁。

贝克说，我们的目标是共同的，就是要保持美中关系。美国政府遵守美中之间的三个公报。美国方面认为，只有一个中国，台湾是中国的一部分；美国方面希望中国稳定和发展；美国愿意发展同中国的经贸关系和加强在国际问题上的合作；美国政府主张延长中国的最惠国待遇并不附加任何先决条件。因为保持和发展美中关系符合美国和中国的国家利益。

关于国际问题，两国外长一致肯定，双方在海湾危机、柬埔寨问题、中东军控、推动亚太地区的经济交流和促进朝鲜半岛的和平与稳定等方面的合作是积极的。双方还就各自关切的问题交换了意见。

国务院发出关于贸易性动物产品出境检疫管理体制的通知

《中华人民共和国进出境动植物检疫法》已经第七届全国人民代表大会常务委员会第二十二次会议讨论通过，并将于1992年4月1日起施行。该法第三条确定，“贸易性动物产品出境的检疫机关，由国务院根据情况规定”。国务院认为，从长远看，贸易性动物产品出境检疫工作，以农业部门统一管理为宜，但这需要有一个过程。因此，国务院决定，贸易性动物产品出境检疫工作仍由国家商检部门承担。

中国工人阶级的先锋战士“铁人”王进喜雕像在大庆落成揭幕

程世才逝世

中国共产党的优秀党员，久经考验的忠诚的共产主义战士，无产阶级革命家，我军杰出的军事指挥员，中央顾问委员会委员程世才同志因病医治无效，在北京逝世，终年78岁。

程世才是湖北省大悟县人。1930年参加中国工农红军，同年加入中国共产主义青年团，次年转入中国共产党。土地革命战争时期，历任红军连政治指导员、团政治委员、师长兼政治委员、副军长、军长等职，参加了创建、巩固和发展鄂豫皖、川陕革命根据地的斗争和二万五千里长征，指挥一系列重要战役战斗，为红四方面军的发展和壮大作出了重要贡献。1936年10月，率部在河西走廊与敌展开浴血奋战，后历经千辛万苦，走出祁连山，进入新疆，为革命保存了一批可贵的骨干力量。

抗日战争时期，担任冀热察挺进军参谋长兼十二支队司令员等职，参加了平西地区的春季反“扫荡”和百团大战，保卫和扩大了抗日根据地。解放战争时期，担任东北民主联军第三纵队司令员，南满军区司令员，安东军区、辽西军区司令员等职，率部参加四平、鞍山、本溪、辽阳保卫战和四保临江，辽沈等战役，为东北解放作出了重要贡献。中华人民共和国成立后，先后担任公安军第一副司令员、沈阳军区副司令员、原装甲兵副司令员等职，经常深入部队狠抓教育训练，为部队建设作出了贡献。十年动乱中，与林彪、江青反革命集团进行了坚决斗争。坚决拥护党的十一届三中全会以后的路线，方针，政策，与党中央保持高度一致。1955年被授予中将军衔，是中国共产党七大、八大代表，第五届全国人民代表大会常务委员会委员，党的十二大、十三大中央顾问委员会委员。

11月16日

中共中央总书记江泽民在中南海会见科威特国埃米尔谢赫·贾比尔·艾哈迈德·萨巴赫

江泽民向贾比尔祝贺科威特的独立、主权、领土完整及合法政府得到恢复。江泽民说，去年12月殿下访华时，我曾经对殿下说过，包括中国在内的世界大多数国家都支持科威特的反侵略斗争。不管反侵略、反占领的斗争多么曲折，这种斗争终将取得最后的胜利。

江泽民说，值得庆幸的是科威特政府和人民在殿下领导下与国际社会共同努力，取得了这场斗争的胜利。战后科威特政府和人民为重建家园、恢复国民经济和社会秩序作出了巨大的努力，取得了可喜的成绩。尤其是听到科威特油井大火已被全部扑灭的好消息时，我们为友好的科威特人民感到由衷的高兴。

谈到科威特战后重建问题时，江泽民说，治愈战争创伤当然需要时间，我们相信科威特在埃米尔·贾比尔的领导下，一定会把治愈战争创伤的工作做得很好。我们也愿意提供力所能及的帮助。他表示希望科威特繁荣昌盛。

国务院总理李鹏在人民大会堂同科威特国埃米尔谢赫·贾比尔·艾哈迈德·萨巴赫举行会谈

会谈中，双方对中科在各个领域的友好合作关系的顺利发展表示满意，并就进一步发展两国在平等互利基础上的友好合作关系交换了意见。

关于海湾战后科威特面临的一些悬而未决的问题，李鹏重申了对科威特的支持。

国务院总理李鹏签署第91号令发布《国有资产评估管理办法》

现发布《国有资产评估管理办法》，自发布之日起施行。

总理 李 鹏

1991年11月16日

国有资产评估管理办法

第一章 总 则

第一条 为了正确体现国有资产的价值量，保护国有资产所有者和经营者、使用者的合法权益，制定本办法。

第二条 国有资产评估，除法律、法规另有规定外，适用本办法。

第三条 国有资产占有单位（以下简称占有单位）有下列情形之一的，应当进行资产评估：

（一）资产拍卖、转让；

（二）企业兼并、出售、联营、股份经营；

（三）与外国公司、企业和其他经济组织或者个人开办中外合资经营企业或者中外合作经营企业；

（四）企业清算；

（五）依照国家有关规定需要进行资产评估的其他情形。

第四条 占有单位有下列情形之一，当事人认为需要的，可以进行资产评估：

（一）资产抵押及其他担保；

（二）企业租赁；

（三）需要进行资产评估的其他情形。

第五条 全国或者特定行业的国有资产评估，由国务院决定。

第六条 国有资产评估范围包括：固定资产、流动资产、无形资产和其他资产。

第七条 国有资产评估应当遵循真实性、科学性、可行性原则，依照国家规定的标准、程序和方法进行评定和估算。

第二章 组织管理

第八条 国有资产评估工作，按照国有资产管理权限，由国有资产管理行政主管部门负责管理和监督。

国有资产评估组织工作，按照占有单位的隶属关系，由行业主管部门负责。

国有资产管理行政主管部门和行业主管部门不直接从事国有资产评估业务。

第九条 持有国务院或者省、自治区、直辖市人民政府国有资产管理行政主管部门颁发的国有资产评估资格证书的资产评估公司、会计师事务所、审计事务所、财务咨询公司，经国务院或者省、自治区、直辖市人民政府国有资产管理行政主管部门认可的临时评估机构(以下统称资产评估机构)，可以接受占有单位的委托，从事国有资产评估业务。

前款所列资产评估机构的管理方法，由国务院国有资产管理行政主管部门制定。

第十条 占有单位委托资产评估机构进行资产评估时，应当如实提供有关情况和资料。资产评估机构应当对占有单位提供的有关情况和资料保守秘密。

第十一条 资产评估机构进行资产评估，实行有偿服务。资产评估收费办法，由国务院国有资产管理行政主管部门会同财政部门、物价主管部门制定。

第三章 评估秩序

第十二条 国有资产评估按照下列程序进行：

(一)申请立项；

(二)资产清查；

(三)评定估算；

(四)验证确认。

第十三条 依照本办法第三条、第四条规定进行资产评估的占有单位，经其主管部门审查同意后，应当向同级国有资产管理行政主管部门提交资产评估立项申请书，并附财产目录和有关会计报表等资料。

经国有资产管理行政主管部门授权或者委托，占有单位的主管部门可以审批资产评估立项申请。

第十四条 国有资产管理行政主管部门应当自收到资产评估立项申请书之日起十日内进行审核，并作出是否准予资产评估立项的决定，通知申请单位及其主管部门。

第十五条 国务院决定对全国或者特定行业进行国有资产评估的，视为已经准予资产评估立项。

第十六条 申请单位收到准予资产评估立项通知书后，可以委托资产评估机构评估资产。

第十七条 受占有单位委托的资产评估机构应当在对委托单位的资产、债权、债务进行全面清查的基础上，核实资产账面与实际是否相符，经营成果是否真实，据以作出鉴定。

第十八条 受占有单位委托的资产评估机构应当根据本办法的规定，对委托单位被评估资产的价值进行评定和估算，并向委托单位提出资产评估结果报告书。

委托单位收到资产评估机构的资产评估结果报告书后，应当报其主管部门审查；主管部门审查同意后，报同级国有资产管理行政主管部门确认资产评估结果。

经国有资产管理行政主管部门授权或者委托，占有单位的主管部门可以确认资产评估结果。

第十九条 国有资产管理行政主管部门应当自收到占有单位报送的资产评估结果报告书之日起四十五日内组织审核、验证、协商，确认资产评估结果，并下达确认通知书。

第二十条 占有单位对确认通知书有异议的，可以自收到通知书之日起十五日内向上一级国有资产管理行政主管部门申请复核。上一级国有资产管理行政主管部门应当自收到复核申请之日起三十日内作出裁定，并下达裁定通知书。

第二十一条 占有单位收到确认通知书或者裁定通知书后，应当根据国家有关财务、会计制度进行账务处理。

第四章 评估方法

第二十二条 国有资产重估价值，根据资产原值、净值、新旧程度、重置成本、获利能力等因素和本办法规定的资产评估方法评定。

第二十三条 国有资产评估方法包括：

(一)收益现值法；

(二)重置成本法；

(三)现行市价法；

(四)清算价格法；

(五)国务院国有资产管理行政主管部门规定的其他评估方法。

第二十四条 用收益现值法进行资产评估的，应当根据被评估资产合理的预期获利能力和适当的折现率，计算出资产的现值，并以此评定重估价值。

第二十五条 用重置成本法进行资产评估的，应当根据该项资产在全新情况下的重置成本，减去按重置成本计算的已使用年限的累积折旧额，考虑资产功能变化、成新率等因素，评定重估价值；或者根据资产的使用期限，考虑资产功能变化等因素重新确定成新率，评定重估价值。

第二十六条 用现行市价法进行资产评估的，应当参照相同或者类似资产的市场价格，评定重估价值。

第二十七条 用清算价格法进行资产评估的，应当根据企业清算时其资产可变现的价值，评定重估价值。

第二十八条 对流动资产中的原材料、在制品、协作件、库存商品、低值易耗品等进行评估时，应当根据该项资产的现行市场价格、计划价格，考虑购置费用、产品完工程度、损耗等因素，评定重估价值。

第二十九条 对有价证券的评估，参照市场价格评定重估价值；没有市场价格的，考虑票面价值、预期收益等因素，评定重估价值。

第三十条 对占有单位的无形资产，区别下列情况评定重估价值：

(一)外购的无形资产，根据购入成本及该项资产具有的获利能力；

(二)自创或者自身拥有的无形资产，根据其形成时所需实际成本及该项资产具有的获利能力；

(三)自创或者自身拥有的未单独计算成本的无形资产，根据该项资产具有的获利能力。

第五章 法律责任

第三十一条 占有单位违反本办法的规定，提供虚假情况和资料，或者与资产评估机构串通作弊，致使资产评估结果失实的，国有资产管理行政主管部门可以宣布资产评估结果无效，并可以根据情节轻重，单处或者并处下列处罚：

(一)通报批评；

(二)限期改正，并可以处以相当于评估费用以下的罚款；

(三)提请有关部门对单位主管人员和直接责任人员给予行政处分，并可以处以相当于本人三个月基本工资以下的罚款。

第三十二条 资产评估机构作弊或者玩忽职守，致使资产评估结果失实的，国有资产管理行政主管部门可以宣布资产评估结果无效，并可以根据情节轻重，对该资产评估机构给予下列处罚：

(一)警告；

(二)停业整顿；

(三)吊销国有资产评估资格证书。

第三十三条 被处罚的单位和个人对依照本办法第三十一条、第三十二条规定作出的处罚决定不服的，可以在收到处罚通知之日起十五日内，向上一级国有资产管理行政主管部门申请复议。上一级国有资产管理行政主管部门应当自收到复议申请之日起六十日内作出复议决定。申请人对复议决定不服的，可以自收到复议通知之日起十五日内向人民法院提起诉讼。

第三十四条 国有资产管理行政主管部门或者行业主管部门工作人员违反本办法，利用职权谋取私利，或者玩忽职守，造成国有资产损失的，国有资产管理行政主管部门或者行业主管部门可以按照干部管理权限，给予行政处分，并可以处以相当于本人三个月基本工资以下的罚款。

违反本办法，利用职权谋取私利的，由有查处权的部门依法追缴其非法所得。

第三十五条 违反本办法，情节严重，构成犯罪的，由司法机关依法追究刑事责任。

第六章 附　则

第三十六条 境外国有资产的评估，不适用本办法。

第三十七条 有关国有自然资源有偿使用、开采的评估办法，由国务院另行规定。

第三十八条 本办法由国务院国有资产管理行政主管部门负责解释。本办法的施行细则由国务院国有资产管理行政主管部门制定。

第三十九条 本办法自发布之日起施行。

国务院副总理朱镕基在江苏考察

11 月 16 日至 22 日，朱镕基在江苏省考察，到了南京、无锡、盐城、连云港、徐州等地的工厂、科研单位以及机场、港口、铁路站段，了解受灾地区恢复生产和贯彻中央工作会议精神的情况。

在考察过程中，朱镕基说，今年，江苏遭受了历史上少有的洪涝灾害，但是，受灾地区工、农业生产恢复的速度是空前的，情况比预计的好得多。

在谈到落实中央工作会议精神时，朱镕基说，目前全国已清理“三角债”1144 亿元，超过了今年预定目标，各地对限产压库工作也抓得很紧，以调整结构、提高效益为目标的全国企业技术进步工作会议正在抓紧准备。现在要把转换企业内部经营机制提到重要议事日程上来。

朱镕基非常重视徐州市在扭亏增盈、关停并转工作中，对改革企业内部机制所采取的果断措施。

朱镕基就此指出，搞好国营大中型企业，很重要的是转换企业的经营机制。要紧紧抓住这一点，加大改革的力度，胆子要大一些，措施要严一些。徐州市的做法，各省、市根据国务院国发(1991)35 号文件都进行过试点，效果也是好的。现在就看敢不敢“动真的”干了。徐州市的步子比较大，实践证明，从严治厂，人心所向，只要紧紧依靠工人阶级，厂长与工人同甘共苦，切实做好政治思想工作，不但不会影响稳定，而且个人分配与企业盈亏真正挂钩的机制一经建立，企业就会充满活力。同时，政府要致力于为企业创造宽松的经营环境，学会运用宏观调控手段，减少对企业的行政干预，只有让企业自主经营。才能要求它自负盈亏。徐州市在这方面也是做得好的。

全国治理"三乱"领导小组组长王丙乾在全国治理"三乱"电话会议上发表讲话

王丙乾强调，当前治理"三乱"工作的任务还很艰巨，各地区、各部门要采取有力措施，使治理"三乱"工作继续向纵深发展，切实减轻企业和农民的负担，决不能草率收兵。

王丙乾说，经过一段时间的努力，全国治理"三乱"工作已取得初步成效。各地区、各部门已取消了一批属于乱收费、乱罚款、乱摊派的项目，群众反映强烈的一些难点、热点问题，有些得到了初步治理，有关的法规和规章正在建立，减轻了一些企业和群众的负担，治理"三乱"工作得到了企业和群众的拥护与支持。

王丙乾指出，前一阶段治理"三乱"工作仍存在不少问题，主要是企业和农民负担过重的问题还没有从根本上得到解决；有不少地方虽然取消了一批"三乱"的项目和文件，但项目过多、过滥，任意向企业、农民集资、摊派和收费的问题，还没有得到根本治理；而且又出现了一些值得注意的现象，即各种各样的不属法定的"节日"越来越多，规模越搞越大，都向企业伸手要钱。

此外，边清边乱、前清后乱的现象仍然存在。一些地区和部门在治理整顿期间，不顾中央三令五申，继续出台新的"三乱"项目，有的单位对已明确取消的"三乱"项目，有令不行，变换花样继续执行。

王丙乾强调，中央对治理"三乱"工作十分重视，并把它列为改善企业外部条件的 12 条措施之一。为此，各地区、各部门一定要进一步增强对这项工作的责任感和紧迫感。尤其是党政领导要从大局出发，带头清理本地区、本部门存在的问题。当前则要认真克服急于收兵和等待观望的思想情绪，进一步加强对治理"三乱"工作的领导，充实力量，积极主动开展工作。

王丙乾指出，下一阶段治理"三乱"工作要抓好审核处理，切实减轻农民和企业的负担。一是要坚持一切收费、罚款、集资必须依照法律、法规和规章办事。二是要严格审批权限。除国务院另有规定外，收费、罚款、集资立项和标准的审批权，集中在中央和省两级，不能层层下放；对越权审批的项目要一律取消，对边整边乱的，要通报批评，严肃处理。除国务院批准的必要的检查外，要停止各种不必要的检查评比。三是坚持收支两条线的管理原则，不能坐收坐支，更不能同执收执罚单位和个人经济利益挂钩。四是要坚持群众监督，凡审核后能公开的要尽量公开。

王丙乾特别强调，要从根本上治理"三乱"，必须解决一批难点、热点问题。他要求各地区、部门狠抓难点、热点，从专项治理上寻找突破口，务必在近期内抓出明显成效。

王丙乾最后还要求各地要抓紧进行整章建制，把收费、罚款、集资和减轻农民负担的工作纳入规范化和法制化的轨道。同时要整顿执法队伍，提高执法人员素质。

国务院财税物价大检查办公室就大检查尚存在一些需要研究解决的问题发出通知

财税物价大检查办公室日前发出通知要求：

一、对自查不认真、走过场的单位，各地区、各部门要组织力量进行抽查和复查。二、各地区、各部门要抓紧抽调一批业务能力强、政治觉悟高、作风正派的同志组成检查组，深入到企业单位进行重点检查，参加检查人员的数量和质量只能高于往年。不能低于往年。三、要抓紧做好违纪收入的催交入库工作，做到边检查、边核实、边处理、边入库。四、要注意运用典型推动面上工作。对在检查中发现的遵纪守法单位，要通过多种形式大力宣传表扬；对违法违纪性质严重、屡查屡犯的典型案件，要公开揭露，公开处理。

中共中央总书记江泽民在人民大会堂会见美国国务卿詹姆斯·贝克

江泽民在会见中说，"当前的国际形势正在发生深刻的变化，正处在新旧格局的交替时期。前景如何，现在还看不清楚。总的来说，旧的问题没有解决，又出现了许多新问题。现在大家都在谈论建立国际政治经济新秩序问题。中国认为，这个问题很重要，它关系到世界的前途和命运。中国主张在和平共处五项原则基础上建立国际政治经济新秩序，其核心就是尊重各国人民决定自己命运的权利。世界是丰富多彩的，有各种各样的社会制度、价值观念、意识形态、文化背景和历史传统。在这个丰富多彩的世界上，用一种模式是做不到的，甚至是危险的。"

江泽民说，"20 年前，随着国际形势的变化，毛主席、周总理和尼克松总统、基辛格博士认识到双方的共同利益是主要的，决定打开中美关系的大门。10 多年前，在邓小平同志和卡特总统手上，两国建立了外交关系。近 20 年来，中美之间在各个领域的关系迅速发展，这是来之不易的。我和中国其他领导人很重视中美关系，认为中美关系虽然仍处在一个困难时期，但中美之间现在的分歧同 20 年前相比要小得多，而双方的共同利益却比那时候增加了。当前所需要的是双方高级领导人加强来往和对话，增进相互了解和信任，互相尊重，使两国在具有战略意义的重大国际问题上开诚布公地交换意见。我回忆起中国的诗句：'欲穷千里目，更上一层楼'。这就是说，高瞻远瞩，着眼于未来。这样，我们就一定可以使中美关系逐步恢复和发展。"

江泽民说，"中国走有中国特色的社会主义道路，是中国人民经过一百多年的摸索，遭受过无数次失败和挫折所找到的一条适合中国国情的发展道路。四十二年来这条道路已经使中国发生了前所未有的变化，取得了巨大的进步。特别是自七十年代末中国实行邓小平同志所倡导的改革开放政策以来，中国经济迅速发展，人民生活显著改善。事实证明，走有中国特色的社会主义道路是中国走向繁荣富强的光明大道。因此，不管国际形势如何变化，我们将坚定不移地沿着这条道路走下去，坚持改革开放。而且随着我国经济的发展，我们将进一步对外开放，强调民主与法制，使政治改革逐步深入。我们对中国的前途充满信心。”

贝克说，我这次来访是十分重要的，我们有一些困难的问题需要讨论。我对有机会第一次见到江总书记感到十分高兴。美中关系正处在十字路口。美中两国可以各走各的路，但是两国进行合作，这对双方都有好处。为了解决美中两国之间存在的问题，逐步恢复和发展同中国的关系，布什总统派我来贵国访问。

国家主席杨尚昆在人民大会堂会见美国国务卿詹姆斯·贝克

杨尚昆在会见中说：“中美两国领导人要以世界格局发展的战略眼光来看待中美关系。我看到布什总统和贝克国务卿本人都曾表示中美关系是重要的，我们赞同这一看法。为了维护两国人民的根本利益，促进亚洲和世界的和平与发展，中美两国的合作是必不可少的。从这个意义上讲，中美关系只能搞好，不能搞坏。”

杨尚昆说：“中美关系出现了一些波折，现在是结束这些波折的时候了。这次贝克国务卿来，我看很好。中美两国的高层领导人就双边关系和重大的国际问题深入交换意见，加强了解，增进信任，这对恢复两国关系很有好处。”

杨尚昆指出，中国方面对发展中美关系一直持积极态度，中美之间有什么问题都可以讨论。有的问题通过讨论就可以解决了，有的问题需要多讨论几次，一时解决不了的问题可以先放一放，这叫做“求同存异”。只要双方采取这个态度，中美之间的问题就好解决了。施加压力的做法只能使双边关系紧张，而无助于问题的解决。

国务委员兼外交部长钱其琛、中国驻美国大使朱启祯、外交部副部长刘华秋等参加了会见。美国方面参加会见的有美国驻中国大使芮效俭、副国务卿罗伯特·朱利克和雷金纳德·巴塞洛缪等。

国务院总理李鹏在人民大会堂会见美国国务卿詹姆斯·贝克

李鹏说：“中华民族有 5000 年的历史，是一个民族自尊心很强的民族。在过去 100 多年里，我们饱受外来的侵略和蹂躏。因此，我们特别珍视我们的独立和主权。”

“中国执行改革开放政策。开放包括对发达国家、对美国开放。我们重视中美关系。近两年多来，中美关系出现了一些困难。我们希望通过接触，使双方的关系逐步恢复和改善。”

贝克说，他对李总理的上述谈话表示赞赏。贝克说：“美中关系对双方都是重要的，而且对全球也是重要的。美中关系近两年多来比较紧张。我来是为了保持美中关系的。我这次来没有任何先决条件。我来本身就意味着取消了双方不进行高级接触的禁令。我这次访问对两国未来的关系具有关键的意义。”关于美中关系，美国政府遵守美中之间的三个公报。美国承认只有一个中国，台湾是中国领土不可分割的一部分。”

中方参加会见的有：国务委员兼外交部长钱其琛、驻美国大使朱启祯、外交部副部长刘华秋等。美方参加会见的有：驻华大使芮效俭、副国务卿罗伯特·朱利克和雷金纳德·巴塞洛缪等。

国家主席杨尚昆在人民大会堂分别接受尼泊尔新任驻中国大使巴苏德瓦·钱德拉·马拉和卢森堡新任驻中国大使乔治·桑特尔递交的国书

陕西扶风法门寺文物十项世界之最

一、地宫出土 4 枚佛指舍利，是有文献和碑文证实的释迦牟尼真身舍利。

二、地宫是目前世界上时代最久远，规模最大，等级最高的佛塔地宫。

三、地宫文物陈设，是目前世界上发现最早的曼荼罗密宗仪轨。

四、地宫内除 25000 枚唐代货币，还有 13 枚玳瑁货币，是世界上最为珍贵的货币。

五、地宫内发现的制、储、饮一套金银茶具，是世界上时代最早茶具。

六、地宫内长 1.96m 鎏金 4 股 12 环迎真身锡杖，是目前世界上最早，体积最大，等级最高，制作最精美的佛教法器。

七、地宫中 13 件宫廷专用瓷——秘色瓷。

八、地宫中 700 多件丝织品，有 10 多品种，10 多种工艺。

九、珍藏佛指舍利的八重宝函，是世界最精美，层数最多的宝函。

十、安放 3 枚佛指舍利真身的鎏金银宝函，上面錾刻的金刚界大曼荼 9 会图像，是目前世界上发现最早的密宗曼荼罗坛场图。

新闻出版署举办的首届优秀外国文学图书评奖揭晓96种译著获奖

国务院副总理田纪云在全国今冬明春灾区群众生活安排电话会议上发表讲话

田纪云在电话会议上说，今年的抗洪救灾工作在党中央、国务院的直接领导下，在全国各族人民和人民解放军的大力支持下，经过灾区人民艰苦卓绝的斗争，已经取得了决定性胜利。由于党政军民齐心合力地工作，最大限度地减轻了灾害造成的损失，灾民的生活得到了妥善安排，灾区生产得以及时恢复，没有饿死人，没有出现大的疫情，没有灾民大批外流乞讨，并且在大灾之后全国又夺得了农业好收成。这举世瞩目的成就，充分体现了社会主义制度的优越性。田纪云说，灾民的过冬问题各地已作了比较妥善的安排，但绝不可麻痹大意，掉以轻心。

中国队在法国阿尔贝维尔举行的1992年冬季奥运会短跑道速度滑冰热身赛中以4分33秒82的成绩打破女子3000米接力世界纪录

首届世界女子足球赛在广州开幕

11月17日

国务院总理李鹏在上海考察

李鹏11月17日至11月22日在上海进行考察。李鹏指出，开发、开放浦东，不仅是上海人民的一件大事，也是全国人民的一件大事。要充分利用上海现有的基础，发挥上海经济的综合优势，搞好浦东的开发、开放。李鹏说，搞好大中型企业，关键是转变企业的经营机制，适应市场的需要。

自去年4月18日党中央、国务院宣布浦东开发和开放的重大决策以来，浦东开发在规划制订、基础设施建设、重点小区开发、金融商贸业的发展和吸引内外投资项目等方面都取得了较快进展。11月17日李鹏总理同国务委员李贵鲜以及国务院有关部委的负责同志到上海进行了考察。在中共上海市委书记吴邦国、市长黄菊的陪同下，李鹏等同志参加了对开发浦东具有象征意义的我国最大的斜拉索桥南浦大桥建成典礼，考察了正在建设中的杨浦大桥和上海广播电视塔、考察了上海耀华皮尔金顿玻璃有限公司、贝岭微电子制造有限公司、中国科学院上海生物工程研究中心和上海证券交易所等，并与部分国营大中型企业领导人进行了座谈。

李鹏在听取中共上海市委书记吴邦国、市长黄菊关于上海工作的汇报时指出，几十年来上海为国家建设作出了重大贡献，改革开放以来，上海面貌发生了明显的变化。今年上海各项工作都取得了很大的进展，党中央、国务院关于开发、开放浦东的政策措施正在贯彻落实。上海的经济在稳定发展，效益在逐步回升，各项改革正逐步深化，人民生活在继续改善；浦东的开发、开放，做了大量的工作；在太湖抗洪救灾中，上海人民齐心协力，发挥了积极的作用。他说，上海的形势是好的，人民群众对社会主义充满信心。党中央、国务院对上海的工作是满意的。

谈到浦东开发时，李鹏强调，开发、开放浦东，当前要组织各有关方面人才，进一步制定好发展规划。他说，上海是我国的工业中心与商业中心，地处长江三角洲地区，不仅有优良的港口，而且有广阔的腹地，科技力量强，人才济济，开发浦东要充分利用上海现有的基础及有利条件，要进一步发挥上海经济技术的综合优势，发挥市场的优势。李鹏指出，浦东开发、开放是一项长期的工作，要有计划分步骤实施，“八五”期间，主要是搞好基础设施建设，做好前期准备，关键是创造一个好的投资环境，为“九五”时期和下世纪初的迅速发展打下坚实的基础。同时，也可搞一些有市场有效益的小片开发。李鹏说，浦东新区应是外向型、多功能的，要处理好第二产业与第三产业的关系。他希望以建设南浦大桥的上海水平、上海风格、上海效率、上海精神，搞好浦东的开发、开放和整个上海各方面的工作，促进长江流域经济的振兴和发展。

在上海考察期间，李鹏在与部分国营大中型企业的厂长、经理座谈时，就进一步贯彻执行中央工作会议精神，搞好大中型企业等问题，进行了讨论。李鹏认为，搞好大中型企业的关键是转变企业的经营机制。大中型企业必须面向市场，努力生产适销对路的产品，不断提高产品质量，降低成本，改进服务，开拓新的市场，这样才会有活力，也才能提高经济效益。李鹏说，上海国营大中型企业职工队伍素质好，技术装备比较先进，是可以大有作为的。

在与上海郊区农村干部座谈中，李鹏就进一步深化改革，加强乡村政权建设和社会主义精神文明建设等问题，听取了大家的意见。李鹏说，农业是国民经济的基础。农业生产的稳定关系到农村的稳定，农村的稳定关系到全国的稳定。他强调，家庭联产承包责任制适合我国现阶段农村生产力水平，必须继续坚持，不能动摇。我们要继续巩固和完善统分结合的农村双层经营体制，发展农业社会化服务体系，加强以党支部为核心的村级组织建设，加强农村精神文明建设，保证农村经济沿着社会主义的方向健康发展。

在考察中，李鹏提出，广大干部特别是各级领导干部，要认真学习马列主义、毛泽东思想，学习邓小平同志的著作，学会用马克思主义的立场、观点、方法，去分析问题和解决问题。李鹏说，只要我们坚定不移地贯彻党的"一个中心、两个基本点"的基本路线，团结一致，艰苦奋斗，就一定能够克服前进道路上的困难，完成国民经济发展"八五"计划和十年规划，在本世纪末实现我国现代化建设的第二步战略目标。

随同考察的有：国务院副秘书长刘仲藜、何椿霖，国家体改委主任陈锦华，国家计委副主任甘子玉，经贸部副部长谷永江，国务院研究室副主任王梦奎，国务院生产办公室副主任赵维臣等。

全国人大常委会委员长万里在广东潮汕地区考察

万里在中共广东省委书记谢非等陪同下，于11月17日至18日考察汕头市和潮州市。

今年11月是汕头经济特区创办10周年，万里对此表示祝贺。万里曾于1985年视察过汕头。6年来，汕头特区从实际出发，坚持开发一片、建设一片、投产一片、获益一片的方针，引进外资由2300万美元增加到7.6亿美元；三资企业由25家发展到400多家；工业总产值由4400万元上升到35亿元；出口总额由5000万美元增加到5.5亿美元。

万里在广东省潮汕地区考察时指出，改革开放必须继续深化、扩大，进一步加快步伐，要发扬中华民族艰苦创业的光荣传统建设好经济特区。

万里说，汕头特区6年来在经济建设、城市建设、教育建设、文化建设等方面都有突飞猛进的发展。特区能够有今天，离不开四个条件：第一是中央改革开放的政策；第二是国内政局稳定，没有这个条件谁也不会来投资；第三是潮汕人民艰苦创业精神，今后还要继续发扬；第四是海外众多的潮汕籍乡亲的关心支持，这是得天独厚的条件。他希望汕头特区在扩大范围后要继续充分利用这些条件，要在艰苦创业、率先富裕方面，在完成"八五"计划和十年规划方面带好头。

万里在询问汕头特区今后10年的发展时指出，特区建设要有总体设计规划，要搞好基础设施建设。电力、交通、港口等对汕头发展具有很重要作用，要制定好近期规划、长期规划，有计划、有步骤地发展特区。

在参观了解香港知名人士李嘉诚先生捐资建设的汕头大学之后，万里说，汕头大学环境幽静、设备先进，有条件办成第一流的大学。他希望全体师生员工为此而努力，他赞扬李嘉诚先生为造福子孙后代做了一件大好事，并请当地领导转达他对李先生及其他热爱祖国、热心支援家乡建设的人士表示谢意。万里勉励汕头市负责同志要放手大胆地改革开放，搞活经济，同时要加强法制法规建设，加强思想政治教育，加强管理，使两个文明建设都取得成绩。

万里17日上午视察了汕头东厦商品住宅区，详细询问了住宅区的水电、中小学、幼儿园、商场等配套设施建设。当万里委员长知道汕头市采取政府、单位、个人共同负担建房的办法，8年解决了2万困难户、10万人的住房问题时，他称赞汕头市为群众办了实事，做了件大好事。

万里沿途分别听取了汕头市、潮州市领导同志的汇报，还参观了汕头养鳗联合发展公司、潮州潮绣厂等。在同当地干部群众交谈中，万里充分肯定潮汕人民刻苦耐劳，勤俭节省、艰苦创业的精神，希望继续发扬中华民族的优良传统，搞好社会主义现代化建设。

国务院副总理田纪云在河南考察

11月17日至18日，田纪云在河南考察旱灾期间时强调指出：要继续抓好抗灾救灾工作，发动灾区群众，搞好抗旱抢种，解决饮水困难。同时，要在稳定农村，发展农村上做文章，坚定不移地稳定家庭联产承包责任制，坚定不移地搞好农业社会化服务体系建设，坚定不移地发展乡镇企业。

田纪云强调，农村工作千头万绪，重点要抓好三个方面的工作：

——要稳定和完善家庭联产承包责任制。家庭联产承包责任制不仅是80年代推动我国农业发展的基本动力，而且是90年代发展农村经济，实现"小康"目标最基本的政策。对此，要有非常清醒的认识，坚定不移，雷打不动。农民如果没有其他可靠的就业机会和收入途径，不会轻易放弃土地。稳定家庭联产承包责任制，就是给农民的最有效的定心丸。土地家庭经营，农民就可以在有限的土地上精雕细刻，自主经营，发展集约农业，进一步提高单位面积产量。

我们强调要壮大集体经济，但决不能削弱家庭经营这个基础。发展集体经济靠什么？不是靠收回土地，而是要开辟新的资源、新的生产途径，发展多种经营，发展乡镇企业，发展第三产业，向生产的深度和广度进军。

——狠抓农业社会化服务，要坚定不移，持之以恒。社会化服务是一个渐进的过程，将随着集体经济的发展逐步完善，切不可操之过急，一定要因地制宜，从实际出发。社会化服务搞好了，农业生产的许多环节实现了规模化，家庭联产承包就如虎添翼，有利于发展农村生产力，有利于农业上新台阶。今后农村改革的重点，就是要抓好社会化服务体系建设。

——积极发展乡镇企业。这是农村致富，实现"小康"，以至实现四个现代化的必由之路，要坚定不移，毫不动摇。九亿农民实现"小康"靠什么？进城市不行，单靠粮食生产也不行，就要靠发展乡镇企业，多种经营。第三产业，靠从事商品流通、建筑业等。随着农业生产和农民物质生活的不断提高，建筑业将成为一个大产业。

对乡镇企业，哪里认识得早，抓得紧，上得快，哪里的经济就发展得快，农村实现"小康"就有希望。

田纪云在河南期间，还考察了郑州粮食批发市场。田纪云说，粮食经营体制改革的目标，要朝着粮食商品化，经营市场化的方向发展。郑州地处中原，又是铁路大动脉的十字路口，粮食批发市场搞活了，对活跃河南经济有很强的带动作用，给全国粮食批发市场有很大的示范作用。

田纪云指出，要实现粮食经营体制改革的总目标，一要转化观念，二要深化改革，三要由产品分配向商品经营转化，逐步放开经营，扩大市场调节作用。要改变那种把粮食当作产品分配，靠国家财政补贴，靠行政办法搞粮食的旧观念、旧机制，逐步建立一种自主经营，自负盈亏、自我约束、自我发展的机制。粮食是一个大产业，粮食企业要走向市场，由单一经营向多种经营转变，自己活起来。要认清形势，克服困难，积极探索，开拓改革之路。

外交部部长钱其琛和美国国务卿詹姆斯·贝克在钓鱼台国宾馆举行结束性会谈

外交部发言人就美国国务卿詹姆斯·贝克访华成果接受新华社记者采访

外交部发言人晚上应新华社记者的要求，介绍美国国务卿贝克访华的情况。发言人说：贝克国务卿访华期间，双方进行了长时间的会谈。总的看，这次访问是成功的，有助于中美关系的恢复和发展。在一些问题上，取得了重要进展；在一些有重大分歧的问题上，增进了相互间的了解。

美国方面表示支持中国作为关贸总协定的缔约国参加关贸总协定，台湾作为单独关税区加入。美方还认为，亚太经济合作会议的模式有助于这个问题的解决。

双方讨论了保护知识产权问题。中方提出了积极的建议，并要求美方结束对中国的"特别301"调查，将中国从"重点国家"的名单中删去。美方对中国就知识产权问题提出的积极建议表示欢迎。双方商定，中国经贸部将派出代表团于11月21日和22日在华盛顿进行谈判，以寻求解决这一问题。

关于《不扩散核武器条约》，中方表示，中国政府将建议全国人大常委会于今年年底之前完成审议、批准中国加入《不扩散核武器条约》的法律程序，待人大常委会完成上述法律程序后，中国政府将在3个月内完成正式加入《不扩散核武器条约》的手续。

双方讨论了朝鲜半岛的局势。中方表示一贯关心朝鲜半岛的和平与稳定，支持一切有助于建立朝鲜半岛无核区的主张和行动，并愿意与各方一起努力，推动这一问题的解决。中方还认为，国际社会的努力应有助于推动朝鲜北南双方通过谈判解决有关问题。

双方还就"导弹及其技术控制制度"交换了意见。中方表示可以考察在转让时遵守"导弹及其技术控制制度"的准则和参数，条件是美方必须取消今年6月16日宣布对华实施的3条制裁措施。美国方面表示愿意为此做出努力。

双方还讨论了人权问题，阐述了各自的观点和立场。

国务院总理李鹏在北京接见凯旋的赴科威特的中国灭火队

11月18日

中共中央总书记江泽民在安徽考察

江泽民11月18日至23日在安徽进行考察。

江泽民在考察期间强调，灾区既要抓灾后恢复，又要抓经济发展。各级党政领导要牢固树立以经济建设为中心的思想，全面坚持党的基本路线，丝毫不能动摇，不能放松。要继续带领灾区人民，振奋精神，团结协作，加强领导，进一步把各方面工作做好、做细，夺取抗灾救灾的全面胜利。

11月18日，江泽民一到安徽，就在中共安徽省委书记卢荣景、省长傅锡寿、南京军区司令员固辉的陪同下，驱车前往沿淮重灾区。上次他走在淮北大堤上，看到的是滔滔洪水，这次看到的是一片片葱绿的麦苗；在洪水洗劫后的村庄，一排排新房正在兴建；在水利工地上，成千上万的淮河儿女，正在打一场治淮的人民战争。江泽民指着堤坝上留下的洪水冲刷的痕迹，对随行人员说："原来大水都到了这里，简直是一片汪洋，当时，我的心情很沉重。现在庄稼都种上了，是一片葱绿。好哇！好哇！"

江泽民再次来到灾区看望灾民。当他走进凤台县毛集乡梁庵村新建的居民点时，群情激奋，掌声雷动。他察看了灾区的新房，详细询问了灾民的衣、食、住、医等方面的情况，并叮嘱当地干部：灾区当前的困难还很大，形势还是严峻的，不要麻痹大意，不能有松劲情绪。

在淮河两岸，大江南北，江泽民看了多处水利工地，并告诫省、地、县各级干部，大灾之后要大治。人无远虑，必有近忧。要增强水患意识，坚持不懈、锲而不舍、高质量地把水利建设搞好。

考察期间，江泽民仔细听取了地、县、区、乡、村干部关于农业生产和农村工作的情况汇报，他边听、边记、边问，同大家无拘无束地进行讨论。江泽民在省、地、市负责人会议上强调，农业是经济发展、社会安定、国家自立的基础，农民和农村问题，始终是中国革命和建设的根本问题，是巩固政权、建设有中国特色的社会主义的根本问题。江泽民指出，我们要继续深化农村改革，不断提高农业综合生产能力，促进农村经济的全面发展。他要求安徽在农村开展的社会主义思想教育，要抓住特点，密切结合抗灾救灾、重建家园的工作来进行，尤其要发现和总结在抗灾救灾斗争中涌现出的英雄模范事迹，深入开展社会主义、爱国主义、集体主义教育。同时，要加强基层组织建设。

在安徽期间，江泽民重点考察马鞍山钢铁公司、扬子电器集团公司、全椒柴油机总厂、巢湖水泥厂、合肥矿山机器厂等大中型企业和芜湖市朱家桥外贸码头、前马场经济开发小区，召开了大中型企业负责人座谈会，与他们一起商讨如何进一步搞好国营大中型企业问题。江泽民强调，要注意处理好速度和效益的关系，没有一定的速度是不行的，但要始终把提高效益放在突出位置。为了适应社会主义有计划商品经济的发展，必须建立计划经济与市场调节相结合的经济体制和运行机制。在这方面，要不断探索，总结经验，扬长避短，走出有中国特色的路子。

江泽民还考察了中国科技大学国家同步辐射实验室、机电部第 38 研究所，参观了马鞍山师范附小。他向科技、教育战线上的同志们表示敬意和感谢，并勉励他们为提高祖国的科学文化水平，培养好社会主义接班人继续作出更大的贡献。

在安徽期间，江泽民看望了解放军驻皖部队指战员、武警官兵和公安干警。

随同江泽民考察的有吕枫、盛树仁、刘明璞、马忠臣、曾庆红、郑科扬等。

全国人大常委会委员长万里在厦门考察

万里考察时强调，今后要继续坚持以经济建设为中心，进一步解放思想，更加开放，把福建省和厦门经济特区的各项事业建设好。

万里 11 月 18 日至 20 日，由福建省和厦门市负责人陈光毅、贾庆林、程序、石兆彬、邹尔均陪同，在厦门进行考察。

福建省委书记陈光毅、厦门市委书记石兆彬分别介绍了福建及厦门改革开放以来所取得的成就。改革开放促进了福建省国民经济的发展，全省国民生产总值、国民收入、社会总产值、财政收入、外贸出口总值，均提前 3 年翻一番。作为对外开放“窗口”的厦门特区，外向型经济有了长足的发展，仅台资项目共批准了 489 项，台商投资占厦门外商计划投资总额的 42% 以上。

万里委员长听取了福建省十年规划、“八五”规划和厦门在 2000 年经济要达到中等发达国家水平的介绍后认为，这些设想，目标很鼓舞人心，希望做好工作，努力争取把这个设想变成现实。

万里听取省、市领导的工作汇报，考察了厦门火炬高技术产业开发区、厦门大桥、湖里工业区和近几年来崛起的杏林、海沧台商投资区，出席了厦门中心体育场的落成典礼，参观了台资企业和园林植物园。

万里说，福建省改革开放 10 多年，特别是近 5 年来，工作做得很好，经济发展很快，这是经济实力增强最明显、人民得到实惠最多、社会最稳定的时期。去年，粮食生产虽然受到台风多次袭击，仍取得收成，今年又遇上大旱，产量还超过去年。厦门经济特区建设发展快，跟前两次我到厦门所看到的情况相比，有了很大变化。这充分证明，改革开放的政策和创办经济特区的决策是正确的。万里说，福建有优越的地理条件，有侨乡优势，有艰苦创业的精神，有中央给予的优惠政策，只要充分运用这些有利条件，进一步解放思想，更加开放，各项事业一定能搞得更好。

万里还谈到了关于加强城市规划和管理的问题。万里说，城市管理既要有科学的长远规划，又要有近期规划；新城区要规划好，老城区改造也要规划好。城市规划、建设要与整个经济建设结合起来，与改革开放的发展同步进行，立足于改善投资环境。城市交通、通讯设施建设要走在前头，机场、港口等基础设施要进一步加强。要重视环境保护，采用先进技术尽量减少港口、城市水资源等的污染。还要大力发展第三产业，这也是改善投资环境的一项重要内容。

万里说，福建省，特别是厦门市在对台湾工作中的地位很重要。我们设立的几个经济特区，都各自有一些改革与发展的特点和重点，厦门经济特区，要在做好对台经济工作方面，创造和总结更多的经验。对台工作做好了，不仅能推动经济的发展，更重要的是能为推进祖国统一大业做出贡献。

现在，不论是实现“小三通”，还是“大三通”，主要的障碍不在我们这边，而在台湾当局。我们也希望台湾当局能以中华民族利益为重，为推动两岸的交流与发展做出贡献。为了促使台湾当局做出积极的努力，我们要更加开放，为台商在大陆投资创造优越的条件。现在大陆各地在做好对台经济工作方面已有不少经验和成绩，希望厦门市在这方面要继续走在前面。

中共中央政治局常委乔石在广东考察

乔石11月18日至23日在广东省考察工作。

乔石在考察工作时强调指出，只要继续在党的基本路线指引下，进一步深化改革、扩大开放，中国社会主义现代化建设就大有希望。他希望地处对外开放前沿的广东省，在九十年代抓紧工作，在改革开放的过程中继续为全国提供更多的经验，发挥更积极的作用。

乔石先后在广东省委书记谢非，省委副书记、代省长朱森林和省委副书记郭荣昌的陪同下考察了深圳市、惠州市和广州市，听取了广东省委和深圳市委的工作汇报，并察看了一些外向型企业、边境口岸、公安派出所和街道办事处。

乔石说，广东过去十二年发展很快，发展方向是好的。九十年代是我国进行社会主义现代化建设的关键的十年，任务十分繁重，要抓紧时机，进一步深化改革、扩大开放，把经济建设和各项工作搞好，争取实现第二步战略目标，为在二十一世纪实现更宏伟的战略目标打下一个良好的基础。他希望广东在系统总结过去经验的基础上，把九十年代的工作搞得更好，创造出更多的经验。乔石说，事实证明，党的十一届三中全会以来的路线方针政策是完全正确的，它符合中国的国情，深受群众欢迎，使我们取得了举世瞩目的伟大成就。今后我们要更加坚定不移地建设有中国特色的社会主义，更加坚定不移地发展生产力，把社会主义制度的优越性进一步充分地发挥出来。

乔石强调，必须加强党的建设，关键是要加强各级领导班子的建设。各级领导班子都要成为在马克思主义指导下忠诚地执行党的基本路线的战斗集体。各级领导干部要注意提高马克思主义理论水平，善于运用马克思主义的立场、观点和方法，指导实践，把我们的事业搞得蒸蒸日上。他要求各级领导，特别是市县以下领导干部，一定要面向基层，深入群众，了解群众的困难和疾苦，扎扎实实地为人民群众办事，进一步密切党与群众的联系。他指出，要搞好党风建设，严格执行党的纪律，清除腐败现象，保持党的队伍的纯洁性和战斗力。

乔石还与广东省及其部分城市的政法部门领导进行了座谈。乔石说，在整个改革开放过程中，社会稳定是至关重要的。要依靠广大人民群众，进一步搞好社会治安综合治理工作，同时根据本地区实际情况，开展“严打”斗争，为改革开放提供良好的社会环境。乔石充分肯定了政法战线队伍对维持社会稳定、保护改革开放所作出的重要贡献。他要求各地领导要继续关心爱护这支队伍，加强政治思想工作，要从严治警，搞好警风，提高队伍的政治素质与业务素质，以适应改革开放新形势对政法队伍提出的更高要求。

中共中央政法委员会副秘书长束怀德陪同乔石进行考察。

国务院副总理邹家华在河南考察

邹家华于18日至21日先后在河南的郑州、洛阳、焦作、新乡、鹤硅、安阳等地考察重点建设项目。

共青团中央农业部在上海举行青年乡镇企业家表彰会

团中央和农业部在上海举行表彰会，给10名“全国明星青年乡镇企业家”披上红色绶带。另有100人获“全国青年乡镇企业家”称号。

“十大明星”同时还被团中央命名为“全国新长征突击手”。他们是：北京顺义县赵全营乡淀粉厂厂长李长军，天津西郊区津兰企业有限公司总经理郭宝印，辽宁海城市西洋耐火材料公司总经理周福仁，江苏常熟市淼泉乡农工商公司总经理张培华，浙江绍兴毛麻纺织总厂厂长夏柏潮，山东阳谷县骆驼酒厂厂长阎存祥，河南郑州市挂面机制造厂厂长刘增杰，广东吴川县轻化设备厂厂长黄永权，四川德阳市孝感工业股份有限公司总经理巫道玉，陕西西安市高校木器厂厂长佘长庚。

国家主席杨尚昆在人民大会堂会见国际足球联合会主席阿维兰热和香港著名爱国人士霍英东

中国代表团团长佟志广在维也纳举行的联合国工业组织第四届大会上发言 中国继续当选为工业理事会和方案预算委员会成员国

中共中央政治局常委李瑞环在北京为电影“金鸡”奖“百花”奖颁奖

国家主席杨尚昆到会祝贺在北京举行的霍英东教育基金成立5周年纪念会

中国石油天然气总公司在北京举行庆祝中国赴科威特灭火队凯旋大会

公安部新闻发言人宣布中国又有14个市县对外开放

公安部新闻发言人宣布，经国务院批准，我国又有14个市县列入对外国人开放地区。至此，我国已有747个市县对外国人开放。

此次对外国人开放的市、县是：

云南省：元江哈尼族彝族傣族自治县、墨江哈尼族自治县、景谷傣族彝族自治县、普洱哈尼族彝族自治县、陆良县、宣威县、罗平县、师宗县、富源县。

湖北省：广水市、来凤县、鹤峰县、大悟县。

吉林省：珲春市。

厦门宣布对参与走私的“鹰王号”船 22 名人员分别免予起诉和监视居住并乘飞机返回香港

11 月 19 日

国务院发布关于进一步治理淮河和太湖的决定

淮河流域是我国重要的农业和能源基地，太湖流域是我国经济发达地区。今年，淮河和太湖两流域发生了严重的洪涝灾害。在党中央、国务院的领导下，党政军民团结奋战，取得了抗洪救灾的重大胜利。在抗洪斗争中，新中国成立四十多年来建设的大量水利工程发挥了巨大作用。但是，也暴露出两流域治理中的问题，主要是防洪除涝标准低；河湖围垦、人为设障严重，排水出路不足；流域统一管理比较薄弱；有些城镇、企业及交通等设施建在低洼地，防洪能力低。为了进一步治理淮河和太湖，国务院决定，从今冬起，用十年和五年时间，分别完成治理淮河和太湖的任务。

一

一九八一年和一九八五年，国务院两次治淮会议确定的流域治理总体布局及建设方案，仍然是进一步治理淮河的基础。要坚持“蓄泄兼筹”的治理方针，近期以泄为主，用十年的时间，基本完成以下工程建设任务：

(一)加强山丘区水利建设，进行小流域综合治理，搞好水土保持。完成病险水库除险加固，修建板桥、石漫滩等重点水库。

(二)扩大和整治淮河上中游干流的泄洪通道。“八五”期间，铲除经常行洪的行洪区堤防，退建蒙洼、城西湖等行、蓄洪区堤防并迁移堤内人口，加固淮北大堤等重要堤防及蚌埠、淮南等城市圈堤，加强行、蓄洪区建设，兴建怀洪新河。“九五”期间研究建设临淮岗控制工程。以上工程完成后，淮北大堤达到百年一遇的防洪标准。

(三)巩固和扩大淮河下游排洪出路。“八五”期间，疏通和加固入江水道，行洪能力达到一万二千立方米每秒；续建分淮入沂工程，行洪能力达到三千立方米每秒；加固洪泽湖大堤。“九五”期间建设入海水道，使洪泽湖大堤达到百年一遇的防洪标准。

(四)续建沂沭泗河洪水东调南下工程。“八五”期间达到二十年一遇的防洪标准，“九五”期间达到五十年一遇的防洪标准。

(五)治理包浍河、奎濉河、汾泉河、洪汝河、涡河、沙颍河等跨省骨干支流河道，并进行湖洼易涝地区配套工程建设，提高防洪除涝标准。

为此，要进一步做好治理淮河的各项前期工作，修订完善淮河流域综合治理规划，优化防汛调度方案，发挥已建工程的最大效益。

二

太湖流域治理以防洪除涝为主，统筹考虑航运、供水、水资源保护和改善水环境等方面的需求。“八五”期间着重解决太湖洪水出路问题，基本完成总体规划确定的太浦河、望虞河、杭嘉湖南排工程、环湖大堤、湖西引排工程、红旗塘、东西苕溪防洪工程、武澄锡引排工程、扩大拦路港、泖河及斜塘和杭嘉湖北排通道十项骨干工程。同时，加强平原河网和圩区建设，形成以太湖为中心、具有综合利用功能的流域工程体系。流域防洪达到防御一九五四年型洪水的标准(相当于五十年一遇)，相应提高除涝标准。

今冬明春重点打通太浦河、望虞河，保证在明年汛前两河总泄洪能力达到四百五十立方米每秒。

三

进一步治理淮河和太湖，必须从全局出发，提高认识，统一行动，加强领导，采取切实有效的措施。

(一)提高认识。水利不仅是农业的命脉，而且是国民经济和社会持续稳定发展的重要基础和保障。要从人口、经济和环境协调发展的战略高度，认识治理淮河和太湖的重要性与迫切性，增强全民的治水意识，发挥各方面办水利的积极性。

(二)统一治理。各地区、各部门要在流域统一规划指导下，按确定的治理方案及实施计划进度，分工负责，抓紧实施。要上、中、下游统一治理，顾大局，讲整体，局部服从整体，团结治水。

(三)增加投入。治理淮河和太湖的重点建设工程投资由中央和地方分担；面上和配套工程投资，由地方负担。国务院已决定增加治理淮河和太湖两流域的投入，各级地方政府也要增加投入。同时，可组织城乡受益地区的单位和群众集资、投劳，具体集资方案，由省(市)人民政府报国务院审批。各类农业开发资金也可用于区域性水利工程建设。在工程设计和建设中，要本着安全、实用和节约的原则，严格掌握建设内容和工程标准。

(四)加强城镇及工业、交通等设施的防洪建设。城镇防洪设施是城镇建设的重要组成部分。城镇及工业、交通等设施，要有必要的防洪保障，所需建设资金由城镇及工交企业自行解决。与江河湖泊防洪有关的各类建设项目，建设单位要在可行性报告中作出防洪评价，经水行政主管部门或其授权单位审查批准，方可立项。

(五)加强淮河行洪、蓄洪区治理。有关省人民政府要按照流域治理规划,采取切实措施,保证汛期能及时有效运用,并使区内居民有比较安全的生活环境。要严格控制行洪、蓄洪区人口,对经常行洪的行洪区居民,要下决心外迁。要实行防洪保险制度。行洪、蓄洪区的农业税在受灾年份要适当减免,给予必要的照顾。要指导并资助行洪、蓄洪区内居民修建庄圩、庄台,修建永久性房屋要建平顶房。加强区内排灌设施建设。

(六)加强流域机构统一管理的职能。流域内重要水利工程,由流域机构直接管理,统一调度。太湖流域太浦河、望虞河上的主要枢纽工程,由水利部太湖流域管理局管理;淮河流域安徽省梅山、佛子岭、响洪甸、磨子潭四座大型水库和河南省宿鸭湖、鱼山、板桥、南湾四座大型水库,淮河干流主要分洪工程和洪泽湖枢纽,由水利部淮河水利委员会统一调度。具体办法由淮河水利委员会与有关省商定。要加强河道、湖泊的管理,做好流域水资源的统一管理和调度,加强水资源保护。严禁违法围河围湖造田、养鱼和人为设障,违法围垦和侵占的河湖滩地要坚决退田还河还湖,一切行洪障碍要坚决清除,由地方各级政府负责落实。建立和完善水工程的经营管理制度,分级确定水工程管理经费来源,并按有关法规收取水费、河道工程修建维护管理费等,建立良性运行机制。

(七)加强领导。成立国务院治淮领导小组,田纪云副总理任组长,豫、鲁、皖、苏四省及国家计委、财政部、水利部等有关部门领导参加组成。成立太湖治理领导小组,由水利部、有关部门和有关省、市负责人组成。各省、市政府也应切实加强治理工作的领导。

淮河流域和太湖流域各级政府和全体人民要进一步发扬自力更生、艰苦奋斗、顾全大局、团结协作的精神,不失时机地掀起一个既有声势、又扎扎实实的水利建设高潮,认真完成进一步治理淮河和太湖的各项建设任务。

南浦大桥建成典礼在上海举行

邓小平题写的"南浦大桥"4个大字,镶嵌在109米高的桥塔横梁上。国务院总理李鹏为大桥建成剪彩。

上海市区第一座跨越黄浦江的南浦大桥全长8346米,不到3年便建成通车。大桥每天可通行5万辆汽车,是中国最大、世界第二大斜拉索桥。

国务院总理李鹏致电祝贺在德黑兰召开的77国集团第7次部长级会议开幕

国务院总理李鹏在上海会见意大利外贸部部长维多·拉丹齐奥率领的意大利代表团

美国哈佛—史密松天文台天文学家邵正元宣布以南京紫金山天文台天文学家张稼祥名字命名一颗小行星

国办转发林业部关于加强野生动物保护管理工作的报告

胡子昂逝世

第七届全国政协副主席、全国工商联名誉主席胡子昂在北京逝世,终年95岁。

胡子昂,原名鹤如,字子昂,以字行,生于四川巴县南坪镇(今属重庆市)。在巴县中学读书时,正逢辛亥革命,受其影响,积极参加游行和宣传活动。1919年入北京农业专科学校(今北京农业大学前身)就读,投身五四运动。1933年,决心走"实业救国"的道路。其后,承建四川水泥厂,同时,所领导的华西公司还在成都、重庆等地承建或改建了电力厂、银行、学校、仓库、办公民用房、成渝铁路第一总段的筑路工程等一系列工程,在西南工商界声威大振。1937年底,其集资在重庆即着手筹建中国兴业公司。在孔祥熙插手下,官股占80%以上,该公司被官僚资本所控制,公司董事长为孔祥熙,所建的钢铁企业,为战时的军需民用提供了大量的钢铁和各种器材。1944年1月,因管理混乱,经营亏损,只得重新起用胡子昂任公司总经理,上任不到半年,孔祥熙下台。1945年11月28日,国民政府经济部通知中国兴业公司全部停工清理资产、遣散员工,于是公司彻底倒闭。中国兴业公司的倒闭,使其认识到,依靠官僚资本是不能发展民族工商业的,"实业救国"的道路走不通。于是,积极参加爱国民主运动。其间,担任了重庆中华职业教育社辅导委员会主任委员。1945年秋,积极支持中国民主建国会在重庆的建立,以后又积极配合该会的工作。1946年,其出任重庆参议会议长,并被选为国民参政会参政员和立法委员。在任议长期间,重庆市参议会不挂国民党党旗;在立法院会议上,公开反对蒋介石轰炸解放了的济南市。还拿出20两黄金资助郭沫若成立"群益出版社",出版进步书刊。1948年底,离开重庆到香港。1949年初,应中共中央邀请,由香港赴北平,9月出席中国人民政治协商会议第一届全体会议。1949年10月1日参加了开国大典,同年加入中国民主建国会。中华人民共和国成立后,历任西南军政委员会委员,西南财经委员会委员,民建总会西南办事处主任,重庆市副市长,政协重庆市委员会副主席,政协四川省委员会副主席,中国工商经济开发公司董事长。1978年2月至1991年任政协全国委员会副主席。其是第二、三、四、五届全国人民代表大会常务委员会委员;政协第二、三、四届全国委员会委员，第五、六、七届全国委员会副主席。还是中国民主建国会第一、二、三届中央委员会副主任委员，第四届中央委员会副主席；中华全国工商业联合会第一、二、三届执行委员会副主任委员，第四届主任委员和第五届主席、第六届名誉主席。

11 月 20 日

国务院总理李鹏在北京与全国审计工作会议部分代表举行座谈

李鹏在座谈会上讲话指出，当前的审计工作，重点要贯彻中央两个会议的精神，为进一步搞好国营大中型企业、加强农业和农村工作服务。

李鹏说，审计部门建立 8 年多来，广大审计人员艰苦创业，积极开拓，做了大量工作，在财政、金融、企业、农业、基建等领域的审计都有了较大进展，建立了从上到下的审计体系，审计工作局面已经打开。

审计监督围绕经济工作中心，在维护国家财经法纪，提高经济效益，加强廉政建设等方面，发挥了积极作用。审计在社会上的影响日益扩大，初步树立了权威。几年来，审计部门依法维护国家利益，不但为国家增收节支 330 多亿元，而且使遵纪守法的单位得到肯定，使违反法纪的单位得到处理，这是通过艰苦工作取得的成果。在内部审计和社会审计方面也有了新的发展，做了大量工作，取得了明显的成绩。

李鹏说，审计工作制定一个发展纲要很有必要。要通过纲要把十年和“八五”期间审计工作的主要目标、基本指导原则和工作任务确定下来。审计部门的基本职能是对财政经济实行监督，现在要搞活国营大中型企业，这与加强审计监督并不矛盾，仍要坚持依法审计，维护国家财经法纪，不能随意放宽、变通。这也是为了促进企业增强活力，健康发展。那种“经济要上，审计要让”的说法是不正确的。

审计部门每年都审计 20 多万个单位，了解和掌握很多财经方面的实际情况，对典型的问题，带普遍性的问题，要善于从宏观管理方面进行研究，向政府如实反映情况，提出改进的建议。今后，要重点审计财政财务收支数额大、关系国民经济全局的重点单位，如地方财政、财政金融税收部门、重点企业、重点建设项目等。

李鹏说，为进一步搞好国营大中型企业，国家已经在外部环境上采取了许多措施。因此，审计大中型企业，要促进企业眼睛向内，改进管理，挖掘潜力，提高效益；要监督其资产、盈亏的真实情况，不能搞虚盈实亏，留利分配不能过分向个人倾斜。要充分发挥部门、单位内部审计的作用，帮助企业建立自我约束机制。同时，要加强对农业资金的审计，纠正和防止挤占挪用、损失浪费等问题，提高资金使用效益。

李鹏指出，搞好审计工作关键在于提高审计队伍的政治、业务素质，特别是要加强各级领导班子的建设。审计部门是搞监督的，对自己更应该严格要求。审计人员要做到“廉洁、公正、严格、有奉献精神”。总的看，审计队伍的思想作风是比较好的，在树立良好风气上是下了功夫的，但也存在一定的问题，不能满足现状。在当前国际、国内形势下，要进一步加强对干部的教育，严格纪律，抵制社会不良风气的侵蚀。

李鹏说，根据经济发展的不同情况，有重点地加强一些县、乡的审计部门是必要的。

李鹏最后说，审计部门在社会主义经济建设中担负着重要任务，工作难度较大，希望地方各级政府加强领导。要按照《审计条例》的规定，政府的主要负责人要直接管，有关部门积极配合，为他们创造必要的工作、生活条件，支持他们的工作。广大审计工作者要继续发扬好的作风，在今后的工作中作出新成绩。

座谈会上，审计署审计长吕培俭、湖北省审计局局长吴定富、审计署驻济南特派员翟熙贵、黑龙江省审计局副局长卢儒生发言。姚依林、王丙乾、罗干和国务院有关部门的负责同志参加座谈会。

全国人大常委会委员长万里在上海考察

万里 11 月 20 日至 22 日在上海考察工作。

万里在上海考察工作时强调，要加强民主与法制建设，保证国家长治久安，人大在这方面是责无旁贷的。

21 日上午，万里考察了市人大常委会的工作，看望机关的工作人员，与市人大常委会的领导干部和各专门委员会的负责人进行座谈。

上海市人大常委会主任叶公琦汇报了近几年来加强地方立法，开展法律监督和工作监督的情况。

万里说，你们已经执行了宪法赋予人大代表和常委会的职责，很有成绩，要继续加强这方面的工作。

万里说，政府要多接受人大的监督，一个是法律监督，特别是城市建设。我们人大监督政府，实际上是支持政府，对不足方面提出批评是支持，表扬也是支持，有缺点提出也是支持。希望你们在上海市委的领导下，按照宪法赋予的职责，监督、支持政府把上海的各项工作搞得更好。

万里强调指出，没有高度的民主与法制，国家就不能长治久安，人大在这方面是责无旁贷的。上海这样一个大的开放性城市要建设好，一靠思想工作，二靠立法，三靠管理，这样才能使开放城市搞得更好些。

叶公琦主任和倪天增副市长在汇报时谈到，市委、市政府在研究、决定推行住房制度改革和改善市内交通等一系列重大问题时，都发动全市人民参与讨论，取得群众的理解和支持。万里说,这是民主集中的很好形式。我们党有光荣传统,走群众路线就是其中一条。广泛征求群众意见,既要民主,又要集中,实行科学决策。

21日上午,万里委员长由市委书记吴邦国,市委副书记、市长黄菊和叶公琦等同志陪同,考察了刚刚全面建成的南浦大桥,他拉着工程总指挥朱志豪的手连声说:"你们辛苦了。南浦大桥不仅为上海增了光,也为全国人民增了光。"万里还考察了正在施工中的杨浦大桥等工地。

中办国办联合发出关于处理党和国家机关正、副省(部)级干部用公款、公物超标准装修住房问题的通知

近几年来,一些领导干部违反党中央、国务院有关规定,用公款、公物超过规定标准装修住房,在群众中造成了不良影响。为了教育干部,挽回影响,发扬廉洁奉公、艰苦奋斗的优良传统,必须对党和国家机关正、副省(部)级干部用公款、公物超标准装修住房的问题进行处理。为此,特作如下通知:

一、党和国家机关及人民团体正、副省(部)级干部用公款、公物装修住房,必须严格执行《中共中央、国务院印发〈关于高级干部生活待遇的若干规定〉和邓小平同志报告的通知》的规定,国务院各部门的部级干部还要执行国务院机关事务管理局《关于中央国家机关部级干部宿舍修缮标准的规定》。凡违反以上规定用公款、公物超标准装修住房的,属违纪行为。

二、对超标准装修住房所动用的公款,由该干部现所在单位负责向其全部追回。所动用的公物,由该干部现所在单位按装修时当地的国家规定价格折价计款追回。追回的款额一律上缴国库。

三、用公款、公物超标准装修住房的,除了按本通知第二条处理外,还要根据其超过规定标准所动用的款额(含动用公物折价款额)和情节轻重,给予下列处分:

(一)款额不满一万元的,给予警告处分;

(二)款额在一万元以上不满二万元的,给予警告或记过处分;

(三)款额在二万元以上的,给予记过直至撤职处分。

多次动用公款、公物超标准装修住房未经处理的,按照累计动用款额给予处分。

四、用公款、公物超标准装修住房,有下列情形之一者,要从重或加重处分:

(一)侵占、挪用和克扣救灾、防汛、扶贫、教育等公款、公物的;

(二)使国家和集体利益遭受严重损失的;

(三)共同动用公款、公物,负有主要责任的;

(四)伪造、销毁单据,阻挠他人坦白,对检举人、办案人打击报复的;

(五)先以公款、公物高标准装修,后又按住房制度改革有关文件规定的标准价购买该住宅的。

五、动用公款、公物超标准装修住房,款额(含动用公物折价款额)不满一万元,情节轻微,本人又主动检查,及时纠正并退回款、物的,可免予处分,但应给予批评教育。

六、在本通知发出时,正在用公款、公物超标准装修住房的,有关部门应责令其停止施工,并按照本通知的规定对有关人员进行处理。为使住房不受损坏,可按规定的标准重新设计装修。

七、对违反财政法规,批准动用公款、公物超标准装修住房的直接责任者,按《国务院关于发布违反财政法规处罚暂行规定的通知》处理。

八、对违反本通知规定需要给予党纪处分的,由其上级党的机关进行处理。对违反本通知规定需要给予行政处分的,由其上级主管机关按照干部管理权限进行处理。中共中央纪律检查委员会和监察部也可以按管辖权限和处分程序直接处理。

九、已办理退(离)休手续的党和国家机关及人民团体正、副省(部)级干部,适用本通知。

十、国营企事业单位中相当于正、副省(部)级的干部,适用本通知。

十一、本通知执行情况,由中共中央纪律检查委员会和监察部负责监督、检查。

十二、凡在《中共中央关于党和国家机关必须保持廉洁的通知》发布以后,仍用公款、公物超标准装修住房的,按照本通知精神处理;在此以前用公款、公物超标准装修住房的,参照本通知精神酌情处理。

十三、军队机关的高级干部用公款、公物超标准装修住房的处理办法,由中央军委参照本通知精神另行制定。

《人民日报》报道称中国已与世界上100多个国家和地区在农业上建立互相交换 中国向外提供1.7万多份物种资源,并引进7万多份物种资源

浙江省农科院专家在国际上首次发现导致谷物严重病害的植物病毒传播途径

中国学者段昌国教授担任《水利机械全书》国际编委会主席已由英国技术出版社出版了3卷

11 月 21 日

农业部发布《农民技术人员职称评定与晋升暂行规定》

农业部日前发布了《农民技术人员职称评定与晋升暂行规定》，并已开始施行。对农民技术人员进行职称评定，就是给具有专业技术水平和业务技能的农民，授予技术员、技师、高级技师的称号。到 1990 年，我国乡镇级农牧渔业推广服务机构已达 19.2 万个，农技推广人员 87 万人，其中 37 万人是聘用农民技术人员。此外全国村一级有 300 多万农民技术员。

国务院总理李鹏视察上海证券交易所

上海外滩，有一座具有 130 多年历史的建筑——浦江饭店。饭店一楼有一家 1990 年 12 月 19 日新中国诞生后建立的第一家证券交易所——上海证券交易所。

上午，正在上海考察工作的国务院总理李鹏、国务委员李贵鲜，在中共上海市委书记吴邦国、市长黄菊的陪同下来到上海证券交易所。

交易所理事长李祥瑞告诉李鹏，交易所开张 11 个月来，运行正常，交易规模逐步扩大。到今年 9 月，累计成交 10 多万笔，交易额近 60 亿元。

李祥瑞说："现在老百姓有这种心态：股票是企业发行的，买了就能赚钱。"

李鹏说："这就需要宣传，进行舆论引导。要告诉大家，股票交易，有起有落，有赚有赔，是有风险的。要让买股票的人具有风险意识。"

李鹏说："发行证券是筹集资金、活跃金融的一种形式，也是监督企业经营活动的一面'镜子'。但是，证券交易对我们来说还是个陌生的事物，需要进行试点。要加强宏观的引导与调控，防止可能产生的大的投机性和向少数人集中的弊端，防止大起大落、过分背离证券的价值。我们要搞好试点工作，开好头，并不断总结经验，兴利除弊，逐步发展。"

离开证券交易所时，李鹏挥毫写下："证券交易为社会主义经济建设服务。"

北京农业大学已育成长绒棉新种质系并提出配套生产措施

国务院总理李鹏在上海会见以日本石油化学工业协会会长竹林省吾为团长的日本石油化学工业第三次访华代表团

中国代表团团长蔡诚在巴黎举行的拟定有效的联合国预防犯罪和刑事司法方案部长级会议上发言

中国意大利经贸混委会第六次会议在北京举行

中国和古巴两国政府在哈瓦那签署 1991—1993 年度两国科技合作议定书

中国国家科委副主任惠永正和古巴全国经济合作委员会副主任古铁雷斯分别代表两国政府在议定书上签字。

根据议定书，中、古两国在今后几年内将在 35 个领域内互派专家。中国将派遣农业、渔业和生物技术专家向古巴同行传授技术知识。同时还将向古巴派遣专业人员学习古巴的甘蔗种植技术和甘蔗制品的生产技术。古巴方面将派 20 个专家小组前往中国进行科技方面的学习和考察。

文化部与安徽省在合肥联合举办中国京剧艺术的奠基人和开拓者程长庚诞生 180 周年纪念大会

11 月 22 日

全国政协首次表彰优秀提案和先进承办单位大会在北京举行

大会在全国政协礼堂举行。全国政协主席李先念给大会写来贺信。

李先念在贺信中说，提案是政协委员和政协组成单位参政议政的一种经常有效的方式，是他们的爱国心、责任感和聪明才智的结晶。办好政协提案有利于决策的民主化、科学化，改进党和政府的工作，促进社会主义现代化建设。一定要充分重视和认真加强政协提案工作。

李先念在贺信中希望，这次大会进一步激发全体政协委员和所有政协组成单位的政治积极性，在深入调查研究的基础上，提出更多利国利民的好提案；也进一步鼓励所有承办单位本着对人民负责的精神，通过严肃妥善办理政协提案，把我们各方面的事业办得更好。

全国政协副主席王任重在会上讲话。王任重说，政协提案一般都是在认真学习党的路线、方针、政策的基础上，经过调查研究，参观视察后提出来的，有些是集体智慧的结晶，对党政部门工作有重要促进和参考价值。近两年来，各承办单位和省市地方政府在总结多年实践经验的基础上，制定了办理工作制度，使办理提案工作走上了正规化、制度化的轨道。有些先进承办单位还把办理工作作为政绩考核和岗位责任制的一项重要内容，这是很好的经验。

全国政协副主席谷牧、马文瑞、钱伟长、程思远，秘书长宋德敏出席表彰大会，并为先进单位和个人颁奖。

在会上受到表彰的优秀提案共62件，参与提出提案的委员有291人；被评为先进承办单位的有国家计委、国家体改委、国家教委等29个单位。

监察部部长尉健行签署第1号令发布《监察机关调查处理政纪案件办法》

江苏浙江上海综合治理太湖流域已全面展开国务院部署的10项首干工程7项已开工

全国整顿清理书报刊和音像市场工作小组召开会议决定今冬明春再打一次"扫黄"战役

国家救灾防病领导小组在北京召开全国救灾防病工作电话会议

国务委员、国家救灾防病领导小组组长李铁映在会上讲话。国家救灾防病领导小组副组长、卫生部部长陈敏章，就前一时期救灾防病工作作阶段性总结。

国家救灾防病领导小组组长李铁映在全国救灾防病工作电话会议上发表讲话

同志们：

今天的会议，既是对前一个时期救灾防病工作的阶段性总结，也是对今冬明春防病治病工作的动员。刚才陈敏章同志代表国家救灾防病领导小组作的阶段性总结，我完全同意。今年，我国遭受历史上罕见的洪涝灾害，不仅给国家和人民的生命财产造成十分严重的直接损失，而且潜伏着疫病流行，威胁着人民群众的生命安全，很有可能出现灾中之灾。面对严峻的灾情，在党和政府的领导下，各部门协同作战，各级卫生行政部门及时制定防病预案并向灾区派出了医疗队和疫病防治工作队，灾区医疗机构在设备、药品严重受损情况下，全力以赴投入救灾防病工作。这是建国42年来最大的一次爱国卫生运动，扑灭了一场可能发生的疫情和灾害，制止了大的疫病流行，为夺取抗洪救灾的全面胜利奠定了基础，为人民做了好事，立下了功勋。实践证明，我们这支600多万人的医疗卫生队伍是有战斗力的，是过得硬的，是经得起考验的。借此机会，我代表国务院，向积极参加救灾防病工作，战斗在救灾防病工作第一线的干部、群众和医疗卫生工作者表示亲切的问候和衷心的感谢！

大灾之后有大疫，古今中外，无不如此。然而在我们社会主义中国，谱写了一曲大灾无大疫的社会主义凯歌。如果没有党的领导，没有社会主义制度的优越性，没有全国人民的支持，没有灾区人民的奋力拼搏，没有各部门的通力协作，没有"一方有难，八方支援"的奉献精神和广大医务人员的辛勤工作，我们就不可能取得这么大的成绩，我们要认真总结并发扬下去。

这次全国大规模救灾防病行动，给我们提供了宝贵的经验，给卫生事业的发展、改革提供了新的认识。一要坚持预防为主的方针，树立各部门协调的大卫生观念，走出一条适合我国国情的具有中国特色的社会主义卫生事业发展和改革的道路。二要农村从实际出发，建立健全三级医疗预防保健网，这是涉及卫生工作为广大人民群众服务的方向问题。三要建立健全应急突发性事件的运行机制和规章制度，建立起中央、省两级医疗卫生防疫的应急队伍。四要广泛深入地开展爱国卫生运动，通过宣传教育，发动群众，使爱国卫生运动成为全民的自觉行动。五要解决农村缺医少药问题，要坚持医疗队下农村、下基层的制度，这是我国卫生工作的一大特色和优势。医学院校要为八亿农民培养人才，造就一支全心全意为人民服务的医疗卫生工作者队伍。

同志们，卫生防病工作是一项长期的任务，我们虽然取得了阶段性的胜利，但不能有任何松劲情绪和麻痹思想。灾区基层卫生机构损失严重，三级医疗卫生保健网恢复和重建困难很多，今冬明春防疫防病经费和药品缺口还很大；灾区人民群众长期得不到休息和恢复，体质下降，抗病能力减弱；大量民工已投入治理江河、兴修水利的战斗，人群密集，条件艰苦，灾区仍然潜伏着传染病暴发和流行的危险。对此，我们要有清醒的认识，既要做好思想准备，又要有措施和物资上的保证。我们一定要保持和发扬前一时期救灾防病的精神风貌，为夺取今冬明春救灾防病工作的全面胜利努力奋斗。

朱德元帅铜像揭幕典礼在四川省仪陇县举行

中共中央政治局委员、四川省委书记杨汝岱，中顾委常委萧克，全国人大常委会副委员长廖汉生，朱德元帅的夫人、全国政协副主席康克清，受党中央的委托，专程到仪陇参加揭幕典礼。

中共中央总书记江泽民为朱德元帅铜像题写了"朱德元帅"四个大字，国家主席杨尚昆、全国政协主席李先念、聂荣臻元帅也分别题词。

11月23日

国办转发国务院住房制度改革领导小组关于全面推进城镇住房制度改革意见的通知

各省、自治区、直辖市人民政府，国务院各部委、各直属机构：

国务院住房制度改革领导小组《关于全面推进城镇住房制度改革的意见》，已经国务院同意，现转发给你们，请结合实际情况贯彻执行。

国务院办公厅

1991年11月23日

为了落实七届全国人大四次会议通过的《中华人民共和国国民经济和社会发展十年规划和第八个五年计划纲要》中有关改善居民居住条件的要求，继续积极稳妥地进行城镇住房制度改革，经全国住房制度改革工作会议认真讨论，现就全面推进城镇住房制度改革提出以下意见：

一、城镇住房制度改革的总目标

城镇住房制度改革是经济体制改革的重要组成部分，其根本目的，是要缓解居民住房困难，不断改善住房条件，正确引导消费，逐步实现住房商品化，发展房地产业。按照社会主义有计划商品经济的要求，从改革公房低租金制度着手，将现行公房的实物福利分配制度逐步转变为货币工资分配制度，由住户通过商品交换（买房或租房），取得住房的所有权或使用权，使住房这种特殊商品进入消费品市场，实现住房资金投入产出的良性循环。

二、城镇住房制度改革的分阶段目标

（一）"八五"计划期间的目标。以改变低租金、无偿分配为基本点，公房租金计租标准力争达到实现简单再生产的三项因素（维修费、管理费、折旧费）的水平，逐步增加家庭收入中住房消费支出的比重；紧紧围绕"解危"、"解困"，重点解决危险住房和人均居住面积在三至四平方米以下的住房困难户以及无房户的住房问题，使人均居住面积达到七点五平方米，住房成套率达到百分之四十至百分之五十；房改方案正式出台的城市，要建立城市、单位和个人三级住房基金，并使之合理化、固定化、规范化，保证住房建设有稳定的资金来源，通过改革奠定机制转换的基础。

（二）十年目标。到二〇〇〇年，公房租金计租标准要努力达到包括五项因素（维修费、管理费、折旧费、投资利息和房产税）的成本租金水平；住房成套率达到百分之六十至百分之七十，城镇人均居住面积达到八平方米，群众居住条件和居住环境得到明显改善；发展房地产市场，建立和健全住房资金的融资体系，加速机制的转换，初步实现住房建设资金投入产出的良性循环。

（三）长期目标。住房租金计租标准要达到包括八项因素（在前述五项因素基础上再增加土地使用费、保险费和利润）的商品租金水平；住房成套率大大提高，每户有一套舒适的住房；健全房地产市场，完善住房融资体系，完成住房商品机制的转换，实现住房商品化、社会化。

三、城镇住房制度改革的基本原则

（一）坚持国家、集体、个人三者共同负担的原则。在保持现有建房资金渠道的前提下，增加个人在住房建设投资中的比重。

（二）坚持租、售、建并举的原则，形成一个提高租金、促进售房、回收资金、推动建房的良性循环。

（三）坚持在统一政策下因地制宜、分散决策的原则。全国房改的目标方向是一致的，但各地房改的步骤、办法和措施不能一刀切，要在国务院有关文件规定的统一政策下，因地制宜、分散决策、分步实施。

（四）坚持机制转换的原则。首先，要改变现行资金分配体制，把住房资金从作为积累形式的计划实物分配变为消费形式的商品交换分配，把住房基金逐步纳入正常渠道，使目前实际用于职工建房、修房的大量暗补资金转化为明补资金，并逐步纳入职工工资；其次，要把现行的住房作为固定资产投资的计划管理体制变为住房作为商品生产投资的指导性计划管理体制；再次，要通过财政、税收、工资、金融、物价、房产管理和土地使用制度等方面的配套改革，在理顺目前围绕住房所发生的各种资金渠道的基础上建立住房基金，逐步形成能够实现住房资金良性循环的运行机制；最后，要通过调整产业结构，开放房地产市场，发展房地产金融和房地产业，把包括住房在内的房地产开发、建设、经营、服务纳入整个社会主义有计划商品经济的循环体系。

四、城镇住房制度改革中的有关政策问题

住房制度改革涉及面广、政策性强，是一项长期的工作。需要重申和进一步明确的有关政策是：

（一）提租与补贴问题。合理调整公房租金是住房制度改革的核心环节。提高房租要着眼于租售比价的合理化；提租次数和提租幅度由各地根据物价指数控制目标和群众承受能力等因素统筹安排。各地要坚持"多提少补"的原则，一些地区在理顺租金、小幅度提租的前提下也可以不补。明后两年，对出租公房的租金按统一标准进行调整，这个标准至少要包含两项因素，有条件的应争取达到三至五项因素；同时，应把计算租金标准和补贴所依据的各项参数统一在一九九〇年底实际发生的水平。

（二）售房问题。向居民个人出售新旧公房是推行住房商品化的基本措施之一。出售公房的价格要合理，既要考虑到职工的购买能力，又不能定得过低。住房价格区分为标准价和市场价，标准价包括住房本身的建筑造价以及征地和拆迁补偿费。在起步阶段，为鼓励群众买房，按标准价计价时，征地和拆迁补偿费暂可以考虑由单位适当负担。出售公有住房的价格，要经评估机构评估，国有资产、房地产和物价管理部门核定，报所在省、自治区、直辖市人民政府审查批准，严禁以过低的价格出售公有住房。按市场价格出售的住房，出售对象主要是高收入者，要按体现国家宏观调控的原则定价。要重视降低住房造价，把不应摊入住房建设的费用划分出来。对拆迁户的安置用房应按国务院有关规定，结合住房制度改革，以合理价格有偿提供。要加强公房售后维修、管理和服务。

（三）新房新制度问题。对从一九九二年起投入使用的新房，全面贯彻先卖后租、新房新租、有偿租房的原则。租金要在贯彻“多提少补”的原则下较大幅度地提高。对新房交纳租赁保证金或认购住房债券，要作出适合于本地区情况的具体规定。新房实转的住房券资金来源，企业可进入成本，机关、事业单位可列入财政经费预算。

（四）住房基金问题。为了建立城市、单位和个人三级住房基金，要把基建投资中的住房投资划出来，并把住房的修缮拨款固定下来，划入城市住房基金；把企业用于生产和住房消费的资金分列，使企业住房基金规范化；并通过逐步提高公房租金、收取租赁保证金、发行住房债券、组织住房储蓄等形式，增大个人筹资在住房投资中的比重。各级人民政府要切实做好住房资金筹集和转化工作，凡是房改方案出台的城市，都要把住房基金建立起来，并把基金管好用活。公积金是建立个人住房基金的有效方式，各地区要紧密联系各地区的特点和经济能力，正确引导，逐步推行。

（五）住房金融问题。要逐步建立集中调度、统筹使用、可供融通的住房信贷资金，使资金有借有还、有偿使用、滚动循环。要办好抵押贷款，使分散、分期实现的居民家庭收入，能适应集中、一次性支付的住房购置的需求；住房建设单位要通过住房的出售尽快收回投资，投入建新房，加快资金周转。在住房金融管理体制上，要区别政策性信贷和经营性信贷。政策性业务要划分出专项资金来源，建立房改信贷基金，单独核算、自主经营、自负盈亏、自求平衡、就地完税，国家在计划安排、信贷规模、利率、税收等方面给予优惠。经营性业务要充分发挥各金融机构的积极性，按现行规定拓展房地产开发信贷业务。继续开展职工购房保险配套工作。有的地区成立了住房储蓄银行，要继续积极探索、总结经验。

（六）住房投资和建设体制问题。住房投资和建设体制的改革，就是把现行由国家、企业统包的住房投资体制，转换成国家、集体、个人三方面共同负担的住房投资体制。各地政府应大力支持单位或个人的集资、合作建房，特别是结合“解危”、“解困”进行的集资、合作建房。计划、金融、财政、税收、城建、规划、土地等有关部门应该积极配合、支持，通过减免税费等扶持政策，努力降低建房造价。要正确引导和改革现行房产开发的建设体制，确立政府对住房价格的有效调控和制约机制。要形成指令性和指导性计划相结合的住房建设计划管理体制，除指令性计划安排的住房建设外，对个人集资与合作建房的部分可以不受规模的控制，实行指导性计划。

（七）住房管理问题。各地可以采取逐步引导、渐进过渡的办法，逐步实现公有住房的社会化管理。先在企业内部实行分离，把对消费性住房的管理从以往的与生产性房产的混合管理中分离出来，专项核算，自成体系，独立经营。再以信托方式把这部分住房委托给由社区组织的，或由若干企业单位的房产部门合并而成的经济实体进行具体经营管理。

（八）住房权属问题。职工购买公有住房，在国家规定标准面积以内的，实行标准价。购房后拥有部分产权，即占有权和使用权、有限处分权和收益权；可以继承，可以在购房五年以后进入市场出售或出租，原产权单位有优先购买权和租用权。售房收入扣除有关税费后所得收益，按政府、单位、个人的产权比例进行分配。职工拥有部分产权的住房，在自用和自住时受到法律的保护；按标准价购买的住房投放市场时，则受到法律的约束，不得高价出售或出租。各地在推行按标准价和部分产权原则出售公房时，要结合本地实际，拟定公房出售后的产权管理办法，把公房出售继续推行下去。

（九）房地产市场问题。在房地产市场的推进过程中，要加强法制建设，建立法规体系，把房地产市场纳入法制轨道。既要形成一个以传递信息、促成交易、余缺互补的交易场所，又要严格交易程序，严格交易人的资格审查，打击非法倒买倒卖行为。要搞好房地产的价格评估和价格调节，保护合法收入，调节过高收入，取缔非法收入，形成一个可调控的住房出租、出售、交换和抵押的房地产市场。

（十）条块、点面关系问题。中央和国务院各部门要积极支持所属企事业单位进行房改，地方政府也要适当照顾到各部门的特点。试点地区和单位要继续先行改革，摸索经验。对于不同市、县、不同单位在提租补贴等方面出现的交叉和辐射问题，要坚持后改的支持先改的，改革步子小的支持改革步子大的。

（十一）房改中的减免补问题。住房制度改革中对低收入职工、离退休职工、政府民政部门确定的社会救济户和非在职的优抚户等，在一定时期内可以实行减免补政策。各地要严格控制减免补的范围。

(十二)机关干部要在统一政策下参加房改,并要以身作则,起表率作用。

五、城镇住房制度改革明后两年的总体部署

各省、自治区、直辖市要根据党中央、国务院提出的“八五”计划期间“要积极推进住房制度改革”和“住房制度改革要统筹规划、因地制宜、分类指导、稳步向前推进”的要求,按照房改的统一目标、统一政策和基本原则,从实际出发,制定切实可行的房改总体方案,选择适合本地实际情况的起步方式,抓住有利时机,有计划地在明后两年内分期分批地实行住房制度改革。

建议直辖市、各省会(自治区首府)城市、沿海城市和有条件的城镇在一九九二年底以前率先进行全面配套的住房制度改革;其余的城市和城镇凡是有条件的,力争在一九九二年底以前起步。

已经进行住房制度改革试点的城镇、企事业单位要按既定政策、原则和办法继续推行改革。

各省、自治区、直辖市的房改方案经国务院住房制度改革领导小组会同有关部门审查批准后实行。

六、加强对城镇住房制度改革工作的领导

住房制度改革的全面推开,是一项艰苦而细致的工作,直接关系到人民群众的切身利益。各级人民政府要高度重视和加强对这项工作的领导,领导同志要亲自抓房改工作,取得房改的直接经验。

要认真对群众进行宣传教育和解释工作,向群众说明改革的政策、方法和步骤,讲清改革中所出现的困难和问题,真心实意地听取群众意见,吸取群众智慧。

推进住房制度改革,必须正确处理局部与全局、当前与长远的关系,必须正确处理改革与稳定的关系,把住房制度改革纳入整个经济体制改革中去,结合企业、工资、价格,以及宏观调控体制的改革,统筹规划,协调配套地进行。同时要制定相应的法规,做到有法可依。

住房制度改革工作,要有强有力的领导班子和必要的人力来抓。要有规划、有安排,切实抓好干部的培训工作。

各级宣传部门要积极、准确地宣传房改政策,引导群众参与房改、支持房改。在起步以后,适当加大改革的分量,加快改革的步伐,不断总结经验,使住房制度改革顺利健康地发展。

国务院总理李鹏在中南海紫光阁会见南斯拉夫联邦主席团委员博里萨夫·约维奇

国务院总理李鹏在人民大会堂会见日本众议院议长日本国际贸易促进协会会长樱内义雄

中共中央政治局常委李瑞环在人民大会堂会见香港美国商会前主席康原

国务院副总理吴学谦在钓鱼台国宾馆同南斯拉夫联邦主席团委员博里萨夫·约维奇举行会谈

吴学谦在会谈中说,中国作为南斯拉夫的友好国家,对南斯拉夫当前的严峻局势十分关注。我们希望南斯拉夫有关各方真正实现停火,早日结束冲突,通过和平协商的办法,妥善地解决彼此的争执,以实现南斯拉夫的和平与稳定,使南斯拉夫重新走上发展之路。

吴学谦还说,我们表示理解。我们认为,解决南斯拉夫危机,需要国际社会的有益的帮助。但是,国际社会任何旨在实现南斯拉夫和平与稳定的努力,必须严格遵循联合国宪章和国际法中关于尊重各国主权、不干涉内政的原则,要有助于南斯拉夫结束武装冲突,早日恢复和平。

《人民日报》报道称中国博士后流动站已有 278 个 6 年来招收博士后研究人员 1260 人

11 月 24 日

中央军委主席江泽民签署中央军委命令奖励南京军区抗洪救灾有功单位

命令说,今年,我国安徽、江苏部分地区遭受了历史上罕见的特大洪涝灾害。南京军区驻灾区部队,坚决贯彻执行党中央、国务院、中央军委的命令和措施,全力以赴投入抗洪救灾斗争。广大指战员牢记我军全心全意为人民服务的宗旨,大力发扬邓小平同志倡导的“五种革命精神”,为了国家和人民的利益,英勇顽强,连续奋战,公而忘私,不惧艰险,先后出色地完成了津浦护路、太湖保城、淮河会战、皖苏救生、扬州堵口以及清障泄洪等重大任务,抢救转移群众 19 万人,抢运重要物资 37 万吨,抢收、抢运小麦 12 万亩,加固堤坝 520 公里,挖运土石 121 万多立方米,爆破清障 10 公里,并积极帮助灾区人民防病治病、恢复生产、重建家园,为战胜特大洪灾,保护国家财产和人民生命安全做出了重要贡献,赢得了广大人民群众和各级政府的高度赞扬。

为表彰南京军区在抗洪救灾中做出突出贡献的有功单位,中央军委决定:授予工程兵舟桥某部二营以“抗洪救灾模范营”荣誉称号;授予工程兵舟桥某部特务连以“抗洪救灾模范连”荣誉称号;授予某部 130 火箭炮营三连以“抗洪救灾模范连”荣誉称号;给某部炮兵团记集体一等功一次;给工程兵舟桥某旅记集体二等功一次。

全国人大常委会委员长万里在人民大会堂会见瓦努阿图代表会议议长文森特·布列康

中国男女乒乓球队在西班牙巴塞罗那举行的世界杯乒乓球赛团体赛决赛中获得冠军

11月25日

中共十三届八中全会在北京开幕

出席会议的中央委员171人，候补中央委员105人。中央顾问委员会委员、中央纪委委员和有关方面负责人列席会议。中共中央总书记江泽民在闭幕会上发表讲话。

中共中央政治局常委宋平在中共十三届八中全会上作书面发言

这次全会集中研究农业问题。我想就农村社会主义思想教育问题作个发言。

按照中央的决定，当前全国农村正在普遍开展社会主义思想教育。据统计，全国约有一半以上的村开展了这项工作。从已经进行教育的地方来看，多数都取得了较为明显的效果，广大干部群众的社会主义信念和爱国主义、集体主义观念增强了；党在农村的政策得到更好的落实；以党支部为领导核心的村级组织建设得到加强；社会治安、社会风气有所好转；计划生育工作也比以前顺利了。社会主义思想教育推动了农村改革的深入，促进了两个文明建设。全国有130多万名乡镇以上干部参加这次教育工作，密切了党和政府同群众的联系，促进了机关作风的转变。这么多干部下乡，对农民进行宣传教育，和农民共商本地建设和改革的大计，是多年来没有的。正如江泽民同志所说的："农村工作千头万绪，怎么抓？实践证明，搞社会主义思想教育是个好办法。"

农村社会主义思想教育是从下面先搞起来的。1989年春夏之交的政治风波之后，一些省区市通过对前些年存在的"一手硬、一手软"问题的深刻反思，从农村的实际出发，加强了对基层干部和农民的思想教育工作，各地采取的形式不同，名称也不一样，但核心都是围绕着全面贯彻党的基本路线，教育农民坚定不移地走社会主义道路，继续推进农村的改革和发展为主旨来进行的，取得了很好的效果。中央总结各地的经验，肯定了这项工作。从去年12月以来，先后发了三个文件，决定用两三年时间，在全国农村分期分批地集中一段时间开展这项工作。

中央的这个决定所以在农村迅速引起广泛的反响，是因为它符合当前农村的实际情况，反映了广大农民的呼声和要求。农村实行家庭联产承包责任制以后，农村生产力进一步解放，农村经济有了迅速发展，成绩是巨大的。但不少地方对农民的思想政治教育有所放松，存在"一手硬、一手软"的情况。许多村多年没有开过一次会，有些基层党员多年没有过党的组织生活，一些干部和群众对党的政策有片面的理解。有的把家庭承包看作是分田单干，社会主义信念模糊了，集体主义观念淡薄了；有的基层党组织和党员不能发挥应有的作用，使得党群关系、干群关系紧张；不少地方封建迷信、宗教势力抬头，社会治安问题也比较突出。这些年各级机关工作人员虽然大量增加，但真正深入农民群众，宣传党的方针政策，做思想政治工作方面并没有加强。"干部下乡不下村"，群众是不满意的。这些问题不解决，不仅会使我们党严重地脱离群众，也将直接影响我们党在农村的各项任务的落实，影响90年代我国农业再上一个新台阶的战略目标的实现。

农村社会主义思想教育，是党在新的历史时期，继续引导我国农民走有中国特色社会主义道路的一项重大措施。通过这种形式的教育，提高广大农民的思想觉悟，加强农村基层组织建设，团结农民努力发展生产，教育农村干部和群众更好地兼顾国家、集体、个人三者利益关系，这对于巩固工农联盟，促进全国政治局面的进一步稳定，将起重要的作用。大批干部下农村，把宣传党的基本路线、中央重要决定和方针政策作为社会主义思想教育的一个重要内容，无疑会对农村改革的深化和农村经济的发展起到巨大的推动作用。毛泽东早就指出，严重的问题在于教育农民。社会主义思想不是自发产生的。为了巩固农村社会主义阵地，坚持社会主义方向，也需要加强对农民的社会主义思想教育。许多乡村思想教育工作搞得好，不仅经济发展快，精神文明建设也搞得好，广大群众坚持走共同富裕的道路，对社会主义充满信心。这些事实就很能说明问题。

这次社会主义思想教育，按照从群众中来，到群众中去的方法，坚持从实际出发，实行分类指导。中央只提原则性要求，具体工作部署，由各省区市自行安排，因地制宜，鼓励群众的积极创造。这个方针是正确的。从各地情况看，大体注意了这么几点：

一是坚持三项任务一起抓。中央提出的三项基本任务，是相互联系的，不能顾此失彼。各地经济发展水平和干部、群众的思想基础不一样，应当从实际出发，抓住突出的问题加以解决，不搞面面俱到；对在巩固家庭联产承包责任制基础上，完善双层经营体制，发展社会化服务体系，逐步壮大集体经济实力，则要求因地制宜，不急于求成，坚决防止平调。

二是坚持以思想教育为主，着眼于正面宣传党的方针政策，提高思想觉悟。对教育活动中暴露出来的一般性问题，主要进行说服教育和批评、自我批评，不搞"无限上纲"和人人过关。涉及党纪、政纪、法纪的问题，分别由党政组织和司法部门按党纪政纪和法律程序处理，工作组不得越俎代庖。

三是坚持依靠当地党组织开展工作。根据实际情况的需要，选派工作组帮助开展教育活动，但不干预当地党政组织的正常工作，不搞包办代替。

这次社会主义思想教育，无论是从指导方针、基本任务还是具体做法看，不同于60年代的"社教运动"和"文革"中的"路线教育"。总的看，发展是健康的，取得了明显的成效，但是，也不能估计过高。有些同志对开展社会主义思想教育的重要性还缺乏足够的认识，抓得不够得力；有的地方群众反映搞得不够好，收效不大，走了"过场"。要使这项工作更好地开展起来，各级党委必须高度重视，主要领导同志要亲自抓，各有关部门积极配合。要及时总结好的经验，发现问题，及时解决。集中教育告一段落的地方，要转入经常性的教育，长期坚持下去。派工作组要坚持"少而精"的原则，先培训、后下乡，并由有经验的同志带队，真正与群众打成一片。教育农民是党的长期任务，这次集中一段时间进行社会主义思想教育，机会难得，必须注意实效，扎扎实实地去做，不要赶进度，不能做表面文章。我相信，这次全会以后，农村社会主义思想教育一定会开展得更好，我国广大农村的建设和改革工作必将出现一个新的面貌。

中国世界经济学会第四次年会暨学术讨论会在四川省乐山市举行

中国世界经济学会第四次年会暨学术讨论会最近在四川省乐山市举行。会议的主题之一是九十年代世界经济格局。

会长浦山首先就当前世界经济形势的特点和发展趋势作发言。

与会学者对当前世界经济中的一些重大问题展开讨论。大家认为，一、华沙条约组织和经互会的解体，改变了世界的政治、经济格局。二、美国经济经过一段时期的增长，去年下半年开始出现衰退。后来虽然有所复苏，但至今极其乏力，有人甚至认为有出现"双跌"的可能。美国这次经济危机将会给世界经济带来一些新的问题，需要作深入的研究。三、关于德国统一与欧洲统一大市场的问题。欧共体发展加强了欧洲在世界经济中的地位，并推动了世界经济向地区集团化发展的趋势，对此学者们的看法大体是一致的。但对未来发展的前景，看法则不尽相同。有人认为，德国统一对欧共体的发展有促进作用。从德国来说，为了取得他国的谅解会采取积极主动的态度，而英法也要加速共同体的建设以遏制德国。但也有人认为，德国统一的影响目前还很难预测，因为有很多不确定因素。苏联、东欧的剧变和欧洲与美、日经济矛盾的上升，使欧共体的凝聚力和离心力同时加强，民族主义有可能抬头。四、关于南北关系。与会代表大多不同意世界银行对九十年代发展中国家经济形势的乐观预测，认为对绝大多数发展中国家而言，八十年代是失去的十年，现在又面临着发展危机。发达国家对资本和技术的垄断，一些发展中国家的决策失误和沉重的债务负担，以及苏联、东欧局势变化对资金流向的影响，都会加重发展中国家的经济困难，扩大南北差距，增加南北矛盾。

孟加拉国总统阿卜杜尔·拉赫曼·比斯瓦斯在达卡总统府会见中国人民解放军副总参谋长何其宗中将率领的中国军事友好代表团

11月26日

中共中央总书记江泽民在中南海会见由主席安子介率领的香港一国两制经济研究中心访京团

江泽民在会见中强调，只有对香港实行"一国两制"的政策，才能保持香港的繁荣和稳定。

江泽民说，香港的繁荣与稳定不仅对香港，而且对内地以及整个亚洲乃至世界都有好处。内地搞社会主义对香港的繁荣与稳定提供有力的保证。

江泽民强调说，"一国两制"的政策和香港特别行政区基本法都不能改变。

国务院港澳办公室主任鲁平、新华社香港分社社长周南参加会见。

中共中央总书记江泽民在中南海会见由总编辑金贞淑率领的朝鲜《民主朝鲜》报代表团

中共中央总书记江泽民在钓鱼台国宾馆会见美国电报电话公司贝尔实验室名誉总裁罗斯

中国政府中美知识产权谈判代表团在华盛顿就中美知识产权谈判发表声明

中国政府中美知识产权谈判代表团就中美双方谈判未能达成协议，美国将对中国采取报复措施一事发表声明指出，美国的做法"是不公正的，也是不符合双方利益的"，中方对此表示"十分遗憾"。

声明说，中国政府代表团是带着"诚意与合作"来与美国政府就知识产权的保护问题进行谈判的。"中国政府代表团尽了最大的努力，也作出了实质性的、重大的让步，但是美方不顾中国对保护知识产权已采取或即将采取的重大措施，不考虑中方在双边磋商中作出的努力和让步，依然依据美国贸易法的'特殊301'条款，宣布将对中国采取报复措施，这是不公正的，这不符合双方利益，也不符合国际上的通常作法。对此，中国政府代表团表示十分遗憾！"

声明在回顾了中国近年来在保护知识产权方面已经和即将采取的措施后指出，中国政府代表团"仍然愿意本着合理解决问题的态度与美国政府继续进行务实的、认真的谈判，努力争取达成双方满意的协议。"

声明还说，"我们也希望美国方面能以国际法和国际惯例为标准，从维护中美两国贸易关系的目标出发，不采取任何有损这一目标的单方面行动。"

美国贸易代表办公室宣布对中国采取贸易报复行动

美国贸易代表办公室不顾中国对保护知识产权已经采取或即将采取的重大措施，断然宣布计划对中国采取贸易报复行动。

美国官员声称，美方将列出对中国某些商品实施"惩罚性关税"的清单。美方表示，将与中国继续就知识产权的保护问题进行谈判。如果到12月底还达不成协议，美国就对中国的一些商品实施惩罚性关税，关税额为3亿至4亿美元。

中国代表团团长劳动部部长阮崇武在曼谷召开的国际劳工组织第11届亚太地区会议上发言

阮崇武说，我国从70年代末开始，根据自己的国情，始终坚持以经济建设为中心，坚持改革开放，使国民经济保持持续发展，1990年与1980年相比，国民生产总值按不变价格计算增长1.36倍，国民收入增长1.31倍。

阮崇武说，中国经济体制改革的深化，为城乡劳动就业开辟了广阔的道路。10年中，城乡就业总人口增加了1.4亿，城镇待业率由1980年的4.9%下降到1990年的2.5%，城乡居民收入增长，人民生活明显改善。因此，可以说80年代在中国是发展的十年，改革的十年，结构调整的十年。

阮崇武说，90年代是中国现代化建设的关键时期。按照中国国民经济和社会发展十年规划，到本世纪末，我国国民生产总值将再翻一番，人民生活将从温饱达到小康水平。为此我们制定了以提高经济效益为中心，保持国民经济持续、稳定、协调发展的一整套计划和政策。有80年代改革开放、发展、调整打下的基础，有明确的战略目标和符合国情的方针政策，90年代的中国无论在经济还是劳动工作方面，都将有更大的发展。

阮崇武最后说，在世界经济相互依存日益加深的形势下，亚洲各国的发展离不开区域内的和国际范围内的交流与合作。鉴于亚太地区多数是发展中国家，希望国际劳工局给予更多的关注和支持，以推动这些地区劳动工作的发展。

中国人民银行宣布从下月起不再办理保值储蓄业务

第五届中国图书奖在人民大会堂颁奖

71种优秀图书获奖。《马克思主义的立场观点方法》(中共党史出版社)、《学习〈论持久战〉哲学笔记》(人民出版社)等6种书获荣誉奖；《老一代革命家家书选》(中央文献出版社、三联书店)、《隋唐文化》(学林出版社)、《神经外科学》(天津科技出版社)等20种图书获一等奖；45种图书获二等奖，还有22种图书被提名表扬。

台湾放宽两岸人民往来规定

台湾"行政院大陆委员会"日前通过放宽两岸人民探亲、奔丧等有关规定。

这些规定包括：大陆地区赴台探亲、探病、奔丧的人士，若因高龄或患重病、重伤者，可开放配偶一人随行赴台照料；大陆人民赴台奔丧及台湾人民来大陆奔丧的申请期限，由现行的亲人死亡后六个月延长为一年；大陆人民赴台探病、奔丧的对象由目前的父母、配偶、子女三项，增加翁姑(配偶的父母)及兄弟姊妹两项；台湾军中未涉及机密的雇用人员，可比照一般行政机关雇用的技工或工友层级，来大陆探病、奔丧。

海峡两岸画家联谊展在中国历史博物馆开幕

11月27日

《人民日报》报道称中国南方和北方部分地区入秋以来旱情严重

长江葛洲坝水利枢纽工程竣工

长江葛洲坝水利枢纽第二期工程在湖北宜昌通过国家正式验收。至此，长江葛洲坝水利枢纽工程已宣告全部竣工，全面发挥效益。

经贸部新闻发言人就中美知识产权谈判发表谈话

新闻发言人说，由经贸部副部长吴仪率领的中国政府代表团，抱着诚意与合作的愿望于十一月二十一日至二十六日与美国政府就知识产权保护进行了谈判。会谈中，中国政府和代表团尽了最大的努力，做出了实质性的重大让步。但是，美方不顾中国对保护知识产权已采取和即将采取的重大措施，不考虑中方已经做出的巨大努力和实质性的让步，仍然依据美国贸易法的特殊“三〇一”条款宣布将对中国采取报复，这是不公正的，既不符合双方利益，也不符合国际上的通常做法。谈判未达成协议，责任不在中方。对此，中国政府表示十分遗憾！

中国政府一贯重视对知识产权的保护，尤其是中国实行改革开放政策以来已颁布了大量的关于保护知识产权的法律与法规，先后加入了多个关于保护知识产权的国际公约，还准备尽快加入其他一些有关国际公约。

中国政府仍然愿意本着合理解决问题的态度与美国政府继续进行务实的、认真的谈判，争取达成双方满意的协议。同时，我们希望美国方面能以国际法和国际惯例为准则，从维护中美两国贸易关系的目标出发，不采取任何有损这一目标的单方面行动。

全国人大常委会委员长万里在人民大会堂会见由议长杰克·弗里茨率领的密克罗尼西亚联邦议会代表团

人事部中国高级公务员培训中心培训效益评审会在武汉举行

国家人事部副部长程连昌说，建立和推行具有中国特色的公务员制度要贯彻积极稳妥的方针，要健全和完善干部的公开录用、考核、任用、奖励、交流、培训、回避和晋升制度。今后，要进一步抓好公务员的试点工作，已经试点的单位要巩固、坚持、提高。他指出，要围绕廉政和干部队伍建设，有计划、有步骤地进行这项工作，并要坚持德才兼备、公正合理的原则。

国务院生产办公室培训司司长陈光复在会上说，企业干部的培训要坚持从实际出发的指导思想。国家计划从明年开始对22.9万个全国预算内企业的厂长、经理、党委书记、总工程师、总会计师、总经济师、工会主席进行指令性培训，以及国家统一考试。所有预算内企业领导干部届时都要领取培训结业证书，证书由干部主管部门颁发，做到培养使用相结合，建立和完善先培训后上岗的制度。此外，国家还将加强企业后备干部的选拔和培训。

第五次中日友好交流会议在北京开幕

近100名中日友好人士出席会议。国家副主席、中日友协名誉会长王震向会议发了贺词。

中日友协会长孙平化和日中友协全国本部理事长清水正夫分别在开幕式上发表基调报告。

中国科学院微生物所的研究人员成功地获得世界首例转双基因高抗黄瓜花叶病毒烟草植株

中科院等单位开发成功磁场强度为6000高斯磁共振成像超导磁体系统

中国科学院上海生物化学研究所研究员洪国藩等首创高温DNA顺序测定系统

中国科学院上海生物化学研究所研究员洪国藩等在国际上首创了高温DNA顺序测定系统，并得到广泛应用。

中国科学院在上海组织对这个系统的鉴定。

11月28日

中共中央总书记江泽民在中南海会见世界知识产权组织总干事阿帕德·鲍格胥

国家主席杨尚昆在人民大会堂会见密克罗尼西亚联邦议会代表团

国家主席杨尚昆根据全国人大常委会的决定任免驻外大使

免去于立暄的中华人民共和国驻芬兰共和国特命全权大使职务。

任命乔宗淮为中华人民共和国驻芬兰共和国特命全权大使。

国务院总理李鹏致电祝贺“声援巴勒斯坦人民国际日”大会召开

国务院总理李鹏在人民大会堂会见以会长黄涤岩为团长的香港中国企业协会访京团

国务院副总理邹家华在钓鱼台国宾馆会见英国外交国务大臣凯思纳斯

外交部部长钱其琛在钓鱼台国宾馆会见美国犹太人名流访华团

钱其琛在钓鱼台国宾馆会见以洛杉矶西蒙威森索

尔中心主任马文·希尔教士为团长的美国犹太人名流访华团。

钱其琛说，中国人民长期奋斗的目标是同世界上所有的民族友好相处。

他说，中华民族和犹太民族是世界上两个古老的民族，也是勤劳的民族。由于历史的原因，第二次世界大战后有一段隔绝。

他指出，增加相互之间的交往，对两个民族都有好处。钱其琛欢迎他们在访问期间亲眼看一看中国的实际情况，以便增进了解。

马文·希尔在会见中说，中华民族有着五千年的文明史，是世界人口最多的民族。我们希望同中国人民增加往来，友好相处。

纳米比亚共和国总统努乔马在温得和克总统府接见由全国人大常委会副委员长孙起孟率领的中国全国人大代表团

外交部发言人吴建民举行新闻发布会就外电关于中国向叙利亚出口核反应堆等报道答记者问

吴建民否认了外电关于中国向叙利亚出口核反应堆的报道。

吴建民说，事实是，国际原子能机构拟从中国采购一个功率为30千瓦、用于中子活化分析和同位素生产的微型中子源反应堆。国际原子能机构将把这个反应堆作为该机构的技术援助项目提供给叙利亚使用。有关该反应堆的保障监督协定还有待国际原子能机构理事会的批准。

吴建民还批评近日外界关于中国使用童工生产出口玩具的报道，认为“是毫无根据的”。

吴建民说，中华人民共和国宪法明确规定，严禁雇用童工。今年4月15日，国务院第81号令重申，禁止国家机关、社会团体、企事业单位和个体工商户、农户、城镇居民使用16岁以下的童工。使用童工在中国是非法的。

吴建民说，某些人以所谓怀疑为依据，制造混乱，诋毁中国商品和出口企业的声誉，阻碍中美贸易的发展，“只能说明他们顽固坚持敌视中国的立场，或者另有不可告人的目的”。

吴建民说，27日在金边发生的侵犯柬全国最高委员会成员乔森潘、宋成的住所，打伤最高委员会成员的严重暴力事件，干扰和平协定的执行，违背柬人民的利益，“国际社会有理由要求金边方面采取措施，确保全国最高委员会在金边正常工作。”

吴建民指出，政治解决柬埔寨问题的巴黎协定来之不易，柬各方负有全面履行协定的责任。

吴建民在新闻发布会上说，中国对朝鲜外交部11月25日声明中就签署核保障协定问题提出的四点新建议给予积极评价。

吴建民说：“朝鲜曾在今年7月提出过建立朝鲜半岛无核区的建议。美国方面也已宣布将撤走部署在南朝鲜的核武器。不久前，南朝鲜方面也提出了朝鲜半岛无核化建议。我们认为，这些为解决朝鲜半岛核问题提供了良好基础。我们希望有关各方均采取灵活的、积极的姿态和实际步骤，尽快进行对话，使这一问题得到妥善解决。”

1990年度全国少儿电视金童奖（首届政府奖）在厦门颁奖

全国继续教育成果展览在中国革命历史博物馆开幕

11月29日

中共十三届中央委员会第八次全会在北京闭幕

会议通过《中共中央关于进一步加强农业和农村工作的决定》。会议审议并通过《关于召开中国共产党第十四次全国代表大会的决议》。

中共中央总书记江泽民在会上作重要讲话。

中共中央总书记江泽民在中共十三届八中全会闭幕会发表讲话

我受中央政治局的委托，讲几点意见。

这次中央全会圆满地完成了各项议程，开得很好。这次会议主要是讨论农业和农村工作。会议总结了十一届三中全会以来农村改革和发展的基本经验，分析了当前农村的形势，明确了九十年代深化农村改革和农村经济发展的方向和任务，审议并通过了《关于进一步加强农业和农村工作的决定》。这对于动员全党和亿万农民努力建设有中国特色的社会主义新农村，必将发挥重要作用。

在这次会议之前，中央常委和政治局对会议文件都做过讨论。昨天上午，政治局又专门开了一次会，讨论了这几天会议上大家反映的意见。下面，我讲五个问题。

一、充分认识农业和农村工作的重要意义

去年底召开的党的十三届七中全会，提出了今后十年和“八五”期间我国国民经济和社会发展的基本任务及各项方针政策。今年年初，中央政治局根据七中全会的部署，确定经济工作着重抓好两件事，一件是搞好国营大中型企业，另一件是加强农业和农村工作。

这是两个相互关联、相互促进的关键环节。这两个环节抓好了，才能保证整个国民经济的稳定发展。

我国是一个农业大国，十一亿多人口，九亿在农村。这个基本国情，是我们考虑全部问题的一个根本出发点。农业和农村工作，是关系治国兴邦的重大问题。农业上不去，整个国民经济就上不去；农村不安定，整个社会就不会安定；农村经济得不到相应发展，国民生产总值再翻一番、人民生活达到小康水平就不可能实现。特别是粮食生产，是关系稳定全局的大事。自古以来，民以食为天。我们虽然抓紧了计划生育，但人口每年仍要增加一千几百万，而耕地每年要减少好几百万亩。我国的耕地只占世界耕地的百分之七，要养活占世界百分之二十二到百分之二十三的人口。可能一个时期或者某一个地区相对而言粮食多了一点，但从总体上看，我国粮食并不宽裕，人均占有量仍然是比较低的。所以粮食生产始终要抓紧，千万不可麻痹大意。当前，在新的国际国内形势下，进一步加强农业和农村工作，对于推进整个国民经济的发展，巩固工农联盟，加强人民民主专政，抵御和平演变，更具有重大意义。

党的十一届三中全会以来，我国农村改革和建设取得了巨大成就，农业生产和农村经济获得全面增长，农民物质、文化生活水平显著提高，农村面貌发生了历史性变化。粮食总产量从一九七八年的六千零九十五亿斤增加到一九九〇年的八千七百多亿斤，增长了百分之四十二点七。其他主要农产品的增长都在一倍以上，有的增长了两三倍。乡镇工业在全国工业总产值中占有相当的比重，已经是三分天下有其一。农民人均纯收入从一九七八年的一百三十四元提高到一九九〇年的六百三十元，扣除物价因素，增长二点二倍。农村的改革和发展，有力地支持了城市的改革和整个国民经济的发展，有力地促进了社会的稳定。可以这样说，这十多年，是新中国成立以来我国农村经济发展最快的时期，是农民生活改善最明显的时期，是农副产品市场供应最丰富的时期。广大群众特别是农民群众对我们党的政策很满意。这是有口皆碑，举世公认的。这些成就，为今后农村经济的发展和社会的全面进步，奠定了坚实的基础。同时我们也要清醒地看到，农村经济和社会的发展很不平衡，还存在着不少问题和诸多制约因素。如果我们不重视这些问题，不采取切实措施去解决，就会严重影响第二步战略目标的实现，贻误大局。总之，我们要在巩固和发展八十年代已有成绩的基础上，努力解决存在的问题，全面完成十年规划和“八五”计划确定的农业发展目标和任务，继续开创农村工作的新局面。

二、深化农村改革的方向和重点

我国农村改革和发展所以取得巨大成就，最根本的是解放思想、实事求是，坚持了马克思主义基本原理同我国农村具体实际相结合的原则，坚持了党的“一个中心、两个基本点”的基本路线，坚持了社会主义方向。实行以家庭联产承包为主的责任制，把集体经济单纯的统一经营改变为统分结合的双层经营，是我国农民在党的领导下的伟大创造。这种经营体制，集体不仅保持了土地等基本生产资料的所有权，而且还具有生产服务、协调管理、资源开发、兴办企业、资产积累等统一经营职能；农户对集体是承包关系，家庭承包经营是集体经济内部的一个经营层次，是集体经济的组成部分。这种经营体制，保证了农民的生产经营自主权，有效地克服了管理过分集中和分配上的平均主义等弊端，使农户承包经营的积极性和集体统一经营的优越性都得到发挥。尽管目前在有些地方以家庭联产承包为主的责任制、统分结合的双层经营体制还不完善，但作为我国农村集体经济的一项基本制度已经确立起来。农民对这一点是很关心的，我们要让农民吃“定心丸”。中央许多领导同志，包括我本人在内，到过许多地方，经常听到农民关心这个问题，我们都是给予肯定的回答。家庭联产承包责任制要稳定，我们是坚定不移的。实践证明，家庭联产承包责任制等党在农村的一系列基本政策，适合我国农村生产力的现实水平和发展要求，能够充分调动广大农民的社会主义积极性，促进农村经济和社会的全面发展，我们这条路是走对了。

农村改革还要继续深化。通过总结各地的经验，深化农村改革的重点，大家有了比较一致的看法，这就是：继续稳定以家庭联产承包为主的责任制，不断完善统分结合的双层经营体制，积极发展社会化服务体系，逐步壮大集体经济实力。这四个方面是一个相辅相成的有机整体，反映了广大农村的实际情况。家庭联产承包为主的责任制必须继续保持稳定，长期坚持下去，并且适应生产力发展的要求不断加以完善。同时，要努力健全双层经营体制，处理好统与分的关系。集体经营和家庭经营这两个层次都健康发展了，干群关系就会更加密切，党在农村的凝聚力和基层政权就会得到加强。集体统一经营的一个重要职能，是为农户提供生产服务。要把这种服务，同国家经济技术部门以及社会上的其他服务性经济实体为农业提供的服务结合起来，形成完整的农业社会化服务体系。完善双层经营体制，发展社会化服务体系，都离不开集体经济实力的增强。上面所讲的这些深化改革措施，目的是继续调动农民的积极性，提高农村生产力，继续通过一部分人、一部分地区先富起来，逐步实现共同富裕。我们国家这么大，各地的自然条件、历史条件、经济条件都不尽相同，有的差别很大，要在短时间内，达到同一水平是不可能的。各地情况不同，具体做法可以多种多样，但都要遵循这个总体要求。

深化农村改革还有一个重要方面，就是农产品流通体制改革问题。现在，农产品的商品率已达到百分之六十左右。如果农产品流通不畅，积压在农民手里，不能及时卖出去，或者价格不合理，农民得不到应有的经济利益，就会蒙受经济损失，就会妨碍农村商品经济的发展。当前，这方面的问题相当突出。我们一定要像重视生产那样重视流通，积极而又稳妥地推进农产品流通体制改革。这项改革比较复杂，涉及各方面经济利益的调整，许多问题不是农民和基层所能办到的，必须由国家统筹研究，有计划、有步骤地解决。当前，农副产品供应比较丰裕，"八五"期间，我们要抓住有利时机，在流通领域改革方面迈出较大步伐。最重要的是，要积极创造条件，逐步理顺粮食购销价格，在国家宏观调控下，稳妥地放开粮食经营。目前出现的卖粮难的问题，昨天中央政治局会议作了讨论，建议国务院想办法筹措款项，再收购一百亿斤粮食。总之，我们要按照计划经济与市场调节相结合的原则，不断总结经验，逐步建立起适应有计划商品经济发展的农产品流通体制和价格体系。

三、提高农业综合生产能力的几个问题

发展农村经济是农村工作的中心任务。这方面需要解决的问题很多。当前要着重强调以下几点。

(一)进一步确立大农业观念，全面发展农村经济。

我国现有耕地的充分利用大有文章可做，而且还有大量尚未开发的山地、丘陵、草地、水面、滩涂和海域，无论是种植业还是养殖业，都具有相当可观的潜力。我们必须按照大农业的观点，坚持农林牧副渔全面发展。首先，要努力挖掘现有耕地的潜力，千方百计提高单位面积产量。现有耕地中有三分之二是中低产田，要把加速中低产田改造，作为今后十年农业综合开发的一个战略重点来抓。其次，要有计划地开发后备资源，逐步扩大农业发展空间。凡是有后备资源的地方，都要做出科学的资源评估和开发规划，创造条件，采取多种形式组织开发利用。第三，要在确保粮食生产持续稳定增长的同时，合理安排农林牧副渔各业和粮食、经济作物、饲料与其他作物的结构，提高资源的综合利用率。

全面发展农村经济，除了要在农业内部积极想办法，还要在农业以外做文章，努力发展非农产业，农工商综合经营，使农村经济走上内在动力大、自我发展能力强、技术进步快的发展道路。蓬勃兴起的乡镇企业，是十多年来我国农村改革的一个重大成果，是具有旺盛生命力的新生事物。它对于振兴农村经济，增加农民收入，就地安排农村富余劳动力，发挥了巨大作用，为提高国民经济总体实力，实现有中国特色的工业化作出了重要贡献。国营大中型企业是国家工业的主体。乡镇工业企业是我国中小工业的主体。工业布局的这种变化，对逐步缩小工农差别、城乡差别，进一步巩固工农联盟，将发挥重要作用。我们要采取积极态度，热情支持和引导乡镇企业健康而又稳定地向前发展。

我国农村有四亿多劳动力，除了在乡镇企业中就业的九千多万以外，在现在生产力条件下，农村中还有很多富余劳动力。随着农村人口的增加、农业技术装备水平的提高、现代科技的应用，农村富余劳动力还会增多。如果不妥善安排，不仅将成为农业和农村经济发展的巨大压力，而且会成为一个严重的社会问题。因此，我们在制定农村政策、国民经济和社会发展政策时，都要把妥善安排农村富余劳动力，充分发挥他们的作用，作为一个重要问题来考虑。

(二)高度重视科学技术的作用，积极实施科技教育兴农的战略。

我国农业发展中科技进步因素在不断提高，已经取得很大进步，但同国际先进水平相比，仍处于较低水平。农业现代化的实现和大农业经济的发展，最终取决于科学技术的进步和适用技术的广泛应用。先进的农业科学技术的运用，不仅可以有效地弥补农业资源的短缺，而且可以提高物质投入的有效性。因此，我们一定要树立科学技术是第一生产力的马克思主义观点，积极创造条件，把农业和农村经济的发展，逐步地转移到依靠科技进步和提高劳动者素质的轨道上来。

前不久，中央常委邀请了部分农业科学家座谈。专家们认为，农业科技进步，要抓好常规农业科学技术的运用，适用科学技术成果的推广，以及现代高科技和新技术的开发。我们要在高度重视常规科学技术的同时，加强高科技的研究，并把两者结合起来。他们还强调，已有的农业科学技术成果，不少还没有运用到生产中去，要采取措施加强应用开发研究和技术推广工作，积极把新技术成果推广到基层，送到千家万户。这些意见很重要，要引起大家的重视。

我们要重视科技在农业中的应用，要有效地实施科技教育兴农的战略，就必须提高劳动者的素质。要改革和发展农村教育，除了办好农业院校，培养农业现代化所需要的各种人才外，还要通过多种形式、多种途径的职业教育和培训，逐步提高广大农民的科技文化水平。要在确保适龄儿童就学的同时，在全国积极开展扫盲工作，坚决遏制和扭转一些地方文盲增多、人口素质下降的趋向。

(三)确立水利的基础产业地位，加强农业基础设施建设。

我国是一个水旱灾害频繁的国家。新中国成立四十二年来，比较严重的水旱灾害平均每三年发生一次。每次水旱灾害对粮食产量的影响，大体在三百至四百亿斤左右。现在全国四百多个城市就有三百多个缺水，据有关部门估算，由于供水不足，每年要影响工业产值一千二百多亿元。今年江淮地区发生特大洪涝灾害，直接经济损失高达七百多亿元，几乎相当于四十多年国家水利基本建设投资的总和。水旱灾害一直是困扰我国农业和国民经济发展的一个大问题，尤其是长江、黄河的洪水一直是我国的心腹之患。人无远虑，必有近忧，要未雨绸缪。我们应当从今年的洪涝灾害中认真总结经验教训，提高全社会的防洪抗旱意识，动员广大人民群众，大兴水利，并把水利与农业、能源、交通和原材料等基础产业放在同等重要的地位，切实加强。

农田基本建设是增强农业后劲的一项根本性措施。近几年，特别是今年洪涝灾害以后，全国各地以兴修水利为中心的农田基本建设正在掀起新的高潮，十分令人鼓舞。我们应当充分利用农村劳动力资源丰富这个优势，继续发扬自力更生、艰苦奋斗的精神，年复一年地长期坚持下去，切实抓出成效来。要进行严格的可行性论证，制定科学规划，综合治理，珍惜民力，讲求实效。这个问题很重要，经验教训很多。只有干一个成一个，真正有效益，农民的积极性才能长期保持下去。

（四）完善投资体系，确保农业投入的稳定增长。

农业投入必须充分发挥国家、集体和农民三方面的积极性，按照分级负责、条块结合的原则，多渠道筹集资金，完善国家、集体和农民个人三者相结合的投资体系。针对不同的投资对象，实行不同的投资政策，加强投资的管理，提高投资的效益。

中央和地方对农业的投入，都要逐年有所增加。按照现行财政管理体制，属于地方的建设项目，主要由地方负责投资。农业生产投入和以兴修水利为中心的农田基本建设，主要依靠集体和农民。劳动积累工制度、以工代赈和乡镇企业以工补农、以工建农等做法，都是行之有效的，要继续坚持下去。

我国农业生产目前受气候制约的因素还很大。要牢固树立长期防灾、抗灾、减灾的思想，积极做好这方面的工作。这几年农村保险事业有了较大发展，对恢复和发展生产、稳定社会起了很好的作用，要继续把这项工作做好。

四、加强农村社会主义精神文明建设和民主法制建设

实现小康，是今后十年农村工作的总目标，包括物质生活和精神生活两个方面，要求两个文明建设相互促进、协调发展，实现社会的全面进步。我们必须坚持以经济建设为中心，大力发展生产力。经济繁荣、生活改善是人民的共同愿望和根本利益所在，是政治稳定、社会稳定的物质基础。经济建设搞好了，可以促进精神文明建设，但是它不能代替精神文明建设。精神文明建设搞好了，可以为农村经济发展提供强大的精神动力，可以保证农村改革和建设的社会主义方向。农村精神文明建设的根本目标，是努力造就一代有理想、有道德、有文化、有纪律的新型农民。前几年发生了一手硬一手软的失误。城市有这个问题，农村也有这个问题。有些地方封建迷信盛行，宗族势力抬头，拐卖妇女儿童、制作贩卖黄色书刊录像屡禁不止，五十年代早已绝迹的一些丑恶现象重又滋长，败坏社会风气，腐蚀农民的思想，必须引起我们高度重视。在领导农村工作中，要很好地处理物质文明建设与精神文明建设、经济工作与思想政治工作的关系，认真研究在发展商品经济的条件下，加强精神文明建设的有效途径。应当说，我们党总体上是好的。但是，不良现象，不仅农村有，城市有，党政机关也有。关于禁止吃喝风、请客送礼、乱发钱物、公费旅行，党中央、国务院已经发了不少文件，最近还准备要发文件，重申有关规定。当然，单靠发文件也不能解决问题，最根本的要靠我们全党重视，紧密结合实际，采取坚决措施，认真地去解决它。群众对这些不良现象意见很大，不坚决抓不行。东欧、苏联演变的教训是深刻的，全党同志要认真汲取。要珍惜我们政治、经济和社会的稳定，不断增强经济实力和综合国力，同时保持我们党政机关、干部队伍肌体的健康。这样，我们就能有效地抵御和平演变。

当前，农村总的情况是稳定的。但有些地方社会治安状况不好，犯罪活动猖獗，已经严重影响到正常的生产和生活秩序，引起广大农民的强烈不满。这种状况必须迅速扭转。各级党委和政府特别是政法部门，要负起责任来。要坚持专门工作和群众路线相结合的方针，发动和依靠群众，进行综合治理。首先要采取果断措施，依法从重从快严厉打击严重危害社会治安的刑事犯罪活动，同时采取各种防范措施，消除不安定因素和安全隐患。要正确处理两类不同性质的矛盾。对于人民内部矛盾，要从疏导入手，加强思想教育，及时调解民事纠纷，避免矛盾激化。经过努力，使农村社会治安状况有明显好转。

这里我还要指出，目前有的地方出现了对土地改革、镇压反革命进行反攻倒算，打击当时的积极分子，索取当时被没收的财产的现象。这是一定范围阶级斗争的表现。对于这些人，不论是本地的，还是什么地方来的，一定要依法严肃处置。

五、加强党对农村工作的领导

现在的农民、农业和农村工作，与五十年代、六十年代、七十年代都大不相同了。随着改革的深入和商

品经济的发展，城乡之间的关系日益密切，农民的活动范围不断扩大，思想观念发生了很大变化，我们原来熟悉的东西有些已经不那么适用了，许多不熟悉的东西需要我们去熟悉。这就给我们领导农村工作提出了更高的要求。我们必须悉心研究新情况新问题，熟悉和做好商品经济条件下的农民、农业和农村工作，加强和改善党对农村工作的领导。

(一)继续发挥亿万农民投身改革和建设的积极性。

社会主义事业是亿万群众的事业，农村改革和建设只有依靠广大农民的积极性、创造性才能成功。这就必须坚持党的十一届三中全会确定的一个重要指导思想，就是在思想上加强对农民的社会主义教育的同时，在经济上充分关心他们的物质利益，在政治上切实保障他们的民主权利。这些年，我们的政策为什么受到了农民群众的普遍欢迎？就在于这些政策体现了他们的权益。所以，在农村改革的整个过程中，广大农民群众始终表现出巨大的热情、强烈的责任感和伟大的创造精神。

应当看到，近年来，农民收入增长速度减缓，负担过重，积极性受到影响，必须引起我们的充分注意。我们要十分珍惜农村改革的成果，十分珍惜广大农民对我们党的信赖和依靠的感情，想问题、定政策、办事情，都要把调动农民的积极性作为根本的出发点和归宿，切不可忽视农民的合法权益，伤害农民对党的深厚感情。要使亿万农民从党和政府的政策中、工作中、行动中，真正感受到我们是为他们谋利益的。

(二)进一步扎实有效地抓好农村社会主义思想教育。

按照中央的部署，目前各地农村正在进行的社会主义思想教育，是在新形势下农村干部群众的自我教育。目的是集中一段时间、集中一定力量，通过深入开展爱国主义、集体主义、社会主义教育，继续发扬自力更生、艰苦奋斗的精神，从思想上把干部群众武装起来，更好地贯彻落实党的“一个中心、两个基本点”的基本路线和党在农村的各项方针政策，加强以党支部为核心的村级组织建设，全面有效地推进农村两个文明建设，进一步巩固农村社会主义阵地。六十年代搞的那次社教，曾经在农村干部群众中造成过一些“左”的、不好的印象，这次开展这项工作时，我们在这个问题上也做过思考。通过我们对各地情况的了解，包括这次全会各个组的发言，从前一段总的情况来看，采用社会主义思想教育的名称群众是接受的，这项工作的开展是健康的，效果是明显的。因为通过实践，农民感到这次社会主义思想教育不是像过去那样，不是整人的，而是推动农村工作和促进农村经济发展的，基层干部拥护，广大农民高兴。实践证明，通过社会主义思想教育可以更好地调动广大农民的社会主义积极性，集中力量把经济搞上去，把农村其他各项建设搞上去。农村的社会主义思想教育搞得好不好，关键在于各级党委是否重视，是否抓住不放，抓紧抓实。进行社会主义思想教育，要从当地农村的实际情况和农民的思想实际出发，也要同发扬我们民族的传统美德结合起来。总之，要使广大农民增强社会主义信念。关于社会主义思想教育，中央已经专门发了几个文件，这次《决定》又提出了具体要求。各级党委一定要进一步提高对这项工作重要性的认识，真正把它摆到重要位置上来。各地情况千差万别，拿基层党支部来讲，有的比较强，有的比较弱，有的甚至涣散了。因此，这项工作要分别不同情况，因地制宜，实事求是地做好。要根据实际情况的需要，抽调一定的力量深入农村，按照要求分期分批、坚持不懈、扎扎实实地进行下去，求得实效，防止走过场。我们确有许多同志缺乏基层工作的经验，这些同志下去，也可以在深入实际、接触群众的过程中得到很好的锻炼。

(三)大力加强农村基层组织建设。

把农村基层组织建设好，是落实党在农村各项方针政策的组织保证，也是当前一项重要的任务。十多年来，广大农村基层组织带领农民贯彻党的路线和方针政策，推进农村改革，繁荣农村经济，做了大量工作，总的状况是好的。各地都积累了丰富的经验，涌现了许多先进典型，要总结推广。但是必须看到，目前农村还有一些基层组织软弱涣散，部分党员干部素质不高，一些地方党群关系、干群关系比较紧张，严重影响农村改革和建设的顺利进行。因此，一定要花大力气，把农村基层组织建设好，特别是把后进的乡村基层组织整顿好，努力提高乡镇党委和政府的权威和效能，充分发挥村党支部的核心领导和战斗堡垒作用。加强农村基层组织建设，关键在于有一个好的领导班子。要把那些政治上强、廉洁公道、积极能干的人，选拔到领导岗位上来。有的地方可以从县乡派些干部下去。要从政治上、生活上关心爱护基层干部，支持他们大胆工作。要加强对他们的教育和培训，帮助他们提高思想觉悟、政策水平和工作能力。广大农村基层干部要充分认识自己肩负的重要责任，勤奋工作，为农村改革和发展不断做出新的贡献。

(四)振奋精神，开创农村工作的新局面。

东欧剧变以后，西方敌对势力和国内极少数顽固坚持资产阶级自由化的分子，也企图使我们跟着乱、跟着变。但是，事物的发展并不以他们的意志为转移。坚持有中国特色的社会主义道路，得到了全国各族人民的拥护，我们的前途是光明的，对此我们充满信心。同时又要清醒地认识到，国际形势严峻，国内任务艰巨，在前进中也可能出现一些难以预料的问题。我们必须增强危机感、使命感、责任感和紧迫感，努力学习马列主义、毛泽东思想、深刻领会和坚决执行党的基本路线，振奋精神，励精图治，埋头苦干，做好工作。对于西方敌对势力和平演变的图谋，我们高级干部特别是中央委员会的同志要做到心中有数，保持清醒头脑。只要党的高级干部特别是我们的中央委员会思想统一，团结一致，就一定会把全党和全国各族人民紧紧地凝聚在一起，就没有克服不了的困难。

中央和地方各级党委都要把加强农业和农村工作放在重要地位。党政主要负责同志要亲自抓，努力提高驾驭全局、处理复杂矛盾的能力，善于抓住带有倾向性的问题，增强工作的预见性和主动性。要采取有效措施，组织各行各业支援农业和农村经济的发展。各级领导机关要改进作风，更好地为基层服务，加强农村工作。各级领导干部要有一个奋发向上的精神状态和扎实苦干的工作作风，善于把中央的路线、方针、政策与各地的实际情况结合起来，创造性地工作，下决心扭转许多工作往往停留在一般号召上，而未能真正落到实处的不良风气，努力提高领导水平和工作效率。

这次全会还有一个重要议程，就是审议并通过了《关于召开中国共产党第十四次全国代表大会的决议》，确定党的十四大于明年第四季度在北京举行。十四大是一次非常重要的会议，对于实现现代化建设第二步战略目标，推进有中国特色的社会主义的伟大事业，必将产生巨大而深远的影响。全党同志要在党的基本路线指引下，同心同德，团结一致，紧紧依靠全国各族人民，努力巩固和发展安定团结的政治局面，继续深化改革、扩大开放，集中精力把经济工作和其他各项工作做得更好，以实际行动迎接十四大的召开。

中国共产党第十三届中央委员会第八次全体会议发表会议公报

中国共产党第十三届中央委员会第八次全体会议，于 1991 年 11 月 25 日至 29 日在北京举行。

出席这次会议的中央委员 171 人，候补中央委员 105 人。中央顾问委员会委员、中央纪律检查委员会委员和有关方面负责人列席了会议。全会由中共中央政治局主持，中共中央总书记江泽民同志作了重要讲话。

全会审议并通过了《中共中央关于进一步加强农业和农村工作的决定》。《决定》共十个部分：一、八十年代农业和农村工作的成就与九十年代的主要任务；二、稳定和完善党在农村的基本政策，继续深化农村改革；三、继续调整农村产业结构，促进农村经济全面发展；四、抓紧实施科技、教育兴农的发展战略；五、加快大江大河大湖综合治理，广泛开展农田水利基本建设；六、较大幅度地增加农业投入，加快发展农用工业；七、做好扶贫和地区间协调发展工作，促进共同富裕；八、切实加强农村基层组织建设；九、继续深入开展社会主义思想教育，加强农村精神文明建设和民主法制建设；十、进一步加强党对农村工作的领导。

全会充分肯定十一届三中全会以来党在农村的各项基本政策，高度评价八十年代我国农村改革和建设所取得的巨大成就。我国农村的伟大变革，是以邓小平同志为代表的中国共产党人，把马克思主义基本原理同中国具体实际相结合的一个伟大创造，极大地丰富了我们党建设有中国特色社会主义的理论和实践。在党的领导下，广大干部和群众解放思想，实事求是，勇于探索，艰苦创业，使农村改革步步深入，农村经济全面振兴，农村面貌发生显著变化。农村改革的成功，基本解决了十一亿人口的温饱问题，为城市改革和社会稳定提供了物质条件和宝贵经验，从而为逐步解决我国现阶段的主要矛盾即人民日益增长的物质文化需要同落后的社会生产之间的矛盾，作出了历史性贡献。

全会指出，农业是经济发展、社会安定、国家自立的基础。没有农村的稳定和全面进步，就不可能有整个社会的稳定和全面进步；没有农民的小康，就不可能有全国人民的小康；没有农业的现代化，就不可能有整个国民经济的现代化。必须清醒地看到，我国农业虽然有了长足发展，但物质技术基础还比较脆弱，农村经济和社会的发展还很不平衡，农村工作中还存在着不少亟待解决的问题。全党同志要充分认识农业在实现国民经济和社会发展第二步战略目标中的重要地位和作用，下更大的决心，采取切实有力的措施，加强农业这个基础，全面完成十年规划和“八五”计划确定的农业发展目标和任务，逐步使广大农民的生活从温饱达到小康水平。

全会强调，要坚定不移地深化农村改革，促进农村经济全面发展。党在农村实行的以家庭联产承包为主的责任制等一系列基本政策，适应现阶段农村生产力水平，深受广大群众的欢迎，必须长期保持稳定，并不断充实完善。要根据生产力发展的要求，不断把改革引向深入。要继续稳定以家庭联产承包为主的责任制，不断完善统分结合的双层经营体制，积极发展农业社会化服务体系，逐步壮大集体经济的实力，引导农民走共同富裕的道路。要在确保粮食稳步增长的同时，积极发展多种经营。要积极稳妥地推进农产品价格改革，逐步理顺工农业产品之间、农产品之间的比价，进一步搞活流通，促进货畅其流。发展乡镇企业，是繁荣农村经济、增加农民收入、促进农业现代化的必由之路，要积极扶持，正确引导，使其健康发展。在深化农村改革和加强农村的各项工作中，必须坚持群众路线，实事求是，因地制宜，分类指导，切不可违背群众意愿，不顾客观条件照搬照套，一刀切。

全会认为，必须进一步加强农业基础建设。这是推进农业现代化、增强农业发展后劲的重要物质技术前提。要逐步增加中央、地方、集体和农民对农业的投入，加快大江大河大湖的综合治理和农田水利基本建设。实行投资倾斜和其他保护性政策，提高农用工业的技术水平和生产能力。抓紧实施科技、教育兴农的战略，逐步把农业发展转移到依靠科技进步和提高劳动者素质的轨道上来。同时，加快农村交通、电力和人畜饮水工程等基础设施的建设。

全会指出，必须切实加强农村社会主义精神文明建设和民主法制建设，努力造就一代有理想、有道德、有文化、有纪律的新型农民。搞好农村的社会主义思想教育，对于落实党的基本路线和农村各项基本政策，加强以农村党支部为核心的基层组织建设，提高干部和群众的社会主义觉悟，促进农村物质文明和精神文明建设，巩固农村社会主义阵地，具有重要作用。各级党委要从本地实际出发，严密组织，精心指导，把这项工作扎扎实实地抓紧抓好，使农村面貌有一个新的变化。

全会强调，要进一步加强和改进党对农村工作的领导。中央和省、自治区、直辖市党委要用很大精力抓农村工作，及时研究和解决农村改革和建设中的突出问题。地、县委要把工作重心和主要精力放在农村工作上，协调各方面的力量，大力支援农业。要采取有力措施，减轻农民负担。各级领导干部要解放思想，振奋精神，努力改进工作方法和工作作风，善于把中央的精神和本地实际相结合，创造性地开展工作。

全会审议并通过了《关于召开中国共产党第十四次全国代表大会的决议》，确定党的十四大于明年第四季度在北京举行。

全会认为，党的十四大将是我国社会主义现代化建设进程中具有重大意义的会议，对于承前启后、推进建设有中国特色的社会主义的伟大事业，必将产生巨大而深远的影响。迎接十四大的召开，最重要的是，全面贯彻执行党的以经济建设为中心，坚持四项基本原则，坚持改革开放的基本路线，努力巩固和发展安定团结的政治局面，继续深化改革、扩大开放，集中精力把经济工作和其他各项工作做得更好。要坚持从严治党，切实搞好党的思想、组织和作风建设，努力提高广大党员干部特别是领导干部的马列主义、毛泽东思想理论水平和政治素质，增强党的凝聚力和战斗力。

全会号召，党的各级组织和全体共产党员，紧密地团结在以江泽民同志为核心的党中央周围，带领全国各族人民，奋发图强，艰苦奋斗，以改革和建设的优异成绩，迎接党的第十四次全国代表大会的召开。

中共十三届八中全会通过《中共中央关于进一步加强农业和农村工作的决定》

农业是经济发展、社会安定、国家自立的基础，农民和农村问题始终是中国革命和建设的根本问题。没有农村的稳定和全面进步，就不可能有整个社会的稳定和全面进步；没有农民的小康，就不可能有全国人民的小康；没有农业的现代化，就不可能有整个国民经济的现代化。在建设有中国特色的社会主义，全面实现国民经济和社会发展第二步战略目标的过程中，全党同志要努力开创我国农业和农村工作的新局面。

一、八十年代农业和农村工作的成就与九十年代的主要任务

（一）八十年代，我国农村发生了历史性的变化。广大农民在党的领导下，表现了可贵的创业革新精神，农村改革和建设取得了巨大成就。农村普遍实行了以家庭联产承包为主的责任制，逐步建立起统分结合的双层经营体制，有利于集体统一经营的优越性和农户承包经营的积极性都得到发挥；在发展集体经济的同时，个体经济、私营经济也有了较大发展，以集体经济为主体的多种经济成分并存的格局已经形成；逐步调整了农产品价格和购销政策，发展了多渠道流通，农村流通体制改革有了良好的开端；科技、教育兴农和农业综合开发取得新的进展，粮食产量连续登上两个台阶，农林牧副渔各业都有了较快发展，长期困扰我们的农产品供给不足的状况有了明显改善；乡镇企业异军突起，非农产业的产值超过了农业总产值，农村工业产值已占全国工业总产值的三分之一，在国民经济中发挥着越来越大的作用；农民人均纯收入成倍增长，扶贫工作取得显著成效，绝大多数农民温饱问题基本解决；干部和群众的科学文化水平有了较大提高，商品经济意识日益增强，精神面貌发生了新的变化。我国农村的改革和发展，有力地支持了城市的改革和国民经济的发展，促进了社会的安定团结。实践证明，党的十一届三中全会以来，农村改革和发展的方向与基本政策是正确的。

在充分肯定成绩的同时，必须清醒地看到，农村经济和社会的发展很不平衡，还存在着不少问题和诸多制约因素。人口增长过快和耕地减少的趋势尚未有效控制。农业投入不足，物质技术基础脆弱，综合生产能力不高，抗御自然灾害的能力不强。双层经营体制和农业社会化服务体系还不健全，工农业产品比价不合理和农产品流通不畅的问题相当突出，近几年农民负担过重、收入增长速度减缓，粮食主产区出现增产不增收或增产多增收少的情况。一些地方基层组织软弱涣散，思想政治工作薄弱，社会治安不好，封建迷信等社会陋习重新蔓延，农村社会主义精神文明和民主法制

建设还不适应新的要求。全党同志必须对农村的形势有一个全面认识，既要看到农业持续发展的巨大潜力，又要看到农村工作面临的新情况、新问题，任务还十分艰巨。一定要继续认真执行党的基本路线，下更大的决心，采取切实措施，加强农业基础，深化农村改革，发展农村经济。

（二）九十年代农业和农村工作要在八十年代的基础上取得新的突破。主要任务是：农业综合生产能力和效益要提高到一个新的水平，到本世纪末确保粮食总产量达到五千亿公斤，农林牧副渔各业和乡镇企业持续发展，农村国民生产总值再翻一番；农村改革要有一个新的进展，逐步建立和完善适应社会主义有计划商品经济发展的经济体制和运行机制；农村社会面貌要有一个新的变化，形成经济繁荣兴旺、思想健康向上、社会安定团结的局面。总的目标是：在全面发展农村经济的基础上，使广大农民的生活从温饱达到小康水平，逐步实现物质生活比较丰裕，精神生活比较充实，居住环境改善，健康水平提高，公益事业发展，社会治安良好。

（三）根据新中国成立以来特别是八十年代的经验，完成九十年代的任务，建设有中国特色社会主义的新农村，进一步巩固工农联盟，必须遵循以下基本原则：

——经济建设，必须始终把农业真正摆在首位，切不可农业状况一有好转，就忽视和削弱农业的基础地位；

——农村改革，必须继续稳定以家庭联产承包为主的责任制，不断完善统分结合的双层经营体制，积极发展社会化服务体系，逐步壮大集体经济实力，引导农民走共同富裕的道路，切不可偏离这一深化农村改革的重点和总方向；

——制定和执行农村政策，必须切实保障农民群众经济上的物质利益和政治上的民主权利，切不可侵犯农民的合法权益；

——推进农业现代化，必须坚持科技、教育兴农的发展战略，多渠道增加农业投入，加快农用工业的发展，切不可放松农业物质技术基础建设；

——发展农村商品经济，必须尊重价值规律，重视流通领域的改革和建设，切不可忽视流通对生产的促进作用；

——农村经济和社会发展，必须严格控制人口增长，严格控制非农占地，合理开发利用资源，保护生态环境，切不可脱离国情，违反基本国策；

——建设社会主义新农村，必须加强以党组织为核心的基层组织建设，加强思想政治工作，发扬自力更生、艰苦奋斗精神，坚持物质文明和精神文明一起抓，切不可一手硬一手软；

——指导农村工作，必须坚持群众路线，一切从实际出发，因地制宜，分类指导，切不可违背群众意愿，不顾客观条件照搬照套，“一刀切”。

二、稳定和完善党在农村的基本政策继续深化农村改革

（四）我们党在领导农村改革的实践中，逐步形成了一系列基本政策。主要是：实行以家庭联产承包为主的责任制，建立统分结合的双层经营体制的政策；以公有制经济为主体，允许并鼓励其他经济成分适当发展的政策；以按劳分配为主体，其他分配形式为补充的政策；以共同富裕为目标，允许和鼓励一部分地区和一部分人通过诚实劳动、合法经营先富起来的政策；在确保粮食增产的同时，积极发展多种经营，鼓励和引导乡镇企业健康发展的政策；实施科技、教育兴农，鼓励科技人员深入农村、为农村发展服务的政策；建立国家、集体和农民个人相结合的农业投资体系的政策；推进农产品流通体制改革，逐步理顺农产品价格，实行多渠道流通的政策；扶持老少边穷地区脱贫致富的政策。上述基本政策适应我国现阶段农村生产力发展水平，深受广大农民群众的欢迎，必须长期保持稳定，并根据客观情况的变化不断加以完善，把改革引向深入。

（五）把以家庭联产承包为主的责任制、统分结合的双层经营体制，作为我国乡村集体经济组织的一项基本制度长期稳定下来，并不断充实完善。把家庭承包这种经营方式引入集体经济，形成统一经营与分散经营相结合的双层经营体制，使农户有了生产经营自主权，又坚持了土地等基本生产资料公有制和必要的统一经营。这种双层经营体制，在统分结合的具体形式和内容上有很大的灵活性，可以容纳不同水平的生产力，具有广泛的适应性和旺盛的生命力。这是我国农民在党的领导下的伟大创造，是集体经济的自我完善和发展，决不是解决温饱问题的权宜之计，一定要长期坚持，不能有任何的犹豫和动摇。

完善双层经营体制，包括完善家庭承包经营和集体统一经营。家庭承包经营不是“分田单干”，集体统一经营也不是“归大堆”。这两个经营层次相互依存、相互补充、相互促进，忽视任何一个方面，都不利于农村经济的健康发展。随着技术装备水平和生产专业化程度的提高，有些地方对不同生产项目分别采取承包到劳、户、队、场（厂）等专业承包的形式，也应注意处理好统与分的关系。林区、牧区、渔区的责任制，要充分考虑地区、民族和产业特点，从实际出发，进一步加以完善。

稳定和完善家庭承包经营，要认真完善土地和其他各业的承包合同管理，明确双方的权利，责任和义务。已经形成的土地承包关系，一般不要变动。

目前多数地方集体统一经营层次比较薄弱，要在稳定家庭承包经营的基础上，逐步充实集体统一经营的内容。一家一户办不了、办不好、办起来不合算的事，乡村集体经济组织要根据群众要求努力去办。要做到集体财产有人管理，各种利益关系有人协调，生产服务、集体资源开发、农业基本建设有人组织。这不仅不会影响家庭经营，而且会给家庭经营注入新的活力，推动全体农户共同发展。

（六）积极发展农业社会化服务体系，是深化改革的一个重要任务，是调动社会各方面力量，促进农村生产发展的一项战略措施。农业社会化服务体系，包括乡村集体经济组织内部的服务、其他各种服务性经济实体和国家经济技术部门为农业提供的服务。服务的内容，既包括农林牧副渔各业生产环节和生产资料供应的服务，也包括技术、资金、信息、经营管理以及农产品加工和销售等各项服务。目前这种服务体系有了一定基础，但很不平衡，在一些地方、一些方面还相当薄弱，要认真总结经验，不断充实发展。

乡村集体经济组织是农业社会化服务体系的基础，要努力把农民急需的产前、产中、产后的服务项目办起来，并随着集体经济实力的增强逐步扩展服务内容。同时要积极与其他服务组织联系，发挥其内联广大农户、外联国家经济技术部门和其他各种服务组织的纽带作用。

供销合作社、信用合作社以及各种农产品经销、加工企业和农民自愿组成的服务实体，是农业社会化服务体系的重要组成部分。要以不同的形式分别联系若干乡村集体经济组织和农户，为农业提供专项服务或系列化服务。农户自办、联办的各种服务组织，适应性强，要积极扶持。

国家经济技术部门对农业提供服务，既体现了国家对农业的支持，又是国家对农业进行指导和调控的一个重要手段。这些部门，要改进工作，积极创造条件，兴办农业服务实体，强化为农业服务的功能。

各级党委和政府要做好发展和健全农业社会化服务体系的组织工作，引导各种服务组织发挥各自的特长，相互配合，通力协作，并区别情况，在财政、信贷、税收等方面给以适当优惠。各种服务组织都要以促进双层经营体制的完善和农村经济的发展为目标，提供低利优质服务，不准借服务为名坑农、卡农。

（七）逐步壮大集体经济实力，增加集体可以统一支配的财力和物力，是完善双层经营，强化服务功能的物质基础，是增强集体凝聚力，促进共同富裕，巩固农村社会主义阵地的根本途径。壮大集体经济实力，主要靠利用当地资源进行开发性生产，兴办集体企业，增加统一经营收入；同时要搞好土地和其他集体资产的经营管理，按照合同规定收取集体提留或承包金；还可以发展服务事业，合理收取服务费。总之，应从当地实际出发，依靠生产的发展和自身的积累逐步壮大集体经济实力，决不可急于求成，更不能平调农户的财产。要建立严格的财务、审计、监督等管理制度，防止集体资产流失。对于贫困村发展集体经济，各级政府应在资金、物资、技术等方面给予必要的扶持，使之形成自我发展的能力。

（八）深化农产品价格和流通体制改革，是广大农民强烈要求解决的紧迫问题，是进一步发展农村商品经济的关键环节。要遵循计划经济与市场调节相结合的原则，根据商品经济的一般规律和各类农产品的具体特点，采取恰当的措施，加快改革步伐。

除了国家规定的少数重要农产品实行国家统一收购经营或部分统一收购经营外，其余全部放开，实行市场调节。统的部分，要严格按照国家计划购销调存。要逐步理顺价格，使工农业产品之间和各种农产品之间保持合理的比价，有效地控制农业生产资料价格，在提高工农业劳动生产率的基础上，逐步缩小“剪刀差”。还要随着生产的发展，逐步减少国家统的品种和数量，扩大市场调节的范围。已经放开的农产品，要真正放开经营，反对垄断封锁，撤销一切滥设的关卡，做到货畅其流，发展全国统一市场。

坚定不移地实行多渠道流通。供销合作社和国营内外贸商业是农村商品流通的主渠道，要加快改革步伐，增强经营活力。供销合作社是农民集体所有制的合作商业组织，要真正与农民结成经济利益共同体。进一步鼓励和引导农民进入流通领域。凡是放开的农产品，集体或个体都可以收购、批发、加工、贩运，其中粮油等关系国计民生产品的批发经营，必须经过批准。

国营和集体商业组织、农产品加工企业，要充分发挥资金、技术、设备、信息等方面的优势，同农民建立产供销、种养加、农工商联合体，为农民提供稳定的产品销售渠道，为自己建立可靠的货源或原料基地。有关部门要为各种产供销联合组织的进一步发展创造条件。

加强国家对市场的宏观调控和管理，建立正常的流通秩序，促进市场机制的发育。对重要农产品，中央和地方都要逐步建立必要的储备调节制度，搞好市场吞吐，平抑市场物价。有计划地发展各类农副产品批发市场，扩大商品集散，加快商品流通。各级政府要增加流通设施的投资，并动员各方面力量建设仓储、运销、加工等基础设施。

加强粮食购销体制改革。有计划地解决粮食收购价格偏低和购销价格倒挂的问题。“八五”期间要在稳妥地做到购销同价的基础上，力争基本理顺价格关系，在国家宏观调控下，逐步放开经营。当前，要千方百计解决卖粮难问题。明年粮食定购价格适当上调。在粮食调出省，国家对定购以外的粮食，按保护价积极收购。与此相关的资金、仓储等问题，粮食、计划、财政、银行等部门要和各地方通力合作，尽快解决。在国家建立粮食储备制度的同时，集体和农民也要储粮备荒。

三、继续调整农村产业结构促进农村经济全面发展

(九)确保粮食稳步增长，积极发展多种经营。要警惕和防止放松粮食生产的倾向，始终把粮食生产摆在农业的首位，稳定播种面积，提高单产，提高品质，提高商品率。继续执行各项扶持政策，认真抓好粮、棉、油、肉等商品基地建设。重点扶持商品粮大县，支配它们在保持粮食生产优势的同时，积极发展多种经营和第二、第三产业，使这些县的经济发展、财政收入和农民收入，在九十年代达到一个新水平。继续抓好"菜篮子工程"，搞好城市副食品的生产和供应。大力发展畜牧业，抓好品种改良、疫病防治、饲料生产和草地建设，提高畜产品的数量和质量。加快渔业技术改造，发展人工养殖和远洋渔业。

林业是农业和水利的生态屏障，对于保障农牧业稳产高产和水利设施发挥效能具有重要作用。要高度重视林业发展，全面实现造林绿化规划，严格执行采伐限额，加强资源培育和森林保护，抓好防护林体系建设和治沙工程，改善生态环境。

进一步办好农垦和其他国营农业企业，发挥它们在农业专业化、商品化、现代化过程中的示范作用。

(十)树立大农业观念，搞好农业综合开发，合理利用农业资源。我国人口多耕地少，要十分珍惜耕地，依法加强土地管理，建立基本农田保护区，严禁乱垦滥伐等破坏资源的行为。要充分利用农业资源调查和区域规划工作的成果，有计划地开发荒地、荒坡、荒山、荒水、荒滩等农业后备资源，扩大农业发展空间，保证本世纪末耕地面积稳定在现有水平上。农业开发以改造中低产田、提高单位面积产量为重点，要集中连片、统一规划、统一实施，采用先进科学技术，山水田林路综合治理，农林牧副渔全面发展，经济效益、生态效益和社会效益并重。

(十一)积极发展乡镇企业是繁荣农村经济、增加农民收入、促进农业现代化和国民经济发展的必由之路。要继续贯彻"积极扶持、合理规划、正确引导、加强管理"的方针，坚持不懈地办好乡镇企业。按照国家产业政策，有步骤地调整产业结构和产品结构，搞好技术改造，提高产品质量和经济效益。对粗制滥造、污染严重、浪费和破坏资源的企业，应抓紧治理。要因地制宜，分类指导。对起步较晚的地区，尽可能给以扶持，有计划地加快发展。鼓励城乡协作，优势互补，以城带乡，协调发展。今后兴建农产品加工业应主要放在农村，适合农村加工的工业品也应向农村扩散。对为国营大中型企业配套、农产品加工、出口创汇和劳动密集型企业，要制定新的扶持政策。引导乡镇企业参加或组建企业集团，对符合条件的外向型企业集团赋予外贸进出口权，鼓励其参与国际竞争。加强乡镇集体企业经营管理，稳定和完善企业经营承包制。引导个体经济、私营企业健康发展，要加强管理，照章纳税，依法经营，保护其合法权益，发挥其积极作用，限制其消极作用。

(十二)妥善安排农村富余劳动力，是保持社会稳定的重大问题。要通过精耕细作，植树种果，发展畜牧业和水产业等多种途径，向农业广度和深度开发，争取在农村第一产业内部多吸纳一些劳动力。有计划地开拓和发展第二、第三产业，加强农村工业小区和集镇建设，开辟农业劳动力转移的门路。

四、抓紧实施科技、教育兴农的发展战略

(十三)振兴农村经济，最终取决于科学技术的进步和科技成果的广泛应用。要牢固树立科学技术是第一生产力的马克思主义观点，把农业发展转移到依靠科技进步和提高劳动者素质的轨道上来。省、地、县都应从实际出发，经过科学论证，制订具体规划，认真实施科技、教育兴农的发展战略，提高农村各业的技术水平，提高资源利用率、劳动生产率、投入产出率和经济效益。

(十四)把适用的先进技术送到乡村，普及到千家万户。要采取有效措施，进一步推动"星火"、"燎原"、"丰收"等计划的实施，使科技成果尽快转化为现实生产力。有关科技单位、大专院校，要在农村建立科学实验和示范基地，采取技术承包、有偿服务等多种形式，鼓励和选派科技人员到县乡工作，有条件的地方可以设科技副县长、副乡长。要尽快解决乡镇一级农业技术推广单位的编制和经费来源问题，落实国家计划内农、林、水等院校毕业生到这些单位工作的政策。乡镇技术推广单位，可实行技物结合，兴办经济实体，以增强服务能力和自我发展能力。对在农村从事技术推广工作的科技人员，有条件的地方可以实行基层岗位补贴。要重视推动民间各种专业技术协会、研究会和科技服务机构的发展，充分发挥其在推广适用技术和开辟新产业中的作用。要注意培养农民技术员和科技示范户，加强农业示范村、示范片建设。进一步完善县、乡(镇)、村、户科技推广网络。中央和地方农业建设资金中，要有一部分用于科技推广。

(十五)改革和发展农村教育，提高农民文化科技素质。加快农村教育改革步伐，努力普及义务教育，继续抓好扫盲工作，大力发展职业技术教育，办好农

业广播电视及函授教育、农业中等专业学校和农业职业中学；农村普通中学要积极创造条件，增设农业劳动技术课程。农林等高等院校和中等专业学校要根据农业和农村现代化建设的需要，调整专业结构和内容。采取扩大定向招生等措施，改革招生和毕业生分配办法，并制定相应政策，使人才流向农村。省、地两级要建立农业技术培训基地，县、乡要举办各种技术培训班，办好农民文化技术学校，提高农村基层干部、广大农民的科学文化水平；对在乡的中学毕业生和退伍军人，要重点进行专业培训，使他们成为农村科技骨干力量。

（十六）加强科学研究，增加科技储备，提高农业整体科学技术水平。尽管与农业有关的各门现代科学发展很快，但我国农业科技储备不足的问题现在还很突出。有关部门要重视基础研究和应用研究，力求与开发研究、技术推广相结合，按照常规农业技术与现代生物技术结合发展的要求，统筹规划，组织重大项目的联合攻关，尽快推出一批突破性的科研成果。同时，积极参与国际农业科学技术合作与交流。要加强气象科学和各种灾害规律的研究，提高监测预报和防治水平，充分发挥它们在防灾减灾中的作用。中央和地方都要增加经费，改善农业科研装备和科技人员的工作条件、生活条件。对有重大贡献的农业科学研究和推广人员，要给予表彰和奖励，鼓励他们为我国农业发展做出新的贡献。

五、加快大江大河大湖综合治理广泛开展农田水利基本建设

（十七）水利是农业的命脉，是国民经济和社会发展的基础产业。兴修水利是治国兴邦的百年大计。九十年代要加快长江、黄河等大江大河大湖的治理，在水利基础设施建设方面办成几件大事。要兴修一批防洪、发电、蓄水、引水的大型水利骨干工程，加强堤防和防洪排涝工程建设，搞好重点水土流失区的综合治理，抓紧病、险水库的加固处理，提高大中城市防洪标准，增强工矿企业和交通干线的防洪自保能力，逐步缓解北方严重缺水问题。各级政府和有关部门要认真抓好水利建设的综合治理规划和统一管理，发扬社会主义协作精神，贯彻《水法》，团结治水，合理用水。要把治理下游同治理上游、水利建设同林草业发展有机结合起来，切实保护和扩大植被，防止水土流失。

中央和地方都要在“八五”计划的基础上，提高水利基本建设投资比重，同时走依靠社会力量办水利的路子，多方开辟水利建设资金来源。要建立水利专项建设基金，增加长期优惠水利建设贷款，提高利用外资的比重，发行水利债券，完善水利工程有关收费制度。

（十八）发扬自力更生、艰苦奋斗精神，广泛开展农田水利基本建设。各地要按照综合治理、讲求实效、量力而行、合理负担的原则，制定切实可行的中长期规划和年度计划，充分发挥我国农村劳动力多的优势，组织群众年复一年地坚持干下去。努力扩大灌溉面积，积极推广节水型农业，增施有机肥料，大力发展农田林网建设，把有灌溉条件的中低产田大部分建成旱涝保收、稳产高产农田。重视中小河流和低洼易涝区治理。加强现有水利设施管理，切实解决水利工程年久失修、效益衰减的问题。在山区和丘陵区要加强水土保持，搞好小流域治理。积极搞好乡镇供水和牧区水利建设。加强水电建设及其他能源开发，加快农村电网和农村初级电气化县建设。到本世纪末，基本解决缺水地区人畜饮水困难，贫困山区做到人均半亩到一亩稳产高产的基本农田，在全国实现县县通电。

“八五”期间，国家继续采取以工代赈方式，扶持水利、农田基本建设及人畜饮水、交通等基础设施建设，各地要认真组织实施。

我国地域辽阔，自然灾害频繁。中央和地方各级党委、有关部门，都要长期重视防灾减灾救灾工作。

六、较大幅度地增加农业投入加快发展农用工业

（十九）中央、地方、集体和农民都要增加农业投入，逐步建立和健全国家、集体和农民个人相结合的投资体系。国家投入主要用于治理大江大河大湖的骨干工程、农业重点基础设施和商品粮棉基地等建设。农业生产投入和以农田水利为中心的基本建设，主要依靠集体和农民，特别是靠农民的劳动积累。

（二十）国家要逐步增加农业投入。“八五”期间，国家计划内、预算内农业基本建设投资和农用工业投资都要逐年增加，并提高农业利用外资的比重。财政支农资金也要稳步增长。县级机动财力应主要用于农业。已定的农业发展基金和其他各项农业专项资金，都要保证提足用好。部分财政支农资金继续有偿周转使用。

国家银行要继续把支持农业发展放在信贷工作的首位，确保农业贷款略高于全国银行贷款增长幅度。要扩大专项农业中长期低息贷款，安排好农副产品收购资金，适当增加乡镇企业流动资金和技术改造贷款。信用合作社在交足准备金、留足业务备付金后，适当多存多贷，支持农业生产。

加强各项农业资金的宏观协调，改变目前管理、使用过于分散的状况，健全财务管理和审计监督等制度，提高资金使用效益。

积极发展农村保险事业，扩大险种范围，鼓励农民和集体投保。在各级政府的支持下，建立多层次、相互联系的农村专项保险基金，逐步建立农村灾害补偿制度。

（二十一）大力发展农用工业，推进农业机械化。保证化肥、农药、农用薄膜、农业机械和柴油等农业生产资料的供应量逐年有所增加，并努力调整产品结构，提高质量，降低成本。有计划地新建一批大化肥厂及化学矿山，加快改造中小化肥厂。重点建设一批农药科研开发基地，有计划地改造农药骨干企业。农机工业要根据各地农业生产的实际需要，大中小型协调发展，各类机具成龙配套，促进农业机械的推广和应用。国家对农用工业要实行投资倾斜和其他扶持政策，其所需的原材料和能源，要优先安排、保证供应。

（二十二）乡村集体经济组织要建立健全集体积累制度。集体资金要更多地用于农业基本建设，搞好"以工补农"、"以工建农"。继续办好农村合作基金会。要规定每个劳动力的集体积累工数量，由集体统一组织，本着互助互利的原则，改善当地生产条件和生活环境。引导农民正确处理生产与生活、长远利益与眼前利益的关系，把资金尽可能用于发展生产。

七、做好扶贫和地区间协调发展工作促进共同富裕

（二十三）实现共同富裕，是社会主义制度的本质要求，是广大群众的普遍愿望。在允许一部分地区、一部分农民先富裕起来的同时，必须进一步扶持少数民族地区、老革命根据地、边疆地区经济的发展，帮助贫困地区的农牧民尽快脱贫致富。"八五"期末要使现在尚属贫困地区的群众，基本解决温饱问题。

（二十四）坚持以经济开发为主的方针，做好扶贫工作。国家对贫困县继续实行扶持政策，发放支援不发达地区发展资金和低息、贴息贷款，安排扶贫专项物资，实行以工代赈，在税收、信贷、财政补贴等方面给予优惠。要从当地实际出发，因地制宜地选好扶贫开发项目，加强贫困地区水、电、路、通信等基础设施建设，改善经济发展的条件。

各地要动员社会力量，扶持当地的贫困乡、村、户，积极推动先富带未富。先富带未富，不是"均贫富"，应采取传播经验、经济协作、互助互利的办法。各级党委和政府要加强组织领导，安排有关部门和企事业单位进行对口支援，选派干部到这些乡、村帮助工作。共产党员、共青团员要在带未富、促共富中起模范带头作用。

扶贫工作要改变单纯救济的做法，在国家必要的扶持下，增强贫困地区和贫困户的内在活力和自我发展、自力致富的能力。还要与计划生育结合起来，严格控制人口过快增长。

（二十五）有计划地扶持西部不发达地区。这是关系国民经济协调发展、加强民族团结、巩固边疆、保障国家长治久安的大事，必须高度重视。西部地区要根据自己的特点和优势，积极创造条件发展经济。要按照优势互补、经济互利的原则，组织东部沿海地区和西部地区的经济联合以及各种形式的利益共同体，促进西部地区经济发展，使东西部地区之间差距拉大的趋势逐步得到缓解。中央各有关部门要加强对西部地区资源的勘探和综合开发，有计划地安排一些大型基础设施建设，为下个世纪西部经济更快发展打下基础。

八、切实加强农村基层组织建设

（二十六）加强以党支部为核心的村级组织配套建设，是巩固农村社会主义阵地，落实党在农村的各项方针政策的组织保证。村级组织建设的基本要求是：有一个能够发挥核心领导作用的党支部；有一个能够贯彻法律、法规、政策，履行自治职能的村民委员会；有一个具备集体经济实力，能够较好地发挥统一经营职能的乡村集体经济组织；有能够发挥作用的团支部、妇代会、民兵等群众组织。

党支部是村级组织建设的重点，要建设成为认真贯彻党的路线方针政策、密切联系群众、纪律严明、富有战斗力的坚强堡垒。要选配一个好的支部书记，建设一个强有力的领导班子。要健全党内生活制度和民主监督、评议党员等制度，按照从严治党的要求，加强对党员的教育和管理，充分发挥党员的先锋模范作用。要坚持标准，保证质量，积极做好培养和发展新党员特别是青年党员、妇女党员的工作。要继续抓好后进党支部的整顿。

村民委员会要在党支部领导下，依法管好本村事务，完成乡镇政府布置的行政任务，组织村民自我管理、自我教育、自我服务，履行依法应尽的义务。涉及全体村民利益的问题，由村民会议讨论决定。要健全村民小组并充分发挥作用。

乡村集体经济组织，无论叫合作社、经济联合社或群众选定的其他名称，都要逐步健全管理机构和各项规章制度，加强农业承包管理、企业管理、财务管理，搞好集体积累，充分发挥其生产服务、协调管理、资源开发、兴办企业、资产积累等职能。

团支部、妇代会、民兵等组织，要加强自身建设，经常开展活动，充分发挥各自的作用。

党支部、村民委员会、乡村集体经济组织的干部，可以交叉兼职、减少补贴干部职数。

（二十七）加强乡镇党委和政府的自身建设，充分发挥乡镇党委领导核心作用，健全乡镇政府职能，使之成为有权威、有效能的基层党委和政权组织。县有关部门设在乡镇的机构，除少数不宜下放的实行双重领导外，一般都要放到乡镇管理。实行双重领导的机构，干部的调动、任免、奖惩应征得乡镇党委的同意。乡镇党委和政府对这些单位要加强领导，使之相互配合，形成合力，共同为农村的经济和社会发展服务。

（二十八）加强干部队伍建设。广大乡村干部，处

在农村工作第一线，任务繁重，条件艰苦。各级党委、政府要热情支持他们的工作，帮助他们解决工作、生活方面的困难。县委、县政府要以党校、干校为阵地，培训乡村干部，提高他们的思想、政策水平和工作能力。乡村干部要坚持原则，密切联系群众，廉洁奉公，努力工作。

各地要建立健全乡村干部的选拔、培训、考核、使用、奖惩、监督等制度。村干部的报酬要同工作实绩挂钩，并保证兑现；有条件的地方可实行村干部退休保险制度。乡镇补充党政干部，可根据有关规定，从村干部中择优聘用或录用；乡镇领导干部，要注意从特别优秀的村干部和乡镇企业干部中选拔；县级领导干部，要注重从德才兼备、实绩突出的乡镇领导干部中选拔；县直属机关主要领导干部，一般应有几年乡镇工作的经历。

各级党委、政府要贯彻精兵简政、加强基层的原则，采取轮换、挂职、下派、交流等多种措施，抽调干部到基层工作。上级有关部门不得硬性规定乡镇增设上下对口的机构和人员。县、乡两级要选派得力干部，到后进村任职，帮助改变落后面貌。对下派干部要加强管理，把经过实践考验，确实优秀的干部，提拔到领导岗位上来。

九、继续深入开展社会主义思想教育加强农村精神文明建设和民主法制建设

(二十九)按照中央的部署，各省、自治区、直辖市正在农村集中进行社会主义思想教育。这是全面推进农村社会主义建设和改革的战略任务，是发动和组织农民实现第二步战略目标的一项基础工作，对于加强和改善党对农村工作的领导，提高干部和群众的社会主义觉悟，密切党与农民群众的关系，促进农村物质文明和精神文明建设，巩固农村社会主义阵地，具有深远的意义。各级党委要认真总结经验，严密组织，精心指导，分期分批，用二三年时间把这次集中教育搞好，并且把社会主义思想教育这项根本性工作长期抓下去。

(三十)这次集中进行的社会主义思想教育的基本任务是：深入开展爱国主义、集体主义和社会主义教育；全面贯彻党的基本路线和党在农村的方针政策，推动农村经济发展；切实加强以党支部为核心的村级组织建设。各地要从实际情况出发，切实解决干部群众普遍关心、影响改革和发展的突出问题，全面完成这三项任务。要把思想教育和解决实际问题结合起来。要坚持思想教育、正面教育、自我教育为主。要根据各村的实际情况提出具体要求，努力做到：干部群众的社会主义信念和国家观念、集体观念明显增强；以党支部为核心的村级组织比较健全，能够积极发挥作用；各业承包合同和集体经济管理制度基本完善，农民急需而又可能做到的服务能够开展；群众反映强烈而又能够解决的问题得到解决；经济发展有了切实可行的规划；社会风气、社会治安状况显著好转。

社会主义思想教育以村一级为重点，也包括乡镇机关、乡镇所属单位和县(市)有关部门设在乡镇的机构。这些单位的教育活动，由当地党委统一领导，上级有关部门要密切配合，认真解决存在的问题。

(三十一)社会主义思想教育一定要加强领导，坚持标准，保证质量，务求实效，防止走过场。集中教育的时间，要服从任务的需要，一般不少于四个月。要严格检查验收。已经集中进行社会主义思想教育，但没有全面完成三项任务、未达到要求的地方，应本着缺什么补什么的原则，重新作出部署。

从中央到地方都应根据实际情况的需要，抽调机关干部，采取组织工作队等形式，由领导干部带领，深入农村参加社会主义思想教育工作。这不仅是搞好社会主义思想教育的需要，也是转变机关作风，培养锻炼干部的需要。还可有计划地抽调一些大专院校青年教师参加。工作队要经过培训，明确任务，掌握政策，遵守纪律，在当地党委领导下，依靠基层党组织和广大干部、群众开展工作。每期工作结束后，要对工作队员作出鉴定，作为考核干部的依据。

为了加强对农村社会主义思想教育的领导，各级党委都要成立领导小组，组成专门工作班子。地、县委领导干部要亲自抓点，到第一线具体指导。

(三十二)抓好经常性思想政治工作，加强社会主义精神文明建设，努力造就一代有理想、有道德、有文化、有纪律的新型农民。不断提高农民的思想道德素质和科学文化水平，教育农民自觉抵制封建主义残余和资产阶级腐朽思想的侵蚀，破除封建迷信，克服社会陋习，树立社会主义新风尚。深入进行普法教育，增强法制观念。重视农村社会主义文化阵地建设。开展农民喜闻乐见的健康有益的文娱、体育活动，办好农村广播，做好电影下乡和电视转播工作。加强村镇建设，改善居住环境。坚持开展爱国卫生运动，抓紧农村医疗卫生网建设，建立健全合作医疗制度，努力消灭地方病。

(三十三)严格实行计划生育，推行优生优育，控制人口数量，提高人口素质。这是关系经济发展、社会进步和民族振兴的重大问题。计划生育的重点在农村。目前正值人口出生高峰期，特别需要把计划生育工作抓紧抓好，坚决把农村人口控制在预定的目标之内。要加强宣传教育，稳定政策，健全组织，依法管理，做到计划生育工作经常化、科学化、制度化。逐步建立农村社会保障制度。在有条件的地方，逐步开展农村养老保险。

(三十四)坚持专门工作与群众路线相结合，大力

加强农村社会治安综合治理。建立健全群众性自防自治的治安保卫组织和人民调解组织，建立治安责任制，制定乡规民约，发动和依靠群众，加强治安防范和民间纠纷的调解工作，及时发现和消除不安定因素。坚决依法打击杀人、抢劫、盗窃、走私、贩毒、聚众赌博、拐卖妇女儿童、制黄贩黄、破坏生产和公共设施等刑事犯罪活动，打击违法的宗教活动，取缔非法组织，保证生产建设的顺利进行，保障国家、集体财产和群众生命财产的安全。

十、进一步加强党对农村工作的领导

（三十五）领导亿万农民坚持走有中国特色的社会主义道路，实现九十年代农村改革和建设的宏伟目标，需要做大量艰苦细致的工作。全党要十分重视和深入研究农村问题，加强对农村工作的领导，狠抓各项工作的落实，充分调动广大农民的积极性。中央和省、自治区、直辖市党委要用很大的精力抓农村工作。地、县委更要把工作重心和主要精力放在农村工作上，主要领导同志要亲自调查研究、安排部署、督促检查。县是城乡经济的结合部，对加强农业和农村工作至关重要，应赋予统筹经济发展、协调部门关系所必需的权力。实行市管县的地方，要继续把农村工作放在重要地位。

（三十六）各级领导干部要振奋精神，励精图治，真心实意地为基层服务，为农民服务。要改进工作方法和工作作风，地、县党政领导干部，每年至少要有三分之一的时间，深入基层，调查研究，倾听干部和群众的意见，及时发现和妥善解决农村中出现的新问题，总结和推广行之有效的新经验。继续办好农村改革试验区，为深化改革提供决策依据。

（三十七）加强立法工作，逐步把国家对农业和农村的宏观管理纳入法制轨道。已经颁布实施的法律法规，要认真贯彻执行。同时，要尽快把经过实践证明切实有效的政策、措施用法律形式确定下来。要抓紧制定农业基本法等法律法规，确立农业在国民经济中的基础地位，保障农业持续、稳定、协调发展。

（三十八）各行各业要大力支援农业和农村经济发展。各有关部门要结合自己的业务，制定为农业和农民服务的计划，并认真组织实施。各部门在农村的基层单位，办理涉及农民群众切身利益的事，要公开办事制度和办事结果，接受群众监督，坚决纠正行业不正之风。

（三十九）切实减轻农民负担。目前农民税外负担过重，各种摊派有增无减，不仅直接影响农民增加农业投入，而且严重损害党和政府同农民的关系。各省、自治区、直辖市要在对农民负担的项目和费用进行全面清理的基础上，作出严格的具体规定。农村教育、计划生育、民兵训练、优抚、交通等项民办公助事业所需费用，要由乡政府根据当地经济状况提出预算，乡人民代表大会批准，报县人民政府备案，严格执行定项限额、一年一定、统筹使用、不得追加的规定。除此以外，任何部门和单位不得另行向农民摊派任何费用，坚决制止乱收费、乱摊派、乱罚款，取消一切徒具虚名的“检查评比”活动和不切实际的“达标升级”活动。

（四十）中央号召，全党动员起来，重视农业，加强农业。各地、各部门要广泛深入地宣传本决定精神，结合当地和本部门实际情况，提出明确目标，作出具体部署，动员广大干部群众坚持不懈地贯彻执行，为开创农业和农村工作的新局面而努力奋斗。

中顾委第八次全会在北京举行

全会一致拥护党的十三届八中全会通过的《中共中央关于进一步加强农业和农村工作的决定》和《关于召开中国共产党第十四次全国代表大会的决议》，完全赞同江泽民在八中全会上的重要讲话。

中国共产党中央顾问委员会第八次全体会议发表会议公报

中国共产党第十三次全国代表大会选举产生的中央顾问委员会，于 1991 年 11 月 25 日至 29 日在北京举行第八次全体会议。出席会议的委员共 167 人。中顾委副主任薄一波同志主持了这次会议。

全会一致拥护党的十三届八中全会审议通过的《中共中央关于进一步加强农业和农村工作的决定》和《关于召开中国共产党第十四次全国代表大会的决议》，完全赞同江泽民同志在全会上的重要讲话。

全会认为，《决定》对八十年代农村改革和建设的历史性成就作了充分肯定，实事求是地指出了存在的问题，进一步明确了九十年代我国农业和农村工作的主要任务，并确定了相应的方针和政策措施，充分反映了全国各族人民的共同心愿。这是动员全党和广大干部、群众，为进一步开创我国农村工作新局面，建设有中国特色社会主义新农村的具有重大指导意义的文件。

与会同志指出，我国有十一亿人口，其中近九亿在农村。没有农村的稳定和发展，就不可能有全国的稳定和发展。农村的政治、经济、社会状况如何，直接关系我国社会主义伟大事业的前途和命运。我们一定要以高度的政治责任感，同全国人民一道，为贯彻落实全会通过的《决定》，继续全面推进我国农村的改革和建设事业而努力奋斗。

全会认为，将要在 1992 年第四季度召开的党的第十四次全国代表大会，是我国社会主义现代化建设进程中一次非常重要的会议，是把邓小平同志倡导的建设有中国特色的社会主义伟大事业继续推向前进的历史性会议。全会相信，只要全党同志紧密地团结在以江泽民同志为核心的党中央周围，继续坚持和全面贯彻执行党的基本路线，艰苦奋斗，励精图治，加强同人民群众的联系，切实搞好党的思想、组织和作风建设，我们就一定能够战胜前进道路上的困难，夺取社会主义现代化建设和改革开放的新胜利！

中共中央纪委第八次全体会议在北京举行

出席会议的中央纪委委员63人，中共中央政治局常委、中央纪委书记乔石主持会议。会议一致拥护党的十三届八中全会通过的《中共中央关于进一步加强农业和农村工作的决定》；一致拥护《关于召开中国共产党第十四次全国代表大会的决议》；完全赞成中共中央总书记江泽民在十三届八中全会闭幕时的讲话。

中国共产党中央纪律检查委员会第八次全体会议发表会议公报

中国共产党中央纪律检查委员会第八次全体会议，于1991年11月29日在北京举行。

出席这次全体会议的中共中央纪律检查委员会委员63人。中共中央政治局常委、中央纪律检查委员会书记乔石同志主持了会议。

全会一致拥护党的十三届八中全会通过的《中共中央关于进一步加强农业和农村工作的决定》；一致拥护《关于召开中国共产党第十四次全国代表大会的决议》；完全赞成江泽民同志在十三届八中全会闭幕时的重要讲话。全会认为，《中共中央关于进一步加强农业和农村工作的决定》全面总结了十余年来党领导广大农民建设有中国特色社会主义新农村的成就和经验，深刻阐明了九十年代我国农村社会主义建设和改革的总体目标、主要任务和党在农村实行的以家庭联产承包为主的责任制等一系列基本政策，是今后我们党指导农村工作、推动农业发展的重要历史性文件。

全会认为，党的十一届三中全会以来，在广大农村发生的伟大变革，是以邓小平同志为代表的中国共产党人，在新的历史时期把马克思主义基本原理同中国具体实际相结合的一个伟大创举。我国农村发生的历史性变化，农村改革和建设所取得的巨大成就，充分证明了党在农村的基本政策和农村改革的方向是完全正确的；充分体现出亿万农民拥护党，信赖党，坚持走社会主义道路的决心和创造精神。

全会要求，各级党委、纪委要深入贯彻党的十三届八中全会精神，加强农村党的纪律检查工作。要坚定不移地坚持为党的基本路线服务的指导思想，坚持四项基本原则，坚持改革开放，维护党的政治纪律，保证全党在思想上政治上的高度一致，保障经济建设顺利进行。要认真搞好农村基层党组织和领导班子建设，大力加强农村党风党纪建设，进一步改进农村党员干部的工作作风和工作方法，深入开展对农村党员的党风党纪教育，使他们不断地增强党性觉悟和纪律观念，提高执行党的基本路线和各项方针政策的自觉性。要协同有关部门解决好群众反映强烈的问题，进一步搞好党群关系和干群关系。要坚持从严治党的方针，深入开展反腐败斗争，认真纠正不正之风，严肃查处党内违纪案件，建立健全各项规章制度，在建设有中国特色的社会主义中做出新的贡献。

全会号召，各级纪检机关和全体纪检干部，要认真学习领会、全面贯彻落实十三届八中全会精神，在以江泽民同志为核心的党中央领导下，进一步解放思想，实事求是，深入实际，深入群众，脚踏实地做好本职工作，以实际行动迎接党的十四大的胜利召开。

国务院有关部门研究对口支援安徽灾区

国务院生产办公室副主任赵维臣主持会议研究和落实国务院有关部门对安徽省重灾区对口支援工作。国家计委、国家科委、建设部、能源部、机电部、冶金部、化工部、轻工部、纺织部、铁道部、交通部、水利部、农业部、商业部、物资部、国家建材局、医药局等23个部门的负责人，与安徽省赴京汇报小组坐在一起，共同研究对口支援工作。

赵维臣说，国务院领导要求各有关部门认真组织落实好对口支援重灾区的工作。要像轻工业部那样，在技术、信息、项目安排等方面支援灾区，增强灾区的经济实力和内部“造血”功能，尽快帮助他们恢复元气。他还提出人才、信息、开发新产品等12项对口支援的具体意见和建议。

国家体改委副主任高尚全在新闻发布会上介绍1992年改革的设想

高尚全指出，明年的改革要与实施国务院批准的《经济体制改革十年规划和“八五”纲要》衔接起来，力争在建立新体制方面取得一些实质性的进展；要与以往的改革措施衔接配套，以保持各项重大改革措施的连续性和稳定性。

高尚全首先介绍了今年改革的进展情况。高尚全说，今年改革的新进展主要表现在，一是企业改革继续深化，国营企业第二轮承包顺利完成。除少数企业实行税利分流外，年初就有95%的企业签订了新一轮承包合同。二是以转换企业经营机制为重点，着力搞活国营大中型企业。三是继续进行了企业“税利分流”和股份制试点。四是流通体制和价格改革迈出了较大步伐。取消了出口补贴，实行了各类外贸企业自主经营、自负盈亏的新机制。对25年来一直未动过的平价粮、油销售价格，进行了一定幅度调整。五是社会保障制度和住房制度改革有了新进展。目前，全国已有5200万国营企业固定职工和1400万合同制工人参加了养老保险。全国有2227个市县实行了养老保险社会统筹。六是科技体制改革进一步的深化。国务院批准建立了27个国家高新技术产业开发区。七是进一步改革金融、财税体制。今年国库券发行由过去完全靠行政指令分配，改为拿出25%的国库券由银行和其他非银行金融机构承购包销。财税体制改革出台了固定资产投资方向调节税，取消了原来的建筑税；完成了涉外企业两个所得税法的合并工作。

高尚全在谈到明年改革的主要任务时说，明年改革要在深化农村改革的同时，把增强全民大中型企业的活力提到突出的位置，重点是在全面落实企业经营自主权，转换企业机制，为企业创造平等竞争条件方面进行配套改革；加快市场流通和社会保障体制改革的步伐，积极推进宏观调控体制和分配体制等方面的改革；继续加强那些因条件所限还不能在近期全面推开的重大改革的试点工作，为加速新旧体制转换创造条件。

高尚全指出，在企业改革方面，要从转变企业机制入手，进一步增强国营大中型企业活力。明年要抓紧制定《企业法》实施细则，尽快修订《厂长工作条例》等配套的法律和条例。重点是落实企业在干部管理、劳动用工、分配制度和机构设置四个方面的自主权；要坚持完善企业承包经营责任制，加强企业内部管理；要改革国家对企业的管理方式，逐步实现直接管理与间接管理相结合以间接管理为主，并采取切实措施，有步骤地把企业推向市场；要实行优胜劣汰，促进生产要素合理流动和企业组织结构的调整；要减轻国营大中型企业负担，让企业集中精力搞活生产经营活动。

高尚全说，要抓住时机，推动宏观管理、流通、分配等领域的改革取得实质性进展。一是改革计划管理的方法，国家和省市两级都要根据情况改革指令性计划的管理方式，指令性计划采取定点定量供应、价格灵活掌握的方式要适度扩大。完善指导性计划的实现形式。二是围绕优化产业结构、产品结构和企业结构，进一步深化投资体制改革。三是全面推行复式预算制，采取切实措施减少财政补贴。从明年起在3年内把全民企业所得税税率由55%降至33%，实行多种经济成分公平纳税，为企业创造平等竞争的条件。四是要进一步完善中央银行的调控职能，研究设计货币政策调控的科学指标体系，完善专业银行的经营机制，减少对贷款的行政分配和干预。五是深化流通体制改革，积极稳妥推进价格改革。进一步缩减统配物资的品种、数量，有的可以试行国家定货、供货或远期合同订购，搞活生产资料流通。以发展批发市场为重点，进一步完善农产品放管结合、分类管理制度。在搞活经济、稳定市场的原则下，适当加快价格改革步伐，区别不同产品调整和放开价格。六是以解决分配不公为重点，全面推动劳动工资、社会保障和住房制度改革。明后两年在全国范围内推开住房制度改革。

高尚全指出，明年还要加强领导，统筹规划，积极进行重大改革试点。结合降低国营企业所得税税率，进一步扩大“税利分流”试点。股份制试点要认真总结经验，采取多种形式分类指导。继续研究在划分中央、地方事权的基础上的分税制，并在一些省市搞好试点。

《九十年代中国儿童发展规划纲要》研讨会在北京开幕

郝建秀、阎颖、黄启璪以及国家计委、国家教委、卫生部、文化部、广播电影电视部、民政部、团中央、全国妇联等有关部门，十三个省、自治区的有关负责人，联合国儿童基金会有关机构驻华代表，有关国家驻华使馆官员参加会议。

中共中央政治局委员李铁映在大会上讲话。

共青团中央发出关于各级团组织更好地组织“青年突击队”活动的通知

共青团中央近日发出通知，要求各级团组织，响应党的号召，大力组织“青年突击队”，深入进行劳动创造。

中共中央政治局常委李瑞环等在北京观看总政歌剧团演出的民族歌剧《党的女儿》并给予高度评价

11月30日

国务院批转国务院生产办《关于进一步做好限产压库工作的意见》

各省、自治区、直辖市人民政府，国务院各部委、各直属机构：

国务院生产办公室《关于进一步做好限产压库工作的意见》，已经国务院同意，现转发给你们，请认真贯彻执行。

国务院

1991年11月30日

关于进一步做好限产压库工作的意见

各地区、各部门根据全国清理“三角债”工作会议核定的压缩产成品资金占用指标，对限产压库工作进行认真部署，层层分解任务指标，下达到企业，并加强督促检查,狠抓落实,经过两个多月的努力,限产压库工作已取得初步成效。但是,限产压库工作进展很不平衡。在有压库任务的43个省、自治区、直辖市和计划单列市中,10月末还有21个省、自治区、直辖市和计划单列市产成品资金比6月末增加,一些地区、部门和企业,对限产压库工作认识不足,决心不大,仍然犹豫不决和等待观望。限产压库工作难度大,政策性强,如不及时采取有力措施,企业产成品积压严重的状况很难扭转,工业生产也难以走上持续、稳定、协调发展的良性循环轨道。

为进一步做好限产压库工作,国务院生产办提出以下意见:

一、进一步统一思想认识,加强对限产压库工作的领导。各地区、各部门都要高度重视限产压库工作,把它提到重要的议事日程上来。主要领导要亲自抓,建立强有力的工作班子,并落实目标责任制。各级政府都要树立长远和全局观念,正确处理限产压库同财政平衡、企业承包和社会稳定的矛盾,认真做好思想政治工作。要充分发挥经委(计经委)、银行、财政、税务、工商管理等部门的作用,互相配合,协同动作,毫不动摇地完成限产压库任务。各级领导要深入企业,帮助解决限产压库中遇到的实际问题。各地区、各部门对重点行业、重点企业和重点积压产品要由月调度、月考核,改为旬调度、月考核,以便及时掌握进度,发现问题,采取措施。对那些继续生产积压产品、对限产压库工作态度不积极的单位,要登报批评,情节严重的要追究有关领导的责任。

二、采取果断措施,严格控制企业继续生产积压产品。要对产品积压的企业进行必要的整顿,可区别不同情况,采取限供、停供计划内能源、原材料和运力,限发、停发银行贷款等措施,控制积压产品的生产。地方政府对国务院有关部门提出的限产压库措施,要积极组织落实。

三、坚决而又慎重地做好关、停企业的工作。对生产能力过大的加工工业,要坚决实行关停并转。要组织力量,统筹安排,认真做好思想政治工作,处理好关、停企业的善后事宜。对关、停企业的职工要广开生产门路,搞活多种经营,开展生产自救。同时,要充分利用待业保险基金,妥善安排职工的生活。

四、进一步完善"压贷挂钩"的办法。根据企业不同需要,实行压缩产成品库存与技术改造贷款或流动资金贷款挂钩的政策。挂钩发放的技术改造贷款和流动资金贷款总量,不得超过压缩产成品库存并收回货款的总量。挂钩使用的流动资金贷款必须"先压后用,优化使用"。对没有完成压缩产成品库存任务的企业,一律不准增加新的贷款。挂钩的流动资金贷款,要用于产品结构调整,不能再生产没有销路的产品。

五、国务院已明确规定,对关系国计民生的重要物资,如石油、钢材、有色金属等,其企业超储产品由国家储备局和物资部门收购一部分,尽可能不放空其生产能力。为了保护农民利益和地方积极性,对季节性生产的食糖等产品,商业部门要努力多收购一些。

六、各专业银行对限产压库企业的信贷政策要同步实施。

七、对能源、重要原材料和那些经过调整结构,确实适销对路的产品、名优产品、高新技术产品、高附加值产品、高创汇产品,以及其他鼓励发展的产品,要做好增产、增销工作,在贷款、税收、物资供应等方面给予支持。

国务院生产办公室

1991年11月26日

中央党校第11期省部级干部读书班学员毕业

中纪委副书记陈作霖、中组部部长吕枫、中央政策研究室副主任郑科扬等出席毕业典礼。

中央政治局常委、中央党校校长乔石出席毕业典礼,向学员们颁发毕业证书。

乔石说,学员们回到工作岗位以后,不管工作如何繁忙,希望挤出时间不间断地努力学习马克思主义理论,通过联系工作实际和思想实际,加深对马克思主义理论的理解,坚定共产主义、社会主义信念,运用马克思主义的立场、观点、方法,解决实际工作中遇到的问题。

乔石指出,不管国际风云如何变幻,只要我们把国内的事情办好,在党的基本路线指引下,不断深化改革,扩大开放,把各项工作搞上去,我们就能立于不败之地。

监察部部长尉健行签发第2号令发布《监察机关处理不服行政处分申诉的办法》

《人民日报》发表社论《努力开创农业和农村工作新局面》

经国务院批准海南省洋浦港对外开放

交通部宣布:洋浦港于12月1日起对外国籍船舶开放。这是经国务院批准的我国第50个对外国籍船舶开放港口。

洋浦港位于海南省西北部儋县洋浦东侧,是一个自然条件优越的深水港口,目前拥有一个3000吨级码头,一个2万吨级集装箱多用途码头和一个2万吨级煤杂多用途码头,港口年吞吐量100万吨。

国家在洋浦口岸设立了港务监督、海关、边防、卫生检疫、商检、动植物检、船检和外轮代理、外轮理货等涉外监督检查服务机构。

上海首次发行总计 1 亿元面额共 100 万股人民币特种股票(B 种股票)股票由上海真空电子器件股份有限公司向境内外发行

中共中央总书记江泽民在中南海会见印度国大党(英)工作委员会委员前总书记加德吉尔率领的印度国大党(英)代表团

江泽民在会见中说,自从 3 年前已故印度国大党(英)主席拉吉夫·甘地总理对中国访问以来,我们两国在经济、科技、文化等领域的交往不断发展。我们认为,发展中印睦邻友好关系不仅符合两国的根本利益,对亚洲与世界和平也有重要意义。

江泽民说,近几年来,中国共产党和印度国大党(英)之间的关系健康发展对促进两国关系的发展起了重要作用。我们希望今后两党进一步加强交往,加深相互了解。

在谈到国际问题时,江泽民说,中印两国领导人共同倡导的和平共处五项原则体现了新型国际关系的基本原则。中国主张以和平共处五项原则来处理国与国之间的关系。

中共中央政治局常委李瑞环在人民大会堂会见出席第五次中日友好交流会议的双方代表

中国民间文艺家协会第五次代表大会暨理事会在北京闭幕

中宣部副部长文化部代部长贺敬之代表中宣部、文化部在会上讲话。

大会经过充分民主协商,产生由 18 人组成的常务理事会。选举冯元蔚为主席,杨志杰、姜彬、刘魁立、农冠品为副主席,推举钟敬文为名誉主席。大会还向全国的 100 多位各民族的民间文艺家颁发了荣誉证书。

12月1日

北京市举行承办2000年奥运会申请书递送仪式

会上宣读了国务院总理李鹏给国际奥委会主席和全体委员的信。

亚洲传统戏剧国际研讨会在北京开幕

来自世界20多个国家和地区的戏剧专家、学者晚上在北京天地大厦国际剧院出席开幕式。会议至7日闭幕。

党和国家领导人李瑞环、李铁映、丁关根、宋任穷、程思远等到会祝贺，并会见与会的联合国教科文组织总代表文卡塔彻鲁、国际剧协主席玛萨·夸尼、国际剧协秘书长路·帕里尼提和各国代表。

联合国教科文组织代表文卡塔彻鲁、国际剧协主席玛萨·夸尼、中国剧协常务副主席赵寻和文化部常务副部长高占祥在开幕式上讲话。

全国计算机应用和产品成果展举行

1991年全国计算机应用产品成果展览会近日在北京举行。展览会汇集了全国优秀计算机应用系统和应用成果、应用软件及重点应用项目，尤其是能源、交通、金融、冶金、建材等领域的应用成果，体现了以用立业的产业发展方针。

北京植物细胞工程实验室成功培养出世界首例冬小麦原生质体单倍体植株

广州人民广播电台成为全国首家24小时广播的电台

诸福棠教授从医64周年暨首届"诸福棠"颁奖大会在北京举行

12月2日

中共中央举行党外人士情况通报会

中共中央总书记江泽民在中南海怀仁堂举行党外人士情况通报会，向各民主党派、全国工商联负责人和无党派人士代表通报了中共十三届八中全会的精神。

会议由中共中央政治局常委乔石主持。丁关根、彭冲、陈俊生、王任重、罗干等出席会议。

江泽民在讲话中介绍党的十三届八中全会的情况。江泽民说，这次全会主要审议通过了《中共中央关于进一步加强农业和农村工作的决定》，审议通过了《关于召开中国共产党第十四次全国代表大会的决议》。参加这次全会的同志开动脑筋，畅所欲言，会议充分发扬了民主，是一个振奋精神、增强团结的会，解放思想、实事求是的会，生动活泼、富有成效的会。

江泽民说，去年年底召开的党的十三届七中全会，提出了今后十年和"八五"期间我国国民经济和社会发展的基本任务及各项方针政策。今年年初，中共中央根据七中全会要求在部署工作时提出，今年要着力抓好争取经济稳步发展，加强党的建设，保持社会稳定三件事。中央认为，把经济搞上去，特别是搞好国营大中型企业，保持农业稳步发展，是维护稳定和做好其他各项工作的基础，也是为十四大的召开所做的最重要的准备之一。江泽民说，最近我们召开了两个重要会议。一是九月中央工作会议，研究如何搞好国营大中型企业问题；一是这次八中全会，研究如何加强农业和农村工作的问题。两次会议所研究的问题，是相互关联、相互促进的两个关键性环节。这两个环节抓好了，才能保证整个国民经济的稳定发展。

江泽民说，这次全会审议通过的《中共中央关于进一步加强农业和农村工作的决定》，是在调查研究和广泛征求意见的基础上产生的。10月中旬，中共中央政治局常委会讨论了这个文件草稿，并决定下发听取各方面的意见。各地区、各部门、各民主党派和群众团体，包括在座的同志们，对征求意见稿提出了许多建设性修改意见，文件起草组据此对文件作了修改。11月中旬，中央政治局会议讨论并原则通过《决定(草案)》，提请八中全会审议。根据全会讨论中提出的意见，又作了修改。

江泽民指出，《决定》充分肯定党的十一届三中全会以来农村的各项基本政策，高度评价80年代农村改革和建设所取得的历史性成就，进一步明确了90年代我国农业和农村工作的主要任务，并确定了相应的方针和政策措施。江泽民说，这个文件，是全国各族人民智慧的结晶，既是同十一届三中全会以来农村基本政策相衔接的，同七中全会通过的"八五"计划和十年规划的基本要求相一致的，又根据农村改革和建设中出现的新情况、新问题而有所发展。我们相信，随着八中全会精神和《决定》的贯彻落实，将进一步动员我们全党和全社会更加重视农业，加强农村工作，这对于建设有中国特色的社会主义，必将发挥重要作用。

谈到八中全会讨论并通过的关于1992年第四季度召开十四大的决议时，江泽民说，党的十四大将是我国社会主义现代化建设进程中具有非常重大意义的会议，将是承前启后、把邓小平同志倡导的建设有中国特色的社会主义伟大事业继续推向前进的历史性会议。迎接十四大的召开，最重要的是，全面贯彻执行党的以经济建设为中心，坚持四项基本原则，坚持改革开放的基本路线，努力巩固和发展安定团结的政治局面，继续深化改革、扩大开放，集中精力把经济工作和其他各项工作做得更好。

江泽民在讲话中详细介绍了八中全会通过的《中共中央关于进一步加强农业和农村工作的决定》的主要内容。江泽民说，《决定》共分十个部分，四十条，主要精神有以下几个方面：一、关于八十年代农业和农村工作的成就与九十年代的主要任务；二、关于稳定和完善党在农村的基本政策，继续深化农村改革；三、关于提高农业综合生产能力；四、关于开展社会主义思想教育，加强农村精神文明建设和民主法制建设；五、关于加强党对农村工作的领导。除此之外，关于扶贫问题、西部开发问题、计划生育问题、减轻农民负担问题和加强农村基层组织建设等问题，《决定》也都提出了明确的方针政策。

江泽民指出，完成九十年代农业和农村工作的任务，对于实现第二步战略目标具有非常重要的意义。中国共产党将一如既往地与各民主党派和各界人士密切合作，为巩固和发展农村改革和建设的成就，开创农业和农村工作的新局面，共同奋斗。

江泽民说，无论在民主革命时期，还是在社会主义革命和建设时期，各民主党派和各界爱国人士都作出了很大的贡献。八十年代我国农业和农村工作取得的巨大成就，是与你们的工作分不开的。你们对农村改革和发展提出了许多好的建议。特别是在今年发生洪涝灾害时，各民主党派和各界人士踊跃支援灾区，慷慨解囊，为国分忧，表现出了高尚的风格和可贵的爱国精神。江泽民希望大家继续发挥参政党的作用，广泛宣传八中全会精神，充分利用智力优势，在建设有中国特色的社会主义新农村的进程中做出更大的贡献。

江泽民说，明年，中国共产党将召开第十四次全国代表大会。开好十四大，是全国各族人民的共同愿望。江泽民希望各民主党派和各界爱国人士继续帮助、监督中国共产党和政府改进工作，大家共同努力，奋发图强，艰苦奋斗，以改革和建设的优异成绩，迎接十四大的召开。

参加会议的各民主党派、全国工商联领导人和无党派代表人士有：阿沛·阿旺晋美、严济慈、荣毅仁、雷洁琼、周培源、王光英、赵朴初、钱伟长、程思远、贾亦斌、彭清源、李赣骝、何鲁丽、高天、叶笃义、陶大镛、冯之浚、吴修平、万国权、冯克煦、陈舜礼、楚庄、方荣欣、姚峻、章师明、田光涛、杨纪珂、王宋大、徐采栋、陈明绍、赵伟之、蔡子民、吴克泰、潘渊静、李定、马仪、叶宝珊、黄凉尘、胡定一等。

国家外汇管理局就境内居民外汇及用汇参加调剂规定答记者问

国家外汇管理局日前发布《关于境内居民外汇和境内居民因私出境用汇参加调剂的暂行办法》，本报记者就此采访了国家外汇管理局负责人。

问：发布这个暂行办法，意义何在？

答：允许境内居民按照国内外汇调剂市场价格出售其外汇及境内居民因私出境可向银行购买外汇，是我国外汇管理政策上一项重大改革，体现了国家的侨务政策，维护了华侨、归侨和侨眷的经济权益。

自1978年以来，国家恢复了对侨汇实行发放侨汇物资供应券的鼓励政策，这在当时国内市场商品比较紧缺的情况下，对改善归侨、侨眷的生活物资供应起到了较好作用。10多年来，随着我国市场供应情况逐步好转，商品丰富，原有的侨汇物资供应办法已难以满足归侨、侨眷日益提高的、不同层次的需求。因此，改进侨汇政策是十分必要的。

侨汇和境内居民的外汇进入外汇市场调剂，不仅可扩大外汇调剂市场的外汇来源，也为归侨、侨眷及境内居民提供了便利和好处。对抑制黑市炒买、炒卖外币，维护金融秩序，也都有重要意义。

问：境内居民如何出售或购买调剂外汇？新的规定同过去相比有哪些不同？

答：自1991年12月1日起，我国境内的中国公民及定居在我国境内的外国人（包括无国籍人），均可将收到的境外汇入汇款、存放在境内银行的外币存款或持有的外币现钞，按国家外汇管理局当地分局通知的调剂外汇的买入价格，出售给国家外汇管理局当地分局指定的银行（以下简称银行）。

境内居民因私出境探亲、移居出境、出境留学和其他用汇，可按调剂外汇的当天卖出价格到银行购买外汇。

境内居民收到汇入汇款可自由做如下选择：（一）通过银行卖给外汇调剂中心；（二）转存外币存款；（三）按国家外汇管理局公布的外汇牌价交售给银行，并领取侨汇物资供应券。

由此可见，新的做法与过去做法相比：（一）境内居民把外汇通过银行按外汇调剂价卖给外汇调剂中心，比按公布的外汇牌价卖给银行，个人收入可增加一些，同时增加了选择性和灵活性；（二）国家仍然允许境内居民把外汇存入银行，也仍然可以把汇入汇款按公布的牌价交售给银行，领取侨汇物资供应券，这两点同过去没有改变。

问：侨眷手上原持有的未到期的侨汇券，能否继续使用？

答：可以继续到当地的侨汇商店使用。

问：境内居民出售外币存款或外币现钞需要办理哪些手续？是否要说明外汇来源？

答：凡是在银行有外币存款的境内居民，都可向开户行提出将存款卖给外汇调剂中心，银行按存款人申请出售存款的数额，按当地外汇管理局通知的外汇调剂市场价格，折付人民币。

境内居民出售外币现钞时，可到当地外汇管理局指定的银行办理。银行只查验居民身份证或注有“侨”字的外国人居留证，不问外币的来源。

问：外国人、华侨、港澳同胞和台湾同胞持有的外汇，是否可以按外汇调剂市场价格参加调剂？

答：昨天公布的《关于境内居民外汇和境内居民因私出境用汇参加调剂的暂行办法》规定，仅限于境内居民，不包括未取得在中华人民共和国定居身份的外国人、华侨、港澳同胞和台湾同胞。

为了便利临时来华的外国人、华侨、港澳同胞和台湾同胞，及其在华工作的常驻人员和专家、留学生购物和支付费用，对他们实行外汇券管理制度。即上述人员持有的外汇，可按国家外汇管理局公布的外汇牌价兑换成外汇兑换券，用于支付在中华人民共和国境内的各项费用，享受外汇兑换券的待遇。因此，上述人员持有的外汇不能参加调剂。

中英土地委员会中方公布庄伟刚李伟庭新任命

中英土地委员会中方代表办事处宣布：委任庄伟刚为中英土地委员会中方代表、香港特别行政区政府土地基金委托人；委任李伟庭为中英土地委员会中方顾问。

国务院总理李鹏在中南海会见由工作委员会委员前总书记加德吉尔率领的印度国大党（英）代表团

国务院总理李鹏在中南海紫光阁会见由沙德利·纳法蒂总书记率领的突尼斯宪政民主联盟代表团

中国和孟加拉国在达卡签订《中华人民共和国政府和孟加拉人民共和国政府科技合作项目计划议定书》

中国苏联外交军事专家在莫斯科举行第五轮谈判

11月11日至12月2日，中苏两国外交和军事专家代表团，为落实两国政府关于在中苏边境地区相互裁减军事力量和加强军事领域信任的指导原则协定，在莫斯科举行了谈判。俄罗斯联邦和塔吉克外交部派代表参加了会议。

以王钢华大使为团长的中方代表团和以吉列耶夫大使为团长的苏方代表团，在友好、求实的气氛中就制定有关协定文件继续深入地交换了意见，并取得了一定进展。双方商定下一轮谈判将在北京举行。

中国计划生育协会会长宋平与参加中国计划生育协会三届二次理事会议的各省（区、市）计生协会长名誉会长座谈

中共中央政治局委员李铁映也参加了座谈会。

宋平在会上指出，今年计划生育工作的形势比较好，中央很重视，地方各级党政负责同志把这项工作放到了重要工作日程上，领导亲自抓，采取了切实有效的措施，计划生育协会的同志也为此付出了努力，做出了成绩。但也应该看到，我国处在人口出生高峰期，人口形势仍很严峻。因此，我们不能有丝毫的松懈。计划生育是我们的一项基本国策，要扎扎实实地把这项工作抓紧抓好。

宋平说，计划生育工作的重点在农村，而农村的重点在村一级，要把工作落实到户，落实到人。计划生育是一项群众性的工作，计划生育协会作为一个群众性组织，可以发挥重要作用，协助政府部门做好这项工作。计生协的同志要用群众工作的方法，到群众中去，宣传群众，组织群众，发动大家一起做工作。同时，要满腔热情地为群众服务。通过晓之以理、动之以情的宣传、服务，把党和国家的政策变成群众的自觉行动，依靠群众自己把自己的事情办好，这样，不仅计划生育工作搞好了，而且有利于密切干群关系。

宋平还强调，计划生育是一项综合性工作，牵涉到很多部门。他希望民政、文教、卫生、保险、工会、妇联、共青团等各方面予以支持配合，共同把这项工作做好。

煤炭清洁利用与环境国际会议在北京开幕

会议由国家科委和联合国科技发展中心联合主持召开。

来自30个国家和国际组织的100多位代表参加会议。联合国科技发展中心主任鲁兹贝尔主持大会并致开幕词。

国家科委副主任邓楠在会上作题为《开展对环境无害的煤炭技术革命，保护全球环境》的发言，介绍中国煤炭利用现状及对解决环境问题的看法。

12月3日

国务院总理李鹏同捷克和斯洛伐克联邦共和国总理马里安·恰尔法在人民大会堂举行正式会谈

两国总理就双边关系和共同关心的国际问题交换意见。

李鹏指出，国际形势发生了很大变化，世界更加动荡不安，这对世界和平构成了新的威胁。中国是发展中国家，正在进行“四化”建设，需要有一个和平的国际环境，因此，中国对世界上出现的动荡不安表示关切。

李鹏说，中国执行独立自主的和平外交政策，一贯主张按照和平共处五项原则处理国家之间的关系，中国愿与不同社会制度、意识形态和生活方式的国家发展友好合作关系。东欧国家发生的变化不会影响中国同这些国家发展平等、互利的合作关系。

恰尔法说，捷中之间有着长期友好合作关系，包括密切的经济往来，中国是捷良好的贸易伙伴，希望今后仍然如此。对于国际形势，恰尔法说，捷关注世界发展的情况，希望与各国建立良好关系。

李鹏还向客人们通报了中苏、中越、中印、中日、中国同欧共体之间的关系。

李鹏着重介绍了城市和农村已经实行和将要采取的改革措施，以及经济改革与政治改革同步进行的情况。

李鹏指出，中国坚持实行有中国特色的社会主义制度，中国经济发展和改革开放的成果是在政治稳定的条件下取得的，中国十分重视正确处理改革、发展和稳定之间的关系。中国人民从其亲身经历中深信稳定的重要性。李鹏强调指出：“今后，我们的改革不仅要继续坚持，而且要不断深化；对外开放不仅要继续执行，而且要更加扩大。”

全国检察长会议在北京举行

最高人民检察院检察长刘复之在会议上传达了中共中央总书记江泽民同志最近对检察工作的指示。江泽民指出，目前我国政治稳定，经济繁荣，社会安定。这些成绩的取得，也有检察战线同志们一份功劳。希望牢固树立检察工作为社会主义建设服务的思想，再接再厉，把检察部门的各项工作做好。刘复之在讲话中说，坚决贯彻检察工作为经济建设服务的指导思想，明确肯定查办贪污贿赂犯罪，是检察工作对经济建设最重要最直接的服务，这是反贪污贿赂斗争深入开展的主要标志之一。在这种思想指导下，各级检察机关根据实践经验，总结了在办案中必须掌握的一些原则，保证了反贪污贿赂斗争的顺利发展。

刘复之指出，今年以来，检察机关侦破大案要案工作保持了较高水平。1 至 10 月，立案侦破万元以上贪污贿赂大案 9800 多件，占立案总数的 24.1%；查处县处级以上干部贪污贿赂 797 名，其中厅局级以上干部 30 名。全国检察机关共受理贪污贿赂案件 6.9 万多件，立案侦查 4 万多件，追缴赃款赃物折合人民币 3.54 亿元。

反贪污贿赂斗争深入开展的另一主要标志是，各级检察机关普遍重视和运用发动“小高潮”的经验，对犯罪分子形成了威慑力量，保持了斗争的强大声势。全国有近 200 个地、市和区、县发动了反贪污贿赂斗争的“小高潮”，促使 2013 名犯罪分子投案自首，挽救了一批有轻微违法犯罪行为的干部。

刘复之说，反贪污贿赂斗争的一个重要环节——举报工作今年以来继续保持好的势头。到 10 月底，全国检察机关共受理举报贪污贿赂案件线索 5 万多件，已初查 4.4 万多件，而且举报内容具体，成案率高。在 1 至 10 月全国检察机关立案侦查的贪污贿赂案件中，64%来自举报。各级检察机关同时认真贯彻执行《关于保护公民举报权利的规定》，共受理打击报复举报人案件 1000 多件，已查处 500 多件。

今年以来，各级检察机关深入银行、建筑、物资、粮食、商贸、海关等系统、行业和部门，侦破了一批隐藏深、手段狡猾的共同贪污贿赂案件。同时，积极稳妥地查办了乡镇党政机关干部和乡镇企业中的贪污犯罪。据统计，这方面的贪污、受贿案件大约占全国案件总数的 30%左右。

在开展反贪污贿赂斗争的同时，各级检察院还积极查办偷税、抗税、假冒商标、挪用公款等犯罪案件。

刘复之总结了查办贪污贿赂犯罪中必须掌握的“6 条原则”。

刘复之指出，今年以来，检察机关坚决贯彻为经济建设服务的指导思想，查办贪污贿赂犯罪，挖出“蛀虫”，这是对经济建设最重要最直接的服务。根据实践经验，检察机关在办案中必须掌握“6 条原则”：

一、严格区分罪与非罪界限。分清经济交往中正常的应酬与贪污贿赂犯罪的界限。对于有犯罪事实、有证据的涉嫌分子坚决查办；如果查的最终结果证明不是犯罪，不予追究，或转党纪、政纪部门处理。

二、坚决贯彻“一要坚决、二要慎重、务必搞准”的方针。对于巧立名目、收受各种“回扣”的违法行为，重点查办个人中饱私囊、变相中饱私囊或私分公款、构成犯罪的案件。

三、涉及生产、经营、管理部门主要成员和重要的技术人员的案件，对嫌疑分子采取强制措施时，及时向党委、政府建议予以补充、调整，防止生产、经营和流通等活动脱节；对罪行较轻的、投案自首的，依法从宽处理，还可以让他们在岗位上戴罪立功。

四、维护产、供、销渠道，不轻易冻结企业的流动资金和银行账户。在必须由被告人出面解决供销渠道时，只要不影响侦查工作，可以让他们进行业务活动，戴罪立功。

五、积极做预防犯罪工作。对于严重官僚主义、管理疏漏而发生贪污贿赂罪案的，依法追究有关领导人玩忽职守的刑事责任，或提请党纪、政纪部门处理。在办案中，积极提出检察建议，协助企业完善会计、审计、监督管理等规章制度，健全防范机制，堵塞漏洞。

六、实行专门工作与发动群众相结合。运用有影响的典型案例，以案论法，开展法制宣传教育，动员群众参加斗争，提高法制观念和拒腐防变的能力。

会议至8日结束。

全国计划会议和全国财政工作会议在北京召开

出席会议的领导有姚依林、吴学谦、邹家华、朱镕基、李铁映、王丙乾、宋健、李贵鲜、陈希同、陈俊生、罗干等。国务院总理李鹏在会议期间发表讲话。

国务院副总理兼国家计委主任邹家华在会上作题为《以调整结构和提高效益为重点，安排好1992年计划和1993年框架计划》的报告。

参加会议的有各省、自治区、直辖市和计划单列市政府主管经济、计划工作的主要领导及计委（计经委）主任、经委主任，国务院各部委的负责人。

《人民日报》就大连在对外开放中取得的经验发表评论员文章《让对外开放更有成效》

中共中央政治局常委乔石在钓鱼台国宾馆同沙德利·纳法蒂总书记率领的突尼斯宪政民主联盟代表团举行会谈

日本首相宫泽喜一在东京的首相官邸会见国务院副总理田纪云

田纪云向宫泽首相介绍中共13届8中全会的情况。田纪云说，这次全会全面充分肯定了农村改革的基本政策，今后要把农村改革继续进行下去。他希望通过这次访问，能同日本政府和经济界人士探讨如何加强中日两国在农业方面的合作问题。

田纪云说，中国政府和人民欢迎日本明仁天皇和皇后在中日邦交正常化20周年之际访问中国。

田纪云在东京分别拜会日本国际贸促会长樱内义雄、日本前首相竹下登、日本经团联会长平岩外冈和副会长河合良一、大藏大臣羽田孜、农林水产大臣田名部匡省、通产大臣渡部恒三等人士。

中共中央总书记江泽民在中南海会见以校长著名美籍科学家吴家玮教授为团长的香港科技大学代表团

全国民族语文工作会议在北京召开

全国民族语文工作会议12月3日至7日召开。会议反映，目前我国各民族地区采用17种民族文字出版了77种报纸，发行量达14835万份，用11种民族文字出版了153种杂志，发行量达1280多万册。国家民委副主任伍精华在工作报告中强调指出："少数民族使用和发展本民族语言文字的自由得到了尊重和保障。"

伍精华说，在我国55个少数民族中，有53个民族有自己的语言（回、满两个民族通用汉语文），21个少数民族原来有自己的文字，50年代，国家帮助10个少数民族创制了语言为主要交际工具。民族语文的教育事业也有了进展，双语文教学体制在部分民族地区开始形成。

伍精华希望今后继续坚持语言文字平等的原则，并且提高开展民族语文工作的科学性。他还说："对历史上没有民族文字或没有通用民族文字的民族，我国提倡和鼓励选择一种现有的、适用的文字，这是解决我国一些少数民族文字问题的一个重要途径。对早已习惯使用并选用汉语文或其它民族文字的，应尊重本民族做出的选择、予以鼓励和肯定"。

国家民委主任司马义·艾买提在闭幕会上说，少数民族语言文字工作是党的民族工作的一个组成部分，必须与党的民族工作相一致、相协调。要致力于推动少数民族和民族地区的现代化事业，并促进整个国家的现代化事业；要调动广播、电视、新闻出版、文学艺术等多种手段，通过少数民族语言文字的翻译、传播，对各族干部群众进行广泛深入的马克思主义民族观的教育。

第六次国际海事技术学术会议和展览会在上海展览中心开幕

这次会议的主题是"迎接九十年代国际船舶和航运市场的复苏，跟踪世界先进造船技术，发展综合运输体系，进一步探讨造船—航运系统发展前景。"

12月4日

中共中央总书记江泽民在中南海会见捷克和斯洛伐克联邦共和国总理马里安·恰尔法

中共中央总书记江泽民在中南海会见由沙德利·纳法蒂总书记率领的突尼斯宪政民主联盟代表团

国家主席杨尚昆在人民大会堂会见捷克和斯洛伐克联邦共和国总理马里安·恰尔法

国家主席杨尚昆和国务院总理李鹏联名致电祝贺加利当选下届联合国秘书长

中葡联合联络小组第十三次会议将于 1992 年 3 月 16 日至 19 日在里斯本举行。

中国与捷克和斯洛伐克联邦政府在北京签署关于促进和相互保护投资协定和 1992 年度相互贸易议定书

苏州研制成功世界最细(0.6—5mm)人造血管并通过吴阶平陈中伟等鉴定

周富华等 3 名中国儿童的作品在第 15 届马德里国际儿童画展上获奖

国家教委印发《全国电化教育“八五”计划》

中国在洛桑向国际奥委会正式递交承办 2000 年奥运会申请书

国家环保局局长曲格平就中国的环境与发展问题回答中外记者的提问

国家环保局国务院新闻办公室和中华全国新闻工作者协会举行中外记者招待会。

曲格平说,中国政府把环境保护定为一项基本国策,并坚持了社会经济与环境协调发展的方针,在控制环境污染和防治生态破坏方面采取了一系列措施。为改善环境状况,国家的投入由“六五”期间的 170 亿元增到了“七五”期间的 470 亿元,预计“八五”期间的防治污染、改善环境的费用将高达 800 亿元,居于发展中国家的前列。这使我国十多年来在经济总量成倍增长和人口增加的同时,比较有效地避免了生态环境的恶化,并使局部环境有了一定的改善,从而保证了社会经济持续发展和人民生活质量的稳步提高。曲格平说,但我们当前面临的环境形势仍然是严峻的,问题不少。如全国水土流失面积达 150 万平方公里,森林的覆盖率也只有 12.98%,大片土地受到正在扩展的沙漠化的威胁。在大气污染的治理、城市的绿化和管理上与发达国家仍有不少差距。

在回答外国记者提出的三峡工程与环境保护的评价问题时,曲格平说,三峡的开发引起了人们的广泛关注。目前我们正在组织专家对环境报告进行审查。三峡工程对环境有利也有弊。如可以有效地防止长江中下游洪水的威胁,水电是最洁净的能源,可以减少燃煤对大气和环境的污染等,对改善环境都有好处。但三峡工程对生长在长江中的某些鱼类,可能会有影响,如果上游开发不当会加剧水土流失,带来淤积问题。我国对上这个项目是很慎重的,我们将对各方面的因素进行全面的审查,听取各种不同的意见,进行充分的论证以减少失误,有效地解决三峡地区环境与发展问题。

在回答上海浦东的开发与水污染防治问题时,曲格平说,为解决上海的水污染问题,上海市政府近年来采取了两项措施。一是取水口上移,移到黄浦江上游没有污染的地方,目前这项工程已经完成;二是治理污染严重的穿过上海市区的苏州河。这两项总投资达 20 多亿元。在浦东开发以前,我们已就浦东的开发建设的环境影响进行了评价。上海提出建设一个经济繁荣、环境优美的新浦东。如果按目前的规划继续下去,上海的环境问题会继续得到改善。

在谈到北京市的环境污染问题时,曲格平说,北京的大气在春、夏、秋三个季节监测到的数据都表明质量是比较好的。北京的水质、城市环境、绿化等近年来都有了明显改善。困扰世界一些大都市的光化学烟雾、垃圾泛滥等北京都不存在。北京冬季大气污染主要是由于燃煤引起的。目前集中供热等工程取得了很大进展。“七五”期间北京用于防治污染的费用达 50 亿元,今后九年中将继续用 130 亿元的投资来从根本上改善北京的环境状况。北京向世界银行贷款 1.5 亿美元用以解决水污染和大气污染的项目已经得到批准,加上国内配套的资金,仅这个项目的投入就达 20 亿元。

12 月 5 日

中共中央政治局常委宋平在广西壮族自治区考察

宋平在广西考察工作时提出,共产党的根基和力量源泉在群众之中。党的各级干部要深入到基层去,到工人、农民、青年学生中去,和他们交朋友,建立深厚友谊,想方设法,实实在在解决他们最关心的问题。

宋平说,各级干部努力这样做,党和人民群众的关系就会进一步密切,党的威信就会进一步提高,党的战斗力、凝聚力就会不断增强。

12 月 5 日到 11 日,宋平在中共广西壮族自治区党委书记赵富林、自治区主席成克杰分别陪同下,先后赴南宁市、防城港区、钦州地区、北海市等地,到工厂车间、市场商店、港口码头、山乡农户、沿海渔村和大学、研究所听取意见,调查研究,并同基层干部亲切座谈,倾听他们的呼声,体察实情;到农民家中,与群众促膝话家常,详细询问他们生产、生活的情况,了解他们的困难与愿望。

宋平听取广西壮族自治区党委工作汇报后,肯定广西各族人民长期以来对巩固祖国西南边陲作出了很大贡献,改革开放以来广西各项工作很有成绩。他鼓励广西要充分发挥各民族人民和睦团结、资源丰富、工作已有较好基础等优势,从本地实际出发,执行党的基本路线和方针政策,推进各项工作,努力完成“八五”计划和十年规划。

宋平在广西农村考察的过程中，详细了解农业生产和农民生活。他要求结合广西实际认真贯彻八中全会精神，大力加强农业和农村工作。当前要高度重视农田水利基本建设，根据沿江地区和干旱山区的不同特点，因地制宜建设提水蓄水工程，切实解决水利问题；要大力抓紧农业的综合开发，积极发展冬季农业，发展海洋养殖加工，搞活农副产品流通，增加农民收入，促进农村发展和全面进步。

今年以来，广西先后抽调6万多名干部到1.22万个村寨，进行社会主义思想教育工作。第一批5400多个村已结束验收，第二批6800个村正在进行。宋平说，要按照八中全会决定要求，把农村社会主义思想教育工作抓紧抓好。下去参加农村社会主义思想教育工作的干部，要学好党的基本路线和农村各项政策，深入农户，调查研究。对发现的问题，要结合实际进行思想教育，并和当地干部、群众共同商量，群策群力，加以解决。农村社会主义思想教育，是密切党同群众联系的有效形式，要通过这项工作，推动社会主义新农村建设，转变机关作风，培养和锻炼干部。

国务院发出关于停止对企业进行不必要的检查评比和不干预企业内部机构设置的通知

各省、自治区、直辖市人民政府，国务院各部委、各直属机构：

近几年来，政府有关部门和社会团体对企业的各种检查评比活动越来越多，一些业务主管部门还强制要求企业设置对口机构，配备对口业务人员，严重干预了企业经营自主权，增加了企业负担，干扰了企业的正常生产经营活动，助长了不正之风的蔓延。对此，企业反映十分强烈，普遍要求尽快解决这一问题。

为了认真贯彻最近召开的中央工作会议精神，进一步落实《中华人民共和国全民所有制工业企业法》（以下简称《企业法》），减少对企业的干预，切实减轻企业负担，各级政府及其业务主管部门必须采取坚决措施，停止对企业进行不必要的检查评比，不再干预企业内部的机构设置。现对有关问题通知如下：

一、各地区、各部门和社会团体对企业的各种评比和评比性检查，包括各种升级、评优及各类专项奖等活动，要立即停止进行。正在进行的上述各项活动的善后工作，由主办单位妥善处理。产品鉴定会、技术鉴定会等，也要从简。

二、政府职能部门按国务院规定对企业进行财政、税收、物价、审计、质量、安全等监督和检查，要依法办事，精减人员，简化程序，避免重复，为政清廉，并不得干预企业的正常生产经营活动，以减轻企业负担。对企业进行检查，除国家明文规定需要收费的项目外，一律不得收费。收费标准要符合国家的有关规定。各类协会、学会、研究会等社会团体和民间组织以及新闻、事业单位一律不得对企业进行检查。

三、各企业有权拒绝和揭发违反上述规定的评比、检查活动。

四、按照《企业法》关于"企业有权决定机构设置及其人员编制"的规定，任何部门和单位都不得要求企业设置对口机构和规定相应的人员编制及级别待遇。企业对原有的机构有权根据生产经营的需要，本着"精简、效能"的原则进行调整，政府有关部门应予以支持。

各省、自治区、直辖市人民政府和国务院各有关部门要抓好本通知的落实工作，特别要加强对国营大中型企业工作的领导，深入调查研究，切实帮助企业解决实际问题，为搞好企业做好服务。

国务院

一九九一年十二月五日

国务院发出关于成立统一着装管理委员会的通知

中共中央政治局常委李瑞环在钓鱼台国宾馆会见美国AST公司董事长兼首席行政总裁桂颂飞

李瑞环并出席该公司向中国社会科学院捐赠60部微电脑和有关设备的仪式。

中国共产党代表中共中央对外联络部副部长蒋光化在约翰内斯堡向南非共产党总书记斯洛沃递交中共中央致南非共产党第八次全国代表大会的贺词

外交部部长钱其琛会见巴基斯坦总理纳瓦兹·谢里夫的特使外交部秘书长阿克拉姆·扎基

双方就谢里夫总理今年6月提出的美国、苏联、中国、巴基斯坦和印度就防止南亚地区核扩散举行五国磋商的建议，以及其他国际和地区问题交换了意见。

扎基就巴基斯坦总理建议向中方作了说明。钱其琛表示，中国支持巴基斯坦的建议，也愿意参加五国磋商，并认为南亚地区成为无核区对地区的和平与稳定是有益的。

中英联合联络小组第二十一次会议在香港结束并发表新闻公报

《公报》说，联合联络小组继续讨论了目前在香港用于防务目的的土地的前途问题。

联合联络小组讨论了与香港有关的国际权利与义务问题，并就资源保护和卫生方面的7项国际条约

1997 年后继续适用于香港问题达成了协议。国际权利和义务常设专家组不久将开会以继续此项工作。联合联络小组就联合声明有关 1997 年后在香港居留权的条款的实施问题进一步交换了意见。联合联络小组初步讨论了香港同某些国家的刑事司法互助协定范本草案及有关问题,并同意双方专家不久将举行会晤以继续此项工作。联合联络小组就跨越 1997 年的主要专营权问题进行了进一步的讨论,并取得了进展。双方进行了一般性讨论,就当前令人关心的问题交换了意见。下次联合联络小组会议将于 1992 年 3 月举行。

中国常驻日内瓦办事处代表范国祥在第 47 届关贸总协定缔约国大会上呼吁早日恢复中国的缔约国地位

中共中央国务院中央军委批转解放军总参谋部《关于在新时期加强我军后备力量建设的几个问题的报告》

《报告》指出,在新的历史时期,民兵仍然是一支重要的战略力量,是国防力量不可缺少的组成部分,是现代人民战争的基础。新时期民兵、预备役工作的指导思想是:"服从国家经济建设大局,适应国防建设需要";工作方针是:"控制数量,提高质量,抓好重点,打好基础";基本指导原则是:贯彻毛泽东人民战争的思想,坚持劳武结合,坚持民兵制度与预备役制度、民兵工作与战时兵员动员准备工作相结合。

中国建成 12 个植物数据库

中国科学院植物研究所主持研究的"中国经济植物数据库",经过三年多的努力,最近已完成了木材、中草药、中药材等 12 个数据库的建库工作。

国务院发出关于成立国务院知识产权领导小组的通知

各省、自治区、直辖市人民政府,国务院各部委、各直属机构:

为协调领导我国关于知识产权的有关工作,国务院决定成立国务院知识产权领导小组。现将领导小组组成人员通知如下:

组　长:宋　健(国务委员兼国家科学技术委员会主任)

副组长:徐志坚(国务院副秘书长)

佟志广(对外经济贸易部副部长)

成　员:(略)

国务院办公厅

一九九一年十二月五日

12 月 6 日

国务院在北京举行第 94 次常务会议

国务院总理李鹏主持会议。会议审议并原则通过国家科委组织制定的《国家中长期科学技术发展纲领》、《国家中长期科学技术发展纲要》以及《中华人民共和国科学技术发展十年规划和"八五"计划纲要》。

根据这两个文件的原则要求,又拟订了今后十年和"八五"期间科技发展的规划和计划,作为七届全国人大四次会议通过的《国民经济和社会发展十年规划和"八五"计划纲要》有关科技发展的具体安排。

会议指出,中国曾在 1956 年、1962 年、1978 年和 1983 年先后四次制定过科技长期发展战略规划,这些规划对指导我国科技事业的发展起了重要作用。当前,世界新技术蓬勃发展,我国正在按照"一个中心、两个基本点"的基本路线,全面实行改革开放,并正在推动经济建设转移到依靠科技进步和提高劳动者素质的轨道上来。这就有必要制定一个与之相适应的科技发展十年规划和"八五"计划及中长期科技发展纲领性文件,以发展我国科技事业,振兴我国经济推动我国社会全面发展。

会议认为,党中央、国务院制定的"经济建设必须依靠科学技术,科学技术工作必须面向经济建设"的战略方针和"科学技术是第一生产力"的科学论断,实践证明是完全正确的,并且已经深入人心,必须继续贯彻执行。为使我国科技水平在今后十年有较大的提高,随着国民经济的发展,继续增加科技投入,继续深化科技体制改革,进一步加强科技与经济的结合,使经济建设与科学技术互相促进,共同发展。

会议决定,上述三个文件经修改后,印发各地方、各部门贯彻执行。今天的会议还讨论决定将《中华人民共和国和老挝人民民主共和国边界条约》提请七届全国人大常委会批准。

1991 年度国家科技奖励项目评审揭晓

958 项优秀科技成果和 4590 位个人获奖。获奖项目创效益逾 136 亿元。

在这些获奖项目中,国家自然科学奖 53 项,其中二等奖 10 项、三等奖 31 项、四等奖 12 项;国家发明奖 209 项,其中一等奖 1 项、二等奖 12 项、三等奖 92 项、四等奖 104 项;国家科技进步奖 502 项,其中特等奖 1 项,一等奖 32 项、二等奖 140 项、三等奖 329 项;国家星火奖 194 项,其中一等奖 4 项、二等奖 38 项、三等奖 104 项、四等奖 48 项。获奖项目所创经济效益累计已达 136.6 亿元。

发展高新科学技术，跟踪世界先进水平，是我国高科技领域的一项重要工作。在这次获奖项目中，有不少是属于这类成果。它初步体现了我国在发展高新技术所具有的实力。如获国家科技进步特等奖项目“长征四号A型运载火箭”，其总体性能达到国际先进水平。它对我国军事和国民经济建设具有重大的促进作用。如获国家发明一等奖项目“新型非线性光学晶体三硼酸锂”和获国家科技进步一等奖的“大尺寸高质量新型非线性光学晶体三硼酸锂晶体生长技术”，不仅是我国首先发现了三硼酸锂优良的非线性能，而且突破了大尺寸三硼酸锂晶体生长工艺的技术关键，从而使我国在非线性光学材料方面保持着世界领先的地位，为推进我国的高科技发展和国防建设作出了重大贡献。

在这次获奖项目中，“小麦新品种扬麦5号”是采用科学的梯级杂交方法选育成功的性状优异品种，其丰产性、稳产性和抗病性十分协调，是目前长江中下游地区种植面积最大的小麦品种，自1985年大面积推广以来，种植面积达6400万亩，累计净增粮食18.64亿公斤，为我国粮食生产发展作出了贡献。

卫生部发布《中华人民共和国传染病防治法实施办法》

全国农村老龄工作经验交流会在山东潍坊召开

国务委员陈俊生代表国务院向会议发了贺信，全国老龄委名誉主任聂荣臻、陈丕显也向会议写信祝贺。

全国居民身份证办理工作表彰会在北京召开

中国男女乒乓球队在赫尔辛基举行的第六届芬兰乒乓球公开赛中双双荣获冠军

12月7日

国务院总理李鹏签署第92号令发布《农民承担费用和劳务管理条例》

《农民承担费用和劳务管理条例》已经1991年11月5日国务院第九十二次常务会议通过，现予发布，自发布之日起施行。

总理 李 鹏

1991年12月7日

农民承担费用和劳务管理条例

第一章 总 则

第一条 为了减轻农民负担，保护农民的合法权益，调动农民的生产积极性，促进农村经济持续稳定协调发展，制定本条例。

第二条 本条例所称农民承担的费用和劳务，是指农民除缴纳税金，完成国家农产品定购任务外，依照法律、法规所承担的村（包括村民小组，下同）提留、乡（包括镇，下同）统筹费、劳务（农村义务工和劳动积累工）以及其他费用。

向国家缴纳税金，完成国家农产品定购任务，承担前款规定的各项费用和劳务，是农民应尽的义务。除此以外要求农民无偿提供任何财力、物力和劳务的，均为非法行为，农民有权拒绝。

第三条 国务院农业行政主管部门主管全国农民承担费用和劳务（以下简称农民负担）的监督管理工作。县级以上地方人民政府农业行政主管部门主管本行政区域内的农民负担监督管理工作。

乡人民政府主管本乡的农民负担监督管理工作，日常工作由乡农村经济经营管理部门负责。

第四条 各级农民负担监督管理部门负责检查有关农民负担管理的法律、法规和政策的执行情况；会同有关主管部门审核涉及农民负担的文件；协助有关机关处理涉及农民负担的案件；培训农民负担监督管理工作人员。

第五条 国家鼓励和支持发展农村集体经济，提倡主要依靠集体经营增加的收入，兴办农村社会主义物质文明和精神文明建设事业。

第二章 村提留、乡统筹费、劳务的标准和使用范围

第六条 农民直接向集体经济组织缴纳的村提留和乡统筹费（不含乡村集体所有制企业缴纳的利润），以乡为单位，以国家统计局批准、农业部制定的农村经济收益分配统计报表和计算方法统计的数字为依据，不得超过上一年农民人均纯收入的百分之五。对经济发达的地区，经省、自治区、直辖市批准，可以适当提高提取比例。

乡统筹费的最高限额由省、自治区、直辖市确定。

第七条 村提留包括公积金、公益金和管理费：

（一）公积金，用于农田水利基本建设、植树造林、购置生产性固定资产和兴办集体企业。

（二）公益金，用于五保户供养、特别困难户补助、合作医疗保健以及其他集体福利事业。

（三）管理费，用于村干部报酬和管理开支。

村干部报酬实行定额补助和误工补贴两种形式。具体定额补助人数、标准和误工补贴办法，由乡人民政府根据村规模、经济发展水平和实际工作需要制定，报县级人民政府农民负担监督管理部门备案。

第八条 乡统筹费用于安排乡村两级办学、计划生育、优抚、民兵训练、修建乡村道路等民办公助事业。

乡统筹费可以用于五保户供养。五保户供养从乡统筹费中列支的，不得在村提留中重复列支。

第九条　乡统筹费内的乡村两级办学经费(即农村教育事业费附加)用于本乡范围内乡村两级的民办教育事业。

乡村两级办学经费在乡统筹费内所占比例,由省、自治区、直辖市人民政府教育主管部门提出,经同级农民负担监督管理部门审核,报省、自治区、直辖市人民政府批准,并报国务院农业行政主管部门和教育主管部门备案。

第十条　农村义务工,主要用于植树造林、防汛、公路建设、修缮校舍等。按标准工日计算,每个农村劳动力每年承担五至十个农村义务工。

因抢险救灾,需要增加农村义务工的,由当地人民政府统筹安排。

第十一条　劳动积累工,主要用于农田水利基本建设和植树造林。按标准工日计算,每个农村劳动力每年承担十至二十个劳动积累工。有条件的地方,经县级以上人民政府批准,可以适当增加。劳动积累工应当主要在农闲期间使用。

第三章　村提留、乡统筹费、劳务的提取和管理

第十二条　村提留和乡统筹费主要按农民从事的产业和经济收入承担。

承包耕地的农民按其承包的耕地面积或者劳动力向其所属的集体经济组织缴纳村提留和乡统筹费。

经营个体工商业和私营企业的,应在税后按经营所在地规定的提取比例,缴纳村提留和乡统筹费,但不计算在本条例第六条规定的限额比例之内。

第十三条　对收入水平在本村平均线以下的革命烈军属、伤残军人、失去劳动能力的复员退伍军人和特别困难户,经村集体经济组织成员大会或者成员代表会议讨论评定,适当减免村提留。

第十四条　乡人民政府评定的贫困村,经村集体经济组织提出申请,乡农民负担监督管理部门审核、乡人民政府同意,报乡人民代表大会审议通过,可以适当核减乡统筹费。

第十五条　农村义务工和劳动积累工以出劳为主,本人要求以资代劳的,须经村集体经济组织批准。

对因病或者伤残不能承担农村义务工、劳动积累工的,经村集体经济组织成员大会或者成员代表会议讨论通过,可以减免。

第十六条　村提留和乡统筹费,实行全年统算统收制度,由村集体经济组织和乡人民政府组织收取。

第十七条　村提留,由村集体经济组织每年年底作出当年决算方案并提出下一年度预算方案,经村集体经济组织成员大会或者成员代表会议讨论通过,报乡人民政府备案。讨论通过的预、决算方案,应当张榜公布,接受群众监督。

村民委员会应当对村提留的收取和使用实施监督。

第十八条　乡统筹费,由乡人民政府商乡集体经济组织每年年底作出当年决算方案并编制下一年度预算方案,经乡人民代表大会审议通过后,连同本乡范围内的村提留预算方案,一并报县级人民政府农民负担监督管理部门备案。讨论通过后的乡统筹费预、决算方案,应当张榜公布,接受群众监督。

第十九条　乡统筹费属于集体经济组织范围内全体农民所有,主要用于本乡民办公助事业,不得混淆和改变乡统筹费的集体资金性质和用途。

第二十条　对村提留和乡统筹费,应当实行严格的财务管理制度。集体经济组织应当对村提留和乡统筹费的使用实行内部审计监督制度。

第二十一条　农村义务工和劳动积累工,由乡人民政府和村集体经济组织提出用工计划,经乡人民代表大会审议通过后执行,年终由村集体经济组织张榜公布用工情况,接受群众监督。

第四章　其他项目的监督管理

第二十二条　面向农民的行政事业性收费,其项目设置、标准的制定和调整,须经省、自治区、直辖市以上人民政府财政、物价主管部门会同农民负担监督管理部门批准,重要项目须经国务院或者省、自治区、直辖市人民政府批准。

第二十三条　向农民集资,必须在法律、法规和国务院有关政策允许的范围内进行,并遵循自愿、适度、出资者受益、资金定向使用的原则。集资项目的设置和范围的确定,须经省、自治区、直辖市以上人民政府计划主管部门会同财政主管部门、农民负担监督管理部门批准,重要项目须经国务院或者省、自治区、直辖市人民政府批准。

第二十四条　在农村建立各种基金,须经国务院财政主管部门会同农民负担监督管理部门和有关主管部门批准,重要项目须经国务院批准。

第二十五条　向农民发放牌照、证件和簿册,必须依照法律、法规的规定或者经省、自治区、直辖市以上人民政府批准。

向农民发放牌照、证件和簿册,只准收取工本费。

第二十六条　向农民发行有价证券、报刊和书籍,应当遵循自愿原则,任何单位不得摊派。

第二十七条　组织农民参加保险,应当遵守法律、法规的规定。

第二十八条　严禁非法对农民罚款和没收财物。

第二十九条　国家机关工作人员在农村执行公务,所需经费不得向农民和集体经济组织摊派。

第三十条　企业、事业单位为农民和集体经济组织提供经济、技术、劳务、信息等服务,应当遵循自愿原则。收取服务费用，应当按照国家有关规定执行。

第三十一条 任何行政机关、事业单位在农村设置机构或者配备人员，所需经费不得向农民和集体经济组织摊派。

第三十二条 任何单位和个人都有权举报违反本条例的行为。农民负担监督管理部门和有关主管部门接到举报后，必须及时查处或者提请同级人民政府依法处理。

第五章 奖励与处罚

第三十三条 有下列事迹之一的单位和个人，可以由人民政府给予表彰或者奖励：

(一)严格执行本条例规定，切实减轻农民负担；

(二)在农民负担监督管理工作中，认真履行本条例规定职责，成绩显著的；

(三)检举、揭发向农民乱收费、乱集资、乱罚款和各种摊派行为，有突出贡献的。

第三十四条 违反本条例规定设置的收费、集资和基金项目，由农民负担监督管理部门或者有关部门报请同级人民政府予以撤销。

第三十五条 违反本条例规定向农民和集体经济组织收费、集资和进行各种摊派的，由农民负担监督管理部门或者有关部门报请同级人民政府责令如数退还非法收取的款物。

第三十六条 违反本条例和国务院有关规定增加的农村义务工和劳动积累工，经乡农民负担监督管理部门核实，由乡人民政府在下一年度用工计划中扣减，或者由用工单位按标准工日给予农民出工补贴。

第三十七条 对违反本条例规定的单位负责人和直接责任人员，由农民负担监督管理部门提请上述人员所在单位或者有关主管机关给予行政处分。

第三十八条 对检举、揭发、控告和抵制向农民乱收费、乱集资、乱罚款和进行各种摊派的单位和人员打击报复，属于违反《中华人民共和国行政监察条例》的，由行政监察机关依法处理；属于违反《中华人民共和国治安管理处罚条例》的，由公安机关依法处罚；构成犯罪的，由司法机关依法追究刑事责任。

第六章 附 则

第三十九条 各省、自治区、直辖市可以根据本条例，结合本地的实际情况，制定实施细则。

第四十条 本条例由国务院农业行政主管部门负责解释，并组织实施。

第四十一条 本条例自发布之日起施行。

中共中央总书记江泽民会见由主席曼奇诺率领的意大利天民党参院议会党团代表团

江泽民在钓鱼台国宾馆会见时说，中国将继续坚持改革开放。中国人民经过多年摸索找到了一条有中国特色的社会主义道路，我们将坚定不移地沿着这条道路走下去。

江泽民说，中国有11.6亿人口，解决好他们的衣食住是一个大问题。他说，解决好这个问题不仅对维护亚洲的稳定，而且对维护世界的稳定都有重要意义。

在谈到国际问题时，江泽民说，中国一贯以和平共处五项原则来处理国家与国家间的关系，比如尽管苏联最近发生了很大的变化，但两国仍保持睦邻友好关系。他表示，中国希望有一个和平的国际环境来把国家建设好。

全国高校教书育人座谈会在北京闭幕

10个教书育人先进单位和27名先进个人受到表彰。出席座谈会的全体代表倡议在全国高等学校教师中更加广泛深入地开展教书育人工作。

在座谈会期间，中共中央政治局委员、国务委员兼国家教委主任李铁映与代表进行座谈。李铁映在座谈中强调，教书育人要把德育放在首位，坚持坚定正确的政治方向。他指出，学校一切工作都是教育人的工作，广大教育者要做好教书育人的工作。共产党员要以身作则，起模范带头作用，成为教书育人的先进分子。马克思主义理论课教师、社会科学课程教师、政工干部，要用马克思主义立场、观点、方法去教育学生。有声望的教师更应该把教书育人工作做好。

下午，中宣部、国家教委、北京市委、全国教育工会共同在人民大会堂举行高校教书育人报告会。出席全国高校教书育人座谈会的先进集体和先进个人介绍了经验和事迹。

卫生部宣布明年1月1日起在全国婴幼儿和学龄前儿童中普及乙肝疫苗接种工作

中国选手叶乔波在1991年世界杯女子速滑赛上获得500米冠军

被台湾有关方面通缉达14年的“台湾独立建国联盟总本总部”头目张灿鍙在台北被捕

12月8日

国务院发出关于进一步贯彻实施《中华人民共和国民族区域自治法》若干问题的通知

我国是一个幅员辽阔、民族众多的社会主义国家。建立和发展平等互助、团结合作、共同繁荣的社会主义民族关系，坚持和完善民族区域自治制度，维护祖国统一，增强中华民族的凝聚力，是我们党和国家在民族问题上的基本立场，也是建设有中国特色社会主义的一项重要原则。

《中华人民共和国民族区域自治法》是实施《中华人民共和国宪法》规定的民族区域自治制度的基本法律。在我国，国家统一是实施民族区域自治的前提，民族区域自治是国家的一项重要政治制度。几十年来，党和国家根据民族地区的特殊情况，制定了一系列优惠政策，民族地区的经济文化迅速发展，民族团结进步事业取得了巨大的成就。在新的形势下，按照实现社会主义现代化建设的第二步战略目标的要求，民族地区要继续贯彻自力更生、艰苦奋斗、勤俭办一切事业的方针，发挥资源优势，增强自我发展能力。国家要大力支援、帮助民族地区加速发展经济文化事业，逐步改变其相对落后的状况，使之与全国的经济和社会发展相适应，促进各地区的协调发展和各民族的共同繁荣。为此，特就进一步贯彻落实《中华人民共和国民族区域自治法》有关经济和社会发展的若干问题通知如下：

一、国家要根据经济计划和资源开发的需要，适当增加对民族自治地方的投入，加快民族地区经济建设步伐，"八五"计划期间全民所有制单位固定资产投资总额应高于"七五"或"六五"计划的实际水平。大中型建设项目，同等条件下优先在民族地区安排。对少数民族自治州及自治县较多的省，特别是云南、贵州、青海三省，在投资安排上参照对待五个自治区的原则办理。有关省、自治区要适当增加对所辖少数民族聚居地区的投资。国家民委应参与制订有关民族地区国民经济和社会发展的中长期规划和年度计划。

二、国家对民族地区已实行的特殊措施和优惠政策，在"八五"计划期间均保持不变。国务院关于牧区建设、民族贫困地方扶贫工作、民族贸易与民族用品生产供应、边境贸易等方面的有关规定，必须认真贯彻执行。中央财政预算已列的"支援经济不发达地区发展资金"，"八五"计划期间由目前每年八亿元逐步增加到每年十一亿元(原则上每年新增六千万元)。新增资金大部分用于民族地区基层的经济和社会发展，由财政部与国家民委协商确定资金投向，并切实管好用好。

三、民族自治地方要根据法律规定的权限，制定优惠政策，吸引、支持发达地区到本地开发资源、兴办企业。

在民族自治地方兴办的企业，要尽可能多招收少数民族人员，招收少数民族人员的比例应根据不同企业的具体情况，由民族自治地方与企业商定。企业配套加工产品，尽可能安排在当地生产。凡适宜民族自治地方经营管理的企业应下放给民族自治地方经营管理；不宜下放给民族自治地方的企业应照顾民族自治地方的利益，税收和统配产品的留成比例要适当高于非民族自治地方。

要有领导、有计划地推进经济发达地区与民族地区的对口支援。经济发达的省、市应与一两个自治区和少数民族较多的省，通过签订协议或合同，采取介绍经验、转让技术、交流培训人才、支持资金和物资等多种方式，帮助民族地区加速经济、文化、教育、科技、卫生等事业的发展。国务院有关部门要积极做好规划、协调工作。

四、民族自治地方要坚持改革开放方针，积极发展对外贸易和经济技术合作。国务院有关部门要在民族地区适当多安排一些利用国外贷款及无偿援助的项目，民族地区要把现有的国外贷款项目建设好、经营管理好，真正收到实效；民族地区外汇确有困难的，国家每年酌情给予适当补助；民族地区应认真办好已有的出口商品生产基地，并在有关部门的扶持下建立新的出口商品生产基地；对于民族地区优势产品的出口，国家在计划、配额、许可证等方面给予照顾。

民族地区要进一步改善投资环境，按照国家政策和有关规定，吸引国外企业到本地投资办厂，开发资源，发展生产，推动当地经济技术的发展。

国家鼓励、支持边境民族地区积极开展多种形式的边境贸易。边境民族地区应认真贯彻国务院关于边境贸易的有关规定，有条件的可根据实际情况，积极发展与周边、邻近国家的经济技术合作。同时，要依法强化综合管理，制定措施，坚决防范和打击一切危害国家安全和社会稳定的非法活动。

国家对民族地区的口岸建设给予帮助。

五、国家各级各类银行确定对民族地区的固定资产和流动资金的信贷规模，要与民族自治地方的经济增长水平相适应，对民族自治地方固定资产投资项目贷款和符合国家产业政策的行业的流动资金贷款，可给予适当照顾。

六、尽快解决民族贫困地区群众温饱问题。争取"八五"计划期间基本解决，"九五"计划期间根本解决民族贫困地区群众的温饱问题。为此，国家的各项扶贫资金、物资要更多地用于民族贫困地区。各地要大力推进开发扶贫和科技扶贫，管好用好各项扶贫资金和物资。国家设立的"少数民族贫困地区温饱基金"随着经济的发展适当增加。

七、民族地区要注重科技进步，以科技振兴工业、农业、牧业和林业，推动社会经济发展，不断提高劳动生产率和经济效益。要帮助民族地区进一步搞好科学技术的普及，以示范引路，加强培训，积极推广新技术。建立健全适合实际的农牧区科技服务体系，做到县有科技推广中心，乡有科技推广站。加强企业技术改造，以现代新技术改造传统产业和传统产品。

国家"科技三项经费"的安排,"丰收计划"、"星火计划"、"燎原计划"和"火炬计划"的实施,要继续对民族地区予以适当照顾。

国家大中型企业和大专院校、科研院所要积极与各民族地区联系挂钩,加强对民族地区的人才培训和科学技术辐射,促进新技术成果向民族地区转移、推广,推动新兴产业的发展。动员并鼓励各种科技人才去民族地区建功立业,切实解决他们的实际困难。对在民族地区科技工作中做出突出贡献的科技人员,有关地方和部门要给予表彰和奖励。

八、各级地方人民政府和国家各有关部门,要加强对少数民族教育事业的领导和支持,要坚持社会主义的教育方向,加强民族团结和爱国主义的教育。要特别注意加强基础教育,大力发展职业技术教育和成人教育,着重培养初中级技术人才。

要采取有力措施,帮助民族自治地方办好各级各类学校。民族学校的办学形式要适合当地民族生产、生活的特点。要因地制宜办好寄宿制学校和女童班,并从各地实际出发,适当提高助学金补助标准。使用少数民族语言文字授课的地区,必须搞好双语教学,推广全国通用的普通话。

高等院校和中等专业学校招生时,对少数民族考生,仍继续实行适当放宽报考录取条件和同等条件下优先录取的办法,同时要下大力气办好预科班,逐步扩大从预科班录取新生的比例。对在校学生要加强管理教育,保证教学质量,培养出合格的毕业生。边远少数民族地区,要实行定向招生、定向分配的办法。

各有关地方和部门的领导,对在内地举办的西藏班(校)和其他民族班办班中遇到的问题,要及时解决。

国家设立的"少数民族教育补助专款",实行专款专用,保证直接用于少数民族教育事业。"八五"计划期间,随着经济的发展和财政状况的改善,这项专款可适当增加。

九、国家采取各项措施,支持民族地区发展文化、卫生、体育等事业。首先要加快广播电影电视事业的发展,"八五"计划期间重点解决边疆和贫困地区广播电视覆盖率低、发射功率小、用少数民族语言播放时间短等问题。要搞好民族自治地方的新闻出版,特别是少数民族文字的报刊图书工作,建立健全民族自治地方的各级各类文化设施,努力做到现有文化馆、图书馆,乡有文化站、广播电视站,下大力气加强村一级综合文化设施建设,切实巩固和扩大社会主义思想文化阵地。对少数民族的优秀文化遗产要注意发掘、保护和弘扬。

加快民族自治地方医疗卫生技术人才的培养,建立健全县、乡、村医疗预防保健网络,加强对地方病、多发病的研究和防治工作,继承和发展民族传统医药。

加强民族自治地方体育设施的建设和体育人才的培养,重视开展包括少数民族传统体育的群众性体育活动,增强各族人民体质。

为了提高少数民族地区的经济文化水平和民族素质,在少数民族中也要实行计划生育。民族自治地方应加强计划生育的宣传教育和妇幼保健工作,搞好技术服务。

十、民族自治地方在国家规定的编制内,根据精简、效能的原则设立工作机构,努力提高工作效率。要关心、爱护少数民族干部,为他们提供各种学习、锻炼机会,不断提高其政治思想水平和业务工作能力。各级民族工作部门要与有关部门积极配合,大力培养、选拔坚持四项基本原则,忠实执行党和国家的方针政策,密切联系各族群众,具有一定科学文化知识和实际工作能力的少数民族干部。

要努力创造条件,在民族自治地方的上级人民政府及其所属职能部门中配备少数民族负责干部。

民族自治地方每年编制内的干部和职工自然减员、缺额及国家当年新增用人指标由民族自治地方通过考核予以补充,对少数民族人员优先录用。

上级人民政府在每年下达的农业户口转为非农业户口的计划中,划出一定指标用于民族自治地方在农牧民中招收少数民族职工。

十一、各级人民政府要经常、广泛地进行马克思主义民族观和爱国主义、社会主义教育。各级各类学校要适当开设民族常识和民族政策课程。要有计划地开展民族团结进步表彰活动,坚定地维护祖国统一和民族地区的稳定。

在社会生活各方面,各民族要互相团结,互相尊重,互相帮助、和睦相处。对影响民族关系方面的问题,应根据实事求是、合理合法、有利团结的原则,及时妥善地加以解决。要教育各民族干部和群众牢固树立法制观念,对破坏民族团结的事件,要依法严肃处理。

以上通知请各地区、各部门遵照执行,并制定具体贯彻落实的措施。

澳门特别行政区基本法起草委员会五个专题小组和区旗区徽评选委员会会议结束

澳门特别行政区基本法起草委员会的"中央与澳门特别行政区的关系"、"澳门居民的基本权利和义务"、"政治体制"、"经济"、"文化和社会事务"五个专题小组会议,是在今年7月公布了《澳门特别行政区基本法(草案)征求意见稿》并经过了四个月的征求意见期结束后召开的。出席会议的委员们认真地研究和讨论了内地和澳门各界人士的意见，对基本法（草案）征求意见稿作了必要的修改，并对此前有争议的问题取得了共识。修改后的征求意见稿将交由明年 3 月召开的全体会议讨论，形成澳门基本法（草案）稿，然后提交全国人大常委会审议通过。

澳门基本法起草委员会区旗、区徽评选委员会会议用无记名投票方式，从已初选出的 30 幅区旗、区徽优秀作品中，评选出三套区旗、区徽作品。

澳门基本法起草委员会主任姬鹏飞、副主任钱伟长、李后、郭东坡、秘书长鲁平，以及内地和澳门的起草委员会委员共 30 余人出席了会议。

解放军全军后勤工作会议在北京召开

会议研究部署后勤工作贯彻质量建设方针、在调整改革中提高后勤保障能力。解放军总后勤部部长赵南起在会上发表讲话。会议至 13 日结束。

赵南起说，一九九二年和今后一个时期，军队后勤工作的指导思想是：注重质量建设，坚持勤俭建军，搞好调整改革，强化后勤管理，提高军事经济效益，提高综合保障能力。

赵南起说，注重质量建设，争取质量优势，是当今各国军队发展的共同趋势。发达国家谋求质量优势，主要体现在发展高技术装备上。我们注重质量建设，当然也要发展现代科技和装备，但是要有中国的特色。要从我们的国情军情出发，扬长补短，以国家经济和科技实力的增强，求得军队建设的发展；以政治上的优势，弥补装备上的相对劣势；调动人的积极因素，以更好地发挥物的作用；以结构的优化，谋求整体功能的改善；以管理的加强，取得效率效益的提高；做到以较少的投入，获得更高的战斗力。

赵南起就认真贯彻注重质量建设的方针，做好后勤工作，提出了具体要求：统筹安排，保障重点。赵南起说，军费紧缺是制约我军现代化建设的一个重要因素。注重质量建设，在军费的预算安排上，必须贯彻保障重点的原则。在保证人员生活必需的前提下，适当集中财力、物力，保障装备，保障重点部队建设，保障部队提高应急机动能力。

赵南起说，要随着部队体制编制的调整和后勤保障体制改革的进程，对保障机构和设施作相应的调整。要重视从后勤供应上控制超编的现象。

赵南起说，保持高度集中统一，是军队的特点，也是我军的优势所在。要使有限的人力、财力、物力在加强军队质量建设中充分发挥作用，就必须从严治军，加强集中统一管理，严格规章制度和组织纪律。

赵南起说，从八十年代初以来，为了弥补经费不足，军队生产经营有较大发展。这对缓解经费供需的矛盾，保障部队建设，起了积极作用。但也产生了一些弊端。这就要求我们对生产经营进行整顿与改进，兴其利，除其弊。搞好这项工作，是事关坚持我军根本职能和建军方向，坚持战斗力标准的大问题。

赵南起说，对后勤工作来说，进一步面向基层，搞好对基层的服务保障，是改进作风的关键。今后在注重质量建设和各项工作中，应以基层后勤状况来衡量后勤各级领导和机关工作的实效。

赵南起强调指出，在新形势下，发扬艰苦奋斗、勤俭建军的革命精神，是克服军费不足，保障我军现代化建设的需要，更是拒腐防变，保持人民军队本色的需要。

全国检察机关暨广东省检察机关惩治贪污贿赂展览在广州闭幕

中国选手叶乔波在 1991 年世界杯女子速滑赛上获 1000 米冠军

12 月 9 日

国务院总理李鹏在钓鱼台国宾馆同马耳他共和国总统塔博恩举行正式会谈

李鹏在谈到建立国际新秩序问题时强调说，中国不赞成由一国或少数国家主宰世界事务，因为这有害于世界的和平与发展。联合国应在国际事务中发挥更大的作用，应充分照顾发展中国家，特别是经济比较困难的国家的利益。

李鹏在谈到两国关系时说，特别应提到明年 1 月，中马建交将满 20 周年，这是一个值得纪念和庆祝的日子。

李鹏指出，当前国际形势复杂多变，动荡不定，世界并不太平。他还简要介绍了我国国内形势和改革开放政策。

国务院总理李鹏致电祝贺伊斯兰会议组织第六次首脑会议召开

全国人大常委会委员长万里在人民大会堂会见由主席曼奇诺率领的意大利天民党参院议会党团代表团

中共中央政治局常委李瑞环在人民大会堂会见以总书记陶菲克·图比为团长的以色列共产党代表团

李瑞环在会见时说，共产党取得政权以后，必须集中精力搞好经济建设，使综合国力得以增强，使人民的生活水平得到提高。把经济建设搞上去，必须坚持改革开放，改革开放是党领导下的社会主义制度的自我完善，因此在这个过程中必须坚持四项基本原则。这就是我们党的“一个中心、两个基本点”的基本路线。

图比总书记说，当前以色列共产党的活动主要集中在：实现以色列和巴基斯坦、阿拉伯国家之间冲突的政治解决，从而实现中东和平；致力于维护以色列劳动群众的利益。

中组部部长吕枫在北京召开的全国组织部长会议上发表讲话

吕枫在今天开始的会议上强调，1992年全国组织工作要认真贯彻党的十三届八中全会和中央工作会议精神，以做好党的十四大组织准备工作为重点，紧紧围绕经济建设这个中心，从严治党，大力加强各级领导班子建设、基层党组织建设和党员、干部队伍建设，为继续贯彻执行党的基本路线，顺利实现第二步战略目标，提供更坚强的组织保证。

吕枫说，在明年的组织工作中，有大量的干部考察和领导班子调整工作要做。在工作中，一定要坚持德才兼备的原则，把德放在第一位；一定要重视干部的实践锻炼和在关键时刻的表现；一定要注意领导班子的合理搭配；一定要进一步拓宽视野，广泛发现人才；一定要把领导班子成员的增补、调整同干部交流、岗位轮换结合起来；一定要选配好领导班子的主要负责人。

吕枫指出，1992年要突出重点，继续抓好领导班子的思想作风建设。这个问题要同干部考察和班子调整结合起来，同整顿领导机关结合起来，同抓下级的思想作风结合起来。

吕枫说，各级党委和组织部门要认真贯彻落实中央关于培养教育青年干部的决定，认真制定青年干部培养教育规划，抓好后备干部培养措施的落实，有计划地组织党政领导机关的青年干部到基层锻炼，可选调一批品学兼优的应届大学毕业生到县以下基层单位工作，力争把培养和造就社会主义事业接班人的工作向前推进一步。同时，对青年干部既要热情爱护，又要严格要求。特别要教育青年干部正确对待名、利、权、位，对那些四处活动，伸手要官的青年干部，不仅不能提拔重用，而且要严肃批评教育。

吕枫指出，我们一定要加强对党员、干部的教育，重点解决好坚定社会主义、共产主义信念和坚持党的领导这两个问题。当前，要坚持不懈地对党员进行党的基本路线、马克思主义基本理论和党的基本知识教育。同时，要着重抓一下党史和党建理论的教育。要把民主评议党员这个有效形式继续坚持下去，形成制度。

吕枫说，目前正在进行的农村社会主义思想教育，是新形势下农村干部群众的自我教育，也是促进党的基本路线和党在农村各项政策的进一步落实，加强农业和农村工作的一项重大的综合性措施。各级组织部门要积极主动地配合有关部门，把这项工作搞好，全面完成中央提出的各项任务。

吕枫说，各级组织、干部部门一定要加强自身建设，牢固树立“服从服务于经济建设这个中心”的思想，加强督促检查和具体指导，用优异的工作成绩，迎接党的第十四次全国代表大会的胜利召开。

国务院总理李鹏在全国计划会议和全国财政工作会议上发表讲话

这次全国计划会议和财政工作会议，虚实结合，既讨论了经济工作的方针政策，又安排了具体业务，开得是好的。计划会议和财政工作会议同时召开，便于会议所作决定的落实。相信这次会议对搞好1992年的经济工作将起到重要的作用。下面我讲几个问题。

一、关于当前形势

当前我国政治稳定，经济进一步向好的方向发展，市场商品丰富，物价平稳，人民安居乐业，与发生剧变后的一些国家比较，形成鲜明的对照。这就更加坚定了我国各族人民走有中国特色社会主义道路的信心和决心。在一些原社会主义国家经济恶化的同时，包括美国在内的多数西方国家经济情况也不好。世界充满着矛盾，并正向多极化发展，个别或少数大国想统治世界是根本行不通的。面对世界格局的变化，我们采取了既坚持原则性又有灵活性的方针，实践证明，这是正确的。

我国的政治形势和经济形势都是好的。虽然还存在不少问题，但是，只要我们认真贯彻党的十一届三中全会以来的基本路线，沿着邓小平同志开创的改革开放道路，在以江泽民同志为核心的党中央领导下继续前进，再搞十年，中国的经济实力就会大大加强，人民也会普遍过上小康生活。到那时，我们将更加立于不败之地。实现这个目标需要两个条件，一是国内要安定团结，二是要有一个和平的国际环境。根据对目前国际形势的分析，我们仍然可以争取到一个时期，比如十年甚至更长一些时间的和平环境。局部地区的冲突不可避免，但世界大战有可能避免。我们执行独立自主的和平外交政策，在和平共处五项原则基础上同世界上一切国家发展友好关系，特别是注重保持和发展与周边国家的睦邻友好关系。进入90年代的第一年，我们的开局不错。要把这个好的势头保持下去，使国民经济持续稳定协调发展。

二、1992年经济工作总的指导思想和主要目标

1992年经济工作总的指导思想，应以中央关于十年规划和“八五”计划的《建议》、江泽民同志“七一”重

要讲话、中央工作会议和十三届八中全会的精神为指导。概括起来说，就是继续贯彻党的“一个中心、两个基本点”的基本路线，进一步深化改革、扩大开放，在巩固治理整顿成果和保持经济总量基本平衡的基础上，把经济工作重点转移到调整结构、提高经济效益的轨道上来。

这里，我想特别讲一下八中全会的重大意义。八中全会总结了改革开放以来的农村工作经验，制定了一套完整的农村政策。这些政策的要点，归纳起来是四句话：一是继续稳定以家庭联产承包为主的责任制；二是不断完善统分结合的双层经营体制；三是积极发展农业社会化服务体系；四是逐步壮大集体经济实力，引导农村走共同富裕的道路。家庭联产承包责任制适合于中国绝大多数农村的生产力发展水平，适合中国的国情，实践已经证明它是成功的。中国的基本国情是人多地少，农村劳动力丰富，家庭联产承包责任制在某种程度上具有社会保险的作用。现在要进一步提高农产品产量，主要靠科技投入，许多事情一家一户办不了，客观上需要建立社会化服务体系，以促进农业的发展。以家庭联产承包责任制为基础的双层经营体制，把家庭承包这种经营方式引入集体经济，形成统一经营与分散经营相结合的灵活体制。家庭联产承包是统分结合中“分”的层次；各种服务体系，合作社、供销社和乡镇企业是“统”的层次。这种体制，既保证了农户的生产经营自主权，又坚持了土地等基本生产资料公有制和必要的统一经营。无论是“统”的部分，还是“分”的部分，都是不同层次的集体经济。把家庭联产承包责任制看成私有经济，是一种误解。现阶段我们在农村还是以发展集体经济为主。壮大集体经济主要是办好村办和乡办企业，这是改革开放以来中国农民的一大创造，是农民致富的重要途径。办乡镇企业要因地制宜，以加工当地的原材料特别是农副产品为主，为大企业配套，同时发展其他一些服务、流通、建筑行业。党的农村政策是正确的，得到了人民的拥护。政策能否贯彻执行，关键在于领导。所以八中全会《决定》指出，要加强以党支部为核心的村级组织配套建设。一个村只能有一个核心，这个核心就是党支部。开展农村社会主义思想教育，加强精神文明建设，对巩固农村社会主义阵地具有深远意义。农村也要克服“一手硬、一手软”的问题。八中全会精神的贯彻落实，对促进农村经济发展和农村形势的进一步稳定，必将产生深远影响。

1992 年经济工作的主要目标是：第一，争取农业获得一个好的收成。1991 年农业虽然遇到特大灾害，还是获得了丰收。农业的稳定关系到全局，经济计划工作仍然要把农业放在第一位。第二，在搞好国营大中型企业，提高经济效益方面，要有所进步，取得实效。特别是要制止效益的继续滑坡，减少亏损，使企业利税有所增长。第三，在坚持总量平衡的基础上，保持一定的发展速度。1992 年计划安排国民生产总值增长 5.5%，是留有余地的。为了把经济工作真正转移到调整结构、提高效益的轨道上来，考核指标要加以改变。邹家华同志的报告提出了一个新的考核体系，这是完全必要的。至于最主要的考核指标是用国民生产总值还是销售产值，要抓紧研究。第四，要进一步扩大对外开放。一是要继续办好经济特区、对外开放城市和开放地区，搞好浦东的开发和开放。要创造更好的投资环境，吸引外资，争取迈出更大的步伐。二是继续深化外贸体制改革，巩固今年的成果，特别是要进一步开拓多元化的国际市场。在这方面是可以有所作为的。

三、以转变企业内部机制为重点，认真落实搞好大中型企业的各项措施

为了给国营大中型企业创造比较宽松的外部条件，党中央和国务院已经采取了 12 条措施，这些措施正在落实之中。现在的问题不是这些措施不能落实，而是各地互相攀比，层层加码。不少省市为了给大中型企业创造更好的条件，又颁布了一些自己的优惠条件。实际上，搞好大中型企业并不是优惠条件越多越好，政策越宽越好。国家给大中型企业返还“两金”（预算调节基金与能源、交通重点建设基金），原定分三年完成，现在看，可能两年就完成。这在国家财政比较困难的情况下很不容易，国务院是下了决心的。各地制定的政策，首先，应当在中央已确定的 12 条措施的范围之内加以具体落实；其次，要控制在财力允许的范围内；第三，不冲击国家基本税收政策。目前有一个倾向必须引起大家注意，就是任意减税让利。当前要进一步强调国家税法的严肃性。对流转税不能任意减免，任何地方如果加以减免，就是一种越权行为。各地都要注意这个问题。如有特殊需要，必须履行一定的报批手续，财政包干的省也是如此。

搞好大中型企业要正确处理改善外部条件与转换内部机制的关系。现在企业存在的问题，既有外因也有内因。各级政府应该为企业创造好的外部条件，企业则应该把重点放在转换内部机制上。在当前企业外部条件已经不断改善的情况下，要切实把工作重点放到转变企业内部经营机制上来。企业机制转变的核心，是改变“铁饭碗”、“铁交椅”、“铁工资”，进行劳动组织、用工制度和工资制度改革，让精兵强将加强生产第一线。企业在优化组合后发展的第三产业，要逐步做到独立经营，自负盈亏。这次会议上也介绍了这方面的好经验。今后我们新闻媒介在搞好大中型企业的宣传上，要注意多报道企业如何转换经营机制，怎么进行

技术改造，怎样开拓市场方面的经验。

四、关于计划工作

对1992年的计划工作，邹家华同志已经作了很全面的报告。当前治理整顿的主要任务已基本完成，国民经济转入正常的发展阶段。但必须清醒地看到，治理整顿还有一些重要任务没有完成，调整结构、提高效益和减少财政赤字等目标还没有达到。国民经济中的一些深层次的问题没有彻底解决，使经济进入良性循环还要做大量的工作。

1992年在计划工作中要注意防止发生新的一轮经济过热。现在不少地区和企业"大干快上"的风气又有抬头之势，如果不加以注意，就会重新发生经济过热。1992年在这方面，各级政府、各级计委、财政部门都要把好这个关。

防止上项目热。大项目一定要由国家审批，严格按基本建设程序办事。各级计委的一项重要任务就是防止重复建设。重复建设不仅浪费国家资金，而且所带来的后果有些是难以通过结构调整来解决的。在上项目时，要由中央和省、自治区、直辖市两级负责。凡是限额以上项目由国家计委审批，其中重大的还要经计委核报国务院批准。要把项目前期工作做得充分一些，可行性研究做得透彻一些，做到资金落实，市场落实。现在上项目，资金往往不落实，搞"钓鱼工程"。由于前期工作做得不够，开工以后拖拖拉拉，形成"胡子工程"。许多项目严重超概算，效益低下，主要是由于拖延工期造成的。要注重项目的前期工作，从项目建议到审查批准，手续都要严密，这可能需要较长的时间，但项目开工以后进展会更加顺利。在项目的建设上，今后除了靠政府部门把关外，还可以发挥市场调节的作用，例如项目定点、设计、施工的招标投标。

防止片面追求产值热。这个问题从提出经济工作转向以提高效益为中心的轨道之后，已经有了一些变化。但是，片面追求产值仍然是经济生活中的一个很顽固的不健康现象。当前部分企业产成品大量积压，一些产品卖不出去还照样生产，这不是浪费国家的资源吗？所以"压贷挂钩促销"是一个好政策。但是目前有这样一种现象，有的银行执行国家的政策，根据某一个企业产成品积压的情况减少或停止对其流动资金贷款，而另外的银行却又给它贷款。这种状况一定要改变。

防止城市建设热。上海南浦大桥和北京西站工程的落成，对解决这两个城市的交通问题将发挥重要的作用，但是不应当由此在全国引起城市建设热。对城市建设，既要积极，又要量力而行。今后十年要把城市建设的积极性和注意力更多地放在住宅建设及其配套工程上，切实防止新一轮的楼堂馆所热。

1992年的固定资产投资计划"盘子"，这次会议已经初步确定。究竟能不能完成，还要看集资的情况，要坚持有多少钱办多少事的原则。现在国家财政收入在国民收入中的比重越来越小，财政能用于建设的资金也越来越少。在使用国外贷款方面要尽量争取，但利用外资的规模应当限制在合理的范围内。在居民储蓄逐年增加的情况下，通过投资政策的调整，把一部分居民储蓄转化为建设资金，是解决国家建设资金不足的一个重要出路。这个路子今后要走下去。改革开放以来，我国投资体制已经发生了很大的变化，由国家单一投资转变为多元化的投资。一个大的项目往往既有国家的投资，也有银行贷款、民间集资和外资，但无论是发行股票、债券和银行贷款，都要限制在一个适当的规模里。如果超过合理的规模，必然出现总量的不平衡。我们是根据经济数学模型测算和多年的实践经验，确定了1992年的投资规模的，在执行中一定注意不要突破。

发行股票是全民所有制单位基本建设和技术改造项目进行集资的一种方式，可以试办。采用这种集资方式，有利于节省投资，因为它和投资者的利益联系在一起，可以起到对企业的监督作用。如果是上市的股票，对企业的监督作用更大。如何把股票运用到社会主义建设中，还是一个需要研究的课题，需要有一个试点阶段，不要一哄而起。因为上市股票有比较大的投机性，股票持有者是要承担风险的。现在一般人认为，买股票就必然有利可图，实际上是有赚有赔的。对于这一点大家的认识还不清楚。因为目前股票发行量很小，需求量很大，而且都是些好的企业发股票，所以股票上市以后价格上涨很多，这给人们以很大的刺激。我们要按照计划经济与市场调节相结合的原则，根据市场法则和供求关系来管理股票市场，防止股票过分地向少数人集中，避免个人操纵股市和从事大的投机活动，要把控制权掌握在国家手中。在这方面我们还缺乏经验。目前批准的股票交易所只有上海、深圳两地，不准备扩大到其他城市，但是这两个城市的股票交易活动范围可以适当扩大。要通过试点，建立一套比较完整的规范化的管理制度。在这方面要借鉴发达资本主义国家的现代化管理手段和经验。

五、关于1992年的价格改革问题

我们应该在保持物价基本稳定的前提下，采取既积极又稳妥的方针，有计划地进行物价改革。这几年，在治理整顿、保持经济总量基本平衡的同时，出台了一些价格改革措施，特别是在价格双轨制逐渐并轨方面取得了一些成绩。价格改革的方向是理顺价格，建立合理的价格形成机制。我们的一些基础工业和基础设施的产品和服务价格，不仅在国内市场比价偏低，而且大大低于国际市场价格，导致这些行业长期亏损，得不到应有的发展，也给国家增加了负担。要使这些企业具有活力，价格必须进行调整。在价格改革上要做的事很多，与其零零碎碎地这个改一点那个改一点，不如一年之内集中力量办一两件事。这几年我们稳定市场、稳定金融的一条根本经验，就是物价上涨率和银行利率保持合理的比率，银行利率略高于物价上涨率，这样才能稳定居民储蓄。物价上涨率大体控制在6%以内，如果当年超过了，第二年就要降低一点。今后要继续这样做。

六、关于分配问题

我们总的分配政策是以按劳分配为主体，其他分配形式为补充，允许一部分人先富起来，先富的要带动和帮助后富的，逐步达到共同富裕的目的。要逐步缩小工农产品"剪刀差"，缩小城镇居民与农民收入的差距。改革开放以来，农民收入增长较快，农民比较满意。但是除了那些富裕地区和珠江三角洲、苏南地区和大城市近郊之外，总的来看城乡之间、工农之间的收入差别还是明显的。这几年由于粮食价格偏低，虽然丰收了，但是农民收入的增长幅度下降，这不仅影响到农民的生产积极性，影响到农村购买力和农村市场销售的增长，而且长此下去最终会影响工农业的协调发展和工农联盟的巩固。为此，我们准备1992年适当提高粮食收购价格，减轻农民负担。国务院已经通过了《农民承担费用和劳务管理条例》，把"村提留、乡统筹"限制在农民收入的5%以内，每个农民每年承担5到10个农村义务工，10到20个劳动积累工，这个条例公布之后必须严格执行。我们还要积极收购农民的余粮。此外，要通过逐步缩小工农产品"剪刀差"，进一步提高农民收入。

还有一个知识分子待遇，主要是公教人员待遇偏低的问题。企业里技术人员和管理人员相对地说待遇不算低。随着经济的发展，应该逐步提高公教人员的待遇。1992年准备迈出一步，但是由于财政很困难，不可能有大的作为。初步打算从1992年1月1日起，行政事业单位职工的工龄津贴从原来的每月5角增加到1元，并且上不封顶。这条措施实行以后，对公教人员也只能是小有改善。现在有一个问题值得注意，就是有一些省市不经国务院和主管部门批准，自己决定发放名目繁多的津贴，对其他省市造成压力，引起攀比。在全国公教人员的分配问题上，政令不统一，后果是严重的，必须制止这种各行其是的做法。当然，我们也考虑采取其他办法来解决公教人员待遇偏低的问题。几个方案比较的结果，还是采取适当增加奖金的办法好一些，用这个办法代替没有经过国务院批准的名目繁多的补贴和津贴。国务院已责成人事部和财政部制定方案，争取尽快出台。鉴于各地经济发展水平和财政收支状况差别较大，具体付诸实施时，在全国统一政策的前提下，可以允许各地灵活处理。当然，这种做法还是有"大锅饭"的因素，还不能从根本上解决公教人员的分配问题。我们准备1992年拿出实行公务员制度的方案。按照这个制度，公务员的工资由四部分组成，一是基本生活费，二是职务工资，三是工龄津贴，四是级别工资。这样拉开档次，大体上相当于现在部队的工资体制，比较合理。在实行公务员制度的同时，必须进行机构改革，大幅度减少政府特别是县级政府机构的公务人员。许多现有行政工作人员将转入企业或事业单位。事业单位可以实行企业化或半企业化管理。公教人员的工资改革和企业职工分配制度的改革，应分开来考虑和处理，企业的工资还是要和效益挂钩。财政、银行、审计等部门要切实加强对工资收入的管理和监督，防止出现新的一轮工资失控。

七、关于财政问题

这几年经济发展与财政困难并存，赤字每年都有所增加，1991年又发生了比较大的自然灾害，增支减收的因素比较多，更增加了财政的困难。各级财政部门在这样的情况下做了大量的努力，任劳任怨，工作很辛苦。借此机会我特别向全国财政战线的工作人员包括税务工作者，表示崇高的敬意，向你们表示感谢。1992年的赤字，按现在的"盘子"，可能还减不下来或减不了多少，形势仍很严峻。解决财政困难的根本途径在于增产节约、增收节支，真正把经济工作的重点转移到调整结构、提高效益的轨道上来。要加强税收征管工作，减少流失。这几年加强了对个体户、私营企业的税收征管工作，税收有所增加，但是这方面的税收流失还很严重，潜力还很大。私营企业和个体户在建设有中国特色社会主义的过程中是一个有益补充，要发挥它们的积极作用。现在税收流失，也是造成社会分配不公和收入悬殊的一个原因，对社会公众心理造成很大的冲击。解决这个问题，除了对少数严重违法乱纪的私营企业主和个体户绳之以法外，要进一步加强税收征管，把该收的税收上来，对有些不大合理的包税要加以改进。要大力发展第三产业。现在我们的第三产业还是太少，如果服务网点增多了，有了竞争，价格就会降低一些，收入就不会过分向少数人集中。

厉行节约十分重要。这几年一方面财政困难，一方面行政费用大幅度增加。治理整顿初期，由于抓得比较紧，集团购买力一度大幅度下降，现在又出现了回升的趋势。社会上普遍存在着大吃大喝、公款请客送礼、公费旅游、"文山会海"等不良现象；市政建设超标准、超规模，搞楼堂馆所，已经引起群众的强烈不满，影响了党和政府同人民群众的关系。加强廉政建设，反对铺张浪费，是当前改善党群关系的一个突出任务。

为此，党中央和国务院要求1992年在工作中要继续花大力气，动员全党力量来反腐败。我们的财务、税务、审计、监察工作人员，要顶住压力，不怕困难，严格执行制度，采取有力措施压缩集团购买力。这既可以缓解财政困难，也有利于改善党和人民的关系。

1992年将开始实行财政复式预算，这是与经济体制改革和计划体制改革相配套的一项重大财政体制改革。把政府经常性开支与建设性开支加以分离，适应我国投资体制由单一国家投资向多元化投资转化的需要，是财政管理向现代化迈进一个重大步骤，不是简单地分成两本账的问题。实行复式预算，对经常性预算这部分要实行硬约束而不是软约束，实行严格管理，有多少预算办多少事，不得突破。建设性预算应该由国家财政直接投资逐步转为贴息，或资本金制度，在宏观管理上要注意总量平衡。在1992年计划执行中，财政预算赤字是最大的困难，各级政府要加强领导，对财税工作给予支持。

1992年的计划体制改革，要按照计划经济与市场调节相结合这一总的原则，继续推进。江泽民同志的“七一”讲话和中央工作会议都再次肯定了实行计划经济与市场调节相结合的原则，我们的任务是要进一步充实它的内容，把它具体化，特别是在计划工作中要体现这一原则的要求。计划主要是做好宏观调控、总量平衡和资源合理配置，避免大的重复建设。从这些年的实践看，在实际执行过程中，一点重复建设没有恐怕也不可能，但是各级政府都来控制，就可以最大限度地避免重复建设。

计划、财政会议之后，还要召开全国企业技术进步工作会议和经济体制改革会议。这四个会议开完之后，1992年的经济工作就大体上部署就绪了。

1992年的经济工作虽然还有不少困难，但是在以江泽民同志为核心的党中央领导下，在各级党委和政府以及企业的共同努力下，我们相信一定能够实现经济的进一步好转，以优异的成绩迎接党的第十四次全国代表大会的召开。

为期7天的会议今日闭幕。

国务院批转国家税务局《关于进一步推进依法治税加强税收管理报告》的通知

国务院同意国家税务局《关于进一步推进依法治税加强税收管理报告》，现转发给你们，请认真贯彻执行。

税收是国家财政收入的主要来源，宏观调控的重要经济杠杆，在实现我国社会主义现代化建设第二步战略目标中，税务机关担负着十分繁重的任务。党的十一届三中全会以来，税收工作发展很快，各方面都取得了新的进展。特别是经过治理整顿，税收秩序明显好转，税收工作不断加强。但是，当前税收工作又面临着许多新情况、新问题，亟待解决。为进一步发挥税收的宏观调控功能，确保国家财政收入，必须大力推进依法治税，切实加强税收管理。

各级人民政府要进一步加强对税收工作的领导，支持税务机关依法治税。要继续认真落实《国务院关于整顿税收秩序加强税收管理的决定》。各级计划、公安、铁道、交通、邮电、银行、工商管理、海关等部门要积极配合税务机关加强税收征管，并请法院、检察院给予大力支持，以便把税收工作做得更好，为平衡国家财政收支，促进国民经济持续、稳定、协调发展做出新贡献。

国家税务局关于进一步推进依法治税加强税收管理报告

党的十三届三中全会把整顿税收秩序、加强税收管理确定为治理整顿的一项重要内容，突出强调了税法必须统一，税权必须集中。国务院、国务院办公厅自一九八七年以来，相继发出五个加强税收工作的文件。通过治理整顿，依法治税得到加强，税收秩序明显好转。各级人民政府都很重视税收工作，有关部门积极配合税务机关加强税收征管，广大税务干部努力工作，取得了很大成绩。一九八八、一九八九年工商税收大幅度超收；一九九〇年，在严峻的经济形势下，工商税收收入仍比上年增长百分之四点五。同时，税收的宏观调控作用也得到了较好发挥，税制改革不断向前推进，队伍建设得到加强。

当前，税收工作又面临着许多新情况、新问题，需要及时加以解决。一是有的认为统一税法、集中税权是在治理整顿的要求下提出来的，现在治理整顿已经取得明显成效，对统一税法、集中税权的原则提出疑问，主张税收管理可以松动一下。由此，一些地方违反统一税法，超越权限乱开减免税口子，扩大减免税范围，随意延长减免税期限；对本地销往外地的产品减税，对外地调入本地的产品加税，搞地方保护主义；超出国家规定范围自定对外商投资的税收优惠政策等问题屡屡出现。二是目前我国公民税收法制观念比较淡薄，对税收缺乏认识和理解。一些人把税收看成是额外负担，税费不分，甚至把税收同“三乱”混为一谈。一些企业在税收上打主意，认为欠税有理，欠税有利，长期拖欠、占用国家税款。偷税漏税问题虽几经集中检查整顿，但在一些地方仍大量存在，暴力抗税案件时有发生，税务治安亟待加强。三是在某些地方，应收税款不能按“税、贷、货、利”的顺序及时、足额入库，影响了税收计划的完成。四是税务系统廉政建设有待进一步加强，税务干部的政治、业务素质需要进一步提高。

为继续推进依法治税，加强税收管理，充分发挥税收的宏观调控职能，保证国家财政收入，提出以下意见：

一、坚决维护税法的统一性、严肃性。坚持依法治税，统一税法，集中税权，是发展社会主义有计划商品经济的必然要求，也是税收工作的基本原则。无论在什么情况下，这一原则都不能有丝毫动摇。治理经济环境、整顿经济秩序，需要依法治税；中央和地方财政实行包干，企业实行承包责任制，以及搞好大中型企业，也必须坚持依法治税。违反统一税法、集中税权原则，越权行事，乱开减免税口子的种种作法，势必干扰社会主义统一市场，影响国家产业政策的贯彻，造成企业之间的不平等竞争，削弱中央和地方财力。因此，各地区、各部门必须执行统一税法，严格按税收管理权限办事。凡是地方政府和部门越权减免税的，不管以什么形式出现，税务机关都有权拒绝执行，并及时向上级报告；凡自行制定与现行税法相悖的政策，都要立即停止执行。今后，处理有关税收问题，都不得自定章法，越权行事，乱开减免税口子。今年部分地区遭受严重的自然灾害，给人民生命财产造成重大损失。税务机关要抓紧落实已有的税收政策和国家采取的措施，帮助灾区尽快恢复生产、重建家园。对于遭受自然灾害的企业，要在政策规定范围内，积极、主动、实事求是地加以处理，但要严格按税收管理权限办事。

二、在搞好国营大中型企业中正确执行税收政策。国营大中型企业是我国社会主义公有制经济的重要支柱，采取有效措施增强其活力，是当前经济工作中的一项重要任务。为改善企业的外部环境，国家将相继采取一系列措施，包括税收方面的一些措施。但外因要通过内因起作用，搞好国营大中型企业，根本出路还在于企业通过自身的努力，改善经营管理，调整产品结构，增产节约，挖掘潜力，提高经济效益。如果单靠国家给企业减税让利或增加投入解决困难，是不可能真正增强企业活力的，在当前中央、地方财政都很紧张，面临许多困难的形势下，既不应该也是不现实的。因此，各地在制定搞好国营大中型企业的措施时，必须严格遵守现行税法，无权超出国家规定的范围，再放宽税收政策。各级税务机关要正确执行税收政策，按税收管理权限办事。同时，要充分发挥税务机关联系面广、信息灵通、熟悉企业财务管理等优势，深入开展促产增收活动，为企业排忧解难，帮助企业提高经济效益，积极培植、涵养税源，促进社会生产力发展。

三、加强个体、私营经济的税收征管。个体、私营经济是社会主义公有制经济有益的、必要的补充，要鼓励支持个体、私营经济在国家政策允许的范围内健康地发展。目前，对个体、私营经济的税收管理，国家已经制定了一套法规和制度，征管工作不断强化，个体税收逐年增长，但个体、私营经济偷税漏税现象仍比较普遍，需要进一步依法加强税收征管。要继续贯彻执行《国务院关于大力加强城乡个体工商户和私营企业税收征管工作的决定》。对个体、私营经济的偷漏税问题，一经查出，该补税的补税，该罚款的罚款，情节严重构成犯罪的，要移送司法机关追究刑事责任。要防止个体、私营经济假冒集体、校办、福利、新办企业偷逃税款。有关部门要积极配合税务机关搞好个体、私营经济的税收征管。国家税务局正在组织开展个体、私营经济税收大检查。要动员社会各方面力量，精心组织实施，切实抓出成效。

四、加强涉外税收工作。随着对外开放政策的贯彻实施，我国的涉外税收制度逐步完善，涉外税收收入稳步增长。只有正确执行涉外税收的法律、法规，才能体现国家主权，促进对外开放，引导外商投资企业健康发展。根据多年实践，涉外税收，一要维护国家权益；二要按国家统一规定，对符合国家产业政策的外商投资给予适度的税收优惠；三要尊重国际惯例。在对外开放、引进外资的过程中，必须维护国家权益，保证国家涉外税收法律、法规的正确贯彻实施，不得以任何形式，自定超出国家规定范围的对外商投资税收优惠政策。各级税务机关要认真贯彻执行《中华人民共和国外商投资企业和外国企业所得税法》，对外商偷漏税要依法制止，按有关规定严肃处理。要建立健全“三资”企业税收管理制度，认真清理和纠正各地自行制定的优惠政策，堵塞漏洞，努力把应收的税款都收上来。

五、积极稳步推进税制改革。税制改革是整个经济体制改革的一个有机组成部分。深化税收制度、税收征管等各项改革，必将有利于计划经济与市场调节相结合的经济体制和运行机制的建立。税制改革的方向是：在我国逐步建立起符合社会主义有计划商品经济要求的税制体系，强化流转税和所得税主体税种，统一所得税制度，规范流转税制度，公平税负，简化税种，使税制结构日趋合理。当前，各级税务机关要积极参与国营企业“税利分流”试点，为全面实行“税利分流”打好基础。税制改革是一项复杂的系统工程，税务机关要组织力量，精心设计，尽快组织实施，有关部门要积极支持配合。征管改革，一要健全法制，抓紧征管的立法工作；二要建立新的征管运行机制，继续推进征收、管理、检查三分离或征管、检查两分离；三要不断强化征管、执法手段；四要充分依靠群众协税护税，建立起协税护税网络。

六、加强税务干部队伍建设。各级税务机关要以培养有理想、有道德、有文化、有纪律的税务干部队伍为目标，大力加强税务系统的思想建设、作风建设和业务建设，不断提高广大税务干部的政治、业务素质。要着重抓好基层建设，打好基础，练好基本功，抓好业务培训。要进一步推进税务系统的廉政建设,推广抓廉政建设“一靠教育引导,二靠制度制约,三靠监督检查,四靠领导以身作则、敢抓敢管”的经验。要严肃查处违法违纪行为,坚决纠正行业不正之风。税务人员要严格遵守“五要”、“十不准”的各项规定,自觉抵制歪风邪气的侵蚀。要既抓廉政,又抓勤政,努力转变各级税务机关的工作作风,提高工作水平和办事效率。《国务院关于整顿税收秩序加强税收管理的决定》文件中对税务机构管理体制作出的规定,是加强税务机关建设、推进依法治税的重要保障,各地要认真贯彻执行,凡未落实的,都要抓紧落实。税务所是市、县税务局的派出机构,要坚持按经济区划设置。

七、各级人民政府要重视和支持税收工作。各级人民政府要进一步加强对税收工作的领导,积极研究解决税收工作中的实际问题,支持税务机关依法治税。税收工作涉及各个方面,各级计划、公安、铁道、交通、邮电、银行、工商管理、海关等部门要积极配合税务机关加强税收征管,并请法院、检察院大力支持。要保证税款按“税、贷、货、利”顺序及时、足额入库。要加快建立各种形式的税务治安组织,维护税收秩序,制止和打击暴力抗税的犯罪活动。要加强我国公民依法纳税的观念。广播、电视、报纸等新闻宣传部门要同税务机关一道,采取多种形式,在全社会开展广泛、深入、持久的税法和税收知识的宣传教育活动,使广大群众认识到社会主义税收取之于民、用之于民,依法纳税是每个公民应尽的义务。要消除社会上对税收的种种误解和偏见,提高全体公民依法纳税的自觉性。要动员和组织广大人民群众积极协助税务机关加强税收征管,建立起人民群众协税护税的网络。

以上报告,如无不当,请批转各地区、各部门执行。

一九九一年十月十一日

国务院发出关于加强彩票市场管理的通知

国务院副总理朱镕基在中南海紫光阁会见芬兰贸易和工业部部长卡乌科·尤汉塔洛

中国航空航天部和巴基斯坦空间和外大气层委员会在北京签署两部门之间的航天科技和平利用的合作协议

从今天开始新建的国家温度基准正式投入使用

全国评剧青年演员评比演出结束 41 位演员获优秀青年演员奖

全国城市教育综合改革经验交流会在江苏常州召开

陕西考古工作者最近在千阳县冉家村和陇县原子头村发现两处仰韶文化新遗址

国务院发出关于印发全国综合治理血吸虫病“八五”规划的通知

12 月 10 日

全国政协七届常委会举行第十七次会议

会议的中心议题是学习讨论《中共中央关于进一步加强农业和农村工作的决定》和江泽民在中共十三届八中全会上的讲话。其他议题还有:审议通过《中国人民政治协商会议第七届全国委员会常务委员会第 17 次会议公报》;审议全国政协视察团视察陕西、新疆、吉林、山西、贵州、浙江、湖南、广西、福建、海南以及三峡工程情况的报告(书面);审议全国政协代表团访问荷兰王国、奥地利共和国的报告(书面);通过人事任免事项。

全国政协副主席王任重受全国政协主席李先念的委托主持会议并讲话。王任重指出,农业是经济发展、社会安定、国家自立的基础,没有农村的稳定和全面进步,就不可能有整个社会的稳定和全面进步;没有农业的现代化,就不可能有整个国民经济的现代化。中共十三届八中全会的《决定》充分肯定了八十年代我国农村改革和建设的历史性成就,实事求是地指出了存在的问题,明确了九十年代我国农业和农村工作的主要任务,并确定了相应的方针和政策措施,是进一步开创我国农业和农村工作新局面,建设有中国特色社会主义新农村的纲领性文件。

中共中央政策研究室副主任回良玉就《中共中央关于进一步加强农业和农村工作的决定》中的有关问题作介绍性报告。

中共中央总书记江泽民在中南海会见马耳他总统文森特·塔博恩

江泽民在会见中指出,如果各国都能以和平共处五项原则来处理相互关系,世界上许多冲突都可以得到避免和解决。

江泽民说,处理国家之间的关系要根据和平共处五项原则,其中最重要的一点是互不干涉内政,由各国人民自己来决定自己的社会制度。不同的社会制度和意识形态不应影响国与国之间正常关系的发展。他说,世界人民都希望和平与发展,这是当代的主要潮流。

最高人民检察院发出人民检察院刑事检察工作细则(试行)

中国服装协会在北京成立

外交部发言人就中国和巴基斯坦有关部门签署航天科技和平利用合作协议一事答记者提问

有记者问，听说，最近中国和巴基斯坦在北京签署了《中巴航天科技和平利用的合作协议》，你能否证实？

发言人回答说，据了解，12 月 9 日，中国航空航天部和巴基斯坦空间和外大气层委员会签署了两部门之间的航天科技和平利用的合作协议。该协议规定，双方本着友好合作和平等互利的原则，进行卫星技术和发射服务等和平利用空间方面的合作。

亚太区域经济合作部长级会议在北京开幕

解放军全军训练管理工作会议在北京召开

全国报业经营管理先进集体先进工作者先进生产者表彰大会在北京举行

中共中央政治局常委李瑞环出席在北京举办的首届中国新闻奖 范长江新闻奖颁奖大会

来自通讯社、报纸、广播、电视媒介的 153 件作品，荣获首届中国新闻奖。艾丰、江志顺、刘效礼、杨登榜、南振中、俞新宝、郭梅尼、曹仁义、樊云芳等 9 人荣获首届范长江新闻奖。

12 月 11 日

首都各界人士在人民大会堂举行座谈会纪念西安事变 55 周年

江泽民、万里、吴学谦、丁关根、费孝通、雷洁琼、周培源、程思远、卢嘉锡等出席了座谈会。座谈会由全国政协副主席王任重主持。

中共中央总书记江泽民发表讲话。

座谈会宣读了邓颖超的书面发言。她说："五十五年中，我经常想起张学良和杨虎城两位将军的爱国主义精神和壮举。西安事变已载人史册，永远激励后人。恩来同志在世时，对张、杨两位将军甚为敬佩和想念"。"几十年来，赵一获女士始终陪伴张将军，这是难能可贵的。望张将军和赵女士珍重。"

全国人大常委会副委员长、民进中央主席雷洁琼代表各民主党派、全国工商联和无党派人士讲话。

西安事变的参加者吕正操在会上说，张学良、杨虎城两将军发动西安事变，对于中国的命运，对于中华民族团结起来共同抗日，是有重大贡献的。随着时间的推移，西安事变在中国历史上越来越显示出它的光辉。

在座谈会上发言的还有：郭维城、杨拯民。

参加座谈会的还有：西安事变的参加者以及张、杨两将军的亲朋故旧，各民主党派、全国工商联和无党派人士代表，有关部门负责人王兆国、罗青长、宋德敏、于永波、徐惠滋、蒋民宽、万绍芬、杨斯德、聂大江、赵炜等 100 多人。

中共中央总书记江泽民在纪念西安事变 55 周年座谈会上发表讲话

同志们：

今天，我们在这里召开座谈会，纪念西安事变五十五周年。五十五年前，我们的祖国灾难深重，战火频仍。日本帝国主义在侵占我国东北后，又加紧进攻华北，企图把中国变成它的殖民地。以蒋介石为首的国民党政府，置民族危亡于不顾，坚持不抵抗政策，继续进行反共反人民的内战，迫令张学良将军领导的东北军和杨虎城将军领导的十七路军进攻陕北工农红军。在国家、民族危难的紧要关头，在中国共产党抗日民族统一战线政策和全国人民抗日运动的影响下，1936 年 12 月 12 日，张学良、杨虎城两位将军出于民族大义，置自身安危于度外，毅然在西安举行兵谏，扣留了蒋介石，并通电全国提出八项政治主张，逼蒋联共抗日，这就是震惊中外的"西安事变"。事变发生后，经过中国共产党和张、杨两将军的努力，蒋介石被迫接受了团结抗日要求，从而结束了十年内战，促成了第二次国共合作，为进行全面抗战奠定了政治基础。周恩来同志曾给予这一事变及张、杨两将军以极高的评价，他说："'双十二'事变本身的意义，是在它成为当时停止内战、发动抗战的一个历史上的转变关键。""张、杨两将军，他们是有大功于抗战事业的"，是"千古功臣"。

西安事变给人们留下了许多珍贵的启迪。最重要的是，它表明爱国主义是凝聚中华民族的伟大力量，是推进中国社会发展的巨大精神动力。越是在困难的时候，越是在危急的关头，中国人民的爱国主义精神越加显示出强大的力量。西安事变还表明，中国共产党和中国国民党不管有多深的历史积怨，都可以在民族大义、爱国主义的伟大旗帜下团结起来，携手合作。

五十五年过去了，在我们祖国的大地上发生了翻天覆地的变化。全国各族人民在中国共产党的领导下，发奋图强，艰苦奋斗，已经把一个贫穷落后、备受欺凌的旧中国建设成独立自主、初步繁荣昌盛的新中国。现在,我们的国家已经进入了社会主义现代化建设的新时期,我们党正在领导广大人民专心致志地以经济建设为中心,坚持四项基本原则,坚持改革开放,努力建设有中国特色的社会主义。中国的前途是光明的。

统一祖国、振兴中华是全民族的事业,每一个中国人,不论其主张、信仰如何,都应为之贡献自己的力量。但是,令人遗憾的是,时至今日,祖国统一大业尚未完成,台湾当局仍然坚持"反共拒和"立场,谋求成为"独立的对等的政治实体",拖延和平统一时日。这是违背中华民族的根本利益的。中国共产党一再表明,将坚持按照"一国两制"的设想,实现祖国和平统一。根据这一原则,香港和澳门问题已经得到解决。我们相信,台湾问题最终也会按照这一原则得到解决。既然当年为了拯救民族危亡,国共两党可以改变敌对状况,携起手来,今天为了实现祖国的完全统一,为什么不可以捐弃前嫌,再度携手呢?我们已经提出:中国共产党和中国国民党派出代表进行接触,以便创造条件,就正式结束两岸敌对状态,早日实现两岸直接三通,双向交流,逐步实现和平统一进行谈判。在商谈中,可以邀请两岸其他政党、团体有代表性的人士参加。我们希望台湾当局顺应历史潮流,顺应包括台湾同胞、港澳同胞和国外侨胞在内的全中国人民的意愿,尽早对中国共产党的主张,作出积极的善意的回应,同全国人民一道,共同推进祖国和平统一大业。

最近一段时间,台湾岛内少数"台独"分子气焰嚣张,公然进行分裂国家、分裂民族的活动,遭到了包括广大台湾同胞在内的全国各族人民的强烈谴责和坚决反对。我们也注意到台湾当局和各界的有识之士对"台独"的谴责。"台独"是一条走不通的死路,任何分裂祖国的图谋都是绝不会得逞的。我们希望"台独"分子不要错误估计形势,应该迷途知返。如果他们停止分裂活动,进而为促进两岸关系和祖国和平统一做些事情,人民是会欢迎的。

同志们,我们纪念西安事变这一中华民族历史上的重大事件,更加思念张学良将军,更加缅怀杨虎城将军,更加敬佩张、杨两将军的爱国义举。张、杨两将军为中华民族解放事业建立的功勋将永垂青史!我们应该学习张、杨两将军为民族利益英勇奉献的爱国主义精神,学习他们为国家利益求同存异的团结精神。让我们高举爱国主义旗帜,坚定不移地朝着统一祖国、振兴中华的目标奋勇前进!

中共中央政治局常委宋平在广西调查研究听取自治区党委汇报后就农村社会主义思想教育发表谈话

宋平说,干部下去,搞农村社会主义思想教育,是推动经济建设和各项事业发展的一项重要措施。现在有的干部不大愿意下乡,下乡也不到村、不到户。党的力量在于扎根群众之中。不能满足于一般号召,要扎扎实实地推进农村的各项工作和帮助农民实现小康。有的农民批评我们是"热在县里,包在乡里,搁在村里,到不了户里"。有的地方村级组织涣散,相当多的党支部不起作用,这种情况要改变。

干部下去前要集中学习,下去后先调查研究,把情况弄清楚,存在什么问题,然后结合实际宣传党的政策,提出问题与群众商量,交给群众讨论,组织群众自己解决问题。下去的干部,要有熟悉农村工作的同志带队,要入村入户,参加一些农村劳动。有的地方干群关系有点紧张,多数干部属于教育问题,个别错误严重的可以调整,违法乱纪的按党纪国法处理。要虚实结合,搞一次教育,提高一步。文艺工作者下去,用"对歌"的方式进行宣传教育,这是你们的创造。要搞好村级组织建设,把各种组织健全起来,在党支部领导下进行活动。通过治安、调解、计生协会以及适合当地经济发展和群众要求的各种形式,把村里的群众都组织起来,发挥各个组织的作用,带领群众形成村帮村,邻帮邻,人人参与的局面。党支部要重视青年工作,青年团的活动要活跃起来。

宋平说,开展社会主义思想教育,要使党的基本路线和各项政策到村到户,不是去讲空话,而是切实加强农村工作,帮助农民深化改革,发展生产。干部到农村去,到农民家里去,到田里去,天天跟他们接触,交朋友。开始的时候,他们也许不大了解,有的甚至不大欢迎,只要坚持做下去,诚心诚意为农民服务,并帮他们解决一些实际问题,最后变成了亲人。我们党和群众不建立这种关系,就没有战斗力。农村以党支部为核心,这是对的。但是如果党组织只向群众发号施令,叫农民干这干那,不帮助他们解决实际困难,不帮助他们发展生产、提高生活水平,就会脱离群众,要出问题。党就是要做群众工作的,到群众中去,做思想工作,把群众发动起来。党支部要善于通过村民委员会和各种组织、通过党员去做工作,不能把什么都包下来。这样,威信就建立起来了,这是应该办到和可能办到的。这个工作很艰苦,吃不了苦不行。当干部,加入共产党,就是要吃得了苦。过去在农村搞土改的时候,跟贫雇农睡在一个炕上,吃在一起,干在一起,他才说心里话。难道我们党现在执政了,就不需要做群众工作了?我看不能这样。

中国外交部驻澳门签证处成立

1991年获国家级科技奖暨优秀项目展览会在中国

科技情报所展厅开展

参展项目大多是获91年度国家科技奖项目，也有部分有代表性的历年获奖优秀项目，共计800多项。其中，来自中央各部门的有400多项，来自各省、市、自治区、计划单列市的有400多项。

12月12日

国务院总理李鹏和印度总理拉奥在新德里总理府内阁厅举行第一轮正式会谈

李鹏应主人的要求，介绍了中国对国际形势的看法。李鹏说，"世界形势正在发生深刻变化。旧的格局已打破，而新的格局尚未形成。世界多极化的趋势在加速。国际形势动荡不已，和平与发展受到挑战。发展中国家面临着更大困难。中国作为一个致力于大规模经济建设的发展中国家，我们外交政策所追求的目标是：和平与发展。发展同我周围国家的友好关系，是我国外交政策的重要组成部分。因此，我们十分重视发展同印度的关系。"

李鹏总理指出："国际形势的变化提出一个究竟应该建立什么样的国际新秩序的问题。对此，中国的基本原则是：1. 中印两国在50年代共同倡导的和平共处五项原则表现出了强大的生命力，应该成为建立国际新秩序的基础。五项原则的核心是，尊重各国人民决定自己命运的权利，互不干涉内政。2. 国家不分大小、贫富、强弱，都是国际社会的平等成员，都有权参与国际新秩序的建立。3. 国际新秩序既包括政治新秩序，也包括经济新秩序。经济新秩序的基础是平等互利。当今，南北差距不断扩大，在很大程度上是由于不合理的国际经济秩序造成的。4. 联合国应该在建立国际新秩序方面发挥重要作用。"

李鹏还向主人通报了中苏关系、中美关系、中越关系以及柬埔寨问题等情况。

国务院总理李鹏在新德里总统府会见印度总统拉马斯瓦米·文卡塔拉曼夫妇

全国政协第七届常委会第十七次会议闭幕

会议要求人民政协各级组织和委员，认真学习和广泛深入地宣传贯彻中共十三届八中全会精神，充分认识农业和农村工作的重要意义，认真履行政治协商、民主监督职能，进一步搞好调查研究，积极提出建议和意见，为开创我国农业和农村工作新局面，巩固农村社会主义阵地做出应有的贡献。

会议审议通过这次常委会的公报，通过人事任免事项。

全国政协副主席王任重在全国政协第七届常委会第十七次会议闭幕会上就农业问题发表讲话

我主要就这次常委会议讨论的农业问题谈三点意见。

第一点，抓落实，发挥潜力，增强信心。我们在发展农业、建设农村的伟大的事业上，一方面要看到这是一个非常艰苦的、复杂的、长远的、伟大的任务，对于困难估计不足，就会麻痹大意；另一方面，如果对前途没有信心，就不会有干劲，什么事也做不好。所以我着重就这方面讲一下。我国的耕地占全世界耕地面积的百分之七，养活着世界上百分之二十二的人口。应当说，除了少数地区几千万人生活还比较困难，还没有完全摆脱贫困以外，全国广大人民解决了温饱问题。就是那些没有解决温饱的几千万人，生活也有了不同程度的改善，国家采取各种办法帮助他们，给他们粮食，给他们贷款，帮助他们发展生产。特别是扶助发展生产，是帮助贫困地区脱贫致富的最有效的办法。如果今年给他点钱，给他点粮，他吃完了，用完了，明年不是还要来找你吗？所以不发展生产，就根本不可能脱贫致富。党中央下了很大的决心，国务院成立了一个专门的扶贫小组，负责老少边穷地区的扶贫工作。

我国人均只有一亩多耕地，现在平均每亩地收六百多斤粮食。我们发展粮、棉、油，主要靠提高单产。全国已经出现了两个吨粮县，这就证明，亩产六百多斤可以提高到一千多斤。全国都达到亩产千斤，不能说没有希望，但是我们也不要求那么高，不要求那么快。说全国很快就能达到吨粮田，就会犯急于求成、弄虚作假的错误。一九五八年"大跃进"不是犯过这样的错误吗？我们要特别强调科学种田。我祖父、我父亲都是种地的，地也是种得好的。我家地也不多，一个人两三亩，两年三季，平均亩产达到二百多斤，就是大丰收年了。现在，我弟弟还有两个侄子在家种地，光小麦一季就收六百斤；小麦地里套种包谷，包谷收八百斤；两项加起来，每亩收一千四百斤。当然，离吨粮田还差一截。现在产量高的原因是有了水，有了比较好的品种，再加上有化肥、农药、塑料薄膜等东西。主要是依靠科学种田，依靠农田基本建设，从不到三百斤发展到一千四五百斤。也不光是我家。那年我到河北跑了一趟，访问的所有农户基本上每天吃的都是馍、白面饼、面条、饺子，而且有许多农家盖了新房。这十年发展农业成绩很大。这是事实。我们很多同志家是在农村的，这一点你们是知道的。虽然不是所有农村都很好，但总体来讲，绝大多数农村是好的。当然，也存在着问题。如粮食收购中的问题就很大，党的十三届八中全会会议上讲了这个问题，最后决定要多买一百亿斤粮食。本来规定了稻谷议价收购的保护价，是每斤三角五分、三角七分。现在收购的多少钱一斤？像湖北许多地方是每斤二角四分，比保护价低一角多。这个问题如果不解决，会极大地影响农民种粮的积极性。这类问题，湖南有，江西有，东北有，湖北有，河南也有。为什么粮食库里装不下，收购粮食要贷款，贷款要付利息，还得报关，报关还得交报关费。钱谁给呢？原来国家收购粮食，收的价与卖的价有一个差额，中央要给一定的补贴，这笔补贴都分到各省去了。现在粮食生产发展了，收购量大了，这个补贴不够了，所以各省为收购粮食都欠了银行的钱，要付利息，要出一定的费用，这要盖仓库，不然有些粮食没处放。所以这个问题不解决不行。这是一个政策问题。农民种粮没有积极性了。农民没有积极性，各县没有积极性，产粮省没有积极性，谁产粮食多，谁收购粮食多，谁吃亏。这个政策能够发展粮食生产吗？我看不能。根据党中央的号召，还不能少种，还要多种、多收。有一个地方有个农民过春节贴了一副对联："高价化肥我不买，平价粮食我不卖"；横批是"政府莫怪"。因为化肥也是两种价格，一种叫平价化肥，按计划供应的，但往往供应不到，农民只好买高价化肥，高价化肥要贵得多。化肥是人家高价买的，粮食要人家平价卖，农民吃了亏赔了钱，他能干吗？所以这个问题是非解决不可的。因此，要想把党中央的决定贯彻好，还有许多具体的重大政策问题要加以真正落实才行。

除了粮食以外，还要山、水、林、田、路综合治理，农、林、牧、副、渔全面发展。我们还有很多山地，有很多滩涂，还有很多草原，这些还没有充分开发利用。这几年大家重视开发性农业，取得了很大成绩。现在果树、洋芋、蔬菜都有很大发展。但是潜力还是非常大的。我们的畜牧业可以大发展。我们的草原是天然的牧场。不少天然牧场退化了，但还是可以改造的，可以改造成人工牧场。当然一下子全部改造有困难，那就一部分一部分地改造嘛。有好多草原是有水的，要选择好的牧草种子，要人工种，再加上水浇。有了水，沙漠也可以改造，也可以种牧草嘛。所以这些事情都是大有可为的。

还有，发展粮食生产和多种经营，不仅要注意高产，还要注意优质、高效。只高产而质量很差，没人要，卖不出去，就没有效益。你卖的价格很低，效益就很差。人第一要吃饱，饿的时候米差一点、不大好吃也无所谓。现在人们不发愁没米吃了，就要吃好一点的米。杂交稻、籼稻好多人不爱吃，要吃粳稻，要吃小站米。一斤杂交稻米的价格是四角、五角，有的地方还不到四角，可是小站米要一元多。它一斤的价格顶两斤甚至三斤杂交稻米的价格，即使它的产量稍低一些，但经济效益要高得多。所以我们研究稻谷品种的同志，要研究如何提高杂交稻米的质量。我们不仅要注意高产，而且要注意优质。特别是水果，从一开始种水果树的时候，就要注意选择优良品种。可以从外国引进一些优良品种，我们自己也可以培育出一些优良的品种。上午钱学森同志讲了生物工程。现在就要集中必要的人力来研究这个东西，做些基础研究，做实验研究，再进一步做应用研究，使之推广到生产上去。

大家都讲科教兴农这个问题，讲得很好，我在这里就不重复了。问题是我们如何落实，怎么认真地抓。我特别要强调一下，对于下到农村的农业科技人员，他们的待遇要适当提高，要给些补贴。我们过去按劳分配政策没搞好。比如一个水库，它能发电，能灌溉，管电的人和管水的人在一起工作，可是管电的叫工业技术员，他的工资高一些；管水的叫农业技术员，他的工资就低一些。这是什么道理呢？同志们提出的这些问题，都是需要我们在今后的工作中认真解决的。这是我讲的第一个问题。

第二点，关于共同富裕的问题。共同富裕是我们国家必须坚持的方向，是社会主义的方向。资本主义是贫富悬殊，而我们社会主义的分配原则，主要是按劳分配、多劳多得。差距是有，承认差距，但一般来说差距不很大，而且，不存在两极分化问题。我们必须注意一个问题，共同富裕绝不是平均富裕，到共产主义也不行。对于缩小差别，我的理解是有人先富起来，有人后富起来，两者的差别逐渐缩小。不是说你越富，我越穷。不是说你富起来，我仍在贫困线以下。我们的方针是让大家都富起来，全国各个地区都富起来，使最贫困的地区也要脱贫致富。但是全国发展水平绝不会一样，大家都达到沿海现在的水平是可能的。但沿海也要进一步发展。我在广东东莞县就讲过，我说你们差不多达到小康水平了，你们仅仅说是为小康而奋斗那就不行了，那有什么劲呢？你们要为第三步战略目标，为达到中等发达国家的水平而奋斗。所以共同富裕不是平均富裕、同等富裕，因为各个地方的发展水平、发展速度、主客观条件不同，情况差异很大。广西自治区党委书记告诉我，他对二百万人很发愁。这二百万人散居在大山里，没有一块完整的土地，石头多，土壤少，遇到有土的地方就种上几棵包谷。那里还是石灰岩地区，下雨也不少，可存不住水。不但种地缺水，人吃都缺水。每年拉水就要花好多钱。粮食要供给他，钱还要补助他，吃水还要拉给他。所以这个地区国家的投入不少，到现在还没有找到一个脱贫致富的出路。我说你找别的出路嘛。搬家，只有搬家。那个地方没有生存条件，不适合人类居住，就搬出来。搬也相当困难，农民有个传统观念，叫"穷家难舍"。我说先动员些人出来，逐渐带动嘛。山西有这样的例子，从山区缺水缺田的地方搬走。开始有人想往回跑，现在已经搬了几十万人在新地方安家落户，在当地发家致富了。为什么不想这样的出路呢？虽然工作艰苦，可总还做得到。试一试嘛，总比整年围着二百万人发愁好吧，总得找个出路吧。各个地方情况不同，要因地制宜，根据实际情况发展农、林、牧、副、渔，发展自己的乡镇企业，不要急于求成，不要搞盲目性。盲目性只能造成浪费。乡镇企业要在国家产业政策的指导下进行，不要重复建设。看别人搞这个挣钱了，你搞我也搞，大家都搞就没有销路了。

第三点，政协的同志多为农业贡献力量。我们政协是个人才库，各种人才都有，如农业家、工业家、科学家、教育家。有些人不算家，也算人才吧。各种人才都很多。这里还有一批从单位、政府退下来的老干部，有长期的实践经验。我们还有不少专家下去，帮助农民解决果树问题、畜牧问题、收益问题，改良品种。科学是无尽头的。钱学森同志讲了生物工程。将来生物工程发展的结果，许多动植物的品种会改良的，会出现许多新的品种。它既不是这，也不是那，它是新的，是自然界原来没有的。科教兴农是大有可为的。希望我们政协的同志回去以后，振奋精神，为我们的农业，同时也是为了我们整个社会主义事业，更好地贡献我们的力量。

全国政协第七届常委会第十七次会议通过会议公报

中国人民政治协商会议第七届全国委员会常务委员会，于 1991 年 12 月 10 日至 12 日在北京举行第十七次会议。各省、自治区、直辖市、计划单列市政协负责同志及有关方面负责人列席了会议。

会议学习和讨论了中共十三届八中全会通过的《中共中央关于进一步加强农业和农村工作的决定》和江泽民在全会上的讲话，一致表示拥护和赞同。

会议认为，中共十一届三中全会以来我国农村的伟大变革，是以邓小平同志为代表的中国共产党人把马克思主义基本原理同中国具体实际相结合的一个伟大创造，是中国亿万农民在共产党领导下，坚持走有中国特色的社会主义道路的伟大创举。我国农村改革和建设所取得的巨大成就，充分证明中国共产党确定的农村改革和发展的方向与基本政策是完全正确的。中共中央的《决定》充分肯定了 80 年代我国农村改革和建设的历史性成就，实事求是地指出了存在的问题，明确了 90 年代我国农业和农村工作的主要任务，并确定了相应的方针和政策措施，是进一步开创我国农业和农村工作新局面，建设有中国特色社会主义新农村的纲领性文件。认真贯彻执行中共中央的《决定》，对于推进整个国民经济的发展，实现我国社会主义现代化建设第二步战略目标，巩固工农联盟，加强人民民主专政，抵御和平演变，具有十分重大的意义。

会议要求人民政协各级组织和委员，认真学习和广泛深入地宣传贯彻中共十三届八中全会精神，充分认识农业和农村工作的重要意义。要把支持、协助各级中共党委和人民政府贯彻落实中共中央的《决定》放在十分重要的地位，认真履行政治协商、民主监督职能，围绕稳定和完善家庭联产承包为主的责任制与统分结合的双层经营体制、发展和健全农业社会化服务体系、发展集体经济、增加农业投入、调整农村产业结构、提高农用工业水平和能力、推进农产品价格和流通体制改革、实施科教兴农战略、加快大江大河大湖治理、开展农田水利基本建设、做好扶贫和促进共同富裕工作、加强农村基层组织建设和社会主义精神文明与民主法制建设、深入开展社会主义思想教育、做好计划生育工作、整顿社会治安等，进一步搞好调查研究，积极提出建议和意见，并在同级中共党委统一领导下，根据当地实际，发挥政协优势，采取多种形式，为开创我国农业和农村工作新局面，巩固农村社会主义阵地做出应有的贡献。

会议号召，参加人民政协的各民主党派、无党派爱国人士、各人民团体和各族各界代表人士，紧密地团结在以江泽民同志为核心的中共中央周围，继续坚持和全面贯彻执行"一个中心、两个基本点"的基本路线，以实际行动迎接中国共产党第十四次全国代表大会的召开。

国务院总理李鹏在新德里拜谒圣雄甘地陵墓并敬献花圈

国务院总理李鹏在新德里看望已故印度总理拉吉夫·甘地的遗孀索尼亚·甘地

国务院总理李鹏在新德里会见印度前外交部部长巴格特等九名印度国大党领导成员

国务院总理李鹏在新德里总统府会见印度前总理钱德拉·谢卡尔

国家主席杨尚昆在钓鱼台国宾馆会见朝鲜劳动党政治局常委人民武装力量部部长吴振宇

国家主席杨尚昆在钓鱼台国宾馆接受爱尔兰新任驻中国大使塞尔玛·多兰递交的国书

全国人大常委会委员长万里会见俄罗斯联邦最高苏维埃国际事务及对外经济联络委员会主席弗·彼·

卢金

外交部发言人段津就中苏关系发表谈话

外交部发言人段津表示,中国愿意在中苏两个联合公报的基础上,继续发展同苏联和各共和国的睦邻友好合作关系。

段津说,作为邻国,中国很关注苏联局势的发展。"我们希望有关各方能够通过协商,尽快使局势稳定下来。"

段津说,中国注意到国际社会近来对苏联核武器问题的关注。他说:"我们希望苏联能够妥善安置自己的核武器。"

1991年度国家科学技术奖励大会在人民大会堂举行

958个科技项目获国家级奖励,参与这些项目的4590名科技人员受到奖励。我国国家自然科学奖、国家发明奖、国家科技进步奖、国家星火奖四大奖获奖代表首次共同参加这一国家科技最高级别的授奖仪式。

全国哲学社会科学"八五"规划工作会议在北京召开

会议的议题主要是讨论全国哲学社会科学"八五"重点课题规划。与此相关,还要讨论如何加强社会科学研究和繁荣社会科学的有关问题,讨论《国家资助哲学社会科学研究项目管理暂行办法》。全国哲学社会科学规划领导小组顾问胡绳,全国哲学社会科学规划领导小组成员,全国哲学社会科学"八五"学科规划小组正副组长,各省、市、自治区党委宣传部主管理论工作的负责同志、社会科学规划领导小组负责同志,哲学社会科学规划办公室主任,中央和国务院有关部门的同志,以及参加中国社科院工作会议的同志,出席了会议。

开幕式由全国哲学社会科学规划领导小组副组长、国家教委副主任何东昌主持。

全国哲学社会科学规划领导小组组长、中共中央宣传部部长王忍之作了题为《团结奋斗,繁荣哲学社会科学》的讲话,着重讲了四个问题:一、新的历史时期与哲学社会科学的重大作用;二、哲学社会科学战线面临的繁重任务;三、坚持以马克思主义为指导,保证哲学社会科学研究的正确方向;四、加强领导,改善条件,建设宏大的哲学社会科学研究队伍。

《人民日报》报道称敦煌"悬泉置"遗址出土文物万余件

在兰州举行的汉代悬泉置遗址1990—1991年考古发掘成果新闻发布会透露:从1990年秋季开始,甘肃省文物考古研究所对汉代敦煌郡悬泉置遗址连续进行了两个年度的考古发掘,获得了大量珍贵的文物。这是甘肃省考古界继70年代末至80年代中期发掘清理秦安大地湾新石器时代遗址后,在海内外引起轰动后的又一重大考古收获。

悬泉置遗址出土的各类遗物达17650件,其中弥足珍贵的简牍即达1500余枚,其他遗物有铜、铁、漆、木、陶、石、麻、皮毛、丝绸、纸张等10余类以及大麦、小麦、青稞、谷子、糜子、豌豆、扁豆、黑豆、大蒜、杏核、苜蓿、桃核、兽骨等。

从已发掘出来的遗址看,遗迹结构之完整,出土遗物之丰富,文化内涵之广泛,实属近年来我国考古学界的重大收获之一。特别与简牍共存的西汉宣帝至哀帝时期(公元前七十三年至公元前一年)的20余张书写墨迹的麻纸的出土,可能突破传统的东汉蔡伦造纸说,并从一个侧面反映了甘肃是最早发明并使用纸的地区之一。

全国民政系统救灾工作会议在北京召开

民政部部长崔乃夫在12月12日开幕的全国民政系统救灾工作会议上说,我们国家的救灾工作方针是:依靠群众,依靠集体,生产自救、互助互济、辅之以国家必要的救济和扶持。这个方针的核心是:发动群众生产自救和开展互助互济活动。

国务院副总理、全国救灾工作领导小组组长、中国国际减灾十年委员会主任田纪云在14日的会议上指出,救灾工作必须和减灾紧密结合,国家将要增加减灾投入,兴建防灾减灾重点工程,提高防灾抗灾能力。

田纪云指出,党和政府历来十分重视救灾工作,早就制定并实施了"防救结合,以防为主"的战略方针。今后要继续贯彻执行这一方针,配合开展国际减灾十年活动,广泛开展防灾减灾宣传,提高全社会的减灾意识。

田纪云代表党中央、国务院向全国民政战线上的干部职工表示衷心的感谢和敬意。他特别提到,在这次捐赠活动中,民政部和中国国际减灾十年委员会办公室共办理捐赠3万多笔,处理文电5万件,加上地方各级民政部门接收23亿多元捐赠款物,工作效率很高,接收很有程序。全国共计发放救灾款和救灾捐赠款物40多亿元,都是通过民政干部的手,送到灾民手中的。实践证明,民政队伍是一支好的队伍,是一支过硬的队伍。

会议于15日结束。会上表彰了民政部门在这次抗洪救灾中表现突出的267名模范个人和75个先进集体。

12月13日

国务院总理李鹏与印度总理拉奥在新德里印度总统府举行第二轮正式会谈

李鹏在会谈时说："近三年来，两国关系在各个领域都取得了进展，双方即将签署的几项协议就是这些进展的具体表现。"

拉奥对两国关系取得的进展表示满意，希望双边关系继续前进。他代表印度政府和人民向中方保证，印度对继续发展和加强两国关系是有诚意的。

李鹏总理在谈到两国贸易关系时说，近几年双边贸易虽有发展，但水平还比较低。建议两国政府对进一步发展双边经贸关系采取支持态度。两国经贸官员和企业界人士可以增加来往，增进了解，扩大合作途径。

拉奥总理对此表示同意，认为两国贸易，特别是边境贸易是很有发展潜力的。双方应该积极努力扩大双边经贸关系。

在谈到中国西藏问题时，拉奥总理重申：印度政府承认西藏是中国的一个自治区，是中国领土的一部分。印度政府不允许西藏人在印度领土上进行反对中国政府的政治活动。李鹏赞赏印度政府的这一立场。李鹏强调指出，中国政府与达赖喇嘛谈判的道路是畅通的，但达赖喇嘛应当放弃"西藏独立"的立场，停止分裂祖国的政治活动。

两国总理还讨论了人权问题。李鹏总理说，拉奥总理不久前在15国集团会议上强调，对发展中国家来说人权首先是发展权。对此，李鹏表示赞赏。李鹏认为，两国在人权问题上的看法是接近的。李鹏向对方介绍了中方对人权问题的立场，指出人权有广泛的含义，不应当作片面的解释。对发展中国家来说，最重要的是生存权和发展权。如果一个国家没有独立与主权，不能决定自己的命运，那还有什么人权可言。

拉奥总理说，西方关于人权的观念有很大局限性，印度难以接受。印度也不能接受西方主张的将人权问题作为提供财政经贸援助的条件。李鹏说，中国也反对以"人权"为借口，干涉别国内政，反对以"人权"作为提供援助的先决条件。

两国领导人认真地讨论了边界问题。双方一致认为，边界问题不应当影响两国关系的发展。双方赞成本着1988年两国总理就边界问题所谈的精神，积极努力地谋求解决问题。双方还对近几年来两国边境地区保持了和平与安宁，表示满意。两国总理同意，双方的边界联合工作小组应该讨论继续保持两国边境地区和平与安宁的具体措施。两国总理还赞成，边界联合工作小组应尽早再次开会。

在会谈结束时，李鹏说："两天来我们的会谈是卓有成效的，就许多共同关心的问题深入地交换了意见。这次访问不仅巩固了三年前拉吉夫·甘地总理访华取得的成果，而且有了新的发展。这必将进一步推动中印两国关系继续前进。"

拉奥总理也认为，双方进行了卓有成效的会谈，印度方面表示满意。拉奥总理说："亚洲两个最大的国家加强合作，不仅对两国而且也对世界具有重要意义。"

中共中央政治局常委宋平同参加全国省区市党委组织部长会议的部分代表座谈

全国组织部长会议今日结束。

宋平在中南海怀仁堂同全国各省、自治区、直辖市党委组织部长座谈。

宋平在座谈会上发表讲话如下：

最近闭幕的党的十三届八中全会，审议并通过了《关于召开中国共产党第十四次全国代表大会的决议》，确定党的十四大明年第四季度在北京举行。这次全国省区市党委组织部长会议，主要任务就是根据八中全会的决议，按照中央的要求，部署做好有关十四大的组织准备方面的工作，部署明年的组织工作。

党的十三届四中全会以来，以江泽民同志为核心的党中央，面对风云变幻的国际形势和艰巨繁重的国内任务，坚定不移地贯彻党的基本路线，以经济建设为中心，坚持四项基本原则，坚持改革开放，团结全党同志和全国各族人民，进行了卓有成效的工作，全国经济稳定，政治稳定，社会稳定，各项事业都得到健康发展。这样的局面，使开好十四大有了很好的条件。

党的十一届三中全会以来，各级党委和组织部门为加强党的建设做了大量工作，贯彻干部队伍"四化"方针，培养选拔年轻干部，实现领导班子新老合作和交替，从组织上有力地保证了党的路线方针政策的贯彻执行。现在距离明年第四季度召开十四大还有不到一年时间，选举十四大代表等方面的组织准备，工作量很大，时间比较紧迫，需要抓紧进行。按照宪法和政协章程的规定，十四大之后紧接着还要召开八届全国人大、八届全国政协会议；同时30个省区市人大、政府和政协也要换届，还有半数的地方党委要换届，与此相关的大量组织准备工作也要在明年进行，任务是非常繁重的。

组织部门要在党委的领导下，以十分严肃认真的精神和高度的政治责任感，按照中央的要求，把有关的组织准备工作做细做好。特别要注意抓好三个环节：

一是认真做好干部考察工作。不论是十四大代表的选举，还是领导班子成员的调整和充实，做好考察工作是十分重要的。考察和任用干部，必须坚持德才兼备的原则。邓小平同志在80年代初就指出:“我们要在中国社会主义制度下实现四个现代化,理所当然的,我们的干部队伍一定要坚持社会主义道路,要有马列主义的基本观点,要遵守党的纪律和国家的纪律。应该说,我们党内、国内本来就有一些非社会主义思想,由于林彪、‘四人帮’十年横行和其他种种原因,加上我们同资本主义国家存在着外交关系、外贸关系,并且还在发展这些方面的关系,所以,资产阶级思想影响的渗透是不可避免的。因此,有必要反复强调,我们的干部队伍,必须坚持社会主义道路。今天重申这一点,有特别重要的意义。”十多年之后,面对当前的国内外形势,重温邓小平同志的这段话,仍有很强的针对性。我们要坚持党的干部路线,在考察干部时,一定要注意考察干部的政治立场和关键时刻的表现,防止用人失察,使怀疑甚至否定马列主义、毛泽东思想的人,坚持资产阶级自由化立场的人,政治上的投机分子进入领导班子。

我们党处在执政的地位,又面临改革开放的新形势,考察和任用干部还应注意干部的思想品德和工作才干。特别是各级领导骨干,要有坚强的党性,有改革开放的意识,公道正派,能够团结各方面同志一道工作,廉洁奉公,真正全心全意为人民服务。组织部门要严格把好这个关,否则就没有尽到自己的责任。

在考察工作中,要注意扩大视野,发现一批年轻或比较年轻的优秀干部。中央组织部前一段向各地派出了考察组,同地方党委一道,发现了一批政治上比较强,有实际工作经验,政绩比较突出,又比较年轻的干部。说明人才还是很多的,关键在于我们要深入下去,及时发现。下一步,中央和国家机关干部考察工作也将着手进行,各省、区、市为准备换届也要开展干部考察工作。要注意从有实践经验的人中选拔干部,发现新的优秀人才。看准了的,要大胆选拔,给他们压担子。对那些确实不适应现职的干部,也要下决心调整到同他们的德才条件相适应的工作岗位上去,干部要能上能下。选拔干部要严格按程序办事,搞五湖四海,防止用人问题上的不正之风。对伸手要官的坚决不能给官。

二是要充分发扬民主,走群众路线。民主,不只是表现在投票选举上,更重要的是贯穿于换届工作的全过程。选举前,广泛听取各方面的意见,自上而下,上下结合,反复酝酿协商,在充分走群众路线的基础上,实行正确的集中。这种民主是党内和人民内部的民主,也是我们党的优良传统。前几年,有些地方换届选举,事前酝酿协商不充分,选举过程中没有积极做好思想政治工作,党委的意图和有关政策原则没有向代表讲清楚,思想没有统一起来,结果选举不很圆满,影响了领导班子的整体结构,不利于工作。我们要总结这方面的经验,把工作做细做好。

三是要通盘考虑。不论是十四大代表的选举,还是人大、政府、政协以及党委的换届,都有个通盘考虑的问题。比如十四大代表选举既要考虑先进性,又要考虑代表性,考虑到方方面面。党委换届,组织部门在拟订建议方案的时候,要同人大、政府和政协的换届结合起来考虑。领导班子的结构和成员的年龄,要合理搭配,做到既保留一批政治上强、有丰富经验的同志,又有利于中年和青年干部的健康成长,进一步推动新老交替和合作。结合换届,还有一个交流干部的问题,也需要通盘考虑。中央曾就干部交流工作专门发过文件,凡是落实得好的地方,干部交流后,对于干部开阔视野,增长才干,加强班子的团结,都起到了很好的作用。干部交流也会遇到一些实际问题和困难,组织上要尽可能予以考虑,积极帮助解决,干部本人要严格要求自己,发扬无私奉献精神,克服困难,坚决服从组织调动。

做好十四大组织准备的过程,同时也是继续加强党的建设的过程。我们要进一步提高党的战斗力,迎接十四大的召开。

党的建设从来是同党的政治路线紧密联系在一起的。我们党的基本路线,是建设有中国特色社会主义的基本路线,是马克思主义基本原理同中国具体实际在新的历史时期相结合的产物。共产党员无论在什么岗位,做什么工作,都要在自己的言行中,责无旁贷地正确贯彻执行这条路线。今天到会的都是做党的组织工作的同志,考察干部、使用干部,要把能否全面理解和正确贯彻党的基本路线,放在首要地位。不只是做经济工作的同志要时刻牢记以经济建设为中心,做组织工作和其他工作的同志也要时刻牢记以经济建设为中心。组织部门的同志,要懂得经济工作,自觉围绕经济建设这个中心,做好自己的工作。在工作实践中,要切实把基本路线的精神贯彻到自己的具体工作中去。这样,就会减少工作上的盲目性,真正把贯彻执行党的基本路线同自己所从事的具体工作统一起来。

座谈会由中组部部长吕枫主持。吉林省委常委、组织部长高严,河北省委常委、组织部长陈玉杰,山东省委常委、组织部长谭福德,国家计委人事司司长龙永枢,内蒙古自治区党委常委、组织部长白恩培,海南省委常委、组织部长李志民在座谈会上先后发言。他们就各级党的组织建设、干部交流、培养青年干部和国家机关精兵简政等问题发表了意见。

中共中央总书记江泽民在中南海会见由社长陈伯钧率领的香港经济导报社代表团

全国企业技术进步工作会议在北京举行

1991 年，全国企业技术进步工作会议由国务院生产办公室会同国家计委、财政部、人民银行和工商银行共同组织召开，主要任务是贯彻中央工作会议精神，落实国务院关于搞好国营大中型企业的一系列政策措施，真正把企业技术进步工作转到调整结构、提高效益的轨道上来。

《人民日报》发表社论《大力推进企业技术进步》

全国企业技术进步工作会议今天在北京举行。这是贯彻落实中央工作会议精神的一次重要会议。会议的主要议题是研究制定推进企业技术进步的目标、政策和措施，中心是调整结构，提高效益。重点放在国营大中型企业。

结构不合理是当前我国经济发展中存在的一个突出问题。从宏观上看，产业结构、企业结构不合理，部门地区各搞一套，自成体系，工业结构趋同化，造成一部分生产能力特别是加工工业能力过大，浪费资金，经济效益不高。从微观上看，相当一些企业技术和工艺落后，设备陈旧，产品档次和花色品种满足不了市场的需求。针对这些问题，增加技术改造投入推进企业技术进步，十分重要。

推进企业技术进步，调整结构，提高效益，是“八五”时期的重要任务。实现这一任务，最重要的是统一思想，牢固树立科学技术是第一生产力的观念。要紧紧抓住对外开放的有利时机，充分利用国际和国内的技术资源，开拓国际和国内两个市场，加快科技成果向工业生产的转化。科学技术必须与生产相结合；生产进步要靠采用先进的科学技术，不进行技术改造，生产水平也难以提高。

推进企业技术进步，要坚持统一规划、适当集中、突出重点的原则。要围绕国民经济发展的需求，抓好国家重点技术开发、技术引进和技术改造项目。宏观调控搞不好，微观就难以搞活。因此，既要以国营大中型企业和企业集团为骨干，成龙配套地进行技术改造，发展新兴产业；又要发挥地区优势，力求使每个省、市、区逐步形成一些重点项目和拳头产品，改变地区工业结构趋同化的状况，提高规模效益，以此调整产业结构、产品结构和企业组织结构。

推进企业技术进步，涉及面较大，需要分别国家、部门、地区和企业几个层次，发挥中央和地方两个积极性，进行两级调控。国家要加强宏观控制和产业政策引导，集中有限资金，安排一批一条龙重点技术改造项目，形成大批量的规模效益；部门要搞好行业规划，加强行业管理，做好择优定点和组织跨地区联合投资的工作；各地区要根据自身特点、资源优势，从全国情况出发，调整本地区技术改造项目的布点，转移多余的加工能力。对一般性的技术进步，主要通过市场需要调节企业的投资行为。这样就可以在全国逐步形成一批在国内外市场上具有较强竞争力的大型企业和企业集团，也可以避免出现重复建设、重复引进的局面。我们以往的教训，是大家要上一齐上。积极性是好的，但是如果不加强宏观调控和计划指导就必然造成重复建设。我们国家还穷，每一分钱都必须用在最需要的地方，要一个钱顶两个钱用；不能两个钱当一个钱花。重复建设是极大的浪费，今后必须坚决避免。避免重复建设最根本的办法是在国家制订的产业政策指导下，按照市场需求，搞好行业规划，并采取强有力的宏观调控手段。各个部门、各个地方必须严格地执行国家的产业政策和跨地区、跨部门的联合、协作规划，违反了的必须追究责任。

推进企业技术进步，还需要组织各方面的力量，投入企业技术进步的主战场。生产和科研的结合，可以采取技术转让、课题投标和建立企业技术中心、科技人员交流等多种形式。要充分发挥科研院所、大专院校和厂矿科技人员的聪明才智，加强合作，共同攻关，增强企业的开发能力。要全心全意依靠工人阶级，发动广大职工开展群众性的合理化建议和技术革新活动，把职工群众的积极性引导到解决本企业技术进步难题和提高质量、增加品种、提高经济效益的目标上来，促进企业技术进步的实现。

推进和实现企业技术进步，关系到“八五”计划和十年规划目标的实现，任务紧迫而繁重。要清醒地看到，我们还面临着国际形势变化和世界科学技术发展的严峻挑战。我们要迎接这个挑战，并且坚信我们有能力站在世界科学技术的前列。各地区、各部门的同志，要振作精神，埋头苦干，以大局为重，协同作战，把企业技术进步的工作真正落到实处，推向前进。

中共中央政治局常委乔石在安徽考察

中共中央政治局常委乔石在安徽考察时指出，只要我们坚持深化改革，扩大开放，坚定不移地沿着有中国特色的社会主义道路走下去，就一定能够克服前进中的困难，使中国的经济在 90 年代跨上一个新台阶。

乔石 12 月 13 日至 21 日在中共安徽省委书记卢荣景、省长傅锡寿的陪同下，先后考察了合肥、淮南、阜阳、淮北、宿县、蚌埠、滁县 7 个地、市，察看了一些乡村、工厂、煤矿、学校、研究院、居民村和水利工地。

在谈到如何贯彻党的十三届八中全会精神问题时，乔石说，必须坚决执行十一届三中全会以来党在农村的一系列方针、政策，尤其要稳定和完善以家庭联产承包为主的责任制等基本政策，还要建立和完善统分结合的双层经营体制，发展社会化服务体系。安徽是较早实行“包产到户”的一个省份，要在稳定现行体制的基础上不断探索，创造更多的经验。他说，农业要上去，粮食生产丝毫不能放松，同时要增强大农业观念，做到农、林、牧、副、渔全面发展，要注意从实际出发，大力发展乡镇企业。

考察中，乔石多次强调要加强党的建设。他说，在今年的抗洪救灾中，许多地方的党组织和党员、干部表现非常突出，为了群众的利益作出自我牺牲，使党群关系、干群关系发生了很大的变化。我们要继续发扬这种革命精神，更加密切党和群众的血肉联系，全心全意为人民服务；同时加强党风、党纪和廉政建设，反对腐败现象，进一步增强党的凝聚力。

考察期间，乔石还就如何搞好国营大中型企业问题与一些企业的干部、职工进行了座谈。在合肥，乔石还会见了出席中共安徽省委五届五次全会和全省公安工作会议的全体同志。

成都飞机工业公司转包生产美国麦道公司 MD—80/90 系列飞机机头首架飞机机头在成都交付

首架机头的交付，标志着成都飞机工业公司具备了承接国际 80 年代先进水平的大型民航客机部件的生产能力。

中央军委主席江泽民在中南海会见朝鲜劳动党中央政治局常委人民武装力量部部长吴振宇

国务院总理李鹏在新德里尼赫鲁纪念馆发表演讲

中印关系源远流长，早在 2000 年以前，两国就有文化、宗教和经济的交往。

在近代历史上，中印两国有着共同的遭遇，都曾蒙受殖民主义、帝国主义的欺凌、剥削和压迫。在争取民族独立的长期斗争中，两国人民互相同情，互相支持。印度独立和中华人民共和国成立后，在 50 年代，中印关系是非常好的。中国周恩来总理和贵国尼赫鲁总理，共同倡导了著名的和平共处五项原则。

但是，到了 60 年代初，由于众所周知的原因，两国关系疏远了，高层来往中断。

拉吉夫·甘地总理在两国长达 28 年没有高层来往的情况下，于 1988 年到中国访问，这是一次明智的、勇敢的行动，为中印关系的恢复和发展开辟了道路。我对他不幸逝世再次表示深切悼念。

我这次来贵国进行正式访问，就是对已故拉吉夫·甘地总理的回访。

3 天来，我会见了文卡塔拉曼总统，并同拉奥总理进行了两轮会谈。会谈和会见是富有成果的，也是令人鼓舞的。在许多国际问题上，双方持有相同或相似的看法。我们认为，世界旧的格局已经打破，新的格局尚未形成，世界形势更加动荡不安，发展中国家的处境更为严峻。因此，在积极进行南北对话的同时，更需要加强南南合作。发展中国家应该把命运掌握在自己手里。

中印两国政府对建立国际新秩序有一致的看法，都认为和平共处五项原则应成为建立国际新秩序的基础。当然，随着形势的发展，还可以在此基础上补充一些新的内容。中国认为，国家不分大小、贫富、强弱，都是国际社会平等的成员，应该有权参与国际事务。国际新秩序，不仅包含政治新秩序，而且还包含经济新秩序，两者密切相关，不可割裂。联合国应该在建立新秩序中发挥更大的作用。中印两国都愿为建立一个公正、合理的国际新秩序而努力。

双方在会谈中还谈到了人权问题。中印两国有自己的国情，不可能完全接受西方的人权观念。印度方面告诉我，印度不同意西方把是否接受其人权标准作为提供援助的条件。中国也反对以人权为借口干涉别国内政。

中印两国都是发展中国家，有很多共同点，双方可以在经济、贸易、科技、文化等领域进一步加强交流与合作。当然，两国之间还有一些悬而未决的问题，主要是边界问题。会谈中，双方一致认为，边界问题不应成为改善和发展中印关系的障碍。双方同意，本着中印两国总理 1988 年所谈的精神，积极努力，寻求问题的解决。两国边界问题联合工作组也将讨论保持边界和平与安宁的措施。我们相信，经过共同努力，一定能够找到一个双方都能接受的解决办法。中印边界终将成为联结两国人民的友谊与和平的纽带。

西藏自古以来就是中国领土不可分割的一部分。在这次会谈中，印度政府重申西藏是中国的一个自治区，不允许西藏人在印度从事分裂中国的政治活动。我们对印度的这一立场表示赞赏。

现在外界有一种传说，认为中国政府不愿意同达赖喇嘛谈判。这是一种误解。我愿意在此重申：中国政府同达赖喇嘛谈判的大门是敞开的，除了“西藏独立”不允许谈以外，其他都可以谈。达赖喇嘛应该放弃“西藏独立”的立场，停止分裂祖国的政治活动。西藏是中国的一个自治区，在我们这个多民族的大家庭中，藏族同胞享有同其他少数民族同样的平等权利。40 年来，西藏的社会有了很大进步，经济也有了很大的发展，人民生活有了很大改善。中央政府没有向西藏人民征收过钱。相反，中央向西藏提供了将近 180 亿元人民币。西藏多少世纪以来人口一直停留在 100 万左右,现在已经达到了 219 万,其中将近 95%都是藏族。40 年中,西藏人口增加了一倍。藏族人民的平均寿命从 50 年代的 35 岁提高到现在的 65 岁。现在西藏同我国其他省份一样,经济和各项事业不断发展,人民生活进一步提高。

中国是一个发展中国家。12 年来,我们坚定不移地执行邓小平同志倡导的改革开放政策,以经济建设为中心,沿着建设有中国特色的社会主义的道路不断前进。改革开放取得了显著的成就。在 80 年代,我国的国民生产总值翻了一番,人民生活明显改善。今天,中国政治稳定,经济发展。中国政府制定了 10 年规划,其中心点就是,经过 10 年的努力使我们的国民生产总值再翻一番。平均每年增长 6%或者 6%以上,人民的生活将得到进一步改善。以江泽民同志为核心的中国领导有充分的信心带领全国人民实现上述目标。

我们建设的具有中国特色的社会主义与苏联的经济模式不同。我们实行的是社会主义有计划的商品经济,把计划经济与市场调节有机地结合起来。中国的经济以公有制为主体,同时允许多种经济成分并存。在分配制度上,实行按劳分配为主,允许一部分人、一部分地区先富起来。先富起来的地区要帮助贫困地区,最终达到共同富裕的目的。中国要实现现代化,改变贫穷落后的面貌,当然主要是靠自己的力量,靠中国人民的努力。同时,我们也重视同外国开展平等互利的合作,实行对外开放的政策,学习和吸收其他国家先进的技术、先进的管理经验和部分建设资金。我们建立了经济特区等,为外国人的投资创造比较好的投资环境。这些政策和措施都取得了良好的效果。我们的对外开放是全方位的,既对发达国家开放,也对发展中国家开放。

印度这些年来在经济的各个领域都取得了显著的成就。在农业方面开展了"绿色革命",并正在进行"白色革命"(牛奶生产)。粮食生产有了很大的提高。此外,印度还有比较完整的工业体系和人数众多的科技队伍。我们对印度所取得的成就感到由衷的高兴。中印两国在建设方面的有些经验可以互相学习和借鉴。中国希望加强同印度在各个领域的合作。因此,中国对印度也是开放的。

中国实现四个现代化是一个长期的过程。有两个条件必不可少:第一,要有一个长期的和平国际环境;第二,国内要有一个安定的政治局面。中国愿意在和平共处五项原则的基础上同世界上所有国家发展关系。发展同周边国家的关系是我国对外政策的重要组成部分。

我们愿意本着这些原则同包括印度在内的邻国发展睦邻友好关系。中国不干涉别国的内政,也不把自己的意识形态和社会制度强加于其他国家。中国不谋求自己的势力范围,永远不称霸。

我希望通过这次访问,双方着眼于未来,增加往来,增进了解,扩大共识,进一步推动中印关系的发展。

国务院总理李鹏在新德里会见印度前总理维·普·辛格

国务院总理李鹏在新德里分别会见印度外交部部长马达夫辛·索兰基财政部部长曼莫汉·辛格和国防部部长沙拉德·帕瓦尔

中国和印度在新德里签署五项协议及备忘录

由国务院总理李鹏和印度总理拉奥主持,中印两国对口的有关部长分别代表本国政府签署了五项反映中印两国进一步加强合作的协议及备忘录。

这五项协议及备忘录是:《中华人民共和国和印度共和国领事条约》、《中华人民共和国政府和印度共和国政府关于在孟买和上海恢复设立总领事馆的协议》、《中国政府和印度政府关于恢复边境贸易的备忘录》、《中国政府和印度政府 1992 年贸易议定书》、《中华人民共和国航空航天部和印度共和国航天部关于和平利用外空科技合作备忘录》。

代表中国政府签字的有:国务委员兼外交部长钱其琛、经贸部长李岚清、航空航天部副部长刘纪原。

代表印度政府签字的有:外交部长索兰基、商业国务部长奇丹巴拉姆和航天部副部长尤阿·拉奥。

大容量程控数字交换机研制成功并通过技术鉴定

解放军总参谋部和邮电部联合举行新闻发布会,宣布目前国内最大容量的程控数字交换机由解放军信息工程学院和中国邮电部工业总公司共同研制成功,并通过了技术鉴定。

HJD－04 程控数字电话交换机是现代信息产业的高技术产品,世界上只有少数发达国家能够生产。

青海省人大原副主任韩福才受贿被判刑

青海省高级人民法院近日对原青海省人大常委会副主任韩福才及其妻马玉龙受贿案作出终审判决:韩福才受贿 3.5 万多元,判处有期徒刑八年,其妻马玉龙参与受贿,判处有期徒刑 3 年,缓刑 5 年。

12 月 14 日

中共中央总书记江泽民等中央领导会见出席全国哲学社会科学"八五"规划工作会议的代表

中共中央政治局委员李铁映,中共中央政治局候补委员、书记处书记丁关根，全国政协副主席、中国社会科学院院长胡绳，中宣部部长王忍之，以及有关部门的负责人参加会见。

江泽民讲话说，我们党历来是重视哲学社会科学的发展的。社会科学工作者要运用马克思主义的世界观和方法论进行科学研究，从理论上进一步概括有中国特色的社会主义道路的具体内涵，探讨建设有中国特色的社会主义经济、政治、文化过程中提出的种种重大的理论问题和实际问题，研究分析复杂多变的世界形势下的国际问题，为社会主义现代化建设和改革服务。

江泽民说，社会科学工作者要坚定地全面贯彻执行邓小平同志提出的一个中心、两个基本点的基本路线。江泽民强调指出，我们不管做什么工作，都必须紧紧围绕经济建设这个中心。我们要充分利用2000年以前这十年对我们相对比较有利的时间，把经济搞上去。十多年的实践充分证明，改革开放的政策是正确的，我们要坚持不渝地贯彻改革开放的政策。同时，我们要坚持四项基本原则。我们要沿着建设有中国特色的社会主义的航向坚定不移地走下去。

江泽民说，我们要十分珍惜我们国家现在这么一个稳定的局面。古今中外的经验证明，一个不稳定的社会，是无法把经济搞上去的。现在，尽管在前进的道路上还有若干困难，尽管现实生活中还有若干不尽如人意的事情，但是，我们沿着党的基本路线确实在一天天向前发展，前途是光明的。如果我们保持稳定的环境，沿着这条路线走下去，到2000年，社会主义优越性就会大大显示出来。我们对社会主义抱着必胜的信念。

江泽民说，哲学社会科学界自新中国成立以来，同其他部门一样，对我们的社会主义建设和改革，作出了有益的贡献。希望大家再接再厉，潜心研究，为建设有中国特色的社会主义做出更大的贡献，增添新的光彩。

中共中央政治局常委李瑞环讲话说，当今世界的所有重大问题和复杂问题，无一不是与哲学社会科学有着直接或间接联系的问题。

因此，凡关心国际形势的人，关心国内社会主义建设的人，关心我们祖国命运和前途的人，都应该关心、学习、了解和研究哲学社会科学的问题。

李瑞环说，社会科学的研究必须坚持以马克思主义为指导方针，对马克思主义的基本原理，我们必须坚信不疑，坚定不移。因而，所有的社会科学工作者都应该老老实实地读书学习，真正掌握马克思主义的立场、观点、方法，纠正或者说改变当前一些人学习不刻苦、态度不端正、读书有限、夸夸其谈的不良作风。

李瑞环指出，社会科学工作者必须面向实际，了解实际，研究实际。要研究邓小平同志提出的建设有中国特色的社会主义的问题，研究党的一个中心、两个基本点的基本路线及其在贯彻落实过程中出现的各种问题，研究党的十一届三中全会以来所提出的一系列方针政策问题，总结十多年来我国改革开放的实践经验，切实改变对以上这些问题研究得不深刻、不系统的状况。他指出，社会科学工作者要振奋精神，团结协作，解放思想，实事求是，坚持百花齐放、百家争鸣的方针，切切实实使我们的哲学社会科学研究工作活跃起来，繁荣起来，为经济建设提供精神动力、智力支持、思想保证，使研究成果成为党决策的科学根据。

国务院批转国家计委国家体改委国务院生产办公室《关于选择一批大型企业集团进行试点的请示》的通知

各省、自治区、直辖市人民政府，国务院各部委、各直属机构：

国务院同意国家计委、国家体改委、国务院生产办公室《关于选择一批大型企业集团进行试点的请示》，现转发给你们，请认真贯彻执行。

企业集团是适应我国社会主义有计划商品经济和社会化大生产的客观需要而出现的一种新的经济组织。为了促进企业集团的健康发展，国务院决定，选择一批大型企业集团分期分批进行试点。做好大型企业集团的试点工作，对于促进企业组织结构的调整，推动生产要素的合理流动，充分发挥国营大中型企业的主导作用，形成群体优势和综合功能，提高国际竞争能力，进一步增强国家宏观调控的有效性，具有重要作用。组织企业集团要有利于生产力的发展、新产品的开发、效益的提高、资源和技术力量的合理组合。发展企业集团是一项长期的任务，各地区、各有关部门要加强对这项工作的组织领导，通过实践认真总结经验，正确引导；并要慎重稳妥，注意自愿原则，切忌一哄而起，以便使我国的企业集团随着国民经济的发展逐步壮大。

关于选择一批大型企业集团进行试点的请示

国务院：

根据国务院关于选择一百个左右大型企业集团进行试点的精神，国家计委、国家体改委和国务院生产办公室共同进行了研究，现就有关问题请示如下：

一、选择一批大型企业集团进行试点，要达到以下目的

（一）促进企业组织结构的调整。主要是解决企业“大而全”、“小而全”，专业化水平低和分散、重复生产，以及达不到经济规模的问题，并带动产业结构和产品结构的调整，从总体上提高经济效益。

（二）推动生产要素合理流动。特别要打破地区、

部门界限，实现企业之间的优势互补，充分发挥现有生产能力。

(三)形成群体优势和综合功能。既充分发挥大企业的主导作用，集中资金实行统一规划，又调动成员企业的积极性，并促进科研、生产、流通、服务相结合，提高新产品、新技术开发能力，更好地适应市场需求的变化。

(四)提高国际竞争能力。稳定占领并逐步扩大国际市场，成为参加国际竞争的主力。

(五)提高宏观调控的有效性。国家通过调控一批以大型企业为核心的企业集团，可以更加有效地引导大量中小型企业的经济活动。

二、为保证达到预期目的，试点企业集团必须具备以下条件

(一)必须有一个实力强大、具有投资中心功能的集团核心。这个核心可以是一个大型生产、流通企业，也可以是一个资本雄厚的控股公司。

(二)必须有多层次的组织结构。除核心企业外，必须有一定数量的紧密层企业；最好还要有半紧密层和松散层企业。

(三)企业集团的核心企业与其他成员企业之间，要通过资产和生产经营的纽带组成一个有机的整体。核心企业与紧密层企业之间应建立资产控股关系。核心企业、紧密层企业与紧密层企业之间，要逐步发展资产的联结纽带。

(四)企业集团的核心企业和其他成员企业，各自都具有法人资格。这是企业集团与单个大型企业的重要区别。

试点企业集团应按上述条件组建，现有试点企业集团还不具备这些条件的，要积极完善提高。

三、选择试点企业集团要遵循以下原则

(一)符合国家经济发展战略和产业政策，在生产建设、出口创汇中占有重要地位。

(二)提倡采取公有制企业间相互参股的形式，协调中央和地方、核心企业与成员企业之间的利益关系，充分调动各方面的积极性。

(三)提倡发展跨地区、跨部门的竞争性企业集团，不搞行业垄断和地区封闭。

(四)坚持政企职责分开，企业集团的核心企业不能承担政府的行业管理职能，也不能把行政性公司翻牌为企业集团。

(五)发展和选择试点企业集团，既要积极引导，又要慎重稳妥，切忌一哄而起。

根据上述原则，确定了第一批试点企业集团名单。

四、试点企业集团具备计划单列条件的应区别不同情况在国家或省级计划中实行单列

对关系国计民生和产品面向全国、跨地区的企业集团在国家计划中实行单列，由行业主管部门管理，发挥行业主管部门计划管理的职能。对在国家计划单列的企业集团，其国家计划，由国家计委等有关部门会同行业主管部门审定后，在国家计划中的行业项下戴帽下达；属于行业主管部门管理的计划，由行业主管部门综合平衡后下达。

其他的企业集团，可在省级实行计划单列，由地方政府管理，并与国家有关部门建立直接联系。

计划单列的范围，包括核心企业和紧密层成员企业，不包括半紧密层和松散层企业。

计划单列的内容，主要包括：(1)主要产品产量计划；(2)基本建设和技术改造投资计划；(3)利用外资和技术引进计划；(4)主要物资、能源分配计划；(5)科技计划和教育计划；(6)劳动工资计划；(7)财务计划。

现在财务计划在地方的试点企业集团，需要上划到国家计划单列的，要与有关地方政府充分协商逐个确定，由财政部负责办理。

对在国家计划中实行单列的企业集团的管理：

行业主管部门管理主要包括：(1)按照国家计划要求所确定的行业规划，指导和审查企业集团的发展规划和计划，并送国家计委、财政部、物资部、劳动部、教委等部门进行综合平衡，属于行业主管部门管理的计划，由行业主管部门研究确定；(2)指令性计划的组织实施，考核、检查、监督各项计划的完成情况和合同的执行情况；(3)对企业集团生产经营中的问题进行协调；(4)对企业集团实行行业归口管理。

国家计委主要负责：(1)审批企业集团的总体发展规划和大中型基本建设项目，会签限额以上技术改造项目；(2)会同行业主管部门拟订和安排企业集团的国家计划；(3)协调行业主管部门与财政部、物资部、劳动部、教委等部门在拟订计划方面的不同意见和有关问题。

国务院生产办公室主要负责：(1)按照国家计划，协助行业主管部门组织落实能源、原材料、运输、资金等主要生产条件，协助行业主管部门督促、检查计划完成情况及合同执行情况，协调生产经营中行业主管部门解决不了的问题；(2)经商行业主管部门，并经国家计委会签后，审批企业集团限额以上技术改造项目；(3)制定在国家计划单列的企业集团总承包的具体办法，与财政部共同协调落实对国家的总承包方案。

财政部主要负责：(1)核定试点企业集团的财务体制，调整各部门、地区之间的利益关系；(2)审批试点企业集团的财务计划；(3)与国务院生产办公室共同协调落实对国家的总承包方案。

国家计委、财政部、物资部、劳动部等部门根据行

业主管部门的审查意见进行综合平衡后，纳入国家计划，分别下达给行业主管部门和企业集团。

对要求在国家计划单列的企业集团，成熟一个审批一个，具体实施细则由国家计委商有关部门另行制定。

五、试点企业集团核心企业对紧密层企业的主要活动实行“六统一”

“六统一”的基本要求是：既要保证实现企业集团的统一发展战略和发展规划，又不能影响成员企业的独立法人地位和积极性。

“六统一”的主要内容是：(1)发展规划、年度计划，由集团的核心企业统一对计划主管部门；(2)实行承包经营的，由集团的核心企业统一承包，紧密层企业再对核心企业承包；(3)重大基建、技改项目的贷款，由集团的核心企业对银行统贷统还，目前实行有困难的要创造条件逐步实行；(4)进出口贸易和相关商务活动，由集团的核心企业统一对外；(5)紧密层企业中国有资产的保值、增值和资产交易，由集团的核心企业统一向国有资产管理部门负责；(6)紧密层企业的主要领导干部，由集团的核心企业统一任免。

集团的核心企业对紧密层企业的“六统一”，可以通过多种途径来实现：(1)核心企业向紧密层企业投资入股并达到控股，建立起母子公司关系，以母公司的身份对子公司实行“六统一”；(2)核心企业对紧密层企业实行承包或租赁，以承包者或承租者的身份对成员企业实行“六统一”；(3)如果同为全民所有制企业，经有关各方同意，也可以把紧密层企业划归核心企业管理，但仍保留其法人地位；(4)结合国有资产管理体制的改革，经国有资产管理部门授权，进行把紧密层企业的国有资产交由核心企业经营的试点。

六、试点企业集团的管理体制

试点企业集团的管理体制，应按重大问题集体讨论，总经理或董事长负责日常经营管理的原则办。具体管理方式(如董事会、监事会、管理委员会等)可区别不同情况确定。

对试点企业集团的行政领导班子的管理：(1)在国家计划单列、由行业主管部门管理的试点企业集团，其行政领导班子由国务院管理；(2)不实行国家计划单列的，按现行隶属关系进行管理；(3)试点企业集团的主要领导干部(总经理或董事长)在看文件、听报告、参加会议及学习培训方面分别享有副部级、正局级的政治待遇(不包括工资、医疗保健、住房、用车等生活方面的待遇)。政治待遇只限试点企业集团主要领导干部本人，不涉及企业集团的级别，也不涉及内部机构及各层次成员企业的级别，不得因此搞机构升格和人员升级。

关于试点企业集团党委书记的政治待遇及管理问题，建议请组织部门参考以上原则另行规定。

七、试点企业集团要坚持税利分流的改革

已经实行税利分流办法的要继续执行，尚未实行的要逐步做到税利分流。

八、试点企业集团要逐步建立财务公司

财务公司的主要任务是在企业集团内部融通资金，包括建设资金。要适当扩大融资手段，经批准可以发行债券和股票。成立财务公司要具备一定的条件，按中国人民银行的规定报批，要积极创造条件，成熟一个审批一个。

九、要逐步赋予试点企业集团自营进出口权

自营进出口的范围，是指本集团生产的产品出口，自用技术、设备和原材料的进口。有条件的也可以组织本企业集团产品为主的成套设备出口。第一类商品进出口计划由国家计委会同经贸部等有关部门确定。

自营进出口要具备一定的条件，并按经贸部的规定报批。要积极创造条件，成熟一个审批一个。

企业集团核心企业享有自营进出口权后，紧密层成员企业就不能再有自营进出口权。与核心企业不在同地的紧密层企业，可由核心企业指定在当地或就近口岸办理报关手续。

根据试点企业集团的规模、在国民经济中的地位和出口创汇额的大小，对具备条件的，经国务院批准，赋予以下外事审批权：在其业务范围内，可自行审批核心企业、紧密层企业人员出境和邀请境外人员来华事项，其中企业集团的正副职领导出境由主管部门审批。副部级以上人员出访，仍按现行规定办理审批。

简化试点企业集团因商务活动出国人员的审批手续。可根据企业集团出口创汇额的大小，确定核心企业和紧密层企业一定数量的经贸业务人员，对其实行一次审批，一年内多次有效的办法。具体规定和办法由国务院外事办公室制定。

十、试点企业集团的审批

试点企业集团的确定，由核心企业提出申请，行业主管部门审查推荐，国家计委、国家体改委和国务院生产办公室共同核定后报国务院批准。

列入这次试点名单而尚待组建的企业集团，还须履行企业集团的审批手续，由核心企业提出申请，经行业主管部门审查同意，由国家计委、国家体改委和国务院生产办公室共同审批。

组建试点企业集团的工作，由国家计委、国家体改委和国务院生产办公室共同负责。审批工作，由国家计委牵头；组建后的具体实施，由国务院生产办公室牵头。有关体制方面方针政策的拟定和协调，由国家体改委负责。

记者：你在讲话中提出的“互谅互让”应该成为解决边界问题的指导原则，请谈一谈其具体含义。此外，边界联合工作小组是否会发挥更大的作用？

李鹏：中印边界问题是一个历史遗留下来的问题。我所讲的“互谅互让”是指在解决问题时，既要尊重历史，也要尊重现实，照顾到两国人民的感情，双方互相谅解；任何一种谈判若想获得成功，双方都应该作出必要的妥协和让步，这是很明显的道理。最重要的是一要有诚意，二要有耐心，因为这是一个比较复杂的问题。

可以告诉诸位，双方会谈涉及边界问题时，谈话的气氛是很好的。而且，双方也商定了一些具体的工作计划。例如，为了让边界联合工作小组发挥更大的作用，明年早些时候在新德里举行的联合工作组会议还将讨论保持边界地区和平与安宁的具体措施。另外，双方边防人员过去的不定期会晤将改为定期会晤。虽然这些还算不上解决边界问题的重大行动，但却可以创造一种良好气氛，有助于推动边界问题解决的进程。

记者：中国和印度关系正常化的进程发展得很顺利。在世界形势和亚洲安全环境发生变化的情况下，你是否认为中国与印度可能在防务方面进行合作？

李鹏：我们这次没有谈到这个问题。

中国的防务力量完全是防御性的。早在 1985 年，中国就决定单方面裁军 100 万，现已全部完成了。中国的军费在国家整个财政开支中所占的比重是很小的。中国是一个发展中国家，我们把发展经济作为我们各项工作的中心。我们当然希望有一个和平的外部环境，特别是周边。我们希望整个亚洲，包括南亚地区，有一个长期的和平局面。

记者：你如何估价印度、中国和巴基斯坦之间的关系，如何看待巴基斯坦总理提出的建立南亚无核区的建议？

李鹏：巴基斯坦同中国关系很好，我们和印度的关系正在改善和发展。中国愿意在和平共处五项原则的基础上，同印度、巴基斯坦以及南亚所有国家都保持和发展友好关系。至于印度和巴基斯坦之间的争议问题，我们希望两国能够按照和平共处五项原则，通过谈判妥善解决，而不诉诸武力。

中国政府一向支持在世界各地建立无核区的主张。我们支持拉丁美洲和南太平洋无核区以及正在酝酿的朝鲜半岛无核区。所以，对于在南亚建立无核区的建议，我们当然也采取支持的态度。

记者：中国如何看待当前苏联的形势？

李鹏：苏联确实发生了重大变化。中国的一贯立场是不干涉别国内政。中苏是邻国，有 7000 多公里长的共同边界。所以，我们总的态度是，希望与苏联继续保持正常的睦邻友好关系，希望同苏联人民保持传统友谊。我们对苏联人民面临的困难深表同情。同世界其他主要国家一样，我们仍在观察苏联局势的变化。但有一点是肯定的，同独立后的各共和国发展关系，这是必然趋势。

记者：在中国，现在私营企业生产的产品比较畅销，而一些国营企业的产品却滞销，私营企业在中国经济中的作用正在扩大，这是否意味着私营企业今后在中国经济中将占主导地位？

李鹏：我想不是这样的。中国建设的是有中国特色的社会主义，公有制占主导地位，私营经济、个体经济和三资企业只是作为公有制企业的一种有益的补充。以工业为例，现在国营企业约占工业产值 55%，集体经济占 35%，而私营经济、个体经济和三资企业加起来大概占 10%。我们认为，这个比例还不算高，今后还会继续发展，但是私营经济在中国不会占主导地位。

解放军总参谋长迟浩田在全军训练管理工作会议上发表讲话

迟浩田上将强调，坚持毛泽东建军思想和邓小平同志关于新时期军队建设的原则，按照质量建设的方针，努力实现军委江泽民主席提出的“政治合格，军事过硬，作风优良，纪律严明，保障有力”的总要求，这是今后一个时期我军军事工作始终都要紧紧把握住的重心。

迟浩田指出，今年的军事工作，以党的十三届七中全会和军委有关会议精神为指导，全军以军事训练和管理工作为重点的整个军事工作，步入协调发展的轨道。军事训练的质量，管理工作的效果明显好于往年。

迟浩田在谈到明年军事工作时指出，必须全面理解和贯彻质量建设的方针。他认为，加强我军质量建设，走有中国特色的精兵之路，是现代战争的基本要求，是军队现代化的基本特征。我们要全面理解质量建设的思想，我军的质量构成，包含 3 个方面：一是要有高度的政治觉悟、先进的军事思想和较高科学文化素养的指战员；二是要有精良的现代化武器装备；三是要把人和武器装备很好地结合起来，就是要科学编成和严格训练。他说，质量建设不仅仅是提高武器装备的现代化水平，还要注重在提高人的军政素质和进一步理顺体制编制、优化军队组合等方面体现出来，向质量要效益，向质量要战斗力。明年要把着眼点放在这几个方面：一是优化结构，改善装备，力求取得新进展；二是始终抓住军事训练和管理工作不放，全面提高部队的军事素质；三是努力提高部队的机动作战能力和全军部队的战备水平；四是加强后备力量建设，提高我国的国防动员能力；五是抓好司令机关建设，着力提高组织指挥和指导工作的能力。他要求全军继续以军事训练为中心,以管理工作为重点,推进军事工作的全面发展。

解放军总参谋部通报表彰一批在军队现代化建设中做出显著成绩的先进师旅和个人

这次受到表彰的15个军事训练、17个管理教育先进师、旅和100名"四会"教练员,都是在我军坚持战斗力标准、实现军事上过硬、开展轰轰烈烈的群众性大练兵热潮中涌现出来的突出代表。他们当中有全面过硬的陆军某精锐之师,有被誉为"铁甲雄风"的某坦克部队,有堪称"海上蛟龙"的海军驱逐舰某支队、"一代天骄"航空兵某师和"长空利剑"第二炮兵某部。百名在练兵中会讲、会做、会教、会做思想工作的"郭兴福式"优秀教练员,是从我军数十万教练员中选拔出来的尖子。

司法部表彰11家合作制律师事务所

司法部近日在北京召开大会,表彰11家合作制律师事务所,赞扬他们对现行律师体制进行大胆改革、勇于实践的精神。这11家合作制律师事务所是:北京市君合律师事务所、天津市东方律师事务所、哈尔滨市北方律师事务所、河北邯郸市经济律师事务所、江苏常州市联合律师事务所、内蒙古牙克石市合作律师事务所、辽宁大连市联合律师事务所、上海市经济贸易律师事务所、上海恒信律师事务所、山东烟台市平和律师事务所、浙江温州市第三律师事务所。

浙江海盐秦山核电站并网发电

中国第一座自行设计、自行建造的30万千瓦的秦山核电站,位于浙江省海盐县秦山北麓,满功率发电后,每年可向华东电网(包括上海、浙江、江苏、安徽三省一市)输送核电15亿千瓦时。秦山30万千瓦核电机组采用了技术成熟的压水型反应堆。

党和国家领导人李鹏、聂荣臻等和国务院一些部门分别给中国核工业总公司发来贺信、贺电,祝贺中国自己设计建造的第一座核电站并网发电试验成功。

《新华月报》报道称第八届亚运会财务结算共筹集资金221538万元总支出215404万元节省6134万元

国务院副总理邹家华在全国企业劳动人事、工资分配、社会保险制度改革经验交流会上讲话

邹家华说,进一步加快企业劳动人事、工资分配和社会保险制度改革,是搞好国营大中型企业的一个十分重要的环节。各级政府和部门都要重视这项工作,切实加强领导,保证这项工作的顺利进行。

关于劳动人事制度改革,邹家华说,企业要逐步实行全员劳动合同制。要通过优化劳动组合,提高劳动效率;对于富余的人员要认真安排好,可以进行培训,发展第三产业等。要注意从工人当中培养选拔管理干部和技术干部。随着科学技术的发展,有些工作岗位就需要大学生来操作。按照工作岗位的需要和本人的实际条件,工人可以当干部,干部也可以当工人。他说,对于企业管理人员和技术人员要逐步实行聘任制。无论是管理干部还是领导干部都应当能上能下,在什么岗位,干什么工作,享受什么待遇。

邹家华说,分配制度改革要坚持按劳分配的原则。目前存在的工人吃企业"大锅饭"和企业吃国家"大锅饭"的状况,以及在有些企业中干与不干一个样、干多干少一个样和干好干坏一个样,企业亏损还继续发奖金等现象要通过分配制度的改革加以解决。本来工资高低就应该体现按劳分配的原则,而奖金是奖励超额劳动和有特殊成绩者,现在有些企业中资金也成了"大锅饭";资金过大,就难以体现按劳分配的原则。工资分配的高低要和经济发展水平、劳动生产率的提高情况相适应,要和企业的经济效益好坏相结合。当前尤其要向苦脏累险岗位和生产第一线倾斜。对于岗位技能工资制可以进一步扩大试点工作。

关于社会保险制度改革,邹家华说,最近国务院下发了《国务院关于企业职工养老保险制度改革的决定》,希望各地认真组织落实。此外,有条件的地区还应积极探索待业保险的办法,做好待业保险工作。

12月16日

中共中央总书记江泽民在中南海会见伊朗伊斯兰议会议长卡鲁比

全国人大常委会委员长万里在北京与伊朗伊斯兰议会议长卡鲁比举行工作会谈

万里在会谈中说,中国人大和伊朗议会间的不断交往无疑将有益于促进两国人民之间的相互了解和友谊,推动两国之间友好关系的进一步发展。

万里说,近年来国际局势发生了重大变化,旧的世界格局被打破,新的格局尚未形成。国际社会普遍希望建立国际新秩序以维护和平。在国际事务中,中国强调以和平共处五项原则处理国与国之间的关系。我们反对霸权主义和强权政治,主张国家不分大小、强弱、贫富都为国际社会中平等的一员,都有权利参与国际事务的讨论。

海峡两岸关系协会在人民大会堂台湾厅举行成立大会

协会理事会的65名成员来自社会各界,出席成立

六、中方对一些西藏人继续在印度从事反对祖国的活动表示关切，并重申西藏是中国领土不可分割的一部分，中方坚决反对任何旨在分裂中国、制造“西藏独立”的企图和行为。印方重申印度政府长期和一贯的政策，即承认西藏是中国的一个自治区，印方不允许这些西藏人在印度进行反对中国的政治活动。

七、双方声明，中印关系的改善和发展不针对任何第三国，不影响各自同其他国家业已存在的友好合作关系。双方表示支持本地区国家通过友好协商和平解决双边关系中的所有问题。中国支持南亚区域合作联盟为加强各成员国间的合作所做的努力。双方认为，南亚地区的和平与稳定不仅符合该地区各国人民的利益，也有利于维护世界的和平与稳定。

八、双方对 1991 年 10 月 23 日巴黎柬埔寨问题会议签署的关于全面政治解决柬埔寨冲突的协定表示欢迎和支持，希望该协定得到全面履行，为在联合国主持和监督下举行自由和公正的选举创造条件，使未来的柬埔寨成为一个独立、主权、和平、中立和不结盟的国家。

九、双方强调早日实现阿富汗问题政治解决的重要性，支持有关方面通过协商和对话，在阿富汗建立一个基础广泛、能为各方接受的联合政府，从而恢复国内和平，确保阿富汗独立、主权、中立和不结盟地位。双方支持联合国秘书长今年 5 月 21 日关于政治解决阿富汗问题的五点建议，希望联合国在政治解决阿富汗问题的进程中发挥重要作用。

十、两国领导人认为，近年来国际形势发生了重大变化。双方欢迎国际局势缓和的趋势，同时认为世界和平、安全和发展依然面临挑战。在国际经济关系中，南北矛盾更加突出，经济差距仍在扩大。双方指出没有经济发展，特别是发展中国家的经济发展，世界就不会有真正的和平与稳定。双方重申致力于和平与发展事业，认为国际社会应继续为维护世界和平、促进人类的共同发展而努力。

十一、双方认为，国际社会应为建立新的国际政治、经济秩序而共同努力。双方强调互相尊重主权和领土完整、互不侵犯、互不干涉内政、平等互利、和平共处五项原则以及联合国宪章的宗旨和原则应成为指导国际关系的基本准则和建立国际新秩序的基础。

双方认为下列原则应用来指导国际新秩序：

(一)国家不分大小、强弱、贫富，都应当作为国际社会平等的成员，参与国际事务的决策和解决，各国都拥有制定和执行最适合本国国情的经济社会发展战略和政策的主权。国际关系中，应严格遵守不干涉内政的原则，国家间的分歧和争端应和平解决，不得使用武力或以武力相威胁。

(二)制止军备竞赛，实现有效裁军。目前的裁军进程应导致全面禁止和彻底销毁一切大规模毁灭性武器，包括核武器、化学武器和生物武器。常规裁军也应进一步取得进展。

(三)消除日益扩大的南北经济差距，以有利于世界各国的方式来解决全球性的经济、社会、人口和环境问题。加强区域合作、扩大对话渠道，促进共同发展，发达国家应解决发展中国家日益沉重的债务负担、不断恶化的贸易条件、资金流入不足和技术转让障碍等问题。

(四)尊重“联合国宪章”和国际人权文件中保护人权的原则，保障和促进整个人类人权和基本自由的普遍实现。发展是消除贫困，满足人民最低限度需要的根本前提，人权是不可分割的，对于广大发展中国家来说，生存权和发展权是最基本的人权。

十二、双方认为，两国领导人互访和对话对促进相互了解和两国在各个领域的友好合作具有重要意义。李鹏总理及其代表团对印度共和国政府和人民给予他们的热情友好接待表示感谢。李鹏总理邀请纳·拉奥总理在方便的时候访问中国，并向文卡塔拉曼总统转达了中国国家主席杨尚昆对他访问中国的邀请。拉奥总理和文卡塔拉曼总统愉快地接受了邀请，访问的时间将通过外交途径商定。拉奥总理邀请中国共产党总书记江泽民在方便的时候访问印度，李鹏总理表示将愉快地转达这一邀请并表示感谢。

1991 年 12 月 16 日于新德里

解放军总参谋部总政治部总后勤部就要求全军参加和支援地方农用水利建设发出通知

解放军全军武器装备工作会议在北京召开

会议贯彻中央军委“质量建军”的方针，结合军队装备建设的实际，坚持战斗力标准，研究了装备工作如何提高军事效益和经济效益的问题。会上表彰了 32 个全军武器装备建设工作先进集体和 226 个先进个人。刘华清迟浩田等中央军委、总部及国务院有关部门的领导参加会议。

国务院任命黄达为中国人民大学校长

近代东西方文化关系国际学术讨论会在北京开幕

闻一多纪念馆在湖北浠水落成

著名现代诗人、学者闻一多纪念馆日前在他的故乡湖北省浠水县清泉镇落成。

12月17日

中共中央总书记江泽民等人参加汕头特区建立十周年暨区域扩大庆典活动

汕头经济特区16、17日连续举行特区建立10周年暨区域扩大至全市的庆典活动。17日晚上中共中央总书记江泽民，中共中央政治局委员、国务院副总理田纪云，中共中央书记处候补书记温家宝等出席在潮汕体育馆举行的庆祝大会。

汕头特区10年已初步建成以工业为主，以外资为主，以出口为主的综合性外向型新城区，现有6个工业区和5个商业住宅综合区。

参加庆典的还有：陈丕显、叶飞、谷牧、王光英，叶选平、杨成武、朱森林，港澳知名人士和旅居海外的侨胞代表李嘉诚、庄世平，中央各部委以及各省、市、自治区、兄弟经济特区的负责人。

中共中央总书记江泽民等中央领导人在汕头参加汕头海湾大桥开工典礼

汕头海湾大桥是汕头经济特区“八五”期间七大重点工程之一。桥长2439米，宽33米，主孔跨度为452米，是目前国内规模最大的跨海大桥。主航道净高46米，桥下可通过5万吨级船舶，南北引道长15公里。大桥是把深圳、珠海、汕头、厦门联结起来的通道，是深汕汽车专用公路的重大配套设施。

中共中央总书记江泽民在汕头迎宾馆会见香港长江实业集团董事局主席李嘉诚

国务院总理李鹏签署第93号令发布《中国公民往来台湾地区管理办法》

现发布《中国公民往来台湾地区管理办法》，自1992年5月1日起施行。

总理 李 鹏

1991年12月17日

中国公民往来台湾地区管理办法

第一章 总 则

第一条 为保障台湾海峡两岸人员往来，促进各方交流，维护社会秩序，制定本办法。

第二条 居住在大陆的中国公民(以下简称大陆居民)往来台湾地区(以下简称台湾)以及居住在台湾地区的中国公民(以下简称台湾居民)来往大陆，适用本办法。

本办法未规定的事项，其他有关法律、法规有规定的，适用其他法律、法规。

第三条 大陆居民前往台湾，凭公安机关出入境管理部门签发的旅行证件，从开放的或者指定的出入境口岸通行。

第四条 台湾居民来大陆，凭国家主管机关签发的旅行证件，从开放的或者指定的入出境口岸通行。

第五条 中国公民往来台湾与大陆之间，不得有危害国家安全、荣誉和利益的行为。

第二章 大陆居民前往台湾

第六条 大陆居民前往台湾定居、探亲、访友、旅游、接受和处理财产、处理婚丧事宜或者参加经济、科技、文化、教育、体育、学术等活动，须向户口所在地的市、县公安局提出申请。

第七条 大陆居民申请前往台湾，须履行下列手续：

(一)交验身份、户口证明；

(二)填写前往台湾申请表；

(三)在职、在学人员须提交所在单位对申请人前往台湾的意见，非在职、在学人员须提交户口所在地公安派出所对申请人前往台湾的意见；

(四)提交与申请事由相应的证明。

第八条 本办法第七条第四项所称的证明是指：

(一)前往定居，须提交确能在台湾定居的证明；

(二)探亲、访友，须提交台湾亲友关系的证明；

(三)旅游，须提交旅行所需费用的证明；

(四)接受、处理财产，须提交经过公证的对该项财产有合法权利的有关证明；

(五)处理婚姻事务，须提交经过公证的有关婚姻状况的证明；

(六)处理亲友丧事，须提交有关的函件或者通知；

(七)参加经济、科技、文化、教育、体育、学术等活动，须提交台湾相应机构、团体、个人邀请或者同意参加该项活动的证明；

(八)主管机关认为需要提交的其他证明。

第九条 公安机关受理大陆居民前往台湾的申请，应当在三十日内，地处偏僻、交通不便的应当在六十日内，作出批准或者不予批准的决定，通知申请人。紧急的申请，应当随时办理。

第十条 经批准前往台湾的大陆居民，由公安机关签发或者签注旅行证件。

第十一条 经批准前往台湾的大陆居民，应当在所持旅行证件签注的有效期内前往，除定居的以外，应当按期返回。

大陆居民前往台湾后，因病或者其他特殊情况，旅行证件到期不能按期返回的，可以向原发证的公安机关或者公安部出入境管理局派出的或者委托的有关机构申请办理延期手续；有特殊原因的也可以在入境口岸的公安机关申请办理入境手续。

第十二条　申请前往台湾的大陆居民有下列情形之一的，不予批准：

(一)刑事案件的被告人或者犯罪嫌疑人；

(二)人民法院通知有未了结诉讼事宜不能离境的；

(三)被判处刑罚尚未执行完毕的；

(四)正在被劳动教养的；

(五)国务院有关主管部门认为出境后将对国家安全造成危害或者对国家利益造成重大损失的；

(六)有编造情况、提供假证明等欺骗行为的。

第三章　台湾居民来大陆

第十三条　台湾居民要求来大陆的，向下列有关机关申请办理旅行证件：

(一)从台湾地区要求直接来大陆的，向公安部出入境管理局派出的或者委托的有关机构申请；有特殊事由的，也可以向指定口岸的公安机关申请；

(二)到香港、澳门地区后要求来大陆的，向公安部出入境管理局派出的机构或者委托的在香港、澳门地区的有关机构申请；

(三)经由外国来大陆的，依据《中华人民共和国公民出境入境管理法》，向中华人民共和国驻外国的外交代表机关、领事机关或者外交部授权的其他驻外机关申请。

第十四条　台湾居民申请来大陆，须履行下列手续：

(一)交验表明在台湾居住的有效身份证明和出境入境证件；

(二)填写申请表；

(三)经由其他地区、国家的，须提交途经地区、国家的再入境许可证明，但过境不需要签注的地区和国家除外；

(四)定居、探亲、访友、旅游、接受和处理财产、处理婚丧事宜的，须提交与申请事由相应的证明；

(五)进行经济、科技、文化、教育、体育、学术等活动的，须提交大陆相应机构、团体、个人的邀请或者同意参加该项活动的证明。

第十五条　对批准来大陆的台湾居民，由国家主管机关签发或者签注旅行证件。

第十六条　台湾居民因在大陆投资、贸易等经济活动或者因其他事务来大陆后，需要多次来往大陆的，可以向当地市、县公安机关申请办理多次有效的签注。

第十七条　台湾居民来大陆后需要前往外国的，依照《中华人民共和国公民出境入境管理法》及其实施细则办理。

第十八条　台湾居民短期来大陆，应当按照户口管理规定，办理暂住登记。在宾馆、饭店、招待所、旅店、学校等企业、事业单位或者机关、团体和其他机构内住宿的，应当填写临时住宿登记表；住在亲友家的，由本人或者亲友在二十四小时(农村七十二小时)内到当地公安派出所或者户籍办公室办理暂住登记手续。

第十九条　台湾居民来大陆后，需在大陆居留三个月以上的，应当向当地市、县公安局申请办理暂住证。

第二十条　台湾居民要求来大陆定居的，应当在入境前向公安部出入境管理局派出的或者委托的有关机构提出申请，或者经由大陆亲属向拟定居地的市、县公安局提出申请。批准定居的，公安机关发给定居证明。

第二十一条　台湾居民来大陆后，除定居的以外，应当在所持证件签注的有效期之内按期离境。确有需要延长停留期限的，须提交相应证明，向市、县公安局申请办理延期手续。

第二十二条　申请来大陆的台湾居民有下列情形之一的，不予批准：

(一)被认为有犯罪行为的；

(二)被认为来大陆后可能进行危害国家安全、利益等活动的；

(三)有编造情况、提供假证明等欺骗行为的；

(四)精神疾病或者严重传染病患者。

治病或者其他特殊原因可以批准入境的除外。

第四章　出境入境检查

第二十三条　大陆居民往来台湾，台湾居民来往大陆，须向开放的或者指定的出入境口岸边防检查站出示证件，填交出境、入境登记卡，接受查验。

第二十四条　有下列情形之一的，边防检查站有权阻止出境、入境：

(一)未持有旅行证件的；

(二)持用伪造、涂改等无效的旅行证件的；

(三)拒绝交验旅行证件的；

(四)本办法第十二条、第二十二条规定不予批准出境、入境的。

第五章　证件管理

第二十五条　大陆居民往来台湾的旅行证件系指大陆居民往来台湾通行证和其他有效旅行证件。

第二十六条　台湾居民来往大陆的旅行证件系指台湾居民来往大陆通行证和其他有效旅行证件。

第二十七条　大陆居民往来台湾通行证、台湾居民来往大陆通行证，由持证人保存，有效期为五年。

第二十八条　大陆居民往来台湾通行证、台湾居民来往大陆通行证，实行逐次签注。签注分一次往返有效和多次往返有效。

第二十九条　大陆居民遗失旅行证件，应当向原发证的公安机关报失；经调查属实的，可补发给相应的旅行证件。

第三十条　台湾居民在大陆遗失旅行证件，应当向当地的市、县公安机关报失；经调查属实的，可以允许重新申请领取相应的旅行证件,或者发给一次有效的出境通行证件。

第三十一条 大陆居民前往台湾和台湾居民来大陆旅行证件的持有人,有本办法第十二条、第二十二条规定情形之一的,其证件应当予以吊销或者宣布作废。

第三十二条 审批签发旅行证件的机关,对已发出的旅行证件有权吊销或者宣布作废。公安部在必要时,可以变更签注、吊销旅行证件或者宣布作废。

第六章 处 罚

第三十三条 持用伪造、涂改等无效的旅行证件或者冒用他人的旅行证件出境、入境的,除依照《中华人民共和国公民出境入境管理法实施细则》第二十三条的规定处罚外,可以单处或者并处一百元以上、五百元以下的罚款。

第三十四条 伪造、涂改、转让、倒卖旅行证件的,除依照《中华人民共和国公民出境入境管理法实施细则》第二十四条的规定处罚外,可以单处或者并处五百元以上、三千元以下的罚款。

第三十五条 编造情况,提供假证明,或者以行贿等手段获取旅行证件的,除依照《中华人民共和国公民出境入境管理法实施细则》第二十五条的规定处罚外,可以单处或者并处一百元以上、五百元以下的罚款。

有前款情形的,在处罚执行完毕六个月以内不受理其出境、入境申请。

第三十六条 机关、团体、企业、事业单位编造情况、出具假证明为申请人获取旅行证件的,暂停其出证权的行使;情节严重的,取消其出证资格;对直接责任人员,除依照《中华人民共和国公民出境入境管理法实施细则》第二十五条的规定处罚外,可以单处或者并处五百元以上、一千元以下的罚款。

第三十七条 违反本办法第十八条、第十九条的规定,不办理暂住登记或者暂住证的,处以警告或者一百元以上、五百元以下的罚款。

第三十八条 违反本办法第二十一条的规定,逾期非法居留的,处以警告,可以单处或者并处每逾期一日一百元的罚款。

第三十九条 被处罚人对公安机关处罚不服的,可以在接到处罚通知之日起十五日内,向上一级公安机关申请复议,由上一级公安机关作出最后的裁决;也可以直接向人民法院提起诉讼。

第四十条 来大陆的台湾居民违反本办法的规定或者有其他违法犯罪行为的,除依照本办法和其他有关法律、法规的规定处罚外,公安机关可以缩短其停留期限,限期离境,或者遣送出境。

有本办法第二十二条规定不予批准情形之一的,应当立即遣送出境。

第四十一条 执行本办法的国家工作人员,利用职权索取、收受贿赂或者有其他违法失职行为,情节轻微的,由主管部门予以行政处分;情节严重,构成犯罪的,依照《中华人民共和国刑法》的有关规定追究刑事责任。

第四十二条 对违反本办法所得的财物,应当予以追缴或者责令退赔;用于犯罪的本人财物应当没收。

罚款及没收的财物上缴国库。

第七章 附 则

第四十三条 本办法由公安部负责解释。

第四十四条 本办法自一九九二年五月一日起施行。

最高人民法院发布《关于十二省自治区法院审理毒品犯罪案件工作会议纪要》

中国金融体制改革国际研讨会在海口召开

研讨会在海口中国(海南)改革发展研究院召开。研讨会由国家体改委、世界银行、联合国计划开发署、中国人民银行联合主办。来自世界银行、联合国计划开发署、国际货币基金组织以及日本、南朝鲜、泰国、英国等国和地区以及台湾、上海、深圳的专家参加研讨会。

国务院副总理邹家华在云南考察

邹家华12月17日至21日在云南省委书记普朝柱,省委副书记、省长和志强陪同下,为南昆铁路西段开工剪彩,并考察了西双版纳傣族自治州、曲靖地区和昆明市,深入少数民族村寨、工厂、车间、科研单位、农贸市场、民族文化区。

邹家华同志强调说,过去讲发展西南经济只讲云、贵、川三省,从贯彻改革开放政策以及长远发展来说,四川的中部和北部可以通过长江与海外相通,而四川的西部和南部以及云、贵地处内陆就受到制约。所以,现在我们讲发展西南地区经济,就不能只从一个省的范围内来考虑了,要放眼云、贵、川和广西、广东、海南等广大地区,这大片地区有资源,有市场还有出海口岸,经济上有很大的互补性。通过各种形式的联合与合作,对这个地区和各省的经济开发,特别是少数民族经济的发展都将大有好处,也是有可能的。联合的基础和条件首先是交通和能源。南昆铁路是联结这一地区出海的主要干线,要尽可能加快建设。没有交通就谈不上流通。云南的交通目前不能适应不断发展的经济要求,因此除要发展地区间的干线外,还要统筹研究解决省内地区间的交通问题,做到公路、铁路和民航协调发展。

邹家华指出,搞经济建设,电力要先行。云南现时虽不缺电,但发展电的规划,要走在前头,要按五六年后的建设规模考虑当前的能源建设。发展电要水火并举、因地制宜。云南水力资源丰富，多发展水电是合理的，当然，也要根据煤资源的可能，发展部分火电。发展水电提倡在一条河流上搞梯级开发，以电养电，滚动发展。

邹家华指出，目前云南经济的发展规模受到运输能力不足因素的制约，因此除了要积极研究发展运输条件外，对当前的生产，要充分考虑运输条件。如云南磷矿资源丰富，要在确保国家外调计划的前提下，尽可能多出点磷化工产品，少运出矿石，以减缓运输压力。省里各个行业的发展，都要与运输的可能统筹考虑，否则发展起来的产品运不出去也不行。

邹家华说，云南旅游资源很丰富，把旅游业作为重要的一项经济产业开发大有可为。旅游业不仅能带动服务行业和民族特色产品的发展，还能促进文化交流，提高民族地区的文明程度，增强开发意识。要把旅游作为重点产业专门研究，大力发展，要有经营思想，围绕旅游的要求，进行统筹规划，包括交通、住房、食品、文化、旅游商品等各个方面，其中民航要安排好。发展旅游业，不仅要建设必需的基础设施，还可以结合云南多民族的形式和文化传统研究旅游项目，同时还要提高服务质量，清洁卫生一定要搞好，只有这样，才能保证客流不断增加。

渤海油田打成中国最深水平井

渤海石油公司日前在渤中 28－1 油田，打成我国目前最深的高难度水平井。这口代号 N6－H 的水平井斜深 3890 米，垂直深 3201 米，总水平位移 1123 米，也是世界上进尺深、位移大、难度大的水平井之一。

《白话二十五史精选》由国际文化公司出版

卫生部部长陈敏章宣布中国硫酸锌蚀度试验等 35 项临床检验项目和方法将被淘汰

12 月 18 日

中共中央总书记江泽民在厦门经济特区建设十周年庆祝会上发表讲话

同志们、朋友们：

这次我们到厦门、汕头，庆贺两个经济特区建立十周年。我代表党中央、国务院，向经济特区人民，向为建设经济特区辛勤劳动和工作的同志们，致以热烈的祝贺和亲切的问候！向各位来宾，向所有关心和支持我们改革开放和现代化建设事业，关心和支持经济特区建设事业的港澳同胞、台湾同胞、海外侨胞和各国朋友，表示热烈欢迎和衷心感谢！

坚持对外开放，在自力更生的基础上，积极发展与世界各国、各地区的经济技术交流和合作，是我国一项长期的根本政策，也是我国进行社会主义现代化建设的一个重要条件。深圳、珠海、汕头、厦门和海南五个经济特区，处在我国对外开放的前列，在我国发展对外贸易，扩大对外经济技术合作中，越来越发挥着窗口和基地的作用。经济特区建设卓有成效的实践，充分证明：党的十一届三中全会以来形成的，以经济建设为中心，坚持四项基本原则，坚持改革开放的基本路线，是完全正确的；邓小平同志倡导的举办经济特区、进一步开放沿海地区的决策，是正确的、成功的。

厦门是我国的一个历史悠久的对外通商口岸。厦门经济特区建立十年来，经过广大干部和群众的艰苦努力，经济和社会发展各个方面都取得了令人瞩目的成就。十年前，我们到厦门来，这里城区很小，工厂很少，经济还很落后。今天，我们看到这座古城的面貌已经发生了巨大的变化。通过对外开放，吸引外商和港台客商投资，引进先进技术和科学管理经验，上千家新企业办起来了，成群的高楼大厦建起来了，商业贸易繁荣起来了，初步形成了以工业为主，工贸结合，各业综合发展的外向型经济格局。厦门经济特区建设，对带动闽南地区、加快经济发展起了重要作用，为推动海峡两岸的经济交往，促进祖国统一事业作出了积极的贡献。厦门的发展，汕头的发展，各个经济特区的发展，都进一步显示了改革开放带来的强大生机和活力，显示了社会主义制度的优越性，丰富了我们建设有中国特色社会主义的理论和实践。

我国国民经济，经过三年来的治理整顿和深化改革，基本达到了预期的目的，正在进一步向好的方向发展，将进入一个持续、稳定、协调发展的新阶段。90 年代是我们建设有中国特色社会主义事业的非常关键的十年，我们一定要在保持政治稳定、社会稳定的基础上，集中力量把经济搞上去，并且促进社会的全面进步，保证实现现代化建设的第二步战略目标，并为下世纪中叶实现第三步战略目标创造条件。我们已经制定并正在执行我国国民经济和社会发展的十年规划和“八五”计划纲要。最近召开的中央工作会议和十三届八中全会，又分别就搞好国营大中型企业，加强农业和农村工作做出了决策和决定，这些都是我们向着第二步战略目标迈进的重大步骤。进一步扩大对外开放，也是我们实现这一战略目标的一项重大措施。我们要把经济特区办得更好，巩固和发展已经开辟的经济技术开发区、沿海开放城市和沿海经济开放区；要进一步贯彻沿海地区经济发展战略，积极发展外向型经济；要进一步扩大对外经济技术合作，积极有效地吸收外商投资，引进先进技术，拓展对外贸易，增强国际交换和竞争能力，使我国对外开放出现一个新局面。

经济特区要认真总结经验，把各方面的工作推向前进。经济特区要从国民经济全局出发，合理地确定开发和建设规划，保证经济建设和对外开放更健康地发展。要把特区经济发展的重点转移到依靠科技进步，提高劳动者素质，增进经济和社会效益的轨道上来。按照国家的产业政策，跟踪世界新技术革命的进程，积极调整产业结构，努力发展高新技术产业。同时把吸收外商投资同加快老企业技术改造结合起来。特区也要坚持把国营企业搞得更好，不断增强它们的活力。要大力发展为生产服务，为出口服务的第三产业，特别是信息、金融、贸易等产业，促进特区产业结构合理化和现代化，在这方面，视野要更开阔些，步伐要更大些，成效要更显著些。要继续加强同内地的横向联系和协作，促进内地的建设和对外开放，更好地在全国的经济发展中发挥外引内联、双向辐射的作用，把外向型经济提高到一个新水平。

经济特区是我国改革开放的“排头兵”。特区要围绕建立和完善适应社会主义有计划商品经济发展的、计划经济与市场调节相结合的新经济体制和运行机制这个改革的总目标，积极稳妥和协调配套地推进各方面的经济体制改革和政治体制改革，在这方面多创造一些好的经验。同时特区要十分注意和大力抓好社会主义精神文明建设，抓好社会主义民主和法制建设。要坚持不懈地进行四项基本原则教育，切实加强思想政治工作，坚决抵制一切消极腐朽思想的影响和侵蚀，努力消除一切同社会主义精神文明和我们民族的传统美德不相容的社会现象，使经济特区的发展始终沿着社会主义的方向前进，并培育出讲奉献、讲团结、讲道德、讲文明、讲礼貌的良好社会风尚，造就出一大批优秀的社会主义现代化建设者。

厦门经济特区与台湾一水之隔，是海峡两岸发展经济文化交流的一个重要窗口。厦门特区要充分利用有利条件，积极增进海峡两岸同胞的相互了解和往来，热忱欢迎台湾同胞参与经济特区的建设，为推动祖国统一大业作出新贡献。

我们也殷切期望港澳同胞、台湾同胞、海外侨胞和各国朋友继续关心、支持和参与我国经济特区的建设。

在国内外各方面的关心和支持下，我相信，今后经济特区将会以更迅速更坚实的步伐向前迈进。到2000年，经济特区将会取得社会主义物质文明和精神文明建设更加丰硕的成果，呈现出更加繁荣昌盛的新面貌。

中共中央总书记江泽民在汕头市迎宾馆会见汕头市党政军领导人部分老同志以及各县区的主要负责人

参加会见的有中共中央政治局委员、国务院副总理田纪云，中共中央书记处候补书记、中央办公厅主任温家宝，全国政协副主席叶选平，中国人民解放军副总参谋长徐惠滋。

江泽民即席讲话。江泽民说，汕头经济特区区域扩大了，行政区域不管怎样重新调整，大家都要围绕一个共同目标，进一步把特区办得更好，尽快把经济搞上去。坚持改革开放是个总的趋势，不论是划在特区内还是特区外，整个潮汕地区都要共同努力，办好经济特区。

国家主席杨尚昆在人民大会堂会见伊朗伊斯兰议会议长卡鲁比

全国对外经贸工作会议在北京召开

中纪委在武汉钢铁公司召开企业纪检工作座谈会

中央纪律检查委员会副书记王德瑛在讲话中强调，加强党的纪检工作是搞好国营大中型企业的重要保证。企业纪委必须围绕生产经营，深化改革，提高经济效益这个中心，深入开展纪检工作，深入实际，调查研究企业出现的新情况、新问题，积极协助党政领导研究解决办法，参与企业的生产经营和重要决策活动，当参谋，出主意，严格执行党的各项方针政策，正确处理国家、企业、个人三者的利益，发挥职能作用与监督作用；支持厂长正确行使职权；严肃执纪，认真查处违纪案件，为搞好企业创造良好环境；积极协助厂长解决群众反映的热点问题，纠正不正之风，密切党群关系，加强党风党纪教育，制定切实可行的制度。

中华全国台湾同胞联谊会四届二次理事会在北京开幕

全国台联会长张克辉在工作报告中说，明年全国台联要做好6个方面的工作。各级领导干部要带头认真学习马列主义理论和党的统一战线工作的理论与方法，系统地学习党的对台方针、政策；加强对台湾情况的调查研究，及时认真地分析形势，加强工作的预见性；广泛深入地开展台湾岛内、港澳及国外台胞的联谊工作；加强大陆同胞爱国主义和社会主义教育，抵制台湾敌对势力的“政治渗透”；进一步加强对分裂国土的言行和势力的舆论斗争；加强台联机关的自身建设。中共中央统战部副部长万绍芬出席并讲话。

国务院总理李鹏在中南海紫光阁会见法国工业、贸易部部长级代表多米尼克·斯特劳斯·卡恩

国务院总理李鹏在中南海紫光阁分别会见肯尼亚离任大使杰兰·哈比卜和爱尔兰新任驻中国大使塞尔

玛·多兰

外经贸部新闻发言人就美国贸易代表希尔斯宣布中美知识产权谈判的最后期限一事对人民日报社记者发表谈话

发言人说，最近，美方表示将中美知识产权谈判的最后期限定在1992年1月16日，如双方在此之前不能达成协议，美海关将在很短时间内对从中国进口的一些商品征收高关税。

发言人指出，我们认为，美方的这种表态是向中方进一步施加压力的表示。在中美双方已经决定于12月21日进行下一轮谈判的情况下，美方再作如此表态，显然对于双方将要进行的谈判本身是极为不利的。中方主张，中美两国政府应本着合理解决问题的态度就知识产权问题继续进行平等的、务实的、认真的谈判，尽一切努力达成双方满意的协议。应该看到，任何单方面的报复性措施对于中美两国都是不利的。

发言人说，我们希望美方以同中方一样的真诚、合作的态度进行谈判，不要再以贸易报复等消极因素给谈判施加任何不利的影响。

全国第二次“扫黄”工作会议在南京举行

会议于18日至21日举行。中共中央宣传部副部长、全国整顿清理书报刊和音像市场工作小组组长刘忠德在会上说，在1990年冬至1991年春开展“扫黄”斗争中，全国各级检察院、法院和公安机关发挥职能作用，协同作战有力打击了“制黄”、“贩黄”犯罪分子。根据当前形势，为了狠狠打击出版活动，1991年冬至1992年春再组织一次“扫黄”战役。

优秀文艺评论报刊表彰大会在北京举行

表彰大会由中宣部文艺局、中国文联、中国艺术研究院联合主办。

受到表彰的报刊是：《人民日报》文艺评论版、《光明日报》文艺评论版、《求是》文艺评论版、《解放军报》文艺评论版、《文艺报》文艺评论版、《中国文化报》文艺评论版、《中国教育报》文艺评论版、《文艺理论与批评》、《中流》文艺评论版、《文学评论》、《文艺研究》、《中国戏剧》、《美术》评论版、《人民音乐》、《当代电影》评论版、《当代文坛》(四川)、《理论与创作》(湖南)。

12月19日

中共中央总书记江泽民在厦门大学视察并与厦门大学师生座谈时发表讲话

现在的北方大地，已是千里冰封，而闽南山川，仍是一片青翠。我一走进你们的校园，就很羡慕，这是一个很好的学习环境。人不能回到过去，如能再有一个青春年少，非常愿意和同学们在这里共同学习。我们有责任使青年一代的学习环境、生活环境及各方面的条件不断得到改善。希望同学们充分利用良好的学习条件，珍惜大好时光，努力学习，不断进步。

刚才校长说，前年那场政治风波以后，一些青年学生思想上背了点包袱。开始有点包袱，可以理解，但长期背着放不下去，就不好了，因为那样会影响自己思想和学业的进步。今天，我要跟大家交交心，希望有助于这些同学放下包袱，轻装前进。一个人一辈子都一帆风顺，那是不大可能的，没有经受过一些曲折与坎坷，恐怕也是锻炼不出来的。“欲穷千里目，更上一层楼”，我劝同学们要站得高些，看得远些。我们有些青年知识分子容易犯一个毛病，就是顺利的时候，往往容易骄傲，不可一世；稍微受点挫折，又往往容易垂头丧气，消极悲观起来。这个毛病不利于自己事业上的开拓进取，也说明思想上政治上还不甚成熟，经不起摔打。我现在也是年逾花甲了。我们这些人当然还要加倍工作，为推进祖国的改革开放和现代化建设，为巩固和发展有中国特色的社会主义事业，尽到我们的责任。但人最终总是要离开这个世界的，这是自然规律。未来的世界谁主沉浮？就是青年一代！青年学生肩负的责任是很重大的。毛主席早就说过：你们是早晨八、九点钟的太阳，未来是属于你们的。我们祖国的前途是光明远大的，你们的前途也是光明远大的。我们党和政府，对广大青年学生一直寄予厚望，充分信任，充满信心。即使有时要求严格一点，也是意在激励和鞭策。去年“五四”，我在关于知识分子问题的讲话中，强调要对青年进行爱国主义、社会主义教育，加强对青年的培养，对他们既要热情关怀，又要严格要求，使他们更快地成长起来。请你们转达我对所有同学的问候，特别要告诉他们，党和政府是充分信任他们的。

我们是一个有十一亿多人口的社会主义国家。不管国际风云如何变幻，我们都要像毛主席在一首词中所说的：“我自岿然不动”。我们要充分利用一切有利的时机和条件，努力把我们国内的事情办好。我们要继续全面贯彻执行的“一个中心、两个基本点”的基本路线。要始终以经济建设为中心，集中力量把经济搞上去，不断增强我们的经济实力和综合国力。而要把经济搞上去，就必须坚持四项基本原则，坚持改革开放。我们创办经济特区已经十周年了。建立和发展经济特区，是我们贯彻改革开放政策的一个十分重要的内容。十年前我就来过厦门。当时我在国家进出口委员会，参与了筹建经济特区的工作。十年过去了，沿海一带的经济发展取得了巨大的成功。没有改革开放政策的威力，不可能在这样短的时间之内，发生这么大的变化。

现在，世界社会主义事业处于低潮。不承认这一点，看不到这个严峻的事实，不是马克思主义者。应该从我们奋斗的历史中，充分认识我们的党、国家、人民的优势所在和力量所在。我们这个党是在经过农村包围城市的长期革命斗争中，是在同人民群众长期同甘共苦、风雨同舟、密切联系中成长壮大和久经考验的党。虽然在领导中国革命和建设的过程中也发生过不少曲折，犯过严重的错误。但是，我们党总是能够依靠自己和人民的力量纠正所犯的错误，善于从错误中学习，从而使自己更加成熟、更加坚强。我们有五千万党员，十一亿多人口，五千年文明历史，这么大的一个社会主义国家，只要全党和全国人民坚定不移地贯彻执行党的基本路线，坚定不移地沿着邓小平同志开创的有中国特色的社会主义道路前进，保证国民经济的持续稳定协调发展，就能经得起任何风浪的考验，永远屹立于世界民族之林。我们的国家繁荣昌盛了，就会为世界社会主义事业增添光彩。

世界的科学技术发展很快，确实是日新月异。邓小平同志提出，科学技术是第一生产力。这个观点极为重要，是对马克思主义的一个新的重大贡献。中国人是富有聪明才智的。我们一定要立志把中国的科学技术搞上去，力争在更多的领域走在世界前列。这要靠大家团结奋斗，首先靠高等院校努力培养科技人才，靠所有的科技工作者刻苦钻研和勇攀科技高峰，还要靠各个方面大力配合和支持。

广大青年是我们社会主义事业的接班人，是祖国未来的建设者，对他们要经常进行马克思主义基本理论教育，同时也要经常进行中华民族的优良传统教育。中国的历史文化，其中有糟粕，但也有许多精华。古往今来，这些民族文化的精华，一直教育着人们。我们的老一辈革命家就很注重对这些精华的继承和应用。刘少奇同志在《论共产党员的修养》里就引用过“富贵不能淫，贫贱不能移，威武不能屈”，我看如果把这几条真正做到了，就相当不简单。又例如：岳飞的《满江红》，我们不少同志都是从小学唱起，一直唱到大学，它对于激励人们的爱国热忱也是很有作用的。还有文天祥的“人生自古谁无死，留取丹心照汗青”，林则徐的“苟利国家生死以，岂因祸福避趋之”，以及“谁知盘中餐，粒粒皆辛苦”、“一粥一饭，当思来之不易”、“少壮不努力，老大徒伤悲”、“只要功夫深，铁杵磨成针”、“三人行，必有吾师”、“学而时习之，不亦说乎”等等。应该说，这些都是我们民族文化中富有哲理，教人勤奋、正直、忠贞、有抱负、不断进取的名言。学习和掌握它们，对于自己的立身行事，为国家为人民建功立业，会受用不浅的。一个人生活在今天的新时代，生活在我们伟大的社会主义国家，应该有事业心。

这里我想向同学们和所有的青年同志们提出三点希望：第一，要有理想。有了崇高的理想，才会有坚定的信念和强大的前进动力。第二，要有事业心。有了强烈的事业心，才会勤奋学习，干一行，爱一行，学一行，并力求专一行，使自己成为真正的有学识有能力的人。第三，要坚持理论联系实际。自觉地到基层到实践中去锻炼，不经过实践的锻炼，往往很难经得起风浪的考验。现在有的同学毕业出来后，不愿到基层去，总想待在城市里。我不是说不可以在城市里工作，而是说，趁着年轻，先到基层去锻炼锻炼，直接同群众一起生活和工作，虚心向他们学习，深入了解他们的经验与创造力，了解实践的复杂和艰辛，对自己的成长和一生的事业很有好处。

最后，我要向所有的教师同学们讲一句话，我非常感谢你们的辛勤劳动。你们在这里日夜耕耘是十分光荣的，你们从事的教育事业是伟大的事业，世界上所有发达国家，没有一个不是注重发展教育的。教育搞好了，新的人才不断涌现，广大劳动者的文化素质不断提高，就会有力地促进经济的持续发展，促进国家的繁荣昌盛。希望大家继续为推进祖国的教育事业，为培养更多的现代化建设人才作出新的贡献。

中共中央总书记江泽民为海峡第一桥——厦门大桥正式通车剪彩

中共中央政治局委员、国务院副总理田纪云等中央领导出席通车典礼。

中共中央总书记江泽民在贵州考察

江泽民在贵州考察时指出：总结党的十一届三中全会以来的经验，可以得出一个最基本的结论，这就是要振兴中华和实现现代化，巩固和发展我国的社会主义事业，必须坚定不移地全面贯彻执行党的“一个中心、两个基本点”的基本路线，沿着邓小平同志开创的有中国特色的社会主义道路前进。在集中力量推进我国经济建设的过程中，一定要在继续大力发展东部地区的同时，把中西部地区的经济振兴作为一个重要的发展战略有计划有步骤地实施好。

江泽民19日至26日在中共中央书记处候补书记、中央办公厅主任温家宝，贵州省委书记刘正威，省长王朝文和成都军区政委谷善庆的陪同下，到遵义、贵阳、安顺等地市考察工作。

考察期间，江泽民反复强调，坚定不移地全面贯彻执行党的“一个中心，两个基本点”的基本路线，把经济搞上去，这是我们面临的历史性任务。我们是统一的多民族国家，整个国民经济的发展，离不开东部地区，也离不开中西部地区，特别是少数民族地区的经济振兴。应当看到，西部少数民族地区的经济发展与全国经济发达和比较发达的地区相比，还存在相当的差距，帮助一部分群众脱贫致富的任务还很繁重。我们各级党委和政府要继续贯彻执行大力扶持贫困地区经济开发和建设的方针，通过发展经济，帮助贫困地区摆脱贫困，逐步缩小与经济发达地区的差距。在这个问题上，既要有紧迫感，又要树立长期奋斗的思想。只要从实际出发，脚踏实地，坚持不懈地努力工作，就一定能够达到中西部地区经济振兴的目标。

在谈到贯彻党的十三届八中全会《中共中央关于进一步加强农业和农村工作的决定》时，江泽民说，现在的关键问题是要狠抓落实。如果不落实或落实得不好，再好的政策也会失去作用和生命力。首先要在农民群众中做好《决定》的宣传和讲解工作，真正使之家喻户晓；同时要结合本地的实际情况，采取有效措施，使《决定》具体化，逐条落实到农村的各项工作中去。

考察期间，江泽民看望了中国人民解放军驻黔部队和公安、武警部队。

国务院总理李鹏在中南海与全国建设工作和施工工作会议代表座谈并发表讲话

李鹏在座谈会上提出，要以实际行动迎接新的建设任务，为在本世纪 90 年代进一步增强综合国力，改善人民居住条件做出更大贡献。

建设部部长侯捷在座谈会上汇报了会议的基本情况，以及对今后 10 年建设工作的主要要求。四川省建委主任甘宇平、水电建设总公司副局长张基尧、山东省建委主任宗希焕和大连市建委主任陈学珠，分别就建筑业发展和对外工程承包、广东抽水蓄能电站项目管理经验、重点建设和城市房地产综合开发，以及城市环境综合整治等问题发言。

国务院总理李鹏在听取汇报和大家的发言以后讲话。

李鹏对改革开放十多年来，我国基本建设战线取得的显著成绩给予充分肯定。他指出，十多年来，我国国民经济的发展，人民生活的提高，综合国力的增强，同建设战线上同志们的努力是分不开的。

李鹏说，这 10 年建设工作取得的很多成绩超过了前三十年的总和。一大批能源、交通、原材料等重点建设项目投入了生产，市政公用设施和居民住宅等方面的建设有了显著成就，工程的设计与施工水平也有了较大提高，一批现代化建设项目接近或达到了国际先进水平。李鹏强调，在工程建设方面，除了对投资体制进行了改革，实行投资资金多元化外，还引进了竞争机制，推行投标招标制，改变了行政分配建设任务的办法，增强了施工企业的动力与活力。李鹏指出，是改革开放促进了建设事业的进步与发展。

李鹏说，本世纪 90 年代我国的建设任务十分繁重，无论从规模上，还是技术要求上都将超过 80 年代，是我国经济发展史上又一个建设高潮，不仅要实现国民生产总值再翻一番，还要为下一个世纪的发展创造条件。在 90 年代，我们的建设要注意资源的合理配置，建设项目要符合国家的产业政策，重点是加强能源、交通、原材料和水利等基础行业的建设。

加工工业主要通过科技进步，实现产品的更新换代，以适应国内外市场的需要。新建和技术改造项目，都要防止盲目建设和低水平重复。要做好建设的前期工作，落实建设条件，把建设项目的资金打足，不留缺口，不搞“钓鱼”项目。工程一旦开工，就要按合理工期施工。住宅建设资金可采用国家拨一点，企业出一点，个人拿一点的办法。

在谈到对施工企业的要求时，李鹏说，设计单位和施工企业应和国家大中型企业一样，不断增强活力。最重要的就是要深化改革，全面推行投标招标制，真正引入竞争机制，实行项目经理责任制。李鹏强调，建设战线要实现高质量、高效益、高素质。每一项工程都要坚持质量第一，树立质量意识，加强质量管理。要高效益，不能满足于完成了工程量，完成了投资额，实现了投产，更重要的是要达到设计能力，生产出合格产品。住宅建设要抓紧搞好配套设施，真正能投入使用，尽早发挥效益，用户感到满意。施工队伍要提高素质，不仅应有较高的技术业务水平，而且要有良好的职业道德。要把树立施工企业的信誉放在重要的位置。施工队伍要发扬协作风格，减少扯皮，尽量做到把设备的缺陷消除在安装过程中。为调动施工队伍的积极性，解除他们的后顾之忧，应注意建立稳固的后方基地，使之发挥生活、教育和第三产业的职能。施工队伍应选派精兵强将上第一线，全力以赴投入工程建设。

在谈到城市建设问题时，李鹏强调了改善城乡人民居住条件的重要性。李鹏说，现在广大人民群众温饱问题已基本解决，改善居住条件已经成为他们的迫切要求，这也可以正确引导消费。改善城乡住宅条件，顺乎民心，是实现小康水平的一个主要标志。如何搞好城市建设，李鹏认为，不管大中小城市，要有一个比较科学合理的规划。其次，各地不要盲目追求建设高指标，要讲求实效；建设项目要注意配套，功能齐全。还要注意发展装修业，满足不同用户的要求。

李鹏还要求各级领导加强对农村建房的指导，要严格限制多占耕地，要适当向高层发展。李鹏说，不管城市还是农村，让大家花钱不多，又能住上比较现代化的比较舒适的住房，是建设部门的一个重要任务。他说，建设部在工作中取得很大成绩，希望进一步发挥综合职能和协调作用。

国务院副总理朱镕基，国务委员王丙乾、陈希同，国务院秘书长罗干和国务院有关部委的负责人出席座谈会。

外交部发言人吴建民举行新闻发布会就苏联解体与南非民间往来和建立朝鲜半岛无核区等问题答记者问

吴建民透露，中国已任命驻波罗的海3国大使，他们分别是：驻芬兰大使乔宗淮兼任驻爱沙尼亚大使；驻瑞典大使唐龙彬兼任驻拉脱维亚大使；驻波兰大使裴远颖兼任驻立陶宛大使。

当记者问及对于苏联将于年底前解体有何评论时，吴建民说，中国的一贯立场是不干涉别国内政，尊重各国人民的选择。中国愿意在和平共处五项原则的基础上发展同各国的关系。苏联的形势目前还在发展中，中国方面正在观察。“但总的趋向是，中国将同独立后的各共和国发展关系。”

吴建民说，随着南非形势的发展，中国与南非之间的民间往来会增多。中国的一家研究所准备在南非设立一个南非研究中心。“这将是一个旨在增进两国人民相互了解的民间性机构。”

吴建民还说，南非方面也将在中国建立一个类似的民间性质机构。

在回答有关建立朝鲜半岛无核区的问题时，吴建民说，据报道，12月18日南朝鲜方面宣布南朝鲜不再储存有任何核武器。美国方面也声明愿意允许对其在南朝鲜的设施进行检查，以证实在那里不再存有核武器。

这位发言人说，我们注意到上述宣布和声明，并认为这是值得欢迎的。“中国一贯支持建立朝鲜半岛无核区的主张，希望上述宣布和声明能有助于这一目标的实现。”

公安部和全国妇联在北京联会联合召开“打拐”工作电话会议

会议通报今年以来各地开展打击拐卖妇女儿童犯罪斗争的情况，部署今冬明春的“打拐”工作。

公安部副部长俞雷指出，“打拐”工作虽然取得了显著成绩，但是，当前拐卖妇女儿童犯罪上升的势头还没有完全刹住。今年1至10月，全国立案的拐卖人口案件比去年同期上升。各级公安机关务必充分认识当前拐卖妇女儿童犯罪活动的严重性和危害性，把扫除这类丑恶现象作为为民除害、维护安定团结、密切党群关系的大事，以高度的政治责任感和紧迫感抓紧抓好。

俞雷还强调，对抓获的人贩子，应坚决按全国人大有关决定进行惩处，该捕判的提请捕判，不允许以罚代刑。对收买被拐卖妇女儿童的买主，要按照有关规定，坚决依法惩处，绝不姑息放纵。

全国妇联副主席、书记处书记赵地也在会上讲话，要求各级妇联在党委、政府的领导下，积极配合公、检、法、司、民政，深入调查研究，坚持不懈地开展“打拐”斗争。

国家旅游局公布“中国旅游胜地四十佳”

国家旅游局近日在珠海公布了“中国旅游胜地四十佳”名单。

“中国旅游胜地四十佳”评选活动主要由海内外游客参加，共发出选票80多万张，收回选票48.2万多张，得票最多的旅游点为37万多张。它们是：

长江三峡风景区（四川、湖北）
桂林漓江风景区（广西）
黄山风景区（安徽）
庐山风景区（江西）
杭州西湖风景区（浙江）
峨眉山风景区（四川）
黄果树瀑布风景区（贵州）
泰山风景区（山东）
秦皇岛北戴河海滨（河北）
华山风景区（陕西）
九寨沟黄龙寺风景区（四川）
桐庐瑶琳仙境（浙江）
织金洞风景区（贵州）
巫山小三峡（四川）
井冈山风景区（江西）
蜀南竹海风景区（四川）
大东海—牙龙湾风景区（海南）
武陵源风景区（湖南）
五大连池风景区（黑龙江）
黄河壶口瀑布风景区（山西）
八达岭长城（北京）
乐山大佛（四川）
苏州园林（江苏）
故宫（北京）
敦煌莫高窟（甘肃）
曲阜三孔（山东）
颐和园（北京）
明十三陵（北京）
中山陵（江苏）
避暑山庄—外八庙（河北）
秦始皇陵及兵马俑博物馆（陕西）
自贡恐龙博物馆（四川）
黄鹤楼（湖北）

北京大观园(北京)

山海关及老龙头长城(河北)

成吉思汗陵(内蒙古)

珠海旅游城(广东)

深圳锦绣中华(广东)

夫子庙及秦淮河风光带(江苏)

葛洲坝(湖北)

1991 年全国射击十佳运动员评选在北京揭晓

这些神枪手是王义夫、许海峰、东庆权、许艳华、李对红、王玉锦、姜荣、尹卫萍、李双红、王忠华。

12 月 20 日

国家主席杨尚昆在人民大会堂会见巴勒斯坦国总统亚西尔·阿拉法特

国务院总理李鹏在人民大会堂同巴勒斯坦国总统亚西尔·阿拉法特会见并举行会谈

双方就中巴关系、共同关心的国际问题和中东和平进程等问题交换了意见。李鹏说:“中国应巴解和有关方面的邀请,准备参加中东和会第三阶段会议。”

李鹏指出,中东问题已持续了四十多年,核心是巴勒斯坦问题,现在确已到了该解决的时候了。我们希望中东有关方面把握住机会,采取务实灵活的态度,使这次中东和会能在联合国有关决议基础上取得积极的成果,推动中东问题全面、公正、合理的解决。

李鹏强调:“我们一贯主张,中东问题应该在联合国有关决议、特别是安理会二百四十二号和三百三十八号决议的基础上得到政治解决。阿拉伯被占领土应予归还;巴勒斯坦人民合法民族权益应予恢复;与此同时,所有中东国家,包括以色列在内的主权和安全都应得到尊重和保障。我们支持有利于中东和平进程的各种形式的努力。”李鹏表示,中国对巴解在中东和谈过程中采取的原则立场和灵活态度,对巴解积极参与中东和平进程,为推动和平进程作出的努力表示赞赏。

阿拉法特向李鹏介绍了马德里中东和会取得的进展以及和会目前遇到的困难,希望中国也能发挥自己的作用。

李鹏对阿拉法特多次邀请中国参加中东和会表示感谢。

李鹏说,中国希望目前在华盛顿进行的中东和会第二阶段会议能够取得进展。由于当前国际形势的变化,美国对和会的成功负有更大的责任。李鹏重申了中国关于召开由安理会五常任理事国和有关各方参加的中东问题国际会议的一贯立场。

国务院总理李鹏与全国审计工作会议代表座谈

李鹏在座谈中指出,审计监督围绕经济工作中心,在维护国家财政法纪、提高经济效益,加强廉政建设等方面,发挥了积极作用。当前的审计工作,重点要贯彻中共十三届八中全会和中央工作会议两个会议的精神,为进一步搞好国营大中型企业、加强农业和农村工作服务。

李鹏说,审计部门建立 8 年多来,广大审计人员艰苦创业,积极开拓,做了大量工作,在财政、金融、企业、农业、基建等领域的审订都有了较大进展,建立了从上到下的审计体系,审计工作局面已经打开。

审计监督围绕经济工作中心,在维护国家财经法纪,提高经济效益,加强廉政建设等方面,发挥了积极作用。审计在社会上的影响日益扩大,初步树立了权威。几年来,审计部门依法维护国家利益,不但为国家增收节支 330 多亿元,而且使遵纪守法的单位得以肯定,使违反法纪的单位得到处理,这是通过艰苦工作取得的成果。在内部审计和社会审计方面也有了新的发展,做了大量工作,取得了明显的成绩。

李鹏说,审计工作制定一个发展纲要很有必要。要通过纲要把十年和“八五”期间审计工作的主要目标、基本指导原则和工作任务确定下来。审计部门的基本职能是对财政经济实行监督,现在要搞活国营大中型企业,这与加强审计监督并不矛盾,仍要坚持依法审计,维护国家财经法纪,不能随意放宽、变通。这也是为了促进企业增强活力,健康发展。那种“经济要上,审计要让”的说法是不正确的。

审计部门每年都审计 20 多万个单位,了解和掌握很多财经方面的实际情况,对典型的问题、带普遍性的问题,要善于从宏观管理方面进行研究,向政府如实反映情况,提出改进的建议。今后,要重点审计财政财务收支数额大、关系国民经济全局的重点单位,如地方财政、财政金融税收部门、重点企业、重点建设项目等。

李鹏说,为进一步搞好国营大中型企业,国家已经在外部环境上采取了许多措施。因此,审计大中型企业,要促进企业眼睛向内,改进管理,挖掘潜力,提高效益;要监督其资产、盈亏的真实情况,不能搞虚盈实亏,留利分配不能过分向个人倾斜。要充分发挥部门、单位内部审计的作用,帮助企业建立自我约束机制。同时,要加强对农业资金的审计,纠正和防止挤占挪用、损失浪费等问题,提高资金使用效益。

最近,党中央、国务院重申要坚决刹住用公款吃喝送礼等挥霍浪费之风,这是关系到防止腐败,密切党群关系的重要问题。审计部门要加强对各级政府部门的经常性审计监督,严格执行财政纪律。同时要加强立法建设，制定相应的法律和法规。

李鹏指出，搞好审计工作关键在于提高审计队伍的政治、业务素质，特别是要加强各级领导班子的建设。审计部门是搞监督的，对自己更应该严格要求。审计人员要做到"廉洁、公正、严格、有奉献精神"。总的看，审计队伍的思想作风是比较好的，在树立良好风气上是下了功夫的，但也还存在一定的问题，不能满足现状。在当前国际、国内形势下，要进一步加强对干部的教育，严格纪律，抵制社会不良风气的侵蚀。

李鹏说，根据经济发展的不同情况，有重点地加强一些县、乡的审计部门是必要的。

李鹏最后说，审计部门在社会主义经济建设中担负着重要任务，工作难度较大，希望地方各级政府加强领导。要按照《审计条例》的规定，政府的主要负责人要直接管，有关部门积极配合，为他们创造必要的工作、生活条件支持他们的工作。广大审计工作者要继续发扬好的作风，在今后的工作中作出新成绩。

国务院副总理朱镕基在全国企业技术进步工作会议上发表题为《大力调整结构，推进技术进步，转换经营机制，搞好国营大中型企业》的讲话

今年九月份召开的中央工作会议着重讨论了搞好国营大中型企业的问题。江泽民同志在会上指出："进一步搞好国营大中型企业，不仅是经济问题，而且是政治问题。""今后我们要集中力量切实搞好国营大中型企业，使其更好地发挥在国民经济中的主导作用。""要把经济工作真正转移到调整结构和提高效益的轨道上来，体现速度和效益的统一。"李鹏同志指出："增强国营大中型企业活力，除改善外部条件外，从企业来说，更重要的是通过进一步深化改革，转换经营机制，加强政治思想工作，加强企业管理，促进技术进步。"当前的工业交通工作，要认真贯彻落实中央工作会议和十三届八中全会的精神，大力调整结构，推进技术进步，转换经营机制，加强企业管理，达到提高经济效益的目的。这不仅是明年，也是整个"八五"时期工业交通工作的指导思想。

大力调整结构

经过十多年的改革开放和近三年的治理整顿，我国的国民经济有了较大的发展。农业和工业之间、农轻重之间的比例有了相当的改善，但是经济工作中有一些深层次问题还没有解决。经济结构不合理是其中的主要问题之一。就工业内部结构来说，问题主要表现在以下几个方面：

产业结构"有长有短"。从总体上说，一般加工工业长，基础工业短，加工工业的生产能力超过了能源、原材料和交通运输等基础产业的承受能力，大多数也超过了市场的需求。

产品结构"又多又少"。原来产品结构单一的状况有所改善，但是，一般性的轻纺、家电、耐用消费品多，严重积压；而投资类产品中的"五高二低"产品（高技术含量、高市场容量、高附加值、高创汇、高效益、低能耗、低物耗）十分短缺，挡不住大量进口。

企业组织结构"一散二肿"。"大而全"、"小而全"的状况没有大的改变，专业化、社会化程度低，不能形成规模效益；机构臃肿，人浮于事，劳动生产率低，管理水平落后。

地区产业结构"走势趋同"。由于价格体系没有理顺，宏观调控不力，大多数地区发展基础产业的积极性不高，而加工工业进一步膨胀，在同一技术水平上重复建设、重复引进，导致投资效益差、产品积压、企业亏损。

形成工业内部结构不合理的原因是多方面的。主要是长期遗留下来的问题，像技术落后、价格扭曲等；有的是改革开放以来出现的新问题。三年治理整顿取得很大的成绩，主要目标基本实现，但多年积累下来的深层次问题还没有得到根本解决。急于求成导致宏观失控、结构失衡的历史教训尚未引起足够重视。争投资、上热点项目的势头还在兴起。旧账未清，新债又起，我们面临新一轮重复建设的危险。必须下定决心，采取有力措施，坚决刹住这一势头。

企业是国民经济的细胞，是各种结构的载体。国营大中型企业又是企业中负担最重的部分，成为矛盾的焦点。宏观管不好，微观活不了，再不抓紧结构调整，国营大中型企业很难克服面临的困难，发挥它在国民经济中的主导作用。

目前总供给与总需求基本平衡，正是调整结构的好时机。机不可失，不能再徘徊不前、等待观望了。

结构怎么调整？总的来讲，大的产业结构的调整要靠基本建设投资的倾斜。但是，几十年的经验告诉我们，单靠基建投资倾斜是不够的，必须深化改革，扩大开放，实行三个结合。

一是要把计划经济和市场调节两方面的优点最好地结合起来。既要加强宏观调控，又要充分发挥市场调节的作用。

现在，我国的经济运行机制已经由单一的计划经济转向计划经济和市场调节相结合。地方财政包干，分灶吃饭，使地方政府的权限扩大，中央政府的调控能力减弱，利益目标多元化，贷款资金渠道很多，资金分散，项目分散。在这种情况下，管理经济的办法必须适应客观形势的变化而有所改进。指令性计划、项目审批制度等各种行政手段还是要用的，但是其作用和效果越来越有限，用得不好，常常发生负效应。在新的形势下,国务院各部门更主要的是要学习运用各种经济杠杆等,实行行业管理和宏观调控。

国家计委、国务院生产办和工交各部门要密切掌握并及时发布主要工业产品的国内外市场信息、生产现状、发展动态,使各部门、各地区的负责同志和企业领导能及时了解经济全局和市场变化,减少盲目性。

有关部门要认真研究制定具体的产业政策,包括技术政策和技术装备政策,指导企业的技术发展方向。

行业管理部门要把产业政策落实到项目规划,要发挥地区优势,防止地区产业结构趋同化。

部门规划只能是指导性的。因此,必须通过政策倾斜,包括财政政策、税收政策、金融政策、价格政策、外贸政策等,来影响地区、企业的投资方向,保证国家重点支持项目的建成。国家对应该支持的行业只要认真支持,真正搞好一两个技术先进、大批量、低成本、高效益的项目,就会有利于避免重复建设。一汽、二汽的载重汽车搞起来以后,原来抢着上的中型载重汽车工厂基本上都关门了。现在的汽车热,是轻型汽车热、微型汽车热。如果一开始就下决心及时建成一个年产二十万辆的轻型汽车厂,汽车热就不会像现在这么厉害了。

要加强经济立法,运用法律手段进行调控。目前重复建设的主要原因,是没有建立一个合理的、能对投资行为负责的投资机制。今后要抓紧从法制上建立起投资责任制,改变投资行为与责任脱节、政府为企业的投资行为承担责任、银行为企业承担投资风险、国家为银行承担经济后果的状况。这种状况不改变,计划经济与市场调节的机制就无法完善。

二是要实行中央和地方两级调控相结合。搞好结构调整,一定要发挥社会主义制度的优越性,发扬大力协同、合作办事的好传统。国务院有关部门要按照有计划、按比例的经济规律,运用综合平衡的办法,充分发挥市场调节的作用,在深化改革的基础上,切实加强国民经济的宏观调控。各级地方政府要在全国一盘棋的前提下,既要发挥积极性,也要加强本地区的宏观调控。要认真研究自己的地区优势,制定经济战略、发展方针、主攻重点,做到心中有数。要有一批项目储备,不断进行科学论证和可行性研究,随时准备修正和补充。否则,盲目地看行情、赶浪头,根本无法进行宏观调控,只会永远被动。各地对自己的财政、信贷、外汇、物资、重要的原材料、运输能力等要综合平衡,不能不管平衡一味地争项目,把缺口和风险留给中央。

今后国家安排的项目,主要放在技术难度高,大家都想搞,而分散搞又不能形成规模效益的大项目上。地方能办到的、近期效益好的项目,尽可能发挥地方的积极性,根据各自的特点去安排。只要项目是建立在充分研究预测国内外市场的基础上,不是一哄而上的,国家就不要去过多地干预。有些品种多、花色新、适合较小规模生产的产品,由小企业生产,紧密结合市场需要,效果可能更好。

要发挥中央和地方两个积极性,通过两级调控,既符合地区特点和资源优势,又符合宏观合理的生产力优化布局,力求使每个省、区、市都有一些可以引以为自豪的、具有地方特色和一定经济规模的重点项目和拳头产品。

三是要把存量调整和增量调整结合起来。调整结构工作的难度很大,尤其是存量调整,难度更大,但不调不行。对存量调整和增量调整要用不同的方法,并把二者有机地结合起来。

存量的调整,主要是对那些生产能力过剩、产成品严重积压、长期亏损的企业,实行关停并转。由经营管理好、有发展前途的企业兼并产品积压、长期亏损的企业,是各地行之有效的办法。这里,一要解决债务政策,二要解决人员安置政策,解决得好就能大大推进企业兼并(或联合)。

实行关停并转,调整工业内部结构,要和产业结构的调整结合起来。现在加工工业过度膨胀,冗员过多,包袱太重;另一方面,第三产业很不发达,如果能把一部分加工工业人员有组织地转向第三产业,不但有利于工业轻装上阵,流通领域获得新鲜血液,也有利于工商企业改善经营状况,提高职工收入。为此,有关部门要研究对转业人员实行适当的政策优惠,主要是转业期间税收和劳动政策的优惠。

实行关停并转,要尽可能少关停,多并转。但是对少数长期经营性亏损、扭亏无望的企业,不关停也是不行的。今年国务院发布了一个文件,要求各省选十个左右企业进行关停试点,许多省市都进行了这项工作,效果不错。

多数企业调整结构工作的重点,主要是全心全意依靠工人阶级,开展群众性的合理化建议活动,从小改小革入手,推广新技术,革新工艺,更新设备,转产新产品,这是调整存量的又快又省的办法。

增量的调整,一定要实行项目投资和银行贷款两个集中,防止重复建设、重复引进。投资要划分为续建项目和新开项目两部分。对于续建项目,在资金安排上要作具体分析。第一,对于那些符合产业政策、技术先进、产品销路好、效益显著的,资金一定要打足,不要留缺口。要促其尽快建成投产,及早发挥效益。第二,对于那些市场销路看不准,效益不显著的项目,资金安排比例要低一些。第三,对于那些不符合产业政策,产品又无销路的项目,要坚决停止安排贷款。对于新开项目,一定要坚持择优定点,提倡实行招标,鼓励和组织跨地区、跨部门的联合投资。只要把产值、产品、利润、税收、劳动就业等都按投资比例进行分配，把各方面的关系协调好，并在法律上给予保障，各地区、各部门就会赞成联合起来进行投资，组织跨地区、跨部门的企业集中，发挥集团优势，实现规模效益。

推进技术进步

江泽民同志指出："当前和今后一个时期，我们必须下功夫调整结构和提高效益，把扩大再生产的重点放在技术改造上，而不能主要靠铺新摊子。"这是历史经验的总结。为了调整结构，在加强宏观调控的工作中，特别要注意调整基本建设与技术改造之间的比例。要紧紧围绕企业的技术进步，增加企业的技术投入和产品的技术含量，在技术改造和技术开发上做文章。根据多年的经验，要搞好企业技术进步，必须处理好三个方面的关系。

(一)内涵与外延的关系。

在扩大再生产的问题上，十一届三中全会以来中央反复强调以内涵为主的方针，这是符合马克思主义观点的。但是一些地方和部门仍然热衷于建新企业，铺新摊子，忽视老企业的改造，结果摊子越铺越大，而效益却越来越低。这次中央工作会议重申这个历史经验是非常重要的。

对于基础产业、基础设施来说，扩大能力，实现产业结构调整，主要应该依靠基本建设。但是对于绝大多数工业部门来说，对老企业进行技术改造，可以收到投资省、见效快、效益高的效果。老企业搞改造，不但许多"硬件"如厂房、设备和辅助设施可以利用，还有许多"软件"可以发挥更大的作用，如企业管理经验、工程技术人员和职工的素质、现有的销售渠道和售后服务体系等，这是老企业的优势所在。即使在老厂建新车间，安装新设备，也比铺新摊子要快、要好、要省。燕山石化公司在现有三十万吨乙烯的基础上进行技术改造，可以增加十五万吨生产能力，比新建项目投资节省百分之三十左右，时间缩短一半，效益提高一倍以上，能耗降低三分之一。明年要把燕山石化的改造作为一个重大项目来支持，两年半改造完。这对其他四个三十万吨乙烯工厂的改造是有指导意义的。

热点项目一定不能到处布点，一哄而上，争原材料，争市场，搞得大家都不死不活，效益很低，到头来还得调整，造成极大的浪费。现在热点很多，比如录像机，是一个新的热点。目前已有十一个装配厂，不能再上了。如果由国家和有关省市集资，搞一个录像机零部件系列的集团公司，包下全国的录像机零部件生产，形成规模经济，就可以大幅度降低零部件价格。这样做，对国家、对有关省市、对企业、对用户都有利，还能以价格优势进入国际市场。联合起来发挥的效益比不联合要大得多。这样不但少铺了新摊子，而且收拢了旧摊子，对加工工业的调整、改造是十分重要的。当然，我们更加反对以技术改造为名，实际上去搞新的基建项目。这会损害现有企业的后劲，是得不偿失的。

(二)企业技术进步中各项工作的关系。

企业技术进步工作包括很多方面，主要是技术开发、技术引进、技术改造和群众性的技术革新等。要把技术开发和技术引进紧密结合起来，在开发的基础上引进，在引进的基础上创新，用新技术改造传统产业。绝不能复制古董，在低水平上重复。

改革开放以来，根据邓小平同志关于利用外资、引进技术，改造现有企业要成千上万项地搞起来的指示，通过各种渠道和方式，积极引进和吸收国外比较成熟的先进技术成果，大幅度地提高了许多企业和行业的技术水平。这是我国企业技术进步工作的一个主要特点。目前，随着国际形势的风云变幻，引进国外先进技术的难度增加了。国务院提出，明年要进一步扩大对外开放，我们要继续做好引进技术、加强老企业技术改造这项重要工作。

科技研究与开发工作，世界上许多国家都把它放到重要地位。对它投入的多少，决定国家的科技水平，影响国家的综合国力。为了促进企业与院、所结合，加强技术开发，我们支持化工部进行在企业集团中建立技术中心的试点。有条件的企业集团经过主管部门批准，可以进行试点。各部门、地区、企业也要采取措施，鼓励多种形式的厂所结合、厂校结合，并且尽可能地挤出一些钱来，加强研究开发工作。

加快国内的科研成果转化为生产力，在目前显得更加重要，更加紧迫。解决这个问题要"两头热"。首先企业要热，要高度重视技术进步，要看到这是企业生存和发展的关键。产品和技术不更新，企业哪来效益？现在有些同志只看到鼻子下面的一点点东西，急功近利，缺乏开拓进取精神，不在技术进步上下功夫。一"等"二"靠"，躺在国家身上，企业怎么能搞好呢？我们的企业家要有远大的眼光，主动去和科研院所、高等院校的专家、教授交知心朋友，加强合作与交流，加强科研与生产的结合。同时，科研单位、大专院校也要热，要动员更多的科技工作者，主动投身到国营大中型企业这个科研工作的主战场上来。

动员广大职工，发扬主人翁精神，广泛开展群众性的技术革新活动，这是我们的优良传统。在目前许多产品陈旧、滞销的情况下，更要特别强调眼睛向内，挖掘潜力，适应市场，进行"小改小革"，加强产品设计，多搞"点子产品"，扩大产品销路。一些身价平平、结构也不复杂的日用品，如果设计稍加改进，赋予它新的功能，可能开拓一个新的市场。有个企业在薄薄的名片盒上，加了一个圆钮，用时只需轻轻向上一推，一张名片就从盒子的一端冒出来，比打开盒子一张张地去捻方便多了。其实，里边只加了一个弹簧片。这种“点子产品”并非高难技术产品，无须花费巨额投资，效益还来得快。这也是一个企业素质和机制的问题，是企业是否认真依靠市场，面向消费者的问题。

总之，要推动企业技术进步，需要处理好各方面的关系。我们曾总结出一套经验，特别强调了要处理好技术引进与自主开发的关系；引进、开发与技术改造的关系；引进与消化吸收、国产化的关系；科研与生产的关系；重点技术改造与群众性技术革新活动的关系，以及一条龙的工作方法等等。这些经验，对今后继续处理好企业技术进步中各项工作的关系，把企业技术进步推上一个新台阶，仍然具有指导意义。

（三）集中与分散的关系。

现在有些部门在项目安排上还是包揽过多，对一些不该支持的项目也支持、许愿，甚至搞人情项目，必然导致重复建设，火上浇油，遍地开花，后果堪忧。要加强宏观调控，做到两个集中：第一，提高国家集中安排的专项贷款的比重，减少一般贷款的比重。第二，行业主管部门要集中力量保重点，不要撒胡椒面。实行两个集中的目的，就是希望能有一批企业形成与国外同行业相接近的经济规模，在国内市场上有很强的竞争力，在国际市场上站稳脚跟，成为有世界水平的企业或企业集团，为国家做出更大贡献。

处理好集中与分散的关系，需要对项目审批作一点改革。技改项目的审批，仍按国务院规定的审批权限进行，限额以上技改项目在行业主管部门审查的基础上，由国务院生产办审批，国家计委会签；限额以下技改项目按企业隶属关系由部门和地方自行审批。对于长线产品和热点产品项目如何控制，国家计委和国务院生产办将另行制定新的办法。在新办法颁发前，停止一切长线产品和热点项目的审批，银行不予贷款。

明年的技术改造专项贷款，各部门已按计划作了安排。专项贷款总额度达不到今年计划水平的省、区、市，我们将给以补足，项目由省、区、市补充安排。但是，第一不能搞热点项目，第二要报各行业主管部门备案，补充项目由国务院生产办征求各部意见后会同银行统一下达。

这样安排以后，剩下的技改专项贷款指标，会后我们要请各行业主管部门牵头，会同有关综合部门，各省、区、市，中国国际工程咨询公司一起，认真深入地研究安排一些新的国家重点项目，进行增量调整。要用这笔钱干几件大事，要上一些真正对调整结构有决定意义的项目。

转换经营机制

去年第四季度以来，随着工业生产的回升，经济效益下降趋势逐步减缓，但经济效益不高的局面没有明显改观。今年十一月底，全国预算内国营工业企业产成品资金占用比上年同期增长百分之二点四；一至十一月实现利润比上年同期下降百分之六点一；企业亏损面由一九九〇年底的百分之三十一，扩大到一九九一年十一月底的百分之三十四点八；一至十一月亏损额比一九九〇年同期增长百分之十点八。企业经济效益不高，严重制约着国民经济的发展，增加了财政的困难。扭转这种状况，已经刻不容缓。

怎样才能提高企业经济效益？一方面要努力改善企业的外部经营环境。党中央、国务院已经制定了十二条政策措施，在财政比较困难的情况下，迈出了比较大的步子，很不容易了，各地正在贯彻落实。另一方面，现在需要企业作出更大的努力，迅速转换企业经营机制，这是搞好国营大中型企业的根本。

这些年来，各地在企业改革方面做了大量工作，比较普遍地实行了承包经营责任制，同时进行了许多有益的探索，企业的活力开始有所增强。但是同改革的目标相比，就是说，要在发展社会主义有计划的商品经济中，使企业成为自主经营、自负盈亏的社会主义商品生产者和经营者，具有自我发展和自我约束的能力，还有很大的距离。

搞好企业，关键在企业自身。内部机制不转换，企业躺在国家身上，职工躺在企业身上，捧“铁饭碗”，吃“大锅饭”，外部环境再好也没有用。干部、职工的积极性调动不起来，企业缺乏追求技术进步、追求经济效益的内在动力和压力，潜力挖不出来，企业的效益怎么能提高呢！现在相当大比例的国营企业亏损或者是濒于亏损。更为严重的是，有许多企业，问题不只是亏损，而是坐吃山空。不少企业该提的折旧费和新产品开发基金没有按国家规定提足用好，实际上是吃了老本。亏损了，职工奖金照发；企业办糟了，厂长易地做官；产品积压，工厂照样生产；任务不足，一个人也不精简；企业内部奖罚不明，干多干少、干好干坏一个样。这些都是属于机制方面的问题。这些问题不解决，企业效益不可能提高，有些企业死水一潭的局面也不可能改观。本来么，企业经营不善，亏损了，就不能发奖金；继续亏损，还要降低干部、职工的工资；资不抵债，企业就得关门。不建立这样的机制，你着急，他不着急，企业怎么能搞得好！不久前我到徐州考察，很受启发。徐州市在贯彻搞好国营大中型企业的二十条政策措施时，突出抓了企业内部分配、人事、劳动制度的改革。如规定经营性亏损企业的主要负责人在本企业扭亏为盈前，不得易地按原职级安排工作；对长期扭亏不力的厂长就地免职或降级使用，目前已有三十二名正副厂长被免职、降职；对二十一名连续亏损三个月的企业领导干部下浮一级工资；对二十三个连续亏损六个月的企业，全体干部职工下浮一级工资；对二十多户产品积压、管理混乱的企业实行停产整顿；对两户资不抵债的企业实施破产；一些企业还实行了领导干部聘任制，工人上岗经过考核，拉开了分配档次。采取这些措施以后，亏损企业干部职工的精神面貌发生了很大变化，吃“大锅饭”的观念有所转变，企业的生产经营状况开始好转。

现在有些地方什么都不敢动，关停并转不敢动，不称职的企业领导班子不敢动，工人奖金不敢动。企业亏损了，奖金照发，没有钱从银行借贷也要发。我们要巩固当前政治、社会稳定的好形势，但是，对于稳定也要有辩证的理解，积极的态度。徐州市的经验说明，加大改革力度，转换经营机制，加强内部管理，从严治厂，是人心所向。这个问题关系到工人阶级的切身利益，只要领导干部以身作则，和职工同甘共苦，全心全意依靠工人阶级，切实做好思想政治工作，完善配套政策，健全社会保障体系，做好待业培训，妥善安排职工生活和转业工作，从严治厂以至关停并转，不但不会影响稳定，还会促进企业经营机制的转变，提高经济效益，真正地稳定社会，巩固社会主义制度。

现在各地都有一批经营机制转换比较成功、生产经营比较好的企业。例如，上海第二纺织机械厂有个好的领导班子，拥有比较充分的经营自主权。在职工收入分配上实行“企业自主、国家征税”的办法，工资、奖金、补贴等全部纳入工资总额，计入成本。在劳动制度上实行全员合同制，全厂四千八百名职工绝大部分和工厂签了劳动合同，三年内辞退了一百六十六名职工，免了两个副厂长的职。为搞技术改造，提高了固定资产折旧率和新产品开发基金提取率。他们深化改革，从严治厂，科技兴厂，效果显著。一九八八年到一九九〇年，上交税金年平均递增百分之二十以上；一九九一年出口创汇可达二千万美元；一九九〇年人均收入四千零二十六元，实际工资总额年均增长百分之四点四九，大大低于年均全员劳动生产率增长百分之九点二五的幅度。

二纺机厂的经验告诉我们，建设有中国特色的、充满生机与活力的社会主义企业，一靠深化改革，转换企业经营机制，调动广大职工的社会主义积极性，激发工人阶级的主人翁首创精神；二靠转换机制基础上的科学管理，从严治厂，正确规范社会主义企业中的人与物、人与人之间的关系；第三，归根到底还得靠技术进步，正如邓小平同志所指出的，科学技术是第一生产力，只有技术进步，才能大大提高经济效益，发挥出社会主义制度的优越性。

总之，要通过调整结构，推动技术进步，转换经营机制，加强企业管理，使国营大中型企业充满活力，提高经济效益。我们的目标是：在“八五”期间，力争三年或更多一点时间，无论如何要使目前亏损的国营大中型企业基本上扭亏为盈，使盈利的企业经营状况更好（盈利企业中也有许多亏损产品，也有一个产品扭亏的问题）。这样才能真正发挥国营大中型企业在国民经济中的主导作用。

农工民主党十届四中全会在北京闭幕

会议审议通过农工民主党中央主席卢嘉锡代表十届中央常务委员会作的工作报告。会议听取卫生部部长陈敏章关于卫生体制改革的报告。

与会代表学习中共十三届八中全会通过的《中共中央关于进一步加强农业和农村工作的决定》。会议要求农工民主党各级组织和全体党员认真学习和深入宣传贯彻中共十三届八中全会精神，充分认识进一步加强农业和农村工作的重要性，充分认识科学技术是第一生产力，提倡尊重知识、尊重人才，发挥农工民主党的优势和特点，为实施科技兴农战略，最大限度地发挥科学技术的作用，努力做好扶贫和智力支边工作，为实现2000年人人享有卫生保健，为开创我国农村工作和国民经济发展的新局面献计出力。

会议通过的决议指出，农工民主党要进一步大力加强自身建设，搞好换届工作，提高全党政治素质，发挥参政党作用，为完成十年规划和“八五”计划，实现社会主义现代化建设的第二步战略目标，促进社会生产力的发展和社会的全面进步，为统一祖国，振兴中华作出新的成绩。

会议决定农工民主党第十一次全国代表大会于明年第四季度在京举行。农工民主党中央副主席方荣欣、姚峻、章师明、田光涛、蒯天聪、陈灏珠和全体中央委员、候补中央委员出席会议。

最高人民法院发出《关于将刑事案件判决书抄送当事人所在单位的通知》

公安部发出开展1992年新年春节期间爱民月活动的通知

中国革命老区经济文化交流中心第一届理事会在北京举行

会议由交流中心理事会主任王定国主持。一些关心老区建设的老同志和来自全国30多个县、地、市的老区代表参加了会议，共商老区的繁荣和发展。耿飚、杨成武派代表到会表示祝贺。

由中国国际公共关系协会和美国伟达公共关系顾问公司共同举办的高级公共关系与公共事务研讨会在北京举行

来自中美的有关人士四百多人参加会议。中美公关学者就中国企业如何利用国外传播媒介、企业危机公关、电视与公关、中国公关现状等课题进行了学术交流。

中国经济开发信托投资公司在北京成立

12月21日

全国人大常委会委员长万里要求重视执法监督检查

最近,万里在谈到加强执法检查问题时强调,一定要抓好法律制定后的贯彻执行,这方面要下大力量进行监督和检查。人大常委会要把制定法律和制定后的监督检查放在同等重要的地位。

万里指出,现在包括我们一些做领导工作的同志和相当多的群众,有法还不知道,当然也就不能执行,即使执行也不严格。执法当中我看就存在这么三个问题:有法不知道,知道不执行,执行不严格。要从人大开始,提高对法律的认识,并做好对执法的监督和检查工作。过去我们常说有法不依、执法不严、违法不究,这个问题一定要下决心解决。

万里说,法制状况代表一个国家两个文明建设的程度,作为执政党,应该高度自觉地加强社会主义民主与法制建设。人大常委会会议,每次都要有一到两个法律执行情况的检查汇报,把它列入议程。这要作为一项制度坚持下去。

万里指出,各报纸,应当经常刊登一些法律的执行情况。执法情况要大张旗鼓地进行宣传,通过宣传提高各级党政机关和各个方面的执法观念。

国务院总理李鹏同在北京举行的全国企业技术进步工作会议部分代表座谈

李鹏在座谈会上讲话。李鹏认为,这次会议是贯彻中央工作会议关于搞好国营大中型企业精神的一次重要会议,对于明年调整工业结构,推进企业技术进步,提高企业效益,促进全国工交生产,将会起到积极作用。会议开得是成功的,是鼓舞人心的。

李鹏谈到企业技术进步工作指出,搞好国营大中型企业,提高经济效益,一要深化企业改革,转换经营机制,调动广大职工的积极性和创新精神,发挥主人翁的作用;二要加强管理;三要依靠技术进步。邓小平同志说,科学技术是第一生产力。技术进步是搞好国营大中型企业的关键,是提高企业效益的根本措施。当前,要把技术改造的重点放在节能降耗、开发适销对路的新产品、提高产品质量和档次、扩大出口创汇和节汇上,要把技术引进、技术开发和技术改造紧密结合起来,使科技成果尽快转化为生产力。要进一步扩大对外开放,通过各种方式引进、消化国外的先进技术和先进管理经验。要把企业真正推向市场,充分利用市场调节作用来促进企业的技术进步,使企业在国内外市场竞争中发展壮大。

国务院副总理田纪云在厦门举行的全国经济特区工作会议上要求把特区工作的重心转到提高经济效益上来

全国物价工作会议在北京开幕

国家物价局局长罗植龄在会上说,明年物价工作总的指导思想仍然是既要稳定物价,又要振兴经济,巩固发展治理整顿成果,继续保持物价基本稳定,积极稳妥推进价格改革,加强和改革价格调控,支持搞好国营大中型企业和发展农村经济。

钱塘江第二大桥建成

大桥不仅开一千三百四十米的正桥连续无接缝的世界先例,并是世界上在强涌潮河段所建的第一座大桥。

国家主席杨尚昆根据全国人大常委会的决定任命驻外大使

一、任命乔宗淮兼任中华人民共和国驻爱沙尼亚共和国特命全权大使。

二、任命唐龙彬兼任中华人民共和国驻拉脱维亚共和国特命全权大使。

三、任命裴远颖兼任中华人民共和国驻立陶宛共和国特命全权大使。

全国国防科技工业工作会议在北京结束

以增强军工骨企事业单位活力为中心,推进改革开放,调整产品结构,加快科技进步,提高整体效益,把军民结合提高到新阶段,这是全国国防科技工业工作会议提出的一项紧迫战略任务。

会议反映,国防科技工业提前一个月完成全年军品和民品生产计划,国防科研、试验进展良好,民品外贸出口比上年增长13.5%,整个形势正继续向好的方向发展。民用飞机、民用船舶、铁路货车、煤炭综合设备等指令性计划产品全部按计划完成,重点武器装备研制取得重大突破,关键技术研究取得一批新成果,生产质量有较大提高。嘉陵集团、西安飞机工业集团、南方动力机械集团等国家批准的首批军工企业集团试点,以高新技术产品为龙头,以科研与生产相结合为重点,为发挥军工整体优势和提高集团竞争能力,开拓了新的路子。但目前有不少军工企业尚未完全适应有计划商品经济的要求,产品开发、技术开发和市场应变能力不强,缺乏适销对路的支柱民品,在进一步转变内部机制、调整产品结构、提高经济效益和技术改造等方面的任务十分艰巨。

会议认为,国防科技工业正处在促进军民结合、实现战略转变的关键时期,国防科研、试验、生产任务十分繁重。要发挥中央主管部门和各省、市地方政府两个积极性,充分挖掘军工企业内部潜力,不断提高经济效益。会议要求国防科技工业战线全体同志,进一步增强紧迫感和责任感,振奋精神,增强信心,开拓创新,团结奋进,推动国防科技工业持续、稳定和协调发展,以改革与发展的新成就迎接党的十四大的胜利召开。

国防科工委主任丁衡高在会上讲话强调,国防科技工业今后一个时期的工作重点,是把增强军工骨干企事业单位活力摆到突出地位,在继续改善外部条件的同时,关键在于眼睛向内,练好"内功"。通过改革内部机制、加强管理和依靠科技进步来挖掘潜力,提高效益。充分利用有限经费,集中力量打歼灭仗,确保重点武器装备科研生产任务的完成。根据国家产业政策和国防科技工业的特点,抓好产品结构调整,大力开发生产高技术、高质量、高附加值产品和出口创汇产品,加快科研成果商品化、产业化的进程,同时继续搞好企事业组织结构以及布局调整。以提高整体效益为中心,不断完善和深化国防科技工业运行机制以及其他方面的配套改革,进一步增强生机与活力。进一步扩大对外开放,抓住一切有利时机,多方位地开拓国际市场,多渠道地引进技术和智力。

我国高温超导研究又获重大突破

中科院上海冶金研究所最近在高温超导体材料临界电流密度研究中,取得了当前国际最好水平的研究成果。这表明我国在高温超导研究的某些领域仍居世界前列。

上海冶金所采取熔融结构法和适当的工艺条件制备的钇钡铜氧高温超导材料,经复旦大学和国家超导中心有连续直流法测试验证,在临界温度为77K、磁场强度为7.5至8.8特斯拉的条件下,临界电流密度大于每平方厘米9.7万安培。这一结果不仅在国内居领先地位,也大大领先于国际先进水平。

1991年全国血吸虫病防治工作会议在湖南省岳阳市开幕

出席这次会议的有来自国务院有关部委、南方12省市以及解放军的有关负责同志和部分专家。上午的会议由国务院副秘书长徐志坚主持,卫生部部长陈敏章致开幕词,水利部部长杨振怀代表国务院作全国血防工作报告。

中共中央政治局委员、国务委员李铁映在全国血吸虫病防治工作会议上发表讲话。

李铁映说,我们在本世纪末要达到小康生活水平,要使人民富裕就一定要消灭血吸虫病,这是一项重大而长期的任务,是造福人民的大事,各级领导要坚定信心,动员人民起来同血吸虫病作斗争。要实行综合治理,科学防治,积极探索一条有中国特色的血防工作的路子。要抓典型,抓落实,制定基本消灭血吸虫的标准,凡达到了标准就要采取摘帽子的办法,一个县一个县地摘,摘后不能反复。

水利部部长杨振怀在全国血吸虫病防治工作会议上作报告。

杨振怀在报告中指出,当前全国,特别是湖区5省面临的血防形势仍然十分严峻。个别血吸虫重流行区疫情还有反复的势头。特别是今年入夏以来,江苏、安徽、湖南、湖北等血吸虫病流行区遭受严重的水灾,使钉螺面积扩散严重,明年的螺情估计比今年会有所增加。他要求有关省市和部门认真总结经验,深入研究,因地制宜地制订防治措施;落实全国血吸虫病"八五"综合治理规划;加强科研,抓好科学防治。继续发扬连续作战的作风,扎扎实实地工作,夺取血防工作的更大胜利。

12月22日

中华全国台湾同胞联谊会在人民大会堂举行成立十周年纪念大会

《人民日报》发表社论《振兴农业的必由之路》

党的十三届八中全会通过的《中共中央关于进一步加强农业和农村工作的决定》,对我国农业和农村工作的改革做了科学的总结,为进一步深化改革,振兴我国农业,指明了工作的方向,展现出光辉的前景。《决定》是一个纲领性的文件,《决定》的贯彻落实,必将使我国农村出现一个新的局面。

党的十一届三中全会以来,我们已经找到了一条建设有中国特色的社会主义新农村的正确之路。我们找到这样一条正确道路是很不容易的,这是经过长期艰苦探索取得的丰硕成果。

我国是一个与“农”字紧密相连的大国。农村占国土的绝大部分，农民占国民的绝大多数，农业是国民经济的基础。我们党历来重视农村、重视农民、重视农业。农民问题历来是中国革命和建设的首要问题。毛泽东同志在这方面的一系列重要论述，是毛泽东思想的重要组成部分。

在革命战争年代，我们党正确地处理农村问题、农民问题，取得了新民主主义革命的伟大胜利。在社会主义革命和社会主义建设时期，党又领导农民不断进行了新的探索，有许多成功的经验，也有不少教训。

几千年来，我国农村一直是以土地私有制为基础的小农经济，这种经营方式不但不能使农民摆脱贫困、摆脱剥削，而且还会不断产生两极分化，产生新的贫困、新的剥削。解放后，党领导农民推翻封建剥削制度，并进而搞集体化，实行土地等基本生产资料的公有制，完成了对农业的社会主义改造。这个方向是完全正确的，也取得了很大成绩。但是，在一个相当长的时间里，由于农村集体经济组织管理过分集中，以及分配上的平均主义，严重压抑了农民的生产积极性，阻碍了农村生产力的发展。如何在坚持社会主义方向的前提下，充分调动农民的生产积极性，成为长期困扰我们而一直没有得到很好解决的大问题。

实行以家庭联产承包为主的责任制，使这个多年的难题迎刃而解，这是我国农民在党的领导下的伟大创造。正是由于坚持并不断完善了这一基本政策，最近十多年成为新中国成立以来农村经济发展最快的时期，农民生活改善最明显的时期，农副产品市场供应最丰富的时期。农村的改革和发展，有力地支持了城市的改革和整个国民经济的发展，有力地保证了社会的稳定。

实行家庭联产承包之所以有如此巨大的威力，是因为在公有制的前提下，把土地承包给农户经营，既充分调动了广大农民精耕细作的积极性，又防止出现两极分化，逐步实现农民共同富裕。农户承包经营，是农村集体经济的一个经营层次，它不是分田单干，也不是大家在一起吃大锅饭。实践证明，家庭联产承包责任制是成功的，是符合社会主义方向，符合中国的国情的，必须稳定，在实践中不断完善。

家庭经营，是农村集体经济的一个不可缺少的经营层次，但并不是唯一的层次。有些事情，一家一户办不了、办不好，这就必须有集体经营这个重要的层次。乡镇工业，是农村的希望所在。没有乡镇工业的发展，农业现代化不可能实现。乡镇企业可以为农业提供资金、技术、装备，又能容纳农村大量的劳动力。农村经济的发展，尤其农业生产的发展，需要有多方面的社会服务，这不是一家一户，有些也不是一个单位、一个地区能够承担的。经济是一个有机的整体。逐步地建立起完整的社会化服务体系，为农村、为农民提供各方面的服务，是农村经济发展的客观要求。

服务业，国家要办，个人也可以办，但主要的要靠集体去办。今后农村要继续大力发展集体经济，一方面为农业服务，一方面壮大集体经济的力量。社会主义农业，是建立在集体经济不断发展的基础之上的。对集体经营这个层次，必须有足够的重视。

发展集体经济，决不是“归大堆”，而是靠集体经济自身的积累。有些事情可以群众集资办，但决不能搞“一平二调”，不能强迫命令。

我们的国家很大，各地的情况千差万别，不论办什么事都不能搞“一刀切”，千篇一律。家庭联产承包责任制是主要的形式，但不是唯一的形式，要允许其它形式的存在。没有区别，就没有政策，搞一种模式，靠一声命令，无论如何也是搞不好的。人民群众自己解放自己，是马克思主义的一个原则，是历史唯物主义观点。要启发群众的自觉，尊重群众的意愿，要按实际情况办事。

《决定》指出：“必须继续稳定以家庭联产承包为主的责任制，不断完善统分结合的双层经营体制，积极发展社会化服务体系，逐步壮大集体经济实力，引导农民走共同富裕的道路。”这是党在农村的基本政策，是农业振兴的必由之路。

全国企业技术进步工作会议在北京闭幕

来自各省、自治区、直辖市和计划单列市人民政府的领导、经委(计经委、生产委)、财政厅、人民银行、工商银行的负责人以及国务院有关部门的负责人 500 多人参加会议。

会议期间，国务院总理李鹏同与会部分代表进行了座谈，并作讲话。国务院副总理朱镕基在会上作《大力调整结构，推进技术进步，转换经营机制，搞好国营大中型企业》的讲话。国务委员王丙乾在同部分会议代表座谈时也讲了话。

会议要求各地区、各部门把企业技术进步作为一件大事列入议事日程，并真正把它转到调整结构、提高效益的轨道上来，经过三五年的努力，使我国国营大中型企业的生产技术水平登上一个新的台阶，为国民经济的持续、稳定、协调发展做出新的贡献。为此，会议制定了 12 条政策措施。

国家采取十二条政策措施全面推进企业技术进步工作

全国企业技术进步工作会议制定 12 条政策措施，以增强国营大中型企业自我改造、自我发展的能力，全面推进企业技术进步工作。

这12条政策措施是：

1.三年内全部免掉从国营大中型工交企业折旧基金中上缴的“两金”（能源交通重点建设基金和预算调节基金）。

从折旧基金中提取“两金”已经实行多年，财政已打入每年的预算，而目前国家财政还很困难，明后两年又正值还债高峰，因此，减免“两金”只能分步实施。经研究，决定从1992年起，重点支持能源、交通、原材料行业的矿山企业，并适当照顾困难较大的军工企业，明年先把煤炭、石油、交通、铁道、民航、邮电、矿山、兵器、核工业、船舶、航天、航空企业的“两金”全部免掉。电力行业明年先免能源交通重点建设基金，1993年再免预算调节基金，两年免完。列入1992年国家重点技术改造计划的国营大中型企业，也减免“两金”。

2.加快对国营工交企业固定资产重估的步伐。

清产核资以后按重估价值计提折旧。各省、自治区、直辖市要按清产核资领导小组的部署，积极进行试点，及时总结经验，制定办法后逐步推开。

3.降低国营大中型工业企业的所得税率。

为了创造大中型企业与其他企业平等竞争的条件，从1992年起3年内将全部国营大中型工业企业的所得税税率由55%降为33%。减交金额重点落实到技术改造任务重的企业。

4.适当调整财政信贷政策。

对部分国家重点技术改造项目实行贴息政策。

为了加强科技成果转化为生产力的中间环节，以及引进技术的消化吸收和国产化工作，从1992年起，科技贷款的新增部分，重点用于国营大中型企业的技术开发。

5.增加企业新产品开发资金。

遵照国务院总理李鹏关于“继续实行从销售收入中提取1%作为新产品开发资金”的指示精神，在省、自治区、直辖市和计划单列市总的提取比例不超过1%的前提下，根据地区、行业特点、企业的承受能力和发展需要，确定具体提取比例。

6.国家准备增加一些外汇引进国外先进技术，用于引进技术改造企业。

1993年底以前，用国家增加的外汇安排的技术引进项目，进口国内暂时不能生产的关键设备时，内地也按沿海的办法，全部免交关税和增值税。

7.实行压缩产成品资金占用与增加技术改造贷款、流动资金贷款挂钩的办法。

1991年～1993年，凡压缩产成品资金占用与增加技术改造贷款挂钩的，压下来的资金，要专项用于技术改造和技术开发，可以结转和调剂使用。

8.建立国家和地方两级新产品开发和消化吸收专项资金。

9.增加国家重点技术改造贷款比重，相应减少一般贷款的比重。

10.在大型企业和企业集团中建立技术中心，对中间试验产品定期减免所得税。

11.加强宏观调控，防止重复建设。

目前已经形成过多重复建设、生产能力远大于需求或造成大量产成品积压的，以及虽是短线产品，但属于热点项目，容易形成新的重复建设的，由国家主管部门制定出具体控制办法，报国务院批准后下达执行。

12.完善约束机制，提足用好有关技术进步的自有资金。

企业的折旧费、大修理费、新产品开发资金、减免“两金”和降低所得税率增加的留利等，必须专户存储，专款专用，不准挪用。亏损企业也不得例外。

属于企业的自有资金，企业有权按照国务院的规定支配使用，任何单位不得以任何借口无偿平调。

《中华人民共和国政府和哈萨克共和国政府经济贸易协定》在北京签署

12月23日

七届全国人大常委会第二十三次会议开幕

全国人大常委会委员长万里主持会议。

全国人大法律委员会副主任委员宋汝棼作关于中华人民共和国收养法草案审议结果的报告；法律委员会副主任委员项淳一作关于中华人民共和国妇女权益保障法草案修改意见的汇报；全国人大常委会常务副秘书长曹志作关于中华人民共和国全国人民代表大会和地方各级人民代表大会代表法草案的说明；全国人大常委会法制工作委员会副主任顾昂然作关于中华人民共和国工会法修改草案的说明；受国务院委托，公安部部长陶驷驹作关于中华人民共和国人民警察警阶条例草案的说明。

会议听取外交部副部长刘华秋所作的关于建议批准《儿童权利公约》的说明和关于建议批准《中华人民共和国和老挝人民民主共和国边界条约》的说明。

委员们还将审议国务院提请审议决定加入不扩散核武器条约的议案。

全国人大常委会副委员长彭冲、阿沛·阿旺晋美、赛福鼎·艾则孜、严济慈、荣毅仁、叶飞、廖汉生、倪志福、陈慕华、孙起孟、费孝通、雷洁琼、王汉斌出席全体会议。

国务委员兼财政部长王丙乾、最高人民法院院长任建新列席会议。

国务院第12次全体会议召开

国务院总理李鹏主持会议并在会上讲话。

国务院副总理邹家华通报我国1991年的经济形势并提出了明年经济工作的主要任务；国务委员兼外交部长钱其琛通报国际形势和外交工作；国务委员兼国家教委主任李铁映通报教育工作情况；国务委员兼国家科委主任宋健通报了科技发展情况；国家体改委主任陈锦华汇报今年体制改革工作情况；监察部部长尉健行汇报了监察工作和廉政建设情况；经贸部部长李岚清汇报贯彻落实经贸体制改革的情况；冶金部部长戚元靖汇报了冶金工业情况；能源部部长黄毅诚汇报电力建设情况；纺织部部长吴文英汇报如何克服当前困难，组织生产和丰富市场供应问题。

国务院副总理姚依林、田纪云、朱镕基，国务委员王丙乾、李贵鲜、陈希同、陈俊生，国务院秘书长罗干和国务院其他组成人员出席会议。

国务院总理李鹏在国务院第12次全体会议上发表讲话

李鹏说，1991年国务院的工作，是在以江泽民同志为核心的党中央的领导下进行的，认真、积极地贯彻执行了小平同志倡导的“一个中心、两个基本点”的党的基本路线，各项工作都取得了明显的成就。

李鹏说，根据十三届七中全会的决议，国务院制定了国民经济和社会发展的十年规划和“八五”计划纲要，并经七届人大四次会议批准，向全国人民提出了在九十年代实现国民经济第二步战略目标。

李鹏说，在外有压力内有困难的情况下，特别是在一些地区遇到了严重的自然灾害的情况下，抗洪救灾工作卓有成效，农业仍然取得了历史上第二个丰收年，粮食产量可能达到8700亿斤，棉花在一亿担以上。整个经济进一步向好的方向发展。国民生产总值可能比去年增长7%，物价指数可能控制在4%，外贸净出口增长在16%以上。我们的国家现在市场繁荣，物价稳定，商品琳琅满目，人民安居乐业。现在，中国政治稳定，经济稳定，社会稳定，全国人民正满怀信心地走有中国特色的社会主义道路。

在讲到三年治理整顿的成果时，李鹏说，三年来，国务院坚决贯彻执行了中央制定的治理整顿、深化改革的方针。从总体上来说，治理整顿的任务已经基本完成，严重的通货膨胀得到了控制，混乱的经济秩序得到了治理，结束了农业连续四年徘徊的局面，农林牧副渔业得到了全面的发展，总供给和总需求基本平衡，国民经济开始走上持续稳定协调发展的轨道。更令人感到高兴的是，在治理整顿中，改革开放的进程不但没有停止，反而得到了适度发展。比如，物价改革采取了一些重大的步骤，对外开放也有了重大的发展，这两年是外商投资最多、发展最好的一个时期。我们不但巩固了已有的经济特区和经济技术开发区，而且建立了上海浦东新区，使特区和开放区更好地发挥了“四个窗口”的作用。我们还进行了外贸体制的改革，调整了汇价，促进了外贸的发展。住房制度、社会保险制度、医疗制度的改革以及加强宏观调控体系方面，也都取得了一定的进展。我们不但保证了十一届三中全会以来各项政策的连续性和稳定性，而且有所发展。

李鹏指出，党中央今年9月召开的工作会议是一次很重要的会议。这次中央工作会议的历史功绩，在于在大好形势面前保持了清醒的头脑，把搞好国营大中型企业提高到巩固社会主义经济基础的高度来加以认识，并在处理内因和外因的关系上做了正确的结论，强调转变企业机制。会议确定的二十条措施正在贯彻落实中，并且看到了初步成效。搞好大中型企业是一项长期的任务，需要在整个“八五”时期加以实施和初步完成。11月召开的十三届八中全会，总结了十一届三中全会以来的农村工作，为九十年代的农村工作确定了发展方向，制定了全面完整的政策，是一次十分重要的会议，我们要认真加以贯彻落实。

李鹏在讲话中部署了明年的工作，并提出了具体要求。

*继续努力为经济建设创造一个和平的国际环境和安定团结的政治局面。*李鹏说，我们要继续执行独立自主的和平外交政策，在和平共处五项原则的基础上与世界上一切愿意与我国发展友好关系的国家，保持正常的友好合作关系。要对广大干部和群众进行社会主义、爱国主义的教育，团结一切可以团结的力量，坚定地走有中国特色的社会主义道路。同时要通过加强治安综合治理等工作，巩固和发展国内安定团结的政治局面。

*经济建设要保持持续稳定的发展。*李鹏指出，计划1992年的国民生产总值增长5.5%，在执行中争取超过。物价继续保持稳定，零售物价上涨指数控制在6%左右。要严格执行产业政策，建设重点放在能源、交通、通讯、原材料工业和人民住宅建设上。加工工业主要对现有老厂进行技术改造，提高产品质量，增加花色品种，把企业推向市场。现在中央和地方都在贯彻执行十二条政策，从各种渠道增加技术改造资金，为企业创造了相当好的外部环境，因此，各部门的注意力应放到挖掘企业内部潜力，转换企业机制上来。今年开

展的“质量、品种、效益年”活动，是有成绩的，明年要继续开展。要继续清理“三角债”，并防止前清后欠。

要进一步做好限产压库，压贷挂钩工作，把压下来的一部分资金用于技术改造。目前已有一大批技术改造项目进入实施阶段，明年要争取其中一些项目尽快见效。争取明年农业有一个好的收成仍然是我们经济工作中首要的任务。今年，我国中部地区遭受了严重的秋旱，要加强对农业的领导，加强小麦的田间管理和改种措施，争取明年夏粮有一个比较好的收成。要继续稳定家庭联产承包为主的责任制。不断完善统分结合的双层经营体制，积极发展农业社会化服务体系，逐步壮大集体经济实力，引导农民走共同富裕的道路。今年的洪涝灾害激发了全国人民兴修水利的热情，现在有5000万人战斗在水利工地，对这种可贵的热情要加以引导，作好规划，按科学规律办事。明年国家水利建设的重点是治理淮河和太湖。现在，上三峡工程呼声日渐高涨。党中央、国务院对这一举世瞩目的工程，一贯持积极而慎重的态度。国务院将对这项工程方案进行审查，并将审查结果报党中央和全国人大。

要进一步深化改革。李鹏说，邓小平同志倡导的改革开放方针，收到了举世公认的成果。中国有今天的稳定，人民生活有这样的提高，得益于改革开放。明年，我们在改革方面适当加大分量，并且按照“一切经过试点，先立后破”的原则，既积极又稳妥地进行。

李鹏指出，明年改革的重点应放在企业改革上，特别是转换企业机制。在计划经济与市场调节相结合的原则指导下，把企业更多地推向国内外市场，使自己的产品接受市场的检验。企业改革的要点仍然是打破“大锅饭”、“铁饭碗”和“铁交椅”，因此就要改革人事制度、劳动用工制度、干部聘任制度和内部的分配制度。办好企业仍然是三句话：发挥党组织的政治核心作用，坚持和完善厂长负责制，全心全意依靠工人阶级。

李鹏说，企业法是适合中国的实际情况的，必须严格贯彻执行。国务院准备起草一个企业法的实施条例，以便企业法能够更好的贯彻实施。这个条例的重点是要处理好所有权和经营权的关系，国家、企业和个人的关系，建立好分配约束机制和建设投资约束机制，使企业在国家宏观调控下真正成为自负盈亏、自主经营的经济实体。明年企业集团的试点工作要进一步进行。

李鹏强调说，无论是工业还是农业，城市还是农村，明年都要重视流通体制的改革，使货畅其流。现在已经建立了不少批发市场，要扶持这些市场健康发展。

明年在住房制度、医疗制度、劳动保险制度的改革上要迈出较大步伐。应当指出，这三方面的改革群众不单单是受益者，而且也要增加一部分负担，改革有一定难度。在进行这三方面改革时，中央要有统一的方针，各地可因地制宜，不搞一刀切。国家体改委和各专业部门要加强领导，及时总结好的经验，加以推广。

李鹏说，当前，我国对外开放事业保持良好发展势头。我们要继续办好经济特区、经济开发区、高新技术产业开发区。国家的优惠政策不仅面向这些地区的外资企业，而且也面向一切合乎产业政策的外资项目。他指出，我们对外开放的根本目的还是要增强自力更生的能力，加快现代化进程。李鹏说，现在吸引外商投资已经进入一个新的时期，要把重点放到吸引高新技术以及国际市场上适销对路、有竞争能力的项目上来。我们要保障外资获得合法利润，同时也要依法对这些企业进行管理。继续努力创造良好的投资环境。

李鹏说，经济发展要依靠科学技术的进步，科学技术要为发展国民经济服务，对国外先进技术要实行消化、吸收、发展、创新的方针。国家的重点攻关项目，如：“863”计划、星火、燎原、火炬、丰收计划都取得了可喜的成绩，要继续坚持下去。李鹏说，教育要以提高民族素质，培养德才兼备的社会主义建设专业人才为己任，进一步推进教育制度的改革。文化战线应该贡献更多无愧于伟大时代的优秀作品，以激励广大人民的爱国主义、社会主义的热情和信念。当今是信息时代，新闻战线对传播信息、宣传党的方针政策，反映社会主义建设的面貌和人民群众的要求，有着巨大的作用。希望新闻战线为巩固和发展社会主义事业做出更大的贡献。李鹏说，一些公职人员、知识分子生活还比较清苦。党和政府有责任随着生产的发展改善他们的生活条件和工作条件。

李鹏说，国务院及其所属的部委，在反腐败斗争和廉政建设中要起表率作用。国务院及其所属的部委，许多是管钱管物的单位，手中掌握不小的权力，这些权力是人民赋予的，决不能用来以权谋私。国务院是国家最高行政机关，廉政建设要从自己做起，并自觉接受全国人大、全国政协和人民群众的监督。希望国务院及其各部委，明年在自己的机关及其所属单位，把廉政建设进一步提到议事日程上来，认认真真地抓下去，并抓出成效。各部门特别要抓住本行业廉政建设的突出点，解决那些和人民群众的关系密切、人民群众又反映强烈的事情。我们始终要两手抓，一手搞改革开放，发展经济，一手抓反腐败，加强廉政建设。最近，用公款请客送礼，购买高档消费品和办公用品的风气有所抬头，必须引起大家的高度重视。国务院已发专门的通知，各单位要严格执行。

李鹏最后指出，有关的经济部门，对我国明年的经济运行进行了预测。他们一致认为，经过治理整顿，经济运行的客观条件是比较好的，只要政策、措施得当，我国经济可望保持稳定发展的好势头，我国经济会进一步向好的方向发展。同时，对我们提出警告，要防止经济过热现象再次出现。

最高人民法院最高人民检察院新闻出版署公安部国家工商行政管理局发出《关于进一步严厉打击非法出版活动的通知》

中共中央文献研究室在北京召开毛泽东研究述评学术讨论会

来自全国社会科学研究机构和大专院校的70位从事毛泽东思想及生平事迹研究的专家学者出席会议。

会议对几十年来特别是党的十一届三中全会以来，国内外研究毛泽东和毛泽东思想的情况进行了比较全面的介绍和评论，对如何进一步推动毛泽东思想的研究提出意见和建议。

会议期间，中共中央党史工作领导小组副组长邓力群，中共中央党史研究室主任、中国社会科学院院长胡绳先后到会讲话。参加会议的有关方面负责人有李琦、逄先知、金冲及、姜思毅、沙健孙、吴建国、龚育之、郑惠、王明哲等。

合肥国家同步辐射装置通过专家鉴定

中国第一台专用电子同步辐射装置——合肥国家同步辐射加速器及光束线实验站，正式通过由国家科委组织和主持的专家鉴定。鉴定认为，合肥国家同步辐射加速器的主要性能指标已达到国际上同类加速器的先进水平；已建成的五条同步辐射光束线和五个实验站的主要性能指标已基本达到国际水平。

《人民日报》发表国务院副总理田纪云文章《关于稳定农村基本政策的几个问题》

第23届亚洲举重锦标赛结束中国队金牌数居第一

12月24日

中共中央政治局常委李瑞环出席在人民大会堂召开的全国关心下一代工作表彰会

民革七届四中全会在北京闭幕

全会学习中共十三届八中全会文件，听取并审议彭清源副主席代表民革中央常委会所作的工作报告，研究今后的工作和召开民革第八次全国代表大会的有关事项。

会议认为，中共十三届八中全会和前不久召开的中共中央工作会议，充分体现了中共中央集中精力贯彻"一个中心、两个基本点"的基本路线，牢牢抓住经济建设这个中心。民革各级组织要认真学习、宣传和贯彻。会议要求，民革各级组织要继承和发扬同中国共产党亲密合作的优良传统，为深化改革、扩大开放作出新的贡献。

会议认为，近年来，海峡两岸形势总的是朝着有利于祖国统一的方向发展，两岸关系发生很大变化，交往日益增多，这是完全符合中国人民根本利益的。但是值得注意的是台湾民进党最近在少数"台独"分子操纵下，甘冒天下之大不韪，竟将"台独"条款列入他们的党纲，以反"统一"作为他们的行动纲领，阴谋建立所谓的"台湾共和国"，明目张胆地进行分裂祖国的罪恶活动，这是决不能容许的。会议希望台湾国民党当局秉承孙中山先生的遗教，以民族大义为重，捐弃前嫌，开诚相见，对中国共产党的建议与"和平统一、一国两制"的科学构想作出积极的回应，尽快实现直接"三通"和扩大双向交流，为推进祖国统一大业多做实事。

会议增选沈求我为民革中央副主席。民革中央名誉主席屈武，中央副主席徐起超、李赣骝、何鲁丽、李沛瑶和中央委员、中央候补委员171人出席了会议。民革中央监委会主席孙越崎、副主席谭惕吾、廖运周和中央监察委员列席了会议。

监察部发布《监察机关举报工作办法》

国务院总理李鹏在中南海紫光阁会见泰国顺和成(集团)公司董事长张锦程

国务院总理李鹏同全国对外经贸工作会议代表座谈

国务院副总理田纪云主持座谈会。在座谈会上，经贸部副部长吴仪汇报了全国经贸工作会议的情况，上海、广东、山东、黑龙江四省市经贸委的负责人分别发言。

李鹏在会上讲话说，这几年，特别是今年，我国的对外进出口贸易大幅度增长，促进了国内的工农业生产，增强了国家经济实力，为外贸的长期稳定发展打下了一个很好的基础。实践证明，我国外贸实行的取消出口补贴、自负盈亏，把外贸企业推向国际市场的改革是成功的，方向是正确的。因此，明年我国外贸体制改革要进一步完善与深化，坚决沿着企业自主经营的方向走下去。应该看到，我国的外贸工作在改善经营管理、降低成本、增加出口等方面潜力很大，只要广大外贸职工奋力开拓，刻苦工作，共同努力，明年定能取得更大成绩。

李鹏说,明年以至整个90年代我国外贸面临的国际环境,既有严峻的一面,也有有利的一面,应有充分的估计和准备,采取相应的对策,满怀信心迎接挑战。明年,我国外贸要保持和国民经济同步增长,有条件的地方,增长速度可以快一点。

李鹏说,外贸多元化是我国今后扩大对外贸易的根本出路,要把它作为经贸战线的一项重要任务来抓,在继续扩大同美国、日本、西欧等发达国家贸易的同时,我们要进一步发展与东南亚、中东、南美、非洲等地区的贸易合作关系。我们同原来属于苏联的各个国家和东欧国家经济上有很大的互补性,要采取多种形式发展贸易往来。还要同周边国家发展边境地区的贸易和合作。总之,经过若干年的努力,要使我国对外贸易的布局更为合理,真正实现外贸多元化。李鹏说,我们正努力恢复关贸总协定缔约国的地位,加入关贸总协定,既享受关贸总协定的权利,也要遵守有关规定和义务,这将有利于我国对外贸易的发展,有利于改革开放政策的实施。

李鹏说,随着对外贸易的发展,我国已有了一定的外汇储备。在外汇储备日益增加的前提下,本着“进出基本平衡”的原则,要精心地把这笔全国人民辛辛苦苦积攒下来的外汇,用在刀刃上。李鹏说,这笔钱首先要用在引进先进技术和设备上,以加快现有企业的技术改造和加强国家的重点建设。

李鹏强调,在外贸工作中,要注意发挥社会主义制度的优势,实行联合,搞好集团化经营。要注意促进工贸、技贸、农贸结合,做好内外贸的结合。外贸部门应积极热情地支持和帮助大中型企业,让更多的大中型企业和实体型的企业集团在国际市场上经受锻炼和考验,增强中国企业和产品的竞争力。

国务委员宋健、国务院秘书长罗干、经贸部长李岚清等出席座谈会。

国务院副总理田纪云在全国对外经贸工作会议闭幕会上就中国外贸工作和利用外资问题发表讲话

田纪云指出,为了促进我国出口的稳定发展,要在巩固和发展原有市场的基础上,下大力气开拓发展中国家和苏联东欧的市场。要把外经和外贸、出口与进口很好结合起来,形成整体优势,去开拓新的市场。要努力贯彻“以质取胜”的出口战略。进入90年代,国际市场对商品质量、档次、花色、款式的要求越来越高,竞争空前激烈,靠增加数量、搞低价竞争扩大出口是没有前途的。要认识到,出口商品质量关系到我国对外贸易和改革开放的良好形象,关系到社会主义制度优越性能不能充分体现,也关系到外贸企业能不能通过国际交换获得最佳的效益。

在谈到出口退税政策时,田纪云指出,这一措施是国际惯例,是支持扩大出口的重要手段,实行新的外贸体制后更具有关键性的作用。因此一定要做好这项工作,一是出口退税必须彻底,执行退税政策必须坚决,要按出口实绩退税。二是出口退税要如实,不能少退、也不能多退。对于骗取出口退税的违法活动,要予以严厉惩处。

田纪云说,明年我国要继续完善和深化外贸体制改革。今年取消外贸出口补贴,外贸企业实行自负盈亏的改革是成功的,国际上的评价也是好的。现在紧迫的是要改革进口管理体制。我们现行的主要靠行政手段审批的进口管理体制并不是一个很有效的办法,需要加以改革。这一改革,必须按照有利于优化产业结构、促进国内生产建设和改善人民生活水平、有利于进口和出口协调发展,符合国际贸易规范的原则,逐步减少和简化各种行政性审批,制定严密的进口法规。要把进口政策与关税政策、产业政策结合起来,逐步建立以产业政策引导进口、主要以关税来调节进口的机制,使我国的进出口协调发展,实现良性循环。

在谈到进口和出口的关系时,田纪云说,我们不但应当重视出口,也应当重视进口。进口和出口是互相促进、协调发展的,只进不出当然不可能,但只出不进也难以持久。进口做好了,又可以促进生产、扩大出口。

田纪云指出,有的同志把进口与保护民族工业对立起来,担心进口会冲垮民族工业,这种认识是不全面的。我们是发展中国家,对刚起步的民族工业一定程度的保护是必要的,但保护的目的是为了发展,而不是保护落后。通过引进国外的先进技术和设备、适量进口外国的同类产品,可使国内企业看到自己的差距,这对企业的技术改造和产品升级换代有很大的促进作用。改革开放以来,我国许多行业正是通过引进和消化国外先进的技术、并在不断创新的基础上发展起来的。许多不久前还大量进口的商品,目前已成为重要的出口商品。

田纪云还强调,保护民族工业还应当有选择性,不能够搞无差别保护。要使这种保护措施既适合我国国情,又符合国际贸易规范。

在谈到利用外资时,田纪云说,进一步改善投资环境、积极有效地利用外资,是扩大对外开放的一个重要方面,不应该有任何的犹豫、动摇。他说,我国利用外资基本上还处于起步阶段,数量不是多了,而是还很不够。有的同志认为我国利用外资的速度太快了,担心外商投资企业这种经济成分冲击社会主义公有制的主导地位,这种看法是不全面的。改革开放以来的实践特别是经济特区和沿海开放地区的实践已经证明，我们完全有能力综合运用法律、行政和经济手段，将“三资”企业纳入社会主义有计划商品经济的发展轨道。

田纪云认为，当前重要的是努力提高外商投资企业项目的质量，包括经济效益和技术水平，使之向较高的层次发展。因此当前要根据国家产业政策、合理规划，将外资引导到农业、能源、交通和紧缺原材料工业等领域，把利用外资工作从重数量转到重质量上。另外，要加强对外商投资企业的管理，办好现有“三资”企业。还要不断完善利用外资政策。要制定一些更有吸引力的政策，吸引外国一些有影响的企业或企业集团来我国投资搞一些大项目，并带进一些先进技术。

《人民日报》发表评论员文章《造就一批新的水利“巨人”》

商业部发布全国商业行业管理暂行规定

全国文化厅局长会议在北京召开

12月25日

七届全国人大常委会第二十三次会议举行全体会议

会议下午在人民大会堂举行。

会上，国务委员兼外交部长钱其琛受国务院委托，向委员们作关于国际形势和外交工作的报告。

全国人大常委会委员长万里出席会议，全国人大常委会副委员长廖汉生主持会议。

在全体会议上，委员们还听取全国人大民族委员会副主任委员李学智、法律委员会副主任委员顾明、华侨委员会副主任委员何英分别所作的关于七届全国人大第四次会议主席团交付审议的代表提出的议案审议结果的报告。

会议印发全国人大代表团访问纳米比亚、肯尼亚两国情况的书面报告。

全国人大常委会副委员长阿沛·阿旺晋美、赛福鼎·艾则孜、荣毅仁、叶飞、倪志福、陈慕华、费孝通、孙起孟、雷洁琼、王汉斌也出席会议。

最高人民法院院长任建新列席会议。

中央社会治安综合治理委员会在人民大会堂举行第四次全会

会议审议1991年工作概况和1992年工作要点，审议关于社会治安综合治理工作实行“属地管理”原则的规定、关于实行社会治安综合治理一票否决权制的规定。

中共中央政治局常委、中央社会治安综合治理委员会主任乔石提出，1992年社会治安综合治理工作，要继续深入贯彻党中央、国务院和全国人大常委会的有关决定，把社会治安综合治理工作的各项措施进一步落实到各部门，落实到基层去。

乔石在讲话中说，党中央、国务院和全国人大常委会对社会治安问题非常关心，非常重视。中央关于社会治安综合治理的决定下达后，各级党政领导对这项工作的认识普遍提高了，各部门和广大群众的参与意识明显增强了，社会治安综合治理工作出现了前所未有的好势头，对于维护社会稳定、保障改革开放和发展经济起了积极作用。各地反映，今年的社会治安综合治理工作，与去年相比，上了一个新台阶。实践证明，社会治安综合治理是建设有中国特色的社会主义的重要方面。但是，也应当看到，目前这项工作发展还很不平衡，有的地区和部门的领导同志对这项工作尚未引起应有的重视，社会治安综合治理的各项措施在一些地区和部门还没有真正落实。因此，对取得的成绩不能估计过高，解决好治安问题绝非一朝一夕之功，必须下定决心，把社会治安综合治理工作坚持不懈地抓下去，坚持数年，抓出更大的成效。

乔石说，要抓好社会治安综合治理各项措施的落实，首先要进一步提高各级领导的思想认识和重视程度。地方党委和政府肩负着“保一方平安”的政治责任，要加强对社会治安综合治理工作的全面领导，急群众之所急，自觉地维护好本地区的社会治安。各部门要充分发挥自己的职能作用，把本系统从上到下带动起来。

乔石说，要根据党的十三届八中全会的要求，紧密结合社会主义思想教育，大力推进农村社会治安综合治理工作。在加强农村党支部建设和村委会建设的同时，广泛发动和依靠群众，建立好群众自我教育、自我管理、自我约束和自防自治的机制，提高群防群治的能力。

乔石指出，必须持续不断地开展“严打”斗争，继续抓好重点治理工作。要进一步提高“严打”的声威和质量，坚决扫除毒品犯罪、卖淫嫖娼、拐卖妇女儿童等“六害”活动。对带黑社会性质的犯罪团伙，必须发现一个彻底清除一个，决不能让其生存和发展。在“严打”、除“六害”的同时，紧紧跟上综合治理的其他措施，巩固和扩大重点治理的成果。治理一处，巩固一处，治理一片，好转一片，步步深入，使城乡社会治安越来越好，为深化改革、扩大开放、发展经济提供日益良好的社会环境。

中央社会治安综合治理委员会委员兼办公室主任束怀德在会上介绍了一年来各地加强社会治安综合治

从全国情况来看，在1986年前每年发生违法占地案件200万件，近两年下降到每年50万件。1986年净减少耕地960万亩，1990年已降低到200万亩。遵照国发(1990)8号文件精神，各省还清理了1987年以来地方政府越权批地案件，维护了《土地管理法》的严肃性，遏制了以权代法、以言代法、以罚代法的现象。但是，对实施《土地管理法》的成果还不能估计过高，土地管理的任务仍相当艰巨。首先是，执法难依然存在。一些干部特别是领导干部的土地法制观念还比较淡薄，违法案件继续发生，查处工作仍面临不小的阻力。其次是，城市土地统一管理还没有解决，成为当前的突出问题。其三是，《土地管理法》本身不完善，有些条款可操作性差，在实践中产生了日益突出的矛盾，亟须进一步修改完善，以适应土地管理工作不断深化的需要。

张根生指出，从全国情况来看，人多地少的矛盾越来越尖锐，即使大力压缩非农占地，由于经济建设需要，也还要继续占用一些耕地；就是能够保持耕地总量不再减少，平均占有量也要下降，预计到2000年将减到人均1.2亩，到2020年将减到1亩以下。因此，全国都必须对土地形势的严峻性和人地矛盾的尖锐性有一个清醒的认识。建议国务院考虑今后把征收的土地使用费、耕地占有税至少有一半以上用在土地开发上，收好、管好、用好，对于贫困地区应适当照顾，中央、省、市、县都要专款专用，取之于地，用之于地。

他在报告中强调，要加强城市土地统一管理，切实贯彻城市国有土地有偿使用的法律，应进一步加强土地管理的基础工作。

他说，视察中，各地反映土地管理法律、法规尚需进一步配套、衔接并修改完善。建议全国人大法律委员会和国家土地管理局及早考虑研究《土地管理法》和有关土地的各项行政法规的修改完善，同时建议国务院尽快审定《土地监督检察条例》，及早出台，以使土地监督检察向法律化、制度化方面发展。

张根生说，这次视察中，省、市、县普遍反映各级人大在实施《土地管理法》中发挥了重要作用。所到之处，当地政府和土地管理部门一致反映人大常委会的严格监督就是有力的支持，有些阻力大的违法占地案件和部门之间的矛盾，很多是在人大常委会支持下解决的，发挥了人大对法律实施的有效监督。

最高人民检察院第七届检察委员会第七十一次会议通过《关于贪污受贿案件免予起诉工作的规定》

中共中央国务院批转全国清理整顿公司领导小组《关于清理整顿公司工作情况的报告》

《报告》说，三年来撤并了10万多个公司，流通领域中公司过多过滥的状况明显好转，党政机关经商办企业问题基本得到解决。解决了5万多名党政机关干部在公司兼职任职问题。查处了10万多违法违纪问题和案件，公司的经济违法犯罪活动有所收敛。制定了70多个政策性规定，为公司健康发展打下初步基础。贯彻落实了党中央、国务院关于五大公司问题的决定，撤销康华、工商两公司，将中国农村信托投资公司并入国家农业投资公司；调整了光大公司的领导班子，光大公司和中国国际信托公司所属公司的撤并留方案已批复，违法违纪问题基本查清。

《报告》建议责成各地区、各部门按照各自的职责，制定有关公司建设的法律，严格公司的管理，使公司逐步走上规范化、制度化、法制化的轨道。

国务院发出关于加强再生资源回收利用管理工作的通知

各省、自治区、直辖市人民政府，国务院各部委、各直属机构：

近几年，全国再生资源回收利用工作取得了很大成绩，但在局部范围内也出现了一些混乱现象，偷盗、破坏生产设备和通讯设施的活动比较猖獗，使国家财产受到损失。为了统一政令，尽快扭转当前的混乱状况，调动再生资源企业的积极性，把再生资源的回收利用工作搞得更好，现将有关问题通知如下：

一、关于再生资源的概念

再生资源，这里主要是指社会生产和消费过程中产生的可以利用的各种废旧物资，其中包括企事业单位生产和建设中产生的金属和非金属边角废料、废液，报废的各种设备和运输工具，城乡居民和企事业单位出售的各种废品和旧物。

再生资源的回收利用是资源综合利用的重要组成部分，是坚持勤俭建国、厉行节约、合理利用资源、减少环境污染和提高经济效益的重要措施。

二、关于加强废金属市场的管理

废金属是国家重要再生资源。为加强废金属市场的管理，各地区、各部门要认真贯彻中央社会治安综合治理委员会“反盗窃斗争”电话会议和国务院领导同志的多次指示精神，从大局出发，相互配合，通过综合治理，坚决整顿再生资源回收利用工作中的混乱现象。为此，特作以下规定：

(一)废金属的经营，应继续执行国家已有的规定，由物资、商业部门的回收企业经营，物资、商业两部门在具体经营中应协商配合，不要相互挤占、争相收购。冶金企业所需废钢铁的串换和采购，仍按原国家计委、经委《关于改革废钢铁计划管理体制的通知》(计原〔1986〕216号)规定执行，其他单位和个人不得经营。

个体工商户只限于收购城乡居民出售的生活器具和废旧工具、农具、自行车、人力车等的废旧零部件。生产性废金属，不准进入集市贸易。

物资、商业部门的回收企业必须在当地政府统一领导下，经各自主管部门审查同意，并由公安部门核发特种行业许可证，工商行政管理部门核发营业执照后，方可经营废金属收购业务。

（二）严禁经营单位和个体工商户从个人手中收购铁路、油田、供电、电信通讯、矿山、水利、测量和城市公用等生产性和军用设施的专用金属器材。严禁个人收购生产性废金属。对个人捡拾的生产性废金属，应设立专点凭证明登记收购，收购专点由物资、商业部门会同工商、公安部门确定。非专点不准收购个人出售的生产性废金属，违者除没收全部所得外，还要处以罚款或依法惩处。

（三）在各地政府领导下，由物资、商业部门组织建立废金属市场，实行管理者与经营者分开的原则。由物资、商业部门负责废金属市场的组织管理，工商、公安部门负责监督和治安管理。合法经营废金属的单位以及产生和需要废金属的企业均可进入市场交易。在当地政府领导下，工商、物资、商业、公安部门要相互配合，各司其职，切实加强废金属市场流通过程的管理。

（四）根据公安部、国家工商行政管理局一九九〇年十月印发的《关于加强废旧金属收购站点治安管理和打击查处销售赃物活动的通告》，各地公安、工商、物资、商业部门要针对当前存在的问题对废旧金属收购行业进行一次清理整顿，在保障废旧金属收购站点合法经营的同时，坚决打击、依法查处偷盗和销赃的违法犯罪活动，杜绝大宗废旧金属在回收、运输、销售过程中的现金交易。物资、商业部门要按照“谁主管，谁负责”的原则，配合公安、工商部门加强对本部门的企业、收购站点的治安管理。

（五）对国内紧缺的废金属，要严格执行国务院有关部门关于废钢铁和废有色金属出口的规定，未经批准，严禁擅自出口。

三、关于积极组织再生资源的回收和利用

各回收企业要树立“服务第一，社会效益第一”的观念，克服和纠正“重大轻小，重新轻旧，重企业回收，轻社会回收”的倾向，在积极收购废金属的同时，也要积极组织其他再生资源的收购；特别是对那些生产部门非常需要，但价值小、利润低或对环境污染严重的再生资源品种，更应千方百计组织回收。各收购网点和回收企业，不得随意更改收购的品种或拒绝收购应该收购的品种。

各回收企业要按当地政府的统一规划，加强回收网点的建设，改善经营管理，改进和改革收购方法，提高服务质量。可结合重大节日和爱国卫生运动，采取开展突击回收或有奖收购，发动中小学生参加积攒交售，组织街道居委会代收代购等措施，积极扩大废旧物资的回收。

各经营单位应努力扩大再生资源的利用，本着“先利用、后回炉”的原则，就地组织再生资源的分类加工，提高加工质量。交往钢厂的废钢铁中，要严防爆炸物、危险品混入。利用单位要克服“重新料、轻废料”的倾向，充分利用可以代替新料的再生资源。

四、关于再生资源企业的税收政策

国家对再生资源事业仍然实行优惠政策。供销社批发、调拨的再生资源，按规定应征收批发环节营业税。企业纳税确有困难的，可继续向有关省、自治区、直辖市税务局申请减免税。对供销社、物资系统能独立核算的再生资源企业回收、加工再生资源所得的纯收入，有关省、自治区、直辖市税务局也可按照税收管理权限，根据企业的实际困难，从一九九二年起三年内适当给予减征所得税的照顾；上述企业用回收的废旧物资加工生产的产品，按照规定纳税有困难的，可以按照税收管理体制的规定，由省、自治区、直辖市税务局适当照顾减征产品税、增值税。

五、关于再生资源的价格

再生资源的价格，应按照“鼓励群众交售，鼓励企业回收利用”的原则制订。国家有规定价格的，应执行国家规定价格；有最高限价的，不得超过最高限价；既无国家规定价格又无最高限价的，随行就市。对城乡居民交售的废旧物资，其收购价格应按规定在收购点张榜公布。

六、关于再生资源回收利用工作的管理

再生资源回收利用工作的管理，仍维持现状不变。即由国家计委负责全国再生资源回收利用工作的宏观指导、统筹协调；物资、商业部门分别实行具体的经营管理，并与公安、工商、物价等部门共同配合，整顿好流通秩序，搞好市场管理。

本通知下发后，物资、商业部门应同时据此下发相应的内部文件，整顿并加强各自系统的经营管理工作。冶金、有色金属、铁道、能源、化工、轻工、机电等部门，应指定各自有关单位负责再生资源利用的管理工作。

各地区再生资源的回收管理工作，应在当地政府的领导下，根据本地区的具体情况，由指定部门负责统筹和组织协调。

西藏“一江两河”综合开发国家专家咨询组在北京成立

在成立会议上，宣读了全国人大常委会副委员长

阿沛·阿旺晋美的书面发言,他对专家咨询组的成员表示感谢。中央和国务院有关部门负责人参加了会议。西藏自治区党委书记胡锦涛给专家们颁发了聘书。

以建设稳定的高原农业生产体系为目的的雅鲁藏布江、拉萨河、年楚河综合开发工程,将历时10年、投资10亿元。这一工程是西藏历史上从未有过的大规模综合开发项目,也是国家重点建设项目。以中科院副院长、土壤学家孙鸿烈为组长的专家咨询组包括18位农业经济、地质、林业、畜牧、植物、生态、水利、环保、交通运输等方面的专家。咨询组的成立旨在为"一江两河"开发建设的重大决策提供咨询,帮助审查规划和项目,推动科技工作的开展。

西安至延安铁路贯通庆祝大会在延安举行

中国商业文化研究会在北京成立

国务院总理李鹏在中南海紫光阁会见贝宁共和国外交和合作部部长泰奥多尔·奥洛

外交部部长钱其琛在钓鱼台国宾馆同贝宁共和国外交和合作部部长泰奥多尔·奥洛举行会谈

钱其琛在会谈中说,国际形势包括非洲形势在继续发生重大变化,在这种情况下,世界"一极化"是行不通的。当前,一些国家实行贸易保护主义,南北差距扩大。因此,加强南南合作和地区合作尤其重要。钱其琛说,中国过去支持非洲国家争取民族独立的斗争,今后也会继续支持它们在发展民族经济的道路上所作出的努力。中国愿意进一步加强同贝宁的友好合作关系。

会谈结束后,钱其琛在钓鱼台国宾馆设午宴款待贝宁客人。

中国日本两国政府签署一项关于减免税的换函

一项旨在使我国的减免税能够让日本投资者切实得到实惠,以利于中日经济技术合作发展的换函,在北京签署。国家税务局局长金鑫和日本国驻华大使桥本恕分别代表两国政府在换函上签字。

根据换函规定,日本厂商来华投资,依照我国外商投资企业和外国企业所得税法及其实施细则中的有关规定所享受的定期减免税、减低税率征税以及再投资退税等一系列优惠,除了国际运输和银行金融行业外,日本国政府在对其计算征税时,都要视同已征税给予税额扣除。换函将从1992年1月1日起执行。

国家计生委发布施行《流动人口计划生育管理办法》

国家计生委主任彭珮云就此指出:《流动人口计划生育管理办法》的颁布施行,为各地流动人口的计划生育管理工作提供了法律依据,对于促进依法管理计划生育工作、健全人口与计划生育法制,具有重要意义。她要求各地把宣传贯彻《办法》纳入今冬明春计划生育宣传计划,以引起全社会对加强流动人口计划生育管理工作重要意义的认识,使广大群众都知道《办法》的内容,并自觉遵守。

12月27日

国务院副总理朱镕基在中南海与出席全国有色金属工业工作会议的代表进行座谈

朱镕基肯定了有色金属工业在即将过去的一年中所取得的成绩,并指出,转变企业的经营机制是搞好有色金属企业的根本措施;要加强有色金属矿山建设工作,这是保证有色金属工业持续、稳定发展的基础;要加强行业管理和宏观调控,合理利用国家资源,制止乱采滥挖,把我国有色金属工业发展推向新的阶段。

中国有色金属总公司总经理费子文汇报了有色金属工业的发展情况,提出了在实现社会主义有计划商品经济中,把企业推向市场的六项措施。以降低成本为中心,融合科技进步,加强企业技术改造力度。同时,采取"放开一批、扶持一批、推出一批"等有针对性措施,分期分批搞活企业,推动企业加快转换经营机制。将一些采用先进技术装备进行过改造的企业推向国际市场,建立出口产品基地。

国务院有关部门负责人参加座谈会。韶关冶炼厂、贵州铝厂等企业的代表在会上发言。

国务院发出关于加入《商品名称及编码协调制度的国际公约》的批复

中国政府宣布承认俄罗斯联邦政府并承认乌克兰等11国独立

国务委员兼外交部部长钱其琛致电俄罗斯联邦外交部部长科济列夫,宣布中国政府承认俄罗斯联邦政府并决定中国驻原苏联大使王荩卿改任为驻俄罗斯联邦大使。

钱其琛分别致电乌克兰、白俄罗斯、哈萨克、乌兹别克、塔吉克、吉尔吉斯、土库曼、格鲁吉亚、亚美尼亚、阿塞拜疆、摩尔多瓦11国外长,宣布中华人民共和国政府承认这些国家的独立,并准备分别进行谈判有关建交事宜。

中国驻美国大使朱启祯在华盛顿谈中美关系现状与前景

中国驻美国大使朱启祯接受《人民日报》记者以及新华社、中国国际广播电台和中国新闻社记者采访时说，1991 年的中美关系在一些方面取得了进展，但两国关系还远远没有恢复正常；在当前世界形势急剧变化的情况下，中美应继续努力，求同存异，恪守中美三个联合公报与和平共处五项原则，尽快恢复和加强两国关系。

朱启祯说，今年 11 月中旬美国国务卿贝克对中国的访问，使两国高级领导人能面对面坦率地就共同关心的国际问题和双边关系问题交换意见。这次访问有助于增进相互了解，双方在一些问题上取得了积极成果。贝克的访问也意味着美方对中美在高级互访方面的限制已经结束。

朱启祯说，在这一年中，中美两国副外长级官员之间和主管部门之间的磋商比 1990 年增加了，双方重新签署了 5 年有效期的科技合作协定，在 28 个领域签署了合作协定书，加强了两国的科技合作；两国的经济贸易总体上说保持了正常往来。从 1979 年至 1991 年，中美合资项目共 1856 项，美国对中国的协议投资总额达 40 多亿美元。1991 年的两国贸易额预计可达 120—130 亿美元。

但是朱大使指出，中美关系还远远没有恢复正常，还有很多困难。他说，在 1989 年春夏之交的政治风波之后，美国带头单方面地对中国进行制裁，至今还未取消。两年之后，在西欧、日本相继取消制裁的情况下，现在美国却仍保持着制裁，使得许多领域的中美关系受到影响。

朱启祯还指出，美国的某些人迄今对中国采取了一种不友好、不公正的态度。由于这些因素，有些本来不应成为问题的事却成了问题。例如最惠国待遇问题，美国国会对中国提出了种种不公正的指责，企图附加各种条件，给中美关系的发展带来了不利影响。

展望中美关系，朱启祯说，中美两国没有根本的利益冲突，相互不构成威胁，两国关系本应该在 1979 年建交以来 10 多年的基础上得到进一步发展，目前出现的困难局面是中国人民和美国人民所不愿意看到的。在新的一年里，为了使中美关系走出困境，得到恢复，朱启祯认为，首先应该避免把一个国家的意识形态和价值观念带到两国关系中去。他说，中国和美国的历史背景不同，文化传统、社会和政治制度不一样，价值观念也有差别。美国选择什么社会制度，中国不干预，中国人民选择走有中国特色的社会主义道路，也完全是中国人民的事，别国不应干预。如果把意识形态从两国关系中排除出去，那么，两国关系的发展就可以平稳得多。他说，要做到这一点，一个重要的原则就是中美三个联合公报所强调的互相尊重、互不干涉内政。

其次，两国还应该本着求同存异的精神来讨论双方关心的问题。朱大使说，中美在一些问题上有共同点，但在另一些问题上也有差异。我们应该发展共同点，同时又承认这种差异。他说，最近一个时期来，双边关系上的有些摩擦增加了，例如贸易问题和保护知识产权问题。即使中美之间贸易存在着不平衡，也应该本着求同存异、平等互利的精神来寻找解决办法，而不应该采取单方面施加压力的做法。他说，如果双方能本着求同存异、平等互利的精神处理问题，近两年中发生的好些问题就比较容易解决。

朱启祯说，在当前世界形势发生急剧变化的情况下，中美之间加强两国关系更符合双方的利益。只要具有长远的战略眼光和政治家的胆略，就能比较容易克服两国关系中的困难，使两国关系恢复正常。

对外经济贸易部部长李岚清率中国政府代表团抵达莫斯科对俄罗斯联邦进行访问

上午，俄罗斯联邦副总理绍欣会见了代表团部分成员。李岚清转达了中国领导人对俄罗斯领导人的问候，转告了中国政府承认俄罗斯联邦取代苏联在联合国安理会的席位和任命王荩卿为中国驻俄罗斯联邦大使。绍欣对此表示感谢。李岚清说，中国政府不干涉别国内政，尊重俄罗斯人民的选择。他还希望中俄之间的经贸关系不要因目前的特殊情况而受影响。绍欣对中国发展经济特区的经验很感兴趣，希望今后有机会交流。

中午，俄罗斯联邦外长科济列夫设宴款待代表团。他在宴会上说，俄罗斯联邦今后将把发展同中国的关系作为其亚洲政策中的重要部分。他希望中俄漫长的边界成为友好合作的边界。

外经部副部长田曾佩在和俄罗斯副外长库纳泽会谈时，转交了中国国务委员兼外长钱其琛关于中国政府承认俄罗斯联邦政府的电报。双方一致确认 1989 年和 1991 年中苏两个联合公报所确定的基本原则依然是中俄两国关系的指导原则。双方表示继续履行中国和前苏联签订的各项条约和协定所规定的义务。中方重申了中国政府在台湾问题上的立场。双方表示愿在和平共处五项原则基础上进一步发展睦邻、友好和作关系。

中华文学基金会新会址——文采阁在北京落成

中国国情研究会在北京成立

这是中国唯一的专门从事国情国力调查、研究的全国性学术团体。全国政协主席李先念为这个研究会题词，国务委员王丙乾代表国务院表示祝贺。

中共中央政治局委员、国务委员李铁映担任中国国情研究会名誉会长。国家统计局局长张塞任会长。研究会由国家统计局、国务院发展研究中心、中国人民大学、北京大学、中共中央党校、中国社会科学院等有关单位的学者和专家发起建立。中国国情研究会荣誉顾问王首道、陈锡联、黄华、康世恩、雷洁琼、马文瑞、程思远、吕正操等出席成立大会。

新华社报道称《邓小平新时期军队建设思想概论》最近由解放军出版社出版发行

中央军委副主席刘华清题写书名。

全书25万字，系统地介绍了邓小平同志关于军队建设指导思想的战略性转变，我军革命化、现代化、正规化全面建设，适应国力、加速实现武器装备现代化，把教育训练摆到战略地位，精简整编、建立科学的体制编制，加强后勤现代化建设，实现军队管理科学化，实现干部队伍革命化、年轻化、知识化、专业化，以及加强新时期军队政治工作等重要思想。

中国舞蹈家协会第六次代表大会在北京闭幕

著名舞蹈艺术家白淑湘当选为新一届协会主席。

1991年全国田径十佳评选在北京揭晓

这些运动员是：黄志红、徐德妹、钟焕娣、王秀娣、周天华、闵春风、李彤、李明才、陈跃玲、赵永华。

12月28日

全国青联七届二次常委会在北京举行会议选举张宝顺为全国青联主席

第七届全国运动会筹备委员会在北京成立并召开第一次全体委员会议

中国民主同盟六届四中全会在北京闭幕

全会学习和讨论中共十三届八中全会文件，听取并审议钱伟长副主席代表民盟中央常委会所作的工作报告，研究1992年的工作任务和召开民盟七大等事项。民盟中央主席费孝通在会上讲话。

会议提出，在新的一年里，民盟作为参政党要遵循中共中央的战略部署，认真贯彻“一个中心、两个基本点”的基本路线，围绕民盟所确定的参政议政和自身建设的双重任务，加强思想建设和组织建设，进一步做好参政党肩负的各项工作。

会议一致拥护中共十三届八中全会通过的《中共中央关于进一步加强农业和农村工作的决定》，认为《决定》是今后相当长时期里指导我国农业和农村工作的纲领性文件，对于我国整个国民经济的持续、稳定、协调发展，全面实现国民经济和社会发展的第二步战略目标，巩固工农联盟，抵御“和平演变”，具有十分重大的意义。

会议号召民盟各级组织和全体盟员要认真学习和贯彻江泽民同志“七一”讲话、中共中央工作会议和中共十三届八中全会精神，坚定不移地在以江泽民同志为核心的中共中央领导下，高举社会主义、爱国主义旗帜，振奋精神，坚定信念，艰苦奋斗，自强不息，努力在经济建设中出主意、想办法，做实事、做好事，创造优异成绩，迎接中国共产党第十四次全国代表大会和民盟第七次全国代表大会的召开。

民盟中央名誉主席楚图南、副主席高天、叶笃义、谈家桢、陶大镛、马大猷、冯之浚、丁石孙、康振黄和中央委员、候补中央委员219人出席会议。民盟中央参议委员会副主任李文宜、陈敏之、林亨元、闻家驷和参议委员会委员列席会议。

中共中央总书记江泽民参观在北京举办的全国外贸出口商品生产基地成果展览会

全国化工厅局长会议在北京结束

会议确定，明年化学工业的工作重点是调整产业产品结构，提高企业经济效益，保持化学工业持续稳定协调发展。

会议期间，国务院总理李鹏、副总理朱镕基等领导与出席会议的化工厅局长们进行座谈。李鹏希望，化工行业深入开展学吉化的活动，既抓物质文明建设，又抓精神文明建设，加强企业内部管理，加快企业技术进步，使化工企业管理上新台阶，技术上新水平，经济效益有较大提高。李鹏在讲话中充分肯定了化学工业对国民经济发展的重要作用。尤其是化工提供的化肥、农药、农膜、喷滴灌设备等，都是农业发展必不可少的。李鹏在座谈会上，向取得了很大成绩的化工战线三百五十万职工表示热烈祝贺。朱镕基副总理在座谈时讲了话，宋健、罗干等同志出席了座谈会。

化工部部长顾秀莲在大会报告中强调，要继续把农用化工产品的生产摆在首位，保证化肥、农药、农用薄膜等农业生产资料的供应量逐年有所增加。要有计划地新建一批大化肥及化学矿山，加快改造中小化肥厂，重点建设一批农药科研开发基地，有计划地改造农药骨干企业。要以小化肥为依托，建立农化服务中心，并同农业、商业部门密切配合，指导农民科学施肥，科学施药，为农业生产再上新台阶做出贡献。

会议宣布化工部决定，明年乃至整个“八五”期间，化工行业要把重点放到现有企业的技术改造上，围绕调整结构和提高经济效益，集中力量搞好大中型化工企业。通过技术改造和调整结构，“八五”期间企业每年新产品产值率达到百分之七；主要化工产品适销率达到百分之八十；半数以上的主要产品质量标准采用国际标准；百分之三十左右的大中型化工企业主要装备技术经济指标达到八十年代国际水平；大中型化工企业逐步向经济规模靠拢。

国务院发出关于开发“绿色食品”有关问题的批复

国家“七五”重点建设工程川黔电气化铁路全线通车

中国拆船协会在北京成立

中国南沙群岛综合考察获重大成果

中国科技工作者经过 5 年努力，在南沙群岛综合科学考察研究方面，取得重要进展。

对南沙群岛及其邻近海区进行综合考察，是由中国科学院牵头、在“七五”期间执行的重大科技项目，先后有近 40 个科研单位的 300 多名科技人员参加了这项工作。5 年来，科技人员乘考察调查船下南海，进行了 10 个航次的考察，总航程 5 万多公里，累计 500 多天。登礁实地考察 28 座。专项地球物理测线总长 3 万多公里。断面测线约 4 万公里，渔区资源调查 28 个，面积 20 万平方公里。此外，在海洋地质、地理、生物、化学等 10 多个学科领域，也取得大量实测资料数据、样品和标本。

科学考察人员通过对“岛礁、水道”、“油气资源”、“生物资源和生态”及“海洋环境”4 个课题进行研究，完成和发表了调查研究论文和报告 400 多篇，出版了《南沙群岛及其邻近海区综合调查研究报告》、《南沙海区第四纪生物群》等专著和 10 多部论文集。这些研究对南沙群岛海区的资源、生态和环境等方面提出一些重要见解和理论。

国家主席杨尚昆在人民大会堂接受突尼斯共和国新任驻中国大使穆罕默德·哈比卜·卡巴奇递交国书

白俄罗斯第一副总理米亚斯尼科维奇在部长会议大楼会见国务院副总理李岚清为团长的中国政府代表团

李岚清上午和白俄罗斯对外经济联络委员会主席拉德克维奇举行会谈。

双方通报了本国的近况，并就扩大经贸合作交换意见。双方签署中国和白俄罗斯经济贸易关系发展问题会谈纪要，并就互设商务代表处换文。同时，中国政府特使王荩卿和白俄罗斯外长克拉夫琴科就两国建交的原则也进行了会谈，双方商定对一些具体细节今后将继续讨论。

中共中央政治局常委乔石等在人民大会堂同出席武警部队党委扩大会议的全体代表座谈

乔石和中共中央书记处书记、中央军委秘书长杨白冰，公安部部长陶驷驹等，会见出席武警部队党委扩大会议的全体代表。

会见后，乔石同部分代表举行座谈。

乔石说，现在我国形势是好的，政治上安定团结，经济正在向好的方向发展。虽然还存在些问题，但可以在进一步深化改革中得到解决。在保持社会的稳定方面，武警部队做了大量工作，是有突出贡献的。他指出，尽管当前国际形势纷繁复杂，但是，我们只要认真贯彻执行党的十一届三中全会以来的路线、方针、政策，就可以创造一个有利于我们的国际环境和安定团结的国内政治局面，保证我国的社会主义现代化建设顺利进行。

座谈会由武警部队司令员周玉书主持。武警部队政治委员徐寿增在会上汇报了这次党委扩大会议的情况。

湖北、西藏、新疆、甘肃、云南、四川、上海总队的负责人在座谈会上发言。

人事部举行回国定居专家元旦茶话会

茶话会上，人事部副部长程连昌代表人事部，向出席茶话会的代表以及所有回国定居专家致以新年的祝贺。

程连昌在讲话时说，新中国成立以来，一大批旅居海外的专家响应祖国的号召，放弃国外优越的工作、生活条件，冲破重重阻挠，先后回到祖国大陆参加建设。他们不仅为祖国的科学事业做出了突出贡献，而且为国家培养了大批建设人才。据统计，自 1978 年以来，回国定居专家中获得国家发明一等奖和国家自然科学二等奖以上奖励的有 132 人。

程连昌说，今年年初，经国务院批准，决定给早期回国定居专家发放生活津贴，并提高部分早期回国定居专家的工资。到目前为止，经人事部审核、批准，全国有 1580 位早期回国定居专家享受生活津贴，同时还为 200 多位早期回国定居专家提高了工资档次。

程连昌说，党的十一届三中全会以来，又有一批旅居国外的专家和港澳台地区的专家陆续回来定居并参加工作。他们为我国的一些学科领域填补了空白，充实了教学和科研的骨干队伍，不少人还在短期内做出了显著贡献。这种爱国精神、民族自尊心和民族自信心是值得我们学习的。

林兰英、黄昆、徐光宪、李家明、李春萱等260多位回国定居的老中青专家，以及有关部门的负责人出席茶话会。

25名年轻科技人员获青年科学家奖

25位为科技事业作出突出成绩的年轻科技人员，从温家宝、宋健、周光召等领导人手中接过中科院青年科学家奖证书。

李振宇、何天白、庞根弟、郭雷、穆穆获得本届中科院青年科学家奖一等奖，王毅、卢柯、印遇龙、刘立侠等20位青年科学家获二等奖。中科院在1989年首次设立青年科学家奖，此前已有21位青年科学家获得奖励。本届获奖者平均年龄31.6岁，最年轻的只有26岁，他们中有博士学位的16人，其中13位是国内自己培养的博士生；8位有硕士学位的青年全是国内近年培养出的科学人才。

中共中央书记处候补书记温家宝在颁奖、座谈会上讲话。

温家宝指出，社会主义不仅把发展社会生产力作为根本任务，而且把发展科学技术放在关键的地位。

今后10年或更长一些时间，将是科学技术迅速发展并有可能取得重大突破的时期。我们要抓住时机，发展自己，最重要的是要抓住经济建设这个中心，抓住科学技术这个关键。

温家宝把青年科技工作者的历史使命概括为：努力发展我国的科技学术事业，为振兴中华、实现四化贡献聪明才智。他希望青年科技工作者树立远大理解，发扬艰苦奋斗、百折不挠的精神，养成严谨求实的治学态度，培养顾全大局、亲贤爱才和真诚合作的职业道德。他希望全社会都要关心青年人才的成长，努力为他们创造更好的成长环境。对于有成就的青年科技工作者，要把他们放在科研的关键岗位，大胆培养和使用，使他们更好地成长起来。

国务委员兼国家科委主任宋健在座谈会上讲话指出："实行开放政策，保持开放的环境，对中华民族科技事业的发展是非常必要的。我们要努力保证过去10余年来对国内外开放的格局不受破坏，并且在90年代使整个科学界的对外开放和国际交流都迈出新的步伐。"

宋健分析说，当前国际局势急剧变化，今后世界上综合国力的竞争将日趋激烈和深化，科学技术作为第一生产力，将在这种竞争中起着举足轻重的作用。

宋健表示，国家将继续努力创造必要的条件，对科学界的国际交流给予支持。他特别希望广大青年科学工作者关注本学科的新动态，在国内外科学界及海外留学生中广交朋友，努力提高我国的科学技术水平，使中国的青年科学家能在国际学术舞台上参与竞争，并占据应有的一席之地。

国家教委召开的1992年文科研究生招生准备工作会议在长春结束

会议充分肯定了十年来文科研究生教育的成绩，深入分析了以往工作的经验教训和存在的问题，对哲学社会科学中党性、阶级性、政治性较强学科研究生的招生、培养管理、学位授予等，提出了许多改革意见。会议要求各高校要从抵御和平演变、坚持中国特色的社会主义的时代高度，做好1992年文科研究生招生准备工作。

会议强调，文科的教育改革要从研究生教育改革入手。要优先从有实践经验的各类人员中招收研究生，优先录取在政治思想工作、理论战线做出成绩的在职人员和优秀应届毕业生。对招进来的研究生，还要由坚持马克思主义的教师来培养，实行导师指导和集体培养相结合的制度。

会议提出，培养哲学社会科学中政治性较强学科的研究生，应把学习马列主义、毛泽东思想原著作为必修课，增加马克思主义基础理论学习的分量，并将社会实践列入教学计划，组织研究生深入工厂、农村等基层单位进行各种形式的社会实践，培养出思想政治上业务上合格的高层次文科人才。

12月29日

第七届全国人大常委会第二十三次会议通过《关于批准〈儿童权利公约〉的决定》

第七届全国人民代表大会常务委员会第二十三次会议决定：批准1989年11月20日由联合国大会通过的《儿童权利公约》，同时声明：中华人民共和国将在符合其宪法第二十五条关于计划生育的规定的前提下，并根据《中华人民共和国未成年人保护法》第二条的规定，履行《公约》第六条所规定的义务。

第七届全国人大常委会第二十三次会议通过《关于批准〈中华人民共和国和老挝人民民主共和国边界条约〉的决定》

第七届全国人大常委会第二十三次会议决定：批准国务院总理李鹏代表中华人民共和国于1991年10月24日在北京签署的《中华人民共和国和老挝人民民主共和国边界条约》。

第七届全国人大常委会第二十三次会议通过《关于加入〈不扩散核武器条约〉的决定》

第七届全国人民代表大会常务委员会第二十三次会议决定：中华人民共和国加入 1968 年《不扩散核武器条约》。

国家主席杨尚昆签署第 54 号令公布《中华人民共和国收养法》

《中华人民共和国收养法》已由中华人民共和国第七届全国人民代表大会常务委员会第二十三次会议于 1991 年 12 月 29 日通过，现予公布，自 1992 年 4 月 1 日起施行。

中华人民共和国主席杨尚昆

1991 年 12 月 29 日

中华人民共和国收养法

第一章　总　则

第一条　为保护合法的收养关系，维护收养关系当事人的权利，制定本法。

第二条　收养应当有利于被收养的未成年人的抚养、成长，遵循平等自愿的原则，并不得违背社会公德。

第三条　收养不得违背计划生育的法律、法规。

第二章　收养关系的成立

第四条　下列不满十四周岁的未成年人可以被收养：

(一)丧失父母的孤儿；

(二)查找不到生父母的弃婴和儿童；

(三)生父母有特殊困难无力抚养的子女。

第五条　下列公民、组织可以作送养人：

(一)孤儿的监护人；

(二)社会福利机构；

(三)有特殊困难无力抚养子女的生父母。

第六条　收养人应当同时具备下列条件：

(一)无子女；

(二)有抚养教育被收养人的能力；

(三)年满三十五周岁。

第七条　年满三十五周岁的无子女的公民收养三代以内同辈旁系血亲的子女，可以不受本法第四条第三项、第五条第三项、第九条和被收养人不满十四周岁的限制。

华侨收养三代以内同辈旁系血亲的子女，还可以不受收养人无子女的限制。

第八条　收养人只能收养一名子女。

收养孤儿或者残疾儿童可以不受收养人无子女和年满三十五周岁以及收养一名的限制。

第九条　无配偶的男性收养女性的，收养人与被收养人的年龄应当相差四十周岁以上。

第十条　生父母送养子女，须双方共同送养。生父母一方不明或者查找不到的可以单方送养。

有配偶者收养子女，须夫妻共同收养。

第十一条　收养人收养与送养人送养，须双方自愿。收养年满十周岁以上未成年人的，应当征得被收养人的同意。

第十二条　未成年人的父母均不具备完全民事行为能力的，该未成年人的监护人不得将其送养，但父母对该未成年人有严重危害可能的除外。

第十三条　监护人送养未成年孤儿的，须征得有抚养义务的人同意。有抚养义务的人不同意送养、监护人不愿意继续履行监护职责的，应当依照《中华人民共和国民法通则》的规定变更监护人。

第十四条　继父或者继母经继子女的生父母同意，可以收养继子女，并可以不受本法第四条第三项、第五条第三项、第六条和被收养人不满十四周岁的限制。

第十五条　收养查找不到生父母的弃婴和儿童以及社会福利机构抚养的孤儿的，应当向民政部门登记。

除前款规定外，收养应当由收养人、送养人依照本法规定的收养、送养条件订立书面协议，并可以办理收养公证；收养人或者送养人要求办理收养公证的，应当办理收养公证。

第十六条　孤儿或者生父母无力抚养的子女，可以由生父母的亲属、朋友抚养。

抚养人与被抚养人的关系不适用收养关系。

第十七条　配偶一方死亡，另一方送养未成年子女的，死亡一方的父母有优先抚养的权利。

第十八条　送养人不得以送养子女为理由违反计划生育的规定再生育子女。

第十九条　严禁买卖儿童或者借收养名义买卖儿童。

第二十条　外国人依照本法可以在中华人民共和国收养子女。

外国人在中华人民共和国收养子女，应当提供收养人的年龄、婚姻、职业、财产、健康、有无受过刑事处罚等状况的证明材料，该证明材料须经其所在国公证机构或者公证人公证，并经中华人民共和国驻该国使领馆认证。该收养人应当与送养人订立书面协议，亲自向民政部门登记，并到指定的公证处办理收养公证。收养关系自公证证明之日起成立。

第二十一条　收养人、送养人要求保守收养秘密的，其他人应当尊重其意愿，不得泄露。

第三章　收养的效力

第二十二条　自收养关系成立之日起，养父母与养子女间的权利义务关系，适用法律关于父母子女关系的规定；养子女与养父母的近亲属间的权利义务关系，适用法律关于子女与父母的近亲属关系的规定。

养子女与生父母及其他近亲属间的权利义务关系,因收养关系的成立而消除。

第二十三条 养子女可以随养父或者养母的姓,经当事人协商一致,也可以保留原姓。

第二十四条 违反《中华人民共和国民法通则》第五十五条和本法规定的收养行为无法律效力。

收养行为被人民法院确认无效的,从行为开始时起就没有法律效力。

第四章 收养关系的解除

第二十五条 收养人在被收养人成年以前,不得解除收养关系,但收养人、送养人双方协议解除的除外,养子女年满十周岁以上的,应当征得本人同意。

收养人不履行抚养义务,有虐待、遗弃等侵害未成年养子女合法权益行为的,送养人有权要求解除养父母与养子女间的收养关系。送养人、收养人不能达成解除收养关系协议的,可以向人民法院起诉。

第二十六条 养父母与成年养子女关系恶化、无法共同生活的,可以协议解除收养关系。不能达成协议的,可以向人民法院起诉。

第二十七条 当事人解除收养关系应当达成书面协议。收养关系是经民政部门登记成立的,应当到民政部门办理解除收养关系的登记。收养关系是经公证证明的,应当到公证处办理解除收养关系的公证证明。

第二十八条 收养关系解除后,养子女与养父母及其他近亲属间的权利义务关系即行消除,与生父母及其他近亲属间的权利义务关系自行恢复,但成年养子女与生父母及其他近亲属间的权利义务关系是否恢复,可以协商确定。

第二十九条 收养关系解除后,经养父母抚养的成年养子女,对缺乏劳动能力又缺乏生活来源的养父母,应当给付生活费。因养子女成年后虐待、遗弃养父母而解除收养关系的,养父母可以要求养子女补偿收养期间支出的生活费和教育费。

生父母要求解除收养关系的,养父母可以要求生父母适当补偿收养期间支出的生活费和教育费,但因养父母虐待、遗弃养子女而解除收养关系的除外。

第五章 法律责任

第三十条 借收养名义拐卖儿童的,依照《全国人民代表大会常务委员会关于严惩拐卖、绑架妇女、儿童的犯罪分子的决定》追究刑事责任。

遗弃婴儿的,由公安部门处一千元以下罚款;情节恶劣构成犯罪的,依照《中华人民共和国刑法》第一百八十三条追究刑事责任。

出卖亲生子女的,依照本条第二款规定处罚。

第六章 附 则

第三十一条 民族自治地方的人民代表大会及其常务委员会可以根据本法的原则,结合当地情况,制定变通的或者补充的规定。自治区的规定,报全国人民代表大会常务委员会备案。自治州、自治县的规定,报省或者自治区的人民代表大会常务委员会批准后生效,并报全国人民代表大会常务委员会备案。

第三十二条 国务院可以根据本法制定实施办法。

第三十三条 本法自1992年4月1日起施行。

国务院发出批转中国残疾人事业“八五”计划纲要的通知

各省、自治区、直辖市人民政府,国务院各部委、各直属机构:

在我国社会主义现代化建设进入实现第二步战略目标的新阶段,为使残疾人事业与经济、社会协调发展,国家计委等十六个部门依据《国民经济和社会发展十年规划和第八个五年计划纲要》,制定了《中国残疾人事业“八五”计划纲要(1991年至1995年)》,国务院同意这一“计划纲要”,现转发给你们,请贯彻执行。

“计划纲要”明确了“八五”计划期间残疾人事业的总目标和指导方针,规定了主要任务和指标,提出了相应措施。各级人民政府和有关部门,要结合当地和本部门的实际情况,采取切实措施,认真完成“计划纲要”规定的任务。

国务院

一九九一年十二月二十九日

中国残疾人事业“八五”计划纲要(1991年—1995年)

《中国残疾人事业五年工作纲要(1988年—1992年)》实施三年,已取得重大成绩。在我国社会主义现代化建设进入实现第二步战略目标的新阶段,为使残人事业与经济、社会协调发展,依据《国民经济和社会发展十年规划和第八个五年计划纲要》,国家制定《中国残疾人事业“八五”计划纲要(1991年— 1995年)》。“五年工作纲要”后两年的任务已纳入其中,“八五”计划期间实施本计划纲要。

一、“五年工作纲要”前三年的执行情况

一九八八年九月国务院批转《中国残疾人事业五年工作纲要》后,各级政府和有关部门相继采取了一系列重要措施:国务院和地方政府建立残疾人事业协调机构;组建各级残疾人联合会;制定《全国残疾人三项康复工作实施方案》、《关于发展特殊教育的若干意见》,并分别召开两次全国工作会议予以贯彻;宣传社会主义的人道主义,采取多种形式扶助残疾人;开展残疾人自强活动,表彰优秀残疾人;响应《关于残疾人的世界行动纲领》,参与“联合国残疾人十年”活动;公布施行《中华人民共和国残疾人保障法》(以下简称《残疾人保障法》)。

三年来,经过各地方、各部门和全社会的共同努力,我国残疾人事业以较快的速度发展,成效显著:

康复 一九八八年至一九九〇年底,全国完成白内障复明手术四十三万例、小儿麻痹后遗症矫治手术十四万例、聋儿听力语言训练一万人,分别完成五年总任务的 85%、46% 和 33%;白内障手术脱盲率为 99.7%,小儿麻痹后遗症矫治手术有效率为 98.7%,聋儿语训效果明显。康复的基础性工作已经起步,社区康复逐步展开。

教育 一九八八年至一九九0年底,进入普通学校接受义务教育的残疾学生增加;初级中等以下特殊教育学校由五百七十七所发展到八百二十所,普通学校附设的特殊教育班由五百九十九个发展到二千六百五十一个,在校学生由五万七千人发到十万五千人,分别增长 42%、342%、81%;建立残疾人职业培训中心二十三个;近五千名残疾人进入普通中等职业学校和高等学校学习。

劳动就业 系统地重申了对福利企业的税收优惠政策,法律规定了按比例安排残疾人就业的原则,确认了盲人按摩的医疗性质,许多地区对农村残疾人生产劳动做出扶助规定。现有福利企业已达到四万一千个,六十五万残疾人在其中就业;盲人按摩医院(诊所)达到八百多所;分散在普通单位就业的残疾人,平均占职工总数的 0.93%;相当一批残疾人个体从业;60%以上农村残疾人参加生产劳动。

文化生活 为残疾人服务、反映残疾人生活的读物和影视作品增多;残疾人活动场所增加,文化、体育、娱乐活动活跃,参与面扩大;国际比赛与交流取得突出成果,赢得赞誉。

福利 实行了盲人读物邮件免费寄递,盲人免费乘坐市内公共交通工具;残疾人服务设施有所增加;许多地方减免残疾人的税收、学杂费、公益事业费和社会负担;不少公共场所和服务机构给予残疾人优先服务和照顾。

环境 颁布《方便残疾人的城市道路和建筑物设计规范》,一些城市开始采取无障碍措施。对残疾人事业的宣传,增进了理解和交流,越来越多的人支持残疾人事业,残疾人的自强精神和参与意识增强。

但是,应当看到,我国残疾人事业起点较低,仍然滞后于经济、社会发展水平,残疾人还面临相当多的困难和问题,必须继续给予高度重视。

二、"八五"计划期间的总目标和指导方针

残疾人事业是我国社会主义事业的组成部分。发展残疾人事业,有利于经济繁荣、社会稳定、文化进步和精神文明建设,必须认真做好"八五"计划期间的残疾人工作。

(一)总目标

"八五"计划期间总的要求是:进一步改善残疾人平等参与社会生活的物质条件和精神环境,缩小残疾人事业与国民经济和社会发展水平的差距,使残疾人参与机会增多,参与范围扩大,自身素质提高,生活状况改善。

——残疾人的温饱问题初步解决;

——残疾人接受康复、教育、医疗保健的人数增加;

——残疾人劳动就业率提高;

——残疾人文化生活日渐丰富;

——残疾人服务增多;

——残疾人自强精神和参与能力增强;

——有中国特色的残疾人事业法律体系、政策体系、业务体系、工作体系和残疾人组织体系初步确立。

(二)基本指导方针

——贯彻《残疾人保障法》。依法规范公民行为,依法发展残疾人事业,保障残疾人以平等权利、同等机会,充分参与社会生活,共享社会物质文化成果。

——实行"讲求实效、打好基础"的发展方针。着重解决残疾人迫切需要、又有可能满足的基本需求,以及重点实施那些受益广、见效快、效益好的项目,使残疾人得到切实利益;同时,注重残疾人事业体系和基础设施建设,为使有中国特色的残疾人事业持续、稳定、协调的发展奠定基础。

——坚持"社会化"的工作原则。将残疾人事业纳入国民经济和社会发展的全局,各项业务分别列入国家有关事业领域,整体研究,统筹规划,同步发展,形成既适应残疾人特点又与相关事业一体化的业务体系;建立以政府为主导、社会为基础、有关部门与残疾人联合会各司其职的工作体系;实行以政府为领导,广泛动员社会力量,各方密切配合,各尽其力、互为补充、相互促进的社会化管理方式。

——发挥残疾人和残疾人组织的作用。密切联系残疾人,激励残疾人的自强精神,发挥残疾人的能动性;完善残疾人组织,增强残疾人组织的活力,发挥残疾人组织的效能。

三、"八五"计划期间的主要任务、指标和措施

(一)康复

"八五"计划期间,在完成"五年工作纲要"规定的八十三万例三项康复任务的基础上,再完成五十万例白内障复明手术、六万例小儿麻痹后遗症矫治手术、二万名聋儿听力语言训练和二万名低视力残疾者配用助视器的任务,使重点康复项目在一九八八年至一九九五年期间累计完成一百四十三万例;探索建立社会化、

开放式的精神残疾防治康复体系;开展智力残疾的预防和康复,逐步走上轨道,得到发展;开展残疾人后期康复训练,使训练渠道拓宽、内容扩充、人数增加。

实现上述任务指标的主要措施是:

1. 国务院有关部门和中国残疾人联合会制定各项实施方案,各地方和有关部门认真组织实施。

2. 逐步在全国四分之一的三级综合医院设立康复科(室);有计划地在省及大中城市残疾人联合会建立和改造后期康复训练机构(场所);每个县(区)至少建立一个社区康复站;编写残疾人康复丛书,指导残疾人广泛开展家庭训练。

3. 加强聋儿听力语言训练基础建设,建立、完善三十个聋儿康复中心、四百个语训部、一批基层语训点,形成与家庭训练有机结合的听力语言训练体系;组织开发、生产和供应测听、助听、语训设备;培养专业队伍。

4. 选择三十个市、三十个县进行精神残疾综合防治康复试点,当地政府、有关部门及精神病院、社区、单位、家庭密切配合,各尽其责,使精神残疾者安定情绪、缓解症状、解除关锁、参加劳动、改善生活。取得经验后,在全国逐步推广。

5. 在智力残疾高发地区,制定地方性法规,控制遗传因素导致的智力残疾;选择若干典型地区,进行病因调查分析,采取措施防治,总结经验予以推广。家庭与幼儿园、儿童福利院、学校、社区相结合,对智力残疾儿童进行生活自理能力训练和智力开发;举办城镇工疗站、农村生产福利院以及其他福利性生产安置单位,组织成年智力残疾人参加适当劳动和能力训练。

6. 地方各级政府增加康复经费投入,国务院有关部门和社会团体继续下达专项补助经费。

(二)教育

"八五"计划期间,使可以接受普通教育的残疾儿童、少年与当地其他儿童、少年的义务教育水平同步;使需要接受特殊教育的视力、听力、言语和智力残疾儿童、少年的初等义务教育入学率,在城市和发达与比较发达的地区达到60%左右,中等发展地区达到30%左右,困难地区有较大提高;使残疾人职业技术教育得到发展;使符合国家规定录取标准的残疾考生进入普通高级中等以上学校学习;使高级中等以上特殊教育起步。

为实现以上任务指标,各级各类普通教育机构必须依照《残疾人保障法》的规定,招收可以接受普通教育的残疾人;对于残疾人的特殊教育,采取以下主要措施:

1. 各级政府和教育主管部门要切实把残疾儿童、少年特殊教育纳入义务教育轨道,统筹规划、部署、实施和检查。

——统计义务教育对象时,必须包括残疾儿童、少年,并将视力、听力、言语和智力残疾儿童、少年专项列出。

——普及义务教育计划中,要明确规定特殊教育的任务指标,并制定专项实施办法。

——督导、检查、验收义务教育工作时,要将特殊教育任务指标的执行情况作为其中的内容或标准。

——建立以特殊教育学校为骨干、普通学校附设特殊教育班和随普通班就读为主体的特殊教育格局。"八五"计划期间,一九九一年前已宣布普及初等教育并有一定生源的县,力争县有特殊教育学校、乡(镇)有特殊教育班,并普遍开展随班就;对其它地区也要有明确要求。

2. 建立、完善三十所残疾人职业技术教育中心,其中十所达到国家中等职业技术学校标准。条件较好的特殊教育学校,逐步开设职业班;有条件的城市开办残疾人职业中学。

3. 有条件的省、自治区、直辖市,试办盲人、聋人普通高中。创办长春大学特殊教育学院。试点并推广残疾儿童早期教育。对残疾职工进行扫盲。鼓励残疾人自学成才。

4. 在国家教委直属师范大学增加特殊教育专业的试点。每省(自治区、直辖市)要有一个特殊教育师资培养、培训基地。陆续在各级普通师范院校开设特殊教育课程。

5. 长期以来残疾人教育经费严重不足,为尽快改变落后局面,各级政府要增加特殊教育经费投入。地方各级政府应将特殊教育学校、残疾人职业技术教育中心列入计划,安排基建投资;将其事业费纳入正常渠道,并按照"两个增长"的原则逐步增加、从征收的教育费附加中拨出一定比例用于义务教育阶段的特殊教育。"八五"计划期间,国务院有关部门及社会团体继续拨给地方特殊教育专项补助费。

(三)劳动就业

"八五"计划期间,落实对残疾人劳动就业的扶持、保护规定,使福利企业稳定、发展、提高,残疾职工数量增加;"按比例安排残疾人就业"工作起步;残疾人个体从业和农村残疾人参加生产劳动的组织、指导和服务工作得到加强;通过多种渠道和各方面努力,使城乡残疾人就业率提高10%左右。为此:

1. 各级政府和有关部门,要将残疾人劳动就业纳入各地劳动就业计划,统筹安排,做好待业登记、职业培训、就业介绍与分配;待业保险和其它就业的组织工作。

2. 加强福利企业管理,坚持以安排残疾人就业为宗旨的办厂方向，落实优惠政策、技术改造和专产保护措施；民政部门、劳动服务公司、残疾人组织、街道和乡镇要进一步办好福利企业，为残疾人提供更多的就业岗位。

3. 地方政府要进行“按比例安排残疾人就业”的试点，取得经验，逐步推广。

4. 依托各地残疾人联合会设立残疾人劳动服务机构，形成纳入城镇劳动服务系统和农村社会化服务体系的疾人劳动服务网络。残疾人劳动服务机构协助政府和有关部门，开展残疾人待业调查、就业登记、能力评估、职业培训和就业介绍、咨询、指导；组织残疾人开办集体企业、从事个体经营和开办私营企业，帮助残疾人到工商行政管理部门办理营业执照手续，落实扶持措施；为农村残疾人生产劳动提供综合配套服务。政府有关部门要指导、支持残疾人劳动服务网的建设和工作。

（四）扶贫

《国民经济和社会发展十年规划和第八个五年计划纲要》中要求，在我国绝大多数人口是温饱的基础上，“八五”计划期间基本解决尚属贫困群众的温饱问题，进而在本世纪内使人民生活达到小康水平。目前，全国贫困人口中，残疾人占半数左右，并且随着贫困面的缩小，所占比例增大。解决残疾人的温饱问题，是实现国家第二步战略目标的要求和社会主义制度的本质体现，必须予以高度重视，采取有效措施，在“八五”计划期间使残疾人的温饱问题得到初步解决。

1. 各级政府及贫困地区经济开发领导机构，要将贫困残疾人列为扶贫对象，将扶助残疾人脱贫纳入扶贫工作，在扶贫资金和物资上给予安排和照顾。

2. 开展康复扶贫。各地贫困地区经济开发领导机构、残疾人工作机构和有关部门要密切配合，在采取生产、科技、教育、救济等扶贫措施的同时，针对残疾人的功能障碍，采取康复手段，帮助残疾人改善功能、参加生产劳动、脱离贫困。

3. 不仅贫困地区，其他地区也都有相当数量的贫困残疾人，为扶持其脱贫，“八五”计划期间国家要安排一部分扶贫贴息贷款，用于残疾人的康复扶贫。

4. 地方各级政府要规定对农村残疾人的扶持办法，减轻其社会负担，并通过农村社会化服务体系，为残疾人提供优先服务和特别扶助。

（五）用品用具

残疾人用品用具的特异性强，供需信息不通，产品的开发、生产、供应、维修缺乏组织和服务，大多数残疾人得不到必需的辅助用具、特殊用品。为逐步改变这一状况，“八五”计划期间，要建立全国残疾人用品用具供应服务总站、六十个供应服务站和一批供应服务点，逐步形成供应服务网络。供应服务站依托同级残疾人联合会，为非盈利性单位，对残疾人特殊需要的生活自助具、特殊教育用具、文化体育用品、生产辅助器具、功能补偿器械以及其他用品用具等，进行供需调查、信息咨询、产品组织、商品供应、维修服务、质量监督。政府有关部门应对供应服务网络的建设和残疾人用品用具的开发、生产、供应、维修、服务给予扶持。

（六）文化生活

“八五”计划期间，发挥社会公众文化体系的作用，辅之以残疾人专门设施和特殊手段，使残疾人广泛参与各种文化、体育、娱乐活动，精神文化日趋丰富。

1. 出版、影视、文学艺术等单位，要努力为残疾人提供更多的作品。为适应残疾人特殊需要，部分影视作品增加字幕；开办电视手语节目；组织和扶持盲文读物、盲人有声读物、聋人读物、弱智人读物和特殊教育教材的编写出版。

2. 广泛开展群众性体育活动，培养残疾人运动员，提高竞技运动水平。开好第三届全国残疾人运动会，办好第六届远东及南太平洋地区残疾人运动会，参加第九届残疾人奥运会，争取优异成绩。

3. 积极开展残疾人文化娱乐活动，办好残疾人艺术团，提高特殊艺术水平，举办第三届全国残疾人艺术汇演，开展对外交流。

4. 公共文化、体育场所要为残疾人提供方便和照顾，并逐步增添适合残疾人需要的内容和设施；大中城市要设立残疾人活动场所，其他地区和残疾人集中的单位要因地制宜地开辟残疾人活动站(室)。

（七）社会环境

弘扬社会主义的人道主义，振奋自强不息的精神，培育团结、友爱、互助的风尚，创造文明进步的社会环境。

1. 宣传、教育、新闻、出版等单位，要通过各种形式和渠道，颂扬扶残助残的美德，倡导理解、尊重、关心、帮助残疾人的道德风尚；反映残疾人顽强拼搏的事迹，激励自尊、自信、自强、自立的精神；宣传残疾人事业，增进社会的理解与支持。

2. 在全社会开展“全国助残日”活动，在少年儿童中开展“红领巾助残”活动，在残疾人组织中开展“建家做友”活动，在残疾人中开展“自强”活动。

3. 表彰助残先进集体、先进个人和“自强模范”，评选、奖励促进残疾人事业发展与社会文明进步的优秀精神文化产品。

（八）法制建设

“八五”计划期间，要通过法制建设，使广大公民保障残疾人合法权益的法律意识增强，依法办事；使残疾人事业法律体系进一步完善，依法管理，依法发展。

1. 各级政府和有关部门，要认真组织学习、宣传、贯彻《残疾人保障法》，将其纳入"二五"普法规划，在广大公民中深入开展宣传教育；采取切实措施，保障残疾人法律、法规得到认真遵守和执行；要制定给予残疾人特别扶助的具体规定；进行督促、检查。

2. 国务院有关部门要制定《残疾人教育条例》、《残疾人劳动就业条例》等行政法规和有关规章。

3. 各省、自治区、直辖市人民政府应当积极协助同级人大常委会结合本地实际，制定《残疾人保障法》的实施办法，将法律规定的原则具体化。

"八五"计划期间，还要完善残疾人事业的指标体系，加强信息，统计和科技工作，开展残疾预防，发展盲人按摩医疗，实施《方便残疾人的城市道路和建筑物设计规范》，开展国际交流与合作。

残疾人事业是文明、进步、高尚的事业。发展残疾人事业是国家实现第二步战略目标的重内容。各级人民政府要给予更多的关注与支持，要以高度负责的精神，采取切实有力的措施，完成本纲要规定的任务。

国家计委　国家教委
民政部　司法部
财政部　人事部
劳动部　文化部
广播影视部　卫生部
国家体委　中国人民银行
国家工商局　国家税务局
国务院贫困地区经济开发领导小组
中国残疾人联合会

一九九一年十二月十二日

中共中央政治局常委宋平对苏东局势研究小组成员发表谈话（节录）

中央批准成立的这个研究小组，做了很多有益的工作。你们的简报分送中央领导同志，有一定质量。两年来，你们在复杂的国际形势下，提供了不少研究材料，参与了中央几个通知的起草。这些文件对全党统一认识，起了重要的作用。从东欧剧变、齐奥塞斯库被杀，苏共中央 1990 年召开二月全会，到去年四五月后苏联加速演变，都跟踪做了研究，及时提出了看法和意见。实践证明，你们的一些基本看法是正确的，是有参考价值的，对很多问题的探讨，有相当的深度，对中央很有帮助。今年 6 月下旬，你们给中央写了一个专题报告，提出苏联出现加速演变的危险，当时提出这个看法，给我印象很深。刚才有同志说，研究小组完成了中央交给的任务。我还要加一句，应该说是比较好地完成了中央交给的任务。这样估计不算高。

苏联、东欧发生剧变，是一个十分重大的事件，许多老同志都很关心，一见面就问。苏联是十月革命的故乡，第一个社会主义国家。十月革命一声炮响，给中国送来了马克思列宁主义，对中国革命产生了非常重大的影响。十月革命是 20 世纪最伟大的历史事件。也正是 20 世纪最后 10 年苏联解体了，这是一个大悲剧。社会主义有过辉煌的时期，苏联短期内实现了工业化，成为一个经济实力强大的国家，打败了法西斯的侵略。第二次世界大战后，出现了一大片社会主义国家，中国革命胜利了；50、60 年代，世界社会主义事业蓬勃发展，各国工人运动和第三世界民族解放运动风起云涌，帝国主义怕得很。现在苏联、东欧垮了，对社会主义前途究竟怎么看？社会主义前进过程中出现了暂时的曲折，不等于社会主义就不行了。我们相信社会主义制度是有生命力的。中国共产党高举社会主义的旗帜，有中国特色社会主义的路子是能够走得通的，是一定能够成功的。

社会主义代替资本主义，是社会发展的必然规律，谁也改变不了，当然道路是漫长、曲折的。西方敌对势力对社会主义国家的"和平演变"可能在一些地区一时得手，社会主义出现曲折。但社会主义终究要战胜资本主义，对这一点我们要坚定不移，坚信我们走的道路是正确的。社会主义在发展过程中会出现各种新的矛盾和问题，矛盾发展到一定程度不解决也不行。这就和一个人一样，在成长中会有生病的时候，生了病就治病嘛，然后才能健康成长。但药方要开对，开错了，不仅治不好病，还会将人害死。戈尔巴乔夫给苏联开的什么药方，现在应该清楚了。

你们研究的问题是非常重要的，这两年苏联、东欧"和平演变"最重要的局面你们都注意到了。对社会主义制度本身的问题，内在的矛盾，也看得比较清楚，进行了深入的研究，知道这些党和国家是怎样演变的。我们要进行改革，改掉那些不适应生产力发展的东西，保持社会主义本质的东西，完善社会主义制度，充分发挥社会主义的优越性，使其健康地发展，这决不是回到资本主义道路上去。戈尔巴乔夫等人根本不相信社会主义，他们的改革，实际上是用含混的语言、曲折的方法，把社会主义引上资本主义。相当一批人自觉不自觉地跟着走，最后是自己垮台。搞公开性、民主化，把 70 多年社会主义革命和建设的一切都否定了，把一切反动的东西都放出来了，一个劲地宣扬西方的政治、经济制度。其结果是什么呢？结果是一个社会主义的大国、超级强国，顷刻之间迅速解体。这是很悲哀的，确实很令人痛心，但它是历史事实。我们尊重事实，要按历史本身的逻辑来总结。马克思写《法兰西内战》，总结巴黎公社失败的教训，气壮山河，歌颂无产阶级，揭露资产阶级的丑恶表演，为无产阶级提供了非常深刻的历史经验。我们应该把戈尔巴乔夫这些人反共、反社会主义,向西方卑躬屈膝,一步步地投靠帝国主义的情况写出来,教育党员和干部。

研究小组的同志都是从各单位临时抽调出来的,工作了两年,很快就要回原单位去,但不等于这项工作结束了。研究工作还要继续。苏联解体后,成立独联体,究竟怎么发展还很难说。东欧的局势也还稳定不下来,随时都可能出现意想不到的情况。研究工作仍要抓紧进行。一是跟踪动向,密切注意事态发展,向党中央提供信息;二是要加强对策研究及理论的探讨。

我老想这样一个问题:怎么才能使我们的党保持战斗力。苏共原有1900万党员,为什么就这样顷刻之间土崩瓦解。我看关键是要把领导班子建设好;同时,注意舆论导向。思想搞乱了,那就毫无办法。苏共一位高层人士说,当时舆论工具全没有了,完全被人家垄断,理论界非常混乱,把一切罪恶都推到了共产党头上,党还能有战斗力?不垮才怪呢,教训太大了!这些问题要好好研究,总结我们的经验,发扬我们的优良传统,吸取他们的教训,避免他们犯过的错误,把我们党建设好。

中华全国总工会十一届四次执委会在北京闭幕

全国总工会主席倪志福主持闭幕式。会议讨论并通过倪志福作的工作报告和有关人事变动的决定。

倪志福在报告中回顾了工会1991年工作,并部署了1992年工会工作任务。倪志福说,一年来,各级工会围绕经济建设中心,从理论研究、政策指导、树立典型到舆论宣传等方面,为落实全心全意依靠工人阶级的指导方针创造了比较好的工作环境。

在部署下一年工会工作时,倪志福强调,各级工会一定要坚持以经济建设为中心,以搞好国营大中型企业为重点,为调整结构和提高效益作出贡献。工会还要积极支持和参与改革,维护职工合法权益,推动各项改革的顺利实施。他指出,要继续加强职工的社会主义思想教育,并积极推进工会的改革和建设。

执委会选举张丁华为全国总工会第十一届执委会副主席、书记处第一书记。于洪恩因工作调动,不再担任全国总工会副主席、书记处第一书记职务。会议增选新疆维吾尔自治区工会主席买买提·努尔和天津市总工会主席潘义清为第十一届执委会主席团成员;会议还增补、替补了王耀辉等21名执委会委员。

中共中央总书记江泽民审看北京西客站规划设计方案

江泽民听取了关于北京西客站规划设计方案的汇报,指出西客站要在保证质量的基础上加快建设,鼓舞人们更加充满信心建设社会主义。

北京市常务副市长张百发、铁道部副部长屠由瑞汇报了实施方案和筹建情况。

江泽民说,西客站的建设,从动员搬迁到建成、管理,工作复杂,任务繁重。工程要做好前期准备工作,接近完成时,管理工作要跟上。新客站的建设要根据实际需要,并从长远考虑,留有余地,电子设备要完备。工程要在保证质量的基础上,加快速度。

国务院副总理邹家华参加了审查。他要求西客站的建设,要从多方面方便旅客。

中国和俄罗斯联邦在莫斯科签署两国关系会谈纪要

中国政府代表团副团长、外交部副部长田曾佩和俄罗斯联邦外交部副部长库纳泽分别代表各自政府在纪要上签字。

中国驻俄联邦大使王荩卿出席签字仪式。

田副部长在签字后接受新华社记者采访时说,双方在会谈中就两国关系的重大问题交换了意见,并取得了共识。双方同意将中俄两国关系应该遵循的基本原则载入纪要,例如两国关系应建立在和平共处五项原则基础之上;1989年和1991年中苏两个联合公报所确定的各项原则今后仍是发展中俄关系的指导原则;中俄双方都表示愿意承担中苏之间签订的条约和协定所规定的义务并享有相应的权利等等。他指出,这些原则对中俄两国关系的健康发展都是很重要的。

库纳泽在回答新华社记者提问时说,所签会谈纪要"政治意义很大",因为在俄罗斯和中国的首次外交接触中,俄方确认准备继续执行1985年以来的对华政策。同时双方确定了未来关系发展的一些主要方向,可以说不仅仅局限于最近6年取得的成就,而且为了两国人民的利益还要使这种关系向前推进。他说,中俄两国发展关系"前景十分广阔",俄罗斯对中国经济改革的经验很有兴趣。

两位副外长都认为会谈是成功的,对会谈结果表示满意。

中共中央总书记江泽民等在北京出席新年京剧晚会

江泽民、乔石、姚依林、李瑞环、丁关根、宋任穷、王平、伍修权、廖汉生、孙起孟、王光英、马文瑞等领导观看演出。

晚会由文化部、中共中央直属机关事务管理局主办。

12月30日

最高人民法院最高人民检察院发出《关于修改盗窃犯罪数额标准的通知》

郑州信阳电气化铁路通车

“七五”期间国家重点建设项目郑(州)武(昌)铁路电气化郑州至信阳段正式建成通车,铁路全长313公里。

新闻出版署制定国家“八五”重点图书出版规划

《人民日报》报道称中国运动员在1991年世界性比赛中共获93个世界冠军创造31项世界纪录超4项世界纪录

新华社报道称安徽收到台湾同胞向灾区捐赠的款物折合人民币3000多万元

12月31日

国家主席杨尚昆通过中国国际广播电台向海外朋友发表新年讲话

女士们、先生们、朋友们:

在岁序更新之际,我通过中国国际广播电台,向海外各位朋友致以亲切的问候,衷心祝愿大家新年快乐,合家幸福,万事如意!

朋友们,过去的1991年,对于中国来说,是不平凡的一年。在国际风云急剧变幻面前,在国内遭受严重洪涝灾害的情况下,我们的人民表现了坚定的信念,我们的民族显示了极强的凝聚力,我们的国家保持了政治稳定和社会发展。我国的经济建设取得了巨大成绩,国民生产总值增长率达到6%以上。农业赢得了历史上第二个高产年,粮食产量达到4.35亿吨;工业生产全面回升,特别是乡镇企业突破了一万亿元产值大关;国内市场供应充足,销售旺盛,物价平稳;外商来华投资企业超过一万家,协议外资金额超过100亿美元;对外贸易有较大增长,外汇储备增加。11亿中国人民安居乐业,各项事业欣欣向荣。

在过去的一年里,我国同周边国家的睦邻友好关系更加巩固和发展,同其他地区发展中国家的友好合作关系进一步加强,同西方国家的关系也有了明显的改善。我国在世界事务中发挥了重要的作用,国际地位日益提高。我们的朋友遍天下。

我国所以能够取得这些成就,关键在于我们坚定不移地执行了改革开放的政策。许多朋友曾一度担心,中国的改革开放能否继续下去。我可以告诉大家,改革开放使中国获得了巨大的进步和发展,我们没有任何道理停止改革开放,而只会加快其步伐,只会搞得更好更扎实。我国人民从这一伟大实践中,看到了国家和民族的光明前途,正满怀信心地去创造自己美好的生活。

中国的改革开放是在保持社会稳定的前提下进行的。历史上,没有任何一个国家,是在动乱不已的情况下,搞成改革的。我们要积极地推进经济体制和政治体制改革,建设好有中国特色的社会主义,从根本上确保国家的长治久安。中国的稳定,对亚太地区乃至整个世界都具有重要意义。这一点,已经被越来越多的人所认识。

朋友们,中国人民在实现国家现代化的过程中,一直得到世界各国人民的理解和支持。我愿借此机会,向所有支持和帮助过中国的各国朋友,当然也包括各位热心的听众朋友,表示诚挚的谢意。我还要特别向那些在我国遭受洪涝灾害的时候,伸出援助之手的港澳台同胞、海外侨胞和国际友人,表示由衷的感谢!

各位朋友,在新的一年里,我国各族人民将更加紧密地团结起来,一心一意地发展经济,保持国民经济稳步增长,促进社会的全面进步。中国的投资环境将进一步改善。中国的大门永远是敞开的。我们欢迎各国工商界朋友来华投资。

中国将继续奉行独立自主的和平外交政策,坚持在和平共处五项原则的基础上同世界各国发展友好合作关系,积极参与国际和地区事务,促进世界的和平与发展,为建立一个公正、合理的国际新秩序,做出我们应有的贡献。

欣逢佳节来临,我们格外思念台湾的骨肉同胞。海峡两岸人民的分离是不会长久的,迟早是要走到一起来的。两岸应该在人员往来、经济贸易、科技文化交流等方面,不断有新的进展,加强相互联系和了解,早日完成祖国和平统一大业。

1992年是“中国友好观光年”。我热诚希望各位朋友能前来中国旅游、参观,亲眼看一看我们美丽的国家。

再一次祝各位朋友新年好!

谢谢!

国务委员兼国家计委主任邹家华在上海考察

邹家华于1991年12月31日至1992年1月5日由中共上海市委书记吴邦国、市长黄菊等陪同,考察了一批工厂企业、基础设施,举行了部分国营大中型企业厂长座谈会,听取了上海市委、市政府的工作汇报。

邹家华说,转换机制,应该作为国营大中型企业深化改革的方向。转换机制的一个重要内容是劳动工资分配制度的改革。企业内部的现行劳动工资分配制度不改革,企业就不可能搞活搞好。上海市选择不同类型的企业,进行全员劳动合同制改革试点,这工作很重要。关键在于人们观念上的转变。推行全员劳动合同制,与全心全意依靠工人阶级,发扬工人阶级的主人翁精神是一致的。上海市部分企业在这方面的试点,得到绝大多数职工的支持,就证明了这一点。

邹家华强调,下一步企业改革的重要内容,就是要在通过试点、取得经验的基础上,逐步推行全员劳动合同制,以充分调动全体职工的社会主义劳动积极性。他说,每个行业、每个企业之间存在着差别,做法上允许有所不同,但基本方向、基本要求应该是一致的。企业深化改革不仅是用工制度的改革,而且应该把用工与机构、劳动工资分配、人事制度和社会保障制度的改革联系起来。所有的改革,最后要集中体现在劳动工资分配制度的改革上,真正改变"三铁(铁饭碗、铁工资、铁交椅)一大(大锅饭)"的状况。他希望上海市在这方面创造出成功的经验。

邹家华副总理在上海期间,重点考察了上钢三厂中厚板工程、上钢五厂 30 万吨合金钢棒材工程、上海益昌薄板有限公司、上钢一厂和宝山钢铁总厂等一批冶金企业。

中国核工业总公司与巴基斯坦原子能委员会在北京签署中国向巴基斯坦出口 30 万千瓦核电站的合同

中国核工业总公司总经理蒋心雄和巴基斯坦原子能委员会主席伊斯法克在合同上签字。

国务院总理李鹏出席了签字仪式,并在此前会见了前来参加签字仪式的巴基斯坦代表团。

这项核能和平利用的合作是 1989 年 11 月由中巴两国政府总理原则商定,并由双方经济、技术人员进行多次友好协商后于最近达成协议的。

李鹏总理在会见巴基斯坦代表团时说,不久以前,中国七届全国人大常委会第 23 次会议审议并批准了中国加入核不扩散条约。中国和巴基斯坦签订核电站合作合同是中巴经济技术合作的一个新的内容。这项合作完全用于和平目的,发展核能,促进巴基斯坦的经济发展,造福于巴基斯坦人民。他指出,中巴双方都同意这一项目将接受国际原子能机构的安全保障。

卡兹重申,巴基斯坦核电站的建设完全用于和平目的。他表示很高兴得知中国秦山核电站建设取得了成功,相信巴基斯坦的核电站也会取得成功。

中国基督教全国会议在北京召开

会议于 1991 年 12 月 31 日至 1992 年 1 月 6 日举行。

会议决定继续坚持"三自"(自治、自养、自传)原则,进一步办好中国的基督教会;并号召全国基督教信徒不断提高爱国主义觉悟,在党的领导下,同全国人民一道,更好地投入建设有中国特色的社会主义事业中去。

会议选举丁光训为新一届的中国基督教"三自"爱国运动委员会主席和中国基督教协会会长。

国务院发出关于调整机关、事业单位工作人员工龄津贴标准的通知